SÆCULUM X.

# RATHERII

## VERONENSIS EPISCOPI

# OPERA OMNIA,

JUXTA EDITIONEM VERONENSEM, ANNO 1765, CURANTIBUS PETRO ET HIERONYMO FRATRIBUS
BALLERINIIS, PRESBYTERIS VERONENSIBUS, DATAM, AD PRELUM REVOCATA,

ACCEDUNT

# LIUTPRANDI CREMONENSIS

NECNON

FOLQUINI S. BERTINI MONACHI, GUNZONIS DIACONI NOVARIENSIS, RICHARDI
ABBATIS FLORIACENSIS, ADALBERTI METENSIS SCHOLASTICI.

**SCRIPTA VEL SCRIPTORUM FRAGMENTA QUÆ EXSTANT.**

ACCURANTE J.-P. MIGNE,
**BIBLIOTHECÆ CLERI UNIVERSÆ,**
SIVE
CURSUUM COMPLETORUM IN SINGULOS SCIENTIÆ ECCLESIASTICÆ RAMOS EDITORE.

TOMUS UNICUS.

VENIT 7 FRANCIS GALLICIS.

EXCUDEBATUR ET VENIT APUD J.-P. MIGNE EDITOREM,
IN VIA DICTA *D'AMBOISE*, PROPE-PORTAM LUTETIÆ PARISIORUM VULGO *D'ENFER* NOMINATAM,
SEU PETIT-MONTROUGE.

1853.

# ELENCHUS

## AUCTORUM ET OPERUM QUI IN HOC TOMO CXXXVI CONTINENTUR.

### RATHERIUS VERONENSIS EPISCOPUS

Prolegomena, *col.* 9.

OPERUM PARS PRIMA. — Præloquiorum libri sex, qui hominum cujusque ætatis, sexus et conditionis officia explicant, alias inscripti MEDITATIONES CORDIS, et AGONISTICI, lucubrati inter Februarium anni 935 et Augustum anni 937, *col.* 145. — Vita sancti Ursmari abbatis et episcopi, scripta circa annum 938, *col.* 545. — Conclusio deliberativa Leodici acta, cum Ratherius e Leodicensi sede pulsus, ad cedendum invasori hortaretur, scripta anno 955; ac dein Veronæ paucis additis in fine reproducta anno 965, *col.* 553. — Phrenesis libellus Moguntiæ scriptus in eadem causa Leodicensi anno 955, *col.* 565. — Ratherii Confessio, seu Excerptum ex dialogo confessionali ejusdem, scriptum circa an. 960, *col.* 594. — Exhortatio et preces, *col.* 445. — Invectiva in quosdam, ac lugubris relatio de translatione corporis sancti Metronis, scripta anno 962, *col.* 451 — Fragmentum ejusdem opusculi, *col.* 471. — Decretum de clericis ab invasore ordinatis, scriptum anno 963, *col.* 477 — Aliud in eadem re anni ejusdem, *ibid.* — Libellus cleri Veronensis nomine, inscriptus ad Romanam Ecclesiam anni pariter 963, *col.* 479. — Opusculum de proprio lapsu, scriptum inter an. 963 et 964, *col.* 481 — De contemptu canonum partes duæ scriptæ anno 964, *col.* 485. — Qualitatis Conjectura, in quam alevolus censor Ratherii mores vellicans et perstringens inducitur, lucubrata ineunte circiter anno 966, *col.* 521. — Decretum quo ex abbatia Magonziani sita in diœcesi Veronensi pulsis monachis clerici subrogantur, circa annum 966, *col.* 547. — Synodica ad presbyteros et cæteros clericos per universam diœcesim constitutos, edita in Quadragesima anni 966, *col.* 555, — Opusculum de nuptu cujusdam illicito, scriptum post Quadragesimam anni 966, *col.* 567. — Opusculum de otioso sermone, anni 966, *col.* 575. — Itinerarium Ratherii Romam euntis, scriptum ineunte Decembri anni 966, *col.* 579. — Privilegium Ottonis I imperatoris Ratherio et Veronensi ecclesiæ concessum Nonis Novembris anni 967, *col.* 599. — Judicatum Ratherii, seu fundatio et dotatio pauperiorum clericorum cathedralis ecclesiæ Veronensis, edita exeunte anno 967, *col.* 605. — Ejusdem opusculum de clericis sibi rebellibus, exaratum in Adventu anni 967, *col.* 613. — Discordia inter ipsum Ratherium et clericos, scripta in Quadragesima anni 968, *col.* 617. — Apologeticus liber exaratus sub finem Quadragesimæ anni 968, *col.* 629. — Testamentum Ratherii, ante diem 30 Junii anni 968, *col.* 641.

OPERUM PARS SECUNDA. — Epistolæ, *col.* 643.

OPERUM PARS TERTIA. — Sermones, *col.* 689.

APPENDIX, *col.* 757.

### LIUTPRANDUS CREMONENSIS EPISCOPUS.

Antapodosis, *col.* 787. — Liber de rebus gestis Ottonis Magni, *col.* 897. — Legatio Constantinopolitana, *col.* 909.

APPENDIX AD LIUTPRANDUM. — Chronicon, *col.* 967. — Adversaria, *col.* 1133.

### FOLQUINUS SANBERTINIANUS MONACHUS.

Folquini chartularium, *col.* 1183.

### GUNZO DIACONUS NOVARIENSIS.

Epistola ad fratres Augienses, *col.* 1283.

### RICHARDUS ABBAS FLORIACENSIS.

Collectio consuetudinum, *col.* 1303.

### ADALBERTUS METENSIS SCHOLASTICUS.

Præfatio in Florilegium ex S. Gregorio, *col.* 1309.

---

Ex typis MIGNE, au Petit-Montrouge.

# PATROLOGIÆ
## CURSUS COMPLETUS
### SIVE
BIBLIOTHECA UNIVERSALIS, INTEGRA, UNIFORMIS, COMMODA, OECONOMICA,
## OMNIUM SS. PATRUM, DOCTORUM SCRIPTORUMQUE ECCLESIASTICORUM
### QUI
## AB ÆVO APOSTOLICO AD INNOCENTII III TEMPORA
### FLORUERUNT;
### RECUSIO CHRONOLOGICA
OMNIUM QUÆ EXSTITERE MONUMENTORUM CATHOLICÆ TRADITIONIS PER DUODECIM PRIORA
ECCLESIÆ SÆCULA,

JUXTA EDITIONES ACCURATISSIMAS, INTER SE CUMQUE NONNULLIS CODICIBUS MANUSCRIPTIS COLLATAS,
PERQUAM DILIGENTER CASTIGATA;
DISSERTATIONIBUS, COMMENTARIIS LECTIONIBUSQUE VARIANTIBUS CONTINENTER ILLUSTRATA;
OMNIBUS OPERIBUS POST AMPLISSIMAS EDITIONES QUÆ TRIBUS NOVISSIMIS SÆCULIS DEBENTUR ABSOLUTAS
DETECTIS, AUCTA;
INDICIBUS PARTICULARIBUS ANALYTICIS, SINGULOS SIVE TOMOS, SIVE AUCTORES ALICUJUS MOMENTI
SUBSEQUENTIBUS, DONATA;
CAPITULIS INTRA IPSUM TEXTUM RITE DISPOSITIS, NECNON ET TITULIS SINGULARUM PAGINARUM MARGINEM
SUPERIOREM DISTINGUENTIBUS SUBJECTAMQUE MATERIAM SIGNIFICANTIBUS, ADORNATA;
OPERIBUS CUM DUBIIS TUM APOCRYPHIS, ALIQUA VERO AUCTORITATE IN ORDINE AD TRADITIONEM
ECCLESIASTICAM POLLENTIBUS, AMPLIFICATA;
DUOBUS INDICIBUS GENERALIBUS LOCUPLETATA : ALTERO SCILICET RERUM, QUO CONSULTO, QUIDQUID
UNUSQUISQUE PATRUM IN QUODLIBET THEMA SCRIPSERIT UNO INTUITU CONSPICIATUR; ALTERO
SCRIPTURÆ SACRÆ, EX QUO LECTORI COMPERIRE SIT OBVIUM QUINAM PATRES
ET IN QUIBUS OPERUM SUORUM LOCIS SINGULOS SINGULORUM LIBRORUM
SCRIPTURÆ TEXTUS COMMENTATI SINT.
EDITIO ACCURATISSIMA, CÆTERISQUE OMNIBUS FACILE ANTEPONENDA, SI PERPENDANTUR : CHARACTERUM NITIDITAS,
CHARTÆ QUALITAS, INTEGRITAS TEXTUS, PERFECTIO CORRECTIONIS, OPERUM RECUSORUM TUM VARIETAS
TUM NUMERUS, FORMA VOLUMINUM PERQUAM COMMODA SIBIQUE IN TOTO OPERIS DECURSU CONSTANTER
SIMILIS, PRETII EXIGUITAS, PRÆSERTIMQUE ISTA COLLECTIO, UNA, METHODICA ET CHRONOLOGICA,
SEXCENTORUM FRAGMENTORUM OPUSCULORUMQUE HACTENUS HIC ILLIC SPARSORUM,
PRIMUM AUTEM IN NOSTRA BIBLIOTHECA, EX OPERIBUS AD OMNES ÆTAT
LOCOS, LINGUAS FORMASQUE PERTINENTIBUS, COADUNATORUM.

### SERIES SECUNDA,
IN QUA PRODEUNT PATRES, DOCTORES SCRIPTORESQUE ECCLESIÆ LATINÆ
A GREGORIO MAGNO AD INNOCENTIUM III.

*Accurante J.-P. Migne,*

**BIBLIOTHECÆ CLERI UNIVERSÆ,**
SIVE
CURSUUM COMPLETORUM IN SINGULOS SCIENTIÆ ECCLESIASTICÆ RAMOS EDITORE.

PATROLOGIA BINA EDITIONE TYPIS MANDATA EST, ALIA NEMPE LATINA, ALIA GRÆCO-LATINA. —
VENEUNT MILLE FRANCIS DUCENTA VOLUMINA EDITIONIS LATINÆ; OCTINGENTIS ET
MILLE TRECENTA GRÆCO-LATINÆ. — MERE LATINA UNIVERSOS AUCTORES TUM OCCIDENTALES, TUM
ORIENTALES EQUIDEM AMPLECTITUR; HI AUTEM, IN EA, SOLA VERSIONE LATINA DONANTUR.

## PATROLOGIÆ TOMUS CXXXVI.

RATHERIUS VERON. EPISC.: LIUTPRANDUS CREMONENSIS; FOLQUINUS S. BERTINI MONACH.;
GUNZO DIAC. NOVAR.; RICHARDUS ABBAS FLORIACENSIS; ADALBERTUS METENSIS SCHOL.

### TOMUS UNICUS.

EXCUDEBATUR ET VENIT APUD J.-P. MIGNE EDITOREM,
IN VIA DICTA D'AMBOISE, PROPE PORTAM LUTETIÆ PARISIORUM VULGO D'ENFER NOMINATAM,
SEU PETIT-MONTROUGE.

1853.

ANNO DOMINI DCCCCLXXIV.

# RATHERIUS

## VERONENSIS EPISCOPUS

(Juxta editionem datam Veronæ anno Domini 1765, curantibus Petro et Hieronymo fratribus Balleriniis, presbyteris Veronensibus).

## PROLEGOMENA.

### EPISTOLA DEDICATORIA.

Thomæ Quirino equiti ac ædis S. Marci procuratori Petrus et Hieronymus fratres BALLERINII presbyteri Veronenses S. P. D.

Cur Ratherii episcopi Veronensis inter sui ævi scriptores maxime celebris Opera, nunc primum a nobis collecta, et ineditis aucta, multoque studio illustrata, quæ apud eruditos in desiderio erant, ante te sistamus, Eques et S. Marci Procurator amplissime, non una existit causa. Plura in primis te ornant, antiquissimi generis nobilitas, majorum illustrium non exiguus numerus, et dotes ac prærogativæ potissimum propriæ tuæ, quæ te clarissimorum majorum non degenerem, sed imitatorem gloriosissimum exhibent, adeo ut, si ab illis omni decore affluentibus ad te ornandum quidquam hauris, multum in te etiam sit, unde ad illos redundet. In gravissimis enim atque difficillimis muneribus publicis tibi creditis, non solum Verona, Brixia et Palma, quibus multos annos præfuisti, tuam diligentiam, prudentiam, æquitatem, justitiam, humanitatem, constantiam, munificentiam, ac religionem, religionisque sartæ tectæ servandæ studium, et in officii præsertim rebus gerendis indefessam operam, insignemque non tam laboris patientiam, quam periculorum, ubi opus esset, contemptum admiratæ sunt; verum etiam Anglia, ubi honorificentissima reipublicæ legatione extra ordinem nuperrime functus es. Hinc quidem eadem Respublica, quæ benemeritissimis civibus quædam perillustria reservavit insignia, rerum a te præclare gestarum duplex testimonium dedit. Post exantlatos enim labores Veronæ, Brixiæ et Palmæ, te procuratorem ædis S. Marci (quo honore, si summus principatus excipiatur, nullus est major,) magno omnium consensu et plausu creavit. Cum porro te extraordinaria legatione summa cum laude perfunctum a Magnæ Britanniæ rege in amplissimum Equitum ordinem relatum, perhonorificoque diplomate commendatum accepit, alterum hunc honoris gradum gratulabunda approbavit eo decreto, quo novum tuorum meritorum testimonium declaratum voluit. Hæc omnia tanta ac tam splendida lateque fulgentia sunt non solum honoris, verum etiam auctoritatis nomina, ut Ratheriana isthæc editio (nisi aliquid aliud proprius præsto esset), tibi nuncupata et commendata prodiens in lucem, magnum sibi ex te non modo splendorem, sed patrocinium etiam posset jure ac merito polliceri. At non desunt alia et nostrum et ipsius editionis propria. Jam ab eo tempore, quo præfectus et proprætor nostram hanc Veronensem civitatem gubernandam suscepisti, ita nos pluribus humanitatis tuæ officiis obligasti, ut publicum aliquod grati animi et obsequii nostri testimonium tibi præstandum censuerimus, cum opportuna sese offerret occasio. Hac autem editione nihil aptius atque opportunius accidere potuit. Sicuti tu optimis studiis delectatus, quorum causa selectam insigniorum librorum bibliothecam, non mero ornatui, sed tuo studio destinatam construxisti, et in dies itidem auges, præcipuum cum in eadem studia, tum in ipsorum studiorum cultores ostendisti amorem; ita nos tuam in nosmet, et in nostras litterarias curas propensionem atque favorem pluries experti sumus. Cum vero inter cætera studia illud, quo maxime afficeris, sit studium rerum medii ævi, atque eorum præsertim librorum qui ad historiam civitatem dominii Veneti illustrandam conferunt; primum in Angliam proficiscens, mox inde rediens reversurus in patriam, hac pertransiens quæsisti a nobis quandonam Ratherii prodiret editio, in qua plura de Verona, ac de aliis obscurissimis ejus ætatis gestis contentum iri intelligebas. Hanc itaque editionem, pro qua tantam humanitatem et desiderium quoddam demonstrasti, cum tibi non ingratam futuram confidimus, tum vero ea, si tibi offeratur, nihil aptius fore existimavimus ad publicum atque

PATROL. CXXXVI. 1

perpetuum non minus tuorum officiorum in nos, quam grati animi erga te nostri documentum præstandum, et futuris quoque ætatibus relinquendum. Accipe itaque hoc qualecunque munusculum nostrum: quod si minus dignum videtur amplitudine tua, ipsam tamen ejus tenuitatem, ut speramus, humanitatis erga nos tuæ magnitudo sublevabit. Te postremo rogatum volumus, ut, si nos eam tibi, quam debemus et possumus, hujus editionis nuncupatione præstare observantiam perspicis; tu nos eo, quo jamdiu instituisti, favore ac patrocinio prosequi ne desinas.

# PRÆFATIO IN EDITIONEM OPERUM RATHERII.

I. [1] Post editionem operum duorum episcoporum Veronensium, nimirum S. Zenonis, qui quarto, et Joannis Matthæi Giberti, qui sexto decimo sæculo floruit, nostras curas et cogitationes rapuit collectio et editio Operum Ratherii nostri item Veronensis episcopi, qui etsi decimo sæculo, omnium corruptissimo et obscurissimo, vixerit, ita tamen probitate morum, disciplinæ zelo, studiis litterarum omnique scientiarum genere claruit, ut inter ejusdem sæculi scriptores celeberrimus et laudatissimus sit. Quantum hoc tempore grassata fuerint vitia, quantum ignorantia mentes hominum occuparit, notissimum est. Hinc non pauci heterodoxi occasionem sumpserunt insultandi Ecclesiæ, ac si per offusas hujus sæculi tenebras ecclesiastica disciplina maxime fuerit corrupta, et antiqua fidei puritas defecerit: cum nemo, inquiunt, grassantibus undique malis, occurreret ignorantiæ scilicet et effreni licentiæ. Quod præjudicium Ecclesiæ injuriosum ut refellatur, etsi negari non possit, hoc sæculo inter crassissimas [11] ignorantiæ tenebras mores fuisse corruptissimos; probari tamen potest non omnia ita tunc fuisse depravata, ut defuerint in Ecclesia viri et morum sanctitate, et doctrina præstantes, qui vitiis debacchantibus obviam irent, et puram fidei doctrinam ab antiquis acceptam integram custodierint atque tradiderint. Hac de causa auctores hujus sæculi ecclesiasticos in lucem proferre, eorumque gesta et opera accurate illustrare publicæ rei maxime expedit. Cum vero Ratherius inter hos præcipue floruerit, plurimum laudis debemus iis qui quædam ipsius opuscula e bibliothecis in quibus latebant excerpta edidere. Nunc vero ea quæ hic et illic separatim impressa atque dispersa sunt, in unum corpus colligere, et quæcunque alia inveniri possint nondum edita addere; omnia autem auctoris Vita et notationibus illustrare, ut nobis faciendum sumpsimus, majori multo utilitati futurum, et a studiosis viris probatum iri confidimus

## § I.
*De celebritate auctoris, ac de Operum ejus utilitate atque præstantia.*

II. De Ratherii moribus ac severiore vitæ ratione, quæ ad scriptoris ecclesiastici nomen auctoritatemque commendandam plurimum confert, in ejus Vita post hanc præfationem subjicienda erit sermo. De ipsius autem celebritate ob insignem doctrinam, qua máxime nobilitatus est, in præsentiarum agendum. Testes proferemus ejusdem ævi scriptores, qui vulgatæ opinionis ac famæ fidem faciunt, ut ne opus sit testimonio posteriorum, qui eadem ab illis hausta repetunt. Audiendus in primis Everaclus, Leodicensis episcopus, qui in epistola ad nostrum Ratherium, ipsum his verbis alloquitur: « Quis est vobis aut sapientia, aut probitate, aut optimarum artium studio, aut innocentia, aut ullo laudis genere præstantior? » Nec absimiliter duo coævi quoque auctores, Rotgerus in Vita S. Brunonis archiepiscopi Coloniensis, num. 34, et Fulcuinus de Gestis abbatum Lobiensum [III], cap. 23, iisdem omnino verbis, quæ alter ab altero mutuatus est: « Propter abundantem doctrinam et eloquentiam copiosam, qua inter sapientissimos florere visus est, non eidem solum Ecclesiæ cui præfuit, sed et multis aliis circumquaque valde proficuum fore putatum est. » Liutprandus diaconus Ticinensis, postea vero Cremonensis episcopus, Ratherio item synchronus, lib. III Hist., cap. 11: « Venerat autem (in Italiam) cum præfato Hilduino monachus quidam, Ratherius nomine, qui ob religionem septemque liberalium artium peritiam Veronæ episcopus constituitur. » Hinc factum est ut vulgo appellaretur *litteratus* (*Itiner.* n. 2), seu, ut alibi traditur (*Discord.* n. 7 et *Phrenes.* n. 11), *toto sæculo*, id est ubique, ejus *sapientia prædicaretur*.

III. Ne vero hæc gloriosius dicta credantur quam verius, animadvertendum est eum a pueris sese totum litterarum studiis devovisse. Non solum auctoribus sacris studium impendit, verum etiam profanis historicis, oratoribus, poetis, atque philosophis. Hac de causa quæstiones aliquot ipsi propositæ fuerunt primum a Mediolanensibus, deinde a Rotberto archiepiscopo Trevirensi, quæ ex profanis auctoribus dirimendæ erant, ut ex epistola ad ipsum Robertum explorate didicimus. Eamdem in antiquis profanis scriptoribus peritiam opera quæ supersunt satis demonstrant, cum non solum eos identidem alleget, verum etiam sæpius absque ipsorum mentione versus et sententias inserat, eorumque veluti lingua ac formulis utatur. Huic autem studio vacavit ante episcopatum. « Infulatus vero (inquit in laudata ad Robertum epistola), illud statim desii agere, injunctum mihi hoc officio cogitans, in Dei agere, injunctum mihi hoc officio cogitans, in Dei potius lege die ac nocte meditari debere. » Quare ad sacrarum Scripturarum, ad sanctorum Patrum et canonum studium se totum convertit, profanaque eruditio qua ditatus erat, uti Israelitæ ex Ægyptiorum spoliis profecerant, tanto ipsi utilior fuit quanto eam in meliorem usum traduxit.

IV. Mirum vero dictu est quantus in lectione esset, adeo ut de eo dici possit verissime antiquos scriptores nocturna versasse manu, versasse diurna. Hinc critici ejus censores id ipsi vitio dabant in *Qualitatis conjectura*, num. 2 : *Nasum semper tenet in libro*; et num. 5 : *Quo* [IV] *citius valet, diversorium repetit, librum receptat*.... *Solus, si liceret, tota die sederet, libros versaret vel reversaret*. Quæcunque autem legeret, adeo retinebat memoria, ut prolixissimos textus iisdem verbis in sua opera identidem inseruerit sine ipsorum librorum subsidio. Id nobis manifeste patuit ex libris præsertim Præloquiorum. Etsi enim hoc eximium et valde prolixum opus lucubrarit eo tempore quo in carcere Papiensi inclusus libris carebat, nihil tamen in eo nisi ex dictis et doctrina Scripturarum potissimum ac sanctorum Patrum explicare voluit; et integra nonnunquam capita ex istis memoriter excerpta descripsit. Hæc autem nos conferentes cum ipsis Patrum libris, mirati sumus etiam atque etiam vehementer, verba plerumque respondere verbis, ac si excodice ea transcripsisset. Fatemur vero aliquando, sed rarius, nonnullas voces aliquantulum variare retento sensu : quod tamen eum non ex libro, sed e memoria textum eruisse confirmat. In illis quidem carceris angustiis, ac in ea præsertim librorum privatione, quam loco allegato semel iterumque testatur, etsi fieri forsitan potuisset ut unum vel alterum librum ab aliquo commodatum acciperet; idem tamen de tam multis tot auctorum voluminibus, quorum recitat verba, intelligi penitus nequit.

V. Qui non prima tantum ætate, sed ad decrepitam usque tam sedulam lectioni operam dedit, ea quæ tam sedulo legerat, ob felicitatem memoriæ, quotiescunque opus esset, semper habebat in promptu. De sacrorum librorum atque sanctorum Patrum usu nihil opus est dicere, cum frequentissima ipsorum testimonia quibus ejus opera referta sunt, apertissime prodant; adeo ut ambigere liceat num alius quivis hujus ævi scriptor hac in parte Ratherio præstet, aut cum Ratherio comparari queat. Neque minus versatus agnoscitur in studio canonum. Quo magis eos sua ætate neglectos videbat, hominesque sine ulla formidine atque scrupulo ipsorum præceptis contraire, eo magis eorum meditatione delectatus nitebatur, ut ipsorum observantiam cultumque restitueret. Huc plura ejus [V] opera ex proposito diriguntur. Quod si apocryphos quandoque canones aut Romanorum pontificum constitutiones supposititias laudat, ut cæteri tum solebant, id conditioni ejus temporis, quod penitio-ris critices arte carebat, tribuendum et condonandum est.

VI. Episcopus tanto sacrarum Scripturarum, Patrum et canonum studio usuque imbutus, doctrinam ac disciplinam valde puram iisdemque fontibus congruentem profitebatur. Occurrunt identidem in ejus operibus catholica dogmata, eademque traditionis sæculi decimi perillustria testimonia suppeditant. Præclara in primis sunt illa quæ de reali præsentia corporis et sanguinis Domini in Eucharistiæ sacramento duobus præsertim in opusculis (*epist.* 1 et *Confess.*) late constituit, adeo ut ejus dogmatis traditio maxime comprobetur ex eo ipso scriptore, qui a nonnullis heterodoxis horum operum ignaris in sui erroris patrocinium traducebatur. Non pauca de libertate arbitrii, de necessitate et efficacia divinæ gratiæ, ac de peccato originali in Augustini plane sententiam multis in locis inspersit. Nonnulla de cultu et invocatione sanctorum, de traditionis necessitate et usu, de insolubili matrimonii vinculo, de peccatorum mortalium et venialium discrimine, de confessione, de cœlibatu sacrorum ministrorum, de purgatorio, de suffragiis pro animabus defunctorum, de æternitate pœnarum in inferno, ac de aliis catholicis dogmatibus occurrunt. In Præloquiorum libris quidquid circa religionis mysteria tradit (*lib.* III *in fin.*), symboli sancto Athanasio inscripti, et sancti Augustini doctrinæ consentaneum exhibet. Adeo vero sanam Ecclesiæ doctrinam præfert, ut eos acriter impugnet, qui illam aliquot erroribus infuscare aut impetere nisi sunt. Duo autem ejusmodi errores decimo sæculo exorti, vel renati, et naviter a Ratherio perstricti, commemorandi sunt : alter cujusdam, qui sanctos in cœlo gaudere quidem fatebatur, cum Christo vero nec regnare, nec regnaturos contendebat : alter nonnullorum, qui in hisce partibus, ob ignorantiam potius quam ob malitiam, veterem Anthropomorphytarum [VI] hæresim propugnabant. Vide librum quartum Præloquiorum, num. 15, et sermonem de Quadragesima secundum, num. 29 et seqq. Cum Dei cultum purum expeteret, in nonnullas superstitiones quæ serpebant invehere non destitit. Multa addi possent de iis quæ ad notitiam conferunt morum hujus temporis et disciplinæ. Insignes hoc in genere inter cæteros sunt memorati Præloquiorum libri. Sic enim in ipsis cujusque ætatis, sexus et conditionis homines instruit, ut singulorum vitia detegat et officia præscribat. Plures alii libri cleri reformationem respiciunt, adeo ut ex nullo alio magis quam ex nostro scriptore decimi sæculi disciplina erui possit. Illud etiam accedit quod Veronensium rerum historia ejusdem decimi sæculi ex alio fonte derivari nequeat, ut marchio Scipio Maffeius rectissime monuit.

§ II.
*De Ratherii operibus antea vulgatis, et de editionibus, quibus inveniuntur sparsim inserta. De ineditis quæ hac in editione accedent. De operibus quæ adhuc desiderantur, nec non de aliis Ratherio attributis.*

VII. Non pauca quidem nostri scriptoris opera antea vulgata fuere, sed separatim in varias collectiones Ratherii Veronensis quidem Ecclesiæ episcopi, sed inserta atque dispersa ; quod quanti incommodi sit nemo non videt. S. Ursmari Vita, quam ab Ansone abbate obscurius scriptam Ratherius explicatiorem reddidit, primum prodiit opera Laurentii Surii in Vitis Sanctorum mensis Aprilis.

VIII. Joannes Chapeauvillius tomo primo Gestorum pontificum Tungrensium anno 1613 e ms. codice monasterii Lobiensis in Belgio tres Ratherii epistolas vulgavit: unam ad Joannem summum pontificem, alteram ad omnes Italiæ, Germaniæ et Galliæ episcopos, ad Brunonem postea archiepiscopum Coloniensem tertiam ; addiditque aliam Everacli episcopi Leodicensis ad ipsum Ratherium.

IX. Dein P. Lucas d'Achery, qui e diversis ms. exemplaribus [VII] plura opera inedita diligentissime excerpsit, et in Spicilegio edidit, Laudunensem codicem nactus in Galliis, qui aliquot Ratherii opuscula nondum impressa continebat, hæc ex eodem produxit in lucem tomo ejusdem Spicilegii prioris editionis secundo, quæ his titulis inscribuntur.

De contemptu canonum partes duæ.
Conclusio deliberativa Leodici acta.
Qualitatis conjectura.
Discordia inter Ratherium et clericos.
Apologeticus liber.
De clericis rebellibus.
Ex abbatiola Magonziani amandatis monachis clerici subrogantur.
De nuptu cujusdam illicito.
Epistola ad Martinum.
Alia ad Romanam Ecclesiam.
Synodica ad presbyteros, etc.
Itinerarium Ratherii Romam euntis.
Sermo valde prolixus de Quadragesima.
Contra reprehensores ejusdem sermonis.
Sermo secundus de Quadragesima.
Sermones de Pascha I et II.
Alius de Octavis Paschæ.
Alius post Pascha.
De Ascensione duo.

Hæc ex uno Laudunensi codice P. Lucæ d'Achery præsto fuerunt. Interseruit autem eodem in tomo tres alias epistolas a Chapeauvillio vulgatas, quas non ex Laudunensi codice, sed ex ipsius Chapeauvillii editione ipsum sumpsisse deteximus ; cum easdem lectiones, eosdem errores ac lacunas easdem præseferant. Secundo tomo jam impresso, sed nondum edito, alia Ratherii opuscula Caroli Boesmani sumptu e Lobiensibus manuscriptis transcripta idem Acherius accepit, quæ tomo tertio sese editurum in ejusdem tomi secundi præfatione pollicitus est. Quænam vero hæc opuscula sint, in elencho ipsius secundi tomi his verbis [VIII] exponit : « Alia sunt Ratherii opuscula inedita, scilicet sermones duo de Pentecoste, de Maria et Martha, de proprio lapsu (videndum num hic diversus sit ab eo quem edidimus inter sermones de Pascha), de otioso sermone. Præterea Meditationes cordis in exsilio cujusdam Lobiensis monachi, quas in sex digestas libellis volumen censuit appellari Præloquiorum, eo quod quoddam præloquantur opusculum, quod vocatur Agonisticum ; Epistolæ duæ ; liber De corpore et sanguine Domini constans nonaginta novem capitulis. »

Hæc cum scripsit in elencho, ipsa profecto opuscula vel nondum acceperat, vel non expenderat ; quæ si legisset, opusculum De proprio lapsu diversum esse a sermonibus De Paschate perspicue deprehendisset. Librum De corpore et sanguine Domini Ratherio perperam attributum paulo post demonstrabimus. Nihil porro ex his quæ Acherius tomo tertio imprimenda promiserat, eodem tomo typis dedit. Unam tantum Ratherii epistolam ad Patricum produxit tomo duodecimo. In novissima autem et emendatiori ejusdem Spicilegii Acheriani editione Parisiensi anni 1723, ea quæ Acherius secundo et duodecimo tomo ediderat, novis et diligentioribus curis Ludovicus Franciscus Joseph de la Barre rursum producens, alia emendare, alia illustrare studuit : eaque recusa leguntur tomo primo, pag. 345 et seqq.

X. Bartholomæus Campagnola, archipresbyter S. Cæciliæ, dum anno 1728 Veronæ impressit librum Juris civilis urbis Veronæ, addidit in fine Ratherii opusculum, seu potius fragmentum opusculi De vita et translatione S. Metronis, nec non epistolam ejusdem Ratherii cum alterius epistolæ fragmento ad Manassem, ut putavit (legendum ad Milonem), episcopum, quæ ipsius auctoris manu exarata in duobus nostræ capitularis bibliothecæ codicibus reperit.

XI. P. Bernardus Pez in Dissertatione isagogica tomo I Thesauri Anecdotorum præmissa, mentionem fecerat antiqui libri capituli Frisingensis in Bavaria, qui non pauca nostri scriptoris opera et epistolas exhibet. Idem vero quædam tantum exinde excerpsit, et anno 1729 publici juris fecit tom. VI Thesauri, cui volumini [IX] etiam separatim vulgato Codicis diplomatico-historico-epistolaris epigraphen indidit. Quæ autem edidit hæc sunt :

Ad ecclesiæ suæ clericos, de iis qui a sedis suæ invasore ordinati sunt.
Epistolæ ad Ambrosium, ad Adeleidem Augustam, et ad Nannonem.
Testamentum, et fundatio atque dotatio clericorum ecclesiæ Veronensis, quam Judicati titulo in nostra hac editione donaturi sumus.

XII. Lobiensium manuscriptorum apographum, quod ad Acherium missum indicavimus num. 9, in Sangermanensi bibliotheca ab eodem relictum, Patribus Edmundo Materne et Ursino Durando usui fuit. Ex ipso enim illi tomo IX Amplissimæ veterum scriptorum et monumentorum Collectionis an. 1733 ediderunt ejusdem Ratherii sex Præloquiorum libros, ac epistolas tres, unam Widoni ac Sobboni archiepiscopis, etc., alteram Rotberto item archiepiscopo, ac ad omnes fideles tertiam. Eodem præterea tomo in calce operis Paschasii Ratberti De Corpore et san-

*guine Domini* typis dedere quoddam additamentum ex manuscripto Lobiensi, quod a nostro auctore, ut nobis quidem videtur, lucubratum, in editione Operum ipsius haud omittendum credidimus. Ratherii itaque Opera, hactenus separatim impressa, sex aut potius septem editorum diligentia prodierunt; ex quo fit ut tanti viri studiosis opus sit sex diversi generis editiones sibi comparare atque consulere. Hinc collectionis omnium ejusmodi operum utilitas, ne dicamus necessitas, facile perspicitur; cum praesertim accidere soleat ut ex uno opere alterius indulgentia pendeat, ac ex collatione omnium quanti sit auctor aestimetur.

XIII. Cum porro in collectione et editione operum cujusque auctoris non tam desiderentur antea edita et in variis voluminibus dispersa quam quae nondum impressa fuerunt, alia atque alia Ratherii opera, si quae aliorum diligentiam effugerint, inquirenda censuimus. [x] Igitur de ipsius auctoris codicibus solliciti, in quatuor tantum bibliothecis manuscriptos libros, qui aliqua Ratherii opuscula continerent, invenire nobis innotuit. Unus custoditur inter codices Laudunensis Ecclesiae, de quo haec Acherius in praefatione tradidit : « Caeterum de codice Ratherianorum operum, Anselmi decani tempestate eleganter exarato, sed mendis plurimis foedato, qui olim e bibliotheca B. Mariae Laudunensis fuerat subreptus, ac tandem restitutus, gratias ago cl. V. Antonio Bellotte. » Cum Ratherius post dimissum Veronensem episcopatum Lauduni fuerit, ibidemque aliquandiu immoratus, die S. Stephani sermonem habuerit in capitulo monialium (*Praeloq.* l. v, c. ult.) ; hoc forte tempore idem codex ex ipsius auctoris autographo a minus perito librario non sine mendis exscriptus fuit. Quaecunque opera in hoc ms. exemplo continentur, post tertiam Ratherii restitutionem in suam Veronensem cathedram lucubrata deprehendimus. Nihil in hoc exemplo invenitur quod ab Acherio editum non fuerit.

XIV. Ad idem quoque tempus pertinent omnia quae in ms. libro Frisingensi describuntur. Hunc, quem septingentorum annorum esse testatur P. Pez, Joseph Frisingellus presbyter Roboretanus, optimarum litterarum studiosissimus, dum Frisingae apud amicum suum hospitaretur, eodem adjutore, prout brevi spatio licuit, celeriter exscribendum curavit. Ex hoc autem apographo, quod nobis praesto fuit, cognovimus, pleraque sane quae in Frisingensi continentur, edita fuisse partim ab Acherio, qui eadem in ms. Laudunensi nactus fuerat, partim a laudato P. Pez. At quinque opuscula, quae nondum in lucem prodierant, ibidem invenimus, nimirum *Decretum de clericis ab invasore ordinatis*, duos tractatus *De proprio lapsu*, et *De sermone otioso* ; ac sermones duos, unum *De Pentecoste*, alium *De Maria et Martha*. Cum porro ex P. Bernardo Pez didicerimus in laudato codice reperiri etiam opusculum *De translatione corporis S. Metronis*, cujus fragmentum tantummodo, ut monuimus, Bartholomaeus Campagnola ex Veronensis capituli exemplo vulgaverat; Frisingellus autem, nescimus quo casu [xi], in codice Frisingensi haudquaquam invenerit, solumque titulum in apographo exhibuerit; nos sperantes fore ut integrum ibidem reperiri posset opusculum, egimus cum nobilissimo patricio nostro comite Joanne Baptista de Veritate, qui e serenissimae Bavaricae familiae aula Veronam digressus, in eamdem aulam erat rediturus, et ab eodem petivimus efficeret ut ipsum codicem diligentiori cura quispiam peritus evolveret, expetitumque opus, si inveniretur, exscriberet. Virum nacti sumus litterarum studiosissimum, qui cum hanc Ratherii editionem maxime probaret, tum vero eidem omnem opem praestaturus, Francisco de Werdenstein episcopo Tenariensi, ac eminentissimi Frisingensis episcopi suffraganeo, amicissimo suo, optimorumque studiorum amantissimo id negotii commendavit, in quod cum is omnem diligentiam contulisset, opusculum integrum et accurate transcriptum accepimus. Aliud quiddam in eodem codice animadvertendum. Post Ratherii opera pagina alba relicta, hic tantum titulus praefertur : *Praedicationes in quibusdam festis*. Aliquot autem sermones subjiciuntur, qui ex. S. Gregorii verbis hinc inde excerptis compacti, a Ratheriano stylo et consuetudine alienissimi sunt. In his unus est de sanctis Firmo et Rustico ; ex S. Gregorio similiter concinnatus, quem exempli gratia in Appendice edemus. Videsis Admonitionem eidem sermoni praefixam.

XV. In mss. codicibus capituli Veronensis Ecclesiae, in qua Ratherius pleraque opuscula scripsit; mirum dictu! praeter ea pauca quae vulgavit Bartholomaeus Campagnola, nihil reperire licuit. Sed ille tertio Verona decedens, huc amplius non reversurus, sua opera secum videtur detulisse.

XVI. Cum vero in suum Lobiense coenobium, in quo monasticam vitam professus fuerat, sese aliquando receperit, pleraque ipsius opera in ejusdem monasterii codicibus inventum iri sperabamus, ex quibus potissimum eorumdem operum mentionem faciunt Fulcuinus abbas Lobiensis, Anselmus canonicus Leodiensis, Sigebertus Gemblacensis, et Aegidius de Leodio [xii]. Hac spe illectus marchio Scipio Maffeius, qui hanc Ratherianorum Operum collectionem maxime expetebat, eruditum iter Belgicum agens, a reverendissimo Theodulfo abbate, quem Laubii frustra quaesitum Bruxellis reperit, etiam atque etiam petiit ut Ratherianorum codicum sui coenobii accuratam notitiam Veronam transmitteret. Maffeio autem Veronam reverso, cum ineditorum exemplum praecipue desideraretur vulgatorum et eorum quae ex Frisingensi codice nondum vulgata habebamus in manibus, indicem ad eumdem abbatem misimus, ut, cognitis quae nobis praesto erant, ea quae deessent facili negotio discerni possent, eademque ut diligenter transcriberentur postulavimus. Verum cum incendium olim hoc celebre monasterium vastasset, plures codices consumpti : ac pro'nde pauci admodum Minoritæ cujusdam diligentia e flammis subducti supersunt, ut Antonius Sanderus tradidit (*Biblioth. Belgic.*, pag. 293). Plura ille transcripta misit, inter quæ duo tantum Ratherii opera nondum vulgata exhibuit, nimirum sermonem *De Cœna Domini*, et librum *Confessionis* ejusdem Ratherii : cætera vero, quæ simul accepimus ; etsi antea edita, emendandis tamen aliquot locis profuerunt.

XVII. Hac vero diligentia non contenti, cum laudato comite Joanne Baptista de Veritate egimus ut reverendissimum abbatem Paulum du Bois, qui Theodulfo memorato successit, ad novum et diligentius Lobiensium codicum examen per litteras excitaret. Annuit idem abbas, et post exactiorem inquisitionem rescripsit tria nunc manuscripta exemplaria in ea bibliotheca reperiri, quæ aliqua Ratherii opera continent. Unum in folio, ex quo sub Theodulfo abbate exscriptus fuit indicatus sermo *De Cœna Domini*. Iste autem codex ille est qui plura continet sanctorum martyrum acta, et alia nonnulla ad Veronam pertinentia : cumque is Ratherii manu scriptus crederetur, non defuerunt qui Ratherium quorumdam etiam actorum suspicarentur auctorem. Nos vero etsi ipsum codicem inspicere, characteremque cum Ratheriano, qui in aliquibus capituli Veronensis exemplis certus [XIII] Ratherii character est, conferre nequivimus ; cum tamen manu ipsius episcopi exaratum haudquaquam putamus. Acta certe sanctorum Firmi et Rustici, et nonnulla alia quæ ad Veronam spectant, non Ratherium, sed alios atque alios habent auctores. Etenim illa acta in aliis quoque Ratherio vetustioribus codicibus reperiuntur. S. Zenonis Veronensis episcopi Vita a Coronato notario, qui Ratherium duobus saltem sæculis præcessit, scripta fuit. Idem dicendum de rhythmo qui Veronæ laudes præfert: ab anonymo enim, qui Pippini Italiæ regis ætate vixit, lucubratus fuit. Ejusdem generis et ætatis esse videtur icnographia ejusdem urbis, quæ ipsi rhythmo subjicitur, et a Joan. Baptista Biancolino ex eodem codice nuperrime edita est (*De' vescovi e governatori di Verona*, pag. 55). Similiter opuscula et acta hujus generis alia vel ex ipso stylo a Ratherio aliena, et in aliis antiquis exemplis inventa, atque etiam typis impressa, amanuensem Ratherio supparem referunt, cui cum Ratherii sermone *De Cœna Domini* quædam Veronensia documenta a Ratherio forsitan Verona Laubium allata contigit reperire, hæcque una cum aliis aliorum opusculis Vitisque sanctorum in codice describere placuit. Secundus codex formæ minoris in quarto sex prolixiores Ratherii libros complectitur inscriptos *Meditationes cordis*, etc., seu *Præloquia*, cum duabus epistolis, una ad Widonem et Sobbonem, altera ad Rotbertum, quæ omnia ex apographo ad Acherium misso PP. Martene et Durandus publici juris fecisse observavimus. Librum tandem *Confessionis*, a reverendissimo abbate Theodulfo acceptum, conservatum deteximus in tertio codice, qui item epistolas Ratherii continet, quas Chapeauvillius vulgavit, nec non illam ad Patricum ab Acherio editam, et aliam ad omnes fideles, quam ex hoc eodem codice PP. Martene et Durandus impressere. Hic porro codex præter ineditum librum *Confessionis*, reverendissimi Patris abbatis Pauli du Bois diligentia, aliud ineditum opusculum suppeditavit, nimirum *Phrenesim*, quæ olim a Fulcuino, postea vero ab Antonio Sandero laudata (*Biblioth. Belgic.*, p. 303), in desiderio erat. Ex hactenus dictis novem esse [XIV] Ratherii opuscula, quæ in hac collectione primum lucem aspicient, exploratum est.

XVIII. Alia vero quorum aliquam apud scriptores mentionem invenimus, quacunque diligentia adhibita nullibi reperire licuit. Horum autem recensio in hac præfatione haud omittenda est. Ipse Ratherius in epist. 3, ad Rotbertum archiepiscopum, num. 1, opusculum memorat abs se scriptum antequam episcopus fieret, quo Mediolanensium quæstiunculis respondit iis plane similibus quas Rotbertus proposuerat. Has ad profana studia pertinuisse, quéis post episcopatum renuntiaverat, colligere licebit ex eadem epistola, in quam vide notationes quartam et quintam. *Aliud volumen* laudat libro sexto Præloquiorum, cap. 7, in quod cujusdam philosophi sententiam inseruerat. Hoc autem num idem sit cum præcedenti, an distinctum et æque deperditum, non liquet. De voluminibus duodecim quæ auctor memorat in proœmio ad Phrenesim, vide quæ fusius animadvertemus in Vita ejusdem, § 10, num. 61.

XIX. Fulcuinus de Gestis abbatum Lobiensium, cap. 20, Ratherii opus De arte grammatica *Sparadorsum* inscriptum itemque deperditum commemorat, cujus scribendi locum et occasionem refert his verbis : « Cum in ea parte Burgundiæ quæ Provincia dicitur mansitaret, filium cujusdam viri ditissimi nomine Roestangnum ad imbuendum litteris postulatus recepit ; ad quem librum de arte grammatica conscripsit, quem librum gentilitio loquendi more *Sparadorsum* vocavit, pro eo quod qui scholis assuesceret puerulus, dorsum a flagris servare posset. » Apud Acherium habetur *Sperardorsum*. Melius Valerius Andreas in Bibliotheca mss. Belgii tom. 1, pag. 303, et Aubertus Miræus in scholiis ad caput 127 Sigeberti in Fulcuini codice legerunt *Sparadorsum* a voce antiqua Germanica *sparen*, quæ significat *parcere*, Italis *risparmiare*, ut monuit Muratorius tom. II Antiq. Italic., col. 1281. Hoc vero opus scriptum fuisse aliquanto post annum 940, quo auctor ab exsilio Comensi solutus in Provinciam secessit, patebit ex dicendis in Vita ejusdem, § 6.

XX. *Chronographiam Ratherii*, qua tum se, tum alios perstringens [XV], intactum deseruit neminem, ipse auctor duobus in operibus allegat, videlicet in Qualitatis conjectura num. 2, et in Itinerario num. 8. Aubertus Miræus hujus Chronographiæ exemplum in codicibus bibliothecæ Gemblacensis se vidisse tradit in scholiis ad caput 127 Sigeberti De viris illustribus. Verum ea quoque bibliotheca incendio consumpta hujus exempli desiderium reliquit. In itinere quidem litterario quod a duobus monachis S. Mauri habitum, Parisiis editum est anno 1717, cum post mentionem ejus incendii quod triginta ante annos eam bibliothecam absumpserat, quædam Ratherii opera ex eo erepta tradantur part. ii, pag. 202, ne cui diligentiæ parceremus, Gemblacensis cœnobii œconomum rogandum curavimus ut videret num hæc forte Chronographia inter codices e flammis sublatos reperiretur. Respondit vero die 20 Martii anni 1761 nihil ejusmodi inveniri potuisse. Quidam suspicati sunt hanc Ratherii Chronographiam esse fortassis eam *Invectivam*, cujus prima periodus *chronographum* nominat. Sed ii unum *Invectivæ* titulum, et primæ periodi prima verba apud P. Bernardum Pez viderunt. Qui autem ipsum *Invectivæ* opusculum leget, quod integrum nunc edetur, hoc de S. Metrone ac de ejus corpore, Veronensibus, ut credebatur, subrepto, agere intelliget, quod ab indicata Chronographiæ Ratherianæ materie atque ratione maxime discrepat. Confer quæ de hoc opere addemus in notis ad Qualitatis conjecturam.

XXI. Extremo Veronensis episcopatus tempore, seu anno 968, Ratherius multis exagitatus molestiis, cum ad episcopatum dimittendum et ad monasticam vitam repetendam sese vehementius exstimulatum sentiret, librum direxit ad Fulcuinum abbatem Lobiensem, quem « prætitulavit *Conflictus duorum*, pro eo quod in eodem disputans, utrum reverteretur necne, anxius fluctuaret (Fulcuin. *de Gest. ab. Lob.*, c. 28). » Neque hunc librum uspiam invenire potuimus.

XXII. Ex epistolis Ratherii quarum aliqua mentio est duæ desiderantur, una ad Frodoardum Remensem, qua ad ipsum misit Præloquiorum libros, ut laudatus Fulcuinus tradit c. 20, altera ad Everaclum episcopum [xvi] Leodicensem, cujus hic in responsione inter epistolas afferenda loco ultimo meminit. Inter ea inedita Ratherii opuscula quæ P. Lucas Acherius in elencho tomi secundi commemoravit, nullum nobis defuit nisi unus e duobus sermonibus de Pentecoste, quem frustra in mss. Lobiensibus, e quibus omnia ea opuscula videtur accepisse, inquirendum curavimus.

XXIII. « Alia quamplura » eumdem scripsisse idem Fulcuinus testatur c. 25. Cum vero is inter ipsius opera quæ singillatim nominat, duodecim ex his quæ nobis præsto sunt, ac plures etiam epistolas quas nacti sumus, silentio præterierit, non solum hæc *complurium* nomine intelligere potuit, verum etiam alia non pauca, quorum memoria temporum vicissitudinibus interierit. Hominem quidem omnium ejus ætatis studiosissimum, qui tota fere vita in libris versatus est, alia multa lucubrasse nihil dubitandum videtur.

XXIV. Sigebertus de Script. eccles. c. 127, ex quo alii idem sumpserunt, Ratherio tribuit librum De corpore et sanguine Domini, nec non aliud De prædestinatione Dei. Sed « vereor, inquit Mabillonius, ut Ratramni libros Ratherio imputet (*Act. SS. Ord. Bened. Sæc. V*, in Ratherio, n. 20). » Et jure quidem. Cum enim hæc duo ejusdem argumenti opera Ratramni certa sunt; tum vero nullum de ipsis uti a Ratherio scriptis indicium est apud coævum scriptorem Fulcuinum, qui in catalogo operum Ratherii alia inferioris notæ ejusdem opuscula memorat. Esto nonnulla quædam breviora prætermiserit, ea tamen satis complexus vel in epistolis, in quibus una ad Patricum de Eucharistia ex proposito disserit, vel in iis verbis *et alia quamplura*. Nunquid vero ex illis duobus et prolixioribus et insignioribus ne unum quidem attigisset, si Rätherium novisset auctorem? Adde quod Ratherius, quibusdam peculiaribus et abstrusioribus titulis delectabatur, cum duo illi simplices et obvii sint. Sigebertum profecto hac in re errore aliquo abreptum nihil ambigimus. Cum eadem duo opera capite 95 ascripserit Bertramno (sic enim corrupte Ratramnus scribi cœperat), varia fortassis et abbreviata scriptura codicum deceptus [xvii] fuit. Duo illa certa Ratramni opera simul juncta in codicibus descripta inveniuntur, ut in ms. Lobiensi, quem Mabillonius laudat præfatione secunda in Sæculum IV ord. Bened., n. 83. Cum autem codex quem Sigebertus vidit Bertramnum præferret in titulo, ex quo ea opera Bertramno tribuit; in alio vero codice, qui eadem continebat, pro Ratramno scriptum fortassis esset *Rat.*, uti fieri nonnunquam solebat, nihil ille de mendo scripturæ suspicatus in Bertramni nomine, nec de expendendis conferendisve ipsis utriusque codicis operibus cogitans, incaute ex discrimine scripturæ in auctoris nomine designando diversos auctores atque diversa ejusdem argumenti opera credidit; et Ratramnum non agnoscens, *Rat.* litteras de Ratherio sibi aliunde cognito, qui in utroque argumento æque ac Bertramnus laborarit, interpretatus videtur.

XXV. Erunt fortassis qui existiment Sigeberto suffragari cum codicem ex quo Acherius in memorato elencho tomi secundi inter inedita Ratherii opera retulit librum De corpore et sanguine Domini constantem nonaginta novem capitulis. Hunc sane librum Ratherii nomine inscriptum exhibet ms. codex. Lobiensis, cujus indicem Acherius acceperat, cum laudatum elenchum impressit: hujus enim codicis apographum ad nos missum, idem opus Ratherii nomen in titulo præferens, in totidem capita distinguit. Exstat præterea ms. liber Vaticanus reginæ Suecorum, signatus num. 498, in quo describitur, Relatio Ratherii de quodam Dei servo. Hanc autem *relationem*, quæ ineditum ejusdem opusculum videri poterat, deprehendimus esse particulam laudati operis Ratherio adscripti De corpore et sanguine Domini, quæ in memorato Lobiensi apographo refertur c. 60. Nihil itaque dubitari potest quin aliqua mss. exemplaria librum De corpore et sanguine Domini Ratherio vindicarint et vindicent. Nullum vero, quod sciamus, exemplar aliud quoque opus De praedestinatione Dei a Sigeberto memoratum eidem inscribit; ac propterea aliis manuscriptis, quibus utrumque [XVIII] opus contineretur, Sigebertum usum arbitramur ; erroreque aliquo Ratherio asseruisse quæ Ratramni sunt, probabilius credimus. Quod si illis codicibus qui unius tantum operis De corpore et sanguine Domini Ratherium auctorem exhibent, saltem ex parte usus putetur Sigebertus, id non solum nihil prodesset, sed multo magis obesset, hallucinationemque ipsius multo evidentius aperiret. Error enim ejusmodi codicum in Ratherii nomine ex ipsa laudati apographi Lobiensis lectione nobis manifestissime patuit. Hoc siquidem deteximus esse celebre opus ejusdem argumenti, scriptum non a Ratramno, sed a Paschasio Ratberto, cui quidem ipsum in fine libelli Confessionis asserit idem Ratherius, cum illum suæ Confessioni subjecturus (ut in eodem Lobiensi exemplo subjectum sane legitur) scripsit : « Capitulatim quædam excerpta ex opusculis super hoc cujusdam Paschasii Ratberti absque invidia tibi, quæso, insinuari permitte. » Opus autem quod ibidem subjicitur est illud ejusdem Ratberti De corpore et sanguine Domini. Idipsum vero manifestius cuique patebit, si modo legerit accuratissimam Paschasiani operis editionem apud PP. Martenem et Durandum (t. IX Collect. Veter. Script. col. 374), qui in ea procuranda et illustranda inter cæteros codices eodem Lobiensi usi sunt. P. Acherius cum id opus Ratherio tribuit, solum indicem operum ejus codicis acceperat, in quo illud Ratherio per errorem ascribitur. Patres autem Martene et Durandus cum editioni ipsius operis vacarent, Ratberti opus Ratherio perperam inscriptum in titulo, ex ipsa prooemiali epistola, nec non ex clausula finali, quæ Paschasium Ratbertum in eodem codice præferunt, mendosumque titulum demonstrant, apertissime deprehenderunt, nihilque dubitarunt de Ratberto auctore, cui illud omnes alii codices tribuunt, et olim etiam adjudicaverat Anonymus, uti vocant, Cellotianus a Ludovico Cellotio primum editus in calce Historiæ Gothescalci, tametsi vel Lobiense exemplum, vel aliud simile præ oculis habuerit : id enim opus *ad centum fere capitula prætensum* testatur, quam capitum partitionem [XIX] in solo Lobiensi manuscripto invenire hactenus licuit. Hoc quidem vel aliud simile manuscriptum Lobiense ab eodem Anonymo inspectum ex eo confirmatur quia verus auctor operis a Cellotio editi fuit Herigerus abbas Lobiensis, Ratherio suppar, uti non conjecturis tantum probavit Mabillonius (*Præf. 2 in Sæc. IV Ord. Bened.*, n. 47), verum etiam testimonio codicis Gemblacensis; idipsumque comprobat alius codex apud Oudinum, qui tom. II De scriptoribus ecclesiasticis, pag. 486, eumdem Anonymi Cellotiani librum se vidisse tradit « sub nomine Herigerii ms. in bibliotheca Signiacensi ordinis Cisterciensis in episcopatu Remensi. » Horum duorum codicum auctoritas præferenda videtur codici Gottwicensi, ex quo idem opus a Cellotio vulgatum, Gerberti nomine edidit P. Bernardus Pez tomo I Anecdot. part. II, pag. 132.

XXVI. Hac occasione alius Sigeberti locus expendendus, in quo de hoc Herigero ac de memorato opere scribit : « Congessit etiam adversus Ratbertum complura catholicorum Patrum scripta de corpore et sanguine Domini. » Ita omnes Sigeberti codices, uno Martiniensi, seu S. Martini Lovaniensis, excepto, quem Possevinus laudat (*Apparat. sacr.* t. I), ubi pro *adversus Ratbertum* legitur *adversus Ratherium*. Hanc lectionem veriorem idem Possevinus existimat; ac propterea Oudinus loco paulo ante laudato, et Albertus Fabricius tom. III Biblioth. Scriptorum mediæ et infimæ ætatis, pag. 564, Herigerum scripsisse putant contra Ratherium, quem ex eodem Sigeberto lucubrasse arbitrantur librum De corpore et sanguine Domini. At unus Sigeberti codex non est anteponendus cæteris omnibus, qui, ipso Possevino testante, præferunt non *adversus Ratherium*, sed *adversus Ratbertum*; quam lectionem maxime confirmat Fulcuini continuator (Achery, t. II *Spicil.*, p. 774), qui sub finem sæculi undecimi *contra Ratbertum* Herigerum scripsisse similiter prodidit. Quid quod illorum opinio ea fulcitur hypothesi, quam inanissimam demonstravimus, Ratherium scilicet exarasse librum De corpore et sanguine Domini. Quod si Herigerus Ratbertum eo in opere laudat et sequitur, id præstat quoad catholicam, quam ille docuit sententiam ; [XX] peculiares vero ejus formulas, quæ, cum novæ viderentur, quæstionis occasionem dederunt, aliquot in locis expresso ipsius Ratberti nomine respuit, et *simplicitatis* nomine excusat, ut videre est apud Mabillonium loco laudato, num. 61.

XXVII. Ratherii Expositio in Apocalypsim laudatur a Patre le Long tom. II Bibliothecæ Sacræ, pag. 920. Allegat autem Ordinarium Reibacense. Cum vero ejusmodi opus a nemine antiquorum inter ejus opera indicetur, Ratheriusque similibus opusculis in sacram Scripturam non dederit operam, errore aliquo id Ratherio attributum nihil ambigimus.

XXVIII. Trithemius in catalogo operum nostri scriptoris librum ab eo in exsilio scriptum refert. Cum porro idem subinde veluti distinctum opus memoret Agonisticon, seu Præloquiorum libros sex, quidam putarunt librum in exsilio singulari numero antea indicatum ab Agonistici libris esse distinguendum, et inter deperdita opera recenseri oportere. Verum libros sex Agonistici in exsilio Papiensi scriptos certum est. Hos autem singulari numero *librum* appellarunt Fulcuinus atque Liutprandus. Ex his Sigebertus in Chronico ad an. 932 *librum* item nominat: « Papiæ exsilatur, ubi et librum de suis ærumnis edidit. » Idem vero in opere De script. eccles., c. 127, sex Agonistici libros laudat. Hinc Trithemius, qui ex Sigeberto profecit, librum in exsilio lucubratum, et Agonistici libros sex, qui unum et idem opus sunt, veluti duo distincta opera retulit.

XXIX. Simili hallucinatione lapsum credimus Sigebertum, cum in laudato loco De script. eccl. veluti duo distincta opera refert: « Scripsit librum, quem prætitulavit: *Inefficax, ut sibi visum est, garritus;* » et post pauca: « Scripsit contra hæresim Anthropomorphitarum, » etc. Titulus: *Inefficax, ut sibi visum est, garritus*, a Ratherio affixus fuit libello, seu prolixiori sermoni, apud nos secundo, de Quadragesima, quem Sigebertus ex ipso titulo inde exscripto præ oculis habuit. Porro in hoc sermone hæresis Anthropomorphitarum latius impugnatur, [XXI] nec aliud quidpiam contra hanc Ratherium scripsisse arbitramur. Fulcuinus, qui nec sermonem prolixum de Quadragesima, nec *Inefficacem garritum* memorat, hunc ob prolixitatem inter tractatus potius, quam inter sermones accensens, libelli appellatione indicavit c. 24, inquiens: « Est et ejusdem libellus contra Anthropomorphitas. » Sigebertus autem, qui et Fulcuinum vidit, opus ab *Inefficaci garritu* distinctum his Fulcuini verbis memorari credidisse videtur. Quod si hoc pariter opus Ægidius Leodiensis, Trithemius aliique similiter distinxere, nihil movere debent: omnes enim e Sigeberto ebiberunt.

§ III.
*Quid in hac collectione et editione præstitum sit.*

XXX. Quæ Ratherii opera antea impressa collegimus, et quæ præterea accedent inedita, ex præcedenti paragrapho liquet. In textu autem emendando multum curæ ac laboris adhibuimus. Desiderabamus codices aliquot ejusdem operis, ut loca vitiata in uno corrigerentur ex aliis, et lacunæ, quæ nonnunquam occurrunt, supplerentur. Sed cum in paucis opusculis duo ad summum codices suppetant, quando potuimus, emendavimus ex codice, in aliis vero ex ingenio, hac tamen cautione ut non insereretur in textum emendatio, nisi ubi certa et fere evidens vera lectio suppeteret, anteriori lectione in notis subjecta: ubi autem non omnino de emendatione constaret, hæc apponeretur in notis vel inter uncos in textu.

XXXI. Emendato prout licuit textu, duplicem adhuc in ipso difficultatem experti sumus, aliam in rebus, quæ subobscuræ quandoque sunt et ænigmati similes, aliam in depravata interpunctione vulgata, et in perdifficili implexaque auctoris syntaxi. Rerum obscuritatem duo afferunt. Primo quia res aliquot ejus ævi identidem subindicantur ita parce, ut vix indicatæ [XXII] abrumpantur; quæ tunc quidem omnibus satis erant perspectæ et cognitæ, nunc autem nisi eas ex aliis scriptoribus seu documentis liceat explicare, quid sit illud quod tam paucis innuitur, lateat. Scriptores autem rerum sæculi decimi rarissimi sunt, documenta item perrara. Quidquid vero scriptorum aut documentorum ejus temporis ad nos usque pervenit, diligenter evolvimus; et si quid opportunum nacti sumus, loca queis aliquid congruebat, in subjectis adnotationibus illustrare studuimus. Secundo, etsi Ratherius mores hominum valde corruptos perstringens nemini parcebat, eam tamen cautionem et moderationem adhibuit, ne virorum præsertim insignium, quorum vitia coarguebat, *vocabula* exprimeret. Propria nomina sæpe omisit, et aliena nonnunquam loco propriorum substituit. Quandoque etiam, cum de re sua ageret, se ipsum occultavit, adeo ut, cum de se loquitur, de alio loqui videatur. Confer Admonitionem in libros Præloquiorum, num. 5. Ut hæc ænigmati similia nunc conjecturis, nunc certioribus monumentis explicaremus in notis, non minimo labore utendum fuit.

XXXII. His rerum difficultatibus augendis accessit in vulgatis interpunctio subinde transversa et depravata, quæ nunc sensum perverteret, nunc hiulcum ita relinqueret, ut aliquid deesse videretur: nec aliquando nisi repetita lectione, et diutino examine interpunctionis vitium detegere licuit. Plura hac ratione sanata, quæ desperationem afferebant. Difficillima porro et valde implexa auctoris syntaxis inveniri solet, cum præsertim oratoria quadam facundia uti voluit. Longiores enim periodi, transpositio vocum inusitata, et alia hujusce generis valde incommoda sæpius occurrunt, quæ ut intelligerentur, bis terve aut eo pluries unam eamdemque periodum legere et attentius meditari opus fuit. Quæ autem tanto studio et labore assecuti sumus, officii nostri esse duximus ea in notis construere et explicare, ut lectores eadem molestia levarentur.

XXXIII. Chronologia [XXIII] operum Ratherii ob varias hujus vicissitudines adeo difficilis visa est Muratorio, ut dissert. 43 in Antiquit. Italic. medii ævi, tom. III, pag. 831, scripserit: « Tot ærumnis, exsiliis conversionibusque obnoxius fuit Ratherius . . . . . ut ejus (libri) chronologiam recte consignare non tam facile possis. » De libro loquitur inscripto De contemptu canonum: quod tamen de cæteris æque valet. Enimvero nisi prius auctoris vitam exacte contextam habeas, quæ multis difficultatibus implicita est, nihil confici poterit. Multum itaque studii in digerenda chronologia actorum ac vicissitudinum Ratherii collocandum fuit, ex quo ipsius opera et epistolas in chronologicam seriem disponere liceret. Tempus autem cujusque operis et epistolæ in admonitionibus, vel in prima ipsorum notatione statuetur: quod et in sermonibus, uno excepto, præstare nisi sumus.

XXXIV. Quoad partitionem et distributionem operum in partes tres, id unum monendum, inter epistolas descriptas in secunda parte, tres idcirco non fuisse recensitas, quia operibus primæ partis ab ipso auctore insitæ vel præfixæ, in secunda parte non erant inaniter repetendæ. Prima est Ratherii epistola ad quemdam Ursonem vel Ursum in Papiensi carcere exarata, quæ tota inserta est libro Præloquiorum tertio, num. 25 et sequentibus. Altera est epistola seu potius monitum quoddam brevissimum in epistolæ formam Widoni et Sobboni archiepiscopis cæterisque in concilio residentibus coepiscopis inscriptum a Ratherio, dum Comi exsularet, quod invenies libro Præloquiorum quarto, num. 12. Tertiam tandem epistolam ad monachos Lobienses Comi pariter lucubratam reperies ante Vitam sancti Ursnari, cui illam Ratherius prologi loco præfixit.

XXXV. Auctoris tandem Vita, in qua digerenda potissimum laboravimus, ex operibus ipsius auctoris, et ex coævis aut fere coævis scriptoribus ac documentis [xxiv] hinc inde excerpenda et compingenda fuit. Id ut ex æquo præstaretur, non pauca valde obscura et implicata non tam sacræ quam profanæ historiæ capita, quæ partim Veronenses, partim Italicas regum, imperatorum, ducum et comitum res attingunt, enucleatius inquirenda, explicanda et statuenda fuere. Hæc sunt potiora quæ præfari et præmonere visum est.

# RATHERII

## EPISCOPI VERONENSIS VITA.

[xxv] Ratherii episcopi gesta primus exposuit V. C. Joannes Mabillonius in Actis Sanctorum ordinis Benedictini sæculi decimi. Verum Albertus Fabricius tomo VI Bibliothecæ Scriptorum mediæ et infimæ ætatis scite monuit, « Vitam ejus mereri, ut a viro docto cum cura describatur, perlectis operibus illius, et historicis illorum temporum simul consultis; quia sane multa notatu dignissima in eadem occurrent. Illa enim, quam dedit Mabillonius Sæculo V Benedictino, pro instituto ipsius bona est, sed nondum sufficit ad plenam rerum ad illum spectantium scientiam. » Alii subinde eamdem in rem studium contulerunt; sed cum ipsa auctoris gesta quæ in ejus operibus indicantur, multis sint implexa difficultatibus, obscuraque sit temporum ratio, quæ non sine multa omnium non tam editorum quam ineditorum operum animadversione et collatione constitui poterat, non exigua in plerisque cæteroquin insignibus viris confusio deprehenditur. Diligentiorem hac in re operam novissime posuit comes Franciscus Florius primicerius archiepiscopalis Ecclesiæ Utinensis. Duæ nimirum dissertationes ejus Italica lingua exaratæ typis impressæ fuerunt Romæ anno 1754, in quarum altera Ratherii Vitam fusius et in chronologicam seriem digessit, cui idcirco præfixit titulum : Saggio della Vita de Raterio vescovo di Verona. Ubique elucet ampla Scriptoris eruditio, ingenii acumen [xxvi], sanioris critices usus, atque in intelligendis et evolvendis rebus obscurissimis perspicacia. Licet hoc vitæ specimen ex Ratherii operibus aliisque coævis scriptoribus accuratius et uberius quam antea excerptum, pleraque illius gesta referat, nobis tamen singula opera enucleatius expendentibus, et alia atque alia documenta conferentibus perspectum fuit, ei, qui non merum specimen, sed vitam ex proposito scribendam suscipiat, multa adhuc superesse quæ animadversionem merentur, et nonnulla etiam quæ ex complexu omnium lucem accipiant, et aliter quam laudato Scriptori visa sunt, explicanda atque constituenda sint. Igitur ab initio exordiamur.

§ I. — *Ratherii patria et nobilitas. Annus natalis ejusdem conjicitur.*

2. Ratherius, non tam litterarum scientia ac zelo ecclesiasticæ disciplinæ quam ærumnarum vicissitudinibus celebris, natione Belga in diœcesi Leodicensi [al. Leodiensi] natus est. Everaclus Leodicensis episcopus in epistola ad ipsum Ratherium Leodium *nativam* ejus *patriam* vocat (Marten. Collect. Vet. Script. t. IV, p. 859). Hinc auctor qui scripsit Gesta episcoporum Tungrensium, seu Leodiensium, Ratherium *genere nostratem* testatur ( t. I Gest. Pont. Tungr., p. 175 et 176). Anselmus canonicus Leodiensis, ac Ægidius item Leodiensis apud Chapeauvillium cum *ex nostris partibus oriundum* [xxvii] tradunt. Hac tandem de causa ipse Ratherius in *Conclusione deliberativa*, nnm. 8, Leodicenses « nativæ patriæ populum, et vicinitatis affinitate conjunctum » appellat; ac se ejusdem Leodicensis *ecclesiæ baptismate filium* profitetur. Notatu digna sunt verba *vicinitatis affinitate conjunctum*, quibus se non in urbe Leodiensi, sed in loco urbi vicino, seu diœcesis ortum indicare videtur. Patrem ejus unum fuisse e comitibus ducatus Lucemburgensis, qui ad Leodiensem diœcesim pertinebat, nonnulli recentiores tradunt, quod tamen cui fundamento innitatur, ignoramus.

5. Nobilitatem generis astruere videntur illa in proœmio *Phrenesis*, num. 4, quibus non solum *ingenuitas* Ratherio tribuitur, quæ liberum hominem designat, verum etiam talis ingenuitas, *quam antiquitas commendabat*. Antiquitas utique generis, quæ ingenuitatem ornaret, longam majorum non tam ingenuorum quam illustrium seriem innuit, qui ingenuitati nobilitatem adjicerent. Consanguineos quidem illustres sibi fuisse aperte declarat in epistola ad Ursonem, quæ tota inserta est in librum Prælo-

quiorum tertium. Ibi enim num. 27 sermonem faciens de gente Italis barbara, quæ e Burgundia venerat, et in Hugonis Italiæ regis exercitu militabat, se in communi clade ab ea gente Veronensibus illata reservatum et asportatum tradit « propter consanguinitatem, quam cum illorum habebam primoribus. » Qui cum primoribus exercitus Hugonis regis consanguinitate erat conjunctus, generosos profecto et illustres consanguineos habuisse dignoscitur : quod ad nobilitatem demonstrandam maxime confert. Hanc nobilitatem confirmat eorumdem Præloquiorum liber primus, ubi Ratherius *decus suæ nobilitatis* a quopiam silentio prætermissum commemorans, de semetipso (supresso licet nomine) loquitur, ut ex adnotationibus ibidem subjectis exploratum fiet. Omnem vero dubitationem adimit epitaphium sepulcri ipsius (*dabitur in calce Vitæ*), in quo expresse *nobilis* dicitur. Neque opponas illa quibus Ratherius a nonnullis dicebatur « forsitan in patria sua fuisse bacularis, aut filius carpentarii. (*Qualit. conject.* n. 2). » Id enim irrisionis gratia dicebant, propterea quod more bacularium nullam honoris curam haberet, et veluti carpentarii filius basilicis struendis vel restruendis operam daret. Cæterum *longe aliter nobis* (id est Veronensibus) *frequentius dictum* ipse cavillator eodem loco [xxviii] testatur ; nobili enim ex genere natum Veronenses frequentius audierant. Difficiliora fortassis credentur illa prooemii in *Phrenesim*, num. 5. « Horret deceptissimus, si quis peritum sese aut NOBILEM, aut, quod multo iniquius est, justum, non existens, . . . . . astruat ; » quibus se nec peritum, nec nobilem, nec justum existere insinuare videtur. At hæc, dicta ab homine qui sibi plus nimio detrahere proposuit, nihil movere debent. Quis enim hinc ei peritiam deneget, cum aliis ex documentis constet eum fuisse sui temporis peritissimum ? Idem de nobilitate sentiendum, quæ aliunde manifesta est.

4. Quoniam vero de Ratherii genere hic sermo est, haud omittendus locus *Qualitatis conjecturæ*, num. 12, qui consanguineorum ejus mentionem facit. « Consanguineorum nulla eum afficit cura, sive quia nil eos tantum cogitat indigere, ut se solum, et fratrem ex eis noverit pauperes fore (*fore* pro *esse* frequenter accipit) ; sive quia interdictum sibi eis aliquid dare noverit canonica lege ; sive quia decrepito sibi nullos cogitat esse, cum et qui sunt, jam in sexta sint illi ætate, et loco fratrum series successerit abnepotum. » Ne priora, quibus fratrem pauperem superstitem innuit, pugnare videantur cum extremis, ubi loco fratrum seriem abnepotum superesse affirmat ; illud conjicere licet, fratrem superstitem fuisse monachum, quem æque ac se voto paupertatis obstrictum, *pauperem* pronuntiat ; abnepotes vero *loco fratrum* eos fuisse, qui ex aliis fratribus jam defunctis progeniti, *in sexta ætate,* seu gradu, a se jam *decrepito* abfuisse traduntur. Tot autem gradus per hyperbolem notasse indicant fortassis, quæ mox ibidem cavillator seu censor ejus subjicit : « Hoc licet, ut est utique garrulus, garruliter ac mendacissime dicat. »

5. Annus quo in lucem prodiit cum nullo certo charactere constitui possit, ex aliquot testimoniis est probabiliter eliciendus. Dum librum Præloquiorum secundum scriberet anno 936, se mediam fere ætatem attigisse prodit. « Cum scilicet, inquit num. 1, ab infantiæ crepusculo in hunc ÆTATIS FERE deductus MERIDIEM. » Postremam senum ætatem eodem libro num. 36 ad octoginta circiter annos producit. Senem enim decrepitum erudiens, quem horam mortis jam impendentem exspectare jubet, « Annos octoginta, ait, aut [xxix] proximos aut transactos, aut insistentes accipias. » Ætatem igitur mediam annis quadraginta circiter attribuit. Si vero anno 936, quo laudatum librum lucubravit, agebat annum circiter quadragesimum, natus utique est circa annum 896. Natalitium quidem annum ejus anteriorem aliquanto inferre videntur illa libri Confessionis, scripti anno 960 vel 961, quibus se num. 21 *septuagenarium* et num. 31 pene *septuagenarium* vocat. Verum particula *pene* annos aliquot a septuagesimo deficientes indicans, cum natali anno 896 circiter conciliari facile potest : e contra vero ætas *fere media,* annorum scilicet fere quadraginta, quæ incidit in annum 936, haud peræque componi potest cum anno natali 890 aut 891.

§ II. — *Monasticam vitam profitetur. De studiis ejusdem. Scribit epistolam ad Patricum. Opinio quorumdam de oblata Ratherio ante episcopatum abbatia S. Amandi expungitur.*

6. Cum ea consuetudo ex præscripto regulæ S. Benedicti obtineret, ut pueri monasteriis offerrentur, Ratherius primis ætatis suæ annis oblatus fuit Deo in monasterio Lobiensi, quod ad Sabim fluvium situm est in confinio Annoniæ, Teorasciæ et ditionis Leodicensis. Ritum hujus oblationis ipse describit in libro Confessionis, num. 12 : « Dum enim puerulus essem, venit quidam ingenuus, et in altari quodam S. Petri et Pauli (horum nomine dicata erat laudati monasterii ecclesia) tenens me cum pane et vino... obtulit Deo et S. Petro in holocaustum... jure quasi Nazarei... immutabiliter serviturum... ad fœdus perpetuo confirmandum. » Cum Ratherius non a patre, sed *ab ingenuo* dicatur oblatus ; nisi *ingenui cujusdam* appellatione pater designetur, aliquis ejus propinquus intelligendus est : non solis enim parentibus, sed aliis etiam propinquis ex S. Benedicti regula concessam fuisse facultatem offerendi pueros in monasteriis animadvertit Mabillonius in Annalibus Benedictinis, lib. XXXVI, n. 88. Hæc oblatio non nuda et solitaria, sed una *cum pane et vino*, atque aliis ad vitam subsidiis, quorum forsitan indicium in lacuna desideratur, facta fuit. Sic etiam cum Megenfridus puer a Ruodwaldo patre [xxx] monasterio Sithiensi fuit oblatus, « concessum ad victum ejus ac vestitum quoddam prædium bunuariorum duodecim in pago Bononiensi, » ex litteris donationis ab Iperio laudatis Mabillonius te-

statur (*Annal. Bened.*, l. xxxvi, n. 38). Additur *immutabiliter servituerum*, propterea quod ejusmodi puerorum oblatio ex ipsa S. Benedicti regula, cap. 59, irrevocabilis haberetur, ut videre est apud eumdem Mabillonium præfatione secunda in Sæculum IV ordinis Bened., num. 199, et præfatione prima in Sæculum IV, num 56. Harum oblationum vetustæ formulæ eamdem perpetuitatem exprimentes plures suppetunt, quæ a laudato Mabillonio indicantur præfatione prima in Sæculum IV, num. 55. Duas autem sæculi decimi ediderunt PP. Martene et Durandus, quarum una ex perantiquo codice monasterii Elnonensis S. Amandi sumpta fuit (t. IX *Collect.*, p. 159). Verba *ad fœdus perpetuo confirmandum* innuunt usu receptum fuisse ut pueri perinde oblati, irrevocabili quanquam jure voto parentum astringerentur, oblationem tamen ejusmodi confirmarent professione propria, cum ad legitimam ætatem pervenissent. Nisi quis forte credere malit hoc sæculo relaxatam fuisse antiquam oblationum hujus generis disciplinam, ita ut hisce pueris nulla esset necessitas permanendi in monasterio, nisi postquam ætate legitima oblationem suam ratam habuissent. Ratherius quidem suam oblationem confirmavit hac professione, quam eodem in libro protulit. « Sed accepto ipse calamo matura jam, ætate et legitima scripsi in hunc modum, scriptumque super altare posui, non super aliud nisi ipsum (sanctorum scilicet Petri et Pauli) : Ego Ratherius promitto stabilitatem meam, et conversionem meorum morum, et obedientiam secundum regulam sancti Benedicti coram Deo et sanctis ejus. »

7. « Benedictinorum Ordinem fere se solo studia scientiasque plurium sæculorum decursu in tota Europa sustentasse » recte Mabillonius animadvertit (*De Stud. monastic.*, part. I, c. 16). Hinc celebres monachorum scholæ in cœnobiis. Hoc autem nomine. inter cætera laudatissimum sæculo x monasterium Lobiense, in quo omnium coæqualium perspicacissimus Ratherius institutus fuit, uti Fulcuinus ejusdem monasterii abbas prodidit (*De Gest. abb. Lob.*, c. 19). « Floruerunt, inquit, his temporibus apud nos studia litterarum, quibus addiscendis operam dantes opinatissimi fuerunt Scaminus, Theoduinus, et perspicacissimus horum Ratherius. » Is [xxxi] propterea totum litterarum ac disciplinarum fructum monachis Lobiensibus tribuit in epistola quam Vitæ S. Ursmari præfixit. Hunc Hilduino magistro usum Trithemius narrat. Qui autem monachorum magisterio se omnia debere fatetur, monachos magistros habuit, non clericos, in quibus fuisse Hilduinum, cum ad Leodicensem cathedram promotus fuit, Fulcuinus testatur. Illud vero haud omittendum quod in Phrenesi traditur num. 5 : « Pauca a magistris, plura per se magis didici, quæ a doctoribus præcipuis alii maximo vix percepissent labore. » Acri porro vir ingenio ac felicissima memoria præditus, quantum hac institutione in profanis et sacris studiis profecerit, non coævi tantum auctores, sed opera quoque

A ipsa declarant. Confer quæ in præfatione generali latius observavimus num. 3 et 4. Unum hic addemus. Non defuisse magistros, qui Græcam linguam hoc quoque tempore traderent, testis est Rotgerus auctor Vitæ S. Brunonis archiepiscopi Coloniensis (*Patrol.* tom. CXXXIV), qui Græcos præceptores adhibuit. Ratherium vero ad Græcam quoque linguam animum applicuisse nonnulla indicia demonstrant. Non solum enim quædam Græca vocabula in Latinam rationem constructa identidem usurpat, quæ apud nullum scriptorem Latinum reperire licuit, uti *bromius*, *eumorpha* et similia, sed quarumdam etiam Græcarum vocum vim e Græco interpretatur. Libro quarto Præloquiorum, num. 23, dum regem alloquens ait : « Etiam nomen in Græco officium tuum
B inter Græcam Latinamque illud interpretando formam agnosce, te populum portare debere, non premere; » Græcum nomen βασιλεύς apertissime exposuit. Videsis ibidem notam 56. In confessione, num. 15, expressius scripsit ex Græco : « Panem nostrum *consubstantiatum* da nobis hodie, dicitur Deo. » Adde quod in sermone De Maria et Martha, num. 2, duas Græcas voces litteris Græcis expressit, et num. 3 vocis *Angelus* peculiarem interpretationem *juxta stans* sui contextus sententiæ congruentem allaturus, eam radicem e Græco ἄγχι prope videtur indicare, quam nonnisi Græci sermonis valde peritus investigare et reperire potuisset. Non minimum tandem indicium ejusdem peritiæ videntur illa quibus malignus censor in *Qualitatis conjectura*, num. 2,
C memoraturus deperditum Ratherii opusculum e Græco inscriptum *Chronographia*, vanitati ei tribuit in Latinorum librorum [xxxii] titulos græcizare. *Chronographiam*, inquit, *græcizando vanus... vocat* : cujus quoque generis est alius titulus *Climax Syrmatis* inditus epigraphi *Conclusionis deliberativæ*.

8. Nulla hujus temporis, quo Ratherius inter Lobienses monachos versatus est, ejusdem opera ad nos pervenerunt, una ad Patricum epistola excepta, quam ab eo ante episcopatum scriptam in notis conjiciemus. Hæc epistola, de corpore et sanguine Domini agens, celebris est ob insigne quod in ea de reali Christi præsentia in Eucharistia testimonium ponitur occasione ejus quæstionis quam Patricus in Horna (qui locus adhuc est in diœcesi Leodicensi) cuidam
D proposuerat, num Ratherius missam cantasset. Non unam hoc sæculo celebrandæ missæ disciplinam fuisse exinde liquet. Alii enim, ut Ratherius, raro aut rarissime; alii vero, ut Patricus, quotidie celebrabant. Balneorum quoque usum solemnioribus festis impendentibus ob sacræ communionis reverentiam a nonnullis probatum, ab aliis rejectum astruunt illa, quibus Patricus scandalizatus traditur ob balneum quo se Ratherius in vigilia Circumcisionis mundaverat. Notatu etiam digna est Eucharistiæ porrigendæ formula : *Corpus Domini nostri Jesu Christi propitietur tibi in vitam æternam*. Quæ verba cum Ratherius timeret ne proprie sed figurate Patricus intelligeret, realem Christi præsentiam in

Eucharistia ac transsubstantiationem panis et vini in corpus et sanguinem Christi luculenter constituit. De cæteris autem subtilioribus et curiosis quæstionibus quæ hac in re moveri queunt, « ne sollicîteris, inquit, quandoquidem mysterium esse audis, et hoc fidei. Nam si mysterium est, non valet comprehendi ; si fidei, debet credi, non discuti. » Quod egregium documentum in aliis quoque aliorum fidei mysteriorum quæstionibus, quæ curiosius ingeruntur, maxime observandum est.

9. Cum Ratherius sub finem libri quinti Præloquiorum, quem in Papiensi turricula scripsit, abbatiam S. Amandi sibi oblatam et abs se rejectam narret, id factum ipsi adhuc monacho et juveni tribuendum nonnulli existimant, antequam ad episcopatum Veronensem promoveretur. Verum duæ animadversiones hocce tempus excludunt. Primo abbatia S. Amandi per hæc tempora, quæ episcopatum Ratherii antecedunt, non vacabat. Laici [xxxiii] enim homines eam obtinebant, uti Rotbertus regis ministerialis, cujus exstat documentum anni 921 ; et dein Rotgerus comes, qui Rotberto successit, ac ex documentis eidem abbatiæ præerat an. 925 et sequentibus ad annum usque 937. Vide Mabillonii Annales. Ratherio igitur adhuc monacho hæc abbatia offerri non potuit. Quid si factum ipsum non ante lucubratum a Ratherio laudatum Præloquiorum librum contigit, sed multo post; ita ut multo post ab ipso descriptum eidemque libro posterius insertum fuerit? Id secunda animadversio perspicuum faciat. Enim vero factum ipsum non multo ante, sed eodem anno quo auctor illud descripsit, contigisse palam fit ex his ejus verbis : « Opportunum sane censeo narravisse quid horno (id est hoc anno) anxietati contigerit meæ. Lauduni namque cum essem, » etc. Si hæc scripsisset, dum laudatum Præloquiorum librum in Papiensi turri exaravit, scripsisset inter Februarium anni 955 et Augustum anni 957, quandiu, ut videbimus, ibidem in carcere detentus fuit. Ratherius vero neque his annis, quibus erat in carcere, neque præcedentibus, quibus Veronæ jam episcopus præfuit, Lauduni exstitit, ubi illud factum contigisse traditur : ac propterea huic tempori convenire nequeunt illa, *quid horno*, seu hoc anno, *anxietati contigerit meæ. Lauduni cum essem*, etc., quæ si annum indicarent anteriorem episcopatu Veronensi, non *horno*, sed *ante aliquot annos* scripsisset. Cum porro neque congruant cuipiam anno, quo vel Veronæ, vel in Papiensi carcere, non autem Lauduni fuit; palam sequitur ad posterius tempus id pertinere, postquam ille Veronensem episcopatum dimiserat; cui quidem tempori illud factum assignat Fulcuinus, uti pluribus suo loco explicabimus. In libris autem Præloquiorum Papiæ exaratis hoc additamentum est, quod cum eodem anno quo id contigerat, ipse Ratherius inseruisset in librum quintum, *horno* verissime dixit.

§ III. — *Ratherius* [xxxiv] *Hilduini Leodicensis episcopi partes secutus, eidem e Leodicensi sede pulso, et subinde Veronæ episcopo adhæsit. Respon-det quæstionibus quas quidam Mediolanenses proposuerant. Hilduino ad Mediolanensem sedem elec'o Romam proficiscitur; indeque reversus ipsi in Veronensi cathedra succedit. Annus statuitur electionis Hilduini et consecrationis Ratherii.*

10. In monastico, quod professus fuerat, instituto quiete vitam suam transegisset Ratherius, nisi Hilduini Leodicensis episcopi et abbatis Lobiensis, cujus partibus faverat, consilia cum inde abduxissent. Res aliquando altius paucis repetenda est. Monasterium Lobiense hoc tempore, et toto fere sæculo præcedenti, ita ad Leodicensis episcopi jus pertinebat, ut qui erat Leodicensis episcopus, idem esset abbas Lobiensis. Stephano episcopo atque abbate vita functo, anno 920 et sequenti magna de Leodicensi episcopatu inter Hilduinum et Richarium contentio exorta est (FRODOAR. *Chron.*, et UGO FLAVINIAC. *in Chron. Virdun.*). Alii enim Hilduinum ejusdem ecclesiæ clericum poposcerunt episcopum, ac favente Gisleberto Lotharingiæ duce, qui contra Carolum Galliæ regem Lotharingici regni sibi usurpaverat summam, in ipsa ecclesia Leodicensi ab Herimanno Coloniensi metropolita consecratus fuit nova et inusitata ratione, absque regis scilicet procerumque consensu. Alii e contra Carolo rege assentiente Richarium abbatem Prumiensem expetierunt. Causa ad apostolicam sedem delata, eo Hilduinus et Herimannus ejus ordinator, nec non Richarius a rege designatus evocantur. Hilduino autem judicium declinante, Joannes XI summus pontifex anno 922 ordinavit Richarium, qui pacifice Leodicensem ecclesiam obtinuit.

11. Non multo post, anno videlicet 926, circa mensem Junium, Hugo comes Arelatensis et marchio Provinciæ, qui cum Hilduino affinitate jungebatur, Italiæ regnum consequitur. In Italiam mox sese recepit Hilduinus, sperans fore ut ab eo alicui ecclesiæ Italicæ præficeretur (LIUTPRAND. lib. III *Hist.*, c. 11). Ratherium quoque, qui suæ parti contra Richarium faverat, secum adducere studuit. Huc referimus illa libri primi Præloquiorum, num. 25 : « Invenies quemlibet nobilium [xxxv] omnibus pene rebus destitutum potentia et dignitate, si quam forte adeptus est, viduatum, penitusque quantum ad id, quod cupiditia dictat, et nobilitas expostulat, dejectum (Hilduinum e sede Leodicensi dejectum intelligit), qui contra tam duram infortunii calamitatem brachium erigere nitens, nec per se . . . . . aliquid valens, quempiam (ipsum scilicet Ratherium) qui quietus copia arridente aut in se subsistere (nimirum in monasterio), aut in grandi quæstus emolumento alteri valeret servire (videlicet Richario episcopo), dulcisonis blandiloquiorum illecebris ad se sequendum non dubitet irretire. » Hisce autem illecebris sese cessisse ipsius Hilduini amore indicat, cum post pauca subjicit : « Sola ea, quæ fortis est ut mors, dilectione se penitus neglecto illi maluerit etiam cum vitæ innumeris periculis succurrere, ut gloriam aut amissam, aut potiorem valeret recuperare, quam suimet curam gerere, et sibi necessaria, cum adesse potuis-

sent, ad vota captare. » Ita Ratherius *partibus Hilduini favens, illi inseparabiliter adhæsit*, ut Fulcuinus prodidit (*Gest. ab. Lob.* c. 19).

12. Interim Notherio Veronensi episcopo e vivis sublato iv Idus Augusti an. 928, Hugo rex Veronensi sedi præposuit Hilduinum, seu potius ex abusu ejus ætatis ipsi concessit eamdem ecclesiam *jure stipendiario*, ut exinde haberet unde viveret, quoad insignior sedes vacaret (Rath. ep. 5, ad Joan. papam, n. 3, et Liutpr. *l.* iii, c. 11). Mortem Notherii anno 928 affiximus, non vero anno 929, ut non nemini visum est. Ille enim annus perspicue elicitur ex sepulcrali ejus epitaphio, quod adhuc exstat in cathedrali, et ab Ughellio editum est tomo V Italiæ sacræ in episcopis Veronensibus, col. 733, ubi expresse legitur : « Obiit iv Idus Augusti, anno Dominicæ Incarnationis 928, indict. i. » Quod si codicilli Notherliani a marchione Dionysio ejusdem cathedralis canonico nuperrime editi habent (*De duobus episc.* pag. 103) : « Regnante domno Ugone rege hic in Italia anno secundo sub die quinto decimo de mense Novembri, indictione prima ; » ne hi codicilli, in quibus Notherius vivus præfertur *mense Novembri, indictione prima*, cum epitaphio credantur pugnare, animadvertendum est, primam indictionem sumendam esse a mense Septembri anni 927 usque ad Septembrem anni 928 ; unde laudati codicilli assignandi sunt non anno 928, sed 927, quo sane mense Novembri prima indictio decurrebat, et Ugonis regis annus [xxxvi] secundus : alias annus Ugonis tertius notandus fuisset. Concinit etiam documentum ex archivo monialium S. Zachariæ urbis Venetiarum a Joanne Baptista Biancolino vulgatum (*De' vescovi di Verona*, p. 120), quo Hilduinus Notherii successor Veronensis episcopus traditur « regnante domno Ugone rege hic in Italia anno quarto sub: die xi de mense Julius, indictione secunda. » Sunt certi characteres anni 929, quo Ugonis regis annus quartus mense Julio vix inchoaverat, et concurrebat cum indictione secunda. Si autem mense Julio anni 929 episcopatum Veronensem obtinebat Hilduinus, mors procul dubio Notherii, qui obiit iv Idus Augusti, in Augustum anni 929 referri nequit, sed Augusto anni 928 in epitaphio optime ascribitur.

13. Hac occasione, qua Hilduinus ad Veronensem sedem promotus fuit, Ratherium non levis spes incessit succedendi Hilduino, « promisso regis manente, quod ubi illum altius promovendi emergeret tempus, Ratherius Veronensibus daretur episcopus (Fulc. c. 19). » Hinc in *Qualitatis conjectura* num. 13 : « Quadraginta jam fere sunt anni, inquit idem Ratherius, ex quo ambire potentiam cœpi ; » ubi *potentiæ* nomine hoc loco episcopatum intelligit ; unde post pauca *de administrato nequiter diutino potentatu* vocem *potentatu* eodem sensu accipit. Cum *Qualitatis conjectura* scripta fuerit anno 966, quadraginta fere anni, latius sumpti, non male congruunt anno 928. Quod si strictius accipiendi credantur, ita ut eorum initium sumendum sit ab anno 926,

A quo Ratherius cum Hilduino in Italiam venit, tunc dicendus erit Hilduinus ei fuisse pollicitus se cum Hugone rege acturum ut ipse quoque ad aliquem episcopatum promoveretur. Certe in Confessione, ubi monasterium et monasticum propositum a se desertum deflet, se *in rete* (id est in episcopatum) *immisisse pedem suum*, eumdemque *ambisse* satis aperte significare videtur scribens n. 19 : *Immisit maxime, immisit, si et ambivit*.

14. Antequam ulterius progrediamur, hoc loco mentio facienda est cujusdam operis, cæteroquin deperditi, quo Ratherius ante episcopatum nonnullis quæstionibus Mediolanensium respondit. Hujus operis indicium suppetit ex epist. 3, ad Rotbertum, num. 1 : « In ipsis initiis, inquit, quorumdam quæstiunculis Mediolanensium haud leviter pulsatus, quædam ex his quæ vos requirere non ambigo, visus sum prælibasse [xxxvii]. » Dum *in ipsis initiis* ait, istud tempus indicat, cum primo Hilduinum secutus in Italiam venit, et nondum episcopus fuerat consecratus, ut ex sequentibus colligere licebit. Quænam fuerint ejusmodi quæstiones, latet. Solum scimus eas ad profana studia pertinuisse, in quibus quantum valeret, pervulgatum erat. Cum enim post ea, similes plane quæstiones eidem jam episcopo proposuisset Rotbertus, ea ratione sese excusavit, quia licet ante episcopatum non recusasset pares Mediolanensium quæstiones dissolvere, non tamen decebat in iis versari episcopum, qui non in profanis, sed in divinis et sacris studiis debet occupari. Huic forsitan operi inserta fuit illa cujusdam philosophi sententia, cujus meminit libro sexto Præloquiorum, num. 7, inquiens : « Exemplo videlicet cujusdam philosophi, qui cum ad iracundiam, ut jam in alio volumine retulimus, concitaretur, eidem, a quo incitabatur, dixisse fertur : *Jam te percuterem, nisi iratus essem*. » Quod si in librum quo Mediolanensium quæstionibus respondit, ejusmodi sententia non fuit inserta, aliud ignotum volumen ante Præloquia scriptum a Ratherio dicendum esset. Nec dubitamus quidem quin homo hujus ævi doctissimus alia multa ante eosdem Præloquiorum libros lucubraverit, quorum memoria interiit.

15. Post ferme biennium quo Hilduinus Veronensi Ecclesiæ præerat, Lamberto metropolitano exstincto, vacavit archiepiscopalis sedes Mediolanensis, quæ cum illi congruentior visa esset, eodem a sede Veronensi ad Mediolanensem traducto, ille casus evenerat, quo Ratherius ex Ugonis regis promissis ad Veronensem cathedram promovendus erat. Verum « ut sese instabilitas mundanæ sæpe continet volubilitatis (scribit hic epist. 5, num. 3), longe aliter ac promiserat, regi placuit, cupienti potius, ut fama erat, unum e tribus, aut quemdam Aquitanum, aut Garafridum, aut Manassem Arelatensem archiepiscopum, contra jus licet canonum, » Veronensibus episcopum dare. Jam Ratherius Hilduini domini sui causa Romam profectus, ut pontificium pro eo diploma una cum archiepiscopali pallio referret, ibi-

dem non tam Hilduini, quam suam rem agens (Ugonis volubilitatem fortassis præsenserat), litteras simul retulit domini papæ Joannis XI, « quibus continebantur, » inquit ibidem num. 4, « preces ejusdem totiusque Romanæ [xxxviii] Ecclesiæ, uti ego Veronensibus darer episcopus. Displicuit hoc non parum regi contraria molienti ; sed obtinuit deprecatio apostolica, instante rogando meo jam dicto cum primoribus regni domino Hilduino. » Alia vero potior ratio Ugonem ad assensum forsitan movit. Subdit enim Ratherius : « Ego semivivus pene jacebam infirmus (post Romanum scilicet iter). Persuasum est regi, puto, a me diligentibus, quod non evaderem. Hac spe pellectus consensit, satisfacere gestiens tam domino papæ, quam cæteris, quos inconveniens videbatur offendere rogantes. » Sperabat nimirum fore ut vi morbi oppressus interiret, et electio hujusmodi effectu careret. Sed curatione adhibita cum Ratherius evasisset, episcopus consecratus fuit.

16. Annus hujus consecrationis, qui rebus pluribus deinceps constituendis usui futurus est, non aliunde melius quam ex Hilduini translatione ad sedem Mediolanensem elici potest. Papeprochius Hilduini archiepiscopi Mediolanensis initia tribuit anno 932. Melius vero Joseph Antonius Saxius in archiepiscoporum Mediolanensium Serie historico-chronologica, tom. II, pag. 340 et 341, illum ad eamdem sedem promotum statuit anno 931, Junio exeunte. Id manifestum facit partim ex praedecessorum ejus serie, partim ex catalogis antiquis, qui singulorum archiepiscoporum annos et dies quibus sederunt atque obierunt, notant. Papeprochii autem sententiam ingerentem annum 932 ex eo rejicit quia is in antecessoribus Hilduini post Anselmum II, quem obiisse putavit anno 897, uno anno erravit. Hunc vero errorem certo demonstrat ex placito pergameno, quod in archivo monachorum S. Ambrosii custoditur. Hoc enim placitum anni 896 archiepiscopum memorat Landulfum, qui Anselmo II subrogatus fuit. Si autem emortualis annus hujus Anselmi evehatur ad annum 896, ac similiter uno anno anticipentur subsequentium archiepiscoporum initia, quorum anni et dies legitimis documentis designantur; exploratum fiet Hilduini exordia incidisse in annum 731, non vero in annum 932. Is porro ex antiquis Mediolanensium antistitum catalogis a Muratorio editis (Rer. Ital. t. I, part. ii) Mediolanensem sedem tenuit annis quinque et dies quindecim, vel, ut unus catalogus praefert, viginti quinque ; obiit autem iv Kal., al. ix Kal. Augusti. Initium ergo episcopatus ipsius in sede Mediolanensi optime [xxxix] statuitur exeunte Junio anni 931; mors iv vel ix Kal. Augusti anni 936. Unum opponetur privilegium Ugonis regis et Lotharii, datum anno 937, xvi Kal. Julii apud laudatum Muratorium (t. II Antiq. Italic. pag. 57), in quo memoratur Hilduinus archiepiscopus Mediolanensis. Sed vitium aliquod in chronicis hujus privilegii notis inesse idem Muratorius scite monuit, sicut in duabus aliis chartis sub iisdem principibus exaratis adnotaverat, cum anni Christi qui in ipsis præferuntur cum cæteris notis non congruant. Enimvero aliud documentum Comense anni 937 ab Ughellio et a Patre Tato impressum, omnes chronicas notas eidem anno congruentes exhibet sic : xvii Kal. Jul. Ugone xi et Lothario vii, indict. x. Nostrum autem privilegium, quod una tantum die posterius est, perperam habet : Ugone x et Lothario v, indict. x. Quis errorem non videt manifestum ? Documentum autem quod in chronicis notis tam aperte erat, ei chronologiæ quam Saxius tam exacte constituit, praejudicium afferre non potest.

16 bis. Neque idcirco Veronensem Ratherii episcopatum eidem anno 931 affigendum credimus. Post Hilduini enim electionem ille Romam profectus est; inde autem reversus gravi morbo laboravit, quo moriturus credebatur. Ugo praeterea a priori sententia desciscens, alii episcopatum volebat committere, nec nisi apostolicis litteris et Hilduini ac primorum regni postulationibus cedens, ipsum adhuc infirmum et vita periclitantem episcopum destinavit. Id cum deliberasset, ut cleri et populi Veronensis electio ex more haberetur, ipsum curasse satis probabile est. Hanc enim hujus temporis episcoporum eligendorum methodum fuisse, ut quem princeps vellet, clerus et populus eligeret, principisque assensus postularet, pluribus decimi saeculi exemplis demonstrari posset. Ad haec Ratherius post electionem a morbo et periculo convalescere debuit, ut consecraretur. Neque vero ab Hilduino Mediolanensi ordinatus dici potest, cum Verona ad metropolitam Mediolanensem non pertineret. Hac enim de causa Ratherius in epistola 5, ad Joannem pontificem, num. 6, reprehendit Manassem archiepiscopum Arelatensem, quippe qui extra propriæ provinciæ limites « consecravit episcopum quemdam suæ dioecesis in titulo ecclesiæ Veronensis. » Quapropter [xl] ille qui ecclesiasticos canones ac disciplinam maxime custodivit, ordinatus dicendus est a patriarcha Aquileiensi, cui Verona suberat. His autem omnibus peragendis post Hilduini electionem ut congruum tempus tribuatur, unius aut duorum mensium spatium non sufficit. Porro Ratherium Veronensem sedem adiisse mense Augusto ex duobus colligimus. In Præloquiorum libro secundo, num. 1, suam primam captivitatem in Februarium mensem refert. Se autem captum duobus annis et dimidio post initum episcopatum Veronensem, perspicue affirmat in memorata epistola 5, num. 5. Initium ergo episcopatus ejus in Augustum circiter cadit. Cum vero ex iis quæ præmisimus hoc initium nequeat assignari mensi Augusto anni 931, palam sequitur esse affigendum Augusto anni 932. Idipsum confirmat annus laudatæ captivitatis, quem fuisse videbimus annum 935. A Februario autem anni 935, quo Ratherius captus fuit, si per biennium et dimidium anni ascendas, pervenies ad Augustum anni 932. Ex his errare liquet tum Sigebertum, qui Ra-

therii episcopatum assignat anno 928, tum alios non paucos recentiores, qui illum ascribunt anno 931.

### § IV. — *Initia episcopatus Ratherii quam calamitosa. Adhærens Miloni comiti Arnoldum Bajoariæ ducem Veronæ récepit contra Ugonem regem. Ab Ugonis militibus captus, in Papiensem carcerem detruditur.*

17. Cum rex Ugo non sponte, sed aliorum postulationibus victus eatenus Ratherium elegisset episcopum, quia eum gravi morbo laborantem moriturum sperabat; ut ipsum e morte ereptum et episcopum consecratum vidit, « iratissimus redditur, » inquit in epist. 5, num. 4, idem Ratherius, et « juravit per Deum (nec est mentitus) quod diebus vitæ suæ de ipsa ordinatione non essem gavisurus. » Quid autem primum Ugo egerit, his verbis describit: « Misit in pitaciolo certam quantitatem stipendii, quod tenerem de rebus ecclesiæ, de cæteris exigens jusjurandum, ut diebus illius filiique sui amplius non requirerem. Ego intelligens [XLI] quanta absurditas hoc consequeretur, non consensi. » Hanc primam aversi a se regis animi causam notavit in Præloquiorum libro IV, num. 20 : « Hæc, ut opinor, causa fuit dissidii, hæc nota quod ingeris criminis : quod videlicet tu (Ugonem alloquitur) res omnes volebas tenere ecclesiæ, eum vero (id est Ratherium) mercenarium tui, non pastorem gregis esse Christi. » Hoc primo molimine frustrato, rex aliam vexandi episcopi iniit viam. « Adhibuit undique persecutores et adversarios, qui aut deterrerent me, ut effugerem » (verba sunt auctoris in laudata epist. 5) « aut irritarent, et ut expellendi me invenirent occasionem. » Duobus annis et dimidio hujusmodi persecutionem episcopus pertulit.

18. Inter hæc Ugo opportunam, quam quærebat, expellendi episcopi et in carcerem detrudendi occasionem nactus est. Plures in Italia contra Ugonem male erant animati. Hinc revocandum putarunt Rodulfum II regem Burgundiæ, qui aliquanto ante Italico regno privatus fuerat (LIUTPRAN. *l.* III, *c.* 13). Id cum præsensisset Ugo, directis ad Rodulfum legatis, et nonnullis ditionibus, quas tenebat in Provincia, eidem dimissis, sibi ab eo satis de regno Italico cavit. Paulo post Veronenses Ugoni infensi Arnoldum, seu, ut alii appellant, Arnolfum Bajoariæ et Carinthiæ ducem evocarunt. Hanc rebellionem factione quidem archidiaconi et cleri Veronensis, atque quorumdam primariorum civitatis conflatam liquet ex Ratherii epistola ad Ursonem diaconum, insertam libro Præloquiorum tertio , num. 27. Milonem autem comitem et Ratherium episcopum rebellionis capita a Liutprando traduntur; scribit enim Arnoldum Bajoariæ ducem, qui cum exercitu Tridentinam marchiam pertransierat, Veronam usque pervenisse (LIUTPR. *ib.*, *c.* 14), « in qua a Milone comite atque a Ratherio episcopo libenter, ut qui eum invitarant, suscipitur. » Milo e Francorum genere celebris sub imperatore Berengario (ID., *l.* II, *c.* 20), a quo juvenis familiariter lauteque

fuerat enutritus, eodem imperatore Veronæ occiso anno 924 aliqua summa potestate fungebatur; Flambertum enim (1) sculdascium ejus interfectorem (*Ibid.*), « eique tam in nefario scelere conniventes, vi captos suspendio vitam finire præcepit. » Hoc tempore idem Milo [XLII] comes Veronensis fuisse videri potest (DIONYS. *de duobus ep.* p. 107). Codicillis vero Notherii episcopi an. 927 sine ullo comitis titulo, sed ante scavinum et judicem subscripsit; ac præterea inter testes refertur Sigibaldus *vassus Milonis*, sicut in ejusdem Notherii testamento anni 922 post Ingelfredum tunc Veronæ comitem inter testes *Ingelfredi vassus* nominatur. In documento anni 929 ipse Milo etsi titulo comitis pariter caret, tamen *vassus regius* dicitur (BIANCOL. *De' vesc. e gov. di Verona*, p. 120) : quod præcipuam in eo nobilitatem declarat. Cum porro Arnoldum contra Ugonem vocavit, jam dignitatem comitis Veronensis certo certius obtinebat, quo nomine inter primos erat Italici regni, et civitatem summa potestate administrabat. Huic porro quid in ea contra Ugonem rebellione acciderit, Liutprandus memoriæ prodidit: Cum idem rex, qui Papiæ sedem habebat, audisset Veronæ Arnoldum fuisse receptum; « collecto exercitu, inquit ille, ei obviam tendit. Cumque eodem pervenisset, et caballicatas, ut vulgo aiunt, circum circa dirigeret, Bajoariorum quædam pars non minima de castro vocabulo Gauseningo egrediens, cum Italiensibus pugnare cœpit. » *Gauselingo* forsitan legendum pro eo loco, qui in charta anni 825 *Gusilingus* dicitur, et nunc *Gussolengo* appellatur (DIONYS. *Apolog. rifless.* p. 53) : hinc enim facile contra Ugonis exercitum e Papia aliisque Italicis urbibus advenientem contenditur, non vero ex eo castro, quod vocatur *Ossenigo*, et in memoratis Notherii codicillis anni 927 non *Gauseningo* scribitur, sed *Ursanico*; quod castrum cum trans Athesim situm sit, et ad Tridentum vergat, isthinc adversus exercitum ex Italicis urbibus Veronam cis Athesim accedentem ab eo, qui Veronæ imperabat, milites immissos nemo crediderit. Pugna vero Bajoariorum cum male cessisset, « Arnoldus dux non parva est confusione repletus : unde factum est, ut consilio accepto Milonem comitem vellet capere, atque Italia derelicta illum in Bajoariam ducere, quatenus reparato exercitu cum eo iterum redire posset; quod Milonem non latuit : qui diversis cogitationibus æstuans, quid ageret penitus ignorabat. Ugonem regem plane, ut meruerat, adire timebat : cum Arnoldo vero in Bajoariam duci non solum mortem, sed infernum putabat. Hac itaque in ambiguitate, [XLIII] quoniam regem Ugonem cito misericordia noverat inclinari, Arnoldum fugere, et ad eum deliberat tendere (Liutprand. *ibid.*). » Hunc forte ut demulceret sibique propitium redderet, egit ut frater suus munitionem quæ Veronæ erat contra Arnoldum defenderet. Is vero hac expugnata, « fratrem Milonis, militesque ejus, qui eam defendere conabantur, secum in Bajoariam

---

(1) *Sculdascius* vocatur in testamento Notherii an. 922 apud Ughellium tom. V, col. 729.

duxit. » Ipse autem comes Milo cum Ugone conciliatus pristinam dignitatem retinuit.

19. Alia prorsus fuit Ratherii episcopi fortuna. « Quo (Arnoldo) discedente, addit Liutprandus, Ugoni regi mox civitas redditur, et Ratherius ejusdem civitatis episcopus ab eo captus, Papiæ in exsilio relegatur. » Hinc in epistola 5, ad Joannem pontificem, num. 4, aliquam quidem suam culpam huic calamitati causam dedisse ait, rebellem vero animum et Ugoni infensum, quo nomine in tantam miseriam deduceretur, sibi fuisse inficiari videtur. « Cœpit me Ugo, retrusit in custodiam in quadam Papiæ turricula, non dico sine mei culpa, qui enim inter talia saltem in verbo non offendit, hic perfectus est vir ; sed contra legem ita hæc egit, et sine audientia. Dicat hic quisque quod volet : temerariis enim judiciis juxta Augustinum plena sunt omnia. Confiteor vero, ex quo eum primitus vidi, usque dum hominem exuit, semper me Theodosii felicitatem imperatoris illi optasse, et adhuc ejus recordatione me graviter affici dolore. » Hæc scripta non vivente Ugone, sed post ejus mortem magni facienda sunt. Temeritati judiciorum refert attributum sibi veræ rebellionis crimen in Ugonem, quem semper dilexit, cuique semper omnia prospera appetivit. Quæritur nullam sibi datam audientiam, qua rerum abs se gestarum rationem redderet. Culpam, qua se non omni ex parte carere agnoscit, inter leves recenset, de quibus Jacobus ait : *Qui non offendit in verbo, hic perfectus est vir (Jac.* III, 2). Hac eadem de re latius disserens libro IV Præloquiorum (*num. 5 et 7*), quem in Papiensi carcere scripsit, rebellionem, cujus ipse auctor tradebatur, meris invidorum cavillationibus disseminatam innuit, eique fundamento innixam, « quia cum malefactoribus, » inquebant num. 7 (id est, cum Veronensibus rebellionis auctoribus) « conversatus, et dum caperetur inventus est : » perinde ac si episcopus, ut omnem suspicionem eximeret, debuerit exire ex urbe, et ad regem proficiscens, filios proditores deferre. Hanc suam cum rebellibus [XLIV] moram bona intentione purgat Jeremiæ exemplo, « qui per charitatem, ut dicit B. Gregorius, dum cives ab ingressu Ægypti non potuit cohibere, studuit illuc cum eis et ipse descendere. » Et post nonnulla : « Cunctos ne ergo judicas deponendos, qui rebelles regibus cives et filios esse scientes, non eos ut punirentur prodiderunt ; sed contra missas eis fecerunt, filios eorum baptizaverunt, prædicaverunt, chrismaverunt, pœnitentiam indulserunt, reconciliaverunt ? » Tandem responsurus objicientibus Arnoldum a se palam fuisse susceptum, exemplis sanctorum suadere nititur, quandoque licere in urbem hostes et invasores recipere. Dum vero in Confessionis libro, num. 2, se multa pati scribit *pro abjurata Ugoni fide*, aliquam suam in rebellione culpam iterum fatetur. Quæ ut concilientur cum præcedentibus, illud dicendum videtur Ratherium non fuisse quidem rebellionis auctorem, sed rebellione jam conflata in rebellium partem ob conniventiam et obsequentiam ac necessitatem quamdam descendisse. Neque moveat Liutprandus, qui dum Ratherium æque ac Milonem comitem rebellionis principem prodidit, vulgatam famam secutus est, quam invidi sparserunt. Hæc quidem culpa si certa fuisset, statim post Ugonis victoriam captus et in carcerem fuisset deductus. Tunc vero, *omnis ut erat culpa (Præloq.* l. III, n. 27), non in episcopum, sed in clerum et præcipuos civitatis rejecta est ; nec tota ruina in Ratherii caput decidit, nisi post scriptam quamdam epistolam, cujus ipse auctor et totius moliminis incentor traductus fuit.

20. Hoc insigne factum, ex quo calamitas Ratherii consecuta est, ex ipsius operibus, in quibus plura, tametsi aliquanto obscurius, hic illic sparsim attigit, eruere ac in historicam seriem digerere conabimur. Statuendum inprimis est tempus, quod in rebus historicis maxime requiritur. Ugonis victoriam contra Arnoldum affigendam anno 935 dubitare non sinit chronographus Salisburgensis, quem P. Ansizius laudat. Udalberti enim Salisburgensis archiepiscopi, qui Arnoldum Bajoariæ ducem in Italica contra Ugonem expeditione secutus fuerat, mortem eidem anno tribuit scribens : *Qui de invasione Italiæ rediens obiit.* Si anno 935 obiit Udalbertus, qui Arnoldi militiam, uti solebat, secutus, cum eodem utique *de invasione Italiæ rediit*, in eumdem profecto [XLV] annum Ugonis victoria incidisse dicenda est. Rathcrium vero ab Ugone victore captum mense Februario liquet ex libro secundo Præloquiorum num. 24, ubi septimum mensem, id est Septembrem, *octavum* vocat *ab hujus, quæ me deprimit, imo erudit calamitatis accessione.* Captivitatem, qua premebatur intelligit, post quam si September mensis erat *octavus*, ea præcedenti Februario inchoaverat. Confer ibidem notas. Diem quoque ejusdem mensis tertiam ex libro Præloquiorum quinto colligimus num. 12. Se enim eo tractatu, cujus causa captivus ductus fuit, deceptum testatur postridie ejus festi B. Mariæ, quo sibi inter missarum solemnia pacis osculum datum fuerat. Purificationis B. Mariæ festivitas, quæ sola in Februarium mensem cadit, innuitur. Postridie igitur ejus festi, id est, die tertia mensis Februarii, anni, ut probavimus, 935, ille tractatus est habitus, quo ipse deceptus in captivitatem incurrit.

21. Id autem quatenus acciderit, nunc explicandum est. Duo potissimum textus huic rei lucem afferunt : alter ex epistola ad Ursonem, inserta in librum Præloquiorum tertium num. 27 ; alter ex libro quinto num. 12. Recuperata Verona ab Ugone, die festo Purificationis solemne sacrum celebratum fuit. Inter hoc quidam, ut videtur, episcopi pacis osculum Ratherio dederunt, « putantes eum non quia peccatorem, sed quia deceptum damnatum. » Alii vero *placere* regi forsitan præsenti *ambientes*, illos qui pacis osculum dederant severissime reprehenderunt, ac si reus esset manifestus et pacis osculo indignus. Hæc ex libro quinto, num. 12, ubi consultatio atque tractatus *crastina die* habitus additur, qui Ratherio exitium attu-

lit. Hic tractatus, *lucescente die* peractus, in epistola ad Ursonem Veronensis ecclesiæ clericum fusius exponitur. Tractatui causam dedit id quod pridie, seu ipso Purificationis die, aliquanto post missarum solemnia acciderat. Quædam enim *gens effera, et nobis* [melius *vobis*] *barbara*, id est non Italici generis, quæ in Ugonis exercitu militabat, post devictas et in Bajoariam pulsas Arnoldi copias Veronam reversa, cum *omnem* rebellionis *ut erat culpam* in Veronensis ecclesiæ archidiaconum, et in quosdam honoratiores Veronenses, maxime vero in clerum universum [XLVI] retulisset ; « omnem domum Dei prædari, omnes majores civitatis aut exmembrare, aut captivos ducere ; ipsum vero jam factum » (archidiaconum) et illos qui postea principes fuerunt proditionis Ratherii, furca moliebatur appendere. Hinc in libro Confessionis num. 2, « homicidia, exoculationes, exmembrationes, prædas, incendia, vastitatem ac depopulationem, quæ pro abjurata Ugoni fide » contigerunt, deflet. Eadem porro gens unum episcopum, licet cum rebellibus inventum, « reservavit propter consanguinitatem, quam cum illorum, inquit (*Præloq.* l. III), habebam primoribus, ipsoque, ut dicebat, principe Ugone. » Consanguinitas cum primoribus ejus gentis absolute affirmatur, quia reipsa cum ipsis sanguine erat conjunctus. Consanguinitatem vero cum rege in sola opinione ejus gentis sitam præferunt illa, *ut dicebat*. Hæc vero opinio ea forte de causa illi genti irrepserat, quia cum sciret eum Hilduino intimum, etiam consanguineum credidit ; Hilduinus autem cum Ugone affinitate junctus erat. Ratherius interim licet hac de causa *reservatus*, seu a cæterorum calamitate subductus, *asportatus* tamen fuit in aliquem tutum locum : ubi cum de archidiaconi, clericorum ac cæterorum captivorum periculo maxime laboraret ; totam subsequentem noctem insomnem ducens, « precibus, humiliationibus, lacrymis, promissis, amicorumque interventu » eos eripere studuit. Ursini inter cæteros vitam et libertatem obtinuit. Ut autem et cæteris prospiceretur, « crastina die », id est, die tertia Februarii, primarius et summus quidam vir, « in quo tota fiducia boni erat proventus, » missis sæpissime internuntiis Ratherio mandavit, « ne a suo consilio deviaret in aliquo, promittens omnia sese fine pacturum optimo, tantum in pacto perstaret promisso (*Præloq.* lib. v, n. 12). » Hunc virum primarium et summum, in quo, etsi tota fiducia boni erat proventus, ejus tamen consilium in Ratherii ruinam recidit, episcopum fuisse ex contextu manifestum est. Ibidem enim auctor de episcopis queritur, qui sese non solum in reipublicæ negotiis immiscebant, sed in aliis etiam pejoribus, suumque casum exempli causa subjicit. Hinc quoque eos qui suæ calamitatis fuere auctores, non solum suæ Ecclesiæ filios fuisse, sed etiam unum *ejusdem officii*, id est episcopum, non obscure tradit, dum alium secum loquentem inducit his verbis : « Non minus vero, si ita est, temetipsum [XLVII], tuosque quam ipsos lugere convenit traditores, maxime si aut tuæ ecclesiæ fuerint filii, aut forte, quod absit, ejusdem cujus es officii. » Porro hunc summum et ejusdem officii virum fuisse Hilduinum Mediolanensem archiepiscopum, in quo totam sane fiduciam habere debebat Ratherius, ex libro Præloquiorum primo colligere licet. De Hilduino enim, ut credimus, suppresso licet nomine scribens, quem e Belgio in Italiam secutus fuerat, eumdem auctorem præfert sicut olim suæ promotionis ad episcopatum, ita nunc eorum malorum, «ad quæ jam deceptus sui causa decidit. Reminiscens namque quod contulit, obliviscitur quæ abstulit : recitans ad quæ illum extulit, tacet a quibus dejecit ; tacens decus ipsius nobilitatis, notam quam ipse intulit, refert paupertatis. » Vide ibidem notas. Hujus ergo episcopi, cui maxime fidebat Ratherius, consilio obsecuturus, ab eodem petiit ut ad se mitterentur primarii civitatis. Itaque cum his et cum nonnullis externis « lucescente die » consilium habitum ; ac in eo decretum fuit, ut scriberetur quædam epistola, quam si archidiaconus « auderet mittere, quasi inscius dimitteretur criminis ; sin alias, sententiam illico subiret capitis (*Præloq.* l. III, n. 27) ; » et similiter alii ea epistola scripta omne periculum declinarent. Cuinam directa fuerit hæc epistola, quidve contineret, unde archidiaconus et cæteri rebellionis conscii e vitæ discrimine subducerentur, ignoratur. Id unum scimus eam fuisse *conviciis plenam* ; Ratherium vero cidem scribendæ consensisse eo consilio, ut suum gregem ab impendentibus malis erueret. Hoc autem assensu præstito « quemdam quasi laqueum sibi, quo teneretur, injecit (*Ibid.*, l. v, n. 12). » Hac enim epistola promulgata, ut videtur, sine auctoris nomine, cum *quidam*, cui ab archidiacono missa fuerat, de auctore inquireret ; Urso, cujus manu fuerat exarata, professus quidem est se illam scripsisse, sed cæteris, qui in eam operam dederant, silentio prætermissis, unum Ratherium auctorem, ac totius moliminis incentorem prætulit (*Ib.*, l. III, n. 27). Ita hæc epistola cæteris ab omni periculo ereptis, in unius Ratherii perniciem conversa est ; ac propterea in laudatis ad Ursonem litteris scripsit (*Ibid.*) : « Dum vobis consului » ei epistolæ assentiens [XLVIII], « me, ut videtur, neglexi : dum vobis, licet vestræ molitionis ex parte conscius, peperci, me prodidi. » *Molitionis* nomine rebellionem, ut putamus, intelligit, quam dum *vestram*, non vero *nostram* appellat, cum ejus auctores indicat Veronenses, quibus sane *omnem ut erat culpam* ab Ugonis militibus tributam vidimus ; tum vero se ab ea exemptum significat. Dum porro se ejusdem rebellionis *conscium* ipsis rebellibus pepercisse testatur, id forsitan respicit, quod ex libro quarto Præloquiorum, num. 7, paulo ante explicavimus ; se nimirum, etsi rebelles regi cives et filios esse sciret, non tamen eos, ut punirentur, prodidisse. De hac molitione in Ugonem fortassis agebat laudata epistola, sed ita ut auctorum nominibus parceret. Huic quoque epistolæ cum assensisset Ratherius, ipsis reis exprimendis pepercit : sed cum Urso inquisitus ipsum episcopum epistolæ auctorem ac *totius molimins incentorem* affirmasset, nec ante ferendam de ipso sententiam ulla ei (2) *audientia* concessa fuisset; ipse solus in discrimen venit. Hinc enim Ugone rege imperante captivus Papiam ductus fuit : quam calamitatem fraudi, dolo et factioni adscribens libro v Præloquiorum, num. 27 : se « fraude proditum, negligentia destitutum, dolo captum, factione ad hæc incommoda devolutum » queritur.

§ V.—*Quanta in Papiensi carcere perpessus sit. Scribit ad Ursonem Veronensis Ecclesiæ clericum. Episcopo abducto plures infantes Veronæ sine baptismate mortui. In carceris otio scribit sex libros Præloquiorum.*

22. Suum carcerem Ratherius *turriculam Walberti* nominat (*epist.* 5 *ad Jo., n.* 6), ducto fortassis nomine a Walberto judice præpotenti, qui cum contra Ugonem conspirasset, Papiæ in carcere fuit capite diminutus (LIUTPR. *l.* III, *e.* 10, 11). Hunc carcerem triplici sera vel ostio clausum indicant illa auctoris lib. II [XLIX] Præloquiorum : num. 1, « Trimodoque inclusus constringar ergastulo. » Quantas hic, ubi duos annos cum dimidio detentus fuit, miserias pertulerit, innuit libro Præloquiorum tertio num. 13, in quo episcopi nomine « in carcere sub vinculis gementis, despecti, injuriati, vilipensi, carcerati, ligati, nudi, famelici, sitibundi, miseriarumque omnium copia refertissimi » seipsum repræsentat. Similia repetit libro quarto num. 7. Accedebant ad cumulum Veronensium obloquia contra ipsum sparsa, de quibus conqueritur lib. III, num. 24 : « Nec desunt interea etiam in episcopio corrosores, qui....... concinnent nunc et adversus istum quædam obloquia, et hoc non exteri, sed agunt privati (id est intimi ac familiares), qui debuerant testes boni ejus esse propositi. Faciunt hoc, inquam, non inimici, sed amici dolosi, unanimes quondam homines, et aliquando dulces et noti, qui simul cum eo dulces capiebant cibos in domo Dei (nimirum ecclesiastici Veronenses), quasi cum consensu coambulantes, et eum ad cœlum usque tollentes, et beatum, justum sanctumque deceptoriis non minus quam adulatoriis favoribus pronuntiantes. » Inter hos oblocutores unus fuit, cujus nomen Urso, vel Ursus his verbis indicatur in epistola, quam episcopus e suo carcere ad eumdem direxit : « Nec a tuo derivato nomine vocitentur Ursini vel Ursani (*Præloq.* l. III, n. 28). » Hujus socer erat cathedralis ecclesiæ archidiaconus, et ipse quoque inter ejusdem ecclesiæ canonicos censebatur. Uterque cum cætero clero adversus regem conspiraverat : uterque in vitæ discrimen fuerat adductus : et utrique Ratherius suo quoque periculo prospexit, uti præcedenti paragrapho exposuimus. Ursus vero post tantum beneficium ingratus, Ratherio tametsi captivo obtrectare non desinebat. Ipsi igitur e carcere memoratas litteras dedit, ut eum a maledictis compesceret. Dolet præterea se derelictum ab omnibus, ac præsertim ab episcopis, qui tanquam muta animalia in hac tanta ipsius calamitate nihil pro eo lo-

(2) In epist. 5 ad Joan. num. 4, et l. v Præloq., exsilio deportatum affirmat.

quebantur. Aliquem vero præpotentem episcopum in causa fuisse hujus silentii innuunt illa libri quarti Præloquiorum, num. 22 : « Ore pessimi et inauditi generis silentio, infelicissime, per quemdam EJUSDEM ORDINIS (episcopalis) obturato. »

23. Hæ tot ac tantæ calamitates atque obtrectationes Ratherii animum nequaquam fregerunt ; proditoresque sibi obloquentes [L] æquo animo tulit. Mentis aciem ad Deum elevans, omniumque ærumnarum suarum causam in sua peccata referens, « Peccatis meis, inquit, heu dolor ! facientibus, et multo majora merentibus, ad hæc, quæ patior, sum devolutus (*Præloq.* l. VI, n. 25) ; » divinæque pietati gratias retulit, quæ ita secum egit, « ut in isto necessitatis camino absumens deleat, seque in hoc sæculo ita emaculet, ut nihil inveniat, quod edax ille inexstinguibilis ignis futurus exurat ; potius ejus gratia *inveniat* quod remuneret, justitia quod coronet (*Ibid.*, lib. v, n. 26). » Hinc proditores et obtrectatores suos, qui tanto suo, uti appellat, *bono* causam dedere, veluti de se optime meritos omnibus officiis prosecutus est. Audiantur quæ scripsit ad Ursonem diaconum, qui omnium maxime nocuerat. « Legitur autem fili in historia Tripartita, quod quidam in pastu occupatus pecorum cum occidisset quemdam, et fugisset pavore actus in eremum, et sanctorum Patrum exemplis bono assuefactus, fuisset eremita perfectus, semper bene dicebat scelus, quod sibi tanti fuit causa profectus. Hæc ideo retuli, ut hinc colligas, quantum meo profectui militasti, dum me, ut penitus deficerem, tam graviter accusasti. Nam si præscus esses, et permitteres, manus osculis demulcerem prædulcibus epistolæ illius scriptrices ; quia hæc causa materies et totius meæ summa fuit, ut opinor, salutis: per hanc morti, ut credo, æternæ subtractus, et vitæ sum redditus..... Tantum vero hac me occasione considero profecisse, ut nullum mihi amplius, quam te videam amplectendum, qui mihi materies tantorum fuisti bonorum. O autem me, et ut hoc dicam, ipso mei infortunio fortunatissimum, etiamsi nihil aliud quam te tibique consimiles cognovisse ejus beneficio contigisset mihi : unde omnia non solum tibi parcens, sed et uberrimas pro his tibi gratias referens, admoneo, fili, ut quia jam nunc indicibiliter profuisti mihi, caveas ne omnino mei odio obfueris tibi (*Ibid.*, l. III, n. 28). »

24. Interim Ratherius sui gregis et animarum suæ curæ commissarum, quæ episcopo abducto maximum dispendium patiebantur, detrimentis angebatur. Huc spectant illa, quibus alium secum alloquentem et consolantem inducit. « Destitutionem vero tuorum cum magnopere debeas plangere ; non tamen inconsolabiliter te id convenit agere.... Quod si prolixitas te excruciat temporis, et perditio contristat obeuntium sine subventu baptismatis ; idque tuos non curare tortores, tantum de tui cruciatu [LI] suas num. 13, se a laicis, nulla præeunte audientia,

ut compleant voluntates, perpendis ; Dei te totum subdens voluntati et disposito, vitam ipsam dare, ne dicam dispendium omnimodum honoris pro grege paratus subire, illius dicentis utere voce : Si propter me hæc tempestas est ; tollite me et mittite in mare (*Joan.* i, 12) : tantum ne diutius mei causa navis periclitetur Ecclesiæ, tam innumeros, heu dolor ! filios morti transmittens æternæ. » Infortunium, quod hic paucis indicat, fusius explicatur libro iv Præloquiorum, num 21 : « Cui vero, dicamus, imputabitur, quod tanta multitudo, quæ pie per gratiam Christi liberata, regna debuerat intrare cœlorum, impie derelicta cumulavit infernum? Nam..... quorumdam, proh dolor ! relatu cognovimus, quod eodem, quo absens fuit (episcopus), paschali tempore cum baptisterium non fuisset (chrisma deficiente qui daret) in eadem ecclesia celebratum ; tanta clades in civitate contigit infantium, et hoc solummodo non baptizatorum, quantam nullus meminit unquam priorum, ita ut passim per domos, a matribus non quidem sponte suffocati, unum totius civitatis facere possent, si tamen timor Dei eodem ullus esset in loco, lamentum, pro vindicta divinæ animadversionis lugentibus aliis, aliis tam temporalem, quam æternam et natorum et genitricum mortem plangentibus. » Hoc factum contigisse arbitramur anno 935. Hoc enim anno cum sub initium Februarii e Veronensi urbe Papiam captivus ductus fuisset episcopus ; in ea rerum perturbatione provisum non fuit, ut proximo paschali tempore sacrum chrisma, quod ab episcopo consecrandum est, pro conficiendo sacro fonte in promptu esset. Hinc eodem anno fontis benedictio defuit, multique propterea infantes sine baptismate obierunt. Hanc *cladem infantium* appellat, qua cum « innumeros filios morti æternæ transmissos » affirmat, sancti Augustini et aliorum Patrum sententiam secutus agnoscitur.

23. In Papiensi carcere externis curis vacuus, insigne opus Præloquiorum in sex libros distributum composuit, quo omnium cujusque ætatis, sexus, conditionis et ordinis hominum officia explicat ; et vitia atque abusus eo tempore invalescentes perstringit. *Meditationes cordis* et *Agonisticon* etiam inscripsit, quia hi libri multæ meditationis materiam præbent, et Christianum hominem veluti athletam ad certamen informant. Hic Papiensis carceris fructus fuit. Duo priores libri cujusque [LII] hominis privati institutiones continent. Tertius et quartus principem instruunt ; explicatisque iis, quæ ad vitam ejus pertinent, quæque subditis ac sibimetipsi ab eo præstanda sunt, illa fusius prosequuntur, quæ idem Ecclesiæ ejusque ministris debet. Hic præcipuus eorumdem librorum scopus videtur. Multis auctor de duabus potestatibus disserit. Ubi autem episcopalem dignitatem et auctoritatem commendat, non pauca de suis ærumnis inspergit, ac de his, quæ suarum ærumnarum occasione acciderant. Epistolam inserit in carcere scriptam, cujus ante meminimus : et ne quis se aliquo errore circa fidem in tantas miserias adductum suspicaretur, suam doctrinam doctrinæ S. Augustini consonam præfert, professionemque fidei S. Athanasii symbolo conformem in fine tertii libri appendit. Quintus liber de episcopis agit pluribus, de cæteris autem Ecclesiæ gradibus ac de monachis brevius. Dum episcoporum abusus insequitur, quædam de suis calamitatibus iterum profert. Sextus tandem liber de communibus Christianorum officiis agit, de vitiis capitalibus, de pœnitentia, charitate, relatione operum in Deum, aliisque ejusdem generis pluribus. In his omnibus multa ejus ætatis disciplinam, nonnulla historiam illustrant, non pauca catholicam doctrinam.

26. Hac postrema in re animadvertendum est libro quarto, num. 15, luculenter refutari eam malesanam cujusdam sententiam, « qui præsentibus quibusdam nec modice eruditis episcopis, ausus est illud, quod canitur in Ecclesia, improbare , videlicet sanctos omnes cum Christo in æternum regnaturos fore, asserens nec dicendum, nec credendum, aliquem præter Deum in æternum regnare, sed fatendum sanctos tantummodo cum illo gaudere. In quo tantum infeliciter convaluit, ut ipsum, pro quo totum [ *forte tantum*] in præsenti laborat, tantæ felicitatis dulcisonum a cantu Ecclesiæ secreverit melos. » Iudicantur illa hymni, qui canitur in laudibus festi omnium Sanctorum :

Quicunque in alta siderum
Regnatis aula principes, etc.

Is, qui hosce versus vel ipsorum versum causa totum hymnum a cantu Ecclesiæ secrevit, aliquis magnæ auctoritatis episcopus fuit ; cujus errori priam proposito alios [LIII] conniventes nihil opposuisse significatur his verbis : « O cæca cæcorum, et dicentis scilicet et conniventium hac duntaxat in parte, et stultissima, si tamen defendatur, stultitia ! » Et num. 16 : « Dic mihi, rogo, hoc aut dicens, aut tacendo consentiens, aut (quod multo pejus est) astipulando confirmans, » etc.

§ VI. — *Post Papiensem carcerem Comum relegatur. Emendat et clariori stylo describit vitam S. Ursmari, quam ibidem invenit. Comensi exsilio solutus in Gallias proficiscitur. Scribit ad Rotbertum archiepiscopum Trevirensem. In Provincia Roestangnum litteris instituit, et librum scribit de arte grammaticæ. Episcopatum inibi recusat, et Laubias in suum monasterium revertitur.*

27. Duobus annis et dimidio, id est a Februario anni 935, ad Augustum usque anni 937, in Ticinensi carcere exactis, Ratherius in exsilium mittitur ( *epist.* 5 *ad Jo.*, n. 5). Hoc exsilium Comi fuisse discimus tum ex Fulcuino, tum ex epistola Ratherii ad monachos Lobienses, quam vitæ S. Ursmari præfixit (Fulc., c. 20). Ea in urbe se apud episcopum exsulasse testatur, dum in laudatis litteris, num. 1, scribit : « Apud venerabilem nuper sanctæ Cumanæ Ecclesiæ justo Dei judicio exsulantes episcopum, » etc. Cumanus seu Comensis ille episcopus, apud quem exsul erat, vocabatur Azo, ut liquet ex documento anni 937, quod Ughellius edidit. Dum in episcopio versaretur, vitam S. Ursmari primi abba-

tis Lobiensis ab Ansone abbate scriptam ibidem invenit, sed stylo adeo barbaro ac mendis vitiato, ut obscuritate ejus offensus, eamdem non tam emendandam, quam clariori stylo describendam putaverit. Hinc non incongrue inter ejus opera edetur. Illam sic expurgatam et lucubratam auctor misit ad Lobienses monachos, qui S. Ursmarum sui coenobii patronum venerabantur.

28. Interim in ea Galliarum parte, quæ Burgundiæ regnum tunc dicebatur, episcoporum synodus cogenda erat. Ad hanc Wido archiepiscopus Lugdunensis, et Sobbo Vienniensis, Godescalcus [LIV] et Aurelius episcopi invitarunt etiam Ratherium, quem cum ob celebritatem nominis maximi facerent, eumdem coram agnoscere, et cum eo in concilio agere peroptabant. Ipsum forte e carcere dimissum sciebant : at exsilio Comi adhuc detentum ignorabant. Ad hos itaque dedit epistolam, et cum in ipsa inscriptione se *exsulem* præfert, tum vero exsilio se impediri affirmat, ne ad synodum invitatus accederet. « Ea, inquit, Domini, quam maxime causa est, quod juxta vestrum non occurri vestræ dominationi præceptum quod juris ipse non sum proprii. » Famam, quæ de se erat vulgata, modeste extenuat. Miseriam, qua etiam extra carcerem in exsilio premebatur, leviter tangit, ejusque istud indicium affert, deesse sibi chartam, qua longiorem dignioremque epistolam scriberet. Subsidium aliquod postulat : et cum ipse ad eos non posset proficisci, sex libros Præloquiorum, quos in Ticinensi turricula lucubraverat (Vid. *Præloquior.* l. v, not. 38; FULC. c. 20), sui loco ad ipsos dirigit, ut Fulcuinus etiam notavit. Aliam quoque perbrevem epistolam, seu potius adnotationem in epistolæ formam eisdem dedit, ac in quintum Præloquiorum librum inseruit, num 15, quæ in epigraphe eos in concilio convocatos præfert. « Ratherius exsul Widoni atque Sobboni archiepiscopis cæterisque coepiscopis in concilio residentibus. » Eum autem in locum laudati libri inserta fuit, ubi conqueritur, neminem inveniri, « qui pro indigentibus interveniat, pro damnatis exoret : » eosdemque ad ea relegenda et expendenda excitat, quibus ad sui commiserationem opemque ferendam, et ad patrocinium pro se interponendum permoverentur; cum præsertim apud Ugonem regem conregionalem suum eos plurimum valere confideret.

29. Totidem annos exegit in Comensi exsilio, quot in Papiensi carcere, id est annos duos cum dimidio (*epist.* 5 *ad Jo.*, n. 5). Fuit igitur exsul Comi ab Augusto anni 937 usque ad initium circiter anni 940. Cum autem Ugone *invito* se ab hoc exsilio liberatum affirmet; vel clam Como effugit, vel regem *invitum* eo sensu dixit, quia non sponte, sed laudatis forte episcopis agentibus abeundi facultas eidem regi extorta fuit. Como in Gallias sese recepit, et fortassis apud Widonem aut Sobbonem, qui eum videre expetebant. Hoc tempore peragrasse videtur tres Galliarum provincias, Burgundiam, Provinciam [LV] et Septimaniam, quarum meminit in *Qualitatis*

*conjectura,* num. 3 : Dum in aliqua ex his provinciis degeret, litteras a Rotberto Trevirensi archiepiscopo accepit, qui aliquot quæstiunculas ei solvendas proposuit. In responsione, quam ei dedit Ratherius epist. 3, ipsum « archipræsulum nobilissimum » vocat, quippe qui a Theodorico Saxoniæ duce progenitus, sororem habebat sanctam Mathildem, Ottonis Germaniæ regis, ac postea imperatoris matrem. Cum quæstiones propositæ ad profana studia pertinerent, ejusdemque essent generis ac illæ quas ante episcopatum solvendas a Mediolanensibus acceperat, eo se nomine ab iis dissolvendis excusat, quia studiis ejusmodi post episcopalem ordinem valedixit : « Infulatus, » ait, « hac qua Dei misericordia fungor sarcina, illud statim desii agere, injunctum mihi in hoc officio cogitans, in Dei potius lege die ac nocte meditari debere. » Non negat ea studia aliquid adjumenti episcopo posse afferre, si ipsa in sacrum usum traducat : « Servus vero ille nequam, » addit, « de Evangelio ideo damnationis æternæ addictus est eloquio, quia talentum intellectus maluit terræ mandare, quam cœlo penitus destinare. Quæ similitudo, ut reor, monet inter cætera me peccatorem, tantillum ingenioli, quod Deo sum assecutus largiente, illo potius acui oportere, ubi Christus est in dextera Dei sedens, quam terrenæ vanitati committere, et nihil aliud exinde nisi ventum inanem, nec sine detrimento animæ maximo captare. » Cum porro aliquid subsidii sibi Rotbertus promisisset, gratias agit, idque in præsenti necessitate quam citius præstandum deprecatur. Librum aliquem Ratherii idem archiepiscopus videtur quæsisse. Volumen Præloquiorum, quod unum habebat in promptu, eidem direxit ea conditione, ut illud sibi ocius remitteret. Hanc autem epistolam post initium anni 940 ab exsilio Comensi dissolutus scripsit, antequam in Provincia Roestangni institutioni sese addiceret. Hinc cum nulli esset obligatus, Rotberti servitio sese paratum exhibet, ut in prima adnotatione ad eamdem epistolam pluribus constituimus.

30. Interim omnibus egens, in Provincia, ut sibi victum compararet, docendi officium suscepit. « Cum in ea parte Burgundiæ, » inquit Fulcuinus c. 20, « quæ Provincia dicitur, mansitaret, filium cujusdam viri ditissimi nomine Roestangnum ad imbuendum litteris postulatus recepit. » Hoc in [LVI] munere librum condidit « de arte grammaticæ, quem gentilitio loquendi more Sparadorsum vocavit, pro eo quod qui scholis assuesceret puerulus, dorsum a flagris servare posset. » Confer præfationem generalem, num. 19. Aliquod non breve tempus in Roestangni institutione transegit : cujus causa « ibi (id est in Provincia) ei episcopatus datus est, quem reliquens Laubias revertitur, » quemadmodum laudatus Fulcuinus prodidit. In Confessionis libro posterius scripto duos tantum episcopatus sibi collatos innuit, nimirum Veronensem et Leodicensem, e quibus cum æque fuisset pulsus, in eodem libro exarato post ejectionem etiam de sede Leodicensi, num. 2, hæc sibi a

confessario dicta refert : « Te duo episcopia perdiderunt. » Si duos tantum episcopatus amisit, duos tantum susceperat. Hic igitur tertius episcopatus in Provincia, ipsi *datus*, id est, oblatus quidem dici potest, collatus vero non item.

51. Itaque post institutum Roestangnum, recusato episcopatu ipsi oblato in Provincia, Laubias ad suos monachos rediit. Tempus a Folcuino indicatur. « Richarius, » inquit, « tunc adhuc supererat, a quo favorabiliter receptus, Laubiis est habitare permissus; nec multo post Richarius decessit, postquam in episcopatu viginti duos annos peregit. » Richarius Leodicensis episcopus, qui simul erat abbas Laubiensis, promotus fuerat anno 922, ut vidimus num. 10. Si autem « in episcopatu viginti duos annos peregit, » e vivis sublatus fuit exeunte anno 944, vel potius ineunte anno 945, quo ejus mortem et Ogonis, seu Hugonis ejus successoris electionem duo Chronica Leodiense et Lobiense cum Frodoardo notarunt. Ratherius igitur a Richario episcopo simul et abbate paulo ante ipsius mortem in Lobiense monasterium receptus anno 944 e Provincia Laubias concessit. Ibi tamen modicum immoratus est; nam anno 946 Veronensem episcopatum recuperaturus Italiam repetiit, ut ex sequentibus patebit.

[LVII] § VII. — *Ratherius redit in Italiam Ugonem regem conventurus. Capitur a Berengario. A Milone comite in episcopatum Veronensem revocatur. Ugo rex deseruit Italiam anno 947, non vero anno 946; diem autem supremum obiit in Provincia non anno 947, sed 948.*

52. Berengarius Eporediae marchio, Berengarii imperatoris ex Gisla nepos, qui anno 940 Ugonis insidias declinaturus, apud Etimannum Sueviae ducem confugerat, anno 945 cum levi militum agmine per Venustam vallem in Italiam contendens, castra applicuit ad munitionem Tridentini agri, quae vocabatur Formicaria. Manasses archiepiscopus Arelatensis, et Ugonis regis consanguineus, cui idem rex tres sui regni Ecclesias tradiderat, « seu, quod verius est, » inquit Liutprandus, « in escam dederat (LIUTPR., *l.* IV, *c.* 3), » nimirum Veronensem, Tridentinam et Mantuanam; cum Tridentinam quoque marchiam administraret, laudatam munitionem Adelardo clerico suo commendaverat (ID., *l.* V, *c.* 12). Cum hoc Berengarius collocutus, jurejurando spopondit, se Manassi daturum Mediolanensem Ecclesiam, si suae parti opem ferret. Hic spe hujusmodi illectus, non solum eam munitionem Berengario tradidit; verum etiam totam Italiam ipsi conciliare studuit. Fama hujus rei citius vulgata, coeperunt mox nonnulli, Ugone deserto, Berengario adhaerere. Inter hos Milo, comes Veronae praepotens, primus fuit : qui dum Ugoni suspectus Papiam fuisset evocatus, ibique appositis clam custodibus observaretur; producta coena usque ad mediam noctem, custodibusque vino et somno consopitis fuga se subduxit, et uno tantum comitante Veronam pervenit, ubi Berengarium statim accivit atque recepit. Aliis autem atque aliis ad Berengarii partes

subinde accedentibus, ac praesertim Mediolanensibus, rex Ugo, erga quem Itali male erant affecti, Mediolanum misit Filium Lotharium, petens a Berengario et caeteris Italiae primatibus, ut si se in Italia regnare amplius nollent, filium saltem suum adolescentulum, qui nil in eos deliquerat, et ex voto ipsorum educari poterat, regem agnoscerent. (LVIII) Illi misericordia inclinati, ipsum Lotharium in ecclesia ante crucem prostratum erexerunt, et regem proclamarunt. Id affigendum anno 945 Frodoardus coaevus auctor nos dubitare non sinit; hoc enim anno scribit in Chronico : « Ugo rex Italiae regno depulsus a suis, et filius ipsius in regnum suscipitus est. » Interim Ugo suae vitae periculum metuens, Papia cum magna auri et argenti copia excedens, iter susceperat Alpes versus desertorus Italiam. In itinere nuntius retulit, Italos non recusare, quominus ipse quoque Italiae rex esset; unde laudatus Frodoardus refert ad annum 946. « Ugo rex Italiae a suis in regnum recipitur. » Id Berengarii arte factum est, ne ultra montes tot thesauros transferret, quibus Burgundionum aliorumque Gallorum exercitu comparato Italicum regnum recupare posset. Cum memoratus Frodoardus id assignet anno 946, Liutprandus autem utramque filii primum, et dein patris receptionem ita describat, ut altera ab altera non multum abfuerit; priorem illam accidisse credimus sub finem anni 945, istam vero alteram sub initium anni 946. Caeterum Itali reipsa nudum regis titulum Ugoni et filio ejus Lothario reliquerunt, Berengario totius regni summa ac potestate delata.

53. In hisce rerum angustiis Ugo poenitens eorum, quae contra Ratherium gesserat, et fortassis etiam poenitens, se in Ratherii cathedram suffecisse Manassem, qui tam aperte defecerat, ejus videndi et restituendi, si posset, desiderium pluries declaravit (*epist.* 5 *ad Jo.*, n. 5). Id ut accepit Ratherius, anno scilicet 946, « sedit animo, » inquit epist. 5, « illum adire, ejusque calamitatem omnibus diebus obsequio solari : nam nec defuerat, qui intimaret, sero licet, ut timeo, quodque Deus ab illo avertat postulo, quod poenitens saepe optasset, ut daret Deus, quo ad eum venirem, et si valeret, restitutionem mihi impetraret; sin alias, daret pecuniae tantum, ut amplius non egerem. » Ratherius itaque Ugonem conventurus Laubiis discessit. At in itinere Berengarius ipsum comprehendit. Id Manassis studio factum est, quippe qui Veronensem Ecclesiam sibi ab eo adimendam metueret. Tribus et semis mensibus Ratherius fuit sub custodia retentus; inde autem emissus, Veronensi Ecclesiae redditus est Milonis comitis opera, ut scilicet Manassem expelleret : [LIX] timebat enim, ne is, qui potentia valebat plurimum, poenitentia ductus, a Berengario deficiens, reconciliaretur cum Ugone avunculo suo, sibique iterum rebelli exitium pareret. Haec gesta esse anno 946 perspicuum fit ex documento, quo Ratherius in Veronensis episcopatus possessione

præfertur Januario mense anni 947. Hoc documentum nuper vulgatum a marchione de Dionysiis canonico nostræ cathedralis ecclesiæ; est instrumentum originale commutationis actum « in civitate Verona inter domnum Ratherium venerabilem episcopum sanctæ Veronensis Ecclesiæ, nec non et inter Leone filium quondam Theudelavo de Aregasta, » cui et ipse Ratherius propria manu subscripsit cum cæteris cathedralis ecclesiæ clericis, « regnante domno nostro Hugo rege hic in Italia anno vicesimo primo, et domno Lothario filio ejus rege anno sextodecimo sub die de mense Januarii indictione v, » sunt characteres anni 947. Si autem Januario mense anni 947 Ratherius pacifice episcopatu fruebatur, tribus autem et semis mensibus antea captivus fuerat; captivitas profecto ejus incidit in annum 946; et probabilius etiam restitutio ejusdem in episcopatum ante Januarium anni 947 astruenda videtur.

54. De anno 946, cui captivitatem et restitutionem Ratherii in suum episcopatum assignavimus, nemo ambiget. Quæstio solum moveri potest de loco, in quo ille a Berengario captus fuit : recentior enim cæteroquin doctissimus auctor . ratus Ugonem anno 946 deseruisse tandem Italiam , et in provinciam sese recepisse, ubi supremum diem clausit (FLORIUS, de privileg. dissert. 2, p. 77); Ratherium Laubiis in provinciam iter suscepisse, ut Ugonem conveniret, et hoc in itinere comprehensum existimat. At eum, dum ad Ugonem adhuc in Italia degentem proficisceretur, in Italia quoque fuisse captum a Berengario, vel ex eo certum sit, quia Berengarius in sola Italia potestate regia utebatur. Accedit vero et illud, quod Ugo ex Italia non abiit nisi anno 947, postquam Ratherius suæ sedi restitutus fuerat. In brevi Chronico regum Italiæ, quod edidit Muratorius, duæ notationes leguntur, quæ id exploratum facient (T. IV Rer. Ital., p. 149). Una de Ugone rege : « Regnavit annos 21 expletos, et menses 9, et dies 3. » Altera de Lothario : « Post decessum ipsius Ughoni regnavit ipse Lautharius annos 3 expletos, et menses 7, et dies 2. Obitavit [LX] die Veneris, qui est decimo Kal. Decembris anni 950. » Verba hujus secundæ adnotationis « post decessum » Muratorius de Ugonis morte accipiens, computatis annis, quibus post eum regnavit Lotharius, illius mortem affixit diei 21 Aprilis anni 947 (Annal., ad an. 947). Verum prior adnotatio animadversionem ejus effugit. Cum enim eodem Muratorio probante Ugo regnare cœperit circa Junium anni 926; computatis annis, mensibus, ac diebus in ea adnotatione indicatis, mors ejusdem incidit in Februarium vel Martium anni 948, quem emortualem quidem Ugonis annum tum Sigebertus, tum annalista Saxo ab Eccardo editus confirmant. Cum porro idem Ugo in provinciam profectus « Brevi sit viam universæ carnis ingressus, » Liutprando teste (lib. I, c. 14); anno præcedenti 94

Italiam deseruisse dicendus est. Id tantum innuunt alterius adnotationis verba « post decessum ipsius Ugonis, » id est, postquam Ugo ex Italia decessit : ei decessisse quidem mense Aprili anni 947, ex chronicis notis ibidem designatis, agnoscitur ; ac propterea jure Sigebertus et annalista Saxo « Ugonem Arelatum, unde venerat, rediisse » eodem anno referunt. Enimvero instrumentum commutationis paulo ante laudatum cum « Ugonem regem hic in Italia » exhibebat mense Januario anni 947; ipsum hoc tempore adhuc in Italia fuisse demonstrat : neque enim post dimissam Italiam « rex hic in Italia » appellari potuisset. Opponit Muratorius Lotharii diploma pro Ecclesia Regiensi datum XIV Kal. Junii anno Dominicæ Incarnat. 946, anno Domni Lotharii 17 per indict. 4 (Annal., an. 946), in quo cum non memoretur rex Ugo, eum ante diem 19 Maii anni 946 ex Italia jam exiisse colligit. Hoc vero argumentum minimi habendum est, cum chronicæ notæ ejus diplomatis apertum errorem contineant. Annus enim decimus septimus Lotharii nec cum indictione 4 concordat, nec cum anno 946. Cum Lotharius regnum inchoaverit exeunte Maio anni 931; annus decimus septimus regni ejusdem incœpit exeunte Maio anni 947, desiit autem exeunte Maio anni 948. Hinc si diploma legitimum est, dies 19 Maii anni decimi septimi regis Lotharii pertinet ad annum 948, eaque notatio chronica sic emendanda est XIV Kal. Junii anno Dominicæ Incarnationis 948, anno Domni Lotharii 17 per indict. 6; [LXI] quoquidem tempore solus Lotharius rex nominatur, quia tunc Ugone jamdiu ante ex Italia profecto, imo etiam mortuo, solus in Italia regio nomine fruebatur. Quæ emendatio confirmatur etiam alio documento originali, quod in archivo Veronensis monasterii sanctæ Mariæ in Organis custoditur, ubi hæ chronicæ notæ leguntur : « Regnante domno nostro Lothario rege hic in Italia anno regni ejus septimo decimo sub die de mense Februarii Indictione sexta. » Neque vero sententiæ nostræ adversatur diploma ejusdem Lotharii a Muratorio vulgatum tomo V Antiquitatum Italiæ pag. 357, in quo solius Lotharii regis fit mentio his chronicis notis subsignatis : « Quartodecimo Kalendarum Februariarum anno Dominicæ incarnationis 947, anno vero Lotharii regis 17, indictione 6. » Januarius enim mensis junctus cum anno Lotharii 17, et cum indictione 6, convenit anno æræ vulgaris 948; nec componi potest cum anno 947, nisi hoc diplomate annus Dominicæ Incarnationis computatus credatur more Florentino ac Veneto, ita ut incipiat a Kalendis Martii; qua ratione Januarius anni 947 coincidit cum Januario communis æræ 948. Hoc autem tempore solus Lotharius rex erat, Italia ab Ugone relicta mense Aprili anni 947. Omnibus itaque documentis, vel emendatis, vel conciliatis stare debet, Ugonem toto anno 946, et usque ad Aprilem anni 947 substitisse in Italia, ibique Ratherium anno 946, dum ad Ugonem in Italia degentem proficisceretur, a Berengario captum fuisse, Milone autem agente in suam sedem restitutum.

[LXII] § VIII. — *Quot ærumnas Ratherius post restitutionem in suam sedem pertulerit a clericis, Milone comite ipsis patrocinante. Synodum agere, capitulo clericorum interesse, et ordines ecclesiasticos agere quid significet. Manasses archiepiscopus Arelatensis quemdam suæ diœcesis episcopum ordinat in titulum Veronensis Ecclesiæ. Post biennium Ratherius e Veronensi sede iterum pulsus, ut Manassi locum cederet.*

35. Ratherius Veronam restitutus, biennio episcopatum tenuit (epist. 5, ad Jo., n. 6), id est ab anno 946, cui restitutionem ejus adjudicavimus, ad annum usque 948. Tria quoque vetusta documenta hujus temporis fidem faciunt. Primum est illud instrumentum Januarii mensis anni 947, quod memoravimus num. 33. Alterum anni ejusdem et mensis Junii vidit Alexander Canobius in archivo S. Stephani, ejusque mentionem facit in opere Italico ms. apud Joannem Baptistam Biancolinum inscripto: *Annali di Verona* lib. VI, his verbis: *In questo medesimo anno* (947) *Racherio vescovo nel mese di Giugno fece una permutazione con Garimberto diacono della Chiesa cattedrale, il quale di questo tempo era anco custode et rettor della chiesa di S. Stefano, al qual il vescovo diede due sepolture antiche, le quali erano in un cimiterio antico appresso il corpo di S. Mauro vescovo di Verona; et Garimberto diede al vescovo una pezza di terra fuori della porta di S. Stefano in Fontanelle. Lo istromento e sottoscritto dal vescovo, et da Garimberto veduto nelle scritture di S. Stefano* (De duobus episcopis, p. 115). Tertium documentum editum a marchione et canonico de Dionysiis est Ratherii commutatio cum Ursemario acta « regnante domno Lothario rege hic in Italia anno septimo decimo. . . . . indictione sexta. » Annus Lotharii regis decimus septimus incœpit exeunte Maio anni 947, et desiit ante finem Maii anni 948. Cum porro indictio sexta cœperit a Septembri anni 947, hoc documentum, in quo mensis desideratur, scriptum fuit inter Septembrem anni 947, et Maium anni 948 ante finem (epist. 5, ad Jo., n. 6). Hoc autem episcopatus biennio ita multis iisque gravissimis incommodis Ratherius [LXIII] afflictus fuit, ut eum tæderet vitæ suæ, levioremque duceret calamitatem, quam in Papiensi carcere pertulerat. Milo comes horum malorum incentor et auctor fuit. Cum enim eum revocandum curasset ea tantum mente, ut Manassem Veronensis sedis invasorem, quem metuebat, excluderet; etsi omnibus externis officiis Ratherium prosequens, ejus videretur amicissimus; re tamen ipsa hostilem in eumdem animum gerens, clericorum ipsius rebellionem fovebat atque patrocinabatur.

36. Episcopus sacrorum canonum et ecclesiasticæ disciplinæ studiosissimus multiplices hujus ætatis corruptelas eradicare peroptabat. A clericis initium duxit, in quibus magni abusus grassabantur, quorum alibi redibit mentio. Hac occasione sacros canones colligere cœpit eosdem abusus coercentes, quos postea in librum inseruit inscriptum « De contemptu canonum (part. I, n. 1, not. 6). » Magni hac de re contra episcopum a clericis excitati tumultus; iisque patrocinante Milone comite, episcopus omnem suam operam inutilem, omnemque agendi aditum sibi interclusum expertus est. Eas nimirum in angustias adductus fuit, ut nihil ipsi relinqueretur ejus potestatis, quæ jurisdictionis vocatur, ea sola potestate permissa, quæ ordinis dicitur. Id innuunt illa primæ partis De contemptu canonum, num 1. « Insurgente contra me olim rebellium clericorum vesania, nec aliquid illius mihi, super quo cuidam dictum est: « Pasce oves meas, » officii... relinquente, præter chrismatis confectionem, et chrismandi quidlibet potestatem, » etc., « quæ ordinis potestas est. Audiantur quæ hac de re latius postea scripsit ad summum pontificem epist. 5, n. 6. « Quod martyrium versutiis ejusdem Milonis per biennium pertulerim, satagam si referre, historiam (id est fabulam) putetis. Summam tantummodo ut brevissime comprehendam, omnes clericos, milites, colonos et famulos ipso contra me patrocinante, non synodum agere, non capitulo clericorum interesse, non aliquid, quod emendandum esset, audebam solummodo commemorare, statuere quidlibet, vel destituere. Nusquam aliquid, quod scire vellet, loqui poteram, quod non continuo sciret. Sacramento enim ab omnibus id, credo, extorserat; et cum omnes sui coram illo mihi detraherent, ille solus contra omnes quasi pro me faciebat, ut scilicet provocati, ampliora derogando [LXIV] referrent. Idipsum etiam, quod ipso imperante agebam (neque enim contraire ejus præceptis audebam) vertebat in culpam, clericorum occulte struens contra me calumniam, mihi vero de eis promittens dolose satis vindictam. Hoc adeo processit, ut quadam die, dum ordines ecclesiasticos agerem, archidiaconus cum omni clero exiens, me solum in ecclesia relinqueret, et alteram sibi contra me vindicaret. » Et post nonnulla: « Horum vero omnium cum incentor Milo esset et auctor, mei tamen et videri, et dici ambiebat advocatus et tutor. Itaque calidissime me affligebat, ut rarissimus esset in regno, qui non æstimaret, amicissimum eum esse mihi omnino. Ego vero miser eram diebus noctibusque ita confectus, et anxius, ut tæderet me vitæ meæ, et mallem in Walberti, ut quondam, turricula, quam sedere in Veronensi cathedra, esurire sub Ugone, quam epulari cum Milone. » Nonnulla in hoc prolixo testimonio animadversionem merentur.

37. Quod ait « non synodum agere, non capitulo clericorum interesse audebam, » de iis synodis et capitulis accipiendum est, quæ in visitationibus plebium diœceseos habebantur. In his enim « synodum agi » dicebant, cum episcopus convocatam plebem in visitatione alloquebatur, et quosdam ex eadem plebe præcipuos sacramento obstrictos de iis rebus interrogabat, quæ in visitatione circa statum parochianorum inquirenda erant. Hæc significatio manifeste

colligitur ex canone concilii Rothomagensis apud Reginonem lib. II, c. 1, et apud Burchardum lib. I, c. 90, ubi legitur : « Cum episcopus suam diœcesim circuit, archidiaconus vel archipresbyter eum præire debet uno aut duobus diebus per parochias, quas visitaturus est, et plebe convocata annuntiare debet proprii pastoris adventum, et ut omnes, exceptis infirmis, ad ejus SYNODUM die denominata imprætermisse occurrant. » Dein sacramentum subjicitur, quod « episcopus in SYNODO residens post congruam allocutionem » a maturioribus et honestioribus viris exigebat, ac tandem interrogationes subduntur, quæ ipsis erant proponendæ. Id confirmat etiam Gerardus in vita S. Udalrici episcopi Augustani, qui ambo Ratherio cœvi exstiterunt. De visitationibus enim diœcesos agens cap. 6, « concilium » vocans quod in præcedenti testimonio « synodus » appellatur, his verbis utitur (MABILLON. *Act. SS. Ord.* Bened. t. VII, p. 428) : « Ad loca autem illa cum [LXV] pervenisset, ubi concilia sua denuntiata fuerant . . . in CONCILIO considens populum ante se vocari fecit, prudentioresque et veraciores sacramento interrogare præcepit, » etc. Et postea : « Completo concilio ad mansiunculas rediit. » Ad hanc synodum visitationum occasione celebratam referenda sunt Ratherii verba in Itinerario num. 5 : « Quem enim laicorum de adulterio convenire ausus fuissem in synodo, » etc., ut ibidem explicabimus in not.

58. *Capitula* vero *clericorum* ea fuisse appellata, quibus post *synodum* totius plebis celebratam omnes ejusdem plebis clerici, quando opus erat, simul coacti, coram episcopo interrogabantur, palam fit ex eodem Gerardo, qui post descripta laudata concilia a S. Udalrico in plebibus habita subdit : « In quibusdam autem diebus CAPITULA cum clericis habere disposuit in his locis, ubi hæc aptissime fieri archipresbyteri putaverunt, et ubi eum ab aliis mundanis conciliis » (quæ scilicet antea memorata laicos respiciebant) « absolutiorem esse arbitrabantur. Congregatis ante se clericis, archipresbyteros et decanos et optimos, quos inter eos invenire potuit, caute interrogavit, » etc., nimirum de pertinentibus ad clericos. De antiqua hujusmodi interrogationum formula, quarum aliæ ad clericos, aliæ ad laicos pertinebant, vide quæ diximus in admonitione ad synodicam Ratherii. Cum itaque Milo comes « omnes clericos, milites, colonos et famulos » contra Ratherium foveret atque patrocinaretur; is « nec synodum agere, » ad quam in visitationibus milites, coloni et famuli, id est, omnes laici plebium incolæ erant convocandi, *nec capitula*, quibus adesse debebant clerici, habere audebat; siquidem nec quidquam quod emendandum esset commemorare, nec statuere poterat quidlibet, vel destituere. Neque vero negamus de clericorum causis actum fuisse etiam in synodis diœcesanis, ut patet ex laudato Itineratio n. 6. Cum vero in laudata epistola ad summum pontificem Ratherius synodum a capitulis clericorum distinguens, non tam *clericos* memoret, quam « milites, colonos et famulos, » id est laicos, horum autem causæ cognoscerentur non in synodis diœcesanis, sed in illis visitationum occasione coactis; hinc *synodi* nomen hoc loco de ejusmodi synodis accipiendum credidimus.

39. Verba porro « dum ecclesiasticos ordines agerem » de sacrorum ordinum collatione [LXVI] intelligenda olim cum aliis existimavimus. Nunc vero maturiori consideratione habita, his verbis solemnem aliquam ecclesiasticam functionem significari arbitramur. Simili enim formula Ratherius epist. 1 : « Conradus ordines exercuit ecclesiasticos » scribens, sacram aliquam functionem, non vero sacram ordinationem a Conrado peractam expressit, ut in eamdem epistolam notatione tertia observavimus. Enimvero si sacris ordinibus conferendis vacasset Ratherius; qui fieri potuisset, ut *omnes* clerici etiam ordinandi, qui de promotione sua solliciti esse solent, ipsum deserentes, *solum* in Ecclesia relinquerent? Si de solis ordinibus conferendis agebatur, nihil erat, cur solo episcopo relicto in ecclesia, « archidiaconus cum omni clero exiens, alteram sibi ecclesiam contra episcopum vindicaret. » Hæc aperte indicant solemnem aliquam functionem ab episcopo celebratam in cathedrali, cui totus clerus aderat, derelicto autem episcopo ipsum clerum archidiacono duce eamdem functionem in aliam ecclesiam cathedrali proximam transtulisse, ex. gr. in ecclesiam S. Georgii, vel S. Joannis in fonte. Archidiaconus Adelardus subscriptus legitur in instrumento commutationis a Ratherio post restitutionem firmatæ mense Januario anni 947, cujus mentionem fecimus paragrapho præcedenti num. 33. Is autem archidiaconus si mox non obiit, ille est qui hujus rebellionis dux fuit.

40. Aliam non leviorem injuriam Ratherio intulit Manasses archiepiscopus Arelatensis, qui interdicta et pœnas a sacris canonibus inflictas metropolitis suarum provinciarum limites transgredientibus nihilum metuens, « tendens insidias Veronensi episcopo, consecravit episcopum quemdam suæ diœcesis in titulo Ecclesiæ Veronensis (*epist.* 5 *ad Jo.*, n. 6). » Hujus quoque molestiæ incentorem Ratherius Milonem accusat, qui depositis subinde (fortassis post discessum Ugonis ex Italia) suspicionibus contra Manassem antea conceptis, amicus ejus effectus est. Cum porro Manasses sese præferret episcopum Veronensem, eamdemque Ecclesiam Ratherio pulso non illi clerico suo abs se ordinato episcopo, sed sibi regis jussu tradendam curarit, ut mox videbimus; « quo sensu illum consecrarit « in titulo Veronensis Ecclesiæ, » aliorum judicium esto.

41. « Biennio et hoc tolerato, » addit Ratherius, « gravissimo omnium, quos antea, et post [LXVII] pertuli, miseriarum carcere, dum ad vespertinalem persolvendam pergerem synaxim, adfuit missus domini regis Lotharii præcipientis, ut urbe decedens darem locum Manassi sedem meam invadendi; adjiciens amicale satis consilium, melius scilicet esse

ut secederem, quam Milonis dolo aut exmembrarer, aut interficerer, aut, quod levius his multo, sed gravissimum mihi esset futurum, comprehensus, quo minime vellem abducerer. » Id actum partim Milonis, partim Manassis opera; nihilque ambigimus, quin hoc præceptum regis Lotharii nomine a Berengario prodierit, apud quem Milo et Manasses plurimum valebant. Berengarius enim, ut antea monuimus num. 32, in Lotharii aula omnia gerebat, solo regio titulo et honore eidem relictis. Huic præcepto libenter cessit Ratherius, qui antea a tot insidiis et calamitatibus sese subduxisset, nisi veritus esset, ne mercenarii notam incurreret, qui timore fugiens, gregem sibi commissum lupis dimittit. « Feci jussus, inquit, quod antea libentissime fecissem injussus, nisi interdixisset, quod ait in Evangelio de mercenario Dominus; sed non potui agere impune. Lupi illi gregem non quærebant invadere, sed pastorem; persecutusque in una civitate fugere venialiter potui in aliam. » Cum biennium, quo Ratherius Veronæ hanc persecutionem perpessus est, desierit anno 948; secundam ejus expulsionem ab episcopatu Veronensi in hunc annum incidisse liquet.

[LXVIII] § IX. — *In Germaniam Ratherius proficiscitur. Scribit ad Brunonem Ottonis I fratrem. De initio regni ejusdem Ottonis in Italia. Aliquot documentorum notationes chronicæ emendatæ. Ratherius cum Ottone et filio ejus Liutulfo anno 951, in Italiam redit recuperandi episcopatus spe concepta. Milonis comitis nepotem episcopum constitutum reperit, cui Manasses episcopatum vendiderat. Appellat ad summum pontificem et ad episcoporum synodum. Hac de re tres epistolas scribit.*

42. Ratherius secundo e Veronensi sede pulsus in Germaniam secessit, ubi nullo certo loco consistens, vitæ subsidia quæsiturus huc illuc discurrit; adeo ut *gyrovagus* vocaretur (*epist.* 5, n. 3). Noricam, id est Bajoariam, Sueviam atque Saxoniam, quas suæ vitæ testes memorat in *Qualitatis conjectura* num. 3, hac occasione peragrasse videtur. Hinc subsidium sibi præbuisse Germanos, harum videlicet provinciarum episcopos, testatur in litteris, quas ad Romanum pontificem scripsit, ut suo loco videbimus, anno 951.

43. Erat hoc tempore non tam disciplina morum, quam litterarum studio celebris Bruno Ottonis I frater, qui postea fuit archiepiscopus Coloniensis. Alebat domi doctiores hujus ætatis viros, iisque magistris tum Latinas, tum Græcas, tum profanas, tum sacras litteras excolebat; ex quo ejus ædes litterarum et litteratorum domicilium videbantur. Ratherius in ea rerum inopia, quam indicavimus, ad ipsum Præloquiorum libros direxit cum epistola, ut ex illis cognito auctore, siquidem ipsum suo servitio non inutilem agnosceret, ad se evocaret, et inter cæteros aleret. « Si itaque placet opus, inquit, placeat et operis exsecutor servulus, nec dedignemini suggerere quid valeat. Forsitan inter millia præstantiorum et iste suum obtinebit locum. Potestis autem, si libet, eumdem et ad servitium adipisci: abesse enim tenaciam remotissime vobis audivi. . .

A . . . Remota igitur difficultate, utimini potestate, scientes me hoc inhianter ambire. Præsaga enim mens quasi divinare videtur, meam per vestram [LXIX] claritudinem relevandam destitutionem, tantum condignam congruamque vestro dominatui impendere valeam servitutem. » Hæc, cum egeret, scripta fuerunt. Eguit autem ad annum usque 951 vel 952, cum duabus aliis epistolis sexta et septima eleemosynam petiit, ut Romanum iter susciperet. Hinc ad Brunonem scripsit inter annum 948, postquam Verona abiit, et annum 951 vel 952. In Brunonis quidem aulam receptus fuit, sed non statim post exclusionem e sua sede; quippe sub tanto principe, cui fuit acceptissimus, piorum eleemosynis non indiguisset. Sane in epistola sexta scripta anno 951 vel B 952, num. 1, inquiens : « Nusquam aliqua mihi vel hospitii quies, nusquam aliquod suffugium, nisi locus misericordium, » se ad hoc usque tempus nullo certo hospitio receptum innuit. A Brunone quidem accitum anno 952 videbimus paragrapho sequenti.

44. Mortuo Lothario rege x Kalendas Decembris anni 950, post dies 24, quibus Italiæ regnum vacavit, « die Dominico, xv die Decembris in basilica S. Michaelis, quæ dicitur major, fuerunt electi et coronati Berengarius et Adalbertus filius ejus in regibus (T. IV *Rer. Ital.* p. 149). » Ita breve Chronicon, quod Muratorius edidit (S. ODILO in *Vita S. Adelai* apud Canisium). Non multo post Berengarius Adelaidem Lotharii conjugem, viduam innocentem duris modis vexatam, tetrum conjecit in carcerem. Carceris locum fuisse Gardæ castrum agri Veronensis munitissimum ad Benaci ripas Donizo tradit (*Vit. Matil.* l. 1, t. I *Rer. Ital.*). Hac de re Itali a Berengario alienati Ottonem Germaniæ regem vocarunt, ut Adelaidem, quæ e Garda fugiens ab Azone in Canossæ castrum recepta fuerat, e tot periculis erueret, ac Berengarium regno abutentem compesceret. Misit ille statim in Italiam Liutulfum filium, qui cum Italos paratos et obsequentes nactus esset, *mox rediit*, inquit Rosvida hujus ævi historica, « clarum referens sine marte triumphum. » Tunc Otto una cum eodem filio in Italiam descendit ante Octobrem anni 951, ibidemque eodem mense Italiæ regem fuisse appellatum constat ex duobus diplomatibus a Muratorio laudatis, et Papiæ actis « vi Idus Octobris anno Incarnationis Domini nostri Jesu Christi nongentesimo quinquagesimo primo indictione decima anno regni Ottonis regis in Francia, » scilicet orientali, quo nomine Germania vocabatur « decimo sexto, in Italia primo (*Annal. Ital.*, an. 951). » Anterius ejusdem Ottonis [LXX] diploma Papiæ signatum VII Idus Octobris edidit canonicus de Dionysiis, in quo solum annus 952 mendose scriptus fuit pro anno 951 (*De duobus episc.* pag. 421). « Dato septimo Idus Octobris anno Incarnationis Domini Nostri Jesu Christi 952, indictione 10, anno regni Ottonis regis in Francia 16, in Italia 1. » Omnes characteres cum duobus præcedentibus privilegiis plane concinentes anni errorem demonstrant. Anno

enim 952 mense Octobri indictio undecima decurrebat, non autem decima; et annus regni Franciæ orientalis, seu Germaniæ non decimus sextus, sed decimus septimus, cum Otto ejusdem Germaniæ rex creatus fuerit post Henrici patris mortem, quæ incidit in mensem Julium anni 956. Adde quod idem Otto mense Octobri anni 952 nec Papiæ erat, nec in Italia, ex qua jam inde a paschate anni ejusdem in Germaniam redierat. Idem vero canonicus aliud documentum impressit, quod actum « in vico Runco » Veronensis agri signatur « regnante donno nostro Hocto ic in Italia anno primo sub die de mense Madius indictione nona. » (*Ibid.*, p. 71.) Nona indictio cum mense Maio convenit anno 951. Si de errore in nota indictionis non esset suspicandum, dicendum esset Ottonem, antequam Papiæ rex salutaretur mense Octobri anni 951, jam inde a mense Maio anni ejusdem in Italiam ingressum, Veronæ Italiæ regem fuisse nuncupatum. Sed Berengarium et Adalbertum Italiæ reges exstitisse usque ad Septembrem anni 951, constat ex duobus diplomatibus a Muratorio allegatis (*Annal. Ital.*, an. 951), quorum alterum Papiæ datum fuit x Kal. Octobris, alterum in plebe S. Marini vi Kal ejusdem mensis. In unica autem charta, quæ annum primum regni Ottonis in Italia quinque mensibus antevertit, dum aliæ omnes chartæ idem Italiæ regnum Berengario et Adalberto vindicant ad Septembrem usque; in hac, inquam, unica charta, quæ non ex originali, sed ex antiquo apographo sumpta est, errorem irrepsisse in notam indictionis probabilius credimus, ita ut pro *nona* indictione legendum sit *decima*, quæ congruit anno 952. Id autem eo verisimilius apparet, quia aliud documentum scriptum Veronæ, et a memorato canonico vulgatum signatur « regnante donno nostro Otto rege hic in Italia anno primo sub die de mense Junii indictione decima (*De duobus episc.* pag. 118):» Ubi si Veronenses annum primum Ottonis cum indictione nona signassent mense Maio anni præcedentis 951; mense [LXXI] Junio anni 952 non annum primum, sed secundum notare debuissent; neque enim credibile est eos unam initii regni Ottonis computationem invenisse anno 951 ante Octobrem, aliam post Octobrem cum cæteris Italiæ civitatibus suscepisse.

45. In his Italici regni vicissitudinibus quid Ratherius egerit ex ipso audiamus. « Cum gloriosissimus atque piissimus cunctoque celebratissimus orbe rex noster (Otto) Italiam introisset, adfui cum ipso clarissimo filio, tentans, si daretur optio, ut meo restituerer loco (*epist*. 5, n. 8), » id est sedi Veronensis Ecclesiæ. Ottonis introitus in Italiam cum filio competit anno 951, quo cum filio Liutulfo Italiam ingressus est. Cum enim Otto anno 961 iterum venit in Italiam, nullum secum filium adduxit. Liutulfus siquidem anno 958 e vivis excesserat; Ottonem autem secundum filium suum puerulum anno 961 in Italiam profecturus, in Germania relinquens, Gullielmi item filii sui archiepiscopi Moguntini curæ commi-

serat (Continuator Regin. et annalista Saxo). Confer admonitionem in epistolam quintam. Venit igitur in Italiam Ratherius cum Ottone et filio ejus Liutulfo anno 951. Restitutionem in suam sedem sperabat Berengario compresso, qui sibi fuerat infensus. Forte etiam potestatem adimendam credidit Miloni comiti Veronensi, qui Berengario favebat. Aliquid sane calamitosum isti contigisse, indicare videntur illa epistolæ quintæ num. 7, ubi Ratherius enarrata sua secunda expulsione, Milonem sibi adversum, ut videtur, respiciens, « calamitosum, inquit, hic accusare cum possim, devito aliquem, ne adjiciam super vulnerum ejus aliquod, quod propheta conquerendo prohibet, dolorem. » Certe Otto cum secundo in Italiam descendit, comites Veronæ præfecit Germanos, quibus fidebat. Idem in primo adventu fecisse satis credibile est, ita ut Milo comitatum Veronensem non recuperaverit, nisi postquam Berengarius totum Italiæ regnum recepit.

46. Quid porro in causa fuerit, ne Ratherius hac occasione suæ sedi restitueretur, ipse narrat his verbis. « Sed impedivit, quod alterum illic (in sede Veronensi) institutum rex invenit, Milonis scilicet nepotulum; ne difficile sit conjectare, cujus rei causa (Milo) tanta mihi intulerit mala. Cui quidem Manasses sedem vendiderat (*epist*. 5, n. 8). » Manassem episcopatum Veronensem, in quem fuerat intrusus, cuipiam vendidisse tradit etiam Liutprandus libro quarto [LXXII] cap. 3. Milonis autem comitis *nepotulum*, num ex fratre, an ex sorore, ignoratur, eum fuisse, cui illum vendidit, ex hoc Ratherii loco discimus: hacque de causa eumdem comitem sibi tanta mala intulisse conjicit, ut scilicet Ratherio excluso, ac Manasse recepto, nepotem suum in Veronensem sedem aliquando sufficeret. *Nepotulo* erat pariter nomen Milo, quem quidem anno 951 Veronensem episcopum testatur ejusdem anni documentum, quod Joannes Baptista Perettus laudat (*Catal. episc. Veron.* p. 61). Manasses ad archiepiscopatum Mediolanensem, quem eidem Berengarius promiserat, promotus anno 949, cum quinque episcopatibus simul præfuerit (*epist*. 5, num. 6), id est Arelatensi, Veronensi, Tridentino, Mantuano, ac demum Mediolanensi, non ante hunc archiepiscopatum, sed non multo post, Veronensem sedem Milonis nepoti vendidisse dicendus est, nimirum anno circiter 950. Hic cum ordinatus fuit episcopus, annum agebat circiter decimum octavum; natus quippe fuerat, postquam Ratherius Veronensem cathedram suscepit (*epist*. 8 *ad Milon*, not. 5). Hinc *nepotulus*, seu adolescentulus appellatur (*epist*. 5, n. 8); et hac fortassis de causa « hujusmodi ordinationis licentia » quæsita atque recepta tradebatur a sede apostolica, ut scilicet adolescentulum ordinari permitteret.

47. Hanc summi pontificis licentiam fautores Milonis veluti approbationem ac legitimam confirmationem episcopatus ejusdem efferebant. Otto, qui imperatoris dignitatem a summo pontifice obtinere peroptabat, nihil contra Milonem episcopum ausus,

spem omnem Ratherii irritam reddidit. Is itaque tum apostolicæ auctoritati, tum regiæ majestati cedens, Italiam deserere compulsus fuit. Hoc autem loco duo Ratherii testimonia notanda sunt, alterum in *Itinerario* num. 4, ubi se *ter exsulatum* affirmat, alterum in opusculo « de clericis sibi rebellibus, » num. 2, ubi ait : « Me jam quater extrusistis. » Utrobique velut tertium exsilium et expulsionem tertiam a sede Veronensi illam computat, cum anno 951 eadem sedem recuperaturus in Italiam venit, sed agente Milone, quem episcopum ibidem reperit, agentibusque ejus fautoribus, in quibus clericos fuisse ex postremo testimonio liquet, re infecta discessit : Confer in Itinerarium in not.

48. Initio quidem, cum restitutionem, [LXXIII] quam sperabat, inaniter cessisse vidit, « Statueram, inquit ( *Epist.* 5, n. 8), carceribus et exsiliis per Dei misericordiam exemptus, et in latitudinem liberi arbitrii eductus, solitudinem monasterii petere, et ibi exspectare Deum, qui salvum me faceret a pusillanimitate spiritus, et tempestate persequentium, causasque expulsionis meæ a memetipso pœnitendo exigere, meque, ipse ut non judicarer, judicare ( *Ibid.*, n. 9). » Verum dum hæc animo volveret, audivit sibi ab æmulis quædam objici, quibus non vi, sed jure ministerio sacerdotali se privatum affirmabant. Verebatur præterea, ne cedens omnino sine defensione ulla, declinasse videretur judicium, perinde ac si suæ causæ juste patrocinari non posset. Quare ad sedem apostolicam negotium deferendum credidit. Hac de causa litteras dedit ad eum ipsum pontificem, qui Milonis ordinationem probasse ferebatur, ubi luculenter expositis suis præcedentibus ærumnis ac vicissitudinibus ad annum usque 951, petitionem suam his verbis proponit (*Ibid.*, n.10) : « Ne igitur criminosus videar criminatus, aut fugax provocatus, audientiam rogo, audientiam flagito, invasoremque Ecclesiæ meæ cum ipso pastorum omnium pastore audaciter furem vocitans et latronem, quia aliunde ascendit, non per ostium introivit, etenim vivent viro nubere alteri non dimittitur mulier legitime, coram apostolatu vestræ sedis ad certamen canonicum provoco, eo etiam, si vestræ dominationi placet, tenore, ut sive pro me, sive pro illo lex obtinuerit, episcopium cui nobis visum fuerit tribuatis, tantum in Domino : præesse enim ulterius non concupisco, si prodesse, ut antea, nulli valeo. » Et post nonnulla : « Unum e nobis duobus episcopum non esse, cum etiam infantum, si qua eis inest, satis evidenter valeat comprehendere ratio, quis autem nostrum sit, vestræ pastoralitatis decernere debeat provisio, absque maximo vestri, si dicere audeam, periculo, quandoquidem controversia inde orta est, indiscussum relinquere non valetis omnino ( *Ibid.*, n. 11 ). »

49. Hanc epistolam Agapito II, qui Milonis ordinationi *licentiam* dedisse præferebatur, fuisse inscriptam, et a Ratherio exaratam anno 951, vel ineunte 952, cum ex contextu satis colligitur, tum vero confirmatur ex iis quæ in admonitione eidem epistolæ quintæ præfixa fusius disseruimus. Joannis autem pontificis, qui Agapito successit, nomen epigraphes nunc idcirco exhibet, quia eadem mox ignotis de causis suppressa, sub Joanne XII [LXXIV] mutata ab auctore solummodo inscriptione repetita fuit, ut in eadem admonitione observavimus.

50. Cum porro Ratherius apostolicæ sedis judicium adire cuperet, aliam ad omnes fideles epistolam scripsit ( *epist.* 6. ), qua piorum eleemosynas in Romanum iter petiit. In hac notanda sunt verba, quibus num. 3, se a Romana Ecclesia « longius disparatum, » id est, valde distantem tradit. Hinc jure dubitari potest, num hæc epistola una cum præcedenti et subsequenti, quæ eadem super re eodemque tempore exaratæ fuerunt, scripta fuerit in Italia anno 951, antequam auctor exinde decederet, an potius in Germania sub finem anni ejusdem, vel anno 952, quo fortassis statim, cum omnem episcopatus recuperandi spem interceptam vidit, sese recepit, antequam illuc Otto regrederetur.

51. Cum his duobus epistolis jungenda est septima ad omnes episcopos « per universam Italiam, Galliam atque Germaniam, » in quam cum eadem in causa similes inferuntur sententiæ, tum vero episcoporum concilium appellatur. Miser Ratherius ne quidquam intentatum relinqueret, summum pontificem, et episcopos omnes ad canonicum judicium excitandos putavit. Has vero epistolas tres ipsum Ratherium suppressisse hoc tempore certum videtur, earumque edendarum cogitationem idcirco forte deposuit, quia dum id agitaret animo, a Brunone Ottonis fratre in suam aulam, uti olim petierat, receptus fuit.

§ X. — *Ratherius in Germaniam reversus a Brunone Ottonis regis fratre inter domesticos recipitur. Brunonis opera fit episcopus Leodicensis. Solemnes hujus promotionis ritus. Ejicitur subinde etiam e sede Leodicensi. Hac de causa duo opuscula scribit. Aliqui episcopatus ejusdem reditus ipsi ad victum assignati quinam fuerint.*

52. Bruno cum fratre Ottone rege in Italiam venerat, ac propterea in aliquot diplomatibus Papiæ datis anno 951, « Bruno cancellarius » subscriptus legitur ; et in textu quorumdam expresse [LXXV] nominatur « dilectus frater noster Bruno, vel per interventum fratris nostri Brunonis (PURICEL. *Mon. Eccl. Ambr.* n. 172 ). » Ratherius, qui ad ipsum absentem scripserat, eumdem in Italia præsentem etiam agnovit (DIONYS. *de duobus ep.* p. 120). Cum porro Otto rex Italiæ regno potitus, Adelaide Lotharii vidua Papiæ sibi in matrimonium copulata, ob insurgentes subinde in Germania tumultus anno 952 in Saxoniam rediisset, ubi sacrum Pascha celebravit; eodem petiit etiam Bruno, qui clericali militiæ nomen dederat. Hic litterarum et litteratorum amantissimus, quorum usu atque consuetudine quotidie fiebat instructior, inter alios, quos domi alebat magistros, Ratherium ad se accivit, qui adeo præstitit cæteris, ut omnium primus et institutioni ipsius Brunonis

maxime utilis haberetur. « Otto tunc potentissimus rex, inquit Fulcuinus ( *Gest. Ab. Lob.* c. 22 ), Austrasiis et subactæ Italiæ tunc imperitabat, cujus frater Bruno, unicum et singulare in Christi Ecclesia decus futurus, velut pretiosissimus lapis multiplicibus philosophorum poliebatur argumentis. Advocatur Ratherius, et habetur inter palatinos philosophos primus. Quid multa? Non destitit, donec regiam illam et mirificam indolem in omnibus disciplinis perspicacissimam redderet et perfectam. » Verba, quibus Otto rex « subactæ Italiæ tunc imperitasse, » seu in Italia regnasse traditur, tempus indicant, quo nondum ille Italicum regnum Berengario et Adalberto certis conditionibus restituerat. Hæc restitutio facta fuit an. 952 (*Vid. infra, n.* 68) ; et ante hanc ( eodem tamen anno ) Ratherius a Brunone evocatus, ac inter palatinos magistros receptus dicendus est: quod maxime animadvertendum est, ne quis minus recte intelligens verbum *imperitasse*, erroris notam Fulcuino appingat, ac si hæc ad illud posterius tempus retulerit, quo Otto anno 961 Berengarium et Adalbertum ex Italiæ regno omnino exclusit, imperatorisque titulum a Romana sede obtinuit anno 962.

53. Annum circiter Ratherius in Brunonis aula immoratus est; anno siquidem 955 cum duæ Ecclesiæ vacassent, Coloniensis et Leodicensis, Bruno ad Coloniensem, Ratherius vero ad Leodicensem promotus fuit. Ratherium quidem eodem nedum anno, sed etiam die ad Leodicensem cathedram promotum, quo Bruno consecratus fuit archiepiscopus Coloniensis, testatur idem Ratherius in « conclusione deliberativa » num. 26. Hac de causa Brunonem « in ipsis sacerdotii sui primordiis » promovisse Ratherium, Rotgerus tradit (*Vit. S. Brun.*, n. 34). Porro [LXXVI] Brunonem anno 953 Coloniensem archiepiscopum fuisse ordinatum certum est ex Frodoardo coævo scriptore in Chronico, quem alii omnes secuti sunt. Hinc recte in Chronico Leodicensi apud Labbeum ( t. I *Bibl. mss.* p. 338 ), et in alio Lobiensi apud Martenem atque Durandum ( t. III *Thes. Anec.* p. 145), et in Gestis episcoporum Leodicensium Ægidii Leodiensis c. 45 ( t. I CHAPEAUVIL. p. 176 ). Ratherii promotio affigitur anno 953 ; econtra vero perperam Sigebertus et alii eum secuti ipsam assignant anno 954.

54. Ratherium Brunonis opera, seu, ut in Phrenesi traditur num. 1, « interventu » ad Leodicensem sedem pervenisse tum Rotgerus ( ROTG. *Vit. S. Brun.*, n. 34), tum Fulcuinus tradiderunt (Fulc. c. 25). Lotharii regnum, seu Lotharingia, quæ Hilduini et Richarii tempore Galliarum regno accensebatur, non multo post ad Germanicum regnum accesserat. Hinc Conrado, quem ejusdem Lotharingiæ ducem Otto Germaniæ rex constituerat, anno 953, ob rebellionem deposito, idem rex Brunonem fratrem tametsi clericum ducem subrogavit, et Coloniensi Ecclesiæ eodem anno vacanti præfecit. Is autem Leodicensi cathedræ pariter vacanti post Faraberti mortem Ratherium præficiendam curavit. Id Bruno sanctissimus vir non humanis rationibus ductus curavit, sed quia Ratherium illi Ecclesiæ præficere, « propter abundantem doctrinam et eloquentiam copiosam, qua inter sapientissimos florere visus est, non eidem Ecclesiæ solum, cui præfuit, sed et multis aliis circumquaque valde proficuum fore putatum est. » Ita Rotgerus laudatus in S. Brunonis Vita num. 34, ubi aliam quoque illustriorem hujus electionis rationem addit, quæ Ratherii probitatem Brunoni intima familiaritate perspectam maxime demonstrat. « Simul quia, inquit, in illis partibus per zelum et contentionem . . . . . . . quidam etiam sacerdotes Domini plerumque, quod dictu nefas est, terrenæ plus justo confisi potentiæ, populum imperitum scandalizabant, sæpe dictus dominus Bruno Coloniensis archiepiscopus, cui jam totius regni ( Lothariensis ) dispensandi cura imminebat, ratus id, quod verum fuit, hunc ejectum antehac et neglectum hoc tanto beneficio ad illud fidei et veritatis fœdus adduci, ut a nemine posset reduci ; ita demum os loquentium iniqua obstruere posse credidit, si nulla occasio scandali posset in eorum episcopo reperiri. » Ita nimirum ecclesiasticæ disciplinæ studio morumque integritate Ratherium præstare Bruno expertus fuerat, ut nullam in eo scandali occasionem inveniri [LXXVII] posse certissime crederet. Has easdem eligendi Ratherii causas ex Rotgero Fulcuinus repetit. Ea vero ratio, quam is ex suo addidit scribens, Ratherium Brunonis industria Leodicensi Ecclesiæ incardinatum « in emolumentum magisterii, « nisi benignius explicetur, Brunonis sanctitate indigna videtur.

55. Quomodo autem hæc Ratherii promotio Brunone agente peracta fuerit, partim ex *Phrenesi*, partim ex « conclusione deliberativa » cognoscimus. Mos hujus ævi erat episcopos cum regis consensu eligere. Nisi autem vis, vel fraus aliqua intercessisset, cleri et populi electio secundum canones requirebatur. S. Bruno nihil nisi jure agendum duxit. Hinc Rotgerus de Ratherio ait : « Leodicensi cathedræ vacanti, magna ejus (Brunonis) industria secundum statuta canonum incardinatus est. » Fulcuinus, qui hunc locum ex Rotgero transcripsit, omissis verbis « secundum statuta canonum, illa in emolumentum magisterii » substituit. In *Phrenesis* proœmio num. 1, duæ Ratherii electiones distinguuntur, una in Aquisgrani palatio « feria 4 solemnis jejunii mensis septimi, » quæ anno 953 incidit in diem 21 Septembris S. Matthæi festum, altera Coloniæ « Dominica sequenti, » nimirum die 25 ejusdem mensis. Priorem electionem « ab iis, quorum specialius intererat, » peractam ibidem auctor tradit. Cum porro alteram electionem « ab eodem, hoc est Leodicensis Ecclesiæ populo » factam affirmet ; eos « quorum intererat fuisse eumdem populum Leodicensem » manifestum est. Non defuisse vero cleri Leodicensis consensum indicant illa « conclusionis deliberativæ » num. 21, ubi promotionem suam a legitimo archiepiscopo

Brunone, factam pronuntiat « sub præsentia totius Ecclesiæ, et consensu, qui utique et requiritur legibus, clericorum. » Addit in *Phrenesi* se Aquisgrani non solum electum a Leodicensibus, quorum intererat, sed et « expetitum ab episcopis, abbatibus, comitibus, totiusque regni primoribus, » qui nimirum erant in comitatu, et ad ordinationem S. Brunonis Coloniensis archiepiscopi frequentissimi convenerant. Ratherii electio a Brunone constituta, seu approbata « eodem die » post suam ordinationem, et « post professionem a se, ut moris est, factam, canonicis quod semper obediens foret præceptis, » traditur in laudata «conclusione» num. 26. Hinc primum Bruno die 21 Septembris consecratus, dein Ratherius electus. Non solum ille jam consecratus [LXXVIII] archiepiscopus, sed alii quoque episcopi hanc electionem legitimam comprobarunt, nihilque in ea contra canones gestum judicarunt. Hinc auctor in *Conclusione* num. 21, « judicium præsulum, testimonium decretorum, sanctionem canonum » memorat... Addit num. 22, « regis concessum, » id est consensum; et num. 25, diploma aliquod regia manu signatum innuit. Ita etiam in electione S. Udalrici episcopi Augustani « edictum regis » laudat in ejus Vita Gerardus presbyter c. 2, n. 7 (tom. VII *Act. SS. Bened.*, pag. 420). Brunonis ordinatione a Rotberto Trevirensi archiepiscopo Aquisgrani laudato die 21 Septembris peracta, publica ejus institutio in Coloniensi Ecclesia in sequentem Dominicum diem 25 Septembris rejecta videtur. Hac quidem occasione eodem die 25, nova et solemnior Ratherii electio et incardinatio ibidem celebrata est, ut ex memorato *Phrenesis* proœmio discimus, ubi hæc leguntur num. 1 : « Rursum sequenti Dominica ab eodem, hoc est, Leodicensis Ecclesiæ populo electus, septem a coepiscopis, duo quorum fuerunt archipræsules, cæteri præsules, prælibato scilicet Brunone, Rodberto, Baldrico, Hildebaldo, Druogone, Berengario atque Folberto, conniventia decretorum, consensu atque exemplis nonnullorum, quibus et id contigerat, antiquorum, summo totius, quæ aderat, favore, destinatus eidem atque solemniter intronizatus Ecclesiæ. » Duo archipræsules erant Bruno archiepiscopus Coloniensis et Rodbertus Trevirensis; Baldricus erat episcopus Ultrajectinus ad Rhenum, Hildebaldus episcopus Transrhenensis, seu Mimigardensis, Druogo Osnabrugensis, Berengarius Virdunensis, et Folbertus Cameracensis. De hac secunda, sive etiam de prima electione accipi queunt illa primæ partis « de contemptu canonum » num. 9, ubi de sua promotione ad Leodicensem Ecclesiam consultum fuisse testatur « gloriosissimum præsulum concilium, illos vero misericorditer me elegisse, et populi assensu conjuncto fraternaliter intronizasse. » Utrobique nimirum plures episcopi convenerant, et utrobique discussa causa, quæ in quæstionem cadebat, num ille, qui episcopus erat Veronensis, ex ista sede pulsus, ad aliam posset promoveri, expensis in hanc rem canonibus,

decretis pontificum, et antiquorum exemplis, concilii judicio statutum fuit, nihil repugnare, imo et decretis, et exemplis antiquorum, « quibus et id contigerat, » ejusmodi translationem licitam [LXXIX] approbari. Vide « conclusionem deliberativam » num. 40.

56. Solemnis hæc intronizatio Ratherii in cathedrali Coloniensi acta est, tradita eidem a S. Brunone metropolita Leodicensis Ecclesiæ pastorali virga ante altare S. Petri (*Conclus.* n. 30) : qui ritus animadversione dignus est. Mox concionem e suggestu præsente frequentissimo populo Rodbertus archiepiscopus habuit, qua Ratherium « supra ambonem Ecclesiæ Coloniensis spectante cuncto specialius collaudavit populo (*Phrenes.* n. 1). » Subsecutæ sunt acclamationes populi atque nobilium, cleri cantus, et sonitus *signorum*, quæ campanas vocamus. Scripta præterea fuit synodica ad Leodicensem clerum et populum de Ratherii promotione, cui subscripserunt septem præsules, quos paulo ante memoravimus. Ex his quidam cum ipso Brunone a concilio legati, qui Ratherium Leodicum ducerent, et post gestorum relationem, quæ assensum regis præferebat, ipsum clero et populo Leodicensi actu præficientes, in episcopali sede locarent. Quanta autem cum universorum Leodicensium lætitia exceptus fuerit, auctor significat num. 39, laudatæ « conclusionis » ubi se eam Ecclesiam nolle dimittere affirmat, « ne susceptionem tam spontaneam, tam hilarem, tam devotam, tam populosam, laudibus tot (quia datus ei fueram) Christi referram, plebis erga me devotissimæ, accepisse calumnier ingrate. »

57. Hæc autem tam læta initia brevi in apertam tristemque rebellionem transierunt. Pro salute populi sibi crediti novus episcopus pluribus laboravit, idque aliquandiu ipsi bene cessisse, indicare videtur quædam allegoria in librum *Confessionis* inserta num. 38, in quam vide not. 79. At non multo post pars quædam præpotentior in eum male affecta « ad sui perniciem prævaluit, inquit » Fulcuinus. « Quidquid pro salute eorum gestum est, hoc sibi pestiferum existimabant. Quid multa ? Erratum est, sævitum est, nec cessatum est, donec expulsione ejus crudelitati suæ et nequitiæ satisfacerent. » Recens auctor pro « erratum est. » legendum credit « certatum est; » Ratheriumque, ut sese contra rebelles tueretur, armis certasse suspicatur. Hanc vero suspicionem penitus extrudit idem Ratherius in libello Phrenssis, quem ante hanc editionem ineditum, auctor ille videre non potuit. In proœmio enim ejus opusculi num. 2, se juxta adversariorum sententiam « phreneticum » non diffitetur, quippe [LXXX] qui « inusitato tum temporis more, non ad nummos tali in discrimine, NON AD ARMA, ut quidam, non ad copiam amicorum, sed ad libros, ad armaria (bibliothecarum), ad priscorum confugerit exempla : » quæ deinde iterum repetens, se non armis, sed libris ac scriptis opusculis certasse significat. Cæterum non

solum Fulcuini editio habet « erratum est, » verum etiam Rotgerus in S. Brunonis Vita, ex qua hunc locum Fulcuinus transcripsit : et duplex quidem Rotgeri editio Surii atque Leibnitii ex duobus codicibus sumpta eamdem lectionem præfert, sicut et ille Rotgeri codex Ratherio coævus, quem Fulcuinus præ oculis habuit. In tanta ergo codicum consensione nihil emendandum. Verbum autem « erratum est » ad præcedentia refertur, quibus Rotgerus narraverat S. Brunonem, cum Ratherium ad Leodicensem sedem promovit, speravisse fore ut « nulla occasio scandali posset in eorum episcopo reperiri. » Parte autem adversa prævalente cum magnum scandalum fuerit subinde excitatum, se errasse deprehendit. Quanquam etsi apud Fulcuinum legeretur *certatum est*, cum tamen id de Ratherio, quem ab armis abstinuisse vidimus, accipi nequeat, ad rebelles procul dubio referendum esset, sicut ad ipsos spectant sequentia *sævitum est, nec cessatum est, donec expulsione ejus crudelitati suæ et nequitiæ satisfacerent*. Se enim vi publica expulsum, et Baldricum intrusum in eodem procemio testatur.

58. Antiquus auctor de Gestis episcoporum Tungrensium a Martene et Durando editus hujus rebellionis causam refert in acriorem censuram, qua Ratherius depravatos etiam potentium mores acerbius perstrinxit. « Nam dum in mores hominum, inquit, tam scriptis, quam dictis inveheretur æquo mordacius, hoc non ferente potentium insolentia, a nostra sede nihilominus dejicitur ( t. IV Collect. Veter. Script. pag. 859, n. 20). » Similia tradunt Anselmus canonicus Leodiensis cap. 33, et Ægidius item Leodiensis cap. 43, qui Chapeauvillii opera prodierunt. Ipsam expulsionem « ingenio Baldrici, » Ultrajectini episcopi, « patratu Rotberti » archiepiscopi Trevirensis, « et vi publica comitum Regeneri atque Ruodvolti » peractam noster auctor in laudato *Phrenesis* procemio num. 1, prodidit. Baldricus nimirum episcopus Ultrajectinus quem Rotberto Trevirensi « in sui debellatione consigniferum » idem auctor vocat (Phrenes. procem. n. 2), alium juniorem Baldricum fratris filium, licet valde juvenem [LXXXI], *puer* siquidem dicitur, ad Leodicensem sedem evehere contendit. Accesserunt duo memorati comites Regenerus et Ruodvoltus in illis regionibus præpotentes, quorum nepos erat idem junior Baldricus, « talia ut quid contigerit, ne difficile sit conjectari (Phrenes. procem. n. 1). » Bruno, qui Ratherium maximi faciebat, ipsum in sua cathedra sustentare concupisset; sed nullum sive ex episcopi amicis, sive ex militibus, seu magnatibus adjutorem nactus, ac præterea metuens ne laudati comites, qui contra Conradum tunc agebant, si Baldrici junioris promotioni obsisteret, ad Conradi partes transirent, et contra regem aliquid molirentur, omnisque pro Ratherio nisus irritus caderet; idem consilium deserere coactus fuit. Hac porro in re inimici Ratherii ut justam aliquam ejus excludendi causam præferrent, incardinationem ipsius, qua e

Veronensi sede ad Leodicensem fuerat translatus, accusantes, opposuerunt sacros canones qui episcoporum translationes vetarunt (*De contemptu canon.*, p. 1, n. 9). Ille vero sese defendit tum decreto Antheri papæ, quod tunc ab omnibus sincerum habebatur, tum præsertim sanctorum antiquorum exemplis, qui ex una sede ad aliam transiere (Conclus. n. 40). Addidit se, cum pulsus e Veronensi sede episcopatu careret, vere non posse dici de una sede ad aliam traductum ; cumque ipsas translationes reprehendere possit nemo, si non humana aliqua ratione, sed necessitate vel utilitate Ecclesiæ fiant ; monuit « nec avaritiæ causa, vel superbiæ se intronizatum, sed pulsum a propria sede, necessitate coactum adiisse tunc temporis piissimum regem, nunc Cæsarem gloriosissimum illum, consuluisse præsulum concilium : illos vero misericorditer me elegisse, et populi assensu conjuncto fraternaliter intronizasse, » Ita Ratherius parte prima « de contemptu canonum » num. 9, ubi disputationem hac super re cum quopiam ecclesiastico Leodici habitam refert. Nihil autem proficere poterant rationes, ubi non ratio, sed vis prævalebat. Cessit autem tantæ violentiæ Bruno, cui totius regni Lothariensis dispositio, ut diximus, tradita fuerat. « Cessit igitur, » inquit Rotgerus, et ex eo etiam Fulcuinus, « ne vinceretur a malo, sed vinceret in bono malum : cessit adversantium voluntati, ut suo eos gladio jugularet (Rotg. Vit. Brun. n. 34 ; Fulc. c. 23). » Baldricus itaque junior consecratur episcopus, et vi publica in Leodicensi sede constituitur. Hinc eum « furem et latronem » appellans Ratherius in « conclusione [LXXXII] deliberativa » num. 2 : « Furem, inquit, quia furto abstulit mihi sedem, latronem, quia vi et potestate publica » abstulit, ea nimirum « vi publica, » qua a comitibus Regenero et Ruodvolto ipse exclusus fuit, « ut institueretur nepos eorum Baldricus (Phren. n. 1). »

59. Rebellio hæc contra Ratheriam die Natalis Domini cœpisse a Fulcuino traditur, dum idem episcopus Laubiis moraretur. « Cum apud nos, inquit ille c. 23, Nativitatem Domini festive et opipare celebraret, facta est Leodici contra eum gravissima conspiratio. » Hoc rebellionis initium assignandum est Natali Dominico anni 954, ita ut expulsio Ratherii, quam aliquanto post subsecutam videbimus, cadat in annum 955, cui quidem illam affigunt cum Ægidio Leodiensi duo antiqua Chronica Lobiense et Leodicense, quibus in re ad Leodicensem Ecclesiam pertinente magis deferendum est, quam Sigeberto aliisque chronologis Sigebertum secutis, qui sicuti errarunt Ratherii promotionem ad eamdem sedem ascribentes anno 954 pro 953, ita etiam errarunt, cum illius expulsionem retulerunt in annum 956. Hunc profecto annum 956 nequaquam ferunt, quæ de sua expulsione tradit ipse Ratherius in Phrenesi num. 1. Se enim expulsum indicat Conrado duce vivente, « qui tunc contra regem Ottonem agebat : » obierat autem hic dux ante annum 956, dum cum

ipso rege subinde conciliatus, contra Hungaros pugnabat mense Augusto anni 955 (*Necrolog. Fuld.* apud Leibnit. t. V. *Rerum Brunsvic.*). Hinc ubi Ægidius memoratus Leodicensem Ratherii episcopatum « fere tribus annis » actum scribit, melius legendum « fere duobus annis, sicuti ferme biennium » legitur apud Fulcuinum, ut ex textu, quem initio decimi tertii paragraphi explicabimus, palam fiet. Hoc « ferme biennium » episcopatus Ratherii, quod ab ejus promotione die 21 Septembris anni 953 initium sumit, exigit ut ipsum expulsum dicamus non statim post exortam rebellionem die 25 Decembris anni 954, sed aliquot menses post. Non pauca enim post rebellionis initium gesta intercessere, antequam ejus expulsio et Baldrici ordinatio fieret. Nihil perfici poterat sine Brunonis assensu, qui non solum erat archiepiscopus Coloniensis, ad quem novi Leodicensis episcopi ordinatio spectabat, verum etiam Lotharingiæ dux totam eam regionem administrabat. Hic autem magnus Ratherii patronus haud facile seditiosis cessit. Illa Fulcuini, « Quid multa? Erratum [LXXXIII] est, sævitum est, NEC CESSATUM est, donec expulsione ejus crudelitati suæ et nequitiæ satisfacerent, » aliquod non breve tempus in hac seditione exactum indicant, priusquam Bruno ad cedendum induceretur. Duo illi comites Regenerus et Ruodvoltus in ea regione præpotentes, quorum nepos erat Baldricus, pro Ottone rege Brunonis fratre adversus ducem Conradum steterant. In ea contra Ratherium conspiratione ab his præsertim sævitum fuit, « nec cessatum, » donec Brunonis assensum extorquerent. « Tempestates undique innumeræ confluxerunt, « ait loco eodem Fulcuinus, » navis Ecclesiæ laborante remige fluctuavit, gubernator ipse procellosæ tempestatis impetum ferre non potuit. Cessit igitur, ...... cessit adversantium voluntati, ut suo eos gladio jugularet. Sibi obstricti sunt sacramentorum fide spontanei, ut si accipere mererentur episcopum quem petebant, invicta exinde firmitate auctoritatem Ecclesiæ et jus imperatorium tuerentur. » Metuens nimirum Bruno, ne si diutius ac fortius resisteret, duo illi comites a rege deficerent et transirent ad Conradum, « qui tunc contra regem agebat (*Phrenes.* n. 1), » illis jurejurando obligatis, Ratherium tandem dimittendum, Baldricum juniorem consecrandum censuit. Ad hæc producti canones de vetitis episcoporum translationibus, et concertatio hac de re habita a Ratherio fortassis in aliquo episcoporum congressu : novi episcopi electio, petentibus clero et populo, regis assensus, episcoporum convocatio, et alia id genus requisita ; quæ omnia expulsionem Ratherii ad aliquot menses anni 955 ita protrahunt, ut ab electione ipsius ad expulsionem « ferme biennium » excurrisse intelligatur, quod secus intelligi nulla ratione potest. Quod si illa qualiscunque excommunicatio late sumpta, quam noster episcopus in archiepiscopum Treverensem suæ expulsionis fautorem inferendam curavit in die Cœnæ Domini anni 955, valde obscure indicata in Phrenesi num. 16 (eam ibidem explicare studuimus notis 50 et 51), ante ipsam ejus expulsionem illata fuit, ut probabilius videtur ; hæc profecto Ratherii expulsio, sicuti et electio atque ordinatio Baldrici, rejicienda erit post Pascha, quod eo anno in diem decimam quintam Aprilis incurrit. Erunt fortassis qui opponent Conradum ducem, quo agente contra Ottonem Ratherius expulsus fuit, jamdiu ante hoc tempus conciliatum fuisse cum [LXXXIV] rege. Hanc enim ipsius reconciliationem plerique conjungunt cum illa, qua Liutulfus regis filius, a Conrado contra patrem incitatus et infensus, in ipsius gratiam rediit die 17 Decembris an. 954. Innituntur testimonio Witichindi, qui libro tertio uno contextu *filium* Liutulfum et Conradum *generum* ab Ottone in gratiam susceptos testatur. At Conradi reconciliationem post illam Liutulfi initam fuisse nobis certissimum est. Pacem cum filio factam memorato die 17 Decembris anni 954, liquet ex notatione Guillelmi archiepiscopi Moguntini Chronico Mariani Scoti inserta. Qui autem fieri potuit, ut eodem quoque die Conradus cum rege pacem inierit, si Fulcuino teste rebellio in Ratherium posterius exorta fuit die Natali anni ejusdem ; et aliquanto etiam post ille e Leodicensi sede fuit expulsus, dum Conradus dux, ipso testante Ratherio, adhuc contra regem agebat ? Palam igitur fit Conradum post initam Liutulfi pacem cum patre die 17 Decembris anno 954, adversus regem aliquandiu stetisse, et solum postea anno 955 paulo ante pugnam pro eodem rege ab eo susceptam contra Hungaros, cum ipso fuisse conciliatum. Hinc sane Fulcuinus cap. 25, narratis Hungarorum gestis anni 954, expositurus prælium anni 955, quod illa gens « seducta, credo, superioris anni successu » suscepit, et Conrado, seu Conone strenue dimicante devicta fuit ; « Aderat ibi Conon, inquit, non jam dux, sed miles, toto ut putabatur animo conversus ad pacem, quam paulo ante (notentur voces *paulo ante*) atrociter impugnabat. » Solius quidem Liutulfi pacem initam die 17 Decembris an. 954 memorant tum Guillelmus Moguntinus in notatione laudata, tum Gerardus in Vita S. Udalrici episcopi Augustani, qui ejus pacis conciliator fuit. Si autem reconciliatio Conradi in annum 955 rejicienda est, nihil impedit quin idem Conradus anno eodem aliquanto ante reconciliationem contra Ottonem ageret, adeo ut eo contra regem agente Ratherius pulsus fuerit anno 955, ut ex documentis antea consideratis collegimus.

60. Pulsus e Leodicensi sede noster episcopus post intrusionem junioris Baldrici, dum Leodici moraretur, multis importune curantibus, ut vel ipse invasori episcopatum dimitteret, restitit fortiter, et *conclusionem deliberativam* scripsit, qua cur dimittere et cedere non deberet, quadraginta [LXXXV] argumentis exposuit. In hoc opere cum se a petenda aliqua redituum ecclesiasticorum portione in vitæ subsidium, ut cessioni ejusmodi assentiretur, maxime abhorrentem præfert ; dum huic cessioni ea quoque

de causa se assentiri non posse ait num. 14: « Ne dimitte me ad unam partem sacerdotalem, ut comedam bucellam panis... dixisse prior ipse diffamer: » tum vero aliquam hac in re conventionem seu oblationem sibi propositam, sed abs se rejectam indicat, dum in fine scribit : « Ego a quolibet mihi indigentissimo vim fieri malo, quam pepigisse fœdus cum morte, et cum inferno pacem judicer fecisse. Eleemosynæ aliquod suffragium porrigenti alicui, latrone illo exceptissimo » (sedis scilicet invasore excepto, a quo nec eleemosynam accipere vult) « manum ingratas non retraho. » Hoc opusculum, quod de ritu electionis episcoporum multa continet, Leodici scriptum ex ipsa inscriptione *conclusio deliberativa Leodici acta* - manifestum est. Scriptum quoque fuisse post intrusionem Baldrici patet ex num. 2, col. 203.

61. Leodico cum abiit Ratherius, sese Moguntiam recepit, a Guillelmo archiepiscopo Ottonis regis filio perhumanissime et munificentissime exceptus. Hac in urbe « data otii occasione curavit, quæ circa eum acta fuerant, in libros digerere, qualitas elaborans ne vel curiosis lateret sui temporis. Utique hoc audientes duo illi ejus specialius inimici, Rodbertus videlicet, et Baldricus, dixerunt eum phreneticum esse (*Phrenes*. n. 1). » Hinc librum, quem contra ipsos scripsit, *Phrenesim* appellavit. Alia hujus tituli ratio affertur in procemii epigraphe his verbis expressa : « Incipit procemium Ratherii episcopi in librum quem Phrenesim nominavit, pro eo quod nimis in eo austere in quosdam inveheretur. » Multis quidem agit contra Rodbertum archiepiscopum Trevirensem, quem suæ expulsionis auctorem præcipuum in ipso opusculo alloquitur ; nonnullis etiam contra Baldricum juniorem Leodicensis sedis invasorem : de aliis autem sibi infensis quædam paucis interserit. In laudato procemio, num. 6, duodecim voluminum, quæ hac in re lucubravit, argumenta proponuntur. Non omnia tamen digessit Moguntiæ. Certe *Conclusionem deliberativam*, cui undecimi voluminis locum attribuit, adhuc Leodici degens scripserat; et fortassis etiam aliquot alios libellos, seu epistolas in iisdem argumentis indicatas (quædam enim ejusmodi volumina [LXXVI] ex epistolis constant) ante expulsionem, ut sese in sua sede tueretur, exaravit, quas postea Moguntiæ una cum cæteris ibi lucubratis opusculis in duodecim libros distribuit. Si hi omnes libri superessent, non dubitamus quin alia multa ad hocce factum illustrandum suppeterent : sed præter *Conclusionem deliberativam*, quam postremo Veronensis episcopatus tempore ab auctore ob non dissimiles circumstantias cum paucis additamentis iterum editam exhibuit codex Laudunensis, ex aliis undecim laudatis libris solus primus liber *Phrenesis* inscriptus in Lobiensi codice inventus est, cui ibidem in fine additur professio fidei, quæ ad librum secundum ex argumentorum indicio pertinet. Huic professioni fidei eodem libro secundo auctor adjecerat epistolas duas, « quarum una ( ait in procemio sæpius laudato, num. 6) , Romanam fatigare querelis non desinit sedem, coepiscoporum altera gregem ; » una scilicet directa erat ad Romanum pontificem, ad omnes episcopos altera. In Lobiensi quidem manuscripto post fidei professionem subduntur epistolæ tres, una ad Joannem pontificem, ad omnes fideles secunda, et tertia ad omnes Italiæ, Galliæ, et Germaniæ episcopos. At hæ cum ad expulsionem e Veronensi, non autem e Leodicensi sede referantur, ad Phrenesis volumina nequeunt pertinere, quæ de negotio Leodicensi egisse ex argumentis tertii ac sequentium voluminum liquet. Etenim liber

*Tertius* ( ita in memorato procemio ) *querimoniam quibusdam cum epistolis habet regi delatam.*

*Quartus duas continet tantum, Brunoni brevissimam, Rodberto satis prolixam, epistolas præsulibus.*

*Quintus querimoniam Brunoni specialius, generalitatem licet contineat, dedicatam archiepiscopo.*

*Sextus, septimus atque octavus ipsi sint licet invasori legati* ( inscripti videlicet Baldrico juniori), *carpunt tamen multimode Rodberti, mordaciter et breviter factum majoris Baldrici.*

*Nonus satisfacit humilitatis sub pallio invectivæ, satis Brunoni propensus scriptor qui fuerat, sermone conquerilans lugubri.*

*Decimus deceptissimum alloquitur gregem, pœnitentiæ indicens levamen*

*Undecimus conclusio est deliberativa sententiis magna, sermonibus parva.*

[LXXVII] *Duodecimus est dialogus cujusdam pro negotio actus, ab ipso tamen non penitus alienus.*

Hæc indicasse sufficiat, ut quæ desiderantur, ex hisce argumentis innotescant. Unum porro hac in re non omittendum, Auctorem in *Phrenesi* num. 16 allegare de hoc Leodicensi negotio decimum quintum volumen ; at num. 18 testari se primo quidem hac in re digessisse viginti volumina, sed postea ea ad duodecim restrinxisse. Confer Admonitionem in *Phrenesim*, num. 2, col. 215.

62. Antiquus auctor *de Gestis episcoporum Tungrensium*, num. 2, tradit, Ratherii victui, cum e Leodicensi sede ejectus fuit, satis fuisse provisum « indultis aliquantis episcopii ad usum vitæ agellis (MARTEN. et DURAND. t. IV *Coll. Vet. Script.* p. 859, c. 53); » seu, ut ait Anselmus Leodiensis, « indultis ei quantuliscumque episcopatus redditibus (*apud*. CHAPEAUVIL. t. I, p. 178). » Ex Confessionis libro, quem Ratherius post expulsionem scripsit, exploratum fit, ipsum, cuidam abbatiæ Leodicensis diœcesis fuisse præpositum, ut sequenti paragrapho plenius demonstrabimus. Hinc Leodicensis episcopatus redditus, qui ipsi ad victum dicuntur assignati, fuisse videntur redditus ejus abbatiæ, cui præpositus fuit. Hæc nimirum abbatia cum in jure esset episcoporum Leodicensium, ut ex sequenti paragrapho item patebit, ejus redditus inter redditus episcopatus Leodicensis computabantur.

§ XI. — *Post expulsionem e sede Leodicensi Ratherius cuipiam monasterio præficitur. Quodnam fuerit hoc monasterium. Confessionis librum scribit. Quatenus in eo vivens cum monachis; ad monasticum propositum non redierit, et cur. Epistolam sub Agapito II scriptam et suppressam inscribit Joanni XII.*

63. Ratherium e Leodicensi sede ejectum, postquam aliquandiu apud Moguntinum archiepiscopum diversatus est, cujuspiam monasterii præfecturam suscepisse certum fit ex *Confessionis* libro, quem in alicujus monasterii recessu scripsit. Ibi siquidem se monachis præfectum exhibet cum num. 22 monachos alloquens ait [LXXXVIII] : « Mei ipsius curam gerens, aliosque negligens, præcipue vos, mihi qui estis commissi, » etc. Idipsum confirmat num. 24, ubi de Oderado monacho, qui, empta alius monasterii prælatura, suum monasterium deseruerat, « Noveris, inquit, quod absque mei est licentia factum; » et num. 34, dum queritur alium monachum « lanam jussu absque meo dispensasse; » et dum num. 24 seipsum accusat, quod in ea Oderadi emptione, « licet ut fieret, nec præceperim nec voluerim; dedi tamen mea culpa locum ut fieret, non prohibendo (ut saltem quivi) ne fieret. » Hinc se inter abbates refert num. 21, cum episcopi simul et abbatis nomina sibi attributa indicat; et num. 34, ubi quoddam regulæ decretum memorans, « Quod utique, inquit, tantopere nos, peculiari vero illo nostri, non Dei amore, amplectimur abbatuli : Sine jussione abbatis nihil faciat. » Et, ut alia plura omittamus, se abbatem apertius significat, cum num. 35, sermone ad se converso, ait : « Gaudes, quia sine jussione tua nihil fit : vide quid jubeas. Exigis obedientiam : astrue quod exigis; illi enim tibi, tu regulæ debitor es obedire. Illi peccant, si extra voluntatem et ordinationem tuam faciant : tu, si contra constitutum regulæ quidlibet disponis, aut præcipis. »

64. Monasterium, cui præerat, ad Leodicensem Ecclesiam aliqua ratione pertinuisse ex eo colligere licet, quia num. 34, e Leodico ad idem monasterium, insignem aliquem ecclesiasticum, ut videtur, virum, cum magno comitatu advenisse commemorat, cui honoris gratia monachi et clerici suaviter canentes obviam iverunt. Vide in librum Confessionis, not. 62. Cum vero non absimiliter ad cœnobium Lobiense accessisset Baldricus episcopus Leodicensis una cum Raginero comite avunculo suo, cui idem Baldricus Lobiensem abbatiam commendatario nomine tradiderat (Fulc., c. 26); huic cœnobio Ratherium fuisse præpositum initio suspicabamur, cum præsertim ejus cœnobii Ecclesia S. Petri nomine dedicata esset, æque ac illa ejus monasterii, quod Ratherius administrabat (vid. not. 54 in *Confessionem* Ratherii). Verum cœnobium a Lobiense distinctum hujus administrationi fuisse commissum illud plane demonstrat, quia ipse Ratherius num. 23 comparationem instituens inter se et Oderadum sui cœnobii monachum, se ab eodem cœnobio « extraneum et advenam » præfert; econtra vero illum « servum ejusdem Ecclesiæ » (seu [LXXXIX] monasterii) « legitimum » vocat, « quia legaliter traditus, et sui ipsius manu et professione in servitium perpetuo mancipatus. » Si sermo fuisset de monasterio Lobiensi, se nec « extraneum, nec advenam » potuisset appellare, quippe qui eidem « legaliter traditus, et sua ipsius manu et professione in servitium perpetuo fuerat mancipatus (vid. supr., n. 6), » adeo ut ad redeundum in idem servitium, quod Deo ibidem promiserat, continuis stimulis sese incitatum et anxium pluribus in locis ejusdem operis fateatur. Accedit quod per id tempus Lobiensis monasterii abbatiam tenebat Reginerus, ejusque loco præpositi titulo Erluinus præsidebat (FULC., c. 26) : unde Ratherius, qui erat veluti abbas, alii cœnobio præfuisse dicendus est. Alia porro cœnobia diœcesis Leodicensis in honorem S. Petri erant consecrata. Unum inter hæc est Alnense, ut ex Mabillonio didicimus (t. I *Ann.* an. 655, n. 28) Hoc quidem in institutione a S. Ursmaro addictum fuit abbatiæ Lobiensi (FULC., c. 4). Sed cum postea Leodicensis episcopus simul esset abbas Lobiensis, cœnobium Alnense cum cæteris laudatæ abbatiæ subjectis ad Leodicensem episcopum pertinebat. Id autem peculiare hujus monasterii fuit, quod cæteris monasteriis deinceps sub Everaclo episcopo in pristinam rationem restitutis abbati Lobiensi, Alnense monasterium perstitit in jure episcopatus Leodicensis; ac propterea cum Ratherius anno 968, dimissa penitus sede Veronensi, ad suos reversus est, abbas Lobiensis ex suis duo ipsi monasteria dedit, Waslarense et S. Ursmari, Everaclus autem ex episcopii juribus Alnense tradidit. Hujus ergo cœnobii abbas videtur fuisse Ratherius tunc pariter, cum e Leodicensi sede extrusus fuit, ut exinde haberet unde viveret : cumque ejusdem cœnobii redditus, excepta portione alendis monachis constituta, cederent episcopo Leodicensi, et idcirco inter ejusdem episcopatus redditus censerentur; hoc cœnobio post expulsionem tradito ipsi Ratherio, indultos ei ad victum quantuloscunque Leodicensis episcopatus redditus Anselmus prodidit : quod assignandum anno 955 ex constitutis liquet (*vid. supra, n.* 62). Sammarthani ex recentioribus Annalibus provinciæ Aunoniæ Ratherio hoc anno 955, monasterii Altimontis S. Petro dicati abbatem referunt. Cum vero in novissima Galliæ Christianæ editione ex iisdem Annalibus non solum abbatiam Altimontanam, verum etiam alias duas S. Amandi, et S. [XC] Dionysii eidem Ratherio ad vitæ necessaria datas scribant anno 955; harum abbatiarum nomina ex Fulcuino in ipsos Annales traducta noscuntur; qui tamen eas Ratherio traditas refert, non post expulsionem e sede Leodicensi, sed postquam Veronensem postremo deseruit, anno scilicet 968. Alnensem vero abbatiam potius quam Altimontanam anno 955, eidem fuisse concessam vel ex eo credimus, quia Altimontana in diœcesi Cameracensi sita, ad Leodicensis episcopi jus non

ita pertinebat, uti Alnensem spectasse certum est. Hæc autem forsitan in Leodicensis episcopi jure idcirco perstitit, etiam postquam Lobiensis abbas cætera monasteria recuperaverat, sive quia eadem abbatia separata fuerat a monasterio Lobiensi, et episcopatui Leodicensi unita, antequam Lobiensis abbatia in ejusdem episcopatus jus transiret; sive quia dum ea restitutio Lobiensi abbati facta fuit anno 960, Ratherius adhuc ejusdem abbatiæ professione fruens spoliari non poterat; hoc autem subinde profecto in Italiam, eadem abbatia ad jus Leodicensis episcopi rediit, qui idcirco Ratherio redeunti anno 968 illam iterum tradidit.

65. In monasterii, quodcunque illud fuerit, solitudine auctor ætate fere septuagenarius circa annum 960 vel 961 Confessionis librum scripsit, cujus singularem et perobscuram indolem satis in admonitione ipsi præfixa explicavimus, tempusque constituimus. Nonnulla notatu digna hic indicabimus. Non solum diurnis, sed nocturnis etiam officiis aderat, et aliquando in ambone conciones habebat. Gravibus doloribus, qui vehementiores gemitus exprimebant, se identidem excruciatum significat illis verbis num. 34, dum se alia de causa ita ingemuisse ait, « ut si forte pro foribus aliquis stetisset, me illo mihi consuetissimo incommodo cruciari putare quivisset. » Aliquot abusus, qui quorumdam monachorum licentia monasticam disciplinam corruperant, sibique magnum animi mœrorem et sollicitudinem pepererant, detegit. Peculiaria quædam tum sua, tum aliorum acta quæ mœrorem augebant, itidem tangit, sed ita plerumque implexa et obscura, ut licet ea in subjectis adnotationibus evolvere, et conjectando explicare nisi simus, cum tamen nihil certi fere elicere potuerimus quod huic vitæ inserendum videatur, ad ipsum librum et notas lectores remittere satius [XCI] ducimus. Unum porro, quod Ratherio maximam sollicitudinem metumque afferebat, præcipuam animadversionem meretur, cum nimirum se in salutis periculo versari significat, propterea quod licet inter monachos et in monasterio viveret, non tamen ad monasticum propositum, cui sese in professione obligaverat, rediit. Nam præterquam quod monasterium, cui nunc præerat, non erat illud Lobiense, in quo se in perpetuum Deo serviturum promiserat; in Alnense, cui erat præfectus, non eo sese recepit consilio, ut (quod in professione spoponderat) ad mortem usque Deo ibidem serviret. Recuperandi nimirum ac repetendi Veronensis episcopatus spem animumque nondum abjecerat, ut patebit ex not. 32, in librum Confessionis, et confirmabitur etiam ex dicendis paulo post.

66. Anxium quidem hac super re, nec levi se perculsum metu pluribus in locis declarat; eamque solam excusationem, seu causam, cur ad propositum omnino non revertatur, indicat num. 19, « quia sicut nemo se valet per se ad aliquem gradum Ecclesiæ promovere; ita nemo se potest, etiamsi velit, deponere, quovis instituto sit, vel etiam victitarit modo, vel ordine. » Ex his Ratherius videtur sensisse, eum, qui e quolibet instituto, vel professione ad episcopatum fuerit assumptus, non posse eumdem gradum suo arbitrio deserere, nisi scilicet vel canonico deponatur judicio, vel a vinculo Ecclesiæ, cui canonice datus fuit episcopus, legitima auctoritate solvatur. Hanc rationem alio probabiliori sensu exposuit in Qualitatis conjectura num. 6, cum jam Veronensi Ecclesiæ restitutus fuisset. Eamdem enim perplexitatem ac perturbationem animi, qua adhuc afflictabatur, censores suos desperationis nomine sibi opponentes his verbis inducit : « Et heu miser atque infelix ! Quare saltem in isto, quo nunc stat, non convertitur termino vitæ, » redeundo scilicet ad suum monasterium? « Sed videtur nobis, quod ideo sit desperatus, quod immiserit in tali rete (id est in episcopatu) pedem suum, in cujus maculis ambulans, expediri nullo modo possit. Dum enim monachus fuerit, et nunc episcopus sit; si relictis ovibus monasterium repetit, timet audire, o pastor et idolum derelinquens gregem! Sin, Apostolum de se timet dixisse : habentes damnationem, quia primam fidem irritam fecerunt, » etc. Ex libro autem Confessionis exploratum est Ratherium summopere [XCII] expetisse ad propositum suum reverti, et preces ad Deum, ut sibi hoc concederetur, effudisse. « Sed impedior valde, » inquit num. 28. Interrogatus autem a quo impediretur, « a me ipso respondet : Nolo enim alium accusare, ne Evam videar imitari. Detinent me laquei, quibus me ipse ligavi, et maculæ retis, in qua pedem immisi improvidus, » cum scilicet Hilduinum secuturus, monasterium deseruit, et ex monacho ad episcopatum ascendit. Neque hoc loco omittendum videtur, quod in Qualitatis conjectura num. 6 scribitur, Ratherium, cum in iis tumultibus, qui post tertiam ejus restitutionem Veronæ fuerunt excitati, « putaret quod esset tunc penitus expellendus, gavisum fuisse, quod ipse non dimiserit episcopatum, sed episcopatus eum, et hac arte voluisse, ut dicebat, repetere monasterium. Quod cum minime processisset (tunc enim expulsus non fuit) putabat de se desperatissimus illud prolatum : Si concluserit Deus hominem, quis ei dicere potest, Cur hoc facis? » Nunc vero etsi ipsum e Leodicensi sede expulsum episcopatus deseruit, adhuc tamen episcopali gradu quasi quodam rete se impeditum credidit, ne ad monasticum propositum, uti optabat, reverteretur ( vid. not. 31 in Qualit. conject., col. 380).

67. Cum Ratherius post expulsionem e cathedra Leodicensi, Veronensis episcopatus recuperandi spem non omnino deposuisset, aliqua hujus restitutionis procurandæ occasione oblata, epistolam quin am, quam anno 951 ad Agapitum II scriptam suppresserat, inscripsit subinde Joanni XII, qui Agapito successit anno 956 (vid. Admon. in ep. 5, n. 6 et 8). Duæ autem occasiones videri poterant opportunæ, altera cum Liutulfus anno 956 in Italiam cum exercitu descendit Berengarium devicturus, altera cum

rex Otto anno 961 eodem consilio Italiam repetiit, et Berengario victo Romam profectus est, anno 962. Ultra vero occasione Ratherius pro Agapito II Joannis XII nomen laudatae epistolae praefixerit incertum est. Cum autem in epistolae textu nihil addiderit eorum quae evenerunt post annum 951, nihil Joannis proprium inseruerit, nihilque nisi solam inscriptionem mutaverit; illam reipsa ad Joannem XII non misisse satis credibile est, ea, ut videtur, de causa, quia, mutatis rerum circumstantiis, alia atque alia via suae causae providendum intellexit. Liutulfi quidem inopinata mors in Italia, quae ipsius victorias intercepit, et Berengarium, [xcii] Ratherio infensum, regem reliquit, episcopatus Veronensis hoc tempore recuperandi fiduciam, si quam induxisset, omnino abrupit. Ab Ottone autem Italiam repetente anno 961, ita statim, ut videbimus (§ 13), fuit restitutus, ut licet postea Romanum judicium accesserit, eae tamen litterae, quae episcopum sua sede pulsum et profugum praeferebant, non amplius congruerent.

§ XII.—*Otto rex Berengario Italicum regnum d'mittens, Veronensem marchiam sibi retinuit. De hac marchia ejusque ducibus, nec non de Forojuliensi fusius agitur, et multa hactenus involuta explicantur, in quibus sunt aliquot testimonia Ratherii, quae ducum et ducissae mentionem faciunt. De marchia Tarvisina quaedam adduntur.*

68. Antequam Ratherii restitutionem in suam sedem affigendam anno 961, cum Otto rex, in Italiam iterum profectus est, et caetera, quae eamdem restitutionem sunt consecuta, exponamus; de gestis, quae hoc secundum Ottonis iter praecesserunt, nonnulla praelibanda sunt, ac potissimum disserendum de marchiae Veronensis initiis, et de ejusdem marchiae ducibus : quae omnia non solum rebus postea dicendis utilia, verum etiam aliquod Ratherii locis probe intelligendis necessaria sunt. Cum idem rex anno 952 ob excitatos in Germania tumultus eo ex Italia properasset, mox Berengarius et filius ejus Adelbertus, quos ille Italico regno privaverat, una cum multis Italiae episcopis eumdem adierunt, et in comitiis Augustanis anni ejusdem cum ipso conciliati, fideque eidem promissa, ejus regni restitutionem certis conditionibus obtinuere, quas apud Witichindum et Hrosvitham monacham legere est. Reginonis continuator, quem annalista Saxo et Otto Frisingensis secuti sunt, mutationem in regno Italico hac occasione inductam notat. Berengarius cum filio Adelberto, inquit, « Regiae se per omnia in vassalitium dedit dominationi, et Italiam iterum cum gratia et dono regis accepit regendam. Marca tantum Veronensis et Aquileiensis excipitur, quae Henrico fratri regis [xciv] committitur. » Otto scilicet rex cum Italicum regnum Berengario et Adelberto concessit, Veronam cum Tridento, Vincentia, Patavio, et Aquileia, seu Forojulio ex Italico regno decerptam sibi reservavit, ut facilis sibimetipsi pateret adi us in Italiam, si forte Berengarius concesso regno abuteretur, et a praestitutis ac receptis conditionibus resiliret. Haec autem prima est marchiae Veronensis mentio.

69. Marchia, seu marca, vox Theutonica, qua significantur confinia, dicebatur regio, vel urbs regni alicujus limes, quae contra hostes, si qui e vicinis locis irrumperent, maxime defendenda erat, ut iisdem in ipsum regnum aditus intercluderetur. Antea cum integrum esset Italiae regnum, cis Athesim marchiae erant duae urbes Germanico regno finitimae, Tridentum scilicet ex una parte, ex altera Forumjulium. Hinc *Tridentina marchia*, et Manasses *marchio Tridentinus* a Liutprando memorantur (Luitpr. lib. iii, c. 14; lib. iv, c. 3). Marchiae autem Forojuliensis appellatio apud Eginardum ad annum 788, et apud alios frequentius occurrit. Verum sub Ottone I, cum Verona caeteraeque urbes ad Forumjulium usque additae fuissent regno Germanico, hujusque limes Italico regno conterminus non esset Tridentum, nec Forumjulium, sed Verona, *marchiae Veronensis* nomen induci coepit; totaque ista regio a Verona ad Forumjulium usque late patens, marchiae Veronensis nomine comprehensa, Henrico Ottonis fratri, qui Bajoariae dux erat, regenda tradita fuit. Licet autem Reginonis continuator hanc marchiam non tam *Veronensem* quam *Aquileiensem* vocet, quatenus ad Forumjulium, seu Aquileiam protendebatur; *Aquileiensis* tamen *marchiae* nomen per haec tempora nullibi alias receptum invenies, soliusque *marchiae Veronensis* appellatio diutius postea obtinuit.

70. Huic sententiae, qua marchiae Veronensis originem Ottonis I aevo affiximus, plures adversabuntur, qui eam ad anteriorem aetatem evehunt. Putant siquidem eam marchiam, quae a Forojulio ad Veronam usque patebat, cujusque dux, seu marchio, toti huic regioni, ac singularum civitatum comitibus praeerat, jam inde a saeculo octavo sub Francis fuisse institutam, et initio quidem appellatam marchiam Forojuliensem, postea vero sub Berengario I marchiae Veronensis nomen fuisse substitutum, propterea quod eo regnante [xcv] ille, qui toti marchiae erat praefectus, Veronam sedem transtulerit, eademque de causa marchiae Forojuliensis appellationem obsolevisse; et comitatum Forojuliensem coepisse nominari, quippe in Forojulio non amplius marchio seu dux, sed comes duci seu marchioni subjectus resideret. Hanc vero licet pervulgatam inter eruditos sententiam nullo satis firmo fundamento suffultam arbitramur. Posteriori quidem aevo sub Germanis regibus Veronensem marchiam ad Forumjulium usque fuisse extensam, adeo ut dux seu marchio eidem praefectus, omnibus civitatum comitibus speciali jure praeesset, ex iis documentis manifestum est, quae eorumdem ducum seu marchionum placita, aliosque jurisdictionis actus modo hic modo illic intra eam marchiae regionem ab ipsis habitos testantur. Nihil autem hujusmodi sub regibus Francis pro simili jure ducum seu marchionum Forojuliensium hactenus afferri potuit. Duces Forojulienses

sub Longobardis jus suum extra Forojulium nequaquam exercuisse, nunc jam inter omnes convenit: cum suum cuique civitati ducem in hisce locis tum præfuisse, qui ab alio duce non dependebat. ex pluribus jam editis documentis sit exploratum. Cum autem Longobardi Forumjulium Carolo Magno dediderunt, is Rotgaudum Longobardorum ducem Forojuliensem confirmans, juris ejus limites non extendit. Cum porro idem Rotgaudus et cæteri ejus complices, qui aliis Italiæ civitatibus præsidebant, anno 776 a Carolo defecissent; hic « captis civitate Forojulii, Taryisio cum reliquis civitatibus, disposuit eas omnes per Francos (*Annal. Franc.* apud Canis., ad an. 776. t. II, part. II) : » quæ verba unam rectorum mutationem, non autem iurisdictionis varietatem ab eo inductam innuunt.

71. Afferri solet a contrariæ sententiæ patronis testimonium Hermanni Contracti, qui in Chronico ad annum 825 de Arnulfo Germaniæ rege ex Francica Caroli Magni stirpe progenito scribit : « Waltfredo, Maginfredoque comitibus Italiam cis Padum distribuit. » Waltfredus in Annalibus Fuldensibus ad annum 896 *Forojulii marchensis* appellatur ; Maginfredus autem, qui Mediolani postea occisus fuit, marchio Mediolanensis creditur. Cum vero ea Italiæ Cispadanæ partitio inter Waltfredum et Maginfredum accidentalis fuerit, ad constituendam propriam utriusque marchiæ ditionem ac limites referri nequit. [xcvi] Hinc etsi Waltfredus Veronam contra Berengarium seniorem propugnaverit, ut laudati Annales prodiderunt; non tamen idcirco marchiam Forojuliensem huc usque fuisse productam inferre licet. Ideo enim Veronam potissimum defendit, quia in ea parte suæ diligentiæ ab Arnulfo commissa urbs Verona omnium munitissima erat, et Arnulfo Germanicum iter per Tridentinum agrum liberum relinquebat. Quod si ea Italici regni pars ipsi credita extendebatur « usque ad fluvium Aduam, » ut nonnullis videtur; (hinc enim, inquiunt, eo exstincto Berengarius « Italicum regnum usque ad Aduam recepit, » ut memorati Annales testantur); multo luculentius pateret, Forojuliensem marchiam ad totam regionem, cui ille ab Arnulfo præfectus fuit, extendi non posse : nemo enim proprios ejusdem marchiæ fines ad Aduam usque protendit. Hunc Waltfredum marchionem Forojuliensem nonnulli eumdem esse existimant, ac Waltfredum, qui comes Veronensis indicatur in documento anni 880 (MURAT. t. 1 *Antiquit. Ital.* p. 435). At hunc comitem diversum fuisse probabilius est: carmen enim ad Adelardum episcopum, quod e ms. Vaticano editum est (BIANCOL. *De' vesc. e gov. di Verona*, p. 55), eumdem comitem post Ludovici II et Caroli imperatorum, nec non Joannis VIII Romani pontificis obitum vita functum deflet : quæ eum excessisse innuunt paulo post annum 882, quo Joannes VIII e vivis sublatus fuit, vel serius paulo post annum 888, siquidem Carolus Crassus hoc anno exstinctus potius quam Carolus Calvus eo carmine indicari credatur. Adde quod laudatus Berengarius jam imperator in diplomate anni 920 Waltfredum olim Veronæ « gloriosum comitem » his laudat (DIONYS. *diplom. Coll.* p. 101, 102), quod de marchione Waltfredo sibi infenso nequaquam dixisset. Sed hæc obiter.

72. Opponunt Berengarii I diploma apud Muratorium datum anno 905, in quo « Grimoaldus illustris vir » nuncupatus, eumdem adiit, beneficium Teudiberto « in comitatu Veronensi » imploraturus ( t. I *Antiquit. Itali.*, p. 1017). Cum vero Grimoaldus « gloriosus marchio » in duobus privilegiis anni 921 ab eodem Berengario alia beneficia obtinuerit Friderico patriarchæ, et Petro presbytero Aquileiensi; in ipsius marchia hoc tempore et Forojulium et Veronam comprehensa colligunt (DE RUBEIS, *Monum. eccl. Aquileien.*). Verum primum diploma anni 905 Grimoaldum non marchionem, sed « illustrem virum » tantummodo appellat; in aliis porro [xcvii] documentis anni 913 « gloriosius, » vel « eximius comes » vocatur (BIANCOL. *Cronica di Veron.* par. I. pag. 517; DIONYS. *Collect. diplom.* p. 98), non minus ac in alio anni 920 apud Campinm (CAMPIUS, *Hist. Placent.* t. 1, append.). Solum in privilegiis anni 921 « marchio » dicitur. Si autem anno 905, licet « illustris vir » esset, nondum tamen erat aut comes, aut marchio; quid laudatum diploma anni 905, ad marchiæ ditionem indicandam conferre potest? Quanquam, etsi fuisset marchio, nihil cogeret, cum sæpe episcopi, aliique dignitate, aut favore principis præditi, Ecclesiis ac hominibus extra suam ditionem constitutis privilegia obtinuerint.

73. Berengarius tandem Veronæ residere maluit, quia hæc et magis placebat, et munitior erat ; quod ad marchiæ appellationem atque extensionem astruendam nihilum pertinet. Marchiam quidem sub eodem appellatam fuisse Veronensem, quæ antea Forojuliensis dicebatur, propterea quod Veronæ resideret libentius, falsum evincitur ex ipsius diplomate Veronæ dato anno 923, in quo *marchiæ Forojuliensis* nomen adhuc usitatum præfertur (UGHEL., t. V). Hanc autem marchiam extra Forumjulium non fuisse extensam ex eodem documento pariter evincitur. Idem nimirum imperator Aunam secundam ipsius conjugem pro Bellunensi Ecclesia petiisse tradit « quamdam curtem juris regni nostri, quæ vocatur Docale . . . . quæ pertinet de comitatu Cenetensi, etc., nec non etiam Clusas de Abintione, quæ pertinet de marchia Forojulii. » Vides « marchiam Forojulii » distinctam a comitatu Cenetensi, qui si in ea marchia comprehensus fuisset, non minus *Clusæ de Abintione* quam *Curtis Docalis* comitatus Cenetensis ad eamdem marchiam pertinuisset. Neque illud moveat, quod in altero ex laudatis Berengarii privilegiis anni 921, nominetur *comitatus Forojulianus*, qui in antecedenti privilegio anni 923, *marchia Forojulii* dicitur (DE RUBEIS, *Monum. eccl. Aquileien.* p. 455). Hinc enim cognoscimus marchiæ et comitatus voces promiscue aliquando fuisse usurpatas : unde in placito anni 845 *comitatus Tridentius* vocatur (MURATOR.

1. II *Antiq. Ital.* p. 972), licet eo tempore sub Ludovico II Italiæ rege Tridentum esset Italici regni marchia, quæ a Liutfredo [xcviii] duce regebatur. Marchiæ igitur Veronensis appellatio inducta est sub Ottone I anno 952, et ea de causa inducta, quod Verona cum cæteris ejus marchiæ urbibus ad Forumjulium usque Germanico regno ascripta, et Germano duci commissa, hujus regni portio ac limes esse cœpit.

74. Hæc quidem marchia vix instituta, Ottone I et Henrico duce gravissimo bello distractis anno 953, in Berengarii ditionem facile venit; et tunc, cum Verona desiisset esse Germanici regni marchia, Tridentum et Forumjulium Italici regni limites, ad antiquam marchiæ formam redierunt, quoad Berengarius eadem loca et regnum retinuit. Hinc cum in Milonis testamento acto in « Runco » Veronensis agri « regnantes DD. nostros Berengarius et Adelbertus filio ejus reges hic in Italia anno 5 sub die decimo ingrediente mense Julii indict. 13, » id est anno 955 (Ughel., t. V), idem Milo « marchio » appelletur; id videtur referendum sive ad Forumjulium, sive potius ad Tridentum, quæ quoque urbs Italici regni limitanea a Liutprando « marchia » vocatur. Berengarius fortassis hanc marchiam, per quam Germanieæ copiæ in Italiam intrare solebant, Miloni antea comiti Veronensi fautori suo regendam et custodiendam tradidit. Hinc etiam liquet hæc loca a Berengario subacta ante annum 955, id est paulo post quam Germanicum bellum in Ottonem et Henricum exarsit, anno 953.

75. Bello in Germania consopito, Otto rex, ut Berengarium reprimeret, Liutulfum filium suum cum copiis misit in Italiam anno 956. Is brevi eo devicto, toto pene regno Italico potitus est. Sed mors, quæ anno sequenti die sexta Septembris victorem de medio sustulit, Berengario recuperandi totius regni aditum aperuit. Quare (3) duo documenta, alterum « actum in civitate Verona » mense Octobri an. 957, alterum « in castro Roveclaria » Veronensis agri an. 959 Berengarii et Adelberti ejus filii regnum « hic in Italia, » notant. Adeo autem Verona ipsa potiebantur, ut ibidem præsentes diploma dederint [xcix] (4) anno 958 Idibus Januarii pro monasterio Lenonensi Brixiensis diœcesis, cujus apographum vidimus apud P. abbatem Joannem Ludovicum Luchium; et aliud itidem Veronæ dederint anno 961 tertio Kal. Junias, quod editum fuit primum a Muratorio, tom. V Antiq. Italic., col. 403, et iterum ab editoribus Annalium Camaldulensium in Appendice tomi primi pag. 66. Cum porro idem Berengarius omnem præteritæ calamitatis causam retulisset « in episcopos et comites cæterosque Italiæ principes; omnes eos odiis et inimicitiis insequens inimicissimos sibi effecit, » ut continuator Reginonis memoriæ prodidit. Itaque rex Otto ab his invitatus, iterum in Italiam ingressus, est eodem anno 961, Berengarioque Italicum regnum penitus abstulit. Etsi vero totum hoc regnum ipse Otto obtineret, hanc tamen Italiæ partem, quæ a Verona ad Forumjulium extenditur, veluti regni Germanici limitem esse, et « marchiam Veronensem, » ut antea, appellari voluit. Quare ipsi ducem præfecit Germanum genere, qui eamdem contra cæteros Italos, si qui forte defectionem molirentur, defenderet. Idipsum alii Ottonis successores fecerunt; ac propterea vel Bajoariæ, vel Carinthiæ duces eidem marchiæ præfecti leguntur. Hinc « Veronensis marchiæ » nomen sub Germaniæ regibus diutius obtinuit, nimirum usque ad sæculum XII, ac proinde Forumjulium proprium comitem habere cœpit, sicut et cæteræ ejusdem marchiæ urbes.

76. Duces hujus marchiæ nulli certæ sedi affixi, modo hic, modo illic, uti libebat, vel res flagitabat, morabantur. Jus ipsorum in ipsos comites, et in totam marchiam ex eorum placitis, ut indicavimus, liquet. Idem confirmat privilegium anni 998, in quo dum Otto III Berinfredo diacono Veronensi ejusque fratribus atque sororibus concessit, « ut nullius placitum custodiant, nec ad legem faciendam se ante præsentiam alicujus præsentent, nisi ante nos, aut ante nostrum ducem (Dionys. Collect. diplom., pag. 185); » mundeburdii speciem ipsis indulsit, quo a comitibus [c] cæterisque judicibus exempti, apud solum imperatorem, vel apud ducem marchiæ conveniri poterant : quod insignem ducum atque marchionum auctoritatem declarat. Idipsum ex Ratherii quoque operibus manifestum est. In epist. 8 ad Milonem Veronensis sedis invasorem se ab eo comprehensum, et in exsilium abductum affirmat « ad dedecus imperatoris, et, licet dissimulent, inquit, ducum nostrorum : » et post nonnulla sub finem : « Si resipiscere nunquam deliberas, alia moliri, quod cœpisti, tenta, suggero, via; imperatoris et ducum nostrorum, si vales, acquirendo utique quo recedam imperium : » quæ non tam imperatorem, quam ipsos duces uti Veronensis marchiæ præfectos Veronæ jus habuisse significant. Eodem referri possunt duo alia loca, quæ in Qualitatis conjectura occurrunt, ubi ducem seu ducissam Veronæ peculiari auctoritate præ-

---

(3) Hæc duo documenta edita fuerunt a march. canonico de Dionysiis in Collect. diplom. p. 121 et 124. Prioris vero documenti annus 957 perspicue colligitur ex anno regum septimo et indictione prima. Cum enim annus septimus regum Berengarii et Adelberti inchoaverit die 15 Dec. an. 956, ac desierit die 15 ejusdem mensis anni 957, indictio quoque prima incœperit mense Septembri anni 957, mensis October anni septimi regni, et primæ indictionis in eo documento notatus non convenit Octobri anni 958, sed illi anni 957.

(4) Annum 958 vulgarem designant annus octavus regum et indictio prima, quæ Januario mense non congruunt nisi anno 958 vulgari ex eadem ratione, quam præcedenti adnotatione indicavimus. Quod si in apographo, quem vidimus, exhibetur annus Dominicæ Incarnat. 957, nisi amanuensis error obrepserit omissione unitatis, procul dubio dicendum est, hoc in diplomate annos Christi computatos fuisse more Romano et Veneto, qui annos inchoat mente Martio, ut in aliis quoque non paucis documentis observare licuit.

ditam memorat. Primum num. 5 : « Imperatori (Ratherius) non servit, duci nequaquam. » Rursum num. 14 : « Dux inclyta verita, inquit, ne pejus mihi, quam contigit, eveniret, commendavit me tuitioni comitis. » Tandem in *Itinerario*, num. 4, se « clementia imperatoris, subventu excellentissimæ ducis ereptum, reductum, » tradit. Hos « duces nostros, hanc inclytam ducem » eos fuisse, qui Veronensi marchiæ præerant, ex præstitutis liquet.

77. Ut autem intelligatur, quinam isti sub Ratherio fuerint; ducum, qui sæculo x eamdem marchiam administrabant, seriem hactenus non satis perspectam, et rebus pluribus utilem hoc loco contexere et explicare juverit. Primus hujus marchiæ dux ab Ottone I præfectus anno 952, quo ipsam marchiam institutam vidimus, fuit Henricus ejusdem Ottonis frater, qui jam inde ab anno 945 Bajoariæ ducatum obtinuerat. Hinc dum « Bavariorum dux, et marchio inclytus » a Rotgero appellatur, non marchia orientalis, nunc Austria, cum nonnullis intelligenda est, sed marchia Veronensis. Hic Henricus duxerat Juditham Arnulfi, seu Arnoldi Bajoariorum ducis filiam, ejus, inquam, [ci] Arnulfi, qui cum a Veronensibus invitatus contra Ugonem regem descendisset in Italiam, pluribus Ratherii calamitatibus, quas exposuimus, occasionem dedit. Hæc Henrici uxor laudatur (5) a multis, genuitque ex eo Henricum II (6) an. 951. Henrico patre vita functo anno 955, Otto rex Henrico II « ejus filio ducatum et marcam dedit, » ut continuator Reginonis et annalista Saxo scribunt, eumdem scilicet Bajoariæ ducatum et marcam Veronensem, quibus pater ejus ab eodem Ottone donatus fuerat. Cum porro hoc anno 955, et aliquandiu etiam post hasce nostras regiones Berengarius et Adelbertus tenerent; Henricus II marchiam Veronensem reipsa obtinere non potuit, nisi fortasse iis mensibus, quibus Liutulfus Berengario victo in vivis fuit : at certe obtinuit anno 961, quo rex Otto eumdem expulsurus Italiam repetiit. Hoc autem tempore cum idem Henricus vix decennis esset, Juditha ejus mater filii nomine omnia administrabat. Hinc « duces nostri, » quorum Ratherius meminit in epist. 8, ad Milonem scripta anno 965, sunt Henricus II et Juditha : « Ducem vero inclytam et excellentissimam, » id est Juditham matrem in duobus aliis operibus lucubratis anno 966 expressius appellat potius quam filium, quia filio adhuc minore, mater potiori auctoritate fruebatur. Is Henricus hanc marchiam tenuisse ad annum usque 995, quo e vivis excessit, videri potest ex documento anni 993, cujus deinceps fiet mentio. At non ita est. Alii enim intermedio tempore eamdem marchiam consecuti sunt.

78. Ut marchionum, qui hoc intervallo nostram marchiam rexerunt, notitiam proferamus, rerum gestarum historiam, quæ monumentorum penuria in obscuro est, expiscari, et quam brevissime licet, producere oportet. Henrico I et filio ejus Bajoariæ ducibus idcirco Veronensis marchia tradita fuisse videtur, quia tunc Bajoariæ ducatus Carinthiam totamque regionem ei marchiæ conterminam complectebatur, uti complectebatur sub Arnulfo et Bertelfo Henrici I prædecessoribus, quorum primus a Liutprando « Bajoariorum [cii] et Carantanorum dux » appellatur, et in documento Frisingensi vocatur « dux Bavariorum et etiam adjacentium regionum (MEICHELBECH, *Hist. Frising.*, tom. I, part. ii, p. 429). » Hinc quidem in diplomate Ottonis II anni 974 Frisingensi Ecclesiæ concessæ traduntur « interventu Heinrici » secundi ducis Bavariæ « quædam partes sitæ in ducatu præfati ducis, et in comitatu Poponis, quod Carniola vocatur. » Si Carniola Carantaniæ pars erat in comitatu subjecto ducatui Henrici ducis Bavariæ, Carantania utique ad eumdem ducatum pertinebat. Anno sequenti 975, bello exorto inter Henricum II et Ottonem Alemannorum, seu Sueviæ ducem, Otto II imperator, qui Ottoni duci favebat, Henricum cepit, et anno 976 ducatu privavit (Annal. Saxo, *in Chron.*). Tunc Carinthiæ et Bajoariæ ducatus divisi. Bajoariæ dux creatus supradictus Otto Alemannorum dux Liutulfi filius; ac propterea in Vita S. Udalrici episcopi Augustani num. 80, idem Otto vocatur « dux Alamannorum et Bavariorum, Henrico deposito. » Carinthiæ vero ducatus Henrico Bertolfi, seu Bertoldi olim Bajoariæ ducis filio traditus fuit; ac propterea hic Henricus in diplomate Ottonis II anni 977, quod in Additamentis Ughellianis legitur tom. V, pag. 46, « Carantanorum dux » appellatur. Quandiu vero hæc divisio substitit, Veronensis marchia, Carinthiæ circumquaque, non autem Bajoariæ finitima, illi subjecta fuit, qui vicinæ Carinthiæ, non autem illi qui remotioris Bajoariæ ducatum obtinebat : neque enim Bajoariorum duci invenietur attributa unquam, nisi cum idem Bajoariorum simul et Carantanorum dux esset. Itaque laudatum Henricum Bertoldi filium una cum Carinthiæ ducatu Veronensem quoque marchiam regendam accepisse dubitare non licet. Anno 977 sub finem vergente, Henricus II, qui ex loco in quo custodiebatur effugerat (*Annal. Saxo.*), cum Henrico Carantanorum duce adversus Ottonem Bajoariæ ducem conspirans, Pataviam civitatem invasit, ibique mox ab Ottone II imperatore obsidione subactus, una cum eodem Henrico duce Carantaniæ in exsilium missus fuit. Hinc Ottoni Bajoariæ duci Carantania cum Veronensi marchia attributa videtur. [ciii] Post Ottonis Ducis mortem, quæ incidit in annum 982, Otto imperator cum Henrico minore Bertoldi filio conciliatus, in comitiis Veronæ habitis anno 983 eidem Bajoariæ et Carinthiæ ducatum impertitus est.

---

(5) Continuator Regin. an. 953. Ditmarus lib. ii, pag. 352 et 359, t. I, Rer. Brunsvic, Vit. S. Mathildis reginæ c. 4, n 19, t. I, Rer. Brunsvic. p. 201, et Annalista Saxo apud Eccard. an 945, 953, et 955.

(6) Chron. Quedlimburg. t. II, Rer. Brunsvic. p. 279.

De hoc Henrico Ditmarus scribens libro tertio, solius quidem Bajoariæ ducatus meminit : « Henricus minor exsilio solutus, Bavariorum dux effectus est (t. I *Rer. Brunsvic.*, p. 343). » At Carinthiam simul ipsi collatam, et Bajoariorum ducatui annexam, uti sub Ottone antecessore acciderat, idem auctor ostendit libro quarto ad annum 984, dum eum non tam Bajoariæ quam Carinthiæ ducem demonstrat inquiens : « Propter Henricum ducem, qui tunc Bavariis atque Carentis præfuit (*ibid.*, p. 548). » Ad hunc itaque uti Carinthiæ ducem marchia Veronensis rediit : « Tunc, » inquit Ditmarus, id est anno 984, « Bavariis atque Carentis præfuit. » Cum enim anno sequenti 985 Henricus II post Ottonis II obitum « ad se reversus, et vana exaltatione se dejectum conspiciens, veniente rege (Ottone III) in Franconevord, illuc ipse adveniens, in conspectu totius populi complicatis manibus, humilis habitu et actu, vera compunctus pœnitentia se regiæ reddidisset potestati (Annal. Saxo.); » ab eodem rege ducatum promeruit. Ita vero res conciliatæ cum Henrico minore, ut is solo Carinthiæ ducatu contentus, illi Bajoariæ ducatum cesserit. Hac de causa Ottonis III regis documentum anni 986 apud Hansizium ambos Henricos « duces » præfert, alterum Bavariæ, Carinthiæ alterum, « interventu. . . . amborum nepotum nostrorum Henricorum, ducum scilicet Bavariæ, ac Carinthiæ regionum (t. I *Germ. Sac.*, p. 226). » In alio anni 988 apud Ughellium « Henricus (minor) Carentanorum dux » vocatur (t. V *Ital. Sac.*); sicut et in alio anni 989 dato Kalendis Octobris, ut videre est apud Meichelbech, t. I Hist. Frising., pag. 185. Mortuo autem Henrico minore sub finem anni 989, Henricus II Bajoariæ dux Carinthiæ ducatum, et annexam Veronensem marchiam recepit. Id manifestum fit ex placito ejusdem Henrici Veronæ habito anno 995, in quo nominatur « Henricus dux Bavarorum, seu Karentanorum, atque istius marchiæ Veronensium (Dionys. *Collect. diplom.*, p. 176). » Hic tandem Henricus II obiit anno 995, vi Kal. Septembris. Rursum autem Bavariæ ducatus et Carinthiæ disjuncti. Ducatus Bavariæ in S. Henricum filium ejus, qui postea fuit imperator, transivit (*Chronic. Quidlimburg.*, t. II *Rer. Bruns.*; *Necrolog. Fuld.*, t. III *Rer. Bruns.*) : Carinthiam cum marchia Veronensi obtinuit Otto, quem Conradus Lotharingiæ dux ex Luitgarde Ottonis I filia susceperat. Hac de causa idem Otto « Carentinorum dux et Veronensium comes » a Ditmaro et Aldeboldo in Vita S. Henrici imperatoris vocatur. « Comes pro marchione » usurpatur; neque enim Veronæ tantum, sed universæ marchiæ Veronensi præsidebat. « Dux istius marchiæ » Veronensis in aliis documentis dicitur (Rubeis, *Monum. eccl. Aquil.*, p. 497) : et annalista Saxo loquens de Brunone ejus filio, qui ad summum pontificatum promotus fuit, Gregorii V nomine assumpto, anno 996; « Brunonem, inquit, Ottonis filium, qui marcam Veronensem servabat, » etc. Si hic Otto Veronensem « marcam » regebat anno 996, palam fit eum Henrico II duci successisse anno 995. Quidam suspicantur hunc Ottonem ejusdem marchiæ ducem fuisse anno 983, quo imperator Otto II in comitiis Veronensibus « interventu et petitione ducis Ottonis (Id. *ib.*, pag. 479). » Rodoaldo patriarchæ Aquileiensi privilegium concessit. Sed in iisdem comitiis Bavariæ et Carinthiæ ducatus cum adnexa marchia Veronensi ab eodem imperatore traditus fuit Henrico minori, ut superius vidimus. Porro ad ea generalia comitia omnes Germaniæ proceres acciti; ac propterea dux ille Otto, qui pro Rodoaldo patriarcha privilegium petiit, non continuo dux Carinthiæ et Veronensis marchiæ tum fuisse dicendus est. Is antequam Carinthiam et nostram marchiam ab Ottone III obtineret, Wormatiensis, seu Franciæ orientalis, nunc Franconiæ dux fuit : quo ducatu subinde in filios ejus traducto, ipse ducatum Carinthiæ cum Veronensi marchia obtinuit.

79. Cum sequentium hujus marchiæ ducum series explorata sit, hic pedem sistimus. Unum monendum superest, perperam a nonnullis Veronensem marchiam cum Tarvisina confundi, ac si eadem fuerit, quæ nunc Veronensis, nunc Tarvisina appellata sit. Verum marca Tarvisina sæculo tantum decimo tertio audiri cœpit, cum, Italiæ civitatibus in libertatem conspirantibus, marca Veronensis jam defecerat. Solum autem Tarvisium marchiæ nomine donatum videtur ea forte de causa, quia inter Italicas civitates libertatem assecutas ea urbs limitanea erat. Sed age jam, ad Ratherium revertamur.

[cv] § XIII. — *Ratherius cum Ottone I redit in Italiam anno 961. Difficilis Fulcuini locus expenditur. Eodem Ottone agente, ille in Veronensem sedem restituitur. Accedit summi pontificis et concilii Papiensis decretum. Acta in synodo Papiensi ejusque tempus. Petrus episcopus Ravennas e sede dejectus, in eadem synodo, æque ac Ratherius, favens decretum obtinet. Edictum Ottonis pro Ratherio. Furtum corporis sancti Metronis, et Ra herii; opusculum de eadem re scriptum anno 962. Imperator episcopum urget ad milites dirigendos pro obsidione Gardæ*

80. Otto I comitiis Wormatiensibus anno 961 celebratis, in quibus die Pentecostes filius ejus Otto Germaniæ rex creatus fuit, Saxoniam repetiit, rebusque ibidem compositis, per Bajoariam ac Tridentinam vallem cum exercitu in Italiam ingressus est, ubi « omnes pene comites, et episcopos obvios habuit, et, ut decuit, ab eis honorifice susceptus, potestative, et absque ulla resistentia Papiam intravit (Continuat. Regin. et Annal. Saxo.). » Hac in urbe natale festum ejusdem anni celebravit, ac dein Romanum iter suscepit, ut a Joanne XII summo pontifice imperator coronaretur. Romæ imperialem coronam obtinuit die 2 Februarii an. 962. Has circumstantias Ratherius suæ restitutioni peropportunas ratus, in Italiam venit, Brunoneque Coloniensi magno ejus patrono apud Ottonem germanum suum agente, Veronensem sedem recepit. Ut hujus restitutionis tempus statuatur, quod assignandum credimus anno 961, primo Fulcuini difficilis quidam locus, qui nonnullis fucum fecit, expendendus est. Is

post enarratam Rotgeri verbis Baldrici intrusionem in sedem Leodicensem, et expulsionem Ratherii, hæc suis verbis subdit : « Exacto igitur in hac destitutione sua Ratherius ferme biennio, deficiente ab eo militari copia, Italiam revertitur (*De Gest. Abb. Lob.*, c. 24). » Et mox Rotgeri verbis prosequitur : « Ac ne quid in ejusmodi negotio imperfectum restaret, quod curiosis alienarum rerum investigatoribus scrupulum commoveret, cum imperatore germano suo (Ottone I) Bruno id effecit, ut eidem jam bis destituto antiqua [CVI] sedes Veronensis Ecclesiæ redderetur. » Plerique hoc testimonium perinde intellexerunt, ac si Ratherius « ferme biennio » post suam e Leodicensi sede expulsionem in Italiam reversus, Brunonis opera in sedem Veronensem ab Ottone fuerit restitutus. Ita hanc restitutionem post « ferme biennium » contigisse putant, anno scilicet 957. Verum Ratherium restitutum anno tantum 961, quo Otto rediit in Italiam, ex certis documentis post pauca demonstraturi sumus : unde exstat instrumentum mensis Martii anni 959, ex quo non Ratherius, sed Milo, Veronensi Ecclesiæ hoc quoque anno præfuisse dignoscitur (DIONYS. *diplom. Coll.* p. 124). Testimonium Rotgeri cum illis verbis careat, quæ « ferme biennii » mentionem faciunt, id solum significat, S. Brunonem, etsi violentiæ rebellium cesserit instituendo Baldricum Ratherio depulso, egisse tamen postea cum Ottone, ut is antiquæ sedi Veronensi restitueretur : quæ nullum annum designantes, optime congruunt cum gestis et restitutione mox demonstranda anni 961. Tota igitur difficultas sita est in verbis, quæ ex suo Fulcuinus inseruit : « Exacto in hac destitutione sua Ratherius ferme biennio, deficiente ab eo militari copia, Italiam revertitur. » Aliquid vero mendosum, vel hiulcum in hoc textu latere nihil dubitandum videtur. Verba « deficiente ab eo militari copia » nihil aliud innuere credimus nisi milites, seu magnates, qui ita a Ratherio defecerant, ut Bruno nullum ex iisdem adjutorem in ejus defensionem invenire potuerit. Vide *Phrenesim* in procemio num. 1. Ii vero defecerunt a Ratherio non « exacto ferme biennio » post ejus destitutionem seu expulsionem e cathedra Leodicensi, sed sub finem ferme biennii, quo eamdem cathedram tenuit. Antequam porro post destitutionem rediret in Italiam, et episcopatum Veronensem Brunone agente recuperaret, non ferme biennium in sua destitutione exegit, sed sexennium et amplius. Hinc pro « destitutione » forte legendum est « institutione » vel aliquid simile, quo significetur exactum a Ratherio in episcopatu Leodicensi, in quo legitime fuerat institutus, ferme biennium ab anno 953 ad annum 955. Quo quidem biennio ferme exacto, cum defecissent ab eo milites, seu magnates, « pulsus ab ea sede » (hæc subaudienda, vel potius supplenda) in Italiam petiit, non tamen statim, sed cum Otto eodem descendit, ut sequentibus verbis ex Rotgero sumptis Fulcuinus [CVII] explicat. Hæc quidem verba statim ab eo subjecta demonstrant ipsum Fulcuinum, cum scripsit « Italiam revertitur, » scripsisse de eo Ratherii reditu in Italiam, de quo Rotgerus loquitur ; aliud enim, iter isto anterius, et posterius anno 955, in medium producere somniari est. Fulcuinus sicut in aliis episcopis annos, quibus Leodicensi sedi præfuerunt, indicare solet ; ita cum Ratheriani episcopatus tempus omisisset Rotgerus, ea verba inseruit, quibus eum « ferme biennio » Leodicensem (sicuti vere fuit) episcopum fuisse significaret.

81. Quidquid autem de hoc Fulcuini textu probabilius credatur, certe Ratherius Veronensem episcopatum non recepit ante annum 961. Duo ipsius Ratherii testimonia rem exploratam facient : utrumque enim ejus restitutionem Ottoni, cum in Italiam rediit, ascribunt, qui tamen non rediit ante annum 961. Solum unum testimonium exigit annum 961, aliud congruit anno 962, quæ quatenus concilianda sint, explicaturi sumus. Id *Invectiva* furtum corporis S. Metronis, quod Veronensibus subreptum credebatur « sextis exeunte Jano Kalendis, » id est die 27 Januarii, ei tempori auctor assignat num. 3, quo « Otto imperator Augustus Italiam feliciter intraverat triumphaturus. » Id convenit Januario mensi anni 962, qui primus est Januarius post Ottonis ingressum in Italiam. Licet autem hic eodem mense nondum esset imperator Augustus ; hoc tamen titulo utitur Ratherius in ipsa Invectiva, quippe eam postea scripsit, cum ille jam imperialem coronam fuerat assecutus. Porro illud furtum accidisse tradebatur, dum Ratherius Veronensem episcopatum obtineret, ut ex admonitione in ipsam Invectivam num. 3, palam flet. Igitur aliquanto ante diem 27 Januarii anni 962 Veronensi sedi fuerat restitutus : idque probabilius contigit ante finem anni 961, cum Otto Italiam ingressus, Veronæ primum ab Italis receptus fuit. Ratherius enim, ut restitueretur, una cum ipso Ottone in Italiam rediisse verisimillimum est.

82. Huic autem sententiæ obesse videntur illa *Itinerarii* num. 4, quibus se « misericordia piissimi Cæsaris, præcepto apostolici, qui tunc Romanæ præerat sedi, judicio episcoporum synodaliter restitutum testatur. » Synodus enim, cujus judicio restitutus fuit, ut mox videbimus, est synodus Papiensis [CVIII] celebrata post medium annum 962. Hæc vero, quæ cum præmissis pugnare videntur, conciliari facile queunt, si dicamus Ratherium suæ quidem sedi ab Ottone statim, cum Veronam accessit, fuisse reipsa restitutum anno 961, Milone invasore in ordinem redacto ; hoc tamen adhuc obnitente, et jus suum propugnante, eumdem principem, ut ecclesiastico quoque judicio Ratherii episcopatum confirmaret, rem detulisse ad Joannem XII pontificem, cum Romam profectus est ; ibidemque re discussa et cognita, nec non subinde in Papiensi concilio, utraque auctoritate causam Ratherio adjudicatam fuisse.

83. Synodum, quæ Ratherium restituit, fuisse

Papiensem indicatur in Apologetico num. 7 his verbis : « Episcopus sane, ut in synodo est Papiensi quondam clamatum, Veronensium ego si sum, » etc. Obscura et plerumque incognita hujus synodi notitia ex quibusdam indiciis expiscanda est. Tres majores episcoporum causas ad ejus synodi Patres delatas ac definitas invenimus. Concilium Remense anni 992, c. 43 (edit. Wechelii Francofurt. an. 1600 p. 99), duas causas in anteriori concilio simul dijudicatas præfert, alteram Ratherii Veronensis episcopi contra Milonem invasorem, alteram Petri archiepiscopi Ravennatis contra Honestum. « Item quæ circa Ratherium Veronensem episcopum, vel circa Petrum Ravennæ archiepiscopum usu vel consuetudine provenerunt, ab omnibus abrogata sunt. Uterque enim nec abdicationis porrecto libello, nec sacerdotalibus depositis insignibus successorem acceperat, Ratherius quidem Milonem, Petrus vero Honestum beati Apollinaris abbatem. » Etsi in his verbis nulla synodi Papiensis fiat mentio, utramque tamen Ratherii Veronensis et Petri Ravennatis causam eodem « omnium » judicio dijudicatam fuisse liquet. Cum vero ex descriptis Ratherii verbis pateat hujus causam fuisse decisam in synodo Papiensi, idem de Petri Ravennatis causa dicendum est.

84. Patres Joannes Benedictus Mitarellius et Anselmus Costadonius, qui multo studio et eruditione Annales Camaldulenses digessere, loquentes de Honesto, qui Petro successit, nihil de Papiensi, vel alia synodo, quæ Petri causam dijudicaverit, suspicati, hæc actorum Remensis synodi verba præcedentibus statim subjecta referunt : « Petrus Honestum monasterii beati Apollinaris abbatem (supple receperat), quem Honestum [CIX] domnus Joannes papa cognomento Bonus ad consecrandum prius sibi oblatum vidit, quam de Petri dejectione, vel fama nuntiante cognoverat. » Duos porro Honestos distinguunt; hæc autem verba de Honesto II intelligunt, quem Joannes papa consecravit. Hunc vero Joannem cognomento « Bonum » non Joannem XII, cujus mores reprehensionem incurrerunt, sed Joannem XIII fuisse existimant, qui ad apostolicam sedem ascendit anno 965. Hic autem si consecravit Honestum, Papiensis utique synodus anni 962 de causa Petri contra Honestum judicare non potuit. Censent itaque laudatis verbis synodi Remensis indicari, quod accidit anno 971, quo Petrus Honesto Ravennatem archiepiscopatum dimisisse traditur; ubi tamen monent « non esse veritati plane innixam opinionem illam », quæ communis est, Petrum scilicet sponte dimisisse administrationem Ecclesiæ Ravennatis (Honesto II), cum dejectum sede fuisse asserant Patres Gallicanæ synodi » Remensis. Non assentimur. Qui enim Petrum sedem Ravennatem Honesto dimisisse tradunt, non recentiores auctores sunt, sed antiqui, quos, nisi quid evidenter cogat, deceptos fuisse affirmare non possumus. In his est S. Petrus Damianus, qui libro primo epist. 9, scribit: « Petrus etiam archiepiscopus Ravennatem dimisit Ecclesiam, cui mox adhuc superstiti, Honestus primo videlicet Ottone habenas imperii gubernante, successit. » Eamdem rem, annumque ex alio utique fonte designat etiam Albericus in Chronico editionis Leibnitii ad annum 971 : « Petrus Ravennatum episcopatum dimisit, post quem loco ipsius Honestus præficitur (t. II Access. Histor., p. 19). » Idem alii omnes tradunt, adeo ut hanc sententiam « communem » ipsi Annalium Camaldulensium auctores fateantur. His autem omnibus erroris notam impingere, perinde ac si Petrus anno 971 non dimiserit episcopatum, sed ab episcopatu dejectus fuerit, acta concilii Remensis non solum non cogunt, quin potius videntur exigere, ut dejectionem ejus ac subinde restitutionem evehamus ante annum 971, et idcirco dejectionem ipsius distinguamus a dimissione, quæ anno 971 assignanda est. In iisdem nimirum Remensibus gestis non tantum Petri dejectio, quam unam laudati auctores considerarunt, sed et restitutio perspicue innuitur, cum acta contra ipsum, quibus scilicet ab episcopatu fuerat ejectus, « ab omnibus (synodiutique Patribus) [CX] abrogata » tradunt. In ea sententia, qua dejectus creditur anno 971, Honesto ei subrogato, de ipsius restitutione Honesto excluso ne verbum quidem; nec documenta ejus temporis, quæ Honestum in sua sede perseverasse ostendant anno 972 et sequentibus etiam post Petri mortem, hujus restitutionem ac remotionem Honesti eo tempore nequaquam patiuntur. Porro in laudatis gestis Remensibus causa et restitutio Petri cum causa et restitutione Ratherii ita conjungitur, ut utraque eodem judicio decisa fuerit, et abrogatis actis contra utrumque, quibus Petro dejecto Honestus, Ratherio autem Milo suffectus fuerat, uterque in suam sedem fuerit restitutus. Sicut ergo acta in Ratherium abrogata fuerunt in concilio Papiensi anni 962, ita etiam ibidem eodemque anno recisa, quæ in Petrum Ravennatem gesta fuerunt. Restitutio igitur hujus decreta in synodo Papiensi referri nequit ad annum 971, sed huic anno affigi debet ea episcopatus dimissio, quam S. Petrus Damianus et alii omnes communi sententia prodiderunt. Itaque duo facta distinguenda, quibus omnia conciliantur, ut ne opus sit duos Honestos astruere, ac Remensis synodi verba aliorsum interpretari. Petrus nimirum primo ab episcopatu Ravennate exclusus sub Joanne XII, qui ignarus dejectionis ejus Honestum consecravit. Neque moveat cognomen « Bonus. » Nisi enim in hanc vocem error irrepsit, Joannes XII ironice, vel ex alio titulo quam ex moribus « Bonus » dici potuit. Certe Joanni XIII etsi optimis moribus prædito, non tamen « boni, » sed « gallinæ albæ » cognomen inditum accepimus. Dein anno 962 synodi Papiensis sententia abrogatis gestis in Petrum æque ac in Ratherium, ambo suæ sedi restituti. Hinc quidem Petri jam archiepiscopi monumenta supersunt annorum 963, 965, 967, et 970. De hoc primo facto loquuntur Re-

mensis concilii Patres. Factum alterum S. Petrus Damianus et antiqui chronistæ memoriæ tradiderunt. Anno scilicet 971 Petrus, rebus cum Honesto compositis, episcopatum eidem sponte dimisit; ac propterea subsequentia documenta Honesti episcopi mentionem faciunt, qui erga prædecessorem suum gratus, post ipsius mortem anno 974 anniversaria sacra pro ejus anima instituit, ut videre est in documento a memoratis annalistis Camaldulensibus relato tom. I, [cxi] appendicis pag. 93.

85. Nunc tertiam Papiensis synodi causam proferamus. Frodoardus ad annum 962 causam suggerit Hugonis Remensis, quam in Romana primum, postea vero in Papiensi synodo dijudicatam testatur. Mortuo scilicet Attaldo Remorum antistite pridie Kal. Octobris anni 961, de successore eligendo magna contentio fuit, quæ ad annum sequentem protracta est. Hugonem enim episcopum antea excommunicatum atque depulsum consanguinei ejus redintegrare moliebantur, favente Hugone duce Francorum. Lotharius Galliarum rex « locutus cum Hugone consobrino suo, » ait Frodoardus in Chronico an. 962, « petitus est ab eo, ut præfato Hugoni Remensem restituat episcopatum; indeque inducias paciscuntur usque ad medium mensis Aprilis. Synodus tredecim episcoporum in pago Meldensi super Maternam fluvium, ex Remensi videlicet ac Senonensi diœcesi celebratur, præsidente Senonensi præsule, satagentibus quibusdam episcopis, ut Hugoni sæpe dicto redderetur Remense episcopium; renitentibus autem præcipue Roricone Laudunensi, et Gibuino Catalaunensi præsulibus, et asserentibus, quod a tot episcopis excomunicatus, a minori numero absolvi non poterat. Ita relinquitur usque ad interrogationem papæ Romani. » Et post nonnulla eodem anno : « Legatio veniens ab Joanne papa intimat præfatum Hugonem quondam episcopum tam ab ipso papa, quam ab omni Romana synodo excommunicatum, sed ab alia synodo apud Papiam celebrata. Cujus legationis redditi certiores per Brunonem archiepiscopum (Coloniensem) elegimus ad episcopatum Remensem Odalricum illustrem clericum.... quique Remis ordinatur ab episcopis Widone Suessionico, Roricone Laudunensi, » etc. Induciæ a rege Lothario et Hugone duce idcirco pactæ videntur « usque ad medium mensis Aprilis » anni 962, quod sub id tempus controversia in synodo Meldensi dirimenda speraretur. Cum vero episcopi in partes discissi eamdem causam ad Romani pontificis judicium remisissent, Romana synodus post Aprilem habita, et aliquanto etiam posterior synodus Papiensis agnoscitur. Ne porro duas synodos Papiæ hoc anno 962 celebratas absque necessitate astruamus, quarum altera de Ratherio Veronensi ac Petro Ravennate, altera de Hugone Remensi sententiam tulerit; tres ejusmodi causas in eadem synodo Papiensi sub medium anni 962 [cxii] cognitas fuisse ac definitas probabilius arbitramur. Ratio, quam Ratherius in epist. 5 ad Joannem pontificem protulit, ut se legi-

timum episcopum contra Milonem probaret, eo revocatur, quia nullo canonico judicio depositus, nec sponte cedens, sed sola vi exclusus Miloni locum dederat. Hæc autem ratio cum illa concinit, quæ a Papiensi concilio approbata, in actis Remensis synodi anni 991 indicatur iis verbis : « Nec abdicationis porrecto libello, nec sacerdotalibus depositis insignibus successorem receperat. »

86. Ratherius in epist. 8 ad Milonem, num. 3, imperiale edictum memorat, et jusjurandum, quod non tam Ratherius, quam Milo Ottoni præstiterunt. « Suadeo cogites, inquit, quam contra teipsum, cum persancte imperatori, ut et ego, fidem juraveris, agas; cum editum illius destruere moliris, et illos, qui ei idem jusjurandum fecerunt, quod in, ad tui in hoc trahendo auxilium pejurare compellis. » Edictum Ottonis, quod Milo postea molitus est destruere, cum Ratherium oppugnare non destitit, et Veronenses clericos fautores suos in eumdem commovit, illud esse videtur, quo laudatus rex Veronam ingressus, Ratherium in suam sedem restituens, ut legitimum episcopum ab omnibus recipi voluit, et ne quid in eum tentaretur, præcepit : unde sunt illa in eadem ad Milonem epistola : « Contra imperatoris mala omnia interdicentis præceptum. » Jusjurandum vero, quo tum Milo, tum Ratherius, tum cæteri omnes eidem principi fidem polliciti sunt, ejus quoque edicti obedientiam requirebat; ac propterea dum Milo contra Ratherium turbas excitavit, illud edictum nisus fuisse destruere, et una cum fautoribus suis perjurii crimen dicitur incurrisse. Ut Milo ad cedendum Ratherio episcopatum facilius induceretur, sponsio forsitan, aut saltem magna spes succedendi illi proposita fuit, cum alter esset fere septuagenarius, alter vero admodum juvenis. Hinc Ratherius in memorata epistola inquirens cur a Milone oppugnetur : Hæc causa, inquit, « recentior, imo præsentissima est, quod nec morior, nec ineo, ut incitas fugam : » alterutro enim modo ille in Veronensi episcopatu successisset, uti quidem successit, cum Ratherius anno 968 episcopatum prorsus dimisit.

87. S. Metronis corpus, quod in basilica S. Vitalis martyris continebatur, ac innumerabilibus clarebat miraculis, clam subreptum [cxiii] et alio asportatum fuit die 27 Januarii anni 962, ut indicavimus paulo ante, num. 81. Hujus quidem furti dubium inspergit Ratherius in titulo Invectivæ, his verbis : « Exportatio deploratur sextis exeunte Jano Kalendis, inaniter quamvis. Factum namque sit nec ne, temporalium nulli cognitum bene fuerit. » Addens porro « licet verisimile, tunc temporis cum actum est, creditur certe : » vulgarem de furto ejusmodi opinionem significat; ac in ipsa *Invectiva* furtum ipsum peractum præsumit. Certe vero vel idem sanctum corpus subreptum non fuit, vel non multo post recuperatum; cum ex immemorabili traditione in S. Vitalis ecclesia custodiatur, nullaque alia civitas unquam fuerit, aut nunc sit, quæ illud sibi vindicarit, aut vindicet. Confer quæ hac de re animadvertit P. Joannes

Franciscus Manzonius Oratorii presbyter in opusculo edito Veronæ an. 1756, cui titulus: *Notizie intorno a santo Metrone*. Frequens erat per hæc tempora sacras reliquias aut corpora furari. Hoc autem furtum eo facilius accidit, quia cum ex ejus ætatis abusu jam a sexaginta annis laudatæ basilicæ redditus laicis in beneficium militare traditi essent, nullus presbyter illic degebat, qui sacrum corpus et ecclesiam custodiret. Ut primum furti notitia in vulgum prodiit (forte prodiit die octava Maii, qua depositio S. Metronis celebratur) plures in episcopum culpam rejicere, et acrius obloqui, ac si ipsius negligentia, vel etiam consensu furtum hujusmodi patratum fuisset. Cum episcopus, qui pungebatur, esset ipse Ratherius, Invectivam lucubravit, qua dum in alios culpam refert, se ipsum defendit. Hoc opusculum post tertiam Ratherii restitutionem lucubratum satis indicat Frisingensis codex, in quo integrum describitur: in eo enim ipsius opera post tertiam restitutionem scripta solummodo continentur. Idem multo evidentius confirmat « imperatoris Augusti » titulus Ottoni tributus num. 3, qui mense Februario anni 962 ab eodem assumptus fuit. Licet porro ipsum furtum contigerit die 27 Januarii anni ejusdem, ut fusius in admonitione conjecimus; hoc tamen opusculum deinceps exaratum, eidem anno, vel ad summum ineunti anno sequenti affigendum suadet laudatus Frisingensis codex, in quo cum omnia Ratherii opera in chronologicam seriem videntur disposita, tum vero hoc opusculum primo loco describitur ante Ratherii [CXIV] sententiam in clericos ab invasore ordinatos, quam datam videbimus Idibus Februarii anni sequentis. Idipsum comprobat particula « nuper » in numerum tertium inserta, qua auctor hanc Invectivam non multo post imperatoris ingressum in Italiam scriptam significat. Idem autem opusculum maximi haberi debet: etenim vetustius est documentum, ex quo S. Metronis gesta, licet pressius indicata, ad nos pervenerunt. Dum Ratherius num. 2, veteribus laudatis, qui sanctorum antiquorum acta scripsere; « nunc vero, proh pudor! » subdit, « nostris utique avorumque temporibus... tanta orbem inopia invasit scriptorum, ut si qua vel nostris, vel illorum, quos protulit, temporibus aliqua meritorum effulsit prærogativa, magis hoc vulgus, quam quilibet extulerit litteratus; » nullam S. Metronis vitam, nulla miracula scripta fuisse significat; solamque superesse traditionem vulgarem, ex qua una ipse proficere potuit. Verba porro « avorum temporibus » eumdem sanctum « avorum » ætati supparem, vel saltem non multo antiquiorem innuunt, qui propterea ad nonum vel octavum sæculum pertinere videtur. Pœnitentiæ genus, cui ille sese addixit, ut ferrea catena saxo alligatus ante S. Vitalis martyris ecclesiam tandiu staret, quoad Deus signo aliquo peccata sibi dimissa ostenderet, usu frequenti receptum aliorum exempla a Mabillonio allata declarant (Præfat. ad *Sæc II. Ord. Boned.* n. 4). Alii solum objurgimina publica episcopi a præcepto perinde constricti, veniam eorumdem criminum deprecantes, per loca sacra peregrinabantur; sanctus autem Metro catena pedi imposita, plumbo eam in magno lapide ante januam laudatæ ecclesiæ obfirmans, septennio ibidem pœnitens immoratus est, donec clavis, qua catenæ seram clauserat, in proximum Athesim ab ipso projecta, Deo disponente inventa fuit.

88. Ad hoc circiter tempus referenda sunt quæ narrat Ratherius part. I *De contemptu canonum*, num. 8. « Nam et ego ipse quondam, cum imperiali præcepto urgeremur Gardam obsidere castrum, et episcopi et clerici istius provinciæ, non religionis quidem amore, sed laboris obtenderent odio, sui hoc ordinis minime fore; petulanti, ut sæpe, respondi sermone: Ut non permittant canones clerico pugnare, ita nec stuprare. » Factum indicatur, quod contigerat circa annum 962. Cum enim Otto in Italiam venisset sub finem anni 961, ut Berengarium II [CXV] subigeret, is in S. Leonis oppidum sese recepit, Willa autem ejus uxor in quamdam insulam, quæ dicitur ad S. Julium, ac præterea tres aliæ munitiones, Garda, Travallium, et lacus Cumani insula, ab ejusdem fautoribus tenebantur. Anno 962 postquam idem Otto Romæ imperator renuntiatus fuit, insulam ad S. Julium cœpit. Cum vero alias quoque munitiones oppugnare cogitaret, sub idem tempus episcopos et clericos istius provinciæ compulit ad obsidionem Gardæ, quæ tamen exeunte tantum anno 963 in ejus potestatem venit, ut continuator Reginonis et annalista Saxo tradiderunt. Hæc castrum erat munitissimum in diœcesi Veronensi ad oram lacus Benaci, in quo paulo ante Adelaides Lotharii regis vidua (Donizo *Vita Matil.*, lib. 1) a Berengario II captiva detenta fuerat. Episcopi vero et clerici istius provinciæ, quos Otto ad Gardam obsidendam incitavit, illi fuerunt, qui hanc Italiæ partem Gardæ viciniorem incolebant, non vero omnes regni Italici, aut Longobardiæ, ut non nemini visum est. Nam Valdo episcopus Comensis in alia militari expeditione occupatus, insulam in lacu Cumano expugnavit an. 964, ut Reginonis continuator narrat. Episcopi nimirum et clerici jam inde a Caroli Magni temporibus arma induere, et in exercitum proficisci ab ipsis regibus cogebantur eo nomine, quod multis regalibus fruerentur, et ferendis vassallorum oneribus crederentur obstricti. Hac quidem de causa « ducitur hodie levissimum, inquit Ratherius, ut quasi propter fidelitatem sui senioris (id est principis) malit presbyter loricatus præliari, quam perjurus vocari; cum tamen perjurium gravissima pœnitentia, istud vero nulla expiari dicatur (Par. I *De contemptu can.* n. 12, (col. 351, b). »

89. Plura hujus corruptelæ exempla affert Muratorius (t. II *Antiq. Italic.* diss. 26). Licet autem immunitatis privilegium ab hoc servitio eximeret, non tamen eximebat omnino; unde in privilegio immunitatis, quod ab Ottone I concessum episcopo Wormatiensi anno 966 apud eumdem Muratorium

describitur, hæc leguntur: « Nec ab hominibus ipsius ecclesiæ hostilis expeditio requiratur, nisi quando necessitas utilitati regum fuerit, simul cum suo episcopo pergant. » Etsi vero quidam etiam sancti episcopi id servitii præstiterint, ut de S. Udalrico Augustano antistite tradit in ejus Vita Gerardus num. 13 et 36; alii tamen ab hac corruptela abhorruerunt, uti de S. Radbodo Trajectensi [cxvi] episcopo in ejus Vita traditur num. 11 (t. VII *Act. SS. Ordin. Bened.* pag. 31): « Cumque a rege invitaretur, ut aliquid ei præstaret officii, comiter respondere solebat : Justum est sublimioribus obedire potestatibus, sed episcoporum non esse sæcularibus implicari negotiis, in quorum castris milites Christi militant, quisnam ambigit? Debent illi spiritualiter induti armis ecclesiasticis, pro regis et populi salute, pace, et stabilitate cum suis Dominum deprecari, continuis precibus animarum lucra quærere, non sectari terrena. Milites, militiæ regiæ cingulo præcinctos, beneficiisque cumulatos id præstare par est. » Ratherius similiter ab hoc militari servitio, quod lege canonica clericis interdictum loco laudato fatetur, alienissimus fuit: unde in Qualitatis conjectura num. 5, de ipso scribitur: « Imperatori non servit... in exercitum nunquam. » Solum ubi opus esset, non ut ipse, sed ut ejus milites mitterentur, sibi præceptum fuisse prodit in Itinerario num. 1, nec non in sermone De Maria et Martha, num. 4. Ex his palam fit, quam perperam quidam crediderit. Ratherium in obsidione Gardæ imperatori militare servitium præstitisse, eaque de causa militari beneficio ab eo fuisse donatum, cujus in eodem Itinerario num. 4, meminit, ubi suos clericos alloquens ait: «Cum de mea paupertatula non sim vobis adeo inhumanus, ut militari beneficio habeam, et hoc gratis, decem ex vobis ditatos. » Militaria beneficia dicebantur fundi, qui usufructuario jure laicis collati, militandi, aut milites, cum opus esset, mittendi onus afferebant. Quædam vero ex his etsi traderentur ecclesiasticis, cum tamen idem militandi aut militum dirigendorum onus imponerent, militarium beneficiorum rationem retinebant. Non solum imperatores ejusmodi beneficia conferebant, verum etiam episcopi, cum ecclesiæ fundos eadem cum obligatione cuipiam committerent. Hinc qui beneficia hujus generis ab eisdem obtinuerant, ecclesiarum vassi, seu vassalli evadebant, atque «milites» nuncupabantur. Ratherius itaque cum «de sua paupertatula» militare beneficium decem suæ Ecclesiæ clericis se dedisse scripsit, non beneficium indicat ab imperatore olim sibi collatum eo nomine, quod ipsi servisset « in exercitu, » ad quem « nunquam » accessit; sed fundum aliquem ex Ecclesiæ bonis ad episcopatum et episcopum pertinentibus significat, quo non in ecclesiasticorum, sed in militarium beneficiorum formam eosdem clericos donaverat.

[cxvii] § XIV. — *Duo decreta Ratherii anni 963 de clericis a Milone invasore ordinatis. De eadem re libellum cleri sui nomine scribit ad Romanam Ec-* clesiam. *Sermones anni ejusdem, et opusculum de proprio lapsu. Tempore Quadragesimæ anni 964 hæresim Anthropomorphitarum in hisce partibus renatam confutat prolixiori sermone, quo etiam perstringit quorumdam errorem circa sanctum Michaelem. Apologia ejusdem sermonis, qua nonnulla loca male intellecta explicantur.*

90. Ratherius Veronensi sedi restitutus ante finem anni 961, cum subinde tum præcepto Joannis XII, tum judicio episcoporum concilii Papiensis celebrati post medium annum 962 in eadem sede confirmatus fuisset, de ordinatis a Milone suæ sedis invasore sollicitus esse cœpit. Cum enim jam inde a gestis contra eos, qui ordinati fuerant a Constantino Romanæ Ecclesiæ invasore (vid. P. Chardon, *Histoire des Sacrements*, t. V, part. II, c. 6), nonnullorum irrepsisset opinio, ordinationes ejusmodi ab intrusis celebratas, irritas esse; Ratherius quoque dubius fuit, num ii, qui a Milone ad diaconatum vel sacerdotium promoti fuerant, vere essent diaconi vel sacerdotes, an nova ordinatione indigerent. Hinc Dominica secunda Februarii anni 963, quæ hoc anno incidit in diem octavam ejusdem mensis, decretum edidit, quo jussit ordinatos a Milone « usque ad venturam legitimæ ordinationis diem ab officio, in quo illegaliter ipse eos instituit, abstinere. » Cum vero iidem ordinati magnas hac de re turbas excitassent, episcopus quidem postridie curavit ut idem decretum reciperetur, sed frustra. Hinc alio decreto ad eosdem clericos directo a priori rigore desciscens, eos propriæ conscientiæ ita dimittere coactus fuit, ut nihilominus ipsorum ordinationes in dubium iterum revocarit. Ex hoc altero decreto perspicuum fit, ordinatos ab invasore in sui defensionem opposuisse inter cætera, nonnullos presbyteros ex iis, qui ab eo fuerant ordinati, ad episcopatum fuisse promotos, nec tamen de eorum episcopali consecratione dubitari. Ratherius etsi hac in re nolit definire, satis tamen dubii inspergit; aliumque [cxviii] abusum obtrudit, quo quidam diaconi sine presbyteratus ordine episcopi consecrati fuerant. Hanc vero consecrationem, uti vocant, per saltum quanquam non approbet, nihilominus invalidam non affirmat, eo quod ii, qui hos consecrarant, dicerent in episcopatu presbyteratum contineri. Hic nimirum sensus est ut videtur, illorum verborum ejus decreti: « Astruentibus facti auctoribus, qui esset episcopus, consequenter quod presbyter, aut sacerdos utique foret. » Solum optat, ut « qui ordinatione hujusmodi sortiti sunt præsulatum, a legitimo pontifice, (id est non ab invasore) indepti fuerint diaconatum. »

91. Annum 963 maxime comprobat tertium documentum, quod hac super re scriptum, certo certius ad eumdem annum pertinet. Est libellus exaratus quidem stylo manuque Ratherii, at Veronensis cleri nomine inscriptus ad pontificem clerumque Romanum cæterosque Christiani orbis episcopos, quo iidem clerici a Milone ordinati, canones et apostolica decreta sibi ab episcopo objecta ita proponentes inducuntur, perinde ac si causam Romano et

episcoporum judicio definiendam subjiciant. Inter canones præcipuam animadversionem meretur fragmentum concilii Lateranensis sub Stephano III de ordinatis a Constantino Romanæ sedis invasore, quod ex hoc libello tantum prodiit. Ratherius autem hoc libello usus videtur, ut hac via auctoritates exponeret, ob quas de memoratis ordinationibus ambigendum putabat. Plerique enim textus eo tendunt ut illæ declarentur irritæ, et sola miserationis gratia clericis perinde ordinatis ille gradus permittatur, quem ante ordinationem hujus generis in sua Ecclesia obtinebant. Parum illis prodesse poterat ejusmodi libellus qui episcopi potius quam clericorum causam propugnat. Minus autem juvabant illa, quibus post recitatos sibi objectos ab episcopo canones, dum præsentientes de se actum fore, si res canonibus decideretur, ad misericordiam judicum confugientes præferuntur, hancque ut efficacius permoveant, remunerationem et mercedem eisdem non obscure pollicentur si faventem sibi sententiam ferant. « Quod si nobis, » inquiunt, « in tanto animarum succurrere dignamini periculo, quem inde remuneratorem sperare debeatis, doceri nullatenus indigetis. Cum vero plurimi simus, non defuturum promittimus, qui ad vestram redeat sanctitatem, dans in vobis [cxix] gloriam Deo vestræque paternitati condignam, quirites, quos hinc specialius precamur, venerandi, mercedem, » Hæc fortassis indicio sunt, Ratherium timuisse, ne sui clerici ad extorquendam victoriam ea arte uterentur, quam quidem eos alia occasione postea adhibuisse exploratum fiet

§ 19. Hunc libellum « Kalendis Augusti » signatum, anno 963 affigendum nihil dubitamus. Id conficitur tum ex inscriptione, tum ex « Kalendis Augusti. » Inscriptio his verbis exprimitur : « Domino sanctæ Romanæ sedis, quicunque est, apostolico, et universo senatui, sanctæque et canonicæ legis laboribus universis, hinc demum sancto cœtui omnium sub catholica fide degentium, clerus omnis sanctæ Veronensis Ecclesiæ debitæ devotionis obsequium. » Verba « Domino sanctæ Romanæ sedis, quicunque est, apostolico, » illud tempus indicant, quo, cum de deponendo Joanne XII ageretur, Ratherius ignorabat, num idem Joannes, dum hæc scriberet, an vero alius Romanam cathedram obtineret. Rumor autem de Joanne XII deponendo serpere cœpit « ante Cancrum, » id est ante diem 21 Junii qua sol « in Cancrum » ingreditur, anni 963, teste continuatore Liutprandi : depositus vero fuit in pseudosynodo Romana mense Novembri anni ejusdem. Hunc eumdem annum confirmant Kalendæ Augusti : hæ siquidem nec Joannis XII pontificatui congruunt, postquam sedem, a qua fuerat depositus, recuperavit, hac quippe recuperata mense Februario anni 964, eamdem non multos post dies morte interceptus amisit : neque cadunt in pontificatum Benedicti V ejus successoris, qui ante Augustum anni ejusdem expulsus fuit. Uni ergo anno 963 conveniunt, cum laudatis Kalendis anni 963 Ratherio Veronæ degenti

A maxime esset incertum, quis Romanæ sedi præsideret. Kalendis itaque Augusti hujus anni ipse episcopus prædictum libellum cleri sui nomine lucubravit, ac propterea eidem anno assignanda sunt etiam duo præcedentia ejusdem decreta scripta mense Februario, quæ huic libello occasionem dedere.

92. Ratherium non defuisse officio episcoporum præcipuo, nimirum ministerio verbi, ex sermonibus, qui supersunt, colligere licet. Quatuor sermones habitos anno 963 obtigit invenire. Primus de Quadragesima, etsi brevis, perutilem tamen ac praxi congruam jejunii rationem explicat. Primus item de Pascha, ex quo corporis [cxx] et sanguinis Christi sumendi disciplina hoc quoque tempore vigens dignoscitur, quale sit verum paschale gaudium aperit,

B instructionemque derivat ex S. Paulo ac ex cæremoniis, quæ in paschali agno edendo Israelitis præscriptæ fuerant. Sermo primus de Ascensione die Dominica ante hoc festum, ut videtur, habitus, de triduo Rogationum potissimum agit. Cum his autem Rogationibus, quas vocamus litanias minores, noster auctor complectens majores litanias, quæ pariter intra quinquagesimam paschalem celebrantur, lapsu chronologico litanias generatim primum a S. Gregorio, dein a S. Mamerto Viennensi inductas, tradit, cum S. Mamertus S. Gregorio antiquior minores litanias primum instituerit, tum vero pro pestilentiæ necessitate eas præscripserit S. Gregorius, quæ subinde diei 25 Maii affixæ, majores litaniæ appellatæ fuerunt. Jejunium porro hisce Rogationum diebus

C observandum, uti a S. Mamerto fuerat institutum, Ratherius insinuat (quod item ingerit in Synodica num. 10) non minus in minoribus, quam in majoribus litaniis. Hujus autem jejunii, quod a ritu Romanæ præsertim Ecclesiæ quinquagesimæ paschalis tempore erat alienum, apologiam quamdam hoc in sermone videtur attexere. Errorem quorumdam præcavere nititur, qui baptizatos cum sola fide salutem consecuturos ex quodam evangelico testimonio perperam intellecto confiderent. Alium errorem nonnullorum evellere studet, qui grandinem et fulmina a diabolo aut malis hominibus diabolo ministrante immissa arbitrabantur. Tandem primus sermo de Pentecoste hujusce festi celebritatem ejusque celebrandi modum exponit. Alii sermones, quos

D edax tempus non ademit, aliis annis assignandi erunt.

93. Opusculum De proprio lapsu cur huic anno 963, vel ineunti anno 964 ascribendum putemus, videsis not. 1 in primum sermonem de Quadragesima. Hic « proprius lapsus » linguæ lapsus fuit, de quo aliud quoque opusculum exstat inscriptum De otioso sermone. Ejusdem lapsus fit etiam mentio in Qualitatis conjectura, num. 7, ubi Ratherium præ dolore eum lapsum sæpius detestatum, ac forte etiam exaggerasse nimium ipsi ejus censores videntur innuere. « Unum etiam verbum otiosum, » inquiunt, « et, ut nos credere cogit, turpissimum tali loco se fatetur dixisse. »

94. Sub [cxxi] hocce tempus innotuit Anthropo-

morphitarum hæresis renata in diœcesi Vicentina Veronensi finitima, quam confutavit Ratherius sermone II valde prolixo de Quadragesima. « Nudius enim tertius, » inquit num. 29, « quidam nostratium retulit nobis, presbyteros Vicentinæ diœcesis, nostros utique vicinos, putare corporeum Deum esse, hac siquidem occasione inductos, quod in Scripturis legatur : *Oculi Domini super justos, et aures ejus in preces eorum* (Psal. xxxIII, 16); et : *Manus tuæ fecerunt me* (Psal. CXVIII, 73); et : *Faciamus hominem ad imaginem et similitudinem nostram* (Gen. I, 26). » Id cum permovisset episcopum, habito in populo sermone, quo tanti erroris periculum a commisso sibi grege arceret, deprehendit eumdem ita quibusdam inhæsisse, ut nonnullos etiam Veronenses sacerdotes occuparet, qui episcopi concione audita obmurmurantes dixerunt : « Quid faciemus ? Usque nunc aliquid visum est nobis de Deo scire. Modo videtur nobis, quod nihil omnino sit Deus, si caput non habet, oculos non habet, manus non habet, pedes non habet. » Tantum itaque errorem officii sui esse duxit latius refellere in laudato sermone secundo de Quadragesima, qui sic inscribitur : « Sermo valde prolixus de Quadragesima Ratherii Veronensis, vel inefficax se vivente, ut est sibi visum, garritus. » Hunc sermonem pertinere ad Quadragesimam anni 964 ex not. 1 exploratum flet. Hic sermo, seu potius tractatus divisus in paragraphos 41, unum est ex insignioribus ac perutilibus operibus quæ Ratherius scripsit. Etenim cum stylum satis nitidum præfert, tum vero præter confutationem hæresis Anthropomorphitarum multas alias egregias instructiones continet. Initio perstringit quosdam abusus, quibus quadragesimæ observantia inficiebatur. Illos vituperat, qui alterno die jejunantes, et alterno crapulæ et ebrietati indulgentes, quadragesimam se observare existimabant, cum viginti tantum jejunii dies vicesimam, non vero quadragesimam facerent. Antiqua jejunandi disciplina jam mitigata, licebat nona hora jejunium solvere. Quidam vero hac concessa hora nihil sumentes, eo fine ad noctem usque quotidie jejunabant, ut « nocte quasi cum licentia ventrem valerent ingurgitare. » Alios arguit, qui jejunii solvendi horam adeo præveniebant ipso Sabbato sancto, ut hora tertia ob crapulam et ebrietatem pedibus nutarent; nec non illos, qui die Cœnæ Domini ante nonam missas celebrabant, [CXXII] et subinde jejunium solvebant; nonnullosque exstitisse subindicat, qui violationem jejunii his duobus diebus Cœnæ Domini et Sabbati sancti ea ratione excusandam putabant, quod hi duo dies compensari dicerent duobus aliis jejunii diebus quadragesimæ adjectis, nimirum quarta et quinta feria ante primam Dominicam quadragesimæ, cum olim « caput jejunii » a prima Dominica inciperet. Alia atque alia vitia in jejunantes irrepentia notat, quæ nostris quoque temporibus communia sunt; veramque explicat jejunandi rationem, qua non tam a cibis, quam a peccatis abstinetur et oratio, eleemosyna, ac pœnitentia cum jejunio copulantur.

95. Præter Anthropomorphitarum hæresi quam latius et naviter refellit, alium crassiorem errorem in eodem sermone perstringit, quo S. Michaelem feria secunda missam cantare quidam existimantes, ecclesiam ejus eodem die potius quam aliis visitare religioni ducebant. Recta licet et sana esset in his Ratherii doctrina; vitare tamen non potuit reprehensionem nonnullorum, qui aliquot sententias contra Anthropomorphitas, et contra superstitiosum S. Michaelis cultum minus recte fuerant assecuti. Itaque sese clarius explicare debuit, idque appendici apologeticæ ejusdem sermonis causam dedit.

§ XV. — *Liber Ratherii : De contemptu canonum. Quæ causæ fuerint scribendi. Vitia et abusus qui in clero grassabantur. De illegitimis clericorum conjugiis. De minus æqua reddituum ecclesiasticorum distributione, et malis exinde profectis. Nisus Ratherii ut æquiorem distributionem induceret, et potestatem episcoporum canonibus assertam vindicaret. Quantum obstiterint clerici, et cur.*

96. Sub tempus (vid. not. in lib. *De contemptu can.*) quadragesimæ anni 964 aliud insigne opus Ratherius edidit duplici titulo inscriptum, Perpendiculum, seu De contemptu canonum. Ut pateant causæ hujus operis, quo vitiis in clero grassantibus obviam ire, et sacrorum canonum observantiam revocare studuit [CXXIII], res altius repetenda est. Semper jam inde a sui episcopatus initio inter Ratherium et clericos Veronenses dissidium viguit (*Discordia*, n. 1, 5), quod ex sententiarum dissidio originem duxerat. Episcopus enim in sacris canonibus eruditus, cum eos desertos et neglectos videret, eorum observantiam disciplinæ zelo volebat inducere. Clerici econtra abusus a disciplina canonum maxime abhorrentes, qui latius inoleverant, consuetudinis nomine licitos rati, episcopo obsistere, ne a suis, uti vocabant, consuetudinibus abducerentur, non desinebant. Hinc in libro Discordiæ, num. 1, se nunquam potuisse ait cum iisdem clericis inire concordiam, « cum illi semper consuetudinem antecessorum pontificibus suis incessanter rebellium, sanctis et a Deo decretis prætulerint canonibus : ego sanctos et a Deo decretos canones a diabolo inventis præferendos putaverim usibus. » Maximus quidem, et a sacris canonibus maxime reprobatus abusus erat clericorum « mulierositas, » quam late et publice grassantem in Discordia his verbis explicat num. 1 : « Prohibitas enim in Nicæna synodo mulieres tam consuetudinaliter, tamque publice habere, tam parvipensa Dei et hominum reverentia, ipso quoque timore gehennæ intantum posthabito, ut putent adeo fieri non modo licere, sed etiam oportere, ut nemo hoc facere devitans, videatur eis pessimo illo, quod Apostolus in Epistola ad Romanos memorat, scelere posse carere, non tibi videtur diabolum invenisse ? » Clerici scilicet ita passim mulieres habebant, ut crederent licitum quod communi usu erat receptum; et non solum licitum, sed necessarium etiam haberent, ne quis mulieribus

expers, nefando ac pessimo sceleri, quod detestatur Apostolus, deserviret.

97. Hoc vitium tam late obtinebat, ut eo non solum majores et ditiores clerici, sed minores etiam et pauperiores laborarent. Majores quidem ac ditiores notantur part. 1 De contemptu canonum, num. 4, cum eos potioribus et amplioribus Ecclesiæ redditibus ditatos hac de causa inter cæteras tradat, « ut habeant quoque, unde filiis uxores, filiabus acquirant maritos. » Minores vero et pauperiores clerici indicantur in Discordia, num. 6, ubi postquam eos ad mulieres dimittendas imperiali præcepto adactos prodidit, hanc eorum excusationem subdit: « Omnium pene excusatio exstitit, non posse propter inopiam hoc ullo modo fieri; potuisse vero utcunque, si stipendium [cxxiv] debitum ex rebus habuissent Ecclesiæ. » Notandæ voces « omnium » et « propter inopiam, » quæ rem pauperioribus valde communem designant. Quatenus autem « inopiæ » per mulieres prospicerent, explicari potest ex epistola coævi episcopi Attonis Vercellensis ad suum clerum adversus clericos incontinentes ( t. I *Spicil.* Acher., p. 440). « Sunt qui de feminarum contubernio se excusare quærunt, dum suam quasi necessitatem exponunt. Aiunt enim, quia nisi ipsarum manibus sustentaremur, iam fame, vel nuditate deficeremus.

98. Dubitari potest, num hæc clericorum mulierositas adeo communis et publica, quæ licita habebatur, de concubinis, quas ipso divino jure prohibitas ignorare poterat nemo, intelligenda sit. Ratherius quidem « conjugium » intercessisse significat, cum in Qualitatis conjectura, num. 2 clericos ejusmodi mulieribus junctos adulterii accusans, « illegale conjugium nominat adulterium; » et in Apologetico, num. 7 de clericis monogamis ait : « Adulterium publicum dum illegale utique conjugium sit; » et in Discordia, num. 1 : « Adulter enim nobis est, qui contra canones uxorius est. » Vox « uxorius » conjugium cum muliere initum præsumit. Hinc decretum synodi Ravennatis contra clericorum mulierositatem tum Romani pontificis auctoritate, tum imperatoris præcepto munitum, Ratherius in Discordia, num. 6. his verbis expressit: « Cum de dimittenda mulierositate Augustalis intonuisset adversus illos voluntas, » etc., in epistola vero ad Nannonem num. 2 vocavit « legationem ipsius papæ de uxoribus dimittendis: » ita ut idem sit « de dimittenda mulierositate, » ac « de uxoribus dimittendis. » Uxores igitur habebantur, quæ cum clericis cohabitabant mulieres: idque etsi canonibus esset interdictum, et « lex nulla altaris ministris indulgeat conjugia (*Itiner.* n. 15); » omne tamen hujusmodi interdictum consuetudine abrogatum, et eatenus hæc conjugia licere credebantur; et ita credebantur licere, ut absque ulla formidine publice etiam a clericis inirentur. Quare in sermone de Maria et Martha,

num. 4, auctor noster clericos notat « canonicæ legi adversos usque ad nuptum publicum. » (Neque his contradicunt illa auctoris verba libri v Præloquiorum, num. 18, col. 155, c. quibus inter alia discrimina ecclesiasticorum a laicis recenset istud, « quod non a nobis, ut ab eis, ducuntur uxores. » Hæc enim ab ipso scripta jamdiu ante, ex toto contextu non referuntur ad clericos, sed ad episcopos, de quorum moribus ibidem ex proposito disserit. Alias vero parte secunda De contemptu canonum, num. 2, col. 567, c. ubi agit de moribus clericorum, cum inter discrimina istorum a laicis, iisdem fere Præloquiorum vocibus referens, quæ clericis sunt cum episcopis communia, istud, « quod non ab ipsis, ut a laicis, ducuntur uxores, » idcirco videtur omisisse, quia nuptiæ non ita erant a clericis, ut ab episcopis alienæ.) Hoc itaque sæculo in nostris regionibus non obscura emicant initia ejus corruptelæ quæ sequenti sæculo magis multo deferbuit, multoque nisu defensa fuit a multis propugnantibus licere conjugia clericorum. Ita etiam sub hoc tempus « ipsi clerici palam uxores ducebant, » uti habetur (Mabillon. c. 7 *Act. SS. O. B.* p. 841) in Vita S. Adalberti episcopi Pragensis sæculi [cxxv] decimi num. 11, necnon in Anglia, ut vidére est apud Ordericum Vitalem, lib. v Histor. Eccl. pag. 574, ejusque rei indicium exstat etiam in Vita S. Etholvoldi episcopi Wintoniensis n. 16 (Mabill., *ib.*, p. 602). Observandum vero est hæc conjugia a clericis saltem plerisque inita ante ordines sacros, ita tamen ut qui sic duxissent uxores non dimitterent clerum, sed in eo permanerent, et ab uxoribus nequaquam separati, ad sacros etiam ordines promoverentur. Hujus rei præcipua videntur indicia in opusculo Ratherii de Nuptu illicito. Nuptum illicitum, cujus causa hoc opusculum scripsit, fuere nuptiæ cujusdam clerici, quem pater ejus item clericus cum clerici filia matrimonio junxerat. Aliud quoque alterius clerici conjugium patre procurante initum ibidem memorat. Hos autem et alios similes clericos conjugii causa non evasisse laicos, sed in clero perstitisse innuunt illa num. 4, quibus noster episcopus clericos incontinentes alloquens, « Quocirca, » inquit, « monendi et obsecrandi, fratres, ut quia prohiberi, proh dolor! a mulieribus valetis nullo modo; filios de vobis generatos dimitteretis saltem esse laicos, filias laicis jungeretis, ut vel in fine saltem vestro terminaretur, et nusquam in finem sæculi duraret adulterium vestrum. » Adulterium hic quoque vocat clericorum conjugium. « Nusquam » vero « in finem sæculi » durare potuisset adulterium ex memoratis conjugiis, si filii clerici post conjugium excidissent e clero, et in laicorum gradum transissent. Ideo autem in perpetuum duraturum traditur, quia cum illi post conjugium essent in clero, et ad altiorem etiam ordinem promoverentur, filios ex hujusmodi conjugio susceptos clero addicerent, et matrimonio jungerent, similiterque in finem sæculi contracta clericorum conjugia, adulterium perpetuum redderent. Huc pertinent illa ejusdem numeri : « Cum presbyter, aut diaconus, uxorem legitimam non possit habere si filium de ipsa fornicatione, vel, quod pejus est, adulterio genitum, » subaudi « et matrimonio a patre junctum facit presbyterum ; ille alterum de se similiter genitum facit presbyterum ; ille iterum suum ; suum alter iterum ; pullulans illud usque in finem taliter adulterium, cujus est, nisi illius qui illud primitus seminavit ? » Notanda distinctio « filium de fornicatione, vel, quod pejus est, de adulterio genitum. Filium de fornicatione » eum auctor appellat, quem clericus ex libera muliere, [CXXVI] seu concubina suscepisset ; « de adulterio » autem eum, quem suscepisset ex illegali conjugio, quod Ratherii lingua « adulterium » dicitur. Erant igitur clerici, qui concubinas alebant, erant alii qui uxores. Horum autem filii fere omnes erant in clerum ascripti, adeo ut in « Itinerario » num. 5, vix aliquem puerulum in clero inventum iri affirmet, qui « manzeres, » id est ex fornicatione, aut adulterio natus non esset. » Si manzeres abjicerem, quem ex iisdem puerulis stare in choro permitterem ? » Omnes item exceptis puerulis hoc illegali conjugio irretitos innuit scribens. « Si multinubos a clericatu repellerem, quem nisi puerulos in ecclesia relinquerem ? » Esto per hyperbolem et exaggerationem scripserit, ex his tamen omnibus negari non potest vitium ejusmodi multos imo plerosque clericos occupasse.

99. Inferiorum clericorum excusationem « propter inopiam » paulo ante indicavimus. Alius nimirum abusus increverat, quo cum majores clerici omnes fere ecclesiæ redditus sibi vindicassent, inferiores maxima egestate premebantur. « Causa » id est, res et bona « illorum » clericorum ecclesiæ cathedralis « cum Deo gratia non mediocris sit, ita per massaritias et alia hujusmodi exstat divisa, ut quidam illorum inde ditescant, multitudo vero paupertate languescat ; et (proh nefas !) qui majus Deo in ecclesia exhibent servitium, aut nihil, aut modicum accipiant ; qui pene nihil de famulitio unquam actitant Domini, locupletes de rebus ecclesiasticis fiant. » Ita in *Discordia* num. 6, « Per massaritias » dividere idem est, ac *per campos et vineas* dividere, quod inæqualitatem facile induxit (*V. not.* 7, *in Discord.*) Potentiores enim et majores clerici plures ac meliores campos sibi vindicaverant, ex quibus præbendarum pinguiorum origo dignoscitur. Similiter in eodem opere num. 2. conqueritur : « Quod generaliter omnibus est clericis delegatum, ita inæqualiter et per massaritias dividitur, ut quidam illorum inde fiant ex pauperrimis locupletissimi, quidam mediocriter, quidam nihil ex eo accipiant omnino per usum et consuetudinem, » qua ea divisio propugnabatur. Et part. 1 *De contemptu canonum,* num. 4 : « Ipsi clerici dividunt inter se, prout quilibet eorum potentior est et non juxta consuetudinem aliarum ecclesiarum omnibus ecclesiæ clericis, sed juxta propriam voluntatem solis diaconibus et presbyteris debent, quæ Veronensi ecclesiæ collata sunt, cedere, » etc. Confer etiam Apologeticum [CXXVII] num. 7. Quod « solis diaconibus et presbyteris » ait, non de omnibus diaconibus et presbyteris intelligendum est, sed de majoribus, quos *canonicos* appellamus ; erant enim alii inferiores presbyteri, qui in *Judicato* indicantur pauperes, et « presbyteri capellani » nominantur : hos autem ante presbyteratus ordinem in diaconatu aliquandiu constitisse nihil est dubitandum.

100. Hæc minus æqua reddituum ecclesiasticorum distributio aliorum quoque vitiorum, quæ e' majores et inferiores clericos inficiebant, causam præbuisse traditur (*De contemptu can.*, part. I, n. 4). Majores enim ditati, facilius contra episcopum poterant rebellare, et ita dominari inferioribus, ut eos in suas partes, cum vellent, etiam per potestatem laicam compellere, et ad jusjurandum fidelitatis alii episcopo, quem attraxissent, præstandum cogere, et, si non obedirent, de ecclesia etiam ejicere possent. Inferiores autem cum non haberent, unde congrue viverent, et studiis officiisque ecclesiasticis vacarent, hæc deserere vel negligere non verebantur ; ex quo initia deteguntur et causæ cur minorum ordinum officia declinare, ac sensim deficere cœperint. Tantis malis ut remedium præberet episcopus, æquiorem reddituum distributionem inducendam credidit. Id suæ potestatis esse contendebat ex sacris canonibus, quos in hanc rem ante suam secundam expulsionem memoriæ juvandæ causa collegerat. Neque vero mens ejus erat cathedralis ecclesiæ bonis quidquam decerpere, aliisque vindicare ; sed id unum prospiciebat, ut quæ ejusdem ecclesiæ clero generatim fuerant collata, æquiori partitione congruenti omnium cujusque ordinum clericorum sustentationi sufficerent, ne divinus cultus et sacra officia detrimentum caperent, et alii ob nimiam rerum abundantiam atque potentiam insolescerent, alii ob inopiæ causationem mulierositati studerent, omnesque in diversi generis vitia dilaberentur. Nihil justius, et sacris canonibus magis consonum. Huic tamen auctoritati et æquitati Veronenses clerici haudquaquam acquiescentes, solam cui innitebantur, prædecessorum suorum consuetudinem opponebant, eamque cuique æquitati, quibusque canonibus anteferendam putabant. Et non solum majores clerici divites, verum etiam (quod mirum accidet) inferiores pauperes congruentiori illi divisioni redditum, quæ [CXXVIII] sibi profuisset, maxime obsistebant duabus de causis (Ibi. n. 4, et *Discordia* n. 6) : prima, ut paupertatis occasione se facilius possent a divino servitio subducere ; altera, quod se quisque speraret tandiu victurum, quoad in majorum obeuntium gradum aliquando ascenderet. Ita porro omnibus obnitentibus episcopo nihil episcopalis potestatis sibi relictum queritur « præter chrismatis confectionem, et chrismandi quidlibet potestatem

(*De contemptu can.* part. XIX) : » sola scilicet potestate ordinis ipsi permissa, potestas jurisdictionis, distributiva, et vindicativa omnino impediebatur.

101. Canones, quos contra hosce abusus ante secundam expulsionem collegerat, in memorato libro De contemptu canonum sub quadragesimam anni 964 digessit, et edidit. Hic liber in duas partes distinguitur. In prima post breve prooemium, quo scribendi occasionem indicat, canones et decreta producit, quibus episcopo non solum rerum spiritualium, sed temporalium etiam ecclesiae bonorum cura et dispensatio committitur : qua si careat, in ipsis rebus spiritualibus modicum, aut nihilum poterit. Etenim, inquit, num. 4, « cum rarissime videas gratis aliquos, sed aut timore, aut confoederari amore; unde te verebitur, cui nihil vales auferre? unde amabit, cui nihil potes conferre? » Alia multa addit, quibus etsi ob invalescentem, quem exstirpare studet, Veronensium clericorum abusum eos acriter et acerbiori stylo exagitet (*V. Discordiam* n. 5.); non tamen vi et praecepto, sed ratione et suasione utitur. Transit ad canonum contemptum, quem tam late patere ait num. 6, « ut neminem invenire eorum valeam curatorem, a vilissimo utique ecclesiae usque ad praestantissimum », etc. Tanti contemptus causas fusius prosequitur, quarum praecipua erat, eos, qui canonum observantiam promovere, et violatores debebant compescere, in canones ipsos peccare. Aliquot exempla inserit, quae cleri corruptionem canonumque contemptum maximum astruunt. In parte altera, quae multo brevior est, clericorum incontinentiam, aliam peculiarem contemptus canonum causam praefert, ex qua iidem clerici a laicis maximo contemptui habebantur. Sacrorum librorum auctoritatibus et minis potissimum utitur. Ubertus, ad quem hoc opus direxit epistolae nomine, erat episcopus Parmensis Ottonis imperatoris intimus, qui ab eodem comitatum ejusdem civitatis obtinuerat; dein vero ad archicancellarii dignitatem ascendit. [CXXIX] Is quondam a Ratherio petierat, ut aliquam precem, quae ipsi familiaris esset, ad se dirigeret. Nunc eidem satisfacturus, in fine partis secundae « collectam » appendit excerptam e libro liturgico alius Uberti, qui Parmensis erat amicus, « atque ad me, inquit, persequendum socius; » Hinc Ubertum Parmensem Ratherii hostibus favisse suspicio est. Ipsa vero « collecta » in Missae sacrificio recitanda, contra canonum violatores et contra persecutores compacta videtur.

§ XVI. — *Ineunte anno 965, Ratherius Milone invasore agente capitur. Restitutus paulo post interventu ducis Judithae. Judicium et compositio contra rebelles. Quanto in periculo adhuc versaretur, et qua sollicitudine sibi caverit. Impulsus ut episcopatum Miloni concederet, renuit. Duae ad Milonem epistolae sub natalitia festa scriptae. Reproducit cum additamento Conclusionem deliberativam. Locus per obscurus de Sikero explicatur.*

102. Cum Milo Ratherii aemulus Veronensem clerum memoratis de causis adversus eumdem episcopum concitatum vidisset, tempus opportunum credidit, quo ejusdem cleri capitibus secum ascitis, in eum aliquid violentius tentaret. Hujus conspirationis indicia suboleverunt « inclytae illi duci, » quae Ratherium idcirco tuitioni comitis commendavit, uti traditur in « Qualitatis conjectura » num. 14. « Hujuscemodi in me dux inclyta comperiens mores, indeque mihi inimicos per plures, destitutumque amicorum praesidio, utpote advenam, omnium, verita ne pejus etiam mihi quam contigi eveniret, commendavit me tuitioni comitis non ignoti. » Haec « dux inclyta » erat Juditha Henrici II Bajoariae ducis mater, quae cum Bajoariae ducatum simul et Marchiam Veronensem filii aetate minoris nomine administraret, hoc tempore una cum filio Veronae degebat. Confer. § 12, num. 76 et 77. « Comes » autem « non ignotus » vocabatur Bucco, sub quo haec conspiratio contigit. Vide epistolam 12 ad Ambrosium, num. 5. Hic primum Ratherio fuerat infensus, adeo ut is se ab eo liberari percuperet; sed interventu laudatae [CXXX] ducis eidem favere coepit ac propterea ipsi comiti noster episcopus optavit illa Ovidii (*Ep.* II *ad Nannon.*) :

Probra Theraphneae qui dixerat ante maritae,
Mox cecinit laudes prosperiore lyra.

Et rationem addit : « Postquam enim de illo, » mihi utique infenso, « dixeram : Qui liberavit Israelem de manu Pharaonis, liberet Ratherium de manu Bucconis; dum ille abiturus meliorari coepisset, coepi et ego taliter aggarire. » Quatenus autem is in memoratis angustiis Ratherio faverit, videamus.

103. Erat Veronae in inferiori parte ejus montis, in quo nunc S. Petri castrum situm est, praesidium pro eo tempore satis tutum, quod « Palatium » dicebatur (*V. Qualit. conject.* n. 14, *et not.*). Huc ut sese Ratherius reciperet, Bucco mandaverat. Verum episcopales aedes ille deserere noluit. In has itaque armatorum irruptio facta est, qua episcopus captus et abductus fuit. Milonem praecipuum auctorem fuisse liquet ex epist. 8 ad eumdem impetitorem suum scripta. « Me comprehendisti, adduxisti, spoliasti, exsulasti: ad dedecus haec omnia tamen imperatoris, et, licet dissimulent, ducum nostrorum, » nimirum Judithae et Henrici II. In eamdem conspirationem omnes pene clericos consensisse, imo et conjunctis studiis eamdem machinatos in *Itinerario* scribit num. 4. « Ab eodem invasore » (Milone) « vobis non penitus in tantum ignaris, neque eidem contrariis, ut mille non defuerit, qui vos pene omnes nedum consensisse, hoc crediderint machinasse, postea comprehensum. pulsum, injuriatum, exspoliatum, custodiae mancipatum, » etc. Unum autem prae caeteris « conductorem praecipuum omnium, » qui se comprehenderunt, in « Qualitatis conjectura » testatur num. 16, ubi caeteris calamitatibus, quae hac occasione ipsi fuerunt illatae, ecclesiae direptionem et domus episcopalis destructionem adjicit. Haec Ratherii captura contigit circa diem 21

aut 28 Januarii an. 965. Diem astruunt illa in *Qualitatis conjectura*, num. 6 : « Cum fuisset captus, cœpit cantare stultissimus : Ecce quod concupivi jam video. Putabat enim, fatetur, quod esset tunc penitus expellendus; et gaudebat, quod ipse non dimiserit episcopatum, sed episcopatus cum : et hac arte volebat, ut dicit, repetere monasterium. » Verba « Ecce quod concupivi jam video » sunt in antiphona ad *Benedictus* duorum [cxxxi] festorum S. Agnetis, primum die 21, dein 28 Januarii, quam idcirco cantasse videtur, quia alterutro die captus fuit. Similiter alios versus, et antiphonas dierum, qui dum scriberet decurrebant, usurpare consuevit, ut aliis locis videbimus. Annum vero 965 historiæ contextus, quem subjicimus, comprobabit.

104. Non multo post Ratherius « imperatoris clementia, et subventu excellentissimæ ducis » Judithæ ereptus et reductus fuit (*Itiner.* n. 4). Non tamen conquievit rebellio, imo ea erupit apertius, cum non Ratherium tantum impeteret, verum et ipsum comitem Bucconem, qui Ratherio patrocinabatur : unde auctor in epist. 12 ad Ambrosium num. 3, ait : « Bucconis in præsentia conspirationem super eum, meque fecerunt. » Hic comes Ratherium monuerat, ne domui episcopali, in qua tanta pertulerat, sese amplius crederet, sed ut « curtem altam ( *Qualitat. conject.* n. 14) ab episcopio non longe dissitam, quæ munitior erat, incoleret. Paruit ille, eamque ex munita munitiorem reddidit. Crescente tumultu idem comes tutius fore duxit, si episcopus memoratum « Palatium » in monte constructum ascenderet. « Obtemperavi, » inquit, « vastissimum erat : recuperari » (id est reparari) « ocius feci. » (*Ibid.*) Cum vero etiam in Bucconem rebelles conspirarent, is præcepit ut sua uxor ac filii una cum Ratherio habitarent in « Palatio ; » ipse vero comes in circum, seu amphitheatrum, quod vel tunc vulgo appellabatur « Arena, » et ex opposito latere civitati præsidio erat, sese recepit. Episcopum una cum comitis uxore et filiis in eodem « palatio » degere visum est perabsurdum. Hinc ille « palatio » relicto, episcopales ædes licet formidolpsas repetiit. Non ausus ibidem diutius morari, Gardam munitissimum oppidum proficisci cogitabat, sed cum paschale festum immineret, quod anno 965 incidit in diem 26 Martii ; ne episcopalibus officiis in tanta solemnitate deesset, elegit in civitatis angulo locum juris, ut videtur, publici, in quo ut ædificium sibi construeret, comitis licentiam quæsivit. Quidquid autem hoc non solum consentiente, sed etiam opitulante fuerat exstructum, illico concrematum fuit. Dum istud ædificium vellet restruere, comes initio prohibuit, deinde iterum permisit. Restruxit autem melius. Sed cum hæc comitis anceps voluntas suspicionem Ratherio injecisset, exactis jam festis paschalibus, Gardam confugere iterum meditabatur [ cxxxii ]. Interim Joannes diaconus venit, cœpitque deplangere porticum sancti Petri ruinam minari, nisi episcopus, ad quem ecclesiarum reparatio per hæc tempora pertinebat, ocius subveniret. Porticus intelligitur ecclesiæ S. Petri in monte (*Ibid*). Huc itaque Ratherius statim ascendit, ac restaurationi manum admovit, porticusque, cujus reliquiæ nunc ibidem supersunt, ille esse creditur quem Ratherius refecit. Hunc autem sancti Petri situm, ad quem per gradus ascendebatur, suæ tuitioni opportunum, ne a civitate et cathedrali longius abesset, haud deserendum putavit. Inimici quidem ejus in reprehensionem vocarunt, quod episcopales ædes non repeteret. Pravum autem illorum consilium detegens in *Qualitatis conjectura* num. 15 : « Tuæ malignitatis, inquit, ne sileatur intentio, maluisse te optime scio, tali quod versarer in loco, ex quo inimicis essem adibilis meis, neque te dolere, quod domum suspectam reliquerim, sed quod me in tutiore locaverim. » Hinc ipsum ibidem immoratum videbimus ad annum usque 968, quo ad Ambrosium epistolam scripsit, et subinde Veronam plane deseruit.

105. Post multas ejusmodi vicissitudines judicium tandem de rebellibus institutum. Sed etsi multa crimina et damna versabantur in causa, omnium tamen cognitione prætermissa de uno perjurio actum fuit, quo in conjuratione contra se excitata jusjurandum imperatori præstitum læsum fuerat. « Cum comprehensio mei, » inquit in eodem opere num. 16, « expulsio, spoliatio, abductio, retrusio, ecclesiæ direptio, domus episcopalis destructio, eleemosynæ imperatoris deletio, facti illius » (quo scilicet Ratherius ab ipso imperatore fuerat restitutus) « diffactio, urbis irruptio, reverentiæ imperialis vilipensio, et alia multa his cohærentia adhuc essent, ut et existunt in causa ; melioratione relicta, de sola pejeratione homicidalis perageretur » [forte peracta est] solummodo causa. Melioratio pro discussione et emendatione accipitur : unde in *Itinerario* num. 4 similiter quæritur, ea omnia, quæ in se commissa fuerant, *indiscussa fuisse relicta, quasi in eis nil inveniri valeret quod reprehendi legibus vel leviter posset*. Pejeratio, de qua tantummodo actum fuit, ad eam fidem refertur, quam et Ratherius, et Milo et Veronenses omnes Ottoni Veronam ingresso juraverant. Hanc utique Ratherii hostes violarunt, dum persecutionem in eum commoventes, [cxxxiii] irruptionem fecerunt in urbem, « tot alia ipsi et ecclesiæ inferentes mala, imperiale illud edictum moliti sunt destruere, quo Otto Ratherium restituens præceperat ne quid mali in eumdem committerent. Vide quæ scripsimus § 13, num. 86. Nihil tamen de tot ac tam gravibus criminibus contra Ratherium perpetratis in judicium deductum fuit. Solum perjurium multatum.

106. Quæ autem *compositio* in hoc judicio pro hujusmodi perjurio constituta fuerit, seu qua multa ob ipsum perjurium rebelles fuerint affecti, explicatur in epist. 12 ad Ambrosium : *Ad compositionem deducti, centum libras argenti dare fuerunt compulsi*. Cum vero illi tantæ pecuniæ solvendæ impares es-

sent, « me adito, » subdit, « de thesauro ecclesiæ triginta fere libras acceperunt mutuo sub hac attamen cautione, ut si ad tempus hoc persolutum non habuissent statutum, dupla componerent emendatione. Sunt jam anni tres, nihil reddunt omnino. » Ex his postremis verbis tempus laudati judicii, et capturæ Ratherii palam elicitur. Etenim epistola 12 ad Ambrosium scripta fuit Kalendis Julii anni 968. Triennium ergo, quod a multa illa in laudato judicio decreta, et a mutuo datis libris triginta effluxit, incipit medio circiter anno 965, ac proinde in hoc tempus illud judicium et compositio incidunt. Ut autem congruum tempus detur iis Ratherii vicissitudinibus quæ a die capturæ ejus ad hoc judicium usque contigerunt, idem captus perspicitur circa diem S. Agnetis anni ejusdem. Hunc eumdem annum confirmat sermo in octavis Paschæ habito anno 968. In hoc enim libras ferme quadraginta in restauratione domus episcopalis, quæ in memorata rebellione destructa fuerat, se « hoc triennio » expendisse tradit. Ab octavis autem Paschæ anni 968, si per « triennium » ascendas, ex quo restaurandæ domui episcopali operam dare cœpit Ratherius, pervenies ad annum 965.

107. Post illud judicium, quo nihil de malis episcopo illatis actum et multatum fuit, rebellium animi pacis consilia non inierunt. Imo cum nulla conciliationis spes effulgeret, illud unum Ratherio superesse visum est, si « accepto animarum pretio » Miloni episcopatum cederet (*Qualitat. conject.* n. 16). Hujus consilii incentor ipse Milo, qui episcopos ejusdem consilii fautores invenit. Unus ex his, atque præcipuus fuit Ubertus [CXXXIV] episcopus Parmensis, cujus alibi mentionem fecimus (*Qualitat. conject.* n. 16). Neque inter Ratherii amicissimos defuerunt qui idem concilium probarent. Unus inter hos pretio, aut muneribus victus, adiit ipsam ducem Juditham Veronæ degentem, quæ Ratherio favebat, eique affirmavit imperatorem itidem velle, et forte etiam addidit præcepisse, ut ille episcopatum Miloni dimitteret. Hoc molimen sub finem anni 965 maxime efferbuit. Hinc Ratherius instante natalitio festo ad Milonem litteras dedit, in quibus eum « Vicentinum » vocat origine, non episcopatu (*Epist.* 8); Veronensis enim episcopus contra Ratherium fuerat ordinatus, unde « impetitorem vehementissimum » ipsum appellat. Causas, cur sibi tot mala intulerit, duas proponit, unam vetustiorem, quia ipse ad Veronensem cathedram promotus fuerat, antequam Milo nasceretur; recentiorem alteram, quia nec morte, nec fuga eidem episcopatum dimitteret. Indicat ejus nisus, ut se ad fugiendum compelleret. Constantiam vero suam præferens in ferendis quibuslibet, necessioni episcopatus consentire, uni tantum imperatoris et ducum imperio, si modo certum sit, et expressum, se cessurum significat. « Si resipiscere nunquam deliberas, inquit, alia moliri, quod cœpisti, tenta, suggero, via, imperatoris et ducum nostrorum, si vales, acquirendo utique, quo recedam, imperium, et non per significantiam aliquam » (uti actum fuerat apud inclytam ducem), » sed simpliciter et aperte ad intelligendum, nam cætera omnia moliris incassum. » Memorat « pontifices, » id est episcopos, Milonis « fautores. » In fragmento alterius epistolæ ad eumdem (*Epist.* 9), quæ sub idem tempus, eademque de causa scripta fuit, duo hominum genera distinguuntur, quorum alii Miloni consentiebant, alii Ratherio nequaquam opitulabantur. Reproduxit hac occasione *Conclusionem deliberativam* Leodii scriptam anno 955, cum ad cedendum Baldrico episcopatum Leodicensem pluribus impelleretur. Pauca tantum adjecit in fine, quibus declarat sex et decem priores ejusdem opusculi rationes, quas in Leodicensi casu attulit, æque valere in Veronensi, easque nunc reproducere, ut « pravigeris compulsoribus » respondeat. Se vero non cessurum unquam profitetur, nisi vel canonico judicio, vel imperiali potestate pellatur.

108. Magnas fuisse ejusmodi angustias, quibus Ratherius partim oblato pretio, partim [CXXXV] importunis etiam episcoporum suasionibus, partim minis ad cathedram Miloni cedendam impellebatur, ex eo cognoscitur, quod idem Milo hoc tempore episcopatum sese evicturum confideret. Id manifestum fit ex facto Sikeri, quod annis quatuor post tertiam Ratherii restitutionem contigit. Hi enim quatuor anni computandi ab anno 961 exeunte, cum Ratherius ab Ottone fuit tertio restitutus, desinunt exeunte pariter anno 965, quo ipse ad episcopatus cessionem maxime urgebatur. Id factum obscure propositum in *Qualitatis conjectura* num. 9 in eam sententiam, quæ multa consideratione explicanda fuit, sic exponendum videtur. Ratherius, antequam secundo pelleretur, Sikero dederat castellum ad jus Veronensis ecclesiæ pertinens, ex quo præter vassallorum servitium libras sex denariorum Veneticorum annis singulis posset percipere. Dum anno 961, Otto Veronam ingressus eumdem episcopum restituit, Sikerus ab eodem Ottone privilegium obtinuit, quo idem castellum sibi confirmatum fuit. Ter ille episcopum offenderat; ac forsitan metuens ne ipse episcopus restitutus hoc castellum sibi adimeret, diploma ejusmodi procuravit, cui episcopus non auderet reniti, aut etiam nollet. Cum vero ille subinde Ratherium sibi fecisset amicissimum, is non solum post suam restitutionem eum in castelli pacifica possessione annis quatuor reliquit, verum etiam ecclesiæ Veronensis terram trans lacum Gardæ sitam, et forsitan memorato castello proximam eidem concessit. Quatuor porro annis exactis sub finem anni 965, « eo die quo Milo putaverat episcopium super eum » (Ratherium) « evincere, » Sikerus ad hunc descripta misit in breviculo quæcunque ipsi muneris nomine contulerat, simulque affirmabat, se ista « non pro ulla compositione, sed pro terra acquirenda » dedisse : ex quo sequebatur illam terram veluti emptam suam esse, nec ad jus ecclesiæ pertinere. Hac forsitan ratione cavere sibi voluit de ipsa

terra, sicuti imperiali diplomate de castello caverat, ne forte si Milo episcopatum, uti putabat, evinceret, eam terram repeteret, et in jus ecclesiae revocaret. Cum Ratherius, quaecunque Sikerus dederat, amicitiae causa collata accepisset, hoc audaci Sikeri nisu detecto, pœnituit se illi terram dedisse. Imperatoris vero diploma reveritus, nullam de castro quaestionem movens respondit [cxxxvi] : « Sufficeret ei quod ipse dederat castrum. » Illo autem affirmante se et terram velle tenere jure suo, et castrum, quod per « donum » Imperatoris ad se pervenisse mentiebatur, indignatus episcopus eam ipsi terram abstulit.

§ XVII. — *Ratherii acta anni 966. Scribit* Qualitatis conjecturam. *In abbatia Maguzani, submoto abbate male morato, instituit clericos. In Quadragesima synodum celebrat, et* Synodicam *edit. Opusculum ejusdem de* Nuptiu illicito. *Romanum iter meditatur, et cur.* Itinerarium *evulgat.*

109. Cum Ratherii hostes intellexissent eum nolle episcopatum Miloni cedere, nisi imperatoris praecepto cogeretur, mores et vitam ejus multis censuris, seu potius cavillationibus cœperunt perstringere, quibus ad imperatorem delatis, imperiale praeceptum quod expetebant eliceretur. Hoc autem molimen ut episcopus elideret, easdem cavillationes ipsorum adversariorum nomine ac verbis publice exponendas duxit in opusculo, quod inscripsit : « Qualitatis conjectura cujusdam. » Censorum suorum malignitatem explicans in *Apologetico* num. 4. « Quidam , inquit , sive putatis , sive a se magis confictis me jaculant criminibus. Quidam bona, si quid videor agere, sinistris interpretationibus non desinunt infuscare. » Cum porro idem seipsum non vereretur reprehendere, et sua quoque leviora delicta augere et exaggerare soleret, ut in libellum *Confessionis* observavimus ; nil mirum si in *Qualitatis conjectura* accusatorum ejusmodi indolem secutus, ut iisdem materiam praeberet censurarum, in censuris ipsorum nomine expressis « vera falsis, opinabilia certis » immiscuerit, uti numero primo significat. Rarus, seu potius singularis hic scribendi ac semetipsum criminandi modus, « similem, cui, » ut ipse ait, « ante me, credo, de se nullus fecit : » cum praesertim sui vindicias adeo neglexerit , ut pejora adhuc de se existimari cuique permiserit, addens : « Legat ergo qui volet, et de me proferat pejus quiddam, si valet. » Hinc difficile erit discernere, quaenam censurae in hoc opere Ratherio impactae sint « verae, » quae «-falsae, » quaenam « certae, » vel opinabiles « [cxxxvii]. » Ex zelo tamen, quo fervebat, ac ex severiore vivendi ratione ipsius valde credibile est, graviora saltem, quae in eum ingeruntur crimina, vel falsa omnino esse, vel nimium exaggerata. Confer *Admonitionem* in *Excerptum ex dialogo confessionali* num. 3. Caeterum recte judican-

tibus, nec ipsa bona et laude digna per se, perversa interpretatione distorquentibus in malum, tota haec cavillatorum censura insigne auctoris encomium videbitur, quo accusatorum malignitas satis detegitur. Episcopum enim exhibet a superbia, a deliciis, a muneribus alienum, contemptorem divitiarum , humilem, pauperem, pœnitentem, qui vestibus incomptis et minime pretiosis, aliaque mediocri supellectili utebatur; qui occupabatur servilibus, dormiebat in scamno, aut libentius humi ; qui frugem mensam parabat et ad eam pauperes adhibebat; saepe abstinebat a carnibus et fere a vino , unde abstemius vocabatur; qui jejunabat et pœnitentiam agebat pro aliis ; non quaerebat, imo detestabatur gloriam, nec curabat si quisque de se obloqueretur; quin (7) obllocutores et conviciantes quandoque praemiis donabat ; qui zelo disciplinae abripiebatur in acriorem reprehensionem omnium , nec sibi ipsi parcebat, sed sua quoque crimina palam confitebatur, et nonnunquam etiam, ut innuimus, augebat, exaggerabatque; qui nolebat ministrum vel capellanum habere, non adibat regem aut magnates, nec ab ipsis quidquam postulabat; qui pronus erat ad sacras basilicas struendas, aut restruendas; nihil e rebus ecclesiae in consanguineos volebat conferre; totus erat in libris, frequentiam oderat, amabat solitudinem ; a ludis, venationibus et similibus oblectamentis abhorrebat. Haec et alia hujus generis non pauca, etsi maxime commendabilia sint, a censore tamen in reprehensionis argumentum ac speciem proposita in laudato opere praeferuntur. Inseritur episodium contra Judaeos, qui Veronae praepotentes fuisse noscuntur, necnon contra illos, qui Judaeis amicitiam et favorem praestabant [cxxxviii]. Notantur abusus quibus multa ecclesiae bona aliis atque aliis nominibus fuerant injuste distracta. Quidam enim ecclesiae agri a potentibus occupati, vel etiam ab episcopis primum usufructuario nomine concessi ad tempus, ita postea principis diplomate conferebantur, et confirmabantur, ut velut in jus regium redacti ab ecclesiae jure exciderent. Confer quae de Sikero retulimus sub finem paragraphi praecedentis. Perstringuntur tres contractuum species, quibus ecclesiae bona distrahebantur, id est « commutationes, libelli, et precaria : » haecque omnia partim necessitate episcoporum, partim per fraudis subreptionem contigisse traduntur. Concludit Ratherius cum elogio Ottonis imperatoris, quem ut sibi propitium reddat, suas angustias et pericula paucis explicat. Ne autem suis hostibus falsas criminationes obtrudentibus faciles aures et fidem praebeat, eam ipsorum consuetudinem notat, qua in episcopum culpam rejiciant quorumdam malorum, quorum ipsi sunt rei. Exemplum recentissimum profert cujusdam cle-

---

(7) (Quam forti pacatoque animo noster episcopus ferret non solum obloculores, sed etiam persecutores, altiori mente veluti magnum suum bonum habens, quaecunque acerbiora mala ex ipsis prodierant, perspicies ex dictis supra num. 25. Hinc quoque intelligere licebit quo sensu Everaclus Leodicensis episcopus ad Ratherium scribens epist. 14, col. 570, b., patientiam ejus in adversis extulerit his verbis « Patientia si memoretur (si fas est dicere fide salva, ne Deum offendam) tu es ipsa. » )

rici ad diaconatum ab invasore promoti, qui cum terram juris episcopalis per potestatem sæcularem teneret, atque diriperet; « ad pedes nemine persequente confugiens Domini imperatoris, mentitus est quod » (Ratherius) « suum ei beneficium abstulisset. » Cur hoc opusculum affigamus ineunti anno 966, ex notatione prima, quam ipsi subjecimus, exploratum fiet.

110. Hoc eodem tempore, quo Ratherius « malevolorum cavillationibus » acerrime impetebatur, opusculum edidit de *Abbatiola Magonziani* nunc *Maguzani*, ubi mutationis in eam inductæ rationem exponit. Hæc abbatiola, in confinio diœcesis Veronensis, Brixianæ proximo sita, cum suo prædio ita dispositioni episcoporum subjecta erat, ut aut obeunte ibidem abbate, aut male morato et incorrigibili, alius Veronensis diœcesis ab episcopo substitueretur, qui efficeret ut militantes in ea monasticam vitam custodirent. Id autem ex fundatoris mente non bene cesserat [CXXXIX]. Hungari, qui hoc sæculo Italiam invadentes, incendiis ac deprædationibus vastaverant, ejusdem abbatiæ cœnobium incenderant, eoque angustiæ res ipsius abbatiæ, et temporum corruptela processerant, ut solus ibidem abbas existeret, idemque moribus nequam, qui publico cum scandalo uxorem et filios alebat. Hunc Ratherius ad emendationem revocare studuit; sed frustra. Ter enim fuga se subduxit, ac per internuntios oblata episcopo pecunia, rem cum ipso componere nisus est. Exhorruit Ratherius tantum scelus; hæsit aliquandiu quid ageret. « Si enim ego, inquit, possessiunculam Dei Genitrici collatam melius quasi dispensaturus mihi retinerem, aut meorum alicui darem, ne successorum aliquis meorum meo similiter faciens exemplo, eleemosynam illorum bonorum destrueret, non nihil verebar. » Cum autem perrarum et difficile esset eo tempore monachos proposituum exacte observantes subrogare, tres presbyteros cum diacono, subdiacono, et aliquot clericis in eadem abbatia collocavit, qui sacris officiis vacarent. Suam cuique taxavit portionem, et declaravit officia. Alium presbyterum graviorem omnibus præfecit, qui disciplinæ et reddituum distributioni præsideret. Alia nonnulla desiderantur; nam opusculum fine caret.

111. Cum (*Itiner.* num. 5) bis in anno episcopos synodum habere sacri canones jubeant, id exsequi non prætermisisset Ratherius, si quid in synodis utiliter agere se posse credidisset. Verum « scitis, » inquit in *Itinerario* ad suos clericos, « scitis me semper hoc agere ideo distulisse, quod dicerem me, unde synodare deberem, omnino nescire. Solet enim in synodis, si quid contra canones actum est, emendari. Sed si hoc agere tentavissem, omnibus, quæ in canonibus sunt scripta, regyratis, de nullo eorum vos curare viderem omnimodo. » Aliquot subdit exempla, quæ temporis pravitatem ac perversitatem declarant. Ut autem experimentum aliquod faceret, hoc anno 966, Quadragesimæ tempore diœcesanam synodum convocavit. Qui autem hujus synodi exitus fuerit, refert in laudato opusculo num. 6. Ante synodum præceperat, ut biduo ante archipresbyter et archidiaconus cum ordinariis, seu canonicis cathedralis, eos qui tum ex titulis urbis, tum ex plebibus ruralibus interesse debebant synodo, discuterent, et si quæ essent corrigenda, diligenter inquirerent, ut die tertia, qua [CLX] episcopus synodo præesse debebat, ipsi emendanda referrent. Non solus archipresbyter, nec solus archidiaconus, sed omnes canonici præ multitudine convenientium ad synodum, ut examen biduo conficeretur, inquirendi officium susceperant. Coacta synodo die tertia cum episcopus residens interrogasset quid actum fuisset, respondit unus, cujus potissimum intererat, eos inquisisse de psalmis et de aliis hujusmodi, « et Deo gratias non malum adeo invenisse. » Ad hæc episcopus, qui mala multa non ignorabat, ironice subdidit : « Quid haberem ergo de tot sanctis, nisi Deo gratias dicere ? » Et post pauca : « Si de psalmis, et non de alio in isto concilio debet esse conquæstio, me primum ad examen producite; convinci nam possum, me illos non, ut competeret, scire. Unde igitur synodus ageretur, nil amplius quod emendaretur invento ? Sciscitatus itaque de fide illorum, inveni plurimos nec ipsum sapere symbolum, quod fuisse creditur apostolorum. Hac occasione Synodicam scribere omnibus presbyteris sum compulsus. » Hanc synodum « mediante Quadragesima » habitam, et in ea Synodicam editam indicat : quod intelligendum de media Quadragesima anni 966 in Admonitione ad ipsam Synodicam probavimus.

112. Hæc *Synodica* maxime insigne est decimi sæculi documentum, ex quo disciplinam ejusdem temporis potissimum agnoscimus. Inscripta est omnibus presbyteris et cæteris ordinibus per universam diœcesim constitutis. Ter eos ad examen in synodo vocaverat : et cum ob multarum rerum copiam ac potiorum capitum ignorationem nihil fere potuisset verbis conficere, hac synodali epistola scriptis vulgata providendum credidit. Ut mederetur ignorantiæ circa symbolum, tria symbola scribenda et memoriæ mandanda præcepit, id est *symbolum* seu *collationem apostolorum*, « sicut in psalteriis correctis invenitur, » illud quod in missa canitur, et illud quod S. Athanasii nomine circumfertur, monuitque neminem ad sacerdotium promovendum, aut in sacerdotio permansurum, nisi eadem symbola memoria teneret, cum « proxime » ad examen vocabitur (*Itiner.* num. 7). Vocavit autem post aliquot menses, cum hoc eodem anno Romanum iter meditaretur; ac propterea inobedientes inventi tanto metu pœnarum fuerunt perculsi, ut non solum promiserint se deinceps omnia quæ imperaverat præstituros, verum [CXLI] etiam multæ, ut videtur, nomine ad illud iter carpendum opem polliciti sint. Utilissimis porro institutionibus tota Synodica referta est. De sanctificatione diei Dominicæ et festo-

rum pluribus agit, necnon de iis, quæ clerici callere et in quibus exerceri debent. Dum studii necessitatem inculcat, declarat ordinandos nulla ratione ad ordines promotum iri, « nisi aut in civitate nostra, » inquit (id est in schola ipsius cathedralis) « aut in aliquo monasterio, vel apud quemlibet sapientem ad tempus conversati fuerint, et litteris aliquantulum eruditi, ut idonei videantur ecclesiasticæ dignitati. » Peculiaris est abstinentia a carnibus quatuor hebdomadibus ante Natale Domini (festis diebus exceptis) præscripta, sicuti et continentia præscripta conjugatis tum in Adventu, tum etiam diebus viginti post Natale, in octavis Paschæ et Pentecostes, in litaniis, et omnium festivitatum vigiliis, sextis etiam feriis, præcipue autem omnibus diebus Dominicis. Quoad horam jejunii solvendi Quadragesimæ tempore, mitior inducta cognoscitur ecclesiastica disciplina. Cum enim ex veteri institutione idem jejunium protrahendum esset ad vesperam usque, in *Synodica* solutio ejus conceditur post horam nonam. Hac de re videsis plura in eamdem *Synodicam*, not. 48. Expetit, ne ullæ festivitates sanctorum (exceptis festis B. Mariæ, apostolorum, ac ecclesiæ patroni) in Quadragesima, et in diebus jejunii quatuor temporum celebrentur, hac ratione allata, quia his diebus « magis jejunium tenendum quam festivitas celebranda. » Cum scilicet ex Ecclesiæ disciplina diebus festivis non servaretur jejunium, ut ex ipsis Quadragesimæ Dominicis liquet, festa, quæ in dies jejuniorum inciderent, transferenda existimabat. Illud tandem non prætermittendum, huic *Synodicæ*, a num. 6 ad duodecimum usque insertam, legi solemnem quamdam ecclesiasticam formulam, quæ legenda, aut recitanda in synodo, *Admonitio*, seu *Sermo synodalis* in melioris notæ codicibus inscribitur; quæque *Sermonis* titulo Leoni IV a nonnullis perperam attribuitur. Vide hac de re plura in Admonitione ad ipsam *Synodicam* num. 2.

113. Cum hac in *Synodica* episcopus, ut innuimus, sanctificationem diei Dominicæ potissimum inculcet, hac occasione commemorandum arbitramur factum quoddam ad eamdem sanctificationem pertinens, [CXLII] ex quo exploratius patebit, quantæ curæ ipsi fuerit hæc observantia. « Cum excommunicatione interdixi, » inquit in epist. 12 ad Ambrosium, « ut ab opere servili Dominica die cessarent. Id cum evincere nullo modo valuissem, portas (subaudi *civitatis*) obserari contra venientia plaustra præcepi. Num id sub hoc *Synodicæ* tempus, eodemque anno 966 contigerit, an aliquando ante vel post, incertum est. Certe vero hoc factum a malevolis arreptum postea fuit, cum aperta rebellione episcopum multis accusationibus impetiverunt; unde subdit : « Hoc facinus aut morte, aut expulsione mea debere judicant expiari. »

114. Post Quadragesimam anni 966 Ratherius opusculum scripsit de *Nuptu illicito* (Vid. not. 1). Huic occasionem præbuit Joannes Veronensis Ecclesiæ clericus, qui in præcedenti Quadragesima filio suo item clerico uxorem tradiderat. Cum clericorum nuptias episcopus semper est detestatus, tum vero in has præsertim invehitur, eo quod illegalitate duplici et Quadragesimæ tempore initæ fuerint, et nocte Dominica consummatæ. Simile quidpiam antea fecerat Pedrevertus;- sed is ea cautione usus fuerat, ut matrimonium a filio contrahetur occulte, Joannes vero « tam manifeste hoc fecit, ut neminem istius civitatis latere valuerit. » Tantum scandalum non ferendum episcopus duxit; « quia si irreprehensum relinquitur, jure factum omnino videbitur : nullus enim non dubitabit exemplum inde capere, quod compererit neminem vituperasse. » Mentem quidem parentum in hisce filiorum nuptiis procurandis eam fuisse existimat, quod in comparatione mali melius esset eos uni uxori conjungi, quam per plures feminas magis mortifere divagari. Sed præter vetitum nuptiarum tempus illud præcipue malum ob oculos ponit, quod in ejusmodi clericorum nuptiis, quas sacris canonibus interdictas adulterii loco habet, cum patres clerici filios item clericos matrimonio jungant, et similiter filii cum suis filiis se gerant, parentum adulterium transit in filios, et ita perpetuum efficitur. « Quocirca, » inquit, « monendi et obsecrandi, fratres, ut quia prohibere, proh dolor ! a mulieribus valetis nullo modo, filios de vobis generatos dimitteretis saltem esse laicos, filias laicis jungeretis, ut vel in fine saltem vestro terminaretur, et nusquam in finem sæculi duraret adulterium vestrum. » Similiter deterret etiam laicos, ne filias cum clericis jungant; ac propterea nobilem [CXLIII] quamdam feminam « dominæ » appellatione donatam, quæ fratris sui clerici filiam clerico Joannis filio nuptui dederat, his verbis affatur num. 5 : « O utinam tu, domina, cui tam bonus frater tanta bona dimisit, hoc antea cogitasses, et filiam ipsius illius bonis benedictam uni bono dedisses laico, et finem ipsius imposuisses peccato, » nimirum illi, quod adulterium vocavit. Iis vero, qui memoratis nuptiis vetitum tempus violarunt, quadraginta dierum pœnitentiam imposuit, et, quod in ædificationem maxime cedit, eamdem quoque pœnitentiam sibimetipsi præscripsit, quippe qui, ait, « utique hactenus, dum non restiti, consentiens fui. » Hæc pœnitentia in jejunio potissimum sita erat, « ita videlicet, ut si cæteri fideles reficiuntur tertia hora, nos sexta ; si illi sexta, nos nona; si illi nona, nos usque ad vesperam jejunemus. »

115. Otto I imperator, anno 966, Italiam repetiit, ut rebellionem contra Joannem XIII summum pontificem excitatam reprimeret. Hac forte de causa episcopis præcepit ut milites suos tanquam imperii vassallos ad bellum dirigerent. Itaque milites etiam Ratherium mittere jussit. In hanc rem animadvertenda duo testimonia, quæ leguntur in duobus nostri auctoris opusculis scriptis eodem anno 966. Imperiale præceptum de militibus dirigendis indicat in sermone *de Maria et Martha* lucubrato post medium

Augustum anni ejusdem num. 4 : « Milites, ait, quando etiam meos ob Cæsaris cogo præceptum. » Ipsum vero præceptum in expeditionem Romanam sibi jam denuntiatum significat in *Itinerario*, quod circa festum S. Andreæ exaravit, dum num. 1 scribit se Romam profecturum « non imperiali, quia imperatum est minime, jussu, milites solum ut mitterem meos ab eo (Ottone I) cum mihi sit imperatum. » Cum de Romano itinere agat, quod non imperiali jussu, nec belli causa se suscepturum affirmat, procul dubio militaris expeditio, quæ a Cæsare præcepta fuit, in Romanas partes contra Romani pontificis hostes directa non obscure innuitur. Solos autem Ecclesiæ Veronensis milites seu vassallos mitti jussit imperator, non vero ad bellum proficisci voluit etiam Ratherium, qui militiam clericis et multo magis episcopis canonica lege interdictam refugiebat.

116. Memoratum opus, quod *Itinerarium* vocatur, cur Ratherius (V. not. 1) sub hujus anni finem scripserit, explicandum est. Imperatorem [CXLIV] cum multis tum Italiæ tum Germaniæ episcopis Romæ futurum non ambigebat. « Sapientissimos enim, » ait num. 3, « tam de isto regno (id est Italico) quam et de his, qui cum domino nostro venerunt semper Augusto (utique ex Germania) illic (Romæ scilicet) adfuturos cognosco. » Cum ex his plenarium concilium cogi poterat, tum vero convocatum iri sperabat pontificis et imperatoris opera : « quos convocaturos, » inquit, « synodum autumo universalem, concedat Deus sanctæ Ecclesiæ, ut expedit, utilem. » Hujus itaque concilii spe se Romam profecturum testatur, ut dissidii causis inter se et clericos suos ibidem propositis, quid sibi, quid suis clericis agendum esset, summi pontificis ac tot episcoporum sententia decerneretur. Egregium de auctoritate et doctrina Romanæ sedis testimonium inserit num. 2 : « Quid enim de ecclesiasticis dogmatibus alicubi scitur, quod Romæ ignoretur? Illic summi illi totius orbis doctores, illic præstantiores enituerunt universalis Ecclesiæ principes. Illic decretalia pontificum, universorum congregatio, examinatio canonum, approbatio recipiendorum, reprobatio spernendorum. Postremo nusquam ratum, quod illic irritum; nusquam irritum, quod illic ratum fuerit visum. Ubinam ergo melius insipientiæ consulitur meæ, quam ubi fons sapientiæ cernitur esse. » Laudat etiam Joannem summum pontificem, quem nonnulli perperam crediderunt Joannem XII, cum reipsa sit Joannes XIII. Ottonem ipsum imperatorem cum pluribus nominibus laudat, tum ex eo potissimum, quod eumdem Joannem XIII ad summum pontificatum promovendum curaverit. Explicat porro et coarguit more suo clericorum vitia, quibus canones impetebantur; Milonis invasoris et rebellium gesta contra se refricat; diœcesanam synodum in Quadragesima inutiliter convocatam commemorat. Tot ac tantis malis remedium sperabat ex concilii Romani auctoritate, cui imperialis quoque potestatis favor accederet. Hoc opusculum ejusdem est indolis ac illud *de Contemptu canonum*. Num vero Ratherius Romanum iter susceperit, et in Romana synodo ineunte anno sequenti habita suam causam proposuerit, documentorum inopia ignoratur. Nonnulli quidem existimant ipsum hoc opusculum lucubrasse, ut clericos hac arte ad resipiscendum adduceret. Certum vero est eum interfuisse synodo [CXLV] Ravennati, quæ fuit velut appendix concilii Romani, ut ex dicendis paragrapho sequenti manifestum fiet.

§ XVIII. — *Acta anni 967. De conciliis Romano et Ravennate. Decretum contra mulierositatem clericorum. Ratherius e Ravennate concilio Veronam regressus, diœcesanam synodum convocat. Actæ hujus synodi. Pauperioribus clericis prospicit judicato, cui subscribunt patriarcha Aquileiensis et comprovinciales episcopi in synodo coacti. Imperatoris privilegium Ratherio concessum. Tumultus clericorum Veronensium, et opusculum Ratherii de Clericis rebellibus. Ejusdem epistola ad Martinum episcopum Ferrariensem.*

117. Imperator Otto, qui anno præcedenti in Germania post medium Augustum comitia celebraverat, mox in Italiam descendit. Dum enim Ratherius *Itinerarium* eodem anno circa sancti Andreæ festum scripsit, ille jam huc cum multis Germaniæ episcopis « venerat » Romam profecturus, uti habetur in eodem opusculo num. 3. Romæ quidem erat sub finem decembris, ubi natalitia festa celebravit. Illuc cum eodem Augusto plures etiam Italiæ episcopi accesserunt. Concilium, quod ibidem ex Germanis Italisque episcopis congregandum sperabat Ratherius, habitum quidem fuisse ineunte anno 967 certum fit ex privilegio ejusdem imperatoris, quod *actum Romæ* in favorem monasterii Sublacensis, Romanæ synodi mentionem facit. Hoc privilegium primo a Muratorio editum est tom. V Antiquitatum Italicarum, dissertat. 65; dein a canonico Garampo recusum in opere *de Nummo argenteo Benedicti III*, pag. 169, ex quo hæc verba appendimus : « Otto divina favente clementia imperator Augustus. Petitione Gregorii viri venerabilis ex apostolicæ sedis secundicerio religiosi abbatis prioris monasterii beatissimi Benedicti, et sanctæ Scholasticæ sororis ejus, quod dicitur in Sublacu, qui veniens in gremium basilicæ beati Petri apostolorum principis, ubi cum domno Joanne XIII papa sanctæ synodo pro utilitate ejusdem Ecclesiæ et venerabilium locorum intereramus, circumsedentibus [CXLVI] cum Ravennate archiepiscopo quamplurimis episcopis ex Romano territorio, atque Italia et Ultramontano regno, » etc. Notæ chronicæ sunt : « Data III Idus Januarii, anno Dominicæ incarnat. 967, imperii vero domni Ottonis, piissimi Cæsaris 5, indict. 10. » Vides synodum Romanam, cui cum Italicis ac Germanis quampluribus episcopis Romanus pontifex Joannes XIII et ipse Otto imperator interfuere, habitam ante diem 11 Januarii anni 967. Quid in Romana synodo constitutum fuerit, latet. Id solum scimus. post Romanam synodum imperatorem, Ravennam profectum, ibidem celebrasse sanctum Pa-

scha una cum Joanne XIII, ut Reginonis continuator tradit.

118. Ravennæ quoque frequens synodus coacta, quæ Romanæ appendix videri potest. Inter hujus synodi Patres fuit etiam Ratherius, uti constat ex ejusdem concilii, quæ sola superest, sententia contra Heroldum archiepiscopum Salisburgensem, cui noster episcopus subscriptus legitur (tom. XI *Conc.* Ven. edit.). Hanc synodum Ratherius celebratam affirmat « mediante Aprili (*epist.* 12, num. 1). » Concinit laudata sententia in Heroldum, quæ signatur die « VII Kal. Maii. » Locum indicat chronographus Saxo ad an. 969, nimirum « Ravennæ in suburbio in ecclesia beati confessoris et episcopi Severi (Leibnit., *Access. hist.* t. I, p. 177). » Multa in eadem synodo constituta « ad utilitatem sanctæ Ecclesiæ » continuator Reginonis testatur. Præcipuum consilium fuit restauratio ecclesiasticæ disciplinæ. Id colligitur ex decreto contra mulierositatem et conjugia clericorum, cujus Ratherius mentionem facit. Veronam enim reversus post Ravennas concilium, mox diœcesanam synodum convocavit, ut ejusdem concilii decreta proponeret, et exsequenda curaret. « Celebrata mediante Aprili, » inquit in epistola 12. Ad Ambrosium num. 1, « universali synodo Ravennæ, reversus convocavi ex omnibus nostræ diœcesis plebibus presbyteros et diaconos, relaturus ex præcepto serenissimi imperatoris quæ inibi constituta sunt. » Cum hæc diœcesana synodus congregata fuerit statim post Ravennatem celebratam « mediante Aprili » anni 967; ut reditui episcopi, et convocatis ad synodum congruum tempus tribuatur, affigenda videtur mensi Junio, vel Julio. Porro inter ea, quæ in synodo edixit Ratherius, unum ibidem memorat præceptum de mulierositate dimittenda. Hoc igitur inter præcipua Ravennatis concilii constituta [CXLVII] fuit. In hoc vitium, quod inter clericos tam late et publice grassabatur, exstirpandum, et ecclesiastica et imperialis potestas conspiravit; ac propterea laudatum constitutum concilii Ravennatis *de mulierositate*, seu *de uxoribus dimittendis* nunc imperatoris, nunc summi pontificis præceptum a Ratherio appellatur. « Præceptum serenissimi imperatoris » vocat in laudata ad Ambrosium epistola 12, « Augustalem voluntatem » in *Discordia* num. 6; « legationem (seu præceptum) papæ » in epistola 11 ad Nannonem, num. 2.

119. Licet omnes ad synodum evocasset episcopus, non tamen omnes convenerunt. Nam « versutia mihi semper rebellium, » inquit in epist. 12, num. 1, « vitæque meæ insidiantium nostræ matris Ecclesiæ majorum (id est canonicorum) venire quidam sunt dedignati. » Hos « non venientes cum iterum atque iterum vocare curassem, adfuit missus, nomine Giselpertus; et ex parte sui magistri interdixit per bannum, ne venirent ullo modo ad nostrum concilium. » Hoc interdictum, in epistola 11 ad Nannonem num. 2, ipsi Nannoni Veronæ comiti, qui Bucconi subrogatus fuerat, tribuitur. « Presbyteros ad synodum venire, et legationem ipsius papæ de uxoribus dimittendis audire, et omnimodo episcopis obedire adeo prohibetis, ut eos more militum in vestris manibus recipiatis, et eis in omnibus abominationibus, quas contra Deum faciant, patrocinium ferre non omittatis; et quasi vobis dictum sit, » *Quodcunque solveris super terram, solutum erit et in cœlis*, « ita nostram interdictionem eos parvipendere faciatis. » Nanno igitur « magistri » nomine intelligendus est, et Giselpertus ejus « missus. » Quid autem ii, qui ad synodum convenere? « Ex his aliqui, » ait loco citato ad Ambrosium, « cum maxima deliberaverunt superbia, quod neque mulierositatem relinquerent, neque ab officio cessarent. » Hinc colligere licet, Ravennatis concilii decretum contra clericos incontinentes bipartitum fuisse, nimirum ut vel mulieres dimitterent, vel si qui nollent dimittere, tanquam depositi ab officio cessarent. Non defuere, qui huic decreto parere noluerunt. Hos Ratherius, « comprehendi et custodiæ mancipari usque ad satisfactionem præcepit. » Satisfactionis nomine pecuniariam pœnam, seu multam intelligit, ut indicant quæ statim subjicit. « Satisfactionis summam in restauranda, seu, quod verius est, decoranda beatæ Dei Genitricis ecclesia [CXLVIII] (scilicet cathedrali) spe hujusmodi contuli, ut quia illi in agenda pœnitentia inefficacissimi, utpote ebriosissimi erant, Matris intercessio Domini illis saltem obtinere dignaretur veniam, qui ex se emendationem aliam facerent nullam. » Num hæ inobedientium comprehensio et multa in synodo diœcesana acciderint, an postquam illi ipso facto demonstrassent, se nec mulierositatem velle deserere, nec ab officio cessare, incertum est. Ita pariter incertum, num ad synodi tempus referenda sint tria alia, quæ statim subdit gesta. « Quosdam vero de civitate pro diversis sceleribus accusatos, cum ad satisfactionem venire dedignati fuissent, missis e latere meo (*supple* bacularibus) cum ostiariis ecclesiæ comprehendi, ut moris est, feci, et satisfactionem factam in idem opus expendi. Quidam presbyter me os vulvæ appellavit, quem similiter comprehendi; et fuga cum fuisset elapsus; abstuli ab eo quod potui, non tamen ecclesiæ contuli; quia injuriæ meæ vindictam offerre Deo ausus minime, cujus potius laxator quam ultor esse debueram, fui. Quidam diaconus, quem anno præterito contra spem quoque ordinarium (id est canonicum) feci, unam cum ex parte mea ex melioribus plebem cum curte haberet, ego cum nullam, me fellonem, bausiatorem atque perjurum appellavit; eam abstuli, et mihi, quia fuit necesse, retinui. »

120. Dum in synodo diœcesana Ratherius urgebat præceptum de mulierositate dimittenda, « omnium pene (inferiorum cathedralis præsertim ecclesiæ clericorum) excusatio exstitit, non posse propter inopiam hoc ullo modo fieri; potuisse vero utcunque, si stipendium debitum ex rebus habuissent ecclesiæ (*Discordiæ* num. 6); » quem textum

latius explicavimus § 15, num. 97. Huic itaque inferiorum clericorum inopiæ ut provideret, cum æquiorem reddituum ecclesiasticorum distributionem inducendam intelligeret. Hac de re, quam antea frustra tentaverat, iterum post diœcesanam synodum cum canonicis egit; potiores enim querelæ erant clericorum ecclesiæ cathedralis. « Hujus rei gratia volui, inquit, agnoscere omnia, quæ sive ab antecessoribus meis concessa, sive a Deum timentibus viris sunt eis collata. » Ex ipsis enim donationum instrumentis convinci posse credebat, cathedralis ecclesiæ bona ac redditus generatim fuisse collatos, non ut majores clerici, seu canonici fere omnia perciperent atque ditescerent, cæteri nihil aut modicum accipientes [CXLIX] inopia laborarent, sed ut oblata ad normam Actorum apostolorum IV, 35, dividerentur singulis, prout cuique opus esset. Huic autem æquiori reddituum distributioni, quam ex ipsis instrumentis inducendam cogitabat episcopus, illi adeo restiterunt, « ut mori se antea malle proferrent quam hoc factum viderent. » Tunc episcopus sacros canones ipsis ostendit : illi econtra solam prædecessorum suorum consuetudinem ingerebant (Ib. d, n. 7). Hac de re agebat episcopus, dum sperabat comprovincialium episcoporum synodum Veronæ congregandam, de qua post pauca erit sermo. Ad hanc synodum quæstionem ejusmodi deducere cogitabat. Interim quosdam civitatis primarios viros ad canonicos misit, qui eos adjurarent per fidelitatem, quam sibi non semel juraverant, ut si quam authenticam haberent rationem, seu instrumenta authentica, quibus eorum consuetudo muniretur, non celarent, ne cum utrique venirent in synodum verecundia episcopum afficerent, si exigentem aliam reddituum divisionem, injustum aliquid exigere probavissent. Id quoque nihil profuit. « Ut enim, inquit, in illorum sacramentis nullam mihi monstrarent habere potuisse unquam fiduciam, dixerunt, proh nefas ! se satis scire multis multa jurasse, quæ nullatenus valerent implere (inter alios non minus juraverant Ratherio, quam Miloni invasori), adjicientes stultum esse, ut me conarentur docere. Mandavi rursum ilorum quibusdam, quod in utroque delinquerent, si aut me contra se, aut se contra me permitterent scienter contendere. Respondit, cujus maxime intererat, quod stultissime faceret, si vel me toto sæculo prædicatum, vel magistros suos docere præsumeret. » Cætera hujus concertationis verbis ipsius prosequamur (Ib. b). « Hoc nihil juvante, conatus alio eos modo ad pacem non quidem mundi, sed Christi compellere : cum quidam illorum (canonicorum) de meo haberent beneficia, interminatus sum, quod si mihi interdicerent quod mihi competeret (æquiorem scilicet distributionem inducere); ego quod illis concesseram tollerem. Responderunt in tantum se non curare, ut si quod alicui illorum dedi, auferrem, non mihi inde minus fideles essent; tantum de istis (quæ canonicis ex consuetudine fuerant assignata) illos nullatenus inquietarem. » Et post nonnulla num. 8 : « Quod causa protuleram comminationis, in effectum vertere non distuli [CL] actionis, et præcepto usus dicentis : Da bono, et ne susceperis peccatorem (Eccli. XII, 5), illis ablata, bonis duobus, id est beatæ Genitrici sanctoque Stephano protomartyri contuli, vel potius reddidi; faciens de quibusdam insuper scriptum quoddam, quod nominant Judicatum, id est, decretum, pauperioribus clericis (quorum causa scilicet tantum pertuleram laborem) ejusdem ecclesiæ, hoc est, presbyteris capellanis, subdiaconibus de secretario septem, cantoribus septem, acolhytis de secretario septem, cantoribus quinque, ostiariis sex, non ut mihi fideliores tamen, sed in servitio Domini fierent promptiores et cessante paupertatis occasione, studiosiores in Domini diebus ac noctibus fierent servitute. »

121. Hic cum canonicis congressus Ratherii, ut pauperiorum clericorum inopiam sublevaret, cum habitus fuerit post synodum diœcesanam celebratam mense Junio, vel Julio anni 967, et ante concilium provinciale, quod Veronæ coactum videbimus eodem anno, ineunte Novembri, incidit in Augustum circiter vel Septembrem. In hoc congressu ut ad æquiorem reddituum partitionem eosdem canonicos induceret, non vi, sed ratione usus est, nec in redditibus, qui ex consuetudine ipsis obvenerant, iisdem invitis quidquam tetigit, vel decerpsit. Solum ut inferioribus clericis aliqua ratione consuleret, minatus est se quædam beneficia adempturum, quæ ipse nonnullis canonicis contulerat. Neque tamen id absolute præstitit, sed postquam illi in id assensum præbuere, dummodo bonis ex consuetudine ad canonicos pertinentibus parceret. Id autem non præstitit in ipso congressu post eorum assensum, sed tunc præstitit, cum post congressum bona eis abs se collata auferens, in alios pios usus convertit, pauperioribusque clericis per Judicatum providit. Decem canonicos beneficiis militaribus ex bonis, quæ juri cedebant episcopi, in beneficiorum militarium rationem collatis ditaverat; ut in Itinerario tradit num. 4 : « Cum de mea paupertatula non sim vobis adeo inhumanus, ut militari beneficio habeam (et hoc gratis) decem ex vobis ditatos. » Confer in Discordiam not. 25. Hos ergo decem canonicos beneficiis a se concessis spolians, in triplicem usum ejusmodi beneficia convertit, alia enim cathedrali ecclesiæ, quæ sanctæ Dei Genitricis titulo gaudet, alia ecclesiæ sancti Stephani protomartyris tradidit, seu « potius [CLI] reddidit. » Verbum « reddidit, » quo Ratherius utitur, indicare videtur ea beneficia, antequam in militarium beneficiorum rationem traderentur canonicis, fuisse bona, quæ ad easdem ecclesias spectarent. Omnia autem ecclesiarum bona, excepta portione clericis ipsarum assignata, cum eo tempore juri et dispositioni episcopi cederent, poterant ab ipso, cui expedire videretur, concedi. Quæ igitur ex iisdem bonis Ratherius quibusdam canonicis contulerat, nunc adempta ipsis ecclesiis reddidit, in earum, ut videtur, restaurationem sive ornatum,

qui ad curam episcopi pertinebant. Tertiam tandem et fortassis potiorem partem in pauperiorum clericorum provisionem contulit eo fundationis, uti vocant, instrumento, quod *Judicatum* nominavit.

122. In hoc opusculo intolerandum abusum atque scandalum deflet, quo inferiores clerici, qui majorem in ecclesia laborem ferebant, fortiori paupertate oppressi, non solum « sine intermissione murmurarent, » verum « ob inopiam ad sacros ordines illegaliter etiam accedere festinarent, » ut hac via aliquid subsidii ipsis proveniret; et accederent quidem, « cum nec ætas utique eos admitteret, nec scientia commendaret, nec morum probitas illustraret. » Hujus fundationis redditus æqualiter dividendos decernit, « non per campos tamen et vineas, sed per modios atque sextaria, ut nec rixæ locus aliquis detur, neque invidiæ. » Nolebat nimirum certos campos et vineas inter clericos dividi; hac enim ratione fere omnia clericis majoribus et potentioribus obvenerant, cæteris inferioribus et imbecillioribus in inopia relictis. Distributio autem per modios atque mensuras æqualitatem facilius servat, et a præpotentium fraudibus cavet. Simili de causa redditus abbatiæ de Maguzano inter clericos ibidem institutos non per campos et vineas, sed per mensuras dividi jussit. Omnibus inferioribus cathedralis ecclesiæ clericis, qui tum vivebant, presbyteris capellanis comprehensis, hoc beneficium commune esse voluit. Ilis obeuntibus omnia æque dividenda præcepit inter solos inferiores ordines tres, subdiaconorum, acolythorum et ostiariorum, videlicet inter septem subdiaconos de secretario et septem alios subdiaconos cantores, inter acolythos de secretario septem et alios acolythos quinque cantores, necnon et ostiarios sex. Notanda « presbyterorum [CLII] capellanorum » mentio, qui scilicet a presbyteris majoribus seu canonicis distinguebantur, uti nunc quoque in nostra cathedrali ecclesia distinguuntur illi presbyteri, qui, cum non sint canonici, « capellari » vocantur. Notanda pariter distinctio inter subdiaconos et acolythos « de secretario, » qui scilicet episcopo celebranti in sacris inserviebant, et alios subdiaconos atque acolythos « cantores, » qui canebant in choro. Presbyteris autem capellanis, subdiaconis, atque acolythis de secretario, præter certorum reddituum portionem æqualiter cum subdiaconis et acolythis cantoribus atque ostiariis dividendam, alia quædam bona assignavit, quæ ipsorum tantum utilitati cederent, nec cum cantoribus atque ostiariis dividerentur. Peculiarem porro addit rationem, cur tribus istis subdiaconorum, acolythorum et ostiariorum ordinibus providendum putaverit. « Consideravi namque, inquit num. 4, quia cum, præter id quod in ecclesiastico agunt ministerio, hi tres ordines peculiaris cæteris omnibus pontificalis insudent servitio, specialius aliquid accipere ab episcopo pro specialiter illi impenso debuissent obsequio. Parum vero eis ideo contuli, quia et dandis non adeo abundabam, utpote qui ubi alii dominabantur, ego solum mœrens cantarem, et invidiæ contra illos causas vitare debere me crederem. » Si quæ vero alia a piis hominibus eidem inferiorum clericorum collegio legarentur, omnia quoque æqualiter inter ipsos dividi jubet. Cavet ne episcopi, aut cæteri præsertim majores clerici cathedralis post hanc inferiorum clericorum provisionem iisdem quidpiam subtrahant ex eo, quod antea ipsis tribui solebat, « quasi valeant dicere : Habetis vestrum stipendium (ex iis quæ Ratherius contulit), sufficiat istud; aut si vultis vobiscum nostra partiri, mittite quod vobis datum est, in nostrum commune. » Alia atque alia apte disponit, atque præstitit; ac tandem imperatoris elogio concludit, « cujus, inquit, auxilio fretus, sum ista molitus, ac per hoc magis ipsius, quam meum est opus. »

123. Ut intelligantur verba, « cujus auxilio fretus, sum ista molitus, » explicanda sunt illa quibus « fiduciam imperialis præsentiæ » memorat in *Discordia* num. 5, eamque « fiduciam imperialis nil aliud quam quod justum est decernentis præsentiæ « appellat in sermone *de Octavis Paschæ* num. 4. Cum nimirum episcopus multis experimentis [CLIII] edoctus canonicis nihil fideret, quando beneficia abs se ipsis collata renuntiare visi sunt, vehementerque metueret ne potestates contra se laicas commoverent, ut memoratam fundationem, seu *Judicatum* irritum redderent; noluit eamdem fundationem prodire in publicum, nisi imperatoris favore ac patrocinio muniretur. Brevi eum Veronam accessurum sciebat, ut Ottoni II filio suo ex Germania in Italiam venienti occurreret. Occurrit autem Veronæ sub finem Octobris anni 967, hicque cum eo Omnium Sanctorum festum celebravit Kalendis Novembris (*Annal. Saxo,* anno 967). Hac ergo occasione *Judicatum* antea a se paratum imperatori significasse videtur, et sperasse fore ut illud Cæsar sua auctoritate protegeret, hacque « fiducia » ipsum subinde edidisse. Certe ut potestatibus cæteris, quas contra se et contra suam hanc fundationem canonici poterant excitare, frenum imponeretur, ab eodem imperatore insigne diploma obtinuit datum « Balsemate (est locus diœcesis Veronensis prope Mincium) Nonis Novembris anno Dominicæ incarnationis 967, imperii vero domni Othonis, piissimi Cæsaris 6, Indictione 11. » In *Qualitatis conjectura* num. 13, se nonnulla ab imperatore petiturum scripserat, quæ in hoc diplomate conceduntur. Non solum enim confirmantur privilegia Veronensi ecclesiæ ab antecessoribus concessa, verum etiam castella et personæ episcopatus a jure comitum et cæterarum inferiorum potestatum eximuntur. Ratherio autem speciale privilegium conceditur, quod « mundeburdium » vocatur, cujus vi adeo erat protectus, « ut si quis eum amplius, ut usque nunc, præsumpserit inquietare, aut rebellis existere, vel Deo contradixerit, quod suum ministerium est, exhibere, si clericus est, omnibus quæ habet in potestatem ipsius redactis, de ecclesia usque ad satis-

factionem legitimam atque condignam pellatur ; si servus, quod servorum est, subeat, et in potestatem ipsius ut ex debito maneat, » etc. Coercetur etiam omnis comitum et aliarum potestatum auctoritas, ne se in ea, quæ episcopi sunt, contra voluntatem ipsius ullatenus ingerant, aut clericum vel famulum ejus, ipso non concedente, in patrocinium recipiant, aut contra ea quæ episcopo statuenda videbuntur (uti fuit, quod in *Judicato* constituit), obtinentibus auxilium aut favorem præstent. Tandem libellarii [CLIV] contractus, commutationes et precariæ, quibus ecclesiæ bona dolose fuerant alienata, rescinduntur ; quod in votis episcopi fuisse ex *Qualitatis conjectura* loco laudato didicimus (V. sup. *n.* 109). Hæc, quæ ab imperatore Ratherius obtinuit, fiduciam ejus in imperiali præsentia non inanem fuisse demonstrant. Porro una cum imperiali præsentia duobus in locis antea indicatis jungit etiam synodum congregandam, in qua se quoque confidisse significat. « Licet nunc, inquit in *Discordiam* num. 5, fiducia imperialis præsentiæ et synodi adunandæ in propatulo sit designata ; » et similiter in sermone *De Octavis Paschæ* num. 4 : « Fiducia imperialis nil aliud quam quod justum est decernentis præsentiæ, et synodi congregandæ » etc. Quid fuerit justum illud, quod imperialis præsentia decrevit, ex memorato diplomate perspicuum fit. Satis ex hoc tutum videbatur quod episcopus in *Judicato* instituit.

124. Quænam vero fuerit « synodus congreganda, » et num aliquid circa Ratherii *Judicatum* egerit, nunc videndum. Judicatum quidem *chartæ* nomine auctor indicans in epist. 12 ad Ambrosium num. 4, « manu patriarchæ, et mea, omniumque nostræ provinciæ coepiscoporum firmatum tradit. » Ut nimirum ea fundatio non tam imperiali quam ecclesiastica potestate rata esset et firma, patriarchæ Aquileiensis metropolitani sui cæterorumque episcoporum hujus provinciæ subscriptionibus confirmandam curavit. Hos Veronæ convenisse, cum Otto imperator huc advenit, nihil est ambigendum. Id enim in more positum erat, ut episcopi imperatori in provinciam advenienti occurrerent, eidemque obsequium præstarent. Id autem multo magis præstandum erat Veronæ hac occasione, qua imperator filium suum e Germania in Italiam primo ingredientem ibidem recepit. Patriarchæ ergo et comprovincialium episcoporum Veronam confluentium coetus, quem Ratherius cogendum præsenserat, fuit illa « synodus congreganda, » quam cum imperatoris præsentia duobus in locis conjunxit ; eaque reipsa videtur coacta, cum patriarcha ac cæteri hujus provinciæ episcopi *Judicato* subscripserunt. Cum in utroque textu Ratherius synodum congregandam imperiali præsentiæ subjiciat ; hæc synodus statim post imperatoris discessum habita videri potest, antequam illi in suas sedes remigrarent. Hinc *Judicatum* antea [CLV] quidem a Ratherio paratum, non vero editum, nisi postquam imperatoris assensus, seu per memoratum diploma imperialis tuitio, necnon patriarchæ et episcoporum subscriptiones accesserunt. Nisi librarius ex Ratherii schedis hoc opusculum transcribens, chronicas notas et subscriptiones omisisset, sicut aliis quoque documentis nonnunquam accidit, certius tempus elucesceret (*Epist.* 12. *num.* 4). Missum fuit ad Ambrosium imperatoris cancellarium, ut suo quoque apud Cæsarem patrocinio negotium tueretur.

125. *Judicatum*, hac duplici tantaque auctoritate munitum, quis non satis tutum credidisset ? Hæc quidem erat etiam Ratherii « fiducia. » At spes omnis incassum cecidit. Imo discordia, quæ inter clericos et episcopum semper antea viguit quidem, sed clanculo serpebat, ex *Judicati* editione palam erupit, et episcopum aperte impetere cœpit. « Qui dicebant, inquit in *Discordia* num. 8, se non curare si quod de meo habebant, ab eis auferrem, neque ob hoc mihi minus fideles existerent, tantum eos de his, quibus eos interpellaveram (scilicet de redditibus inter ipsos olim divisis) inquietare cessarem ; securi nunc de mea cessatione (quantum ad laudatos redditus) de meo ab eis ob ingratitudinem illorum recepto me satagunt per potestatem quorumdam patrociniis inquietare. » Illi nimirum, ut obtinerent, ne Ratherius in sua bona ac redditus novam distributionem induceret, protestati fuerant, se non curare, si privarentur iis beneficiis, quæ ab ipso acceperant. Cum vero ex ipso *Judicato* explorate perspexissent, se satis securos in bonis et redditibus propriis, beneficia sibi olim collata et novissime ablata, tanquam sua repetere per potestatem studuerunt. In hanc rem patrocinia potentium captata, et aliquis ad imperatorem clam directus, qui Ratherium accusaret, et ipsum Cæsarem ad *Judicatum* episcopi rescindendum, quibuscunque rebus posset, permoveret. Hanc manifestam rebellionem statim post editum *Judicatum* erupisse liquet ex opusculo *de Clericis rebellibus*, quod (V. not. 1) scriptum fuit in Adventu anni 967. Eximia moderatio episcopi ibidem proditur, quippe qui cum rebelles tam manifestos tum canonica, tum imperiali auctoritate excommunicare et de ecclesia posset extrudere, divinam tamen misericordiam imitatus noluit. « Hac itaque de causa, ait num. 2, Apostolo conveniens. [CLVI] dicenti. » Estote imitatores Dei, sicut filii charissimi (*Ephes.* v, 17), « quos ille misericorditer, ut puto, exspectat, non ausus crudeliter insequi, spe forsitan, licet inani, conversionem mihi pollicens vestram, cum proposuissem vos uti rebelles .... ut et legaliter et imperialiter sancitum est, ab Ecclesia extrudere; pepercit animus diploide confusionis inducere (*Ibid.*). » Quid quod sciebat canonicos ad imperatorem nuntium misisse, qui contra se ageret ; ipse autem ex parte sua neminem mittendum credidit, totumque negotium divinæ providentiæ commisit. Canonicorum nuntius potentium patrociniis fultus ab imperatore obtinuisse credebatur, ut peculiaris ejus « missus » Veronam veniret, qui in utriusque partis momenta inquireret, et ad imperatorem referret. Quod si in hanc rem peculiaris « mis-

sus » Veronam directus non fuit, certe tamen duæ personæ Veronæ dominantes idipsum præstitisse videbimus circa Pascha anni sequentis 968. Interim Ratherius etsi noluit rebelles ex ecclesia pellere, id tamen ab eis petiit, ne in cathedrali sacra officia peragerent, sed aliam quamcunque ecclesiam eligerent. Id autem se expetere ait, non quod fraternitatem contemneret, sed quod « rustico illo monente exemplo, quo dicitur : » *Quod oculus non videt, cor non dolet*, « videtur, inquit, quædam et pernecessaria doloris fore levigatio, si eis non visis, qui mihi tanta mala fecerunt, et facere non desinunt, absit aliquantisper malorum ipsorum recordatio, dum auctores eorumdem quantulacunque obnubit oblivio. »

126. De epistola ad Martinum episcopum Ferrariensem, quæ pariter in Adventu anni 967 exarata fuit, pauca indicare sufficiet (V. *not.* 1, *in ep.* 10). Hunc Ratherius in Ravennate saltem concilio agnoverat. Reprehensionem suorum ille incurrerat duplici ex causa, quod pueros ætate canonica expertes ordinaret, idque pretio intercedente peragerct. Hæc epistola Ratherii zelum demonstrat, qui episcopi licet senioris vitia corrigere studuit.

[CLVII] § XIX. — *Acta anni* 968. *Ratherius Quadragesimæ tempore sermones habet de pace. Scribit libellum, cui titulus* : Discordia. *Canonici Romam mittunt nuntium, qui rescriptum pro ipsis retulit. Episcopus* Apologeticum *edit. Inquisitio contra eumdem. Alii sermones Ratherii, ejus Testamentum. Nanno, ut imperatoris missus, placitum habet contra eumdem, qui tribus epistolis de hoc placito queritur. Everaclus episcopus Leodicensis ipsum invitat. Is tandem episcopatum dimittit, et in Belgicum revertitur.*

127. Cum rebellio publice in dies contra episcopum effervesceret, is in omnibus sermonibus, quos in Quadragesima anni 968 ad populum habuit (*Discordia*, num. 7), rebelles ad pacem revocare intendit, quam sese cum ipsis libentissime initurum spopondit, « tantum in vera pace hoc vellent efficere. » Sed frustra. Id enim potius eorum augebat superbiam, et accendebat malitiam, adeo ut pejores in episcopum criminationes spargerent, quam quæ in *Qualitatis conjectura* nuperrime Ambrosio tradita referuntur. Has criminationes indicans in *Apologetico* num. 4 : « Quidam, ait, sive putatis, sive a se magis confictis me jaculant criminibus » : quæ num. 8 « tanta, talia, tam fœda, tam turpia, tam incredibilia, et ipsi etiam ætati meæ contraria » vocat. Cum itaque rebelles ad pacem non posset deducere, eadem Quadragesima lucubravit opusculum inscriptum, *Discordia inter ipsum et clericos*, quod dissidii initia et causas detegit. Quatuor hujus discordiæ causas memorat; 1° morum episcopi et clericorum dissimilitudinem ; 2° episcopi sollicitudinem in promovenda legum ecclesiasticarum observantia ; 3° ejusdem nisum, ut ex concilii Ravennatis ac Romani pontificis decreto, necnon imperatoris mandato clericorum mulierositatem tolleret, 4° quod minus æquam reddituum ecclesiasticorum divisionem, ex qua plura mala et scandala consequebantur, episcopus ferre non posset. Gesta refert synodi diœcesanæ post Ravennatense concilium coactæ; describit congressum post eamdem synodum cum canonicis habitum, [CLVIII] ut pauperioribus clericis provideret; et eorumdem molimina apud imperatorem indicat. Tandem suæ causæ fiduciam præferens, repetitis illis Job : *Causam quam nesciebam, diligentissime investigabam* (Job XXIX, 16), id unum se metuere ait, ne per potentium patrocinia atque malevolorum calumnias imperatore circumvento, sibi *miserrimo contingat, quod miseris contigit, de quibus legitur, illis, qui etiamsi apud Scythas causam dixissent, inculpati absque dubio dimissi fuissent.*

128. Hæc dum scribebat, imperatorem clericos adiisse persenserat ; ad Romanum vero pontificem eos pariter confugisse ignorabat. Verum illi, ut judicium institueretur contra Ratherium, quo rescinderetur ipsius *Judicatum*, et bona sibi ablata redderentur, imperatorem exorandum putarunt. Ut autem in posterum bona ad se pertinentia in tuto essent, et a jure episcoporum eximerentur, apostolicæ sedis auctoritatem implorandam censuere. Clam igitur Romam legatum direxerunt; et fortassis idem ille, qui ad comitatum missus fuerat, in mandatis habuit, ut, negotio apud imperatorem exacto, Romanum pontificem adiret (*Apologet.* num. 7). Is autem « quasi apostolicas litteras » retulit, quibus sub pœna anathematis interdicebatur, ne Ratherius aut successores ejus sese in res canonicorum intromitterent. Durioribus verbis hoc factum describit episcopus. Dum autem pretium in hanc rem intercessisse affirmat ; pecunia quidem corruptum non credimus ipsum Joannem XIII summum pontificem, cujus probitas pluribus testimoniis, et ab ipso etiam Ratherio commendatur (*Itiner.* n. 2). Canonici, qui divitiis pollebant, sicut pecunia potentium patrocinia aucupati, imperatoris animum Ratherio propensum subverterunt, ut deinceps patebit ; ita eadem arte Romanos quosdam patronos nacti, obtinuisse videntur, ut negotium Ratherio absente et inconsulto transigeretur, et apostolicæ litteræ contra ipsum scriberentur. Cum episcopus sese in bona et redditus clericorum cathedralis ecclesiæ intromittere studuit, mens ejus fuit, non ut quidquam ex iis, quæ ipsorum erant, decerperet, ac in alios usus traduceret, sed ut ex ipsis rebus, quæ generatim cathedralis ecclesiæ clericis legata fuerant, ita inter eos partirentur, ne inferiores premerentur inopia, et divinus cultus detrimentum caperet. Hac autem mente episcopi, hisque rerum circumstantiis [CLIX] non cognitis injustum videri poterat, eumdem episcopum, qui pluribus accusationibus ad imperatorem delatis male audiebat, in laudata bona ac redditus contra veterem consuetudinem velle novam distributionem inducere, cui ii ipsi inferiores clerici, quorum causa agebatur, obstabant. Hinc re-

scriptum, quo iidem redditus a potestate episcopi eximerentur, uti ea in hypothesi æquitatis plenum facile subripi potuit. Hujus rescripti notitia ante Pascha anni 968 Veronam allata fuit; siquidem Ratherius in *Apologetico*, quod instante Paschate anni ejusdem lucubratum fuit, istud factum « nuperrime » accidisse testatur-num. 7. Rodoaldi patriarchæ Aquileiensis sententia in eamdem rem hoc eodem anno subinde edita, cui tum alii episcopi, tum ipse Ratherius assensi fuisse traduntur, veluti commentitia in Appendice proferetur.

129. Otto imperator, cum anno præcedenti Veronæ fuit, aliquid argenti Ratherio episcopo dederat, ut basilicam sancti Zenonis reficeret. Multum incommodi ac sumptus hæc imperatoris præsentia attulerat episcopo, uti exploratum faciunt illa *Apologetici*. num. 2. « Postquam omnia, de quibus habueram victitare, ejus (Ottonis) obligurierat, non dico potentia, nego violentia, sed certe præsentia. » Forte in tacitam quamdam horum sumptuum compensationem Augustus, quidquid illud fuit argenti, episcopo tradidit eo nomine, ut laudatæ basilicæ reficiendæ inserviret. Cum mox episcopus omnia ad imperatoris mentem fuisset exsecutus, malignus cavillator, canonicus ille quidem, sed non (*V. not.* 13) Veronensis, Ratherii adversariorum fautor atque defensor præcipuus, tam rectum et justum opus in malum traducere seu interpretari contendit. Judæ enim imitatus exemplum, eam pecuniam in pauperes debuisse expendi dictitabat (*Matth.* xxvi, 9). Hæc censura *Apologetico* refellitur. Negat primo Ratherius se potuisse eam pecuniam in alium usum convertere, quam in eum, cui ab imperatore tradita fuit. Addit nullos Veronæ exstitisse pauperes, qui ita indigerent, ut pro eis ab ecclesiarum restructione supersedendum esset. Liberalitatem Veronensium laudat, qui ita erant in pauperes effusi, ut sine ullo delectu illis quoque largius tribuerent, qui crapulæ et ebrietati servirent; eosque etiam ad id ante horam, jejunii [CLX] quoque quadragesimalis tempore, compellerent. Quantum hisce pauperibus præferenda sit ecclesiarum restruendarum necessitas, demonstrat. Etenim « ecclesiæ istius patriæ, » inquit num. 5, « passim aut incendio paganorum (id est Hungarorum, qui hoc sæculo religione Ethnici, pluries in Italiam irruerunt) aut incuria pseudoepiscoporum (qui in Ratherii locum intrusi fuerant) sunt universæ aut penitus dirutæ, aut magna ex parte destructæ. » Hæc autem ecclesiarum restauratio et cura tota tunc temporis ad episcopum pertinebat. Is porro rebus pluribus, ac præsertim hospitibus ita erat gravatus, ut non haberet, unde satis congrue se atque domesticos aleret; ac propterea num. 2. « Nullos, gratias Deo, (pauperes) hic esse comperio, » inquit, « nisi, mirabile dictu ! incredibileque auditu ! me, et quos alere ut domesticos debueram ipse. » Cum itaque major esse ecclesiarum, quam cæterorum necessitas pauperum cur ipse; qui omnium pauperrimus restruendis ecclesiis ex suo non sufficiebat, in pauperes conferret illud imperiale munus, quod sancti Zenonis basilicæ reficien læ traditum fuerat ? Hac porro occasione de rebellione clericorum non pauca inserit. Multis agit de rescripto Roma novissime allato, quo cavebatur, ne in res clericorum sese ullo modo ingereret. Ipsum rescriptum, quo maxime angebatur, latiori quam par est interpretatione extendens, in eo « rerum » nomine non solum bona externa, verum etiam animas clericorum ab episcopi potestate subductas colligit; hinc vero quot absona et absurda consequerentur, latius prosequitur. Hæc illatio quam sit exorbitans, nemo non videt. Ea autem, quem recentissimi vis doloris expressit, condonanda est homini, qui clericos sibi parere renuentes, eoque rescripto elatos, contra episcopum alia atque alia moliri experiebatur.

130. Hos quidem gravius aliquid contra se machinatos eo quoque die Dominicæ cœnæ, quo illos communicavit, non obscure innuit sermone secundo de Paschate, quem ipso die Paschatis anni præsentis 968 habuit. Postquam enim omnem inimicitiam adjiciendam, et vel a læsis pacem ineundam evangelicis verbis ostendit, hæc addit num. 5: « Hujus, sed proh dolor ! consilii in tantum contempores quosdam conspexi, et utinam non illos præcipue, qui debuerant aliis bonum [CLXI] exemplum præbere, ut etiam ipsi, qui panem sanctum eis mittebat in ore dicendo : *Corpus Domini nostri Jesu Christi prosit tibi in vitam æternam*, non cessarent perditionis laqueos tendere, et quasi Pilato diebus eisdem, *Crucifige, crucifige* clamare, non recordati dicentis, Væ impio proditori, væ complicibus, hodieque in ecclesia, ejus. » Hos, ni resipiscant, Judæ imitatores futuros prænuntiat, in quem post buccellam introivit Satanas, « utique per pravi operis effectum, qui jam in eo per malignæ voluntatis erat affectum. »

131. Quid autem illi molirentur, statim post Pascha apparuit. Hac de re agit Ratherius in sermone *de Octavis Paschæ* num. 1. « Cum post buccellam, » inquit, « introisset in eos Satanas (*Joan.* xiii, 27) per operationem malignam, qui ante in eis jamdiu per intentionem fuerat pessimam; quasi audissent ab eo, qui eis eamdem porrexerat buccellam : *Quod facis, fac citius* (*Ibid.*), abhinc non cessaverunt quantocius exsequi, quod jam antea, præcipue tota ista quadragesima, fuerant machinati..... contra eumdem scilicet, quem me fore nemo utinam sciret, omnia insidiarum molimina, omnes falsissimas concinnationes in palam per quoscunque valuerunt mittentes, taliaque de eo fingentes, qualia nemo posset credere, nisi cui aut eadem, aut similia multa contigisset fecisse. « Subdit porro, quid in ipsa paschali hebdomada actum fuerit; unde rebellium

malignitas, et iniquum contra se molimen palam prodiit. Episcopales ædes partim hospitum causa, partim vicinorum malitia pessum ierant. « Hospitantes inibi vi et potestate non cessant, inquit illam (domum episcopalem) destruere, me non valente scilicet illorum alicui resistere..... imperiali cum constet eos de exercitu præsertim redire, vel ad illum venire. » Et post pauca : « In tantum illam, hospitantes in ea, destruunt potestative, ut si aliquis, cujus scilicet refert, illuc consideratum veniat famulorum, statim eum comprehendant, et gravissime flagellatum, loris constringant. » Hos hospites fuisse præsertim Bajuarios ex epistola 12 ad Ambrosium discimus, ubi etiam explicans, quinam fuerint « vicini » eamdem domum destruentes, « Bajuarii, inquit num. 4, et juxta positi clerici, et famuli præcipue destruunt. » Ostia « partim furto, » id est clam, « partim vi ablata » ibidem commemorat, et quadraginta fere libras in restaurationem ejusdem domus se expendisse testatur, sexiesque ostia restituisse; sed nihil [CLXII] profuit. Ea vero fuit inimicorum malignitas, ut qui ea damna patiebatur episcopus, eorumdem damnorum auctor traduceretur. Hæc una ex præcipuis accusationibus fuit, quæ ut satis probata ad imperatorem deferretur, in ipsa paschali hebdomada duæ personæ in urbe dominantes, pretio corruptæ, ad considerandam episcopalem domum circumductæ fuerunt. Una fuit [Vid. not. 5 in serm. de Oct. Paschæ] Nanno Veronæ comes Ratherio infensissimus, altera forsitan fuit vicecomes. Rebelles autem totam culpam rejicientes in episcopum, « me mendacissimi, ait num. 1 de Octavis, conductis consideratoribus accusant eamdem destruere, quasi possit esse credibile, ut quod ego tanto mei construxi dispendio, aut destruam ipse, aut destrui patiar sponte. » Hæc mala nonnulli eo referebant quod episcopus in episcopalibus ædibus non moraretur. Verum respondet in epistola 12 ad Ambrosium num. 4. « In ea (domo) illum versari inconvenientissimum fuit, ne aut comprehenderetur ut olim, aut, si se defendere conaretur, igne adhibito (quid enim vulgus Veronense non audet?) circumpositæ propter eum basilicæ cremarentur. Si neutrum vero contingeret, quid faceret, cum exeunte ex ea uno ex vestratibus (id est Germanis ad imperatoris exercitum proficiscentibus, vel exinde redeuntibus) principe, alter ei succederet, illi alius, alius item illi? Poteratne cum illis episcopus in una domo versari? » Idipsum aliis verbis tangit in sermone de Octavis Paschæ num. 2. Interim non destitit rebelles adhuc ad pacem hortari. Vide ipsum sermonem de Octavis Paschæ, alium post Pascha, et secundum de Ascensione Domini, qui hoc codem anno 968 recitati fuerunt

152. Anno eodem Ratherius Testamentum scripsit, cujus exordium pietatem spirat: legata vero cum pauperem potius quam opulentum declarant. In appendicula, quam ipsi postea addidit, dum se sperare ait « elongationem promissam, » hæc « elongatio » illa esse videtur, de qua in epistola 13 ad Adelaidem imperatricem ait : « Elongari potius salubriter, et habitare in monasterii mei desidero solitudine. » Cum scilicet tot tantisque Veronensium machinationibus vexatus, in episcopatu pacem sperare non posset, de eo tandem dimittendo cogitare cœpit : quem tamen cum sponte dimittere [Vid. supra n. 66.] illicitum crederet, imperiale præceptum, quo Verona cogeretur decedere, et ad monasterium posset redire [CLXIII] desiderasse, et hujus quidem præcepti indicium accepisse videtur, dum in hac appendicula « elongationi spromissæ » mentionem fecit.

153. Non diu sane dilata res fuit. Nanno enim Veronæ comes tanquam *missus de parte imperatoris* in festo commemorationis sancti Pauli die 30 Junii contra Ratherium placitum habuit. Ipsa beati Pauli apostoli solemnitate (uti legitur in epistola 12 num. 4) pene tota civitas adfuit, et sedens Nanno pro tribunali ita orsus est loqui. » Quatuor accusationum capita Nanno populo proposuit. Primum de prato juxta flumen Athesis, quod cum venientes et abeuntes non cessarent detundere, et vineta ei contigua devastarent; episcopus arari jusserat, ac in eo millium seminari. Nannoni autem interroganti, « Quid vobis videtur de isto prato, quem exaratum videtis ? responderunt unanimiter omnes : Pessime. » Secundum caput ad domum episcopalem spectabat. Nannoni vero quærenti : « Quid judicatis de ista domo, quam sic destructam videtis ? Culpa est episcopi, omnes respondent. Tertium caput Ratherii *Judicatum* respiciebat, quo beneficia quædam ingratis majoribus clericis, seu canonicis ab eo ablata, inopum clericorum sustentationi addicta fuerant. Quid, » inquit idem Nanno, « de istis clericis (id est majoribus), qui sua beneficia ita perdiderunt ? Exclamaverunt omnes : Nihil pejus. » Quartum caput fuit : « Quid de eo quod, si clericus, aut famulus ipsius per suam voluntatem non adit vocatus episcopum, ille suos baculares mittit, et per potestatem eum rapiunt, et ad episcopum ducunt? Hic, cum omnes illud Terentianum valuissent justissime respondere : O factum bene ! porcino magis universi concrepaverunt stridore. » Nanno tandem imperiali auctoritate sententiam tulit his verbis : « Missus vobis existo de parte imperatoris et dominæ meæ (nimirum Adelaidis imperatricis) ut si amodo aliquis illorum hoc agere fuerit ausus, ab omnibus ei resistatur pro viribus. » Ita rebellium animos contra episcopum acuit et excitavit. Mox vero *Judicatum* ejusdem episcopi plane irritum declaravit. « Cumque hoc dixisset, » addit Ratherius, « quidquid omnibus adversariis meis abstuleram, et per chartam vobis (id est Ambrosio) missam pauperculis cleri-

eis contuleram..... totum eis reddidit dicens, jurasse imperatorem, quod nunquam hoc stabile fore permitteret. » Quam tumultuarium et illegitimum [CLXIV] fuerit hoc placitum, in quo judex rebellium sententiam secutus est inaudito Ratherio, qui rebus pluribus poterat objectas criminationes refellere, facile quisque perspiciet.

154. Ex his episcopus magnum sibi periculum imminere intelligens, mox tres epistolas scripsit. Una data est ad Nannonem comitem, quam in annotationibus exaratam probavimus die prima Julii octava festi S. Joannis Baptistæ; altera ad Ambrosium imperatoris cancellarium; ad Adelaidem imperatricem tertia (Vid. *not.* I *in epist.* II). Nanno comes Bucconi successerat. Sed cum iste initio episcopo fuisset infensus (licet ipsi postea faverit); Ratherius ut Nannonis novi comitis gratiam sibi conciliaret, aliqua eidem munera impertitus videtur. Sed hæc fuere inutilia, propterea quod eamdem erga ipsum liberalitatem deinceps non exhibuit. « Ita enim est comparatum, inquit in epistola II, num. I, ut vetera subruas beneficia, nisi ea posterioribus fulcias. » Ratherii hostes locupletioribus muneribus eum sibi contra episcopum captivarunt. In epistola autem queritur prævaluisse adversariorum mendacia, ipsumque comitem eorum vitiis ac rebellioni cum animarum periculo patrocinium præstare : « Vos ipsas animas eis aufertis, dum presbyteros ad synodum venire, et legationem ipsius papæ de uxoribus dimittendis audire, et omnimodo episcopis obedire adeo prohibetis, ut eos more militum in vestris manibus recipiatis, et eis in omnibus abominationibus, quas contra Deum faciunt, patrocinium ferre nullatenus omittatis, et ita nostram interdictionem eos parvipendere faciatis. » Cum ille in placito non tam imperatoris quam imperatricis mandatum laudasset; illam quidem deceptam, et contra se fortius præoccupatam Ratherius innuit; at simul aliquam adhuc præfert in imperatore fiduciam, quem haud credit eorum beati (Job XXIX, 16), verborum immemorem : *Causam, quam nesciebam, diligentissime investigabam.* Hinc etiam addit : « Te precor sane, ut de parte piissimi semper mihi Cæsaris me terrificare, cum nequeatis, cessetis; millies enim vos magis formido quam ipsum. » Nihil scilicet dubitabat, quin imperator, si ipsam causam diligenter investigaret, calumnias et malignitatem detegeret.

155. In altera ad Ambrosium epistola (*Epist.* 12) primum refert quid post Ravennas concilium egerit, ut corruptos clericorum mores [CLXV] emendaret, quantumque isti Nannone patrocinante restiterint. Nannonis placitum describit, et singularum accusationum, quibus judicium innixum fuit, iniquitatem patefacit. Res tandem eo adductas ostendit, ut ni promptum afferatur remedium, de sua vita actum sit. Itaque rogat, ut de re tota imperatorem instruat, obtineatque imperiale rescriptum, quo tota conspiratio reprimatur.

156. Epistola tandem ad Adelaidem imperatricem hanc præsertim in Ratherium male præoccupatam præsumit (*Epist.* 15). Causa potior, quæ illam permoverat, ea fuisse videtur, quod ipsi persuasum fuerit, Ratherio episcopo res episcopatus Veronensis ita in dies detrimentum capere, ut si non amoveatur brevi omnia extremum exitium sint subitura. Huc spectant illa : « Si pro episcopatu hoc agitis. » Rogat vero, ut sinat saltem se tutum Veronæ consistere, quoad cathedralem ecclesiam perficiat. Cæterum se paratum exhibet ad dimittendum episcopatum, et ad monasterium suum repetendum. Ipsi autem imperatrici per falsas delationes subreptum, et suam causam exactius cognoscendam insinuat his postremis verbis : « O vero quam omnibus, qui in potestate sunt constituti, ut non semel vestræ dominationi suggessi, prodesset, si non tam præcipites ferrent sententias, sed illud beati Job attendissent : « Causam, quam nesciebam, diligentissime investigabam. » Timens porro ne his litteris imperatricem exacerbaret, additamento quodam brevissimo veluti post scripto sese excusare eo nomine studet, quia stomachu aloe amaro tumens, dulcedinem mellis eructare non potest.

157. Ex hac quidem epistola Ratherius magnas in angustias conjectus agnoscitur; cumque sedandorum rebellium, rerumque aliquando componendarum nulla spes affulgeret, despondens plane animo, dimittendi sponte episcopatus consilium, antequam vi pelleretur, mente volvere cœpit. Contrariis vero animi motibus conflictatus, ad Everaclum episcopum Leodicensem, et ad Fulcuinum abbatem Lobiensem litteras dedit. Baldrico Leodicensi antistite vita functo anno 959. Everaclus Bonensis Ecclesiæ decanus, quem alii Evracrum, seu Eraclium vocant, suffectus fuerat. Is autem restituendæ monasticæ regulæ studiosissimus, Lobiensi monasterio, cujus abbates [CLXVI] per hæc tempora erant ipsi Leodicenses episcopi, anno 960 proprium abbatem restituit, Aletranumque eidem cœnobio præfecit. Hic autem cum e vivis sublatus fuisset anno 965, Fulcuinus monachus subrogatus est. Igitur Ratherius ad Everaclum episcopum, quem antea noverat, quoddam munusculum cum litteris misit, quibus repetendæ patriæ et monasterii consilium, sed aliquot difficultatibus suspensum significavit. Ille autem epistolam reddidit, qua cum insigne de Ratherii virtutibus testimonium ponit, tum eum ad reditum in patriam enixe hortatur, et allicit (*Epist.* 14) : «Nativa vobis supplex tendit manus patria, ut redeatis invitat. Omnes quotquot sunt utriusque ordinis clericalis seu militaris, mente, voluntate, studio, voce, ut veniatis clamant; vos videre desiderant. Servitio vobis impendendo nec numerum, nec modum præfigimus ullum. Omnia nostra erunt in manu vestra, secundum quod animo vestro insederit, o dilecte Ratheri. »

158. Ad Fulcuinum vero noster episcopus non

tam litteras, quam librum direxit, qui in desiderio est. Audiatur idem Fulcuinus (*de Gest. abb. Lob.*, c. 28) : « Ratherius adhuc Veronæ erat, qui pertæsus civium insolentiam, simulque suspectam habens innatam illis et peculiarem perfidiam, de reditu cogitabat, proponens illud, quod in aliena patria sæpe quidem bene vivitur, sed male moritur. Mittit igitur ad Abbatem (erat ipse Fulcuinus) librum, quem prætitulavit *Conflictus duorum*, pro eo quod in eodem disputans, utrum reverteretur necne, anxius fluctuaret. » Inclinasse vero tandem in reditum ostendunt sequentia : « Simul et rogans (fortassis in epistola, qua laudatum librum miserat) ut mitterentur ei equi et comites, quo expeditius ad nos iter accelerare posset. » Annuit ocius Fulcuinus : « Factum est, inquit, missum est, venit ille. » Quod porro subjicit, « auferens secum auri et argenti non dicam pondera, sed, ut ipsius verbis utar, massas et acervos, » incredibile prorsus videtur. Quam Ratherius alienus in tota vita fuerit a divitiis congregandis, cum multa probant quæ de divitiarum contemptu ac liberalitate ejus aliquot in locis referuntur, tum vero illa Everacli episcopi Leodicensis in litteris ad ipsum Ratherium scripta, cum is in eo esset ut Veronam postremum desereret, luculenter testantur : « Non modo non rapuisti, sed nec quidem appetisti aliena : largitus [CLXVII] es propria, aliorum condolens miseriis, non felicitatibus invidens alienis. » In paupertatem sane ita erat propensus, ut « tam se velle diceret mori mendicum, ut alterius eleemosyna ejus contegatur cadaver. » Quanta autem sub Veronensis episcopatus finem esset ipsius pauperies atque egestas, ex Apologetico, quod paulo ante Pascha hujus anni 968 exaravit, audivimus. Quam porro angusta ipsi esset res familiaris, Testamentum hoc eodem anno scriptum demonstrat, in quo hæc de pecunia leguntur : « Denarii si mihi fuerint aliqui, ita volo fiant divisi. Una si fuerit libra, detur curatoribus funeris mei ; altera nisi defuerit, clericis ecclesiam possidentibus sanctæ Mariæ Consolatricis cum cæteris in eodem Judicato descriptis. Quidquid supererit, sive sit multum, quod non credo, sive parum, aut certe nihil, quod non discredo, habeat Martinus, loculorum nunc servator meorum, aut qui, quando obibo, tunc idem habuerit officium. » Qui tanta denariorum angustia laborabat anno 968, paulo antequam Verona discederet, quomodo hinc abiens afferre secum potuit « auri et argenti non dicam pondera, sed massas et acervos ? » Id si dixit Ratherius, haud dubie per ironiam more suo dixit. Si quid vero auri et argenti secum attulit, quod non videretur exiguum, id clericorum præsertim rebellium, quos valde divites et profusos vidimus, et Veronensium liberalitati tribuendum, qui scilicet ut sese ab episcopo sibi tam molesto et inviso aliquando expedirent, multis magnisque muneribus copiosoque viatico abeuntem prosecuti sint. Forte etiam Milo, qui ipsi in episcopatu successit, ut pacifice sedem obtineret, in eamdem rem aliquid contulit. Abiit autem Ratherius non multo post Nannonis placitum mense Julio, vel ad summum Augusto anni 968. Ex tabulario (*De' vesc. e gov. di Verona*, p. 123) enim ecclesiæ sancti Proculi editum est a Biancolino Milonis jam episcopi documentum cum his chronicis notis : « Anno imperii domini nostri Magni Ottonis septimo, filii ejus primo, indictione 11. » Sunt characteres anni 968, cumque hoc anno indictio 11 desierit mense Augusto, istud documentum scriptum liquet ante Septembrem, quo inchoavit indictio 12. Cum porro exstet aliud documentum mensis Maii anni ejusdem (DIONYS. *Collect. diplom.*, pag. 128), qui Ratherium Veronæ episcopum præfert, idemque Veronæ adhuc esset die 30 Junii, quo Nanno placitum habuit, necnon [CLXVIII] die prima Julii, quo ille ad Nannonem, Ambrosium et Adelaidem litteras dedit, ibidemque postea aliquandiu sit immoratus, quoad ad Everaclum et Fulcuinum datis epistolis, responsa et equos ad iter faciendum accepit ; palam fit eum abiisse sub finem Julii, vel initio Augusti, ac sub idem tempus Milonem, quocum multiplex fuerat de episcopatu contentio, in ejus locum successisse ante Septembrem.

§ XX. — *Ab Everaclo Leodicensi episcopo, et Fulcuino abbate Lobiensi receptus, aliquot abbatiolis præficitur. A Simoniaca emptione abbatiæ S. Amandi purgatur. Locus Præloquiorum, quo verum factum de hac abbatia exponitur, huc referendus. Abbatiæ Lobiensi ab Everaclo præponitur Fulcuino remoto, qui a Notkero Everacli successore restituitur. Ratherii mors, et annus mortis.*

139. Ratherium Everaclus episcopus Leodicensis, uti spoponderat, recepit quam humanissime, eique, Fulcuino teste, *Alnam villam* cum suis redditibus tradidit (*cap.* 28). Hanc eamdem villam ejusque abbatiam illam esse, quam post expulsionem ab episcopatu Leodicensi ad congruum vitæ subsidium a Baldrico Everacli prædecessore acceperat anno 955, satis probabiliter conjecimus § 11. Fulcuinus quoque abbas Lobiensis fratrum consensu eidem dedit *villas Stratam et Gosniacas et abbatiolam sancti Ursmari, et aliam quam Waslare monasterium vocabant*. Duo alia monasteria, id est, sancti Amandi et Altimontis, pecunia subinde mercatus ab eodem Fulcuino traditur, sed ita ut utrumque ex levitate mox deseruerit, Alnamque reversus sit. « A Lothario rege, inquit, est mercatus sancti Amandi abbatiam, quam vix una nocte potitus, eam (ut erat miræ levitatis vir) derelinquens, Alnam revertitur villam, quam munificentia domni episcopi promeruerat. Inde quoque simili modo monasterium, quod Altummontem nominant, dato magno pretio comparavit, ubi quidquid præcipuum sibi in ornamentis et vestimentis ecclesiasticis fuerat, quæque antea ipse ecclesiæ nostræ (Lobiensi) largitus fuerat, sed postea resumpserat, [CLXIX] facta donatione congessit. Hoc quoque derelicto, Alnam denuo revertitur. »

140. Cum nonnullæ simultates inter Ratherium et Fulcuinum subinde intercesserint, quas post nonnulla explicabimus ; in hisce duobus factis, quæ

Simoniacas emptiones præferunt, Fulcuino non leviter fidem adhibendam suspicatus est Mabillonius (t. VII *Act. SS. Ordin. Bened.*, pag. 479). « Ex aliis enim ejus » ( Ratherii) factis, inquit, « quantum Simoniam aversatus sit noster episcopus, intelligimus. Illud inter cætera exemplo sit, quod cum ex abbatiola quadam Veronensi ecclesiæ subjecta, quæ Magonzianus vocabatur, abbatem ob pravos mores, qui incenso ab Hungaris cœnobiolo solus illic residebat, expulisset, is Ratherium Geziaca lepra per internuntios conatus est inficere, hoc est, ut accepta ab eo pecunia sineret eum ibidem consistere . . . . . repulit pseudoabbatis Simoniacam oblationem Ratherius, ne Geziaca labe inficeretur. An idem ipse tentaturus fuisset, ut abbatias dato pretio sibi compararet? Certe id nequaquam verisimile videtur. Sed forsitan id hausit Fulcuinus ex adulantium relatu, quod ipse in Ratherium offensus non ægre credidit, et litteris mandavit. Sane idem Fulcuinus ob similem causam in Erluinum abbatem Gemblacensem non satis æquus fuit in cap. 26, ut suo loco ostendemus. » Hactenus Mabillonius. Aliud factum addi potest ex Confessionis libro, ubi Ratherius Oderadi Simoniacam emptionem gravissime detestatur. Adde quod incredibile est Ratherium utramque abbatiam tam cito deseruisse, si eas magno pretio comparasset; easque tanto crimine comparasse, cum nulla egestate premeretur, satisque sibi tum ab Everaclo, tum ab ipso Fulcuino provisum fuisset.

141. Certe quod de Simoniaca emptione abbatiæ sancti Amandi tradit Fulcuinus, ex iis quæ in Præloquiorum libro quinto num. 33 narrat Ratherius, falsum convincitur : « Lauduni namque cum essem, inquit, Nativitatis Domini die, rogavit me abbas, ut in festivitate sancti Stephani in capitulo sororum venirem, et (ut verbis ipsius loquar) eis aliquid boni dicerem. Annui, et post consuetam lectionem petita et accepta benedictione dixi : Rogatus aliquid boni vestræ dicere charitati, non invenio aliud, nisi qualecunque sit, quod ista nocte mihi contigerit, vestræ referam dominationi. Sollicitatus nimium heri pro recipienda provisione abbatiæ sancti Amandi, cum ad nocturnale officium vigilando, ut, proh [CLXX] nefas! sæpe somnians starem, dum lector ad eum pervenisset tractatus beati Hieronymi locum, ubi Dominus in Evangelio quibusdam præfatis prosequitur dicens . *Venient hæc omnia super generationem istam* (*Matth.* xxiii, 36); et ego explanatione ejusdem jam fati doctoris loc ita intellexissem, quod qui hodie fratrem suum, hoc est Christianum aliquem, injuste interficit, tanto majorem noxam sibi contrahit ab his qui ab Abel justo ad sanguinem Zach riæ filii Barachiæ aliquos occiderunt (*Luc.* xi, 51), quanto et illam (noxam) omnem pro consortio generationis utique habet, et suam insuper, quam imitatione commisit ipsorum. Cumque me hoc nimium terruisset, ut sæpe contingit; ex aliis alia colligens, et quod de homicidio sensum fuerat sentiri, et de cæteris criminibus ra-

tio evidens postularet valere, cœpi intra me dicere : Tune ergo debes abbas cum hujusmodi conscientia fieri? Monachus primum efficere, nam de præsulatu tum temporis exciderat, nisi quod et hunc indigne subierant multi. » Cum liber quintus *Præloquiorum*, in cujus fine hoc factum describitur, lucubratus fuerit ineunte anno 936, idem factum ad priores Ratherii annos pertinere nonnulli putarunt, antequam scilicet ille ad Veronensem episcopatum promoveretur. Verum eo tempore abbatiam Elnonensem sancti Amandi commendatam fuisse nobilibus viris laicis, qui abbatis locum tenebant, luculenter ostendimus § 2, num. 9, ac propterea ibidem probavimus factum ejusmodi non contigisse antequam Ratherius cum Præloquiorum librum scriberet. In posterius itaque tempus istud factum rejiciendum, uti sane post Veronensis episcopatus dimissionem illud retulit Fulcuinus, cui quidem tempori congruunt etiam illa Ratherii : « Nam de præsulatu tum temporis exciderat; » quia scilicet id factum accidit non juvenili illa ætate, in qua episcopatum nondum fuerat assecutus, sed eo tempore, cum dimisso jam episcopatu Veronensi de præsulatu non amplius cogitabat. Cum hoc quoque tempore concinit et anonymus poeta, qui seriem abbatum Elnonensium prosecutus est. Is enim idem factum narrat post Genulfi abbatis obitum, quem e vivis excessisse anno 969 constat ex chronico Elnonensi(MARTEN. et DURAND., *Anecd.* t. III). Hinc id factum, quod ipsi anno 969 assignandum agnoscitur, a Ratherio libris Præloquiorum posterius additum liquet. De eodem sane facto et Ratherium et Fulcuinum agere [CLXXI] manifestum fit ex mentione unius noctis, qua de eadem sancti Amandi abbatia actum fuisse uterque prodit. Totum discrimen in quibusdam circumstantiis situm est, quas Fulcuinus aliter, aliter Ratherius profert. Major autem Ratherio, qui sua vitia palam accusare, imo et aggravare, non vero minuere consuevit, est adhibenda fides. Ipsa porro facti descriptio apud Ratherium Simoniacam labem prorsus abstergit. « Sollicitatus, » enim traditur « pro recipienda provisione abbatiæ sancti Amandi, » in recitando autem nocturno officio a recipienda, quæ offerebatur, abbatia, meditatione quadam fuisse absterritum atque abductum. Nondum ergo eam abbatiam receperat, nec pretio fuerat mercatus, quam non ipse quæsivit, sed ut reciperet, ab aliis Lauduni irrite sollicitatus fuit. Deceptus itaque est Fulcuinus, cum Simoniacam emptionem referentibus credidit; ac deceptus item laudatus anonymus, sed multo recentior poeta, qui non solum eodem Simoniæ vitio notavit Ratherium, verum etiam eamdem abbatiam non a Ratherio sponte rejectam, sed fratribus expellentibus ipsi ad emptam his versibus tradidit (Apud MABILL. *Annal. Ben.* t. III, p. 557) :

 At vix ingressum fratrum commota caterva
 Ædibus extrudit, submovet atque domo.

Hujus autem abbatiæ sancti Amandi emptione exclusa, alterius quoque abbatiæ Altimontis emptio aliquo pari fuco Ratherio afficta, et a Fulcuino incaute ebilita satis videtur abstergi. Aliam etiam emptionem Fulcuinus c. 28 refert ecclesiæ sancti Dionysii, quam Ratherius « comite Rotberto emerat, viginti lib rarum taxato pretio. » Ex abusu ejus ætatis ecclesiæ, quæ redditus habebant, in militaris beneficii formam laicis tradi solebant. Illam sancti Dionysii, quæ in Rotberti comitis beneficium transierat, Ratherium viginti libris redemisse, et in jus ecclesiasticum voluisse restituere conjici potest.

142. Nunc simultatis, quæ Fulcuino cum Ratherio intercessit, ratio explicanda est. Rem sic exponit idem Fulcuinus. « Ipse » (Ratherius) « locum nostrum semper exsecrans, abbati » (Fulcuino) « insidias machinabatur, instigantibus eum ad hoc nonnullis. Quid multis morer? Ad hoc res venit, ut abbas cederet loco, sciens sic quoque [CLXXII] episcopum » (Everaclum) « velle, nam de eo nihil nostrum aliud est dicere. Ratherius ut ostenderet prioris inimicitiæ causas, locum invadit, et metuens abbatis animositatem, simulque cognationem ejus, quæ non erat infima, claustrum in modum castelli cingit, de mammona sibi, ut dicebat, residuo, quorumdam principum ad hoc empto adjutorio. Ecclesia quoque sancti Dionysii, quam emerat a comite Rotberto viginti librarum taxato pretio, hujus rei causa sponte caruit; nec quid, quantum, cuive ob id daret, quidquam pensi habuit. Quid plura? Annus ille sic ductus est, usque dum defunctus est Evracrus episcopus, et in loco ejus Notkerus successit . . . . qui nolens primordia sua levia, aut præcipitata haberi, evocatis abbatibus, Werinfredo videlicet a Stablaus, et H.riberto ab Andagino cum aliquibus fratribus, primum conspirationis exordia quærit, inventa trutinat et discutit, discussa demum judicio utitur. Ubi perspexit omnia esse frivola, fratres abbati reconciliavit, ipsum restituit. » Ex his duo manifeste eliciuntur. Primo dissidium aliquod non exiguum fuit inter monachos Lobienses et Fulcuinum eorum abbatem, cujus causa illi a Fulcuino aversati, Ratherium sibi abbatem poposcerunt. Dissidium satis declarant illa, quibus Fulcuinus non ante restitutus traditur quam ipsi fratres abbati reconciliarentur. « Fratres abbati reconciliavit, ipsum restituit. » Hos autem Ratherium expetiisse abbatem, imo etiam sollicitasse, ut eorum partibus favens, Fulcuini exclusionem procuraret, innuunt illa, « instigantibus eum ad hoc nonnullis. » Secundo nihil hac in re egit Ratherius sine auctoritate ejus episcopi, cui Lobiense monasterium suberat. Certe in institutione Ratherii nulla vi intercessit : ac propterea Fulcuinus non vi expulsus, sed « cessisse loco » traditur, « sciens sic quoque episcopum velle. » Ille igitur sese legitime institutum credidit : condonandaque est Fulcuino æmulo formula « invadit ; » quia « omnia, » quæ huic instituendo causam dederant, « frivola » ratus, ut posteriori judicio agnitum fuit, eum tanquam invasorem habuit. Solum postquam Ratherius legitima episcopi auctoritate abbas fuit institutus, metuens ne Fulcuinus ob animositatem et consanguineorum potentiam locum, cui cesserat, vi repeteret, claustrum in modum castelli cinxit, atque muneribus potentium patrocinia quæsivit : eademque de causa ecclesiam sancti Dionysii, [CLXXIII] quam viginti libris redemerat, dimisit. Vix anno in Lobiensis monasterii possessione fuit, quandiu scilicet vixit Everaclus episcopus, qui eum instituerat. Obiit autem Everaclus mense Novembri anni 971. Notkerus vero ipsi successit ineunte anno 972. Itaque Ratherius abbatiæ Lobiensi præfectus ineunte anno 971, Fulcuinus vero Notkeri judicio restitutus anno 972. Tum ille Alnam rediit; et subinde cum Fulcuino conciliatus, ibi dem reliquum vitæ tempus transegit sine querela.

143. Non multo autem post supervixit. Namurcum enim subinde digressus, « cum ibi forte apud comitem moraretur, decessit, » ut Fulcuinus (cap. 28) memoriæ prodidit. Mortem ejus quidam assignant anno 973. At præferendi sunt Sigebertus, ac præsertim Chronicon Lobiense, qui eum obiisse tradunt anno 974 (MARTEN. et DURAND, Anecd. t. III). Diem vigesimam quintam Aprilis emortualem ejus designat Chapeauvillus [CLXXIV] (t. I Gest. Pont. Tungren.; c. 45). Corpus ipsius ad Lobienses monachos delatum laudato Fulcuino teste, « Pontificalibus exsequiis solemniter celebratis, honorifice est tumulatum in ecclesia S. Ursmari ad partem aquilonarem. » Ecclesia hæc, ut notavit Mabillonius (Act. SS. O. B. t. VII, pag. 479), est locus cœmeterii Lobiensis, modo parœchialis, ubi omnes istius cœnobii viri illustres sepulti sunt, in colle sita, ad cujus pedes stat monasterium ad Sabim. Tumulo ejus hæc epigraphes insculpta, quam in calce Præloquiorum Ratherii exhibet codex Lobiensis :

VERSUS SUPER TUMULUM EJUS.

Veronæ Præsul, sed ter Ratherius exsul,
Ante cucullatus, Lobia postque tuus.
Nobilis, urbanus, pro tempore morigeratus,
Qui inscribi proprio hoc petiit tua uso.
Conculcate, pedes hominum, sal infatuatum;
Lector propitius subveniat precibus.

# RATHERII
### EPISCOPI VERONENSIS
## OPERUM PARS PRIMA
#### CONTINENS
## PRÆLOQUIORUM LIBROS ET OPUSCULA.

### ADMONITIO IN SEQUENTES PRÆLOQUIORUM LIBROS.

Libros Præloquiorum, seu Agonistici, cum aliis nonnullis Ratherii opusculis ex Lobiensi codice transcriptos P. Lucas Acherius memorat in notatione subjecta elencho tomi secundi primæ editionis Spicilegii, eosdemque typis sese daturum tomo tertio in monito ad Ratherii Opera pollicitus fuerat. Cum vero fidem non liberasset, iidem libri ex apographo, quod laudatus Acherius apud patres Benedictino-Parisienses S. Germani a Pratis reliquerat, curantibus PP. Edmundo Martene et Ursino Durando (tom. IX *Collect. Vet. Script et Mon.*, col. 787 et seqq.) prodierunt Parisiis anno 1733. Hi libri primi sunt qui ex Ratherii Operibus ad nos pervenerunt.

II. Fulcuinus de Gestis abbatum Lobiensium cap. 20, hos libros a Ratherio in exsilio scriptos testatur. « In illo sane, inquit, quo se Ratherius positum dixit exsilio, vacans episcopio edidit librum, quem appellavit *Agonisticon*. » Exsilium vero Papiense memorans Liutprandus, Ticinensis eo tempore Ecclesiæ diaconus, ejusdem operis (lib. III *Hist.*, c. 14) mentionem facit. » Ratherius..... episcopus ab eo (Hugone Italiæ rege) captus, Papiæ exsilio relegatur, in quo faceta satis urbanitate de exsilii sui ærumna librum componere cœpit, quem si quis legerit, nonnullas ibi hac sub occasione res expositas inveniet quæ legentium intellectui non minus placere possunt, quam prodesse. » Hæc, quæ ex Liutprando a Sigeberto aliisque pluribus exscripta fuerunt, sequentibus libris plane conveniunt. In his enim plura de suis ærumnis, quæ Liutprando erant exploratæ, Ratherius inspersit, multaque alia ex proposito disseruit, de quorum utilitate mox dicturi sumus. Exsilium porro, quo Papiam fuit relegatus, primum ipsius exsilium fuit. Cum autem Papiæ in carcere seu, ut ait in epist. 5, ad Joannem XII, n. 4, « in quadam Papiæ turricula diu steterit, » hoc opus ab eodem in ejusmodi carcere lucubratum dubitare non licet. Hinc non solum in prioribus libris ærumnas, quas in eodem carcere patiebatur, identidem ingerit; verum etiam in sexto et ultimo num. 9, ubi de quadam re agens, « quæ nudius tertius » acciderat, se adhuc « in carcere positum tradit. » Quod si duæ particulæ in ipsis libris inveniuntur quæ carceri non congruunt; hæ a Ratherio posterius additæ et insertæ fuisse dicendæ sunt. Una est quædam ipsius admonitio, quæ formam epistolæ ad Widonem et Sobbonem episcopos præferens, legitur libro quinto num. 12. Hanc vero Comi additam ostendemus notatione 38, in eumdem librum quintum. Altera est factum, quod Ratherio Laudunum contigit, descriptumque invenietur in eodem libro num. 32. Hoc vero ad posteriora ipsius tempora pertinere, cum Veronensem episcopatum jam penitus abdicasset, demonstravimus in auctoris Vita § 20.

III. Cum porro in Papiensem carcerem Ratherius fuerit adductus post Hugonis regis victoriam (vid. *Vit. Auct.* § 4 et 6.) Februario mense anni 935, ibidemque inclusus steterit duobus annis cum dimidio, id est usque ad Augustum circiter anni 937; jam hoc opus scriptum agnoscitur inter Februarium anni 935, et Augustum anni 937. Librum secundum scribebat mense Septembri anni 935, ut ex notatione 23 in eumdem palam fiet; librum vero quartum, in quo solemnitatem sanctorum Innocentium commemorat, lucubrabat sub finem anni ejusdem, ut patebit ex nota 70. Quinto tandem libro Ratherium dedisse operam ineunte anno 936 colliges ex not. 30.

IV. Hoc opus maxime utile *Agonisticum* vocavit, quia athletam Christianum instruit ad pugnam. Patet autem quam latissime: omnes enim cujuscunque gradus, conditionis, sexus et ætatis homines instruit. Hinc quidem id opus omnium locupletissimum, optimisque documentis refertum ab auctore maximi habitum est, adeo ut ejus exemplum gravissimis et « eruditissimis, quos noverat, miserit, Sobboni videlicet et Widoni archiepiscopis, Godescalco et Aurelio præsulibus, nec non et Brunoni et Rotberto Galliarum archiepiscopis nobilissimis, et in philosophicis studiis eruditissimis, ad extremum Frodoardo Rhemensi, » ut Fulcuinus testatur (*Gest. abb. Lob.*, c. 20). Supersunt adhuc epistolæ, quibus idem opus ad memoratos viros directum fuit, excepta illa ad Frodoardum Rhemensem, quæ desideratur.

V. Hosce libros sui potissimum causa se lucubrasse in præfatione affirmat, ut nimirum contra eas ærumnas, quibus cum in Papiensi carcere conflictabatur, se ipsum armaret. Alias duas scribendi causas notat libro sexto, num. 26. Prima est, ut ea, quæ multa lectione didicerat, retractando recoleret, ne forte e memoria mœrore debilitata exciderent. Secundam vero causam ejus verbis referre libet. « Secunda, inquit, ut, quia, ut dixi, desunt libri, desunt confabulantes socii, adest tristitia excrucians, mœror ipse animum indesinenter corrodens, haberem in hoc (opere) aliquod solatium, uterer eo quasi quodam colloquente amico, refoverer eo quodam veluti socio. »

VI. Animadvertendum tandem est auctorem nostrum ibidem affirmare se suasque vicissitudines in eodem quidem opere descripsisse, ea tamen cautione adhibita, ut non suos, sed aliorum casus recensere credi possit. « In præfationibus (hos Præloquiorum libros intelligit) quidem, ait, me pene totum depinxi, conditionem, genus, nomen, officium commissum, fortunam, si dici audeat, ipsam, tortorem ipsum quibusdam indiciis scriptitans meum ..... Quæ cum omnia quasi sub personis aliorum, ne facile valeant expiscari, videantur prolata, mihi tamen ita sunt aptata, ut mox fiant aperta, cum obtutibus fuerint præsentata. » Cum vero non solum adversariorum, sed aliorum etiam, et multorum, et maximæ quoque tum sæcularis, tum ecclesiasticæ dignitatis-hominum vitia carpat; ne quam tamen offenderet, propriis ipsorum nominibus pepercit. « Cauto, » inquit in procœmio libri tertii, « gradientes vestigio, sic tangamus dignitatis chordam, ut citharœdi taceamus personam; sic alloquamur ordinem, ut ordinati omittamus nomen. » Hinc etiam quædam gesta leviter tantum innuit, aliaque vix indicata abrumpit. Quo respiciens libro quinto num. 12 ait: « Sermonem quidem hinc texere satis possumus longum, sed multo magis hic eum censemus devorandum propter illud quod in præfatione nos superioris libelli meminisse recordamur periculum, ne quod videlicet pariat nobis ipsa veritas odium. Supprimantur hic ergo tam infanda talium acta, ne si fortuitu insolenti relatu producta proferri cogantur agentium vocabula, maximam discordiæ turbam (sint) factura. » Multa idcirco perobscura et explicatu difficilia occurrunt: cumque documenta hujus ætatis, quæ lucem afferant, perpauca supersint; magno licet studio adhibito, nihil quandoque certi producere licuit, solisque conjecturis indulgendum fuit. Non modicum etiam laborem attulit textus, qui cum luxatus alicubi, ac non paucis, nec levibus vocum mendis, et depravata quoque interpunctione vitiosissimus esset, nullum identidem et obscurissimum frequenter sensum reddebat. Meliorem interpunctionem, et quæ tute emendari potuerunt, in textum inserere non dubitavimus. Cæteras emendationes non ita certas, et voces quasdam, quæ supplendæ visæ sunt, vel in marginem, vel in notationes rejecimus.

# RATHERII

EPISCOPI VERONENSIS

# PRÆLOQUIORUM

## LIBRI SEX.

(7*) *Meditationes cordis in exsilio cujusdam Ratherii Veronensis quidem Ecclesiæ episcopi, sed Lobiensis monachi, quas in sex digestas libellos volumen censuit appellari* Præloquiorum, *eo quod ejusdem quoddam præloquantur opusculum, quod vocatur* Agonisticum.

## INCIPIT PRÆFATIO.

Vacanti (8) mihi, et congruentia temporis, (9) situs et causa pariter arridente, visum est pauca in nomine Domini, ex innumerabilibus divinæ auctoritatis medicaminibus, in isto libello congerere, quibus athleta Dei in hoc sæculi (10) schemate cum adversario luctaturus, viribus jam exertis, lacertis excussis, quotidie perungatur, quo certans legitime, coronam mereatur victoriæ. Quod ut perspicacius cuilibet. 10 forsitan minus libenter hæc ita

A cupienti expropriem, conabor, inquam, quantum Deus dederit, piæ verba supplicationis unde unde colligere, quibus agonitheta noster, (11) imperatorem palæstritam, editiores spectatores, suæque partis fautores alloquens, sibi ut faveant, inimicum ut formidine, ictibus, pariterque clamore perterrefaciant, exoret. Noverit autem lector, sive quilibet decursor ejus [*subaudi* libelli], illi potissimum eumdem congruere, qui omnibus sollicitudinibus sæculi præ-

(7*) Hunc titulum ipse Ratherius præfixit, quem Fulcuinus de Gestis abbatum Lobiensium c. 20, tom. II Spicil. Acheriani, col. 736, novissimæ editionis Parisiensis paulo aliter recitat sic: *Meditationes cordis cujusdam Ratherii Veronensis quidem episcopi, sed Laubiensis monachi: quamvis ex digestis* B *schedulis volumen censuit appellari Præloquiorum, quod vocatur Agonisticon.*

(8) *Mihi scilicet vacanti ab episcopatus curis*; unde Fulcuinus loco laudato ait: *In illo sane quo se Ratherius positum dixit exsilio, vacans episcopio, edidit librum, quem appellavit* Agonisticon.

(9) *Id est et causa situs pariter arridente*, nimirum quia Papiensis carcer, in quo omni terrenarum rerum cura ac sollicitudine vacabat, pariter favebat.

(10) Vox *schemate* sumpta videtur a Ratherio ex

illo Pauli I Cor. vii 31, παράγει γὰρ τὸ σχῆμα κόσμου τούτου, *præterit schema hujus mundi;* ubi *schema* figuram seu speciem apparentem significat. Quare *in hoc sæculi schemate* idem est ac in hoc sæculo, cujus figura seu species brevi apparet, et præterit.

(11) Insistit allegoriæ luctarum, in quibus alius alium prosternere et vincere nitebatur. *Imperator palæstrita* hic intelligitur Deus, qui Christianis cum diabolo luctantibus opem præstans, una cum iisdem luctatur. *Editiores spectatores* angeli et sancti indicantur. Concinunt illa libri sexti num. 23, ubi ait: *His piæ voluntatis conatibus si te in campo prius exercueris operationis, invictum, fateor, athletam imperatori palæstritæ, editioribus spectatoribusque exhibes cunctis.*

sentis exutus, cunctisque rerum transeuntium, quæ speculam mentis obtenebrant, curis 11 penitus exoccupatus, sive ob veram philosophiam sectandam, seu pro justitiæ veritatisque defensione, quod proprie beatorum est (*Matth.* v, 10) ipso Domino teste, vel, ut sæpe assolet, (12) pro suæ alicujus culpæ emendatione aliquo recluditur sua sponte, aut alterius jussione. Quem [*scilicet libellum*] mei quidem causa descriptum, plurimis vero si dignentur necessarium, si quis in aliquo sibi expertus fuerit utilem, mecum, precor, ut vocitet Agonisticum sive medicinalem. Nempe et ad pugnam suasorium, et ad medicinam utillimum invenire poterit, si ea quæ continet, ut sunt, judicare velit. Nam ex uno latere te ad pugnam provocat; ex altero inflictas ab adversario plagas, solu mirificæ artis medetur et curat. Hinc fortem et robustum incitat ad prælium, illinc fractum et enervem reformat, et reparat elisum. Nunc humilem et timidum ut audeat erigit, nunc elatum et de suis viribus præsumentem arguendo humiliat, et de cujus viribus debeat præsumere monstrat. Modo tollit securitatem segniter vacantium, modo pandit remunerationem fortiter dimicantium. Nunc prædicit tentationum pugnam, nunc promittit victoriæ palmam. Age itaque nunc, aggredere cursum regendo, et cuncta hæc an ita se habeant, per temetipsum explorato; nil pene meum, quod fastidium gignere debeat, invenies; cuncta ex sanctorum Patrum dictis deflorata reperies. Primitus istam, si libet, admonitionem præfationis, seni*s* distinctam præloquiorum libellis, brevem satis quidem, quantum ad rem, æstimatione vero paulo verbosiorem releges.

Foritsan enim istic aliquod capies emolumentum, quod tuum ad sequentia accendat desiderium, imo demonstret ad liquidum, cujus rei gratia nobis edere libuerit istum. Obsecro præterea, et obtestor te, lector, sive transcriptor operis istius, per viventem in sæcula, et ejus tremendum examen, perque illam charitatem, qua « Deus dilexit nos, et tradidit semetipsum pro nobis oblationem et hostiam Domino in odorem suavitatis (*Ephes.* v, 2), » ut hoc quod hic cautelæ gratia præmitto, nequaquam omiseris, si quando aut ad legendum, aut ad describendum idem operam dederis. Quædam in istis opusculis invenientur, quæ nec auctor ipse penitus approbat, ut sunt (verbi gratia) ea, quæ de cujusdam (13) Origenis gestis, vel passionibus in libris tertio et quarto commemorat; sed quia occasione horum, magis divinæ auctoritatis testimoniis idem est opus suffultum, da veniam, quæso, lector, partim visa, partim audita, partim ambigua, partim comperta narranti, non curans de gestorum (14) continentia, vera, falsa sit, aut dubia, 12 dummodo veritatem, sanamque doctrinam sermonum tanto libentius percipias, quanto minus a tramite rectitudinis deviare consideras.

Continet istud vero Præloquium I [*id est* sequens Præloquium] Privatum quemlibet, II. Militem, III. Artificem, IV. Medicum, V. Negotiatorem, VI. Causidicum, VII. Judicem, VIII. Testem, IX Procuratorem, X. Patronum, XI Mercenarium, XII. Consiliarium, XIII. Dominum, XIV. Servum, XV. Magistrum, XVI. Discipulum, XVII. Divitem, XVIII. Mediocrem, XIX. Mendicum.

(12) Duo hominum genera distinguit, qui pro emendatione alicujus culpæ alicubi recludebantur. Alii enim reclu'ebantur *sua sponte*, alii vero *alterius jussione* Primi erant ii, qui pœnitentiæ causa, aut more solito iniis in monasteria secedebant, et dicebantur *inclusi*, seu *reclusi*, de quibus vide in his vocibus Caugium: ali i, qui aliqua de causa detrudebantur in car cerem. Inter hos fuit ipse Ratherius; se enim ab Hugone rege in Papiensi turricula non sine aliqua sua culpa inclusum fuisse testatur in epist. 5, ad Joannem pontificem num. 4, quia nimirum Arnoldo Bajoariorum duci contra Hugonem favisse videri potuit, de quo plura disseruimus in auctoris Vita § 4.

(13) *Origenis cujusdam* nomine Ratherius se ipsum significare videtur; is enim ille est, cujus *gesta vel passiones in libris tertio et quarto commemorat*. Vide librum tertium num. 13 et seqq., ac in eumdem not. 10, et librum quartum fere totum.

(14) *De continentia gestorum*, id est de iis gestis quæ in his Præloquiorum libris continentur.

## INCIPIT LIBER PRIMUS.

1. Dominica præcepta cum omni generaliter Ecclesiæ congruant omnia, quædam tamen specialiter singulis pro temporum, ordinum, conditionum, ætatum, morum, affectuum, sexuum, sive causarum diversitate conveniunt singula. In pace etenim dari præcipitur tunica (*Matth.* v, 40), cum in persecutione poni jubeatur ipsa etiam pro fratre anima (*I Joan.* III, 16). Dicente autem Domino : « Vende omnia quæ habes, et da pauperibus, et veni sequere me (*Matth.* XIX, 21), » si omnes istud stat*i*m implerent, quis terram excoleret? Rursum si omnes uxores relinquerent, unde propago subsisteret? Dicente autem : « Date eleemosynam (*Luc.* XII, 33), » quid dabit, qui nihil sibi retinuit? Dicens vero : « Omni petenti te tribue, » ut (15) Matthæo videtur, omnibus convenit, cunctis suasit, nullum dimisit. Si enim habes quod des, da, ne moreris; si non habes, da teipsum, præbe benignum munificæ mentis affectum. « Gloria enim in excelsis Deo, et in terra pax hominibus bonæ voluntatis (*Luc.* II, 14); » et Psalmista : « In me sunt, » inquit, « Deus, vota tua (*Psal.* LV, 12). » Rursus dicendo : « Diliges Dominum Deum

(15) Hoc loco Ratherius, qui libris carebat, memoria lapsus Matthæum allegavit pro Luca, apud quem c. VII, vers. 30, recitatum testimonium legitur.

tuum ex toto corde tuo, et ex tota mente tua, et ex omnibus viribus tuis, et proximum tuum sicut teipsum, et non furaberis, et non occides, non mœchaberis, non falsum testimonium dices, non concupisces rem aut uxorem proximi tui (*Luc.* x, 17); » omnes alloquitur, juvenes et senes, mares et feminas, servos et liberos, divites et pauperes, clericos et laicos, nulli parcit, neminem excludit, omnes comprehendit. Nullus his prævaricatis innocens, nemo ista committere valet sine crimine. Videtur itaque hujusmodi (16) esse distantia.

### Tit. I. — *Christiani officia.*

2. Vis esse Christianus, bonus Christianus de multis Christianis, de populo, de cœtu, de concione, de plebe, de circumforaneis, de agrestibus? Esto laborator non solum justus, sed et assiduus, tuis contentus, nullum fraudans, neminem lædens, neminem vituperans, non aliquem calumnians. Time Deum, sanctos precare, ecclesiam frequenta, sacerdotes honora, decimas et primitias laborum tuorum Deo offer, eleemosynas pro viribus facito, uxorem dilige, præter ipsam nullam cognosce, ab ipsa etiam certis, id est festis et jejuniorum diebus, cum ipsius consensu pro Dei timore te contine, filios in Dei timore educa, infirmos visita, mortuos sepeli; quod tibi vis, alii impende; quod vero tibi fieri non vis, ne alieno feceris.

### Tit. II. — *De militibus.*

3. Miles es: præter ista, audi quid dicit Joannes Baptista: « Neminem, » inquiens, « concutiatis, neque calumniam faciatis alicui, et contenti estote stipendiis vestris (*Luc.* III, 14). » Quodsi non vales militando acquirere stipendium, laborando manibus sectare victum, et fuge prædam, cave homicidium, devita sacrilegium. Quod, inquis, sacrilegium? Illud nimirum, illud quod quam terribiliter Psalmista commemorat, audi: « Qui dixerunt: Hæreditate possideamus sanctuarium Dei; Deus meus, pone illos ut rotam, et sicut stipulam ante faciem venti; sicut ignis qui comburit silvam, et sicut flamma comburens montes, ita persequeris illos in virtute tua, et in ira tua turbabis eos, etc » (*Psal.* LXXXII, 13) Sanctuarium autem Domini est (17), quidquid Domino oblatum, ad ejus pertinet domum. Sic enim habes, Moyse dicente: « Omne quod offertur Domino sanctum, sanctorum est Domini, et ad jus pertinet sacerdotum (*Lev.* XVIII, 25). » Præda vero quantum Deo displiceat, audi: « Propter miseriam inopum et gemitum pauperum nunc exsurgam, dicit Dominus (*Psal.* II, 6). » Exsurgens vero, id est, ad vindictam se præparans, quid ipse agat, manifestat dicens: « Dominus autem non faciet vindictam electorum suorum clamantium ad se, et patientiam habebit in illis. amen dico vobis, quia cito faciet

(16) Locus corruptus, vel hiulcus: sensus autem hic esse videtur: Itaque in rebus hujusmodi nulla videtur inter homines esse distantia, seu nullum discrimen. Non absimili sensu inferius num. 17, ex Deuteronomii cap. I, vers. 16: *Nulla sit distantia personarum.*

vindictam illorum (*Luc.* XVIII, 8). » Vindicta autem hujusmodi quæ sit, audi: « Vindicta, » inquit, « carnis impii ignis et vermes (*Eccli.* VII, 19). » Ac tunc erit, inquis, ignis, sed exstinguibilis, vermes, sed mortales. Propheta e contra: « Vermis, ait, eorum non morietur, et ignis non exstinguetur (*Isai.* LXVI, 24). » Carne autem totum hominem expressum accipe a parte minori, sicut sæpe in Scripturis per animam solam intelligitur a parte majori. Itemque: « Non accipiet Dominus personam in paupere, et deprecationem læsi exaudiet. Non despiciet preces pupilli, nec viduam, si effundat loquelam gemitus. Nonne lacrymæ viduæ ad maxillam ejus ascendunt [*l.* descendunt], et exclamatio ejus super deducentem eas? A maxilla enim ascendunt usque ad cœlum, et Dominus exauditor non delectabitur in illis (*Eccli.* XXXV, 16). « Denique » panis egentium vita pauperis est; qui defraudat illum, homo sanguinis est; qui aufert in sudore panem, quasi qui occidit proximum suum (*Eccli.* XXXIV, 25, 26). » Sanctus autem at apostolus Joannes: « Quia omnis homicida non habet hæreditatem in regno Christi et Dei (*I Joan.* III, 15). »

4. Sed forte Domino dicente: *Facite vobis amicos de mammona iniquitatis* (*Luc.* XVI, 9), putas te ex eadem rapina redimi posse. Audi eumdem qui supra: *Immolantis,* inquit, *ex iniquo, oblatio est maculata, et non sunt beneplacitæ subsannationes injustorum;* itemque: *Dona iniquorum non probat* A *tissimus, nec respicit in oblationibus iniquorum, nec in multitudine sacrificiorum eorum propitiabitur peccatis. Qui enim offert sacrificium ex substantia pauperis, quasi qui victimat filium in conspectu patris sui* (*Eccli.* XXXIV, 21-24). Unde et Maximus de jejunio agens: « Quid prodest, inquit, proprium non edere panem, et vicum diripere miserorum? » Itemque: « Recte, inquit, denarium dabis pauperi; si illum alteri non abstulisti. » Rursus vero qui supra: *Noli offerre munera prava; non enim suscipiet illa Deus, quoniam Dominus judex est, et non est apud illum gloriatio personæ* (*Eccli.* XXXV, 14). Propheta quoque: *Væ,* inquit *qui prædaris, nonne et ipse prædaberis?* (*Isai.* XXXIII, 1.) Job etiam: *Anima,* ait, *vulneratorum clamabit, et Dominus inultum abire non patitur* (*Job* XIV, 12). Et vere: *Tibi enim,* dicit Psalmista, *derelictus est pauper, pupillo tu eris adjutor* (*Psal.* IX, 34). Hæc pauca itaque cum infinitis divinæ legis testimoniis conferens, ita exerce temporaliter militiam, ut æternaliter viventem nequaquam perdas animam.

### Tit. III. — *De artificibus.*

5. Artifex es? Audi: *Deprecatio artificum in operatione artis, accommodantes animam, et conquirentes in lege Altissimi* (*Eccli.* XXXVIII, 39); ut intelligas ipsis tuis operibus te posse Deo offerre acceptabilem laudem, orationum videlicet, si Deo accommo

(17) Hoc loco abusum videtur perstringere, quo oblationes Dei ecclesiis factæ, nutilibus, seu nobilibus laicis in beneficium tradebantur. Ita in opusculo de sancto Metrone num. 3, loquens de Veronensi ecclesia S. Vitalis, ejus redditibus milites donatos queritur. Confer ibidem not. 16.

dare animam, legem requirere studeas Altissimi in custodiendo sermones ejus præcepti : quod fit, si ipsum artificium, dum adest tibi ad corporis subsidium, satagas ut sit aliquod et animæ suffragium. Ex ipso denique fac eleemosynas, da Domino decimas. Memento quia ex omnibus quæ contulit, semper quod suum est exigit. Time, ne si illi tuleris partem suam, tibi potius adimas tuam, præsentem scilicet et futuram.

### Tit. IV. — *De medicis*.

6. Et ut a genere, aliquem artificum commorendo transeamus ad speciem, medicus es ? Audi etiam juxta litteram tibi præcipientem Dominum : *Medice, cura te ipsum* (*Luc.* IV, 23), id est, dum in aliis curas ægritudinem corporum, satage in te valetudinem mederi morum. Quod fit, si ipso medendi ingenio servire studeas Creatori tuo ; erga pauperes eo utens præcepto, quod Dominus dicit in Evangelio : *Gratis accepistis, gratis date* (*Matth.* x, 8); erga divites illo Apostoli (18) : *Nemo circumveniat in negotio fratrem suum, quoniam vindex est Dominus de omnibus* (*I Thess.* IV, 6), etc. ; ut videlicet pauperibus gratis pro Dei amore misericorditer subvenias, divitibus vero pro mercede accepta medelam fideliter impendas, ne Deum vindicem eos circumveniens sentias. At tu, non gratis, inquis, accepi, ut dicis ; quia et magistros mercede, et species medicaminum pretio emi, vigiliis quoque multisque laboribus, medicinæ infirmorumque causa, sæpissime afficior. Dominus contra : *Sine me*, inquit, *nihil potestis* **15** *facere* (*Joan.* 15, 4). Apostolus quoque : *Quid habes, quod non accepisti?* (*I Cor.* IV, 7.) iterumque : *Quis prior dedit ei et retribuetur ei?* (*Rom.* II, 35.) Jacobus etiam : *Omne,* ait, *datum optimum, et omne donum perfectum desursum est* (*Zach.* I, 17). Nam quasi te modo Deus conveniat, quis tibi, inquiens, dedit, quam largitus es mercedem? nonne ego? Magistro tuo scientiam instruendi, tibi intellectum capiendi ? nonne ego ? An mente excedit : *Omnis sapientia a Domino Deo est?* (*Eccli.* I, 1.) Voluntatem quoque, qua te saltem pro mercede doceret, si ego penitus avertissem, quis dare poterat ? Pretium pro medicaminibus collatum quis tibi ut dares concessit ? Facultate, affectu, atque solamine in laboribus cujus ope frueris ? Ad postremum te operante quis effectum tribuit operi ? Nonne in multis expertus es tuum laborem nil valere, nisi ego salutem decreverim præstare ? Cum e duobus alterum, id est in morbo consimili, medicamen recuperavit ad vitam, alterum destinavit ad sepulturam, omnia vero hæc tibi unde ? quibus tuis meritis ? qua prærogativa ? quo præmio ? quibus obsequiis ? Me ergo, me munerum largitorem, me operum intelligens dispunctorem, ita hanc humiliter, charitative, prudenter atque cautissime exsequere artem, ut me utrique cogites præsentem, quatenus et hic effectu potiri operis proficuo, et illic remunerari pro labore merearis proprio.

7. Discretionem quoque inter lucem et tenebras, inter veritatem et falsitatem, inter opera diaboli et benignitatem Dei non modicam esse sentiens, quid ad medicinam, quid pertineat cogita ad maleficorum fallaciam. Pigmentis (19) enim, herbis, diversisque creaturæ speciebus ea in nomine ejus exsequi, quæ peritissimorum ab eo inspirata invenit solertia, ad medicos ; auguriis, præcantationibus, vel aliis sacrilegarum observationum superstitionibus uti pertinet ad mathematicos, vel Marsos (20). Mathematicorum genus est in Africa, cui non nocent serpentes ; et quando volunt filios suos probare, utrum sui sint, an non, mittunt illos inter serpentes, et si sunt extranei generis, illos devorant serpentes. Aliter Psylli (21) in Africa, Marsi fuerunt in Italia incantatores serpentium, qui eos aut interficiebant, aut nocere non sinebant. Carbunculi enim, vel malæ pustulæ, quem malum vulgo dicunt *malampnum* (22) remedium est, ut dicunt, si herba, quæ specialiter francloquo dicitur radix (23) sermone, optime trita, atque extorta, eidem superponatur, usque ad eamdem qua **16** posita fuerat horam super vulnus mansura, observato scilicet ut simul succus radicis eidem in haustum ægro tribuatur, ne scilicet virus ad cor redeat introrsus, incessanterque usque ad horam qua positum est, paulatim, ne forsitan fastidium generet, in esum quantum potest, sumatur. Quiddam vero infandum, hic nec commemorandum, in schedula instar coronæ conscriptum, et vulneri incantandis serpentibus erant celebres, meminit Plinius loco laudato. Illorum corporibus ingenitum tradebatur venenum, cujus odore sopiebantur serpentes. Marsi autem saliva serpentum morsibus medebantur. Hinc aliter Psylli, aliter Marsi fuisse dicuntur incantatores serpentum : quia Psylli serpentes odore interficiebant, Marsi autem saliva eos non sinebant nocere.

(22) In historia translationis S. Augustini et sociorum sæculo VI Benedictino a Mabillonio inserta part. II, pag. 758, hæc leguntur : *Carbunculus, quod malum Franci per antiphrasin bonum malamnum vocant*. Hinc apud Ratherium corrigendum videtur *quod malum pro quem malum*, nisi relativum *quem* ad *carbunculum* referendum, et *malum* non substantivi, sed adjectivi loco accipiendum, et cum substantivo *malampnum* copulandum existimes.

(23) *Radix* Italice *radicchio*, Latine *cichorium*.

---

(18) Legebatur *illius apostoli*, mendose. Correctionem exigit contextus. Sicut in præcedentibus dixit, *eo utens præcepto* Evangelii, ita hic subauditur *utens præcepto* ante voces *illo apostoli*.

(19) *Pigmentum* pro potione medica ex diversis speciebus confecta accipitur.

(20) Erat in vulgatis *Marsorum*, corrupte ; nam Marsi non in Africa, sed, ut vel ipse auctor paulo post subdit, in Italia exstiterunt. Cum vero ante Marsos mox nominaverit mathematicos, *mathematicorum* correximus, quorum genus, seu species peculiaris in Africa hic describitur. Hos quidem proprio nomine non *Marsos*, sed *Psyllos* in Africa post pauca nominat ; quibus sane Plinius lib. VII, c. 2, similia tribuit. Tradit enim Psyllos populos Africæ a Psyllo rege nuncupatos, in more habuisse natos objicere serpentibus, ut uxorum pudicitiam experirentur.

(21) Psyllorum Africæ, et Marsorum Italiæ, qui

superpositum, licet idem videatur præstare, nullum confert remedium, quia est maleficium, sed animæ lethale nimium affert periculum. Sed quid, quod talia veram persæpe videntur corporis sanitatem afferre? Ego, imo ipsa ratio econtra. Quid quod diabolus, cum nunquam in veritate Domino steterit teste, sæpe videtur vera dicere? Nunquid nam ob hoc verbum cassabitur Veritatis dicentis : *Ille homicida erat ab initio, et in veritate non stetit unquam, quia non est veritas in eo?* (*Joan.* VIII, 44.)

8. Verum ne ex hoc te penitus ignarum errori relinquam, et aut mentiaris exsecranda ea cuilibet Christiano ut decipias, aut opineris ut decipiaris, profero non ex meis, sed ex illorum verbis, unde non possis omnino dubitare, quædam, quibus ex hoc capere possis satisfactionem omnimodam. Dicit enim augustæ recordationis Aurelius Augustinus in libro de Trinitate quarto (*c.* 17) : « Potestates aeriæ, superbæ atque fallaces, etiam si quædam de societate et civitate sanctorum, et de vero mediatore, a sanctis prophetis vel angelis audita, per suos vates dixisse reperiuntur ; id egerunt, ut per hæc aliena vera fideles etiam Dei ad sua traducerent falsa. Deus autem id egit per nescientes, ut veritas undique personaret fidelibus in adjutorium, impiis in testimonium. » Et istud quidem ad illud edocendum, cur plerumque [*suppl.* diabolus] videatur vera dicere. Cur autem salutem corporis videatur diabolus aliquando præstare, audi ex verbis Marci martyris, ut in passione sancti legitur Sebastiani : « Hæc, inquit, tota belli calliditas, hoc fraudis consilium diabolicæ, a suppliciis corpus eripere, et vitiis animam subjugare. Nos econtra contendamus hosti non cedere, corpus contemnere, animæ subvenire. » Quod ita esse etiam ex ipsius mendacissimi, per Bartholomæum apostolum vi divina torti, patet confessione, sicut in ejusdem sancti legitur passione. Et hæc quidem (24) de voluntate fallendi verbis, et decipiendi commodis **17** diaboli semper iniqua, qua sæpe per falsa bona ad vera, Deo juste permittente, pertrahit mala. Nunc de potestate justa, qua sæpe, Deo miserante, nolens licet, fideles erudit ad bona, impios perducit ad debita : istos, dum per hanc flagellati corriguntur; illos, dum huic subacti puniuntur, cum scilicet et per hanc, decepti, ipsi eam ascribunt deceptori, aliqua, ut in supradicto ejusdem operis libro tertio ab eodem sunt posita Augustino, dicenda ; quibus suadibilius aliquid si requiris, hominem excedere cupis, cum scriptum noveris : *Altiora te ne quæsieris* (*Eccli.* III, 22). [AUG., l. III *de Trin.* c. 7.] « Video, inquit quibusdam ex hac re antepositis , quid infirmæ cogitationi possit occurrere, cur scilicet ista miracula etiam magicis artibus fiant : nam et magi Pharaonis similiter serpentes fecerunt, et alia similia (*Exod.* VII, 12). Sed illud est amplius admirandum, quomodo magorum illa potentia, quæ serpentes facere potuit, ubi ad muscas minutissimas deventum est, omnino defecit ; cinifes enim musculæ sunt brevissimæ, qua tertia plaga superbus Ægyptiorum populus cædebatur. Ibi certe deficientes magi dixerunt : *Digitus Dei est hic* (*Ibid.*, 19). Unde intelligi datur, ne ipsos quidem transgressores angelos et aereas potestates, in imam istam caliginem, tanquam in sui generis carcerem, ab illius sublimis æthereæ puritatis habitatione detrusas, per quas magicæ artes possunt, quidquid possunt, valere aliquid, nisi data desuper potestate. Datur autem vel ad fallendos fallaces, sicut in Ægyptios, et in ipsos etiam magos data est, ut in eorum spirituum seductionem viderentur admirandi, a quibus fiebant Dei veritate damnandi; vel ad admonendos fideles, ne tale quid facere pro magno desiderent, propter quod etiam nobis Scripturæ auctoritate sunt prodita; vel ad edocendam, probandam, manifestandamque justorum patientiam. Neque enim, parva visibilium miraculorum potentia, Job cuncta quæ habebat amisit, et filios et ipsam corporis sanitatem. Nec ideo putandum est istis transgressoribus angelis ad nutum servire hanc visibilium rerum materiam, sed Deo potius, a quo hæc potestas datur, quantum in sublimi et spirituali sede incommutabilis judicat : nam et damnatis iniquis etiam in metallo servit aqua et ignis et terra, ut faciant inde quod volunt, sed quantum sinitur. Nec sane creatores illi mali angeli dicendi sunt, quia per illos magi resistentes famulo Dei, ranas et serpentes fecerunt. Non enim eas ipsi creaverunt. Omnium quippe rerum, quæ corporaliter visibiliterque nascuntur, occulta quædam semina in istis corporeis mundi hujus elementis latent. Alia sunt enim hæc jam conspicua oculis nostris ex fructibus et animantibus ; alia vero illa occulta istorum seminum semina, unde **18** jubente Creatore produxit aqua prima natatilia et volatilia, terra autem prima germina et prima sui generis animalia. Neque enim tunc in hujuscemodi fetus ita producta sunt, ut in eis, quæ producta sunt, vis illa consummata sit : sed plerumque desunt congruæ temperamentorum occasiones, quibus erumpant, et species suas peragant. Ecce enim brevissimus surculus semen est : nam convenienter mandatus terræ, arborem facit. Hujus autem surculi subtilius semen, aliquod ejusdem generis granum est, et hoc hujusque nobis visibile (25). Jam vero hujus etiam grani semen, quamvis oculis videre nequeamus, ratione tamen conjicere possumus ; quia nisi talis vis

---

(24) Construe sic : *Et hæc quidem de voluntate semper iniqua diaboli, voluntate, inquam, fallendi verbis, et decipiendi commodis, qua sæpe, Deo juste permittente, pertrahit ad vera mala per falsa bona. Nunc aliqua, ut posita sunt ab eodem Augustino in supradicto libro tertio operis ejusdem, aliqua, in quam, dicenda sunt de potestate diaboli justa, qua sæpe, Deo miserante, nolens licet, erudit fideles ad bona, perducit impios ad debita, istos, dum per hanc potestatem flagellati corriguntur ; illos, dum huic subacti puniuntur, cum scilicet et decepti per hanc potestatem, eam ascribunt ipsi deceptori; quibus ex Augustino dicendis si requiris aliquid suadibilius, cupis excedere hominem,* etc.

(25) Melius plures Augustini codices. *Et hoc usque nobis.*

esset aliquâ in istis elementis, non plerumque nascerentur ex terra, quæ ibi seminata non essent; nec animalia tam multa, nulla mariûm feminarumque commistione præcedente, sive in terra, sive in aqua, quæ tamen crescunt, et coeundo alia pariunt, cum illa nullis coeuntibus parentibus orta sint. Et certe apes semina filiorum non coeundo concipiunt, sed tanquam sparsa per terras ore colligunt. Invisibilium enim seminum creator, ipse creator est rerum omnium; quoniam quæcunque nascendo exeunt ad oculos nostros, ex occultis seminibus accipiunt progrediendi primordia, et incrementa debitæ magnitudinis, distinctionesque formarum ab originalibus tanquam regulis sumunt. Sicut ergo nec parentes dicimus creatores hominum, nec agricolas creatores frugum quamvis illorum extrinsecus adhibitis motibus, ista creanda Dei virtus interius operetur: ita non solum malos, sed nec bonos angelos fas est putari creatores, sed pro subtilitate (26) sui sensus et corporis, semina nobis istarum rerum occultiora noverunt, et ea per congruas temperationes elementorum latenter spargunt, atque ita gignendarum rerum et accelerandorum incrementorum præbent occasiones. Sed nec boni hæc, nisi quantum Deus jubet, nec mali hæc injuste faciunt, nisi quantum juste ipse permittit. Nam iniqui malitia voluntatem habet injustam suam; potestatem autem non nisi juste accipit, sive ad suam pœnam, sive ad aliorum vel pœnam malorum, vel laudem bonorum. »

9. Itemque post pauca: (c. 9) « Aliud est, inquit, ex intimo ac summo causarum cardine condere atque administrare creaturam: quod qui facit, solus creator est Deus; aliud autem pro distributis ab illo viribus et facultatibus aliquam operationem forinsecus admovere, ut tunc vel tunc, sic vel sic exeat, quod creatur. Ista quippe originaliter ac primordialiter in quadam textura elementorum cuncta jam creata sunt, sed acceptis opportunitatibus prodeunt. **19** Nam sicut matres sunt gravidæ fetibus, sic ipse mundus gravidus est causis nascentium, quæ in illo non creantur, nisi ab illa summa essentia, ubi nec moritur, nec nascitur aliquid, nec incipit esse, nec desinit. Adhibere autem forinsecus causas accidentes, quæ tametsi non sunt naturales, tamen secundum naturam adhibentur, ut ea quæ secreto naturæ sinu abdita continentur, erumpant quodammodo, et foris creentur, explicando mensuras, et numeros, et pondera sua, quæ in occulto acceperunt ab illo, qui omnia in mensura et numero et pondere disposuit (*cap.* II, 21), non solum mali angeli, sed etiam mali homines possunt, sicut exemplo agriculturæ supra docui. Sed nec de animalibus quasi diversa ratio moveat, quod habeant spiritum vitæ cum sensu appetendi, quæ secundum naturam sunt, vitandique contraria; etiam hoc est videre quam multi homines noverint, ex quibus herbis aut carnibus, aut quarumcunque rerum quibuslibet succis et humoribus, vel ita positis, vel ita obrutis, vel ita contritis, vel ita commistis, quod [*l.* quæ *cum Aug.*], animalia nasci soleant, quorum se quis tam demens audeat dicere creatorem? Quid ergo mirum, si quemadmodum potest nosse quilibet nequissimus homo, unde illi vel illi vermes muscæque nascantur; ita mali angeli pro sublimitate sui sensus in occultioribus elementorum seminibus norint, unde ranæ serpentes quæ nascantur, et hæc per certas et notas temperationum opportunitates occultis motibus adhibendo faciunt creari, non creant? Sed illa homines quæ solent ab hominibus fieri non mirantur. Quod si quisquam celeritates elementorum (27) forte miratur, quod illa animantia tam cito facta sunt; attendat, quemadmodum et ista, pro modulo facultatis humanæ, ab hominibus procurentur. Unde enim fit ut ea corpora (28) citius vermescant æstate quam hieme; citius in calidioribus quam in frigidioribus locis? Sed hæc ab hominibus tanto difficilius adhibentur, quanto desunt sensuum subtilitates, et corporum mobilitates in membris terrenis et pigris. Unde qualibuscunque angelis vicinas causas ab elementis contrahere quanto facilius est, tanto mirabiliores in hujusmodi operibus eorum existunt celeritates. Sed non est creator, nisi qui principaliter ista format; nec quisquam hoc potest nisi ille penes quem primitus sunt, omnium quæ sunt mensuræ, numeri et pondera; et ipse est unus creator Deus, ex cujus ineffabili potentatu fit etiam, ut quod possent hi angeli, si permitterentur, ideo non possint, quia non permittuntur. Neque enim occurrit alia ratio, cur non potuerint facere minutissimas muscas, qui ranas serpentesque fecerunt, nisi quia major aderat dominatio prohibentis Dei per spiritum suum (29); quod etiam ipsi magi confessi sunt, dicentes: *Digitus* **20** *Dei hic est* (*Exod.* VIII, 19). Quid autem possint per naturam, nec possint per prohibitionem, et quid per ipsius naturæ suæ conditionem facere non sinantur, homini explorare difficile est, imo vero impossibile, nisi per illud donum Dei, quod Apostolus commemorat dicens: *Alii dijudicatio spirituum* (I *Cor.* XII, 10). Novimus enim hominem posse ambulare, et neque hoc posse nisi permittatur; volare autem non posse etiam si permittatur. Sic et illi angeli quædam possunt facere, si permittantur ab angelis potentioribus ex imperio Dei; quædam vero non possunt, nec si ab eis permittantur, quia ille non permittit a quo illis est talis naturæ modus, qui etiam per angelos suos et illa plerumque non permittit, quæ concessit ut possint. Exceptis igitur illis quæ usitatissimo transcursu temporum in rerum naturæ ordine corporaliter fiunt, sicuti sunt ortus occasusque siderum, generationes et mortes animalium, seminum et germinum innumerabiles diversitates, nebulæ et nubes, nives et pluviæ, fulgura et

---

(26) Hæc lectio videtur melior quam in vulgatis Augustini: *si pro subtilitate*.
(27) Melius apud Augustinum, *incrementorum*.

(28) Apud eumdem Augustinum *eadem corpora*.
(29) Apud eumdem *per Spiritum sanctum*.

tonitrua, fulmina et grandines, venti et ignis, frigus et æstus, et omnia talia ; exceptis etiam illis, quæ in eodem ordine naturæ rara sunt, sicut defectus luminum et species inusitatæ siderum, et monstra, et terræ motus, et similia : exceptis ergo istis omnibus, quorum quidem prima et summa causa non est nisi voluntas Dei ; unde et in psalmo cum quædam hujus generis commemorata essent : *Ignis, grando, nix, glacies, spiritus tempestatis* (*Psal.* CXLVIII, 8); ne quis ea vel fortuitu, vel causis tantummodo corporalibus, vel etiam spiritualibus, tamen præter voluntatem Dei existentibus agi crederet, continuo subjecit, *Quæ faciunt verbum ejus.* Sed his, ut dicere cœperam, exceptis, alia sunt illa quæ, quamvis ex eadem materia corporali, ad aliquid tamen divinitus annuntiandum nostris sensibus admoventur, quæ proprie miracula et signa dicuntur. »

10. Habes hic tanti auctoritate doctoris, et multa posse dæmones per angelicam illam suam naturam, quæ etiam non possunt per prohibitionem divinam ; nil vero posse, nisi data desuper potestate, vel ad fallendos fallaces, sicut Ægyptios, quorum similes sunt, qui fallacias diaboli aut venerantur tanquam divinas, aut desiderant tanquam proficuas, cum multum etiam illis sunt detestabiliores, qui eas exercent, imo per quos exercentur, tanquam virtutes ; vel ad admonendos vel ad probandos fideles : admonendos, ne similia facere cupientes, eorum efficiantur similes ; probandos vero, ut his eruditi, exercitati, atque manifestati monstrent, quantum diabolo erecti [ *f.* erepti ], Deo vero sint subjecti. Quis enim eorum, qui hodie in talibus usque ad perditionem animæ intantum decipiuntur, ut etiam eis (30), quas ait Gen Herodiam illam Baptistæ Christi interfectricem quasi reginam, imo deam **21** proponant, asserentes tertiam totius mundi illi partem traditam, quasi hæc merces fuerit prophetæ occisi ; cum potius sint dæmones talibus præstigiis infelices mulierculas (31), hisque multum vituperabiliores viros, quia perditissimos, decipientes : quis, inquam, talium videns tanta miraculorum potentia ( et hoc per dæmones ) flagellari aliquem, sicut Job illum admirabilem, hortaretur dicere, imo crederet juste dici : « Dominus dedit, Dominus abstulit ; sicut Domino placuit, ita factum est (*Job* I, 21) » : quin potius non solum malignis angelis, sed etiam quibusdam miserrimis hominibus illud ascribens, quemlibet immissorem (32), aut propulsorem, ut dicitur, tempestatum evocari (33), donisque, ut hoc mederi dignaretur, placari ; ut videlicet Mercurius socios Ulyssis tactu quondam caducei. Ne dicam enim de tanto tantæ gloriæ, ut beati Job fuit, damno, hoc non facerent de vilissima recula, hoc est, vel cultello vel corrigia ; id sæpe vidimus fieri ab his, quibus in corde illud nostri istius jam sæpe fati non sonuit Augustini : « Gaudes quia res tuas invenisti, non es tristis quia tu peristi ; multo magis periret tunica tua, quam anima tua. » Et illud Psalmistæ : « Confundantur omnes facientes vana (*Psal.* XXIV, 5) ; » Apostoli etiam de culpa scilicet valde minori : « Dies, » inquit, « observatis et menses et annos, timeo ne sine causa laboraverim in vobis (*Gal.* IV, 10). » Et illud de Regum lib. IV : « Nunquid non est Deus in Israel, ut eatis ad consulendum Belsebuth Deum Acharon ? » Quamobrem hæc dicit Dominus Ochoziæ regi : « De lectulo super quem ascendisti non descendes sed morte morieris (*IV Reg.* I, 16). »

11. Et ecce hoc exemplo, cum per talia sanari plerumque quidam videantur, Dei scilicet aut misericordia ad pœnitentiam exspectati, aut justitia sibi ipsis derelicti, quid mereantur Dei judicio comprehensi. Si enim justus judex cuncta in hoc sæculo vindicaret, illo ultimo judicio opus non esset ; si autem nullas res humanas curaret (34), nullus pene crederet. Non convenire igitur scias juxta cujusdam sapientissimi sententiam, vilissimorum spirituum te præsidia captare, quem sapientia in hanc vult excel-

---

(30) Luxatum hunc locum credit Hieronymus Tartarottus in opere *Del congresso notturno delle Lamie* lib. I, cap. 5, et post relativum *quas* deesse putat aliquot voces, quibus nocturnus Lamiarum congressus indicaretur. Herodiadem enim nocturni hujusmodi congressus præsidem plures tradidere, quos ille diligenter collegit. Quid si pro *quas* quispiam legat *de quibus ?* Quis porro sit *Gen.* hoc loco laudatus, reperire non licuit. Illa, cui Herodes tertiam regni sui partem se daturum spopondit, non Herodias, sed Herodiadis filia fuit. Cum vero in Evangelio filiæ hujus nomen non legatur, auctor ille ignotus *Gen.* ex quo Ratherius hæc sumpsit, idem matris ac filiæ nomen credidit

(31) Construe : *sint dæmones decipientes talibus præstigiis mulierculas,* etc.

(32) Hic eorum error perstringitur, quibus cum persuasum esset quosdam homines emittendarum, et depellendarum tempestatum virtute pollere, ipsis dona largiebantur, ut easdem arcerent. Error hujusmodi sæculo præcedenti ita invaluerat, ut contra eum Agobardus episcopus Lugdunensis libellum scripserit, cui titulus : *Contra insulsam vulgi opinionem de grandine et tonitru.* Hi homines ab eodem Agobardo et ab aliis ejusdem ævi auctoribus, quos Baluzius in notis ad Agobardum laudat, *Tempestarii* vocabantur. Eumdem errorem iterum refellit Ratherius serm. I, de Ascensione num. 4.

(33) Subaudi *credit,* vel aliquid simile. Construe autem, et explica : *Quin potius ascribens illud* (id est flagellari aliquem, sicut Job flagellatus fuit) *ascribens,* inquam, *non solum malignis angelis, sed etiam miserrimis quibusdam hominibus, credit quemlibet immissorem, aut propulsorem, ut dicitur, tempestatum, evocari donis, ut hoc dignaretur* (f. *dignetur*) *mederi, ut videlicet Mercurius quondam sanavit socios Ulyssis tactu caducei. Etenim ne dicam de damno tanto gloriæ tantæ, ut fuit damnum B. Job, non facerent hoc de vilissima recula, hoc est vel cultello, vel corrigia, cum perduntur* ( non *facerent hoc,* inquit, *id est ex præcedentibus non hortarentur dicere, nec crederent juste dici, Dominus dedit, Dominus abstulit,* etc.) *vidimus id sæpe fieri* (numirum recurri ad superstitiones, ut inveniantur, quæ amissa fuerunt) *ab his quibus illud nostri istius jam sæpe fati Augustini non sonuit in corde : Gaudes quia res tuas invenisti,* etc.

(34) Vulg. mendose *eum curare.* Exigente contextu et sensu emendavimus.

lentiam componere, ut Deo similem, quantum scilicet ad ejus spectat concessionem, possit efficere; eamque mentium naturam esse, eodem ipso docente, perpende, ut quoties abjecerint veras, falsis opinionibus 22 induantur; et illud magis exerce, quod, ut in primordio locutionis suggessi, a Deo inspiratorum medicorum vera, quia probata invenit solertia, quam quod infelicium meretricularum diabolo acta conjectavit dementia. Ita fit ut nulla infidelitatis caligo verum illum, quo videri quidpiam solet agendum, confundat intuitum; et propter sapientiæ bonum, et medelæ a Deo concessæ subsidium a regibus, imo, ut legitur, a Rege utique regum omnium, tam temporale quam æternum accipies donum (*Eccli.* xxxviii, 2-8); disciplina quoque exaltabit caput tuum, et collaudaberis in conspectu magnatorum; ad agnitionem hominum virtus tua erit, scientiam quoque tibi Altissimus honorari in mirabilibus suis dabit; in his curans mitigabis dolores et facies pigmenta suavitatis, et unctiones conficies sanitatis, et non consummentur opera tua, sed pax Dei semper erit super faciem terræ tuæ.

Tit. V. — *De negotiatoribus.*

12. Negotiator es? Audi : *Propter inopiam multi deliquerunt, et qui quærit locupletari, avertet oculum suum. Sicut in medio compaginis lapidum palus figitur, sic et inter medium venditionis et emptionis angustiabitur peccatum. Conteretur cum delinquente delictum. Si non in timore Domini tenueris te instanter, cito subvertetur domus tua* (*Eccli.* xxvii, 1); itemque : *Avaro nihil est scelestius. Nil iniquius quam amare pecuniam; hic enim animam suam venalem habet* (*Eccli.* x, 9). Dominus autem in Evangelio : *Intuemini,* ait, *et cavete ab omni avaritia; quia non in abundantia cujusquam vita hominis est super terram ex his quæ possidet* (*Luc.* xii, 15). Itemque qui supra : *Multos,* inquit, *perdidit aurum atque argentum* (*Eccli.* viii, 3); et : *Viro cupido et tenaci sine ratione est substantia, et qui acervat injuste, aliis congregat, et in bonis illius alius luxuriabitur* (*Eccli.* xiv, 5); rursumque : *Difficile,* ait, *exuitur negotiator a negligentia, et non justificabitur caupo a peccatis labiorum* (*Eccli.* xxvi, 28). His itaque sic se habentibus, perpende, quæso, quam periculosum animæ tuæ sortitus sis officium; et scito te, paulo licet excusabilius, cum prædonibus appellari publicanum. Vitio enim te deservire, nec modico, id monstrat vocabulum, quo te a multis vocari audis cupidenarium (55). *Radix enim omnium malorum,* Apostolo teste, *cupiditas* (*I Tim.* vi, 10).

13. Attamen ne desperes, quia scriptum est : *Benedictio Domini supra caput vendentium* (*Prov.* ii, 26); sed considera quorum. Fac itaque, dum adhuc dies est, quod 23 tibi suggero : *Fenerare*

*proximo in tempore necessitatis illius; quia facit misericordiam, qui feneratur proximo, et qui prævalet manu, mandata servat* (*Eccli.* xx, 2). Voca igitur Christum ad domum tuam, præpara ei convivium et cœnam, pedes lava, lacrymis riga, capillis terge, pasce eum, vesti, calefac, pota, hospitio suscipe, non dedignabitur ad domum tuam divertere; imo frontuose ingerit se; ipse quotidie ut suscipiatur rogat, cum tu deberes cogere; consulit non suæ indigentiæ, sed tuæ avaritiæ : tum demum ad domum ejus propera, discipulos ejus alloquere, munera, deprecare, ut tibi veniam, tibi consilium, tibi indulgentiam et ipsi præbeant, et a Deo exposcant. Perpende dum domi congeris lucrum, quantum animæ comparas detrimentum. *Quid enim,* ait Dominus, *prodest homini, si universum mundum lucretur, animæ vero suæ detrimentum patiatur?* (*Matth.* xvi, 26.) Et Apostolus : *Mundus,* inquit, *transit, et concupiscentia ejus* (*I Joan.* ii, 17). Verere ergo, ne dum insatiabiliter inhias transitoriis, priveris mansuris. Esto potius tibi bonus medicus; de instrumento avaritiæ subsidium confer animæ; *Facite,* inquit Dominus, *amicos vobis de mammona iniquitatis* (*Luc.* xvi, 9). Nec hoc dicens hortatur ad fraudem, sed postquam fraudem fecisti, invitat ad emendationem. Verbi gratia, debuisti quidem nil rapere, nil malo ingenio congregare, neminem in aliquo negotio circumvenire, certus, prædicente et testificante Apostolo, vindicem super hoc omnipotentem Dominum esse (*I Thess.* iv, 6), diei victu contentus manere, a Deo omnia sperare, qui ipsa quoque volatilia pascit quotidie (*Matth.* vi, 26); quod ipse dedisset, cum gratiarum actione et ipse sumere, et aliis participare : quod dare noluisset, nec cupere, sed ipsius justitiam glorificare.

14. Sed quare hæc transgressus rapuisti violenter, congregasti fraudulenter, usuram et superabundantiam amasti, ingenio tuo te concessisti, Deo cuncta licet indigno danti ingratus exstitisti, alii secundum Domini præceptum non communicasti; quod dare illi non placuit, sæpe quæsisti, nec adeptus multoties murmurasti? Post hæc omnia, quæ minime debuerant contingere, non adhuc te vult perdere. Monstrat tibi divitias bonitatis suæ, et de ipso veneno avaritiæ antidotum tibi conficit indulgentiæ, *ut dum defeceritis,* inquiens, *recipiant vos in æterna tabernacula* (*Luc.* xvi, 7). Illis ergo male quæsitum, pejus inventum, pessime congregatum eroga, qui cum defecerit vita, tibi in cœlis reddere tributa, compensare collata, coadunare, imo centuplicare valeant dispersa. Observa tamen, ut, si fieri potest, id est, si præsentes sunt quibus aliquid tulisti, et copia favet, primitus secundum Zachæum (*Ibid.,* 19), etsi non vales, aut voles quadruplum,

---

(55). Legebatur *cupedinarium.* Verum hæc vox a contextus sententia abhorret Nam *cupedinarii* a Donato interpretante in Terentium *venditores esculentorum et poculentorum* appellantur, qui scilicet *cupedia,* id est, cibos lautiores et vina rariora vendunt. Correctionem *cupidenarium* Ratherii sensui congruentem induximus. Ugutionis enim codices laudati a Cangio habent : *Cupidenarius mercator cupidus donariorum.*

saltem restituas simplum. Memento etiam quot perjuria in ipsa taxatione, quot mendacia in ipsa protuleris auctione; et tibi super his consule, sciens veracissime patrem mendacii diabolum esse *(Joan.* VIII, 44), ipso Domino testante, qui et per legem cognoscitur clamasse : *Non perjurabis in nomine Domini Dei tui (Levit.* XIX, 12); et per semetipsum : *Ego autem dico vobis non jurare* **24** *omnino (Matth.* V, 34); unde et idem sapiens qui supra : *Potius,* inquit, *jur quam assiduitas viri mendacis; perditionem tamen utrique hæreditabunt (Eccli.* XX, 17); itemque : *Jurationi non assuescas os tuum; multus est enim casus in illa. Nominatio vero Dei non sit assidua in ore tuo, et nominibus sanctorum non commiscearis, quoniam non eris immunis ab eis (Eccli.* XXIII, 9). Alibi quoque : *Loquela,* ait, *multum juvans, horripilationem capiti statuet (Eccli.* XVII, 25). Horripilatio vero, id est horror pilorum, qui ex subito pavore, vel nimio rubore solet contingere, si vis nosse ubi contingat, maxime audi Apostolum : *Horrendum est,* inquit, *incidere in manus Dei viventis (Hebr.* X, 31). Et Job de locis pœnalibus : *Ubi nullus,* ait, *ordo, sed sempiternus horror inhabitat (Job* X, 31). Sed ne forsitan minus nostra auctoritate, quæ nulla est, ductus, consilium a nobis capere nolis, audi quædam verba ipsius Spiritus sancti, ut et habentur in agiographis, tuæ saluti congruentia. *In tota,* inquit, *anima tua time Deum, et sacerdotes illius sanctifica. In omni virtute tua dilige eum, qui te fecit, et ministros illius non derelinquas. Honora Deum ex tota anima tua, et honorifica sacerdotes, et propurga te cum brachiis : da illis partes primitiarum, sicut mandatum est tibi, et de negligentia purga te cum paucis (Eccli.* VII, 31). *Porrige pauperi manum tuam, ut perficiatur propitiatio, et benedictio tua (Eccli.* VIII, 1). *Non litiges cum homine potente, ne forte incidas in manus ejus: non contendas cum viro locuplete, ne forte econtra constituat litem tibi. Mortuo non prohibeas gratiam, nec desis plorantibus in consolatione, et cum lugentibus ambula (Eccli.* VII, 37-40). *Non te pigeat visitare infirmum; ex his enim in dilectione firmaberis.* Quid magis ? *In omnibus operibus tuis memorare novissima tua, et in æternum non peccabis.*

### TIT. VI. — *De causidicis.*

15. Causidicus vel advocatus es ? Cogita cujus sortitus sis agnomen, et tam bonæ rei ministrum te exhibe fidelem. De Domino enim dictum est, quia advocatum eum habemus apud Patrem. Dissimula quoque aliquando causationem ob conservandam dilectionem

### TIT. VII. — *De judicibus.*

16. Locotheta (36), quem nos comitem dicimus palatii, præfectus aut judex es? Considera quem et tu habiturus sis dispunctorem vel judicem : perpende quam grave tuleris jugum, et puta quod non sit gravius ullum. Illius enim solius est, libere de alte-

rius judicare peccato, qui non habet unde judicetur ex suo. Audi denique ipsum : *Nolite,* inquit, *judicare, et non judicabimini : nolite condemnare, et non condemnabimini (Matth.* VII, 1). Audi et alium, sed tamen ab ipsius spiritu doctum : *Noli,* ait, *quærere fieri judex, nisi forte valeas virtutem irrumpere iniquitatis, ne forte extimescas faciem potentis, et ponas scandalum in æquitate tua (Eccli.* VII, 6). At tu, ita, inquis, hæc tua videntur verba sonare, quasi Deus judices omnino nolit esse. Ubi ergo lex ? Ubi fas ? Ubi ipsa inter bonum malumque discretio ? Omnibus licebit quælibet impune agere : furtum æque laudabitur, ut datum : vitia cum virtutibus pari corona gaudebunt. Quis inter fratres hæreditatem dividet ? Quis viduam a calumniatore, virginem a raptore defendet ? Quis inopem tuebitur ? Non, inquit Deus, **25** prohibeo in præsenti sæculo aliquod inter homines esse judicium; sed prædico periculum, ut caveas peccatum. Quod enim periculosum est uni, non debet passim a multis ambiri.

17. Denique considerans, vix unquam potui judicem cernere sine cupiditia. Et certe ipsa non discernit justa, imo obcæcat judicum corda. Volo ergo esse judices, non prædones; volo judices, non raptores; volo judices, non calumniatores; volo judices, sed veraces: volo judices, sed non divitiis inhiantes. Etenim quidam amicum suum de partiendo onere potestatis consiliaturus: *Constitue,* ait, *judices qui oderint avaritiam (Exod.* XVIII, 21). Sapientiæ quoque liber ita incipit. *Diligite justitiam, qui judicatis terram (Sap.* I, 1). Jesus quoque filius Sirach ait. *In judicando esto pupillis misericors ut pater, et pro viro matri eorum, et eris tu veluti filius Altissimi obediens, et miserebitur tui magis quam mater (Eccli.* IV, 10). Dominus quoque in Deuteronomio : *Maledictus qui pervertit judicium advenæ, pupilli, et viduæ (Deut.* XXVII, 19). Itemque qui supra : « Ne relinquas retro tibi maledicere; maledicentis enim tibi in amaritudine animæ exaudietur precatio illius; exaudiet autem illum Deus, qui fecit illum *(Eccli.* IV, 5); » et rursus : « Noli amare mendacium adversus fratrem tuum, neque alliges tibi duplicia peccata; neque enim in uno eris immunis *(Eccli.* VII, 15). » Psalmista quoque : *Usquequo,* inquit, *judicatis iniquitatem, et facies peccatorum sumitis? Judicate egeno et pupillo, humilem et pauperem justificate; eripite pauperem, et egenum de manu peccatoris liberate (Psal.* LXXI, 2). Alius vero: *Non assumas* inquit, *personam pauperis in judicio (Eccli.* XXXV, 16). Quod tunc observandum scias, quando dives justam, pauper injustam, ut assolet, habet causam. Item idemque : « Audite, et quod justum est judicate, sive civis sit ille, sive peregrinus : nulla distantia sit personarum. Ita parvum audietis ut magnum, nec accipietis cujusquam personam in judicio, quia Dei est judicium *(Deut.* I, 16). » Judex vero dicitur quasi jus dicens; jus

---

(36) Vocem *Locotheta* Ratherius ex Græcis sumpsit, apud quos λογοθέτης, is est, qui rationem judicando decernit. In Langobardorum legibus *loco positus,* vel *loci servator* appellatur.

vero dicere, juste est judicare. Denique audi quemdam, de cujus auctoritate non dubites : « Bonus, inquit, judex nil debet arbitrio suo decernere, nec domesticæ voluntatis proposito aliquid judicare, nil paratum et meditatum *domi* proferre (37), sed juxta leges et jura cuncta pronuntiare, decretis obedire, nil propriæ voluntati indulgere.» Et, o quam bene ipsi hæc dicens voci concordat summi et solius sine mendacio judicis ita dicentis: *Sicut audio, judico* (*Joan*. v, 30). Et tu itaque sicut audis, judica; et sicut sese habet rerum natura, decerne. Cave tamen ne aliquem capias in verbo, Pharisæorum exemplum aspernare, qui insidiantes observabant, quomodo Dominum caperent in sermone (*Matth*. xxii, 13). Memento te non solum in sermone, sed etiam in multis offendere quotidie, ipso omnium justissimo judice spectante. Juste etiam cum judicas, cave præmium ne exigas, aut aliquod servitium, ne de te conqueri Dominus videatur dicens: *Populum meum exactores sui spoliaverunt* (*Isai*. iii, 12). Audi potius præcipientem ipsum: *Juste*, ait, *quod justum est exsequeris* (*Deut*. xvi, 20). Injuste enim quod justum est exsequitur, qui præmium pro justo opere expetens, ipsam justitiam vendere non veretur. Sed sufficiat istud modicum, nam si plenius vis instrui, lege libellum tibi congruentem Isidori.

Tit. VIII. — *De testibus*.

18. Testis es? Cave illud dicentis: *Testis falsus non erit impunitus* (*Prov*. xix, 5). Nam cum juxta cujusdam carmen

*Vera tacens, et falsa loquens utrique* [*f.* quoque] *nequiter*
Hic quia non prodest, hic quod obesse cupit. [errenu;

Flagitium majus æstimo nullum quam falsum testimonium, quia et Domino, in quem perjurat, et judici, quem fallit, et omnem ejus culpam sibi congerit, et proximo quem lædit, et omnem ejus calamitatem animæ suæ infligit, reus tenetur. *Facilius est quoque, ut* quidam ait, *vitare discordem, quam declinare fallacem*.

Tit. IX. — *De ministris publicis*.

19. Procurator, exactor, quod gastaldus (38) usitato multis, Franciloquo vero major ditur eloquio, sive thelonearius, vel cujuslibet alterius publicæ functionis minister es? Considera cujus rei ministerio fungeris, sciens veracissime dictum, *quia cui plus committitur, plus ab eo exigitur* (*Luc*. xii, 48), etiam cum usura pœnarum. Ideo autem in principio monui considerari ministerium, quia diversa novi genera ministeriorum, et leviora quidem alia, alia vero graviora; inter quæ nullum scio ipso, quod curaturam (39) Italici dicunt, gravius. Ipsum enim, dum juxta

(37) Male in vulgatis *dona proferre*.
(38) Vulg. *gestaldus*, mendose. Gastaldi apud Langobardos dicebantur locorum, villarum ac prædiorum præfecti, rerum dominicarum procuratores; Francis autem *majores*, id est majores domus. Qui exigebant tributa, *thelonearii* vocabantur. His aliqua jurisdictio competebat, ut ex sequentibus liquet. Hinc etiam Hincmarus opusc. 85, *judices sæculare*, nominat *Helmigarium mercati palatii thelonearium*, *et Flotharium ac Ursionem villarum regiarum majores*.
(39) *Curatura* erat vectigal, quod e mercatis exi-

A suimet vocabulum incessanter rem urget curari terrenam, miseram miserrime negligi cogit animam. Ad illud enim, veluti ad quoddam asylum, omnia confluunt genera vitiorum, et dum ibius officii sit omnia vitia ulcisci, nullum invenitur, quo non constet reum illum teneri. Nam fures procuratoris est tradere carceri, cum pene nil aliud videatur ipse quotidie, nisi rapinam et fraudem sectari, et in comparatione mali levius est, ut autumo, absque violentia quælibet furari, quam cum tormentis ab aliquo, quod detur, exigi; levius penuriæ necessitate quævis latrocinia exercere, quam cupiditatis ardore fraudem aut seniori (40), aut alicui alteri, aut certe sibi ipsi inferre, in quo et perjurium incurrere, nec furtum videatur cavere; quod approbat Sapiens, qui dicit: « Potior fur quam assiduitas viri mendacis; perditionem tamen utrique hæreditabunt (*Eccli*. xx, 27); » itemque de malo perjurii: « Vir, ait, multum jurans replebitur iniquitate, et non discedet a domo illius plaga, et si frustraverit, delictum ejus super eum erit; et si in vacuum juraverit, non justificabitur: replebitur enim tribulatione domus ejus; et si dissimulaverit, delinquet dupliciter (*Eccli*. xxiii, 12, 13).» Dissimulare vero perjurium, est arte jurare. Dupliciter vero delinquit, qui hoc agit, quia et Deo, cujus conspectum non abhorret, et proximo, quem fallere non timet, reus tenetur. Dupliciter delinquit, quia et fallaciæ et perjurii notam incurrit.

20. Procurator adulteros et meretrices pœnis deputat, cum tota ejus vita ebrietati cæterisque luxibus, quæ adulterii et fornicationum solent esse fomenta, spurcissime deserviens, eadem illum agere, quæ in aliis damnat, perspicacissime demonstret. Ad cumulum vero perditionis, si forte aliquis talium, quod offerat, invenit, statim et ipsum criminis ultorem acquirit tutorem; sicque in illo completur, quod in Psalmo legitur ita: *Si videbas furem, currebas cum eo, et cum adulteris portionem tuam ponebas* (*Psal*. xlix, 18). Quid magis? Breviter præstringentes dicamus tale esse hujusmodi negotium, ut quasi e multis millibus hominum unus videatur assumi, qui ob aliorum emendationem vel commodum æternæ tradi debeat perditioni. Sed quid facio, qui id ipsum genus officii video a quibusdam pretio captari? quid, inquam, inde? Nunquam ne vidisti ab aliquo resticulos erui, quibus funis, quo appenderetur, deberet fieri? Hujusmodi ergo vecordiæ technam et istius miserrimi ascribe (41).

21. Sed ne more Pharisaico, dum vehementer carpimus facinus, desperationem emendationis ingebatur. Hac de causa in privilegio Federici I imperatoris, quod Thebaldo episcopo Veronensi concessum fuit anno 1154 ex originali legendum: *Medietatem tholonei mercati publici Brixiani, quod curaturam dicunt*: ubi apud Ughellium tom. V Ital. sacr., col. 795, mendose legitur: *quod curaturæ dicitur*.
(40) *Senior* pro domino accipitur. Vide inferius not. 28. Mox vulgati perperam *Potius furem*. Emendationem vulgata versio suppeditavit.
(41) Construe et explica. *Ascribe ergo et technam* (seu dolum) *istius miserrimi* (qui ob pretium officio

cutere videamur, divitias bonitatis Dei monstrantes, etiam tu quomodo salvari possis pandemus. Ante omnia hoc tibi damus consilium, ut si aliquo modo vales, ab isto te mortifero excutias laqueo; et sic demum ad pœnitentiæ medicamina confugiens, pro modo criminis medelam quæras satisfactionis. Quod si non vales omnino, cum magno tremore quod præceptum est exsequens, : cave ante omnia crudelitatem, inde fraudem, hinc cupiditatem et rapacitatem, non minusque ebrietatem, postremo illum Psalmi versiculum, quem protulimus, videlicet ne aliquo pretio illectus, aut veluti quadam misericordia deceptus, furtum aliquod tegas, aut quodlibet, quod insequi debeat, crimen defendas. In ulciscendis vero criminibus, ita quod ministerio congruit, exsequere, ut nunquam excidat memoria quod Dominus in parabola omnibus protulit, tibi maxime, cujus finis est iste : *Serve nequam, nonne oportuit et te misereri conservi tui; sicut et ego tui misertus sum? Tunc iratus tradidit eum tortoribus* (Matth. XVIII, 32). Sed et illud quæso memineris sæpe : *Qui sine peccato est vestrum, primus in illam lapidem mittat* (Job VIII, 7) : et inter agendum, suffragium tibi semper adhibere ne cesses eleemosynarum. His forsitan cum humilitate cordis pias omnipotentis aures pulsantibus, merereris aliquando, ut ad te ipse venire, et per se sicut Zachæum et Matthæum visitare te atque curare; et his qui te olim salvum posse fieri desperaverant, **28** dignetur respondere: *Quia non veni vocare justos, sed peccatores in pœnitentiam* (Matth. IX, 13).

Tit. X. — *De nobilibus.*

22. Patronus (42), sive ut usitatius a multis dici ambitur, senior es? Audi: *Quæ vultis ut faciant vobis homines, et vos facite illis* (Matth. VII, 12). Similiter et Moyses: *Non morabitur opus mercenarii tui apud te usque mane* (Levit. XIX, 13). Opus vero pro mercede operis positum intellige, uti per efficientem id, quod efficitur, et per continentem id quod continetur, quidlibet significari legis sæpissime. Alius vero : « Qui effundit, inquit, sanguinem innocentem, et qui fraudem facit mercenario, fratres sunt, unus destruens, et alter ædificans. Quid prodest illis nisi labor ? Unus orans, et unus maledicens, cujus vocem exaudiet Deus? (Eccli. XXXIV, 17.)» Et per Malachiam : *Ero, ait Dominus, testis velox maleficis, et adulteris et perjuris, et qui calumniantur mercedem mercenarii* (Malach. v, 3). Quem locum Hieronymus exponens adverte quid dixerit : « Nequaquam, ait, levia putemus esse peccata, perjurium et mercedem non reddere laboranti, et cætera his subnexa, quæ maleficio, veneficiis atque adulterio comparantur. » Apostolus quoque: *Qui suorum,* inquit, *et maxime domesticorum curam non gerit, fidem negavit, et est infideli deterior* (Gal. VI, 10). Attende Deum in principio creationis humanæ dixisse : *Crescite et multiplicamini, et replete terram, et subjicite eam, et dominamini piscibus maris, et volatilibus cœli, et bestiis terræ* (Gen. 1, 28) : ut intelligas homines non hominibus, sed volatilibus, bestiis et piscibus esse prælatos, omnesque a Deo natura æquales conditos, sed inæqualitate morum faciente, aliis alios intantum suppositos, ut plerumque aliqui dominentur etiam melioribus. Unde et majores, eos, qui cæteris principabantur, patres patriæ, dictatores, et consules quam reges appellare maluerunt, invidiosum fore censentes, si dicerentur homines, veluti pecora, a quolibet regi. Meminisse autem, ut et Gregorius dicit tibi, oportet, sanctos Patres nostros non reges hominum, sed pastores fuisse pecorum. Augustinus quoque de æqualitate naturæ, et sociali vinculo amicitiæ (n. 4): « Quoniam, inquit, unusquisque homo humani generis pars est, et sociale quiddam est humana natura, magnumque habet et naturale bonum, vim quoque amicitiæ : ob hoc ex uno Deus voluit omnes homines condere, ut in sua societate, non sola similitudine generis, sed etiam cognationis vinculo tenerentur.» Beatus quoque Leo papa, idipsum luculentissime exsequens : « Simul, inquit, cum servis habemus, quod ad imaginem Dei conditi sumus, nec carnali a nobis, nec spirituali nativitate divisi sunt. Eodem spiritu sanctificamur, eadem fide vivimus, ad eadem sacramenta concurrimus.» Severinus quoque Boetius disserens de eodem negotio plurima, quæ cæcis etiam valeant esse perspicua, concludit ita : « Si primordia vestra, inquiens, auctoremque Deum species, nullus **29** degener exstat, invitus pejora fovens, proprium ne deserat ortum.» Cui sententiæ concinit et alterius cujusdam, sermone, actu, et nomine Benedicti, quodam loco dicentis : « Sive servus, sive liber, omnes in Christo unum sumus, ut sub uno Domino æqualem servitutis militiam bajulamus, quia non est personarum apud Deum acceptio : solummodo in hac parte, apud ipsum discernimur, si meliores aliis operibus bonis, et humiles inveniamur.»

23. Nota vero te, quisquis es, qui de fastu alti gloriaris abusive sanguinis ; cum omne hominum genus in terris simili surgat ab ortu, et non ex alia, sed ex eadem massa compositus, ex uno patre, ex eademque, qua servorum quilibet, sis matre creatus. Quia si omnes in Christo quoque unum sumus (Rom. XII, 5), uno scilicet pretio redempti, eodemque baptismo renati : quisquis eamdem fraternitatis unitatem cæteris se præponendo scindere nititur, paternitatem sine dubio illius, redemptionem et regenerationem quoque, qua ejus filii efficimur (43), quantum in se est, annullare, et, ut ita dicam, abnegare probatur. Verum si solummodo in hac a Deo parte discernimur, si meliores aliis in operibus bonis, et humiles inveniamur ; convincitur melior esse qui tibi servit

defert) ascribe, inquam, *vecordiæ*, id est insaniæ, hujusmodi, qua scilicet officium animæ perniciem allaturum pretio emitur.

(42) *Patronus,* unde italice *Padrone,* hoc loco significat virum nobilem, cui servi erant et merce-

narii. *Senioris* titulus, Italice *signore,* regibus et principibus proprius tribuebatur. Sensim vero a patronis usurpatus, qui idcirco *usitatius senioris* nomen ambiisse traduntur.

(43) Vulg. *efficiuntur,* minus bene.

humiliter, quam tu, qui eum despicis arroganter; nobilior, qui tibi, quod promisit, exhibet fideliter, quam tu, qui eum decipis mendaciter; generosior, qui jura naturæ custodiens, proprium non deserit ortum, quam tu, qui vitiis vitia nutriens, vim amicitiæ magnumque et naturale violas bonum. His igitur utpote verissima veracissimorum auctoritate suffultis, et nulla sui contrarietate nutantibus rectissime concessis, firmissima colligitur definitione, non natura, sed voluntate, homines a se invicem distare. Ad erudiendum vero stultorum inscitiam, ad confutandam arrogantium proterviam, ille qui in Evangelio dicit: *Pater meus usque modo operatur, et ego cooperor* (*Job* v, 17), quotidie nobis cernentibus hunc humiliat, et hunc exaltat *quia suscitat de pulvere egenum, et de stercore erigit pauperem, ut collocet eum cum principibus* (*Psal.* CXII, 6) : videlicet ut cum quilibet de nobilitate glorietur generis, perpendens, quoscunque ex paupere et infimo genere, ad summos honores conscendere, advertat antecessoribus suis et id contingere potuisse, et studeat elationem reprimere. *Omne enim datum optimum, et omne donum perfectum desursum est* (*Jac.* I, 17); et : *Non est potestas nisi a Deo* (*Rom.* xv, 1) : quod perspicacissime monstrant nobilium filii ad penuriæ infamiam deducti; et servorum soboles summatum (44) obtinentes hæreditates, quovis ordine easdem indeptæ, insignes. Ponamus namque ante oculos quemlibet præfecti filium, cujus avus judex, abavus tribunus, vel scoldascio (45), atavus cognoscatur miles fuisse: quis illius militis pater? ariolator, an pictor; aliptes, an auceps; cetarius, an figulus; sartor, an fartor; mulio, an sagmio (46) fuerit; postremo eques, an agricola; servus, an liber? Quis recordatur post omnia; nam

Servis regna dabunt, captivis fata triumphum.

ut quondam per quemdam cantatum est satirographum; quod tamen non satis, sed disposito jure ascribitur cunctipotentis. Quid vero, si cui illorum contigerit quod cuidam tibicini contigisse Varro testis est, quod videlicet aliquando etiam ignobili

(44) *Summates classis Alexandrinæ* nominantur 52 codicis Theod. *De Naviculariis.* Hic autem *summatum* idem est ac *nobiliorum* et *potentiorum.* Construe autem : *Et soboles servorum obtinentes insignes hæreditates summatum, indeptæ easdem quovis ordine.*

(45) Frequentius legitur *sculdascio,* vel *sculdais* : quod nomen in Italia usurpatum, a Langobardis originem ducit. Comitatus, uti erat Veronensis, dividebatur in sculdascias, quarum judex dicebatur *sculdascio.* Vide Muratorium tom. I Antiq. Italic., pag. 515. Scoldascium autem Ratherius distinguit a judice; quia nomen scoldascii judicibus pagorum vel castellorum attribuit; nomen vero judicis iis largitur qui in civitate justitiam administrabant, et scoldascionibus antecellebant. Gradus nimirum nobilitatis auctor notat a majori exordium ducens, et inferiores subjiciens. Præfectus enim, a quo incipit, nobilioris gradus est quam judex; præfecti siquidem voce comitem palatii, ducem et marchionem comprehendit. Judices autem civitatis erant comes et vicecomes, qui scoldacionibus pagorum et castellorum præerant. Infimus autem gradus, qui a Ratherio affertur,

ministerio ad summum aliquem honorem provectus fuerit, sicut ille eadem arte tantum populum delectavit, ut rex fieri meruerit? (47) Nunquid enim tibicinem illum nobilitare potuit, dum extulit tibia, quod non valuit, dum protulit natura? Sed relinquamus istud ambiguum, et forte nec credendum ducamus ad medium.

24. Quid quod non vafris gentilium, sed certis sacrarum Scripturarum assertionibus monstrare quimus ad liquidum? David, fratribus reprobatis, in regem a Deo electus, quia Dei munere eosdem regno præcessit, nunquidnam et genere superavit, aut illius progenies propter regnatum (48) alia, quam eadem, quam sine regnatu protulit natura? Nobilis ille, quia rex; ignobiles fratres ejus, quia milites: an, quod verum est, hanc sibi virtute nobilitatem cum Dei gratia paravit, ut qui familia erat ignotus, claresceret moribus? Unde Cicero pulcherrime adversus Sallustium agens, « Velim, inquit, mihi respondeat: Nunquid hi, quos protulit Scipiones et Metellos, ante fuerint opinioni et gloriæ, quam eos res suæ gestæ, et vita innocentissime acta commendavit? Quod si hoc fuit illis initium nominis et dignitatis, cur non æque de nobis æstimabitur? » Itemque : « Quare noli mihi antiquos viros objectare. Satius est enim me meis rebus gestis florere, quam majorum meorum opinione niti, et ita vivere, ut ego sim posteris meis nobilitatis initium, et virtutis exemplum. » His contra hodie agitur. Mavult enim quis avum laudari, quam se. « Splendidum te, ait Boetius, si tuam non habes, aliena claritudo non efficit. » Cæterum ut ad id, quod usualiter quotidie cernimus contingere, redeam, nonne vides multos hodie obsequio, aut quolibet ingenio non modo mereri libertatem; verum et ipsam dominorum nancisci hæreditatem, nobilique quanquam impari interveniente connubio, servorum (49) dominicæ persæpe etiam præferri propaginem? Factum sit, infectum sit, narratum est quod refero. Cujusdam divitis filius gutta, quam cadivam (50) dicunt, laborabat. Medicorum omne probatissimorum erga eum ineffi-

est simplicis *militis,* quo nomine quemcunque complectitur, qui ex proprio patrimonio vivens a plebeio distinguebatur : unde libro quarto num. 13, militem a plebeio secernens ait : *Vidistine unquam militem a plebeium? Miles* autem vocabatur, qui ex patrimonio proprio alebatur, quia plerumque aliquo beneficio, vel feudo sive principis, sive Ecclesiæ gaudens, militare, cum opus esset, debebat.

(46) Vulg. *sagnio,* corrupte. Legendum *sagmio,* qui scilicet *sagmarium,* seu *sarcinarium* equum agit.

(47) Hæc apud Augustinum etiam leguntur : *De quantitate animæ,* c. 19. *Quidam tibicen,* inquit, *ut Varro auctor est, ita populum delectavit, ut rex fieret.*

(48) *Regnatus,* id est regnum, seu regni administratio. Construe : *aut illius progenies propter regnatum alia fuit, quam eadem, quam natura protulit sine regnatu.*

(49) Id est, *servorum propaginem persæpe etiam præferri propagini dominicæ.*

(50) *Gutta cadiva* est epilepsis, ut ex Glossis bi-

cax ingenium, ad desperationem salutis paternum atque maternum deduxerat animum : cum ecce unus servorum suggerit, ut flores arboris persici optime mundatos, primo Lunis die (51) Aprilis mensis in vase vitreo colligerent : quod sub radice ejusdem arboris, insciis omnibus, ab uno quo vellent suffoderetur, eodem die reversuro ipso, a quo positum est, anno vergente, si fieri posset, hora quoque eadem, et effosso vase, flores in oleum conversos, arborem siccatam inventuro : quod sub altare positum, presbytero quoque ignorante, novem missis super eo celebratis, sanctificaretur, et statim post accessum ejusdem morbi novem vicibus in haustum diatim scilicet aegro daretur, cum oratione Dominica, ita duntaxat, ut post *sed libera nos a malo*, a dante diceretur, libera Deus istum hominem nomine ill. a gutta cadiva 32 et quibus novem diebus missam quotidie audiret, azymum panem cibumque quadragesimalem post jejunium caperet, atque ita Deo miserante convalesceret. Factum est, si tamen factum est, ille convaluit, servus emancipatus est, etiam haeres ascriptus, medicina ab innumeris approbata, multis quoque salutis contulit remedia. Hoc ideo libuit referre, ut et legentes eamdem expe-

rirentur (52), quo mea opera etiam in hoc aliquibus suffragium contra hujusmodi incommodum pararetur, et te, cum quo mihi sermo est, hujusmodi exemplis commonefaciam « ne te quaesiveris extra » neve stulte alicui tibi maxime commendato (53) veluti nobiliorem te velis praeferre, certus te ejusdem conditionis, ejusdem mortalitatis, ejusdem pulveris esse, dignitatemque saeculi, si enucleatim discutiatur, non in genere, sed in ipsa consistere possessione, in quantum videlicet non ipsos homines, sed ea, quae circumstant hominibus, videmur pensare, gloriosioremque (54) futuram ejus sobolem, si fortuna a te, ut ita dicam, ad illum transiens, eam divitem, tuam reddiderit pauperem; imo, ut absque ulla cunctatione quod verum est proferam, Omnipotentis dispositum illam sublimare, tuam voluerit humiliare; quae omnia si ipse tibi non suades, visus suadeat, vel sapiens ille dicens de talibus : *Vidi servum sedentem in loco dominorum* (55); longeque licet impar alius, *Divitis*, inquiens, *servi claudit latus ingenuorum filius.*

25. Vidi autem quibusdam pessimum quoddam inesse vitium, quod tanto minus valeo intactum relinquere, quanto magis illud in memetipso (56)

biblicis probat Cangius, in quibus legitur : *Epilepti i dicuntur, qui guttam habent cadivam.*

(51) In membranis saepe occurrit *die Lunis* pro die Lunae, id est feria secunda.

(52) Superstitiosa remedia Ratherius hoc ipso in libro antea damnavit de medicis disserens num. 7. Quid ergo cujusdam remedii experimentum hoc loco suadet, quod sane superstitiosissimum est ?

(53) *Commendati* dicebantur, quicunque liberi homines sese patronis et senioribus commendantes, suam illis operam, aut servitium aliquod obligabant. Titulo enim sequenti *De mercenario, cliente, seu commendato* veluti patronorum correlativis agit. Confer ibidem notas. Duo Ludovici Pii diplomata a Petro Pithoeo edita sunt in Annalibus Francorum tom. II, pag. 291 et 294, in quibus de Hispanis loquitur, qui ex Hispania a Saracenis occupata in finitimas Galliae regiones aufugientes, sese comitibus, aut vassis regiis commendantes, ab eis loca deserta habitandi et excolenda acceperant. Hi erant minores vassi eorum, qui id beneficium ipsis contulerant: ipsorumque obligatio his verbis designatur in primo diplomate : *Si beneficium aliquod quispiam eorum ab eo, cui se commendavit, fuerit consecutus; sciat se de illo tale obsequium seniori suo exhibere debere, quale nostrates homines de simili beneficio senioribus suis exhibere solent.* In secundo autem diplomate eos eorumque posteros terris, quas acceperunt, privari non posse decernit.

(54) Explica : *Et sobolem ejus* (tibi scilicet, ut antea dixit, *maxime commendati*) *futuram gloriosiorem, si fortuna transiens, ut ita dicam, a te ad illum, reddiderit eam sobolem illius divitem, tuam vero reddiderit pauperem.*

(55) Concinunt cum his illa Ecclesiastes c. x, vers. 7 : *Vidi servos in equis, et principes ambulantes super terram quasi servos.*

(56) Casus adversus hoc loco descriptus, quem Ratherius *in semetipso* expertum affirmat, aliquis profecto casus est, in quo ipse implicitus fuit. Virum nobilem commemorat, qui omnibus pene rebus destitutus, et potentia ac dignitate privatus, dum contra hujusmodi calamitatem brachium erigere studuit, alium, *qui quietus, copia arridente, aut in se subsistere, aut cum grandi quaestus emolumento alteri*

valeret servire, ad se sequendum non dubitavit irretire, et a magno profectu ad immanem defectum deducere. Haec, nisi fallimur, indicare videntur Hilduinum, qui dejectus a sede Leodicensi, in Italiam profecturus ad Hugonem regem consanguineum suum, sperans fore, ut ab eodem in aliqua Italici regni Ecclesia collocaretur, Ratherium, qui quietus copia arridente poterat aut in monasterio Lobiensi sibimetipsi vivere, aut magno cum emolumento servire alii, ex. gr. ei episcopo, qui in Leodicensi cathedra Hilduino fuerat subrogatus, Ratherium, inquam, induxit ad se sequendum in Italiam, ubi a magno profectu, quem visus est fecisse, cum eodem Hilduino agente fuit ad episcopatum Veronensem promotus, ad immanem defectum deductus est, cum ab Hugone captus, Papiensi carceri, in quo haec scribebat, traditus fuit. Non alia quidem ratione (quod sciamus) ea, quae *in semetipso* se expertum scripsit, ad Ratherium referri queunt. Haec autem interpretatio, si vera sit, caetera quae subjiciuntur de Hilduino et Ratherio intelligenda et explicanda erunt. Quatenus Hilduini gloria resurrexerit cum poena seu carcere Ratherii, ejusque creverit commoda cum istius detrimentis, ignoratur. Forte Hilduinus in Veronensium rebellione Hugoni favens, contra ipsum Ratherium, cum ejusdem regis favorem sibi magis magisque conciliasset, praeter archiepiscopatum Mediolanensem, quem jam antea fuerat consecutus, aliquid amplius ab eodem rege obtinuit, quod majorem ei gloriam et utilitatem peperit. Ratherio vero, qui ipsum fuerat secutus, nunc in carcere posito nullam retributionis gratiam rependebat. Quod si quam compensationem ipsi tribuerat, dum cum ad Veronensem sedem promovendum curavit, post discordiam, quae inter Hilduinum et Ratherium ob receptam Veronae Arnoldum subinde exorta est, idem Hilduinus oblitus amicitiae praeter itae et bonae ejus voluntatis, qua Ratherius ipsi maluit etiam cum vitae periculo succurrere, ut recuperaret gloriam aut amissam, aut potiorem in Italia, illa improperabat Ratherio, ad quae jam deceptus sui causa decidit, nimirum aerumnas carceris Ticinensis. Cum autem se Hilduini *causa deceptum* indicet, ad eumdem Hilduinum spectare videntur quae tradit libro quinto num. 27, ubi inter traditores, a quibus

**33** expertus, velut in quodam possum libro relegere. Invenies enim quemlibet nobilium omnibus pene rebus destitutum, potentia et dignitate (si quam forte adeptus est) (57) viduatum, penitusque quantum ad id quod cupiditia dictat, et nobilitas expostulat dejectum, qui contra tam duram infortunii calamitatem brachium erigere nitens, nec per se (quia ita sese natura hujusmodi conatuum habet) aliquid valens, quempiam, qui quietus, copia arridente, aut in se subsistere, aut cum grandi quæstus emolumento alteri valeret servire, dulcisonis blandiloquiorum illecebris ad se sequendum non dubitet irretire, et a magno profectu ad immanem defectum deducere. Sed dum istius pœna illius resurrexerit gloria, istius detrimentis illius creverint commoda; aut penitus nullam videtis referre condignæ retributionis gratiam, aut si qua fuerit compensatio attributa, parva sit aut magna, et aliqua discordiæ saltem vel levissima subrepserint divortia, oblitum [*subaudi* invenies eum] amicitiæ præteritæ, oblitum tam bonæ voluntatis, ut nullo munere quod solet oculos decipiendo allicere, sed sola ea, quæ fortis est ut mors (*Cant.* VIII, 6), dilectione suadente, se penitus neglecto, illi maluerit etiam cum vitæ innumeris periculis succurrere, ut gloriam aut amissam aut potiorem valeret recuperare, quam suimet curam gerere, et sibi necessaria, cum adesse potuissent, ad vota captare; oblitum eorum, quæ tunc (58) utrisque inerant, et crescendo de die in diem adesse poterant, quibusque quando deceptus est pollebat, illa improperare, ad quæ jam deceptus sui causa decidit, qui commemorat (59); oblitum eorum quæ illum vidit habuisse, illa commemorare, quæ per se contigit non habere. **34** Reminiscens namque quod contulit, obliviscitur quæ abstulit; recitans ad quæ il*l*um extulit, tacet a quibus dejecit; tacens decus ipsius nobilitatis (60), notam, quam ipse intulit, refert paupertatis. Hoc tantum nefas, cum ad describendum, ut est, locum alium, propriumque flagitet tomum (61) : sufficiat hic vel aliquantulo comme-

moratum, ut exigas [*f.* erigas] animum ad cavendum, si Dominum vis habere propitium.

TIT. XI. — *De mercenario et cliente.*

26. Mercenarius, cliens, sive commendatus (62) cuilibet es? Audi præcipientem Dominum : *Quod tibi non vis fieri, alii ne feceris* (*Tob.* IV, 16); quod, ut quomodo ad te pertineat, demonstrem, hortor ut sicuti a patrono non vis debito servitii fraudari donativo, ita caveas ne quando ille a te debito fraudetur obsequio, ne de te conqueri videatur. Sapiens, qui dicit : *Multi quasi inventionem æstimaverunt fœnus, et præstiterunt molestiam his qui se adjuverant. Donec accipiant, osculantur manus dantis, et in promissionibus humiliant vocem suam, et in tempore redditionis postulabit tempus, et loquetur verba tædii et murmurationum, et tempus causabitur* (*Eccli.* XXIX, 4, 6). Tempus autem redditionis, quam promisisti, tempus intellige servitutis, quando manus manibus junxisti senioris (63). Cave ergo, ne segniter, superbe, aut infideliter quod pollicitus es exsequens, illud beati Job tibi videaris applicare : *Vir*, inquit, *vanus in superbiam erigitur, et quasi pullum onagri se liberum natum esse putat* (*Job* XI, 12). Liberum enim te nequaquam natum esse, sententia ejusdem vales advertere, cum hominem ad laborem ille nasci dicat apertissime : labor vero magis servituti quam libertati videtur congruere; unde et quidam sapiens : *Cibaria*, inquit, *et onus asino, et panis et disciplina atque opus servo* (*Eccli.* XXXIII, 25). Hinc itaque Seneca : « Beneficium, ait, accipere, **35** libertatem est vendere. » Ne ergo hanc tibi arroges, quam lucri causa vendidisti libertatem, fac potius quod Salomon hortatur, nullum scilicet tibi te esse debere perpendens amiciorem : *Fili mi, si spoponderis pro amico tuo, defixisti ad extraneum manum tuam. Fac ergo quod dico, fili mi, et temetipsum libera, quia incidisti in manus proximi tui : discurre, festina, suscita amicum tuum, ne dederis somnum oculis tuis, et non dormitent palpebræ tuæ* (*Prov.* VI, 1-4). Hæc omnia, cum, ut dixi, etiam juxta litteram, salvo

---

deceptus fuit, refert unum *ejusdem cujus es officii*, id est unum episcopum · et n. 48, ubi hunc præcipuum suum deceptorem *summum* appellat, in quo *tota fiducia boni erat proventus* deceptionisque modum significat. Confer ibidem notas

(57) *Forte*, inquit, quia Hilduinus episcopatum Leodicensem, quo fuerat viduatus, magna eligentium discordia obtinuerat, et brevi ab eodem dejectus fuit. Confer auctoris Vitam, num. 10.

(58) Mendose in vulgatis *qui tunc*. Deinde *quibusque, quanao deceotus est, vollebat*, et *is* quibus Ratherius in episcopatu Veronensi pollebat, quando deceptus fuit. Deceptionis genus quod fuerit, explicavimus in Vita, § 4.

(59) *Qui commemorat*, id est qui hæc scribit; Hinc seipsum, qui hæc scripsit, eum esse significat, qui deceptus fuit, et eas in ærumnas decidit. Hilduinum vero, quem secutus fuerat, illum fuisse, qui prius Ratherio bona contulit, cum ipsum ad episcopatum extulit, postea vero eadem bona abstulit, cum deceptum eo adduxit ut in carcerem conjiceretur.

(60) Hinc Ratherii nobilitas maxime comprobatur. De Ratherio enim hic sermo est, cui laudatus Hil-

duinus notam intulit paupertatis, qua in Papiensi carcere afflictabatur. Hanc autem paupertatem is referebat, tacens decus nobilitatis, qua Ratherius ornabatur.

(61) Sicut quæ hic *proprium tomum* flagitare ait, ita et quæ indicat libro V, num. 12, « sermonem satis longum » petere affirmat; adeo verum est utrumque locum eodem, seu ad ipsum Ratherium referri.

(62) *Cliens*, et *commendatus* sicut et *mercenarius* hoc loco ii sunt, qui qualibet ratione patronis operam aut servitium mercede, aut accepto beneficio obligabant, ut ex officiis eorum hoc titulo descriptis facile intelliges. Erant autem origine liberi, nec ex obligatione operis præstandi servituten nisi late sumptam subibant. Cum vero patroni clientelæ, seu patrocinio essent commendati, hoc clientis et commendati nomen sortiti sunt.

(63) Noti modum quo clientes et commendati patronis seu senioribus se obligabant. Hinc etiam vassalli cum hominium seu fidelitatem præstabant, manus suas in manus domini immittebant, seu jungebant. Vide Cangii additiones V. *Homagium*.

videlicet intellectu, qui rectoribus Ecclesiæ congruit mystico, etiam pro quovis agere debeas amico, multo magis agere congruit pro temetipso, duplici scilicet pro causa, ne et patronus juste causari possit, debitum te beneficiis non rependisse obsequium, et cuncta de cœlo prospiciens Dominus vindex adsit secundum Apostolum (*I Thess.* iv, 6), dum in negotio dati et accepti te decipere viderit fratrem tuum. Memento itaque sæpissime illius dicentis: *Intellige proximum tuum ex temetipso* (*Eccli.* xxxi, 18). Itemque: *Multi non nequitiæ causa non fœnerati sunt, sed quia fraudari gratis timuerunt* (*Eccli.* xxix, 10), ut ex temetipso colligas, quia non semper culpa est patronorum, quod aliquandiu detinent mercedem mercenariorum, vel quorumlibet sibi commendatorum, sed agit hoc multoties nequitia, desidia, vel superbia eorum. Unde qui supra (Seneca) *Malignos*, ait, *fieri maxime ingrati docent.* Hoc itaque prudenter et sollicite cogitans, quo fidelius atque studiosius vales, ad serviendum præpara viriliter animum, certus quia pater ille familias, cujus uterque estis famuli, afflictionem et laborem tuum de cœlis contemplabitur. Si viderit te a patrono decipi, et arguet eum, statuens fraudem contra faciem ejus in tremendo die illius justi examinis. Tu vero si digne eamdem mercedem non elaboraveris, in supplicio componere (64) exigeris, ubi scilicet deerit auxilium fidejussoris, et pretium redemptionis.

Tit. XII. — *De consiliariis.*

27. Consiliarius es? Cave illud propheticum dicentis: *Væ qui dicitis malum bonum, et bonum malum* (*Isa.* v, 20). Nam ut vetus sese habet proverbium: *Si in clientelam felicis hominis potentisque perveneris, aut veritas, aut amicitia perdenda est.* Cogita, quia dicimus Judæos Christum crucifixisse, cum non ipsi, sed milites Romani eum crucifixerint, ut intelligas ei totum criminis pondus incumbere qui consilium super hoc non dubitavit dare. Unde amplius Caipham exsecramur, qui dixit: *Quia expedit unum hominem mori pro populo* (Joan. xviii, 14), quam Pilatum, qui dixit: *Accipite eum vos, et secundum legem vestram judicate eum* (*Ibid.* 31). Unde et Apostolus: *Non solum qui faciunt*, inquit, *sed etiam qui consentiunt facientibus, digni sunt morte* (Rom. i, 32). Et nota, quia non ait, qui jubent, aut consiliantur, sed, quod valde minus est, *qui consentiunt*, ut intelligas, quam mortiferum sit perditionis consilium, cum tam noxius sit etiam ipse consensus. Qui enim, ut ait Seneca, succurrere perituro potest, cum non succurrit, occidit. Contra hodie agitur; mavult enim quis aliquem invenire morigerum, quam amicum. Amicus 36 autem, ut ait Gregorius, dicitur animæ custos. Invenitur vero hodie major numerus eorum, *qui dicunt videntibus, nolite videre, et aspicientibus, nolite aspicere nobis ea, quæ recta sunt: loquimini* nobis placentia, videte novis errores (*Isa.* xxx, 10). Non est autem hujusmodi amicitia, non est, inquam, imo maxima inimicitia. Qui enim ea parte, qua in perpetuum victurus est, quemlibet interficit, homicida pessimus est. Lex vero amicitiæ, Lelio teste, est ut ab amicis honesta petamus, amicorum causa honesta faciamus. Omnis vero suasio tria debet continere, honestum, utile, possibile; his si unum defuerit, receptibilis suasio non erit. *Sodalis vero amico, ut legitur in Sapientiæ libro, conjucundatur in oblectatione, et in tempore tribulationis adversarius erit* (*Eccli.* xxxvii, 4). Quod agnoscens beatæ recordationis jam dictus papa Gregorius, cuidam scribit: *Consiliarios*, inquiens, *tales tibi elige, qui te, non tua diligant.* Tu ergo quicunque unus de mille ad consilium cujuslibet elegeris, cogita cujus vice frueris; et amicum non propter sua, sed propter se diligens, honesta ei consiliare, illius causa honesta operare; ipsum enim Dominum, *magni consilii angelum* (*Isa.* ix, 6, *sec.* LXX) vocatum legimus, cujus si imitatores esse volumus, consilium nemini, nisi sanum, nisi justum, nisi honestum demus, ne contra agentes, non consiliatores, sed amici judicemur proditores, nec bonitatis cooperatores, sed malitiæ vocemur inventores, et per hoc diaboli fautores.

Tit. XIII. — *De dominis.*

28. Dominus es? Noli extolli: memento te servum, unum habere Dominum, et ideo te esse conservum. Quanquam enim sapientissime Sapiens quidam, servorum nequam considerans superbiam, dicat: *Panis et disciplina, et opus servo* (*Eccli.* xxxiii, 25), etc., vide tamen ne superponas ei aliquod, quod ferre non possit, aut certe difficile poscat servitium. Noveris discretionem matrem omnium esse virtutum, cum et juxta beati Leonis papæ admonitionem, hoc ipsum te per omnia debeat facere meliorem, quod ejus uteris subjectione, cum quo uni Deo eadem subjiceris servitute. Hinc quidam pulcherrime: *Qui servis*, inquit, *crudelis est, ostendit in aliis non voluntatem sibi deesse, sed potestatem.* Terreat te itaque pœna Pharaonis; considera Deum afflictionem miserorum contemplari de cœlis; da ei quotidie aliquid spatii, non quo vacare quieti, sed servire valeat Creatori. Si est, imo quia est disciplina necessaria, sit moderata. Quod si te forsitan læsit, si furatus est aliquid, si fraudem intulit, si aufugit, quidquid perperam egerit; omnia ita stude corrigere, ut non iræ satisfacere, sed negligenti prospicere; non exsequi vindictam, sed videaris insequi culpam, salvare delinquentis animam: et in his omnibus ne excidat animo sententia illa terribilis, qua dicitur: *Serve nequam, omne debitum dimisi tibi, quoniam rogasti me: nonne ergo oportuit et te misereri conservi tui, sicut et tui misertus sum?*

(64) *Componere* idem erat ac delictum aliquod transactione et pretio interveniente luere et expiare, seu pro pœna delicto debita pretium solvere; pro quo, si non statim solveretur, fidejussores dabantur. Hic autem delictum, non pretio, sed *in supplicio inferni luendum* traditur, ubi nec fidejussores aderunt, nec pretio redemptio locum habebit.

*Tunc iratus Dominus ejus tradidit eum tortoribus* (*Matth.* xviii, 32-34), etc. Quod si morigerus et fidelis est, audi : *Si est tibi servus fidelis,* **37** *sit tibi sicut anima tua* (*Eccli.* xxxiii, 31); non fraudes illum libertate, neque inopem derelinquas illum.

### Tit. XIV. — *De servis.*

29. Servus es? Noli tristari; si fideliter domino tuo servieris, libertus eris omnium Domini : omnes enim in Christo fratres sumus. Audi itaque apostolum dicentem : *Servi, subditi estote in omni timore dominis.* (*Petr.* ii, 18) Quo timore, et quid sibi vult quod dicit *omni?* Id est primum Dei, inde terreni domini, sive primum timore servili, quem charitas foras mittit (*I Joan.* iv, 18), videlicet ne flagelleris, ne vapules, ne constringaris, ad ultimum ne in ignem æternum pro contemptu ducaris : quia *quisquis potestati resistit, Dei ordinationi resistit; non est enim potestas nisi a Deo* (*Rom.* xiii, 2). Imposuisti quoque, ait Psalmista, *homines super capita nostra* (*Psal.* lxxxii, 55) : et juxta cujusdam sententiam : « Qui Deo conatur resistere, necesse est ut magno bono careat, et magnum malum incurrat, quia scilicet summo bono contraivit, et deteriori malo adhæsit. » Hinc demum timore casto [subaudi subditus esto], qui permanet in sæculum sæculi, videlicet ne, si piger vel deses fueris, perdas gloriam fortiter laborantibus in futuro promissam. Horas igitur si quas furaris domino tuo, redde Creatori tuo. Et ne fortuitu, aut absque Dei providentia putes te servituti, quovis ordine accideris, subjectum, audi Isidorum : « Propter peccatum, inquit, primi hominis, humano generi pœna divinitus illata est servitutis, ita ut quibus aspicit non congruere libertatem, his misericorditer irroget servitutem; et licet hoc per peccatum contigerit originis, tamen æquus Deus ita discrevit hominibus vitam, alios servos constituens, alios dominos, ut licentia male agendi servorum, potestate dominorum restringatur. Nam si omnes sine metu essent, quis esset qui a malis quempiam cohiberet? Inde et in gentibus reges principesque electi sunt, ut terrore suo populos a malo coercerent, atque ad recte vivendum legibus subderent. Quantum attinet ad rationem, *non est personarum acceptio apud Deum* (*Rom.* ii, 11); *qui mundi eligit ignobilia et contemptibilia, et quæ non sunt, ut ea quæ sunt destrueret, ne glorietur omnis caro,* hoc est carnalis potentia *coram illo* (*I Cor.* i, 28) : Unus enim Dominus æqualiter et dominis fert consilium et servis. Melior est subjecta servitus, quam elata libertas; multi enim inveniuntur Deo libere servientes, sub dominis constituti flagitiosis, qui etsi subjecti sunt illis corpore, prælati sunt tamen eis mente. » Hoc ergo tanti viri testimonio non tam diserto, quam vero consolatus, esto fidelis et bonus servus, semper habens consilium in corde, quod Agar ancillæ Sarai dedit angelus : *Revertere,* inquiens, *ad dominam tuam, et humiliare sub manu ejus* (*Gen.* xvi, 9).

### Tit. XV. — *De magistris.*

30. Magister es? Memento te disciplinam cum dilectione discipulis debere, exemplo illius qui desuper magister est omnium, qui quos diligit flagellat et corripit (*Prov.* iii, 12), quique non servos, sed amicos suos vocare consuevit discipulos (*Joan.* xv, 15), et sic insequendo tam verbis quam verberibus eorum errata corrigere, ut personas delinquentium debeas et tu diligendo nutrire.

### **38** Tit. XVI. — *De discipulis.*

31. Discipulus es? Scito te obedientiam debere magistris, eamque rem moralem existere, ut hoc quis exigat a subditis, quod se meminit exhibuisse prælatis. Et ut mistum, et veluti concionale texam eloquium, discipulus es? Audi et tu, quæso, præcipientem Dominum : *Quæ vultis ut faciant vobis homines, et vos facite illis* (*Matth.* vii, 12). Similiter magister es? audi. *Nolite vocari Rabbi* (*Matth.* xxiii, 8). Discipulus es? audi. *Quæ dicunt facite, quæ autem faciunt, facere nolite* (*Ibid.* 3). Magister es? audi : *Qui scandalizaverit unum de pusillis istis, qui in me credunt, expedit ei ut suspendatur mola asinaria ad collum ejus, et demergatur in profundum maris* (*Matth.* xviii, 6). Discipulus es? cave. *Erit,* inquit Apostolus, *tempus cum sanam doctrinam non sustinebunt, sed ad sua desideria coacervabunt, sibi magistros,* etc. (*II Tim.* iv, 3). Magister es? adverte: *Volentes esse legis doctores, non intelligentes neque quæ loquuntur, neque de quibus affirmant* (*I Tim.* i, 7). Discipulus es? *Honore,* inquit, *invicem prævenientes* (*Rom.* xii, 10). Magister? *Non dominantes* (65) *in clero, sed forma facti gregis* (*I Petr.* v, 3). Postremo magister es, aut diceris, aut dici vis? Cura magisterii jura servare, ne dicaris abusive. Desidera magis prodesse quam præesse. Discipulus es? Stude humiliter subesse, ut tibi et multis aliis quandoque valeas prodesse. Magister es? Doce humiliter quod nosti. Discipulus? Disce inhianter quæ adhuc minime nosti. Magister? Opta magis amari, quam timeri : avertit enim, ut dicit Augustinus, a se plurimos tristis et nimium severa crudelitas. Unde et Gregorius : Si quis, ait, ferinos mores habet, necesse est ut bestialiter solus vivat. Discipulus? Contende obsequendo amorem adipisci magistri; canit enim tibi ita poeta : « Victrix sapientiæ fortuna : dicimus autem hos quoque felices, qui ferre incommoda vitæ, nec jactare jugum vita didicere magistra. » Magister es? Cura hac arte magisterium moderari tuum, ut instituendis magis quam hebetandis videaris præesse discipulis. Nam sunt nonnulli tam tardi atque obliviosi intellectus, ut ipsa prima difficile elementa litterarum, ne dum aliquid ex pro-

---

(65) Magistris aptat textum, *non dominantes in clero,* quia discipuli fere erant clerici, adeo ut qui ex nobilibus scholæ traderentur, clericali essent militiæ addicti, *quod usque hodie,* ait Ratherius part. 1, de Contemptu canonum num. 22 *magis fieri ambitu videtur episcopandi, quam cupiditate Domino militandi.*

fundioribus capere valeant generibus institutionum. Quidam vero, verbis ut id referam Aurelii Augustini, tantæ sunt fatuitatis, ut paulo minus differant a pecoribus. Sunt vero alii tam agilis intellectus et studii, ut sæpe proprio sensu et studio, etiam majora percipiant, quam a magistris didicerunt. Sunt etiam qui difficile capiunt, et facile perdunt. Sunt qui difficulter quidem capientes, capta fortiter retinent. Sunt qui facile capiunt, facilius amittunt. Sunt qui facillime capiunt, difficillime amittunt. His nihil aliud opus est insinuare, quam ut præpetem agilitatem sensus studii exercitio nutriant, ne non discendo quod valent, et auctorem ingratitudine offendant, et sapientia vacui, pœnas pro contemptu quandoque exsolvant. Cæteris vero pro captu singulorum et varietate intellectuum moderari debere noveris et præcepta disciplinarum, ne, si incapibilia eis velis ingerere doctrinarum, profundius cæcitatis incidant gurgustium. Lege librum Augustini Soliloquiorum, et ibi evidens, **39** huic tamen nostro non dissonans, invenies super isto consilium. Verum forsitan deest [*scilicet* liber Augustini] nec valet inveniri quæsitus? Dicimus tibi, sicuti in eo legimus, quia ordine quodam ad sapientiam pervenire, bonæ disciplinæ officium est; sine ordine autem vix credibilis felicitatis [*f.* felicitas]: quocirca suadeo illos superius expressos [id est discipulos] tanto doctrinæ ingenio tractari, ut more medicorum, qui lippientibus solem cupiunt visibilem reddere, primo levissimi captus doctrina eis offeratur; deinde quid, non multum quidem, fortius tamen; tum demum aliquid, quod aliquantula sui parte ab hoc remotum, quibusdam veluti conjecturis ipsum aliquantulo aperire valeat visum; inde quodlibet ejus lucis vicinium, hinc ipsius sapientiæ levius, hinc mediocrius, hinc ipse, si tamen capi utcumque posset, ipsius fulgor monstrandus; sin alias, optatius est lippiente visu ipso mane tabernas circuire, et aliquid commodi referri domum, quam ipso splendore meridiani solis penitus o' cæcato, ipsas cum quodam appetitu tenebras sine aliquo fructu captare.

32. Sicut autem in auditoribus diversæ inveniuntur distantiæ sensuum, ita et in doctoribus diversæ reperiuntur conspersiones affectuum. Nonnulli enim tam obstinatæ sunt voluntatis, ut cum magistri ambiant vocari, nulla doctrinæ arte aliquos a se cupiant imbui; doctores dici desiderant, qui invidia obstrusi, doceri omnimodis detrectant. Hi sunt nimirum, qui thesaurum sapientiæ cordis suffodientes antro, maledictionis spiculo terebrantur in judicio, juxta illud: *Qui abscondit frumenta, maledicetur in populis* (*Prov.* xi, 26). Sunt contra alii, qui tantæ videntur largitatis, ut doctrinam magis videantur fundere, quam erogare, de quibus Gregorio teste dicitur in lege: *Vir qui fluxum patitur seminis, a sacerdotio repellatur*. Fluxum enim patitur seminis, qui ea, de quibus in auditorum cordibus bonarum

A virtutum generari debuerant soboles, inaniter effundens, ipsa sui superfluitate steriles reddere eosdem cernitur auditores. Horum quinifaria cum sit divisio, una virtuti (66) militare videtur solummodo; id est cum quilibet tam ardentis est charitatis, ut si fieri possit, totum se transfunderet in cor audientis, juxta illud Apostoli: *Volo omnes fieri sicut me ipsum* (*I Cor.* vii, 7); et: *Os nostrum patet ad vos, o Corinthii, cor nostrum dilatatum est, non angustiamini in nobis, cum angustiamini in visceribus vestris* (*II Cor.* vi, 11, 12); quasi dixisset, licet angusta sit arca cordis vestri quæ capiat, non est angusta manus charitatis quæ fundat. Altera divisio servire videtur adulationi, dum quilibet sub specie docendi volens placere potentum alicui, introducit satyram, et violat doctrinam. Tertia avaritiæ deprehenditur militare; multi enim lucri ambitu, tegenda silentio vendunt loquendo. Quarta jactantiæ specialius obsequitur, nam ut multum quis scire videatur, aperit sæpissime quod debuerat celare, contra illud Psalmistæ: *In corde meo abscondi eloquia tua, ut non peccem tibi* (*Psal.* cxviii, 11); unde et Augustinus eumdem versiculum exponendo: *Qui arcana*, inquit, *divulgat, imminuit Christi decorem*; quibus satis lepide illud concinit poetæ Persii: *Usque adeò ne*, inquiens, *scire tuum nihil est, nisi te scire hoc sciat alter*. **40** Quintam vero horum partem incauta solummodo loquacitas efficit; plerique enim, dum sine moderatione linguam incautius loquendo relaxant, inconsideranter emittunt, quod, licet desideranter velint, revocare non possunt. Ex his quinque divisionibus prima prædicanda est et tenenda; secunda cum quinta miseranda et corrigenda; tertia cum quarta penitus vitanda. Sunt post istos, qui quod ipsi minime didicerunt, præsumptius nimis alios audent docere. De quibus ait Apostolus: *Volentes fieri legis doctores, non intelligentes neque quæ loquuntur, neque de quibus affirmant* (*I Tim.* i, 7). Hi persæpe, dum dedignantur discipuli fieri veritatis, magistri efficiuntur erroris. Sunt etiam quidam, secundum Apostolum, *semper discentes, et nunquam ad cognitionem veritatis venientes* (*II Tim.* iii, 7). Sunt quoque qui copiose dicunt quod non intelligunt. Sunt econtra, quibus intellectus abundat, sed eloquentia deficit. Prædicandus autem, quem et eloquentia et intellectus reddit illustrem, cum primus ille, quem dixi, de præsumptione culpandus, alter non vituperandus, sed sit amplectendus, nisi forte invidia vel avaritia plenus, benignitate vel charitate sit, ut assolet, vacuus, quem ut caveas precor obnixius.

### Tit. XVII. — *De divitibus*.

33. Dives es? Cave divitem illum superbum, qui contempsit Lazarum; time ne, si denegas pauperi micam, desideres nec accipias aquæ guttam (*Luc.* xvi). Videris aliqua possidere? Disperge, ut possideas vere. Quomodo, inquis, veraciter possidebo? nunquid non et modo, cum fruar, veraciter possi-

---

(66) Male in vulg. *qui nefariâ cum sit divisio una, virtuti*, etc. Contextus sequens, qui quinque divisiones præfert, emendationem approbat.

deo? Hoc a me non indiges inquirere; te ipsum interroga, te conveni, tecum causamini. Die, rogo, in quibus rebus constant divitiæ tuæ? In possessionibus, inquis, prædiorum, servorum, ancillarum, equorum, boum, cæterarumque pecudum; in obsecundatione obsequentium, delectatione canum et accipitrum, abundantia vestium, utensilium, frumenti, vini et olei, armorum, argenti, auri atque gemmarum. Optime. Modo te volo convenire. Dic, rogo, tempestas nunquam hæc tua contigit prædia? Quomodo, inquis, aliter fieri potuit? Quomodo, inquam, dicis te unquam veraciter possedisse, quod valuit tempestas auferre? Nulla enim ratione veraciter est tuum, quod alicujus invasione potest fieri non tuum : unde et illud sapientis : *Non proprium dicas, quod mutari potest.* Sed videamus cætera. Forsitan firmius possides ea. Servi, ancillæ, equi, boves possuntne a prædonibus diripi, clade opprimi? Ad postremum nonne his æque ac tibi (67) sors est moriendi? Vestes nequeunt a tineis demoliri? Scio, inquis, remedium inde. Bene. Aliquid nosti remedii, ut igne non possint absumi? Non, inquis, sed mitto eas illuc, ubi continetur et aurum. Est locus arcuatus, non valet igni esse accessus. Concedo. Semper ergo illic erunt? nunquamne foris prodibunt? Facient plane. Quid tunc? Si salvæ, salvæ; si perditæ, perditæ. Ubi ergo tanta diligentia, tanta custodia? Quid profuit tanto tempore custodisse, aliquando perdidisse? Esto nil horum contingat; quis tuas, cum hinc vadis, divitias tecum portat? Nonne te video ligatis 41 pollicibus pene nudum agi in tumulum? Et si hoc tibi contingat, beatum te forsitan dixerim, nam audivi sæpe divitem a lupis comestum.

34. Quid ergo, inquis, agendum? An segnitiæ vacandum, nil laborandum, omnibus mendicandum? Quis dat, si omnis mendicat? Non; non illud præcipio, dicit Dominus, imo omnimodis prohibeo; nam prædixi tibi, quod *in sudore vultus tui vesceris pane tuo* (*Gen.* III, 19). Cum illud prædixi, laborem indixi : tu econtra nil vis laborare, sed laborantibus auferre, et, cum tu vaces peccatis et deliciis, aliis laborem indicis; cum econtra me in Psalmo dixisse legeris : *Labores manuum tuarum quia manducabis; beatus es, et bene tibi erit* (*Psal.* CXXVII, 2). Et per Apostolum : *Qui non vult operari, nec manducet* (*II Thess.* III, 10). Labora itaque, dico, fruere, eroga, disperge. Sicut ego non cesso dare, imo committere; ita tu ne cesses erogare; et semper, quia jussi, labori insiste, ut habeas, quod possis erogare, et non sit opus servare. Otiositas enim, si non certis diebus mei causa, inimica est animæ. Enim vero nec ullo tempore te volo otiosum esse : nam etsi dixi per Prophetam : *Vacate*, sed addidi : *Et videte, quia ego sum Dominus* (*Psal.* XLV, 11), ut intelligas tibi cavendum [*f.* vacandum], mihi serviendum. Quid opus est ut serves, qui me dante quotidie satis accipis? Quid convenit ut serves, qui ignoras cui ser-

(67) Vulg. *æqua tibi*, minus bene.

ves? Servo, inquis, filiis. Ante te forsitan obibunt. Dabo, ais, pro anima illorum. Quando? postquam eos absorbuerit gehenna? Non audisti psalmum dicentem : *In inferno quis confitebitur tibi?* (*Psal.* VI, 6.) Non legisti : *Frater non redimit, redimet homo?* (*Psal.* XLVIII, 8.) Postremo me non audisti dicentem : *Ibunt hi in supplicium æternum, justi autem in vitam æternam?* (*Matth.* XXV, 46.) Quomodo autem est æternum, quod alicujus munere, postquam semel fuerit adeptum, potest fieri nullum? Non audisti : *Lignum in quocunque loco ceciderit, ibi erit?* (*Eccli.* II, 3.)

35. Unde si vis pro anima tua, vel cujuslibet dare, dum tu illud possides, da; dum tui est juris, tui arbitrii, tuæ potestatis, dum vales redimi, dum vales liberari. Divitiæ enim tuæ et antecedere possunt, sequi omnino non possunt. Hic sanus incipe dare, et si infirmitas evenit, studiosius eroga; et si mors intervenit, ne timeas; quod hic erogatur, illic proficiet; tantum ne Deus serum judicet incoeptum, necessitatem non attendat, approbet voluntatem, non reprehendat intentionem : consideret hic te sanum voluisse dare, videat te hic coepisse, hic voluisse complere : de voluntate enim et intentione judicat. At forte dicis : reliquerunt mihi parentes, possum non relinquere filiis, aut nepotibus, aut aliquibus hæredibus? Væ illis, qui totum tibi reliquerunt, sibi nil tulerunt, imo multum tulerunt. Nunquam enim deficiet quod tulerunt; damnationem enim perpetuam sibi tulerunt, ignem perpetuum sibi tulerunt; quasi te Deus non possit, nosque illorum munificentia pascere, qui totum mundum pascit quotidie. Pater, inquis, meus reliquit mihi. Patri quis? avus, inquis. Avo, quis? proavus, ais. Proavo quis? ille talis et talis. Illis quis? quid me fatigas rogando, inquis, Adam, etsi non alius. Adam quis? Deus. Ergo Dei erat, imo velis, nolis, Dei est totum; etiamsi non accipiat a te, habet a te. *Domini est terra et plenitudo ejus* (*Psal.* XXV, 1). Væ autem eis, quibus 42 tanti successerunt hæredes, ut Dominus nunquam illis meruerit esse hæres. Rumpe, fili, rumpe, quæso, hunc funem, ne hoc cum ipsis constringaris in perditionem. Accipe Dominum hæredem, ut te ille accipiat regni sui consortem; partire cum illo filiorum hæreditatem, et effice eum illis fratrem. Quod si non vis, neque tu ejus hæreditatem usurpabis. Attamen velis, nolis, approbabo tuis ipsius testimoniis, non te tuas possidere divitias. Fac, inquis, Eroga, dico. Non faciam, dicis. Cur? Timeo, ais. Quid? inquam, paupertatem. Ergo paupertatis sunt tuæ divitiæ, non tuæ. Dominus est enim qui interdicit subjectus, cui quidlibet interdicitur. Ecce, te confitente, deprehendi, non tantum te tuas non possidere divitias, sed etiam a paupertate possideri, cui ipsæ serviunt divitiæ. Sed video quid declinaveris. Cum enim servus sis avaritiæ, non ausus eam saltem nominare, sub tegmine paupertatis elegisti confugere, cum non timere eam te constet, sed abhorrere : illam vero, cujus amore

istam abhorres, magis te conveniret exsecrari. Nam cur paupertatem timeas? nonne majoris numeri [al. meriti], quos Deus pascit quotidie, cernis pauperes, quam divites? nonne eosdem tanto elatos nosti fastigio, ut fratres ab ipso Domino in illo vocentur judicio, ubi sola tibi ac singularis erit consolatio, si in dexteram poni pro obsequio illis merearis impenso? Dedignaris ergo, aut forsitan vilis tibi est ipsius fraternitas Dei!

56. Verecundor, ais. Quare? Qui me, inquis, nunc honorant, post despectui habebunt; at pulchrum est digito monstrari et dici, *hic est*. Ratio contra. O curas hominum! o quantum est in rebus inane! Istud enim cur tam avide, ut video, inhias? Quam sit futile psalmus te valet docere : *Vidi*, inquiens, *impium superexaltatum et elevatum sicut cedros Libani, et transivi, et ecce non erat : quæsivi eum, et non est inventus locus ejus (Psal.* xxxvi, 35, 36). Ecce vero alia, inquam, domina. Quæ? Superbia, i.quam. Quid enim tibi cujuslibet faciet despectus, si tui compos fueris in humilitate fixus? Mitte jaculum in columnam marmoream, et videbis quid fiet. Modo, ais, gaudeo, oblector, quiesco. Ecce luxuria, tertia domina ; sed illud tertium rade; non enim quiescis, nec vero sine causa Deus sollicitudinem divitiis in Evangelio jungit (*Luc.* viii, 14), nisi quia omnium penetrans corda, novit optime quæ miseros divites cruciet cura. Sapiens quoque, qui dicit : *Omne quod supereminet, plus mœroribus afficitur, quam honoribus gaudeat;* nequaquam hoc diceret, nisi quæ mala divites in intimis perferant optime nosceret. Denique temetipsum considerans, teque ante te proprii statuens censura judicii, interroga animum tuum, quid est quod eum tantopere angustat, quid vigilias auget, somnum aufert; quid te discurrere facit, recumbere interdicit; quæ illa inter amorem timoremque confusio, quæ sollicitudo, quæque illa crebra suspiria; et luce clarius videbis, quam sæva inquietudinis peste labores, quibus cogitationum tumultibus agiteris, quibus mœroris procellis impellaris, qui te quiescere, oblectari et gaudere dicis. Licet enim ad tempus delectent, quantum aliquando cor stimulent opes terrenæ, optime nosti. Gaudes namque dum acquiris, moeres dum perdis; anhelas dum exigis, formidas dum exigeris, **43** myrmicoleo (68) utique nec dissimilis, formica aliis, aliis leo videris. Ad cumulum quoque miseriæ illos formidas sæpissime, quibus potentia inæstimabiliter videris præstare : unde quidam facundissime : Quomodo, inquit, et dives quietus, quam suis stimulis res ipsæ, ne careantur, semper faciunt inquietum? Et ideo magis elegit cupiditas inquietum et timidum esse divitem, quam securum. Unde et Seneca, regibus, ait, multo pejus est quam servis; quia isti singulos, illi multos timent. In tanta ergo animi perturba-

tione positus, et temetipso penitus, ut ita dicam, frustratus, quid tuum esse dicere vales, ipse alieno juri subactus? Unde pulchre Dominus, *Non potestis*, inquit, *Deo servire et mammonæ* (*Matth.* vi, 24); cum præmisisset, quod nemo duobus dominis servire valeret.

57. Sed, ne quis me putet istud de omnibus divitibus dicere, noverit duo genera divitum esse, unum bonorum, aliud malorum; unum superborum, aliud humilium. Quis enim nesciat David regem fuisse ditissimum? Abraham et Job quis pauperes dixerit? Et tamen David ait : *Ego autem egenus sum et pauper* (*Psal.* lxix, 6). Abraham etiam : *Loquar ad Dominum meum, cum sim pulvis et cinis* (*Gen.* xviii, 27). Job autem : *Si contempsi judicium subire cum servo meo et ancilla mea, cum disceptaverunt adversum me* (*Job.* xxxi, 13). Vide quanta in isto genere divitum humilitas. De isto genere divitum est ille, de quo dicitur : *Beatus qui intelligit super egenum et pauperem* (*Psal.* xl, 2) ; et alibi : *Cedri Libani, quas plantabit Dominus, illic passeres nidificabunt* (*Psal.* ciii, 17) ; id est potentes quilibet in sæculo, in quorum prædiis nidificant, ut Augustino quoque placet, id est cellas, et oratoria construunt monachi, virgines et viduæ, in eis hospites et peregrini, advenæ et captivi, atque pauperes colliguntur. De isto genere divitum est et ille, cujus præconium istiusmodi a Psalmista laude effertur : *Gloria et divitiæ in domo ejus, et justitia ejus manet in sæculum sæculi* (*Psal.* cxi, 3). Istud genus eorum est divitum, qui nil in suis divitiis aliud requirunt nisi redemptionem animarum, victumque sibi atque suis necessarium, liberalemque usum. Isti licet sint ditissimi, non tamen sunt pecuniosi, qui juxta cujusdam sapientis sententiam, divitias non appetunt, sed, si affuerint, sapientissime atque cautissime eas disponunt (*Sap.* viii, 5). De quibus et Isidorus : Sunt, ait, quidam divites humiles, quos non inflat superbia rerum, veluti plerumque fuerunt sancti Veteris Testamenti, qui et affluebant divitiis, et tamen humilitate pollebant. Itemque de utrisque : Alii, inquit, de rebus humanis pereunt, quas cupidius amaverunt; alii salvantur, dum in earum pulchritudine Conditoris pulcherrimam providentiam laudantes, mirantur; vel dum per misericordiæ opus cœlestia ex eis bona mercantur.

58. Nunc igitur illud alterum videamus, et caveamus genus divitum : *Væ vobis*, inquit Dominus, *divitibus, quia habetis consolationem vestram* (*Luc.* vi, 24). Et **44** in psalmo : *Relinquent*, ait, *divitias suas, et sepulcra eorum domus illorum in æternum* (*Psal.* xlviii 11, 12). Itemque : *Ne timueris, cum dives factus fuerit homo, et cum multiplicata fuerit gloria domus ejus* (*Ibid.* 17). Et post pauca : *Introibit in progenies patrum suorum ; usque in æternum non videbit lu-

---

(68) *Myrmicoleo*, vox composita ex Græca μύρμηξ, *formica*, et Latina *leo*, animal indicat parvum, formicis satis infestum, quod se in pulvere abscondit, et formicas frumenta portantes interficit. Idcirco autem *formica* et *leo* simul vocatur, quia aliis animalibus uti formica, formicis vero uti leo est. Vide Cangium V. *Formicaleo*.

*men* (*Ps.* XLVIII 20). Job vero quiddam expressius, *Ducunt*, inquiens, *in bonis dies suos, et in puncto ad inferna descendunt* (*Job.* XXI, 13). Alius autem : *Agite nunc divites, ait, plorate in miseriis, quæ advenient vobis; divitiæ vestræ putrefactæ sunt, et vestimenta vestra a tineis comesta sunt; aurum et argentum vestrum æruginavit, et rubigo eorum vobis in testimonium erit, et manducabit carnes vestras sicut ignis. Thesaurizastis super terram, et in deliciis enutristis corda vestra in die occisionis : adduxistis iram vobis in novissimis diebus : ecce merces operariorum vestrorum, qui messuerunt regiones vestras, quæ fraudata est a vobis, clamat, et clamor eorum in aures Domini Sabaoth introivit : occidistis justum et non restitit vobis* (*Jac.* V, 1-6). Sicut vero bonis divitibus nulla major salutis est causa, quam humilitas vera; ita istis nulla certior ruinæ causa, quam illorum superbia. Ipsa enim non solum se perdunt, sed et alios opprimunt, urunt, et cruciant, seque meliores depretiant (69); unde et Psalmista, *Dum superbit*, inquit, *impius, incenditur pauper* (*Psal.* IX, 23). Itemque orando : *Miserere nostri, Domine, miserere nostri, quia multum repleti sumus despectione, quia multum repleta est anima nostra, opprobrium abundantibus et despectio superbis* (*Psal.* CXXII, 4). Unde et Apostolus, medicinam quamdam eis adhibens : *Divitibus*, inquit, *hujus sæculi præcipe, non superbe agere, neque gloriari in incerto divitiarum* (*I Tim.* VI, 17). Omnibusque generaliter : *Bene faciant divites, sint in operibus bonis, facile tribuant, communicent, thesaurizent sibi fundamentum bonum, ut apprehendant veram vitam* (*Ibid.* 18, 19). Ecce quomodo camelus deposita gibbi sarcina, per foramen valet acus transire (*Matth.* XIX, 24); quomodo animal tortuosum, onere deposito, pennas assumere columbæ (*Psal.* LIV, 7) et in ramis requiescere arboris de semente sinapis editæ (*Luc.* XIII, 19), et nec hoc solum, sed et tanta prerogativa ditari, ut in tasphuro (70) illius Madian, Epha, et Saba aurum et thus ad templum Domini deferant (*Isa.* LX, 6); Ismaelitæ quoque negotiatores stactem et thimiama, resinamque in Galaad nascentem (*Gen.* XXXVII, 25), *subaudi* deferant, id est prædicatores sancti verba Scripturarum, quasi quorumdam congeriem aromatum, et thesaurum sapientiæ desiderabilem, quibus et alios ditare; et bonæ opinionis nidore ad Dei amorem accendere, et infirmis mentibus medelam boni exempli valeant præbere, quatenus intitubabiliter cuncti valeant animadvertere, quæ impossibilia sunt apud homines, possibilia apud Deum omnimodis esse (*Marc.* X, 27) : quod quomodo fieri possit Veritas ipsa non tacuit, dum in Evangelio dixit : *Qui recipit prophetam in nomine prophetæ, mercedem prophetæ accipiet* (*Matth.* X, 41), etc. Et Apostolus : *Alter alterius onera portate, et sic adimplebitis legem Christi* (*Gal.* VI, 2). Recipe itaque, o dives, pro nomine Christi prophetantem aliquem in nomine ejus, et prophetæ ipsius cum ipso recipies mercedem; sustenta opibus tuis justum, et justitiæ recipies meritum; hoc est enim divitias negotiatorum, id est bene operantium, in dorso portare, eis in bono opere subsidium ferre. Collatum autem eis subsidium ipsorum impetrat consortium; ipsorum vero consortium regnum acquiret sempiternum, ipso præstante qui vivit et regnat in æternum.

Tit. XVIII. — *De hominibus fortunæ mediocris.*

29. Mediocris es? Audi Apostolum : *Non ut aliis remissio, vobis autem tribulatio, sed ex æqualitate vestra abundantia illorum inopiam suppleat, ut et illorum abundantia vestræ inopiæ sit supplementum* (*II Cor.* VIII, 13, 14); et illud Tobiæ : *Si multum tibi est, abundanter tribue; si parum, etiam ipsum libenter impertire stude* (*Tob.* IV, 9). Quod si omnimodis pauper, considera duo viduæ minuta (*Luc.* XXI, 2). Forte desunt et ipsa? Habes calicem aquæ frigidæ (*Matth.* X, 42). Non est, inquis, puteus, deest fons vel fluvius, ipse non adest torrens, hauritorium (71) omnino nullum. Et hic Domini non deest consilium; audi enim angelorum in Evangelio canticum : *Gloria in excelsis Deo, et in terra pax hominibus bonæ voluntatis* (*Luc.* II, 14). Avaro autem secundum Hieronymum tam deest quod habet, quam quod non habet. Sed, heu! vecordem me, quid namque habeo confectum? Dum enim properantius, quam expedit festino, maximum quorumdam tam divitum quam et mediocrium vitium dimisi omnino. Sed retrogradum rursus sermonis iter arripiam, iterum dicam, iterum repetam, clamabo, dicam, non dimittam; dicam tamen non ex meo, alterius sed voce boabo; tantum siquidem est ac tale, quod non audeam retinere, etiamsi id meis nequeam verbis explicare; poteram autem utcunque, sed contradicit ratio [f. oratio], jam ab alio edita disertissime. Potest autem fieri, ut labor hic noster in cujuslibet excat manus qui ejus dictorum expers sit penitus (72); cum nec defuturos noverim innumeros certissime, qui et istis, et multis aliis a nostra quoque scientia remotissimis ita sint refertissimi, ut dedignentur nostrorum vel visu ad momentum saltem impediri, ne dum lectione desiderent frui. Quocirca libentius tam istius (73), quam aliorum similium hic, quam meo, utar sermone, ut et qui alio [*id est* alibi] nequeunt, hic valeant eorum dicta invenire, et eorum consortio robur aliquod nostra queant obtinere.

30. Dic ergo, quæso, tu, loquere tu, clama, tu,

---

(69) *Depretio* a Tertulliano, Cypriano, aliisque usurpatur pro deprimere, vilius æstimare.

(70) *Tasphorus* dorsum significat, cui transferendaimponuntur onera, a vocibus barbara *tassus*, cumulus, strues, et Græca φορός ferens; unde post pauca *divitias negotiatorum*, id est *bene operantium, in dorso portare* scribitur.

(71) *Hauritorium* hauriendi instrumentum.

(72) Vulgati *expressit penitus*. Emendationem levi mutatione sensus edocuit : hacque de causa paulo ante edidimus *cujuslibet*, ubi erat *quorumlibet*. Quod si retinendum esset *quorumlibet*, tunc emendandum *expertes sint*.

(73) *Istius*, de quo scilicet antea dixerat, *alterius*

sermone, eruditione ingenioque mirande; et ideo *os aureum* merito appellate, gratiæque Dei, quam proprio ferre videris nomine, exsecutor fortissime. « Non potest, inquit, ille misericordiam facere, qui possessionibus longe lateque 46 diffusis, in confinio alium possidere non patitur. Dum terminos jungit, fines producit, calumniatur pauperi, mediocrem premit, vicinum excludit, omnesque circumcirca positos infestando ac persequendo depellit; cui soli bonum est quod publicum malum est, dum aut fructus servat, aut annonam captat, aut inflat pretia, aut fenus exaggerat; dum acquirendi lucra, pernoctandi exquirit ingenia. Potestne talis misericordiæ implere officia, cui pupillorum dulcis est gemitus, et viduarum suavis est fletus; dum præda hujusmodi delectatur, spoliis pascitur; qui dives est arca non merito; possessione, non genere; nomine, non dignitate? Potestne misericordia tangi aut humanitate moveri, cujus avaritiæ nec proprium sufficit, nec modum imponit alienum? qui etsi pauperi aliquid tribuit, hoc magis deterior, si alii tollit, quod alii tribuat, et esurientis pane esurientem pascat, et nudum spoliis vestiat alienis, cum scriptum sit: *Qui offert sacrificium ex substantia pauperis, sic est, quasi qui victimat filium in conspectu patris sui* (Eccli. xxxiv, 24). » Ecce, prudens lector, tres in uno genere distinctiones advertere vales, si voles, divitum: unam scilicet eorum, qui rapiunt, nec tribuunt; tertiam qui rapiunt multa, et tribuunt pauca; medium eorum qui nec rapere nec tribuere referuntur, sed exaggerandis quæstibus insistentes, thesaurizant dupliciter, id est hic alteri, licet nesciant cui, in futuro autem iram Dei sibi. Nunc vero ejusdem melliflue discamus ore, quomodo his aliud, id est bonorum e regione obviet genus. « Ille, inquit, vere est dives, qui misericordia opulens quam divitiis, facultates suas cum pauperibus dividit; qui locupletem se magis dando quam habendo ostendit; qui ad hoc se meminit habere divitias, ut fenerētur Deo, pascat Christum, vestiat Dominum; qui patrimonium suum non ingrato quærat hæredi relinquere, sed pauperes illud Christo desideret commendare; qui divitias cœlo magis quam mundo commendat; qui desiderat potior opere esse, quam suæ substantiæ facultate; qui thesauros suos ad superna transmittit; qui ad hoc vivit, ut operetur; qui ad hoc operatur, ut in æternum vivere mereatur; qui viduarum casibus flectitur, pupillorum miseria commovetur, dolentium causam suscipit, et arrogantiam superborum addicit »

31. Postquam igitur facete, et quo nemo latius, deno veluti digitorum numero, duali operationis manu, bonorum divitum humilitas trisulcum superborum qualiter eviscerans pectus, sibi contrarias scire et cavere volentibus, ejus prodat 47 latebras, edidisti; nunc quas et in hoc sæculo perferunt, rogo, proferas cruces (74), et sic nos laxando frena dimittas ad alia festinantes. « Habere, inquit, nec facere; misereri posse, nec velle.... Commendatum sibi deputat, quod per cruciatum suum ad hæredem transmittat, nec de suo miser permittitur tangere, quod post se futuro cogitur reservare: qui sollicitius servat quam acquirit, molestius custodit, quam rapuit; suspirat enim vigilans acquirendo, suspirat dormiens reservando. Huic nec vigiliæ lætæ, nec somnus securus, nec dies læta, nec nox secura est; discurrit, torquetur, gemit, et quasi illi proficiat quod acquirit, sic augere desiderat, quod alii etiam ingrato cum suo cruciatu relinquat, ut quale fuerit patrimonii pondus, talis sollicitudinis habeatur et cumulus. »

32. Et hoc itaque succincte atque disertissime monstrato, audiat, rogo, et mediocris, quaslibet nebulas sibi obtendens excusationis, tuis (75) luculentissime quid sibi congruat dictis. « Nullus miser, inquis, nisi qui misereri noluerit, quia neque quisquam misereri desiderans, poterit non habere quod tribuat. Nullus petentem poterit inanem relinquere, nisi qui ei noluerit commodare: non enim misericordiæ definita sunt pretia; aut nisi quis multum dederit, acceptabile esse, quod datur, non poterit: aut inopes tantum a quoquam exposcunt, quantum qui poscuntur, dare non possunt; aut ex modico multum, aut de exiguo plurimum dare quispiam cogitur, cum libenter ex modico modicum attributum divina pietas gratuletur. » En dives præter superbiam et crudelitatem etiam avarissime; en mediocris tenacissime; et si ego visus sum vobis festinando parcere, certe non pepercit doctiloquus iste, non parcit omnigena vox sanctæ Scripturæ; ideoque rogo et admoneo ut et vos in nullo vosmet velitis palpare, ne quando rapiamini subito, et eripiamini a nullo.

Tit. XIX. — *De mendico.*

53. Mendicus es? Audi Apostolum: *Qui non vult operari, nec manducet* (II Thess. iii, 10). Audi et Sapientiæ proverbium: *Omnis piger, ait, semper in egestate es* (Prov. xxi, 5); itemque: *Propter frigus piger arare noluit; mendicabit ergo æstate, et non dabitur ei* (Prov. xx, 4); itemque: *Egestas et ignominia ei, qui deserit disciplinam* (Prov. xiii, 18); rursumque: *Egestatem operata est manus remissa* (Prov.

---

sed *voce bonbo*, nimirum S. Joannis Chrysostomi, quem *os aureum* paulo post appellat, et ex quo longum testimonium profert.

(74) Hæc implexa periodus ne moram lectoribus ingerat, construenda et explicanda est. S. Joannem Chrysostomum alloquitur: *Postquam igitur facete, et quo nemo latius, deno veluti digitorum numero, et duali operationis manu* (id est evidentissime et summa perspicuitate) *edidisti* (id est explicasti) *qualiter humilitas divitum bonorum eviscerans pectus trisulcum superborum* (trisulcum vocat, quia tria superborum divitum genera antea distinxit) *prodat latebras ejus* (id est *pectoris superborum*) *contrarius sibi, prodat,* inquam, *volentibus scire et cavere*; *nunc rogo proferas, quas cruces iidem divites et in hoc sæculo perferant,* etc.

(75) *Tuis,* ait, quia S. Joannem Chrysostomum hic alloquitur; unde mox *inquis* scripsit.

x, 4); *est quasi dives, cum nihil habeat, et est quasi pauper, cum in multis divitiis sit* (*Prov.* xiii, 7). Ipse quoque iterum . *Qui operatur terram suam, saturabitur panibus; qui autem sectatur otium, stultissimus est* (*Prov.* xii, 11; *Eccli.* xx, 30); et : *Vade ad formicam, o piger, et considera vias ejus et disce sapientiam; quæ, cum non habeat ducem, neque principem, parat æstate cibum sibi et congregat in messe quod comedat. Usquequo, piger, dormis? quando consurges de somno tuo? paululum dormies, paululum dormitabis, paululum conseres manus, ut dormias, et veniet tibi quasi major egestas, et pauperies quasi vir armatus* (*Prov.* vi, 6-11). Hoc per ordinem ita protuli, ut considerare te admoneam, quæ te causa facit mendicare, ne forsitan, ut multi, sub hoc obtentu divitias velis congregare, aut segnitiæ deservire. Sunt vero et multi, ut superius audisti, pauperes, quorum superbia elationem divitum excedit; cum econtra sint divites, quorum humilitas multorum pauperum mansuetudinem vincit : unde pulchre Veritas dicit : *Beati pauperes spiritu, quoniam ipsorum est regnum cœlorum* (*Matth.* v, 3), ut intelligas quosdam miserrima conditione paupertatis, et hic sæculi gaudiis ob inopiam rerum, et in futuro regno Dei ob meritorum nequitiam fraudatos, ab hac beatitudine exturres esse et penitus alienos. Hinc est illud Sapientis : *Bona est substantia, cui non est peccatum in conscientia, et nequissima paupertas in ore impii* (*Eccli.* xiii, 30). Unde et Hieronymus luculentissime : « Nec diviti, inquit, obsunt opes, si eis bene utatur; nec pauperem egestas commendabiliorem reddit, si inter sordes et inopiam peccata non caveat. » Ad utriusque rei testimonium et Abraham et (76)..... quotidiana exempla suppeditant, quorum alter in summis divitiis amicus Dei fuit, alii quotidie in sceleribus deprehensi, pœnas legibus solvunt. Hinc et Isidorus : « Est elatio pauperum, quos nec divitiæ elevant, et voluntas in eis sola superbia est. His etsi opes desunt, propter mentis tamen tumorem, plusquam superbi divites condemnantur. » Augustinus quoque etiam de debilibus agens : « O, inquit, quanta mala faciunt cæci ! a quibus malis abstinet mens mala. »

31. Ilis ita se habentibus, satage, rogo, et tu pro posse Deo in humilitate servire, ut cum ovibus in dextera in illo supremo examine poni, et frater atque benedictus a summo justoque Judice vocari, non cum hædis propter superbiam in sinistra locari,

avaritia quoque notari, et maledictus a facie Dei et sanctorum mercaris sequestrari. Nam nec te a misericordiæ operibus debere vacare scias, certissime Domino testante, quia calicem aquæ frigidæ proximo porrigere non caret mercede (*Matth.* x, 41). Angelorum quoque canticum in Evangelio invenis : *Gloria in excelsis Deo,* dicentium, *et in terra pax hominibus bonæ voluntatis* (*Luc.* ii, 14). Unde et Joannes Chrysostomus more suo facundissime ait : « Ne posset quisquam, inquiens, non habendi excusatione purgari, gratuita misericordiæ indicuntur officia, ut ostendatur Dominum ipsis etiam pauperibus operandi imposuisse obsequia. Calicem aquæ frigidæ prophetæ porrigere, præmium prophetæ promittitur; ægrotum, vel in carcere constitutum visitare, Deum visitare est, ut possit pro bona voluntate remunerari, qui de substantia non potest misereri, ut jam constet pro qualitatibus hominum, misericordiæ non debere officia cessare, ut laborantibus præmia possint compensari cœlestia; ut cum cœperint misericordes expungi (77), et steriles condemnari, et misericors quia misertus est, gaudeat, et sterilis pœnas, quas non speravit, inveniat. » Hoc itaque tecum tractans, atque omni excusatione postahabita, etiamsi truncus (78), omnique membrorum officio sis penitus destitutus, tantum integer interior sit sensus deliberans, quidquid potes, offer Deo, sedulus sciens omnibus te quoque debitorem fore, quorum aleris sumptibus. Væ autem tibi, si tuo potes vivere labore, et alterius frueris desidia torpens opere. Sed infirmitas me cogit, dicis. Age ergo Deo gratias et vide ne murmures, et ora pro his, quorum opibus contineris (79). Sanus quidem sum, ais, sed multitudo me opprimit filiorum. Si potes, inquam, cum consensu uxoris te contine, et labora manibus, unde et te et alios valeas sustentare. Nequeo, inquis. Plange ergo vitium, grave enim et hoc est incommodum · mendica quod sufficit, et cave superefluentiam ; vide ne mures exinde pascas et vermes. Tu qui sanus es, subleva cæteros, visita infirmos, sepeli mortuos, partire cum omnibus benedictionem tibi collatam Domini ; esto cæcis oculus, surdis auris, mutis lingua, claudis pes; neque sis unquam tui causa de crastino sollicitus. Si est via tibi juxta ecclesiam, cave pertranseas, donec et illic scilicet mendices tibi pro excessibus veniam, et benefactoribus vitam æternam.

---

(76) Locus hiulcus. Supplendum *iniquorum pauperum,* vel *furum,* aut aliquid simile.

(77) Hic *expungere* accipitur pro *discutere, examinare,* uti apud Suetonium in Claudio c. 15, *Cum decurias rerum actu expungeret, ut alios judices amitteret, alios retineret ;* ubi *expungeret* idem est ac *discuteret.*

(78) Vulg. in texto *intrinsecus,* et in margine *al-* *truncus.* Hanc marginalem lectionem, quam codicis esse arbitramur, idcirco prætulimus, quia sensui magis cohæret : trunci enim dicuntur homines, qui aliquo membro debiles aut mutili sunt.

(79) *Continere* pro *alere, sustentare* apud S. Gregorium frequenter legitur. Vide lib. i, epist. 44 et 45, lib. v, epist. 50, hom. 20 in Evangelia, etc.

# INCIPIT LIBER SECUNDUS.

*Continet quoque istud hæc Præloquium : I, Virum; II, Mulierem; III, Maritum; IV, Uxorem; V, Cœlibem; VI, Patrem et Matrem; VII, Filium et Filiam ; VIII, Viduam; IX, Virginem; X, Parvulum; XI, Puerum; XII, Adolescentem; XIII, Senem.*

Decurso, duce te, Deus, breviter primo, secundum de te quoque adhuc præsumens, incunctanter libellum hunc aggredior modicum, per nullius multiloquium (80) mœstiloquus, majore sui parte lecta, aliquantula vero comperta dicturus, cum scilicet ab infantiæ crepusculo in hunc ætatis fere deductus meridiem, cæcam adhuc casuum diversorum patiar noctem, trimodoque (81) retrusus constringar ergastulo, qui e tenebris liberando, ad lumenque tuæ visionis 50 admirabile vocando quondam institutus videbar populo, frustratus gregis consortio, quia cum insidianti (ut fertur, et utinam veraciter diceretur) nolui committere lupo (82); expositus supplicio, quia solum eum exponere timui periculo; sæculi subactus dominio, quia me tibi soli subjici oportere credidi Domino. Verum te penitus contrario, creato a te nil agi sciens in mundo, tempestatem hanc tuo solamine fultus tranquille sustineo (83); credens sedari, si volueris et quando volueris, istud per te posse facillime pelagus, qui terminum mari arenam posuisti primitus : *Usque huc*, inquiens, *venies, et non supergredieris, sed in temetipso confringentur fluctus tui* (*Job.* xxxviii, 11). Intona ergo et adhuc, si placet, tuo e cœlis, Christe, præcepto, quodque per multos, perque te ipsum interdixisti creberrime minando, interdic (84) et nunc miserrimo misericordissime miserendo, dic de profundis clamanti misericorditer : *Exi*, tenebris horrendis circumsepto, *relevare carceris de ergastulo*, dic: noli prohibere. Sed quia quod desideranti longum videtur esse, et quasi difficile, disponenti breve est et omnino facillimum; si quid hic interim animo suggesseris, ponere satagam, quod conficiat et istud cum tui adjutorio opusculum, cætera tuæ committens clementiæ, cujus ad nutum cuncta novi favere [*l.* fieri].

## Tit. I. — *De viris*

2. Vir es (85), a virtute, necne a vireo, vel a viribus, sive vi, et rego verbo, ut quemdam audivi non incongrue, ut mihi visum est, disputantem, denominatum gestans vocabulum? Femineam devitans mollitiem, in virtute solida [*id est* robora, confirma] animum; *Neque enim*, ait Apostolus, *molles regnum Dei possidebunt* (*I Cor.* vi, 9) : quod tunc facere prævales, si viribus nitens, vim animi ad sidera eleves, carnem animæ, animam subigas Deo, rigidus semper et inflexibilis, cum Dei adjutorio contra sæculi voluptates, contraque carnis incedens illecebras, illud Psalmistæ semper ante oculos habens : *Viriliter agite, et confortetur cor vestrum, omnes qui speratis in Domino* (*Psal.* xxvi, 14). Et illud Domini ad Job : *Accinge sicut vir lumbos tuos* (*Job.* xxxviii, 3). Contra aerias quoque potestates, quæ significantur per Cananæorum reges, ad bellanda Domini bella te cogitans directum, ut terram repromissionis merearis intrare (quandoquidem ex Ægypto jam per mare Rubrum, hoc est sanguine Christi consecratum baptisma eductus, hujus 51 sæculi gradiaris per eremum), computa tibi dictum : *Confortare et esto robustus* (*Deut.* vii, 23). Quantum enim mollis et dissoluta mentis custodia etiam perfectorum noceat studiis, Loth illius justissimi, Samson illius fortissimi, Salomonis quoque sapientissimi demonstrant casus. Isboseth etiam intimat interitus, femineæ utrum, an virili custodiæ committi cordis debeat aditus (*II Reg.* iv, 5).

---

(80) *Per nullius multiloquium*, inquit; quia in carcere, ubi hæc scripsit, neminem habebat, quocum colloqueretur.

(81) Papiensem turrim indicat, in qua triplici sera vel ostio erat inclusus.

(82) Qui sedem Veronensem pulso Ratherio invasit, Manasses fuit. Istum proinde *lupi* nomine hoc loco indicare videtur, sicut in aliis posterioribus operibus eadem ratione *lupum* appellat Milonem, qui postea eamdem sedem, pulso iterum Ratherio, occupavit. Manassem quidem unum fuisse ex illis tribus; quos Hugo Veronensi Ecclesiæ volebat præficere, fama ferebat. Solum idem rex in Ratherii electionem consensit, quia hunc infirmum brevi moriturum sperabat. Cum vero eum post electionem e morbo convaluisse deprehendit, hujus electionis pœnitens, adhibuit nonnullos, qui vel ipsum ad fugam, seu ad dimittendam Ecclesiam impellerent, vel ita in illum excederent, ut ejus ejiciendi occasionem caperet. Episcopatum enim aliis ac præsertim Manassi tradere volebat, uti sane ipsi eumdem postea tradidit. Huic autem veluti lupo se noluisse episcopatum committere Ratherius hoc loco videtur innuere.

(83) Construe : *Verum sciens nil agi in mundo, creato a te, te penitus contrario, fultus solamine tuo sustineo hanc tempestatem*, etc.

(84) Male in vulgatis *interdicet nunc*. Mox construe : *Clamanti de profundis dic misericorditer* : Exi, *circumsepto tenebris horrendis dic*: Relevare de ergastulo carceris, noli prohibere.

(85) Id est, *Vir es gestans vocabulum denominatum a virtute, necne a vireo*, etc. *Necne* apud auctores mediæ et infimæ ætatis acceptum legitur pro *necnon*, ut videre est in Glossario Cangii. Hic autem accipi videtur pro *aut*.

Tit. II. — *De mulieribus.*

3. Mulier es? Mollitiem, quam præfers nomine, ad obedientiæ virtutem, non ad dissolutionis vitium transferre stude. *Virago* enim, id est fortis, mulier vocata est in principio (*Gen.* II, 23), ut et fortem te contra vitia, et flexibilem in subjectione Domini præceptorum esse debere memineris omnino. Vir itaque mente, mulier carne, insurgentes et tu adversus spiritum insanos vitiorum voluptatumque tumultus forti mentis vigore stude devincere, perpendens plurima tibi in Scripturis divinis hujus operis exempla suppeditare; dum et in Veteri Testamento quanquam de hoste universo orbi pavendo, viris omnibus timore, quasi mortis somno, consumptis, mirabilem Dei gratia legeris reportasse victoriam; et in novo innumerabiles femineam oblitas infirmitatem, virili peracto hostibus devictis certamine, cum triumpho gloriæ palmam victoriæ et coronam meruisse insignem.

Tit. III. — *De conjugibus.*

4. Conjux, vel maritus es? Considera quam fidem debeas uxori, cujusque fidei quis habetur exactor et testis. Bonum namque esse conjugium, secundum istam scilicet conditionem nascendi et moriendi, in qua creati sumus, et ipsum bonum violare magni criminis esse, Scripturæ sanctæ testimoniis potes advertere, præsertim, cum tam insolubilem copulam pacti hujus Dominus in principio voluerit facere, ut non singulos singulariter, sed unum ex altero voluerit fabricare, præcepto consequente, et cur hoc fecerit monstrante atque dicente: *Propter hoc relinquet homo patrem et matrem, et adhærebit uxori suæ, et erunt duo in carne una* (*Gen.* II, 24). Erunt, inquit, duo in carne una. Si ergo tanta vis, imo quia tanta vis hujus est conjunctionis; cogitent qui abusu perversissimo hanc, aut adulterando, aut penitus deserendo uxores aut viros, tantæ fidei tamque insolubilis copulam dilectionis scindunt, quam grave noxiumque crimen sibi acquirunt; maxime cum evidens et in Evangelio, et in Apostolo ipsius Domini contra hoc habeant præceptum; et si violata charitas, odio subvertente, in duobus spirituali regeneratione fratribus homicidii crimine notatur; quid cum non solum spiritus, sed etiam una caro abominabili divortio in diversa distrahitur?

5. Sciendum vero duo genera esse conjugii, unum inculpabile, aliud cum culpa veniale. His aliquid superadditum jam esse adulterium, etiamsi perpetrator nullius violet thorum, quia videlicet in semetipso, in quo cubare debuerat, Dei violat templum. Horum primum tantum Conditor ipse dignatus est nobilitare, ut non solum præcipere, sed et ei in nuptiis dignatus sit assidere, factoque primo miraculo, suo eum munere insignire (*Joan.* II, 1-11). Constat vero idem amore tantum filiorum, quo scilicet propagetur multitudo hominum, 52 quæ compleat orbem terrarum, et creaturis sibi concessis A legitimum dominium, et Creatori debitum exhibeat obsequium, qua etiam civitas Dei ex numero compleatur prædestinatorum. Aliud vero veniale atque concessivum, proper fornicationem tantummodo conceditur ab Apostolo, videlicet ne per adulteria, aut quoslibet illicitos quislibet defluat appetitus, impatiens libidinis; aut (quod longe incomparabiliter pejus est) contra naturam quovis modo cogatur excedere: ob talia enim quædam: *Melius est nubere, quam uri* (*I Cor.* VII, 9), id est usque ad eliquationem vel [*al.* ut], illicitum, sive immundissimum fluxum accendi, nec ullo Dei amore, aut gehennæ timore restringi. Ecce quantum valet etiam cum culpa conjugium, necessitate scilicet propter pejus concessum. Unde pulchre Augustinus in libro contra Jovinianum de Bono conjugali hæreticum (*n.* 11 et 12): « Concubitus, ait, necessarius causa generandi inculpabilis est, et solus ipse nuptialis: ille autem, qui ultra istam necessitatem progreditur, jam non rationi, sed libidini obsequitur; et hunc tamen non exigere, sed reddere conjugi, ne fornicando damnabiliter peccet, ad personam pertinet conjugalem. Si autem ambo tali concupiscentiæ subigantur, rem faciunt non plane nuptiarum; verumtamen si magis in sua conjunctione diligunt quod honestum est quam quod inhonestum, id est quod nuptiarum, quam id quod non est nuptiarum; hoc eis, auctore Apostolo, secundum veniam conceditur, cujus delicti non habent hortatrices nuptias, sed deprecatrices, si Dei misericordiam non a se avertant, vel non abstinendo quibusdam diebus, ut orationi vacent, et per hanc abstinentiam commendent preces suas, sicut et per jejunium, vel immutando naturalem usum in eam, qui est contra naturam, quod damnabilius fit in conjuge. Nam cum ille naturalis usus, quando prohibetur ultra pacta nuptialia, id est ultra propagandi necessitatem, venialis sit in uxore, in meretrice damnabilis: iste qui est contra naturam, exsecrabiliter fit in meretrice, sed exsecrabilius in uxore. »

6. Item in libello ad Valerium (*lib.* 1 *de Nupt. et Concup. n.* 15) contra novellos hæreticos de sermone Apostoli: *Volo vos sine sollicitudine esse* (*I Cor.* VII, 31): « Hoc, inquit, dico, fratres, tempus breve est, id est non adhuc populus Dei propagandus est generatione temporali carnaliter, sed jam generatione (86) spiritualiter colligendus. *Reliquum ergo est, ut qui habent uxores, non carnali concupiscentiæ subjugentur; et qui flent tristitia præsentis mali, gaudeant spe futuri boni, et qui gaudent propter temporale commodum, timeant æternum judicium; et qui emunt, sic habendo possideant, ut amando possessis non hæreant; et qui utuntur hoc mundo, transire se cogitent, non manere. Præterit enim figura hujus mundi. Volo autem vos sine sollicitudine esse,* id est volo vos sursum cor in quæ non prætereunt (87) præterita tempora habere. Deinde subjungit: *Qui sine uxore*

---

(86) Melius apud Augustinum *regeneratione.*
(87) Augustinus: *in his, quæ non prætereunt, vos habere.*

*est, cogitat ea quæ sunt Domini, quomodo placeat Deo; qui autem matrimonio junctus est 53 cogitat quæ sunt mundi* ( *I Cor.* VII, 32) ; » atque ita quodammodo exponit, quod supra dixerat: *Qui habent uxores, sint tanquam non habentes.* Qui enim sic habent uxores, ut cogitent ea, quæ sunt Domini, quomodo placeant Domino, nec in his, quæ sunt mundi, cogitent placere uxoribus, tanquam non habentes sunt ; quod ea felicitate fit, quando et uxores tales sunt, ut eis mariti non ideo placeant, quia divites, quia sublimes, quia genere nobiles, quia carne amabiles; sed quia fideles, quia religiosi, quia pudici, quia viri boni sunt. Verum in conjugatis ut hæc amplectenda (88) atque laudanda, sic alia toleranda sunt, ne in damnabilia flagitia, id est fornicationes vel adulteria corruatur: propter quod vitandum malum, etiam illi concubitus conjugum, qui non sunt causa generandi, sed victrici concupiscentiæ serviunt, in quibus jubentur non fraudare invicem, ne tentet eos Satanas propter intemperantiam suam; non quidem secundum imperium præcipiuntur, sed secundum veniam conceduntur. Sic enim scriptum est : *Uxori vir debitum reddat, similiter et uxor viro. Mulier sui corporis potestatem non habet, sed vir; similiter et vir potestatem sui corporis non habet, sed mulier. Nolite invicem fraudare, nisi forte ex consensu ad tempus, ut vacetis orationi; et iterum revertimini in idipsum, ne tentet vos Satanas propter incontinentiam vestram. Hoc autem dico secundum indulgentiam, non secundum imperium* (*I. Cor.* VII, 3). Ubi ergo venia datur, aliquid culpæ esse nequaquam negabitur. Cum igitur culpabilis non sit generandi intentione concubitus, qui proprie nuptiis imputandus est; quid secundum veniam concedit Apostolus, nisi quod conjuges, dum se non continent, debitum ab alterutro carnis exposcunt, non voluntate propaginis, sed libidinis voluptate? Quæ tamen voluptas non propter nuptias cadit in culpam, sed propter nuptias accipit veniam. Quocirca etiam hinc laudabiles nuptiæ sunt; quia et illud quod non pertinet ad se, ignosci faciunt propter se : neque enim iste concubitus, quo servitur concupiscentiæ, sic agitur, ut impediatur fetus, quem postulant nuptiæ. Sed tamen aliud est non concumbere (89), nisi sola voluntate generandi, quod non habet culpam ; aliud autem carnis quidem appetere concumbendo voluptatem, sed non præter conjugem, quod veniam habet culpam ; quia etsi non causa propagandæ prolis concumbitur, non tamen hujus libidinis causa propagationi prolis obsistitur sive voto malo, sive opere malo. Nam qui hoc faciunt (id est qui aut voto, aut opere aliquo agunt, ne eis filii nascantur) quamvis vocentur conjuges, non sunt, nec ullam nuptiarum retinent veritatem, sed honestum nomen velandæ turpitudini obtendunt. Produntur autem, quando eo usque progrediuntur, ut exponant filios, qui nascuntur invitis; oderunt enim nutrire vel habere quos gignere metuebant. 54 Itaque cum in suos sævit, quos (90) genuit tenebrosa iniquitas, clara iniquitate in lucem promitur, et occulta turpitudo manifesta crudelitate convincitur. Aliquando eo pervenit hæc libidinosa crudelitas, vel libido crudelis, ut etiam sterilitatis venena procuret; et si nihil valuerint, conceptos fetus inter viscera exstinguat ac fundat, volens suam prolem prius interire, quam vivere; aut si in utero jam vivebat, occidi antequam nasci. Prorsus si ambo tales sunt, conjuges non sunt; et si ab initio tales fuerunt, non sibi per connubium, sed per stuprum potius convenerunt. Si autem ambo non sunt tales, audeo dicere, aut illa est quodammodo mariti meretrix, aut ille adulter uxoris. Item post pauca : « In nuptiis, inquit, hæc bona nuptialia diligantur, proles, fides, sacramentum. Sed proles, non ut nascatur tantum, verum etiam ut renascatur : nascitur namque ad pœnam, nisi renascatur ad vitam. Fides autem, non qualem habent inter se infideles zelantes carnem. Quis enim vir, quamlibet impius, vult adulteram uxorem? aut quæ mulier, quamlibet impia, vult adulterum virum? Hoc in connubio bonum naturale est quidem, carnale tamen. Sed membrum Christi conjugis adulterium conjugi debet timere, non sibi; et a Christo sperare fidei præmium, quam exhibet conjugi. Sacramentum vero, quod neque separati nec adulterati (91) amittunt conjuges, concorditer casteque custodiant. Solum enim est, quod etiam sterile conjugium tenet jure pietatis, jam spe fecunditatis amissa, propter quam fuerat copulatum. Hæc bona nuptialia laudet in nuptiis, qui laudare vult nuptias; carnis autem concupiscentia non est nuptiis imputanda, sed toleranda ; non est enim ex naturali connubio veniens bonum, sed ex antiquo peccato veniens malum. » Ecce testimonio tam sancti et tam eruditi viri demonstravi, quare in principio bonum esse conjugium dixerim, et quare adulterator aut penitus desertor illius crimen incurrat tam noxium; quia videlicet et utile et inculpabile est, si causa solummodo generandi fiat secundum Domini præceptum; et utile et veniale est, si propter vitandum fornicationis malum ineatur, secundum quod est ab Apostolo concessum.

7. Quod autem paupertatis causa a quibusdam divites ducuntur uxores, quæ scilicet egestatis ductæ varias expellant necessitates, utrum ad illud concessivum referatur connubium, an non, aliis adjudicare dimitto. Hoc unum secutus Augustinum profiteor, laudabiles etiam in hoc esse nuptias, quia et illud quod non pertinet ad se, ignosci faciunt propter se;

---

(88) Apud Augustinum *optanda atque laudanda*.
(89) Ex Augustino supplevimus *non*; et post pauca ex eodem pro *propter*, quod est in Ratherii vulgatis, correximus *præter*. Et paulo post *concumbitur* scripsimus, eodem Augustino et sensu suadentibus, cum perperam in iisdem vulgatis legeretur *obsistitur*.

(90) Augustinus addit *nolens*.
(91) Ita ex Augustino. Male in Ratherii vulg. *et adulterari*. Mox ex eodem Augustino emendavimus *jure pietatis*, cum mendose in edit. Ratherianis esset *jure pietas*.

quanquam ad tertium connubii genus hoc a quibusdam referri noverim, proponentibus, in principio ipsum cunctorum Auctorem dixisse : *Non est bonum esse hominem solum, faciamus ei adjutorium simile sibi* (*Gen.* II, 12). Quovis autem ordine causa prolis, an aspernatione **55** fornicationis, vel repudio paupertatis agantur, tantum valet fides, et sacramentum connubio proprium, ut nec deserta alterius possit esse, nisi desertoris uxor; superinducta autem quamlibet sancta, casta, nobilis sit, et pudica, meretrix habeatur ratione veridica : ductus autem a contraria, adulter et ipse sit, testante atque dicente voce Dominica : *Quicunque dimiserit uxorem suam, nisi causa fornicationis, mœchatur, et qui dimissam duxerit, mœchatur* (*Matth.* XIX, 9). Nota autem, quia cum aliter penitus interdicatur, causa fornicationis dimitti conceditur; quia videlicet, quando fornicata est, jam rupit vinculum, jam desiit esse una caro. Hinc adulteri vel adulteræ colligant, advertant, quam detestabile facinus incurrant, si contra interdictum Conditoris, quod Deus conjunxit, aut adulterando, aut penitus abdicando separant; cum una caro esse, nisi fidem sibi servando, et sacramentum custodiendo non (92) possint. Quæcunque autem feminis non licent, hæc et viris non licere manifestissima ratio docet, quantum scilicet ad pacti convenientiam attinet; et turpissimum valde est, si quod jure sexus robustior ab imbecilliori exigit, victus et subactus libidine, imbecilliori non impendit. Pactum autem et sacramentum, sponsalia, vel (93) tabulas, sive chartas dico, quibus invicem insolubiliter confœderantur præsente, spectante atque teste justo judice Deo. Hoc totum igitur a nobis prolatum ad hoc quæso valeat, ut quia jam ardentem Sodomam, id est illicita carnis incendia, saniori aufugisti consilio, nec montana, id est celsitudinem, cælibatus conscendere deliberasti, saltem in Segor (*Gen.* XIX, 23), hoc est in medio horum, quod intelligitur carnale esse connubium, te continenter et pudice pro posse contineas, uxorem secundum Apostoli præceptum, ut Christus Ecclesiam diligens (*Ephes.* V, 25), et præter ipsam nullam cognoscens; ab ipsa etiam legaliter interdictis ecclesiastice diebus, cum ipsius consensu te continens, fidemque perpetuam ei conservans : certissime cognoscens, quia si in aliquo negotio eam deceperis, vel circumveneris, aderit vindex velocissimus, et judex justissimus, atque testis veracissimus de cœlo cuncta prospiciens Dominus, cujus præcepti es transgressor effectus.

8. Pueriliter vero sentiunt, quod minime audeo præterire, qui illud quod dicitur : *Erunt duo in carne una* (*Gen.* II, 24), super filio intelligunt, ut videlicet propter semen maris et florem feminæ, ex quibus confici prolem in utero physici tractant, duo,

id est pater et mater, in carne una, id est in filio unum sint. Si enim ita esset, tantumdem valeret scortum, quantum connubium, tantum ut proles ex eo nasceretur; cum evidenter Apostolus, non propter filiorum generationem, sed propter ipsum concubitum, unum corpus tales quoque esse dixerit, sic enim ait : *Nescitis quoniam qui adhæret meretrici, unum corpus efficitur; qui autem adhæret Domino, unus spiritus est* (*I Cor.* VI, 16). Si ita quoque, ut aiunt, esset, dicere satis filius posset, quod **56** solus Unigenitus Dei Filius coessentialiter et coæternaliter Deus, apud Deum manens, dicere veraciter potuit : *Pater in me est, et ego in eo* (*Joan.* X, 38); et : *Pater in me manens facit opera* (*Joan.* XIV, 10); et : *Ego et pater unum sumus* (*Joan.* X, 30); *unum* videlicet singulariter, *sumus* dicens pluraliter, ut intelligas duos in una substantia, deitate, æternitate, majestate, operatione, voluntate et potestate insolubiliter esse; et ut replicem, ita iste dicere posset : Ego et pater et mater unum sumus; et pater et mater in me sunt, et ego in eis; et vesanius : Ego sum mei ipsius pater et mater, quia in me sunt ambo unum, qui fuerant ante duo, quod fieri non potuit, nisi illi esse desiissent in se, versi in me. Quid autem cum non solum unus, sed et duo, imo viginti aut plures nascuntur filii? Ergo de talibus debuit dici, non debuerat prætermitti, debuerant, inquam, dici, erunt duo in carnibus viginti. Intelligendum potius, quia erunt duo in carne una, in lege, dilectione, atque fide carnis una, in vinculo carnis uno, in pacto carnis uno, ut scilicet tanta unione duæ carnes, invicem confœderentur, ut non liceat uni quod non liceat alteri; nec isti, verbi gratia, ad alterius mulieris, nec illi ad alterius viri carnem, propria in viro relicta, accedere, et sicut caro a carne dividi nequit, sine magno dolore, ita uxor a viro dividi nequit sine magno crimine : alioquin qui in virginitate perpetua permanserunt, sicut multos sanctorum legimus etiam conjugio junctos fecisse, aut qui steriles fuerunt, senes quoque in cadaverinis jam corporibus constituti, ab hac viderentur charitatis lege, imo ab hoc nuptiarum bono alieni; quod aliunde non est bonum, nisi propter tam insolubile vinculum : quod Deus ex uno duos voluit facere, ut unum essent effectu et fide in se, qui corporibus divisi essent a se, ut ex istis duobus tertius fieret, qui jam non unum cum eis esset, sed relictis illis alii adhæreret, cum quo exemplo illorum duo in carne una essent, et ita propagaretur hominum generatio, hoc a bestiis cæterisque animantibus divisa bono, quod illæ irrationabiles, affectu dilectionis unum esse nescientes, in promiscuos diffluerent concubitus; isti vero rationales pacto tenacissimo firmarentur, uno affectu charitatis etiam carne connexi.

---

(92) Particulam *non* sensu exigente supplevimus.
(93) Indicantur tabulæ, quibus matrimonium contrahebatur. *Tabulas matrimoniales* vocat Augustinus serm. 52, num. 22, *Recitantur tabulæ, et recitantur in conspectu omnium attestantium* . . . .

*et vocantur tabulæ matrimoniales.* In his tabulis conditiones et pacta matrimonii describebantur; nam, ut ait idem doctor serm. 9, n. 18 : *Id etiam tabulæ indicant, ubi scribitur liberorum procreandorum causa.*

9. Quod si opponat mihi Jacob duas uxores, David quoque et Salomonis etiam plures; invito te ad mysterium indagandum, quia *omnia hæc in figura contingebant* (*I Cor.* x, 11); et audacter profiteor, etiam hic civitatem Dei nostri, et montem sanctum ejus prophetatum, in quo non licet viro habere nisi unam uxorem, et uxori nisi unum virum, cum quo pudice vivens causa sit prolis, aut metu fornicationis, fidem ei illibatam perpetuo custodiat, et sacramentum, maxime cum et id ad majus pertineat, hoc est Ecclesiam et Christum; dicit enim Apostolus de eadem sententia : *Sacramentum*, id est mysterium, *hoc magnum est, ego autem dico in Christo et in Ecclesia* (*Ephes.* v. 32) : videlicet ut aliquantulum ex hoc proferre audeam, quia sicut illi duo in carne sunt una, ita Christus cum sit verus Deus, et verus homo in corpore suo, quod est Ecclesia (*Coloss.* 1, 24); unum ex duabus manet naturis, nec dividi ab ea potest in æternum, pro qua fudit in sponsalibus sanguinem proprium, sicuti nec viro uxorem, nec uxori linquere proprium licet maritum. Sicut autem causa fornicationis ab alterutro legitimum contingere potest divortium, ita et a Christo unaquæque anima post amatores alienos, id est crimina diversa, vel spirituum immundorum suggestiones fornicans, ab eo repudiatur, nisi forte iterum ei per pœnitentiam reconcilietur (*I Cor.* vii, 11), sicut et uxorem viro fieri posse per Apostolum docemur.

10. Quod autem etiam per Apostolum carne duo, in carne sunt una (*Ephes.* v, 31), nec hoc transeunter accipiendum; sed dicendum quia et in principio duo fuerant, quia de uno detracta est altera, et una caro fuerunt, quia unum quasi corpus invicem fuerunt, ipse in ea costa, quæ detracta est sibi, illa in ipso totum corpus habens, ex quo costa detracta, creata est illi. Similiter et Christus unum est cum Ecclesia, in quantum caput ejusdem est Ecclesiæ, sicut ipse quoque in Evangelio testatur, dicens : *Nemo ascendit in cœlum, nisi qui descendit de cœlo, Filius hominis, qui est in cœlo* (*Joan.* iii, 13). Quasi dixisset, aptius nemo intrabit in regnum cœlorum, nisi unitus, et quasi concorporatus ei, qui sic descendit homo factus de cœlo, ut per divinitatis potentiam sit in cœlo, terram scilicet complens et cœlum. Duo vero sunt Christus et Ecclesia, in quantum ipsa ex hominibus, et puris constat hominibus, ipse vero verus homo, verus exstat et Deus. Ista hactenus, nunc ad reliqua properemus.

Tit. IV. — *De uxoribus.*

11. Uxor es? Omnia tibi convenire cogita, quæ prælibavimus, superadditis his, quæ et per semetipsum et per servos suos tam exemplis, quam verbis, maxime vero per Apostolum tibi specialiter ipse mandavit conditor Deus : *Sub viri,* inquiens, *potestate eris, et ipse dominabitur tui* (*Gen.* iii, 16). Unde Petrus apostolus Saram in exemplum trahit, cum te, quid facere deberes, monere voluisset, dicens : *Sicut Sara obediebat Abraham, dominum illum vocans, cujus estis filiæ bene facientes* (*I Petr.* iii, 6). Ut ergo filia merearis fieri patriarcharum bene faciens, obedire stude viro etiam in ipso sermone humilitatis, subjectionem et gravitatem præferens morum, quatenus præconium illius conveniat Sapientis dicentis : *Mulieris bonæ beatus vir, numerus annorum illius duplex* (*Eccli.* xxvi, 1), id est et præsentis sæculi et futuri jucunditate felix. Itemque *Mulier fortis oblectat virum suum, et annos vitæ illius in pace implebit. Pars bona, mulier bona in parte bona dabitur viro pro bonis factis* (*Ibid.*, 2). Et vere : *Salvabitur enim, teste Apostolo, etiam vir infidelis per mulierem fidelem* (*I Cor.* vii, 14). Contra vero secundum eumdem qui supra : *Dolor cordis et luctus mulier zelotypa* (*Eccli.* xxvi, 8); et : *In muliere zelotypa flagellum linguæ* (*Ibid.*, 9). Zelotypa vero mulier est rixosa, vel ea quæ zelotem virum efficit. Zelotes autem vir est, qui cum cura et cordis cruciatu castitatem custodit uxoris. Unde et Dominus zelotes (*Exod.* xxxiv, 14) per Moysen dicitur, quia sicut maritus cum cura castitatem uxoris, ita et ipse modo terrore supplicii, modo promissione regni nos, ne ab ipso fornicemur, custodiendo restringit. Itemque : *Mulier rixosa ira magna : et contumelia, et turpitudo illius non tegetur; gratia vero super gratiam mulier sancta et pudorata* (*Eccli.* xxvi, 11). Apostolus quoque Titum de rebus ecclesiasticis instruens, te quoque quomodo commonefaciat, docet, dicendo inter cætera : *Loquere quæ decent sanam doctrinam, senes ut sobrii sint, pudici, prudentes, sani in fide, in dilectione, in patientia. Anus similiter in habitu sancto, non criminatrices, non vino multo servientes, bene docentes, ut prudentiam doceant adolescentes, ut viros suos diligant, prudentes, castas, sobrias, domus curam habentes, benignas, subditas viris suis, ut non blasphemetur verbum Dei* (*Tit.* ii, 1); ad Ephesios quoque : *Mulieres,* ait, *subditæ sint viris suis, sicut Domino; quoniam vir caput est mulieris, sicut Christus Ecclesiæ, ipse salvator corporis ejus : sed ut Ecclesia subjecta est Christo, ita et mulieres viris suis in omnibus* (*Ephes.* v, 22). Viris quoque præcipiens : *Diligite,* inquit, *uxores vestras, sicut et Christus dilexit Ecclesiam, et seipsum tradidit pro ea, ut illam sanctificaret. Ita et viri debent diligere uxores suas ut corpora sua; nemo enim unquam carnem suam odio habuit, sed nutrit et fovet eam, sicut et Christus Ecclesiam, quia membra sumus ejus corporis de carne ejus, et de ossibus ejus. Propter hoc,* inquit, *relinquet homo patrem et matrem suam, et adhærebit uxori suæ, et erunt duo in carne una. Sacramentum hoc magnum est, ego autem dico in Christo et in Ecclesia* (*Ibid.*, 25). Id est licet et in humana carnaliale conjunctione illud contingat, ut duo videlicet sibi invicem adhærentes, una fiant caro; sacramentum tamen ad Christum pertinet atque Ecclesiam; quia sicut de costa viri fabricata est Eva, ita de Christi latere redempta crevit Ecclesia; et sicut caput uxoris vir, ita caput Ecclesiæ Christus; unde et subdit : *Verum-*

*tamen et vos singuli unusquisque uxorem suam diligat sicut seipsum* (*Ephes.* v, 33); quia videlicet et Christus similiter fecit pro Ecclesia tradendo seipsum : subjungensque : *Uxor,* inquit, *timeat virum suum.*

12. Ecce qualis erga virum esse debeas, præceptis audisti apostolicis : nunc qualem erga te ipsam esse conveniat, ex dictis collige beati Cypriani episcopi et martyris : « Pudicitia, inquit, corporis est alienas res non appetere, omnem immunditiam devitare, ante horam congruam non gustare velle, risum non excitare, verba vana et falsa non loqui, habitum per omnia ordinatum, propositoque convenientem, tam capillorum quam vestium, sicut decet, habere, cum indignis contubernia non inire, supercilioso intuitu neminem aspicere, vagari oculos non permittere, pompatico et illecebroso gressu non incedere, nulli inferior in incœpto bono opere apparere, nulli contumeliam aut ruborem incutere, neminem blasphemare, senes non irridere, meliori non controversari, de his quæ ignoras non tractare, etiam quæ scis non omnia proferre. Hæc cum proximis amabilem hominem reddunt, et Deo acceptabilem faciunt. » Bonum itaque, ut ad nostra redeam, si habeas virum, Saram, Rebeccam, Rachelem et Elisabeth imitare : quod si iniquum et crudelem, habes quoque quas imiteris, in Novo quidem Anastasiam et Theodoram ; in Veteri autem Testamento Abigail uxorem Nabal Carmeli, et Esther Assueri. Audi denique Apostolum dicentem : *Salvabitur vir infidelis per mulierem fidelem* (*I Cor.* vii, 14); itemque : *Salvabitur per filiorum generationem* (*I Tim.* ii, 15) : ubi non filios carnis, sed filios mentis accipe expressos, quos utique tenere et allidere juberis ad petram (*Psal.* cxxxvi, 9), id est omnia opera et cogitationes 59 attollere ad Christum, ut quidquid boni agis, non tibi, sed ipsi imputare studeas, sine quo nil boni agere pervales.

### Tit. V. — *De cœlibibus.*

13. Cælebs es? Considera quam summum sanctitatis conscenderis culmen, et eo sollicitius præcipitem cave ruinam, quo altius stas. Animadverte itaque, quæ causa de angelo fecit diabolum ; et reminiscens Dominici illius : *Quia sine me nihil potestis facere* (*Joan.* xv, 5), scias in hoc negotio te misericordia et gratia illius maxime indigere, quia, ut veridice ait Hieronymus, *in carne præter carnem vivere non humani meriti, sed muneris est divini.* Unde et teste Gregorio, ipse cælibatus non præcipitur, sed laudatur ; quia videlicet stultum, imo valde superbum est, ut hoc pulvis et cinis se præsumat exsequi posse virtute propria, quod non sibi, sed angelis cum Dei munere contulit natura. Sic enim ait Veritas ipsa : *Hujus sæculi filii nubunt, et tradantur ad nuptias; in resurrectione autem neque nubent, neque ducent uxores, sed erunt sicut angeli in cœlo* (*Luc.* xx, 34); et alibi super re eadem : *Qui potest capere, capiat* (*Matth.* xix, 12); ostendens,

(94) Vulgati mendose *enim.*

non omnem qui vult, sed cui Deus possibilitatem tribuit, tam summi fastigii arcem conscendere. Quocirca nil de te, sed de ipso, sine quo nihil potes, præsumens, secundum Prophetam, *quo pulchrior es, descende, et habita cum incircumcisis* (*Ezech.* xxxii, 19), id est humiliter condescende quibuslibet non solum matrimonio junctis, sed et carnis curam in concupiscentia facientibus, æstimatione propria te nemini præferens, quasi cæteri peccatores, tu propter castitatis donum sis singulariter sanctus : sciens quibusdam vitia quædam plerumque, Deo permittente, ad tempus dominari, ut conversi post discant, cujus pietate de captivitate redempti, et cujus virtute de potestate sint crudelis tyranni erepti ; et tanto majores gratias referant liberatori, quanto de majori periculo sunt liberati : at contra quibusdam reprobis quædam sublimium virtutum dona nonnunquam provenire, quibus elati gravius corruant, quatenus eorum casu territi electi, de se non præsumant, sed in Dei misericordia firmius gressum mentis figant. Unde Apostolus pulchre : *Qui stat,* inquit, *videat ne cadat* (*I Cor.* x, 12).

14. Unde autem casus iste specialiter contingat, Psalmista precando demonstrat : *Non veniat mihi pes superbiæ, et manus peccatoris non moveat me. Ibi ceciderunt, qui operantur iniquitatem* (*Psal.* xxxv, 12). Nec injuria ; quia enim Scriptura testante : *Ante ruinam exaltatur cor* (*Prov.* xvi, 18); sciendum neminem de virtute ad vitium quodlibet prolabi, nisi prius ab humilitatis petra in arenam superbiæ ei contingat saltu vanitatis et inconstantiæ demutari ; nam nisi præcessisset latens superbia, non sequeretur libidinis manifesta ruina. Unde et Prosper : « Concupiscentiæ, ait, carnis addictus, videtur quidem nil habere superbiæ, cum præsertim passio ipsa eum videatur humiliare luxuriæ; et tamen nisi prius rebellis Deo existeret, cujus salubre præceptum de conservanda pudicitia superbi spiritus præsumptione contemneret, nulla eum (94) lasciviæ cupiditas provocaret. In animo ejus diu disceptant Dei contemptus et metus ; sed aut contemptus Dei præponderat, et superbus animus recepta cupiditate pudicitiam 60 perdit ; aut obtinet metus, et animus Deo subjectus cupiditati simul et superbiæ contradicit. » Hæc quidem de speciali causa ruinæ. Nunc qua materia eadem persæpe contingat ruina, ejusdem audi doctrinam : « Plerosque, ait, gula et concupiscentia vini turpiter in luxuriam solvit ; alios in injuriam pudicitiæ sordidæ cogitationes incendunt ; nonnullos de proposito castitatis occasiones oblatæ dejiciunt ; quosdam sub impudicitiæ jugo exempla perdite viventium mittunt. Sunt alii quorum vitam lingua turpis inflammat, et turpem conscientiam manifestat : qui prius inverecundos sermones aut proferunt, aut libenter audiunt, ac deinde paulatim morbo crescente ab honestate deficiunt. Cogitatio quippe est, quæ mentem sicut turpis inquinat, ita si fuerit honesta, purificat. Hinc est quod ille corporis

fluxus, qui fit in dormientibus sine culpa, interdum vigilantibus contingit ex culpa; sed aliud est quod in dormiente fit, aliud quod vigilans facit; ibi naturaliter plenitudo humoris expellitur, hic turpis concupiscentia publicatur. Ne igitur cœlebs amittere castitatis vilipendas donum, recole illud prophetæ imperium : *Quomodo*, inquit, *cecidisti de cœlo Lucifer, qui mane oriebaris?* (*Isai.* XIV, 12) id est virginitatis splendore cunctis parebas decorus et admirabilis. Admiratio enim ista non est causa ignorantiæ, sed nota calumniæ : ex culpa enim, ut jam diximus, superbiæ, miseria hujusmodi contingit ruinæ; quia videlicet cum his duobus vitiis diabolus universum genus pereuntium, maxime, imo omnimodis supplantet, libidinis scilicet atque superbiæ; unum tamen pendet ex altero. Sicut enim per superbiam itur in prostitutionem libidinis, ita a libidine pervenitur ad duritiam mentis, et, heu dolor! usque ad contemptum ruitur Creatoris; et ita demum cor, quod Dei debuerat per humilitatem atque munditiam esse templum, fit dæmoniorum per superbiam atque immunditiam delubrum, et, ut aptius dicam, diaboli monumentum. Sic enim, quod negare non possumus, ipse ad beatum Job Dominus ait : *Sub umbra dormit in secreto calami et locis humentibus* (*Job* XL , 16). Cave igitur quicunque adhuc tanta castitatis frueris prærogativa; ne tuis meritis eam tribuendo, dum declinas libidinem, incidas in elationem; et dum caves elationem, cadas segniter in libidinem : quod ut agere valeas, timorem gehennæ oculis propone mentis, et ut clavus clavum expellit, ita hujus timor incendii ardorem illius expellat vitii. Consideratio quoque terrenæ fragilitatis timorem refrenet elationis. Ita fit ut et ab elationis veneno, et a libidinis incendio, Christo adjuvante, defensus, angelis perpetim conjucunderis consortibus, angelicam in terris quandoquidem vitam es imitatus.

TIT. VI. — *De patre et matre.*

15. Pater aut mater es? Memento disciplinam te debere filiis, et sic monitis obtempera apostolicis, ut simul et interitum caveas Heli sacerdotis (*I Reg.* II, 4). *Patres*, inquit Apostolus, *nolite ad iracundiam provocare filios vestros, ut non pusillo animo fiant* (*Ephes.* VI, 4).

TIT. VII. — *De filiis.*

16. Filius vel filia es? Memento te reverentiam debere parentibus; ipse enim Unigenitus, qui non ex (61) peccato ut tu, sed ex Spiritu sancto conceptus, de Virgine natus est; postquam in templo inventus, parentes, id est matrem Virginem, et nutritium castissimum, et ideo patrem nominatum, de divinitatis suæ potentia, qua cum Patre omnia possidens inhabitat, edocuisset: et illi non intellexissent. *Descendit*, inquit evangelista, *cum eis, et venit Nazareth, et erat subditus illis* (*Luc.* II, 51). Cur ergo tu dedigneris subdi parentibus, cum et nutritio suo

(95) Vulg. *faticium*, male. *Factitius* ille intelligitur, qui noviter factus est dives. Eodem sensu *novi-*

subdi non dedignatus sit cuncta creans, et nutriens Dominus? Et sæpe contingit, ut paupere patre existente, dives sit filius. Quid rogo in rerum natura fœdius? Et cum alii de fastu paternæ nobilitatis soleant superbire, tu ad ignominiam tui ipsius, patrem nota paupertatis adustum, per plateas dimittis mendicando incedere. Quid enim mendicans clamitat, nisi te novitium, te assumptum, te illud, quod nuper ab his inventum est, qui se homines facere jactant, id est factitium (95), te allevatitium, te nothum, spuriumque demonstrat? Cui si aliquis id vel mentiens improperaret, nonne causa commotionis hæc magna esse potuisset? Et hæc quidem quantum ad sæculum. Secundum vero Deum, cum ipse in Psalmo dicat : *Beatus qui intelligit super egenum et pauperem* (*Psal.* XL, 2); super quem tu, rogo, intelliges, qui nec ipsum mendicum miserando patrem recognoscis? Cui, rogo, porrigis eleemosynam, qui nec ipsam in patre agnoscis naturam? Etsi omnibus misericordia impendenda, etiam a fide extraneis, maxime autem, ut ait Apostolus, ad domesticos fidei (*Gal.* VI, 10), quid his, qui non solum domestici fidei, sed etiam domestici sanguinis, vel origo sunt generis, vel, sicut quidam pulchre in decachordo ait : Qui suis parentibus non defert honorem, quibus parere poterit? Omnibus igitur aliquid dandum est, patri totum committendum, ejus dominio totum mancipandum. Pater itaque sis, filius sis, quilibet consanguineus sis, audi Apostolum : *Qui suorum, et maxime domesticorum curam non habet, fidem negavit, et est infideli deterior* (*I Tim.* V, 8).

TIT. VIII. — *De viduis.*

17. Vidua es? Habes Annam, tuam, ut ita dixerim, regulam (*Luc.* II, 37). Quod si aliter vivere vis, audi Apostolum : *Vidua*, inquit, *quæ in deliciis est, vivens mortua est* (*I Tim.* V, 6).

TIT. IX. — *De virginibus.*

18. Virgo es? Gaude in Domino humiliter, et cave ne perdas esse, quod es. Habes Mariam, pudicitiæ speculum, virginitatis titulum, humilitatis insigne, decus innocentiæ. Scrutare ejus canticum, potest tibi sufficere ad compositionem morum. Intuere qua maxima virtute nisa est illa, ut hujus tam excelsi et sublimis, nulli post, nec antea concessi muneris meruerit prærogativa ditari, et stude quantum potes et tu eam imitari : quod ut quærenti tibi facile occurrat, interrogata humiliter ipsa respondeat sapienter, *Quia respexit*, inquiens, *humilitatem ancillæ suæ* (*Luc.* I, 48). Ecce causa, nam et hoc idem jam olim promiserat per prophetam : *Ad quem respiciam*, inquiens, *nisi ad humilem et quietum et trementem sermones meos?* (*Isai.* LXVI, 2.) Tota itaque causa perditionis nostræ superbia, tota recuperationis (62) humilitas. Humilitas mater virtutum, morum est omnium ornamentum; sine hac virtus nulla; absque ea omnes virtutes non virtutes sunt, sed vitia. Denique profero tibi tres uno ordine, de quibus non

*tius* valde *novus, assumptus, allevatitius*, id est de paupertate sumptus et levatus.

valeas dubitare, utrique doctores mirifici, utrique pontifices summi, utrique toti mirabiles orbi, Romæ unus, Mediolani alter, Hipponæ præfuit tertius. *Nulla*, inquit prior (Greg.), *virginitas carnis, quam non commendat suavitas mentis. Decet*, ait alter (Ambr.), *ut quo castior virgo, tanto humilior sit. Melius*, inquit tertius (Aug.), *est humile conjugium, quam superba virginitas.*

### Tit. X. — *De parvulis.*

19. Parvulus es? Nutriat te ille in hoc sæculo, qui Samuelem in templo. Audi itaque, ut potes; et tu satage, ut potes; et tu conare, ut potes; et tu nitere, ut potes; et tu sequere, ut potes, tu, dicentem Sapientiam : *Usquequo parvuli diligitis infantiam?* (Prov. 1, 22.) Scito patremfamilias adesse, et teipsum ævi tui mane quotidie vocare. Dum enim profeceris, dum legere, dum intelligere, dum certe interrogare volueris, invenies quosdam in quinquennio, et, quod majoris adhuc miraculi est, etiam in triennio, ad martyrium sponte prorupisse, sapientissime et potentissime sæculi potestatibus restitisse, miracula in nomine Domini ostendisse, tormenta fortiter tolerasse, tortores constantissime derisisse, mortem pro Domino non tam immaturam, quam pretiosam libentissime suscepisse, et coronam immortalitatis cum palma victoriæ, signis et miraculis ad exstincta eorum corpora clarescentibus, se accepisse, perspicacissime demonstrasse (96); et quod adhuc incredibilioris erit prodigii, plures fortissimas virgines ejusdem invenies ævi, in conflictu victrices diaboli, pro amore profecisse nominis Christi. Invenies quoque ejusdem ætatis miseros, post remissum originale peccatum, propriis meritis mercatos infernum, et hoc quibusdam apertis indiciis ad notitiam monstrasse hominum, ipso misericorditer permittente, qui hoc ad tuæ cautelæ scribi voluit exemplum.

### Tit. XI. — *De pueris.*

20. Puer es? Audi Apostolum : *Nolite pueri effici sensibus, sed malitia parvuli estote, sensibus autem perfecti sitis* (I Cor. xiv, 20). Imitare illum de quo legitur, quia *proficiebat ætate et sapientia et gratia coram Deo et hominibus* (Luc. ii, 52). Secundum enim divinitatem totus manens perfectus, neque in quo proficeret habens, qui sic sine initio existit, ut neque deficiendo finem aliquem haberi possit; juxta humanitatem, quam tui gratia accepit, proficere voluit, ut tibi, unde proficere deberes, monstraret, imo ut proficeres ipse præstaret. Scito itaque et tu, patremfamilias adesse, et te ad vineæ culturam tanto studiosius vocare, quanto jam et membra corporis ad laborandum et sensus ad intelligendum videntur crescere mentis. Cum additamento enim conjunctionis, te et sequentes invitat dicens : *Ite et vos in vineam meam* (Matth. xx, 7); quod alibi clarebit cur faciat. Memento etiam mortem infantibus, pueris et juvenibus, licet immaturam, tamen improvise accidere, uti et senibus accidit debite.

### Tit. XII. — *De adolescentibus.*

21. Adolescens es? Audi Dominum : *Tibi*, inquit, *dico, surge* (Luc. vii, 14). Audi et Apostolum : *Surge qui dormis, et exsurge a mortuis, et illuminabit te Christus* (Ephes. v, 14). Nec succenseas, quod tam terribiliter te in ipsis videor initiis excitare; scias me hoc tam propter declivem ad lapsus multigenos agere hujusmodi ætatem, quam et [subaudi propter] bicipitem in ipso introitu vivendi callem (97): quod littera tibi Pythagoræ Samii valet recordari, si quando dare [*f.* nolueris] volueris oblitui. Sed et ille, qui nostrum, quod laboramus, jam in multis juvit (98), auxit, ornavit, et roboravit opus, ne quid minus et ad id explicandum posse videatur, adsit, rogo, quantocitius Augustinus utique beatus : *Juventus*, inquit, *ad amorem liberior, ad lapsum incautior, ad infirmitatem fragilior, ad correptionem durior.* Ecclesiastes etiam, Proverbiorum, et Sapientiæ libri, auctorum [*f.* auctores] etiam tam Novi quam Veteris Testamenti, tam umbræ veri quam ipsius veritatis acti præsagiis [*al.* præsagus], quid de tuæ exprimant proprietate ætatis, quibus te contra instruant et muniant documentis, longum edicere nimis, ne impedimentum sit propositi ad alia tendentis. Sed ne te, dum multis indigeas, etiam aliquibus videamur fraudare; hortamur, si velis, ut aurem cordis Psalmistæ adhibeas dictis, quibus interrogans tibimet congruum statim accepit consilium : *In quo*, inquiens, *corrigit adolescentior viam suam? in custodiendo sermones tuos* (Psal. cxviii, 9). Nota igitur ut verbis Augustini nunc quoque utamur, quod non præsumptione humana inventum, sed inspiratione divina acceptum, tibi subito propinet remedii poculum. Mens enim tua, quæ degenerat in stirpibus, meliores edere fructus incipit, si verborum cœlestium conspersa seminibus fuerit, quæ tamen ille cœlestis agricola, nisi in quodam versu (99) serere consuevit. Audi denique hujus sationis fecundissimæ ministrum : *Omnia*, inquit, *ve-*

---

(96) Construe : *et perspicacissime demonstrasse, signis et miraculis clarescentibus ad exstincta eorum corpora, se accepisse coronam.*

(97) Male in vulg. *iniquus.* Mox construe : *Scias me agere hoc tam propter ætatem hujusmodi declivem ad lapsus multigenos, quam et propter callem bicipitem in ipso introitu vivendi.* Littera Pythagoræ est Y, non quod cam Pythagoras invenerit, sed quia, cum ipsa truncum in duos ramos divisum præferat, ea utebatur Pythagoras, ut bicipitem humanæ vitæ callem hinc in virtutes, hinc in vitia tendentem repræsentaret; unde in Virgilii poematibus :

Littera Pythagoræ discrimine secta bicorni
Humanæ vitæ speciem præferre videtur, etc.

(98) Male in vulgatis *vivit.* Construe autem : *Sed et ille, Augustinus utique beatus, qui jam in multis juvit, auxit, ornavit et roboravit opus nostrum, quod laboramus, quantocitius adsit, rogo, ne videatur posse aliquid minus et ad explicandum id : Juventus, inquit*, etc.

(99) *Versus* pro sulco a probæ notæ auctoribus accipitur. Sic Plinius lib. xviii, c. 19, *in arando versum peragi* scripsit.

stra honeste cum ordine fiant (*I Cor.* xiv, 40). Dirige itaque cordis obtutus ad illius nutus, nec tortuosi serpentis sequaris anfractus. Dirige viam ad te venientis Domini, rectas fac semitas Dei tui (*Luc.* iii, 4). Ipse enim nonnisi via incedere dignatur recta, sicut de ipso dicit Scriptura, *Viæ*, inquiens, *Domini rectæ*(*Dan.* iii, 27); perversæ autem sunt semitæ reproborum (*Prov.* ii, 15). Si ergo vis Christum sequi, qua ille incedit, ambula via, ne de te dicatur, o qui dereliquerunt semitas rectas! (*II Petr.* ii, 15.)

22. Animadverte quid tibi consilii melioris propheta agendum decernit in Threnis : *Bonum*, inquit, *est viro, cum portaverit jugum ab adolescentia sua* (*Thren.* iii, 27). Et quasi interroges, cur *sua?* adjecit *sedebit singulariter, et tacebit* (*Ibid.*, 28). Nil aliud, inquis, utilitatis? Istud enim (100) homines maxime deputant utilitati. Denique constipatum multis lateri adhærentium incedere turbis, multis obsequentium comprimi cuneis, magnæ isthic dicitur felicitatis. 64. Tu jugum [*id est* assumere] tollere suades, ut solus sedeam, cum multos idcirco tollere, ut multis comitentur, aspiciam. Sequitur et jungit, quid solitarius iste meretur : *Quia levabit*, inquit, *super se* (*Thren.* iii, 28). Quo, inquis, levabor? quare levabor? nunquid ut de me dicatur : *Qui se exaltat, humiliabitur* (*Luc.* xiv, 11) : an ut dicere possim : *Elevans allisisti me* (*Psal.* ci, 11)? Non; sed ut de te dicatur : *Qui se humiliat, exaltabitur* (*Luc.* xiv, 11). Et : *Qui habitat in adjutorio Altissimi, in protectione Dei cœli commorabitur* (*Psal.* xc, 1) : tuque gaudens possis cantare : *Tenuisti manum dexteram meam, et in voluntate tua deduxisti me, et cum gloria assumpsisti me* (*Psal.* lxxii, 24) : multique in tui, imo Dei laude valeant dicere : *Beatus quem elegisti et assumpsisti, inhabitabit in atriis tuis* (*Psal.* lxiv, 5). Quo autem te elevet, interroga Paulum : *Qui nos*, inquit, *conresuscitavit, et consedere fecit in cœlestibus* (*Ephes.* ii, 6). Ipseque Dominus : *Ubi sum ego, illic et minister meus erit* (*Joan.* xii, 6). Ministra ergo Christo, et eris cum Christo. Ubi? *Videntibus*, inquit, *illis, elevatus est, et nubes suscepit eum ab oculis eorum* (*Act.* i, 9), dicentibus angelis : *Hic Jesus qui assumptus est a vobis in cœlum* (*Ibid.*, 11), etc. Si ergo vis ad illum pertinere, stude terram de corde purgare, ut expeditus et liber, virtutum pennis, nullo scilicet horum, quibus superius te inhiare monstrasti, visco impeditus, in cœlum, ubi ille est, possis conscendere.

23. Quod autem dixisti, nolle te conqueri, dicendo *elevans allisisti me*, ne forte me putes accepisse perfunctorie, dico prout valeo, etsi non prout debeo, in bonam magis, quam in malam posse referri intelligentiam, scilicet ut elevatus in virtutum culmine, allidaris gratuito in humilitate; imo allidat te ille, non tamen *in turbine et lapide grandinis* (*Isai.* xxx, 30), sed *in spiritu mansuetudinis* (*I Cor.* iv, 21), qui elisum erigere valet omnimodis (*Psal.* cxlv, 8), qui tangit montes et fumigant (*Psal.* ciii, 32), mortificansque vivificat (*I Reg.* ii, 6), auferens spiritum alta sapientium, ut deficiant, et in pulverem suum redeant (*Psal.* ciii, 29), hoc est, pulverem se esse recognoscant; præcipiens (101) dicendo : *Quanto major es, humilia te in omnibus* (*Eccli.* iii, 20); ita enim valebis recognoscere, qui ipse solus ponit humiles in sublimi, et mœrentes erigit sospitate, et nil meritis tuis te debere tribuere, sed ei soli, qui auctor, dator et remunerator bonorum noscitur esse. Uno quippe, ut ante nos dictum est, ixanis gloriæ malo a summis ad infima, imo humilitatis bono ab infimis revehi vales ad summa. Sed si adhuc requiris, nec tibi satisfactum credis, quomodo super te levari possis, scias, docente Apostolo (Sapientia) : *Quia corpus quod corrumpitur; aggravat animam* (*Sap.* ix, 15). Nec erigere sese qui suis viribus valet ad summa, nisi illius elevetur gratia, qui nostri causa descendit ad ima. Verum quia in hoc, quod tui causa posui testimonio, non tantum *levabit super se* dicitur, sed etiam, quod paululum refutare 65 visus est, *sedebit solitarius, et tacebit* (*Thren.* iii, 28), non transeuntem censeo accipiendum, sed magnopere inquirendum, ipsa sessio et taciturnitas quæ vel sit, quidve sibi velit. Fortassis consequenter lucebit, quia gravitate et munditia cordis, atque silentio oris, virtus paritur divinæ contemplationis; contemplatione autem consessus acquiritur ipse, qui et imitatur (*subaudi* consessum) regni cœlestis ab omni scilicet cupiditia ac fæce rerum mortalium cohibita et eliquata cogitatione mentis.

24. Ne itaque vagari incipiam per multa, adest adhuc recens in auribus ea, quæ modo in Evangelio sonuit, *Maria*; sexta enim septimi mensis ab anni revolutione (102), octavi autem ab hujus, quæ me deprimit, imo erudit calamitatis accessione, hæc rite occurrit lectio seria [*f* feria], non parum, ut credo, auctore Deo, ad id quod indagandum suscepi, collatura. Videamus itaque, ut credamus; credamus, ut videamus. Quid est quod dico ? Videamus Deum solum esse, qui revelat absconsa de tenebris, credamus ipsum semper, maxime autem de se loquentibus, præsentem esse nobis. Credamus ea quæ nondum

---

(100) Hic *enim* pro *enimvero* ironice accipiendum est.
(101) Vulg. mendose *percipiens*.
(102) De lectione loquitur, qua eo die, quo hæc scribebat, evangelium legebatur de peccatrice conversa : *Rogavit Jesum quidam pharisæus*, etc. Hinc hodiernam lectionem et lectionem præsentem vocat, quæ *modo sonuit*. Legebatur autem hoc Evangelium, uti nunc quoque legitur, sexta feria quatuor temporum mensis Septembris, qui mensis septimus appellatur. Quare *sexta*, id est feria, *septimi mensis ab anni revolutione* hoc loco notatur, et post nonnulla quidem num. 30, quem posteri. le scripsit, aliam lectionem evangelicam laudat *hodie*, inquit, *recitatam*, nimirum evangelium de fici arbore, quod Sabbato quatuor temporum ejusdem mensis legitur. *Septimus* autem *mensis*, sive September Ratherio erat *octavus ab ejus calamitate*, quia scilicet mense Februario captus fuerat, et in Papiensem turrim deductus, ubi hunc librum lucubravit.

æ illo intelligimus, ut credendo videre et intelligere valeamus. Sic enim dixit : *Si credideris, videbis* (Joan. xi, 40). Quæramus, sanctissima ista peccatrix, castissima meretrix, quomodo jugum tulerit, quomodo solitaria sederit, quomodo tacens se super se levaverit; et si hodierna non suffragatur lectio, ad hæc omnia habemus alterius de ea lectionis, si (103) tamen hæc eadem esse sit credenda, perspicacissima atque aptissima documenta. Age nunc : *Rogavit Jesum quidam pharisæus, ut pranderet apud se* (Luc. vii, 36), quod et fecit, et inter agendum, *Mulier quædam quæ fuerat in civitate peccatrix* (Ibid., 37) Hic subsiste paululum, et nota, *fuerat* dicit, quare erat non dicit? Nunquid adhuc audierat : *Dico tibi remittuntur ei peccata multa, quoniam dilexit multum?* (Ibid. 48.) Sed novit evangelista causam adventus mulieris de pietate esse Domini trahentis; ipse enim per misericordiam trahebat intus, qui per mansuetudinem foris erat suscepturus. Et ideo quando aspexit et elegit ut traheret, conversa esse desiit quod fuerat, et accepit esse; quod per pietatem suscipientis futura erat. Sic enim pollicetur per prophetam : *Quacunque hora peccator conversus ingemuerit, salvus erit* (Ezech. xxxiii, 12). Nunc sequentia tentemus : *Attulit alabastrum unguenti, et stans retro secus pedes Domini, lacrymis cœpit rigare pedes ejus, et capillis capitis sui tergebat, et osculabatur pedes ejus, et unguento ungebat* (Luc. vii, 37, 38). Ecce jugum quod tulit. Quot enim in se prius habuit oblectamenta, tot de se protulit holocausta; subjugavit cuncta genera delectationum, dum de se nil sibi relinquens, tot fluxit in lacrymas desideriorum cœlestium; arsit igne divini amoris, quæ prius igne arserat voluptatis ; lavit lacrymis maculas criminis, quas 66 gaudio contraxerat noxiæ delectationis; capillos, oculos, insuper totum corpus huic jugo subegit, quæ cuncta quondam in contemptu Creatoris armavit; convertit ad numerum virtutum multitudinem vitiorum, ut totum serviret in pœnitentia, quidquid mundo, imo diabolo servierat in culpa. Ecce ex lectione præsenti jugum, quod ista tulit Maria, ut reor, cognoscis.

25. Nunc alia, ut promisi, ac cadens, quomodo sola tacens sederit, sedendo se super se levaverit demonstret, et id totum, quod proposuimus, Deo operante conficiat : *Intravit*, inquit, *Jesus in quoddam castellum, et mulier quædam, Martha nomine, excepit illum in domum suam, et huic erat soror, nomine Maria, quæ etiam sedens secus pedes Domini audiebat verba illius* (Luc. x, 38, 39). Accipe sedentem, et tacendo audientem; sed nunquid sola? Intende. Stetit Martha, et ait : *Domine, non est tibi curæ, quod soror mea reliquit me solam ministrare?* (Ibid., 40.) Habes et hic *solam*, si placet; duæ enim ante fuerant expressæ, Martha et soror Maria; Martha ministrabat sola; Maria sedet, tacet et audit

sola; et merito tacet, quæ talem pro se loquentem advocatum habet. En, ut credo, nec de sedente, nec de tacente aliquid restat ambigui. Nunc sublevationem pariter videamus, videntes amplectamur, amplectentes nobis optemus. *Martha, Martha, sollicita es, et turbaris erga plurima* (Ibid., 41); ideo, ut credo, dupliciter appellata, sive propter amorem, sive quia non adhuc uni assidebat ut Maria, sed duobus serviebat, quærendo cœlestia, ministrando terrena. Quod et fecerat quondam etiam illa, sicut monstrat lectio superius decursa; sed ab his expedita, abjecto jugo jam libera, sponte pedibus divinis cuncta submittebat membra. Martha itaque *sola* non sola; Maria sola. Sola illa quia multis; ista, quia uni. *Unum est enim necessarium* (Ibid., 42); multa enim illa nullum percipiunt fructum, si ad istud non perveniunt unum, et ideo illa multa indigent uno, unum non indiget multis. *Maria optimam partem sibi elegit, quæ non auferetur ab ea* (Ibid.). Ecce quo subiit elevata, quæ post jugum portatum ambivit tacens sedere sola; soli enim sola inhærens, ipsum unum, ipsum solum partem meruit Deum.

26. Sed quid, inquis, tam festinanter partem hanc esse dicis Deum, qui ad hoc tenendum nullum adhuc protulisti testimonium? Ideo protuli nullum, quia superius adest evidentissimum : *Qui mihi*, inquit, *ministrat, me sequatur; et ubi sum ego, illic et minister meus erit* (Joan. xii, 26). Ergo Martha quæ ministravit, inquis, non Maria *illic* erit, quæ sedit. Verum diceres, si pigritia sedisset; verum diceres, si et ipsa jam non ministrasset. Ministrantur enim multa, cum sufficiat unum; sed pervenitur ad unum ministerio multorum. 67 Unum ergo, quod est? Deus utique. Et multa, quæ? opera misericordiæ. Operibus misericordiæ pervenitur ad Deum; ubi cum pervenitur, cessat omne quod agitur, quia non est necessitas, qua agatur. Remanet fructus cujus causa agebatur, remanet sola charitas qua agebatur, ipsa una uni, ipsa sola soli, ipsa singularis adhæret in sæculum singulari. Ipsa autem, qua tu Mariam accusare niteris, sessione intantum nil est operosius, etiamsi nil videatur cessationi similius, ut definitione congrua etiam in hoc sæculo quies valeat operosa vocari. Sed ne forte inopia dicendi me putes suffragium non protulisse exempli, habes ipsum beatum juvenem, sanctum adolescentem, imo ipsam, quæ tulit jugum, Mariam in iisdem Threnis iii, 24, loquentem : *Pars mea Deus, dixit anima mea, propterea exspectabo eum*. Et Psalmista : *Portio*, inquit, *mea in terra viventium* (Psal. cxli, 6, 25). Quod autem ab ea nunquam auferatur, audi. *Tu*, inquit, *idem ipse es* (104), *et anni tui non deficient; filii servorum tuorum habitabunt ibi, et semen eorum in sæculum dirigetur* (Psal. ci, 28); et : *Pars mea Dominus in æternum* (Psal. lxxii, 26). Deo autem gratias, quia

---

(103) Ratherius quidem credebat peccatricem eamdem fuisse ac Mariam sororem Marthæ. At cum alios sciret eas judicare diversas, hinc conditionem ejusmodi inseruit.

(104) Vulgati mendose *nunquam auferatur auditu*, inquit : *Idem ipse*, etc. Correctionem suasit sensus, et confirmavit psalmi lectio : *Tu idem ipse es.*

huc sumus ratiocinando adducti, ut ipsa tui cunctatione, suadeam tibi jugum tollere cum Maria, ministrare cum Martha, ut postea bene sedere cum eadem valeas Maria, cum qua etiam optime sedendo, id est, contemplative a sæcularibus vacando, et verbum Dei sine strepitu audiendo, partem optimam eligere, obtinere valeas feliciter et possidere.

27. Hoc itaque jugum suave, hoc onus tam leve, quod te tantum elevare, tantum valet attollere, ut partem ipsum merearis Deum habere, quod non conterit cervicem, sed ornat, honestat collum, non cruciat; ne cuncteris, ne moreris, quæso, in juventute tollere, ne si sero velis tollere, desit forte locus, dicaturque tibi : *Quæ in juventute non collegisti, quomodo invenies in senectute*? (Eccli. xxv, 5.) Præveni ergo senectutis annos operatione et correctione congrua, sciens optatius tibi esse, ut possis veraciter dicere : *Deus, qui pascis me a juventute mea* (Gen. XLVIII, 15); et : *Deus docu sti me a juventute mea* (Psal. LXX, 17), quam recordatione lapsuum suspecte orare, et deflere dicendo : *Delicta juventutis meæ et ignorantias meas ne memineris, Domine* (Psal. XXIV, 7). Illud est enim robur salutis, istud medicina ægritudinis; remedium vulneri quæritur, gratia sananti refertur. Cum enim militia sit vita hominis super terram (Job vii, 1); nonne melius est in juventute ejusdem militiæ excubias fortiter subire, ut in senectute inter emeritos locum majoris gradus valeas obtinere, quam segnitiæ in adolescentia vacans, tunc militiæ manus nitaris dare, cum et senectus laborem impedit, et enervat artus viribus deficientibus, spe capessendi victoriam certaminis (105) dissolutioribus interdictis lacertis; præsertim cum nec ætas ipsa tot vitæ promittat spatia, quibus labore peracto, militiam mutare, ut altioris gradus infulari honoribus possis; sed potius fessis artubus, nullo præeunte laudis præconio, gaudeas, si saltem inter illos annumereris, qui donativum 68 pro ipso expetunt tyrocinio; aut cum provincialibus, qui annonam tributaliter ipsis præbent militibus (106); ideoque bonum esse dicit ille superius, jugum in adolescentia tollere. Etenim ei, qui post decursum juvenilis ætatis tempus illud tollit, multa eveniunt genera contrarietatum ; stimulant enim assueta vitia, consuetudo deprimit prava, exagitat conscientia ipsa : usus erroris instabilem facit, conatur contra se, et labitur sub se ; abolefacere vult vetera, sed voluntatem non sequitur efficacia, captisque in rete avibus non dissimilis, ubi expedire vult pedem operis, maculis retinetur usitatæ consuetudinis. Tota itaque huic res est in periculo, illi in bono. Sedebit denique iste singularis, rarum aut forte nullum suis dignum inveniens consortiis, quietus et feriatus divinis vacabit officiis, angelicis ditatus revelationibus et præmiis, nullis nec anteactis nec præsentibus illecebrarum voluptatibus

interpellatus, nec stimulantis carnis tactus titillationibus, solus quietus liber gaudebit et securus.

28. Quisquis ergo es, qui ad hoc tam singulare niteris fastigium, exercere prius communiter in campo viventium, asside gravioribus acclinis et sedulus, disce honorem deferre senioribus, amorem æqualibus, exemplum junioribus, sequere auctoritatem et præcepta sapientium, et per hæc tibi Deum loqui credito ipsum. In consilio seniorum cum sederis, manum ori adhibe, intentus ausculta, sedulus disce, ut percipiens senum sententias, colligas sollicite, quod in majori serves ætate aliquando. Etiam volo te a coæquævorum continere loquelis, ut parviloquio assuefieri ipso usu instruaris, neve rudis adhuc ætatis, facile ad illicita loquendo labaris ; sed remotus seniorum intendere præceptis, antiquorum dictis, prophetarum oraculis, et apostolorum valeas magisteriis. Laudandus enim est, qui vult [*f*. mavult] tacendo loquenda discere, quam proferre quæ sentit, antequam loqui discat. His si tuam Dei gratia indolem concesserit munerari, adjiciendum quod et facete ab eo qui supra, insolentissimo quidem, sed diserto cuidam consiliatum est juveni, ut nec plusquam oportet tibi tribuendo vanescas, nec rursus te abjiciendo ac desperando frigescas. Inter hæc animadverte patremfamilias otiosum te, non simpliciter ut illos mane primo, sed cum additamento conjunctionis, qua notam intelligas reprehensionis, ad vineæ cultum vocare : *Ite*, inquit, *et vos in vineam* (Matth. xx, 7); id est, et ipsi qui mane horaque tertia debuistis adesse, saltem vel sexta properate, et medium quod restat diei lucrifacite.

Tit. XIII. — *De senibus*.

29. Senex es? Gaude in Domino qui ad hoc usque ductus, non solum quia quammultos Syrtium scopulos evasisti, naufragosque casus; sed et quia jam prope est, quo tendere videris, portus, si tamen es serius, si probus, si gravis, si bonis moribus ornatus, si virtutibus comptus, si canitie venerabilis mentis, si venustate mellifluus oris, si dicere vales cum Psalmista : *Senectus* 69 *mea in misericordia uberi* (Psal. XCI, 11). Sin secus, quod absit, ne succenseas, rogo, si et te monere audeam junior ego (scias me ipso hoc præsumere officio) quantum etiam te video attinere. Nulla ætas ad id, quod opus est, discendum sera debet parere : et licet, ut quidam satis probe ante nos visus est dicere, senes magis deceat docere, quam discere ; magis tamen condecet discere, quam quid doceant, imo quid agant, quod non ex superfluo addere satis possimus, ignorare. Audi itaque et tu quid Ecclesiastes dicat : *Si multis annis vixerit homo, meminisse debet tenebrosi temporis, et dierum multorum; qui cum venerint, vanitatis arguuntur præterita* (Eccle. XI, 8). Et : *Puer centum annorum maledictus erit* (Isai. LXV, 20). Itemque : *Senectus venera-*

---

(105) Iidem Vulgati *enerves*, sine sensu. Construe autem : *Et deficientibus viribus, enervat artus lacertis dissolutioribus interdictis spe capessendi victoriam certaminis*.

(106) Sic etiam Augustinus Serm. i in Psal. xc, num. 10, *devotus provincialis annonam tribuit militibus*.

bilis non diuturna, neque numero annorum computata (Sap. IV, 8). Audi etiam custodem omnibus generaliter, tibi vero dicentem specialiter : *Venit mane et nox ; si quæritis, quærite ; convertimini, et venite* (*Isai.* XXI, 12). Audi et Apostolum : *Omne*, ait, *quod veteratur et senescit, prope interitum est* (*Hebr.* VIII, 13). Perspicienti autem mihi ipsos quos capite geris nivei canos candoris, fateor non minimum adest dubietatis, unde initium debeam ordiri sermonis. Siquidem et reverentiam ætati, et doctrinam vellem, si possem, conferre fatuitati. Verum adsit, rogo, ille propitius, qui insensatos ad humanam loquelam asinæ quondam convertit rugitus (*Num.* XXII, 28). Retexam seriem lectionis evangelicæ hodie recitatam (*Num.* XXII, 28); et si ibi tuum forte aliquid inveneris, ne mihi, quæso, qui recito, imputes; sed tua, ut tua, recipias; et tibi ad utilitatem, etiamsi ad contumeliam putes prolata, convertas.

30. *Arborem fici* (107) *habebat quidam plantatam in vinea sua* (*Luc.* XIII, 6), etc. Arboribus significari homines, si tibi adhuc ista non suadet lectio, lege aliquid apertius in Daniele, ubi refertur somnium de arbore magna et excelsa (*Dan.* IV, 7), cujus cum multa descripta essent dignitatum præconia, ad ultimum succidi jussa, et super regis celsitudinem interpretata, ipsum quem excellentia signavit, jactura monstravit. Nam ille innumeris provectuum dignitatibus, veluti quibusdam elementorum contemperationibus, quasi usque ad cœlum ut arbor est inaltatus (108); excisus a culmine, cecidit ab honore, desertus est a sibi obsecundantibus, veluti arbor ab avibus fugientibus; septem temporibus super eo mutatis, ad pristinum statum rursus rediit celsitudinis. Sunt multa et in Scripturis, quæ aliud per naturam, alterum signant per intelligentiam; sed lectoris requirunt diligentiam. Arbor ergo ista, sive tu, sive ego, sive utrique, sive quilibet, cui ipsa, quæ de ea referuntur, congruunt, sit, videamus quid illi contigerit. *Venit*, inquit, *quærens fructum in ea, et non invenit* (*Luc.* XIII, 6). Quis venit? Ille, cujus erat vinea, cujus et ficus. Si tu ficus; ergo ille, qui te plantavit, est 70 Dominus : etenim ipse, *Vinea*, inquit, *mea electa, ego te plantavi* (*Jer.* II, 21). Quod si non credis, adest parabola, quæ approbet, alterius lectionis. Vinea, in qua te plantavit, est Ecclesia; venit quærens fructum in te, et non invenit : quot vicibus [supple veperit], ipse dicat. Non enim hic aliquid violenter ex me proferre aut fingere volo, ne non certus disputator, sed ineptus a te judicer fabulator. Dixit autem ad cultorem vineæ : *Ecce anni tres sunt, ex quo venio quærens fructum in ficulnea hac, et non invenio* (*Luc.* XIII, 7). Tene igitur, tres sunt anni. Aliud videamus. Te dixi arborem, vineam Ecclesiam, quemdam illum, imo dominum vineæ illum, Deum, cultorem vineæ quem dicam? Si enim ficus cultorem dixisset, forte animus tuus, forte angelus, cui, ut quibusdam videris, imo ut recte potes videri, es commissus, fuerat intelligendus. Nunc autem non cultorem arboris, sed cultorem vineæ dicens, alium requirit, qui non te solum excolendum, sed alias ficus, imo totam summam vineæ custodiendam susceperit. Quid ergo angustamur? non quod si aliquid bene; quod enim difficilius invenitur (109), dulcius, teste Ambrosio, tenetur, et quo tardior adeptio, eo gratior perfunctio. Poteram enim, quantum ille, qui desuper magister est omnium, convallem exiguitatis meæ per ipsos, qui jam satis super hoc tractaverunt, montes dignatur irrorare, tibi jam cultorem vineæ monstrare; sed volo (110) te eminentioris exemplo auctoritatis attrahere, quo et ad quærendum paratior efficiaris, et me non a me hæc invenisse, sed de Scripturis comprobasse perspiciens, tanto capacior reddaris, quanto avidior.

31. *Homo quidam*, ait alia lectio, sed tamen et ut hæc (111) Evangelii, *erat dives, qui plantavit vineam, et sepem circumdedit ei, et locavit eam agricolis, et* (*Matth.* XXI, 33) usque dum reversus *malos male perdet, et vineam suam locabit aliis agricolis* (*Ibid.*, 41); quod quia impletum est, ideo ipso relatu multorum jam patefactum, perspicacius istud, quod modo quæritur, suffragando valet aperire. Jam enim illi vineæ mali cultores, qui non solum reddere fructum noluerunt, sed etiam servos diversis injuriis affectos occiderunt, insuper et ab ipso filio manus continere noluerunt, male sunt perditi. Jam vinea locata est apostolis, eorumque successoribus episcopis, presbyteris, cæterisque ordinibus sacris, qui singuli, pro suo quisque captu vel ministerio, eidem insistentes, dominum vineæ, ut veniat, præstolantur, non ut malos male perdat, sed ut fructum beneplacitum recipiens, bonos operarios benigna largitate remuneret. Horum autem aliquis quis sit, sive episcopus scilicet, sive presbyter, qui te excolendum suscepit, non ad me pertinet. Ipse 71 autem de te alloquitur, et te fructum non dedisse conqueritur, cum mores tuos ei demonstrans; te inconvertibilem, diuque infructuosum esse fatetur non solum suo ore, id est Scripturarum voce, sed et tua operatione. *Ecce,* inquit, *tres sunt anni, ex quo venio quærens fructum*

---

(107) Indicatur Sabbatum quatuor temporum Septembris, quo evangelium de fici arbore legitur. Hoc ergo die hæc scripta noscuntur, sicut die præcedentis feriæ sextæ antecedentia lucubrata fuerunt. Confer supra not. 210.

(108) Hoc idem verbum *inalto* pro *exalto, extollo* apud Apuleium legitur in Trismegisto : *Inaltata est mundi rotunditas in modum sphæræ*. Hinc vox Italica *inalzato*.

(109) Supplendum videtur : *Non quod angustemur, si aliquid bene invenim s. Quod enim*, etc.

(110) Construe. *Etenim poteram jam monstrare tibi cultorem vineæ, quantum ille, qui desuper est magister omnium, dignatur irrorare convallem exiguitatis meæ per montes ipsos, qui jam satis tractaverunt super hoc, sed volo*, etc. *Montium* nomine sanctos Patres intelligit, qui eodem nomine in sacris Scripturis alicubi designantur.

(111) *Ut hæc*, scilicet, quam de arbore fici parabolam antea proposuit.

in ficulnea hac, et non invenio (*Luc.* vii, 7). Hæc dicuntur, dum cultor tui cordis in te conspicit ea, quæ Domino docente cognoscit reprehensibilia. Tunc conquerentem super te audit ipsum, cui detrectas fructum deferre operum. Annis autem tempora ætatis significari, sicut et alio Evangelii loco *horis* (*Matth.* xx, 5-12), si denegas, sunt multa quæ tibi obvient testimonia. Ne itaque, dum illud, unde nullum opus est gerere scrupulum, testimoniis cingere operam damus, tardius illuc contingat evenire, quo festinamus, scias tribus temporibus ætatum Dominicum jam tibi adfui se adventum. Venit enim ad te in infantia et pueritia, ut unum pro sui vicinitate accipias, dando baptismum et ministrando intellectum, præbendo magistros, et fructus exquirendo collatos. Quid retuleris, ipse melius nosti. Venit secundo in adolescentia et juventute cumulando intelligentiam, augendo dona, requirendo merita ; et tunc quid rependeris, credo, quia recolis. Adest nunc (112) ; vide quid facias. Vult enim te succidere. Et ne lenocineris tibi, quod si excisus fueris, rursus erigaris, ut illa (113) superius, post septennium ; alia fuit illa arbor, alia tu: Non fuit illa ficus, sed cedrus, nec de cedris Libani, quas plantavit Dominus (*Psal.* ciii, 16), sed de illis, de quibus dictum est : *Confringet Dominus cedros Libani* (*Psal.* xxviii, 5) ; quia, etsi Libanus *candidatio* interpretatur, sunt tamen quidam velut sepulcra dealbata, quibus *Væ* dicit Veritas ipsa (*Matth.* xxiii, 27) : non stetit hæc cedrus in vineto, sed in campo. Crede mihi : si incorrectus excideris, statim in ignem mitteris. Jam enim minatus est Paterfamilias dicens : *Omnis arbor, quæ non facit fructum bonum, excidetur et in ignem mittetur* (*Matth.* iii, 10). Tunc exspectabatur gratia, modo præstolatur judicium. Ille quia paganus, tamen aliquid boni habens remunerabatur in præsenti, ut cruciaretur in sempiternum ; tu quia Christianus, licet negligens, exigeris, ut hic te sponte corrigens vivas in æternum. Et hæc quidem omnia ex superfluo, cum illa excisio nihil fuerit aliud nisi regni et sensus amissio ; tua autem hæc, de qua hic dicitur, sit animæ amissio, et mortis subitio [*id est* incursio], quæ si bona fuerit, non est mors, sed natalis (114) ; sin mala, erit mors immortalis, defectus indeficiens, perditio semper manens, corruptio immutabilis, luctus sine consolatione, gemitus sine cessatione, calamitas sine fine.

32. Memento itaque, ut adhuc de ipso Evangelio, quod tibi restat, eloquar, quid ille tuus cultor, sive sit episcopus, sive aliquis pro te Deum rogans, dicat patronus : *Domine, dimitte illam et hoc anno,* usque dum fodiam circa illam, et mittam stercora ; et si quidem fecerit fructum ; sin autem, in futuro succides eam (*Luc.* xiii, 8, 9). O quam breve spatium ! o quam sufficiens, si converteris ! o quam subitum, si averteris, imo si persistas in hac, qua te invenit, duritia cordis ! Sed ne dicas, me hic violenter annum pro anno accipere, cum superius annum dixerim pro ætate ; considera et hic, rogo, ætatem tuam, cogita quantum vixeris, et vide, si adhuc ætas tot promittat spatia temporis ; cum præsertim et in ipsis infantibus incertus sit, quia sæpe immaturus, exitus mortis. Cogita, quia non sine causa certæ rationis silicernius (115) in ista ætate vocaris, sed ut admonearis debitum finem attendere, tanto scilicet attentius, quanto magis est contiguus. Ponas ante oculos, quo hinc excedens suscipi debeas taphum (116) ; ab obtutibus non recedat sepulcrum ; a meditatione ne aufugiat memoria peccatorum, immanitas pœnarum, formido suppliciorum, contemplatio judicis, sententia illa ultima æternæ perditionis. Hoc est enim stercus, quo ad statum potes revehi pinguedinis ; hæc fossa humilitatis, qua fructum referre valeas piæ operationis, videlicet ut conscientia pravitatis tangat memoriam cogitationis, et plangens, quod te fecisse recolis, ad fecunditatem operis per defossionem confessionis, et contemplationem fetidæ operationis radix tui redeat cordis.

33. Et ne tempus exactum nimium longissimum, residuum autem ad pœnitentiam æstimans, desperes brevissimum ; precor te, considera David, intuere Zachæum, et si est unde [*subaudi* redimas], imitare ipsum ; quod si tam pauper es, ut nihil, unde te redimas, habeas, et tam subito te intercipit mortis casus, imitare illum beatum latronem, diutino [*subaudi* tempore] latronem, subito confessorem, subito martyrem ; diu homicidam, illico paradisi incolam. Imitare Ninivitas veternosos reatus triduana pœnitentia delentes (*Jon.* iii, 4-10). Ineffabilis enim, inexcogitabilis et incomprehensibilis est bonitas medici cœlestis, nunc alios longa, nunc alios mediocri, nunc alios brevissima satisfactione, omnes vero sola suæ gratiæ benignitate, nullum sua aliqua salvans operatione, sicut audisti in psalmo : *Quia melior est misericordia tua super vitas* (*Psal.* lxii, 4). Si enim tempus suppetit, vult ut longos erratus longa maceratione castiges, sicut dicit ad animam : *Ego enim ostendam ei, quanta oporteat eum pati pro nomine meo* (*Act.* ix, 16) : quod est tale, quasi diceret, qui diu contra me pugnavit, diutius volo, ut et pro me decertet. Denique jam David peccatum dimiserat, et tamen ejus filium contra ipsius votum occidens,

---

(112) *Nunc*, id est in senectute ; hic enim senes alloquitur.

(113) *Ut illa*, scilicet arbor, quam superius ex Daniele dixerat excisam, et *septem temporibus mutatis ad pristinum statum rediisse celsitudinis.*

(114) Mortem justorum, ac præsertim martyrum, *natalem* appellari ex antiquis liturgicis libris atque scriptoribus ecclesiasticis liquet.

(115) *Silicernium* dicebatur epulum funebre, quod in exsequiis celebrabatur Festo teste. Silicernii autem appellati senes, propterea quod pro decrepita eorum ætate brevi *silicernium* agendum erat.

(116) *Taphus* a Græco τάφος tumulus, seu sepulcrum. Hoc quidem sensu accipitur a Gerardo in Vita sancti Udalrici episcopi Augustani c. 13. Hic autem indicari videtur feretrum, seu emortualis loculus : sepulcri enim mentio distincte subjicitur. Post pauca scripsimus *potes*, ubi mendose erat *potest*.

animum autem adversus eum erigi sinens, populum sternens, pœnam adhuc pro peccato intentat. Quod si mediocritas vitæ occurrit, mediocritatem pœnitentiæ non renuit [subaudi Deus], tantum ut voluntas non **73** mediocris, sed sit immanis ; unde satis provide a sanctis Patribus (117) institutum est in causis pœnitentium non tam considerari debere mensuram temporis, quam doloris. Quod si ipsa hora ultima te subito invadit, dum adhuc spiras, dum palpitas, quantulum vales, emitte vocem confessionis, pœniteat te illuc venisse imparatum. Ne tamen desperes, ne dubites ; confidenter clama, ex toto corde supplica. Videt ille in corde, considerat quo affectu clames. Crede mihi veraciter, tibi promitto, quia si viderit, quod non duplici, sed simplici corde pœniteas, et confitearis in ipso articulo mortis, medicinam conferet salutis. Animet ergo dubietatem noxii timoris tanta clementia Conditoris ; terreat duritiam obstinati cordis sententia illa Jacobi apostoli, licet universalis, tibi maxime specialis : *Ecce judex ante januam assistit* (*Jac.* v, 9). Janua enim cuique ille est exitus improvisus, cui sors irrevocabilis illa velut fur assidet captans horam, qua animam insperate rapiat, et illuc ducat, ubi pro meritis propria recipiat. De hoc fure ab initio nativitatis debuisti suspectus esse, ne irrueret, ut assolet, immature ; quanto magis nunc, cum auctoritate quadam judiciaria adest debite ?

34. Noli itaque segniter agere, noli obdormire, ne dormientem te capiat, id est, ab operibus piis vacantem. Audi Apostolum salubri te ab hoc torporis lethargo excitantem voce : *Hora est*, inquit, *jam nos de somno surgere* (*Rom.* xiii, 14). Ne deinceps ullas dederis ferias ; sufficiat. Jam nunc satis cum Judæis sabbatizasti. Pone modum nunc vacationi, et insiste piæ laborationi. Vide ne contingat fuga tua hieme vel Sabbato (*Matth.* xxiv, 20), id est, ne te frigidum a charitate, nec vacantem inveniat a bono opere. Scito quia ultima tibi jam adest hora, jam adest præ manibus te accersens missus : rape quidquid potes quod tecum feras. Hoc autem tecum scias te laturum esse, quod hic studueris præmittere. Securis ad radicem jam est arboris (*Luc.* iii, 9) ; arida per maturitatem est arbor, infecunda et infructuosa per torporem ; nil superest quin debeat excidi. Excideris statim, dico tibi, excideris ; sed vide ne in ignem mittaris. Non potest fieri ut non excidaris, quia conqueritur dominus vineæ, quod terram inaniter occupas. Multæ autem arbores exciduntur ; sed in ignem non continuo mittuntur : infructuosæ autem in ignem mittuntur. De cæteris autem opera diversa, utensilia diversa, vasula fiunt diversa, quædam etiam optima, et quibusdam licet perraris, auro chariora. Hoc tibi ideo suggero, quia scio veracissime, quod in ista hora, in isto ævo, in ista quam nunc geris ætate debeas excidi ; nec volo ut fomentum ignis, sed poculum pretiosissimum sis in manu Regis cœlestis. **74** Unde ille Salomon vere pacificus, qui facit pacem inter nos et Deum, et confœderavit terram cœlestibus, dignetur libere ea participibus suis potum lætitiæ, id est, tuæ conversionis et salutis gaudia propinare ; siquidem calix ejus inebrians valde præclarus est (*Ps.* xxii, 5). Hæc tibi modica quidem quantum ad tuam utilitatem, sufficientia vero quantum ad nostram vacationem sufficiant dicta.

35. Nunc, quia locus sese tui obtulit causa, dignum et satis ducimus commodum, quædam nobis et tibi generalia ex eodem Evangelio subnectere (118), quæ utrisque Deus concedat prodesse. Verum quia incomparabili oris facundia a quodam, cujus auctoritati non modice succumbit nostra, luculentissime sunt prolata, veremur ea fœdare nostri sermonis admistione ulla. Ita, ut sunt disserta in fine sermonis ab eo, ponemus illibata. Ait (119) ergo quibusdam satis dilucide aliis præmissis, sed a nobis quædam ex his non quidem ut decuit, sed ut ariditas nostri ingenii valuit, in tui specialiter, generaliter autem in nostri multorumque utilitate, sermone, non sensu adeo dissonante sunt recitata, Gregorius (lib. ii *in Evangel.* hom. 31, n. 5) : « Sunt, ait, plerique, qui increpationes audiunt, et tamen ad pœnitentiam redire contemnunt, et infructuosi Deo, virides stant in hoc sæculo. Quid itaque cultor vineæ dicat audiamus. *Siquidem fecerit fructum ; sin autem, in futuro succides eam* (*Luc.* xiii, 9) : quia profecto, qui hic non vult ad fecunditatem pinguescere per increpationem, illic cadit unde jam per pœnitentiam surgere non valebit, et in futuro succidetur, quamvis hic sine fructu viridis stare videatur. *Erat autem docens in synagoga eorum Sabbatis* (*Luc.* xiii, 11). Et mulier quædam, *Habebat spiritum infirmitatis annis decem et octo* (*Ibid.*, 11). Paulo ante jam diximus, quia hoc erat (120) trinus adventus Domini ad infructuosam arborem quod decem et octo annorum numerus ad mulierem curvam signat. Sexto enim die homo est factus, atque eodem sexto die cuncta opera Domini perfecta sunt ; senarius autem nume-

---

(117) Apud Burchardum lib. xix, c. 51, hic canon Hieronymo attributus sic effertur : *Mensuram autem temporis in agenda pœnitentia idcirco non satis aperte præfigunt canones pro unoquoque crimine, ut de singulis dicant, qualiter unumquodque emendandum sit, sed magis in arbitrio antistitis intelligentis relinquendum statuunt, quia apud Deum non tam valet mensura temporis quam doloris.* Horum verborum, quæ in antiquis pœnitentialibus inveniuntur, sententia ex sanctis Patribus sumpta est. Augustinus ex. gr. in Enchiridio c. 65 : *In actione pœnitentiæ*, inquit, *ubi tale commissum est, ut is qui commisit a Christi etiam corpore separetur, non tam consideranda est mensura temporis, quam doloris.*

(118) Male in Vulg. *subvertere.*

(119) Verbum *ait* regitur a nominativo *Gregorius*, quem in hujus periodi finem auctor rejecit. Quod porro subdit, se quædam ex præmissis e Gregorio recitasse *sermone, non sensu adeo dissonante*, indicat se in antecedentibus, aliis licet verbis, eodem tamen sensu sumpsisse nonnulla ex eadem Gregorii homilia 31 in Evangelia lib. ii, ex qua nunc eadem verba recitaturus est.

(120) Cum Gregorio supplevimus *erat.*

rus in trigonum ductus, decem et octo facit. Quia ergo homo, qui sexto die factus est, perfecta opera habere noluit, sed ante legem, sub lege, atque in initio inchoantis gratiæ infirmus exstitit, decem et octo annis mulier curva fuit. » Atque post pauca (*ubi sup. n.* 7) : « Plerumque videmus quæ agenda sunt, sed hæc opere non implemus; nitimur et infirmamur; mens judicium rectitudinis conspicit, sed ad hanc operis fortitudo succumbit; quia nimirum jam de pœna peccati est, ut bene quidem (121) possit bonum conspici, sed ab eo quod conspicitur, contingat **75** per meritum repelli. Usitata enim culpa obligat mentem, ut nequaquam possit surgere ad rectitudinem. Conatur et labitur; quia ubi sponte diu perstitit, ibi et, cum noluerit, coacta cadit. » Item : « Si ipsa se anima ad ima appetenda non dejicit, contra hanc dæmonum perversitas nullatenus convalescit, et transire per eam non valent, quam contra se rigidam pertimescunt. Nos ergo, fratres, nos viam malignis spiritibus damus, cum terrena concupiscimus, cum ad temporalia appetenda curvamur. Pudeat ergo terrena concupiscere, et dorsa mentium adversariis ascendentibus præbere. Terram semper intuetur, qui curvus est; et quo pretio redemptus sit, non meminit qui ima quærit. » Item : « Qui gibbum tolerat, ima semper intuetur. A sacerdotio ergo repellitur, quia quisquis solis terrenis intentus est, ipse sibi testis est, quod membrum summi Sacerdotis non est. » Item : « Si virtutum summa operari non possumus, ipse Deus nostro gaudet lamento. Ex ipsa ei justitiæ inchoatione placebimus, qui injusta, quæ fecimus, punimus. » Istud tantum extra viam propositi, amœnitate tam florigeræ viriditatis prati delectatum, me sufficiat processisse.

36. Nunc ad te, ne opus in aliquo videar interrupisse, reversus, suggerendo admoneo, siquidem reverentiam tibi debere pro canitie scio, ut hæc cum superioribus conferas, et negotium tibi ex his capessendæ salutis acquiras; et ne inveteratus dierum malorum rite vociteris, dies tuos, jam rogo, ut dimidiare, dum vales, studeas, et spiritu mentis renovari contendas. Et quia hucusque te plus justo carnalibus refudisti in sensibus, te ad te colligas, et novus homo jam saltem nunc, vetere exuto, repuerascas Deo; annos octoginta aut proximos aut transactos aut insistentes aspicias, supervenientem mansuetudinem Dei ne contemnas, ne correctionem durius sustinens, florem tui capitis amygdalum (122) advertas. Quod si et adhuc locusta, id est agilitas quondam gressuum, tumore pedum aut certe tibiarum jam est impinguata; aut certe secundum poetam,

*Lapidosa chiragra*
*Jam facit articulos veteris ramalia fagi,*

suspectus pavidusque horam illam exspecta, qua ire ad domum æternitatis boni aut mali debeas (*Eccle.* xii, 5); quia postea, quidquid planctus tui causa acciderit in plateis, nil de juvabit positum in tormentis, qui dum hic superstes esses, tibi consulere, et tibimet contra tantam superventuræ calamitatis angustiam consilium capere, dum immutabile id esso optime scires, detrectasti. Interim ergo dum opportunitas flendi fructuose, dum tempus acceptabile, dies adhuc salutis, **76** dum vivis, dum adhuc a Judice (123) sustineris, hortor ut in melius connitaris. Dum ille securis differt ictum, tu de te cape consilium; dum ille suspendit vindictam, tu corrige vitam. Non est apud Deum difficilis aut tarda conversio, cui ipsa justitiæ placet inchoatio. Væ autem illi, cui non conceditur ante corrigi, quam defungi : magnam enim, ut dicit qui superius, contumaciam contemptæ mansuetudinis et gratiæ, major sequi solet ira vindictæ, et diutius exspectatus, durius feritur non conversus; et quam largiter prorogatur misericordia in præsenti, tam severe ingratis intentatur judicium in futuro.

---

(121) Apud Gregorium *ut ex dono quidem*. Dein melius *quo pretio redemptus*, quam in vulgatis Gregorii *quo præmio sit redemptus*.

(122) *Flos capiti amygdalus* pro canitie capitis, senectutis indicio accipitur; flores enim amygdalæ albi sunt.

(123) Legebatur in Vulg. *a vidice*, male. Levissima litterarum mutatione emendavimus *a judice*.

# INCIPIT LIBER TERTIUS.

*Continet istud hæc præloquium :* I. *Rex es? delectatio regia te instruat.* II. *Discerne qua intentione quis quid faciat.* III. *Non virtutes prætextu aliarum rerum, quæ sunt dissonæ, palliare.* IV. *Timendo Deum rege tibi commissa.* V. *Catholicam esse Ecclesiam, et catholicam ejus esse gratiam.* VI. *Ut non rex dedignetur subdi Dei judicibus.* VII. *Quod opprobrium et subsannatio facti sumus.* VIII. *Quod sicut sunt episcopi sortes sanctorum ministerio ordinis, ita sint et privilegio honoris.* IX. *Spiritum sanctum negligenti etiam episcopo adesse sæpe.* X. *Quod a nemine nisi a solo Deo valeat judicari episcopus.* XI. *Oratio sub altari constitutorum.* XII. *Trifaria divisio filiorum Ecclesiæ.*

1. Superioribus duobus libellis temporum, personarum, officiorum, sexuum, vel ætatum præloquiis, quanta valuimus brevitate, etsi non quanto decuit lepore, Deo donante, transcursis, nunc dignitatum, ordinum vel affectuum vastos, et sæpe ideo per naufragos, quia abundantissimis promontoriorum cautibus refertissimos æstus tentantes, flatibus nos committentes adversis, ipsum obicem opponimus Christum, tricipiti voluminum lintre eosdem gestientes sulcare, si tamen illius non desit remigium (124),

---

(124) Construe : *nunc tentantes* (transcurrere) *per æstus vastos, et ideo sæpe naufragos, quia refertissimos cautibus abundantissimis promontoriorum; per æstus, inquam, dignitatum, ordinum, vel affectuum,*

cujus in isto eo magis flagitamus nobis necessarium adfore auxilium, quo scit nos id opus assumere tanto dubitantius, quanto periculosius. Nam ex uno latere superni spectatoris, ex alio sali hujus immodice ferventis veremur procellam; navisque nostræ, cujus jam fracto remo, amisso **77** clavo, fessus multigenis collisusque scopulis, sopitis viribus, non quidem scapha portatus, sed unda jactatus, tremulis linguam ipsam mordens dentibus, in uno (125) brevium jacet nauclerus, omnimodis jacturam tenemus [*l.* timemus], cum hunc ei miserabilem incursum, propter præcipitem cursum, dum cavere ancipitem nescivit excursum, contigisse noverimus (126). Quanquam enim Scriptura dicente: *Lingua sapientium sicut stimuli, et sicut clavi in altum defixi* (*Eccles.* XII, 11); noverimus divinæ auctoritatis ita constantissimam constantiam, ut nulli parcere, neminem noverit palpare; tamen novimus ab ipsis quoque urbanæ scientiæ viris hodie summa diligentia observari, quid cautius, quam quid proferant verius; utilius æstimari quod docet comicus, quam quid interminatur Dominus; pluris pendi dictum:

Obsequium amicos, veritas odium parit.

(TERENT. *Andr.* I, 1), quam *qui me erubuerit et meos sermones, et hunc filius hominis erubescet, cum venerit* (*Luc.* IX, 26); et forte illud, quia quasi disertius, ideo putatur utilius; quia pompaticum, ideo judicatur saluberrimum; istud, quia foliorum venustate, quin potius vanitatis opacissima densitate nudatum, ideo a sæculi prudentibus seu simplex, atque, ut ita dicatur, rusticum, vili penso ducitur dignum, cum nec minus cautelæ eis videatur afferre negotium suspectius (127) dicentium: *Videntibus, nolite videre; et aspicientibus, nolite aspicere nobis ea, quæ recta videntur; loquimini nobis placentia, videte nobis errores* (*Isai.* XXX, 10). Verum magistra eadem, quæ et via est, Veritate, atque per quem dam de se ipsa dicente: *Hæc via, ambulate per eam* [*supple* et non declinetis], *neque ad dexteram, neque ad sinistram* (*Isai.* XXX, 21), satagamus hac arte sermonem moderari nostrum, ut nec ad dexteram altiora nobis præsumptive tentantes, usque ad sinistram declinemus, falsitati timide cedentes; quo fit, ut ita loqui quanquam absurde liceat, ut nec Terentius alicujus minus provide odium in nosmet exacuisse, nec Christus alicujus amicitiam minus libere notet veritati prætulisse. Quod ne contingat, inter utraque hæc cauto gradientes vestigio, sic tangamus dignitatis chordam, ut citharœdi (128) taceamus personam; sic alloquamur ordinem, ut ordinati omittamus nomen, sic affectum, ut charitatis non patiamur defectum, cujus hic magnopere quærere debemus profectum; præsertim cum nec defuturam osorum credamus invidiam, qui nostram hac etiam in parte reprehendere non dubitent audaciam, cum præter auctoritatem, salva officii reverentia, haud aliquam, nullam quoque nobis noverint suppeditare scientiam, cujus hic quoque rei enormem satis capere valeant conjecturam.

TIT. I.—*De regibus.*

2. Rex es? Dignitas, rogo, ipsa te dum delectat, instruat. Sunt quædam regalis ordinis insignia, quibus sine, etsi nomen utcunque, re tamen vera certe non potest consistere dignitas tanta. His ergo utere, his exercere, his exornare. Esto prudens, justus, fortis et temperatus. Hac quasi quadriga evectus regni fines perlustra; hoc **78** denique curru ista utere in via, ut cum sanctissimo Elia vel vocari merearis auriga (*IV Reg.* II, 12.) Hoc quadruplici munitus thorace, hostibus ne cuncteris imperterritus occurrere; nec enim poteris aliquibus adversis devinci, si tanta tuitione vallari merueris.

TIT. II.—*Discernendum qua intentione quis quid faciat.*

3. In primis itaque, antequam scilicet tentemus alia tuæ serenitati congruentia, de his singulis tam te, quam omnes, qui sunt in sublimitate constituti, velo instruere: hoc adjiciens, ut sollicite studeat quis discernere, quid qua intentione faciat. Ut enim et experimento ex nobis ipsis, et lectione ex antiquorum cognovimus dictis, plerumque vitia virtutes se esse mentiuntur. Unde satis pulchre Seneca in proverbiis, *Timidus*, ait, *se cautum vocat, sordidus parcum. Calliditas* enim, ut et quidam ait nostrorum, *prudentia vult sæpe videri,* videlicet ut, dum aliquem dolo capimus, prudenter nos fecisse gratulemur; quod contra Psalmista (id quod et Petrus de Christo [I *Petr.* II, 22]): *Qui loquitur veritatem in corde suo, qui non egit dolum in lingua sua* (*Psal.* XIV, 3); nostrorumque quidam, Dolus, ait, *in corde, quanto apud homines prudentius callet, tanto apud Deum stultius decipit.* Itemque Psalmista: *Inimici ejus terram lingent* (*Psal.* LXXI, 9). Terram quippe lingere, est sermonis suavitate ab aliquo terrenum aliquid auferre. Quod vitium cum urbanitas a quibusdam deputetur sæcularium, tanto a piis mentibus est sollicitius cavendum, quanto hoc testimonio

---

*committentes nos flatibus adversis, opponimus ipsum obicem Christum, gestientes sulcare eosdem lintre tricipiti voluminum)* id est, tribus aliis libris tertio, quarto et quinto), *si tamen non desit auxilium illius,* etc.

(125) *Brevia* dicuntur loca maris vadosa et navigantibus periculosa; unde Virgilius Æneid. I.

. . . . . . . . . . . . Eurus ab alto
In brevia et syrtes urget.

(126) Construe: *et timemus omnimodis jacturam navis nostræ, cujus nauclerus jam fracto remo, amisso clavo, fessus et collisus scopulis multigenis, sopitis viribus, non quidem portatus scapha, sed jactatus unda, mordens ipsam linguam dentibus tremulis, jacet in uno brevium; timemus, inquam, navis jacturam, cum noverimus hunc miserabilem incursum contigisse ex propter cursum præcipitem, dum nescivit cavere ex cursum ancipitem.*

(127) Negotium *suspectius,* quod scilicet majorem suspicionem affert.

(128) *Citharœdi* voce regem designat, quem in sequentibus suppresso nomine perstricturus est. Hunc autem fuisse Hugonem Italiæ Regem, a quo captus et in Papiensem turrim conjectus fuit, deinceps patebit. Porro *ordinis* nomine episcopatum intelligit; nonnullos enim episcopos ejusdem, quo ipse eminebat, ordinis, dissimulatis pariter nominibus identidem vellicabit.

discimus Dei specialiter vocari inimicum, qui suadente suaviloquio per falsiloquium decipit proximum, aut possessis hac eum simulatione spolians, aut, quod pejus est, eumdem ipsum perfidi proditoris exemplo sugillans, juxta illud : *In ore suo pacem cum amico loquitur, et in occulto ponit ei insidias (Jerem.* ix, 8). Et dicentes, *Pax, pax, cum non esset pax (Jerem.* vi, 14); et : *Sub lingua ejus labor et dolor, sedet in insidiis cum divitibus in occultis, ut interficiat innocentem (Psal.* x, 7, 8). Et quibusdam intermistis aliquanto post : *Insidiatur,* ait, *ut rapiat pauperem, rapere pauperem, dum attrahit eum (Ibid.,* 9); item alio : *Molliti sunt sermones ejus super oleum, et ipsi sunt jacula (Psal.* liv, 22); speciemque ad genus more usitato transferens, præmiumque debitum promens : *Tu vero,* inquit, *Deus, deduces eos in puteum interritus (Ibid.,* 24). Job autem tanto terribilius, quanto expressius : *Simulatores et callidi,* inquit, *provocant iram Dei (Job* xxxvi, 13). Ubi notandum quod non *merentur,* sed *provocant,* ut aliquid (129) formidolosius inesse intelligas, dixit. Verendum autem, ne provocetur adeo, ut resistere ei valeat nemo, ne dicatur, *Viro ego, dicit Dominus, quia non expiabitur iniquitas hæc victimis et muneribus usque in sempiternum* (I *Reg.* iii, 14).

4. Quam fœdum autem cuilibet hoc sit vitium sectari Christiano, etiam antiquorum monstratur exemplo, qui non divino timore, sed naturali honestatis amore, definierunt turpem omnem dolo quæsitam victoriam fore. Insania 79 quoque impatientiæ fortitudo vult sæpe parere [*id est* apparere]; fortem enim se quisque ambit videri, cum percutit pugno, victus convicio. Sed stultum est, ut ait peritissimorum quidam, hominem victum fortem dicere. Sciendum etiam phreneticos plus sanis persæpe viribus posse. Virtus, juxta Augustinum, eo pluris æstimanda, quo plura contemnit. Crudelitas quoque impietatis, et ipsa ambitio ardentissimæ cupidatis, trophæum invadere aliquoties nituntur æquitatis; videlicet cum quis satisfacit iræ, et putat se servire justitiæ, aut etiamsi justum sit quod agit, quæstus illud gratia facit, contra interdictum illius, qui præcipit dicens : *Juste quod justum est exsequeris (Deut.* xvi, 20). Desidia etiam temperantia vult, nonnunquam videri; videlicet cum quid præcipitanter agere vitamus, sed id moderari per discretionem nescimus; ea etiam quæ agenda erant, minus provedi, desidiose inacta [*id est* infecta] dimittimus, dumque vitium metuimus, vitium incurrimus. Sæpe enim, cum quis moderari nititur iram, incurrit negligentiam; cum plerumque vitia non coercere, majoris sit criminis quam ulcisci, et delinquentem negligere non minus sit, quam odisse. Aliquoties doli Scyllam caventes, stultitiæ incurrimus Syrtes; fortier persæpe exsequenda vitantes, segnitiæ vitio servimus torpentes.

5. Verum quid affert earum cognoscere æmulas, si contingat, et ipsæ quæ sint, certis indiciis per-

(129) Legendum forsitan et *formidolosius* a *formidolosus.*

nescire virtutes? Definiamus igitur quæ sint ipsæ, et luce fulgurantius parebit, quid non sint ipsæ. Justitia est, ut jam a majoribus est diffinitum, habitus animi pro communi utilitate servatus, suam cuique tribuens dignitatem; unde proprie justitia dicitur, quasi *juris satus*. Jus autem est propria lex ; et justus qui *jus,* id est, propriam legem, custodit, vel qui quod proprium est unicuique impendit, ut illud Domini : *Reddite quæ sunt Cæsaris Cæsari, et quæ sunt Dei Deo (Matth.* xxii, 21). Prudentia est rerum bonarum malarumve verax scientia. Temperantia est adversum libidines, aliosque non rectos impetus animi, firma et moderata dominatio. Hæc et modestia vocatur, quia cum modo vel mensura omnia agit. Fortitudo est considerata periculorum susceptio, et laborum firma perpessio. Hæ quatuor ita regales proprie noscuntur esse virtutes, ut cum his quilibet etiam rusticus, rex non incongrue dici ; sine his, nec ipse universam pene monarchiam obtinens mundi, quanquam abusive, rex valeat juste vocari : male enim imperando, ut ait qui supra, summum imperium amittitur. Quantum autem his amiciri, non solum regibus, sed etiam omnibus prosit hominibus, testatur dicens in sapientiæ laudibus : *Sobrietatem enim, et sapientiam docet, et justitiam, et virtutem, quibus nil utilius in terra est hominibus (Sap.* viii, 7) : ubi sobrietatem temperantiam, *sapientiam* esse quam et nos posuimus prudentiam, *virtutem* fortitudinem, diligens lector attendat. Beatus autem cui dicitur : *Omnibus his velut vestimentis indueris.*

### Tit. III. — *Vitia non pallianda.*

6. His ita non inconsideranter, ut credo, præjactis, nunc si qua sunt dicenda, ita recipere ne aspernetur amplitudo tua, ut dum aperta fuerint diu forsitan ignorata, corrigantur neglecta. Primum itaque rogo te, ne ipsas quoquomodo velis degenerare virtutes, prætextuque aliarum quarumlibet 80 rerum, quæ forte sunt dissonæ, palliare. Esto dico prudens, non callidus; quamvis et calliditatis nomine prudentia sæpe soleat intelligi, ut est illud : *Callidi est intelligere viam suam (Prov.* xiv, 8), fortis, non superbus; temperatus, non deses aut remissus; justus, non crudelis. Honora itaque Deum, rege primum teipsum, imo ipsi rectori commenda teipsum. Vide quæ arbores majori impulsu agitantur ventorum; considera, quæ gravius ruunt ædificia, et ne illud incurras, quia *judicium durissimum in his qui præsunt (Sap.* vi, 6); et, *potentes potenter tormenta patientur (Ibid.,* 7); et, *fortioribus major instat cruciatus (Ibid.,* 9). Amplectere sollicitus, quia *beati misericordes, quoniam ipsi misericordiam consequentur (Matth.* v, 7); ut simul possis evadere illud, quia *judicium sine misericordia his qui non habent misericordiam (Jac.* ii, 13); et intelligere, quia nullus miser, nisi qui misereri noluerit. Et ne fortem te putes, cum percutis gladio, victus vitio, nec multum læteris, cum plurima tibi subjicis; audi

multum ante nos dictum : *Ante ipse subjicitur, qui vult alios habere subjectos.* Cui vero subjiciatur, tibi relinquo disquirere, cum Dominus te possit satis hinc congrue dicendo docere : *Nemo*, inquiens, *potest duobus dominis servire* (*Matth.* VI, 24) ; et : *Non potestis Deo servire et mammonæ* (*Ibid.*). Et Apostolus : *Non regnet*, inquiens, *peccatum in vestro mortali corpore* (*Rom.* VI, 12); et. *Qui facit peccatum, servus est peccati* (*Joan.* VIII, 34); et : *A quo quis superatur, ejus est et servus* (*II Petr.* II, 19). Et in Daniele : *Princeps*, inquit, *regni Persarum restitit mihi* (*Dan.* x, 13). Non enim sine causa dicuntur dæmones fornicationis et superbiæ, vel cæterorum vitiorum spiritus, nisi quia habent subjectos quibus dominantur, eisdem scilicet vitiis servientes.

7. Quod cum evidentissime didiceris, considera quid per prophetam Dominus dicat : *Væ qui conjungitis domum ad domum, et agrum agro copulatis usque ad terminum loci. Nunquid vos soli habitatis in terra? In auribus meis sunt omnia hæc, dicit Dominus exercituum* (*Isai.* v, 8, 9). Atque post pauca : *Propterea dilatavit*, inquit, *infernus os suum, et aperuit absque ullo termino, et descendent fortes ejus, et populus ejus, et sublimes gloriosique ejus ad eum* (*Ibid.*, 14). Itemque : *Væ qui justificatis impium pro muneribus, et justitiam justi aufertis ab eo. Propterea sicut devorat stipulam et ligna ignis, et calor flammæ exurit, sic radix eorum quasi favilla, et germen eorum ut pulvis ascendet* (*Ibid.*, 23). Considera itaque, rogo, quam grave sit cupiditatis crimen, quod et te et populum tuum, totumque potest consumere germen. Quod si cuncta cedunt ex sententia, si omnium adversantium tibi subito supplicant colla ; nulla inutilis gaudii te exinde pulset jactantia. Memento hujusmodi a Psalmista illi promissa, quem divina justitia despexit : *Auferuntur*, inquit, *judicia tua a facie ejus, omnium inimicorum suorum dominabitur* (*Ps.* x, 5). Scito etiam a medicis, desperatis nil prohiberi, quod desiderant esui.

TIT. IV. — *Episcopi quam honorandi.*

8. Tu potius time Deum, rege, imo nutri populum tibi commissum, deprecare sanctos, venerare episcopos ; noveris illos tibi, non te illis esse prælatos ; et, ut amplius dicam, deos tibi a summo et uno et singulari Deo, et angelos ab ipso magni consilii Angelo esse datos. Quod si me putas mentiri, antecessorem tuum interroga Constantinum, interroga psalmum ipsum, interroga Dominum. *Vos*, ait ille (Constantinus) jam satus, *nobis a Deo dati estis dii, et conveniens non est, ut homo judicet deos* (RUFIN, *l.* I, *c.* 2). Psalmista vero, *Deus*, inquit, *stetit in medio deorum* (*Psal.* LXXXI, 1), atque aliquanto post : *Ego dixi, dii estis* (*Ibid.*, 6); et : *Deus deorum Dominus locutus est* (*Psal.* XLIX, 1); ipseque Dominus ad Moysen ait : *Ecce constitui te deum Pharaonis* (*Exod.* VII, 1); et : *Diis ne detrahas* (*Exod.* XXII, 28); itemque : *Applicate illum ad deos* (*Ibid.*, 8). Et rursus in Psalmo : *Qui facit angelos suos spiritus, et ministros suos flammam ignis* (*Psal.* CIII, 4), id est, præ-dicatores suos et spirituales, et charitate facit ferventes. Et per prophetam : *Labia sacerdotis custodient justitiam, et legem requirent ex ore ejus, quia angelus Domini exercituum est* (*Malach.* II, 7). In Apocalypsi Joannis cum audis angelos septem ecclesiarum, nullos alios intelligas quam episcopos earum. In Evangelio quoque quid dicat, quam potestatem eis tribuat, adverte : *Quæcunque*, inquiens, *ligaveritis super terram, ligata erunt et in cœlo ; et quæcunque solveritis super terram, soluta erunt et in cœlo* (*Matth.* XVI, 19). Hoc idem, licet sparsim, et in psalmo jam et Propheta peroraverat : *Nimis honorati sunt amici tui Deus, nimis confortatus est principatus eorum* (*Psal.* CXXXVIII, 17). Quorum? Apostolorum, evangelistarum, episcoporum, clericorum, monachorum sæculo renuntiantium, qui, quia nolunt aliquid habere in mundo, jure cum Deo principantur et judicant de mundo, malentes aurum habentibus imperare quam aurum habere. *Principes*, inquit, *populorum congregati sunt cum Deo Abraham, quoniam d.i fortes terræ vehementer elevati sunt* (*Psal.* XLVI, 6). Ecce habes manifestissime quia principes populorum ipsi sunt dii terræ. Sed quis est iste principatus? Ad quid est iste principatus? *Ad alligandos*, inquit, *reges eorum in compedibus, et nobiles eorum in manicis ferreis, ut faciant in eis judicium conscriptum* (*Psal.* CXLIX, 8). Ecce quem acceperint principatum, ad quid acceperint, quomodo confortatus est ipse principatus. Quo? hic et in futuro ; qua? per omnem mundum. Ubicunque Christus adoratur, sacerdos post ipsum excolitur, imo in sacerdote Christus honoratur.

TIT. V. — *Una est catholica Ecclesia.*

9. Ne quis ergo Jerusalem, Romam, Alexandriam, vel aliam quamlibet in hac prærogativa accipiat, cæteras excipiat : Catholica est Ecclesia, catholica et ejus est gratia. Non sunt plures, una est, quæ eam continet, petra, unica est Ecclesia. Sic enim de ea dicitur, *Una est matri suæ* (*Cant.* VI, 8), id est, regeneratrici gratiæ unica est lex universæ. Licet consuetudines pro ritu et proprietate gentium sunt discretæ, uno spiritu omnes consecrantur, sicut et uno baptismate omnes lavantur. Et licet divisiones sint gratiarum, siquidem excellunt alii alios in Ecclesia, sicut et in cœlo ordines, non tamen divisi datores ; unus est enim dator, operator unus, idemque qui solus Deus essentialiter. Imo id, quod comprehendi non potest, quodque melius mirando et credendo, quam cogitando, ratiocinando, vel loquendo proferimus, id est, substantialem esse, vivere, posse, sapere et intelligere, semper idem manens dividit singulis prout vult, quomodo vult, per quos vult, et ideo dicitur : *Non est potestas, nisi a Deo ; quæ autem sunt, a Deo ordinatæ sunt*. Ideo ejus ordinatione est institutum, quæ cui potestati congruum præbeat privilegium, quæ cui præferatur vel supponatur, ut videlicet ea summa sit potestas, quæ cuncta, utpote quia a se creata, distribuit, ordinat, gubernat et continet universa ; cam illa sequatur,

quæ ab ipso cæteris prælata dicendo, quantum scilicet tacitis supercœlestibus, venitur ad cœlestia, quæ a nobis vocantur ecclesiastica : *Quæcunque ligaveritis super terram, erunt ligata et in cœlis* ( *Matth.* xvi, 19). Non enim dixit, *aliquacunque* ligantibus vobis erunt ligata, ut subintelligere tibi optio daretur, aliquacunque ab hac lege manere inconcessa; sed *quæcunque*, id est, *omnia quæ ligaveritis super terram, erunt ligata et in cœlo*. (150) Huic autem quæ superferri, cum nil videatur in ejus suppositione residui, nec aliquid nisi per eam rite vel Christiane videatur quod cætera supposita ordinet, institui; invenire adhuc nec cogitando, nec ratiocinando, nec legendo valuimus.

10. Huic tamen si contradictorem forte aliquem invenimus, proferat de divinis Scripturis, et credimus; tantum ne Spiritum sanctum a Patre et Filio procedentem, atque ubi vult spirantem, ab homine dari posse audiamus; quod nec angelo dicenti assentimur, quin potius dicentem cum apostolo anathematizamus ( *Gal.* 1, 8). Nam et quod quasi robur invincibile in hoc opponitur, id est illud ejusdem: *Charissimi, subditi estote omni humanæ creaturæ, sive regi quasi præcellenti* ( *I Petr.* ii, 13), aliquid valeret ad id instruendum, si diceretur Deo præcellenti, aut episcopis præcellenti; nunc vero hoc tacito intelligendum solummodo terrenis illum præcellere; et ideo ut justitia teneatur, debitum ei, id est, majorem cæteris creaturis terrenis, nec tamen cœlestibus honorem deferendum; sed et hoc non propter se, sed propter Deum servata reverentia sublimium potestatum, quibus et ipsa humana potestas, et omnis præcipitur anima fieri subdita; quæ non sunt aliæ, nisi quæ per Spiritum sanctum in apostolis eorumque successoribus potestatem judicandi, ligandi ac absolvendi ab ipsa summa potestate acceperunt de omnibus.

TIT. VI.

11. Talibus igitur, o rex, subdi ne dedigneris, quia velis nolis, ipsos deos, ipsos angelos, ipsos principes, ipsos judices habebis. Ipsi te solvere, ipsi valent ligare; nam tu super aliquos, illi super te et super omnes. Excole itaque eos quanta potes veneratione, ut et illi te excolant condigna remuneratione. Vide ne aliquam tibi eis contingat injuriam inferre, quin potius ab altero illatam, quantum pervales, et ratio dictat, vindicare stude. Noli quolibet negotio Spiritum sanctum, qui in eis est, contristare ( *Ephes.* iv, 30 ), ne non tibi expediat. Vide, recole, si legisti; vel si non, lege in libro Genesis, quid Dominus pro eis sub persona Abrahæ et Saræ ( *Gen.* xx, 3), et rursus Isaac et Rebeccæ ( *Gen.* xxvi, 11), itemque Jacob Laban fugientis ( *Gen.* xxxi, 29), dederit comminationis; et assume in cautelam tuæ actionis arcam etiam Testamenti, quæ illos significat mystice, ab Allophylis captam, et in templo Dagon positam ( *I Reg.* v, 2). Aspice, et tibi provide, prospice, non dissimulans quid illis contigerit cogitare. Ipsam quoque arcam, quia bobus calcitrantibus inclinatam, Oza, qui interpretatur *robustus Domini*, erigere voluit, quid meruerit perpende ( *II Reg.* vi); 83 et si quod forte negligentis declinium [ *id est* declinationem] vitæ eis videris inesse, vide, ne per te eos emendando velis relevare ; ne, dum robustus videri ambis Domini, fias jugulum ferientis angeli ( *I Paral.* xxi). Prophetam etiam in Bethel transmissum, et propter inobedientiam a leone devoratum conspice ( *III Reg.* xiii, 24); et præter manum regis aridam ( *Ibid.*, 4), considera etiam in fera illa irrationabili quanta veneratione debeas, tu rationalis vivos excolere, quandoquidem illa nec asinum pro sua culpa mortui ausa est usurpare ( *Ibid.*, 24). Quinquagenarios etiam duos Eliam maledicentes aspice, et ignem iræ cœlestis verere ( *IV Reg.* i, 10, 12). Quadraginta quoque pueros in Bethel Eliseo illudentes perpende ( *IV Reg.* ii, 24), et a detractione et læsione prophetarum, quod utique ipsi sunt, linguam, vim et manus contine. Quod si forsitan ambisti, si præsumpsisti, si usurpasti, ut jam exempla proposita sufficiant, aut forte ab his ascitus [ *id est* provocatus], aut tua vi elatus, ut eis te prælatum, cum non esses, crederes; siquidem nec homo Deo præferri, nec terrestris cœlesti præponi, nec vermis angelo principari, nec rex regi, sed præstantiori, debet aut valet omnino dominari; sufficiat tibi ad hoc illorum peccato tuo malo te esse perductum. Attende, ne a pessimo auriga in pejus actus tentes aliquos illorum, etiamsi sint toto orbi infantes, tantum sint in fide catholica stabiles, aliquibus tradere suppliciis, more servorum, cum potius ipsi jure debeant fungi dominorum. Scias usum hunc fuisse, non quidem Catholicorum, sed illorum quorum pars longe sit a tua, tyrannorum. Quod si negligentia pravæ alicujus eorum consuetudinis exposcit ut debeant tundendo produci, ut tuba ductilis in Ecclesia sint Domini, cave tu malleus fieri, quia dum tuba producitur, malleus hebetatur. Nam etsi Dominus propitius vindicat in omnes affectiones eorum, et visitat in virga iniquitates eorum, et in verberibus peccata eorum ( *Ps.* lxxxviii, 33) noli tu virga fieri. Audi dictum esse : *Qui parcit virgæ, odit filium* ( *Prov.* xiii, 24). Time igitur, ne dum cuilibet eorum parcitur per te castigato, quia dilecto, tibi non parcatur disrupto quia despecto; et dum ille per emendationem, quia dilectus, proficit ad hæreditatem, quia despectus, tu deficias per impietatem ad perditionem. Scopis enim verruntur palatia, sed ipsæ focis attritæ adhibent fomenta. Aurum etiam igne purgatur, non consumitur; ligna vero, quibus ignis nutritur, in favillas rediguntur.

12. Sed flagellantur, ais, filii optime placentes ( *Hebr.* xii, 6); quid mirum si flagellantur servi

---

(150) Hic locus sic construendus: *Adhuc autem nec cogitando, nec ratiocinando, nec legendo valuimus invenire ulla, quæ possint superferri huic* (scilicet potestati) ; *cum nil residui videatur in suppositione ejus, nec videatur rite, vel Christiane institui per eam aliquid, quod ordinet cætera supposita.*

negligentes? At, inquam, licet sint negligentes, non sunt tamen de conditione illa servili, qui passim debeant a quovis flagellari. Audenter quidem tibi 84 quid sint et quasi insolenter enumerando, ne non scias et (131) offendas, pronuntio, sed tamen tanto liberius, quanto non ex me, sed ex divinis proferens auctoritatibus. Miraculum autem, si tanta et tam ineffabilia, et etiam ipsi, qui his fruitur, incomprehensibilia, ab homine possunt conferri! Quid Deus distat, vel quid opus [*f. ipsum*] ipse sit rogari, si tanta pulvis valet largiri? Quod cogitare, quid est aliud quam in cœlum velle conscendere? (*Isai.* xiv, 13), Quod dicere, quid nisi super astra cœli (*Ibid.*), quod utique episcopi, si tamen sunt quod dicuntur, exaltare est solium? Quid conari, nisi ascendere super altitudinem nubium (*Ibid.*, 14), quod propheta referente testis est Deus eos esse, dicens: *Mandabo nubibus meis, ne pluant super eos imbrem* (*Isai.* v, 6), et ideo se similem æstimare? Dii sunt, Domini sunt, Christi sunt, cœli sunt, angeli sunt, patriarchæ sunt, prophetæ sunt, apostoli sunt, evangelistæ sunt, martyres sunt, (152) uncti sunt, reges sunt, principes sunt, judices sunt, non tantum hominum, sed et angelorum; arietes gregis Domini sunt, pastores ovium, non quarumcunque, sed Christi sanguine lotarum, sunt; doctores sunt, præcones venturi judicis sunt, speculatores sunt, pupilla oculi Domini sunt, amici Dei viventis sunt, filii Dei sunt, patres sunt, luminaria mundi sunt, stellæ cœli sunt, columnæ Ecclesiæ sunt, medici animarum sunt, janitores paradisi sunt, claves cœli portant, reserare et claudere cœlum valent, nubes [*supple* sunt] quas Dominus ascensum suum posuit, bases, super quas tota jacet structura templi Dei. Qui ergo aliquem horum, ut omissis brevitatis studio cæteris, saltem de isto ratiocinemur, uno impisu movet aliquo, quid, rogo, de superposito agit ædificio? (*Psal.* cm, 5.)

13. Clamat pro eis Dominus, minatur pro eis Dominus, pugnat pro eis, etiamsi nescias, Dominus. Clamat, inquam, clamat, non dissimulat, non tacet, ne tu forsitan dicere possis: Non novi; clamat et dicit: *Nolite tangere christos meos* (*Psal.* civ, 15). Et hoc tibi, ut scias, ut caveas, ut resipiscas, imo ne agere tentes, ne præsumas, ne audeas, ne tangas, verum nec detrahas. Vociferatur enim, et hoc intotonat, et hoc clamat: *Diis,* inquiens, *ne detraxeris*

(*Exod.* xxii, 28). Ne ergo excuses te nescisse. Eos autem ipsos confortans et animans, et ne timeant roborans, *Nolite*, inquit, *timere, sed confidite, quia ego vici mundum* (*Joan.* xvi, 33). Ego, inquit, ego. Ego Deus vester, ego pater vester, ego frater vester, ego caput vestrum, ego ipse per naturam, quod vos per officium, ego particeps vestri, ego Christus, ego unctus, ego pastor, ego sacerdos, ego episcopus, ego pontifex summus, ego Rex regum, ego vici mundum. Quem 85 timetis, victus est; quem formidatis, sub pedibus vestris jacet. Et ut approbes, leva quilibet metuens [*id est* quicunque es metuens], et forte in carcere (133) sub vinculis gemens, leva manum, erige signum, tropæum exere, vexillum demonstra, labarum porrige. Videbis, ille fastus, illa altitudo, illa superbia, illa torosa cervix, illud filiarum Babylonis collum erectum, illa turris Sennaar, mœnia Jericho, muri Cariathsepher firmissimi quid agent, quid conabuntur, quomodo cedent, supplicabunt, nutabunt, corruent, confundentur, acclinique et humiles mente despectum, injuriatum, vilipensum, carceratum, ligatum, nudum, famelicum, sitibundum, miseriarumque omnium copia refertissimum adorabunt. Vos enim testes mei estis (*Luc.* xxiv, 48), et qui vos spernit, me spernit, et qui vos constristavit, me contristavit (*Luc.* x, 16), et qui facit injuriam, recipit quod inique egit (*Coloss.* iii, 25), et qui tangit vos, quasi qui tangit pupillam oculi mei (*Zach.* ii, 8).

Tit. VII.

14. Sed tacti sumus, elisi sumus, spreti sumus, impulsi sumus, versati sumus, cecidit, quæ super nos videbatur stare, structura; *possederunt nos, Domine, absque te* (*Isai.* xxvi, 13), *facti sumus opprobrium vicinis nostris, subsannatio et illusio his qui sunt in circuitu nostro* (*Psal.* lxxviii, 4), exemplum, spectaculum, fabula, et canticum eorum tota die (*Thren.* iii, 14). *Intelligite*, inquit, *insipientes in populo, et stulti aliquando sapite; qui plantavit aurem non audiet, et qui finxit oculum non considerat?* (*Psal.* xciii, 8.) Quid *autem miramini si mundus vos odit, qui et me priorem vobis odio habuit?* (*Joan.* xv, 18.) Nam (*Ibid.*, 19) *de mundo fuissetis, utique quod suum erat diligeretis*. Quid amicitiam inimici captatis, cum avellere vos nec ego velim a consortio capitis, nec ipse mundus dignos vel suis judicet amicitiis? Videte ne recusare videamini esse in corpore, si non vultis

---

(131) In Vulgatis corrupte *ostendas*. Construe vero et explica: *Audenter quidem, et quasi insolenter enumerando pronuntio tibi, quid (illi episcopi) sint, ne non scias, et offendas; sed tamen pronuntio tanto libentius, quanto proferens non ex me, sed ex auctoritatibus divinis. Miraculum autem, si tanta (quæ scilicet de episcopis mox proferet) et tam ineffabilia, et ineffabilia etiam illi ipsi qui fruitur his, possunt referri ab homine, ex. gr., a rege, a quo fieri dicebantur episcopi). Quid Deus distat ab homine, vel quid opus sit ipsum Deum rogari ut in electione, vel consecratione episcopi rogatur, si pulvis valet largiri tanta? Quod cogitare* (male in vulg. *quid. cogitare, et mox quid dicere*), *quid est aliud quam velle conscendere in cœlum? Quod dicere quid est, nisi exaltare solium super astra cœli; quod utique sunt episcopi, si tamen sunt quod dicuntur? quid est, nisi conari ascendere super altitudinem nubium; quod eos esse, referente propheta, testis est Deus dicens: Mandavi*, etc., *et ideo æstimare se similem? Dii sunt, Domini sunt*, etc., Hæc autem omnia sunt illa *tanta*, quæ de episcoporum prærogativis ex divinis auctoritatibus se prolaturam affirmavit.

(132) Mendose in editis *vincti*.

(133) Hæc Ratherium ab Hugone rege in carcere Papiensi detentum respiciunt.

o.lium mundi sustinere cum capite. Quid enim vobis faciunt, quod non mihi et majoribus meis jam non fecerunt membris? *Si me persecuti sunt, et vos persequentur* (*Joan.* xv, 20). Sicut (134) ego vobiscum usque ad consummationem sæculi sum (*Matth.* xxviii, 20), ita nec deerunt, qui me in vobis odio habeant, persequantur, sermonemque vestrum, non quia vester, sed quia meus est, contemnant: nam si vester, id est, sæcularis, carnalis, vitiisque favens esset, utique amaretur. Quid ante messem colligere zizania vultis (*Matth.* xiii, 20), non caventes ne simul et triticum cum ipsis eradicetis, cum etiam in tali facto periisse sæpe pium pro impio videritis? *Mihi potius, mihi vindicta, ego retribuam,* dicit Dominus (*Hebr.* x, 30).

### Tit. VIII.

15. Verum si calumniaris ea, quæ de sanctis scripta sunt, ad nos, qui longe infra pedes eorum jacemus, me non debere convertere; ad hoc respondeo, quoniam in hoc sæculo sicut sumus eis consortes ministerio ordinis, ita et consortes et dignitate nominis et privilegio honoris. Quod si nostram ad illorum studuerimus vitam componere, erimus participes et gloriæ sempiternæ. Quod si aliter, quod absit; illic separabimur, qui hic communis honoris et ministerii officio fungi videmur. Nam si aliter esset; quid illa, quam regendam suscepimus, Christianitas valeret? Et si eodem, quo illorum, noster non sanctificaretur spiritu pontificatus (135); quid prodesset, quod nostro ministerio sacrato chrismate baptizatur populus? Quid denique missæ celebratio, benedictio, et diversarum rerum consecratio, vel ullius divini cultus exhibitio? Aut itaque Christianitatem defecisse pronuntia, et illud verum esse denega, quod ait falsi nescia Veritas ipsa: *Ecce ego vobiscum sum omnibus diebus usque ad consummationem sæculi* (*Matth.* xxviii, 20); et illud, quod Patrem orans, ait: *Non pro his rogo tantum, sed et pro eis, qui credituri sunt per verbum eorum in me* (*Job* xi, 45), non impetrasse confirma. Illud etiam consequenter erit absurdum, quod nasciturum eum pronuntians angelus, ait: *Quia regnabit in domo Jacob in æternum* (*Luc.* i, 33). Quod si hoc astruere nequis; velis nolis, ejusdem honoris, ejusdem dignitatis nostrum sacerdotium esse sines, quo et illorum; quia non est aliud sive ante legem, sive sub lege, sive sub gratia, sed idem ipsum, prius quidem figuris et ænigmatibus præsagatum [*id est præsagitum*], post ipsa veritate exhibitum, eadem quoque vocabulorum genera, et idem significantia. Nam quandiu populus grex, tandiu episcopus pastor; quandiu verbum Dei annuntiabitur, tandiu annuntiator angelus dicetur et erit; quandiu chrisma conficietur, tandiu confector Christus vocabitur; quandiu prophetia recitabitur, tandiu recitator propheta dicetur, nisi forte falsum velis putare illud Proverbii: *Quia cum prophetia defecerit, dissipabitur populus* (*Prov.* xxix, 18); etc: *Qui recipit prophetam in nomine prophetæ, mercedem prophetæ accipiet* (*Matth.* x, 41), de præterito, non de futuro vel præsenti velis accipere. Quandiu quoque ista durabunt insignia, tandiu contemptoribus, injuriatoribus, et persecutoribus eorum eadem, quæ antiquis, erunt crimina, nec in ullo dissimilis pœna; nisi quod durius feritur protervia quam ignorantia, contemptus quam excessus, dicente Domino: *Si non venissem, et locutus fuissem eis, peccatum non haberent* (*Joan.* xv, 22); et: *Fiunt novissima hominis illius pejora prioribus* (*Matth.* xii, 45). Itemque: *Ecce sanus factus es; vade et amplius noli peccare, ne deterius tibi aliquid contingat* (*Joan.* v, 14); et: *Tolerabilius erit terræ Sodomorum et Gomorrhæorum in die judicii, quam illi civitati* (*Matth.* x, 15), quæ audivit quidem verbum Dei, sed credere contempsit; et : *Væ tibi Corozain, væ tibi Bethsaida,* concludensque, *Tyro et Sidoni remissius erit in die judicii quam tibi* (*Matth.* xi, 21), et Apostolus : *Melius,* inquit, *erat eis non cognoscere viam veritatis, quam post cognitionem retrorsum converti* (*II Petr.* ii, 21). Per Moysen quoque ipse Dominus : *Anima,* ait, *quæ per ignorantiam peccaverit coram Domino, deprecabitur pro ea sacerdos, quod inscia peccaverit, impetrabitque ei veniam, et dimittetur ei. Anima vero, quæ per superbiam aliquid commiserit, peribit de populo suo, quia rebellis fuit adversus Dominum; idcirco delebitur et portabit iniquitatem suam* (*Num.* xv, 28). Infinita quoque astruunt testimonia severius judicari in eos, qui scienter, quam qui nescienter delinquunt; unde et illud in psalmo : *Descendant in infernum viventes* (*Psal.* liv, 6): viventes enim scientes quæ agenda sunt deputantur; mortui qui nullo scientiæ usu fruuntur.

16. Quanta autem reverentia etiam negligentibus debeatur sacerdotibus, etiam Moyses demonstrat, qui dum Aaron vitulum filiis Israel, quem adorarent, fabricasset, viginti tribus millibus interfectis populi, ipsum, qui auctor fuerat sceleris, levissima solummodo increpatione redarguit dicens : *Quid tibi fecit hic populus, ut induceres super eum peccatum maximum?* (*Exod.* xxxii, 21.) Adverte igitur quantæ temeritatis sit, pro quavis culpa quemlibet laicum saltem reprehendere quempiam sacerdotem; si propheta talis ac tantus in tali etiam infando facinore, cæteris trucidatis, principem sceleris nequaquam præsumpsit saltem vel durius increpare, Deo soli id cogitans congruere pro officii dignitate; nec enim quilibet in episcopo episcopum, sed ipsum summum et sine macula pontificem in eo persequitur Christum; nec injuriatur culpabilis episcopus, sed ipse in eo per benedictionis gratiam inhabitans Spiritus sanctus. Cum tangitur sacerdotis persona, tangitur ipsa Domini pupilla; quia per eum providetur divino prospectu Ecclesia. Verere ergo quicunque eorum insectator, quandoquidem et hoc in ctificaretur eodem spiritu, quo (sanctificatus fuit pontificatus) illorum; quid prodesset, etc.

---

(134) Perperam in vulgatis *si cum.*
(135) Construe : *Et si pontificatus noster non san-*

Spiritum sanctum est peccare, ne forte non inveniatur qui tibi illud valeat dimittere; præter enim principalem, in qua hoc continetur, sententiam, dicitur alibi : *Si peccaverit vir in virum, placari ei potest Deus; si autem in Deum peccaverit, quis orabit pro eo?* (*1 Reg.* II, 25.) in quo non omne peccatum, sed speciale quoddam moneris intelligere, et congrue. Nam et David in eadem historia legitur graviter in sibi fidissimum militem excessisse, et veniam meruisse (*1 Reg.* XI, 12); filii vero Heli detrahentes sacrificium Domini, gladio vindice referuntur, exstincti (*1 Reg.* II, 4). Considera vel hic, rogo, quam grave Dei ferat justitia, si (136) pontifice sustracto [*f. subtracto*], istud verum ei detrahatur sacrificium, et hoc per tempus diutinum; si tam graviter feriendo monstravit, quid sibi illud videbatur umbraticum (137) nisi forte tu multum differre adhuc nescis inter umbram et veritatem, carnem pecoris et carnem Redemptoris, cinerem vitulæ et consecrationem eucharistiæ?

### Tit. IX.

17. Spiritum autem sanctum etiam peccatori sæpe adesse episcopo, etiam Caiphæ monstratur exemplo (*Joan.* XI, 49), qui teste Evangelio ideo tam veraciter potuit de Domino prophetare, quia pontifex videbatur anni illius esse; quod et quibusdam similibus rebus longe licet imparibus non esse incredibile valemus probare. Verbi gratia sol cum in cloacam intrat, ipse quidem cloacam æque ut pulcherrimum triclinium illuminat; cœnum autem quodlibet sit intra cloacam, nil obscuritatis, nil præterea inquinationis radio affert solis, sed tantumdem vel diminutionis vel augmenti affert luminis, quantum afferret, si illic paries jaceret auri purissimi. Tum vero si quid jaceris intra cloacam, nequaquam vales contingere cœnum, antequam solem ferias ipsum. Sic nimirum in honore, sic in injuria quorumlibet agitur episcoporum, etiam in aliquibus obnoxiorum ; ipsa enim gratiæ lux, ipsa benedictio, ipse Spiritus sanctus, ipse sol in eis habitans justitiæ Christus aut honoratur aut injuriatur; et antequam perveniatur ad crimen 88 quod ferire quivis nititur, ipse qui etiam criminosum illustrat feritur. Neque enim ille, cui nihil est impossibile, frustra dixit sal infatuatum nec in sterquilinio ponendum (*Luc.* XIV, 35); sed ut præter aliud etiam hoc agnoscas, episcopum, qui salis ideo accipit vocatus nomine, quod mentes fidelium verbi sapore cœlestis debet condire, ut cibus Dei valeant esse, a nullo penitus nisi ab ipso Omnipotente, si deliquerint, aliqua pœnitentia corrigi posse vel debere. Quis enim judicem judicare, angelum corrigere, nisi ille qui super angelos est, audeat, nedum ligare? In uno quoque eo-

---

(136) Se a sua Veronensi subtractum, et in carcere inclusum hoc loco significat, et per tempus diutinum a sancto missæ sacrificio celebrando impeditum.

(137) *Umbraticum* sacrificium vocat illud veteris Testamenti, a quo cum filii Heli retraxisset populum, tam graviter puniti fuerunt. Eucharisticum

demque homine et bonus sanguis, et mala est persæpe valetudo; et dum ignarus medendi bonam conatur valetudinem reddere, sanguinem bonum solet turbare. Accipe quasi sanguinem bonum benedictionis spiritum, malam valetudinem negligentem, aut forte, ut tu dicere amas, criminosam episcopi actionem. Vide, ne dum tibi non competit, siquidem non fungeris medici ministerio, dum insequi niteris ægritudinem criminis, Spiritum sanctum potius lædere videaris. Puteus etiam limpidissimam tam potui quam lavacro exhibet aquam, et plerumque aliquid inepti prope jacet ipsum meatum, quod tamen nec interdicat potum, nec inquinet lavacrum; immisso autem uncino, dum illud conamur abstrahere, statum aquæ cogitur turbare. Nec minus autem hæc tertia similitudo te valet commonefacere, siquidem et per puteum sacerdotem in cujusdam sermone, et Spiritum sanctum aquæ nomine in Evangelio habes aptissime (*Joan.* VII, 38).

### Tit. X.

18. Quod vero a nemine nisi ab ipso Deo possint judicari aut reprehendi, testatur Apostolus quibusdam detractoribus obvians : *Hic jam*, inquit, *quæritur inter dispensatores, ut fidelis quis inveniatur* (*1 Cor.* IV, 2); nostrique assumens personam, dum defendit suam : *Qui autem*, ait, *judicat me, Dominus* (*Ibid.*, 4). Ipse quoque Dominus de Pharisæis : *Quæ dicunt*, inquit, *facite, quæ autem faciunt, facere nolite* (*Matth.* XXIII, 3). Non dixit, vos eos castigate, ut nuper (138) a quodam actum scitur satis absurde, et ideo indignum referre. Ut autem exinde quoque aliquid, licet per modicum, dicens, me nec dissimulare pavore, nec assentiri favore, excusem : utinam illi [*id est* Regi Deus *de quo loquitur*] e cœlis ut Saulo clamasset, aut certe ipse Deum, ut in veridica habetur Scriptura, jam clamasse didicisset: *Tulerunt sibi homines judicium meum* (*Act.* IX, 4); utique tam temerarie suum contra eum non erexisset tribunal vel solium. Sed ut modicum alludam ad factum, cui potius generale omnium competit lamentum, dico illum maximum sacerdotibus vel medicis animarum in hoc contulisse, si sequi velint, exemplum, ut videlicet noverint, quanta censura debeant ipsi ligandos ligando refrenare, si ligandi ligantes tanta cura student ligando coercere. Qua diligentia pastores erroneos ab erroribus oves debeant revocare, si tanta vigilantia ipsæ oves erraticæ pastores student ab excessibus etiam flagellis, 89 vel, ut proprius dicam, morsibus, ordine non tantum sævo, quantum præpostero deducere.

19. At tu forte contra. Ab antecessoribus, inquis, meis audivi, multos eorum exsiliis destinatos. Ego illico; nunquid non et carceri mancipatos? Nempe

---

autem sacrificium umbratico illi opponit, et *verum* appellat, in quo immolatur ipsa *caro Redemptoris*; a quo celebrando Ratherius carceri inclusus impediebatur.

(138) *Nuper* scilicet jussu Hugonis regis Ratherius captus, et in carcerem Papiensem deductus fuerat.

si illos velis habere antecessores, qui hoc aut referuntur aut leguntur fecisse, invenies etiam ab eis multos exmembratos, exoculatos, excoriatos, flammis traditos, cruci appensos, decollatos. Sed interroga qui fuerint illi antecessores, et vide si tibi prosit eorum fieri successorem. Certe audivi ipsum Dominum, ipsum pontificem summum, ipsum consortem, ipsum caput omnium, nullo excepto, quantum quidem ad officium spectat episcoporum, ipsum audivi dicentem in Evangelio Deum : *Ecce ego mitto ad vos prophetas et sapientes et scribas, et ex eis occidetis, et crucifigetis, et ex illis flagellabitis in synagogis vestris, et persequemini de civitate in civitatem, ut veniat super vos omnis sanguis justus qui effusus est super terram, a sanguine Abel justi usque ad sanguinem Zachariæ, filii Barachiæ, quem occidistis inter templum et altare; amen dico vobis, venient hæc omnia super generationem istam* (Matth. XXIII, 34); itemque: *Implete mensuram patrum vestrorum* (Ibid., 32); et iterum : *Secundum hæc faciebant prophetis patres eorum* (Luc. VI, 26); et : *Colligite primum zizania, et fasciculos alligate* (Matth. XIII, 30), hoc est, pares paribus sociate. Habes his exemplis generationem unam, da et alteram : *Generatio rectorum benedicetur* (Psal. CXI, 2). Da, si vales, et tertiam. Nequeo, inquis. Si ergo nequis, in qua ex his duabus eos invenias, qui hoc, quod supra dixisti, leguntur fecisse; et metire ex illorum actu tuum, et ex remuneratione tuam, et elige quod volueris, aut cum illa generatione pessima non solum pro his quæ tu agis, sed et pro his quæ illi ab Abel usque ad novissimum memorem Domini et benedictionis filium, hoc enim illa duo (139) significant vocabula, fecerunt, pœnas exsolve; aut a persecutione quorumlibet ecclesiasticorum, licet minimi ordinis, linguam, vim et manus contine, qu'a ipsi prophetæ, ipsi sapientes dicuntur et scribæ, ut cum generatione rectorum benedicere, et cum ea valeas sine fine regnare. Nam si vilipendis criminosum episcopum, aut etiam presbyterum suppliciis afficere; ne rogo parvipendas tantos, quos evangelica tibi modo monstravit lectio, usque in finem sæculi interfectos ab initio. Si unum non vereris injuriare, considera si vales pro omnibus tormenta perferre. Et revera si ex meo hoc tibi conarer astruere, dicere poteras me mei causa finxisse. Nunc vero cum verbo Veritatis nil temere minantis, nil refragabiliter promittentis illud dictum audis, quod rogo effugium invenis?

TIT. XI.

20. Considera et orationem sub altare Dei propter testamentum Domini occisorum continuam, et nec minus altare ipsum, dum et idem esse qui et pontifex et hostia est, intellexeris. Formidans animadverte, rogo, quorum postulent vindictam : *Usquequo, inquiunt, Domine, sanctus et justus* 90 *non judicas et*

(139) *Illa duo scilicet vocabula Zachariæ et Barachiæ, quæ in præmisso Matthæi testimonio continentur, usque ad sanguinem Zachariæ filii Barachiæ. Zacharias enim Latine* memoria Domini *redditur, Barachias* benedicens Dominum*; et idcirco hujus-*

*vindicas sanguinem nostrum de his qui habitant in terra?* (Apoc. VI, 10.) O quam terribile tonitruum, monstrans eum qui ad hoc non expergiscitur, non dormientem fore, sed penitus mortuum. Non dicunt de his qui nos occiderunt; jam enim eos in inferno indefective cruciari sciunt : quod utique etsi dicerent, nequaquam divinam illam superius prolatam in aliquo levigarent sententiam; sed de his, inquiunt, qui sunt in terra, qui adhuc alios, etsi non tales ut nos, tamen de corpore nostro, de membris nostris, licet adhuc, ut fuimus et nos, infirmis, de consortio nostro, de ministerio nostro, de gradu et officio nostro persequuntur, in carceres trudunt, fame cruciant, gelu tormentant, exsiliis deputant, propriis sedibus pulsant, diversisque afflictionum generibus injuriantur. Hoc etiam et universalis per orbem quotidie clamat Ecclesia; hoc [subaudi clamat] istic, ubi per speculum et in ænigmate (I Cor. XIII, 12) capitis sui contemplans speciem, malis mista zizaniis, graviora persæpe a propriis, quam patitur ab extraneis; hoc et illic, ubi facie ad faciem in quibusdam membris suis magna jam ex parte exaltata, ipsum caput, ipsum cernit auctorem, tanto clamat attentius, quanto liberius : *Intret*, inquiens, *in conspectu tuo gemitus compeditorum, redde vicinis nostris septuplum in sinu eorum* (Psal. LXXVIII, 11). Tunc ergo quilibet hæc audiens vicine, id est ejusdem domus, ejusdem familiæ, fidei et redemptionis, catholice, christianissime, time, rex bone; et dum gaudes, cum audis quotidie Ecclesiam dicere : *Domine, salvum fac regem*, metue quod sequitur : *Et exaudi nos in die qua invocaverimus te* (Psal. XIX, 10). Re enim satis perspicua quid tibi putas prodesse, dum oratur pro te? dum ipsi etiam orantes non sinuntur quiete vivere pro te? Nam dicente Apostolo et præcipiente : *Orate pro regibus, ducibus et omnibus qui in sublimitate sunt constituti* (I Tim. II, 2); vide quid sequitur, *Ut quietam*, inquit, *et tranquillam vitam agamus*. Vide igitur ne dum hoc quod modo audisti canitur, Deus contra te invocetur; dum scilicet compediti clamant, pro se clamant, et eorum consortes unanimi sicut charitate, ita et voce.

21. Sed non exaudiuntur, inquis, male precantes, cum Deo præcipiente pro persequentibus debeant orare (Matth. V, 44). Optime. Quid quod oratio in sinum orantis persæpe revertitur? Unde ne tibi pueriliter lenocineris, audi dicentem Dominum : *Deus autem non faciet vindictam electorum suorum clamantium ad se die ac nocte, et patientiam habebit in illis. Amen dico vobis, cito faciet vindictam illorum* (Luc. XVIII, 7). Et Job : *Anima*, ait, *vulneratorum clamabit, et Deus inultum abire non patitur* (Job XXIV, 12). Alius autem : *Ne relinquas*, inquit, *post te maledicere; maledicentis enim tibi in afflictione animæ suæ exaudietur oratio ejus; exaudiet autem illum*

modi interpretatione utens hic ait : *Usque ad novissimum memorem Domini, et filium benedictionis. Novissimum* inquit, *ut omnes significet, qui usque ad finem mundi futuri sunt.*

Deus qui fecit eum (Eccli. IV, 5); et : Qui avertit aurem suam a clamore pauperis, et ipse clamabit et non exaudietur (Prov. XXI, 13); et : Videns vidi afflictionem populi mei, et gemitum eorum audivi (Exod. III, 7); et : Sanguis Abel clamat ad me de terra (Gen. IV, 10); et : Desiderium pauperum exaudivit **91** Dominus, et clamaverunt justi, et Dominus exaudivit eos (Psal. X, 16); et : Juxta est Dominus his qui tribulato sunt corde, et humiles spiritu salvabit (Psal. XXXIII, 19). Qui autem scis, utrum te converso, ipsis videlicet pro te intercedentibus, an perdito salventur, dum oratio pia non ad te, sed in sinum revertitur eorum a quibus est fusa? In quo non plus afflicti, quam totius Ecclesiæ, inter quos etiam tu contra te clamas pro afflicto, clamantium voces te convenit formidare dicentium (140) : Adjuva nos, Deus salutaris noster (Psal. LXXVIII, 9); et : Deus, in adjutorium meum intende (Psal. LXIX, 2) ; et : Domine, libera animam meam a labiis iniquitatis et a lingua dolosa (Psal. CXIX, 2); et : Confundantur omnes qui ostendunt servis tuis mala (Dan. III, 44); et : Libera nos, Deus, in mirabilibus tuis, et da gloriam nomini tuo (Ibid., XLIII, 4). Hæc enim et his similia infinitissima liberati dum clamant, sine dubio pro liberandis clamant; et re non minus experta quam vera. Nonne audis quotidie istud, et hoc usitari in sæculo, regem pro rege, licet sint inimicissimi, dum unusquisque videlicet prospicit sibi, sæpissime loqui, episcopum pro episcopo, clericum pro clerico, monachum pro monacho, laicum pro laico, judicem pro judice, pincernam pro pincerna, et, ut ad vilissima quanquam necessaria veniam, pistorem pro pistore, coquum pro coquo? Si ergo nos invicem pro participio juvamus ordinis, in quibus est maxima imperfectio charitatis; quid illos putas pro suis consortibus agere, qui illam, qua major nulla est (I Cor. XIII, 13), charitatis arcem non solum conscendere, sed etiam, si fieri posset, transcendere nitentes (141), dum ponerent animas pro amicis, etiam pro ipsis orabant inimicis? An non putandum nos, licet negligentius multo quam expedit, debitum eis honorem deferentes, et quotidie in auxilium defensionemque invocantes deserere, qui ipsos inimicos timebant negligere (142)? At forte ais, volunt quidem, sed peccatis nostris merentibus, nequeunt. Quæ, rogo, illa beatitudo, quam aliqua inefficax excruciat cupido? quæ felicitas, quam quævis impossibilitatis addicit egestas! quod cogitare quid puerilius? quod dicere quid potest inveniri perversius? At nobis hæc haud interruptim loquentibus,

A tu forte volvis interius (143), quid inter hæc agendum, si contra meum aliquis illorum consurgat imperium? Quo pacto id possit contingere, nequeo cogitare. Tuum enim quomodo ambiat honorem qui obtinet superiorem? Nam qui major etiam tuo censetur judicio, qui instituitur, an per quem quis instituitur? Cum vero præcepisse Dominum legeris Samueli dicendo : Sume cornu olei, et vade, unge illum (I Reg. XVI, 1), vel illum in regem; Nathan quoque et Sadoch unxisse legeris Salomonem **92** (III Reg. I, 45); quære utrum alicubi inveneris quemlibet regum unxisse, licet legatur instituisse sacerdotum vel prophetarum aliquem ; et videbis quis eorum post Deum locum obtineat superiorem.

TIT. XII.

22. Omnes autem Ecclesiæ filii, inter quos tu etiam numeraris, si tamen non dedignaris, si patrem ut Absalon, arbore vindice multandus, mucrone non persequeris (II Reg. XVIII, 9); si vipereo matris viscera ore non rodis, attamen facias, facias tamen, inter eos numeraris, sed vide ne hæreditate et cohæreditate illorum a temet frauderis, omnes, inquam, Ecclesiæ filii aut de sorte sunt Domini et appellantur clerici et monachi; aut sunt Ecclesiæ famuli, episcopi vero confamuli; aut laboratores (144), servi et liberi, aut milites regni. Domini vero est terra (Psal. III, 1), et tuæ defensioni commissa; redditus vero ejus aut sancta sanctorum sunt Domini, et ad jus pertinent sacerdotum, nec a quolibet auferri possunt, nisi qui publicum committere non formidat sacrilegium ; aut tui imperialis [leg. sunt] si juris, et puto, nec vero judico quod nullus auferre absque præjudicio valeat capitis; aut [subaudi sit] incolarum pagi ; quod [subaudi jus] qui conatur invadere, legali coercetur sanctione. Sacerdotium vero a Deo solo conferri sicut et regnum, imo præstantius multo quam regnum, cum millia approbent testimoniorum : tamen ista, quæ nunc pulsant animum, suum hic expetunt locum. Dictum est Moysi : Ecce constitui te Deum Pharaonis (Exod. VII, 1). Et utique id non rex terrenus, non quælibet potestas terrena, sed de rubo protestans vox ipsa dixit Dominica, quæ dat imperium regi suo, atque sublimat cornu Christi (I Reg. II, 10), et utique sui; quæ in Psalmo : Ego, inquit, dixi, dii estis (Psal. LXXXI, 6). Ego, inquit; ego, non quilibet homo, ego dixi, ego statui, qui et vos homines creavi; ego dixi, non cuilibet ut diceret, ut valeret aut auderet, concessi ; a me homines creati, a me dii estis vocati, quod utique fa-

---

(140) Construe : In quo convenit te non plus formidare voces afflicti, quam totius Ecclesiæ, scilicet omnium fidelium, clamantium, inter quos etiam tu clamas, contra te pro afflicto, et dicentium : Adjuva nos, Deus, etc.

(141) Construe : Qui nitentes non solum conscendere, sed etiam...... transcendere illam arcem charitatis, qua nulla major est, dum ponerent, etc.

(142) Construe : An non putandum (illos), qui timebant negligere ipsos inimicos, deserere nos deferentes eis honorem debitum, licet multo negligentius quam expedit, et quotidie invocantes in auxilium et defensionem?

(143) Hugonis regis quæstio hic proponitur : quid nimirum agendum, si quis contra ipsius regnum consurgat. Ratherium vero contra insurrexisse querebatur, cum Arnoldum Bajoariæ ducem Veronæ recepit.

(144) Laboratores, quorum alii erant servi, alii liberi, intelliguntur plebeii ; milites autem regni sunt viri nobiles. Hinc plebeii a militibus distinguuntur libro sequenti, num. 15. Milites vero regni dicti viri nobiles, quia fere omnes feudatarii pro regno militare debebant.

cere nisi Deus, quod concedere nisi omnium poterat Dominus, ipsaque, non altera, ipsa vis, ipsa potestas, ipse nutus, ipsa majestas: *Speculatorem*, inquit, *dedi te domui Israel*: aliique [*f*. alibique] : *Ad omnia quæ mittam te ibis* (*Ezech*. III, 17); et : *Ecce constitui te hodie super gentes et super regna, ut evellas, et destruas, et disperdas, et dissipes, et ædifices, et plantes* (*Jerem*. VII, 10). Pulchre vero nec dissonum a novo : *Quæcunque*, enim dicit, *ligaveritis super terram, erunt ligata et in cœlo; et quæcunque solveritis super terram, erunt soluta et in cœlo* (*Matth*. XVIII, 18) : quod et ex his unus : *Aliis*, inquiens, *sumus odor mortis in mortem, aliis odor vitæ in vitam* (*II Cor*. II, 16). Ipsa etiam Sapientia : *Per me*, ait, *reges regnant, et conditores legum justa decernunt* (*Prov*. VIII, 15); quos conditores **93** intelligit legum, nisi reseratores Scripturarum? qui tunc videntur Dei leges condere, cum student enodare; quasi nullæ enim sunt nescienti, sicut et *coinquinatis nil mundum* (*Tit*. I, 15). Quod si tibi ista forsitan displicet, alia editio enucleatius profert : *Per me*, inquiens, *reges regnant, et potentes scribunt justitiam*; cui concinit jam carne velata, sed ipsa eademque Sapientia : *Ideo*, inquiens, *omnis scriba doctus in regno cœlorum similis est homini patrifamilias, qui profert de thesauro suo nova et vetera* (*Matth*. XIII, 52). Quæ et alio, sed tamen et Evangelii loco, uni, et in eo ejusdem ordinis omnibus, ipsi tamen specialius : *Tibi*, inquit, *dabo claves regni cœlorum* (*Matth*. XVI, 19); itemque si dici fas sit tanto majori auctoritate, quanto jam devicta mortalitate, triumphata morte, induta immortalitate, imminente ascensione, peracta resurrectione : *Pasce*, inquit, *oves meas* (*Joan*. XXI, 17); meas, inquit, meas; meas creatione, meas redemptione, meas jure, meas non tuas, meas non Tiberii, meas non Claudii, meas non Constantini, meas non Theodosii, meas non Mauritii, meas non Caroli. Omnibusque generaliter : *Accipite*, inquit, *Spiritum sanctum; quorum remiseritis vel retinueritis peccata, remissa vel retenta sunt* (*Joan*. XX, 15); et : *Euntes in mundum universum, prædicate Evangelium omni creaturæ* (*Marc*., XVI, 15). Quod reminiscens ille [*scilicet* S. Petrus], cui primo et in quo cuncto est præceptum prædicatorum catalogo : *Præcipit nobis Dominus prædicare populo* (*Act*. X, 42); statutusque [*id est* constitutus] coram principibus et magistratibus : *Obedire*, inquit, *oportet Deo magis quam hominibus* (*Act*. V, 29). Ejusque in passione collega Paulus in Epistola : *Pro Christo legatione fungimur* (*II Cor*. V, 20); et alibi : *Quo modo*, inquit, *prædicabunt, nisi mittantur?* (*Rom*. X, 15.) A quo mittuntur, quæso, nisi ab eo qui dixerat : *Ego misi vos metere quod vos non seminastis?* (*Joan*. IV, 38.)

23. Habes breviter, sed sufficienter sacerdotii jura ab ipso Deo per Spiritum sanctum collata. Cesset ergo quis dicere humanum, quod specialissime est Dei donum ; desinat hac auctoritate victus quilibet, etsi nesciens, Deum tamen blasphemans, dicit Deo ; *Ego illum et illum feci* (*Isai*. XIV, 13), ne, dum Deo se coæquare vult in aliquo, dejiciatur cum eo, qui solium contra eum voluit erigere in cœlo. Creatricem enim creatam nullam esse substantiam ita cunctis tenemus certissime, ut si quis aliquid retur procul dubius, nil invenire **94** eo queat insanius. Quod si episcopus specialiter ab homine est factus, cum generaliter a Deo totus creatus sit mundus, ridiculum. Quod si non adorari, venerari tamen adhuc videantur simulacra, dictum est enim in Psalmo : *Simulacra gentium opera manuum hominum*, (*Psal*. CXIII, 4) ; multo autem perversius adhuc, Deus, inquit, *ossa et carnem illi dedit; nam cætera ego contuli*. Habes hic inæstimabiliter homini suppositum Deum. Quantum enim ea charismatum insignia differant, quibus homo vocatur angelus, imo Deus, ab ea conditione, qua vocatur pulvis et cinis, credo quod nullus ignoret rationalis. Vide ergo, quantum ille [*id est* rex], si tamen eo sensu, imo vesania duo sunt, præfertur, qui ex pulvere angelum, ex cinere potuit Deum facere (quod se dicit iste fecisse, illi, qui tantum pulverem et cinerem potuit creare, quod tantummodo videtur Deo concedere (145); quod ipso auditu intolerabiliter obscenum et penitus detestabile, licet nunquam nisi hac nostra, proh nefas ! dictum vel auditum fuerit ætate ; tamen æstimo cuidam a propheta dictum esse : *O pastor et idolum derelinquens gregem !* (*Zach*. XI, 17.) Pastorem eum scilicet usuali pro officio vocans dicendi genere, *idolum* vero quod hoc sibi donum [*id est* episcopatum] ab homine æstimet collatum ; et ideo *derelinquit gregem* in necessitate, quia nescit quod, vel a quo percepturus sit præmium pro defensione, judicio victus conscientiæ; præsertim cum et hac conjectura credere possit putari aliquid posse sine Deo fieri. Eheu autem intolerabilis animæ miseria, sui penitus Creatoris carere notitia !

24. Nec desunt interea, ut ad incœptum redeam, etiam in episcopio corrosores, qui exemplo eorum, qui anno (146) a præterito altero Thyc-

---

(145) Si nimirum duo diversa sunt *pulvis et cinis*. Construendus autem hic textus sic : *Vide quantum ille* (id est rex) *qui ex pulvere*, scilicet homine, *potuit facere angelum*, id est episcopum, *et ex cinere potuit facere Deum*, quod iste dicit *se fecisse*, *quantum*, inquam, *is præfertur illi*, id est Deo ipsi, *qui tantum pulverem et cinerem potuit creare, quod tantummodo videtur concedere Deo*. Sibi nimirum rex tribuit posse facere episcopos, et Deo tantummodo videtur concedere, quod pulverem et cinerem, seu hominem, *creare potuerit; quod ipso auditu intolerabiliter obscenum est*, etc.

(146) Hæc Ratherius altero circiter anno post suam captivitatem scripsisse videtur, id est an. 956. Hinc *annus a præterito alter* indicat annum 955, cui quidem sequentia congruunt. Designant enim eam multorum Veronensium conspirationem adversus Hugonem Italiæ regem, in qua multi etiam ecclesiastici erant implicati; quæ cum ineunte anno 955 male cessisset, aliis atque aliis occisis, alii, qui se

steas (147) cœnas adversus quemdam commentati sunt episcopum, concinnent nunc et adversus istum quoque quædam obloquia. Et hoc non exteri, sed agunt privati (148) qui debuerant testes boni ejus esse propositi. Faciunt hoc, inquam, non inimici, sed amici dolosi; unanimes quondam homines, et aliquando dulces et noti, qui simul cum eo dulces capiebant cibos in domo Dei (*Psal*. LIV, 15), quasi cum consensu coambulantes, et eum ad cœlos usque tollentes (149), et beatum, justum sanctumque deceptoriis non minus quam adulatoriis **95** favoribus pronuntiantes: parcat quibus Deus, avertens ab eis, ne veniat mors super eos, et descendant in infernum viventes (*Psal*. LIV, 16), id est, scienter infernalia acta patrantes, nec repentinæ mortis occasum caventes. Faciunt hoc traditorum (150) reliquiæ, nulla cœlesti jam facta pro hujusmodi, quantum scilicet quibusdam videtur, perterriti redhibitione vindictæ. Quorum uni ab exsilio scripsit hujusmodi.

25. « Heu me, fili mi (151), quid agam? quem primum plangam? me mortuum, an te mortuo insultantem? quasi et tibi eadem non sit conditio moriendi, imo quod est multo miserius, fetores mortui naribus trahentem, ore aspirantem, pulmo-

nibusque longe pejus moriturum mittentem, et quod est gravius, aliis hoc, ut simul possint conmori, propinantem (152)? An nescis, fili, quondam supra tibi contiguum mare Commacla [Commaela Ital. *Commacchio*] dici castrum, in quo fertur mortuus occidere vivum? Quantum vero præter innumerabilia, et non solum tibi, sed etiam mihi et omnibus præter soli Deo cognita non..... minusque lugenda, in ipsis etiam, quæ a te (et utinam falso) proferuntur, me jure lugendum censeam; tibi fili, charitative, ut sæpe, confabulando referrem, si locum colloquendi haberem (153). At cum omnimodis desit, breviter hinc aliquid pro tempore fabor. Primum me lugeo, quod talis inveniri quiverim, qui a te talis dici possim. Secundo, quod te ad hoc meo, ut in alios modo, instruxerim exemplo; siquidem te præsente multis (heu doloris mei oblitus!) et etiam melioribus sæpe derogavi et ego. Tertio auditorum **96** terror vere, qui tam tuo quam meo periclitantur fetore (154). Sed desine me, fili, hac in parte non minus quam accusare, imitari, qua noxius cum mihi, si ita est ut asseris, magnopere fuerim, maxime fui tibi. Habes sanum super hoc quod sequaris consilium, quandoquidem non defutura hujusmodi cadaverum (155) male olida præsciens

subduxerant, Ratherio in Papiensem carcerem retruso totius mali causam appingentes, nunc quoque, dum hæc scribebat, id est anno 956, contra ipsum obloquebantur.

(147) Nota est Thyesteæ cœnæ fabula, qua Thyesti Atræus frater suos ipsius filios interfectos epulandos apposuit. Aliquot autem Ratherii spirituales filios, seu ecclesiasticos in memorata conspiratione necatos hæc allegoria videtur innuere. In libro quidem *Confessionis*, n. 2, *homicidia, exoculationes et exmembrationes* ea occasione perpetrata deflet.

(148) Hoc loco *privati* nomen intimum et familiarem significat, quo sensu alia exempla apud Cangium invenies. Testes autem boni propositi ipsius Ratherii esse debebant intimi et familiares ejus. Hi enim ipsius consilium in assentiendo cuidam epistolæ ab Ursone scriptæ, quæ totius calamitatis origo fuit, bonum fuisse noverant. Postquam vero captus et abductus fuit in carcerem, eidem adversarii fuere, et multa in eum spargebant.

(149) Hi procul dubio sunt ecclesiastici, qui initio episcopatus Ratherii, *eum ad cœlos usque tollebant*, etc.

(150) Traditores vocat, qui quondam amici, sibi postea infensi fuerunt. Unus ex his est ille, ad quem initio exsilii et captivitatis sequentem epistolam scripsit.

(151) Perperam in vulgatis *filium*, quid. Hic autem Ratherii filius unus ex eis esse videtur, *qui simul cum eo dulces capiebant cibos in domo Dei*, ut paulo ante narraverat. Hinc sane unus fuit e clero Veronensi, cui archidiaconus cathedralis ecclesiæ, ut mox videbimus, socer erat. Ipsius nomen Ursus, vel Urso: quippe Ratherius sub epistolæ finem expetit, ne ejus complices ab ipsius nomine *vocitentur Ursini vel Ursani*. Ursus, vel Urso Veronensis Ecclesiæ diaconus memoratur in tribus documentis, quorum unum anni 947, alterum anni 959 edidit canonicus de Dionysiis in collectione diplomatum et documentorum pag. 113, 115 et 126. Tertium vero anni 968, Joannes Baptista Biancolinus impressit in dissert. 2, Italice inscripta: *Dei ve..co:i e*

*governatori di Verona* pag. 121. Num hic Ursus viveret an. 955, et num idem sit ac ille, ad quem Ratherius hanc epistolam dedit, affirmare non licet. Tota hæc epistola eo pertinet, ut Ursonem adversus episcopum carcere inclusum obloquentem compescat.

(152) Id est: *et mittentem* (fetores) *pulmonibus longe pejus moriturum, et, quod est gravius, propinantem hoc*, nimirum eumdem fetorem, *aliis ut possint simul conmori*. Ursum longe pejus moriturum affirmat, quia mortuo insultans, et contra ipsum alloquens, gravius peccabat.

(153) Construe et explica: *Quantum vero, præter innumerabilia, et non solum cognita tibi, sed etiam mihi, et omnibus, præter cognita soli Deo, et non minus lugenda; quantum, inquam, censeam me jure lugendum etiam in ipsis quæ proferuntur a te, et utinam falso! charitative, ut sæpe, referrem tibi, fili, confabulando, si haberem locum colloquendi*.

(154) Locus hiulcus, vel corruptus. Sensus nihilominus satis aperte proditur. Tertiam enim lugendi causam refert in terrorem auditorum, eorum scilicet, qui cum sua et Ursonis obloquia audissent, in animæ periculo versabantur. Quod autem addit *fetore*, respicit parabolam de quatriduano Lazaro, qui fetebat, ut ex sequentibus manifestum fiet. Se enim, et Ursonem ob inolitum obloquendi vitium hoc loco fetoris nomine designatum veluti fetentem Lazarum præfert, eaque de causa timebat, ne illi quoque animæ periculum subirent, qui ejusmodi oblocutiones audierant. *Fetorem* alibi latius quodlibet vitium appellat, quo alii infici possent, ut patet ex serm. 2, de Quadragesima num. 24, ubi tertium genus peccantium illud esse ait, *quod et fetere dicitur, id est, desperatione recuperandi vicinos inficere*.

(155) Construe: *quandoquidem divina pietas præsciens non defutura male olida busta cadaverum hujusmodi*, id est eorum hominum, qui obloquiis indulgent, *consulens vivis, ne necarentur fetore eorum, sequentes ipsorum exemplum, dixit tale quid: Quæ dicunt facite*, etc.

busta, tale quid, ne horum fetore necarentur, vivis consulens divina pietas dixit : *Quæ dicunt facite, quæ autem faciunt facere nolite* (*Matth.* XXIII, 24). Nam etsi ego tibi causa, quia materies fui mortis ; tamen scito, quia quovis ordine cujusvis scelere moriaris, inter mortuos mortuus deputaberis. Sic enim dicit Deus : *Ipse quidem in iniquitate sua morietur; sanguinem autem ejus de manu tua requiram* (*Ezech.* III, 20). Et revera quid profuit Evæ dixisse : *Serpens decepit me*? (*Gen.* III, 13.) Et utique dum hæc tibi, ut compescaris, tui sollicitus scribo, id studiosissime ago, ut et tu a morte libereris, et ego reus tui non tenear sanguinis. Potest autem fieri; nec enim id fieri posse despero ab eo, cui idem est posse quod velle; nec tu quoque hinc debes desperare, cum eum quatriduanum legeris suscitasse ; nec ego meminerim me id te dedocuisse in eo, quem manibus scripsisti de parricidio sermone (156), ut ego jam ad vitam clamer cum fremitu pietatis divinæ, licet tu me adhuc, quod ille melius novit, quam tu, utpote quatriduanum dicas fetere; nam nec desunt super me pie flentes sorores, inter quas rogo et tu annumereris, id est, ut sit in te sororius et non parricidialis affectus, quo si me fetere quia potes confitearis, vere non succenseo, imo omnimodis 97 postulo; dummodo melliftuam illam Domini merear audire vocem, resurrectionem mihi, tibi miraculum promittentem. Tantum rogo, ut periculum audientium attendas, tuum etiam ne nullipendas. Dictum enim, ut credo, divinitus, etiamsi non memineris, non ignoras : *Qui maledixerit patri vel matri, morte moriatur* (*Levit.* XX, 9).

26. « Quod cum ad mentem vel hic relegens reduxeris, postquam duplicem mortem attenderis, ac duas hinc separatim subjacentes, id est, cuique divisioni propriam, agnoveris substantias, unamque mortaliter solummodo mortalem, alteram immortaliter mortalem, mortaliter immortalem perpenderis; ne, rogo, obliviscaris, quam gravibus matrem ipsam (quam ne forsan perfunctorie accipias, Ecclesiam esse tibi replico, si tamen es filius; si non, de te aut pater aut quilibet parens loquitur germanus, *Ex nobis exierunt, sed non erant ex nobis*? Sis autem, [*subaudi* filius] sis precor, sis rogo), ne tamen,

ut dixi, obliviscaris postulo, quam gravibus matrem maculis aspergis, dum patrem (157) tam fœda criminis nota aduris. Quam enim insolubilis, tam compassibilis est dilectio maritalis, cum et eadem consortia sunt honoris. Quod totum, mi nate, facere auderes minime, si dictum voluisses recolere : *Honora patrem et matrem* (*Exod.* XX, 12); aut pluris regenerationem (158), quam generationem penderes, si prohibitum reminiscereris : *Noli tangere christos meos* (*Psal.* CIV, 15) ; et : *Qui tangit vos, quasi qui tangit pupillam oculi mei* (*Zacch.* II, 8); et : *Qui vos spernit, me spernit* (*Luc.* X, 6) ; et : *Diis ne detraxeris* (*Exod.* XXII, 28) ; et : *Qui detrahit regi, detrahit legi* (*Jac.* IV, 11). Regale autem Ecclesiæ esse ut crederes sacerdotium, præter alia innumera unum tibi suadere satis posset Petri testimonium dicentis : *Vos autem genus electum, regale sacerdotium* (*Petr.* II, 9). Sententiam quoque cujusdam in decretis 98 sanctissimi papæ præ oculis habuisses dicentis : *Pejus nullum judico fore scelus, quam Christianos propriis detrahere sacerdotibus.* Piaculum etiam maledictionis Cham advertisses (*Gen.* IX, 25), atque ejus exemplo verecundiora patris denudare timuisses. Canones etiam et sanctorum Patrum concilia non posthabuisses, in quibus damnatos hac de causa multos advertere poteras, si legisses. Curiæ quoque tradi, et infamis [*f.* infamem, *vel* cum infamia] absque ulla spe restitutionis cunctis vitæ diebus eidem deservire timuisses. Vindictam quoque pro Narcisso beatissimo factam meminisses (EUSEB. *Hist.*, lib. VI, c. 9); nec archidiaconum (159) nostrum ideo fortuitu percussum, quia tu adhuc nil pateris, cogitasses, cum diutius exspectatus, durius feriatur non conversus, quod et a te et a tuis complicibus avertat omnipotens Deus.

27. « Et forte te, fili, observatores mei, dum mihi inimici, tibi volunt parere morigeri, fefellerunt. Sicuti quondam illi sanctorum nisi sunt fallere (160) cœtum, qui contra Athanasium brachium cujusdam quasi Arsenii concilio obtulerunt excisum ; sic et tu quoque quemdam (Deus parcat tibi) mei odio fefellisti, qui epistolam (161) conviciis plenam a tuo ei illo jam dicto magistro (162) olim destinatam proferens, et auctorem facti investigare nitens cum te conspiratione adversus Hugonem regem præcipuus, etsi primum a nece, ad quam illum gens barbara post recuperatam Veronam destinaverat, ereptus, postea tamen, dum hæc Ratherius scriberet, vel morte, vel aliquo gravi infortunio percussus ex hoc loco cognosceretur. Id autem, quodcunque fuerit, casui fortuito Ursus vertebat, propterea quod ipse licet ejusdem rebellionis conscius, et Ratherio pariter obloculus, nihil adhuc mali patiebatur.

(156) Sermo de parricidio, quem Urso suis manibus scripserat, est ea epistola Ratherio exitialis, de qua sermo erit postea. Parricidium autem hic ingeritur, quia cum parricidii nomine non tam mors, quam omne gravius malum patri vel patriæ illatum significetur, ea epistola causa fuit eorum malorum, quæ Ratherio spirituali Ursonis patri obvenerunt. De parricidio quidem in Ratherium hoc loco agi vel ex eo confirmatur, quia idem Ratherius post pauca ab Ursone expetit, ut deinceps sororium, *non parricidialem affectum* erga se nutriat.

(157) *Patris* nomine seipsum Ratherius vocat, quem Urso cujusdam epistolæ et moliminis auctorem traduxerat.

(158) Hac *regenerationis* voce se spiritualem Ursi patrem indicat, quippe qui cum uti Veronensem, et multo magis uti unum e clero inter suos spirituales filios censebat. Confer. not. 151.

(159) Hic Veronensis Ecclesiæ archidiaconus in

(160) Male in vulg. *facere*, et postea *fecisti*, ubi ex contextus sententia corrigendum fuit *fallere*, et *fefellisti*.

(161) Hæc illa est epistola, quæ Ursonis manu scripta, alios a periculo liberavit, Ratherio autem ruinam peperit. Totam hanc implexam historiam, quam Ratherius distinctius explicare noluit, eo meliori modo quo licuit exposuimus in auctoris Vita § 4.

(162) *Jam dictus magister* esse videtur archidiaco-

scriptorem ultro deprehendisset confitentem, tu cæteris, qui adeo tibi non competebant ut ego, relictis, me auctorem, me totius moliminis præsentasti incentorem : et utique dum hoc pro libitu duxisti [f. dixisti], verum (me satis non accusato, et te excusato) dicere si voluisses potuisti : quod nimirum fecisses, si tanta mihi charitate consuluisses, quanta ego consului tibi et universo meo gregi, maxime tamen vero jam prætaxato illi tuo socero (163), cum ad illam epistolam.(Deus scit quo animo) consensi. Nam veniente, ut 99 optime nosti, a contraria parte alteva, cum ea perspecta gens effera et nobis [f. vobis] barbara, de seipsa vero jure suspecta, utpote pro ea quæ inter vos jam in multis in negotio consimili sæpe naufragaverat vita (164), omnem ut erat culpam in eumdem retorsisset archidiaconum, et nostræ partis honoratiores quosdam, maxime vero in clerum universum, et me reservato, quanquam asportato, propter consanguinitatem, quam cum illorum habebam primoribus, ipsoque (165), ut dicebat, principe, omnem domum Dei prædari, omnes majores civitatis aut exembrare, aut captivos ducere, ipsum vero jam fatum [id est jam memoratum archidiaconum] et eos, qui post (166) meæ cum illo fuerunt traditionis principes, furca molirentur appendere : qualem illam noctem duxerim Deus scit. Tu quoque, qui te nil boni de me fateris scire, quibus precibus, humiliationibus, lacrymis, muneribus, promissis et ipsis, tibi interventu amicorum vitam et libertatem obtinuerim, ipse, ut dixi, optime nosti, qui hæc omnia tacens, id solum quod (167) me interficeret, proferre maluisti. Lucescente enim die decretum est, non a me solo, ut dixisti, sed ab omnibus tam nostratium quam exterorum (principem vero hujus consilii qui fuerit, non pleniter agnosco alium quam diabolum) ut fieret talis qualis facta est epistola, et si illam mittere auderet archidiaconus, quasi inscius dimitteretur criminis : sin alias, sententiam illico subiret capitis. Hoc quod dixi acto tam de me, quam et de cæteris (168). Deo autem gratias, quia dum vobis consului, me ut videtur neglexi; dum vobis, licet vestræ molitionis ex parte conscius (169), peperci, me prodidi.

28. « Legitur autem, fili, in historia Tripartita (lib. viii, cap. 1), quod quidam in pastu occupatus pecorum cum occidisset quemdam, et fugisset pavore actus in eremum, et sanctorum Patrum exemplis bono assuefactus, fuisset eremita perfectus ; semper benedicebat scelus, quod sibi tanti fuit causa profectus. Hæc ideo retuli, ut hinc colligas, quantum meo profectui militasti, dum me, ut penitus deficerem, tam graviter accusasti. Nam si præsens esses et permitteres, manus osculis demulcerem prædulcibus epistolæ illius scriptrices, quia hæc causa, materies, et totius meæ summa fuit, ut opinor, salutis ; per hanc morti, ut credo, æternæ subtractus, 100 et vitæ sum redditus. Per ipsam actum esse credo, ut et his, quorum fetore (170) tu adhuc periclitaris, et universam pene mihi commissam Ecclesiam mortifero pestilentiæ tabo corrumpis, quanquam et possit fieri, ut per [per *abundare videtur*] cuncta ita se non habeant, ut dicis, cæterisque innumerabilibus, a tua vero scientia longe remotissimis, magna ex parte jam cavere credi possit ; licet securitatem exinde nullam, quia non expedit, siquidem certitudine careo, cœperim. Tantum vero hac me sæpe naufragaverat, cum diversis occasionibus necata vel fugata fuerat.

(165) Hæc forte opinio idcirco ei barbaræ genti fuit, quia sciebant Ratherium Hilduini fuisse familiarem, et cum eo Veronam venisse, eidemque subinde in Veronensi cathedra successisse : ex familiari autem Hilduini etiam consanguineum crediderunt, et eatenus conjunctum fuisse cum ipso principe Hugone, quocum Hilduinus consanguinitate jungebatur.

(166) Qui scilicet postea epistolam fabricatam in meam ruinam verterunt.

(167) Quod nimirum mei exsilii et carceris causam præberet, id est epistolam, quam Urso scripsit et protulit.

(168) Hac epistola, quam Urso scripsit, tam de Ratherio, quam de cæteris actum est, sed exitu diverso : nam cæteri e periculo erepti, Ratherius vero, Hugone rege jubente, in Papiensem carcerem conjectus fuit ; et ita, uti mox subjicitur, is epistolæ assentiens, *dum aliis consuluit*, *seipsum neglexit; dum aliis, licet eorum molitionis ex parte conscius, pepercit, se ipsum prodidit*.

(169) *Conscius*, inquit; quippe consilium scribendæ ejus epistolæ, cui ob aliorum bonum consensit, sibi nociturum ex parte præsenserat. *Ex parte* autem ait; quia etsi aliquod sibi periculum ex ea impensurum prænovit, non tamen tantum putavit, quantum reipsa incurrit.

(170) Hic quoque *fetor* pro obtrectationis vitio in episcopum, cui Urso indulgebat, accipitur. Confer. not 154.

nus paulo ante memoratus, cujus saluti, ut mox dicetur, hac epistola potissimum consultum fuit. Construe autem : *qui proferens epistolam plenam conriciis olim destinatam a tuo illo jam dicto magistro, et nitens investigare auctorem facti, cum deprehendisset te scriptorem ultro confitentem, tu relictis cæteris, qui non adeo competebant tibi ut ego, præsentasti me auctorem, me incentorem totius moliminis, id est, scribendæ ejusdem epistolæ, quæ aliqua de rebellione attigisse videtur : Et ubique dum dixisti hoc pro libitu, potuisti dicere verum, si voluisses, me satis non accusato, et te excusato, etc*.

(163) Archidiaconus omnium maxime in vitæ discrimen erat adductus, quippe *sententiam illico subiret capitis*, nisi, laudata epistola, scripta velut inscius criminis dimitteretur. Huic ergo maxime prospexit Ratherius, cum ei epistolæ consensit. Hinc igitur idem archidiaconus *prætaxatus socer* Ursonis intelligendus videtur. *Prætaxatus* pro *prædictus* accipi plura apud Cangium exempla confirmant.

(164) Ea gens intelligenda est, quæ Arnoldo Bajoariorum duci Verona potito contraria, ipso devicto eamdem urbem Hugoni regi recuperavit. Dicitur autem ea gens *perspecta*, *effera et nobis barbara*, quia non ex Italico, sed ex regno, ut videtur, Burgundico, ex quo erat Hugo, deducta fuerat. Additur *de se ipsa vero jure suspecta, utpote pro ea, quæ inter vos jam in multis in negotio consimili sæpe naufragaverat vita*, quia scilicet eadem gens jure suspicionem inducere poterat de sua vita, quæ aliquot annos ante Veronæ *in negotio consimili*, id est, in conspiratione contra Hugonis, conregionalem et consanguineum Ludovicum Bosonis filium eadem in urbe excæcatum,

occasione considero profecisse, ut nullum mihi amplius quam te videam amplectendum, qui mihi materies tantorum fuisti bonorum. O autem me, et ut hoc dicam, ipso mei infortunio fortunatissimum, etiamsi nihil aliud quam te tibique consimiles cognovisse ejus beneficio contigisset mihi ; unde omnia non solum tibi parcens, sed et uberrimas pro h s tibi gratias referens, admoneo, fili, ut quia jam nunc indicibiliter profuisti mihi, caveas ne omnino mei odio obfueris tibi. Verum ut quodam utar compendio, festinante nuntio, et chartula deficiente omnino, parcat tibi Omnipotentis justa pietas resipiscenti rogo ; imo ut resipiscas ipsa benigne concedat postulo : sine causa enim, quantum scilicet ad tui spectat laesionem, me ipsa scit a te hoc pati ; si tamen profectum pati quis rite possit dici isto genere dicendi, quatenus per te quoque tui corrigantur complices, nec a tuo derivato nomine vocitentur Ursini vel Ursani, sed ab eo qui dixit : *Discite a me quia mitis sum et humilis corde* (*Matth.* xi, 29) ; et per suum quemdam : *Obedite præpositis vestris et subjacete eis* (*Hebr.* xiii, 7), appellari jure mereantur Christiani vel agnei, id est mites non feri, amatores non irrisores pastorum. Quod si mihi provenit oranti, lætitiam ipsam dissimulare, nedum reprimere valeo minime ; quod si non, peccatis meis imputo. Saltem vero hoc diva pietas concedat postulo, ut dum peccata mea adversum me, imo adversum te pronuntias, illa remittat ; dum tu ea describis, ipsa deleat, teque in hoc præsenti sæculo recognoscere faciat, quia inæstimabiliter tibi ipsi obfueris [*l.* contendis], [*supple* et] dum irrecuperabiliter me nocere contenderis, indicibiliter mihi profueris. Valeas in Domino, precor, fili, correctus, amen. »

29. Inter hæc, si dicere audeam, stant simulacra (171) **101** undique fixa, nullum vel sui causa sonitum dantia, quasi qui ipsa taciturnitate videantur clamare, se rationis expertia omnimodis esse. Sed ne mihi, sed potius sibi succenseant rogo ; non enim hoc eos esse scio vel dico, sed ne jure dicantur haud modice timeo, dum et (172) ab homine factos dici patienter ferre, imo uberes gratias dicenti referre audio ; nam nec erunt, si dixero, nec non erunt, si tacuero ; sed [*subaudi* erunt] si dixerint vel consenserint omnino. Et o quam pulchrius vocari perfectum, quam facticium ! *Perfectus autem omnis erit, si sit sicut magister ejus* (*Luc.* vi, 40). Væ autem ei, qui ipsum non habet magistrum, qui hoc dicit, Dominum, cui consimiles effici non comparatione possumus, sed imitatione debemus, nec omnimoda, sed ab ipso nobis præcepta ; qui etsi tributum mundo reddidit, Cæsari quæ Cæsaris, Deo exsolvens quæ erant Dei (*Matth.* xxii, 21) ; quantum [*supple* tamen] mundum ipsum ipsa sua humilitate calcaverit, sibique subactum tibi etiam ipsi supponendum monstraverit, postquam dixerat : *Data est mihi omnis potestas in cœlo et in terra* (*Matth.* xxviii, 18) ; quem potius timeres dominum an servum, subjicientem an subactum, datum [*l.* dantem] an possidentem, per unum commonens discipulorum quantum ad ipsum, quantum ad te pertinet magistrorum, ait : *Obedire oportet Deo magis quam hominibus* (*Act.* v, 29) (173). Et utique hoc non in exedra, non in analogio (174), non in ambone, sed ante principes sæculi, inter minas, inter flagra, inter ipsos tibi clamabat cædentes ; quod tu nec dicere, ne dum agere audes, cum tibi jam ipsi subigantur imperatores.

30. Verum ut jam ad inceptum redeam, præterit sane sacerdos et levita, non se intelligentes eadem descendere via, nec ulla fratri vulnerato conferunt remedia : et ut isti, quod Deus avertat, tempori proprie videatur concinere, quia ubi abundavit iniquitas (*Matth.* xxiv, 12), refrigescet charitas multorum ; nullus invenitur qui Dei saltem respectu, timore, vel amore audeat, quin potius velit esurientem reficere, sitientem potare, nudum vestire, infirmum vel incarceratum visitare, dolentem consolari, angustiantem [*l.* angustiatum] refovere, præsertim cum interdicatur nulli ; siquidem nec factum (175) legitur ab eadem generatione antiquorum alicui, quod perspicue monstrant Pauli Epistolæ in carcere editæ, in quibus et ministrantium videtur meminisse, nec timet ne fiant deprehensæ (176), cum et se et illos plus Deum quam terrorem noverit timere.

31. Præmisso (177) eamdem mihi quam beato Augustino fidei catholicæ credulitatem esse, licet illi **102** longe dissimilis fuerit et ad indagandum acuminis vivacitas, et ad tenendum intelligentiæ capacitas, et ad proferendum eloquentiæ facultas, et ad hoc cum Dei gratia promerendum vitæ qualitas ; et abdicans ab ore, vel corde respuens omnem

---

(171) Simulacrorum nomine eos episcopos designare videtur, qui in hac sua calamitate tanquam muta simulacra nihil pro se loquebantur.

(172) Eos episcopos perstringit, qui se ab homine episcopos factos dicebant, et dicentibus gratias referebant. Episcopos nimirum licet ab hominibus electos, vel decretos, non tamen ab hominibus, sed a Deo ipsa sacra ordinatione institutos alibi sæpius ingerit. Vide initium libri sequentis num. 2. Mox pro *audio* male in vulgatis *audeo*.

(173) Construe : *commonens per unum discipulorum, quantum ad ipsum pertinet, per unum magistrorum, quantum pertinet ad te* : per unum scilicet, qui quantum ad ipsum est discipulus, quantum vero ad te magister est : *commonens*, inquam, *quem potius*

*timeres, Dominum, an servum ; subjicientem, an subactum ; dantem, an possidentem, ait* : *Obedire oportet*, etc.

(174) *Analogium* idem est ac pulpitum. Vide Cangium.

(175) Id est, *nec id factum*, seu *nec interdictum*.

(176) Si tenenda sit lectio *deprehensæ*, hæc vox refertur ad epistolas, ita ut sensus sit, *nec timet, ne epistolæ deprehendantur*, et ii delegantur qui sibi ministrabant : vel corrigendum est *deprehensi*, ita ut hoc nomen ad ministrantes referatur. Mox pro *terrorem* forte legendum *terræ regem*.

(177) Vel subaudiendum *hoc*, nempe *hoc præmisso*: vel legendum *Præmitto*, aut *Præmittens*.

contra Deum, etiamsi deprehendere forte nesciam, haeresim, confiteor me credere aequalem; coessentialem, vel ut ita proferam, consubstantialem aeternaliter Trinitatis unitatem, unitatis Trinitatem, hoc est Patrem et Filium et Spiritum sanctum; creatricem et gubernatricem universorum quae sunt sive in coelo, sive in terra, et, si adjicere opus sit, in mari, et in omnibus abyssis, ita una eademque manente substantia deitatis, personarum proprietate distincta, ut Pater sit qui creavit omnia, Filius per quem creata sunt omnia, Spiritus sanctus quo creata sunt omnia; Patrem Filii auctoritatem, Filium Patris sapientiam (178), Spiritum sanctum Patris et Filii pronuntians communitatem. His tribus unam eamdemque inesse credens deitatis aequalitatem, nihil in his prius aut posterius, nihil majus aut minus esse intelligens, et Patrem a se ipso, non ab alio, Filium a Patre solo, Spiritum sanctum a Patre esse et Filio, Patrem credo Filium aeternaliter et ineffabiliter genuisse; Filium aeternaliter et ineffabiliter a Patre solo genitum, non factum esse, uti lumen de lumine, verbum in corde, vel, ut expressius loquar, aliquid dicibile; Spiritum sanctum, id est, consubstantialem amborum charitatem, nunquam eis defuisse, eumque ab isto ad illum, ab illo ad istum illocaliter, immobiliter, aeternaliter, ac per hoc et ineffabiliter procedere, ad inspirandos electorum animos a Patre et Filio mitti, a se ipso venire temporaliter; Filium solum de Patre sine matre aeternaliter, de matre sine patre natum temporaliter. De Spiritu sancto autem conceptum cum audio, non Spiritum sanctum patrem alium intelligo, sed credo, quia in corde Patris manens aeternaliter Verbum, quando voluit sua Patrisque voluntate ita exivit a Patre, et venit in mundum, ut neque Patrem neque ipsum relinqueret coelum; per corpus quod tota simul Trinitas in utero matris Virginis ex substantia ejusdem matris semper Virginis operata est, visibile hominibus factum. Et cum audio: *Verbum caro factum est* (Joan. 1, 14), non Deum in hominem conversum, sed manente incommutabilis deitatis substantia, ita Verbum sibi hominem unisse confiteor, ut sicut ex corpore et anima rationali unus est homo, ita ex homine et Deo unus sit Jesus Christus, non compositus, sed ineffabiliter perexistens natus. Passum vero, mortuum, et sepultum, dieque tertia resurrexisse, coelosque ascendisse cum audio, neque Christo divisionem, neque Deo passibilitatem ascribo; sed sicut homo, qui utique caro et anima est, interfectus dicitur ab aliquo, cum utique anima rationalis mortem non recipiat; ita Deum in homine quem assumpsit, ea omnia im-

A passibiliter pertulisse confiteor. Et cum id dico: *Credo in Spiritum sanctum*, statimque subjungo, *sanctam Ecclesiam*; non quaternitatem illic cogito, sed sanctam Ecclesiam catholicam tantummodo esse me credere confiteor, per unum scilicet, id est catholicum baptisma, et per Dei gratiam et fidem quae per dilectionem operatur (*Gal.* v, 6); per quae etiam sanctorum communionem et remissionem peccatorum nos percepturos, si voluerimus, confido. Carnis vero resurrectionem, sicut in Domino Jesu Christo veram et non phantasticam scio et confiteor fuisse, ita et omnium tam electorum quam reproborum futuram confiteor esse; sed electorum, ut cum corpore et anima eant in vitam aeternam; reproborum, ut eant similiter cum anima et corpore in supplicium aeternum; sed ut illi absque timore per justitiam repulsionis, ita isti absque spe ullius per misericordiam recuperationis.

52. Haec de ineffabilitate tantae incomprehensibilitatis tanto, ut vereor, petulantius, quanto simplicius non discutienti, sed tamen cogitanti, ignosce, lector, quaeso, ignosce mihi; caecus enim illis, quibus talia debuerant considerari, id est, beatis mundi cordis oculis, non videndo miser, sed palpando ista perstrinxi; et sicuti caeco non visa cupientes referre, nequimus nisi adhibita similitudine quadam eorum quae vidit; ita et ego indigens propriis (179), quae utique in Deo nulla in hac nobis occurrunt mortalitatis colluvione, per quaedam captui meo facilia, non tamen a Scripturae sanctae auctoritate penitus extranea conducens, ratiocinando animum interrogavi, quid de Deo ejusque creatura sentiret, experiri videlicet gestiens, utrum (alias sane plurimorum aestimatione vituperabilis, mei ipsius damnabilis) ne et in assertione fidei inveniri valerem catholicae culpabilis, et ideo jure expellendus a commisso mihi praesulatu, hoc est Ecclesiae Veronensis, si tamen decrevisset auctoritas concilii universalis; respondere, ineffabilitate rei novitateque probationis permotus (180) tamen non distulit, valente Deo per sapientiam ipsius omnia creata. Quod responsum cum ea, quam Athanasii dicimus, Nicaeni quoque concilii fide, cum ariditas ingenioli vitiorum pulvere squalidi contulisset, nihilque dissentire (181) ab eis percipere valuisset; ausus sum non defendentis obstinatione, sed invenisse me quaesita credentis securitate, creatricem et gubernatricem omnium Trinitatis unitatem, unitatis Trinitatem corde credere ad justitiam, et ore confiteri ad salutem (*Rom.* x, 10). Gaudeo igitur, si non erro; sin vero autem, charitative reprehendi omnimodis desidero.

---

(178) Vocem *sapientiam*, quae in vulg. deerat, supplevimus ex simili fidei professione, quam auctor libello *Phrenesis* subjecit.

(179) Male in vulg. *propriisque*. Hoc loco nomen *propriis* ea indicat, quae Dei sunt propria, vel Deo conveniunt.

(180) Subauditur *animus*, quem se interrogare dixerat, quid de Deo ejusque creatura sentiret. Hic ergo animus *permotus ineffabilitate rei, et novitate*

probationis, non distulit tamen respondere, valente, id est juvante, *Deo*, etc. *Valere* enim pro *juvare* acceptum aliis quoque exemplis Cangius probavit. Forte vero melius pro *valente* legendum *volente*, ut in simili professione, libello *Phrenesis* subjecta habetur.

(181) Vulgati perperam *dissentirem*. *Ab eis*, id est, a fide Nicaena et a fide, quae dicitur S. Athanasii.

# INCIPIT LIBER QUARTUS.

**1.** Solet fessus plerumque viator, unius diei etiamsi valeat confici iter, in alterum transferre [*supple diem*], ne sera scilicet adeptio copiam deneget quiescendi lassato. Consuevit et nauta industrius, si quando ventus flando contrarius proprium interdicit, contiguum cujuslibet insulæ petere littus, quo scaphis adeptis, ne in syrtim navis incidat, earum, ut quondam Paulus, utatur adjutoriis (*Act.* xxvi, 17). Quod et nos exemplum non indecens, propositum (182) unius diei sermonem transferre coegit in alterum, ne lectori videlicet inferret prolixitas fastidium, neve contraria quibusdam dicturis, aliquod, ut assolet, afferret ipsa loquacitatis importunitas periculum (183); tertia enim hora diei Spiritu sancto afflati, musto etiam summe madidi (*Act.* ii, 15), etiam ipsi dicebantur theologi [*id est apostoli*], nedum nos sole occidente quidlibet sobrie judicaremur loqui.

**2.** Postquam igitur negotio, quod se simulacrorum (184) sive pastoris et idoli causa ultro obtulit, satisfaciendo, paululum quid, ut videtur, otiose exorbitavimus, siquidem nec congruentia omnimodis quædam retulimus, et aliquem nos forte læsisse timemus : nunc ad indagandum quid moliri, quid (185) contra te sentire debeat aut valeat episcopus, ut cœpimus, properemus. Sed quia paulo verbosius effusi sumus, ipsa in ordinem ut confecta sunt reducamus. Dixi, nisi fallor, episcopos a Deo solo, ut reges, et præstantius multo quam reges, quia et reges ab episcopis instituti, episcopi vero a regibus, **105** etsi eligi vel decerni, non valent tamen ordinari, institutos (186). Nec dixisse me pœnitet, quandoquidem et Ipse testimonium perhibet, qui solus ipse sibi testimonium ferre valet : ipse enim dicit : *Ego misi vos metere* (*Joan.* iv, 38); et multa hinc testimonia, multa, inquam, sunt et infinita. Væ autem usurpantibus [*scilicet episcopatum*] non jussis; permissis non missis : væ his de quibus dicitur : *Regnaverunt reges et non ex me, principes exstiterunt et ignoravi* (*Ose.* viii, 4). Væ aliunde ascendentibus, et non per ostium intrantibus (*Joan.* x, 1) (187). Unde eos liberet Pastor bonus, qui cunctivalens solus potest væ in *euge* convertere, non illic scilicet puniens districte, quos hic concedit mutari benigne. Dixi Ecclesiæ filios aut esse clericos et monachos, aut famulos, aut laboratores servos et liberos (188); aut milites regni; terram Domini commissam tuæ rex defensioni : redditus, vero aut [*subaudi esse*] Sanctum sanctorum Domini et ad jus pertinere sacerdotum, aut esse juris tui, aut incolarum pagi.

**3.** Hæc vero et ante prælibavi et modo retuli, ut deprehendere si possum, satagam quæ dissensio, quod dissidium inter te possit esse, et episcopum, cum tu illius defensor, ille tuus esse debeat pastor; ille tibi seminare spiritualia, tu ei ministrare, et utique ex tuo non ex suo, debeas carnalia; sic enim unus eorum et expressius dicit : *Si nos vobis spiritualia seminavimus, magnum est si vestra carnalia metamus* (*I Cor.* ix, 11); ille te benedicere, tu eum debes honorare; postremo vestra etiam temporalia ita a Deo sunt summa æquilibratione divisa, ut nec tu ejus, quia non ejus, sed Domini sunt, debeas invadere (189); ille tua nec cupere, nisi tantum pro tuæ animæ salute, illi enim dicitur : *Non quærentes datum sed fructum* (*Philip.* iv, 17); tibi autem, cum Deus rogatur, dicitur, et utinam non infructuose, clamatur : *Qui dixerunt, hæreditate possideamus sanctuarium Dei, Deus meus, pone illos ut rotam*, etc. (*Psal.* lxxxii, 13); et : *Non alligabis os bovi trituranti* (*I Cor.* ix, 9).

**4.** Vox autem boni episcopi illa debet sæpius esse : *Omnis anima potestatibus sublimioribus subdita sit* (*Rom.* xiii, 1); et : *Reddite quæ sunt Cæsaris Cæsari, et quæ sunt Dei Deo* (*Matth.* xxii, 21); et : *Reddite omnibus debita, cui tributum tributum, cui vectigal vectigal* (*Rom.* xiii, 7); et : *Non est potestas nisi a Deo* (*Ibid.*, 1); et : *Obedite præpositis vestris et subjacete eis* (*Hebr.* xiii, 17). Et quod quidam pulcherrime, *Obedientia*, inquit, *quæ majoribus præbetur, Deo exhibetur*; atque cæterorum hujusmodi. Quod si nil aliud contra te sentit, prædicat, et præcipit episcopus, non modo te isto [*f. iste*] offendere, sed multo magis, utpote per [*l. pro*] te sentiens, debet placare. Sin secus, quod absit, nec præbere patientiam, sed

(182) Vulg. *si propositum*. Delevimus particulam *si*, cum abundet, sensumque suspendat.

(183) Construe : *Neve importunitas ipsa loquacitatis afferret aliquod periculum dicturis contraria quibusdam*, insignibus scilicet viris, quos perstrinxit, ac in sequenti quoque libro perstringet.

(184) In præcedenti libro num. 29, *simulacra fixa* perstrinxerat, id est episcopos, qui in sui subsidium nihilum movebantur : et num. 23 eosdem *pastoris et idoli* nominibus coarguerat. In id se præter orbitam, seu præter hujus libri propositum, quo de rege sibi agendum est, excurrisse significat.

(185) Regem iterum alloquitur, ut in præcedenti libro.

(186) Construe : *Episcopos institutos a Deo solo, ut reges*, etc.

(187) Sequens sententia deprecativa est; rogat enim, ut eos qui aliunde ascendentes, et non per ostium intrantes episcopatum usurparunt *non jussi, nec missi*, id est, sine vocatione et missione divina, eos, inquam, *unde*, id est, ab illo *væ* liberet Deus pastor bonus, qui solus *cunctivalens* potest *væ* convertere *in euge*; *non illic scilicet*, id est in alia vita, *puniens districte*, *quos hic*, seu in hac vita, *concedit benigne mutari*, seu converti. Vulgati corrupte habebant *vel in euge*.

(188) Inepta repetitione in vulg. legebatur *aut liberos*. Correximus ex superiori libro num. 22, cujus compendium hic affertur, *aut milites regni*, id est nobiles. Confer ibidem not. 144.

(189) Id est : *nec tu debes invadere ejus*, scilicet episcopi, *temporalia, quia non ejus, sed Domini sunt*.

delectat exsequi vindictam ; est unde illi facias injuriam, et tibi tam gravem non contrahas **106** noxam. Habent [*subaudit* episcopi] conventus inter se generales, synodos universales, canones antiquos, concilia descripta, sanctorum decreta Patrum, sanctiones diversorum pontificum. Nihil est quod possit inter eos contingere, unde proprium inter se non possint judicium invenire. Postremo est sedes universalis, principalis, capitalis, quia ipsis capitibus Ecclesiæ insignis, nutrix, mater, judex et magistra omnium. Si quid contra rem actum ab aliquo vel in aliquo est horum ; in ea judicari, examinari, vel legali potest sanctione puniri (190). Hos ergo consule, ad illos rem defer, illis causam committe. Si quid perperam contra te invenitur actum, crede mihi, districte vindicabitur judicio canonum ; nam alium esse nullum, qui manus impune, et ipso Deo intacto, possit immittere in aliquo [*l.* aliquem] horum ; non vales invenire, etiamsi pennis possis volare.

5. Tu forte contra, siquidem et hoc die audivi dictum a quodam hesterna, non minori insania quam stultitia, quid, inquis, opus judice, quando jam eo utimur censore ? nam intantum est diffamatus, ut omnes noverint, quod jure sit damnandus. Totum hoc dicere recte potuisses, si ipsius confessione in concilio canonice discussa percepisses. Sed, o cathedra pestilentiæ (*Psal.* I, 1), qua beatus iste vir rexque Sion mansuetus, qui pro nobis homo est factus, dedignatur sedere ! o nefandum et in ipsa radice premendum judicium ! o iniqua sententia, et illa [*f.* illi] soli sæculo propria, quo pro nobis, solis seditiosi vulgi acclamationibus comprehendebantur sanctorum millia, et farciebantur innocentibus ergastula ! o digna, cui ipsa Domini obviet sententia dicentis : *Nolite judicare secundum faciem, sed justum judicium* (*Joan.* VII, 24). Et de seipso, *sicut audio,* inquit, *judico* (*Ib.* 30); sicut audio, inquit, non sicut audivi. Præteritis enim calumniatorum accusationibus, subsequente vero accusati responsione, justum valet judex justus et non violentus discernere, ut possit veraciter dicere : *Sicut audio judico,* id est, sicut lex ipsa decernit, non sicut rumor furentium garrit ; sicut præsens ipse fatetur, non prout absentes insidiantur : unde quidam facete satis, *Ad puniendum,* inquit, *properat, cito qui judicat* ; ad puniendum, inquit, non ad discernendum : *Ex verbis enim tuis,* inquit, *justificaberis, et ex verbis tuis judicaberis* (*Matth.* XII, 37), id est, et sæculariter et divine, misericorditer et juste ; misericorditer, ut est

A dictum : *Tu prior* (dicas) *iniquitates tuas, ut justificeris* (*Job* XL, 3) ; juste, ut est illud : *Ex ore tuo te judico, serve nequam* (*Luc.* XIX, 22). Et hic enim quasi cautionem quamdam inter te et Deum consideres propositam : juste enim ex ore suo quisque judicatur: misericorditer **107** vero prior iniquitates dicens justificatur. Hinc est quod in scholis hujusmodi nutriendi (191) sponte commissa confitentes, veniam citius merentur, pertinaces diu virgis cæduntur. Dicit autem hujus cautionis Veritas ministra : *In qua mensura mensi fueritis, remetietur vobis* (*Matth.* VII, 2) : id est, si justa, justa ; si misericordi, misericordi, ubi et sententia sollicite debet illa pensari : *Qui sine peccato est vestrum, primus in illam lapidem mittat* (*Joan.* VIII, 7). Cavenda etiam est Pharisæorum

B imitatio, qui observabant, ut caperent Dominum in verbo (*Marc.* XII, 43), unde et humanæ satis consideranter (192) leges, advocatis insciis studuerunt providere. Si ergo sæcularium quis, non nisi proprio convictus (193) ore potest damnari, quanto minus ille, cujus judicium in manu solummodo est Dei, debet (194) ad libitum invidorum aliquorum cavillationibus subrigi [*f.* subigi] ! Qui enim scis, eadem infamia qua intentione, et si scias, qua ex occasione vel causa fuerit orta, quo affectu propalata, zelo charitatis, an zelo livoris (195) ?

6. Et ut ad rem ratiocinando veniamus, subsiste, rogo, paululum, et videamus. Lex et hoc etiam vetus prohibet, viduam et repudiatam sacerdotem accipere (*Levit.* XXI, 14). Consecratas vero Deo vir-

C gines tanto magis a cujuslibet usu, colloquio vel visu decet fore remotissimas (*Num.* XXX, 5), quanto magis sponso castissimo illi et præ filiis hominum pulcherrimo (*Psal.* XLIV, 3) se student servare castissimas, et ipso nec dum actu, sermone, auditu, etiam cogitatu, in quantum homini studiosissime cum Dei adjutorio niteni possibile est, illibatas. Canones etiam sancti cohabitationem episcopis omnimodam interdicunt mulierum præter (196) illic exceptarum. Videas quamlibet harum episcopo sæpe colloqui, id etiam solitarie aliquoties fieri, et per vulgus diffamari. Volesne eum, ut censes, utpote diffamatum, quasi hoc solo, ut dixisti, sui censorem effectum statim debere deponi ? Qui vel quomodo enim scis, utrum secreta quidem tibi, sibi autem et Deo manifesta ali-

D qua, sed tamen pia, id est, lucrandæ animæ ratione hoc cogatur (197) facere, sicut quidam nec minoris famæ anachoretarum quamdam famosissimam legitur convertisse meretricem ? Quidam etiam ejusdem

---

(190) Idipsum pluries in aliis posterioribus operibus inculcat. Vide epist. 5 ad Joannem XII. Idem legitur apud Atonem episcopum Vercellensem, et Ratherio coævum, lib. II *De pressuris Ecclesiæ*.

(191) Id est pueri in scolis nutriendi, seu erudiendi.

(192) Vulg. perperam *considerantur*.

(193) Iidem vulg. *conjunctus*, male.

(194) In iisdem vulg. corrupte *dolet*.

(195) Construe : *Qui enim scis, qua intentione eadem infamia orta fuerit : et si scias ex qua occasione, vel causa, quo affectu propalata, zelo charitatis, an zelo*

*livoris.* Hoc loco propius accedit ad objectionem paulo ante propositam : *In tantum est diffamatus, ut omnes noverint, quod jure sit damnandus.* Hæc respiciunt ipsum Ratherium, qui erat diffamatus auctor conspirationis in Hugonem, cum Arnoldum Bajoariorum ducem recepit. Respondet autem, videndum qua intentione hæc infamia orta fuerit, qua ex occasione vel causa, et quo affectu propalata.

(196) Id est præter cohabitationem illarum, quæ in canonibus excipiuntur, seu permittuntur.

(197) Male in vulgati *agatur*.

nec minus valens propositi, pretio, ut moris erat, illectas quadam in civitate hospitio introducebat pellices ; et cum inde diffamaretur in tantum, ut ignibus dari debere acclamaretur ; tanta copia conversarum excedens sæculo claruit, ut in illa populis refertissima Alexandria, quæ ternis 108 earum millibus eo intrante abundaverat, meretrix nec una eo discedente inveniri valeret.

7. Quid inquis, et si filii approbent scelus (198) ? Ego e diverso, quis hoc, dico, novit, nisi ipse, et Deus ? Non legisti : *Cum autem dormirent homines, venit inimicus, et superseminavit zizania in medio tritici et abiit* (*Matth.* XIII, 25) : ut intelligas uno seminante verba doctrinæ, alium posse subrepere qui inserat semen luxuriæ ? Dicamus et aliud : Ebriosus, inquiunt canones, episcopus aut desinat aut deponatur (*can. apost.* 42). Et sæpe videmus multos ejusdem ordinis hujusmodi vitio quasi servientes, cum penitus qua id intentione agant simus ignorantes. Potest enim fieri, ut ebriosis quasi ebriosus quis secundum Apostolum hoc faciat convescendo, ut eos lucri faciat, aut alio aliquo licet occulto, tamen bono affectu id agat. Rectumne ergo censes ob istiusmodi infamiam, absque confessione propria eum deponi debere ad vulgi clamorem ? Seditiones autem prædæ et bella quam sint gravia, præter alia ipsa approbant homicidia. Dicente autem Domino : *Necesse est, ut veniant scandala* (*Matth.* XVIII, 57) ; et : *Surget gens contra gentem, et regnum adversus regnum* (*Luc.* XXI, 10) ; et Job : *Nihil in terra sine causa fit* (*Job* V, 6) : emergente cujuslibet occasione rei, contingat, ut sæpe, aliquod in civitate dissidium, aut a regno divortium, fiant nulla homicidiorum [*l.* nonnulla homicidia], omnes dicant machinatum id totum fuisse episcopum. Censesne eum, nulla præeunte canonica examinatione, vel propria confessione, deponendum ; aut quod inconvenientius multo, injuriandum ob clamorem, illo solo negante, cunctorum ? Quid enim, si erit ab hujusmodi immunis flagitio ? Nam tu unde non esse [*supple* immunem] conjicis ? Quia cum malefactoribus, inquis, inter agendum conversatus, cum ipsis est comprehensus ; videlicet non quid senserit, sed ubi fuerit, cogitandum esse judicans ; cum econtra Dominum non de opere, sed de intentione noverimus judicare. Quid enim si hoc bona, quia justa, egit intentione ? Verbi gratia, veluti Jeremias propheta, qui per charitatem, ut dicit beatus Gregorius, dum cives ab ingressu Ægypti non potuit cohibere, studuit illuc cum eis et ipse descendere. Et revera quem episcoporum

A legimus, cum Italia a Langobardis invaderetur, relicto grege ad Mauritium (199) transisse ? Nunquid jam iste paululum jam dictus [*scilicet* S. Gregorius], cum ei idem esset suspectus Mauritius, cum et filium ejus e sacro fonte idem suscepisset sanctus, et quotidie illi idem improperaret 109, quod suo adjutorio, facto et decreto apostolatum primæ sedis indeptus fuisset, cum invitus fugisset, et renitens illum [*id est* illum apostolatum, *seu* pontificatum], licet consentiente, sed post pœnitente eodem Mauritio, sortitus fuisset, ita agendum decrevit, ut scilicet ob improbitatem civium et incursionem hostium (200) transiens Constantinopolim, relinqueret gregem commissum ? Nunquidnam et excellentissimæ recordationis pater Augustinus (*epist.* 228), dum si-
B milis urgeret ratio, ita agendum decrevit, aut exemplo monstravit in talibus ? Ille autem, qui interrogatus ab hostibus de nomine, respondisse refertur, servum se fore Christi, hosteque consonanter respondente, se flagellum esse Christi, fuitne jure damnandus, quod civitatem illico hostibus aperuit intrantibus ? Cunctosne ergo judicas deponendos, qui rebelles regibus cives ; et filios esse scientes, non eos ut punirentur prodiderunt, sed e contra missas eis fecerunt, filios eorum baptizaverunt, prædicaverunt, chrismaverunt, pœnitentiam indulserunt, reconciliaverunt ?

8. Sed forte ideo tu hoc recte te putas dicere, quia sententiam recolis Domini dicentis : *Si offers munus tuum ad altare*, etc. (*Matth.* V, 25) ; et quia
C sicut non proficit in vulnere medicamentum, si adhuc ferrum in eo sit ; ita non proficit pœnitentia, discordante proximo, quanto magis Domino, animum (201) habentis [*subaudi* discordem], cum principalis Domini habeatur sententia dicentis : *Nisi remiseritis hominibus peccata eorum, nec Pater vester remittet vobis peccata vestra* (*Matth.* XVIII, 35). Sed quis ad hæc [*subauditur* cognoscenda] idoneus, nisi solus ille qui omnia novit Deus ? Quomodo enim scis, utrum etsi discordem actum, concordem alicui quis habeat animum ? Non legisti : *Si fieri potest, cum omnibus hominibus pacem habentes ?* (*Rom.* XII, 18.) Non audisti : *Quicunque voluerit, amicus esse sæculi hujus, inimicus Dei constituitur ?* (*Jac.* IV, 4.) Nescis dictum esse : *Qui dixerunt patri, vel matri,*
D *non novimus vos, isti custodierunt testamentum tuum?* (*Deut.* XXXIII, 9.) Non recolis dictum Josaphat, dum adjutorium præberet Achab : *Impio præbes auxilium, et his qui oderunt Deum amicitia jungeris ?* (*II Paral.* XIX, 2.) Et psalmus tibi non occurrit

---

(198) Id est : *Si et filii approbent scelus*, nimirum si in eodem scelere involvuntur, quo pater diffamatur. Respondet autem filiorum culpam aliunde, quam ex patre posse originem ducere, cum hoc seminante verba doctrinæ, alius possit subrepere, qui inserat semen luxuriæ. Mox legebatur *nisi ipsa*, nullo sensu. Correximus *nisi ipse*, id est pater. Item emendavimus *subrepere*, ubi male editum erat *subripere*.

(199) Errore chronologico auctor lapsus est. Cum enim Italia a Langobardis invasa fuit, non Mauritius,

sed Justinus II imperabat. Exinde vero lapsus videtur, quia S. Gregorii exemplum allaturus, hujus ætate Mauritium imperasse noverat.

(200) Langobardi nunquam occuparunt Romam, nec S. Gregorii tempore ulla in eam hostium incursio contigit.

(201) Construe : *non proficit pœnitentia habentis animum discordem* ; quam ultimam vocem supplendam contextus et sequentia suaserunt.

dicens : *Nonne qui oderunt te, Domine, oderam, et super inimicos tuos tabescebam* (*Psal.* CXXXVIII, 21) ; et : *Facientes prævaricationes odivi* (*Psal.* C, 3), et totus ille psalmus ; et : *Lætabitur justus, cum viderit vindictam* (*Psal.* LVII, 11) ; et : *Iniquos odio habui?* (*Psal.* CXVIII, 113.) Postremo Dominum dicentem si non recolis : *Non veni pacem mittere, sed gladium* (*Matth.* X, 34) ; et in Job de concordia impiorum : *Membra carnium ejus cohærentia sibi* ( *Job* XLI, 14 ) ; *una uni adhærebit, et nec spiraculum incedit per eas?* (*Ibid.*, 7.) In tanta ergo diversitate quis nisi solus Deus potest cognoscere, nisi aut verbis, aut quibusdam actuum conjecturis, quis, quid, qua agat intentione ; cum etiamsi malam eam omnimodis sciamus esse, nostrum ministerium sit, ut melioretur, vigilanter insistere? Damnandus enimvero Job, cum dicat : *Frater, fui draconum, et socius* [*l.* ego] *struthionum?* (*Job* XXX, 29.) Damnandus Loth in scelere Sodomitarum? Damnandi quibus dicit Apostolus : *In medio nationis pravæ et perversæ, in quibus lucetis sicut luminaria in cœlo, verbum vitæ continentes?* (*Philip.* II, 15, 16.) Damnandus angelus imo episcopus ille, cui dicitur in Apocalypsi : *Scio ubi habitas, ubi sedes est Satanæ, et tenes nomen meum, et non negasti fidem meam?* (*Apoc.* II, 13.) Damnandus Noe et filii ejus, quod cum serpentibus fuerint in arca? Damnanda tota generaliter, cui dicitur, Ecclesia : *Sicut lilium inter spinas, sic amica mea inter filias?* (*Cant.* II, 2.)

9. Si vero negligenda minimo navis Ecclesiæ in tranquillitate, quanto minus in tempestate? Et si deserendus nequaquam grex lupo dissimulante, quanto minus imminente? Si sani custodiendi, ægri omnino negligendi? Et ubi erit : *Non est opus sanis medicus, sed male habentibus?* (*Matth.* IX, 12.) Quis autem filium unquam charum etiam in phrenesim dimisit actum ; cum etsi non ligari, utcunque saltem potuerit custodiri? Nam cum et de vilissimis servorum videamus id persæpe fieri personis, dum consulitur, ne periclitentur, sanis ; quanto magis si necesse fuerit, de dilectissimis agi congruit filiis? Nempe cum divina suis pastoribus, quos lupina specialiter præsciebat incursione infestandos, pietas consulens concessisset dicens : *Si vos persecuti fuerint in unam civitatem, fugite in aliam* (*Matth.* X, 13) ; quid in generali esset necessitate agendum, et suo et mercenarii monstravit exemplo, dicens : *Bonus pastor animam suam dat pro ovibus, mercenarius autem fugit?* (*Joan.* X, 11, 12.) Et alibi : *His autem fieri incipientibus, respicite et levate capita vestra,* *quoniam appropinquat redemptio vestra* (*Luc.* XXI, 28) ; itemque : *Vigilate itaque omni tempore orantes, ut digni habeamini fugere ista omnia quæ ventura sunt, et stare ante Filium hominis* (*Luc.* XXI, 36). Animam ergo dare pro ovibus, cor exhilarare [*f.* exhalare], vigilare, et orare, non fugere in communi necessitate præcipimur, cum in speciali id minime prohibeamur.

10. Desine ergo hæc tantum quivis, et si excedendo jam dixeris, defendendo augmentare scelus, ne (202) tu potius et a temporali et a sempiterno honore videaris jure deponendus, quia cum in eodem sis honore, non intelligis ; et ideo comparandus jumentis potius quam episcopis, pecoribus videris quam pastoribus, dum et teipsum tam vilipendis, et tam impie contraire legibus niteris, pro te quoque, si tamen illud esses quod vocaris, piissime promulgatis. Nam et quod gigantomachiam, et theomachiam, vel potius idolomachiam illam tuam ista adhuc in re mihi opposuisti, nequaquam et hoc vitium promisisti [*l.* permisisti] celari, nempe, dum magis philopompi, quam veri philosophi, licet habitum prætendas, morem secteris, gigantomachiam sæpius quam psychomachiam non modo relegens, sed et recolens, magis te idolorum cultorem quam Christi demonstras pontificem ; imo idolum te esse insinuas, dum tam meticulose, ne a gigantibus, imo [*l.* illi] ab eo, qui *exsultavit ut gigas ad currendam viam* (*Psal.* XVIII, 6), persecutus consequaris, comprehendaris, dejiciaris, frivolis vaniloquiorum ambagibus, quasi post arborem a calore ejus (*Ibid.*, 7), cum non possis, absconsus, ab eo scilicet corrigendus inveniaris foliorum [*l.* foliis] ficus campestris tectus (*Gen.* III, 7), non agni veri innocentia vestitus, tinctis fucatus Indiæ coloribus (*Job* XXVIII, 16), non nive in Selmon dealbatus (*Psal.* LXVII, 16), te munire conaris ; nec pennas columbæ (*Ib.*, 15), id est, virtutem simplicitatis velis assumere (203), quibus evoles ut requiescas, sed milvi (*Zach.* V, 9), quibus extollaris ut vanescas ; nec deargentatas, ut sint posteriora tui in specie auri (*Ps.* LXVII, 14), sed verso in scoriam argento (*Isai.* I, 22), aurum potius Æthiopiæ (*Gen.* II, 12), quod non æquatur sapientiæ, quam illud Ophir optimum ambis (*III Reg.* X, 11), quod-verus noster pacificus qui fecit utraque unum (*Ephes.* II, 14), navibus comparatis præcepit sibi afferri, quibus laquearia vel vasa exornet sui templi, corda videlicet illorum, in quibus ipse habitare, et thesaurum desiderabilem dignatur recondere. Stultam

---

(202) Nunc alium inducit reprehendentem eum episcopum, qui etsi cum rebellibus steterat, se tamen a tanto rebellionis crimine hactenus defenderat. Nisi pro *hæc* credatur legendum *hoc*, construendum erit sic. *Desine ergo quivis defendendo hæc augmentare scelus tantum, etsi excedendo jam dixeris, ne*, etc.

(203) Construe et explica : *dum tam meticulose, ne persecutus a gigantibus . . . . consequaris, comprehendaris, dejiciaris, quasi inveniaris absconsus post arborem a calore ejus, cum non possis abscondi,* *inveniaris scilicet corrigendus ab eo, conaris te munire frivolis vaniloquiorum ambagibus, tectus foliis ficus campestris, non vestitus innocentia agni veri, fucatus coloribus tinctis Indiæ, non dealbatus nive in Selmon ; nec velis assumere pennas,* etc. Reprehendit episcopum, qui sese hactenus defenderet et munire visus est per vaniloquentiam sæcularem potius quam per veram sapientiam. Id explicaturus allegoris, pluribus et longioribus periodis ita nimium indulget, ut sensus difficilior evadat.

quoque mundi sapientiam, quam confundit infirmus et despectus (*I Cor.* 1, 27), speciosus præ filiis hominum noster (*Psal.* XLIV, 3), magis amplectens, quam æternam illam veramque sapientiam, fatuitatem a tuis illis doctoribus quos laudas, quos effers, quos magnificas, æstimatam; mutuata ab Ægyptiis vasa (*Exod.* XII, 35) non in tabernaculi utensilibus Domini, sed in ornamentis ejusdem congeris Ægypti, lanam et linum Domini cum ipsis [*subaudi* vasibus] servire cogens reginæ cœli (*Jerem.* XLIV, 17), hoc est terrenæ altitudini; dum dolo devictum a Mario Jugurtham, quam ligno subactam a Christo sæculi pompam; captum Siphacem, quam dejectum a Michaele draconem (*Apoc.* XII, 7), triumphantemque nostro in prælio, cui non ex equo, sed ascendere debueras ex adverso, introducis : Scipionem, Pompeium, et Dejotarum, Catonemque facundissimum potius quam Petrum, et Paulum, Joannemque recolens Domini dilectissimum ; *Bella per Emathios* (*Lucan.* l. 1, v. 1), quam concilia a doctoribus celebrata Christianis, imo bellatoribus invictissimis per amœnissimos depicta sanctæ Scripturæ sæpius relegens campos ; jusque datum sceleri, quam regulam statutam pie vivendi :

Major in exiguo certabat corpore virtus.

quod Statius; quam *virtus in infirmitate perficitur* (*II Cor.* XII, 9), quod dicit Apostolus. Et ideo percutiendum te a monte sine manibus verere (204), dum in illum non times offendere, suspicans, imo docens montes coagulatos montem esse Dei uberem (*Psal.* LXVII, 17), id est, divisionibus gratiarum quos vult et prout vult fecundantem, quod tu audes dicere fieri ab homine, licet aliquoties et partim per hominem [*subaudi* fiat]; et ideo quia de terra es, dum cœlestibus penitus abdicatis de terra solummodo loqueris, time ne a dracone illo antiquo devoreris, dum cibus ejus esse ambis. Sic enim illi promisit, **112** qui mentiri nescit : *Terram*, inquit, id est terrenos, *comedes cunctis diebus vitæ tuæ* (*Gen.* III, 14). Meminisse autem debueras, quando hæc astute, ut tibi videbatur, proferebas, Cariath Sepher (*Josue* XV, 16; *Judic.* I, 12), id est, *civitatem litterarum*, a Josue (205), qui vivificat in spiritu quos littera occidit (*II Cor.* III, 6), jam esse destructam, jamque regnum Dei non in sermone consistere, sed in virtute (*I Cor.* IV, 20); jam manu fortem nostrum, David scilicet alterum, cui *juravit Dominus, et non pœnitebit eum; Tu es sacerdos*, inquiens, *in æternum* (*Psal.* CIX, 4), percussisse vallem Salinarum (*II Reg.* VIII, 13), id est, loquacitatem superbe sapientium, ideo expressam vallis vocabulo, quae *omnis, qui se exaltat humiliabitur.* (*Luc.* XIV, 11), non quia *convalles abundabunt frumento* (*Psal.* LXIV, 14), id est, quia *qui se humiliat exaltabitur* (*Luc.* XIV, 11), ab eo scilicet *qui emittit fontes in convallibus, ut inter medium montium pertranseant aquæ* (*Psal.* CIII,

(204) In vulgatis *vere*, perperam. Correctionem sensus exigit.

(205) Cum Ratherius præsertim in Papiensi carcere, ubi libris carebat, memoriter omnia referret ;

10), non utique illæ, quæ quondam super montes steterunt (*Ps.* CIII, 6) Ecclesiarum, id est, tumore eos ad tempus cooperuerunt persecutionum. Jam Deo gratias, ab increpatione Dei, licet tu eas revocare in tui ipsius præjudicio contendas, fugerunt, ascenderunt et descenderunt in locum, quem eis fundavit (*Ps.* CIII, 8), id est, perpetualiter locavit Dominus, ut non committantur rursus, licet velint operire terram; quia etsi adhuc in aliquibus laborat regnum Dei, et adversarii sint multi; tamen in maxima jam parte sæculi ostium magnum et evidens aperitur apostolico sermoni (*I Cor.* XVI, 9; *II Cor.* II, 12), non utique, ut et hoc dicam, inter istos cataclysmi montes, illos quibus Ecclesia potetur, lavetur, mundetur, ut tu docere altum sapiens cupis, suos Dominus emittit fontes (*Psal.* CIII, 10); sed inter eos quos rigat de superioribus (*Ib.*, 13), his videlicet, in quorum vertice ipse est præparatus. (*Is.* II, 2), qui et de monte lapis est abscisus sine manibus (*Dan.* II, 34), id est, sine operatione virili ex semine David secundum carnem natus Christus (*Rom.* I, 3). Non, inquam, mundatur Ecclesia aquis Ægypti, quæ ruunt cum præcipitio : (*supple* sed) aquis Siloe, quæ vadunt cum silentio (*Isai.* VIII, 6). Nam etsi Abana, et Pharphar fluvii Damasci meliores omnibus aquis Israel judicio æstimabantur Naaman Syri (*IV Reg.* V, 12); tamen nonnisi in Jordane nostro septies, non sine mysterio, lavatus a lepra potuit mundari (*Ibid.*, 14). Illa [*id est* Ecclesia] etiam, quæ, [*hic deest aliquod verbum*, *ex gr.* invehitur.] . . . . in medicos, id est, falsos theologos, quos et tu adhuc sectaris, dum propositiones et assumptiones in causa Ecclesiæ introducis Tullii Ciceronis, a nullo horum potuit curari, quamvis multa potuerit perpeti. Nam et catapharsim et apophasim tuum hac in parte tantum decidemus, ut in uno salubrius ac prudentius fore doceamus responderi secundum Apostolum, quia *si dixerimus quoniam peccatum non habemus, ipsi nos seducimus, et veritas in nobis non est* (*I Joan.* I, 8); in altero autem non solum in eorum numero **113** currere magnopere vitemus, qui firmaverunt sibi sermones; sermones malignos (*Ps.* LXIII, 6); sed etiam salva catholica fide et reclinata fovea, hoc est officii nostri jactura, malimus alienis sermonibus humiliter cedere, quam pertinaciter contentionibus deservire.

11. Et hæc quidem omnia ad id conjectandum, ut si talis etiam, quod absit, aliquis, ut tu dicis, inveniatur episcoporum, non posse convincatur judicari nisi a semet, ab ullo hominum, excepta duntaxat auctoritate canonum. A semet autem pura inter se et Deum aut quemlibet sibi elegerit fidelem patronum confessione judicatur, ut non a Deo districte judicetur; sed prior iniquitates suas adversum se confitens, vocemque accusatori præripiens justificetur.

factum Josue tribuit, quod in Josue libro sane legitur, at tum hic, tum in libro Judicum non Josue, sed Othonieli ascribitur.

Canonica vero judicatur auctoritate, si examinatus legitime, crimen suum in concilio proprio publicaverit ore. A Domino vero multis modis judicatur, dum secundum Psalmistam, aut infirmitate, aut damnis, aut inimicorum infestationibus, aut aliis quibuscunque afflictionum generibus, non quidem jubente, sed permittente Deo, in ejus afflictione vindicatur, ut aut corripiatur in præsenti sæculo, ne cum mundo damnetur in futuro; aut ut ferrum ejus mentis ad subtilitatem perveniat acuminis, alienæ erasum lima pravitatis, quo et ipse resecare in aliis male pullulantia valeat cordis.

12. At totum ita se habere non Catonicis, sed Dominicis approbemus eloquiis. A nullo hominum episcopos judicandos, et Apostolus perhibet dicens de eis, dum de se : *Qui autem judicat me, Dominus est* (I Cor. IV, 4); et : *Spiritualis dijudicat omnia, ipse autem a nemine judicatur* (I Cor. II, 15); et Dominus sal infatuatum nec in sterquilinio asserens ponendum (Luc. XIV, 35). A semet, ut idem Apostolus dicit : *Si nosmetipsos judicaremus, non utique judicaremur* (I Cor. XI, 31); et illud de Moyse : *Posuit et labrum æneum, in quo lavarentur Aaron et filii ejus, cum ingrederentur in sancta, quæ fecerat de speculis mulierum, quæ excubabant in ostio tabernaculi* (Exod. XXXVIII, 8). A Domino, ut et illud : *Visitabo in virga iniquitates eorum, et in verberibus peccata eorum* (Psal. LXXXVIII, 33). Non autem hoc dicit ab eo, qui pedes discipulorum lavisse legitur in Evangelio (Joan. XIII, 5). Canonica vero auctoritate quomodo judicetur, monstrat satis evidenter qui dicit : *Sicut audio, judico* (Joan. V, 30), et : *Ex ore tuo te judico* (Luc. XIX, 21). Et Apostolus, ut etiam hoc in præsenti observandum intelligas, in quantum Dominum adesse consideras, dum aliquo manifesto suæ præsentiæ judicio, aut invitum et coactum, perspicuam tamen veritatem promentem ac sponte confitentem, aut aliquo justo et legali judicio deprehensum revelat in publico, *Nolite*, inquit, *ante tempus judicare, donec veniat Dominus, qui et illuminabit abscondita tenebrarum* (I Cor. IV, 5). Mundeburdem autem vulgo quoddam genus regalis vocant tuitionis, quod qui habuerit, speciali quodam privilegio ita regia tuetur auctoritate plerumque, ut nec vi, nec judicio aliquid, etiam in culpa deprehensus, ab aliquo patiatur, antequam in 114 præsentia ejusdem majestatis audiatur. Si autem mortalis ita timetur potestas, si litteris sententia prolata hodie quidem subsistentibus (206), cras vero aut igne, aut aqua, aut vetustate deletis, nullum robur obtinentibus, ita custoditur; qua reverentia, quo timore illius debent servari edicta, cujus, cœlo et terra transeuntibus, non transeunt verba? (Marc. XIII, 31.) Quem vero apertiorem requiris Mundeburdem ad defendendum specialiter principes vel ministros, quos ille Rex regum potentissimus [*supple* posuit] in Ecclesia, quam *nolite tangere christos meos?* (Psal. CIV, 15.) Wiffam etiam quoddam vocant signum, quod qui regali habuerit dono, et alicujus invasu alicui subjacuerit damno, vindice defenditur gladio. Quod autem terribilius inveniri potest signum quam pontificale pedalum (207)? Perspicaciorem quam desideras wiffam, quam eam quam capite gestant coronam? Stola vero, planeta, dalmatica, cingulum, caligæ et sandalia quid tibi, etiamsi nil intus aliud intelligere valeres, nisi manifestissima divinæ tuitionis pariter et venerationis, dum contra cæterorum consuetudinem eos his uti cernis, tibi produnt insignia? quæ etiam tibi ne tuo judicio obvenerint, non nihil timeo, dum tam vilipendi a te considero, ut magis prædari et occidi, quam his optes defendi.

13. His contra tam perversissimum et inconvenientissimum etiam laicis judicium breviter prælectis, non te quem supra rogo consideres, cum [*subauditur* episcopi] inter se quoque propria, si aliquid excesserint, habeant judicia. Vidistine unquam militem aut plebeium, qui ausus fuerit reprehendere, nedum judicare judicem palatinum (208)? Denique satisfactum tibi jam esse poterat, judices eos [*id est* episcopos] esse omnium, non solum hominum, sed et angelorum, apostatarum utique (I Cor. VI, 3). Sed ad inculcandum, ne volubilitate excedat animum diversarum curarum, iterum arbitror replicandum, aliquid etiam, quod forsan adhuc aut ignoras aut dissimulas, adjiciendum. Noveris itaque quatuor futuros ordines in judicio; unum qui judicet cum Deo, alium qui per judicium liberetur a Deo, tertium qui per judicium damnetur, quartum qui jam judicatus ad nil aliud, ut credimus, aderit, nisi ut ipsa amplius piorum felicitate crucietur, ut in psalmo legitur : *Peccator videbit, et irascetur* (Psal. III, 10), et quod præ angustia spiritus sunt dicturi. Et ut hoc evidentissimis pandam exemplis, audi Dominum promittentem : *Sedebitis*, inquit, *super sedes duodecim* (Matth. XII, 28), id est in soliis apostolorum, non quidem solummodo duodecim illorum, sed et omnium ejusdem officii justorum. Et ne novum hoc et forsan a nobis æstimes conjectatum, audi ex his unum, sed jam tertium decimum, quia post Matthiam, e cœlo vocatum : *Nescitis*, ait, *quoniam angelos judicabimus?* (I Cor. VI, 3.) Frustra autem de sede hujus ordinis dubitas, cum apostolos eos, quantum et id agunt, esse scias; si tamen et idem te non fallit vocabulum, quia Græcum; et Psalmista concinat : *Principes*, inquiens, *populorum congregati sunt* 115 *cum Deo Abraham* (Psal. XLVI, 10). Congregati vero quid agant, exsultantes scilicet in gloria, lætantes in cubilibus suis, dicit in

---

(206) Mundeburdii privilegium respicit, quod litteris scriptum erat.
(207) *Pedalum*, id est pedum, seu baculus pontificalis. *Pontificale petalum* appellatur a Sigeberto in vita Deodorici episcopi Metensis c. 5, et ab auctore vitæ Sulpicii Pii episcopi Bituricensis, num. 37.
(208) Superius lib. I, n. 16, hæc leguntur. *Locotheta, quem nos comitem dicimus palatii, præfectus, aut judex es?*

alio idem psalmo : *Gladii ancipites in manibus eorum ad faciendam vindictam in nationibus, increpationes in populis; ad alligandos reges eorum in compedibus et nobiles eorum in manicis ferreis, ut faciant in eis judicium conscriptum* (*Psal.* CXLIX, 6-9). Gladius si quis sit non intelligis, cum manus opera (209), quibus e judicio vindicta et increpatione victuri liberarentur, morituri damnarentur, dederunt; advertere possis, ut ait unus eorum jam gladium tenens, etsi non aperte vibrans. Aliis, inquiens, *sumus odor mortis in mortem, aliis odor vitæ in vitam* (*II Cor.* II, 16); et Simeon præter alterum scilicet sensum de Domino : *Et ecce positus est hic in ruinam et in resurrectionem multorum* (*Luc.* II, 34); et Dominus ipse : *Est qui accusat vos Moyses* (*Joan.* V, 45); et de apostolis : *Ideo*, inquit *judices vestri erunt* (*Matth.* XII, 27); et : *Viri Ninivitæ surgent in judicio cum generatione hac, et condemnabunt eam, quia pœnitentiam egerunt in prædicatione Jonæ* (*Ibid.*, 41); et, *Si non venissem et locutus fuissem eis, peccatum non haberent* (*Joan.* XV, 22). Si vero, ut dixi, quis iste sit non intelligis gladius, interrogatus idem proferat Paulus : *Gladium spiritus quod est verbum Dei* (*Ephes.* VI. 17); et de ultima et præcipua superbia : *Quem Dominus Jesus interficiet spiritu oris sui* (*II Thess.* II, 8); et : *Est sermo Dei vivus et efficax et pertingens usque ad divisionem animæ ac spiritus* (*Hebr.* IV, 12). Ancipites vero, id est, bis acuti quare sint; præter istud quod modo est dictum, considera, quod et gehenna, id est duplex pœna, illud vocatur *judicium conscriptum* : Compedes vero et manicæ ferreæ (*Psal.* CXLIX, 9) duritia crudelitatis comparatæ, satis in Evangelio habentur dicente : *Ligate illis manus et pedes* (*Matth.* XXII, 13). Judicantur ergo, vindicantibus et increpantibus justis, injusti manibus et ancipitibus, gladiis, quia hic nec opera eorum imitando attendere, sermonem vero non solum spernere, sed etiam multis persecutionibus et mortibus studuerunt insectari. Et quia hic manus et pedes sponte ligatos habuerunt a bono opere, merito invitæ illic ligatæ in æterna erunt damnatione. Si pauci sunt, dicis, qui ad hoc erunt quandoque perventuri, *dinumerabo*, inquit, *eos* (*Psal.* CXXXVIII, 18); et forte propter Matthiam duodecim, aut propter Judam undecim, aut propter Paulum erunt tredecim, *Super arenam*, inquit, *multiplicabuntur* (*Ibid.*). Considera quantos judices, et vide si sit leve inter tot unum vel increpare.

14. Habes ordinem judicum, (210) proferamus et per judicium [*subaudi* ordinem] salvandorum: *Beatus*, inquit, *qui intelligit super egenum et pauperem, in die mala liberabit eum Dominus* (*Psal.* XL, 2). Da et per judicium damnandorum. *Cum incaluerit*, inquit beatus Job, *solventur de loco suo* (*Job* VI, 17), utique illo sinistro, perpetuo destinati supplicio. Hos duos ita sermo evangelicus **116** meritis uniuscujusque præmissis dividit, dicens : *Ibunt hi in supplicium æternum, justi autem in vitam æternam* (*Matth.* XXV, 46). Quartum vero Psalmista prædicente dicendo (211) : *Ideo non resurgant impii in judicio* (*Psal.* I, 5) : ita et idem excipit sermo : *Qui autem non credit jam judicatus est, quia non credit in nomine unigeniti Filii Dei* (*Joan.* III, 18).

15. Operæ pretium autem videtur malesanæ hic cujusdam obviare sententiæ, qui præsentibus quibusdam nec modice, proh dolor! eruditis episcopis ausus est illud quod canitur (212) in Ecclesia improbare, videlicet sanctos omnes cum Christo in æternum regnaturos fore, asserens nec dicendum nec credendum aliquem præter Deum in æternum regnare, sed fatendum sanctos tantummodo cum illo gaudere; quasi et idem non sit cum Deo gaudere quod regnare, regnare quod vivere, vivere quod semper esse. In quo tantum infeliciter convaluit, ut ipsum, pro quo totum [*f.* tantum] in præsenti laborat, tantæ felicitatis dulcisonum a cantu Ecclesiæ se præsente secreverit melos; quod quidem recte faceret, si singularem deitatem, ejus regnatum [*id est* principatum], et potentiam, qua cuncta proprio quoque et singulari nutu creata, proprio quoque et singulari regit et gubernat imperio atque moderamine, ita pie venerando intelligeret, ut gratuitæ miserationi, quæ ex vasis iræ vasa facta misericordiæ (*Rom.* IX, 22, 23), tanto ditat munere, quo non reges tantummodo esse et vocari, sed insuper Deos esse et dici ineffabili concedat benignitate, impie invidendo contraire timeret. Sed, o cæca cæcorum, et dicentis scilicet et conniventium hac duntaxat in parte, et stultissima, si tamen defendatur, stultitia! Dum enim ex se homines Deum conantur metiri, putant et illum, ut se, invidere alieno profectui; quasi et illum, tanta coarctet angustia possessionis et potestatis, tanta autem dilatet magnitudo cupiditatis et ambitionis, ut quod alter assequitur, hoc sibi æstimet minui, cum omnia solus possidens, thesaurarium [*id est* thesaurum] ita æquo moderatu contineat suum, ut nec exhauriri valeat nec cumulari ; potestas vero ejus nec deficere in aliquo, nec proficere queat omnino, licet omnia ipse pro sui placito naturarumque et causarum consentu et cumulet et exhauriat, quibus vult profectum, quibus vult adhibens defectum, immutabilis in se mutabilia continens, sub

---

(209) Id est : *Si non intelligis, quis sit gladius, cum manus dederunt opera, quibus*, etc.

(210) Dixerat num. 13 : *Quatuor futuros ordines in judicio, unum qui judicet cum Deo, alium qui per judicium liberetur a Deo, tertium qui per judicium damnetur, quartum qui jam judicatus ad nil aliud, ut credimus, aderit, nisi ut ipsa amplius piorum felicitate crucietur*. Primum ordinem eorum, qui judicabunt cum Deo, hactenus exposuit. Nunc tres alios ordines explicandos aggreditur, nimirum ordinem salvandorum per judicium, ordinem damnandorum, et quartum eorum, qui jam judicati sunt.

(211) Supple, hoc loco *ordinem eorum, qui jam judicati sunt, da*, seu proferamus Psalmista prædicente, etc.

(212) Canitur in hymno, qui vel hodie in laudibus festi omnium Sanctorum recitatur :

> Quicunque in alta siderum,
> Regnatis aula principes.

se ita illuminanda ex se illuminans, cum sibi nil luminis detrahat, ut et ipsa luce [*f.* lux] vocari rite et benignissime concedat : quod et de regibus jam dictis satis ipse intelligere poterat, videlicet ut illum et sciret et confiteretur essentialiter fore Regem regum, sed institutorum, sicut est Lux luminum, sed illuminatorum.

16. Verum ut ad ipsum erroris auctorem nostrum **117** jam vertamus sermonem, dic mihi, rogo, hoc aut dicens, aut tacendo consentiens, aut quod multo pejus est, astipulando confirmans, apostolicis refragaris testimoniis? Nullo modo, inquis. Quid itaque in tam aperta ejus sententia inesse reris arcanum, ubi dicit : *Si compatimur et conregnabimus?* (*II Tim* II, 12.) Quid cum in Apocalypsim Joannis finitum pro infinito accipiens, legis : *Regnabunt cum ipso mille annis?* (*Apoc.* XXIII, 6.) Quid daturum eis, quibus in judicio dicturus est : *Venite, benedicti Patris mei, percipite regnum* (*Matth.* XXV, 34), nisi idem, ut conregnent, regnum? Quem enim regum terrenorum illud, cum præfecturas et prædia vel alia hujusmodi ad partem regni suis distribuant pertinentia, dicere nisi cum conregnaturo aut certe successuro audis filio? Aut vero propter judicatum in sessu duodeno etiam regnantum prædictum nequis intelligere numerum (213)? Cum vero in psalmo audis : *Unxit te Deus, Deus tuus oleo lætitiæ præ consortibus tuis* (*Psal.* XLIV, 8), quos consortes intelligis, nisi conregnantes? In eo vero quod angelum Mariæ dixisse legis : *Regnabit in domo Jacob in æternum* (*Luc.* I, 33), quid, quæso, intelligis? An æstimas divinitati illius, qua coæternus et consubstantialis Patri ubique sine initio et sine fine regnat, al quod non ante habitum, et quod præter ubique esse possit alicubi regnum promissum; et non potius humanitati illius, qua in tempore pro nobis est indutus, a divinitate, quæ una illi cum Patre est, attributum, ut scilicet regnet in domo Jacob (*Luc.* I, 32), id est, in regno Ecclesiæ, quod ex eo cœpit ex quo natus est ipse, vel ex eo quod tribunal crucis dignatus est nostri causa ascendere, Psalmista (dum clamat) testante fidelibus Christicolis : *Dicite in gentibus* (*Psal.* XCV, 10), *Quia Dominus regnavit a ligno* (214), id est a crucis ascensu, futurum [*subaudi* quod regnum], sine fine, cum eodem utique Jacob in æternum, hoc est, capite cum corpore? An tu aliter sentis; et putas etiam temporarie, cum nec possit vivere sine membris aliquid [*f.* aliquod] caput posse regnare? Aut forte de ipso dictum esse non recolis : *Cum corpore suo quod*

(213) Construe : *Quem enim regum terrenorum, cum distribuant suis præfecturas et prædia vel alia hujusmodi pertinentia ad partem regni, audis dicere illud* (id est *percipite regnum*), *nisi cum distribuunt filio conregnaturo, aut certe successuro? Aut vero propter judicatum in sessu duodeno* (respicit illa : *Sedebitis super sedes duodecim judicantes duodecim tribus Israel) nequis intelligere prædictum duodenum numerum etiam regnantum?*

(214) Voces *a ligno*, quas inter Græcos S. Justinius in dialogo cum Tryphone, et inter Latinos Tertullianus, antiquus auctor Commentarii in epist. 1 ad Corinthios Ambrosio tributi, Prudentius, S. Au

*est Ecclesia?* (*Rom.* VIII, 17.) Itemque : *Si autem et hæredes; hæredes quidem Dei, cohæredes autem Christi?* Et cujus, quæso, hæredes rei nisi regni? Postremo cum in oratione ab ipso tibi tradita dicis : *Adveniat regnum tuum* (*Matth.* VI, 10), quid rogo petis? An ut jam maturet regnare, qui nunquam creditur non regnasse? An, quod est verius, ut cum ipso merearis regnare adoptione non genere, munere non proprietate, dono non debito, concessione non paritate, gratia non essentia, pietate dantis non comparatione æqualitatis? Nempe ex ejusdem **118** de mansionibus (*Joan.* XIV, 2), et Apostoli de stellis differentias (*I Cor.* XV, 41) quasdam facientes possumus veraciter dictis colligere, non solum ipsum, cui essentialiter idem est (215) semper regnare quod vivere, longe incomparabiliter adoptatis præstare regibus, sed etiam inter ipsos regnantes non parvam regnandi distantiam fore. Desine ergo, fili, hanc tuam non quidem sententiam, sed maximam tueri inscitiam, ne illorum in numero inveniaris aliquando, qui Deum dum defendere nituntur, offendunt. Vindica quin potius et tu moribus dignitatem tuam, ne tantam perdas prærogativam. Inaniter enim hoc in oratione rogas, si illud adipisci, dum etiam desperas, non desideras; cum nec patrem illum aliter tuum esse, nisi et inaniter, dicas.

17. Ad te vero isto relicto reversus, cum quo mihi jam sermo de non parvo est negotio diutius; considera, rogo, dum summus pontifex a nemine nec reprehendendus, quanto minus quilibet eorum flagellandus, carceri mancipandus, fame et siti, frigore et nuditate cæterisque afflictionum generibus tormentandus? Unum etiam precor ut attendas, et ex te ipso perpendas. Si haberes aliquem servum negligentem quidem, quem tamen tanto amore excoleres, ut in aliquo locorum tuorum secunda post te sede, secunda auctoritate, secunda poneres potestate, videlicet ut quidquid tibi agendum, tibi decernendumque committeres, quidquid statuisset firmares, quidquid destituisset destitueres; benedictus ab eo, a te quoque benediceretur, maledictus maledicetur, cui tua jura, tua insignia, thronum, sceptrum, purpuram, ipsam etiam concederes coronam; nomine etiam tuo appellandum decerneres; postremo quoque nil tibi residui nisi ipsam essentiam, regimen, atque gubernationem qua ipsum cum commissis regeres et gubernares, et quod quidquid ageret, decerneret, statueret, definiret, tua, non sua potestate faceret : inter hæc aliquid eum ab aliquo (216) conservorum gustinus, S. Leo, et alii prælerunt, leguntur etiam tum Græce, tum Latine in antiquissimo manuscripto psalterio Veronensis ecclesiæ, quod P. Joseph Blanchinius edidit.

(215) Nos *nempe, facientes differentias quasdam veraciter colligere possumus ex dictis ejusdem* (Christi) *de mansionibus, et ex dictis Apostoli de stellis, non solum ipsum Jesum Christum, cui essentialiter idem est,* etc.

(216) Erat in vulgatis prorsus sine idoneo sensu : *aliquid cum in aliquo. Correctionem sententia efflagitat. Construe et explica : si nimirum iste, quem, o rex tanto honore decoraveris, inter hæc honoris in*

excedente comprehensus, te inconsulto, licet præsente, ab eo injuriaretur, carceri daretur, fame, siti, geluque necaretur, opprobriis et derisionibus et contemptui, quod gestaret, nominis afficeretur : quid ergo, bone rex, pie princeps, in hujusmodi tibi agendum decerneres negotio? Scio, ais, quid agerem ; sed non est iste Deo tam charus quam dicis. Quid, inquam, nosti? Nonne vides eum solio, sceptro, corona, purpura, ipsoque nomine satis præclue (217) insignitum ? Ego, inquis, eum insignivi. Tu ? qualiter? Potuistine dare quod nec audes **119** contingere? Valuisti concedere quod etiam cogeris adorare? Fuitne unquam in tua potestate, quod tam altius nunc est supra te? Mirabile ergo quod tibi tulisti, alteri tribuisti. Sed desine hoc vel cogitare. Nam si potuisses dare, poteras utique et auferre. Nunc vero cum rebus spoliare, patria pellere, exsulare, carceri tradere, luminibus orbare, excoriare, exmembrare, ad ultimum in tui ipsius præjudicio eum valeas occidere; nomen autem illud, sceptrum illud, coronam cum purpura, illam benedictionem, illam potestatem ligandi te ipsum, etiam a quo ligatus tenetur, solvendique (218) illam, judicium illud, principatum illum, angelicatum illum, apostolicatum illum, pontificatum illum, regnatum illum, pastoralitatem illam, postremo (quod his omnibus est præstantius) unctionem et dealitatem illam non possis tua vi, tuo judicio, tua auctoritate, tua tollere potestate : agnosce multum supra te esse, quod tantum ipso Deo vides propinquare, ut nisi ab ipso auferri, ab ipso valeat tribui, ab ipso in sui consortio mereatur ita insolubillime asciri, ut a nullo se intacto valeat tangi. Nam illa omnia, quæ, ipso licet nolente, dum tam terribiliter interdicit, sed tamen (219) permittente, ab homine eis [*id est episcopis*] possunt infligi, licet maxima injuria sit Dei, maxima miseria inferentis, inæstimabilis tamen gloria ejusdem est ordinis; quod testantur illi qui *ibant gaudentes a conspectu concilii, quoniam digni habiti sunt pro nomine Jesu contumeliam pati* (*Act.* v, 41).

18. . . . . . graviter (220) contra dantem erexit, dum tam immaniter illum offendit; quid ad te? Quia meum, inquis, turbavit regnum, concitavit prælia, prædas innumeras exercuit. Non puto, inquam ; at vero dicamus, fecerit, dicamus tibi morem gerendo pro libitu tuo. Sed, o utinam! postquam eum captum in tua habuisti potestate, Deo permittente, quanquam nolente, (neque enim fas est fautorem eum esse eorum, quæ ne fierent interdixit, dici vel credi) recoluisses illum dixisse omnibus, cum præcipue tibi :

*Quicunque honorificaverit me, honorificabo eum; qui autem contemnunt me, erunt ignobiles* (*I Reg.* ii, 30); et illud : *Dedit ei Deus locum : at ille abutitur eo in superbiam* (*Job* xxiv, 23); et de quibusdam : *Averteruntque oculos suos, ut non viderent cœlum, neque recordarentur judiciorum justorum* (*Dan.* xiii, 9.) Susurrasset quoque tibi Sapientis illud dicentis hujusce proverbium : *Bis vincit, qui se in victoria vincit, et iracundum qui vincit, hostem superat maximum.* Itemque : *In vindicando criminosa est hæreditas.* Alterius quoque hujusmodi : (*Cic. pro Marcel.*) « Animum vincere, iracundiam cohibere, victoriam temperare, adversarium non modo extollere jacentem, sed etiam amplificare ejus pristinam dignitatem, hæc qui facit, non ego eum summis viris comparo, sed simillimum Deo judico. » Ridiculum econtra, juxta **120** eum qui supra, odio nocentis innocentiam perdere. Occurrisset etiam animo factum David, quomodo persequentem se Saul, sibi a Deo traditum inveniens, et a suis ut eum feriret suasus, noluerit; potiusque dixerit : *Propitius mihi sit Deus, ne extendam manum in christum Domini* (*I Reg.* xxvi, 11). In quo primum notavisses, quod propitium sibi fieri Deum postulaverit, ne faceret quod ipso locum ei dante juste facere poterat. Væ enim ei, qui secundum Psalmistam dimittitur voluntati suæ (*Psal.* lxxx, 13); cum corruptos et abominabiles (*Psal.* xiii, 1) utique Deo quosdam in studiis suis factos alibi notans Scriptura dicat : *Post concupiscentias tuas non eas, et a voluntate tua avertere* (*Eccli.* xviii, 30); et : *Sunt viæ quæ videntur hominibus rectæ, quarum finis usque in profundum inferni demergit* (*Prov.* xvi, 25); et desiderent quidem plerumque nonnulli, quod malo suo exauditi solent accipere. Unde quidam satis lepide : *Nil tam insanum*, inquit, *quam id desiderare, per quod possis perire*. Alius item scilicet facete, quantum ipsa Sapientia docente : *Si miserum est*, ait, *voluisse prava, potuisse miserius est.* Job autem : *Abundant*, inquit, *tabernacula prædonum, et audacter provocant Deum, cum ille omnia dederit in manibus eorum* (*Job* xii, 6). Unde autem *prædones*, cum Deus *dederit*, nisi quod, Deo permittente juste, isti ad prædam exarserunt injuste? Unde *audacter provocant*, nisi ex eo, unde eis Deus locum, aut propter castigationem, aut propter pœnam delinquentium dedit, aut certe malo illorum, ut scilicet sibi relicti, nec a medico prohibiti, edant unde necentur: bibant calicem furoris Domini, unde inebriati gravius corruant in æternum perituri ; exaggerent crimina, unde major eis accendatur gehenna, *apposita semper iniquitate super iniquitatem*

---

signia *comprehensus ab aliquo conservorum excedente eum aliquid, injuriaretur ab eo; te inconsulto, licet præsente*, etc. *Excedente eum aliquid*, id est qui eum aliqua ex parte antecellit.

(217) *Præclueo* a Prudentio usurpatum in hymno post cibum, vers. 37, pro *valde clueo*. *Clueo* autem apud Plautum Trinum. 2, 4. 95 : *ut nomen cluet* pro *celebror, claresco*. Igitur adverbium *præclue* idem est ac *præclare*. Dum porro ait : *Ego, inquis, eum insignivi*, de rege loquitur; qui se facere episcopos dictitabat. Vide librum tertium num. 23.

(218) *Illam* scilicet *potestatem solvendi.*
(219) Male in vulgatis *te tamen*. Emendationem confirmant sequentia : *Deo permittente quanquam nolente*.
(220) Nonnulla hic desunt, quibus opponebatur, ideo ea mala fuisse a rege inflicta episcopo; quia se contra regem, a quo episcopatum acceperat, erexit, Reponit autem Ratherius : *Si ille se* (hæc vel his similia supplenda sunt) *graviter contra dantem erexit*, etc. Mox correximus *inquis*, ubi legebatur, *inquit*.

eorum (*Psal.* LXVIII, 28), dum scilicet maligna voluntas eorum nequissimum pervenit ad effectum, ut *non intrent in justitiam Dei*, sed *deleantur de libro viventium, et cum justis non scribantur* (*Ibid.*, 29). Paupere et dolente a salute Dei suscepto, ut magnificet eum in laude, et laudet nomen ejus in cantico (*Ibid.* 31). Unde ergo, ut dixi, Dei iram provocant, nisi unde Deo quamvis secretissimo consilii sui disposito permittente, locum accipientes, omnia quæ ira, cupiditas, vel superbia eorum dictat, agunt, nec permittentis justitiam verentes, nec pietatem pensantes, nec ancipitem Dei gladium metuentes, nec respectum super afflictionem miserorum considerantes, postremo ne vel suimet consideratione aliorum miseriis condolentes, neque prophetici illius improperii reminiscentes, quo sub persona impiæ Babylonis talibus Dominus exprobrat, dicens: *Iratus sum super populum meum; contaminavi hæreditatem meam, et dedi eos in manu tua; non posuisti eis misericordias, et recordata es novissimi tui* (*Isai.* XLVII, 6); terribiliterque post aliquanta concludentis: *Veniet*, inquiens, *super te malum, et nescies* **121** *ortum ejus; et irruet super te calamitas; quam non poteris expiare. Veniet super te miseria, quam nescis* (*Isai.* XLVII, 6), cæteraque, quibus nescio, utrum, quid terribilius queat inveniri?

19. Quod si, ut ad David redeamus, more . . . . usitatissimo respondens [respondeas], magnæ quidem patientiæ illud exemplum [*subaudi* Davidis] fuisse, sed hodie ista non competere; respondeo quia magis hodie competit talia quam tunc: tunc enim juste licebat ulcisci, modo nec irasci (*Matth.* V, 22). Hoc, inquis (221), ideo quia dominus suus fuerat, egit. Tu, inquam, ideo quia pastor tuus, propheta tuus, angelus tuus, judex tuus, Deus tuus fuerat, convenientius fecisses. Verum si altius quid in hujusmodi facto velis rimari, scias David te in isto turbato, ut dicis, regno injuriam tuam significasse; Saul vero unctum quidem, sed justi persecutorem, præpositorum in Ecclesia, sed negligentium ordinem. Saul itaque purgat ventrem (*I Reg.* XXIV, 4), cum quilibet eorum de se malæ opinionis elicit fetorem. Dolet David se oram chlamydis ejus abscidisse (*Ibid.*, 6), quia valde metuendum est cuilibet . . . . . . . etiamsi sit et ipse unctus ut David, vel in extrema actione reprehendere quemlibet Hebræorum. Regale autem nostrum esse sacerdotium (*I Petr.* II, 9), et Petri testimonium, et millia approbant testimoniorum. Quod denique testimonium alio festinans ponere non proposueram, sed quia se ultro obtulit, abjici nullomodo potuit: forsan nec minus alias sui opportunitate valebit.

20. Verum potest fieri, ut per totum ita se rem non habere, ut dicis, inveniamus, si ventilemus discussius (222). Videor enim mihi optime intelligere quid desiderares. Lupus enim cum sis ipse, pastorem timidum canemque mutum velles invenire. Et cum Ecclesiæ sis publicus prædo, contradicentem inveniri velles nullum. Sed, o importabilis sarcina! ubi erit: *Non solum qui faciunt, sed etiam qui consentiunt facientibus, digni sunt morte?* (*Rom.* I, 32.) Ubi quod dicit alibi idem: *Quicunque voluerit amicus sæculi hujus esse, inimicus Dei constituitur?* (*Jac.* IV, 4.) Ubi illud Psalmistæ: *Si videbas furem, currebas cum eo* (*Psal.* XLIX, 19), id est, consentiebas ei? Hæc, **122** ut opinor, causa fuit dissidii; hæc nota, quod ingeris, criminis; quod videlicet tu res omnes volebas tenere Ecclesiæ, eum vero (223) mercenarium tui, non pastorem gregis esse Christi; hocque sibi displicere aliquo resistendi monstravit genere, regem te ipsa etymologia pensus ubi recte ageres, furem ubi sacrilegium perpetrares (224). Cæterum quidquid factum sit, quidquid perperam contigerit (ita enim sermo est agendus, ceu factum fuerit et contigerit) quod ne fiat et contingat, interdicere labor hic noster contendit: nunquidnam non debuit auctor facti judicio canonum prius legitime examinari, et si legaliter fuisset convictus, ipse suæ damnationis testis, judex et censor effectus, non jam damnaretur ut episcopus, sed eo, si ita se lex haberet, deposito, et alio Ecclesiæ substituto, et iste pœnas, si velles, juste lueret pro commisso, et tam sacratissimum ministerium non violaretur in aliquo, et Ecclesia mater per tam diuturni temporis spatia, tam nimia deperditione suorum filiorum non sustineret præjudicia? Ubi enim (225), quos uno saltem paschali tempore eadem debuit parere, filii, ipsa vidua, ut ita dicam, sine consortio tanquam viri existente matre? In animo excedit dictum: *Quod Deus conjunxit, homo non separet* (*Matth.* XIX, 6); cum et in primordialis (226) virginitatis commendatione primi hominis prophetiam exponens Apostolus dicat: *Sacramentum*, inquiens, *hoc magnum est: ego autem dico in Christo et in Ecclesia* (*Ephes.* V, 32).

---

(221) Construe et explica: *Hoc, inquis, ideo David egit, quia Saul Dominus suus fuerat.*

(222) Id est exactius, seu diligentiori examine.

(223) In vulgatis perturbato sensu, et mendose *cum vero tu. Eum*, scilicet episcopum, rex volebat esse non pastorem gregis Christi, sed mercenarium. Respicit Hugonis factum, quod in epist. 5, ad Joannem XII, num. 4, exprimitur sic: *Misit* (Hugo rex) *in pitaciolo certam quantitatem stipendii, quod tenerem de rebus Ecclesiæ, de cæteris exigens jusjurandum, ut diebus illius filiique sui amplius non exigerem. Ego intelligens quanta absurditas hoc consequeretur, non consensi*

(224) Hæc ad episcopum referuntur, qui ea in re non consensit, sed restitit regi: *pensus*, id est cum judicasset, *te ipsa etymologia regem esse, ubi recte ageres, furem ubi sacrilegium perpetrares*. Post pauca, *Cæterum* scripsimus, ubi perperam legebatur *Certum.*

(225) Hæc ut sensum aliquem congruum reddant, sic construenda videntur: *Ubi enim filii* (supple erunt) *quos uno saltem paschali tempore eadem Ecclesia debuit parere, ipsa matre existente, ut ita dicam, tanquam vidua sine consortio viri*, id est episcopi, cujus erat paschali tempore baptizare. Scripsimus *tanquam*, ubi erat *quanquam.*

(226) Primordialem virginitatem vocat eum statum, de quo in statu innocentiæ ante matrimonii

21. Cui vero (dicamus) imputabitur, quod tanta multitudo, quæ pie per gratiam Christi liberata, regna debuerat intrare cœlorum, impie derelicta cumulavit infernum? (227) Nam, ut ad ipsum, de quo superius satis prolixus est sermo habitus, modicum quid a proposito digressi redeamus, quorumdam (proh dolor!) relatu cognovimus, quod eodem quo [*subauditur* episcopus] absens fuit paschali tempore, cum baptisterium non fuisset (chrisma deficiente qui daret) in eadem ecclesia celebratum; tanta clades in civitate contigit infantium, et hoc solummodo non baptizatorum, quantam nullus meminit unquam priorum : **123** ita ut passim per domos a matribus non quidem sponte suffocati, unum totius civitatis facere possent (si tamen timor [*Vulg.* timore, *male*] Dei eodem ullus esset in loco) lamentum, pro vindicta divinæ animadversionis lugentibus aliis, aliis tam temporalem, quam æternam et natorum et genitricum mortem plangentibus. Quid igitur super hoc (dicamus), judex ille dicturus est, cum venerit terribilis, qui primum venit quærere et salvum facere quod perierat (*Luc.* xix, 10), mitis (228) nisi se frustra, quantum ad ipsos spectat, venisse frustra illos quæsiisse, nescio quo, ipse viderit (si tamen ita catholice, metaphoricos [*id est* metaphorice] scilicet, dici possit) [*subaudi* se] abscondente, ne inveniri et salvari possent. Frustra actionarios (229), qui eos unde colligerent, constituisse; frustra sanguinem suum pro eis dedisse conquerendo clamabit. Esto episcopus deliquerit, quilibet [*id est* infantium] eorum quid deliquit? Christus in quo aliquem, ut hoc pateretur, læsit? Ecclesia quid commisit? Quod si peccato delinquentis exsulati imputandum censes, bene consentiamus : tamen nec tu (auctorem autem facti alloquor) Dei judicium evades, imo tanto majus duruit quod senties, quanto de ejus injuria tuam visus es vindicare : cum ille te suo exemplo (utpote (230) qui propter multa similia, si tamen posset aliquid huic inveniri simile, quod diatim committis, te adhuc patienter etiam in isto ut resipiscas spectat [*f.* exspectat]) monet, non solum ut in illum causam non referres, sed ut nec fratri malum pro malo (*Matth.* v, 44), quin magis bonum pro malo rependeres, ut filius tanti Patris esse merereris; quod quia refutasti, vide cujus filius (cum nonnisi duo patres, sicut nonnisi duæ sint generationes) merearis vocari. Forsan autem, ut et hoc aditum [*l.* addatur], super eo consultus respondere tibi propheta potuerat Eliseus : *Non*, inquiens, *percuties, neque enim eum cœpisti, gladio, aut arcu tuo, ut percutias* (*IV Reg.* vi, 22). Quid autem in illo supplicio quod tu illi juste quidem secundum te, injuste autem et Deo penitus exsecrabili, sæculoque Christiano penitus injusto ordine, quantum ad officium [*subauditur* episcopale], intulisti, Deus indulserit; sicut latroni in cruce (*Luc.* xxiii, 43), et quibusdam aliis legimus contigisse, qui pro criminibus dati suppliciis, Christi gratiam in ipsis meruerunt tormentis : nunquidnam putas et Deum tantum sui regni dispendium relinquere impunitum? Num si quid iste deliquit, tu injuriis **124** emendasti? Quod tu agis cujus judicio committis? Nempe *Deus*, ut in Job habetur, *nil inultum abire patitur* (*Job* xxiv, 12). Ipse quoque, etiamsi tu errare velis, et quasi dissimulando abscondi, ut dicit Apostolus, *non irridetur* (*Gal.* vi, 7). Nunquam vero scelus scelere vindicandum testatur Sapientis proverbium. Perturpe est enim quod objicitur in objiciente cognosci, et scelestum a scelerato damnari. Tantis igitur tamque terribilibus sententiarum tonitruis ipsam judicii tempestatem, quæ in turbine veniet, præeuntibus, non solum experrectus, sed et perterritus, ab afflictione cujuslibet ecclesiastici, licet minimi, licet negligentis, contine quæso vim, linguam et manus; ne forte Deo per te illos, ut jam alios [*subauditur* corrigit], per alios, corrigente eruditi, stent et illi cum aliis in magna constantia adversum te, qui eos angustiasti (*Sap.* v, 1), tuque cum tuis gemens præ angustia spiritus, seroque pœnitens, incipias dicere illis te judicantibus districte : *Hi sunt quos aliquando habuimus in derisum et in similitudinem improperii* (*Sap.* v, 3). Hæc tibi quantum ad rem breviter, cum possem infinite, volui demonstrare. Et si ignarus horum in hoc nefandissimum et singularis contra Deum rebellionis facinus incurreres incautius; pœnas ego pro tui perditione luerem, quandoquidem alia [*supple* crimina] minoris valde periculi pandens, dum istud tacendo recusarem interdicere, viderer sparsisse.

22. Sed ut ad aliquem horum, quos nunc Boreæ divisimus (231), tetrarchiam satis strenue novi gu-

---

usum prædictum fuit : *Relinquet homo patrem suum et matrem, et adhærebit uxori suæ, et erunt duo in carne una* (*Gen.* ii, v. 24), quem quidem textum S. Paulus repetens subjicit : *Sacramentum hoc magnum est*, etc.
(227) Hanc eamdem Augustinianam sententiam, qua puerorum animæ sine baptismate decedentes ad infernum descendere traduntur, hoc eodem sæculo tenebat S. Odo abbas Cluniacensis, qui pro cujusdam pueri a Normannis capti anima gravissime laborabat, timens ne aliquo casu sine lavacro fontis puer et anima ejus gehennæ traderetur; uti narrat Joannes ejus discipulus in ipsius Vita, lib. ii, num. 6. Vide Acta sanctorum ordinis Bened. tom. VII, pag. 170. In eamdem sententiam iterum Ratherius libro sequenti num. 28 de iisdem infantibus sine baptismo defunctis loquens, scripsit : *Tam innumeros, heu dolor! filios morti transmittens æternæ.*
(228) Junge adjectivum *mitis* cum præcedenti verbo *venit*, sic: *Quid igitur super hoc (dicamus) judex ille dicturus est, cum venerit terribilis, qui primum mitis venit quærere, et salvum facere quod perierat*, quid, inquam, *dicturus est, nisi se, quantum ad ipsos spectat, frustra venisse, frustra illos quæsisse*.
(229) *Actionarii* dicuntur, qui res alienas agunt.
(230) Construe : *Utpote qui propter multa mala similia (si tamen aliquid huic simile inveniri posset) te adhuc patienter, ut resipiscas, exspectat etiam in isto, quod diatim committis.* Mox *in illam* habebant vulgati, ubi correximus *in illum*, id est episcopum.
(231) Locus corruptus, et obscurus. Si in voce *Boreæ* error non lateat, pro *divisimus* legendum vi-

bernare, hæc cuncta referam; otiose me ista prælibasse puto, in quantum te Christianissimum fore conspicio, nec tyrannide imperium, nec potestatem insania commutavisse. Tantos etiam tales et tam maximi numeri sciam [*l. scio*] adhuc in Ecclesia doctores haberi, ut si, quod absit, . . . . . . impellereris (232) hujusmodi, ab his satis valeres coerceri. Væ enim ipsis, si aut te, Deo posthabito, tantum timeant, cum ejusdem qua illi conditionis, ejusdem sis pulveris, nihilque nisi permissus possis; potestatis autem auctoritate ab eis diu multum supereris: aut in tantum odio habent, cum sis eorum tu ovis, filius, defensor, advocatus, atque patronus, et forsitan (quod adhuc licet ex malo est [233] amplius atque onerosius aliquo eis sacramenti (234) genere confœderatus: cum veracissima illa sit Clementis papæ sententia, quia *Unicum negligere non minus est quam odisse*. Et verissime: *Qui enim, ut ait sapientium quidam, succurrere perituro potest, dum non succurrit, occidit*. Væ etiam adhuc eis imminet deterius, si cum sint canes ad hoc Domini præpositi ovibus (*Isai*. LVI, 10), ut eas latratu a luporum defendant semper incursibus adeo obmutuerint, ut non solum easdem defendere [*supple* negligant, *vel aliquid simile*], sed etiam unum (235) quemlibet suorum, licet debilem et inutilem, omnigenoque ægritudinum genere confectum, nulli etiam usui penitus aptum, tamen eorum consortem, canem quoque et pastorem vocatum, permittant ore pessimi et inauditi generis silentio infelicissime per quemdam ejusdem ordinis obturato, coram suis a quolibet strangulari; cum veracissime sit dictum in causam ejusdem negotii (236): *Mortem languenti, qui cum potuit non abstulit, inflixit*. Nam si tanta hodieque, ut jam fecit [*f.*, fuit], fervesceret rabies, nonne debuerant hac occasione pro fratre, imo pro Christo, suas sponte gladio submittere cervices? Nunc vero cum tam clementissimæ quivis nostrum sit lenitatis, tam obedientissimæ Deo voluntatis, tamque affabilissimæ hominibus benignitatis, ut quibuslibet precantum precibus liberalis, firmum præbere non moretur assensum, magisque ignorantia quam malitia in quempiam proruat lapsum: quod, rogo, excusationis sibi obtendere valeant velum, nisi quod videntur omnino seipsos negligere, dum sibi non prospiciunt; dumque te forsitan proditum iri, quandoquidem sinunt, cupiunt, semetipsos interficiunt? Nempe audeo incunctanter dicere, nec in eo mihi videor errare, quia nullus consilium, consensum, vel adjutorium in hujusmodi labendi crimine tibi valet, vult, aut audet tribuere, nisi qui Deum aut non novit, aut negavit, aut vitæ, regni, atque honoris tui, præsentis scilicet et futuri, proditor esse velit, vel etiamsi nescius sit, aut [aut *hic abundat*] sacramentum, quod tibi fecit, aut non intelligit aut non recolit, dum illud tam perverse negligit: *Intelligite hæc, qui obliviscimini Deum, nequando rapiat, et non sit qui eripiat* (*Psal*. XLIX, 22).

23. Tu vero, bone rex, Christianissime princeps, dum te ab istis similibus prudentissime caveris respectu illius, a quo quotidie prosperis ad vota successibus attolleris, debella post hæc hostes, conserva cives. Accipe, si accipis, ab extraneis; da tuis; et ut minaris [*id est* emines], et quorum uteris sæpius obsequiis, perpende. Etiam nomen (237) in Græco officiale [*f.*, officium] tuum, et inter Græcam Latinamque illud interpretando formam agnosce, te populum portare debere; non premere. Esto superbis erectus, humilibus vero submissus, mitis cunctis, affabilis universis, discretus, munificus, moderatus, potentiam propter utilitatem cogitans, propter timorem dissimulans. Audi sapientiam dicentem: *Misericordia et veritas custodiunt regem*. Itemque: *Tolle impietatem de corde regis, et roborabitur clementia thronus ejus* (*Prov.* XX, 28). Cui illud quoque vulgare videtur concinere, quia non debet habere potestatem, qui non habet patientiam. Dilige itaque, juxta cujusdam sapientis dictum jure, bonos, et miserescere malis. Res enim, secundum alterius proverbium, optima est, non sceleratos exstirpare, sed scelera. Eleemosynas non solum assidue, ut alii, sed continuatim facito. Dicerem etiam tibi, sed timeo ne succenseas; sed tamen facias necne, non audeo reticere. Vereor enim, quod in Evangelio audivi pridie: *Qui me erubuerit et meos sermones, et hunc filius hominis erubescet, cum venerit in gloria sua et Patris et*

---

detur *dimisimus*, et supplenda particula *et*, vel *ubi* sic: *quos nunc Boreæ dimisimus, et*, vel *ubi tetrarchiam satis strenue novi gubernare*. Hic quidem Ratherius, ut Hugonem regem demulceat, ea quæ hactenus ob illatas sibi calamitates in ipsum regem disseruerat, oratorio quodam artificio non in eumdem regem referenda innuit, sed in aliquem eorum, *quos nunc*, inquit, *Boreæ*, id est Septentrioni, *dimisimus, et tetrarchiam satis strenue novi gubernare*.

(232) Male in vulg. *impelleris*. Porro supplendum *tyrannide et insania*, ita ut sensus sit: tot ac tanti adhuc sunt in Ecclesia doctores, *ut si tyrannide ac insania hujusmodi impellereris, quod absit, ab his satis valeres coerceri*.

(233) Cum de juramento loquatur, respicit illa apud Matth. c. V, ubi postquam Christus dixit non jurandum omnino, addidit vers 37: *Sit autem sermo vester, est est, non non. Quod autem his abundantius est, a malo est*.

(234) Reges cum eligebantur, sacramentum præstabant, quo inter alia pollicebantur se servaturos Ecclesiæ bona, etc. Vide actum Guidonis regis apud Muratorium tom. II, Rerum Italic. part. I.

(235) Se ipsum carcere afflictum indicat, pro quo nemo episcoporum intercedebat.

(236) Aliquem præpotentem episcopum innuit, qui silentium aliis episcopis, ne pro Ratherio intercederent, imponebat. Construe vero: *Ut non solum negligant defendere easdem, sed etiam ore infelicissimo obturato per quemdam ejusdem ordinis* (id est episcopum) *silentio generis pessimi et inauditi permittant unum quemlibet suorum... strangulari a quolibet coram suis: cum veracissime*, etc.

(237) Rex, Græce βασιλεύς quasi βάσις λαοῦ, basis, seu *planta populi*, qui scilicet tanquam basis seu planta populum portat et sustinet. Hanc eamdem interpretationem ex Græco videris apud S. Gregorium lib. IX in Job cap. XVI, n. 25.

sanctorum angelorum (*Luc.* ix, 26). Quid est, inquis, quod dicere cupis? Vide, aio, unde facias eleemosynas, quibus, cur, qualiter. Unde : hoc est, ne alii tuleris : *Qui enim offert sacrificium ex substantia pauperis, sic est quasi qui victimat filium in conspectu patris sui* (*Eccli.* xxxiv, 24). Nam etsi de mammona iniquitatis juberis amicos facere (*Luc.* xvi, 9) ; non hoc ideo, ut alii auferas inique, quod alii tribuas benigne; sed ut noveris divitias, undecunque fiant [*f.* sint] collectæ, de iniquitate procedere. Omnis enim, ut ait Hieronymus, dives, aut iniquus, aut iniqui est hæres. Iniquum est enim, ut quod Deus omnibus contulit generaliter, quidam congregent singulariter. Aut iniquus ergo si congregat, aut iniqui hæres, si congregatori succedit. Lucrum autem sine damno alterius fieri non posse et vetus proverbium et quotidianum approbat experimentum. Et ideo mammona iniquitatis divitiæ appellantur, quia qui eas colligunt suadente spiritu philargyriæ, quæ Punice (258) illo vocantur nomine, injuste omnium generalia sibi faciunt specialia; sicut econtra de dispergente et dante pauperibus dicitur, quia *justitia ejus manet in sæculum sæculi* (*Psal.* cx, 3). Quibus facias? id est, primum tuis, inde universis. Quid enim affert [*f.*, refert], quod tuum bubulcum nudum dimittis, alterum vestis? Cur facias? id est, primum pro debito; dispensator enim es eorum quæ tibi contulit, imo commisit Deus; et ideo multa commisit, ut plurimum eroges; deinde pro statu et pace regni tui : hinc demum **127** pro præteritis et quotidianis et tuis et tuorum facinoribus; quia multa tui audacia, tui auctoritate, tui obtentu contra rem aguntur a tuis, quæ tu etiam nescis. Periculosa enim est, ut ait quidam, domus sarcina, et ipsi Domino vehementer onerosa, si moribus vitiosa sit familia. Unde ille rex potentissimus, fortissimus, justissimus, temperantissimus, prudentissimus, sanctissimus, quem tu quoque debes imitari, clamabat : *Delicta quis intelligit? Ab occultis meis munda me, Domine, et ab alienis parce servo tuo. Si mei non fuerint dominati, tunc immaculatus ero, et emundabor a delicto maximo* (*Psal.* xviii, 13, 14). Ecce quantum istud metuebat delictum, quod vocabat *maximum*. Ut enim ante nos est dictum, quidquid a te procedit, in te recurrit; quidquid etiam a discipulis delinquitur, ad magistrum respicit. Postremo, ne securitate eleemosynarum futura et quotidiana criminosa etiam velis admittere, sed præterita deleas, præterita vel futura caveas. Futura autem dico, non quæ velim ut veniant, sed quæ evenire nisi caveantur poterunt. Quod alterius quam mea, quæ nulla est præter officium, auctoritate tibi suggerere malo; siquidem etiamsi illud digna depromere valerem, non a te libenti animo perciperem. Difficile enim, docente Gregorio, esse scio, ut quamvis recta prædicans, qui non amatur, libenter audiatur. Adsit ergo hic augustæ recordationis ille Aurelius, aures tui cordis decachordis suis mulcens modulatibus (Aug. *serm.* ix, c. 11) : « Exercete, inquit, vos in misericordia, in eleemosynis, in jejuniis, in orationibus : his enim purgantur quotidiana peccata, quæ non possunt nisi subrepere in animam propter fragilitatem humanam. Nolite illa contemnere, quia minora sunt; sed timete quia plura sunt. Attendite, fratres mei, minuta sunt, non sunt magna. Non est bestia quasi leo, ut uno morsu guttur frangat, sed et plerumque et bestiæ minutæ multæ necant. Si projiciatur quisque in loco pulicibus pleno, nunquid non moritur ibi? Non sunt quidem majores, sed infirma est natura humana, quæ etiam a minutissimis bestiis interimi potest. Sic et modica peccata : attenditis quia modica sunt, sed cavete quia plura sunt. Quam minutissima sunt grana arenæ : si arena amplius in navi mittatur, mergit illam ut pereat. Quam minutæ sunt guttæ pluviæ; nonne flumina implent, et domos dejiciunt? Ergo ista nolite contemnere. Sed dicturi estis : Ecquis potest esse sine istis? Ne hoc dixeritis (259), quia vere nemo potest. Deus misericors videns nostram fragilitatem, posuit **128** econtra remedia. Quæ sunt remedia? eleemosynarum, jejuniorum, orationum. Ipsa sunt tria; ut autem verum dicas in oratione, perfectæ implendæ sunt eleemosynæ. Quæ sunt perfectæ eleemosynæ? ut ex quo tibi abundat, des ei qui non habet, et quod, vel cum te lædit aliquis, ignoscas illi. Sed ne putetis, fratres, quia facienda sint quotidie adulteria, et eleemosynis quotidianis mundanda. Ad ea scelera majora non sufficiunt quotidianæ eleemosynæ, ut ea mundent. Aliud est ubi mutes vitam, aliud ubi toleres vitam. Illa mutanda sunt, ut si mœchus eras, jam non sis; si fornicator eras, noli fornicari; si homicida, noli esse homicida; si ibas ad mathematicum, vel ad cæteras pestes sacrilegas, jam desine. Arbitraberis hæc, nisi fieri desinant, quotidianis posse eleemosynis mundari? Illa dico

---

(258) Id ex Augustino sumpsit, qui serm. 113, c. 2, ait : *Quid est mammona? Verbum est enim, quod Latinum non est. Hebræum verbum est cognatum linguæ Punicæ... Quod Punici dicunt mammon, Latine lucrum vocatur. Quod Hebræi dicunt mammona, Latine divitiæ vocantur.* Et similiter lib. ii De serm. Domini in monte c. 14 : *Mammon apud Hebræos divitiæ appellari dicuntur. Congruit et Punicum nomen; nam lucrum Punice mammon dicitur.* Hinc autem hic Ratherii locus, qui in vulgatis efferebatur, *qui Punice illo vocatur nomine*, ac si spiritus philargyriæ Punice diceretur *mammon*, corrigendus fuit *quæ.... vocatur ;* ad *eas* enim divitias, seu ad lucrum Punicum nomen refertur.

*f* (259) Apud Augustinum : *Ne hoc diceres (quia vere nemo potest) Deus misericors,* etc. Cum Ratherius in carcere libris expers, testimonia olim lecta memoriter transcriberet, nonnulla hic, sicut quandoque alibi, memoriæ lapsu aliter exposuit. Ita plurali numero quædam effert, quæ apud Augustinum singulari efferuntur; et in sequentibus : *Illa mutanda sunt, ut si mœchus eras, jam non sis;* ita apud Augustinum : *Illa mutanda est : si mœchus eras, noli esse mœchus :* et alia similiter, quæ brevitati consulentes omittimus. Ideo autem hæc adnotamus, ut peculiaris Ratherii memoria, cum longiora testimonia protulit, et in tam levioribus, ac rarioribus locis a germano textu descivit, vel hinc maxime demonstretur.

quotidiana peccata, quæ aut per linguam facile committuntur, ut est verbum durum, aut cum labitur quis in risum immoderatum, aut in hujusmodi nugas quotidianas. In ipsis etiam concessis peccata sunt. Cum ipsa uxore si exceditur concumbendi modus procreandis liberis debitus, peccatum est. Ad hoc enim ducitur uxor, quod et tabulæ indicant, ubi scribitur, liberorum procreandorum causa. Quando tu uti uxore amplius quam necessitas procreandorum liberorum cogit, volueris, jam peccatum est; et ipsa talia peccata quotidianæ eleemosynæ mundant. In ipsis etiam alimentis, quæ utique concessa sunt, si forte excedis modum, et amplius accipis quam necesse est, peccas. Quotidiana sunt ista quæ dico: tamen peccata sunt, et non sunt levia; quia (240) vero quotidiana sunt et plurima, timenda est ruina multitudinis. Talia peccata dicimus, fratres, quotidianis mundari eleemosynis. » Item post aliquanta. Quanta donatis histrionibus, quanta donatis venatoribus, quanta donatis turpibus personis, qui vos occidunt? Per ipsas enim exhibitiones voluptatum interficiunt animas vestras; et insanitis quis plus donet. Si insaniretis quis plus servet, non essetis ferendi. Quis plus servet insanire, avaritiæ est; quis plus donet insanire, profusionis est. Nec avarum te Deus, nec profusum te vult. Collocare te vult quæ habes, non projicere. Certatis quis vincat in pejus, non datis operam quis sit melior? atque utinam (241) non daretis res vestras, et diceretis: Christiani sumus. Ad favorem populi projicitis res vestras, contra jussa tenetis res vestras. Ecce non jubet Christus: rogat Christus, eget Christus. *Esurivi, dicit Christus, et non dedistis mihi manducare* (*Matth.* xxv, 42). Egere voluit propter te, ut haberes ubi seminares terrena quæ dedit, et meteres vitam æternam. » Videtis, fratres mei, Christi misericordiam. Deo gratias, quia pericula mortifera viventes audistis. Nemo vos fallat, odit ista Deus, vindicat ista Deus.

24. Eia, optime princeps, quis tibi hodie ista dicere auderet? Nempe, si ego dixissem, aut degenerem vel bacularem (242) appellares, aut insanire me diceres: ipsos etiam bromios (243) nequirem ferre tuos; eorum in me convicia nulla caperet mensura. Verum hujuscemodi fuit antiquorum constantissima severitas, quos mira comitabatur sanctitas; dum purissima afflaret veritas, ferventissima accen-

deret charitas. Cum talibus quoque res agebatur, qui ne irascerentur nil omnino metuebatur; dum illi sibi in talibus consuli omnimodis gratularentur, sicut clementissimæ recordationis imperator sub hisdem temporibus egit Theodosius . . . . . (*Hist. tripart.* l. ix, c. 50) ut impleatur quod per prophetam dictum est: *Disperdet Dominus caput et caudam incurvantem et refrenantem in die una* (*Isai.* ix, 14). Nemo invenitur, sicut nec in docentibus mendacium, ita nec in conventu longævorum, qui tuum tibi audeat monstrare, saltem aliquo ut Natham David ingenio, periculum (*II Reg.* xii, 15); cum non sis, quod Deus omnino avertat, filius Belial, ut nemo tibi possit loqui, neque in eorum, Deo gratias, te sciam currere velle numero, de quibus dicitur quasi de uno: *Considera opera Dei, quia nemo possit corrigere quem ille despexerit* (*Eccle.* vii, 14). Ideoque timendum est, ne ad euge perpetuum comparandum in illo examine, nullius pene istius ævi alloquatur actio Domino (244) dicens: *Loquebar de testimoniis tuis in conspectu regum, et non confundebar* (*Ps.* cxviii, 46); manifestato illorum peccato; a quorum te Deus separet consortio, qui dixerunt Domino Deo: *Recede a nobis* (*Gen.* xxvi, 16), dum prædicatoribus scilicet non obaudierunt ejus appropriare cupientis, et inambulare, et habitare, et cohabitari, ut esset illorum ipse Deus, et ipsi ejus populus desiderantis (245). E quibus duobus, ut evadas alterum, ut nanciscaris (alium), perexpediamus quod de eleemosyna cœpimus, ut ita demum de cæteris ad id pertinentibus te copiosissime instruamus.

25. Vide qualiter facias, hoc est humiliter, non superbe, ne tibi contingat cum Pharisæis audire: *Amen dico vobis, recepistis mercedem vestram* (*Matth.* vi, 2). Quid enim debet quis superbire de eleemosyna, cum etiamsi fieri posset, (Jacobo Joanneque non posse fieri testantibus, quorum unus: *In multis enim*, ait, *offendimus omnes*; alter . . . . . (246) [*Jac.* iii, 2]) tamen non sua est, quam largitur, pecunia. Ideo enim justitia vocatur et non misericordia, quia ejus est quæ datur pecunia, qui præcipit ut agatur eleemosyna: quam si fideliter erogas, pro justitia coronaris; si avare retines, pro justitia damnaris; si arroganter tribuis, de fraude judicaris. Fraus enim est rem commissam non ad committentis, sed ad proprium libitum, ad proprium redigere, vel dispergere favorem. Quod si [*subaudi* eleemosyna] pro

---

(240) Apud eumdem Augustinum additur: *quia plura*. Forte non Ratherius, sed amanuensis Ratherii ob repetitionem particulæ *quia* hæc verba transcurrit. Similiter post vocem *multitudinis* in Augustino additur, *et si non magnitudinis*.

(241) Apud Augustinum: *Atque utinam non daretis, quis sit pejor. Et dicitis: Christiani sumus.*

(242) *Baculares* dicti appariores, uti patebit ex notis in *Qualitatis conjecturam*.

(243) *Bromius*, βρόμιος Bacchi cognomen a Græco βρέμω *fremo*, hoc loco homines indicat, quorum convicia Ratherius metuebat. Idem inferius, lib. v, n. 6, bromios philosophis opponit: *Qui bromios, quam philosophos charius amplectuntur*.

(244) Male in vulg. *Domini*. Construe: *Nullius actio* (id est *nullus*) *pene istius ævi alloquatur Domino, dicens*, etc.

(245) Construe: *Dum scilicet non obaudierunt prædicatoribus ejus* (Dei) *cupientis appropriare eos sibi, et inambulare, et habitare, et cohabitari, ut ipse esset Deus illorum, et ipsi* (essent) *populus ejus desiderantis, qui autem id desiderat.*

(246) Hic Joannis textus desideratur; et forte est is ex Epist. I, iii, 7: *Qui facit justitiam, justus est*: vocem enim *justitia* mox de eleemosyna interpretatur. Post pauca autem construe sic: *Quia pecunia, quæ datur, ejus est qui præcipit ut agatur eleemosyna.*

peccatis agitur, [supple et] exinde superbitur; tale est, ac si quis ægrotus substantiam suam in medicos effundat, atque in phrenesim actus, quod ægrotando ad hanc devenerit necessitatem, gaudeat, ..... quod necessitas, imo insania est, deputet; cum melius illi esset, ut sanus suas divitias possideret, quam infirmus perderet.

26. Nec hoc me ideo autumes dicere, quod velim in aliquo nomine opera levigare, quasi astruens meriti nullius esse pro peccatis eleemosynam facere. Non hoc astruo; quin potius pro posse contra venio. Quod enim majus peccatori meritum, quam beatitudo, quæ paratur indulgentia peccatorum? *Beati enim, quorum remissæ sunt iniquitates, et quorum tecta sunt peccata (Ps.* XXXI, 1). Non perdit itaque substantiam, qui pro peccatis agit eleemosynam; cum, ut juste videri potest, ideo eam [*refert ad substantiam*] susceperit, si tamen non malo aliquo, sed eam acquisivit labore vel ingenio; at vero fecerit [*subaudi* eleemosynam]; nec tamen et in hoc illius deest misericordia, qui quærit, et salvum facere quod perierat venit (*Luc.* XIX, 10). Adest enim regula talium magnus ille gratia, licet pusillus statura, Zachæus; adest, inquam, clamans, sed inspiratus: *Ecce*, inquit, Domine, *dimidium bonorum meorum do pauperibus; et si quid aliquem defraudavi, reddo quadruplum* (*Luc.* XIX, 8). Sed quis novit (247), inquis, utrum hoc facto placuerit? Subjecit evangelista dicens: *Ait autem Jesus ad eum: Quia hodie salus domui huic facta est, eo quod et ipse filius sit Abrahæ* (*Ibid.*, 9), imitatione utique, non genere Sicut enim Abraham Dei præcepto reliquit Chaldæam (*Gen.*, XII), ita iste Dei dilectus abdicavit avaritiam. Non perdit, inquam, substantiam, qui pro peccatis facit eleemosynam; imo ex ipsa acquirit veniam, per Dei gratiam exstinguit sibi gehennam, et præparat vitam æternam. Perdit autem substantiam, qui dat propter vanam gloriam: imo acquirit sibi pœnam, et Dei iram: pœnam propter fraudem; iram, propter superbiam. Fraudem quam? Illam, quam jam diximus, rem commendatam usurpando ut propriam, et ad suæ elationis dispergendo libidinem, cum utique hoc facto nil aliud, ut omnem computem summam, sit exinde capturus, quam ventum inanem, hoc est, adulantium favorem; **131** et forte nec ipsum invenit, quem toto annisu quæsivit. Iram autem Dei quam provocat invenit, eumque sibi inimicum acquirit, quem illo opere sibi reconciliare debuit. *Deus enim superbis resistit: cum econtra humilibus det gratiam* (*Jac.* IV, 6).

27. Est autem præter hos quintus eleemosynæ modus, cui sextus præstantior multum cæteris, fraterni sit remissio excessus, quem sequitur septimus, cum exhortatione pia alimoniam ignoranti verbi porrigimus; quem videlicet quintum tactis breviter sequentibus, non ex meis proferre, sed ex illius, quem superius introduxi, malo dictis, ne scilicet me mei causa (248) finxisse dicere velis. Ait autem idem hoc sensu, iisdemque verbis: « Omnibus quidem misericordia inopibus jure debetur; sed major quædam, cum ex divitibus atque nobilibus in ultimum statum atque egestatis necessitatem aliquos ærumna dejicit, miserationis pulsat affectus. » Habes parva, sed prudenti sufficienter dicta, eleemosynæ faciendæ documenta. Transeamus ad cætera.

28. Sed urget animum sententia ab infante quidem mihi percepta, sed (ut puto) non primitus pueriliter inventa, cum præter id quod est sapientissima, sit etiam veracissima. Nam interrogatus, me audiente, quidam puerulus a quodam joculariter, *Cujus homo esset rex*, continuo nil etiam hæsitans respondit: *Cujus opera facit*. Quod cum pro tempore non parvum stuporem ingessisset mihi, cognovi quodam referente, id proverbium in concionibus celebrari, conversusque ad Deum optavi, ut et id ita, ut mihi, audire contingeret tibi; quatenus illud cum Dominica voce conferens dicente: *Nemo potest duobus dominis servire* (*Matth.* VI, 34); reminiscens etiam dictum esse: *Qui facit peccatum, servus est peccati* (*Joan.* VIII, 34), et quia *a quo quis superatur, ejus et servus est* (*II Petr.* II, 19); pessimum non modo Dominum fugeres; sed nobilitatem tuam moribus vindicans, erecta cervice illi resisteres, eique subdi dedignatus, optimi Domini totus esse contenderes, nec alterius homo, quam [*subaudi* illius] qui te ut homo esses, imo ut cæteris hominibus præcelleres fecit, esse, ejus opera faciendo certares. Scimus enim præ cæteris tibi sollicitius fore cavendum, ne (249) quando rex Babylonis interfectis filiis, quod timemus, tuis, id est dissipatis, si quos Deo generasti, bonarum cogitationum operumque fetibus, vel certe commissis **132** tua culpa aut exemplo perditis in Reblatha, quæ interpretatur *multa hæc*, quæ et a Domino lata et spatiosa sæculi hujus vocatur *ad perditionem ducens, via* (*Matth.* VII, 13); dum contra illum [*subaudi* regem Babylonis] brachium

---

(247) In vulg. perperam *novum*.
(248) *Mei causa*, inquit; quia sequentia misero illi, in quo Ratherius angebatur, statui congruunt.
(249) Nisi mutilus credatur hic textus, pro *ne quando rex corrigendum erit, ne quando a rege*. Hic autem involutus et ob syntaxim perdifficilis locus, in quo allegoriæ insistitur regis Sedeciæ, cujus filii a rege Babylonis necati, ipse autem oculis effossis captivus ductus fuit; hic, inquam, locus sic construendus est: *Cavendum tibi, ne quando interfectis a rege Babylonis filiis tuis, quod timemus, id est dissipatis bonarum cogitationum operumque fetibus, si quos generasti, vel certe commissis* (id est iis, qui tibi commissi sunt, unde post pauca *tibique commissos* eodem sensu accipit) *tua culpa, aut exemplo perditis in Reblatha, quæ interpretatur via hæc multa ducens in perditionem, quæ et a Domino vocatur via sæculi hujus lata et spatiosa; cavendum,* inquam, *ne quando, dum non erigis brachium contra illum* (regem Babylonis) *pro natis interfectis, pœnitens scilicet pro excessis, moribus commutatis in melius, armis justitiæ correptis; cavendum, ne orbatus processu impiæ dominationis, et ipsis etiam luminibus,* trudatis ab eo *in carcerem, ut sicuti Samson*, etc.

pro natis interfectis, pœnitens scilicet pro excessis, moribus in melius commutatis, armis justitiæ correptis, non erigis, processu impiæ dominationis, ipsis etiam luminibus orbatus, in carcerem ab eo trudaris, ut sicuti Samson (249) ille quidem fortissimus, femineis illecebris enervatus, ad molam deputeris (*Judic.* XVI, 19-21), cujus in gyro impii ambulant (*Ps.* XI, 9), terrenæ et inexplebilis sollicitudinis, hoc est, visu rationis, quo te tibique commissos debueras prævidere, adempto, carcerem improvidus subeas æternæ perditionis. Solet enim miserrimæ animæ id sæpe contingere, ut dum virtutibus paulatim quotidie deficientibus, humeros mentis ad reparandum in pristinum aut certe meliorem non exerit statum ; crescente miseria ad hoc deveniat, ut regnante peccato in mortali ejus corpore (*Rom.* VI, 12), ita ad obediendum ejus subdatur concupiscentiis, ut lumine ipso carens rationis, nec acta recolat, nec agenda videat. Quod ne tibi contingat, illis [*id est* concupiscentiis] fortissime repugnando a corde tuo expelle dæmonem (250) : jugum Christi suave et onus ejus leve assumens, subjectos provido regimine sub te illi militare non tantum præceptis quam exemplis facito, ut sine fine regnare merearis cum ipsis. Et ne, rogo, floccipendas, tametsi a puero prolatum tam salubre, licet permodicum, superius documentum, quandoquidem, ut hodierna monet solemnitas (251), ipsi Deo testimonium placuisse noveris etiam non loquentium.

29. Neque etiam, ut jam iter carpamus arreptum, tibi omnia licere putes exsequi, quæ voluntas suggerit cordi. Cum audis, quia cor regis in manu Dei (*Prov.* XXI, 1), scias tribus ut investigare quivimus modis hoc posse intelligi, quorum prior tibi, alter subjectis, sequens generaliter congruit omnibus, qui et firmius tenendus et sollicitius est servandus. Nam ut de primo dicamus tecum, scias cor tuum in manu esse Dei ; et tunc noveris eum illud dirigere, cum quod præcipit, corde percipere, opere studueris implere. Cor autem, non illam, quæ sub costis latens ita appellatur, carnis particulam, ex qua rivi prodire noscuntur venarum, dicimus ; sed illam vim, qua cogitationes fiunt ; quæ, ut et majores senserunt, et magnus quoque dixit Pater Augustinus, **133** ideo hoc appellatur nomine, quia sicut motus non cessat, unde sese pulsus diffundit usquequaque venarum in corde, ita non quiescimus aliquid cogitando versare. Ex toto itaque isto corde, hoc est ista vi animæ præcipimur Deum diligere : ex ista, denique vocantur excordes, concordes, discordes, vecordes, et socordes. Inde quibusdam dicitur : *Reddite, prævaricatores, ad cor* (*Isa.* XLVI, 8).

A ut intelligant se amentia agi, non corde regi, dum suam volentes statuere, voluntati Dei nil nisi justum et bonum amantis dedignantur se subdere (*Rom.* X, 5), nec cor ad id Deum vertere, sed adversarium amentiam implere (252). Secundo hoc ideo dici agnoscas, ne quis tuam plus justo timeat iram, aut ambiat gratiam : *Bonum est enim sperare in Domino, quam sperare in principibus* (*Psal.* CXVII, 9) ; cum etiam *maledictus* ab alio dicatur propheta, *qui spem suam ponit in homine* (*Jer.* XVII, 5). Itemque per alium : *Ego Dominus formans lucem et creans tenebras, faciens pacem et creans malum* (*Isa.* XLV, 7). Dicendo enim : *Cor regis in manu Dei, quocunque voluerit vertet illud* (*Prov.* XXI, 1), vult omnes monere, te nil posse perficere iratum, nisi quod ipse permiserit ; nec concedere placatum, nisi quod ipse voluerit. Quocirca se solum timeri, se solum amari, sibi omnino nil cupit conferri, nedum præferri : quod una sententiola breviter pulcherrime est ab apostolo comprehensum : *Deum timete, regem honorificate* (*I Petr.* II, 17). Ac si dicatur : Dominum timete, ministrum honorate. Sed cur mutando verbum levigo dictum ? *Deum timete, regem honorificate* dixit : nec perfunctorie quidem, ut autumo ; honoratus (253) enim aliorum redderis obsequiis, qui ex te ejusdem es conditionis. Ut enim potens esse possis, non in te, sed in servientium manibus situm veracissime noveris : unde et quos terres, ipse plus metuis. Metiri autem sese quemquam dicit, ut [*l.* quisquam debet, ut] Avienus dicit, propriisque juvari laudibus, nec alterius bona ferre, id est computare sibi. Vide ergo ut et tuis honoretur ille servitiis, cujus honoraris præceptis ; alienisque utens bonis, ingratus largitori ne exsisteris. Nam cum alibi dixisset : *Subditi estote omni humanæ creaturæ* (*Ibid.*, 13) ; statim intulit : *propter Deum ;* hoc est, honorate creatum propter Creatorem ; subdimini facto, non facti, sed factoris amore ; *sive regi*, inquit, *quasi præcellenti* (*Ibid.*), subaudi *propter Deum :* videlicet ut agnoscat, quanta reverentia ipse debet Creatori subjici, cum tanta illi impenditur a creatura conditione consimili. Quid sibi exigit [*l.* exigat] jure omnium Dominus, dum tanta exigere videtur communis naturæ a consamulis servus ? *Deum timete, regem honorificate.* Timete flagellantem Dominum, honorificate ipsum, per quod [*l.* quem] ab eo corrigimini. Metuite patronum, honorate quo sustentamini baculum. Veneramini patrem, nec vilipendatis qui vos erudit auctorem. Pavete ad vocem genitoris, nec spernatis personam tutoris.

50. Ita enim dicitur : *Cor regis in manu Dei ; quocunque voluerit vertet illud* (*Prov.* XXI, 1), sicut

(250) Male in vulg. *Dominum.*
(251) *Solemnitas non loquentium* indicat festum sanctorum Innocentium, quo hæc scripta fuerunt. Festum autem indicari celebratum anno 955 ex eo liquet, quia hunc librum auctor ex aravit profecto post librum secundum lucubratum mense Septembri anni ejusdem, et ante sequentem scriptum ineunte anno 956. Confer not. 102 et 189 hujusce tomi.
(252) Construe : *ut intelligant se amentia agi, non corde regi,..... nec Deum vertere cor ad id* (respicit illa quæ postea subdit : *Cor regis in manu Dei quocunque voluerit vertet illud*), *sed amentiam implere cor adversarium Deo.*
(253) Vulg, *honorariis*, mendose.

Omnia quæcunque voluit Dominus fecit in cœlo et in terra, in **134** mari et in omnibus abyssis (*Psal.* CXXXIV, 6); et : *In manu ejus omnis finis terræ* (*Psal.* XCIV, 4). Cujus ista allegationis tota est summa, nisi fallor, iste est finis : Quidquid fit, quidquid factum est, quidquid fiet, res sit, corpus sit, actio sit, passio sit, aut disponente et volente, jubente, adjuvante, perficiente eo aut annuente, concedente vel permittente eo agitur, disponitur et perficitur; nilque neque ab homine, neque ab angelo, neque a bestia ulla, aura ulla, elemento ullo, serpenti, verme, ipsa denique musca alicui potest contingere, quod sine ipsius nutu, voluntate, et potestate valeat evenire. Quo etiam illud conficitur quod a sapientibus jam definitum firmissime tenetur : quod tamen (ut ait qui superius satis lepide) non nisi perpurgatæ animæ possunt conspicere; tanta scilicet Dei providentia justitiaque gubernari omnia, ut nulli, nec ipsa mors inique possit accidere, etiamsi eam iniquus forte videatur inferre. In naturis quoque nullam esse, quæ non ab illo sit; in voluntatibus vero nullam bonam esse, cui non prosit; nullam malam, qua bene uti non possit. Bipartito enim (ut et idem beatus et eloquentissimus doctor Augustinus luculentissime dicit) providentiæ nutu præesse universis certissime creditur creaturis, naturis quidem præstans ut sint, voluntatibus vero ut nil absque illius jussu vel permissu possint. Quod utrumque in Job passionibus patet manifestissime, qui frustra et non frustra, et Dominica assertione, etsi apta pronuntiatione, flagella dicitur suscepisse. Nam illi et diabolus omnia abstulerat, et tamen dicebat : *Dominus dedit, Dominus abstulit; sicut Domino placuit, ita factum est* (*Job* I, 21). Domino autem certum est nil nisi justum placere. Ipse autem adversarius, qui contra Deum singulariter superbit, vires non tribuit suæ malignitati, sed Dominicæ potestati, cum dicit : *Extende manum tuam, et tange cuncta quæ possidet* (*Ibid.*, 11). Ipse autem Dominus quid de minutis animantibus dicat audivimus; ait enim : *Nonne duo passeres asse veneunt, et unus ex illis non cadet super terram sine Patre vestro* (*Matth.* X, 29)? Quid ergo mirum, si in manu Dei est cor regis, aut alicujus alterius hominis, in cujus manu est et penna minutissimi volatilis? Aut quid in manu ejus non tenetur, qui cœlum metitur palmo, et terram continet pugillo (*Isa.* XL, 12)? Ne tibi itaque arroganter soli velis tribuere, quod constat omnes creaturas generaliter accepisse, ut cor tuum sit solummodo in manu Dei, extra cujus manum, si aliquid est, perditum sine dubio est : imo audenter dico, quia non est : *Nihil enim*, dictum est ei, *odisti eorum quæ fecisti* (*Sap.* XI, 25); et Apostolus : *Ex quo omnia, per quem omnia* (I *Cor.* VIII, 6). Manum autem, id est potentiam ejus, aliud quid esse præter ipsum, credere, non solum desipere, sed incomparabiliter est insanire. Sapere enim, posse, velle, vivere, et intelligere idem est ei quod esse.

31. Ne autem, dum aliquid moliris, injuste Deum dicas ad id cor tuum vertere; scito certissime **135** illum nil mali velle, eumque nullius cor ad aliquod crimen impellere, sed diabolum, sed voluntatem propriam; quod facete, et quo non facetius quis, idem qui paulo superius, est prosecutus in epistola 166, n. 5, ad Hieronymum dicens : *Certus sum animam nulla Dei culpa, nulla Dei necessitate vel sua, sed propria voluntate, in peccatum esse collapsam.* Ipsum vero, sicut jam multipliciter diximus, occulto suo judicio, nunquam vero injusto, etiam quod non vult, aliquando permittere non denego, quin potius astruo. Quare vero præter id quod superius exinde dixi, hoc aliquoties contingat, reddit Apostolus causam in Epistola ad Romanos dicens : *Quoniam, cum Deum cognovissent, non sicut Deum glorificaverunt* (*Rom.* I, 21); et : *Propterea tradidit illos Deus in reprobum sensum, ut faciant quæ non conveniunt* [*al.*, conveniant] (*Ibid.*, 28). In quo studiose te admoneo, ne intelligas quod Deus aliquem malo tradat. Sed *tradidit* dicit [supple id est], tradi permisit, sicut dicit : *Ego induravi cor Pharaonis* (*Exod.* IV, 21); id est, indurari permisi; et David si Deus, inquit, concitat te, id est concitari laxat [*id est* sinit]; et de Semei : *Dimittite eum ut maledicat; Dominus enim præcepit, ut malediceret David* (II *Reg.* XVI, 10) : *præcepit* dicens pro *sivit*; et nos in oratione dicimus quotidie *ne nos inducas in tentationem* (*Matth.* VI, 13), id est ne induci sinas, cæteraque his similia. Cum igitur aliquid boni facis, Deo ascribe; cum aliquid mali, tibi imputa. Ipse enim consuevit (ut superior quoque se habet sensus) licet nullo nostro merito, sed suo beneficio multa bona facere, non solum per nos, sed etiam de nostris malitiis, sicut nos econtra multa mala de ipsius agimus beneficiis. Hoc itaque ita se habente, nullius aut gratia, Deo relicto, ambiri, aut potestas, etiamsi aliqua sit quæ se super regem efferat, debet formidari. Illa vis singulariter amplectenda, illa solummodo est metuenda, quæ ad quoslibet usus voluerit, etiam ea quæ non diligit sibi servire compellit : in cujus gubernatione omnia non in suo sunt possidere (254) relicta, cujus in laude quidam sapiens orator perorat sapientissime : Nosti enim, Domine, inquiens, bona facere per iniquos, cum converteris ad adjutorium, quod paratum est ad nocendum, potius esse dijudicans læsiones (255) ad utilitatem convertere, quam causas malorum radicitus amputare. Verum si omnia quæ hinc occurrunt, vel occurrere, si enucleatim exquirantur, possunt, velim congerere, fateor deficiet septimana, nedum dies sufficiat ipsa.

32. Ad tertium vero intellectus hujusce sententiæ accedentes modum, ipsum quem superius ut hoc bonum convertere novit.

(254) Id est *non relicta sunt in suo possidere*, nimirum in sua possessione; quia Deus ipsa mala in bonum convertere novit.
(255) Vulg., male, *læsionis*.

expediat proferamus in medium. Itaque exponens dupliciter illum psalmi versiculum, ubi a quibusdam dicitur : *Anima mea in manibus meis semper* (*Psal.* cxviii, 109), ab aliquibus vero *in manibus tuis*; et priorem quidem sensum non respuens, secundum vero sibi eligens (ille quasi cum securitate loquentium, iste vero de sola Dei pietate præsumentium 136 videtur esse) his ait verbis : Scit propheta, ubi animæ suæ præsidium locet, unde opem speret. In manus Dei constituere vult animam suam, quia cor regis in manu Dei. Quicunque proprium corpus subegerit, nec ejus passionibus turbari animam suam rector sui congrua vivacitate permiserit; is bene regia potestate se cohibens, rex dicitur, quod regere se noverit, ne captivus trahatur in culpam, nec præceps feratur in vitium. Alius autem tanto lautius, quanto succinctius, inquit : Tu si animo regeris, rex es; si corpore, servus. Item vero alter vir ait : Habere [*f:* Habe rex] honorem, dabo tibi magnum imperium, et impera tibi. Hinc etiam est, quod usu locutionis communi ea, quæ antiqua et recta est, regia dicitur via ; et regia vocatur porta, qua intratur in aulam; regale insinuans fore quidquid recte incedens, viamque (256) et inter ortum aliis recti itineris et beatæ mansionis propriis monstrat exemplis. Ut enim et etymologia ipsius innuit nominis, rex a recto derivatum obtinens vocabulum ostendit illi nil nisi rectum, ne scilicet a nomine discordet, agendum. Quid ergo mirum, si regia jure quælibet recte suum gerens corpus bona dicatur anima (257), cum regia recte deducens dicatur et via; regia qua non aliunde ascenditur, sed legitime, intratur, et janua [*subaudi* dicatur]? Nam et illud, quod non parvam male intelligentibus afferre solet jactantiam, de Proverbiorum libro, hoc est, *Divinatio in corde regis, in judicio non errabit os ejus* (*Prov.* xvi, 10), de rege [*id est* Deo regum rege] potius intelligendum alia translatio monstrat ita dicendo : *Nil falsum dicetur regi, et nil falsum exiet de ore ejus;* quia nimirum, ut et Beda exponit, nec ullo mentiente potest falli, nec aliquando mentiri. In ejus quoque regis hilaritate est vita; quia quicunque in illo supremo examine hilarem ejus vultum videre merebuntur, his in æternum cum illo vivere dabitur, de quibus in expositione superioris quoque sententiæ idem taliter ait : « Quare cor regis in manu Dei esse, et non potius omnium hominum perhibet, cum scriptum sit, quia *in manu ejus omnes fines terræ* (*Psal.* xciv, 4), nisi quia regem quemcunque esse dicit, qui vitiorum bella in se vincere et virtutum militia noverit stipari? Sicut enim Dominus multifidis aquarum divisionibus terrarum fines et aeris late simul implet, tegit quoque aquis superiora cœlorum (*Psal.* ciii, 5); ita cor regis quocunque vult inclinat; quia sicut divisiones gratiarum, juxta voluntatem suam, et angelis et hominibus tribuit, ita corda sanctorum quibuscunque voluerit digna donationibus reddit, neque ullum habet Pelagianista locum, quod absque Dei gratia quis salvus possit fieri (*I Cor.* xii, 4). »

33. Cæterum ut jam sufficiant ista, quanquam modica, magna vero dicentium auctoritate suffulta, pauca tibi adhuc vivendi suggero dogmata, et sic te relicto, pergo ad alia, hoc ante omnia 137 proferens, quia justum est te legibus obtemperare debere. Tecum enim jura tua ab hominibus custodienda scias, si et tu illis reverentiam præbeas. Teneris enim tu, ut dicit Isidorus, tuis legibus, nec ipse damnare, contra hæc faciendo, tua debes jura, quæ in subjectis constituis. Justa est enim vocis tuæ auctoritas, si quod prohibes populis, tibi licere non patiaris. Multos autem, ut ait veridicum proverbium, timere debet, quem multi timent; et, ut verbis jam dictis te alloquar, scias moneo, quia principes sæculi nonnunquam intra Ecclesiam potestatis adeptæ culmina tenent, ut per eamdem potestatem disciplinam ecclesiasticam muniant. Cæterum intra Ecclesiam potestates necessariæ non essent, nisi ut, quod non prævalet sacerdos efficere per doctrinæ sermonem, potestas hoc imperet per disciplinæ terrorem. Ecce quæ et quare tibi potestas in Ecclesia sit rebus concessa.

34. Ne ergo decidat [*f.,* decidas] a ministerio, priorum tuorum exemplo ecclesias Dei restaura, monasteria releva, opibus dita : erit enim forte tempus, quo et ipsæ expendentur pro salute tua. Interroga quis regum anteriorum juste sapienterve incessit? quis voluntatem Dei, amplius ut faceret, quæsivit? Quis jure populum rexit? quis ecclesias construxit, monasteria fundavit, xenodochia statuit? et illum amplectere, illum sequere, illum imitare. Cave, ne unquam aliquis existat, qui possit suadere, ut aliquid ex his aut ad tuos, aut ad tuorum auferas usus. Scito certissime, quia si illi mercedem pro dato, tu pœnam habituras es pro ablato; si illi dando mercati sunt, vitam æternam, tu auferendo acquiris gehennam. Res enim ecclesiæ igneæ. Nam nec eleemosynam exinde potes facere, nec manducare, nec bibere, nisi aut Ecclesiæ dono, aut tuo sacrilegio. Ipsum autem quid legibus mereatur, non indiges doceri qui et vindex a Deo et a populo constitutus es super hujusmodi. Noveris autem Ecclesiæ Dei te advocatum esse institutum, non dominum (non enim matri dominari quis nisi absurde valet); tutorem, non dispensatorem, quem scias esse, Domino docente (*Luc.* xii, 42), pontificem; patronum, non ministrum, quod [*l.* quem] eumdem esse ipsum quoque, si legis, (*Joan.* xii, 26) potes invenire dixisse in Evan-

---

(256) In iisdem vulgatis sine sensu, *viam quam.* Construe : *viamque recti itineris et beatæ mansionis et* (id est *etiam*) *inter ortum monstrat aliis exemplis propriis.*

(257) Construe : *Si quælibet anima bona gerent recte corpus suum jure dicatur regia*

gelio (258) Dominum (259). Verere autem, ne si insontem (*Gen.* xxxix, 20). Agnoveris, Egesippo plusquam perceptum est usurpare velis, pœnas pro invasione in judicio luere cogaris. Audi Dominum, ut etiam juxta litteram illud accipias, in Evangelio dixisse: *Nolite sanctum dare canibus* (*Matth.* vii, 6). Audi eumdem per legem clamasse: *Quidquid Domino offertur, sanctum sanctorum est, et ad jus pertinet sacerdotum* (*Num.* xviii, 9). Vide ergo sive tu, sive quilibet etiam eorum [*id est* sacerdotum] ne quod alendis collatum est pauperibus, sive sacerdotibus pascendis, tribuas canibus.

55. Inter **138** hæc uxorem dilige, concubinarum consortia fuge. Usus quidem prioris ævi iste fuit pro paucitate hominum; sed deficiente necessitate, debet quoque et quod propter necessitatem agitur, cessare; præsertim cum sciamus novum hominem nova præcepta dedisse (*Joan.* xiii, 34). Ministros et consiliarios tibi tales elige, qui non tua, sed te probentur diligere; nec tantum morigeros, quantum amicos, id est animæ custodes, qui te scilicet corripiant in misericordia et increpent, neque oleo noxiæ vel mortiferæ adulationis caput, id est mentem tuam, demulceant. Cave etiam delatorum fallaciam: memento illorum fraude multorum jam innocentiam fuisse præscriptam, e quibus ut vel unum periculi causa memorem, scias Joseph carcerem subiisse

(258) *Quem* ( scilicet dispensatorem ) *scias ess pontificem Domino docente, patronum, non ministrum; quem eumdem pontificem esse, potes invenire*,

teste, nunquam illos defore, si illis credulus volueris esse. Vide ne cum in edictis, epistolis, sive decretis vocari ambias pius, in factis appareas impius; et ut aliquid de sæcularibus adhuc audeamus tangere: *Erubesce, Sidon: ait enim mare* (*Isai.* xxiii, 4). Animadverte etiam, rogo, quid poeta tibi dicat, inquiens in satyra:

> Exspectata diu tandem provincia cum te
> Rectorem acciperet, pone iræ frena, modumque
> Pone et avaritiæ, miserere inopum et sociorum.

sociorum, inquit, non servorum, non subjectorum: *Omnes enim in Christo, secundum Apostolum, unum sumus* (*Rom.* xii, 5). Sed studebo jam te relinquere, ne alicujus videar velle mores carpere. Simul etiam vel sero debeo meminisse, me contra flumen non debere natare.

55. Regina es? præter alias innumeras, multa etiam quæ et tibi jam superius posita competunt documenta, habes quas imiteris, Helenam scilicet Constantini post Mariam Christi, Radegundem reginam pariter et virginem, Clotildem Clodovei, et Placillam Theodosii. Has si volueris imitari, et hic sceptra feliciter regni præsentis, et illic, ubi jam illæ præcesserunt, si tamen sequi non dedigneris, felicissime obtinere præmia valebis regni cœlestis.

*si legis, ipsum quoque Dominum dixisse in E-vangelio*.

(259) Vulg., perperam *Domini*.

---

# INCIPIT LIBER QUINTUS.

Mirari forte aliquem contingat; cum tricipiti voluminum lintre contiguos proposuerimus æstus tentare (260) qua de re tam enormis in isto, quem Deo donante transnatavimus, **139** granditatis, subierimus carabum, impares vel de cæteris finibus concedentes carinas. Sed noverit præter temporis incongruentiam, etiam aurarum maxime id expostulasse inconsonantiam; dum non unum aut duos tantummodo, sed perplures, qui infractis cautissime scopulis rectam per æquora deducerent puppim, res depoposcit naucleros. Nam dum gauderet pelago se jam exemptam nostri carina sermonis, brachia rursum fluctifragis concedere remis proxima monebat Charybdis. Adeo his totum calamitatibus opus exstitit tempestivum, ut mirum non pertulisse naufragium, sed potius evasisse vivum (si tamen perevaserit) nostrum nobis videatur nauclerum. Sed aggrediamur jam, Christo auspice, et hinc æquoris tametsi inæqualem, enimvero nec permodicum sinum. Forsitan enim et hic aliquod pertulit

(260) *Qua de re* inquit pro *quare*, vel *cur*. Construe: *Cum tricipiti voluminum lintre*, id est tribus prioribus libris, *proposuerim tentare æstus contiguos; forte contigat aliquem mirari, qua de re, seu cur, in isto tam enormis granditatis æstu, quem Deo donante*

[*f.*, perferet] periculum, ex quo Gubernator cunctipotens omnium carabum liberet nostrum: unde plurimos, dum placidum adhuc modicum quid stat mare, advocantes socios, precemur, ut accipiant in modicos [*f.*, immodicos] ducantque per æquora remos, citius optata ut tangat littora ratis, mortibus exemptum nostris spectantibus nauticum reddens amicis. Eia igitur et novum da Deus, auxilium, atque animis illabere nostris [*id est* præstans, ne, etc.] ne a te in aliquo deviet nostri callis præstans sermonis.

2. Episcopus es? Nomen ipsum, rogo, te admoneat, officium doceat; dignitas tanta conveniat, antiqua perpende, præsentia compone. Considera quam altum quod gestas vocabulum, quam sanctum, quam sit vetustum. Attende tuum in Abel sacrificium acceptum (*Gen.* iv, 4), munditiam in Enoch tuam translatam (*Gen.* v, 24), te in Noe propter justitiam reservatum (*Gen.* vi, 8). Arcam intellige Ecclesiam (*Ibid.*, 14), animantia (261) diverse

*transnatavimus*, scilicet libro quarto, *subierimus carabum*, id est parvam cimbam, *vel carinas impares, concedentes de cæteris finibus*.

(261) Construe: *animantia intellige genera hominum diverse distincta affectibus*.

distincta affectibus hominum genera (*Gen.* xix, 22), diluvium mundum (*Gen.* vii, 7), et evigila contra naufragium. Si quando datur tranquillitas, cave ne subrepat ebrietas. Perpende Melchisedech obtulisse panem et vinum (*Gen.* xiv, 18), et regale tuum figurasse sacerdotium. Abraham fide (*Gen.* xv, 6), qua vivis, si tamen juste vivis, placuit; et sacerdos, ut tu quoque, si tamen es quod diceris, fuit. Isaac cum Rebecca quid nisi Dominus et Ecclesia? (*Gen.* xxiv, 67.) Denique et ipse postquam est quia voluit oblatus, victimas sæpe obtulit, gregem pavit, puteos fodit, quos allophylis implentibus alios rursum fodere non distulit, sibi laborans, te instruens, ut victimis assiduis, id est, mortificatione carnis et contritione cordis, Domino Deo te ipsum quotidie in ara mentis offeras. Sacerdotium tuum ipsi a quo illud accepisti commendes **140**, puteos effodias, hoc est Scripturæ abdita ab imis mysteriorum educens, rationalibus ovibus offeras tuis, ne ignorantiæ eas enecet sitis. Jacob caput in lapide ponens, eumdemque fuso desuper oleo in titulum erigens (*Gen.* xxviii, 18), nonne tibi evidentissime (262), pandit, super Christum caput mentis, cum a sæcularibus vacando dormitas curis vel actibus, per contemplationem debere ponere, ut angelorum ascensum descensumque merearis conspicere, id est, ubi sese divina cœlos super attollant eloquia: ubi vero vobis [*l.* nobis] quo utcunque capi possint condescendendo, quasi ad nostrum concordent, humilia debere intelligere, ipsam denique petram oleo misericordiæ et compassionis fraternæ superfundere, quod est ut semper superexaltes misericordiam judicio (*Jac.* ii, 13), ut camdem et ipse consequi merearis a Domino, ipsumque Christum actuum tuorum caput, id est, initium et finem, et totius gloriæ tuæ spem, coronam, titulum, et veluti cujusdam super aggeres sibilis [*f.*, nobilis] arcis esse debere insigne, hoc est, ut sobrius manens fratribus, mente autem excedens Deo, si quid gloriaris, in Domino glorieris (*I Cor.* i, 31). Denique Jacob fratrem supplantavit, greges pavit, uxores duas (quarum major lippa, sed fecunda; minor venusti aspectus, sed infecundi fuit conceptus) duxit: quem in his maxime omnibus nisi te docuit? (263) qui diaboli astutias prudenti provisione illudere, activæ vitæ per exercitia pastoralis sollicitudinis uberes operum fetus gignere, per intentionem vero æthereæ contemplationis speculativa semper Deo debes quæ sunt quærendo, sapiendo, vel amando inhærere. Nulli enim pariter ista duo congruunt ordini maxime, quam pontificali excellentiæ. Joseph vero tunica talaris et polimita quid nisi tui sacerdotii designat insignia? Job pro filiis octavo die sacrificium offerens, eisque benedicendo sanctificans dictis et factis, quem potissimum quam te instruit? Moyses vero ipse pene totus tuus noscitur esse. Nihil enim in verbis gestisque ejus invenire poteris, quod, si bene intelligas, aut ad litteram aut ad sensum non imitari cogaris. Quid de Aaron ejusque filiis, Josue, Samson, atque omnibus Israel judicibus, Samuele quoque illo orationibus impetrato, in templo etiam nutrito, omnibusque ecclesiasticæ functionis insulis insignito, cum actus personæ, ipsa etiam officiorum vocabula, tuos mores, tua jura, tui sacerdotii prædicent, instruant, et pandant insignia? Veniamus ad David illum sanctissimum vatem, potentissimum regem, fortissimum bellatorem; pugnatissimum [*f.*, pugnacissimum] militem, **141** acceptissimum Deo sacerdotem. Quid in omnibus quæ de ipso leguntur erit, nisi te aut spiritualiter aut moraliter etiam in his, quæ secundum litteram reprehensibilia videntur, quid ageres docuit? Denique pavit gregem, ursum occidit et leonem, jctu lapilli prostravit gigantem (*I Reg.* xxxiv, 49), cantu psalterii mitigavit dæmonem (*I Reg.* xvi, 23), inimico pepercit (*I Reg.* xxiv, 7; xxvi, 9), filium fugit (*II Reg.* xv, 14), coram arca Domini saltavit (*II Reg.* vi, 14); quid in universis his moraliter spiritualiterque acceptis intelligis, nisi pastoris ecclesiastici fortitudinem, audaciam, orationum emolumenta, patientiam, exercitiaque divini cultus, postremo rectæ prædicationis et vitæ schemata sacerdotalis? Salomon omnesque reges Judæ et Israelis, omnibus suis bonis actibus, ipsa quoque unctione, quem, nisi te, docuerint maxime? Prophetas quid opus est decurrere, cum prophetas imitari, prophetas exponere, propheta ipse quoque debeas esse? Siquidem, testante Domino, nova et vetera de thesauro cordis debes proferre (*Matth.* xiii, 52). Machabæorum ala illa fortissima in omnibus præliis victoriarumque proventibus, quid, nisi tuam contra visibiles et invisibiles hostes quotidianam orationis, prædicationis, piæque operationis prædicat pugnam, triumphisque promittit palmam, braviumque post victoriam? Hæc quidem de veteri, ut antiquitatem tui agnoscas atque amplectaris ministerii.

5. In novo autem Testamento quæ lingua dicere, quis intellectus sufficit capere, quanta documenta tibi

---

(262) Quam prolixa et obscura hæc periodus. Construe: *non ne pandit tibi evidentissime, (te) cum vacando dormitas a curis vel actibus sæcularibus debere per contemplationem ponere caput mentis super Christum, ut merearis conspicere ascensum et descensum angelorum, id est, ubi divina eloquia sese attollant super cœlos: ubi vero hæc condescendendo nobis, quo utcunque capi possint, quasi ad nostrum concordent, te debere intelligere humilia, et debere superinfundere ipsam petram oleo misericordiæ et compassionis fraternæ; quod est ut semper superexaltes misericordiam judicio, ut et ipse merearis consequi eamdem a Domino: ipsumque Christum debere esse caput actuum tuorum, id est initium et finem, et spem, coronam, titulum, et insigne totius gloriæ tuæ veluti super aggeres cujusdam nobilis arcis, hoc est ut sobrius manens,* etc.

(363) Construe: *qui prudenti provisione debes illudere astutias diaboli, per exercitia pastoralis sollicitudinis vitæ activæ debes gignere fetus uberes operum, per intentionem vero æthereæ contemplationis semper debes inhærere Deo quærendo, sapiendo, vel amando quæ sunt speculativa.*

suppetunt vivendi? Hic melius, ut reor, te alloquor, tuæque industriæ totum committo. Scrutare Scripturas, divini eloquii libros revolve, apostolos aspice, martyres vide, confessores attende, ipsas etiam, quæ cum sæculo et sexum vicerunt, virgines contemplare. Instauratos secundum Job contra te tot testes (*Job* x, 17) Dei perpende; pacem cum his, dum coambulant in ista præsentis itineris via, et tibi et eis consulens conciliare, et aliis [ *l.* alios ] ut similiter agant stude docere; neque enim aliter quod diceris mereberis esse.

4. Denique pondus quod te premit aspicito, onus quod ferre videris pensa; et si jam bonus es, si sanctus, si justus, si per cuncta irreprehensibilis attamen considera tuos, tibi commissos attende; utrum et hi tales sint sollicite provide. Neque enim solus ut alii, sed cum toto grege Domino habes præsentari, nec ut referas, prout gessisti, tantum tui propria corporis gesta (*II Cor.* v, 10), sed totius tibi commissæ plebis. Si autem, ut levius graviora silens dicam, te præsentari contingat solum, ubi *euge tuum* (264)? Quo ne careas, sollicite clamantem audi et consiliantem Sapientiæ librum: *Fili mi, si spoponderis pro amico tuo, defixisti apud extraneum manum tuam. Fac ergo quod tibi utile est, et temetipsum libera, quia incidisti in manus proximi tui. Discurre, festina, suscita amicum tuum, ne dederis somnum tuum, et non dormitent palpebræ tuæ* (*Prov.* vi, 1-4). Audi, et per Ezechielem tibi clamantem Dominum: *Speculatorem* **142** *te dedi domui Israel* (*Ezech.* iii, 17), etc.: de te in eodem libro (quibus nil comminatius) Jeremiam quoque conquerentem in Threnis: *Parvuli petierunt panem, nec erat qui frangeret eis* (*Thren.* iv, 4). Expergefaciat te illud saltem vel judicii tonitruum: *Serve male*, inquiens, *et piger, quare non dedisti pecuniam meam ad mensam, et ego veniens utique cum usura exegissem illam* (*Luc.* xix, 23). Et hæc quidem torpentibus et desidiosis.

5. Quid vero putamus illis manere improperii, qui cum nullam doctrinæ acceperint pecuniam, impudentia et fronte canino de non concesso quasi concesso gloriantur talento; qui passim prorumpunt pastores vocari, cum nullas vitæ pascuas noverint, et dispensatores Dominicæ videri volunt substantiæ, quos constat inediæ peste laborare? Quid autem, quæso, erogat, qui nihil accipit? quid dat, qui nihil habet? quid ministrat, qui omnibus indiget? Dicente autem patrefamilias: *Pasce oves meas* (*Joan.* xxi, 17), unde, rogo, eas pascit, qui ipsa adhuc pascua nec ipse invenit? Cum autem fidelis debeat fore dispensator et prudens, quem Dominus super familiam suam constituit, ut det illi in tempore tritici mensuram (*Luc.* xii, 42); quid dispensat qui ab eo, quod dispensari debet, ipse jejunus et stultus laborat?

(264) *Euge tuum*, idem est ac benedictio et præmium tuum. Respicit illa Christi ad servum fidelem: *Euge serve bone et fidelis, intra in gaudium Domini tui* (*Luc.* xix, 23).

(265) Vulg., *Ac forte*, minus bene.

A quod triticum erogat, qui penitus et quid sit triticum ignorat? Hinc mecum valde metuo, ne contingat audire: *Amice, ad quid venisti, aut quomodo huc introisti* (*Matth.* xxii, 12)? quo ostio? qua janua? quibus meritis? qua prærogativa? virtute? an sapientia? an doctrina? An forte (265), etsi defuit prædicationis gratia, commendavit te vitæ innocentia? Nonne prædixi tibi, quod et ipsi carnalibus oculis cernere potuisti, dicens: *Nunquid potest cæcus cæcum ducere? nonne ambo in foveam cadunt* (*Luc.* vi, 59)? Quid tibi convenit, quod non potuisti tentare? quid tam onerosum tollere jugum, qui portare nec poteras temetipsum? Et qui tuæ tenere moderamina non noveras vitæ, judex fieri utquid ambisti alienæ? Quomodo suadere tibi Sapiens non

B potuit ille, qui dixit: *De re, quæ ad te non partinet, ne sollicitus fueris?* Ubi, rogo, aures habebas, quando dicebatur: *Altiora te ne quæsieris* (*Eccli.* iii, 22)? ubi non solum tibi, sed et omnibus, qui sub cœlo sunt sapientia, sermone, et virtute, utpote Dei colloquiis assueto (266), indicibiliter præstantiori, dictum legebas, ultra vires tuas esse negotium? Quomodo tibi sonuit, quomodo non commovit, non terruit, non ab incœpto revocavit evangelicum illud: *Succede illam, ut quid etiam terram occupat* (*Luc.* xiii, 7)? Quid de te cogitabas, cum me conquerentem audiebas: *Tenentes legem nescierunt me* (*Jer.* ii, 8)? Psalmus quid tibi suadebat dicens: *Nescierunt neque intellexerunt, in tenebris ambulant, movebuntur omnia fundamenta terræ* (*Psal.* lxxxi, 5)?

C Et qui te [ *f.*, quid tibi, *et subaudi* irretito ] diversis vitiis et passionibus terreni corporis ob ignorantiam, qua non solum alios ferre, sed te quoque in soliditate morum non noveras continere, desuper posito tibi totius domus Dei onere, censebas **143** contingere, nisi commoto fundamento casurum sine dubio et id, quod erat superædificatum?

6. Hæc vero cum in semetipsis nimium gravia, in comparatione graviorum videantur levia, ipsa graviora partim tangentes, non prout sunt omnino proferentes (siquidem et facundiam superant non modo nostram, sed et loquacissimorum quorumlibet æstimationem) quid his putamus manere tormenti, qui non solum pascere, etiamsi ad hoc videantur idonei, gregem sibi negligunt commissum; sed ad

D insaniam quoque tanti quod gestant nominis, semetipsos agere non desinunt per abrupta vitiorum; qui ludis sæcularibus, venatibus, et illecebrosis jugiter occupantur aucupiis; qui

Teutonico ritu soliti torquere catelas.
(Virg. *Æneid.* vii, 141.)

sanctas penitus desuescunt scripturas; qui Deo exuti, mundo induti, ipsis laicis non timent vestibus indusiari? Quid vero de laicis conqueror, cum viderim persæ-

(266) Legendum videtur, ut sensus satis aptus sit: *ut pote Dei colloquiis assueti, indicibiliter præstantiores; qui scilicet sub cœlo sunt indicibilier præstantiores sapientia, sermone, et virtute, utpote assueti colloquiis Dei.*

pe quosdam peregrini ritus, et barbaricis, ut ita dicam, redimiculis (267), ad dedecus sacerdotii ita inconvenientibus, longe quam sese dignitas habeat tanta, amiciri, vel quod est verius, deturpari, ut

..... Quirinali trabea cinctuque Gabino.
(VIRG. *Æneid.* VII, 141.)

quam habitu insigniri pluris penderent ecclesiastico? qui vexatores quam doctores, audaces quam mites, callidi quam simplices, Machabæi [*id est* viri fortes] magis optant dici quam episcopi. Atque utinam hoc vitæ nomine in illo uterentur certamine, in quo Christus eos de mundo posuit triumphare et ejus principe. Qui trocho ludunt, aleam vero nequaquam fugiunt; qui tabula quam Scriptura, disco exercentur quam libro; qui melius damnosa canicula quantum rodat (268), quam norunt quanta salutaris Veritas jubeat, vetet, vel promittat, quidque dixerit; [*subaudi magis*] ferant senio, quam quod ipsi referre debeant Deo; qui histriones quam sacerdotes, temelicos [thymelicos] quam clericos, bromios (269) quam philosophos, nebulones quam veraces, impudicos quam verecundos, mimos charius amplectuntur quam monachos; qui Græcas glorias, Babylonicas pompas, exoticos ambiunt ornatus; qui scyphis aureis, scutellis argenteis, cuppis auctioris pretii, crateribus imo conchis ponderis 144 gravioris et invisæ ulli sæculo magnitudinis instant operandis auro; sessilis (270) quibus depingitur obba, cum iuligine oppleta eis adjacens videatur basilica.

7. Inter hæc obsonia refertissima, epulæ ipsa sui diversitate præter multiplicitatem mirabiles; et in his omnibus, qui avidior ille dapsilior, qui sagacior ille melior, qui locupletior ille prudentior, qui massutior (271) [*f.*, massucior] ille celebratior, ille vir, ille vulgatus, ille famosus, ille cunctorum ore laudatus. Frugi autem dici in tantum hodie exsecratur, ut jam et in ipsis monachis vituperetur: quanquam et largitio charitativa virorum liberalissimorum in usu munificentissimo a nobis non solum minime reprehendatur, sed (272) et maximis jure præconiis

(267) *Redimiculum* est ornamentum muliebre capitis.

(268) Hæc ex Persio sat. III, vers. 49. *Damnosa canicula quantum roderet*; ex quibus correximus *rodat*, ubi erat *radat*. Est autem *canicula*, jactus quidam talorum, qui unitatem ostendebat, quem qui fecisset, vincebatur. Mox *senio* quoque est aleæ et ludi species, de quo agunt Joannes Sarisberiensis lib. I. Policrat., c. 5, et Fabri Thesaurus in voce *Sex*.

(269) Confer. not. 245 hujusce tomi.

(270) Vulg., *sessiliis*, perperam. Emendationem comprobat Persius, qui sat. 5, vers. 118, *sessilem obbam* memorat.
*Veientanumque rubellum*
*Exhalet vapida læsum pice sessilis obba.*
*Obba* est vas vinarium; *sessilis* autem dicta, id est humilis, quæ quodammodo sedet et jacet. Reprehenduntur vero hi 'episcopi, quibus cum depicta sint ipsæ ollæ viles, basilica fuligine oppleta est.

(271) *Massus, et massa*, ejusdem significationis ac *mansus*, id est certa agrorum aut prædiorum quan-

efferatur. Sine causa enim vivere videtur episcopus, si non fuerit pecuniosus. Præter (273) ea joca tecum [*subaudi est*] risus intemperans, de simplicitate quoque Dei hæc timore abdicantium plerumque congestus; cithara in conviviis et lyra, ut dicit et propheta (*Isa.* v, 12); opus vero Domini in nullius memoria, nec væ promissum agentibus talia. Tecum symphonia et omnia musicorum genera, cantorum lenocinia, saltatricum pestis, sermo totus, qui forte ad rem pertinet de homine non de Deo, de creatura non de Creatore, de præsentibus non de futuris, de seniore (274) terreno non de cœlesti Domino. Tunc ille celebratur, istius nec quisquam reminiscitur; illius nomen juratur, istius nec recordatur; pro salute illius (275) bibitur, iste sitiens nec potatur; crapula illius amore distenditur venter, iste fortisan etiam in carcere micis indigens non reficitur pauper; ille præponitur, iste supponitur; illius memoria in primis, istius nec habetur in secundis. Canes præterea ipsa currunt in mensa, equi pernicibus volant magis quam cursitant curribus, cappo (276) præpetem librat volatum, accipiter raucisonam præripit gruem. Propheta inter hæc nullus, nullus apostolus, nemo doctor, nec aliqui prope canones, nusquam scita patrum, procul decreta pontificum, longe passiones, frugalitas, humilitas, egestas, vel gesta sanctorum a memoria remota cunctorum. Dives ille superbus 145 nec præsentatur obtutibus; canum saltem linguis non lingitur, quin potius corroditur Lazarus (*Luc.* XVI, 21). Baltassar pro hujusmodi nec recordatur interitus (*Dan.* v, 1-4). Amphora illa cum talento plumbi de propheta, de talibus in terra Sennaar alis milvi delata (*Zach.* v, 8-9), nec venit in memoriam: [*supple nec*] gibbum cameli, acusque foramen animadvertit (*Matth.* XIX, 24), nec ullus superventum dici Domini reminiscitur. Nullus ore pleno epulis, lacrymantibus oculis, lingua jocis resoluta inconditis, nuper quemdam obisse nemo [*nemo abundat*], curat advertere; nec Deum ob id præcepisse nos omnitempore orantes vigilare (*Luc.* XXI, 36). In die convivii primi fratitas. Hinc *massutior* ille intelligitur, qui plus agrorum seu prædiorum possidet. Forte vero legendum *massucior* a *massucus*, id est edax, de quo veteres glossæ apud Cangium.

(272) Addidimus *sed* exigente contextu: et paulo post scripsimus *pecuniosus*, ubi repugnante sensu legebatur *pecuniosius*.

(273) In Vulg. *tu præter*. Delevimus pronomen *tu*, quippe quod manifeste intrusum fuit. Construe: *Præter ea joca tecum est risus intemperans, plerumque quoque congestus de simplicitate abdicantium hæc (joca) timore Dei; tecum est cythara et lyra in conviviis: opus vero Domini, et væ promissum agentibus talia non est in memoria ullius, ut et propheta dicit.*

(274) *Senior* hoc loco regem seu principem significat.

(275) Legebatur *istius*. Correximus ex contextu *illius*, id est senioris, seu regis.

(276) *Cappo*, aliis *capus* a capiendo, sic ab Italis dictus falco, ut Papias notavit. Post pauca *nec aliqui* scripsimus, ubi mendose erat *nec aliquis*.

tris Job filios exstinctos omnium subterfugit oculos. Loth a Sodomis nemo meminit exeuntis, nec Noe arcam intrantis. Postremo canones obliti dantur, præcipientes de cunctis redditibus ecclesiæ, quia sancta sanctorum sunt Domini, quatuor partes fieri; quæ si fideliter fuerint actæ, non dico crater, concha, vel vasculatorium, aut ( ut mirabilius quid proferam, et utinam mentiens) lebes, sciphus certe unde fiat, deerit. Ipse (taceo de conviviis regifico luxu paratis) ipse quotidianus persæpe victus cogetur more illius in lacum clausi (*Dan.* xiv, 30) a Deo reparari (277), vel serotinus. Mentior, si non testimonium ferunt tantæ per orbem destructæ basilicæ, viduæ, orphani, peregrini, pauperes innumeri, captivi, vincti, carcerati, cæci, claudi, debiles, infirmi, monachi, virgines, pro debitis quoque constricti, et alieno ære oppressi, ad ultimum omnes ad quodcunque destinati. Aliquod suffragium (278) pro necessitate singulorum, si valet et non vult prærogare, damnationem fraudulenti dispensatoris videbitur incurrere. Dictum est enim a quodam non contemptibilis auctoritatis veracissime; quia quilibet Christianus, si non aliquibus pro posse subvenerit, judicabitur; episcopus, si aliquem neglexerit, condemnabitur.

8. Pone tamen hæc omnia juste pleniterque impensa nil obstarent ad luxum. Debetne doctor ea ambire, quæ docet aliis fugienda omnimodis esse? Quid enim si apostolica illa percellatur sententia, qua dicitur: *Qui prædicas non furandum, furaris* (*Rom.* II, 21); et Dominica voce feriatur dicente: *Ejice primum trabem de oculo tuo* (*Matth.* VII, 5); et: *Medice cura teipsum prius* (*Luc.* IV, 23)? Ubi autem erit illud ejusdem apostoli, *castigo*, dicentis, *corpus meum, et servituti subjicio, ne forte cum aliis prædicaverim, ipse reprobus efficiar* (*I Cor.* IX, 27)? Ut enim a peritissimo sanctissimoque ante nos jam dictum est doctore: *Cujus vita despicitur restat ut et prædicatio contemnatur* (Greg. lib. I, *in Evang.* hom. 12). Quid vero (279) sibi ipsi intimis talium quis, cum

aliis dicit foris: *Non in commessationibus et ebrietatibus* (*Rom.* XIII, 13); et: *Humiliamini sub potenti manu Dei* (*I Petr.* V, 6); et: *Nolite diligere mundum neque ea quæ sunt in mundo* (*I Joan.* II, 15); et, *Quicunque voluerit amicus esse sæculi hujus, inimicus Dei constituitur* (*Jac.* IV, 4)? Esto illa quanto minus facere, nec velit docere; quid cum compellitur sursum corda clamare?

9. Verum ut relicta specie, iterum paululum quid varicato gressu transeamus ad genus; vini post hæc (280) madidi potionibus confecti, ne in ullo penitus præter idololatriam, cum nec desit in altero, hoc est avaritia ipsa, videantur dissimiles illis de quibus dictum est: *Sedit populus manducare et bibere, et surrexerunt ludere* (*Exod.* XXXII, 6); editum arduumque linquentes suggestum, currus, ut ita loquar, rhedasque conscendunt, spumeosque subeunt equos habenis aureis, murenis argenteis, frenis Germanicis, sellis Saxonicis faleratos, ad quoslibetque properant, quos crapula dictaverit, lusus. Tunc ille sedens asello (*Joan.* XII, 15), fortis et potens in prælio (*Ps.* XXIII, 8), non alicui occurrit in animo. Tecum (281) reges ipsi sæculi gloria præiri, quam apostolorum paupertas imitari; divitum voluptas superari, quam piscatorum sanctitas sequi ambitur.

10. Lectus post hæc ornatur aureis distinctus mirifice crustis, fulcra sericis depicta proferuntur facturis, culcitra ipsa pallio optimo cooperta, scabellum tapete Gothico tectum. Inter hæc (282) præsepe nostri infantis, ipsi nec panni, nec ipsum menti adest diversorium (*Luc.* II, 7); procul a memoria ille caput non habens ubi reclinet (*Luc.* IX, 58). Mordacibus tandem somno curis excusso, in ipso obieciamine tori sese volutantes, nec quiescere valentes, pro matutinis hymnis murmuria quædam (283) proferunt, injuriæ potius apta quam gratiæ, contemptui quam receptui, exsecrationi quam exauditioni.

11. Ubi vero ventum fuerit ad vestitum, peregrinis, ut dixi, quam patrioticis amiciuntur ornatibus, cruribus (284) teretibus instar, torno, ut ita dicam,

(277) In vulgatis nullo sensu *separati*. Correctionem approbat etiam historia Daniel, cui a Deo cibus paratus fuit. Sensus autem est: Si redditus ecclesiæ fideliter dividantur in partes quatuor, ut jubent canones, non solum deerit, unde fiant crateres, etc., sed ipse etiam cibus quotidianus, vel serotinus cogetur, seu debebit reparari a Deo, ut fecit cum Daniele in lacu leonum clauso.

(278) In vulg. mendose *alicujus suffragii*. Nisi supplendum malis *opem*, correctionem necessariam judicabis. Post pauca erat in iisdem vulgatis, *si valet, et non valet prorogare*. Emendavimus exigente sententia.

(279) Construe, et supple: *Quid vero aliquis talium dicit sibi ipsi in intimis, cum dicit aliis foris*.

(280) Vulg., *vini potest hæc*, corrupte. Ita autem scribendum fuit *vini post hæc*, uti post pauca habetur: *Lectus post hæc*. Hic autem obscurissimus locus construendus et explicandus erit sic : *Verum ut relicta specie, iterum paululum varicato*, seu declinato *gressu* (*varico* enim pro *diverto* in antiquis Glossis legitur) *transeamus ad genus, post hæc episcopi* (de quibus loquitur) *madidi potionibus vini confecti, ne*

*videantur dissimiles illis, de quibus dictum est* : *Sedit populus*, etc., *ne*, inquam, *videantur his penitus dissimiles in ullo præter idololatriam, eum nec desit* (ipsa idololatria) *in altero, hoc est avaritia ipsa* (quippe quæ *idolorum servitus* vocatur a Paulo [*Eph.* V, 5]) *linquentes editum arduumque suggestum, conscendunt currus*, etc.

(281) Hujus periodi sensus explicandus est. *Tecum* pro *a te* ambitur *præire reges ipsos gloria sæculi potius, quam imitari paupertatem apostolorum*; *superare voluptates divitum, quam sequi sanctitatem piscatorum*.

(282) Construe: *Inter hæc non adest menti præsepe nostri infantis, nec ipsi panni, nec ipsum diversorium: procul est a memoria ille non habens, ubi reclinet caput*.

(283) *Murmuria quædam* preces quodam murmure celerius editas innuunt.

(284) Vulg., *curribus*, male. De cruribus sermonem esse ostendit tum adjectivum *teretibus*, quod rem oblongam et rotundam significat, tum præsertim sequentia, *quævis earum* (melius *quolibet eorum*) *volumen rectius dici possit, quam tibia*.

potius aptatis quam manu, ita ut quævis earum columna rectius dici possit quam tibia. Corpus vero totum tanto studio comitur, ut hæresium (285) ipsum, quod solo frigoris debuerat obtentu parari, tanto melius quanto spissius, cum sit ex pallio factum optimo, limbum habeat ex alio, quod, si inveniri posset, melius sit optimo; cujus latitudo cæterorum, nisi quidem modicatur, sed ad cubiti, superat mensuram; cui si quid genus vestimenti superpónitur, tanta huic elationis industria coaptatur, ut aut subtilitate, aut qualibet etiam cum damno scissura, ipsum quod subtus tegere debuerat, prodat miraculum. Lumbare (286) autem ipsum, pedibus usque sedentis porrectum, aurea fibula compactum, aureum in summitate videntibus offert et balteum, non sine gravi ambitionis tormento visibus ingestum multorum, ita ut in hoc solo posset videri completum, quia *dum superbit impius, incenditur pauper* (*Psal.* ix, 2). Tum vero videas quosdam mastruga pro cappa (287), galero Ungarico pro sacerdotali pileo, sceptro uti pro baculo, nec cogitare illud Apostoli: *Non in veste pretiosa* (*I Tim.* ii, 9); nec illius dicentis reminisci: *Quod superest date eleemosynam* (*Luc.* xi, 41); et, *Quod altum est hominibus, abominatio est ante Deum* (*Luc.* xvi, 15); et, dicturi: *Nudus fui et non operuistis me* (*Matth.* xxv, 36), cum ipse percussorem suum non solum de mille, sed de duabus tunicis quoque unam indigenti præceperit dari (*Luc.* iii, 11).

12. Missa dehinc excursa potius quam excantata, vel (quod est gravius) aliquoties penitus neglecta, pane accepto et bibere (288), quod utique ad regale prandium posset sufficere, nullo existente, qui nec ad litteram, nec ad sensum, velit dictum reminisci, quia *Væ terræ, cujus principes mane comedunt, et cujus rex servus* (*Eccle.* x, 16); iterum Faliscos, non quidem quos pridie, ne forsan assiduitate vilescant

(285) *Hæresium* (nisi error lateat in scriptura) *ex pallio optimo* lacernæ genus erat, quæ totum corpus defendebat a frigore: *pallium* autem hoc loco ipsum pannum significat sericum, aut pretiosioris materiei. Hinc *correr al pallio* Italice dicitur de equorum cursu, eo quod præmii loco *pallium*, seu pannus pretiosior vincentibus proponatur. Hoc item sensu *pallii* vocem aliis in documentis acceptam Cangius ostendit v. *Pallium.* Pallia, quæ in provincia Venetia fiebant, memorat Ratherius in epist. 2, ad Nannonem num. 1.

(286) *Lumbare* hoc loco idem est ac femoralia, seu braccæ longiores, quibus erat fibula aurea, et balteum seu cingulus aureus.

(287) Cappa, sacerdotalis pileus, et baculus erant episcoporum insignia; iisque dimissis episcopi, quos auctor perstringit, laicis et pretiosis vestibus utebantur.

(288) *Bibere* pro potu nomen antiquum est a *biber* apud nonnullos veteres usurpatum, ut videre est apud Charisium lib. i, ubi exempla ex Caio Fannio et Titinio recitat.

(289) Cum hæc Ratherius in Papiensi carcere scripserit; factum autem hoc loco narret, quod suam captivitatem antecessit; palam fit annum præteritum referendum esse ad annum 935, antequam caperetur. Hoc autem factum clarius explicandum est. De quibusdam episcopis queritur, qui, dum anno

videntum, subeunt 148 equos, aureis ornatos torquibus, frenis argenteis, tanti vero ponderis, ut ipsi solummodo ferendi fortissimis quoque sufficere possent equis, quibus, ut verbis ornatius id exsequar poeta:

Aurea pectoribus demissa monilia pendent,
Tecti auro fulvum mandunt qui dentibus aurum;

Et vel.

In gramineis exercent membra palæstris;
Contendunt ludo, et fulva luctantur arena;

Aut:

Exercentur equis, domitantque in pulvere currus,
Aut acres tendunt arcus, aut lenta lacertis
Spicula contorquent;

(Virg. *Æneid.* vii, vi, vi

aut his similia, ut ad nostra redeamus, exercent; aut certe relictis cœlestibus, tractant et curant solummodo terrena; qui decernere [*supple* deberent] ecclesiastica, sanciunt quomodo sese agere debeat respublica. Atque utinam nil aliud inibi tractaretur; hoc solo illic Deus offenderetur, esset fortassis veniabile, etsi non approbabile. Non utique contingeret quod nuper, id est isto eodemque tempore [*subaudi* contigit.] Prope anno (289) siquidem præterito [*subaudi* quidam episcopi], ambiebant placere, ne id illud eos pariter contingeret incidere, quod consequenter in eodem versiculo soliti erant taliter canere: *Inclinabit se, et cadet, cum dominatus fuerit pauperum; dixit enim in corde suo: Oblitus est Deus, avertit faciem suam, ne videat in finem* (*Psal.* ix, 10, 11). In tantum enim succedente infortunio, crescente incommodo, illum derelictum non tantum cogitabant, etiam dicebant, a Domino, ut ipso festo sanctæ Dei Genitricis quidam severissima fuerint increpatione redarguti, quod osculum illi in ecclesia 149 concesserint (ut moris est inter solemnia missarum fieri) pacis, putantes felices et prudentissimi cum ideo, non quia peccatorem (290), [*subaudi* sed] quia

præterito post Hugonis regis victoriam contra Arnoldum Bajoariæ ducem eidem regi ambiebant placere, in Ratherii exitium conspirarunt. *Etenim succedente infortunio, crescente incommodo* (cum scilicet Arnoldo Verona pulso, ejusdem fautor traduceretur Ratherius) *non tantum cogitabant, etiam dicebant illum* (Ratherium) *derelictum a Domino in tantum, ut ipso festo sanctæ Dei genitricis quidam redarguti fuerint severissima increpatione, quod concesserint illi osculum pacis in ecclesia inter missarum solemnia, ut moris est fieri putantes*, etc. Cum factum indicet, quod paulo ante suam captivitatem contigit; in sequentibus autem *crastina itaque peracta die*, scilicet post festum beatæ Mariæ, aliud factum innuat, quod mox subsecuta est ipsa captivitas, quam incidisse in Februarium anni 955 alibi vidimus (Vit. auctoris, § 4); festum sanctæ Dei Genitricis hoc loco indicatum, est festum Purificationis anni ejusdem, quo post Hugonis victoriam aliis episcopis præsentibus cum Ratherio solemne sacrum celebratum fuit. Hic autem quintus liber, qui ejusmodi factum *anno prope præterito* tribuit, lucubratus agnoscitur ineunte anno 936.

(290) Vulg., *a Deo non qui a peccatore*, ut videtur, mendose. Sensus æquior emendationem suasit. Construe autem et explica: Qui osculum pacis Ratherio concesserunt inter memorata missarum solemnia, concesserunt *putantes felices et prudentissimi eum*

deceptum, damnatum; cum culpam non faciat pœna sed causa, et, teste augustæ recordationis Aurelio, pœna reorum quædam absolutio sit eorum. Crastina itaque peracta die (291), nil promissorum exhibetur opere: mandat tamen per internuntios ille summus, in quo tota fiducia boni erat proventus, sæpissime, ne a suo consilio deviaret (292) in aliquo, promittens omnia sese fine pacturum optimo, tantum in pacto perstaret promisso. Quod et fecit (293), suo, ut cernitur et putari potest, malo, re autem, ut credi debet, vera et perspicua bono. Mitti quoque sibi actutum quosdam civitatis ab eodem primarios rogat. Quod cum fecisset, quemdam, ut ita loquar, quasi laqueum sibi quo teneretur injecit. Cum ipsis [*subaudi* primariis] siquidem est actum, quod præsentem (294) ubique illum nequaquam latuit oculum, quodque Cunctipotens pie aut vindicet aut relaxet in præsenti sæculo, ne districte puniat in futuro. Quid magis? Sermonem quidem hinc texere satis possumus longum, sed multo magis hic eum censemus devorandum, propter illud quod in præfatione nos superioris libelli meminisse recordamur periculum, ne quod videlicet pariat nobis ipsa veritas odium. Supprimantur hic ergo tam infanda talium acta, ne si fortuitu insolenti relatu producta proferri cogantur et agentium vocabula (295), maximam discordiæ turbam [*supple* sint] **150** futura. Taliter vero hæc præsentia cum sese habent tempora, nullus tamen invenitur saltem Dei respectu, qui pro indigentibus interveniat, pro damnatis exoret, qui causam pupillorum et viduarum vel quorumlibet afflictorum suam faciat, quod approbat et istius (296) afflictio levigata a nullo.

## EPISTOLA EJUSDEM (297).

RATHERIUS exsul WIDONI atque SOBBONI archiepiscopis cæterisque coepiscopis in concilio residentibus.

Istud, domini, pro præsentia suscipite nostri, et legere precor dignemini. Fortassis enim non erit inconveniens negotio præsenti.

13. Concilia dehinc Ecclesiæ nusquam, conventur synodici non alicubi, nil ecclesiastica lege aut ap probatur aut improbatur, accusatur aut excusatur, defenditur aut opponitur: sed omnia vi, potestate et judicio sæculari imperantur, perficiuntur et tolerantur, juste aut injuste, cujus rei quoque astipulator exstat et iste (298), a coepiscopis quidem [*supple* non indicatus, *vel aliquid simile*], a **151** laicis vero nulla præeunte audientia exsilio deportatus, deficiente omnino qui interponeret defensionis sepem (*Ezech.* XXII, 30), et ascenderet ex adverso, opponens se murum pro domo Israel, et stans in prælio in die Domini (*Ezech.* XIII, 5); id est gaudente sæculo (299), exhonorato, quantum ad ipsos, Domino, cum siquidem illa res sicut (300) non una solum-

---

*ideo damnatum* (rebellionis nomine) *quia deceptum, non quia peccatorem, cum pœna non faciat culpam, sed causa,* etc. Ideo nimirum Ratherius in iis angustiis, quæ ob favorem Arnoldo præstitum, post Hugonis victoriam ipsum angebant, damnatus putabatur, quia non ex pravitate animi in Hugonem, quem semper se dilexisse, et prospera eidem semper optasse in epistola ad Joannem XII testatur, sed ex deceptione in Arnoldi partes adductus, ipsum Veronæ receperat.

(291) Hæc respiciunt, ut credimus, eum tractatum habitum *illucescente die*, et descriptum lib. III, num. 27, quo Ratherius adductus fuit, ut consentiret scriptioni illius epistolæ, cujus ipse auctor, ac totius moliminis incentor traductus, captus, et in Papiensem turrim conjectus fuit. Hic itaque tractatus *diei crastinæ* habitus est die tertia Februarii post Purificationis festum, de quo paulo ante mentio fuit. Ipsa autem die Purificationis accidit ea invasio gentis barbaræ, quæ diem crastinam et laudatum tractatum præcessit. Confer vitam Auctoris § 4, ubi hunc locum latius explicavimus.

(292) Cum suum infortunium hoc loco obscurius attingat, ut monuimus not. 289, idque ita ut nomina actorum, ut mox indicabit, nolit exprimere; nominativi loco Ratherius subauditur sic: *ne a suo consilio Ratherius deviaret.*

(293) Ratherius scilicet *fecit,* id est *non deviavit a consilio* ejus summi viri, qui ex alibi dictis quidam summæ auctoritatis episcopus fuisse videtur. Addit autem, *fecit suo malo, ut cernitur, et putari potest, re autem vera et perspicua suo bono, uti credi debet*; quia Ratherius obsecutus consilio viri laudati carceri mancipatus fuit, idque *suo malo* accidisse putabatur; at re ipsa *bono suo* evenisse testatur in epistola ad Ursonem inserta libro tertio num. 27.

(294) Construe: *quod nequaquam latuit illum oculum ubique præsentem*, id est Deum. Traditionis suæ modum innuit, de quo lib. III, n. 27, et in Vita § 4 pluribus disseruimus.

(295) Nomina scilicet eorum, quorum acta reprehendit, absque turbarum periculo proferri non posse significat.

(296) *Et istius*, nempe Ratherii: hujus nimirum afflictio a nullo levigata probat nullum esse, qui pro indigentibus interveniat, pro damnatis exoret.

(297) Integras ad Widonem et Sobbonem litteras, quibus hos sex Præloquiorum libros ad ipsos direxit, inter cæteras auctoris epistolas invenies n. 2. Hæc autem, quæ hic inseritur, iisdem archiepiscopis et cæteris episcopis in concilio residentibus inscripta, num integra sit, an potius fragmentum epistolæ dubitari potest. Forte vero hoc loco a Ratherio descripta fuerunt hæc tantummodo verba epistolæ nomine, ut ipsos moneret legenda præsertim esse sequentia, quibus sibi nulla præeunte audientia damnato neminem opitulari conqueritur. Se vero *exsulem* in epigraphe vocat, quia cum hæc inseruit, non amplius in Papiensi carcere detinebatur, sed Comi exsul degebat. Porro verba, *istud* [scilicet Præloquiorum volumen] *domini pro præsentia suscipite rogo*, intelliguntur ex epistola secunda. Invitatus nimirum fuerat ad concilium. Exsilio autem detentus Comi, co proficisci non poterat. Misso vero Præloquiorum volumine, ut hoc sui loco suscipiatur et legatur postulat.

(298) *Et iste* est ipse Ratherius, uti numero præcedenti *et istius*. Vide not. 57. Is quidem ille est, qui sine ullo episcoporum judicio, nulla præeunte audientia, a laicis in exsilium deportatus fuit.

(299) Referuntur ad præcedentia: *exsilio deportatus, deficiente omnino qui interponeret ... id est* (nimirum, id accidit) *gaudente sæculo,* etc.

(300) Legebatur corrupta lectione et sine sensu *in aures, sicut.* Pro *in aures* correximus ex versione *illa res*, et refertur ad antecedentia, *cujus rei quoque astipulator exstat et iste*: nunc autem additur eamdem rem *evenire non una solummodo occasione, nec probatione tantummodo unius, sed multorum.* Idem scilicet infortunium non uni Ratherio, sed et

modo occasione, ita non unius tantummodo, sed plerumque multorum eveniat probatione. Nec enim frustra ante januam divitis jacuit Lazarus, sed ut, unde ille exercebatur, iste damnaretur; ille, quia indigebat; iste, quia non tribuebat. Nam cum in psalmo Dominus dicat: *Probavi te ad aquas contradictionis* (*Psal.* LXXX, 8); ubi, rogo, vigoris zeli et fortitudinis pastoralis monstrari potest vel debet intentio, nisi ubi non quæcunque, sed maxima est contradictio? Et cum non coronetur, nisi qui legitime certaverit (*II Tim.* II, 5); unde, quæso, coronam aut sperat aut requirit, qui imminente fugiens bello, nusquam pugnavit? Quid enim? Et si obtineri non potest victoria, debentne ob id semper hostibus tribui terga? Nonne confesso persæpe milite, prolem ejus remuneratam vidimus pro patris audacia, constantia, vel devotione? Nostra vero cum longe alia sit pugna, graviora sunt et pericula; siquidem fugiens in æternum moritur; cadens vero, tantum ne deficiat devotio (301), non solum rursus erigitur, sed etiam pro injuria in æternum coronatur; obtinenti [*subaudi* victoriam] vero eadem sit corona quod scutum, quod arma, quod victoria, hoc est Deus ipse omnia, qui protegit quos incitat, coronat quos protegit, erigit quos cadere sinit, remunerat quos victores esse concedit. Siquidem in ista non alius pugna nisi ipse cum adversario præliatur. Ipse dimicat, ipse obsidetur, ipse includitur, ipse assistit, ipse murorum septa defendit; et victoria nobis cedit, nobis ascribitur, nobis imputatur. Quid tam desides quemlibet convenit gerere animos, cum a Deo certamen ejus, non ejus, sed Dei sit, ut etiam nec cogitare quomodo aut quid loqui debeat (*Matth.* x, 19), nequaquam indigeat; tantum ne devotio, ut dixi, qua loqui velit, deficiat? Quid trepidare alicquem convenit, cum idem ipse qui remunerator, ipse sit et protector, ipse denique et pugnator? Nam, in tantum cum pugnas, adest; cum dimicas, præsens est; ut etiam, dum putaris feriri, ille, non tu, feriatur: si quidem ita hodie audisti, cum et heri legisses: *Qui tangit vos, quasi qui tangit pupillam oculi mei* (*Zach.* II, 8); et: *Qui vos spernit, me spernit* (*Luc.* x, 16).

14. Ne ergo lenocineris hosti, si vis placere imperatori; nec enim cum poteris promereri, si a te istum nolueris separari [*l.* superari]. Nullo enim excepto, dicitur ab Apostolo: *Omnes, qui pie volunt vivere in Christo Jesu, persecutionem patientur* (*II Tim.* III, 12). Videtur ergo nolle pie vivere in Christo A Jesu, qui persecutionem non patitur pro Christo Jesu; recusat etiam, ut ante nos dictum est, esse in corpore, qui non vult odium mundi sustinere cum capite. Non audeo, inquis: periculosum est hodie.... Et Dominus: *De ore tuo te judico, serve nequam* (*Luc.* XIX, 22). Abjurasti enim militiam, si perdidisti audaciam. Ut quid ergo arma sumpsisti? ut quid militiæ nomen dedisti? pastor vocari ut quid ambisti, qui lupo veniente fugere deliberasti? Baculum quare cepisti, si occurrere periculo timuisti? Si defendere non audebas gregem, ut quid sumpsisti mercedem? Lac qua fronte comedis gregis, qui contra furem aut vocem dare, aut patremfamilias excitare, aut canes instigare pavescis? Lanis quare indueris ovium, qui in tantum formidas, etiam hædum agnis admistum, nedum frementem contemnas leonem vel ursum? Pecuniam meam quare sumpsisti, si hanc erogare, cum scires, timuisti? Et qui te contra me tam audaciter erigis, quomodo tam meticulose ipsi te, quem sub pedibus teneo, subjicis? Periculosum, inquis, esse..... Tempestas ergo est in mari, si periculariter navis? Quid ergo agere vis? Monstra cur remum sumpseris, an ut caput, moriture, ingeras sentinis? Exere potius vires, fortiter dimica, instanter naviga: præsto est portus, jacet in navi, licet dormieris tibi, cui obediunt mare et venti (*Matth.* VIII, 27).

15. Metuo, ais, offensam senioris [*id est* regis]: Econtra Apostolus: *Ego,* inquit, *si adhuc hominibus placerem, Christi servus non essem* (*Gal.* I, 10). Quid enim tibi faciet offensa senioris? Commutat.tur, forte auferet concessa. Forte totum hoc rite timeres, si non promissum dicentis haberes: *Gaudete et exsultate; ecce enim merces vestra multa est in cœlo* (*Matth.* v, 12); et si non dictum ab Apostolo scires: *Quis est qui vobis noceat, si boni æmulatores fueritis? sed et si quid patimini propter justitiam, beati; timorem autem eorum ne timueritis* (*I Petr.* III, 15). Timeo plus aliquid, inquis. Quid? Mor', ais: quod est dicere: *Leo in via, in medio platearum occidendus sum* (*Prov.* XXII, 13). Sed audi Dominum: *Capillus de capite vestro non perib t* (*Luc.* XXI, 10). Audi et illius ejusdem quo fungeris ordinis servum, id est sæpissime hic inditum Augustinum: *Time,* inquit, *mori, si potes non mori.* Audi et alium: *Qui natus ex homine est et moriturus erit.* Audi et Apostolum: *Ego non solum alligari, etiam mori paratus sum pro Christo Jesu* (*Act.* XXI, 13). Audi et quemdam ad tui verecundiam ethnicum: *Tolerabilior,* inquit, *est qui mori jubet, quam qui male vivere.*

---

aliis multis episcopis accidit, ut notavit etiam coævus auctor Atto episcopus Vercellensis lib. I *De pressuris Ecclesiæ* tom. I Spicilegii Acheriani pag. 418, col. 2. *Quæ enim mors in hoc præsenti sæculo crudelior esse poterit, quam cum pastores Ecclesiæ ab ovibus separantur, aut carceri includuntur, vel exsilio pelluntur, eorumque corpora penuriis atteruntur, mentes autem mœrore afficiuntur. De se suspirant, de sibi commissis ejulant, præsentia patiuntur supplicia, futuraque a carnificibus promittuntur, expavent maiores, consolantur ab ipsis tolluntur, exprobrantes vel terrentes jugiter assistunt.* Conferenda sunt etiam, quæ idem tradit pag. 405, ubi episcopos sine defensione damnatos queritur. Ratherii causam agere videtur.

(301) Cum de episcoporum pugna loquatur, tres ipsorum species distinguit, fugientium, cadentium, et obtinentium victoriam. Primi damnantur; cadentes autem, qui nimirum casum aliquem adversum in ea pugna, seu in persecutione patiuntur, *tantum ne* (id est dummodo in eis) *non deficiat devotio* (seu fervor episcopalis) pro injuria coronantur: Victores Deum ipsum pro præmio et corona consequentur.

Occidere te valet regis ira, potest ne tibi ne moriaris præstare ejus gratia ? Sed, rogo, ne erres. Non rex quemlibet occidit, sed ille qui dixit : *Ego occidam et vivere faciam (Deut.* xxxii, 39). Si enim præter istum aliquis quempiam occidere valeret, caminus ignis tres pueros non reservasset, nec leones famelici pepercissent Danieli. Susanna quoque, ut putabatur, legibus damnata, tam velociter non fuisset liberata. Ceto etiam Jonas sorbente voratus, non fuisset, Deo jubente, evomitus. Quid enim ad necandum paratius leonina rabie ? quid ad absolvendum difficilius, quam damnata lege, quæ nulli noverat parcere? quid ad absorbendum voracius marina profunditate, vel potius belluina edacitate ? Et tamen neutrum horum, cum vim obtineant, Deo volente concessum, aliquid valuit contra protectionem divinam : unde pulchre de uno illorum [*id est*, de tribus pueris primo exemplo nominatis], Deo in Ecclesia consuevimus canere : *Vim virtutis suæ oblitus est ignis, ut pueri tui liberarentur illæsi (In Domin.* iii *Quadrag., antiph.4).*

16. Utrum vero hæc se ita ut diximus habeant necne, potes etiam ex dictis Cassiodori, si velis, ita dicentis perpendere : « Mirum præterea videtur rem incorpoream membris solidissimis colligatam, et sic distantes naturas in unam convenientiam fuisse perductas, ut nec anima se possit segregare, cum velit, nec retinere, cum jussionem Creatoris agnoverit. Clausa illi sunt universa, cum præcipitur insidere; aperta redduntur omnia, cum jubetur exire. Nam etsi acerbus dolor vulneris infligatur, sine Auctoris imperio non amittitur, sicut nec sine ipsius munere custoditur. » Quæ cum ita se haberi intitubabiliter ipsa duce ratione etiam ex nobis ipsis possimus colligere; virili omnimodis deposita constantia, muliebri assumpta ignavia, Deo erecti (302), mundo subjecti, desides et effeminati, inanis quoque gloriæ inexplebiliter cupidi, invicem provocantes, invicem invidentes, negligentes et infelicissimi, superbia tumidi, bonitate vacui, carnis voluptatibus subditi, fratribus elati, in acquirendis rebus avaritiæ facibus accensi, congregandis autem virtutum opibus inefficaces et pigri, dum affectamus honorem sæculi, gloriam quæ a Deo est, perdimus, heu dolor! miseri: dumque superferri fratribus ambimus, superbiendo, lugendo genere (303), cui præferri debuimus supponimur mundo; contemnentesque Dominum dominantem, patimur servum; et qui potestate concessa, calcare debuimus serpentes et scorpiones, et omnem virtutem inimici (*Luc.* x, 19), retrogrado ordine calcamur quotidie ipsi, ita ut et in nobis compleri quandoque possimus timere (304), quod et in Job legitur ita dicente : *Fugiet arma ferrea, et incidet in arcum æneum (Job* xx, 24) ; et : *Qui timent pruinam,* irruet super 154 *eos* [*nix (Job* vi, 16) ; quod fit cum timetur temporalis ira, incurritur sempiterna ; metuitur terrenum periculum, et irruit supernum et inevitabile iræ cœlestis judicium.

17. Quod si honorem magis nostrum, quo non solum ad imaginem Dei conditi, sed etiam omnibus sub cœlo per officium creaturis prælati [*subaudi* sumus], voluissemus moribus vindicare, Christo scilicet, ut antecessores nostri, subjecti, mundo erecti, alter alterius onera, secundum Apostolum, portantes (*Gal.* vi, 2), invicem nos juvantes, honore invicem prævenientes, idipsum in Domino omnes sentientes, spiritu ferventes, zelo charitatis pro domo Israel exemplo Heliæ zelantes, in doctrina docentes, exhortando mutuo nos exhortantes, commoda pro necessitate alterutrum [*id est*, alterutrorum] in simplicitate tribuentes, prælaturam in sollicitudine administrantes, in hilaritate nobis invicem miserantes, dilectionem Dei et fraternam sine simulatione habentes, odientes malum, adhærentes bono, charitatem fraternitatis invicem custodientes, non alta sapientes, sed humilibus consentientes (*Rom.* xii, 8-17): fateor, non solum aliquem non timeremus, sed etiam ab omnibus timeremur. Nec vero ut, prob nefas! in nobis illud impleatur propheticum dicentis : *Unusquisque carnem brachii sui vorabit; Manasses Ephraïm, et Ephraim Manassen, simul ipsi contra Judam (Isai.* ix, 20), hoc est confessione Dei insignem Ecclesiam (305), invicem mordentes, ab invicem consumimur, divisique ab alterutro desolamur. Nec enim mentitur veridica semper Veritas dicens : *Omne regnum in seipso divisum desolabitur (Matth.* xii, 25); nec refutanda cujusdam, quanquam Deum nescientis, sententia dicentis : quia *concordia parvæ res crescunt, discordia maxime dilabuntur*. Apostoli (*subaudi* sententia) quoque in mente semper habenda monentis : *Quæ pacis sunt sectemur; et quæ ædificationis sunt invicem custodiamus (Rom.* xiv, 19). *Qui enim in hoc servit Christo, placet Deo, et probatus est hominibus* (*Ibid.*, 18). Itemque : *Vis non timere potestatem, bonum fac, et habebis laudem ex ipsa (Rom.* xiii, 3). Et : *Hæc est voluntas Dei, ut benefacientes obmutescere faciatis imprudentiam hominum et ignorantiam (I Petr.* ii, 15). Alterius autem : *Cum placuerit*, inquit, *Domino, viæ hominis, inimicos quoque illius convertet ad pacem (Prov.* xvi, 7). Et per Psalmistam Domini : *Si populus meus audisset me, Israel si in viis meis ambulasset, pro nihilo forsitan inimicos eorum humiliassem (Psal.* lxxx, 14, 15). Per Jeremiam [Baruch] item : *Si in via Dei ambulasses, habitasses utique in pace super terram (Bar.* iii, 13). Per Moysen quoque : *Ecce mitto angelum meum, qui præcedat te, et custodiat semper; observa tantum, et audi vocem meam. et inimicus ero*

---

(302) *Deo erecti*, id est erecti contra Deum, sicut postea *fratribus elati*, id est erga fratres ; et n. 17 *mundo erecti*, id est contra mundum.

(303) *Lugendo genere*, id est modo quodam lacrymis digno.

(304) Id est, ita ut et possimus timere compleri quandoque in nobis, quod legitur et in Job, etc.

(305) Voces *contra Judam* interpretatur, *hoc est contra Ecclesiam insignem confessione Dei*

*inimicis tuis, et affligentes te affligam (Exod.* xxiii, 20-22).

18. Nos vero e diverso (cum et hæc omnino a perfectis nec appetenda, pro gloria Dei quæque sunt bona agenda; adversa vero ejus amore toleranda magis, quam vindicta optanda) potius vindicare nos solemus quam vindicari : defendere nos ipsos ipsi, quam a Deo defendi; et cum ad id non sufficimus, fœdus quoddam cum **155** ipsis inimicis, eis in malo consentientes (306) inire magis, quam Deum protectorem corde cum manibus ad eum levato invocare, et contra internum raptorem, qui nunquam melius vincitur, quam cum exterior amatur, arma corripere properamus; illisque non dissimiles, qui salutis, quæ a solo Deo datur, causa, ritu sacrilego ad fontes vel arbores reddunt vota pro commodis terrenis, ipsam potius terram quam eum precari studemus, qui fecit cœlum et terram. Et ne in aliquo precum effectu fraudentur (307) optato, relicto penitus eo qui vos præposuit mundo, relicto omni præter nomen officio, ipsi ita specialius (308) deservimus cæteris mundo, ut dum cæteri Deo quæ Dei, mundo quæ mundi sunt contendunt reddere, nos econtra mundo quæ Dei, id est omnigenum amorem et cultum; Deoque, quæ debuerant mundo reddi, reddamus, id est omnigenum despectum et contemptum; et ut ipsi [*scilicet* mundo] alligemur arctius, ne quando scilicet, dum ab eo non recognoscimur, despiciamur : relicto ritu, cultu, habitu quoque nostro, ipsius mundi consuetudine atque studiis, amictibus etiam in tantum utimur, ut solo (309), ut ita eloquar, barbirasio et corona, et quod non a nobis, ut ab eis, ducuntur uxores, qualescunque etiam, quas Domino (ore tantummodo, et hoc rarissime) reddere videmur laudes, in nullo alio sæcularibus videamur dissimiles : ita ut de nobis, proh nefas! dictum prophetiæ possit credi, quod continent tempora præsentis ævi : *Et erit sicut populus, sic sacerdos* (Isai. xxiv, 2); et quod alius in Threnis deplorat : *Quomodo*, inquiens, *obscuratum est aurum, mutatus est color optimus, dispersi sunt lapides sanctuarii in capite omnium platearum* (Thren. iv, 1); detractam quoque jam de cœlo in terris lugere possimus magnam partem stellarum (*Apoc.* vi, 13) i est dejectos a sublimibus in ima tantum sectari multitudinem sacerdotum (310), quorum opera lucere

A debuerant coram hominibus, ut glorificaretur Deus (*Matth.* v, 16).

19. Nec otiosum videtur talium causa isto in loco brevem quidem, tamen utillimam presbyteri cujusdam, nostri pene temporis, ponere sententiam : qui cum vidisset episcopum suum, horrendum dictu! ad tabulas ludentem, subsannatus movit frigutiens (311) caput : quo intuito, iratus episcopus, et quidem satis juste, sed si ei cui deberet (312), interminatus est continuo carcerem, nisi confestim diceret, ubi hoc fieri sibi canonica lex vetuisset. Ille simulans metum, cum in promptu haberet, quo fugitivum stringeret, **156** nervum; pedibus ejus prostratus, Ignosce, ait, domine; tanto enim sum concussus pavore, ut ne primum quidem primi psalmi meminerim versiculum, nedum aliquid ex decretis proferre valeam canonum. Sed obsecro a te, piissime, hunc mihi recordari sensum (313), siquidem ipsum pavore amisi. Tunc cum joco risuque totis cum astantibus resolutus episcopus, instante tandem presbytero, primum cum altero protulit versiculum dicens : *Beatus vir*, etc. (Psal. 1, 2). *Sed in lege Domini voluntas ejus, et in lege ejus meditabitur die et nocte.* Presbyter ore proprio captum hujusmodi respondens instruxit episcopum. Optime, inquit, Pater sanctissime, quod superest, ad tabulas lude (314). Hæc vero istic nobis ideo placuit ponere, ut in hac brevissima sententia, et quid cavere et quid debeas agere evidentissime valeas conjicere. Sed studebo te jam relinquere, ne hortis sitientibus, aquas in flumine vecors videar mittere; cum et timendum, ne ab aliquo horum, qui juxta poetam nigrum in candida vertunt, dum malum bonum, bonum dicunt malum, tenebras lucem, lucem tenebras putantes, veritatem falsitatem, falsitatem veritatem æstimantes, dicatur mihi : *Morte morieris, quia mendacium locutus es in nomine Domini* (Zach. xiii, 3). Pergam potius ad alia meæ professioni (315) quantum propinquiora, tantum formidolosiora.

20. Ex monacho fortuitu assumptus es? Vide unde, quo deveneris, videlicet de maximo ad magnum, de maxima quiete monasterii ad magnum laborem sæculi, de sinu tutissimi littoris ad procellas frequentissimæ tempestatis. Naviga itaque suspectus, qui in portu gaudere noluisti securus; conare, sat-

---

(306) Male in vulg., *consentiens*.
(307) Iidem vulgati libri *fraudentur*, male : et post pauca *proposuit* pro *præposuit*, item male. De episcopis loquitur.
(308) Id est, *ita specialius cæteris* (seu quam cæteri) *deservimus ipsi mundo, ut,* etc.
(309) Id est, *ut videamur dissimiles sæcularibus solo, ut ita eloquar, barbirasio* (id est sola tonsione barbæ) *et corona, et quod a nobis non ducuntur uxores, ut ab eis ducuntur; et quod qualescunque etiam laudes, quas videmur reddere Domino ore tantummodo, et hoc rarissime; præter hæc,* inquam, *in nullo alio a sæcularibus videamur dissimiles.* Confer part. ii, *de Contemptu canonum* num. 2.
(310) *Id est lugere possimus multitudinem sacer-*

*dotum, sectari tantum dejectos a sublimibus in ima,* nimirum sectari dæmones, qui a cœlo in inferos dejecti fuerunt.
(311) Fulgentius de sermone prisco : *Frigutire dicitur subtiliter adgarrire.*
(312) Id est *iratus juste, sed si iratus fuisset ei, cui deberet.*
(313) *Sensum* scilicet *primi versiculi psalmi primi.*
(314) Si quid scilicet superest temporis ei, qui in lege Domini meditari debet die ac nocte, ad tabulas ludat.
(315) *Meæ professioni,* inquit, id est professioni monasticæ, *propinquiora;* quia Ratherius ex monacho ad episcopatum assumptus fuerat.

age, stude aliquid agere cæteris sublimius, imo humilius et perfectius, sciens ponderibus te subjacere duobus. Compelleris enim monacho quæ sunt monachi, episcopo reddere quæ sunt episcopi. Vide ne tibi suadere aliquis valeat illum unquam mutare habitum, etiamsi hoc approbare ex antiquorum exemplis velit Patrum, excepto cum ad illud divinum accedis ministerium, quod sibi proprium exigit ornamentum. Tunc quoque cum non gestatur corpore, non recedat a corde. Audi Apostolum dicentem : *Habentes damnationem, quia primam fidem irritam fecerunt* (1 Tim. v, 12). Jejuniis itaque refectionem, orationibus corporis delectationem, lacrymis tempera sæculi jucunditatem. Quod si forsitan assumptus ex abbate, aut, ut assolet, duobus aut certe pluribus jam præfuisti 157 monasteriis ; pensa quæ causa hujusmodi fuerit demutationis. Nec tibi, quæso, parcas, non te decipias, non te palpes, non tibi quod optime nosti velis celare. Nulla enim apud Deum, ut ait Augustinus, latebra, etiamsi plena sit abscondentis perfidia. Neque ideo ille non novit, si tu te fingas ignorare : quin potius tu humiliter agnosce, si vis ut ille ignoscat. Prima est vero, ut ait gentilium quidam, ultio, quod se judice nocens absolvitur nemo. Cogita igitur, utrum his [*scilicet* monasteriis] rite præfueris. Quod si inveneris, dole quod non perseveraveris ; sin minus, etiam ob id in omni vita quotidiani non desinant gemitus. Memento tot te subjacere ponderibus, quot præfecturis infulatus largitori indigne his utens exstitisti ingratus ; dumque prodesse debuisti pluribus, paucis aut forsitan nullis causa alicujus fuisti profectus ; imo his destitutis, ad alios subinde migrans, nullumque nec de his nec de illis, quin etiam nec de teipso ad horreum Dominicæ areæ fructum apportans, quot debuisti manipulos ferre, tot exigeris in judicio componere.

21. Fac itaque, dum adhuc dies est, quod suggero. Dum adhuc vacat tempus sationis, dum adhuc œconomus spectat [*id est* exspectat], dum custos areæ triturat, paleam non exerit, ventilabrum non arripit, dum adhuc non ventilat ; labora, sere, congrega, nullas dederis ferias, nullum tibi colludium, nullam pausam, nullum tempus indulgeas vacationi. Insiste omnimodis sationi, ne desit quod afferas triturationi : ipsam etiam incessanter mentis oculis adhibe, ipsam attende ; cogita quotidie ne superent paleæ, ne superabundent zizania ; memento triticum in horreum debere recondi (*Matth.* xiii, 30), paleas autem comburi igni inexstinguibili. Prope itaque positos creberrimis exhortationibus, longe remotos epistolis sæpissimis ad Dei cultum reaccende. Præteritam et tuam et illorum segnitiam accusa, redargue ; et tecum ut excitentur, ut reviviscant, animos attollant, industriam reparent, vires exerant, constantiam resumant, fide, spe et charitate in Deum recalescant, invita et obsecra ; nec hoc verbo tantummodo, multo magis operibus tibi noveris exsequendum. Vera est enim Leonis papæ sententia, quia validiora sunt exempla quam verba, et plus est opere docere quam voce. Necessitatibus quoque eorum in temporalibus sedulus adesto. Si quid fraudasti prælatus, restaura episcopus. Si quid de te minus, abbas dum esses, recordaris fuisse, pontifex ne verearis componere.

22. Nec hoc agens verearis, ne quis te peccatorem, te olim dixerit exstitisse fraudatorem. Vide tantum ne Christo opprobriosus, ne Deo horridus, ne Spiritui sancto pareas exsecrandus. Hoc fit, si nec præterita diluis, nec præsentia emendatione componis : quin potius cum de te hoc dicitur, gaude humiliter in Deo, si tibi 158 cum cæteris vere dicatur : *Fuistis aliquando tenebræ, nunc autem lux in Domino ; et hæc quidem fuistis, sed abluti estis, sanctificati estis* (I Cor. vi, 11). Si quis itaque detrahat, obloquatur, maledicat, factumque vituperet ; tibi firma spes, solidum refugium in illius sit auxilio, cui a Propheta est dictum : *Maledicent illi, et tu benedices* (Psal. cviii, 28) ; et erigens mentis aciem indesinenter clama : *Aufer a me opprobrium et contemptum* (Psal. cxviii, 22), non utique opprobrium hominum quod pertransit, potius tuum, quod si hic non desinit, illic finem non invenit. Vereor enim, ne dum transacta ut sunt digna opprobrio judicas, etiam præsentia digna contemptui deputes. Quod fit, si et transacta corriguntur segniter, et præsentia exercentur negligenter. Illam etiam Saræ orationem ad tuam profer utilitatem : *Peto*, inquiens, *Domine, ut de vinculo improperii hujus absolvas me, aut certe desuper terram eripias me* (Tob. iii, 15). non quidem substantialiter ante tempus prædestinatum auferendo, [*supple sed*] mentem meam ad te penitus erigendo. Hic est, dicent, novellus propheta, recens apostolus, subito angelus effectus. Iste sanctus Martinus, Zeno est iste sanctus, modo de cœlis demissus. Vanitatis, inquiunt, signa sunt ista, hypocrisis, simulatio, vel levitas ; mutatio affectuum ista, non aliqua religio vera. O quam asperum verbum ! sed vide ne sit verum.

23. Cave etiam prope latentem venantium laqueum. Multi enim hoc aspero verbo (316) perterriti, exasperati et verecundati, bonum relinquentes inceptum, capti sunt in muscipulam venantium. Tu econtra his corde, non ore responde ; ipsum etiam te hæc cogitans cave. Non desunt enim et tibi quædam introrsus cavernæ, ubi aliquæ latrocinantis inimici adsint insidiæ. Dic ergo in corde, pavidus cogita, sed suspectus dic, quod quidem longe te incomparabilis dixit, dissimilis certe ; nec

---

(316) Hoc scilicet, quod paulo ante memoravit, *Ob quam asperum verbum!* quo hypocrisis, vanitatis, simulationis vitio zelus notatus fuit.

mentieris. In melius mutare propositum non est levitas, sed (317) virtus, neque culpa, sed gratia. Erunt etiam qui dum nulla considerant, imo nolunt habere sua, tua si qua viderint, statim bona incipiant laudare (318), et mirari velut maxima. Quibus si tuæ conscientiæ relicto testimonio credideris; fateor, nec mentior, illico perditus eris. Tu econtra dum exhibes præsentia, semper stude meminisse præterita, simulque Dei districta et incomprehensibilia cogitare judicia. Sæpe enim unde mereri putatur gratia, contrahitur offensa; unde contrahi timetur offensa, acquiritur gratia. Linguam non solum a criminosis, etiam ab otiosis contine, sciens dictum per Jacobum esse: *Si quis se putat religiosum esse, non refrenans linguam suam, sed seducens cor suum, hujus vana est religio (Jac. 1, 26).*

24. Sed ut semel incipiens paucis adhuc te alloquar, suggero ut et si quid in juventute, si quid etiam adhuc in monasterio positus, antequam scilicet ad aliquod regimen esses assumptus, egisti, **159** sollicite retractes: forsitan et ibi aliquid, quod non parum debeas metuere, invenies. Reperietur etiam tibi, quo ordine assumptus, qua necessitate fueris electus. Proclivis enim semper in deteriora humanæ ambitionis superbia, universa jam occupans sæcula, nec ipsa hodie deserit cœnobia, videlicet ut eligendi non virtutum meritis, sed putridæ istius, quam ita vocant, terrenæ nobilitatis, re autem vera corruptibilitatis taxentur præconiis. Nec exquiritur quis obedientia cæteros præeat, humilitate vincat, prudentia antecellat: [*supple* sed] cujus arca cumulatior, camerave fortior, donis sit repletior; stabula quis amplius plena, prædia et beneficia latius habeat distenta; cujus pater ditior, frater locupletior, prosapia generosior, propago potentior. Inter hæc nec ipsa honoratur canities. Juventus senectutis locum invadit; et illud, quod totum est divinum, datur ad præmium; et lucra captantur terrena, unde animarum solummodo congeri debuerant mercimonia. Illis denique et aliis; qui hujusmodi solent comitari, pessimæ ambitionis casibus si forsitan te interceptum repereris; lætitiæ, quæso, locum in corde ne dederis. Forsitan enim his auspiciis evectus, ad hoc es perductus, ut (319) ad illud, quo modo fungeris, honoris fastigium, aliquo sæcularis suffragii juvamine te contigerit ascendisse. Quod si ita se habet, quantum lugendus sis, enarrare non sufficio satis, etiamsi omnia membra corporis cunctimodis concrepent linguis. Verum ne putes me hoc ideo dicere, quod te aut dejicere aut velim desperare. Consilium si quod valeo tibi dare non negligo, cætera tuæ industriæ committo.

25. Sunt multa sanctorum Patrum jam ex his dicta diversis opusculis indita: hæc relege, et negotium ex his tibi salutis acquire. Mihi tamen videtur, dum interim hæc captas, et consilium inveniendi et exsequendi quod dixerint, forsitan impedit tarditas, ut nullo modo desperans, in eo, qui omnia fecit de nihilo, firmiter spem ponens, lacrymis te totum dedas, pia opera (320) non quasi qui ab ipsa incœperis exercens infantia, sed quasi qui totum vitæ tempus pravis datum atque consumptum habens delectationibus, residuo si quid datur spatii, Deo tantum te debere memineris mancipari. Et licet sciam te hoc ordine per ostium non introisse, aliunde potius ascendisse; non tamen te penitus audeo desperare, quia tantam novi pratrisfamilias istius potentiam esse, ut ex ipso fure pastorem, si velit, possit efficere, qui de lupo ovem sæpe legitur fecisse. Quid enim non potest Omnipotens? quid non potest nisi quod posse nolit? Non potest de impio invasore pium pontificem facere, qui potuit de lapidibus suscitare filios Abrahæ? (*Matth.* III, 9.) **160** Non potuit interfectum reficere, qui potuit non existentem creare? Difficilia, ais, sunt nimium hæc: sed cui? nunquid Deo? Quid illi difficile, qui cuncta de nihilo potuit facere? Ipsius non audisti hodie sermonem dicentis: *Si potes credere, omnia possibilia credenti?* (*Marc* IX, 22.) Nescis in rebus quoque humanis hujusmodi haberi consuetudinem, ut tanto plus laudetur medicus, quanto amplius desperabatur ægrotus: cum et quo desperatior animæ sit mortis occasio, tanto plures plerumque eodem corrigantur exemplo? Hinc enim quidam nostrorum dicit eodem sensu præmisso: *Vide David, considera Petrum, quorum quo gradus altior, eo casus gravior: quo autem casus gravior, eo pietas erigentis gratior.* Unde et idem nimis pulchre consuevit orare: *Deus, qui omnipotentiam tuam parcendo maxime et miserando manifestas, multiplica super nos misericordiam tuam.* Quid enim si hæc cuncta ideo ita permisit incidere, ut haberes unde cum amplius posses laudare, sinens videlicet te periclitari in pluribus, ut sine defectu clamares? Quid si te exemplum voluit esse talium, qui (proh dolor!) innumerabiliter ita hodie per universum instituuntur sæculum, ut capiant aliquodcunque de se quoque ipsi consilium, dum te viderint resuscitatum quem noverant exstinctum, quo anathematis lethum, si fieri possit, evadant canonibus promulgatum, maledictionemque a se expellant

---

(317) Locus in vulgatis luxatus; quem sanasse videmur addita hic et postea particula *sed*.

(318) Construe: *dum nulla sua bona considerant, imo nolunt* (cum) *habere ulla sua; si qua viderint bona tua, statim incipiant laudare*, etc.

(319) Vulg., *et illud*, perperam.

(320) Id est *exercens pia opera, non quasi qui incœperis ab infantia ipsa, sed* (hanc particulam sensui necessariam supplevimus) *quasi qui habens totum tempus vitæ datum atque consumptum delectationibus pravis, memineris debere te mancipari tantum Deo residuo spatii, si quid datur*.

principis apostolorum per clementiam Dei et Domini apostolorum? Nam et pro nobis ille fieri dignatus est maledictum (*Gal.* III, 13), ut nos a maledicto redimeret non tantum legis, sed et originalium atque actualium criminum; tantum est ne desperes, ne segniter agas, ne ad dexteram per elationem, ne ad sinistram deflectas per desperationem; ne qualitate boni, aut quantitate, ut assolet fieri, mali fallaris; ne aliorum mores intuens, te aut arroganter erigas, aut desperanter humilies; neve locum adversario in temetipso ulterius tribuas, ne quod tibi contigisse doles, alicui [*subaudi* contingere] (quantum scilicet reniti prævaleas) nunquam concedas, nec labi te amplius sinas in talibus aut etiam similibus, cogitans quam difficile elisus erigi valeas rursus.

26. Pulchre autem te quidam tuique similes satisque utiliter, licet paulo mitius quam sese auctoritas canonum habeat, commonet dicens : *Quicunque tales sunt, si nolunt, veniente Domino, de Ecclesia auferri; auferant et ipsi ista* (321) (id est ea quæ Dominus in templo agi videns, facto de resticulis vindicavit flagello) *de cordibus suis, nec faciant domum Dei domum negotiationis.* Horum autem omnium (322).... sacratico illo exemplo, quo dicit : *Sum quidem libidinosus; meum est ipsam* **161** *libidinem superare;* tuæ virtuti, tuæ cautelæ, tuis nil committas viribus; illius totus contende esse, atque ejus te totum committe, nitens corde et manibus, custodiæ, cui te creare, redimere placuit, et vocare (323). Ipse te custodire valet paulo erectum, qui voluit erigere penitus dejectum; ipse continere sanum, qui sanare voluit contritum; ipse perpetim efficere spudium (324), qui contra naturam citraque omnem spem colligere voluit etiam infatuatum. Quamvis autem sine illo nil boni possis, saltem nec velle, nedum facere, tamen nec sine tuo aliquanto conamine credas te salvandum omnimodis fore, cum ob id rationabilem te a Deo creatum scire possis certissime, indulta arbitrii libertate. Ipsi ergo non raptim et quasi in transitu, indesinenter inhærere stude, cum quo esse nisi feliciter potes, sine quo esse nisi infeliciter vales. Quod si inter hæc, justo imo piissimo judice misericorditer disponente, tibi aliqua adversitas evenerit, aut infirmitatis scilicet, aut damni rerum familiarium, vel quodlibet aliud genus vindictæ; ne contristeris quasi despectus humiliter, gaude quasi pie respectus, sciens et confitens pro peccatis tuis hoc tibi accidisse, et minora multum esse, quam iniquitas tua merebatur, profitere (325). Rubigo enim tantorum scelerum consumi non potuit, nisi igne diversarum pœnarum. Exsulta itaque gaudens in Domino humiliter, quod in hoc sæculo partim tibi contigit vicissitudinem malorum recipere, quæ in illo [id est in futuro sæculo] valde metuendum erat simul omnia ferre, cum nil impunitum constet Deum relinquere : suo autem peccato prædicti (326) hoc modo solent ejus misericordia liberari. Temet itaque incessanter in conspectu illius accusa, sicque cum Propheta declama : *Justus es, Domine, et rectum judicium tuum* (*Psal.* CXVIII, 137); et cum alio : *Justus es, Domine, in omnibus quæ reddidisti nobis* (*Dan.* III, 27); et : *Omnia quæ fecisti nobis, Domine, in vero judicio fecisti; quia peccavimus tibi* (*Ibid.* 31); et : *Iram Domini sustinebo, quoniam peccavi ei, donec ipse justificet causam meam* (*Mich.* VII, 9).

27. In ipsa autem tribulatione nec te dederis segnitiæ, quasi certus (cum et ex hoc desperare non debeas penitus) pro hac pœna omnia tibi remissa, aut certe partem graviorum tibi peccatorum **162** donatam. Vigiliis, orationibus, et jejuniis, præter hæc quæ necessitas agere cogit, crebrius et sollicitius insiste, ignarus videlicet quo sis percussus flagelli genere, utrum eo quo corriguntur filii, an illo quo flagellantur servi, aut puniuntur malefici. Cum enim, Scriptura teste, omnis filius qui recipitur castigetur (*Hebr.* XII, 6); multa flagella peccatoris (*Psal.* XXXI, 10), laqueus, ignis, sulphur, et spiritus procellarum (*Psal.* X, 7). et cum videantur omnimodis hæc intolerabilia, tamen non totius pars est calicis eorum (*Ibid.*, 8); et : *Plaga insanabili percussi te castigatione crudeli* (*Jer.* XXX, 10); itemque : *Quid clamas ad me super contritione tua? Insanabilis est dolor tuus* (*Ibid.*, 15); pœnamque describens in æternum damnatorum, *Induantur,* inquit, *sicut diploide confusione sua* (*Psal.* CVIII, 92); unde et bis idem in psalmo precatur : *Domine, ne in furore tuo arguas me* (*Psal.* VI, 37). Alius autem : *Corripe me,* ait, *Domine, verumtamen in misericordia et non in furore tuo, ne forte ad nihilum redigas me* (*Jer.* X, 54). Quæ omnia cum ad illud flagelli genus, quo exemplo Pharaonis et Herodis et in præsenti et in futuro impii flagellantur, perpenderis pertinere; noveris, teste Gregorio, solos flagellis temporalibus ab æternis liberari, quos hic ab iniquitatibus contigerit mutari. Scias etiam te cum adversario in agone consistere tanto sævius bacchante, quanto

---

(321) Construe : *auferant et ipsi de cordibus suis ista, id est, ea quæ Dominus videns agi in templo, vindicavit facto flagello de resticulis, seu funiculis.*

(322) Locus luxatus, in quo aliquid desideratur, et forte etiam corruptus. In vulgatis pro *sacratico* margini ascriptum *forte Socratico.* Sic mallemus supplere et corrigere. Horum autem omnium memor (vel *exsecutor*) *exsecrato illius exemplo, qui dicit,* sum quidem libidinosus; meum est ipsam libidinem superare; tuæ virtuti, tuæ cautelæ, tuis viribus nil committas, etc.

(323) Construe : *atque nitens corde et manibus committe te totum custodiæ ejus, cui placuit creare, redimere et vocare te.*

(324) *Spudius,* id est industrius, studiosus, a Græco σπουδαῖος.

(325) Vulg., *profiteri,* male.

(326) Explica : *prædicti autem,* qui scilicet in hoc sæculo humiliter tribulationes suscipiunt, *hoc modo solent misericordia ejus liberari peccato suo.*

ei de amissa tui dolet potestate; et insuper hoc eum gravius afficiat (327), quod a te, qui ei solitus eras servire, provocetur in certamine. Ipsis quoque, quorum fraude proditus (328), negligentia destitutus, dolo captus, factione ad hæc es incommoda devolutus, ne cuncteris parcere, certus quia si eorum admissa in corde retinueris, tuorum quoque venia Veritatis voce docente carebis (*Matth*. v, 45); cum dimittens et de tuorum relaxatione quandoque gavisurus, et de filiatione Dei perenniter sis lætaturus. Tibi vero totum quod pateris ascribe : tuæ culpæ omnia, tuis peccatis imputa universa. Forsassis enim et hæc tua ad aliquid fuit commotio (329), cujus rei gratia hujusmodi datus es supplicio. Quod si non; amplius habes unde gaudeas; si vero, amplius quod defleas, sed tamen non desperative, quia divitias bonitatis Dei nullus valet pensare, nedum æstimare. Non minus **163** vero (330), si ita est, temetipsum tuosque quam ipsos lugere convenit traditores, maxime si aut tuæ Ecclesiæ fuerint filii, aut forte, quod absit, ejusdem cujus es officii; cum et te occasionem quia materiem, mortis recognoscas filiorum fuisse, et dolere possis tot cœli luminaria tuis tenebris involuta, tuo fore casu exstincta. Sed quia hic pie justus [*nempe* Deus] districte quædam solet ferire, ne inveniat quod illic æternaliter debeat punire; inter ipsa lamenta te ejus misericordiæ reficiat memoria, qua scilicet actum est, ut canere possis cum Psalmista : *Ego autem in Domino gaudebo, exsultabo et lætabor in misericordia tua, quia respexisti humilitatem meam, salvasti de necessitatibus animam meam, nec conclusisti me in manibus inimici, statuisti in loco spatioso pedes meos* (*Psal*. xxx, 8). Quod totum recte dicere valebis, si indulta pœnitentiæ tempora non neglexeris, si pœnam illatam patienter tuleris, sciens de causa peccati præteriti hanc processisse pœnam peccati præsentis qua,te [*l*. tu] nec peccare peccans videre [*l*. videri], ut non peccares, ab iniquitatibus comprehensus potuisti (331). Precare itaque sedulus, ut et istud tibi clementissime divina pietas parcat, et illa (332), ob quæ in istud vel potius in ista es devolutus (ista vero dico, ut et peccatum memorem, et flagellum peccati, ad te omnem referens summam) in isto necessitatis camino absumens deleat, teque in hoc sæculo ita emaculet, ut nil inveniat quod edax ille inexstinguibilis ignis futurus exurat; potius ejus gratia [*subaudi* inveniat] quod remuneret, justitia quod coronet.

28. Destitutionem vero tuorum (333) cum magnopere debeas plangere, non tamen inconsolabiliter te id convenit agere; cum pastorem summum per prophetam noveris dixisse : *Ecce ego ipse requiram oves meas, et visitabo illas, sicut visitat pastor gregem suum in die, quando fuerit in medio ovium suarum dissipatarum* (*Ezech*. xxxiv, 11). Et per quemdam sapientem dictum agnoveris, quia necesse est adesse divinum, ubi humanum deest auxilium. Quod si prolixitas (334) te excruciat temporis, et perditio contristat (335) obeuntium sine subventu baptismatis, idque tuos non curare tortores (336), tantum de tui cruciatu suas ut compleant **164** voluntates, perpendis; Dei te totum subdens voluntati et disposito [*id est*, dispositioni], vitam ipsam dare, ne dicam dis-

---

(327) Melius legeretur *afficere*. Mox pro *a te* mendose in vulgatis erat *ante*.

(328) Hæc innuere videntur, quæ ipsi Ratherio contigerunt; quippe qui *fraude proditus*, *negligentia* (scilicet episcoporum, qui ipsi opem ferre debebant, et neglexerunt) *destitutus*, *dolo captus*, et *factione ad hæc*, quæ dum scribebat in carcere patiebatur, *incommoda devolutus*.

(329) De se hic quoque prosequitur : hic enim textus explicandus sic : *Fortassis enim et hæc commotio ad aliquid* (id est commotio in Hugonem excitata) *fuit tua* (uti sane ipsi inter cæteros imputabatur, quod quatenus accipiendum sit, explicavimus in Vita § 4) *cujus rei gratia datus es hujusmodi supplicio carceris. Quod si non est ita; amplius habes unde gaudeas, si vero ita est, habes amplius quod defleas, sed tamen non desperative*, etc.

(330) Construe : *Non minus vero, si ita est, convenit lugere* (temetipsum, quam et tuos ipsos traditores, maxime si, etc. Indicat autem inter cætera traditores suos fuisse filios suæ Veronensis Ecclesiæ, et forte etiam aliquos ejusdem officii, cujus ipse erat, id est aliquos episcopos. Addit porro, *recognoscas te fuisse occasionem mortis filiorum*, quia recognoscis te fuisse *materiem mortis* (Mortem spiritualem, quam ob sui proditionem eosdem filios incurrisse non dubitabat, intelligere videtur. Hujus enim mortis tantummodo non solum occasionem, sed et materiem fuisse ipsum Ratherium perspicere licet; occasionem quidem, cum consensit illi tractui, seu epistolæ, quæ in ejusdem Ratherii ruinam conversa est; materiem vero, quia ea traditione, quæ spiritualem mortem illis attulit, de ipsius ruina actum fuit) *et possis dolere tot luminaria cœli tuis tenebris involuta, tuo fore casu exstincta*: episcopos indicat, qui in suo casu obmutescentes, nihil opis dederunt; vel illos, quos suæ traditionis fuisse participes suspicatus est.

(331) Obscurissima hæc sententia sic corrigenda et explicanda videtur : *qua tu comprehensus ab iniquitatibus* (scilicet *præteritis*, de quibus dixit *peccati præteriti*) *potuisti videri nec peccans peccare*, *ut non peccares*. Potuit proinde Ratherius videri peccasse, cum ad partes rebellium in Hugonem necessitate quadam et fine bono accedens non peccavit (de quo plura in Vita § 4), at exinde captus et carcere inclusus fuit, ut pœnitens non peccaret, seu caveret de cætero ab aliis peccatis. Alium, qui melius explicare possit, libenter audiemus.

(332) Construe : *et absumens divina pietas in isto camino necessitatis, deleat illa, ob quæ devolutus es in istud, vel potius in ista* (ista vero d co referens ad te omnem summam peccati, ut memorem et peccatum et flagellum peccati), *et ita emaculet te in hoc sæculo*, etc.

(333) *Destitutionem tuorum*, inquit, quia scilicet ob pastoris abductionem oves erant derelictæ.

(334) *Prolixitas* indicat hæc fuisse scripta a Ratherio non initio suæ calamitatis, sed dum multum jam tempus in calamitate versabatur. Hunc quidem librum quidem lucubrabat in carcere, ineunte anno 936, cum jam anno fere integro ibi detineretur. Vide not. 50.

(335) Respicit factum illud, quod descripsit lib. iv, num. 289.

(336) Id est, *et perpendis tortores tuos* (scilicet auctores tuæ calamitatis) *non curare id*, nimirum perditionem obeuntium sine baptismo; *tantum ut compleant voluntates suas de cruciatu tui*.

pendium omnimodum honoris pro grege paratus subire, illius dicentis utere voce : *Si propter me hæc tempestas est, tollite me et mittite in mare* (Joan. I, 12), tantumne diutius mei causa navis periclitetur Ecclesiæ, tam innumeros, heu dolor ! [*id est* obeuntes sine baptismo] filios morti transmittens æternæ. Verum ista modò volumus sufficere. Deus illa tibi concedat prodesse (337). Amen.

29. Clericus es? Ipsum, quæso, te conveniat vocabulum, videlicet ut de sorte perpendens te esse debere Domini, aliud præter ipsum ambiens, tanti boni consortium perdere nonnihil timeas ; magis tali socio te dignum exhibeas. Canonicus si diceris (338), vide ne a canonibus devies sanctis. Quod si forte eos respuis, cogita in quali ordine judici debeas præsentari, qui scilicet laicum [*subaudi* ordinem] abjurasti, et ecclesiasticum non servasti. Presbyter es? Gravitatem quam ferre videris nomine, conserva operatione. Diaconus es? Ministrum te agnoscens esse sacramentorum cœlestium, pudicum (*I Tim.* III, 8) te secundum Apostolum omnimodis agens, tantis dignum officiis, Deo cordis et corporis conserva cœlibatum, sciens manibus immundis tam sacratissimum tractari non debere sacrificium, quod institutum ad delicta emundanda est omnium. Subdiaconus es? Subditum te esse debere non solum Deo, sed omnibus scias Ecclesiæ prælatis, ut a Domino et hic exaltari, et in futuro remunerari merearis. Exorcista es? Ipsum, quem adjurando a corporibus aliorum expellis, dominari non permittas sensibus tuis. Ceroferarius es? Lumen aliis ministrans, te peccatorum et ignorantiæ tenebris obscurari ne sinas : magis et ipse intus illuminari, et aliis lumen boni exempli præbere, quæso, contendas. Lector es? Id instanter, unde agnomen trahis, agendo, stude, ne discrepes ab officio. Ostiarius es? Cor tuum Deo pande, venienti diabolo claude insidianti.

30. Monachus es? Nulla admonitione indiges [*f. nisi*] non tantum ut in eo quod bene cœpisti optime perseveres, si tamen es quod diceris, quod putaris, quod in habitu prætendis. Quod si aliter, quod **165** absit, væ tibi qui lupum sub pelle ovina tegis. Vide tamen ne desperes (339). Expelle magis lupum a corde, et redde ovem pelli suæ. Memento Dominum, ut jam alibi diximus, (340) ex lupo ovem, imo reddidisse pastorem. Sed ut illum excusando te magis accusem, aliud est (341) ignarum boni aperte sævire, aliud sub prætextu religionis et alios decipiendo fallere, et iram sibi Dei simulando quod non est provocare. At ut forte non simulatione illud agis : quadam negligentia consopitus segniter torpescis. Repara itaque vires, resume constantiam, induere fortitudinem, ut gigas pugna fortiter contra aereas nequitias; neque enim aliter eas devincere, neve alio modo tam arduum culmen valebis ascendere. Meditare regulam, vitas sanctorum Patrum crebrius relege, in his te quasi in quodam speculo conspice, et vitam tuam ad illorum compone. Obedientiam tibi primum indicito, conventus publicos caveto, contubernia sæcularium fugito; scito a quodam verissime dictum, quod et (342) a nobis, heu dolor ! experimento quoque constat probatum, quia ovis quæ de ovili egreditur luporum morsibus patet. Si quando vero obedientia aut aliqua justa necessitas tibi processum indicit in publico, habitus ipse, sermo, vel potius solitudo ipsa, incessus, vultus, et color sit admirationi cunctis, timori, et exemplo. *Meum* et *tuum* quasi quoddam vita sacrilegium, sine quibus quietissima omnium generalitas valuit esse. Et, postquam cuncta compleveris, quæ vero conveniunt monacho, memento te in hoc periculoso adhuc navigare salo, in quo omnia pene incerta, omnia dubia, tam secunda quam adversa, tam naufraga quam tranquilla. Donec igitur pervenias ad portum, ne te reddas securum. Audi Ambrosium : *Laudari ante gubernator non potest, quam in portum navim deduxerit.*

31. Abbas es? Memor esto quod diceris, quamque difficilem rem et arduam susceperis; utque in te finem istius claudamus sermonis, attende, quæso, tanti dignitatem nominis, cujusque vice fungeris oculis perspice mentis. Monachus est, qui se ita interceptum angustiis videns, usque ad desperationem pene adductus, sed omnipotentissimæ miserationis Dei anchora, ne in carybdim ipsius penitus proruat, retentus, timorem illum de miseratione Dei existere ratus, ad se revertitur, laqueumque, quo cum Juda strangularetur, imponere sibi devitat, relinquensque omnia quæ in sæculo possederat, ambitum scilicet ipsum cum sensu, monasterium petit, totumque se Domino tradit, nihil sibi utique reservans ex omnibus, quippe qui nec ipsum corpus in propria retinendum noverit atque decreverit potestate; **166** quid manducabimus, aut quid bibemus, aut quo operiemur, nedum dicere, cogitare saltem sibi computans interdictum, omnia necessaria a patre monasterii sibi proventura securus. De monacho, inquam, satisfactum decerno.

(337) Editi perturbata lectione sic. *Verum ista modo volumus. Clericus es? Ipsum, quæso, sufficere. Deus illa tibi concedat prodesse, a mente conveniat vocabulum.* Veram lectionem sensui congruentem restituimus: Post pauca *propter ipsum* in iisdem editis, male.

(338) Non ait more solito : *Canonicus es?* sed *canonicus si diceris;* quia id nomen Ratherii ævo non multo ante inductum affectabatur : unde idem episcopus in libello *de clericis sibi rebellibus* scripsit: *Qui cum canonici affectent vocari.*

(339) Vulg., corrupte, *ne desperes expellere.* Emendationem contextus exegit.

(340) S. Paulum intelligit, quia ex lupo non solum ovis, sed etiam pastor Dei gratia evasit.

(341) Hæc excusationem præferunt S. Pauli, qui in epist. I ad Timotheum, c. 1, 13, ait : *Qui prius blasphemus fui, et persecutor, et contumeliosus : sed misericordiam Dei consecutus sum, quia ignorans feci in incredulitate.*

(342) *A nobis*, inquit, *experimento quoque constat probatum, quia ex ovili monasterii egressus,* et factus episcopus, *luporum morsibus*, id est persecutionibus adversariorum, *patuit.*

32. Nunc vero quid de abbate dicemus? Diximus quidem paululum, sed et de eodem paulo plus prosequamur. Abbas est omnium monachorum, si loqui auctoritas ita concederet, monachissimus, qui utique plus jejunare, plus valet orare; plus legere, plus psallere; inediam, nuditatem, inopiam, contumelias, despectum, famem, sitim, algorem, ventum, imbrem, nivem, grandinem, probra, derisiones, subsannationes, ad postremum omnia incommoda patientius tolerare; benevolentiam, ubi beneficentia non suffragatur, omnibus etiam odio eum insectantibus amplius cæteris exhibere, qui docibilior atque docilior cæteris; qui, si fieri potest, hoc est concordantibus cæteris virtutibus, sapientior, qui charitate refertior; qui disciplinæ rigore volentior, qui benignitatis copia mansuetior, qui liberalitate præstantior, qui ad compatiendum calamitosis paratior, qui humilior sit omnibus, atque submissior. Et hic quidem ut de monacho, sic et de abbate satisfactum decerno.

33. Isti etenim, quos passim compertum, proh nefas! habeo, monachis tantum præesse, non autem monachi affectant, certifico, esse; et ideo eos fugiendos potius quam sequendos autumo fore, nedum eorum exemplo consultum sit vivere, quos constat tam noxia, tam innumera, tam gravia, tam immania de se protulisse. Opportunum sane censeo narravisse quid (343) horno anxietati contigerit meæ. Lauduni namque cum essem nativitatis Domini die, rogavit me abbas, ut in festivitate sancti Stephani in capitulo sororum venirem, et (ut verbis ipsius loquar) eis aliquid boni dicerem. Annui, et post consuetam lectionem, petita et accepta benedictione, dixi: « Rogatus aliquid boni vestræ dicere charitati, non inve-

(343) *Horno* adverbium, id est hoc anno. Cum autem hoc, quod subdit factum, Lauduni contigerit post annum 968, ut in Vita probavimus § 20, hæc narratio libro quinto posterius addita cognoscitur.

(344) *Tum temporis* (quo scilicet præmissum factum contigit) cum Ratherius jam episcopatum Ve-

nio aliud, nisi qualecunque sit quod ista nocte mihi contigerit, vestræ referam dominationi. Sollicitatus nimium heri pro recipienda provisione abbatiæ sancti Amandi, cum ad nocturnale officium vigilando, ut, proh nefas! sæpe somnians, starem, dum lector ad eum pervenisset tractatus beati Hieronymi locum, ubi Dominus in Evangelio quibusdam præfatis prosequitur dicens: *Venient hæc omnia super generationem istam* (Matth. XXIII, 36), et ego explanatione ejusdem jam sati doctoris hoc ita intellexissem, quod qui hodie fratrem suum, hoc est Christianum aliquem, injuste interficit, tanto majorem noxam sibi contrahit **167** ab his, qui ab Abel justo usque ad sanguinem Zachariæ filii Barachiæ aliquos occiderunt, quanto et illam [*scilicet* noxam] omnem pro censortio generationis utique habet, et suam insuper, quam imitatione commisit ipsorum. Cumque me hoc nimium terruisset, ut sæpe contingit, ex aliis alia colligens, et quod de homicidio sensum fuerat sentiri, et de cæteris criminibus ratio evidens postularet valere, cœpi intra me dicere: Tunc ergo debes abbas cum hujusmodi conscientia fieri? Monachus primum efficere » Nam de præsulatu (344) tum temporis exciderat, nisi quod et hunc indigne subierant multi. Igitur quia ab illo quo libri hujus clausula fieri debuit longe digressi sumus loco, anchoram nostram in isto figamus modo, ut paulisper recreatus proreta, vires citius expeditiusque resumat. Hujus itaque nostri scilicet textus sermonis in laudem desinat sanctæ Trinitatis. Tibi laus, tibi gloria, tibi gratiarum actio, o beata Trinitas. Miserere, miserere, miserere, licet indignissimo de, te tamen indecenter loquendi trepido, cujus nomen non ignoras, mihi.

ronensem abdicasset, de præsulatu nihil cogitabat: multos vero eamdem dignitatem indigne subiisse tradit, ut notavit etiam Atto Vercellensis episcopus in opere *De pressuris Ecclesiæ*, part. II Spicilegii, novissimæ editionis pag. 421.

# INCIPIT LIBER SEXTUS.

1. Usuale est nautis non minus piratas quam procellas, plus vero nonnunquam ipsius vicinia portus, quam ipsum formidare pelagus, dum (345) dromo sæpe præter granditatem onustus, improvise illiditur syrtibus, spesque tota laboris cum ipsis deperit laborantibus, amicis e vicino spectantibus; quod ne et nobis contingat, (346) exsurgens precamur: Salva nos ne pereamus (Matth. VIII, 25), te enim sine, nil altum mens inchoat, nedum perficiat [*f.*, perficit] sextus hic, gubernatrix Deaitas summa, dum de te nobis præsumentibus sulcari nititur sinus, portum jam respiciens quo tendimus. **168** Ut jam itaque ordinibus sacris breviter tactis, veniamus ad homi-

(345) *Dromo*: Navis longior et velox a Græco δρόμος, *cursus*, quippe quæ summa celeritate super aquas decurrit. Vide Cangium, v. *Dromones*. Dein magis placeret scribere *propter gravitatem*, ita ut constructio sit: *Dum dromo onustus sæpe illiditur improvise syrtibus propter gravitatem*, qua scilicet depressior

num discretos effectus, eosdem quoque alloquentes, quo possumus succinctius. Justus es? Suggero, dissimula, imo cogita te non esse [*subaudi* justum], ut possis veraciter esse. Peccator es? Contende quantum vales non esse [*subaudi* peccatorem], recognoscens te veraciter esse. Hoc enim pacto, Deo adjuvante, poteris aliquando non esse. Justus es? Vide ne corruas. Peccator es? Conare ut surgas. Justus es? Teneat te casus angeli ad cautelam. Peccator es? Animet te ascensus hominis ad pœnitentiam. Nec tu itaque prior de propria actione confidas, nec iste de Dei misericordia desperet, quia si scitur hodie quales sitis, cras uterque quid futuri sitis, omnino nescitur. Mutabiles enim tam tenebras quam in syrtes offendit. Forte vero *præter granditatem* innuit onustum supra id, quod ipsius dromonis granditas ferret.

(346) Construe: *Exsurgens, et jam respiciens* pro *exsurgentes, et jam respicientes portum quo tendimus, precamur; salva nos ne pereamus; sine te enim nil*

lucem cordis esse, et lapsus tantum (347), et erectio quotidie monstrat lapsorum. Unde, et quibusdam, cum et alibi dixerit : *Qui stat videat ne cadat (I Cor.* x, 12), dicit Apostolus : *Fuistis aliquando tenebræ, nunc autem lux in Domino (Ephes.* v, 8). Peccator es ? Audi unde gaudeas : *Gaudium est in cœlo super uno peccatore pœnitentiam agente, quam supra nonaginta novem justis, qui non indigent pœnitentia (Luc.* xv, 10). Justus es? Audi quid caveas : *Videbam Satanam sicut fulgur de cœlo cadentem (Luc.* x, 18).

2. Cæterum nec justus adeo, nec peccator adeo : medius quidam inter hæc duo te delectat locus? Time, rogo, ipsum valde teporem, ne ab ipso rursus labaris ad frigus. Nam sicut a tepore ad calorem, ita sæpenumero ab eodem declinatur, teste Gregorio, ad frigus. Audi denique quid angelo dicatur Laodiciæ : *Utinam calidus esses aut frigidus ; nunc autem quia tepidus es, incipiam te evomere ex ore meo (Apoc.* iii, 16). Væ autem qui ex ore irrecuperabiliter evomitur Dei. Quo contra Psalmista de sanctis : *Ibunt,* inquit, *de virtute in virtutem (Psal.* lxxxiii, 88); quia videlicet, ut Leo beatus ait, scientes arbores se esse in Ecclesiæ viridiario plantatas Domini,ò non solum cavent ne deficiant in pejus, etiam dant magnopere studium ut proficiant in melius. Cum autem pulcherrima cujusdam nostrorum, quia mitissima, habeatur sententia dicentis, non futurum extra misericordiam, qui vel partem bonorum operum fuerit assecutus, non minus tamen receptissima alterius, quia verissima, est retinenda definitio dicentis : *Qui non proficit, deficit, et qui nihil acquirit, nonnihil perdit.* Cui assentiens nec inferior alter, *Omnis,* ait, *defectus ad nihilum tendit.* His itaque ita connexis, timendum ne dum non inhias profectui, succumbas defectui, devenias **169** nihili. Sunt autem quidam, teste Gregorio, a quorum liberari satage consortio, qui ut fruantur sæculo, dispensatorie serviunt Deo. Sunt contra alii, quorum in numero stude inveniri, qui ut fruantur Deo, transitorie serviunt mundo. Hunc autem medium esse justitiæ locum æstimo. Quod si omnino te erigere non vales (ut non vales) ad supremum illum Deo placendi ordinem ullomodo, saltem vel ad istum te humiliter firmissimeque teneas medium postulo, ne quando scilicet ruas ad illum infimum (348) ordine devio ; neque enim ideo debes fieri perditus, quia non vales esse perfectus, nec ideo pessimus, quia non potes existere optimus. Ipsa denique humilitas, qua de te vilia æstimas, si sit vera, et non potius segnitia, te quandoque erigere valebit ad sublimia, teste voce Dominica (*Matth.* xxiii, 12).

3. Ne vero, dum hæc mitius tecum ago, me tibi suadere putes, vel etiam forsitan concedere, ut ab aliquibus dum abstines, alicui deservias quasi cum venia vitio, cum, docente Apostolo,

*altum mens inchoat, nedum perficit, dum sextus hic sinus* (id est hic sextus liber) *nititur sulcari a nobis præsumentibus de te, Dealitas summa gubernatrix.*

(347) Mendum aliquod latet in voce *tantum.* Ex noverim quia modicum fermentum totam massam corrumpit (*I Cor.* v, 6). Audi dictum a Jacobo : *Quicunque totam legem observaverit, offendat autem in uno, erit reus (Jac.* ii, 10). Legem autem hanc utrum Evangelii aut Veteris Testamenti, an simul utramque dicat, studiosis relinquimus disquirere, cum et interrogata in duobus præceptis totam Veritas ipsa legem et prophetas dixerit pendere (*Matth.* xxii, 40), et Apostolus plenitudinem legis dilectionem dixerit esse (*Rom.* xiii, 10). Scimus vero Augustinum dixisse : Si quis unum mandatum custodiat, aliud prævaricetur, non ei prodest. Custodit se aliquis ab avaritia, non custodit ab adulterio ? Utique in uno convictus, damnatur etiam sæculi legibus; nec prodest ei alterius criminis abstinentia, qui in altero fuerit deprehensus. Hoc sensu cum terribile sit valde quod protulit, sed tamen super hanc eamdem Apostoli sententiam Hieronymum jam consuluerit ; nec incognitum nobis, legem totam intelligere decem illa generalia præcepta, unde omnium specialitas velut e quodam rivo fidibus decachordi distincta derivatur : quæ [*scilicet* decem præcepta] cum insolubiliter a duobus illis maximis et primis deducta, decem faciant rivos, septem videlicet ad dilectionem proximi, tres pertinentes ad dilectionem Dei, ita suam servant unde emerserant naturam, ut unum sine altero, sicut nec caput, ita nec amplecti veraciter respuique valeant membra. Nam sicut Deum non diligere probatur, qui proximum non diligit, Joanne dicente : *Si quis dixerit quoniam diligo Deum, et fratrem suum odit, mendax est (I Joan.* iii, 9); et non tam proximum, quam etiam inimicum, Domino dicente : *Diligite inimicos vestros, bene facite his qui oderunt vos, ut sitis filii Patris vestri qui in cœlis est (Matth.* v, 44); nulla autem evidentior redamatio quam patris ad filium, filii ad patrem, quem non amare convincitur, **170** qui ejus spernit jussionem : ita illa tria, quæ a primo deducuntur, nullus qui illud veraciter observat potest prævaricari. Nemo enim diligens Deum alium colit præter eum, neque accipit nomen ejus in vanum, nec aliquid facit boni nisi propter verum Sabbatum, hoc est requiem sempiternam. Et sicut proximum non diligere comprobatur qui Deum non diligit, nam nec seipsum diligit, Psalmista dicente : *Qui autem diligit iniquitatem, odit animam suam (Psal.* x, 5); ita qui illum diligit veraciter, cætera ex hoc deducta non negliget. Nam et honorat parentes, nec mœchatur, nec occidit, nec furatur, nec falsum testimonium dicit, nec concupiscit uxorem proximi sui, nec rem aliquam ejus. Qui vero aliquid horum prævaricatus fuerit, omnium reus ideo tenetur, quia in ipsum excessisse foni sensu legendum est *sanctorum;* seu *justorum,* vel aliquid simile.

(348) Vulg., *infirmum,* male.

tem, unde cuncta procedunt, videtur, cum neutrum horum quæ sunt prohibita agere proximum veraciter diligens (349) possit; *Dilectio* enim *proximi malum non operatur* (*Rom.* xiii, 10). Hæc cuncta diximus ideo, ut si saltem illum medium bonitatis locum vis obtinere, omni capitali vitio studeas carere.

4. Capit. Illa vero ea noveris esse, quæ (350) decachordum tabulis lapideis prohibet scriptum. Et ut eodem sensu ea dinumeremus, quæ jam sunt a beato Augustino digesta, sciendum est primo quia idolorum est perfidia, a qua te prohibet, cum dicit: *Deus tuus, Deus unus est* (*Marc.* xii, 29). Hanc sequitur error hæreseos, et diversarum superstitionum, præcantationes videlicet, et quæ vulgo dicuntur facturæ (351), et illa quæ vanitates et insaniæ falsæ dicuntur a Psalmista (*Psal.* xxxix, 5); ipsa quoque quæ Apostolus terribiliter enumerat dicens: *Dies observatis et menses et annos, timeo ne sine causa laboraverim in vobis* (*Gal.* iv, 10), et his similia, a quibus omnibus compesceris, cum audis: *Non assumes nomen Dei tui in vanum* (*Exod.* xx, 7). Perjuria quoque et in hoc mihi videntur prohibita. Hinc superbia, elatio, et inanis gloria, vel amor sæculi, pro quo maxime in omnibus negotiis laboratur ab his qui Deum non diligunt, a quibus retraheris, cum Sabbatum servare juberis, id est ut declinans a malo et faciens bonum (*Psal.* xxxvi, 27), vaces a peccato, et servias Deo: omnia autem humiliter, non superbe, propter remunerationem æternam, non propter inanem sæculi gloriam. Hæ tres præceptorum distinctiones, malorumque prohibitiones. Ad amorem vero proximi pertinent hæc: *Honora patrem et matrem* (*Exod.* xx, 12), ubi præter carnalem genitorem etiam Dei Patris et Ecclesiæ matris præpositorumque Ecclesiæ honor specialius tibi indicitur. *Non mœchaberis* (*Ibid.*, 14), in quo compesceris ab omni libidine. *Non occides* (*Ibid.*, 13), in quo prohiberis ab omnimoda crudelitate. *Non furtum facies* (*Ibid.*, 15), in quo restringeris ab avaritia et rapacitate. *Non falsum testimonium dices* (*Ibid.*, 16), in quo prohiberis a falsitate, perjurio, detrectatione [*f.* detractione]. *Non concupisces uxorem proximi tui* (*Ibid.*, 17), in quo revocaris etiam ab **171** adulterina cogitatione. Hæc si illibate custodieris tecum, te exemplo Domini (352) juveni se hæc observasse dicenti, ut ad majora subveharis, possum commonere (*Marc.* x, 20). Si autem in aliquo horum te prævaricatorem deprehendero, non te accendo ad meliora, (corrigere moneo iniqua, nec ut scandas dico de virtute in virtutem) sed ut convertaris a malitia ad bonitatem. Nam non est iste locus ut putabas bonitatis medius, imo est nullus. Qui enim nec Deum nec proximum diligere (353), contra hæc decem præcepta excedendo in aliquo, etiamsi quædam illorum videaris implesse, probaris; quam bonitatem habere te putas, antequam ea scilicet, quæ minus fecisse te agnoveris, corrigas? Cum autem vel usu bonitatis, vel satisfactione emendationis his te vitiis, quæ hæc decem prohibent, purgatum; his te virtutibus, quas (354) monent, id est dilectione Dei et proximi, fide et spe agnovero ornatum; te locum credo subiisse medium, et ut ad superiora eveharis, omnia scilicet vendendo et dando pauperibus, Christumque sequendo, moneo: aut certe, ut firmiter te saltem in his teneas, suggero; quia solis his te non solum salvandum, etiam remunerandum scio, Psalmista dicente: *Imperfectum meum viderunt oculi tui, et in libro tuo omnia scribentur* (*Psal.* cxxxviii, 16), hoc est perfecta et imperfecta. Perfecta autem sunt, quæ, ut præmisimus, Dominus juveni offerebat, dicens: *Si vis perfectus esse, vade, vende omnia quæ habes, et da pauperibus, et habebis thesaurum in cœlo, et veni, sequere me* (*Matth.* xix, 21). Imperfecta vero, quæ jam medium justitiæ locum describentes præmisimus, quibus etiam sæculares pervalde Deo placere credimus, perque (355) pœnitentiæ dignos fructus misericordissimi judicis gratiam nos mereri, etiam post multimodum ipsius contemptum speramus, nuptialemque quam terrena læsione perdidimus vestem, etsi non cum corona, saltem cum venia, reconciliatos nos recepturos credimus; omnia vero (356) ad reprimendam præsumptionem, et excitandam devotionem, non injiciendam cum sint prolata desperationem.

5. Sciendum etiam minima quæque persæpe inultum valere, cum et largitate solummodo eleemosynarum maxima conversis donentur peccata. Hoc agi tantummodo gratuita Dei constat gratia, quæ id quod miserando inspirat, miserando ut perficiatur adjuvat, miserando perfectum recipiens (357) coronat. Facit et hoc omnia delicta exstinguens charitas, (nemo enim veraciter alicui miseretur, nisi Dei et ipsius amore [*subaudi* misereatur], cui miseretur) cujus virtutis tanta est prærogativa,

(349) In iisdem vulgatis *dum et proximum.* Voces *dum et* sensum turbantes delevimus, nisi forte legere malis *dum est.* Construe vero: *cum diligens veraciter proximum, non possit agere aliquid horum, quæ sunt prohibita: dilectio enim*, etc.

(350) Decachordum scriptum tabulis lapideis est Decalogus, seu decem præcepta Decalogi.

(351) *Factura* idem est ac veneficium, ex quo Italicæ vocis *fattura* originem et antiquitatem agnoscimus.

(352) Hic desideratur *respondentis*, aut *præcipientis*, vel aliquid simile. Construe: *exemplo Domini respondentis juveni dicenti, se observasse hæc; pos-sum commonere te, ut subveharis ad majora.*

(353) Id est, *Qui enim probaris nec diligere Deum, nec proximum, excedendo in aliquo contra hæc decem præcepta, etiamsi videaris implesse quædam illorum; quam bonitatem putas te habere*, etc.

(354) Vulg., mendose *quæ*: et dein *aut ad superiora*, ubi pro *aut* legendum est *ut*, vel *aut ut*.

(355) In iisdem vulgatis *per quem*, male.

(356) Subaudi *dicta sunt, nimirum ad reprimendam præsumptionem et excitandam devotionem, cum non sint prolata ad injiciendam desperationem.*

(357) *Perfectum recipiens*, videlicet recipiens id quod perfectum est.

ut etiam ejus imperfecta multum sint accepta, cum et hac [hac *scilicet* charitate] carens virtus, etiamsi videatur esse aliqua, sit nulla (*I Cor.* XIII), teste voce apostolica. Nam **172** ut dicamus de ipsa qua in Deum credimus fide, si propter aliud credendo eum (358), quam propter illius nostræque animæ amorem colimus, nil utilitatis acquirimus. Sperare autem de eo quid aliud maxime præcipimur, nisi quod ejus amatu vel redamatu, visione et cognitione in æternum fruemur? Non mœchari autem, non occidere, non furtum facere, non falsum testimonium dicere, non concupiscere rem proximi, nec ejus uxorem desiderare, vel aliud, nisi [*subaudi* ab his abstineatur] pro Dei fraternoque amore, quid putamus juvare? Quodlibet itaque bonum quanquam minimum, si propter charitatem facis, securus esto, cum fructu facis; si propter aliud facis, ne erres, inaniter facis. A quolibet malo si charitatis amore compesceris, mercede non carebis. Si ob aliud agis, nec venia, nedum gratia, dignus haberis. Quisquis ergo medium locum justitiæ vis obtinere, hæc observa decem præcepta, et hoc propter duo illa, id est, dilectionem Dei et proximi. Quod si contingat ab his te forsitan elabi; quo citius potes, recurrens ad pietatem, quem amas, medici, et contemptum paulo minus amorem ipsum confitens, multumque deflens, tuo stude loco restitui. Amat enim eos, a quibus quoque non amatur; nedum te despiciet, a quo quamlibet parum negligentius [*id est* aliquo modo] ex aliquo diligitur. Cum ergo tanto amico festina reconciliari, undeque cecideras restitui; quando quidem restitutos nonnullos vides etiam ad potiora provectos. Vera autem restitutio, ubi vera confessio; vera autem confessio, ubi vera conversio, ubi autem vera conversio, ibi vera curatio. Nam quid pertinet vulnus medico monstrare, si eo non vis curari (359)? sæpius vero monstrata, nec curata plus tument vulnera, ita ut ipsos sui fetore a quibus videntur inficiant, frequenti attactu deteriorata.

6. Pœnitens itaque es, aut esse vis? Considera regulam pœnitendi in dictis expressam Baptistæ Domini! *Facite*, inquit, *fructus dignos pœnitentiæ* (*Matth.* III, 8); et paulo post: *Qui habet duas tunicas, det non habenti* (*Luc.* III, 11); cæteraque exsequens [*id est* prosequens] misericordiæ opera, docet perspicacissime curam aliorum necessitatibus [*supple* eum] misericorditer debere impendere, qui ut misericordiam consequatur a Domino, culpas insequendo pœnitentiæ dignum cupit fructum exhibere. Vestiat itaque necesse est nudum, qui amissum innocentiæ vult recipere ornamentum. Pascat esurientem, qui mortiferam animæ desiderat evadere famem. Potet sitientem, qui vult evadere ægritudinem morum. Consoletur in carcere constitutum, qui inferni non vult subire ergastulum. Confortet dolentem, qui æternum non videre desiderat dolorem. Recipiat hospitio peregrinum, qui vult a Domino recipi in æternum illud paradisi tabernaculum. **173** Redimat captivum, qui a diaboli laqueis cupit liberari. Per Christum solatietur in aliquibus necessitatibus constitutum, qui de necessitatibus diversarum vult liberari angustiarum. Sepeliat mortuum, qui perditionis æternæ cupit evadere lethum. Liberet constrictum pro debitis, qui liberari a suis cupit peccatis. Eripiat eos qui ducuntur ad mortem, qui vult inferni effugere carcerem. Vincat animum impatientem, qui vult diabolum superare bacchantem. Corripiat in misericordia negligentem, qui castigantem placare vult Deum Patrem.

7. Est autem præter hos alius misericordiæ promerendæ specialior tantopere modus, quanto ab ipso Domino ore proprio institutus, hisque adjunctis, imo ordine, natura, atque utilitate ita prælatus: *Dimittite*, inquit, *et dimittetur vobis, date et dabitur vobis* (*Luc.* VI, 37); et: *Nisi dimiseritis hominibus peccata eorum, nec Pater vester, qui in cœlis est, dimittet vobis peccata vestra* (*Matth.* VI, 15). Tertioque idem eodem replicans sensu: *Cum statis*, ait, *ad orandum, dimittite si quid habetis adversus aliquem, ut et Pater vester, qui in cœlis est, dimittat vobis peccata vestra* (*Marc.* XI, 25). Quarto autem parabola, quæ et idem monstraret, præmissa (360): *Sic et Pater meus cœlestis faciet vobis, si non remiseritis unusquisque fratri suo de cordibus vestris* (*Matth.* XVIII, 35), videlicet ne ore se quis æstimet Deum posse fallere, qui ipso videt in corde. Quinto vero: *Si offers*, inquiens, *munus tuum ad altare, et recordatus fueris quia frater tuus habet aliquid adversum te; relinque ibi munus tuum ante altare, et vade prius reconciliari fratri tuo, et tunc veniens offeres munus tuum* (*Matth.* V, 23). Sed tu forsitan dicis: Abest longe quem læsi, nec possum eum adire. Dicit tibi angelus: *Gloria in excelsis Deo, et in terra pax hominibus bonæ voluntatis* (*Luc.* II, 14). Dicit et psalmus: *In me sunt, Deus, vota tua, quæ reddam laudationes tibi* (*Psal.* LV, 13). Dicit et Apostolus: *Si fieri potest, et utcunque pacem in voluntate retine*; ita enim et Dominus: *Si ibi fuerit filius pacis, requiescet super illum pax vestra; sin autem, ad vos revertetur* (*Luc.* X, 6), id est, non deerit a voluntate et remuneratione vestra, etiamsi ab illo non fuerit recepta. Dicit et Gregorius: *Debemus itaque ad proximum quamvis longe positum longeque disjunctum mente ire, eique animum subdere, humilitate illum ac benevolentia placare*. Sexto demum Dominus: *In qua*, inquit, *mensura mensi fueritis, remetietur vobis* (*Matth.* VII, 2). Septimo **174** dicens de adultera: *Qui sine peccato est vestrum*, ait, *primus in illam lapidem mittat* (*Joan.* VIII, 7), hoc est, feriat alterius sine misericordia admissum, qui in se nullum habet

---

(358) Construe: *Si credendo colimus eum propter aliud quam propter amorem illius et animæ nostræ, nil utilitatis acquirimus.*

(359) Vulg., *carere*. Ex præmisso et subsequenti contextu, quo de curatione agitur, emendavimus.

(360) Vulg., *promissa*. male.

quo feriri possit peccatum. Hinc Seneca : *Vide*, ait, si adhuc malus es, et similibus parce : verum si esse desiisti, cur aliis bonum emendationis abscidas, si tamen hujusce istic non dissonet persona ? Octavo : *Ejice primum trabem de oculo tuo, et tunc perspicies ut educas festucam de oculo fratris tui* (*Matth.* vii, 5): festucam iram dicens subitam et levem ; trabem superbiam, odium et inimicitiæ retentionem. Nono : *Medice, cura teipsum* (*Luc.* iv, 23), id est, emenda prius in te iram vel odium et ita demum alterius insequendo cura peccatum ; exemplo videlicet cujusdam philosophi, qui cum ad iracundiam, ut jam in alio volumine (361) retulimus, concitaretur, eidem a quo incitabatur dixisse fertur : *Jam te percuterem, nisi iratus essem.* Quod si alicui fidelium contigisset dixisse, quid aliud ageret ? non [*legendum videtur* nonne] custodita propriæ mentis sospitate, illius phrenesim haustu patientiæ curaret ? Quid vero nobis trabem proprio in oculo ferentibus et de alterius [*subaudi* oculo] festucam avellere nitentibus, facto in hujusmodi gentilis idem, proh nefas ! clamaret(362) nisi quod jam dudum propheta : *Erubesce*, inquiens, *Sidon, ait mare* (*Isai.* xxiii, 54) ; ac si ipso exemplo diceret : Qua fronte Christianus quilibet cum trabe superbiæ alterius de oculo festucam alicujus vitii conaretur demere, cum me academicus nec ipsam festucam iræ oculo cordis velle videat gestare, dum de alterius lignum elationis studeo revellere ? Decimo vero item Dominus : *Diligite*, inquit, *inimicos vestros, benefacite his qui oderunt vos, ut sitis filii Patris vestri, qui in cœlis est, qui solem suum oriri facit super bonos et malos, et pluit super justos et injustos* (*Luc.* vi, 27). Facessat ergo omnis indigne pœnitentium, imo Deum hac simulatione ad iracundiam provocantium, his divini oris præter innumerabilia tonitruis perculsa saltem dolositas ; æstimantiam (363) veniam se mereri nullo modo peccaminum, quandiu in corde aliquod phreneticum retinent odium.

8. Ad fructum autem dignum pœnitentiæ etiam hoc pertinet maxime, ut qui se illicita perpetrasse considerat, sese a licitis caute restringat ; ipsarum etiam rerum illecebris, quas sibi causam alicujus recognoscit fuisse criminis, corpus suum assuefacere ulterius caveat : sciens a quodam veracissime dictum, quod et a nobis utinam non fuisset perspi-cacissime, heu dolor! experimento nuper probatum; quia aliud est exhausta pestis, aliud consopita. Furens enim adversarius, a corde se docens expulsum alicujus, propulsionis suæ vindicare nitens injuriam, præter alia mille nocendi ingenia, illum maxime, quo admitti solebat, observat introitum, cui nisi virilis cum Dei auxilio adhibita fuerit custodia, (exemplo necis Isboseth, cujus dormiente ostiaria improvise contigit interitus (*II Reg.* iv, 5), cum inguine, ablatis etiam spicis (364) quod purgabatur frumenti, a latrunculis fuerit percussus ) plerumque irruere tanto solet sævius, quanto inopinatius, juxta hoc quod ait Dominus : *Cum immundus spiritus exierit ab homine, ambulat per loca inaquosa quærens requiem, et non inveniens, dicit : Revertar in domum meam unde exivi, et veniens domum,* etc., *Tunc vadit et assumit septem alios spiritus secum nequiores se, et ingressi habitant ibi, et fiunt novissima hominis illius pejora prioribus* (*Luc.* xi, 24). Ecce quod malum de negligentia, desidia, vel torpore generatur. Unde et Psalmista, dum necessitates carnaliter populi describeret, casus moraliter nostros ostendebat, dicens : *Omnem escam abominata est anima eorum, et appropinquaverunt usque ad portas mortis* (*Psal.* cvi, 18). Escæ autem animarum, oratio, psalmodia, jejunia, eleemosynæ, et continuæ sunt lectiones : quæ qui abominatur, nisi ei contingat quod sequitur, id est, ut clamet ad Dominum dum tribulatur (*Ibid.*, 19), ut et necessitatibus [f., e necessitatibus] suis liberetur, æternæ sine dubio mortis, teste Gregorio, periculum incurrere creditur : desperatur enim ejus etiam temporaliter vita, qui carnalia respuit alimenta.

9. Sed ut meipsum in hoc quod cœpi traham in exemplum, cum paulo resolutius quam competeret nudius tertius me agerem, sensi, proh nefas! in parvissima ( ut mihi videbatur, non ut erat) occasione, quam me titillans amara illa voluptatum suavitas, etiam in carcere positum, dolore confectum, pupugerit, longe quidem quam solebat mitius, sed rursus longe aliter atque putaveram : ita ut in hoc saltem cognoscere potuerim, non mollem, sed omnimodis fortem, non mulierem, sed virilem cordis januis me debuisse custodiam adhibere. Quod, o bone Jesu, pie, cœlestis ac sapientissime, istic poni decuit medice, non ut tibi revelem, qui omnia nosti antequam

---

(361) Hinc constat Ratherium aliud opus ante scripsisse, cui hæc philosophi cujusdam sententia inserta fuit. Hoc tamen opus in desiderio est. Num vero idem illud sit, quo quibusdam Mediolanensium quæstionibus ante episcopatum Veronensem respondebat, an vero diversum, ignoratur. Eamdem porro ejusdem philosophi sententiam recitat etiam Atto Vercellensis episcopus in opere *De pressuris Ecclesiæ* part. 1, his verbis : *Ait enim Terentianus philosophus ad villicum suum* : *Ob te infelicem, quem afflictarem, nisi iratus essem.*

(362) Legebatur *clamavit, non quod*, mendose. Correctionem in textum inductam sensus efflagitat. Construe : *Quid vero idem gentilis ! proh nefas, clamaret nobis ferentibus trabem in oculo proprio, et nitentibus avellere festucam de oculo alterius, quid,* inquam, *clamaret nobis in facto hujusmodi, nisi quod jamdudum clamavit propheta inquiens* : Erubesce Sidon, ait mare ; *ac si ipso exemplo diceret* : Qua fronte Christianus quilibet cum trabe superbiæ conaretur demere de oculo alterius festucam vitii alicujus, cum academicus videat me nec velle gestare ipsam festucam iræ oculo cordis, dum studeo revellere lignum elationis de oculo alterius ?

(363) Vulg., *æstimantium*, mendose. Sensus correctionem suppeditavit. Construe vero : *Facessat ergo omnis dolositas perculsa his saltem divini oris tonitruis præter alia innumerabilia ; omnis*, inquam, *dolositas indigne pœnitentium, imo hac simulatione provocantium Deum ad iracundiam ; æstimet jam se nullo modo mereri veniam peccaminum, quandiu,* etc.

(364) Id est *spicis frumenti, quod purgabatur.*

fiant, sed ut (565) (præter id quod potissimum est flagitandum, id est, cum ego illud describo ut deleas, dum ego adversum me confiteor, tu cum innumerabilibus et gravioribus deleas) etiam lecturis in isto provideam, videlicet ut causam juste quam patior animadversionis tuæ perpendant, **176** quo tuam in hoc justitiam glorificent : considerantes quam reus in tuo conspectu parebam, cum me (566) illud nec esse omnimodis cæcus perpenderem : cum et nunc percussus, prostratus, oculisque parumper apertis, teque ex aliquantulo (567), ut mihi videtur (a te autem, utrum sciam, veraciter scitur) sciens, et me non tam emendare quam corrigere cum tui adjutorio, ut te videre merear, volens, dominis quoque crudelissimis, qui me dum a te fugerem receperunt, terga ad te refugiendo dare deliberans, nexu adhuc insolitæ consuetudinis et maculis retentus pernoxiæ frequentationis, tam miserrime ictu zabolico terebratus, jaculisque peccati percussus confodior. Rursum quam miser eram, perpen 'ant, a te penitus aversus, qui tam inutilis adhuc pareo ad te quasi conversus: quam impius cum me ipse crudeliter interficerem, qui tam iniquus, cum me a te refici misericorditer postulem; quid superba caro in prosperitate egerit, quæ adhuc in tam maxima adversitate superbit: quid petulcus moliebatur animus, cum quædam illi pro voto arridebant, cum adhuc evanescat, cum universa ei repugnant; simul ut mei jactura sibi cautelæ capiant commoda: (felix (568) enim alterius cujus sunt documenta flagella) proque memet miserrimo tuam eo obnixius postulent clementiam, quo numerosiorem agnoverint culpam, abundantiorem intellexerint et intercessionis indigentiam.

10. Verum ut ad te cum quo mihi erat sermo redeam, suggero ut dum agis pœnitentiam, ipsam quoque non solum a malis, etiam a bonis temperes linguam, Psalmista docente te, dum dicit de se: *Cum consisteret peccator adversum me, obmutui, et humiliatus sum, et silui a bonis* (*Psal*. xxxviii, 2); qui tamen præmiserat: *Posui ori meo custodiam*. Aliud enim est custodiri, ut rationabiliter, dum utilitas exposcit, proferatur; aliud penitus obturari, ne ullatenus proferatur. Unde et in alio psalmo precatur dicens: *Pone, Domine, custodiam ori meo, et ostium circumstantiæ labiis meis* (*Psal*. cxl, 3). Ostium vero et aperitur et clauditur. Peccatoris vero nomine diabolum hic expressum intellige, qui tentationis vel pœnitentiæ tempore, ut jam dictum est, contra nos maxime probatur consistere. Nam et illum, qui uxorem patris violaverat, tradi Apostolus Satanæ præcipit in interitum carnis, ut Spiritus salvus sit in die Domini (*I Cor*. v, 5). Tradi autem Satanæ dicitur, ad conflictum, non ad dominatum; ad certamen, non ad servitutem; ad carnis interitum, non ad animæ detrimentum; videlicet ut dum illo cum adversario jejuniis, vigiliis, cæterisque corporis cruciatibus pugnante caro **177** interiret, spiritus, hoste devicto, salvus in die Domini fieret. Unde et alibi quædam sæcularia in exemplum proferens Idem ait: *Omnis autem, qui in agone contendit, ab omnibus se abstinet* (*I Cor*. ix, 25). Et verissime. Nam, et in scammate (569) luctaturis quorumdam abstinentia indicebatur, ita ut etiam cibus eis agonisticus daretur, id est, levior, qui corpus reficiendo roboraret, non gravando elideret; et quia luxuria quoque nimium debilitat corpus, laminas plumbi renibus circumponebant propter pollutionem nocturnam : quæ omnia cum propter corruptibile bravium illi facerent carnaliter adipiscendum, nos spiritualiter agere in hoc longe dissimili potius debemus conflictu, ut et carnem spiritui subjiciamus, et diabolum prosternamus, et bravium sempiternum pro victoria capiamus. Quamvis et alio congruentius modo possit intelligi quod dictum est: *Tradere hujusmodi Satanæ* (*I Cor*. v, 5). Satanas quippe adversarius vel contrarius interpretatur, per quo l contrarietatis nomen significatur traditum peccatorem contrariis anterioris vitæ consuetudinibus: verbi gratia, ut qui ante deliciis, nunc utatur amaritudinibus, et quidquid aversum vel contrarium est voluptatibus, exerceat pœnitentiæ diebus, tu intereunte hujusmodi contrarietate per afflictionem carnis (570) spiritus in die Domini salvus mereatur existere.

11. Sciendum autem alium modum esse pœnitentiæ, quo judicio totius Ecclesiæ quis certo tempore [*subaudi* pœnitentiam agit], alium quo nostra sponte pœnitemus omni tempore : Istud nulla constringitur lege, nisi prout quisque sibi velit indicere tantum, ut pro modo ægritudinis medicinam sibi noverit adhibere salutis. Illud vero ea constringitur conditione, ut nil laxius sibi possit ab eo quod præceptum est agere, nisi ipsius, a quo ligatus est, levigetur auctoritate, aut forte ipsius industria hoc eum ligaverit moderamine, ut si ipse defuerit, ab alio sibi absolutionem liceat postulare. (571). Pœnitentiam

---

(565) Voces *sed ut* jungendæ sunt cum illis *etiam lecturis in isto opere provideam*.

(566) *Me illud nec esse* idem est ac *me nec reum esse*.

(567) Construe : *Teque ex aliquantulo*, id est aliquo modo, *ut mihi videtur, sciens* (*utrum autem veraciter sciam, scitur a te*) *et cum tui adjutorio volens me non tam emendare, quam corrigere, ut merear videre te, deliberans quoque refugiendo ad te dare terga dominis crudelissimis, qui receperunt me, dum fugerem a te, adhuc retentus nexu inolitæ consuetudinis et maculis pernoxiæ frequentationis, terebratus tam miserrime ictu zabolico, et percussus jaculis peccati confodior*.

(568) Id est : *felix ergo ille, cujus documenta sunt flagella alterius*.

(569) *Scamma* est arenæ spatium luctaturis designatum, ultra quod progredi non licet. Cœlius Aurelianus lib. II, cap. 1 : *In arena spatio, quod appellant scamma*. Mox *quorumdam*, id est quarumdam rerum, *abstinentia*.

(570) In vulg., *carnei, male*.

(571) Non de absolutione sacramentali loquitur, sed de ea, qua imposita pœnitentiam pro fervore ipsius pœnitentis, aliisque justis de causis laxari posse sacri canones tradunt. Id ab eo tantum erat

vero nec iste nec ille digne agere convincitur, si dum unum quodlibet vitium sese macerando insequitur, aliud simile, aut forsitan gravius, aut certe plura alia committere non veretur. Nam sunt nonnulli, qui pro commisso pœnitentes homicidio, aliud meditantur homicidium. Sunt etiam, qui cum homicidium pœnitent, adulterium perpetrare non abhorrent. Quid istis evenit, nisi quod dicitur : *Væ peccatori terram ingredienti duabus viis? (Eccli.* II, 19.) Duabus viis quippe terram ingredi nititur, qui unum insequendo vitium, viam salutis quærere videtur; cætera vero exsequendo, viam mortis incedere comprobatur; cum apertissime Jacobus dicat apostolus : *Qui in uno offenderit, erit omnium reus (Jac.* II, 10). Hoc enim quod de homicidio et adulterio exprimendi gratia dixi, de cæteris unusquisque noverit debere intelligi.

**178** 12. Notandum interea quales impios Dominus suscipiat conversos; ait enim : *Si averterit se impius ab impietate sua, et egerit pœnitentiam ab omnibus peccatis suis quæ operatus est, et custodierit omnia præcepta mea, et fecerit judicium et justitiam, vita vivet, et non morietur (Ezech.* XVIII, 27). Si, inquit, egerit pœnitentiam ab omnibus peccatis, et custodierit omnia præcepta mea; ne tu te putes aliquod pœnitendo delere posse peccatum, si contemptor Domini fueris præceptorum. Omnia ergo crimina necesse est derelinquat, et universa præcepta Dei custodiat, qui indulgentiam consequi desiderat. Cave igitur, omnis quicunque es, qui pœnitentiam desideras agere, ne duplici corde illud certamen velis adire; ne forte dum Deum te posse cogitas fallere, non quidem fallere, sed eum potius videaris irritare, quem oportuerat humillima et purissima satisfactione placare.

13. Sed ad hoc quis idoneus, cum nemo aliquid possit suis viribus? Unde quotidie clama, imo incessanter, etiam tacendo et aliud quodlibet agendo desiderans postula : *Cor mundum crea in me, Deus (Ps.* L, 12). Quod si nitenti tibi ipsa prava consuetudine exui difficilis occurrit effectus, ne rogo ideo deficias. Naturalis enim iste est omnium conatuum usus. Magnus enim lapis difficile evehitur ad summa, cito ruit ad infima; nec a primordio quis potest esse perfectus; teste enim Augustino, difficile est ut sic homo mutetur, ut non habeat unde reprehendatur. Tunc tene te ad Christum, clama : *Trahe me post te* (*Cant.* I, 4); et : *Educ de carcere animam meam* (*Ps.* CXLI, 8). Et ne tuis innitaris viribus, audi eumdem Augustinum : *Pugna contra concupiscentias, Deo desistente, si potes; laborare potes, vincere non potes.* Unde Psalmista : *Si sumpsero pennas meas diluculo, et habitavero in extremis maris, etenim illuc manus tua deducet me, et tenebit me dextera tua* (*Ps.* CXXXVIII,

9), ac si dicat : Quantumvis nitar, quamtumvis laborem, quovis mentis acie evolem, quovis proficiendo conscendam, cum ipsis pennis me scio casurum, nisi dextera tua solitum præstet auxilium. De ipso vero auxilio quantum præsumat, alibi ita demonstrat : *Promitto vobis, filioli, et certus sum, quia si quis ex corde pœnituerit, et ad vomitum peccati reversus non fuerit, sa'vus erit :* tantum est fide [f., ut fide] non dubitet, ne delectationes repetat.

14. Inter hæc igitur, subruente tentatione subita, si aut in cogitatione, aut in verbo, aut denique in facto te improvise contingat labi ; ne desperes, ne deseras incœptum, ne bene agendi in aliquo interrumpas cursum; repara redivivum certamen, resume conflictum, reaccende audaciam, vindica injuriam. Solet dux eum militem plus diligere, qui frequentibus ictibus confossus, rursus adversarium revocato certamine impetit, quam eum qui aut nunquam [subaudi impetit], aut **179** terga dedit, nil virtutis inimicum expugnando monstravit. Audi etiam super hoc Scripturæ sanctæ consilium : *Si spiritus,* inquit, *potestatem habentis super te ascenderit, locum tuum ne dimiseris, quia curatio cessare faciet* (372) *peccata maxima (Eccle.* X, 4).

15. Sanus es? Lauda custodientem te Dei misericordiam. Infirmus es? Lauda flagellantem pii Patris justitiam. *Bonum est,* inquit Psalmus, *confiteri Domino, et psallere nomini tuo, Altissime.* Quomodo? *Ad annuntiandum mane misericordiam tuam, et veritatem tuam per noctem (Ps.* XCI, 5), *mane* prosperitatem, *noctem* significans adversitatem, ac si dixisset : In prosperitate misericordiam, in adversitate bonum est annuntiare tuam laudando justitiam. Sanus es? Audi a quo contineris : *Custodit Dominus omnia ossa eorum (Psal.* XXXIII, 21). Infirmus? Audi unde con soleris : *Multæ,* inquit, *tribulationes justorum (Ibid.* 20), etc.; et : *Non sunt condignæ passiones hujus temporis ad futuram gloriam, quæ revelabitur in nobis (Rom.* VIII, 18). Infirmus es? Audi, ne impatienter doleas : *Quem enim diligit Dominus, corripit (Prov.* III, 12). Sanus es? Audi, ne insolenter exsultes : *Quod si extra disciplinam estis, cujus participes facti sunt omnes; ergo adulteri et non filii estis* (*Hebr.* XII, 8). Sanus es? Time ne tibi dicatur : *Fili, recordare quia recepisti bona in vita tua (Luc.* XVI, 25). Infirmus es? Opta ut de te dicatur : *Et Lazarus similiter mala.* Amplectere tu, *nunc vero hic consolatur.* Time tu, *tu vero cruciaris.* Veruntamen ne te solutum ipsa infirmitas, aut istum sanitas reddat ingratum, noveritis quia quibusdam infirmitas, aut quælibet flagella aut ad profectum, aut ad probationem, aut ad solam gloriam Dei sunt : quibusdam autem aut ad correctionem, aut ad initium malorum, videlicet ut dum hic flagellantur, nec corriguntur, hic

faciendum, qui pœnitentiam imposuerat, nisi forte ea moderatione illam imposuisset, ut ipso deficiente, ab alio absolutionem, seu mitigationem ejusmodi liceret postulare.

(372) Voces *peccata maxima* cum in codice traductæ fuissent post sequentia, *Lauda custodientem te,*

ut sensum aliquem ibidem redderent, editores intra uncos adjecerunt duo alia verba sic : *Lauda custodientem te, peccata maxima (vita per) Dei misericordiam.* Illis autem vocibus huc revocatis, ubi sane leguntur apud Ecclesiasten, nulla additione opus est, ac textus optime restitutus intelligetur.

incipiant torqueri, ut in æternum crucientur. *Multa* enim *flagella peccatoris* (*Psal.* xxxi, 10). Vide Pharaonem, considera Herodem. Et quibusdam sanitas, aut alia bona temporalia aut ad probationem, aut ad aliorum utilitatem, aut ad judicium dantur : nonnunquam vero ideo dantur : ut abundante viatico in præsenti liberius ad mansura bona tendatur; sive ut, dum pure quis ministrat aliena, quandoque perveniat ad sua; et dum cum Dei gloria ministrantur momentanea, gloriosus cum boni operis fructu perveniatur ad æterna. Scriptum est enim : *Dedit eis regiones gentium* (*Psal.* civ, 44), etc. Tanto ergo minus vel affici ad hæc utraque debet quis vel extolli, quanto minus ad quid sint prærogata, in hoc valet difficile mundo perpendi.

16. Sapiens aut es, aut esse vis, aut forte diceris? Stultus secundum Apostolum in hoc sæculo efficere, ut sis sapiens (*I Cor.* iii, 18). Stultus es? *Inclina, secundum Salomonem, aurem prudentibus* (*Prov.* v, 1), ne sis stultus. Sapiens es? Audi : *Non plus sapere quam* 180 *oportet sapere* (*Rom.* xii, 13). Stultus es? Audi : *Qui autem ignorat ignorabitur* (*I Cor.* xiv, 38). Sapiens es? Audi : *Prudentiæ tuæ pone modum* (*Prov.* xxxiii, 4). Stultus es? Audi : *Usquequo,* inquit, *parvuli diligitis infantiam, et stulti ea quæ sibi sunt noxia cupient, et imprudentes odibunt scientiam?* (*Prov.* i, 22.) Sapiens es? Audi : *Intellectus bonus omnibus facientibus eum* (*Psal.* cx, 10). Stultus es? Intellige : *Qui avertit aurem suam ne audiat legem, oratio ejus erit exsecrabilis* (*Prov.* xxviii, 9). Sapiens es? Cave quod dicit Apostolus : *Melius eis fuerat non cognoscere viam veritatis, quam post agnitionem retrorsum converti* (*Hebr.* x, 26). Stultus es? Vide quid dicat Dominus : *Qui est ex Deo, verba Dei audit; propterea vos non auditis, quia ex Deo non estis* (*Joan.* vii, 47). Sapiens es? Evita prudentiam carnalem. Stultus? Sectare prudentiam spiritualem. Sapiens? Audi : *Ne sis sapiens apud temetipsum.* Stultus? *Time Deum et recede a malo* (*Prov.* iii, 7). Sapiens? Agnosce ipsum tuum nescire. Stultus? Aude sapere, ne tentatio te subjuget, antequam metus. Sapiens? Audi : Sapiens eris, si te non esse credideris (Aug. *de Ani. et ejus orig.*, l. iii, c 4). Stultus? Non naturæ, negligentiæ sapientia denegatur. Sapiens es? Audi : *Altiora te ne quæsieris.* Stultus? *Quæ præcepit Deus illa cogita semper* (*Eccli.* iii, 22). Audite eumdem simul utrinque : Neuter excusatur, nec ille qui legit, nec ille qui legere noluit; plus deliquit qui negavit quod legit. Ille autem, qui cum potuit, noluit scire quod faceret, nequaquam evadet; quia dictum est in Job in cujusdam descriptione maledictionis, sive scilicet Judæorum crucifigentium, sive Judæ tradentis Dominum [repete dictum est] sive principali illi superbiæ, sive generationi communiter malorum (utrisque enim militat sensus) : *Revelabunt cœli iniquitatem ejus, et terra adversum eum consurget, et manifestum erit peccatum illius in die furoris Domini* (*Job* xx, 27), cum eis [ia est cum peccato eorum], qui dixerint Domino Deo : *Recede a nobis, scientiam viarum tuarum nolumus* (*Job* xxi, 14). Itemque : *Ducunt in bonis dies suos, et in puncto ad inferna descendunt;* et Sapientia satis idem terribiliter : *Vocavi,* ait, *et non venistis,* etc.; *ego quoque in interitu vestro ridebo* (*Prov.* i, 26), etc. Propheta etiam in Threnis deplorans : *Propterea,* inquit, *ductus est captivus populus meus, quia non habuit scientiam* (*Isa.* v, 13). Alius vero : *Omnis,* ait, *iniquitas ab ignorantia descendit.* Et illud : *Noluit intelligere ut bene ageret* (*Psal.* xxxv, 4). Iterumque : *Nescierunt neque intellexerunt, in tenebris ambulant, movebuntur omnia fundamenta terræ* (*Psal.* lxxxi, 5). Dominus vero in Evangelio : *Qui est,* ait, *ex Deo, verba Dei audit* (*Joan.* viii, 47). Ne vero tu, neve ille alter ad qualemcunque sapientiam me putet vos invitare, præter ad illam quæ ex Deo est; et ab aliquacunque [subaudi sapientia], cum cautelam suadeo, compescere alteram, cum nulla sit alia; conabor quo citius expedire potero (373), tria sicut in corpore, ita et in animo esse genera incrementorum, verbum e verbo, sicut hic, id est, qui plura superius in 181 adminiculo, istius operis protulit, prosequens ipsum. « Est enim unum, inquit Augustinus, in corpore necessarium, quo naturalis convenientia impletur in membris; alterum superfluum, sicut interdum senis digitis nascuntur homines; tertium noxium, quod cum acciderit, tumor vocatur; etenim sic membra crescere dicuntur, revera enim locum occupant ampliorem, expugnata bona valetudine. Ita in animo quædam quasi naturalia incrementa sunt, cum [subaudi animus] honestis, et ad bene beateque vivendum accommodatis augeri dicitur disciplinis. Cum vero ea discimus quæ mirabiliora quam utiliora sunt, quanquam nonnullis rebus plerumque opportuna, supervacanea tamen et de illo secundo genere numeranda sunt. Noxium vero illud genus est artium, quo anima sauciatur. » Istud ergo (ut hæc tria qualiter accipi debeant suppetam) pessimum genus sciendi omnimodis respuendum, secundum cavendum, primum est amplectendum : ipsa est enim vera sapientia, imo nulla alia, quæ nulla suadet nisi honesta; nulla docet nisi utilia; nulla præcipit nisi Deo acceptabilia.

17. Prudens es? Esto et simplex. Simplex es? Esto et prudens. Nec enim unum sine altero aliquid valet, ut esse virtus valeat. Nam prudentia sine simplicitate calliditas; simplicitas sine prudentia fatuitas est. Audi Dominum dicentem : *Estote prudentes sicut serpentes, et simplices sicut columbæ* (*Matth.* x,

---

(373) Construe : *conabor, quo citius potero, expedire,* id est explicare, *tria sicut in corpore, ita et in animo esse genera incrementorum, conabor, inquam, expedire prosequens ipsum verbum e verbo, sicut hic protulit,* id est hic qui plura superius in adminiculo *istius operis protulit,* videlicet Augustinus. Quod paucis idem est ac dicere, conabor explicare et ostendere Augustini verbis, tria esse genera incrementorum sicut in corpore, ita et in animo.

15). Volo ergo te, ut de quodam (574) satis Gregorius ait lepide, scienter nescium et sapienter indoctum. Lætus es? Utinam in Deo. Tristis es? Utinam esses pro incolatu tuo. Lætus es? Audi in quo gaudere debeas : *Gaudete in Domino semper (Ephes.* IV, 4). Tristis es? Audi qualiter affici debeas : *Quæ enim,* ait Apostolus, *secundum Deum tristitia est, pœnitentiam in salutem stabilem operatur (II Cor.* VII, 10). Dicit tibi psalmus : *Lætamini in Domino (Psal.* XXXI, 11). Dicit et tibi Apostolus : *Omne gaudium existimate fratres mei, cum in tentationes varias incideritis (Jac.* I, 2). Audiat (575) igitur lætus ne insolescat : *Væ vobis, qui ridetis, quia plorabitis et flebitis (Luc.* VI, 21). Audiat tristis ne amarescat : *Beati qui nunc fletis, quia ridebitis.* Lætus : *Gaudete quod nomina vestra scripta sunt in cœlo (Luc.* X, 20). Tristis : *Iterum autem videbo vos, et gaudebit cor vestrum, et gaudium vestrum nemo tollet a vobis (Joan.* XVI, 22). Lætus : *Spe gaudentes (Rom.* XII, 12). Tristis : *Quasi tristes, semper autem gaudentes (II Cor.* VI, 10). Audiat utique tristis : *Gaudete justi in Domino (Psal.* LXII, 1). Lætus : *Plange quasi virgo (Joel.* I, 8). Tristis : *Gaude et lœtare, filia Sion (Thren.* IV, 21). Lætus : *Quantum exaltavit se, et in deliciis et lætitia fuit, tantum date ei luctum et planctum (Apoc.* XVIII, 7). Audiat tristis : *Tristatur aliquis vestrum? Oret æquo animo et psallat (Jac.* V, 13). Audiat lætus : *Hilarem datorem diligit Deus (II Cor.* IX, 7). Hæc itaque duo ita compegi, ut et tristis mœrorem æquanimitate, oratione, et crebris, si ad hoc idoneus est, psalmodiis mitigare contendat, ne in rancorem incidat; et lætus hilaritatem sui non alio [id est aliter] quam cum Dei gratia in operibus bonis Deo ostendere humiliter satagat, ne offensam pro lætitia incurrat, et [supple ut] meritum pro beneficio præparet. Dictum est enim a quodam, ut credo, veracissime (hanc enim prærogativam sibi dicendi comparavit puritate, ut de ipsius testimonio nullus debeat dubitare) : *Qui panem egenti tribuit tristis, et panem et meritum perdit.* Hinc et ille qui superius, id est Augustinus, sæpissime : *Si cum hilaritate,* inquit, *bonum facis, tecum facis; si autem cum tristitia, fit de te, non tu facis.* Cum itaque importunius temporale gaudium cordi subrepit, respondeat intus moderatus vigor animi dolens de cæcitate præsentis sæculi : *Quale mihi gaudium erit, qui in tenebris sedeo, et lumen cœli non video? (Tob.* V, 12.) Rursus dum sese tristitia intolerabiliter ingerit, erecta in arcem mentis constantia dicat : *Quis nos separabit a charitate Christi? tribulatio? an angustia? (Rom.* VIII, 35).

18. Cum igitur naturale quodammodo sit omnibus magis flere quam ridere, siquidem a fletu omnes videmur nascendo incipere; convincitur legem naturæ excedere, qui dissolutior in ridendo existens, raro, aut forsitan nunquam, nec pro desiderio cœlestium, nec pro jactura terrestrium, nec pro ipsa mortalitatis contemplatione, quæ propter ipsum inevitabilem occasum tot quotidie subjacet casibus, quot servit necessitatibus, fletum aliquem corde proferre, aut oculis valet elicere. Quod enim aliquoties utilior quam lætitia sit tristitia, testatur qui dicit : *Cor stultorum ubi lætitia, et sapientium ubi tristitia (Eccle.* VII, 5). Cui ille, qui superius, satis concinit laute : *Utilior,* inquiens, *sæpe tristitia est, quæ comitem solet habere gravitatem.* Alius item : *Ipso,* inquit, *nostro Deus gaudet lamento;* unde dicitur : *Ante ruinam exaltatum cor (Prov.* XVI, 18) ; et illud quod tametsi (576) de futura perditione maxime, tamen et de præsenti potest intelligi eventurum varietate : *Risus dolore miscebitur, et extrema gaudii luctus occupat (Prov.* XIV, 13). Quomodo ergo inter hæc utraque statum mentis debeat moderari, sapienter te docet qui dicit : *In die malorum ne immemor sis bonorum, et in die bonorum ne immemor sis malorum (Eccli.* XI, 27). Hoc enim facto nec lætitia dissolutum, nec tristitia faciet desperatum : quod facundissime ille incomparabilis eloquii, supra qui paulo, ore depromit (577) aureo : *Si qua,* inquiens, *est præsentis temporis lætitia, ita est agenda, ut nunquam amaritudo sequentis supplicii recedat a memoria.* His ita confectis, pensandum est cuique, unde in præsenti gaudere debeat, ne in futuro doleat ; vel unde tristari, ne notam rancoris incurrat : nam et rident homines in præsenti et plorant; et quod rident sæpe plorandum est, et quod dolent gaudendum. Ridet enim quis quod plorandum est, sicut de quibusdam dicitur : *Lætantur cum male fecerint, et exsultant in rebus pessimis (Prov.* II, 14). Item plorat aliquis, cum ei aliquid adversi contigerit ; cum potius gaudendum esset illi, quia : *Quem diligit Dominus corripit, flagellat autem omnem filium quem recipit (Hebr.* XII, 16). Unde igitur oportet gaudere nisi de profectu piorum? Unde tristari nisi de defectu eorum? Unde gaudere nisi de felicitate promissa? Unde tristari nisi de peregrinatione hac diuturna? Leve enim est desiderium patriæ, si desunt penitus lacrymæ in peregrinatione ; et frigida nimis torpet charitas in corde, si de profectu fraterno gaudere, et pro defectu nescit omnimodis dolere ; unde et Augustinus : *Odit,* ait, *patriam, et valde vituperat, qui putat sibi bene esse, cum peregrinatur.*

19. Est etiam alia non usitata quidem multis, sed tamen Dominicis mandata præceptis causa exsultationis. Enumeratis quibusdam quippe adventum ejus præcedentibus signis, ait discipulis : *His autem fieri incipientibus, respicite, et levate capita vestra, quoniam appropinquat redemptio vestra (Luc.* XXI, 18); quasi dixisset : Dum transire ea quæ non amatis cernitis, prope illud scitote esse quod inhianter quæ-

---

(574) Id est de S. Benedicto, de quo sane S. Gregorius lib. II Dialog. initio scripsit : *Recessit igitur scienter nescius, et sapienter indoctus.*

(575) Vulg., *audi, ait, et ne insolescas.* Correctionem ex contextu ac sensu nemo improbabit.

(576) Vulg., *tamen si,* minus bene.

(577) Id est *qui paulo supra deprompsit;* cujus scilicet testimonium attulit paulo ante.

tistis. Valde autem metuendum hoc exemplo cuiquam Christiano de percussione mundi dolere, ine, dum mundum compatiendo ei deprehenditur diligere, inimicitias Dei videatur incurrere, Apostolo terribiliter intonante : *Quicunque voluerit amicus esse sæculi hujus, inimicus Dei constituitur* (*Jac.* IV, 4). Neque enim lugendum est in precibus pro re terrena, quia videlicet juxta dictum Gregorii fructum nullum habent lamenta, quæ cum lacrymis student quærere peritura, quod et Esau approbat consternatio cassa. Quanquam, licet moderate, etiam de rebus minimis Deum oporteat precari, vel, sicut in Timeo dicit Plato, Dei præsidium implorari. Quid autem in talibus sit agendum, monstrat Habacuc prophetæ oraculum, qui dum quasdam sæculi dinumerasset clades, concludens adjunxit : *Ego autem in Domino gaudebo* (*Habac.* III, 18). Et Psalmista : *Lætabitur*, inquit, *justus, cum viderit vindictam* (*Psal.* LVII, 11) ; videlicet sciens adesse in proximo remunerationem bonorum, cum crebrescentem vindictam viderit malorum. Itemque : *Renuit consolari anima mea* (*Psal.* LVI, 3). Hoc itaque est gaudium bonis specialissimum, huic nullus communicat impiorum. In hoc enim sæculo impii æque ut justi et gaudere videntur et affici. Gaudent enim cum acquirunt, gemunt cum perdunt. Similiter sancti, et non similiter, quia ex rebus etiam differentibus : nam illi pro damnis terrenis, isti pro cœlestibus desideriis ; et tamen gaudent sancti cum acquirunt utique fructum laborum ; mœrent autem cum perdunt, id est cum aliquos de consortio sui excidere conspiciunt. Irrident illi pie plorantes, deflent isti inaniter ridentes, inaniter etiam lugentes ; a visu enim ad luctum, a fletu etiam pergunt ad fletum, a fletu cum risu, ad fletum sine risu : luget quippe quilibet eorum proximum euntem ad regnum, cum potius deberet lugere seipsum festinantem ad interitum. Tu ergo ne insolenter gaudeas, ne inaniter lugeas ; gaude in Domino, lætare in Deo salutari tuo ; luge in sæculo, geme pro cœlesti desiderio ; plange pro tuo et proximi peccato, suspira et tristare pro incolatu hoc diuturno. Dabit tibi ille pro luctu gaudium, pro gemitu exsultationem, pro planctu jubilum, qui est consolatio mœstorum, spes laborantium, 184 auxilium pereuntium ; qui loquitur per Evangelium : *Iterum autem videbo vos, et gaudebit cor vestrum, et gaudium vestrum nemo tollet a vobis* (*Joan.* XVI, 33). Jam enim olim et hoc propheta promiserat : *Et dabit*, inquit, *tibi Dominus coronam pro cinere, pallium laudis pro spiritu mœroris* (*Isa.* LXI, 3). Securus ergo cinerem porta, cui promittitur corona ; gesta mœroris transitorie spiritum, cui manet sine fine laudis pallium. Obtempera præcipienti sedulus, imo amplectere refoventem gratissimum. *Qui flent*, ait, *tanquam non flentes, et qui gaudent tanquam non gaudentes* (*I Cor.* VII, 5) : id est, si fles tristitia præsentis mali, gaude A spe futuri boni ; et si gaudes ad temporale commodum, time æternum judicium. Consiliatorem enim, ut ait Gregorius, animum inhabitat, qui dolens de præsentibus ad æterna festinat.

20. Verum quia ad calcem nos, Deo annuente, videmur propinquare præloquii, cavendum est ne properantius quam expedit festinantes, quia semel cœpimus omnes admonere, aliquem relinquamus, aliquem negligamus : quod ne fiat, hortor et admoneo ut omnes Christiani, omnes baptizati ; omnis ordo, conditio, sexus, ætas, et professio, divites, mediocres, et pauperes, sani et infirmi, juvenes et senes, ipsique infantes, peccatores et justi, clerici et laici, omnes, inquam, nullo relicto, nullo excepto, qui partem volunt habere in Christi regno, omnes seipsos excitent, seipsos admoneant, omnes aures cordis adhibeant illi parabolæ, quam de rege et servis, bono et malo (*Matth.* XXV, 15), quorum unus quinque, alius duo, tertius unum erogandum suscepit talentum, . . . osuit Dominus ipse. Hoc enim, quod illum dicit egisse, ipse quotidie non desinit agere ; illa, quæ ipsis contigisse narrat, universis in die judicii pro diversitate operum contingere (*qui habet aures audiendi audiat* (*Matth.* XI, 15) intelligat et incunctanter agnoscat. Nemo se potest excusare, nullum talentum accepisse, etiamsi omnino debilis videatur esse, cum et ipsa infirmitas sæpe detur pro munere. Habet aliquis sapientiam ? Maximum hoc est talentum, nullum enim majus. Habet divitias ? est quidem minus, ad erogandum aptissimum. Utitur qualibet arte ? Valet ex ea multiplicare talentum perutile. Habet locum apud principem vel amicum ? Et quod non valet ex suo, ex illius potest operari talento. Desunt omnia. Sed tamen adest vita ; adsit et voluntas bona, nec minora congerit lucra.

21. His igitur districte et capitulatim, licet veluti ex superfluo, quia nec proposita fuerant animo, verum non inutiliter transcursis, ut puto, postquam paucis, quomodo divina medicamina et omnibus omnia, et singulis congruant singula, præmonstravimus ; superest ut modo illum, cui ipsum portigimus agonisticum, alloquentes, ita demum (378) quædam beati Augustini interponamus de utilitate vigiliarum, et sic adoriamur in nomine Domini ipsum. Adesto itaque totus, et hæc quæ dicuntur fenestratis [*id est apertis*] animi percipe sensibus. Primum omnimodis a te volo perquirere, utrum propria sponte hoc tam singulare velis certamen adire. Ita est, inquis. Si igitur 185 ita est, vide ergo (379) in ipsis initiis, antequam scilicet hoc tam arduum iter, et a paucis agressum, a quibusdam vero segniter inchoatum, segnius derelictum ; a quibusdam fortiter arreptum, longe aliter consummatum ; ab aliquibus autem bene incœptum, optime peractum, adire incipias ; ut primum pede solertis discretionis sollicite pertentes, utrum hoc, dum bene inchoaveris, ad

---

(378) Augustini textum, quem hic promittit, in finem libri rejectum invenies.

(379) Legebatur mendose *ego* pro *ergo*, et deerat *vide*. Ut autem sequentium sensus constaret, supplendum fuit *vide*, vel aliquid simile supplendum.

calcem perducere valeas [*subaudi* iter] optimæ perfectionis. Incassum quippe tam summum bonum incipitur, si ante finem deseratur; nec in sacrificio Domini accepta est hostia, si defuerit cauda (*Levit.* III, 9). Tacitis etiam fratrum indumentis, Joseph tunica polymita refertur et talaris (*Gen.* XXXVII, 23) : polymita propter diversitatem, talaris propter consummationem. Quibus contra Propheta impiis imprecando : *Fiant*, inquit, *sicut fenum tectorum* (*Psal.* CXXVIII, 6) : illeque, qui laborantibus ad vesperum denarium reddere consuevit : *Qui perseveraverit usque in finem, hic salvus erit* (*Matth.* x, 24). Milleque hinc occurrunt testimonia, quibus monstratur nil boni valere initia, si desit perfectio sancta. Commonefaciat itaque ad summa nitentem animum similitudo illa Domini, quam protulit, ut in verbis legitur Evangelii : *Quis enim*, inquiens, *volens turrim ædificare, non sedens prius computat sumptus qui necessarii sunt, si habet ad perficiendum? ne forte cum posuerit fundamentum, et non potuerit perficere, omnes qui viderint, incipiant illudere ei dicentes : quia hic homo cœpit ædificare, et non potuit consummare* (*Luc.* XIV, 28). Quod totum ideo constat prolatum, ut scias commodius esse, quemlibet in imis sese humiliter comprimere, quam inconsulte summa tentare, nec adipiscendo, verecunde deficere, spectatoribus occasionem irrisionis præbere. Et quidem providendum summopere, ne, dum a bonis communibus ad ea, quæ multorum vires superant, improvide quivis nititur, nec perseverando ad id pervenit quod inchoando conatur, contingat illi quod in Job legitur : *Quia omnes qui eum viderint, dicent, ubi est?* (*Job* XXXVI, 25.) Videlicet quia nec hic, ubi communiter cum cæteris bene valere, nec illic invenitur, ubi transcensis aliis singulariter visus est festinasse. Multiplices inter hæc subtilesque nimium diaboli insidias convenit considerari, invidiam ejus maximam, hancque veluti proprie illis intendere, quos ad sublimiora viderit festinare. Se enim videns delapsum ad ima, dolet indicibiliter, quando aliquem evehi considerat ad supera. Tribus quippe obsidionum generibus horum unumquemque quotidie non cessat vallare, in initio scilicet intentionis, in itinere actionis, in fine consummationis.

22. De his tribus si per singula plenius cupis edoceri, habes ea sufficientissime in Moralibus Gregorii. Quod si obstinato, ut optamus, animo, dictum reminiscens: *Qui observat ventos, non* **186** *seminat; et qui considerat nubes non metit* (*Eccle.* XI, 4); hujusmodi adire luctamen interritus desideras, cave ante omnia, ne quid terrenum, ne quid sæculare, ne quid bestiale in tuo resideat corde : *Bestia enim si tetigerit montem, lapidabitur* (*Exod.* XIX, 12). Inde hoc in mari magno et spatioso, in quo sunt reptilia, quorum

(380) Vulgati mala interpunctione et mendosa lectione habebant *cave scriptum ante solem*. Interpunctionem, et veram, ni credimus, lectionem restituimus, quam comprobat locus Job, cui hic alluditur. *Nunquid virere potest scirpus absque humore..... Humectus videtur, antequam veniat sol,*

non est numerus (*Psal.* CIII, 25), navim adhuc tuam esse considerans, sollicite draconem, moneo, caveto. Illude ei, antequam ipse tibi. Regulum [*id est* basiliscum] in ipso visu intentionis observa. Scito ejus naturam esse, ut cum prior hominem videns interficiat, ipse quoque visu hominis præventus interficiatur. Linguam quoque vipereæ suggestionis sollicite prævide, et surgens pravum opus aspidalis inchoationis valebis necare. Cumque hominis primam frontem monstraveris in principio operis, satage ne in bestiam desinens irrationabilis exsecutionis, monstro monocentauri noteris. Congregationem hypocritæ sterilem cave (*Job* XV, 24). Scirpum ante solem (380) humectum in ortu ejus (*Job* VIII, 16), arentem devita. Fecundas quidem, sed neglectas vites conspice a bestiis et volatilibus voluntarius conculcari quam steriles. Terram duabus ne velis ingredi viis (*Eccli.* III, 28), dum et bona Dei amore facis, et placere hominibus exinde cupis. Thesaurum publice in via ne feras, ne a latrunculis, qui viam obsident, deprædantibus perdas. Ventum ne captes inanem, unde æternam debes percipere mercedem. Inter omnia enim milleformis et tortuosis flexibus innumerabiliter sinuati serpentis genera astutiarum, cautius observandum noveris nullum quam vitium cenodoxiæ pessimum. Hoc enim ita subtilissime in sanctorum utitur expugnatione, ut nisi se caverint vigilantissime, et latrocinantis dolos, non dico in intentione, et in omnimodo actionis corpore provide curaverint deprehendere, improvise eos percutiens, [*subaudi* solet] gravius ipsa virtute dejicere, quam soleat vitiis supplantare. Tunc demum linguam ipsam tuam prudentissime restringe. Hæc enim, teste Augustino, in tantum facilis, et labilis, et ad dejiciendum ex arce animum est proclivis et efficabilis, ut sæpe contingat, ut quod mens non cogitat, ipsa loquendi facilitate incurrat. Et ne leve autumes in verbo labi sæpe, audi, Jacobus quid tibi dicat apostolus præcipue : *Si quis se putat religiosum esse non refrenans linguam suam, sed seducens cor suum, hujus vana est religio* (*Jac.* I, 26). Et alibi : *Lingua inquietum malum, plena veneno mortifero* (*Jac.* III, 8). Itemque : *Mors et vita in manibus linguæ* (*Prov.* XVIII, 21). Rursumque : *In multiloquio peccatum non deerit* (*Prov.* X, 19). Pulchreque quidam nostrorum duobus adjunctis (381) : Nullatenus, ait, quis salvari putandus est, quandiu inordinatis moribus adhærere, supervacuis verbis delectari, turbulentis cogitationibus non timet devastari. Deo autem gratias. Ecce enim subito et veluti ex improviso dum cavenda istum loquacitatis gratia in testimonium ascire **187** studui, totum pene negotium, quod multis verborum circuitionibus vix posse putaveram expediri, confeci. Vis enim salvari,

*et in ortu suo germen egredietur*. Scirpus humectus est juncus humidus.

(381) *Duobus adjunctis* inquit, quia sequens sententia non solum de peccatis linguæ, sed etiam de aliis duobus vitiis agit, nimirum de moribus inordinatis, et de turbulentis cogitationibus.

remunerari, et coronari ? Dum caves ab operibus inordinatis, parce et a verbis supervacuis, contine te et a cogitationibus immundis, sequere inoffenso pede operis vocem Domini vocantis : *Qui enim*, ait ipse, *vult post me venire, abneget semetipsum, tollat crucem suam,' et sequatur me* (*Luc*. IX, 23). Sequi autem, id est imitari Christum [*subaudi est*], eadem qua ipse pergit via ire post ipsum : quod est non ambire terrena, non caduca sectari lucra, honores declinare infimos ; adversitatem mundique contemptum pro amore ejus libenter amplecti; cunctis prodesse, etiam ultra vires, velle; injurias nulli inferre, a quovis autem illatas patienter sufferre, ipsis quoque inferentibus, beneficia, si est unde; sin alias, oratione sedula illis veniam postulare; quoscunque valet secum ad amorem patriæ cœlestis erigere.

23. His piæ voluntatis conatibus si te in campo prius exercueris operationis, invictum, fateor athletam imperatori (582) palæstritæ, editioribus spectatoribusque exhibes cunctis, dummodo et in his, ut quibusdam miserrime contigit, non defatiscaris, et semper ad potiora nitaris, donec bono certamine optime certato, cursu feliciter consummato, fide indeficue servata, perenni remunerationis bravio gloriose diteris. Ideo autem, ut reor, ipso disponente, in cujus manu sumus et nos et sermones nostri, ita in longum producta est oratio, ut monstratis minorum actionum qualitatumve proprietatibus, tandem perveniretur ad summum, quem tu aggredi conaris, apicem actuum ; quatenus ab imis præceptorum Domini veluti per scalam caute cessimque scandendo ad elatiora provectus, nil amplius restet quod requiras in imis; qui per inaccessibilem multis vivendi ordinem ipsis jam hærere mereberis summis, sive etiam ut ( de qualicunque ordine, conditione, dignitate, affectu, sexu, ætate ad id certaminis opus millies prædicabile manus volueris dare ) istic invenias quomodo te prius in tuis exercitare debeas, ut ita demum ad ea, quæ ultra te sunt, felici progressu conscendas, ne quando missa semel manu in aratrum, alicujus domesticæ provisionis obtentu oculos intentionis ab incœpto cogaris retorquere retrorsum, et aut tortuosum et inutilem facere sulcum, aut arantum vulnerare vestigia boum. Quod si aliquis, ut jam in alio docuimus epilogo, invenitur, qui non sui sponte, 188 sed

alterius factione hunc vivendi ordinem imitari cogatur sive certo, sive omni tempore vitæ; jam in posterioribus illi me credo satisfecisse. Hic jam nil amplius credo residui nisi hoc adjicere, ut si forte ab hac necessitate cum Dei gratia contingat liberari, nullo unquam tempore ex toto assuetum in pœnitentia prætermittat morem vivendi, sed diebus residuis omnibus in ejus pareat actibus, quod eum suis habenis a petulantis vanitatis anfractibus jam olim coercuerit misericors Dominus. Hoc facto et meritum acquirere sibi, et gratiarum actione magistro, et satisfactionem Domino, et laudem referre videbitur Deo, qui eum in præsenti flagellavit, ne in æternum perderet; temporaliter crudiens, ut sempiterni regni dignum hæredem constitueret. Quod si secus hanc nostri consilii declinare ei placuerit viam, ille quid agat viderit : nos tamen valde metuimus, ne sibi hoc divinum conveniat opprobrium, quia non est inventus qui rediret et daret gloriam Deo (*Luc*. XVII, 18); et quod adhuc gravius, sententiæ illi subjaceat, quam idem Dominus de immundo spiritu exeunte (*Luc*. XI, 24), et octeno capite redeunte monstravit. Unde et cuidam sanato, ait : *Vade, et amplius noli peccare, ne deterius tibi aliquid contingat* (*Joan*. VIII. 11). Et illud quod propheta deplorat : *Percussisti eos,* inquiens, *nec doluerunt ; attrivisti eos, et non sunt reversi* (*Jer*. v, 3). Considerandum etiam huic video, quia quosdam longa ægritudo ad vitam sæpe reformat, quos postea levissima cujuslibet rei occasio, dum se quasi quadam securitate resoluti incautius custodiunt, a vita funditus exstinguit. Hoc ergo ne et sibi contingat metuat, et saluti suæ talium quis consilium, dum locus est, capiat, ne, dum rursus voluerit, non valeat.

24. Cæterum si aliquem forsitan movet, quod modernis in hac præfatione doctorum exemplis (583) æque usus sim ut antiquis, et concentonem me, sive usitatius compilatorem hac de causa velit dicere, quasi qui alienis sumptibus propria velim construere ; causam non immoror reddere. Dicente enim Psalmista : *Domine, rigans montes de superioribus suis* (*Psal*. CIII, 13) ; quantum ipso irrigante per ipsos ariditatem ingenioli mei (584), qui et ipsorum superiores per se irrigavit, et per istos illos (585), perque illos nos nimium adhuc arentes, non quia defuerit imber, [*supple* sed] quia non magis

---

(582) Vide not. 11, in prœmium libri primi.

(583) *Moderna doctorum exempla* sanctorum Patrum testimonia appellat; *antiqua* vero sanctorum Librorum auctoritates. Simili sensu postea *modernos et antiquos* nominat.

(584) Construe et explica sic : *quantum potui intelligere ipso* Domino *irrigante per ipsos* (id est *modernos*, ut vocat, *doctores*, seu sanctos Patres) *ariditatem ingenioli mei, qui et per se irrigavit superiores ipsorum* (id est sacrorum Librorum scriptores) *et per istos* (id est scriptores sacros) *irrigavit illos* (id est sanctos Patres), *et per illos irrigavit nos nimium adhuc arentes; non quia defuerit imber, sed quia nos malentes complui pulvereo squalore vitio-*

*rum, quam pluvia voluntaria, quam ipse* Deus *segregavit hæreditati suæ, obteximus nos quodam tegmine iniquitatum : quantum,* inquam, *potui intelligere, visum est congruum, nos indifferenter debere uti exemplis eorum* (modernorum) *sicuti et antiquorum : siquidem*, etc.

(585) Vulgati *per illos istos*. Sententia contextus exigit *per istos illos; isti* enim sunt superiores, quos Deus per se irrigavit, id est scriptores sacri; *illi* autem intelliguntur doctores sancti, qui per scriptores sacros irrigati fuerunt. Post pauca legebatur *nisi quia,* ubi *non quia* exigente sensu emendavimus.

pulvereo vitiorum squalore, quam pluvia voluntaria, quam segregavit ipse hæreditati suæ (*Psal.* LXVII, 10), complui malentes, tegmine nos quodam obteximus iniquitatum, intelligere potui : visum est congruum **189** eorum, sicuti et antiquorum indifferenter nos uti exemplis debere, siquidem ea quæ ipsi acceperunt a superioribus, ita nobis pluerunt inferioribus, ut in quolibet sensu proprie quidnam (386) eorum debeat accipi, ipsis discernentibus pateat apertius, nec sit alicui opus errare per devia, et propria non propriis attribuere locis, dum quid eorum quem specialiter obtineat sensum, quemve rite occupet locum, in tractatibus copiosissimis invenis ipsorum; et ideo dum utilitas postulat te aliquid de Scripturarum testimoniis allegare, non esse opus inutilem aut fortassis periculosum laborem assumere, sed ita ut sint [*f.*, sunt] ab eis prolata proferre. Siquidem illorum (387) magis quam priscorum inniti exemplis, et labyrinthus Scripturarum adhuc peinaggressibilis mihi, et exemplum suasit duorum (388), quos in Ecclesiastica historia filios pinguedinis vocitatos, et luminaria dextra levaque assistentia candelabro legis (*Exod.* XXXV, 14), quos Cappadocia tanto tunc temporis vicinis regionibus fecundior, quanto ipsis nubibus completior protulit, nutrivit, et docuit, imo quibus ipsa imbuta, nutrita et edocta luminosius cunctis enituit : qui cum per tredecim annos omnibus sæcularium Græcorum libris, remotis solis divinæ Scripturæ voluminibus, operam darent, earum [*scil.* Scripturarum] intelligentiam non ex propria præsumptione, sed ex majorum scriptis et auctoritate sequebantur, quos et ipsos ex apostolica successione intelligendi regulam suscepisse constabat. Et quia nemo scit nisi quod discit, dicant vero quidam etiam quæ ignorant, non potui ratione cogente aliqua dicere, nisi scita narrare, licet et ambigua quædam (389), licet perpauca, et ipsa mœrori necessaria videar inseruisse.

25. Est et alia, sed jam superius reddita, nec minor istius cunctationis ratio, videlicet ne, si minus aliquis nostra auctoritate, quæ nulla est, ductus, etiamsi aliquid haberet quod de suo proferret, his quæ dicta vel dicenda erant, fidem dare recusavisset, saltem his qui de Scripturis ea decerpere, et sano sensu ad nos voluerunt deferre, nobis consonantibus credere minime detrectaret. Qui enim in me nil unde placere alicui queam invenire valeo, quantum cunctis displiceam scio, verissimamque illam esse sententiam approbo, quia cujus vita despicitur, restat ut et prædicatio contemnatur (S. GREG. l. I, hom. 12, *in Evang.*); et ideo aliquid mea auctoritate, etiamsi adesset ulla, absque illorum comitatu proferre timeo; ne notam **190** increpationis ipse [*subaudi* accipiam] a Domino, et legentes occasionem reprehensionis eorum quæ dico a me ipso accipiant qui dico. Cujusmodi autem gratia rei libellum cudere ausim, in fine operis licet ponere decreverim, tamen quia locus nec [*f.*, nunc] sese ingerit opportunus, dicendum puto convenientius. Peccatis itaque meis (heu dolor!) facientibus et multo majora merentibus, ad hæc quæ patior devolutus, dum quid dudum fuerim, quid modo sim, quid non fuerim, quid non sim, quid esse debeam, quidve debuerim, conspicere volo, nec valeo, cæcitatem hanc unde, ubi, vel qualiter contraxerim cogito; sed nec largitori luminis, nec ductoribus ipsis unde conquerar vel succenseam invenio, sed propriæ negligentiæ torpori et segnitiæ illud imputandum conspicio. Et hoc quidem quantum ad nec percepta (390). Ubi vero ad ea quæ percepi quidem, sed percepta rursus contuli oblitui, venio; maximæ meæ crudelitati, maximæ in propriam necem tyrannidi, maximo deputo crimini, quod me proprio actu ita sauciavi, obrui, et obscæcavi, ut si quando oculos attollere in illud cupiam lumen quod amisi, tanta noxiæ consuetudinis a meipso obnubiler albugine, ut non modo videre quod cupio, et veluti somnium advolans ad mentem reduco, nequeam ipso lumine repercussus, ipsas tenebras cum quodam oblectamine repetam quantocius (391). Hoc diuturno jam multum fatigatus cæcumine, ipsum lucis datæ perditæ hæsit paululum animo auctorem; jam nec licet, ut mihi videtur, vel sero requirere, quatenus ille oculos mentis meæ suæ misericordiæ ungat collyrio, qui mihi eos sanos lucisque capabiles contulit in principio, sensumque cordis ipse splendificet (392), qui omnia quæ voluerit valet. Et quia, ut dixi, paululum quid amoris jam animo hæsit; ipso jam amore, eo largiente qui dedit, et ipsum meruisse me intelligo, ut sciam me non subito et impudenter ipso quo adhuc caligo visu debere in ipsum splendorem ingerere, ne, reverberatis ipso fulgore obtutibus, ad pejores quam nunc tunc temporis emendavimus, ubi erat *tuum temporis*.

(386) In vulg., *quiddam*, minus bene.
(387) *Illorum* nomine doctores sanctos intelligi notatione 385 observavimus; *priscorum* vero Scriptores sacros. Mox in vulgatis *est labyrinthus*. *Et pro est* reposuimus, cum sensus sit, duo persuasisse Ratherio, ut sanctorum Patrum magis quam sacrorum scriptorum uteretur exemplis, nimirum tum ipse labyrinthus sacrarum Scripturarum, tum duorum celeberrimorum Patrum praxis, qui intelligentiam sacrarum Litterarum non ex propria præsumptione, sed ex majorum scriptis et auctoritate derivarunt.
(388) Ili duo Patres in Cappadocia celebres sunt sancti Basilius et Gregorius Nazianzenus. Post pauca

(389) Ea *ambigua* vocat, quæ ad suam calamitatem pertinentia inseruit; de quibus et in procemio libri primi aliquid similiter scripsit.
(390) *Ad nec percepta*, id est ad ea quæ non percepi.
(391) Construe : *Ut ipso lumine repercussus non modo nequeam videre quod cupio, et quod veluti somnium advolans reduco ad mentem;* (verum etiam subaudiendum est] *quantocius repetam ipsas tenebras cum quodam oblectamine*.
(392) Id est *et quatenus sensum cordis ipse splendificet, qui*, etc.

tenebras redeam cum dedecore. Captanda ergo mihi censeo quædam ejusdem lucis antevicinia (393), quibus paulatim assuefactus, et quantulumcunque oculis eorum usu expulveratis, quandoque in repercussa acie ipsum valeam luminis radium intendere, ipsumque inhianter concupiscere; et quoties sese dignabitur ingerere, libero aspectu cernere, cretumque sine fine valeam amare. Quod totum ut 191 merear adipisci, visum est mihi eorum medicorum assuefieri excubiis, qui modernius quidem, sed tamen apertius, super hoc disputantes, ita suæ artis condiderint libellos, ut in omnibus et imitarentur magistros, et instruerent discipulos; qualiter scilicet lux ipsa quærenda, invenienda, tenenda, cernenda, amanda, quo collyrio oculi inunguendi, quo bono an noxio pulvere expulverandi, qua observantia nutriendi, qua cautela sint conservandi. Quorum omnium me perspiciens indoctissimum, attamen jam olim ejusdem lucis amatorem effectum, libellum ex illorum dictis mei causa condere volui istum, in quo nihil a me mea industria prolatum, in eorum medicinalibus inventum congererem medicaminis plurimum, nec taxarem priorum ullos per me librorum (394) angiportus lustrare, in quibus etsi ad aliquid facilis introitus, per plura difficilis exitus; sed illos per omnia sequerer, eorumque gressibus tritum callem aggrederer, qui multigenis scrutiniis eisdem diutina frequentatione peragratis, jam absque alicujus adminiculo ductoris, solo scilicet qui eos circumfluxit, introfluxit, et præterfluxit, fontis lumine præeunte, comitante et sequente, libero cursu valuerunt incedere.

26. Egi autem hoc, non ut hac arte doctrinam conferre præsumerem alicui, sed ne rursus hæc eadem meditata, ut jam fecerant, subterfugerent mihi (395). Nec mirum si pauca congeri, pauca etiam valuerint recordari, recordata etiam non adeo discrete satis decussatimque proferri, cum et abundanter tam parvo sufficiant operi, desint etiam qui solatium ferant libri, absint et colloquentes amici, obnubilans etiam ipsam mentis aciem adsit labor infortunii, memoriam vero mœror hebetaverit; cum equidem et ipsa obmutescere soleat facundia, si

ægro (396) sit conscientia, nec male quassata chorda bene sonet in cithara. Adverte igitur, lector, quis me ad hoc impulerit angor, quæ calamitas, quæ necessitas has mihi scribendi monstraverit vias. Prima quidem ( ut recapitulando dicam planius) causa (397) oblivionis fuit metus, quo ut totum evomam virus grassantis veneni, timui, ne sicut jam omnigenis 192 vitiorum ruderibus oppressus, malorumque tenebris vallatus, ac multis sæcularium curarum noxiis interpellatus clamoribus, obliviscerer ea penitus, dum me aliquid ex his retractando recolere potius se multimode sim gavisus. Secunda, ut, quia (ut dixi) desunt libri, desunt et confabulantes socii, adest tristitia excrucians, mœror ipse animum indesinenter corrodens, haberem in hoc aliquod solatium, uterer eo quasi quodam colloquente amico, refoverer eo quodam veluti socio. Nec questus sum, juxta comicum, egomet mihi dicendo : *Quis leget hæc ?* me lectorem, me operis solummodo (etsi non alterum) istius perspiciens amatorem, quandoquidem aliis [*subaudi libris*] indigens, hoc saltem solari posse eum qui mihi inerat viderem legendi amorem (398). Qui vult itaque legat, qui vult negligat : me nam impulsorem nemo dicat. Et qui [*f.*, *quia*] ad hoc tempus paulo vacantius quam volui reperi, in præfationibus (399) quidem me pene totum depinxi, conditionem, genus, nomen, officium commissum, fortunam, si dici audeat, ipsam, supplicia, tortorem ipsum quibusdam indiciis scriptitans meum, et quod illi maneat, nisi resipuerit, supplicium, ex quo, rogo, Deus liberet ipsum. Hinc iterum quid gerendum nec gestum, gestum fuerit nec gerendum : quæ cum omnia quasi sub personis aliorum, ne facile valeant expiscari, videantur prolata, mihi tamen ita sunt aptata, ut mox fiant aperta, cum obtutibus fuerint præsentata; quæque universa tam caute invenire poterit exsequta, si cui studiose eadem libuerit rimare, ut his propalandis putari possit sagacitas laborasse nostræ intentionis in tam prolixa serie præfationis. Corpus vero totum operis ita compegi, ut ab oratione ad lectionem, a lectione ad orationem conversus (400), nullum nec athletæ nec adversario colludium, nullam indul-

---

(393) *Antevicinia lucis* sunt quædam lucis initia, quæ ab Italis appellantur *barlume*.

(394) Legendum videtur, *nec cessarem lustrare per me ullos angiportus librorum priorum*, id est priscorum librorum, quo nomine libros et scriptores sacros superius designavit ; his enim maxime libris conveniunt sequentia : *In quibus etsi ad aliquid facilis introitus, per plura difficilis exitus;* ac proinde addit : *Sed illos* (sanctos Patres) *per omnia sequerer, eorumque gressibus tritum callem aggrederer, qui eisdem* (priscis, seu Scripturarum angiportis) *diutina frequentatione peragratis, multigenis scrutiniis jam absque ullo adminiculo ductoris, solo..... fontis lumine præeunte, comitante, et sequente valuerunt incedere cursu libero.* Insistit allegoriæ labyrinthi, quo nomine sacras Scripturas ante appellaverat : *Labyrinthus Scripturarum adhuc perinaggressibilis mihi.* Hujus autem labyrinthi angiportus, seu flexuosas vias, quarum facilis introitus, et difficilis est exitus, sanctis Patribus ductoribus sibi lustrandas proposuit.

(395) Id est, ne subterfugerent mihi, ut jam subterfugerant.

(396) Male in vulgatis *ergo*. Sensus est : facundia solet obmutescere, si quis æger sui compos sit Ratherius autem ob calamitates, quas patiebatur, se veluti ægrum præfert.

(397) *Prima* scilicet *causa*, cur hoc opus scripserit, fuit metus oblivionis, ut ex sequentibus palam fiet.

(398) Id est : *Nec questus sum..... perspiciens me lectorem, me solummodo* (etsi non alterum) *amatorem operis istius :* quandoquidem *indigens aliis* (scilicet *libris*) *viderem saltem hoc opere solari posse eum amorem legendi, qui inerat mihi*. Post nonnulla pro *vacantius* mendose in vulgatis erat *vocantius*.

(399) *Præfationes* vocat tum hic, tum alibi hosce præloquiorum libros.

(400) Male in vulgatis *conversum*. Voces porro *orationis* et *lectionis* peculiari et inusitato sensu accipit. Utraque enim voce hos præloquiorum li-

serim pausam, cum orando iste pugnet, ille expugnetur; legendo iste animetur, ille increpetur; in uno isti virtutes accrescant, illi vires deficiant; in altero isti consilium detur, illi pavor inferatur. Illis ergo ita se habentibus, videtur quidem prologus pene totus esse meus, in quo et ex meo plura, licet ab aliis **193** explorata (401) ponere sum ausus. Agonisticus vero ipse communis omnium luctamini manus dandium, unde nil ibi præter connexionem ipsam, et, ut ita loquar, nodos membrorum invenies meorum; sed orationes quidem a multis compositas, quamvis et a me in ipsis initiis aliquas interpositas, quas negotio præsenti judicavi congruas, lectiones vero ex sanctorum libris excerptas. Quomodo autem ipsa præfatio, dum expediri eam succinctissime voluerim, tam longum verborum obtinuerit tractum, partim adhuc et mihi manet incognitum; quantum autem est perceptum, altum [f. alium] dicendi spectat locum : siquidem adhuc est ambiguum (402), quem Deus velit ut causa vergat in exitum. Sed rogo inter hæc, benigne Jesu, veniam, dum incessanter te non ignorante contraho noxam. Cur enim ista præmiserim, videor mihi ex parte scire; utrum autem rite præmiserim, cum et in pluribus vix valeam comprehendere, in nonnullis confiteor me penitus nescire. Rite est autem omne quod humiliter prolatum non dissonat ab omnimoda, quæ tu es, veritate. Si quid ergo rite est dictum, mihi, Domine, rogo ut proficiat : si quid sane absonum, tua quæso clementia ignoscat, tuaque majestas concedat, ut hæcce aliquis melius quam ego adhuc intelligens corrigat, nemo vero corrumpat, nemo de-

leat. Potest tua, cui omnia ad nutum suppetunt, majestas efficere (quandoquidem **194** idem est tibi velle quod agere, posse quod esse) ut hæc eadem alicui contingat prodesse, qui pro me miserrimo te velit exorare, quem tu piissime digneris exaudire, eique vicem pro beneficio referre. Amen.

*Hic ponendum quod promisimus* (403), *beati Augustini de utilitate vigiliarum.*

Igitur quia quanta sit utilitas vigiliarum, et istis et multis aliorum doctorum, insuper et multidicis sanctæ Scripturæ docemur testimoniis, admonemus olympionicen (404) nostrum, ut quia singulare cum pervigili hoste certamen decrevit adire, singulares excubias, quibus castra suarum virtutum contra multiplices ejus insidias pervigilantissime custodiat, se noverit aggredi debere. Præveniat itaque aliorum vigilias studio adeundi certaminis, ne eo dormiente improvisus irruat hostis, eo scilicet sævior, quo pridem victus verecundior. Ubi itaque oculos aperuerit, memor præcipientis : *Incipite Domino in confessione* (*Psal.* CXLVI, 7); reminiscens etiam beneficiorum ejus innumerabilium, hoc illico contra inimicum intorqueat telum, quod et sibi sit omni clypeo tutius defensaculum.

*Explicit liber sextus Præloquiorum Ratherii Veronensis quidem Ecclesiæ eviscovi, sed Laubiensis monachi.*

Qui cœpisse librum dederas, finire dedisti,
Cunctipotens, famulo dande rogata tuo.
Hunc ego Ratherius pro te quia ferre laborem
Suscepi, probra dilue, Christe, mea.

---

bros ita videtur innuere, ut *orationis* nomine ea loca significet, quæ ipse ex alienis sententiis hinc inde exceptis contexuit; *lectionis* vero nomine ea prolixiora Patrum testimonia, quæ totidem verbis inseruit. *Lectionem* quidem usurpatam pro περικωπῇ textu, allegatione, auctoritate, testimonio, sectione undecunque decerpta, quæ adducebantur, et recitabantur in judiciis, scriptis, et in Ecclesia quoque, Jacobus Gothofredus pluribus exemplis probat in commentario ad legem unicam codicis Theodosiani *De responsis prudentum*, confirmatque ad legem nonam *De infirmandis his, quæ sub tyrannis.* Eamdem significationem ut huic quoque Ratherii textui applicemus suadent sequentia : *Nil ibi* (in hoc scilicet opere Præloquiorum) *præter connexionem ipsam, et, ut ita loquar, nodos membrorum invenies meorum; sed orationes quidem a multis compositas, quamvis et a me in ipsis initiis aliquas interpositas, quas negotio præsenti judicavi congruas; lectiones vero ex sanctorum libris excerptas.* Certe vero cum se in carcere libris carere paulo ante testatus sit, *lectiones* hic proprio et vulgato legendi sensu accipere nequaquam potuit.

(401) *Explorata*, id est explicata. *Exploro* enim pro *explico* a Ratherio usurpatur epistola secunda, ut patebit ex not.

(402) Cum *ambiguum* dicit, *quem in exitum Deus velit, ut causa vergat; causæ* nomine suam ærumnam et carcerem indicare videtur; quippe quod cum hæc scriberet, suæ causæ exitum ignoraret. Hunc porro sensum esse putamus. Quantum autem perceptum est, cur hi libri tam prolixi fuerint, alium locum spectat, id est exspectat, cum scilicet Ratherius, carcere solutus, liberius suum consilium explicare poterit.

(403) Hunc textum in Augustini editis reperire non licuit. Esse tamen ex aliquo sermone ejusdem S. doctoris, qui desideratur, suadet lectio psal. CXLVI, vers. 7 : *Incipite Domino in confessione*, quæ ter apud eumdem legitur, nimirum tract. 4, in epist. Joannis, n. 5, serm. 1, in ps. CIII, n. 4, et in ps. CXLVI, n. 14. Vox quoque *defensaculum* ab eodem usurpatur enarrat. in ps. LXVII, n. 21.

(404) Male in vulgatis *olymphionicam*. *Olympionices* autem ille dictus, qui in olympiaco certamine victor evasit. Hic autem de eo dicitur, qui cum spe victoriæ pugnaturus est.

# RATHERII
## VERONENSIS EPISCOPI
# DE (405) VITA SANCTI URSMARI
### EPISCOPI ET ABBATIS LAUBIENSIS IN BELGIO.

## PROLOGUS.

Dominis reverendissimis, Patribus dilectissimis, et doctoribus eruditissimis, cuncto etiam Christicolarum gregi in Laubiensi coenobio degenti, RATHERIUS ejusdem quondam monachus, modo vero Veronensium episcopus, utroque hoc licet divinitatis Domino penitus indignus, ea in domno, quae suis ipse fidelibus paravit ab initio.

1. Apud venerabilem nuper sanctae Cumanae (406) Ecclesiae justo Dei judicio exsulantes episcopum, reperimus libellum, pauca de virtutibus continentem domini ac specialis patroni nostri, sancti videlicet Ursmari episcopi. Continentia rerum quidem, auro obrizo topazioque praeferenda; locutionis vero soloecismis ita pro sui modulo refertissima, ut difficile fuerit deprehendere utrum scriptoris negligentia, an dictatoris hoc contigerit insipientia. Quod cum non parum pro tempore nos offendisset, curavimus ea ejusdem operis solummodo corrigere vitia, quibus aut in sensu lectoris naufragare poterat intellectus, aut quae nimia sui deformitate fastidium ingererent audientibus. Simplex autem, et (ut ita dicamus) pene rusticus cum totus sermonis textus altus possit videri sapientibus, a nobis ideo minime penitus visus est commutandus, quia et sanctarum auctores Scripturarum ferulas contemnere novimus grammaticorum; et doctrinam simplicem piscatorum, quam sophismata philosophorum, Deo magis placuisse in salvatione conversarum ubique cernimus nationum. Epistolaris vero cujusdam Ansonis, sancti, ut credi potest, quanquam non adeo diserti viri, quam eidem suo operi praeposuit, praefatio A omittenda visa est omnino : quia tanta ei inerat confusio, ut ipsa quoque auctoris in ea lateat omnimodis intentio. Recipiat igitur vestrae paternitatis sanctissima charitas hunc a vestro, non audemus dicere, filio, sed servulo, et equidem (proh nefas!) fugitivo, quantulumcunque benigne instructionis vestrae fructum, et cum his quae apud vos leguntur, charitative conferat : et si consonant, optime; sin alias, discernat prudentissimum urbanitatis vestrae palatum, quid ex his melius aliquid sapidiusque contineat, et hoc pro meliori sapidiorique utendum retineat : illud solerter minus eruditis nobiscum consulendo cogitans, quia juxta cujusdam sapientis sententiam : Bona est locutio, plane et suaviter congruenterque movens audientem, nedum historia aliquid continere debeat creperum [id est dubium], dum non ob aliud sit edita, quam ut causas praesentium vel praeteritorum ad notitiam transferat futurorum. Precor interea, ut inter hujus mundi miserrime fluctuantem naufragia orationum vestrarum me contineat anchora, idipsum a modicitate praestolantes mea : tantum peccatoris non dedignetur Dei pietas intendere suspiria. Deus autem Pater pacis, qui eduxit de mortuis Pastorem magnum ovium in sanguine testamenti aeterni, Dominum nostrum Jesum Christum, aptet vos in omni bono, ut faciatis ejus voluntatem, faciens in vobis quod placeat coram se per eumdem Jesum Christum Dominum nostrum : apud cujus clementiam piissimum intercessorem jugiter invenire mereamur Ursmarum sanctissimum, cujus Vitam in praesenti elucidare disposuimus ad laudem et gloriam omnipotentissimae Trinitatis, et aedificationem populi convenientis.

---

(405) Sancti Ursmari episcopi et abbatis Laubiensis Vitam a discipulis ejus in schedulis relictam, Anso, tunc ejusdem coenobii monachus, saeculo octavo in ordinem digesserat jussu Theodulfi episcopi et abbatis item Laubiensis, cui in ejusdem monasterii regimine successit anno 776, uti a Fulcuino traditur in Gestis abbatum Laubiensium cap. 8 et 9. Haec autem Vita a Mabillonio inventa, et edita tom. III, Actor. SS. ordinis Bened. pag. 242, ita obscura et difficilis Ratherio visa est, ut lector identidem sensum assequi nequiret. Is itaque dum exsul Comi esset ab an. 937 usque ad annum 939, ejusdem Vitae exemplum apud Azonem ipsius urbis episcopum nactus, illam non tam emendandam, quam clariori stylo exponendam suscepit. Nos, qui hanc cum Ansonis lucubratione contulimus, ingens non rerum, sed verborum et locutionis discrimen, et non exigua quandoque sententiarum additamenta animadvertentes, dignam duximus, quae inter Ratherii opera ederetur. Illam iste direxit ad Laubienses monachos; ac propterea Fulcuinus ejusdem coenobii abbas in opere memorato cap. 20, ait : *Libellum etiam vitae S. Ursmari, cum Cumis exsularet, ibi reperit, quem soloecismis refertum emendavit, nobisque transmisit.* Primus hanc Vitam vulgavit Laurentius Surius mense Aprili : dein Mabillonius ex Suriana editione ad Laubiensem codicem exactam recusit tomo laudato pag. 243. Ex hoc autem ipsam modo producimus.

(406) Vide, ne Cumas Campaniae urbem intelligas, quae ad Hugonem regem non pertinebat. Medio enim aevo *Cumae*, unde *Cumanus*, vocabatur Comum, seu Novocomum in Insubria, in qua urbe Hugoni regi subjecta Ratherius exsulabat.

INCIPIT VITA.

2. Beatus igitur Ursmarus episcopus, bonorum omnium præconio dignus, pago Teoracensi, et villa quæ vocatur Fleon oriundus, a Domino est electus per prædestinationem, priusquam sæculo daretur per originem. Gravida namque matre ejus de eo, apparuit ei quidam venerandus senex per visum, in manu sua quemdam tenens puerulum, pronuntiansque : Accipe, inquit, hunc puerulum, nutriesque eum. Magna enim fames eamdem tunc temporis oppresserat regionem. Respondens vero mulier ait seni : Unde hoc faciam, domine, cum desit mihi panis ob magnitudinem quam patimur famis. At ille dedit ei panem valde candidum, dixitque ei : De hoc pane nutries illum. Quem cum accepisset, crevit inter manus ejus magnus valde (407). Tunc eadem mulier inquit : Istud quod video, quid signat, domine? Cui ille : Filium, inquit, es paritura, qui de regno aliquam Christo lucrifaciet partem. Quod postea verum fuisse ipse ore monstravit. Tantam siquidem a Domino gratiam est consecutus, ut omnes pabulo verbi divini reficeret, qui ad eum gratia colloquendi venirent. Iterum autem mater ejus depressa somno aliam visionem vidit continuo. Scalam quippe contra se stare videbat, cujus cacumen cœlos tangebat, per quam idem puer scandens cœlum ingrediebatur. Ipsa vero eumdem usque ad scalæ est prosecuta cacumen, sed sequi, ut asserebat, potuit, consequi omnino non potuit. In se itaque reversa cognovit illico hæc veraciter omnia suum, quem clausum utero detinebat, præfigurare filium. Hæc et his similia quamplurima de proprio mater cognovit filio, et ante nativitatem, et postea, quæ prolixum est enarrare per singula. Exsultans itaque in Domino mater aiebat : Scio certissime, quod Dei operante clementia magnus erit filius meus quem gesto, et felicem me talis nati susceptione profiteor.

3. Editus itaque puer, Ursmarus est vocatus, adultusque doctoribus sacrarum traditur Scripturarum. Qui imbuerunt eum sacris litteris divinaque lege, non mediocriter, sed perfecte; nec sæculariter, sed monastice atque regulariter. Ab ipsa vero pueritia A senilia exsequens opera, nequaquam in voluntate propria, sed in voluntate ambulabat divina. Crescente sane ætate, etiam morum probitate pollebat. Erat enim corpore castus, mente incorruptus; amabilis cunctis, affabilis universis; animo benignus, corpore pulcherrimus; prudentia callens, fortitudine vigens; temperantia serenus, justitia severus; longanimitate perfectus, eleemosynis largus; abstinentia parcus, patientia et humilitate præditus; mansuetudine ac pietate refectus, charitate non ficta repletus; fide robusta stabilis, spe inconcussa longanimis. Harum vero omnium virtutum commercia exaggerabat ejus in animo cuncto disponens sapientia. Sermo quoque ejus juxta Apostolum sale erat conditus (*Col.* iv, 6). Si quando opportunum tempus videret, sine ædificatione proximorum horam transire minime sinebat. Terrena quoque cuncta despiciens, ac cœlestia concupiscens, illi soli vacare desiderabat, cui se totum a puero devotus tradiderat.

4. Orationi frequenter incumbens, cum lacrymis et compunctione cordis Dominum deprecabatur, ut quæcunque meditaretur vel egeret in conspectu ejus accepta forent. Ipse vero, qui eas potenter inspiraverat, misericorditer pias illius dignatus est exaudire preces. Pastoralem (408) deinde cathedram adeptus, tanta Domini sublimatus est gratia, ut pene omnes mortales anteiret, sæculoque inhabitans, nihil in se sæculi haberet. Scripturarum denique doctor, monasteriorum constructor, provisor ecclesiarum, custos animarum, nutritor orphanorum, defensor viduarum, redemptor captivorum erat. Gregem sibi commissum ita diligebat, sicut Veritas ipsa diligendum docuerat (*Joan.* x, 11). Nam si grassata fuisset, ut antiquitus, vesania tyrannorum, mori pro ovibus dominicis minime trepidasset. Quid plura?

5. Vir iste dissimilis longe fuit illis hominibus, quos nunc passim cernimus nostris temporibus : neque audivimus aliquem qui absque carnificis gladio tam diro cruciatus sit martyrio. Nos vero idonei non sumus enarrare vel scribere omnes quas in sæculo pertulit passiones, præsertim cum novem annis

---

(407) Apud Ansonem legitur : *crevit in terra manus illius magna valde.*

(408) Hac in re, quæ Ursmari episcopatum designat, animadvertenda quæ traduntur a Fulcuino loco laudato cap. 3 : « Quare autem, inquit, eum episcopum fuisse dicimus, sæpe a nobis quæsitum est. Nam textus descriptionis ipsius vitæ episcopum eum fuisse docet; locum autem, vel tempora ordinationis ejus, vel a quibus ordinatus sit; omni modo silet. Sed et in chartis sub ejus tempore factis, ac perantiquis membranarum petatiolis, quæ continentur in Ecclesiæ nostræ archivis, inscriptum eum invenimus sub nomine episcopi et pontificis. Varia de hoc est seniorum nostrorum relatio, dicentibus quibusdam quod prædicandi gratia, ut competebat tunc rudimentis novellæ fidei, ad compescendos superfluos ritus gentis barbaricæ episcopus fuerit ordinatus, quod factum quoque de sancto Amando legimus : quibusdam dignitatem hanc loco tribuentibus, opinionemque suam ratione quadam tuentibus, quod videlicet locus regius regia munificentia constructus, regio palatio contiguus, scilicet Liptinis, nulli committeretur, nisi prius ordinatus esset episcopus : quam dignitatem et in plerisque successorum ejus durasse in subsequentibus dicemus. Quid horum verius sit, lectoris arbitrio committimus, nec in utramvis partem sancto viro derogamus, dum quidquid horum sit, eum fuisse episcopum non denegamus. » Addit Mabillonius in præviis observationibus ad eamdem Vitam : « S. Auscharius in Vita sancti Willebadi Bremensis episcopi tradit Willebadum ante annos septem quam episcopus consecraretur vocatum fuisse episcopum, ob prædicationem scilicet Evangelii. An forte Ursmarus ejusque successores ob id dicti episcopi? Quanquam Baldericus in Chronico Cameracensi, lib. II, c. 57, Ursmarum infunctoria tantum prædicatione sacratum episcopum fuisse putat. Et erant tum in nonnullis monasteriis episcopi et abbates, ut in præfatione observatum. »

spargi per cuncta monasterii loca et sic omnis pavor cum auctore suo abscessit Satana.

7. Alio quoque tempore ducta est ad eum puella quædam sæcularis, plena dæmonio, quam jussit sibi in oratorium deferri. Quo facto, præcepit eam vinculis quibus stringebatur absolvi : et post hæc cœpit Dei potentiam super caput ipsius invocare, ipsumque dæmonem ut a plasmate Dei vivi recederet increpare. Mirum in modum hostis ille antiquus cœpit continuo anxiari et fremere, diversasque ac diras voces emittere. Sanctus vero Ursmarus jussit eam extra oratorium trahi, ipseque subsequens percussit eam tribus vicibus baculo quem gestabat manibus. Tum spiritus nequam exiit ab ea tam celeriter, ac si ipse fuisset percussus. Quam mox beatus pontifex sanissimam oratorio reddidit, perungensque oleo benedicto, liberam abire permisit.

8. Habebat sanctus pontifex neptem in jam dicto monasterio Melbodiensi, quam ipse parvulam commendaverat sanctæ Aldegundi. Quæ postquam fuisset adulta, orta est quædam in ejus collo sæva nimis infirmitas; quæ gutteria (412) dicitur sermone Gallico. Astruebant vero medici, quod aliter curari nequiret, nisi carne incisa cum uncino ferreo foras morbus traheretur. Hoc autem illis facere cogitantibus, contigit, supervenire sanctum Domini pontificem ; qui accersito ad se medico interrogavit eum dicens : Dic mihi utrumne valeas sanare eam. At ille ait : Nequeo, nisi cum uncino ferreo carne incisa morbum foras traham. Audiens autem vir Dei hoc, omnino facere prohibebat, quia oppido eam diligebat, et periculosum hoc valde esse cernebat. Verum imponens manum sæpius die illa super ipsum vulneris locum, dicebat : Vide, filia, ne patiaris tibi ferrum imponi ; credo enim in Domini pietate, quia ipse te liberabit ab hac infirmitate. Nocte vero eadem vir sanctus uberrimas preces fudit ad Dominum ob ejus salutem. Lucescente vero die altera, a strato sospes surrexit puella, intantum ut nec vestigium infirmitatis remaneret in ea.

9. Eodem quoque tempore alia ægrota intra ejusdem monasterii septa jacebat tam valido languore obsessa, ut omnes qui eam videbant, de salute ejus prorsus desperarent. Quæ cum audisset tanti viri adventum, cœpit virtute, qua poterat, dicere : Obsecro ut rogetis illum ad me venire : confido enim in Deo, me revalituram quantocius, si eum videre meruero. Quod cum beato viro fuisset intimatum, absque mora ad illam accessit : cumque intuitus eam fuisset, elevata manu signum crucis super ægrotam fecit, et illico fugata febre mulier convaluit, vitamque sibi a Deo per interventum sancti viri redditam sæpissime multis ipsa narravit.

10. Post hæc itaque venerabilis pontifex cernens paulatim sibi vires corporis minui, suæque diem vocationis imminere, curam cœpit non parvam gerere, ne grex sibi commissus relinqueretur sine pastore. Tunc, annuente Deo, optantibus cunctis S. Erminus eligitur vir omni bonitate repletus, atque magistro moribus adæquandus ; cunctis vero istius temporis hominibus tacito præferendus. Quem benignus Pater ut filium charissimum monuit amabiliter, quatenus gregem sibi commissum sollicite pasceret, moribus et verbis secum ad æthera transferre satageret. Quod ipse agendum suscepit quidem moleste, sed Deo cooperante, strenue peregit : inchoavit humiliter, sed perseveravit fideliter. Bonus igitur gregis Christi pastor Ursmarus, moribus et annis maturus, digna suscepturus meritorum præmia, cœlestia invitatur ad regna. Qui precibus charissimorum quos in Christo nutrierat filiorum, suum fideli Creatori commendans spiritum, ipsis præsentibus exsultans in Domino, carnis quartodecimo Kalendas Maii an. 713 solvitur ergastulo, victurus in sæcula cum Christo. Angelorum evectus ministerio, cœlesti infertur paradiso, ubi sine fine patriarcharum fruitur fide, prophetarum spe, apostolorum consessu, martyrum collegio, confessorum ac virginum contubernio, cunctorumque cœlicolarum oblectatur perenni tripudio. Corpus vero illius a discipulis religioso composito officio, cultu est honorifico tumulatum. In cacumine quippe montis, cujus radicibus jam exstructum adjacet monasterium, oratorium est in honore sanctæ Dei Genitricis constructum, in quo deposuerunt beati corporis thesaurum : ubi divina pietas demonstrat quotidie, cujus meriti illic habeantur reliquiæ ad laudem et gloriam majestatis suæ, cujus honor, decus et potestas permanet sine fine. Amen.

---

(412) *Gutteria,* seu, ut alii cum Ansone scribunt, *Grutteria,* morbus gutturis, de quo vide Cangium in Glossario, v. *Gutteria* 2.

et decem hebdomadibus absque alimonia vixerit panis, ob aegritudinem corporis. Cibus vero, quem sumebat ipse, tam tenuis et modicus erat, ut eo sustentari saltem quiret hominum nemo, nisi miraculo, ut et ipse, divino. Omnes autem, qui eum cernebant aut audiebant loquentem, mirabantur quod tam robustus esset et eloquens, absque alimonia panis vivens. Aqua vero ejus erat potus, et aliquoties sicera, qua tamen paululum raroque utebatur; victus illius is erat, quem absque officio dentium sumere valebat. Tanta quoque ejus erat patientia in hujusmodi atque aliis tribulationibus, ut posset comparari patientiae Job beatissimi, qui non peccavit labiis suis, nec stultum quid contra Deum locutus est (*Job* I, 22). Laudem e contra Domini jugiter concinebat, atque secundum Prophetam benedicebat Dominum in omni tempore, laus ejus semper in ore ipsius resonabat (*Psal.* XXXIII, 2). Conjicere vero possumus veracissime quod vir iste de illo vivebat pane qui de coelo pro nostra descendit salute. Nam, sicut fuimus praefati, ita facundus erat dono spirituali, ut quasi fons fluens, aut fluvius inundans videretur. Quaecunque vero praedicabat ore, astruebat actione, validiora esse sciens exempla quam verba, et plus opere docere quam voce.

6. Operae pretium vero fore judico jam nunc prosequi stylo quam efficax viro sancto inerat virtus ad effugandos hostis antiqui incursus. Erat quoddam monasterium, quod dicitur Melbodium (409), duodecim ferme millibus a Laubaco suae provisionis distans coenobio, in quo erat sanctimonialium turba non modica: quarum unam spiritus invasit malignus, coepitque eam vehementer laniando vexare (410), atque per os ejus immunda et turpia loqui. Porro illic inhabitantes grandis horror invasit, nimiusque pavor etiam corda vicinorum perterruit. Tenentes autem eam sorores dicebant ad daemonem increpando: Quomodo introire ausus es famulam Dei? Et subjungebant dicentes: Impurissime daemon, exi ab ea. Quibus ille respondens, dicebat: Non exeam priusquam Ursmarus episcopus veniat, et ipse me exire compellat. Hanc autem 200 confessionem nequaquam ei ascribimus qui ab initio mendax fuit, et in veritate non stetit (*Joan.* VIII, 44); sed Dei imperio cogente, vera eum fatemur dixisse, non sponte, sicut in Evangelio: *Scimus*, aiunt daemones, *quod sis Filius Dei* (*Marc.* III, 12). Quod utique cum esset veracissimum, praeter alia innumerabilia beati Petri prodit testimonium, iisdem verbis Domino interroganti gloriosae praebentis confessionis responsum (*Matth.* X, 10); tamen quadam sui parte mendacissimam mentitam esse malitiam, testis est dominica passio, ab impiis instinctu patrata diabolico.

Nam licet noverit pro salute humani generis Christum venisse, nesciens tamen ordinem liberationis nostrae, illusus est morte dominica, quasi avis decipula. Ostensa namque mortalitate quam ille interimere appetebat carnis, abscondito captus est hamo divinitatis. Caeterum si indubitanter sciret hunc esse Christum Filium Dei vivi, agnovisset mortis legibus nequaquam posse teneri. Si agnosceret posse non mori, non hunc suaderet crucifigi. Non enim intellexit humanae perditionis audacissimus lanio quod suo frustraretur imperio in Salvatorem mundi saeviendo. Ignoravit antiqua malitia quia jus perditionis humanae non admitteret, si se a Redemptoris hominum sanguine continuisset. Unde et Apostolus: *Si hunc*, inquit, *principes saeculi cognovissent, nunquam Dominum gloriae crucifixissent* (*I Cor.* II, 8). Principes vero quos dixerit saeculi, ex alia ejus sententia conjicere possumus, qua ait: *Non est nobis colluctatio adversus carnem et sanguinem, sed adversus principes et potestates, adversus mundi rectores tenebrarum harum, contra spiritalia nequitiae in coelestibus* (*Ephes.* VI, 12). Ipse quoque Dominus: *Princeps*, ait, *hujus mundi venit, et in me non habet quidquam* (*Joan.* XIV, 30). Quamvis et de Herode et Pilato non incongruenter possit accipi secundum illud quod Psalmistae voce dicitur: *Astiterunt reges terrae et principes convenerunt in unum, adversus Dominum et adversus Christum ejus* (*Psal.* II, 2). Sed illi principes specialiter unius populi, non principes saeculi generaliter appellati sunt. Cum ergo veracissimum sit, *Tu es Christus Filius Dei vivi* (*Matth.* XVI, 16), testimonio beati Petri, mendacissimum est: *Scimus quia sis Filius Dei*, testimonio diaboli. Et sicut Petrus (411) ait: *Quia caro et sanguis non revelavit tibi, sed Pater meus, qui in coelis est* (*Ibid.*, 17); ita et diabolum calliditas astutiae et subtilitas naturae hoc confiteri non fecit, sed vis atque potestas ejus, qui ad eum destruendum de coelis advenit. Ut vero divina illic in homine latente praesentia tortus mentiendo vera dixit dubius, ita hic dominica in beato Ursmaro operante potentia, verum dixit invitus: in utroque vero non suo voto usus, sed jubentis imperio coactus. Altera igitur die ordinante Dei providentia, adfuit beatus Ursmarus episcopus. Cumque relatum ei fuisset de ea quae a diabolo vexabatur puella, jussit illico sibi exhiberi eam. Quod cum factum fuisset, ille non de sua, sed de Domini praesumens 201 virtute, accepto libro, coepit legere exorcismum super caput ejus; dehinc benedicto oleo nares oculosque et os ejus linivit, et protinus immundum ab ea spiritum fugavit. Liberata tamen puella, pavor quidam, qui praesentia diaboli seminatus fuerat, adhuc pectoribus vicinorum inerat. At vir Domini praecepit sibi aquam cum sale deferri; quibus benedictis, jussit

---

(409) Melbodium, seu Malbodium celebre monialium coenobium, vulgo *Maubeuge* in Hannonia, de quo vide Mabillonium in Vitam sanctae Aldegundis saeculo secundo Ord. Bened., ad an. 684.

(410) Haec et sequentia usque ad illa, *Altera igitur die*, quae asterisco signavimus, cum in vulgata Ansonis Vita desint, Ratherius vel ex pleniori Ansonis exemplo derivavit, vel potius e suo penu addidit.

(411) *Ait scilicet*, Tu es Christus Filius Dei vivi; quia uti Christus eidem Petro respondit, *Caro et sanguis non revelavit tibi*, etc.

# RATHERII
### EPISCOPI VERONENSIS
## (413) CONCLUSIO DELIBERATIVA
### LEODICI ACTA,
#### SIVE
(414) *Climax Syrmatis ejusdem, qui cætera non adeo parvi.*

---

I. **203** Quia responsi commoditate omnibus satisfecisse inexplicabilis labor cernitur esse, circuitione omni posthabita, mere, et quo apertius potero, deliberatum irrefragabiliter quod habeo, nosse dignantibus manifesto. Rogasse, rogare, rogaturum me semper Deum universi noverint, ne unquam peccatis meis merentibus mihi contingat, aliquo ut mei commodo illectus, aut incommodo territus, præsente et collaudante universa, cujus intererat, Ecclesia, publice mihi commissum ovile ore proprio, lupo exponam.

II. Ne (415) Dei ipsius ore damnatum furem et latronem; furem quia furto abstulit mihi sedem; latronem, vi et potestate quia publica; maledictionem **204** et lepram, qua eos mortifere decipit, qui putant eum esse episcopum, sibique communicantes commaculat; . . . . . ab ordinandis [ *f.* ordinatoribus ] manu extorsit, mei cessione atque silentio, in ovium mihi creditarum perniciem intra idem ovile cedendo iniquitati utique contegam.

III. Ne mercenarii ipse mihi nomen eumdem fugiens importem.

IV. Ne furi cavendo, furis nomen jure mihi vindicem ipse.

V. Ne compastores atque confamulos ciere (416).

VI. Ne canes domesticos, latratu ut eum canonico perturbent, desinam instigare.

VII. Ne cum tam perspicuæ atque sacrilegæ invasionis adultero portionem posuisse meam (*Psal.* XLIX, 18), prostituta eidem mihi commissa convincar Ecclesia.

VIII. Ne sedens adversus fratrem (*Ibid.*, 20) (417), id est, vicinitatis **205** affinitate conjunctum,

---

(413) Hoc opusculum *Syrmatis* nomine memorat Fulcuinus in Gestis abbatum Laubiensium, *cap.* 24. Scriptum fuit Leodici (ut ex ipsa inscriptione liquet) anno 955, cum Ratherius e Leodicensi quidem sede dejectus, at Leodici adhuc subsistens, urgeretur ut Baldrico in ejus locum subrogato episcopatum cederet. Causas autem exponit, cur cedere nequeat. Hinc opusculum inscriptum *Conclusio deliberativa*, quam rationibus quadraginta constituit. Hoc idem opusculum Leodici lucubratum contra Baldricum, Ratherius paucis in fine additis Veronæ reproduxit anno 965 adversus Milonem, cum nonnulli ipsi suadere niterentur, ut isti Veronensem sedem dimitteret. Hinc idem opusculum ab Acherio e ms. Laudunensi editum est, in quo Ratherii opera post tertiam ejus restitutionem in episcopatum Veronensem vulgata continentur. Monendum tandem est, hoc idem opusculum a Ratherio fuisse insertum inter duodecim volumina, quæ Phrenesi subjecerat, ut ex istorum voluminum argumentis in proœmio ejusdem Phrenesis relatis constat. Vide ibidem argumentum opusculi undecimi, quod tamen in Laubiensi codice, unde Phrenesim transcriptam accepimus, cæteris voluminibus invenire non licuit.

(414) *Climax* e Græco, Latinis *scala*. Hoc autem nomine istud opusculum auctor inscripsit, quia quadraginta rationibus tanquam scalæ cujusdam gradibus ad *deliberativam conclusionem* statuendam ascendit. De voce autem *syrmatis* quid sentiendum sit, non omnino constat. *Syrma* genus vestis oblongæ, quæ terram verrebat. *Syrmata* dicta sunt ab *eo quod trahuntur*, inquit Donatus, sive quicunque alius auctor Prolog. in Terentium. Num syrma Ratherio vocatur eadem conclusio, quam tot argumentis et rationibus trahit? In chronico Mosomensi apud Acherium, tom. II Spicil. pag. 566 novæ edit., privilegium Joannis XIII *syrma* appellatur. *Textus, qui sequitur, describit, qualiter ipse præsul Adalbero per Romani syrmata papæ conciliique sui decretum constituit*. Similiter in Vita sancti Gerardi abbatis Broniensis n. 29, aliud privilegium pontificium concessum cœnobio Broniensi *prolixius syrma* vocatur apud Mabillonium tom. VII, Act. SS. ord. Bened. pag. 274. In reliquis hujus tituli, quæ nullum idoneum sensum reddunt, aliquis error, vel quarumdam vocum defectus inest.

(415) Construe : *Ne mei cessione atque silentio cedendo iniquitati intra ipsum ovile, in perniciem ovium mihi creditarum contegam utique furem et latronem damnatum ore ipsius Dei; furem, quia abstulit mihi sedem furto; latronem quia vi et potestate publica extorsit... manu ab ordinandis (forte ab ordinatoribus) maledictionem et lepram, qua mortifere eos decipit, qui putant eum esse episcopum, et commaculat communicantes sibi.*

(416) Subaudi *desinam contra ipsum furem ciere.*

(417) Construe : *Ne sedens loquar adversus fratrem, id est adversus populum patriæ nativæ* (qualis erat Leodicum) *conjunctum affinitate vicinitatis* (quia scilicet Ratherius natus est in loco Leodiensi urbi vicino, seu in diœcesi Leodiensi) *derelictum* ( sic melius quam *delegatum*, et subaudi *ob meam cessionem) officio pastoralitatis, loquar,* inquam, *adversus hunc populum, suadendo ut fiat perversus cum perverso,* seu *cum invasore.* Nota *vicinitatis* vocem pro civitate ; populus enim cum Ratherio conjun-

pastoralitatis officio delegatum [*l.* derelictum], nativæ patriæ populum, cum perverso perversus suadendo ut fiat (*Psal.* II, 27), loquar.

IX. Ne (418) adversus filium matris meæ (*Ibid.*, 20), illius utique, cujus et ego baptismate sum filius, Ecclesiæ plebem, tam immane, infantes ipsos latet quod minime, scandalum ponam. Mei enim ipsius oblitus si fecero, taceat licet surdo; sed mihi in præsentiarum, ut multis, proh dolor! hodie Deus, non tacebit, vereor, cum venerit manifestus, cum utique ignis in conspectu ejus ardebit, et in conspectu ejus tempestas valida erit (*Ibid.*, 3).

X. Ne Nicolaitarum sectam, odisse quam se ipse profitetur Deus (*Apoc.* II, 6), incurram.

XI. Ne strudocamelontis (419) exemplo, quos debueram ipse fovere, conculcantibus judicer exposuisse.

XII. Ne quibus abesse (420) trimestri saltem non est concessum canonice termino, eos absentatu decepisse arguar continuo.

XIII. Ne (421) sputum merito in faciem ab eadem Ecclesia accipiam, libellum prior si ei dedero repudii, repulsionis legitimæ.

XIV. Ne (422) *dimitte me ad unam partem sacerdotalem, ut comedam bucellam panis* (*I Reg.* II, 36)

A (est prophetatum quod olim) dixisse prior ipse diffamer.

206 XV. Ne mille perjurum vesanus nulli æstimem casum (423).

XVI. Ne excommunicationis lethifera pestis universam quoque si occupet patriam, nullius, aut forte minimi defendens fore periculi, nomen Dei in vanum convincar assumere (*Exod.* xx, 7), vel, quod pejus est, ut a multis assumatur, efficere.

XVII. Ne quod misericorditer, fraternaliter, et charitative, communi utilitate, aut necessitate, (quæ utique in dies majus tanto capiet augmentum, mundus in maligno positus (*Joan.* v, 15) propinquante (424) quo amplius deteriorabitur fine) fieri non modo licere, sed etiam oportere, ab his est canonice concessum, in quorum cordibus Deus, in quorum labiis semper..... veritas fuerat Christi, mei, infelix si cessero, destruam exemplo.

XVIII. Ne (425) hoc unum miseris, qui similiter erunt, invalescentibus utique Antichristi ipsius præconibus, destituendi, suisque sedibus extrudendi, patens taliter divinitus asylum, in mei ipsius intercludam miser ipse primitus periculum. *Si vos persecuti fuerint in una civitate, fugite in aliam* (*Matth.* x, 23). Quamvis eis, Babylon (426) quos insequitur

ctus *affinitate vicinitatis* erat Leodicensis, cum eamdem patriam Leodicum uterque agnosceret.

(418) Construe : *Ne ponam scandalum tam immane, quod minime latet ipsos infantes, ponam,* inquam, *adversus filium matris meæ,* id est adversus *plebem illius utique Ecclesiæ, cujus et ego sum filius baptismate. Si enim oblitus mei ipsius fuero* (id est si cedam invasori) *licet Deus taceat; sed mihi surdo in præsentiarum, ut tacet hodie multis, proh dolor! non tacebit, vereor, cum venerit manifestus,* etc., ubi respicit illa psalmi XLIX, 20 : *Hæc fecisti, et tacui :* et 3 : *Deus manifeste veniet, Deus noster, et non silebit. Ignis in conspectu ejus exardescet, et in circuitu ejus tempestas valida.* Cum in præcedenti numero in rem suam explicaturus illa psalmi XLIX, 20 : *Sedens adversus fratrem tuum loquebaris,* nomine *fratrem* interpretetur populum Leodicensem sibi ejusdem civitatis affinitate conjunctum ; tum vero hic explicans sequentia : *Et adversus Filium matris tuæ ponebas scandalum,* vocem *filium* exponit de eodem populo, seu plebe, quæ ejusdem Ecclesiæ baptisma percepit. Adverte diversum respectum, in præcedenti scilicet numero civilem, hic autem spiritualem originem respicit.

(419) *Strudocamelontis,* id est struthiocameli a Plinio et aliis memorati. Respicit illa Job cap. XXXIX, ubi de struthione legitur 14 : *Derelinquit ova sua in terra... obliviscitur quod pes conculcet ea... Duratur ad filios suos, quasi non sint sui.*

(420) Synodus Tridentina sess. 23 *de Reform.,* c. 1, statuit, episcoporum absentiam a suis Ecclesiis, æquis tamen de causis, *nullo pacto debere duos, aut ad summum tres menses excedere.* Absentiam duorum mensium cujusdam presbyteri a sua Ecclesia, ægritudinis tamen causa, indicat S. Gregorius *epist.* 13, *lib.* IX *ad Clementinum.* Trium autem mensium absentiam episcopis canonice concessam ex hoc Ratherii loco discimus.

(421) Construe: *Ne merito accipiam ab eadem Ecclesia sputum repulsionis legitimæ in faciem, si prior dedero ei libellum repudii.*

(422) Construe : *Ne prior ipse diffamer dixisse*

(quod olim prophetatum est) : *Dimitte me ad unam partem sacerdotalem,* etc. In Gestis vero episcoporum Tungrensium apud Martene et Durand *tom.* IV Collect. Vet. Script. pag. 859, n. 20. Ratherius a Leodicensi sede pulsus traditur, *indultis sibi aliquantis episcopii et unius vitæ agellis,* qua de re videsis, quæ disseruimus in auctoris Vita, § 10, num. 62.

(423) Explica : *Ne vesanus nulli* (id est nullius pretii, seu nihili) *æstimem casum mille perjurum,* videlicet eorum perjurorum, qui fidem Ratherio datam deserentes, invasori sese subdiderunt.

(424) Legebatur *propinquitate.* Correctionem sensus exegit. Mox ubi puncta apposuimus, editum erat *quia* quam particulam Spicilegii novissimus editor expungendam videns, recte monuit pro *qaia* legendum *pura,* vel aliquid simile. Sic autem tota hæc implexa periodus construenda est. *Ne si infelix cessero, destruam exemplo mei quod canonice concessum est, non modo licere, sed etiam oportere fieri misericorditer, fraternaliter, et charitative, communi utilitate, aut necessitate* (qua utique tanto majus augmentum capiet in dies, quo amplius mundus in maligno positus deteriorabitur propinquante fine) *concessum,* inquam, *est ab eis, in quorum cordibus Deus, in quorum labiis pura veritas Christi semper fuerat.* Resistere autem invasori, et fortem stare illud est, quod in his circumstantiis *non modo licere, sed etiam oportere* affirmavit.

(425) Construe : *Ne ipse miser in periculum mei ipsius primitus intercludam hoc unum asylum taliter divinitus patens :* Si vos persecuti fuerint, etc., *intercludam,* inquam, *miseris, qui similiter (atque ego sum) erunt destituendi et extrudendi suis sedibus, invalescentibus utique præconibus ipsius Antichristi. Quamvis haud ignorem hoc præcepto* (Si vos persecuti, etc.) *suffugium cœlestis Hierusalem præcipue petendum eis, quos Babylon confusionis mundanæ insequitur.* In hac periodo Acherius habebat *extruendi,* ubi novus editor recte emendavit *extrudendi.*

(426) Vulg., *et Babylon.* Verum *eis* pro *et* corrigendum fuit exigente contextu; uti in sequenti

# CONCLUSIO DELIBERATIVA.

confusionis mundanæ, Hierusalem cœlestis hoc præcepto suffugium haud ignorem petendum præcipue.

XIX. Ne (427) concessum quoque eis eodem præcepto canonice recuperandi in aliis, sed vacantibus, qui minime valent in suis Ecclesiis, aditum crudeliter obstruam.

XX. Ne contradictor (428) miser ipse malle Deum misericordiam quam sacrificium (*Matth.* XII, 7), veniam.

XXI. Ne judicio præsulum, testimonio decretorum (429), sanctione canonum, sub præsentia totius Ecclesiæ, a legitimo archipræsule, consensu, qui utique et requiritur legibus, clericorum, publice (430) facta infirmari ullatenus posse decernam.

XXII. Ne clementissimum atque veracissimum piissimi regis (431) concessum asseram, aut saltem credere videar, aut inconstantem, aut (quod est indecentius) fraudulentum fuisse.

XXIII.-Ne benignitatis, quæ obtinuit [*subaudi* ut ad Leodicensem sedem promoverer], ingratitudinis offuscem caligine dignitatem.

XXIV. Ne instabilitatis ipse eam cauterio notem.

XXV. Ne manum tantæ, quæ patravit (432), auctoritatis condemnem.

XXVI. Ne (433) mei ordinatorem tam infausto asseram ordinatum, improprie ut ita loquar, auspicio, ut ipso eodemque die, quo ordinatus post professionem a se, moris ut est, factam, fuerat, canonicis quod semper obediens foret præceptis, statuisse eum aliquid canonicis contrarium legibus, accusem; favens utique eorum vesaniæ, qui meam stultissime reprehendentes eodem die, ejusdem et manu actam incardinationem, quibus potius obloquantur, ignorant.

XXVII. Ne (434) concessum nostris diebus illi, suo atque nepoti, primatum scilicet dignissimo, divinitus solum, neque fortuito, tam prædicabile sæculis omnibus privilegium, quo scilicet uter eorum die ordinationis propriæ alterum meruit ordinare, quod utique in nostro tanto est prædicabilius, quanto misericordius, non laudando ipse videar extenuare.

etiam numero habetur, *concessum quoque eis eodem præcepto.*

(427) Id est, *ne crudeliter obstruam aditum eis eodem quoque præcepto concessum recuperandi canonico* (episcopatum) *in aliis sede vacantibus Ecclesiis, qui minime valent recuperare in suis, e quibus scilicet extrusi fuerunt.* Hoc numero innuit ex canonibus licere episcopo, qui per vim a suo episcopatu pulsus, eum recuperare non possit, alium episcopatum adire, si vacet, seu legitimo episcopo careat. Ita Ratherius se Verona pulsus, ad Leodicensem sedem, quæ Faraberti episcopi morte vacabat, canonice promotum fuisse non obscure subindicat.

(428) Construe : *Ne ipse miser veniam contradictor, Deum malle misericordiam, quam sacrificium.* Hoc textu ex Osea sumpto cap. VI, p. 6, usus est Christus *Matth.* XII, v. 7, ut Pharisæos refelleret reprehendentes ejusdem discipulos, cui esurientes, spicas evellebant, *quod non licet facere die Sabbati.* Reposuit autem Christus, licere hoc necessitate, quod alias non licuisset : quia Deus jam protestatus fuerat, se misericordiam velle et non sacrificium. Hæc autem Ratherius in re sua valere putavit, ut innueret licere ei, qui proprio episcopatu expulsus sit, ad alium episcopatum vacantem transire, quod alias canonibus interdictum est.

(429) *Decretorum* nomine pontificum constitutiones intelligit, quæ in collectione Dionysiohadriana, qua Ratherius utebatur, *Decreta* appellantur. Hinc etiam *part. 1, de Contemptu canonum* eas constitutiones allegat sic : *In decretis papæ Siricii*; *in decretis Innocentii papæ,* etc. Quæ autem decreta hoc loco respiciat, videsis *num.* 40.

(430) Quæ scilicet gesta fuerunt *publice,* cum ad sedem Leodicensem Aquisgrani prima electione promotus fuit, hic indicantur. *Legitimus archipræsul* fuit Bruno archiepiscopus Coloniensis. Vide infra not. 434, et auctoris vitam § 10.

(431) *Regis,* Ottonis scilicet, qui cum promotioni Ratherii ad sedem Leodicensem *concessum* præstitit, rex tantummodo erat. *Concessus* hic, et n. 38 pro voluntate, seu consensu sumitur. Mos enim hujus ætatis erat, regem, seu imperatorem de episcopi morte commonere, qui promovendum clero et cæteris, quorum intererat, eligendum proponebat. Vide inter alia multa S. Wolfgangi episcopi Ratisponensis vitam *c.* XIV, et Vitam S. Udalrici episcopi Augustani c. 1, et XXVIII. Ratherium quidem rex Otto post Faraberti mortem Leodicensem episcopum eli-

gendum proposuit, et, ut sequenti numero traditur, obtinuit. Vide *part.* 1, *de Contemptu canonum,* num. 9.

(432) Construe : *Ne condemnem manum tantæ auctoritatis, quæ patravit;* ut scilicet ad Leodicensem sedem promoverer. In hanc itaque rem Ottonem scripsisse aliquid, aut aliquam epistolam dedisse colligimus.

(433) Construe : *Ne asseram ordinatorem mei ordinatum* (fuisse) *auspicio, ut ita improprie loquar, tam infausto, ut accusem eum statuisse aliquid contrarium canonicis legibus ipso eodemque die, quo ordinatus fuerat, post professionem a se factam, ut moris est, quod semper obediens foret canonicis præceptis; accusem, inquam, favens utique eorum vesaniæ, qui stultissime reprehendentes incardinationem meam actam eodem die, et manu ejusdem, ignorant quibus potius obloquantur;* id est mihine potius, qui ab eo incardinatus fui, an vero illi qui me incardinavit. *Ordinatorem* suum appellat S. Brunonem, qui eodem die quo ordinatus fuit archiepiscopus Coloniensis, die scilicet 24 Septembris anni 953. Ratherium in Leodicensem sedem electum confirmavit, et e Veronensi sede quodammodo transtulit, ut in Vita explicavimus § 10. Confer notationem sequentem in fine. *Ordinator* enim non ille tantum dicitur, qui episcopum consecrat, sed etiam qui jam ordinatum ad aliquem episcopatum promovet, atque instituit. Sic etiam presbyteri, qui alicui Ecclesiæ præficiebantur, *ordinari,* id est institui, in pluribus documentis dicuntur.

(434) Construe : *Ne ipse non laudando videar extenuare privilegium tam prædicabile sæculis omnibus, divinitus solum, nec fortuito concessum diebus nostris illi atque suo nepoti, primatum scilicet dignissimo, quo scilicet privilegio uter* (id est quisque) *eorum meruit ordinare alterum die ordinationis propriæ; quod utique in nostro* (qui scilicet me ordinavit, seu instituit) *tanto est prædicabilius, quanto misericordius :* ex misericordia nimirum se promotum agnoscit; unde part. 1, *de Contemptu canonum,* num. 9, affirmat se *pulsum a propria sede, necessitate coactum adiisse piissimum nunc Cæsarem, gloriosissimum illum super hoc consuluisse præsulum concilium, illos vero misericorditer te elegisse.* Nepotem illum *primatum dignissimum* esse S. Brunonem, qui eodem die, quo ordinatus fuit archiepiscopus Coloniensis, uti metropolita Ecclesiæ Leodicensis Ratherium quoque ordinavit seu transtulit in camdem

XXVIII. Ne (435) Deum ipsum hominum supposuisse personis eumdem, sibi et longe inferiorum, cessisse illorum inconvertibiliter nequitiæ eum confitendo; quodque consultu canonicæ legis ipse fecerat, penitus dissipasse, roborari si vero perperam est quod patratum, accusem.

XXIX. Ne tantæ (436) sedis, acta ubi hæc sunt, nulli faciam dignitatem.

XXX. Ne (437) sancti Petri, apostolorum utique principis, ante cujus sacratissimum altare pastoralem accipere merui virgam, vilipendam orbi colendam universo infelicissimus reverentiam.'

**210** XXXI. Ne (438) pulpitum venerabile (cujus eodem die edito) spectanti assignatissimum populo, Ecclesiam, præcedenti annotatione observavimus. Ille autem, qui Brunonem nepotem suum ordinavit, alius esse nequit quam Rotbertus archiepiscopus Trevirensis frater S. Mathildis reginæ, quæ Ottonis et Brunonis mater fuit. Si porro *uter* alterum, id est tum Rotbertus Brunonem, tum Bruno Ratherium ordinavit episcopum *die ordinationis propriæ;* profecto dicendus est Rotbertus quoque ordinasse Brunonem eodem die, quo ipse olim Trevirensis episcopus consecratus fuerat. Rotbertum consecratum episcopum tradunt anno 928, quo tamen anno dies Dominica episcoporum ordinationibus fere assignata, non concurrit cum diebus dominicis anni 953, quo Bruno et Ratherius ordinati fuerunt. Cum porro episcoporum ordinationes non semper die Dominico, sed quandoque aliis diebus festis peractæ fuerint, uti ex. gr. S. Udalricus episcopus Augustanus anno 924 consecratus fuit *in die solemnitatis Innocentum*, quæ eo anno in feriam III incidit, uti traditur in ejus Vita apud Mabillonum, tom. VII, Act. SS. ord. Benedict. pag. 420; dies aliquis festus astruendus est, in quo tum Rotbertus ordinatus fuerit episcopus Trevirensis anno 928, tum Bruno Coloniensis episcopus fuerit consecratus anno 953, tum Ratherius, qui jam erat episcopus, anno eodem 953, Leodicensi sedi præpositus fuerit. Hic in prooemio ad Phrenesim n. 1, suam electionem ad episcopatum Leodicensem assignat feriæ quartæ solemnis jejunii mensis septimi, quæ anno 953, cyclo Solis X fuit, Dominic. B, fuit die 21 Septembris S. Matthæi festo. Hoc igitur die consecratus quoque fuit non solum Bruno eodem anno 953, sed etiam Rotbertus anno 928, quo tamen anno dies S. Matthæi festus cum Dominica concurrit. Neque obest, quod Ratherius in laudato prooemio se *rursum electum*, et solemniter inthronizatum affirmat *Dominica sequenti*, id est die 25 Septembris. Cum enim hac die 25, anno 928, nullum festum fuerit, quo Rotbertus potuerit episcopus consecrari; palam fit, illum diem, cui hoc loco Ratherius attribuit tum Rotberti, tum Brunonis ordinationem, tum suam promotionem, non convenire nisi die festo S. Matthæi. Quod si suam promotionem ad sedem Leodicensem num. 26 *incardinationem manu ipsius* Brunonis *actam* appellat; *incardinationis* nomine Brunonis factum intelligit, quo primam electionem diei 25 S. Bruno veluti metropolita eodem die confirmans, ipsum antea Veronensem episcopum ad Leodicensem sedem quodammodo transtulit, et eidem incardinavit; licet altera electio, et solemnior incardinatio in sequentem Dominicam 25 Septembris rejecta fuerit.

* (435) Construe et explica : *Ne accusem eumdem* (Brunonem intelligit ut et in sequentibus) *supposuisse ipsum Deum personis hominum et longe inferiorum sibi, confitendo eum cessisse inconvertibiliter nequitiæ illorum, et penitus dissipasse quod ipse fecerat consultu legis canonicæ, roborari vero si quod perperam*

*ignarus veluti esse cujus debeat honoris, contemnam.*

XXXII. Ne concionantis, archiepiscopus quoque cum fuerit, dignitatem [*subaudi* contemnam].

XXXIII. Ne populi tam nobilis (439) clamorem.

XXXIV. Ne præstantissimi cleri hymnidicam (440), signorum cum strepitu, laudem.

XXXV. Ne ipsius hymni inconsideratum linquam sacratissimum, quod sonuit, atque dulcissimum melos.

XXXVI. Ne (441) subscriptionem septem tam venerabilium antistitum, duo quorum et archipræsules fuerant, damnare cedens ipse convincar.

XXXVII. Ne (442) personas, cum episcopi fuerint *patratum est*. Hæc ut intelligantur, Rotgerus in Vita S. Brunonis, qui Ottonis tunc regis frater, non tam Coloniensis archiepiscopus, quam Lotharingiæ dux totam eam provinciam administrabat, narrat, hunc cessisse vesaniæ eorum, qui conspiratione gravissima Ratherium e Leodicensi sede expelli, ac in ejus locum Baldricum subrogari voluerunt. Hoc autem numero Ratherius- se nolle episcopatui cedere affirmat, ne confitendo eum Brunonem cessisse eorum hominum ipso longe inferiorum nequitiæ, accuset eumdem supposuisse Deum ipsum ejusmodi hominibus, et dissipasse quod ipse consultu legis canonicæ fecerat, cum Ratherium Leodicensi sedi præposuit, ac roborari, seu confirmari si quod perperam patratum est.

(436) *Sedis* scilicet Coloniensis, ubi Bruno post secundam Ratherii electionem die 25 Septembris Dominico peractam, ipsum solemnius Leodicensi præfecit Ecclesiæ, ut in prooemio Phrenesis traditur. Confer auctoris Vitam § 10. Mox *nulli pro nihili* usurpatur, ut etiam supra num. 15.

(437) Ecclesia cathedralis Coloniensis innuitur S. Petri nomine dicata Sigeberto teste in Chronico ad an. 874, in qua die Dominico 25 Septembris solemnior Ratherii promotio et inthronizatio celebrata fuit. Nota porro ritum instituendi episcopum traditione pastoralis virgæ, quam Ratherius ante altare S. Petri a Brunone accepit.

(438) Construe : [*Ne contemnam pulpitum venerabile* (Ecclesiæ Coloniensis) *assignatissimum populo spectanti, veluti ignarus cujus honoris esse debeat.* Cætera manca et corrupta, quorum sensus intelligi nequit, uncis inclusimus. Ex sequentibus autem patet, eodem die concionem ab archiepiscopo habitam. Hunc archiepiscopum, qui Ratherium *super ambonem Ecclesiæ Coloniensis* laudavit, fuisse Rotbertum archiepiscopum Trevirensem ex prooemio Phrenesis discimus.

(439) *Clamorem*, id est acclamationes, *populi tam nobilis*, qualis erat Coloniensis, cum Coloniæ solemnior Ratherii promotio celebrata fuerit.

(440) *Signa* campanas significant. Vide Cangium, V. *Signum* 8. Electionem episcoporum sonitu campanarum celebratam liquet ex Vita S. Udalrici n. 79, tom. VII, Act. SS. ord. Bened., pag. 455, ubi de electione Henrici ejus successoris habetur : *Hæc vero electio cum ex Ecclesia militibus et familiæ nota facta fuisset, sonantibus campanis ab omnibus confirmabatur.*

(441) Hæ subscriptiones subjectæ erant litteris episcoporum septem de promotione Ratherii ad clerum et populum Leodicensem directis. Duo autem ex iisdem episcopis, qui erant archipræsules, fuerunt Rotbertus Trevirensis, et Bruno Coloniensis. Cæterorum nomina videsis in prooemio Phrenesis.

(442) Construe : *Ne videar vilipendere personas legatorum* (qui scili et delegati fuerant a concilo Coloniæ habito in pr motione Ratherii) *cum fuerint*

quoque, commisso qui me præfecerunt populo, unus è quibus et metropolita, vilipendere videar legatorum.

**211** XXXVIII. Ne, cum vulgata omnibus sententia, verba episcopi aut vera sint, aut sacrilega; relationem ipsorum, concessum quæ (443) piissimi præferebat in mei negotio regis, appellare, aut credere audeam falsidicam.

XXXIX. Ne susceptionem tam spontaneam, tam hilarem, tam devotam, tam populosam, tam clamosam, laudibus (444) tot (quia datus ei fueram) Christi refertam, plebis erga me devotissimæ, accepisse calumnier ingrate.

XL. Ne (445) quod his quæ præmittuntur omnibus præstare tantum sapiens quisque censebit, cœlum a terra, ortus ab occasu quantum distare videtur, tam profanæ impietatis admittere audeam piaculum, ut illegaliter cedens, resistere si datur, quos salva impari meritis qualitate, ab eadem, qua me, constat antiquitus auctoritate a suis in alias sedes certis pro causis translatos, cum his qui mei incardinationem accusant, damnasse convincar; qui tot probabiles, nostratibus quoque exceptis (nulla quoniam quidem ubi factum est eorum exstitit mentio [446]), Dionysio licet rutilent antesignano clarissimo in martyribus, Cassiano Æduorum sanctissimo, cum innumeris, quos aut ignorantia nobis occuluit, aut oblivio abstulit, librorum noscuntur testimonio fore. Petrus (447) non qualiscunque, sed cui ore proprio noscitur, *Pasce oves meas (Joan.* XXI,

A 15), ipse Deus dixisse, invictissimum ejusmodi præcesserat agmen. Sequuntur e vestigio Felix, Eusebius, Perigenes, Gregorius Nazianzenus, Meletius, Dositheus, Alexander, Reverentius, Joannes, **212** Palladius, item Alexander, Theosebius, Polycarpus, Hierophilus, Optimus, Silvanus, Martinus Corsicæ, Joannes Squillacenus, quidam Terracinensis. Fautores quorum existunt Calixtus papa, Antherus papa, theologus atque noster opinatissimus (si tamen de testimonio tantæ non dubitare auctoritatis) Gregorius (448); damnari, si damnantur, cum quibus felicissimum judico. At si, parvipensa tantorum taliumque auctoritate, vi publica expellor, intersit illatoris. Ego a quolibet mihi indigentissimo vim fieri malo, quam pepigisse fœdus cum morte *(Isa.* XXVIII, 15),
B et cum inferno pacem judicer fecisse. Eleemosynæ aliquod suffragium porrigenti alicui, latrone illo exceptissimo, manum ingratus non retraho. Et, o percæca filiorum veteris Adæ præcordia! O tam densæ adhuc Ægypti palpari ut valeant tenebræ! Inter mille enim facinus qui quasi videntur agnoscere, conquerentium atque dicentium: *Quam grave peccatum est, quod episcopus ille destitutus ita videtur injuste;* vix unus invenitur qui rectius diceret: *Quam grave scelus, quod tam copiosus Christiani nominis ita deceptus est populus!* Cum utique mea destitutio levari pane sufficiet quotidiano; illius vero nemo advertere valeat quam irrecuperabilis perditio. Poterat vero adverti utcunque, si cogitare (449) aliquis, refert cujus scilicet, dignaretur, utrumne ali-

C

*quoque episcopi, qui me præfecerunt populo commisso, unus e quibus et metropolita,* id est Bruno Coloniensis, cujus suffraganeus erat episcopus Leodicensis. Hinc Bruno cum quibusdam aliis episcopis Ratherium Leodicum ducens, in episcopatus possessionem eumdem immisit.

(443) Acherius ediderat *concessumque.* Novissimus editor corrigendum conjecit *consensum quæ.* Recte emendavit *quæ* : at retinendum *concessum,* cum num. 22, *piissimi regis concessum* pariter habeatur. Sic autem construe : *Ne, cum vulgata omnibus sententia verba episcopi aut vera sint, aut sacrilega; ne, inquam, audeam appellare, aut credere falsidicam relationem ipsorum* (id est legatorum, de quibus numero præcedenti) *quæ præferebat concessum piissimi regis in negotio mei.*

(444) Laudes dictæ acclamationes publicæ, quarum formula in sacris erat: *Christo Laudes, Christus vincit, Christus regnat, Christus imperat, Exaudi,* D *Christe,* et similia.

(445) Construe : *Ne audeam admittere piaculum impietatis tam profanæ, quod quisque sapiens censebit tantum præstare his omnibus, quæ præmittuntur* (id est, præmissa fuerunt in promotione Ratherii), *quantum videtur cœlum distare a terra, ortus ab occasu : piaculum, inquam, impietatis tam profanæ, ut illegaliter cedens, si datur resistere, convincar cum his, qui accusant incardinationem mei, damnare eos, quos salva qualitate impari meritis, constat pro ceriis causis antiquitus translatos a suis in alias sedes ab eadem auctoritate, qua constat me fuisse translatum : qui tot translati noscuntur fore probabiles testimonio librorum, nostratibus quoque exceptis (quoniam quidem nulla eorum mentio exstitit, ubi factum est, id est ubi translationes ejusmodi acciderint) licet rutilent Dionysio antesignano clarissimo in martyribus,*

*Cassiano Æduorum sanctissimo cum innumeris, quos aut ignorantia nobis occuluit, aut oblivio abstulit.*

(446) Hic et in sequentibus memorat Ratherius episcopos qui ex una ad aliam sedem translati fuerunt : ac primo quidem inter *nostrates,* ut vocat, hoc est inter Gallos, Dionysium refert Parisiensem episcopum, quippe quem antea Atheniensi Ecclesiæ præfuisse opinabatur.

(447) Ita novissimus Spicilegii Acheriani editor, cum antea legeretur *non quascunque.* Inter episcopos vero de una ad aliam sedem translatos recenset S. Petrum apostolum, Felicem et Eusebium, quos Ratherium e ipseudoepistola Antheri papæ sumpsisse deteximus. Postea Perigenes aliique usque ad Silvanum cum propriis earum sedium, a quibus et ad quas translati fuerunt, nominibus referuntur a Socrate, et ex Tripartitæ historiæ libro duodecimo c. 8, eorum nomina eodem quidem ordine a Ratherio excerpta noscuntur. Tres postremi sumpti sunt ex S. Gregorio, qui de Martino Corsicæ agit, lib. I, ep. 79, et de Joanne Squillaceno, lib. II, ep. 37. Quidam vero *Terracinensis* ab eodem Agnellus vocatur, de quo vide lib. III, epist. 13.

(448) Id est S. Gregorius Magnus in epistolis antecedenti notatione indicatis, quibus translationes memoratas probavit. Mox construe : *cum quibus damnari, si damnantur, felicissimum judico.* Dein a quolibet scripsimus, ubi erat *cuilibet;* et cum editore Spicilegii retinuimus *vim,* ubi apud Acherium ut legebatur.

449. Construe : *Si aliquis, cujus scilicet refert, dignaretur cogitare, utrumne incantationi, vel, ut ita dicam, benedictione,* id est consecratione, *alicujus mortalis, aliquis, inquam, valeat fieri pastor Ecclesiæ, quem,* etc.

cujus mortalis incantatione, vel, ut ita dicam, benedictione, aliquis Ecclesiæ fieri valeat pastor, quem ille pastorum princeps et auctor, pastor ipse Deus et Creator, damnando et reprobando furem **213** vocitat et latronem. Aut quem valet benedicere, anathematis maledictio jure damnatus qui fuerit ipse? Levigare hæc qui volet, si valet, satagat mihi gravissima fore.

Quadraginta igitur adverbialibus (450) his quondam, ni me supputatio fallit, cum pro [subaudi ce-

(450) *Adverbialia* vocat rationes quadraginta antea propositas, quibus obstitit iis, qui importunissime sibi suadere nitebantur, ut Leodicensem episcopatum dimitteret. Easdem reproduxit, cum Veronensi episcopatui tertio restitutus, ut Miloni invasori cederet, nonnullos suasores invenit, inter quos unus fuit Ubertus episcopus Parmensis. Vide opusculum

A dendo] episcopio Leodicensi importunissimis suasoribus obstiterim Ratherius ego, remissius sex et decem illis **214** prioribus pro Veronensi, pravigeris respondere lector me noverit compulsoribus. Sit præterea cum Juda Scariote illo ( nisi pœnitentia subvenerit illi ) damnatus, qui me hinc fatigaverit amplius canonicæ (451-452) sanctionis censura, nec non et imperiali Cæsaris piissimi potestate prorsus excepta.

inscriptum *Qualitatis conjectura* num. 16. Mox sit edidimus, ubi erat sic.

(451-452) Duo excipit, quibus tantum se cessurum B pollicetur, nimirum canonicum judicium, et imperialem jussionem. De hac vide epist. 8, ad Milonem in fine.

## ADMONITIO IN PHRENESIM.

I. In negotio, quo Ratherius e Leodicensi sede expulsus fuit, præter *Conclusionem deliberativam*, quam præmisimus, alium libellum inscriptum *Phrenesis* ab eo lucubratum memorat Fulcuinus de Gestis abbatum Lobiensium, cap. 24. Hunc librum, qui in desiderio erat, inter manuscriptos codices monasterii Lobiensis inventum, Reverendissimus Paulus du Bois ejusdem cœnobii abbas, votis nostris humanissime annuens transcribendum, et ad nos transmittendum curavit. Ipsum *Conclusioni deliberativæ* subjicimus, quia posterius scriptus fuit, dum Ratherius e Leodicensi sede pulsus, Moguntiæ degeret, ut ex procemio liquet (n. 1). Cum porro is sub Pascha anni 955 fuerit expulsus; Phrenesim ipso anno aliquanto post Moguntiæ scripsisse dicendus est, cum dux Conradus (*Vit*. n. 59), qui *tunc*, cum pulsus fuit Ratherius, *contra ipsum regem* Ottonem *agebat*, in gratiam ejusdem regis subinde reversus, nondum obiisset (mortis enim ejus nullum hoc in libro indicium est quale auctor exhibuit in libro *Confessionis*, post illius mortem lucubrato, ubi num. 3 Conradum Cononis nomine *quondam* ducem appellat); obiit autem is pro Ottone dimicans mense Augusto ejusdem anni 955 (*Necrolog. Fulden*. t. III *Rerum Brunsv. Leibnitii*).

II. In hac Leodicensi causa Ratherius viginti libellos scripserat (*Phrenes.*, n. 7 et 18), quos subinde restrinxit in duodecim. Duodecim quidem voluminum, uti vocat, argumenta in procemio Phrenesis proferat, inter quæ undecimum est *Conclusio deliberativa*, cujus antea meminimus. Phrenesis opusculum licet omnibus hisce libellis præmissum, ultimo tamen loco exaratum in laudato procemio affirmat (n. 7), et celerius item ad finem deductum (n. 10), propterea quod Rotbertus Trevirensis archiepiscopus, in quem potissimum scriptum fuerat, e vivis excessisse ferebatur. Sperabamus fore, ut cætera quoque opuscula, ex quibus multa ad historiam utilia innotescerent, in eodem Lobiensi codice post ipsam Phrenesim invenirentur. Scripsimus, ut inspiceretur, diligentius codex; sed post Phrenesim fides Ratherii tantum reperta est, quæ ad initium secundi opusculi pertinet. Vide quæ hac de re pluribus notavimus in Vita auctoris § 10, num. 61. Cum Fulcuinus duo tantum opuscula *Phrenesim* et *Syrma*, id est Conclusionem deliberativam, in Leodicensi causa commemoret; hæc duo tantummodo in Lobiensibus manuscriptis suo quoque tempore reperisse videtur. Cæterorum quidem ejusmodi opusculorum cum nulla sit mentio in indice locupletissimo manuscriptorum operum bibliothecæ Lobiensis, qui ineunte sæculo undecimo accurate digestus fuit; ea vel tunc ibidem abfuisse manifestum est.

**215-216** III. Mirum vero accidit, eumdem Fulcuinum scribere, priorem librum a Ratherio fuisse appellatum *Phrenesim*, eo quod quasi *phreneticus* nimis *austere et ultra modum in Baldricum inveheretur*: ubi Baldricum Leodicensis sedis invasorem ab ipso intelligi exploratum sit ex iis quæ mox tradit de *Syrmate*, *in quo*, ait, *in eumdem Baldricum invehitur pervasorem, ut ipse nominat*, sum. Titulus quidem procemii *Phrenesis* nomen idcirco præfixum indicat, quia Ratherius in ea nimis austere in quosdam invehereter. In ipso autem opusculo multa contra Rotbertum Trevirensem archiepiscopum, et nonnulla in alium Baldricum episcopum Ultrajectinum Baldrici, Leodicensis avunculum; ad de Baldrico Leodicensi admodum pauca. Aliani porro veriorem causam, cur *Phrenesis* titulum indiderit, ipse auctor in procemio declarat. Dum Leodico ejectus Moguntiæ otio frueretur, ea, quæ de se acta fuerant, in libros digerere studuit. Id ut audierunt Rotbertus Trevirensis atque Baldricus Ultrajectinus, qui ejus pellendi præcipui fuerunt auctores, *dixerunt eum phreneticum esse*. Hoc convicium amplexus, eum, quem *condere contra eos statim maturavit libellum*, appellavit *eorum juxta sententiam* Phrenesim, *seque ipsum phreneticum*, *qui inusitato utique tunc temporis more non ad nummos tali in discrimine, non ad arma, ut quidam, non ad copiam amicorum, sed ad libros, ad armaria* (id est ad bibliothecam), *ad priscorum confugerit judicia*. Confugerit, inquit, *matura vit*, etc., quia in laudato procemio ad numerum septimum usque alienam personam induens, de se velut de alio scribit; et ita præterea scribit (quod notatu dignum est) ut suam indolem sequens, qua non tam alios, quam seipsum perstringere consuevit, quædam sua gesta vellicet ac in reprehensionem adducat eo fere censuræ genere, quo postea latius usus est (*Vid. auctoris Vitam*, § 17, n. 109) in *Qualitatis conjectura*.

IV. Unum tandem in hac admonitione peculiarem animadversionem requirit. Cum Ratherii stylus atque syntaxis aliquam identidem difficultatem et obscuritatem præferant; hoc tamen opere nihil difficilius, obscurius nihil invenitur. Obscuritatem nimirum auctor se in ipso studiose affectasse profitetur; unde in procemio num. 3, ait: *Generat præterea et hoc difficultatem eis, quos fecit, libellis, quod creberrime posita illic cernitur parenthesis, et, ut liquidam faciat orationem, mirabilem dictionum facit sæpius ordinationem, difficillimam quæ pariat, optimam licet intelligentibus, constructionis materiem.* Et sub ejusdem proœmii finem num. 9 : *Nosque cognoscat obscure quædam meis serio posuisse* (libellis), *quæ tamen dilucidare actutum valebit, si constructorem industrium ac studiosum habebit.* Hinc non pauca, quæ non ita facile primâ lectione intelligi queunt, nec sine studiosa animadversione assequi potuimus, constructione in notationibus explicanda fuerunt. At alia multa præter constructionis difficultatem negotium facessere. Nam *materiæ ignorantia*, ut ibidem auctor monuit, *plerumque, ut in cæteris libris, hic reddit intelligentiæ difficultatem*. Quædam enim facta, quæ aliunde perspecta non sunt, identidem ita leviter indicat, ut quid paucorum verborum indicio significetur, plane non liqueat. Accedit ad difficultatem mendosa scriptura : quod vitium adeo frequens hoc in opere occurrit, ut in nonnullis periodis nunc duo, nunc tria, aut plura etiam menda detecta fuerint. Multa quidem ex contextu, vel sententia aliunde cognita sustulimus. At alicubi cum res ipsa, seu auctoris mens prorsus lateret, nihil in textu corrupto audere satius duximus, quam in incertum divinare. Hisce de causis cum non pauca adhuc implexa et obscura supersint, quorum sensum, constructione etiam subjecta, elicere nequivimus; num ipsum opusculum edendum esset, aliquandiu dubitavimus. Cum vero in ea nonnulla suppetant ad Ratherii Vitam digerendam utilia, ibidemque alleganda, quæ aliunde frustra quærerentur; ipsum haud prætermittendum credidimus.

V. Hæc cum scripsissemus, doctus et antiquitatis studiosissimus comes Josephus Garampius, ab honore cubiculi summi pontificis, in Germaniam profectus, huic editioni aliquid opis præstaturus, monuit se, dum Coloniæ esset, in bibliotheca monasterii S. Pantaleonis codicem reperisse membranaceum sæculi XIII, in quo Vita inedita S. Brunonis archiepiscopi Coloniensis, scripta ab anonymo, integrum caput præfert de nostro Ratherio. Ipsum autem caput, cui titulus : *De episcopo expulso et in sedem ab ipso domino* (Brunone) *reducto*, accurate transcriptum a Josepho Antonio Pinzio, cui de litteris bene merenti ille alio migraturus id commendaverat, subinde accepimus, Incipit autem his verbis, quæ Ratherii elogium non reticendum præseferunt : « Veronensi Ecclesiæ intra Italiam præerat vir strenuus nomine Ratherius, habitu monachus, totius religionis cultor præcipuus et divinarum Scripturarum tractator luculentissimus. » Quæ porro idem anonymus mox de ipso narrat, ex numero primo Phrenesis in partem maximam sumpta noscuntur, adeo ut non modo eædem sententiæ, sed identidem etiam verba ingerantur. At mira plane hallucinatione Veronensi episcopatui Ratherii tribuit quæ in Phrenesi episcopatui Leodicensi conveniunt ; quod hoc loco monendum credidimus, ne, si quando isthæc Vita S. Brunonis proferatur in lucem, quæ in ea dicuntur de Ratherio uti Veronæ episcopo, minus cautis difficultatem et fucum faciant.

# RATHERII
## EPISCOPI VERONENSIS
# PHRENESIS.

*Incipit proœmium Ratherii episcopi in librum quem Phrenesim nominavit, pro eo quod nimis in eo austere in quosdam invehéretur.*

**217** 1. Scripturæ alicujus hoc maxime impedit indagatores, materiem si ignorent, hoc est dictatorem primum, intentionem dictantis, et rem unde agitur. Phrenesis igitur cujusdam Ratherii omnes (453), quibus iste loco præfationis præponitur, vocantur libelli. Cur hujusmodi [*ms.* Cujusmodi] vero notam tales meruerint, cum *Invectiva* illorum A alii, alii item *Apologetici* fuerint appellandi, ea prodit causa vocabulum, quod pulsus episcopio Veronensi Italiæ, ordinatus ubi fuerat, cum ad gloriosissimi regis se contulisset Ottonis auxilium, copiaque restitutionis præcessisset nulla, ipso quoque piissimo rege conante (454); data optione, interventu **218** fratris ejus Brunonis archipræsulis atque patratu, postquam electus coram eodem ad Aquas, quod dicitur, Grani palatium, non solum ab his, quorum intererat specialius, sed et ab episcopis, abbatibus, comitibus, totiusque regni primoribus quarta solemnis jejunii

(453) Construe : *Igitur libelli omnes cujusdam Ratherii, quibus iste præponitur loco præfationis, vocantur* Phrenesis. *Cur vero tales,* (libelli) *meruerint notam hujusmodi (id est titulum* Phrenesis*), cum alii illorum appellandi fuerint* Invectiva *, alii item* Apologetici*, ea* B *causa prodit vocabulum* (Phrenesis) *quod pulsus,* etc.

(454) Otto nimirum in Italiam veniens anno 951, Ratherium in Veronensem sedem restituere volebat. Sed cum Milonis comitis nepotem eamdem sedem occupare invenisset, nihil confecit. Mox construe et explica : *Data optione* (seu occasione eligendi novi præsulis Leodicensis, eo quod Farabertus episcopus vita excessisset) *interventu atque patratu fratris ejus Brunonis archipræsulis* Coloniensis, *postquam non solum electus fuerat coram eodem Brunone ad palatium,* quod dicitur Aquisgrani, *ab his quorum specialius intererat* (id est, a Leodicensibus), *sed et expetitus ab episcopis, abbatibus, comitibus, et primoribus totius regni, fuerat,* inquam, *electus feria quarta solemnis jejunii mensis septimi; rursum sequenti Dominica electus ab eodem populo, hoc est Leodicensis Ecclesiæ, summo favore totius Ecclesiæ quæ aderat, destinatus atque solemniter inthronizatus fuerat eidem Ecclesiæ a septem coepiscopis, prælibato scilicet Brunone, Rodberto, Baldrico, Hildibaldo, Druogone, Berengario, atque Folberto (quorum duo Bruno et Rodbertus fuerant archiepræsules, cæteri præsules), idque factum conniventia decretorum, consensu atque exemplis nonnullorum antiquorum, quibus et id contigerat : cumque postea,* etc., uti not. 458.

septimi mensis (455) feria fuerat expetitus; rursum sequenti Dominica ab eodem, hoc est, Leodicensis Ecclesiæ populo electus, septem a coepiscopis (duo quorum fuerant archipræsules, cæteri præsules) prælibato scilicet Brunone (456), Rodberto, Baldrico, Hildibaldo, Druogone, Berengario, atque Folberto, conniventia decretorum (457), consensu atque exemplis nonnullorum, quibus et id contigerat, antiquorum, summo totius, quæ aderat, favore, destinatus eidem, atque solemniter inthronizatus Ecclesiæ; cumque postea ingenio jam fati Baldrici (458), patratuque, qui eum super ambonem ecclesiæ Coloniensis spectanti cuncto specialius collaudaverat populo, Rodberti Trevirorum archiepiscopi, **219** vi publica comitum Regeneri atque Ruodvolti (459), nepos ipsorum, qui et filius fratris exstiterat Baldrici (talia ut quid contigerint ne difficile sit conjectari) ejusdem nominis puer quidam ut institueretur; et, ut per omnia materies personarum acceptionis [ms. acceptione] pateat, neglecta timiditate jam dicti regis germani, ne scilicet jam fati comites a rege ad Conradum, qui tunc (460) contra ipsum agebat, deficerent, sibique cum eo inimicarentur; vel (quo verius ipsius asserunt defensores) resistendo quia nullum habere potuit idem archiepiscopus, ut inhiaverat, ex episcopi amicis, vel militibus adjutorem, A fuisset expulsus; Moguntiæque benignitate archiepiscopi Willihelmi filii regis munificentissima copiosissime frueretur; data otii occasione curavit, quæ circa eum acta fuerant, in libros digerere, qualitas elaborans ne vel curiosis lateret sui temporis. Utique hoc audientes duo illi ejus specialius inimici, Rodbertus videlicet et Baldricus, dixerunt eum phreneticum esse.

2. Amplexus ille cum convicio reaccensum, sopitus qui jam fuerat, scribendi aliqua rursus ardorem, præsentem, quem cunctis proponeret, condere contra eos maturavit statim libellum, cujus summam appellat, eorum juxta sententiam, Phrenesim, seque ipsum phreneticum, qui inusitato utique tunc temporis more, non ad nummos tali in discrimine, non B ad arma, ut quidam, non ad copiam amicorum, sed ad libros, ad armaria, ad priscorum confugerit judicia. Invehitur autem prooemio in isto in Rodbertum amplius, in Baldricum mordacius; unde in initio statim præ se quasi contemnens, immunem dicit eum a phrenesis vitio, per quod intelligi vult **220** insaniam, quam purgari cicuta vetusta fecerat poetica (Horat., l. ii, ep. 2, v. 53) Consigniferum (461). quoque appellat in sui debellatione Rodberto, acie quamvis diversa, id est non ea quidem dicendi, quam ille affectabat, peritia, majore vero decipiendi contra ipsum regem, et sibi inimicarentur cum eo Conrado, vel, quod verius defensores ipsius asserunt, quia idem archiepiscopus Bruno non potuit habere, ut inhiaverat, aliquem adjutorem ex amicis vel militibus C episcopi Ratherii resistendo, seu ad resistendum; cum, inquam, his de causis expulsus fuisset, et Moguntiæ copiosissime frueretur benignitate munificentissima archiepiscopi Willihelmi filii regis; data occasione otii curavit digerere in libros quæ acta fuerant circa eum, elaborans ne qualitas sui temporis lateret vel curiosos. Utique audientes hoc (quod scilicet talia Moguntiæ scriberet) duo illi ejus specialius inimici, etc.

(459) Hic Regenerus Hainoensis comes præpotens erat, et ob tyrannidem anno 957 (quem notavit Frodoardus) ab ipso Brunone archiepiscopo Coloniensi, et Lothariensis regni duce proscriptus, ac perpetuo exsilio damnatus a Fulcuino traditur cap. 26. Is autem Regenerus Baldrici avunculus ipsum *in episcopatu adipiscendo plurimum juvit* eodem Fulcuino teste. Ruodvoltum item comitem, cujus *nepos* pariter erat idem Baldricus, potentia valuisse ex hoc loco intelligimus.

(460) Particula *tunc* manifeste designat, Conradum D *tunc*, cum Ratherius e Leodicensi sede pulsus fuit, *die*, ut infra scribitur n. 16. *Coenæ Domini*, id est 12 Aprilis anni 955, regis Ottonis fuisse inimicum; cum vero hæc scripta fuerunt Moguntiæ, in Ottonis gratiam jam rediisse. Rediit igitur in gratiam aliquanto post diem 12 Aprilis, sed ante mensem Augustum; siquidem cum Ottone reconciliatus, dum adversus Hungaros pro eodem pugnaret, obiit die decima Augusti anni ejusdem. Vide Frodoardum in Chronico, et Necrologium Fuldense apud Leibnitium Script. Brunsv. tom. III, pag. 762.

(461) Baldricum episcopum Ultrajecti ad Rhenum intelligit: unde inferius num. 9, similiter ait: *Sed et consignifero acie quam vis diversa Baldrico*. Mox *ea quidem dicendi, quam ille affectabat, peritia* refertur ad Rodbertum Trevirensem, quem de eloquentia decretasse cum Ratherio disces ex n. 14, in quem vide not. 497.

---

(455) Cum Ratherius ad Leodicensem sedem promotus fuerit anno 953, hoc anno *feria quarta solemni jejunii mensis septimi*, qua primum electus fuit, incidit in diem Septembris S. Matthæi festum, ac *Dominica sequens*, qua iterata ejus electio (*rursum electus*, inquit) et solemnior inthronizatio celebrata est, fuit dies 25 ejusdem mensis. Duplex electio distinguitur, altera Aquisgrani, Coloniæ altera, ut in Vita fusius explicavimus § 10.

(456) Bruno fuit archiepiscopus Coloniensis, Rodbertus archiepiscopus Trevirensis, Baldricus episcopus Ultrajectinus, Hildebaldus episcopus Transrhenensis, Druogo Osnabrugensis, Berengarius Virdunensis, Folbertus Cameracensis.

(457) Num Ratherii jam Veronensis episcopi promotio ad sedem Leodicensem adversaretur sacris canonibus atque decretis pontificum, quibus episcoporum translationes interdicuntur, expensum fuit in episcoporum concilio, qui ad ejus electionem convenerant. Omnes autem hanc electionem approbarunt legitimam tum *conniventia decretorum*, quæ episcopos ex una sede pulsos ad aliam promoveri posse tradiderunt, tum præsertim *exemplis nonnullorum, quibus et id contigerat, antiquorum*: de quibus vide *Conclusionem deliberativam* numero ultimo.

(458) Explica sic: *Cumque postea ingenio jam fati Baldrici* Ultrajectini, *et patratu Rodberti archiepiscopi Trevirorum, qui specialius eum collaudaverat super ambonem ecclesiæ Coloniensis populo cuncto spectante, expulsus fuisset vi publica comitum Regeneri atque Ruodvolti, ut institueretur nepos ipsorum, qui et exstiterat filius fratris Baldrici* (ut *ne difficile sit conjectari, quia talia contigerint*) *puer quidam ejusdem nominis* (qui similiter appellabatur Baldricus) *et, ut per omnia pateat materies acceptionis personarum* (id est, ut pateat omnia acta fuisse acceptione personarum) expulsus fuisset *neglecta timiditate jam dicti germani regis* (id est neglecto Brunone fratre germano regis Ottonis, qui ab eodem rege Lotharingici regni dux fuerat constitutus, et hoc neglecto ob timiditatem, quia scilicet timebat) *ne jam fati comites deficerent a rege ad Conradum, qui tunc agebat*

astutia. Nulli vero (462), nisi quem probitas defenderit, videatur parcere; quamvis nemini sæpe minus [*subaudi* parcat] (alter ut Lucilius) sibi quam ipsi. Archiepiscopum [*id est* Rodbertum Trevirens.] vero quam non reddat opusculis suis intactum, videre est indagantibus.

3. Generat præterea hoc et difficultatem intellectus eis, quos fecit, libellis, quod creberrime posita illic cernitur parenthesis; et, ut liquidam faciat orationem, mirabilem dictionum facit sæpius ordinationem, difficillimam quæ pariat, optimam licet intelligentibus, constructionis materiem. Fefellerit sane plurimos, ne ejus improvide considerata loquacitas, (463) morum ipsius uti et qualitas. Fateor magis eum intellectu viguisse, quam arte, exercitio quodam scribendi quæque, non vero copiose dicendi, quam privilegio plura sciendi : quem priscorum magis exploratio curiosa, quam ipsa artis dictare docuerint præcepta. Pauca a magistris, plura per se magis didicit præsumptione temeraria temperando [*f.*, comparando], quæ a doctoribus præcipuis alii maxime vix percepissent labore. Unde et quidam sapiens pariterque religiosus, inflatilis ne illum subverteret charitate minime subnixa (*I Cor.* VIII, 1), Apostolus ut præmonuerat, scientia, relectis quibusdam opusculis ait, in eo gratiam vigere, quam sapientiam, magis; mirandusque magis, quam laudandus videtur. Miranda potius, et prædicanda misericors, quæ talia tali deserendo, utique sese deserentem non deserens, . . ., contulit gratia.

**221** 4. Nam (et ut (464) de moribus ejus aliquid tetigisse non sit aut lacerasse, aut potius prædicasse) dicere quam facere boni quid magis fuerit idoneus, A subservierit cui ea utrobique simulatio voluntatem [*f.*, voluntatis], certius quæ ademerit spectantibus de se omnino judicium? Nam cum ad vitanda magis eum impulerit impatiens fragilitas, quam alliciens ipsorum [*subaudi* vitandorum] sæpe voluptas; ab agendis vero inefficax potius avocarit ignavia quam probitatis, ut ita eam vocare liceat, obedientia; irasci visus fuit sæpe lætissimus, lætus item maximum intus celavit sæpe dolorem. Dabat non rogatus impatiens rogari, ignotum sæpius odium quasi retinens læsus; multaque in hunc actitaverat (465) deprehendi perdifficilis modum. Forte beatus, si monachum, ut monstrat, efficeret habitus, nec abfuisset Laubiensi unquam cœnobio, si constans fuisset in voto. Ingenuitas (466) illi fuerat ea, quam magis, ut fertur, commendaverat antiquitas, quam præsentaret affinitas. Cujus (467) non approprians intempestivitas, sed proximans ævi afferre cœperat, ista dum conderet, maturitas canos. Do ad summam (468) : præ reus cavillatoribus pene exstiterat, exemplo si non aliquis nocuisset innoxius, aut non profuisse foret par nocuisse; utram vero in partem ita, ut dixi, erat ambiguus, vix cogitari juste æstimationis ejus ut valeat status. Levissimis nam (469), animosus multorum opinione cum esset, ita moveri fuerat [mirum dictu!] suetus, ad maxima ut esset ferenda mire quietus. Nullus ergo eum his, quos visus est imitari, componat, ne *Væ* **222** *qui dicitis malum bonum, et bonum malum* (*Isa.* v, 20), sibi a propheta clamari non immeritus audiat. Rursus quod probe egit, laudo, ne quis momorderit dente, ne *Parvulum occidit invidia* (*Job* v, 2), Job beatus illi videatur opponere.

---

(462) Construe : *Nulli vero videatur parcere, nisi quem probitas defenderit; quamvis sæpe nemini minus parcat, quam sibi ipsi, ut alter Lucilius.* Hæc de ipso Ratherio accipienda, cujus erat etiam asperior perstringere, uti traditur in *Qualitatis conjectura* n. 2. *Quem vero laudat, qui seipsum semper vituperat?*

(463) Construe : *Loquacitas ejus ne improvide considerata, uti et qualitas morum ipsius, fefellerit sane plurimos. Fateor eum magis viguisse intellectu, quam arte, et magis exercitio quodam scribendi, non vero copiose dicendi quæque, quam privilegio sciendi plura; quem exploratio curiosa priscorum magis, quam præcepta ipsa artis docuerint dictare. Pauca didicit a magistris : plura magis per se comparando præsumptione temeraria didicit, quæ alii vix percepissent a præcipuis doctoribus maximo labore. Unde quidam sapiens et pariter religiosus, ne scientia inflatilis (ut Apostolus præmonuerat) minime subnixa charitate subverteret illum, relectis quibusdam opusculis ejus ait, in eo magis vigere gratiam, quam sapientiam; et videtur magis mirandus quam laudandus. Miranda potius et prædicanda misericors gratia, quæ utique non deserens deserentem sese, contulit talia tali deserendo, qui nimirum erat deserendus.* Ubi puncta notavimus, in ms. additur *non deserendo deserens*, quæ cum videantur præcedentibus repugnare, perperam inserta putavimus.

(464) Locus implexus valde, et forte etiam corruptus, nisi sic explicandus credatur : *Nam (ut et, id est etiam, tetigisse aliquid de moribus ejus non sit aut lacerasse, aut potius prædicasse) quid boni magis idoneus fuerit dicere, quam facere is, cui utrobique (nimirum tum in dicendo, cum in faciendo) subser-* vierit ea simulatio voluntatis, quæ omnino ademerit spectantibus certius judicium de se ?

(465) Id est, *et actitaverat multa in modum hunc, perdifficilis deprehendi*, videlicet, unde erat perdifficilis, qui intelligeretur.

(466) Construe : *Ea ingenuitas illi fuerat, quam magis, ut fertur, commendaverat antiquitas, quam præsentaret affinitas*; id est erat illi *ingenuitas*, quæ cum *antiquitate* utique generis et majorum illustrium jungebatur, quæque commendabatur ob ejusmodi antiquitatem generis magis, quam ob viventes affines, quia forte, dum hæc scripsit, carebat magni nominis et potentiæ affinibus. *Ut fertur*, inquit; quemadmodum in *qualitatis conjectura* num. 2, eum a Veronensibus frequentius dictum fuisse nobilem ipse cavillator non obscure significat. Vide quæ in Vita adnotavimus, § 1, n. 5.

(467) Corrigendum videtur *cui*. Construe vero : *Cui non intempestivitas approprians, sed maturitas ævi proximans cœperat afferre canos, dum conderet ista*; quia nimirum dum hæc scripsit, non intempestive, sed ob ætatem maturiorem cœperat caniciem induere.

(468) Construe : *Do ad summam : pene exstiterat reus præ cavillatoribus, si non aliquis innoxius nocuisset exemplo, aut non profuisse foret par* (id est *foret idem ac*) *nocuisse. Utram vero in partem ita, ut dixi, erat ambiguus, ut vix valeat juste cogitari status æstimationis ejus.*

(469) Construe : *Nam cum esset animosus opinione multorum, ita (mirum dictu!) fuerat suetus moveri levissimis, ut esset mire quietus ad ferenda maxima. Nullus ergo componat eum cum his quos visus est*

**5.** Major cæterum (470) fuerat istius forte qualitas libelli, præcisus, jam peracta uti succiditur (*Job* VII, 6) tela, ni fuisset, jam fati statim ut comperuit obitum Rodberti, quem tamen falsus rumor ante prætulerat. Quod et iste initio prœmii satis mordaciter tangit, et in fine apertius prodit. Exempla vero de Tullio, Marone, Horatio, diversis atque poetis ea magis suo operi necessitas eum compulit indere, quod hodierni (proh nefas!) temporis omnes, ut et ipse, *magis* siliquis,.lutosarum sunt quæ pascua suum, quam conviviis delectantur, vita quæ sunt felicium animarum. Ut frequentiam igitur eis [*subaudi* libellis] acquireret (471), talia inseruisse probatur, lectorum, quia nec summis noverat attigisse labris quemquam sui similium hujusmodi poculum; facile investigata sive quia cito vilescunt cœlestis doni nectareum saporem, venenum hoc ni venenasset liquorem. Quam igitur simplicitas vera, prudentiaque displiceat mera, probant hujusmodi affectata; dum quis sapientior ut appareat, non ut sit, cæteris elaborat, interserens suis, ut iste, aliena, legisse tantum sese pluribus quo persuadeat multa; pannulos cum potius hoc sit artibus detraxisse, non ipsas artes habere, appetere gloriam, non sequi majorum. *O imitatores servum*; ait quidam nec mentiens; *pecus* (HORAT. l. I, ep. 19, vers. 19), carpsisse quos noster nec omisit Beotius. Sibi igitur (472) inutiles, pernoxii mea in hoc sententia omnibus, qui deceptos si quos reddiderint; aliorum efficiunt deceptores; qui scilicet particulas scientiæ aliquas meæ... minus proinde considerantes, totam aut maximam illius summam ipsis putant cessisse, et alios prædicando faciunt putare: quod interdictor nimirum mihi videtur quoque innuere, dum coram

A cæco prohibet offendiculum quemlibet ponere (*Levit.* XIX, 14). Obtutibus namque quidlibet subjectum inefficax cernere, nescio an putari cæcum non esse. Quod Apostolum cum constet sedulo cavisse, (dum) neminem de se plus aliquid desiderat æstimasse, quam quod in eo videret, et ab ipso audiret (*II Cor.* XII, 6); horret, deceptissimus si quivis peritum sese, aut nobilem, aut (quod multo iniquius est) justum, non existens, scriptis præcipue, quæ utique post mortem eo silente loquantur, mentiri et alios faciens, astruat, seque offendiculum ignorantia cæcis faciat ipsum obscurum, cum multo felicius foret, ut natum, ita latuisse defunctum, quam falsi rumoris laude perfunctum. Quo fit, ut simulatores peccare non desinant etiam mortui, dum sese post mortem quoque faciunt falso laudari. Sufficiat igitur istud de istius scriptoris scientia nec invidiose detractum, nec mendose superadjectum, ejus quod sit totius qualitatis atque conaminis argumentum.

*Breviarium librorum suorum.*

**6.** Sit igitur (473), ut capitulatim opusculorum retinemus ordinem, iste primus licet præfatio cæterorum, quantitas compellit tamen eum esse libellum. Volumen unum.

Sequitur qui dictantis continet duabus cum epistolis 224 fidem, quarum una Romanam fatigare querelis non desinit sedem, coepiscoporum altera gregem. Volumen unum.

Tertius querimoniam quibusdam cum epistolis habet regi delatam. Volumen unum.

Quartus duas continet tantum, Brunoni brevissimam, Rodberto satis prolixam, epistolas præsulibus. Volumen unum.

Quintus querimoniam Brunoni specialius, gene-

---

*imitari, ne non immeritus audiat clamari sibi a propheta:* « *Væ qui dicitis malum bonum, et bonum malum.* » *Rursus laudo quod probe egit, ne quis momorderit dente, ne beatus Job videatur opponere illi:* « *Parvulum occidit invidia.* »

(470) Construe: *Cæterum qualitas libelli istius forte fuerat major, nisi præcisus fuisset, uti tela jam peracta succiditur; præcisus fuisset,* inquam, *statim ut comperuit obitum Rodberti jam fati* (seu jam memorati) *quem tamen obitum rumor falsus ante prætulerat. Eum quidem mortuum præfert paulo ante libelli finem num.* 19 et 21.

(471) Explica: *igitur probatur inseruisse talia, ut acquireret eis libellis frequentiam lectorum: quia noverat quemquam similium sui nec attigisse summis labris poculum hujusmodi, sive quia facile investigata cito vilescunt* (id est vilem reddunt) *saporem nectareum doni cœlestis, ni venenum hoc* (exemplorum sæcularium) *venenasset liquorem; quia nimirum scripta quantumvis cœlestia non sapiunt, nisi insperganur profanis exemplis.* Erat in ms., *terrenum hoc invenenasset liquorem*, procul dubio mendose, ubi emendavimus *venenum hoc ni venenasset liquorem.* Sequentia porro sic construe: *Igitur hujusmodi affectata* (seu nimio studio quæsita exempla profanorum scriptorum) *probant, quam displiceat vera simplicitas, et mera prudentia, dum quis elaborat, ut appareat, non ut sit sapientior cæteris, interserens aliena suis, ut iste interserit, quo tantum persuadeat pluribus sese legisse multa: cum hoc sit detraxisse potius pannulos artibus, non habere*

*ipsas artes; appetere gloriam majorum, non sequi.*

(472) Construe: *Igitur inutiles sibi, et pernoxii in hoc* (mea sententia) *omnibus, qui si quos reddiderint deceptos. efficiunt deceptores aliorum, qui scilicet minus proinde considerantes aliquas particulas scientiæ meæ, et putant totam, aut maximam summam illius scientiæ cessisse sibi ipsis, et prædicando faciunt alios putare: quod nimirum interdictor mihi videtur quoque innuere, dum prohibet quemlibet ponere offendiculum coram cæco. Namque cernere quidlibet inefficax subjectum obtutibus, nescio an putari possit non esse cæcum. Quod cum constet Apostolum sedulo cavisse, dum desiderat neminem æstimasse de se aliquid plus, quam quod videret in eo, et audiret ab ipso; horret* (scriptor noster) *si quivis deceptissimus astruat sese peritum, aut nobilem, aut* (quod multo est iniquius) *justum, non existens talis, astruat,* inquam, *præcipue scriptis, quæ utique eo silente post mortem loquantur, faciens et alios mentiri; et si faciat seipsum obscurum offendiculum cæcis ignorantia, cum foret multo felicius latuisse ut natum, ita defunctum, quam perfunctum laude falsi rumoris. Quo fit, ut simulatores etiam mortui non desinunt peccare, dum post mortem quoque faciunt sese falso laudari. Sufficiat igitur istud nec invidiose detractum de scientia scriptoris istius, nec mendose superadjectum, quod sit argumentum totius qualitatis, atque conaminis ejus.*

(473) *Igitur, ut capitulatim retinemus ordinem opusculorum, licet iste primus sit præfatio cæterorum, tamen quantitas compellit eum esse libellum.*

ralitatem licet contineat, dedicatam archiepiscopo. Volumen unum.

Sextus, septimus, atque octavus ipsi sint licet invasori (474) legati; carpunt tamen multimode Rodberti, mordaciter et breviter factum majoris Baldrici. Volumen unum.

Nonus (475) satisfacit humilitatis sub pallio invectivæ, satis Brunoni propensus scriptor qui fuerat, sermone conqueritans lugubri. Volumen unum.

Decimus deceptissimum alloquitur gregem, pœnitentiæ indicens levamen. Volumen-unum.

Undecimus conclusio est deliberativa (476), sententiis magna, sermonibus parva. Volumen unum.

Duodecimus est dialogus cujusdam pro negotio factus, ab ipso tamen non penitus alienus. Volumen unum.

7. Non hæc vero ideo est ordinatio compacta librorum, quod sicut in historiographis tractatoribus, poetis, cæterorumque compositoribus operum, continuati [*f.* continuatim*] sint isti effectu, et ad sensum **225** præcedentis sermo respondeat sequentis; sed unusquisque per se libellus (477), non servato componendi existens ordine; una tantum quia de re sunt omnes, diversa sed continentes, compositi, suum quisque illorum est locum sortitus: quos non continuitas orationis, sed copulavit continuitas rationis, tantumdem quoque laturi, si qui primus, esset ultimus; qui quartus, esset octavus. Quod et dissimilitudo approbat eorum maxima, quod quidam scilicet illorum nil aliud nisi congregatio sunt epistolarum; quidam continuum, ut opuscula quorumdam, obtinent statum; quidam illorum sensu atque materia continuante dividuam videatur sectionem habere; quidam vero sex linearum per sententias ideo est divisione discretus, quod auctor ejusdem versibus eum disposuerat, ut in Martiano, Fulgentio atque Boetio cernitur. . . . . eadem ex materia sumptis pangere sententiis. Injurium sane

si cui videtur epistolarum congeriem ipsarum appellare libellum, vel unam quamvis earum sui prolixitate idem obtinuisse vocabulum; advertat in isto quidem Machabæorum librum (478), quem dicunt secundum, in cæteris apostolorum apud nos, Augustini, Hieronymi, Gregorii, multorum et aliorum epistolares consideret libros; apud sæculi vero scriptores Tullium, Senecam, Plinium ipsum quoque . . . . epistolares condidisse et appellasse libros, et osorum ut latratibus. . . . . . contraponamus . . . . satyrographis omnibus præferendum Flaccum Horatium; in libris quoque, qui prætitulantur ex Ponto, Nasonem Ovidium. Potuerant cæterum dici fore (fuerat uti statutum) viginti; sed aliquantulum cujusdam respectu curtati in duodecim et coarctati, rei sunt æstimatione unius, locutionis varietate duodecim appellandi atque tenendi. Prologus (479) vero iste primus dici et efficiendo meruit, cum sit compositione ultimus, aliorumque instigati convicio est ipse responsio, demonstrans in cæteris, **226** quantum eluceat auctoris eorumdem Phrenesis.

8. Fertur Nero, cum in eum generaliter omnis conspirasset senatus, ad unum, sibi quem putabat amicum, consulendæ salutis gratia misisse; quo venire nolente, rursus ad quemdam ejusdem conspirationis sibi inimicissimum, ut veniens eum necaret, direxisse, nolens utique spectante urbe universa, senatus ut sanxerat, ignominiose perire; quo etiam cunctante (Suet. *in Nerone*, n. 47.) : *Modo nec amicum habeo, nec inimicum*, dixisse. Congruit exemplum sive mihi, sive meis satis libellis. Quia enim testante Scriptura (480) : *Invidia hominis ad amicum et proximum sibi;* (Vere : non enim Indus Britanno, aut Francus invidet Partho : ) sublatis omnibus, scripti quibus fuerant, pene judicio Dei contrariis (481), sola miseria, quæ caret invidia, residet; et videas sæpe . . . . . . *eum*, qui infortu-

(474) *Invasorem* vocat Baldricum juniorem, qui sibi pulso in Leodicensem sedem fuerat subrogatus: majorem autem Baldricum nominat ejus patruum episcopum Ultrajectinum, qui eodem nomine appellabatur.

(475) Legendum videtur *Nono*, sicque construendum : *Nono* libello *scriptor, qui fuerat satis propensus Brunoni, conqueritans sermone lugubri, satisfacit invectivæ sub pallio humilitatis.*

(476) Etsi codex Laubiensis ex his duodecim voluminibus hoc in proœmio indicatis primum tantum exhibeat, ac ex secundo solam præferat dictantis fidem; hoc tamen undecimum volumen, cui titulus *Conclusio deliberativa*, ex alio ms. Laudunensi vulgatum antea præmisimus. Idcirco autem in Laudunensi codice descriptum et inventum fuit separatum a cæteris, quia in eo Ratherii opera postremo Veronensis episcopatus tempore ab eodem vulgata continentur; tunc vero ille hoc opusculum Veronensi seditioni pariter opportunum ratus, paucis sub finem additis separatim repetivit.

(477) Construe : *Sed unusquisque libellus* existens *per se non servato ordine componendi, quia omnes sunt compositi de re una, sed continentes diversa, quisque illorum est sortitus locum suum.*

(478) In isto nimirum libello, qui unam tantum epistolam continet, advertere licet secundum Machabæorum librum, qui similiter ex una tantum epistola compactus est. Quoad cæteros vero, qui plures epistolas complectuntur, exemplo esse poterunt apud catholicos apostolorum, Augustini, et aliorum Patrum epistolæ in libros distributæ, et apud scriptores sæculares epistolæ Tullii, Senecæ, Plinii, et, ut osorum latratibus os obstruatur, satyræ Horatii, et libri Nasonis de Ponto, qui epistolas præferunt.

(479) Construe : *Prologus vero iste et meruit dici primus efficiendo, cum sit ultimus compositione, et ipse est responsio instigati convicio aliorum, demonstrans*, etc.

(480) Sequentem textum in sacra Scriptura nullibi invenimus. Quandoque vero Scripturæ nomine dicta alicujus sapientis scriptoris allegari solent, ut patet inter cætera ex regula S. Benedicti, cap. 7, grad. 2, humilitatis : *Idem dicit Scriptura : Voluntas habet pœnam, et necessitas parit coronam;* et ex S. Valerii dictis de Generibus monachorum, cap. 3 Concordiæ regularum a Benedicto Anianæ abbate allatis, ubi hæc leguntur : *Scriptura testatur, quod omne peccatum, quod remissus indisciplinatusque admiserit frater, ad negligentem protinus revertatur seniorem.*

(481) Nisi in vocem *contrariis* mendum irrepsit,

niis condolet quorumdam, eorum minus tolerare persæpe fortunas. Vos, o neniæ, omnium licet affectetis favorem, nec ipse dignabitur, credo, nostri perintimus licet A. L. D. saltem attingere, quid vel intus pretiosi contineatis, tituli offensus indignitate, videre, obscura sunt nimium, inquiens; aliter superbum nostra judicans vituperare, quasi aliquis, teste Augustino, inveniri valuerit unquam scriptorum, qui ita potuerit, loqui, ut ab omnibus æque valeret intelligi; inferente, quod magnifice atque salubriter Spiritus sanctus ita Scripturas modificaverit suas, ut locis apertioribus fami occurreret, obscurioribus autem fastidia detergeret. Quæ utique obscuritates eo minus sunt oculatis adversæ, sunt quo magis arcani fida (teste Boetio) dignisque solummodo colloquens custodia : fieri etiam posse, imo et semper accidere (idem non silet Augustinus in libro qui de Ecclesiæ titulatur moribus (l. I, c. 1) ut multa indoctis videantur absurda, quæ cum a doctioribus exponuntur, eo laudanda videantur elatius, quo abjectius aspernanda videbantur, [et **227** eo accipiantur aperta dulcius, quo clausa difficilius aperiebantur. Unum igitur (482), ut infinita dimittam, qui ob quædam minus aperta cætera judicat refutanda, me vellem saltem doceret, quare a Domino quidam in Evangelio legatur dilectus, qui non fuit ad sequendum electus (*Marc.* x, 21, 22); aut quid evangelistam hoc pertinuerit tam studiose notare. Quid autem ex nostris præter cætera ad obscuritatem quoque huic, quod præ manibus habetur, conferendum potest videri, hoc est præfationi super arithmeticam nostri jam fati Boetii?

9. O detrahendi æmulatio semper avida (483), et, si deest facultas, non vacandi saltem, aut minus valendi, quæ monstrantur, intendere, causas indesinenter afferre parata!

subaudiendum est *miseriæ*, ut sensus cum sequentibus probe cohæreat. Ratherio enim e Leodicensi sede expulso sublata indicantur bona *contraria miseriæ*, id est dignitatem, redditus, favorem principum, etc., pro quibus vindicandis libellos ejusmodi scripserat. Hæc bona invidiam et inimicos ipsi peperam. Nunc autem his bonis spoliatus sola miseria illi supererat, ex qua sicut nihil metuebat invidiæ, ita nec inimicos verebatur. Hinc explicari aliquatenus potest, qua ratione Neronis dictum, quod præmisit, sibi vel suis libellis congruat. Hi nimirum inimicos, a quibus legantur, non invenient, cum auctor miseria oppressus nullos invidos et inimicos haberet. De amicis autem in sequentibus loquitur, quæ sic construenda sunt : Vos, *o neniæ* (suos libellos intelligit) *licet affectis favorem omnium, nec ipse A. L. D. nostri licet perintimus, offensus dignitate tituli* (Phrenesis) *dignabitur saltem attingere, vel videre, quid pretiosi intus contineatis, inquiens* : *Sunt nimium obscura; aliter judicans superbum vituperare nostra; quasi aliquis scriptorum, teste Augustino, valuerit unquam inveniri, qui ita potuerit loqui, ut æque valeret intelligi ab omnibus, inferente* (eodem Augustino) *quod Spiritus sanctus magnifice atque salubriter ita modificaverit suas Scripturas, ut occurreret fami locis apertioribus, detergeret autem fastidia obscurioribus.*

(482) Construe : *Igitur qui ob quædam minus aperta judicat cætera refutanda, vellem doceret me saltem unum* (ut *dimittam infinita*), *quare in Evan-*

Urit, ait, fulgore suo, qui prægravat artes
Infra se positas, exstinctus amabitur idem.
(HORAT., l. II, ep. 1, v. 13.)

Noverit sane eorum tam improbator, quam factor, neglector, quam lector, nullos in re, quam sumpsimus, agenda invenire moderni temporis se posse calamitosis utiliores episcopis libellos; nec adeo tamen cæteris quoque artibus atque utilitatibus expertes, ut non valeat de quibusdam difficillime alio inveniendis promptissima in eis, nisi desit studium, quoque inveniri doctrina. Cui enim episcoporum capessendæ victoriæ canonico in certamine quovis contra adversarios copiose non ferunt ista suffragium? Non tulisse, fateor, valebit usquam gentium quod est, si aderit certe, hoc uti et obscure dicam, librorum. Facessat ergo nodum in scirpo quæritans putam ignorantiam persæpe fingens invidia, nosque cognoscat obscure quædam meis serio posuisse, quæ tamen dilucidare actutum valebit, si constructorem industrium ac studiosum habebit. Excepto quippe quod materiæ ignorantia plerumque, ut in cæteris libris, hic reddit intelligentiæ difficultatem; constat eum **228** construendi fore prorsus ignarum, nostrum diffitetur qui se intelligere. . . . . dictatum; ignorare se quoque fatetur, quid sunt penitus climax (484), syrma, et parenthesis, qui hæc observare nostris nescit in libris; frustra etiam sibi arrogat latinitatem, ad talia qui capienda deesse sibi conqueritur facultatem.

EXPLICIT PROOEMIUM.

INCIPIT LIBER QUI PHRENESIS DICITUR.

10. Phrenesis, quam sic et appellare, et appellandam cæteris insinuare, vobis cum reverendo eoque perimmuni a vitio placuit vestræ adversum me partis non modo fautore, sed et consignifero (485), acie quamvis diversa, Baldrico, Domine, pauxillum *gelio legatur quidam dilectus a Domino, qui non fuit electus ad sequendum, aut quid pertinuerit Evangelistam notare hoc tam studiose. Quid autem ex nostris auctoribus ad obscuritatem quoque præter cætera videri potest conferendum huic* operi, *quod habetur præ manibus, hoc est præfationi nostri jam fati Boetii super arithmeticam?*

(483) *O æmulatio semper avida detrahendi, et, si facultas desit, parata semper afferre causas saltem non vacandi, aut minus valendi intendere quæ monstrantur!*

(484) *Climax* hoc loco tropice *gradationem* innuit : *sirma* vero, quod de sermone tragico quandoque acceptum legitur, orationem magniloquam apud tragicos usitatam significare videtur.

(485) Rodbertum archiepiscopum Trevirensem alloquitur, cui *consigniferum* in sui debellatione appellat Baldricum seniorem Ultrajectinum episcopum, ut ex num. 2, prooemii manifestum fit. Hi nimirum Ratherium, ut ibidem tradit, dixerunt phreneticum; et idcirco huic libro *Phrenesis* titulum præfixit. Construe vero : *Dirigo, Domine, pauxillum phrenesis cujusdam, id est rivulum derivatum ex quodam magno quasi pelago querimoniarum ipsius; ut videretur vobis, si daretur crevisse* (crevisse a carno accipitur, id est vos vidisse) : *Phrenesis*, inquam, *quam sic et appellare, et insinuare cæteris appellandam placuit vobis cum reverendo Baldrico et perimmuni ab eo vitio* (phrenesis), *non modo fautore partis vestræ adversum me, sed et consigni-*

rigo cujusdam, id est ex quodam querimoniarum ipsius magno derivatum quasi pelago rivulum, vobis ut videretur, si crevisse daretur. Ineditum (486) sane nonnulla et minus, quædam etiam rusticius, correctus quam suo idem contineat loco, quem hac præfatione taliter commendo, libellus, habentem ea dirigi festinantia fecit, quod creber, falsus licet (præter id quoque quod disparari inimicorum ab insectatu citato ipse putaveram absentatu, excessu revelatos, vestro, opprimuntur qui fasce) nuntiare non destiterat nuperrime rumor, omine forsitan neque penitus vano; verum si est omen, divinanti quod tribuunt populo. Quorum tangat cæterum specialius actum. Vestro credens examini taxare facillimum, justane cum causa, an aliqua invidiæ, coacervata est ut quorumdam malignitas, calumnia, nulla personarum indere curavi vocabula. Nam neque latere 229 conscium facinoris valuit animum, ei tale ut quid indidissetis vocabulum, qui videlicet tali tantoque in discrimine, dum mos sit quorumdam ad aggerem festinare nummorum, phreneticus (487) vester ad auxilium elegit confugisse librorum; dum illi ad arma, iste ad armaria; illi ad copiam amicorum, iste ad judicium præceps ruit priscorum. Nec injuria (488) phrenesis sit, ut asseritis, ea, *non omnia possumus omnes* respondere a quodam, quem haud penitus ignoratis, utique dicta. Nam nec defuisse sibi copiam attenderat præviorum, quorum æmulari (Comici hoc ut pene asseram verbis [Terent. prolog. *Andri.*]) negligentiam, quam istorum astutam maluit diligentiam. Filii sane sæculi hujus, Dominus ut asserit ipse, cum prudentiores filiis lucis in generatione sua sint; non

mirum, quotus si quisque vesaniam vobiscum deputet (*Luc.* xvi, 8).

11. Clementia regis, interventu cujus præcipue intererat archipræsulis, electione cleri et plebis, convenientia decretorum, exemplis nec modicis meliorum, consensu canonum, judicio atque consilio comprovincialium, præconio (489) tam splendidæ arduum Ecclesiæ super suggestum, celari quo nulli valeret utique factum, tantæ dicacitatis, vos uti fuistis, concionatoris, tamque suadibiliter concionantis, favore tam egregii cleri, tam copiosæ multitudinis, clangore signorum cum melodia hymnorum laudatus, constitutus, incardinatus, vacans vacanti Ecclesiæ episcopus, cur post omnia ista expulsus sit, invenire vecors (ejus) ut fuit assertio minime valuit. Ab amicis (490), imo ab eodem suo (quod fuit tunc silendum) ordinatore persuasus, fidens justitiæ, atque instituentium videlicet auctoritati, flagitando auxilium quid diceret, *ille* præcipue (ut asseruit vobis), cujus prædicata cuncto sæculo sapientia gnatonico cernitur quodam assentatu, 230 quam veritatis relatu vero; dixisse suppeditaret et firmissimæ stabilitas charitatis, et charitas robustissimæ stabilitatis, nisi si forsitan *actum* aliquid esset contra libitum vestrum verbo aut facto ab ipso, qui sum hæc omnia recitans ego? Negligenti, crebro ut agitur, simplici tamen mente peccatum nam voluntatis in aliquo sinistræ, excusare quod valeret omnimodis, est fassus reatu; id ut vindictæ severioris judicio vestro cauterio perustum deleret ad purum; jureque post ut singulare vos patrocinium coleret, colendoque frui perpetim neque desineret, ita tamen ut gratuita, quæ plurispendia vobis alternantibus sciret in

*fero, quamvis acie diversa.* Concinunt hæc cum iis, quæ in eodem proœmii loco traduntur.

(486) *Ineditum* libellum vocare videtur pro *nondum perfectum* ita, ut edi in publicum mereatur. Construe et explica : *Ea sane festinantia fecit* hunc libellum *dirigi ineditum, et minus habentem nonnulla, quædam etiam habentem rusticius, quam idem libellus correctus, quem taliter commendo præfatione hac, contineat loco suo : fecit,* inquam, *dirigi* libellum sic imperfectum, *quod (præter id quoque quod ipse putaveram disparari,* id est *separari, ab insectatu inimicorum absentatu citato;* Moguntiam enim secessit, ut a seditiosis sese subduceret) *creber rumor, licet falsus, non destiterat nuperrime nuntiare omine forsitan neque penitus vano, revelatos* fuisse *excessu* (id est obitu) *vestro, qui opprimuntur fasce,* seu potestate. Nuntiatum siquidem fuerat Rodbertum e vivis excessisse, ut in proœmio traditur num. 5. *Omine,* ait, *neque penitus vano, si verum est omen, quod tribuunt populo divinanti.* Sequentia : *Quorum tangat cæterum specialius actum,* alii felicius vel corrigant, vel interpretentur.

(487) Appellationem scilicet *phrenetici,* quæ ideo a Rodberto indita fuit Ratherio, quippe qui phrenesi laborare visus est, dum in seditione, qua episcopatu periclitabatur, non confugit (ut aliis mos erat) ad nummos, ad amicos, ad arma, sed ad libros et studium priscorum. Hanc eamdem ejus vocabuli causam iisdem prope verbis profert in proœmio n, 2.

(488) Id est, *Nec injuria sit phrenesis, ut asseritis, responderе ea utique dicta a quodam, quem haud penitus ignoratis : Non omnia possumus omnes.*

(489) Construe : *Præconio concionantis tantæ dicacitatis, uti vos fuistis, et concionantis tam suadibiliter super suggestum arduum Ecclesiæ tam splendidæ, quo factum non valeret celari ulli.* Rodberti archiepiscopi concionem in sua ad Leodicensem episcopatum promotione in cathedrali Coloniensi habitam indicat, de qua in proœmio similia prodit n. 1. Circumstantias communis consensus enumerans, quas in *Conclusione deliberativa* fusius explicat, affirmat se non posse invenire, cur post hæc omnia fuerit expulsus.

(490) Difficiliora sunt hæc atque sequentia, quæ num sic construenda sint, aliorum judicio subjicimus : *Persuasus ab amicis, imo ab eodem ordinatore suo* (Brunone) *quod tunc silendum fuit, fidens videlicet justitiæ et auctoritati instituentium, quid diceret flagitando auxilium, ille præcipue, ut asseruit vobis, cujus sapientia cernitur toto sæculo prædicata assentatu quodam gnatonico, quam vero relatu veritatis : quid,* inquam, *diceret, et quid stabilitas charitatis firmissimæ, et charitas stabilitatis robustissimæ suppeditaret dixisse, nisi si forsitan* [ms. *formam*] *aliquid verbo aut facto actum esset contra libitum vestrum ab ipso, qui sum ego recitans hæc omnia? Nam mente negligenti, ut crebro agitur, simplici tamen, fassus est peccatum in aliquo reatu voluntatis sinistræ, quod peccatum omnimodis valeret excusare, ut id perustum ad plura cauterio vestro deleret judicio vindictæ severioris, et post coleret vos ut patrocinium singulare, et colendo non desineret perpetim frui eodem patrocinio, ita tamen ut minime misceret gratuita, quæ sciret plurispendia vobis alternantibus in hoc præsertim negotio, quod totum fas et necesse esset actitari respectu Dei solius*

hoc præsertim negotio, quod totum Dei solius respectu et fas et necesse esset actitari, minime misceret [*f.*, nosceret]. Subjecta enim (491), ait, vestræque disertissimæ paternitati non cognitionis, sed recognitionis causa delata sanctorum Patrum exempla, fore supervacaneum sua perspicacitate [*f.*, perspicuitate] fatentur, cuilibet [*l.* cujuslibet] vestri similium, et qui recognitor atque servator sit æqui, aures inaniter fatigare: quibus dilucidatur legaliter undecunque assumptum, legaliter locatus, neque a semetipso veniens, sed ab eo, cui est mittendi auctoritas, missus, collatum præsidendi quoquo modo alicubi pontificaliter suscepit quis si semel officium, indignum licet, salvo mittentis pariterque convenientium, ut ita fari audeam, statu (malivoli quanquam usque ad necem desæviant) loco posse legaliter rursum, ordinis manente custodia, nullatenus moveri, ni forsan magis jura prævalent fori, quam sanctorum exempla; aut majoris auctoritatis est molendinum, quam pontificale officium. Illius namque provisor pelli nequit de semel accepta provisione, ni audientia præcedente, vicinorum sine murmure. Ad episcopum detrudendum hoc exemplo nullum [nullum *abundare videtur*], vis nulla requiritur; ratio, laus et vituperatio, **231** plebis consensus, et prohibitio legis partibus conveniunt æquis, paribusque proficiunt modis.

12. Super quo (492) Deum timentes, hominumque infamiam reverentes omnes, omnes, inquam, (ait prosequens), omnes, idem simultate omnimoda confidens posthabita, pro se quis dum facit, sibique prospiciendo consulit, sensuros, tum præcipue vos, cui et major verum sapiendi, et, ne quid contra idem moliamini, potior est copia concessa cavendi more usitatissimo, ore, manu, corde: *Zelus domus tuæ comedit me* (*Psal* LXVIII, 10), non rememoraturum dicere, ascensurumque ex adverso, oppositurumque murum vosmet defensionis pro domo Israel, ut stetis in prælio in die Domini (*Ezech.* XIII, 5), et

A hoc utique ad aquas contradictionis (*Deut.* XXXIII, 8; *Psal.* LXXX, 8), ubi probari vestræ valeat firmitas devotionis. Hujus spei fiducia oppido animatus perincongruum judico suasionibus fatigare aliquem vestrum, cum mordacissimam vos noverim Alexandri papæ satis nosse sententiam dicentis: Quia si quis se ab auxilio talium subtraxerit, non sacerdos, sed schismaticus judicabitur. Institutionis (493) quippe indignitatis, non se tamen ultro ingerentis, sed præcipienti obedientis ista sunt suffragia meæ, quæ sacratissimis manibus taxanda committo vestris, vos ut neminem episcoporum, qui causæ adfuerit, per Dominum contestans eorum cognitione fraudetis, sed nequa occasio non me defendendi adesse valeat, ostendendo omnibus propaletis. Hic

B sanctorum insanus Patrum, Antheri videlicet, Calixti, atque Gregorii ex decretis, sanctorumque non paucorum se legaliter vacanti inthronizatum Ecclesiæ astruere laborans exemplis, ea postquam subter inseruerat, adjecit: Esto aliquis legaliter factum inficiari nullo modo valens, infectum rursus fore criminis alicujus oppositione velit vera falsave; hæc sunt, quibus innitor, Deo gratias, iterum patrocinia; sed ignoro, sint utrum aliquid profutura: sunt enim tempora (proh nefas!) legem non admittentia. Cumque sanctorum Patrum sanctionibus **232** se incardinatum, vestri præcipue (494) præconio, innegabiliter probavisset; atque constructo ab eisdem, papa ut ait Telesphorus, se quasi circumvallasset (ita prosequitur) muro, vestri vero item

C inchoans a præconio; sunt (ut doceri non indiget antistiti vestri sacra prudentia) hujuscemodi perplura per sacratissimas divini dogmatis campos dispersa, et facillime, si necesse fuerit, invenienda: sed sufficere credimus ista, nec commemoranda quoque ipse nisi cui rex Babylonis oculos Sedeciæ regis Jerusalem eruit in Reblatha (*Jer.* XXXIX, 6), quæ interpretatur multa hæc, quam esse (Gregorio novimus docente [*in Job* l. VI, n. 57¹]) immoderatam, Stygium

(491) Construe: *Etenim subjecta exempla sanctorum Patrum, et delata vestræ disertissimæ paternitati, non causa cognitionis, sed recognitionis, sua perspicuitate fatentur fore supervacaneum inaniter fatigare aures cujuslibet similium vestri, et cujuslibet, qui sit recognitor et servator æqui: quibus exemplis dilucidatur, si quis locatus legaliter* (in officio episcopali) *nec veniens a semetipso, sed missus ab eo, cui est auctoritas mittendi, semel suscepit collatum officium præsidendi pontificaliter alicubi quoquo modo, dilucidatur,* inquam, *cum licet indignum assumptum legaliter undecunque, nullatenus posse rursum legaliter moveri loco, manente custodia ordinis, salvo statu, ut ita fari audeam, mittentis et pariter convenientium, quanquam malivoli desæviant usque ad necem; ni forsan,* etc.

(492) Item construe: *Super quo confidens, omnes timentes Deum, et reverentes infamiam hominum, omnes,* inquam (ait prosequens) *omnes sensuros idem, posthabita omnimoda simultate, dum quis facit pro se, et prospiciendo consulit sibi; tum præcipue vos sensuros idem, cui concessa est et major copia sapiendi verum, et copia potior cavendi, ne quid moliamini contra idem; quod omnes sensuri sunt, cavendi,* inquam, *more usitatissimo, ore, manu, corde.*

(493) Construe: *Ista quippe sunt suffragia institutionis indignitatis meæ, non se tamen ultro ingerentis, sed obedientis præcipienti, quæ suffragia committo taxanda sacratissimis manibus vestris, contestans vos per Dominum, ut non defraudetis eorum suffragiorum cognitione aliquem episcoporum, qui adfuerit causæ, sed ostendendo ea omnibus propaletis, ne qua occasio non valeat adesse defendendi me. Hic insanus* (id est phreneticus, uti ab adversariis appellabatur) *laborans astruere se legaliter inthronizatum vacanti Ecclesiæ ex decretis sanctorum Patrum, videlicet Antheri, Calixti, atque Gregorii, et exemplis non paucorum sanctorum, postquam saltem subter inseruerat ea* (decreta et exempla) *adjecit: Esto aliquis nullo modo valens inficiari legaliter factum, velit rursus fore infectum oppositione vera, vel falsa criminis alicujus, hæc sunt patrocinia, quibus Deo gratias iterum innitor; sed ignoro, utrum sint aliquid profutura: sunt enim tempora,* etc.

(494) Rodbertus scilicet archiepiscopus Trevirensis, quem hoc in opere alloquitur, Ratherium in ordinatione, seu promotione ad sedem Leodicensem e suggestu Coloniensis Ecclesiæ laudaverat, ut ex num. 1 procœmii intelliges.

Phlegethontis quæ trahit non fabulose irretitos ad barathrum, hujus sæculi curam; et ideo (proh nefas!) quibusdam contigisse, ut *videntes non videant, et audientes non intelligant*, ut merito valeat ipsis aptari quod de illis dictum est, qui *averterunt oculos suos, ut non viderent cœlum, neque recordarentur judiciorum justorum* (Dan. XIII, 9). Quos per vestram conveniri ita optamus sollicitudinem, ut non indigeant psalmographi voce tam terribiliter eis ut dicatur, moneri : *Intelligite hæc qui obliviscimini Deum, nequando rapiat, et non sit qui eripiat* (Psal. XLIX, 22).

13. O vesana phrenesis! o phrenetica prudentis juxta arbitrium vesania! tuas deplorare non sufficeris miserias, et Sedeciæ regis ante annos jam plus mille juste inflictas planxisse non pudebat socers ærumnas: Sed visa est forsitan tibi; neque in hoc phrenetica penitus, desipuisse lascivia : sed multos cum Gregorio hodierni temporis Sedecias, non istum tantummodo deploravisse; unde et quibusdam ejus exemplo (prosecuta es) misere contigisse, ut videntes non videant; et audientes non intelligant, quorum profecto cacumine visum tibi est contingere quivisse, ut tam perspicuo (495) divinæ legis renisu tam nequiter expulsus; solemniter inthronizatus qui fuerat; et non ab aliis, sed ab eisdem suis incardinatoribus, sibi legaliter credito, deplanxisse quem tantopere cœperas, fuerit præsulatu. **233** Sed miranda; cui loquebaris, si tamen probitatis ei quidlibet inerat, talibus molliri non valens duritia. Mirandus potius, phrenetice, qui talia tali dicebas, ignarus utique; quod surdo illi fabulam narrares, elegerat qui potius (de cupido et invido noster uti narrat mytographus) propriam in loco non solum negligere, sed, ut tibi videbatur, penitus pessumdare animam, quam restitutionem tolerasse, nedum elaborasse; ipsius juxta sensum, insanissime, tuam; nisi forte inescare præconiis avarum gestiens laudis, augustæ

recordationis Aurelii lepida satis inductus hujusmodi sententia : *Sæpe quilibet bonus dicitur, non quia sit, sed ut admoneatur ut sit*, more illorum, qui fraudulentos sua de industria commendant, quo scilicet dum sibi considerant fidem ab eis haberi, vereantur fraudis infamia ipsi notari. Dum [f., ad illos] illum destinabas (496), Dominum obliti qui fuerant, legatum, oblivisci ipse sedulus Dei metueret præceptorum, seque improviso, uti et illos, posse adverteret rapi, a nemine, ni cavisset, valeret unde nullatenus eripi.

14. Videre sed facile pernimium est (497), callidorum tantum unde contra te conceperit odium; latentia nam rimari, minus idonei. Ut te illius, ita illum tuam in te, quam te odisse potius autumant, cum insolentia loquacitatem : utque Demosthenem Tullio [Demostheni Tullium, et *supple* eloquentiam] præripuisse quidam asseruit, ne primus ipse, ne solus esset orator; vos ventoso satis decertavisse non absque invidia . . . elationis ultrice justissima, stultitiæque accusatrice verissima bello. Inter superbos enim sunt quia jurgia semper, re si fuissetis, ut vestrum quidam dici ambibat, dissentire ab invicem (natura quia similibus divortium denegat) nullo modo poteratis. In quo tamen ita ille visus est, ut in omnibus, vicisse, quod cum te infulatum desiderato diu; ut ipsum latere nequivit, quo tumebas, deturbasset episcopii solio, reverentiam tibi venerandi omnibus ipsius detrahere conaretur quoque officii. Nam publico te quemdam resipiscentiam etiam dedignantem dum excommunicasse pro sacrilegio, ipso coram, fama narrasset; nil curandum tua audacter de excommunicatione clamavit alieni. Quod utique eum dixisse, si tuæ, uti tu tibi, conscius **234** qualitatis fuisset, mirari adeo valeret. Dealbatum sed foris non minus quam intuentes fallere consuevit; tu eum lutebas sepulcrum introrsus : ac turpis, speciosus pelle decora (cujusdam ut continet satyra)

---

(495) Construe : *Ut tam perspicuo renisu legis devinæ ille, qui solemniter fuerat inthronizatus, tam nequiter fuerit expulsus præsulatu sibi legaliter credito, quem cœperas tantopere deplanxisse; et expulsus fuerit, non ab aliis, sed ab eisdem incardinatoribus suis. Sed miranda duritia non valens molliri talibus, si tamen quidlibet probitatis inerat ei, cui loquebaris. Mirandus potius es phrenetice, qui dicebas talia tali, ignarus utique quod narrares fabulam illi surdo, qui (ut mytographus noster narrat de cupido et invido) elegerat non solum negligere in loco, sed, ut videbatur tibi, penitus pessumdare animam propriam potius, quam tolerasse; nedum elaborasse restitutionem tuam, insanissime juxta sensum ipsius; nisi forte gestiens inescare præconiis avarum laudis, inductus hujusmodi sententia satis lepida Aurelii augustæ recordationis : sæpe quilibet*, etc.

(496) Item construe : *Dum destinabas legatum ad illos, qui fuerant obliti Dominum, ipse sedulus metueret oblivisci præceptorum Dei, et adverteret, se, uti et illos, posse rapi improviso, unde nullatenus valeret eripi a nemine; ni cavisset.*

(497) Construe : *Sed pernimium facile est videre, unde* (Rotberius Trevirensis) *conceperit odium tantum* (in voce *callidorum* mendum latere videtur) *contra te; nam minus idonei* (seu inepti hominis) *est rimari latentia. Ut autumant te odisse cum insolentia loquacitatem illius, ita autumant illum odisse in te potius loquacitatem tuam quam te : et ut quidam asseruit Tullium præripuisse* (eloquentiam) *Demostheni, ne ipse esset primus, aut solus orator ; autumant vos* (de eloquentia) *decertavisse bello satis ventoso non absque invidia ultrice justissima elationis, et verissima accusatrice stultitiæ. Quia enim jurgia semper sunt inter superbos, si re fuissetis* [subauditur forsitan *eloquientes*], *ut quidam vestrum ambitio dici* (Rotbertus affectasse dicendi peritiam traditur in prœmio supra num. 2.); *nullo modo poteratis dissentire ab invicem, quia natura denegat divortium similibus. In quo tamen* (hello) *ita ille visus est vicisse, ut in omnibus vicit, quod cum deturbasset te infulatum solio episcopii diu desiderato (ut nequivit ipsum latere), quo solio tumebas, conaretur quoque detrahere tibi reverentiam ipsius officii venerandi omnibus. Nam dum fama narrasset, te excommunicasse quemdam etiam dedignantem resipiscentiam pro sacrilegio publico; narrassel, inquam, coram ipso ; audacter clamavit nil curandum de tua excommunicatione alieni* (forte lata in alienum, seu non subditum). *Quod utique adeo valeret mirari eum dixisse, si fuisset conscius qualitatis tuæ; ut tu tibi conscius es. Sequentia mendosa alii corrigant, si possunt, et explicent.*

animus illi et qualitas fuerat tua. Mirum enimvero tam abruptum te contra intus, ut dixi, quæ nullatenus viderat, quod est ausus proferre judicium, contra intus dicentem quoque auctoritate Christi Apostolum [*l.* Psalmistam] : Sedensque adversus fratrem loqui, et adversus filium matris suæ (circumstantem utique populum) hujuscemodi ponere scandalum (*Psal.* XLIX, 20); teque ideo non esse eipscopum, quia episcopio pulsum; dum culpam juxta Aurelium non faciat vindicta, sed causa; pœnaque rerum absolutio sit quædam ipsorum; nam, ut festive satis ait Isidorus, non qui accusatur, sed qui juste et legaliter convincitur, reus est.

15. *Si dereliquerint filii tui*, promittit Dominus David, et utique manu forti, *legem meam; visitabo in virga iniquitates eorum, et in verberibus peccata eorum: misericordiam autem meam non dispergam ab eo* (*Psal.* LXXXVIII, 31-34). Idem et Malachim numero sed continet singulari, *Si inique*, inquiens, *aliquid gesserit semen tuum, arguam eum in virga virorum, et in plagis filiorum hominum; misericordiam autem meam non auferam ab eo, sicut abstuli a Saul, quem amovi a facie mea* (*II Reg.* VII, 14) : ut inter ordinaria reipublicæ (498), et sacrata intelligas sit quanta distantia Ecclesiæ, et quam inter se differant Deus, qui tribuit ipse, et quos miseri sæpe conferre valent (id est ubi ipse permittit) honores; vel, ut hoc verbis pulchrius referam Augustini, quam omnia terrena cacumina temporali mobilitate nutantia, non humano usurpata fastu, sed divina gratia donata celsitudo transcendat. Sit quod potest censere quivis [*ms.,* cuivis], inanis utrum præsulatus esse debeat umbra, et sine honore nomen, an auctoritas quædam sequatur, quam ea consequentur valentia, quam magis efferat, quam opprimat terrenæ molis inopia. *Psallite Domino*, ait et alibi, *in tubis ductilibus;* id est de flagellorum attritione productis: laudate Dominum, animabus vel ipsi (499) flagellis correcti nomen cum electis benedicite Domini.

**235** Non dissimulandum tamen, quod dum tuba producitur, malleus hebetatur, ut inferentem, quam ferentem ejus illata noceat magis, credamus, injuria. Aurulæ quoque filiorum Levi Dei præcepta ipsis servatæ damnatis quid monuerint : *Et movebo candelabrum tuum de loco suo* (*Apoc.* I, 6), non penitus evellam (500) ut quid fuerit dictum, sapientis perpendere fuerat ne infinita replicem, proprium. Lepida sed (501) quam sit, præter id quod est etiam veracissima tibique percongrua cujusdam urbani non multum ignoti operæ pretium est istiusmodi considerare sententia : Hic etiam nostris, ait, cumulus malis accedit, quod æstimatio plurimorum, non rerum merita, sed fortunæ spectat eventum, eaque tantum judicat esse præmia, quæ felicitas commendaverit; quo fit, ut æstimatio bona prima omnium deserat infelices, itemque hoc tantum dixerim, ultimam esse adversæ fortunæ sarcinam, quod, dum miseris aliquod crimen affigitur, quæ perferunt meruisse creduntur.

16. Sed (502) ut ad vestrum jam redire libelli maturet garrulitas nostri phreneticum, quis non omnem excedere judicet insaniam, quod episcopus licet fuerit, causaque non defuerit, archiepiscopum excommunicare quamvis præinvasis etiam ab Evangelio Dominicis ausus fuerit verbis. Quinto decimo (503) nam phrenesis juxta vos uti istius habetur libello, cum in cœnæ Domini festo, festivius quo nil fuisse vigenti, qui postea ad duodecim redacti fuerunt, inferius traditur num. 18. Hinc *decimus quintus*, qui factum hic indicatum exponebat, ad priorem divisionem pertinet. Cum vero præter hunc primum, et undecimum cæteri libelli, in quibus hoc factum plenius describebatur, interciderint; peculiares ejusdem facti circumstantiæ, quibus res clarior fieret, ignorantur. Indicatur hic memoratæ excommunicationis tempus et modus. Cum nimirum in die Cœnæ Domini archiepiscopus mulierum oblationes reciperet, phreneticus ille, id est Ratherius, fecit ei inferri, seu suggeri, forte per alium aliquem (neque enim Ratherius, qui degebat Leodici, in die Dominicæ Cœnæ ibi fuisse videtur, ubi archiepiscopus in sua ecclesia celebrabat) fecit, inquam, ei suggeri *istud* evangelicum: *Si offers munus tuum ad altare*, etc. Quæ verba cum offerentem arcerent quodammodo a missa prosequenda, nisi prius cum fratre reconciliaretur; id tanquam excommunicationis cujusdam speciem auctor hoc loco prætulit. Excommunicatio ejusmodi ab episcopo in archiepiscopum inferri potuit. Is vero archiepiscopus Rotberlus Trevirensis fuisse videtur, qui expulsioni Ratherii favorem præstitit. Cum enim ad hunc directus fuerit præsens libellus, eumdemque auctor perpetuo alloquatur; ipsum respicient verba *reciperetis oblata, et istud inferri vobis*. Construe autem sic : *Nam uti habetur in libello quinto decimo istius Phrenesis juxta vos* (quæ scilicet ex vestra sententia dicitur Phrenesis) *cum in festo Cœnæ Domini*, quo nil invenitur festivius *sententia mea, reciperetis, uti moris est, oblata muliercularum; audacia ejus pariter phrenetica* (rata forsitan quod, *ut fama fuerat, induti*

---

(498) Explica : *Ut intelligas, quanta distantia sit inter ordinaria reipublicæ, et sacrata Ecclesiæ, et quam differant inter se Deus, qui ipse tribuit, et honores, quos miseri sæpe valent conferre, id est ubi ipse permittit; vel (ut referam hoc pulchrius verbis Augustini) quam celsitudo non usurpata fastu humano, sed donata gratia divina transcendat omnia terrena cacumina nutantia mobilitate temporali.*

(499) Id est : *vel ipse flagellis correcti benedicite nomen Domini cum animabus electis.*

(500) Construe : *Ne replicem infinita, fuerat quoque proprium sapientis perpendere, quid monuerint arulæ filiorum Levi Dei præcepto servatæ ipsis damnatis, et ut quid fuerit dictum :* Movebo candelabrum tuum de loco suo, *non penitus evellam.*

(501) *Sed opere pretium est considerare, quam lepida sit, præter id quod est etiam veracissima, et tibi percongrua, istiusmodi sententia cujusdam urbani non multum ignoti*, etc.

(502) Construe et explica : *Sed ut garrulitas libelli nostri jam maturet redire ad vestrum phreneticum, quis non judicet excedere omnem insaniam, quod licet fuerit episcopus, et causa non defuerit, ausus fuerit excommunicare archiepiscopum, quamvis excommunicaverit præinvasis, seu præreptis, etiam ab Evangelio verbis Dominicis*, illis nimirum, ut credimus, *verbis post pauca subjectis, Si offers munus tuum ad altare*, etc., quæ quatenus excommunicationem non propriæ, sed late sumptam continere dici queant, explicabimus notatione sequenti, ubi etiam quis fuerit ille archiepiscopus, palam fiet.

(503) Licet nunc in hujus phrenesis procemio libelli tantum duodecim memorentur, tamen initio

nea invenitur sententia, **236** muliercularum, A Facile prudentissimi ut estis ingenii, advertere valetis, si dicente Scriptura : *Intellige proximum ex temetipso* (*Eccli.* xxxi, 18), vir [*f.*, vigor] non desit animæ jure dominans vestræ, qui forte defuerat, cum *Intelligite hæc qui obliviscimini Deum* (*Psal.* xlix, 22), quibusdam, qui scilicet averterant oculos suos, ut non viderent cœlum, neque recordarentur judiciorum justorum (*Dan.* xiii, 9) per verum suggerere censui antistitium. Absit ergo (506), absit hoc indesinenter agere, adhuc qui non desinit, quod ab initio verbo utique, de cordibus hominum moliens evellere, quod minatur satagens levigare serpens ille antiquus.

moris ut est, reciperetis oblata; istud inferri vobis phrenetica ejus pariter fecit audacia (rata forsitan, jus quod pulsione, fama ut fuerat, nacta [*f.*, pacta] die tam solemni, anxietate quem omittebat haud plangere querula, induti fuissetis planeta :] *Si offers munus tuum ad altare, et ibi recordatus fueris, quia frater tuus habet aliquid adversum te; relinque ibi munus tuum ante altare, et vade prius reconciliari fratri tuo; et tunc veniens offeres munus tuum* (*Matth.* v, 23, 24). Hic, Domine, ambigo, cujusvis duorum mirari debeam amplius phrenesim. Esto enim ille dolore actus insanibat ? Vestra, rogo, ubi sanitas fuerit; et ubi præsens, qui tam vobis fueratis ibi, Domine, absens. Viluerat merito mittentis sed æstimatio : pensari at debuit dominantis præceptio. Obtinere petentem prohibebat indignitas : obedire sed B sibi tremenda cunctis compellebat majestas. Facere sed fortisan quod petebamini [*l.* petebatur] defuerat facultas. *Habe me excusatum* respondere... ut quid, rogo, nequivit humilitas. Ad cumulum quoque insanientis vobis ut morem [*f.*, ex more] ita sæpe gariens, genera vesaniæ quasi affectatus multa jam per annorum curricula, dicacitatis ita favor desiperet vestræ [*f.*, nostræ], ut evangelicum illud tam terribile tonitruum intellectuali nequissetis auditu sentire, et quod seipsum, læsus a vobis qui fuerat, moneret, adversum vos habere, et quia jure, quo ipsi deberetis præcepto Domini reconciliari, valuissetis **237** eo nisi explanante intelligere, istud e vestigio maturavit porrigere. Securus (504) alter ut queat esse salutis, mihi quondam dilectissime Pater, morbi latentis periculum non celare quidem alicui, remedium tamen non præbere consilii, meum ne valeat esse, pristina vestri dominatus interdicit beneficentia. Me læso potius, quem quamvis [*ms.* quamve] graviter læseritis, reconciliari oportere, delata vobis modo evangelica monet legatio (505).

17. Absit e diverso persuasor, hodie qui legitur, idoneus sermo utique apostolicus. Ascendite pontificale, quæso, æqui contra vos judicii tribunal.... Stet coram verum non diffitens conscientia; et ex vestra meam taxare libeat mentem. Cumque (507) læsum me quidem haud leviter, interdictorem vero gravissime, sed quibus reconciliari valeatis, inveneritis unum quidem absentem, alterius præsentissimam majestatem; recurrite ad Gregorium saluberrime ita monentem : Debemus quippe ad eum, quem læsimus, quamvis longe positum mente ire, benignitate eum atque submissione placare. Quod si facitis, et sicuti nocuistis, ita me juvare disponitis; munus offerre Deo hac duntaxat ex parte licenter valetis. Si negligitis, *funiculus triplex* quam *difficile rumpitur* (*Eccle.* iv, 12), experiri quandoque credo, et quod [*scilicet* funiculus] is fuerit, quo columbæ venalitas C perturbata quondam Dei fuit de templo (*Joan.* ii, 15), sero licet potueritis [*subaudi* experiri] : quod ne contingat, per hodierni ministerium festi vos adjurando commoneo. Si dedignamini mihi, reconciliamini Deo, cujuscunque medio resolidare gestientes factam per vos specialius **238** (et ut pace licet verum dicere vestra) omnino fracturam. Advertite sane namque (508), si placet, (potestis optime) quam

fuissetis planeta pro pulsione ejus nacta die tam solemni, quem haud omittebat plangere anxietate querula) ea, inquam, *audacia fecit inferri vobis istud : Si offers munus tuum*, etc. Quæ intra parenthesim clauduntur, ob rerum gestorum ignorationem perobscura sunt, et fortassis etiam mendosa, necnon interpunctionis incertæ. Forte pro *nacta*, si hoc participium referatur ad ablativum *pulsione*, legendum *pacta*, de qua scilicet pulsione *pactum*, seu deliberatum fuerit die D tam solemni : neque enim *acta* legi posse videtur, cum si eo die pulso Ratherii acta fuisset, id est facto, non ex fama fuisset exploratum; ac præterea ea vi et potestate publica Ratherius pulsus fuit, qua Baldricus electus, vel ordinatus et in sede locatus, quorum neutrum tanto dici, in quo episcopi in suis cujusque ecclesiis sacra peragunt, nec ad electiones aut ordinationes conveniunt, congruit. Quid si *nacta* referendum credatur ad *fama*, quasi hæc id factum *nacta fuerit*, seu detexerit? Quid si voces *die tam solemni* referantur ad *plangere*? Sed in re plane involuta et obscura præter fidem nostris in vocibus emendandum credidimus, nec de sententia hujus parenthesis quidquam certi volumus affirmare.

(504) In ms. erat *securi alterius queat*, nullo sensu. Correctionem ex ingenio inductam suasit sententia ; sic enim construe : *Ut alter queat securus esse salutis, Pater mihi quondam dilectissime, pristina benefi-*

centia dominatus vestri interdicit (*licet sequens maleficentia non desinat cogere*) *ne valeat esse meum non celare quidem alicui periculum morbi latentis, non præbere tamen remedium consilii*. Meliorem emendationem, aut constructionem si quis afferat, libentissime suscipiemus.

(505) Construe : *Legatio evangelica moao delata vobis* (id est verba illa Evangelii paulo ante recitata : *Si offers munus tuum*, etc.) *monet oportere, me potius quem quamvis læseritis graviter, reconciliari læso*.

(506) Construe : *Absit ergo, absit serpens ille antiquus satagens levigare quod minatur; absit agere indesinenter hoc, qui adhuc moliens non desinit evellere de cordibus hominum, quod ab initio verbo utique evulsit*.

(507) *Cumque inveneritis me quidem læsum graviter, interdictorem vero* (id est Deum) *gravissime læsum, sed e duobus, quibus valeatis reconciliari, inveneritis unum quidem* (id est me) *absentem* (Moguntiam enim sese receperat) *alterius vero* (scilicet Dei) *majestatem præsentissimam; recurrite*, etc.

(508) *Sane namque advertite, si placet* (*potestis optime*) *quam aperte decretum Antheri papæ perturbet judicium loquacitatis vestræ, uti et omnis ejusdem auctoritatis longius judicium improvide abruptum contra me :* cum scilicet judicatum fuit, Ratherium

aperte Antheri papæ decretum, abruptum me contra improvide loquacitatis vestræ perturbat, uti et ejusdem auctoritatis omnis longius judicium. Nam cum benigne satis mei in causa præmisisset, dicens : *Utrisque autem, id est et famem verbi patientibus, et episcopis necessitatem, quando inthronizantur in aliis civitatibus, non modica exhibetur misericordia. Negantes autem hoc, speciem licet pietatis videantur habere, virtutem ejus abnegant;* quasi in vos specialius inveheretur, coramque essetis, digito intentionis vobis (509) quasi porrecto, repente subintulit : *Nam in tali negotio prosapiam non agnosco. Si quis tamen sapientium, quos insipientibus tempestatis hujus procella sociavit aliis auctoribus, facinorum participatione maculatur splendor sapientis; etsi communionem criminum incurrit, nescit tamen ducem se præbere peccantibus.*

18. Obedientissimum præterea ad omnia, quæ libuerit præcipere, me valebitis invenire, si quod justum esse nostis, plenissime exsequi non dedignamini; hoc dico in negotio juste. Talibus igitur namque protervis cum nullo rescripti remorsa fuisset responso licentia: in tantam (nam deteriores omnes sumus, Chremes ut ait) vesana libertas prorupit audaciam, ut viginti jam voluminum loquacissima garrulitate, quæ tamen inconstanti satis levitate in duodecim rursus conatur astringere, magnitudine pari ea gestiens coaptare, omnes non desinat infestare, illos præcipue, quos hic valebitis deprehendere, si non displiceat legere; nullius dignitati, nullius parcens, ut phrenesis merito a vobis vocata possit videri, potentiæ, patronam quæ non habeat probitatem, quamvis maximam nuper eorumdem [*scilicet* voluminum] fama sit eum obliterasse partem, mansuetudine clementis regis cujusdam pro amore cogente; quod se tamen fecisse demens fateri non desinit. Quidquid non speraverat, jam quidem contigit, immaniter dolore [*f.,* dolere], addidisse præterea ut judicemini quasi calcaria sponte currenti; insolentissimam exhausisse, et ad carpendum quoslibet, vos præcipue, quodammodo provocasse videmini in hoc valde superbiam : quod, uti Festus 239 quondam Apostolum insanisse litteris putavit (*Act.* XXVI, 24), quod dixeritis eum [*subaudi* insanire litteris], longe aliter vos eumdem æstimasse cum sit magis credendum.

19. Ah! sile, sile, rogo, sile; jam opposita nuntiatur nam deesse persona. Desine nummulos dilapidare emendis in pellibus, conducendisque tabellionibus. Insana vere procacitas tua · phreneticoque tandem dimisso tabulatu, threnico, beatus quod Job, di ululatu : *Verebar quod enim accidit* (*Job* III, 25) Abiit nam, quem (510) insectabaris, et proh! numm reversurus abscessit, abesse quoque sortitus æternum. Clangor, eheu! manet ut iste signorum. Obiit quam abiit; præcessit, quam abscessit. Nugigerul nugi ipse nugas effundens, diviuabas uti demen cum populo, insultaveris caveas mortuo dico. N fatigare, quæso, garrulitas inepta diutius null curanda dictando. *Quis leget hæc?* sed potius famelic resipiscens dic cum satyrico : didicit nam quia di ves alit, ut conqueritur avarus, tantum mirari tantum laudare disertos plebeios affectaveris ne quidquam rumusculos. *Denique non omnes eadem mirantur, amantque.* Mitte cunctorum favores inanite quæso, captare. Non maledicas surdo, neve obloqua ris absenti, alias sane probo, cæteris nec ade inhumano pro tempore atque loco, tibi licet infesto Clama sed potius, vociferare medullitus.

*Incipiunt versus* (511) *ab eodem compositi.*

20. Quid teneant intus nostri, si forte libelli
Cura velit solers lectoris discere, sume.
Dat studium, scriptor, socios quo vindice vero
Concutiat, sternat, relevet, confortet, adunet,
Soletur, recreet, animet, conformet, adornet;
Ætna qui gravius tolerant, heu! pondus, amice.
Ut sua nam stringit quemvis, vexatque chiragra,
Opprimit et gibbus sideris incongrue dorso,
Maternas trux dilacerat ut bellua costas,
Exstincti et vindex genitoris tentat haberi;
Haud secus interno sese infestare duello
Abjurata Deo certat plebs dente canino,
Mordendo alterutrum consciscens impia jura
In caput et vertenda sumendum quis propriumque
Velle Dei curans lymphata mente laborat,
Ancillata Deo paveant quo corda maligno.
Grandia parva docet stultus, dum quisque sinistra
Componit dextris, distorta et recta fatetur,
Alba nigris, quadrata rotundis, sæva benignis
Mutavisse juvat, et carpere justa : beare
His adversa, vehat sibimet quo tartareum væ
Confundens natam Domini quod munere rectum
Protulit, et firmis compegit nexibus olim
Temporibus, quæ quisque suis proque ordine pulchro
Constituit doctor debriatus nectare divo.
Sic ruit in præceps decus et veneratio prorsus
Ordinibus collata sacris et cœlitus, ac sic
240 Ephraim Manassen, Manasses infesta
[Ephraim,
Debellare simul Judam tenduntque parati

e Leodicensi sede ejiciendum, propterea quod esset episcopus Veronensis, tametsi e Veronensi cathedra pulsus, eam amplius non obtineret. Decretum autem Antheri, quod sincerum tunc habebatur, ejusmodi judicium contra Ratherium editum, minus æquum demonstrabat.

(509) *Vobis,* id est Rotberto, cujus insignis erat prosapia. Filius enim erat Theodorici comitis, et Reinildis e Fresonum et Danorum genere progenitæ, ac frater Mathildis reginæ, quæ Henrico I

Germaniæ regi nupsit, et Ottonem regem genuit

(510) In ms. mendose *que.* Respicit Rodbertum archiepiscopum Trevirensem, qui mortuus ferebatur, dum hæc auctor scripsit : in ipsum enim hic libe lucubratus fuit.

(511) Num sequentes versus hexametri ita minus accurate, et perturbate fuerint scripti, ut a phrene tico effusi viderentur, ignoramus. Sententia cert valde obscura et difficilis est, ut vix in fine aliqui eliciatur.

Agmine conserto, nullos habitare triumphos,
Immemores Domini civilia condere bella
In sese proprium gnari et torquere flagellum,
Quos hic nostra manus intactos linquere dum non
Præstruit auxilium, tribuisse putabitur ingens
Afflictis, iniquis inimica mente notarit.
Dum recitat seseque magis quam nostra probarit
Ridendum cunctis merito dum valdius ipsi
Insanire libet, furias et cura ministrat.
Ergo potens adsit in dextera, meque volentem
Syrtes cum brevibus, Scyllam sævamque Carybdim
Evitasse ferat miserens miserando juvamen,
Inque sacras venerandi et dogmatis ocius arcas
Invenisse queam, prosit quod pluribus æque
Hosce juvando levet, illos frenando retardet,
Ne voluisse suum valeant complesse retenti.
Ast oppressa diu perversis legibus, atque
Fessa sacerdotum magnas hoc munere turma
Concipiat vires; Domini de dogmate firmus
Murus, et infractus maneat, Telesphorus ipse
Structum papa pius nobis quem dixerat olim,
Ipsa cohors nullum, nisi quem fregisse valeret,
Cujus in auxilium constructus cernitur esse,
Propulsum septis gemit : Ipse quilibet ergo
Haud dignetur nostrum poterit quia certe
Multa tulisse sibi percongrua seque juvare,
His nisi defuerit, curet qui talia forte.
Nam genus hoc hominum crebrescere solibus istis
Constat, quos Dominus vertat, deposco, benignus,
Præstet et oppressos gravius jam fasce levari.
Dum mea jam videor specialius edere vobis
O pars sancta virum, Domini sors atque ministra;
Arma dedisse paro, quibus et sua jura tueri,
Et sese vestrum valeat quis, præduce Christo,
Victorem et monstrare malis dum perfidus illum
Attigerit cuneus : vincet nam mox Deus ipse,
Vincet et ipsa suo victrix constantia recto
Semper, et hæc comitata suis fautricibus omnes
Infestos, nocuos, inimicos proterat hostes,
Vincat, perturbet, mutilet, rogo, postulo, posco.
Amen, sic fiat, reboent et cuncta reposco.
  21. Parce, Deus, famulo (512), miserens miseresce
    [redempto,
Cum requie veniam huic pie dando piam.
Nil mihi, nil quia sum tibi, sed peccasse probatur,
  Ut mactare velit, qui pecus alterius.
Non pecudi nam, sed Domino reus ille tenetur,
  Lex habet in terris omnibus una simul.
Tu solus veniam, tu solus ferre medelam,
  Si parcendo velis, mox potuisse clius [l. pius].
Hinc te posco Deus tribuas obnixe rogatus,
  Liber ut astrigeras is queat ire vias.
Porthmea contemnat felix, nec cura timentis

(512) Id est Rodberto archiepiscopo, quem, ut monuimus, vita functum fama retulerat.
(513) Baldricum episcopum Ultrajectinum intelligit, quem *majorem Baldricum* vocavit in titulo sexti, septimi et octavi voluminis. Vide procemium num. 6.
(514) Similiter in procemio num. 2, hunc Baldricum *immunem dicit a phrenesis vitio*.

A Dignum sorte tua torserit hunc aliqua.
**241** Lamas nec Erebi tangat, nigrasque paludes,
  Cerberus absistat, Gorgona despiciat,
Nec Stygios innare lacus, aut tetra videre
  Tartara contingat, quem via dextra juvat.
Nec Chaos, aut Phlegethon nigris habitacula mon-
  [stris.
Sint, quæ vel subeat, vel subeunda fleat.
Scrupea Cocyti videat nec tesqua, jubeto,
  Cui patriam cœlum spes fuit esse sibi.
Eumenidum thalamos crevisse negato piorum
  Agmina conspiciat, se simul ac videat.
Hunc via tartarei vergens Acherontis ad undas
  Nesciat, hunc cœlum norit, habere velit.
Nil mea te noceant incommoda, commoda multis
B Quem struxisse ferunt, qui bona sola vehis.
Conformant magnis multa, et bene gesta loquuntur;
  His diversa silent, noxia ne superent.
Quis faveas, rogito, solum, nec millia vincat.
  Sit pergrande licet, nil Deus officiat.
Cunctivalens, præstare facis, ut velle favebit,
  Dextera nam dextras splendificante tua.
Quamvis parva scient, vanescit nempe sinistra,
  Flammivorus boreas disjicit ut paleas.
Hinc tuba terribilem sonitum insperantibus edens,
  Dum sua pro meritis præmia cuique dabit.
Evasisse ferat *discedite*, si negat *euge* :
  Sors ea nam multos hæc habet egregios.
Ne metuas pavens, ait, o grex, complacuit nam
  Te solio regni nobilitasse Patris.
C Felix ille tamen, concessa qui benedictus
  Sorte. *Venite* capit, est, erit; atque fuit.
Crescens nempe suus sanctorum cuncta tuenti
  Ut numerus, meritum semper et ipse fuit,
Hoc Deus immense audi, tu hoc pie munere nostrum
  Haud frustrare velis connumeresque piis.
Impetret hoc genitrix tua, Christe benigne, Maria :
  Exposcat cœtus huic veniam superus;
Ætherias reseret valvas Petrus atque beatus,
  Tum sancti occurrant, suppetiasque ferant.
Sic mea te vexat, sic, o Rodberte, Phrenesis,
  Sic, inquam, felix sis, rogat, ac frueris.

*Item Ratherius contra Baldricum* (513) *invidum*.

  22. Pensitaverim sane cum sæpe, ut absente re-
D licto **242** tecum agam, adhuc præsens, Baldrice,
in edendis opusculis; quæ contra illum, vel, pro illo
præcipue composueram. Nam te exceperat, quod
immunis (514) ab illo, quo uter nostrum laborasse
ferebatur, penitus fueras, id est phrenesis litteratoriæ
vitio, nummis quam libris utique nitens, armis quam
armariis, copia amicorum quam judicio priscorum.
Tuum (515) ut exemplum Dei fuisse cernitur infor-

(515) In sequentibus ad finem usque ita multa occurrunt identidem mendosa, ut nec probe intelligi, nec tute emendari potuerint. Sensus tamen præcipuus hic esse videtur. Optasset auctor se citius edidisse hosce libellos, dum Rodbertus viveret. Quosdam ex his quidem ipso adhuc superstite jam antea multis præsentibus legerat, aliisque legendos tradiderat;

tunium, subitæ quo largitionis comitem sedulus pœnitentiam cavere illarum, atque continentiam longiore providere (*nescit enim*, scribit ut Flaccus, *vox missa reverti*) tractatu. Nascebatur enimvero mihi et exercitatio interim, meique ipsius recognitio certior. Quædam, ad quæ scilicet sufficerem ipse, quæve vel inaniter tentare, vel tentata vix aut nullatenus possem, mihi quam alii hæc inter famulatus præsertim ab intelligente, quo possim videri placuisse, nunc desiderarem, mihi mature ut fuissent emissa, morte præsertim ipsius [*id est* Rodberti] audita. Quamvis enim coram multis eosdem sæpe legerim, legendosque aliis eo dederim superstite libellos, salva animositatis ut adversarii constanti, ut aiunt, amici fama foret quo perenniter mihi nollem quemquam opinari; tamen ipso defuncto inchoatos, quos eo valente nedum peregerim [nondum peregeram] (audacius profiteor) pene edidi quoque. At quia superest, mature ipsum (ariolari ut videor mihi) secutum tamen magna adhuc æmulorum phalanges, quorum ne dicam reconciliationem, saltem cessationem sperasse nihil amplius æstimo, impar sibi ratione insaniam nisi pariter incolumi (facete satis enim Plinius ait secundus, *gratiam malorum tam infidam esse quam ipsos*) data editionis festinatissimæ opera notum enitar fuerit tam æquis, quam iniquis, uti neque illum quondam, ita neminem quoque nunc vestrum in promulgando veritatis me statu cavisse, summum at nefas putasse, nostrum [*f.*, vestrum] aliquem post obitum, nedum scripto, maledicto incessere tantummodo levi.

*Unde supra* (516).

23. Præmisso idem me firmiter de fidei veritate tenere, etsi æque non valeam astruere, quod beatum atque constantissimum ejusdem fidei defensorem atque promulgatorem Aurelium Augustinum **243** cæterosque ejusdem religionis assertores atque propagatores, confiteri et credere me profiteor inseparabilem atque coessentialem æternalitater Trinitatis unitatem, unitatis Trinitatem hoc est unum Deum Patrem et Filium et Spiritum sanctum, **244** *et cætera, quæ leguntur in fidei professione inserta in tertium Præloquiorum librum totidem verbis num.* 31, *usque ad ejusdem libri finem* : *post cujus ultima verba in codice hæc clausula apponitur.*

imo et eos, quos exorsus fuerat, pene vulgavit. Nunc vero etsi audita ejus morte supprimendi viderentur, ne in mortuum acrius ageret; cum tamen videret multos ejus asseclas, suique æmulos superesse, promptam editionem necessariam existimavit. Hæc scripsit, cum illum vere mortuum crederet. Postea vero dum prœmium lucubravit, mortem ejus falso rumore delatam perspexit.

(516) Hæc est illa fidei professio, quæ *dictantis*, id est Ratherii, *fides* vocatur in proœmio num. 6, ac tribuitur libro secundo, cujus hoc argumentum ibidem profertur. *Sequitur* (libellus) *qui dictantis continet duabus cum epistolis fidem.* Quapropter hæc fides male jungitur cum primo Phrenesis libro, cum pertineat ad initium secundi. Hinc clausula, quam ex codice sequenti fidei subjicimus, *Explicit liber, qui Phrenesis dicitur*, etc., hic verius, ubi primus liber Phrenesis desinit, apponenda esset : et pro *Unde supra* ipsi fidei præfigendus esset hic, vel alius similis secundi voluminis titulus in proœmio indicatus. *Ratherii fides cum duabus epistolis, quarum una Romanam fatigare querelis non desinit sedem, coepiscoporum altera gregem.* Sed præter fidem codicis nihil immutare voluimus, cum præsertim duæ illæ epistolæ in proœmio indicatæ, ad Romanam sedem, et ad omnes episcopos, quæ ex toto contextu ad Leodicensis sedis negotium, ac Ratherii expulsionem ab ea sede deberent pertinere, in eo codice desiderentur, sicut et alia decem volumina eadem super re ibidem laudata similiter desunt, ut in Admonitione adnotavimus.

EXPLICIT LIBER QUI PHRENESIS DICITUR A RATHERIO EPISCOPO COMPOSITUS.

# ADMONITIO IN EXCERPTUM EX DIALOGO CONFESSIONALI.

I. Hoc opus ex manuscripto Lobiensi nunc primum in lucem prodit. Ipsum bis memorat Ratherius in *Qualitatis conjectura.* Primo num. 3, ubi hæc leguntur : *Si non sufficiunt vero quæ sunt in libro Confessionis meæ descripta*, etc. Et iterum num. 8, ex quo ipsa verba mox recitabimus. Laudat etiam Sigebertus de Viris illustribus inter Ratherii opera, ubi *librum Confessionum* appellat. P. Mabillonius in præfatione secunda ad sæculum quartum ordinis Benedictini num. 48, Gemblacensem codicem describit, in quo varia partim opuscula, partim fragmenta de Eucharistiæ sacramento et præsentia corporis et sanguinis Christi fuerunt collecta. Inter hæc autem legebantur quædam excerpta *ex libro Confessionis domni Ratherii de corpore et sanguine Domini*; quæ sane in hoc opere inveniuntur:

II. Ut tempus statuatur, observamus in primis hunc librum Confessionis Ratherium scripsisse, dum alicui monasterio præsideret, quod cum a Leodico non multum aberat, tum vero Leodicensi episcopo suberat, ut in Vita fusius explicavimus § 2. Porro episcopatus duos, id est Veronensem et Leodicensem, abs se amissos tradit, num. 2. E Leodicensi episcopatu exclusus fuit anno 955. Igitur ante hunc annum hic Confessionis liber collocari nequit. Ter autem amisit episcopatum Veronensem, bis ante annum laudatum, tertio vero anno 968. Cum porro in *Qualitatis conjectura*, quæ Veronæ lucubrata fuit, antequam hunc episcopatum tertio desereret, isthæc Confessio bis allegetur; palam fit hanc rejici non posse in id tempus, cum Veronensi sede tertio derelicta, sese in monasterium recepit. Igitur collocanda est inter annum 955, cum præter Veronensem episcopatum jam secundo amissum etiam Leodicensem perdiderat, et annum 961, quo exeunte Veronensem sedem tertio recuperavit. **245-246** Cum vero hæc scripserit, dum alicui abbatiolæ esset præfectus; aliquod sane non exiguum spatium exigunt ea, quæ se abbatiolæ præfecto contigisse commemorat. Itaque hoc opus scriptum non prioribus, sed posterioribus annis, quibus indicatæ abbatiolæ præfuit, id est anno 960 aut 961. Hoc quidem posterius tempus magis multo confirmatur ex num. 21 et 31, in quibus se *pene septuagenarium* esse fatetur. Cum natus fuerit circa annum 896, anni septuagesimi initium incidit in annum circiter 965. Cum vero hoc opus scripserit, antequam in Veronensem sedem tertio restitueretur, id est, ante finem anni 961 ; ætas ejus pene septuagenaria æquius anno 960 vel 961 , quam annis anterioribus congruit. Scripsit autem hoc opus partim sub Quadragesimæ finem ex num. 37, partim diebus paschalibus; et paulo post festum sanctorum Philippi et Jacobi, quod memoratur num. 34, ipsum opus confectum.

III. In hoc autem opere, quod ipsius Ratherii Confessionem præfert, ea vel maxime animadvertenda sunt quæ de se a quopiam sui ipsius censore dicta refert in *Qualitatis conjectura* num. 8. *Quid amplius? Qui vult eum* (Ratherium) *cognoscere, studeat librum Confessionis illius totum perlegere. Nam si talis, ut illic recitat, est ; pejor illo nemo in sæculo est. Si vero mentitur se talem esse, mendacissimus convincitur fore.* Hæc dubitationem injiciunt, num de ipso Ratherio vera sint omnia quæ in hac Confessione referuntur. Certe ex contextu ac serie vitæ ejus, qui a pueritia Deo oblatus, et in monasterio educatus, ac subinde ætate legitima monasticam regulam professus, in studiis tum profanis, tum sacris, diu multumque versatus est, demum vero ad episcopatum evectus, severiorem disciplinam secutus plures calamitates pertulit, pleraque saltem, quæ in hoc opere describuntur, de eodem incredibilia videntur. In ejus epitaphio illa ipsi laus inter cætera tribuitur, quod fuerit *pro tempore morigeratus*. Si autem vera de ipso essent omnia quæ in eadem Confessione sibi tribuit, non *pro tempore morigeratus*, sed omnium temporum et omnium fere hominum immorigeratissimus et scelestissimus fuisset. Nullum enim ferme crimen est cujus se reum non accuset. Quid quod Everaclus episcopus Leodicensis, qui Ratherium eo ipso tempore, quo hæc Confessio exarata fuit, familiari usu cognoverat, in ea epistola, quam ad ipsum postea Veronam direxit, non sapientiam solum, sed præsertim eximiam ejus probitatem atque innocentiam sibi perspectas testatur. *Quis enim vobis est*, inquit, *aut sapientia, aut probitate, aut optimarum artium studio, aut innocentia, aut ullo laudis genere præstantior?* Quid quod Rotgerus coævus et ipse auctor in Vita S. Brunonis num. 54, et Fulcuinus in Gestis abbatum Lobiensium cap. 25, tradiderunt. Ratherium Verona ejectum, ea de causa ab eodem S. Brunone archiepiscopo Coloniensi, qui eum inter familiares suos diutius noverat, ad Leodicensem cathedram fuisse promotum, quia tantæ erat virtutis, *ut a nemine posset seduci* ; et quia sperabat fore ut os obloquentium episcopis posset obstruere, *si nulla occasio scandali posset in eorum episcopo* (Ratherio scilicet) *reperiri*. Hæ laudes delictis in Confessione recensitis haudquaquam conveniunt.

IV. Quid ergo? Hæc non vera et propria Confessio esse videtur, sed Confessionis nomine inusitata quædam species censuræ, cui fervidum et acerbius Ratherii ingenium ita indulgebat, ut non tam in alios quam in semetipsum identidem inveheretur. Hinc, dum sua describit crimina, aliena carpit, ut vel ex ipso initio patet, ubi Confessarii crimen perstringit, qui idcirco num. 37, *Cum tua*, inquit, *narrare, ut prætendebas, proponeres crimina, a meis cœpisti*. Et similiter cum antea, postquam Ratherius alia monachorum vitia coarguisset, idem Confessarius num. 22, subdidit : *Dum tibi ipsi non parcis, me, imo nos omnes acriter rodis*. Apostrophæ et invectivæ, quibus dialogo insertis nonnullos acerbius proprio etiam quandoque nomine exagitat, nonne consilium a confessionis natura alienum declarant? Sua autem peccata ita exaggerare et augere solet, ut gravissima appareant, quæ nonnunquam, si quænam fuerint explicetur, vel nulla esse, vel levissima deprehendentur. Ita, dum num. 5 adulterium se perpetrasse ait *illorum motibus, quos in adulterium vagandus impuleram*, veluti adulteros Manassem et Milonem, Veronensis sedis invasores, traduxit. Hos vero se in adulterium impulisse significat *vagando*, quia nimirum ab ea sede exsul et vagus ipsis locum dederat. Quod autem in hoc crimen, si non sponte, sed vi, e sede pulsus vagari coactus est? Exoculationum, exmembrationum, homicidiorum, incendiorum, cæterarumque id genus calamitatum, quas Veronenses passi sunt abjurata Hugoni regi fide, se reum traducit num. 2, quia delectionis ab Hugone aliqua ratione particeps visus est. **247-248** Confessionis generalem formulam inserit num. 4, cui aliæ similes in libris pœnitentialibus occurrunt. Hos cum legerent pœnitentes, non idcirco dici poterant peccasse in omnibus quæ in eis continentur. Exaggeratorum criminum exempla non pauca invenientur, quorum quædam in notationibus detegemus. Inter multa autem plane incredibilia illud vel maxime est incredibile, eum, qui non veritus est sua crimina exaggerare, et in publicum etiam scripto proferre, ad id usque tempus nemini nisi soli Deo fuisse confessum, uti de se num. 10, tradit. Hæc interim, lector, attigisse sufficiat. Plura in ipsa Confessione annotabis.

---

# (517) EXCERPTUM

## EX

# DIALOGO CONFESSIONALI

### CUJUSDAM SCELERATISSIMI, MIRUM DICTU

## RATHERII,

*Veronensis quidem episcopi, sed Lobiensis monachi.*

---

**249** Obsecro et contestor per viventem in sæcula sæculorum, ut istud perlegas, si cœperis, et A ipse dederit, totum. Quia enim curiositate mortifera, tuis neglectis, mea nosse adeo desiderasti facinora,

(517) Etsi hoc opus *liber Confessionis* bis vocetur in *Qualitatis conjectura*, hic autem appelletur *Excerptum ex dialogo Confessionali*, quod quidem ex ampliori opere sumptum indicare videntur illa num. 19 et 22. *Item post quædam* necnon illa præfixa numero 33. *Itemque post quædam ; nihil tamen*

ut perjurio suaso nuper a quodam vi extorseris unum (518), quod tamen per se satis noxium, in comparatione aliorum esse constat vilissimum ; volo te hoc desiderio satiare, et talia, tanta, tam inaudita gestuum, si tamen et inventionum [*f.*, intentionum] considerasse tibi datum fuisset, ipsorum insaniam de me ipso referre, ut oneratissimum te meis, etiamsi nulla propria tibi essent, reddam sceleribus, ut habeas utique in ista Quadragesima, quod plangas, dum es pene omni tempore a talibus otiosus. Sed ne ipsum quod impulisti perjurium non esse æstimes tuum, Evam considera, moneo, et in serpente diabolum. Serpens quippe suasit, Eva peccavit, sed suadens nullo modo, delinquens veniam meruit **250** quoquo modo. Judæi *Crucifige* clamaverunt : crucifixores Crucifixi sanguinem in salutem biberunt.

2. Verum ut jam, quod promisi, efficiam, ab infantia ipsa pejorem me et implicatiorem ejusdem ætatis vitiis non tibi opus est quærere. Ad juvenile, cum datum est, ævum cum venissem, abhinc ita et tam mature cœpi modis diversissimis lascivire, lenitati, jocis ac scurrilitati vacare, ut etiamsi tibi audire fuisset omnino inutile, mihi tamen per singula enumerare esset penitus impossibile. Abjurata (519) Hugoni pro fide ambitionis, atque animositatis, imo oblivionis eorum, quæ nunc merito patior (mentiri quippe non novit, qui dixit : *Qui reddit mala pro bonis, non recedet plaga de domo ejus* [*Prov.* XVII, 13] ; quod in te [*l.* in me] liquido completum), non debes, miserrimus dico, conscientia, quæ nunc ipsa [*f.*, ipse] loquar, mirari pro scelere,

præsidiorum pro constructione vel restructione quot homicidia, exoculationes, exmembrationes, prædæ, incendia, vastitas ac depopulatio contigerint. Norica (520), Italia, Germania, atque Francia me melius fateri, **251** me iterum miserrimum talem, qualis fuerim vel dici talis potuerim, valent. Duo legitima, mea culpa, dissociavi conjugia ; unum quasi cum re [*f.*, quasi jure], alterum miserabili solummodo vanitate. Cogitet, qui potest, istud solum quanti est ponderis, metiatur scelus, consideret enormitatem. Quid miseræ heu dicebant ! quos gemitus, quæ suspiria dabant ? cum una earum rivalem in edito sedere, basia sibi potius debita miscere, domui dominari, agenda disponere, se viluisse, aspernari, se videret adhærere cineri. Altera longius licet, æmulam divitem audiret, seque pauperem videret ? Sed quid, inquis, dicerent ? Rogas ? quod tibi miser juste contigit forte. Tu enim duabus tulisti maritos, te duo episcopia perdiderunt virum (521), et utinam nihil tibi ob hoc contingat infaustius !

3. De Warneri fratris quondam ducis Cunonis (522) quoque flagitio mihi infelicissime contigit, quod habetur in psalmo : *Cum adulteris*, inquit, *portionem tuam ponebas* (*Psal.* XLIX, 18). De locis provisioni meæ commissis, eorumque dilapidatis substantiis, animabus neglectis, ne rogo, interroges ; istum solummodo vide, et conjecturam de eo cape. Sed quia deficit memoria, cum abundet dicendorum miserrima copia, summa (523) tibi, quæso, sufficiat ipsa, nil nisi proprium utique collectione, licet alterius, parum licet propria, relatura.

ambigimus, quin tam prolixum opus in Lobiensi monasterio custoditum, totum illud sit, quod Ratherius reipsa lucubravit, cuique *Excerpti* titulum et formam indidit, ut alia quædam prætermissa innueret.

(518) *Unum* scilicet *facinus*, id est unum perjurium ; unde, post pauca, *ipsum quod impulisti perjurium*.

(519) Locus perdifficilis et mendosus, in quo nonnullæ etiam voces extra proprium locum perperam traductæ videntur. Quæ ut congruum sensum reddant, aptiori loco restituendæ sunt, ac tota illa periodus sic construi seu explicari potest : *Ego miserrimus conscientia ambitionis, atque animositis, imo oblivionis eorum, quæ nunc merito patior pro fide abjurata Hugoni* (mentiri quippe non novit qui dixit : Qui reddit mala pro bonis, non recedet plaga de domo ejus : *quod liquido impletum in te,* leg. *in me*), *ego, inquam, miserrimus dico, non debes mirari quæ nunc ipse loquar,* nimirum *quot homicidia, exoculationes, exmembrationes, prædæ, incendia, vastitas ac depopulatio contigerint pro scelere* memorato abjuratæ scilicet fidei, *pro constructione vel restructione præsidiorum* contra eumdem Hugonem ; ubi eæ calamitates indicantur, quæ ex rebellione in Hugonem consecutæ sunt. Quatenus vero hæc ab aliis perpetrata facinora Ratherii culpæ verti possint, idem ipse explicat num. 24 : *Siquidem,* inquit, *nihil horum feci, aut jussi, vel, ut fieret, volui ; sed tale quid, ex cujus occasione ista sunt patrata, commisi.* Hæc autem occasio fuit, cum Arnoldum, Bajoariæ ducem, Veronæ recipiens, rebel-

lioni favere visus est : de quo vide quæ in Vita fusius disseruimus, § 4.

(520) Provinciæ indicantur, in quibus Ratherius e Veronensi urbe exsul, ac pluribus calamitatibus obnoxius divagatus est. In *Qualitatis conjectura* n. 3, Italiam, Franciam, Noricam, Burgundiam, Provinciam, Septimaniam, Saxoniam, et Sueviam nominat.

(521) Ratherius scilicet hæc scripsit, cum Veronensi primum, dein vero Leodicensi episcopatu privatus fuisset.

(522) Cuno, seu Cono, alias Conradus appellatus, qui Luitgarden Ottonis filiam duxit, supremamque diem obiit anno 955, Lotharingiæ dux fuit. Idem a Continuatore Reginonis ad annum 943 *filius Werinberi* dicitur, ejusque frater Warnerius ille Ratherius est, qui in Vita S. Joannis Gorziensis, num. 13, *vir nobilis* vocatur, et in Lotharingia per hæc tempora pollebat ; quippe cui idem sanctus, antequam monachum indueret, *in confinio Tullensi* (Tullum Lotharingiæ civitas est) *causa ecclesiæ S. Laurentii. . . . se nomine Domini socians, ejus officiis quam familiariter insistebat.* Ratherius autem *quondam ducem Cunonem* ait ; quia cum hæc scripsit, ille jam obierat.

(523) *Summa* appellat sequentem Confessionem, seu formulam confessionis generalis, cujus generis aliæ in libris pœnitentialibus inveniuntur. Id fortassis indicant illa, licet valde implexa, *nil relatura nisi proprium utique collectione,* id est, collectione seu summa generali omnium criminum. Reliqua lineolis inclusa interpretetur qui potest.

CONFESSIO EJUSDEM (524).

4. Confiteor enim Domino Deo omnipotenti et omnibus sanctis ejus, et tibi Dei quicunque legeris sacerdoti, omnia peccata mea, quæcunque feci ab initio vitæ meæ usque ad hanc miserrimam horam, sciendo aut nesciendo, sponte sive coactus, vigilans aut dormiens, in cogitatione, locutione et opere, in visu, auditu, gustu, odoratu et tactu, in superbia præcipue, matre omnium vitiorum ; utique in odio et homicidio 252, in detractione, in supplantatione fratris alicujus, in perjurio, in falso testimonio, in furto, in fornicationibus diversis, in adulterio, in rapina, in fraude, in immunditiis. variis atque pollutionibus turpissimis, in ebrietate et comessatione, in luxuria omnimoda, in vana gloria, in acedia, in tristitia, in avaritia, in rixa, in conflictatione, in animositate, in invidia, in discordia, in cupiditate, in ambitione, in hypocrisi, in ignavia, in otiositate, in pigritia, in somnolentia, in loquacitate, in risu et in derisione aliorum.

5. Insuper peccavi ego peccator eo quod quadragesimas et alia indicta jejunia non custodivi, nec jejunavi, sicut debui : festivitates sanctorum et Dominicos dies, proh nefas ! violavi, et debito honore non celebravi, sicut debui ; Parasceven quoque illorum præsentialiter, ut miserrimus sæpius violans gravissime deliqui. Adjiciendum quoque, quia si tu pejerare jam dictum suadendo, factus es perjurus ; sicut Saulus omnium servabat vestimenta quorum Stephanum lapidabat manibus; ita ego dormiens sive manducans, missam quoque aut matutinos vel aliud quidlibet actitans illorum motibus adulterium (525) perpetratum, quos in adulterium vagandus impuleram. *Exmanzere, id est ex scorto natus* (*Deut.* XXIII, 2), quoque compater factus sum miser cujusdam, qui nobilissimam pro meretrice reliquerat prænobilemque conjugalem.

6. Confiteor etiam ipsi Domino Deo omnipotenti, quod his et plus his omnibus voluptatum fœdatus flagitiis, et contagionibus fuscatus omnimodis, semper sine mei lapidei cordis compunctione, semper sine ulla mentis sinceritate, corporis et sanguinis sacramentum Domini, fateor, percipi indigne, semper sine azyma, semper absque lactucis agrestibus, cum fermento malitiæ et nequitiæ ; discinctus, sine A calceamentis et baculo, piger, non festinans ad promissionis æternæ patriam, paschalem Agnum Dei, peccata qui 253 tollit mundi, miserrimus in judicium, heu dolor ! proprium, reus ejusdem corporis et sanguinis Domini, manducando, et prohibita temerarie præsumendo ; (526) et, cum multi multa, tu Domine præcipue, haberent munera ante altare, contra interdictum infrontuosissime Domini offerendo : [*subauditur* peccavi] in exhortationibus, et adulationibus malignis, in ignorantia, in negligentia, in subreptionibus, in dandis et accipiendis muneribus ; in usuris vero faciendis non adeo me culpabilem recognosco, neque tamen inficior ; prodigum enim, quod usurario minus congruit, me magis fuisse et confiteor et doleo.

7. Peccavi in subtrahendis eleemosynis pauperum, in increpatione et asperitate responsionum, in hospitalitate et receptione indigna pauperum, et quod parentes meos et proximos non dilexi nec honoravi, sicut debui, et plus sæpe, dum irrationabiliter utique dilexi, quam debui ; et in afflictione familiæ sive subjectorum mihi commissorum. Infirmos et in angustiis positos non visitavi, nec eis ministravi. Mortuos nec sepelivi, nec sepeliri, ut oportuerat, feci ; et pauperes non vestivi, esurientes et sitientes non recreavi, sicut debui. Seniores et magistros meos sive principes, amicos et benefactores meos non honoravi nec amavi debito amore ; et res, utilitates, consilia et præcepta eorum non observavi, sicut debui.

8. Peccavi ego peccator in osculo et in amplexibus illecebrosis, palpando et blandiendo inique ; et in ecclesia stans vel sedens, ubi sanctæ lectiones vel divina officia efficiuntur, otiosis fabulis, vel iniquis cogitationibus me occupavi, et non cogitavi quæ debui, sed magis quæ non debui, et aures non accommodavi ad ea quæ sancta sunt. Intuendo quoque injuste et petulanter et recordando (quod adhuc pejus virorum) animalium, pecudumque concubitus, et alia quædam obscena.

9. Præter hæc peccavi jocando, equitando, ambulando, stando, sedendo, sive jacendo, et in his et in aliis omnibus vitiis, quibuscunque humana fragilitas contra Deum peccare potest, 254 reum me esse confiteor

---

(524) Confer quæ de criminibus hac Confessione recensitis in præmissa *Admonitione* observavimus.

(525) Forte legendum *perpetravi*. Adulterium vocare solet alienæ sedis invasionem, sicut et invasores *adulteros* appellat. Hic porro notare videtur Veronensis sedis invasores Manassem primum, deinde Miloncm, quibus ex eadem sede pulsus, et quodammodo vagus vagando locum dederat. Magna autem exaggeratione id sibi vertit crimini, ac si ipse quoque vagando, seu alio proficiscendo, *adulterium perpetrasset illorum motibus, quos in adulterium vagandus,* id est *vagans,* quemadmodum num. 10 *dolendus* pro *dolens* sumitur, *impulerat ; sicut ille perjurus factus est, qui jam dictum* (supra num. 1) *pejerare suasit, et sicut Saulus lapidavit Stephanum eorum omnium manibus quorum vestimenta ser* vabat. Sicut autem hic adulterii allegoriæ insistens, non adulterium proprie dictum, sed invasionem episcopatus indicat ; ita cum mox se ex scorto natum compatrem tradit cujusdam, qui pro meretrice reliquerat nobilissimam conjugem ; nunquid aliquid pariter allegorice innuit, quo quis episcopatum nobilissimum relinquens, ad aliam ecclesiam transivit, quem transitum contra canones pro meretricio habuit ? Hinc cum se *exmanzerem*, et *comp trem* vocat, nemo verum *exmanzerem*, seu vere *natum ex scorto*, nec verum *compatrem* indicari suspicetur.

(526) Id est, *et offerendo infrontuosissime contra interdictum Domini, cum multi, et tu, Domine, præcipue* (sacerdotem intelligit, ad quem hanc suam confessionem dirigit) *haberent multa munera* (seu oblata) *ante altare*.

Domino Deo omnipotenti, et omnibus sanctis ejus, et tibi Dei, quicunque alicubi, es sacerdoti.

10. Infinitate verum istorum conspecta dicis forte: Immodica efflagito, confessus es unquam ista alicui? Non, inquam, nisi illi, qui etiamsi non confiterer, nescire non poterat; nam tanta simulationis libidini meæ arte, ut et adhuc miser facio, serviebam, ut ante te neminem invenerim, qui me adeo, id est probabiliter, deprehendere quiverit. Illi tantummodo mecum noverant, qui mihi ad ea favebant, et cum spurcissimus (ut et adhuc me fore dolendus non inficior) essem, castissimus esse, ut multi, putabar, dicebar, et quod pejus est, dici gaudebam, illa hypocritis visitata deceptus miser, ut multi sententia solent deceptorie dicere, *Etsi non caste, vel caute.* Quare autem nulli confiterer, non uniformis fuerat causa; una ne mei exemplo alii deteriorarentur; altera ne mei suique comparatione alii superbirent, et cadaveris quasi mei fetore utrique perirent; præcipua vero ne criminositas me contemptibilem faceret mea. Tertia gravior, imo gravissima omnium, qua utique verebar, ne patronus hoc mihi diceret quod fugitivis dici lex præcipit: *Revertere et reconciliare Domino tuo*: quia sicut non proficit cura medici plagato, si adhuc in eo ferrum sit, ita non proficit confessio et pœnitentia tua.

11. Dum enim (527) puerulus essem, venit quidam ingenuus, et in altari quodam sancti Petri et Pauli tenens me cum pane et vino [*supple* obtulit Deo].... et sancto Petro in holocaustum . . . . . jure quasi Nazarei . . . . . (528) immutabiliter servituram . . . . . ad fœtus perpetuo confirmandum. Sed accepto ipse calamo, (529) matura jam ætate et legitima, scripsi in hunc modum, scriptumque super altare posui, non super aliud nisi ipsum: *Ego Ratherius promitto stabilitatem meam, et conversionem meorum morum, et obedientiam secundum regulam sancti Benedicti coram Deo et sanctis ejus.* Infinita sunt itaque mea, quæ exarari in hac non potuerunt confessione, **255** ineffabiliter gravia, quæ sunt exarata. (530) Ubi et meretriculæ cujusdam damnabile facinus non fuerat tacendum, quoniam ad te pertinet plurimum, quæ dupliciter suum necavit filium tui ob metum, et illius mortem, qui ob tuum anilem fastum subtus rotam molendini mortiferum pertulit casum. Spectaculum quoque quod de ruentibus et de ruere compellentibus vidisti, dico, memineris. Cujus rei quoque causa tres illi oculos perdiderint, ne obliviscaris, sed in solius istius comparatione, id est, si hoc unum non desit, levissima. Quod unum? inquis. (531) Inconvertibilitas ab isto, inquam; si enim de isto solo uno, quod utique apostasia, id est negatio Dei est, evadere reconciliatus utique . . . . fugitivus domino potuissem, et confiteri utiliter . . . . . pœnitentiam, veniam mereri posse me aliorum . . . . . Si vero de isto solo consilium non ca. . . . . metipsum veniam sperando istorum . . . . . bet ingenio omnino videri datur. . . . . Sed quod consilium? inquis . . . . . Illorum, id est quod de omnibus . . . . . illud Scriptura potius: *Qui abscondit scelera sua, non dirigetur* (Prov. xxviii, 13).

12. Et tu, inquis, non abscondis, qui etiam mihi, imo amicis et inimicis, et etiam scribendo confiteris. Facio, inquam, facio, sed ne me decipias rogo. Scripturam potius pariter audiamus: *Qui autem confessus fuerit*; audis? inquis. Ne festines, mane, inquam, et vide quod sequitur: *et reliquerit ea*; hoc faciamus et de multis et de uno, sed de isto potius, et hilariter audiamus: *misericordia consequetur.* Hæc semper mihi, hæc fuerat occasio nullum illorum criminum confitendi, quia relinquere istud animus adhuc minime erat. Relinquere vero cætera illa, in promptu erat, sicut jam feci quædam pauca, sed utinam non inutiliter, utinam perseveranter; sed in isto me obduraverat sæculi vanitas, modo vero quædam impossibilitatis quasi necessitas. Disrumpat

(527) De oblatione parvulorum in monasteriis vide Mabillonii præfationem primam in sæculum quartum ordinis S. Benedicti num. 53. *Ingenuus* ille, qui Ratherium Deo obtulit, ipsius pater intelligitur, vel alius, qui patria potestate in eum uteretur: parentes enim, vel alii, in quos eorum potestas transisset, puerulos Deo in monasteriis offerebant. *Ingenuus* autem idem est ac *liber*; quæ appellatio etiam nobilibus convenit; unde in legibus Langobardorum lib. 1, tit. 9, leg. 4 de muliere ingenua seu libera habetur: *Apprehenetur ut libera secundum nobilitatem suam.* His similia leguntur tit. 16, leg. 3. Ratherii genus fuisse nobile probavimus in Vita § 1, num. 3. Porro titulus SS. Petri et Pauli ecclesiam indicat monasterii Lobiensis, quam *sub titulo apostolorum B. Petri et Pauli* dedicatam tradit Fulcardus abbas in epistola ad Henricum imperatorem tom. II Spicil. Acher., pag. 747, et ante ipsum Fulcuinus in Gest. abb. Lobien., c. IV. Adverte vero Ratherium, licet prius sanctorum Petri simul et Pauli mentionem faciat, solius tamen Petri nomen postea ingerere, dum se Deo et *sancto Petro* oblatum tradit. Usitatiorem enim fuisse unius S. Petri mentionem liquet etiam ex laudata Fulcardi epistola, ubi initio quidem ecclesiam Lobiensem *sub titulo apostolorum B. Petri et Pauli dedicatam affirmat*; at dein *villam S. Petri, altare S. Petri* tantummodo scribit.

(528) Parentes scilicet, dum filios in pueritia offerebant monasterio, jurabant se ita filium suum tradere Deo, *ut ab hac die non liceat illi collum de sub jugo regulæ excutere*, ut in formulis ejusmodi oblationum jam vulgatis traditur.

(529) Oblationem scilicet a parentibus factam confirmabant sponte sua filii, cum ad congruam ætatem pervenissent, ut colligitur ex synodo Aquisgranensi, c. 36. Hinc inferius num. 23 alius monachus *legitime traditus, et sui ipsius manu et professione in servitium perpetuo mancipatus* dicitur.

(530) Hoc opus *Dialogus confessionalis* inscriptum hoc loco in dialogi formam sacerdotem, seu alium cum Ratherio loquentem præfert; et similiter postea nunc Ratherius, nunc sacerdos sermocinatur.

(531) Crimen, cujus causa suam inconvertibilitatem hic et in sequentibus pluries accusat, illud est, quo episcopatum suscipiens, monasticum propositum deseruit. Ad propositum enim sibi redeundum putabat: at ne rediret, multa impedimenta obstare affirmat num. 18. Præcipuum impedimentum, quod explicat num. 19, et fusius in *Qualitatis conjectura*, num. 6, erat ipsum episcopale munus et officium, cui erat obstrictus. Hinc se utrinque periculo expositum, sive ad propositum rediret, sive non rediret, ac maximis utrinque angustiis vexatum ibidem declarat.

hæc vincula Dei pietas; aliter enim non illi sacrificabo hostiam laudis (*Psal.* cxv, 17). Hostia laudis sanæ quæ sit, aud. psalmorum in libro : *Præoccupemus faciem ejus in confessione* (*Psal.* xciv, 2). Sed quid prodest confessio, nisi sequatur illorum, quæ confiteris, relictio? Quid prodest fugitivi satisfactio, vel redeundi optatio, si non sequatur ad Dominum facultas, si non negatur tamen, quod Deum minime latet, reversio? Eat ergo qui volet; consoletur, imo seducat me *inanibus verbis*, *propter quæ venit ira Dei in filios diffidentiæ* (*Ephes.* v, 6), id est diaboli, qui ideo vocatur diffidentia, quia pro eo quod confidere nunc facit miseros in vanitate, in extrema hora desperare facit penitus de salute. Suadeat nunc qui volet quod confessus sum non relinquere, et tamen veniam confitendo omni quadragesima, aut cum urget timor mortis, sperare; **256** suadere possit, persuadere nullatenus, mihi crede, valebit. Modo sed quare es confessus? inquis. Duabus, inquam, de causis. Nam relictis jam multis quibusdam in necessitate, paucis sed quibusdam vero voluntate, incipere jam mihi videor ipsi vim quamdam facere; tædet enim me conversationis pauxillum sentio pristinæ; et istud unum, sine quo inaniter cætera dimisi, jam velle relinquere, præstet Deus non inaniter velle, non enim miser et obligatus me invenio posse. Tanta etiam, tam innumera, tam minime negligenda cum sint, obliviscerer ea ipse succedente cumulo eorumdem, atque simile [*f.*, similiam] diabolo ministrante non contingeret salutem [*f.*, saltem] recordari, ea me aliquando scriptitasse, et reminiscerer confundererque ea relinquere Deo voluisse, neque implesse. Quam proclivis enim, ad hæc omnia humani generis sit casus, tu poteras fore expertus, si tui quoque non miserrime fuisses oblitus. Peccata enim, quæ indesinenter oportuerat mente considerare, quia nequeo saltem oculis videre, videtur mihi quasi admodum utile, sive ut alius me viso se respiciat in me, et ex meis actibus suos deprehendat et corrigat.

13. Et quando talem, inquis, te sentiebas, quomodo illo audebas præsente missas vel hujusmodi facere, qui dixit peccatori : *Quare tu enarras justitias meas?* (*Psal.* xlix, 16.) Fateor, fateor; eo fiducialius faciunt quidam, quo magis esse peccatores se sentiunt. Pars enim non esse est, peccatorem se quemlibet esse humiliter sentire; judicia enim Dei abyssus multa (*Psal.* xxxv, 7); in cujus utique præscientia, sive tutius scientia jam est, quod futurum absque dubio est. Valet, inquis, aliquid ergo? Plurimum, autumo, inquam; sed utinam mihi soli non obsit; nam et cæteris nullo modo, veraciter solum dicantur. Sacramenta quippe Dei nec hujus sunt nec illius, id est, nec justi nec peccatoris, sed illius de quo dicitur : *Super quem videris Spiritum descendentem et manentem super eum, ipse est qui baptizat in Spiritu sancto* (*Joan.* i, 33). Tantum est, ut, si justus es, quasi nescias te esse, quod es; si peccator, doleas esse, quod es. Uterque vero Psalmistam audiat monentem : *Psallite sapienter* (*Psal.* xlvi, 8). Quare? inquis. Quia non quilibet est, cui psallis, sed *rex omnis terræ Deus*. Et alibi ad Dominum : *Perdes omnes qui loquuntur mendacium* (*Psal.* v, 7). Alter vero : *Maledictus qui facit opus Domini negligenter* (*Jer.* xlviii, 10). Si negligenter faciens maledictus est, mendaciter quid?

14. De eucharistia vero sumenda vel non sumenda scrupulum forte si mihi aut calumniam, ut æstimo, ingeris, quod heri lectum est in Evangelio conferendum esse cum his quæ in Apostolo quinta item feria legentur, moneo noveris : *Nisi*, inquit, *manducaveritis carnem Filii hominis,* **257** *et biberitis sanguinem* (*Joan.* vi, 54), panem utique et vinum, (532) per naturam capiendo sanguinem vero, et non figuraliter per . . . . sancti Spiritus incomprehensibilem operationem divinitatis inhabitationem . . . . *habebitis vitam in vobis* (*Ibid.*), ut si . . . . . sed mortem animæ, quæ utique . . . . gehennæ. Manduca itaque, dico tibi, ne perdas vitam. Quam? inquis. Deum utique; ipse enim dicit : *Ego sum vita* (*Joan.* xiv, 6), animarum duntaxat. Facio, inquis, et ipse. Optime, inquam. Sed audi ipsum per legem: *Juste, quod justum est, exsequeris* (*Deut.* xvi, 20). Quomodo? inquis. Dicam. *Sic autem comedetis eum*, id est agnum. *Renes vestros accingetis*, id est caste, si vultis manducare, vivetis : *Calceamenta habebitis in pedibus vestris*, id est exemplis eorum, qui mortificaverunt corpora sua, ut animas vivificarent; *gressus operum circumdabitis; tenentes baculos* regiminis ac rationis *in manibus* actionis; *et comedetis festinanter* (*Exod.* xii, 11) ad gloriam supernæ solemnitatis, quod est utique non hic quærere mercedem boni operis, sed ubi æterna est, currere desiderio cordis. Ita manduca, et habebis in te vitam. Alioquin audi Apostolum : *Qui manducat*, inquit, *carnem Domini, et bibit sanguinem ejus indigne, judicium sibi manducat et bibit* (*I Cor.* ii, 29). Quo-

---

(532) Vide ne ex hoc luxato loco colligas Ratherium credidisse in sacramento Eucharistiæ panem et vinum per naturam sumi, non vero corpus et sanguinem Christi. Catholicam doctrinam de reali præsentia Christi in eodem sacramento Ratherius ita aperte vindicat in epist. i ad Patricum, ut panis et vini solum colorem atque saporem, re autem, et *non figuraliter*, verum corpus ac sanguinem Christi in Eucharistia credendum tradat. Eamdem doctrinam confirmant quæ sequenti numero subjicit, ubi Christum eadem *carne quam assumpsit, et in qua multa perpessus, crucifixus est, et mortuus, et sepultus, resurrexit*, etc., intrare in eum, cui dicitur : *Corpus Domini*, pronuntiat, et cum post nonnulla scribit : *Deus est qui recipitur, Deus utique, sed sicut tunc latens in carne, ita nunc in carnem verso verissime pane*, etc., ubi transsubstantiationem palam designat. Huic doctrinæ ut congruat præsens textus valde luxatus, legendum videtur *per naturam capiendo sanguinem verum, et non figuraliter*. Aliquanto post in apographo ad nos transmisso legebatur : *Sacrificamini*, ubi reposuimus : *Sanctificamini*. In laudata enim epistola ad Patricum hoc idem legis præceptum similiter recitat : *Sanctificamini sæpe dicitur*.

modo est, inquis, judicium, si caro et sanguis? Caro, inquam, et sanguis digno, judicium vero indigno. Quis est dignus? ais. Audisti in Apostolo; respondeo, id est [*f.* is est], qui sic comedit sicut ipse præcipit. De præsentialiter enim ita . . . . . dicit, non de eo, qui olim fuerat . . . . . discalceatus, baculum non gestabat . . . . . luto scelerum volutari . . . . . . malum maluerit festinare . . . . . judicium sibi manducasset. His emendatis aut in emendationis studio manentibus, si non manducat, non habebit, autumo, vitam. Et hoc esse reor, quod monet subsequens Apostolus, *Probet*, inquiens, *seipsum homo* (*I Cor.* XI, 28), id est, discutiat in quo affectu sit; si peccandi, dimittat; si emendandi, cum tremore manducet. Nullus vero illud Regum posthabeat : *Si mundi sunt*, inquit, *pueri ab heri et nudius tertius maxime a mulieribus* (*I Reg.* XXI, 4); de panibus propositionis cum agerētur utique; et quod in lege 258 auditur sæpissime : *Sanctificamini*, id est, a concubitu abstinete. Probatio sane, quam monet Apostolus faciendam in criminalium conscientia emundanda, in invidiæ extrusione, et odii læsionisque fraternæ emendatione, in luxuria, vel aliqua incestuositate [*subaudi* emendanda], consistit, puto, præcipue, et quod reminisci instanter debueras, miserrime (ut sacratissimum cibum a cæteris noverat [*subaudi* Apostolus] distinguere) illos corpori solum, istum corporis et animæ saluti concessum perpendere, nec ea præcipitatione, vel petulantia ipsum saltem tractandum, quam illum nedum quoque sumendum.

15. Neque transeunter audiendum : *Corpus Domini* cum dicitur; sed considerandum quid, de quo, cui dicatur. Quid? idem corpus Domini. De quo Domino si dicis, de illo utique, qui in carne (533), quam pro te assumpsit, et in qua pro te multa perpessus, crucifixus est, mortuus et sepultus, resurrexit, et quam in cœlum levavit, in te nunc, cui hoc dicitur, intrat. Vide qualiter tanti hospitis mundatum et ornatum habes hospitium : si enim illi placeat, approbat et benedicit; si displiceat, quia reprobat, consequitur, quod valde est metuendum, ut etiam maledicat, nisi velocissima confessio et pœnitentia hoc cum ipsius misericordia, quod ipse tibi misericorditer concedat, avertat. Cui? tu videris; si enim ipse es, qui illud impleveris, imo ea quæ præcepta sunt, hoc est : *Renes vestros accingetis, calceamenta habebitis in pedibus, tenentes baculos in manibus, et comedetis festinanter* (*Exod.* XII, 11), id est, non, cras, cras, dicentes; gaudere magna Magisterii arte, id est non in te, sed in Domino vales, alioquin timere non parum est evangelicæ lectionis dictum : *Et cum intinxisset, dedit Judæ Simonis Iscariotis* (*Joan.* XIII, 26). Vide ergo, ne tu imitatione ipsius ipse sis. Ne ergo decipiamur, vel ipsi nos decipiamus, Deus est qui recipitur, Deus utique, sed sicut tunc latens in carne, ita nunc in carnem verso verissime pane : unde expressius in Græco; *Panem nostrum consubstantiatum da nobis hodie*, dicitur Deo, id est quod tu ipse es per tui ipsius invocationem, perque tui 259 ipsius introitum, ineffabiliter quidem, tamen non incredibiliter factum, hoc est enim dijudicare corpus Domini, a cæteris corporalibus utique cibis discernere, dignitate et dealitate, super omne quod videri et esse possit, valere. Cavendum vero est cum Dei adjutorio summopere, ne penitus mortuus hujusmodi mysteria audeat temerare, id est, quem nil charitatis constat habere; *Qui enim non diligit, manet in morte* (*I Joan.* III, 14). Si ergo charitatem te sentis nec in Deum, nec in proximum omnino habere, time tam sancta mysteria temerare; et quanto minus in te consideras charitatis, tanto formidolosius, dico, accesseris. Non minus vero pensanda reversio quam accessio, quia non minoris gratiæ est recipere Dominum quam secum habere. *Post buccellam*, inquit, *tunc introivit in eum Satanas* (*Joan.* XIII, 27). Et de manna cibisque cœlitus datis idem signantibus : *Adhuc escæ*, inquit, *eorum erant in ore ipsorum, et ira Dei ascendit super eos* (*Psal.* LXXVII, 50). Mundandum ergo ante perceptionem cordis hospitium est, custodiendum post perceptionem. Nota et quod non modo *descendentem* dicitur Spiritum super Dominum, sed et *manentem* (*Joan.* I, 33), ut intelligas in aliis non sic esse, sed venire in quibusdam per gratiam, recedere per offensam. Quid inde? ais. Et metus, et consolatio, inquam. Metus, si contristato pravis nostris moribus Spiritu sancto, eum a nobis expellimus; timendum enim ne irrevocabiliter. Consolatio vero, quia satisfactione potest revocari nostra. Possumus et hinc colligere, quia si in consideratione [*f.*, confirmatione] et consecratione per invocationem veracem et non vitio scriptorum depravatam datus cuilibet Spiritus sanctus, malisque ejus actibus fuerit rursum expulsus, non ita cum suum penitus reliquisse domicilium, ut placatus non possit eum repetere, ac propterea timore desperabili dimisso, constanter de ejus reversione præsumere, et jugibus eum precibus revocare debere, præsertim cum promiserit ipse : *Convertimini ad*

hæretici prætulerunt. Horum vero nisum pluribus eliserunt præstantissimi scriptores, qui dissidium inter Paschasium et alios catholicos ejusdem aut posterioris ætatis viros non in dogmate, sed in formularum, uti perperam putabant, novitate situm ostenderunt. Vide inter cæteros Mabillonium præfatione secunda in sæculum quartum ord. Bened. c. I, § 4. Mirum vero est quam maxime eosdem hæreticos qui Paschasium impetiverunt, inter ejus adversarios retulisse etiam Ratherium, quem iisdem formulis usum ex hoc loco manifestum est.

---

(533) Recentiores heterodoxi, qui catholicum dogma præsentiæ realis Christi in Eucharistia impugnarunt, Paschasium Ratbertum veluti novatorem traduxere. Is in libro *de corpore et sanguine Domini* idem dogma fusius exposuit : cumque nonnullis ejusdem ævi, qui cæteroquin in catholica sententia consentiebant, novæ visæ essent quædam illius formulæ, quibus cap. I, num 2, docuit carnem Christi in Eucharistia *non aliam plane esse quam quæ nata est de Maria, et passa in cruce, et resurrexit de sepulcro*; hos tanquam sui erroris patronos iidem

me, et ego revertar ad vos (Malac. III, 7) : Noli, in-quit, occidere nos, quoniam habemus thesauros absconditos in agro, et non occidit eos (Jer. XLI, 8). Thesaurus absconditus in agro, spes est in pœnitentia. Cætera unde istud sumpsi require.

16. *Quare tu enarras*, inquit, *justitias meas? (Psal.* LXIX 16.) Ego contra, si dici sit conveniens, ita : *Quia melior est misericordia tua super vitas, labia mea laudabunt te (Psal.* LXII, 4). Sequitur enim post severitatis justitiæ de pietate consolatio in eodem psalmo piissime promulgata : *Sacrificio laudis honorificabit me, et illic iter, quo ostendam illi salutare Dei (Psal.* XLIX, 23); quod tamen sacrificium magis est operis quam vocis, et tamen vocis. Nam ut noveris quare vel cui interdicat justitias enarrare suas, si sequentia non sufficiunt, audi quod superius est præmissum : *Immola Deo sacrificium laudis (Ibid.,* 44). Prohibeor? inquis. Prohiberis, inquam, prohiberis, si facere quod sequitur negligis : *Et redde,* inquiens, *Altissimo vota tua (Ibid.).* Vota vero, Christiane, quæ sint tua, si forte oblitus, requiris, quod in baptismo promisisti Deo, memineris. Monache, si rogas; quæ post etiam spopondisti, moneo recolas, illud redde; dicit sponsio Conditoris : *Et invoca* **260** *me in die tribulationis, et eruam te, et magnificabis me (Ibid.,* 15).

17. *Quare,* inquis, *tristis es, anima mea? Audi* unde consoleris : *Spera in Deo. Quare? Quoniam adhuc confitebor illi (Psal.* XLI, 6), adhuc vivo, spiro, et pedibus meis me propriis porto, adhuc est dies salutis, adhuc tempus acceptabile (*II Cor.* VI, 2). Itemque : Lenocinaris nimium tibi, inquis : (Non) ignoremus (554), sicut ait Hieronymus, pœnitentiam, ne facile peccemus; ne peccemus, inquam. Quid amplius peccandum? superabunde peccatum est. Tabula est ista post naufragium, non solida navis. Si desinamus peccare, ea utique referri valemus ad salutis, unde per incuriam deflexímus, portum. Sed ut aliquid præsumere audeam, docent quippe nos terrena sæpe quid debeamus sperare de cœlestibus. *Invisibilia* enim *ejus,* ut ait Apostolus, *per ea quæ facta sunt intelliguntur (Rom.* I, 20). Fugitivus si comprehensus a domino fuerit absque sua voluntate, quid potest sperare? Non dubium quin supplicia debita debeat respondere. Si sua sponte revertitur, quid? misericordiam utique; alioquin vitium crudelitatis, dum non ipsum fugisse Dominum poterit conjectari. Misericordia tamen ista juste ac firmiter roboratur, si securitate reversionis et veniæ non incipiat superbire, aut a servitio torpere; sed semper recogitans fugæ flagitium, cum maxima humilitate studeat dies noctesque continuare, ut et neglectum in fuga recompensare possit servitium, et addere aliquid unde justæ retributionis accipiat meritum.

18. Putas te, ais, ad istum servi istius adhuc pervenisse gradum? Putarem, inquam, si ad propositum professionis meæ reversus fuissem. Nunc igitur quid? Videtur, inquam, mihi, sed quasi per tenebras dubia luce, quod ei possim servo congruere, qui fuga lapsus, longoque tempore a domino absentatus, tandem aliquando minitantis domini terrore compulsus, ne subito, scilicet dum nescit comprehendatur, et aut patibulo aut suppliciis tradatur, qui missis legatis sperat aliquod remedium pietatis. Qui sunt; inquis, tui legati? Si quid enitor, inquam. Si tamen eniterer in Dei servitio forte; et si non aliud, desiderium saltem loquens utique cum Domino, et utinam ipsum vel cæterorum, qui ad hoc sunt suppliciter invocandi; sic enim habetur in psalmo : *Desiderium pauperum exaudivit Dominus (Psal.* X, 17), quasi diceret : Desiderium fugitivi novit optime Dominus ejus. Audi enim quasi de cujusdam itineris præparatione : *Præparationes cordis eorum audivit auris tua (Ibid.).* Nonne enim tibi videtur quædam legatio esse fugitivi ab alieno Domino evadendi, medullitus clamantem dum audis : *Eripe me de manu peccatoris? (Psal.* LXX, 4.) Iste enim vult evadere, sed non valet, nisi a legitimo Domino adjuvetur, imo potius eripiatur. Præparare etiam fugam nonne potest videri is, qui clamat : *Paratum cor meum, Deus, paratum cor meum (Psal.* LVI, 8), si tamen veraciter clamat? Si enim non flagitium duplicat; sed sicut fugitivum redire ad dominum quilibet tyrannus et iniquus possessor impedit, et, ne evadendi facultate potiatur, **261** illaqueat; sic et diabolus, ut modo etiam sensi, diversa ingerit impedimenta, ut aut nolit, aut nequeat, aut desperet, aut etiam verecundetur redire, aut certo, quod multo est gravius, tam exsecrabilem eum proprio faciat Domino, ut magis eligat eum subito rapere et perennibus suppliciis tradere, quam suæ gratiæ per pœnitentiam reconciliari. Quod tunc maxime obtinet, cum per superbiam de eadem cum legatione precum, desiderii aut alicujus aut magni aut parvi securitatem ei immittit, aut extollentiam boni, aut certe absque aliqua securitate torporem vel ignaviam. Nam sunt nonnulli, qualis et ego adhuc sum, qui quædam segnitia remissi, ita se totos libero neglecto, quod Deus utique et exigit, arbitrio negligunt, et quasi Dei pietati committunt, ut eligant otiositati frena laxare, et oscitando etiam in ecclesia, et somniculando stare, circumquaque discurrere non modo corpore, sed et mente; sedere vel jacere, quam vel aliquo bono opere, vel lectione aut oratione, vel certe boni alicujus meditatione legatum aliquem Dei pietati dirigere, ut quandoque a diaboli laqueis plenius eos dignetur eruere.

19. *Item post quædam.* Hoc sane mihi videtur, tu senti quod placet; quia sicut nemo se valet per se ad aliquem gradum Ecclesiæ promovere; ita nemo se potest, etiamsi velit, omnino deponere (*Vid. Conjecturam,* num. 6), quovis institutus sit vel etiam victitarit modo vel ordine. Videtur quod etiam ea-

---

(554) Particulam *non* contextus sententiæ necessariam supplevimus.

dem necessitate, qua ordinem compellitur tenere, eadem compellatur, indignus quamvis, quæ eidem competunt, nisi tu aliter censes, ordini, agere. Nihil verius, inquis, æstimarem, nisi in concilio Neocæsariensi, can. 9, legisse contingeret, ut si episcopus, presbyter, vel diaconus corporaliter se deliquisse confessus fuerit, oblata non consecret, manens in cæteris officiis propter studium bonum. Non audeo concilio sancto refragari, præsertim cum idem audiam a Domino per legem quoque judicari : *Sacerdos*, dum dicit, *qui habuerit maculam, non offeret panes Domino, neque accedet ad ministerium ejus* (*Levit.* xxi, 17, 18). Sed quare in concilio quis se talium non accusat ? Si exercere quæ ordini congruunt, timet, et [et *pro* etiam] deponatur. Nimis quia durum est ; ideo factorem, inquam, invenis nullum. Esto, si faceret quis, non sui hodie conscius statim, quod Pharisæis quondam de muliere in adulterio deprehensa, sibi opponi timeret. Cum etiam incomparabilis omnibus, qui sub cœlo sunt, Gregorius legatur talibus adeo pepercisse, ut Maximum, qui contra ejus interdictum super Honoratum a populo electum, militari manu per Simoniacam quoque hæresim episcopatum Salonæ civitatis invaserat, septemque annis excommunicationis ejus contemptor et rebellis exstiterat, in gratiam recepit, et episcopum manere permisit causa illata ; quia sicut perseverantibus in culpa districtos, ita resipiscentibus ad veniam (555) nos decet esse concedendam benignos. Gravis conditio. Quantum **262** ad animam, inquis, de tali potest illud esse prædictum : *Immisit in rete pedem suum, et in ejus maculis ambulat* (*Job* xviii, 8). Estne tamen aliquod remedium ? Nullum, inquam, nullum, nisi Dei miseratio solum ; immisit enim, immisit maxime, si et ambivit. Sed quid faciemus ? Clamantem de profundo desperabimus ? Ubi erit tunc omnipotentia misericors : *Nolo mortem peccatoris* (*Ezech.* xxxiii, 11), jurantis, et ex lapidibus homines facientis ? (*Matth.* iii, 9.) non poterit similiter facere de fure custodem, de latrone custodem, de mercenario pastorem, de lupo ovem, de mortuo vivum, de fetente suavissime redolentem, de ligato solutum, de immobili abeuntem ? Longum est edicere quot vicibus istud habet patratum. Fac velle, videbis continuo posse. *Nonne*, inquit, *dixi tibi, quia si credideris, videbis gloriam Dei ?* (*Joan.* xi, 40.) Sed quam gloriam ? resurrectionem utique quatriduanam. Veniant interpellatrices et importunæ sorores sororias, id est, humilitatis imbecillitatem et fratris interitum non negantes ; fundant Domino preces, una prius piæ actionis signatrix, altera theoricæ speculationis et mundissimæ orationis, non sine mysterio tamen numeri vel ordinis, magistra. Docent quippe duos in Ecclesia ordines saluti percuntium consulentes : unum prædicatione et opere ; alterum precum instantia Dominum precando (556).

A pro mortuis interpellando, et ut valeant suscitari pulsando. Confiteantur, mortem hujusmodi absentatione divinæ custodiæ, negligentiæ merito contigisse, quod est mirum utrasque dixisse : *Domine, si hic fuisses, frater noster nequaquam mortuus esset* (*Ibid.*, 12). Absit longius desperatio, adsit spei constans fiducia, posse quatriduanum mortuum fetentem, mole gravissima criminis consuetudinarii etiam obrutum, ligatum, immobilem, post longam etiam dormitionem posse excitari, resuscitari, onus superpositum vincere, solvi, abire (557), valere. Videbis statim spiritu miserationis et precum fremere Christum, turbare seipsum ; audies : *Veni foras* (*Ibid.*, 43), clamare ; illum, quem desperabas, statim prodire, vivum se, quamvis ligatum, monstrare, non B celare, confiteri, ut absolutus eat, id est, motibus rationis mores componat, præceptum audire, quatenus ejus resurrectionem alii pejus etiam mortui ad vitam redeant, et in Christum, id est, Salvatorem omnium credant.

20. Quid, inquis, si nil horum contingit, agere debemus ? an ut vivum venerari, quem mortuum scimus ? Nondum, inquam, ut istinc conjicio, quid venerari in quolibet debeas, nosti ; quod Deus utique fecit, aut quod ipse sibi homo conscivit. Sed quia in istiusmodi cæcutis doctrina, magis et exemplis quam ratiocinatione te trahendum considero. *Super cathedram Moysi*, ait, *sederunt scribæ et Pharisæi ; omnia ergo quæcunque dixerint vobis, servate et facite : secundum opera vero eorum nolite facere* (*Matth.* C xxiii, 2, 3), etc. Quod est aliter dixisse : Veneramini quod Deus contulit ; tolerate quod faciunt non propter ipsos, **263** qui mali sunt, sed propter honorem, quem perceperunt ; qui utique eo bonus, quo a bono Largitore concessus. Da asellum vilissimum optimum vinum gestantem, vilescit asellus, amplecteris vinum ; pretiosissimum annulum deformis gestat digitus sæpe, ad annulum ardet cupientis ambitio, digitum horret intuentis despectio. Dicis honorem, inquis, ideo bonum, quia a bono Deo concessus est, quid de illo quem Deus non contulit ? Quis, inquam, ille poterit esse, Apostolo testante : *Non est potestas nisi a Deo ?* (*Rom.* xiii, 1). An vis aliud esse potestatem, aliud honorem ? Sed imbecillis sine honore potestas, ac per hoc neque potestas : *Regnaverunt* D *reges*, inquis [*l.* inquit, *et subaudi* Deus], *sed non ex me ; principes exstiterunt, et non cognovi* ; non ex me, inquam, id est, non secundum me regnaverunt, non recte, ut præcepi, egerunt, non cognovi, non laudavi, non approbavi ; attamen regnaverunt me vidente. Sed si tibi non valet persuadere, ut velis aliusmodi episcopos, quod Dei pietas vellet, nisi qualem depingit Apostolus dicens : *Oportet episcopum sine crimine esse* (*Tit.* i, 7) ; quod, proh dolor ! est rara hodie avis in terris ; cogita Caipham, cui Petrus visus est obedire ; quando tamen hoc diceret, quod hunc locum Ratherius excerpsit.

(555). Scriptum fuerat in apographo *non decet*. Correctionem non tam sensus persuasit, quam lectio ipsius epistolæ S. Gregorii lib. ix, epist. 81, ex qua

(556) Legebatur *pro peccando, mortuis* : male.
(557) Male in apographo *abisse*.

a cathedra Moysi non dissideret ; cogita, inquam, non abest longius, heri lectum est : *Hoc*, inquit, *a semetipso non dixit (Joan.* XI, 51.) Quid est *a semetipso ?* a malivolentia sua, qua interfici Christum volebat ; neque enim ideo Christum optabat occidi, ut gens tota liberaretur, quod secundum ejus malignitatem impossibile omnimodis erat, sed in præsentia ejus de regno tolleretur. Licet vero talis esset ejus conscientia, verum fuit quod per eum cathedra Moysi protulit, sicut moventis est, quod reboat chorda ; sic enim legitur : *Sed cum esset pontifex anni illius, prophetavit (Ibid.).* Et hic enim attende, *anni illius*, inquit ; nunquid ita per Moysen mandaverat Deus ? Minime. Ecce enormis indignitas, non est enim ista legalis, et tamen a Deo permissa, sed ab Herode nefando concessa potestas. Si vero permissa et a tali potuit prophetare, data a Deo quid potuerat agere ? Utique plus, id est, et velle bonum dicere et posse, hæc autem solummodo posse. Nam non ideo gens liberata est, quia iste voluit ; sed dixit, quia eum dicere fiendum, quod erat dignitas cathedræ, fecit. Quem ergo indigniorem quæris ? et tamen prophetasse audis, ut notes quanta sit vis potestatis, cujuscunque modi sit vita tenentis, quanta dignitas hujusmodi ordinis ; et non nutare, quod ideo honorem bonum esse protuli, quia a bono Deo concessum, si permissa usque ad prophetandi valuit efficaciam potestas venire. Ut vero in aliquo tibi morem geram, notandum video, quod *non est potestas nisi a Deo (Rom.* XIII, 1) dicens Apostolus, hac suspensione locum dedit subintelligendi et permissæ et concessa ; cum præsertim subintulerit, (558) *Quæ sunt, a Deo ordinatæ* 264 *sunt (Ibid.)* ; non ut Caiphæ illa inordinatissima, et tamen veneranda intentione, quam monstravimus supra : sed laboremus, inquam, et caveamus, ne frustra ; tota enim ista allegatio index est indignitatis et miseriæ meæ, qua Scripturam trahere ad mei auxilium dum renitentem laboro, quod fieri possit, num [*f.*, *non quid*] quid sit vel fiat enarro ?

21. Ne me igitur ultra decipiam, confiteor, quia licet hæc omnivalens Dei possit misericordia efficere, ut mundum valuit de nihilo creare, si non fecerit, constat me cum mei similibus perditum omnimodis esse, et falsum nomen episcopi vel abbatis (559) non sine damnationis æternæ periculo ferre, etiamsi detur, ut olim Caiphæ, prophetare, a qua aliter nequeo prorsus liberari, nisi relicta vanitate penitus, quod Christi pietas tribuat, sæculi. Ferre enim, mirandum, quod valeo, dum contra me meique consimiles clamantem audio (figuraliter enim nil horum mihi disconvenire dolendus considero) : *Qui habuerit maculam, non offeret panes Domino, nec accedet ad ministerium ejus, si cæcus fuerit, si claudus, si parvo vel grandi vel torto naso, si fracto pede vel manu, si gibbus, si lippus, si albuginem habens in oculo, si jugem scabiem, si impetiginem in corpore, si ponderosus (Levit.* XXI, 17-20) ; inter hæc autem in nulla ad Deum intercedendi saltem pro me fiducia familiaritatis deceptus respiro. Desperas, inquis, video, quare inaniter laboras ? Nec despero, nec spero, inquam. Spero in Deo, despero de me ipso ; et tanto magis in eo, quanto minus de me [*subaudi sperare*] debere considero. Despero enim, quia quod scio faciendum mihi, neque saltem incipio : non despero fiendum, si placuerit omnimodis Deo. Inaniter vero utrum laborem, nescio ; quia et quid ad hoc sit [*sit abundare videtur*] obtinendum adhuc laborem, non video. Si quid vero est, non illud, quod competit, est ; sed illud, quod de rebelli, malo et fugitivo me protulisse superius, meminisse poteras, servo. Nam non amore Domini, non religionis, quam abnegavi, non loci, unde miser aufugi, postremo non desiderio vitæ æternæ, sed timore gehennæ, si facio unquam, facio ; et si auderem dimittere, non facerem utique, ac pro hoc non possum cogitare quid Deo habeat de tali servo curare. Mihi enim ipsi vilescere me video oportere, cum etiam ab ethnico in mei lego sociorumque contemptu prolatum verissime : *Oderunt peccare boni virtutis amore ;* dum me illosque peccare magis utique cerno timere, quam non peccare diligere. Est autem hujusmodi ratio. Si laicus fuissem, et de omnibus illis pœnitentiam quærerem, ducenti sexaginta quinque anni si mihi indicerentur, a quo donarentur ? Septuagenarius (540) jam quid eram acturus ? Dicturus, scio, erat patronus, si tamen pretii alicujus : Non potes ista facere, quia 265 deest spatium ; trade te Deo totum, et relinque sæculum ; ecce omnia dimissa, quia pio Deo commissa. Monachus sum et vix habitu et lege, sed refuga legis promissæ. Fac tot annos in pœnitentia expleam, dimittantur omnia, restet hoc unum, quod legem utique meam inconvertibiliter refugi ; nonne tibi videtur pro hoc solo me damnabilem fore ? hoc igitur solo. Omnia illa illis omnibus, hoc solum non possum sanare.

22. *Item post quædam.* Quibusdam igitur quasi passibus mentis illo perveni, ut et eo et cæteris omnibus visum mihi fuerit inaniter abstinuisse, si monachum me, ut promisi, non fuisset a Deo datum, finiri (541) ; æternis quippe pro hoc solo destinatus, etsi alia nulla habuissem, suppliciis. Quid profuerat mihi abstinuisse ab his et tam dulcibus, mundus quas affert, illecebris, cum [*subauditur profuisset*] æternarum quoque usura caruisse pœnarum ? Cujus rei certitudinem ut tibi glorianti de quadam continentia

---

(558) Legebatur *quæ a Deo sunt, ordinatæ sunt*. Syntaxim et lectionem Apostoli, quam et contextus sententia exigit, restituimus.

(559) *Episcopi, vel Abbatis,* inquit ; quia Ratherius hoc tempore non solum erat episcopus, verum etiam tanquam Abbas alicui monasterio præsidebat, ut ex numero sequenti palam fiet. Confer etiam not. 544 et 547.

(540) Non solum hic, verum etiam postea num. 51 se *pene septuagenarium* appellat. Hinc etiam num. 25 se *pene silicernium* vocat, id est decrepitæ pene ætatis.

(541) *Finiri,* id est usque ad vitæ finem permanere.

senio magis quam virtute acquisita, post multa quoque ejusdem, ut sum ratus, naufragia, incuterem, et ab hac securitate ad planctum necessarium et ad jejunium, præsertim autem ad monachi, cujus solum nomine et habitu gloriaris mecum, reducerem propositum : malui mea dicere omnia, quam tua nunc tibi ad memoriam reducere, saltem vel aliqua. Consideranti (542) quippe ignaro vestri alicui securitatis alacritatem etiam in ista Quadragesima omnium vestrum, videri potest nullum alicui ex vobis inesse peccatum. Ita (proh nefas!) (543) nescio quæ vos obtinuit meo qui vos monere neglexi peccato, aut falsæ spei, aut desperationis mortiferæ, vel obdurationis nefariæ pestis, ut insensibiles quoque faceret, quod in omnibus infirmitatum generibus magis perniciosum noscitur fore. Dum tibi, inquis, ipsi non parcis, me, imo nos omnes acriter rodis. Quomodo, inquam, aliter? Mei enim ipsius curam gerens aliosque negligens, præcipue vos, mihi qui estis commissi, **266** quod crimen majus vel habere vel poteram confiteri? Sum tamen, sum, non diffiteor, mea culpa hujusmodi, ut intensius in oratione dicam: *Miserere mei*, quam : *Miserere nostri*. Et illud quoque nostri cum dico, mei potius quam alterius immanitate scelerum coactus recordor; et in hoc charitatem in me frigescere demonstro, et de delictorum exstinctione amplius dubito. O autem utinam ita saltem vobis vestra aliquoties, ut mihi, dum hæc scribo, mea, clarescerent peccata! nam et alacritatem, credo, pauxillum reprimerent nostram [*f.*, *vestram*], et desiderium ab his quantocius evadendi præstarent; otiositatem quoque desidia torpentium compescerent, præcipue quibus amplius competeret, priorum vel senum, quibus maximum noveris im-

munere, ut mihi quoque, quod Deus avertat, periculum. Hi enim mecum potius, ut in propheta legitur : *Confregerunt jugum, ruperunt vincula* (*Jer.* v, 5), ut nuperrime unus illorum vide quam festive diabolo servierit. Cum enim causari soleret, penuria communitatis (544) se cæterosque et regulæ præcepta negligere; repente diu collectos ex eadem communitate proferens nummos, ut non inaniter monstraretur mammonæ tam fideliter diuque servisse, et obsequiis idolorum non adeo segniter incubuisse, fecit quod tu ante scivisti quam ego. In tali quoque ævo Simonis non veritus est exemplum, cum præsertim prædecessorem suum ejusdem ætatis reor quemdam latrunculum audisset, in idem negotium collata pecunia, antequam frui saltem die fuisset concessum, miserabili, ut dignum fuit, judicii modo exstinctum.

23. Considerare isthinc pernecessarium, considerare, quam retrogradum, proh dolor! iter carpamus, qui sæculares debuimus, ut antecessores nostri, in rectitudinis via præire. Presbyter quippe quilibet sæcularis si Ecclesiam quamlibet acquisiverit (Vid. *can.* 59 *et* 40 *Apost.* et l. II *Capitular.*, c. 150); quidquid ante habuit, licet ei vendere, dare, vel quovis ordine pro libitu cuilibet delegare; **267** quidquid vero postea acquisierit, juri Ecclesiæ cedit. Monachus vero, qui nec ipsam voluntatem in propria debet habere potestate, cui debet colligere? collectum cui dare vel relinquere? præsertim si ex stipendio, unde vestiri debuit et pasci, aut forte ex alicujus (545) obedientiæ provisione fuerit, quod videtur habere, collectum? Et ubi erit, si hoc misero alicui contigerit : et quid in corde sibi, rogo, erit dicturus, cum legi in capitulo audiet : *Memorentur*

---

(542) Construe : *Alicui quippe ignaro vestri consideranti alacritatem securitatis omnium vestrum etiam in ista Quadragesima videri potest nullum peccatum inesse alicui ex vobis.*

(543) Construe : *Nescio quæ pestis aut falsæ spei, aut desperationis mortiferæ, vel obdurationis nefariæ obtinuit vos peccato meo, qui neglexi monere vos, ut faceret quoque insensibiles, quod noscitur fore magis perniciosum in omnibus generibus infirmitatum.*

(544) Idipsum etiam monasterio Gemblacensi contigisse, ut prætextu penuriæ rei communis regularis disciplina pessumiret, testatur auctor libelli de *Gestis abbatum Gemblacensium* tom. II Spicil. Acher., pag. 763. *Nam ecclesiasticis*, inquit, *rebus undique dissipatis, et redditibus et stipendiis minoratis, attenuabatur nimis eorum* (monachorum) *res familiaris. Itaque sub obtentu paupertatis, dum quisque sibi consulit, et posthabita communis vitæ honestate rem familiarem augere peculiariter quærit, vivebatur justo licentius, quod omnino non expedit monachorum animabus*. In monasterio autem Lobiensi eodem teste pag. 762, sublata perfecta communitate hic abusus inoleverat, ut qui eam abbatiam obtinebant, *omnia, venalia haberent, et in Ecclesia Dei columbas, id est, gratiam Spiritus sancti vendentes, domum Dei speluncam latronum efficerent*. Et post pauca : *Omnes isti dum magnis abbatiæ redditibus carere nolebant, et præpositas, quas sub nomine et merito obedientiæ religiosis et timoratis viris committere debebant, quasi rusticanas villicationes annuatim pretio dabant, et adime-*

bant. Idem testatur etiam Fulcuinus Ratherio coævus de *Gestis abbatum Lobiensium*, cap. 19 et 21. Duo porro monachi hujus simoniacæ labis rei hoc loco notantur, qui collecta pecunia aliquam abbatiam emerunt. Unus ex his, *antequam frui saltem die fuisset concessum, miserabili, ut dignum fuit, judicii modo exstinctus est*. Alius vero, qui eidem in eadem abbatia collatis item nummis successit (unde ipsum prædecessorem suum vocat paulo post) ille est, quem nunc ita ejusdem criminis arguit, ut se quoque reum in sequentibus accuset, propterea quod eidem non restitit, nec contradixit. Hic monachus Oderadus nomine, valde senex, et cujusdam abbatis avunculus postea traditur : idemque aliquam abbatiam octoginta libris emisse indicatur. Confer not. 56, 40 et 61. Ratherius vero, cum sibi crimini det, quod istum non reprehenderit, nec emptionem ejusmodi prohibuerit, eumque cum sine sui licentia emptionem fecisse coarguat, se ei monasterio, ad quod idem monachus pertinebat, præfectum demonstrat : unde paulo ante ejusdem loci monachos alloquens dixerat : *Mei ipsius curam gerens, aliosque negligens, præcipue vos, mihi qui estis commissi*, etc.

(545) *Obedientiæ* vocabantur officia monastica, quæ in annum conferebantur; unde Fulcuinus *de Gestis abbatum Lobiensium*, cap. 19 : *Annua*, inquit, *obedientiæ, quod quidem regulare est, ministeriorum commutatio*. Hic autem illi monachi notantur, qui ex hujusmodi officiorum provisione aliquid sibi reservabant.

*semper Ananiæ et Saphiræ, ne forte mortem quam illi in corpore pertulerunt, hanc isti, qui sibi aliquid reservaverunt, vel omnes qui aliquam fraudem de rebus monasterii fecerint, in anima patiantur.* Tot, ut asserunt, libris argenti quanta ornamenta potuerunt in eadem Ecclesia fieri, unde acquisita et collecta ipsa est pecunia? Audivi murmurantem quemdam in secretario ita : Dicunt quod nihil proprii debemus habere; quis ergo ista ornamenta et libros istic contulit, nisi loci istius monachi ? Ad hæc ipse fateor, aio, melius fuerat non habuisse quam contulisse ei; in levigatione tamen mali melius fuit hic reliquisse quam alibi dissipasse. Bene, inquis, bene, sufficit. Ad te revertere, te intuere, ne tibi dicatur vere : *Hypocrita, ejice primum trabem de oculo tuo; quid enim vides festucam in oculo fratris tui, trabem autem, quæ in oculo tuo est, non consideras? (Luc.* vi, 41; *Matth.* xii, 5.) Considero, inquam, considero , et istud quoque ad trabem eamdem adjungo; quasi enim non sufficeret quod feci miser per me, dedi locum isti, 268 ut faceret sciente me, nec tamen prohibente. *Non solum vero qui faciunt, sed etiam qui consentiunt facientibus, digni sunt morte (Rom.* i, 52). Sed si humane agis, censes tolerabilius et magis naturæ proximum fuisse, ut penuriæ necessitate faceret hujusmodi (546) extraneus, pauper, exsul, mendicus, et advena deceptissimus, quam ambitione superbissima civis, incola, sibi plenissime sufficiens, et, ut ita veraciter loquar, servus ejusdem ecclesiæ legitimus , quia legaliter traditus, et sui ipsius manu et professione in servitium, quod fracto jugo et ruptis regulæ

(546) Hæc Ratherio conveniunt, qui e Leodicensi sede pulsus, in vitæ subsidium abbatiam administrandam ac regendam acceperat. *Extraneus* autem vocatur, et *advena*, tum quia hujus abbatiæ monasterium, cui præerat, non erat Lobiense, in quo ipse professus fuerat, uti pluribus in Vita auctoris ostendimus § 11 ; tum quia eodem concessit non tanquam monachus loci ejusdem, ut ibidem Deo in perpetuum serviret, sed tanquam episcopus *pauper, exsul, mendicus, et advena,* qui spem redeundi ad Veronensem episcopatum non omnino abjecerat, ut ex not. 548 patebit.

(547) Hic *provisor*, cujus licentiam non obtinuit, qui servitium monasterii reliquerat, est ipse Ratherius I nam num. 24 de hoc eodem seniore monacho loquens, qui empta abbatiola monasterium deseruerat, ait : *Gaudere me noveris, quod absque mei est licentia factum.* Similiter num. 34, de alio monacho scribit : *Bonito namque tuus lanam jussu absque meo dispensasse fratribus fuerat nuntiatus.* Nomen autem *provisoris* de monasterii præposito seu abbate accipiebatur. Sic dux Guillelmus Cluniacensis cœnobii fundator *Bernonem Balmensis monasterii abbatem, quoad viveret, futurum Cluniacensi cœnobio provisorem constituisse* traditur a Nalgodio in Vita S. Odonis num. 22.

(548) *Abscessione,* id est antequam e monasterio, cui, cum hæc scriberet, præfectus erat, abiret : spem enim adhuc gerebat redeundi ad episcopatum Veronensem, cui quidem non multo post restitutus fuit. Libras autem duas et viginti, quibus idem monasterium abs se exspoliatum tradit, in aliquis necessitatis, qua premebatur, subsidium insumpsisse credimus; unde paulo ante de se ait : *Lt pecuniæ necessitate faceret hujusmodi extraneus, pauper, exsul,* etc. Hæc autem necessitas tunc.

vinculis sine licentia (547) provisoris reliquit, perpetuo mancipatus. Verum ut tibi iterum morem gerendo, ita illum reprehendam, ut mihi non parcam, fateor, utrique egimus inconsideratissime. Si enim, cum jam pene silicernius, ut et ille, existam, morte præventus, aut (548) abscessione fuero, antequam viginti duarum librarum pretium sancto habeam, quem his spoliavi, redditum loco, (549) compositionem gehennalem timeo. Ille quoque non minus loco isti debitor, atque, ut dixi, coævus existens, si et hic non habet satisfactum, et illud quod emit fideliter custoditum, nulli dubium, nisi [*subaudi* illi] qui interdum perdidit visum, quin æternum eum maneat cum Anania, Saphira, atque Simone supplicium. Petrus vero est , rogo agnoscas , qui et illos præcepto pro fraude percussit, et istum damnatione perpetua pro ambitione superba perire præcepit (550), Petrus, cujus ista fuit pecunia; Petrus, cujus abbatia 269 injustissime fuit distracta. Sed consideremus trabes utrasque, meam scilicet et illius; festucam etenim hic cerno deesse : fortassis enim hodie oculis melius apertis meæ imminere cervici ambas videbis, imo de duabus mihi fore unam improbabilem trabem. *Si non annuntiaveris iniquo,* ait, *iniquitatem suam, sanguinem ejus de manu tua requiram* (Ezech. iii, 18); quod justissimum fore monstravit, qui dixit: *Quod a discipulis delinquitur, ad magistrum respicit;* et ille (cujus edicti ambo transgressores in hoc uno probamur atque rebelles, aliud si omnino deesset, ille, quia fecit, ego quia non contradixi) Sciat, inquit , *Abbas , culpæ pastoris incumbere ,*

videtur impendisse , cum ad monasterium , cui præerat , magna hospitum turba confluxit. Vide not. 581.

(549) *Componere* verbum est , quo in antiquis chartis pœna pretio solvenda significatur. Hic autem *compositio gehennalis* inferni pœnam indicat.

(550) Verba *Petrus cujus ista fuit pecunia,* librarum scilicet octoginta, quas monachus in emendam abbatiam distraxerat, referuntur ad monasterium cui Ratherius præerat. Hoc monasterium a Lobiensi distinctum, et in ditione episcopi Leodicensis locatum in Vita auctoris ostendimus § 11, conjecimusque fuisse Alnense monasterium, cujus ecclesia in S. Petri honorem consecrata erat (Mabil. t. I Annal. an. 653, n. 28), ut verum sit S. Petri pecuniam ab eo monacho fuisse distractam. Illa porro *Petrus, cujus abbatia injustissime fuit distracta,* referri videntur ad abbatiam quam idem monachus octoginta libris acquisivit, quamque is per ejusmodi emptionem injustissime distraxit ab alia abbatia S. Petri titulo nuncupata : qualis quidem erat abbatia Lobiensis , cui aliquot monasteria subjecta erant , Waslare, S. Ursmari, et alia. Aliquod ex his fortassis ille monachus ab abbatia Lobiensi, et a S. Petro distraxit, cum sibi in illud prælationem abbatis titulo decoratam emit. Quandiu enim aliquod monasterium principi cœnobio adhærebat, ipsi præficiebantur nonnulli ad nutum abbat.s principis cœnobii amovendi, iique præpositi , priores , aliove simili titulo donabantur. Cum vero instituebantur abbates , tunc in perpetuum præfecti, illud monasterium ab illo antea unitum, a monasterio principe quodammodo sejungebant, ita ut a principis abbatis nutu nequaquam penderent.

quidquid in ovibus paterfamilias utilitatis minus potuerit invenire. At (551) verecundabar, respondes, pro reverentia senectutis. Mentiris, certe mentiris, et teipsum decipis; non enim senectutem, sed magis superbiam in illo venerabaris; quod erat utique placentas reginæ cœli libare (*Jer.* VII, 18), diabolum, ut ipse ei persuadere nitebatur quoque, cui ministrabant angeli, adorare. Si autem in isto diabolum, quem superbiam dico, tanta veneratione habebas, ut quod Deus præcepit (cum tibi nec eum [*l.* suum, seu illud] vitium referre auderet) dicere illi non auderes; quid faceres si ante Diocletianum stetisses? Audierasne unquam : *Qui me erubuerit, et meos sermones; et hunc Filius hominis erubescet, cum venerit in gloria Patris, et sua sanctorumque angelorum?* (*Luc.* IX, 26.) Considera, quæso, ignaviam tui et timiditatem. In tantum enim te noveram elationem ejus detestatum sæpius fuisse, ut pene fuerit ad odium usque ipsius venisse. Et cum ita fuerit, formidolositatem et circa charitatem tui cordis teporem deplangere te omni tempore, aliud si deesset, penitus convenit. Negasti quippe Deum, dum illi pepercisti, negasti.

*Item apostropha ejusdem ad quemdam alterius loci abbatem* (552) *quasi religiosum.*

O imitatores, ait sed quidam, servum pecus ! o et in angelis pravitas, proh pudor, reperta! (*Job* IV, 18.) Quid nepos agebas, cum avunculum nescio unde, vel dulcius Italice scilicet barbam (553), ita insanire videbas? Ubi erat, *Qui audit, dicat : Veni ?* (*Apoc.* XXII, 17.) Ubi saltem, *Diliges proximum tuum sicut teipsum?* (*Matth.* XIX, 19.) Tu transitoria omnia contemnebas, illum transitoriis anhelantem, cum esset tibi, hoc etiam contra regulam, dilectissimus, minime corrigebas, unum e duobus haud creperum [*id est* dubium, *aut* anceps] erat ; **270** aut tu non eras, quod videri vel dici volebas, aut illum oderas potius quam amabas;—si enim amaveras, cur non tecum, quo tu tendebas, idem [*l.* eumdem] ad Deum traxisse certabas? Vide, moneo, et quis, *qui cadit, et sic aperiuntur oculi ejus* (*Num.* XXIV, 4); vide tamen, suadeo exclamative ad locum (554), ubi quasi oratum pergebant, nummos continentem pro tali causa largitos. O spelunca, spelunca ! o facta, si est ut dicunt, de domo orationis sanctissima, spelunca latronum nequissima ! Hæ ne, hæ ne erant itiones et reditiones creberrimæ (555) Lemni [*l.* Lemnum] ?

24. Perpende, rogo, perpende, qui festucam de trabe conabaris heri ejicere, et negationem Dei et adorationem diaboli nulli amplius præsumas æquare moneo crimini. Nullius quippe horum, quæ superius [*Vid. supra n.* 2] confessum me fuisse recordaris, homicidiorum utique, exoculationum, exmembrationum, incendiorum, prædarum, cæterorumve plurium, me noveris magis reum quam istins ; si quidem nihil horum feci, aut jussi, vel, ut fieret, volui, sed tale quid, ex cujus occasione ista sunt patrata, commisi : istic autem plus aliquid habetur ; siquidem licet, ut fieret, neque præceperim neque voluerim, dedi tamen mea culpa locum, ut fieret, non prohibendo, quod saltem quivi, ne fieret. Gaudere tantum me noveris, quod absque mei est licentia factum, siquidem videtur esse aliquod levamentum: *Delicta quis intelligit ?* ait Psalmista, subinferens necessario : *Ab occultis meis munda me, Domine, et ab alienis parce servo tuo ;* subjungensque : *Si mei non fuerint dominati,* inquit, utique aliena peccata, *tunc immaculatus ero, et emundabor a delicto maximo* (*Psal.* XVIII, 13, 14), maximo, inquam, maximo. Non enim non tibi videtur maximum, qui viginti duarum librarum suo flagitio est debitor, alterius crimine octoginta (556) in cumulationem debiti sibi junxisse? Et o misera principandi conditio! Quis, nisi sui securus, hujusmodi non jure fugiat periculum ? Alter peccat te nesciente, et tu pœnas luere cogeris. Verum ut nepotem paulo superius prælibatum mecum de neglectu eumdem, opus ut fuerat, pariter coercendi excusem, videri valet et me exemplum attendisse medici, illud desperato de vita nihil, quod capere velit, interdicentis. Unde et Hieronymus in causa consimili : Aiunt medici, ait, majores morbos non esse curandos, sed dimittendos naturæ, ne medela dolorem exasperet. Si enim obstinatione mortifera contra sui **271** propositum irrecuperabiliter eum viderat obduratum, quid profuerat interdicere aliquod ei sæculi commodum? an ut istic dispendium, et illic pateretur supplicium, præsertim cum sciret optime suæ perditionis foveam non minus secernere ipsum? Hoccine erat Dominica omni etiam

---

(551) Hæc usque ad finem numeri ejus, sacerdotis verba sunt, qui confessarii personam gerit. Is primo Ratherii excusationem proponit : *At verecundabar, respondes, pro reverentia senectutis :* dein ejusmodi excusationem refellens, statim reponit : *Mentiris certe,* etc.

(552) Hic abbas, quem alloquitur, *nepos* erat ejus monachi qui in antecedentibus numeris perstrictus fuit, propterea quod quamdam abbatiam octoginta libris emerat, et sine ulla Ratherii provisoris licentia monasterii servitium deseruerat. Hic autem monachus, qui valde senex indicatur, ejusdem abbatis *avunculus* dicitur. Hunc porro insanisse ait, cum memoratam abbatiæ emptionem contraxit.

(553) Notatu digna est antiquitas hujus Italicæ vocis *barba* pro avunculo.

(554) Locus aliquis sacer indicatur, ubi de memorata emptione Simoniaca actum, ac pro ea pretium octoginta librarum solutum fuit.

(555) Hæc ex Terentio sumpta, qui in Phormione act. V, scen. 8, v. 24 habet : *Hæccine erant itiones crebræ, et mansiones diutinæ Lemni ?* Hæ autem *itiones et reditiones,* quæ hoc loco perstringuntur, indicant fortassis itinera in locum ante memoratum susceptα, quoad emptio illa concluderetur.

(556) Quia nimirum monachus ille octoginta librarum pretium in cujusdam abbatiæ emptionem persolverat, ut patebit ex num. 550, in quem vide notam 577. Quæ vero ad Ratherium referuntur, *viginti duarum librarum suo flagitio est debitor,* explicata fuerunt supra not. 548.

talia meditantem cantare : *Oportet nos mundum contemnere*, adjicere quoque, *ut possimus sequi Christum Domini*, quasi cum mundo non valeamus Dominum sequi? Exaggeransque, ne perdamus vitam perpetuam, propter vanam hujus mundi gloriam, non verebatur aliquem ex obliquo respondere valere : *De ore tuo te judico, serve nequam* (*Luc.* xix, 22).

25. Sed ut ad nos jam fore tempus monstremus redire debere, noveris volo, inquam, quod illud de propheta magnum mihi faciat consolationem, sed utinam non inanem : *Veniens ad Babylonem, ibi liberaberis* (*Mich.* iv, 10). Qui enim in domo Dei, nemine nisi fautoribus, ut dixi, sciente, sub prætextu sanctimoniæ, ut multi, fallacis, infrontuose faciebam scelera multa ; a te de isto uno deprehensus, detectus, dum ad confusionem tantam sum devolutus, ut ipso detecto nullum curem latere crimen amplius meum, quid [*l.* quod] de illo solo, pati potueram infructuose, pati melius simul cum fructu ipso de omnibus ratus, in Babylonem nimirum, ut ita loquar, per te adductus, possum credi, et utinam per Dei misericordiam vere liberatus. Nam nec deest sartago ferrea, in qua ossa etiam friguntur forte aliquid de se autumantia olim satis inaniter mea. Profui ergo tibi, inquis, multum nocens, qui parum profueram favens. Mihi sed quid? quantum, inquam, Judæ salvatio profuit mundi. Per ego te Jesum spemque communem sed deprecor (557), fetorem criminum meorum a te remove, ne juncto tuorum mei causa te interiisse credenti mihi dolorem augeas importunum, neve tenebris meis offusus, te ipsum considerare non valens, quo pedem actionis mittere debeas nesciens, pejus quanquam corrueris [*f.*, quam corrueris] monens deprecor cadas. Ad sanctorum splendidissimum lumen quasi ad ætheris micantissima sidera regulari collirio delibutum mentis intuitum potius dirigamus, ibi videbit quisque vestrum [*f.*, nostrum], quid de se, quid de alio debeat æstimare. Regulam, inquis, apportas iterum? Quid, inquam, ea posthabita, aliud? Omnes enim recurras cum Evangelio ipso Scripturas : ad ipsam, velis, nolis, tibi est redeundum, si animæ tuæ vis esse consultum. Dic, sed rogo, audistine unquam filium Belial in bonam partem positum ? Nunquam, inquis? Sed quis est pejor, inquam, pagano. Nam Belial *sine jugo* interpretatur. Nulla vero hominum conditio est, quæ absque quolibet jugo valeat regi : jugum vero cuique est ipsa, qua victitat, legis censura, ut Longobardi laici Italica, clerici **272** canonica, monachi monachica. Ea rejecta, quod jugum te retinet ad aliquid declinandum, vel relaxat ad faciendum? Si nulla, non modo filius es Belial, id est diaboli, sed ipse tu es Belial. Si ergo

aut filium Belial aut ipsum Belial audisti unquam per pœnitentiam sine conversione veniam consecutum, persuade, si vales, mihi ; aut si non, suade tibi absque jugo legis propriæ pœnitentiæ laborem quidlibet alicui prodesse. Ipsum, ais, dico jugum quod pœnitentiam. Quis, inquam, imposuit? Video, inquis, impostor, quid moliaris ; ad abbatem et regulam more tuo me iterum revocas. Plane, inquam, plane. Quod enim sine permissu illius a monacho sit, præsumptioni deputabitur et vanæ gloriæ, non mercedi. Dum assertionibus tuis attendo, scandalizari, ais, non cesso ; in quibusdam enim rigidissimus, in quibusdam valde remissus ; videris hædum in lacte matris suæ, quod est prohibitum, coquere (*Exod.* xxiii, 19). Cum enim gravissima et multa tua enarraris facinora, tute tibi ostium obstruis, necesse quod fuerat, pœnitentiæ, et pro libitu aperis. Quid ergo vis agere? Sine jugo te esse conquereris ; Belial utique filium te quoque esse fateris ; Quid, inquam, rogas ? quid dicitur in psalmo, si Dei misericordia tamen concedit ; nullum enim aliud invenio consilium. Quid est hoc? *Audi*, inquit, *filia, et vide, et inclina aurem tuam, et obliviscere populum tuum et domum patris tui* (*Psal.* xliv, 11). Intende ; patrem se esse, qui vocat, innuit, ut avocet a patre. Relinquamus ergo istum patrem cum jugo suo duro, sequamur illum, cujus jugum suave, et cujus onus est leve (*Matth.* xi, 30). Quare, inquis, non facis? Quod loquimur, inquam, inde autumo est. Sed si recte offeras, et recte non dividas, peccasti, est scriptum. Et alibi : *Juste, quod justum est, exsequeris* (*Deut.* xvi, 20). Et Apostolus : *Omnia vestra*, inquit, *honeste cum ordine fiant* (*I Cor.* xiv, 40). Et Romanæ sedis theologus : *Curandum ne bona nostra nulla sint, curandum ne varva, curandum ne indiscussa.*

26. Discutienti autem mihi quid miseriæ meæ sit faciendum, occurrit fugitivi consilium, cui cedunt omnia genera consiliorum, et si non, alio in hoc solum : *Omnia delicta exstinguit charitas* (*Prov.* x, 12). Et : *Remittuntur ei peccata multa, quoniam dilexit multum* (*Luc.* vii, 47). Infinita enim commiserim licet, non tamen omnia ; sunt quippe et alia multa, in quibus labitur fragilitas humana, a quibus innoxia est criminositas mea, quæ etiamsi omnia fecissem, charitati exstinguere esset perfacile. Habeto igitur eam tantam erga Deum, inquis, ut eo solo relictis omnibus libeat frui ; erga proximum, ut utilitati ejus pro posse, et ultra posse optes concurrere, et securus omnium criminum phalanges irride. Istud, inquam, istud mihi cum sit pernecessarium, omnino difficillimum noveris fore, nisi (558) me professioni, donec dies est, restituere exemplo fugitivi maturaverim

---

(557) Construe : *Sed ego deprecor per Jesum spemque communem, remove a te fetorem criminum meorum; ne* (hoc) *juncto tetori tuorum augeas dolorem importunum mihi credenti te interiisse causa mei; et monens deprecor, ne offusus tenebris meis, non valens considerare te ipsum, nesciens quo debeas mittere pedem actionis, pejus cadas quam corrueris.*

(558) Construe et explica : *Nisi exemplo* (servi) *fugitivi sponte redeuntis maturaverim restituere me professioni meæ, donec dies est : quod donec fiat, si tamen Deo miserante aliquando fiat, conscende in cœlum, inde revertere;* id est etiamsi tu conscendas in cœlum et inde revertaris, *non poteris suadere mihi, me posse sperare aliunde salutem animæ meæ.*

meæ : **273** quod donec fiat (si tamen Deo miserante aliquando fiat), in cœlum conscende, inde revertere, non mihi poteris suadere, salutem animæ meæ aliunde posse sperare. Enitere, inquis, enitere. Enitar, inquam, si Deus adjuvat, sed non ut malevolentia mei præsentiam fastidientium (tranquillus ut, utinam et veraciter, loquar) exoptat. Enitar tamen. Non vero gressibus corporis a Deo receditur aut propinquatur, sed mentis ; quanquam et relicturus quod timeo, gestibus [*f.*, gressibus] id prius tentaverim mentis. Satisfactum, inquis, fuisset, si non temerario [*f.*, temerato] sacrorum adhuc me multum moveret. Sed in eo quod bis opposuisti, id est : *Judicia Dei abyssus multa* (*Psal.* xxxv, 7), puto aliquid mihi negandum latere. Plane, inquam, plane, non enim promisi tibi cuncta, quæ noveram dicere, sed meis te criminibus onerare ; quæ si non sufficiunt, junge tua, et non inanis abibit, mihi crede, sarcina tua. Unum tamen dicam, et si non eo quod quæris vales exspiscari, nolo tecum amplius laborare : *Nescit homo utrum odio an amore dignus sit, sed omnia in futurum servantur incerta* (*Eccle.* ix, 1). Verum si non ob aliud debui (ut longe superius intermissa repetam), ab hujusmodi saltem vel temperare, nisi ut temporalibus solum remuneratus, aliud in illo sæculo non debeant sperare (559) nisi, *Recordare quia recepisti bona in vita tua* (*Luc.* xvi, 25), infaustum satis utique improperium audire, quid mihi ipsa bona sine fruendi licentia? Si autem ut (560). illic tanto majus foret saltem refrigerii, quanto minus mali fuisset hic perpetratum, infelicissimum et hoc levigationis emolumentum ; melius enim hoc ita se habente illic jam olim (ut desperatorum loquar voce) fuerat esse, quam tormenti causas hic quotidie cumulare. Si autem his aut nunquam commissis, aut pœnitentia dimissis, (561) illo solo restante, inferni pœnas in promptu erat exspectare, illo vero solo aut nunquam facto, aut per reversionem deleto omnium horum aut immanitate aut multiplicitate, supplicii quidlibet in illo sæculo non debeamus timere ; ratio suadet (562) hoc minime dimittendum, sed facultate concessa absque dilatione ulla fiendum. Sed quid, si desit facultatis efficacia? inquis. Speranda est Dei misericordia, et ne desit, quibuslibet bonarum intentionum quasi legationibus et precum continuarum interventibus, ut effectu desiderato utique potiri inhians. . . . . . . valeat, imploranda.

*Enitere, inquis, enitere. Enitar, inquam, si Deus adjuvat, sed non ut exoptat malivolentia fastidientium præsentiam mei, (ut tranquillus loquar, et utinam veraciter tranquillus)! Enitar tamen*, etc. In eo monasteriolo, cui præsidebat Ratherius, ejus præsentiam nonnullis gravem fuisse ex hoc loco intelligimus.

(559) *Videlicet nisi audire improperium satis utique infaustum. Recordare quia recepisti bona in vita tua ; quid mihi ipsa bona* (prosunt) *sine licentia fruendi?*

(560) *Illic*, id est in illo sæculo, seu in alia vita.

(561) *Illo solo* scilicet crimine desertæ vitæ monasticæ, de quo maxime in antecedentibus locutus est :

27. Sed quid quod [*supplendum videtur* non] libens, ais, sed timore coactus, pessimus uti scilicet servus, hoc agis? **274** Ne dicas *pessimus*, rogo ; sufficit *malum*, inquam, dixisse. Pessimus enim ille magis est, qui nec amore ducitur, nec timore coactus revertitur. Multi enim diu rebelles tormentorum formidine reversi, et dominos postea plenissime dilexerunt, et a dominis usque ad libertatem etiam sunt adamati. Noster autem Dominus quid ad se venientibus de se dixerit, accipe paucis : *Non vos me elegistis, sed ego vos* (*Joan.* xv, 16). De illis vero : *Quia vos me amastis* (*Joan.* xvi, 27), quod utique per præventionem illius meruerunt amoris. Unde autem saltem eum esse reris (563) timorem usque ad desiderium reversionis gehennæ, nisi de præveniente pietatis ejus munere, cum etiam ipse minatur primum ut timeas, inspirat consilium, quod timens facias, dona promittit si redeas? Unde, ais, suades tibi, manente tanta scelerum enormitate, pro conversione solum ad monachale propositum, evasionem te mereri posse infernalium tormentorum? Quia promittit, inquam, mentiri nesciens, taliter per Evangelium : *Omnis qui reliquerit omnia propter nomen meum, vitam æternam possidebit* (*Matth.* xix, 29) ; Tu, inquis, non propter nomen ejus dicis te quidlibet relinquere, sed propter infernum. Et cujus potestatis, inquam, ad me puniendum est infernus sine potentia nominis ejus? Nisi enim Deus me illuc præcipitat, infernus non suscipit. Ipse ergo potius formidandus est quam infernus, quia potest solus dare infernum ; imo potius diligendus qui minitando differt dare infernum, ut timentibus, caventibus, et ad se redeuntibus conferat regnum cœlorum. Sed animadverte nomen ejus quoque, Jesus vocatur nostri causa, id est Salvator, et qui pro eo convertitur ne in infernum mittatur, nonne desiderat ut salvetur? A quo vero nisi a Salvatore salvatur? Propter nomen ergo Jesu convertitur, qui ut salvetur convertitur ; salvatur vero qui de inferno eruitur : propter nomen ergo Jesu convertitur.

28. Quid ergo? quid moras, inquis, innectis? quare non appropias ad Dominum redire? Videre videor facere, inquam. Annon est ita? Sed quid rogo, inquis, est? Quod tibi jampridem de servo, inquam, retuli fugitivo. Preces sunt, siquidem enitor, quædam quasi, id est reversionis legatio, nisi in hoc quoque, ut in multis, seducor. Tepide quippe me hoc considero facere, et per hoc neque facere, nam quod quidem crimen *per reversionem* in monasterium *deletum* mox tradit.

(562) *Hoc*, scilicet reversio in monasterium, *minime dimittendum*, seu omittendum ; *sed facultate concessa absque dilatione ulla fiendum* ; quare de reditu ad propositum seu monasterium in sequentibus sermo erit. Mox construe : *Speranda est Dei misericordia, et ne desit implorandâ quibuslibet quasi legationibus bonarum intentionum, et interventibus precum continuarum, ut inhians* (animus) *valeat utique potiri effectu desiderato.*

(563) Scilicet *timorem gehennæ usque ad desiderium reversionis* ad Deum.

non est ipsa reversio; et si præsumere audeam, mente jam incipio redire, sed impedior valde. A quo? inquis. A meipso, inquam; nolo enim **275** alium accusare, ne Evam videar imitari; detinent me laquei, quibus me ipse ligavi, et maculæ retis (*Job* xviii, 8); in qua pedem immisi improvidus. Tyrannus etiam, cujus municipatum domini mei servitio prætuli, eo est ad impediendum mihi infestior, quo præcipitantius sese velle relinquere me audit; ipsum non modo fateri, sed et describere videt. At vereor ne in uno multum de me sibi promittat. In quo? inquis. Quod (564) non semel tu ipse dixisti. Ipsum, inquam, vereor ipsum, nullum adeo scias quam ipsum; illud enim unum si manet, reversio perfecta et timeo quia nulla erit. Et territus eodem [*subaudi* vereor ipsum], quo me usque nunc adhuc considero in carcere, indeque de profundis opus fuerat non oscitando clamare. Opus, inquis, opus, si tamen opus pro necessario ponis. Usum enim, id est, (565) utilitatem magis frequentavit, reor, antiquitas. Necesse vero esse consentio de profundo, in quo te conspicio jacere, lacus, non oscitando, ut et tu censes, clamare. Sed video te continue oscitari, ipsam quoque nisus legationem tui pedetentim intermittere, et timeo ne contingat te taliter in Ægyptum redire; redire, inquam, redire; utinam datum fuisset saltem exisse! Num enim non super ollas carnium me sedere, num lateribus et luto non insistere, num sub fasce laborum me non consideras oscitando etiam aliquoties gemere, suspirare, loris propriæ illigationis constringi, repagulis inolitæ consuetudinis retineri, maculis connexissimæ retis ligari, et ab una in aliam exercitii pedem miserabili modo mutare? Vadere super me horribiles non consideras et venire, signis erumpentibus incurvare, ut transeamus, animam meam sæpius audire, videre me hostes, hoc est mores meos attendere, et Sabbata mea deridere?

29. Sed tu forte in arduo constitutus, cum tecum me Pascha nostrum cantare audisti, transitum me fecisse aliquem ab imis ad deteriora putasti. Feci, fateor, feci, non nego transitum, proh nefas! abusivum, et quem minime oportuit; transivi enim a jejunio ad crapulam, a fletu ad risum, ab imis ad infima, non ad superna, a noxiis ad pejora, a vigiliis noctis ad dormitionem quoque diei, ab indiscreto silentio ad multiloquium, et, quod pejus est, pravi loquium ac turpiloquium, a psalmodiis ad otiositatem,

a lectione ad desidiam et torporem, a tristitia salubri ad lætitiam inanem et noxiam sæculi. Nunquid vero, ais, ab his non pro gaudio tantæ solemnitatis est vel temperandum? nunquid non exsultandum et lætandum? Temperandum, inquam, **276** temperandum, non penitus vero cessandum; exsultandum et lætandum; sed vitiis minime cedendum, instantius sed Domino vacandum. *Lætetur* enim, ait Psalmista, *cor meum*, non ut securum sit tantum et ludat, sed *ut timeat nomen tuum* (*Psal.* lxxxv, 11); et alibi idem: *Servite Domino in timore, et exsultate* non vobis, sed *ei cum tremore* (*Psal.* ii, 11), non cum securitate, quæ utique lapsum præparat animæ. Quod si non intelligis, dicam succincte: in manducando enim, carnis potius curam in concupiscentia quam in necessitate faciens, et illicitum tetigisse, et lautiora sectatum, et sufficientiæ me confiteor excessisse modum, ac per hoc de licito fecisse illicitum. In Quadragesima abstinendum a cibis et vitiis, in Pascha a vitiis solummodo; quod me non fecisse confiteor omnimodis. In Quadragesima flendum et ejulandum, in Pascha gratulandum et Domino jubilandum. Locuturus utilia, miscui inutilia, et etiam, quod pejus, pernoxia, ludicra seriis compensavi; væ quoque ridentibus (*Luc.* vi, 25), promissum minime cavi, et etiam vocem in risu, quod est stultis proprium, exaltavi. Cœlo et terra spectantibus me Deo redditurum rationem non modo actuum, verum et cogitationum non præ oculis habere meorum (*f.*, habens mearum) exaltavi miserrimus. Hujusmodi quoque me miserum invasit torporis desidia, ut vix ipsa explere, nedum alia junxisse valerem præfixa atque legitima sinaxeos infelix his diebus officia; unde penitus intermissa doleo, sed non satis legationis necessariæ conamina. Difficultas quippe adipiscendæ reversionis inde nascitur, ut deceptissimus sentio, non modica.

30. Indeficua gratiarum, inquis, munia quod sentis saltem necessario solvere inspiranti (566) suadens; causas hujusmodi inefficaciæ videtur mihi, si tamen valeres, altius oportere disquirere. Potest enim fieri ut (567) interdictum legis, quod te ferre summatim tangendo posse (mirandum!) dixisti, difficultatem generet istiusmodi. Est plane, est, inquam, ut conjicis, et ut noveris, imo legentium universitas omnis, enucleato mihi ipsi pro posse, qualiter ad me omnia (568) illic notata sentio pertinere, cum in sola

---

(564) *Non semel*, nimirum in antecedentibus confessarius dixerat, Ratherium licet cupientem ad propositum monasterii redire, non tamen adhuc efficaciter velle. Hæc inefficax voluntas est illud unum, cujus causa antea idem Ratherius dixit: *Vereor ne in uno*, tyrannus seu diabolus, *multum de me sibi promittat; et de quo mox addit: Ipsum vereor, ipsum*, etc.

(565) *Opus* pro *utilitate* ab antiquis acceptum liquet ex illis Ciceronis lib. i, epist. 9, in fine: *Legem Curiatam consuli ferri opus esse, necesse non esse, ubi opus a necesse distinctum, utile significat.*

(566) Si legas *suadeo*, sententia erit satis congrua. *Quod sentis, inquis*, difficultatem scilicet reversio-

nis inde nasci, *suadeo te solvere saltem necessario indeficua gratiarum munia inspiranti*, Deo nimirum, qui hunc tibi sensum inspirat. At *videtur mihi causas hujusmodi inefficaciæ altius oportere disquirere, si tamen valeres.*

(567) Illud scilicet interdictum Levitici xxi, vers. 17, de quo antea dixerat num. 21: *Ferre enim (mirandum!) quod valeo, dum contra me meique consimiles clamantem audio: Qui habuerit maculam, etc.*

(568) *Illic*, id est in eo interdicto legis Levi ci, quod antea memoravit, et mox repetit, ubi ab altari arcetur, non solum *qui habuerit maculam, sed etiam qui cæcus* fuerit, vel *claudus*, etc.

inibi notata macula recognosci indignitas in percipienda praesertim eucharistia valeat mea. Age jam; locutus est Dominus ad Moysen, dicens : *Loquere ad Aaron fratrem tuum, et dices ad eum : Homo sacerdos de semine Aaron per familias, qui habuerit maculam, non offeret panes Deo suo, nec accedet ad ministerium ejus* (*Levit.* xxi, 17). De macula quod dixi sufficiat; utinam fuisset sola; subjectarum **277** vero non aliqua. *Si cæcus fuerit* ( *Levit.* xxi, 18), quod me esse, considerato incessu videntium, negare non valeo. *Si claudus*, quod nequeo diffiteri, quando etiam illud quod video bonum, per infirmitatem mentis nequeo sequi. *Si parvo naso*, quod me confiteor esse, cum discretionis quemdam quasi anhelitum nequeo præceps nimium in agendis vel disponendis tenere. *Si parvo aut grandi vel torto naso*, quia actionis rectitudinis [*l.* rectitudinem] sub specie discretionis sæpe confundo. *Si fracto pede vel manu*, quis in me hoc non advertat ? Viam enim Domini pergere, ut paulo superius audisti, non valens, a bono opere, fracta ut quis manu, iners socordiler vaco. *Si gibbus*, utinam, Domine, nec jugo iniquitatis, nec terrenæ ita pondere gravarer sollicitudinis ! *Si lippus*, quis non videat quod, etsi aliquod per divinam gratiam in me emicat scientiæ lumen, carnalia opera misere illud obscurare [*l.* obscurent] ? *Si albuginem habeat in oculo*, et arrogantiæ cæcitas meæ Deo soli mihique partim comperta quanta sit, nulli valeo dicere, dum illam omnium malorum causam computans, coenodoxi spiritus incurrionem soleam nominare. *Si jugem scabiem*, (569) istud superioribus perpensis, ex quo lascivire cœperim utique quousque duraverim, si scabiem-luxuriam fore capi noveris, mihi peculiarius neque inficior convenire, et ipsam ex ipsius incursione generari perspicue. Ubi fuerit superbia, illic erit et contumelia, dum dicitur nosse certissime, dum nec ipsam ætatis invaletudinem posse video illi contradicere. *Si impetiginem in corpore*, mihi peculiarius neque inficior convenire. O autem ut et avaritia vel tantum, ut mihi videtur, liber fuissem ! *Si ponderosus*, væ mihi miserrimo, qui turpitudinem et quando corporaliter non exercui, animaliter gravari me eadem pene omni tempore usque ad istud scilicet senium sensi, et sentire miser non desino. His maculis sordidatus cum aliis quampluribus panes contra interdictum Domino me confiteor hactenus obtulisse, et quod salutis est digne offerentibus remedium, mihi fecisse damnationis æternæ judicium: (570) quod certissimum, ut fieri posse dixisti, difficultatis, quam in redeundo ad Dominum patior, videri valet fore indicium.

31. At vero quid possim agere, video minime. Omni pene tempore jam olim consuevi Dominum rogare, ut, concessa venia peccaminum, auferat a me mundi concupiscentiam et desideria carnis : quibus cum tota nocte non minus quam trecentis quilibet dormiens, et vigilans laboraverim ; hodie etiam nunc scribentem me septuagenarium pene sentio titillari. **278** Precor etiam ut auferat appetitum humanæ laudis, quem mihi inesse visceratius in istis quoque, quas affectari etiam mihi renitentibus [*f.* renitenti] videor, considerare vales, quas coenodoxi spiritus impetu ingeri sentio, (571) facetiis ; vitium quoque, quod non tam corpore, quam animo discurrere me circumquaque facit, desidiæ et torporis, inconstantiam et levitatem mentis, duritiam et duplicitatem cordis, praviloquium cordis et oris : quæ omnia tecum in me juste reprehendens conjecto inde contingere ; quia implorata, ut convenit, misericordia et gratia, ut ab his eruar, Dei, non collaborare, ut fiat liberum compello, ut oportuerat, vecors, quod mihi magis nocet; quam adjuvet arbitrium. Dumque impendere mihi negligo quod ex me est, mendaciter petere me approbo quod ex Deo est. Verbi gratia postulo : post naufragium saltem castitatis continentiæ littus ; sed nec macerationem carnis, nec fugam fornicationis volo mihi indicere prorsus.

32. Esse et aliud quod interdicere legationis meæ vias non parum confiteor ; ad omne enim, quod cuivis est necessarium, nihil tam opportunum, quam illud singulare sacrificium, quod quotidie nobis repræsentat Pascha nostrum, Christum utique pro nobis veraciter immolatum. Quod si digne munus, quod tamen non consequitur, offerrem, etsi non quotidie, saltem sæpe ; nulli poterat legationi ad impetrandum puto, ut plures aiunt, confiteri. Sed impedit quod audio : *Vade prius reconciliari fratri tuo* (*Matth.* v, 24). Fratres vero si omnes sumus in capite Christo, quis ipso minus offendendus, ne habeat aliquid adversum nos, de quo amplius est formidandum ? Habet vero adversum me, confiteor, duo, et quod lædere membra ipsius utique, et quod lædere non desino ipsum. Et cum dies noctesque ad reconciliationem solam minime sufficiant, muneris, rogo, offerendi quando locus patebit ? Sed pateret, præsumo, locus ad ipsum, si quidem munus reconciliatio foret, si proximis satisfactum fuisset ; quos utique nusquam amplius me læsisse, cum in pluribus confiteor, quam in eo, quod quam graviter Salvator

---

(569) *Istud refertur ad illa*, mihi peculiarius neque inficior convenire. Mox *et ipsam*, id est scabiem, *ex ipsius luxuriæ incursione generari*, etc.

(570) Construe : *quod valet videri fore certissimum, ut dixisti posse fieri, indicium difficultatis, quam patior in redeundo ad Dominum.*

(571) Legebatur : *facetus.* Emendationem probat contextus, qui sic construendus est : *Precor etiam, ut auferat appetitum humanæ laudis, quem vales considerare inesse mihi visceratius in istis quoque facetiis, quas videor mihi etiam renitenti affectari, et*

quas sentio ingeri impetu spiritus cœnodoxi ; *et precor, ut auferat vitium quoque desidiæ et torporis, quod facit me circumquaque discurrere non tam corpore quam animo : item ut auferat inconstantiam et levitatem mentis, duritiam et duplicitatem cordis, praviloquium cordis et oris; quæ omnia juste reprehendens in me, tecum conjecto inde contingere, quia implorata, ut convenit, misericordia et gratia Dei, ut eruar ab his, vecors non compello, ut oportuerat, collaborare, ut arbitrium fiat liberum : quod magis nocet mihi, quam adjuvet.*

denuntiet attende : *Qui scandalizaverit*, inquiens, *unum de pusillis istis, qui in me.credunt, expedit ei, ut suspendatur mola asinaria in collo ejus, et demergatur in profundum maris (Matth.* XVIII, 6).

*Itemque post quædam.*

33. Tergiversari, ais, nimium videris mihi, et colli instar volucris Ennianæ colorem cum motu mutare. Nunc enim nimium rigorem, nunc in te maximam admiror mollitiem; nunc quasi fervorem, modo teporem; nunc constantiam, nunc studeo [*leg.* video] dissolutionem; nunc sincere (et utinam vel aliquoties), nunc simulate mihi, ut, proh nefas! semper, cuncta videris referre, et modo miserabili quædam confitendo quoque celare; sicut illud primum, quod mihi etiam, qui te non minus quam idem agnovi, ita legenti occulitur, ac si minime diceretur. Ita, inquam, ita esse confiteor, pariter et actibus demonstro. De illo tamen, quod faris, quia pejus fore, si omnibus pateret, adverti, sufficere credidi, si quovis modo tu solus valeres inde melius certificari. Te vero dum alloquor, oculatum quemlibet, qualem scilicet regula a nobis transgressa suadet, aspicio, qui utique sua norit curare, et aliena vulnera non detegere et publicare. Nam nec debes oblivisci, quod de neglecta diutius confessione superius audisti. Quare, inquis, et cui confiteris, si affectas celari? Deo, inquam, et mihi. Deo cur? inquis. Non ut noverit, inquam, qui nil valet ignorare, sed ut dignetur remittere. Ita enim audio et Prophetam præsumere, mihi ut aliquanto verius atque securius valeam dicere : *Delictum meum coram me est semper* (*Psal.* L, 5), quod non fuerat utique, si non contigisset scripsisse; dictumque gaudere : *Beatus qui semper est pavidus* (*Prov.* XXVIII, 14). Et : *Cor, quod noverit amaritudinem animæ suæ, in gaudio illius non miscebitur extraneus* (*Prov.* XIV, 10). Sed melius, inquis, fuerat in tabulis cordis scripsisse. Melius, inquam, melius, et illic et istic vero puto præstantius. Habemus vero cum Augustini quoque exemplo in membranis ovium confitentem Apostolum : *Qui prius fui blasphemus et persecutor, et contumeliosus* (*I Tim.* I, 13). Subrepit tibi, inquis, hinc aut superbiæ aut inanis gloriæ, aut certe vanæ securitatis tentatio aliqua. Pene, inquam, usque ad desperationem mortiferam. Cum enim audio, quia *Justus in primordio accusator est sui* (*Prov.* XVIII, 17); submurmurat misero mihi miserrima stultitia, vel stultissima miseria, quod imitator in isto sim infelix alicujus justorum, et ita erga miserrimum et perditissimum, si ita vadit, agi conspicio, ut spectabilius conspici in terra monstrum non fuerit datum. Cum enim superbia, semper, id est ambitio, ruinæ fuerit causa; mihi videtur, quod me [*l.* in me] illa, quam putaveram, esset, quia humilitas sit elationis (572), pejor ruina. Inde enim superbio, unde me despectissimum certissime et infra universos attendo, cum cæteri inde soleant gloriari, unde cæteris se vident excellere. Quod nisi turpiloquium saltem in isto præcepto vitarem, apostolico condigno enuclearem exemplo. At quia deficit eloquium, nec fari; quod a me ipso patior, possum, exterius dum me tibi cerno notissimum, ne interius tibi quoque latebam, dirigo te ad Gregorium Deiloquum, illum interroga; quid de reprobis hypocritis et arrogantibus sentiat, hauri : ibi me conspicere totum valebis. In evitatione, inquis, solœcismorum constructionis quam rationis vero, dictionum quam actionum videri valet perspicacius te esse quod dicis, dum magis utique affectas, si succederet tamen, videri eloquens, quam ipse quod bene loqueris (573), exsequens. Plantares libentissime video, contra interdictum licet, in domo Domini nemus, qui in arbusculorum situ tam es studiosus. Mane, inquam, mane videbis, quis sim, spondeo, clarius, nec tamen reprimetur tumor ob id semel, promitto, conceptus.

34. *Iniquitatem*, ait Psalmista, *si aspexi in corde meo, non exaudiet Dominus* (*Psal.* LXV, 18). Quod licet pro arbitrio sic vel sic valeat intelligi, dicit enim Dominus : *Si non remiseritis hominibus peccata eorum, nec Pater vester cœlestis remittet vobis* (*Marc.* XI, 25). Et alibi : *Qui avertit aurem suam a clamore pauperis, et ipse clamabit et non exaudietur* (*Prov.* XXI, 13) : exemplo Herodis hypocritæ, quia Deum ficte quærunt, nunquam invenire merentur. Nulli vero sæpe continuatius psalmodiis vacant, crebrius missarum solemnia celebrant, pauperibus necessaria tribuunt, prædicationi amplius insistunt, in quibus cunctis evidentissime videri mihi experimento præcipue mei confiteor, iniquitatem quam dicit ipsam, quam in me considero, fore duplicitatem. Duabus enim quasi linguis duo quædam recito (574), audientibus psalmos vel aliud quid, cordis inspectori longe dissimilia alia et innumera; sicut in ista nocte, istud cujus est mane (vigilia vero est apostolorum Philippi et Jacobi) cum impulsu adversarii vigilarem ut sæpe, dormire cum utilius utique foret, in cubile adhuc tumente super re, mihi quæ (575) contra votum acciderat. Bonito namque tuus lanam, jussu absque meo, dispensasse fratribus, fuerat nuntiatus; cumque ista et alia illegaliter hic accidere exaggerarem, et vigilans eorum mihi phantasmata repræsentarem, perveni cogitans loco (576), ubi habetur in ea, quam miseri abdicavimus, lege,

(572) Construe : *Mihi videtur, quod illa in me esset ruina pejor, quam putaveram; quia sit humilitas elationis.*

(573) Construe : *Verum, inquis, in evitatione solœcismorum*, id est errorum, *constructionis quam rationis, dictionum quam actionum valet videri perspicacius te esse quod dicis, dum magis utique affectas (si tamen succederet) videri eloquens; quam ipse exsequens quod bene loqueris*

(574) Recito scilicet ore psalmos audientibus, et corde recito alia et innumera longe dissimilia Deo inspectori cordis.

(575) In apographo legebatur *mihique*. Sensus emendationem suggessit, et construe : *In cubile adhuc tumente super re, quæ acciderat mihi contra votum.*

(576) Id est *ad eum locum, ubi habebatur in ea lege* (regula scilicet monastica) *quam miseri abdicavimus;*

quod utique tantopere nos, peculiari vero illo nostri, non Dei amore amplectimur abbatuli : *Sine jussione abbatis nihil faciat.* Incumbens ergo illic, et causas inde comportans vindictæ, cœpi cogitare, esset si aliud, quare ad hujusmodi quasi honorem tam avide inhiaremus. Nihil aliud invenire valui prorsus. **281** Inde cum fuisset ventum ad matutinos, psalmum ore dicebam, corde clamabam : O Oderade stultissime (577), hoccine erat, quod octoginta libris, tenacissimus cum putareris (sic enim sic, sæpe in judiciis erramus, miseri, nostris), non dubitasti emisse? Sile, sile, moneo ; moneo inquam, o hypocrita, moneo, sile, cœpi actutum clamare ; te intuere ; illum relinque. Ejice trabem de oculo tuo, et tunc fratris de intuitu, si voles aut vales, propelle festucam. Nam, ut verissime fatear, in comparatione istius, quam miraris, stultitia tua est trabes vehementissima, istius festuca tenuissima. Et (578) ecce inter illa **282** hymnorum melliflua carmina magnus a Leodico ille nuper habitus irruit exercitus, servorum inæstimabilis multitudo, et qualium ? Equorum generosissimorum mille modis discrepans hinnitus, mastrucarum cæterorumque ornatuum, mensalium, scamnalium, cortinarum, reliquorumque commodorum esse qui potuerat diversissimus apparatus, clericorum (579) et cucullatorum nobilissimorum cigneo canore dulcior sonus, cognatorum nobilis, infinita, pulcherrima atque charissima, flens quoque et ejulans (ut pauperiorum meminerim) relinqui se quod videbat, caterva (580) : desertitudinis (581) illorum [*subaudi* irruerunt] præjudicia : **283** labores innumerabiles atque periculosos itinerum, dispendiorum, et infirmitatum hac sola pro sententia perpessi ; pecunia, quantum ad me, maxima ob id datione di-

---

*habetur,* inquam, *id quod nos abbatuli tantopere complectimur, peculiari vero illo amore nostri, non Dei. Sine jussione abbatis,* etc. Abbatulum se humilitatis causa nominat, vel etiam quia non insigniori et principi monasterio, uti erat Lobiense, sed alicui inferiori monasterio præsidebat, quale fuisse Almense conjecimus in Vita loco antea memorato.

(577) Hic Oderadus est ille monachus, quem simoniacæ emptioni reum coarguit num. 22. Confer ibidem not. 544. Hinc autem quid emerit cognoscimus, nimirum aliquam prælationem, seu parvam abbatiam in aliquo fortasse ex iis monasteriolis, quæ ad primarium Lobiense monasterium pertinebant. Postquam vero Oderadi emptionem coarguit, mox cum ait : *Sile, sile, moneo, moneo, inquam,* etc., reprehensionem ad se convertens, majoris multo criminis se reum traducit. Cujusmodi autem fuerit hoc crimen, conjiciendo explicabimus in fine notationis 65. Ratherii autem mos est aliena quidem carpere, at sua licet leviora multo magis exaggerare.

(578) Evagationem mentis designat, quæ, dum matutinis interesset, inter cantus psalmorum irruit in animum, ex eo excitata, quod *nuper* contigerat, cum e Leodicensi urbe ad monasterium quidam cum magno comitatu accessit. Quinam vero hic fuerit, reticet. Licet autem subobscure loquatur, ac velut enigmatice ; cum tamen Fulcuinus *de Gestis abb. Lob.,* c. 26, narret, Baldricum Leodicensem episcopum cum comite Raginero avunculo suo, cui Lobiensem abbatiam idem episcopus dederat, ad monasterium Lobiense accessisse, ibique splendide fuisse exceptos cum magno rei communis detrimento ; aliquid simile monasterio pariter, cui Ratherius præerat, contigisse, hoc loco indicari credimus, cum pecuniam abs se hac occasione distractam conqueratur. Clerici et monachi qui advenientem sacro cantu exceperunt, insignem aliquem ecclesiasticum, a quo Ratherii monasterium penderet, cum comitatu advenisse subindicant. Hic fortassis fuit laudatus Baldricus episcopus Leodicensis, ad cujus sedem pertinebat monasterium Alnense, quod Ratherio ex eadem sede pulso ad vitæ subsidium fuisse concessum probabiliter conjecimus in Vita auctoris, § 11. Hac autem in sententia particula *nuper* latius sumpta pro *non multo ante,* referenda est ad annum 958, vel ad initium anni 959, cum hoc anno Baldricus e vivis excesserit.

(579) Hi clerici et monachi nobilissimi suaviter canentes advenienti obviam ierant. Hanc ecclesiasticam consuetudinem testatur inter alios auctor vitæ Lietberti episcopi Cameracensis, cap. 21, cui Laudunum accedenti *more ecclesiastico,* inquit, *procedunt omnes obviam.*

(580) Id est *irruit caterva nobilis, infinita, pulcher-*

*r na, atque charissima cognatorum,* qui scilicet occasione memorata ad monasterium confluxerunt ; *irruit quoque caterva flens et ejulans* (ut meminerim pauperiorum) *eo quod videbat se relinqui.*

(581) Construe et explica : *Irruerunt menti præjudicia desertitudinis illorum : irruerunt perpessi* (seu hi qui perpessi sunt) *labores innumerabiles, atque periculosos itinerum, dispendiorum, et infirmitatum pro hac sola sententia* (nisi participium *perpessi* accipiendum credatur significatione passiva, uti in hoc ipso opere superius *nacta,* et *largitos,* et n. 40 pro *innumerabilibus* in *hoc sæculo perpessis,* idem participium *perpessis* passiva significatione accipiuntur ; quo casu explicandum et legendum esset *irruerunt labores innumerabiles et periculosi . . . perpessi pro hac sola sententia*) ; *irruit pecunia distracta ob id datione quantum ad me maxima, ad quam cum solummodo conversus fuissem, recolendo considerans vestem pretiosissimam illius, quam huc attuli, distractam, etiam nactam sacrilegio evidentissimo, valuissem exspirare dolore immanissimo, si natura dedisset emori tristitia.* Quid autem his verbis indicetur, haud facile conjicere licet. *Præjudicia,* inquit, *desertitudinis illorum,* id est clericorum et monachorum. Quid autem *desertitudo ?* Num *desertio* pro *dissipatione ? deserto* enim pro *dissipo* medio seu usurpatum aliquot exempla apud Cangium confirmant. Hoc sensu indicari posset dissipatio bonorum monasterii ob splendidam tot ac tantorum hospitum receptionem ; de qua in casu non absimili monasterii Lobiensis Fulcuinus loco laudato, c. 26, ait : *Fratres sibi minui, unde alii ingurgitarentur, in communi deplorant.* Et auctor de Gestis abbatum Gemblac., tom. II Spicil. novæ edit., pag. 762, monachos refert *clamantes et conquerentes res suas prodige dilapidari, et substantiam monasterii non moderate obsoniis sæcularium personarum castirpari.* Porro dum ait *perpessi labores itinerum, dispendiorum, et infirmitatum pro hac sola sententia,* illam sententiam intelligit, quam abbates tantopere complecti paulo ante tradiderat : *Sine jussione abbatis nihil faciat.* Cum nimirum hac de causa abbatis titulus et auctoritas expeteretur ; quidam hujus prælationis consequendæ causa *labores innumerabiles atque periculosos itinerum, dispendiorum, et infirmitatis perpessi* sunt. Sic ex. gr. Oderadi *itiones et redditiones* eodem fine susceptæ numero vigesimo quarto perstrictæ fuerunt ; et octoginta librarum dispendium, ut idem abbatis titulum emeret, indicaverat paulo ante. Tandem voces *pecunia quantum ad me maxima ob id datione distracta* innuunt illas libras duas et viginti, quas ex monasterii rebus se insumpsisse confessus est num. 23 ? Quod si creditur probabile, hæ libræ 22, sicut et vestis illa pretiosissima, *quam huc,* inquit, *attuli,* dicendæ essent distractæ *ob id,* nimirum

stracta, ad quam cum solummodo conversus fuissem, A pretiosissimam illius recolendo distractam, quam huc attuli, considerans vestem, evidentissimo sacrilegio etiam nactam, tristitia si emori natura dedisset, dolore immanissimo expirare valuissem. Ita enim ante oculos mentis adducta [*subaudi* hæc res] me gemendo fecit suspirare, ut si forte pro foribus aliquis stetisset, me illo mihi consuetissimo incommodo cruciari putare quivisset. Tandem his aliquantisper amotis, cogitare cœpi; in hoc tanti, ut consideras, sæculo, empto quod in futuro cœperis emolumenti nosse desidero (582). Et ecce [*subaudi* irruit] iterum ante cordis intuitum columba illa de templo venalis, ecce in manu Jesu flagellum de resticulis, expulsio illa de templo terribilis; ecce Simonis maledictio, ecce Giezi lepra horribilis, non sine Ananiæ et Saphiræ elogio quoque et anathemate recipientis, quod gratis dari et debuit recipi. *Sine jussione abbatis*, inquit (*subaudi* regula), *nihil faciat*. Ecce quod tanto pretio non solum pecuniæ, sed et laborum innumerabilium infelicissime acquisivisti: sed non perfunctorie accipias, cum audis, moneo: *Ipse tamen abbas cum timore Dei et ordinatione regulæ omnia faciat*. Et rursum: *Sciatque abbas culpæ pastoris incumbere, quidquid in ovibus paterfamilias utilitatis minus potuerit invenire; ideoque nihil extra præceptum Domini, quod absit, debet aut docere, aut constituere, vel jubere, memor semper, quia et doctrinæ suæ et discipulorum obedientiæ in tremendo Dei judicio facienda erit discussio*.

55. Gaudes igitur, quia sine jussione tua nihil fit, vide quid jubeas; exigis obedientiam, astrue quod exigis; illi enim tibi, tu regulæ debitor es obedire. Illi peccant, si extra voluntatem et ordinationem tuam faciant; tu, si contra constitutum regulæ quidlibet disponis aut præcipis. *Omnia vero*, ait, *quæ discipulos docuerit esse contraria, in suis factis indicet non agenda; sciatque, quia qui suscepit animas regendas, necessario præparet se ad rationem reddendam; et quantum sub cura sua fratrum se habere scierit numerum, agnoscat pro certo, quod in die judicii ipsarum omnium animarum redditurus Deo rationem*, sine dubio addita [*subaudi* ratione] et suæ animæ. O ventositas stultissima! tot laboribus, tot ærumnis, tot tribulationibus, tot doloribus, tot angustiis, tanta pretii summa in hoc sæculo, tot suppliciis in inferno emisse vocari solum ab hominibus Rabbi (583), cum ipse judex futurus suaserit dicens: *Nolite vocari Rabbi* (*Matth.* XXIII, 8), quasi diceret: Ne illum affectetis honorem in sæculo, pro quo honore, illo (584), quem describere gestiens deficit Apostolus dicens: *Quod oculus non vidit, nec auris audivit, et in cor hominis non ascendit* (*I Cor.* II, 9), privati, tam magna et similiter inenarrabilia tormenta patiamini in inferno. Inter hæc autem cum considero maledictionum super me irruentes quasi Euxini freti ferventissimos cumulos, in nulla meæ salutis (confiteor) fiducia me miserrimum respirare solæ (585) ne dicam aliis junctæ compellunt; in quibus cum prima se ingerat, posterius licet intenta,

C

ob eamdem sententiam, seu causa ejus prælationis, quam emptione quadam abs se acquisitam inferius indicare videtur. Cum vero eas libras 22 ex monasterii redditibus sibi seposuisset, postquam abbas ejus reditus administraret (neque enim ante ejusmodi administrationem quidquam ex ipsis redditibus potuisset decerpere, quod in acquirendam ipsam abbatiam conferret) ipsum abbatis gradum initio iisdem libris emisse et acquisisse dici nequit. Ratherium quidem initio monasterio præfectum vidimus non pretio, aut emptione ulla, sed compositione quadam, ut e Leodicensi sede exclusus ex ejus monasterii redditibus viveret. Quæ autem hic memorantur, omnia, ut ex contextu liquet, ea occasione acciderunt, qua nuper e Leodico insignis quidam ecclesiasticus (Baldricus, ut videtur, episcopus Leodicensis) cum magno comitatu ad monasterium advenit. Vide not. 578. Advenit autem cum Ratherius jamdiu ante abbas esset. Hac itaque occasione Ratherius illi dedisse videtur vestem pretiosissimam, et in hoc hospite ejusque comitatu excipiendo insumpsisse libras 22, quas *penuriæ necessitate*, ut superius dixerat, e monasterii redditibus sumere coactus fuit · nisi quis ex voce *datione* easdem quoque libras eidem Baldrico datas credere malit, sive quia in ejusmodi visitationibus aliquid pecuniæ offerri soleret, sive quia Ratherius timeret, ne idem Baldricus, qui se e Leodicensi cathedra expulerat, excluderet quoque ex hac abbatiola, quam compositionis titulo ad vitæ subsidium in perpetuum acceperat, nisi aliquo munere eum sibi conciliaret. Id autem, quod alii forte *redemptionem vexæ* appellarent, Ratherius pro emptione quadam simoniaca traducit: mos enim ejus est sua gesta non solum carpere, sed etiam exaggerare. Enimvero hoc factum adeo exaggeravit, ut hac de causa majoris multo delicti se reum venditet, quam

D

Oderadum, qui aperta simonia abbatiam aliam octoginta libris acquisierat. Confessarius vero hac de re lenius judicium ferens num. 56: *Istud*, inquit, *tibi quoquo modo concessum* (abbatis gradum intelligit) *tam vili minime debuisses æstimare. Quidquid enim expendendo, vel tribuendo in hujusmodi, quasi perditum te video dolere* (aurum fuisset Arabicum), *esset omnimodis salvum, si ita te deinceps vivere, ut modicis regulæ ipsius verbis perstrinxisti, fuisset cœlitus datum*. Ea porro vestis pretiosissima, quam cum ad monasterium venit secum attulerat, quatenus et quo sensu (per exaggerationem, ut credimus, ipsi familiarem) acquisita dicatur *sacrilegio evidentissimo*, ignotum plane est.

(582) Construe: *Desidero nosse, quod emolumenti cœperis in futuro sæculo*, empto (seu ob rem emptam) *tanti, ut consideras, in sæculo hoc*. Quid autem emptum intelligat, explicare videntur sequentia, cum de abbatis titulo ait: *Ecce quod tanto pretio non solum pecuniæ, sed et laborum innumerabilium infelicissime acquisivisti*. Id Oderado potius quam Ratherio convenit. Quatenus vero Ratherius exaggerando emptionis quamdam speciem sibi imputet, videsis notatione præcedenti.

(583) *Emisse vocari ab hominibus Rabbi*, id est emisse prælationem, ob quam abbas voceris.

(584) Id est, *illo privati*, quem Apostolus gestiens *describere deficit dicens: Quod oculus*, etc.

(585) Construe: *Solæ* (illæ maledictiones, quas antea indicavit, et mox S. Gregorii et Scripturarum verbis refert) *ne dicam junctæ aliis compellunt, confiteor, me miserrimum non respirare in ulla fiducia salutis meæ*, in quibus (maledictionibus) *cum prima*, licet *posterius intenta, ingerat se* (subaudi *meæ menti*), voto ut audias quæ sit, verbis ejusdem Gregorii, qui eam protulit: *Sicut qui invitatus*, etc.

quæ sit ejusdem qui protulit, volo ut audias verbis Gregorii : *Sicut qui invitatus*, inquit, *renuit, quæsitus refugit, sacris est altaribus promovendus; sic qui ultro ambit, vel importunius se ingerit, est procul dubio repellendus. Nam qui nititur ad altiora conscendere, quid agit nisi ut crescendo decrescat?* Cur non perpendit, quia **285** *benedictio illi in maledictum convertitur, qui ad hoc, ut fiat hæreticus, promovetur?* Quam maledictionem (586), attende, quamque mortiferam sequuntur (antecedere quamvis debuerint) istiusmodi [*subaudi* maledictiones] : *Maledicti*, inquit , *qui declinant a mandatis tuis (Psal.* CXVIII, 21). *Maledictus qui annuntiaverit patri meo dicens : natus est tibi puer masculus (Jer.* XX, 15; XLVIII, 10). *Maledictus qui prohibuerit gladium suum a sanguine (Jer.* XVII, 5). *Maledictus qui, ut a Domino recedat cor ejus, spem suam ponit in homine (Jer.* XLVIII, 10). *Maledictus qui opus Domini facit negligenter (Ibid.*) : et irrecordabiles nunc aliæ, in quibus nil magis in me mirandum, quare quod eas recordari, nedum scribere vel enarrare siccis valeam oculis ; in quo luce clarius considerare mei duritiam vales, confiteor, cordis

36. Ut dicis, ita est, inquis ; levitatem inconstantiæ nam tuæ mirari non desinens, non miror jam, si tale quid in ista tibi ætate (ut illud fuit, quod novi) quiverit corporaliter contingere, cum ita te spiritaliter adhuc video lascivire. Tui ipsius enim scripto atque verbis conjicio quod prætendis, non te meditari corde satis sincero. Si enim de reversione ad Dominum, id est de conversione de malo ad bonum veraciter deliberasses ; istud tibi quoquo modo concessum tam vili minime [*supple* æstimare] debuisses ; quidquid enim expendendo vel tribuendo in hujusmodi, quasi perditum te video dolere (aurum fuisset Arabicum) esset omnimodis salvum ; si ita te deinceps vivere, ut modicis regulæ ipsius verbis perstrinxisti, fuisset cœlitus, quotus quisque ante fueris, datum; sed dictante Scriptura : *Qui observat ventos, non seminat, et qui considerat nubes, non metit (Eccle.* XI, 4), illius modi te considero imbecillitatis, pusillanimitatis, timiditatis, inconstantiæ, duplicitatis, et enervis nimium ignaviæ, ut de tui ereptione cogerer penitus desperare, nisi inenarrabiles divitias omnipotentissimæ Dei attenderem misericordiæ, bonitatis, et pietatis gratuitæ innumerabilibus contra spem etiam ab initio sæculi prærogatæ. Ut enim verbis me propheticis te alloqui consideres, *quam vilis factus es*, rogo perpendas, *iterans vias tuas (Jer.* II, 36); dumque te peccatorem criminosissimum verissime scriptitas, monitum te quæso advertas, *ne iteres verbum in oratione tua (Eccli.* VII, 15) ; *sus lota in volutabro (II Petr.* II, 22) quid proficiat luti attendas ; *canis quoque reversus ad vomitum* quantum oculos offendat memineris intuentum. Quod jam illis, quibus te laborare adhuc vitiis doleo, feceris convertendi et avertendi a Domino volumina verecunde (587), ut condecet, recolas : etiam nunc, dum in novissima utique hora consistis, in soliditate animum figas ; *stultus enim ut luna mutatur (Eccli.* XXVII, 12), quod de te somniatum, ut actitare solebas, fuerit nec ne, tibi dubio procul, tamen optime, videri valet congruere. Quot enim vicibus fortunii et infortunii, conversionis et aversionis **286** obtenebratus splendueris, rursus iterum obtenerandum cismarina, ut ita loquar, jam cantat tellus. *Curavimus*, ait Dominus tui *(Jer.* LI, 9), *ut cernitur causa, Babylonem, et non est sanata*, dum adhuc rediviva miser pullulat confusio tua. *Frons meretricis facta est tibi; noluisti erubescere (Jer.* III, 3), de te dictum, cæcus mente nisi tua professione fuisses, valuisti advertere, cum de te talia, tanta, tamque infinita, sine pudore et gemitu potuisti referre, et nec nominanda, ut Apostolus præcipit *(Ephes.* V, 3), quasi honesta, pompatice quoque, si valuisses, narrare. Sed intueor quid moliaris impudentissime, ut enim multi [*f.*, ut et multi] in hoc complices tui ; dum scriptum amplecti ab omnibus vides : *Justus in primordio accusator est sui (Prov.* XVIII, 17), de confessione peccatorum indicibiliter lugendorum ornari mavis, quam humiliari ; et ideo peccatorem te licet veracissime dicas, callide, si posses, audientibus persuaderes, magis te hoc ex humilitate dicere quam ex veritate ; nam si peccator ita tenus videri et dici, ut scriptitas, velles, me te publicasse non tantopere doluisses. Si vero non vales justum [*subaudi* persuadere te], quod te non esse oculatum non subfugit ullum ; saltem aliquibus persuadeas litteratum. Itaque vitam tuam te per exempla meliorum non discutere certificor, [*subaudi nec*] fœditatem considerare tuæ nec duplicitatem inconstantiæ, neque te reprobari, cum audieras : *Vir duplex animo inconstans in omnibus viis suis*; et quod Sallustius Ciceroni [*subaudi* dixit], neque huic, neque illi fidem habere, neque Cæsari, nec Pompeio, utique ad te pertinere ; tu enim neque Domino, neque cui obsequeris adversario, constantiam fidei, ut ita dixerim, servare probaris.

37. Nam, ut tibi vicem rependam, quia videlicet cum tua narrare, ut prætendebas, proponeres crimina, a meis (588) cœpisti, in tuis desinam ego. Qua callididate illud egeris revelabo. Tu, licet obtenderis tibi penitus non eluceri ; ne enim te, ut verebaris, publicarem, satis, ut tibi videbatur, astute, re autem vera nimium subdole mea opposuisti quæ attenderem, et tua relinquerem ; et quod de violatione regulæ, loquacissima prosecutus es, ut videre videror,

---

(586) Construe et explica : *Quam meledictionem, et quam mortiferam, attende, sequuntur maledictiones istiusmodi , quamvis debuerint antecedere*, id est, *Maledicti*, inquit, etc. *Et sequuntur aliæ nunc irrecordabiles, in quibus*, etc.

(587) Construe : *Verecunde, ut condecet, recolas, quod jam illis vitiis, quibus doleo te adhuc laborare, feceris volumina*, id est *circulum ac gyrum*, *convertendi et avertendi a Domino : etiam nunc figas animum in soliditate, dum consistis in novissima utique hora*.

(588) *A meis*, inquit, *cœpisti*, cum scilicet num. 1 perjurium a quopiam extortum Ratherius confessario opposuit.

arrogantiæ vel inquietudinis vanitate, ob aliud non mihi videris fecisse, nisi ut illius facinoris magnitudine posses, quod in te noveram, levigare utcunque. Ego, inquam, ego ut fur et in hoc quoque deprehensus, quid respondeam nescio prorsus. Stupeo vero, tamen si quod agere competit, facio attonitus, perpendere non satis prævalens, cur hoc me facere vel permiserit, vel voluerit Deus. Ut video, inquis, mente excessit, quod in jam dicti legisti dialogo de quodam Chrysario, divite superbissimo (GREG. *Dialog.* l. IV, c. 38), qui dum moreretur, insistentes sibi humani generis adversarios vidit, inducias vel usque mane quæsivit, quas tamen minime accepit, et circumstantibus celare, quod patiebatur, **287** non valuit. Ex quo ejusdem sancti Gregorii auctoritate constat, quod pro nobis, non pro se talia vivens sine fructu utilitatis viderit suæ. Ita ergo et de tuo isto mirabili vales æstimare, autumo facto, ut, si tibi forte non prodest, prodesse valeat forsan lecturis, dum in se quoque talia recognoverint, qualia te de te ipso confessum bono animo fuisse putarint, cum dicente Scriptura: *Venit amicus, et investigabit eum* (Prov. XVIII, 17), de te meliore quamvis loquens, non de futuris, possis veraciter scire, quia ostentatione potius et plausuum affectatione, et ingenita tibi, ut jam sæpissime monstratum est, quadam mentis, ut dixi, inquietudine et inventionum tuarum peculiarissimo amore (quod arrogantibus proximum noscitur fore) te deprehendant talia congessisse. Unde te non mirari debueras paulo superius frete [*f.,* frete *pro* confidenter] dicere, quod siccis oculis talia valeres proferre. Quis enim charitatis ardor eam, quæ in te est frigiditatis glaciem in rivos resolveret lacrymarum? Cereus sane totus cum sis, non est mirandum, si aliquoties aliqua elicitur ex te lacrymula, quam ex instabilitate ut Balaam illius [*subaudi* potius] procedere, quam ex salubri compunctione, illud perspicue approbat, quod elicere non vales lacrymas aliquas, nisi te aliquis videat, aut coram te plorantem alium cernas, quod et e vestigio subsequens immoderata monstrat ita esse persæpe hilaritas. Quem tamen fletum quanti pendat arbiter internus attende: *Filiæ Jerusalem,* inquit, *nolite flere super me, sed super vos* (Luc. XXIII, 28); super alium enim, non super se flet, qui super alterius bono compunctus, imitari negligit; quo ipse quoque compungitur, bonum; perditæ enim computari valent lacrymæ, quæ inde fiunt, unde animus lacrymantis non curat. Deest sane tibi necessarius qui fuerat, scilicet amicissimus interius clamitans, cerno, suasor: *Deduc quasi torrentem lacrymas per diem et noctem, et non taceat pupilla*

oculi tui (Thren. III, 18). *Ut divisiones aquarum deducat oculus meus* (Thren. III, 48), posses, ut competeret, in hora ultima contra insistentes saltem accusatores proferre, qui calumniabuntur certissime, nullum tuorum te criminum, scripseris ea licet, competenter deflesse, emendasse, pœnituisse, nec visceraliter unquam optasse: *Quis dabit capiti meo aquam, et oculis meis fontem lacrymarum* (Jer. IX, 1), ut plorem contritionem meam, nedum populi mei, hoc est, gregis mihi commissi? Nam dum proximo cantares: *Ululate, pastores, et clamate, aspergite vos cinere;* et: *Plange, quasi virgo, plebs mea* (Jer. XXV, 34; Joel. I, 8); quis in tuo vultu aliquid nedum tristitiæ, saltem gravitatis; quis in oculis lacrymas, ut ita, sicut scripseras, **288** criminoso congruerat; quis, inquam, pro tuis saltem tam gravibus, tam multis, tam fœdis, ne dum pro tibi commissorum delictis, in pastorum (589) cum esses dupliciter in tui miserrime præjudicium numero, vel condignum audivit suspirium? Et tunc quidem, sicut plurimi, pro reverentia illius tridui (590) eras abstemius, silens, crimina tua describens, paschalem quasi azymum præparans; sed subterfugerant improvido, ut cretum est, agrestes lactucæ, sine quibus fas non esse debueras credere, paschalem agnum pro te et occisum comedere. Jam tunc præfigurabas, fateor, te quandoque, quod actum est, utique obliturum, quid de servo judicaris reverso, jam signis quibusdam fatebaris, non modo non cogitaturum te saltem post Pascha nedum dicturum, quod exclamative mihi dixeras: Ne peccemus, inquam: quid amplius peccandum? Superabunde peccatum est: quasi deliberasses jam amplius non peccare; sed Balaam exemplo, jam quibus benedixeras virtutibus, incipis consilium scandali ministrare, jam reverti ut canis ad vomitum, jam in eodem, quo dudum fueras, cœno lutari, jam non curare, quod cavendum in ambone in Pascha dixisti, ne scilicet in quadragesima domum constructam transacto vecordes Pascha destrueremus, aut immisso combureremus igne, ne expulsum a nobis immundum per pœnitentiam revocaremus spiritum septeno nimirum collegio reversurum (Matth. XII, 45). Jam enim repinguaris, videri detur ut optio, qualiter quoque pascaris; jam vix a lascivia retineris, huc illucque desidiose discurris; qui silebas, rixaris, detrahis; securitati familiarissimæ semper tibi, ut ita loquar, reconciliari, quod eam ad modicum reliqueris, solers incipis, et ne vires perdat, turpiloquia cum fallaciis providus misces. Cui *racha* (591) vitare successerit, minime licet conatus. Quadragesimam (loqui timuisti *fatue*)

(589) Apographus habebat *impastorum*, mendose: sed legendum in *pastorum* sensus exigit. Construendum siquidem est: *Quis, inquam, vel condignum audivit suspirium pro tuis saltem delictis tam gravibus, tam multis, tam fœdis, ne dum pro delictis commissorum tibi, cum miserrime in præjudicium tui esses dupliciter in numero pastorum:* quia scilicet et episcopus et abbas erat.

(590) Triduum indicat feriæ quintæ, sextæ, ac Sabbati hebdomadæ sanctæ, quibus hæc confessio

a Ratherio maxima ex parte descripta fuit.

(591) Legebatur in apographo *Yvi racha*. Correctionem *Cui* pro *Yvi* sententiæ magis congruentem non dubitavimus inserere. Nonnihil etiam difficultatis in sequentibus hujus periodi occurrit: quæ ut sensum valde licet obscurum reddant, sic construenda videntur. *Cui successerit vitare racha, licet minime conatus; timuisti loqui fatue; jam inveniens etiam millia conviciorum, non vereris transgredi Quadragesimam, neque timens excedere ipsis etiam manibus.*

jam conviciorum millia etiam inveniens transgredi non vereris, ipsis etiam neque manibus excedere timens. Jam quibus quasi gradibus reverti ad Dominum in edito positum te velle simulabas, retro pergis; quique surgere te velle mihi mentiebaris, perspicue ruis, te de rete pristinæ conversationis asserens, quanti adhuc eam habeas, prodis.

38. Sed quid magis? Quid alii de te sentiant, viderint; mihi videris pejor pessimo istiusmodi confessionis argumento effectus, si desit per misericordiam Dei donandus, et ob id absque intermissione ab eo quærendi [*l.* quærendus] interior et continuus, quem tibi non esse et confiteris et video, gemitus. Si enim dormiens nil videt, est utique naturale; vigilantem (592) vero ut constat (289) videre, ita et sua referre, si interemptorem sui coram se positum negligit declinare. Quantos igitur animæ tuæ subversores ante te habeas positos cernis, et declinare interitum gemendo saltem, si condigne pœnitendo non vales, negligis, et me non de te desperare compellis (593). Quid enim miser putas prodesse quæ (594), imminent crevisse, si contingat non evasisse? Repelli, sacerdos cum sis, te ab offerendis Deo panibus vides, et minime luges? Maledictionibus te Domini impeti vides, et flere non vales? furem te miser atque latronem veritas appellat, et nec furata vis reddere, nec vi rapta relinquere; nec saltem non modo pro furto et latrocinio, verum pro ipsa non emendandi duritia lacrymas vel aliquas animo consternatus suspiriis miscere? Veste nuptiali te carnis carere; et in nuptiis Christi et Ecclesiæ, pedibus et manibus ligatis ne in caminum ignis mittendus turpiter extrudaris non verens, sine lacrymis audes saltem recumbere? Anathema audis recipienti, et flere impossibile est tibi? *Pecunia tua tecum sit in perditionem* (*Act.* viii, 20), apostolum audis Petrum Simoni Mago dicentem, et ut a te perditio avertatur, non postulas precem [*id est* orem]? Ananiam et Saphiram pro sacrilegio a te quoque commisso conspicis expirare, et tibi flere nullatenus est possibile? Giezi conspicis lepram; et leprosam fletibus non deluis animam? Templum Dei in te et in aliis violasti, oblationem Patris tui Domino abstulisti; et in domo Ecclesiæ Dei fiducialiter agens, altari ejus sine lacrymis oblationes fidelium securus imponis? Deesse tibi conspicis lactucas agrestes, et agnum Dei comedere audes? azymam non habere, et de Pascha præsumere? Fermentum in te sentis malitiæ et nequitiæ; et epulari in Domino audes te satem [*f.*, saltem] vel credere? Habere adversum te multos multa non ignoras, et munera ante altare

(592) Construe: *Verum ut constat vigilantem videre, ita et constat referre sua, si negligit declinare interemptorem sui coram se positum.*

(593) Id est *compellit et me non desperare de te.*

(594) In ms. *quia* corruptæ pro *quæ.* Explica : *crevisse,* id est vidisse a *cerno, quæ imminent, si,* etc.

(595) Hic locus luxatus valde, et forte etiam mendosus, dum Ecclesiam innuit a Ratherio *amplificatam,* et postea factiosis hominibus postulantibus regia auctoritate dirutam, num de vera materiali

comportas? Interdici, quod facis temerarie, audis, et agere nequaquam dimittis? Sed quid? Si dimittis, de inobedientia judicaris; quia enim sortitus es quoquo modo ministerium, necessitas tibi incumbit illud explere, ne in judicium magis quam in ministerium illud videaris sortitus fuisse. Hoc igitur bivio interceptus quam desperabilis sis atque dolendus, consideres quæso sollicitus. Nisi vero tu idem confiteri anticipasses, vererer tamen, ne subdole quidquid Gregorius contra reprobos, simulatores, et arrogantes in Moralibus loquitur, absolute tibi convenire proferrem. Loquacitatem quippe tuæ considerans arrogantiæ, Eliu quasi audio dicere : **290** *Plenus sum sermonibus, et coarctat me spiritus uteri mei, cn ventus* [*l.* venter] *meus quasi mustum absque spiraculo, quod lagunculas novas disrumpit, loquar et respirabo paululum* (*Job* xxxii, 18.) Sed multum vereri tam tu debueras, quam complices in hujusmodi tui, qui dum æmulari eloquentes contenditis vaniloquos, imitamini magis philosophos et sequimini philopompos, notari in uno non vos perpendentes, cum dici auditis : *Stultus totum profert sensum suum* (*Prov.* xxix, 11), et ut adjiciam : *Sicut urbs patens et absque murorum obstaculo, sic qui non potest in loquendo cohibere spiritum suum* (*Prov.* xxv, 28). Ut dixi vero, vereri debueras, ne cum illo, imitari quem satagis, de te dici audires; [*subaudi* debueras] timere etiam, ne et illud de turbine neque per aliquod etiam sacrificium reconciliandus [*subaudi* audires] : *Quis est involvens sententias sermonibus imperitis?* (*Job* xxxviii, 2.) Quam vero infra eumdem, quem sequeris, utique sis, comprehendere vales, cum te prophetiæ spiritum habere, ut illum habuisse, nullatenus vides. Si vero hujusmodi de propheta fit exprobratio; de compilatore et sycophanta, qui, ut scriptum est, *in similitudinem arioli et conjectoris æstimat quod ignorat* (*Prov.* xxiii, 7), quod dici valet vanissimo et, quod pejus, mendacissimo?

39. Ut vero agnoveris quam vilescat sapientibus vanitas ista hæc tua, considera cum illis pariter reprobatum Saul, prophetasse Caipham; redde memoriæ rationis verba asinam ex visione angeli accepisse, dæmonia, *Scimus, quis sis, Christus filius Dei* (*Luc.* iv, 34), dixisse, et nullius ob hoc te momenti, si loquacior sis cæteris, esse, poteris conjectare. Vir enim, *qui fluxum seminis patiebatur* (*Levit.* xv, 2), *immundus* juxta legem, non conspicuus (ut videri inhias) *erit;* sicut et de laboribus inquietissimæ inquietudinis tuæ, quibus erecto collo, superciliis elevatis (595) amplificatam Ecclesiam ecclesia intelligendus sit, vehementer ambigimus. Neque enim probabile est factionem hominum adversus Ratherium adeo desævisse, ut templum ab eo amplificatum demoliendum duxerint; et multo minus verisimile est, Ottonem regem in tantum sacrilegium auctoritatem et milites præstitisse. Hæc itaque allegorice verisimilius accipienda sunt de mystica seu viva Ecclesia Leodicensi, in qua ædificanda seu amplificanda dum laboraret, et ita res bene cederet, ut non exigua ipsi gloria post obitum

spatiolo minoratam, meritis dilatatam, structuræ vilissimæ in comparatione nullium licet enormitate, nulla vero religionis melioratione (concedat omnivalens pejoratione non aliqua) Nabuchodonosoris tui more dicebas in intimis : *Nonne hæc est Babylon, quam ædificavi in robore dignitatis et fortitudinis meæ? (Dan.* IV, 27.) Vide igitur, quam universis viluerit, quod tibi immaniter complacebat, cum quos putaveras laudatores futuros post obitum, conglobati te vivente a maximo usque ad minimum in tantum exstiterunt vituperatores eorum, ut regia auctoritate militari manu depoposcerint sacrilega dirui, quæ tu ambiebas sacratissima laude omnium celebrari. Bene tibi fecerunt, bene tibi contigit, cinerate (596) **291** et cacabate, qui cum nec saltem homo sis, rationis utique in pluribus expers, honoremque tuum non intelligens, comparatus jumentis insipientibus et illis non dissimilis factus (*Psal.* XLVIII, 13), Deo soli debitis laudibus te efferri adulterina fraude, si daretur, ambibas. Hoc erat nimirum, quod flere nequibas, quia te scilicet aliquid esse hujusmodi deceptione putabas; sed deprehenderunt, Deo gratias, dignus ut fueras, veraciter te, qui ad se vel ad cæteros talpæ in te et caprarum sunt lumine usi, *scribimus indocti doctique poemata passim* (HORAT. *l.* II, *ep.* I, *v.* 117). Quam igitur querimoniam etiam sapientibus sæculi irroges vide, cum libros absque doctrinæ peritia præsumis componere, et, o quot bestias, dum te tanti pendis, attendis! Si enim homines attendisses, peccavi utique dixisses; si lucem videres, tenebras non tanti putares. Dum enim te bestiis excellere, dum cæcis clarius attendis videre, quem, rogo, inde cordis tumorem socordissime vales concipere? quid magni enim, si stultus pecudem, seu videns cæcum præcellat? Cum vero conferre te vel sapienti alicui vel justo minime possis, unde, rogo, superbis? an quod stultissimis atque perditissimis non saltem æquaris? vide ne in his stultior atque perditior ab interno arbitro judiceris. Iisdem enim acutis sententiis, quibus hostem quasi prosternis, Eleazari exemplo te ipsum interficis, dum in his, quæ recte de Deo forsitan sentis, tuam, non Dei gloriam quæris, gaudens quasi quædam quia repererit manus tua, non potius, ut oportuerat, lugens, quia non feceris ea; et osculatus quasi ore proprio manum procaciter tuam, non laudare etiam ipse quod facis, dum non etiam metuis, testimonio propriæ locutionis virtutem tibi tribuis operantis (*Job* XXXI, 27). Verum hoc scelus maximum et negationem Altissimi assertione Job sanctissimi esse (*Ibid.*, 28), dico, memineris, et arrogantium te unum ex præstantioribus non denegaveris, dum præmissis fortioribus semper ad supervacua verba relaberis. *Considera*, inquit, *opera Dei, quod nemo possit corrigere, quem ille despexerit* (*Eccle.* VII, 14). Si enim quod tibi magis competeret, cogitasses, a scribendo tanta desisteres. Magis enim cum interno rugitu, recollecto in talibus qui spargitur animo utique, quod tamen non valere te video, orationi et fletibus ob talia, quæ scriptitas, deluenda fuerat instandum, quam hujusmodi vanitati studendum. Dum enim te in talibus persæpe æstimas laudari; magis, crede mihi, verso in contrarium voto vituperaris ac derideris. Legitur quondam vidisse quemdam infelicissimum, dum moreretur, maximum librum sibi a dæmonibus offerri, scriptum intus et foris; sed ut in hoc tibi alludam, non erit eis opus, alium tibi offerre, quam quem scripseras ipse, qui et interpretabuntur, noveris, quid in eis [f., in eo] affectaveris **292** quoque. De libro tuo te judico, ne tibi contingat audire, sed moneo, vide (597). Cum enim de cursu debito sæpissime, ne etiam ut modo de missa, inquietudinis vitio surgens, quod mente canendo etiam conceperas, scribere vadis, ubi rogo est quod suprascripseras? hoc est : *Omnia vero quæ discipulos docuerit esse contraria, in suis factis indicet non agenda.* Dicendum quippe discipulis nemo ejusdem religionis quam ambibat sæpe, nihil operi Dei præponatur. Si nihil, inanis gloriæ qualiter pompa?

40. Quid vero laboro, cum nihil me proficere video? Restare unum solummodo cerno, alias desperare te nullatenus desino, et hoc suasu legis attentare præsumo, quam te prævaricasse, ut prætendebas, cum dolueris, prævaricari omnino non desinis. Si exhibuit fomenta, si medicamina Scripturarum divinarum, si hoc vel illud, et suam nihil viderit prævalere industriam, adhibeat, quod majus est, suam videlicet atque omnium pro eo orationem, ut Deus, qui omnia potest, operetur salutem circa infirmum fratrem. Veniat igitur, flagito, mater Chananæa quondam, id est nisi fallor, a maledicto Cham ad benedictionem Christi conversa, cui merito dicatur : *Magna est fides tua* (*Matth.* XV, 28), pro qua et discipuli Domini eum interpellent. Sanctorum omnium congregatio utique sancta clamet : *Miserere mei, Jesu fili David, filia mea male a dæmonio vexatur* (*Ibid.*, 22), id est anima istius (de te autem dico) peccatoris ex me per baptismum genita, et doctrinæ meæ lacte nutrita, quæ scilicet male a dæmonio vexatur, cum etiam, quod est pessimum, obduratur; *miserere mei*, etsi dedignaris illi; meus est enim quasi defectus baptizati cujuscumque perditio, sicut profectus salvatio. Idem usque ad importuni-

proventura esset, repente totam ejusmodi ædificationem facticii homines a maximo usque ad minimum conglobati, militari manu et auctoritate regia diruendam curarunt, cum vi publica ipse episcopus ex ea sede pulsus fuit.

(596) Mendosa lectione erat in codice *cinerente.* Correximus *cinerate*, cum hæc eadem vox copulata cum sequenti *cacabate* usurpetur a Palladio. In apophtegmatibus enim Patrum editis a Cotelerio, cap. 4, ubi de dæmone, quem Moyses monachus expulerat, Græce habetur : Οὓς ἐξελθὼν ἔλεγεν ἑαυτῷ καλῶς σοι ἐποίησαν σποδόδερμε μέλανε, hæc duo postrema verba in ms. Corbeiensi sic Palladius vertit, *cinerate, cacabate*, uti idem Cotelerius monet. Vide Glossarium Cangii V. *Cacabatus, Cineratus*, id est cinere infectus, *cacabatus*, id est denigratus ut cacabus.

(597) Construe : *Sed moneo, vide, ne tibi contingat audire : De libro tuo te judico.*

tatem repetat familiarium Christi precibus, impossibile quod mihi videtur, ab eo, cui nihil est impossibile, sui merito saltem vel clamore (meo atque tuo impetrari quia non valet) obtineat. Pura sane confessio quia liberat a morte, antique dictum, dum, ut non dubito, amplectaris et te fecisse quia gratuleris. *Qui maledicit patri vel matri, morte moriatur (Exod.* xxi, 17), rogo dictum memineris; et te patrem tuum heri *fellonem*, quod plus utique quam *fatue est*, matrem tuam *putam* (598), quod *racha* immaniter superat, frequenter ad aliorum cumulum criminum quoque te recolas vocitasse; Adam vero et Evam dico, ut ratio utique reor non dedocet, in cœlestem, quam peccato perdiderant, ereptione jam recuperatam Christi constitutos [*f*., emptione... restitutos], Deoque reconciliatos (etsi tibi nequeant) patriam. Versus de purificatione sanctæ Dei genitricis Mariæ nescio a quo luculentissime compositos commendatione tui, regi cuidam adolescens quod pro tuis indeque et perditos obtuleris : in quibus perpendere vales **293** resedisse multa, quæ contra tui propositum accusatori de præteritis habeas derelicta ; cum ei satis futurum esse promittere valeam, si illa observet quæ deinceps facies, si talis modo ut es (599), ut timendum valde considero, quod abesse tamen Deus concedat, perdures, cum nec saltem in te completum, quod cantari frequenter audisti, confessus fueris, hoc est : *Ignis succensus est in furore meo, et ardebit usque ad inferni novissima (Deut.* xxxii, 22), etc. In uno quoque te immaniter falli considero, quia dicente veraciter Domino per Sapientiæ, qui utique est ipse mentiri nescius, librum : *Quem diligit Deus, corripit (Prov.* iii, 12) ; te illic pro innumerabilibus in hoc sæculo tua reris (600) culpa perpessis (falso ne tamen videas moneo) esse descriptum, et te quasi vindicta perlata reddis securum, non recolens quatuor esse genera percussionum, quæ si non recordaris, ad Gregorium, dico, redieris ; solos autem, ut de compendio loquar illius asserto, ab æternis temporalia flagella liberant, quos immutant. Nam licet ab exitu sis viarum, id est, tuorum defectibus vocatus moliminum ; tamen quia sine veste es nuptiali, ne, *Amice, quomodo huc introisti (Matth.* xxii, 12), tibi dicatur, non nihil potes vereri. Tibi vero hic subjecta ne non disconveniant, dum ab iniquitate neque flagella compescunt, solerter, rogo, attende, præmisso quod, procacitatem nisi præcipitationis linguæ corrigas tuæ, vana tua, etiamsi esset aliqua, ista est confessionis religio attestante apostolo Jacobo (*Jac.* i, 26). Quod autem vanum est, remunerationis pondere careat, consequens pariter est. Ut dixi, cæterum videas te sug-

gero, in talibus graviter et erubescas notari. *Si contuderis*, inquit, *stultum in pila, quasi ptisanas feriente desuper pilo, non auferetur ab eo stultitia ejus* (*Prov.* xxvii, 22) : si contraque te tuique consimiles conquerentem ne transcursim legas, moneo, etiam ita prophetam : *Attrivisti eos, et renuerunt accipere disciplinam (Jer.* v, 3) ; eumdem quoque inspiratorem et Dominum prophetarum : *Interfeci et perdidi populum istum, et tamen a viis suis non sunt reversi (Jer.* xv, 7). *Versa est mihi domus Israel in scoriam: omnes isti æs, et stannum, ferrum et plumbum in medio fornacis (Ezech.* xxii, 18) : nullus scilicet [*subaudi* est] argentum et aurum per ignem tribulationis, ut te putas, purgatum. Rursumque contra te et de te specialissimo. *Multo labore sudatum est, et non exivit de ea rubigo ejus neque per ignem (Jer.* xxiv, 12). Itemque : *Frustra conflavit conflator, malitiæ eorum* (tuæ utique tuique sodalium) *non sunt consumptæ (Jer.* vi, 29).

44. Nisi vero te Flacci illo superius confutasses **294** dicentis versiculo, quam vilesceret ipsa tua a peccatis non amore virtutum, sed suppliciorum metu [si qua tamen est, dicendum est] conversio? Sed quia te exterioribus conspicio etiam in ista tua criminum tuorum descriptione adeo deditum sensibus, ut quod scis optime, nisi cum videas, recorderis ; Spiritum te non habere Domini, moneo, conspexeris, si libertate carueris. *Ubi enim Spiritus Domini, ibi libertas* (II Cor. iii, 17). Servum ergo te nequam, non filium, inimicum, non amicum cognoveris, si suppliciis ad quidlibet agendum vel declinandum compelleris. Nam si pœnam non metueres, ut tui asserto ipsius agnovi, pejora etiam quam facias perpetrares. Bona vero esti non in divinis, in Tullii saltem et cæterorum hujusmodi sententiis et ejusdem, quem noviter protulisti, pro semetipsis didicisse potueras diligenda, et non pœnis cogentibus exsequenda. *Erubesce, Sidon, ait vero, memineris, mare* (*Isai.* xxiii, 4). Certum est vero, quia coram Deo innocentia amittitur corporis, in cujus conspectu motibus delinquitur cordis. *Manus*, inquit, *in manu, si nihil agenda* [*f*., agendo] etiam subaudis teneatur, *non erit innocens malus (Prov.* xi, 21). Repugnat etiam Deo pro posse, qui vellet tormenta ab eo creata non fuisse, ut sibi liceret impune peccare. In eo sane quod te flere peccata tua non posse, et dictis tuis et intuitu meo percepi ; non perpendere te satis intueor, quare prohibitæ sint (601), ut ratiocinatur propheta, stillæ a te lacrymarum (*Jer.* iii, 3) utique, jam sero scilicet saltem peccata quæ diluerent tua, semenque verbi in te facerent (ipsa quæ tibi inesse videtur ariditate compluta, atque made-

---

(598) Vox *putam*, quæ vocem *racha immaniter superat*, in malum et conviciosum sensum accipitur, ac meretricem significat, quæ nunc quoque Italice *puta* vocatur. Hinc vetus hujus Italicæ vocis origo notanda est, sicut etiam alterius *fellonem*, quæ Latine perfidum significat.

(599) Id est, *si talis perdures, ut modo es*, etc.

(600) Construe : *Reris (moneo tamen ne falso videas) te illic descriptum esse pro innumerabilibus perpessis in hoc sæculo culpa tua.*

(601) Textus prophetæ Jeremiæ iii, 3, hic est : *Quamobrem prohibitæ sunt stillæ pluviarum, et serotinus imber non fuit.* Construe vero :] *Quare prohibitæ sint* (ut propheta ratiocinatur) *stillæ lacrymarum utique a te, quæ jam saltem, sero scilicet, diluerent peccata tua, et* (compluta ipsa ariditate, quæ videtur

facta duritie cordis tui) utique crescere a Domino fructificandum, et cœli horreo, criminositas et inconvertibilitas tua interdiceret nisi miserrime, recondendum. Quid enim censes de culpa, quam de isto solum probro contraxisti, cujus nunc pro anima vigilias, ut moris est, a fratribus fieri audiens, præcipitanter tuatim (602) dixisti, non pro eo te oraturum, quia scires eum in inferno esse, pro eo scilicet, quod cum jam diutino monachum se fieri velle adeo promiserit, ut etiam stipendio cœnobii introitum dato, acquisierit (603), ex quo tibi quoque una libra provenit; dilatione corvina miserrimus facta in clericatus habitu infelix, ut tibi videtur, obierit. Cujus enim culpa post ipsum magis est ipsius (si est tamen perditus) perditio, quam tua omniumque fratrum, qui receptis, quæ ipsius erant, de illo non curastis, sed cum diabolo dimisistis. Vos enim incessanter debuistis eum monere, **295** ut, quod voverat, Deo reddere festinaret, antequam hoc ei, quod modo novit [*subaudi* contigisse], contingeret. Et quia non fecistis, interrogate prophetam, ipso in peccato suo mortuo, de cujus manu sanguinem ipsius Deus debeat requirere (*Ezech.* III, 18), cum etiamsi datum esset, ut faceret, sententia illa vos Domini in hoc ita constringeret : *Væ vobis Pharisæi hypocritæ, quia circuitis mare et aridam, et facitis unum proselytum, et cum fuerit factus, facitis eum filium gehennæ duplo quam vos* (*Matth.* XXIII, 15). Miserrimo igitur misereor, quia tua non potes deflere peccata, qui plangere debueras, dum etiam compelleris, aliena. Et quanto minus te flere non sufficis, tanto magis a bonis omnibus te flendum (604), perpenso etiam colapho, quod hodie dedisti ad te proclamanti rustico, decernens quantum absis his, de quibus Jacobus apostolus dicit : *Si quis se putat religiosum esse, non refrenans linguam suam, sed seducens cor suum, scilicet cogitando quod religiosus sit, hujus vana est religio* (*Jac.* I, 26), noveris, dum tu nedum linguam, manus saltem non vales miserrimus refrenare.

42. Falsa cæterum spe decipi te quoque in verbis hujusmodi video Domini : *Peccasti, quiesce, nolo mortem peccatoris* (*Eccli.* XXI, 1). Et : *Quacunque hora peccator conversus fuerit, salvus erit* (*Ezech.* XXXIII, 12). Et : *Convertimini ad me, et ego revertar ad vos* (*Zach.* I, 3). Et illud de Evangelio : *Gaudium est in cœlo super uno peccatore, quam super nonaginta novem justos* (*Luc.* XV, 7) : et his similibus multis per campos divinorum sparsis librorum ; quæ omnia, cum ut clementissime ita sint et veracissime prolata, male intelligentis vitiat negligentia, aut præmissa scilicet, aut subsequentia minus æquo perpendens. E quibus ut uno cætera comprehendam, gaudium esse in cœlo promittit super uno peccatore, quam super nonaginta novem justos ; sed si gaudes ideo dictum, quia te peccatorem attendis, audi super quo peccatore gaudium ipsum esse dicat in cœlo; et tu peccator esse talis, saltem quia justus esse non vales, satage, de quo dicitur ipso, *pœnitentiam*, inquit, *agente* (*Ibid.*) Quo usque ? Non tibi dico, quia hic dictum non audio. Cum vero in lege de mundatis per diversa sacrificia culpis, *immundus erit usque ad vesperam* (*Levit.* XV, 11), audio dici ; unumquodque peccatum etiam dimissum usque ad horam lugendum extremam mihi, fateor, videri. *Peccasti*, ait, *quiesce* (*Eccli.* XXI, 1). Dimisisti unum peccatum, quiesce ne facias idem, aut simile, aut forsitan pejus. Pejus autem est, si quod fecisti, non plangas ; peccare quippe non cessas, si **296** non pœniteas. Neque enim delesti, quod scripsisti, etiamsi scribere desiisti ; contumeliis nec alicui illatis, quia tacuisti eas (605), ideo emendasti. Planxisti forsitan ad tempus aliquod crimen, cor contrivisti. Si vero crimen non deseruisti vel pœnituisti ; cor quia non etiam humiliasti, a Deo te spretum potes neque inconvenienter et non sine auctoritate vereri. Qua vero fronte inter nonaginta novem justos te audes, etiamsi invenirentur, ascribere, ut utique majora tibi quam illis non cogites expedire, qui et justus debueras, ut ipsi, manere ? Quia vero non fecisti, pœnitentiam debeas [*f.*, debes] agere, et gaudium saltem aliquod, id est, secundum pœnitentiæ modum in cœlo angelis facias [*f.*, facies]. Quod in te tamen cum Dei gratia esse, considerata arbitrii libertate, vales perpendere. Qua vero mente tu culpas flere negligas post baptismum admissas, quando summus pastor quosdam malorum suorum consideratione territos admonere, ut baptizarentur, gestiens, præmisit dicens : *Pœnitentiam agite* (*Act.* II, 38) ; cum non dubitaret, sacramento baptismatis omnia peccata, etiamsi nulla præcessisset pœnitentia, mundari valere. Talia vero tibi inculcans, quibus etiam ferrum emolliri loquar, ut ita potuerat, te compungi ad fletum quia non cerno, tibi dictum suspicari non desino ; *Plaga inimici percussi te* (*Jer.* XXX, 14). Attamen ne sævo venenum adjicere videar gladio, id est duritiæ tui cordis desperationem ingerere, curo te Deo, jam nunc confutandi termino facto,

---

*inesse tibi, atque madefacta duritie cordis tui*) *facerent crescere in te semen verbi utique fructificandum a Domino, et recondendum horreo cœli, nisi miserrime criminositas et inconvertibilitas tua interdiceret.*

(602) *Tuatim*, id est more tuo, uti apud Plautum, amph. 2, 1, 4, *ecce rem jam tuatim facis.*

(603) Legebatur *stipendium cœnobii introitu dato acquisierit.* Correctionem sensus suasit ; neque enim ille, qui monachum se induturum promiserat, acquisivit stipendium dato introitu cœnobii ; sed cœnobii introitum acquisivit stipendio dato, ex quo una libra Ratherio abbati provenit. Aptior esse syntaxis, *cœnobii introitum stipendio dato acquisierit*, Cum vero syntaxis Ratherii peculiaris sit, nihil in collocatione verborum immutare voluimus. *Stipendium* speciem dotis significat, quam monasteria ingredientes offerebant : unde cum pueri monasteriis tradebantur Deo perpetuum servituri, *oblationis* nomine aliquid datum fuisse antiquæ formulæ exprimunt. Vide tom. IX Collect. vet. Script. Martene et Durand, pag. 159.

(604) Voces *te flendum* reguntur a verbo *noveris*, quod postea subjectum invenies.

(605) Videlicet, *nec contumeliis alicui illatis ideo eas emendasti, quia tacuisti.*

ineffabiliter atque incredibiliter forte, curandum relinquere. Faciat omnipotentissima ipsius, flagito, misericordia et gratuita clementia, quod facere nullus, ut cerno, valet conatus, atque instantia. De Eucharistia sane haud temere a te percipienda, quia me moveri considerans, ultra posse quoque supra garristi, evomere gestiens quod nondum vanissime biberas (606), scelus hoc maximum nequaquam perpendens miserrimo fore exemplo Jeremiæ atque Psalmographi, quia contra propositum necessitate quadam inevitabili compellor tibi, quod post didici, intimare, et quam longe minora quibusdam aliis de ea senseris demonstrare, capitulatim quædam excerpta ex opusculis (607) super hoc cujusdam Paschasii Radberti absque invidia tibi, quæso, insinuari permitte, vicem enim tibi et in hoc debeo; senties forte quantum in isto etiam importunitas tibi contulerit mea.

(606) Construe : *De Eucharistia sane haud temere a te percipienda, quia considerans me moveri, supra quoque garristi ultra posse, gestiens evomere quod nondum vanissime biberas* (quod scilicet Ratherius de Eucharistia non indigne sumenda antea dixit, veluti exiguum et garrulum, ac tanta re minus dignum innuitur), *nequaquam perpendens scelus hoc fore maximum exemplo miserrimo Jeremiæ atque Psalmographi, quia contra propositum necessitate quadam inevitabili compellor intimare tibi, quod post didici, et demonstrare quam longe minora quibusdam aliis senseris de ea ; permitte, quæso, absque invidia insinuari tibi capitulatim quædam excerpta ex opusculis cujusdam Paschasii Radberti super hoc.* Hæc, quibus Ratherius ea, quæ de Eucharistia ipse superius disseruit, veluti contemnens, iisdem præfert opus Paschasii Radberti, quanti hoc opus fecerit, patefaciunt.

(607) Quædam excerpta ex opusculis Paschasii Radberti, quæ huic Confessioni subjicienda traduntur, non quædam ex uno ipsius opere excerpta, sed ipsum ejusdem Paschasii opus videntur innuere inscriptum *De corpore et sanguine Domini*, quod quidem in hoc eodem Lobiensi codice integrum, sed Ratherii nomine perperam prænotatum legitur. Confer quæ in præfatione generali monuimus § 2, num. 24.

## 297 ADMONITIO IN EXHORTATIONEM ET PRECES SEQUENTES.

In fine præcedentis operis auctor se eidem subjecturum affirmavit quædam excerpta ex opusculis super hoc (id est de sacra eucharistia) cujusdam Paschasii Ratberti, nimirum ex ipsius opere *De corpore et sanguine Domini*. In codice quidem Lobiensi hoc idem Ratberti opus Confessioni Ratherianæ, quam præmisimus, immediate subjicitur : quod etsi integrum, ita tamen Ratherius vocasse videtur *excerptum*, quemadmodum excerpti pariter nomine donavit suam *Confessionem*, licet hæc non partem, sed totum opusculum contineat, uti notatione prima conjecimus. Porro Paschasiano operi in eodem Lobiensi exemplo subduntur nonnulla, quæ cum in omnibus aliis ejusdem operis manuscriptis codicibus desint, Paschasio Ratberto tribui non possunt. Cum vero idem opus Ratherius ipse suæ *Confessioni* subdiderit *capitulatim*, ut ait, id est, a se fortassis distinctum in capita 99 (in hoc enim uno codice tot capita cum suis titulis inveniuntur) : quæ autem post ultimum caput adduntur, Ratherii stylum, sententias quasdam ipsi familiares, peculiaremque ipsius syntaxim valde implexam atque difficilem alicubi præferant ; ab eodem Ratherio lucubrata videri possunt : ac propterea hic appendenda putavimus. Sub idem *Confessionis* tempus scripta credimus, cum auctor Paschasii opus *Confessioni* subjecit ; unde hic quoque, ut et in dialogo Confessionis, suum *senium* commemorat, seque præpositum aliis indicat : quæ pariter non minima ejusdem auctoris indicia sunt. Hoc additamentum sumpsimus ex Patribus Martene et Durando, qui ipsum ex Lobiensi codice Paschasiano operi subjecerunt. Apographum vero ejusdem codicis aliquot emendationes suppeditavit.

# 298 EXHORTATIO ET PRECES

## A RATHERIO,

#### UT VIDETUR

*Lucubratæ et subjectæ operi* (608) *Paschasii Ratberti de corpore et sanguine Domini.*

Quid (609) tibi sit lex, o charissime, adhuc legisti et perlegisti. Quid, quæso, deliberaveris, jam pande. Obsurdueris, an obmutueris, monstra. Utrumque video. Stupere te tantum dum considero, et quod

(608) Hunc titulum, quem codex ignorat, perspicuitatis gratia præfiximus.

(609) Cum in fine *Dialogi confessionalis* confessarius Ratherium alloquens, legendum subjecerit opus Paschasii Ratberti *De corpore et sanguine Domini*; post descriptum hoc opus, qui in codice quidem Lobiensi eidem dialogo subjicitur, idem confessarius in eamdem allocutionis rationem sermonem ad Ratherium convertens, hanc exhortationem adjecit; ex qua ipsum Ratherium esse tum *Dialogi confessionalis*, tum hujus exhortationis auctorem confirmatur. Mox *adhuc* emendavimus ex apographo

in propheta de talibus legitur, nonnihil vereor (*Mich.* VII, 16). Moneo tamen, si nihil aliud invenis, quod facias: Dei te, perdita omnimodis aliunde fiducia, totum dedas clementiæ, et non, ut (610) prius, ignavæ prorsus desidiæ; sed elaborationem continua, abrenuntiatis animo his saltem, quæ Apostolo auctore mortalia non ambigis crimina fore. Et quia non sufficit: *Declina*, dicit, *a malo, et fac bonum* (*I Cor.* VI, 9); si non vales (scio enim quod non vales) secundum modum culparum agere pœnitentiam; desunt enim tempus, ætas, sanitas corporis, alacritas mentis, facultas expletionis; si non vales (611), fac quantulamcunque, et hanc continuam. Licita se se ingerunt aliquoties; memento illicita te sæpius usurpasse. Mendica alicunde (612) copiam, aut vim extorque lactucarum agrestium, coque azymam, fermentum malitiæ abjice, renes accinge, baculum regiminis manu adhibe rationis, festina per desiderium, quo nequis aspirare per meritum. Reconciliare quibusdam satisfactione, universis affectu, immolans, dehinc tanto formidolosius, quanto petulantius; (613) extorquere animo, ut fuerat consultius, quia non vales, cessasionem; hanc promitte; si datur, cum lacrymis; si non, cum singultu interno. Detur de tuo aliquid pro necessitate, interjaciens orationis piissimi Redemptoris legationem auditui (614). Quis enim scit, si convertatur, et ignoscat, et avertatur ab ira furoris, et non pereas æternaliter? Periisti quidem criminaliter.

## PRECES.

Ecce ego, Domine, ecce ego, qui dignus non fueram miser et infelix ingredi atria ecclesiæ tuæ, nec per limina sancta intrare domum tuam, accedo ad ministrandum sanctis altaribus tuis, et asto reus et peccator ante conspectum divinæ majestatis tuæ, sine ullo ornatu boni operis, et sine ullo fructu digno pœnitentiæ, et sine ulla vel sola cogitatione munda. Indignus enim et sceleratissimus sum nimis; sed de tua ineffabili pietate et misericordia, et de meritis sanctorum tuorum confisus, licet tremens et pavidus, præsumo accedere ad offerenda sancto nomini tuo sacrificia. Et ideo, Domine creator piissime, Redemptor clementissime, qui omnem animam confitentem et pœnitentem magis vis emendare quam perdere, et qui non pro justis, sed pro peccatoribus incarnari voluisti, et latroni in cruce pendenti ac tuam majestatem confitenti non solum pepercisti, sed etiam paradisum tecum intrare promisisti, me **299** miserum et peccatorem confitentem, et desidiose licet pœnitentem peccata mea, a tua ne repellas pietate et misericordia; nec frustra accipias fidem, spem, ac fiduciam, quam in tua inæstimabili clementia habeo: sed sicut omnibus criminosis et peccatoribus in te credentibus, ac de tua misericordia confidentibus pepercisti; ita mihi misero ad te fugienti [*f.,* confugienti], et post peccata ac scelera mea multa diabolo renuntianti, atque ad te revertenti parcere et indulgere, atque ad celebrandum injunctum officium paterna pietate dignum me facere et suscipere digneris. Et licet importunius, quam competeret, me ingeram, siquidem interdictum mihi tam veteris, quam novæ legis censura ignorare non valeo; cum et exterminatores impiorum atque custodes sacrorum altarium tuorum angelos, vasa interfectionis in manibus gestantes, sacris oraculis tuis non incredulus sciam omnino præsentes (*Ezech.* IX, 1); capta tamen (615) jam olim præsumptionis quadam de tua vera misericordia fiducia, quia scilicet usque etiam ad istud, quo inveteratus dierum malorum perveni te semper irritans, senium, me ultores illi [*subaudi* angeli] tuarum, Domine, injuriarum, non, ut dignum fuerat, interfecerunt, scientes forsitan, quia benignitas tua ad pœnitentiam me, thesaurizantem licet iram in die iræ et revelationis justi judicii tui, patientissime exspectaret, habentibus etiam adversum me multis mala fratribus; quia, Domine, asto, verum suspectus et tremens, ne subito utique, te in corpore et san-

codicis Lobiensis. In edit. Martene et Durand *ad hæc*, mendose. Hæc autem editio intra uncos addit *quæ ante legisti;* nec tamen ad sanandum locum videtur sufficere. Si vero initio pro *Quid* corrigas *Quæ,* sensus satis æquus redibit; cum enim in postremis præmissi Paschasiani operis capitibus lex de esu agni paschalis exposita fuerit, ut modus indicaretur sumendi corporis et sanguinis Domini, hæc prima exhortationis verba sic construenda et explicanda videntur. *Legisti adhuc et perlegisti, o charissime* (in opere Paschasii jam præmisso) *quæ lex tibi sit* servanda, ut sacram eucharistiam recte percipias.

(610) Addidimus *ut ex nostro apographo.*
(611) Repetitionem vocum *si non vales* idem apographum exhibuit.
(612) Ita melius ex eodem ms. quam in edit., *aliunde.*
(613) Construe: *quia non vales, ut fuerat consultius, extorquere animo cessasionem* (scilicet a sacrificando); *hanc promitte cum lacrymis, si datur; si non, cum singultu interno.* Laudatum apographum suggessit verba *hanc promitte,* cum in edit, deesset *hanc,* et haberetur *præmitte.*

(614) Idem apographum, *intus jaciens orationi piissimo Redemptoris legatione auditui.* Construendum videtur: *interjaciens legationem orationis auditui piissimi Redemptoris;* legationis enim nomen Ratherius precibus frequenter accommodat. Vide loca in indice designata V. *Oratio.*

(615) Construe: *capta tamen quadam fiducia jam olim præsumptionis de tua vera misericordia, quia scilicet illi* (angeli) *ultores injuriarum tuarum, Domine, non interfecerunt me, ut dignum fuerat, usque ad istud senium, quo inveteratus dierum malorum perveni, semper irritans te; non interfecerunt, inquam, me, scientes forsitan, quia benignitas tua patientissime exspectaret me, licet thesaurizantem iram in die iræ et revelationis justi judicii tui, multis etiam fratribus habentibus mala adversum me; quia, Domine, asto, verum suspectus et tremens, ne subito utique feriar, ut justum est, præsente te in corpore et sanguine tuo, cum nusquam desis per divinitatem; parce tamen,* etc. Hæc tam prolixa ac difficilis syntaxis Ratherianum stylum exhibet.

guine tuo, cum nusquam per divinitatem desis, præsente, ut justum est, feriar [*al.*, ferias] : parce tamen, adhuc præsumens deprecor, piissime, parce; differ ictum, suspende vindictam, et non aspiciens ad iniquitates, scelera, et delicta juventutis meæ, et, ut pejus, fateor, etiam senectutis; sed ad misericordias et miserationes tuas multas, quibus generi humano semper misereri consuevisti, suscipe preces et hostias, quas pro peccatis meis, et pro peccatis fidelium tuorum tam vivorum, quam mortuorum majestati tuæ offerre præsumo. Recordare, quod caro sumus ex fragili materia conditi (*Job* xv, 15). Etiam cœli non sunt mundi in conspectu tuo (*Job* iv, 18), et angeli tui reprobi inventi sunt coram te : quanto magis homines terreni, indigni, et immundi? Non enim possumus esse mundi, nisi a tua pietate et misericordia quotidie corde et corpore mereamur mundari. Quapropter tu, Domine, tu, qui intentionem et devotionem torpentem, miseram, ac pollutam ad sacrosanctum altaris tui mysterium accipiendum (616) excitare (voluisti), meque indignum et peccatorem ad tibi ministrandum permisisti, impudenter licet, accedere; contine adhuc misericors quam mereor iram, exhibe gratuitam clementiam, et concede propitius, ut celebratio hujus sacri mysterii, ad quod tepidus et pavidus accedo, non ad judicium et ad condemnationem, sed ad remissionem peccatorum et ad salutem mihi proveniat sempiternam.

### ITEM.

Ita, Domine, immensi criminis rei conscientia teste confundimur, ut ad officium tuum neque securi possimus venire, nec liberi. Quis enim pensans peccatum suum, non se a facie tua vellet abscondere, si liceret tantæ majestatis oculos declinare, si aut evasurus lateret, aut occultatus evaderet? Aut quis non magis videre te cuperet, si non, quod eum peccantem prospicis, plus timeret? Ergo quia tu ubique nos invenis, ad te confugimus, quem fugere nunquam valemus. Restat miseris non latebras intervenire [*f.*, invenire], sed lacrymas. Foveat indulgentia, quos terret offensa. Minatur potentia, sed misericordia consoletur. Ex te est qui liberet (617), per te est qui excuset. Parce omnipotens Pater, et quos aspicis humiles per reatum, erectos munerare (618) digneris in præmium; et quos intelligis per confessionem miseros, non facias in examinatione confusos.

### ITEM ALIA.

Dimitte, Deus, quidquid per intemperantiam (619) mordacis linguæ incauti [*al.* incaute] oris nostri incre- patio momordit in subditos. Quidquid minus de boni perfectione diximus, parce; quidquid incongruum, vel minus temperate protulimus, tu ignosce. Non incautum præsumptio puniat; sed agnoscentem me iniquitates meas pietas tuæ miserationis absolvat. Et quia non mihi alibi est fiducia nisi in misericordia tua; tu et os meum præconio veritatis perarma, et opus pleniori ubertate sanctifica, ut et dignum me salves, et (620) commissum mihi gregem pro tua pietate justifices. Quidquid in illis vitiatum respicis, sana; quidquid in me vitiosum inspicis, cura. Si quam vitio tepiditatis meæ vel incuria contraxerunt, vel contrahunt labem, omitte [*l.* dimitte]. Si quo etiam me ignorante vel cognito deciderunt [*al.* deciderint] in crimine, atque si exempli mei offendiculo provenerunt [*al.*, provenerint] in culpam, ignosce, et pro culpis talibus misero mihi ultionis non restituas vicem. His tamen, quibus increpationis visus sum adhibere judicium, et increpatio ipsa eis proficiat ad salutem, et oratio hæc interpellans, commisso eos revocet ab errore, ut non perferant tartareos cruciatus : quibus utpote mortales [*al.* mortalis] pœnitentiæ indiximus leges, quo utrorumque incommodis parcens, et illorum iniquitatibus tribuas veniam, et meam abluas contractam de regendi incommoditate offensam (621). Præbe, Deus, aurem sacrificiis nostris, me mihique commissos tuis ascribe in paginis, quo cum grege mihi credito et a cuncto eluar crimine, et ad te merear pervenire in pace. Pacatum redde, Deus, nostrorum cordium habitaculum expulsione carnalium vitiorum; et qui in subditis conor jam summam exercere [*f.* exerere] virtutum, pacatis mentium corporumque incommodis, pacificus merear, te judicante, coronari cum angelis. Fac ergo, quæsumus, nos pie, Deus aspicientes (622), in conspectu tuo flammescentes tuæ gratiæ dono, ut zelus tuæ domus nos comedat, atque ita per vigorem sancti spiritus regentes subditos temperemus, ut et disciplinis nostri regiminis obtineant lucrum, et illorum duritia frangatur, ac vita sanctificetur (623). Suscipe, Domine, votorum nostrorum libamina, ut per hæc, quidquid in subditos correctionis verbo vel merito impertimur, non ad discordiam nostri, sed ad perpetuum dulcedinis gaudium nobis et illis profecisse lætemur. Absolve nos, Deus, et alieno et nostro delicto, ut in utroque spiritualis gratiæ efficientiam capientes (624), fiducialius tuo nomini supplicemus. Per Dominum

### ITEM

Impellit ministrandi officium hostia salutaris po-

---

(616) Vocem *accipiendum*, quæ in edit. deerat, ex apographo supplevimus.

(617) Ita ex nostro apographo Lobiensi. Male in vulg., *libet*.

(618) Sic melius in eodem apographo, quam in edit., *numerare*.

(619) His verbis Ratherius acrioris increpationis vitium, quo ferventius subditorum crimina insectari ac perstringere solebat, videtur respicere.

(620) Cum hæc scripsit post *Dialogum confessio-* nalem Ratherius, monachis præerat cuidam abbatiæ præfectus, quæ pertinebat ad monasterium Lobiense, ut ex eodem dialogo in vita probavimus.

(621) Vulg., *contractandæ regendi incommoditatis offensam*. Apographi lectionem prætulimus.

(622) Ita idem apographum. In edit., minus bene: *quod nos Deus aspicientes*, et mox ibidem omittitur *ut ante zelus*.

(623) Editi perperam *fructificetur*.

(624) Edit., *cupientes*.

puli pro delicto. Terret conscientia indebiti sacerdotii pro reatu. Si a me, omnium sacerdotum peripsema, sacrificium offeratur ; pollutæ conscientiæ crimen augetur. Si tantæ majestati, universæ carnis judici, non offertur ; negligentiæ reatus ascribitur. Inter hæc tuæ, Omnipotens, libramen pietatis imploro, cujus ultionis diem accusante conscientia pertimesco, ut non indignum, quæso, misericordia tua judices, quem a tempore pœnitentiæ non excludis. Suspende securim, donec cultor vineæ admoveat cophinum stercoris infructuosæ arboris ad radicem. Parce mihi, Domine clementissime, pœnitenti, qui David post lapsum clementer ad veniam revocasti ; qui Petri misericors amare flentis lacrymas respexisti : qui latronem in crucis patibulo tanti facinoris reum divina gratia illustrasti, cui mox obtinuit

A confessio perspicue Dei Filium cernere, fides præmium, pœna veniam, lamenta gaudia sempiterna, dum confessor in cruce, possessor exstitit paradisi post crucem. Sed quia verba venia tuæ pietatis indigent, quæ indigni sacerdotii opera non commendant; saltem astantium vota suscipe, ut et mihi suis apud te precibus veniam, et eorum meritis sacrificia nostrorum vulnerum salubriter nobis conferant medicinam, ut quia, Omnipotens, pro omnibus factus es hostia pro peccatis, adsis nobis sanctificatio (625) in sacrificio pro delictis, Christe Salvator mundi, qui cum Patre et Spiritu sancto vivis et regnas Deus per omnia sæcula sæculorum. Amen.

Qui scripsit, vivat in pace; et qui legit, lætetur in perpetuum (626).

B

(625) Ita apographus Lob. Vulgati *sacrificatio*.
(626) Hanc clausulam (quæ utrum Ratherii sit, nec ne, affirmare non audeo) præfert apographum Lobiense.

---

# ADMONITIO IN INVECTIVAM SEQUENTEM.

I. P. Bernardus Pez in dissertatione Isagogica præmissa tom. I anecdotorum sermonem faciens de quodam codice capituli Frisingensis, in quo nonnulla Ratherii opuscula continentur, subjectam *Invectivam* et relationem de translatione seu asportatione corporis S. Metronis ita commemorat, ut, in duo opuscula secet, quorum primo tribuit titulum : *Invectiva satis in quosdam, ac lugubris relatio Ratherii cujusdam ex Laubiense Veronensis, ex monacho exsul, ex exsule præsul, infelicissimi Attali ritu facti, infecti, refecti, defecti iterum, quo solus factor, infector, refector, defector novit omine facti, infecti, refecti* : alteri vero quasi alium titulum hunc : *De translatione corporis sancti cujusdam Metronis, cujus depositio celebratur Idibus Maii mensis octavis*, etc. Solius vero primi, uti vocat, opusculi initium recitat his verbis conceptum : *Ut sacratissimus, antiquissimus ac veracissimus ævi prioris narrat chronographus*, etc. Hoc porro opusculum, seu potius hujus opusculi fragmentum ex manuscripto capituli Veronensis nunc signato num. 65, ita edidit Bartholomæus Campagnola Archipresbyter S. Cæciliæ in fine antiqui *libri juris civilis urbis Veronæ*, pag. 251, ut opusculum inscriptum *Invectiva* a quoque complectatur, quæ agunt de translatione corporis S. Metronis, nulla duorum opusculorum distinctione seu nota interposita ; ex quo unum opusculum esse perspicitur, quod P. Bernardo Pex duplex visum est. Cum autem membranæ, ex quibus idem fragmentum a Campagnola erutum fuit, essent corrosæ, et alicubi mutilæ; præter quasdam lacunas identidem occurrentes, ac in editione punctis distinctas, finis desideratur. Marchio Joannes Jacobus de Dionysiis cathedralis Ecclesiæ Veronensis canonicus in evolvendis antiquis chartis versatissimus, diligentiori cura eumdem codicem relegens, aliquas voces emendatas, nonnullas etiam lacunas suppletas nobis perhumaniter communicavit. Ipsum quoque codicem ostendit, in quo cum aliquot voces ipsius Ratherii manu mutatas, et prioribus deletis superpositas viderimus, hoc primum esse opusculi exemplum, sed membranarum defectu mutilum, nihil ambigendum putavimus.

II. Sperabamus aliquid certius et integrius eliciendum ex ms. libro Frisingensi, quem viderat P. Pez. Neque spes nos fefellit, opem ferente comite Joanne Baptista de Veritate patricio Veronensi nobilissimo, qui in Serenissimæ Bavaricæ familiæ aula multis nominibus distinguitur. Is cum illustrissimo Francisco Werdenstein Tenariensi episcopo, et Frisingensis episcopatus suffraganeo egit, ut e ms. exemplo capituli cathedralis Frisingensis integrum opusculum exscribendum curaret. Plurimum diligentiæ in transmisso apographo deprehendimus, ob quam utrique plurimum nos debere fatemur. Uno titulo, qui a P. Pez divisus fuerat in duos, operi præfixo, unum, non duo opuscula esse exinde plenius confirmatum est, cum *Invectivæ* in eos sit, qui de asportato S. Metronis corpore conquerebantur. Integrum est opus, in quo nihil hiulcum, nihil mutilum. Hoc autem cum fragmento antea vulgato conferentis, quiddam peculiare, nec leve deteximus, alia nimirum non leviter mutata, alia hic illic addita, adeo ut Veronensis codex primas Ratherii curas, Frisingensis vero postremam manum exhibeat, ipsiusque auctoris studium in suis operibus primo lucubrandis, dein vero emendandis et augendis manifestet. Hæc inter primas et secundas curas distinctio ut explorate dignoscatur, integrum primo opusculum, quale in Frisingensi exemplo describitur, proferemus in lucem ; dein subjiciemus illud ejusdem opusculi fragmentum, uti e Veronensi manuscripto editum fuit, suppletis in eo ac emendatis iis locis, quæ laudati canonici diligentiæ referenda erunt.

III. Ad tempus constituendum conferunt illa num. 3, quibus furtum corporis S. Metronis evenisse traditur *nuper, hoc est tempore, quo..... Otto imperator Augustus Italiam feliciter intraverat triumphaturus*. Otto bis Italiam triumphaturus intravit, primum anno 951, quo Berengarium secundum ita edomuit, ut, licet anno sequenti regnum ei restituerit, ipsum tamen certis præfinitis conditionibus sibi veluti vassallum subesse coegerit ; secundo anno 961, quo eumdem Berengarium præstitutos terminos transgressum acrius impetivit, ac tandem plane devicit. Num priori, an alteri ingressui furtum corporis S. Metronis ascribendum sit, dubitari potest. *Imperatoris Augusti* titulus, quo Ottonem Ratherius donat, secundo tantum ingressui convenit ; cum *imperator Augustus* fuerit nuncupatus die 2 Februarii anni 962. Etsi vero hic titulus idcirco usurpari potuit a Ratherio, quod ille imperator esset, dum hoc opusculum scripsit, licet furti tempore nondum eo titulo gauderet ; cum tamen ipsum furtum Ratherio Veronensi sedi jam restituto contigisse ex ipso opusculo colligi probabilius credamus; restitutus autem ille fuerit non post primum Ottonis ingressum in Italiam, sed post secundum, ut in Vita ostendimus; illud furtum non primo, sed secundo Ottonis ingressui assignandum nihil ambigimus. Verba quidem numeri tertii, *culpa illius, qui tunc inibi indignissime præerat*, ad Milonem referenda videri possunt, quem Ratherius tanquam suæ sedis invasorem *indignissime præfuisse* affirmaverit. Hic autem Veronensem sedem obtinebat jam inde ab anno 951, cum Otto in Italiam primo ingressus est. Verum cum Ratherius se quoque indignissimum alibi appellat, tum vero ea verba ad Ratherium eidem sedi restitutum pertinere, totumque factum ad tempora, quibus ipse Veronæ præerat, referendum arbitramur. Cum enim hæc *Invectiva* eo spectet, ut episcopum, contra quem nonnulli ejus furti eodem præsente patrati causa obloquebantur, defendat, vel excuset; sui potius causam agere videtur quam Milonis, quem uti invasorem et competitorem suum, non defendere, sed accusare consuevit. Nunquam certe hunc *episcopum* appellare voluit; unde in secundo decreto de Clericis ab eodem invasore ordinatis ait: *Invasorem officii mei non ausus dicere præsulem, ne me propria ipse voce condemnem*. Hoc autem in opusculo eum, quem defendit et præsulem et episcopum vocat. *Consenserit*, inquit num. 4, *sane, ut criminari contendis, altiori forte consilio..... tuus episcopus*. Et post pauca num. 5: *Cum quidam præsulem..... tuum interrogasset*. Adde tandem num. 13, ubi hoc furtum suæ quoque culpæ aliquatenus tribuens, se jam episcopatum tenente accidisse explorate significat. *Contigerit hoc tibi sane nostra (quod nobis non convenit diffiteri) culpa a que neglecto*. Igitur hoc furtum ad Ratherii tempus pertinere dicendum est, cum scilicet is post alterum Ottonis ingressum in Italiam Milone excluso suæ sedi restitutus fuisset. Post primum enim illius ingressum, etsi studuit restitui, non tamen potuit. Hæc porro asportatio quæ contigit *sextis exeunte Jano Kalendis*; ex verbis *Jano exeunte* diei 27 Januarii assignanda est. Cum vero hoc furtum *nuper peractum* dicatur tempore quo Otto *Italiam feliciter intraverat triumphaturus* (Vide Vit. auct., § 13, n. 79); primo Januario post secundum Ottonis ingressum procul dubio ascribendum est, id est Januario anni 962; ante finem siquidem anni præcedentis Otto Italiam secundo ingressus est. Hoc autem furto a Veronensibus detecto, multi contra episcopum oblatrabant, ac si eo negligente, vel conscio sacrum corpus ereptum fuisset. Quapropter hæ episcopi vindiciæ *Invectivæ* titulo inscriptæ, eo quod oblocutores perstringant, eodem anno 962 a Ratherio scriptæ videntur, cum jam Otto ad imperium promotus ineunte Februario, *Augustus et imperator* in hoc opere vocari potuit.

IV. Unum quoad historiam animadvertendum est. Illa nimirum tituli verba *de sacri corporis furto, Factum namque sit necne, temporalium nulli cognitum bene fuerit, licet verisimile tunc temporis, cum actum est, creditur certe*, dubitationem videntur injicere, num idem sanctum corpus ereptum vere fuerit necne. Licet autem in ipso opusculo ereptum et asportatum auctor præsumat; hanc tamen præsumptionem soli vulgari famæ et opinioni innixam indicat num. 14, ubi idem sacrum corpus alio allatum, cineres autem solos Veronæ relictos commemorans, verbis utitur *diceris et crederis*: *In cultu*, inquit, *et veneratione tuorum, sancte, ubi latus diceris, artuum, et, ubi relictus crederis, cinerum*: quæ nihil sibi certum, sed solam et incertam aliorum opinionem ac famam designant. Nesciebatur quidem num sacrum corpus a quopiam pretio venditum, et num quis Veronensis hujus furti conscius fuerit. Quidquid autem id est, certe, si illud Ratherii ætate subreptum, subinde recuperatum fuit: cum ex immemorabili traditione, quam antiqui testes, et solemnis etiam ejusdem corporis recognitio atque translatio confirmarunt, in sancti Vitalis templo custodiatur, omnesque hac in re nobiscum consentiant: nullum enim invenies, qui illud sibi vindicarit aut vindicet. Confer quæ hac de re fusius agit P. Joannes Franciscus Manzonius Veronensis oratorii presbyter in libello *Notizie intorno a S. Metrone*.

---

# INVECTIVA SATIS IN QUOSDAM AC LUGUBRIS RELATIO

# RATHERII

## CUJUSDAM

## EX LAUBIENSI VERONENSIS

*Ex monacho* (627) *exsulis, ex exsule præsulis, infelicissimi Attali ritu facti, infecti, refecti, defecti iterum* (628), *quo solus factor, infector, refector, defector novit omine facti, infecti, refecti.*

## DE TRANSLATIONE S. CUJUSDAM METRONIS,

*Cujus depositio celebratur Idibus Maii* (629) *mensis octavis, exportatio deploratur sextis exeunte Jano Kalendis* (630), *inaniter quamvis: factum namque sit necne, temporalium nulli cognitum bene fuerit, licet verisimile tunc temporis, cum actum est, creditur certe.*

**301-302** 1. Ut sacratissimus, antiquissimus, A cum Memphitici de manibus tyranni, imo Niliacæ, ac veracissimus ævi prioris narrat chronographus, ut ita loquar, de faucibus belluæ suum liberare diu-

(627) In ms. Frisingensi, ex quo tantum hunc titulum accepimus, legitur mendose *exsul*, et mox *præsul*. Porro annominatio *infelicissimi Attali ritu facti, infecti*, etc., sumpta est ex Orosio, qui de Prisco Attalo scripsit: *In hoc imperatore facto, infecto, refecto, et defecto*, etc.

(628) *Defecti iterum*, ut ex codice edimus, id est iterum pulsi. Cum vero Ratherius hoc opusculum scripserit Veronæ in suam sedem jam restitutus; palam fit illud scripsisse, cum post secundam expulsionem restitutus fuisset Ottone ad imperium evecto, cujus quidem num. 3. fit mentio.

(629) *Idibus octavis Maii* scriptum est pro VIII *Idus Maii*, quo quidem die S. Metronis festum et in antiquis Veronensis Ecclesiæ Kalendariis, et hoc quoque tempore celebratur.

(650) *Sextis exeunte Jano Kalendis*, quo die furtum contigisse dicebatur, idem est ac VI Kal. Februarii, videlicet die 27 Januarii exeuntis.

tissime afflictum misericorditer disponeret Dei pietas populum (*Exod.* xii, 35); inter cætera eidem congruentia operi præcepit, ut abiturus viritim ab amico suo quilibet plebis ejusdem mutuaret vasa aurea atque argentea (*Exod.* xi, 2), quo, ut conjici atique valet, gens-impia punicei maris profundo, peculiari ductoris justissime sui absorbenda reatu, indigne diu possessis et opibus spoliaretur, et deicola Abrahamidarum progenies cœlico munere ditaretur. Fuerit at causa hujusmodi quasi subsimilis ejus (631), damnatur quæ jure gentium ubique, deceptionis, mysterii; si consideretur tamen humanæ impenetrabilis, quam confundit Deus, sapientiæ opacitas; maxima isthic occurrit sapientiæ et scientiæ Dei (cujus altitudinem mirari cum deiloquo Apostolo (*Rom.* xi, 33), quam discutere, ac reprehendere cum vesanissimo hæreticorum catalogo, sanum convenit sapientibus) divinæque dispositionis incomprehensibilitas, per eos tamen ventilata atque nobis monstrata, quibus cophinorum duodecim fragmentorum reliquiis implendorum data legitur auctoritas (*Matth.* xiv, 20). Hujus itaque incomprehensibilitatis multigena mysteria (632), quantum nostræ inertiæ divisor ille clementissimus gratiarum studio proprie adjicere dignatur indagationis, cum consideramus solliciti; contingit **303** sæpissime, quod Sapiens lateri non erubuit incomparabilis illius temporis omnibus ille, *Inquisivi*, inquiens, *sapientiam, et ipsa longe facta est a me* (*Eccles.* vii, 24). Nec injuria. De piscibus enim binis (632*) e fluctibus littoris Zabulon et Nephtalim, apostolici quod germinis venerabiles patriarchæ forte sunt jussi incolere, non sine laborioso acquisitis ingenio (quæ et absque dubio omnia quiddam innuunt), et quino panum non sine mysterio iterum numero hi fragmentis bisseni adimpleti sunt cophini : quæ si ventre recondere libuerit memoriæ, et retractationis rumine subtilius terenda molaribus reddere, experiemur omnino veracissime dictum : *Qui apponit scientiam, apponit laborem* (*Eccles.* i, 18). Non sunt enim triticea, ut leviter valeant spoliari, sed hordeaca (*Joan.* vi, 9), ad quo-

rum medullam vix possit labor studiosissimus pervenire. Superiore igitur mola in vertiginem ducta, subteriore quasi otiosa mystico nec sine sensu jacente, hordeacea hac necessario trita, quam præ manibus ventilandam suscepimus, summa (633), eademque gustui propinata, sapit mentis nostræ palato, Ægyptum mundum in maligno positum, Pharaonem principem mundi ejusdem figurare diabolum, populum luto et lateribus oppressum, quod missus liberare descendit Dominus, genus signare humanum, mare Rubrum baptismum cruore sanguinis tinctum, submersos peccata, liberatos baptismate lotos et Christi sanguine de morte animæ per Salvatorem nostrum redemptos innuere. De vasis aureis et argenteis suasu liberatoris mutuatione deceptoria furatis si oritur quæstio, ornamenta, dicimus, sunt et phaleræ sæcularium librorum, quæ, ut videmus, paganis penitus ablatæ, in jus et ornatum jam olim transierunt, Christo tribuente, prorsus Ecclesiæ. Quorsum tamen ista? sagax interrogat si requisitor. Nimirum nostro ut isti tempori non disconvenire illud fateamur Apostoli : *Ubi sapiens? ubi scriba? ubi verba legis ponderans? Nonne stultam fecit Deus sapientiam mundi* (*I Cor.* i, 20)? Jam nempe

Jam Cariath-Sephor Josue destruxerat alter,
Et muros Jericho prostraverat funditus arvo,
Compita per mundi jubilantibus omnia sanctis.

2. **304** Cum non minore studio, ornatu, atque lepore historiographi nostri agones, qui se præcesserant, martyrum, merita confessorum, cœlibatum et continentiam virginum ac viduarum, pœnitentiam describere gestiebant conversorum ; quam eloquentiæ venustate conspicui, cunctoque sæculo prædicati liberalium artium illi vel inventores, vel propagatores, quos mendax protulit potissimum Græcia, et poetica garrulitas semper de falsitate inflabat ornata, suos laudibus extollere non destiterat quondam heroas. Nunc vero, proh pudor ! nostris utique avorumque temporibus ut conjicere cogamur, non longe illius abesse adventum, de quo est prophetatum,

---

(631) Syntaxis valde implexa sic construenda videtur. *At causa hujusmodi mysterii fuerit quasi subsimilis ejus deceptionis, quæ jure gentium ubique damnatur; si tamen consideretur opacitas sapientiæ humanæ impenetrabilis, quam Deus confundit; maxima isthic occurrit incomprehensibilitas sapientiæ et scientiæ Dei, cujus altitudinem mirari cum deiloquo Apostolo convenit sapientibus sanum, quam discutere ac reprehendere cum vesanissimo catalogo hæreticorum, et occurrit incomprehensibilitas dispositionis divinæ, ventilata tamen, atque nobis monstrata per eos, quibus legitur data auctoritas cophinorum duodecim implendorum reliquiis fragmentorum.*

(632) Construe : *Cum itaque solliciti consideramus multigena mysteria hujus incomprehensibilitatis, quantum ille clementissimus Divisor gratiarum dignatur adjicere inertiæ nostræ studio propriæ indagationis ; contingit sæpissime, quod Sapiens incomparabilis temporis illius non erubuit fateri omnibus, inquiens :* Inquisivi, *etc.*

(632*) Construe : *Etenim hi bisseni cophini adimpleti sunt fragmentis de binis piscibus acquisitis non sine ingenio laborioso e fluctibus littoris Zabulon et Nephtalim, quod forte jussi sunt incolere patriarchæ venerabiles germinis apostolici (quæ omnia et absque dubio innuunt quiddam), et iterum (forte item) de numero quino panum non sine mysterio : quæ si libuerit recondere ventre memoriæ, et rumine retractationis libuerit reddere subtilius terenda molaribus ; experiemur, etc.*

(633) *Summa*, id est *quantitas*. Construe autem : *Igitur superiore mola ducta in vertiginem, subteriore mola jacente quasi otiosa non sine mystico sensu, summa* (id est *quantitas*) *hordeacea, quam præ manibus suscepimus ventilandam, trita necessario hac* (mola), *et eadem propinata gustui, sapit palato mentis nostræ* (id est *nos docet*). *Ægyptum figurare mundum positum in maligno, Pharaonem figurare diabolum principem mundi ejusdem, populum oppressum luto et lateribus signare genus humanum, quod Dominus missus descendit liberare, mare Rubrum innuere baptismum, tinctum cruore sanguinis, submersos innuere peccata,* etc.

quia *faciem ejus præcedet egestas* (*Job* XLI, 13), tanta orbem inopia invasit scriptorum, ut siqui vel nostris, vel illorum, quos protuli, temporibus aliqua meritorum effulsere prærogativa, magis hos vulgus, quam quilibet extulerit laudibus litteratus. Dicant ergo, flagito, ad quos usus ab Ægyptiis illa mutuaverint vasa, quæ possident, aurea vel argentea, si in tabernaculo vel templo aliquid inde ornatus non exhibent Domini? Achan illis (634) ne non disconveniat, verendum haud nihil (nisi Dei parcat eis contra meritum pietas) cum exemplo elogium pro furata utique auri regula, nec Josue demonstrata. *Erat Dominus Jesus ejiciens dæmonium, et illud erat mutum; et cum ejecisset dæmonium, locutus est mutus* (*Luc.* XI, 14). Iteret hoc Deus, precamur, miraculum, ut laudem Domini loquatur os nostrum.

3. Quam igitur jure succenseam nostri patruorumque temporis scholasticis, ut jam mœstiloquo satis depromam relatu! Contigisse primum fateor nuper, hoc est tempore, quo cuncto prædicabilis sæculo, gloriosissimus, æquissimus, atque piissimus Otto imperator Augustus Italiam intraverat feliciter triumphaturus (635), Veronensi populo gravissimum, culpa non solum illius (636), qui tunc inibi indignissime præerat, præsulis, sed et sexageno (637), qui eum præcesserant, annorum curriculo damnum. Cujusdam enim (hæreo confessoris dicam, an martyris) Metronis utique sancti corpus ex suburbio civitatis ejusdem (638), quod basilica beati martyris continebat Vitalis, **305** furto laudabili, amisso (639) damnabili fuerat asportatum, loquebatur uti vulgus indoctum. Cujus sancti Memoriam (640) pro signorum innumerabilium ejusdem beati patratu inibi exhibitorum, cum vulgaris religioso amore frequentaret caterva (solis miserrimis episcopis, et qui vanissimo labore siliquis incumbebant porcorum edendis, quam illis triticeæ dulcedinis panibus, quibus mercenariorum multitudinem abundare prodigus ad patrem rediturus, se autem fame perire deplorabat filius de Evangelio ille, ita locus (proh nefas!) viluerat iisdem, ut militibus (644) redditu eidem ecclesiæ competenti donato, presbyter nec illic esset aliquis, qui prævideret locum, tam pretiosum continentem thesaurum.

Heu dolor! orbiculæ lugentes, obsecro, flete.

Cum enim degenerante universalitate, omnia gemere possemus in præceps quotidie ruere, nisi his fieri incipientibus magis capita præciperemus levare (*Luc.* XXI, 28), id est corda exhilarare, ne amiciores videlicet præsenti mundo, qui transit cum miseria et concupiscentia sua (*I Joan.* II, 17), quam illi, qui isto transeunte propinquat cum felicitate et gloria sua, nos fore divina censeret justitia, et discordantes in aliquo a voluntate et disposito Creatoris, ejus in nobis imaginem delevisse, et operationem reprehendisse judicaremus; quis te solam satis carpere, imo deplorare (quod est tutius, ac rationabilius) misera posset Italia (642)? Principibus indignissime abuteris apostolorum, super martyres ambulas, confessores gressibus calcas, virginum veneranda pedibus immundissimis teris sepulcra, et canum more fœnum aliis prohibentium latratu perinvido, quos venerari detrectaveras præsentes, maledictis prosequeris abeuntes, imo (quod veracius) te fugientes, alios visitantes. Nonne invidiosissima in hoc, et avarissima? Vel congaudere eorum debueras, qui tibi præ multitudine viluerunt, honori, nec invidere eorum (643), qui cum nullos [*subaudi* Sanctos] haberent, anquantulos a Domino accipere meruerunt, desiderio, devotioni atque saluti. Quare in isto saltem illius non recordari juvat apostolici: *Qui habuerit substantiam mundi, et viderit fratrem suum necesse habere, et clauserit viscera sua ab eo, quomodo charitas Dei manet in eo?* (*I Joan.* III, 17.) Et, *Diliges proximum tuum sicut teipsum* (*Matth.* XIX, 19). Cur doles perditum, quod cum haberes, non adeo diligebas?

---

(634) Construe: *Haud nihil verendum, ne non disconveniat illis* (*nisi pietas Dei parcat eis contra meritum*) *elogium cum exemplo Achan pro regula utique auri furata, nec demonstrata Josue.* Elogium cum exemplo Achan indicat sententiam a Josue latam in Achan, qui abstulerat regulam auream, nec Josue monstraverat.

(635) Hæc referenda sunt ad secundum Ottonis I ingressum in Italiam, ut in Admonitione ostendimus num. 3.

(636) *Illius* pronomine ipse Ratherius indicatur, ut ex eadem Admonitione patebit.

(637) Id est: *Sed et culpa eorum præsulum, qui eum præcesserant, sexageno annorum curriculo:* eo quod scilicet, ut paulo post explicat, jam a sexaginta annis redditus ecclesiæ S. Vitalis, ubi S. Metronis corpus erat sepultum, ita fuerant dati militibus, ut nullus presbyter, aut alius quilibet eam ecclesiam ac sanctum corpus custodiret.

(638) S. Vitalis ecclesia Ratherii ætate sita erat extra muros urbis in suburbio, ut vel ex ipsa topographica Veronæ tabula in Lobiensi codice inventa, et a Joan. Baptista Biancolino in dissertatione de episcopis Veronensibus edita colligere licet.

(639) *Amisso*, id est *amissione*, sicut supra et infra *disposito* pro *dispositione.* In codice Veronensi *amissione* quidem legitur.

(640) Monumenta, in quibus sanctorum corpora jacebant, *Memoriæ* dicebantur.

(644) Hic abusus inoleverat, ut redditus ecclesiastici darentur etiam militibus, seu nobilibus viris, qui vel de principe bene meriti fuerant, vel pro Ecclesia, cum opus esset, militare debebant. His postremis redditus ac prædia dabant ipsi episcopi: ac proinde in vita S. Joannis Gorziensis tom. V Act. SS. ord. Benedict. apud Mabillonium, pag. 377, legitur: *Possessionum quidquid exterius fuerat* (monasterii Gorziensis) *Adelbertus comes .. ex beneficio episcopi, cui militabat, gratia sane ingrata tenebat.* Id autem ecclesiæ S. Vitalis sexaginta annos ante ipsum sancti corporis furtum contigisse indicant præcedentia, *sexageno annorum curriculo*, de quibus vide supra not. 637. Construe vero: *ut donato militibus redditu competenti* (id est qui competebat) *eidem ecclesiæ*, etc.

(642) Hæc querimonia per apostrophen ad Italiam convertitur, eo quod per hæc tempora sanctorum corpora passim ex Italia asportarentur.

(643) Id est, *nec debueras invidere desiderio, devotioni, atque saluti eorum, qui cum nullos* (sanctos, seu nulla sanctorum corpora) *haberent, meruerunt accipere a Domino aliquantulos.*

Sed **306** revera non do.es; sed dolere te ad quorumdam sugillationem subdola fingis. Nam si veraciter amissos doleres, relictos devotiore cultu atque obsequio frequentares.

4. Vere tamen, quanquam invidiose tibi prælatos valeas obloquendo, ut conaris, reprehendere, te tamen meliores, suadeo, cogites minime meruisse. Dictum enim de Deo legitur veracissime, quod *regnare faciat hypocritam propter peccata populi* (*Job* xxxiv, 30). Ipseque de se : *Dabo*, inquit, *eis reges in furore meo, et in ira mea* (*Ose.* xiii, 11) : ut reges non eos solum, qui ita consuetudinaliter nuncupantur in sæculo, sed et cunctos intelligas quolibet in ordine cæteris ad gubernandum prælatos. Martyrem sane tuum si tantopere diligebas, ut quid tam male custodieras? Consenserit sane, ut criminari contendis, altiori forte consilio, Deique amplius convenienti disposito tuus episcopus : tu, quæ tantum facinus perhorrueras, nosse volo cur abhorrueris. Quia pessimum, inquis, quod ita sanctos perdimus nostros. Verissime : sed convenientius diceres, quod sancti ita nos fugiunt nostri. Turpis sane lucri cupidus cum nemo sit sanctus; honestum refutasse lucrum nemo invenitur sanctorum. Honestum vero lucrum est, quod cœlum locupletat, tartarum spoliat. Si vero te fugienti quoquo adnisu illuc ire complacuit sanctorum alicui, ubi pro reverentia, quam penes te minime habebat, sibi amore Christi exhibita paradisus de animabus repleretur devotis ætherius, tartareus vacuaretur infernus; cum per tot annorum curricula pro devotione consimili nullus hoc meruisset tuorum, cavendum ne cœli videaris profectibus affici, damnis lætari. Hoc quippe, quod monstras exemplo, nec apud te vis, nec alicubi honorem habeant sancti.

5. O autem magna Verona, villa quondam Platonica illa Athenis, vel altera præ multitudine sapientium æstimata, grandisonis sanctum tuum quare non extuleras modis? Cur mirabilia, quæ per eum Deus fuerat operatus, etsi non metrico stylo vulgaras saltem prosaico? Quod plebs indocta canebat, honoratius tu, crede, legisses, et ære Taphnitico tabernaculum hoc Dei ornasses, Gesseni et quod mutuaverat cespitis cultor, argento vel auro compsisses (644). Nam ad dedecus tui cum quidam præsulem (645) conscius, dicam, tam pretiosi facinoris tuum interrogasset, **307** cujus ille beatus fuerit sanctitatis, ille non ad librum se contulit gestorum illius studio alicujus tuorum dictatum, sed ad famam veridicam illorum, qui cum Psalmista valebant cantare : *Deus, auribus nostris audivimus, patres nostri annuntiaverunt nobis* (*Psal.* xliii, 1). Quibus referentibus didicit, quod sanctus isdem in adolescentia hujusmodi fuerit actibus sæculi implicatus, de quibus liber continet ita divinus : *Qui cupiunt divites in hoc sæculo fieri, incidunt in muscipulam et laqueum diaboli* (*I Tim.* vi, 9). Quod cum ei justo Deo misericorditer permittente, ut multis sæpe aliis, contigisset, reatus sui consideratione permotus, se contra se non tardavit erigere, mundi hujus omnia relinquere, ut expeditus et liber, soli Domino posset vacare. Sicomorum itaque crucis cum Zachæo, ut Jesum liberandus videret, ascendit (*Luc.* xix, 4); et ne eamdem in angaria cum Simone (*Matth.* xxvii, 32), sed eamdem cum vitiis et concupiscentiis mortificandus cum Christo, non aliquo tempore, sed quotidie, imo continue ferret; tale sibi fertur supplicium elegisse, quod etiamsi carnis petulantia victus vellet, omnino nequiret evadere. Publicanum se enim et peccatorem ultra omnes dijudicans homines, ecclesiæ sibi limina obstruxit : a longe ut stando, *Deus, propitius esto mihi peccatori* (*Luc.* xviii, 13), cum illo alio misericorditer justificato posset clamare, providit (646).

6. Sed cur pro magno, quod convenit minime *stando*? quasi ante, vel post quemquam nostratum sibi ipsi aliquem hujus æstimationis audierim intulisse martyrium. Congruentius sane dicerem *volutando*, non enim consonat *stando*. Ut enim eos omittam, qui ad ventrem, vel stomachum attinent cruciatus, (consideranti enim cætera illud æstimare dimitto) ad exteriora conversus, pœnam sibi illatam referam, et hanc inauditam. Quasi enim tortoris impiissimi et crudelissimi sibi diceret voce : *Quia cum in honore esses, non intellexisti, comparatus jumentis insipientibus, et similis illis effectus* (*Psal.* xlviii, 13); *jumentorum loro te restringere volo, ne petulanti ritu amplius possis vagari;* catenam pedi imposuit (647), plumbo eam in magno, qui adhuc ante januam basilicæ jacet, **308** lapide obfirmavit, circulum capularem pedi circompositum seratura ostiorum firmavit, clavim in gurgite proximi Athe-

---

(644) Construe : *et compsisses argento, vel auro, quod cultor cespitis Gesseni,* id est populus Hebræus, qui coluerat terram Gessen, seu Ægyptum (*Exod.* viii, 22) *mutuaverat.*

(645) Ratherius eum, quia se præsule Veronensi quæsierat, *cujus ille beatus* (Metro) *sanctitatis fuerit conscium* ipsius furti suspicatur. Qui enim sanctorum reliquias, vel corpora alio perferenda quærebant, acta si quæ scripta essent, vel actis deficientibus notitias, quas poterant, diligenter solebant inquirere : cujus rei multa hujus ætatis exempla legere est in *Inventione sanctorum a domno Deoderico episcopo Metensi repertorum,* tom. II Spicilegii Acheriani pag. 133 et seq.

(646) Construe : *providit, ut stando a longe posset clamare cum illo alio misericorditer justificato :* Deus propitius esto, etc.

(647) Usitatum olim hoc erat publicæ pœnitentiæ genus, quo peccatores publici catena ac vinculis ferreis jussu episcopi constricti per loca sacra peregrinarentur : vincula autem, nisi miraculo solverentur, a solo episcopo post idoneum tempus solvi poterant, ut videre est apud Mabillonium in præfatione ad sæculum secundum ordinis Benedictini, num. 41, et apud Muratorium, Antiquit. Italic. dissert. 23. Id vero nostri Metronis peculiare fuit, quod ejusmodi pœnitentiam ipse sibi sponte imposuit, et pro peregrinatione ad loca sancta ante januam ecclesiæ S. Vitalis catena illigatus septennium stetit, quoad clavis, Deo disponente, in ventre piscis inventa fuit.

sis non ignoti fluminis, in cujus littore jam dicta est sita basilica (rusticius loquor, intelligi ut valeat melius) jecit, rogans forte Dei misericordiam, ne unquam eam videret, donec peccata, quæ plangere disposuerat, Omnipotentis clementia dimisisset. Ideo vero dubitandi sum adverbio usus, quia licet hoc non didicerim relatu, miraculi est tamen compertum ita ei contigisse, Deus ut concessit, eventu. Septem itaque annis sub divo (648) lapidi ita hæsisse fertur concatenatus, donec volente misericorditer Deo, jam finem his mittere, quæ hujusmodi comitabantur supplicium crucibus, et supernis martyrem suum (649) infulare honoribus, piscatores episcopo piscem deferrent, in cujus ventre sancta illa clavis inventa, ejus omnia nuntiavit dimissa facinora. Nam ea recognita, compedeque catenali a civitatis pontifice reserato, beato illo loto, induto, Ecclesiæ reddito, sacrosancta corporis et sanguinis Domini participatione refecto, cum e vestigio acceptissima illa Domini hostia emissione spiritus angelico esset remigio cœlis invecta, nulli est dubitare concessum, qui vel infantili rationalitate vigeret, quin sanctus palmam victoriæ in cœlis pro expugnatione illius, qui secum certando ad horam cum se vicisse inaniter fuerat gratulatus, cum corona martyrii indeptus fuisset. Corporis sane illius terræ mandatæ reliquiæ miraculorum efficacia hoc testificari nullatenus omisere. Sed, ut dixi, hoc, illorum occuluit inertia, qui si quod nacti fuerant scientiæ divinitus talentum, magis hoc terrenæ vanitatis sudario infossum, sæcularibus maluerunt concedere ad placendum sæculo pompis (650), quam ad exemplum auditurorum, laudem et gloriam Dei desiderantibus, nummulariorum ritu, committere populis. Ecce quod decus, quale patrocium, qualem perdidisti, infelix in hoc saltem Verona, thesaurum! Quod reor, si legendo didicisses, vel audiendo saltem diserto a quolibet cognovisses; tam necessarium tam leviter non perdidisses patronum. Utinam, cœlitus quibus forte est datus, hoc exaudiant, et sibi a Deo largitam tam pretiosam non negligant gemmam! Succense igitur, dico, succense (651) poetis et scriptoribus illis, qui tuos repleverunt inanis gloriæ cupidi muros versibus nis, et istius non dederunt gesta, seu miracula paginis : nam si eum cognovisses, non sic pessime custodisses.

7. Ad vos cæterum intuitum flecto, qui maximis gravati facinoribus, mecum parvipenditis, quod veracissime fatetur Apostolus (quod non surdo percepit auditu iste, de quo res agitur, sanctus), *Si nosmetipsos*, inquiens, *dijudicaremus, non utique judicaremur* (*I Cor.* 11, 31). Istius nempe multorumque similium non recordati sanctorum et cur tanta ac talia sint non perpendentes, perditum, fateor, itis, perpessi. (652). Sine dubio vero [*subaudi* perpessi sunt], quia non perfunctorie illud auribus hauserunt Psalmistæ : *Tu mandasti mandata tua custodiri nimis* (*Ps.* cxviii, 4). Quare *nimis*, rogas. Nimirum quia, ut ante nos est veracissime dictum, *ad magna præmia perveniri non potest, nisi per magnos labores* (S. Greg. hom. 37 *in Evang.*, n 1). *Non sunt enim condignæ*, ut ait Apostolus, *passiones hujus temporis ad futuram gloriam, quæ revelabitur in nobis* (*Rom.* viii. 18). Hoc apostoli, hoc martyres, hoc sancti cogitaverunt absque dubio omnes. Hoc qui non cogitavit, seipsum omnino neglexit. Ponamus namque ante oculos quemlibet, et qui idem incurrerit, quod sanctus iste tam magnis diluere meruit cruciatibus flagitium, et tanto sceleratius, quanto non inscius (beatus enim iste in eo inciderat nescius), qui videlicet ante sepulcrum ejus jacens, tundat pectus suum clamans et dicens : *Sancte Metro, intercede pro me misero peccatore*. Nonne tibi videtur posse illi sanctum ex obliquo martyrem respondere : *Fac quod feci, et impetras quod impetravi* ? Quid nos ad hæc pejoribus irretiti, et, quod gravius, consuetudinaliter facinoribus, super plumam sudantes, et psalmorum carmina (quando hoc etiam rara avis est) murmurando, veniam nobis hujusmodi pœnitentia inaniter promittentes;

Ante focum si frigus erit, si messis in umbra,

gementes et indulgentiam sola præsumptione decepti sperantes? Sanctus iste nuda seminudus, et inæqualissima volutabatur diebus ac noctibus per septennium humo. Nos criminosi veniam rogaturi, pileum villosum capillis, quos extrahere lugendo debueramus, ne infrigidemur, superinduimus. Ejus cuphia (653) nix, grando, et aura erat nimbri-

(648) Scribi solet *sub dio*, id est cœlo : sed verius *sub divo* scribendum quidam existimant.

(649) Etsi S. Metro in Kalendariis antiquis confessoris, non autem martyris titulo donetur, eumque Ratherius quoque confessorem aliquando nominet ; martyrem tamen libentius ac sæpius appellat, hujusque appellationis vindicias texit num. 12. Hinc forte factum est, ut martyris quidam cultus illi tributus olim fuerit in nostra Ecclesia, quemadmodum liquet ex pervetusto ejusdem Ecclesiæ rituali libro, qui a Stephano ipsius presbytero et cantore scriptus sæculo xi, atque inter codices capituli cathedralis custoditus *Carpsum* inscribitur. Ibi enim ordo officii et missæ ejusdem sancti præfertur cum antiphonis et versibus sumptis ex Communi unius martyris tempore paschali. Vide opusculum editum a P. Joan. Francisco Manzonio, cui titulus : *Notizie intorno a S. Metrone*, pag. 46.

(650) Construe : *Maluerunt concedere hoc talentum infossum sudario terrenæ vanitatis, concedere*, inquam *magis pompis sæcularibus ad placendum sæculo, quam ritu nummulariorum committere populis desiderantibus laudem et gloriam Dei ad exemplum auditurorum*. Respicit evangelicam parabolam talentorum, *Matth.* xxv.

(651) Hinc colligere licet, hoc et anteriori sæculo post S. Metronis mortem Veronæ frequens fuisse, monumenta versibus expressa muris inserere.

(652) Construe : *Nempe non recordati istius et multorum similium sanctorum, et non perpendentes, cur perpessi sint tanta ac talia, fateor, itis perditum.*

(653) *Cuphia* parvi galeri species, Italice *cuffia*. Construe : *Ejus cuphia erat nix, grando, et aura nimbrifera, rigor hiemalis satis incommodus.*

fera, hiemalis satis rigor incommodus, qui lavaret utique quod commiserat scelus. Pro pileo quem moris est incesta etiam generalitati adversa, vel ejusdem æstimationis innumera plangentes pelliculis exoticis intus farcire, brumali caput ipsius operiebatur lanugine (654). Stipularis illa ritus Saxonici camera, quam vertici pro vitando solis imponunt ardore, Phœbus illi erat flammivomus ipse. Ejus tentorium cœlum erat istud aerium; ne illi scilicet illud occluderetur æthereum. Sol illi pro umbra, cauma (655) pro refrigerio erat, lunæ profectus atque defectus, quid a profectu defecerit, ad defectum ruerit, improperabat. Stellarum innumerabilitas, si quando siderum ordinator astrigerum splendificaverat luminaribus auricomis cœlum, innumeras sibi reputare commonebat indesinue culpas, et ingratitudinis inculcabat sine intermissione querelas. Quid fragor tonitruorum, impetus procellarum, lapides grandinum, jacula fulminum, nisi tremendum illud divinæ animadversionis ejus cordi intonabant judicium ? Tectum illius stellifer, sæpe imbrifer, aliquoties nimbosus, plerumque serenus Deo volente; quorum alternitas habitacula mortales compulit excogitare ; tectum, inquam, illi tam varius ille cœlestis erat indesinue orbis; non arcens tamen imbres, sed fundens, dans nivem sicut lanam, nebulam ut cinerem spargens, emittens cristallinas non refugienti buccellas, ante quarum frigus ille perstabat patientissime solus, usque dum Dei solius potestas misso ea liquefaceret verbo, flaret spiritus ejus, et fluerent aquæ (*Psal.* CXLVII, 16-18) lavatrices tam externarum quam internarum sancti capitis sordium. Si quando pluvigeræ nubes obduxere nebulosa caligine polum ; inde aliquod minitantes imminere infelicibus ruricolis damnum, suum reputabat fore peccatum, quod adeo Deum utique offenderit, ut non sibi solum, sed et quam incolebat, illud importaverit patriæ malum. Sic enim, sic solent sancti plerumque sibi talia computare; sic culpas aliorum in seipsos referre, non voto mendacii, sed sollicitudine timoris Dei, non vero illius servilis, quem foras charitas mittit, sed illius casti in sæculum sæculi permanentis ; nec quia metuant, quam conversione jam Deo promittente se præsumunt evasisse, pœnam ; sed ne securitate torpentes, claritatis Dei fiant indigni conspicere gloriam (656) sanctitatis sine dilectione : vitia non solum cavent propter jubentis Domini imperium, sed 311 et nimium exsecrantur per odium, ut non dedocet quidam inter suos metrographiæ diligentissimus ita :

   Oderunt peccare boni virtutis amore.
   (HORAT. *epist.* 16.)

8. Ecce in qua schola educabaris, discipule obedientissime ac verecundissime Christi ; qua exercebaris palæstra, regis illius cœlestis athleta ; quo holocaustabaris incendio, acceptissima hostia Christo. Quid cogitabas, sanctissime, quid loquebaris contra eum tamen, qui tuæ invidens saluti, te ad hoc impulerat, propter quod mille mortibus simile aggredi es compulsus tormentum ? Nimirum revocabas in eum, quæ pati jubebaris tormenta, cum de tibi misericordia Dei pro ventura victoria indicibili eum urebas invidia (657). Quid quod ursorum, leonum, pantherarum, vel Hyrcanarum tigrium more catena in propatulo constrictus, spectaculum angelis et hominibus factus, circa te multitudinem videbas, vel audiebas ludentium, gaudentium, nuptias sæpe, prandia incessanter celebrantium, symbola (658) frequentissima commessationum illecebras actitantium, cachinnos et ludicra moris longe alterius tibi nimium importuna? Surdo hæc sirenarum quondam ille cantus ut alter, percipiebas, credo; auditu (659). Ad hæc omnia quis tibi sensus ? quæ passio ? quod erat martyrium ? Scio tamen, scio et incunctanter, sciant ut alii, proferre quid agebas non metuo. Nimirum precibus angelos, lacrymis ad auxiliandum ciebas archangelos, apostolos gemitibus advocabas, martyres, confessores ac virgines, ut pro te invidissimo cum hoste configerent, exorabas. Quid de illa universorum illorum regina ? Subserviente, reor, verecundia, quæ inter bonos impetrationis innegabile possidet robur, tanto eam exaudibilius, quanto humilius ac verecundius supplicabas. Puto enim, quod nemo carnali oblectamento (cohors ut nostra) pollutus, ejus sine pudore inviolabilissimos pulset, nisi demens, auditus. Dei enim hominem induti per unitatem in duabus naturis personæ mater ideo fieri meruit, quia respecta ipsius a Deo incomparabili cæteris humilitate, quæ statum bonorum sola potis est perseverantissimum custodire, ut ante partum, ita in partu, nec minus post partum virgo potuit permanere. Morale est omnibus sane, ut huic rei, quam amplius diligunt, detestentur contrarium. Sancta ergo Dei Genitrix, quia castitatem ultra omnes dilexit, contrariam illi libidinem in omnibus Christicolis, credo, magis habet

---

(654) Construe : *Caput ipsius operiebatur lanugine brumali pro pileo, quem moris est plangentes* (id est iis qui plangunt) *incesta etiam adversa generalitati, vel innumera ejusdem æstimationis, quem,* inquam, *moris est iis farcire intus pelliculis exoticis. Ipse Phœbus flammivomus erat illi illa camera stipularis* (pilei genus ex stipulis, seu paleis) *ritus Saxonici, quam imponunt vertici pro vitando ardore solis. Tentorium ejus erat cœlum istud aerium,* etc.

(655) *Cauma* ex Græco ustionem significat.

(656) In codice post *gloriam* notatur punctum, et subditur : *Sanctitatis sive dilectio, vitia,* etc. sine sensu. Emendationem ex ingenio inductam sententiæ contextui congruens suasit: *Mox non dedocet* idem est ac *docet*.

(657) Construe : *cum urebas eum invidia indicibili pro victoria ventura tibi de misericordia Dei.*

(658) *Symbola* hic ablativo casu accipienda : significat autem collationem pecuniæ, quæ ab iis, qui communi sumptu pransuri, vel cœnaturi erant, conferebatur.

(659) Construe : *Percipiebas, credo, hæc auditu surdo, ut quondam ille alter percipiebas cantus sirenarum.*

exosam. Labia igitur osculo illecebroso polluta, lingua turpiloqua **312** obscenitate sordidata, castissimæ Virginis (præter id quod mater interni est etiam judicis) nomen qua temeritate inverecunde audeant nominare? Cor lasciva meditatione pollutum, ejus recolere qualiter præsumat saltem vocabulum ipsis angelis venerandum? Sed quod facinorosa refugit conscientia, præsumere facit clementissimi Filii ejus pietas, atque incarnationis ipsius ratio fidelissime considerata. Indignari enim eam, misericorditer, reor, contradicit, sceleratissimus etiam famulus dum carnem illi repræsentat, quam ex ea clementer assumpsit pro emundandis reorum delictis (660): ac per hoc de te jam martyr secure, pro nobis apud eamdem Dei Genitricem eadem verecundia usus, precamur, humiliter intercede.

9. Sed quid imperitissimus inaniter conor?

Defuit eloquium, nec te sustollere possum. Tulliana enim mihi si adesset facundia, enarrare nequiret mea de te quæ gestit, victor, instantia. Sed conabor iterum, quamvis non sequatur dicendi facultas, quem non patitur silere voluntas. Studebas, dico, quotidie Domino victimam immolare, holocaustum mactare, non ex alieno verum pecore, sed ex proprio corpore. Tu sacerdos, tu hostia eras; tu carnifex, tu martyr; tu tortor, tu torsionis perlator; tu jugulum, tu jugulator; ultor criminis, servator alumni, carnis neglector, mentis provisor. Multum te vero, qualem censebas, fateor, oderas, dum te ita acerrime cruciabas. Rationem carni subigere gestiebas; eam ideo tam atrociter affligebas; sed revera odiendo amabas, dum sic eam Domino reconciliabas. Vera est enim dicentis sententia, quia *nemo unquam carnem suam odio habuit, sed nutrit et fovet eam* (*Ephes.* v, 29): *carnem*, inquit, ut non vitia intendamus carnis (quod te minime latebat) amanda (661): illa enim a malo sciebas procedere, hanc vero ab illo factam, qui *vidit cuncta quæ fecit, et erant valde bona* (*Gen.* 1, 31). Vitia ergo, martyr, vitia, non carnem insequebaris, dum eam tam variis tormentaveras modis; ut medicus scilicet morbum insequitur cauterio, dum cupit homini prodesse remedio, carnis illius licet incommodo; quam severo igitur, bone medice, urendo te ipsum salutis dilecto, tormentabas cauterio; qua potionum amaritudine interiora tuæ curare non omittebas quotidie animæ? Quam necessario totu carnem etiam quandoque cum anima nutriebas percepta immortalitate in æternum victuram, longum est enarrare!

10. Quid tibi at profecerit contra militem **313** Christi tamen, hostis importunissime, tua illa ad tempus victoria, videre non possum (662). Triumphantius te enim gaudemus ipso ipsius casu devictum, quam si ab ipso ea hora continuisses insipientissime manum. Oblitus forte fueras, impiissime, Salvatorem clementissime professum, *gaudium esse in cœlo super uno peccatore pœnitentiam agente*, *quam supra nonaginta novem justos non indigentes pœnitentia* (*Luc.* vii, 20). Qui desidiosius enim suæ confidens forsan justitiæ, victitando vix de venia habuerat non adeo gravium, sed tamen innumerabilium peccaminum, ut multi, præsumere, odio istius, in quod cum impuleras, criminis, vires exerens universas, gladium auxilii arripiens te contra divini, scuto protectionis Dominicæ tectus, acerrime non dubitavit insurgere, Entellinis ac te cœstibus fatigare, jacula incessabiliter mittere, missilia jacere, nudus indeficue tecum gratia Dei nudante, scilicet ne tibi unde teneretur relinqueret aliquid, sine intermissione luctari; providusque a longe sagittis de pharetra Jesu emissis te semper impetere, et, ut inaccessibilis in perpetuum foret, vallo protectionis Dei sine intermissione divinum postulando auxilium se circumdare (663). Ignorabas, aut forsan non recolebas, nequissime, asserto illius quondam nobilissimi devictoris in sterquilinio tui, imo ad eum loquentis, qui tibi illum exposuerat tentandum quidem, sed minime vincendum, de turbine Deum; non reminiscebaris, inquam, foramen in maxilla tua fore armilla patratum circumplectentis nos divinæ misericordiæ (664), per quod evadere de tuarum posset mandibularum contritione (*Job* xl, 21), ut universi utique fructus dignos agentes pœnitentiæ [*subaudi* possunt evadere]? Unde enim, miserrime, ac præteritorum oblite, unde, inquam, Petrus, unde Paulus ex Saulo factus, unde alii multi fauces tuas nisi per illud evasere foramen? Et vide, miser, quid tibi contigerit. Dum enim ejus cor petulantia carnali pulsasti, hoc nolens ad amorem Domini, infelicissime, fortius impulisti. Inde ergo robustior ei pax cum pœnitentia placato piissimo judice fuit, unde durius contra te certamen, impiissime, sumpsit. Merito ergo *follis* (665) latiali rusticitate vocaris; quoniam quidem veritate vacuus, falsitate

---

(660) Construe: *Etenim reor* (filius ejus) *misericorditer contradicit eam indignari, dum famulus etiam sceleratissimus repræsentat illi carnem, quam clementer ex ea assumpsit pro emendandis delictis reorum.*

(661) Id est, *ut non intendamus vitia carnis amanda, quod minime latebat te.*

(662) Construe: *At non possum tamen videre, quid victoria illa tua ad tempus, hostis importunissime, profecerit tibi contra militem Christi.*

(663) Construe: *Qui enim victitando desidiosius, forsan confidens justitiæ suæ, vix habuerat præsumere, ut multi præsumunt, de venia peccaminum non adeo gravium, sed tamen innumerabilium; odio istius criminis, in quod cum impuleras, exerens vires universas,* arripiens gladium auxilii divini, tectus scuto protectionis Dominicæ, non dubitavit acerrime insurgere contra te, ac fatigare te cestibus Entellinis, mittere incessabiliter jacula, jacere missilia, nudus indeficue, nudante gratia Dei, ne scilicet relinqueret tibi aliquid, unde teneretur, sine intermissione tecum luctari, et providus, etc.

(664) Id est, *fore patratum armilla misericordiæ divinæ circumplectentis nos.*

(665) *Follis* vox vetus, ex qua Italice *folle*, et Gallice *fol*, vel *fou*, vacuum et stultum significat. Hanc a rusticis usurpatam testatur Willelmus abbas Metensis epist. 5: *Prætereo*, inquit, *quod . . . follem me verbo rustico appellasti*. Joannes diaconus in Vita S. Gregorii lib. iv, c. 96, usitatam in Gallia tradit.

quanquam refertissimus, indeque stultissimus te ipsum ita sæpissime decipis. Sic Abel protomartyrem fieri, sic Sem et Japhet benedici, sic Joseph glorificari fecisti : et ne in infinitum nostra in te procedat invectio, sic tibi monarchiam totius credentium orbis alienasti, **314** cum discipulum magistrum suum Deum et Dominum vendere, emptores *crucifige, crucifige* suasisti clamare : quod te tamen statim pœnituit fecisse, cum uxorem Pilati in somnis sollicitans compulisti, jugalem, a scelere ut resipisceret, nuntio misso rogare. Sed cœlestis dispositor, qui noverat benigne tua etiam uti malignitate, tibi complicibusque tuis de tanto scelere damnationem, sanctis omnibus, ut et isti beato feliciter contigit, operatus est redemptionem. Et ut de recentioribus aliquid ad te, serpens antique, proferam confutandum, famosissimis heremitarum futuris Moiseo utique atque Machario quid nocueris te attendere volo, uni eorum scilicet latrocinium, alteri homicidium suadendo (*Hist. Trip.* l. viii, c. 1). Erubesce ergo tandem aliquando, erubesce, inaniter quamvis, commoneo, tam multipliciter victe; et ab electis Dei inanes jam conatus, miserrime, contine. Novit enim cœlestis Medicus, ut perlepide orator quidam ait eximius, multa bona facere etiam per iniquos, cum converterit ad adjutorium, quod paratum est ad nocendum. Neque vero aliquem suorum a te superandum tibi exposuisse callidissima, ut te ita vocitem, stultitia crederes Dominum, si tenebrosissime illud in te valuisse comprehendere lumen, quo te amplius excæcavit, cum omnia, quæ ille, quem incessendum proposueras, tibi tradens, [*subaudi* habebat] animam illius te servare præcepit (*Job* ii, 6). Tu enim quomodo servares, quæ servata atque servanda potius perdere festinas? Sed *serva*, dicens, ne tangas intelligi dedit. Nisi vero ejus animam suggestione tangeres, delectatione qualiter ad consensum maledicendi Deum, deceptissime in hoc saltem, converteres? Verissime itaque (quamvis et de quovis tui complicium) credere de te vales prolatum *Væ qui decipis, nonne et ipse deciperis?* Deciperis enimvero sæpe, deciperis dico, formate ad tibi illudendum (*Psal.* ciii, 27), Psalmista ut canit, virulentissime draco. Inter malignitatem quippe et benignitatem cum sit hæc quoque discretio, ut, ille quas præcipue amat, tu maxime oderis animas. Cur non perpendisti, nil, quod pro magno duceres, tibi servari, cum corpus corrumpendum aliquando, etiamsi tibi non concederetur, affligere permittebaris, animam incorruptibilem non lædere jubebaris. Qui utique absorbes fluvium gentilitatis, et non miraris, habes fiduciam quod influat in ore tuo Christianitatis Jordanis? (*Job* xl, 4.) Unde hoc enim nisi pro animabus deglutiendis aqua baptismatis lotis, quarum scilicet in perditionem defluxum insaturabiliter **315** sitis? Decipi te igitur hujusmodi concesso cur non intellexeris, mirandum, specialis deceptio deceptorum (666). A tuis sane si exigere invasæ semel dominationis tributum, non adeo fuerat conquerendum, in jus quare te inferas alienum et utique (quod est amplius stupendum) majoris, et qui suos proprii promisso ita confirmaverit oris (667) : *Pater, quos dedisti mihi, non perdidi ex eis quemquam* (*Job* xviii, 9). Sed præterito usum verbo non putasti de futuris, stultissime, curare, ideo non desinis eos sine fine tenus infestare. Sed audi, cum tuo consilio detestande : *Ecce ego vobiscum sum omnibus diebus usque ad consummationem sæculi* (*Matth.* xxviii, 20). Nullum suorum, crede, tibi exponet, de quo perfecte gratuleris, imbellem. Ad cumulum victoriæ diutius lacessiri permissos quamvis innumeros per tuæ infestationis malignam misericors, ut et istum, etiam post casum provehet fraudem (668). Ea demum inter potentiam et omnipotentiam discretio est, quod illa quædam, ista omnia potest. Liquet ergo hac distinctione, quod nihil valet potentia contradicente omnipotentia : ac per hoc innutanter colligitur, quia de tuis, quos voluerit et quomodocunque voluerit, valet Deus te nolente ad se trahere; tu neminem de suis, ipso nisi permittente, saltem audeas incursare, quod evidentissime es miser expertus, cum nec gregem porcorum invadere es, data nisi licentia (*Matth.* viii, 31); ullo modo ausus. Tractio vero illius salus, tua perditio est, a qua ille quoque consuevit innumeros misericorditer liberare. Nam etsi catuli tui ut rapiant rugiunt, tamen a Deo suam escam, ut in Psalmo legitur, quærunt (*Psal.* ciii, 21), optando videlicet, ut ejus relinquat custodia, quos invadere illorum queat malitia. Quanquam et tu legaris vero cauda tua partem maximam stellarum de cœlo vel traxisse, vel trahere, vel tracturus esse in terram (*Apoc.* xii, 4), ne decipiaris moneo. Non enim de illis dicitur, qui fulgebunt sicut sol in perpetuis æternitatibus (*Matth.* xiii, 43), et sicut splendor, firmamenti (*Dan.* xii, 3), qui erudiunt plurimos; non, inquam, de illis, qui vero lumini veraciter inhærentes veraciter lucent; sed qui imitantes [*supple* te], se in angelos lucis per hypocrisim transfigurare (*II Cor.* xi, 14), tecum in barathrum inferni ruituri,

---

*At ille,* ait, *more Gallico sanctum senem increpitans follem.* Dum vero Ratherius latialem rusticitatem eidem voci tribuit in opusculo Veronæ lucubrato, eam indicat etiam apud nostros rusticos receptam, ut dæmonem signarent, ex quo forte appellati deinceps vulgo illi spiritus mali, qui *folleti* dicuntur. Originem quidem Latinam a *folle*, qui solo vento inflatus intus est vacuus, Ratherianus textus innuit.

(666) *Specialis deceptio deceptorum* vocativo casu diabolus appellatur, de quo auctor mirandum esse ait, cur non intellexerit se decipi ejusmodi concessione, qua permissum illi fuit in Job et aliorum justorum corpora sævire, anima tamen servata.

(667) Construe : *Quare te inferas in jus alienum, et in jus utique majoris (quod est amplius stupendum) etiam ejus, qui ita confirmaverit suos promisso oris proprii,* etc.

(668) Construe : *Non exponet tibi, crede, aliquem suorum imbellem, de quo perfecte gratuleris. Misericors etiam post casum provehet ad cumulum victoriæ permissos diutius lacessiri per malignam fraudem infestationis tuæ, quamvis innumeros* (id est quamvis sint innumeri) *ut et istum* S. Metronem provexit.

forinsecus stellæ, intrinsecus tenebræ (loquar ut ita) non timent. Quomodo enim ut splendor firmamenti **316** fulgentes, qui utique sunt illi, qui pro posse illorum constantiam conantur imitari, qui te ruente immutabilitatis sunt gratiam assecuti, æternalibus involvi unquam tuis possint videre non valeo tenebris, quorum namque nomina sunt scripta in cœlo (*Luc.* x, 20 [669]). In tuæ perditionis, crede mihi, nunquam invenientur, Lemur nigerrime, diptycho (milleno eos licet inficere gestias criminum morbo) per foramen maxillæ nimirum ejecti (*Job* XL, 21), ut et iste noster, de gutture tuo.

11. Nec te cæterum, qui tanta pertuleris, satis laudare, martyr beate; nec illum, qui te ad ea necessario perpetienda impulerit, ut dignus est, carpere sufficimus, et odiis insequi ejus contra nos invidiæ paribus. Miseri inter hæc nos nimium et infelices, cum te martyr laudare conamur vocibus, contrarii moribus, prædicare sermone, dissimiles opere. Te quippe felix glorificat palma : nos contra infelix accusat conscientia; et ne cuivis nostrum dicatur, *De ore tuo te judico, serve nequam* (*Luc.* XIX, 22), formidat omnino suspecta. Si enim talem habebas, cur tam vilipendebas? cur sublegi (670) tibi tam pretiosum passus es margaretum? cur hujuscemodi fulgoris tenacissime non custodieras nummum? Ut illum sane prædicas de uno fecisse, tu quare de innumeris neque dissimilis damnationis studes sceleribus actitare (671)? Si ille per pœnitentiam non solum, ut credibiliter asseris, veniam, sed et martyrii accipere meruit palmam; tu per impœnitentiam quare thesaurizas tibi iram (*Rom.* II, 5), et non exstinguendam in perpetuum flammam? Sed agit hoc, athleta pugnacissime, non diffitemur, agit hoc instabilitas et enervitas nostra; succurrat nobis, quæso, constantia et firmitas tua.

12. Miretur sed aliquis, quod te martyrem tam sæpius vocitem, cum effusione sanguinis non sortitus fueris, confessor sanctissime, finem. Sed potius, dico, ille miretur, quod Zebedæi filiis dixisse non recolit Dominum, *Calicem meum bibetis* (*Matth.* xx, 23), cum unus eorum solum effusione pro Christo de mundo transierit sanguinis; alter vero (672), ut et tu felicissime, multa pro Deo sustinuerit tormenta, sed in pace vocatus, martyrii non caruerit gloria. ut et inter eximios quoque non infimo, ante mortem, in morte, post mortem invicto contigisse levitæ Christi Vincentio, passionis ipsius, ut et aliis pluribus, monstrat assertio. **317** Illius nempe a corpore animam tyrannicus non expulit mucro, sed diris tormentorum suppliciis pro Christo alacriter superatis, ac felicis pugnæ agone, ut de eo cantatur perlepide, constanter expleto, tandem pretiosam resolutus in mortem, cœlo triumphans, Agathes uti et beata, spiritum reddidit. *Tuam ipsius animam pertransibit gladius* (*Luc.* II, 35), beatæ Dei Simeon genitrici loquitur justus, subeundam utique illi vaticinans procul dubio doloris, non mortis vero martyrium.

13. Gaude ergo, martyr, gaude, inquam, lætare, et exsulta, et pro nostra, rogamus, intercede apud Deum semper, indebite licet, miseria. Mansuetudinem namque imitaris [*id est*, antiqui Joseph] illius (si reis parcis gratuito famulis) qui venditoribus tam leni quondam indulserat, veridico tamen affatu, germanis : quanquam nullum tui adhuc deprehendere valuerimus sancti corporis venditorem, quod utique fecisse Judæ fuerat proditoris facinus, scelerati alicujus vel vespillonis sacrilegium imitari (673). Sed te, proh nefas! ita tenus deploramus a nobis, sancte, neglectum, ut furto adiri venerabile tuum quoque modo valuisset sepulcrum, quod facinus quoque non inficiamur fuisse nefandum. Quis enim talem negligeret, nisi demens, patronum, etiamsi cum eo mille corporum vicinitate potiretur sanctorum? Devotiore ergo te recolentes affectu, benignissime Pater, absentem, quam olim excoluerimus præsentem degeneres, quia sæpe ita contingit, considerans filios, imo nequissimos servos, vicem nobis eamdem malorum noli, te precamur, rependere, non deserens scilicet tuitione, descrueris quamvis indignissimos abitione; sed præsentissimus nobis in tuo capite Christo, reconciliare tuis cum meritis nobis non solum de isto, sed et omnigeno culparum non desinas, precamur, reatu (674). Contigerit hoc tibi sane nostra (quod nobis non convenit diffiteri) culpa atque neglecto; sed illius non possumus negare, qui terrena cum cœlestibus moderatur, factum voluntate atque disposito, cujus ordinationi nullius resultare valuit unquam

---

(669) Construe : *Sed qui imitantes te, ruituri tecum in barathrum inferni, forinsecus stellæ, intrinsecus tenebræ (ut ita loquar) non timent transfigurare se in angelos lucis per hypocrisim. Etenim videre non valeo, quomodo fulgentes ut splendor firmamenti, qui utique sunt illi, qui pro posse conantur imitari constantiam illorum* (angelorum sanctorum) *qui assecuti sunt gratiam immutabilitatis te ruente; non valeo, inquam, videre, quomodo hi possint involvi tenebris æternalibus, quorum namque nomina,* etc.

(670) *Sublego* pro *subripio* hic accipitur, uti et apud probatos scriptores invenire licet.

(671) Construe : *Quare tu non studes actitare de sceleribus innumeris neque dissimilis damnationis* (seu malitiæ) *ut sane prædicas illum fecisse de scelere uno?*

(672) Id est, *cum unus eorum solum* (id est S. Jacobus, non vero S. Joannes) *transierit de mundo effusione sanguinis pro Christo, alter vero*, etc.

(673) Construe : *Quod fecisse utique fuerat imitari facinus Judæ proditoris, vel sacrilegium alicujus scelerati vespillonis.* Ex his incertum fuisse liquet, num S. Metronis corpus venditum pretio fuerit, an furtim subreptum.

(674) Construe : *Ergo, benignissime Pater, considerans filios, imo nequissimos servos recolentes te absentem affectu devotiore, quam olim degeneres excoluerimus præsentem, quia sæpe ita contingit; noli, te precamur, rependere nobis vicem eamdem malorum, non deserens scilicet,* etc. Erat in apographo *oblite, precamur, repende* pro *noli, te precamur, rependere* : quam emendationem sensui necessariam in textum induximus.

renisio. Voluit enim te sepulturæ aggere pressum levare de humo (675), et statu locari condigno. Cœlestis enim animæ artus devotius excolit vulgus, si eos non **318** obtegit tellus, sed mausolei venustat ornatus. Quod si, ut putatur, ita est veraciter actum ; haud creperum, quin hoc tibi concinat exemplum, quod de Joseph et fratribus ejus paulo superius a nobis est præhbatum : *Nolite metuere, ait enim formidantibus ille, numquid enim Dei renuere possumus voluntati? Vos cogitastis de me malum, sed Deus vertit illud in bonum, ut me exaltaret* (Gen. L, 19). Ne ergo tua exaltatio, nostra sit, quæso, averte, damnatio, ne tua abitio nostra perditio ; profuerit sed rogamus e nobis alicui potius, si corde simplici ita te non obstiterit exaltari, cæcumine forsan criminum ita licet obtenebratus suorum, ut subitanea interpellatione adactus : *Palpebræ tuæ præcedant gressus tuos* (Prov. iv, 25), sibi imperatum non fuerit recordatus ; et : *Sunt viæ, quæ videntur hominibus rectæ, quarum finis usque ad profundum inferni demergit* (Prov. xvi, 25), sibi prædictum oblitus (676).

Recreante vero ejusmodi pusillanimitatem taliter Domino, atque dicente : *Si oculus tuus fuerit simplex, totum corpus tuum lucidum erit* (Matth. vi, 22), liceat eum quamlibet e tribus fugitivorum tuo, martyr, fretum ducatu civitatibus ingredi inter spem veniæ et metum gehennæ (Jos. xx, 7), quo exaudibiliter possit, opus si fuerit, ut de infinitis, ita de isto Psalmistæ verbis clamare : *Circumdederunt me mala, quorum non est numerus; comprehenderunt me iniquitates meæ, et non potui ut viderem; multiplicatæ sunt super capillos capitis mei, et cor meum dereliquit me. Complaceat tibi, Domine, ut eruas me* (Psal. 30, 15[677]). Sol præterea iste mortalium conspicuus oculis cum flammigeris invectus equis altum petit, potiora terrigenis commoda gignit. Tui autem, o sidus cœeste, luminis sol ipse Christus infusor, proprii actus attende sit ipse idemque relator : *Vado, ait, ad eum, qui me misit, et nemo ex vobis interrogat me, quo vadis; sed, quia hæc locutus sum vobis; tristitia implevit cor vestrum. Sed ego veritatem dico vobis, expedit vobis ut ego vadam* (Joan. xvi, 5) ; idemque : *Si exaltatus fuero a terra, omnia traham ad me ipsum* (Joan. xii, 32). Indeque gratulabundus non immerito ille, *etsi cognovimus,* inquit, *secundum carnem Christum, sed jam nunc non novimus* (II Cor. v, 16). Constat igitur, nec ambigi valet, quia si fides in sanctis damnum non patitur mortis, multo minus absentationis; et ideo intitubabiliter confidimus, **319** si tua sequamur vestigia, profuisse nobis quod abieris ; nec [subaudi prodest] te nos jam nosse cum innumeris nostro habere in vicinio (678) mortuum, sed scire ut vere sanctum dignatione Dei honorificentissime illo translatum, ubi veneratione debita tuorum certaminum excolatur die noctuque martyrium ; nobis vero qualiscunque sit, quod credimus, levigatio culpæ, quod desivimus te jam sero, licet tam indecenter, tractare, et assuevimus aliorum saltem documento, ut debueramus, condigno honore excolere, te ut amissum patrem dolere, dolendo ardentius diligere, diligendo sæpius recolere, recolendo venerantius exorare. Traxisti nos, martyr, ut ita loquamur, ad te, a Deo ut dignus fueras cum es exaltatus ; traxisti, et relinquendo tanto firmius, quanto devotius te recolentes nos sanctissime, possides. Nam religiosius quisque prudentum nunc tuorum frequentat reliquias cinerum, quam universi sancti corporis tui servatorem olim cum cæteris excoleret locum ; ac per hoc, ubi crescit nostra erga te, martyr, devotio, crescat, necesse est et tuæ erga nos pietatis, nec desperandum, provisio. Tuorum sane pignorum qui temerare sunt ausi sacrarium, interiorem adire moneo consiliarium, et diligenter ab eo disquirere, quem intentionis in tanto facinore secuti sint impetum ; et proprium laxare ipsius discrimine factum. Si enim simplicem in hoc sui desiderii secuti sunt oculum ductorem, se necessarium gaudere, fateor, possunt (679) adeptum. Sin alias, quam eos dicentis percellat vereri non parum auctoritas : *Si quis templum Dei violaverit, disperdat illum Deus* (I Cor. iii, 17), uti reor, possumus in hoc hujusmodi argumento dicentis : *Habe charitatem, et quidquid volueris facito*

---

(675) Hinc igitur ad Ratherii usque tempora S. Metronis corpus *humi,* ubi fuerat sepultum, jacuerat, nec a terra fuerat elevatum, quemadmodum alibi de sanctis corporibus fieri solebat. Hic nimirum Veronensis Ecclesiæ vetus mos fuit sacra corpora sub terra sepelire. Ita S. Anno episcopus sæculo viii, corpora sanctorum Firmi et Rustici et aliorum quatuor martyrum Veronam allata *posuit in arca saxea subterranea,* id est in arca sub terra sepulta. Similiter S. Proculi nostri episcopi corpus in ejus confessione septem pedes sub terra conditum inventum fuit anno 1492, licet anterior ejusdem corporis translatio facta fuerit, quæ in antiquo Kalendario Veronensis Ecclesiæ notatur Kalendis Maii.

(676) Construe : *Sed, rogamus, exaltatio tua profuerit alicui e nobis potius, si corde simplici non obstiterit te ita exaltari, licet ita obtenebratus forsan sit cæcumine criminum suorum, ut adactus subitanea interpellatione non recordatus fuerit imperatum sibi : Palpebræ tuæ præcedant gressus tuos ; et fuerit oblitus sibi prædictum : Sunt viæ,* etc.

(677) Id est, *liceat eum fretum, martyr, ducatu tuo ingredi quamlibet e tribus civitatibus fugitivorum inter spem veniæ et metum gehennæ, quo exaudibiliter possit clamare, si opus fuerit, verbis Psalmistæ ita de isto crimine, ut de infinitis :* Circumdederunt, etc.

(678) *In vicino nostro* idem est ac in eadem nostra civitate, quæ suburbia complectebatur. Sic in *Conclusione deliberativa* num. 8, *vicinitas* pro eadem civitate accipitur ; et in Apologetico num. 5, *vicinus* pro incola ejusdem civitatis, aut loci. Construe : *Nec prodest jam cum innumeris nosse nos habere te mortuum in vicinio nostro; sed scire te, ut vere sanctum, dignatione Dei honorificentissime translatum illo, ubi,* etc.

(679) Legendum videtur *adeptos;* se adeptos scilicet, quod in desiderio erat. Textus vero in sequentibus valde luxatus est, ni forte ita construendus credatur : *Sin alias, non parum vereri possumus, uti reor, quam eos percellat in hoc hujusmodi argumento auctoritas dicentis :* Si quis templum Dei violaverit, disperdet illum Deus. *Lætor dicentis, et o quam lepide!* Habe charitatem, et quidquid volueris facito. Charitas enim, etc.

(*I Cor.* XIII, 4), et o quam lepide! lætor, *Charitas* enim, alter ut ait, *non agit perperam*. Otiosa est ergo? Absit. Audi enim verissime fatentem. *Nunquam est Dei amor otiosus;* operatur enim magna, si est; si vero operari renuit, amor non est.

14. His ita compactis in cultu et veneratione tuorum, sancte, ubi latus diceris, artuum, et, ubi relictus crederis, cinerum, quale quis vel ablatorum, vel amissorum apud Deum de te remunerationis spe-

(680) Construe : *His ita compactis in cultu et veneratione artuum tuorum, ubi sanctæ diceris latus* (id est artuum tuorum, quocunque allati dicantur) *et cinerum, ubi crederis relictus* (id est Veronæ, ubi soli cineres relicti creduntur) *certissime valet conjici,*

rare possit, conjici valet certissime, lucrum (680). Utriusque tamen partis contra te commissorum indultorem excessuum, precamur, inveniamus, piissime alme, te ipsum exoratorem **320** pro nobis indeficientissimum apud Dominum Jesum Christum redemptorem mundi clementissimum, dispunctoremque non solum actuum, sed et intentionum nostrarum æquissimum, qui cum Patre et Spiritu sancto vivit et regnat Deus per omnia sæcula sæculorum. Amen.

*quale lucrum remunerationis quis vel ablatorum* (eorum scilicet qui sanctum corpus abstulerunt) *vel amissorum* (qui nimirum idem corpus amiserunt) *possit sperare de te apud Deum.*

## EJUSDEM OPUSCULI FRAGMENTUM

*Primis Ratherii curis lucubratum, et antea editum ex ms. capituli cathedralis Veronensis.*

1. Ut sacratissimus, ac veracissimus ævi prioris narrat chronographus, cum Memphitici (681) de manibus tyranni, imo Niliacæ de faucibus belluæ suum liberare diutissime afflictum misericorditer disponeret Dei pietas populum; inter cætera eidem congruentia operi præcepit, ut abiturus viritim ab amico suo quilibet plebis ejusdem mutuaret vasa argentea, atque aurea, quo scilicet et gens venefici (682) maris fluctibus absorbenda, indigne diu possessis opibus spoliaretur, et deicola Abrahamidarum progenies cœlico munere ditaretur. Fuerit at causa hujusmodi quasi subsimilis ejus, qua e jure vituperatur, fraudulentissimæ deceptionis mysterii, si consideretur tamen humanæ impenetrabilis, quam confundit Deus, sapientiæ opacitas; maxima istic occurrit sapientiæ et scientiæ Dei, cujus altitudinem (*Rom.* XI, 33) mirari cum deiloquo Apostolo, quam discutere ac reprehendere cum vesanissimo hæreticorum catalogo sanum convenit sapientem, per eos ventilata, atque nobis monstrata, quibus cophinorum duodecim (*Matth.* XIV, 20) implendorum data legitur auctoritas, divinæ dispositionis incomprehensibilitas. Hujus itaque incomprehensibilitas multigena mysteria, quantum nostræ inertiæ divisor ille clementissimus gratiarum studio propriæ adjicere dignatur indagationis, cum consideramus solliciti, contingit sæpissime, quod sapiens fateri (683) non erubuit incomparabilis omnibus : *illic inquisivi,* inquiens, *sapientiam* **321**, *et ipsa longe facta est a me* (*Eccle.* VII, 24). Nec injuria; de piscibus enim binis non sine laborioso de fluctibus incertæ dapsilitatis ingenio acquisitis, et quino panum non sine mysterio iterum numero hi fragmentis bisseni adimpleti sunt

B cophini (*Matth.* XIV, 17); quos si ventre recondere libuerit memoriæ, experiemur omnino veracissime dictum : *Qui apponit scientiam, apponit laborem* (*Eccle.* I, 18). Non sunt enim triticei, ut leviter valeant spoliari, sed hordeacei (*Joan.* VI, 9), ad quorum medullam vix possit labor studiosissimus pervenire. Superiore igitur mola in vertiginem ducta, subteriore quasi otiosa jacente, hordeacea hac necessario trita, quam præ manibus ventilandam suscepimus, summa, eademque gustui propinata, sapit nobis Ægyptum, mundum in maligno significare; Pharaonem, principem mundi diabolum; populum luto et lateribus oppressum, quem missus liberare descendit Dominus, genus humanum; mare Rubrum, baptismum cruore sanguinis tinctum, submersos, peccata, liberatos, baptismate lotos, et Christi sanguine de morte animæ per Salvatorem nostrum redemptos. De vasis aureis, et argenteis, suasu liberatoris, mutuatione furatis (684) si oritur quæstio; opes, sive phaleræ sæcularium librorum, quæ, ut videmus, a paganis penitus ablatæ, in jus et decorem (685) jam olim transierunt, Christo tribuente, prorsus Ecclesiæ. Quorsum tamen ista, sagax interrogat si requisitor; nimirum, ut non sine causa clamasse fateamur Apostolum : *Ubi sapiens, ubi scriba, ubi inquisitor hujus sæculi? Nonne stultam fecit Deus sapientiam mundi?* (*I Cor.* I, 20.) Jam nempe:

Jam Cariath Sephor Josue destruxerat alter,
Et muros Jericho prostraverat funditus arvo,
Compita per mundi jubilantibus omnia sanctis.

2. Cum non minore studio historiographi nostri agones martyrum, merita confessorum, cælibatum et continentiam (686) virginum ac viduarum, pœ-

(681) Prima manu in Veronensi ms., ex quo hoc fragmentum primo editum fuit, scriptum erat *Niliaci*. Superposita vocis mutatio *Memphitici* tum in vulgato Veron. tum postremis curis in ms. Frising. recepta.

(682) Supra vocem *venefici* scripsit Ratherius *spumei,* pro quo in ms. Frisingensi *punicei*.

(683) Verbum *fateri* in vulg. Veron. omissum supplevimus ex ipso codice Capitulari.

(684) In vulg., deerat *si*, et mox mendose editum erat *opes... et fallere,* quod verbum totam sententiam pervertit. Correctionem ipse codex exhibuit.

(685) Sic Ratherius secunda manu in eodem ms. Veronensi : prima autem scripserat *jamdiu*.

(686) Ita ex codice emendavimus. Male in vulg., *et constantiam*. Substantivum *cælibatum* refertur ad virgines, *continentiam* ad viduas. Hinc in litaniis

tartareus vacuaretur infernus, cum per tot annorum curricula pro devotione consimili nullus hoc meruisset tuorum, cavendum ne cœli videatis profectibus invidere, damnis gaudere. Hoc quoque, quod monstras exemplo, nec apud te vis, nec alibi honorem habeant sancti.

5. O autem magna Verona, villa quondam ut altera (694), Platonica illa Athenis, vel alia pro multitudine sapientum æstimata, grandisonis sanctum tuum quare non extuleras modis? Cur mirabilia, quæ per eum Deus fuerat operatus, etsi non 324 metrico, saltem (695) stylo vulgaras prosaico? Quod plebs indocta canebat, honoratius tu, crede, legisses, et auro Taphnitico tabernaculum hoc Dei ornasses, offerens et quod mutuaverat cespitis cultor, argento compsisses. Nam ad dedecus tui cum quidam (696) præsulem conscius forte tam pretiosi facinoris tuum interrogasset, cujus ille sanctus sanctitatis fuerit; cur non (697) ad librum se contulit gestorum illius stup........ illorum, qui cum Psalmista volebant (698) canere cantibus illius divi....... referentibus didicit, quod sanctus in adolescentia hujusmodi fuerit actibus sæculi implicatus, de quibus liber continet ita divinus : *Qui cupiunt divites in hoc sæculo fieri, incidunt in muscipulam et laqueum diaboli* (*I Tim.* VI, 9). Quod cum. (699)..... Deo misericorditer permittente, ut multis sæpe aliis contigisset, reatus sui consideratione commotus, contra se non tardavit erigere, mundi hujus omnia relinquere, ut expeditius et liberius soli Domino posset vacare. Sycomorum crucis cum Zachæo (*Luc.* XIX, 4) ut Jesum liberandus videret, ascendit; et ne eamdem in angaria cum Simone, sed eadem cum vitiis et concupiscentiis mortificandus, de non aliquo tempore, sed quotide sentiret, tale sibi elegit supplicium, quod, etiamsi carnis petulantia victus vellet evadere, (700) omnino nequiret. Publicanum se enim, et peccatorem esse ultra omnes dijudicans, ecclesiæ sibi limina obstruxit; a longe ut stando *Deus propitius esto mihi peccatori* (*Luc.* XVIII, 13), cum illo alio misericorditer justificato posset clamare, providit.

6. Sed cur profero, quod non convenit, *stando?* quasi ante, vel post quemquam sibi ipsi aliquem hujus æstimationis audierimus tulisse martyrium. Ut enim eos omittam, qui ad ventrem, vel stomachum attinent cruciatus (consideranti enim cætera illud æstimare dimitto); ad exteriora conversus, pœnam sibi illatam referam, et hanc inauditam. Quasi enim tortoris impiissimi, et crudelissimi sibi diceret voces : *Quia cum in honore esses, non intellexisti, comparatus jumentis insipientibus, et similis illis effectus; jumentorum loro restringere, in petulanti ne tu amplius possis vagari* (*Psal.* XLVIII, 13) : catenam pedi imposuit, plumbo eam in magno, qui adhuc ante januam basilicæ jacet, lapide obfirmavit, circulum pedi circumpositum seratura ostiorum firmavit, clavim in gurgite proximi Athesis non ignoti fluminis, in cujus littore jam dicta est sita basilica (rusticitius loquor, intelligi ut valeat) jecit : rogans forte Dei misericordiam, ne unquam eam videret, donec peccata, quæ plangere disposuerat, Omnipotentis clementia dimisisset. Ideo vero dubitandi sum adverbio 325 usus, quia licet hæc non didicerim relatu (701), miraculi est compertum ita ei contigisse, Deus ut concessit, eventu. Septem itaque annis sub divo lapidi ita mansit concatenatus; donec volente misericorditer Deo jam finem his mittere, quæ hujuscemodi comitabantur supplicio, crucibus, et supernis martyrem suum infulare honoribus; piscatores episcopo piscem deferrent, in cujus 326 ventre sancta illa, clavis inventa, ejus omnia nuntiavit dimissa facinora. Nam ea recognita, compedeque catenali ab episcopo reserato, beato illo loto, induto, Ecclesiæ reddito, et sancta corporis et sanguinis Domini participatione refecto, cum vestigio........ tissima Domini hostia emissione spiritus angelorum esset remigio cœlis invecta......

(694) Addidimus *ut altera* ex codice, ex quo item scripsimus *pro*, cum in vulg. esset *præ*.
(695) Vulg., *sale*, minus bene. Vera codicis lectio.
(696) Mutile in vulg. erat *qui*... ubi integram vocem ex ms. supplevimus.
(697) Sic codex, cum in vulg. esset *cujus enim*.
(698) Erat in vulg., *can... ferentibus*. Est quidem lacuna in codice; sed quidquid legere amplius licuit, exhibuimus.
(699) Ita ex cod. In vulg. perperam : *Quod cum*...

*misericorditer... permittentem.*
(700) Vulg., *cadere*. Quædam litteræ, quæ diligentiori animadversione deteguntur in codice, veram lectionem docuerunt, quæ ex ms. Frisingensi maxime confirmatur.
(701) Vulg., *relata miracula; et paulo post socris* pro *supernis*. Lectiones, quas ex ms. Veron. his in vocibus exprimere licuit, codex Frisingensis certiores facit.

---

## ADMONITIO IN TRIA DOCUMENTA SEQUENTIA.

Tria sequentia documenta, quæ ex ordine temporis *Invectivæ* præcedenti subjicienda sunt, hic simul proferimus; quia omnia pertinent ad clericos a Milone Veronensis sedis, uti auctor appellat, invasore ordinatos, de quorum legitima ordinatione, atque ordinum exercitio Ratherius dubitabat. Omnia scripta fuerunt anno 963, ut in Vita latius probavimus § 14, postquam ille suæ sedi tertio restitutus, in eadem tum Romani pontificis decreto, tum Papiensis synodi judicio confirmatus fuerat. Priora duo sunt decreta, quorum altero scripto die 8 Februarii eosdem clericos ab officio abstinere jussit usque ad venturam legitimæ ordinationis diem; altero autem postridie ejus diei edito, ob excitatas ab iisdem turbas, primum

nitentiam describere gestiebant conversorum, quam eloquentiæ venustate cuncto sæculo prædicati liberalium artium illi vel inventores, vel propagatores, quos mendax protulit potissimum Græcia, et poetica garrulitas semper de falsitate inflabat ornata, suos laudibus extollere non cessavit heroas. Nunc vero, proh pudor! nostris utique, avorumque temporibus (ut conjicere cogamur non longe **322** illius abesse adventum, de quo est prophetatum, qua *faciem ejus præcedet egestas*) (*Job* XLI, 13) tanta orbem inopia (687) invasit scriptorum, ut si qua vel nostris, vel illorum, quos protuli, temporibus, aliqua meritorum effulserit prærogativa, magis hoc vulgus, quam quilibet extulerit litteratus. Dicant ergo, flagito, ad quos usus ab Ægyptiis illa mutuaverint vasa, quæ possident aurea vel argentea, si in tabernaculo vel templo aliquid inde ornatus non exhibent Domini. Orma illis vereor, Orma (688), inquam, illis pro furata auri regula (*Jos.* VII, 21), nec Moysi demonstrata. *Erat Dominus Jesus ejiciens dæmonium, et illud erat mutum; et cum ejecisset dæmonium, locutus est mutus* (*Luc.* XI, 14). Iteret hoc Deus, precemur, miraculum, et laudem Domini loquatur os nostrum (*Psal.* CXLIV, 21).

3. ......... jam igitur jure succenseam nostri patruorumque temporis scholasticis etiam nunc mœsto depromam relatu (689). Contigisse primum fateor nuper, hoc est tempore, quo cuncto prædicabilis sæculo gloriosissimus, æquissimus, atque piissimus Otto imperator Augustus Italiam feliciter intraverat triumphaturus, Veronensi populo gravissimum, culpa non solum illius, qui tunc inibi indignissime præerat, sed et sexageno, qui eum præcesserant, annorum curriculo, damnum. Cujusdam enim (hæreo confessoris dicam, an martyris) Metronis sancti corpus ex suburbio civitatis ejusdem, quod basilica beati martyris continebat Vitalis, furto laudabili, amissione damnabili fuerat asportatum. Cujus sancti memoriam pro signorum innumerabilium ejusdem beati patratu inibi exhibitorum, cum vulgaris religioso amore frequentaret caterva, solis miserrimis episcopis, et qui vanissimo labore siliquis incumbebant porcorum edendis, quam illis triticeæ dulcedinis panibus, quibus mercenariorum multitudinem abundare prodigus ad patrem rediturus, se autem fame perire, deplorabat filius, ita locus isdem, proh nefas!) viluerat, ut militibus reditu (690) eidem ecclesiæ competenti donato, presbyter nec illic esset

A aliquis, qui prævideret locum, tam pretiosum continentem thesaurum.

Heu dolor! orbicolæ lugentes, obsecro, flete.

Quis enim te satis carpere, imo deplorare (quod est tutius, et rationabilius) misera potest Italia? Principibus indignissime abuteris apostolorum, super martyres graderis, confessores plantis calcas, virginum veneranda pedibus **323** immundissimis teris sepulcra, et canum more fenum aliis prohibentium, latratu præinvido, quos venerari detrectaveras præsentes, maledictis persequeris abeuntes, imo, quod veracius, te fugientes, alios requirentes. Nonne infelicissima vel congaudere debueras eorum [*id est* sanctorum], qui tibi præ multitudine viluerunt, honori, nec invidere eorum, qui cum nullos B haberent, aliquantulos, cum indigerent (691), a Domino accipere meruerunt, desiderio, devotioni, atque.......? Quare in isto saltem illius non recordari juvat apostolici : *Qui habuerit substantiam mundi, et viderit fratrem suum necesse habere, et clauserit viscera sua ab eo, quomodo charitas Dei manet in eo?* (*I Joan.* III, 17.) Et : *Diliges proximum tuum sicut teipsum* (*Matth.* XIX, 19). Cur doles perditum, quod cum haberes, non adeo diligebas? Sed revera non doles, sed dolere te ad quorumdam suggillationem impia fingis. Nam si veraciter amissos doleres, relictos devotiore cultu excoleres.

4. Vere tamen, quanquam invidiose tibi prælatos valeas obloquendo, ut conaris, reprehendere, te tamen meliores suadeo cogites minime meruisse. Dictum enim de Deo legitur veracissime, quod *regnare faciat hypocritam propter peccata populi* (*Job* XXXIV, 30). Ipseque de se : *Dabo*, inquit, *eis reges in furore meo, et in ira mea* (*Ose.* XIII, 11). Si martyrem suam tuum tantopere diligebas, ut quid tam male custodiebas? Consensit, ut criminari contendis, altiori forte consilio amplius convenienti disposito, tuus episcopus : tu, quæ tantum facinus abhorrueras, nosse volo cur abhorrueris. Quia pessimum, inquis, quod ita sanctos perdimus nostros. Verissime, sed convenientius diceres (692). Quod sancti ita nos fugiunt nostri. Turpis sane lucri cupidus cum nemo sit sanctus, honestum fugisse lucrum nemo invenitur sanctorum. Honestum vero lucrum est, quod cœlum locupletat, tartarum spoliat. Si vero te fugienti quoquo annisu illuc ire placuit alicui sancto, ubi pro reverentia, quam honeste minime habebat, sibi amore Christi exhibita, paradisus de animabus devotis repleretur ætherius (693),

antiquis, quæ leguntur in ms. 35 Capituli Veronensis post *sanctæ virgines* habetur *sanctæ continentes*, id est sanctæ viduæ. Post nonnulla *extollere* pro *attollere* ex laudato codice edidimus.

(687) Prima Ratherii manu scriptum erat *egestas*.
(688) Vul., *Onna illis vereor Onam*. Codex habet : *Orna illis vereor Ornam*. Melius scriptum fuisset *Horma*, id est *anathema*, vocabulo sumpto ex Numerorum libro cap. XXIII, vers. 3. Cum porro indicaret furtum regulæ aureæ, de quo in libro Josue c. VII, his primis curis Ratherius lapsu memoriæ *Moysi* scripsit pro *Josue;* quod tamen postremis curis ab eo emendatum ex ms. Frisingensi perspeximus.

(689) Vulg., *me stud.... depromam*. Ope codicis Veron. emendavimus : et paulo aliter in ms. Frising. postremis curis Ratherius *mæstiloquo* scripsit pro *mæsto*.
(690) Ita codex. Male in vulg., *ejusdem*.
(691) Voces *cum indigerent*, quæ in vulg. deerant, ex ms. Veron. supplevimus.
(692) Ratherius pro *diceres* prima manu scripserat *fatereris*.
(693) Ita codex idem. Habebatur in vulg. minus bene : *tartarus vacuaretur inferius*. Mox ubi legitur *meruisset tuorum... videaris*, prima Ratherii manu scriptum fuerat *meruisset vestratium... videamini*.

decretum veluti revocans, ipsos propriæ conscientiæ dimittendos duxit. Tertium documentum Kalendis Augusti signatum, quod cum epistolæ formam præferat, inter epistolas ab Acherio impressum fuerat, proprie non est epistola, sed libellus cleri Veronensis nomine ab ipso Ratherio scriptus, ac directus in titulo ad Romanam Ecclesiam, quo iidem clerici canones et decreta ab episcopo sibi objecta ita proponentes inducuntur, perinde ac si causam ejusmodi Romanæ sedis judicio dijudicandam subjiciant. Vide quæ hac de re in Vita loco laudato plenius disseruimus.

# RATHERII DECRETA ET LIBELLUS (702)

### De clericis a Milone suæ sedis invasore ordinatis.

## I.

**327** RATHERII DECRETUM DE CLERICIS A MILONE SUÆ SEDIS INVASORE ORDINATIS.

Ab invasore sedis istius ordinatos, mitigantes (703) canonicam, quæ super eos lata est, sanctionem, præcipimus usque ad venturam legitimæ ordinationis diem ab officio, in quo illegaliter eos instituit, abstinere ex auctoritate Dei et sanctæ Mariæ et sancti Petri apostolorum principis omniumque sanctorum. Actum secunda Dominica Februarii mensis (704).

## II.

ALIUD EJUSDEM DECRETUM DE EADEM RE (705).

RATHERIUS Veronensis episcopus Ecclesiæ suæ clericis universis.

Leges inter bella silere Tullio didicerim licet, non Augustino docente; hesternæ promulgationis (706) judicium non unanimi cum vos consideraverim laudavisse consensu, in promptu fuit agnoscere, murmur inde potius multorum quam rectitudinis præconium processurum, vel utilitati animarum proficuum aliquem **328** fructum. Unde ne temerarius mei ipsius laudator, et mihi illatæ potius injuriæ ultor, quam legum judicer exsecutor, inva-

sorem officii mei non ausus dicere præsulem, ne me propria ipse voce condemnem, nec ab eo institutos censere ullatenus fore presbyteros vel diaconos, ne deposuisse videar meos; levigata ipsa, quam protuli hodie quoque (707) ut heri, illa quandoque præterita sanctione super illos canonica, Dei judicio et proprio eos committens arbitrio, se exsequi injuncta ab invasore non timent officia, audere illos non prohibet violentia mea. Si timent (708), timere non cogit jussio mea : intersit illorum, uti, an abuti Dominico decernant ipsi præcepto, me in hoc penitus inculpato. De episcopis (709) cæterum, quos ordinasse isdem opponitur ad presbyteratum, non aliter mea satisfacit (710) inertia, nisi ut respondeam, quia *unusquisque onus suum portabit* (Gal. VI, 5). Utinam vero ipsorum transgressio istorum saltem valeret esse defensio. Non defore tamen pronuntio, (711) qui episcopum ex diacono sine presbyteratus ordine viderit factum, astruentibus facti auctoribus, quis esset episcopus, consequenter quod presbyter, aut sacerdos utique foret (712). Viderint tantum, qui ordinatione hujusmodi sortiti sunt præsulatum, ut a legitimo pontifice indepti fuerint diaconatum.

---

(702) Hoc decretum antea ineditum eruimus e ms. Frisingensi, in quo post *Invectivam* præcedentem subjicitur. Titulum, qui desiderabatur, supplevimus.

(703) Canones respicit, quos in tertio documento seu libello cleri Veronensis nomine inscripto ab ipso Ratherio collectos invenies. Hi autem rigidius aliqui l statuunt, quam quod in præsenti decreto decernitur.

(704) Cum anno 965, quo hoc decretum datum fuisse in Vita probavimus § 14, cyclo solari XX littera Dominicalis esset D, Dominica secunda Februarii incidit in diem ejusdem mensis octavam.

(705) Hoc decretum in ms. Frisingensi subjicitur præcedenti, ac ex eodem codice editum fuit a P. Bernardo Pez, tom. VI Thesauri Anecdotorum, pag. 95

(706) *Judicium*, id est decretum antea præmissum, quod cum *hesternæ promulgationis judicium*, id est hesterna die datum tradatur, datum autem fuerit die octava Februarii anni 965, hoc secundum die nona ejusdem mensis editum liquet.

(707) Adverbia *hodie quoque* indicare videntur, Ratherium die quoque nona Februarii instituisse, ut antecedens decretum pridie editum a suis clericis exsecutioni mandaretur, et eatenus ipsum iterum confirmasse. Sed cum iidem adhuc turbas cierent,

hoc alterum decretum tulit, quo, suspenso priori decreto, eos divino judicio et propriæ conscientiæ dimisit.

(708) Ita codex Frisingensis, cujus apographum accepimus. Apud P. Pez *sed timent*, minus bene.

(709) Hoc ex loco satis aperte colligitur, aliquos Veronenses, quos invasor ad presbyteratum ordinaverat, jam hoc tempore episcopos fuisse creatos.

(710) Apud P. Pez *satisfaciat*. Melior visa est codicis lectio.

(711) Notabile est hoc testimonium de episcopis ordinatis per saltum.

(712) Apographus noster habet *quod presbyter, aut si sacerdos, ubi si* abundat. Sensus enim esse videtur, facti auctores, ut vindicarent ordinationes episcoporum ex diaconis omisso presbyteratu, astruere, *quod qui esset episcopus, consequenter presbyter aut sacerdos foret*; quia nimirum in episcopatu presbyteratus continetur. Hanc quidem rationem protulit etiam Æneas Parisiensis, cum Græcis respondit, qui Latinis opponebant, quosdam e diaconatu sine ordinatione presbyterali ad episcopatum fuisse promotos. Vide ejus librum contra Græcos cap. 210, tom. I Spicil. Acher., pag. 148; Confer P. Chardon Hist. de Sacram. tom. V, part. I, cap. 5, pag. 92: P. Pez emendandum credidit *quod presbyter esset, si sacerdos*.

## 329. LIBELLUS CLERI VERONENSIS NOMINE INSCRIPTUS AD ROMANAM ECCLESIAM (713).

Domino sanctæ Romanæ sedis, quicunque est (714), apostolico, et universo senatui, sanctæque et canonicæ legis latoribus universis, hinc demum sancto cœtui omnium sub catholica fide degentium, clerus omnis sanctæ Veronensis Ecclesiæ, debitæ subjectionis obsequium.

1. Non ignotum vestræ novimus paternitati, invasionem hic olim (715), diabolo instigante, Patres sanctissimi, factam, in qua cum contigerit illegalitate, ut asseritur, publica, plurimos nostrum ad diversa non provectos quidem, sed constitutos officia, petimus flexis hic, quod egimus, poplitibus consilium, quod sequi debeamus, a vestra supplices sanctitate, cui de talibus judicandi singularitas concessa noscitur esse. Obstacula (716) enim, quibus in officio impedimur stare concesso, hæc Dominus episcopus noster recitat cum [subaudi aliis] innumeris esse : *Quæcunque scripta sunt, ad nostram doctrinam scripta* (Rom. xv, 4) cum Apostolo asserens pariter fore.

*Ex concilio Antiocheno, cap. 13 (Antioch. 1, vers. Dionys.).*

« Si quis nullo rogante, inordinato more deproperet super aliquibus ordinationibus et ecclesiasticis negotiis, ad eum non pertinentibus, componendis; irrita quidem quæ ab eo geruntur existant. Ipse vero incompositi motus sui, et irrationabilis audaciæ subeat ultionem, ex hoc jam damnatus a sancto concilio. »

*Ex concilio Constantinopolitano, cap. 3 (Constant. 1, ejusd. vers.).*

« De Maximo Cynico et ejus inordinata constitutione, quæ Constantinopoli facta est, placuit, neque Maximum episcopum esse vel fuisse, n c eos qui ab ipso in quolibet gradu clerici sunt ordinati; cum omnia, 330 quæ ab eodem perpetrata sunt, in irritum deducta esse videantur. »

*Ex epistolis Innocentii papæ, cap. 53 et 54 (Innoc. I epist. 22, cap. 3, in collect. Dionys. c. 53 et 54).*

« Acquiescimus, et verum est certe, quia quod non habuit, dare non potuit. Damnationem utique, quam habuit, per pravam manus impositionem dedit,

(713) Hic libellus prodiit ex ms. Laudonensi in editione Acheriana. Epistolæ formam præfert; sed verius est libellus Veronensis cleri nomine a Ratherio inscriptus, de quo plura videsis in auctoris Vita § 14.

(714) *Quicunque est*, inquit; quia cum eo tempore, quo Ratherius hæc scripsit, nimirum Kalendis Augusti anni 963, de Joanne XII summo pontifice deponendo ageretur; ipsi Ratherio erat incertum, num idem Joannes, an vero alius apostolicam sedem obtineret.

(715) Milonis *invasionem olim factam* vocat, quippe qui saltem jam inde ab anno 951 Veronensem sedem occupaverat.

(716) Canones scilicet, qui subjiciuntur, et ab episcopo Ratherio recitabantur, sunt *hæc obstacula*, quibus ordinati ab invasoribus stare in officio, seu ordine concesso impediebantur.

(716*) Asteriscis inclusa in editis non habentur.

(717) Legebatur *redicari*; quod ex hoc unico textu pro *iterum dedicari* explicatur in additionibus Cangii. Sed cum præmittatur *rursus*; nihil ambigimus, quin legendum sit *dedicari*. *Inthronizari* idem est ac

et qui particeps factus est damnato, quomodo debeat honorem accipere, invenire non possumus Sed dicitur vera ac justa legitima sacerdotis benedictio auferre omne vitium, quod a vitioso fuerat injectum. Ergo si ita est, applicentur ad ordinationem sacrilegi, adulteri, atque omnium criminum rei; quia per benedictionem ordinationis crimina vel vitia putantur auferri. Nullus sit pœnitentiæ locus, quia it potest præstare ordinatio, quod longa satisfactic præstare consuevit. »

*Ex epistola Nicolai papæ Constantinopolitanæ sed directa (Nicolai I epist. 10).*

« Amorem principatus, utpote quamdam malam radicem * (716*) exordinandorum [f. exordiendorum] in Ecclesia scandalorum radicitus excidentes, eum, qui temere prævaricatorie ac * in regularitatem [f. irregulariter] veluti quidam gravis lupus in Christi ovile insiliit, Photium scilicet, qui mille tumultibus et turbationibus orbem terræ replevit justo decreto damnantes, promulgamus nunquam fuisse prius aut nunc esse episcopum; nec eos, qu in aliquo sacerdotali gradu ab eo consecrati ve promoti sunt, manere posse in eo, ad quod provecti sunt, gradu. Insuper et eos, qui ab alieno consueta orationes ad præpositurae promotionem susceperunt, ab hujusmodi patrocinio coercemus; sed et ecclesias, quas, ut putatur, tam Photius, quam hi qui ab ipso consecrati sunt dedicaverunt, vel si commotas mensas stabilierunt, rursus dedicari (717), et inthronizari, 331 atque stabiliri decernimus, omnibus maxime, quæ in sacerdotalis gradus acceptionem ve damnationem acta sunt, [supple in] irritum ductis. Ex eadem : « Eos vero, quos Photius neophytus, e Constantinopolitanæ sedis invasor in quolibet ecclesiastico ordine provexit, quoniam manifestum es eos in omnibus consecratoris sui pravitatibus consensisse, atque ei post invasionem communicasse, omni clericali officio privamus; et apostolica atque canonica auctoritate, et synodali decreto eos sequestramus. »

2. Adjutorium vero, si vestræ dominationi placeret, hoc tantum se pontifex noster dicit, non amplius, invenisse.

*Ex concilio (718) domini Stephani III (719) papæ, actione tertia.*

« Post hæc vero sanctissimi episcopi dixerunt : Quoniam hæc omnia Deo annuente, quæ ad salutem omnium errantium pertinent, tractata noscuntur atque decreta; nunc restat ut de ordinatione episcoporum, presbyterorum, vel diaconorum, quam prædictus Constantinus apostolicæ sedis invasor peregit, id legitimo in honore collocari.

(718) Licet magna pars hujus concilii celebrati anno 769 ex ms. Capituli Veronensis edita fuerit a Cajetano Cennio, et in supplemento conciliorum a P. Dominico Mansio fuerit inserta; hoc tamen fragmentum in ea desideratur, et ex hoc tantum Ratherii libello suppetit. Eorum, quæ in hoc fragmento statuuntur, meminit Anastasius in Vita Stephani IV; ejusdemque fragmenti compendium in eandem plane sententiam legitur apud Sigebertum in Chronico ad annum 768. In concilio quoque Romano anni 964 sub Joanne XII juxta ejusdem decreti methodum ordinati a Leone VIII Romanæ sedis invasore depositi fuerunt, et in pristinum gradum revocati.

(719) *Stephani III* inquit pro *Stephani IV*. Cum scilicet Stephanus II triduo tantum vixerit, eidemque immediate suffectus fuerit alius ejusdem nominis pontifex; ambobus his in unum confusis, et pro Stephano II habitis, Stephani III nomen a nonnullis (sicut et hic a Ratherio) tributum fuit illi, qui vere est Stephanus IV, cui hocce decretum etiam Anastasius notatione præcedenti laudatus ascripsit.

nod communi consensu tractavimus, coram omnibus declaremus. Primum omnium decernimus, ut episcopi, quos consecravit, siquidem presbyteri prius fuerunt aut diaconi, in eodem pristino honore revertantur, et postmodum facto more solito decreto electionis eorum, ad sedem apostolicam cum plebe, que decreto ad consecrandum eveniant, et consecrationem **332** a nostro apostolico suscipiant, ac si prius fuissent minime ordinati; sed et quæ alia in sacris officiis iisdem Constantinus peregit, præter numquodo baptismum, omnia iterantur. At vero presbyteri illi vel diaconi, quos in hac sancta Romana Ecclesia ordinavit, in pristino subdiaconatus ordine, vel alio quo fungebantur officio revertantur; cum et postmodum in vestræ sanctissimæ almitatis potestate sit, sive eos ordinandi, sive ut vobis placuerit, disponendi. Laici vero illi, qui ab eo tonsurati sunt atque consecrati, decernentes statuimus, ut aut in monasterio retrudantur, aut in propriis domibus residentes spiritalem atque religiosam vitam degant. »
5. Adjiciens suprascriptus nostræ Ecclesiæ præsul quoque fatetur, quia dicente Domino : *Non est discipulus supra magistrum* (Matth. x, 24); quidquid vos hinc decreveritis, pro rato se habiturum. Optaret vero, ut vestrum quod in hoc sequendum censet arbitrium, ab auctoritate non discreparet penitus canonum. Interesse tamen vestra dimittit arbitrium in hoc proprium, an sequi vobis antecessorum libeat judicium, sanctissimi Patres, vestrorum. Quod si nobis in tanto animarum succurrere dignamini periculo, quem inde remuneratorem sperare debeatis, doceri nullatenus indigetis. Cum vero plurimi simus, non defuturum promittimus qui ad vestram redeat sanctitatem, dans in vobis gloriam Deo, vestræque paternitati condignam, Quirites, quos hinc specialius precamur, venerandi, mercedem. Dat. Kal. Augusti.

---

# RATHERII OPUSCULUM
## DE PROPRIO LAPSU (720).

**333** 1. *Beatus homo, qui semper est pavidus* (Prov. xxviii, 14), cum dixerit prisciloquus (721) quidam; *conscientia vero rei semper in pœna est*, ex modernis dum alter quasi econtra, flatu tamen uno amplisona reboat tibia : *beatus* et *reus* qualiter sibi hæreant, videre omnimodis nequeo. Attamen ille *pavidus*, iste *in pœna* esse dum semper asseritur, latitudine carere uterque illorum utique monstratur. Et revera pavor et pœna ad eam respiciunt animi passionem, de qua est dictum : *Illi metuunt*. Qui metuunt vero, pavent; qui pavent, pœna non carent. Beatus ergo quomodo est qui pavet, cum a latitudine longe sit passio, pœnam vero nullam sentiat beatitudo? Videri ergo videor, quod si ante natum quis sit pavidus, id est sollicitus, ne incidat in reatum, quod eo ipso beatus sit (spe licet, quam ) quo cavet, ne incidat in reatum, neve stans beat casum, et reus effectus, pœnam sibi ipsi adiscat, corruatque in malum. Quod contrario utique monstratur effectu, cum protinus subditur : *Qui vero mentis est duræ, corruet in malum*, illud videlicet illud, quo reus effectus, in pœna metus semper versatur. Sed quorsum ista? Eo inquam, eo quo tria genera his duabus noverimus sententiis hominum designata. Unum scilicet eorum, de quorum ille est catalogo, de quo dicitur : *Qui vero mentis est duræ, corruet in malum*. Aliud illorum, unde ille esse dignoscitur, qui ideo est beatus, quod semper est pavidus. Tertium illud ; ex cujus numero ille est, de quo dicitur : *Conscientia rei semper in pœna est*.

2. Istud genus igitur utinam potius....: relatu, quam proprio..... perspexisse reatu ! Quod cum minime procedat pœna hujusmodi (utinam momentanea tantum esset) ! non est ista (722), ut illa, cujus respectu pœna est ista utique [supple sed], illa æterna. Dum enim transgresso illo, qui beatum facit hominem, pavore, mentem qui possidet **334** duram, incidit in illud malum, quo pro immanitate scelerum ita reum se cogitat, ut metu non quidem Dei, sed illorum, quæ infligere potens est Dominus, conscientia illius diu noctuque (ut nostra ; proh nefas ! nunc) versetur [f., vexetur] continua. Evenit tali cuilibet plerumque, quod illi contingit, de quo est ita prolatum : *Impius, cum venerit in profundum malorum, contemnit* (Prov. xviii, 3); semper vero [subaudi evenit] quod Joannes apostolus ait : *Qui autem timet, non est perfectus in charitate* (I Joan. iv, 18). Et utinam hujusmodi homini illud saltem de Quadragesima.

(720) Hoc opusculum ex ms. capituli Frisingensis nunc primum prodit. Acherius in elencho tomi secundi istud memorat ex codice Lobiensi. Licet autem in præfatione ad Ratherii opera se editurum receperit tomo tertio, quæ ex codice eodem ad se transmissa fuerunt; non tamen edidit. In laudato ms. Frisingensi descriptum est inter opera, quæ Ratherius Veronensi sedi tertio restitutus lucubravit. Scriptum autem fuit post Pentecosten anni 963, et ante Quadragesimam anni 964, ut ex iis patebit, quæ observaturi in not. in sermonem primum de

(721) *Modernos sanctos Patres, prisciloquos*, seu antiquos, sacrarum litterarum scriptores auctor vocare solet, uti colligere licet ex libro sexto Præloquiorum, in quem vide not.

(722) Legebatur in nostro apographo *non et ista, et illa*, sine sensu. Levi mutatione emendandum credidimus : sensus enim congruus esse videtur : *non est ista*, pœna scilicet momentanea, *ut illa*, quippe licet et *ista* sit pœna, non est tamen *ut illa* æterna.

psalmo٭amisset aptari, hoc est: *Imperfectum meum viderunt oculi tui (Psal.* CXXXVIII, 16). Cum enim idem dicat apostolus: *Timor non est in charitate (I Joan.* IV, 18), dilectione Dei probatur omnino carere, cujus conscientiam amor nunquam illius oblectat, sed pœna gehennæ indesinenter excruciat. Nunquam itaque Dominum, quamvis irrationabiliter eum metuat, diligit, qui moribus suis illum semper contrarium sentit, ut utique ipse ibi innuit, ubi verbum Dei fore nobis adversarium ait (723); et morem gerere illi debere, viam dum gerimus vitæ, in perpetuum ne..... in carcerem gehennæ mittamur, nobis benigne suasit.

3. Ut enim ex infinitis ista tantum perstringam, quomodo Dominum valet ille, quæso, diligere, qui de se illum cognoscit: *Quod tetigerit immundus, immundum erit (Num.* XIX, 22), dixisse? Qualiter cum valet amare, qui de se audit cum clamare: *Homo sacerdos de semine Aaron, qui habuerit maculam, non offeret panes Domino (Exod.* XXI, 17); et ille cum his, quæ illic subjiciuntur, maculis hostiam compellitur litare Domino, ipso scilicet, quod indigne gestat, officio? Quid vero mirum, si compescitur ab offerendo, cui non permittitur saltem gustare de oblato ipso, ita interdicente omnimodis Domino: *Quicunque enim,* ait, *manducaverit de carne sacrificii, quod est Domini, et immunditia ejus super ipsum est; peribit anima illa de populo suo (Levit.* VII, 20 [724]). Postremo **335** quomodo Dominum probatur diligere, cui noscitur Dominus etiam auctoritatem de se loquendi negare: *Quare tu,* inquiens, *enarras justitias meas? (Psal.* XLIX, 16.) De istiusmodi igitur hominum genere non alia mihi occurrit nunc, fateor, consolatio, nisi ista tantummodo: *Nescit homo, utrum odio, an amore dignus sit, sed omnia in futurum servantur incerta (Eccle.* IX, 1). Nam cætera de Dei incomprehensibili misericordia dicta illis autumo solum congruere, quibus dictum proficit absolute; quia omnia delicta exstinguit charitas (*I Petr.* IV, 8)

4. Quocirca videtur mihi magis, quod tam benignum Patrem quisquam nostrum lædere toleravit, dolendum, et ejulatu maximo interius præcipue lamentandum, quam de ejus misericordia desperandum, id est metu gehennæ irrecuperabiliter formidandum; cum nullum magis odio habeat ipse peccatum, dum cernit irremissibile, quia et apostolicum solum. Magis quod diabolo cessit, erubescendum, quam ne cum illo damnetur, timendum: qui non abstinuit a carnalibus desideriis (*I Pet.* II, 1 apostolicis monitis, sed militare contra se dæmonicis ea fecit imperiis, triumphare de se insuper miserrimi tribuens illis (725). Amplius itaque contristetur hujusmodi, quod Redemptorem tam pium offenderit, quam vereatur, judicem eum terribilem visurus quærit (726): quod corpus et sanguinem ipsius indigne accepit, quam quod in judicium sese illud sumpsisse cognoscat: quod gaudio spiritali paschalem Quinquagesimam celebrare mœstitia de peccatorum contractu ipsius lætitiam interrumpente distulit (727), quam quod vindictam eorumdem facinorum ipse sibi conflavit: quod usque in finem solemnitatis saltem termino jam non perseveraverit instante: quod fini solemnitate consuetudini non valuit resistere, noxia ad vomitum reversus nequitiæ: quod Pentecostes festivitatem omnibus festivioram tristissimus celebravit cujus gaudium ipso Pascha celebrius fore quod debuerit, certissime novit, neque negavit (728), quod non profusis in ipsa potuit gaudiis exsultare, sed profusa mœstitudine compulsus est ejulare: si per omnia hæc quod turpe (729) quid ipso præsentissimo Deo atque cernente nec timuit, nec erubuit loqui, vel legere, quod aut incredulitatis, aut rebellionis publicæ fuit indicium utique. Dicente autem Domino: *Auferte malum cogitationum vestrarum oculis meis (Psal.* I, 16), quam putamus cum offensa turpibus actis in præsentia majestatis suæ patrati cum de cogitationibus etiam hoc dicatur malis?

**336** 5. Et revera levius est per ignorantiam quemlibet decipi a se ipso, quam per superbiam rebellem existere Domino; et tolerabilius fertur injuria quamvis magna non visa, quam modica in præsenti facta; nec æque pensatur excessus, atque contemptus præmeditatio, et subiti casus necessitas, atque voluntas: (730) relator quod utinam præcavisset istorum, ne scilicet properati reatus angustia in tam

---

(723) Similem sententiam repetit in sermone secundo de Quadragesima, quem paulo post præsens opusculum habuit. Ibi enim num. 40 legitur: *Nam talis amare nullatenus, licet eum irrationabiliter metuat, convincitur Deum, quem tam moribus suis sentit adversum.* Adverbium *irrationabiliter* utrobique pro *non recte,* seu *non recta ratione* accipiendam est. Ille enim *irrationabiliter* seu non recta ratione timet Deum, qui solam pœnam metuens, non timet ut a culpa revocetur. Eodem plane sensu serm. 10, num. 4, idem adverbium usurpatum invenies.

(724) Hunc Levitici textum ex antiqua versione iisdem verbis protulit S. Zeno lib. I, tract. 15, n. 6, ubi tantum vox *salutaris* post *sacrificii* additur.

(725) Construe: *cum nullum peccatum magis ipse Deus odio habeat* (subaudi *quam desperare de ejus misericordia*), *dum cernit hoc desperationis peccatum solum irremissibile, quia et apostaticum. Magis erubescendum, quod cessit diabolo, quam timendum, ne cum illo damnetur: quod apostolicis monitis non* abstinuit a carnalibus desideriis, sed fecit ea militare contra se imperiis dæmonicis, miserrimus tribuens illis insuper triumphare de se.

(726) Construe: *quam vereatur, quod visurus erit eum judicem terribilem.*

(727) Id est, *quod distulit celebrare gaudio spirituali Quinquagesimam paschalem, mœstitia de contractu peccatorum interrumpente lætitiam ipsius Quinquagesimæ.*

(728) Corrupte, ut videtur, in apographo scriptum erat *cui* pro *cujus.* Sic autem construendum: *cujus festivitatis Pentecostes gaudium certissime novit, neque negavit, quod debuerit fore celebrius ipso paschali.*

(729) Confer illud verbum *turpe,* quod coarguit in alio opusculo *De otioso sermone* num. 5. Vide quoque *Qualitatis conjecturam* num. 7.

(730) Construe: *quod utinam relator istorum præcavisset, ne scilicet conscientia ejus consisteret,* cernitur, *in pœna tam gravi, angustia* (id est ob angustiam) *reatus properati:* forte legendum *perpetrati*

gravi ejus conscientia consisteret, ut cernitur, pœna: quod videlicet illi nullo modo contigisset, si pavor, qui beatum efficit hominem, eum antequam caderet possedisset; timor utique ille, qui per charitatem expulsus, introducit illum timorem plerumque, qui castus in sæculum sæculi noscitur permanere. Et revera ipsa nos docet natura, multum interesse inter timorem mali servi, et timorem filii boni atque amorem. Illius enim amor ex timore Domini, istius amor ex patris pendet amore: quod utique non dedocet (731) Dominus ipse: *Jam*, inquiens, *non dicam vos servos, sed amicos meos (Joan.* xv, 15). Apostolus quoque: *Non enim accepistis*, ait, *spiritum servitutis in timorem, sed accepistis spiritum adoptionis filiorum, in quo clamamus, Abba, Pater (Rom.* VIII, 15). Qui igitur Patrem invocat Dominum, profitetur se liberum esse, non servum. Pudeat ergo illum magis, quam timeat eum offendere, quem præsumit Patrem vocare. Non desperet tamen de reconciliatione, si eum offendit, quanquam illum graviter offenderit. Pater enim est, misericors est,

A bonus est; non bonus solum, sed et benignus, majus quod utique est. Ut autem inæstimabilis, ita et omnipotens est Domini clementia. Tantum sui amoris instillare nobis aliquam dignetur (est quod sine intermissione orandum) quæ isti defuit pro certo particula: ipsa procul dubio et deserere nos (mala), et locum illorum compensare faciet bona. Est potens quod ipse Dominus præstare, ut non sit jam opus nobis tartarum metuere (732), sed cœlum constantia firma sperare, ut cum Psalmista possimus videlicet clamare: *Secundum multitudinem dolorum meorum in corde meo consolationes tuæ lætificaverunt animam meam (Psal.* XCIII, 19); et: *Quare tristis es anima mea, quare conturbas me? Spera in Deo, quoniam adhuc confitebor illi salutare vultus mei et Deus meus (Psal.* XLII, 5). Utique vultum, id est carnem nostram induit, qui est doctor et dominus protector noster Jesus Christus, qui cum genitore Deo et consolatore fidelium Spiritu sancto est unus inseparabiliter benedictus per sæcula Dominus. Amen.

(731) In apographo mendose erat *non dedecet*. Ita vero hic scriptum *non dedocet* pro *docet*, ut similiter in *Invectiva*, in quam vide not.

(732) Construe: *Tantum dignetur instillare nobis aliquam particulam sui amoris (quod orandum est sine intermissione) quæ particula profecto defuit isti: ipsa procul dubio faciet et nos deserere mala, et bona compensare locum illorum: quod ipse Dominus potens est præstare, ut nobis jam opus non sit metuere*, etc.

---

# RATHERII
### EPISCOPI VERONENSIS

# DE CONTEMPTU CANONUM
## PARTES DUÆ.

### 337-338 (733) VOLUMEN PERPENDICULORUM
#### RATHERII VERONENSIS,
##### VEL
##### VISUS CUJUSDAM APPENSI CUM ALIIS MULTIS IN LIGNO LATRONIS
##### AD HUBERTUM (734) PARMENSEM EPISCOPUM.

## DE CONTEMPTU CANONUM
### PARS PRIMA.

Domino venerabili in Christo HUBERTO compræsuli RATHERIUS peccator.

(733) Hic titulus Ratherium ipsum habet auctorem. Istud autem opus e ms. Laudunensi vulgatum

(734) Hic Hubertus Ottonis imperatoris intimus magnæ erat auctoritatis, adeo ut non solum præter episcopatum obtinuerit comitatum Parmensem, verum etiam post annum 965 ad dignitatem archicancellarii regni Italici fuerit evectus.

(735) Frustra oratoris urbanitati, reor, non incogniti vestræ, juxta sententiam illius niti, neque fuit ab Acherio. *Perpendiculum* vocat Fulcuinus de Gest. abbatum Lob. c. 24. Ipsum quoque in *Discordia* allegat

(735) Construe: *Licet juxta sententiam illius oratoris, reor, non incogniti urbanitati vestræ, consentiam esse extremæ dementiæ nisi frustra, neque fatigando aliud quærere nisi odium; licet inquam, ipse quoque*

aliud fatigando nisi odium quærere, extremæ dementiæ, ipse quoque, qui id agere non desino, licet consentiam esse ; insurgente contra me olim rebellium clericorum vesania (736), nec aliquid illius mihi, super quo cuidam dictum est; *Pasce oves meas (Joan.* xxi, 17), officii, usque ad expulsionem **339** publicam (737) relinquente, præter chrismatis confectionem, et chrismandi quidlibet potestatem : subjecta pro copia recordationis dedi operam, pauca licet quantum ad rem, ex sanctis canonibus hic, inaniter quamvis alibi etiam deplorata [*f.*, deflorata], congerere (738). Quæ postquam, domine, creveritis (739), intentionem pariter, pro qua tantum aggressus fuerim laborem, par erit agnoscere, et quo usque profuerit, censuisse. Est autem næniarum (740) hujusmodi istarum exordium.

*In canonibus apostolorum, cap.* 39.

« 2. Omnium ecclesiasticorum negotiorum curam episcopus habeat, et ea velut Deo contemplante dispenset. » Item (*cap.* 41) : « Præcipimus, ut in potestate sua episcopus res Ecclesiæ habeat. Si enim animæ hominum pretiosæ illi sunt creditæ, multo magis oportet eum curam pecuniarum gerere, ita ut potestate ejus indigentibus omnia dispensentur per presbyteros et diaconos, et cum timore, omnique sollicitudine ministrentur. Ex his autem quæ indiget ad suas necessitates, et ad peregrinorum fratrum usus, et ipse percipiat, ut nihil ei possit omnino deesse. Lex enim Dei præcipit ut qui altario serviunt, de altario pascantur (*I Cor.* ix, 13), quia nec miles stipendiis propriis contra hostes arma sustollit. » Item (*cap.* 40) : « Nihil absque licentia episcopi agendum. »

*Ex epistola Clementis papæ* (epist. 3, *sub med.*).

« Cunctis fidelibus, et summopere omnibus presbyteris et diaconibus, ac reliquis clericis attendendum est ut nihil absque licentia proprii episcopi agant. Non utique missas sine ejus jussu quisque presbyterorum in sua parochia agat, non baptizet, nec quidquam absque ejus permisso agat. Similiter et reliqui populi, majores scilicet ac minores, per ejus licentiam quidquid agendum est agant : nec sine ejus

---

dia allegat Ratherius epistolæ nomine ad Hubertum num. 5, *Perpendiculi* titulum etiam a coævo scriptore Attone Vercellensi fuisse præfixum operi, *quo noxia redarguere, et honesta sancire docet*, ex epistola Joannis Bonæ postea cardinalis Lucas Acherius tradit tom. I Spicil. pag. 401. Quoad tempus Ratheriani operis notanda sunt num. 8, primæ partis : *Quondam cum imperiali præcepto urgeremur Gardam obsidere castrum.* Hoc castrum captum fuit anno 963, ut continuator Reginonis testatur. Præterea dum Ratherius num. 15, Hubertum Parmensem alloquens ait : *Consideret igitur prudentia illa vestra, domine, quæ, ut fertur, universali estdigna præferri Ecclesiæ* ; his verbis ipsum in pseudosynodo Romana, quæ Joannem XII deposuit eodem anno 963, cuique idem Hubertus interfuit, summo pontificatu dignum fuisse habitum indicat. Eumdem quoque Joannem XII, dum Romanam sedem post expulsionem recuperasset, his verbis perstringit num. 19 : *Qualis est utique ille, qui reus forsitan talium apostolicæ dignitatis occupare non for-* *midat, ut jam contigit, proh nefas ! editum locum.* Notanda præcipue verba, *ut jam contigit,* id est nunc occupat, postquam pontificatum recuperavit, *ut jam contigit* occupasse, cum primo pontificatum adeptus est. Etsi vero Leo VIII antipapa post Joannis XII depositionem intrusus, apostolicam sedem verius occupasset ; et mox ab eodem Joanne exclusus, Ottone imperatore agente eamdem sedem postea recuperasset mense Junio anni 964 ; Ratherius tamen, qui non de intruso, sed de legitimo pontifice obloquitur, iis verbis *reus forsitan talium* nonnulla vitia subindicat, quæ non Leoni VIII, sed Joanni XII in memorato conciliabulo objecta inveniuntur. Porro hic Joannes pontificatum recuperavit mense Februario anni 964, eodemque anno non multo post e vivis excessit. Igitur hoc anno Joanne XII adhuc pontificatum gerente, hoc opus a Ratherio scriptum fuit : ac proinde præceptum imperiale de obsidione Gardæ *quondam* latum inquit, quia editum fuerat anno 962, ut ex not. exploratum fiet.

---

*quoque id consentiam, qui non desino id agere, vesania clericorum rebellium olim insurgente contra me, neque relinquente mihi aliquid illius officii, super quo cuidam dictum est : Pasce oves meas* ; *non relinquente, inquam, mihi aliquid præter confectionem chrismatis et potestatem chrismandi quidlibet, usque ad expulsionem publicam; dedi operam pro copia recordationis, id est memoriæ juvandæ causa, congerere hic ex sanctis canonibus subjecta (scilicet testimonia) pauca licet quantum ad rem, inaniter quamvis alibi etiam deplorata*, forte *deflorata.* Quod nihil sibi relictum ait *præter confectionem chrismatis*  et potestatem chrismandi quidlibet, sive in ordinationibus, sive in consecratione ecclesiarum, altarium, etc., est veluti formula innuens potestatem ordinis, cujus usus cum nulli molestus sit, Ratherio relinquebatur. Non sic de potestate jurisdictionis præsertim legislativæ et coercitivæ, quæ emendandis moribus ac disciplinæ restituendæ necessaria, impedita erat, ut ex nota sequenti patebit; nec non distributivæ, a qua se prohibitum hoc in opere maxime queritur. Eamdem formulam eodem sensu repetit in *Itinerario* num. 4.

---

(736) Illam clericorum rebellionem indicat, quam ante secundam suam expulsionem sic describit in epist. 5 ad Joannem XII, num. 6. *Omnes clericos . . . . ipso* (Milone comite) *contra me patrocinante, non synodum agere, non capitulo clericorum interesse, non aliquid, quod emendandum sit, audebam solummodo commemorare, statuere quidlibet, vel destituere.*

(737) *Publicam expulsionem* vocat, qua jussu Lotharii regis e sede Veronensi pulsus fuit anno 948. Vide epist. 5, num. 7.

(738) Hinc sequitur, canones, qui mox subjiciuntur, olim quidem a Ratherio memoriæ juvandæ causa fuisse collectos in anteriori suorum clericorum rebellione, antequam Verona secundo pelleretur ; nunc vero in contextum opus digestos et editos, quod dissidio originem præbuit, ut in *Discordia* significat num. 5.

(739) *Creveritis a cerno*, id est video, sæpius a Ratherio usurpatur.

(740) *Nænias* vocat eorum sensu, qui sacros canones contemptui habebant.

permisso a sua parochia abscedant, nec in ea adventantes morari praesumant. Animae vero eorum ei reditae sunt; ideo ejus consilio omnia agere debent, e eo inconsulto nihil. »

*Item ex concilio Antiocheno, tit. 9.*

« Unusquisque enim episcopus habeat suae parochiae potestatem, ut regat juxta reverentiam 340 singulis competentem, et providentiam gerat omnis possessionis quae sub ejus est potestate. » Item, cap. 24 : « Quae sunt Ecclesiae, sub omni sollicitudine (741) et constantia bona, et fide, quae in Deum est, qui cuncta considerat judicatque, serventur. Quae etiam dispensanda sunt judicio et potestate pontificis, cui commissus est populus, et animae quae intra ecclesiam congregantur. » Item, cap. 25 : « Episcopus ecclesiasticarum rerum habeat potestatem, ad dispensandum erga omnes qui indigent, cum summa reverentia et timore Dei. Participet autem et ipse, quibus indiget, si tamen indiget, tam suis quam fratrum qui ab eo suscipiuntur, necessariis usibus profuturus, ita ut in nullo qualibet occasione fraudentur juxta sanctum Apostolum dicentem : *Habentes victum et tegumentum, his contenti sumus* (I Tim. VI, 8). »

*Item ex decretis papae Gelasii, tit. 27.*

« Sicut sacerdotis intererit integram ministris Ecclesiae memoratam dependere quantitatem; sic clerus ultra delegatam sibi summam nihil insolenter noverit expetendum. »

*Item in can. Gangren., cap. 7 vel 8.*

« Si quis oblationes Ecclesiae baptismalis extra eam accipere vel dare voluerit praeter conscientiam episcopi, vel ejus cui haec officia commissa sunt, nec cum ejus hoc sit consilio, anathema sit. » Item : « Si quis dederit oblata Ecclesiae praeter episcopum, vel eum qui constitutus est ab eo ad dispensandum; et qui dat, et qui accipit, anathema sit. »

*Item in can. Chalcedon., cap. 26.*

« Quoniam quidam praeter dispensatores episcoporum facultates ecclesiasticas tractant, qui hoc fecerint, canonicis correptionibus castigentur. » Item cap. 8, *De clericis qui sunt in ptochiis, monasteriis atque martyriis, quae sub potestate episcoporum uniuscujusque civitatis existunt* : « Clerici qui praeficiuntur ptochiis, vel qui ordinantur in monasteriis et basilicis martyrum, sub episcoporum, qui in unaquaque civitate sunt, secundum sanctorum Patrum traditiones, potestate permaneant, nec per contumaciam ab episcopo suo dissiliant. Qui 341 vero audent evertere hujuscemodi formam quocunque modo, nec proprio subjiciuntur episcopo : siquidem clerici sunt, canonum correptionibus subjacebunt; si vero laici vel monachi fuerint, communione priventur. »

*Item ex epistola papae Urbani, cap. 2.*

« Res Ecclesiae collatae in editione erant antiquitus episcoporum, qui locum tenent in Ecclesia apostolorum, et sunt usque adhuc, et futuris debent esse temporibus. »

*Item de xenodochiis et monasteriis tam monachorum quam sanctimonialium ex decretis concilii Eugenii papae, cap. 24, itemque iisdem verbis quarti Leonis papae, cap. similiter 25.*

« Per sollicitudinem episcoporum haec, quorum dioeceseos existunt, ad easdem utilitates, quibus constituta sunt, ordinentur; ut debiti panes, atque caetera petentibus revertantur, qualiter Deo vacantes, inopia, vel necessitatibus nullatenus occupentur, sed, omni expulsa cura, puris in Dei servitio valeant mentibus permanere. »

3. Haec dum inconsultius, utpote inutiliter garriens delatrarem, mecum ita coepi rursus rixari. Sed quid ritu stultissimorum quorumdam mille hoc astruere testimoniis, cum sufficiat unum, laboro ? Interroga enim quemlibet, unde mos inoleverit ille, ut pastores vocentur Ecclesiae praesules. Nonne post typicam illam patriarcharum pascendi greges consuetudinem, et prophetarum ad nostrum id saeculum spiritaliter retorquentium vocem, summus ille pastorum princeps occurrit, et ait : *Ego sum pastor bonus ?* (Joan. x, 11.) Et ut qui pastor est gregis Dominici, consequenter eumdem episcopum noveris esse, audi ex voce dicentis : *Eratis sicut oves errantes, sed conversi estis nunc ad pastorem et episcopum animarum vestrarum* (I Petr. II, 25). (742) Eum in ordine sequitur [id est S. Petrus] idem, quem episcopum instituere (dicam ut ita) gestiens, an se plus caeteris diligat, solerter interrogat : nimirum ut astruat, quia praecipua pascendi rationabilem gregem norma, vis est charitatis, dilectio videlicet Dei, et ejusdem sibi a Deo commissi dilectio proximi (Joan. XXI, 15). Qui cum ter interroganti, ter se illum diligere ipso profiteretur sciente, ait ter illi Dominus quoque : *Pasce oves meas.* Quod fuit utique dicere : Esto pastor ovium intellectualium, 342 id est, episcopus credentium populorum. Pastio sane illa utrum uniformis, an sit multiformis, corporalis, an animalis, sive utrumque, non a me quilibet praestoletur audire; interroget doctores illos praecipuos, qui super Evangelia sanctos ediderunt sine mendacio libros. Si vero corporum aliquam ad eos curam, qui illius, cui primum hoc dictum est, tenent in Ecclesiis vicem, consentiunt pertinere; monstrent qualiter corporaliter sibi commissos quis valeat pascere, si unde eos debeat pascere, non permittitur saltem cognoscere. Et cum de oblationibus et decimis fidelium vivere tabernaculi custodes debeant Domini, hoc est Ecclesiae clerici; si nescit episco-

---

(741) Lege, uti apud Dionysium Exiguum, ex quo hi canones sumpti fuerunt, *et conscientia bona.*

(742) Acheriani Spicilegii novissimus editor hanc notationem apposuit. « Hic legebatur *eum quem,* profecto male. Librarium fefellisse videtur, quod in codice, quem exscribebat, utraque vox reperiebatur, sed una suo loco, altera inter lineas, ut vel *eum,* vel *quem* legere liceret. Totus hic locus interpunctionis vitio laborabat in priori editione, in qua legebatur *poscendi,* ubi reposuimus *pascendi.* »

pus quot decimani, quot mansi, quot modia tritici, quot congia vini tantis vel tantis sufficiant clericis ad victum utique et tegumentum ; nonne convincitur aut non esse pastor, aut certe insipiens existere pastor, qui nescit utique ubi illa sint pascua, (743) et ubi pecora conducere debeat suæ prævisioni [*l.* provisioni] commissa.

4. Et, ut ad nostra, id est, proh nefas ! sæcularia redeam, cum ra issime videas gratis aliquos, [*supple* sed] aut timore , aut confœderari amore , unde te verebitur, cui nihil vales auferre ? Unde amabit, cui nihil potes conferre ? Si ergo ad episcopum nihil de rebus pertinet, quibus clerici vivere debent; aut ipse eis non debet, ut animalem, ita et corporalem dare in tempore tritici mensuram, et, sicut Actus continet apostolorum, non dividuntur singulis ab episcopo, vel quolibet alio ab eodem ad id officium instituto, prout cuique opus est, sed ipsi clerici dividunt inter se prout quilibet eorum potentior est (*Act.* iv, 35), et non juxta consuetudinem aliarum Ecclesiarum omnibus Ecclesiæ clericis, sed juxta propriam voluntatem solis diaconibus et presbyteris debent, quæ Veronensi Ecclesiæ collata sunt, cedere; ut ditati videlicet habeant unde contra episcopum suum valeant rebellare, et ut dominentur cæteris, et ad sui auxilium per potestatem possint eos, cum volunt, compellere, et juramentum (744) alteri, quem illi scilicet attraxerint, episcopo fidelitatis fecisse [*f.*, facere] jubere, et, si non obedierint, de Ecclesia eos ejicere posse ; ut habeant quoque unde filiis uxores, filiabus acquirant maritos, vineas et campos, postremo unde mammonæ iniquitatis valeant deservire. Subdiaconi, acolythi, et cæteri in ordine clerici quid debent agere, unde vivere, pro qua re militare Ecclesiæ, excubias custodire, flagella pro discendis litteris saltem perferre ; cum interroganti Apostolo atque dicenti : *Quis enim militavit suis stipendiis unquam ?* (*I Cor.* ix, 7) adhuc nemo responderit, *ille* 343 *vel ille ?* Quanquam et illis, pro quibus litigo, non omnino ista mea placeat contra contemptores in hoc canonum rixa, (745) quod duabus agunt tamen pro causis : una scilicet, ut hac occasione se possint à servitio Dei retrahere ; altera, qua se quilibet illorum sperat tantum victurum, ut quod modo patitur ab istis, hoc ipse inferat aliis ; qua utique spe mille illorum decepti, et in hoc sæculo maximam pertulere indigentiam, et in alio verendum ne forte gehennam. Nam cum totius fraudis et perfidiæ illorum hinc sumat scaturiginem insania, qui non dissimiles videlicet illis, de quibus dictum est : *Qui relinquentes mandata Dei tenerent* [l. *tenetis*] *traditiones hominum* (*Marc.* vii, 8) , lege penitus canonica flocipensa, consuetudines (746) tenent antecessorum suorum (747), reges utique aut interficientium, aut excæcantium, episcopos aut ignominiose vivere compellentium, aut, si hoc perpeti, ut (748) noster iste, quivis illorum patienter nequivit, (749) Scariotico jure, ut ab aliis pateretur, quod ipsi intulerant, fraudulentissime facientium ; quis eorum consuetudines sacris præferat legibus, nisi quem Josaphat regi non terret illata hujusmodi sententia, dicentis : *Impio præbes auxilium, et his qui oderunt Deum, am citia conjungeris* (*II Paral.* x, 2), etc. Illud quoque Apostoli : *Non solum qui faciunt, sed etiam qui consentiunt* (*Rom.* i, 32). Hieronymi quoque : « Defendens iniquum destruatur ; et pœna simili damnetur convenit defensus et defensor. » Item : « Ne defendas injuste, ut fias alligatus juste, et subjectus pœnæ alienæ ; qui enim percutit malos, in eo quod mali sunt , minister Domini est. » Item : « Homicidas et sacrilegos punire non est effusio sanguinis, sed ministerium legum. » Nota vero quod non dixerit *interficere*, sed *punire*, vigilanti utique usus sermone ; sic enim alter : *Tunde*, ait, *latera filii tui, dum infans est* ; *ad interfectionem autem illius ne ponas animam tuam* (*Eccli.* xxx, 12). *Dimitte*, ait cuidam Dominus, *mortuos sepelire mortuos suos* (*Matth.* viii, 22) : quod enucleare gestiens ait veriloquus expositor : 344 Mortuus mortuum sepelit, cum peccator peccatorem defendit, et ne ad emendationem reviviscat, falsitatis congerie obruit. *Væ*, ait per prophetam his etiam Dominus, *qui consuunt pulvillos sub omni cubito manus* (*Ezech.* xiii, 18). Qui sunt vero illi, nisi de quibus alibi dicitur : *Væ qui dicitis bonum malum, et malum bonum ?* (*Isa* v, 20.)

5. Cavillator econtra : *Quandiu apostolus gentium sum*, ait Doctor egregius, *ministerium meum hono-*

---

(743) Conjunctio *et*, quæ perperam loca'a erat ante *utique*, huc, ubi desiderabatur, transtulimus.

(744) Construe : *et ut habeant unde possint jubere facere juramentum fidelitatis alteri episcopos quem illi scilicet attraxerint* : ubi notandum verbum *possint*, quod non rem actu gestam, sed jubendi possibilitatem significat, ita ut sensus sit, solis presbyteris et diaconis omnia Ecclesiæ Veronensis bona cedere, ut contra episcopum suum valeant rebellare, et per potestatem sæcularem possint inferiores, cum velint, compellere ad auxilium sui, et ad præstandum juramentum alteri episcopo, si quem ad se attrahere placuerit, uti olim accidecrat, cum Ratherius Manassi episcopo locum cedere Lotharii regis præcepto compulsus fuit. Vide epist. 5, n. 7.

(745) In priori Acheriana editione *quid duabus*. Emendationem novissimi editoris ipse orationis contextus approbat.

(746) Vulg., *teneant*, minus bene.

(747) Reges, nimirum Berengarium I, qui Veronæ interfectus fuit, et Ludovicum Bosonis filium item Veronæ obcæcatum.

(748) *Noster iste* est ipse Ratherius.

(749) *Scariotico jure*, id est ea lege, ait Acherius, qua e numero militum expungitur quis, sive exauctoratur. *Verum*, subdit novissimus Spicilegii Acheriani editor, *ut id esse Scarioticum jus agnosco, ita ejusmodi interpretationem huic loco accommodari posse nego*: nam hoc *Scarioticum jus* appellat Ratherius, *quo quis efficit, ut' quod ipse malum infert, ab alio quodam illatum videatur. Ut igitur dicam quod sentio, clericos suos in se eadem perfidia usos scribit, qua Judas Iscariotes in Christum. Sicut enim ille Dominum suum ac nostrum prodidit, ac deinde id fecit , quo videri poterat non consensisse iis quæ proditionem erant consecuta* ; *ita propemodum illos se apud imperatorem* ( scribendum fuerat regem Lotharium, qui Ratherium loco cedere jussit) *calum-*

*rificabo* (*Rom.* xi, 15). Tu e diverso quam egregie ministerium (750) tui istius honorifices considera præsulis, qui eum mensurare triticum et vinum, nummos clericis dividere, et reliqua ritu Sardanapali illius debere contendis, qui cum rex maximi ac famosissimi illius imperii foret, imo esse deberet, pensa inventus est ancillis dividere. Cui econtra ipse respondeo : Quia si interiori percepisses, quæ astruendi sunt (751) causa isthic præmissa, intuitu, perpendere utique valuisses integro statu pontificalis honoris, pascendi gregem Dominicum depictum hic decentissime modum. Per presbyteros enim et diaconos, si tamen fideles inveniri poterunt, hæc ab episcopo fieri oportere, non per ipsum episcopum, (752) monstrata sunt : Quanquam et si necessitas hæc eum exsequi per seipsum compelleret, superbia (753) non prohiberet; nequaquam hujusmodi in facto illum qui dixit, offenderet : *Qui voluerit inter vos major fieri, sit omnium servus* (*Marc.* x, 44). Sed non dedignetur talium quis Actus apostolorum, et Doctoris gentium epistolas relegere. Illic positum nempe inveniet apertissime, qui hoc præcipere, qui debeant facere. Passionem quoque beatorum Sixti atque Laurentii [*subaudi* non dedignetur] revisere martyrum : in qua utique unus eorum introducitur alteri dixisse : « Accipe et distribue facultates Ecclesiæ. » Alter distributis fideliter eisdem, cantatur dixisse : « Noli me derelinquere, pater sancte, quia thesauros tuos jam expendi. » Nota igitur et cape, si vales, quod unus eorum dixerit *facultates Ecclesiæ*, alter *thesauros tuos*; ille scilicet thesauros 345 eosdem asseverans Ecclesiæ fuisse, pontificis iste, (754) ut verbi gratia quod uxoris mariti, quod mariti uxoris. Quod si te hujusmodi vocabulorum scandalizat prolatio, audi ex epistola Evaristi papæ aliquid simile. « Ecclesiæ, inquit, non licet dimittere episcopum suum, ut alterum vivente eo accipiat, ne fornicationis vel adulterii crimen incurrat. Nam si adulterata fuerit, id est, si se alteri episcopo junxerit, aut super se alterum episcopum adduxerit, aut esse fecerit, vel desideraverit; aut per acerrimam pœnitentiam suo reconciliebitur episcopo, aut innupta permaneat. » Nupta vero quid est, nisi maritata? Innupta quid, nisi marito non data? Ex his ergo in hoc veracissimi papæ verbo, virum et uxorem, spiritalis tamen non carnalis connubii lege, episcopum fore et sibi delegatam Ecclesiam, si cætera non attendisti, vales agnoscere; (755) et quæ sunt istius, illius et esse, si tibi non desunt illæ (*Matth.* ii, 1), quas Dominus requirebat, aures spiritalitatis, ejusdem jure perpenso, notare (*Marc.* iv, 9). Quod et sæculi promulgatæ antiquitus leges, nisi fallor, videntur astruere. Quod enim ad episcopum immunitatum compositio pertineret, nisi suum illud, contra quod injuste quid actum est, sive, ut illic legitur, aliquid mali factum est, foret? Resipisce ergo, cessa tandem aliquando contra jus fasque nitens vesana loquacitas, et quod juste respondeas minime invento, digitum ori appone sacrilego.

6. Ista dum alter ut Chremes tumido iratissimus ore delitigo (Horat. *ad Pison.* vers. 94), cœpi intra secreta cordis conari, si forte invenire valerem, generalis unde contigerit canonum iste divinitus promulgatorum adeo (756) solis istis contemptus, ut neminem invenire eorum valeam curatorem, a vilissimo utique Ecclesiæ usque ad præstantissimum, a stultissimo usque ad illum qui sapientissimus affectat vocari, a laico usque ad pontificem, proh nefas! summum. Quæ dum gemebundus deplango, neque 346 causam aliam prorsus invenio; consideratis

*ninlos esse, ac deinde testntos, non a se, sed ab imperatore* (verius *rege*) *episcopum suum in exsilium esse ejectum. Hæc si lectoribus probantur, ut spero, legendum est Iscariotico.* Scripsimus quod ipsi, *ubi erat quid ipsi.* Hactenus ille. Solum addimus correctionem *Iscariotico* haud esse necessariam, cum olim pro *Iscariote* scriberetur frequenter *Scarioth*, ut probavimus not. 34, in tractat. 2 libri primi S. Zenonis : ac præterea Ratherius *Scarioth* alibi quoque usurparit.

(750) *Tui ipsius præsulis*, id est Ratherii.

(751) Cum in editione Acherii legeretur *sunt, causa isthic præmissa*; novissimi Spicilegii editor emendandum credidit *sunt causæ isthic præmissa* Non satisfacit. Sola enim virgula post *sunt* delenda est. Sic autem hic locus construendus. *Quia si interiori intuitu percepisses quæ isthic præmissa sunt* (id est canones præmissos) *causa astruendi* (quod propositum fuerat), *utique valuisses perpendere modum pascendi gregem Dominicum hic decentissime depictum* (esse) *integro statu honoris pontificalis.*

(752) Vide supra canonem 41 apostolicum, et duos Gangrenses.

(753) Acherii editio *non perhiberet.* Novissimi editoris emendationem recepimus. Post nonnulla legebatur mendose *cantatur donasse.*

(754) Construe : *ut verbi gratia est mariti quod est uxoris, et est uxoris quod est mariti.* Post pauca in vulg., *prælatio*, ubi exigente sensu correximus *prolatio* Dein in verba *audi ex epistola* Spicilegii Acheri ani novissimus editor notavit : *Non levem ex hocce loco errorem sustulimus. Nam editum erat* audi exempla. *Amanuensem fefellit hoc scribendi compendium* exempla.

(755) Id est, *et si illæ aures spiritalitatis, quas Dominus requirebat, non desunt tibi, vales notare jure ejusdem*, scilicet episcopi, *perpenso, ea, quæ sunt istius, id est ecclesiæ, esse et illius*, nimirum episcopi.

(756) Vulg., *solibus*, male. *Solis istis* dicit pro terris, seu locis istis, id est Italicis : nam part. ii, n. 2, Italos præcipue canonum contemptores esse conqueritur. Quod porro hos omnes contemptores canonum præfert, hyperbolice accipiendum est de quampluribus, non vero stricte de omnibus, ac si nemo unus in Italia eosdem canones curaret. Etsi enim nullo sæculo tanta corruptio grassata est, quanta sæculo decimo, præsertim in Italia, ubi maxima rerum vicissitudo omnia perturbabat; non defuerunt tamen ibidem eo quoque tempore viri et pietate et doctrina insignes, quibus canones cordi fuerunt, uti videre est pluribus apud Mabillonium in præfatione ad sæculum v ordinis Benedict. § 1. Summus pontifex, quem mox suppresso nomine Ratherius suggillat, fuit Octavianus Alberici filius, qui Romanæ urbis tyrannide mortuo patre occupata, annos natus vix decem et octo Romanam sedem adivit, mutato Octaviani nomine in Joannem XII, cujus crimina et scandala diffamata erant præsertim hoc tempore, quo Ratherius scribebat, cum paulo ante, sub finem scilicet anni 963, ob eadem crimina et scandala pseudosynodo depositus fuerit. Illum vero summum pontificem vocat, non solum quod irrita fuerit ea depositio,

usque ad defectum animi omnibus, illa occurrunt (757)..... Evangelica, in quibus specialiter ipse contemnitur Christus, præcepta, interminationes et opera : ut videlicet illud est, quod supra intuli, conquerens mihi a clericis præcipue contradici : id est, *Si diligis me, pasce oves meas (Joan.* xxi, 17) : cum utique non probetur pastor animarum existere, qui Christum convincitur non amare. Amare vero eum negatur, qui præcepta illius non sequitur, cum in Evangelio dixisse idem legatur : *Qui audit verba mea, et facit ea, ille est qui diligit me (Joan.* xiv, 21). Interminationes vero malorum si referre universas contendo, totum necesse est Evangeliorum volumen revolvam, illum præcipue locum, ubi in Scribas et Pharisæos atque hypocritas invehitur; quorum dum scelera carpit, omnibus pseudopræsulibus istius quoque temporis (ministerium fateor imitari eos [*f. eorum*] nisi desinant) contradicit. Opera vero illa sunt, quæ et præsens facto de resticulis monstravit flagello *(Joan.* ii, 15), et cum nuptias filii intraturus rex (*Matth.* xxii, 2) per significationem asseritur; et eum, quem non indutum veste nuptiali invenerit, post redargutionem ligatis pedibus et manibus mittendum in tenebras exteriores, id est gehennam, testatur. Omnem catalogum falsorum pontificum maxime damnaturus probatur, (758) qui scilicet sine charitate, id est dilectione Dei, et amore sibi ad regendum commissi populi putaverunt ad se pertinere, quod illi primo propter eamdem charitatem fuit concessum, hoc *Pasce oves meas* : (759) cum illic præmissum fuerit, *Si diligis me*; quod utique convincuntur isti non fecisse, ac per hoc non pastores, sed lupi et hypocritæ potius exstitisse.

7. Post ista igitur tam ardua, tam facere nolenti contraria et impossibilia, prætermissis quæ in lege Moysi et prophetis et psalmis habentur, et perinutiliter ab eisdem leguntur; quale est utique illud: *Væ, quid cogitatis inutile? (Mich.* ii, 1.) Et *Væ*, et *Væ* 347 multoties *pastoribus Israel (Ezech.* xxxiv, 2), et illis atque illis; Et: *Maledicti qui declinant a mandatis tuis (Matth.* xxiii, 13). Et: *Maledictus, qui opus Domini fecerit negligenter (Psal.* cxviii, 21); et illis atque illis, quæ omnia sui offerent, sed nolentibus impossibilitatem; adest Apostolus, Cato veluti rigidus alter; et quasi omnigenam adimere gestiat affectandi episcopatum audaciam, proclamat:

*Oportet episcopum sine crimine esse (Tit.* i, 7); et (quod amplius impossibile) : *irreprehensibilem esse, unius uxoris virum (1 Tim.* iii, 2), etc. Quæ hodie aure leguntur ab eisdem surdissima et obduratissima. Quam austeram indicibiliter eligendi episcoporum regulam illi nullo modo levigare curarunt, qui non semel sanxerunt : *Ne bigami eligantur, vel recipiantur ad clerum. (Vid. decreta Siricii, Innocentii, Leonis,* etc.) Si non vero ad clerum, quomodo ad sacerdotium? O vero utinam nec natus, nec visus, nec auditus, nec dictus ex iisdem fuisset (760) centigamus; proh pudor! imo in finitimo:.... et hoc ullus. (761) Quorum multitudo, id est, trecentorum decem et octo in ea congregatorum caterva, ipso quasi statu loquendi perterrefacere videatur uti audientium universitatem; ipso Deo decrevit, ut historia prodit, præsente (*Nicæn.* cap. 5) : « Interdicit per omnia magna synodus, non episcopo, non presbytero, non (762) diacono, non alicui omnino, qui in clero est, licere subintroductam habere mulierem, nisi forte matrem, aut sororem, aut amitam, vel eas tantum personas quæ suspiciones effugiunt. » Rigidus vero Augustinus (Possid. *in Vita,* cap. 26) : « Nolo, ait, soror mea mecum sit, quoniam illa, quæ cum sorore mea est, soror mea non est. » Dicente igitur Scriptura : *Quia impius, cum venerit in profundum malorum, contemnit (Prov.* xviii, 3); in profundo transgressionis tantorum jacens, et Psalmistam audiens clamantem : *Tu mandasti mandata tua custodiri nimis (Psal.* cxviii, 4); se autem sentiens custodire nec parum, si desperatione obduratur, mirumne tibi videtur? præsertim si Jacobi moderari nesciat sententiam dicentis : *Qui in uno offenderit, erit omnium reus (Jac.* ii, 10).

8. Ecce causa, ecce occasio, quam sæculi prætendunt amatores, canonum transgressores, impossibile fore dicentes ut omnia, quæ in canonibus leguntur, observentur, atque adeo plerique desperationis dæmone acti insanientes : ut nuperrime hisce auribus hauserim, quemdam episcopalis ordinis, refellendi omnes Scripturas gehennam promittentes intuitu, de ipso Evangelio dixisse : (763) *Quod in pelle ovina scribitur, idem et legitur;* quasi ut veritas, ita possit in Evangelio 348 et mendacium contineri. Nam et ego ipse (764) quondam, cum imperiali præcepto urgeremur Gardam obsidere castrum, et episcopi,

---

verum etiam quia hæc scripsit, cum idem pontifex Romanam sedem jam recuperasset ineunte anno 964, ac Leonem VIII antipapam in ea pseudosynodo electum, in Romano concilio deposuisset.

(757) Ubi puncta notavimus, erat in vulgatis *quæ post,* omnino mendose; vel si mendum non est, aliquot verba fuerunt omissa per saltum : cumque eædem voces solitariæ sensum interturbent, sine ipsis autem sensus satis constet; eas delendas, punctisque aliquem vocum defectum indicandum putavimus.

(758) Construe : *qui scilicet sine charitate, id est, dilectione Dei, et amore populi sibi commissi ad regendum, putaverunt ad se pertinere hoc :* Pasce oves meas, *quod concessum fuit illi primo,* id est S. Petro, *propter eamdem charitatem; cum illic præmissum fuerit :* Si diligis me, *etc.*

(759) Vulg., *qui cum,* ubi *qui* delendum fuit.
(760) *Centigamus,* id est qui centum seu plures mulieres cognovisset. Dein num. 14, *multigamum* vocat.
(761) Construe : *Quorum* Patrum *trecentorum decem et octo multitudo, id est congregatorum in ea caterva,* nimirum in synodo Nicæna, *uti videatur perterrefacere universitatem audientium ipso quasi statu loquendi, decrevit ipso Deo, ut historia prodit, præsente :* Interdicit, etc.
(762) Mendose in vulg., *Decano.*
(763) Id est : *Quodcunque scribitur in pelle ovina,* seu membrana, sive verum, sive falsum, *idem et legitur; quasi ut veritas, ita et mendacium possit contineri in Evangelio.*
(764) Id est : *Nam et ego ipse quondam:... respondi,*

et clerici istius provinciæ, non quidem religionis amore, sed laboris obtenderent odio, sui hoc ordinis minime fore, petulanti, ut sæpe, respondi sermone: Ut non permittunt canones clerico pugnare, ita nec stuprare. *Væ enim, ait quidam mentiri nescius, Væ vobis, Scribæ et Pharisæi hypocritæ, quia decimatis mentham, et anethum, et cyminum, et reliquistis quæ graviora sunt legis, judicium, et misericordiam, et fidem (Matth. xxiii, 23).*

9. Cum quodam etiam de intronizatione Leodicidum contenderem mea, conanti mihi auctoritate illam tueri Antheri papæ, ille instabat capitula ista duo Sardicensis concilii opponendo I (*epist. sub init.*). (*Ex Dion. Exiguo*). « Osius episcopus dixit: Non minus mala consuetudo, quam perniciosa corruptela, funditus eradicanda est. Ne cui itaque liceat episcopo de civitate sua ad aliam transire civitatem. Manifesta est enim causa, qua hoc facere tentant; cum nullus in hac re inventus sit episcopus, qui de majore civitate ad minorem transiret. Unde apparet avaritiæ ardore eos inflammari, et ambitioni servire, et ut dominationem agant, ambire. Si omnibus placet, hujusmodi pernicies severius et austerius vindicetur, ut nec laicam communionem habeat qui talis est. Responderunt universi: Placet. » II. *Item de iisdem episcopis, ut si per ambitionem sedem mutaverint, nec in exitu communionem laicam consequantur.* « Osius episcopus dixit: Etiamsi talis aliquis exstiterit temerarius, ut fortassis excusationem afferens, asseveret, quod populi litteras acceperit; cum manifestum sit potuisse paucorum præmio et mercede corrumpi eos qui sinceram fidem non habent, ut clamarent in ecclesia, et ipsum petere viderentur episcopum: omnino has fraudes damnandas esse arbitror, ita ut nec laicam in fine communionem talis accipiat. Et si vobis omnibus placet, statuite. Synodus respondit: Placet. » Anxiari ego, nec avaritiæ causa, vel superbiæ me intronizatum fateri, sed pulsum a propria sede [*id est* a Veronen.], necessitate coactum adiisse tunc temporis piissimum (765) nunc Cæsarem gloriosissimum illum, super hoc consuluisse præsulum concilium; illos vero misericorditer me elegisse, et populi assensu conjuncto, fraternaliter intronizasse, (766) utilitatis etiam occasione quod illorum sit, prætenderam. Cumque nec talibus illi (767) silentium 349 imponere valuissem, auditu quodam comperiens, ignarus utrum veraciter licet eum fore uxorium, (768) ampullatus potestate, licet non actu, hunc ei reddidi anapæstum. In Canonibus apostolorum, si tamen eos ut apocryphos non respuis, titulo legitur xvii, et concil. Laodicensi tit. i, in decretis papæ Siricii tit. xi, in decretis Innocentii papæ tit. xi et xii et xiii, necnon et xxix, (769) in decretis quoque papæ Leonis tit. ii, præcipitur, ut bigami non admittantur ad clerum et, miserum me!, si non ad clerum, quomodo ad sacerdotium? cum non oporteat in nuptiis bigami saltem prandere presbyteros, concilio sic Neocæsariensi dicente cap. vii: *Presbyterum in nuptiis bigami prandere non convenit; quia cum pœnitentia bigamus egeat, quis erit presbyter qui propter convivium talibus nuptiis possit præbere consensum?* De multinubis vero, quid in concilio eodem (770) legatur, inquire tit. iii.

10. Cum alia atque alia respondere gestiens ritu, garriret lymphatico, et inflatus hesterno venas, ut semper, Iaccho (771), ad tabulas insuper luderet alearias (Virg. *eclog.* vi, *v.* 15), stomachatus iterum ego: Ni canones apostolorum cum ipsis respueres apostolis, dicerem tibi in canonibus contineri eisdem tit. xlii et xliii, quod episcopus, presbyter, et diaconus aleator et ebriosus, ut tu, esse non debeat; et si fuerit, aut desinat, aut deponatur. Quod non licuerit quoque tibi a tua ecclesia plus tribus hebdomadibus decesse, conc. Sardicensis tit. xv, quære (772). Utrum liceat etiam tibi, ut a majoribus

---

etc. *Quondam* vero inquit de re, quæ acciderat circa annum 962, quod fuse explicavimus in Vita § 13, in fine.

(765) *Nunc* ait, quia tunc cum electus fuit episcopus Leodicensis anno 953, Otto nondum imperator fuerat renuntiatus, uti erat *nunc*, cum hocce opus scripsit.

(766) Id est, *occasione etiam quod*, hæc scilicet Ratherii electio, *sit utilitatis illorum*. Hunc locum mirifice explicant coævi scriptores Rotgerus in Vita S. Brunonis archiepiscopi Coloniensis cap. 34, et Fulcuinus *de abbat. Lobiensibus* cap. 25, quorum alter ex altero eadem prope verba exscripsit. Ratherium enim idcirco ad Leodicensem sedem promotum testantur, quia *non eidem ecclesiæ solum cui præfuit, sed et multis aliis circumquaque valde proficuum fore putatum est*; ac præterea quia *in illis partibus... quidam etiam sacerdotes Domini plerumque, quod nefas est dictu, terrenæ plus justæ confisi potentiæ, populum imperitum scandalizabant; sæpe dictus Bruno Coloniensis archiepiscopus... ratus id, quod verum fuit, hunc Ratherium Verona ejectum antea, et neglectum, hoc tanto beneficio ad illud fidei et veritatis fœdus adduci, ut a nemine posset seduci, ita demum os loquentium inimica obstruere se posse credidit*, si *nulla occasio scandali vosset in eorum episcopo reperiri*.

(767) Apud Acherium *similitudinem*, et paulo post *auditu quondam*. Novissimi editoris emendatio placuit.

(768) *Ampullatus*, id est inflatus, turgidus, ab *ampullor*, magnifice loquor, quo verbo vel Horatius usus est lib. i, epist. 3, v. 14: *Ampullatur in arte*. Dein *anapæstum alicui reddere* est adversarii argumentum contra ipsum convertere, a Græco ἀνάπαιστος, pes carminis dactylo contrarius. Hic autem Ratherius contra eos qui sibi opponebant canones, alios canones regerit.

(769). Legebatur *et* xxxviii. Correximus, uti in collectione Dionysio Adriana legitur, ex qua Ratherius canones et decreta pontificum cum titulis in ea descriptis excerpsit. De bigamis autem in decretis Innocentii non agitur titulo xxxviii, sed xxix.

(770) Vulg., perperam *in canone eodem*.

(771) Legebatur *joco*. Imo *vino*, inquit Spicilegii Acheriani editor. Cum autem hic versus sit sumptus ex Virgilio eclog. vi, vers. 15, corrigendum *Iaccho*, id est Baccho, et metonymice vino.

- (772) Litteras *qq.* impressas explicavimus *quære*, uti supra in fine num. 9 scriptum et editum fuerat, inquire, tit. 3.

ad minora veniam, canes ad venandum, vel accipitres ad aucupium, quibus utique abundas, habere, pariter vide. Et si liceat tibi sæcularia negotia (775), id est, causas aliquas sæcularibus solummodo exercendas, considera tam in apostolo quam in canonibus exercere : et sapientiorum te fraternalem clementiam reprehendere desine. Et ista quidem a me dicta, seu potius cogitata sufficiant.

11. Audita vero ut referam, comperi ipse ejusdem ordinis duos, unum lorica, alterum amica pro tempore utentem, alterutrum vero se reprehendentem. **350** Sed uni canon respondebat Apostolicus (774) : « Episcopus, presbyter et diaconus, qui in quacunque seditione arma tulerit, ab omni cœtu Christianorum deponatur. » Alteri vero canon : « Episcopus, presbyter et diaconus, si uxorem duxerit, pellatur (*Conc. Neocæs.* c. 1). » Expertus sum talem, qui ante ordinationem adulterium perpetravit; postea quasi continenter vixit; alterum qui post ordinationem uxorem duxit; et iste illum, ille istum carpebat. Quibus tamen ambobus Doctor gentium, quasi uni licet, clamabat isti utique propter inanem continentiæ suæ jactantiam; alteri propter ductum uxoris illicitum : *Ignoras quia patientia Dei ad pœnitentiam te exspectat. Tu vero thesaurizas tibi iram in die iræ et retributionis justi judicii Dei* (Rom. ii, 4). Isti : *Noli altum sapere* (Rom. xi, 20.) propter præsentem utique continentiam, sed *time* (775) propter præteritam incontinentiam, nec aliqua satisfactione probabiliter deletam, quamvis omissam. Alteri vero : *Neque adulteri regnum Dei possidebunt* (I *Cor.* vi, 9). Et potuit fieri, ut istiusmodi ambo simul educati, pariter edocti, in pubertate exstiterint alterutra cognitione lascivi; ac sine examinatione ad præsulatum cum fuissent provecti, unus eorum affectaverit mulierositatem, alter belligerationem? Nemo illorum nec nominandi. Forsitan usus abdicaverit turpissimam fœditatem. Quibus canon uno capitulo distinctim propria tribuit, cum isti dicit : *Presbyter, qui post ordinationem uxorem duxerit, deponatur (conc. Neocæs.* c. 1). Alteri vero : *Amplius autem pelli debet, si adulterium perpetraverit (Ibid.).* Ambos vero condemnat uno capite, id est ix, ex Nicæno concilio ita : *Si qui sine examine sunt provecti; vel cum discuterentur, peccata sua confessi sunt; et homines contra canones commoti manus con-*

fessis imponere tentaverunt, tales regula non admittit : quia quod irreprehensibile est, catholica defendit Ecclesia. Item concil. Neocæsariensi cap. ix : *Presbyter si confessus fuerit quod ante ordinationem corporali peccato deliquerit, oblata non consecret, manens in reliquis officiis propter studium bonum.* Maxima, fateor, legis austeritas. Miserum enim me ! Quid, si post ordinationem continenter **351** vixerit, non poterit saltem propter studium bonum, placendi utique Deo, oblata sacrare?

12, 13. Secundus tamen dupliciter convenitur, cum præter superius [*subaudi* dicta] hoc se sentit condemnari capite. « Episcopus, presbyter et diaconus, qui in quacunque seditione arma sumpserit, ab omni cœtu Christianorum deponatur. » Istud autem, quod ex omnibus levioribus, ut videlicet illud est de alea, ebriositate, aucupio, atque venatu, ducitur hodie levissimum, ut quasi propter fidelitatem sui senioris malit presbyter loricatus præliari, quam perjurus vocari; cum tamen perjurium gravissima pœnitentia, istud vero nulla expiari dicatur. Forte vero ex isto hic prælibatorum numero, id est, horum alicui (776) scilicet dixisse, cum non dixerit, visus est Dominus : *Si diligis me, pasce oves meas* (Joan. xxi, 17); cum utique illum minime probentur diligere. Quos repellere potius, quam eligere, videtur Apostolus a sacerdotio, cum dicit : *Oportet episcopum sine crimine esse* (Tit. 1, 17); vel expressius : *irreprehensibilem, unius uxoris virum* (I *Tim.* iii, 2). Quem cohors illa Christi militum (777) veluti quemdam sequens signiferum, præcipit, ut non bigami admittantur ad clerum. Si non bigami vero, qualiter multigami? Si non ad clerum, quomodo ad sacerdotium? Pone tamen quemlibet eorum forte bigamum ante clericatum, forte in clericatu exstitisse lascivum; inde post sacerdotium multinubum, bellicosum, perjurum, venatibus, aucupiis, aleæ, vel ebriositati obnoxium, expeti qualibet occasione ad apostolicatum Romanæ illius sedis, ubi scilicet solet (778) consuetudinaliter ordinandus moneri : *Vide ne aliquam promissionem tuis electoribus feceris. Scito quia Simoniacum et contra canones est (sup., n.* 8). Iste igitur si illegalitate publica (Osio illo supra taxato, cum omnibus sibi ex eodem concilio *Placet, Placet* condemnantibus, viriliter resistente) forte fuerit in apostolica sede locatus, quod utique pa-

---

(773) Construe : *Et si liceat tibi exercere sæcularia negotia*, etc.

(774) Hic canon inter apostolicos non legitur. Aliquid vero simile invenitur in Toletano iv, c. 45.

(775) Quinque sequentes voces per saltum omissas persensit novissimus Spicilegii editor; sed eas inserere ausus non est. Verum ut ipsas insereremus, sensus coegit. Neque enim de continentia, sed de incontinentia verificari possunt sequentia : *Nec aliqua satisfactione probabiliter deletam.* Voces etiam sed time ad præcedentem Pauli textum pertinent.

(776) Editio Acherii *quorum alicui*. Emendatio novissimi editoris Acheriani arridet. Construe autem et explica : *Forte vero Dominus visus est dixisse alicui scilicet horum, id est, ex isto numero hic prælibatorum* : Si diligis me, pasce oves meas : *Cum id ali-*

cui horum non dixerit, cum utique minime probentur diligere illum.

(777) *Cohors illa Christi militum*, qui Apostolum secuti præceperunt, ne bigami admittantur ad clerum, sunt illi Patres atque pontifices quos antea allegavit.

(778) Hæc non solum leguntur in antiquis ordinibus, sed in vulgato etiam Pontificali Romano habetur ordo cum titulo : *De Scrutinio serotino, quo antiqui utebantur, antequam electus in episcopum consecraretur.* In hoc autem scrutinio isthæc inter alias ordinatoris interrogatio exhibetur, quam hoc loco proponit Ratherius. Post nonnulla *permittere valet* retinuimus cum novissima Spicilegii editione, ubi antea legebatur *permitteret, valet.*

tienter, ut plurima, permittere valet longanimis Deus; quem si ego **352** adiero (779) veluti injuriatus ad juris ministrum, et ille nisus injurias vindicare meas, imo talia prohibentis Dei, et sanctorum Evangeliorum, apostolorum, apostolicorumque virorum, canonum et decretorum, ei apostolicæ auctoritatis miserit litteras; nonne ille, qui me tam sacrilege injuriavit, sed non adeo ut iste Deum, et omnia jura tam divina quam humana; si quidem ille (780) me homunculum unum, iste totum penitus mundum; ille unam adulteravit Ecclesiam, iste eamdem et omnes per universum orbem diffusas, ut dixi vero, si mei causa aliquid ei durius saltem mandaverit, nonne illico ille poterit ei rescribere illud de Evangelio : *Quid autem vides festucam in oculo fratris tui, trabem autem, quæ in oculo tuo est, non consideras?* (*Matth.* VII, 3.) Et quod pirata quidam super Gangem fluvium Alexandro Magno respondisse narratur; quem captum cum rex torvo respiciens vultu ita fuisset allocutus : *Latro pessime, quid nos non sinis quiescere?* Ille magnum cœpit cachinnum emittere. Miratus oppido rex cum sibi astantibus : *Rides?* ait. Ille, *Et equidem juste.* Rex item : *Quare? Quia tu cum sis,* ait, *fur furum, prædo maximus, omnium latro atrocissimus, ab ipso Oceano in fines Orientis qui omnia depopulasti regna; latronum universorum conditor; me latronem appellas, qui cum una monoxyllula* (781) *dorso meo advecta, et in flumen immissa, parum quid ab isto littore rapio, id est, aut chlamydem alicujus, aut tantummodo frenum* (vid. AUG., l. IV *de Civ. Dei,* c. 4). Risu rex cum omnibus emoriri, et sapientissime locutum fateri. Sed non faciet (782), non mittet ei litteras quidlibet durius continentes; non damnabit, non excommunicabit pro tali facto aliquem; pares enim animos disparilitas non dividit voluntatum, cum similitudo desideriorum æqualitatem gignat semper effectuum, et humanæ amicitiæ pares animos, et non dissimiles expetant voluntates. Scriptum est enim de talibus in descriptione membrorum capitis diaboli, vel vasis illius Antichristi : *Membra carnium ejus adhæ-*

rentia sibi (*Job* XLI, 14). Sub squamarum quoque **353** specie de satellitibus ejus : *Una uni conjungitur,* (783) *et ne spiraculum incedit per eas* (*Ibid.,* v. 7). Universorum quippe nequitia quo sibi congruentius jungitur, eo contra Dei justitiam fortius armatur. « Nam, ut beatus ait Gregorius, sicut multum nocet, si unitas desit bonis; ita valde est noxium, si non desit malis. » (GREG., MORAL. *in Job,* l. XXXIV, c. 4.) Quod probatum est in causa Pauli apostoli; quem cum unanimiter tam Pharisæi quam Saducæi fuissent aggressi, ille divisione in eis missa, dicendo : *Viri fratres, ego Pharisæus sum* (*Act.* XXIII, 6), et a Pharisæis est adjutus, et a Saducæorum impugnatione defensus; divisa utique turba, quæ eum premebat unita, illæsa Pauli exiit innocentia.

14. Est et alia in hac re auxilii mei diffidentia, Domini utique ubi habetur sententia : *Fur non venit, nisi ut furetur, et mactet, et perdat* (*Joan.* X, 10). Quis vero ille est fur, nisi ille de quo idem ait : *Qui non intrat per ostium in ovile ovium, sed ascendit aliunde, ille est fur et latro* (*Ibid.* 1). Quod est vero ostium, nisi de quo canit Psalmista. *Etenim benedictionem dabit legislator* (*Psal.* LXXXIII, 8) : qui de se utique profitetur : *Ego sum ostium* (*Joan.* X, 9). Qui tunc benedictionem solummodo pontifici ordinando largitur, cum per legem a se latam cligitur. Ovile vero ipsam congregationem fidelium esse, *Pasce oves meas* (*Joan.* XXI, 17), Petro innuit dictum. Aliunde vero est ascendere, non legaliter introire. Ascendisse vero potius, quam intrasse convincitur ille, de quo in canonibus dicitur : *Si quis potestatibus sæcularibus usus, per eas ecclesiam obtinuerit, deponatur; et segregentur qui ei communicant* ( *can. Apost.* 31).

15. Consideret igitur prudentia illa vestra, Domine, quæ, ut fertur, universali est digna præferri visa Ecclesiæ (784) : consideret, inquam, anne sit iste evidens ascensus, cum dicitur talis sæcularibus potestatibus usus; sed deponi illius judicatur judicio, qui ait in Evangelio : *Omnis qui se exaltat humiliabitur* (*Luc.* XIV, 11). Nota vero, quod non dicitur, omnis qui exaltatur, humiliandus, sed is qui se ipsum exal-

---

(779). Construe, et explica : *Quem si ego adiero veluti injuriatus ad juris ministrum,* ut scilicet a pontifice jus sibi redderetur, *et ille nisus vindicare injurias meas,* imo *Dei prohibentis talia, et sanctorum evangeliorum, apostolorum, et apostolicorum virorum, canonum et decretorum prohibentium talia; nonne ille, qui injuriavit me tam sacrilege,* sed non *adeo sacrilege, ut iste pontifex, si male electus præsumatur, injuriavit Deum; et omnia jura tam divina, quam humana,* etc. Hic nonnihil' deesse putavit novissimus editor Spicilegii. Sed interpunctione emendata, et inducta parenthesi nihil desiderari perspicitur. Etenim voces *nonne ille* post parenthesim, repetitæ sensum continuant. Sic nimirum quæ post parenthesim subjiciuntur explicanda sunt. *Verum, si iste pontifex, ut dixi, nisus vindicare injurias meas, mandaverit ei aliquid saltem durius causa mei, nonne illico ille poterit rescribere ei illud de Evangelio,* etc.

(780) Per hypothesin sicut de pontifice, ita et de se casum proponit. Ille ergo, qui se homunculum injuriavit, ita ut unam adulterarit Ecclesiam, aliquem indicat suæ sedis invasorem, quem *adulterum*

vocare solet.

(781) *Monoxyllum* est indicum navigium ex unico ligno excavatum, cujus Plinius meminit lib. VI, c. 13. *Monoxyllula* vero diminutivum est.

(782) Subauditur ille, quem bigamum, et aliis vitiis irretitum ad pontificiam sedem promotum per hypothesin posuit. Post pauca mendose legebatur *exspectant,* ubi emendavimus *expetant.*

(783) *Cum hæc* una uni, etc., ex libro *Job* descripta esse non percepisset Acherius, voluit hoc loco legi Ætnæ spiraculum. Sic Spicilegii novissimus editor.

(784) Hubertum episcopum Parmensem, ad quem hoc opus directum fuit, alloquitur. Hic interfuisse ei pseudosynodo habitæ mense Novembri anni 963, in qua Joanne XII deposito electus fuit antipapa Leo VIII, traditur aliud Liutprando, seu ejus continuatore lib. 6. cap. 2, ubi tamen pro *Hubertus* mendose legitur *Bubtus Parmensis.* Hoc autem Ratherii loco indicari videtur, eumdem Hubertum a nonnullis ejusdem pseudosynodi patribus dignum fuisse habitum, qui *universalis,* id est Romanæ Ecclesiæ, episcopus fieret.

taverit, id est, extulerit, vel dignum æstimaverit ipse. Aliunde vero est aut ritu Simoniaco, aut quavis alia illegalitate ascendere. Fur vero vocatur ob ingenium; latro propter vim atque rapinam. Quid vero jure quilibet talium idem naturaliter debeat agere, promptum cuilibet est iterum eadem auctoritate dignoscere. Ait enim: *Fur non venit, nisi ut furetur, et mactet, et perdat (Joan. x, 10).* Quid vero furatur? Verba legis primitus Dei, occultando utique, **354** nec decretaliter proferendo: inde res ecclesiæ alterius debitas juri. Mactat vero animas diabolico ventre condensas; ut econtrario alteri dicitur: *Surge, Petre, macta, et manduca (Act. x, 13),* id est, a paganitatis vita exime, et in Christianitatis ventre reconde. Perdit vero: quem potius quam seipsum primo? hinc demum sequaces. Talem ergo, qui ut adjuvetur, adierit, ne ab ipso ei potius noceretur [*l.* noceatur], suadeo, viderit. Mansuetioris enim hujusmodi si forte est animi, si apud illum ecclesiæ est alicujus (785), ut uxoris, accusatus invasor; item et se reminiscens fecisse, timet audire: *Qui sine peccato est vestrum, primus in illam lapidem mittat (Joan. VIII, 7).* O quam vero non est sine peccato, qui Gieziaca est lepra percussus; qui cum Simone Mago damnatus; qui multigamus; qui, cum omnes mulieres diœcesis suæ ipsius spirituales sint filiæ, cujuslibet forte earum corruptione pollutus; qui multimode a sanctis canonibus redargutus, nec ullo modo correctus. Is vero si veretur corripere minuscule aliquem criminosum, censesne eum reprehendendum? *O major tandem,* perlepide Flaccus cantitat noster:

O major tandem parcas insane minori.

16. Quale est autem illud, quod talis nec Deum ipsum Dominum vocare ipsius astipulatione permittitur, ipso dicente: *Quid autem vocatis me, Domine, Domine, et non facitis quæ dico? (Luc. VI, 46.)* Vel Deum [subaudi vocare]. eodem per prophetam ita conquerente: *Si Deus ego, ubi timor meus? (Malac. I, 6.)* Neque patrem, prosequente: *Si pater ego, ubi* A *amator meus? (Ibid.)* Ejus præcepta vel annuntiare cum Psalmista compescatur monstrante: *Quare tu enarras justitias meas? (Psal. XLIX, 16.)* Nihil quoque sanctificare valere, Scriptura ita testante: *Quod tetigerit immundus, immundum erit (Num. XIX, 22).* Cum vero sacerdos a sacro et dato compositum gestare videatur vocabulum, miserum me! sacrum quomodo fieri, vel saltem valet putari, quod est immundum; mundum vero, quod tetigerit immundus, contra assertum illius, qui est singulariter mundus, et sine quo nemo est mundus, quomodo valet saltem putari? Hic tamen suffragari videtur (786), quod Baptista Domini sibi testatur divinitus intimatum, id est: *Super quem videris Spiritum descendentem, et manentem super eum, hic est, qui baptizat in Spi-* B *ritu sancto (Joan. I, 33),* id est, qui baptizatis tribuit Spiritum sanctum **355**. Quid tamen faciemus, si de illo singulariter hoc est dictum mysterio? Fac (787) tamen de omnibus hoc et dicatur. . . . . qualiter conceditur hoc cuilibet alteri ministrare, qui non creditur inde gustare. Habes enim Apostolum ita dicentem: *Qui manducat et bibit corpus et sanguinem Domini indigne, judicium sibi manducat (I Cor. XI, 29).* Indigne vero illum sancti definiunt doctores Eucharistiam accipere, qui eo tempore præsumpserit communicare, quo deberet pœnitentiam agere; quod scilicet convincitur parvipendere, qui, quod sequitur, surda percipit aure, id est, *Si nosmetipsos judicaremus, non utique judicaremur (Ibid., 51).* Dum enim in præsenti nobis nimium parcimus,
C ne nobis in futuro vel parum parcatur, efficimus.

17. Ecce unde contemptus iste generalis emerserit hodierni sæculi canonum, imo Evangeliorum et omnium Domini præceptorum, cum videlicet quis autumat nil sibi prodesse, si observet minora, qui se novit contempsisse majora. Quid enim hac lege refert [*Vulg.* affert, *male*], si non habeat quis canes ad venandum; et abundet meretricibus ad stuprandum? Si ad sui et aliorum defensionem non capiat arma, et ad sui multorumque perditionem criminosa com-

---

(785) Acherius *ecclesiæ est alicujus, aut uxoris accusator, invasor.* Novissimus Spicilegii editor ex conjectura emendavit *ecclesiæ alicujus, ut uxoris, accusatur invasor.* Nos, minori licentia retento est, correximus tantum *ut* pro *aut*, et *accusatus* pro *accusator*.

(786) Sequens Joannis Baptistæ testimonium eatenus suffragatur, seu solvit, quod in præcedentibus opponitur, quia cum affirmet eum *qui baptizat in Spiritu sancto,* seu *qui baptizatis tribuit Spiritum sanctum,* esse ipsum Christum; quicunque sit minister qui baptizat, sive mundus, sive immundus, nihil refert: neque enim sanctitas baptismi tribuenda est nisi illi, de quo dictum est: *Hic est qui baptizat,* ut Augustinus pluribus exposuit tract. VI in Joannem: quem quidem secutus Ratherius in *Confessione* num. 13 ea scripsit, quæ idipsum de omnibus sacramentis sentiendum insinuant. Textum referemus notatione sequenti.

(787) Novus Spicilegii editor hanc notationem appendit. *Locum hunc, ita ut editus est, a nemine intelligi posse certus affirmo, nec cujusvis est eum emendare. Nam quotusquisque est, qui suspicetur sub his vocibus.* Fac tamen *latere vocem sacramento, quam illic amanuensis descripserit, ut vocem* mysterio *in-*
D *terpretaretur? Mihi sane dubium non est, quin vera sit lectio* mysterio. *De omnibus hoc et dicatur, etc. ut sensus sit: Objiciet fortasse aliquis verba Joannis Baptistæ ad unum confirmationis (legendum baptismatis) sacramentum pertinere; sed ut idem de omnibus sacramentis dici posse probemus, sufficiet alterum exemplum in altaris sacramento exhiberi. Quamobrem eum, quisquis est qui hæc Joannis verba ita restringit, rogabimus dicat, num eam rem, cujus particeps non sit, cum altero participare quis possit, etc.* Haud tamen credimus hunc locum difficilem futurum, si inducta lacuna, quam punctis designavimus, paucæ voces suppleantur, quibus sacramenti altaris facienda est mentio, ad quod profecto sacramentum referuntur sequentia. Satis autem erit post verbum *dicatur* supplere *uti de altaris sacramento dicitur,* facili saltu transcursis ab amanuensi his vocibus ob concursum similium verborum *dicatur,* et *dicitur.* Sic autem probe intelliguntur omnia: *Fac tamen hoc dicatur etiam de omnibus, uti dicitur de sacramento altaris, qualiter ministrare hoc alteri conceditur cuilibet, qui non creditur inde gustare,* id est, fructum percipere, uti sunt peccatores. *Habes enim apostolum,* etc. De omnibus quidem sacramentis in *Confes-*

mittere non desinat facta? Si non percutiat (788) fideles delinquentes, quod et canonibus interdicitur, pugno vel baculo; et adulterinæ absolutionis, largitionis, vel certe benedictionis flagello, aut pessimorum actuum interficiat illos exemplo? Cum vero Scripturarum (789) ubique taciturnitas vituperetur asserto ad id ordinatorum officii, prædicatio vero in tantum jubeatur et laudetur, ut etiam omnibus, id est, nec sæcularibus exceptis, per prophetam dicatur: *Qui audit, dicat, Veni (Apoc.* xxii, 17); et per Jacobum 356 apostolum: *Si quis erraverit a veritate, et converterit quis eum, scire dedet, quoniam qui converti fecerit peccatorem ab errore viæ suæ, salvat animam ejus a morte, et operit multitudinem peccatorum suorum (Jac* v, 19). Ubi scilicet nullus excipitur; sed qui hoc fecerit, tali remuneratione ditandus asseritur (790) ut et animæ fratris salutem operatus, et suæ consecutus dicatur: et alia atque alia probent exempla, Dominum non modo jubere verba et justitias suas enuntiari, sed et facientibus præmia polliceri: non facientes vero vehementer redarguere, et ab eis illorum sanguinem, id est, peccata, vel animas requirendas, quos non monendo correxerunt, minari: quale illius existere, vel quantum possit, pensemus delictum, quem ad enuntiandas justitias suas computat tam esse, ut increpatione compescatur, indignum? Ne igitur suspensi erremus, quæ sequuntur cernamus, et causam illico invenimus: *Tu vero,* ait, *odisti disciplinam,* quam non obstat legem intellexisse canonicam, *et projecisti sermones meos post te (Psal.* xlix, 17); id est, tuum arbitrium, consuetudinem vel arbitrium præposuisti legi meæ. Et quomodo? *Si videbas,* inquit, *furem, currebas cum eo (Ibid.,* 18), id est non observabas quod per Apostolum mandaveram, id est, *Manus nemini cito imposueris, neque communices peccatis alienis (1 Tim.* v, 22). *Et cum adulteris portionem tuam ponebas (Psal.* xlix, 18), et videlicet defendendo, et privilegium eis, quod utinam nunquam (791) expertus fuissem, ut in adulterio eodem firmiter valerent durare, præbendo. *Os tuum abundavit malitia (Ibid.,* 19): auctoritates ad hoc falssissimas, quod utique tibi liceret, quod nunquam alicui licuit, congerendo. *Et lingua tua,* hoc astruendo, *commiscuit dolos. Sedens adversus fratrem tuum loquebaris (Ibid.)* 357 utique coepiscopum legaliter institutum; aut quemlibet Christianum; *filium* scilicet *matris tuæ,* id est catholicæ Ecclesiæ, cui utique nullum majus poni valet scandalum, quam ut adulterum sortiatur episcopum, et loco pastoris accipiat lupum.

18. Hæc cum faciunt homines, non ad utilitatem audientium annuntiant justitias Dei, sed ad perditionem verba Domini, sinistra scilicet interpretatione corrumpentes, et renitentem ad se Scripturam trahentes, faciunt illi; et tacet Deus, id est, nullum eis contradictorem adversari permittit. Sed audiant quod sequitur, et postea, talibus relictis, sacrificio laudis honorificent Deum; verba scilicet legis Dei amplectenda, tremenda, atque sequenda, primum exemplis, deinde verbis annuntiantes. *Illic* enim, id est, in sacrificio laudis Dei, *iter est ad salutare Dei (Psal.* xlix, 23), id est, (792) ad Jesum Christum Dominum nostrum perveniendi; nimirum in laudibus Dei, quas paginæ continent Scripturarum, invenimus quid sequi, quid agere, quid debeamus cavere ac sperare. Securus ergo quilibet, quamvis peccator,

sione num. 13 accipit Ratherius, quod de baptismo Joannes Baptista tradidit: *Sacramenta quippe Dei,* inquit, *nec hujus sunt, nec illius, id est nec justi, nec peccatoris, sed illius, de quo dicitur: Super quem videris Spiritum descendentem, et manentem super eum, ipse est, qui baptizat in Spiritu sancto.* Ex his palam est Ratherium agnoscere omnia sacramenta etiam a peccatoribus ministrata sanctitatem conferre, quia sanctitatis auctor non est minister, sed Christus.

(788) Gerardus in Vita. S. Udalrici episcopi Augustani c. 11, n. 40, de quodam qui aliquid ex ecclesia abstulerat, narrat: *Augustam rediens injuste inde rapta reportavit, et episcopum cum scopis ei flagella imponere pro Christi nomine postulavit.* Ritus indicatur percutiendi pœnitentes, quos tamen scopis, vel virgis, aut fuste, non vero pugnis, vel baculo percutere licebat. Notanda distinctio inter absolutionem, largitionem et benedictionem; *adulterina* autem *absolutio* vocatur, quæ peccatori sine idonea pœnitentia facilius conceditur.

(789) Si recte construas hunc locum, nihil emendandum aut supplendum putabis, uti pro *asserto* aliud quid legendum novissimus Spicilegii editor credidit. Sic autem construe: *Cum vero asserto,* id est *assertione, Scripturarum ubique vituperetur taciturnas ordinatorum ad id officii,* scilicet episcopalis, *prædicatio vero,* etc.

(790) Apud Acherium asserit. Jure emendavit novissimus Spicilegii editor, sicut et infra recte scripsit *quod utinam nunquam,* ubi erat *quod utique nunquam.*

(791) Privilegium adulteris, id est, alienæ sedis invasoribus datum, se quoque *expertum* tradit. Num privilegium vocat eam *licentiam* Miloni Veronensis sedis invasori concessam, quam fautores ordinationis ejus ab apostolica sede se obtinuisse gloriabantur? Vide epist. v ad Joannem XII, not. . Hic vero non mera ordinandi licentia, sed aliquid amplius, quo invasor in sedis possessione *firmiter valeret durare,* indicari videtur. Baldricum, cui Ratherius Leodicensem episcopatum cedere compulsus fuit, adulterum seu invasorem pariter habuit, ut e Conclusione deliberativa manifestum est. Porro huic ita cedere debuit, ut *ablata fuerit spes omnis restitutionis ejus,* quemadmodum Rotgerus in Vita S. Brunonis narrat cap. 34. Num hac in re apostolicum aliquod privilegium, quo Baldricus in Leodicensi sede *firmiter valeret durare* obtentum fuit, ita ut hic locus ad Leodicensem sedem et ad Baldricum potius quam ad sedem Veronensem et ad Milonem referendum sit? Exploratioribus documentis deficientibus nihil definire audemus. Porro construe et explica: *Os tuum abundavit malitia congerendo auctoritates ad hoc fal sissimas,* id est, falsa interpretatione distortas ad probandum, *quod liceret utique tibi, quod nunquam licuit alicui.* Cum Ratherius e Leodicensi sede pulsus fuit; ut Baldrici ordinatio defenderetur, auctoritates sacrorum canonum Ratherii translatione de Veronensi sede ad Leodicensem oppositas didicimus. Vide *Conclusionem deliberativam* num. 40.

(792) Vulg. *id est Jesum* . . . . *at nimirum.* Pro *ac,* quæ particula hic abundat, scripsimus *ad,* eat que præposuimus voci *Jesum,* ubi eadem desiderabatur. Construe autem sic: *id est, iter perveniendi ad Jesum Christum Dominum nostrum.*

Dei justitias enarret; si non disciplinam Dei, quæ est utique promulgatio canonum, odit; si suam constitutionem præceptis non anteponit illius; si furem ipso intuens demonstrante (793), non currit cum eo, id est, non consentit ei, vel defendit eum; si cum adulterantibus verbum Dei, et canonum scita contemnentibus, partem suam non ponit; si os ejus non abundat malitia contra rectitudinem legis loquendi, et lingua ipsius non miscet dolos quemlibet decipiendi; si sedens in cathedra judicandi adversus fratrem non loquitur suum, nec aliquod ei apponit in via Domini offendiculum. Nam si fecerit talia quivis, taceat illi quanquam Dominus (794), id est, tacere, contradicere aut nescientes, aut non valentes, aut non ausos permittat, ne æstimet propterea, quod ei sit similis in voluntate, id est, ipsius facta approbet Dominus. Arguetur enim quandoque, et statuentur opera, et intentiones illius contra faciem ejus. His tamen (795) tam in nutantem, præter alia et alia, quæ hinc dici possunt, constantibus, sciendum neminem ideo ab enarrandis justitiis Dei **358** compesci, ut sileantur; sed ut et sincere dicantur, et ab eo narrentur, qui eas diligit, et custodire pro posse contendit. Cum enim quotidie audiamus: *Dixit Jesus discipulis suis*; ille veraciter est discipulus Jesu, et illi loquitur Jesus, qui diligit disciplinam Jesu. Nam cum de talibus ipse dicat: *Qui est ex Deo, verba Dei audit* (Joan. VIII, 47), de cæteris quid sentiat, subdit: *Propterea vos non auditis, quia ex Deo non estis* (Ibid.).

19. Quam vero ista de psalmo hic prælibato longe sint ab eo, qui nulla suffultus est potestate; vel quam propria illi, qui plurima præeminet auctoritate, lector prudens valet advertere; qualis est utique (*Confer not.* 733) ille, qui reus forsitan talium, apostolicæ dignitatis occupare non formidat, ut jam contigit, proh nefas! editum (locum). Cui enim nec ordinationis legalitas, nec conversationis suffragatur honestas, et illi magis congruens mentis et corporis deest integritas, si prædicationis illi interdicitur, non mireris, auctoritas, cum et ministrandi Domino interdicatur illi potestas. *Loquere enim*, ait Dominus Moysi, *ad Aaron fratrem tuum; et dices ei:*

*Homo sacerdos de semine Aaron, qui habuerit maculam, non offeret panes Domino Deo suo, nec accedet ad ministerium ejus* (Levit. XXI, 17, 20). Subjungensque: *Si cæcus fuerit, si claudus, si parvo vel grandi aut torto naso, si fracto pede, si manu, si gibbus, si lippus, si albuginem habens in oculo, si jugem scabiem, si impetiginem in corpore, si ponderosus* (Ibid. 18). Cujusmodi igitur stuporis insensibilitate, vel amentia illius obdurentur præcordia, consideret prudentissima urbanitas vestra, qui intelligens, ista omnia moraliter Gregorio ac spiritualiter exponente (*Pastoral. curæ* part. 1, cap. ult. sub init.) non visceratim compungitur, sibi præcipue si aliquid horum in anima cernit inesse. Cui vero omnes hæ pestes dominantur, a sacerdotio aut affectando aut retinendo si non compescitur, quid de eo vestræ dominationi videtur? si enim cæcus mente quilibet est; si per imbecillitatem animi claudicat, et viam vitæ ambulare gressu non valet æquali, quamvis videat illam; si parvo naso, id est discretione modica, bona malis coæquat, aut forsitan præfert; si grandi quidem, sed torto est naso, id est si discernendi subtilitate eatenus (796) pollet, ut **359** fraudulentus adeo sit, ut bausiator (797) vulgo dicatur; si fracto pede vel manu, de virtute in virtutem, ut illi qui visuri sunt Deum deorum in Sion, ambulare, vel bonæ operationis nil efficere valet (*Psal.* LXXXIII, 8); si gibbo terrenæ sollicitudinis nimium pressus, his solummodo, quæ calcantur, intendit incurvare; ut transeamus dæmones (798), cujus animæ dicere non desistant miserrime, ab his utique, quæ agenda fuerint, mente cernendis; si albugine obcæcatur superbiæ, sapientem se utique aut justum æstimans fore; si carnalis petulantiæ scabies illi jugiter dominatur; si impetigini avaritia eum possidet similis, quia cum animam immaniter dehonestet, si adipiscitur in terra quod cupit, nullum de eo sentit, quod in cœlo perdit, dolorem; si genitalium adeo devastetur lascivia, ut etiam cum non exercet illam opere, ab hac non recedens cogitatione, ponderosi nunquam ritu quiescat; offerre panes Domino qualiter præsumit, qui prohiberi se ab eo, cui debent offerri, quotidie audit?

20. Omissis (*l.* autem) enim cæteris, tres tantum

---

(793) Id est, *si intuens furem ipso* (Deo) *demonstrante*: cum nimirum Joannis X, 10, ait: *Qui non intrat per ostium in ovile ovium, sed ascendit aliunde, ille fur est et latro*.

(794) Construe: *quanquam Dominus taceat illi, id est, permittat tacere aut nescientes, aut non valentes, aut non ausos* (male in antea vulg. *osos*) *contradicere; ne propterea estimet quod Dominus sit similis ei, id est quod approbet facta ipsius*.

(795) Construe: *His tamen constantibus*, seu certo constitutis, *in tam nutantem* (id est in eum qui tam nutat, seu dubius est), *præter alia et alia, quæ hinc dici possunt, sciendum est, neminem*, etc.

(796) Legebatur *nullatenus*. Errorem deprehendit novus Spicilegii editor. Cum enim Ratherius *parvo naso* eum esse dixerit, qui *discretione modica præditus est*; palam sit ex ejus mente *grandi naso* eum esse oportere, qui magna discretione præditus est, non vero qui *discernendi subtilitate nullatenus* pollet. Emendatio autem, quam ille suggerit, *si discer-*

*nendi subtilitate plurimum quidem pollet, sed fraudulentus*, etc., textum nimium immutat. Leviori autem correctione *eatenus* pro *nullatenus* scripsimus.

(797) Voce *bausiator*, ait Acherius, intelligi puto virum duplici animo. Verum Ratherius in *Qualitatis conjectura* num. 14, verbum *bausiare* pro fraudem facere accepit. *Non habeo fidem*, inquit, *cui hoc committam, ministrum: siquidem illum, cui unam libram argenti pro tribus emendis commiseram anno præterito, immaniter mihi inde bausiasse percepi*. Itaque vox *bausiator*, quam vulgus usurpabat, idem est ac *fraudulentus, deceptor*. Eodem sensu in epist. 12 ad Ambrosium num. 2 me fellonem, inquit, *bausiatorem et perjurum appellavit*.

(798) Spicilegii editor monuit locum hunc manifeste esse corruptum, nec *nisi codicis ope omnino expurgari posse; sed utcunque tamen posse intelligi, quod ex loco Levitici supralaudato apparet, scriptorem hoc loco docere debuisse quænam esset mentis lippitudo*. Certe enim desunt verba *si lippus*.

de istis reprobationum causis, hic [*l. utique*] uti ponere non fit onerosum. Si albuginem saltem habet in oculo, si jugem in corpore scabiem, vel si est ponderosus, nonne satis est reprobatus? Ista enim tria, cum utrumque, id est, et spiritalem, cui resistit Deus, superbiam (*Jac.* IV, 6), et corporalem, cujus ignis succensus esse in furore Domini dicitur (*Deut.* XXXII, 22), significent corruptelam; quem non conturbent in sese recognita, quem non perterrefaciant audita? De his enim duobus beato Job de diabolo dicitur: *Sub umbra dormit in secreto calami, et locis humentibus* (*Job* XL, 16). Uni eorum resistere, ut diximus, dicitur Deus, alterius ignis in ipsius asseritur furore succensus. Unum illorum ex archangelo fecit diabolum **360**, alterum ex eo, qui filius per gratiam existendo, patrem ipsius præcepto appellare promptissime debuerat Deum, ob vitæ immunditiam filius appellatur diaboli: utar ut hic auctoritate Zenonis beati, in sermone videlicet quem de Juda patriarcha, et Thamar nuru ipsius, more suo luculentissime fecit, dicentis: *Omnium corrupte viventium diabolus pater est* (*lib.* II, *tract.* 14). Et o quam (799) non manducat verendam carnem Domini, nec bibit ejus sanguinem [*subaudi* is], in quo diabolus per tria vitia, hoc est, superbiam, hypocrisim, atque luxuriam requiescit, licet communicare cum fidelibus videatur, Domino dicente: *Qui manducat meam carnem, et bibit sanguinem meum, in me manet, et ego in eo* (*Joan.* V, 57), cum et per conversionem ita hoc possit resolvi: Qui in me manet et ego in eo, ipse manducat carnem meam, et bibit sanguinem meum. In quo enim Deus manet, et ipse in Deo, quomodo in eo diabolus dormire possit non video. Dormit vero in eo qui per hypocrisim vel elationem umbrosus et vacuus, per luxuriam existit humectus. Quid ergo manducat, quando communicat? *Judicium si respondes* (*I Cor.*, II, 20), Apostolo connives, et intelligere me pariter commones, quia pro eo judicabitur, id est, damnabitur, quia cum indignus existeret, Christi est ausus carnem manducare, et sanguinem bibere; ac propterea quod debuerat illi fore salvatio, est factum damnatio. De substantia vero corporali, quam sumit, cum sit mea nunc quæ-

(799) Quidam heterodoxi hunc locum, qui non sancti Zenonis, sed Ratherii est, eo detorquent, ac si Ratherius crediderit, in Eucharistia a peccatoribus non recipi veram carnem, nec verum sanguinem Christi. Si autem nec verus sanguis, nec vera caro Christi est in Eucharistia, quam peccatores sumunt; neque de ea, quam sumunt justi, aliud sentiendum contendunt. Verum quam recte de Eucharistia senserit, atque tradiderit Ratherius, ex *Confessione*, et præsertim ex epist. I ad Patricium liquet. Hoc autem in loco quo sensu loquatur, ex toto contextu clarissime eruitur. Veram carnem et verum sanguinem tum a justis, tum ab impiis recipi non negat; sed istos veræ carnis et veri sanguinis effectum non percipere, ut illi percipiunt, tantummodo tradit. Veram carnem ac verum sanguinem a justis accipi manifeste proculdubio astruunt illa: *Cum sit enim digne sumenti vera caro; panis licet quod olim fuerat videatur*, id est, licet videatur panis, quod olim ante consecrationem fuerat panis, *et sanguis, quod vi-*

stio, mihi nunc quoque ipsi loquar, ita succumbo. Cum sit enim digne sumenti vera caro, panis licet, quod olim fuerat, videatur, et sanguis, quod vinum; indigne sumenti, id est, non in Deo manenti quid sit, nedum dicibile, incogitabile fateor mihi, **361** et *Altiora te ne quæsieris, et profundiora te ne scrutatus fueris* (*Eccli.* III, 22), dictum [*id est* puta] putare hinc quoque mihi.

21. Sed audiamus quid inde quidam, id est, Joannes dicat Chrysostomus: forsitan enim conjectare hinc aliquid poterimus. « Nemo, inquit, sit Judas in mensa. Hoc sacrificium cibus est spiritalis: nam sicut corporalis cibus, cum ventrem invenerit adversis humoribus occupatum, amplius lædit, magis nocet, nullum præstat auxilium; ita et iste spiritalis cibus, si aliquem repererit malignitate pollutum, magis eum perdet, non sua natura, sed vitio accipientis. Pura igitur mens in omnibus, pura cogitatio, quia et sacrificium purum est. Sanctam igitur animam tali sacrificio præparemus. » (*Tract.* 61 *in Joan.*). Augustinus quoque: « Quod accepit Judas bonum fuit, sed malo suo bonum accepit. Non ergo mirum, si datus Judæ panis Christi, per quem manciparetur diabolo; cum videas econtrario datum Paulo angelum diaboli, per quem proficeret in Christo (*Tract.* 62, *sub init.*). » Hoc itaque mihi sensu videtur idem esse hoc sacrificium bono quod malo, digno quod indigno; sed non idem præstare. Digno videlicet quia vitam, indigno quod tribuit mortem: digno quod gratiam, indigno quod iram; ita enim et continet Psalmus: *Adhuc*, inquiens, *escæ eorum erant in ore ipsorum, et ira Dei ascendit super eos* (*Psal.* LXXVII, 30), de manna utique referens fastidito; quod intelligi minime obstat de sacrificio Domini indigne accepto, cum et Judæ hoc demonstret perditio, ei in sermone Domini aliquid subintelligi oportere: hoc est, *Qui manducat carnem meam digne, et bibit meum sanguinem digne, in me manet et ego in eo* (*Joan.* VI, 57). Quod si ita est, videndum quibus dicatur: *Venite ad Bethel*, id est domum Dei, *et impie agite, et sacrificate de fermentato laudem* (*Am.* IV, 54). Nam de digne oblato sacrificio, quod caro sit, nihil hæsito. Christi Apostolus atta-

num: ubi panem et vinum, quod *fuerat*, post consecrationem non amplius esse, sed *videri* fatetur, cum reipsa sit caro et sanguis Christi. Totum autem discrimen quoad peccatores circa solum effectum versatur, ut in sequentibus clarissime explicat, ac præsertim illis verbis, quibus post sanctorum Joannis Chrysostomi et Augustini testimonia pronuntiat: *Hoc itaque mihi sensu videtur idem esse hoc sacrificium bono quod malo*, idem sacrificium, seu caro et sanguis idem; *sed non idem præstare: digno videlicet quia vitam, indigno quod tribuit: mortem; digno quod gratiam, indigno quod iram. Vides totum discrimen in effectuum discrimine collocari?* Similiter in *Synodica* num. 5 de peccatoribus loquens, *qui carnem agni comedunt, et sanguinem ejus bibunt*, ait: *Væ enim illis, quibus tantum bonum in tam magnum vertitur malum; dum comedentes utique carnem Domini, et sanguinem ejus bibentes indigne, judicium sibi manducant et bibant*.

men cum et de eo dixisset: *Itaque epulemur*, subjunxit, *non in fermento veteri, neque in fermento malitiæ et nequitiæ* (*I Cor.* v, 8). In quibus nimirum verbis omnis malivola extruditur, tam a sumpturis, quam a porrecturis corpus et sanguinem Domini, intentio. Cum vero illa specialissime (800) oratione consecretur oblatio populo porrigenda, ubi Deo dicitur: *Pater noster, qui es in cœlis* (*Matth.* vi, 8); qui filius corrupte vivendo exstat diaboli, ut Zeno sanctus affirmat, quid cogitet quantum se metiatur, alii committo perpendere; nam non sufficio ipse. Considerari sane in psalmo valet facillime, quam in his duobus, id est, superbia atque luxuria, alterum ex altero pendeat, cum Psalmista expostulet: *Non veniat*, inquiens, *mihi pes superbiæ* (*Psal.* xxxv, 12): hoc est, non conculcet in terra vitam meam jactantiæ dæmon (*Psal.* vii, 6), terrena me solum ambire suadens. Ubi et sequitur: *Et manus peccatoris non moveat me* (*Psal.* xxxv, 12): spiritus utique fornicationis, qui, ubi cenodoxiæ spiritus cor religiosi cujuslibet occupaverit, statim corpus illius libidinis agitat motu. Commotus igitur cur operetur iniquitatem, monstratur, dum subditur: *Ibi ceciderunt qui operantur iniquitatem* (*Ibid.*, 13). Ubi? In superbiam primum, hinc demum in luxuriæ voraginem. Et quare? *quia expulsi sunt* (*Ibid.*), inquit. Unde? a gratia Dei: et ideo *non potuerunt stare*, indignissimi Eucharistiam facti gustare, Domino taliter intercedente: *Quicunque manducaverit de carne sacrificii, quod est Domini, et immunditia ejus super ipsum est, peribit anima illa de populo suo* (*Levit.* vii, 20, 21).

22. Sed cum scriptum sit, quia *nihil in terra sine causa fit* (*Job* v, 6): causam ipsam (non diffiteor) videre videor plerumque ita posse contingere. Pone quemlibet nobilium scholis tradi; quod utique hodie magis fieri ambitu videtur episcopandi, quam cupiditate Domino militandi: ecce pes unus superbiæ, parentum scilicet elata voluntas. Is cum adolescere cœperit, aut de ipsa nobilitate, aut de quovis intellectus acumine, aut fortassis pulchritudine corporis, aut quia sit ei, ut de quadam refert Hieronymus, cygneo canore vox forsitan dulcior, incipit insolescere. His igitur dæmonicis superbiæ pedibus concultatus enervatur, et propter jactantiam, ut ille primus in aerem crassiorem, ita iste in lasciviam prosternitur turpiorem. Hinc demum non tam bigamus, quam multigamus effectus, sine examinatione (801) provehitur ad sacerdotium, quod occasio sequentium omnium usque ad perditionem animarum est profecto malorum. Cum enim hi ex sæcularibus, qui non penitus sunt litterarum expertes, secunda in Pentecoste feria audiunt dixisse Jesum discipulis suis, utique et illis qui tunc erant, et istis qui modo non ejus disciplinam, doctrinam scilicet, correctionem, necnon et interdicta odio habent: *Qui non intrat per ostium in ovile ovium, sed ascendit aliunde, ille fur est et latro* (*Joan.* x,1): nec mentiri non potuisse non ignorant Veritatem; non consequi quoque, ut qui fur est, esse possit pariter pastor: ovile vero intelligunt esse Ecclesiam, quæ utique oves continet illas, quæ erunt in judicio ad dexteram statuendæ, quamvis et [*id est* in Ecclesia] illic mistæ sint iis, qui ad sinistram erunt locandis, quibus et perpetuum nunquam deerit væ. Pastorem legalem [*l.* illegalem], episcopum furem, pseudopræsulem vident; quid de ejus curant provisione, quem cognoscunt non patremfamilias posuisse, sed ipsum latrocinaliter se imposuisse? Quid de ejus benedictione, quem sciunt maledictum esse, Gregorio testante, quia benedictio illi in maledictionem vertitur, qui ad hoc ut fiat hæreticus, promovetur. Cujusmodi vero sectæ hæreticus? Illius utique, illius, de cujus auctore legimus Petrum dixisse: *Pecunia tua tecum sit in perditione, eo quod æstimasti donum Dei pecunia possideri* (*Act.* viii, 20). Cum vero communicans hæretico, sit et ille hæreticus; quid rogo faciendum, quid cogitandum, quid æstimandum de talibus? Excommunicatio vero illorum quam [*id est* quantum] potest ab illo timeri, qui excommunicatos eos non semel, sed millies canonicis non nescit legibus? Consecratio quantum amplecti, dicente Domino: *Quod tetigerit immundus, immundum erit?* (*Num.* xix, 22.) Damnatio quantum vereri, suadente Christo: *Qui sine peccato est vestrum, primus in illam*, hoc est, meretricem, *lapidem mittat* (*Joan.* viii, 7)? Nam isti sunt præcipue qui meretriculas (802) jubent ad stipites excoriandas ligare.

(800) Hæc eo sensu scripsit Ratherius, quo S. Gregorius lib. ix. epist. 12, editionis Maurinæ ad Joannem Syracusanum ait: *Orationem vero Dominicam idcirco mox post precem* (id est post canonem) *dicimus, quia mos apostolorum fuit ut ad ipsam solummodo orationem oblationis hostiam consecrarent. Et valde mihi inconveniens visum est ut precem, quam Scholasticus composuerat, super oblationem diceremus, et ipsam traditionem, quam Redemptor noster composuit, super ejus corpus et sanguinem non diceremus.* Cum S. pontifex affirmet orationem Dominicam idcirco dici statim post precem seu canonem, quia incongruum visum est alias potius preces, quam hanc ab ipso Christo traditam recitari *super corpus et sanguinem Christi,* hoc utique Christi corpus, et hunc sanguinem jam ante ipsam orationem in oblatione exstitisse præsumit. Cum ergo hac oratione oblationis hostiam *consecrari* tradidit, non eo sensu consecrandi verbum accepit, quo significari solet vis conficiendi corpus et sanguinem Christi, sed eo quo hoc sacramentum jam confectum in canone verbis ipsius Christi, hac oratione omnium præstantissima Deo dicatur et offertur. Eodem igitur sensu Ratherius hoc loco affirmat, illa specialissime oratione consecrari oblationem populo porrigendam, ubi Deo dicitur: *Pater noster*, etc. De sententia autem S. Gregorii, qua apostolos consuevisse tradit, *ad ipsam solummodo orationem oblationis hostiam consecrare,* vide P. Le Brun in Explic. Missæ tom. II, dissert. 2. art. 2, num. 7 et 8.

(801) Lege quæ de ordinatis *sine examinatione* noster auctor superius tradidit num. 11. Ex qua negligentia actum est, ut promoti fuerint qui ex sacris canonibus repellendi erant.

(802) Nota jus et potestatem episcoporum hujus temporis.

23. Memini me in Rheno bicorni tantum pertulisse quondam pavorem, cumulis utique ad instar collium ebullientibus fluctuum, ut Euxino freto majus habuisse putaverim nullum : sed cum nautas fiducia peritiæ navigandi jocari vidissem, metu amisso, audaciam [*subaudi* memini me] sumpsisse non modicam. Hoc itaque (803) ut uti hic non incongruum judicetur exemplo, si sæculares ad tanta divini terroris quæ isthic depinxit tonitrua, quæ legentes intelligere nos negare non possumus, vidissent expergisci, utcunque nihilominus et illi timerent. At cum nos videant ridendo ea quoque legere sæpe, et tam obstinate adversum talia, tamque audacter resistere, et rebellione contra Deum publica obdurari; si illi talia non curant, mirumne alicui : potest videri? Illi nempe quid dicatur, nedum intelligant, utrum vere dicatur ignorant. Unde et excommunicationes nostras cum absolutionibus parvi ducunt, quia, quantum intelligere possunt, et nos a sanctis canonibus excommunicatos cognoscunt, et ligatum neminem ligare vel absolvere posse arbitrio proprio **364** comprehendunt. Ad prædicandum sane cum inaniter pervenitur: quamvis dixisse Dominus recolatur : *Quæ dicunt facite, quæ autem faciunt, nolite facere* (*Matth.* XXIII, 3); Apostoli tamen exaggerando sermonem quid dicere possint, non sibi credunt deesse. *Quid prædicas non furandum*, spoliando pauperes, ut locupleteris, pejus omnino *furaris* (*Rom.* II, 21). *Qui dicis non mœchandum* ullo modo, mille modis in actitando pejus *mœcharis* (*Ibid.*, 22), multinubus dum quoque non esse vereris. Quid tamen inde proveniat, non a me discere quivis expostulet. Gregorium audiat : *Causa*, inquit, *ruinæ populi sacerdotes mali* (804). Qui utique, nisi eos contemnerent canones, imo nisi prophetica, evangelica, et apostolica pro nihilo ducerent dicta, nullus sæcularium tam ea parvi duceret vesania, sed omnes a nobis tam studiose venerata, omnino cognoscerent veneranda. Venerarentur vero a nobis utcunque, si diligerentur. Diligerentur autem, si non illa tam sancita fuissent austere, quæ contraria sunt libidini ac luxuriæ maledictæ, cujus detestationem nemo litteratus, etiamsi velit, permittitur ignorare. Omnes vero eam (805) odisse, voluptatem vero ipsius diligere, quamvis gehennæ suspectu multi eam cavere; ac per hoc adversarium nobis sermonem divinum in via præsentis temporis, Christo testante, exsistere.

24. Sed velimus nolimus, ipsos legis Dei, quos modo tam obduranter odimus atque contemnimus, libros habebimus judices, ipsos accusatores, quos haberi oportuerat defensores. Scriptum est enim : *Judicium sedit, et libri aperti sunt* (*Dan.* VII, 10) : quod quamvis et de conscientiis singulorum valeat intelligi; sciendum ex eo, quod in libris continetur, omnes judicandos. Monstrat Propheta alius, dicens : *Conversus sum, et levavi oculos meos, et vidi, et ecce volumen volans, et dixit ad me : Quid tu vides? Et ego dixi : Ego video volumen volans; longitudo ejus viginti cubitorum, et latitudo ejus decem cubitorum. Et dixit ad me : Hæc est maledictio, quæ egreditur super faciem omnis terræ; quia omnis fur, sicut ibi scriptum est, judicabitur; et omnis jurans, ex hoc similiter judicabitur. Et educam illum, dicit Dominus exercituum, et veniet ad domum furis, et ad domum jurantis in nomine meo mendaciter, et commorabitur in medio domus ejus, et consumet eum, et ligna ejus, et lapides ejus* (*Zach.* V, 1, 4). Audite, ait alius, ut ad alia transeam, *audite hoc, sacerdotes, et attendite, quia vobis judicium est, quoniam laqueus facti estis speculationi* (*Ose.* V, 1). Quid intelligi lucidius, quid quæso apertius potest? Speculatorem quippe esse oportere pontificem, qui dicit, innuit : *Speculatorem te posui, ait Dominus exercituum, domus Israel* (*Ezech.* III, 17). Unde et episcopus Græce, superintendens **365** dicitur Latine. Qui si hoc agere aut nescit, aut negligit, aut, quod est gravius, non jussus præsumit; laqueus speculationi, id est episcopali ordini, et causa perditionis dubio procul efficitur, maxime si non inscius, sed conscius id operatur. Ait enim de talibus Apostolorum præcipuus : *Melius illis fuerat non cognoscere viam veritatis, quam post cognitionem retrorsum converti ab eo, quod traditum est illis, sancto mandato* (*II Pet.* II, 21). Quod stipulans ego, visceratim (quid alii de se sentiant, illorum interesse dimittens) cum eo, qui ante me idem deprompsit, exclamo : *Utinam non fuissem vir habens spiritum, nec ad me sermo factus fuisset Domini!* (*Mich.* II, 11.) Quid enim mihi (806) corrupte viventi sermo Domini, nisi perspicuæ contra illum rebellionis indicium, et perditionis est cumulus meæ? Cum enim ille bonis præmia, a malo vero recedentibus veniam promittat, neminem decipit, omnibus dicit : *Filius hominis venturus est in gloria Patris sui cum angelis suis, et tunc reddet unicuique secundum opera ejus* (*Matth.* XVI, 27). [Quem secutus Gregorii nomen præferebat.

(803) Construe : *Itaque ut judicetur non incongruum uti hic exemplo hoc, si sæculares vidissent nos expergisci ad tanta tonitrua divini terroris, quæ isthic depinxi, quæ non possumus negare nos legentes intelligere, utcunque nihilominus et illi timerent.*

(804) Hic textus Oseæ est ex antiqua versione cap. V, v. 1, quem cum Ratherius in vulgata interpretatione non invenerit, sed legerit tantum apud S. Gregorium in Commentario in lib. I Regum c. II, v. 23, ubi Oseæ quidem asseritur, hinc S. Gregorio allegat. Non ignoramus inter eruditos controverti num auctor ejus Commentarii sit S. Gregorius; at, quidquid id est, Ratherii codex profecto Gregorii nomen præferebat.

(805) An hic deest quoddam verbum, quod regere debeat omnia illa infiniti temporis odisse, diligere, cavere? etc. *Infra edidimus* libros, ubi erat liberos. Mox scriendum ex eo quod, quo loco Acherius ediderat, sciendum vero quod. Ita novissimus Spicilegii editor.

(806) Mendose in vulgatis *apte viventi* : neque enim *apte*, sed *male viventi* sermo Domini est indicium rebellionis perspicuæ contra Deum, et cumulus perditionis. Quid autem substituendum sit pro *apte*, ut significetur *male*, S. Zenonis textus a Ratherio antea laudatus, *corrupte viventium*, opportune suggessit.

Apostolus ait : *Omnes enim astabimus ante tribunal Christi, ut referat unusquisque propria corporis prout gessit, sive bonum, sive malum* (Rom. xiv, 10). Quidam quoque nec minus vere, cujus tamen dicta Veronenses (807) Cleronomi nolunt cantare : *Ad cujus adventum*, inquit, *omnes resurgere habent cum corporibus suis, et redditurj sunt de factis propriis*

(807) *Cleronomia* significat collegium clericorum seu monachorum, qui laudes Deo canunt. Acta sanctorum Maii tom. VI, pag. 753, de S. Carauno hæc habent : *Vir namque apostolicus..... Abbatem simul, et pulchram cleronomiæ seriem..... instituit.* Hinc *cleronomi* idem sunt atque canonici cæterique clerici, qui in choro canebant. *Nomos* enim in muicis idem est ac cantilena certa lege composita. Vide Salmasium in Suetonii verba Neron. c. 20. *Nec ante cantare desiit, quam inchoatum absolveret nomon.* Quæ autem mox referuntur verba *Ad cujus adventum*, etc., sunt ex symbolo *Quicunque* vulgo dicto S. Athanasii, quod Veronenses cardinales,

rationem : *et qui bona egerunt, ibunt in vitam æternam; qui vero mala, in ignem æternum.* (808) Subveniat, sed rogandum, tunc illi Christus, qui illic potest vereri : *De ore tuo et scriptis tuis te judico, serve nequam* (Luc. xix, 2'), audire, et ad se ipsum talpæ, ad cæteros caprearum usum visu increpari fuisse. Amen.

seu canonici nostræ cathedralis ecclesiæ publice nolebant canere, ut idem Ratherius expressius in *Itinerario* tradidit. Confer ibidem not.

(808) Construe : *Sed rogandum, ut Christus tunc subveniat illi, qui potest vereri illic;* id est in judicio novissimo, *audire : De ore tuo et scriptis tuis te judico ; serve nequam; et potest vereri increpari, usum* (male in vulgatis *usus*) *fuisse visu talpæ ad se ipsum, visu caprearum ad cæteros. Amen :* quod scilicet in suis actibus dijudicandis cæcus fuerit tanquam talpa, erga alios vero acerrimum caprearum visum adhibuerit.

---

## DE CONTEMPTU CANONUM.
### PARS SECUNDA.

Ut prioribus sane posteriora respondeant (809), lectoris hic advertat perpensio, nullam me meæ admirationi, ac studiosissimæ indagationi aliam invenire causam quivisse, nisi pseudopontificum culpam, tam generalis, proh dolor ! canonum divinorum contemptus ; ipsam vero manu peccatoris, id est diaboli, ob superbiæ vindictam, per enervitatem luxuriæ commotam, quæ in furoris Dei igne succensa ardet hodie in sæculo (*Deut.* xxxii, 22), arsura usque ad inferni novissima, devorans terram, ubi est plantata vinea Domini sabaoth, cum germine bonorum operum, quem [*l.* quod] debuerat ferre; vel certe cujuslibet miseri, dum illud scilicet comburendo temporaliter, æternaliter ut comburi cum anima non cesset, sibi redditam [*f.* reditum] facit ; vel certe terram cum germine devorat, dum, ut alius dicit, ad perditionem omnia quæcunque egit bona ita perducit, ut nihil ei prosit, si quid boni aliquando fecit ; quod tamen de illa dictum libidinis arbitror perseverantia, de qua *Computruerunt jumenta in stercore suo* (*Joel* 1, 17), prophetica conquerendo fatetur Deus ipse loquela. Et montium, id est præsulum, fundamenta (*Deut.* xxxii, 22), id est, ipsa initia discendi legem Dei per pestiferam com-

burens adeo lasciviam, ut cum opus fuerit, nemo fere inveniri possit ad eligendum idoneus, nemo, qui legaliter electo, proh nefas! manus imponat, omnimodis dignus. Cumque se ita res habeat, et, quod canones sancti præcipue detestantur, isti maxime amplectantur; dum nolunt ista cavere, cætera non verentur pro nihilo ducere. Hoc omnes Ecclesiæ filii contemplantes, parvipendunt et ipsi omnia quæ in Scripturis continentur, exemplis talium solummodo innitentes, pietatique Dei ultra quam ipse promisit, sese credentes ; justitiam vero illius post dorsum ponentes, ideoque sine formidine suis voluptatibus, et mortiferis voluntatibus passim deserviunt omnes. Cur vero lex ecclesiastica tam nullipendatur, lex mundana cur tam timeatur, levis responsio est : quia videlicet magis timent homines amittere pecuniam, quam perdere animam ; plus verentur pœnam temporalem, quam perpetuam damnationem.

2. Quærat et aliquis cur præ cæteris gentibus baptismo renatis, contemptores canonicæ legis, et vilipensores clericorum sint magis Italici. Hoc fateor causa superius relata. Quoniam quidem libidinosiores eos (810), et pigmentorum venerem nu-

(809) Construe : *Lectoris perpensio hic advertat, me non quivisse invenire mea admirationi ac studiosissimæ indagationi ullam aliam causam tam generalis, proh dolor! contemptus canonum divinorum, nisi culpam pseudopontificum, ipsam vero commotam manu peccatoris, id est diaboli, ob vindictam superbiæ; commotam, inquam, per enervitatem luxuriæ, quæ succensa in igne furoris Dei ardet hodie in sæculo, arsura usque ad inferni novissima. devorans terram, ubi plantata est vinea Domini sabaoth, cum germine bonorum operum, quem* [leg. quod] *debuerat*

ferre. In sequentibus aliquid corruptum vel luxatum latet, nisi sic placeat supplere atque corrigere : *vel certe* (cum germine) *cujuslibet miseri, dum comburendo illud temporaliter facit sibi reditum, ut non cesset comburi æternaliter cum anima : vel certe devoret terram cum germine, dum, ut alius dicit, ita perducit ad perditionem omnia quæcunque egit bona, ut,* etc.

(810) *Pigmentum* generatim pro potione ex diversis speciebus confecta. Hinc *pigmentata potio* apud Petrum Damianum lib. i, epist. 11, et apud Uldari

tientium frequentior usus, et vini continua potatio, et negligentior disciplina facit (811) doctorum : unde ad tantam consuetudo, et majorum eos exempla jam olim impulerunt impudentiam, ut solummodo (812) barbirasio, et verticis cum aliquantula vestium dissimilitudine nudo, et quod in ecclesia cum negligentia agant non parva, unde tamen afectant magis placere mundo quam Deo, a ritu listare eos videas laico. Inde præ se, fateor (813), lli eos contemnunt, et exsecrationi, ut dignum est, habent. Sic enim eis promisit in persona sui ordinis, Heli utique filiorum detestans insolentiam, qui dixit : *Quicunque honorificaverit me, honorificabo eum; qui autem contemnunt me, erunt ignobiles* (I Reg. II, 30). Per Malachiam quoque cum de probis præmisisset : *Labia sacerdotis custodient scientiam, et legem requirent ex ore ejus, quia angelus exercituum Domini est* (Malac. II, 7); de reprobis quid licat videndum : *Vos autem*, ait, *recessistis de via, et sandalizastis plurimos in lege. Irritum fecistis pactum Levi; propter quod et ego dedi vos contemptibiles omnibus populis* (Ibid., 8). Et per alium : *Ipsi me provocaverunt in eo qui non erat Deus, et irritaverunt in vanitatibus suis. Et ego provocabo eos in eo qui non est populus, et in gente stulta irritabo illos* (Deut. XXXII, 21). Subditque illam pessimam, hic lactam non semel, unde omnia ista prodire jam diximus mala, scilicet sortem : *Ignis*, qui utique libidinis esse non ignoratur, *succensus in furore meo, et ardebit usque ad inferni novissima; devorabitque terram cum germine suo; et montium fundamenta* (Ibid., 22), id est, Christianitatis initia, apostasia **368** sequente, *comburet*. Nunc enim evidens talis est a Deo et fide percepta recessio, cum quis præsente ipso non imet talia contra illum committere, quæ ille minatur inexstinguibili combustione vindicaturum se latenus fore, ut nihil ei boni, quod gessit usque ad ipsum quod percepit baptisma, possit prodesse, maxime si non inscius, sed certissimus id actitat quisque.

3. Didici nam, proh dolor ! (814) quemdam [aliis eodem ipsissimo referente] quod fere ipsa eademque, qua miserrimus idem cantaverat hora, cum recoleret quoque in Job historia : *Ignis est usque ad perditionem devorans* (Job XXXI, 12), neque ignarus expositionis foret ; prolatum reminiscens etiam dixisse de Deo Apostolum : *Quod omnia nuda et aperta sint oculis ejus, ad quem nobis sermo* (Hebr. IV, 13), id est, cui loquuntur ipsa etiam quæ cogitamus, nedum lateant quæ perpetramus : hoc ipso letifero igne ita succensum, ut illecebroso libidinosissimus tactu pruritui subscalpentem concitari in suimet interitum fecerit, vice reciproca voluptatem obsceni fluxus ad unguem ; minus quidem turpiter quam alii, si tamen in turpitudine tali aliquid possit, quod non sit turpissimum, dici. Quid tali fuit, quæso, matutinis illis laudibus interfuisse, nisi publicatio rebellionis contra Deum, perspicue servitio quod fecerat Domini incassum vadente ? Melius incomparabiliter sane fuerat ei matutinis neglectis dormisse, quam tantum malum eisdem peractis fecisse. In tantum enim, teste Gregorio (Moral. in Job. l. 1, cap. 3 et in 7), displicent Deo mala, ut nulla placeant ei mista malis bona. Nedum nos putemus seductissima [*f.* seductissime] placere ea Illi bona, quæ malorum sequentium vicissitudine fuerint compensata : *Vestimentum* enim, ait, *mistum sanguine erit in combustionem, et cibus ignis* (Isa. IX, 5). Alius item : *Gloriam eorum in ignominiam commutabo* (Osee IV, 7). Et, ne de quibus dicat, hæsites, subdit : *Peccata populi mei comedent, et ad iniquitatem eorum sublevabunt animas eorum. Et erit sicut populus, sic sacerdos. Et visitabo super eum vias ejus, et cogitationes ejus reddam ei. Et comedent, et non saturabuntur ; fornicati sunt et non cessaverunt ; quoniam Dominum reliquerunt in non custodiendo. Fornicatio enim, et vinum, et ebrietas, auferunt cor* (Ibid., 8), id est perimunt rationem. Itemque : *Non libabunt Domino vinum, et non placebunt ei. Sacrificia eorum quasi panis lugentium ; omnes qui comedent eum, contaminabuntur ; quia panis eorum animæ ipsorum* (Osee IX, 4). Formidolosa nimium **369** sententia ! Sed si quis contendat Judæorum sacerdotibus hæc solummodo convenire, audiat sibi repugnantem Apostolum ita : *Quæcunque scripta sunt, ad nostram doctrinam scripta sunt* (Rom. XV, 8). Dicente vero de talibus eodem Apostolo : *Quomodo prædicabunt, nisi mittantur* (Rom X, 15); si missi fuissent, et non potius permissi; id est, si legaliter assumpti, electi, ordinati, et quod sibi competeret agerent ; non solum pro sui, sed etiam innumerabilium salute coronam perpetuam mererentur : ut econtra nunc [*subaudi* merentur] ignominiam sempiternam, cum usura quoque indeficientium lugendi pœ-

---

cum lib. II *Consuetudinum Cluniacensium*. Vide Cangium. Ratherius lib. 1 *Præloquiorum* num. 9, potiones a medicis præscriptas pigmenta appellat. Hic autem *pigmenta venerem nutrientia sunt potiones*, vel etiam cibi aromatibus infarti et calidiores. Italorum Ratheriani ævi præcipuum vitium in cibo et potu deplorat etiam coævus panegyrista in laudibus Berengarii I :

O Itali potius vobis sacra pocula cordi,
Sæpius et stomachum nitidis laxare saginis.

(811) *Doctorum*, id est eorum, quibus in Ecclesia docendi munus incumbit. Sic iterum num. 4, *doctorum ecclesiæ prohibita millies mulierositas*.

(812) *Barbirasium* tonsio barbæ, *nudum verticis*, id est, tota superior pars capitis rasa; quam in parte infima capillorum circulis seu clericalis corona circumcingebat. His similia leges lib. V Præloquiorum num. 18 : *Relicto ritu, cultu, habitu quoque nostro, ipsius mundi consuetudine atque studiis, amictibus etiam in tantum utimur, ut solo, ut ita eloquar, barbirasio et corona, et quod..., qualescunque etiam, quas Domino (ore tantummodo, et hoc rarissime) reddere videmur laudes, in nullo alio sæcularibus videamur dissimiles.*

(813) *Illi*, id est laici, Italici, quos *vilipensores clericorum* paulo ante memoravit.

(814) Hic accusativus *quemdam* jungendus est cum illis post nonnulla subjectis, *ita fuisse succensum hoc letifero igne,* scilicet libidinis, id, etc.

narum. *Veniens ad Babylonem, ibi liberaberis, et illic redimam te* (Mich. IV, 10), dicit, qui per alium loquitur Dominus, dicens: *Frons meretricis facta est tibi, noluisti erubescere* (Jer. III, 3). Quæ utinam duo nos infelicissimos commonefacerent, et cum Josia rege scissis vestibus dicere quemlibet nostrum ad reliquos facerent: *Ite, consulite Dominum super me et super populum meum et super omnem Judam* (IV Reg. XXII, 13), quem intelligere possumus confessione Dei insignem catholicam Ecclesiam, *de verbis voluminum istorum*, canonum scilicet et decretorum quæ continentur in archivis ecclesiarum: *Magna enim*, ait ille, *ira Domini succensa est contra nos, quia non audierunt patres nostri verba librorum istorum, ut facerent omne quod scriptum est in eis*: ut patres intelligas Ecclesiarum pontifices. Quatenus ille saltem cuilibet nostrum respondere dignaretur: *Hæc dicit Dominus Deus Israel: Pro eo quod audisti verba voluminis, et perterritum est cor tuum, et humiliatus es coram Domino, auditis sermonibus contra locum istum et habitatores ejus; quod videlicet fierent in stuporem et maledictum, et scidisti vestimenta tua, et flevisti coram me, et ego audivi, dicit Dominus. Idcirco colligam te ad patres tuos, et colligeris ad sepulcrum tuum in pace, ut non videant oculi tui omnia mala, quæ inducturus sum super locum istum* (Ibid., 18).

4. Quorsum tamen hæc, detrahendi avida æmulorum si requirat invidia? Nimirum ut quod innotescere nequiverunt præmissa, demonstrent termino proxima: nempe ut patefieret quærenti, unde iste, id est, hodiernus prævaluerit canonum sanctorum tam universalis contemptus. Ad hoc perventum nostra est inquisitione atque indagatum, eorum contigisse sine dubio culpa, qui cum eos legant, atque intelligant, pro nihilo ducunt. Tum quare hoc faciant pariter est indagatum: quia videlicet cum illa, quæ illi magnopere interdicunt, isti libentius agant; (815) quæ præcipiunt enixius, exsequi omnimodis nolunt. Quæ sunt utique illa? Duo: Doctorum scilicet Ecclesiæ prohibita millies mulierositas, sive illecebrosa non uniformis, Deoque magis detestanda voluptas, et neglecta ipsorum Christo amabilis castitas. Quæ (816) tria cum cætera. quæ in libris 370 continentur divinis, faciant omnino contemni, contemptores ipsos (817) jure vicario a Deo monstratum est reprobari, reprobationem vero ipsam pœnam subsequi sempiternam, non vero pro uno tantum peccato, sed etiam pro malo, quo alios perdunt, exemplo.

5. Hujus pestilentiæ cum nullum posuerim reme-

(815) Baluzius sic legi oportere monuit, inquit novissimus Spicilegii editor. Editum erat, *quæ percipiunt.*

(816) Imo *duo*, ut supra: nam duo duntaxat luxuriæ genera notat, primum illud quidem, quo libido despumatur in mulieres, alterum, ut ipse ait; non uniforme, illud scilicet, cujus speciem cum superius retulisset num. 3, turpissimum quidem id esse monet, quod clerico illi acciderat, sed ita ut aliud quiddam sit longe turpius. Sic in notatione laudatus editor.

dium, fateor me defecisse, nisi tria succurrissent hic præmissa memoriæ. Quæ sunt vero ista? *Fornicati sunt*, inquit propheta, *et non cessaverunt* (Osee IV, 10). Quod dum cum illo confero, ubi dicitur: *Peccasti, quiesce* (Eccli. XXI, 1): et cum illo, ubi legitur: *Qui furabatur, jam non furetur* (Ephes. IV, 28); videretur mihi aliquid fornicatoribus profuisse, si a fornicando studerent cessare. *Reliquiæ cogitationis diem festum agent tibi* (Psal. LXXV, 11), dum Psalmista Deo loquitur, quoque; videtur mihi innuere, ut cogitatione nequam derelicta, quod sit enitendum, (818) ne virus mortiferæ delectationis in effectum sceleratæ prodeat actionis, scabies uti pessima scilice, ab interioribus cutis; eumque diem fore de nobis Deo solemnem, si pravum opus nostram non sequitur voluntatem. *Veniens quoque ad Babylonem, ibi liberaberis* (Mich. IV, 10), dum lego; cum quis de criminibus ante actis confunditur, prodesse ei multum mihi videtur. Josiæ quoque regis me multum oblectat exemplum, dum illud cum eo confero quod legitur in Pentateucho: *Qui timuerit*, inquit, *verbum Domini de servis Pharaonis, fecerunt confugere jumenta et pecora sua in domo; et non cecidit super ea grando* (Exod. IX, 20). Illud quoque dicens: *Beatus homo qui semper est pavidus: qui vero mentis est duræ, corruet in malum* (Prov. XXVIII, 14). *Vidisti*, inquiens Dominus, *Achab, quomodo humiliatus est coram me? Quia igitur humiliatus est mei causa, non inducam malum in diebus ejus* (III Reg. XXI, 29).

6. Quæ utique meam relevare quantulumcunque non diffiteor desperationem, quamvis nullam præbeant securitatem. Non modice nam me terret dum alibi lego, quia sicut non proficit plagato medicinæ alicujus impensio, si adhuc ferrum in eo sit: ita non prodest pœnitentia illius qui peccatum, quod plangit, non deserit, ut Balaam utique compunctio, et Esau consternatio prodit: hoc idem quoque astipulante Domino, dum dicit: *Quam vilis factus es iterans vias tuas* (Jer. II, 36), Gregorium *Homil.* 37, *in Evang.*) quoque dixisse dum lego, vel audio, quod ad magna præmia perveniri non possit, nisi per magnos labores; et meos considero mores: si non perterrcor, insanire, me fateor. Si enim ad magna præmia non pervenitur, ad maxima supplicia quod sine dubio perveniatur, intelligi datur. Quid enim in cœlo, quod non sit præmium magnum? Quid in inferno, quod non sit maximum damnum, tribuitur? Quam vero me dulcisona oblectet illa Domini, qua dicitur, vox: *Gaudium est in cœlo super uno peccatore* (Luc. XV, 7): 371 quam illico terreat, dum subjungit, *pœnitentiam agente*, nequeo dicere. Dum

(817) *Jure vicario*, id est, sicut illi contemnunt canones et Scripturas sacras, ita vice versa Deus monstrat ipsos ab aliis contemni ac reprobari, uti antea ostensum est.

(818) Construe: *ne virus mortiferæ delectationis, uti scabies scilicet pessima cutis ab interioribus prodeat in effectum sceleratæ actionis.*

enim quid sit pœnitentia, vel in canonibus sanctis, vel in eorum qui eam digne fecerunt, exemplis considero, et ignaviam pariter meam attendo; væ, væ, væ, tantum clamare compellor. Nam, derelictis sceleribus, verissimum atque piissimum tenemus promissum dicentis : *Convertimini ad me, et ego revertar ad vos* (*Zach.* i, 3). De his vero, quæ relinqui non valent, quid cogitem, nedum dicam, dubius exsto. Scriptum enim cognosco de Deo : *Si concluserit hominem, quis ei dicere potest : Cur ita facis?* (*Job* xviii, 8.) De quovis etiam talium : *Immisit enim in rete pedes suos, et in ejus maculis ambulat.* Quem utique utrum absolvere dignetur ille de quo canitur : *Qui aperit, et nemo claudit; claudit, et nemo aperit* (*Apoc.* iii, 7) necne, non est hominum in hoc sæculo judicare. Scriptum est enim : *Nescit homo utrum odio an amore dignus sit, sed omnia in futurum servantur incerta* (*Eccle.* ix, 1). Quæ tamen sententia, ut peccatori desperationem adimit, ita justo sollicitudinem adjicit, si quod competit, agere non desistit. Ut scilicet nemo in hac vita sit sine cura, sed qui sperat in Domino, speret, ita tamen ut quod ipse promisit, non aliud quidlibet inaniter speret; et qui gloriatur, non in se, id est opere suo, atque virtute, sed si gloriatur, in Domino glorietur (*II Cor.* x, 17).

(819) Construe : *Cavendum, ne ipse jure vituperer ferre ligna in silvam, et vecors mittere aquam in flumine hortis sitientibus. Quia vero urbanitas vestra quordam dignata est consulere, si recolitis, inertiam meam, quomodo orarem; confiteor, meam modicitatem invenisse in libro Huberti amici vestri æquinomi atque socii ad me persequendum, quid instanter oran-*

7. Sed jam nunc sufficiant ista, scaturigine contemptus canonicæ sanctionis abunde monstrata. **372** Nam stulti proprium esse sensum totum effundere suum (*Prov.* xxix, 11), asserto monstratur Scripturæ; simulque (819) cavendum in silvam ne ligna ferre, hortisque sitientibus in flumine vecors aquam mittere, jure vituperer ipse. Quia vero meam inertiam urbanitas quondam, si recolitis, quomodo orarem, est dignata consulere vestra; quid mihi sit instanter orandum in vestri libro amici æquinomi, atque ad me persequendum socii, invenisse confiteor meam modicitatem, Huberti, quod et isthic ponere operæ pretium duxi.

COLLECTA.

Conspirantes, Domine, contra tuæ rectitudinis firmamentum, dextera virtutis tuæ prosterne, ut justitiæ non dominetur iniquitas, sed subdatur semper falsitas veritati. Per Dominum.

SECRETA.

Oblatis, quæsumus, Domine, placare muneribus, et nos ab inimicis clementer libera nostris. Per Dominum.

POSTCOMMUNIO.

Hæc nos communio, Domine, et a cunctis exuat delictis, et ab inimicorum defendat potenter insidiis. Per Dominum.

*dum sit mihi; quod et ponere isthic duxi pretium operæ. Sequens collecta excerpta scilicet a Ratherio fuit ex libro cujusdam Huberti, qui cum adversariis suis societatem inierat. Hunc autem æquinomum vestrum appellat, ejusdem scilicet nominis: Hubertum enim Parmensem alloquitur, ad quem hoc opus direxit.*

---

# RATHERII OPUSCULUM (820)

AB EO INSCRIPTUM

## QUALITATIS CONJECTURA CUJUSDAM.

**373** 1. Cogor per omnes actus, sermones, intentiones insuper meas osorum cavillationibus respondere, quasi ego sim utique solus, qui non debeam ad illud supremum judicium, ubi omnia hic incorrecta sunt ventilanda, venire, sed de omnibus in hoc sæculo rationem hominibus red-

(820) Hoc opusculum ab Acherio editum e Laudunensi codice, inter Ratherii lucubrationes Fulcuinus recenset cap. 24, cum titulo : *Conjectura vitæ ejus*. Totum enimvero in eo fere versatur, ut mores et consuetudinem vitæ ejusdem acri et ironica quadam ratione explicet, qua malevolus cavillator omnia ejus opera etiam meliora transversa interpretatione distorquere fingitur. Ad tempus quod attinet, plerique hoc opus scriptum putarunt anno 972, eo quod num. 13 legatur : *Quadraginta jam fere sunt anni, ex quo ambire potentiam cœpi*, id est episcopatum; et dum se ita senem præfert, ut vix annum vitæ sibi superesse existimet. At præterquam quod *anni fere quadraginta* haud sumendi sunt ab episcopatus initio, seu ab anno 932, sed ab eo tempore quo episcopatum appetere cœpit, ut explicabimus not. 62; hoc certe opus scriptum, dum Veronensem episcopatum teneret, et dum eum Miloni nollet dimittere, ex pluribus ipsius opusculi locis manifestum est; dimisit autem illum anno 968. Assignandum autem videtur ineunti circiter anno 966. Cum nimirum Ratherii hostes tum ex ejus litteris ad Milonem scriptis sub finem anni 965, tum ex ultimo, quem eodem tempore addidit, numero *Conclusionis deliberativæ* intellexissent eum nolle episcopatum dimittere, nisi imperiali præcepto cogeretur; ipsius vitam et mores apud imperatorem variis cavillationibus notare moliebantur, ut imperiale ejusmodi præceptum obtinerent. Ratherius autem eorum ca-

dere : cui scilicet non liceat soli nisi præfixo loqui, [*subaudi* nec liceat] de uno saltem in alterum transire sine ratione reddenda cubiculum ; cum Dei misericordia, et illius (824) eleemosyna, qui mihi contulit ipsa, habeam multa, nec interdicta mihi sit eis fruendi licentia. Et utique si inter se talia [*subaudi* osores] collatrarent, non mirum fuerat; (822) tales mirum haud modice de talibus **374** fatigare imperiales si ausi sint aures. Quid enim ad illum, cui de tota climatis nostri est cogitandum monarchia, opus referre, de uno in alterum se si collocat pauperculus aliquis lectum, de uno in aliud si se vertit quilibet latus? Cavillatoribus igitur materia est : ad id, instant cui agendo, ipse uti ministrem, falsa veris, opinabilia certis atque conjungam, rumusculos hic congerens pro valentia vestros, quo vos utique exsatiem cunctos. Quæ dicatis, quæve de me quali quoque sensu dicere valeatis, per quamdam præveniens anticipationem hujuscemodi, similem cui ante me, credo, de se nullus fecit, de me promere tento ipse relatum. Legat ergo qui volet, et de me proferat pejus quiddam, si valet.

2. Famulos, inquiunt, quos non audet flagellare, **375** malos servos non cessat vocare. Dicit, quia pro eo, quod est animosus atque pauperrimus, nolit ministrum vel capellanum habere, quem

fillonem (823) non audet appellare. Milites non opitulari sibi instanter causari, (824) quodve capi sivissentque illum abduci. Mores, lectionem, et cantum carpere clericorum. Illegale conjugium nominat adulterium (825); legem [*subaudi* potius] quam consuetudinem, dogmatizat tenendam. Opus servile (826) interdicit Dominica die. Non modo inusitate, sed et inaudito commissos [*id est* conversos, seu dicatos Deo] Deo jubet modo servire. *Ad magna præmia perveniri non posse nisi per magnos labores* (GREG. homil. 57 in Evang). non quiescit clamare. Ubi ergo reges, ubi omnes divitiis affluentes, inde qui voluptuose vadunt viventes? Calamitosis nam iste solum regnum Dei dicto promittit. Nasum semper tenet in libro, inde garrire non cessat. Omnino redarguit omnes, (827) *contiguus nulli, cujus mores placeant illi*. Quem vero laudat, qui seipsum semper vituperat? Illa sed forte deceptus Apostoli verissima sententia, male utique intellecta : *Si nosmetipsos dijudicaremus, non utique judicaremur* (*I Cor.* II, 51) : quasi peccatorem se confiteri alicui sufficiat, si peccatum quod confitetur non deserat; cum utique si alter hoc ei diceret, molestissime ferret. Quæ dicit, scribit, (828) legendaque posteris, præsentibus **376** ut derogent, linquere gestit. Chronographiam (829), græcizando vanus, cum non sit saltem Latinus,

villationes præveniens, quæcunque sive vera, sive falsa opponi poterant, hoc opusculo ita lepide eorum verbis exposuit, ut censura simul et defensio videri possit. Ineunti autem anno 966 idcirco ascribimus, quia tum maxime ebulliebant molestiæ de episcopatu dimittendo, eæque fere consopitæ videntur in Quadragesima anni ejusdem, cum ejusmodi angustiis solutus synodum coegit, et synodicam edidit. Confer Vitam auctoris n. 109.

(821) *Illius* scilicet imperatoris. Construe autem : *cum habeam multa Dei misericordia, et eleemosyna illius, qui mihi contulit ipsa, nec*. etc. Quoad imperatoris eleemosynam confer inferius not. 920.

(822) Construe : *Mirum haud modice, si tales (osores) ausi sint fatigare aures imperiales de talibus. Quid enim opus est referre ad illum, cui cogitandum est de tota monarchia climatis nostri, si aliquis pauperculus se collocat de uno in alterum lectum, si quilibet se vertit de uno in aliud latus? Igitur cavillatoribus materia est; ut ipse ministrem ad id, cui instant agendo, atque conjungam falsa veris, opinabilia certis, congerens hic pro valentia, id est quoad possum, rumusculos vestros, quo utique exsatiem vos cunctos. Ipse præveniens per quamdam anticipationem hujuscemodi, cui similem, credo, ante me nullus fecit de se, tento promere relatum, id est relationem, de me quæ dicatis, quæque valeatis quali quoque sensu dicere de me.* Voces *opus referre*, quæ in vulgatis perperam traductæ fuerunt ante vocem *monarchia*, in congruentiorem locum restituimus.

(823) Kero monachus, *verbera fillo, verberum fillonum.* Hinc *fillones, verberones, verbere digni, nebulones.* Vide Cangium. Qui nec ministris, nec capellanis utebatur, omnia per sese agere debebat; et idcirco se *animosum* vocare videtur Ratherus, quod cum alii episcopi multa per ministros gererent, ipse per se quælibet gerere non vereretur. Hinc num. 14 : *Non habeo*, inquit, *fidum, cui hoc committam, ministrum. Facio pro me ipse quod possum.*

(824) Milites, de quibus loquitur, sunt Ecclesiæ vassali nobiles, qui pro Ecclesia et episcopo militare debebant; Ratheriusque conquestus traditur, eos sibi non opitulatos, quodve sivissent eumdem capi et abduci, cum scilicet a Milone competitore suo captus et abductus fuit : de quo vide infra num. 833. Ad ea porro, quæ mox adduntur de cantu clericorum, notare licet duo. In opusculo *De clericis rebellibus* num. 1, memoratis prophetis, psalmis, hymnis et canticis ait : *Quæ vos jactatis aliis Italiæ Ecclesiis frequentare melius.* Econtra eos perstringit, propterea quod nollent canere symbolum S. Athanasii. Confer *Itinerarium* num. 7, et *De contemptu canonum* part. I, num. 24.

(825) In *Discordia* num. 1 : *Adulter*, inquit, *nobis est, qui contra canones uxorius est*. Et in *Apologetico* conjugia clericorum similiter vellicans ait n. 7 : *His ne* [*superintendo*], *qui dum monogamos fore adulterium publicum, dum illegale utique conjugium sit, trigami esse, et, proh pudor! quadrigami, et hoc presbyteri et diaconi, cum bigami ex laicis nequeant saltem fieri clerici, pro nihilo dicunt?*

(826) In epist. 12, ad Ambrosium num. 3, ait : *Cum excommunicatione interdixi, ut ab opere servili Dominica die cessarent. Id cum evincere nullo modo valuissem, portas observari contra venientia plaustra præcepi. Hoc facinus aut morte, aut expulsione mea debere judicant expiari.*

(827) *Contiguus*, id est, animo propensus, propinquus, amicus; sicut *contiguitas* in Glossario Barthii ex Guiberti Hist. Palæst. pro cognatione et amicitia accipitur.

(828) Id est, *et gestit linquere legenda posteris, ut derogent præsentibus.*

(829) Mireus in notis ad Sigiberti librum *de Viris illustribus*, ubi de Ratherio loquitur, Chronographiam ejusdem memorat inter manuscriptos codices bibliothecæ Gemblacensis. Cum vero hæc bibliotheca incendio concremata fuerit, frustra hic codex quæretur. Quispiam fortassis suspicabitur *Chronographiæ* nomine indicari Confessionem Ratherii,

hujusmodi sui temporis vocat scripturam, quæ utique contemporalium sibi contineat vitam; se primum, se mediastino, se rodens ipsum postremo, inde omnes suopte more viventes, genuinum in eis figere non desinit dentem, intactum deserens neminem. Unde quia contra omnes lingua ejus, lingua merito est omnium contra eum. Ferri vero utcunque poterat linguæ procacitas ejus; (830) digitos jure aliquis frangeret contumaces illius, venturis talia scriptitantes. Quid plura? Dissimilis omnibus honorem curantibus est ejus vita: Vestibus non conitur (831), calceamentis turpatur, scamnalia non quærit, mensalibus indiget; lectisterniis mediocribus, cæteraque supellectile delectatur, pretiosa non ambit. Nil quod gloriæ pertineat in eo videtur, nil quod honori. Manus tantum et labia cibum lavat sumpturus, necnon et sumpto; faciem raro. Forsitan in patria sua fuerat bacularis (832), ideo illi tam honor omnis est vilis, longe aliter sæpe licet dictum sit frequentius nobis, filius carpentarii; ideo tam gnarus, tamque voluntarius est basilicas struendi vel restruendi; lapides semper versat et reversat, ipse eos sæpe connectit.

**377** 5. Quæ sunt servorum agere non dedignatur; [*subaudi* eorum quæ sunt] dominorum adeo negligit usum, ut posthabito curule pontificali (833) frequentius decubet humi; Epicurus ac veluti alter, summum in voluptate bonum qui censeat esse, si ventri bene est, si lateri, si pedibus, si sibi est suisque sufficiens soli, contentus. Non curat sibi manducanti utrum quilibet assideat cœtus: mensa quippe illius expers divitum, sodalitatem haud respuit nec incongrue vilium, pauperem asserens mensam locupletes dedignari convivas. Inter nobilem et ignobilem ad suum commodum nullam facit distantiam peragendum, multos asseverans nobiles ignobilia, multos ignobiles nobilia sæpe fecisse, nobilitatemque ex potentia et proprie actu, quam ex alieno, Sallustio teste, pendere. Fugere sic quem se simulat, tali forsitan modo mercari conatur honorem; ostentatione solummodo, ut cernitur, captat: veram gloriam vana commutat. Labeo, remur, ob talia factus, incidit in eos forsitan actus, quos pene semper in suis deplangit sermonibus, (834) manu peccatoris commotus, pede superbiæ calcitratus, halitu Behemoth inflammatus, a gratia Dei expulsus; non valens consistere rectus, immundum quid, indeque iniquum forsitan operatus. Visitans enim speciem suam tam sæpe delinquit (835), ut sicut ille quondam in Threnis de aliis, ita iste de se dicere veraciter possit: *Oculus meus deprædatus est animam meam* (*Thren.* III, 51). Enimvero nisi ita proculdubio esset, et se talia vel fecisse vel facere unde infernales luere debeat pœnas, non agnovisset; ad illam qua prandent cæteri horam, cum sit edacissimus, ipse pransisset (836); carnem ut aliquoties, semper ut alii, comedisset; tot millia vicibus, ut solus existens agere narratur, væ mihi, væ non quoque clamasset. Non desunt enim qui sæpissime audiant eum solum quasi cum altero rixari, et aliquando dicere: Quid vis iterum, diabole? Nonne jam consenuisti in talibus mecum; effeta membra, et enerves cur adhuc laceras artus? Nonne tibi satis sum traditus? Nonne satis gehennam habeo emptam? Quid amplius pretii quæris? *Minoris potuit vita perennis emi.* Si non sufficiunt vero quæ sunt in libro *Confessionis* meæ descripta, recurre, maligne, **378** ad tuum, ubi utique scio nihil malorum meorum omissum, sufficere, sed fateor, poterant tantummodo

quam ex ms. Lobiensi edidimus. In hac enim ejusmodi quidem descriptio continetur, qua se *primum*, id est in principio operis, se *mediastino*, id est in medio, *seipsum postremo*, id est, in ejusdem Confessionis fine reprehendit, et hac occasione alios identidem pungit. Cum tamen in Confessione non feriat *omnes*, ita ut *in lactum deferat neminem*, quemadmodum in *Chronographia* fecisse traditur, aliud opus deperditum Chronographiæ titulo inscriptum putamus. Hoc quidem in *Itinerario* num. 8, iterum memorat: *O Chronographia Ratherii pessima!* ubi etiam indicare videtur, se in ea clericorum suorum mores perstrinxisse; quod in libro *Confessionis* non invenies. Confer ibidem not.

(830) Construe: *aliquis jure frangeret digitos contumaces illius, scriptitantes talia venturis.* Quæ innuunt ferri posse, si auctor sola lingua feriret: at scripto eadem vulgare, et ad posteros transmittere ferri non posse.

(831) Prius *non comiter* corrupte, ut novissimus Spicilegii editor notavit. Mox ubi *scamnalia* Acherius putavit legendum *scamella.* Laudatus vero editor nihil mutandum credidit, et jure: nam Ratherius in *Testamento* pariter hæc tria nominat, *scamnalia, mensalia,* id est, stragula scamnorum atque mensarum, et *lectisternia.* In *Confessione* quoque, num. 54, *mensalium* et *scamnalium* fit mentio.

(832) *Baculares* dicebantur apparitores, quippe qui baculum gestabant, unde in epist. 12 ad Ambrosium num. 4, apparitores ecclesiæ baculares vocat. *Si clericus*, inquit, *aut famulus ipsius per* suam voluntatem non adit vocatus episcopum; ille suos baculares mittit, et per potestatem eum rapiunt, et ad episcopum ducunt. Ratherius vero a nonnullis irrisionis gratia dicebatur fuisse *bacularis*, vel *filius carpentarii*: quod tamen *longe aliter nobis*, id est Veronensibus, *frequentius dictum* ipse cavillator affirmat; vir enim nobilis, sicut erat, ut in Vita § 1 ostendimus, ita etiam a pluribus e Germania Veronam advenientibus, qui ejus genus noverant, dictus fuit. Notatu dignum est *carpentarium* accipi de eo, qui etiam ex lapidibus aliquid construit. Ratherium in struendis atque restruendis ecclesiis intentum alibi quoque videbimus.

(833) Forte *dignitate pontificali*, ait Acherius; sed profecto aliud tum cogitabat; nam *curulis* hoc loco sedes est, quali utebantur magistratus, et qui dignitate quadam publica pollebant. Ita novus Spicilegii editor. Mox construe: *ac veluti alter Epicurus, qui censeat summum bonum esse in voluptate, contentus si bene est ventri, si lateri, si pedibus, si est sufficiens sibi soli et suis.*

(834) Hæc in contrarium sensum sumpta ex illis Ps. xxxv, vers. 12: *Non veniet mihi pes superbiæ, et manus peccatoris non moveat me.* Mox verba *halitu Behemot inflammatus* referuntur ad illa de Behemot Job XLI, vers. 12: *Halitus ejus prunas ardere facit, et flamma de ore ejus egreditur.*

(835) Hæc quoque contraria illis Job v, vers. 24: *Visitans speciem tuam non peccabis.*

(836) Prandebat ergo Ratherius serius quam cæteri, nec semper, ut alii, comedebat carnes.

illa quæ (857) Italia, Francia cantat, et Norica, quæ non ignorat Burgundia, recolit Provincia, meminit Septimania, Saxonia loquitur, Suevia recordatur. Inveteratum dierum malorum me nominari valere, sufficere tibi, maligne, poterat jure. Scio tamen versute, scio, quod me quem, proh dolor! tenes, non quæris, sed per me acquirere (858) alios satagis.

4. Hæc cum audimus, quanti eum habere valemus? Deo displicere illum agnovimus; placabilem nobis eum quomodo facimus? Desperationis enim cum verba sint ista, quid de eo censere valet nostra cum eo æstimatio, itá ut vituperet et sua? Et cum, auctore Apostolo, irreprehensibilem oporteat episcopum esse (*I Tim.* III, 2), tanta, tam reprehensibilia inveniri in uno valere, quis valeat ferre? Inter omnia vero ejus est maxime miranda loquacitas, cum disertitudinis nulla ei suffragetur facultas, nec magistrorum auctoritas, vel lectorum immensitas. Si mirabilis itaque Deus in sanctis et operibus suis (*Psal.* LXVII, 36); mirabilior, ut ita dicamus, in talibus tali taliterque concessis: asinæ Balaam (*Num.* XXII, 28), vel eidem idololatræ sacrilego eum possumus comparare; prophetanti utique et decipienti, benedicenti et maledicenti, compuncto et obdurato; Eliu, cum tamen idem esse qui et Balaam credatur, [*subaudi possumus*] assimilare; quem miratur Dominus ipse sententias sermonibus imperitis involvere (*Job* XXXVIII, 2), quod agere non desinit iste: lucernæ alios illuminanti, et seipsam urenti aptare. Bonitas itaque ei inesse si cernitur aliqua, hypocrisis magis putanda quam bonitas vera; quod etsi restruit, inquiunt, vel construit basilicas, cœnodoxiæ hoc vitio facit. Utinam mentirentur, vel potius fallerentur! Istud tamen est, istud quod Apostolus prohibet dicens: *Nolite ante tempus judicare, quod usque veniat Dominus, qui et illuminabit abscondita tenebrarum, et manifestabit consilia cordium* (*I Cor.* IV, 5). Quamvis me non ab eis tamen in hoc penitus dissentire fatear ipse.

5. Quid tali igitur, inquiunt, episcopatus? Imperatori non servit, duci (859) nequaquam, in exercitum nunquam, ad cortem (840) rarissime, et si forte, non sponte. Id tamen si facit, ad palatium quatriduo pergit saltem transacto: quo citius valet, diversorium repetit, librum receptat. De nulla re Cæsarem appellat, nil ab eo quærit, nulli suorum apud ejus clementiam suffragat. Ecclesiæ suæ nihil acquirit, perdere plurima sinit. Cum primoribus nihil actitat regni, hospitia illorum non adit, colloquia parvipendet; ad suum [*id est* hospitium] eorum nullum invitat. Nulli illorum quidquam largitur, vel ab eo petit; domum semper vacuus redit. Jusjurandum nemini offert, neque a quoquam requirit. De nulla hujus sæculi gloria aliorum se inframittit (841) exemplo. Dicit se gloriam ideo detestari, quia, cum voluit, eam nequierit adipisci; modo, dum non dabitur frui, stultissimum eam sit affectari. Pedem si vult aliquis osculari illius (842), cum magno cum repellit clamore. Solus, si liceret, tota die sederet, libros versaret vel reversaret. Frequentiam odit, solitudinem diligit, trocho non ludit, aleam fugit, de canibus nil curat, de accipitribus nihil. Interdum loquacissimus, interdum est quasi mutus; risu dissolutus, subindeque tristissimus, rixarique actutum paratus: scurrilitatem vero vel verba otiosa, risumque moventia, omni proferre, sive sit lætus, sive iratus, paratissimus hora (843). Det autem, non det, rogari nullo modo volet [*f.*, vult, *aut* vellet], impatiens semper, patientissimus sæpe: quod et si dat alicui, promittere patitur nulli. Fallacissimus, si non dedignaretur mentiri; versutus, (844) si non exosos et ipse haberet, et Deum crederet habere versutos. Omnibus ambiguus, indeque nulli concinnus. Ex (845) liberalissimo prætereæ, et, ut veracius dicamus, dilapidatore pro prodigio quondam, tam est tenax nuper effectus (846), quasi in alium sit virum mutatus: ex quo perspicue instabilitas valet conjici ejus. Dicit, manduca: si nolis, sit tibi compulsio nulla. Bibe saltem, ait: nolentem vero minime cogit. Sede non tibi dicit, non sedentem vero excultare (847) nequaquam omittit. Si quæris ab eo importunius aliquid, irascitur; si quod necesse,

---

(857) Recensentur provinciæ, in quibus Ratherius aliquandiu versatus est. Confer not. in librum *Confessionum*.

(858) In priori Acheriana editione *pro me acquirere*. Emendationem novi editoris recepimus.

(859) *Duci*, id est, Henrico Ottonis imperatoris ex fratre nepoti, qui dux erat Bajoariæ et marchio Veronensis; seu potius Judithæ ejusdem ducis matri, quæ pro filio adolescentulo ducatum et marchiam regens, *ducis* nomine ter a Ratherio laudatur, bis nimirum in hoc opere num. 9 et 14, ubi eam *ducem inclytam*, nec non in *Itinerario* num. 4, ubi *excellentissimam ducem* vocat. Vide hæc de re plura in Vita auctoris § 12, num. 75 et 76. Quantum porro Ratherius episcopo et clericis indignum putaret militiam adire, consule part. 1 *De contemptu canonum* num. 4.

(840) *Cors cortis* curia, seu aula principis; unde vox Itala *la Corte*.

(841) *Inframittere* pro interponere, immiscere. Sic etiam in *Apologetico* num. 7: *Ut quivis abhinc episcoporum, si de clericorum se inframitteret rebus*,

anathemate foret damnatus. Construe autem: *De nulla gloria hujus sæculi se inframittit exemplo aliorum*.

(842) Nota morem osculandi pedem episcoporum.

(843) Id est, *paratissimus proferre omni hora, sive sit lætus, sive iratus*.

(844) Construe: *si et ipse non haberet, et non crederet Deum habere exosos versutos*.

(845) Hæc Ratherii liberalitas, quæ in prodigalitatem vergeret, notatur etiam in libro *Confessionis* num. 6: *Prodigum, quod usurario minus congruit, me magis fuisse et confiteor et doleo*.

(846) Hæc nupera mutatio, qua ex liberalissimo tenax effectus cavillatori videri potuit, ex eo forta videtur, quod basilicas partim vetustate, partim hostium et præsertim Hungarorum incursionibus dirutas aut incensas, construendas vel reparandas nuperrime deliberaverit. Vide Apologeticum n. 5.

(847) *Excultare* num pro auscultare, id est intentius audire? An vero legendum *exculcare*, id est in sedili locare? *Culcare* enim pro collocare in medii ævi scriptoribus legitur. Vide Cangium verbo *Colloco*.

tacet; inde acrius irritatur; si ingeniose, incipit insanire. Si vult facias, ne facias dicit; si non fieri optat, facito profert. Fallax, etsi nonnunquam in relatibus veracem se semper parere conari [*f.* conatur], in promissis asserit velle. Nil unquam boni inchoavit quod ad finem perduxerit.

6. Caudam (848) hostiæ indesinenter Domino detrahit, indeque salutem sibi ipse miserrimus adimit. Qui enim *perseveraverit* in bono *usque in finem, hic*, teste Domino, *salvus*, exceptis procul aliis, *erit* (*Matth.* xxiv, 13) : cum econtra (849) qui perseverat, ut iste videtur facturus, in malis, perditus absque dubio erit. Et heu miser atque infelix! Quare saltem in isto quo nunc stat, non convertitur termino vitæ? Sed videtur nobis quod ideo sit desperatus, (850) quod immiserit in tali rete pedem suum, in cujus maculis ambulans, expediri nullo modo. possit. Dum enim monachus fuerit, et nunc episcopus sit; si relictis ovibus monasterium repetit, timet audire : *O pastor et idolum derelinquens gregem* (*Zach.* xi, 17). Sin, Apostolum de se timet dixisse : *Habentes damnationem, quia primam fidem irritam fecerunt* (*I Tim.* v, 12). Dominum quoque : *Nemo mittens manum ad aratrum, et aspiciens retro, aptus est regno cœlorum* (*Luc.* ix, 62). Unde cum fuisset captus (851), cœpit cantare stultissimus : *Ecce quod cupivi jam video*. Putabat enim, fatetur, quod esset tunc penitus expellendus, et gaudebat quod ipse non dimiserit episcopatum, sed episcopatus eum; et hac arte volebat, ut dicit, repetere monasterium, promittens sibi propter hoc dixisse Dominum ipsum : *Convertimini ad me, et ego revertar ad vos* (*Zach.* i, 3). Quod cum minime processerit, putat de se desperatissimus illud prolatum : *Si consulerit Deus hominem, quis ei dicere potest : Cur ita facis?* (*Job* ix, 12.) (852) Nedum enim de transactis agere pœnitentiam, de malis perpetrandis nullam nos sinere eum dicit habere penitus abstinentiam, cum et pro nostris, si sua non haberet, posset omnino damnationem perpetuam metuere, 381 sceleribus; quæ utique nec compescit dictis, nec emendat exemplis, nec diluit meritis. Qua scilicet incommoditate triplici interceptus, in quodam (853) suo opere alio, sic Deo clamare compulsus : *Si meos, Domine, mortiferos conatus prosperari per-*

A *mittis, quam mihi fiduciam evadendi relinquis. et si a præsentibus malis non cesso, quam veniam de præteritis spero?* Istam igitur, istam dicit conclusionem, illam existere, in quam si quis inciderit, æternaliter Deo concludente, dum non aperiente, peribit. Peribit vero juste. Justitia enim nil facere potest, ut iste declarat, injuste, ponens exemplum de Apostolo tale: *Qui factus est nobis a Deo justitia* (*Gal.* iii, 13). Qua utique ejus mœstitudine quidam nostrorum decepti, putant cum præsulatum velle dimittere, ipso prosequente, et non negante, quod vellet et nolit. Vellet scilicet, si liceret; nolit, quia non licet.

7. Nos præterea tanta de eo mendaciter dicit confingere, et ipsa solummodo abominabilem eum omnibus facere; et cum sit animosissimus, acerrime B cruciare. In tantum vero non curat si quis de eo male loquatur plerumque, ut duodecim nummos nuperrime cuidam dederit, qui ei tota die conviciaretur, præmii loco. Dicit se ita præoccupatum timore gehennæ, ut nihil amplius sit ei opus timere. Unum etiam (854) verbum otiosum, et ut nobis [*l.* nos] credere cogit, turpissimum, tali loco se fatetur dixisse, quod dum recolit, et de eo rationem redditurum se in die judicii audit, omnem verecundiam hujus sæculi in comparatione ipsius pro nihilo ducit, asseverans non posse ullo modo fieri, ut qui [*l.* cui] de tali verbo, tali loco prolato, occasionequoque pro tali, rationem in die judicii contigerit reddere, *Venite, benedicti Patris mei, percipite regnum* (*Matth.* xxv, 34), cum cœtu audire valeat C beatorum sibi prolatum. Beatitudo enim cum omni careat miseria, verecundia vero de talibus ad maximam pertineat miseriam; qui de tali sermone in conspectu totius rationalis creaturæ, angelicæ utique atque humanæ, 382 rationem reddiderit, beatus esse unquam quomodo poterit?

8. Quid amplius? Qui vult eum cognoscere, studeat librum *Confessionis* illius totum perlegere : nam si talis, ut illic recitat, est, pejor illo nemo in sæculo est; si vero mentitur se talem esse, mendacissimus convincitur fore. Nullus præterea liber, nullus sermo, nulla ipsius historia, nil postremo est, quod posteritati legendum dictaverit unquam, quod ejus non accuset, si bene intelligatur, mali-

---

(848) Cauda hostiarum offerenda erat. Vide Exod. xxix, vers. 25; Levit. iii, vers. 9; et vii, vers. 3. Cauda vero pro perseverantia finali in bono hic accipitur.

(849) Vulg., *et cætera*, ubi *econtra* emendandum fuit.

(850) In *Confessione* num. 28, rationem offerens cur impediatur ne ad monasticum propositum redeat, simili allegoria utitur sumpta ex Job xviii, vers. 8 : *Detinent me laquei, quibus me ipse ligavi, et maculæ retis, in quam pedem immisi improvidus*. Hanc retem et has maculas explicat, cum scilicet non jussus, sed sponte episcopatum suscepit, quem, etiamsi velit, sponte dimittere non licet; unde in fine hujus numeri ait : *Vellet, si liceret; nolit, quia non licet*.

(851) Cum scilicet a Milone antagonista captus fuit, de quo plura inferius num. 14. Gaudebat autem

D quod sic non sponte episcopatum dimitteret, sed coactus; et ita episcopatu non illicite dimisso, posset ad monasterium redire. Cantabat autem præ gaudio : *Ecce quod cupivi* (melius *concupivi*) *jam video*, ut in antiphona diei festi S. Agnetis, quam idcirco cantasse videtur, quia eo die festo anni 963 Milone agente captus fuerat.

(852) Construe : *Dicit enim nos non sinere eum, nedum agere pœnitentiam de transactis*, sed *nec habere ullam penitus abstinentiam de malis perpetrandis, cum posset omnino metuere damnationem perpetuam et pro nostris sceleribus, si non haberet sua; quæ* (scelera nostra) *utique nec compescit dictis*, etc.

(853) Hoc opus est sermo secundus de Quadragesima, ibique, num. 23, verba hic recitata leguntur.

(854) Vide opusculum *De otioso sermone*, num. 5, ex quo totum hunc locum intelliges.

tiam. (855) Psalmos se dicit non ideo cantare, quod noverit exaudibiles eos, cum semper aliud cogitet, esse; sed quia cum sentiat se illos perinvitum canere, ipsam vim quam, contra voluntatem eos recitans, sibi ingerit, putet ad hoc aliquid valere quod contra Deum volens actitat ipse, sive ut labia saltem ipsa compellat Deo servire, etsi corde vagante, cæterisque Deo rebellantibus membris; cum et in nullo eorum magis sit ad irritandum Deum, quam in excessibus linguæ proclivis. Idem et de jejunio, et omnibus quæ bene videtur agere, dicit; inter enim omnia mala desidiosus tam est, ut nisi semper operetur, torpore obdormiat, nec tamen in dormiendo valeat durare, quod tamen aut in scamno, aut humi libentius agit. Pœnitentiam pro aliorum se dicit agere, dum usque ad nonam jejunat, cum postea saturetur, peccatis; cum veraciter agat pro suis, insufficientissime quamvis.

9. Quibusdam vero uno tempore tam est benevolus, tam alio malevolus, ut omnes mirentur. Mirum vero, quod mirantibus referre, cur hoc faciat, audet. Dicit enim quod nemo sit in terra, qui in illa re, quæ ad illum pertinet, (856) aliquam super se potestatem, cui non audeat reniti, aut etiam nolit, attrahat. Amplius cum habeat amicum, facturum quidem se dicit quod inevitabilis præcipit potestas; omnibus tamen diebus, quibus quod taliter dedit (857) ei, cui dedit, tenuerit, semper ei invidiam portabit. Hoc duci inclytæ (858) dixit in fronte, hoc monstravit in Sikero 383 atque Lanzone. Primo enim post infinita mala, quæ ei tribus idem Sikerus intulerat vicibus, (cum [id est Ratherius] factus) esset amicissimus, et ei tale quatuor annis sivisset tenere (859) castellum, unde, excepto alio servitio, sex libras denariorum Veneticorum omni habere poterat anno; insuper (860) in voluntate haberet, quod omnem terram, quæ trans lacum de Ecclesia Veronensi est, inter illum patiretur et generum ejus; pro eo solum quod eo die, quo Milo (861) putaverat episcopium super cum evincere, misit ei in breviculo jam bis fatus Sikerus omnia quæ ipse illi amicaliter contulerat, asserens se illa non dedisse pro ulla compositione, sed pro terra acquirenda; 384 cumque illi episcopus, ut est utique

---

(855) Construe: *Dicit se cantare psalmos, non ideo quod noverit eos esse exaudibiles, cum semper aliud cogitet; sed quia, cum sentiat se perinvitum canere illos, putet ipsam vim, quam recitans eos contra voluntatem ingerit sibi, valere aliquid ad hoc, quod ipse volens actitat contra Deum, sive ut compellat ipsa saltem labia servire Deo, etsi corde vagante cæterisque membris rebellantibus Deo, cum et in nullo eorum magis sit proclivis ad irritandum Deum quam in excessibus linguæ.*

(856) Id est, *qui in illa re, quæ ad illum pertinet, attrahat super se aliquam potestatem, cui non audeat, aut etiam nolit reniti. Amplius cum habeat amicum, dicit quidem se facturum quod potestas inevitabilis*, id est sæcularis, *præcipit; semper tamen ei, cui aliquid dedit, portabit invidiam omnibus diebus, quibus tenuerit quod taliter dedit ei.* Ex sequentibus exemplis hujus loci sensus satis colligitur. Erant nimirum qui sæculi potestatibus utebantur, ut per eas a Ratherio aliquid ex bonis Ecclesiæ ad eum pertinentibus extorquerent, vel ut concessa ab eo prædia diplomate aliquo munirent, ne ulla de causa repeti possent. Tradit autem in rebus hujusmodi, quæ ad se pertinebant, nullam potestatem esse, cui non auderet vel nollet resistere. Quod si in gratiam eorum, qui essent amici, aliquid concederet, quod inevitabilis potestas concedendum, aut ratum et firmum habendum præcepisset; etsi non resisteret, semper tamen ab eis animo erat alienus, quoad tenerent quod tali modo concessum aut confirmatum fuisset.

(857) Mendose legebatur *Deo, cui*.

(858) *Dux*, seu ducissa, *inclyta* est Juditha Arnoldi Bajoariæ ducis filia, uxor Henrici I, Bajoariorum item ducis, ac mater Henrici II, qui cum post patris mortem ducatum laudatum et marchiam Veronensem obtinuisset, illa filio adhuc adolescentulo summam auctoritatem in eadem marchia exercebat: ac propterea hæc illa fuit, quæ, ut Ratherius e carcere, in quem a Milone conjectus fuerat, liber evaderet, ac suæ sedi restitueretur, omnium maxime contendit. Vide *Itinerarium* num. 4. Veronæ autem eam fuisse ex hoc præsertim loco ac ex aliis hujus operis postea recolendis exploratum est. Neque vero quispiam pro Juditha Henrici II matre Gislam hujus uxorem *ducisse* nomine intelligendam existimet. Cum enim Henricus II, natus anno 951, hoc tempore, seu anno 966, valde esset juvenis; haud credimus duxisse Gislam, adeo ut hæc potius quam Juditha mater hoc loco significetur.

(859) Cum terra, quam Sikerus a Ratherio obtinuerat, *trans lacum*, id est, trans Benacum sita esset; hoc quoque *castellum* probabiliter in eadem parte diœcesis Veronensis continebatur: ac propterea erat unum ex duobus castellis Lonati, vel Desentiani, quæ inter antiquiora bona episcopatus Veronensis recensentur in privilegio Eugenii III an. 1145 apud Biancolinum tom. I *Delle chiese di Verona*, pag. 193. Fredericus I in diplomate an. 1154 ad Tebaldum episcopum Veronensem apud Ughellium tom. V, col. 795, locum memorat, *qui vocatur Disincianum cum cunctis adjacentiis et pertinentiis suis*, in quibus castrum comprehenditur. Quatuor autem anni, quibus Ratherius hoc castellum Sikero reliquit, sumendi sunt ab exeunte anno 961, quo ille Veronensi episcopatui ab Ottone restitutus fuit. Sic enim per annos quatuor, quibus idem castrum Sikero reliquit, pervenitur ad fidem anni 965, quo Milo se episcopatum super eum sperabat evicturum, ut in Vita fusius explicavimus. Notando porro vox *servitio*, quæ quodlibet obsequium a castelli incolis præstandum significat. Notanda præterea *denariorum Veneticorum* mentio, quæ hujus monetæ usum simul et antiquitatem probat.

(860) Sikerus lacum terram utique possidebat, ut ex sequentibus liquet. Verba igitur *in voluntate haberet*, etc., id innuunt, Ratherium voluisse, ut ea terra, quam ipsi dederat, tota ejus non esset, sed *partiretur inter ipsum et generum ejus*.

(861) Milo scilicet Milonis comitis Veronensis *nepotulus*, uti a Ratherio vocatur in epist. 5 ad Joannem XII num. 7. Cum is jam post secundam ejusdem Ratherii expulsionem Veronensem sedem occupasset; eumdem tertio reversum in suam Ecclesiam, conspiratione excitata, primo captivum abduxerat, dein sub finem anni 965 cum eodem in libertatem jam restituto vehementius egit, ut sibi episcopatum cederet. Eo autem die, quo Milo hac secunda via maxime sperabat se episcopium evicturum; Sikerus ad Ratherium descripta misit in *breviculo*, id est in indiculo, omnia, quæ idem Ratherio contulerat; simulque affirmabat se illa

scardus (862), remandasset, non se illi amplius daturum aliquid nisi de archiepiscopatu Mediolanensi, quia de Veronensi nec dimidium, ut nec faciebat tenere (863) utique mansum; sufficeret ei quod ipse dederat castrum; et ille remandasset ei, quod sic vellet eum tenere pro suo gratu, sicut pro uno fellone, quia per donum imperatoris et imperatricis illud, cum mentiretur, teneret : in tantam iram exarsit ille sanctus episcopus, ille prædicator, abstemius ille, veraciter vero hypocrita, ipse ut ei statim illam tolleret terram. Lanzo vero (864), cum Arnostus, et Bucco cum maximo labore et promissis, quod apud imperatorem longe optimum ei acquirerent, vix, utpote apud tam ferocem adversarium, obtinuissent, ut beneficium maximum filio ejus largiretur : Lanzo utique post hæc, omne illud maximum beneficium cum sibi retinens, nihil inde filio, cum sit miles bonus, et episcopo charissimus, sinat tenere, sed pauperrimum indecentissime compellat suo seniori servire; pro hoc tantillo commisso, furibundus iste diabolus ita eum habet exosum, ut nec recto visu intueri valeat illum. Quod cum et Grimaldo et Conrado, qui contra ipsum terram illius volebant tenere, fecisset, omnibusque sit infestissimus, qui per potestatem alicujus absque jure tenere conantur aliquid quod ad jus pertinet ipsius; mirum qualiter saltem vivere

dedisse *non pro ulla compositione,* seu pio quadam solutione multæ, vel pœnæ redemptione, *sed pro terra acquirenda;* ex quo contendebat illam terram veluti emptam suam esse, nec ad eam Ecclesiæ reddendam aliquando cogi posse. Forte hac ratione cautionem aliquam a Ratherio volebat obtinere, ne quid molestiæ a Milone, quem credebat episcopum mox futurum, circa eamdem terram sibi obveniret.

(862) *Scardus,* id est parcus, parce largiens; unde Italica vox *scardo,* et Gallica *eschars.* Sequentia sic explicanda. *Cumque episcopus, ut est utique scardus, illi remandasset,* id est respondisset, *se non daturum illi aliquid amplius nisi de archiepiscopatu Mediolanensi,* ex cujus bonis cum nihil haberet, nihil se daturum hac formula indicabat, *quia de Veronensi* episcopatu, quem possidebat, *nec dimidium* mansi amplius daturum affirmabat, *uti nec faciebat,* id est nec permittebat, seu nolebat eum *tenere utique mansum,* seu terram illam; quam ipsi concesserat. *Sufficeret ei castrum, quod ipse dederat.* Hoc tantum illi relinquebat, *et ille* Sikerus *ei remandasset ei quod sic vellet tenere eum* mansum, seu eam terram *pro suo gratu,* id est, pro sua voluntate, loco eorum quæ ipse Ratherio contulerat, *sicut pro uno fellone,* nimirum sicut de bonis fellonum seu rebellium agitur, quæ a fisco empta tenentur. Castrum vero noluit Ratherii largitioni attribuere, *quia,* ad castrum quod attinet, *teneret illud per donum imperatoris et imperatricis, cum tamen in hoc mentiretur,* quippe vere a Ratherio illud acceperat. Hac de causa Ratherius indignatus eidem terram absiulit. Vocem *gratus* pro *voluntate* interpretandam intelliges ex num. 13, ubi habetur : *Quam terram parochiani mei, et etiam inimicissimi sine gratu meo tenent.*

(863) Ita editio Acherii. Novissimus Spicilegii editor emendandum credidit *teneret,* minus recte : neque enim dici potest Ratherius, *nec dimidium mansum* Veronensis episcopatus tenuisse. Sensum congruum hujus loci notatione antecedenti exposuimus.

A talis sinitur diabolus. Quis ergo talem amare queat adversarium ? Qui tamen si forte placet alicui, magis pro scurrilitate quam pro sua illi placet aliqua bonitate; qua utique scurrilitate gratus probatur ipsis etiam inimicis existere.

10. Munera vicissitudinem exigentia non adeo diligit; si pauper vero ei quidlibet affert, eum stultum appellat, qui utique aut sibi illud non retinuerit, aut meliori non detulerit. Mavult sufficiens quam dives esse; indigere, quam abundantius [ *f.* abundantibus] aliquid cogatur tribuere; in hoc sæculo omnia dilapidare, quam post mortem suam abundanti alicui de ejus contigat bonis gaudere. Loricam Galiverti medici recordari omnibus suadere non cessat, fraudem atque perfidiam rogatariorum (865); divitias episcoporum in jus redactas merito regum. Audiant igitur reges, cogitent cujusmodi tali referant grates. Tam se velle dicit mori mendicum, ut alterius elcemosyna ejus contegatur cadaver; ita enim præ vilitate (866) corpus nominat suum. Acquirendi nunc avidus, subindeque profusus; continenter enervis, enerviter continens; monstrat nullum sibi fore voluntarium bonum [ *f.,* potius] pati, quam amplecti Dominica a peccatis cohibentia dicta. Affectando terrenam fugit prodigioso genere gloriam, fugiendo captatur [ *f.,* captat]; pomposus ipse vanam hujus sæculi non cessat carpere pompam, scelestissimus scelera reprobare.

(864) Lanzo, qui canonicis Veronensibus donavit curtem nominatam *Quinto* sitam in comitatu Monsilicano, memoratur in diplomate Ottonis II anni 983 apud Ughellium tom. V, col. 746, *Lampaldus,* qui *Lanzo vocatur,* vicecomitis titulo donatus legitur in pseudoplacito patriarchæ Rodoaldi anni 968, quod in appendice edetur. In sincero autem documento anni 969, quod inter vetustiora documenta Capituli Veronensis vulgavit marchio Joannes Jacobus de Dionysiis canonicus num. 26, item *Lampaldus, qui Lanzio dicitur,* etsi vicecomitis titulo careat, aliqua tamen dignitate præditus ex eo cognoscitur, quod *de parte publica missus* ira 'atur. Num Lanzo Ratherii idem, an diversus sit, ignoramus. Bucco hoc tempore erat comes Veronæ, de quo deinceps redibit sermo. Arnostus, qui huic præmittitur, potioris dignitatis et auctoritatis fuisse videtur. Construe autem, ut videtur, hunc locum sic : *Lanzo vero, cum Arnostus et Bucco cum maximo labore et promissis vix obtinuissent, utpote apud adversarium tam ferocem,* id est Ratherium, *ut largiretur filio ejus maximum beneficium, militare, quod acquirerent, ei Lanzoni apud imperatorem longe optimum; Lanzo utique post hæc retinens sibi omne illud maximum beneficium, cum nihil inde tenere sinat filio, cum sit miles bonus et episcopo charissimus, sed compellat eum pauperrimum indecentissime servire suo seniori,* id est eidem episcopo, *cujus* erat miles, seu vassallus; *pro hoc tantillo commisso,* etc.

(865) *Rogatarii* idem sunt ac *erogatarii,* id est, testamentorum exsecutores. In testamento Engelberti acto in Erbeto diœcesis Veronensis an. 846 apud laudatum canonicum de Dionysiis num. 4 appellantur rogatores. Construe : *Non cessat suadere omnibus recordari loricam Galiverti medici, et fraudem atque perfidiam rogatariorum,* qua fortassis illa lorica ad alios præter ipsius Galiverti voluntatem pervenit.

(866) Vulg., *præ utilitate;* sed in erratis bene emendatum *præ vilitate.*

Decipiendos suo ingenio non negat minime multos, si non (867), quod non parum veretur, juramentum ab eo exacturos nosceret illos, **386** vel *sicut novacula acuta fecisti dolum* (*Psal.* LI, 4), in fine sibi non inueret dicturum diabolum.

11. Cum omnibus vero sit malus, Judæis est pessimus (868) : non quia eos flagellet, quia non audet; non quod bona eorum diripiat, sed [*subaudi* quod] indesinenter eis conviciari non cessat. Reprehendit omnes, qui super Christianos eos extollunt (869), qui Dominum Jesum Christum, et ipsius sanctam Genitricem eos blasphemare permittunt. Dat exemplum de regibus, utrumne velint eum pro fideli tenere, qui patienter tolerat, si audit quod aliquis de illis malum aut exhonorationem aliquam dicat. Reprehendit eum, qui eos saltem salutat, aut salutantibus respondet, nedum eis osculum donet, (870) vel cum eis manducet. Dat auctoritatem de Apostolo dicente : *Si quis non amat Dominum Jesum Christum* (*I Cor.* XVI, 22), *cum ejusmodi nec cibum sumere* (*I Cor.* V. 11); *et qui dicit: Ave, communicat operibus ejus malignis* (*II Joan.* I, 11). Reprehendit omnes qui libentius cum eis negotiantur, quam cum Christianis. Dat testimonium de maledictionibus in Pentateucho super eos prolatis, ubi etiam maledicta dicitur negotiatio eorum. Non reprehendit vero, si defendantur a regibus et principibus Christianis. Dicit sub persona illorum Isaiam (871) Christo dixisse : *Sub umbra tua vivemus in gentibus* (*Thren.* IV, 20). Et Psalmistam : *Et dedit eos in misericordias in conspectu omnium qui ceperant eos* (*Psal.* CV, 46). Tantummodo reprehendit quod sinuntur vituperare nomen Domini Jesu Christi, et astruere quod non sit Deus, et sancta ejus Genitrix non fuerit virgo ante partum, virgo in partu, virgo post partum, neque genuerit Deum. Quis enim, ait, patienter hoc ferat, nisi ipse diabolus ? Cum nemo possit ferre, ut (872) malum audiat aliquem dicere de suo seniore, nisi qui maximus fello convincitur esse. Filius diaboli dicit quod Dominus Jesus Christus, qui me creavit, qui me redemit, qui me continet, pascit, defendit, vitam æternam postremo mihi promittit, non sit Filius Dei; et ego non irascar ei? Quod Mater ejus non peperit filium de Spiritu sancto (873), cui, *Domine, adjutor meus, et redemptor meus* (*Psal.* XVIII, 15), clamare non cesso, dicit malignissimus fello ; non indigner, imo insaniam ego? Dicit quod anima (874) sancti Petri illic sit ubi anima patris sui ; et ego qui sum servus sancti Petri, **387** amicus sim ei ? Idola me dicit adorare; et ego illi non dedigner osculum porrigere, etsi non audeam colaphum dare? Pejor ipso Judæo, consimilis ipse est diabolo, qui proprie non irascatur tali. Negat Deum, qui negantem Deum amat Judæum. Non est Christianus, cui blasphemator Christi placet Judæus. Non est Dei amicus, cui Dei complacet inimicus. Non est regi fidelis, cui regi non displicet infidelis. Si sic judicant reges de seipsis et infidelibus suis, quare idem de Christo et ipsius non judicant inimicis ? Cum ipse sit Rex regum, et ipse eis dederit quod ipsi sub se possidere et regere debeant regnum; quare genus Deo inimicum intra sibi commissum regnum contra eum latrare permittunt? Suffecerat si eos vivere sinerent utcunque, non permitterent eos Dominum Jesum Christum tam publice blasphemare : *Sub umbra enim tua vivemus* (*Thren.* IV, 20), dicit de eis propheta. *Vivemus,* inquit, non oblectabimur: *Et dedit eos in misericordias* (*Psal.* CV, 46), non in extollentias. non in amicitiam, non in ullum honorem. Quale est autem, quod clerico contendente pro Christo, Judæo blasphemante Christum, pugna conserta, clericus Judæum, Judæus si percutit clericum, imo in clerico (875) Christum, sic enim Saulo est dictum (*Act.* IX, 4), Erimbertus noster verborum contortor, legum dicit distortor, triplam compositionem de Judæi percussione regi cedere, de clerici nullam alicui ? O sancte Josaphat (876), rex in cæteris optime, utinam hic fuisses; diceres quid tibi mandaverit per

---

(867) Construe : *Si non nosceret illos exacturos ab eo juramentum, quod non parum veretur, vel si non timeret diabolum sibi dicturum in fine: sicut novacula acuta fecisti dolum.*

(868) Erant igitur sæculo decimo Judæi Veronæ ; postea vero aliquando exclusi, nec nisi sæculo XV recepti.

(869) Agobardus episcopus Lugdunensis, qui præcedenti nono sæculo floruit, in libro *De insolentia Judæorum* his similia erga Judæos in Christianis reprehendit; eosque arguit qui *meliores eos habebant quam Christianos.*

(870) Idem Agobardus in libro *De superstitionibus Judaicis* num. 2, refert ex Vita S. Hilarii, *ita eum ejusmodi hostes Ecclesiæ fuisse exsecratum, ut non solum convivium, sed nec salutatio quidem ei exstiterit cum his prætereunti communis:* et in sequentibus numeris pluribus statuit cum ipsis nec sumendum cibum.

(871) Legendum *Jeremiam.* Cum Ratherius testimonia fere memoriter recitaret, hic memoria lapsus *Isaiam* scripsit.

(872) Similem comparationem affert etiam Agobardus in libro *De insolentia Judæorum.*

(873) Construe : *Dicit malignissimus fello, quod Mater ejus* (Jesus) *non peperit de Spiritu sancto filium, cui non cesso clamare : Domine, adjutor meus, et redemptor meus. Ego non indigner, imo non insaniam ?*

(874) Confer Agobardum *De superstitionibus Judæorum* num. 9, ubi et in sequentibus cum Ratherio concinit.

(875) Legebatur *in cœlo.* In erratis novissimus editor emendandum credidit *in clero.* Melius videtur *in clerico.* Contrue vero sic : *Si clericus percutit Judæum, Judæus clericum, imo Christum in clerico, sic enim dictum est Saulo;* Erimbertus noster contortor verborum, distortor legum, dicit triplam compositionem, id est multam, *de percussione Judæi cedere regi, nullam compositionem cedere alicui de percussione clerici.* Hic Erimbertus Veronæ judex erat, subscripsit testamento Milonis marchionis an. 955, tom. V Italiæ sacræ col. 740. *Ego Erimbertus judex rogatus manu mea subscripsi.* Hunc eumdem suppresso licet nomine Ratherius item vellicat in opusculo *De nuptu cujusdam illicito* num. 3, ubi eum *in olio nostro opere,* hoc est in isto, *verborum contortorem, legum distortorem* vocatum tradit.

(876) Eadem legere est apud laudatum Agobardum *De superstitionibus Judaicis* num. 22.

suum Dominus quondam prophetam, *Impio*, ait, *præbes auxilium, et qui oderunt Dominum, amicitia jungeris* (II Paral. xix). Quid est hoc? Hoc enim iisdemque verbis solent reges dicere de se et illis qui amici sunt infidelibus suis. Quid, rogo, tunc de Christo, de se, et de Judæis Christi regis cogitant inimicis? Cum vero veracissime sciant quod Judæi semper male de Domino dicant, et eos saltem non prohibent; quid de eo, quod dicit Apostolus, censent? *Non solum qui faciunt, sed et qui consentiunt facientibus, digni sunt morte* ( Rom. I, 32), legimus illum dixisse. Et hæc quidem de Judæis rata atque justa (877), Deoque placens illi dum videatur sententia, cum sit imo garritio cassa.

12. Ad ipsius [*id est* Ratherii] ut iterum mores redeam carpendos, specialiter se dicit neminem in sæculo, 388 nisi solummodo imperatorem, seque ipsum diligere, generaliter neminem odisse. Hoc vero quid sit, nequimus advertere. Consanguineorum nulla cum afficit cura, sive quia nil eos in tantum cogitat indigere, ut se solum et fratrem ex eis noverit pauperes fore; sive quia interdictum sibi eis aliquid dare noverit canonica lege; sive quia decrepito sibi nullos cogitat esse, cum et qui sunt, jam in sexta sint illi ætate, et loco fratrum series successerit abnepotum : hoc licet, ut est utique garrulus, garruliter ac mendacissime dicat. Salutantem non resultat, sed magis irascitur ei, dicens, quia si inimico suo obviasset, similiter eum salutasset. Ejulare eum, dum sæpe audias, imo potius ululare, raro videas flere, obduratione mentis, pariterque formidine illum vexari vales advertere. *Sacrificium Deo spiritus contribulatus* (Psal. L, 19), sed dum cantat sæpe (878), idem, remur, tristitiam cordis putat conferre quod fletum. Augustinum quoque dixisse dum recolit, quod nunquam sit sine gemitu orandum ; aliud esse gemitum credit, putamus, aliud fletum et gemitum fieri sine lacrymis posse, fletum vero nequaquam : loco enim ubi dicitur : *Et egressus foras Petrus flevit amare* (Matth. xxvi, 75): Felices quidem, ait, Petre, lacrymæ tuæ.

(877) Construe: *Et hæc quidem sententia de Judæis dum videatur illi rata atque justa et placens Deo, cum imo sit garritio cassa.*

(878) Construe : *Sed dum sæpe cantat*, Sacrificium Deo spiritus contribulatus, *putat, remur, tristitiam cordis idem conferre quod fletum.*

(879) *Libet hoc loco lectorem docere, quot mendis textum hoc loco purgaverimus; nam ut singulæ erant leves, ita omnes simul, quominus Ratherius intelligeretur, obstabant. Sic igitur erat in priori editione :* Stultissimus se..... non sinerem divites..... quod rogo conferret.... in infernum audire. *Hic accesserant vitia interpunctionum, vulgare prioris editionis malum.* Ita novissimus Spicilegii editor.

(880) *Pro anima,* id est *pro remedio, seu redemptione animæ,* uti solemnis erat formula in donationibus eorum, quæ ecclesiis concedebantur.

(881) Cum hoc opusculum scriptum fuerit Veronæ anno 966, *quadraginta jam fere anni* computandi sunt non ab initio episcopatus Veronensis; quem Ratherius adivit anno 932, sed vel ab eo tempore, quo Hilduinu n secutus in Italiam venit circa annum 926, vel cum idem Hilduinus anno 928 Veronensem epi-

13. Si ei aliquis dicit : Vade ad imperatorem, roga restitui tibi quæ sunt ecclesiæ tuis diebus ablata, respondet : Quid mihi amplius isto triennio morituro necesse? An ut modo silicernius exercitum incipiam ad procinctus bellorum conducere, prædas exercere, excubias regibus ministrare, divitias illis me in inferno retruso possidendas congerere, milites post me venturo [*id est* successori] acquirere, et quasi filio quod illi succedat parare? (879) Stultissimus si talia facerem gentium ; intra sufficientiæ terminos nam degenti quid deest, nisi probitas, mihi ? Meliore uti non quæro vestitu : quotidianus meæ congruens utilitati [*f.,* vilitati] non deficit victus. Quod et si amplius haberem, non sinerent divites ea mihi pro anima (880) dare ; cogerent potius in vanitate consumere. Non inficior tamen affluentissimus ut essem percupide optavisse, si tempus fruendi sensissem mihi adesse, vel si, ut vellem, daretur mihi quod haberem expendere. (881) Quadraginta jam fere sunt anni, ex quo ambire potentiam cepi ; nunquam 389 valui illam adipisci, aut si sum eam adeptus, permanere mecum nequivit diutius. Morituro nunc mihi si daretur, quid rogo conferret, cum ea mihi frui nec anno liceret? (882) Propter hanc solum, *Fili, recordare quæ recepisti bona in vita tua* (Luc. xvi, 25), in inferno me audire si præsertim contingeret, et præmia perdere, ad quæ, auctore Gregorio, nemo potest pervenire sine magno labore (*Hom.* 57 *in Evang.*). Cum vero in hac patria sumptum, quem requirunt pompaticum, aliquis adipisci non valeat sine peccato maximo tantum (883), nedum opes possit maximas, quod et consequenter requirunt, invenire : nonne essem dementissimus, ait, si de animæ perditione aliis divitias acquirerem meæ? Accersientem me sane jam olim, ait, dum considerem (884) missum ad rationem reddendam de administrato nequiter diutino potentatu, exaggerare mihi ipse rationis reddendæ vecors non timeam causas? *Jam non poteris villicare* (Luc. xvi, 2), ætatem ipsam intelligo clamare (885); et villarum administrationem plurium mihi committi desiderem scopatum obtinuit. Tunc enim promissum fuit Ratherio fore, ut Hilduino ad aliam Ecclesiam translato, ipse Veronensi Ecclesiæ præficeretur. Vide epist. 5 ad Joannem XII n. 3, et Fulcuinum c. 19. Confer quæ hac de re plenius animadvertimus in Vita Auctoris § 5, num. 13.

(882) Construe : *Si præsertim contingeret, me propter hanc solum audire in inferno : Fili, recordare quæ,* vel cum textu vulgatæ, *quia recepisti bona in vita tua ; et perdere præmia, ad quæ,* etc.

(883) Id est, *tantum sumptum pompaticum, quem requirunt.*

(884) Hunc locum certe corruptum putavit novissimus Spicilegii editor, haud intelligens quid indicet vox *missum.* Nos vero credimus intelligi posse de misso, seu nuntio mortis, quam ob ætatem decrepitam se *jam olim accersientem ad rationem reddendam* Deo, et jam vicinam sentiebat. Sic autem construe *Dum sane, ait, considerem,* pro considero, *missum jam olim accersientem me ad reddendam rationem de administrato diutino potentatu, ipse vecors non timeam exaggerare mihi causas rationis reddendæ?*

(885) *Intelligo*, inquit, *ætatem ipsam clamare:*

**390** ipse? Hoc sufficere (886), simulque invidiosissimus divitibus cunctis, sibi fatetur, si illi saltem redderentur quæ sic de jure Ecclesiæ in jus sunt regum injuste (887) redacta, ut amplius ea non possit recuperare, nisi modo reddantur Ecclesiæ. Quærerem quoque (888), ait, ut quod antecessores illius [*id est* imperatoris] præceptis suis ecclesiæ nostræ contulerunt, vel firmaverunt, defendere nobis contra comites, vicecomites, et scoldascios (889) dignaretur. Si quid etiam vel ab invasoribus illis duobus (890), vel a me aut necessitate, aut per fraudis alicujus subreptionem, vel commutationis (891), vel libellarii nomine, vel quod precariam vocant, contra Deum et rectitudinem, est actum, omnem [*f.*, id omne] præciperet per potestatem rescindi; neque rogarem ut mihi redderentur, sed cuicunque ei placuisset usufructuario concederentur; tantum ab ecclesia non alienarentur. De me nil aliud flagitarem, nisi ut tantummodo dignaretur meæ pusillitati dominatio

A piissimi Cæsaris respondere, quis debeat destructas diœcesis nostræ (892) ecclesias **391** restituere, vel unde; quid ego habere [*subaudi* debeam], unde mihi a Deo et ab ipso commissum pascerem gregem; sanctæ Dei Genitrici (893) collata quæ debeat administrare, et ubi vel qualiter dispensare persona: de me enim scio quod debeam terrena despicere, et amare cœlestia. Nunquid vero non satis haberem ad meum vivere (894), terram si eam saltem, quam parochiani mei et etiam inimicissimi sine gratu meo tenent, tenerem? Quæ tamen omnia saltem non dicturum se fatetur fuisse, nisi pro fidelitate, quam ei juravit persancte, cogeretur ab animo Cæsaris non parum curare. Dicere dementissimus nullomodo cessat spem se nullam habere,

B quod in diebus imperatoris sibi sit bene. Si vero peccato suo illi contingat eum defunctum, quod absit, audire; interficiendum se illico fore non se desperare, neque tamen (895) curare; amicum se nul-

---

*Jam non poteris villicare;* quia cum esset decrepitus, moriturus nunc mihi, ut superius ait, *si daretur potentia; quid, rogo, conferret, cum ea mihi frui nec anno liceret?*

(886) Construe: *Et simul invidiosissimus divitibus cunctis, fatetur hoc sufficere sibi, si saltem redderentur illi quæ*, etc. Verba *invidiosissimus divitibus cunctis* explicari queunt ex illis num. 9. *Omnibus tamen diebus, quibus quod taliter dedit ei, cui dedit, tenuerit, semper ei invidiam portabit:* ubi de iis loquitur, qui potestate sæculari aliquid ex Ecclesiæ bonis obtinuerant. Vide not. 856. Igitur verba *divitibus cunctis* de obtinentibus bona Ecclesiæ, quibus omnes fere divites potiebantur, intelligenda videntur.

(887) *Injuste* de iis intelligit ecclesiæ terris, quæ a potentibus et divitibus usurpatæ, vel etiam ab episcopis primum usufructuario jure concessæ ad tempus, dein ab ipso principe ita accipiebantur, ut in jus regium redactæ, ab ecclesiæ jure exciderent. Nam, ut postea queritur, *quamvis et ipse,* imperator, *inimicis suis contra eum,* Ratherium, *non desinat juvamen præbere, et sibi ablata illis conferre,* etc. Superius vero num. 9. Sikerus memoratur, qui etsi castrum teneret quod ipsi Ratherius dederat, idem tamen castrum se *per donum imperatoris et imperatricis tenere* respondit.

(888) Quod hic se ab imperatore quæsiturum significat, ab eodem sane obtinuit anno sequenti 967 die 5 Novembris, ut ex diplomate, quod ex autographo emendatum post auctoris *Itinerarium* proferemus, patebit.

(889) Conjicit Acherius legi oportere *Soldarios.* Sed *scoldascios,* seu *sculdascios* retinendum maxime approbat laudatum Ottonis diploma, quod in Ratherii gratiam editum fuit. Ibi enim bis *comes, vicecomes, sculdasius* in eamdem hujus loci sententiam memorantur. De *sculdascii* autem voce confer not. 51 in librum primum Præloquiorum.

(890) Id est Manasse et Milone. In privilegio Ottonis antea memorato rescinduntur omnia in Ecclesiæ Veronensis præjudicium gesta; *ex quo* Ratherius *episcopus est ordinatus,* videlicet omnia tum sub Ratherio, tum sub illis duobus invasoribus gesta.

(891) Hæ tres quoque contractuum species ecclesiis nocuæ in laudato privilegio ab Ottone quoque distinguuntur, *libellariæ, commutationes,* et *precariæ.* Libellarii contractus dicti a libellis, qui ad impetrandam emphyteusis titulo rem aliquam immobilem olim porrigebantur, idem sunt ac emphyteotici, quibus aliqua penso ecclesiis solvenda erat. Vide hujusmodi libellorum exempla tom. III Antiquit. Ital.

Muratorii pag. 144. Hi autem libellarii contractus in præjudicium ecclesiarum cedebant, cum nulla earumdem ecclesiarum utilitate aut necessitate contrahebantur, ut pensio præ quantitate fundi emphyteotici exigua imponebatur. Commutationes tunc fiebant cum ecclesiæ detrimento, cum pro obtinendo ab ecclesia aliquo majori fundo, alius minor offerebatur. Cum vero petebatur aliquis fundus, et simul alius offerebatur episcopis, sed ita ut uterque precario nomine concederetur, id proprius appellabatur *precaria*: in quo ecclesiæ præjudicium evidens est. Hujus postremi contractus documenta vide apud Muratorium, loco citato pag. 175 et seqq.

C (892) Ecclesiæ scilicet præsertim diœcesis bellorum vicissitudinibus sæculo x frequentibus, ac Hungarorum præcipue incursionibus dirutæ, reparatione indigebant. Cum vero ex sacris canonibus redditus omnes ecclesiastici essent in dispositione episcopi, cujus erat et clericis et fabricis providere, ex abusu autem notationibus antecedentibus memorato plurima ecclesiæ bona distracta fuissent; hinc quæstio proponitur, quis debeat, et unde easdem ecclesias *restituere* seu *restruere.* Hoc nimirum tempore ecclesiarum reficiendarum cura, et fabricæ, ut vocant, redditus aliis præter episcopum, ut postea factum est, non erant assignati. Vide Ratherii Synodicam, num. 14.

(893) Construe: *quæ persona debeat administrare, et ubi, vel qualiter dispensare collata sanctæ Dei Genitrici,* id est, ecclesiæ cathedrali Veronensi, quæ in honorem Dei genitricis Mariæ dicata est. Ratherio nimirum cordi erat recta dispensatio reddituum ca-

D thedralis ecclesiæ, de qua multis egit in opere *De contemptu canonum* part. 1, ac deinde pluribus dissernit in *Judicato,* in *Discordia,* et in *Apologetico.*

(894) *Ad meum vivere,* id est *ad meum victum.* Hinc in nostratium dialecto *per il mio vivere.* Mox *sine gratu meo,* videlicet sine assensu et voluntate mea: de terris enim ecclesiæ hic loquitur, quæ sine ipsius assensu occupatæ fuerant. Ex hoc porro loco colligi posse videtur, pleraque ecclesiæ Veronensis bona, quæ commutationis, libelli, vel precariæ nominibus distracta indicavit paulo ante, non in Veronensium, quos parochianos suos vocat, sed in aliorum potentium jus transisse; quæ enim terræ ad parochianos suos sine ipsius voluntate pervenerunt, ita tenues fuisse innuit, ut, si eas teneret, satis haberet ad suum *vivere.*

(895) Acherius *neque tam.* Novi editoris emendationem retinuimus.

tum nam in hoc sæculo utilem nisi ipsum habere, quamvis et ipse inimicis suis contra eum non desinat juvamen præbere, et **392** sibi ablata illis conferre. Talis itaque, talis cum, ut non denegat, nullum amet, nec ametur ab ullo, quid, aiunt, sæculo v let? Nil, inquam, nil.

14. Quid enim, si tales interiora mea pernossent, et cur hujusmodi sim animi scissent? Suspectos vero eosdem de istius montis ne linguam (896) concensu, diutinoque in eo moratu, unde scilicet modo amplius cruciari verisono eos percepi relatu, adsint rogo, et dico. Hujuscemodi in me dux (897) inclyta comperiens mores, indeque mihi inimicos perplures, destitutumque amicorum præsidio (898), utpote advenam, omnium : verita ne pejus etiam mihi quam contigit, eveniret, commendavit me tuitioni comitis A non ignoti (899). Quid magis? Neminem accuso, neminem excuso; vitupero neminem, etiam laudo non aliquem : captus sum (900), abductus, reductus. Dixit comes jam tactus, mea mihi id improvidentia contigisse : siquidem illum [*l.* illud] præsidium (901), **393** quod Palatium vocatur, conscenderem mandavisse, me noluisse. Monuit ne domui (902) ultra me crederem illi, in qua alia pertuli; sed curtem altam (903), quæ munitior esset, utique inhabitarem. Credidi, egi, et ex munita munitissimam feci. Mandavit iterum, si ea relicta palatium ascenderem, tutius fore; obtemperavi; vastissimum erat; recuperari (904) illud ocius feci. Peracto, mandavit rursum, ut uxorem suam cum infantibus mecum habitare sinerem ibi; ipse in Circum (905), quod Arena B dicitur, ob custodiam mansitaret, ut et incœpit fa-

(896) Vulg., mendose *linguam*. Novus Spicilegii editor monuit in vocibus *montis ne linguam* latere montis cujusdam agri Veronensis nomen : sed melius in erratis emendandum notavit *linquam* pro *linguam*. Ille autem nons innuitur, de quo in antiqua ichnographica tabula civitatis Veronæ, quam ex ms. Lobiensi Ratherii opera continente nuperrime edidit Joan. Baptista Biancolinus in libro inscripto *Dei Vescovi e Governatori di Verona*, hic versus legitur :

De summo montis castrum prospectat in urbem.

Castrum autem vocabatur totum illud spatium, quod trans Athesim mœnibus cingebatur, et in quo adhuc est S. Petri ecclesia; ac propterea hæc in documento Ratheriano anni 947, quod in Collectione diplomatica editum est a Marchione Dionysio canonico pag. 111, *dicitur sita in castro Veronensi.* Huc in tutiorem locum sese Ratherius receperat desertis episcopii ædibus, in quibus captus fuerat, ut ex sequentibus palam fiet. Similiter etiam paulo ante Ludovicus III Bosonis filius in eamdem S. Petri ecclesiam velut in locum tutum recessit : quo tamen Berengarius I custodibus corruptis noctu ingressus, eumdem cepit et excæcavit teste Liutprando lib. II Hist., c. 11. Construe autem hunc locum : *Verum ne linquam eosdem suspectos de conscensu montis istius, et moratu diutino in eo, unde scilicet percepi relatu verisono, eos modo amplius cruciari, adsint rogo, et dico*, etc. Morabatur ergo Ratherius in monte laudato, dum hæc scribebat, et jam diutius ibidem morabatur, quo paulo post Pascha anni præcedentis 965 ascenderat.

(897) *Dux*, id est Juditha, Henrici II ducis Bajoariorum et Marchionis Veronensis mater. Vide supra not. 858.

(898) Similiter imperator Otto I, in diplomate anni 967, de Ratherio ait : *Quia ipse egenus et advena, et omni carens nisi Dei et nostro auxilio, multa jam est perpessus incommoda.* etc.

(899) Hic comes Bucco vocabatur, sub quo ea conjuratio contigit, de qua Ratherius in epist. 12 ad Ambrosium num. 3 ait : *Bucconis in præsentia conjurationem super cum meque fecerunt* : eam scilicet, quam in sequentibus indicat. Num hic idem ille sit Bucco, qui comitatum imperatoris secutus inter mortuos in Calabria infelici prælio sub Ottone II anno 985 recensetur in Chronica regia S. Pantaleonis apud Eccardum tom. I Scriptorum medii ævi pag. 896, ignotum est.

(900) Hujus facti auctor, quem hic non nominat, fuit Milo Ratherii antagonista, uti tradit in epist. 8 ad eumdem paulo post initium : *Utique*, inquit, *me comprehendisti, abduxisti, spoliasti, exsulasti.* Confer etiam *Itinerarium* num. 4.

(901) *Præsidium* hic pro loco munito accipitur, in quem ut sese Ratherius tute reciperet, comes mandaverat. Vocabatur autem *Palatium*. Hoc *Palatium* trans Athesim situm ostendit ichnographica tabula civitatis Veronæ laudata not. 896. In eadem quidem hoc *palatium* in monte Veronæ proximo, in quo erat S. Petri ecclesia, collocatum haud quaquam dignoscitur. Verum antiquus ejusdem tabulæ delineator minus peritus ejus artis, quæ rerum distantiam et altitudinem delineando ostendit, sicut amphitheatrum, quod ibidem *theatrum* appellatur, extra proprium locum descripsit, quia scilicet figuram ipsius potius quam situm exhibere eidem consilium fuit; ita idipsum palatio accidit. Hoc certe in laudato monte fuisse constructum, palam fit ex verbis *conscenderem*, *palatium ascenderem*, et *descendi*, quæ monti conveniunt : unde etiam paulo ante *de istius montis conscensu* scripsit. Idem palatium *vastissimum* traditur. Ingens *palatium* vocat etiam Joannes Veronensis Ecclesiæ mansionarius, qui ineunte sæculo C xiv, *historiam imperialem* lucubravit, nunc custoditam inter codices capituli cathedralis, ac de ipsius situ ait : *Hujus palatii adhuc apparent vestigia juxta ecclesiam sancti Syri in loco qui dicitur Castellus.* Sancti Syri ecclesia in laudato monte locata est. Vulgata autem tunc temporis denominatio *castellus* cum voce *præsidium* a Ratherio usurpata maxime congruit.

(902) *Domus* episcopii intelligitur. Antequam nimirum Ratherius caperetur, comes Bucco mandaverat, ut ex domo episcopali, quæ minus tuta erat, palatium ascenderet. Cum autem noluisset eam domum deserere, in eadem captus fuit, et alia multa pertulit, uti ex epist. 12 ad Ambrosium n. 4, aperte colligitur. Cum itaque e carcere fuisset ereptus, ne eidem domui amplius se crederet, comes monuit.

(903) *Curtis alta* ædificium erat publicum, atque munitum prope ecclesiam S. Firmi, quæ nunc quoque de *Curte alta* vocatur. Hujus ædificii antiqui D reliquiæ adhuc nonnullæ supersunt; et novissime in palatio comitum Miniscalcorum quædam loca subterranea ejusdem ædificii detecta, quorum delineationem comes Aloysius faciendam curavit. Hæc autem *Curtis alta* cum *munitior* esset quam domus episcopii, ab ecclesia vero cathedrali non multum distaret, comes Ratherio auctor fuit, ut si a cathedrali non multum vellet abesse, Curtem altam potius, quam domum episcopalem inhabitaret.

(904) *Recuperare* pro *restaurare* sumitur. Vide exempla apud Cangium.

(905) *Arena*, quo nomine vel nunc amphitheatrum vocamus, *circus* appellabatur, propterea quod tanquam circus orbicularis sit, longioris tamen aliquanto figuræ, id est ellipticæ; sicuti nostrum theatrum medium orbem conficiens, *medius circus* nominatur in documento Berengarii I anni 895, quod Panvinius edidit. Mox in vulgatis legebatur, *ut et incœpit facere urbem, visum est*, nullo sensu. Emendationem,

cere, urbis. Visum est perabsurdum, uti et nemo ignorabat, nisi stultissimus quivis illorum. Nullius istic iterum vel accuso, vel excuso ingenium : descendi tamen (906), domumque, formidolosam licet, repetii. Non ausus in ea diu morari, Gardam (907) pergere inchoavi; consilium sed demutavi reverentia quæ imminebat paschali. Elegi quemdam civitatis angulum ; petii ipsius [*id est* comitis] consensum, dedit etiam auxilium. Construxi in eo ædificium : fuit illico concrematum. Quis vero fecerit, est a nullo quæsitum. Restruxi melius; sum, ne facerem, ab eo prohibitus. Est iterum restruendi data licentia, prosperiore scilicet lyra (908), laudes canente post probra. Suspectum me incipiunt reddere talia. Meditatur iterum Gardam confugere timiditas mea; interque meditandum, venit domnus Joannes diaconus, cepit coram me deplangere porticum sancti Petri (909); quod ruinam utique minaretur sui, nisi subveniretur ocius illi. Promisi auxilium, quod et impendere non distuli. Ascendi, consideravi, humeros ad succurrendum paravi. Prævalescente desiderio juvandi, conspexi multa magis inesse ad emendandum necessaria, quæ non confido impleri posse in vita mea. Non habeo fidum cui hoc committam ministrum : siquidem illum, cui unam libram argenti pro trabibus emendis commiseram anno præterito, immaniter mihi inde bausiasse percepi (910). Facio pro me ipse quod possum; cum habuero factum (911), revertar, si præcipis, inimicissime, qui sollicitaris exinde, domum : tu si libet et quando libet intra in tuum, non prohibeo, furnum.

quam exigente sensu induximus, nemo improbabit. Amphitheatrum autem in ichnographica tabula antea laudata, in qua *theatrum* vocatur, muris circumcinctum exhibetur. Ita enim medio ævo ædificia hujusmodi in munitionum usum converti solebant, ut ex amphitheatris Capuano atque Nemausensi liquet. Vide Cangium verbo *Arenæ*. Hinc comes Bucco *ob custodiam urbis*, quæ magnis turbis exagitabatur, in Arenæ munitione manebat; cum præsertim turbæ non solum contra Ratherium, verum etiam contra ipsum Bucconem comitem, qui Ratherio favebat, excitatæ fuissent, uti discimus ex epist. 12 ad Ambrosium num. 3 cujus testimonium dedimus paulo ante not. 899.

(906) Ne Ratherius cum uxore et infantibus comitis in palatio habitaret, quod ejusmodi cohabitatio perabsurda videretur, *descendit* de palatio, quod in monte situm vidimus, et *domum* episcopalem, *licet formidolosam, repetiit.* Formidolosam autem appellat, quia in ea antea captus fuerat, ac ibidem degens multis fuerat periculis obnoxius.

(907) Garda erat munitissimum castrum diœcesis Veronensis, eoque petere volebat Ratherius, ut tutiori in loco esset.

(908) Hunc locum explicant illa epistolæ 14 ad Nannonem comitem, qui Bucconi successerat; ubi huc respiciens auctor scribit num. 3 : *Tolerabilius nam fuerat vestrum sic ferre dominium, ut, quem timerem, eumdem diligerem ipsum, ut facere inchoaveram illum,* id est Bucconem, *de quo mihi congruere illud feci Nasonicum,*

Probra Therapneæ qui dixerat ante maritæ,
Mox cœpit laudes prosperiore lyra.

Prius scilicet Bucco Ratherio infensus, postea eidem, quem dux inclyta comitis tuitioni commenda-

15. Est ista hic aliquantisper morandi rationabilis occasio una ex octo (912). Tuæ vero malignitatis ne sileatur intentio, maluisse te optime scio, tali quod versarer in loco, ex quo inimicis essem odibilis meis : neque te dolere quod domum suspectam reliquerim, sed quod me in tutiore locaverim, atque ob hoc te excusari non posse fore de me homicidam, quamvis adhuc meam servet Dei providentia vitam. Neque me credideris quod quotidie non interficias tuis machinationibus ipse, quanquam me nolens videas vivere, dum audis Deum scelere de alio dixisse : *Qui viderit mulierem ad concupiscendum eam, jam mœchatus est eam in corde suo* (*Matth.* v, 28). Hierónymum quoque : *Væ nobis miseris qui quoties concupiscimus, toties fornicamur.* Ita enim et tu poteras dicere : Væ mihi misero, qui quoties isti captivo moriendi decipulas tendo, toties eum occido. Mentiri me poteras dicere, si de minore culpa non legeretur dilectus ille Christi dixisse : *Omnis qui odit fratrem suum,* id est, quemlibet Christianum, *homicida est* (I Joan. III, 15). Sed vindicabor, vindicabor, inquam, certissime noveris, vindicabor. *Mihi* enim, ait Dominus, *vindictam,* subaudire valeamus, reservo, dum reum [f., eum] flagellari permitto. *Ego,* tamen *retribuam,* dicit Dominus (*Rom.* xii, 19). Si enim de nobis cantitat Psalmus : *Si autem,* inquiens, *dereliquerint filii ejus legem meam, et in judiciis meis non ambulaverint. Si justitias meas profanaverint et mandata mea non custodierint; visitabo in virga iniquitates eorum, et in verberibus peccata eorum. Misericordiam autem meam non dispergam ab eo, neque nocebo in veritate mea* (*Psal.* lxxxviii, 31-34). Isto igitur sensu 
erat, favere cœpit : unde subdit : *Postquam enim de illo dixeram : Qui liberavit Israelem de manu Pharaonis, liberet Ratherium de manu Bucconis; dum ille abiturus meliorari cœpisset, cœpi et ego citaliter aggarrire,* relatis scilicet Ovidii versibus.

(909) Ecclesiæ scilicet sancti Petri in monte, aci propterea dein addit : *Ascendi.* Ad episcopum nimirum pertinebat restauratio ecclesiarum. Confer not. 892. Porticus ejusdem ecclesiæ, qui nunc superest, ille esse creditur, quem Ratherius refecit. Mox cum novissimo Spicilegii editore correximus, *Promisi, non distuli;* cum antea legeretur, *promisit, non distulit;* sicut et infra *emendis* pro *emendandis;* cum eodem recepimus.

(910) *Bausiasse,* id est decepisse. Vide not. 65 in primam partem *De contemptu canonum.*

(911) Id est, cum restaurationem memoratæ S. Petri ecclesiæ perfecero, *revertar domum* episcopalem, ad quam ut rediret, inimicissimus cavillator incitabat. Eamdem vero episcopalem domum nondum adierat anno 968, cum ad Ambrosium scripsit. Mox verba, *intra in tuum furnum,* explicari posse videntur illo rustico proverbio, quod ab ipso auctore profertur in *Discordia* num. 4 in fine : *Qui fuit in furno, pares suos inibi quærit.*

(912) *Ista una occasio ex octo* fuit restauratio porticus S. Petri, cui Ratherius nemini alii fidens præ esse debebat. Cæteras rationes hic tacet. Aliam vero rationem indicat in epist. 12 ad Ambrosium num. 4. *Quid faceret episcopus cum exeunte ex ea domo uno, ex vestratibus principe, alter ei succederet, illi alius, alius item illi? Poteratne cum illis episcopus in una domo versari?* Confer serm. 6 *De octavis Paschæ* num. 4. Potior autem causa erat, ut in tutiore loco consisteret; quod in sequentibus innuit.

felicissimos dixerim pulsos ab episcopatibus propter sua facinora præsules in comparatione illorum, de quibus per quemdam dicitur veriloquum : *Ducunt in bonis dies suos, et in puncto ad inferna descendunt* (*Job* xxi, 13). De flagellatoribus vero (913), pace, quem intueor, tua, quid per alium Dominus dicat depromam illorum : **396** *Iratus sum*, ait Dominus, Babylonem redarguens impiam, *iratus sum super populum meum, et tradidi eum in manus tuas : non posuisti ei misericordiam, nec memorata es finis tui* (*Isa.* xlvii, 6, 7). *Venient quoque super te mala, de quibus non poteris exire. Irruet super te calamitas, et nescies ortum ejus* (*Ibid.*, 11). Talem ergo me, ut protuli, esse, si libet tibi (914), non prohibeo dicere; si placet, pejus etiam quidlibet, si vales attamen, fare. Me tamen arbitror nil vituperabilius tibi, nil turpius quod de me dixisse valeas, reliquisse. Non ignoro tamen quod mihi nunc possis opponere : *Ex verbis tuis justificaberis, et ex verbis tuis condemnaberis*, dicente Scriptura (*Matth.* xii, 37) : damnabilem te ipsa probat confessio tua (915). Neque confiteor, neque diffiteor, aio. Damnatorem vero procul abesse, ille non desinit mihi promittere, qui digito scribens in terra, quibusdam narratur, *Qui sine peccato est vestrum, primus in illam lapidem mittat* (*Joan.* viii, 7), clementer dixisse. Hujus at, proh nefas! anapæsti suspecto, multa inemendata linquuntur in sæculo, igni reservata perpetuo; dum scilicet quilibet conscius sibi, parcit alteri. Quid de substantia hujusmodi sacrificii possit censeri, adhuc exstat, fateor, perincognitum mihi. Inde a planta pedis usque ad verticem sanitatem nobis deesse possumus (*Isa.* i, 6), fateor, deplorare; qui faciat bonum hodie quoque usque ad unum deesse (*Psal.* xiii, 3).

16. Quem (916) *unum* cum ipsum caput bonorum cum membris aliquibus suis Deum intelligere promptum sit esse, pro raritate tamen nostratium ad illum pertinentium unum, specialiter unum hic expres-

sum saltem æstimare valeremus, utinam imperatorem hodierni temporis gloriosissimum, qui cum præ omnibus, qui per hoc trecentorum annorum curriculum Romanum gubernaverunt, divisione licet regnorum, imperium, nobilitate, potentia, strenuitate, industria, virtute, prudentia, sapientia, benignitate, constantia, fortitudine, clementia, æquitate, opulentia, largitate, cæteraque commodorum ad hoc omnium singulariter affluat copia **397** peragendum; hoc ei unice divina concedere dignaretur omnipotens o utinam gratia, ut se primum, inde sub se sibi commissum vertere satageret imperium ad bonum omnimodis omissum. Corruptis enim et abominabilibus factis Christiani, proh dolor! nominis universis, præcipue rectoribus, ita divinus (917) omnimodis periit olim, fateor, cultus, ut nihil magis videamus discordare, quam quod Dominus præcipit, et universitas, proh nefas! agit. Ex quo cum, Deo annuente, unum illum, hoc est, imperatorem excipere gestiamus piissimum; suggerere illi si ausi fuissemus; omnimodis studeremus, ut ad cætera quibus pollet, singulariter illud adderet bonum, quod illud sibi aptaret Job sanctissimi utique dictum : (918) *Causam quam nesciebam, diligentissime investigabam* (*Job* xxix, 16). Dicente enim Gregorio : *Quid enim mirum, si aliquando fallimur, qui homines sumus?* nil magis officit illis hominibus, qui super alios constituti sunt homines, quam fraus et perfidia consiliariorum; si illud eis applicatur postremo propheticum : *Væ qui dicitis malum bonum, et bonum malum* (*Isa.* v, 20). Delatores vero quidam sapiens dicit nunquam defore, si quis illis credulus voluerit esse : *Percontatorem*, ait, *fugito;* alter, *nam garrulus idem est.* Quibus cum super omnia regna misera sit referta Italia, et interpretum ad hæc peragenda sit nimium prompta perfidia : adhibenda illis tanto sollicitior cautela, quanto ingeniosior illis inest ad id factitandum, promptiorque malitia. Ut enim unum ex innumerabilibus profe-

---

(913) Construe : *Quid vero Dominus dicat per alium prophetam de flagellatoribus illorum, depromam, pace tua, quem intueor : Iratus sum*, etc.

(914) Vulg., *sibi libet tibi male.* Construe : *Non prohibeo ergo dicere, si libet, tibi, me esse talem, ut protuli, fare, si placet, me esse etiam quidlibet pejus, si attamen vales.*

(915) Construe : *Confessio ipsa tua probat te damnabilem*, dicente Scriptura : *Ex verbis tuis*, etc. Et post pauca sic : *Ille vero, qui digito scribens in terra, narratur clementer dixisse quibusdam* : Qui sine peccato est vestrum, primus in illam lapidem mittat; ille, inquam, *non desinit promittere mihi damnatorem mei procul abesse* : quia scilicet nemo hominum præsens sine peccato est. At proh nefas! *suspecto hujus anapæsti*, id est suspicione, seu ob suspicionem, ne hoc argumentum retorqueatur, *suspecto* enim pro *suspicione*, et *anapæsto* pro *argumento* in adversarium *retorto* accipiuntur, uti ex aliis auctoris locis manifestum est, ob hanc suspicionem, ait, *multa relinquuntur inemendata in hoc sæculo*, quia cum ii, qui deberent emendare, sint peccatores, verentur ne in se idem Christi dictum retorqueatur.

(916) Construe : *quem unum cum promptum sit intelligere ipsum Deum caput bonorum cum aliquibus membris suis; pro raritate tamen nostratium pertinentium ad illum unum, utinam valeremus saltem æstimare* unum *hic expressum* (esse) *specialiter imperatorem hodierni temporis gloriosissimum, qui cum præ omnibus, qui divisione licet regnorum gubernaverunt Romanum imperium per hoc curriculum annorum trecentorum, singulariter affluat nobilitate, potentia...... et copia omnium commodorum ad hoc peragendum; o utinam divina omnipotens gratia dignaretur concedere unice hoc ei, ut satageret vertere se primum ad bonum, omnimodis omissum, inde sub se vertere ad idem bonum imperium sibi commissum.*

(917) Vulg., perperàm *divinis.*

(918) Hoc testimonium hic et alibi inculcat, quia verebatur ne imperator absens adversariis calumnias spargentibus aures faciliores præberet, et causa non satis cognita aliquid contra se statueret. Quod autem timebat re ipsa accidit; unde in epist. 13 ad Adelaidem imperatricem ait : *O vero quam omnibus, qui in potestate sunt constituti, ut non semel dominationi res ræ suggessi, prodesset, si non tam præcipites ferrent sententias; sed illud beati Job attendissent :* « *Causam, quam nesciebam, diligentissime investigabam.* »

ram : cum instaret Hubertus Parmensis ut, accepto animarum pretio (919) rivali illi cederem meo ; affuit unus ex amicissimis meis, neque tamen adeo gratis, qui cum mihi auxilium ad hoc maximum habuisset promissum, nostram adiens ducem intimare studuit ei, imperatorem justissimum itidem velle, nescio tamen si adjecerit, mandavisse. Miraculum, **398** inquam, miraculum ! Tantus imperator, tam justus, tam Dei amator, tam illius reveritor, hoc se velle, quod tam Deo esset contrarium, testaretur ! Potuit hoc (920) sane contingere, alicujus mendacio Cæsarem tantum deceptum fuisse, qui me diceret utique itidem velle. Cumque comprehensio mei, expulsio, spoliatio, abductio, retrusio, ecclesiæ direptio, domus episcopalis destructio, eleemosynæ imperatoris deletio, facti illius diffactio, urbis irruptio, reverentiæ imperialis vilipensio, et alia multa his cohærentia adhuc essent, ut et existunt, in causa ; (921) melioratione relicta, de sola pejuratione homicidalis perageretur [*f.* peracta est] solummodo causa. Cavendum præsertim etiam a talibus ideo est, quod consuetudo certissime deprehenditur esse nostratium, ut culpabiles de qualicunque re antea se ad potestatem quamlibet reclament, quam is, cui injuria exstat ab eisdem illata ; ut nuperrime noscitur ille fecisse, qui conductor præcipuus existens omnium qui me quondam ceperunt, et innumera mihi et meis mala semper struens et faciens, insuper ab invasore præsulatus mei ad diaconatum post furta et sacrilegia, quæ illi impingunt qui nosse se dicunt, cum fuisset contra jus fasque provectus, terram juris nostri per potestatem tenens atque diripiens, ad pedes nemine persequente confugiens domini imperatoris, mentitus est quod suum ei beneficium abstulissem. Quanta hujusmodi tales faciunt? Quis eos valet vitare, nisi qui causam quam nescit, studet diligentissime investigare? Quis vero rex aliter Regi regum valet concordare, nisi studeat hoc sollicite agere? Quis judex sine isto justum valet decernere ? Quod Domino nostro piissimo ipse Rex regum, ut agat, dignetur rogamus concedere, agentique hoc vicissitudinis loco referre, ut et in hoc sæculo longævo ductu imperet feliciter, et in futuro regnet cum Christo perenniter. Amen.

(919) *Rivali,* id est Miloni, cui ne episcopatum cederet, pluribus restitit. Vide epist. 8 ad Milonem, et *Conclusionem deliberativam* in fine. Mox *nostram adiens ducem,* nimirum Juditham, de qua lege supra not. 858. Dein *itidem* emendavimus, ubi erat *totidem : itidem* enim pari sensu habetur paulo post.

(920) Vulg., *hic,* minus recte. Construe vero ; *Potuit sane hoc contingere, Cæsarem tantum deceptum fuisse mendacio alicujus, qui diceret, me utique itidem velle,* scilicet velle cedere. Mox *eleemosynam imperatoris* illam vocat, qua in Veronensem sedem restitutus fuit : unde in sermone *De octavis Paschæ* num. 3 imperatorem laudans, *qui me,* inquit, *illuc in episcopatum eleemosynaliter instituit* : quo respiciens hoc ipso in opere num. 1, ait : *Cum Dei misericordia, et illius* imperatoris *eleemosyna, qui mihi contulit ipsa, habeam multa, nec interdicta mihi sit eis fruendi licentia. Eleemosynæ* nomen pro *misericordia* ab auctore accipi solet, Vide not. 14 in sermonem secundum de Quadragesima. Enimvero quam illi *eleemosynam imperatoris* appellat, *misericordiam piissimi Cæsaris* nominat in *Itinerario* num. 4. Dein *diffactio,* id est destructio, ex verbo *diffacere,* alias *disfacere,* Italice *disfare.* Vide Cangium verbo *Diffacere. Diffactio* facti illius, quo scilicet Ratherius in episcopatum restitutus fuerat.

(921) Hic aliquid videtur deesse, vel pro *perageretur* legendum *peracta est. Melioratio* autem pro refectione seu emendatione hoc loco accipitur : queriturque Ratherius, cum tot crimina versarentur in causa, omnium tamen refectione seu emendatione relicta, de uno perjurio actum fuisse, quod scilicet in conspiratione contra se excitata jusjurandum imperatori præstitum læsum fuerit. Verba *melioratione relicta* in *Itinerario* num. 4 explicat sic : *Omnibus vero his,* quæ indicavit criminibus, *licet tam indiscussis relictis,* quasi in eis nil inveniri valeret, *quod reprehendi legibus vel leviter posset.* Crimen autem perjurii in epist. 8 ad Milonem his verbis exponit : *Gaudeo cogites,* quam contra te ipsum, *cum persancte imperatori, ut et ego, fidem juraveris, agas, cum edictum illius destruere moliris, et illos, qui ei idem jusjurandum fecerunt, pejurare compellis.* Et in epist. 12 ad Ambrosium num. 3, meliorationis seu compositionis titulo centum librarum argenti multa inflicta traditur ob conjurationem non tam contra Ratherium episcopum, quam contra Bucconem comitem, quæ multa rebellionem atque perjurii crimen evidentius demonstrat. Mox *causa homicidalis* appellatur conjuratio in episcopum, ob quam antea num. 15 unum e suis adversariis ait *excusari non posse fore de me homicidam, quamvis adhuc meam servet Dei providentia vitam. Neque crediderís quod quotidie non interficias tuis machinationibus ipse,* etc.

---

# RATHERII DECRETUM (922)
### *Quo ex abbatiola Magonziani amandatis monachis subrogantur clerici.*

**399** 1. Dum astipulante peraugustæ recordationis Aurelio (*serm.* 46, n. 27) temerariis judiciis adeo plena sunt omnia, ut ipse quoque malevolorum cavillationibus acerrime hoc tempore insectatus, mihi ipsi

(922) Hoc, quod in textu Ratherius *decreta'e scriptum* vocat, ab Acherio vulgatum fuit ex codice Laudunensi. Cum in exordio ita te *malevolorum cavillationibus, et falsis verisve illorum testimoniis acerrime hoc tempore insectatum* queratur, uti initio præcedentis operis fusius explicat ; circa idem tempus hoc quoque decretum conditum arbitramur, id est circa annum 966. Abbatiola postea *cœnobiolum* dicta, quæ *Magonzianus,* seu, ut alia documenta cum hodierno quoque vocabulo concinentia præferunt, de *Maguzano* appellatur, Desentiano et Lonato finitima in ea diœcesis Veronensis ripa Benaci lacus sita est, quæ ad Brixianam diœcesim vergit. Hoc monasterium cum capellis et decimis et pertinentiis suis inter possessiones et bona episcopatus Veronensis recensetur in privilegio Eugenii III an. 1145 apud Biancolinum lib. 1. *Notizie delle Chiese di Verona* pag. 193, ac deinde in privilegiis sequentibus. Idem post nonnullas vicissitudines jam inde a sæculo xv annexum fuit monasterio S. Benedicti Padilironensis Mantuanæ diœcesis, ibique aliquot ejusdem cœnobii monachi degunt.

sim ita incredulus, ut quid qua intentione actitem, sim sæpissime dubius; dum scilicet falsa verave illorum de me testimonia cum his, quæ mihi sint plus quam necesse sit, cognita, confero; quid de abbatiola, quæ Magonzianus vocatur, nuperrime statuerim, decretali hoc scripto enucleare, et venturis præsentibusque, ut utrique dijudicent, destinare contendo. Ipsa igitur eadem, quantulacunque sit, cum ex prædiolo quorumdam dispositioni (923) Ecclesiæ nostræ ita obvenerit, ut aut obeunte, aut perperam inemendabiliter quid perpetrante abbate, alter ab episcopo illic sufficeretur nostræ diœcesis, qui militantes in ea monachica vivere faceret lege; (924) cum, uti res est perdifficilis, hoc non, ut constructor voluerat, processisset; incenso (925) ab Hungaris cœnobiolo, ad hoc miserabiliter est perventum, ut ipse, qui abbatis falso vocabulo (926) solus gestabat cucullam, uxore saltem nequiret ullatenus abstinere, nedum alii propriis quoque possent voluntatibus, ut regula monachorum præcipit, renuntiare. Quemdam igitur ex talibus cum omnigeno conatu ad id, quod secundum saltem 400 congruentiam temporis esset agendum, non valuissem adducere; sed fuga ter lapsus ipse, Geziaca me insuper lepra per internuntios conareretur inficere, hoc est, ut accepta ab eo pecunia sinerem eum, quod oblatum Domino fuerat, (927) diabolo, ut ante fecerat, tradere; me quod ille volebat nolente, illo quod ego Dei respectu vitabam rogante, utrinque cum fuisset discessum, hæsit animus quid agere possem. Si enim ego possessiunculam Dei Genitrici collatam melius quasi dispensaturus mihi retinerem, aut meorum alicui darem; ne successorum aliquis meorum meo similiter faciens exemplo eleemosynam illorum bonorum destrueret, nonnihil verebar. Si vero propter unum falsum cucullum, abbatem appellatum, id est patrem falsissimum, re autem vitricum verissimum, hoc in uxorem et filios carna-

A les, fratres, atque nepotes permitterem expendere, imprudentis dispensatoris non minus pœnam quam infidelis verebar incurrere. Cum enim perarduum sit monachorum propositum, et talibus inconvenientissimum; sicut enim monacho nil sanctius, ita nihil est hypocrita sceleratius: relicto impossibili, ad possibile me conferre operam dedi.

2. Ordinavi igitur, ut, si plures inhiberet facultas, illic tres officium suum non nescientes omni tempore saltem presbyteri militarent, ut inibi nullo die missa deesset, unus diaconus, unus subdiaconus, clericuli aliqui. Quisque presbyterorum 401 annuatim acciperet inter frumentum et segallum (928) modia decem, inter legumina et milium modia decem, de (929) surico modia decem, de vino modia (930) duodecim. Diaconus de his omnibus modia quinque, vinum modia sex. Subdiaconus modia tria, vinum modia quatuor. Ad vestimenta presbyteri solidos quinque; diaconus solidos duos; subdiaconus solidum unum. Cucullum nemo illorum portet. Hymnos tamen in memoriam antiquæ consuetudinis in laudibus, matutinis, prima, tertia, sexta, nona, vespera et completorio, quæ omnia ad horam debitam exhiberi decrevi, cantarent. Et quia sine aliquo id fieri magisterio posse desperavi, unum 402 inibi præfeci presbyterum honorabilem, nec ministerii sui expertem, præter illos tres, ita decrevi, ut aut obeunte illo, aut decreta facere contemnente, alter ab episcopo Veronensi loco subrogaretur illius: (931) quique his omnibus, ut continetur superius, non per vineas et campos, sed per mensuras dispensatis, quod remaneret, haberet; in præclaris vero festivitatibus illos quinque secum faceret comedere, eisdem cibis et potibus quo [l. quibus] seipsum abundanter et pro posse eosdem reficiens. Quibus tamen diebus lectionem decernimus ad mensam habeant, et post cibum (932) quod monachi cantent. Summopere vero . . . . . . . . .

---

(923) Hæc peculiaris dispositio erat in fundatione ejus cœnobioli a constructore præstituta, ut abbate mortuo, aut inemendabili, alter non a monachis, sed ab episcopo eligeretur, atque præficeretur e Veronensi diœcesi, quo monachos ad regularis disciplinæ normam compelleret.

(924) Acherii editio *cum uti res est, perdifficilis hoc, nonve constructor,* etc. Emendationem novi editoris recepimus.

(925) Hungari Italiam identidem invaserunt, ac incendiis deprædationibusque vastarunt ab anno 900 ad annum usque 947. Vide Liutprandi Historiam, et alios scriptores decimi sæculi.

(926) In Magonziani cœnobiolo hoc tempore unus abbas sine monachis inveniebatur, idemque et uxorem habebat, et, uti postea traditur, carnales filios. Hinc paulo post *unum falsum cucullum* vocat.

(927) Id est, sinerem, ut, quod postea explicat, abbatiolæ redditus *in uxorem et filios carnales, fratres, atque nepotes expenderet.*

(928) Forte *siliginem* ait Acherius. Nihil mutandum novus editor credidit, et jure; hinc enim Italica vox *segala.* Sigalum apud alios scriptores legitur, apud alios *segalis,* ut videre est in Glossario Cangii.

*Panis segalacius* apud Fortunatum in Vita S. Radegundis c. 15 et 21.

(929) *Suricum* non est Indicum frumentum, quod serius in Italiam inductum fuit, sed quædam segetis species, ex qua nunc quoque alicubi panis conficitur, quæque Italice vocatur *sorgo.*

(930) Modium non solum aridorum, sed et liquidorum erat mensura pro varietate locorum diversa, ut in novissima Cangii editione fusius ostenditur verbo *Modium,* et *Modius.* Quod si auctor part. I, *De contemptu canonum* num. 3: *Quot congia vini,* inquit, non vero *quot modia;* congium mensura erat minor modio, quod ex pluribus congiis constabat.

(931) Id est, *et qui presbyter dispensatis his omnibus non per vineas et campos, sed per mensuras, ut superius continetur, haberet quod remanet.* Similiter in *Judicato* num. 2, distributionem reddituum *per modios et sextaria,* seu per mensuras fieri constituit, *non per campos et vineas.* Notabilis hæc distinctio inter campos et vineas, de qua vide not. 11 in idem *Judicatum.*

(932) Id est, cantent eadem quæ monachi cantant. Multane, an pauca in fine desiderentur, ignoramus.

# ADMONITIO IN SEQUENTEM SYNODICAM.

**403-404** I. Ratherii Synodica non solum inter ejusdem opera, sed etiam inter universa decimi sæculi documenta ad ecclesiasticam disciplinam pertinentia præstantissimum et celeberrimum est. Cum enim auctor in ea sibi proposuerit clerum diœceseos in iis instruere quæ ab ipso præstanda erant, universa propemodum ecclesiasticæ disciplinæ capita quam accuratissime indicat, ex quibus quid ex vetustiori disciplina eo sæculo retentum, quid inductum, vel mutatum, aut emollitum fuerit agnoscimus. Ipsam Synodicam auctor memorans in *Itinerario*, quod, ut suo loco probaturi sumus, scripsit mense Decembri anni 966, ejus lucubrandæ hanc occasionem fuisse tradit num. 6. « Sciscitans itaque de fide illorum (qui præsertim e diœcesi ad synodum advenerant) inveni plurimos neque ipsum sapere symbolum, quod fuisse creditur apostolorum. Hac occasione Synodicam scribere omnibus presbyteris' sum compulsus, in qua continetur primitus ita suasum : Moneo igitur paternaliter, et præcipio pastoraliter, » etc., ut in ipsa Synodica capite primo, quod totum recitat. Synodum autem, cujus occasione hanc Synodicam edidit, peractam « subdit » mediante, id est media, « Quadragesima, » quo quidem tempore ante Pascha eamdem Synodicam scriptam patet etiam ex verbis numeri ultimi : « auctoritate etiam paschalis festivitatis compellente monemus vestram dilectionem, » etc. Hinc ipsam Synodicam assignandam liquet Quadragesimæ anni 966. Enimvero cuilibet sacerdoti rurali eodem Synodicæ numero præcipit, ut tria symbola apostolicum, Nicæno-Constantinopolitanum, et sancti Athanasii memoriter discat, eadem deinceps sibi recitaturus, « cum proxime, inquit, a nobis huc vocatus fuerit. » Adverbium *proxime* id non multo differendum indicat. Porro in laudato *Itinerarii* numero sexto rem-sic exponit : « Istas (tres fides, seu tria symbola) cum et mediante Quadragesima illis scribendas atque memoriæ mandandas dedissem (in synodo), et inobedientes exstitisse vidissem, id est, cum proxime vocati fuerunt; dum quid inde canonice agere possem, inquirerem; metus illorum quosdam tantus invasit, ut promisso mihi ad iter carpendum auxilio, pollicerentur se deinceps descriptionem beati Athanasii cantaturos, » etc. Iter carpendum, quod memorat, est illud Romanum, cujus causa ipsum *Itinerarium* scripsit. Eodem igitur anno 966 in Quadragesima synodicam dedit : post aliquot menses ad rationem reddendam illos vocavit, qui loco multæ pro inobedientia, in Romanum iter auxilium polliciti sunt : ac tandem mense Decembri *Itinerarium* digessit. Ex his synodum, ex qua Synodicam edidit, nuperrime actam in eodem *Itinerario* tradit num. 5.

II. Inter plura, quæ in hac Synodica notatu digna sunt, quæque in notationibus attingemus, unum maxime hoc loco explicandum, quod ad multa intelligenda utile erit. Observanda num. 6 verba, « sicut alibi scriptum invenimus.» Quæ autem « alibi scripta » invenit Ratherius, sunt illa omnia, quæ exhibet eo numero sexto et sequentibus ad totum numerum duodecimum usque, eaque transcripta deprehendimus ex solemni quadam veluti formula, quæ legenda aut recitanda in synodo, *Admonitio*, aut *Sermo synodalis* in melioris notæ codicibus inscribitur. Admonitionis titulum præfert illud exemplar; quod præfixum est decreto Burchardi, ubi hæc epigraphes legitur : *Admonitio in synodo finito Evangelio a diacono legenda, episcopo et cæteris in ordine sedentibus*. Ita etiam in codice, quem Baluzius laudat in notis ad Reginonem pag. 532 : « Quibus finitis, episcopo ex cæteris in ordine sedentibus, a diacono legatur hæc Admonitio. » In ordine Romano Hittorpii pro eo quod hic habetur *a diacono legatur*, scriptum est *ab ipso episcopo, sive a diacono ex ipsius persona legatur hæc Admonitio*. Similia præfert Pontificale Romanum Augustini Patricii. In Sacerdotali quoque cap. 13, ubi quædam tantum ex ipsa admonitione fuerunt excerpta, hic titulus legitur: « Quæ sacerdotes et clerici servare debeant ex **405-406** synodali Admonitione compendiose excerpta. » Synodalis autem sermonis inscriptio exstat in codice Nereshemensi diœcesis Augustanæ his verbis : *Sermo synodalis parochianis presbyteris in synodis enuntiandus*, ut videre est apud Labbeum tom. II Conciliorum edit. Venet., col. 1075.

III. Duas autem formulas, quæ in sententiis ac fere etiam in verbis plane concordant, et ab eodem auctore videntur conscriptæ, distinguere non minimum refert. Una est laudata *Admonitio*, seu *Sermo synodalis* ; altera est illa, quæ *Inquisitionis* titulo a Reginone præmissa fuit operi *De ecclesiasticis disciplinis*. Rudi illo ævo, quo presbyteri præsertim rurales ut plurimum in summa ignorantia versabantur, necesse fuit brevissimam canonum summam illis proponere, quæ præcipua ecclesiasticæ disciplinæ capita complecteretur. Hæc autem summa in ea *Admonitione*, seu *Sermone synodali* exhibetur, quæ in synodo legenda erat. Idipsum autem, quod in synodo propositum atque præscriptum fuerat, num exsecutioni mandatum fuisset, inquirendum erat in visitationibus. Hinc eodem tempore, eodemque, ut videtur, auctore lucubrata *Inquisitio*; quæ episcopis eorumque ministris parochias visitantibus usui erat. Regino, qui ipsam nobis integram conservavit, hunc titulum profert : *Incipit Inquisitio de his quæ episcopus vel ejus ministri in suo districtu vel territorio inquirere debeant per vicos, pagos atque parœchias suæ diœceseos*. Partem hujus *Inquisitionis*, quæ ad ecclesiasticos pertinet, idem auctor præmisit libro primo, in quo, de clericis agens, singula ejusdem *Inquisitionis* capitula canonibus confirmat : postremam vero ipsius partem, quæ pertinet ad laicos, rejecit in caput quintum libri secundi, in quo, agens de laicis, reliqua pariter ejus *Inquisitionis* capitula canonibus constituit.

IV. Velserus, qui solam *Admonitionem*, seu *Sermonem synodalem* ex Augustano codice cognovit, S. Udalricum episcopum Augustanum ejusdem auctorem conjecit, propterea quod pleraque, quæ idem sanctus in capitulis clericorum solebat inquirere teste Gerardo in ejus Vita cap. 6, præceptionibus ipsius *Admonitionis* seu *Sermonis* omnino respondent. Verum hæc solum probant S. Udalricum ea *Admonitione*, seu verius *Inquisitione* usum fuisse : de iis enim Gerardus loquitur, quæ ille visitando inquirebat. Alii *Admonitionem*, seu *Sermonem synodalem* a Leone IV conditum putant, cui quidem eum ascribit codex Vaticanus continens librum Censuum, quem ex quo editus est tom. IX Conciliorum Venet. edit. col. 1031 hoc titulo : *Homilia Leonis papæ IV de cura pastorali, ejusve officio ac munere, quam per episcopos omnibus sacerdotibus curam animarum gerentibus intimari voluit*. Ad eumdem pontificem referri potest etiam inscriptio, quæ eidem sermoni synodali præfigitur in alio ms. Vat. 1555 pag. 570. Sermo in synodo dicendus, quem S. Leo papa composuit. Cur vero ejusmodi *Sermonem*, seu *Admonitionem*, nulli Romano pontifici tribui posse credamus, colliges ex not. 29. Cum porro nonnulla disciplinæ capita ibidem præscripta ex Gallicana Ecclesia originem ducant; eamdem *Admonitionem* in Galliis conditam arbitramur. Stephanus Baluzius in notis ad Reginonem, pag. 554 eam Leone IV antiquiorem, ævo S. Bonifacii archiepiscopi Moguntini exaratam putat, aut certe non multo post. Idem censendum de *Inquisitione*, quæ ob earumdem sententiarum verborumque concordiam eumdem parentem agnoscit. In hoc enim tantum ea *Inquisitio* et *Admonitio* inter se differunt, quod quæ verba decreti formam exhibent in *Admonitione*, interrogationis formam in *Inquisitione* recipiunt. callicanam certe hujus originem confirmare potest Hincmarus archiepiscopus Rhemensis, qui capitulare secundum inscribens : *De his quæ magistri, et decani per singulas Ecclesias inquirere, et episcopo renuntiare debent;* hanc utique *Inquisitionem* præ oculis habuit : capitula enim, quæ subjicit, eadem sunt, quæ in laudata *Inquisitione* leguntur. Hæc fusius præmonenda visa sunt, ut pateat ex quo fonte Ratherius septem memorata capitula in suam synodicam inseruit.

V. Hic autem fons cum multo vetustior sit, illud potissimum animadvertendum est, ne quis omnia, quæ in capitulis ex *Admonitione* transcriptis continentur, Ratheriano ævo, et Veronensi ejusdem ætatis populo aut clero attribuat. Qui enim integra ejusdem *Admonitionis* capitula iisdem verbis in suam synodicam transtulit, nil demere, nihil immutare voluit. Hinc quædam occurrent aliis regionibus ac vetustiori ætati congruentia, quæ si quis decimo sæculo et Veronensibus hujus ævi aptanda crederet, nimium aberraret. Ita cum num. 11, in fine præcipitur sacri chrismatis custodia sub sera et sub sigillo propter quosdam infideles ; haud credendi sunt aliqui infideles Veronæ sæculo decimo exstitisse. Hac eadem de causa Baluzius in notis ad ea verba *Inquisitionis* libro primo Reginonis præfixæ num. 18: *Et nullus præsumat tradere communionem laico aut feminæ ad deferendum infirmo*, scite monuit pag. 556 : « Vir clarissimus Henricus Valesius, cum non animadverteret *Admonitionem* istam multo antiquiorem esse ævo Ratherii episcopi, Veronensis, et Udalrici episcopi Augustani, ex hoc loco collegit, usum illum tradendi communionem laicis ac feminis ad deferendum infirmis, perseverasse in Ecclesia usque ad decimum sæculum: quam conjecturam amplexus postea est vir eruditus, qui nuper in lucem emisit historiam eucharistiæ. Falsa argumentatio: nam si isto argumentandi genere uti liceret, pari ratione necessario colligeremus rem, quam omnes scimus esse falsissimam, nimirum eumdem usum mittendi eucharistiam infirmis per laicos ac feminas, etiam nun perseverare in Ecclesia, cum in admonitione synodali, quæ per universas Occidentis Ecclesias singulis annis legitur ab episcopis in suis synodis diœcesanis, scriptum habeatur in Pontificali Romano : Nullus præsumat, » etc., totidem verbis ut supra.

VI. Cum porro Ratherii capitula ex *Admonitione* exscripta fuerint, hujus editiones e diversis codicibus productæ, quæ cum ejus celebritatem comprobant, tum vero nobis usui erunt, potissimum commemorandæ sunt. Præter illas, quibus ea *Admonitio* legitur in ordine Romano Hittorpii, in Pontificali, ac in Sacerdotali, eamdem ex ms. Augustano evulgavit Gretserus tom. VI Operum novissimæ editionis pag. 232. Bis profertur in conciliis Labbei primum tom. IX Ven. edit. 1031, iterum tom. II, col. 1075. Eamdem impressit Hugo Mauthoud in observationibus ad Robertum Pullum pag. 403, item Baluzius triplici exemplo in appendice ad Reginonem pag. 602 et seqq. postea PP. Martene et Durandus tom. VII collect. Vet. scrip. pag. 1, cum hac peculiari inscriptione : *Commonitorium cujusdam episcopi ad presbyteros;* ac tandem Dominicus Georgius tom. III appendicis liturgiæ Romanæ. Cum vero exemplaria antiqua, etsi fere conveniant, in nonnullis tamen levioribus discrepent; illud exemplar, quo Ratherius usus est magis accedit ad lectiones ejus *Admonitionis*, quæ *Homiliæ Leonis papæ IV* titulo in Conciliis legitur tom. IX, col. 1031, ut patebit ex notis, ac præsertim ex not. 975. Cum quasdam lectiones ex *Inquisitione* allegabimus, editio Reginonis, quam Parisiis anno 1671 curavit Stephanus Baluzius, usui erit.

---

# RATHERII SYNODICA (933).

*Ad presbyteros et ordines cæteros forinsecus, id est per universam diœcesim constitutos.*

Quia mirari vos scio, imo murmurare (quod est pejus) non nescio, quod tertio jam vos vocavi, et quasi nihil (934) vobiscum egi; ne frustra hoc me fecisse putetis, fateor quia explorandi vos causa hoc feci, et quales vos me inventurum æstimavi, tales, proh nefas! inveni. Congruere mihi infelicissimo illud statim de Sapientiæ visum est libro : *Ne jucunderis in filiis stultis, si multiplicentur : ne oblecteris in eis, si non est timor Dei cum illis (Eccli. xvi, 1).*

(933) Hæc synodica a Fulcuino laudata cap. 24 impressa fuit ab Acherio ex Laudunensi ms. exemplo, et dein a Labbeo repetita tom. II Conciliorum Ven. edit. col. 811. Ipsam ex ms. Frisingensi transcriptam accepimus, cujus lectiones quibusdam locis supplendis vel emendandis utiles exsiterunt. In hujus codicis titulo voces *forinsecus, id est* omittuntur.

(934) Vocem *nihil* supplevimus ex ms. Frisingensi; ac ex eodem post pauca *Sapientiæ* emendavimus.

1. Moneo igitur paternaliter, et præcipio pastoraliter, ut dicentis Apostoli reminiscentes, quia *sine fide impossibile est placere Deo (Hebr. xi, 6)*; hoc est sine credulitate, quæ nobis per apostolos, eorumque est successores tradita; et quia *Justus ex fide*, id est credulitate sua, *vivit (Rom. i, 17)*; et : *Quidquid sine fide*, hoc est credulitate Dei, *est, peccatum est* (Ibid. xiv, 23); *Fides* autem, id est credulitas Dei, *si non habeat opera bona, mortua est in semetipsa (Jac. ii, 17)*: ipsam fidem, id est credulitaubi erat in vulg. *Sapientiæ*. Cum autem dicit, *tertio jam vos vocavi*; nemo tres synodos indicari suspicetur : nullam enim aliam synodum ante hanc post tertiam restitutionem eum celebrasse, propterea, quod *unde synodare deberet, omnino nesciret*, ex *Itinerario* num. 5 colligere licet. Ita vero unius ejusdemque synodi causa ipsos ter vocasse, seu in unum coegisse, intelligendus est, uti in fine numeri primi se eos *proxime vocaturum* affirmat, quod in Admonitione explicavimus num. 1.

tem Dei, trifarie parare memoriter festinetis, [*subaudi* illam] hoc est, secundum symbolum, **410** id est collationem apostolorum, sicut in Psalteriis correctis invenitur (935); et illam quæ ad missam canitur; et illam sancti Athanasii, quæ ita incipit : *Quicumque vult salvus esse*. Quicunque vult ergo sacerdos in nostra parochia esse, aut fieri, aut permanere, (936) illas tres [*subaudi* fides] memoriter nobis recitet, cum proxime a nobis huc vocatus fuerit.

2. Moneo etiam vos de die Dominico, ut cogitetis, aut si cogitare nescitis, interrogetis, quare ita vocetur : usu enim quotidiano illas res Dominicas dicimus, quæ proprie ad dominos pertinent illarum. Eo itaque sensu Dominica dicitur dies, quod proprie ad Dominum, id est Jesum Christum pertineat. Cum vero omnes dies ipsius sint, sicut et omnia quæ sunt in cœlo, et in terra, et in mari, et in omnibus abyssis (*Psal.* cxxxiv, 6); inquirendum quare ista solum dicatur illius esse. Nimirum quia ipse in ea (937) resurrexit. Sed in quibus Kalendis [*subaudi* resurrexerit] non cures; de die solummodo cogita. Quinta feria post vesperum est traditus, sexta crucifixus, septima quievit in sepulcro, octava resurrexit a mortuis, et inter duorum dierum partem, sive integritatem noctium, triduo (938) ut promiserat, **411** facto; *a corde*, id est interioribus *terræ* (*Matth*. xii, 40) ad Apostolos rediit. Hinc ipsa octava, sive prima feria dies vocatur Dominica; et in quocunque Kalendarum die eveniat, semper est Pascha, id est, *transitus Domini* de morte ad vitam, et uno modo, quidquid manduces, vel bibas, est observanda. Unde autem observanda? Ab opere servili. Quod autem est opus servile? Peccatum : qui enim peccat, diabolo servit. Si ergo omni die Dominico est Pascha, quærendum quid nobis faciendum in ea. Apostolus dicat : *Pascha*, inquit, *Pascha nostrum immolatus est Christus* (*I Cor.* v, 7). Quare Pascha est Christus? quia immolatus (939). Cur immolatus? ut pro nobis moreretur. Sicut utique antea ille immolabatur, cujus, sanguine liberandus ab Ægypto populus purgabatur, ita ergo et iste propterea est immolatus, ut moreretur, propterea occisus, ut nos per sanguinem ipsius a vastatore mundi angelo, id est diabolo, liberati,

(935) Hinc suspicari licet, in Veronensi Ecclesia apostolorum Symbolum aliquam additionem recepisse, uti alicubi, et in Aquileiensi præsertim metropolitana ecclesia accidit. Ejusmodi autem additamento cum a Ratherio non probarentur, ad psalteria correcta remisit, in quibus idem Symbolum descriptum erat.

(936) Vulg. *illa fratres*. Correximus non solum ex ms. Frisingensi, verum etiam ex *Itinerario* num. 6, in quo hoc primum Synodicæ capitulum recitatur. Dein *proxime* ex eodem *Itinerario* emendavimus : legebatur *proximo*.

(937) Ita codex Frisingensis. Vulg., *in eo*, perperam. Mox *in quibus Kalendis* idem est ac *in quo mensis die*. Kalendæ enim non pro primo tantum, sed pro quovis die mensis acceptæ fuerunt; unde in Vita S. Landrici episcopi Metensis num. 11, *per multos annos Kalenda*, id est *dies, festivitatis S. Landrici oblivionis rubigine tecta* traditur. In quem igi-

tur mensis diem inciderit Dominica, qua Christus resurrexit, minime curandum Ratherius pronuntiat.

de Ægypto, id est, inferno erueremur; et per mare Rubrum, hoc est, baptismum sanguine Domini rubeum, per desertum præsentis vitæ educti, ad terram repromissionis, id est, vitam æternam pervenire possemus. Habes Pascha, id est transitum bonum; habes Agnum pro te occisum; transisti mare Rubrum, graderis per desertum. Vide quo graderis? Stude ut (940) pervenias, quo venire tibi expedit. Labora cum Dei adjutorio, ne aut in Ægyptum redeas, aut in deserto pereas, sed ad patriam cœlestem pervenias. In Ægyptum vero te redire cognosce, si peccatum, quod deseruisti, præsumis repetere. Peris vero in deserto, si non perseveras in labore et opere bono.

3. Sed redeamus ad Apostolum : *Pascha*, inquit, *Pascha nostrum immolatus est Christus*. Postea : *Itaque epulemur*. Putas quod dicat : Crapulæ et ebrietati vacemus? Nequaquam; sequitur enim : *Non in fermento veteri*, id est inflatione ventris, vel tumore anteriorum peccati, vel ab affectu ad transacta scelera redeundi, vel alia perpetrandi : *Neque in fermento malitiæ et nequitiæ; sed in azymis sinceritatis et veritatis* (*Ibid*., 8), id est, ut in opere justi, in cogitatione simplices, in sermone simus veraces. Quando? Omni tempore : præcipue vero in paschali solemnitate, hoc est omni Dominica anni integri die. Si enim Dominica est Domini, utique non nostra dies est : Si Domini est, reverentia Domini est honoranda. Sed cujus domini? Revera, qui nos cum non essemus fecit; qui nos cum perditi fuissemus refecit; qui nos gubernat, alit, nutrit, defendit; qui vitam nostram, quousque illi placuerit, hic continet; cum voluerit, eam hinc mutabit, vel ad meliorem pro meritis, aut reddet pejorem : postremo qui nos judicabit, et aut in inferno sine fine damnabit, aut in cœlo æternaliter coronabit. Talis **412** igitur ac tantæ potestatis Domini cum hæc sit proprie dies, honoretur, ut eam pro decentia tanti Domini decet. Honorari vero nullo modo nisi ordinabiliter valet. Nisi enim parasceve Sabbatum antecedat, Sabbatum diem Dominicam; dies non est ullatenus Dominica.

4. Quid autem est parasceve? Apostolus dicat : *Probet autem*, ait, *seipsum homo, et sic de pane illo*

(938) Vulg., *et inter duorum dierum partem, sive trium integritatem noctium, vel triduo*. Ex ms. Frisingensi desevimus *trium*, et *vel* ante vocem *triduo*, ubi tamen *vel* præmittitur voci *noctium*. Si autem vox *trium* esset retinenda, legeremus libentius : *et inter trium dierum partem, sive duarum integritatem noctium, triduo*, etc. Mox *rediit*, et *eveniat* scripsimus ex eodem ms. Frising., cum in vulg. esset *redit*, et *evenerit*.

(939) Acherius *pro nobis immolatus*. Hoc loco voces *pro nobis* desunt in laudato codice Frising. et sane rejiciendæ; frustra enim in sequentibus quæreretur. *Cur immolatus?* et responderetur, *pro nobis*, si jam præmissum fuisset *pro nobis immolatus*.

(940) Particulam *ut* addidimus ope codicis Frising.

*edat, et de calice bibat (I Cor.* xi, 28). Quo pane? Qui ait : *Ego sum panis vivus, qui de cœlo descendi (Joan.* vi, 41). De quo calice? *Calix tuus inebrians quam præclarus est! (Psal.* xxii, 5.) id est, Christus suo nos sanguine satians; quam pulcher, id est, *speciosus forma præ filiis hominum! (Psal.* xliv, 3.) Qui ergo panis, ipse est agnus; qui agnus, ipse Christus, qui Christus, ipse est Pascha; qui Pascha, ipse pro nobis immolatus. Ipse est dies, quam non operando, sed gignendo coæternaliter fecit Dominus, exsultemus et lætemur in ea *(Psal.* cxvii, 24). Ipse est, inquam, dies, ipse Dominus, cujus ista est dies. De Sabbato illius quid facimus? *Vacate*, ait per Psalmistam Dominus, *et videte, quia ego sum Deus (Psal.* xlv, 11). Sabbatum vero vacatio dicitur, vel requies, id est, ut quiescamus ab operibus malis, et vacemus divinis obsequiis. Parasceve autem præparatio dicitur, hoc est, ut præparemus cordium nostrorum habitacula venturo ad nos per corporis et sanguinis sui substantiam Christo. Si ergo omnis octava dies est Dominica, Dominica vero pro resurrectione Domini dicta; vel, sicut perlepide quidam invenitur dixisse, omnes quia dies Dominus fecit imperio suo, Dominicum fecit sangine suo, et dedicavit (941) pretio suo; omnes dies Dominici parasceve vel Sabbato indigent. Parasceve autem, id est præparatio, non est aliud nisi quod protulimus, hoc est, ut probet seipsum homo, id est, disquirat cujus affectus sit, hoc est, si in voluntate cum Dei gratia meliorationis, aut in duritia pejorationis consistit. Si illud primum (942) in conscientia sua invenit, præsumens de misericordia Dei, cum lactucis agrestibus *(Exod.* xii, 8), id est contritione cordis, et amaritudinis gemitibus (943), accinctus renibus comedat agnum. Si non : suadere non audeo ut faciat; viderit quisque quid agat. Omnis ergo dies Dominicus ideo est paschalis, quia resurrectione Domini decoratus : Pascha vero nostrum ideo est Christus, quia pro nobis immolatus.

5. Omni ergo Dominica nobis clamat Apostolus : *Itaque epulemur,* id est, carnem Domini manducemus, et sanguinem ipsius bibamus. Ubi sunt autem qui quotidie missam celebrant, quotidie Pascha faciunt, id est, carnem agni comedunt, et sanguinem ejus bibunt, et, ut cætera sileam, de coitu adulterino filios et filias sæpissime (944) generant? Ubi qui hesternam ebrietatem, vel crapulam ante altare Domini super ipsam carnem vel sanguinem ructant agni? Qui litibus continuis occupantur, qui cupiditia æstuant, qui invidia vel odio tabescunt, qui his, quos ut se diligere debuerant, deceptionum laqueos tendere nullatenus cessant? Quando talium quis parasceve jam dictum, vel Sabbatum fecit? Timeo de talibus, et utinam non mei similibus, ne dum putant se comedere agnum, comedant potius hircum, et utinam non illum qui abductus est in desertum (qui Latine (945) emissarius, Hebraice hazezel, id est, *crudel s Dei* interpretatur; quem qui in desertum emisit *(Levit.* xvi, 22), castra solummodo Dei non est ingredi dignus, nisi loto prius corpore *(Ibid.,* 26), et vestibus omnibus), sed hædum potius, quarta decima qui die ad vesperam ab omni est populo immolatus. Væ enim illis quibus tantum bonum in tam magnum vertitur malum, dum comedentes utique carnem Domini (946), et sanguinem ejus bibentes indigne, judicium sibi manducant et bibunt. Væ, inquam, nobis miseris, et millies væ. Cum enim sacerdotes non ob aliud vocemur, nisi quia sacrum conficere et dare populo debemus; Scriptura vero sancta dicat econtra : *Quidquid tetigerit immundum, immundus erit (Num.* xix, 22): quomodo potest saltem dici (947) aliquid sacrum immundissimis manibus nostris tractatum? Et cum specialis noster doctor atque provisor beatus utique Zeno dicat, in sermone utique, quem de Juda, filio Jacob, et Thamar nuru ipsius elegantissime composuit (*lib.* ii *tract.* 14, *n.* 4, *pag.* 180, *ed. Ver.),* quod omnium corrupte viventium diabolus pater sit; quid valet quod in conspectu omnium qui nos sciunt corrupte vivere, id est, luxuriæ deservire, clamamus Deo : *Pater noster, qui es in cœlis (Matth.* vi, 9) : cum ille nobis per prophetam statim respondeat : *Si pater ego, ubi est amor meus? (Malac.* i, 6.) Quid enim facis pro amore meo? Ista et illis similia quia vos penitus nescire doleo, imo de talibus nil curare gemisco, pastoraliter ut addiscere festinetis præcipio; et quia sermone [*subaudi* erudire] ignoratis, bono exemplo Dei populum erudire quæso studeatis.

6. Admonemus etiam et obsecramus, sicut alibi (948) scriptum invenimus, fraternitatem vestram, ut de communi salute vestra cogitantes, attentius audiatis admonitionem nostram, et quæ vobis suggerimus memoriæ commendetis, et opere exercere studeatis. In primis admonemus, ut vita et conversatio

---

(941) Vulg., *ædificavit*. Melius codex Frising. cujus lectionem prætulimus.

(942) Vulg., addunt *jus, male. Illud enim primum est, si in voluntate meliorationis cum Dei gratia consistit*.

(943) Ita codex Frising. In vulg., *et amaritudine gemitus; et accinctis renibus*.

(944) Supplevimus sæpissime ex laudato codice. *Adulterinum* autem *coitum* vocat eorum presbyterorum coitum, qui illegale conjugium contraxerant : nam, uti habetur in *Qualitatis conjectura* num 2 : *Illegale conjugium nominat adulterium*.

(945) Verba *qui Latine,* et cætera usque ad *et vestibus omnibus* desunt in ms. Frising. codice, qui mox habet, *sed hædum potius quarta decima die ad* vesperam *ab omni populo immolatum.* Dein post verba *vertitur in malum* vulgati addunt, *hoc est m insuetudo Dei in crudelitatem,* quæ glossema videntur, et auctoritate ejusdem codicis delevimus.

(946) Vox *Domini* addita ex eodem codice.

(947) Ita idem codex. In Vulg., *quomodo saltem dici valet*.

(948) *Alibi* inquit, quia hæc usque ad totum numerum 12 ex *Admonitione* seu *Sermone synodali* a Rathenio transcripta fuerunt, ut in præmissa admonitione observavimus. Verba autem *sicut alibi scriptum invenimus,* quæ in *Sermone synodali* et in aliis *Admonitionis synodalis* exemplaribus desunt, leguntur in vulgata homilia Leoni IV ascripta.

vestra irreprehensibilis sit, scilicet ut cella vestra sit juxta ecclesiam, et in ea feminas non habeatis. Omni nocte ad nocturnos surgite; cursum vestrum (949) certis horis decantate; missarum celebrationes religiose peragite; corpus et sanguinem Domini cum timore et reverentia sumite; vasa sancta propriis manibus abluite et extergite. Nullus cantet missam nisi jejunus, nullus cantet qui non communicet, nullus cantet sine amictu, alba, stola, fanone 950) et planeta; et hæc vestimenta nitida, et ad nullos usus alios sint. Nullus cum alba, qua in suos usus utitur (951), præsumat missam cantare. Nulla femina ad altare accedat, nec calicem Domini tangat. Corporale mundissimum sit. Altare coopertum de mundis linteis; super altare nihil ponatur nisi capsæ et reliquiæ, aut forte quatuor Evangelia et buxida (952) cum corpore Domini ad viaticum infirmis; cætera in nitido loco recondantur. Missalem plenarium (953), Lectionarium **415** et Antiphonarium unaquæque ecclesia habeat. Locus in secretario aut juxta altare sit præparatus, ubi aqua effundi possit, quando vasa sacra abluuntur: et ibi vas nitidum cum aqua pendeat, ibique manus lavet post communionem.

7. Nullus extra ecclesiam per domos aut in locis non consecratis missam cantet; nullus solus missam

A cantet (954). Nullus cum calcariis (955), quos sperones rustice dicimus, et cultellis extrinsecus dependentibus missam cantet, quia indecens et contra regulam ecclesiasticam est. Calicem et oblatam recta cruce signate, id est, non in circulo et varicatione digitorum, ut plurimi faciunt, sed strictis duobus digitis et pollice intus incluso, per quos Trinitas innuitur; istud signum ✠ recte facere studete: non enim aliter quidquam potestis benedicere. Infirmos visitate, et eos reconciliate; et juxta Apostolum (*Jac*. v, 14) oleo sancto inungite (956), et propria manu communicate. Et nullus præsumat tradere communionem laico aut feminæ ad deferendum infirmo. Nullus vestrum pro baptizandis infantibus, aut infirmis reconciliandis, aut mortuis sepeliendis,
B præmium vel munus exigat. Videte ne per negligentiam vestram unquam infans sine baptismo moriatur (957).

8. Nullus vestrum sit ebriosus et litigiosus, quia *servum Domini non oportet litigare* (*II Tim*. ii, 24). Nullus vestrum arma ferat in seditione, quia arma nostra debent esse spiritalia. Nullus canum aut avium jocis inserviat. Nolite in tabernis bibere. Curam pauperum et orphanorum ac peregrinorum habete, et eos ad prandiola vestra invitate. **416** Estote hospitales, ut alii a vobis exemplum capiant

(949) *Cursus* pro officio ecclesiastico sumitur. Vide multa apud Cangium. V, *cursus* 2.

(950) *Fano* sic explicatur a Rabano in libro i De Instit. cleric., c. 18. *Mappula, sive mantile, sacerdotis indumentum est, quod vulgo fanonem vocant*. Manipulum frequentius appellamus. Erat initio sudarium
C ex lino; unde Ivo Carnotensis in serm. de signif. indument. sacerdot. ait: *In sinistra manu ponitur quædam mappula quæ sæpe fluentem oculorum pituitam tergat, et oculorum lippitudinem removeat*. Et Robertus Pullus de Offic. eccles. lib. i, c. 51: *Ad extremum sacerdos fanonem in sinistro brachio ponit, quem et manipulum et sudarium appellaverunt, per quem olim et narium sordes extergebantur*. Mox codex Frising. pro *nitida* habet *munda*.

(951) Hinc colligere est presbyteros veste alba olim semper usos fuisse; cujus indicium adhuc in Canonicis regularibus breviori alba, vulgo *rocchetto*, indutis superest: ac propterea vetitum fuit ne in sacro ministerio presbyteri ea alba uterentur, quam *in suos*, id est communes, *usus adhiberent*. Idem legitur in *Inquisitione* apud Reginonem num. 66: *Si absque alba aut cum illa alba qua in suos usus quotidie utitur, missam cantare præsumat*. In capitulari Riculphi episcopi Suessionensis, c. 7: *Hoc autem omnimodis prohibemus, ut nemo illa alba utatur*
D *in sacris mysteriis, qua in quotidiano vel exteriori usu induitur*. Mox post *præsumat missam cantare* Acherius addit: *Nullus cum cultellis foris pendentibus, nullus cum calcaribus*. Hæc delevimus auctoritate codicis Frising. ex quo similia numero sequenti inseruimus. Desunt etiam in aliis hujus *synodalis Admonitionis* exemplaribus. Dein in laudato codice *capsa et reliquiæ*. Vulgatam lectionem retinuimus, quippe quam eadem *Admonitionis* exempla approbant. In homilia Leoni IV tributa *capsæ cum reliquiis*.

(952) Ita Acherius, qui in margine monuerat legendum fortassis *pyxis*. Novissimus Spicilegii editor textui inseruit *pyxida*. Quædam *Sermonis synodalis* exempla habent quidem *pyxis*. At vulgatam Acherii lectionem *buxida* Augustano exemplo *Sermonis synodalis* confirmatam retinuimus, a qua modicum dis-

crepat codex Frisingensis, ubi legitur *buxita*. *Buxis* enim et *buxida* idem est ac pyxis: unde sanctus Petrus Damianus lib. vi, epist. 21, habet: *Dum eucharistia reservata fuisset in buxide*.

(953) In Inquisitione apud Reginonem num. 10 eadem leguntur: *Si Missalem plenarium, Lectionarium et Antiphonarium habeat; nam sine his missa perfecte non celebratur*. Liber sacramentorum continebat canonem, orationes et præfationes. Missale autem plenarium et Evangelia, et Epistolas addebat. In testamento Heccardi comitis Augustodunensis, apud Perardum, pag. 26. *Missale plenarium cum Evangelio et Epistolis*. Leo Hostiensis, lib. iii, c. 19: *Namque usque ad illud tempus in plenario Missali tam Episto'æ quam Evangelia legebantur*.

(954) *Cantet*, id est recitet: qui enim solus cantat, non canere proprie, sed recitare intell gitur. Hoc quidem sensu Remigius Autissiodorensis in explicatione canonis missæ rationem allaturus, cur canon submissa voce recitetur. Idcirco, ait, *venit consuetudo in ecclesia, ut tacite*, id est submisssa voce, *ipsa obsecratio atque consecratio a sacerdote cantetur, ne verba tam sacra vilescerent*. Hinc missam privatam cantare in Constitutionibus Hirsaug. S. Willelmi, lib. i, c. 86. Confer quæ notavit Mabillonius in præfat. ad sæculum ii ord. Benedict., num. 36.

(955) Hæc verba *Nullus cum calcariis*, etc., usque ad ea *regulam ecclesiasticam est* addidimus hoc lo o ex ms. Frisingensi. Concordat etiam *Sermo synodalis* editus ex ms. Augustano, ubi pro *quos sperones rustice dicimus* habetur, *quos sporones rustice vocamus*. Hæc sola verba desunt in homilia Leoni IV ascripta. Apud Acherium in antecedentibus hæc sententia mutila legebatur, ut videre est not. 951. Mox *et oblata* in ms. Frising. ac dein *ut plurimi vestri faciunt*; et postea *recluso* pro *incluso*.

(956) Vulg., *ungite*. Lectionem ms. Frisingensis consentientem cum cæteris Sermonis synodalis exemplaribus prætulimus.

(957) Ita idem codex. Apud Acherium *nullus pro unquam*. Melius in homilia Leoni IV ascripta, *nullus*. Apud Baluzium, *ut..... nullus*.

bonum. Omni die Dominica ante missam aquam benedictam facite, unde populus aspergatur, et ad hoc solum vas habete. Sacra vasa et vestimenta sacerdotalia nolite in pignore dare negotiatori (958) aut tabernario. Nullus vestrum minus digne pœnitentem cujuscunque rei gratia ad reconciliationem adducat [*subaudi* ad episcopum], et ei testimonium reconciliationis ferat. Nullus vestrum usuras exigat, et conductor sui senioris existat (959). Res et facultates, quas post diem ordinationis vestræ acquiritis, sciatis ad ecclesiam pertinere.

9. Nullus sine scientia et consensu nostro ecclesiam acquirat. Nullus per potestatem sæcularium ecclesiam obtineat. Nullus per pecuniam alterius ecclesiam supplantet. Nullus ecclesiam ad quam titulatus est relinquat, et ad aliam quæstus causa migret. In alterius parochia missam nullus cantet absque parochiani presbyteri, si præsens est, voluntate et rogatu. Nullus decimam ad alium pertinentem recipiat. Nullus pœnitentem invitet carnem manducare et bibere vinum, nisi pro eo ad præsens eleemosynam fecerit (960).

10. Nullus præsumat baptizare nisi in vigilia Paschæ et Pentecostes, nisi propter periculum mortis. Unusquisque fontes habeat, et, si non potest habere lapideos, habeat aliud vas ad hoc præparatum, in quo nil aliud fiat. Videte ut omnibus parochianis vestris symbolum et orationem Dominicam insinuetis. Jejunium quatuor temporum, et Rogationum (961), et litaniæ majoris plebibus vestris omnimodis observandum insinuate. **417** Feria quarta ante Quadragesimam plebem (962) ad confessionem invitate, et ei juxta qualitatem delicti pœnitentiam injungite, non ex corde vestro, sed sicut in Pœnitentiali scriptum est. Quater in anno (963), id est, Natali Domini, et Cœna Domini, Pascha et Pentecoste, omnes fideles ad communionem corporis et sanguinis Domini accedere admonete. Certis temporibus conjugatos ab uxoribus abstinere exhortamini. Eulogias post missam in diebus festis plebi tribuite (964).

11. Nullus sine stola in itinere incedat (965). Nullus induatur vestimentis laicalibus. Nullus rem aut possessionem, aut mancipium ecclesiæ vendere, aut commutare, aut quocunque ingenio alienare præsumat. Diem Dominicum et alias festivitates absque

(958) Vulg. perperam *negociato*.
(959) Hoc loco pro *sui senioris* perperam legebatur *fenoris*. Correctionem certam fecerunt exemplaria *Inquisitionis* et *Admonitionis*. Respicitur canon tertius concilii Chalcedonensis, quo prohibetur ne clerici *conductores alienarum possessionum fiant*. Senior de dominis laicis atque ditioribus, qui prædia possident, sumitur. Aliquando post *et ad aliam* scripsimus ex ms. Frising., cum in vulg. male omissa esset præpositio *ad*.
(960) Ex hoc loco discimus publicam pœnitentiam eo quoque tempore quo scripta fuit *Admonitio* huc inserta, eleemosynis potuisse redimi. Id explicatur lib. 1 Reginonis, c. 289, ex Capitularium lib. I, tit. 151 : *Ut nullus presbyter aut laicus pœnitentem invitet vinum bibere, aut carnem manducare, nisi ad præsens pro ipso unum, vel duos denarios juxta qualitatem pœnitentiæ dederit.*
(961) Rogationum jejunium in Galliis institutum liquet ex concilio Aurelianensi I, c. 27, ex Avito in sermone de Rogationibus, et lib. I, epist. 7, ac lib. VII, epist. 14, necnon ex sancto Gregorio Turonensi, lib. II Hist. c. 34. Hoc jejunium post medium tantummodo sæculum XI in Ecclesiam Mediolanensem inductum conjicit Muratorius, tom. IV Antiquit. Italic., pag. 852, propterea quod in Vita S. Arialdi scripta ab Andrea monacho Vallumbrosano, et edita a Puricello, c. 21 hæc verba leguntur : *Triduanum namque illud jejunium, quod inter sanctos dies paschales contra antiquorum dicta sanctorum noviter est peragi usitatum, vehementer horrebat.* Nos autem nedum Mediolani, sed in aliis etiam saltem nostrarum partium urbibus sæculo quoque decimo idem jejunium receptum non ex hoc tantum Ratherii testimonio, sed præsertim ex sermone primo de Ascensione colligimus. Solum sanctus Arialdus rituum Romanæ Ecclesiæ studiosissimus hoc jejunium ab eadem Ecclesia non receptum, et alienum quidem a veteri disciplina, qua diebus paschalibus jejunium vetabatur, apud suos Mediolanenses usitatum videns exhorruit, ac novitatis accusavit. Hinc autem cum Romana Ecclesia hocce jejunium non approbaverit, aliena profecto a Leone IV convincitur laudata sæpius homilia eidem attributa, quæ hanc particulam exhibet.

(962) Vulg., perperam *plenam*. Pœnitentia autem *non ex corde*, id est, non ex impetu quodam mentis, aut ex arbitrio injungenda, sed quatenus in Libro pœnitentiali perscripta est.
(963) Ita cum vulgatis uterque codex Laudunensis et Frisingensis, necnon in homilia Leoni IV ascripta, et in Sermone synodali codicis Augustani. At alia Admonitionis, seu Sermonis synodalis exemplaria habent : *Tribus temporibus in anno, id est in Natale Domini, Pascha et Pentecoste*, etc. Similiter in *Inquisitione* apud Reginonem num. 58. *Tribus temporibus anni, id est Natale Domini, Pascha et Pentecoste*. Hæc tria tantum tempora præscribuntur in concilio Agathensi anni 506, c. 18, et lib. II Capitularium c. 45. Jonas Aurelianensis dum lib. II, de Institutione laicali c. 18, plerosque tribus tantum festis magis ex consuetudine, quam ex devotione communionem sumere tradit, eadem tria tempora respicit. Quatuor autem temporum mentionem Ratherius derivasse videtur ex aliquo Sermonis synodalis exemplo illi simili, ex quo eadem mentio in homiliam Leoni IV attributam transivit.
(964) Hunc locum explicat *Inquisitio* apud Reginonem lib. I, num. 61 : *Si de oblationibus, quæ a populo offeruntur die Dominico et in diebus festis, expleta missa eulogias plebi tribuat*. Clarius Hincmarus Rhemensis in Capitulis ad suæ parochiæ presbyteros c. 7 : *Ut de oblatis, quæ offeruntur a populo, et consecrationi supersunt, vel de panibus, quos deferunt fideles ad ecclesiam, vel certe de suis presbyter convenientes partes habeat in vase nitido et convenienti, ut post missarum solemnia, qui communicare non fuerunt parati, eulogias omni die Dominico, et in diebus festis exinde accipiant, et illa, unde eulogias presbyter daturus est, ante in hæc verba benedicat, et sic accepturis distribuat*. Similia habet concilium Nannetense, c. 9.
(965) Verba *nullus sine stola in itinere incedat*, quæ ex ms. Laudunensi edita fuerunt, desiderantur non solum in ms. Frisingensi Ratheriano, verum etiam in homilia Leoni IV attributa. Sed in aliis exemplaribus *Sermonis synodalis* leguntur, sicut et in *Inquisitione* a Reginone descripta : in quibus solum additur, *vel orario*, quod stolæ synonymum est. Hæc erat sacerdotalis dignitatis indicium.

opere servili a vespera in vesperam celebrare docete (966). Cantus et choros mulierum in atrio ecclesiæ prohibete. Carmina diabolica, quæ super mortuos nocturnis horis vulgus cantare solet, et cachinnos, quos exercent sub contestatione Dei omnipotentis, vetate. Cum excommunicatis nolite communicare. Nullus illis præsumat missam cantare, sed et plebibus vobis commissis hoc annuntiate. Ad nuptias 418 nullus vestrum eat (967). Omnibus denuntiate, ut nullus uxorem accipiat, nisi publice celebratis nuptiis. Raptum omnimodis prohibete; et ut nullus ad proximam sanguinis sui accedat; et ut alterius sponsam nullus ducat. Porcarios, et alios pastores vel Dominico die ad missam venire facite. Patrini filiis suis symbolum et orationem Dominicam insinuent (968), aut insinuari faciant. Chrisma semper sub sera sit aut sub sigillo propter quosdam infideles (969).

12. Volumus autem scire de quolibet presbytero, si ex ingenuis parentibus sit natus, aut ex conditione servili, aut si de nostra parochia natus est, aut ordinatus, vel ad quem locum prætitulatus. Si servus fuit, ostendat chartam suæ libertatis (970) : si de alia parochia, ostendat litteras commendatitias, quas formatas vocant. De ministerio etiam vobis commisso vos admonere curamus, ut unusquisque vestrum, si fieri potest, expositionem symboli et orationis Dominicæ juxta traditionem orthodoxorum penes se scriptam habeat, et eam pleniter intelligat, et inde, si novit, prædicando populum sibi commissum sedulo instruat; si non, saltem teneat, vel credat. Orationes missarum et canonem bene intelligat (971); 419 et si non, saltem memoriter ac distincte proferre valeat. Epistolam et Evangelium bene legere possit, et utinam saltem ad litteram ejus sensum posset manifestare. Psalmorum verba, et distinctiones regulariter ex corde (972) cum canticis consuetudinariis pronuntiare sciat. Sermonem, ut superius dixi, Athanasii episcopi de fide Trinitatis, cujus initium est : *Quicunque vult*, memoriter teneat. Exorcismos et orationes ad catechumenum faciendum, ad fontem quoque consecrandum, et reliquas preces super masculum et feminam pluraliter, ac singulariter, distincteque proferre valeat; similiter ordinem baptizandi ad succurrendum infirmis (973), ordinem quoque reconciliandi, juxta modum sibi canonice reservatum, atque ungendi infirmos; orationes quoque eidem necessitati competentes, bene saltem sciat legere. Similiter ordinem et preces in exsequiis agendis defunctorum. Similiter exorcismos et benedictiones salis et aquæ memoriter teneat. Canticum (974) nocturnum atque diurnum noverit. Computum minorem, id est, epactas, concurrentes, regulares, terminum paschalem, et reliquos, si est possibile, sapiat. Martyrologium et Pœnitentiale habeat, et cætera (975).

13. De ordinandis pro certo scitote, quod a nobis nullo modo promovebuntur, nisi aut in civitate nostra (976), aut in aliquo monasterio, vel apud quemlibet sapientem ad tempus conversati fuerint, et litteris aliquantulum eruditi, ut idonei videantur ecclesiasticæ dignitati.

14. Cum auctoritas quoque contineat ecclesiastica, ut de rebus ecclesiasticis quatuor fieri debeant 420 partes e quibus una episcopi, altera fabricæ ecclesiæ, tertia clericorum; quarta debeat esse pauperum

---

(966) Olim scilicet dies festi a vespera in vesperam observabantur. Vide Capitulare Aquisgranense anni 789, c. 15; concilium Forojuliense anni 791, c. 13; Francofordiense anni 794, c. 21, et alia ejusdem generis plura. Mox verba *cantus*, etc., usque ad *prohibete*, quæ desiderabantur in vulgatis, restituimus ope ms. Frising. quam restitutionem comprobant tum homilia laudata, tum cætera *Sermonis synodalis* exemplaria, necnon *Inquisitio* apud Reginonem.

(967) Nuptiæ hoc loco nuptialia convivia significant quibus ne clerici intersint, prohibitum est in concilio Venetico, c. 11, et Moguntino, c. 59.

(968) Acherius ex codice Laudunensi in textu ediderat *patroni*; at in margine notaverat *patrini*. Hanc emendationem recepit novissimus Spicilegii editor. Licet autem *patroni* item legatur in codice Frisingensi; cum tamen voces *filiis suis* non ad patronos, sed ad patrinos referantur, eamdem emendationem retinuimus, idque eo libentius, quia confirmatur tum ex mss. exemplis *Sermonis synodalis*, tum ex *Inquisitione* apud Reginonem lib. 11, c. 5, num. 74, in quibus *patrini* legitur. Post pauca *sub sera* cum ms. Frising. aliisque *Admonitionis* exemplaribus scripsimus, pro vulgati habebant *sub cera*.

(969) Hæc indicant *Admonitionem* a Ratherio hic insertam, olim conditam fuisse in loco, ubi tum adhuc quidam infideles, seu pagani inveniebantur.

(970) Addidimus *suæ* ex ms. Frisingensi, ex quo etiam mox emendavimus *scriptam* pro *scriptas*.

(971) Ita cum eodem codice concinentibus etiam *Admonitionis*, et *Inquisitionis* exemplaribus. Vulg., *Missæ*

(972) *Ex corde*, id est memoriter. Similiter concilium Rhemense apud Reginonem, lib. 1, c. 272, loquens de symbolo et oratione Dominica, ait : *Cum ad confessionem tempore quadragesimali veniunt*, parochianis *hæc ab unoquoque memoriter sibi decantari faciat presbyter; nec ante sanctam communionem alicui tradat, nisi hæc ex corde pronuntiare noverit; ubi quod in priori membro dixit memoriter*, in secundo vocibus *ex corde* expressit.

(973) Ordinem baptizandi ad succurrendum infirmis videsis lib. 1 Sacramentarii Gelasiani, c. 72 et seqq.

(974) Ita cum vulgatis uterque Ratherianus codex, et *Admonitionis*, seu *Sermonis synodalis* exempla. At in *Inquisitione* legitur *cantum*. Concurrentes et *regulares* sunt termini ad computum ecclesiasticum pertinentes, quos ejusdem computi scriptores fusius explicant.

(975) Hic desinunt quæ ex *Admonitione* synodali a Ratherio excerpta fuerunt. Mirum vero scripsisse *et cætera*, ac omisisse hæc pauca, quæ in eadem *Admonitione* apud Baluzium, sicut etiam in *Inquisitione* adduntur : *ut, secundum quod ibi scriptum est, interroget confitentem, aut confesso modum pœnitentiæ imponat*. Verum hæc quoque omittuntur in *Sermone synodali* codicis Augustani, qui pariter post verba *Pœnitentiale habeat*, addit æque ac Ratherius, *et cætera*.

(976) Scholarum, in quibus clerici instruebantur, tres species hic locus indicat, unam in civitate, fortassis in cathedrali, alteram in monasteriis, tertiam apud aliquem virum sapientem.

et hospitum : si vestram pleniter habetis (977), de illis quæ ad episcopum, fabricam, vel pauperes pertinent, nullam invidiam habeatis, reminiscentes Dominum præcepisse : *Non concupisces rem proximi tui (Exod.* xx, 17); et : *De re, quæ ad te non pertinet, ne sollicitus fueris.* De ipsa vero, quæ ad vos pertinet, fidem inter vos habetote, et communiter eam dividite, sive sit magna, sive sit modica, scientes Apostolum dixisse : *Nemo circumveniat in negotio*, id est, causa reliqua, *fratrem suum, quoniam vindex est Dominus de omnibus his, sicut prædiximus vobis et testificati sumus (I Thess.* iv, 6). Noveritis etiam quod melius sit omni Christiano fraudem pati, quam inferre *(I Cor.* vi, 7).

15. Quadragesimam, exceptis diebus Dominicis, æqualiter facite; si enim uno die jejunas, altero crapularis, non Quadragesimam (978), sed vigesimam fecisti. In Adventu Domini, nisi festivitas intercedat, quatuor hebdomadibus (979) a carne noveritis abstinendum et coitu. In Natale Domini viginti diebus ac noctibus a coitu etiam licito omnino cessandum : similiter in octavis Paschæ et Pentecostes, litaniis, et omnium festivitatum vigiliis, sextis etiam feriis, præcipue autem omnibus diebus vel noctibus Dominicis. Auctoritate etiam paschalis festivitatis compellente monemus vestram dilectionem, in Christo, fratres sinceriter diligendi, ut secunda, tertia, quarta et quinta feria hebdomadæ majoris jejunetis usque ad nonam (980), exceptis parvulis, 421 et senio gravi confectis, atque infirmis. Quinta feria, hora nona (981) ad ecclesiam matrem omnes reconciliandi venite. Sexta feria usque ad nonam jejunate, et cui placet amplius. Septima feria ante horam decimam nullus præsumat missam can-

---

(977) Adverbium *pleniter* deest in ms. Frisingensi, ex quo dein ante verbum *pertinet* addidimus *non* : ibi enim sermo est de iis, quæ *non ad te*, sed ad alios *pertinent*. In sequentibus vero de iis agitur, *quæ ad vos pertinent*. Notandum vero est, hoc tempore ad clericos eam solam redditum ecclesiasticorum partem pertinuisse, quæ ipsorum erat, non autem alias tres pertinentes ad episcopum, fabricam, vel pauperes : quippe quæ in dispositione erant ipsius episcopi.

(978) Confer sermonem secundum de Quadragesima num. 1, ubi auctor hunc abusum perstringit.

(979) Abstinentia præsertim a carnibus tempore Adventus, festivitatibus exceptis, decimo sæculo in nostris partibus præscripta, notanda est. Hæc abstinentia cum jejunio omnibus qui possent, maxime autem clericis, tempore Adventus indicta legitur in concilio Aprincatensi an. 1072, c. 11. Quam disciplinam vetustiorem et variam in Galliis ostendit Menardus not. 540 in Sacramentarium Gregorianum, pag. 445. Quod porro auctor ait, *certis temporibus a coitu*, et dein *a coitu etiam licito omnino cessandum*, ideo presbyteros et cæteros clericos alloquens id monet, quia supra num. 10, ex *Admonitionis* formula præceperat : *Certis temporibus conjugatos ab uxoribus abstinere exhortamini*. Hic autem quænam sint hæc tempora, eosdem docet. Mox in vulg., *litaniarum*. Correctionem suppeditavit optimus codex Frising. *Litaniæ* dicti dies litaniæ majoris et rogationum.

(980) Quæ hic Ratherius dicit de jejunio feriarum hebdomadæ majoris, de jejunio totius temporis quadragesimalis pari ratione traduntur in serm. 2 de Quadragesima num. 5 et 6. Hoc autem primum est certi auctoris testimonium mitigati præcepti quadragesimalis jejunii *usque ad nonam*; cum ex veteri disciplina idem jejunium protrahendum esset usque ad vesperas. Duo quidem alia testimonia suppetunt inter sermones S. Ambrosio tributos, quæ Ratherio antiquiora videri possunt. Alterum legitur serm. 26 in editione Romana, alterum serm. 55, qui in Appendice novissimæ editionis Benedictinæ solus refertur serm. 25. In priori sermone hæc de Quadragesima habentur : *In isto legitimo tempore exceptis Dominica et Sabbato diebus nullus ante nonam prandere præsumat.* In altero vero : *Qualis Christianus est, qui tali tempore non jejunet vel usque ad nonam?* Et post pauca : *Nullus vestrum, nisi forte sit infirmus, aut infans, usque ad Pascha, et nisi in Dominicis diebus ante nonam manducet, aut bibat*. Verum prior sermo inter Ambrosianos 26 cum in appendice tom. V S. Augustini serm. 142 S. Cæsario Arelatensi asseritur, tum vero caret non solum vocibus *et Sabbato*, sed illis etiam *ante nonam*: ac propterea hæ voces librarii cujusdam arbitrio, ut in Lectionariis non raro evenit, intrusæ fuerunt posteriori, ut videtur tempore, cum quadragesimale jejunium hora nona solvi consueverat; sicut voces *et Sabbato* additæ profecto fuerunt eo in loco, ubi Sabbatum in ipsa Quadragesima a jejunio excipiebatur. Alter vero sermo 55 Romanæ editionis cum ex ipsius horæ nonæ mentione a PP. Benedictinis S. Ambrosio jure ademptus fuit, tum vero auctoris est incerti, qui vel ad posteriora tempora pertinet, vel si Ratherio vetustior est aliquanto, interpolationem aliquam in voce *nona* passus est librarii cujusdam arbitrio, qui usum sui temporis ac loci exprimere voluit. Vetus quidem disciplina jejunandi in Quadragesima usque ad vesperas non modo Ratherii ætate, qua mitior disciplina cœpit, sed diutius etiam post ipsum saltem alicubi viguit. S. Udalricus episcopus Augustanus Ratherio coævus in Quadragesima prandebat post vesperas, uti tradit Gerardus in ejus Vita, c. 4, n. 48. Sæculi sequentis, id est undecimi, testis est Micrologus de rebus eccles. c. 49 : *Nec juxta canones quadragesimaliter jejunare censemur, si ante vesperam reficiamur*. Sæculo pariter duodecimo insigne testimonium suppetit ex S. Bernardo, serm. 5 de Quadragesima, n. 1 : *Hactenus usque ad nonam jejunavimus soli*, id est monachi : *nunc usque ad vesperam jejunabunt nobiscum pariter universi, reges et principes, clerus et populus, nobiles et ignobiles, simul in unum dives et pauper*. Concilium Rothomagense an. 1072 mitius aliquid statuisse videtur, dum post nonam sub vesperarum initium jejunium solvi posse permisit can. 21 his verbis : *Ut nullus in Quadragesima prandeat, antequam hora nona peracta, vespertina incipiat : non enim jejunat, qui ante manducat*.

(981) *Ecclesia mater* intelligitur cathedralis, ad quam feria quinta majoris hebdomadæ omnes pœnitentes debebant accedere, ut ab episcopo reconciliarentur. Antea quidem num. 10 plebanis præscriptum fuerat, ut *feria quarta ante Quadragesimam plebem ad confessionem invitarent, et ei juxta qualitatem delicti pœnitentiam injungerent*. At pœnitentes publicos reconciliare, quod fiebat feria 5 in cœna Domini, solius episcopi erat, eosque, qui pœnitentiam congrue gesserant, presbyteri ad episcopum debebant adducere, et peractæ pœnitentiæ testimonium daret quo sensu superius n. 8 præceperat : *Nullum vestrum minus digne pœnitentem cujuscunque rei gratia ad reconciliationem adducat* [subaudi *ad. episcopum*] *et ei testimonium reconciliationis ferat.*

tare nec (982) baptismum generale agere. Quod si pro infirmitate aliquis jejunare non potest, proficiat ei jejunium quod generalis facit Ecclesia; omnes enim in Christo unum corpus sumus : tantum nullus sua importunitate universitatem Ecclesiæ nostræ contra Dominum compellat delinquere, et tam gloriosam festivitatem in aliquo violare. De occultis peccatis pœnitentiam vos dare posse scitote; de publicis ad nos deferendum (983) agnoscite. (984) Clericum nemo vestrum sine licentia faciat nostra; **422** nullus balbum, vel ultra mensuram blesum; nullus cum qui de litteris durum habet sensum. Si festivitas, quæ non sit sanctæ Dei genitricis Mariæ, aut apostolorum, evenerit in Quadragesima, vel quatuor temporum jejuniis, magis jejunium tenendum, quam (985) festivitatem celebrandam scitote; nisi forte illius sancti sit festivitas, qui in eadem parochia jacet; quia nulla solemnitate amplius delectatur Deus, quam illo jejunio, quo a cibis abstinetur et vitiis : « Otiositas quoque inimica est animæ (S. BENED. *Reg.*, c. 48). » Videte, si absque horum quæ præmisimus (986) scientia, ministerium vestrum facere possitis, et plebes vobis commissas ad vitam ducere, et Christo repræsentare.

(982) *Baptismum generale* dictum est illud, quod omnibus generatim conferebatur legitimo vigiliæ Paschatis, aut Pentecostes tempore; unde supra num. 10 statuitur : *Nullus præsumat baptizare nisi in vigilia Paschæ et Pentecostes, nisi propter periculum mortis.* Quod autem extra ea tempora conferebatur iis, qui in mortis periculo versabantur, particulare baptismum vocabatur. Baptismi *generalis* mentio eadem sensu invenitur in concilio Rothomagensi anni 1072 : *Ne baptismum generale nisi Sabbato Paschalis et Pentecostes fiat, hoc quidem servato, quod parvulis quocunque tempore, quocunque die petierint, regenerationis lavacrum non negetur* : quæ parvulorum exceptio inducta videtur, propterea quod iidem facile vita periclitentur.

(983) Ita cod. Frising. melius quam in vulgatis *referendum.*

(984) *Clericum faciat,* id est, inter clericos ascribat, seu clericali veste induat. Id hoc tempore plebani rurales, quos hic alloquitur, sibi jam arrogaverant, quod in *Judicato* coarguens num. 5 : *Expers vero,* ait, *quam sit cognitionis legis totius canonicæ, promptum est advertere, qui censet, quod alteri liceat clericum in ecclesiam mittere, idem est ac clericum facere,* vel ab ea expellere, nisi qui potest de clerico acolytum cum libuerit, facere. Solius episcopi esse innuit sicut ordinare clericos, ita et facere.

(985) Notandum hoc loco Ratherium expetere, ne ullæ festivitates sanctorum, exceptis festis B. Mariæ, apostolorum, ac titularis ecclesiæ, in Quadragesima et jejuniis quatuor temporum celebrentur. Id ex antiqua disciplina descendit : de qua vide Laodicenum concilium can. 51. Ratio, quam ille indicat, quia his diebus *magis jejunium tenendum, quam festivitas celebranda,* respicit eam disciplinam, qua in festivitatibus, sicut et in ipsis Quadragesimæ Dominicis utpote festivis, non servabatur jejunium : unde vulgatus Alcuinus *De Offic. divin.* ait : *Sanctorum dies, quibus de hoc sæculo migraverunt, solemniter et cum magna exsultatione celebramus, adeo ut in ipsis abstinentiæ aliquantulum rigore laxato, paululum remissius vivamus.* Hinc factum est ut festivitates sanctorum veterum, quorum emortualis dies in Quadragesimam incidit, in aliud tempus transferrentur.

(986) Ita cod. Frising. Vulgati mendose *præsumimus.*

# RATHERII OPUSCULUM
## DE NUPTU CUJUSDAM ILLICITO (987)

**423** *Supra dorsum meum fabricaverunt peccatores* (*Psal.* CXXVIII, 3), cum Psalmista proclamet; Apostolus quoque : *Non solum qui faciunt, sed et qui consentiunt facientibus, digni sunt morte* (*Rom.* I, 32) : mea mihi oneratissimo cum superabundent, alienis supra modum penderibus infelicissimus gravor. Hac itaque duplici anxietate constrictus, Joannem (988) nostræ Ecclesiæ doleo filium, quamdam, ut fertur Quadragesima suo despondi fecisse filio **424** puellam nocte duxisse Dominica : illegalitate (989) scilicet,

(987) Hoc opusculum, quod ex Laudunensi codice Acherius edidit, cum conjugium improbet initum tempore Quadragesimæ, paulo post Quadragesimam scriptum fuit. Cum porro num. 3 indicet aliud opus, nimirum *Qualitatis conjecturam,* lucubratum ineunte circiter anno 966; hoc opusculum post Quadragesimam anni ejusdem, vel ad summum sequentis exaratum dici debet. Neque enim rejici posse videtur in annum 968, cum nulla in eo indicia Ratherius inspergat earum turbarum, quæ hoc anno Quadragesimæ tempore ac postea in eum concitatæ, dimittendi episcopatus causam dedere. Si autem scripsisset hoc opusculum post Quadragesimam anni 967, cum e Ravennate concilio redux, et ipsius concilii et summi pontificis et imperatoris auctoritate munitus uxores a clericis dimittendas contendit; nullam ejusmodi auctoritatem attigisse, dum hoc in opusculo instituit, ne filiæ clericis nuptui traderentur, incredibile prorsus videtur. Hinc istud opusculum citius exaratum credimus post Quadragesimam anni 966.

(988) Joannes *nostræ Ecclesiæ filius,* id est clericus. Mox pro *quamdam* Acherii editio habebat *quanquam.*

(989) Duplex hæc illegalitas dupliciter intelligi et explicari potest. Primo cum auctor num. 2, hasce nuptias duabus notis perstringat scribens : *quod hoc in diebus sanctæ inchoavit Quadragesimæ, perfecit in Dominica nocte;* una illegalitas esse videtur ob læsum Quadragesimæ tempus, altera ob violatam Dominicum diem. At verba, quæ in præsenti textu afferuntur, *despondi fecisse in Quadragesima* (quæ concinunt cum illis *in diebus sanctæ inchoavit Quadragesimæ*), cum referantur ad sponsalia; quomodo hæc Quadragesimæ tempus lædere dici queunt, siquidem hoc tempore non sponsalia, sed nuptiæ a

ut et Pedrevertus noster antea fecerat, duplici. Cum quilibet filium suum ad clericatum adducit, videtur quod, uti et facit, illum sæculo auferat, et Domino tradat. Unde cum antea lege ipsa deberet vivere qua vivit respublica, postea vivere lege incipit canonica; et uti primitus ad reipublicæ pertinebat præfectum, ita post ad Ecclesiæ attinet prælatum, hoc est, episcopum legaliter institutum. Quod cum ita sit, qui filium suum Ecclesiæ mancipat canonice Domino militaturum, et postea sæculare illi **425** acquirit conjugium, perspicue cernitur, quod eadem manu eum Domino auferat, qua illum Deo ipse tradiderat, et ablatum Ecclesiæ, (990) reddat, proh nefas! curiæ. Non succenseat igitur qui hoc facit, suggero, Deo, si ille ei ex his, quæ misericorditer illi concessit, aut vi tempestatis, aut importunitate cujuslibet potestatis, vel in hoc sæculo, vel in futuro aliquid aufert; cum si aliter, loquar ut ita, Deus hoc facere nesciret, exemplo ipsius discere posset, quasi utique diceret: Tu mihi abstulisti quod dederas, ego tuo exemplo tibi quod dederam tollo.

2. O vero insatiabilis (991), quanta tibi non pudet, quam illegalia, quam turpia, quam inhonesta contra Deum quoque committere, generis humani cupiditas! Cum enim clericus quilibet ideo vocetur, quod de sorte sit Domini, id est, ad partem pertineat Dei; quam bonus ille pater est, quam filii dilector, qui pro tribus vineæ campis (992) eum de sorte auferens Dei, reddit hujus sæculi potestati, consequenter et diaboli : ille enim a Domino *princeps hujus mundi (Joan.* XVI, 11) vocatur; non vero cœli et terræ, maris et omnium quæ in eis sunt, sed malignorum hominum, qui diligentes utique mundum magis quam Deum, fruuntur temporaliter eo, perdituri quod æternaliter debuerant possidere in cœlo, servientes utique diabolo, magis quam Christo. Esto vero uterque illorum (993) hoc ideo fecerit, quod in comparatione mali melius fore percensuit, ut uni **426** conjungeretur, quam perplures magis mortifere vagaretur. Sed in hoc iste, de quo lugubris noster est sermo, alterum præcedit in scelere, quod hoc in diebus sanctæ inchoavit Quadragesimæ, perfecit in Dominica nocte : quod ille hoc elaboravit ut illud patraret occulto, iste vero quod tam manifeste (994) hoc, proh nefas! fecit, ut neminem istius civitatis latere valuerit. Ideo igitur hoc nobis silentio supprimi non debere videtur, quia si irreprehensum relinquitur, jure factum omnino videbitur. Nullus enim non dubitabit exemplum inde capere, quod compererit neminem vituperasse.

3. Fecisse hoc, mirum dictu! et alius quidam, qui in alio nostro opere (995), suo proprio vocabulo sacris canonibus interdicuntur? Præterea cum verba hujus loci *nocte duxisse Dominica* (quæ congruunt illis *perfecit in Dominica nocte*) referantur ad nuptias; quomodo nuptiis specialiter violatus dici potest Dominicus dies, si ejusmodi diebus extra tempora vetita occurrentibus non erant interdictæ nuptiæ, sed solis matrimonii usus, ut liquet ex synodica num. 15? Num Ratherius licet in ea nota, quæ Quadragesimæ tempus respicit, verbo *despondi* sponsalium mentionem faciat, non tamen hæc, sed solas nuptias duplici illegalitate notare voluit, quod nimirum initæ statim post sponsalia, offenderint vetitum Quadragesimæ tempus, et non solum initæ, sed etiam consummatæ die Dominico, istum violaverint? Alia explicatio fortassis verisimilior est, si una illegalitas referatur ad nuptias clerici, quam quidem auctor in sequentibus statim pluribus arguit, altera vero sita sit in ipsis nuptiis ab eodem clerico post sponsalia contractis et consummatis tempore vetito : quam duplicem illegalitatem in Pedreverto pariter suggillat. Utramlibet explicationem præferas, per nos licebit.

(990) Ex hoc loco colligi posse videtur clericos, qui matrimonium contraherent, non mansisse amplius in clero : unde numero sequenti ait : *Quam bonus ille pater est, . . . qui pro tribus vineæ campis eum* (filium) *de sorte auferens Dei, reddit hujus sæculi potestati !* Nec vero id nobis persuadeamus, movent illa num. 4, ubi de presbyteris incontinentibus, *ut quia,* inquit, *prohiberi, proh dolor! a mulieribus valetis nullo modo, filios de vobis generatos dimitteretis saltem esse laicos, filias laicis jungeretis.* Et num. 5, alloquens illam, quæ fratris filiam nuptui dederat Joannis filio clerico, ait : *Utinam cui tam bonus frater tanta bona dimisit. . . . . filiam ipsius bonis benedictam tamen, uni bono dedisses laico,* non autem clerico. Clerici ergo cum nuptias inibant, e clericali ordine ac gradu non excidebant: ac propterea conqueritur hac ratione finem non accipere ejusmodi adulterium, quo scilicet clerici hoc illegali conjugio astricti, filios et filias gignebant, et hi similiter clerici mulieres ducebant, hæ autem clericis tradebantur, et sic deinceps in infinitum, ut pluribus explicat num. 4. Quatenus vero clerici ob ejusmodi nuptias obnoxii essent curiæ sæculari, non tamen propter se se, sed mulierum et filiorum causa, videsis apud Attonem episcopum epist. 9, ad clerum Vercellensem. In his autem non levia, nec obscura apparentinitia ejus corruptelæ sæculo sequenti latius propagatæ, qua licere credebantur conjugia clericorum ; de quo plura disseruimus in Vita auctoris § 15.

(991) *Insatiabilis* scilicet *cupiditas generis humani quanta tibi non pudet committere quoque contra Deum, quam illegalia,* etc.

(992) Hæc dotem filio datam indicant. Cum vero hic unus Ratherii locus vineam ex campis constantem præferat, idem vero alibi semper campos distinguat a vineis, uti ostendemus not. in *Judicatum*; suspicari licet hic quoque legendum *pro tribus vineis et campis*.

(993) Joannes scilicet, et Pedrevertus : Joannem enim idipsum fecisse prodidit illegalitate duplici, *ut et Pedrevertus noster antea fecerat*. Utrique igitur idem fuit scelus filio clerico uxorem tradere, idque præstare tempore vetito. Illud autem, in quo Pedrevertum Joannes *præcessit in scelere,* est, *quod ille* Pedrevertus *hoc elaboravit, ut illud patraret occulto; iste vero* Joannes *quod fecit hoc tam manifeste, ut neminem istius civitatis latere voluerit.*

(994) Disciplina igitur, ne contrahantur nuptiæ tempore Quadragesimæ, ita obtinebat, ut qui illam violarent, id occulte facerent. Hic autem, qui *tam manifeste* violavit, majoris multo criminis redargui tur, nec publicum hocce scandalum sine reprehensione publica dimittendum creditur. Hinc etiam pœnitentia reis ejusmodi publice præscribitur. num. 6.

(995) *In alio nostro opere,* nimirum in *Qualitatis conjectura* num. 11, ubi cum eum, de quo hic loquitur, Erimbertum appellet; *suo proprio vocabulo pro suppresso vocabulo,* quod legebatur in vulgatis, corrigendum censuimus; nisi forte magis placeat scribere *non suppresso vocabulo,* quod eodem recidit. Mox construe et explica : *Dum potuerit sæpe audire dictum sibi cum cæteris utique legumlatoribus : Diligite ju-

verborum contortor, legum vocatur distortor, narratur; dum cum cæteris utique legumlatoribus sibi dictum audire potuerit sæpe : *Diligite justitiam, qui judicatis terram* (Sap. I, 1); et lex, ut remur, contineat nulla, quod res semel alicui legaliter data, auferri ab eo debeat aliqua, sine justa querela. Querelam vero ipsam cum aut culpam fore, aut necessitatem ratio innuat aliquam : versantibus et reversantibus omnia nobis, Deus esse probatur, illata cui injuria cernitur ista, in quo utique nec culpa inveniri, nec valet necessitas comprobari. Pascit enim omnia, nedum sors sibi (996) specialius delegata perire possit inedia. Melius profecto fecisset, si ad Domino famulandum de sua facultatula opem illi, ut 427 filio pater debitor erat tulisset. Pepulisse tamen post fertur idem, eamdem nolens ei tribuere stipem (997).

4. Et heu quam grave crimen, quod etiam criminoso moriente non potest finem accipere! Verbi gratia, si alterius agrum quilibet invadit injuste, sicut sæpe solet, illum eadem injustitia relinquat filio suo, suus iterum (998) qui sequitur suo, ita usque in finem sæculi omnes faciant qui ab illo primo invasore fuerint per successionem alterutram deducti; quando finem accipit illius, qui prius agrum illum seminavit, injustitia, nisi tunc primum quando finem omnis accipiet creatura? Hoc eodem modo cum omnes noverint, quia omnis, qui præter uxorem legitimam coit (999), aut fornicationem, aut adulterium facit; presbyter vero aut diaconus uxorem legitimam non possit habere; si filium de ipsa fornicatione, vel, quod pejus est, adulterio genitum facit presbyterum, ille alterum de se similiter genitum facit presbyterum, ille iterum suum, suum alter iterum; paululans illud usque in finem sæculi taliter (1000) adulterium cujus est, nisi illius, qui illud primitus seminavit? Quocirca monendi et obse-

A crandi (1001) fratres, ut quia prohiberi, proh dolor! a mulieribus valetis nullo modo, filios de vobis generatos dimitteretis saltem esse laicos, filias laicis jungeretis, ut vel in fine saltem vestro terminaretur, et nusquam in finem sæculi duraret adulterium vestrum.

5. Dices econtra : *Filius non portabit iniquitatem patris* (*Ezech.* XVIII, 20), etc. Nos e diverso : *Ego sum*, ait, *Deus fortis, zelotes, qui visito iniquitatem patrum in filios* (*Exod.* XX, 5), etc. Duas enim has quasi discordantes Domini sententias tractans beatus Gregorius, in quarum una continetur : *Filius non portabit iniquitatem patris, nec pater filii;* alteram ubi habetur : *Ego sum fortis Deus zelotes, qui visito iniquitatem patrum in filios usque in quartam et quintam generationem,* ex hoc quod sequitur, id est, 428 *In his qui me oderunt,* ita eas ad concordiam ducit (*Moral.* lib. xv, c. 51) ; asserens utique quia si non concordat mala voluntas filiorum malæ voluntati patrum suorum, sicut non concordavit utique voluntas apostolorum voluntati parentum suorum; nihil obest malignitas malorum patrum benignæ voluntati bonorum filiorum. Si vero eadem faciunt filii, quæ patres Deum odio habentes fecerunt, non solum pro sua, sed etiam pro patrum nequitia damnabuntur : et patres ipsorum non solum pro suo peccato, sed etiam pro filiorum, qui patrum secuti exemplum eadem, quæ patres fecerunt, agere non destiterunt, habent, reor, juste puniri. O utinam itaque tu domina (1002), cui tam bonus frater tanta bona dimisit, hoc antea cogitasses, et filiam ipsius, illius bonis benedictam (1003) tamen, uni bono dedisses laico, et finem ipsius imposuisses peccato; quod quo usque durabit, infinitissimis eleemosynis vix poterit, sapias, expiari. Dicente autem quibusdam Domino : *Væ vobis, Scribæ et Pharisæi hypocritæ, quia decimatis mentham, et anethum, et cyminum, et reliqui-*

---

*stitiam,* etc. (hic nimirum Erimbertus erat judex), *et dum nulla lex, ut remur, contineat, quod res aliqua semel legaliter data alicui, debeat auferri ab eo sine querela justa. Cum vero ratio innuat, querelam ipsam fore aut culpam aliquam, aut necessitatem; nobis versantibus et reversantibus omnia probatur Deus esse, cui injuria ista cernitur illata, in quo,* etc. Ex quibus palam fit Erimbertum quoque filium semel Deo dicatum, seu clericum matrimonio junxisse.

(996) *Sors sibi,* id est Deo, *specialius delegata* est clericus, sic vocatus, *quod de sorte sit Domini,* ut auctor monuit numero præcedenti.

(997) Hæc videntur indicare Erimbertum induxisse filium clericum ad contrahendas nuptias, et postea pepulisse domo, quia de sua facultatula eam ipsi stipem nolebat tribuere, cujus uti pater debitor erat. Matrimonium autem filius contrahens invenisse credendus est dotem satis amplam, ita ut stipe paterna non indigeret.

(998) Ita Spicilegii Acheriani editor emendavit, cum antea legeretur *suo iterum.*

(999) Vulg. mendose *cogit.* Emendavimus *coit,* id est feminam cognoscit.

(1000) *Adulterium* latius acceptum legitur pro quavis copula illicita. Vide Cangium. Hic autem Ratherius, sicut et alibi, *adulterium* appellat illegale clericorum conjugium. Istud vero proprius ali-

quanto dicitur *adulterium,* quia personas Deo sacratas violat.

(1001) In *Itinerario* num. 5, plures clericos mulierositatis vitio notat : et num. 10, ab hoc crimine *perraros immunes* tradit. Hinc agnoscimus, cur scribatur, *quia prohiberi a mulieribus valetis nullo modo.*

(1002) *Dominam* vocat amitam ejus puellæ, quam ipsa memorati Joannis filio clerico uxorem dederat. Pater hujus puellæ jam vita functus, qui multa bona sorori ac filiæ reliquerat, clericus fuerat, ut innuunt sequentia : *finem ipsius imposuisses peccato.* Peccatum enim *ipsius* intelliguntur nuptiæ ab eodem jam clerico initæ; hoc autem peccatum jam in eo accepisset finem, si ejus filia laico, non autem clerico nupsisset.

(1003) Cum in vulgatis legeretur *benedicta,* novus Spicilegii editor nonnihil hoc loco deesse suspicatus est : *quod quidem est hujusmodi,* inquit, *consultius futurum fuisse, si illam clerici filiam amita sua nubere non sivisset; si tamen nuptui danda erat, alteri collocari debuisse, nempe ei qui laicus esset, et laici filius.* Nos vero satis esse putamus, si pro *benedicta* leviori emendatione ederemus *benedictam.* *Benedictam* vero affirmat filiam, quia plura patris bona percepit.

stis *quæ graviora sunt legis, judicium et misericordiam et fidem* (*Matth.* xxiii, 23). Utinam (1004) super corpus fratris tui die noctuque pluvia caderet, quod tu studiosisissime procurasti ne fieret; et iste humor tam noxius, tam sordidus, tam fœdus animam illius non tam graviter affligeret, sordidaret, inquinaret atque torqueret.

6. Præscriptos igitur, et omnes, qui in tali scelere aut Quadragesimam, aut jejunium præcipuum aliquod, aut noctem Dominicam, aut festivitatem ullam præclaram se recognoscunt violasse, mecum, qui utique hactenus dum non restiti consentiens sui, quadraginta diebus moneo pœnitentiam agere (1005); ita videlicet, ut si cæteri fideles reficiuntur tertia hora, nos sexta; si illi sexta, nos nona; si illi nona,

(1004) Hoc loco indicari credimus optasse Ratherium, ut corpus ejus clerici, qui frater erat memoratæ Dominæ, humaretur in publico cœmeterio, ubi diu noctuque pluvia caderet. Mos nimirum sepeliendi in templo, aut in aliquo peculiari sepulcro, hoc ævo neque quoad ipsos clericos aut presbyteros obtinuerat. Sed soror ejus cum dives esset, ne sub dio fratris corpus humaretur, curavit : at vel in templo, vel in cœmeterio ipso sepulcrum aliquod construi voluit, quod corpus a pluvia defenderet.

(1005) Cum hæc quadraginta dierum pœnitentia

nos usque ad vesperam jejunemus. Ab eleemosynis vero secundum posse faciendis minime cessemus; nec tamen 429 propter hoc nos justificatos inde saltem credamus. Non est enim tale facinus, quod leviter possit emendari. De Dei tamen misericordia minime desperemus : *Nescit enim*, ait quidem, *homo, utrum odio, an amore dignus sit, sed omnia in futurum servantur incerta* (*Eccle.* ix, 1). Quod si hoc, ut suspicor, imo certificor, respuitis, et mecum jejunare 430 non vultis; et aut ego vos excommunico temporaliter, aut Deus vos damnat æternaliter; intersit vestra, nec ulla mea sit culpa. Inde similiter ad pœnitentiam te paulo superius allocutam invito; expedit enim tibi, et forsitan proderit fratri.

post Quadragesimam indicta fuerit; eæ quoque refectionis horæ comprehenduntur, quæ Quadragesimæ non conveniunt. Refectio horæ tertiæ illis diebus congruebat, quibus nullum præscriptum erat jejunium. Quibusdam autem jejuniorum diebus extra Quadragesimam nulla refectio sumi poterat ante horam sextam, aliis ante nonam. In Quadragesima vero refectio sumenda erat post vesperas, nisi mitior disciplina obtineret, qua etiam Quadragesimæ tempore post nonam jejunium solvi poterat, ut ex Ratherii synodica exploratum est. Vide ibidem not. 989, col. 565.

# RATHERII OPUSCULUM (1006).

## DE OTIOSO SERMONE.

431-4321. Sententiam (1007) scripturæ cujusdam commemoratione jam quadrifaria propterea tritam, quod hac me solummodo recreari contra desperationem dicerem, sola dum mea utique meique similium perpenderem gesta, non mihi adhuc satisfecisse ut paucis demonstrem, eamdem, ut sæpe, iisdem

(1006) Hoc opusculum ex ms. Frisingensi nunc primum proferimus. Acherius illud acceperat e codice Lobiensi transcriptum, spemque injecerat ejus edendi : quod tamen nuspiam apparuit. In margine codicis Frisingensis hic alius veluti titulus notatur : *Invectiva contra quemlibet præceptorem præsertim spiritualem.* Verbum *otiosum,* quod hic reprehenditur num. 5 ipsi Ratherio a cavillatore tribuitur in *Qualitatis conjectura* num. 7 : *Unum etiam verbum otiosum, et, ut nos credere cogit, turpissimum tali loco se fatetur dixisse,* etc. Porro hoc opusculum ab eodem scriptum Veronæ post tertiam restitutionem ex laudato Frisingensi codice colligere licet, cum non alia nisi ejusdem temporis opera ejus contineat. Cum vero in eodem codice qui chronologicam seriem sequi videtur, uti pluribus ostendemus not. in serm. 1 de Quadragesima, hoc opusculum subjiciatur synodicæ, et sermoni de Maria et Martha, qui lucubrati fuerunt anno 966; huic quoque anno ascribendum videtur, ita ut scriptum fuerit post sermonem de Maria et Martha, qui post festum Assumptionis B. Mariæ virginis habitus fuit.

(1007) Construe : *Ut paucis demonstrem sententiam cujusdam scripturæ tritam commemoratione jam*

refero verbis : *Nescit homo, utrum odio, an amore sit dignus ; sed omnia in futurum servantur incerta* (*Eccle.* ix, 1). Cui, si licet, aliquid sine mei causa subinferam. Quid quave de causa id tam sæpe protulerim, ignorare me non diffiteor ipsum. Scio enim, scio dignum me veraciter odio, si ab assuetis (1008-9)

*quadrifaria, propterea quod dicerem me hac solummodo recreari contra desperationem, dum perpenderem sola gesta mea utique, et similium mei ; ut demonstrem, inquam, sententiam cujusdam scripturæ adhuc non satisfecisse mihi, eamdem refero, ut sæpe, verbis iisdem.* Nescit homo, etc. Cui sententiæ sine, si licet, subinferam aliquid causa mei. Hanc sententiam, *Nescit homo*, etc., in septem Ratherii opusculis relatam invenimus, nimirum in *Confessione* num. 26 ; in serm. 2 *de Quadragesima* num. 23 ; in alio *de Pentecoste* num. 2 ; in libro *de Contemptu canonum* part. ii in fine ; in opusculo *de Proprio lapsu* num. 5 ; *de Nuptu illicito* num. 6, et in *Itinerario* num. 10. *Quadrifaria* commemoratio quatuor ex his opusculis, ut credimus, indicat, quæ antea Veronæ lucubrata fuerant. Confessionis liber non Veronæ, sed in monasterio Belgico exaratus fuit. *Itinerarium* aliquanto post hoc opusculum digestum putamus. In apographo Frisingensi legebatur, *quod ait me.* Emendationem *quod hac me sensus* exegit.

(1008-9) Apographus Frising. *ab assertis*; ac postea *et efficio*. Utrobique mendose.

non cesso. Utrum vero ab iis cessare penitus ante terminum datum sit vitæ, fateor me nullo modo scire. Conor enim meliorari, et vincor ; laboro, et deficio ; surgo, et relabor ; nunquam in boni alicujus statu permaneo. (1010) Usum enim ex vomitu canis, suisque ex volutatione (*Petr.* II, 22) infelix miserque frequentans, et hac me solummodo, dum non aliud invenire valeo, sententia recreans, despero sperans, spero desperans, fido diffidens, diffido confidens. Universa quippe, quæ Dominus promisit, confido eum daturum ; sed diffido me inveniri posse, promissa cui conferat, dignum. Veniam vero cum nulli promittat nisi converso ; inconvertibilem dum memet aspicio, non de ejus miseratione despero, sed de obduratione mea pavesco. Et quid amplius? Odio me magis dignum quam amore et scio et confiteor ; si talis, qualis sum modo, defungar. Defungi vero talem si destinatum sit mihi, nullo modo scio. Defunctus vero talis si fuero, de perditione mea certificari cunctos posse non nego.

2. Soleant vero dum plures conversionem in finem vitæ differre ; cum repentina infinitos rapiens mors, nedum multos, penitus faciat insensibiles eos; de illis quid sentiam hæsitans, de me, si illud mihi contingeret, sum pene desperans. Quidam enim in grabbatis Deo plurima promiserunt, quæ convalescentes minime attenderunt. Quid igitur cum rursus ceciderunt ? Si non promiserant, iterum desperatione periisse putabantur haud perperam ; si promiserint, et iterum convalescentes fuerunt mendaces, quid facturi postea tales ? Quid ? Dei eis pietas insinuet. Quod mihi tamen videtur, quia etiamsi millies hoc eis contingat instinctu diabolico agere ; est quod non ideo de pietate Domini debeant desperare, quamvis in tam instabilibus promissis **433** nullam possint fiduciam habere. Nescit enim homo utrum odio, an amore sit dignus futurus (*Eccle.* IX, 1) quamvis noverit, quod præsentialiter sit odio dignus, dicente Scriptura, quoniam omnipotens odio habet peccatores, et misertus est justis (*Eccli.* XII, 3). Non enim aliter justi ex peccatoribus poterant fieri, nisi misericordia Dei præventi, fuissent a malo ad bonum conversi, neque illi aliter in peccatis duravissent, nisi justitia Dei obdurari potuisse permissi fuissent ; unde et de talibus formidolosa illa est dicentis sententia : *Si concluserit Dominus hominem,* hoc est concludi permiserit, *quis potest ei dicere, cur ita facis?* (*Job* IX. 12.)

3. O igitur, o inscrutabilia Dei judicia ! o investigabiles viæ ejus ! Quis enim mei similium non se formidare valet inevadibiliter fore conclusum, indeque odio dignum. Num enim odio non tibi dignus, ut reliquos taceam, de quo Apostolus dicit, videtur : *Hoc autem scitote intelligentes quod omnis fornicator, aut immundus, aut avarus, quod est idolorum servitus, non habet hæreditatem in regno Christi et Dei ?* (*Ephes.* V, 5.) Cum vero innumerabiles a talibus conversi cessent esse fornicatores, immundi, avari, nimirum de permanentibus in hujusmodi hoc dictum claret sceleribus. Permanet vero in scelere, qui quousque aut ætas, aut sanitas ei suffragatur, ut possit illud patrare, non dimittit illud committere : aut si dimittit, non studet illud pœnitendo diluere. Cujus autem senium, aut infirmitas interdicit illud efficere, non scelus ille, sed illum scelus convincitur reliquisse ; ac per hoc neque cessans a fornicatione desinit quis fornicator esse, si quousque potest non desinit fornicari, et fornicationem relictam jejuniis, eleemosynis, et lacrymosis gemitibus non studet mundare. Cum igitur legimus vel audimus : *Nescit homo utrum odio, an amore dignus sit,* nisi *futurus* subintelligamus, ut sit utique sensus, quod nesciat aliquis de aliquo, utrum sit ei concessum ante mortem converti, an in peccatis usque in finem suæ sanitatis durare ; fateor me quod velit astruere, penitus ignorare.

4. Quamvis non desperandum, quod etiam ipsa infirmitas ab anteactis quemlibet peccatis emaculet, si tamen gratanter fuerit recepta , quod tamen de prolixa fieri arbitror ægritudine tantum, patienter tamen, ut dixi, perlata : levius licet concinens taliter senserit.

Et vindicta brevis hic noxia crimina finit,
Ne sine fine habeat debita pœna reos.

Solos vero, ait Gregorius, temporalia flagella ab æternis liberant, quos immutant. (1011) Hæc duo, itaque, id est, aut conversionem salubrem, aut flagellorum Dei suffragium, dum sententiæ illi innixus, qua dicitur : *Nescit homo, utrum odio, an amore sit dignus,* exspecto ; si de tertio, perditione utique certissima, suspectus et pavens non **434** exsto; insanire me veraciter credo, et quo desiderium vertam, quid optem, quidve amplectar, ignoro. Repentinum nam imminere cum mihi metuam interitum, prolixum (1012) si mereor, ut desiderare me non diffiteor, actutum damnantem mihi audio, surdus licet, Apostolum (dicere) : *Ignoras quia patientia Dei ad pœnitentiam te exspectat ? Tu autem thesaurizas tibi iram in die iræ, et retributionis justi judicii Dei* (*Rom.* II, 4, 5.) Infelix hujusmodi longævitas, quam tanta sequitur calamitas, aspernabile spatium congerit, quod talem thesaurum miserabilis induciæ ad exaggerandam scelerum vindictam concessit. Melius fuerat, fateor, miserrimo, si de primo

---

(1010) Construe : *Etenim infelix et miser frequentans usum ex vomitu canis, et ex volutatione suis,* (ubi respicit illa *II Petri* II, 22 : *Canis reversus ad suum vomitum, et sus lota in volutabro luti*) *et recreans me solummodo hac sententia, dum non valeo invenire aliud, despero sperans,* etc.

(1011) Construe : *Itaque dum innixus sententiæ illi, qua dicitur :* Nescit homo, *etc., exspecto hæc duo, id est aut conversionem salubrem, aut suffragium fla-*

*gellorum Dei ; si non exsto suspectus et pavens de tertio, perditione utique certissima ; credo me veraciter insanire, et ignoro, quo vertam desiderium, quid optem, quidve amplectar.*

(1012) Corrigendum et supplendum videtur *prolixam ægritudinem ni mereor ; quæ concinunt cum præcedentibus,* quod tamen de prolixa fieri arbitror ægritudine, etc.

Dei contemptu justam excepisset sententiam, quam tandiu exspectatum tam innumeros contraxisse reatus, pro singulis videlicet æternaliter puniendum.

5. Hoc se ita habente felicior mihi videtur brevitas, quam diuturnitas vitæ. *Væ* enim *vobis,* ait propheta, *qui trahitis iniquitatem in funiculis vanitatis! (Isai.* v, 18.) Est quidem Dominus misericors, et ineffabiliter pius ; sed etiam verax, et inenarrabiliter justus. Promittit veniam, computat noxam ; veniam largitur perfecte conversis, noxam reservat obdurantibus aversis. Annon enim evidens cernitur computatio noxæ dicentis : *Amen dico vobis, omne verbum otiosum, quod locuti fuerint homines, reddent de eo rationem in die judicii? (Matth.* xii, 36.) Fuitne unquam terribilius aliquid dictum ? Cæteri namque quid super hoc sentiant, viderint ; mihi videtur tolerabilius fuisse, si dixisset : Merebuntur de eo millium annorum supplicium. Miserum enim me, cum nulla minus sint utilia quam turpia. Quid si in eodem loco (1013), et forte tali, quo dedignaretur aliquis etiam vesci, turpe quid faciens quilibet, turpissimum aliquid dixerit ? Postea de ipsa, quam patravit turpitudine, pœnitentiam gessit ; de ipsa, quam dixit, quid, rogo, erit ? Si in judicio itaque illi improperatum fuerit, quod in tali loco tale quid talique pro causa dixerit ; putandum quod inter alios, *Venite benedicti Patris mei (Matth.* xxv, 34), audire ullo modo possit ? Post tantam enim coram universo genere humano verecundiam, suspicari eum possumus habiturum, nedum cœlestem, aliquam gloriam ? Nonne enim et quod gessit manifestatum pariter erit, cum idem forsan dixerit quod fecit, fecerit quod dixit ? Condigna pœna rebelli, ut qui videlicet Dominum, et quod de eo Christianitatis traxit vocabulum non reveritus, in conspectu ipsius, tali in loco, tam turpiter, præsentem illum non nesciens quoque, recordatus etiam ipsius, non timuit dehonestare, dehonestatus in conspectu totius pereat creaturæ. Quid vero miseri de perjuriis sæpissimis, quid de detractionibus perassiduis, quid de mendaciis continuis , quid de verbis deceptoriis, quid de irrisoriis, quid de fraudulentissimis dicturi promissis, quid de maledictionibus creberrimis, si de *raca* judicium subituri, de *fatue* gehennam, de **435** *otioso* sumus rationem reddituri *sermone? (Matth.* v, 22.) Intelligite mecum, qui mecum obliviscimini Deum, ne quando rapiamur subito, et eripiamur a nullo (*Psal.* xlix, 22).

6. Intelligo, ais, Dei, proh nefas ! sæpius quam necesse fuerit, oblitus, verensque utique, [*locus mendosus*] innuis facere, ne rapiaris subito, ereptus a nullo. Sed Apostolicum illud de spontaneo nobis inflicto a nobis ipsis judicio dum cum illo confero (1014), quod nuperrime me audisse recordor, non parum me animari profiteor. Lectum enim exstitit ita : *Si peccata tua recte consideraveris, judicasti : si abjeceris, occidisti.* Quod ut melius dilucidetur (poni possent cum plurima (1015) ipsa una nobis divina sufficiat, dicendum quomodo, quam protulisti, sententia. Ait vero : *Omne verbum otiosum, quod locuti fuerint homines, reddent de eo rationem in die judicii (Matth.* xii, 36.) Quid est verbum otiosum ? Inutile. Nulla autem sunt, ut dixisti, minus utilia quam turpia ; quibus adjicere possumus noxia, et contumeliosa, irrisoria, deceptiosa, perjura, fraudulenta, maledica, mendacia, sacrilega, hæretica, apostatica, blasphema, falsum testantia, furiosa, litigiosa. Ex quibus omnibus unum suum in allegatione illa proferens superiore, collegisti salvum non posse credi futurum, cui in extremo die judicii illo id fuerit, quod tali in loco hujusmodi pro causa dixerit, coram universo genere hominum improperatum. Sed dum firmissime nos tenere concedas, quod nil temporaliter contra jus fasque valeat agi, neque id temporaliter expiari, desperare istum compellimur, qui illud turpe dixit, nisi auxilium ei demus, quid faciat, antequam ad illud improperium **436** veniat. Dicamus ergo primum quid erit illis, qui rationem de omni verbo otioso, quod locuti fuerimus, in die judicii fuerint redditurt ; nimirum iis, quibus dicetur : *Ite, maledicti, in ignem æternum ; quia esurivi, et non dedistis mihi manducare* (*Matth.* xxv, 41, 42,) etc. ; et : *Amen dico tibi, non exies inde, donec reddas novissimum quadrantem* (*Matth.* v, 26). Et quare, inquis, hoc eis dicetur ? quia non audierunt scilicet dicentem : *Pœnitentiam agite, et non erit vobis iniquitas in ruinam* (*Ezech.* xviii, 30). Et : *Convertimini ad me, et ego revertar ad vos* (*Zachar.* i, 3.) Postremo quia obturaverunt aurem cordis, dum Apostolus clamaret : *Si nosmetipsos dijudicaremus, non utique judicaremur* (*I Cor.* xi, 31) : Augustinum quoque prosequentem : *Si peccata recte consideraveris, judicasti ;, si abjeceris, occidisti :* hoc enim sensu ut et de cæteris flagitiis, ita et de isto turpiloquo intelligendum sermone ; ut videlicet tu, qui illum protulisti, facias tibi de eo hic diem judicii, damnes illum juxta sui censor æquissimus qualitatem, damnatum punias, punitum occidas, id est, abjiciendo illum amplius in æternum non proferas, ita illud turpigerum, turpiloquium ut turpigerum, ita turpigerum uti turpiloquium taxans, a consimilibus quoque Christo adjuvante abstinere viribus totis contendas. Videtur enim mihi hoc ita constante, quod si turpitudo quam fecisti, fuerit perfecte pœnitendo consumpta, ipsa, quam illius occasione dixisti, erit pariter enecata, adjuvante illius misericordia, qui in hunc mundum ad nostra venit relaxanda facinora, qui cum Patre et Spiritu Sancto vivit et regnat in sæcula sæculorum. Amen.

---

(1013) Vide *Qualitatis conjecturam* num. 7, et *De proprio lapsu* num. 4.
(1014) Construe : *Sed dum confero illud apostolicum de judicio spontaneo nobis inflicto a nobis ipsis,* dum confero, inquam, cum illo quod recordor me nuperrime audisse ; profiteor me non parum animari.
(1015) Construe : *Dicendum quomodo ipsa una divina sententia, quam protulisti, nobis sufficiat.*

# RATHERII
ROMAM EUNTIS
## ITINERARIUM (1016)

**437** Nosse fraternitatem non ignoro, filii, vestram, me pergere cupere præsentialiter Romam, sed cujus rei gratia [*subaudi* cupiam pergere], esse prorsus ignaram. Non enim orationis causa illuc vado, cum in Evangelio legam : *Mulier, crede mihi, quia venit hora, cum neque in monte hoc, neque in Hierosolymis adorabitis Patrem* (Joan. IV, 21); subjuncto : *Spiritus est Deus, et eos, qui adorant eum, in spiritu et veritate oportet adorare* (Ibid., 24) : quod utique domi potest quisque peragere. Non imperiali, quia imperatum est minime, jussu [*subaudi* illuc vado] : milites solum ut mitterem meos, ab eo cum (1017) mihi sit imperatum. (1018) Non, bonum quid sit Deoque placitum, ut ibidem addiscam; cum sæpius hoc tempore cantatum agnoscam : *Indicabo tibi, homo, quid sit bonum, aut quid Dominus requirat a te : facere judicium et justitiam, et sollicitum ambulare cum Deo tuo* (Mich. VI, 8), non solum utique cum Romam vadimus, **438** sed et ubicunque consistimus [*al.*, existimus]. Cum Deo namque semper ambulat, qui a præceptis ipsius nusquam deviando discordat. Quod (1019) sollicitius agere quili- A bet monetur, hoc est, ut serviat illi in timore, et exsultet ei cum tremore (Psal. II, 11). In peccatoris namque, ut ait Gregorius, pectore incessanter debet spes et formido manere. Judicium vero quid est facere, nisi quod lex præcipit observare? Quod fuit utique, quod modo ex Evangelio Petro et Andreæ audistis ita suasum : *Venite post me* (Matth. IV, 19). Hæc est enim lex et prophetæ, ut post Christum omni tempore debeamus cogitando, loquendo, operando venire. Justitia vero quam facere suademur, quæ est, nisi juris, hoc est legis status? Sed cujus legis? Christi utique. Factam vero quomodo implemus? *Alter alterius*, ait qui noverat, *onera portate; et sic adimplebitis legem Christi* (Gal. VI, 2). Quod est autem onus unicuique gravius, quam cum quis B ignorantia premitur eorum, quæ illum scire oportuerat amplius? Eam igitur cum non implere **439** nisi inchoatam, inchoare vero nisi agnitam valeamus, (1020) quasi discordare vero in pluribus, dum non intelligitur, videamus; ut et me eodem fasce levare, et vobis inde utcunque concurrere, quod portare dicit Apostolus, valeam, concilium tantorum quin

---

(1016) Hoc *Itinerarium Ratherii Romam pergentis* a Fulcuino laudatum cap. 24, editum fuit ab Acherio ex codice Laudunensi. Frisingense exemplar nobis subsidio fuit. Tempus tres caracteres figunt. Verba numeri primi, *Quod modo ex Evangelio Petro et Andreæ audistis ita suasum* : *Venite post me* : Evangelium indicant, quod in S. Andreæ festo legitur. Adverbium autem *modo* hæc scripta testatur ipso S. Andreæ die, aut ineunte Decembri. Decembri vero anni 966 hæc convenire duo certum efficiunt, Joannis pontificis mentio, et Romanum concilium Ottone I præsente celebrandum. Dum enim Joannem pontificem memorat num. 2, exploratum est sermonem non esse de Joanne XII, ut nonnulli putarunt; hunc enim, cujus *præcepto* fuerat restitutus, jam vita functum indicat num. 4 scribens, se *restitutum præcepto Apostoli, qui tunc Romanæ præerat sedi*. De Joanne autem XIII Ratherium loqui certius fiet ex dicendis not. 1025. Porro concilio Romæ cogendo Ottonem imperatorem, qui in Italiam venerat, cum episcopis adfuturum Ratherius non dubitat. *Concilium*, inquit num. 1, *tantorum, qui conductu piissimi Cæsaris illuc ad apostolicam sedem sunt venturi, adire dispono*. Et num. 3, *sapientissimos enim tam de isto regno*, id est Italico, *quam et de his*, Germanis scilicet episcopis, *qui cum domino nostro venerunt semper Augusto, illic adfuturos cognosco*. Otto Joanne XIII pontifice in Italiam venit post Augustum anni 966 ; Romam vero profectus sub ejusdem anni finem, natalitia festa ibidem celebravit. Concilium tandem Romæ habitum fuisse initio anni sequentis, cui idem imperator cum episcopis tum Italis, tum Germanis interfuit, liquet ex privilegio ejusdem im- C peratoris in favorem monasterii Sublacensis dato III Idus Januarii anni 967, quod a Muratorio editum est tom. V Antiquit. Italic. dissert. 65, et a canonico Garampio recusum ex schedis Dominici Georgii in libro inscripto *De nummo argenteo Benedicti III*, pag. 169. Itinerarium igitur, quod sub initium Decembris Joanne XIII pontifice post Ottonis I adventum in Italiam, et ante hocce concilium Ratherius lucubravit, assignandum est ineunti Decembri an. 966.

(1017) Vulg., *hoc sit*. Correctionem præbuit codex Frisingensis. Cum Otto I anno 966 in Italiam venisset, ut rebellionem contra Joannem XIII Romæ excitatam compesceret; hac forte de causa milites, qui ab ipsis episcopis uti imperii vassallis petebantur, Ratherium mittere jussit. Hinc etiam in sermone de Maria et Martha hoc eodem anno post festum Assumptionis B. Mariæ virginis habito num. 4. ait : *Milites quando etiam meos ad prœlium ob Cæsaris cogo præceptum*.

(1018) Construe : *Non* (vado illuc) *ut addiscam ibidem, quid sit bonum et placitum Deo*.

(1019) Sic cod. Frising. melius, quam in vulgatis *sollicitus*.

(1020) Dissidium respicit cum suis clericis, quibus videbatur lex quasi disco dare in pluribus, dum illam non intelligebant; illi enim quædam licere putabant, quæ Ratherius vetabat uti illicita. Mox D *fasce* pro *onere*, uti apud Virgilium in Bucolica, Ecloga, IX, v. 69.

. . . . . . . Ego hoc te fasce levabo.

conductu piissimi Cæsaris illuc ad apostolicam sunt sedem venturi, adire dispono; indagare primitus illa studens, quæ quasi (1021) dissona sunt prolata, ad quam perduci valeant concordiam. Ut cum verbi gratia in Apostolorum legatur canonibus : (1022) *Ut episcopus aut presbyter uxorem suam, quam debet caste regere, non relinquat;* in Nicæno tam rigide prolatum cernamus concilio (*cap.* III) : *Interdicit per omnia magna synodus, non episcopo, non presbytero, non diacono, nec alicui omnino, qui in clero est, licere subintroductam habere mulierem, nisi forte matrem, aut sororem, aut amitam, aut eas tantum personas, quæ suspiciones effugiunt.* Et cum canones dicant, quod si quis excommunicatis communicat, sit excommunicatus pariter ipse (*conc. Cæsaraug.* c. 5; *Carth.* II, c. 7, etc.); Augustinus vero quiddam quasi contrarium Classiciano cuidam excommunicato mandaverit (Aug., *epist.* 250; *Auxilio,* et *fragm. Classic.*); cum neminem nostratium de excommunicatione cujuslibet nostrum videam curare, justa sit an injusta ; non ignarus tamen penitus quid inde beatus dicat Gregorius (*ep.* 26, *lib.* III), (1023) cum illo sancto agere cupio libenter inde concilio.

2. De subjunctis hic quoque capitulis pene ubique (paucissimis nisi) posthabitis, quid ipse sacer conventus censeat, indagare percupio. (1024) Quæ utique, dum interdicto dicentis, *Qui sine peccato est vestrum, primus in illam lapidem mittat* (Joan. VIII, 7); et : *Hypocrita, ejice primum trabem de oculo tuo* (*Luc.* VI, 42); quilibet quod in se recognoscit, in alio timet corrigere; 440 canones vero tanta auctoritate præcipiant, non inemendata relinqui ; me, qui

(1021) Ita cod. Frising. In vulg., male *disponere* pro *dissona* editum erat. Construe : *Studens primitus indagare, ad quam concordiam perduci valeant illa, quæ prolata sunt quasi dissona.*

(1022) Est titulus canoni festo apostolorum præfixus a Dionysio Exiguo, ubi *caste* legitur cum ms. Frisingensi, non vero *castam,* ut apud Acherium.

(1023) Construe : *Inde,* id est de hac re *libenter cupio agere cum illo sancto concilio,* quod scilicet Romæ cogendum dixerat. Sic etiam Augustinus in fragmento epistolæ ad Classicianum subjecto epistolæ 250 de quæstione quæ versabatur : *Et in concilio nostro,* inquit, *agere cupio, et si opus fuerit, ad sedem apostolicam scribere.* Hic autem Ratherius indicat, se in concilio agere velle de mulierositate clericorum, ob quam forte aliquem excommunicandum putavit. De mulierositate quidem actum fuit anno sequenti in synodo Ravennate post Romanum concilium celebrata, cui Ratherius interfuit, ut in epist. 12 ad Ambrosium n. 1, traditur.

(1024) Construe : *Quæ utique capitula efficiunt me, qui falso a quibusdam prædicor litteratus, efficiunt, inquam, me prorsus ignarum, quid valeam saltem cogitare, nedum proferre de illis; dum quilibet interdicto dicentis :* Qui sine peccato est, *etc., timet corrigere in alio, quod recognoscit in se; canones vero tanta auctoritate præcipiant ea non relinqui inemendata.* Hanc abusum Atto Vercellensis perstringens in epist. 9, ad suum clerum ait : *Licet sint, qui nec trabem de suo ejiciunt oculo, nec festucam fratris repellere præsumunt, sed confusi obmutescunt, dum seipsos reprobos cognoscunt.*

(1025) Hoc verbum *instituit* regitur a relativo præcedenti *qui,* scilicet Cæsar Otto I. Hæc autem palam

falso a quibusdam prædicor litteratus, ignarum quid de illis valeam saltem cogitare, nedum proferre, efficiunt prorsus. Qua ignorantia quo melius exui, quo aptius possum quam Romæ doceri? Quid enim de ecclesiasticis dogmatibus alicubi scitur, quod Romæ ignoretur? Illic summi illi totius orbis doctores : illic præstantiores enituerunt universalis Ecclesiæ principes. Illic decretalia pontificum, universorum congregatio, examinatio canonum, approbatio recipiendorum, reprobatio spernendorum. Postremo nusquam ratum quod illic irritum, nusquam irritum quod illic ratum fuerit visum. Ubinam ergo melius insipientiæ consulitur meæ, quam ubi fons sapientiæ cernitur esse? Accedit ad cumulum commoditatis, quod misericordia Conditoris imperatorem nobis concessit æquissimum, piissimum, sapientissimum, dominum scilicet nostrum Cæsarem gloriosissimum, qui cum præ omnibus qui sub cœlo sunt jam dictis, cæterisque regalium prærogativarum insigniis inæstimabiliter polleat; sanctissimum papam, dominum utique Joannem episcopum, secundum proprietatem sui vocabuli, *gratia Dei* ad idem opus electum, Romuleæ quidem urbi papam instituit (1025) dignissimum ; orbi vero universo Patrem et provisorem industrium ; quos convocaturos synodum (1026) autumo universalem, concedat Deus sanctæ suæ Ecclesiæ, ut expedit, utilem.

3. Adero itaque, si Deo annuente valuero, digitoque compescens labellum, tanto eos qui aderunt audire curabo humilius, quanto mihi necessarium considero amplius. Sapientissimos (1027) 441 enim tam de isto regno, quam et de his qui ostendunt sermonem non esse de Joanne XII, qui electus fuit anno 956, cum nondum Otto in Italia imperaret; congruunt autem Joanni XIII. Etenim mortuo Romæ antipapa Leone VIII, et sub idem tempus Benedicto V pontifice apud Hamburgum exsule vita pariter functo, Romani duos legatos ad Ottonem I miserunt *pro instituendo quem vellet Romano pontifice,* inquit Reginonis con.inuator ad annum 965. Duobus autem episcopis ab Ottone Romam directis, *tunc ab omni plebe Romana Joannes Narniensis Ecclesiæ episcopus eligitur, et sedi apostolicæ pontifex intronizatur,* nomine Joannis XIII, ut apud eumdem Reginonis continuatorem legitur.

(1026) Synodus quidem Romæ coacta est ineunte anno 967, ut not. 1016 observavimus. Num vero Ratherius huic interfuerit, monumentorum inopia ignoratur. Certe vero adfuit alteri synodo, quæ subinde Ravennæ mense Aprili anni ejusdem celebrata, veluti Romanæ appendix haberi potest.

(1027) Episcopos tum ex regno Italico, tum ex Germania una cum imperatore Romanæ interfuisse synodo, quæ celebrata fuit ineunte anno 967, ex privilegio notatione prima indicato manifestum est. In eo enim dato Romæ III *Idus Januarias anno Dominicæ incarnationis* 967 *imperii vero domni Ottonis piissimi Cæsaris V, indict.* 10, *de Georgio Sublacensi* abbate atque imperator ait : *Venit in gremium basilicæ S. Petri apostolorum principis, ubi cum domno Joanne XIII papa sanctæ synodo pro utilitate ejusdem Ecclesiæ et venerabilium locorum intercramus, circumsedentibus cum Ravennate archiepiscopo plurimis episcopis ex Romano territorio atque Italiæ, et Ultramontano regno,* id est Germanis. Hi cum Cæsare in Italiam venerant post mensem Augustum anni 966; magnum enim conventum idem Cæsar medio

cum domino nostro venerunt semper Augusto, illic adfuturos cognosco; quorum doceri magisterio cupio de his saltem, quæ hic capitulatim congesta ideo habeo, quod plenitudinem eorum in illorum codicibus contineri confido. Sunt vero hæc, quæ ab omnibus observari valerent, si obedientes Deo existere vellent, nec contraria utique tempori, nec patriæ incongrua, ipsis utique omissis, quæ antiquis solummodo, vel transmarinis congruentia sunt visa, non nobis. Cum igitur quasi in quibusdam medicinalibus libris carnalia, hæc animarum sint congesta in canonibus sanctis remedia; ut videlicet, qui illa quæ in libris medicorum leguntur perceperit, ab ægritudine liberetur, qui neglexerit, suo merito moriatur, sic animarum qui despicit remedia, occasione alia mortem evadere qualiter possit æternam, discere cupio. Ignarus adhuc, nempe stultus, existo. Dicente quoque Apostolo: *Si nosmetipsos dijudicaremus, non utique judicaremur* (*I Cor.* xi, 31): judicari vero sicut sæculariter lege mundana, ita ecclesiastice sanctione debeamus canonica; qui judicari ea despicit temporaliter, utrum judicium illud evadere ullo modo possit, quo damnatus quisque in æternum peribit, dicat quilibet alius: nam ego hinc sum penitus mutus. Judicium sane quomodo facimus, si jus nobis a Deo per sanctissimos Patres indictum negligimus? Justitiam quam, si legem non servamus canonicam? Cum Deo qualiter ambulamus, si ab his, quæ sequenda præcipit, deviamus? Noxia cæterum sollicitudo, quam gerendorum non efficit rectitudo (*II Cor.* v, 10); cum recepturum quemque secundum quod gessit, sive bonum, sive malum, evidens esse valeat certitudo. Extra canonicæ igitur rectitudinis diversans lineam, quam salutis habere potest, quæso, fiduciam, cum scriptum sit: *Atrium quod est foris non metieris, quia datum est gentibus?* (*Apoc.* xi, 2.) Quibus vero gentibus, nisi de quibus Psalmista 442 dixisse intelligitur Domino: *Liberator meus de gentibus iracundis?* (*Psal.* xvii, 48.) Ut enim homo malus alibi vocatur diabolus, sic legio dæmonum nomen hic possidet non incongrue gentium. Dæmonibus ergo traditur, qui in forinseco atrio invenitur; quia qui extra normam ecclesiasticæ rectitudinis etiam in ecclesia [*al.*, ecclesiæ] corpore positus, conversatur, intus quidem esse corporaliter conspicitur, sed animaliter in atrio exteriori stare probatur. Vel certe gentibus datur, qui ethnicis sociatur: Christianus enim licet dicatur, nequaquam est, qui Christo contrarius est; canonibus vero sanctis qui non obtemperat, Christo rebellat. Gentibus vero, nisi se infra mensuram lineæ recollexerit, dabitur; quoniam quidem [*al.*, quandoquidem] non poterit eorum contubernio sociari, quorum nec lege teneri, nec disciplina corrigi, nec mores voluit imitari. Væ autem nostrum alicui, extra mensuram canonicam cui contigerit inveniri, cum electorum populus cœperit recenseri. Electus enim nemo, qui non canonicus, [*subaudi* nemo] (1028) canonicus, qui non electus.

4. Dicat sane aliquis vestrum, tua quid refert, talia cæteris, et utique te præstantioribus, hinc minime curantibus, agere? Refert, inquam, refert omnimodis, et in tantum expedit, ut; *O vos omnes, qui transitis per viam, attendite, et vide'e si est dolor sicut dolor meus* (*Thren.* i, 12), edicere possem, nisi insensibilitatis stupore languerem. Omittam quippe ter (1029) me contra canones exsulatum, millies injuratum, episcopium mihi illegaliter ademptum, (1030) alium super me adultere adductum, receptum; iterum eo misericordia piissimi [Ottonis I] Cæsaris, præcepto apostolici, qui [Joannes XII] tunc Romanæ præerat sedi, judicio episcoporum (1031) synodaliter restitutum, ab eodem invasore (vobis non penitus in tantum ignaris, neque eidem contrariis, ut mille non defuerint, qui vos pene omnes, ne dum consensisse, hoc crediderint machinasse) (1032) postea comprehensum, 443 pulsum, injuratum, exspoliatum, custodiæ mancipatum: omnibus vero his, licet tam indiscussis, relictis, quasi in eis nil inveniri valeret, quod reprehendi legibus vel leviter posset; misericordia iterum Creatoris, clementia piissimi imperatoris (1033), subventu excellentissimæ

Augusto in Germania habuit, antequam Italicum iter susciperet.

(1028) Repetitionem vocis *canonicus* supplevimus ex ms. Frisingensi.

(1029) In epitaphio Ratherii *ter exsul* traditur, primo scilicet sub Hugone rege, secundo sub Lothario ejus filio, ac tertio sive cum a Milone invasore, ut postea hic subditur, comprehensus et e sua sede pulsus fuit, sive potius cum Veronam tandem dimittere coactus est. Hoc autem loco cum se *ter exsulatum* prodat, antequam a Milone invasore pelleretur, quam expulsionem uti posteriorem in sequentibus refert; tertium exsilium illud computasse videtur, cum anno 951 episcopalem sedem recuperaturus in Italiam venit; sed invento in eadem sede Milone comitis Milonis nepotulo, qui eam a Manasse obtinuerat, cedere debuit, et in Germaniam redire. Vide epist. 5 ad Joannem XII. Enimvero in opusculo *de Clericis rebellibus* scripto exeunte anno 967, quatuor sui expulsiones, quæ late dici possunt exsilia, commemorat num. 2 inquiens: *Ex qua* (Ecclesia Veronensi) *me jam quater extrusistis*, nimirum 1°, sub Hugone, 2°, sub Lothario, 3°, anno 951, et 4° anno 964, quo a Milone comprehensus et expulsus fuit, ita ut cum tandem Veronam dimisit anno 968, quintum velut exsilium computari possit. In epitaphio autem *ter exsul* dicitur, quia tria tantum majora exsilia computata fuerunt, quibus e sede, quam tenebat, exturbatus fuit: unde ibidem *ter præsul*, et *ter exsul* opponuntur, quod ter episcopatum obtinuisset, et ter amisisset. Anno 951 etsi recuperare studuit episcopatum, non tamen adeptus est. Exsilium autem anni 964 brevi solutum fuit. Quod porro ait episcopium sibi *illegaliter* ademptum, *illegaliter* intelligit sine judicio canonico.

(1030) *Alium*, id est, memoratum Milonis nepotulum, qui Milo pariter vocabatur; ac idcirco eum *invasorem* postea appellat.

(1031) In synodo nimirum Papiensi celebrata anno 962, cujus Ratherius meminit in *Apologetico* num. 7.

(1032) Id est ineunte anno 965. His de rebus confer *Qualitatis conjecturam* num. 16, et ibidem not.

(1033) Adjectivum *piissimi* additum est ex ms. Frisingensi. Excellentissima vero *dux*, cujus subventu

ducis ereptum, reductum, a vobis vero tam inhumane receptum, ut non difficile fuerit in vultibus vestris conjectari quam non libenter me videritis reverti, cum et exinde tot me non desinatis injuriis lacessere, ut omni me praerogativa ordinis episcopalis adeo, sicuti ante (1054), ita et post, non dimittatis privare, ut nihil ex ea mihi relinquatis praeter chrismatis confectionem, et chrismandi quidlibet cum subscriptionibus potestatem. Adeo quoque de vobis sim inhonorus, ut cum (1055) omnes coepiscopi illuc venturi, de clericis suis parere inibi habeant honorati; ego de vobis nec unum sim habiturus; cum de mea paupertatula non sim vobis adeo inhumanus, ut militari beneficio (1056), habeam, et hoc gratis, decem ex vobis ditatos.

5. Omittam tamen, ut dixi, illius omnia ista respectu, qui dixit: *Nolite resistere malo* (*Matth.* v, 59). De synodo a nobis quid agendum nuperrime acta (1057)? (*Nicaen.* c. 5 can. apost. 38.) Scitis enim, scitis, me semper hoc agere ideo distulisse, cum bis in anno idem praeceptum sit facere, quod dicerem me, unde synodare deberem, omnino nescire. Solet enim in synodis, si quid contra canones actum est, emendari. Sed si hoc agere tentavissem, omnibus quae in canonibus sunt scripta regyratis, de nullo eorum vos curare viderem omnimodo. E quibus si vel aliqua proferam, si legeretur quod superius tetigi, hoc est (*concil. Nic.* c. 3), *Subintroductam habere personam, nisi sororem,* 444 *et caetera, quae sunt inibi notata*; quem vestrum ab hujus neglecto praecepti potuissem excipere? Rursum si lectum impleretur (*conc. Neoc.* c. 1). *Si quis presbyter uxorem duxerit, deponatur*; magis autem pelli debet si adulterium perpetraverit; quis ex vobis indepositus isset [*al.*, esset]? Rursum si recitaretur: *Praecipimus, ut bigami non admittantur ad clerum* (INNOC. I ep. 4 c. 2; GELAS. I ep. 9, *sub med.*); quem ex vobis considerem legaliter ad sacerdotium fuisse provectum? Et, ut ad minora, vobisque pernulla veniam, si legeretur contemptores canonum acrius arguendos (*conc. Hispal.* II, c. 4); de conjurationibus [*al.*, conspirationibus] etiam, et conspiratoribus, de perjuris, de ebriosis, et qui in tabernis bibunt, et qui usuris inserviunt, si legaliter synodarem; quem ex vobis indemnatum relinquerem? Si perjuris saltem poenitentiam legibus indictam ipse dicerem, quem de vobis missam celebrare permitterem? Si multinubos a clericatu repellerem, quem nisi puerulos in Ecclesia relinquerem? Si manzeres (1058) abjicerem quem, ex eisdem puerulis stare in choro permitterem? *Expectavi*, inquit, *ut faceres judicium, et ecce iniquitas, et justitiam, et ecce clamor* (*Isai.* v, 7). Quis clamor? Pessima fama, malum exemplum. *Clamor*, inquit, *Sodomorum venit ad me* (*Gen.* XVIII, 28). Breviter [*ms. Frising.*, Perbreviter] dixerim: causa perditionis totius mihi populi commissi, commanentes (1059) illi sunt clerici. Quem enim laicorum de adulterio convenire ausus fuissem in synodo (1040), quem de perjurio, quem de quovis flagitio, clericorum frustratus judicio? Quis enim ille esset, cui non continuo ille, etsi labiis non auderet, corde diceret: *Hypocrita*, id est pseudoclerice, *ejice primum trabem de oculo tuo, et tunc prospicies, ut educas festucam de oculo meo* (*Matth.* VII, 5).

6. De talibus igitur cum (1041) nulla penes nos 445 omnino sit quaestio; unde synodus agi debe-

---

ereptus et reductus traditur, fuit Juditha Henrici II, ducis Bajoariae, et Marchionis Veronae mater. Vide *Qualitatis conjecturam* not. 1054. Mox *conjectari* scripsimus auctoritate laudati codicis, ubi in vulgatis erat *conjecturari*.

(1054) *Sicut ante*, id est tempore Milonis comitis, de quo vide part. 1 *De contemptu canonum* num. 1, ubi jam inde ab ejusdem comitis tempore ante secundam suam expulsionem nihil sibi a clericis rebellibus relictum tradit *praeter chrismatis confectionem et chrismandi quidlibet potestatem*. Hanc formulam ibidem explicavimus in not. Quod autem hic additur *cum subscriptionibus*, num indicat aliqua documenta ex gr. in consecrationibus, ordinationibus, aliisque chrismatis usibus tradita, quibus episcopus subscriberet?

(1055) Adjecimus *cum ex saepe laudato codice*; ejusdemque subsidio mox *inibi* emendavimus, ubi erat *mihi*, et *sim* ubi erat *sum*.

(1056) *Beneficium militare* dicebatur fundus usufructuario jure concessus, quem qui recipiebat, militare, aut milites, cum opus esset, suppeditare debebat. Ratherius aliquot fundis, qui episcopalis juris erant, in militarium beneficiorum formam decem cathedralis ecclesiae clericos, quos alloquitur, donaverat. Ex sua autem *paupertatula* inquit; quia plura Veronensis episcopatus bona jam distracta et occupata fuerant, ut in *Qualitatis conjectura* conquestus est num. 15. Addit *et hoc gratis*; quia beneficia ejusmodi nonnunquam aliquo munere recepto concedebantur.

(1057) Construe: *Quid agendum a nobis de synodo nuverrime acta?* In Quadragesima scilicet hujus anni 966 synodum habuit, ex qua *Synodicam* edidit.

(1058) Ratherius in *Confessione* num. 5 ex Deuteronomio c. XXIII, v. 2, *Manzeres*, inquit, *id est ex scorto natus*, seu spurius.

(1059) *Commanentes*, illi scilicet clerici, qui una cum populo seu laicis manent.

(1040) Synodum hoc loco vocare videtur illam, quae in visitationibus ecclesiarum cogebatur, ubi de laicis inquisitio fiebat. Vide not. in epist. 5 ad Joannem XII, in qua *synodi* nomen hoc sensu accipitur. Neque enim de synodo dioecesana, qualem Ratherius in hujus anni Quadragesima celebravit, et de qua agitur numero sequenti, id intelligi potest, cum in eam non convocentur laici, nec de laicis inquisitio fiat, ut in synodis visitationum occasione coactis accidit. Inquisitio de clericis fiebat in capitulis visitationum, de quibus in eadem notatione diximus, necnon in synodo dioecesana, in quam soli clerici conveniunt, ut numero sequenti patebit. Solum in ejusmodi synodis constitutiones quandoque feruntur pro laicorum regimine, ut ne tamen hi, etsi alicujus criminis rei, ibidem conveniantur.

(1041) Haec ex sequentibus sic explicari queunt. Cum de talibus criminibus et criminosis nulla penes nos debeat esse quaestio, seu inquisitio; unde synodus agi deberet? Exemplum porro subjicit ex dioecesana synodo, quam in praecedenti Quadragesima habuit, ubi de solis psalmis et aliis ejusmodi levioribus ab eo cujus intererat inquirere quaestio facta fuit, *nil amplius quod emendaretur invento.* De aliis scilicet gravioribus, quibus plerique erant impliciti, inquiri nolebant.

ret, unde, unde rogo, concilium? Recolitis namque, cognosco, me præcepisse (1042), ut duobus diebus archipresbyter et archidiaconus, me absente, adventantes cum ordinariis omnibus pariter residentibus discuterent, die tertia emendanda mihi omnia recitarent. Factum est. Residens interrogavi quid actum fuisset. Respondit cujus intererat, vos inquisisse (1043) de psalmis; et hujusmodi, et, Deo gratias, non malum adeo invenisse. Quid haberem ergo de tot sanctis, nisi Deo gratias dicere? Psalmos non male adeo scirent, immunes a cæteris culpis existerent; unde, quæso, synodus agi deberet? Deceptionem igitur animarum hoc esse intelligens maximam, unum in corde dixi, aliud labiis protuli. Corde enim mihi ipsi sum ita conquestus : Quis tu hic, aut quasi quis hic? Labiis vero ita dicenti respondi : Si de psalmis, et non de alio in isto concilio debet esse conquæstio, me primum ad examen producite [al. perducite]; convinci nam possum, me illos non ut competeret scire. Unde igitur synodus ageretur, nil amplius quod emendaretur invento? Sciscitatus itaque de fide illorum, inveni plurimos neque ipsum sapere symbolum, quod fuisse 456 creditur apo-stolorum. Hac occasione synodicam scribere omnibus presbyteris sum compulsus, in qua continetur primitus ita suasum. « Moneo igitur paternaliter, et præcipio pastoraliter, ut dicentis Apostoli reminiscentes, quia *sine fide impossibile est placere Deo* (*Hebr.* xi, 6), hoc est sine credulitate, quæ nobis per apostolos, eorumque successores est tradita; et, quia *justus ex fide, id est credulitate sua, vivit* (*Rom.* i, 17); et, *Quidquid sine fide, hoc est sine credulitate Dei est, peccatum est* (*Jac.* ii, 17); *fides* autem, id est credulitas Dei, *si non habet opera* bona, *mortua est in semetipsa* : ipsam fidem, id est credulitatem Dei trifarie (1044) parare memoriter festinetis, hoc est [subaudi illam] secundum symbolum, id est collationem apostolorum, sicut in psalteriis correctis invenitur, et illam quæ ad missam canitur, et illam S. Athanasii, quæ ita incipit : *Quicunque vult salvus esse.* Quicunque vult ergo sacerdos in nostra parochia esse, aut fieri, aut permanere, illas tres memoriter nobis recitet, cum proxime a nobis huc vocatus fuerit. »

7. Istas (1045) cum et mediante Quadragesima illis scribendas atque memoriæ mandandas dedis-

---

(1042) Hæc referuntur ad synodum diœcesanam habitam in præcedenti Quadragesima anni 966. Animadversionem meretur ritus, quo ejusmodi synodus celebrabatur. Similis etiam ritus servabatur in synodis, quæ occasione vis tationum in singulis parochiis ruralibus cogebantur. De his enim sic habet canon concilii Rothomagensis a Reginone nobis conservatus lib. ii De eccles. Discipl. c. 1 : *Cum episcopus suam diœcesim circuit, archidiaconus, vel archipresbyter eum præire debet uno aut duobus diebus per parochias, quas visitaturus est; et plebe convocata annuntiare debet proprii pastoris adventum, et ut omnes ad ejus synodum die denominata imprætermisse occurrant*. . . . *Deinde adscitis secum presbyteris, qui illo in loco servitium debent exhibere episcopo, quidquid de minoribus et levioribus causis corrigere potest, emendare satagat, ut pontifex veniens nequaquam in facilioribus negotiis fatigetur*, etc. Non absimiliter, cum cogenda erat synodus diœcesana, biduo ante archipresbyter et archidiaconus una cum ordinariis, id est canonicis ecclesiæ cathedralis, pariter residentibus eos, qui ex titulis urbis ac ex plebibus ruralibus vocati erant ad synodum, discutere debebant, ut si quæ essent emendanda diligenter inquirerent, et die tertia, qua episcopus synodo præerat, ipsi corrigenda referrent. *Ordinarii* autem ita dicebantur canonici cathedralis Veronensis, uti eadem appellatione nuncupabantur canonici Argentinensis cathedralis, et Mediolanensis hoc quoque tempore *ordinarii* vocantur. De Argentinensibus, seu Strasburgensibus fidem facit Reginonis continuator ad annum 925, ubi Benonem Vilgero Metensi episcopo suffectum tradit *ex ordinariis Strasburgensibus*. Mediolanenses porro etiam antiquis temporibus *ordinarios* nominatos probant antiqua documenta apud Puricellum et Ughellium. Ne quis vero hæc exempla ex aliis Ecclesiis quæsita minimi faciat, præsto est insigne documentum nostræ Veronensis Ecclesiæ a Marchione Joan. Jacobo de Dionysiis canonico nuperrime vulgatum in Collectione diplomatum num. 31 pag. 148, scriptum anno 973. In hoc enim eodem plane modo legitur : *Archipresbyter, archidiaconus et cæteri ordinarii :* et similiter pluries *ordinarii* in eodem documento appellantur et intelliguntur canonici. Hinc cum Ratherius in epist. 12 ad Ambrosium

num. 2 ait : *Quemdam diaconum . . . . contra spem quoque ordinarium feci*, innuit se eum ad canonicatum cathedralis promovisse. Hos autem canonicos, quos hic *ordinarios* vocat, mox *cardinales* nominat : utroque enim titulo donati leguntur etiam canonici cathedralis Mediolanensis apud Landulfum juniorem in Hist. Mediol. c. 22 tom. V Rerum Italic. pag. 492, ubi hæc profertur epistolæ eorum inscriptio : *Ordinarii cardinales sanctæ Mediolanensis Ecclesiæ.* Beroldus quoque in *ordine Ecclesiæ Mediolanensis* edito tom. IV Antiq. Italic. Muratorii pag. 861 et seqq., eosdem canonicos Mediolanenses nunc *ordinarios*, nunc *cardinales* appellat. Notatu pariter dignum est, archipresbyterum, qui ante archidiaconum ponitur, hoc tempore primam dignitatem fuisse in nostra cathedrali ecclesia; cum initio sæculi præcedentis Pacificus et Audo archidiaconi primas tenerent, ut in aliis quoque ecclesiis fere obtinebat. Hinc in recitato canone Rothomagensi archidiaconus archipresbytero præponitur.

(1043) *Vos inquisisse*, inquit; quia præ multitudine convenientium ad synodum tum ex civitate, tum e diœcesi, ut examen citius expediretur, non unus archipresbyter, aut archidiaconus, sed omnes etiam ordinarii inquirendi officium inter se diviserant.

(1044) Ita codex Frising. cum lectione ipsius synodicæ. Vulg., *præparare*. Parare memoriter pro eo quod Italice dicimus *imparare a memoria*.

(1045) Vulg., *Istud cum et mediantem Quadragesimam illis scribenda atque memoriæ mandanda.* Ope codicis Frising. correximus *mediante Quadragesima*, id est media Quadragesima, uti. *Dominica mediana* vocabatur Dominica Quadragesimæ quarta, quæ in mediam Quadragesimam incidebat, indeque tota sequens hebdomada *mediana* dicebatur. Hoc tempore synodus a Ratherio celebrata. Pro *istud* vero *istas*, id est tres fides, quas ante commemoravit, *scribendas atque memoriæ mandandas* sensu exigente emendavimus. Id in synodo præceperat, cum synodicam edidit. Sequentia vero *et inobedientes exstitisse vidissem* ad illud subsequens tempus referuntur, de quo in recitato synodicæ fragmento dixerat : *cum proxime a nobis huc vocatus fuerit.* Vocavit autem, ut videtur, non multo ante quam hoc *Itinerarium* scri-

sem, **447** et inobedientes exstitisse vidissem; dum quid inde canonice agere possem inquirerem, metus illorum quosdam tantus invasit, ut promisso mihi ad iter carpendum auxilio, pollicerentur se deinceps descriptionem beati Athanasii cantaturos, et reliqua inibi [*id est*... in synodica] descripta juxta possibilitatem suam facturos. Ad quod cum titularios omnes (1046), et illos de plebibus paratos, Deo gratias, invenissem; vos cardinales, qui, ut quondam Scribæ et Pharisæi populares, ita istos in perditionem mittitis omnes, ita hinc manere adhuc cerno rebelles, ut eligatis cum inimico ejusdem fidei Ario in æternum damnari, quam hoc publice (1047), ut aliarum ecclesiarum clerici, cantando salubriter vinci.

8. Tali namque me infelicissimum necessitate urgente, non haberem illuc pergere, ubi possem ex hoc consilium aliquod invenire? O chronographia Ratherii pessima (1048)! o veritas eidem perosa! Quam enim optabilius fuisset, ut solus ipse mendax existerem, quam talia de vobis pene omnibus veraciter dicere possem, nec ipse valeo æstimare, qui talia compellor infelix proferre. Clamandum igitur, clamandum, et sine intermissione dicendum: *Converte nos, Deus salutaris noster, et averte iram tuam a nobis* (Psal. LXXXIV, 5). Angustiat nam neque immerito non immemorem sui propensio nimium talis ( conc. Sard. can. 1 ) : *Non minus enim mala consuetudo, quam perniciosa corruptela funditus eradicanda est*, Osio rigidissimo illo in Sardicensi clamante concilio; alibi etiam alio : *Cedat consuetudo auctoritati; pravum usum lex et ratio vincat;* dum contempta penitus auctoritate canonum (1049), con-

beret : ex quo illi metuentes majorem punitionem, multæ loco polliciti sunt se ad Romanum iter, quod Ratherius meditabatur, præstaturos auxilium.

(1046) Tres Veronensium clericorum species distinguit. *Titularii* sunt clerici ecclesiarum civitatis et suburbiorum, quæ in synodo Veronensi anni 995 edita a P. Bernardo de Rubeis in Monumentis Ecclesiæ Aquileiensis col. 484, et a Muratorio tom. V Antiq. Italic. col. 1003, vocantur *tituli. Illi de plebibus* sunt clerici ecclesiarum ruralium, quæ *plebes* appellantur. *Cardinales* tandem sunt canonici ecclesiæ cathedralis, quo vocabulo pariter nominabantur canonici cathedralium Mediolanensis, Aquileiensis, Neapolitanæ, Capuanæ, Lucanæ, et aliarum quamplurium. Vide Cangium V. *Canonici cardinales*, et Muratorium tom. V laudato, dissert. 61. In documento anni 932 edito a Joan. Baptista Biancolino lib. II *Notizie Istoriche delle chiese di Verona* p. 98, cathedralis Veronensis vocatur *ecclesia cardinalis*; canonici autem sic nominantur : *Archipresbyter, archidiaconus, seu et sacerdotes, et diaconi sanctæ cardinalis Veronensis ecclesiæ*.

(1047) Ahyto episcopus Basileensis in Capitulari scripto sub an. circiter 820 apud Acherium tom. I Spicilegii pag. 584, c. 4, præcepit, *ut fides S. Athanasii a sacerdotibus discatur, et ex corde omni die Dominico ad horam primam recitetur*. In antiquo Catalogo abbatum Floriacensium desinente in Theodulfo postea episcopo Aurelianensi, qui sub Ludovico Pio floruit, typis vulgato, tom. I Miscellaneorum Baluzii pag. 492 legitur : *Explanationem edidit* (Theodulfus) *symboli S. Athanasii, quod a monachis post tres regulares psalmos ad primam quotidie legitur*. In

A suetudini prædecessorum **448** vestrorum Deo ipsi similiter, qui eosdem instituisse noscitur canones, rebellium, vos tam obstinate inniti considero, mecum vos [*l*. a vobis] indesinentissime tam pro illis, quam pro vobis, Deo clamandum invenio : *Peccavimus cum patribus nostris, injuste egimus, inquitatatem fecimus* (Judith. VII, 19). Cum Josia quoque rege sanctissimo nobis alterutrum [*id est* clamandum nobis utrinque] : *Ite, consulite Deum super me, et super populum meum, et super omnem Judam* (quem [idem legitur part. II de Contemptu canonum] intelligere possumus confessione Dei insignem catholicam Ecclesiam) *de verbis voluminum istorum*, canonum scilicet et decretorum, quæ continentur in archivis ecclesiarum : *Magna enim*, ait ille, *ira*

B *Domini succensa est contra nos; quia non audierunt patres nostri verba librorum istorum, ut facerent omne quod scriptum est in eis* (IV Reg. XXII, 13). Ut Patres intelligas non solum ecclesiarum pontifices, sed et illarum majores; quatenus ille saltem cuilibet nostrum responderet dignaretur : *Hæc dicit Dominus Deus Israel : Pro eo quod audisti verba voluminis, et perterritum est cor tuum, et humiliatus es coram Domino, auditis sermonibus contra locum istum, et habitatores ejus : quod videlicet fierent in stuporem et maledictum, et scidisti vestimenta tua, et flevisti coram me, et ego audivi, dicit Dominus. Idcirco colligam te ad patres tuos, et colligeris ad sepulcrum tuum in pace, ut non videant oculi tui omnia mala, quæ inducturus sum super locum istum* (Ibid., 18-20).

C *Circuite*, inquit Dominus alibi, *circuite vias Hierusalem, et aspicite, et considerate, et quærite in plateis ejus, an inveniatis virum facientem judicium, et*

Thesauro anecdot. PP. Martene et Durandi, tom. I pag. 63 capituli S. Martini Turonensis statutum profertur anni 922, quo præscribitur, ut fides S. Athanasii canatur *ad horam primam tam festis diebus, quam e quotidianis*: Hunc ritum inductum primum in Galliis, ut ex his testimoniis Gallicanis liquet, sensim propagatum, et Ratherii ævo a pluribus Ecclesiis receptum fuisse ex Ratheriano præsenti textu cognoscimus. Cum vero is ritus novus esset, Veronenses canonici in eo recipiendo difficiles, idem symbolum publice cantare recusabant, ut etiam traditur part. I *De contemptu canonum* in fine.

(1048) Vulg., *O Chronologia*. Prætulimus lectionem optimi codicis Frisingensis, cum qua concinit D etiam aliud Ratherii opus *Qualitatis conjectura*, in quo num. 2 : *Chronographiam* vocat, *quæ contemporalium sibi contineat vitam*, et in quo non tam se, quam omnes perstringere traditur *inactum deserens neminem*. Forte in eo suorum clericorum mores et vitia descripsit; ac propterea hanc Chronographiam circa vitia versantem *pessimam* appellat. Confer in eamdem *Qualitatis conjecturam*, in not. Ait porro, *O veritas eidem perosa*, propterea quod molestum sibi esset, vera esse illorum vitia, quæ in ea Chronographia descripsit : unde addit, optabilius sibi futurum, *ut solus ipse mendax existerem, quam talia de vobis pene omnibus veraciter dicere possem*.

(1049) Construe : *Dum considero vos, contempta penitus auctoritate canonum, tam obstinate inniti consuetudini prædecessorum vestrorum similiter rebellium Deo ipsi, qui noscitur instituisse canones eosdem; invenio a vobis indesinentissime clamandum Deo mecum tam pro illis, quam pro vobis : Peccavimus*, etc.

quærentem fidem; et propitius ero eis. Quod si etiam, Vivit Dominus, dixerint, et hoc falso jurabunt. Domine, oculi tui respiciunt fidem; percussisti eos et non doluerunt (1050); attrivisti eos, et renuerunt accipere disciplinam; induraverunt facies suas supra petram, et noluerunt reverti. Ego autem dixi: Forsitan pauperes sunt et stulti, ignorantes viam Domini, et judicium Dei sui. Ibo igitur ad optimates, et loquar eis: ipsi enim cognoverunt viam Domini, et judicium Dei sui: et ecce magis hi simul confregerunt jugum, ruperunt vincula. Idcirco percussit eos leo de silva, lupus ad vesperam vastavit eos (Jer. I, 4-6). Leo scilicet rugiens quærendo quem devoret, id est diabolus (1 Petr. v, 8); lupus et isdem, qui ob negligentiam mercenariorum pastorum vocabulo, non jure possidentium, sed illegaliter usurpantium, rapit et dispergit oves (Joan. x, 12); non solum per se, sed et per membra sibi cooperantia, sua vineamque Domini Sabaoth a primore vastantia.

9. Et heu, quam non disconveniunt miseris talia nobis! Nos enim ipsi sumus æstimatione, quamvis non re, optimates: nos, inquam, quos, relictis pauperibus legisque Dei penitus ignaris, alloquitur sermo Dominicus; nos legendo viam Dei cognoscimus, quam pergere declinamus; nos judicium Dei nostri, sed nos magis contemnendo, jugum ipsius suave, sed volentibus, et onus leve, non dedignantibus (1051) attamen ferre, quasi confregimus illud; rupimus vincula legis canonicæ nihil de illa curando. Idcirco verendum ne pejora nobis contingant, quam illis, de quibus hæc tunc præsentialiter dicebantur, utpote qui non solum illos, qui tunc loquebantur, sed ipsum contemnimus, qui non tantum per ipsos, eorumque sequaces, sed et per seipsum nunc nobis loquitur, Deum. Pejor autem multum est leo animas devorans, quam leo pecora lanians; lupus interimens spiritaliter homines, quam lupus devorans corporaliter oves. Maxime si hoc nobis contingat ad vesperam, hoc est, quando præsentem terminabimus vitam. Cujus periculi metu iter compellor arripere istud, aliorum quæsiturus consilium, quia in me non invenio ullum.

10. Cruciant me nam non parum, fateor, ista quærentem, istis utrumnam contemptis restet salutis alia, quod neque suspicor, via. Si enim quod canonicum est catholica defendit Ecclesia; catholi-

cum se usurpative, reor, pronuntiat, qui canonibus sanctis præsumptive repugnat (Conc. Nic. c. 9). Fidem autem, ut cantamus, catholicam nisi quisque integram, inviolatamque servaverit, absque dubio in æternum peribit (Symbolum S. Athanasii). O autem confessio (1052) firma, quod catholicus non sit qui legem canonicam respuit, quodque vitam æternam consequi nemo nisi catholicus possit. Quod cum ita innutanter atque certissime constet, quid cogitare, quid possumus æstimare de illo tam publico canonicæ legis, qui inter nos versatur, contemptu, quo non solum illa, quæ tam severiter sunt prohibita ministris ecclesiæ de cohabitatione mulierum in Nicæno sancita concilio (Conc. Nic. c. 3); et illud quod alibi tam austere feritur (1053), ut supra habetur; in Neocæsariensi quoque non levius tale quid continetur concilio: Presbyter si confessus fuerit, quod ante ordinationem corporali peccato deliquerit, oblata non consecret, manens in reliquis officiis propter studium bonum (can. 9). Quæ utique in se recognita quemlibet in desperationis voraginem poterant mergere, nisi fuisset prædictum (1054): Nescit homo utrum odio an amore dignus sit; sed omnia in futurum servantur incerta (Eccles. IX, 1-2). Si enim qui ante ordinationem corporaliter se peccasse confitetur, tam austere feritur; quid de eo qui post ordinationem mœchatus millies fuisse cognoscitur? De quibus (1055) utique quidam, licet perrari, dum videantur immunes; de levioribus quasi et usualiter adeo usurpatis, ut neque jam trahantur in culpam, quid dicendum, quid cogitandum, ut sunt verbi gratia ista: Episcopus, presbyter, aut diaconus, qui in seditione aliqua arma sumpserit, ab omni cœtu Christianorum deponatur (Conc. Tolet. IV, can. 45); et: Episcopus, presbyter et diaconus, aleæ et ebrietati deserviens, aut desinat, aut deponatur (can. Apost. 42), et alia hujusmodi innumera, quæ non levius quam cohabitatio mulierum et fornicatio vel adulterium, incestuositas naturæ ipsi quoque adversa, canonica feriuntur machæra.

11. His igitur superbe neglectis, catholicus qualiter quis nedum appellari, saltem valeat non video æstimari; cum, ut supra protuli, in Nicæno dictum legatur concilio: Quod canonicum est, catholica defendit Ecclesia (1056). Quamvis enim (dicente Domino: Dimitte mortuos sepelire mortuos suos (Matth. numeri legitur, canonica feriuntur machæra.

(1050) Editi *indoluerunt*. Melius in ms. Frising. concinente vulgati interpretis lectione.

(1051) Vulg., *dignantibus*, pro quo meliorem manuscripti Frisingensis lectionem prætulimus. Construe vero: *Nos legendo cognoscimus viam Dei, quam declinamus pergere; nos contemnendo judicium Dei nostri, sed contemnendo magis nos, contemnendo jugum ipsius suave, sed volentibus, et onus leve, attamen non dedignantibus ferre, quasi confregimus illud, et rupimus,* etc.

(1052) Ita novissimus Spicilegii editor emendavit pro eo, quod Acherii codex Laudunensis, et noster Frisingensis habent *concessio*.

(1053) Vulg., cum nostro codice *fertur*, perperam. Correximus *feritur*, id est plectitur, punitur, sic exigente contextu et sensu, sicut in fine hujus

(1054) Ita cod. Frising. In vulg., male *emergere*. Dein laudatus codex pro *prædictum* habet *prædicatum*.

(1055) Construe et explica: *De quibus gravioribus utique vitiis dum quidam licet perrari videantur immunes: quid dicendum, quid cogitandum de aliis quasi levioribus et adeo usualiter usurpatis, ut neque jam trahantur in culpam, ut sunt verbi gratia, ista,* etc.

(1056) Hæc sententia *Quod canonicum est, catholica defendit Ecclesia,* paulo aliter legitur canone nono Nicæno his verbis: *Quod irreprehensibile est, catholica defendit Ecclesia:* quam lectionem totidem verbis auctor protulit part. 1 *De Contemptu cano-*

VIII, 22), criminosis sibi consimiles vel defendentibus, vel occulentibus) deponendos legaliter nemo deponat, damnandos non aliquis damnet; **451** non ideo damnationem per Spiritum sanctum illis illatam poterunt evadere, et quos ipse Dominus fures vocat et latrones, pastores ovium ipsius existere (1057). Simoniacum enim quis quid perpetrans, damnationem Simonis non poterit evadere, nec Gieziaca lepra carere, qui quod fecit Giezi, fecerit ipse. *Ut inquiratur,* inquit Dominus (quasi de Judæis solummodo dicens) *sanguis omnium prophetarum, qui effusus est super terram* a generatione ista, *a sanguine Abel justi usque ad sanguinem Zachariæ, filii Barachiæ, quem occidistis inter templum et altare* (*Matth.* XXIII, 35). Cum utique illi, quibus hoc dicebat, neque Abel, neque Zachariam, nec quemlibet prophetarum interfecerint; sed quia eis, qui hoc fecerant, in malitia similes fuerint; et idcirco vindicta consimili plecti debuerint (*Ibid.*, 30, 31). *Colligite,* inquit etiam alibi Dominus quandoque dicendum : *Colligite primum zizania, et alligate in fasciculos ad comburendum* (*Matth.* XIII, 30) : hoc est, pares in scelere in damnatione simili jungite. Si ergo ita est, uti damnatus est Maximus Cynicus (1058), ita damnantur socii in eodem scelere ipsius : uti Photius, ita et imitatores illius; uti Constantinus Romanæ sedis invasor, ita ipsius quilibet imitator : et sicuti eorum irrita ordinatio (1059), ita et istorum neque dissimilis condemnatio. Et heu fidei catholicæ integritas, antiqua sanctitas, et vera quo evasisti Christianitas ! Rogas? Faciamus nam eam respondere quasi præsentem. Præsens est enim, licet præ paucitate nimia lateat. Neque enim adhuc tempus illud præterit, quod ipse Dominus eidem ita loquens imposuit : *Ecce ego vobiscum sum usque ad consummationem sæculi* (*Matth.* VIII, 20).

12. Taceat ergo de se, loquatur de illa falso Christianitate vocata : *A sollicitudinibus,* ait Dominus, *et divitiis, et voluptatibus vitæ euntes suffocantur, et non referunt fructum* (*Luc.* VIII, 14). Quem vero fructum? Quo pascerentur utique in regno cœlorum (1060) : incurrentes pariter Altissimi odium; ita enim testatur Apostolus : *Quicunque,* inquiens, *voluerit amicus esse sæculi hujus, inimicus Dei constituitur* (*Jac.* IV, 4). Quod tamen nisi ea figura prolatum intelligatur, qua per id quod continet, hoc quod continetur monstratur; quamdam quasi ingratitudinem eorum, quæ nobis contulit Deus, suadere monstratur. Si enim sæculum, quod nostri causa fecit Deus, minime diligimus, quasi ingrati conditori atque largitori illius existimus : *Vidit Deus,* inquit Scriptura, *vidit Deus cuncta quæ fecerat, et erant valde bona* (*Gen.* I, 31). Quod igitur **452** Deo ipsi valde bonum est, visum nobis quomodo esse debet invisum? Intelligamus ergo non illud sæculum (1061), quod mundus vocatur, hoc est, cœlum, terram, mare et omnia quæ in eis sunt, vel illas revolutiones temporum, propter quas nostra ista vocatur sæculum vita, odio habere quemvis debere ; sed quod perperam in hoc agitur sæculo, hoc est, superfluitatis primum illorum ambitum, quæ usui nostro istud ministrat sæculum, inde voluptatem, post omnimodam vitiositatem. Quidquid ergo bonum Deo ipsi videtur, ut utile diligamus; quod malum, ut noxium odio habeamus, ut inimicitiam Dei evadere, et inter illos qui vere sunt Christiani, computari quoquomodo valeamus. Quod tamen facere nullo modo possumus, nisi quod canones sancti præcipiunt, faciamus.

13. Sed ut ad me meique revertar consimiles, hoc est, canonibus sanctis usque modo rebelles, qualiter hoc facere valemus, cum omnibus generaliter pœnitentiæ post lapsum sint indulta remedia, nobis vero miserrimis ipse Dominus dicat; quod *si sal,* quod nos esse debuimus, *evanuerit, ad nihil utile sit, neque in sterquilinium* saltem (*Luc.* XIV, 34); quo (1062) pœnitentiam figurari alibi ita habemus : *Domine, dimitte illam et hoc anno, usque dum fodiam circa illam, et mittam stercora* (*Luc.* XIII, 8), id est fœtorem criminum illius ad memoriam ipsius reducens, pœnitentiam agere illam compellam; quæ utique nobis quoque infelicissimis denegatur, cum post pœnitentiam quis nec clericus esse lege canonica sinitur (SIRIC. *epist. ad Himer. n.* 18; INNOC. *epist. ad Maced. n.* 11, *et ep. ad Apulos.*). Quid ergo miseri, quid undique facimus conclusi? Nobis incessanter clamatur : *Quicunque comederit de carne sacrificii, quod est Domini, et immunditia ipsius super*

---

num num. 11. Priorem vero lectionem in hoc opere supra protulit num. 10.

(1057) Construe : *Quamvis enim dicente Domino criminosis, vel defendentibus, vel occulentibus consimiles sibi : Dimitte mortuos sepelire mortuos suos : quamvis, inquam, nemo deponat legaliter deponendos, nec aliquis damnet damnandos; non ideo poterunt* (sic ex ms. Frising. cum apud Acherium *poterit*) *evadere damnationem illatam illis per Spiritum sanctum, nec poterunt existere pastores ovium ipsius Domini, quos ipse vocat fures et latrones.*

(1058) Vide libellum cleri Veronensis nomine inscriptum ad Romanam Ecclesiam, in quo auctor ipsa documenta recitat, quibus Maximus Cynicus, Photius et Constantinus, damnati fuerunt.

(1059) Quid de ordinationibus ejusmodi Ratherius senserit, et cur, videsis in Admonitione præmissa Ratherii decreto, *De clericis ab invasore ordinatis,* num. 1 et 2.

(1060) Vulg., hic addunt *Christianitates.* Melius delevimus ope codicis Frisingensis, ex quo etiam post pauca expunximus *et* ante vocem : *Apostolus.*

(1061) Construe : *Intelligamus ergo quemvis debere odio habere non illud sæculum, quod mundus vocatur, hoc est cœlum, terram, mare et omnia, quæ in eis sunt, vel illas revolutiones temporum, propter quas ista nostra vita vocatur sæculum; sed illud, quod perperam agitur in hoc sæculo, hoc est, primum ambitum superfluitatis illorum, quæ,* etc.

(1062) Acherius cum nostro quoque ms. Frisingensi *quod* . . . . *figurari.* Legendum est vel *quo,* vel *figurare* Primum a novo Spicilegii editore inductum retinuimus.

*ipsum est, peribit anima illa de populo suo* (Lev. VII, 20). Itemque : *Homo sacerdos de semine Aaron qui habuerit maculam, non offeret panes Domino, nec accedet ad ministerium* (1063) *ejus* (Lev. XXI, 17-18). Qualiter igitur miserrimi, qualiter ab illa immunditia lavari, qualiter his valemus maculis ablui, qui post levatricem criminum pœnitentiam nedum sacerdotio fungi, in clericatu saltem non permittimur (1064) linqui? Esto, istud solummodo miseris obstaret immaniter nobis, quid de nobis æstimandum commissis (1065)? Quid de his quæ lavari, mundari et a nobis debuerant benedici, quæ consequenter immunda noster effecit, proh dolor! tactus, Domino dicente : *Quod tetigerit immundus, immundum erit?* (*Num.* XIX, 22.) Si vero pauci fuissemus, quod utinam fuissemus! indignis atque repulsis Dei gratia (1066) qui nobis valerent suffici, inveniri forsitan possent, non tale fuerat periculum. Nunc vero, proh nefas! cum conquerens clamet Dominus, dicens : *Attamen hi simul omnes confregerunt jugum, ruperunt vincula* (Jer. v, 5); quod remedium invenit decepta, quam regere debuimus, Ecclesia; cum omnes nos simul confregisse jugum, vincula rupisse vox conqueratur Dominica? Dicente enim Jacobo : *Confitemini alterutrum peccata, ut salvemini, vestra* (Jac. v, 16) : Neocæsariensi vero continente superius scripto capitulo (1067) : *Presbyter si confessus fuerit, quod ante ordinationem corporali peccato deliquerit, oblata non consecret, manens in reliquis officiis propter studium bonum* (can. 9); quis missam cantet, cum sententia ista pene omnibus *oblata non consecrare* prohibeat (1068)? Et vide quanta hic continetur adversitas. Oblata enim non permitteris consecrare, si te peccasse confiteris; salutem non consequeris, nisi te peccasse confitearis (1069). Quid igitur de vobis faciam, fratres et compresbyteri mei? Si peccata vestra non confitemini, timeo, timeo ne non salvemini : si confitemini, oblata nisi contra vetitum consecratis ; si contra vetitum consecratis, ignem alienum [*f.* æter-num] accenditis. Verendum igitur, ne quorum exemplum tenetis, eorum similitudine pereatis.

14. Desperare itaque vos mecum compellerer, nisi iterum lectum sæpius recordarer : *nescit homo utrum odio an amore sit dignus* (Eccle. IX, 1). Quis enim novit, si cui nostrum sit concessum antea converti, quam mori? Felices enim hac lege depositi, felices expulsi, felices suis rebus spoliati, et episcopatu (1070) viduati; si tamen eis aliquid huic eveniat simile quod Scotigenis duobus audivimus evenisse. Quidam enim potentior super impotentiorem insiliens, sede illum propria pepulit, eique præsedit. Erat illic (1071) quidam pauper omnibus membris contractus, abeuntemque ita est allocutus : Cui me deseris pater? Deo, inquit. Esne unquam reversurus? Non, nisi tu me reduxeris, inquit. Secessit igitur sepulcrum adiens Domini. Interjecto tandem tempore, tanta lues totam, unde sanctus vir ille fuerat pulsus, invasit provinciam, ut vix usque ad decimam hominum pervenerit. Sciscitatus jejuniorum (1072), litaniarum, et eleemosynarum instantia, respondit modo quo ei placuit Dominus, ejusque invasoris confessione monstravit, stragem illam hominum illius scelere contigisse. Reatus igitur sui consideratione permotus, relicto quem invaserat episcopatu (1073), abscessit, insulamque quamdam, pœnitentiam fine tenus acturus, introivit. Solitarius quidem manere voluerat, sed vicinorum benevolentia hunc sæpius visitabat, cum repente incolis deficientibus, maxima invasit patriam fames, quæ compulit liberalitatem illum sanctum virum alentium aliquantulum repigrari. Trieris (1074) magna in littore casu restiterat. Eam ingressi, quos educabat, pueruli fame cogente, post ludum quemcunque obdormierunt. Remigio itaque angelico illis dormientibus ad aliud littus patriæ perignotæ venitur. Cui rex ejusdem patriæ circum equitans, præstolatus cum admiratione maxima navim sine hominibus rectissime adventantem, puerulos solum in ea reperit dormientes. Expergefactos unde essent, interrogat. Ut

---

(1063) Acherius *ad ministrum*. Correctionem novi editoris Spicilegii approbant noster codex Frising. et vulgatus interpres.

(1064) Vulg., *non permittamur*. Melior laudati codicis lectio.

(1065) Construe : *Quid æstimandum de commissis nobis?* id est de iis qui commissi sunt nobis.

(1066) Codex Frising. pro *Dei gratia* habet *digno*, forsitan *digne*, et melius. Construe vero : *quod utinam fuissemus*, scilicet pauci, *forsitan possent inveniri, qui Dei gratia* (aut *digne*) *valerent suffici nobis indignis, atque repulsis?* Mox pro *nunc* Acherii editio habebat *num*, forte typographorum errore, quem novissimus editor emendavit, emendationemque codex noster confirmat.

(1067) Ope ejusdem codicis expunximus *est*, quod post vocem *capitulo* in vulgatis perperam legebatur. Post pauca Acherius, *quis mensam cantat?* Emendationem novæ editionis recepimus. *Missam* habet etiam codex Frisingensis.

(1068) *Prohibeat* scilicet, cum ait : *Oblata non consecret.*

(1069) Ita ms. Frising. In vulg. vero, cum non legeretur *nisi*, sed *si*, suppletum fuit *non sic* : *Si te peccasse* (non) *confitearis*. Post nonnulla *timeo, timeo* bis expressimus cum eodem codice, ex quo etiam edidimus *oblata nisi contra vetitum*, ubi forte legendum *non nisi*, ut Mabillonius recte monuit in Ratherii elogio num. 21, tom. VII Act. sanctorum ord. Bened. pag. 481.

(1070) Vulg., *episcopiis*, lectio codicis Frising. magis placuit.

(1071) Mss. cum vulgatis *illi*. Correctionem facilem sensus præbuit. Mox *abeuntemque* ex ms. Frising. prætulimus lectioni vulgatæ *abeuntem, qui*; et dein *reduxeris inquit*, pro *reduxeris, infit*.

(1072) Sic idem codex Frising. Vulgati *suscitatus*. Construe autem : *Sciscitatus Dominus instantia jejuniorum, litaniarum, et eleemosynarum, respondit modo, quo ei placuit*, etc.

(1073) Ob relativum *quem* cum ms. Frising. emendavimus *episcopatu*, ubi vulg. *episcopio*. Idem vero codex ignorat voces *relicto quem invaserat*. Mox ex eodem ms. *introivit*, editi *introiit*.

(1074) Codex laudatus *Triremis*; et dein *illis obdormientibus ad aliud littus patriæ prope ignotæ.*

scivit (1075) ergo illa ætas, cum de fame, quam vir Domini patiebatur, ab eis fuisset edoctus, eis primum cibo refectis, cumbam (1076) frumento onerari præcepit : sicque puerulis intus remissis, et statim somno nutu Dei correptis, ad aliam ripam nemine remigante [subauditur cumba] perducitur, et Dei famulus cum tota insula ab inediæ periculo liberatur. (1077) Populus præterea pastore frustratus suum cœpit requirere ; sed quo abiisset nullum contigerat nosse. Quærentibus consilium affuit qui diceret, se audisse illum dicentem, quod nunquam reverteretur, nisi eum ille clinicus (1078), reduxisset. Inito itaque iter se consilio, clementia sui confisi pontificis, præceperunt in nomine 455 Domini ut surgeret, et post eum quantocius festinaret. Mirum dictu! surrexit, perrexit, Hierosolymis eum invenit, reduxit, receptus est, et in sede propria relocatus.

15. Æstimet qui valet expulsoris et expulsi quæ potiora fuerint merita. Ille pœnitentia sua angelos ad sibi auxiliandum, imo, loquar ut ita, famulandum coegit (1079). Iste paralyticum medium fecit transcurrere mundum. Sed cum tantum valeat pœnitentiæ perfectio ; mirum quod clericatum, forsitan ut iste effectus fuerat, sancto decretum interdicat canonicum, cum nemo dignius fieri clericus possit videri, quam is cui per pœnitentiam sanctum (1080) contigerit fieri. Cui tale igitur aliquid, vel quiddam aliud ad vindictam tanti pertinens sceleris evenit, aut sponte sua ipse suorum est ultor facinorum, de eo nil post ejus dubito finem. Cui vero nihil in hoc sæculo incommodi contigisse considero, sentiat alter de illo quod valet : ego sententiæ illi performidolosæ innixus, qua de talibus dicitur : *Ducunt in bonis dies suos, et in puncto ad inferna descendunt* (*Job* xxi, 13), illud Joannis apostoli convenire formido : *Est peccatum ad mortem*, subaudi, usque perdurans, *non pro eo dico, ut quis roget* (*I Joan*. v, 16). Quare? Quia, ut beatus exponit Gregorius : *Jumenta in stercore suo computrescere est, carnales quosque in fœtore luxuriæ vitam finire* (l. xxiv *Moral*., c. 16) : quod et de cæteris nil obstat sentiri sceleribus, quia dicente Domino, quod *qui perseveraverit in bono, hic salvus erit* (*Matth*. xxiv, 13) ; ita econtra qui perseverat in malis, absque dubio perditus erit. Et miserum me! quomodo potest esse non perditus, de quo clamat Apostolus : *Hoc autem scitote, intelligentes, quod omnis fornicator, aut immundus, aut avarus, quod est idolorum servitus, non habet hæreditatem in regno Christi et Dei* (*Ephes*. v, 5). Væ ergo, væ miseris nobis, qui enim alii in ista sunt multitudine (1081), nisi, proh dolor! hujusmodi? Liquet enim quod omnis coitus illegalis aut fornicatio, aut adulterium sit. Lex autem nulla altaris ministris indulget conjugia ; fornicatores vero isti immundi, vel avari, nulli sunt alii, nisi quibus evenit in iisdem flagitiis mori. Domino misericorditer promittente : *Quacunque hora peccator conversus fuerit et ingemuerit, salvus erit* (*Ezech*. xviii, 21) : ecce consilium, ecce remedium 456 vestrum. Utinam tam facile existeret nostrum. De nobis enim Ezechielem prophetam quasi requirendo Dominus alloquitur, dicens : *Fili hominis, quid fiet de ligno vitis* (*Ezech*. xv, 2)? etc : quibus nil terribilius æstimare valet, qui, quod Gregorius indesinenter (1082) sentiat, novit. Quid igitur faciemus?

16. Oratiunculam quamdam in Psalteriis inveni quibusdam, quam si quotidie Domino funderemus, et cooperando impetrare, ut exaudiri mereremur pro viribus studeremus, profuisse nobis aliquid fideremus. Est autem hujusmodi : *Salva nos omnipotens Deus, et per merita et intercessionem sanctæ Dei genitricis Mariæ, omniumque sanctorum esto nobis propitius et clemens ; concessaque venia præteritorum, da nobis deinceps velle, posse, et perficere quæ tibi placent, et nobis expediunt. Da nobis in tribulatione solatium, in persecutione auxilium, in omni tentatione virtutem. Da nobis de præteritis veniam, de præsentibus quoque malis emendationem ; atque de futuris largiri nobis dignare custodiam. Per*, etc. Sed quid iterum agimus, fratres? Ecce nam contrarietas maxima rursum. Clamatur enim nobis : *Qui avertit aurem suam, ne audiat legem, oratio ejus erit exsecrabilis.* (*Prov*. xxviii, 9). Quanta autem hic sit inter nos hinc paret aversio (1083) legis, ut cum exprobrando

---

(1075) Vulg. *Ut sivit*, mendose. Construe : *Cum ergo edoctus fuisset ab eis, ut ætas illa scivit edocere, de fame, quam vir Domini patiebatur*, etc.

(1076) Editi perperam *cubam*. *Cumbam* ex. ms. Frising. recte scripsimus : *cumba* enim idem est ac *cymba*, seu illa, quam antea *triremem* vocavit. Vide Cangium V. *Cumba*.

(1077) Septem voces sequentes historiæ necessarias, quæ in vulgatis deerant, ex eodem ms. inseruimus.

(1078) *Clinicus*, ille scilicet pauper, quem antea *omnibus membris contractum*, et postea *paralyticum* vocat. Clinicus enim e Græco κλίνη *lectus*, ille dicitur, qui ex quavis ægritudine, ex gr. paralysi, aut contractione membrorum in lecto detinetur. Vide exempla apud Cangium. Dein voces *post eum* desunt in cod. Frising.

(1079) Vulg., male *coegerunt*. Post pauca Acherius cum nostro quoque codice *sancto decreto interdicat canonico*. Correctionem novi editoris Spicilegii Acheriani contextui et sensui necessariam libenter recepimus. Construe autem : *Mirum quod decretum canonicum interdicat clericatum sancto, ut iste forsitan effectus fuerat, cum nemo videri possit dignius fieri clericus quam is cui contigerit fieri sanctum per pœnitentiam*.

(1080) Ita cod. Frising. Male in vulg. *sanctam*. Dein idem codex *ad vindictam tantam pertinens sceleris*. Tantum autem scelus invasionem episcopatus vocat.

(1081) Explica : Qui enim sunt in ista hominum multitudine, nisi homines, proh dolor! hujusmodi nempe fornicatores, immundi, avari. Perraro enim bonos esse sæpe monuit.

(1082) Ms. Frising. pro *indesinenter* habet *inde sentiat* ; et dein *videremus* pro *fideremus*.

(1083) Vulg. *adversio* et mox *exprobrando* ; omittunt autem *dixerit*. Codicis Frisingensis emendationem et supplementum recepimus.

quondam Dominus dixerit : *Et erit sicut populus, sic sacerdos*; nunc pejores multum sint sacerdotes nostri, proh dolor ! quam populares (1084).

17. Tanta ergo interceptus consilii difficultate, consultores coactus requirere, nusquam dum nullum inveniam, pergere, ut dixi, satago Romam. Prosperet Dei pietas intentionem in hoc misericorditer meam. Plurimos vero vestrum compererim dum inde lætari, quasi non debeam isthuc unquam reverti;

(1084) *Populares*, id est laici. Populares enim hic opponuntur sacerdotibus et clericis : unde invaluit *clerus et populus*.

A monere vos necessarium duco, ut mihi et vobis communem hanc noveritis fore omnimodis sortem, videlicet, ut si isthic præfinitum mihi est mori, non possim illic omnino defungi. Si vos illic vero debetis tempus concessum finire, hic nullo modo terminum vitæ possitis habere. Cujuscunque modi erga me vero animi sitis, commendo vos custodiæ divinæ, discendi (1085) amore coactus hinc abiens, pietatis.

(1085) Construe : *Abiens hinc coactus amore discendi, commendo vos custodiæ pietatis divinæ*.

## 457 OTTONIS I IMPERATORIS
### (1086) PRIVILEGIUM
*Ratherio episcopo et Veronensi Ecclesiæ concessum.*

In nomine sanctæ et individuæ Trinitatis Hотнo divina favente clementia imperator Augustus.

Noverit omnium fidelium nostrorum tam præsentium scilicet quam futurorum industria, interventu (1087) charissimi filii et equinomi nostri, concessisse nos Ecclesiæ Veronensi, cui clementia nostra imperiali, auctore Deo, Ratherius episcopus præsidere dignoscitur, ob amorem Dei et sanctæ Dei Genitricis sanctique Zenonis quidquid residuum est (1088) de eo, quod (1089) antecessores nostri antecessoribus ipsius ad portas duas civitatis pertinens contulerunt, unam scilicet quæ dicitur sancti Zenonis, alteram, quæ nomine sancti Firmi vocatur, cum teloneo de plaustris, et omni nobis ex eis debito redditu. Concedimus etiam, imo reddimus ei mercatum in festivitate S. Zenonis, vel in ramis palmarum, sicut antecessores nostri eidem Ecclesiæ concessisse narrantur. Concedimus etiam ei duas portiones de ripatico (1090), et ipsum ex integro ri-

(1086) Istud privilegium primus edidit Ughellius tom. V Italiæ sacræ, col. 738, nunc autem integrum et emendatius proferetur ad normam originalis, quod in Archivo Capituli cathedralis Veronensis Ecclesiæ custoditum, exacte transcriptum nobis exhibuit Bartholomæus Campagnola ejusdem Capituli olim cancellarius, nunc archipresbyter S. Cæciliæ.

(1087) Indicatur interventus Ottonis filii, qui in Italiam veniens, paucos ante dies a patre Veronæ exceptus fuit.

(1088) Voces *quidquid residuum est* indicant alios aliquot redditus, qui ex duabus hic memoratis portis provenientes ad Ecclesiam Veronensem antea pertinebant, ab ea fuisse distractos, sicut alia multa distracta Ratherius in *Qualitatis conjectura* conqueritur.

(1089) Hinc elucet antiquitas telonei portarum civitatis episcopio concessi, cujus adhuc quædam reliquiæ eidem episcopatui obvenientes supersunt.

(1090) Ripaticum tributum est, quod ex ripis percipitur. Nota antiquam originem hujus ripatici, quod vel hodie episcopatui solvitur.

(1091) Portus scilicet, qui nunc una cum Leniaco unum oppidum conficit. De juribus, quæ episco-

paticum in castello, quod vocatur Portus (1091) : quidquid etiam antecessores nostri usque ad nostra tempora eidem Ecclesiæ contulerunt, et per præcepta firmaverunt, totum concedimus, atque isto præcepto firmamus. Omnem quoque publicam functionem a castellis ipsius, quæ nunc sunt, et in perpetuum ad eamdem Ecclesiam pertinentia erunt, ita (1092) abscindimus ac removemus, ut nec comes, nec vicecomes, neque sculdascio potestatem ullam in eis manendi, vel aliquem habeant distringendi ; sed omnes in eis commanentes ita sub potestatem vel istius, vel illius, qui per successiones temporum jam dictæ Ecclesiæ præfuerint, maneant, ut nusquam eos distringere aliqua nostro subjecta licentiam habeat potestas ; sed si quid perperam vel a massariis (1093), vel a castellanis, vel a plectitiis, vel incensitis, vel a commolatis, vel clericis, vel famulis ipsius fuerit actum, aut ab ipso, aut (1094) ministeriali ipsius sit juste et legapatus habebat in Portu, quid evenerit, vide documentum anni 1217 apud Ughellium tom. V, col. 822 et seqq.

(1092) Ex hoc loco manifestum est omnimodam jurisdictionem, et a gubernatoribus Veronensis civitatis independentem episcopatui fuisse concessam in omnia castella, seu pagos et vicos ad eum pertinentes : ex qua similis jurisdictionis in loca, quæ nunc ab eodem episcopatu possidentur, originem dimanare cognoscimus.

(1093) *Massarii* dicebantur qui prædia *massaritiæ* appellata colebant, quique adhuc in quibusdam locis nobis finitimis vulgo *massari* vocantur. *Castellani*, id est castellorum incolæ. De *plectitiis* dicemus not. in *Judicatum*. *Incensiti*, id est rustici censui obnoxii, uti probat Cangius. Porro *commodum pro stipendio*, seu salario acceptum idem Cangius ostendit. Itaque *commodati* erant homines stipendio conducti.

(1094) *Ministeriales* vocabantur minores officiales regum, ducum, comitum, et dominorum feudalium, seu villarum præfecti, quorum erat dominorum subditis jus dicere, eorumdemque dominorum jura procurare.

liter emendatum. In suis præterea aquis nemo præsumat piscari, nisi antiquitus licentia fuerit. Et quia ipse (1095) egenus et advena, et omni carens nisi Dei et nostri auxilio, multa jam est perpessus incommoda ; hoc juvandi ingenio eum volumus levare, ut præter id quod est, ut cæteri, in regno noster episcopus, sit etiam (1096) mundeburde nostro tam speciali prærogativa protectus, ut si quis eum amplius, ut usque nunc, præsumpserit inquietare, aut (1097) rebellis existere, vel Deo contradixerit, quod suum ministerium est, exhibere ; si clericus est, omnibus, quæ habet, in potestatem ipsius redactis, de Ecclesia usque ad satisfactionem legitimam atque condignam pellatur ; si servus, quod servorum est subeat, et in potestate ipsius, ut ex debito, maneat : habeantque fideles et amici licentiam absque ullius compositionis timore illum et de istis et de omnibus, quæ illi expediunt, agere [*supple* etc.] pro posse juvare. (1098) Si comes, vicecomes, sculdascio, aut aliqua sæcularis potestas hoc egerit, et de eo, quod ipsius proprium est, se contra voluntatem ipsius infranuiserit, id est ut terram ipsius absque ullius dato tenuerit, aut clericum ipsius, vel famulum in co*r*mendationem, ipso non concedente, receperit, aut aliquid simile illi intulerit, centum libras auri nobis componat ; **460** damnum insuper, quod ei intulit, per legem eidem restauret. Nullum etiam castellanum ipsius a castello illius seducat, et in suum, quia hoc est injustissimum, collocet ; et si fecerit, immunitatis fracturam illi, nobis vero bannum cogatur exsolvere ; idem legaliter passurus, qui de ulla re, quæ ad Ecclesias easdem pertinent [*leg.* ad eamdem Ecclesiam pertinet], ei contradixerit, quod sibi proprium et Deo est placitum, agere; et quod tutor, et defensor, et patrocinator alicujus eorum in tanto scelere præsumpserit esse. (1099) Libellariæ, commutationes, vel precariæ dolosæ, ex quo episcopus est ordinatus, si factæ fuerint aliquæ, volumus atque præcipimus ut rescindantur omnino, et secundum quod Deo placitum est, emendentur : quatenus ab omnibus liber, quæ removere ab eo Christo favente valemus, incommodis, secure Deo valeat deservire, et pro incolumitate nostra, conjugis, prolisque charissimæ finem tenus cuncti valeatis (*supple* divinam) clementiam exorare.

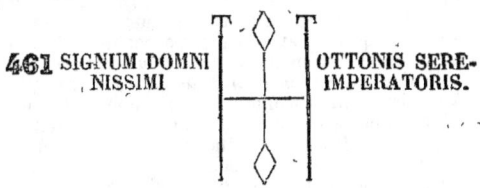

**461** SIGNUM DOMINI NISSIMI — OTTONIS SERENISSIMI IMPERATORIS.

**462** (1100) Ambrosius cancellarius ad vicem Huberti episcopi et archicancellarii recognovi et subscripsi.

Data Nonis Novembris anno Dominicæ Incarnationis 967 ; imperii vero domni Othonis piissimi Cæsaris VI, indict. XI.

Actum (1101) Balsemade feliciter. Amen.

(1095) Ipse Ratherius in *Qualitatis conjectura* num. 13 egestatem suam indicat, et num. 14, se *destitutum* affirmat *omnium amicorum præsidio*, utpote *advena*. In solo imperatore post Deum fiduciam sibi superesse pluribus in locis testatur.

(1096) *Mundeburdis* vocem auctor explicat lib. IV *Præloquiorum* num. 12. *Mundeburdem autem vulgo quoddam genus regalis vocant tuitionis , quod qui habuerit , speciali quodam privilegio ita regia tuetur auctoritate plerumque , ut nec vi , nec judicio aliquid, etiam in culpa deprehensus , ab aliquo patiatur , antequam in præsentia ejusdem majestatis audiatur.* Præsens autem mundeburdium non solum Ratherii personam, verum etiam jura ipsius in tuto collocavit.

(1097) A tergo membranæ, in qua descriptum est hoc originale privilegium , adest vetustæ manus notatio , quam vel scribente , vel saltem dictante ipso Ratherio exaratam laudatus archipresbyter Campagnola nobis exhibuit. Eam vero , cum referatur ad vocem *rebelles*, hic appendimus. *Rebelles vero clerici hi proprie sunt , qui ei obedire dedignantur , et quorumlibet patrocinia absque illius licentia quærunt. Si quis sane hominum istud vere dictum inconvertibiliter contenderit, malivole hinc (id est ex hoc privilegio) aut detruncaverit , aut forte deleverit , deleatur de libro viventium , et cum justis non scribatur.*

(1098) Dum auctor scripsit *Qualitatis conjecturam*, id quod hoc loco ab imperatore obtinuit , se ab eo petiturum significavit num. 15 : *Quærerem quoque* , ait , *ut quod antecessores illius præceptis suis Ecclesiæ nostræ contulerunt , vel firmaverunt, defendere nobis contra comites , vicecomites , et sculdascios dignaretur.*

(1099) Id etiam in laudata *Qualitatis conjectura* se ab imperatore postulaturum eodem numero subjicit. *Si quid etiam vel ab invasoribus illis duobus,* vel a me aut necessitate, aut per fraudis alicujus subreptionem , vel commutationis , vel libellarii nomine, vel quod precariam vocant , contra Deum et rectitudinem est actum , omne præciperet per potestatem rescindi.* Id Ecclesiis concedere insuetum non erat. In placito Lucensi anni 853 refertur privilegium Ludovici II imperatoris anni 852, quo irritos esse jussit omnes libellos in præjudicium Ecclesiæ Lucensis. Vide Muratorium tom. III Antiqu. Italic., col. 170. Similiter anno 998 Otto III constitutionem edidit de rescindendis libellis et emphyteusibus in damnum Ecclesiarum contractis , ut liquet ex Chronico Farfensi, tom. II Rerum Italic. Muratorii part. II, col. 496. Quid autem sint *libellariæ, commutationes et precariæ*, explicavimus not. in *Qualitatis conjecturam.*

(1100) Huic Ambrosio cancellario Ratherius anno sequenti 968 dedit epistolam 12, et paulo ante direxerat opusculum inscriptum *Discordia*. Hubertus autem episcopus et archicancellarius est ille Hubertus episcopus Parmensis , ad quem anno 964 libros misit *De contemptu canonum*.

(1101) *Balsemates* nominatur in privilegio Federici I an. 1154 apud Ughellium tom. V, col. 795, a. *de loco, qui dicitur Balsemate, non longe a flumine Mincio.* Nunc quoque in Monzambani pertinentibus agri et diœcesis Veronensis est quidam situs, qui idem nomen vulgo retinet, et vocatur *la contrada di Balsemate*. Ibi olim erat vicus, seu pagus, qui cum temporum vicissitudinibus dirutus esset , Monzambani pagus , in posterioribus tantum monumentis laudatus, constructus fuit. Annalista Saxo ad annum 967 narrat Ottonem I imperatorem, qui Kalendis Novembris anni ejusdem diem festum Omnium Sanctorum Veronæ celebraverat, postea Mantuam perrexisse. Hoc igitur in itinere, dum Balsemate esset, die quinta Novembris hoc privilegium dedit.

## 463-464 ADMONITIO IN SEQUENS JUDICATUM.

I. Sequens opusculum e ms. Frisingensi typis datum fuit a P. Bernardo Pez tom. VI Anecdotorum, seu codicis diplomatici part. I, col. 102. Cum autem is nullam ejus inscriptionem in codice invenisset; hanc in editione præfixit : *Ratherii fundatio, et dotatio clericorum Ecclesiæ Veronensis*. *Judicati* epigraphen, quam prætulimus, ex ipso Ratherio accepimus. Bis enim hoc opusculum hoc eodem titulo laudat, nimirum I. in Testamento num. 2, ubi ait : *Una si fuerit libra, detur curatoribus funeris mei ; altera, nisi defuerit, clericis ecclesiam possidentibus S. Mariæ Consolatricis cum cæteris in eodem Judicato descriptis*; II. in *Discordia* num. 8 : *Faciens de quibusdam insuper scriptum quoddam, quod nominant Judicatum, id est decretum, pau-perioribus clericis ejusdem Ecclesiæ, hoc est presbyteris capellanis, subdiaconibus de secretario septem, cantoribus septem, acolythis de secretario septem, cantoribus quinque, ostiariis sex*, etc., quot quidem in ipso opusculo recensentur. Hæc non tam tituli, quam opusculi ipsius αὐτενϑείαν comprobant. *Judicatum* autem dicebatur decretum, quo quis de rebus judicat atque disponit. Ita in testamento episcopi Derthonensis apud Ughellium tom. IV habetur : *Quam vero eorum taliter Judicati, seu dispositionis meæ paginam*, etc. Et similiter Milo marchio testamentum suum scriptum anno 955 in villa Runci diœcesis Veronensis bis *paginam Judicati* vocat, ut ex vetustis apographis invicem concinentibus didicimus : mendose enim apud Ughellium in episcopis Veronensibus *pagina judicari* pro *Judicati* editum est.

II. Hoc suum *Judicatum* Ratherius *chartæ* nomine appellat, dum *chartam* non tam ipsius, quam patriarchæ Aquileiensis metropolitani, omniumque nostræ provinciæ coepiscoporum manu firmatam memorat in epist. 12 ad Ambrosium num. 4. Cum nimirum Ratherius angeretur videns redditus cathedralis ecclesiæ inter majores ejusdem clericos ita distribui, ut cæteris inferioribus vix quidquam relinqueretur; his ut congrue provideret, *Judicato* contendit. Ut autem id ratum esset ac firmum, patriarchæ et comprovincialium subscriptionibus confirmandum curavit. Neque novum erat metropolitani et coepiscoporum ejusdem provinciæ confirmationem petere. Muratorius tom. V Antiquit. Italic., col. 986, synodale decretum affert anni 842 subscriptum ab Angilberto archiepiscopo Mediolanensi et a septem aliis ejus provinciæ episcopis, quo confirmatum fuit privilegium immunitatis monasterii Brixiani SS. Faustini et Jovitæ, concessum a Ramberto episcopo. Distinctum est hoc decretum ab institutione Ramberti; quæ distinctis loco et tempore scripta fuit. At institutio Ratherii eodem loco et tempore tum a fundatore, tum a patriarcha Aquileiensi et comprovincialibus subscripta innuitur, quia omnes simul Veronæ convenerant; sicut eadem de causa ipsa institutio originalis mensæ Capituli Veronensis facta a Ratoldo episcopo anno 813, ab eodem episcopo et a patriarcha ejus temporis aliisque episcopis comprovincialibus signata fuerat, ut videre est in appendice historiæ theologicæ Scipionis marchionis Maffeii pag. 95, et in emendatiori exemplo a nobis impresso in opere : *Conferma della falsità di tre documenti*, etc., pag. 123. Qua autem occasione patriarcha et comprovinciales Veronæ fuerint hoc tempore, quo Ratherius *Judicatum* edidit, explicandum est.

III. Cum Otto rex Ottonis I imperatoris filius anno 967 primum in Italiam advenisset, Veronæ reperit Ottonem patrem ; ibique cum eo Omnium Sanctorum festum celebravit, ut annalista Saxo memoriæ prodidit. Huc autem patriarcham Aquileiensem cæterosque ejusdem provinciæ episcopos convenisse, ut tantis principibus ex more obsequium præstarent, dubitari nequit ; et hac occasione, quam Ratherius futuram præsenserat, *Judicati* subscriptiones ab iisdem 465-466 obtinuit. Tot episcoporum concursus fuisse videtur illa synodus, quam Ratherius duobus in locis commemorans, cum imperatoris præsentia conjungit : *Fiducia imperialis præsentiæ et synodi adunandæ*, inquit in *Discordia* num. 5. Et in sermone de octavis Paschæ num. 4 : *Fiducia imperialis nil aliud quam quod justum est decernentis præsentiæ, et synodi congregandæ* : ubi non obscure indicat spem, quam habebat tum in Ottone imperatore, tum in episcopis, qui memorata de causa Veronæ convenire debebant. Vide in *Discordiam* not. 10. Ab imperatore quidem, cum hinc abiret, die 5 Novembris privilegium jam impressum obtinuit, quo se ab inimicis ac præpotentibus tutum fore sperabat. *Judicato* autem patriarcha et cæteri episcopi in quadam veluti synodo post discessum, ut videntur, imperatoris adunati subscripserunt. Ex his *Judicatum* antea paratum, post imperatoris discessum seu post diem 5 Novembris anni 967 tot episcoporum subscriptionibus munitum et editum fuit.

IV. Hic sub finem haud omittendus est nuperrimi scriptoris nisus, quo hoc *Judicatum* in imposturæ suspicionem adducere studuit. Id autem studuisse videtur, non quod ita per sese ex intimo sensu certissime crederet, sed quia in rem suam conducere putavit, si quid dubii ejusmodi injiceret. Duo privilegia Capituli Veronensis Ratoldo episcopo affecta, a nobis supposititia probata fuerant eo præsertim nomine, quod aliquot periodi *Judicati* Ratheriani multo posterioris Ratoldo in ea ab impostore fuerint transcriptæ. Hæc vero privilegia cum ille vindicanda sumpsisset, primo vindiciarum opusculo *Judicatum* Ratherii legitimum ipsius opus nihil dubitans, eas periodos Ratherium ex privilegiis Ratoldianis exscribere potuisse reposuit. At cum hanc responsionem omnino inanem rebus pluribus demonstravimus, ille in secundis eorumdem privilegiorum vindiciis aliam viam iniens, Ratherianum *Judicatum*, quod eorum privilegiorum imposturam maxime declarabat, non absolute quidem apocryphum affirmare ausus est, sed dubitationes quasdam inspergere satis duxit, perinde ac si ex ipso non satis firma ratione ea privilegia a nobis fuerint impetita. De pondere eorum, quæ ipsis privilegiis opposuimus, editæ epistolæ satis superque testantur. Frustra autem dubitari posse de *Judicato*, quod ipse Ratherius tribus in locis jam allegatis suum opus esse pronuntiavit, quisque prudens intelliget. Accedit stylus, qui Ratherii ita proprius est, ut nulli præter ipsum conveniat.

V. Rationes vero dubitandi a viro cæteroquin eruditissimo et acutissimo allatas si quis attente expenderit, tam exiles et imbecilles inveniet, ut contra tam evidentia αὐτενθείας argumenta nihil conficiant. Tres aut quatuor præcipuas hic proferre sufficiet. Stylum symbolicum et dialogi speciem opponit, qui actui fundationis non conveniunt. Hæc vero peculiaris Ratherii indoles, qui cum *Judicatum* scripsit, noluit notariorum consuetudinem sequi, sed suo stylo et more usus est, uti etiam in *Decreto de abbatiola Magonziani*, quod aliam fundationem continet, et in *Testamento* : in quibus scribendi ratio plane similis ac in *Judicato* deprehenditur. Urget defectum notarum chronicarum, subscriptionum, et aliarum formularum, quæ in ejusmodi actis esse solent, nec non subscriptionum patriarchæ Aquileiensis et cæterorum coepiscoporum, quas ipse Ratherius huic fundationi accessisse tradidit. Verum nonne similiter desunt notationes chronicæ, subscriptiones, et aliæ formulæ in *Testamento* et *Decreto de abbatiola Magonziani*, quæ tamen nemo idcirco in dubitationem vocabit? Nihil horum desideraremus, si originalis actus, aut apographum authenticum ad nos pervenisset. At in antiquo Frisingensi codice hoc documentum, sicut et cætera opera, ex Ratherii schedis transcriptum fuit non tanquam charta publica, quæ notas chronicas, subscriptiones, et certas formulas requirit, sed tanquam opusculum Ratherii, cui ea necessaria non sunt.

VI. Gravius illud esset, quod censor in *Judicato* videre sibi visus est, nimirum Ratherium contra ea principia, pro quibus tam acriter dimicavit, inferiores clericos a se, et a suis successoribus exemptos quodammodo esse voluisse. Ubi vero in *Judicato* id statuit? Num quia ibidem præcipit: *Si quidlibet de servitio Dei aliquis eorum neglexerit, aut dediscendo suo ministerio studium non habuerit, non propter hoc aut episcopus, aut clerici licentiam habeant de istis quidlibet auferendi?* Verum hæc id tantum innuunt, Ratherium interdixisse, ne quispiam episcoporum occasione criminis aut negligentiæ cujuspiam clerici aliquid de hac fundatione detraheret, quam perpetuam esse volebat. Non vero episcopis item admit aliam quamlibet in eosdem clericos jurisdictionem: alias cum idipsum, quod prohibet episcopis, interdicat etiam clericis ejusdem collegii, *aut episcopus, aut clerici*; ejus generis reos subduxisset a jurisdictione et correctione illius quoque præpositi et cæterorum 467-468 clericorum, quibus corrigendi facultatem diserte tradidit: *Jam dictus*, inquit, *quem super se miserint, præpositus cum aliis omnibus eum conveniat; et si se emendare noluerit, quod ab eo abstulerit, aliis dividat: aut certe ipsi inter se pœnam inveniant, qua corrigi ejusmodi negligentes, et litteras discere nolentes oporteat.* Hic episcopum non nominat, non ut eosdem ab episcopo eximat, sed quia corrigendi modum faciliorem et domesticum constituit. Quod si quo casu hæc correctio negligeretur, aut inanis caderet; ubinam in toto documento invenietur interdictum episcopis remedium afferre, dummodo nihil ex fundatione subducatur? Neque tandem moveant illa, quibus Ratherius suam fundationem extendens non tam ad clericos, *quanti nunc sunt*, verum etiam ad eorum successores, subdit, *quanquam et illis ingratis*; quæ doctus censor ita interpretatur, ac si omnes et præsentes et successores sibi ingratos et rebelles appellet. At verba *quanquam et illis ingratis* palam ad eos referuntur, de quibus antea dixerat, *quanti nunc sunt*: hi enim tantum sunt illi ingrati, qui, ut ait, *majorum suorum vel seductione decepti, vel minis territi, vel conspirationis illorum veneno infecti* episcopo adversabantur: quæ successoribus non conveniunt, nec aptari queunt. Cætera leviora objecta prætermittimus.

VII. Erit fortassis, qui hoc opusculum licet manifeste Ratherianum, non tamen fundationem ipsam putet, propterea quod hanc alio documento antea constitutam indicare videntur illa: *Delegavi quædam, dedi quoque*, etc. Sed non absimiliter scriptum fuit *Decretum de abbatiola Magonziani*, quod tamen in ipso corpore *hoc decretale* scriptum vocatur, quo scilicet res et fundatio ipsa instituta fuit. Apographum e Frisingensi codice accuratius exscriptum accepimus, ex quo nonnulla emendaturi sumus.

# JUDICATUM RATHERII

### SEU

*Fundatio et dotatio pauperiorum clericorum cathedralis Veronensis ecclesiæ.*

469 RATHERIUS, Dei solummodo gratia Veronensis episcopus, successoribus omnibus.

1. Quia malignorum consuetudinibus adversus Dei præcepta sanctorumque statuta prævalescentibus nullatenus valui evincere, ut aut juxta beati Apostoli sententiam unusquisque in nostra Ecclesia propriam mercedem secundum suum reciperet laborem (*I Cor.* III, 8), aut, ut in Actibus legitur apostolorum, dividerentur clericis (1102) collata, prout cuique opus esset (*Act.* IV, 35); sed sermone illo Domini prave intellecto, quo dicitur: *Omni habenti dabitur, et abundabit, ab eo vero qui non habet, etiam quod habet auferetur ab illo* (*Matth.* XXV, 29), quasi censeretur, quod qui plus haberet, magis (1103) deberet ex delegatis Ecclesiæ accipere, injustissime decernentibus, cum hoc magis voluerit intelligi utique, quod habenti charitatem cæteræ addantur virtutes, non habenti vero reliquæ computentur pro nihilo; ne penitus inanis existeret compassio, qua illos et egestate perimi, et a Dei retrahi dolebam servitio, sedit animo, ut aliquid 470 eis largirer ex meo. Meum (1104) autem dico, quod et ordinari meo est concessum judicio, et frui, si placeret, dum vivo. Aliud quoque (1105), quod me ad hoc impulit, ut proferre non cuncter, agendum: quia, proh dolor! ab infantia semper a Dei servitio otiosus adeo exstiti, ut neque cedri, neque myrti, et ligni olivæ, cæterarumque hujusmodi arborum miser in Ecclesia (iis scilicet, qui recitatum Domini testimonium prave intelligebant) *quasi in eo censeretur, quod qui plus haberet, plus acciperet; qui vero minus haberet, deberet accipere minus de delegatis ecclesiæ bonis.*

(1102) Apud Pez *ecclesiis* pro *clericis*, male. Lectionem nostri apographi prætulimus, cum qua etiam concinit *Discordiæ* liber num. 5, ubi cum hic idem locus exprimitur, tum vero *clericis*, non *ecclesiis* legitur.

(1103) Legebatur *minus*: ex sensu correximus *magis*; vel certe exscriptor facili saltu ob concursum vocis *haberet* nonnulla transcurrit, et supplendum; *quod qui plus haberet; plus acciperet; qui vero minus haberet, minus deberet ex delegatis Ecclesiæ bonis accipere*. Porro construe: *injustissime decernentibus*

(1104) Apud Pez mendose *reum*.

(1105) Construe: *Ut non cuncter quoque proferre aliud, quod impulit me ad agendum hoc: quia scilicet, proh dolor! semper ab infantia adeo otiosus fui in servitio Dei, ut*, etc.

locum unquam meruerim obtinere; ut deinceps ulmi saltem officium sublevando aliquos fructum bonum ferentes, hoc est, Ecclesiæ excubiis insistentes valerem, donec dies est, exercere, ut in omni labore eorum ut collaborans utique partem haberem; et sicut *qui recipit prophetam in nomine prophetæ, mercedem prophetæ accipiet* (*Matth.* x, 41), ita et ego adjuvans istos successoresque illorum in Dei servitio, mercedem semper reciperem eamdem quam illi, eorum utique quasi manibus post mortem efficiens, quod vivens infelix propriis neglexeram agere, ut de illo dictum est, qui tunc nomine Saulus, post Dei munere Paulus, tunc persecutor credentium, post doctor eximius gentium, quod omnium manibus Stephanum lapidaverit, quia lapidantium vestimenta servavit (Aug. serm. 279, n. 1).

2. Considerans itaque, qui majorem in Ecclesia laborem, et fortiorem sustinerent adeo paupertatem, ut sine intermissione murmurarent, et ob inopiam ad sacros ordines illegaliter etiam accedere festinarent, ut aliquid ex his cum detrimento quoque animæ maximo invenirent subsidii, cum nec ætas utique eos admitteret, 471 nec scientia commendaret, nec morum probitas illustraret; delegavi quædam (1106) nuperrime ab ingratis recepta, quibus-

A dam presbyteris capellanis (1107), subdiaconibus, acolythis, atque ostiariis nostræ matris Ecclesiæ, istis quidem, quanti nunc sunt, post istos vero subdiaconibus septem de secretario, septem cantoribus (1108), septem acolythis de secretario, et quinque cantoribus, et ostiariis sex, quanquam et illis (1109) ingratis, utpote majorum suorum vel seductione deceptis, vel minis territis, vel conspirationis illorum veneno infectis, præter id quod a bonis et Deum timentibus, atque charitate ferventibus eis consuetudinaliter accipere est antiquitus destinatum, hoc est (1110), ecclesiam sanctæ Mariæ, quæ cognomen sortita est *Consolatricis*, cum omnibus quæ ad eam pertinent, vel pertinebunt, salva portione inibi militantis presbyteri, ita tamen, ut in potestate sit isto-

B rum, si defecerit, alterum 472 subrogandi, nihil vero ex his, quæ habere eum juste competit, auferendi. Si vero visum eis fuerit, ut aut per vices ipsi capellani (missam) (1111) in ipsa cantent ecclesia, aut aliquos ex se eligant, qui illam percantent; illud quod consuetudo fuit presbyteros habere, qui illic militabant, peculiariter qui cantent inibi, habeant; cætera vero cum subdiaconibus, acolythis, atque jam dictis ostiariis æqualiter dividant, (1112) non per campos tamen et vineas, sed per modios atque sextaria, ut nec rixæ locus aliquis detur, neque invi-

(1106) Id explicat auctor in *Discordia* num. 7: *Cum quidam*, inquit, *illorum* (clericorum majorum, seu canonicorum cathedralis ecclesiæ) *de me haberent beneficia, interminatus sum, quod si mihi interdicerent, quod mihi competeret* (nimirum æquiorem reddituum ejusdem ecclesiæ distributionem, qua inferioribus clericis indigentibus provideretur); *ego quod illis concesseram tollerem.* Responderunt in tantum se non curare, ut si *quod alicui illorum dedi, auferrem*, etc. Et post nonnulla se ea beneficia iisdem abstulisse significans addit num. 8 : *Quod causa protuleram comminationis, in effectum vertere non distuli actionis.* Dein narrans quid de his beneficiis ob illorum ingratitudinem receptis gesserit, eorum partem per *Judicatum* se contulisse significat pauperioribus clericis eodem prorsus ordine et numero, ut hic describuntur. *Nuperrime* autem *recepta* a Ratherio, ea beneficia videntur intelligi, tum cum canonicis affirmantibus se non curare, ut si quæ illis dederat auferret, hunc eorum assensum pro renuntiatione quadam accepit.

(1107) *Presbyteri capellani*, qui scilicet non erant canonici : unde nunc quoque hi in nostra ecclesia *capellani vocantur.*

(1108) *Septem* hi *cantores*, qui memorantur post septem subdiaconos de secretario, et acolythis præmittuntur, erant septem subdiaconi, qui in choro canebant. Præter presbyteros scilicet capellanos, tres tantum ordines nominat paulo ante, et similiter etiam paulo post, subdiaconos, acolythos et ostiarios; sed tum subdiaconos, tum acolythos distinguit in classes duas, quorum alii *de secretario*, alii *cantores* vocantur. Tres subdiaconorum species in Romana Ecclesia distinguunt vetus codex apud Baronium ad annum 1053, num. 22, et Joannes diaconus *De Eccles. Lateran.* apud Mabillonium, tom II Musei Italici. pag. 567, nimirum subdiaconi septem erant regionarii, qui epistolas et lectiones in stationibus canebant, septem palatini, qui idem munus obibant in Ecclesia Lateranensi, et septem alii dicti *Schola cantorum*, qui cantabant tantummodo, cum summus pontifex celebrabat. In Veronensi autem

Ecclesia duæ tantum classes subdiaconorum exstabant, et ex hoc Ratherii textu septem erant de secretario, qui scilicet episcopo celebranti inserviunt, septem vero alii cantores, qui in choro canerent.

C Similiter etiam acolythi de secretario septem, qui in sacris operam præstarent, quinque autem alii cantores, qui canerent.

(1109) Id est *et illis*, de quibus antea dixit : *quanti nunc sunt*. Quæ enim beneficia a majoribus clericis *ingratis* receperat, ea se delegasse tradit clericis inferioribus *quanti nunc sunt*; tametsi hi quoque sint ingrati, utpote qui majorum clericorum *vel seductione decepti, vel minis territi, vel conspirationis veneno infecti*, Ratherio pariter adversabantur. Vide admonitionem num. 6.

(1110) Nunc recensere incipit, quæ hac dispositione laudatis clericis de suo dedit. Et primo nominat ecclesiam, seu redditus ecclesiæ S. Mariæ, quæ ut distingueretur ab aliis S. Mariæ virgini dicatis, et peculiari cujusque nomine nuncupatis, *Consolatrix* vocabatur. Hæc ecclesia modicum distat a cathedrali. Cum quidquid inibi clericis dedit, esset inter bona episcopali juri ac dispositioni subjecta,

D hæc quoque ecclesia ejusmodi erat; quæ postea in Capituli jus transivit. Licet autem hæc proprium haberet presbyterum, qui inibi inserviebat; non tamen ejus erant omnes ipsius ecclesiæ redditus, sed quædam tantum portio ipsi erat assignata, quæ hac eorumdem reddituum dispositione in gratiam memoratorum clericorum eidem presbytero salva esse debebat.

(1111) Supplevimus *missam*, ad quam mox τὸ *illam* referendum est.

(1112) Non solum hic, verum etiam in *Decreto de Abbatiola Magonziani* num. 2, et part. II *De contemptu canonum* num. 4, vineas a campis Ratherius distinguit. Campi vocari videntur ii agri, in quibus solum frumentum vel aliæ segetes serebantur; vineæ vero ii, ex quibus vinum redibat. In serm. 2 de Ascensione, num. 4, *vineta et campos* scripsit. Modius erat tam liquidorum quam aridorum mensura: sextarium autem modii pars erat pro varietate lo-

diæ, sed omnes inde gaudeant in ea, quam Dominus bonæ voluntatis hominibus peculiariter contulit, pace. Dedi quoque et ecclesiam aliam sanctæ Dei Genitricis, quæ vocatur *in Stella* (1113), ut luminare, quod inde venit, ad ecclesiam jam dictam et sancti Joannis Baptistæ (1114) deserviat; cætera vero ipsi inter se dividant. Nefas est enim, ut quod *473* superimponitur altariis, serviat foricis (1115 16), et quod Deo offertur, diabolo famuletur. Concessi et quiddam de Corte sancti Proculi in valle *Paltenate*, locus ubi dicitur *Cuscianus* (1117), casalem unum. In valle de *Salla* de sancto Justo massaritias (1118) duas ad muros. Contuli et corticellam *Paltiniaco* dictam cum servis, ancillis, et omnibus ad eamdem pertinentibus: decimas etiam de castello *Hupedano*, et illam, quæ dicitur de *Forentanis* (1119); id est quæ neque ad Tumbam, neque ad Roveclariam, neque ad Ceredam vel plebem quamlibet aliam pertinent, cum ecclesia sancti Petri de *Persiano* cum omnibus, quæ ad eam pertinent.

3. Volumus et decrevimus vero tam ego, quam ipsi, ut nullum habeant de istis super se majorem, nisi quem ipsi sibi ex se ipsis elegerint vel constituerint, qui cum suo juniore (1120) omnia illa colligat, et, ut diximus, per mensuram et numerum æqualiter dividant. Quod si (1121) voluerint eis pro calceradigo aliquid dare, in ipsorum sit potestate, tantum non sit multum. Si vero, ut est humana miseria, quidlibet de servitio Dei aliquis eorum neglexerit, aut de discendo suo ministerio studium non habuerit; non propter hoc aut episcopus aut clerici licentiam habeant de istis quidlibet auferendi, sed jam dictus, quem ipsi super se miserint, præpositus cum aliis omnibus *474* eum conveniat, et si emendare noluerit, quod ab eo abstulerit, aliis dividat; aut certe ipsi inter se pœnam inveniant, qua corrigi hujuscemodi negligentes, et litteras discere nolentes oporteat. Si vero minister idem aut hebes, aut fraudulentus, vel inutilis fuerit, vel si delinquentes corrigere non fuerit ausus; ab eisdem avellatur, alterque ei de eisdem presbyteris vel subdiaconibus subrogetur.

4. Concessi præterea quidquid de commutatione illa, quam de mansione ea prope forum feci cum Joanne filio *Bertanæ* (1122), quæ de precaria erat, quæ cuidam facta est *Dominico* monetario (1123), ea vero ratione, ut super illam, quam cum cæteris accepturi sunt portionem, diebus vitæ suæ *Galiver-*

corum diversa; sicut ipse modius non eamdem ubique quantitatem continebat. Nolebat Ratherius certos agros clericis singulis assignari, ex quibus postea sensim constitutæ fuerunt præbendæ (hac enim ratione fere omnia majoribus et potentioribus clericis obvenerant, cæteris in egestate relictis); sed redditus ex assignatis fundis prodeuntes in communem, uti vocant, mensam conferri voluit, ut æqua portione in distributionum rationem inter pauperiores clericos hic recensitos dividerentur.

(1113) Nunc dicitur *delle Stelle*. Est ecclesia in collibus vallis Paltenatis, unde optimum oleum maxime redit.

(1114) Est ecclesia cathedrali proxima, nuncupata *S. Joannis in fonte*, ubi ejusdem cathedralis baptisterium existit.

(1115-16) Allegorice loquitur, et foricas opponit altariis, sicut Deo diabolum opponit. Est autem forica locus, in quem urbis immunditiæ dejiciuntur. Significat vero ecclesiæ redditus non esse in profanos ac præsertim viles et pravos usus convertendos.

(1117) Pez *Tuscianus*. Nostri apographi lectio *Cuscianus* magis placuit: et est locus vallis Paltenatis, qui nunc vocatur *Cuzano*.

(1118) *Massaritiæ* dicebantur prædia, quæ a distinctis villicis, seu, uti vocabant, massariis colebantur. Vide Muratorium *Antiquit. Estens.* part. I, pag. 82, ubi documentum affert, in quo multæ massaritiæ cum suis cujusque villicis recensentur. Confer not. in *Discordiam*.

(1119) Pez *de Forendarus*. Nostrum apographum secuti sumus: ex quo mox ante vocem *pertinent* addidimus *aliam*. Notandum porro *Tumbam* (nunc *Tomba Susana*) *Roveclariam* (nunc *Roverchiara*) et *Ceredam* (nunc *Cerea*) vel hoc tempore plebes fuisse.

(1120) Olim putabamus pro *cum suo juniore* corrigendum esse *cum suo jure*, quam lectionem præfert antiquum pseudodocumentum Ratoldo attributum, cujus fabricator integram hanc periodum ex Ratheriano *Judicato* exscripsit, uti plane demonstravimus in appendice dissertationis *De privilegiis et exemptione Capituli cathedralis Veronensis* pag. 65, et fusius in alio Italico opere inscripto: *Conferma della falsità di tre documenti pubblicati nell' Ughelli a favore del Capitolo di Verona* pag. 8 et 25. Hoc supposititium documentum apud Ughellium legitur tom. V, col. 707, d. At non deserendam lectionem ipsius legitimi *Judicati*, quod ex codice Frisingensi edidit P. Pez, meliori consilio existimamus. *Juniores* enim apud medii ævi scriptores ii dicebantur, qui *senioribus* præcipuæ auctoritatis hominibus ita suberant, ut aliquam tamen auctoritatem aut officium obtinerent. Vide Cangium. Ita in monasteriis *juniores* appellati, qui alteri in officio erant adjutores. Hoc sensu in nostro opusculo *junior* ille intelligendus videtur, qui præpositum in colligendis reddítibus adjuvabat. Hanc lectionem confirmat in sequentibus plurale *eis*, quod duos saltem exigit, quibus *pro calceradigo* aliquid dari permittitur, dummodo multum non sit, id est. tum illi, quem præpositum elegerint, tum ejus *juniori*, seu coadjutori. Alias si unus præpositus, qui *cum jure suo* omnia colligat, intelligendus esset, *ei*, non *eis* emendare oporteret.

(1121) Idem codex Frising. addit particulam *non*. Jure autem apud P. Pez omissa est, ut suadent sequentia, *tantum non sit multum*, illud scilicet, quod *eis*, si voluerint, dari permittitur. *Calceradigum* aliquam retributionem præposito et ejus juniori pro officio conferendam significat; ita ut *pro calceradigo* idem sit, ac pro retributione officii, vel pro officio.

(1122) Nostrum apographum *Berdanæ*, ex quo mox emendavimus *facta*, ubi erat *factæ*. Quid autem esset contractus *precaria* nuncupatus vide not. in *Qualitatis conjecturam*.

(1123) *Monetario*, qui scilicet monetas cudebat: ex quo testimonio Veronensis monetæ aliis posterioribus documentis probatæ antiquitas astruitur. *Dominicus monetarius de civitate Verona* memoratur, et subscriptus etiam legitur in testamento Notherii episcopi Veronensis diei 15 Novembris anni 927 (non 928), quod editum est a marchione de Dionysiis canonico in collectione diplomatum pag. 105.

*tus* presbyter, et *Martinus* junior subdiaconus illud (1124) inter se partiantur, postea ad communitatem reliquam redeat, nulli posthæc peculiariter concedendum, sed per sextaria dividendum. Sed quia et hoc obtinere paupertas nullo modo valuit mea, ut dividerentur singulis his designatis, prout cuique opus esset; dare studui operam, ut vel aliquibus aliquid ex ipsa delegarem paupertatula, unde propriam mercedem secundum suum reciperent laborem. Unde præter id, quod omnibus communiter contuli dividendum, delegavi jam dictis presbyteris et subdiaconibus atque acolythis de secretario in *Bodanigo* (1125) **475** casalem I, in *Porto* campos III, in *Cereta* hortum unum, in *Roveclaria* casalem I, cum plecticiis (1126) tribus : in *Naudosiola*, unde dantur in censum, solidi novem; ad *Caput Alponis* casariculum (1127) I, in *Bogosio* casalem unum, ut peculiariter hoc habeant, neque cum cæteris (1128) dividant. Provisor vero rerum istarum ecclesiam provideat beati Joannis in domo (1129), qui et duos illic constituat de eodem contubernio ostiarios, qui et basilicam custodiant, et ostium cimeliarchii (1130) tempore nocturnali semper observent, aut continuatim scilicet, aut, si melius fuerit visum, per vices. Consideravi namque, quia cum præter id, quod in ecclesiastico agunt ministerio, hi tres (1131) ordines peculiarius cæteris omnibus pontificali insudent servitio, specialius aliquid accipere ab episcopo pro specialiter illi impenso debuissent obsequio. Parum vero eis ideo contuli, quia et dandis non adeo abundabam, utpote qui ubi alii dominabantur, ego solum mœrens cantarem, et invidiæ contra illos ipse causas vitare debere me crederem. (1132) Si vero (quod veraciter confidimus) Domino ipsis fideliter servientibus, alicui fidelium, ut aliquid eis addat, fuerit inspiratum; volumus, ut sicuti cætera, ita eis communiter fiat divisum, ut neque contentio inter eos, neque prævaleat odium, sed pax Dei, quæ exsuperat omnem sensum, custodiat corda intelligentiasque eorum (*Philipp.* IV, 7). Quod si, ut sæpe diabolo contigit instigante, propter invidiam et odium ab ista matre (1133) expulsus istorum aliquis illegaliter fuerit ecclesia; non propterea de ista sancta Consolatrice, quod solitus accipere fuerat, perdat ecclesia, sed et accipiat, quod cæteri, et servitio istic sese dedat, (1134) si vult aut conceditur, Domini.

**476** 5. Expers vero quam sit cognitionis legis totius canonicæ, promptum est advertere, qui censet, quod alteri liceat clericum in ecclesiam mittere vel ab ea expellere, nisi (1135) qui potest de clerico acolythum, cum libuerit, facere. Sed quia nunquam deest malivolis, quod male cupiant, etsi efficere (1136) nequeant; hoc quod facio, ea cautione constringo, ut sive vocetur episcopus (non enim erit ille) sive presbyteri et diaconi istiusdem nostræ Ecclesiæ, qui aut istud destruere, aut ex his, quæ de nostra Ecclesia juste et legaliter antecessores boni prædecessoribus istorum soliti fuerunt præbere, tentaverint aliquid minuere, quasi videlicet valeant

---

(1124) *Illud* scilicet, *quidquid de commutatione illa* concesserat, id diebus vitæ suæ ita dedit Galiverto (al. Galiberto) presbytero, et Martino juniori subdiacono, ambobus de numero eorum clericorum, quibus hoc *Judicato* pro æqua portione providit: ita, inquam, illud eisdem dedit ad vitam supra portionem, quæ eis æque ac cæteris debebat contingere, ut post eorum mortem *ad communitatem*, id est in communem mensam perveniret.

(1125) Nostrum apographum *Bodanico*. Verum *Bodanigo* etiam legitur in charta anni 959 edita in Collectione laudata diplomatum pag. 125. In privilegio Eugenii III anni 1145, favore Ecclesiæ Veronensis dicitur *Bonadiguus*, nunc Bonavigo.

(1126) *Plecticios* dictos fuisse quosdam homines rurales, ex privilegio Ottonis I, quod præmisimus, manifestum est. *Si quid perperam vel a massariis vel a castellanis, vel a plecticiis, vel incensitis vel a commodatis* (omnes sunt viri ruricolæ) *fuerit actum*, etc. *Tres plecticii* hoc loco indicati casali addicti erant. Superius num. 2, casale unum et massaritiæ duæ memorantur. Massaritia erat prædium amplum, casale vero paucos campos indicare videtur. Ruricolæ, qui massaritias colebant, dicebantur massarii; qui autem casale, seu paucos campos colendos acceperant, *plecticii* appellati Mox pro *Naudosiola* melius in privilegio Federici I anni 1155 Veronensi Ecclesiæ concesso *Nauclesiola* legitur, nunc Nichesola.

(1127) Vulg., *casariaclum*. *Casariculum* idem esse videtur ac *casaliculum* in documento Farfensi apud Cangium, id est casale exiguum. Hoc casariculum ad *Caput Alponis*, nunc *Cavalpone*, situm traditur. Mox in *Bogosio* erat in vulgatis. *In Bogosio* correximus ex nostro apographo, quam lectionem memoratum quoque Federici I documentum approbat; nunc *Begosso* nominatur.

(1128) *Cæteri* sunt non solum ostiarii, sed etiam subdiaconi et acolythi cantores, quos superius distinxit a subdiaconis et acolythis de secretario.

(1129) *Domus* vocabatur cathedralis: ecclesia vero B. Joannis in Domo est illa superius laudata S. Joannis Baptistæ, quæ cathedrali contigua, baptisterium ejusdem continet.

(1130) *Cimeliarchium* est locus, ubi cimelia, seu sacra vasa et pretiosa ecclesiæ mobilia reconduntur et custodiuntur. Vide S. Gregorium lib. III, epist. 50. Mox pro *semper* nostrum apographum habet *sæpe*.

(1131) *Hi tres*, subdiaconi scilicet, acolythi et ostiarii.

(1132) Nostrum apographum habet: *Suis quidem veraciter*. Pez emendavit: *sive quod*. Nobis textui congruentior visa est correctio: *Si vero* (*quod veraciter*, etc.

(1133) Mater ecclesia est cathedralis.

1134 Pez, *dedat, ut conceditur*. Emendavimus et supplevimus ex nostro apographo.

(1135) Nemini scilicet præter episcopum licet de clerico acolythum facere, nec clericum facere quispiam potest sine episcopi licentia: unde auctor in *synodica* num. 15, statuit: *Clericum nemo vestrum sine licentia faciat nostra*.

(1136) Pez, *si efficere*. Scripsimus *etsi efficere* cum nostro apographo, cui concinit pseudodocumentum Rataldo ascriptum, in quod hæc periodus ex parte cum aliis nonnullis hujus *Judicati* a consarcinatore traducta fuit. Vide dissertationem nostram *De privilegiis et exemptione Capituli Veronensis* pag. 74, et Ughellium tom. V, col. 709, d.

dicere : Habetis vestrum stipendium, sufficiat istud, aut si vultis vobiscum nostra (1137) partiri, mittite, quod vobis datum est, in nostrum commune : partem isti tales in alia vita cum nullo habeant sanctorum, sed cum Cham, Dathan, et Abiron, vel cum illis, quos aut diluvium mersit, aut terra glutivit, cumque Pilato, Anna, et Caipha, Juda Christi traditore, et mago Simone, Anania quoque et Saphira, quos beatus Petrus pro fraudata ecclesiastica damnavit pecunia, sintque anathema, maranatha, et exsortes, nisi resipuerint, a vita perpetua. Quod si dixerint, utpote illi, qui declinant in verba malitiæ ad excusandas excusationes in peccatis (*Psal.* cxl, 4). Non possumus eis tantum dare, quantum antecessores nostri antecessoribus eorum dederunt ; respondemus eis : *Nolite errare, Deus non irridetur* (*Gal.* vi, 7). Dederunt illi quod potuerunt ; da et tu quod vales, si maledictionem præmissam evadere voles.

6. Schisma, inquiunt, facis, dum eos a disciplina majorum avertis. Non averto a disciplina, sed ab inopia eos et occasione servitium Domini **477** negligendi eruere, si esset possibile, gestio. Nec prohibeo delinquentes corrigi ; sed nolo, ut sub correctionis articulo perdant, quod confero : et ideo censeo, ut de eo, quod eis contuli (1138), destringantur a suo ministro. Magistri vero illorum disciplina eos, non inopia ad id, quod est faciendum, compellant. Schisma vero facerem, si propter hoc quod eis addo, quod semper habuerunt, auferri permitterem. Nec hoc foret adjectio, sed commutatio, et a fraternitate vestra divisio : quod, qui molitur, sit divisus a Deo, et separatus a sanctorum collegio. Obsecro præterea successores, qui unquam fuerint, meos, ut dum hoc legerint (1139) scriptum, solerter meminerint : *Fili, si sapiens fueris, tibimet ipsi eris* (*Prov.* ix, 9), ut ex consimili valeant attendere, quia si fuerint boni, nullis proderit magis, quam ipsis. Nemo enim, ut beatus Augustinus veracissime **478** dicit, *non in se prius, quam in alterum peccat*. Et de isto quidem si ob indignitatem meam mercedem mihi non contingat adipisci (1140) speratam ; nanciscatur saltem debitum exinde præmium, cujus hoc est tempore factum, piissimus utique imperator [Otto I], qui et eidem Ecclesiæ clementissimus exstitit suffragator, me scilicet ob hoc in ea stabiliens, ut exsequerer sollicitus exsequenda, negligerem negligenda, cujus et (1141) auxilio fretus sum ista molitus, ac per hoc magis ipsius quam meum est opus, cui et remunerationem inde concedat ille, quæso, perpetuam ; qui sustentari taliter eamdem pauperrimam clericorum fecit familiam ; stipem ei providens taliter annuam, in hoc sæculo eum imperare faciens utique potenter, in futuro glorificans permanenter. Amen.

(1137) Pezii editio, *nobiscum vestra*, male. Nostrum apographum *nobiscum nostra*. Correctionem *vobiscum* suasit sententia.
(1138) *Destringantur de eo quod eis contuli*, id est puniantur subtrahendo eis, quæ ipsis collata fuerant, uti num. 3 constituerat : *Si emendare noluerit, quod ab eo abstulerit, aliis dividat.*
(1139) In *Discordia* num. 8 : *faciens*, inquit, scriptum *quoddam, quod nominatur judicatum, id est Decretum.*
(1140) Ita nostrum apographum. Pez, *conceditur adipisci.* Construe : *Et si quidem mihi non contingat adipisci de isto mercedem speratam ob indignitatem meam ; saltem piissimus utique imperator, cujus tempore hoc factum est, nanciscatur exinde debitum præmium, qui imperator et exstitit clementissimus suffragator eidem Ecclesiæ, stabiliens scilicet me*, etc.
(1141) Hæc est illa *fiducia imperialis præsentiæ*, cujus Ratherius meminit tum in *Discordia* num. 5, tum in sermone *De octavis Paschæ* num. 4. Confer quæ hac de re in admonitione diximus num. 3. Hinc autem colligere licet, Ratherium fiducia imperialis auxilii istam dispositionem molitum, eamdem imperatori præsenti significasse, eoque non dissentiente sperasse fore, ut ipsam Cæsar sua auctoritate tueretur, nec reclamantibus aures præberet. Quæ tamen spes, quantum ipsum fefellerit, ex epist. 12 ad Ambrosium patebit.

# RATHERII OPUSCULUM (1142)

## DE CLERICIS SIBI REBELLIBUS.

**479** Nocturnali dum intenderem lectioni, hujusmodi nobis non disconvenientia (et utinam venialiter) contigit audivisse : *Populus ad iracundiam provocans est, et filii mendaces, filii nolentes audire legem Dei, qui dicunt videntibus : Nolite videre ; et aspicientibus : Nolite aspicere nobis ea quæ recta sunt ;*

(1142) Acherius ex ms. Laudunensi hoc opusculum edidit. Tempus ex tribus agnoscitur. Initio auctor textum recitat ex Isaia c. xxx quem in *nocturnali lectione* audivit. Hæc ergo scripsit tempore Adventus, quo Isaias in nocturno officio etiam tunc legebatur Porro verba numeri secundi *imperialiter sancitum est*, Ottonis imperatoris privilegium innuunt datum die 5 Novembris anni 967, ut patebit ex not. 1148. Præterea querelæ ad eumdem imperatorem delatæ ibidem indicantur, quarum causa *missi piissimi Cæsaris* exspectabatur qui auditis partibus et inquisitione habita referret. Confer not. 1152. Igitur hoc opusculum in Adventu anni 967 lucubratum fuit, cum canonici rebellionem excitarunt, unde titulus *De clericis sibi rebellibus.*

*loquimini nobis placentia, videte nobis errores. Auferte a me viam, declinate a me semitam, cesset a facie nostra sanctus Israel (Isa.* xxx, 10). (1143) Quod dum cum his contulissem cæteris, quæ et in eodem audieram, prophetis, psalmis, hymnis, et canticis spiritualibus, quæ vos jactatis aliis Italiæ Ecclesiis frequentare melius : cumque sermone Domini, quo prophetæ **480** a se consonans misso, auctoribus (1144) in hoc ita loquitur vestris : *Populus hic labiis me honorat; cor autem illorum longe est a me. In vanum me colunt, tenentes doctrinas et præcepta hominum (Matth.* xv, 8) : cum Apostolo quoque dicente : *Erit tempus, cum sanam doctrinam non sustinebunt, sed ad sua desideria coacervabunt sibi magistros prurientes auribus, et a veritate quidem auditum avertent, ad fabulas autem convertentur (II Tim.* iv, 3) : compulsus sum miserrimus, heu dolor! nos populum Dominum ad iracundiam provocantem intelligere, non ignarus Apostolum, *Quæcunque scripta sunt, ad nostram doctrinam scripta (Rom.* xv, 4), veracissime testatum fuisse. Filii enim nolentes audire legem Dei, qui aptius (pace quod dixerim vestra) valent intelligi, quam illi, qui cum canonici affectent vocari, et de stipe canonicis (1145) delegata incessanter conquerantur, in tantum recusant **481** esse canonici, ut consuetudinibus malignorum solummodo innitentes, nil quod canones sanciunt sancti, nedum legere, vel facere, tolerent saltem audire, eisdem verbis dicentes videntibus, eorum utique periculum animarum cernentibus; *Nolite videre;* et aspicientibus pravitatem ipsorum : *Nolite aspicere no is quæ recta sunt; loquimini,* id est, non quæ vera sunt, sed quæ nobis recta videntur; *nobis*, non Deo *placentia* dicite; *videte nobis errores*, hoc est sinite nos nostris inventionibus, atque antecessorum nostrorum malignis consuetudinibus decipi; *Auferte a me viam (Isa.* xxx, 10), utique illum, qui dicit: *Ego sum via (I Joan.* xiv, 6). *Declinate semitam (Isa.* xxx, 11), angustam scilicet atque arctam viam ducentem ad vitam. *Cesset a facie nostra sanctus Israel (Ibid.)*, id est, desinat nos inquietare sanctitatem suam nobis sequendam proponens sanctus, visionem veræ ac sempiternæ pacis demonstrans, et Dominicus, quem nobis ingeris, sermo.

2. Quid vero, filii, super quibus monemur divinitus non lætari, si multiplicemini (*Eccli.* xvi, 1); quid, inquam, erit, si audito misericordissimi Dei promisso dicentis : *Si revertamini et quiescatis, salvi eritis. In silentio et in spe erit fortitudo vestra (Isa.* xxx, 15); atque post pauca : *Exspectat Dominus, ut misereatur vestri (Ibid., 18)*; parvipenditis illud, moribus utique, et si non verbis, respondentes, *Nequaquam, sed ad equos fugiemus (Ibid., 16)*, quos utique potentes quoslibet, quorum patrociniis fisi (1146) ecclesiasticam tam nullipenditis disciplinam, **482** nil obstat intelligi : [subaudi et si] auctoritate papæ Gregorii etiam ad litteram vobis Dominum respondere contigerit. *Ideo fugietis. Et super veloces ascendemus; ideo velociores erunt qui persequentur vos (Ibid.)* : vindicans immanitatem rebellionis utique vestræ temporaliter, ne damnet

(1143) Vulg.: *Quod dum cum his contulissem, quæ cæteris, et in eodem*, perperam. Ut sensus constaret, *quæ* post *cæteris* transtulimus. Construe autem, et explica sic : *Quod dum contulissem cum his cæteris prophetis, psalmis, hymnis, et canticis spiritualibus, quæ et in eodem* (nocturnali scilicet officio) *audieram, quæ vos jactatis frequentare melius aliis Ecclesiis Italiæ*. Nota frequentiam chori in nocturnali etiam officio.

(1144) Legebatur in vulgatis *meis auctoribus, in hoc*. Sensus correctionem postulavit. Construe vero: *et (dum contulissem) cum sermone Domini, quo consonans prophetæ a se misso, ita in hoc loquitur auctoribus vestris : Populus hic*, etc. *Auctoribus vestris*, inquit, id est majoribus et antecessoribus vestris; horum enim auctoritatem et consuetudinem canonici Ratherio opponebant, eaque se satis tutos putabant, ut vel ex sequentibus palam fiet.

(1145) *Stips canonicis delegata* proprie intelliguntur ii cathedralis ecclesiæ redditus, qui canonicis erant assignati. Cum autem potiores redditus ejusdem ecclesiæ inter majores clericos, id est inter canonicos divisi essent, inferioribus vero clericis relicta esset tenuissima portio, adeo ut iidem inopia premerentur; aliquid ex redditibus, quos obtinebant canonici, Ratherius olim subducendum curavit, ut inferioribus æquius provideret. Huic porro divisioni cum acriter restitissent iidem canonici, Ratherius ut inferioribus clericis alia via prospiceret, abstulit a decem canonicis ea beneficia, quæ ipse ex suo eisdem contulerat; ac ex istorum beneficiorum parte quosdam inferiores clericos alendos decrevit eo *Judicato*, quod antea præmisimus. Illi vero etsi iis beneficiis sibi auferendis quodammodo præbuissent assensum, dummodo episcopus redditibus canonicorum propriis parceret; cum tamen post *Judicatum* se in iisdem suis redditibus tutos viderunt, beneficia sibi olim collata, ac dein ablata tanquam sua præferentes, *Judicatum* rescindendum curarunt; hæcque de causa episcopum accusationibus impetiverunt apud Cæsarem, et missum ab eo expetierunt, qui de tota causa cognosceret atque referret, eoque ipsorum molimina processere, ut idem *Judicatum* tandem ex speciali imperatoris mandato rescisum fuerit. Stips ergo canonicis delegata, de qua canonici querebantur, non solum intelligendi sunt redditus cathedralis inter ipsos divisi, sed etiam, imo potissimum hoc loco accipienda ea beneficia, quæ Ratherius ex sua paupertatula eisdem concesserat, et postea abstulerat.

(1146) Canonici, ut Ratherio obsisterent, potentium patrocinia quæsierunt. Vide *Discordiam* num. 8. Construe autem + *quos utique (equos) nil obstat intelligi quoslibet potentes, quorum patrociniis fisi, tam nullipenditis ecclesiasticam disciplinam : et si auctoritate etiam papæ Gregorii contigerit Dominum respondere vobis ad litteram : Ideo fugietis,* etc. Apud Isaiam Judæorum hæc verba sunt : *Sed ad equos fugiemus.* Respondet Dominus : *Ideo fugietis*. Sequuntur illi : *Et super veloces ascendemus.* Reponit Dominus : *Ideo velociores erunt, qui persequentur vos. Mille homines a facie terroris unius, et a facie terroris quinque fugietis*, etc. Hinc Ratherii textus emendandus seu explicandus videtur. Innuit enim clericis rebellibus nihil profutura potentium patrocinia contra Dominum, qui eodem modo, quo olim Hebræis, respondere ipsis poterit, *Vindicans immanitatem rebellionis vestræ*, etc.

vos, ut formidare non desinimus, æternaliter; quid, inquam, misericordissimi Dei evidens magnitudo, et justæ retributionis maxima levigatio? Hac itaque de causa Apostolo conveniens dicenti: *Estote imitatores Dei, sicut filii charissimi* (*Ephes.* v, 1); quos ille misericorditer (1147), ut puto, exspectat, non ausus crudeliter insequi, spe forsitan licet inani conversionem mihi pollicens vestram, cum proposuissem vos uti rebelles non modo vilissimo mihi, sed et incomparabilis potentiæ Cæsari, imo formidabilis omnipotentiæ Deo, ut et legaliter (1148) et imperialiter sancitum est, ab Ecclesia (ex qua me jam (1149) quater extrusistis) extrudere; pepercit animus diploide vos confusionis induere. Quod fecissem utique, si vos excommunicando damnassem, ut meremini, æternaliter; et accusando (1150) apud aures tremendissimi imperatoris, ut facere, minime misso ex parte mea legato, neglexi, illud vobis curassem præparare, quod si contigerit, promptum erit vidisse.

3. Sensu igitur illo, quo dictum est: *Qui nocet, noceat adhuc* (*Apoc.* xxii, 11); quidquid providentia Dei mihi vobis inferre [*l.* vos, *vel a vobis inferr*] vel voluerit, vel permiserit, ejus majestati committens, (1151) do vobis 483 licentiam in quacunque hujus diœcesis ecclesia vobis placuerit Domino serviendi, donec annuente Deo missus (1152) piissimi Cæsaris veniat, et quæ mandavi auditis, cumque his, quæ vos de me ipsius imperialibus innotuistis auribus, collatis, ei ut fuerit libitum referat, et quod mihi sit agendum decernat. Quod vero cum vestri quibusdam id agere devito, non contemptu fraternitatis facio: sed rustico illo 484 monitus exemplo, quo dicitur: *Quod oculus non videt, cor non dolet;* videtur quædam et pernecessaria doloris fore levigatio, si eis non visis qui mihi tanta mala fecerunt, et facere non desinunt, absit aliquantisper malorum ipsorum recordatio, dum auctores eorumdem quantulacunque obnubit oblivio.

(1147) Construe. *Hac itaque de causa* ego *conveniens Apostolo dicenti:* Estote imitatores, etc., *non ausus crudeliter* insequi, *quos ille misericorditer, ut puto, exspectat, pollicens mihi conversionem vestram spe licet forsitan inani, cum proposuissem extrudere vos ab ecclesia ut facere rebelles non modo mihi vilissimo, sed et Cæsari potentiæ incomparabilis, imo Deo omnipotentiæ formidabilis, expellere.* inquam, *vos ab ecclesia, ut et legaliter, et imperialiter sancitum est, ex qua jam quater extrusistis me; pepercit animus induere vos diploide confusionis.*

(1148) *Legaliter,* id est juxta leges canonicas. Ita in *Itinerario* num. 5, *legaliter* ad *sacerdotium fuisse provectum.* Et post pauca: *Si legaliter synodarem.* Utrobique *legaliter* idem est ac juxta canonicas leges. Nihil autem in canonibus frequentius præceptum legitur, quam ut clerici resistentes episcopo e clero ejiciantur, vel excommunicentur. *Imperialiter* vero inquit; quia in privilegio Ottonis superius edito decretum fuerat, *ut si quis eum* (Ratherium) *amplius, ut usque nunc, præsumpserit inquietare, aut rebellis ei existere . . . . si clericus, omnibus in potestatem ipsius redactis, de ecclesia usque ad satisfactionem legitimam atque condignam pellatur.*

(1149) Confer not. 1029, col. 585 in *Itinerarium.*

(1150) In vulgatis alia lectione et interpunctione legebatur: *et excusando apud aures tremendissimi imperatoris, ut facere minime, misso ex parte mea legato, neglexi;* perinde ac si Ratherius legatum ad imperatorem misisset, ut canonicos excusaret. At præterquam quod ipse alienus erat ab ejusmodi officiis, ut in *Qualitatis conjectura* traditur num. 5 sententia totius contextus repugnat. Ait enim se noluisse eos confusione suffundere; quod fecisset, si ipsos damnasset excommunicando, ut merebantur; et si apud imperatorem aliud quidpiam eisdem præparare curasset. Id autem, quod si præparare curasset, ipsos confusione afficeret, aliquid procul dubio iisdem infensum indicat, quod eos *accusando* non *excusando* parandum fuisset. Hinc pro *excusando* correximus *accusando.* Porro sicuti eos se non excommunicasse significat, ita et neglexisse accusare apud imperatorem, *legato minime misso ex parte mea,* ac propterea etiam interpunctio corrigenda fuit.

(1151) Cum in præcedentibus Ratherius se ab excommunicatione canonicorum abstinuisse declararit; dum hic eis licentiam dat, ut *in quacunque hujus diœcesis ecclesia placuerit Domino serviant;* ipsos autem coram videre, atque cum ipsis agere renuat; eosdem ab officio in cathedrali ecclesia videtur interdixisse.

(1152) Tanta a canonicis contra episcopum est excitata contentio ob ea, quæ ipse mandaverat, ut ipsum apud imperatorem, qui Romam profectus erat, insimulare et accusare studuerint. Hac de causa missus imperatoris exspectabatur, qui auditis Ratherii mandatis, seu decretis, iisdemque collatis cum his, quæ canonici de ipso ad imperatorem deferenda curaverant, eidem Cæsari, quidquid videretur, referret, ut ab eo utique Cæsare quid agendum esset decerneretur. Non ergo hic *missus* causam dijudicare, sed tantum cognoscere, et referre debebat. In hanc vero rem etsi missus proprie dictus non fuit Veronam directus, duæ tamen personæ Veronæ dominantes pretio corruptæ simile quidpiam præstiterunt in hebdomada paschali anni sequentis 968, ut patebit ex sermone *De Octavis Paschæ.* Tota autem causa contra Ratherium a Nannone ex speciali ejusdem imperatoris mandato dijudicata fuit die 30 Junii anni ejusdem, ut liquet ex epist. 11 et 12.

# RATHERII OPUSCULUM
### INSCRIPTUM
## DISCORDIA (1153).
*Inter ipsum Ratherium et clericos.*

485 1. Maximam aiunt inter episcopum et clericos Veronæ conflatam his diebus discordiam. Sed qui D aiunt? Nimirum illi, qui ex quo cœperit conflari, sunt prorsus ignari. Ut, verbi gratia, utique illi [*sub-*

(1153) Acherius hoc opusculum e Laudunensi codice typis impressit. Apographum mutilum, desi

*andi* sunt], qui putant Judam tunc primum periisse, quando miser Dominum vendidit, cum jam olim cum apostolis corpore constitutus perierit, quando scilicet avaritiæ inebriatus veneno, tandiu non destitit lucrum sitire, donec miserrimo ad laqueum contingeret pervenire. Diebus, inquiunt, istis, non per omnia falsum, sed ostensione, quam actione potius verum. Monstrato quippe quid sit discordia, nunquam inter me et illos probabitur fuisse concordia, prodente præsertim hoc traditione, qua me hinc jam (1154) pepulerunt, trifaria. Eadem namque velle atque nolle (1155), ea demum amicitia si, juxta illum qui hoc primitus dixit, est firma; vel si, juxta alium, humanæ amicitiæ pares animos 486 et non dissimiles expetunt adeo voluntates, ut nunquam diversitas morum ad firmam possit pervenire concordiam; nunquam vel apud me vel apud illos stabilitatem amicitia semper contraria cupiens obtinere, ut non valuit nostra, ita quoque nequibit; cum illi semper consuetudinem antecessorum, pontificibus suis incessanter rebellium, sanctis et a Deo decretis prætulerint canonibus; ego sanctos et a Deo decretos canones a diabolo inventis præferendos putaverim usibus. Prohibitas enim in Nicæna synodo mulieres tam consuetudinaliter, tamque publice habere, tam parvipensa Dei et hominum reverentia, ipso quoque timore gehennæ in tantum posthabito, ut putent adeo fieri non modo licere, sed etiam oportere, ut nemo hoc facere devitans, videatur eis pessimo illo, quod Apostolus in Epistola ad Romanos memorat (*Rom.* I, 27), scelere posse carere, non tibi videtur diabolum invenisse? Et, o sancta et immaculata virginum pudicitia, (1156) quam et tu nusquam, si hoc verum est, sine infamia es? Quam perdita tonsuratorum universitas tota, si nemo in eis qui non aut 487 adulter, aut sit arsenoquita (1157). Adulter enim nobis est, qui contra canones uxo-

A rius est. Quis ergo clericus est? Adulter enim clericus nullo modo, ille alter (1158) multo minus est. Si enim clericus ideo dicitur, quod de sorte sit Domini; quod rogo consortium aliquis potest habere cum Domino, in unoquovis istorum permanens flagitio? Væ insuper Christianorum generalitati, si juxta æstimationem istorum nemo possit inter eos inveniri, qui non sit aut hypocrita cum Pharisæis, aut Publicanus cum ethnicis. Publicanus enim est, qui adulter publice est; hypocrita est, qui sub pallio religionis irreligiosissimus, sub clamyde castitatis incestus, sub prætextu justitiæ iniquissimus est. Ideo vero superlativo contra istum comparationis invehor gradu, quia non semel recolo lectum: *Simulatores et callidi provocant iram Dei* 

B (*Job* XXXVI, 13). Hoc ita se habente cum hypocrisis et incestuositas longe præcellant alia in scelere crimina, eo cætera sunt graviora, quo magis publica: illa enim solos interficiunt operatores, ista et operatores necant, et consideratoribus nocent. Quia enim non habent latentia peccata judicium, de manifestis loqui omnibus conceditur, de absconditis nulli. Si enim, ut jam contingere potuit, quis cum pecude quolibet in angulo, solo Deo coeat cernente; tu per suspicionem tantum inde eum vituperas, ut facere poteras utique si vidisses; quid agis, nisi quod solius Dei est, tibi usurpas? Quis autem non valet de aliquo quod volet confingere? Et ob quam ex se alios conatur metiri, qui non putat alios alterius modi posse existere, nisi cujus est ipse, rustico 

C illo non ei disconveniente nimirum proverbio: *Qui fuit in furno, pares suos inibi quærit!*

2. Et ista quidem omnia facere vel loqui per usum contra pastores rebellare per usum quòd generaliter omnibus est clericis delegatum, ita inæqualiter et per massaritias (1159) dividere, ut quidam illorum inde fiant ex pauperrimis locupletissimi,

---

nens n. 4, e ms. Frisingensi transcriptum accepimus. Directum fuit ad Ambrosium Ottonis I imperatoris cancellarium, uti ostendemus not. 1182. Scriptum tempore Quadragesimæ probant illa n. 7: *Per omnes sane sermones, quos populo ista quadragesima feci,* etc. Cum vero num. 6, *Augustalem voluntatem de mulierositate dimittenda in Ravennati synodo* celebrata mense Aprili anni 967 declaratam memoret, ut ibidem probabimus not. 1169; et num. 8 mentionem faciat *Judicati* editi mense Novembri anni ejusdem; palam fit hoc opusculum exaratum fuisse in Quadragesima anni 968, cum hæc sit Quadragesima post Ravennatem synodum, et post *Judicatum* prima, episcopatus autem Ratherii ultima.

(1154) Acherius *quam hinc jam.* Novissimus Spicilegii editor etsi textum emendare non ausus, recte tamen notavit legendum, *qua me hinc jam;* et ita quidem correximus auctoritate codicis Frisingensis. *Trifariam* autem *traditionem,* seu expulsionem ex episcopatu Veronensi dum auctor hoc tempore computat, prima est illa sub Hugone rege, altera sub Lothario, per Milonem invasorem tertia.

(1155) Construe: *Namque si ea demum amicitia, juxta illum, qui hoc primitus dixit, firma est, velle atque nolle eadem; vel, si juxta alium, humanæ amicitiæ adeo expetunt animos pares et voluntates non dissimiles, ut diversitas morum nunquam possit perve-*

*nire ad firmam concordiam; nunquam vel apud me, vel apud illos amicitia nostra semper cupiens contraria, ut non valuit, ita quoque nequibit obtinere stabilitatem; cum illi,* etc.

(1156) Vulg., *quam tu nusquam, si hoc verum est, apud perditos vero sine infamia es.* Melior est lectio codicis Frisingensis. Explica: *Quam* (id est quantum) *et tu nusquam sine infamia es, si hoc est verum,* si nimirum verum est, neminem, qui mulieres de-

D vitet, carere posse crimine pessimo, id est Sodomitico.

(1157) *Arsenoquita* e Græco est masculorum concubitor. Mox pro *nobis est* apographum Frisingense habet *omnis est.*

(1158) *Alter,* id est arsenoquita multo minus est clericus.

(1159) *Massaritia* a massa nuncupata, aliquot camporum unionem significat; ac propterea *per massaritias dividere* idem est ac dividere *per campos et vineas;* quod inæqualitatem facile inducebat; potentiores enim plures aut meliores campos sibi vindicabant. Hanc autem inæqualitatem Ratherius ut de medio tolleret, *non per campos et vineas, sed per modios et mensuras distributionem reddituum faciendam in Judicato* constituit. Vide ibi not. 1163 et 1168.

quidam mediocriter, quidam pene nihil ex eo accipiant omnino, per usum et consuetudinem illorum, quos jamdiu detinet barathrum; ad postremum omnia jura tam divina quam humana prævaricari per usum, non tibi a diabolo videtur inventum? Quod vero scriptum invenitur in lege Moysi, et prophetis et psalmis; quod in Evangelio, Actibus, et prædicationibus apostolorum, decretalibus pontificum, et constitutionibus canonum, non rursum a Deo tibi elucet inspiratum? Nihil vero in istis, quod eorum jam nominatis congruat consuetudinibus, dum nequeas invenire; qua eos judicas vivere lege? Inter prohibentem igitur talia, et, si prohibere non audet, saltem reprehendentem ac vituperantem, et facientes talia, quæ potest esse concordia, præsertim cum Dominus sub appellatione gladii, ipsam ut mitteret venisse se asserat discordiam? Ait enim, notum est, apertum est, ait: *Nolite arbitrari quia venerim mittere pacem in terram; non veni pacem mittere, sed gladium. Veni enim separare hominem adversus patrem suum, et filiam adversus matrem suam, et nurum adversus socrum suam* (*Matth.* x, 34, 35) : et quod jam per prophetam dixerat: *Inimici hominis domestici ejus* (*Mich.* v, 6). Quare autem inimici hominis ejus sint maxime domestici, est ratio evidens, quia videlicet cum quidam unis claudantur parietibus, contrariis et a se diversis sunt moribus, evenit enim sæpe ut maritus sobrius, uxor sit ebriosa; ille mansuetus, illa iracunda; sed iste Dei timore, illa propria voluntate; iste Deo inspirante, illa diabolo instigante. Quæ ergo inter tales concordia, quæ pax, quæ esse potest amicitia, nolente isto quod desiderat illa; cum ab ipso Deo hujusmodi processerit rixa? Ipse enim mansuetudinem præcepit, iracundiam prohibuit, nullique alteri (1160) assensum in malum præbere, per Apostolum ita dicentem concessit: *Non solum qui faciunt, sed etiam qui consentiunt facientibus, digni sunt morte* (*Rom.* I, 32).

5. Te ergo contra legem Dei faciente, ego qui ad te corrigendum a Deo sum institutus, non debeo saltem latrare? Te consuetudinem illorum, quos infernus sine dubio detinet, statutis illorum, qui cum Deo in cœlis consistunt, præferente, ego neque ausus sim saltem mutire? Quid ergo faciam, dum cum quibusdam miseris mihi te quoque dicetur præsente: *Non ascendistis ex adverso, neque opposuistis murum pro domo Israel, ut staretis in prælio in die Domini; et probavi te ad aquas Contradictionis?* (*Ezech.* xiii, 5.) Poteritne mihi amicitia tua illic aliquid prodesse, qui nunc tecum mihi suades pacem habere, ut cum aliis valeam dicere: *Pepigimus fœdus cum morte, et cum inferno fecimus pactum* (*Isa.* xxviii, 15) : cum juxta illius doctoris sanctissimi dictum, tutius sit homini inimicitias diaboli meruisse, quam pacem; cum non desinat per te iniquitas justitiæ repugnare, cæcitas luci, mendacium veritati resistere? Te contra Dominum ita dum videam rebellare, ut ne quod tibi mandavit digneris saltem audire, sed Judaico ritu mandata Dei relinquere, hominum traditiones et usum tam obstinanter tenere; ut de te possit dictum haberi : *Peccatum Judæ scriptum est in ungue adamantino* (*Jer.* xvii, 1); obliviscine me suades unquam dictum audisse: *Si non annuntiaveris iniquo iniquitatem suam, sanguinem ejus de manu tua requiram* (*Ezech.* iii, 18) ; et : *Væ, qui dicitis bonum malum, et malum bonum* (*Isa.* v, 20) ; et : *Dimitte mortuos sepelire mortuos suos* (*Matth.* viii, 22) ; et : *Impio præbes auxilium, et his, qui oderunt Deum, amicitia jungeris* (*II Par.* xix, 2) ; et infinita inde divinæ comminationis tonitrua? Legi in quodam beati Columbani libro, idem officium habere in Ecclesia sacerdotem, quod possidet in corpore hominis stomachus, qui scilicet acceptum excoquens cibum, ministrat eum omnibus membris, quorum unumquodque ita in suam convertit illum naturam, ut quod suscipit jecur fiat sanguis, quod suscipit fel fiat bilis, quod descendit in pulmones efficiat phlegmata. Hoc igitur exemplo si forte contingat, ut quibusdam audientibus prosit ad vitam quod alicubi loquor, pluribus suscitet iracundiam, ut verbi gratia senserat ille qui dixit : *Sicut acetum in nitro, sic qui cantat carmina cordi pessimo* (*Prov.* xxv, 20) : debueratne propter illorum formidinem saltem unus eorum negligi, cui quod dicitur ad salutem proficere posset? Et ubi esset quod Ezechiel a Domino dicitur ita : *Fili hominis, verba illorum ne timeas, et vultus illorum ne formides, quia domus exasperans est?* (*Ezech.* ii, 6.) Ubi dicentis : *Qui me erubuerit et meos sermones, et hunc Filius hominis erubescet cum venerit in gloria sua, et Patris et sanctorum angelorum?* (*Luc.* ix, 26.)

4. Quod si mihi opponas scandalum Ecclesiæ debere vitari, non contradico. Oppono tibi tamen duo Evangelii loca, unum scilicet, ubi Dominus Petro dixisse refertur : *Simon, reges terræ a quibus accipiunt tributum? ab alienis, an a filiis?* Illo respondente, *ab alienis: Ergo liberi sunt*, ait, *filii; sed ne forte scandalizemus eos, vade ad mare, et mitte hamum, et eum piscem qui primus ascenderit, tolle, et aperto ore illius invenies staterem; illum sumens da eis pro me et te.* Alium, ubi dicente eodem cum cæteris Petro ad Dominum : *Scis quia Pharisæi audito verbo scandalizati sunt?* (*Matth.* xv, 12) non curandum de hujusmodi monstrans scandalo, dixit : *Sinite illos* (*Ibid.*, 14), subaudi scandalizari. Quare? Subjungit causam, et ait : *Cæci sunt et duces cæcorum. Cæcus autem si cæco ducatum præstet, ambo in foveam cadent* (*Ibid.*). Quasi utique dixisset : Quia et ipsi cæci sunt, et aliis cæcis in perditionis foveam cadendi præstant ducatum, non curandum de illorum scandalo. Melius est enim juxta quemdam, ut scandalum oriatur, quam veritas relinquatur (S. GREG. hom. 6 in Ezech. l. i). Quia etiamsi propter illos veritatis relinquatur assertio, non propterea

(1160) Vulg., *nulli alteri*, et mox *ita docendo* pro *ita dicentem*. Apographum-Frisingense prætulimus.

meliorabuntur, sed, ut cœperunt, in perditionis præ-scito illis ab initio ruituri deteriorabuntur miseri barathro.

5. Et ista quidem ut sufficiant, quærendum, unde ista tamen exorta sit inter nos modo discordia. Sed si quis advertat quod superius prolatum de Juda, non modo exortam hanc videbit discordiam, sed a tempore ordinationis meæ nunquam inter nos exstitisse concordiam : quod mille probabunt indicia, si quis meminisse valebit, qualia mihi jam acciderunt (1161), et quanta. Licet nunc fiducia (1162) imperialis præsentiæ et synodi adunandæ in propatulo sit designata ; est tamen occasio hujusmodi rixandi nobis, quod scilicet eis manifestaverim quædam hic ideo suppressa (1163), quia in Huberto episcopo directa continentur (id est lib. *de Contemptu canonum*). Epistola ista, non vi tamen eos ad ea sequenda compellens, sed ratione perpendenda suadens.

(1161) Vulg., *acciderunt ; quanta, licet.* Aliam interpunctionem, et additamentum conjunctionis *et* sensus exegit.

(1162) *Fiduciam imperialis præsentiæ et synodi adunandæ* memorat etiam Ratherius in sermone de Octavis Paschæ num. 4, ubi postquam discordiam a die ordinationis suæ exortam prodidit, subdit : *Est vero nunc ideo in palam deducta, quod fiducia imperialis nil aliud quam quod justum est decernentis præsentiæ, et synodi congregandæ :* ubi locus hiulcus relinquitur, eaque procul dubio desiderantur, quæ ob eam fiduciam egerat, et ex quibus nunc tandem discordia erupit. Ex præsenti autem opusculo, quænam hæc fuerint, colligere licet. Cum utrobique synodum congregandam cum imperiali præsentia jungat ; synodi nomine eos utique episcopos videtur innuere, qui ex tota Aquileiensi provincia Veronæ convenere occasione præsentiæ Cæsaris, cum filio suo e Germania advenienti ibidem occurrit sub finem Octobris anni 967, ibique cum eo omnium sanctorum festum celebravit Kalendis Novembris. *Judicatum* vero, quo Ratherius quædam beneficia canonicis olim a se collata postea ademit, ut pauperioribus clericis provideret, aperti dissidii causam dedisse ex sequentibus exploratum fiet. Hoc porro *Judicatum* fiducia imperialis præsentiæ, et synodi adunandæ conditum fuit. Fiduciam quidem in imperatore Ratherius in ipsius *Judicati* fine manifestat scribens : *cujus* (imperatoris) *et auxilio fretus, sum ista molitus.* Fiduciam vero in synodo adunanda probant subscriptiones patriarchæ Aquileiensis et nostræ provinciæ episcoporum, quas eidem *Judicato* accessisse in epist. 12 ad Ambrosium Ratherius testatur. Hac duplici fiducia ipsum *Judicatum* edidit. Hinc autem cum canonici se quibusdam beneficiis privatos dolerent, discordia, quæ antea serpebat, in publicum prodiit, atque maximam contra episcopum rebellionem excitavit. Ex his porro veremur, ne hoc quoque loco nonnulla desint. Neque enim nunc in propatulo designata est *fiducia*, sed *discordia*, quam peperit *Judicatum*, quod fiducia quidem imperialis præsentiæ et synodi adunandæ paratum, at solum post imperialem assensum, et synodi confirmationem promulgatum fuit. Suppleri autem posset sic. *Licet nunc discordia ob Judicatum, quod constitui fiducia imperialis præsentiæ et synodi adunandæ in propatulo sit designata* (id est, ut in sermone de Octavis Paschæ loquitur, *nunc sit in palam deducta); occasio tamen rixandi nobis est hujusmodi.* Subjicit autem antiquiorem hujus rixæ originem.

(1163) Construe : *Quod scilicet manifestaverim eis quædam hic ideo suppressa* (seu prætermissa), *quia ista continentur in epistola directa Huberto*

491 *In canonibus apostolorum* (1164).
Cap. xxxix.

*Omnium ecclesiasticorum negotiorum curam episcopus habeat, et ea velut Deo contemplante dispenset,* etc. (1165).

6. Eat igitur qui volet ac judicet, quid horum melius fuerat, vel pejus ; quod scilicet ista formidine (1166) Deum exasperantium jam per triginta quinque fere annos quasi patienter tulerim ; an quod modo (1167), tam sero licet, hæc contra illos protulerim, cum veracissime Gregorio docente didicerim, quod inimicum tolerare, sed odisse, non sit virtus amoris, sed velamentum furoris ; et Augustino credentissimus exstem dicenti « quia recusat in Christi esse corpore, qui odium mundi non vult sustinere cum capite. » Nam præter hoc quod contra canonum sanctorum ista fieri reprehendebam decreta (1168), etiam illud me maxime nuper commovit, quoniam quidem, cum de dimittenda mulierositate (1169) Augustalis intoepiscopo (est opus *de Contemptu canonum) non vi tamen compellens eos ad ea sequenda, sed ratione suadens perpendenda.* Hæc versabantur circa potestatem et dispositionem reddituum ecclesiasticorum, quam canones episcopis tribuunt : ex qua Ratherius æquiorem reddituum cathedralis Veronensis ecclesiæ distributionem inducendam putabat, ne fere omnia majores clerici devorarent, et cæteri inopia opprimerentur.

(1164) Hic primus est canon, quem Ratherius attulit in opere *de Contemptu canonum* part. 1, ut laudatam potestatem episcopis tributam ostenderet.

(1165) Per *et cætera* indicat cæteras auctoritates, quæ hic supprimuntur, quæque in memorato opere descriptæ invenientur.

(1166) Ratherius scilicet ob formidinem exasperantium Deum, canonicos potestati episcopi et æquiori reddituum distributioni repugnantes patienter tulerat per annos ferme triginta quinque. Episcopatum adiit anno 932 mense Augusto circiter. Anni igitur fere quinque et triginta perveniunt ad annum 967, dum post synodum Ravennatem Veronam reversus cum iisdem fortius, quam antea, agere cœpit mense Junio vel Julio.

(1167) Antea nimirum potestatem in redditus ecclesiasticos episcopo a canonibus concessam auctor manifestans, canonicos ad æquiorem distributionem non vi, sed ratione inducere studuit. *Modo* vero, id est novissime post annos fere 35, ipsum consilium ad effectum perducendum ratus, illos urgere fortius cœpit, ut post pauca exponit.

(1168) Construe : *Nam præter hoc quod* (id est *præterquam quod) reprehendebam ista fieri contra decreta canonum sanctorum,* etc. *Ista* scilicet, quibus canonici æquiori distributioni reddituum opponebantur, et episcopo potestatem hac in re denegabant, *ista,* inquam, quantum adversarentur canonibus, fusius probavit in laudato opere *de Contemptu canonum* part. 1.

(1169) Id explicatur in epist. 12 ad Ambrosium num. 1. ubi ait : *Celebrata mediante Aprili* (an. 967) *universali synodo Ravennæ, reversus convocavi ex omnibus nostræ diœcesis plebibus presbyteros et diaconos, relaturus ex* præcepto serenissimi imperatoris, *quæ inibi constituta sunt. Ad concilium omnes.* Inter ea autem, quæ *iis, qui convenerant in concilio,* intimavit, unicum ibidem memorat præceptum de mulierositate dimittenda. Quæ igitur hic de eodem argumento narrat, pertinent ad idem concilium diœcesanum statim post Ravennatem universalem synodum celebratum anno 967 mense circiter Junio, vel Julio.

nuisset adversum illos voluntas, omnium pene excusatio exstitit (1170), non posse propter inopiam hoc ullo modo fieri, potuisse vero utcunque, si stipendium debitum ex rebus habuissent ecclesiæ. Visum autem mihi fuit eos habere potuisse, si aut unusquisque illorum mercedem juxta Apostolum (*I Cor.* III, 8) in ecclesia propriam secundum suum laborem acciperet, aut, uti in Actibus legitur apostolorum, dividerentur clericis delegata prout cuique opus esset (*Act.* IV, 35). Hujus rei gratia volui agnoscere omnia, quæ sive ab antecessoribus meis concessa, sive a Deum timentibus (1171) viris sunt eis collata, et sufficerent optime, si non vellem eisdem his, quæ quibusdam ingratis et inimicis contuleram stulte, providenter supplere. Hoc tam fortiter recusaverunt, ut mori se antea malle proferrent, quam hoc factum viderent. Nec inaniter. Causa (1172) enim illorum cum, Deo gratias, non mediocris sit, ita (1173) per massaritias et alia hujusmodi exstat divisa, ut quidam illorum inde valde ditescant, multitudo vero paupertate languescat, et, proh nefas! qui majus Deo in ecclesia exhibent servitium, aut nihil, aut modicum accipiant; qui pene nihil de famulitio unquam actitant Domini, locupletes de rebus ecclesiasticis fiant. Quod si quis eorum contra talia conatur saltem mutire, dicitur ei: Ut ego mortem exspectavi meorum, qui me præcesserant, magistrorum; ita tu meam exspecta, et bonis quæ ipse præsentialiter fruor, et tu frui post obitum meum studeto. Hoc quasi sit dicere: Me illic constituto ubi sunt quos imitari decerto, tu me sequi conare, et in eadem qua cecidi barathri fovea rue; ut hoc sit veraciter cæcum cæco cadendi ducatum præstare.

7. Tu ergo, inquis, quid fecisti ad ista? Monstravi illis auctoritatem canonicam; illi contra consuetudinem usitatam. Misi eis (1174) vicinorum quosdam; mandavi eis adjurando per fidelitatem quam mihi non semel juraverant, ut si aliquam authenticam rationem inde haberent, non mihi celarent; ne cum (1175) in synodum veniremus verecundiam mihi facerent, si me injustum exigere aliquid probavissent. Et ut in illorum sacramentis nullam mihi monstrarent habere potuisse unquam fiduciam, dixerunt, proh nefas! se satis scire multis multa jurasse, quæ nullatenus valerent implere: adjicientes stultum esse, ut me conarentur docere. Mandavi rursum illorum quibusdam, quod in utroque delinquerent, si aut me contra se, aut se contra me permitterent scienter contendere. Respondit cujus maxime intererat, quod stultissime faceret, si vel me (1176) toto sæculo prædicatum, vel magistros suos docere præsumeret. Hoc nihil juvante, conatus alio eos modo ad pacem, non quidem mundi, sed Christi compellere, cum quidam illorum (1177) de me haberent beneficia, interminatus sum, quod

(1170) Hanc excusationem explicat coætaneus scriptor Atto episcopus Vercellensis in epistola ad suum clerum adversus clericos incontinentes scripta, et vulgata ab Acherio tom. I Spicilegii, pag. 440. *Sunt*, inquit, *qui de feminarum contubernio se excusare quærunt, dum suam quasi necessitatem exponunt. Aiunt enim, quia nisi ipsarum manibus sustentaremur, jam fame, vel nuditate deficeremus.*

(1171) Lectum fuit in codice *admodum timentibus*, et in vulgatis addita intra uncos *ab præpositio*, *æ admodum timentibus*. Sed legendum *a Deum timentibus:* unde et in Judicato num. 2, similiter legitur, quod *a bonis et Deum timentibus* . . . . *est destinatum*. Mox pro *si non vellem* novus Spicilegii editor dubitavit, num legendum sit, *si modo vellem*. Nos econtra censemus vulgatam lectionem optime congruere; sensus enim est, communes cathedralis ecclesiæ redditus, si recte distribuerentur, satis futuros, etiamsi Ratherius nollet iis beneficiis supplere, quæ abs se ingratis et inimicis quibusdam olim collata, eisdem postea detraxit, ut pauperiorum clericorum indigentiæ prospiceret: quod in sequentibus explicat.

(1172) *Causa* hoc loco idem est ac res, quam significationem Cangius pluribus exemplis confirmat V. *Causa* 2.

(1173) Confer supra not. 1159.

(1174) *Vicini*, qui ejusdem vici, seu parochiæ sunt, unde *viciniæ* nomen dimanat. Eodem sensu in Apologetico num. 5. *Vicini omnes relinquunt me solum et insufficientissimus basilicas diœcesis nostræ vel levare, vel relevare*, etc. Similiter Atto Vercellensis episcopus in epistola ad clerum de clericis incontinentibus loquens ait: *Solent etiam tali pro scelere vicinorum vicinorumque odium incurrere.*

(1175) Cum de mulierositate dimittendo egit, id egit in synodo diœcesana, ut probavimus not. 1169. Alia igitur synodus proxime congreganda hoc loco indicatur. Hæc autem haud dubie est illa, quam cum imperatoris præsentia conjunxit num. 5, cujusque meminit in sermone de octavis Paschæ num. 4. Confer supra not. 1162. Enimvero hæc verba, *ne cum in synodum veniremus, verecundiam mihi facerent, si me injustum exigere aliquid probavissent*, convenirent ut maxime synodo provinciali, in qua cum confirmari vellet, quæ in æquiorem distributionem ac inopum clericorum provisionem constituerat, si quid injustum ab eo exigi canonici in eo episcoporum cœtu probavissent, non levi apud eos verecundia ipsum afficissent. Id ergo ut præcaveret, si quæ haberent documenta aut privilegia, quibus facultas inducendæ æquioris distributionis episcopo interdiceretur, ne sibi celarent, rogavit. Hic ergo cum canonicis tractatus, quo æquiorem reddituum distributionem inducere studuit, post diœcesanam, et ante provincialem synodum habitus est.

(1176) Hinc liquet celebritas Ratherii, qui *toto sæculo*, id est ubique, doctissimus et litteratus prædicabatur. Confer Phrenesim num. 11. Voces *magistros suos* indicant *antecessores suos*, quorum exempla ac traditionem majores clerici sequebantur: de illis enim unus ex his præcedenti numero dixerat: *Ut ego mortem exspectavi meorum, qui me præcesserant*, MAGISTRORUM.

(1177) Forte legendum *de meo*; ut numero sequenti tradit: *si quod de meo habebant, ab eis auferrem*. In Itinerario autem num. 4 quid illi haberent de suo, his verbis explicat: *Cum de meo paupertatula non sim vobis adeo inhumanus, ut militari beneficio habeam, et hoc gratis, decem ex vobis ditatos*. Cum vero ea, quæ ipsis abstulit, in eum usum converterit, qui ecclesiastico, non autem militari beneficio convenit (alia enim dedit ecclesiæ cathedrali, alia S. Stephani, alia autem pauperum clericorum subsidio assignavit, ut palam fiet ex num. 8), non sola militaria, sed etiam ecclesiastica beneficia eis contulisse videri potest. Verum si quæ alia beneficia præter illa militaria ipsis de-

si mihi interdicerent quod mihi competeret, *494* A ego quod illis concesseram, tollerem. Responderunt in tantum se non curare, ut si quod alicui illorum dedi auferrem, non mihi inde minus fideles essent; tantum de istis (1178) illos nullatenus inquietarem. Et veracissime : nunquam enim mihi pro dato fideles, nunquam pro ablato infideliores, quia non potuerunt, fuerunt. Infidelissimi nam mihi existere, nullo unquam tempore (parcat illis Dominus) cessaverunt. Sed quare? Apostolus dicat. Me etenim hoc toties replicare nimium, fateor, tædet : *Erit*, ait, *tempus cum sanam doctrinam non sustinebunt; sed ad sua desideria coacervabunt sibi magistros prurientes auribus; et a veritate quidem auditum avertent, ad fabulas autem convertentur* (II Tim. IV, 5). Ut illegalitates (1179) apertissimas *fabulas* nuncupasse illum intelligas : res enim ficta proprie dicitur fabula. Per omnes sane sermones (1180), quos populo ista Quadragesima feci, monere mecum omnes non destiti, ut redire non differremus ad pacem, sed quam, proh dolor! nunquam tenuimus, Christi: qui aliquos (1181) utique læserunt, præceptum illud Domini recordantes, *495* quod ego paratus agere omnimodis sui : *Si offers munus tuum ad altare* (Matth. V, 23), etc. : læsi vero, dicentis : *Cum statis ad orandum, dimittite si quid habetis adversus aliquem* (Marc. XI, 25) : quod et facere paratissimum me, si dignati fuissent rogari [f., rogare], non cessavi eis promittere, tantum in vera pace hoc vellent efficere. Quod tamen potius eorum in tantum augebat superbiam, et accendebat usque ad criminationem quoque mei malitiam, ut pejus etiam mihi ipsi de me compellerent credere, quam hoc sit, quod tibi, (1182) Ambrosi charissime, scriptum reliqueram nuperrime, nedum aliis permittant de me boni aliquid æstimare.

8. Quia vero perfidi semper de beneficio pejores fiunt, et qui aliquid eis confert, nil aliud agit, nisi contra se pugnandi vires illis ministrat, et ut perfidia propagetur, laborat; quod causa protuleram comminationis (1183), in effectum vertere non distuli actionis, et præcepto usus dicentis : *Da bono, et ne susceperis peccatorem* (Eccli. XII, 5); illis ablata bonis duobus, id est, beatæ Genitrici (1184), sanctoque Stephano protomartyri contuli, vel potius reddidi; faciens de quibusdam insuper scriptum quoddam, quod nominant *Judicatum* (1185), id est decretum, pauperioribus clericis (quorum causa

(1178) *De istis*, id est de bonis et redditibus cathedralis ecclesiæ, quibus canonici fruebantur. Dum scilicet Ratherius horum reddituum æquius distribuendorum omnem cogitationem deponeret, eisdemque canonicos pacifice frui sineret; beneficia sibi ab eo collata si auferret, nihil se curare responderunt.

(1179) *Illegalitates* ea vocat, quæ sunt contra canones.

(1180) Quatuor quidem sermones de pace agentes supersunt, qui in Paschate anni 968 et postea habiti sunt, nimirum serm. 2 de Pascha, alius de octavis Paschæ, tertius post Pascha, et de Ascensione secundus. Ex his vero, qui in *Quadragesima* anni ejusdem recitati fuerunt, nullus hactenus ad nos pervenit.

(1181) Monere scilicet non destitit, ut omnes redirent ad pacem, tum qui læserunt, tum læsi : et *qui læserunt utique aliquos*, non differrent ad pacem redire, *recordantes præceptum illud Domini; quod ego paratus fui omnimodis agere : Si offers*, etc., læsi vero non differrent, recordantes præceptum illud Domini dicentis : *Cum statis*, etc.

disset; ea procul dubio non omisisset in *Itinerario*, in quo collata eisdem beneficia accurate recensere et opponere maxime intererat. Notum porro est, beneficia, quæ in sua institutione erant ecclesiastica, militarium beneficiorum naturam induisse, cum in militarium beneficiorum rationem ac formam alicui ad vitam concedebantur, de qua re vide not. 1036 in *Itinerarium*. Sic ex. gr. redditus ecclesiæ S. Vitalis, qui sane erant beneficium ecclesiasticum, militibus subinde assignati in militare beneficium transierunt. Vide *Invectivam de translatione S. Metronis* num. 3, et ibidem not. 641. Quidni eadem beneficia ecclesiis, aut certo clericorum cœtui applicarentur, veterem beneficii ecclesiastici naturam repeterent? Ita ergo Ratherius eos qui episcopatus redditus, quos in militarium beneficiorum formam decem illis canonicis concesserat, in pristinam naturam restituit, cum eos a canonicis ablatos, duabus memoratis ecclesiis et clericorum pauperiorum collegio addixit.

(1182) Intelligitur Ambrosius Ottonis I cancellarius, ad quem postea dedit epistolam 12. Hic signaverat imperiale privilegium Ratherio datum die 5 Novembris anni præcedentis 967. Hac forte occasione idem Ratherius ipsi *scriptum reliquerat nuperrime*, id est *Qualitatis conjecturam*, in qua censuras et criminationes sibi a cavillatoribus objectas exposuit. Nunc autem pejores criminationes oppositas indicat, de quibus in *Apologetico* num. 7, ait : *Post tanta, talia, tam fœda, tam turpia, tam incredibilia, et ipsi etiam ætati meæ contraria*, etc. Hinc porro liquet præsens *Discordiæ* opusculum ad eumdem Ambrosium directum fuisse; et hac eadem occasione ad ipsum forsitan misit etiam *Judicatum*, quod discordiæ causam fuisse post pauca affirmat, quodque *chartæ* nomine ad eumdem se misisse tradit in laudata epist. 12, num. 4.

(1183) Antea minatus fuerat, se beneficia, quæ canonicis de suo concesserat, adempturum.

(1184) *Beatæ Genitrici*, id est ecclesiæ cathedrali, quæ sanctæ Dei Genitricis nomine dedicata est, ecclesia autem S. Stephani protomartyris altera est post cathedralem præcipua. In harum vero ecclesiarum sive restaurationem, sive ornatum ejusmodi bona collata videntur; sicuti quamdam multam quibusdam clericis inflictam *in restauranda, sive, quod verius est, decoranda B. Dei Genitricis ecclesia se contulisse*, tradit in memorata epist. 12, num. 1. Quod porro ait, *vel potius reddidi*, indicare videtur, ea beneficia, quæ canonicis in beneficiorum militarium formam contulerat, et eisdem ablata ecclesiæ S. Dei Genitricis et S. Stephano reddidit, fuisse bona, quæ antea ad eas ecclesias pertinerent. Alias vero eadem beneficia *de suo* dedisse patet ex not. 1177. Conciliantur autem omnia, si consideres, redditus omnium ecclesiarum, excepta ea portione clericis singularum assignata, juris et dispositionis fuisse episcopalis; ac propterea *de suo* dedit Ratherius, cum ea quoque dedit, quæ S. Dei Genitrici, vel S. Stephano a fidelibus collata, juri episcopi cedebant.

(1185) Hoc *Judicatum* antea edidimus, ibidemque explicavimus, quæ hic compendio indicantur.

scilicet tantum **486** pertuleram laborem) ejusdem ecclesiæ, hoc est, presbyteris capellanis, subdiaconibus de secretario septem, cantoribus septem, acolythis de secretario septem, cantoribus quinque, ostiariis sex, non ut mihi fideliores tamen, sed in servitio Domini fierent promptiores, et cessante paupertatis occasione, studiosiores (1186) in Domini diebus ac noctibus fierent servitute. Inveterata itaque hac jam per aliquot annos, nunc non quidem ut ferunt acta, sed quod melius est pace ficta (1187), discordia, pessima. non cessant mihi tendere ut semper insidiarum, me tamen non ignorante, molimina; et qui dicebant se non curare, si quod de meo habebant ab eis auferrem, neque ob hoc mihi minus fideles existerent, tantum eos de his quibus eos interpellaveram inquietare cessarem; securi nunc de mea cessatione (1188), de meo ab eis ob ingratitudinem illorum recepto me satagunt (per) potestatem quorumdam patrociniis inquietare. Me autem ad flagella pro peccatis meis subeunda paratum Dominus dignetur misericorditer respicere, et ab illorum insidiis clementer defendere; illis veniam largiendo, et pacem veram illorum cordibus ingerendo, ut simul pacificari omnes mereamur cum Christo. Quod si parvipenso quod Job (1189) quondam dixit beatus, id est : *Causam quam ne sciebam* **497** *diligentissime investigabam* (*Job* XXIX, 16); mihi miserrimo contingat, quod miseris contigit, de quibus legitur, illis, quia [f., qui] etiamsi apud Scythas causam dixissent, inculpati absque dubio dimissi fuissent (conveniat [*l.* conveniet] facienti [*l.* patienti] mihi nam ad flagella, ut dixi, in tantum parato, quantum dolor meus in conspectu est meo semper (*Psal.* XXXVII, 18), ille utique, quo et doleo quod peccato talia patior meo, et ne pejora in futuro patiar metuo) mihi, inquam, aliud non pertinet agere, nisi velle **498** optare, et indesinenter Deum rogare, ut cui (1190) fidelitatem jurasse me recolo, nunquam id facere contingat, unde gratiam ipsius irrecuperabiliter perdat; sed illud potius ei divina concedat pietas agere, quod et hic diutius feliciter imperare, et in futuro perenniter cum Christo faciat exsultare. Amen.

(1186) Id est *studiosiores fierent in servitute Domini diebus ac noctibus*. Non solum ergo die, sed etiam nocte divinum officium hoc tempore agebatur. Confer not. 1145 in opusculum *De clericis rebellibus*.

(1187) Acherii editio habebat *pace facta*. Novissimi editoris Spicilegii Acheriani emendatio placuit. Construe vero : *Itaque discordia hac non quidem nunc acta, ut ferunt, sed, quod melius est, inveterata jam per aliquot annos pace ficta, non cessant, ut semper, tendere mihi molimina pessima insidiarum, me tamen non ignorante : et qui dicebant,* etc.

(1188) *Securi de mea cessatione*, ab inducenda scilicet nova distributione reddituum cathedralis ecclesiæ, qua ex iisdem reddititus pauperioribus clericis provideret. *Securi* autem inquit, quia ejus novæ dispositionis inducendæ consilium abjeciose Ratherius præse tulerat, cum beneficia abs se collata canonicis adimere, ut ex his pauperioribus clericis *Judicato* prospiceret, satius duxit, quam ipsi canonicis illa nova distributione molestiam afferre. Hac autem in re cum illi essent securi, quorumdam patrociniis *per potestatem* apud imperatorem inquietantes Ratherium, ipsum *Judicatum* destruere, et ablata sibi beneficia restitui nitebantur. In sermone de octavis Paschæ num. 1, conqueritur, *corruptas quoque pecunia duas patriæ dominantes*, *ut fertur*, *personas*. Vide quæ ibidem adnotabimus.

(1189) Hunc eumdem Jobi textum hoc eodem in negotio repetit tum in epist. 11 ad Nannonem, tum in alia 13 ad Adelaidem imperatricem, ubi causam, de qua agebatur, non satis cognitam, decretumque sibi contrarium, se non audito, ex sola subreptione, atque obreptione potuisse extorqueri significat. Construe autem, et explica : *Quod si parvipenso*, etc., *contingat mihi miserrimo, quod contigit illis miseris, de quibus legitur; quia etiamsi dixissent causam apud Scythas, absque dubio dimissi fuissent inculpati (nam si contingat, conveniet mihi patienti, in tantum parato, ut dixi, ad flagella, quantum dolor meus semper est in conspectu meo, ille utique dolor, quo et doleo, quod patior talia pro peccato meo, et metuo ne patiar pejora in futuro) si contingat, inquam, id mihi; non pertinet agere aliud, nisi,* etc.

(1190) Construe : *at ei, cui recolo me jurasse fidelitatem*, id est Ottoni I imperatori, *nunquam contingat facere id, unde irrecuperabiliter perdat gratiam ipsius* (Dei); *sed pietas divina ei potius concedat agere illud, quod,* etc.

# RATHERII
## LIBER APOLOGETICUS [1191].

**499** *Cavillatori non modo actuum atque sermonum, sed et intentionum suarum indeficuo, fautori ac defensori adversariorum cuidam præcipuo, Ratherius*

*hæc universa, timoris Jesu jugulo modicum tactus, perferre, quam his cedere promptus.*

Tanta me vestra illa urbanitas, quam (1192) de

(1191) Editus est ab Acherio ex codice Laudunensi. Scriptus sub finem Quadragesimæ anni 968. Finem Quadragesimæ indicant verba num. 7 : *Missarum solemnia in ipso etiam præsentissimi Paschæ celebrari*. Cum porro num. 2, mentio fiat imperatoris, qui Verona discessurus, Ratherio pecuniam credidit, qua perficeretur seu potius reficeretur S. Zenonis ecclesia; ille autem Verona discesserit sub

initium Novembris anni 967; hoc opusculum rejici debet in finem Quadragesimæ anni sequentis 968, qui ultimus episcopatus Ratherii fuit. Cavillator, cui respondet, inter canonicos recensetur num. 4. Vide not. 1203.

(1192) Martianum Capellam intelligit, cujus satyram in novem libros distinctam, et partim prosa, partim versibus digestam, in scholis juventuti pro-

Martiano cæterisque hujusmodi trahitis, quorum me tanto fore haud difficor securum atque incupidum, quanto in me illud cadere vereor posse nonnihil elogium, quod jam olim de quibusdam; *semper dicentes, et unquam ad cognitionem veritatis venientes* (II Tim. III, 7), est veracissime, ut et de vobis valet, prolatum : tanta, inquam, me afficit hæc eadem ineptissima, imo pernulla philocompiæ 500 urbanitas vestræ, angustia, ut dum colloquimur, gravatissimus; dum apiculos, vel ineptiunculas quasdam plus aloes quam mellis, plus veneni certissimi quam salutaris antidoti gestantes mihi mittitis (ut utique modo pernequam famulum, ne vobis loqueretur saltem, nedum aliquod juvaminis a vobis exigeret, optarem prohibitum) confectissimus adeo reddar, cum Psalte illo ut libeat uti de multis, de vobis specialius quoque vociferari notissimo : *Narraverunt mihi iniqui fabulationes, sed non ut lex tua, Domine* (Psal. CXVIII, 85). Verum a vobis compulsus, cum pro temporis [*id est* paschatis jam imminentis] congruentia gestirem nunc saltem existere feriatus, [*subaudi* debeo] quantulumcumque apologeticum dictitare.

2. Cum gloriosissimus hinc abiisse disposuisset Augustus (Otto I), credidit fidei meæ quiddam argenti, ex quo (1193) perficere deberem basilicam sancti Zenonis, peculiaris, ut scitur, nostri patroni, 501 postquam scilicet omnia, de quibus habueram victitare (ne dum superfuisset, unde, ut suadetis,

positam ex Gregorio Turonensi aliisque mediæ ætatis scriptoribus notarunt viri eruditi. Lege Fabricium, Biblioth. Lat. lib. III, c. 15. Hæc prima valde prolixa, et ob prolixitatem atque syntaxim peroscura periodus ut intelligatur, paucis ejus sententia proponenda est. Cavillatoris colloquia cum Ratherio, quæ ineptam urbanitatem præferebant, et scriptiunculæ ad Ratherium directæ, quæ aloe potius quam melle erant refertæ, ita istum confecerant, ut ipsi cavillatori aptare posse crediderit illa Davidis : *Narraverunt mihi iniqui fabulationes*, etc. Construe vero sic : *Illa tanta vestra urbanitas, quam trahitis de Martiano et cæteris hujusmodi, quorum haud difficor me fore tanto securum atque incupidum, quanto vereor illud elogium posse nonnihil cadere in me, quod jam olim veracissime prolatum est de quibusdam, ut et valet de vobis proferri :* Semper dicentes, et nunquam ad veritatis cognitionem venientes; *hæc eadem, inquam, tanta, ineptissima, imo pernulla urbanitas philocompiæ* (id est vanæ gloriæ) *afficit me, ut dum* (ego) *gravatissimus angustia* (et vos invicem) *colloquimur, dum mittitis mihi apiculos, seu scripta, vel ineptiunculas quasdam gestantes plus aloes quam mellis, plus veneni certissimi quam salutaris antidoti (ut utique modo optarem prohibitum famulum pernequam, ne saltem loqueretur vobis, nedum exigeret a vobis aliquod juvaminis) reddar adeo confectissimus, ut libeat cum Psalte illo notissimo vociferari uti de multis, specialius quoque de vobis* : Narraverunt mihi, etc. *Famulus pernequam*, quem optaret prohibitum, ne cum cavillatoribus loqueretur, nedum exigeret ob ipsis auxilium, nescimus, an sit ipse Ratherius, quippe qui se in ea, qua premebatur angustia, colloquiis et scriptis eorum gravatum, non levatum queritur. Nec moveat adjectivum *pernequam :* se enim identidem veluti sceleratissimum traducit.

(1193) Hoc scilicet tempore nondum perfecta erat

aliquas, isto relicto, qui commissus meæ est fidei, opere, possem eleemosynas facere) ejus obligurierat non dico potentia, nego violentia, sed certe præsentia. Et, o quam vera Aurelii illa sententia (Aug. serm. 46, n. 27) ! qua fatur temerariis judiciis fore omnia plena. Cum enim sanctus et non dispar illi asserat Gregorius (Moral. in Job, l. XXXV, c. 10), quod nunquam propter obedientiam malum sit faciendum, nonnunquam vero bonum intermittendum; quis valeat credere, ut pecunia ab illo credita, cui est tam sancte juratum, alio debuerit expendi, quam præcepisse placuit illi ? Pauperibus, inquit fuscator, ut ille quondam Christi censuit proditor (*Matth.* XXVI, 9). Sed vellem scire, ubi nam illi sint pauperes. Nam (1194) censu itatenus pauperes, ut pro eis restructio deberet ecclesiarum (etiam si ex meo, ut debuerat, fieret) remanere, nullos, gratias Deo, hic esse comperio, nisi (mirabile dictu, incredibileque auditu) me, et quos alere ut domesticos debueram ipse. Sed puto, quod apud vos non alantur nisi ab episcopo pauperes. Sed hoc istic necesse non esse clamat liberalitas (1195), qui istam incolunt patriam, omnium, ne eligas cui miserearis, præceptum communiter observantium, et usque ad crapulam et ebrietatem [*id est* pauperes] eos contra Dei compellentium ante horam quoque præceptum, cum deberent et ipsi solemne custodire, ut cæteri fideles, jejunium.

3. O vero utinam qui non amplius, saltem ut ego, S. Zenonis basilica, cujus quidem turris construi cœpit tantum sæculo sequenti anno 1045. Cum vero inter ecclesias ab Hungaris incensas ac dirutas illam S. Zenonis, quæ in suburbio sita erat, Panvinius referat libro quinto Antiquitatum Veronensium c. 25 ; dubitare licet, num. pro *perficere* legendum sit *reficere.* Enimvero solam *restructionem ecclesiarum* post nonnulla commemorat ; et clarius num. 3, dum a cavillatoribus pauperes prælatos tradit *necessitati restruendi basilicam*, S. Zenonis basilicam restruendam designat, in cujus restructionem pecunia ab imperatore collata, in pauperes potius conferenda a memoratis cavillatoribus credebatur. Mox construe sic : *postquam scilicet ejus* (imperatoris) *non dico potentia, nego violentia, sed certe præsentia* (nimirum ob ingentes hospitalitatis sumptus) *obligurierat omnia, de quibus habueram victitare, nedum superfuisset, unde possem facere aliquas eleemosynas, ut suadetis, relicto isto opere, qui commissus est meæ fidei*. Nihil in textu immutavimus, nisi quod scripsimus *aliquas*, ubi legebatur *quas*.

(1194) Construe : *Nam comperio hic nullos* (Deo gratias) *esse itatenus pauperes censu, ut pro eis restructio ecclesiarum deberet remanere* (seu relinqui), *etiamsi fieret ex meo, ut debuerat; nullos, inquam, hic esse pauperes nisi me, et eos quos ipse debueram alere ut domesticos : mirabile dictu, et incredibile auditu.*

(1195) Construe : *clamat liberalitas omnium, qui incolunt patriam istam, omnium, inquam, communiter observantium præceptum* : Ne erigas cui misereris, *et compellentium eos* (pauperes) *ante horam quoque usque ad crapulam et ebrietatem contra præceptum Dei ; cum et ipsi deberent custodire solemne jejunium* (id est quadragesimale), *ut cæteri fideles custodiunt.* Tria hic notanda : I. *solemne jejunium* vocat quadragesimale, quo hoc opusculum scriptum probavimus not. 1191. II. pauperes etiam ut et fideles

LIBER APOLOGETICUS.

modos a beato Gregorio præfixos erogandi cognosceret, approbaret, diligeret illos; inveniret procul dubio et talibus, quos Domini nostri basilicam restruendi necessitati præfertis, eleemosynam divinitus omnino negari. *Da enim*, ait, *justo ; et ne suscipias peccatorem* (*Eccle.* xii, 2). Quo (1196) utique præcepto, et quibus censum imperialem tribui suadetis, repelluntur peculiari pro culpa : 502 et beatus Zeno, quem fraudari sibi concesso contenditis pretio, ad recipiendum pro justitia assumitur propria. Fratrem enim in sede majestatis sedentem (1197) appellandum credi competit ipsum, quam aliquem talium, quibus insuper, ne audiant : *Discedite a me, maledicti, in ignem æternum, qui paratus est diabolo et angelis ejus* (*Matth.* xxiii, 41), nonnihil est formidandum. Non fratribus enim, sed magis perextraneis intentari maledictio cernitur talis. Cum vero de mammona iniquitatis ob hoc amici sint faciendi, *ut nos in æterna recipiant tabernacula* (*Luc.* xvi, 9), cum non dictum sit *mittant*, sed *recipiant* ; pensandum qui nos, si ex nostro quoque faceremus, potius quirent in ea recipere, sanctus utique qui cum judice audituros judicabit, *Venite*, an isti, quibus dicetur, *Discedite*. Pauperes ergo spiritu hac auctoritate sunt eligendi ; *ipsorum est enim regnum cœlorum* (*Luc.* v, 3) : quod nobis videlicet si volunt præstare, credimus, possunt, ut utique suum. Quis enim quod non habet alicui confert ? Quis quod suum est, non cui volet est potis largiri ? Nec hoc dicimus, ut naturæ communionem negligi in aliquo, sive justus, sive injustus ille sit, suadeamus, sed ut genuinum (1198) vestrum nos ita rodentem pistillo hujusmodi conteramus. Omnibus enim cum noverimus benevolentiam ob naturæ similitudinem impendendam ; domesticis tamen fidei (*Gal.* vi, 10), per quos derivatur ad domesticos etiam Dei, specialius perpendimus exhibendam : ac per hoc (1199) nulli valeo, etiam ipsi, suadeat si, angelo credere, acceptabilius Deo existere, propria nostra substantia ut eis probabiliter tribuatur, quibus dicetur : *Ite, maledicti, in ignem æternum* (*Matth.* xxv, 41)'; neglectis qui sunt au-

cæteri, idem jejunium custodire debere tradit : unde in synodica num. 15, solos *parvulos, et senio gravi confectos, atque infirmos* a lege jejunii excipit. III. *ante horam* nonam intelligit, ad quam usque in quadragesima jejunium servandum ex mitiori disciplina docuit in laudata synodica num. 15, et serm. 2 de Quadragesima num. 3 et 5. Porro *ante horam* jejunii tempore' ad crapulam usque et ebrietatem prandiis solemnibus nonnullos incubantes perstringit eodem sermone num. 1.
(1196) Construe et explica : *Quo utique præcepto, et pro peculiari culpa repelluntur ii, quibus suadetis tribui censum imperialem* mihi creditum *pro restauranda basilica S. Zenonis, et pro justitia propria assumitur ad recipiendum B. Zeno, quem contenditis fraudari pretio sibi concesso*.
(1197) Acherius ediderat *sedentis*.
(1198) *Genuini* dicit dentes intimi, ut notavit Cicero lib. ii. De natura deorum c. 54. *Eorum adversi acuti morsu dividunt escas, intimi autem conficiunt, qui genuini dicuntur*. Hinc genuino rodere pro detrahere, dictis mordere. *Genuinum fregit in illis* apud Persium Sat. 1, vers. 115.

dituri : *Venite, benedicti Patris mei, percipite regnum* (*Ibid.*, 44) : nedum quod ab alio quolibet eis est delegatum, nobis commissum, ipsis auferatur, et illis conferatur ; cum perspicacissime (1200) de eis Sapientiæ liber : *Prohibe panem illis dare* (*Eccli.* xii, 6), contineat 503 dictum : et Apostolus de hujusmodi domos, cum manibus victus aliquid scilicet valerent acquirere, circuientibus censuerit : *Qui non operatur*, inquiens, *nec manducet* (*I Thes.* iii, 10).

4. Quid magis ? Maximum instare mihi cerno undique prælium. Non oscitando, fateor, est ad Deum clamandum : *Fac mecum, Domine, signum in bonum, ut videant qui me oderunt, et confundantur : quoniam tu, Domine, adjuvisti me, et consolatus es me* (*Psal.* xxxv, 17). Quidam enim sive putatis, sive a se magis confictis, me jaculant criminibus. Quidam bona, si qua videor agere, sinistris interpretationibus non desinunt infuscare. Tolerabiliores at judico eos, qui mali cum innegabiliter exstent, mala male seu ficta seu certa proferunt; quam qui bona, boni dum affectant videri, si qua nihi cernuntur inesse, male proferentes, candidum nigro deturpant colore. Sed prudentissime, rogo, edicas amice, impensæ quæ construendis vel restruendis, ne dico ornandis, conferuntur ecclesiis, non tibi videntur erogari pauperibus ? Quorumnam enim commodis prosunt ? Nonne eorum qui starent sub divo, sole torrerentur, imbre madescerent, gelu frigerent ? Quorum vero major pars intrat ecclesiam, divitumne, an egenorum ? Millibus [*f*, *millia*] (1201) ergo domum ab his tribus incommodis tuentem providere utriusque hominum qualitatis quod esse melius reris ; an si alicui concedatur vilissima vestis ? Imbrices sæculo consenescentes, lapides mundo ipsi condurabiles, universitati, quam panes in stercus illico convertibiles præstare alicui ? *Muta fiant labia dolosa, quæ loquuntur adversus justum iniquitatem* (*Psal.* xxx, 19), ut non me putetis hic justum appellatum, sed qui dixit : *Væ, qui dicitis bonum malum* (*Isai.* v, 20). Ut ab amicitia (1202) cæterum quod suum est exi-

(1199) Construe : *ac per hoc non valeo credere ulli, etiam ipsi angelo, si suadeat existere acceptabilius Deo, ut propria nostra substantia probabiliter tribuatur eis, quibus dicetur* : Ite, maledicti, in ignem æternum, *neglectis iis, qui sunt audituri* : Venite, etc.
(1200) Construe : *cum perspicacissime liber Sapientiæ contineat dictum de eis* : Prohibe panem illis dare; *et Apostolus censuerit de hujusmodi circumvenientibus domos, cum scilicet valerent acquirere aliquid victus manibus* : Qui non operatur, etc.
(1201) Construe : *Quod ergo reris esse melius, providere domum tuentem millia hominum utriusque qualitatis ab his tribus incommodis* (id est ecclesiam tuentem a sole, ab imbre, a gelu) ; *an si vilissima vestis concedatur alicui* ? *Præstare universitati imbrices* (id est tegulas in modum canalis excavatas, Italice *coppi*) *consenescentes sæculo, lapides condurabiles ipsi mundo, quam præstare alicui panes illico convertibiles in stercus* ?
(1202) Construe : « *Cæterum ut exigam ab amicitia quod suum est, quam haud inficior vos semper monstravisse mihi melius dando, quam consiliando proferens aliquid recognoscibile* (siquidem non dubito

gam, quam vos semper melius dando, quam consiliando, mihi haud inficior monstravisse, recognoscibile quid proferens (siquidem proferenda vos optime non dubito nosse) cum quidquid ecclesiæ confertur, Sanctum sanctorum sit Domini, et ad jus pertineat sacerdotum; 504 quod utique [*l.* id utique] sic resolvendo intelligere me profiteor, ut quidquid Domino offertur sanctum esse dicam, et ad usus delegatum, non vero quorumlibet, sed sanctorum, qui utique in nostris domiciliis aut requiescunt, aut specialius venerantur: usus vero eorum, usus eis sit famulantium. Et quia illis sacerdotes specialius debitores sunt famulari, in jure ipsorum quod est collatum convenienter debere consistere; quod tamen in quatuor partes dividi sancti præcipiunt canones: quarum scilicet una victui est præsulis delegata; altera provisioni [*id est* dispositioni] ipsius ad basilicas utique struendas vel restituendas commissa'; tertia ad usus pauperum similiter commendata; quarta clericorum necessariis destinata : cui vero vos censeatis, quæso, commissa? Connivere (1203) cæterum, ut canonicus ipse [*subaudi* es], canonicæ si non dedignamini regulæ; (quod) omnium ecclesiasticarum rerum disponendi episcopus habeat potestatem, haud dubito habeatis quin respondere. Ubi vero ad ptochia, xenodochia, cæterorum vel hujusmodi officiorum erit perventum; Eugenii vobis, reor, quod satis pateat in decretis ita dicentis sententia : *Per sollicitudinem episcoporum dispensentur omnia*

A *hæc per presbyteros et diaconos* (*Hæc in edit. non exstant*). Verum hæc alias (V. part. I *De Contemptu canon.* n. 5).

5. Ad propositum sane quia juvat redire, portione clericorum victuque pontificibus delegato exceptis, de illis quæ restant duabus partibus consilium a vobis expeto. 'Prorsus totum nam cum pascere ille debeat gregem, et animaliter scilicet, et, opus si fuerit, corporaliter, cui dictum est : *Si diligis me, pasce oves meas* (*Joan.* XXI, 17); ad idque illa tertia pars sit delegata : cumque, Deo gratias, nec fames patriam opprimat, et plures sint qui alere valeant, quam qui eleemosynaliter ali (1204) indigeant; ecclesiæ vero istius patriæ passim aut incendio paganorum, aut incuria pseudoepiscoporum, sint universæ

B aut penitus dirutæ, aut magna ex parte destructæ; cumque ex prima et secunda parte, tertia et quarta, si necessitas instaret, debuissent fulciri; secunda (1205) cum maxime 505 indigeat relevari, mihique necessitas inculcet hujusmodi, quid quæso decernitis fieri? Ad illam enim tertiam adjutores habeo innumeros, ad quartam eosdem sibi providentes supra rectum etiam ac sufficientiam clericos; ad (1206) istam secundam cum voce uti illius possim Marthæ dicentis : *Domine, non est tibi curæ* (*Luc.* x, 40), quod vicini omnes relinquunt me solum, et insufficientissimum basilicas diœcesis nostræ vel levare, vel relevare, et, si non datur, ornare. Insuper, si quid facio (1207), illos etiam, amici qui affectant

---

vos optime nosse proferenda) cum quidquid confer-  C ad illam tertiam, id est ad pauperes sublevandos habebat *adjutores innumeros,* quia, ut prædixit num. 2, magna erat in hanc rem *omnium* Veronensium liberalitas. Quartam autem partem *clericorum necessariis,* seu necessitatibus, *destinatam* idcirco *eosdem sibi providentes supra rectum etiam ac sufficientiam clericos* habere ait, quia, ut alibi queritur, potentiores clerici fere omnia sibi devorabant.

(1206) Explica : *Cum ad istam secundam,* id est ad ecclesias struendas, vel restruendas, *possim uti voce illius Marthæ dicentis : Domine, non est tibi curæ, quod omnes vicini relinquunt me solum, et insufficientissimum vel levare, vel relevare, et, si non datur, ornare basilicas diœcesis nostræ.* Hic vicini intelliguntur homines incolæ ejusdem vici, seu, uti vocamus, viciniæ. Sic etiam in *Discordia* num. 7, *misi eis vicinorum quosdam.* Se autem *insufficientissimum* affirmat ad restruendas ecclesias, quia cum plerique

D ecclesiarum reditus ob intolerabilem ejus ævi abusum precariis, commutationibus, libellariis contractibus, aut beneficiorum militarium nomine alienati essent, ut in *Qualitatis conjectura* conqueritur, episcopus autem multis præsertim hospitalitatis sumptibus gravaretur; ipse ad pauperiem redactus erat.

(1207) Construe et explica : *Insuper si quid facio,* pro ecclesiis scilicet restruendis, *illi etiam, qui affectant putari amici,* solent *vituperare et indicare melius profligasse,* id est in alienum usum et in necessarium, ut mox explicat, dissipasse : *Quod est utique dicere, Vanus est qui servit Domino; quod est prætulisse incertitudinem certitudini;* quia scilicet certa est ecclesiarum necessitas, pauperum autem, quibus illi volebant partem ecclesiis debitam tradi, necessitatem incertam deinde affirmat; *quod est antetulisse peccatores* (quos antea dixit esse *pauperes crapulæ* et ebrietati indulgentes) *Sanctissimis* (quibus scilicet ecclesiæ nuncupatæ sunt); *et astruxisse, quod Deus pluris habeat crapulam illorum, quam gloriam isto-*

tur ecclesiæ, sit sanctum sanctorum Domini, et pertineat ad jus sacerdotum; profiteor me intelligere id utique resolvendo sic, ut dicam esse sanctum quidquid offertur Domino, et esse delegatum ad usus, non vero quorumlibet, sed sanctorum, qui utique, » etc.

(1203) Construe : « Cæterum si, ut ipse canonicus es, non dedignamini connivere regulæ canonicæ; haud dubito, quin habeatis respondere, quod episcopus habeat potestatem disponendi omnium rerum ecclesiasticarum. » Hic autem canonicus cavillator, cui Ratherius respondet, quemque in titulo vocavit *fautorem ac defensorem adversariorum præcipuum,* non Veronensis, sed alius ecclesiæ canonicus fuisse videtur ex verbis num. 2 : *Sed puto, quod apud vos non alantur nisi ab episcopo pauperes. Sed hoc istic necesse non esse clamat liberalitas, qui istam incolunt patriam, omnium.* Priori sententia sermo est de pauperibus *apud vos,* qui ali putabantur ab ejus loci episcopo; et in sequenti sententia adverbio *istic* distinguuntur a pauperibus Veronensibus, quos non egere subsidio episcopi Veronensis clamabat liberalitas omnium, *qui istam incolunt patriam.*

(1204) Editio Acherii *alii* mendose. Novi editoris emendationem recepimus. Mox *paganorum* nomine Hungari designantur, qui hoc sæculo frequentibus irruptionibus in Italiam, nostræ præsertim diœceseos ecclesias incenderant. Vide Panvinium lib. v. Antiqu. Veron. c. 25. Ratherius ipse Hungaros expresse nominat in Decreto de abbatiola Magonziani : *Incenso ab Hungaris cœnobiolo. Pseudoepiscopi* autem sunt Manasses et Milo, qui Veronensem sedem vivente Ratherio occupaverant.

(1205) *Secunda,* id est illa pars ad ecclesias pertinens, maxime indigebat *relevari,* seu refici. Mox in vulgatis *inculcat,* ubi *inculcet* corrigendum fuit. Dein

putari, vituperare, et profligasse melius judicare, quod est utique, *Vanus est qui servit Domino* (*Malach.* III, 14), dicere; incertitudinem certitudini prætulisse, peccatores sanctissimis antetulisse, et quod illorum crapulam quàm istorum gloriam pluris Deus habeat, astruxisse; ut vos utique agitis, melius dicentes fuisse, ut illis duobus, egenis scilicet atque clero, nobis partim sua provisione, partim aliorum largitione non adeo indigentibus, quod habeo eleemosynaliter dispensarem; et istam secundam, id est [*supple* ecclesiarum] struendarum, vel restruendarum necessario partem omnino negligerem; hocque exstitisse non solum cogitatis, sed et loquimini, melius. Quis ferre tantum nefas queat auditus? Non est amici, sed inimicissimi persuasio, fateor, talis.

6. Fautorem cæterum te, o amicissime, omnium inimicorum meorum præcipuum licet verissime dixerim; cum non sint alii nisi rebelles ipsi Domino, qui me ita lacerant clerici, non adeo forte succenseo. Siquidem hoc non mei, sed vestri episcopi odio vos agere procul dubio scio. Exceptis enim qui ad episcopatus aspirant fastigium, is consensus omnium pene est clericorum, ut libentius audiant 506 Apostolum dicentem: *Non dominantes in clero* (*I Petr.* V, 3); quam: *Præcipe hæc et doce* (*I Tim.* IV, 11); vel alium: *Hæc loquere et exhortare cum omni imperio; nemo te contemnat* (*Tit.* II, 15); et: *Increpa illos dure* (*Tit.* I, 13); et alia hujusmodi similia, quæ (1208) si profero: *Stultus totum profert sensum suum* (*Prov.* XXIX, 11), opponi mihi valere non nescio. Nulli enim nisi potentissimo, ditissimo, ferocissimo, ac per hoc secundum se nec episcopo, sed, ut mus-

A sant, tyranno alicui, a clericis hodie suis privilegium episcopalis defertur honoris. Omnes suos sibi subjectos ambiunt habere pontifices, omnes dure audiunt dicentem, cum episcopos cogitant, Dominum: *Non est discipulus supra magistrum* (*Matth.* XX, 24). Omnibus tamen idem sit (1209) dum pervolupe, cum suos sibi subjectos compellunt honorem etiam, qui non debet [f., debetur], hoc exemplo deferre: *Quæ vultis ut faciant vobis homines, et vos facite illis* (*Luc.* VI, 31). Similiter propinatum non haurientes, amanter audiunt, dum legitur: *Patres nolite ad iracundiam provocare filios vestros* (*Ephes.* VI, 4); et hoc a nobis minime observari, cum ab eis quod Dei aut nostrum est exigimus, conqueruntur. Surdescunt cum audiunt: *Filii obedite parentibus per omnia*

B (*Coloss.* III, 20). Tolerantius audiunt *Obsecra*, quam *Argue*, vel *Increpa*. Parvipendunt, cum maledictio Cham patris verenda prodentis super eos intenditur (*Gen.* IX, 25): magni ducunt, dum aliqua infamia, vera sit aut falsa, nobis impingitur. O enim (istic ut me specialius ipse dissignem) o miserum me, verbum diebus meis factum in Israel! *Quod quicunque audierit, tinniant ambæ aures merito illius* (*IV Reg.* XXI, 12).

7. Post tanta enim, talia, tam fœda, tam turpia, tam incredibilia, et ipsi etiam ætati meæ contraria, quæ balsama dihorno (1210) (et puto quod non adeo illibenter audistis) ad quam vesaniam 507 vestri illius Martianistæ (1211) pro cesserit temeritas nuperrime, horret edicere, ne pestifera cohors hoc

C vestra inficiatur fetore, quod futurum non discredo certissime. Nam post omnia illa, cum saltem ad comitatum (1212) sine licentia mei ire ausum canones

---

tum; *ut vos utique agitis dicentes, melius fuisse, ut eleemosynaliter dispensarem quod habeo illis duobus, egenis scilicet atque clero non adeo indigentibus nobis partim provisione sua* (id clerum respicit, cui sua portio assignata erat) *partim largitione aliorum* (id pauperes potissimum tangit), *et omnino negligerem partem istam secundam, id est istam partem ecclesiarum necessario struendarum vel restruendarum; et non solum cogitatis, sed et loquimini hoc exstitisse melius. Quis auditus queat ferre tantum nefas? Talis persuasio, fateor, non est amici, sed inimicissimi.*

(1208) Construe: *Quæ si profero, non nescio valere opponi mihi*: Stultus profert totum sensum suum.

(1209) Construe: *Dum tamen omnibus idem sit pervolupe, cum compellunt suos sibi subjectos deferre honorem, etiam qui non debet, hoc exemplo*: Quæ vultis, etc. Forte pro *debet* corrigendum est *debetur*, vel supplendum, *qui non debet deferri*. In fine numeri legebatur, *quodcunque audierit*, ubi emendandum fuit, *quod quicunque audierit.*

(1210) Locus hic perdifficilis est. *Horno* significat hoc anno. Num balsama *dihorno* criminationes sibi recens impactas ironice vocavit, quasi balsama hujus anni? Certe sensus est. *Post tanta, talia, tam fœda*, etc., quæ mihi opposuistis. Antea enim num. 4, dixerat: *Quidam enim sive putatis, sive a se magis confictis me jaculant criminibus.*

(1211) Superius num. 1 notavit, urbanitatem quamdam scribendi, quam *a Martiano*, inquit, *cæterisque hujusmodi trahitis*, ubi indicari animadvertimus Martianum Capellam, qui tunc in scholis usui

erat. Martianista igitur, quem hic vellicat, forte erat aliquis clericus sibi infensus, qui ejusdem Martiani studio et stylo maxime oblectabatur.

(1212) *Comitatus* imperatoris curiam significat, sive cum locum, ubi imperator existeret. De proficiscentibus ad comitatum vide, quæ statuerunt concilium Sardicense can. 8, 9, 10 et 11 collectionis Dionysianæ, et codex Ecclesiæ Africanæ can. 106. Hinc etiam Zosimus papa in Commonitorio ad presbyteros et diaconos Ravennæ constituos, de quibusdam suis clericis queritur, *Qui contra canones adversum nos ad comitatum, nescio qua audentes temeritate, ire voluerunt*. Depositionis autem pœna decreta

D legitur in concilio Antiocheno can. 11 et 12. Quid porro hic comitatum ingerit, ubi de legatione ad Romanum pontificem sermo est? Canonicos sub finem anni 967 missum direxisse ad imperatorem, ex opusculo *De clericis rebellibus* liquet. Forte idem canonicorum legatus, qui imperatorem adiit, Romanum quoque pontificem convenit; et idcirco comitatum cum Romano itinere Ratherius jungit. Rescriptum autem pontificis consequi non potuit nisi sub Quadragesimam anni 968, cujus notitia Veronam nuperrime allata, id est paulo ante Pascha, cum Ratherius *Apologeticum* scripsit. Acrius scribendi genus, quo auctor hocce factum exponit, condonandum est homini, qui per se in scribendo acerbior, hujus temporis moribus, et ipsa improvisi rescripti novitate exacerbatus, æstu quodam abreptus scripsit. Is quidem in canonicorum redditus sese nolebat intromittere, ut ipsos, aut eorum partem sibi vindicaret, aut aliis largiretur. Videbat, dolebatque, ea quæ cathedrali ecclesiæ collata fuerant *generaliter*,

decernerent deponendum, inaudita unquam temeritate, venalem illam, ut ait Sallustius (*De Bell. Jugurth.*), adiens urbem, pretio, ut omnia antiquitus, ibi emptas quasi apostolicas deferens litteras, anathematis tam me, quam successores omnimodis meos eo multavit mucrone, ut quivis abhinc episcoporum, si de clericorum se infra mitteret rebus, perpetuo, ut aiunt, anathemate foret damnatus. Res vero cum proprie invisibiles dicantur substantiæ; illo utique innuente, qui nomen partem orationis corpus aut rem significantem definivit quam breviter esse; quæ specialius res (1213) sunt clericorum, quam animæ illorum? Dum tamen ei hinc haud ambigam me non irreprehensum abire, quod scilicet dubio religionis hoc loco adhibuerim testimonium auctoris ethnici, quo (1214) tamen Apostoli suffragio nitor, ad Titum contra vaniloquos et seductores dicto utentis, irremorsi sic ut non eatis. Clerici at vero ipsi cum sint corporales, clericatus dum ipse incorporalis, ab omnibus rebus 508 eorum si abstineo, ut corpora, ut substantias eorum sumptui delegatas, ita et animas ipsorum, ipsum insuper clericatum, dum res utique sint, æque negligenda innutantissime colligo. Ipsæ, inquam, res, personæ scilicet ipsorum, cum in animabus maxime, ut protuli, constent eorum, cæteris specialius rebus dum hoc anathemate mihi sint interdictæ, ademptam mihi esse omnino eorum cum rebus omnibus absque dubio curam perpendo. Hic si potestis igitur, aliquid consilii date. Si enim anathema sedis apostolicæ parvipendo, præter aliud quid haud parvi ducendum, pessimi exempli pontem omnibus sterno. Si non: missam saltem eis (cum res sint ipsæ, missæque cantatio ad maximum de rebus ipsorum inframissionem pertineat) nullatenus canto. Si missam eis non celebro, quod eorum non sim saltem sacerdos, nedum episcopus, perspicue pando. Episcopus sane (ut in synodo [1215] est Patam inæquali partitione dividi, ut majores *specialiter* fere omnia sibi usurpantes abundarent, cæteri autem ejusdem ecclesiæ clerici inopia conficerentur. Vide partem primam *De contemptu canonum* num. 3 et 4. Huic malo, ex quo alia plura consequebantur, remedium allaturus, juxta aliarum ecclesiarum consuetudinem æquiorem tantum eorum redditum distributionem inter omnes ejusdem ecclesiæ clericos constituendam putabat. Canonici vero, qui in suas quoque partes omnes etiam inferiores clericos traxerant, ut peculiarem suam, quam prætendebant, consuetudinem tutarentur, ac pontificium rescriptum obtinerent, quid Romanis auribus, Ratherio absente, nec suam causam suumque. consilium protegente, ingesserint, ignotum est.

(1215) Romanum rescriptum de *rebus* tantum, seu de redditibus ecclesiasticis mensæ cathedrali assignatis statuebat. Hoc autem ad animas clericorum extendere, violenta nimis interpretatio Ratherii fuit, quam recentis, ut ita dicamus, vulneris dolor expressit. Quatenus vero dispositio rerum ecclesiæ ad promovendum animarum bonum conferat, æquiori ratione explicavit part. I *De contemptu canonum* num. 3 et 4.

(1214) Magis placeret *in quo tamen*. Sic autem construe: *In quo tamen nitor suffragio Apostoli utentis dicto* (auctoris ethnici) *ad Titum contra vaniloquos et seductores sic, ut non eatis irremorsi.* Respicit textum epistolæ primæ ad Titum c. I, vers

piensi quondam clamatum) Veronensium ego ipse si sum, cum episcopus superintendens interpretari dicatur, quibus superintendo, qui suppositum omnibus me video? Hisne, qui, dum monogamos fore (1216) adulterium publicum, dum illegale utique conjugium sit, trigami esse, et (proh pudor!) 509 quadrigami, et hoc presbyteri et diaconi, cum bigami ex laicis nequeant saltem fieri clerici, pro nihilo ducunt? qui dum negotiandi legant sibi interdictum omnimodis usum, usurarii temeranter existunt? qui fidem adeo abjuraverunt, ut perjuros se esse multoties nec negare dignentur? qui collata ecclesiæ generaliter, tam specialiter sibi usurpant, ut illis exceptis, qui Scribarum et Pharisæorum ritu aliis præeminent, cæteri, me ab imo cernente, nec suffragari quiddam valente, inediæ peste vehementer laborent? qui pugnis, vel potius cestibus, ut hoc ita pro Virgilianis dictum sit Entellinis (lib. v *Æneid.*), in gremio Ecclesiæ inter se dimicantes, violare eatenus (uti modo Martianista instigante vestro est factum) non verentur templum Dei viventis; ut nisi præsentialiter reconcilietur, missarum solemnia, in ipso etiam præsentissimo Pascha, celebrari legibus in ea interdicatur? Quorum aliquis diaconorum colaphizari presbyterum Ordinarium (1217) coram se (per) servum fecit ante fores ipsas ecclesiæ superbissime suum. Ad summam eine (1218), qui sine licentia mei Romam profectus, egit ut anathemate super me jaculato talium mihi interdiceretur cunctimodis quæstio?

8. Hujusmodi et alia innumera, neque minora inemendata, dum facultas non sequitur utique, omnino relinquere, estne, quæso, superintendere? Superintendere vero nequaquam valere, estne episcopum fore? Non episcopum autem in cathedra episcopali sedere, estne, rogo, approbabile atque legale? Ad istud sane (1219) ante hac inauditum si aliquid

12: *Dixit quidam ex illis proprius ipsorum propheta: Cretenses semper mendaces, malæ bestiæ, ventres pigri.*

(1215) In *Itinerario* num. 4, se *judicio episcoporum synodaliter restitutum* tradidit. Hic autem quænam fuerit ejusmodi synodus indicat, scilicet Papiensis anni 962, qua tertio Veronensi Ecclesiæ restitutus fuit.

(1216) Ratherius *fore* pro *esse* frequenter usurpat. De clericis autem loquitur, in quibus monogamiam *illegale conjugium*, ac propterea *adulterium publicum* vocat; nam ut ait in *Discordia* num. 1: *Adulter nobis est, qui contra canones uxorius est.* Et in *Qualitatis conjectura*, num. 2, criminatores ejus de ipso pronuntiant: *Illegale conjugium nominat adulterium.* Construe autem: *Dum monogamos fore sit adulterium publicum, dum utique sit illegale conjugium, pro nihilo ducunt esse trigami, et, proh pudor! quadrigami,* etc.

(1217) *Ordinarium* id est unum e canonicis. Vide note 1042, in *Itinerarium*.

(1218) Sic novissimus Spicilegii editor, cum antea in editione Acherii legeretur *ejus ne.* Suabauditur verbum *superintendo*, quod in anteriori contextu legitur.

(1219) Construe: « Sane si ad istud antehac inauditum refero aliquid inspiratum, cum certus sim me habiturum non irreprehensum a vobis; tamen noveritis me incunctanter facturum hoc, nisi Deus aver-

refero inspiratum, non **510** me a vobis irreprehensum cum certus sim habiturum, noveritis tamen me hoc incunctanter, Deus averterit nisi, facturum, licet vobis videatur homini utpote carnali, qui non percipit quæ sunt spiritus Dei, stultissime, cum non erit tamen, si Deus dederit, factum. Victum sane (1220) cum sic gratulari valeatis Ratherium, ne taliter vinci posse putantes tripudietis multum, suadeo, Antonium, cum si fieri posset, jam fuisset absque dubio factum; distare quid inter hominem et homululum, sit omnibus dum non ignotum. Invectio (1221) cæterum, o in vos amicissime, credi ut cupitis, mea, ne in infinitum contendat procedere; terminum hic ei volo statuere, expedire non inscius, multiloquii quantocius quo vitare satagam usum, cum ipso peccatum obloquii ne incurrisse, mihi contingat, est

A quod omnino pejus reatum [*l.* pejor reatus], veritatis maxime quis si transiliens metas, charitatis inveniabiliter jure neglecto, incerta certis, connectens, veras cum nequit, falsas undecunque comportans calumnias ; et si fingere quasi probabiles sibi ingenii prohibet parvitas, candida nigris, nigra candidis atque commutans, persequatur, quod ob hoc se væ illi (*Psal.* xv, 20), psalmus ut prodit, pro tali commutatione imprecans Deus ipse, miserrimus cogitans, seque alterius felicitate ignito veluti cauterio irremediabiliter urens : quod a nobis utrisque dignetur avertere Christi ineffabilis pietas, cujus cum Patre et Spiritu sancto est una eademque agendi ut possibilitas, ita regnandi una eadem, sæcula per infinita, majestas. Amen.

B terit, licet videatur vobis utpote homini carnali, qui non percipit quæ sunt spiritus Dei, videatur, inquam, stultissime factum, cum tamen non erit, si Deus dederit. » *Inspiratum* intelligit aliquid ex auctoritate sacra : In *Discordia* enim num. 2, ait : « Quod vero scriptum invenitur in lege Moysi, et prophetis, et psalmis, quod in Evangelio, Actibus, et prædicationibus apostolorum, decretalibus pontificum, et constitutionibus canonum, non rursum a Deo tibi elucet INSPIRATUM ? » In nostro autem textu indicare videtur, se scripturum opusculum, quo sacris auctoritatibus probaret eum, qui superintendere nequit, et inemendata relinquit quæ essent emendanda, non C esse episcopum, nec posse in episcopali cathedra sedere. In hac periodo pro *non percipit* apud Acherium erat *non præcipit.*

(1220) Construe : « Sane cum valeatis gratulari Ratherium sic victum ; suadeo, ne multum tripudietis, putantes Antonium posse taliter vinci; cum si posset fieri, jam factum fuisset absque dubio, dum non ignotum sit omnibus, quid (id est aliquid) distare inter hominem et homululum. » *Hominem,* id est virum potentem, qui taliter vinci non potuit, ut ipse a canonicis victus fuerat. Antonium vocat ; se vero, qui fuerat victus, *homululum,* seu infirmum et debilem appellat. Quis autem Antonius iste fuerit, ignoramus. Num episcopus aliquis Ratherio potentior designatur ? Antonius Brixiæ præsul hujus temporis a Liutprando memoratus lib. v Hist., c. 13, anno 967, una cum Ratherio concilio Ravennati interfuit. Hunc Josepho pulso, in Brixiensi sede *nullo consilio*

habito, *nulla episcoporum deliberatione* constitutum a Berengario II idem Liutprandus loco laudato testatur. Quid vero canonici Veronenses cum eo habere possent negotii, in quo eum vincere frustra tentarint, non intelligimus. Quod si is patria Veronensis fuit, ut Faynus in *Cœlo aureo* prodidit, et multo magis si fuit sanguine junctus cum Milone Veronæ comite, uti affirmat Rubeus in ms. Historia Brixiæ ad annum 960, apud Joannem Mariam Viemmium tom. II *Ist. die Brescia,* pag. 204 ; aliqua fortassis inter ipsum et canonicos Veronenses controversia potuit existere ; ex. gr. ob aliquod prædium, quod illi capitularibus bonis vindicare moliti, obtinere nequiverint. Sed absque documentis conjicere divinare est.

(1221) Construe : « Cæterum invectio mea, ut cupitis credi, in vos, o amicissime, ne contendat procedere in infinitum ; volo hic statuere ei terminum, non inscius expedire, quo satagam quantocius vitare usum multiloquii ; ne contingat mihi incurrisse cum ipso (multiloquio) peccatum obloquii, quod est multo pejus reatum (*leg.* pejor reatus) ; maxime si quis transiliens metas veritatis, neglecto inveniabiliter jure charitatis, connectens certa incertis, comportans undequaque calumnias falsas, cum nequit veras, etsi parvitas ingenii prohibet sibi fingere quasi probabiles, commutans candida nigris, atque nigra candidis, persequatur, » etc., in quibus aliquid vel deest, vel certe vitiatum est. *Psalmus* pro Isaia citatus videtur.

## 1222 RATHERII TESTAMENTUM.

**511** Ratherius ineffabili misericordia Conditoris D non modo diutissime toleratus, sed et adhuc sospes, nuncupative solummodo (1223) licet existens episcopus, tempore præfixo cinis pro certo futurus.

(1222) Hoc *Testamentum* e codice Frisingensi P. Bernardus Pez typis dedit, ejusdemque codicis non inutile apographum accepimus. Cum tanquam Ratherii opus ex schedis ejus transcriptum fuerit, caret illis clausulis, et chronicis notis, et subscriptionibus, quibus acta ejusmodi a notariis scripta muniri solent. Ita et *Decretum* de abbatiola Magoziani, et *Judicatum* sine consuetis clausulis, chronicis notis, et subscriptionibus descripta et edita sunt. Porro *Testamentum* et *Appendix* Testamenti ejusdem in fine adjecta distinguenda sunt. Cum in Testamento *Judicatum* laudetur, et ita laudetur ut adhuc ratum et firmum præsumatur ; idem Testamentum scri-

1. Quia transeuntis instabilitas vitæ (1224) neminem sanæ mentis securum sinit manere, (1225) reculas, quas videor habere, ita vivens volo disponere, ut post obitum meum, quibus eas dedero,

ptum agnoscimus post initium Novembris anni 967, quo *Judicatum* editum fuit, et ante diem 30 Junii anni sequentis, quo Nanno uti imperatoris missus ipsum *Judicatum* publice rescidit. Appendicem vero, quæ in fine subjecta est, post ipsum Testamentum accessisse conjiciemus not. 1230.

(1223) *Nuncupative solummodo* episcopum dicit, quia ab exercenda potestate episcopali se fuisse impeditum sæpissime queritur.

(1224) Vulg. addunt *meæ :* delevimus cum nostro apographo.

(1225) *Recula* parva res, parva facultas.

quieto jure ipsas valeant possidere, quantulumcunque scilicet ut valeant consolari, quos aliquantulum constiterit de absentatu meo tristari.

2. In primis volo, ut si aliquid injuste teneo, cui competit, restituatur omnino. Inde quidquid in suppellectili mea domestica invenitur, domesticis dividatur, hoc est, clericis, qui mihi deserviunt, et quibusdam, nisi defuerint, laiculis, mansalia scilicet, scamnalia, lectisternia, curtinulæ (1226) si fuerint aliquæ, vestes, vel cætera hujusmodi. Denarii vero, si mihi fuerint aliqui, ita volo fiant divisi. Una, si fuerit, libra detur curatoribus funeris mei : altera, nisi defuerit, clericis ecclesiam possidentibus sanctæ Mariæ Consolatricis, cum cæteris in eodem Judicato descriptis. Quidquid supererit, sive sit multum, quod non credo, sive sit parum aut certe nihil, quod non discredo, habeat Martinus (1227) loculorum nunc servator meorum, aut qui, quando obibo, tunc idem habuerit ministerium. Qui vero ei quidlibet inde abstulerit, sit illi anathema et confusio sempiterna. Quæ ad victum pertinent vero, ecclesiis, vellem, quas restruere sero (1228), proh dolor! inchoavi, concederentur. Retribuat vero Deus unicuique, prout gesserit, inde. Caballi cæterum, vel alia si mihi fuerint ad iter carpendum juvamina, aut forte etiam arma, dentur eis qui mecum tunc temporis consistentes, necessarium habuerint sese alibi transferre, de patria et cognatione mea si fuerint maxime. Hæc et his cohærentia cum non (1229) magnæ pretiositatis sint certe futura, contradictoribus invadere Omnipotentis prohibeat eos conterens utique dextera et sanctorum omnium anathema. Amen.

3. Et hæc quidem repentini casus aguntur suspecto, qui sive (1230) contingat, sive elongatio promissa detur, ut speratur; commendo vestræ tuitioni, pater excelse (1231), descriptos omnes in meæ concessionis decreto, eo scilicet tenore, ut cum vestris fratribus (1232) eos contra omnes vestros defendatis rogando fratres, contra cæteros vero, quibus poteritis viribus; præcipue vero libellum, quem feci, clericulis duobus Martino et Gisemperto, id est, casalem 1, quod (1233)..... nominatum per duos nunc incolitur viros Albonem (1234)...... quem quidem quia diaconus nomine Benedictus fraudulenter acquisierat, ab eo auferens istis concessi, ea vero, quia non potuit aliter, ratione, ut donec forem superstes, mecum illo fruerentur, post vero meum discessum 29 annorum curriculo, ut cæteris moris est (1235), possiderent.

(1226) *Curtinulæ* diminitivum vocis *curtinæ*, alias *cortinæ*, quæ apud medii ævi scriptores *vela aulea* significant.

(1227) Nostrum apographum *Maran*.

(1228) *Sero*, id est post tertiam restitutionem in sedem Veronensem, cum se de ecclesiis restruendis sollicitum exhibuit. Vide *Qualitatis conjecturam* num. 2, et *Apologeticum*.

(1229) Supplevimus *non* ex eodem apographo.

(1230) Ita idem apographum. Apud Pez *quisve contingat*, mendose. *Repentinus casus*, quem timebat, mors est; *elongatio* autem *promissa*, quam sperabat, illa est, quam indicat in epist. 13 ad Adelaidem imperatricem : « Elongari potius salubriter, et habitare in monasterii mei desidero solitudine. » Hic itaque paragraphus, qui in ipso codice aliquot linearum spatio vacuo interjecto post Testamentum subjicitur, additus a Ratherio videtur, cum abeundi præceptum, quod expetere cœperat, ipsi promissum fuit.

(1231) *Patris excelsi* nomine, cujus fratres vocat Veronenses clericos, successorem suum significare videtur, cui hanc suam ultimam voluntatem, et præcipue suæ *concessionis decretum*, id est *Judicatum*, commendat.

(1232) Pez *vestratibus*, et postea *vestratres* pro *fratres*. Apographi nostri lectionem prætulimus.

(1233) Hæc lacuna in codice ipso relicta casalis proprium nomen, quod amanuensis non potuit legere, continebat.

(1234) Hic quoque deest nomen alterius e duobus, qui casalem incolebant.

(1235) Hæc nimirum libellariorum contractuum ratio erat, ut annos novem et viginti non excederent, ad præscriptionem triginta annorum impediendam. Hujus contractus vetustius papæ Honorii I exemplum anni 625 ex ms. Vaticano edidimus in tractatu *De antiquis collectionibus et collectoribus canonum* part. III, cap. 14, pag. 306, tom. III editionis novissimæ S. Leonis.

# RATHERII
### EPISCOPI VERONENSIS
## OPERUM PARS SECUNDA.
### EPISTOLÆ.

**EPISTOLA PRIMA.**

AD PATRICUM ( 1236 )

*De corpore et sanguine Domini.*

PATRICO RATHERIUS, misero miserrimus.

(1236) Hæc epistola separatim ab Acherio edita est e ms. Lobiensi tomo XII. In novissima vero Spi-

(1237) Vulgati addunt siglas *V. S.* quas codex ignorat.

(1238) Sicut *Ordines* vocantur libelli, cui cujusque

(1237) Interrogasti quemdam nuper, quando scilicet Dominus noster Conradus ordines (1238) exercuit ecclesiasticos loco qui dicitur Horna ; tu apte [*f.*, aperte], sed more [*f. subauditur* tuo], hoc cilegii Acheriani editione una cum aliis Ratherii operibus ecclesiasticæ functionis ritum ordinemque præscribunt; ita functiones ecclesiasticæ, quæ ad eorumdem

est explorative, non caritative, utrum missam, cantassem ipsius hebdomadæ tempore. Respondeo ipse, utinam neque ego, neque tu in Dominica nativitate ; ego enim raro (1239), et hoc, proh dolor ! indignissime; tu quotidie, et hoc (1240) in candida veste, quam, ut reor, Deus nulli in corpore pluris pendit, in mente quam tibi, ut et mihi, nigriorem fuligine, non nihil timeo, mihi crede. Septimo enim illi vitio, **523** quod Deus detestatur (1241), anima te servire cognosco (et utinam solus !) instantissime. Unde quis e nobis duobus, uno rarissime, altero quotidie eucharistiam indigne sumentibus, periculosius eamdem accipiat (*I Cor.* II, 27), Apostolo dimittamus judicare ; Joannis vero Chrysostomi super ejusdem ad Hebræos Epistolam si studiose legeremus (1242) uterque sermones, et me ab omnimoda, et tė, credo, a quotidiana compescerent missarum celebratione.

2. Scandalizatum te quoque mihi balneo in vigilia circumcisionis Domini dum audio, mirari satis mundissimam castissimi (1243) corporis tui munditiam non valeo, inexpertem scilicet legi peccati subacta caro quid nolente etiam patiatur animo nisi (1244),

A forte pollutum sancta tractare absque duplici lavacri purgamine tua liceat auctoritate. Sed, *Mundamini,* ait, *qui fertis vasa Domini (Isai.* LII, 11) ; et, *Sanctificamini* sæpe dicitur, dum quidlibet sanctum in Veteri atque umbratico etiam Testamento agendum decernitur : et ad David de panibus propositionis propter necessitatem sumendis : *Si mundi sunt,* inquit, *pueri (I Reg.* XXI, 4).

3. Sed forte transitorie accipis, aut etiam figurate te dicere ipse putas, dum accipienti loqueris : *Corpus Domini nostri Jesu Christi propitietur tibi in vitam æternam.* Quod si ita est ; cæcitas tui intellectus magis est dolenda et instruenda, quam miranda et irridenda, qua scilicet præsumptionis foveam declinare nesciens, frequentare quod ignoras cujus B virtutis sit, minime cessas. Sed crede, frater, quia sicut in Cana Galileæ vinum Dei imperio verum et non figurativum fuit ex aqua factum ; ista istud Dei benedictione vinum, verus et non figurativus efficitur sanguis, et caro panis. Quod si sapor idem manet, et color ita se haberi dissuadent, propono (1245) tibi aliud. Credis auctoritati Scripturæ, quæ dicit hominem de limo terræ formatum ? Non dubito

operibus recusa est tomo I. Lectiones ejusdem codicis accuratius collati recepimus. Epistolam istam ante episcopatum Veronensem a Ratherio in Belgio scriptam putamus. Nec episcopalis enim dignitatis, nec earum vicissitudinum, quas episcopus patiebatur, mentionem uspiam facit. Præterea *raro*, imo *rarissime* se missam celebrare testatur : quod monacho, non autem episcopo convenit. Adde quod *dominum nostrum* appellat Conradum , qui non erat episcopus, ut patet ex not. 1238. Num Ratherius , si fuisset episcopus, ejusmodi titulo

donasset eum, qui se inferior erat ? Porro in Belgio, ubi monachum egit, hanc epistolam Patricio dedisse ex eo colligimus, quia quæstioni respondet non scripto, sed verbis ab eodem Patrico propositæ, quando Conradus ordines exercuit ecclesiasticos in loco qui dicitur Horna. Horna Comitatus C est in diœcesi Leodicensi; unde vel nunc Leodicensis episcopus inter cætera *Hornæ Comes* inscribitur. Ex his primum locum huic epistolæ tradimus, cum cæteræ omnes a Ratherio jam episcopo lucubratæ fuerint.

dem Ordinum normam exercentur, *ordinum* nomine quandoque appellantur. Hoc quidem sensu accipienda esse verba , *quando dominus noster Conradus ordines exercuit ecclesiasticos ,* nihil ambigimus. Locus enim, *qui dicitur Horna* (ita ex codice emendavimus, cum male in vulgatis haberetur *Hornon*) in diœcesi Leodicensi situs est, ut not. 1256 animadvertimus. Conradus, qui *ordines ecclesiasticos* ibidem exercuit, non erat profecto episcopus Leodicensis, ut ex serie eorumdem episcoporum a scriptoribus Ratherio etiam coævis ad nos transmissa manifestum est. Cum porro alius loci episcopus in diœcesi non sua sacros ordines conferre non posset; hic textus de sacrorum ordinum collatione intelligi nequit ; et Conradus, qui etsi non erat Leodicensis episcopus, ex titulo tamen *Domini nostri* tum Ratherio, tum Patrico præstantior agnoscitur, aliquam functionem sacram atque solemnem *ordinum ecclesiasticorum* nomine designatam Hornæ exercuisse dicendus est, forte missarum solemnia, quorum occasione non abs re Patricus interrogavit quemdam, num Ratherius *missam cantasset ipsius hebdomadæ tempore.* Idem Ratherius in epist. 5 ad Joannem pontificem num. 6 simili sensu scripsisse videtur : *Quadam die dum ordines ecclesiasticos agerem.* Confer quæ in auctoris Vita diximus § 8. Mox pronomen *tu* refertur ad verbum *interrogasti.* Porro *missam cantare* idem est ac missam dicere, seu recitare. Vide not. 954 in Synodicam.

(1239) Pro adverbio *raro*, quod ex codice recepimus, vulgati perperam habebant *ruor.*

(1240) Auctoritate codicis addidimus *hoc*; et paulo post et pariter addidimus ante *mihi.* Dein con-

struendum videtur. *Quam* (vestem candidam) *Deus, ut reor, nulli pluris pendit in corpore, quam* (*nonnihil timeo, mihi crede*) *tibi, ut et mihi, nigriorem fuligine in mente.*

(1241) In ms. Lobiensi habetur, *ejus detestatur;* in vulgatis alia interpunctione *suis detestatur anima, te,* etc. utrobique sine apto sensu. Veriorem lectionem restituisse arbitramur scribentes *Déus* pro *ejus.* Septimum enim vitium est tristitia, seu negligentia ac tepor in operibus bonis, quod vitium Deus pluribus in locis sacræ Scripturæ reprehendit. Quæstio est antiqua, num præstet frequentius, an raro Eucharistiam sumere. Patricus quotidie celebrans, sumebat illam quotidie; Ratherius raro. Se quidem D hic præfert indignum; sed Patrico ob negligentiæ aut teporis vitium, cui deserviebat, non modicum metuendum significat.

(1242) Ita codex : Acherius *legerimus.*

(1243) Adjectivum *castissimi* ex ms. adjecimus. Construe vero : *Non valeo quoque satis mirari mundissimam munditiam castissimi corporis tui, dum audio te scandalizatum mihi balneo* (id est ob usum balnei) *in vigilia circumcisionis Domini ; te, inquam, inexpertem scilicet, quid caro subacta legi peccati patiatur etiam animo nolente, nisi forte auctoritate tua liceat pollutum tractare sancta absque duplici purgamine lavacri.* De usu balnei ante Communionem ac præsertim diebus solemnioribus vide Mabillonium præfat. 2 in Sæculum IV Ordinis S. Benedicti num. 187.

(1244) Vulgati *ni*, et dein *licet.* Codicem secuti sumus.

(1245) Verbum *propono*, quod in vulgatis deerat codex suppeditavit.

credere te responsurum. Nosti præterea dictum : *Pulvis es, et in pulverem reverteris ? (Gen.* III, 19.) Novi, reor, ais, et credo ita esse. Ergo pulvis es, homo, quem coram vides, et cinis. Est utique, inquis, quia de limo est factus. Quæ igitur hæc figura limi ? Nulla : terram potius vocitem. Terræ aliqua ? Non aliqua (1246). Et tamen terra homo 524 est? Est. Quid de limi figura ? Transfigurata est operantis sapientia. Manet tamen substantia ? Manet. Ita ergo et hic manente colore, atque sapore, eadem sapientia operante, veram carnem et sanguinem, quod percipis, esse crede; sicut e contra mutata (1247) in specie hominis [*f.*, limi specie) creatione, limi tamen substantiam manere non diffiteris.

4. Sed cujus corporis caro (1248) sit ista, rogas, importune forsitan, ut sese vanitas habet humanæ curiositatis, et unde, et a [*al.*, vel aquo] quo succisa, et si delata ipsa, et panis forsitan invisibiliter sublatus, aut ipse panis in carnem mutatus. Isti etenim sunt, ut reor, lapides, quibus bestia, id est carnale cor, et animalis homo, qui non percipit ea quæ sunt spiritus Dei (*I Cor.* II, 14), lapidatur ; si montem mysteriorum Dei tangere præsumpserit (*Hebr.* XII, 20). Evangelium itaque interrogemus : *Accipiens*, inquit, *panem Jesus, gratias egit, et dedit eis dicens : Accipite et comedite, hoc est corpus meum. Similiter et calicem postquam cœnavit, dicens: Hic est calix sanguinis mei et novi et æterni testamenti, mysterium fidei, qui pro vobis et pro multis effundetur in remissionem peccatorum (Matth.* XXVI, 26 ; *I Cor.* II, 24). Habes cujus sit corporis caro ista et sanguis, tanto certius, quanto veritatis ejusdem, quæ loquitur, voce A instructus. De cæteris, quæso, ne solliciteris, quandoquidem mysterium esse audis, et hoc fidei : nam si mysterium est, non valet comprehendi : si fidei, debet credi, non vero disculi.

**525** EPISTOLA II (1249).
AD WIDONEM ET SOBBONEM ARCHIEPISCOPOS GODESCALCUM ET AURELIUM EPISCOPOS.

Sanctissimis atque dulcissimis patribus WIDONI atque SOBBONI archiepiscopis, GODESCALCO et AURELIO præsulibus RATHERIUS peccator et exsul.

Nisi deesset, Patres reverendissimi, [quod et maxime angustias (1250) miserrimæ deprompit miseriæ] schedula ; excusationem condignam non contumacis quidem, sed inefficacis depromerem (1251) inobedientiæ prosecutione multidica, ceu scilicet competeret dominis dignissimis, pontificibus felicissimis ab indignissimo omniumque infelicissimo, quamquam et Dei misericordia coepiscopo. Sed quid agam ? Quod nequivi digniloquio suggerere, satagam parviloquio. Ea, Domini, quam maxime causa est, quod juxta vestrum non occurri vestræ dominationi præceptum, quod juris ipse non sum proprii, et demum quod nemo in sese tentat descendere. De seniore (1252) vero aliquid sinistri sentire; nedum dicere (prudentibus loquor) scelus judico exsecrabile. (1253) Explorandæ vero causa qualitatis meæ cujuslibet obtutibus me præsentari 526 non est necesse. Quantum enim [*subaudi* spectat] ad pejus, id, juxta illud Terentianum, cunctus curat populus. Quantum vero spectat ad melius, gratia Dei sum, si quid sum ; millies vero minus ab eo, quod amicorum præconiis efferor, omnimodis sum. (1254) Media inter hæc pati, ut vel deesset sibi schedula, seu charta, qua longiorem epistolam scriberet.

(1246) *Vulg. Non aliqua, et tamen terra est. Quid de limi figura ?* Codicis lectionem recepimus.

(1247) In iisdem vulgatis *mutata hominis specie, hominis creatione.* Lectionem codicis mutare ausi non sumus. Libentius emendaremus, *mutata limi specie, hominis creatione.*

(1248) Nomen *caro* ex ms. supplevimus : et *delata* pro *deleta* ex eodem emendavimus.

(1249) Hanc epistolam a Fulcuino laudatam cap. 20 e ms. Lobiensi vulgaverunt PP. Martene et Durand tom. IX Collectionis veterum Scriptorum, pag. 965, ejusdemque codicis accuratiorem collationem accepimus. Wido fuit archiepiscopus Lugdunensis, Sobbo archiepiscopus Viennensis in Gallia. Cæterorum etsi ignoretur sedes, cum tamen iidem pertineant ad concilium, ad quod et Ratherius invitatus videtur, nihil dubium est, quin et hi episcopi fuerint Lugdunensi aut Viennensi metropolitanis subjecti, omnes scilicet in ea Galliarum parte, quæ tunc Burgundiæ regnum dicebatur. Scripta autem fuit hæc epistola, dum Ratherius e Papiensi carcere dimissus, in exsilium fuerat relegatus. Hinc se *exsulem* in inscriptione appellat. Exsul vero Comi biennio et paulo amplius immoratus est, ut ipse tradit in epist. 5 ad Joannem XII pontificem num. 5, nimirum ab Augusto anni 937 usque ad initium circiter anni 940, ex quibus tempus hujus epistolæ colligere licet. Hoc eodem tempore ad eosdem in concilio coactos scripsit aliam epistolam, seu potius adnotationem in epistolæ formam, quæ inserta est in librum Præloquiorum quintum, ubi videsis col. 502 et not. 297.

(1250) *Vulg., angustia deprimit miseriæ.* Correctionem exhibuit apographum Lobiense. Indicat autem Ratherius, se tantas Comi, ubi exsulabat, augustias (1251) *Vulg., depromerem inobedientiæ prosecutione multidicæ, seu scilicet :* male. Lectio nostri apographi, quam prætulimus, innuit Ratherium ob delectum chartæ excusationem inobedientiæ, non contumacis quidem, sed inefficacis, non potuisse depromere *prosecutione multidica,* id est verbis pluribus, ut optasset, *ceu scilicet competebat* scribenti ad tantos pontifices. Inobedientia autem refertur ad præceptum, quo ab ipsis episcopis fortassis ad concilium fuerat invitatus : alia enim epistola, seu adnotatio in epistolæ formam inserta libro Præloquiorum quinto, eisdem episcopis in concilio residentibus inscribitur. Hanc porro inobedientiam non contumaciam, sed inefficacem vocat ; quia etsi invitatus maxime vellet eosdem episcopos adire, non poterat, quia Comi exsul non erat sui juris.

(1252) *Senioris* apellatione Hugonem regem indicat, qui etiam in charta anni 929 scripta Runci, (est pagus diœcesis Veronensis) sic nominatur : *Senior meus Hugo dominus rex.* Edita est a Biancolino in opere *De' Vescovi e Governatori di Verona* pag. 120.

(1253) *Vulg. explorandi,* et dein *præsentari.* Construe sic : *Non est vero necesse me præsentare obtutibus cujuslibet causa explorandæ* (id est *explicandæ*) *qualitatis meæ.* Hic qualitas pro vitæ ratione accipitur, sicut et epist. 5, *meæ qualitatis tenorem.* Hinc titulus operis *Qualitatis conjectura.*

(1254) Construe : *Miseria mei infortunii media inter hæc duo diversa* (id est inter pejus et melius) *omnibus late patet.*

duo diversa omnibus infortunii mei late patet miseria, cui propter Deum dupliciter misereamini, quæso, oratione scilicet suffragando, facultate juvando. Utroque enim hoc quam maxime indigeo; vosque et debitores fore, et ad debitum solvendum Dei misericordia abundare non nescio. Istud de cætero sudoris mei vestro examini dirigo (1255) opusculum, quod charitative relegatis propter Deum. Valete in Domino ubique memores nostri.

## 527 EPISTOLA III.
### AD ROTBERTUM ARCHIEPISCOPUM (1256).

Domino reverendissimo ROTBERTO archipræsulum nobilissimo RATHERIUS servus fidelissimus.

1. Non condignas quidem, verum uberrimas vestro dominatui (1257), pater amantissime, refero gratiarum mercedes pro collatis a vestra claritudine modicitati meæ promissionaliter beneficiorum prærogativis: optans ut qui inspiravit promittere, præstet taliter et perficere, ut et a nostra parvitate promptissimam servitii vicissitudinem (1258), et ab ipso æternam proinde mereamini recipere mercedem. Studuisse me cæterum, ut ad vestræ respondeam interrogata dominationis, nullis, postquam isthinc abii, fateor (1259), libris; oblitum vero ex his, quæ didiceram, doleo multa nimis: unde me indigere doceri quam decere convenire profiteor magis, qui licet in ipsis initiis (1260) quorumdam quæstiuncu-

(1255) *Opusculum*, id est sex libros Præloquiorum. Idcirco lib. v inseruit adnotationem quamdam in epistolæ formam, qua eosdem episcopos ad ea præsertim relegenda et expendenda excitat, quibus ad sui commiserationem opemque præstandam permoverentur: cum potissimum apud Hugonem regem conregionalem suum ipsos plurimum posse confideret.

(1256) Hæc quoque epistola a Fulcino memorata cap. 20, in Collectione veterum scriptorum PP. Martene et Durand e ms. Lobiensi impressa fuit tom. IX, pag. 965, ejusdemque manuscripti apographum ad nos transmissum aliquas correctiones præbuit. Rotbertus, ad quem hæc epistola data fuit, erat archiepiscopus Trevirensis, Theodorici ducis Saxoniæ filius, et frater sanctæ Mathildis, quæ Ottonis Germaniæ regis, ac postea imperatoris mater multis nominibus celebratur. Ad laudatam sedem evectus est anno 928, e vivis excessit anno 956. Tempus epistolæ aliquot indiciis expiscandum. Cum Ratherius se paratum exhibeat Rotberti servitio, sui juris, dum hæc scriberet, fuisse ostendit; ac proinde solutus erat ab exsilio Comensi, a quo post initium anni 940 ereptus erat. Porro animadvertenda sunt illa, quibus num. 1 tradit, se *nullis studuisse, postquam isthinc* (id est ex Gallia Belgica) *abii*, profanorum scriptorum *libris*. Is nimirum antea monachus apud Belgas, in profanorum auctorum libris versatus fuerat: creatus autem episcopus in Italia, iisdem valedixerat. Voces *isthinc abii* ipsum a Belgio adhuc absentem declarant. In Belgium autem primum rediit anno 944. Intermedio itaque tempori hæc epistola assignanda videtur, id est inter annum 940 et 944. Cum vero ab exsilio solutus, profectus esset in Provinciam, ubi Roestagni institutioni sese addixit; has autem litteras rebus omnibus egens neminique obligatus scripserit, quibus a Rotberto subsidium quærens, sese ei serviendo obtulit; has ante susceptam Roestagni institutionem, quæ ipsi satis providit, id est circa annum 940, exaratas satis credibile est.

lis Mediolanensium haud leviter pulsatus, quædam ex his, quæ vos requirere non ambigo, visus sum prælibasse; infulatus hac, qua Dei misericordia fungor sarcina, illud statim desii agere, injunctum mihi (1261) hoc officio cogitans in Dei potius lege die ac nocte meditari debere.

528 2. Naucipendens itaque quid mendax Græcia, quid poetica garrulitas semper de falsitate referat ornata; his ediscendis dedi operam, quæ mera Latinitas et (1262) apostolicorum virorum promulgavit sincerissima puritas: posthabens fontem Caballinum, bicipitemque Parnassum, vitæ fontem si cognoscerem, non solum ad salutem, verum ad peritiam credidi, Christum videlicet Jesum et hunc crucifixum (*I Cor.* II, 2), in capiteque ecclesiæ anguli positum (*Matth.* XXI, 42). Nam etsi alienigenam prisca non probibeamur ducere lege; tamen nisi prius raso capite, cæterisque superfluis non sine mysterio, ut melius nostis, recisis (1263), ducatur legitime, Syromasten Phineen compellimur formidare (*Num.* XXV, 7); cum et vasa aurea vel argentea ex Ægypto furari non ideo sit Jacobitis [*id est* Israelitis filiis Jacob] præceptum, ut in eodem quo apud eos maneret officio, sed ut spoliata gente reproba, populus ditaretur Hebræorum eisdem copiis, postea qui Domini (1264) comeret templum. Servus vero ille nequam de Evangelio ideo damnationis æternæ

(1257) Ita codex Lobiensis. In vulg. *ex arbitrio vestræ dominationi*.

(1258) Vulg., *necessitudinem, ut ab ipso*. Nostrum apographum correctionem suppeditavit.

(1259) Verbum *fateor* ex eodem apographo supplevimus. Construe autem sic: *Cæterum ut respondeam ad interrogata dominationis vestræ, fateor, me postquam abii isthinc, non studuisse libris ullis*, id est profanorum scriptorum, quibus antea, dum esset *isthic* (videlicet in regno Lotharii, ubi tum Treveri, tum Lobiense monasterium erant) operam dederat: sacris enim studiis applicuisse animum, postquam episcopus creatus fuit, inferius testatur. Hinc quæstiones a Rotberto propositæ ad profana studia pertinuisse cognoscimus.

(1260) *In ipsis initiis*, id est cum primum Ratherius Hildninum comitatus in Italiam venit; tunc nonnulli Mediolanenses quasdam ipsi quæstiones proposuerunt, quibus dum respondit, aliquibus ex iis, quæ Rotbertus quæsierat, se respondisse affirmat.

(1261) Vulgati inserunt *in*: delevimus ex apographo Lobiensi. Quod autem hic de se tradit Ratherius, idipsum præstitit Lanfrancus archiepiscopus Cantuariensis, uti liquet ex ejus epistola 33 ad Damnoaldum. *Quæstiones*, inquit, *sæcularium litterarum nobis solvendas misistis. Sed episcopale propositum non decet operam dare ejusmodi studiis. Olim quidem juvenilem ætatem in his detrivimus; sed accedentes ad pastoralem curam abrenuntiandum eis decrevimus*.

(1262) Vulg. *authenticorum virorum*. Codicem Lobiensem secuti sumus.

(1263) Ita idem codex. In vulgatis *rescissis*. *Syromasthen* porro vocat Phineen, id est Syropercussorem, quia mulierem Syram, seu Madianitem percussit.

(1264) Vulg., *conderet*. Melior codicis lectio, cujus auctoritate mox inseruimus *ille* ante vocem *nequam*.

addictus est elogio, quia talentum intellectus maluit terræ mandare, quam cœlo penitus destinare (*Matth.* xxv, 28). Quæ similitudo, ut reor, monet inter cætera, me peccatorem tantillum ingenioli, quod Deo sum assecutus largiente, illo potius acui (1265) oportere, ubi Christus est in dextera Dei sedens, quam terrenæ vanitati committere, et nihil aliud exinde, nisi ventum inanem, nec sine detrimento animæ maximo captare.

3. Sed cui ego, vel quorsum ista? Sileat tandem iners loquacitas, cedat tandem urbanitati 529 excusata saltem rusticitas. Librum propterea me tollere difficultas prohibuit ullum præter istum (1266), quem vestræ, Domine mi, dirigo legendum fidei, mihique ocius remittendum : legendum ut inepta per vos emendentur ejusdem ; remittendum ut eum regrediens [f. regredientem] habere valeam comitem. Maximam de cætero in vestra clementia habere desiderans fiduciam, de servitio vestro me (1267), precor, potestative commonefaciatis ; paratissimum namque ad omnia, quæ libuerit præcipere, me pro posse noveritis esse. Destinam (1268) vero alicujus suffragii si destitutioni parvitatis meæ quamlibet dignamini prærogare ; scit Dominus meus optime, quem obinde remuneratorem debeat sperare (1269). Valere feliciter nostrique meminisse clementer vestram optamus fine tenus claritudinem, ad laudem et gloriam ipsius, qui per sæcula benedictus, vestrum conservet, rogamus, perenniter decus. Amen (1270).

### EPISTOLA IV.
#### AD BRUNONEM (1271)

Domino servulus, decentissimo indignissimus,

A BRUNONI RATHERIUS, servitium fidelissimo fidelius, cum continuis orationibus.

Nihil dignius probitate, insignius claritudine, ingenio acutius, sani dico intellectus, in nostri ordinis valens invenire hominibus, opusculum hoc (1272) examini quoque vestri 530 dirigo dominatus, studens et illud correctius recipere, et notitiam nostri per hoc vestræ generositati ingerere. Præfixum ergo quodammodo meæ qualitatis in eo cernentes tenorem, quid, barbarus (1273) vobis licet, in vestro servitio nequeam valeamve agere, optime potestis perpendere. Si itaque placet opus, placeat et operis exsecutor servulus. Nec dedignemini (1274) suggerere, tantillum cognoscere ; forsitan enim inter millia præstantiorum et iste suum obtinebit locum.

B Potestis autem, si libet, eumdem et ad servitium adipisci ; abesse enim tenaciam remotissime vobis audivi, cum et adsint decentiæ mores illi, quos in sæculi hujus divitibus divinitas merito semper ambivit. Remota igitur difficultate, utiminī (1275) potestate, scientes me hoc inhianter ambire. Præsaga enim mens quasi divinare videtur, meam per vestram claritudinem relevandam destitutionem : tantum condignam congruamque vestro dominatui impendere valeam servitutem, fidelis ad vestrum decus (1276) vestri per omnia clientulus, commendatorque per cuncta fidissimus. Cujus et optatu, nostroque precamur contingat rogatu, ut qui eumorfam (1277) vestræ decentiæ indolem regali concessit prosapia pollere, eo usque dignetur et provehere, ut et (1278) in ho-

C dierni temporis clero non minus sint vobis omnia penitus infra, et in futuro nil inter eos inveniri valeat supra. Carmina istic subnexui, ut quidam assoeamdem repetivit Lucas Acherius. Ipsam cum laudato ms. Lobiensi diligentius collatam accepimus, ac exinde nomen *Brunoni*, quod in editis deerat, in titulo supplevimus, et in prima epistolæ linea vocem *probitate*.

(1265) Legeremus libentius *acuere*, ita ut construatur sic : *oportere me peccatorem potius acuere*, id est excitare, *tantillum ingenioli . . . . illo*, seu ad illum locum, *ubi Christus est in dextera Dei sedens, quam committere terrenæ vanitati*, etc.

(1266) Iste liber, quem ad Rotbertum misit, est agonisticus, seu Præloquiorum libri, ut ex Fulcuino discimus. Vide Admonitionem ipsis libris præmissam n. 4.

(1267) Addidimus *me ex nostro apographo*.

(1268) Vulg., *Destina ;* et post pauca *prorogare*. Codex emendationes præbuit. *Destina* autem pro columna, seu sustentaculo accipitur. *Destinam quamlibet alicujus suffragii*, id est subsidium aliquod, quo sustentaretur, *destitutioni suæ parvitatis* qua erat rebus pluribus destitutus et indigens, *prærogari* expetit.

(1269) Ita codex. Vulgati *habere*. *Valete*.

(1270) *Amen*. ex ms. addidimus.

(1271) Hæc epistola ad Brunonem Henrici Germaniæ regis filium, Ottonis item regis ac postea imperatoris fratrem, quam Fulcuinus memorat cap. 20, scripta fuit a Ratherio, cum e Veronensi sede iterum pulsus anno 948, rerum omnium inopia afflictus expetiit, ut in ejus servitium evocaretur : imo ut evocaretur, missis ad eum Præloquiorum libris hac ipsa epistola palam efflagitavit. Accitus autem ab eo fuit, antequam idem Bruno archiepiscopus Coloniensis consecraretur (id est ante annum 953), ut ex Rotgero in Vita ipsius archiepiscopi num. 24, et ex Fulcuino in Gestis abbatum Lobiensium cap. 22 manifestum est. Confer quæ in auctoris Vita animadvertimus § 9, ubi tempus explicatius statuimus. Edita primum fuit hæc epistola a Joanne Chapeauvillio in Gestis pontificum Tungrensium tom. 1, pag. 186, ex ms. Lobiensi ; ex Chapeauvillio autem

(1272) *Opusculum*, id est libros Præloquiorum, quos Fulcuinus c. 20, ad Brunonem cum epistola missos testatur.

(1273) *Barbarus* pro alienigena, seu alienæ gentis et ignoto accipitur : Bruno enim natione Saxo, Ratherius autem Belga erat.

(1274) Subaudiri videtur, *si quid iste servulus operis exsecutor valeat*. Rogat nimirum, ut cognoscat et suggerat, si quid in ejus servitio possit. *Forsitan enim inter mill a præstantiorum qui in Bru*-

D *nonis servitio erant* (multos enim doctos et magistros alebat) *et iste servulus* (id est Ratherius) *suum obtinebit locum*. Obtinuit autem primum, ut Fulcuinus tradit cap. 22 : *Advocatur Ratherius, et habetur inter palatinos philosophos prim s*.

(1275) Apud Acherium corrupte *ultimi*.

(1276) Voces *fidelis ad vestrum decus*, quas vulgati notata lacuna omiserunt, supplevimus e ms. Lobiensi, in quo solum pro *fidelis ad* legebatur *fidelitas*. Mox pro *commendator* legendum fortassis et proprius *commendatus*, id est qui se alicujus patrocinio commendans, suam illi operam obligat. Vide not. in librum primum Præloquiorum, ubi eodem sensu vox *commendatus* accipitur.

(1277) In vulgatis hic lacuna relicta, quam voce *eumorfam*, id est *formosam*, ex eodem ms. eruta implevimus.

(1278) Conjunctionem *et* tum hic, tum ante verba *in futuro* idem codex suppeditavit.

lent, nulla; non sum enim, mihi credite, poeta; quanquam nec lateat me poetriæ penitus regula. Diffusiorem namque sum semper amplexus sermonem, obscuritatis odio diffugiens contractiorem.

## 531-532 ADMONITIO IN TRES SEQUENTES EPISTOLAS.

I. Tres sequentes epistolæ eodem ordine hic proferentur, quo exstant in ms. codice Lobiensi, qui unus eas ad nos transmisit. Ex ipso enim editæ fuerunt, quinta et septima a Joanne Chapeauvillio primum [t. I Gest. pont. Tungren.], et dein ab Acherio [t. I Spicil. nov. edit.], sexta vero a PP. Martene et Durando [t. IX Collect. vet. Script.]. Quinta porro epistola subinde inserta fuerat a Fulcuino Gestis abbatum Lobiensium cap. 19; at ejus tantum initium in Lobiensi Fulcuini codice inventum, uti et in vulgatis Gestis legitur. Has omnes uno tempore, eodemque consilio scriptas suadent similes, quæ in omnibus continentur sententiæ. Ratherius enim se ab episcopatu Veronensi ejectum, aliumque in suam sedem intrusum, se rebus omnibus desertum, ac monasterii solitudinem cogitantem æque in omnibus præfert. A qua tamen cogitatione se abductum indicat nonnullorum obloquiis, quibus nisi responderet in judicio canonico, criminosus aut fugax judicaretur. Hinc deposito consilio monasticæ solitudinis repetendæ canonicum judicium postulat, tum in epistola quinta ad pontificem, tum in septima ad episcopos, ut in eo decidatur num ipse an æmulus ejus legitimus Veronensis episcopus sit; cumque Romanum judicium expeditius futurum videret, in epistola sexta ad omnes fideles Christianorum opem efflagitat, ut iter Romam conficere possit. In Germania, quo sese receperat, has epistolas scripsisse colligere licebit ex not. 1357 ad epist. vi.

II. Quo autem tempore seu anno scriptæ fuerint, difficultatem facessit epistola v ad Joannem pontificem, quæ in margine Acherianæ editionis missa traditur ad Joannem XIII. Id vero nulla ratione dici potest, cum Ratherium sub Joanne XII suæ Ecclesiæ jam restitutum certis documentis liqueat. Enimvero ipse etiam in Itinerario lucubrato Joanne XIII pontifice, num. 4, se suæ sedi redditum tradit præcepto apostolici, qui tunc Romæ præerat sedi; ubi adverbio tunc eum pontificem, quo præcipiente fuerat restitutus, jam vita functum significat. De Joanne XI cogitari nequit, cum ir ipsa epistola nonnulla referantur, quæ ad annum pertinent 941, multo post Joannis XI mortem. Hinc epistolæ inscriptionem Joanni XII convenire dubitandum non est; et alii quidem eamdem epistolam adscribendam putant anno circiter 956, quo ille pontificatum iniit; alii vero anno 961 aut 962, paulo antequam Ratherius suæ sedi restitueretur. Qui eam assignant anno 961 vel 962, corrigere coguntur ipsius epistolæ textum num. 1, ubi auctor se calamitates passum prodit per annos jam viginti, ac triginta legendum censent. Nisi vero aliquid aliunde cogat, vulgatam lectionem viginti, quæ item est lectio codicis, deserendam non credimus.

III. Obtrudunt illa epistolæ verba num. 8 : Interjecto dehinc tempore, cum gloriosissimus atque piissimus, cunctoque celebratissimus orbe rex noster Italiam introissel, adfui cum ejus clarissimo filio, tentans, si daretur optio, ut meo restituerer loco. Hæc autem illi intelligenda existimant de secundo Ottonis I adventu in Italiam anno 961; putantque anno sequenti 962 eodem venisse Ratherium cum ipsius filio Ottone II, et hac occasione arrepta, scripsisse epistolam ad Joannem XII, quæ Ottone agente, et concilio Papiensi subinde celebrato, restitutionis effectum efflagitaret. Huc nimirum referunt aliud Ratherii testimonium in Itinerario num. 4, quo se misericordia piissimi Cæsaris, præcepto apostolici,

qui tunc Romanæ præerat sedi, judicio episcoporum synodaliter restitutum tradit. At recitatum epistolæ textum non de secundo, sed de primo Ottonis ingressu in Italiam anno 951 accipiendum esse, filium autem Ottonis, quocum adfuit Ratherius, non esse Ottonem secundum, sed Luitulfum ducem, nobis certissimum est. In hanc rem expendenda sunt, quæ in eadem epistola statim subjiciuntur. Sed impedivit, quod alterum illic institutum 533-534 rex invenit, Milonis scilicet nepotulum..... cui quidem Manasses sedem vendiderat. Ilic agitur de Milone episcopo Milonis comitis nepotulo, cui Manasses episcopatum vendiderat. Hunc autem Milonem sedem Veronensem tenuisse anno 951, ex documento Ecclesiæ S. Stephani, quod Joannes Baptista Perettus vidit [Catalog. Ep. Veronen., pag. 61], manifestum est. Hoc porro anno 951 Otto rex, et filius ejus Luitulfus in Italiam venerunt : Otto autem secundus non venit anno 962, ut illi existimant, sed tantum anno 967; cum jamdiu ante Ratherius episcopatui Veronensi fuisset restitutus. Neque Ottonis secundi adventum in Italiam anno 962 astruunt documenta anni ejusdem, quibus Ottonis imperatoris, et Ottonis ejus filii in Italia regis annus primus signatur. Cum enim Otto pater sub autumnum anni 961 secundum iter in Italiam suscepit, Ottonem filium puerulum suum secum non duxit, sed Gullielmi archiepiscopi Moguntini curæ commisit, ut continuator Reginonis et annalista Saxo tradunt. Ea autem documenta id unum probant, Ottonem patrem, cum anno 962 ad imperium ascendit, effecisse ut filius Otto, quem anno præcedenti Germaniæ regem eligendum curaverat, Italiæ quoque rex, licet absens, proclamaretur. Si igitur illud epistolæ testimonium de primo Ottonis adventu in Italiam, et de filio ejus Luitulfo intelligendum est; nihil hinc nos cogit eam epistolam rejicere in annum 962. Equidem in eadem epistola eodem num. 8 subditur, Ratherium, licet ea occasione venisset in Italiam ut episcopatum recuperaret, restitutionem tamen non obtinuisse, sed potius debuisse cedere regiæ majestati : quæ non conveniunt adventui Ottonis secundo, quo re ipsa fuit restitutus.

IV. Cum vero anno 951 non congruat epistolæ inscriptio ad Joannem XII, qui ad Romanam sedem promotus fuit anno tantum 956; hoc autem anno Luitulfus Ottonis filius iterum venerit in Italiam, ut Berengarium II ex Italico regno expelleret : alii recitatum epistolæ testimonium non de primo, sed de hoc altero Luitulfi adventu interpretantur, ita ut Ratherius e Leodicensi sede pulsus, anno tantum 956 una cum eo Ottonis filio in Italiam advenerit. Hoc Ratherii iter in Italiam post ejus expulsionem ex episcopatu Leodicensi probari existimant ex Fulcuino, qui cap. xxiv ait : Exacto in hac destitutione sua (scilicet post eam expulsionem) Ratherius ferme biennio..... Italiam revertitur. In Veronensi autem sede invento Milone episcopo, qui, ne Luitulfi ope Ratherii restitutio fieret, impedimento erat; Joannis XII recens electi judicium eum implorasse censent hac epistola, quam idcirco post annos jam viginti suarum calamitatum (sumpto initio a captivitate anni 955) scriptam arbitrantur.

V. Huic vero sententiæ assentiri non possumus. Neque enim Ratherius in descripto epistolæ testimonio se profectum ait in Italiam cum Ottonis filio tantum, sed cum rex noster Italiam introisset; adfui cum filio, etc., nec se a recuperando episcopatu impeditum affirmat, quia idem filius, sed quia ipse rex alterum illic institutum invenit. Venerant ergo in Italiam et rex pater et filius, cum Ratherius huc contendit. Illud ergo epistolæ testimonium, quod de filio Luitulfo accipiendum vidimus, ad adventum pertinet anni 951, quo uterque in Italia fuit. Fulcuini autem verba aliquid mendi habere, et alio sensu esse explicanda in auctoris Vita § 13 probavimus. Nihil igitur suppetit pro constituendo Rathe rii itinere in Italiam anno 956, cum econtra iter ejus ab anno 951 excludi non possit. Num vero huic anno affigi potest etiam epistola ad Joannem XII, qui tum nondum pontificatum adierat?

VI. Antequam nostram hac in re proferamus sententiam, animadvertendum vel maxime est, nonnulla eidem epistolæ inesse, quæ tempus anterius anno 956 plane videntur exigere. Etenim primo Ratherius inquiens num. 5 : *Comprehendit me Berengarius instinctu Manasse sanctissimi archiepiscopi, et qui jure locum obtineat Ambrosii* (obtineat inquit, non *obtinuerit*), Manassem procul dubio in Mediolanensi sede adhuc, dum hæc scriberet, locatum præsumit. Is autem eamdem sedem dimiserat anno 953. Adde quod num. 7 eumdem Manassem pluribus episcopatibus *præesse* tradit, nulli autem *prodesse :* quæ nulli anno post annum 953 convenire queunt, uti patebit ex not. Secundo num. 8 sermonem faciens de Milone episcopo, Milonis comitis nepotulo, qui anno 951 jam erat Veronensis episcopus ordinatus, ait summum pontificem alloquens : *Sed fautores hujusmodi ordinationis licentiam se accepisse gloriantur ab apostolatu vestræ dominationis :* et in sequentibus se cessisse tradit *apostolicæ vestræ auctoritati* ac divinæ dispositioni tribuisse, quod idem pontifex fecisset ; additque : *Vestram credo paternitatem nec voluisse, neque ausam fuisse contra legem canonicam alicui quidlibet agendi dare licentiam.* Hæc sane scripta apparent ad eum pontificem, qui apostolicæ sedi præerat, dum Milo ordinatus **535-536** fuit; ac propterea ipsi hujus ordinationis licentia a Milonis fautoribus tribuebatur. Hoc autem tempore, ordinationis scilicet Milonis sub annum 951, non Joannes XII, sed Agapetus II Romanam sedem tenebat, qui ad eam evectus anno 946, obiit anno 956. Tertio n. 9 subdit, se quidem hanc apostolicam dispositionem, qua idem Milo in Veronensi sede constitutus videbatur, revertium, de repetendo suo monasterio cogitasse : at *præcavens*, ait, *ne.... æstimer non vocatus quidem, sed provocatus, judicium me velle delitescendo effugere, ad pedes apostolatus vestri me prosterno, et quis e nobis duobus, cum una ecclesiæ sedes duos non admittat sedentes, episcopus sit, audire cupio;* ejusdemque pontificis sententiam efflagitans, ad finem usque epistolæ ita prosequitur, ut ejus pontificis judicium quærere videatur, qui ordinationi Milonis licentiam dedisse ferebatur. Hæc autem congruunt ei tempori, quo Ratherius sub Agapeto II una cum Luitulfo venit in Italiam, et Milonem ordinatum reperit. Eidem quoque tempori, seu exeunti anno 951, vel ineunti anno 952 strictius conveniunt anni *viginti* inchoati, quibus se *omnigeno calamitatum genere fatigatum* pronuntiat num. 1. Siquidem jam inde a sui episcopatus initiis, id est ab anno 932, plura ab Hugone rege se pertulisse narrat num. 5, et similiter num. 1, ab ipso ordinationis *die destinatus sum*, inquit, *quam hic deploro, perditioni.* Totus itaque epistolæ quintæ contextus cum anno 951 vel 952 aptissime concinit.

VII. Idem tempus multo magis efflagitant aliarum quoque epistolarum vi et vii, quæ insimul exaratæ fuerunt, contextus et rerum gestarum series. Nihil ex iis, quæ in eisdem epistolis narrantur, posterius est anno 951 et 952. Postrema quæ profertur vicissitudo illa est, cum post secundam expulsionem, quæ accidit anno 948, e Germania quo sese receperat, Italiam reversus anno 951, ut episcopatum recuperaret, invento in episcopali sede Milone, de recuperando episcopatu despondens, initio quidem monasterii solitudinem repetere cogitabat, et hoc consilio rediit in Germaniam; at auditis oblocutionibus nonnullorum queis episcopatu juste privatus tradebatur, ne divulgatam criminationem sua fuga comprobaret,

adeundi monasterii consilium deponendum, et appellationem apud Romanum pontificem, atque ad omnes episcopos interponendam , charitativumque Romano itineri suscipiendo subsidium a Christianis petendum decrevit. Nonne hæc gesta noscuntur statim ipso anno 951, vel ineunte anno 952, cum recuperandi episcopatus spem omnem interceptam deprehendit? Cum porro affirmet epist. vi, post desertam ultimo tempore Italiam *nusquam aliqua mihi vel hospitii quies, nusquam aliquod suffragium nisi locus misericordium,* quos fuisse Germanos episcopos indicat epist. v, num. 12; cumque perspicue insinuet se a repetendæ solitudinis consilio deductum non adiisse monasterium, nec ullibi certam sedem nactum fuisse: hæc procul dubio omnium maxime repugnant anno 956, et multo magis anno 962. Etenim ante annum 956 a Brunone receptus, apud eum aliquandiu vixit: mox Leodicensem cathedram anno et amplius obtinuit, ac tandem ab ea exclusus, ut haberet unde viveret, monasterio præfectus fuit. Si vero ponatur annus 951 vel 952, cum omnium epistolarum contextus, tum rerum gestarum series æquissime congruent.

VIII. Una obstat inscriptio epistolæ quintæ, quæ non ad Joannem pontificem, sed ad Agapetum data dicenda esset. Quid autem sentiendum ? Cum gravissima sint quæ ex epistolarum contextu et historia exigunt annum 951 vel 952 sub Agapeto II , nec repudiari possit epistolæ quintæ inscriptio unico licet exemplo Lobiensi fulta, quæ Joannem (1279) præfert; id unum suspicari et conjicere licet, hanc epistolam cum aliis duabus scriptam quidem fuisse anno 951, vel ineunte anno 952 ad Agapetum II : at cum spes omnis obtinendi quidpiam evanuisset , eam tunc fuisse suppressam ; ac dein Joanni XII inscriptam anno 956 aut 957, cum sub initium pontificatus ejus, Luitulfo in Italiam reverso atque victore spes recuperandæ sedis Ratherio injecta fuit, vel saltem anno 961, cum de Ottonis reditu in eamdem Italiam fama retulisset, ut Berengarium deviceret, et a Joanne XII imperator coronaretur. Mirum vero maxime accidit, Ratherium, mutata licet inscriptione, nihil in ipsius epistolæ textu immutasse, nihilque eorum addidisse, quæ sibi contigerunt post annum 952. Hinc dubitari potest, num hæ litteræ reipsa ad Joannem XII missæ fuerint: et de aliis duabus, num ad eos, quibus inscribuntur, fuerint directæ, non minus ambigendum est. Confer auctoris Vitam § 9 in fine. Harum trium epistolarum diligentissimam, nec inutilem collationem cum codice Lobiensi accepimus.

## 537 EPISTOLA V.

### AD JOANNEM SUMMUM PONTIFICEM.

Summo primæ, hoc est Romanæ, sedis pontifici, domino patriarchæ reverendissimo JOANNI RATHERIUS peccator et exsul.

1. Parvitatis meæ æqualitatulam, omnigeno calamitatum genere per annos jam viginti (1280) fatigatam, et a pueritiæ oris in oras senectutis per innumeros ærumnarum scopulos infeliciter devolutam, vestræ paternitatis provolvens vestigiis, domine reverendissime, archipræsulum archiepiscope, et, si de ullo mortalium jure dici possit, universalis papa nominande, precor in Omnipotentis amore, ut querelam miseriarum mearum patienter ac benigne suscipiatis, ejusque vice mihi vel sero succurratis, cujus ideo sedem obtinetis, ut portas inferi prævalere

---

(1279) In codice Fulcuini, qui hujus epistolæ initium exhibet, pontificis nomen deest, ut et in vulgatis ejusdem omissum fuit.

(1280) Sunt qui putant legendum esse *triginta*. Sed fidem codicis haud deserendam patebit ex Admonitione præcedenti, num. 2 et 6

adversus Ecclesiam non sinatis (*Matth.* xvi, 18), in quantum scilicet reniti, cum Dei ipsiusque adjutorio, valeatis. Quod si de persona conquerentis, vociferantis, et præ angustia clamantis requiritis; ego, ego sum, domine, miserrimus ille, qui Veronensibus datus episcopus, ipso, ut ita neque absurde loquar, die destinatus sum, quam hic deploro, perditioni. In cujus persecutione ita omnis pene quasi conjuravit mundus, ut miserrimo, omniumque etiam consanguineorum auxilio destitutissimo mihi visum sæpissime sit, quod nullus fuerit tam justus, qui in me non exstiterit iniquissimus; tam munificus, qui non tenacissimus; tam pius, qui non crudelis (1281); tam cæteris per humilitatem submissus, qui mihi non alter visus sit Tarquinius; tam verax, qui in promisso vel ullum veritatis verbum mihi dicere sit dignatus, a summo scilicet nobilitatis usque ad infimum servitutis.

2. Quod si aliquis excipi valet, excipiantur **538** (1282)Germani, ac solummodo et difficillime, abundante videlicet iniquitate, et refrigescente charitate (*Matth.* xxiv, 12), episcopi; qui, ut reor, si quid commodi mihi contulerunt, metu illius in decretalibus Alexandri papæ egerunt (*epist.* 11), qui ait: Quicunque ex vestro collegio fuerit, et ab auxilio eorum episcoporum, utique et destitutorum, se subtraxerit, non sacerdos, sed schismaticus judicabitur.

3. Ego sum, domine, ego, quem Græcia Orienti, Hispania valet nuntiare Occidenti, se vidisse (1283) aut pallere tristitia, aut rubere præ verecundia; quem jam ubique videri, atque ab omnibus gyrovagum pudet vocari. Miretur quis, quomodo quod cunctis erat canticum, vestro apostolatui quiverat fore (1284) celatum. Hoc ad meæ quoque, peccatis merentibus, damnationis cumulum, quod nec apud vestram sacratissimam sedem, neque apud aliquem principum vel potentum, intercessorem invenire nunquam valui ullum. Ut autem quondam Paulus Cæsarem (*Act.*

(1281) Verba *qui non crudelis; tam cæteris per humilitatem submissus* in vulgatis omissa, ex codice Lobiensi inseruimus. Post nonnulla ex eodem ms. *a summo* scripsimus, ubi legebatur in editis *e summo*.

(1282) Post alteram e Veronensi sede expulsionem Ratherius sese in Germaniam recepit, ibique ab episcopis Germanis aliquid opis obtinuit.

(1283) In priori editione Acherii *sed vidisse*. Emendatum fuit in secunda, quemadmodum in codice legitur, et in editione Chapeauvillii, quæ solum omittit *aut* ante *pallere*.

(1284) Pro *fore*, quod in ms. habetur, in vulgatis emendatum fuit *esse*. Verum *fore* pro *esse* apud Ratherium et alios mediæ ætatis scriptores frequenter invenies.

(1285) In ipso carcere Ticinensi scribens Præloquiorum librum quartum, Romanæ præsertim sedis judicium expetiit num. 4. In epistola quoque sequenti fidelium subsidium imploravit pro Romano itinere, quod inire meditabatur, ut a summo pontifice judicaretur.

(1286) *Jure stipendiario*, inquit, quia Hilduinus e Leodicensi episcopatu dejectus, ab Hugone rege ejus consanguineo, Notgero, seu Notherio in episcopatu Veronensi substitutus fuit, non ut ibidem perpetuo consisteret, sed ut interim ejusdem episcopatus stipendia perciperet, quoad ad aliam digniorem

A xxv, 11) ita ego (1285) appellabam Romanam sedem. Verum, ut strictim tacta dilucidem, et quo valeo succinctius; Notgero faustæ recordationis episcopo meliora, ut remur, petente, datum episcopium est meo domino Hilduino, jure stipendiario (1286), promisso regis (*id est* Hugonis regis Italiæ), qui me tunc oppido, ut credebatur, diligebat, manente, quod ubi illum altius promovendi locus emergeret, ego petentibus darer episcopus. Inthronizato Medionali eo (1287), ut sese instabilitas mundanæ sæpe continet volubilitatis, longe aliter atque promiserat regi placuit, cupienti potius, ut fama erat, unum e tribus [*subaudi* intronizare], aut quemdam Aquitanum, aut quemdam Garafridum, aut Manassem Arelatensem archiepiscopum, contra jus licet canonum (1288).

4. Inter agendum revertor a Romana sede, peracta legatione, ferens privilegium (1289) pro jam dicto domino meo actum, cum archiepiscopali pallio. Allatæ cum his sunt et litteræ domini papæ tunc temporis Joannis gloriosæ indolis (1290), quibus continebantur preces ejusdem, **539** totiusque Romanæ Ecclesiæ, uti ego Veronensibus darer episcopus. Displicuit hoc non parum regi contraria molienti; sed obtinuit deprecatio apostolica, instante rogando, meo jam dicto, cum primoribus regni, domino [*scilicet* Hilduino]. Ego semivivus pene jacebam infirmus. Persuasum est regi, puto, a me diligentibus, quod non evaderem. Hac spe pellectus consensit, satisfacere gestiens tam domino papæ, quam cæteris, quos inconveniens videbatur offendere rogantes. Evasi [*scilicet* e morbo], ordinatus sum ego. Iratissimus redditur ille; juravit per Deum (nec est mentitus) quod diebus vitæ suæ de ipsa ordinatione non essem gavisurus. Misit ergo in pitaciolo (1291) certam quantitatem stipendii, quod tenerem de rebus ecclesiæ; de cæteris exigens jusjurandum, ut diebus illius filiique sui amplius non requirerem. Ego intelligens quanta absurditas hoc consequeretur, non consensi. Quid

sedem, cum primum vacaret, promoveretur.

(1287) Hilduinus a sede Veronensi ad Mediolanensem Hugone curante provectus fuit, anno 931.

(1288) Ita codex Lobiensis. Vulgati *citra jus*. Hæc autem verba *contra jus canonum* Manassem Arelatensem archiepiscopum respiciunt, qui si una cum Arelatensi sede Veronensem quoque obtineret, ut postea accidit, contra decreta canonum fieret.

(1289) *Privilegium*, id est Romanæ sedis confirmationem, quam Mediolanenses præsertim archiepiscopi una cum pallio debebant obtinere.

(1290) Scilicet Joannis XI, qui ad apostolicam sedem ascendit anno 931. Cum hic, tum illius vita functus, a Ratherio *papa gloriosæ indolis* vocetur; perperam a nonnullis veluti pseudopontifex, aut intrusus notatur contra sensum Ecclesiæ, quæ eum inter legitimos Petri successores recensuit.

(1291) *Pitacium* seu *pittacium* dicebantur schedulæ, seu libelli breviores, in quibus aliquid ascribebatur. In hoc autem *pitaciolo* Hugo declarabat quam stipendii quantitatem ex Veronensis ecclesiæ redditibus Ratherio concederet; et ab eo exigebat jusjurandum ne quid amplius requireret, quoad ipse et filius Lotharius in regnum assumptus viverent. Huic autem rei cum Ratherius non consensisset, hinc origo discordiæ enata, quam libro quarto Præloquiorum indicavit num. 20.

magis? Adhibuit undique persecutores et adversarios, qui aut deterrerent me, ut effugerem, aut irritarent, ut in illum excederem, et ut expellendi me inveniret occasionem. Nactus est (1292); cepit me, retrusit in custodiam in quadam Papiæ turricula; non dico sine mei culpa, qui enim (1293) inter talia saltem in verbo non offendit, hic perfectus est vir (*Jac.* III, 2); sed contra legem ita hæc egit, et sine audientia. Dicat hic quisque quod volet; temerariis enim judiciis, juxta Augustinum (*serm.* 46, n. 27), plena sunt omnia. Confiteor vero ex quo eum primitus vidi, usque dum hominem exuit, semper me Theodosii felicitatem imperatoris illi optasse, et adhuc ejus recordatione me graviter affici dolore.

5. Duobus annis et dimidio, nisi fallit recordatio, priorem pertuli persecutionem (1294), et totidem carcerale supplicium: hinc emissus subii toticm quoque exsilium (1295). Sed cum per Dei misericordiam ego quidem eo invito fuissem liberatus, ille vero per Dei justitiam regnandi honore privatus, sedit animo illum adire (1296), ejusque calamitatem omnibus diebus obsequio solari: nam nec defuerat qui intimaret (sero licet, ut timeo, quodque Deus ab illo avertat postulo) quod pœnitens sæpe optasset, ut daret Deus, quod ad eum venirem, et si valeret, restitutionem mihi impetraret: sin alias, daret pecuniæ tantum, ut amplius non egerem. Veniebam, comprehendit me Berengarius (1297) instinctu Manassis sanctissimi archiepiscopi (1298), ut qui jure locum obtineat Ambrosii. Tribus iterum (1299) et semis mensibus sub custodia retentus, indeque emissus, Veronamque perductus, et a Milone dolo receptus (1300), ut scilicet Manassem expelleret, ne pœnitentia ductus juvaret, quem plurimum, ut fertur, nocuerat avunculo regem.

6. Quod martyrium versutiis ejusdem Milonis per biennium pertulerim, satagam si referre, historiam putetis. Summam tantummodo ut brevissime comprehendam, omnes clericos, milites, colonos, et famulos (1301) ipso contra me patrocinante, non synodum agere, non capitulo clericorum interesse, non aliquid, quod emendandum esset, audebam solummodo commemorare, statuere quidlibet, vel destituere, nusquam aliquid, quod scire vellet, loqui poteram, quod non continuo sciret; sacramento enim ab omnibus id, credo, extorserat. Et cum omnes sui coram illo mihi detraherent, ille solus contra omnes quasi pro me faciebat, ut scilicet provocati ampliora derogando referrent, ita ut alterum credere possetis Antipatrum Herodis impii filium: nam boni [f., non enim boni, etc.] aliquid malive agere, potestatis vel licentiæ erat meæ. Idipsum etiam quod ipso imperante agebam [*vulg. male*, aiebam] (neque enim contraire ejus præceptis audebam) vertebat in culpam, clericorum occulte struens contra me calumniam, mihi vero de eis promittens dolose satis vindictam. Hoc adeo processit, ut quadam die, dum ordines ecclesiasticos agerem (1302), archidiaconus cum omni clero exiens, me solum in ecclesia relinqueret, et alteram sibi contra me vindicaret. Et, o tempora! o mores! o legis canonibus excluso eidem ecclesiæ restitueretur.

(1292) Quando Ratherius una cum Milone comite Arnoldum Bajoariæ ducem Veronæ recepit, tunc Hugo ejus expellendi occasionem sumpsit. Arnoldo enim excluso, et Verona recuperata, episcopum veluti rebellem captivum adduci jussit in turrim Papiensem, quæ post nonnulla *Walberti turricula* appellatur, forte a Walberto potenti judice Ticinensi, qui cum adversus Hugonem conspirasset, captus et capite truncatus fuit, Liutprando teste lib. III Hist. cap. 10 et 11.

(1293) Verba *qui enim* usque ad *perfectus est vir* in Acheriana editione omissa supplevimus ex ms. Lobiensi: ex quo mox scripsimus *contra legem*, ubi Acherius habet *citra legem*.

(1294) Priorem persecutionem vocat illam, qua ab initio sui episcopatus Hugo, ut superius scripsit, *adhibuit undique persecutores et adversarios, qui aut deterrerent me, ut effugerem, aut irritarent, ut in illum excederem, et ut expellendi me inveniret occasionem.*

(1295) Exsilium scilicet, quo Comum relegatus fuit.

(1296) Hugonem adire voluit Ratherius jam ab exsilio liber, non cum Como, ubi exsul fuit, eo invito aufugit sub finem anni 939, vel ineunte anno 940, sed cum idem Hugo regnandi honore privatus fuit anno 945.

(1297) Cum Ratherius comprehensus fuerit a Berengario Hyporegiæ marchione, qui sub rege Lothario Hugonis filio summam in Italia potestatem exercebat; in hac regione ipsius potestati subjecta captus dici debet, Hugonemque aditurus, iter suscepisse non in Provinciam, quo Hugo primum sese receperat, sed in Italiam, quo illo rediit anno 946, ut si posset, regnum recuperaret. *Instinctu* autem *Manassis* fuit comprehensus, quippe qui Veronensem Ecclesiam occupabat, timebatque, ne Ratherius se

excluso eidem ecclesiæ restitueretur.

(1298) Ironice *sanctissimum archiepiscopum* vocat Manassem, et *et qui jure locum obtineat Ambrosii,* quippe qui Mediolanensem sedem Berengario curante obtinuit anno 948; et, dum Ratherius hæc scripsit, adhuc obtinebat.

(1299) Adverbium *iterum* ex ms. Lobiensi, et editione Chapeauvillii addidimus. *Iterum* autem *sub custodia retentus* dicitur, quia prius in turri Papiensi duos annos cum dimidio captivus fuit.

(1300) Hic milo Veronæ comes erat, qui Arnoldo contra Hugonem primum favit. Licet vero subinde cum Hugone reconciliatus, Veronam gubernaret; cum tamen postea favisset Berengario, metuebat, ne Manasses, qui Veronensem episcopatum occupabat, et Berengario pariter favens, Hugoni nocuerat, pœnitentia ductus juvaret eumdem regem avunculum suum, a quo si Manassis ope recuperaretur in Italia regnum, ipse Milo detrimentum caperet.

(1301) Ratherius lib. III Præloquiorum num. 22, *laboratores liberos et servos, et milites regni* vocat, quos hic appellat *milites, colonos et famulos. Milites* intelliguntur nobiles. Vide ibidem not. *Coloni* erant rustici agris colendis addicti, sed non proprie servi, uti erant *famuli*. Quæ porro addit, *Nec synodum agere, nec capitulis clericorum interesse audebam,* de iis synodis et capitulis accipienda sunt, quæ in visitationibus ecclesiarum diœceseos habebantur, uti latius ostendimus in Vita auctoris § 8, num. 57. Unde etiam patebit, cur non solum clericos, verum etiam milites, colonos, et famulos hac occasione commemoret.

(1302) Hæc non de sacrorum ordinum collatione, sed de aliqua functione sacra atque solemni intelligenda probavimus in auctoris Vita § 8, ubi hunc locum explicatum invenies.

nicæ publica conjuratio! o, ut ita dicam, abominatio desolationis! o verbum factum in Israel, quod quicunque audierit tinniant merito ambæ aures ejus! (*Jer.* xix, 3.) Arelatensis archiepiscopus, tendens insidias Veronensi episcopo, consecravit episcopum quemdam suæ diœcesis in titulo Ecclesiæ Veronensis. Quis non miretur? quis non obstupescat? Ubi enim fas? ubi lex? ubi sæcularis [*subaudi* lex] unucuique provinciæ certos distribuens inconvertibiliter limites? ubi consideratio cuncta cernentis? ubi : *Non transgredieris terminos, quos constituerunt tibi patres tui?* (*Prov.* xxii, 28.) Non intelligunt ad hoc pertinere, qui nesciunt quam longe Verona ab Arelatensi absit patria. Ubi erat quod lex ait (CALLIST. *ep.* ii, 24) : Si quis metropolitanus, nisi quod ad suam solummodo (1303) pertinet parochiam, agere tentaverit, gradus sui periculo subjacebit? Et ubi archidiaconus [*f.*, archiepiscopus] suum præfixum canonibus non excedens, teneat cum humilitate locum? » 542 Sed hæc ad illos, qui unius sedis sunt archiepiscopi. Cui vero quinque (1304) licet episcopiis præesse, nullique prodesse, quid poterit non licere? Horum vero omnium cum incentor Milo esset et auctor mei tamen et videri et dici ambiebat advocatus et tutor. Itaque callidissime me affligebat, ut rarissimus esset in regno, qui non æstimaret amicissimum eum esse mihi omnino. Ego vero miser eram diebus noctibusque ita confectus et anxius, ut tæderet me vitæ meæ, et mallem in Walberti, ut quondam, turricula, quam sedere in Veronensi cathedra, esurire (1305) sub Hugone, quam epulari cum Milone.

7. Biennio et hoc tolerato, gravissimo omnium, quas antea, et post pertuli, miseriarum carcere, dum ad vespertinam persolvendam pergerem synaxim, adfuit missus domini regis Lotharii præcipientis, ut urbe decedens darem locum Manasse sedem meam invadendi, adjiciens amicale [*id est* amicabile] satis consilium, melius scilicet esse, ut secederem, quam Milonis dolo aut exmembrarer, aut interficerer, aut (quod levius his multo, sed gravissimum mihi esset futurum) comprehensus, quo minime vellem abducerer. Calamitosum hic accusare, cum possem, devito aliquem (1306), ne adjiciam super vulnerum ejus aliquod, quod propheta conquerendo prohibet, dolorem (*Psal.* LXVIII, 27). Quid plura? Feci jussus quod antea libentissime fecissem injussus, nisi interdixisset, quod ait in Evangelio de mercenario Dominus (*Joan.* x, 12); sed non potui agere impune. Lupi illi (1307) gregem non quærebant invadere, sed pastorem; persecutusque in una civitate, fugere venialiter potui in aliam.

8. Interjecto dehinc tempore, cum gloriosissimus atque piissimus, cunctoque celebratissimus orbe rex noster (1308) Italiam introisset; adfui cum ejus clarissimo filio; tentans si daretur optio, ut meo restituerer loco. Sed impedivit, quod alterum illic institutum rex invenit, Milonis scilicet nepotulum (1309); ne difficile sit conjectare, cujusce rei causa [*al.*, gratia] tanta mihi intulerit mala. Cui 543 quidem Manasses sedem vendiderat (1310); sed fautores hujusmodi ordinationis licentiam se accepisse gloriantur ab apostolatu vestræ dominationis (1311). Cedere igitur tam apostolicæ vestræ auctoritati, quam illius regali majestati, quam reprehendere si quid decrevissetis, tutius fore credens, statueram, carceribus et exsiliis per Dei misericordiam exemptus, et in latitudinem (1312) liberi arbitrii eductus, sosus fueram, ac præterea etiam ille fortassis, quem Manasses *consecravit episcopum in titulo Ecclesiæ Veronensis.*

(1308) Otto rex innuitur. Verbum *introisset* primum ejus ingressum in Italiam significat, qui incidit in annum 951 ; ac proinde filius Ottonis, quocum Ratherius in Italia adfuit, non est Otto II, sed Luitulfus, ut in præmissa Admonitione latius probavimus.

(1309) Is est Milo comitis Milonis nepos, qui anno quidem 951 episcopatum Veronensem tenebat, ut ex documentis a Joanne Baptista Peretto allatis discimus. *Nepotulum* autem eum auctor appellat, quia erat adolescentulus annorum circiter 18; natus enim fuerat, postquam Ratherius Veronæ episcopus consecratus fuit, uti ex epist. vIII ad eumdem Milonem liquet.

(1310) Idipsum tradit etiam Liutprandus lib. iv, c. 5.

(1311) Hæc Agapeto II, non autem Joanni XII convenire in Admonitione ostendimus. *Licentia* porro, quæ ab apostolica sede data præfertur, forte dispensationem respicit ob defectum ætatis Milonis, quippe qui adolescentulus juxta canonum regulas ad episcopatum promoveri non poterat.

(1312) Cum Acherius edidisset *et latitudinem*, novissimus Spicilegii editor pro *eductus* legendum credidit *adeptus*. Verum emendatio *in latitudinem* auctoritate Lobiensis codicis inserta, nihil in voce *eductus* immutare sinit.

---

(1303) Ita codex Lobiensis, concinente, etiam lectione pseudoepistolæ Callisti. Acherius *quodammodo*.

(1304) Hic Manasses perstringitur, qui quinque episcopatus obtinuerat, Arelatensem, Veronensem, Mantuanum, Tridentinum, ac tandem Mediolanensem, ut ex Liutprando colligere licet. Cum vero hic indicetur, eum pluribus episcopiis, dum hæc Ratherius scriberet, adhuc *præesse, nullique prodesse;* conveniunt hæc quidem anno 952, quo Manasses, Veronensi licet episcopatu Miloni antea vendito, quatuor alios episcopatus tenebat ; posterioribus vero annis non conveniunt, cum anno 953 archiepiscopatui Mediolanensi sponte, sive invitus cedens, ac in Gallias profectus, sola Arelatensi sede ad mortem usque potitus videatur.

(1305) *Esurire*, inquit, *sub Hugone*, quia in turricula Valberti, seu Ticinensi, in qua biennio et amplius retentus fuit, inter multas calamitates etiam famem pertulit.

(1306) Acherius *cum possum, devito aliquem, nec adjiciam.* Codicis Lobiensis lectionem prætulimus. Num hic *calamitosus*, cujus doloribus dolorem adjicere devitat, est idem comes Milo, qui Berengarii II fautor, hoc forte tempore, seu anno 951, aut 952 aliquid gravius passus sit ab Ottone, cum is Berengarium tota fere Italia expulit?

(1307) Lupi illi, qui Ratherium impetebant, intelligendi videntur Manasses, cui cedere locum jus-

litudinem monasterii petere, et ibi exspectare Deum, qui salvum me faceret a pusillanimitate spiritus et tempestate persequentium (*Psal.* LIV, 9), causasque expulsionis meæ a memetipso pœnitendo exigere, meque ipse, ut non judicarer, judicare, quod statuissetis, a Deo decretum credere : summus enim pontifex a nemine debet reprehendi, et cor regis in manu Dei (*Prov.* XXI, 1). Quæ duo utrumque commonefaciunt, credo, illum [*id est* pontificem], ne reprehendenda agat; istum [*id est* regem], ne cor suum a manu Dei, id est, a gubernaculo (si rex jure malit esse, quam vocari) in disponendis regni necessariis auferat. Vestram credo paternitatem neque voluisse, neque ausam fuisse contra legem canonicam alicui quidlibet agendi dare licentiam : illum non alia necessitate regnum ambiisse Italicum, nisi ut distortum per multimoda injustitiarum, hujusmodi scilicet et aliarum irrectitudinum volumina, ad rectitudinem Christianæ legis potestate imperiali cogeret regnum (1313).

9. Decreveram igitur, ut dicere cœpi, monasterium ita expeditus petere; sed rursus cogitans, in quali ordine illic quoque deberem esse, episcopi scilicet, an presbyteri, an alterius, an nullius ordinis (dicturum est enim forsitan aliquis eorum, qui sibi arrogantes solent in corde, velut etiam hic publicanus, dicere, quia nec cum bonis (1314) laicis in ecclesiæ publica admittendus sum statione : e diverso forsitan alius, tanto dignior, inquit, quanto flagello attritior) : fluctuans inter hæc animus, cui potius assensum præbeat, ignorat. Veridicoque post, et hoc insperato 544 percipiens relatu, mihi ab æmulis quædam objici, pro quibus non vi, sed jure, ministerio sacerdotali me asserant privari : verens, ne hæc mei cessio vel patientia, alicujus alterius, præsentis scilicet aut futuri, fiat depositio a dignitate propria (proclivis enim semper est in deteriora veteris Adæ posteritas ; nulloque existente qui opponat se murum pro domo Israel, stans in prælium in die Domini [*Ezech.* XIII, 5]; verendum est [1315] ne serpens per licentiam vulnus in futurum multo fiat deterius,

A more ignis, qui modicas delambens paleas, dum per incuriam non exstinguitur, comburit sæpe civitates maximas) : præcavens etiam, ne juxta illius in decretalibus dictum, qui ait : *Manifestum est confiteri illum de crimine, qui canonice vocatus, judicium subterfugit* : æstimer non vocatus quidem, sed provocatus, judicium me velle delitescendo effugere; ad pedes apostolatus vestri me prosterno, et quis e nobis duobus, cum una ecclesiæ sedes duos non admittat sedentes, episcopus sit, audire cupio. Si ego, Veronensis ergo : si ille, repulsio mea non furtiva esse debet, sed publica, ne ob falsum contrariæ suspicionis rumorem, contra vos (1316) clamet ecclesiæ terra, et sulci (juxta Gregorium) ejus cum ea. Adimi quoque episcopo episcopatum, antequam causæ ejus exitus appareat, utrum ulli Christiano videri jure possit, a vestra paternitate volo discere ; nam miser ego, et imperitissimus multa mei causa perquirens et relegens, nusquam hoc potui invenire. Quod si talis est culpa, convenientius videtur, ut degradatus prius careat officio, post episcopio, ne non juste, sed inimice videatur actum.

10. Ne igitur criminosus videar criminatus, aut fugax provocatus, audientiam rogo, audientiam flagito, invasoremque ecclesiæ meæ cum ipso pastorum omnium pastore audaciter furem vocitans et latronem (*Joan.* X, 1), quia aliunde ascendit, non per ostium introivit, (etenim vivente viro, nubere alteri [1317] non permittitur mulier legitime), 545 coram apostolatu vestræ sedis ad certamen canonicum provoco, eo etiam, si vestræ dominationi placet, tenore, ut sive pro me, sive pro illo, lex obtinuerit episcopium, cui vobis visum fuerit, tribuatis tantum in Domino : præesse enim ulterius non concupisco, si prodesse, ut antea, nulli valeo.

11. Offenderit sane, timeo, vestræ paternitatis sincerissimum auditum, paulo quam decuit severior, et quasi invectiva in adversarios oratio; sed peto veniam dari afflictissimæ pusillanimitati. Nam si compatientis et non dedignantis erga meam utamini

(1313) Vide ne ex voce *imperiali* existimes, Ottonem I, quando hæc scripta fuerunt, seu quando Italiam ingressus, Veronæ episcopum invenit Milonem, jam ad imperium fuisse assumptum; ac proinde hanc epistolam, serius multo quam credimus, exaratam fuisse. Nunquam enim Ratherius hac in epistola Ottonem imperatorem, aut Cæsarem nominat, ut in aliis operibus post initium ab eo imperium scriptis constanter nominasse deprehenditur; sed regem tantum in eadem appellat. Adjectivum *imperiali* regi etiam convenire posse patet ex lib. III Præloquiorum num. 22, ubi auctor, licet regem alloqueretur, dum nullus tum erat imperator. *Aut tui,* inquit, *imperialis sunt juris.* Recte autem scripsit Ratherius *illum* Ottonem *non alia necessitate regnum ambiisse Italicum* (quibus verbis eum regem Italiæ, dum hæc scripsit, indicat) *nisi ut distortum ...... ad rectitudinem Christianæ legis potestate imperiali cogeret regnum*; quia regnum Italiæ Otto consecutus est anno 951, antequam illud Berengario certis conditionibus in comitiis Augustanis cederet anno 952; unde documenta exstant anni 951 et ineuntis 952, in quibus ejusdem Ottonis regis annus in Italia primus signatur. Vide Collect. diplomat. canonici de Dionysiis pag. 117; 118 et 120, ac Muratorium *Annali d'Italia* ad annum 951, pag. 375 et 377.

(1314) Apud Acherium *qui nec cum bonis.* Novissimus Spicilegii editor emendavit *quod nec cum bonis.* Prætulimus Chapeauvillii lectionem, quam Lobiensis codex exhibet.

(1315) Addidimus *est* ex ms. Lobiensi.

(1316) Editi *contra nos.* Correximus ex eodem codice, et jure quidem ; indicat enim, suam repulsionem ab episcopatu, ut juxta esset, debuisse esse publicam, seu publico judicio constitutam : alias Ecclesia reclamaret, si pontifex repulsionem sine legitimo judicio factam ob rumores privatos et falsos non reprobaret.

(1317) Voces *nubere alteri,* quæ apud Acherium deerant, supplevimus ex ms. Lobiensi. *Non dimittitur* scriptum est pro *non permittitur.*

miseriam affectu, advertere prudentissima (1318) vestræ pietatis poterit dignatio, me isthic nullum aliud illorum tetigisse vitium, nisi quod ad meum illis famulatum est detrimentum. Testor vero et promptissime Deum, maluisse me (1319) in uno Probi, in altero mores Ambrosii, quam aliquid invenire quod carperem sinistri, eorum maxime quæ pertuli. Verum, ut in breviloquio comprehendam quod opto, aut Veronensium esse convincar, - aut nequaquam episcopus ; universalem (1320) namque me præsulem esse non consequitur ullatenus, et tædet me in hoc vel errare, vel errandi aliis causas præbere diutius. Non pontificem quoque pontificalia præsumere, quanti sit periculi, tanto minus valeo ignorare, quanto frequentius missas aliquem laicorum celebrare nullatenus præsumere perspicio quotidie. (1321) Unum vero e nobis duobus episcopum non esse, cum etiam infantum, si qua eis inest, satis evidenter valeat comprehendere ratio ; quis autem nostrum sit, vestræ pastoralitatis decernere debeat provisio ; absque maximo vestri, si dicere audeam, periculo (quandoquidem controversia inde orta est) indiscussum relinquere non valetis omnino.

## 546 EPISTOLA VI.
### AD OMNES FIDELES (1322).

Idem miser, infelicissimus et deceptissimus, promissiloquorum (1323) figuris et ænigmatibus affatim satiatus, hisque fidem ulterius adhibere et experientiæ magisterio jam nimis sero prohibitus, omnibus legem Christi implere volentibus.

1. Villicatu concessi præsulatus, hoc est Veronensis, privatus, bonorumque omnium miserationi expositus, fodere ut huc usque inaniter laborando amplius non valens, remunerationis denario carens, expersque omnimodi redditus, (1324) quod semper erubui, seu scilicet superbiæ nota, seu recuperationis fiducia (quia omnia videbantur tolerabilia, spe perfruitionis ejus una saltem, si daretur, die compensata) mendicare, tertium quod agam non inveniens, compulsus, charitatem, sicubi est, requiro, ingeminansque clamorem, meam ut respiciat imploro calamitatem. Nusquam enim aliqua mihi vel hospitii quies ; nusquam aliquod suffugium, nisi locus misericordium, eorum utique quibus in corde loquitur Evangelium : *Cum facis prandium aut cœnam, voca pauperes, et beatus eris, quia non habent retribuere tibi ; retribuetur enim tibi in resurrectione justorum* (*Luc.* xiv, 12). Metuendum quoque divitis avari exemplum, qui non advertens, cur Lazarus ante januam ejus jacere fuerit permissus (*Luc.* xvi, 20) ; unde maximum captare valuit refrigerium, indeficuum accendere infelix non præcavit incendium ; cujus clamori quia pium non adhibuit auditum, expertus est in semetipso veracissime dictum : *Qui avertit aurem suam a clamore pauperis, et ipse clamabit, et non exaudietur* (*Prov.* xxi, 13). Et ideo dum aquæ miser guttam peteret, non est exauditus, quia non dederat ; et in hoc assertor ita loquens veridicus : *Qui declinat aurem ne audiat legem, oratio ejus erit exsecrabilis* (*Prov.* xxviii, 9). Lex autem cum priori sæculo fuerit, ea cuilibet (1325) 547 impendere alii, quæ sibi quis vellet ab alio præstari ; sequens quoque, ne in ullo naturale inhiberet bonum, ita lata est per Decalogum : *Diliges Dominum Deum tuum ex toto corde tuo, et ex tota anima tua, et ex omni mente tua, et ex omnibus viribus tuis, et proximum tuum sicut teipsum* (*Matth.* xxii, 37 ; *Deut.* vi, 5 ; *Levit.* xix, 18). Tertia sub gratia scilicet ita : *Alter alterius* (inquit usque [1326] ad tertium cœlum raptus) *onera portate, et sic adimplebitis legem Christi* (*Gal.* vi, 2), Christi utique, Christi. Nam ipse interroganti cuidam, quod esset mandatum magnum in lege, cum primum maximum præmisisset, secundum simile confirmavit esse : qui ut et suos a cæteris segregaret : *In hoc*, ait, *cognoscent omnes, quia mei estis discipuli, si dilectionem habueritis ad invicem* (*Joan.* xiii, 35).

2. Diligo Deum, (1327) sed unusquisque ait requisitus, pessimus omnium, etiam quilibet tyrannus ;

(1318) Ita idem codex. Acherius, *prudentissimæ*.
(1319) Comparatio Probi imperatoris Hugoni regi magis congruit , quam Miloni simplici comiti. Cum vero supra num. 4, Hugonem levius perstrinxerit, professusque sit, se, *ex quo eum primitus vidit, usque dum hominem exuit, semper Theodosii felicitatem imperatoris illi optasse, et adhuc ejus recordatione graviter affici dolore ;* Miloni autem comiti graviora multo opposuerit : voces *in uno* de Milone potius adhuc superstite, quam de Hugone jamdiu exstincto accipiendæ videntur. Voces autem *in altero* ad Manassem S. Ambrosii successorem referendas nihil dubium est. Post pauca *carperem* emendavimus ope manuscripti Lobiensis, cum in nova Spicilegii editione mendose legeretur *caperem*, ubi tamen in erratis eadem correctio ingeritur.
(1320) *Universalem* episcopum, id est qui nulli sedi addictus , indefinite in universali Ecclesia episcopus sit.
(1321) Construe : *Cum vero etiam ratio infantum, si qua eis inest, satis evidenter valeat comprehendere, unum e nobis duobus non esse episcopum ; quis autem nostrum sit*, etc.
(1322) Hic titulus *Ad omnes fideles* deest in ms. Lobiensi, ubi tantum tituli loco legitur, *Item :* sed ex ipsa epistola satis colligitur.
(1323) Vulg., *promissis loquiorum*. Codicis lectionem recepimus. *Promissiloqui* dicuntur, qui promissa meris verbis exhibent, factis autem carent. Post pauca pro *adhibere* (quod verbum ex eodem ms. inseruimus) vulgati habebant *adhibens*.
(1324) Construe : *compulsus mendicare , quod semper erubui, seu scilicet superbiæ nota, seu fiducia recuperationis,* id est recuperandi episcopatus (*quia omnia videbantur tolerabilia, compensata spe perfruitionis ejus saltem die una, si daretur) compulsus, inquam, mendicare, non inveniens tertium quod agam,* id est tertium inter proventum laboris , et consecutionem episcopatus , *requiro charitatem , sicubi est* , etc.
(1325) Vocem *cuilibet* codex suppeditavit. *Lex priori sæculo* lata , id est lex naturalis. Mox pro *decalogum* vulgati perperam *catalogum*. Dein ex codice adjecimus *et ex omni mente tua*.
(1326) Ms. codicis auctoritate addidimus *inquit*.
(1327) Ejusdem codicis ope inseruimus *sed*. Constructio est : *Sed unusquisque pessimus omnium , etiam quilibet tyrannus , requisitus ait , diligo Deum : nam*, etc.

nam, proh dolor! odium ita usquequaque hodie abundavit fraternum, ut nullum gloriosius in sæculo genus (1328), quam, proh nefas! homicidarum. Sed e diverso recumbens super ipsum præcipientis pectus : *Si quis*, ait, *dixerit quoniam diligo Deum, et fratrem suum oderit, mendax est ; qui enim non diligit fratrem suum, quem videt, Deum quem non videt, quomodo potest diligere ?* (*I Joan.* IV, 20.) Et : *Omnis qui odit fratrem suum homicida est* (*I Joan.* III, 15). Et : *Scitis quia omnis homicida non habet partem in regno Christi et Dei* (*Ephes.* V, 5). Omnis, inquit, omnis, id est nec quilibet eorum, quos paulo ante deploravi infeliciter (1329) gloriosorum, nec aliquis osor fratrum. Nullum, alius inquit, odio [*id est odio habeo*] Christianum. Ergo omnes diligis; nihil enim est tertium. Et hæc est illa charitas, quam Apostolus præfert etiam martyrio, cujus quia ope indicibiliter (1330) indigeo, nihil dulcius quam illud, dum legitur, audio ; omnesque ut idem agerent optarem omnino : *Qui habuerit substantiam mundi, et viderit fratrem suum necesse habere, et clauserit viscera sua ab eo, quomodo charitas Dei manet in eo ?* (*I Joan.* III, 17.) Et alibi : *Filioli mei, non diligamus verbo, neque lingua, sed opere et veritate* (*I Joan.* III, 18). Et illud psalmographi : *Beatus, qui intelligit super egenum et pauperem* (*Psal.* XL, 2) ; cujus cum intelligentiæ 548 modum novem distinctionum fidibus descriptum a beato legerim Gregorio, non minus consolationis capio, cum in dictis augustæ recordationis Aurelii Augustini scriptum invenio : *Omnibus quidem inopibus misericordia jure debetur, sed major quidem in his, qui ex nobilitate et divitiis in ultimum statum devenerunt, nos miserationis pulsat affectus* ; consonantemque huic Hieronymum, ubi commemorat his potius tribuendum, qui cum acceperint erubescunt. Sed perpendat (hac sententia motus ipse rogo) sincerissima, quam quæro, charitas, advertat piorum universitas, quam durum, quamve (1331) sit verecundum, opis se clamare indigum, qui erogandi suscepit officium, qui non minus interiori quam exteriori gemebundus dicere valet inopia : *Tota die verecundia mea contra me est ; et confusio faciei meæ cooperuit me* ( *Psal.* XLIII, 16) ; et cum similibus : *Miserere nostri, Domine, miserere nostri, quia multum repleti sumus despectione, quia multum repleta est anima nostra, opprobrium abundantibus, et despectio superbis* (*Psal.* CXXII, 5).

3. Cum constet autem nullos pluribus, quam qui (1332) plura habent, parva minoribus sufficere; miretur, vereor, alicujus prudentia, superiori mei ipsius professione, domo me quoque carente propria, quæ mihi sit mendicandi necessitas tanta. Ad quod satisfaciendo ut respondeam, sciatur, quæso, quod perdito, (1333) ut me spes fefellit recuperandi, episcopio, volui contendere, ubi perpetuo quiescerem, aliquo. Sed cumulantes sibi (1334) litigenæ contentionis prudentissime, ut eis visum est, æmuli causas, provocaverunt me, quiescendo eis parcere deliberantem, quibusdam obloquiis, non quidem in facie, sed ex obliquo. Quibus nisi (1335) canonice respondeo, aut criminosus aut fugax judicor ; pessimæque suspicionis cauterio, quod gesto officium, infamis aduro. Facultas autem illud (1336) cum desit agendi, maxime cum [*subaudi me*] longius disparato (1337) Romana ob hoc adiri, si liceat, cogatur Ecclesia, publicisque vehiculis, ut temporibus quondam divæ memoriæ Constantini, 549 episcopos devehere ad concilia jam olim desueverit imperatorum munificentia, iter hoc tam necessarium infectum (1338) dimittere non volens, perficere non valens, bonorum omnium in hoc pro Dei amore auxilium rogo, malorum nulli aliquid inferens importunitatis, qui auxilium tantummodo flagito charitatis.

---

(1328) Voces *in sæculo genus* sensui necessariæ in vulgatis exciderant.

(1329) Vulgati prætereunt *infeliciter*.

(1330) Vulg., *incredibiliter* : et dein pro *omnesque* perperam habebant *omnes quod*.

(1331) In iisdem vulg., *quamvis*, minus bene. Episcopus *erogandi suscepit officium*, quia eleemosynas ex ecclesiæ redditibus erogare debet.

(1332) Vulg. ante voces *quam qui repetunt nullos:* ope codicis delevimus. Construe et explica : *Cum constet autem nullos sufficere pluribus* (*alendis*) *quam qui habent plura; parva sufficere minoribus*, etc.

(1333) In vulg. deest *perdito*, et dein legitur *episcopii*. Codicis lectionem secuti sumus. Construe vero : *sciatur, quæso, quod episcopio perdito, ut spes recuperandi ejusdem fefellit me, volui*, etc. Quod ait *volui contendere aliquo, ubi perpetuo quiescerem*, monasterium intelligit, de quo in præcedenti epistola num. 8. *Statueram solitudinem monasterii petere* ; quæ item repetuntur initio epistolæ sequent's.

(1334) Addidimus *sibi* auctoritate codicis. Construe vero : *Sed æmuli litigenæ prudentissime, ut eis visum est , cumulantes sibi causas contentionis , me deliberantem eis parcere quiescendo, provocaverunt quibusdam obloquiis, non quidem,* etc. Similia videsis in epistola præcedenti num. 9, et in sequenti paulo post initium

(1335) Delevimus *non* ante *nisi*, quod non tam præter auctoritatem codicis , quam præter Ratherii mentem vulgati inseruunt. Innuit enim auctor, se aut criminosus, aut fugacem judicandum, nisi respondeat *canonice*, id est in judicio canonico coram Romano pontifice, de quo mox loquetur.

(1336) Vulg., *illum*. Illud vero refertur ad responsionem, qua se velle oblocutiones *canonice* refutare affirmavit.

(1337) Erat in vulg., *Romanam ob hoc adire cogatur Ecclesiam*. Melior visa est codicis lectio , qua cogatur construitur ut verbum *videor*. Sensus autem est, sibi facultatem deesse canonice respondendi æmulorum obloquiis, cum *ob hoc*, id est ob judicium canonicum, proficisci debeat Romam, nec publica vehicula, uti olim fiebat imperatorum munificentia, episcopis præsto sint ; ac propterea ad iter istud perficiendum charitativum bonorum subsidium postulat. Ideo autem se longius disparatum, id est a Romana urbe longius distantem, affirmat; quia hæc non in Italia scripsit, sed in Germania, quo sese omni spe recuperandi episcopatus abjecta, monasterium repetiturus receperat : unde a Germanis episcopis subsidium sibi collatum fatetur epist. 6. num. 2.

(1338) Vocem *infectum* codex exhibuit.

## EPISTOLA VII.

AD EPISCOPOS ITALIÆ, GALLIÆ ATQUE GERMANIÆ (1339).

Dominis Patribus et reverendissimis compræsulibus per universam Italiam, Galliam atque Germaniam in Domino constitutis, RATHERIUS peccator et exsul.

1. Decreveram quidem, Patres sanctissimi, sede propria, hoc est, Veronensi pulsus, livori persequentium cedere, quod nonnullos probatissimorum legimus fecisse, solitudinemque monasterii petere, et ibi exspectare Dominum, qui me salvum faceret a pusillanimitate spiritus et tempestate (*Psal.* LIV, 9) contra jus fasque impie garrientium. Sed veridico percipiens relatu quædam mihi ab insidiatoribus objici, pro quibus non vi, sed jure me asserant episcopio privari, dicenteque Apostolo : *Omnia licent, sed non omnia expediunt* (*I Cor.* VI, 12); verens ne hæc mei licentia in alicujus alterius, præsentis scilicet aut futuri redundet damnum vel calumniam, aut juxta quod Julius papa Athanasii dicit, accusatoribus : *Quia si in vera*, inquiens, *fideretis innocentia, nullo modo vos subtraheretis a vocatione canonica*, æstimer tantopere quærere otium quod judicio audeam nullatenus adesse; licet me nemo (1340) canonice evocet [*al.*, convocet], vestrum sacratissimum cœtum (1341) constantissime appello. Consilium atque auxilium pro veritatis, quæ Christus est, amore deprecor; non aliud nunc tamen, quam synodicam conventionem, et promulgatam a sanctis Patribus legem. Adimi namque episcopo episcopatum, antequam causæ ejus appareat exitus, utrum ulli Christiano (1342) videri 550 jure possit, vestræ paternitati dimitto judicare. Conspirationum quoque crimina, plebisque contra episcopum dissensionem, utrum cum sancto Callisto papa, antecessorumque

A ejus turba quamplurima episcoporum, ut verbis ipsius utar, spirituali gladio placeat ferire, an in præjudicium totius ordinis nostri patienter sinatis crescere et multiplicari, vestri erit arbitrii, non mei silentii.

2. Itaque ne aut criminosus videar criminatus, aut fugax provocatus, concilium appello, concilium flagito (1343), invasoremque Ecclesiæ meæ, cum ipso pastorum pastore furem vocitans et latronem, quia scilicet aliunde ascendit, non per ostium introivit, ad certamen canonicum provoco; et, si dissimulaverit, anathemate perpetuo cum sacratissimis legibus juste, ut omnibus sanum sapientibus liquet, nisi pœnitendo resipuerit (1344), *Amen*, respondeo. Nec incommemoratum vestræ paternitati pro me faciens

B illud B. Alexandri papæ capitulum omitto, *Quicunque ait, ex vestro collegio fuerit, et ab auxilio eorum episcoporum* (utique et injuste destitutorum) *se subtraxerit, non sacerdos, sed schismaticus judicabitur*. Et illud prophetæ pariter non omitto improperantis : *Non ascendistis ex adverso, neque opposuistis murum pro domo Israel, ut staretis in prælio in die Domini* (*Ezech.* XIII, 5); et : *Canes muti* (1345) *non valentes latrare* (*Isai.* LVI, 10). Illud quoque Domini : *Qui me erubuerit, et meos sermones; et hunc Filius hominis erubescet, cum venerit in gloria sua, et Patris, et sanctorum angelorum* (*Luc.* IX, 26). Quod sagacissime, ut opto, flagito, et desidero, vestræ paternitatis generalitate cavente, Deus pacis conterat Satanam sub pedibus vestris velociter. Gratia Domini

C nostri Jesu Christi sit semper vobiscum.

## 551 EPISTOLA VIII.

AD MILONEM VERONENSIS SEDIS INVASOREM (1346)

Impetitori vehementissimo M. Vicentino (1347) R.

---

(1339) Hæc epistola scripta fuit eodem tempore, quo duæ præcedentes. Vide Admonitionem præmissam epistolæ v.

(1340) Vocem *nemo* sensui necessariam ex ms. Lobiensi supplevimus.

(1341) Lib. IV Præloquiorum num. 4 conciliorum universalium, vel sedis apostolicæ judicium in causis episcoporum quærendum statuit. Sicut autem in quinta epistola judicium quæsivit summi pontificis, ita nunc synodale episcoporum judicium appellat, ut sua causa canonice decidatur. Litteras vero scripsit ad utrosque, ut vel ex alterutra, vel ex utraque auctoritate subsidium afferretur.

(1342) Sic codex Lobiensis, ut similiter in epist. v. Vulgati perperam *illi Christiano :* sed in erratis novæ editionis Spicilegii emendatum est *ulli*.

(1343) Verba *concilium flagito* ex ms. Lob. addidimus. Non absimiliter in epist. V. *audientiam rogo, audientiam flagito*.

(1344) Aliquid hoc loco desideratur, ex. gr., *feriatur* (scilicet anathemate), etc.

(1345) Vocem *muti* tum codex Lobiensis, tum Isaiæ textus præbuerunt.

(1346) Hæc epistola ex ms. 17 capituli cathedralis Veronensis a Bartholomæo Campagnola S. Cæciliæ archipresbytero eruta et vulgata fuit in fine operis inscripti : *Liber juris civilis urbis Veronæ* pag. 243 Pergamenæ, in quibus hæc epistola, sicuti et sequentis fragmentum descripta sunt, primum Ratherii fetum sua ipsius manu exaratum exhibent. Aliquot enim voces deletæ, et aliæ in interlinearibus spatiis

superductæ leguntur, quæ ab ipso auctore dimanant. Idipsum accidit *Invectivæ* de translatione corporis S. Metronis, cujus fragmentum ex similibus pergamenis capitularibus laudatus archipresbyter edidit, ut ex Admonitione, quam eidem *Invectivæ* præmisimus, palam fiet. Hujus epistolæ accuratam collationem marchio de Dionysiis canonicus nobis communicavit. Cum porro in codice, unde eadem epistola, in publicum prodiit, nomen ejus, ad quem Ratherius scripsit, non integrum præferatur, sed indicetur siglia *M*; memoratus archipresbyter eam ad Manassem, qui Veronensem cathedram occupavit, datam

D interpretatus est. Verum præterquam quod Otto hac in epistola nominatur *imperator*, Manasses autem, ante Ottonis imperium obierat; quæ in hac epistola indicantur, non Manassi, sed Miloni, cui Manasses episcopatum vendiderat, conveniunt, ut sunt illa inter cætera num. 1 : *Me comprehendisti, abduxisti, exsulasti*, de quibus confer *Itinerarium* num. 4. et ibidem not. Hinc nihil dubii est quin hæc epistola ad Milonem data fuerit. Scripta autem fuit a Ratherio, cum liber e carcere, in quem a Milone conjectus fuerat, rebus pluribus impelleretur, ut eidem episcopatum cederet. Liber evasit e carcere sub initium anni 965, ut in Vita probavimus. De cedendo episcopatu aliquanto post agi cœptum est. Cum vero hanc epistolam lucubrarit instante die Natalis Domini, quo sacrum celebrare debebat; ea scripta dicenda est sub finem anni 965.

(1347) Milonem *Vicentinum* appellare videtur,

Veronensis episcopus vehementissime impetitus, impulsori compulsus.

1. Quod instante (1348) festivitatis necessitate, celebrari cæteris nuper elapsis quæ observantius debet utique, dum summa celebritatis illius in sacrificii præcipue constet distribuendi atque sumendi mysterio, quo Agnus, **552** ut pateretur pro nobis, asseritur natus; hæret animus, ut sæpe, tuto id an possit præsumere, cui noscitur ipse Deus, qui et Agnus, inobedienti dixisse: *Si offers munus* (*Matth.* v, 23), etc. Cumque te adversum me aliquid non ignorem habere; munus Deo solemnitatis ejusdem offerre dum cogor (1349), culpam ipsam, reconciliari quo valeam, cupiens investigare, non aliam invenire valeo, nisi quod ausus sim me antea ad episcopatum Veronensis Ecclesiæ consecrandum admittere, quam nasci valueris ipse (1350). Sed quid timerem, etiamsi scire potuerim nasciturum, qui utrum femina, an masculus esses futurus, minime noveram? Et hæc quidem anterior mei contra te culpa, pro qua utique me comprehendisti, abduxisti, exsulasti, ad dedecus hæc omnia tamen imperatoris (1351) et (licet dissimulent) **553** ducum (1352) nostrorum, con-

A traque mala omnia interdicentis (videris tu tamen) præceptum.

2 Recentior [*subaudi* culp.], imo præsentissima est, quod nec morior, nec ineo, ut incitas, fugam. Sed quis mori potest, Deo vitam servante? Fugere vero quomodo audet, qui sibi ab eodem dici nequaquam ignorat: *Mercenarius fugit, quia mercenarius est* (*Joan.* x, 13), videns scilicet lupum venientem; et: *Qui dimiserit uxorem suam, excepta causa fornicationis, facit eam mœchari?* (*Matth.* v, 32.) Qui vero quemlibet facit mœchari, nonne consequenter animam interficit, cum scriptum sit: *Anima, quæ peccaverit, ipsa morietur?* (*Ezech.* xviii, 4.) Prohibet quod me facere vero qui dicit: *Ad interfectionem filii ne ponas animam tuam* (*Prov.* xix, 18). Si non *ad filii* (1353) enim, multo minus ad tantorum jugalis legaliter meæ gnatorum. Quod si te non pudet lupum vocari hic, ut alibi furem (1354); formido, noveris, ipse mercenarius dici: pastorum enim desidero reperiri in numero, cum unusquisque surrexerit in ordine suo (*I Cor.* xv, 23). In qua discretione cum etiam hædi tam sint graviter, ut Evangelium dicit, damnandi (*Matth.* xxv, 33);

---

non quod Vicentinus episcopus fuerit, ut nonnullis videri potest (Milonem enim, qui valde juvenis episcopatum quidem Veronensem invaserat, etiam episcopatum Vicentinum obtinuisse nulla documenta subindicant); sed quia Vicentinus erat origine: multa enim in agro Vicentino prædia comes Milo, cujus erat *nepotulus*, ejusque consanguinei obtinebant. *Impetitorem* autem vocat, quia Milo Ratherium, cui Veronensis episcopatus fuerit restitutus eodem Milone excluso, multis moliminibus impetiverat, et adhuc impetebat, ut sibi episcopatum cederet.

(1348) Erat in editis: *Quod compulsori compulsus instante*, etc., quæ idoneum sensum non reddebant: sed voces *compulsori compulsus* Ratheriano more ad titulum pertinere nihil ambigendum est. Construe autem: « Quod (*id est* quia) instante necessitate festivitatis (*Natalis Domini*), quæ debet utique celebrari observantius cæteris nuper elapsis, du:n summa celebritatis illius præcipue constet in mysterio distribuendi atque sumendi sacrificii, quo Agnus asseritur natus, ut pateretur pro nobis; hæret animus, ut sæpe, an is possit tuto præsumere id, cui noscitur ipse Deus, qui et Agnus, dixisse inobedienti: *Si offers munus* et reliqua: et cum non ignorem te habere aliquid adversum me, dum cogor offerre munus solemnitatis ejusdem Deo, cupiens investigare culpam ipsam, quo valeam reconciliari, non valeo invenire aliam, nisi quod ausus sim admittere (*id est* permittere) me consecrandum ad episcopatum Ecclesiæ Veronensis, antea quam ipse valueris nasci. » Adverbium *utique*, quod in vulg. deerat, ex codice addidimus. Festivitatem Natalis Domini indicant verba: *Quo Agnus asseritur* natus.

(1349) Prima manu in codice pro *dum cogor* auctor scripserat *compulsus*.

(1350) Hinc discimus Milonem natum, postquam Ratherius Veronensis episcopus consecratus fuerat: ac propterea in epist. v, ad Joannem pontificem num. 8 eum comitis Milonis *nepotulum*, id est adolescentulum, appellat. Hæc profecto, uti et alia in sequentibus, Manassi jam seniori Arelatensi archiepiscopo nequaquam congruunt. Alia quædam hujus ævi suppetunt exempla, quibus aliquot adolescentuli ad episcopatum promoti fuerunt: quem abusum Atto Vercellensis reprobat in libro *De pressuris ecclesiasticis* tom. I Spicil. Acheriani, pag. 423.

(1351) Construe: *Hæc omnia ad dedecus imperatoris et ducum nostrorum, licet dissimulent; et contra præceptum interdicentis mala omnia. Tu tamen videris.* Nomine *interdicentis mala omnia* Deus intelligitur. Ad imperatoris dedecus quod pertinet, notandum est hunc, postquam Veronam ingressus, Ratherium restituit, omnesque ei fidem suam obligassent, præcepisse nequid mali amplius in eumdem episcopum tentarent. Omnia ergo, quæ subinde contra Ratherium Milo et ejus complices ausi sunt, ad dedecus imperatoris pertinebant, et non tam contra Dei, quam contra illius præceptum pugnabant. Omnia pariter vergebant in dedecus ducum, de quibus in notatione sequenti; quippe qui imperiali in Ratherium propensioni obsecundantes, eidem ita aperte patrocinabantur, ut ipsum *dux inclyta commendasset tuitioni comitis*, qui tunc Veronæ præsidebat. Vide *Qualitatis conjecturam* num. 14.

(1352) Duces plurali numero vocat Henricum II Ottonis imperatoris ex fratre nepotem, et Juditham Henrici I ducis Bajoariorum relictam, ac matrem ipsius Henrici II, qui eumdem ducatum patris cum Marchia Veronensi obtinuerat, uti probavimus not. 39 in *Qualitatis conjecturam*, ubi ipsius ducissæ, quæ Veronæ maxima auctoritate potiebatur, expressa fit mentio. Hinc iterum inferius num. 3 *imperium*, seu præceptum exigit apertum *imperatoris et ducum nostrorum*.

(1353) Ita codex. In vulg., mendose *ad filium*. Sensus est. Si non ponenda est anima ad interfectionem unius filii, multo minus ad interfectionem tantorum. Porro *jugalem* suam *legaliter* vocat Veronensem Ecclesiam, quam *legaliter*, seu canonice consecratus episcopus duxit; *gnatos* autem filios suos Veronenses appellat.

(1354) *Furem alibi*, id est antea, Evangelicæ parabolæ insistens indicat Milonem, qui ut fur non per ostium, sed aliunde ad episcopatum Veronensem ascendit. *Lupum hic*, id est nunc, eumdem vocat, cum ad fugam incitaret Ratherium, qui tamen ne mercenarius esset, fugere recusabat.

devoratores lupi agnorum quid sint, (1355) cogita, passuri. Et notam hujusmodi, moneo, cave vocabuli; collata enim hæc ad invicem duo ostendunt (1356); ovem omnem [*supple* esse], quamvis peccatorem, qui injuste aliquid ab inferente patitur; lupum, qui infert. Sane cum audis, quod dimissam qui duxerit, mœchatur (*Matth.* v, 32); si tu non vereris mœchari, metuo, scias, ego Nicolaita vocari. Et hæc quidem, ut inemendabilem (1357) contra te meam astruam culpam.

3. Tuam vero [*subaudi* culpam] contra me malo ipse percenseas, quam ego monentem ita offendam: *Mihi vindictam*, subaudi reserva; *ego retribuam, dicit* **554** *Dominus* (Rom. xii, 19). In qua retributione ne tibi aliquid incommodius contingat, suadeo cogites, (1358) quamque contra teipsum, cum persancte imperatori, ut et ego, fidem juraveris, agas, cum edictum illius (1359) destruere moliris, et illos, qui ei idem jusjurandum fecerunt, quod tu, ad tui in hoc trahendo auxilium pejerare compellis: cum (1360) pontifices canonum facis tam graviter transgressores, dum tui existunt fautores: cum patrem filios cogis suspectos habere, et filios patrem sine culpa odisse; cum perjuria negligi facis, anathema pro nihilo duci compellis, dum dicenti alicui: *Quid mihi vultis dare, et ego vobis eum tradam*, (*Matth.* xxvi, 15), præmium polliceri non abnuis? Hæc et his similia contra me cum facias, vel potius contra te, tibi dimittens perpendere, sicut mori in eo non possum judicio, ita secedere me, quod tui [*supplendum videtur* gratia] facere non possim (1361) securus, formido. Si resipiscere nunquam deliberas, alia moliri, quod cœpisti, tenta, suggero, via, imperatoris et ducum nostrorum, si vales, acquirendo utique, quo recedam (1362), imperium, et non per significantiam aliquam, sed simpliciter et aperte ad intelligendum; nam cætera omnia moliris incassum, nisi forte Deus tibi habet permissum, quod de agno permittit facere lupum, et hoc ad tui magis, quam mei credito, damnum.

## 555 EPISTOLA IX,

*seu potius*

(1363) FRAGMENTUM ALTERIUS EPISTOLÆ AD EUMDEM MILONEM.

Ego autem ad flagella paratus [*subaudi* sum], culparum scilicet mearum non inscius. De te quid judex censeat justus, qui flagella mihi irrogas innoxio (1364), tu ipse videris. Quod si te fallit notitia, audi quid Ñabuchodonosori re in consimili dicat propheta: *Iratus sum super populum meum, ait Dominus, et tradidi eum in manu tua; non posuisti ei misericordiam, nec recordatus es finis tui; idcirco venient super te mala, de quibus non poteris effugere; irruet super te calamitas, et nescies ortum ejus* (*Isai.* xlvii, 6-11). Qui (1365) vero tibi ad tantum facinus auxiliantur, audiant: *Impio præbes auxilium; et* (his) *qui oderunt Deum, amicitia jungeris*, etc.; Psalmistam quoque: *Quoniam quem tu percussisti persecuti sunt, et super numerum dolorum meorum addiderunt: appone iniquitatem super iniquitatem eorum* (*Ps.* lxviii, 27, 28), et reliqua, quæ non ignoras. Qui vero te (1366), cum possint, ab hujusmodi non refrenant conatu, non est eis opus aliquid dici

---

(1355) Construe: *Cogita quid passuri sint lupi devoratores agnorum*.

(1356) Vulg., *ostenditur*, perperam. Emendationem contextus, et sensus exigunt.

(1357) Recolenda hic sunt, quæ antea scripsit, nullam aliam in se invenire interiorem culpam, nisi quia ipse consecratus fuit episcopus Veronensis, antequam Milo nasceretur; recentiorem vero, quia nec moriebatur, nec fugiebat, ut locum Miloni cederet. Hanc autem utramque culpam *inemendabilem* hoc loco affirmat, tum quia fieri non poterat, quin ipse ante Milonem consecratus fuisset legitimus Veronensis episcopus, et verus pastor; tum quia Deo vitam servante, mori non poterat, uti verus autem pastor, et non mercenarius, non poterat fugere.

(1358) Vulg., *quam contra te*. In codice *quanquam* pro *quam*; sed legendum *quamque* contextus sententia suadet.

(1359) Locus in ms. luxatus, ac idcirco in vulgatis *agas..... ictum illius*. Ex contextu quod deerat supplevimus. Hujus loci explicationem videsis in auctoris Vita § 13.

(1360) Eos episcopos forsitan notat, qui sibi, ut Miloni cederet, suasores erant. In *Qualitatis conjectura* num. 14 memorat Hubertum Parmensem, quem instituisse ait, *ut accepto animarum pretio, rivali illi cederem meo*. Hos *pravigeros compulsores* in fine *Conclusionis deliberativæ* appellat.

(1361) Vulg., *non possit*. Correctionem *non possim* adjectivum *securus* edocuit, cum præsertim id cohæreat cum præcedentibus, quibus pastorem non ita posse fugere, uti fugit mercenarius, ex Evangelica parabola tradidit.

(1362) Construe: *suggero, tenta moliri quod cœpisti alia via: tenta*, inquam, *si vales, acquirendo utique imperium* (id est præceptum) *imperatoris et ducum nostrorum, quo recedam, et hoc imperium non per significantiam aliquam*, etc. Similiter in fine *Conclusionis deliberativæ* se nolle Miloni episcopatum dimittere affirmat, *imperiali piissimi Cæsaris potestate prorsus excepta*.

(1363) Hoc quoque fragmentum ex membrana codicis 17 capituli Veronensis a laudato Campagnola archipresbytero impressum fuit in fine libri *Juris civilis urbis Veronæ* pag. 241. Eodem circiter tempore, eademque occasione, qua præcedens epistola, scriptum fuit, et forte aliquanto ante, dum ipso anno 965: alia atque alia a Milone ejusque fautoribus patiebatur, prius quam ad cedendum episcopatum impelleretur.

(1364) Legebatur *qui flagella tibi irrogas innoxio, tu ipse videris mihi*. Membranam exesam legenti, quæ, uti editor notavit, lituras, mutationes, et additiones recipit, facile fuit aliquid præter germanum sensum, et proprium locum obrepere. Certe pronomen *tibi* non congruit: neque enim Milo sibi, sed Ratherio flagella irrogabat. Hinc pronomen *mihi* extra suum locum traductum pro *tibi* substituimus; sicque sententia optime constat.

(1365) Hi Veronenses sunt, quos in præcedenti epistola num. 3 designat illis verbis: *Et illos, qui ei* (imperatori) *idem jusjurandum fecerunt, quod tu, ad tui in hoc trahendo auxilium pejerare compellis*.

(1366) Num Bucconem comitem intelligit, qui olim sibi infensus, licet postea interventu ducis inclytæ faverit, non tamen toto nisu Milonem ejusque fautores repressit, ut patebit ex iis quæ retulimus in Vita § 16.

obscurius. Apostolum aptissime audiant dicentem : *Non solum qui faciunt, sed etiam qui consentiunt facienti, digni sunt morte* (Rom. 1, 32). Qui (1367) vero mihi contra te auxilium non præbent, Alexandrum papam et martyrem se non dissimulent audisse, cum in decretis suis vivat, dicentem : *Qui autem ex vestro collegio fuerit, et ab auxilio eorum se subtraxerit, magis schismaticus quam sacerdos fuisse judicabitur.* Quam vero sive tu, sive consentientes tibi, sive auxilium mihi non ferentes, non contra me solum, sed etiam contra eos qui ab initio sæculi pro justitia persecutionem passi sunt, agant, si nescis, Evangelium audi : *Ut veniat,* inquit, *super vos omnis sanguis justus, qui effusus est super terram, a sanguine Abel justi usque ad sanguinem Zachariæ filii Barachiæ, quem occidistis inter templum et altare* (Matth. xxiii, 35). Quod si in hoc refeller, patienter fero cum Hieronymo id astruente refelli; dummodo tu dicas mihi (1368), quomodo scribæ et Pharisæi Zachariam interficere valuerint, quem nunquam viderunt. *Qui habet aures audiendi, audiat* (Matth. xiii, 43); justeque, quod volet, opponat.

### EPISTOLA X.
#### AD MARTINUM FERRARIENSEM (1369).

Domino MARTINO venerabili coepiscopo RATHERIUS peccator.

Dum Apostolus præcipiat seniorem obsecrari, prohibeat increpari; compellente qua vos diligo charitate, celare vobis homicidale computo, quantum vobis Ecclesiæ vestræ filii detrahant, præcipue vero de ordinationibus puerorum illicitis: adjicientes quod etiam pro pretio eas, quod simoniacum et a sanctis canonibus anathemate est damnatum, perpetuo faciatis. Unde et filius patrem, servus dominum, silicernium (1370) senex obsecro, ut reminiscentes quod hodie (1371) specialius mihi et vobis est lectum, hoc est : *Scientes quia hora est jam nos de somno surgere* (Rom. xiii, 21); apostolici illius ad Timotheum recordari non negligatis præcepti : *Manus nemini cito imposueris* (I Tim. v, 22); Petri quoque Simoni dicentis : *Pecunia tua tecum sit in perditionem* (Act. viii, 20); multorumque dicentium, *et qui dat et qui accipit, anathema sit* (conc. Aurel. ii, cap. 3. Constant. iii, cap. 22); exsurgatis a somno contemptus tam publici canonum tandem aliquando, et a talibus cessetis ordinationibus quæso. Forsitan ille qui dixit : *Peccasti, quiesce;* et : *Convertimini ad me, et ego revertar ad vos* (Zach. i, 3); serotinam hanc vestram non despiciet reversionem, cum sit pius et misericors, et nolit *mortem peccatoris, sed ut convertatur et vivat* (Ezech. xxxiii, 11). Noveritis sane nullos (1372) vos exinde amplius vituperare; quam illos quos taliter ordinastis, vel quorum rogatibus [al. rogationibus] hoc idem fecistis.

### EPISTOLA XI.
#### AD NANNONEM VERONÆ COMITEM (1373).

Domino NANNONI, egregie et pernecessarie collato nobis secundum merita principi (1374), RATHERIUS peccator, et eorum quæ meretur, velit, nolit, perlator.

1. Comperit paupertatula mea, vestræ dominationis excellentiam minitari, maximam quod

---

(1367) Illi episcopi sunt, quos Milonis fautores vocat in præcedenti epistola num. 3.

(1368) Hunc locum explicant, quæ in *Itinerario* scripsit num. 11 : *Ut inquiratur, inquit Dominus quasi de Judæis solummodo dicens, sanguis omnium prophetarum qui effusus est super terram a generatione ista a sanguine Abel justi usque ad sanguinem Zachariæ filii Barachiæ, quem occidistis inter templum et altare : cum utique illi, quibus hoc dicebat, neque Abel, neque Zachariam, nec quemlibet prophetam interfecerint; sed quia eis, qui hoc fecerant, similes fuerint, et idcirco vindicta consimili plecti debuerint.*

(1369) Edita est hæc epistola ab Acherio ex codice Laudunensi, qui in titulo episcopatum Martini designat his verbis : *Epistola Martino Ferrariensi directa.* Eamdem contulimus cum ms. Frisingensi, cujus apographum accepimus. Martinus Ferrariensis episcopus interfuit concilio Romano an. 954, ex Rubeo in Hist. Ravenn. lib. v. Subscripsit synodo Ravennati an. 967, et a Joanne XIII anno 972 diplomata obtinuisse traditur in Italia sacra tom. II col. 532. Etsi vero nullum aliud de eo monumentum ibidem afferatur; multo tamen antiquiorem episcopum fuisse, adeo ut *silicernius* a Rathero vocari potuerit, ex eo colligere licet, quod Ughelliana series nullum alium episcopum ante Martinum invenire potuerit nisi Constantinum, qui ex monumentis vivebat anno 898. Scripta autem fuit a Ratherio hæc epistola, dum tertio Veronensi Ecclesiæ præesset, cum ad idem tempus pertineant omnia ejusdem opuscula, quæ tum in Laudunensi, tum in Frisingensi codicibus continentur. Hinc Ratherius se appellat *senem*, quod non omnino convenit annis restitutionis secundæ. Tertiæ autem restitutionis tempore licet silicernius esset potius quam senex,

(1370) *Silicernius* idem est ac decrepitus senex.

(1371) *Hodie*, id est Dominica prima Adventus, qua sequentia verba ex Pauli Epistola leguntur.

(1372) Vulg., *suos exinde*, sed in erratis emendatum *vos pro suos*, uti habetur etiam in codice Frisingensi.

(1373) Hanc epistolam P. Bernardus Pez vulgavit ex ms. Frisingensi, cujus apographum obtinuimus. Scripta fuit post concilium Ravennas anni 967, cujus præceptum de mulieribus dimittendis a clericis indicatur num. 2, ut colligere licebit ex not. 1381. Porro hoc eodem num. 2, scripta præfertur die festo, sive die octavæ festi S. Joannis Baptistæ, quo in versiculo responsorii tertii nocturni canebatur, uti etiam hodie canitur : *Hic est enim propheta, et plus quam propheta.* Vide responsoriale editum a cardinali Thomasio tom. IV operum ejusdem, pag. 119. Cum vero eodem numero innuatur sententia ab ipso Nannone tanquam imperatoris misso contra Ratherium prolata die 30 Junii anni 968, uti notatione sexta conjiciemus; hæc epistola diei primæ Julii octavæ S. Joannis Baptistæ anni ejusdem affligenda est.

(1374) Principem vocat Nannonem, quia comes Veronæ præerat. Sed cum rebellibus contra episcopum patrocinium præstaret, eum non regere et gubernare, sed *plus quam imperare* num 2, affirmat.

sitis mihi facturi coram majestate piissimi imperatoris [Ottonis I] verecundiam, cum impudentiæ meæ confisus, putarem nullam patuisse stultissimus conscientiam. Sed forte meam introistis (mereor) profundius; et illa nostis, quæ dicta in cubilibus, prædicabuntur, parcat nisi Deus, in tectis (*Luc*. xii, 5). De cæteris namque tam vos confido ignarum, quanto mendaciis (1575) mihi detrahentium jam universitas præbere fastidit auditum. Sed quid, Domine, facietis? Ubi verba cessabunt, facta loquentur. Non semel (1576) enim cum idem ego dominæ imperatrici [Adelaidi] suaserim, ne, rogo, putetis sapientissimum imperatorem illius beati Job sententiæ penitus esse immemorem : *Causam quam nesciebam, diligentissime investigabam* (*Job* xix, 16) : nec tam credulum vobis existere, ut *os inimici non loquitur veritatem*, non olim solummodo dictum, sed et frequenti usu tritissimum non valeat recordari. Sed, o pallia (1577) Ratherii vanissimi inertia, nil prorsus illi nisi hujusmodi conferentia! O Venetia, cujus pallia tam sunt gratis etiam accipientibus vilia, ut emi ex his neque ipsa possit inefficax, nihilque conferens gratia! O vera dicentis sententia, et isti sæculo congrua : *Ita*, inquit, *enim est comparatum, ut vetera subruas beneficia, nisi ea posterioribus fulcias*. Unum enim si **559** improbo exactori ingratoque sumptori negaveris, collatorum millia perdis.

2. O cæterum delicto maximo rei, quibus nec impetranter petere, nec salubriter impetrare illud datur Psalmographi : *Ab occultis meis munda me, Domine, et ab alienis parce servo tuo* (*Psal*. xviii, 13) ! Deprecor sane, ut de parte piissimi (1578) semper mihi

(1575) *Mendacia* appellat fictas criminationes, de quibus queritur tum in *Apologetico* num. 7, tum in *Discordia* num. 7, eædemque in sequenti ad Ambrosium epistola potissimum explicantur.

(1576) Construe : *Etenim cum non semel ego suaserim idem dominæ imperatrici; rogo, ne putetis sapientissimum imperatorem penitus esse immemorem illius sententiæ B. Job* : Causam, etc., *nec existere tam credulum vobis, ut non valeat recordari, non olim solummodo dictum, sed et tristissimum usu frequenti* : Os inimici, etc.

(1577) *Pallium* significat pannum sericum, sive, pretiosioris materiei : unde Ratherius lib. v Præloquiorum num. 10, *hæresium ex pallio optimo*, id est lacernam ex panno optimo, memorat. Confer ibidem not. Pallia hujusmodi in *Venetia* contexta indicat, ubi *Venetiæ* nomine non urbs, sed provincia antiquam hoc quoque ævo appellationem et significationem obtinens intelligenda est. In hac provincia Verona etiam comprehendebatur, et in ea pallia optima conficiebantur. Quædam ex his palliis Ratherius Nannoni novo comiti, ut ejus sibi gratiam conciliaret, initio ejus regiminis dono dederat; sed ea fuere *inertia*, id est sibi inutilia, quia, ut in sequentibus innuit, eamdem erga ipsum comitem liberalitatem deinceps non adhibuit. Voces *nisi hujusmodi* ea designant, quæ Nanno contra Ratherium peregit.

(1578) Hæc referuntur ad Nannonis placitum, seu judicium, quod tanquam *missus de parte imperatoris* contra Ratherium habuit die 30 Junii anni 968, uti ex sequenti epistola patebit. Vide ibidem not. 1403 et 1404.

(1579) Construe et explica : *Consideret cur; sed opto* is consideret, *cui competit*.

(1580) Hæc pertinent ad synodum, quam episcopus

Cæsaris me terrificare, cum nequeatis, cessetis. Millies enim vos magis formido, quam ipsum. Bona enim cum amari, mala cum econtra soleant magis timeri; serviens vobis duobus impossibiliter dominis, illum diligo, vos timeo. Consideret cur (1579), sed cui competit, opto. Idem cæterum dum cantemus, cum non oblivisci queamus, sicut de Joanne nunc dictum est : *Hic est enim propheta, et plus quam propheta*, videritis, ne hoc sit plus quam imperare, ut dum gloriosissimus imperator etiam corpora parochianorum suorum episcopis consentiat suis, vos ipsas animas eis auferatis, dum presbyteros (1580) ad synodum venire, et legationem ipsius papæ de uxoribus dimittendis audire, et omnimodo episcopis obedire adeo prohibetis, (1581) ut eos more militum in vestris manibus recipiatis, et eis in omnibus abominationibus, quas contra Deum faciunt, patrocinium ferre nullatenus omittatis, et quasi vobis dictum sit : *Quodcunque solveris super terram, solutum erit et in cælis* (*Matth*. xvi, 19), ita nostram interdictionem eos parvipendere faciatis. Hoc sane cum sit imperare, et plusquam imperare, non est dico regnare : regnare quippe recte est agere, vel quod quis possidet, regere, hoc est gubernare.

3. Utinam ergo me (1582) ut possidetis, etiam gubernassetis, **560** utque mihi imperare, me ita etiam regere amassetis! Tolerabilius nam fuerat vestrum sic ferre dominium, ut quem timerem, eumdem diligerem ipsum, ut facere inchoaveram illum (1583), de quo mihi congruere illud feci Nasonicum :

Probra Therapneæ qui dixerat ante maritæ,
Mox cecinit laudes prosperiore lyra.

post concilium Ravennas Veronæ convocavit. In epistola enim sequenti num. 1, de eadem synodo loquens ait : *Non venientes vero* (ad synodum) *cum iterum atque iterum vocare curassem, adfuit missus nomine Giselpertus, et ex parte sui magistri* (id est Nannonis comitis) *interdixit per bannum, ne venirent nullo modo ad nostrum concilium*. Porro legatio ipsius papæ de uxoribus dimittendis respicit decretum concilii Ravennatis, cui Joannes XIII summus pontifex præfuit. Idem præceptum in epistola sequenti num 1, imperatori ascribitur, quia ejusdem synodalis decreti exsecutionem etiam imperialis potestas præscripsit; ait enim, se *post Ravennas concilium convocasse omnes suæ diœcesis presbyteros et diaconos, relaturum ex præcepto serenissimi imperatoris quæ inibi constituta sunt; quorum præcipuum erat statutum de mulieribus dimittendis*.

(1581) Hoc loco omittenda non sunt, quæ Atto Vercellensis episcopus in epistola ad suum clerum contra clericos incontinentes refert : *Inveniuntur, qui cum ab episcopis suis tali pro crimine* (incontinentiæ) *arguantur, paternam charitatem respuunt, et obedire contemnunt; ipsamque fidelitatem, quam jurejurando promiserant, temerare non metuunt; sed mundana adversus eum aggrediuntur defendi potentia, se quoque suamque simul familiam ejus adversariis committunt* : uti Veronenses clerici incontinentes Nannoni comiti Ratherii adversario sese commiserunt.

(1582) Ita melius ex nostro apographo, quam apud Pez etiam me.

(1583) *Illum*, scilicet Bucconem comitem Nannonis antecessorem, qui cum initio Ratherio adversaretur, is de ipso sæpe dixerat : *Qui liberavit Israelem de manu*, etc., uti tradit in sermone de Octavis Paschæ n. 1, postea vero, dum abiturus *me iorari cœ*

Postquam enim de illo dixeram : *Qui liberavit Israelem de manu Pharaonis (Exod. XVIII, 10), liberet Ratherium de manu Bucconis;* dum ille abiturus meliorari cœpisset, cœpi et ego ei taliter aggarrire : (1384) *Si meliorem mihi vult Deus Buccone largiri, auferat te; si pejorem, servet mihi, deprecor, te.* Quod quia non valui impetrare (1385), pejorem mihi sub ejusdem terminatione quia contulit declinationis; cadat in eum flagito et ejusdem concinentia rogationis, quatenus non quidem subvertendo, sed potius convertendo liberet Deus (etsi me dedignatus) saltem animas, quas mei odio rebellare contra Dominum compellitis, de manibus vestris. Timere tamen ob talia me vos millies quam imperatorem noveritis. Salutem enim ille non adeo negligit, ut vos facere videmini, animarum.

## 561 EPISTOLA XII.

AD AMBROSIUM OTTONIS I IMPERATORIS CANCELLARIUM (1386).

RATHERIUS AMBROSIO.

1. Celebrata mediante Aprili universali synodo Ravennæ (1387), reversus convocavi ex omnibus no-

*pisset, cœpi et ego,* subdit, *ei taliter aggarrire,* etc. Illa autem Ovidii *Probra Therapneæ*, etc., ipsi Bucconi congruere fecit in *Qualitatis conjectura* num. 14, ut ibidem animadvertimus in not.

(1384) Verba *si meliorem mihi vult Deus Buccone largiri, auferat te* in editione P. Pez per saltum omissa, ex nostro apographo supplevimus. *Meliorem Buccone* comite substitui desiderabat.

(1385) Construe et explica : *Quod quia non valui impetrare* (id est meliorem Buccone) *quia contulit mihi pejorem sub terminatione ejusdem declinationis* (contulit enim Nannonem, qui terminatione nominis ejusdem declinationis, qua Bucco, effertur); *flagito, cadat et in eum concinentia ejusdem rogationis* (nimirum hujus : *Qui liberavit Israelem de manu Pharaonis, liberet et Ratherium de manu Nannonis) quatenus non quidem subvertendo, sed potius convertendo, Deus de manibus vestris liberet (etsi dedignatur me) saltem animas, quas compellitis rebellare contra Dominum odio mei.*

(1386) Hæc quoque epistola ex ms. Frisingensi edita a P. Pez, nunc autem diligentius cum eodem codice recognita, lucubrata fuit sub idem tempus, quo præcedens, nimirum statim post Nannonis placitum habitum die 30 Junii anni 968, uti not.1403 demonstrabitur. Ambrosius, ad quem hæc epistola missa fuit, erat Ottonis I cancellarius, qui subscriptus est privilegio ab eodem imperatore in Ratherii gratiam dato anno præcedenti 967, cuique hoc eodem anno 968 episcopus noster direxit opusculum inscriptum : *Discordia.* Hunc illum esse Mediolanensis Ecclesiæ presbyterum, ad quem Atto Vercellensis epistolam dedit impressam tom. I Spicilegii Acheriani pag. 438 novæ editionis, doctus et eruditus comes Franciscus Florius primicerius cathedralis Utinensis non improbabiliter ere idit. Addimus vero illum eumdem videri, qui subinde promotus fuit ad cathedram Bergomatem. Deest quidem in catalogo episcoporum Bergomi apud Ughellium, sed Ambrosium hujus temporis et catalogo adjiciendum ex duobus coævis testibus liquet ; I. *Auctor operis,* cui titulus, *Inventio Sanctorum a domno Deoderico pontifice* (Mettensi) *repertorum,* ab Acherio vulgati tom. II Spicil. pag. 134 ejusdem Ambrosii Bergomatis episcopi factum memorat anni 972 ; II. Idem confirmat documentum anni 972, quod videre est apud P. Bernardum de Rubeis in Monumentis Ecclesiæ Aquileiensis cap. 52, col. 474.

stræ diœcesis plebibus presbyteros et diaconos, relaturus (1388) ex præcepto serenissimi imperatoris, quæ inibi constituta sunt. Ad concilium [*subaudi* vocati] omnes (1389). Cumque versutia mihi semper rebellium, vitæque meæ insidiantium nostræ matris ecclesiæ majorum (1390), venire quidam sint dignati illorum ; ex his, qui convenerant, **562** aliqui cum maxima deliberaverunt superbia, quod (1391) neque mulierositatem relinquerent, neque ab officio cessarent, quos comprehendi et custodiæ mancipari usque ad satisfactionem præcepi. Satisfactionis vero summam in restauranda, sive, quod verius est, decoranda beatæ Dei Genitricis (1392) ecclesia spe hujusmodi contuli, ut, quia illi in agenda pœnitentia inefficacissimi, utpote ebriosissimi erant, Matris intercessio Domini illis saltem obtinere dignaretur veniam, qui ex se emendationem [*id est satisfactionem*] aliam facerent nullam. Non venientes vero cum iterum atque iterum vocare curassem, adfuit missus, nomine *Giselpertus,* et ex parte sui (1393) magistri interdixit per bannum, ne venirent ullo modo ad nostrum concilium.

(1387) Hæc synodus Ravennas, cui Ratherius interfuit, multa constituit *ad utilitatem* sanctæ Ecclesiæ, ut Continuator Reginonis tradit ad annum 967. Nihil ex ea superest nisi sententia contra Heroldum archiepiscopum Salisburgensem, cui Ratherius inter alios subscriptus legitur. Hæc synodus celebrata traditur *mediante Aprili,* id est sub medium mensis Aprilis anni 967, post Pascha, quod eo anno incidit in diem 31 Martii. Concinit laudata ejusdem synodi sententia, quæ signatur 7 *Kal. Maii,* ut videre est tom. II Conciliorum Venetæ editionis Labbei col. 911.

(1388) Synodo Ravennati, cui Joannes XIII summus pontifex præsedit, imperator Otto I etiam interfuit, ut Reginonis continuator testatur. Utraque nimirum potestas ad mulierositatem præcipue clericorum, quæ plures infecerat, exstirpandam conspiravit. *Legationem,* seu legationis papæ Ratherius laudavit in epistola præcedenti ad Nannonem num. 2. Nunc ingerit imperatoris præceptum, quemadmodum et in *Discordia* scribens num. 6 : *Cum de dimittenda mulierositate Augustalis intonuisset voluntas.*

(1389) Indicat concilium diœcesanum, quod e Ravennati universali synodo Veronam reversus convocavit eodem anno 967 mense Junio, vel Julio. De hoc autem concilio post nonnulla ait : *Non venientes prohibiti ne venirent ullo modo ad nostrum concilium.* Mox pro *semper* nostrum apographum habet *sæpe.*

(1390) *Majores nostræ matris ecclesiæ,* id est cathedralis, a Ratherio vocantur canonici.

(1391) Ex his colligere licet, Ravennatis synodi decretum contra clericos incontinentes fuisse hujusmodi, ut mulieres dimitterent, et si qui nollent dimittere, ab officio cessarent. Non absimiliter sæculo sequenti sub S. Gregorio VII, cum adversus clericorum incontinentiam maxime decertatum est, sancitum fuit, ut ejusmodi clerici aut mulieres dimitterent, aut deponerentur.

(1392) Id est ecclesia cathedralis, quæ B. M. Virginis nomine dicata est.

(1393) Hoc interdictum in epistola antecedenti ad Nannonem num. 2 ipsi Nannoni comiti tribuitur. *Dum presbyteros ad synodum venire, et legationem ipsius papæ de uxoribus dimittendis audire, et omnimodo episcopis obedire adeo prohibetis.* Nanno igitur *magistri* nomine intelligendus est : et Giselpertus ejus missus. Non solum qui ab imperatore, sed illi

2. Quosdam vero de civitate pro diversis sceleribus accusatos, cum ad satisfactionem venire dedignati fuissent, missis e latere meo cum (1394) ostiariis ecclesiæ comprehendi, ut moris est, feci, **563** et satisfactionem faciam in idem opus expendi. Quidam presbyter me os vulvæ appellavit, quem similiter comprehendi, et fuga cum fuisset elapsus, abstuli ab eo, quod potui, non tamen ecclesiæ contuli, quia injuriæ meæ vindictam offerre Deo ausus minime, cujus potius laxator, quam ultor esse debueram, fui. Quidam diaconus, quem anno præterito contra [al., citra] spem quoque ordinarium (1395) feci, unam cum ex parte mea ex melioribus plebem cum curte haberet (1396), ego cum nullam ; me fellonem, bausiatorem atque perjurum appellavit ; eam abstuli, et mihi, quia fuit necesse, retinui.

3. Jam sunt anni fere quatuor, ex quo unam libram argenti super altare beati Laurentii posui. Eam quidam [sic ms.; *vulg.*, quidem] presbyter ea ratione recepit, ut eamdem résignaret. Non fecit; ad nullam synodum (1397) meam venit ; nihil pro his

A incommodi pertulit ; ao majestatem, ut dictum est, imperatoris perrexit ; nescio, unde se reclamaverit ; quoddam scriptum retulit, omnes inimicos meos lætificavit, superque me instigavit. Pratum juxta flumen in medio vinearum tam meæ quam famulorum meorum (1398) habebam : illic venientes et abeuntes detundere non cessabant, vineta contigua devastabant, a me semper tributum **564** insuper exigebant. Ubi igitur eum habuerunt perrosum feci arari, in eoque milium seminari. In restauratione domus et amplificatione 40 stultissimus libras expendi, eam Bajuarii (1399) et juxta positi clerici et famuli præcipue destruunt, et mihi culpam inde imponunt. Die noctuque canonici et famuli de interitu meo tractare non cessant ; et quod illos tentare non

B desinam, me falso accusant. Cum excommunicatione interdixi, ut ab opere servili Dominica die cessarent. Id cum evincere nullo modo valuissem, portas obserari contra venientia plaustra præcepi. Hoc facinus aut morte aut expulsione mea debere judicant expiari. Bucconis (1400) in præsentia con-

---

etiam, qui ab aliis sive comitibus, sive episcopis, sive aliis quibuslibet in aliquod negotium mittebantur, ut suam personam gererent, dicebantur *missi de parte comitis, episcopi, monasterii,* etc. Mox *præjudiciosis sceleribus* in nostro apographo legitur, ubi editum est *pro diversis sceleribus.*

(1394) Nisi particula *cum* abundare credatur, hic profecto deest *famulis,* vel *bacularibus :* hos enim, uti traditur paulo post, mittebat episcopus, ut aliquem vocatum, et venire renuentem vi ad episcopum ducerent. *Ille suos baculares mittit, et per potestatem,* C *eum rapiunt, et ad episcopum ducunt.* Hos episcopo astitisse, ut ejus mandatis præsto essent, indicant verba *e latere meo.* Construe : *Missis e latere meo famulis,* vel *bacularibus cum ostiariis ecclesiæ, feci, ut moris est, quosdam de civitate comprehendi, accusatos pro sceleribus diversis, cum dedignati fuissent venire ad satisfactionem ; et satisfactionem faciam feci expendi in idem opus,* id est, in decorandam ecclesiam cathedralem.

(1395) *Ordinarium,* id est canonicum cathedralis ecclesiæ. Vide not. 1036 in *Itinerarium.*

(1396) Vulg., *curæ haberet,* perperam. Melius in nostro apographo. Eugenius III in privilegio anni 1145 referens possessiones et bona, quæ ex anterioribus documentis spectabant ad episcopos Veronenses, memorat nonnullas *plebes cum capellis et decimis,* et quandoque addit *cum curte,* vel *cum dimidia curte.* Curtis itaque nomen alia bona nec prædia significat præter decimas, eaque intra limites plebis sita, fere cum aliqua jurisdictione episcopatui concessa fuerant. Plebs igitur cum curte, quam diaconus ex Ratherii parte habuit, designat plebanam ecclesiam, quæcunque illa fuerit, cum ejusdem decimis, ac præterea aliquod prædium in eadem plebe locatum ; quæ omnia ex suo episcopus eidem diacono tradiderat. Plebs autem hæc diacono tradita, quæ profecto curam animarum habebat adnexam, in memoriam revocat autographum documentum diei 7 Martii anni 839, quod commutationem exhibet inter Audibertum abbatem S. Mariæ in Organis, et inter Audonem diaconum rectorem S. Martini sita (sic) *in valle Paltenate.* Hæc S. Martini ecclesia sita in valle Paltenate est illa, quæ in aliis vetustis monumentis dicitur *plebs de Græciana.* Sicut ergo huic plebi *Audo diaconus,* cathedralis utique Veronensis, ut ex aliis membranis discimus, rectoris titulo præerat, sub quo aliquem presbyterum curam animarum

administrasse indubium est ; ita etiam Ratherio concedente alius diaconus, qui erat ordinarius, seu canonicus cathedralis, cuipiam pinguiori plebi præpositus fuit. Cum porro hoc loco Ratherius addat, se plebe ejusmodi diacono tradita *nullam* aliam plebem habuisse ; dicendum est hoc tempore cæteras plebes, seu plebium decimas, quæ ad episcopum pertinebant, distractas fuisse, uti sane plura Veronensis ecclesiæ bona alienata et usurpata, adeo ut ipse inopia premeretur, affirmat in *Qualitatis conjectura* C num. 13. Quantum ad vocem *bausiatorem,* id est deceptorem, vide not. in partem primam *De contemptu canonum.*

(1397) Id est nec ad synodum diœcesanam anni 966, nec ad alteram anni 967, quas duas tantum Ratherius post tertiam restitutionem celebrasse cognoscimus.

(1398) *Meorum* addidimus ex apographo Frisingensi, ac ex eodem mox scripsimus *detundere,* id est pedibus proterere, conculcare, ubi erat *devertere.* Post pauca in eodem apographo omittitur *semper,* forte melius.

(1399) Inferius hoc damnum tribuit *vicinis et extraneis. Vicini* hic explicantur *juxta positi clerici et famuli. Extranei* autem fuerunt potissimum, qui hic appellantur *Bajuarii,* seu *Bajoarii.* Porro extraneos inferius eos indicat, qui *aut imperatorem adirent, aut ab eo redirent,* quique in episcopalem domum tanquam hospites recipiebantur. Concinit sermo de Octavis Paschæ, in quo hoc factum fusius describi-

D tur : *Hospitantes vero inibi, vi et potestate non cessant illam* (domum episcopalem) *destruere, me non valente scilicet illorum alicui resistere... imperiali cum constet eos de exercitu præsertim redire, vel ad illum venire.* Hi vero, qui præcipuum damnum attulere, Bajoarii fuisse noscuntur, non principes illi quidem hac transeuntes, sed ii, qui in ipsorum comitatu ad exercitum proficiscebantur, vel exinde redibant.

(1400) Hic Bucco erat comes Veronæ, qui etsi primum Ratherio infensus, postea tamen ducissæ commendatione eidem favorem impendit. Vide *Qualitatis conjecturam* num. 14, et ibidem not. 899. Hinc Ratherii hostium conjuratio non solum Ratherium, sed ipsum etiam Bucconem ei faventem impetebat. Sermo autem est de ea conjuratione, quæ accidit sub initium anni 965, et in laudato opere describitur eodem num. 14.

jurationem super eum, meque fecerunt. Ad compositionem (1401) deducti, cum centum libras argenti dare fuissent compulsi, me adito de thesauro ecclesiæ 30 fere libras acceperunt mutuo sub hac attamen cautione, ut si ad tempus hoc persolutum non habuissent statutum, dupla componerent emendatione. Sunt jam anni tres (1402), nihil reddunt omnino.

4. Quam vero tanti sint beneficii immemores et ingrati, abhinc, quæso, vestra incomparabilis pietas, flagito, videat; et mihi ocius, nisi subventum fuerit, perituro propter Deum succurrat. Ipsa beati Pauli apostoli solemnitate (1403) 565 pene tota civitas affuit, et sedens Nanno (1404) pro tribunali ita orsus est loqui. Quid vobis videtur, urbani, de isto prato, quem exaratum videtis? Responderunt unanimiter omnes: Pessime; qui tamen melius, si voluissent, justiusque dixissent: Quid ad nos? Qui fenum ex eo ausus (1405) colligere, ipse eum potuit et legaliter arare. Rursumque: Quid judicatis de ista domo, quam sic destructam videtis? Culpa est episcopi, omnes respondent. Qui tamen melius dixissent: Inquiratur, si hoc ullus fecerit (1406) vicinorum, et legaliter emendare cogatur. De extraneis namque (1407) vestrum fuit providere, cui commissum eos recipiendi et disponendi officium cernitur esse. E nobis enim quis potuit eos prohibere, cum aut imperatorem adirent, aut ab eo redirent?

(1401) De compositione loquitur, qua memoratæ conjurationis rei multati fuerunt anno 965. Confer not. 920 in *Qualitatis conjecturam*.

(1402) Si sub initium Julii anni 968, quo hæc epistola data fuit, jam *anni tres præterierant*; triginta libræ mutuo datæ fuerant anno 965, postquam sedata conjuratione judicium habitum est contra rebelles, et multa librarum centum indicta.

(1403) Ita optime nostrum apographum. Vulgati male *ipse a beati*. Olim credebamus hic indicari festum conversionis S. Pauli die 25 Januarii anni 968. Verum animadvertimus Ratherium in sermone de octavis Paschæ, qui recitatus fuit in ipsa octava die 26 Aprilis anni ejusdem, satis aperte indicare, adversariorum machinationem contra se tota ejusdem anni Quadragesima conceptam erupisse post Pascha, cum illi duabus personis patriæ dominantibus pretio corruptis, et circumductis per totam episcopalem domum, hujus damna et ruinam in episcopum rejicere studuerunt. Hæc autem, falsissima licet, criminatio contra eumdem episcopum imperialibus auribus præcipue ingesta fuit, ut ex his verbis sequentis epistolæ ad Adelaidem colligitur: *Si pro episcopatu hoc agitis*, etc., et præcipua etiam fuit materies et causa ejus placiti, quod contra Ratherium a Nannone habitum hoc loco describitur. Igitur hoc placitum affigendum est non festo conversionis S. Pauli diei 25 Januarii, sed diei festo commemorationis ejusdem apostoli 30 Junii anni 968, quo anno non multo post Ratherius episcopatum dimisit.

(1404) Nanno non uti Veronæ comes, sed tanquam missus imperatoris hoc placitum habuit: unde paulo post ait: *Missus vobis existo de parte imperatoris et dominæ meæ*, nimirum Adelaidis Augustæ. Ratherius scilicet ob privilegium, quod anno præcedenti ab Ottone obtinuerat, exemptus fuerat a jurisdictione ipsius comitis, nec nisi ex speciali imperatoris mandato quispiam adversus eum judicium instituere poterat. Qui autem ex ejusmodi speciali

Quadraginta, ut fertur, libras in restauratione, ampliatione ac decoratione ejus expendit episcopus sexies ostia solummodo restaurando, quæ partim furto (*id est furtim, clanculum*), partim vi fuerant ablata. Non parum pretii consumpsit, et nihil ei profuit. Quid amplius facere potuit? (1408) In ea illum versari inconvenientissimum fuit, ne aut comprehenderetur, ut olim, aut si se defendere conaretur, igni adhibito (quid enim vulgus Veronense non audet?) circumpositæ propter eum (1409) basilicæ cremarentur. Si neutrum vero contingeret, 566 quid faceret, cum exeunte ex ea uno (1410) ex vestiatibus principe alter ei succederet, illi alius, alius item illi? Poteratne cum illis episcopus in una domo versari? Nihil horum, sed prout (1411 quisque illorum ejus potuit, omnes dixerunt. Ille iterum: Quid de istis clericis (1412), qui sua beneficia ita perdiderunt? Exclamaverunt omnes: Nihil pejus. Qui tamen, si boni filii fuissent, et beneficiis ingrati non existerent, respondere, ut jam supra, quivissent: Quid ad nos? Hoc pene omnes homines, hoc ipse efficit Deus. Dedit Sauli regnum et abstulit; Judæ apostolatum, neque reliquit; postremo diabolo primitus cœlum, post infernum. Hoc vero cum Deus fecerit juste, homo facere non debet injuste. Rursumque: Quid de eo, quod si clericus, aut famulus ipsius per suam voluntatem (1413) non adit vocatus episcopum, illē suos baculares mittit, mandato aliquid agebat, missus de parte imperatoris dicebatur.

(1405) Mendum in voce *ausus* latet. Sensus tamen est obvius. Qui *fenum ex eo prato potuit jure suo colligere, ipse potuit et legaliter arare*.

(1406) Qui intelligantur *vicini*, et qui *extranei*, explicavimus supra not. 1399.

(1407) *Vestrum* ad Nannonem Veronæ comitem refertur, cujus erat euntibus ad imperatorem ac redeuntibus hospitium providere.

(1408) Cum Ratherio tuta non esset episcopalis domus, in qua captus fuerat anno 965; Bucco tunc Veronæ comes ei auctor fuit, ne eidem domui amplius se crederet. Vide *Qualitatis conjecturam* not. 902.

(1409) *Basilicæ circumpositæ*, id est, domui episcopali contiguæ, sunt tres, cathedralis, S. Joannis Baptistæ ubi baptisterium, et S. Georgii, nunc vulgo S. Helenæ.

(1410) Sicut cui imperatorem adeuntes Verona transibant, et in episcopali domo hospitabantur, erant Germani, ac præsertim Bajoarii ex not. 1390; ita et Nannonem ejusdem nationis fuisse hæ voces *uno ex vestiatibus* palam significant. Hæ enim voces totusque contextus ad Nannonem dirigitur.

(1411) Ita cum nostro apographo. Apud Pez *quis illorum*, minus bene. Construe autem: *Nihil horum dixerunt; sed omnes dixerunt pejus, prout quisque illorum potuit* dicere.

(1412) Pez pro *clericis* edidit *dicitis*. Sed *clericis* omnino legendum est cum nostro apographo: subauditur autem aliquod verbum in antecedentibus expressum *videtur*, *judicatis*, aut aliquid simile. Clericorum nomine illi decem canonici præcipue intelliguntur, quibus Ratherius beneficia ab se olim collata abstulerat, ut in *Discordia* fusius narrat num. 8. Confer ibidem not. 1177.

(1413) Pez *non ad id vocatus, episcopum*. Correctionem ex nostro apographo eduximus. Quoad ba-

et per potestatem eum rapiunt, et ad episcopum ducunt? Hic cum omnes illud Terentianum valuissent justissime respondere : *O factum bene!* porcino magis universi concrepaverunt stridore. Tunc ille : Missus vobis existo de parte imperatoris et dominæ meæ, [Ottonis I, et Adelaidis Augustæ], ut si amodo aliquis illorum hoc agere fuerit ausus (1414), ab omnibus ei resistatur pro viribus. Cumque hoc dixisset (1415), quidquid **567** omnibus adversariis meis abstuleram, et per chartam (1416) vobis missam pauperculis clericis contuleram, et manu patriarchæ et mea omniumque nostræ provinciæ coepiscoporum firmaveram, totum eis reddidit dicens, jurasse imperatorem, quod nunquam hoc stabile fore permitteret.

5. Sed si hoc verum est, male fecistis, quod hoc mihi non prædixistis. Subscriptionem namque manus (1417) si fregero propriæ, quid mercar, optime scitis. Quid magis? Conjurationem contra me factam cernitis, edictum ex parte imperatoris ad resistendum mihi pro viribus propositum consideratis potestis, periculum videtis. Si valetis, et non mihi succurritis, ipsi me interficitis. Vera est enim concedentis illatio, quia mortem languenti, qui, cum potuit, non abstulit, inflixit. Si vero ita est, ut Nanno omnes certificare non cessat; nihil plus imperatrix, quam perditionem meam desiderat, nihil minus imperator, quam salutem meam et commodum curat neque saltem me baptizatum eorum aliquis æstimat. Nisi vero hæc persuasio falsa esse fuerit monstrata, et ista contra me instigatio, provocatio conspiratio, atque audacia imperiali cito fuerit scripto repressa, de mea factum [*f.* actum] est vita.

## 568 EPISTOLA XIII.
### (1418) AD ADELAIDEM IMPERATRICEM.

Serenissimæ, quibus non dedignatur, Augustæ dominæ Adelaidi R. peccator fidele ultra debitum ultraque posse servitium.

Si verum est quod Nanno omnibus persuadere mei conatur adversariis, nil amplius, quam meum (1419) desideratis interitum, nil minus vester jugalis, quam statum meæ curat salutis. Sed si (1420) pro episcopatu hoc agitis, satagite meam tantillum servare vestra potentia vitam, usque dum beatæ Dei Genitricis habeam perfectam ecclesiam. (1421). Paratissimum ad id faciendum, quod mihi exinde ratione præceperitis duce, me nam fore omnino, Deum testor, scitote. Elongari enim potius salubriter, et habitare in monasterii mei desidero solitudine, et ibi Dominum exspectare, qui me salvum faciat a pusillanimitate spiritus et tempestate (*Psal.* LIV, 9), quam talia diutius cum animæ detrimento inutiliter etiam tolerare. O vero quam omnibus, qui in potestate sunt constituti, ut non semel vestræ dominationi suggessi, prodesset, si non tam præcipites ferrent sententias, sed illud beati Job attendissent : *Causam, quam nesciebam, diligentissime investigabam! (Job* IX, 16.)

(1422) Aloe, domina, stomachus tumens, mellis non ructuat dulcedinem; et ingeniose fallere gestit, laudans quod odit.

---

*culares* vide supra not. 1934, et in *Qualitatis conjecturam* not. 832.

(1414) Cum ex privilegio Ottonis I ita confirmata esset Ratherii potestas in suos, ut sub gravissima pœna vetitum esset eum impedire, ejusdemque ministris resistere; speciali mandato opus erat, ut bacularibus ab eo missis quispiam resistere posset. Hoc Nannonis judicium mandato principis editum paulo post vocat *edictum ex parte imperatoris ad resistendum mihi pro viribus propositum.*

(1415) Quid a suis adversariis Ratherius abstulerit, indicavimus not. 1412. Hinc autem beneficia, quæ ille canonicis decem ademerat, Nannonis sententia eisdem fuerant restituta.

(1416) Hæc *charta* est *Judicatum,* quod antea ad Ambrosium missum animadvertimus notatione 1182 in *Discordiam.* Subscriptiones autem Ratherii, patriarchæ, et episcoporum comprovincialium eidem *Judicato* accessisse in synodo habita mense Novembri anni 967 probatum fuit not. 1162 in eadem *Discordiam.* Hoc itaque *Judicatum* Nannonis sententia irritum reddidit.

(1417) Id explicari potest ex solemni formula, quæ in pluribus antiquis donationum, aut testamentorum documentis legitur : *Nec mihi liceat ullo tempore nolle quod volui, sed quod a me semel factum, aut conscriptum est, inviolabiliter observare promitto.* Vide testamentum Notherii Veronensis episcopi anni 927, aliud Ingelbaldi diaconi anni 981, et oblationem Waldi acolythi anni 982, in diplomatum Veronensium collectione edita a canonico marchione Dionysio pag. 107, 164 et 167. Confer etiam testamentum Dagiberti diaconi Veronensi an. 931, apud Biancolinum lib. II *Notizie delle chiese di Verona,* pag. 699.

(1418) Hæc quoque epistola a P. Pez vulgata ex codice Frisingensi, cum præcedenti consonans eodem tempore eademque de causa scripta fuit.

(1419) Vulg. mendose *desiderans.* Correctionem *desideratis* pro *desideras* (ad principes nimirum aliosque in dignitate constitutos auctor scribens, plurali numero pro singulari uti solet) comprobant illa præcedentis epistolæ num. 5, cum quibus hæc omnino concinunt : *Nihil plus imperatrix quam perditionem meam desiderat, nihil minus imperator quam salutem meam et commodum curat.*

(1420) Hinc vel maxime liquet, præcipuam causam, cur Nanno tanquam imperatoris missus sententiam tulerit in R therium, fuisse ruinas domus et prati episcopalis, quæ licet aliunde provenerint, ipsi tamen episcopo per summam calumniam attributæ fuerunt. Hæc vero calumnia cum imperatori et imperatrici longe distantibus Ratherio ignorante obrepserit, amore episcopatus tuendi specialis delegatio Nannoni commissa fuit.

(1421) Construe : *Nam scitote, me (testor Deum) fore omnino paratissimum ad faciendum id, quod exinde præceperitis mihi ratione duce.*

(1422) Pez veluti aliam epistolam sequentia edidit præmisso titulo : *Ad eamdem.* In codice quidem non absimilia habentur : *Idem eidem.* Verum quæ sequuntur sunt veluti appendix, seu postscriptum, u vocant, quo Ratherius timens, ne his litteris imperatricem exacerbaret, sese excusare eo nomine studet, quia suus animus amaritie refertus, loqui dulcius non potest, nec laudibus ea prosequi, quæ odium merentur. Textum ex nostro apographo emendavimus; nam apud Pez erat *timens* pro *tumens,* et *gessit qui laudat* pro *gestit laudans.*

## EPISTOLA XIV.

EVERACLI (1423) LEODIENSIS EPISCOPI AD RATHERIUM VERONENSEM EPISCOPUM.

Domino et patri ter beato præsuli RATHERIO, spectatæ opinionis viro, magno (1424) et probatissimo EVERACLUS, servorum Christi servus, suus indignus licet vocari filius, quidquid in Christo Jesu felicius.

1. Hyperbaton cum ambagibus suis omittens, rem ipsam, quanta meæ pars vestra sit animæ, nudo et aperto sermone me juvat describere, scholastice si non valeo, utinam vel rustice, non ficte tamen, quia pura traho voce, quod latet, arcana non enarrabili fibra; quantum vos sinuoso in pectore fixi, notare gestio. Illud comicum nostis (TERENT., Andr. 1, 2): *Davus sum, non Œdipus*, ut fucatis verbis fallam audientes : sed hæc hactenus.

2. Audita vero et attentius percepta legatione vestra mellita, nondum viso vel accepto, quod pio amore misistis, balsamo, litteris vestris adhuc non lectis, (1425) non minimum erga me, quem cognovi, tam magni et clarissimi viri affectus integer mihi tantillo accumulavit gaudium; liquor pretiosus, cujus fere cram inops, vultum non mediocriter exhilaravit datus. Audito tandem epitheto non meo nomini congruo, quod vestra charitas mihi nulla commendatione actuum meorum apposuit, ultra quam credi potest (1426) animum lætificavit. Inde centies flexis genibus versus Veronam, vestra quasi lambens vestigia, millies mille vobis rependo gratias. Cujus vero virtutis, si quod in me apparuerit, qui nulla omnino præluceo, simulacrum nusquam et nunquam, si experimento discere cordi est, a vobis aberit elongatum. Pristinam sæpe soleo ante oculos dulcedinem ponere, idque crebris libenter sermonibus repetere, et si mane non, vel post prandia inter bibendum, quomodo me fovistis, ut commanducandum cibum, sicut nutrices infantibus edentulis, in os meum trajecistis. Quid ante, quid post pro tanto beneficio commemorem? Rudis sum et ignarus. Quis enim est vobis aut sapientia, aut probitate, aut optimarum artium studio, aut innocentia, aut ullo laudis genere præstantior? Tulliana vox sonat, (1427) tuba Ciceroniana intonat (*pro Marc.*): nullius tantum flumen est ingenii, nulla dicendi, nulla scribendi tanta vis, tanta copia, quæ non dicam exornare, sed tuarum virtutum laudes possit enarrare. Patientia si memoretur (si fas est dicere fide salva, ne Deum offendam) tu es ipsa. Non (PERS. *sat.* 5, v. 112) salivam glutto sorbuisti mercurialem, inque luto fixum potuisti transcendere nummum. Satyricos omittamus, ad simplices redeamus et sanctos. Non modo non rapuisti, sed nec quidem appetiisti aliena; largitus es propria, aliorum condolens miseriis, non felicitatibus invidens alienis, omnibus omnia factus, ut omnes lucrifaceres (*I Cor.* IX, 22). Nativa vobis supplex tendit manus patria, et ut redeatis invitat. Omnes quotquot sunt utriusque ordinis clericalis seu militaris (1428), mente, voluntate, studio, gestu, voce, ut veniatis, clamant, vos videre desiderant. Servitio vobis impendendo nec numerum neque modum præfigimus ullum. Omnia nostra erunt in manu vestra, secundum quod animo vestro insederit, o dilecte Ratheri. Cuncta prævidete, disponite, constituite, et ut libuerit, in omnibus agite. Sub vestro pollice docto et artifice manum ferulæ non erubescam subducere. Vos valete, vos plaudite, et gratia Domini nostri vos ab incursu malo tueatur continue.

---

(1423) *Evracum* vocat Fulcuinus in Gestis abbatum Lobiensium cap. 27 et 28. Anselmus canonicus, apud Chapeauvillium tom. I, de Gestis episcoporum Tungrensium *Eraclium* appellat. At in iisdem Gestis auctioribus et emendatioribus apud PP. Martene et Durand tom. IV Collect. veter. scriptorum pag. 860 *Everaclus* nominatur. Hic Leodiensem episcopatum iniit anno 959, et e vivis excessit anno 971. Scripta autem fuit hæc epistola, dum Ratherius Veronensem episcopatum tertio obtinens, anno 968 multa Veronæ perpessus abire meditabatur. Chapeauvillius tomo laudato pag. 190 not. 2, ipsam epistolam impressit e ms. Lobiensi, ex quo nos accuratius exemplum accepimus.

(1424) Apud Chapeauvillium deest *magno*, et post *ambagibus* desideratur *suis*.

(1425) Construe: *Integer affectus viri tam magni et clarissimi erga me, quem cognovi, accumulavit gaudium non minimum mihi tantillo.*

(1426) Chapeauvillius *potuit*. Dein omittit *et nunquam*.

(1427) Voces *tuba Ciceroniana intonat*, quæ apud Chapeauvillium desunt, ex nostro apographo inseruimus.

(1428) *Ordo militaris*, seu militum, id est nobilium. Confer not. 144, in librum tertium Præloquiorum.

# RATHERII
### EPISCOPI VERONENSIS
# OPERUM PARS TERTIA.

## SERMONES.

**571-577** SERMO PRIMUS [ *al.* III]
(1429) DE QUADRAGESIMA.

1. Hortor et admoneo vos mecum, si qui in hac mihi estis plebe consimiles, ut aurem cordis prophetico adhibentes consilio dicentis : *Redite, prævaricatores ad cor* (*Isai.* XLVIII, 6), cogitet unusquisque nostrum, quare creatus, quare natus, quare renatus, **578** quo pretio, et quare redemptus. Utrumnam debitas gratias retulerit Creatori, factori et Redemptori suo, et ejus, ut dignum fuerat, saluberrimis obedierit præceptis. Quod si in hoc se non invenit (1430), ut optarem, culpabilem, factori, Redemptori, et protectori gratias referens suo, non sibi illud superbe attribuens, humiliter gaudeat, et ab ipso finem in talibus bonum indesinenter exoptet, et ne prævaricator unquam juste vocetur, indesinenter exposcat.

2. Qui vero secus egerunt, ne sese desperent admoneo, sed reminiscentes misericordiæ Dei super peccatores innumerabilium exemplorum, converti a suis pravitatibus, dum sani sunt et **579** incolumes, velocissime festinent ; ne si dum possunt, non volunt, dum voluerint, non possint. Quod tamen si fecerint, antiquum illum adversarium absque dubio contra se concitabunt, qui totis contra eos sese statim exerens viribus, conabitur eos vitiis implicare prioribus (1431). *Omnis autem, sicut ait Apostolus, qui in agone contendit, ab omnibus se abstinet* (*I Cor.* IX, 25). Luctaturi igitur contra tam atrocem, crudelem callidumque tyrannum, quoniam quidem isti nobis ad hoc cum Dei adjutorio actitandum generaliter ac specialiter delegati sunt potissimum dies, abstineamus nos (1432) ab omnibus, quæ illum fortiorem, nos imbecilliores omnino efficiunt. Quæ sint autem ipsa, Apostolus melius dicat : *Obsecro vos,* inquit, *tanquam advenas et peregrinos abstinere vos a carnalibus desideriis, quæ militant adversus animam* (*I Petr.* II, 11). Ecce quid nos imbecilles, quid illum efficiat (1433) fortem : carnalia utique desideria, a quibus dum non abstinemus, animas nostras expugnabiles facimus. Cum enim nemo nisi alicui militet, et hic expressius, cui carnalia militent desideria,

---

(1429) Hujus sermonis, qui ab Acherio ex ms. Laudunensi editus fuit, exemplum Frisingense obtinuimus. Habitus autem est post tertiam restitutionem Ratherii in sedem Veronensem, ad quod tempus omnia opera in iisdem manuscriptis descripta pertinent : quod idem dicendum est de cæteris sermonibus, qui ex iisdem codicibus suppetunt. Hunc, qui in vulgatis, *De Quadragesima secundus* præfertur, primo loco ponimus, quippe qui ex ordine codicis Frisingensis, in quo Ratherii sermones ac libri in chronologicam seriem videntur descripti ei sermoni, qui in editis primus est, non solum præinittitur, sed ab eodem separatur, intersertis inter utrumque quatuor aliis tractatibus : quod non ejusdem argumenti, sed solius chronologiæ rationem a collectore habitam indicat. Id ut intelligatur, seriem tractatuum, qui in laudato codice continentur, hic exhibemus. Primo legitur *Invectiva de translatione corporis* S. Metronis, quod die 27 Januarii anni 962 subreptum dicebatur. II. Decretum in clericis ab invasore ordinatos latum die 8 Februarii anni 963. III. Aliud decretum de eadem re diei 9 ejusdem mensis et anni. IV. Sermo primus de Quadragesima. V. Primus sermo de Paschate. VI. Primus de Ascensione Domini. VII. Alius de festo Pentecostes. VIII. Opusculum de proprio lapsu. IX. Hæc notatio sequitur : *Istud illi est subjiciendum sermoni, quem idem Ratherius prolixiorem fecit de Quadragesima :* indicatur autem sermo de Quadragesima secundus, cui subjicienda traditur ea ejusdem sermonis apologia, quæ post hanc notationem in eodem codice describitur. X. Synodica edita in Quadragesima anni 966. XI. Sermo de Maria et Martha habitus circa Augustum anni ejusdem. XII. Opusculum de otioso sermone. Observandi præsertim duo sermones de Quadragesima, qui non alia de causa non conjunguntur simul, ut illi faciunt, qui argumenti rationem sequuntur, nisi quia collector non argumenti, sed temporis rationem habuit ; eademque de causa non junxit omnes sermones, sed alia atque alia interseruit, uti ratio temporis postulabat. Primus itaque sermo de Quadragesima, qui in codice subsequitur duo opuscula scripta mense Februario anni 963, commode referri potest ad Quadragesimam anni ejusdem ; adeo ut tres alii subsequentes sermones de Paschate, de Ascensione, et de Pentecoste ad eumdem annum pertineant non minus quam opusculum de proprio lapsu, quod tamen convenire potest ineunti anno sequenti anse Quadragesimam ; et sic omnes præcedent sermoni prolixiori de Quadragesima secundo, habito, ut suo loco dicemus, anno 964.

(1430) Apographum Frisingense *non inveniet.*
(1431) Idem apographum *pejoribus.*
(1432) Addidimus *nos* ex eodem codice.
(1433) Vulg., *efficient.*

minime dicatur* (1434-35); dum adversus animam militare dicuntur, manifeste diabolo militare monstrantur. Nullus enim animarum nostrarum alter est adversarius, nisi ille, qui eas statim invadit, ubi Deus eas justo judicio deserit. Justo autem eas Deus judicio deserit, si eum prius deseruerint ipsæ: quamvis et innumeras se deserentes ipse minime deseruerit, sed hoc magis ex misericordia quam ex justitia.

3. Quia igitur carnalia desideria diabolo adversus animas militant nostras, ne dux de nobis triumphet illorum, opponamus illis abstinentiam, et habebimus, Deo adjuvante, victoriam. Convertamur itaque ad Dominum, fratres, in toto corde nostro, in jejunio, et fletu, et planctu (*Joel* II, 12). Sed a quo, ad quem converti vos putatis monemus [*f.*, moneri]? Ab inimicis utique animarum nostrarum carnalibus desideriis ad amicam illarum abstinentiam; a diabolo, cui militant ipsa, ad Dominum, qui contra illum, si volumus, pugnat pro nobis die noctuque. Sed si volumus contra illum pugnare, studeamus eum a nobis longius propulsare, et a cordibus nostris ejicere, neque cum intra nos ipsi fovere. *Sub umbra enim dormit*, ut ait Dominus, *in secreto calami, et locis humentibus* (*Job* XL, 16). Umbra vero sunt callidi; calamus simulatores, foris itaque placidi, interius vacui; humecta vero loca, luxuriosorum sunt membra, et libidinosa illorum præcordia. Verumtamen noverimus, Domino teste, quia hoc genus nullus neque de se, neque de alio valet ejicere, *nisi in oratione et jejunio* (*Marc.* IX, 28). Sed quomodo in oratione a se ejicere diabolum valet, de quo dicitur: *Qui avertit aurem suam ne audiat legem, oratio ejus erit exsecrabilis?* (*Prov.* XXVIII, 9.) 580 O utinam enim si non exaudibilis, saltem non esset exsecrabilis oratio nostra! Itemque alibi: *Qui avertit aurem suam a clamore pauperis, et ipse clamabit, et non exaudietur* (*Prov.* XXI, 13). Hic profecto quid (1436) etiam profundius innuitur, quia nisi clamantem ad te adjuves pauperem, non te exaudiet Deus orantem. Jejunas vero, quomodo? nisi a vitiis abstinendo, cum Dominus dicat: *Nolite jejunare sicut usque ad hanc diem* (*Isai.* LVIII, 4), et cætera quæ sequuntur? Ut igitur a cordibus nostris expellamus diabolum, jejunemus, oremus, eleemosynam secundum possibilitatem faciamus, sed ultra possibilitatem nos voluisse testem Dominum habeamus. Ita enim carnalia desideria, quæ adversus animas militant nostras, ipsius adjutorio freti superare valebimus.

4. Sed dicit aliquis: Si ab omnibus quæ caro desiderat abstinemus, quomodo vivemus (1437)? Nonne esuriens desiderat edere, sitiens bibere, etiamsi non superflue neque sumptuose? Somnum patiens (ut hæc tantum de innumeris honeste atque necessario requisitis proferantur) nonne optat dormire? Ad quod respondendum; quia non interdicuntur hoc præcepto necessaria, sed superflua, sed noxia, sed inhonesta, et a Deo prohibita. Unde et alter Apostolus: *Carnis*, ait, *curam ne feceritis in concupiscentiis* (*Rom.* XIII, 14): ubi profecto nobis præcipitur, ut sic corpori necessaria ministremus, ut nulli animum voluptati subdamus; ne, dum ratio domina, caro debeat esse ancilla, propter ancillam dominam conteramus, et imperet quæ obtemperare, obtemperet quæ imperare debuerat. Abstinentia cæterum nostra nisi sit triformis, est per omnia ad perfectionem inutilis, hoc est, ut primum a meditatione prava, secundo a locutione noxia, tertio ab operatione cessemus, pro Dei timore vel amore, perversa; ut mundati, Deo misericorditer largiente, ab omni inquinamento carnis et spiritus, his sanctis saltem diebus sanctissimum Pascha post ipsos venturum cum gaudio et lætitia celebrare possimus: ipso adjuvante, qui cum Patre et Spiritu sancto vivit et regnat Deus per omnia sæcula sæculorum. Amen.

### 581 SERMO II [*al.* I].

#### DE QUADRAGESIMA.

ab auctore inscriptus:

(1438) *Sermo valde prolixus de Quadragesima Ratherii Veronensis, vel inefficax se vivente, ut est sibi visum, garritus.*

1. Cum neminem divinis lateat imbutum dogmatibus, hos quadraginta dies, quos parcimoniæ ritu dimus, cur Sigebertus, aliique eumdem secuti veluti distinctum ab *Inefficaci garritu* opus laudarint (licet unum et idem sit) illud, quo Anthropomorphitæ impugnantur. Scripsit contra hæresim Anthropomorphitarum, id est dicentium, *quod Deus habebat corporeal et humanam formam*. Vide quæ latius in præfatione generali animadvertimus § 2, in fine. Hanc vero Anthropomorphitarum decimi sæculi hæresim, quæ in his tantum partibus ob ignorantiam nonnullis fucum fecit, Sigebertus in Chronico affigit anno 939, ac ex Sigeberto alii postea idipsum scripsere. At Sigebertus ea, quorum præcisum tempus ignorabat, cum in Chronico alicui anno assignanda essent, huic vel illi anno affixit ex arbitrio, ut pluribus aliis exemplis probare liceret: ut propterea hac quoque in re ex ejus Chronico nullus certus annus elici potest. Hunc quidem sermonem Ratherius *alius operis* nomine indicat in *Qualitatis conjectura* num. 6, ubi ex eodem nonnulla verba recitat. Scripta fuit *Qualitatis conjectura* ineunte anno 966. Porro omnia Ratherii opera, quæ in Laudunensi et Frisingensi codicibus collecta fuerunt, pertinent ad tempus, quo ille tertio Veronensi sedi præfuit. Hic autem sermo

---

(1434-35) In iisdem vulgatis *dicitur*. Construe: *Cum nemo militet nisi alicui, et hic minime dicatur expressius, cui carnalia desideria militent; dum dicuntur militare adversus animam*, etc.

(1436) Vulg. *præter quid*, male. Frisingensem codicem prætulimus, ubi *quid* pro *aliquid* sumitur: ac dein ex eodem admisimus *freti*.

(1437) Sic laud. cod. Frisingensis. In vulg. *vivimus*.

(1438) Cum hæc epigraphe *sermonis* titulum exhibens ab ipso auctore fuerit præfixa; hunc, qui potius est liber, seu tractatus, quam sermo, inter sermones cum Acherio collocamus. Ipsum libelli nomine laudat Sigebertus de Viris illustribus c. 127, ac ex eo Ægidius Leodiensis c. 45 adud Chapeauvillum tom. I Gestorum pontificum Tungrensium pag. 176: *Scripsit librum, quem prætitulavit: Inefficax, ut sibi visum est, garritus*. Hunc eumdem librum, qui Anthropomorphitas late refellit num. 29 et seqq., suppresso titulo *Inefficax garritus*, memoravit etiam Fulcuinus cap. 24 his verbis: *Est et ejusdem* (Ratherii) *libellus contra Anthropomorphitas, qui Deum, hoc est ipsam invisibilem deitatem per membrorum lineamenta depingunt.* Id autem in causa fuisse cre-

excolendos præ manibus [*f.* omnibus] tenemus, hoc ideo numero institutos, quod præter id quod cataclysmo præfigurati fuerint, cum primitus etiam ipsi a Moyse et Elia, legis utique et prophetiæ ministris, ipsiusque Domini prophetarum inspiratoris, legis conditoris et impletoris, gratiæ largitoris, Evangelii fundatoris continuo sunt jejunio adimpleti, mysticum quid etiam, nec omnino contemnendum designent; mirari non sufficimus illorum superstitiosam observantiam, qui (1439) non quadraginta, sed viginti diebus distinctim nihil omnino gustantes, viginti vero reliquis ante horam usque ad crapulam et ebrietatem prandiis solemnibus incubantes, **582** Quadragesimam non verentur hujuscemodi nugacitatis observantiam vocitare, cum vigesimam deberent eam potius appellare. Nec putetis, audientes, quod hujusmodi locutionis exordium facientes, eorum reprehendere conemur religiosam devotionem, qui super hoc, quod omnibus legaliter est institutum Christicolis, aut duobus, aut tribus, aut uno saltem in hebdomada die sibi fortius aliquid abstinentiæ indicunt, reminiscentes scilicet illius dicentis : *Qui illicita commisit, debet a licitis abstinere* (Greg.) ; et : *Hæc oportuit facere, et illa non omittere* (Matth. xxiii, 23) ; et : *Quodcunque supererogaveris, ego cum rediero, reddam tibi* (Luc. x, 35), non obliti prolatum : non reprehendimus, inquam, sed laudamus et approbamus ; tantum viderint, ne de illis quoque dicatur : *Amen dico vobis, receperunt mercedem suam* (Matth. vi, 42).

2. Illorum potius dolenda vesania, qui uno die nihil gustant, (1440) altero, ut vidisse nos semel [*f.*, non semel] adeo meminimus, ut etiam in sabbato illo sanctissimo, quo missam saltem canere ante vespertinam nulli nostratium conceditur horam,

ab Acherio editus est ex ms. Laudunensi ; in Frisingensi autem licet desideretur, inserta tamen legitur ejus apologia paulo post ipsum sermonem scripta, quæ eidem subjicietur ; et in præmissa notatione idem sermo indicatur his verbis : *Istud id est apologeticum, illi est subjiciendum sermoni, quem idem Ratherius prolixiorem fecit de Quadragesima.* Hic igitur sermo a Ratherio lucubratus, postquam tertio Veronensi sedi restitutus fuit. Porro in Frisingensi codice, ubi Ratherii opuscula in chronologicam rationem descripta videntur, hic sermo indicatur post quatuor se mones de Quadragesima, de Paschate, de Ascensione, et de Pentecoste habitos anno 963, et post opusculum *De proprio lapsu* lucubratum eodem anno, vel ineunte sequenti, uti monuimus not. 1429, in sermonem præcedentem. Igitur hic sermo habitus est citius in Quadragesima anni 964, vel serius in Quadragesima anni 965, antequam Ratherius initio anni 966 scriberet *Qualitatis conjecturam.* Cum vero ille in Quadragesima anni 965 magnis angustiis exagitatus huc illuc sese receperit ; hoc tempus tam prolixo sermoni, seu potius tractatui lucubrando minus congruum videtur. Igitur hic sermo, seu potius tractatus probabilius assignari debet Quadragesimæ anni 964, eidemque tempori error Anthropomorphitarum hoc sermone perstrictus ascribendus est.

(1439) Hunc abusum iterum coercet in *Synodica* num. 15. Mox legebatur *licet omnino*, minus. bene. Correximus *nihil omnino* ex iis, quæ traduntur num. 2. *Uno die nihil gestant*, etc.

(1440) Construe : *Altero* (subaudi *die crapulæ et ebrietati ante horam tertiam indulgent*) *ut non semel vidisse meminimus, adeo ut viderimus, proh dolor! quosdam præ crapula et ebrietate nutare instabilitate gressuum hora diei tertia etiam in Sabbato illo sanctissimo, quo nulli nostratium conceditur canere missam saltem ante horam vespertinam : cum nullo modo valeamus peragere Quadragesimam ritu Occidentalium, nisi protrahamus jejunium usque ad vesperam illius Sabbati sancti.* Cur autem ritum Occidentalium memoret, intelliges ex num. 5.

(1441) Construe, et explica : *Quia vero occasio violatorum Quadragesimæ est profecto subsimilis delinquendi et in cœna Domini* (eorum scilicet violatorum, qui, ut postea explicat, ante horam prandent, nec exspectant vesperam, in qua officium ejus diei hora nona incœptum desinit) *cum in sanctis canonibus legatur :* Si quis, etc., *et cum post horam diei nonam rectissime sit gaudium diem colentium rite maximum ejusdem solemnitatis ; ille defenditur non solvisse jejunium, qui jejunans usque ad eamdem horam, ut diebus cæteris, venit ad ecclesiam,* etc.

(1442) Vulg., *saltem eamdem*, male. Contextus sententia emendationem suppeditavit ; illi enim reprehenduntur, qui *ante eamdem* horam nonam missam in cœna Domini celebrare, et subinde jejunium solvere audebant.

(1443) Construe et explica : *Quæ nimirum utraque faciunt inanem illam occasionem, quam quidam prætendunt, duobus diebus desuper adjectis supra quadraginta.* Erant scilicet, qui violationem jejunii his

(cum, nisi jejunium usque ad sancti illius sabbatum protrahamus vesperam, peragere nullomodo Occidentalium ritu valeamus Quadragesimam) tertia, proh dolor! hora diei nutare instabilitate gressuum quosdam præ crapula et ebrietate viderimus. Quid illi aliud dicendi fecisse, **583** nisi parasceve quasi Domino jejunasse, Sabbato compensationem jejunii a diabolo ipsam utique crapulam recepisse?. Nisi forsitan ita quis desipiat, ut putet Quadragesimam hanc meruisse prærogativam, ut contra constitutionem aliorum temporum aliqua in ea sit dies, quæ non mane incipiat, vespera terminetur.

3. Subsimilis vero (1441) quia et de cœna [*l.* in cœna] Domini violatorum Quadragesimæ profecto est delinquendi occasio ; cum in sanctis legatur canonibus : *Si quis in quinta feria majoris hebdomadæ dicit solvendum esse jejunium, anathema sit :* et rite ejusdem solemnitatis diem colentium maximum post horam diei nonam sit rectissime gaudium ; non solvisse defenditur jejunium, qui usque ad eamdem jejunans, diebus ut cæteris, horam, venit ad ecclesiam, cœnat cum Domino, id est, corporis et sanguinis ejus ipso die initiata percepit sacramenta, postea in magna lætitia sobrie prandet, pedes pauperum lavat, residens in Dei nomine non superflue bibit, Deo gratias agit, cubitum benedicens Domino, seque ipsius communiens signaculo, pergit. Ante vero nonam horam cum nullius unquam gentis consuetudo nominaverit aliquod prandium cœnam ; mirari non desinimus, qualiter aliquis ante eamdem (1442) celebrare audeat ullo modo missam, quæ non aliud nisi ipsam continet Domini celebratam ad vesperam cœnam, sicut et Sabbati officium resurrectionem Dominicam. Quæ nimirum (1443) utraque illam inanem faciunt occasionem, quam quidam

desuper adjectis duobus ad quadraginta prætendunt diebus.

4. Addimus præterea, quia decimam dierum, secundum beati suasionem Gregorii (*lib.* 1, *in Evang. hom.* 16.' *n.* 5), Deo non possumus dare, nisi usque ad vesperam Sabbati sancti Quadragesimam studeamus extendere.

**584** 5. Sciendum sane, quod cum sub una fide sint consuetudines Ecclesiarum diversæ; Orientales et longiorem et austeriorem, quam nos, faciunt Quadragesimam: et idcirco paschale gaudium ad horam Sabbati sancti inchoant, ut dicitur (1444), (quod nobis licet minime) tertiam. Baptismum enim ut nos, non eo die, sed in Epiphania et Pentecoste dicuntur solummodo, contra instituta licet nostrorum canonum, celebrare.

6. Vituperamus et illorum ridiculosam nimium stultitiam, qui contra concessam nona hora (1445) diei omnibus sumendi quidlibet licentiam, usque ad noctem quotidie jejunium eligunt protelare, ut nocte quasi cum licentia ventrem valeant ingurgitare. Cum enim de Domino sacra Evangelii proferat lectio, quia *Cum jejunasset quadraginta diebus, et quadraginta noctibus* (*Matth.* IV, 2), *postea esurierit*, nec tamen manducare suadenti consenserit; non exemplo Domini jejunare convincitur, (1446) qui post jejunium esuriens, gulæ appetitum, ut ille tentatorem, non superat, diabolum.

7. Male jejunant et illi, qui quod corpori suo subtrahunt, non pauperibus tribuunt; sed aut suo ventri, aut, quod est nequius, mammonæ, id est, cupiditiæ dæmoni, abstinendo reservant.

8. Illorum quoque Deus non approbat jejunium, qui abstinentiæ diebus, detractionibus, litibus, et criminosis inserviunt actibus. Abstinent vino (1447), livoris ebrii semper veneno; non comedunt carnes, et rodendo aliorum incessanter lacerant mores; deest eis potionum dulcedo, et cogitationum eos nequam vexat pernoxior amaritudo. Contra illorum igitur et istorum (1448) dementiam, hoc potius ap-

A probamus quod sapientissimus ait Hieronymus: *Melius quotidie parum, quam raro sumere satis*. Vere, vere, et melius, **585** et contra inanem gloriam tutius. Quis enim hora diei licita cum cæteris te considerans parum edentem æstimare potest, utrum hoc facias Dei timore, an, ut multi, edendi impossibilitate? Biduana sane vel triduana sæpe, ut ait jam dictus, jejunia, non Deo, sed vanæ gloriæ certum est militare.

9. At contra gluttonum ista solet esse defensio, licet non per omnia falsa: Melius est, aiunt, abstinere a vitiis quam a cibis. Sed quomodo abstinet a vitiis, quæso, qui gulæ deservit? Nonne ex octo principalibus vitiis unum triformis est gula, et cum manducando vetitum, homo perdiderit paradisum,

B non aliquando jejunando, semperque peccando, qualiter quis lucrabitur cœlum? Quid, aiunt, nocet, si ante nonam comedam, cum non nisi semel in die manducans, jejunium faciam? Ad quod respondemus: Quid profuit Adæ quod non nisi semel de fructu ligni vetiti manducavit, postea ab eodem abstinuit? Nonne ipsa inobedientia divini præcepti reum illum in perpetuum fecit? Qui autem illum de ligno eodem comedere prohibuit, ipse tibi jejuniorum diebus usque ad horam nonam abstinere præcepit. Quod si inobediens ausus fueris præterire, quod jejunium te putas fecisse?

10. Quare autem triformis dicitur gula, nisi quia primum ejus vitium est ante horam manducare; secundum in hora plurimum manducare? Sperni-

C tur (1449) enim vero, ut ait quidam, a Deo totius diei jure jejunium, quod in vesperam, aut certe in crastinum ventris ingluvie, vel pretiosiorum compensatur multiplicitate, vel saltem suavitate ciborum. Fac, inquiunt, eleemosynam, et quod Deus concedit manduca.

11. Melius dicerent: Fac eleemosynam, jejuna et ora. His enim nisi duabus alis jejunia nostra vehantur, cœlum non valent conscendere: orationum videlicet et eleemosynarum juvamine. Hæc enim tria

---

duobus diebus cœnæ Domini et Sabbati sancti eo nomine excusare nitebantur, quia prætendebant id compensari duobus aliis jejunii diebus adjectis Quadragesimæ, nimirum quarta et quinta feria ante primam Dominicam, cum olim caput jejunii a prima Dominica inciperet, non autem a feria quarta cinerum, ut postea usu obtinuit.

(1444) Ratherius hoc loco aliorum relatione deceptus, errandi occasionem sumpsit. Orientales nimirum, seu Græci in Quadragesima non jejunabant diebus Sabbati excepto Sabbato sancto, quo solo jejunium servabant. Quibus autem Sabbatis non jejunabant, missam celebrabant hora tertia. Iis vero diebus Quadragesimæ, quibus observabant jejunium, sacrum non conficiebant. Quæ autem aliis Sabbatis Quadragesimæ competunt, Ratherius communia credidit Sabbato sancto, quo servato ab illis solemni jejunio nec sacrum conficiebatur, nec paschale gaudium hora tertia poterat inchoari.

(1445) Similiter num. 5 de quadragesimali jejunio loquens dixerat: *Qui usque ad eamdem* [nonam] *jejunans, diebus ut cæteris, horam.* Idipsum legitur in *Synodica*, in quam vide quæ animadvertimus not.

980. Dum autem vituperat, qui jejunium producunt

usque ad vesperas, non idcirco vituperant, quod secundum veterem disciplinam jejunarent, sed quia hoc jejunium eligebant, *ut nocte quasi cum licentia ventrem valeant ingurgitare*.

(1446) Construe: *qui essuriens post jejunium non superat appetitum gulæ, ut ille superavit diabolum*

D *tentatorem*.

(1447) Notatu digna est hoc sæculo abstinentia a vino in quadragesimali jejunio. Simili argumentandi genere usus est auctor sermonis 443 in appendice Augustini num. 5, ubi de Quadragesima loquens: *Quid enim prodest*, inquit, *vinum non bibere, et iracundiæ veneno inebriari? Quid prodest abstinere a carnibus ad edendum creatis, et malignis obtrectationibus fratrum membra lacerare?*

(1448) Acherius et justorum clementiam. Recepimus emendationem, quam novissimus Spicilegii editor induxit.

(1449) *Tertium* utique per saltum librariorum omissum fuit. Supplendum autem: *tertium pretiosiores, ac suaviores cibos manducare*, vel aliquid simile; ut licet ex sequentibus, *vel pretiosorum compensatur multiplicitate, vel saltem suavitate ciborum.*

mutuo sibi suffragantur ita solamine, ut jejunium eleemosynæ et oratio; eleemosynas oratio et jejunium; orationem eleemosynæ et jejunium perferant ad remuneratorem facientium, si tamen sinceriter peragantur, absque dubio Deum; hoc vero nisi se invicem adjuvent incessanter suffragio, unum quodlibet eorum duobus aliis destitutum, placare, ut veremur, tria omnia requirentem justum omnino non valent judicem, ac perfectæ bonitatis amantissimum Deum.

12. Cum vero ita sit, ut et de orationibus, quæ nostrum movent animum, minime sileamus; nobiscum reprehendere non cessamus pariter eosdem, quibus Jacobus ait apostolus: *Petitis, et non accipitis, eo quod male petatis* (Jac. IV, 5). Male namque petit, qui non petit quod Dominus præcipit, sed quod potius interdicit. Ille namque desiderare et petere nos jubet cœlestia, nos contra et 586 desideramus et optamus terrena; ille orare pro persequentibus et calumniantibus, nos e diverso contra persequentes et calumniantes exsecrabiles fundimus preces. Quale autem est illud, quod quidam noctibus psalmodiis et orationibus instant, diebus vero detractionibus, praviloquiis, otiositati et desidiæ vacant, cum nox potius quieti, dies sit concessa labori; quod, remur, optime noverat ille, qui postquam dixerat: *Media nocte surgebam ad confitendum tibi* (Psal. CXVIII 62); et: *In matutinis meditabor in te* (Psal. LXII, 7); duas videlicet tantum nocti consecrans horas, *septies*, ait, *in die laudem dixi tibi* (Psal. CXVIII, 164). Nos vero, fratres, quidquid perperam agitur, cum Dei adjutorio devitantes, atque apostolici illius non immemores: *Sive vigilemus, sive dormiamus, simul cum Christo vivamus* (I Thess. V, 10), in noctibus extollamus manus, id est, opera nostra, in sancta, et benedicamus Domino (Psal. CXXXIII, 2): post quietem vero surgentes, ut juxta eumdem Apostolum, et jam silentes sine intermissione nos orare debere credamus, illius dicentis omnimodis recordemur: *Qui avertit aurem suam ne audiat legem, oratio ejus erit exsecrabilis* (Prov. XXVIII, 9). At contra veri adoratores adorabunt Patrem in spiritu et veritate, Dominica nobis dicitur voce (Joan. IV, 23). Petamus quoque a Deo non quod nos prohibet cupere, sed quod imperat desiderare, ut nobis respondere dignetur quod Salomoni sapientiam postulanti respondit (III Reg. III, 11). Cui nimirum responso illud Evangelium concinit: *Quærite primum regnum Dei et justitiam ejus, et hæc omnia*, id est corpori necessaria, *adjicientur vobis* (Luc. XII, 51).

13. Quales autem, quam exaudibiles illorum sunt preces, qui tempore orationis, ut ita dicamus, omnia peragrantes, furtum etiam plerumque, latrocinia, homicidia, adulteria, fornicationum etiam multimoda genera, et his similia meditantes quamplurima, neque Dei, quem rogare videntur, neque illius rei, pro qua rogant, ullo modo recordantur: quid, quæso, rogant? quem rogant? pro quo rogant?

14. Verum quia dæmonum hoc agitur insidiis, invidentium utique profectui orationis, cum et curæ sæculares, et quæ sæpius videmus, loquimur, audimus, ad hoc nimium impediant faciendum; præter alia (1450) (faciendum est) nobis quod cæcus ille in Evangelio legitur fecisse: quem cum prætereuntes increparent ut taceret, *multo magis clamabat: Fili Dei, miserere mei* (Marc. X, 48). Os sane nostrum (verissime veracissimi in hoc utamur sermone) tanto minus exauditur in prece, quanto magis inquinatur turpi locutione.

15. De orationibus itaque quoniam quidem satis pro tempore diximus, ad eleemosynas veniamus. Eleemosyna cum a misericordia vocabulum trahere videatur (1451), nulla congruentius principatum in ordine, ut nobis videtur, potest habere, quam illa, de qua Sapiens admonet ita: *Fili, miserere animæ tuæ placens Deo* (Eccli. XXX, 24): ut videlicet 587 illud nobismetipsis primitus misericordiæ impendamus, ut quæ Deo placent, agere satagamus: et quia proximum sicut nosmetipsos diligere jubemur, eumdem recto consilio, ubi commodum visum fuerit, sive arguendo, sive obsecrando, sive increpando, in viam Domini dirigamus; corporis si indiget necessariis, de justis laboribus nostris illi secundum quod possumus præbeamus. Scriptum quippe tenemus: *Qui offert sacrificium ex substantia pauperis, sic est quasi qui victimat filium in conspectu patris sui* (Eccli. XXXIV, 24). Hoc vero facientes, illius Domini recordemur: *Cum facis prandium aut cœnam, noli vocare divites, quia habent retribuere tibi; sed voca pauperes, et retribuetur tibi in resurrectione justorum* (Luc. XIV, 12-14). Quamvis nemo in ea re sit dives, in qua solatio indiget; ac per hoc quod illi largimur, non diviti, sed conferimus indigenti, tantum pro Dei reverentia, et pro Christi hoc faciamus amore, illius utique ducti auctoritate præcepti: *Quæ vultis ut faciant vobis homines, et vos facite illis similiter* (Matth. VII, 12). Quod enim de mammona iniquitatis amicos nobis facere suademur (Luc. XXI, 9), non propterea dicitur, ut uni auferamus quod alteri tribuamus, cum juxta Augustinum, melius sit nulli dare, quam alicui tollere; sed ut noverimus, quia divitiæ cum omni sint sæculo communiter datæ, a nullo congregari sine avaritiæ malo valent ullo modo. Omnis enim, ait Hieronymus, dives, aut iniquus, aut iniqui est hæres. Et quia Psalmistæ dicitur voce: *Beatus qui intelligit super egenum et pauperem* (Psal. XL, 2); demus operam ut qui plus indiget, plus utique accipiat; qui minus, similiter

---

(1450) Voces uncis inclusæ, quæ deerant, exigente contextu supplevimus, ut supplendas recte monuit novissimus Spicilegii editor.
(1451) Vulg., *a miseria*. Ex significatione Græce vocis ἐλεημοσύνη *misericordia* emendavimus. Ita post pauca novissimus Spicilegii editor recte scripsit *misericordiæ impendamus*, ubi erat *miseriæ impendamus*.

minus. Et quia hoc quoque nobis præcipitur, tribuamus potius bono quam malo, si tamen eos valemus discernere; si non, sequamur dicentem : *Ne eligas cui miserearis*. Caveamus etiam, ne quem exasperemus importunius licet rogantem : *Hilarem enim datorem diligit Deus* (*II Cor*. ix, 7). Et quia, beatus, ut ait Ambrosius, bonorum exhibitio sæpe per moram contraxit offensam, præbeamus solliciti aurem dicenti : *Ne dicas amico tuo : Vade et revertere, et cras dabo tibi, cum statim possis dare* (*Prov*. iii, 28). In his vero omnibus hoc attendamus, ut non pro inani gloria, sed pro Dei jussione, et communis naturæ consideratione, bonum quod facimus, agere studeamus, Domino ita jubente : *Te autem faciente eleemosynam, nesciat sinistra tua quod faciet dextera tua* (*Matth*. vi, 3). Quanquam et hoc dicto præcipi possit videri, ut in nostra eleemosyna nil possit inveniri, quod de sinistro opere, id est, de injusto sit acquisitum labore : sequitur (1452) magis ostentationem innuat hoc dicto notari. *Ut sit*, inquiens, *eleemosyna tua in abscondito, et Pater tuus qui videt in abscondito, reddet tibi* (*Ibid*., 4). Dicente quoque Apostolo : *Qui parce seminat, parce et metet* (*II Cor*. ix, 6); et quia *sicut aqua exstinguit ignem, ita eleemosyna exstinguit peccatum* (*Eccli*. iii, 33); consideremus, maximo igni injecta modica quid faciat 588 aqua. Ad quam considerationem non modice valet consilium, quod Tobias æquivoco præbuit filio : *Fili*, inquiens, *si multum tibi fuerit, abundanter tribue; si parum, etiam ipsum libenter impertiri stude* (*Tob*. iv, 9). Nihil enim Deo charius bona voluntate, cum et calix aquæ frigidæ cum bona voluntate largitus remunerationis mercede non careat, ut ipse ait in Evangelio Dominus (*Matth*. x, 42). Cui canit Psalmista devotus : *In me sunt, Deus, vota tua* (*Psal*. lv, 13), id est, voluntas, quam tibi cuncta cernenti offero bonam. Quocirca si tam pauper est quis, ut nihil penitus quod tribuat habeat; semetipsum si tribuat, sibi sufficere credat. Dictum est enim : *Omni petenti te tribue* (*Luc*. vi, 30), id est, et cui tribuis, et cui non tribuis, te tribue. Verbi gratia, rogat aliquis sibi tribui panem, et non habes quem tribuas panem; tribue te, id est, tuam bonam voluntatem qua utique tribueres illi, si habuisses, libentissime panem; et quia *sermo bonus super datum optimum* (*Eccli*. xviii, 17), enitere pro viribus, ut si deest manui, quem porrigas, cibus, sermo linguæ non desit, quem respondeas, bonus.

16. Quia vero omnia hæc sine charitate, mirabile dictu! exhibita, nihil teste proderunt Apostolo, qui ait : *Si distribuero in cibos pauperum omnes facultates meas, et si tradidero corpus meum ita ut ardeat : charitatem autem non habuero, nihil mihi*

*prodest* (*I Cor*. xiii, 3). Ut ejusdem charitatis jura servare queamus illæsa, præbeamus cordis aurem dicenti : *Si offers munus tuum ad altare, et ibi recordatus fueris quia frater tuus habet aliquid adversum te; relinque ibi munus tuum ante altare, et vade prius reconciliari fratri tuo; et tunc veniens offeres munus tuum* (*Matth*. v, 23 24). Quod si ille, qui lædendo fratrem, in aliquo contristavit eumdem, suasit (1453) agere non dedignatus Domini; ille qui læsus adversus fratrem aliquid habet, taliter se quoque monenti surdam mentis non præbeat aurem : *Cum statis ad orandum dimittite si quid habetis adversus aliquem, ut et Pater vester cœlestis dimittat vobis peccata vestra. Quod si vos non dimiseritis, nec ipse dimittet vobis peccata vestra* (*Marc*. xi, 25-26).

17. Sunt vero contra nostri consimiles, ad dimittendum quid in Deum committitur perfaciles; quod contra illos agitur, odiis si possent perpetuis insectantes; cum magis charitas exposceret ut contra se acta facile dimitterent, contra Deum vero perpetrata rigidissime vindicarent, non immemores tamen dicentis : *Qui sine peccato est vestrum, primus in illam lapidem mittat* (*Joan*. viii, 7). Nullum præterea bonum compensatione mali fieri debere credamus; ut videlicet ideo jejunes, ideo eleemosynas facias, ideo orationibus aerem istum fatiges, ideo quod contra te est perpetratum dimittas, ut aut adulterium, aut fornicationem, aut aliquid simile quasi impunite facere credas, cum nulli promittatur peccatorum venia, nisi qui conversus reliquerit ea.

589 18. Talia igitur cum nostra tanquam contemptibilia sint, proh dolor! jejunia, orationes quoque et eleemosynæ; de nobis deploratum per Jeremiam valemus timere : *Viderunt eam hostes, et deriserunt Sabbata ejus* (*Thren*. i, 7); et per alium nobis Dominum præcepisse : *Nolite jejunare sicut usque ad hanc diem* (*Isai*. lviii, 4).

19. Teste vero Apostolo, cum quod sine fide agitur peccatum sit (*Rom*. xiv, 23), ipsa vero sine operibus fides cum otiosa vel mortua sit (*Jac*. ii, 20); deceptores illos præterire nullatenus animarum debemus, qui contra confirmationem catholicæ fidei, in qua continetur, quod venturus sit Dominus *judicare vivos et mortuos* (*Symbol. Athanas*.), et sæculum per ignem; et : *Qui bona egerunt, ituri in vitam æternam; qui vero mala, in ignem æternum* (*Joan*. v, 29), impunitatem omnibus baptizatis promittunt miserrimi scelerum. Ita, inquiunt, pius est Deus et misericors, ut neminem Christianum permittat intrare in infernum. Quanquam verum dicerent, si Christianum fore illum solummodo, qui Christi voluntatem facit, credere possent. Cum vero Petrum audiant dicentem apostolum : *Melius fuerat eis non cognoscere*

---

(1452) Idem editor optime notavit : Legerem, si res mei arbitrii esset : *quod sequitur . . . . innuit*.

(1453) Lectio corrupta, inquit laudatus editor; sic autem restitui potest : *suasum . . . . . dedignetur*, ubi præcedentem textum respicit : *non dedignetur agere suasum Domini* jam recitatum : *Si*

*offers*, etc. Ita quidem sermone u de Pascha num. 2. *Suadebam, ut qui aliquem se læsisse meminerunt, recordarentur dicentis : Si offers*, etc., *qui vero ab aliquo læsi fuissent, et ille veniam veraciter postulasset, non obliviscerentur dicentis : Cum statis ad orandum*, etc.

*viam veritatis, quam post cognitionem retrorsum converti (II Petr.* II, 21); de quibus, quæso, dictum conjiciunt?

20. Et cum ordines quatuor sacra teneat auctoritas in judicio extremo futuros : unum scilicet, qui judicet cum Domino ; alterum, qui per judicium remuneretur ; tertium, qui per judicium damnetur ; quartum, qui neque per judicium illum [*l. illud*] remuneretur, neque damnetur, cum scriptum in Evangelio sit : *Qui autem non credit, jam judicatus est* (*Joan.* III, 10); et Psalmistæ verbum [*f.*, verbo] dicatur : *Ideo non resurgunt impii in judicio* (*Psal.* I, 5), quasi apertius dicat : Et si quidem resurgunt, non ideo resurgunt ut judicentur, quia jam sint judicati, sed ideo resurgunt, ut, receptis corporibus, illuc eant ubi ante sæcula sunt destinati (*impios autem istos intelligere solummodo debemus incredulos, et minime baptizatos*); quis ergo damnatus tertius ordo tibi videtur, nisi credentium, id est baptizatorum existere, qui pro eo quod fidem habuerunt, sed operibus fidei, quæ illic requiruntur, caruerunt, juste damnati in ignem sunt æternum, qui absque dubio infernus erit, ituri.

21. Constat ergo certissime Dominum quemdam ideo monuisse : *Ecce sanus factus es, vade, jam noli peccare, ne deterius tibi aliquid contingat* (*Joan.* v, 14); et alio loco dixisse : *Fiunt novissima hominis illius pejora prioribus* (*Matth.* XII, 45), ut intelligas tanta humiliatione Dei de cœlo ad terram pro hominibus descendentis, tot indignitatibus, tot opprobriis ab eo perlatis, fame, siti, lassitudine, sputis, genuflexionibus irrisoriis, falsis testimoniis, aceto, felle, spinea corona, ad postremum crucis patibulo, lateris perfossione, effusione sanguinis et aquæ, manuum pedumque confixione, ignominiosæ mortis opprobrio redemptos, sacro baptismate lotos, Spiritus sancti illuminatione ditatos, cognitione voluntatis Dei locupletatos, **590** male agentes diutissime toleratos, flagellis paternaliter eruditos, promissionibus dulcissimis attractos, honoribus variis tam sæcularibus quam ecclesiasticis infulatos, commodorum inæstimabilium blanditiis invitatos, infinitissimis aliis beneficiorum prærogativis ditatos, majora mereri juste tormenta, quam illos quibus talia concessa sunt nulla : *Cui enim plus committitur, plus ab eo exigitur*, ut ait quidam Benedictorum non infimus (S. *Benedict. regulæ* c. 2); et : *Servus qui scit voluntatem domini sui et non facit, digne plagis multis vapulabit* (*Luc.* XII, 47).

22. Sed quia omnipotens est Deus, et ejus pietas nihil aliud, quam ipse est Deus; omnipotens vero pietas ejus, uti et justitia ejus, [*subaudi* nihil aliud quam ipse est Deus] de quo saltem dubitare apostaticum credimus esse; ad illam, dum vivimus, nos conferamus. Mortui enim nihil omnino faciemus, sed quod

(1454) Hæc concinunt cum illis Ecclesiæ in oratione secreta missæ Sabbati ante Dominicam passionis : *Ad te nostras etiam rebelles compelle propitius voluntates.* Mox verba : *Si autem meos* usque ad *spero* Ratherius recitat in *Qualitatis conjectura* num. 6.

(1455) Construe : *His et hujusmodi clamoribus cor-*

A fecimus recipiemus. Quod et si aliquis pro nobis aliquid fecerit boni, etsi non proderit nobis, proderit illi. De illis vero purgatoriis post obitum pœnis, nemo sibi blandiatur, monemus ; quia non sunt statutæ criminibus, sed peccatis levioribus, quæ utique per ligna, fenum et stipulam designantur (*I Cor.* III, 12). Sed quid agimus his ita pro certo constantibus, qui novimus quosdam prava consuetudine, quosdam sacramento, quosdam etiam maleficiis, aut quibusdam aliis, ut prætendunt, inevitabilibus causis ita obligatos, ut erigi ad emendationem nullo modo valeant, quid eis dicere valeamus ? quod consilium dare ? Quidquid enim eis dixerimus, hoc procul dubio respondebunt, etsi non verbo, effectu attamen operis, quod illi de Evangelio ad cœnam vocati (*Luc.* XIV, 18, 20), et verendum ne similiter ab invitante relicti, pereant, ut Pharao, indurati.

23. Hi nimirum sunt enim, qui cum liberi esse valerent, immiserunt sponte sua in rete pedes miseri suos, et in ejus maculis ambulantes (*Job* XVIII, 8), dum expediunt se ab uno, in aliud incidunt periculum, et metuendum ne inevadibiliter a Domino conclusi. Sed enitamur, dicamus aliquid. Suademus illis ne in desperationis se præcipitent ullo modo barathrum, ignari quid eis sit destinatum. *Nescit* enim, ait, *homo*, Scriptura, *utrum odio an amore dignus sit, sed omnia in futurum servantur incerta* (*Eccle.* IX, 1). Quatriduanum recogitent Lazarum suscitatum ; clament cum cæco illo importunius ; jejunando utique, orando, eleemosynis insistendo, non ut peccare eis tamen liceat, sed ut a peccato eos per misericordiam liberari contingat ; vociferentur cum Chananæa, dicentes : *Miserere mei, fili David*; anima mea *male a dæmonio vexatur* (*Matth.* XV, 22) ; et : *Noli, Domine, noli vinci a malo meo, sed vince in bono tuo malum* meum (*Rom.* XII, 21) ; et : *Eripe me Domine, ab homine malo, a viro iniquo libera me* (*Psal.* CXXXIX, 2), utique me, et tibi factori ac redemptori meo piissimo restitue me ; quod utique misericors agis, si quod contra te meditor, (1454) me, velim, nolim, omittere facis. Si autem meos mortiferos conatus prosperari permittis, quam mihi fiduciam evadendi relinquis ? Et si a **591** præsentibus malis non cesso, quam veniam de præteriti, spero ? Gemensque talium quis instanter quasi conquerendo, donec exaudiri mereatur, proclamet : *Usquequo exaltabitur inimicus meus ? Respice et exaudi me, Domine Deus* (*Psal.* XII, 3) ; et : *Fac mecum, Domine, signum in bono, ut videant qui oderunt me, et confundantur, quoniam tu, Domine, adjuvisti me, et consolatus es me* (*Psal.* LXXXV, 17). His (1455) et hujusmodi clamoribus aures exaudire cupientissimi Domini, corde, ore manuque fatigans, nisi ante terminum vitæ quiescat ; forsitan pietas illius (qui

*de, ore et manu fatigans aures Domini cupientissimi exaudire, nisi quiescat ante terminum vitæ ; forsitan pietas illius (qui cum vult, potens est, etc.) pulsata precibus sanctorum, respondebit et illi* (sic fatiganti ejus aures) *idem, quod respondit* **instanter clamanti**: *O mulier*, etc.

cum vult, potens est de lapidibus filios Abrahæ suscitare (Matth. III, 9): Qui non vult mortem peccatoris, sed ut convertatur et vivat (Ezech. XXXIII, 11) sanctorum precibus pulsata respondebit et illi, quod idem instanter clamanti: *O mulier*, inquiens, *nusquam huc scilicet viriliter agens, sed mollitia muliebri vitiis enerviter succumbens, magna est nunc fides, id est orandi perseverantia, tua; fiat tibi sicut vis* (Matth. XV, 28): et sanabitur anima illius in illa hora: quod nobis omnibus præstare dignetur Redemptoris nostri clementia.

24. Est et alia pereuntium in perpetuum evidens approbatio, quod cum tres in Evangelio legamus mortuos a Domino suscitatos, quartum sibi nuntiatum noluerit suscitare, sed econtrario dixerit: *Dimitte mortuos sepelire mortuos suos* (Matth. VIII, 22). Tres vero isti mortui tria significant morientium animæ genera: unum scilicet in occulto, aliud in publico, tertium in consuetudine, quod et fœtere dicitur, id est desperatione recuperandi vicinos inficere; sed quia Deo nil est impossibile, et tales ab initio omnes fuerunt in oculis ejus, quales in fine futuros illos prævidit, dilexisse eos comprobatur, cum insperata eorum emendatio cernitur. Quartum vero illud genus est mortis, de quo Psalmistæ dicitur voce: *Quoniam laudatur peccator in desideriis animæ suæ; et iniquus benedicitur* (Psal. X, 3); et de quibus propheta: *Popule meus, qui beatum te dicunt, ipsi te decipiunt* (Isai. III, 12). Cum enim quis et malum quod facit ipse defendit, et adulantium attollitur insuper laudibus, nunquam ad sui cognitionem rediens, ut sepulturæ mortuus aggere, ita ille adulantium falsa premitur infelicissimus laude. Nunquam utique reviviscit, qui se mortuum fore nunquam cognoscit; nec ad salutem redit, qui salute se indigere minime credit. In perpetuum ergo periisse non dubitatur, qui tali fine defungitur. Quod genus mortis summopere cavere cum Dei auxilio laboremus, nec adulantium mendaciis de nobis credamus, sed peccata nostra et ipsi accusemus, et accusantibus non irascamur. Non ergo leve putet quis se committere peccatum, cum aliquem male agentem falsis laudibus attollit, cum Dominica voce de se dici, quod mortuus mortuum sepeliat, audit: irrecuperabiliter enim eum interficit, qui fortassis ad emendationis vitam resurgeret, nisi cum ille suis adulationibus incessanter obrueret.

25. Cum vero octo, ut beatus fatetur Augustinus (*De Mendac.* c. 14), **592** sint mendacii genera, adulatorum est inter omnia, fateor, pessimum. Illi enim præcipue et interfectores et sepultores sunt animarum, regum maxime, ducum, comitum, episcoporum, abbatum, ac sæculi hujus potentium, non veriti terribile illud per prophetam Domini maledictum: *Væ qui dicitis malum bonum, et bonum malum* (Isai. V, 20), etc. Quorum mortifera præconia ita Job, ita post Jeremias typice maledixisse legun-

tur: *Pereat*, inquit, *prior dies, in quo natus sum, et nox in qua dictum est: Conceptus est homo* (Job III, 3); alter vero: *Maledictus*, ait, *qui annuntiavit patri meo, dicens: Natus est tibi puer masculus* (Jer. XX, 15); Psalmista contra illos auxilium Domini imprecando: *Avertantur statim erubescentes, qui dicunt mihi: Euge, euge* (Psal. LXIX, 4).

26. Abstinere vero tanto magis nos oportet ab omni mendacio, quanto certius illud a diabolo procedere valemus advertere, Domino ita de eo testante: *Cum loquitur mendacium, ex propriis loquitur, quia mendax est, et pater ejus* (Psal. V, 7), utique mendacii (Joan. VIII, 44). Et Psalmographus Domino dicat [f., dicit]: *Perdes eos qui loquuntur mendacium* (Psal. V, 7). Quod tamen si de omni mendacio intelligamus, nullum a perditione liberum judicamus; dicit enim alibi idem: *Omnis homo mendax* (Psal. CXV, 11). Ergo tu ipse hæc dicens mendax propheta? Absit, nam et illic certum quoddam, quod perditionis filii solummodo loquuntur, dixi mendacium, et omnem hominem in extasi (1456), id est, in contemplatione veracitatis Dei, vocavi mandacem; sicut et Ecclesiastes meus (*Eccle.* III, 19), et post illum Apostolus (*Rom.* VIII, 20), vanitati subjectum. Quam præterea noxium sit omne mendacium, alius nos admonet dicens: *Os quod mentitur, occidit animam* (Sap. I, 11); et: *Falsus testis non erit impunitus* (Prov. XIX, 5).

27. Mendacium sane quam longe a præsulibus Ecclesiæ debeat esse, invectiva cujusdam sententia hujusmodi, ac populorum consuetudine trita, valemus advertere: Verba, inquiunt, sacerdotis aut vera aut sacrilega. Quam e contrario autem veritas sit Deo dilecta, ipse de se loquens Deus homo demonstrat, cum ait: *Ego sum via, veritas et vita* (Joan. XIV, 6); et per prophetam: *Pacem et veritatem diligite, ait Dominus Deus* (Zach. VIII, 19); Pascha cujus celebrare *in azymis sinceritatis et veritatis* nos monet Apostolus (*I Cor.* V, 8). Et cum quædam populi sui acta reprobasset, subjecit: *Hæc sunt ergo verba, quæ facitis, loquimini veritatem unusquisque cum proximo suo* (Zach. VIII, 16); et replicans: *Veritatem et justitiam judicate in portis vestris.* (Ibid.)

28. Ecce, fratres et filii (Deus concedat) ab ipso clementer respecti, ecce quanta commemoravimus vera mala, quanta falsa bona, quanta etiam mista bonis mala. Quid nobis agendum ad ista, nisi, ut prædiximus Dominum præcepisse, non ita jejunemus, non ita oremus, non ita eleemosynas faciamus, sicut usque ad hanc diem jejunavimus, oravimus eleemosynas fecimus, ne hostibus nostris, malignis utique **593** spiritibus, occasionem nos amplius deridendi præstemus. Sed rationabiliter in simplicitate cordis Domino servientes, curemus primitus ne bona nostra falsa sint. Curemus ne nulla dehinc, ne pauca post, ne inordinata [*subaudi* sint], illiusque nunquam obliti consilii, quod datum, infructuose licet, cuidam

---

(1456) Sic nimirum in psalmo CXV, v. 2: *Ego dixi in excessu meo: Omnis homo mendax.*

legimus ita, *Peccasti, quiesce* (*Eccli.* XXI, 1). Nostrorum cujusdam perlepidam ei concinentem recolamus pariter istiusmodi sententiam : *Noli esse malorum factor, et eris occisor*, utique malorum factorum; illiusque non immemores : *Fili*, inquit, *ne adjicias peccatum super peccatum*, *dicens* : *Misericordia Dei magna est* (*Eccli.* V, 5); et quod sequitur cogitantes non adeo despiciamus, ut precibus ad placandum illum compositis, et tam pravis ut usque nunc jejuniis, orationibus, eleemosynis, et rationi contrariis vigiliis, nos eum, qui invisibilis omnibus penetrat suo universa intuitu, deludere posse credamus. Sed si volumus ei placere, sicut præcepit, studeamus illi servire, ut peccatorum remissionem accipere, et gratiam ipsius mereamur recuperare ipsius solummodo pietate, quam perdidimus arbitrii nostri merito libertate.

29. Finem sane loquendi cum hic (1457) nobis putavissemus occurrere, occurrit econtrario non silere valendi omnimodis ratio. Hæresis (1458) namque ex antiquis quædam hic apud nos, cum exhausta ubique crederetur, consopita potius apparuit, quam mutuato a Græcitate vocabulo Anthropomorphitarum etiam Latinitas appellare consuevit. Nudius enim tertius quidam nostratium retulit nobis presbyteros Vicentinæ diœcesis, nostros utique vicinos, putare corporeum Deum esse ; hac siquidem occasione inductos, quod in Scripturis legatur : *Oculi Domini super justos, et aures ejus in preces eorum* (*Psal.* XXXIII, 16); et : *Manus tuæ fecerunt me* (*Job* X, 8); et : *Faciamus hominem ad imaginem et similitudinem nostram* (*Gen.* I, 26); cum utique hæc similitudo, vel dissimilitudo, non ad corpus, sed ad solam pertineat animam, quæ est utique spiritus, quanquam circumscriptus et comprehensibilis spiritus, et hujuscemodi in Scripturis alia [ *subaudi* legantur ], non intelligentes stultissimi, quod tam inexcogitabilis, tam inscrutabilis, tam ineffabilis, tam incomprehensibilis est Deus, ut nihil proprium effari de eo humanæ locutionis valeat usus.

50. Quis enim audeat solummodo cogitare (ut hoc unum proferamus de multis) quod per naturam Christus fuerit vermis aut scarabeus? Et tamen per quamdam similitudinem ipse de se, quamvis figuraliter loquens, veraciter dicit : *Ego autem sum vermis, et non homo* (*Psal.* XXI, 7); et per prophetam : *Scarabeus de ligno clamabit* (*Habac.* II, 11 *ex LXX*). Quod cum nos non modice permovisset (1459), proh nefas! nobis commisso gregi eamdem adeo comperimus perfidiam inhæsisse, ut facto de periculo in populo sermone, et spiritum esse Deum, incorporeum, **594** invisibilem, intractabilem, et inæstimabilem, Scripturarum testimoniis approbato, quidam, heu dolor! nostrorum murmurando dicerent etiam sacerdotum : Quid modo faciemus ? Usque nunc aliquid visum est nobis de Deo scire ; modo videtur nobis quod nihil omnino sit Deus, si caput non habet, oculos non habet, aures non habet, manus non habet, pedes non habet. Ad quod uni eorum istud præbemus responsum : Stolidissime ergone anima tua, vel mea nil tibi esse videtur pro eo quod eam videre non vales ? Quale vero caput habet anima tua, quas manus, quos pedes, quæ alia membra? Monstra mihi saltem si vales colorem ejus ; si non vales, ego ejus tibi demonstro valentiam. Statue mihi hic duo corpora, unum cum anima, aliud sine anima. Quod ex illis duobus videbit, audiet, loquetur, ambulabit? illud quod est cum anima, an illud in quo non est anima? Non dubium, quin illud quod habet animam, respondebis. Ego econtra : Quare non illud quod animam non habet? nimirum quia deest illi ipsa vis, ipsa potestas, ipsum inæstimabiliter melius atque validius, quod illud regebat, ut aliquid faceret, sine quo nihil omnino facere poterat : nihil enim esse visibilium, quod non ab invisibili regatur, ratio docet.

31. Ecce invisibilis anima quam potentior sit, quam visibile corpus. De ipsa vita animæ quid tibi videtur? Nonne ipsa invisibilior multum, quam ipsa est anima? Quid autem ipsa valeret anima, imo quid ipsa esset anima sine vita? Absque dubio nihil : legitur enim ita : *Factus est primus Adam in anima vivente, secundus in spiritu vivificante* (*I Cor.* XV, 45). Si ergo anima, quæ utique spiritus est, tantum valentior est corpore, ut sine illa se saltem non possit movere ; vita vero animæ, quæ utique invisibilior est, tantum potentior anima, ut sine illa saltem possit nec esse spiritus vivificans, qui utique Deus est ; et quo Deus invisibilior, eo omnibus interior adeo spiritus, si regulariter ita dici valeret, invisibilissimus omnium spirituum spritus, et spiritus spiritissimus omnium appellari possit spirituum : et quo omnibus spiritibus invisibilior, eo omnibus interior ; et quo interior, eo magis credendus omnium rector, inspirator, motor, vivificator spirituum, sicut anima omnium corporum, imo sicut vita omnium viventium, et tanto præstantius, quanto ineffabilius atque potentius.

52. Sicut enim anima nihil esset si non esset vita, ita omnis creatura sive visibilis, sive invisibilis, sive corporea, sive incorporea, nihil omnino esset, si non esset Deus omnia utique, ut ita dicatur, animans, sicut vivificans Spiritus, qui quo omnibus interior, eo est invisibilior ; sicut et spiritus in corporibus eo interior, quo invisibilior, eo invisibilior, quo usque ad ineffabilitatem

---

(1457) Ita cum novissimo Spicilegii editore. Erat apud Acherium, *cum hic non putavissemus.*

(1458) De hac hæresi apud antiquos vide Theophili Alexandrini epist. Paschal. Epiphanium, et præcipue Augustinum *de Hæresibus* num. 50. Mox quædam scripsimus, ubi erat *quosdam.* Construe autem : *Quædam hæresis ex antiquis, quam Latinitas mutuato etiam a Græcitate vocabulo consuevit appellare Anthropomorphitarum, cum crederetur ubique exhausta, consopita potius apparuit hic apud nos.*

(1459) Acherii edi.io *promovisset*. Novissimus Spicilegii editor recte emendavit.

interior, ac per hoc usque ad omnipotentiam ita potentior, ut quidquid est, per ipsum sit; quidquid vivit, per ipsum vivat, quidquid movetur, per ipsum usque ad ineffabilitatem iterum moveatur. Usque ad ineffabilitatem vero protulimus, quia recolimus motus homicidarum, furum, adulterorum, qui utique nisi a Deo ipsum habent, quo pessime abutuntur miseri, motum, cum a seipsis malæ motionis habeant vitium.

33. Tanta igitur vis, tanta potestas, tam inæstimabilis, tam impenetrabilis natura, tam inscrutabilis substantia, tam incomprehensibilis deitas, tam immensurabilis magnitudo, tanta de se ipsa universa irradians pulchritudo, tam cuncta visu intimo penetrans aspectus, tam omnia continens invisibilis manus, tam universa illuminans claritas, tam omnia supereminens proceritas, tam cuncta concludens profunditas, tam omnia faciens operatio, tam nihil inaccessibiliter inaccessum relinquens immobilis motio, tam omnia nutriens sapida dulcedo, tam cuncta discernendi non impotens flatus, tam subtilis universorum non modo voces (1460), sed intentiones a longe cognoscens, cui tacendo Moyses utique clamasse refertur, auditus. Et ne in infinitum ducamus, quem finire omnium qui fuerunt, sunt aut erunt, non valuerunt, valent, valebunt loquendo sermones; illud ineffabile, illud inexcogitabile omnibus esse; ille ad postremum incircumscriptus, ubique totus, nusquam minor, nusquam major, qui cœlorum continet thronos, et abyssos intuetur, montes ponderat, terram palmo concludit, cui cœlestia, terrestria, et inferna genuflectunt omnia, spiritus, qui est utique Pater, et Filius, et Spiritus sanctus, unus Deus, singillatim spiritus, indivisibiliter spiritus, qui est super omnia et per omnia, et in omnibus benedictus in sæcula Deus. Nil tibi videtur, eo quod non habeat, quod videre valeas, corpus? Nec legendo discere, aut a legentibus sciscitari curasti, qui sint illi *super justos oculi Domini? (Psal.* xxxiii, 16) *quæ aures ejus in preces eorum? quis vultus ipsius super facientes mala, ut perdat de terra memoriam eorum? (Ibid.,* 17.) quæ manus, qui pedes? sed omnia hæc fabrili revolvens insipientissime cogitatu dixisti, non in corde solum, sed multo vesanius in me: *Non est Deus;* imo turpius: Nihil est Deus, si non habet pedes et manus. Cum potius eo ipso quo rationalis es conditus, deberes ex ratione colligere eum qui te condidit, eo magis Deum esse, quo minus eum vales conspicere. Quem nimirum, ut beatus ait Gregorius, jam videre est, jam rationem illius ratiocinando conspicere; cujus tunc aliquid quasi ex parte cognoscimus, quando eum nos digne cognoscere non posse sentimus; tunc eum quasi ex parte videmus, cum a nemine videri eum posse non ignoramus.

54. *Consideravimus,* inquiunt, *et non erat aspectus, unde nec reputavimus eum (Isai.* LIII, 3). Quod quidem illi tui complices de incarnata pro nobis Dei sapientia leguntur dixisse : tu vero insanius de tota Trinitate, imitatus utique eos, qui dum Moyses tardaret in Sinai monte, dixerunt ad Aaron fratrem ejus: *Fac nobis deos qui præcedant nos; Moysi enim nescimus quid contigerit (Exod.* xxxii, 1). Ita et tu cum te fastidisset de Ægypto, id est, de tenebris ignorantiæ ad lumen cognitionis invisibilis Dei adduci; quoquomodo idola tibi in corde cœpisti stultissime fabricare; immensitatisque Dei oblitus, magnum quemdam quasi regem in throno aureo videlicet sedentem depingere, militiam angelorum quasi quosdam homines alatos, ut in parietibus soles videre, vestibus albis indutos ei assistere; cum et illi spiritus sint, et pro sua natura invisibiles, et cum hominibus apparent, non in sua natura, sed in specie, quam illis Deus aut ex isto aere corporeo licet tenuissimo dare vult, aut unde vult, aut si ei, ut [*subaudi* placuit.] in primordio omnigenæ creationis, placet, ex nihilo, uti videri corporalibus oculis possint, apparent, vocemque ex aere eodem aereis, ut ita dicatur, ipsi labiis et faucibus ac gutture nobis incomprehensibiliter, sed tamen his, quibus divinitus hoc videre, vel audire conceditur, cognoscibiliter reddunt.

55. Secunda, inquiunt, feria Michael archangelus Deo missam celebrat. O cæca (1461) dementia! Quæ tibi enim videtur causa, quæ apud nos primam vel secundam facit feriam? nonne solis ortus et ejus occubitus? Et quis est sol alius in cœlo, nisi Sol justitiæ, cum Patre et Spiritu sancto, Christus? An adeo insanis, ut putes noctem esse in cœlo, cujus illuminatio crastinam faciat diem? Quomodo ergo lux illic æterna, si obscuritas eam interpolat ulla? In quali templo canit sanctus Michael missam, cum Joannes in Apocalypsi dicat: *Templum non vidi in ea? (Apoc.* xxi, 22.) *Dominus,* ait, *in templo sancto suo: Dominus in cœlo (Psal.* x, 15). Vis de illo templo tibi quod nunc cordi occurrit, respondeam? Dominus in utero matris virginis non relicto Patre in cœlo, uno utique eodemque momento et in cœlo, et in Virginis utero: sed in cœlo intemporaliter, in matre ex tempore: *Sedes super thronum,* ais, dicit Psalmista, *qui judicas æquitatem (Psal.* IX, 6). Nos quoque *qui sedes super cherubim. (Psal.* LXXIX, 2) sæpe cantavimus; et intelleximus cherubim plenitudinem scientiæ interpretari, et quod thronum hoc, hoc idem cherubim appellari, hoc est, angelicum spiritum, imo (1462) legiones utraque

---

(1460) Id est, *auditus tam subtilis cognoscens a longe non modo voces, sed intentiones universorum, cui Moyses utique refertur clamasse tacendo.* Post pauca *sermonem* erat in editione Acherii, ubi novissimus Spicilegii editor *sermones* emendavit.

(1461) Ita correxit idem editor. Apud Acherium *clementia*; et infra *an adeo insanus.*

(1462) Imo *utroque hæc,* id est throni et Cherubim, *appellari legiones angelorum.*

hæc angelorum. Super quem autem angelorum non sedet Dominus, cum et de anima justi legatur, quod sedes sit sapientiæ, sapientia vero Dei Patris Deus Filius sit? Quo vero sedet sapientia sine eo, cujus est sapientia?

36. Verum quia hæreticum hoc proprium est, ut confutari oppido, vinci vero non leviter valeant; tota ista allegatione, non quid sit Deus, sed quid non sit, si possimus persuadere, id est, quod nec corporeus, nec visibilis, nec æstimabilis sit, utpote spiritus spirituum, invisibilissimus omnium spirituum; confutatos veritatis inimicos gaudeamus. Vos autem, o filii, quibus loquimur, hoc admonemus, ut abjectis hujusmodi nugis atque mendaciis, illius monentis non immemores; *Altiora te ne quæsieris, et profundiora te ne scrutatus fueris* (*Eccli.* III, 22), multi enim sunt, qui, dum discipuli fieri dedignantur veritatis, magistri fiunt erroris, non intelligentes scilicet, neque quæ loquuntur, neque de quibus affirmant (*I. Tim.* I, 7), ad illum magni consilii Angelum vos conferatis, qui ait : *Ego sum via, veritas et vita* (*Joan.* XIV, 6); et : *Nemo venit ad Patrem, nisi per me* (*Ibid.*) : consequenter enim nec ad Spiritum sanctum. Ipse enim, cum Philippo respondisset roganti ut ostenderet illis Patrem, respondit : *Qui me vidit*, utique interioribus illis oculis, quibus Deus potest utcunque videri : *Beati enim mundo corde, quoniam ipsi Deum videbunt* (*Matth.* V, 8), *vidit et Patrem* (*Joan.* XIV, 9), et adjecit : *Non credis, quia ego in Patre et Pater in me est?* (*Ibid.*, 10.) Quod totum nisi ad invisibilem deitatem Patris et Filii referas, stare non potest. Non enim qui vidit in carne, quam pro nobis assumpsit, Filium, consequenter vidit et Patrem. Alioquin et Judæi persequentes illum vidissent, quibus voce Dominica dicitur : *Neque me scitis, neque Patrem meum. Si me sciretis, forsitan et Patrem meum sciretis* (*Joan.* VIII, 19), id est, si invisibilem et incorpoream divinitatem meam in me latentem agnovissetis, et cor mundum ad hanc contemplandam habuissetis; consequenter et Patrem meum in me manentem, et in Patre sciretis. Ipse ergo, qui hujusmodi introductione nos cognoscere fecit, quod Pater ipse, idemque qui hoc dicebat Filius et Spiritus sanctus, unus esset Deus : *Euntes*, ait, *baptizate omnes gentes in nomine Patris, et Filii, et Spiritus sancti* (*Matth.* XXVIII, 19) ipse, inquam, qui carneis labiis ab interiore Deo motis hoc discipulis præcepit, ipse nobis dicat quid sit Deus. *Spiritus*, inquit, *est Deus* (*Joan.* IV, 24); et post resurrectionem dubitantibus apostolis ait : *Palpate et videte, quia spiritus carnem et ossa non habet, sicut me videtis habere* (*Luc.* XXIV, 39).

37. Si ergo carnem et ossa non habet spiritus; unde caput habet, quod utique ex carne et ossibus constat? Unde manus, unde brachia, postremo unde labia, unde linguam, unde guttur, unde pulmones, unde illi sunt arteriæ, unde palati concavitas, unde quatuor anteriores dentes, quibus proculdubio omnibus et vox formatur, et locutio agitur, quibus Michael missam canere dicitur? Tu econtra qui supra : *Gloria in excelsis Deo* (*Luc.* II, 14), quis primus cecinit? Angeli, respondemus. Quomodo? Ut Deo placuit illis hoc, quod pastores audire vel intelligere possent, præstare, quia in spirituali natura hoc nullo modo poterant facere, et hoc in aere, qui percussus vocem facit, utique et cœlum appellatur, unde et volucres cœli dicuntur; non in æthere, non in cœlo, (1463) ubi nullus indiget strepitu aliquid vocis, nedum Deus, qui omnia novit, cognoscere. Vox enim in cœlo angelorum nihil est aliud, nisi admiratio perpetua claritatis et ineffabilitatis Dei sine motu linguæ, sine strepitu vocis. Nam et in terra hoc magis delectat Deum, qui, ut paulo superius protulimus, ait : *Spiritus est Deus, et eos qui adorant eum, in spiritu et veritate oportet adorare.* (*Joan.* IV, 24). Et quia missa dum canitur, corporis et sanguinis Domini participatione ipse qui canit, reficitur; monstra mihi panem et vinum unde hoc agitur. *Panem cœli dedit eis* (*Psal.* LXXVII, 24), scriptum est, respondes : *Panem angelorum manducavit homo* (*Ibid.*, 25). Quis est alter *panis cœli*, nisi Dominus Christus? unde cœlestia spiritualem escam accipiunt, et delectatione inæstimabili perfruuntur. Et *panis angelorum* recte dicitur Christus, quia revera illius laude pascuntur. Neque enim corporalem panem manducare angeli credendi sunt. De vino quid facies? *Non bibam.* respondes, *amodo de genimine vitis usque in diem illum cum illud bibam vobiscum novum in regno Dei* (*Marc.* XIV, 25) Nihil te juvat ad hoc. Regnum enim Dei dicit Ecclesiam, in qua cum cœpisset, ut Psalmista canit, a ligno regnare (*Psal.* XCV, 10 *ex LXX*), et novo vino, id est, sanguine suo, cum pane carnis suæ ejusdem incolas regni potare, apostolis post resurrectionem per quadraginta dies apparens, loquensque de regno Dei, et convescens (*Act.* I, 3), consequenter et bibisse cum eis non est penitus dubitandum. Ecce tu miser, qui de media lente tuum illum corporeum Deum uno anno, Belis sacerdotibus stultior æstimande, pascebas (*Dan.* XIV, 7). Noster Deus verus, invisibilis, incorporeus, intractabilis, immensus, incircumscriptus, omnium creator quæ fuerunt, quæ sunt, quæ erunt, omnium rector, dispositor; oculi omnia contuentes, aures interiora etiam cordium penetrantes, brachia omnia continentia, manus omnium operatrices, pedes immobiliter per omnia discurrentes, quæ utique omnia *Spiritus est Deus*, Pater utique et Filius et Spiritus sanctus, unitas cujus in Deitate, Trinitas in personis consistit : noster, inquam, Deus cum magno tremore et reverentia recolendus, eam maxima dilectione amplectendus, noster, inquam, hujusmodi Deus, unde suos angelos æternaliter pascat, tandem aliquando, et si non a nobis, saltem ab Augustino convictus, et utinam conversus adverte. Nam de locutione Dei ad angelos, et illorum ad Deum, abunde te docet, si requiras in Moralibus, Gregorius.

(1463) Construe : *Ubi nullus indiget cognoscere aliquid strepitu vocis, nedum*, etc.

58. Et quia, ut cernitur, nullatenus a carnali vales intellectu divelli, tene te saltem ad illam quam pro nobis Dei sapientia suscipere dignatus est carnem. Illa enim in cœlis ad dexteram, id est, æqualitatem Patris, qui ubique dexter, nusquam sinister, utpote incircumscriptus spiritus Deus, cum ossibus, quæ spiritus omnino non habet, absque dubio sedet (1464). Ejus divinitati incorporaliter astant incorporei spiritus, angeli utique sancti, animæ quoque felices, sanctorum corpora quoque, ut nonnullis visum est, quæ 599 cum Domino surrexerunt (*Matth.* xxvii, 52), cum animabus justorum. Neque enim hujusmodi es meriti, ut dicere cum Apostolo possis : *Etsi cognovimus secundum carnem Christum; sed jam nunc non novimus* (*I Cor.* v, 16) Ejus tamen si divinam indagare utcunque cupis substantiam, ab eodem intentissime audi : *Philippe*, inquit, *qui me vidit, vidit et Patrem* (*Joan.* xiv, 9), id est, neque me ullus in divinitate, quam si cerneres, hoc nullatenus diceres : *Ego enim, et Pater, unum sumus* (*Joan.* x, 30) neque illum vidit. Vides me in carne, quam sumpsi pro te; non vides in divinitate, qua sum unum cum patre; et ideo si vis Patrem videre, munda illum oculum cordis, qui considerare quoquomodo valeat invisibilem Deum; et me conspiciens videbis, et illum non lumine attingendo, corporali, sed contemplando pro modulo spiritali. De ejus cibo si sollicitaris, audi eumdem : *Meus cibus est, ut faciam voluntatem ejus qui misit me* (*Joan.* iv, 34); et : *Non in pane solo vivit homo, sed in omni verbo quod procedit de ore Dei* (*Matth.* iv, 54); et : *Esurivi, et dedistis mihi manducare* (*Matth.* xxv, 35), de pauperibus utique dicens.

59. Verum quia de sacerdotibus nostris conquesti tatia protulimus, suggerendo eosdem nobiscum monemus, ut in lege Dei die noctuque meditantes, scrutentur Scripturas melius quam usque modo fecissent: *Cæcus enim si cæco ducatum præstet, ambo in foveam*, ut ait Dominus, *cadent* (*Matth.* xv, 14). Quæ præcepit Deus, illa cogitent semper, hoc super omnia præ oculis præceptum, quoniam quidem magnopere expedit, incessanter habentes. Non enim semel in anno, sed quotidie eos necessitas cogit pascha Domini celebrare. *Renes vestros accingetis* (*Exod.* xii, 11), id est, castitati operam dare studebitis; et: *Mundamini qui fertis vasa Domini* (*Isai.* lii, 11) : *Omne enim quod tetigerit immundus, immundum erit* (*Num.* xix, 22), dicit non mentiens Dominus. *Si mundi sunt*, ait quidam, *pueri, maxime a mulieribus* (*I Reg.* xxi, 4),

de panibus propositionis, qui nostrum figurabant sacrificium, utique agens. Et cum ita sit, qui miseri cogitare valemus de nobis, quid æstimare, quare scilicet sacerdotes vocemur, qui tam immunda præcordia gerimus? Potestne quod damus vocari vel sanctum, pollutissimis manibus nostris tractatum? Estne benedictio, quam illecebroso saltem osculo, præter alia, fundimus ore polluto? Væ nobis miseris, pro talibus scilicet, ac millies væ fuerat quidem olim prædictum: et : *Erit sicut populus, sic sacerdos* (*Isai.* xxiv 2); sed utinam et honestiores quilibet in populo Dei, sic saltem sacerdotes essent hujusmodi. Suademus præterea eis, ne adeo sint a 600 Deo extranei, ut se ipsos primitus, dehinc alios mortifere decipientes, mentiri potuisse putent Spiritum sanctum per os Apostoli dicentem : *Nequa adulteri, neque fornicatores, neque ebriosi regnum Dei consequentur* (*Gal.* v, 21); et : *Hoc autem scitote intelligentes, quod omnis fornicator, aut immundus, aut adulter, aut avarus, quod est idolorum servitus, non habet hæreditatem in regno Christi et Dei* (*Ephes.* v, 5). Sed ne ad desperationem eos sermo iste verissimus trahat, noverint non de his dici qui olim fuerant adulteri, fornicatores, et avari, sed illos notari, qui usque in finem in talibus durantes, neglexerunt ad Deum converti; qui utique, si concederetur, eis in æternum vivere, non desinerent in æternum peccare, et ideo juste in æternum pœnas debent, quia digni sunt, luere. Comperimus namque nostri temporis quemdam (talem perfungi si est destinatum, quem cognovisset hominum utinam nullus) hisque his (1465) deplanximus adeo insolubiliter irretitum, ad ipsum fere cum proximaret miserrimum senium, ut conscientia remordente, nec ipsum Evangelii librum, nec eum osculari auderet, qui communicaturus esset presbyterum, contaminari suo miser osculo pensitans illum, ad mentem utique, *Quoa tetigerit immundus, immundum erit* (*Num.* xix, 22), recolligens dictum ita utique se judicans indignum, pro eo scilicet maxime, quod os illecebroso cum manibus et brachiis haberet complexu pollutum, ut formidaret saltem attingere ipsum vas quod tantæ dignitatis tetigisset mysterium; et tamen emendationis nullum in ejus erat obdurissimo corde vestigium. Pro quo duplex nobis visa est non silendi occasio, id est, ut ejus primum cavere studeamus exemplum; dehinc ut pro eo Dei misericordiam eo amplius supplicemus, quo amplius eum indigere cognoscimus.

40. Nam talis amare nullatenus (1466), licet eum

---

(1464) Illa scilicet caro *sedet absque dubio cum ossibus, quæ spiritus omnino non habet.*

(1465) Legendum *hisque vitiis*, vel aliquid simile. Construe vero : Namque 'comperimus quemdam temporis nostri (quem utinam nullus hominum cognovisset, si est destinatum talem perfungi, id est in tali statu, in quo nunc est, mori) et deplanximus adeo insolubiliter irretitum his vitiis, ut cum miserrimus fere proximaret ad ipsum senum, conscientia remordente nec auderet osculari ipsum librum Evangelii, nec eum presbyterum, qui communicaturus esset, miser pensitans illum contami-

nari osculo suo, utique recolligens ad mentem dictum: *Quod tetigerit immundus, immundum erit*; judicans se utique ita indignum, pro eo scilicet maxime quod haberet os pollutum cum manibus et brachiis complexu illecebroso, ut formidaret saltem attingere ipsum vas, quod tetigisset mysterium dignitatis tantæ; et tamen, etc. Retinuimus lectionem novissimi editoris Spicilegii : ubi antea legebatur *proximarit*, ac dein *et formidarit*. Nota osculum, quod presbytero communionem præbenti dari consueverat.

(1466) Nihil poterat esse corruptius, quam quod

irrationabiliter metuat, convincitur Deum, quem tam moribus suis sentit adversum.

41. Nec contraria isthic illa est Domini promissio, qua dicitur : *Qui crediderit, et baptizatus fuerit, salvus erit* (*Marc.* XVI, 16). Quia videlicet etiamsi (1467) credat in Deum talium quis, non credit Deo, qui præcepta ejus non custodit, nec sacramentum vivendo tenet quod fide percepit, sed eamdem fidem, quam verbum astruit, moribus destruit. *Pater noster, qui es in cœlis* (*Matth.* VI, 9) cum cæteris fidelibus, concesso Domini, dicit, *sed omnium corruptæ viventium diabolus pater est*, Zeno beatus ille econtrario ait ( S. ZEN. *De Juda*, tract. 14, lib. II, n. 4). Quod a nobis avertere pietas dignetur illius, qui in hunc mundum venit peccatores salvos facere, Jesus Christus Dominus noster, qui cum Patre et Spiritu sancto vivit et regnat Deus, per omnia sæcula sæculorum. Amen.

*Appendix apologetica contra reprehensores sermonis ejusdem* (1468).

1. Non dicit Ratherius Veronensis episcopus quod Deus Dei Filius, Dominus noster Jesus Christus, hoc est incarnata pro nobis Dei sapientia, non habeat caput oculos, manus, et pedes, cæteraque humani corporis membra, cum anima rationali, (1469) Deo plena; dum veraciter credat eum cum corpore et anima in cœlum ascendisse, quo nunquam defuerat divinitate, et in eodem corpore, angelis docentibus, didicerit eum venturum ad judicandos vivos et mortuos (*Act.* I, 11). Sed dicit Ratherius episcopus quod Deus, id est, divinitatis substantia, non habet corpus, nec est corpus, quod palpari possit et videri, quia *Spiritus est Deus* (*Joan.* IV, 24), sicut dixit Dominus Jesus Christus; et : *Spiritus carnem et ossa non habet* (*Luc.* XXIV, 39), sicut idem dicit in Evangelio Christus.

2. Non dicit Ratherius episcopus, quod malum faciat qui vadit (1470) ad ecclesiam sancti Michaelis, aut audit missam sancti Michaelis; sed dicit Ratherius episcopus, quod mentitur ille qui dicit quod conveniat alicui melius in secunda feria ire ad ecclesiam sancti Michaelis, vel missam sancti Michaelis audire,

quam in alio die. Dicit Ratherius episcopus quod mentitur ille qui dicit quod sanctus Michael missam cantet, cum nulla alia creatura missam possit cantare, nisi homo solum, quia ille, cum sit rationalis, habet carnem et ossa, sine quibus missa non valet cantari. *Spiritus* autem, sicut Dominus dicit, *carnem et ossa non habet*, licet valentiore quam homo, polleat ille qui est angelicus et non apostaticus spiritus, ratione. Michael vero spiritus est et angelicus spiritus, et in conspectu Dei semper assistit sine carne et ossibus: et illum incessabiliter laudat sine libro, cum quo solet missa cantari, sine pane et vino, de quibus solet in missa corpus et sanguis Domini confici.

3. Si autem quæris quid sanctus Michael cantet? Labora, dicit Ratherius episcopus, cum Dei adjutorio, ut post mortem cœlum conscendas; illic audies quid cantet. Quod si vis ad ecclesiam sancti Michaelis ire, sapias, dicit Ratherius episcopus, quod non libentius te recipit in secunda feria sanctus Michael quam in alia. Si vis eum rogare, sapias, dicit Ratherius episcopus, quia non clementius te exaudit sanctus Michael in secunda feria, quam in prima, quam in tertia, quam in quarta, quam in quinta, quam in sexta, quam in septima feria. Hoc cum ita sentiat, dicat atque astruat Ratherius episcopus; qui volet, valet et audet; eum non prohibet imo postulat nam ipse, refellat.

## SERMO III.
### (1471) IN CŒNA DOMINI.

1. Nemo est fidelium, fratres, qui possit ambigere quia, si ex toto corde ad Dominum conversi; hanc humilitatem in corde habetis quam (1472) in habitu prætenditis, quin majus sit gaudium hodie coram angelis Dei super uno ex vobis quam supra nonaginta novem justos, qui opus non habent pœnitentia (*Luc.* XV, 7; *Matth.* XVIII, 13), sicut ait ipsa Veritas atque Redemptio nostra. Sed advertite, quæso, quod præposui, *si ex toto corde*, inquiens, *conversi*. Nam si ex toto corde non convertamur ab his, pro quibus Domini indulgentiam petimus, inaniter Deum rogamus ut auferat a nobis quæ nos ipsi dimittere no-

---

Acherius ediderat : *amare nullatenus licet cum irrationabiliter, metuat, cum vincitur, Deum*; infra editum erat : *qui videlicet . . . . . quia præcepta*. Optime utrobique emendavit novissimus Spicilegii editor. Quod sententiam hujus loci vide not. 723. in *credere opusculum De proprio lapsu.*

(1467) Confer not. 1550 in sermonem II de Ascensione, ubi distinctionem inter *credere in Deum* et *Deo* ex Ratherii mente explicabimus.

(1468) Hoc apologeticum sermonis præcedentis ex ms. Laudunensi vulgatum ab Acherio cum Frisingensi quoque codice conferre licuit, in quo præmittitur ea annotatio, quam not. 1458 in sermonem præcedentem descriptam invenies. Paulo post eumdem sermonem lucubratum fuit.

(1469) Vulg., *Deo, cum corpore plena.* Voces *cum corpore* perperam intrusas auctoritate codicis Frisingensis expunximus : ac mox eodem addidimus *credat*, ac dein *nec est corpus*.

(1470) Indicatur ecclesia *sancti Michaelis ad por-*

*tam,* quæ nunc *porta Bursariorum* vulgo appellatur. Eam ecclesiam feria secunda sæculo X frequentatam ex hoc loco discimus. Missa autem S. Michaelis feria secunda celebrata est missa, uti aiunt, votiva. In calce codicis Ottoboniani continentis Sacramentarium Gregorianum, charactere undecimi circiter sæculi inter aliquot missas votivas legitur : *Feria secunda missa ad postulanda suffragia sanctorum angelorum.* Vide Muratorium, Liturgia Rom. tom. II, pag. 386.

(1471) Hunc sermonem nunc primum proferimus in lucem ex codice Lobiensi, in quo nostro auctori in titulo asseritur his verbis : *Sermo Ratherii Veronensis episcopi dicendus ad populum in Cœna Domini.* Ipsum Fulcuinus laudat cap. 24. Lacunæ, quas punctis notavimus, membranis corrosis tribuendæ.

(1472) Publicam pœnitentiam, quæ ipso habitu demonstrabatur, sæculo decimo in usu fuisse vel ex hoc, sicut et ex aliis testimoniis agnoscitur.

lumus; imo iram Domini tanto nobis gravius accendimus, quo non solum in peccatis remanemus, sed etiam ficto corde coram hominibus conversionem peccatorum mentimur. Ait enim Job sanctissimus : *Simulatores et callidi provocant iram Dei* (*Job* xxxvi, 13). *Provocant*, inquit. Quam graviter [subaudi timendum], si solummodo *merentur* dixisset? Nunc vero cum *provocant* dixerit, quis non extremiscat? quis non pene hoc tonitruo spiritum, ut ita dicam, exhalet? Non extremiscit merito, cui nulla inest simulatio; sed in quo aut aliqua, aut omnimoda est, quomodo ante **603** vocem hujusmodi fragoris subsistere potest? An quia non modo sopore, sed etiam morte consopitus jacet? Expergiscatur, quæso, resurgat, postulo (forsitan enim mihimetipsi dico) : audiat clamantem puellæ: *Tibi dico: Surge* (*Marc.* v, 41); aut certe propter molem lapideæ consuetudinis : *Lazare, veni foras* (*Joan.* xi, 43). Nam superior significatio ad jacentem refertur in cogitatione mortem; inferior ad miserrimam consuetudinis assiduitatem. Veniat licet ligatus foras, absolvet enim eum benigna Dei misericordia, si per confessionem se demonstraverit, et revelabit faciei ejus lucem, qua carebat, dum Dominum quam graviter offenderet, imo provocaret, minime cernebat.

2. Et rogo, frater, quicunque talis es, mei utique similis, si inimicum haberes tibi infestissimum, si utique totius honoris, ipsius etiam vitæ tuæ insidiatorem nequissimum, et ego tunicam tuam auferrem et illi tribuerem : nonne acrius irascereris pro eo quod ego illi haberem datam, quam pro eo quod a te ablatum? Ita itaque, ita Omnipotens gravius fert, credito mihi, si quod Dei est diabolo impenditur, quam si nec sibi nec diabolo redderetur. Jejunia quippe, orationes, eleemosynæ, et cætera hujusmodi Deo soli debentur, ejus solummodo amore agi debent vel timore. Qui ergo simulato corde pro laude humana vel mundi hujus vana gloria ea exsequitur, quid aliud nisi rem Dei diabolo largitur? Ideo deprecor repetens, iterumque commoneo, ut quod in habitu demonstratis, in corde potius exhibeatis, ut remissionem peccatorum vestrorum impetrare possitis. Ipsa autem remissio quæ sit, et qualiter nobis proveniat, audite : *Si averterit se*, inquit, *impius ab impietate sua, et fecerit judicium et justitiam, vita vivet et non morietur* (*Ezech.* xviii, 27). Vita, inquit, *vivet*; qua vita? temporali? non; moriuntur enim et justi æque ut injusti; sed justi temporaliter, impii autem moriuntur æternaliter. Non utique et ipsi [subaudi morientur æternaliter] in carne, resurgent enim in novissima die; in anima denique æternaliter moritur quisquis in peccato moriens, in præsenti sæculo resurgere per confessionem, pœnitentiam et Dei misericordiam non meretur. Aversus es igitur ab iniquitate? Fac judicium et justitiam, et vita vives nec morieris, id est, non recides iterum in peccato. Quid est quod dico? *Declina a malo, et fac bonum, et inhabita in sæculum sæculi* (*Psal.* xxxvi, 27). Nam si declines a malo, nec bonum facis, audi : *Omnis arbor*

*quæ non facit fructum bonum, excidetur et in ignem mittetur* (*Matth.* iii, 10). Et de spiritu immundo : *Et veniens*, inquit, *invenit domum vacantem, scopis mundatam et ornatam; tunc vadit et assumit septem alios spiritus nequiores se, et ingressi habitant ibi, et fiunt novissima hominis illius pejora prioribus* (*Matth.* xii, 44). Solet enim recidiva frequentius quam prima interficere febris. Si autem bonum inchoas, nec perseverando in sæculum sæculi illud inhabitas, cave ne ex improviso audias : *Quomodo cecidisti de cœlo, Lucifer?* (*Isa.* xiv, 22.) Quoniam quidem, si *qui in bonis operibus perseveraverit usque in finem, salvus erit*, (*Matth.* xxiv, 13), absque dubio qui non perseveraverit perditus erit.

3. Assistentes igitur in conspectu Dei, misericordiam et remissionem peccatorum postulantes et exspectantes, moneo ut solerter duo hæc cogitetis : hinc scilicet quid egeritis, hinc quid pro actis recipere, nisi Christi clementia subveniat, **604** debetis. Interroget unusquisque seipsum, videat in quantis se deprehendere poterit reum. Cum enim certissimum sit, omni homini sanum caput habenti, cuncta Deo displicere quæ diabolo constat placere, sciendum quia nunquam melius possumus colligere quis cuivis deserviens vitio quid mereatur, quam cogitet, cujus particeps in opere habetur; ait enim Veritas, in extremo messis tempore agricolam messoribus dicturum esse: *Colligite primum zizania, et alligate ea fasciculis ad comburendum* (*Matth.* xiii, 30); quod dicere quid aliud est, nisi consimiles in scelere pari etiam vindicta copulate? Qui igitur superbia tumidus incedens cæteros despicit, quid aliud quam cum illa principali superbia illi se conferre, si posset, ambit; qui jure Dominus et creator omnium cuncta superexcellit? Qui vero invidia tabescit, nonne eumdem ipsum, atque membra illius, Judæos scilicet perfidos livoris sui participes adsciscit? Qui vero avaritiæ atque cupiditiæ æstibus anhelat, quid aliud quam ipsum, qui similis esse Altissimo (*Isai.* xiv, 14) nimis avide ambivit, et Judam avaritiæ inebriatam veneno, quo avarius ditari desiderat, tanto amplius in suo opere repræsentat? Et qui luxuriæ facibus inardescit, quid nisi cum his qui cum Moabitarum filiabus petulantissime coeuntes (*Num.* xxv, 4) animadversione vindictæ cœlestis interierunt, futuræ ac perpetuæ conflagrationis rogum sibi comportat? Qui vero publice in tali opere insaniunt, Sodomitarum concordare clamori contendunt; qui autem sub pallio castitatis a conspectu hominum suam libidinem contegunt, ad Pharisæorum similitudinem, de quibus dicitur, pertingunt: *Væ vobis, qui estis quasi sepulcra dealbata, interius ossibus mortuorum repleta* (*Matth.* xxiii, 27). In cujus vero ore, sicut, heu dolor! in plurimis hodierni sæculi hominibus magis mendacium abundat quam veritas, diaboli eis rectissime adæquatur falsitas, qui mendax semper exstitit, et pater mendacii (*Joan.* viii, 44). Qui vero fratribus detrahunt, nonne Pharisæis sese consimiles reddunt, de quibus dicitur: *Sagittæ infantium*

plagæ eorum (Psal. LXIII, 8); et: *Intenderunt arcum rem amaram, ut sagittent in occultis?* (Psal. x, 3.) Et qui gratis eos, solo quod subsistunt bene operantes, odiorum insectatione afflictitant, eosque a bonis, in quantum possunt, impediunt, quid aliud quam illorum perfidiæ concordant, de quibus dicitur: *Cum loquebar illis, impugnabant me gratis?* (Psal. CXIX, 7.) Nam quibus ipsa eorum bona actio intolerabilis existit, iidem sunt ipsi qui in libro Sapientiæ loquuntur sibi: *Gravis est nobis etiam ad videndum* (Sap. II, 15). Qui autem et contradicunt, qui alii quam persecutores Christi existunt? Etenim quasi eradere nititur nomen Christi, cum sive prædicanti, sive laudanti, contradicit nomen Christi. Fures quos, nisi Philisthæos? prædones dicam, nisi Babylonios? nam licet sit hujusmodi Dei flagellum, verumtamen flag. . . . . . . . . . . . . . quia disrumpitur, dum filius castigatur. Quilibet vero homicida quid . . . . . . . . . . . . . . . fratris videlicet pessimus computatur lanista? Nam si verum est, quod dictum, quia . . . . . . . . . . . . . Christiani alicujus interfector excusari se fratrem non interfecisse nisi Christum . . . . . . . . . . Si vero caput Ecclesiæ Christus, et membrum ejus quilibet Christianus . . . . . . membrum non abscidisse, qui autem corporaliter aut animaliter aliquem . . .

**605** 4. Ex his, fratres charissimi, paucissimis in compensatione innumerabilium, in quibus humana delabitur mortalitas, satis evidenter potestis colligere quantum vitia detestanda, quantumque Dei sunt amplectenda præcepta. Nam sicut prava agendo pravorum acquiritur participatio, ita et bona exsequendo sanctorum consortium lucramur e diverso; imo filiorum Dei nobis cum re provenit nominatio, ita enim dicit: *Estote misericordes, sicut et Pater vester cœlestis misericors est* (Luc. VI, 36). Unde quia ad relaxationem merendam facinorum hodie huc convenistis, considerate, quæso, quid quæritis, et tanto attentius consistite in precibus, quo vos peccasse cognoscitis gravius. Clamate vocibus, vociferate cordibus, Tibi, Domine, dicentes, peccavimus. Nemo se non peccasse excuset, nemo circumveniatur; inultum enim, ut Job asserit, Deus abire nil patitur (Job XXIV, 12). Audite Apostolum, legitur enim hodie: *Si nosmetipsos dijudicaremus, non utique judicaremur* (I Cor. XI, 31). Judicemus itaque nos ipsi nosmet, fratres, in præsenti et condemnemus, ne in futuro judicemur. Simus nostri tortores, ut inferni non sentiamus carnifices. Et quid amplius dicam? Cœna Domini vocatur ista dies. Cœna autem a communione vescentium dicitur; nulla autem communio ubi discordiæ divisio. Quisquis itaque odii in corde retinet venenum, non accedat ad istud charitatis convivium. Qui luxuriæ inquinamentum per aliquantulam non lavit pœnitentiam, hanc immundo ventre non recipiat cœnam. Adest in proximo, imo hodie incipit Pascha; Pascha vero *transitus* interpretatur. Exhibeamus igitur in opere, quod intelligimus in nomine; si enim consepulti sumus Christo mortificatione vitiorum, resurgemus utique et cum ipso exhibitione virtutum; si autem nullum in nobis per emendationem obruimus vitium, quod Pascha, id est, quem agimus transitum? Et si fermenti veteris nulla est expurgatio (I Cor. v, 7), nova in nobis quomodo erit conspersio? Audite, quæso, præcipientem, et credo, quod me non despicietis monentem, et, ut verius dicam, commonentem; quod enim vobis suggerere videor, mihi ipsi utique loquor. Ait itaque: *Sic comedetis eum: renes vestros accingetis, calceamenta habebitis in pedibus, tenentes baculos in manibus, et comedetis festinantes* (Exod. XII, 11). Renes namque accingere, luxuriam est refrenare; calceamenta in pedibus habere [subaudi est] sanctorum, qui carne mortui sunt, exemplis se munire, ne scilicet aut spina vitiorum mentis debilitet gressum, aut morsu inficiatur operum venenatorum. Cujus enim cor luxuria stimulat, ut spina pedem claudicare, ita et ipsa desiderium pii operis compellit frigescere; cujus animus vero invidia tabescit, nonne grassantis veneni livore pallescit? Tenere manibus nobis est baculum, rigore disciplinæ cœlestis illicitum cohibere appetitum; et ne in luxuriæ præsentis noxium incurramus lapsum, quod timoris Dei manu operationis gestare sustentaculum; pastorali quoque officio nobis ipsis præesse,

**606** Deum animæ, animam carni præficere.

5. Hoc si solerter peragimus, Pascha Dominicum rite celebramus festinantes isto pertingere, ubi Christum in dextera, hoc est æqualitate, Patris novimus sedere; hoc enim phase, id est, transitus Domini vocatur. Et si de vitiis ad virtutes, de terrenis ad cœlestia conversione saluberrima transmigramus; quod cum indesinenter conveniat..... agi, hoc sacratissimo tempore moneo tanto intentius perfici, quanto.... mysterium dignius compellitur celebrari. Miserrime....... quadragesimali inchoatur tempore. Paschali transacta....... post ad vitia redeat, quasi non pro Dei, sed pro illius solummodo diei..... discessum, sed aliquantulum sit intermissum; quod agere quid est aliud......... Quousque enim Pascha Christianorum debet pertingere, Psalmista centesimo decimo septimo psalmo, qui totus in laude hujus diei canitur, declarat dicendo: *Constituite diem in condensis,* sive, ut alia editio habet, *in confrequentationibus usque ad cornu altaris* (Psal. CXVII, 27). In condensis enim est in occultis mentis; in confrequentationibus autem, in usu vel consuetudine sive continuatione. Pascha enim nostrum, id est, Christus, a corde nunquam debet recedere, hoc indesinenti veneratione debemus frequentare usque ad cornu altaris. Quod autem istud est altare? Christus utique, qui sacerdos, altare simul exstat, et hostia, quem donec videamus, a quærendo nequaquam cessemus. Quale est autem in vigilia solemnitatis jejunare, et in ipsa solemnitate crapula distendi? in Cœna Domini pedes pauperum lavare, et in ejus octavis mortem alicujus Christiani moliri? in Parasceve unum denarium largiri, post Parasceven autem

centum auferre? Psalmis, hymnis, et canticis spiritualibus in Quadragesima insistere, in Pascha vero otiositati, imo, quod pejus est, rixae vel detractioni operam dare? (1473) a propria uxore tunc continere, in Pascha maculari etiam fornicatione? in Quadragesima proprium panem non edere, post Pascha victum alterius diripere? quid pejus? quid excogitari valet inconvenientius?

## 607 SERMO IV.
### (1474) DE PASCHA I.

1. Paschales, fratres charissimi, hodie dapes sumpturi, vobisque pro debito ministraturi, hoc est, Agni illius sacrosanctam refectionem, quem (1475) digito ejusdem Praecursor demonstrans clamavit: *Ecce Agnus Dei, qui tollit peccata mundi* (Joan. I, 29) (nimirum quia typicus ille (Exod. XII, 3) istum tantummodo figurare, non vero peccata poterat relaxare, quod solus iste in deitate, quae illi una cum Patre et Spiritu sancto individua est, valet singulariter agere); hujus itaque Agni corpus et sanguinem solemnius hodie tractaturi, vestraeque dilectioni propinaturi, postulamus, ne moleste vestrum aliquis ferat, si lactucarum agrestium aliquantulam (1476) interponemus partem, cum et hoc per ipsius faciamus Domini jussionem. Eorumdem sane olerum cum nemini noceat adeo speciem corpoream ignorare, non parum officit, si non spiritalem intelligentiam quis agnoscere ac mente valeat retinere illorum. Natura equidem oleris istius sumentis fertur oculos in lacrymas fluere facere, dentes purgare (1477); sed natura illius quod significat, facit corporis et cordis intuitum in planctum salubrem excitari. Dicunt quoque, qui de physica quasi videntur tractare, quod aquila acumen, quo plurimum pollet, si perdiderit occasione qualibet, visus; gustu illud recuperet herbae istius. Percongrua, fratres, similitudo consilii, ut qui videlicet caliginem interioris visus contraxit assiduitate culparum, gustu cumdem recuperare (al. reparare) studeat talium lactucarum.

2. Sed jam nunc ornemus quam promisimus mensam. *Haec dies, fratres charissimi, quam fecit Dominus,* ait Propheta sanctissimus; *exsultemus et laetemur in ea* (Psal. CXVII, 24). Nunquid, fratres, non et hesternam diem similiter Dominus fecit? Plane, sed illam jejunio, istam laetitiae consecravit; illa discipulis luctum, haec maximum intulit gaudium. Quid ergo, fratres, agendum? Nimirum, ut

A ratio docet, si heri luximus cum apostolis, gaudeamus hodie cum illis, et omnibus sanctis. Neque vereamur, ne nobis dicatur: *Vae vobis qui ridetis nunc, quia lugebitis ac flebitis* (Luc. VI, 25), cum propter praeteritam abstinentiam atque tristitiam, ejusdem refoveamur consolatione dicentis (ut apostolis vero ante passionem, ita nobis ante resurrectionis 608 Dominicae diem): *Et vos igitur nunc quidem tristitiam habetis; iterum autem videbo vos, et gaudebit cor vestrum, et gaudium vestrum nemo tollet a vobis* (Joan. XVI, 22). Hoc dictum est apostolis, hoc dicitur (1478) et nobis; luxerunt apostoli pro morte, quanquam illis nimium necessaria, Christi, de cujus resurrectione gaudio inaestimabili, et immensa sunt gratulatione laetati; imitati sumus hesterno luctum illorum, imitemur hodie gaudium. Sed si eos volumus imitari, ab eisdem normam sumamus, moneo, gaudii. Dic igitur, sancte Apostole, post omnes quidem vocate, sed usque ad tertium coelum modo quem ipse melius nosti divinitus rapte; dic, inquam, satisfac interrogantibus, unde debeamus gaudere. *Pascha,* inquit, *pascha nostrum immolatus est Christus* (I Cor. V, 7). Non ob aliud? Immolationem nam nos ipsam intellexeramus eamdem, quam apostoli luxerant mortem, quorum et hesterno sumus imitati moerorem. Rogamus igitur, prosequere quid debeamus hodie vel qualiter agere. Subjungit atque ait: *Itaque epulemur,* id est, carnem Domini manducemus, et sanguinem ipsius bibamus: *Non in fermento tamen veteri, neque in fermento malitiae et nequitiae; sed in azymis sinceritatis et veritatis* (Ibid. 8). Et veritatis, inquam. Quare hoc? Quia et alibi idem dicit Apostolus: *Consepulti sumus Christo per baptismum in mortem; ut quomodo surrexit Christus a mortuis per gloriam Patris, ita et nos in novitate vitae ambulemus. Si enim complantati sumus similitudini mortis ejus, simul et resurrectionis erimus* (Rom. VI, 4, 5). Hoc igitur sensu, fratres charissimi, si servamus operando quod credimus, in Christo renati, in Christo passi, in Christo mortui, in Christo sumus a mortuis suscitati, ac per hoc maxima nobis est ratio gaudi. Hanc ergo diem non sibi solum, sed et nobis quia fecit Dominus, fratres, exsultemus et laetemur in ea.

3. Ecce hae sunt paschalis festi decentissimae, quas vobis promisimus, dapes, nunc vobis monstratae (1479), post modicum ministrandae. De lac-

---

(1473) Continentiam ab uxore tempore Quadragesimae decimo quoque saeculo observatam tum hic tum alibi Ratherius testatur.

(1474) Hunc sermonem ex Laudunensi codice editum ab Acherio, cum ms. Frisingensi recognitum accepimus. Pertinet ad tempus quo Ratherius Veronensis sedi tertio restitutus praefuit: et probabilius affigendum an. 965, patebit ex iis, quae animadvertimus not. 1429 in serm. 1 De Quadragesima.

(1475) Acherius *quam* : melius in Frisingensi codice *quem.* Hic codex post pauca omittit *individua,* aeque bene.

(1476) Ita cod. Frising. Apud Acherium *aliquantulum intervenimus.*

(1477) Novissima Spicilegii Acheriani editio mendo, ut credimus, typographorum *dente.* Mox apud Acherium *quid significat? Facit.* Praetulimus lectionem codicis Frising., sic enim explicandus est hic locus : *sed natura illius, quod istud olus significat, facit, scis.*

(1478) Acherius *dicit.* Post nonnulla nostrum apographum Frising. habet : *Num ob aliud?*

(1479) Vulg., *nunc vobis monstratae, post modicum monstrandae.* Corruptum locum pervidit novus Spicilegii editor, putavitque legendum. *nunc vobis monstratae, post modicum manducandae.* Veram lectionem praebuit codex Frising.

tucarum agrestium sed quid facimus (1480), filii, promisso? Veniant et ipsæ, purgent rheumata dentium, hoc est, impedimenta de facinorum congerie mentium (1481); comedere qui veniunt Agnum, fluere ex oculis rivulos cogant aquarum. *Non in fermento*, inquit, *veteri*, hoc est, inflatione anterioris peccati, vel affectu idem vel aliud perpetrandi, id est, ut ne ejusdem vitii hodie sitis, quod heri fuistis. *Neque in fermento malitiæ et nequitiæ*; quasi utique dicat: Malitiam præteritam bonitate mutate; nequitiam relinquite, si **609** Agni Dei [*al.*, Dominici] carnem vultis comedere, et ejus sanguinem bibere. Sequitur: *sed in azymis sinceritatis et veritatis*. Intelligite, fratres, imo intelligite (1482), si qui hic forsitan mei estis consimiles, malitiosi utique, nequitia pleni. Si vultis salubriter gaudere, in Domino gaudete, non in jocis superfluis, non in fabulis otiosis, non in turpiloquiis noxiis, non in tactibus illecebrosis, non in crapula et ebrietate, non in cantuum vanitate. Si cupitis exsultare, *servite Domino in timore, et exsultate ei cum tremore* (*Ps.* II, 11). Si desideratis pascha legitimum celebrare, in azymis celebrate. Quæ sunt vero si requiratis azyma; sinceritas respondeo [*al.*, respondebo] et veritas. Fermentum enim pessimum est simulationis duplicitas; fermentum nexium est falsitatis voluntas. Fermentum enim cum a fervore sit nominatum; ipsam malitiam, ipsam nequitiam, ipsam veteris Adæ cum universam nominari valeamus intelligere consuetudinem, nullam magis valemus conjicere, quam contrariam sinceritati et veritati magistram decipiendi proximum fallaciam; qua utique inexstinguibiliter fraudulentorum æstuat animus. Ipsa itaque cum maxime nitatur malum quodlibet perpetrandi voluntas; abstinent tanto ab ea, id est fallacia, vestra, suggerimus, fraternitas, quanto hac magis offenditur divina majestas, et deturpatur paschalis honestas. Nisi enim ita esset, nequaquam Apostolus et contrariorum prohibitione, et ipsarum præceptione easdem duas insolubiles virtutes, id est, sinceritatem et veritatem, in paschalis festi epulis tantopere commendasset, diversis vocabulis eadem repetendo atque dicendo: *Itaque epulemur non in fermento veteri, neque in fermento malitiæ et nequitiæ, sed in azymis sinceritatis et veritatis* (I *Cor.* V, 7). Nedum enim paschalem nullam celebrat festivitatem, qui in corde malam habet voluntatem; sed nec (1483) gloriam in excelsis cum Deo, nec veram in terra cum hominibus quis habet pacem, nisi qui bonam possidet voluntatem.

4. Hanc, fratres charissimi, mordacissimam veracitatem, et veracissimam mordacitatem, lactucam appello agrestem, quæ utique, flagito, cordium et corporum nostrorum, spiritali gustu percepta, qualitatem commutet: cor videlicet ad suspiria, corpus dum provocat ad lamenta, utraque hæc ad malæ voluntatis relinquenda molimina. Quod absque dubio credimus proventurum, si etiam quod Dominus per Decalogi nobis mandat de Pascha celebrando ministrum [*id est* Moysen], ad naturam earumdem referre sataginius lactucarum. *Sic autem*, inquit, *comedetis eum: renes vestros accingetis, calceamenta habebitis in pedibus, tenentes baculos in manibus, et comedetis festinantes* (*Exod.* XII, 11). Quid austerius, fratres, quid **610** acrius dici potuit illi, qui ista intelligens, Pascha præteritum se meminit eisdem observatis nullo modo celebrasse? Qui enim non obaudivit Psalmistæ dicenti: *Accingere gladio tuo super femur tuum, potentissime* (*Psal.* XLI, 4), id est fortiter; sed enerviter sese luxuriæ dedens, ad Agni Dei [*al.* divini] sumendum corpus et sanguinem est ausus accedere; qui non secutus est exempla sanctorum qui jam in Christo obierunt Patrum; qui non se baculo regiminis defendit contra rugientem leonem, id est, quærentem se devorare diabolum; qui pio desiderio non festinavit, id est, non optavit dissolvi et esse cum Christo: qualiter hodie sine gemitu atque suspirio corpus et sanguinem Domini præsumat accipere, non video; nisi quia aut desperatione mortifera induratum, aut falsa spe deceptum hujusmodi credo. Sed ne faciat suggero; ne se desperet moneo; ne falsa spe sese decipiat amplius rogo. Intendat quod sequitur, suspiret et gemat: *Est enim phase, id est transitus Domini*. Quasi dixisset: Transit a diabolo ad Christum, qui renes a luxuria restringit; qui sanctorum exemplis gressus operum munit; qui baculo regiminis a diabolo sese defendit; qui desiderando festinat ad patriam cœlestem pertingere. Huic itaque soli conceditur Pascha Domini celebrare, et tamen nec huic sine lactucis agrestibus, id est memoria præteritorum facinorum, et effusione utilissima lacrymarum.

5. Sed jam nunc ad Apostolum redeundum, tantum qui conficiat quod proposuimus, obliti impossibilitatis nostræ, qui valet utique, negotium: *Pascha*, inquit (1484), *pascha nostrum immolatus est Christus*. Quod fuit utique, ut remur, dixisse: Ideo pro nobis immolatus est Christus, ut ipse noster esset transitus ad seipsum, et ipse nostrum esset solummodo gaudium. Sic ergo, sic unusquisque nostrum postulet, suggero: *Exsultemus et lætemur in eo. Ipse est* enim pax nostra, ipse lux, ipse dux, ipse dies, ipse

---

(1480) Construe: *Sed quid facimus, filii, de promisso lactucarum agrestium?*

(1481) Id est, *impedimenta mentium de congerie facinorum.*

(1482) Non male novissimus Spicilegii editor restituendum credidit, *imo intelligitis*: sed textum immutare ausus non est. Multo minus nos immutavimus, cum et codex Frising. præferat *imo intelligite*.

(1483) Ita cum nostro ms. Frising. Apud Acherium *cum nec . . . . habent.*

(1484) Codex Frising. ignorat *nunc*. Construe vero: *Sed jam nunc redeundum ad Apostolum, qui conficiat negotium tantum, quod obliti impossibilitatis nostræ proposuimus, qui Apostolus utique valet conficere: Pascha, inquit*, etc.

sol, ipse salus, ipse vita, ipse resurrectio, ipse gaudium verum, ipse beatitudo perpetua, ipse felicitas æterna, ipse lætitia indeficiens, postremo ipse dies, quem gignendo, non operando fecit Dominus, et hoc ineffabiliter vero, *exsultemus et lætemur in eo*. Lætitia quoque mensæ nostræ pertingat (1485) ad pauperes Christi : nostra abundantia illorum suppleatur inopia. Ipsi quoque pauperes sese invicem adjuvent. Quod uni deest, det alter, si habet; si non habet, optet saltem dedisse, ut per omnia et in omnibus de nobis gaudeat qui pascha nostrum immolatus est Christus. Et hæc sit dies (1486) quam fecit Dominus, ut et nos exsultare et lætari in ea nunc et sine fine possimus; corpus quoque et 611 sanguinem ipsius ita percipere, ut non ad judicium (1487), ut, proh nefas! multis, sed ad remedium sempiternum nobis, ut felicibus evenit, hoc provenire contingat. Adjuvet ad hoc desiderium nostrum, et sanctificet actum, qui pro nobis in morte dedit unicum Filium suum, qui cum ipso et Spiritu sancto vivit et regnat in sæcula sæculorum. Amen.

### SERMO V (1488).
#### DE PASCHA II.

1. Cum omnes in hac die Propheta exsultare præcipiat atque lætari (*Psal.* CXVII, 24), reprehensionis non parum metuo notam, si more meo tristitiæ aliquam sermoni meo interpono particulam. Sed absit reprehensor; nam me non tristari consiliarius vetat interior. Ut enim Tobias angelo, ita cuilibet me lætari suadenti respondere ipse nec incongrue valeo : *Quale mihi*, ait enim ille, *gaudium erit, qui in tenebris sedeo, et lumen cœli non video?* (*Tob.* V, 12.) Ut enim lumen cœli nostram appellare non disconveniat festivitatem, de qua scilicet dicitur : *Lætentur cœli, et exsultet terra* (*Psal.* XCV, 11) : non illa vero terra, de qua serpenti illi, malitiæ suasori, est dictum : *Terram comedes cunctis diebus vitæ tuæ* (*Gen.* III, 14), sed illa potius, de qua dictum antea fuerat : *Germinet terra herbam virentem* (*Gen.* I, 11), etc., quæ secundum litteram satis sunt bona, secundum vero mysticum intellectum oppido meliora. Hujus diei gaudium qua temeritate me frui jure pronuntio, qui tamen lumen (1489) cœli, id est, ipsum, qui cœlum illuminat, peccatorum nebula circumvallatus videre non valeo? Nam, dum ad hoc institutos illos, qui jam præcesserunt quadraginta noverimus dies, ut in eis purgatis per pœnitentiam mentibus, sanctum ipsum diem novorum videre et cum gaudio celebrare possemus; cum hoc minime fecerimus, quale gaudium, quam exsultationem, quam lætitiam habere valemus? Ait enim in commendationem ejusdem gaudii sanctus, ut legi audistis, Apostolus : *Itaque epulemur* (*I Cor.* V, 7). Quid dixit? Itaque corpus 612 et sanguinem ipsius, qui pro nobis immolatus est, Christi cum exsultatione sumamus. Faciamus ergo.

2. Sed quid erit, si facere digne ac juste nequimus? Subjungit namque (1490), et ait : *Non in fermento veteri*, id est, tumore anterioris peccati, *neque in fermento malitiæ*, malitiæ utique alieni Christiano malum inferre cupiendi, nequitiæ hoc facere etiam injuste conandi. Sed qualiter? *In azymis sinceritatis et veritatis.* Sinceritas vero puritas est, hoc est, quod nihil habet, nisi quod monstrat. Veritas vero quid esset cum Pilatus interrogasset (*Joan.* XVIII, 38), non exspectavit audire, ideo de illa non meruit exsultare. Qui ergo nec in ore veritatem, nec in corde possidet puritatem, Christi quomodo ausus sit pensandum comedere carnem (1491), cum præsertim Apostolus apertius hoc interdicat, nulla scilicet circuitione usus, dicendo : *Quicunque manducat corpus Domini indigne, judicium sibi manducat* (*I Cor.* XI, 29). Et, oh! quam valet hodie exsultare et lætari, loco salutis judicium sumpturus, loco vitæ interitum! Istud, istud, inquam, est istud, quod tota ista pene quadragesima me compulit clamare, ut *deponentes omnem malitiam, omnem dolum, et simulationem, et invidiam* (*I Petr.* II, 1), omnes ad Christi, id est, veram studeremus nos convertere pacem (1492), et quia hoc facere plurimi nesciunt, quasi normam quamdam vobis præfigens suadebam, ut qui aliquem se læsisse meminerunt, recordarentur dicentis : *Si offers munus tuum ad altare, et ibi recordatus fueris quod frater tuus habeat aliquid adversum te, relinque ibi munus tuum ante altare, et vade prius reconciliari fratri tuo, et tunc veniens offeres munus tuum* (*Matth.* V, 23, 24). Qui vero ab aliquo læsi fuissent, et ille veniam veraciter postulasset, non obliviscerentur dicentis : *Cum statis ad orandum, dimittite si quid habetis adversus aliquem, ut et Pater vester cœlestis dimittat vobis peccata vestra; quod si vos non dimiseritis, nec Pater vester cœlestis dimittet peccata vestra* (*Marc.* XI, 2).

3. Hujus sed, proh dolor! consilii in tantum conditor, ejusdemque emendationes recepimus : sicut et post nonnulla cum ipso retinuimus *possidet puritatem*, ubi prima editio perperam habebat *possidet veritatem.*

(1485) Vulg., *pertinet*. Verior nostri codicis lectio.
(1486) Idem vulg., *dies nostra*. Auctoritate laudati codicis delevimus *nostra*, et mox inseruimus *nos* ante *exsultare*.
(1487) Construe : *Ut contingat hoc provenire nobis non ad judicium, ut, proh nefas! evenit multis, sed ad remedium sempiternum, ut evenit felicibus.*
(1488) Hic sermo vulgatus ab Acherio ex ms. Laudunensi, habitus fuit die Paschatis anni 968. Confer not. 1492.
(1489) Supplevimus *lumen* ex præcedenti Tobiæ textu, ad quem hæc referuntur.
(1490) In priori Acheriana editione : *Sibi jungit namque*, et infra *timore anterioris* : quæ librarii aut typographi incuria accidisse jure censuit novissimus

(1491) Construe : *pensandum quomodo ausus sit comedere carnem Christi.*
(1492) Similiter in *Discordia* lucubrata in Quadragesima anni 968 num. 7. *Per omnes sane sermones*, inquit, *quos populo ista Quadragesima feci, monere mecum omnes non destiti, ut redire non differremus ad pacem*, etc., ubi eadem sequentia evangelica testimonia ingerit, alterum pro iis qui læserunt aliquem, alterum pro iis, qui læsi sunt. Quare hunc sermonem eodem anno recitatum liquet.

temptores quosdam conspexi, et utinam non illos præcipue qui debuerant aliis bonum exemplum præbere, ut etiam ipsi (1493) qui panem sanctum eis mittebat in ore dicendo, (1494) *Corpus Domini nostri Jesu Christi prosit tibi in vitam æternam*, (1495) non cessarent perditionis laqueos tendere, et quasi Pilato diebus eisdem : *Crucifige, crucifige* (Joan. XIX, 6), clamare; non recordati dicentis : *Væ impio proditori, væ complicibus hodieque in Ecclesia ejus.* Quorum quibusdam hodie per vicem Domini nostri mandavi, ut hoc facere quiescerent; et si fecerint, sibimetipsis faciant. Dicit enim sapientissimus perlepide Hieronymus : Semel errasse sit casus ; cur prudenter erratur, et crebro? Nam nisi caverint, verendum ne illis contingat quod illis, de quibus dictum est, contigit : *Adhuc escæ eorum erant in ore ipsorum, et ira Dei ascendit super eos* (Psal. LXXVII, 30) : et quod pridie de Juda lectum Domini est traditore, cujus imitatores adhuc in Ecclesia esse, sanctus ille, cujus verba modo meminimus, non dubitavit proferre : *Et post buccellam tunc introivit in eum Satanas* (Joan. XIII, 27), utique per pravi operis effectum, qui jam in eo per malignæ voluntatis erat affectum. Cum utique si Apostolo credidissent dicenti : *Probet autem seipsum homo, et sic de pane illo edat, et de calice bibat* (I Cor. XI, 28), hoc est, discutiat in qua sit voluntate, peccandi utique, an emendandi, nocendi aliquem, an adjuvandi, in odio, an in amore fraterno : si, inquam, talia salubriter cogitassent, de manu saltem illius, quem oderant, sacra sumere devitassent, ne Judæ scilicet tam publici imitatores existerent. Sed quia apud Deum non est difficilis aut tarda conversio, non se desperet talis, moneo, hominum portio; quoniam quidem Judæorum Pascha certo tempore, Christianorum omni est tempore, præcipue vero in Dominica, communicationis atque conversionis ad meliora de pejoribus die. Pascha enim cum transitus interpretetur, quocunque tempore, quacunque die, quacunque hora, quocunque ad postremum momento quis transit a diabolo ad Christum, a vitiis ad virtutes, de tenebris ad lucem, paschalem agit veraciter solemnitatem. Dicente enim Psalmista Domino : *Reliquiæ cogitationis diem festum agent tibi* (Psal. LXXV, 11), solemne Domino Pascha quilibet agit, qui relinquens quod male cogitavit, illud agere satagit quod Deus ipse præcepit.

## 614 SERMO VI.
### (1495) DE OCTAVIS PASCHÆ.

1. *Antequam comedam suspiro* (Job III, 24), Job legitur beatus dixisse. Causa subjuncta : *Quia timor, inquiens, quem timebam, evenit mihi, et quod verebar accidit* (Ibid. 25). Quod ut ad me referam tantum ab illo, quantum æreum ab æthereo distat cœlo, distantem, doleo vestrum nonnullis, fateor, accidisse, quod (1496) timens Dominica protuli die. Quibusdam enim, proh dolor! contigisse nonnihil formido, quod Psalmista de Judæis olim cantaverat, dicens : *Adhuc escæ eorum erant in ore ipsorum, et ira Dei ascendit super eos* (Psal. LXXVII, 30). Quia videlicet cum post buccellam introisset in eos Satanas per operationem malignam, qui ante in eis jamdiu per intentionem fuerat pessimam, quasi audissent ab eo, qui eis eamdem porrexerat buccellam : *Quod facis, fac citius* (Joan. XIII, 27) : abhinc non cessaverunt quantocius exsequi, quod jam antea, præcipue tota ista Quadragesima, fuerant machinati : (1497) quando scilicet Deo et læsis fratribus reconciliari, et reconciliari veraciter optantes non aspernari, verbo atque exemplo instanter fuerant moniti ; illos saltem, qui *non in die festo* (Matth. XIV, 2) quondam dixerant, non imitari dignati, contra eumdem scilicet, quem me fore nemo utinam sciret, omnia insidiarum molimina, omnes falsissimas concinnationes in palam per quoscunque valuerunt mittentes, talaque de eo fingentes, qualia nemo posset credere, nisi cui aut eadem, aut similia multa contigisset fecisse de corruptis quoque pecunia (1498) duabus patriæ dominantibus, ut fertur, personis (quarum (1499) una nobilitate, et nomine utinam esset illa, de qua jam

---

(1493) Is est Ratherius, cujus perditionem in ipso die Cœnæ Domini, quo suos adversarios communicavit, non cessabant moliri.

(1494) Notabilis est hæc peculiaris formula administrandæ Eucharistiæ, quam repetit sermone sequenti num. 2; cuique affinis est illa ab ipso Ratherio allata in epist. 1, ad Patricum : *Corpus Domini nostri Jesu Christi propitietur tibi in vitam æternam.* In concilio Rothomagensi anni 650, c. 2 ; in Turonensi apud Reginonem lib. 1, c. 199, et in missa edita ab Illyrico, quæ liturgiam Romano-Gallicanam præfert, amplior hæc formula legitur : *Corpus et sanguis Domini nostri Jesu Christi prosit tibi in remissionem peccatorum et ad vitam æternam.*

(1495) Hic sermo ex eodem Laudunensi codice ab Acherio impressus, et habitus eodem anno 968, quo præcedens.

(1496) Hunc metum satis aperte indicavit in sermone præcedenti num. 3, ubi de iis qui contra se machinabantur, ait : *Verendum ne illis contingat quod illis de quibus dictum est : Adhuc escæ eorum, etc., et quod pridie de Juda lectum Domini est traditore.... Et post buccellam tunc introivit in eum Satanas, utique per pravi operis affectum, qui jam in eo per malignæ voluntatis erat effectum.* Si autem id accidit, quod die Paschatis timebat, ergo post Pascha, et ante diem octavæ in effectum prodit, quod illi antea animo volvebant, et affectu moliebantur.

(1497) Construe : *Quando scilicet verbo et exemplo instanter fuerant moniti reconciliari Deo et fratribus læsis, et non aspernari optantes veraciter reconciliari ; non dignati imitari saltem illos, qui quondam dixerunt : Non in die festo, in palam scilicet mittentes per quoscunque valuerunt contra eumdem, quem utinam nemo sciret me fore* (id est esse) *omnia molimina insidiarum, omnes falsissimas concinnationes, et fingentes talia de eo*, etc.

(1498) Duæ personæ patriæ dominantes, quæ pecunia dicuntur corruptæ, fuerant una Nanno comes, ut ex sequenti notatione patebit, alia forte vicecomes.

(1499) Hæc *una* persona est Nanno Veronæ comes, cujus loco desiderat fuisse illum, de quo jam dixerat : *Qui liberavit Israelem de manu Pharaonis, liberet Ratherium de manu Bucconis.* Vide epist. 2, in qua hunc textum integrum invenies. Nomina Nan

dixeram sæpe, ut jam me illum qui talia patior aperties proferam esse : *Qui liberavit Israelem de manu Pharaonis* (*Exod.* xviii, 10), etc., satis ideo cognoscibilia, quod sub ejusdem terminatione declinationis illorum cadant vocabula) (1500) per totam Ecclesiæ domum eas circumducentes, mutata significatione **615** verborum, de passivo genere activum non erubescentes miseri et mendacissime agere, quod ego scilicet dolentissimus patior, fingentes me perpetrare, quasi propter hoc necessarium illis fuerit sæpe : *Crucifige, crucifige* (*Joan.* xix, 6), aliis licet verbis, clamasse. (1501) Nam dum quadraginta fere libras in restauratione ejusdem domus episcopalis ut ferunt qui ad hoc ministri fuerint, hoc triennio expenderim; me ab eadem ab eisdem fugato, cum sine habitatore remansisset; (1502) iidem qui hoc mihi ingerunt, ut congruentia innuit, furto; hospitantes vero inibi vi et potestate non cessent illam destruere; me non valente scilicet illorum alicui resistere, furibus quidem, quia longinquus, hospitantibus, quia longe impar viribus videor esse, imperiali cum constet eos de exercitu præsertim redire, vel ad illum venire; me mendacissimi conductis consideratoribus accusant eamdem destruere; quasi possit esse credibile, ut quod ego tanto mei construxi dispendio, aut destruam ipse, aut destrui patiar sponte. In tantum vero illam hospitantes in ea destruunt potestative, ut si aliquis, cujus scilicet referi, illuc consideratum veniat famulorum, statim eum comprehendant, et gravissime flagellatum loris constringant.

2. Ita omnia cum dolentissimus patiar, versa verborum, ut dixi, natura, agere me quod potius suffero, isti maledici cum omnibus, quæ fingere de aliquo ullus mendacissimorum valuit unquam, fatentur. Sed, o vesana perfidissimorum dementia ! o falsitas inconvenientissima ! o diaboli per serpentes [*f.*, per serpentem] et jam loqui non ignorans astutia ! Si enim imperator non meus dominus esset, et ego illi in potentia similis essem; defendere contra ejus (1503) fideles domum meam et **616** opus utcunque valerem. Nisi quoque (1504) isti me de domo eadem sua perfidia pepulissent, præsentissimus cum essem, eam custodire die noctuque ab eorum furtis valerem. Nunc vero cum et ille meus dominus sit, et pugnare contra domini mei fideles, etiam si valerem, non solum perfidum, sed et, ut ita loquar, apostaticum sit; recedit namque a Deo, qui dato sibi ab eo terreno rebellis est domino : dictum est enim, quod *qui potestati*, utique a Deo sibi prælatæ, *resistit, Dei ordinationi resistat* (*Rom.* iii, 2); (1505) isti vero exemplo diaboli non cessent elaborare, ut etiam absque sui aliquo commodo aliquid, quod me noceat, neque conturbet, possint efficere; quid contra hæc duo tam impossibilia valeo agere? O vero utinam cum sacram talibus manu, quam excisam optabant, præbebam buccellam dicendo : *Corpus Domini nostri Jesu Christi prosit tibi in vitam æternam;* clamasset cæteris, quod ille quondam lapidatoribus sancti clamaverat Jacobi apostoli, qui frater dictus est Domini, ut fratres hodieque dicuntur consanguinitate propinqui : *Parcite*, inquiens,

nonis, Bucconis et Pharaonis ejusdem declinationis terminationem recipiunt. Desiderat autem Bucconem potius quam Nannonem, quia Bucconem initio quidem adversum, at postea faventem expertus fuerat, ut in eadem epistola testatur. Male in vulgatis pro *Israelem* legebatur *Hierusalem*.

(1500) Id illud est, quod post paschalem diem contra Ratherium adversarii ejus in effectum perduxerunt. Duas enim personas pretio corruptas et Veronæ dominantes, circumducentes per totam domum episcopalem, ut ruinas ejus perspicerent, per summam calumniam Ratherium, qui hæc damna passus fuerat, totius damni auctorem venditarunt. Hæc vero præcipua in eum criminatio fuit; ex qua postea Nanno uti imperatoris nomine contra Ratherium placitum habuit. Vide epist. 12. Construe autem : *Circumducentes eas per totam domum Ecclesiæ, miseri et mendacissime mutata significatione verborum, non erubescentes de genere passivo agere activum, fingentes scilicet me perpetrare quod ego dolentissimus patior, quasi propter hoc fuerit illis necessarium sæpe, aliis licet verbis, clamasse : Crucifige, crucifige.*

(1501) Construe et explica : *Nam dum hoc triennio*, id est, ab anno 965 usque ad annum 968, *expenderim fere quadraginta libras in restauratione ejusdem domus episcopalis, ut ferunt qui ministri fuerunt ad hoc; cum ea domus remansisset sine habitatore, me fugato ab eadem ab eisdem* (cum scilicet in ea captus et adductus fuit, ac postea liber non auderet amplius ei domui se credere) *dum iidem, qui hoc ingerunt mihi, ut congruentia innuit, non cessent destruere illam furto* (id est furtim, occulte); *hospitantes vero inibi, non cessent destruere illam vi et potestate, me scilicet non valente resistere alicui illo-*

*rum, furibus quidem* (qui scilicet clam domui episcopali damna intulerunt), *quia longinquus*, id est, ab ea domo remotus, *hospitantibus, quia videor esse longe impar viribus, præsertim cum constet eos redire de exercitu imperiali, vel venire ad illum; mendacissimi conductis consideratoribus* (quos scilicet, ut antea dixit, circumduxerunt ad inspiciendam totam domum) *accusant me destruere eamdem*, etc.

(1502) Legebatur in vulg., *idem, qui hoc mihi ingerit*: at plurali numero hæc efferenda suasit non solum sequens nomen *furibus*, sed etiam epist. 12 ad Ambrosium, ubi num. 4 hoc idem factum explicatur sic : *Quadraginta, ut ferunt, libras in restauratione, ampliatione ac decoratione ejus domus expendit episcopus sexies ostia solummodo restaurando, quæ partim furto*, id est clanculo, *partim vi fuerant ablata*. Paulo ante vero hoc damnum pluribus tribuit : *In restauratione domus, et amplificatione XL c[ultissimus] libras expendi. Eam Bajoarii et juxta positi clerici, et famuli præcipue destruunt*. Confer quæ hac de re ibidem fusius descripta hunc locum mirifice illustrant. Correximus etiam *cessent* exigente contextus sententia, ubi legebatur *cessant*.

(1503) Id est, hospites imperatori fideles, qui, ut dixerat paulo ante, ad imperialem exercitum proficiscentes, vel inde redeuntes in domo episcopali hospitabantur.

(1504) Isti sunt ii Veronenses juxta positi clerici et famuli, quos memorat in epist. 12, uti not. 4393 indicavimus : unde his se sacram communionem præbuisse postea subdit.

(1505) Hic perperam insertæ erant voces : *Quod cum ita sit*, quas totius sensus perturbatrices expunximus.

*quid facitis? pro vobis orat justus hic quem lapidatis.* Justus enim eram quantum ad illos, reatus licet illis incognitos Deus cognosceret meos : cum bona ego illis pro malis, mala illi contra mihi meditarentur referre pro talibus et innumeris bonis, absque debito utique illis persæpe impensis. (1506) Quod si de injuria, quam eis intuli aliqua dicerent, non erat multum mirandum; quanquam et ex hoc conveniri humiliter ante, secundum judicium debueram canonum.

3. De illis vero, quæ ad eos nil pertinent, causari, taliaque de me dicere, quæ non inoffenso quis posset Deo credere, omnibus mihi **617** derogare facere, bona in me si qua sunt significatione mala corrumpere, mala sive sint, sive fuerint, indagatione studiosa disquirere, et aliis studiosissime demonstrare, quid est aliud nisi apertissime testari quod non solum mihi, sed et, qui me illuc (1507) eleemosynaliter instituit, piissimo Cæsari sint omnino perjuri? Et heu, ait quidam, heu dira furoris conditio! Qui vim patitur, magis ille ligatur. Fluvius enim malignæ operationis illorum ab eis ad me decurrit, et ego illum turbare agni illius exemplo fabularis accusor (Phædr. l. 1, *Fab.* 1). Quidam rex juvenum cum haberet exercitum, et multitudinem sapientum; dumque [*subaudi* juvenes] nequirent, quod juvenibus competebat, sapientibus stultitiam eorum reprimentibus, agere; inierunt consilium, ut quisque illorum patrem interficeret proprium. Actum est : unus sed illorum non tolerans tantum admittere scelus, dixit uxori suæ : Si patrem meum interficio ne consilio pereamus perdito, non modice metuo. Consensit uxor ad servandam soceri vitam, atque alendum in suo eum cellario secretius locat. Imperat sane filio pater, ut interrogatus a rege de quovis consilio, non antea responderet, donec ad se illud referret. Obtemperans igitur tam industrius regis est consiliarius factus, ut inviderent illi omnes socii ejus. Adeuntes itaque regem, interminati sunt, quod nisi eum interficeret, eos omnes absque dubio perderet. Tristissimus rex consensit; quæsivit tamen ab eis qua occasione id facere posset. Præcipue, aiunt, illi, ut cras veniens non secum ducat nisi unum servum, unum amicum et unum inimicum. Territus hoc dicto ille, patrem ex hoc sciscitaturus adivit. Pater vero : Ne contristeris, inquit, sed valde bonum præpara nobis obsonium, optimum de me accepturus consilium. Post prandium igitur dixit illi secretius pater : Habes optimum asinum, illum pane, vino et carne duc tecum onustum; habes caniculam ad tua defendenda pervalde paratam, illam tecum habeto; uxorem quoque adhibens tecum, asinum pro servo, canem pro amico, uxorem offeres pro inimico. Egit, asinum assumpsit, canem secum pariter duxit, uxorem nec liquit. Regem adiit tristissimum, considerare, quæ detulerat, flagitans illum : Iste, inquiens, qui astat onustus, meus est servus, ille alter meus amicus, tertia meus est, quo infestiorem habere me spero neminem, inimicus. Audiens illa, super ignem ait accensa : Inimicumne me tuum esse pronuntias? Merito, inquam, quæ contra regis præceptum tuo servavi patri, tibi obediens, vitam. Adolescens ad regem conversus : Videturne vestræ majestati **618** inimicam hanc esse mihi? Valde, respondit ille; sed utrum verum sit, volo ediscere. Verum est, ait. Gratias Deo lætissimus ille respondit. Curre igitur, curre, et mihi festina eum reducere. Actum est. Consiliarius regi optimus redditur, adolescens a mortis instante periculo liberatur; uxor est non amare juvenem, ut videbatur, detecta, quæ fore utique amicissima putaretur, nisi taliter probaretur. Hoc ipse exemplo si non istos aliquantulum commovissem, non tam probabiliter eos cognoscere valuissem, licet istam in eis semper fiduciam habuissem. Adhuc tamen eos Deus, quæso, dignetur convertere, et viam eis veræ pacis et charitatis ostendere, et ambulare, præstare, ne simul nobis pro talibus contingat, quod absit, periisse, vindicta nos subito occupante, milvus scilicet ut ranam cum mure fabulose legitur rapuisse.

4. Tota vero ista allegatio cum non prædicatio, sed magis contra insidiantes vitæ et commodis meis videri possit invectio, subsedenda est, credo, et ad omnes communiter monendos, tam amicos scilicet quam inimicos, pastoralis jam nunc dirigenda intentio. Primum sane competit, quanquam non semel jam actum sit, demonstrare, unde discordia inter nos et ex quo ista contigerit. Ad ultimum vero breviandi causa primum respondeam, non modo exortam, sed a die ordinationis meæ inter nos fuisse certum est ortam. Est vero nunc ideo in palam deducta, quod fiducia imperialis nil aliud quam quod justum est decernentis præsentiæ, et synodi congregandæ (1508).... Unde dissentiamus crebro non solum verbis, sed (1509) et scriptis, hac vice monstratum. Summa vero ipsius, cum verba sint plura, ipsa esse monstratur, quod ego legem Dei, illi traditiones hominum et consuetudinem iniquorum se-

---

(1506) Construe et explica : *Quod si dicerent,* seu conquererentur, *de aliqua injuria quam eis intuli; non erat multum mirandum, quanquam et ex hoc ante debueram humiliter conveniri secundum judicium canonum,* non vero iis malis artibus impeti, quas antea indicavit, et mox iterum est indicaturus.

(1507) Confer not. 920 in *Qualitatis conjecturam. Illuc* autem, id est, in Veronensem episcopatum imperator Ratherium *instituit,* cum eidem episcopatui ipsum restituendum curavit. Qua de re in *Itinerario* num. 4, ait : *Iterum eo misericordia piissimi Cæsaris præcepto apostolici, qui tunc Romanæ præerat sedi, judicio episcoporum synodaliter restitutum.* Post pauca *juvenum... exercitum* scripsimus, ubi perperam erat *juvenis... exercitum :* et dein *locat* emendavimus pro *locant.*

(1508) Puncta inseruimus, quæ aliquid hoc loco deesse significant. Confer not. 1162 in *Discordiam,* ubi hunc textum explicavimus.

(1509) Opusculum respicit *De clericis rebellibus,* et præcipue librum *Discordiæ,* cujus compendium hic paucis subjicit.

quenda decernant. An non ille est enim vere iniquus, qui quod mihi et illi est datum communiter, (1510) ita partitur, ut ego inde pauperrimus, ille locupletissimus fiat? Hoc ego si tacendo, imo laudando consentiam, (1511) unæ propter eam quam mecum habere optarent amicitiam, veritatem relinquens, Deum negasse convincar. Qui mihi nam suadet metuere, inimicus animæ meæ convincitur esse, nedum ego is debeam fore.

5. Hoc ergo succincte monstrato, mecum vos admoneo, fratres, ut disquirat unusquisque nostrum a seipso, qualiter Pascha illud sanctum, id est, octo istos dies exegerit, et utrum ita exegerit, ut tuto amen responderit, cum presbyter dixit: *Præsta, quæsumus, omnipotens Deus, ut qui paschalia festa venerando peregimus, hæc te largiente 619 moribus et vita teneamus.* Interroget ergo se quisque, si de illo verum dixit sacerdos, hoc est, si in azymis sinceritatis et veritatis corpus et sanguinem Domini sumpsit, id est, si in corde nulli aliquod in Pascha machinatus est malum; si non de operibus alicujus se sciente nisi quod esset verum protulerit; si non, dum adhuc esca Christi corporis in ore esset ipsius, aut per odii, aut invidiæ, aut per cupiditatis, vel avaritiæ, aut per luxuriæ vitium iram Dei super se ascendere fecit; si post buccellam introire Satanam in suam animam minime sivit, id est si malum quod ante cogitavit, ad effectum ducere non maturavit; postremo si in die festo, hoc est in istis octavis et quousque cantatum est: *Hæc dies quam fecit Dominus,* aut per adulterium, aut per immunditiam aliquam non se polluit, vel fratrum aliquem nequiter læsit; et si nil horum in se invenit, Paschæ Domini festa se venerando egisse gratulatus, humiliter *amen* respondeat; et ut moribus et vita hæc illum tenere Dei pietas dignetur concedere, manu, lingua et corde non cesset rogare. Quod si aliter in se, ut metuo, invenit, quod non saltem illos studuerit imitari, qui *non in die festo* dixerunt, tristetur: id est ut sicut illi tumultum veriti sunt, si Dominum comprehenderent, populi; (1512) ita iste iram veritus, si festivitatem violaret sanctissimam, Domini, vel his saltem octo diebus se cum Dei adjutorio ab hujusmodi illecebra continere, et a læsione fraterna reprimere, conari studeret [f., studuisset]. Hinc demum quod Judæ traditoris exemplum secutus, et damnationem adeptus sit, doleat, sed non ut Judas ad laqueum desperando, imo ut Petrus ad lacrymas pœnitendo sese convertat; et relictis quæ male cogitavit, diem festum Domino agere, dum vacat, festinet. Ita enim et Pascha perditum, transitum utique faciens bonum, recuperare, et iram poterit Dei placare, ipso adjuvante, qui cum Patre et Spiritu sancto in sæcula sæculorum non cessat Deus regnare.

## 620 SERMO VII.
### (1513) POST PASCHA.

1. *De ore tuo te judico* (*Luc.* XIX, 22), se ait Dominus in supremo dicturum, *serve nequam,* judicio. Sed cui? Demonstrat subjungens: *Sciebas quod homo austerus essem,* etc. (1514) Scienti hac ergo sententia, quam nescienti, certum esse valet majus instare judicium. Verendum ergo bona scientibus, et mala patrantibus valde; verendum, inquam, verendum, bona præsertim eadem si quoque dicunt. Quidam enim bona dum dicunt, quid dicant, nedum vero dicant, ignorant: ut sunt verbi gratia plurimi, qui Evangelia, apostolos pro officio sibi credito recitant. Qui dum quod sibi injectum est quomodocunque actitant, non doctoris, (1515) sed obauditoris ministerium implent. Næ ex ore suo, cum quid dicant ignorent, judicantur, sed nisi faciant arguuntur. Miseri ergo utrinque sæculo dati doctores; miseri, inquam, et infelices, si aut nesciunt docere, aut quod non agunt docentes, suo tantum judicantur ex ore. Si enim gehennæ pœnas agnoscunt, et aliis non innotescunt; rei omnium, quos docere debuerant, si per ignorantiam in eis inciderint, erunt. Si vero aliis eas innotuerint, et ipsi eas non caverint; quid eis miserius, quid rogo est stultius? Et si monstrato aliis vitæ fonte ipsi pereunt siccitate, quis eos debet dolere? (1516) Clamavimus cum Apostolo nuper, clamavimus, et utinam non et pro eo, ut pro multis, ore proprio potius judicandi, quam, ut propheta quondam promiserat, liberandi. Clamavimus nobis et vobis, sed non inutiliter clamasse nos Dei pietas tribuat omnibus nobis. Clamavimus attamen, clamavimus cum Apostolo, fratres, clamavimus: *Pascha nostrum immolatus est Christus* (*I Cor.* v, 7). Sed utinam ut pro eo, ita pro nobis fuerit immola-

---

(1510) Causam præcipuam dissensionis tangit, quod scilicet bona communiter collata clericis cathedratis ecclesiæ, ita minus æque inter ipsos partita fuerint, ut alii abundarent, alii indigerent.

(1511) Vulg. perperam *nisi.* Correctionem *nae,* id est *certe, utique* sensu exigente induximus.

(1512) Construe: *Ita iste veritus iram Domini, si violaret festivitatem sanctissimam, studuisset conari cum Dei adjutorio continere se vel his saltem octo diebus ab hujusmodi illecebra, et reprimere a læsione fraterna.*

(1513) Acherius ex Laudunensi codice hunc sermonem edidit. Scriptus fuit eodem anno 968, quo duo præcedentes, cum eorum compendium præferat.

(1514) Construe: *Hac ergo sententia valet certum esse,* id est *certum efficitur, judicium majus instare scienti, quam nescienti. Ergo valde verendum scientibus bona, et patrantibus mala: verendum, inquam, verendum, si præsertim dicunt quoque eadem bona.*

(1515) Vulg. mendose, *obeditoris.* Correctionem contextus sententia approbat: illi enim arguuntur, qui recitant *Evangelia* et *apostolos,* sed quid dicant ignorant, ut accidit iis, qui audiunt, sed nisi explicentur a doctore, non intelligunt quæ audiunt.

(1516) Construe et explica: *Clamavimus nuper cum apostolo* (illis nimirum verbis, quæ post pauca recitat, et lecta fuerant in Epistola, diei Paschatis. *Pascha nostrum immolatus est Christus*) *clamavimus, et utinam non potius judicandi ore proprio, et pro eo delicto* (quod scilicet male clamavimus) *ut pro multis aliis delictis, quam liberandi, ut propheta quondam promiserat.*

tus : (1517) pro eo enim, ut condignas ei gratias referenti; cavendum ne a nobis beneficio, quod absit, tanto ingratis : hoc enim innuit, qui dicit : *Quicunque manducaverit corpus Domini indigne, reus erit corporis et sanguinis Domini (I Cor. xi, 27)*, id est, imputabitur ei culpa effusionis sanguinis Jesu Christi, si ausus fuerit bibere sanguinem, quem Judæi fuderunt, indigne : hoc est, si quales **621** illi fuerunt ad fidem, talis ipse extiterit ad operationem.

2. Subjunximus demum atque protulimus : *Itaque epulemur non in fermento veteri, neque in fermento malitiæ et nequitiæ, sed in azymis sinceritatis et veritatis (I Cor. v, 8)*. Adeo ista omnia sed (1518) enucleavimus, ut puerulis ipsis nos satisfecisse putavissemus. Sed utinam quod alios monuimus ipsi fecissemus, et malæ voluntatis, vel noxiæ operationis fermentum, quod ante habebamus, per reconciliationem non fictam, et fructuosam pœnitentiam abjecissemus. Diximus ironice : (1519) Quam optime valeat exsultare hodie atque lætari, loco salutis judicium, loco vitæ sumpturus interitum. Psalmistæ adhibentes ad hoc testimonium, de Judæis quidem tunc, sed utinam non modo de nobis, prolatum : *Adhuc escæ eorum erant in ore ipsorum, et ira Dei ascendit super illos (Psal. lxxvii, 30)*. Quia cum post buccellam introierit in Judam, ut Evangelium utique loquitur, Satanas *(Joan. xiii, 27)*, per operationem vero malignam, qui ante buccellam in eo per voluntatem jam fuerat pessimam ; timendum ne simile nobis quiddam contigerit. Videlicet (1520) ut scelus aliquod omissum, propter sanctum quod sumere in Pascha debebamus sacrificium, sumpto sacrificio, ante diem maturavissemus quoque perpetrare octavum, *non in die festo* ab ipsis etiam comprehendere Dominum conantibus obliti clamatum. Et, o impatientia perimbecillis, nimiumque insana, nec injurias utique inimicorum, nec stimulos tolerare valida vitiorum ! In quolibet enim horum si nos excidere coegisti, Pascha Domini nos, proh dolor ! violare pestifera compulisti. Sed instaurati contra nos testes Dei debuerant considerari, qui et ab adversariis gravissima supplicia, et a carne propria longissima fortissime pertulerunt sexu in utroque tentamina. Quos sequi, non nos deserere anticipans Dei gratia, sed propria inhibuit ignavia, et illecebra corpori laxius ministrata, commovens insuper nos manus peccatoris per superbiam ventilata;

A ibique cecidimus, iniquitatem hujusmodi operati, ob inanem gloriam a gratia Dei expulsi, nec potuimus in bono persistere miseri, ut hoc etiam confiteri sit nobis a Deo ore nos proprio judicari. Cum et hoc certissime novissemus, et vitare infelicissimi, præponderante timorem Dei superbo nostro contemptu, dedignati essemus, ut perditioni utique nostro merito, non Dei neglecto, traditi, et a nobis ipsis damnati, in æternum, nisi nobis ocius Dei pietas succurrat damnandi.

3. Sed quid agimus si ita est, fratres ? Est vero est, proh dolor ! est. Reddite vicem nobis **622** quæsumus, si potestis, consilii, reddite. Dicite saltem quod diximus, proferte quod protulimus ; suadete quod suasimus ; aliud enim quod faciamus minime invenimus : videlicet ut quia in talibus Judæ similes exstitimus ; exemplum deinceps caveamus illius, non festinantes utique cum illo ad desperationis mortiferum laqueum, sed magis cum Petro ad conversionis vitale lamentum. Rogantes scilicet Domini clementiam, ut meritis ejus adjuti faciamus quod fecit, obtineamus quod obtinuit, conversione utique ad nos Domini ab eo clementer respecti, ad illum flendo ut valeamus converti, quatenus gratiam ipsius recuperare utcunque, et Pascha Domini verius, quam unquam fecerimus, celebrare quandoque possimus ; transireque a diabolo ad ipsum inconvertibiliter deinceps auxilio valeamus illius. Quod nobis indignissimis dignetur præstare, qui Pascha nostrum ideo dignatus est esse, ut reconciliaret nos Deo Patri per sanguinem suum *(Rom. v, 10)*, et erutos de potestate tenebrarum faceret sibi acceptabilem populum, sectatorem bonorum operum. Qui vivit et regnat cum Patre et Spiritu sancto Deus in sæcula sæculorum. Amen.

## SERMO VIII.

(1521) DE ASCENSIONE DOMINI [*al.*, ii].

1. Meminisse optaremus dilectionem vestram percupide, fratres, (1522) laborem hoc tempore nostrum hujusmodi ad terminum devenisse, ut conducta ex orthodoxorum testimoniis Patrum copia fandi, (1523) insinuaremus collegio vestro quid, cur, qualiter in præcedente resurrectionem Domini Quadragesima nobis esset agendum; qualiter in Pascha exsultandum atque lætandum ; post Pascha, imo (1524) in Quinquagesima Paschæ, quod a jejuniis auidem cessandum, *alleluia* die noctuque canendum;

---

(1517) Construe : *Etenim immolatus est pro eo, ut referenti ei gratias condignas ; cavendum vero ne immolatus sit a nobis ingratis, quod absit, beneficio tanto; hoc enim innuit*, etc.

(1518) Hæc explicata invenies in serm. 2 de Pascha.

(1519) Vide eumdem sermonem secundum de Pascha, num. 2.

(1520) Hæc in serm. 6 de Octavis Paschæ fusius exponuntur. Vide ibidem not. 1496.

(1521) Hunc sermonem ex codice Laudunensi ab Acherio, impressum recognovimus cum ms. Frisingensi. Assignandus videtur anno 963, ut ex not. 1429,

in sermonem I de Quadragesima colligere licebit. Hinc istum sermonem de Ascensione primum ponimus, licet in editis secundus præferatur : alter enim sermo de Ascensione, in vulgatis primus, habitus est anno 968.

(1522) Ita cod. Frising. Vulgati perperam *laborare*.

(1523) Construe : *Insinuaremus collegio vestro, quid, cur, qualiter agendum esset nobis in Quadragesima præcedente resurrectionem Domini, qualiter exsultandum atque lætandum in Pascha, post Pascha*, etc.

(1524) Vulg., *in Quadragesima Paschæ*. Melius in cod. Frising.

(1525) ad vitia vero jejuniis, orationibus et eleemosynis, cooperante gratia Dei, ut desperare nullatenus debuissemus, exhausta minime redeundum : ne hoc utique foret Ægypto relicta, agno comeso, mare Rubro transito, manna cœlesti gustato, carnium Taphniticarum, peponum atque ceparum (1526) desiderio Ægyptum relictam repetere, promisso patriæ lacte et melle manantis fraudari, cumque his, quorum in deserto plurima perierunt millia, perditionis æternæ damnationem subire. Ad quod **623** suadendum nil aptius valuimus invenire, quam ut *alleluia* cantaremus die noctuque, id est, ut *Laudate Dominum* alter alteri clamaremus; omnesque hoc sine intermissione agere studeremus. Re enim vera, quis peccato est locus, ubi laudis Dei est nullus defectus? Quod si (1527) B. Gregorio primum, postea B. Mamerto Viennensium archiepiscopo pro consimili necessitate quasdam litanias infra hanc Quinquagesimam visum est instituere; quid obest ad Dominicum illud quod continetur suasum : *Nunquid possunt filii sponsi lugere, quandiu cum illis est sponsus* (*Matth.* ix, 15), (1528) cum litanias rogationes innuere latinitas æstimet? Quo vero tempore rogatur solemnius Deus, quam festivitatis diebus? Sobrie vero, juste et pie si vivitur in Pascha, quid nocet ad hoc quod suadet Apostolus, cum Pascha nostrum ipsum dixisset esse Christum, subjungens atque dicens : *Itaque epulemur ;* cum crapulæ et ebrietati (*I Cor.* v, 8), cæterisque vitiis famulantes denotans, adjungat : *Non in fermento veteri,* id est, tumore non abdicati delicti, et voluntate transacta crimina repetendi, vel alia committendi : *Neque in fermento malitiæ et nequitiæ, sed in azymis sinceritatis et veritatis ;* si igitur a crapula et ebrietate cessamus, si a coitu etiam licito, consensu parili, hoc triduo, (1529) dilecto abstinemus divino ; si a jocis atque lascivia, si a cantuum vanitate atque ludorum, postremo ab omni opere servili, id est, famulatu diaboli cessantes, ut in Quadragesimæ Dominicis

jure fecimus diebus, Deo servire his tribus diebus curamus ; paschali gaudio quale damnum ingerimus, cum et in his resurrectionis Dominicæ cultum non omnimodis omiserimus, si tamen fecimus quod debuimus ? Cum vero, ut non semel diximus, corpore et sanguine Domini reficiendis necesse sit parasceve, id est, præparationem aliquam facere, ne tanti sacramenti munus sumant indigne ; et ob hoc inventas putare (1530) possimus præclaras, quæ præcedunt solemnitates, vigilias ; quid nocet ; si in sancta festivitate, vigiliarum loco hoc triduo usi, si quid in his paschalibus commisimus gaudiis, diluamus, ab *alleluia* vero canendo, semperque in Domino exsultando atque lætando **624** nequaquam cessemus ? Dicente sane Jacobo apostolo : *Quia in multis offendimus omnes* (*Jac.* iii, 2), quis ausus sit gloriari in tot diebus ac noctibus se nihil commisisse, quod egeat satisfactione diluere, ut tantam festivitatem digne possit excolere ?

2. Hucusque, fratres charissimi, cum nostra processerit communis causa nostræ salutis (1531) enisio, adest infra hanc *alleluia* sine intermissione cantandi, exsultandi quoque atque lætandi Quinquagesimam ; ipsaque nos silere non patitur gloriosissimæ Ascensionis Dominicæ dies. Silere enim quomodo possumus, reminiscentes omnium miraculorum, si, ad hominem solum intendas, mirabilioris miraculi, quod videlicet homo, non angelico, ut Elias quondam subvectus, non pennigero, (1532) ut poeticus ille, volatu, sed corporali ipsa mole perfecti, id est annorum, triginta circiter trium, hominis, ut Apostolus nobis spondet proventurum quandoque : *Donec occurramus,* inquiens, *omnes in virum perfectum in mensuram ætatis plenitudinis Christi* Domini nostri (*Ephes.* iv, 13), videntibus idoneis testibus loquens elevatur, nubeque suscipitur, angelis astipulantibus, quod ita sit reversurus ad judicandos hic relictos ab initio, usque in finem sæculi vivos et mortuos omnes ? Quis hoc effari laudabiliter, quis laudare

---

(1525) Construe : *Minime vero redeundum cooperante gratia Dei ad vitia exhausta jejuniis, orationibus et eleemosynis, ut nullatenus debuissemus desperare.*

(1526) Sic cod. Frising. In vulg., *desideria,* male.

(1527) Cum S. Mamertus Viennensis annis fere centum anteiverit S. Gregorio, *Mamerto primum, postea B. Gregorio* scribendum fuerat. Porro S. Gregorius litanias, quas appellamus *majores,* sine jejunio instituit : S. Mamertus vero illas triduanas ante Ascensionem Domini, quæ litaniæ *minores* vocantur, cum jejunio induxit. Ratherius in Synodica num. 10 jejunium in utrisque servandum suadet. Vide ibidem not. 96t. Nunc hujus jejunii, quod a ritu Romanæ præsertim Ecclesiæ Quinquagesimæ paschalis tempore erat alienum, apologiam quamdam hoc loco videtur attexere.

(1528) Construe : *Cum latinitas æstimet litanias innuere rogationes,* id est, *Litaniæ Græco nomine appellantur, quæ Latine dicuntur rogationes,* uti habetur in additione III ad Capitularia cap. 120. Scripsimus autem *innuere* ex ms. Frising. cum in vulgatis esset *innui ;* quod passivum infinitum si recipiendum crederetur, scribendum esset *litaniis.*

(1529) *Dilecto* pro *dilectione* usurpatur : Similiter in serm. 2 de Maria et Martha num. 1. *Non justitiæ dilecto,* id est amore, *sed odio.*

(1530) Sic codex Frising. Apud Acherium *possumus :*

(1531) Construe : *Cum nostra enisio,* id est nisus seu conatus noster, *fratres charissimi, hucusque processerit causa nostræ salutis communis ; infra hanc Quinquagesimam adest dies cantandi alleluia sine intermissione, exsultandi quoque atque lætandi ; ipsaque dies gloriosissimæ Ascensionis Dominicæ non patitur nos silere.* Mox ex optimo codice Frising. addidimus *enim.*

(1532) Idem codex *utpote Icus* (id est Icarus) *volatu.* Hujus codicis ope delevimus *noster* ante *volutu.* Construe autem : *Etenim quomodo possumus silere reminiscentes miraculi mirabilioris omnium miraculorum, si intendas solum ad hominem ; quod videlicet homo non subvectus volatu angelico, ut quondam Elias, nec volatu pennigero ut poeticus ille* (Icarus), *sed corporali ipsa mole hominis perfecti, id est, annorum circiter triginta trium, ut Apostolus spondet nobis quandoque proventurum : Donec occurramus, etc. quod videlicet,* inquam, *homo* (Christus) *loquens testibus idoneis videntibus elevatur,* etc.

satis effabiliter valet? Admirari enim omittimus, si Deum intus manentem, hominem, quem de nobis pro nobis assumpsit, gestantem pensamus. Gratias, si possemus, solummodo ipsius misericordiæ referre deberemus condignas. Cætera enim melius silendo quam loquendo, ineffabilia sunt quia deprômimus. Ad promissum tantum inenarrabilis ipsius clementiæ oris nostri obsequium deflectamus (1533) quod modo ex Evangelio audivimus : *Qui crediderit,* inquit, *et baptizatus fuerit, salvus erit* (*Marc*. XVI, 16), Deo gratias, universitas clamat; credimus enim, et baptizati sumus in nomine Patris et Filii et Spiritus sancti. Omnes hoc dicimus; omnes per hoc nos salvandos speramus; sine isto nullum salvari posse veraciter credimus et confitemur. Sed de quibus dicit qui hoc audierat Petrus? Petrus, inquam, cui fuerat specialius cum cæteris dictum : *Euntes in mundum universum prædicate Evangelium omni creaturæ* (*Marc*. XVI, 15). (1534) De quibus, inquam, si est ita, fatetur Apostolus : *Melius fuerat eis non cognoscere viam veritatis, quam post agnitionem retrorsum converti?* (*II Pet*. XII, 21.) De illis, ut conjici veracissime valet, de illis, de quorum credulitate Jacobus apostolus quid sentiat audiamus : *Fides,* inquiens, *si non habet opera, mortua est in semetipsa* (*Jac*. II, 17). Itemque : *Qui confitentur se nosse Deum, factis autem negant* (*Tit*. I, 16). Hi nimirum sunt, qui fidem, quam verbis astruunt, moribus destruunt. Verendum enim omnino, ne de talibus quoque dicatur a Domino : *Cum immundus spiritus exierit ab homine, ambulat per loca inaquosa, quærens requiem, et non inveniens, dicit: Revertar in domum meam, unde exivi. Tunc vadit, et assumit secum septem alios spiritus nequiores se, et ingressi habitant ibi; et fiunt novissima hominis illius pejora prioribus* (*Luc*. II, 24-26). Hæc tam veracia si in nullo caderent illorum, qui se credere profitentur et sunt baptizati, ubi esset sententia Domini illa, qua continetur : *Multi enim sunt vocati, pauci vero electi* (*Matth*. XX, 16) ; et : *Non omnis qui dicit mihi, Domine, Domine, intrabit in regnum cælorum?* (*Matth*. VII, 21.) Qui enim sunt vocati, nisi per baptismum Ecclesiam ingressi? (1535) Qui pauci electi, nisi qui sacramentum vivendo tenuerunt, quod fide perceperunt? Qui non electi, nisi qui non servaverunt quod promiserunt? Quid autem promiserunt? Recurrat quis cogitando ad id, quod aut promisit, aut est vice illius promissum, antequam baptizaretur. Modicum est, recordari leviter valet. Si illud observat, securus de salute sua gaudeat (1536). Si autem pecuniam, quiescat primum, id est, desinat peccare; hinc demum pœnitentiam agat. *Appropinquat* enim, et huic dicendum, *regnum cœlorum* (*Matth*. III, 2) ; id est transeuntibus, imo fugientibus terrenis omnibus, propinquant cœlestia, illis tamen, qui cooperante gratia Dei, operatione sedula illa meruerint adipisci.

3. Qui vero sint isti, subjungens piissimus idem promissor demonstrat. Cum enim dixisset : *Qui vero non crediderit, condemnabitur* (*Marc*. XVI, 16), ut indiciis quibuslibet credentes a non credentibus secerneret, subjecit : *Signa autem eos qui crediderint, hæc sequentur : in nomine meo dæmonia ejicient, linguis loquentur novis, serpentes tollent, et si mortiferum quid biberint, non eis nocebit; super ægros manus imponent, et bene habebunt* (*Ibid*. 17-18). Quid hoc est, fratres? quis enim corporaliter ista hodie efficit signa? Nemo, dilectissimi, nemo. Nullus ergo credit? Absit. Credunt enim, Deo gratias, tanti, ut illis illud congruat psalmographi : *Annuntiavi et locutus sum; multiplicati sunt super numerum* (*Psal*. XXX, 6). Quomodo itaque credunt, cum qui hæc signa faciunt, illi tantummodo credere dicantur; isti vero ea non faciunt? Faciunt plane, faciunt quidam, sed non corporaliter faciunt, sed tanto utilius, quanto a corpore discernitur spiritus. In nomine enim Christi dæmonia ejiciunt, qui in virtute ipsius vitia, quæ dæmones ingerunt, a cordibus suis repellunt: linguis loquuntur novis, cum praviloquio relicto, laudem Dei lingua resonat ipsorum, utilia sermo depromit : serpentes tollunt, cum quod suggerit serpens ille antiquus, minime agunt; cumque suggestionem diabolicam interius sentiunt, sed quod suggerit, minime faciunt, mortiferum quidem est quod bibunt, sed non eis nocebit. Omnes enim, ait Apostolus, *astabimus ante tribunal Christi, ut referat unusquisque propria corporis, prout gessit, sive bonum, sive malum* (*Rom*. XIV, 10). Super ægros manus imponunt, ut bene habeant, qui peccata, quæ commiserunt, bonæ operationis studiis, ut ad meliora proficiant, compensare festinant. Ecce apodixis, ecce conjectura, ecce indicium credentium, et non credentium, fratres. Qui ex his ergo in se cognoscit aliquid signis, credere se dicat; qui non, ad credendum se potius suadeo præparet, quam semet credere jactet.

4. Ubi quoque a Domino dicitur cæco : *Tu credis in Filium Dei?* (*Joan*. IX, 35.) cum præpositione utique. Et Samaritanæ: *Mulier, crede mihi* (*Joan*. IV, 21), (1537) sine præpositione : cum hic absolute dicatur, *qui crediderit,* neque scilicet addito in *Deum,* neque *Deo* (*Marc*. X, 16), conjici valet duo exposci, id est, ut credamus in Deum, et credamus Deo. In Deum vero credit, qui catholice credit : Deo credit, qui hortamentis illius obtemperat. Qui utrumque (1538) itaque agit, et orthodoxo est baptismate lotus,

---

(1533) Ita cum ms. Frising. Male in vulgatis *quomodo*. Construe vero : *Tantum deflectamus obsequium oris nostri ad promissum clementiæ ipsius inenarrabilis, quod modo audivimus ex Evangelio,* etc.
(1534) Octo voces sequentes supplevimus ex ms. Frisingensi
(1535) Male in vulg., *Quid pauci.*

(1536) In iisdem vulg., *Si non peccavit.* Manuscripti Frising. lectionem inseruimus.
(1537) Codex laudatus ignorat has voces *sine præpositione.*
(1538) Sic idem codex, melius quam in vulgatis *ita agit.*

maximam nobis affert, Deo gratias, securitatem. Salvus enim absque dubio talis, si tamen perseveraverit, erit. O vero nullus in hac nostra plebe inveniretur, qui non crederet verum esse, quod Joannis in Evangelio audit, hoc est: *Omnia per ipsum facta sunt, et sine ipso factum est nihil (Joan.* I, 3). Increduli enim ad cætera, dum istud unum non credunt, fatentur (1539) tempestatem ab homine fieri posse, cum evidentissime Psalmista proclamet: *Ignis, grando, nix, glacies, spiritus procellarum, quæ faciunt verbum ejus (Psal.* CLXVIII, 8), id est Domini. Et in alio psalmo de Deo: *Qui dat nivem sicut lanam, nebulam sicut cinerem spargit. Mittit crystallum suam sicut buccellas, ante faciem frigoris ejus quis sustinebit? (Psal.* CLXVII, 16.) etc. Quomodo ergo in Deum credit, qui Deum omnium creatorem esse non credit? Quomodo Deo credit, qui ipsi clamanti atque dicenti surdissimum auditum apponit? *Videte, videte quod ego sum solus, et non sit alius Deus præter me. Ego occidam, et ego vivere faciam; percutiam, et ego sanabo; et non est qui de manu mea possit eruere (Deut.* XXXII, 39). Intendat charitas vestra: contra enim eos qui dicunt, quod homo malus, vel diabolus tempestatem faciat lapides grandinum spargat, vineta atque campos devastet, fulgura mittat, jumenta et pecora, ipsosque homines interficiat; contra illos, inquam, valet quod dicit: *Ego occidam, et vivere faciam.* Contra illos vero qui dicunt, quod ipsi per incantationes suas ipsas tempestates avertant, valet quod dicit: *Non est qui de manu mea possit eruere* (1540). Quod si Elias triennio oratione pluviam avertisse, oratione rursum legitur eam, cum voluit, reddidisse; ignem de cœlo super impios impii regis ministros misisse; Samuel æstivo tempore tonitrua contra naturam mugire fecisse; plerique etiam alii sanctorum sive in Veteri, sive in Novo Testamento quædam leguntur signa de cœlo, de terra, de mari monstrasse; non fecerunt ea ipsi, sed Deus per ipsos; fecit hoc fides ipsa, de qua ipse Dominus loquitur ad apostolos ita: *Si haberetis fidem sicut granum sinapis, diceretis huic monti, Tolle te, et mittete in mare, et obediret vobis (Matth.* XVII, 19). Non potest hoc facere diabolus, non membrum ejus quilibet malevolus. Facit hoc per servos suos, cum ei placuerit, Deus, et, cum sit summe bonus, benigne ut bonus.

5. Sed redeamus ad Ascensionis Dominicæ festum. Cum hæc dixisset, ait operis tanti relator egregius, *videntibus illis elevatus est, et nubes suscepit eum ab oculis eorum. Cumque intuerentur in cœlum euntem illum, ecce duo viri astiterunt juxta illos in* *vestibus albis, qui et dixerunt: Viri Galilæi, quid statis aspicientes in cœlum? Hic Jesus, qui assumptus est a vobis in cœlum, sic veniet, quemadmodum vidistis cum euntem in cœlum (Act.* I, 9-11). Hic pauxillum, auditor, rogo, attende. In Galilæa resurgens Christus primum videtur, viris Galilæis ascendens Christus tantum monstratur, illis reversurus promittitur. Galilæi vero qui sunt, fuerunt, vel erunt, nisi qui Galilæam incoluerunt, incolunt (1541), vel incolentes futuris temporibus erunt? Galilæa vero, ut a majoribus accepimus, transmigratio facta interpretatur, et hoc quare agnovimus? (1542) Bis hoc factum est, imo ter actum est subsedendum, et quia vetus de primo, de duobus tertio juncto dicamus: Transmigraverunt filii Zebedæi de patre suo ad Christum, Christus resurgens a sepulcro ad ipsos; ipsi demum de Galilæa ad montem ubi constituerat illis, eisque videntibus inde est elevatus in cœlum. Illuc eum qui desiderat sequi, transeat de diabolo ad ipsum; consideret eum pro se mortuum ac sepultum; gaudeat ejus resurrectione se resuscitatum, ascensione in cœlum evectum, si tamen in hoc figat suum firmissime desiderium. Elaboret ergo unusquisque nostrum, charissimi, ut quomodo hodie Christus cum corpore nostro cœlum conscendit; ita, quomodocunque, valet spe conscendat, desiderio migret, operatione illuc pervenire nitatur. Mirum enim dictu, etiam per vitia nostra cœlum possumus ascendere, si videlicet studeamus ea calcare: scalam quippe de illis quodammodo nobis facimus, si emendatione illa deprimimus. Elevant nos, si fuerint subtus nos; deprimunt nos, si fuerint supra nos. Caro nostra in Christo cœlum conscendit; sequatur eam desiderio anima nostra. Anima Christi illo transferri cupit animas nostras, cooperemur desiderio ejus. Deus est qui gestat eam; omnipotens misericordia viget et gratia; non diffidamus de possibilitate, si non deficimus voluntate. Virtutes vult tantum loco sumptuum nobiscum portemus. Vitia ut egestatem mortiferam famemque perpetuam, contrarietatem utique ascensus nostri pernoxiam, hic relinquamus: hic etiam demorantes a festinando illic nunquam cessemus: absque dubio enim ubi Christus cum carne nostra est, perveniemus, si a desderando ipso minime cessaverimus, ipsius adjuvante clementia, qui cum Patre, etc.

SERMO IX.

(1543) DE ASCENSIONE DOMINI II [al., I].

1. Cum pene in omnibus ab antiquorum studiis Patrum tam vitæ nostræ discrepet qualitas quam

---

(1539) Confer Agobardum episcopum Lugdunensem, qui in libro *De grandine ac tonitru* vanam hanc de tempestatum immissoribus opinionem pluribus rejicit. Vide etiam nostri auctoris Præloquia lib. I, num. 10, et ibidem not. 32.

(1540) Vulg., *Quod etsi Elias*, et paulo post *legatur.* Exemplum Frising. sequimur.

(1541) Vulg. male *id est* pro *vel.*

(1542) Codex Frising. *Bis hoc: primo quia ter actum est, subsedendum de primo. Brevibus dicamus: Transmigraverunt,* etc. Locus tum in Vulg., tum in hoc codice videtur corruptus. Ex utroque autem congruentiorem lectionem qui potest compingat.

(1543) Hic sermo typis datus ab Acherio e ms. Laudunensi, affigendus est anno 968, ut ex not. 1548 patebit.

doctrinæ; in hoc quoque, fateor, non parum discordat, quod in talibus, ut est ista, solemnitatibus illi primitus de Evangelii tractatu sermonem cudentes, ad considerationem ejusdem solemnitatis auditorum post animos incitabant; hinc demum admonitiuncula, quo-magis valebant, succinctim aperta in fine prolata, ut a malis se cohiberent, et beneplacitis Deo insisterent, sollicitius eosdem, quos allocuti fuerant, commonebant : nobis contra in ipsis loquendi primordiis observare conveniat quod Psalmista suadet: *Præoccupemus*, inquiens, *faciem Domini in confessione* (*Psal.* xciv, 2) (subaudiri ut liceat, peccatorum nostrorum) et quod alter : *Dic tu*, inquit, *prior iniquitates tuas, ut justificeris* (*Isai.* xliii, 26): ut justificeris, inquam, non judiceris. Si *nosmetipsos enim dijudicaremus*, ait Apostolus, *non utique judicaremur* (*I Cor.* ii, 31), id est, si nos ipsi veraciter accusaremus, non a Domino damnaremur. Veraciter nam se accusat, qui non de se aliud dicit quam quod egisse se meminit, et qui de eo quod se accusat, nulli alii, si de se hoc idem dicat, succenset; si malum quod confitetur exsecratur, et emendare pro viribus nititur; si repetere ultro veretur; si de eo salubriter confunditur. Nam si aliter, voce Dominica ejus animæ dicitur *Quam vilis facta es iterans vias tuas* (*Jer.* iii, 36). Quod facere utique taliter ei interdicitur quoque : *Ne iteres verbum in oratione tua* (*Eccle.* xix, 17), id est, ne confessum iteres, ut sit necesse tibi iterum confiteri illud peccatum. Cum enim peccasse nos graviter et recognoscimus et dicimus; pœnas etiam, quas subire propter hoc debitores sumus, insuper referimus. Si eaium saltem metu a malis non compescimur perpetrandis, clamari ex obliquo ipsi compellimus nobis : *De ore tuo te judico, serve nequam* (*Luc.* xix, 22). De corporali vero si hoc facimus maxime delicto, oblata consecrare interdicimus ipsi nobis omnino, nosse nos nisi dissimulamus, quod (1544) Neocæsariensi continetur concilio cap. 9.

2. Quod cum ita sit, quid de nobis dicere, quid saltem possumus cogitare? Si locuturi enim vobis in confessione faciem Domini prævenimus (*Psal.* xciv, 2), hoc est, si antequam ad ejus judicium veniamus narrandum, ipsi vos veraciter accusamus, panem vobis porrigendum qua licentia consecramus? Si hoc non facimus, quod loquendi exordium facimus, imo quid vobis unquam pro debito dicimus? De gaudendo quippe nobis non aliud dicere possumus, nisi quod Tobiam angelo respondisse comperimus: *Quale enim*, ait ille, *quale mihi erit gaudium, qui in tenebris sedeo, et lumen cœli non video ?* (*Tob.* v, 12.) In

A tenebris enim quod sedeamus, ipsi nobis testes sumus, (1545) qui obscuratis mentis obtutibus, ad ignem nos pergere, non, ut opus fuerat, cernimus. Lumen vero cœli est claritas Christi, qua scilicet supra angeli, infra illuminantur homines sancti, illi ad tenendum, isti ad desiderandum, uterque ad socialiter quandoque fruendum. Qui ergo non illuminatur nunc ad desiderandum, putas eum illuminari posse tunc ad tenendum? Quale vero hujusmodi in qualibet solemnitate gaudium valet habere, nisi omnino inane?

3. Maxima ista sed hodie est, fratres, festivitas maxima; sed lumen cœli considerare neque valentibus, neque volentibus, nulla, nulla, inquam, nulla, (1546) Sit tamen cum veraciter Ascensionis Domini festivitas hodie, maxime episcopalis vocabuli quomodo silere sinitur, etsi desit facundia, saltem garritio pauxillum perita? Sed cujus est Domini ista, rogo, festivitas? Christi utique, et ex eo utique Christi, quod Christus pro nobis dignatus est effici. *Dilexisti enim justitiam, et odisti iniquitatem* (canit de eo Psalmista). *Propterea unxit te Deus, Deus tuus, oleo exsultationis præ participibus tuis* (*Psal.* xli, 8). Quam justitiam? Scilicet illam, qua justum censuit esse, ut creatura ei, qui se creaverat, deserviret. Quam iniquitatem? Qua videlicet homo serviebat diabolo, qui ad serviendum conditus fuerat Deo. Propterea igitur unxit eum Deus oleo lætitiæ, id est, misericordia ipsa induit eum, quæ lætificaret angelos de reconciliatione generis humani a suo consortio diabolica fraude seclusi. Et quia eadem misericordia ex filiis diaboli quidam illi Dei erant per adoptionem futuri, qui utique participes existerent ei, qui non per adoptionem, sed per naturam erat Filius Dei; præ participibus suis dicitur unctus, quia cæteris ad mensuram est data eadem Spiritus sancti gratia, in ipso autem habitat omnis plenitudo divinitatis corporaliter (*Coloss.* ii, 9), id est pleniter, dum utique ipsum, quod pro nobis corpus assumpsit, Deus adeo totus replevit, ut sicut (1547) mente ejus, ita et carne Deo repleta, ex duabus et in duabus naturis non duo sed unus sit Dominus Jesus Christus, verus, ut Pater et Spiritus, per omnia Deus, cumque illis non tres sed unus vivens in sæcula Deus. Nisi igitur Deus carnem nostram misericorditer induisset, eam in cœlum minime levasset : nisi eam in cœlum levasset, hanc diem nobis minime dedicasset. Christi ergo est ista, fratres, solemnitas, sed non sine participibus suis; hos enim secum vexit in cœlum mirum dictu! etiam necdum natos in terra

4. Omnes ergo festivitatum decursiones cum pro

---

(1544) In Neocæsariensi quidem concilio c. 9, sermo est de corporali peccato ante ordinationem commisso: *Presbyter si præoccupatus corporali peccato provehatur, et confessus fuerit de se, quod ante ordinationem deliquerit, oblata non consecret.* Ratherius vero quod valet de peccato ante ordinationem commisso, multo magis valere putavit de commisso post ordinationem: ac idcirco eumdem canonem contra clericos carnali culpa implicatos alibi retulit. Vide part. I *De contemptu canonum* num. 11, et Itinerarium num. 10.

(1545) Construe : *Qui obtutibus mentis obscuratis non cernimus; ut opus fuerat, nos pergere ad ignem.*

(1546) Construe : *Cum tamen hodie veraciter sit festivitas Ascensionis Domini; quomodo sinitur silere saltem garritio pauxillum perita vocabuli maxime episcopalis, etsi desit facundia?*

(1547) Acherji editio *mente cujus*, et infra *cumque illi non tres*. Correctiones novissimi editores recepimus.

Christo et participibus institutae sint Christi, qui vult in quavis illarum partem habere, studeat quod fecit et ipse facere. Sed, heu dolor! negleximus agere. Exhortati enim cum vos fuissemus non semel (1548) in praecedentibus festivitates istas diebus, ut solliciti servare unitatem spiritus in vinculo pacis (*Ephes.* IV, 3), donaremus nobis invicem, si quis adversus aliquem haberet querelam (*Coloss.* III, 13), ut Agni Dei carnes comessuri, non in fermento malitiae et nequitiae Pascha Domini, sed in azymis sinceritatis et veritatis (*I Cor.* V, 8) celebrasse probaremur. Hoc ipsi qui monuimus, non eo studio quo diximus, fecimus. Ventum est ad coenae Dominicae sacratissimam diem, lectum est quod Apostolus dixit: suggessimus observandum quod monuit, videlicet ut non in judicium corpus Domini sumeremus. Non defuerunt, sed proh nefas! qui de ea manu, quam truncatam optarent, buccellam sanctam perciperent: non defuit, qui defuisse quibus daret, optaret. Et heu quam lethifero utrique tumebant fermento! Cumque ab ipso legitimo quosdam hortati fuissemus continere in quadragesima ista concubitu, ut sacrificium Domini in Pascha purificati mereremur accipere, vae illis qui sumpto sacrificio ab adulterino nequiverunt usque saltem in octavas Domini abstinere. His enim certificamur congruere, quod in Psalmo cantavimus saepe; quia videlicet cum post 631 buccellam, ut in Juda, introierit in eis Satanas (*Joan.* XIII, 27), id est, spiritus immundus, septeno sed capite (*Luc.* XI, 26), qui solus per jejunium credebatur expulsus (*Marc.* IX, 28). *Adhuc escae eorum cum essent in ore ipsorum, ira Dei ascendit super eos* (*Psal.* LXXVII, 30); (1549) violatores tantae festivitatis, non cultores dum fuisse sint miserrimi deprehensi. Eligant ergo quid faciant. Si enim desperantes sese, obdurantur, idem utique frequentando, Judae a se ipsis laqueo strangulantur. Si Petri lacrymas imitantur, veniam consequuntur; si veniam consequuntur, Christum in coelis uti nunc affectu, ita post effectu ipso sequuntur. Si neutrum ex his duobus merentur, festivitatem istam Deo et angelis, bonaeque voluntatis, ut cantatum est, hominibus noverint esse, se vero ab illa omnino expertes existere.

5. Sed ne lenocinentur sibi sententiae prolatione illius Dominicae, qua dictum est: *Qui crediderit et baptizatus fuerit, salvus erit* (*Marc.* XVI, 16), noverint, quia, cum sit verissimum utpote veritatis ore prolatum; illis tantum est, quibus congruit, verum; *Signa enim,* ait, *eos qui crediderint, haec sequentur: In nomine meo daemonia ejicient* (*Ibid.*, 17), etc. Quae nimirum si quis frugaliter intellecta in se recognoscit, de salvatione sua securus gaudeat: qui minime, suggero, contremiscat; et, ut (1550) credere non solum in Deum, sed et Deo nisi studeat, non sibi sufficere sciat. (1551) *De ore tuo te judico, serve nequam* (*Luc.* XIX, 22), at ne matures, rogo, Christe, proferre; differ ictum, precor, misericors; suspende vindictam piissime; (1552) dimitte illam et hoc anno, usque dum fodiam circa illam, et mittam stercora (*Luc.* XIII, 8), succisoribus vitae, supplico, misericors dicito meae; fortassis enim meliorari tua quandoque gratia valebo. Qui adhuc ingratitudine mortifera incorrigibilis exsto, dum non oculos utique conversionis lacrymis imbuo, sed guttur mentis mortiferae dilationis, pessimaeque in dies deteriorationis criniculis stringo; in infernum vivens, id non ignarus, ut multi, sed sciens, insuperque nec celans, descendo. Indeque mihi: *De ore tuo te judico, serve nequam,* cum his qui bona dicunt, et pessima gerunt, non inaniter clamari formido. Austeritatem quippe tuae animadversionis aliis innotesco, praesentissimum te 632 ubique non nescio, et dicere, vel facere, quae tuam considerationem dedecent, non horresco. Sed quid, Domine, facio? Fugerem, si quovis valerem: quod quia nequeo, a te, Augustini veriloqui tui suasu, ad te, id est, a justitia ad misericordiam tuam pavens confugio. Ut consideras itaque indecentia tibi, ita, Domine, considera necessaria, deprecor, mihi, me ab impatientia liberans mortifera, quae transgredi me tam immaniter tua compellit praecepta. Nisi enim ab ea citius eruor, perditionem aeternam praestolor, ignarus licet dispositionis de me, Domine, tuae. Non sunt enim hominis viae illius, sed tuae potestatis solius; qui non damnas impie, quos creasti benigne. Vos autem, fratres, quod de nobis per nos audistis, de vobis quoque metuite. Mala, quae usualiter facitis, quantocius relinquite: ad inusitata vos bona, dum vacat, conferte: infernum cavete: coelum desiderio scandite: ubi Christus est in dextera Dei sedens, ipsi

---

(1548) Dies, qui festivitates istas praecedunt, sunt praesertim dies Quadragesimae anni 968, in quibus sane se studuisse exhortari omnes ad pacem testatur in *Discordia* num. 7. Confer not. 1492 in serm. 2 de Pascha. In sequentibus summam eorum, quae exhortando disseruerat, profert, ut aliis quoque verbis fecit in sermone septimo: unde hunc quoque sermonem pertinere ad annum 968 nihil dubii est.

(1549) Construe: *Dum miserrimi deprehensi sint fuisse violatores, non cultores tantae festivitatis.*

(1550) Celebris est ex Augustino distinctio inter *credere in Deum,* et *credere Deo.* Credit *Deo* qui credit vera esse quae Deus revelavit. Credit autem *in Deum,* qui non solum credit vera quae Deus revelavit, sed etiam credendo amat ipsum Deum, et ea fide tendit in Deum, quae per charitatem operatur. Vide Augustinum tract. XIX in Joannem et alibi. Hinc corrigendum hoc loco videri posset *credere non solum Deo, sed et in Deum.* Verum Ratherius, ut sese explicavit sermone praecedenti num. 4, *credere in Deum* de eo sumpsit, *qui catholice credit: credere* autem *Deo* de illo accepit, *qui hortamentis illius obtemperat;* quod sumptum videtur ex illis Ecclesiastici c. XXXII, vers. 28: *Qui credit Deo, attendit mandatis.* Quare similiter serm. 2 de Quadragesima num. 41, ait: *Etiamsi credat in Deum talium quis, non credit Deo, qui praecepta ejus non custodit, nec sacramentum vivendo tenet, quod fide percepit,* etc.

(1551) Construe: *At rogo, Christe, ne matures proferre: De ore tuo te judico, serve nequam.*

(1552) Construe: *dicito (supplico) misericors succisoribus vitae meae: Dimitte illam et hoc anno, usque dum fodiam circa illam, et mittam stercora: fortassis enim valebo quandoque meliorari gratia tua.*

adjutorio nixi festinare contendite; instare horam vobis aut illuc conscendendi, aut deorsum ruendi, hic vero non diutius morandi sedulo cogitate, ne ex improviso, quod absit, vos rapi contingat, et illuc pertrahi, ubi nemo vobis valeat auxiliari. Quod a nobis omnibus dignetur avertere, qui in hunc mundum peccatores venit salvos facere, Jesus Christus Dominus noster, qui cum Patre et Spiritu sancto vivit et regnat Deus in sæcula sæculorum, Amen.

## SERMO X.
### DE FESTO PENTECOSTES (1553).

1. Eia quid facio, fratres? Si taceo, reipsa, quæ per me fuerant dispensanda, defraudo; vobis fraudis ejusdem reus existo, et quæ sit dies ista, vel quanta, mihi ipsi quoque abscondo. Loqui si gestio, magnitudini rei ipsius, de qua loqui volo, ne succumbam formido. Sed facio quod possum: debitorem enim amplius considero nullum. Pentecostes completur hodie, 633 fratres. Quid dixi? Quinquagesima Paschæ hodie terminatur. Quid inde? Dicat qui novit: *Melior est*, ait, *finis orationis quam principium* (*Eccle.* VII, 9). Intendat qui valet: *Qui enim perseveraverit,* ait Dominus, *usque in finem, hic salvus erit* (*Matth.* x, 22). Felices qui hos quinquaginta dies, ut colendi sunt, coluerunt, ab alleluia morali nullatenus cessaverunt, dormientes quoque eam minime dimiserunt. Salvi tamen tales si cupiunt esse, hodie devotionem perseverantiæ demonstrent, suggero, suæ. Quinquagesima est hodie dies a Resurrectione Domini, ab Ascensione decima. Magnum mysterium, et inenarrabile donum! Dies est hodie quinquagesima, ex quo in Christo resurreximus; decima, ex quo cum illo cœlos conscendimus. De quibus dico? De illis nimirum, quibus audacter dicit Apostolus: *Si consurrexistis cum Christo, quæ sursum sunt quærite, ubi Christus est in dextera Dei,* id est æqualitate, *Patris sedens; quæ sursum sunt sapite, non quæ super terram. Mortui enim estis,* peccati videlicet immunes, *et vita vestra abscondita est cum Christo in Deo. Cum enim Christus apparuerit vita vestra, tunc et vos apparebitis cum ipso in gloria* (*Coloss.* III, 1). Felices, qui ejusmodi sunt; infelicissimi, qui ab istorum collegio perpetualiter decidunt: illi enim non cum Christo in gloria, sed cum diabolo apparebunt in damnatione perpetua.

2. Præsumentes tamen nos adhuc de illorum societate existere (*Nescit enim homo,* ait quidam, *utrum odio an amore dignus sit, sed omnia in futurum servantur incerta* [*Eccle.* IX, 1]), dicamus non desperantes de nobis, quia hodie est quinquagesima dies, ex quo in Christo resurreximus; decima, ex quo cum Christo cœlos ascendimus. Hodie quid præstolamur. Dona nimirum, divisiones gratiarum, charismata beatitudinum omnium. Quæ sunt vero illa? Depromat Apostolus: *Charitas,* inquit, *Dei diffusa est in cordibus nostris per Spiritum sanctum, qui datus est nobis* (*Rom.* v, 5). Sed ad quid datus est? Pignoris absque dubio loco. Sicut enim non habemus hic manentem civitatem; ita nec securam beatitudinem. Unde autem novimus, quod pignoris loco Spiritum sanctum acceperimus? Dicente videlicet Apostolo: *Qui dedit nobis pignus spiritus* (*II Cor.* v, 5), ecce habebimus de pignore accepto. Quod hodie illud acceperimus, quomodo scimus? Historiographus dicat, Lucas medicus fateatur: *Cum complerentur,* inquit, *dies Pentecostes, erant omnes discipuli pariter in eodem loco* (*Act.* II, 1). In quo loco? *Cumque intuerentur in cœlum euntem illum* (prætulerat idem) *ecce duo viri astiterunt juxta illos in vestibus albis, qui et dixerunt: Viri Galilæi, quid statis aspicientes in cœlum? Hic Jesus, qui assumptus est a vobis in cœlum, sic veniet, quemadmodum vidistis eum euntem in cœlum. Tunc reversi sunt Jerosolymam ad montem, qui vocatur Oliveti, qui est juxta Jerusalem Sabbati habens iter;* 634 *et cum introissent in cœnaculum, ascenderunt in superiora, ubi manebant Petrus et Joannes, Jacobus et Andreas, Philippus et Thomas, Bartholomæus et Matthæus, Jacobus Alphæi et Simon Zelotes, et Judas Jacobi. Hi omnes erant perseverantes unanimiter in oratione cum mulieribus, et Maria matre Jesu, et fratribus ejus* (*Act.* I, 10). *Cum igitur in eodem loco essent, factus est repente de cœlo sonus tanquam advenientis spiritus vehementis, et replevit totam domum, ubi erant sedentes, et apparuerunt illis dispertitæ linguæ tanquam ignis, seditque super singulos eorum; et repleti sunt omnes Spiritu sancto, et cœperunt loqui variis linguis, prout Spiritus sanctus dabat eloqui illis* (*Act.* II, 2 seq.).

3. O quam hic abyssus Veteris Testamenti abyssum invocat novi! O quam antiquiora recentioribus concinunt! Quinquagesimo die post occisionem agni, et maris transitum Rubri, in Sina monte Moysi decalogus datur. Quinquagesimo post Resurrectionem Christi die Spiritus sanctus apostolis mittitur. Quinquagesimus remissionis est annus; dies noster quinquagesimus gratiæ est consecratus. Illo die Deus Dei Filius in monte descendit: isto sed nostro Deus Patris et Filii Spiritus sanctus igneis linguis demonstratus advenit. Utraque vero ista Trinitas adimplevit. Pater illic Filium Moysi destinavit; Spiritus sanctus a Patre et Filio missus atque procedens, apostolis isthic potestate spontanea sese infudit. Ibi tonitrua et voces, mons quoque fumans; hic inflam-

---

(1553) Inter Ratherii sermones Fulcuinus c. 24 memorat *in die Pentecostes.* Acherius in Elencho tomi II Spicilegii opusculis Ratherii ineditis accenset *sermones duos de Pentecoste,* eorumque exemplum ex ms. Lobiensi se accepisse tradit in monito ad Ratherii opera. Licet vero eos se alias editurum spoponderit, non tamen edidit. Lobienses codices diligenter expendendos curavimus, ut hi quoque sermones cum aliis ineditis in publicum prodirent. Quacunque autem diligentia adhibita nihil tale potuit reperiri. Unum tantum sermoncium Frisingensi codice invenire licuit, quem nunc edituri sumus. Hic habitus est anno 963. Vide not. 1458, in serm. 1, de Quadragesima.

mati linguis variis homines, apostoli utique, ignis divini ardoribus æstuantes. Ad postremum Dominicæ resurrectionis iste est quinquagesimus dies, quem patriarchæ omnes atque prophetæ, cum a Pascha usque ad istum cæteros omnes venerationi debitæ deputarent, istum præ omnibus celebrabant. Monstrat hoc Tobias videntissimus cæcus : monstrat hoc Apostolus ad cœli tertii sublimiora conductus (1554): *Ibam*, inquit ille [*supple.* ad] *Pentecostes diem festum nostrum, qui est sanctus a septimanis* (*Act.* xx, 16). Beatus vero Paulus festinasse legitur diem istum Jerosolymis celebrare, quod sciret illum præ omnibus eminere. *Sanctus*, inquit, *a septimanis;* non perfunctorie, inquam, computa : nam a Pascha usque ad Pentecosten istam nostram sanctissimam diem non nisi septem, nisi fallor, hebdomadas invenies. Lege prophetam, et septiformem Spiritum super florem de radice Jesse ascendentem requivisse comperies (*Isa.* I, 1).

4. Quis est autem ille Spiritus, nisi qui super Dominum in columba, super apostolos in igne descendit? Quare vero super Dominum in columba, super apostolos vero in igne apparuit? nisi quia mansuetus veniens Dominus, mansueto signo se demonstrari voluit hominibus; apostolos vero judicium suum annuntiaturos missurus [*subauditur* voluit demonstrare], cum quo terrore judicaturus adveniet. Qui ne judicaretur mansuetus, advenit sonitu **635** vehementiore demonstratus. Linguas vero quare igneas demonstravit? nisi ut servos suos et charitate ferventes, et sermone promptissimos fore debere monstraret : qui utique (quod modo ex Evangelio auditum est) ea veritate depromerent, qua dictum cognoscerent (quid hoc vero est, fratres?) : *Dixit*, inquit evangelista, *Jesus discipulis suis : Si quis diligit me, sermonem meum servabit*, etc. (*Joan.* XIV, 23). Quis linquam habens igneam istud sophistica tergiversatione confundere audeat? Apertum est, aperte disseratur. Nihil medium. Aut diligimus Dominum, aut non diligimus. Si diligimus, quod præcipit facimus. Si non diligimus, quod jubet minime custodimus. Si diligimus eum, ab eo diligimur : si non, quamvis eum irrationabiliter (1555) metuamus, diligi tamen non præsumptuose putemus. Quod possit vero fieri, minime desperemus (1556). Canitur enim de eo : *Misereris omnium, Domine, et nihil. odisti eorum quæ fecisti.* Nihil verius. Non odit Dominus quod in te fecit, sed odit quod tu ipse in tui ipsius præjudicium facis; et ideo

tam pius, tam misericors, tam est facilis ad ignoscendum conversis, ut noverimus eum nostram non odio habere, quam condidit, substantiam, sed malignitatem exsecrari potius nostram. Quod si ipsius auxilio immutari gestimus; probemus et nos, cum nobis invicem succensemus, non nos propterea invicem odisse, sed malum, quod in nobis alterutrum recognoscimus, exosum habere. Convertibiles itaque ad invicem cum nostri sint amores, ut odia; Deum tanto inconvertibilius et perseverantius diligimus, quanto voluntatem ipsius idem esse, quod ipsum [*f.*, ipse, *et subaudi* est], cognoscimus. Unde in ipsius amore nulla nobis imponitur mensura; in nostro vero ea ponitur conditio, ut sic diligamus proximos, sicut nosmetipsos, id est ut præter alia quales nos existere debuissemus, tales et illos desideremus existere. Hæc de lectione tantum tetigisse sufficiat Evangelica.

5. Ad solemnitatis hodiernæ præconia convertamur. Sicut, fratres, Canticum canticorum, et Rex dicitur regum; sic ista dies solemnitas est solemnitatum. Ad hoc enim Christus natus est, ut pateretur; ad hoc mortuus, ut resurgeret; ad hoc resurrexit, ut carnem, quam de nobis pro nobis sumpserat, in cœlum levaret; ad hoc eam illuc transtulit, ut immortalem sempereque felicem efficeret. Quod quia nisi dono Spiritus **636** sancti non poterat fieri (nisi enim baptismo regenerati novi homines efficeremur, in vetustate manentes salvari nullatenus potuissemus : baptizari vero nullo modo nisi in Spiritu sancto (*Matth.* III, 11) et igne poteramus; Spiritum sanctum nobis hodie in linguis igneis misit, ut baptizati scilicet, et loquentes de Deo, et amore illius et proximi ferventes, illo quandoque transferremur, quo sine charitate transferri nullo modo poteramus. *Si quis* enim, ut ait Apostolus, *Spiritum Christi non habet, hic non est ejus.* (*Rom.* VIII, 9). Qui autem non est ejus, consequens est, ut non sit particeps regni illius. Spiritus autem possessio conjectura cum sit charitatis ipsa, (1557) eodem dicente Apostolo, quia *charitas Dei diffusa est in cordibus nostris per Spiritum sanctum, qui datus est nobis* (*Rom.* V, 5); tanto certius de quolibet, utrum Spiritum sanctum habeat, valemus agnoscere quanto ferventiorem esse cernimus in charitate. *Qui vero,* ait Apostolus, *habuerit substantiam mundi, et viderit fratrem suum necesse habere, et clauserit viscera sua ab eo, quomodo charitas Dei manet in eo?* (*Joan.* III, 17.) Quod cum ita sit, probatio absque dubio cha-

---

(1554) Hæc lectio antiquam versionem libri Tobiæ ex Græco exhibet, quæ a P. Sabatier ex codicibus Regio et Sangermanensi edita est. At ex duplici textu unum Ratherius compegit. Verbum *ibam* sumpsit ex cap. 1, vers. 6, ubi legitur : *Ego autem solus ibam aliquoties in Hierusalem diebus festis*; reliqua vero ex cap. 2, vers. 1, ubi habetur : *In Pentecosten die festo nostro, qui est sanctus a septimanis :* quæ totidem verbis recitantur a Lucifero Calaritano in libro *De non parcendo in Deum delinquentibus*. Vide tomum I Bibliorum sacrorum latinæ versionis antiquæ ejusdem P. Sabatier part.

II, pag. 713.

(1555) Adverbium *irrationabiliter* quo sensu ex Ratherii mente sit accipiendum, explicavimus not. 725 in opusculum *De proprio lapsu*.

(1556) Canitur in introitu missæ feriæ 4 Cinerum, et sumptum est ex libro Sapientiæ cap. XI, vers. 24 et 25.

(1557) Construe : *Cum autem possessio ipsa charitatis sit conjectura Spiritus* (videlicet cum possessio charitatis sit signum, quod quis Spiritum sanctum habeat) *eodem Apostolo dicente*, etc.

ritatis exhibitio est, ut ait Gregorius, operis; exhibitio vero operis est Spiritus sancti monstratrix, quem hodie in apostolis accepimus, ut est in psalmo ita cantatum : *Ascendens in altum captivam duxit captivitatem* (*Psal.* LXVII, 19), id est captivatam quondam a diabolo nostram cum anima carnem; *dedit dona hominibus* (*Ephes.* IV, 8) id est (1558), charismata sancti apostolis hodie Spiritus, qui cum Patre et eodem Spiritu est per sæcula benedictus. Amen.

### SERMO XI.
#### DE MARIA ET MARTHA (1559).

1. Reminisci utinam dignaremini, fratres, præterita sanctæ Dei genitricis Mariæ solemnitate in oris nostri obsequium vestro persolvisse collegio, quo ex evangelica lectione monstraremus, non minus beatæ Dei Genitrici illud convenire, quod ei ita est prolatum in fine : *Maria optimam partem sibi elegit, quæ non auferetur ab ea;* quam ei, cui hoc vox ipsa deprompsit Dominica. Cumque ex eadem evangelicæ serie lectionis vestræ filiationi nostræ facundiæ, quod 637 potuit, protulisset inopia; quasi nil prolatum fuisset austeri, ita incommotos vos, proh nefas! omnes, consideratis quorumdam vultibus vidi. Nihil illic lacrymarum est visum, nulla suspiria, pectorum contusio sonuit nulla. Verissime verum tunc constitit fore, quod Augustinum legimus non semel dixisse : quia videlicet *Nisi ardeat qui docet, accendere auditorem minime valet :* simulque illuc dum consideravimus, nos non multum amari, et ob hoc vilipendi, illud verissimum perpendimus fore Gregorii : *Difficile est, ut quamvis recta prædicet doctor, qui non amatur, libenter audiatur;* itemque : *Cujus vita despicitur, restat ut et prædicatio contemnatur.* Isti attamen nostræ querelæ illud ad prophetam longe quamvis incompatibiliter dictum vidimus convenire : *Domus Israel nolunt audire te, quia nolunt audire me* (*Ezech.* III, 7) : et illud Domini : *Si sermonem meum servaverunt, et vestrum servabunt* (*Joan.* XV, 20). *Nos*, etiam ait ille, ad cujus æstimationem non possumus aspirare, *nos*, inquam, ait, *quid sumus? nec contra nos est murmur vestrum, sed contra Dominum* (*Exod.* XVI, 7, 8). Cum enim in innumeris, proh dolor! simus reprehensibiles; dum non vituperat quis vestrum, quæ fuerant jure in nobis carpenda, sed carpit jure laudanda; probat se hoc agere non justitiæ dilecto [id est dilectione], sed odio illorum, quæ nollet audire ullo modo. O autem qui tales in vobis existunt, utinam tam captiose intenderent seria quam avide a nobis prolata intendunt, non modo inutilia sed etiam noxia; et tam animarum suarum profectum, quam illarum intendunt, dum conniventes utique illis loquimur, damnum!

2. Sed jam nunc dicendum, quid a nobis illic fuerit dictum. Ut ante nos sæpius fuit prolatum, duo in his duabus matronis diximus vivendi genera designata. Unum, quod ab actu dicitur πρακτικὴν, hoc est actuale; alterum, quod a visu, vel otio θεωρικὴν [otio *scilicet*, *quo quis spectando otiatur*], id est contemplativum vocatur. Nimirum enim nemo amplius videnda interius exaggerat, quam qui ab opere amplius cessat. (1560) Hos autem duos ritus vivendi cum veteres secutus duas has beatas significare dixissem sorores; innuit illarum devotio verissimum fore, cum una *satagere*, id est studere vel laborare dicta sit *circa frequens ministerium,* id est non quod tunc primitus incœperit, sed actuandi frequentia in morem converterit; scilicet ut Domino, uti multimode fecerat, de sua facultatula ministraret : altera pedibus assidere Domini maluisse narretur, non illa otiositate tamen, quæ inimica est animæ, sed illa, de qua clamat per Psalmistam Dominus ipse : *Vacate et videte, quoniam ego sum Deus* (*Ps.* XLV, 11); sedula vero et hæc, ut illa in ministrando, 638 ita in audiendis, quæ de ore procedebant Dominico. Et revera nemo in Ecclesia nisi hæc duo agit, cum quod debet facere facit. Nullus hic fornicationis locus, adulterium procul, ebriositas longe, falsitas nusquam, et, ne in infinitum nostra procedat locutio, omnis a talibus abest prorsus nequitiæ plenitudo. Sed unum sæcularibus, alterum congruit spiritalibus: unum illis, qui sunt audituri : « Venite, benedicti Patris mei, percipite regnum, quod vobis paratum est ab origine mundi (*Matth.* XXV, 34), » qui esurivi, sitivi, hospes fui, infirmus, et in carcere (in membris tamen hæc omnia meis), et similia multa perpessus, et a vobis sum relevatus : alterum eis, qui jam in ipsis et cum ipsis audierunt apostolis: « Amen dico vobis, quod vos, qui reliquistis omnia, et secuti estis me, in regeneratione, cum sederit Filius hominis in sede majestatis suæ, sedebitis et vos super sedes duodecim judicantes duodecim tribus Israel (*Matth.* XIX, 28). »

---

(1558) *Id est Christus ascendens in altum dedit hodie charismata Spiritus sancti apostolis, qui* (Christus) *cum Patre et eodem Spiritu,* etc.

(1559) Hunc quoque sermonem a Fulcuino laudatum sub titulo *De festivitate S. Mariæ*, qui Evangelium festi Assumptionis ejusdem Virginis exponit, ex ms. Lobiensi acceperat Acherius cum titulo *De Maria et Martha*, uti in Frisingensi etiam codice inscribitur, ex quo illum nunc primum in lucem proferimus. Hic autem sermo Ottone I jam ad imperium provecto (hunc enim Cæsaris nomine designat num. 4) habitum fuisse anno 966 post festum Assumptionis B. M. not. 1017 in Itinerarium conjicimus. Quo quidem tempore cum tumultus, qui in Ratherium eruperant anno præcedenti, adhuc serperent; idcirco num. 1 : *Consideravimus*, inquit, *nos non multum amari, et ob hoc vilipendi;* et alia deinceps ejusdem temporis indicia inspergit. Confer not. 1029. Id autem confirmatur multo magis ex ordine opusculorum, quæ in seriem chronologicam describuntur in ms. Frisingensi : ibi enim hic sermo exhibetur post Synodicam, quæ edita fuit in Quadragesima anni 966. Vide not. 1429 in sermonem I de Quadragesima.

(1560) Construe : *Cum autem secutus veteres, dixissem has duas beatas sorores significare has duos ritus vivendi; devotio illarum innuit id verissimum fore* (id est *esse*), *cum una,* etc.

3. Quid modo, fratres? Istis taliter constantibus nullus intra septa quatuor istorum invenitur murorum, qui tundere jure debeat pectus, suspirare, gemere? Ubi ergo mei consimiles? Hic non auditur de illis, qui taliter agunt, alia sors, conditio alia, quam possit tamen suspicare scelerositas nostra, nisi : *Discedite a me, maledicti, in ignem æternum, qui paratus est*, non hominibus, sed *diabolo et angelis ejus* (*Matth.* xxv, 41); scilicet vel his, qui cum eo de cœlis ruerunt, vel his, qui ei in hoc sæculo assiderunt; angelus enim quasi aggelus [agchelus *a Græco* ὄγχι, *prope*], id est juxta stans dicitur, qui idem utique, quod isti jam dicti felices Deo, hoc miseri illi exhibuerunt diabolo, ministrantes utique illi quod quærebat, hoc est flagitiorum acta multigena, assidentes jugiter, et suggestiones ejus libentissime amplectentes, et opere exsequentes. Nullus talium Mariam, nullus imitatus est Martham; nullus Liam, (1561) nullus Rachelem duxit uxorem, nemo talium unam illarum dilexit, alteram toleravit, id est amore Dominum videndi, bona quæ potuit fecit. (1562) Dicat ergo qui volet, et mihi, si valet, quod Dominus non promisit, sperare persuadeat, hoc est ut perpetrans mala, recipiat bona, et nec ut Martha Deo deserviens actualiter nec ut Maria illi assidens contemplanter, præmium illis solis, qui unum eorum fecerint, exspectent promissum ; cum contra ille proclamet : *Omnis arbor, quæ non facit fructum bonum* (*Matth.* vii, 19), utique unum illorum, quem aut Maria fecit, aut Martha, *excidetur, et in ignem mittetur* : et de cogitatione solum inutili væ nobis (1563) ipse promittat (*Mich.* ii, 1); de otioso vero saltem sermone rationem in die judicii reddituros (*Matth.* xii, 36) nos dixerit **639** quoque. (1564) Et cum circumspecta istius multitudine ambitus nullum istarum imitatorem hic inveniam prorsus; me quoque loquendi ut statum, proprietatis causa, hic mutavisse non disconveniat multum; cum, ut dixi, illarum isthic æmulatorem invenire valeam nullum, et illarum exsortem me cernam præ omnibus ipsum; (quis) continere me hortetur ab eo, qui me vexat, rivaliter quamvis, pavore? (1565) Num me enim [*subaudi* pavore] eo beatum confido futurum, vitium propter hunc scilicet abdicans nullum; licet in pœna semper mea sit conscientia (*Sap.* xvii, 10), utpote rei dicit fore Scriptura?

4. Et heu quam non dissimilis ego Siculo illi tali in sorte tyranno! Cum enim eo, quo indignus addolor [*id est* aggravor ] officio, debitorem me utriusque fore non nesciam, sic id est ut et Domino in membris suis, hoc est sanctæ matris Ecclesiæ debeam filiis ministrare, ob hoc tamen a contemplando eo nunquam cessare, sed in lege ejus meditari die ac nocte (*Psal.* i, 2); et neutrum horum me prospiciam agere, sed contra non me solum, sed et omnes mihi commissos, præcipue vero magis necessarios corrumpendo, eum die noctuque ( quamvis in eum nulla cadat passio) ad iracundiam provocare : (1566) quid de me dicere, quid valeo cogitare, (et ut turpia subsidens [*f.* subsilens], honesta solum, prohibita licet, depromam) si in lege Dei, ut debitorem me fore non nescio, die (non) meditor ac nocte ; Catullum nunquam antea lectum, Plautum quando jam olim lego nec lectum ; musicam quando sæpe rogatus expono, cum nequeam primo arithmetico scilicet...... auxilio ; milites (1567) quando etiam meos ad prælium ob Cæsaris cogo præceptum ; quando illos mitto venatum? hic enim nullum colludium, nulla conceditur requies; sed absolute beatus ille asseritur esse, qui in lege Domini meditatur die ac nocte. O sed miserrimus ego, qualiter in talibus, et, proh dolor! detestabilioribus in infernum vivens descendo, id est non ignorans, quod in infernum ob talia, si remota pietate judicer, absque dubio pergo! Cum vero neque laicos meos neque clericos satagere circa frequens, id est usitatum, Domini video ministerium, siquidem illos opera christianitatis non exsequi, istos canonicæ legi usque (1568) ad nuptum publi-

---

(1561) Liam scilicet activæ vitæ, Rachelem contemplativæ figuram gessisse S. Augustinus docuit lib. xxii in Faustum c. 52. Mariæ autem et Marthæ, nec non Rachelis et Liæ figuras simul junxit S. Gregorius libr. ii in Ezechielem hom. 2, num. 9 et 10. Ex his fontibus Ratherius in Patrum lectione versatissimus, huic sermoni de Maria et Martha Liæ quoque et Rachelis mentionem inseruit.

(1562) Construe : *Dicat ergo qui volet, et, si valet, persuadeat mihi sperare quod Dominus non promisit, hoc est, ut perpetrans mala recipiat bona, et nec deserviens actualiter Deo ut Martha, nec assidens illi contemplanter ut Maria, exspectent præmium promissum illis solis, qui fecerint unum eorum ; cum contra ille proclamet*, etc.

(1563) Erat in apographo *quæ nobis*. Ex Micheæ autem loco, cui auctor alludit, emendationem expressimus. ubi habetur : *Væ qui cogitatis inutile*.

(1564) Construe : *Et cum multitudine ambitus* (id est templi) *istius circumspecta nullum hic prorsus inveniam imitatorem istarum, ut non multum disconveniat me quoque hic mutavisse statum loquendi causa proprietatis ; cum, ut dixi, nullum isthic valeam invenire imitatorem illarum, et cernam meipsum præ omnibus exsortem illarum ; quis hortetur me continere ab eo pavore, qui quamvis rivaliter vexat me?*

(1565) Construe : *Etenim num confido, me eo pavore futurum beatum, non abdicans scilicet vitium ullum propter hunc pavorem, licet conscientia mea semper sit in pœna, utpote Scriptura dicit, conscientiam rei semper fore in pœna.*

(1566) Construe : *Quid valeo (et ut subsilens turpia, depromam solum honesta, licet prohibita) quid valeo, inquam, dicere, quid cogitare de me, si non meditor die ac nocte in lege Dei, ut non nescio me fore (id est esse) debitorem ; quando lego Catullum antea nunquam lectum, Plautum jam olim nec lectum ; sæpe rogatus expono musicam*, etc. Catulli codicem Veronæ invenisse videtur, quem antea non legerat, et forte etiam codicem Plauti.

(1567) In *Itinerario* scripto exeunte anno 966 num. 1, se Romam profecturum tradit, *non imperiali, quia imperatum est minime, jussu ; milites solum ut mitterem meos, ab eo cum mihi sit imperatum*. Confer ibidem not. 1017.

(1568) Id est ad nuptias publicas. Sæpius alibi clericorum mulierositatem publicam coarguit.

cum penitus cerno aversos; nec monachos meos contemplandi Dominum amore a sæculi (640) actibus se facere alienos velle ullo modo ita tenus cerno, ut insuper istum, cui astamus, anachoretam transitoria considerem non penitus abdicasse : ubi Martham, ubi sororem ejus Mariam, ubi Liam, ubi miser habeo Rachelem, cum a me infelicissimo de vobis omnibus requisiturus in die judicii sit Dominus, utpote de commissis ovibus, rationem? Ubi ille postremo in his ædibus diaboli est supplantator, qui dum unam, id est contemplativam, desiderat, utrasque sortitur, sic Christo ministrando transiens per bona temporalia, ut non amittat æterna?

5. Austera nimium hæc, atque a nobis inventa cavillatoribus (1569) possent, qui nimium abundant, nostris videri, nisi austeriora ex dictis hodie hausissem Gregorii. Qualia vero sint et ista, et illa, utinam sensus nostri capere atque discernere utiliter valuisset duritia. Ubi enim ille nostram denotans ait cohortem, cum repente conati fuissemus docere quæ magis meditatione, quam opere didicissemus, et hoc agere opitulatione alterius cujuslibet gestiremus; incidimus in illum de Evangelio ipsius sermonem, ubi visa civitate Jerusalem , refertur Dominus flevisse atque excidium illius denuntiasse : quem sic non piget totum percurrere, ut valens omnino perpendere, utrum illi lugendum sit necne, nobis desinat succensere. Considerata nempe ego tota sermonis ejusdem serie, dum plus eam contemplor aloes, quam mellis habere, cœpi satagere, an ibi aliqua consolatio inveniri valeret, quæ titubantem formidine quamvis inutili, quia inconvertibilem, animum refoveret. Quippe cum pervenissem ad illum tremendissimum locum, ubi habetur ita descriptum (GREG. lib. II in Evang. hom. 39, n. 8) : « Unde curandum nobis est, et cum magnis quotidie fletibus cogitandum, quam severus, quam liber, quam terribilis sua in nobis opera requirens in die nostri exitus princeps mundi hujus veniet (Joan. XIV, 30), si etiam ad Dominum carne morientem venit, et in illo suum aliquid quæsivit, in quo invenire nil potuit. Quid itaque nos miseri dicturi, quid acturi sumus, qui innumera mala commisimus ? Quid requirenti adversario, et multa sua in nobis invenienti opera dicemus, nisi solum quod nobis est certum refugium et solida spes, quia unum cum illo facti sumus, in quo princeps hujus mundi et suum aliquid requisivit, et invenire minime potuit ? quoniam solus est inter mortuos liber (Psal. LXXXVII, 5). Et a peccati (641) jam servitio veraci libertate solvimur, quia ei, qui vere est liber, unimur. Constat enim, nec negare possumus, sed veraciter fatendum quia princeps hujus mundi habet in nobis multa; sed tamen mortis nostræ tempore jam nos rapere non valet, quia ejus membra effecti sumus, in quo non habet quidquam. »

Istud (1570) dum Pauli putaveram deceptissimus mihi non modice suffragari, cum magis ille hoc de se suisque diceret similibus; sed dum sequentia (1571) legi, idem mihi contigit, quod solet sæpe contingere. Nam cum audio gaudium esse in cœlo super uno peccatore, quam supra nonaginta novem justis (Luc. XV, 7); si absolute hoc, ut hic est positum, diceret, ad me putarem aliquid pertinere : sed dum addit pœnitentiam agente quantum nigrum ad candidum, tantum hoc attinere ad me cerno pœnitentiam nunquam agentem, semperque pœnitenda coacervantem misellum. Ita et hic dum idem infert sanctissimus doctor, et dicit : Sed quid prodest, si fide illi jungimur, et ab eo moribus disjungimur? (GREG. ubi supra, n. 9.) Ipse enim dicit : Non omnis qui dicit mihi : Domine, Domine, intrabit in regnum cœlorum; sed qui facit voluntatem Patris mei, qui in cœlis est, ipse intrabit in regnum cœlorum (Matth. VII, 21); a non jure pavendo me prorsus extraneum cerno (1572).

6. Quæ est autem voluntas Patris, nisi quod aut Martha, aut faciebat soror ipsius Maria? Nil quippe nobis aliud præcipitur, nisi ut aut ministremus Christo in membris ipsius, aut assideamus Christo in contemplanda voluntate ipsius. Inde aliquid si neglexerimus, suspiremus, plangamus, pectora nostra tundamus, pœnitentiam agamus, frequens ministerium Domini aut repetamus, aut vacantes orationibus et desideriis cœlestibus, a pedibus benigni Jesus nullatenus divellamur, donec ad illud unum, quod solum est necessarium, perveniamus, hoc est eumdem, qui nobis solus sufficit, Dominum. Dicis econtra ( sic enim est consuetudo dicta....... humana) : Licet non tanta quanta debeo faciam bona, facio aliqua; et perfecte in Deum credens, spero quæ Dominus suis fidelibus præcepit speranda. O utinam hæc duo fiderem re, fratres [f., te, frater], habere! Certus profecto de tua essem salute, videlicet ut in Deum perfecte crederes, et illa tantummodo, quæ præcepit speranda, sperares. Dicit vero Psalmista : Spera in Domino (Psal. XXXVI, 3). Respondes, spero. Fac bonitatem (Ibid.), sed dicit ille. Si ergo speras in Domino, suggero : Fac bonitatem, et non inaniter speras, promitto. Dicente enim Jacobo : Quid prodest, fratres, si fidem quis habeat, opera vero non habeat ? Nunquid poterit sola fides salvare eum? (Jac. II, 14.) Una sola audiri ista potest sententia. Si perfecte credis in Deum, et aliud non speras, quam quod ille te sperare præcepit, videlicet si opera habes bona ; consequenter de remuneratione, si ita tamen perseveraveris, non (642) est tibi opus dubitare perpetua docuit.

(1569) Eos cavillatores respicit, quorum morosiores et calumniosas in se accusationes descripsit in Qualitatis conjectura paulo ante lucubrata, nimirum ineunte anno 966.

(1570) Istud Pauli, scilicet dictum a Paulo apostolo Rom. XII, 4, 5; et I Cor. XII, 13; et Ephes. IV, 16, ubi nos omnes Christi capitis membra esse

(1571) Sequentia, id est illa, quæ S. Gregorius statim post recitatum locum subjicit, et ab auctore post pauca subduntur : Sed quid prodest, etc.

(1572) Construe : Cerno me prorsus extraneum a non pavendo jure ; id est jure mihi timendum esse perspicio.

Quæ sunt autem bona opera, nisi illa quæ ex charitate procedunt: quam solam si non habes, nec in fide, dico, tibi, confidas; nec quod suis promisit Dominus fidelibus, speres. *Fides* enim *si non habeat opera, mortua est in semetipsa (Jac.* II, 17); et: *Spes non confundit, quia charitas Dei diffusa est in cordibus nostris per Spiritum sanctum, qui datus est nobis (Rom.* v, 5). Si ergo charitatem in corde non habes, spem inutiliter habes. Si Spiritum sanctum non habes, Christi non es; dicitur enim: *Si quis Spiritum Christi non habet, hic non est ejus (Rom.* VIII, 9). Quam vero habet erga Dominum saltem nunc temporis quilibet charitatem, cum ne dicam diligere, saltem timere eum nullatenus probetur, dum eo præsente non timet adulterium (ut hoc solum ex innumeris proferam) perpetrare? Si enim præsentem eum non credit, quomodo in eum nedum dicam perfecte, saltem aliquantulum credit? Si autem hoc credit, nonne Domino perspicue rebellis existit, in cujus conspectu perpetrare tam fœda miser et sui interemptor ipsius præsumit? Quid ad hoc nostrum aliquis dicit? Perit, dico, perit; ad ejus illico misericordiam vere pœnitendo nisi forte confugit. Recentiora enim citius quam vetustiora vulnera usus docet curari, quod innuere scilicet probat qui dicit: *Sol non occidat super iracundiam vestram (Ephes.* IV, 26). Mea forte hæc quis dicat existere? Quæ Jacob dicit et Paulus, sunt, charissimi, mea?

7. Sed ne forte ad desperationem me vos dicatis velle compellere, fateor quod non solum Martham, sed etiam quæ optimam elegit partem, si vultis, et quandocunque vultis, imitari valetis cum adjutorio Dei Mariam. Illa enim qualis fuerit antea, sapitis, si tamen sapienda cognoscitis: qualis vero post Dei misericordiam facta sit, agnoscere, si libet, valetis; neque de vobis id quoque fieri posse desperare quomodocunque debetis. Fac itaque, dico, quod fecit, et spera quod meruit. Oh! quam vero nullum talium usquam putarem (1573), desperatissimus gentium me ipsum considerans, esse, si non promissum tenerem: *Ecce ego vobiscum sum omnibus diebus usque ad consummationem sæculi (Matth.* XXVIII, 20)! In quibus enim est nobiscum, nisi in iis, quos de suis habet nobiscum? Si non est enim mecum pro mea malignitate, est mecum pro illius qui mecum est bonitate. Sic enim promisit dicendo: *Ubi duo vel tres congregati fuerint in nomine meo, ibi sum in medio eorum (Matth.* XVIII, 20). Quod utinam et diabolus non potuisset de suis nobiscum versantibus dicere; profecto enim nulli nostrum probaretur Dominum dixisse: *Propterea vos non auditis, quia ex Deo non estis (Joan.* VIII, 47): et utique illi neque surdi, neque absentes erant, quibus hoc dicebatur; sed a voluntate aberant, odio surdescebant, dum iis quæ dicebantur consentire nolebant. Quod etsi admiranda, 643 amplectenda, et glorificanda est patientiæ longanimitas Dei, tremenda tamen propter illud, quod de ea dicit Apostolus, nec irritanda, nec ad iracundiam provocanda, roganda vero et importunissime supplicanda: ex se namque metitur Domini iram, qui postquam eum gravissime offendit, ut nos miseri sæpe, timet ad illum laudandum accedere: procul dubio enim ita et ipse dedignaretur ab eo, qui eum dehonestasset, eadem hora laudari. Sed non faciendum suadet qui dicit: *Si ascenderit super te spiritus potestatem habentis (Eccle.* X, 4), id est ille Dei [supple spiritus malus], qui Saulem vexabat (*I Reg.* XVIII, 10), prævalescente videlicet tibi ipsius usque ad mortiferum consensum callidissima suggestione; *locum tuum ne dimiseris (Eccle.* X, 4); id est illum statum bonitatis, in quo tunc eras, quando in facinus illud, quod ille tibi suggessit, decideras; ne relinquas, subjungens causam, quia *curatio*, inquit, *id est pœnitentia vel Dei clementia, cessare faciet delicta* (Ibid.). Unde et egregie Augustinus, ut Augustinus, omnia, ait, quæ timentur rationabiliter declinantur. Deus autem solus ita timendus est, ut ab ipso ad ipsum confugiatur. Ex infantissimo vero Dominum metitur, qui putat eum adeo pium, ut non curet quantum a quovis lædatur, sed absque satisfactione debita non solum veniam, sed etiam præmia immeritis largiatur. Si enim ita esset, amatorem mali Dominum existere opinari homo, falso licet, valeret. At justum injustitiam diligere non sequitur posse.

8. Consiliarium sed ad hoc habemus perutilem ita dicentem: *De propitiato peccato noli esse sine metu: et ne adjicias peccatum supra peccatum dicens: Misericordia Dei magna est, multitudinis peccatorum meorum miserebitur: misericordia ejus et ira ab illo cito proximant, et in peccatores respicit ira illius (Eccli.* V, 5-7). Itemque: *Da misericordiam justo, et ne suscipias peccatorem; quoniam et Altissimus odio habet peccatores, et misertus est pœnitentibus, et peccatoribus reddet vindictam, custodiens eos in die vindictæ (Eccli.* XII, 3,4). Rursumque: *Benefac humili, et non dederis impio; prohibe panes illi dari, ne in ipsis potentior te sit; nam duplicia mala invenies in omnibus bonis, quoniam et Altissimus odio habet peccatores, et impiis reddet vindictam* (Ibid., 6, 7). O quam ergo sine metu peccator debet existere (1574), si ita est, 644 vel ad modicum nullus, nedum nostri consimilis ullus! Sapientiæ sed particulariter libro, qui hoc cantat ipse, videndum ei, si possit aliquid, quod non sit credendum, inesse: Ipsa vero est Sapientia, quæ in Evangelio dicit: *Ego sum veritas (Joan.* XIV, 6);

---

(1573) Construe: *Verum ego stultissimus gentium considerans meipsum, oh! quam putarem nullum talium esse usquam, si non tenerem promissum*, etc.

(1574) Construe: *Si ita est, oh! quam ergo nullus peccator, nedum ullus nostri consimilis, vel ad modicum debet existere sine metu! Sed particulariter videndum ei, si libro Sapientiæ, qui ipse hoc cantat,*

possit inesse aliquid, quod credendum non sit. Ipsa vero est Sapientia, quæ dicit in Evangelio: Ego sum veritas; cumque concessum fuerit non posse inesse ei libro aliquid, quod credendum non sit, inferat, quid potest contraire veritati tantæ. Dicat vero quilibet, utrum existere possit aliquid mirabilius dictu,

ᶜumque fuerit concessum non posse, inferat quid potest veritati contraire tantæ. Dictu vero mirabilius aliquid utrum possit existere, dicat quilibet. Nam cum jam publice nobis resultet omnium penę (1575) contradictio vestrum; non desunt tamen ex vobis qui dicant : Quare talia et talia fieri consentit episcopus? Ad quod responsum reddere non immoramur. Præcipiente in persona Timothei Apostolo nobis atque dicente : *Argue*, id est reprehende; *obsecra*, hoc est in amore Dei contestare et roga; *increpa* (II Tim. IV, 2), id est etiam conviciis, excommunicationibus, verberibus, si competit, quoque, non neglecta vero charitate commissos fatiga. Dum (1576) reprehensio jure reprehendendorum nostro nil facta proficiat ore, et obsecratio nec nostri, nec Dei respectu quidquam obtineat; ad increpationem si fuerit ventum, pœnitebit, sero licet, alicui jure fatemur utilimum se dicentis olim non attendisse consilium : *Noli quærere fieii judex, nisi valeas virtute irrumpere iniquitates, ne forte extimescas faciem*

(1575) Hæc contradictio contra Ratherium elucet ex libris *Qualitatis conjectura*, et *Itinerario* hoc eodem tempore scriptis.
(1576) Construe : *Dum reprehensio jure reprehendendorum facta ore nostro nil proficiat, et obsecratio nec respectu nostri nec respectu Dei obtineat quidquam; si ventum fuerit ad increpationem, pœnitebit, sero licet, se olim non attendisse consilium alicui, jure fatemur, utilimum; consilium, inquam, dicentis :*

*potentis, et ponas scandalum in æquitate tua* (*Eccli.* VII, 6).

9. Verum his alio reservatis, dicendum quod jam diximus, lectionem utique hanc hodie ideo lectam, quia quod Maria hæc tunc temporis faciebat, quando pedibus Domini assidebat, æquivoca ejus Mater Domini a die ortus sui facere cœperat, optimam utique partem eligens; id est, quod optimum in existentibus est, utique Dominum visceratim desiderans, quem quia præ omnibus dilexit, in tantum præ omnibus eo perfrui meruit, ut eum prius mente, postea et mente gestaret et ventre. Quæ pars scilicet neque ab ea est unquam ablata, nuque in æternum auferetur ab illa; quandoquidem virgo fuit ante partum, virgo in partu, virgo mansit post partum. Quæ nobis piissimis suis precibus placatum suum dignetur efficere Filium, Dominum nostrum Jesum Christum, qui cum Patre et Spiritu Sancto vivit et regnat in sæcula sæculorum. Amen

*Noli quærere,* etc. Quibus indicare voluit causam, cur nec *conviciis*, id est acrioribus reprehensionibus, peccatores coercuerit, nec excommunicationibus (ut ait. in opusculo *De clericis rebellibus* num. 2) hos multarit, nec famulos verberibus affecerit, ut in *Qualitatis conjectura* traditur num. 2, quia nimirum ex potentum patrociniis, qui eos tutabantur, nil fructus sperabat.

---

# AD RATHERII OPERA APPENDIX.

## ADMONITIO IN DUO SEQUENTIA DOCUMENTA.

**645-646** I. Duo apocrypha documenta ad Ratherium pertinentia in hac Appendice primum proferenda sunt. Unum est sententia, seu potius Notitia sententiæ Rodoaldi patriarchæ Aquileiensis pro exemptione rerum capituli cathedralis Veronensis a potestate episcopi, quam ex archivo laudati capituli eductam, anno 1754 typis dedimus Veronæ in opere, cui titulus : *Conferma della falsità di tre documenti publicati nell' Ughelli a favore del capitolo di Verona* pag. 101 et seqq. Alterum est ejusdem sententiæ compendium, quod ab Ughellio vulgatum fuerat tom. V Italiæ sacræ in episcopis Veronensibus col. 737. Et si hujus posterioris documenti imposturam deteximus in libro *De privilegiis et exemptione capituli cathedralis Veronensis* impress. Venetiis an. 1753, et luculentius confirmavimus in epistola quinta memorati operis Italice inscripti *Conferma*; alterius vero falsitatem in eadem epistola quinta fuse demonstravimus; cum tamen eadem documenta in Ratherianorum operum editione omitti nequeant, et in hac Appendice opportunum locum habeant; potiores criticas notas, quibus eorum falsitas potissimum declaretur, brevius, quoad fieri possit, in hac Admonitione indicare sufficiet. De sententia ipsa, seu Notitia ipsius sententiæ patriarchæ Rodoaldi in primis dicendum est.

II. In hac notæ chronicæ invicem pugnant. Anno 968 sola indictio XI convenit : cæteræ omnes ab eodem discordant. Etenim mense Maio anni ejusdem non secundus, sed tertius Joannis XIII summi pontificis annus decurrebat ; nec annus nonus, sed septimus imperii Ottonis I, nec tertius regni Ottonis filii, sed imperii ejusdem primus ; nec lunæ ætas, quæ in similibus documentis non solebat designari, pridie Idus Maii erat vigesima tertia, sed duodecima. Multo autem magis in anno repugnat tempus, quod in ipsa Notitia enuntiatur. Res enim gesta traditur statim post synodum Ravennatem. Hæc autem synodus habita est medio Aprili anni 967. Igitur Rodoaldi judicium, si *illico* post eamdem synodum Maio mense celebratum fuisset, in annum 967 referendum esset, non vero in annum 968. Adde quod instante Paschate anni 968, quo Ratherius *Apologeticum* scripsit, apostolicæ litteræ allatæ fuerant, quibus sub anathematis pœna præcipiebatur, ne ille, seu alius quispiam ejus successor in res et bona canonicorum cathedralis ecclesiæ sese intromitteret, ut in eodem *Apologetico* n. 7 traditur. Post editam in hoc supremo tribunali sententiam ante Pascha, quod anno 968 incidit in diem 19 Aprilis, Rodoaldi patriarchæ, judicis utique inferioris, sententiæ eadem super re nullus patebat locus mense Maio anni ejusdem.

III. Neque vero quispiam existimet, errore aliquo amanuensis scriptum fuisse annum 968 pro anno 967, cui Rodoaldi sententiam affigendam statim post synodum Ravennatem ipsa Notitia docet. Quamvis enim annus 967 cum ejusdem Notitiæ contextu videatur conciliari ; cum cæteris tamen chronologicis notis, et cum historia rerum gestarum Ratherii, quæ ex ejus operibus certo elicitur, omnino pugnat. Enimvero anno 967 mense Maio non congruit indictio, quæ esse deberet decima ; non annus imperii Ottonis I, qui erat sextus ; non annus filii ejus Ottonis, qui eo mense nondum evectus ad imperium, annum regni sextum agebat, non tertium ; non ætas lunæ, quæ pridie Idus Maii erat prima, non vigesima tertia. Unus, vel alter error amanuensis oscitantia in quibusdam legitimis documentis aliquando detegitur ; tot autem errorum congeries librario tribui nequit, sed impostori, qui documentum multo post compingens, annos recte computare, et tot chronicas notas a suo ævo remotas conciliare nequivit, quas probe sciunt notarii quicunque, etiam minus periti, dum actum sui temporis scribunt.

IV. Multo autem evidentius Ratherii operibus ipsa Notitiæ historia repugnat. Hæc enim præfert, in Ravennati concilio imperatorem audita canonicorum legatione præcepisse Ratherio 647-648 episcopo, ne ullo modo sese in eorum res et possessiones intromitteret ; Rodoaldo autem patriarchæ mandasse, ut Ravenna Veronam proficiscens, causam inter episcopum et canonicos statim cognosceret. Additur Rodoaldum illico Veronæ convocatis episcopo atque canonicis, inspectis documentis, quæ canonici produxerunt, contra Ratherium tulisse sententiam, cui episcopus ita assensus traditur, ut sese anathemati subjecerit, si quid contra tentasset. « Ad hæc conticuit episcopus, et silens inde permansit, et dixit : Qui aliter egerit, anathema sit. » In Ratherii vero operibus nullum aliud imperatoris præceptum Ravennæ editum declaratur nisi *de tollenda mulierositate*, quod ut Ratherius exsequeretur, statim post Ravennas concilium Veronæ synodum diœcesanam coegit, in qua presbyteris et diaconis idem mandatum publicavit. « Celebrata, » inquit, in epist. xii ad Ambrosium num. 1, « mediante Aprili universali synodo Ravennæ, reversus convocavi ex omnibus nostræ diœcesis plebibus presbyteros et diaconos, relaturus ex præcepto serenissimi imperatoris quæ inibi constituta sunt. » Præceptum autem imperatoris respexisse exsecutionem decreti de mulierositate dimittenda, non solum manifestat, quæ ibidem subjicit, sed illa etiam *Discordiæ* num. 6, ubi de laudata diœcesana synodo loquens ait : « Illud me maxime nuper commovit, quoniam quidem, cum de dimittenda mulierositate Augustalis intonuisset adversus illos (clericos) voluntas, omnium pene excusatio exstitit, non posse propter inopiam hoc ullo modo fieri ; potuisse vero utcunque, si stipendium debitum ex rebus habuissent ecclesiæ. » Duo hic notanda. I. Imperatoris mandatum non circa res, et possessiones canonicorum, sed circa mulierositatem fuisse versatum ; II. hac de causa statim post Ravennas concilium a Ratherio celebratam synodum diœcesanam, non vero a Rodoaldo patriarcha convocatos episcopum et canonicos, ut de rebus et bonis capituli cognosceret ac judicaret.

V. Porro Ratherius intelligens causam a pluribus clericis allatam, ob quam mulierositatem se non posse deserere venditabant, fuisse inopiam, qua ob minus æquam bonorum ac reddituum ecclesiasticorum distributionem afflictabantur ; ut omnem excusationem ipsis adimeret, æquiorem eorumdem reddituum divisionem instituendam persentiens. « Hujus rei gratia, » addit in eadem *Discordia* loco laudato : « Volui agnoscere omnia, quæ sive ab antecessoribus meis concessa, sive a Deum timentibus viris sunt eis collata. » Itaque falsum agnoscimus, quod in supposititia sententiæ Rodoaldi Notitia traditur, imperatorem in concilio Ravennate, et ipsum patriarcham statim post idem concilium interdixisse, ne Ratherius in bona canonicorum sese ullo modo intromitteret, et huic patriarchæ judicio episcopum præbuisse consensum, atque anathemate idem judicium confirmasse ; quin potius hoc tempore idem episcopus, ut imperialis mandati de mulierositate tollenda exsecutionem promoveret, inopiæ impedimentum, quod opponebatur, sublaturus, in diœcesana synodo cum canonicis egit, ut æquiorem eorumdem bonorum distributionem induceret.

VI. Huic vero distributioni iidem canonici toto nisu restitere. « Hoc tam fortiter recusaverunt, » subdit loco citato Ratherius, « ut mori se antea malle proferrent, quam hoc factum viderent. » Quid ad hæc episcopus ? « Monstravi illis, » inquit eodem in opere num. 7 « auctoritatem canonum, » qua scilicet hæc bonorum ecclesiasticorum dispositio episcoporum potestati atque judicio subjicitur : *illi contra consuetudinem usitatam*. Si imperiale interdictum, et patriarchæ sententia præcessissent ; hæc potissimum a canonicis, opponendas fuerant. Tum Ratherius : « Mandavi eis adjurando per fidelitatem, quam mihi non semel juraverant, ut si aliquam authenticam rationem inde haberent, non mihi celarent, ne in synodum veniremus, verecundiam mihi facerent, si me injustum exigere aliquid probavissent. » Hæc est illa *synodus congreganda*, quam Ratherius cum imperatoris præsentia duobus in locis conjungit : tunc scilicet congreganda, cum imperialis præsentiæ occasione Veronæ, patriarcha Rodoaldus et cæteri comprovinciales episcopi ibidem convenire debebant, uti ostendimus ad hunc locum *Discordiæ* in not. Ea hac autem synodo id negotii proponere meditabatur Ratherius, et æquiorem eorumdem bonorum distributionem, quam instituendam putabat, a patriarcha et episcopis confirmandam confidebat, nisi canonici *aliquam authenticam rationem*, id est documenta seu privilegia legitima, *inde haberent*, quæ id impedirent : eaque, propterea ne sibi nunc occulerent petiit, ne in provinciali synodo *verecundiam* sibi *facerent*, si authentica documentis atque rationibus se *injustum aliquid exigere probavissent*. Qui autem in hoc cum canonicis tractatu habito aliquanto post Ravennas concilium, id est mense circiter Junio vel Julio anni 967, nullam authenticam rationem ei 649-650 æquiori bonorum capitularium divisioni inducendæ contrariam novorat, sperabatque fore ut nihil inde obsistente, in concilio provinciali congregando eadem divisio a patriarcha et episcopis comprovincialibus confirmaretur ; nonne ignorabat procul dubio patriarchæ sententiam et interdictum, quod ex pluribus authenticis documentis Maio mense editum præfertur ? Hoc sane si præcessisset, et si huic Ratherius præbuisset assensum ; qui fieri poterat, ut tam cito ejus oblitus, eidem patriarchæ et cæteris episcopis proponendum crederet, quod ille interdixisset, et confirmationem speraret ? Hæc omnia, quæ hactenus animadvertimus, palam profecto faciunt sequentem Notitiam, quæ Rodoaldi sententiam mensis Maii exhibet, nec convenire anno 967 nec anno 968 ac propterea hanc sententiam esse omnino fictitiam. Confer, si libet, epistolam initio memoratam, ubi alia præterea congessimus, quibus eadem impostura luculentius demonstratur, ac tempus detexisse videmur, quo compacta fuit.

VII. Compendium porro ejusdem sententiæ, seu Notitiæ ab Ughellio productum multo evidentius suppositionem et falsitatem manifestat. Nam præterquam quod eosdem fere impostura characteres continet, quos in eadem Notitia explicavimus; alia quædam addit præter ipsius Notitiæ fidem, quæ imposturam imposturæ additam patefaciunt. In eo enim traditur Rodoaldi sententia habita *jubente Joanne pontifice*, ac producta fuisse a canonicis *innumerabilia fere privilegia* ..... *a pontificibus et imperatoribus obtenta*: cum in Notitia mandatum imperatoris, non autem pontificis enuntietur, et unicum imperiale privilegium, nullum pontificium laudetur. Potior autem impostura in eo sita est, quod non tam bonorum capitularium, de quibus tantum in Notitia agitur, sed personarum etiam exemptio et immunitas asseratur, ac si controversia inter episcopum et canonicos non minus de bonorum, quam de personarum immunitate excitata ac definita fuerit. Ex collatione Notitiæ, et compendii ejusdem agnoscitur, verba *res et possessiones*, quæ sunt in Notitia, ab auctore compendii mutata fuisse in *bona et personas*; quæ manifesta fraus ejusdem compendii imposturam aggravat. Vide alia plura, quæ in hocce compendium animadvertimus in libro *De privilegiis et exemptione capituli cathedralis Veronensis*, pag. 77. Hæc autem pauca indicia hoc loco satis superque esse videntur.

---

# NOTITIA

*Sententiæ supposititiæ Rodoaldi patriarchæ Aquileiensis contra Ratherium pro canonicis Veronensibus.*

(Ex vetusto exemplo archivi capitularis Veronensis.)

Anno Dominicæ incarnationis 968, domni quoque Joannis sanctæ Romanæ Ecclesiæ, et universalis papæ præsulatus ejus secundo anno, et imperii domni Othonis piissimi imperatoris Augusti nono, regni quoque domni Othonis filii ejus tertio, pridie Idibus Maii, luna vigesima tertia, indictione undecima. Istiusmodi paginæ descriptio exposita fuisse vera credatur, nullique ambigendum, qui [*l.* quin] domnum Ratherium prudentissimum Veronæ urbis episcopum causationis querelam proposuisset adversus ecclesiæ suæ canonicos, dicens, quod ita sibi canonica auctoritate competeret, prædiorum redditus a fidelibus et Deum timentibus delegatos hominibus disponere, quemadmodum sui episcopatus res disponere, et ordinare videbatur. Cui econtra prænominati canonici, concordes et unanimes facti, respondentes dixerunt: Jam, bone et pie pastor, ducentorum spatia annorum transacta plenissime fore videntur, ex quo nullus de vestris antecessoribus usque in hodiernum diem se quandoque hac de causa intromisit, sicut vos facere videmini. Quidquid enim nostri prædecessores per mercedem domnorum regum et imperatorum quieto tenuerunt ordine, sub omnes vestros antecessores, qui in hac urbe fuerunt episcopi, hoc idem et nos moderno tenere cupimus tempore per mercedem istius serenissimi imperatoris. Dum vero hæc altercatio sic inter utrasque dilataretur partes: ecce legationis preco domni imperatoris et domni papæ Joannis missæ per 664 universum regnum vociferans, ut cuncti episcopi Ravennam ad sanctam synodum concelebrandam festinarent, sicut dudum illis indictum fuerat. Ravennam igitur cum præfatus episcopus festinare videretur, prædicti canonici suam, ad mercedem domni imperatoris, confestim destinantes legationem, illius per internuntios humiliter imploraverunt clementiam, ut si idem domnus episcopus in sancta synodo de illorum canonica inter cætera altercari vellet, nequaquam ei assensus tribueretur: sed sub suæ defensionis tutela res illorum et possessiones teneret, sicut omnes sui fecerunt prædecessores. Quorum deprecatio, quia justa et rationabilis sibi esse videbatur, præcepit eidem episcopo, ut nullo modo de prædictorum canonicorum se intromitteret rebus et possessionibus, ut pacifice viventes liceret eis Deum sanctosque illius pro se et pro suorum regnorum statu exorare. Et ne amplius ab eodem, vel ab ullo quolibet Veronensi episcopo aliqua quandoque de sæpe nominata possessione promoveri posset altercatio; et si promoveretur,

A irrita et inanis et vacua esset, præcepit domno Rodoaldo sanctæ Aquileiensis Ecclesiæ reverentissimo patriarchæ, ut Ravenna rediens, tandiu moraretur Veronæ, donec diligenter investigare posset, quam rectitudinem frequenter dictus episcopus, aut quam crebro nominati canonici in eadem haberent re et possessione.

Cum autem venisset domnus patriarcha, et resedisset ad monasterium sanctæ Mariæ ad Organum vocitatum; illico, ut sibi fuerat imperatum, convocatis eumdem episcopum eorumque canonicos ait: Vos canonici, si aliquas habetis 665 firmitatis chartulas, aut ullas testamenti paginas, aut regum præcepta de vestris rebus et possessionibus, quas dicitis habere, ostendite coram nobis, et coram vestro episcopo aliisque hic residentibus, quibus rei veritatem discernere valeamus. Tunc Ambrosius archipresbyter, et Petrus archidiaconus, Joannes etiam et Petrus diaconi cum aliquantis ex majoribus B et minoribus canonicis statim surgentes e consessu, ostenderunt eorum testamentorum paginas, et regum præcepta, et dixerunt: Hæ, senior, sunt testamentorum paginæ, per quas res et possessiones nobis collatas defendimus. Præceptum est, ut hæ in consedentium et circumstantium legerentur auditu; et inter legendum primo lectus fuit judicatus piæ recordationis Petri clerici, dehinc Giselberti, judicatus quoque Notkerii et Billongi episcoporum. Quæ scripta pari et manifesta ratione testantur, ut si ullus aliquando Veronensis episcopus de ordinatione et provisione archipresbyteri et archidiaconi et sacerdotum et diaconorum potestate res et possessiones eorum removere conaretur, statim devenirent in potestatem et ordinationem parentum eorum, quicunque inveniri potuerint, et judicem habeant Deum, et anathema maranata. Lectum insuper fuit præceptum domni Ludovici piissimi imperatoris Augusti, in quo præcipitur, quod nullus episcopus, nullaque C alia magna vel parva persona se intromittere præsumat de eadem re, et possessione absque illorum concilio et consensu. Lecta etiam Ratoldi de sæpius nominata re et possessione 666 concessio fuit. Ubi ostensæ sunt et aliæ paginæ, quibus, si legerentur, non sufficeret dies.

Videns autem domnus patriarcha, quia secundum paginarum traditionem nullo modo rerum possessio canonicis concessa ad episcopi pertineret judicium, præcepit eidem episcopo Ratherio ex parte Dei omnipotentis, ut amplius de illorum possessionibus, illis a fidelibus hominibus concessis, se non intromitteret. Ad hoc conticuit episcopus, et silens inde permansit; et dixit: Qui aliter egerit, anathema sit.

Hæc sunt nomina clericorum scilicet et laicorum, qui huic interfuerunt altercationi, in quorum auribus scripturarum paginæ lectæ fuerunt. Penzo archidiaconus, Petrus presbyter, Rozo subdiaconus, Giso clericus, Erizo, Peredeus, et Azo cum reliquis commilitonibus: Garimbertus abbas cum suis clericis et familia loci et aliis suis fidelibus. De Veronensibus Lampaldus, qui Lanzo vocatur, vicecomes; Ermarius, qui Erizo appellatur, vicedominus; Erminherius, Landbertus, et Azo judices; Pezo, Ernaldus, Ubertus, Valderius commilitones domni Ratherii episcopi; Azo, et reliqui plures.

Ego Isembardus, notarius, authenticum hujus exempli vidi et legi, et in eo continebatur sicut in isto exemplo præter litteras plus minusve, et hoc exemplum scripsi.

*Compendium ejusdem supposititiæ sententiæ*

Anno 968, 14 Maii in monasterio sanctæ Mariæ de Organo jubente Joanne pontifice, indict. XI, et Othone imperatore ann. 7, Rodoaldus Aquileiensis patriarcha, auditis Ambrosio archipresbytero, Petro archidiacono, Joanne et etiam Petro diaconibus cum aliis quamplurimis Veronensibus innumerabilia f. re privilegia producentibus, aliaque jura ducentis ab hinc annis a pontificibus et imperatoribus obtenta, quibus ostendere conabantur, eorum jura, eorumque bona, et personas omnino a potestate Ratherii exemptas et immunes esse, qui contrarium enixe tuebatur; tandem in contradictorio judicio sancivit, et dixit et pronuntiavit quod eorum bona et personæ nec per dictum Ratherium, nec per successores unquam turbentur; et Ratherius sententiæ quievit, consensit, ipsamque laudavit.

---

## ADMONITIO IN SERMONEM SEQUENTEM.

**667-668** In Frisingensi codice, qui aliquot Ratherii opera post tertiam ejus restitutionem in Veronensem episcopatum lucubrata continet, post ipsa opera sequitur pagella, in qua hic tantum titulus exhibetur: *Prædicationes in quibusdam festis*. Subjiciuntur autem sermones octo, quorum exemplum descriptum accepimus. Hos autem expendentes, omnino alienos a Ratherio reperimus. Discrimen satis indicat non solum situs, quo a cæteris Ratherii sermonibus et opusculis separantur; sed præsertim stylus, qui a Ratheriano maxime discrepat. Deprehendimus porro auctorem hos sermones fere ex Patrum testimoniis hinc inde excerptis compegisse, ac præcipue ex sanctis Augustino atque Gregorio. Veronensem fuisse ipsum auctorem non tantum ex eo conjicimus, quia sermones hujusmodi post Ratherii Veronensis episcopi opera descripti inveniuntur in codice, quem ad Veronensem ecclesiam pertinuisse arbitramur; verum etiam quia inter eosdem sermones unus est de sanctis martyribus Firmo et Rustico Veronæ glorioso martyrio donatis et custoditis, quorum festum in eadem Veronensi ecclesia celebre semper fuit. Hinc eos *martyres nostros* auctor appellat, et sermonem in ipso die festo habitum innuit. Istum sermonem inter cæteros in hac appendice idcirco proferre libuit, quia de nostris martyribus agit; ac ex eo auctoris indoles, ac cæterorum sermonum ratio satis perspicientur. Sancti Gregorii loca, ex quibus ille sermonem ipsum connexuit, atque digessit, in notis indicabimus.

---

## SERMO

### IN FESTO SANCTORUM MARTYRUM FIRMI ET RUSTICI.

**669** 1. *Venite, filii, audite me, timorem Domini docebo vos* (Ps. XXXIII, 12). *Accedite ad eum et illuminamini, et facies vestræ non confundentur* (Ibid., 6). Volumus vos scire, fratres, quod omnipotens Dominus Ecclesiam suam sine digna administratione non deserit. Nam cum fortes ad præmium vocat, eorum vice debiles ad certamina roborat; cum illos suscipiendo remunerat, istis laborum virtutes, quas remuneret, subministrat. His roborati virtutibus sanctus Firmus pariter et Rusticus contra hostes fidei audacter pergunt ad prælium, ipsosque insurgentes patiendo despiciunt: quia (1577) tales secum dux noster ad prædicationis prælium adduxit, qui despecta salute corporum hostes suos moriendo prosternerent, eorumque gladios non armis, non gladiis, sed patientia superarent. Martyres nostri, fratres, sub duce suo tribus modis venerunt armati ad prælium, tubis, lagenis, et lampadibus. Sonuerunt tubis, dum prædicant; confregerunt lagenis, dum solvenda in passione sua corpora hostibus opponunt; resplenduerunt lampadibus, dum post solutionem corporum coruscaverunt (1578); moxque hostes in fugam versi sunt, quia dum mortuorum martyrum corpora miraculis coruscare conspiciunt, luce veritatis fracti, quod impugnaverunt, cecinerunt. Cecinerunt (1579) ergo tubis milites nostri, ut lagenis frangerentur; id est prædicaverunt martyres nostri, donec eorum corpora in morte solverentur. **670** Lagenæ fractæ sunt, ut lampades apparerent, id est corpora eorum in morte soluta sunt, ut miraculis coruscarent. Apparuerunt lampades, ut hostes in fugam verterentur, id est coruscaverunt miraculis, ut hostes suos ex divina luce prosternerent, quatenus nequaquam Deo erecti resisterent, sed eum subditi formidarent.

ita efferuntur: *Cecinerunt ergo tubis, ut lagenæ frangerentur: lagenæ fractæ sunt, ut lampades apparerent; apparuerunt lampades, ut hostes in fugam verterentur, id est prædicaverunt martyres, donec eorum corpora in morte solverentur; corpora eorum in morte soluta sunt, ut miraculis coruscarent; coruscaverunt miraculis, ut hostes suos ex divina luce prosternerent quatenus,* etc. Noster auctor hæc eadem

---

(1577) Sequentia usque ad numeri finem sumpta fuerunt ex S. Gregorii libro XXX in Job, c. 25, num. 75, ita tamen ut quædam verba inserta, alia pauca præmissa, alia transposita sint, uti not. 1579 exempli gratia explicabitur.

(1578) Supplendum *miraculis* ex S. Gregorio, et recte; unde mox *miraculis coruscare conspiciunt*.

(1579) Hæc apud S. Gregorium loco laudato not.

2. Voce (1580) sanctorum martyrum Deo per Psalmistam dicitur : *Humiliasti nos in loco afflictionis, et cooperuit nos umbra mortis* (*Psal.* XLIII, 20). Umbra igitur mortis mors carnis accipitur; quia sicut vera mors est, quando anima separatur a Deo; ita umbra mortis est, quando caro separatur ab anima. Quos constat non spiritu, sed sola carne mori; nequaquam se vera morte, sed umbra mortis dicunt operiri. Locus afflictionis est vita præsens (1581). Martyres ergo nostri in hoc loco afflictionis humiliati sunt, quia in æterna vita, id est in loco gaudii, sublimantur. In tantum siquidem sublimantur, quod certissimum est ipsos (1582) cum Deo judice venire, qui nunc pro ipso injuste judicantur. Tunc eorum lux tanto latius emicat, quanto nunc manus persequentium durius angustat. Tunc reproborum oculis patescit, quod cœlesti potestate subnixi sunt, qui terrena omnia sponte reliquerunt. Stimulo denique divini amoris atque timoris excitati, hic possessa reliquerunt : idcirco culmen procul dubio judiciariæ potestatis obtinebunt, ut simul tunc judices cum 671 judice veniant, qui nunc considerationem judicii sese spontanea paupertate castigant. De sanctæ Ecclesiæ sponso per Salomonem dicitur : *Nobilis in portis vir ejus, quando sederit cum senatoribus terræ* (*Prov.* XXXI, 25). Hinc Isaias ait : *Dominus ad judicium veniet cum senatoribus populi sui* (*Isa.* XXXVII, 14). Hinc eosdem senatores ipsa Veritas non jam famulos, sed amicos denuntiat dicens : *Jam non vos dico servos, sed amicos meos* (*Joan.* XV, 15). Ecce relinquentes temporalia, gloriam præstatis æternæ meruerunt.

3. Quid itaque in hoc mundo stultius quam sua deserere; et quid in æternitate nobilius, quam cum Deo judices venire? Rectum quippe est, ut cum Deo de populis in judicio disputent, qui ad verba Dei præsens sæculum perfecte derelinquunt; scriptum quippe est : (1583) *Advocabit cœlos sursum, et terram discernere populum suum* (*Psal.* XLIX, 4). Cœlos igi-

A tur sursum advocat, cum ni, qui sua omnia relinquentes, conversationem cœlestis vitæ tenuerunt, ad consedendum in judicio convocantur, atque cum eo judices veniunt; terram autem sursum vocat, cum hi, qui in terrenis actibus obligati fuerant, in eis tamen plus cœlestia quam terrena quæsierunt. Veraciter cœlestia quæsierunt lucra, qui (1584) omnia relinquentes, plus prompta devotione consecuti sunt, quam juberi generaliter audierant. Speciali jussione paucis perfectioribus, et non generaliter omnibus dicitur hoc, quod adolescens dives audivit : *Vade, vende omnia tua, et da pauperibus, et veni, sequere me* (*Matth.* XIX, 21). Si enim sub 672 hoc præcepto cunctos jussio generalis astringeret, culpa profecto esset aliquid nos in hoc mundo possidere. Sed aliud est quod per Scripturam sacram generaliter omnibus præcipitur; aliud quod specialiter paucis perfectioribus imperatur. Sicut enim non judicantur et pereunt, qui suadente perfidia legem tenere contemnunt (*Psal.* XV); ita non judicantur, et regnant, qui suadente pietate etiam ultra generalia divinæ legis præcepta proficiunt. Paulus vas electionis specialia præcepta transcendens, plus opere exhibuit, quam institutione permissionis accepit. Cum enim accepisset, ut Evangelium prædicans de Evangelio viveret; et Evangelium viventibus contulit, et tamen sumptibus Evangelii sustentari noluit (*Thess.* II, 7). Quia vero non nobis est concessum generalia, sive specialia divinæ legis præcepta transcendere, idcirco studeamus istos sanctos Dei martyres, quorum hodie festa celebramus, humili prece deposcere, ut saltem quod generaliter omnibus præcipitur, ipsorum intercedentibus meritis adimplere possimus, ut cum ipsis in æterna mereamur gaudere lætitia, qui nihil terrenum, nihil carnale concupiscentes, ad hoc pertingere meruerunt, ut Christi martyres fierent, præstante Domino nostro Jesu Christo, cui est honor et gloria in sæcula sæculorum. Amen.

---

alia ratione ita proposuit, ut particulam *id est* cuique ex tribus prioribus sententiis cum sua cujusque explicatione subjiceret.

(1580) Apud S. Gregorium lib. IV in Job, c. 16, num. 30 alio ordine tres sequentes periodi sic proponuntur. *Umbra etiam mortis mors carnis accipitur, quia sicut vera mors est, qua anima separatur a Deo; ita umbra mortis est, qua caro separatur ab anima. Unde recte voce martyrum per Prophetam dicitur* : Humiliasti nos in loco afflictionis, et cooperuit nos umbra mortis. *Quos enim constat non spiritu, sed sola carne mori; nequoquam se vera morte, sed umbra dicunt mortis operiri.*

C (1581) Vide S. Gregorium in Job lib. XIX, c. 27, num. 56.

(1582) S. Gregorius lib. X in Job, c. 31, n. 52 de justis scribit, quæ hic usque ad finem numeri paucis mutatis, vel additis, vel omissis ad martyres auctor traducit. Mox pro *venire* melius *venturos.* Dein ex eodem Gregorio correximus *injuste,* ubi perperam legebatur *juste judicantur.*

(1583) Hæc usque ad *quæsierunt* invenies apud S. Gregorium lib. IV in Job, c. 31, num. 37.

(1584) Hæc usque ad *sustentari noluit* fere eadem sunt lib. XXVI in Job, c. 27, num. 31.

---

# VERONÆ RHYTHMICA DESCRIPTIO ANTIQUA (1585)

### SCRIPTA CIRCA, AN. DCCXC

(Apud Muratori, Script. Ital. tom. II, p. II, p. 1095.)

1095. Magna et præclara pollet urbs hæc in Italia, in partibus Venetiarum, ut docet Isidorus, quæ Verona vocitatur olim antiquitus.

Per quadrum est compaginata, murificata firmi-

(1585) Supra evulgavi antiquissimam descriptionem urbis Mediolanensis, rhythmice, quantum ferebant sæcula rudia et indocta, confectam, atque ex insigni ms. codice capituli canonicorum Veronensium eductam. Subiit deinde animum alteram adjicere jam editam a celeberrimo viro Joanne Mabillonio Benedictino congregationis sancti Mauri inter Vetera Analecta pag. 409 postremæ editionis. Qualis

D ter; quadraginta et octo turres præfulgent per circuitum; ex quibus octo sunt excelsæ, quæ eminent omnibus.

Habet altum laberinthum, magnum, per circuiforet ante annos nongentos et ultra civitas Veronensis, quæque ibi sanctorum reliquiæ aut corpora eo tempore colerentur, quive primi episcopi illic fuerint, hinc habes. Circiter annum 760 floruit ibi sanctus Hanno episcopus, et multis rebus bene gestis illustris, quem hic præcipue laudat rhythmi auctor, ob translationem sacrorum corporum Firmi et Rustici martyrum, e Tergestina civitate, sive

tum, in qua nescius egressus non valet egredi, nisi igne lucernæ vel a filo glomere.

Foro lato specioso sternuto lapidibus, ubi in quatuor cantus magnus instat forniceps; plateæ mire sternutæ desectis lapidibus.

Fana tempora constructa ad deorum nomina Lunis, Martis, et Minervis, Jovis, atque Veneris, Saturni, sive Solis, qui præfulget omnibus.

Et dicere lingua non valet hujus urbis schemata. Intus' nitet; foris candet circumsepta laminis, in ære pondos deauratos metalla communia.

Castro magno et excelso, et firma pugnacula pontes lapideos fundatos super flumen Adesis, quorum capita pertingunt in orbem ad oppidum.

Ecce quam bene est fundata a malis hominibus, qui nesciebant legem Dei, nova atque vetera simulacra venerabant, lignea, lapidea.

Sed postquam venit... plenitudo temporum, incarnavit Deitatem, nascendo ex Virgine, exinanivit semetipsum, ascendit patibulum.

Inde depositus ad plebem Judæorum pessimam, in monumento conlocatus, ibi mansit triduo, inde resurgens cum triumpho; sedit Patris dextera.

Gentilitas hoc dum cognovit, festinavit credere, quare ipse Deus cœli terræ conditor, qui apparuit in mundo per Mariæ uterum.

Ex qua stirpe processerunt martyres, apostoli, confessores, et doctores, et vates sanctissimi, qui concordaverunt mundum ad fidem catholicam.

Sic factus adimpletus est sermo Davidicus, quod cœli clariter enarrant gloriam Altissimi a summo cœlorum usque terræ terminum.

Primum Verona prædicavit EUPREPUS episcopus, secundus DIMIDRIANUS, tertius SIMPLICIUS, quartus PROCULUS confessor, pastor et egregius.

Quintus fuit SATURNINUS, et sextus LUCILIUS. Septimus fuit GRICINUS doctor et episcopus; octavus pastor et confessor ZENO martyr inclytus.

Qui Veronam prædicando reduxit ad baptismum, 1095 a malo spiritu sanavit Galli filiam, boves cum... vergentem reduxit á pelago.

Et quidem multos liberavit ab hoste pestifero... Non queo multa narrare hujus sancti opera, quæ a Syria veniendo usque in Italia, per ipsum omnipotens Deus ostendit mirabilia.

O felicem te Verona ditata et inclyta! qualis es circumvallata custodibus sanctissimis, qui te defendant et expugnent ab hoste nequissimo.

Ab Oriente habet primum martyrem Stephanum, Florentium, Vindemialem, et Maurum episcopum, Mammam, Andronicum, et Probum, cum quadraginta martyribus.

Deinde Petrum et Paulum, Jacobum apostolum, Præcursorem et Baptistam Joannem, et martyrem Nazarium, una cum Celso, Victore, Ambrosio.

Inclytos martyres Christi Gervasium et Protasium, Faustinum atque Jovitam, Eupolum, Calocerum, Domini Matrem Mariam, Vitalem, Agricolam.

In partibus meridianis Firmum et Rusticum, qui olim in te susceperunt coronas martyrii quorum corpora ablata sunt in maris insulis.

Quando complacuit Deo regi invisibili, in te sunt facta renovata per HANNONEM præsulem temporibus principum regum DESIDERII et ADELCHIS.

Qui diu moraverunt sancti, non reversi sunt, quorum corpora insimul condidit episcopus aromata, et galbanen, stacten, et argoido, myrrha, gutta, et cassia, et thus lucidissimus.

Tumulum aureum coopertum circumdat præconibus, color stritus mulget sensus hominum, modo albus, modo niger inter duos purpureos.

Hæc, ut valuit, paravit HANNO præsul inclytus, per cujus flamma claret de bonis operibus ab Austræ finibus terræ usque nostri terminus.

Ab Occidente custodit Sixtus et Laurentius, Hippolytus, Apollenaris, duodecim apostoli Domini, magnus confessor Martinus sanctissimus.

Jam laudanda non est tibi urbis in Auxonia, splendens, pollens, et redolens a sanctorum corpora, opulenta inter centum sola in Italia.

Nam te conlaudant Aquilegia, te conlaudant Mantua, Brixia, Papia, Roma, simul Ravenna, per te portus est undique in fines Ligoriæ.

Magnus habitat in * rex PIPPINUS piissimus, non oblitus pietatem aut rectum judicium, qui bonis agens semper cunctis facit prospera.

Gloria canamus Deo regi invisibili, qui talibus te adornavit floribus mysticis, in quantis et resplendes sicut solis radiis.

---

*ex maris insulis*, ut hic dicitur, delatorum Veronam. Hannonem fortasse novit auctor; is enim hæc litteris consignabat, cum Pippinus rex Veronæ habitaret. Pippinus autem Caroli Magni filius, uti notum est, anno 781 rex Italiæ constitutus a patre, post paucos annos sedem in Italia fixit, ita ut opinari possimus rhythmum scriptum circiter annum 790. Cum autem ex aliquo Veronensi codice circiter annum 970 Ratherius episcopus ista descripserit, conjicere nunc fidentius possumus, alterum quoque rhythmum supra editum, descriptionem videlicet Mediolanensis urbis eodem sæculo VIII aut ab uno auctore, aut saltem ab auctore æquali prodiisse. Accipe nunc quæ Mabillonius in hoc antiquitatis fragmentum adnotavit. MURATORI. — Hanc Veronæ descriptionem, quæ rhythmicis numeris inconcinne fabricata est, regnante apud Langobardos Pippino Caroli Magni filio, ex Italia retulit Ratherius Veronensis episcopus, eamque in Laubiensi autographo, ex quo eam erui, apponi curavit cum iconographia ejusdem civitatis minio depicta. Ex hac vero descriptione discimus quænam antiquitus Veronæ templa fuerint, quive primi ejusdem urbis episcopis; quorum seriem penitus diversam texit Ughellus in Italiæ sacræ tomo V, primos Veronenses episcopos recensens hoc ordine : 1. Eupreprium, 2. Criscinum, 3. Agapium, 4. N., id est ignoti nominis, 5. Saturninum, 6. Lucillum, 7. Diomidianum, 8. Zenonem, 9. Proculum. Ubi vides Dimidianum, qui Ughello Diomidianus, ordine septimus est, in hac descriptione secundus; et Proculus, qui hic quartus, Ughello nonus ac Gricinus hic septimus, Ughello Criscinus II est episcopus. Denique Ughellus plures numerat quorum nomina in hoc indice non comparent. MABILL.

CIRCA ANNUM DOMINI DCCCLXXII-XIV.

# LIUTPRANDUS

CREMONENSIS EPISCOPUS.

## NOTITIA HISTORICA ET BIBLIOGRAPHICA.

(Pertz, *Monumenta Germ. hist.*, Script. tom. III.)

Liudprandus, et contracto vocabulo Liuzo, Liuso, Langobardus, patria ut nonnullis visum est Ticinensis (1), haud infimo loco natus erat, cujus scilicet pater et vitricus Hugonis et Berengarii regum legationes ad imperatores Constantinopolitanos susceperunt (2). Patre, viro probo et eloquente, circa annum 927 defuncto, parvulus relictus ut ipse narrat, a vitrico « viro gravitate ornato et sapientia pleno » receptus (3) et litteras Latinas Graecasque edoctus est. Eruditionis pueritiae tempore coeptae testimonia sunt scriptores Romanorum in scriptis ejus laudati, Terentius, Cicero, Virgilius, Horatius, Juvenalis, Vegetius et Boetius, quibus sacrarum Scripturarum et Patrum notitia accessit. Anno 931 felicis ingenii puer ob vocis dulcedinem Hugoni regi commendatus (4), in aulam accessit, et gratia regis potitus, postea clero ascriptus est, atque diaconus in Ecclesia Ticinensi constitutus (5). Hugone anno 945 fugato, vitricus magna pecunia oblata juveni locum in aula Berengarii marchionis, moxque regis, mercatus est, ita ut secretorum conscius, litterarum regiarum signator constitueretur (6). Annis 948-950 vitrici expensis Berengarii legatus ad Constantinum Porphyrogenitum missus, quae pro Berengario egit libro sexto Antapodoseos descripsit. Quo in itinere Graecorum mores et instituta perspexit, et linguae quoque et auctorum Graecorum notitiam haud mediocrem sibi comparavit, quam et in scriptis suis, verbis et sententiis Graecis integris insertis atque dicendi genere apud Byzantinos usitato florido et verboso, ostentavit, et in negotiis Ottonis imperatoris gerendis utilem sibi postea expertus est. In patriam redux, Berengarii et Willae, incertum qua de causa, odium vehemens incurrit, atque pro bene gestis male habitus, Italia relicta, ad Ottonem I regem confugit. A quo susceptus, complures annos in exsilio peregit, cujus aerumnas tamen aegerrime nonnunquam tulit (7); ita ut nihil jam mali praeter mortem aut membrorum detruncationem sibi relictum esse, omnia vero bona speranda sibi, conquereretur. Germanorum tunc linguam didicit, negotiis imperii in expeditione Italica gerendis utilissimam. In aula Ottonis vere anni 956 familiaritas ei intercessit cum Recemundo episcopo Illiberitano, Abderahamenis regis legato, qui inde a festo Epiphaniae usque ad Palmarum diem Francofurti moratus (8), precibus suis, ut Liudprandus de rebus sui temporis scribendis cogitaret, assecutus est (9). Sed nonnisi biennio post, ideoque vere anni 958, noster Francofurti positus (10) Antapodoseos sive Retributionis suae, qua scilicet amicis bona, Berengario et Willae mala sibi illata retribueret, scribendae initium fecit, neque opus uno calamo exegit. Priores tres libri, quibus a gravissimis viris audita se referre dicit, historiam inde ab anno 893 usque ad initium anni 931 perducunt; quorum quidem primum Francofurti anno 958

(1) Loci in testimonium adducti haud sufficiunt; nam III, 1, vox *patria* urbem simpliciter significat, et III, 2, sanctum Syrum *egregium patrem nostrum* vocare potuit quod ipse diaconus Ticinensis esset. De ficta ejus origine Hispana, lectioni depravatae lib. v, c. 1, Abderahaman *rex noster* (loco *vester*) superstructa, atque de Chronico et Adversariis sub ejus nomine venditis, improbo Hispanorum Hieronymi Higuerae et Laurentii Ramirez de Prado impostorum fetu, hic dicere supervacuum foret (*a*).
(2) III, 22, 25; v, 14:
(3) III, 25.
(4) IV, 1.
(5) Legatio et initium Antapodoseos.
(6) v, 30.
(7) VI, 1.

(8) Postea mense Junio Cordubam venit; tunc Abderahaman cum Joanne Gorziensi, Ottonis legato, de defectione Conradi qui Liudolfo seducto Ungaros per media regna depopulandos transduxerat, collocutus, ea ut *nunc* acta memoravit, ideo Recemundum potius anno 955 quam 956 Conrado jam defuncto reversum fuisse credideris; sed cum diplomata Ottonem annis 956 et 958 Francofurti et in vicinia moratum ostendant, et Liudprandus aulae regiae inhaesisse videatur, annos eos praehabui.
(9) Ita jam Henschenius suspicatus, propter vitiosam editorum lectionem *Raimundo* rem conficere nequivit. Tota Antapodosis Recemundo dicata est, ut praefationes librorum et allocutio *pater egregie* IV 27, testantur.
(10) III, 4.

(*a*) Vide infra Appendicem ad Liutprandum. EDIT. PATROL.

incœpit, secundum et tertium (11) æque ante Constantini Porphyrogeniti obitum anno 959, et tertium (12) in peregrinatione positus in Paxo insula (13) aggressus est. Librum quartum Berengario adhuc sæviente (14) ideoque ante annum 961 conscripsit, ultimum libri quinti caput una cum libro sexto Ottone imperante (15) post mensem Februarium anni 962 in Italia, ubi patronum suum comitabatur, adjecit. Nec tamen librum sextum absolvit; nam cum certe opus ad tempora exsilii sui producendum proposuisset (16), et libri sexti capita quinquaginta et amplius scribenda spatio rubricis tot inserendis vacuo relicto indicasset, in capite nono substitit. Cujus rei causa ingruens negotiorum moles, et novus rerum ordo, cum Berengario fracto, odio satisfactum esset et Antapodosis haud amplius requireretur, fuisse videtur. Nam hieme insequenti (17) rota Fortunæ revoluta, fidei et servitiorum Ottoni navatorum præmium tulit, cathedræ Cremonensi prælatus; et deinceps gravissimis imperii negotiis admotus, præcipuas in rebus Italicis et Græcis agendis partes suscepit. Et primum quidem æstate anni 964 cum Laudohardo Mindensi episcopo legatus ad Joannem XII papam missus, tum Urbe imperatori reddita, concilio contra pontificem habito astitit (18), et orationem Ottonis Italis interpretatus est (19), atque Leoni VIII eligendo et Benedicto deponendo haud dubie interfuisse credendus est. Quarum rerum historiam inde ab anno 960 usque ad diem 23 Junii anni 964 ipse præsens et medias inter res (20) anno 964 vel initio anni sequentis, Leone VIII superstite (21), composuit, opus ab Antapodosi diversum, maturiore ingenio, stylo graviore et magis composito qui tamen Liudprandum totus referat, animo scriptum non adversarii sed spectatoris (22). Servatur in eodem codice autographo quem manibus terimus, libris Antapodoseos præfixum, sed in media sententia deficiens, cum tamen spatium superesset. Circa idem tempus corpus S. Hymerii, Ameriensis episcopi, Cremonam transtulisse videtur, cujus rei historiam succinctam ex veteri codice Ughellius edidit (23), et VI Kal. Martii anni 965 terras quasdam ecclesiæ Cremonensis pro aliis commutavit (24). Eodem anno statim post Leonis VIII obitum una cum Otgero Spirensi episcopo legatus pro eligendo papa iterum Ro-

(11) III, 26.
(12) III, 1.
(13) Causa itineris ignoratur; fortasse Græcorum animos de fœdere contra Berengarium iciendo tentaturus ab Ottone missus erat, sed Constantinopolim haud pervenit.
(14) IV, 7.
(15) VI, 4, *domini nostri tunc regis, nunc imperatoris, nuntium;* eodem tempore caput ultimum libri quinti exaratum esse, codex authenticus ostendit.
(16) II, 73; III, 20 fin.; IV, 13; IV, 15; V, 30.
(17) Ita apparet; nam statim post coronationem, præfatione libri VI teste, Fortunæ rota nondum revoluta erat, et æstate anni 963 episcopum Cremonensem se dicit; igitur Ottonem, qui autumno et hieme anni Papiæ rebus Langobardiæ ordinandis institit, tunc exsulem promovisse opinor.
(18) Hist. Ottonis c. 10, *potuissemus.*
(19) Hist. Ottonis c. 11.
(20) Hist. Ott. 18, de Joannis XII interitu, *a suis cognatis et familiaribus qui præsentes erant, persæpe sub attestatione audivimus.*
(21) Ib. 6, *Leonem nunc in eadem sede beati Petri apostolorum vicarium.* Leo an. 963, d. 6 Dec., consecratus, mense Martio an. 965 obiit.
(22) Ideo ibi de se ipso in persona tertia loquitur.
(23) « Fuit in diebus Othonis majoris clarissimi imperatoris quidam Cremonensis episcopus bonæ memoriæ Liuzo, intimus summista regius, in consilio providus, amore divino denique repletus, ut tanti Patris Hymerii inventor et portitor fieret almus. Qui cum frequenter ingrediens et exiens a facie regia, fideliter agens erga præcepta imperialia, Romanis inesset partibus, venit ad eum Americensis episcopus, quem malevola turbatio invidiosaque accusatio fecerat expertem a conspectu regio, qui sic est orsus fari voce lugubri : « Pater charissime, quem imperator in secundo regni culmine dicavit, deprecor mihi subvenire, quoniam quadam accusatione damnatus nugecula ac injuste acri percussus sententia, imperiali sum privatus gratia. Nunc ergo adjuva me, meam condolens objectionem, recompensabo enim te quovis munere. » Cui ille : « Si felix, inquit, sanctorum corporibus me habendo aliquod felicem feceris, te reddam benevolentiæ pristinæ regis. » Ad hæc ille : « Non audeo, inquit, in hoc tuis satisfacere rogationibus; condita enim sunt sanctorum corpora sacris altaribus, sed est mihi unus arca in lignea positus, quem illius loci incolæ summo venerantur honore, Hymerius nomine; si hunc tibi inferre valerem ratione aliqua, et ad tuam posses transferre patriam, te fore lætandum scio, tanto Patre beato. » His vero relatis sermonibus, ad Ameriæ oppidum venere protinus, et alma calliditate ingressi sunt ecclesiam, quasi nocturna celebraturi mysteria. Prostrati namque in oratione, diutius multis vacabant votis et precibus, quo suis sanctis faverent petitionibus; vix expletis orationibus, totus ille contremuit locus in quo jacebat S. Hymerius. At præsules quanvis tremefacti, tamen [*edit.* tam]spe credula propius sunt aggressi. Interea custodibus gravi somno dormientibus, adierunt episcopi ad sancti Hymerii sepulcrum. Qui dum cœperunt arcam frangere, beatum corpus conantes extrahere, expergefactus quidam ex custodibus cœpit clamare :« Surgite, fratres, surgite velociter; nobis beati Hymerii corpus furatur. » Quo Liuzo præsul egregius audito, custodi occurrens, illico ei dat munera, et petiit silentium; ille vero accepto munere suoque viso episcopo, tacens contulit præsidium. Tunc pontificis corpus tollentes celebre, adoraverunt tanto gavisi munere. Condentes vero sanctissima membra vase purissimo, clam omnibus exierunt ab oppido. Rediens autem prælibatus antistes Cremonam, secum optata obtulit gaudia. Qui propriam ingressus urbem advocans plebem, cunctis beatissimi Hymerii corpus ostendit. Prostrati etenim in oratione populus, obnixe laudabant Dominum, qui talem illis patronum dederat. Cumque in sancti Patris laudes persisterent, plurimi petierunt ecclesiam, et in honorem ejus mysteria celebravere. Tunc reconditum est sacrosanctum corpus scrinio decorato decentius post sanctæ Dei Genitricis altare, quod illo tempore conditum erat in australi parte illius ecclesiæ, ubi permansit diutius non in altari positus, quia deerat condendi locus sed, tamen ut sanctus semper in annum colebatur. Laudabilis autem præfatus pontifex tanto patre gaudens, animadvertebat qualiter sancti conderet sacrum, sed tamen non fuit hoc illi datum, quia imperiali servitio coactus Constantinopolim directus, illuc amplius haud est reversus.
(24) Murat. SS. II, 420, 421.

mam missus est (25). Quo munere amplissimo functus, utrum in Germaniam indeque Cremonam redierit, an imperatoris in Italia adventum præstolatus sit, haud comperimus. Anno 966, die 8 Novembris, bona quædam ecclesiæ Cremonensis cum Wifredo comite commutavit (26). Anno 967 synodo Ravennati ad quam Otto imperator Joannem papam et proceres plurimos convocaverat interfuit, ubi exempli gratia, die Aprilis 7 judicio Joannis papæ et Ottonis I pro Petro archiepiscopo Ravennate lato adfuit (27), die ejusdem mensis 25 decreto contra Heroldum archiepiscopum Salisburgensem subscripsit (28), et die 29 in decreto Ottonis pro Rodaldo patriarcha Aquileiensi memoratur (29). Eodem anno synodo Romanæ et die natalis Domini coronationi Ottonis II haud dubie interfuit, cum paucis diebus post, die 3 Januarii an. 968, bullæ de constitutione episcopatus Misnensis subscripserit (30). Paulo post Ottoni II uxorem Theophanu impetraturus in Græciam profectus est. Die 4 Junii urbem regiam intravit (31), sed negotio minime perfecto, die 2 Octobris inde recessit, et itinere per Græciam emenso, die 7 Januarii anni 969 ab insula Coripho Italiæ vela dedit. Post reditum de negotio peracto ad imperatores Ottones et Adelheidem imperatricem retulit, bullæque de constitutione archiepiscopatus Magdeburgensis jam iterum legatus Constantinopolim destinatus subscripsit. Eodem anno, die 26 Maii, Romæ decreto de constitutione archiepiscopatus Beneventani consensit (32). Anno 970, die 22 Martii, Ferrariæ, Ottone præsente, liti inter Petrum archiepiscopum Ravennatem et comitatum Ferrariensem decidendæ interfuit (33). Anno 971, si auctori Translationis sancti Hymerii credimus (34), iterum « imperiali servitio coactus Constantinopolim directus, » Cremonam amplius haud est reversus. Supremum igitur diem aut in Græcia, aut adducta jam Theophanu, in Italia prioribus mensibus anni 972 obiisse videtur. Certe Julio mense ejusdem anni de terris inter Adduam et Olium, quas Liudprandus antea detinuerat, inter ecclesias Bergomensem et Aquileiensem iterum contractum est (35) ; sed cum ibi domnus Liuso non vero quondam Liuso episcopus Cremonensis Ecclesiæ scribatur, et hunc terminum supergressus esse censeri posset, haud vero longe, cum jam die 28 Martii anni 973 successori ejus in ecclesia Cremonensi, Oldeberto episcopo, privilegia Ecclesiæ ejusdem ab Ottone I confirmata sint.

Obiit igitur intra quinquagesimum et sexagesimum ætatis annum, vir ingenio, eruditione, eloquentia, loco, historiæ sui temporis scribendæ velut natus. Unum erat quod veritati officere potuisset, vehemens partium studium et odium Berengarii; cui tamen minus quam speraretur obnoxius fuit, quod regni Berengarii et Willæ nonnisi principia et extrema attigit; et judicium universum de sævitia et tyrannide eorum latum a scriptoribus fidei minime suspectæ, Hrotsuitha et Widukindo, confirmatur. Neque in laudibus benefactoris sui Ottonis I, patris ejus Heinrici, tum Mathildis, Heinrici ducis, Brunonis et Liudolfi veritatem (36) excessit. Idem de historia Joannis XII, Leonis VIII et Benedicti antipapæ dixeris, nisi eorum numero ascribi velis, qui cum Baronio vera præ gratis aspernantur. Mores haud omnino castos nec compositos effrenata nonnunquam scribendi licentia et joci juveniles arguunt. Oratio acris, copiosa, variata, nunc brevis nunc verbosa et tumida, faceta, ironica (57), haud raro tamen nimis involuta, et subobscura; posteriora tamen opera, historiam Ottonis et libellum de legatione Constantinopolitana, ab ea quoque parte magis laudaveris. In Antapodosi enim, prioribus præcipue libris, ubi aliorum narrationibus innititur et temporis ordinem haud raro neglexit, ex documentis authenticis illustrandus et emendandus (58) est; in reliquis ipse, spectator egregius, primum sibi locum vindicat (39). Cum igitur ea tantum scripserit quæ ipse in peregrinationibus (40) suis atque in aula Hugonis, Lamberti, Berengarii, Ottonis, Joannis XII, Leonis VIII, Joannis XIII, Constantini Porphyrogeniti et Nicephori aut viderat aut a viris fide dignis audierat, libri ejus inter primarios sæculi decimi fontes referantur necesse est (41).

Scripsit sermone in universum puro, at Græcæ linguæ peritiam vocibus sententiisque textui Latino immistis ostendere nisus, Latina paulo negligentius utitur; vocibus scilicet significatione non sua ad-

(25) Cont. Reginonis an. 965.
(26) Mur. l. c. 421.
(27) Fantuzzi Mon. Ravenn. II, 28.
(28) Juvavia 183.
(29) Ughelli Ital. v, 45.
(30) Harzh. Conc. II, 654-637.
(31) Libellus de legatione. Liudprandi subscriptionem bullæ anni 968 de constitutione archiepiscopatus Magdeburgensis ap. Harzheim Concil. Germ. post reditum ejus insertam esse oportet.
(32) Ughelli VII, 63.
(33) Hier. Rubei Hist. Ravenn. p. 262.
(34) Eum nonnisi de legatione hujus anni intelligendum, ex superioribus patet; nec absimile videri potest, Liudprandum legationem alteram, sibi pridem injunctam, una cum Gerone archiepiscopo Coloniensi suscepisse, quem cum duobus episcopis, ducibus et comitibus missum Hugo Flaviniac. apud Labbeum Bibl. mss. I, 166, memorat.

(35) Die 20 Julii. Lupi C. D. Bergom. II, 302.
(36) Exempli gratia IV, 14-16, 25.
(37) Exempli gratia IV, 23, in nece Giselberti; v, 15, in clade Rusiorum describenda.
(58) In historia expeditionis Arnolfi ex Ann. Fuldensibus; sed etiam. ubi erravit, Sergio papæ tribuens quæ Stephano VI debebantur, fidei dignos testes consuluit « Hoc namque a religiosissimis Romanæ urbis viris persæpe audivi » I, 31.
(39) Erravit tamen IV, 16, Otgit Adelstani fratris filiam vocans.
(40) Exempli gratia, Merseburgi ζωγραφίαν victoriæ Heinrici de Hungariis vidit. II, 31.
(41) Iniqua Muratorii aliorumque de veracitate Liudprandi judicia strenue refutavit cl. Martini in Commentatione de Liudprando historico Denkschriften der Königlichen Akademie der Wissenschaften zu München für die Jahre 1808 u. 1809. München 1811.

hibitis (42), orthographia neglecta (43), formis verborum mendosis (44) et syntaxi (45) minus recta usus.

Libri Liudprandi quonam fato in Germaniam devenerint, haud plane constat. Libellum de legatione Treviris in bibliotheca cathedrali repertum Browerus descripsit et Welsero transmisit, qui eum cum Canisio communicavit; eum igitur aut ab Ottonibus aut ab Adelheida imperatrice, cujus ad dotem abbatia sancti Maximini in suburbano Treyirensi pertinebat, eo transmissum opinari licet. Antapodosis quoque et historia Ottonis, uno codice conscriptae, statim in Germaniam pervenerunt, sed quonam modo plane incertum. Nam apographa saeculo decimo et undecimo inde in Germania facta, Spanheimense ac Gemblacense, et Otterburgense saeculi duodecimi, autographum primum in dioecesi Moguntina aut Trevirensi asservatum, inde vero Frisingam delatum fuisse, innuere videri possent; cui quidem sententiae confirmandae adduci posset, quod Otto, Frisingensis episcopus, in Chronico suo quamplurimum Reginone, minime vero Liudprando usus est. Sed Otto fortasse scriptorem ab Ekkehardo defloratum verecundia Romanae Ecclesiae negligendum duxit, et ejus aevo codicem in bibliotheca Frisingensi reconditum fuisse, inscriptio saeculi XII vel XI testatur. Igitur nec eorum sententiae adversor, qui librum ab Abrahamo episcopo Frisingensi, Liutprandi aequali, atque in conventibus Romano anni 969 aliisque socio, quem bonorum librorum studiosum libri jussu ejus scripti comprobant, Frisingensi bibliothecae fortasse illatum fuisse opinantur. Una cum reliquis libris Frisingensibus nostro aevo bibliothecae regiae Monacensi illatum ibi a. 1833 lustravi et jam serenissimi Bavariae regis ministro V. excellentissimo L. B. de Giese consentiente, procurante autem V. ill. Ludowico comite de Kielmansegge serenissimi Hannoverae regis in aula Monacensi legato, manibus tero. Signavi eum numero primo.

1) C. reg. Monacensis optimo jure inter cimelia ditissimae bibliothecae II, 2, d. reconditus, olim Frisingensis n. 188, libros duos saeculo XV una ligatura compactos amplectitur; inde a fol. 86-498 Reginonem, et fol. 1-85 Liutprandum. Uterque prima

A fronte inscribitur: *Liber sanctae Mariae sanctique Corbiniani Frisingensis* (46). Liudprandus, de quo uno hic sermo est, in folio minori et paulo latiori vel quarto majori, saeculo decimo medio scriptus, quaternionibus novem et semis (fol. 8-85) Antapodosin exhibet, quibus praefixa septem folia (1-7) historiam Ottonis servaverunt. Prima Antapodoseos pagina vacua relicta, ultimas 10 $\frac{1}{4}$ lineas historiae Ottonis excepit, quibus spatium aliud non vacabat; reliquae 15 $\frac{3}{4}$ lineae et nunc vacant. Antapodosis in membrana Itala, atramento nigricante, manu Itala, igitur a socio quodam Liudprandi, scripta, ab ipso tamen innumeris locis atramento plurimum subfusco correcta, completa, explicata atque ad finem demum perducta est. Lineae in universum 27 per paginam, raro 25 aut 28, sed in ultima pagina lineae 30. Tres operis libri, primus, quintus et sextus, fortasse et reliqui, ita compositi sunt, ut initio spatium judici capitulorum excipiendo vacuum remaneret, quod procedente demum libro repletum nonnisi cum ipso absolveretur; quod et atramento et scriptura diversis et spatio vacuo in fine argumenti librorum primi et sexti comprobatur. Liudprandi manui omnia fere Graeca una cum explicatione, quibus quidem spatium a scriba relictum erat, sed et alia plurima debentur, quae in Annalibus nostris T. VII, p. 293, indicavi, inter caetera glossae vocibus superscriptae aut marginales, in editione quoque nostra in margine positae; tum caput ultimum libri quinti et liber sextus integer. Orthographia Liudprandi in vocibus *Sarraceni*, *pulchritudo*, *sed* et aliis, a scriptoris *Saraceni*, *pulchritudo*, *set*, constanter differt. Unde facies codicis singularis, quam tabula adjecta exprimendam curavi, ita ut nigricante atramento exarata scribam, fusca Liudprandi manum ostendant. Codice vero ita comparato, haud mirum erit, textum quoque ibi legi optimum, paucissimis scribendi vitiis, quibus nullus auctor plane exemptus est, relictis. Quod eo magis et in historiam Ottonis cadit, quod ipsa tota auctoris manus scripta est, imo majore cura et sedulitate, ita ut scripturam in universum paulo elegantiorem et magis compositam, sed iisdem cujusque litterae et vocum ductibus (47) repetitis, aspicias; biennium vel triennium inter librum sextum et hi-

---

(42) Leviter *loco* faciliter, II, 50, singulosque pilos II, 49, *loco singulaque pila*.

(43) Fœre III, 29, l. fere, parœntes III, 26, *l*. parentes (a parēre) *ipsius Liutprandi manu o inserto*, ex improvisu, fortuitu IV, 25, lurica, monisse, VI, *l*. lorica et munivisse; infurtunia VI, 1; *imo da Deum omnipotentem* VII, 13, *l. de Deo omnipotenti, quod hominem Italum prodit*.

(44) Phaleribus II, 31 *l*. phaleris, cubiculos *l*. cubicula v, 22; *verbis deponentibus aut forma activa aut significatione passiva usurpatis*, depopulabat I, 58, depopulare II, 51; confabularent III, 25; vaticinare IV, 7; execrare IV, 13; *passiva significatione* depopulari II, 24; III, 24; v, 9; hortatur II, 21; testaretur II, 29; queritur II, 31; sciscitatus II, 62; III, 26; ulcisci v, 6; perscrutari I, 14; v, 18; *econtra* aestuari *loco* aestuare I. 17.

(45) Noceo aliquem IV, 27, da Deum omnipotentem VII, 13. *Plusquamperfectum pro perfecto* responderant I, 11, deguerat IV, 5, *pro imperfecto coni.* cupierat Hist. Ott. I. *Imperfectum pro perfecto et pro plusquamperfecto* imponerent... suffocarent III, 43; inescaret et caperet (*loco plusq.*) IV, 3, viderent (*l.* plusq.) H. Ott. 10, prorumperet 11. *Perfectum loco imperfecti* reppererint IV, 11, *l.* repperirent. *Praesens pro perfecto* velle *l.* voluisse III, 14. *Conjunctivus pro indicativo post* quod IV, 26. *Indicativus pro infinitivo* instabat H. Ott. 6. *Infinitivus post* ut II, 55, ut suos... reddidisse.... tenuisse... liberasse. *Praepositio omissa* II, 59, Tuscia rediens.

(46) *Frisinge* in Reginone.

(47) Id vocum *restituti* fol. 7 lin. 9, et *stituta* fol. 43, l. 11, collatio extra dubitationem ponit

storiam Ottonis intercidisse supra notavimus. Quod ultimum est, reliqui omnes codices a nostro descendunt, ita ut vel aperta et singularia eorum vitia et defectus quomodo male intellecto nostro orta sint intelligatur. Cujus rei plurima exempla in annotationibus criticis adduxi.

Talem codicem nactus, eum ad litteram exprimendum censui, quod summa diligentia factum, et paucissimis tantum in locis, ubi auctorem lapsu calami male scripsisse (48) constabat, addita tamen codicis lectione, ab ea recessum est. Ad Monacensem proxime accedit.

2) C. regius Bruxellensis membr. in 4°. sæc. x. exeunte in Germania exaratus, qui sæculo xv *Codex sancti martini in spanheym* inscriptus est. Eum anno 1826 integrum in usus nostros converti, atque e Monacensi descriptum in Annalibus nostris tom. VII, p. 596, probavi. Scripturæ specimen habes in tabula adjecta. Idem codex, quantum collatis locis judicare licet, Trithemio Spanheimensi ad manus fuisse videtur. Exciderunt jam quaterniones II et IIII, cum lib. II, 1-15, et II, 3-34 fere integris, atque pagina qua finis l. v, c. 52, tum 33, et argumentum libri vi, continebatur; et ordo quaternionum Frisingensium vi et viii, quondam turbatus effecit, ut locus integer inde ab argumento cap. 31 libri iv, *De Friderico* usque ad verba capitis 24 ejusdem libri *Hanc igitur Constantini*, medio in capite V. 9, ante *solus impetum sustineret* inserta habeantur. Cæterum nonnisi in his duobus codicibus ultimum libri vi caput integrum exstat

3) C. Musæi Britannici inter Harleianos n. 2688 in fol. membrana et scriptura sæculi xiii Italis; ex codice manasse videtur singulis quaternionibus manco, qui tamen et ipse ex Frisingensi derivatus esset. Lib. I, 42, textum singularem exhibet, II, 6, et 26-40, 45-66; III, 26; IV, 6; IV, 9-14, fere integra desiderantur, sed lacunis haud indicatis. Desinit lib. v, 18, in verbis *se regi seminudum ostenderet*. Textum capite I, 42, eumdem et lacunas easdem II, 6, atque II, 45-66 exhibent, ideoque ad eamdem classem referendi sunt codices complures in Austria a me evoluti:

3ª) C. bibl. Palatinæ Vindobonensis inter hist. prof. n. 338, membr. sæc. xii, cujus lectiones aliquot in Muratorii SS. II. B. 1089 sqq. allatæ sunt; desinit in capite III, 37, *primogenitum Domino Amen*.

3ᵇ) C. bibl. Claustroneoburgensis membr. sæc. xii, in capite III, 37, una linea anterius desinit in syllabis *vocabulo Con*.

3ᶜ) C. bibl. Zwettlensis membr. sæc. xii æque ac.

3ᶜ*) C. bibl. Palat. Vindobonensis inter hist. prof. n. 178, membr. sæc. xiii, cujus paucas lectiones

Muratorius l. c. 1081 affert, desinit cap. III, 52, in voce *suscipitu*.

3ᵈ) Ejusdem classis fuisse videtur codex, cujus excerpta legimus in Chronico Farfensi apud Muratorium SS. II. B, p. 415-417 et p. 455. Cum enim auctor iste, qui annis primis sæculi xii scripsit, nonnisi excerpta capitum lib. I, 1, 3, 5, 27, 30, 31, 37; II, 1, 9, 15, 17, 20, 32, 37, 41, 42, 44, 47, 48, 60; III, 13-17, proponat, atque ex consilio operis reliqua etiam ad Italiam facientia, si ei ad manus fuissent, præcipue pag. 475, 476, ubi jam Hugonem abbatem sequitur, excerpturus fuisset, codicem ejus æque ac Austriacos omnes in prima libri III parte substitisse, opinari licet. Quod si ita fuit, superstitibus adhuc capitibus II, 26-40 et 45-66 codex descriptus est. Libro I, c. 37. Lambertum cum codicibus 1, 2, 3, recte *nimis bellicosum regem* vocat.

Patet igitur codicem jam deperditum, unde codices Austriaci, et Itali 3) 3ª) 3ᵇ) 3ᶜ) 3ᶜ*) 3ᵈ) derivati sunt, sæculo x aut xi scriptum fuisse; eum fortasse sæculo x medio assignandum, infra 5 monebitur.

4) C. Musæi Britannici inter Harleianos n. 3685 chart. in fol. sæc. xvi, olim Peutingerianus; æque ac codices 1 et 2 Historiam Ottonis libris Antapodoseos præmittit, illa integra, hæc, cujus finis lectu difficilior, jam initio capitis vi 10 desinit.

5) C. Harleianus n. 3713 membr. sæc. xi in-4º; ex Germania oriundus, ut nota sæculi XIII, *Everwicus de stegrauen* et alia sæculi xvi, *Marie Wolters et Wicbolde* ostendunt; et ipse ex Frisingensi male intellecto fluxit. Quaternio cum lib. III, 25-44 excidit; lib. vi desinit in vocibus *spatariorum candidatorum*. Cui Historia Ottonis pro libro septimo subjecta, ita finit: *Non jam rome. set in exilium destinamus*. Lectiones hujus codicis enotavit quondam P. Scriverius, cujus notæ in bibliotheca Heidelbergensi asservantur; equidem eum a. 1827 evolvi. Quocum plurimum consentit, vitiis tamen adauctis.

5ª) C. olim Gemblacensis, jam in bibl. regia Bruxellensi asservatus, membr. sæc. xi, quem auctori Vitæ sancti Gerardi abbatis Broniensis (49), Ekkehardo Uraugiensi, Sigeberto Gemblacensi et Alberico Trium Fontium monacho ad manus fuisse, lectionibus inde desumptis, haud improbabiliter conjicimus. Descriptum fuisse ex Harleiano quaternione nondum amisso vel alio ejusdem classis, cædem lacunæ et lectiones indicant. Scriba tamen nonnullis locis aut jam depravatis aut perperam ab eo intellectis levi conjectura mederi styloque etiam succurrere conatus est. Fluxit inde aut ex apographo ejus.

5*) Editio princeps Guilielmi Parvi an. 1514 in

---

(48) Sententiæ Græcæ constanter ita scribuntur, ut primum vocabula Græca, tum imposita eis pronuntiatio Latina, tum vero interpretatio Latina legatur; quod cum primis paginis aliquotiens negligatur, in editione tamen ex sententia auctoris ibi quoque instituendum censui.

(49) Mabill. Acta SS. O. S. B., Sæc. V, p. 264, 265, sententiæ nonnullæ capitum libri iv, 24, 14 et 29 afferuntur.

folio, typis Ascensianis, omnibus lacunis et depravatis codicis Gemblacensis lectionibus conspicua, quibus editor conjectura sua subvenire nonnunquam haud infeliciter, sæpius vero, ut pro singulari Liudprandi scribendi ratione haud aliter exspectari poterat, adversa fortuna tentavit.

6) C. regius Parisiensis n. 5922, membr., sæc. XII in Germania exaratus, sæculo XV, *liber sancte Marie virginis in Otterburg Maguntine diocesis* Gregorii Turonensis historiæ eccl. libros tres priores cum initio quarti, tum Reginonis Chronicon absque continuationibus præbet, cui Antapodoseos lib. I, c. 5-11; VI, 5, usque *arbores subvehuntur*, VI, 8, 9, et Historiæ Ottonis cap. 15, inde ab *His dictis* usque cap. 20, *ob elemosinam* adnexa sunt. Quæ quidem æque ac.

7) C. Bruxellensis chart. in fol. sæc. XVI, olim Antonii Cauci archiepiscopi Coriphensis, et.

8) C. Ambrosianus chart. sæc. XVI, qui iisdem verbis ac editiones desinit, ita comparata erant, ut iis in nova editione omnino nos carere posse intelligerem.

Liudprandi historiæ undecimo et duodecimo sæculo ab historicis in usus suos conversæ sunt, ab auctore Vitæ sancti Gerardi Broniensis, Ekkehardo Uraugiensi, chronologo Farfensi, et Sigeberto Gemblacensi; sæculo XIII ab Alberico Trium Fontium monacho; sæculo XIV ab Henrico de Hervordia; sæculo XV a Trithemio abbate Spanheimensi. Editionem principem, ut supra memoravimus, anno 1514 vulgatam, Hervagius in editione Basileensi an. 1532 repetiit, adhibito tamen paucis in locis codice bonæ notæ, cujus lectiones in textu ab inde remanserunt. Nam librum Basileensem universi postea editores, Justus Reuberus in SS. an. 1584 et 1619, Laurentius A Ramirez de Prado in editione Operum Liudprandi Antverpiensi an. 1640, Chesnius tom. III SS. Francicorum an. 1641, Joannes in nova editione Scriptorum Reuberi an. 1726, et Muratorius annis 1723 et 1726 SS. Ital., tom. II, expresserunt, nisi quod Muratorium, allatis tom. II B. aliquot codicum Vindobonensium 5ª et 5c* lectionibus, tertias quodammodo operi curas admovisse dicere possis.

Jam tria post sæcula nova editio ad normam autographi instituta, quantum a reliquis differat, quanto historiæ commodo jam prodeat, penes lectores judicium esto. Amplissima lectionum segete, quam, antequam autographum ad manus venisset, ex codicibus Bruxellensibus, Londinensibus et Austriacis collegeram, recisa, eas tantum afferre placuit, unde diversas codicum classes agnoscere datur. Idem in corruptissimis editionum lectionibus observavi. Auro enim purissimo decocto, scoriam relinquere delectat.

Legationis libellum a Canisio una cum chronicis Victoris Tunnunensis et Joannis Biclariensis Ingolstadii a. 1600 in-4° primum evulgatum, indeque a Baronio ad an. 968, Muratorio SS. II., et Niebuhrio meo tom. XI SS. Byzant. repetitum, jam edita Antapodosi et Historia Ottonis Liudprandi scribendi rationem et textuum corruptionem experti, intactum relinquere, licet codice unico Trevirensi deperdito, nefas duximus, atque opere suscepto præter spem factum est, ut locis nonnullis magni momenti sanatum lectoribus proponere liceat. Legationem e livore et odio plenam verum sic quoque ad rerum cognitionem utilissimam » Niebuhrius prædicat; et Liudprandi in ea animum vigoris et eloquentiæ sibi paratæ apicem attigisse, rerum earum studiosi judicabunt.

*Cod. reg. Monacensis, olim Frisingensis.*

INCIPIT LIBER PRIMUS·

Reuerendo uocusq; scauisq; pleno· Domno Recemundo liberritane ectie epo. Iupsan dursticinensis ecti q sui non meritis Leo testisat·· Biennio ingenii paruitate petitione tua pater kme distuli· qua totius europe me imperatore regiq; facta· sicuti q gnorau dubius sedulione cer cus ponere compellebas·

responsu uide romanos ppetuis aditura· pedeq; pulsans erepe reuit te miser· miser noli timere
ει τωεν· ιδ διε κδι· τα αεttoρε· μη φοβου· egrue upen a blie kepale post Qui consurgens pa dmiratione dulcconi simmanitatem conspiceret no habuit ultra sp̄m. εzetra·ccοντο·χε τιαντεc· v stupebant aue· omis· der ar tepi τω πουλδηγ ταυ τα ακουcαντec exeplissento. de pantes peri tu ryma hec audienter
mundia acusamestyn defactu· uita pegeter ir quaq; pp daro prenit hoc facinore nomulto post aleone impera tanto donaret honore·
όπως παντα αυ τα πλοια· i. ut om̄s naues
opos panta af ta ploia
suis essent in manib; eiq; uissomb. oboedirent

aut qi eunuch̄z auer· quod merito illud omina amaraq; pria peius partare arma constaret

Perduxepus tacui hungarioy· rege magno cu exercitu mralium cunctis uent. Cum berengarius no expppriapese de exetari ac pauperum col
liber sce agnetis cigi Corbei in sinasse

Regnante uinono seruentib; uitalia erus uertius fateamur tyrannule exercentib; berengatio atq; adalberto· iohs summus pontifex sanuuersalis papa· cuius time ecctia supradi atoy berengarii atq; adalberti seuttia erat experta· nuntios sctae romanæ ęccete

*Cod. reg. Bruxellensis, olim Spanheimensis.*

tudine ministraret huius modi ad ps̄fero responsa suscep̄·
Sequin salte mihi dederis facta uotep ea ob sonatrauis parte sup exuurdo erens· Q te fraudiens· No de tco inquit tale sup nos regnare rege q de ce dragmi sule tibi obsonui pparat· S tq· factu e̅ utuuudone desere regt. oldone a uxe eligerent· Cepit cogitacionib; æstuar
xvii. Francoru igitur no paruirudo pturbatus legationib; a nullis ta ex italico regno berengaryo iure uxando p misso quasq̄ fran

*Cod. reg. Bruxellensis, olim Gemblacensis.*

prente die eo n̄ desinit fabula q cur cetu plurimu uui eti fotin grecoz meptia h̄ui seram· que tali re Zeyκαι era erysan· peri afrodision tespei iona exa edomas en te uyno— yssia κε το τε tyresian euroy yion ezetesan· oytos garen toy sian foterale stotsodi· metamorfoon epidera· κοτα epateoen· oytos oyn kaiate eras apes kanato·κai era obus thus epirofen· auton tasde exapis to auto polonis· nzeeteou κοsα· elegen mantika· degen· lece unter platio Luyp du

## NOTITIA BIBLIOGRAPHICA ALTERA

### IN LIUTPRANDUM.

(Apud Fabricium *Bibliotheca mediæ et infimæ Latinitatis*, tom. IV, pag. 291.)

LUITPRANDUS, aliis *Liutprandus, Litobrandus, Eutrandus*, etc., Trithemio cap. 362, ex Papia civitate oriundus; aliis minus probabiliter Hispanus, certe a Luitprando Toletano, si quis fuit, diacono diversus, atque ex diacono Ticinensi sive Papiensi episcopus Cremonensis et duabus legationibus Constantinopolim perfunctus, una a Berengario II marchione ad Constantinum Porphyrogenitum imp. an. 946, et altera ab Othone I imp. ejusque filio ad Nicephorum Phocam anno 968. De eo satis diligenter Labbeus tom. II, p. 33, de S. E.; Caveus ad an. 940; Franciscus Arisius in Cremona litterata, tom. I, pag. 58 seq.; atque in primis Nicolaus Antonius, VI, 16, Bibl. veteris Hispanæ. Scripsit Sigebertus cap. 1260 laudatam *Historiam de gestis regum et imperatorum sui emporis, quam attitulavit Antapodosin*, id est retributionem (48*), luculento et alterno (49) stylo, ad Regimundum [*al*., Roymundum, *al*., Tractemundum] episcopum Eliberitanæ Ecclesiæ Hispanorum. Idem opus Trithemius memorans *septem libris* ait constitisse, sed *sex* tantum *libri* in editis conspiciuntur, nec sexti libri capita sex posteriora sunt ab ipso Luitprando, sed ab alio deinde addita, ut Vossius, pag. 345; Baronius ad an. 963, num. 5; Miræus, cap. 270 Auctarii, aliique monuerunt. Fortasse historiam legationis posterioris, de qua infra, Trithemius pro septimo libro habuit. Libri illi sex scripti inter an. 957 et 960 (PAGI, *ad an*. 963, n. 3), et res utriusque imperii ab an. 891 ad 946 perstringentes prodiere inter scriptores Justi Reuberi p. 86, et t. III Andreæ du Chesne, p. 562, et inter Luitprandi Opera Antuerp. 1640, fol., et in Thesauro scriptorum Italiæ Muratoriano, tom. II, p. 417, ubi etiam varias lectiones ex tribus mss. codicibus bibl. Cæsareæ reperies p. 1078.

*Legationis ad Nicephorum Phocam*, anno 968 susceptæ, *descriptio* dedicata Othonibus Augustis et Adelheidæ imperatrici, edita primum ab Henrico Canisio cum Chronicis Victoris Tunnunensis ac Joannis Biclariensis, et synodo Bavarica an. 772 sub Tassilone duce, Ingolstad. 1600, 4°, et apud Baronium ad an. 968, n. 11 seq., et in Luitprando Ramiserii, Antuerp. 1640 fol., et tomo secundo Thesauri scriptorum Italiæ Muratoriani. In hac descriptione prioris suæ legationis meminit Luitprandus p. 115, edit. primæ his verbis : *Temporibus beatæ memoriæ Constantini imperatoris huc (Constantinopolim) veneram, non episcopus, sed diaconus : nec ab imperatore aut rege, sed a Berengario marchione missus*, etc.

Sola hæc duo genuina et lectu digna Luitprandi opuscula. Cætera supposititia, *Chronicon*, ab anno Christi 606 ad 960, et *Adversaria* (49*), in quibus p. 464 mentio Chronici *ad Heronium* Bracarensem episcopum, subjuncta etiam ad eumdem *Epistola*. Hæc cum prioribus in lucem data atque illustrata notis ab Hieronymo de la Higuera S. J., et Laurentio Ramiresio de Prado Antuerp. 1640, fol., falsitatis convincuntur a Labbeo, Caveo aliisque, sed maxime a Nicolao Antonio tom. I Bibl. veteris Hispanæ, p. 585 seq.

Etiam *Vitas pontificum Romanorum* a S. Petro usque ad Formosum papam, anno 893 defunctum, quas cum Anastasio per Abbonem Floriacensem excerpto edidit Joannes Busæus, Moguntiæ 1602, 4°, alium quam Luitprandum et potius Germanum habere auctorem, et ipsas quoque ex Anastasio exceptas notarunt Vossius aliique.

---

(48*) Proprie librum tertium Ἀντίδοσιν inscripsit Luitbrandus, in Berengarium a quo offensus fuerat ejusque conjugem Willam invehens ac vicissim celebrans bene de se meritos.

(49) Partim soluta, partim stricta oratione.
(49*) In his Adversariis Fuldæ se Bibliothecarium fuisse ait pagg. 473, 483, 484 490

# LUDOVICI ANTONII MURATORII

### PRÆFATIO IN SUAM OPERUM LIUTPRANDI EDITIONEM.

(*Rerum Italic.* tom. II.)

Si quod sæculum vitiis et barbaris moribus in Italia squalluit, certe decimum a Christo nato reliquis in ejusmodi infelicitate palmam præripuit. Deformata plane tunc temporis ipsius quoque Romanæ Ecclesiæ facies, bella per Italiam horrida, conculcatæ leges, et potissimum abjecta bonarum litterarum conditio. Itaque summopere commendandus nobis Liutprandus historicus, qui ferreo illo sæculo supra cæterorum ignorantiam se adeo erexit, ut vel nostris temporibus, quanquam stylo aspero et inurbani ævi sui indolem satis referente, usus fuerit, adhuc tamen lectorem ad sua libentissime legenda alliciat; quippe ingenio fuit ille vivido et acri, et quæ scripsit, rara vivacitate ac libertate exposuit. *Liutprandum* plerique eruditorum recentium nominare illum consueverunt; sed *Liutprandus* seu *Liutbrandus* fuit apud veteres illius nomen: qua de re certos nos faciunt marmora publica, chartæ in archivis, et antiqui codices msti, in quibus ego semper *Liutprandi* nomen, nunquam vero *Luitprandum*, scriptum fuisse adnimadverti. Nam quod eum *Litobrandum* atque etiam *Eutrandum* nonnulli appellent, id procul dubio ex librariorum supino errore processit. « Natione Italum, et ex Papia civitate oriundum, » uti Trithemius scripsit, cum veteres tum recentiores censuerunt. Verum Guillielmo Caveo in Script. Ecclesiast. Hist. litter. monente, « Franciscus Bivarius in censura Liutprandi Operibus præmissa, conjecturis non penitus contemnendis contendit gente fuisse Hispanum, domo Cordubensem, saltem Bæticum, et una cum parentibus a Saracenis fugatum in Italia consedisse. » Et hæc quidem Caveus, qui tamen egregie intellexit, anilibus fabulis, et fraude omnino ja abundare *Chronicon* quoddam Liutprando nostro suppositum in Hispania, et Matriti primum a Tamayo, tum a Ramirezio, et a Hieronymo de la Higuera Antuerpiæ editum cum notis anno 1640, a quo præcipue nugivenduli ansam ceperunt inserendi in Hispanicam gentem Liutprandi Itali.

At laude sua minime fraudandus Nicolaus Antonius, Hispalensis jurisconsultus, qui non eruditione minus quam amore veritatis, proxime elapso sæculo inter Hispanos magnum sibi nomen quæsivit. Is enim in Bibliotheca Veteri Hispana, lib. VI, cap. 16, exquisito critices usu ad fabulas totum illud *Chronicon*, atque *Adversaria* Liutprando eidem inscripta, amandavit, et censorias notas falsariis suæ gentis iuussit; Italicam vero gentem Liutprandi possessione minime privandam censet. Quod solum justam aliquam hac de re dubitationem ingerere posse videbatur, dissimulandum non est. Scilicet in germano suo Chronico Liutprandus lib. V, cap. 1, ad Raymundum Iliberitanum in Hispania episcopum de quadam solis eclipsi ita scribit: « Qua etiam die Abdaram rex noster a Radamiro rege Christianissimo Galliciæ in bello superatus est. » Verum levi correctione hic utendum Nicolaus Antonius monet, nempe scribendum *rex vester*. Et sane fieri non potest ut Liutprandus Italiam a tot saltem annis incolens, et Ecclesiæ Ticinensis clero ascriptus, regem suum appellarit regem Saracenum, quo cum nulla amplius ei res erat, imo nunquam fuerat.

Restat igitur, dum alia contra non militent argumenta, Liutprandum in Italia natum fuisse, et, ut verisimile est, Ticini, quæ et Papia, e gente Longobarda editum: quod et nomen ejus Langobardicum innuere satis videtur, ejusque munus, nam se *levitam*, hoc est diaconum, *Ticinensem* appellat. Libro etiam tertio cap. 1, his versibus Papiæ conflagrationem describit:

> Utritur infelix olim formosa Papia,
> Vul cannsque suos attollens flatibus artu
> Templa Dei, patriamque simul conscendit in omnem

Quibus verbis Papiam *patriam* suam is manifeste, ni fallor, nominat. Ejus autem pater ab Hugone Italiæ rege ad Romanum imperatorem Græcorum legatus est missus circiter annum Christi 927, ut et hinc videas ejus parentem in Italia egisse. Tunc *parvulus* erat Liutprandus. Post aliquot autem annos inter honorarios aulæ pueros cooptatus, *regis Hugonis gratiam vocis sibi dulcedine acquirebat*, ut ipsemet testatur lib. IV, cap. 1. Hugone subinde et Lothario Italiæ regibus dejectis, Berengarius II septrum arripuit, qui Liutprandum « secretorum conscium et epistolarum signatorem » constituit. Imo cum ejus solertiam probe nosset, ipsum legatum anno Christi 946 ad Constantinum Porphyrogenitum Constantinopolitanum imperatorem misit. Berengarium multa vitia deturpabant, atque exosum bonis brevi effecere; ac propterea et ipse Liutprandus post longum famulatum tandem in ejus odium ita incurrit, ut facultatibus spoliatus, sibique pejora timens, in Germaniam ad regem Ottonem se recipere coactus fuerit. In eo exsilio, circiter annum Christi 958, Historiam suam sex libris comprehensam, et Francofurti ad Mœnum cœptam, absolvit. Anno 961 Otto Magnus, Germaniæ rex, a Romano pontifice et a plerisque Italiæ proceribus iterum invitatus contra Berengarii tyrannidem, Langobardico regno potitus est, et anno sequenti Romanorum etiam imperator creatus. Tam felici conversione rerum in Italiam remigravit Liutprandus, cumque is Ottoni charus inter paucos esset, ejus studio ad episcopatum Cremonensem provectus fuit.

Nova hac atque illustri dignitate auctum Liutprandum anno 963 censet Ughellus. Certe eo anno ipse jam episcopus Romam ad Joannem papam a laudato Augusto est missus, ibique synodo seu conciliabulo adversus ipsum pontificem instituto interfuit. Tum anno 968 alteram legationem obivit, missus ab Ottone Magno Constantinopolim, ut a Nicephoro Græcorum imperatore Theophaniam Romani junioris filiam Ottoni filio, in consortium imperii Romani ascito, uxorem peteret. Quo autem anno Liutprandus e vivis abierit, non constat. Attamen apud Ughellum Ital. Sacr. tom. IV, in episc. Cremon. habemus descriptam translationem corporis sancti Himerii episcopi ad civitatem Cremonensem, cura ipsius Liutprandi factam, in qua is appellatur

« Cremonensis episcopus bonæ memoriæ Luizo (seu Liuzo) intimus summista regius, in consilio providus, et amore divinitatis repletus, quem imperator in secundo regni culmine dicavit (lego locavit) frequenter ingrediens, et exiens a facie regia. » Quibus ex verbis intelligimus, Liutprando fuisse quoque nomen Liuzo, quod tamen suspicari possumus, idem sonasse seu fuisse ac Liutprandus apud illorum temporum vulgus. Simulque hinc manifestius elucet quanta auctoritate polleret quantoque in honore et gratia apud Ottonem Augustum foret idem Liutprandus. Additur in eadem narratione : « Laudabilis autem præfatus pontifex animadvertebat qualiter sancti conderet sacrum » (nempe corpus Cremonam advectum). « Sed tamen non fuit hoc illi datum, quia imperiali servitio coactus, Constantinopolim directus, illuc amplius haud est reversus. » Ex his verbis suspicio ingeritur legenti, non diu post legationem peractam superfuisse Liutprandum. Et sane eum quidem in Italia egisse anno 970 ac interfuisse synodo in civitate Ferrariensi coactæ, testantur Acta a Rubeo laudata Hist. Ravenn. lib. v. Ibi quoque *Liuzius episcopus Cremonensis* inscribitur, uti et a Continuatore Reginonis et Chronographo Saxone ad annum 965 *Liuzio* dicitur. Nulla post annum illum monumenta, quæ supersint, viventem exhibent Liutprandum. Unus Julianus Toletanus, historicus, si superis placet, vetustus, auctor est, anno 973 Liutprandum venisse Toletum, nec multo post mortuum ibi atque sepultum. Sed, uti jam sole clarius apud eruditos constat, Chronicon Juliani illius, et Dextri, et Hauberti, aliorumque hujus farinæ historicorum, mera commenta sunt, ab impudentissimis hominibus fabricata, a nimium credulis et bonis evulgata, et ab ipsis Hispanis emunctioris naris nunc improbata, atque despecta. Ac proinde fabulis accensenda quæ de peregrinatione Liutprandi nostri in Hispaniam ejusque ibi morte ab impostoribus illis referuntur.

Fuit autem Liutprandus supra infelicissimi illius sæculi modulum, litteris excultus; nam non Latino tantum, sed etiam Græco sermone valuit; imo Saxonicam, sive Germanicam linguam tenuit, cujus peritiæ specimen luculentum Romæ dedit in synodo, ubi quæ Otto Magnus Augustus patria lingua efferebat, Cremonensis episcopus interpres Latine reddebat ad concilii Patres. Neque prosa solum, sed etiam metro suum ingenium exercuit. Sunt qui illum nimiæ licentiæ incusent, quod sui temporis, principumque etiam virorum, ac mulierum vitia ac fœditates graphice exprimat, ac fortassis etiam amplificet. Hujus loci non est accusationem ejusmodi ad trutinam revocare. Ad nos quod attinet, Liutprando nostro tribuitur *Chronicon de Hispanicis rebus*; tribuuntur et *Adversaria* quædam, in quorum laudem Franciscus Bivarius multa congessit. Ea quoque Laurentius Ramiresius et Hieronymus de la Higuera notis illustrarunt, Matriti et Antuerpiæ edita. Jam diximus hæc fabulis Romanensibus esse accensenda, utpote omnino suppositia, et mendaciis ad saturitatem referta. Moguntiæ quoque anno 1602 liber *de Romanorum pontificum gestis a S. Petro usque ad Formosum papam* prodiit Liutprando eidem tributus. Sed et hoc opus ab ipso prorsus abjudicandum contendunt eruditi, quippe ab ejus stylo nimis dissonum, et a maleferiato aliquo Germano, fortassis etiam recentiorum temporum, verisimilius profectum. Quæ igitur germana sunt Liutprandi scripta nunc iterum in lucem efferimus. Ea sunt *Historia rerum in Europa suo tempore gestarum libri VI*, quæ Basileæ anno 1552 impressa est, ac subinde a Justo Reubero in tomo Veterum Scriptorum Hanoviæ anno 1619 edito rursus exhibita. Sex posteriora libri sexti capita, ubi de damnatione Joannis XII papæ agitur, inter Baronium, Vossium, Caveum, Dupinium aliosque disceptatum est, num Liutprandum auctorem habeant, an alium quemquam continuatorem ejusdem historiæ, qui tamen iis aut proximis temporibus vixerit. Adhuc sub judice lis est. Equidem puto integram ad nos non pervenisse Liutprandi historiam; neque enim in ea legimus propiora tempori, quo ipse scripsit, ac potissimum Berengarii II facinora, quæ ipsum acrius torquebant, atque ad scribendum incitabant. Alterum Liutprandi opus est *Legatio ad Nicephorum imperatorem Constantinopolitanum*, ab ipso peracta simul atque descripta. Libellum hunc e Treviensi codice ms. eductum, mutilum tamen, Christophorus Browerus e soc. Jesu ad Marcum Velserum misit; hic autem Henrico Canisio commendavit, cujus cura typis excusus est anno 1600 Ingolstadii. Ipsum deinde in Annales suos cardinalis Baronius intulit ad annum Christi 968. Utrumque hoc opus, Italicæ Historiæ cum primis utile hic Lector conjunctum habebit.

# LIUTPRANDI

## CREMONENSIS EPISCOPI

# HISTORIA GESTORUM REGUM ET IMPERATORUM

### SIVE

# ANTAPODOSIS.

(Apud Pertz *Monumenta Germaniæ historica*, Script. tom. III.)

---

In nomine Patris, et Filii, et Spiritus sancti, incipit liber αντιποδόσεως antapodoseos id est [1] retributionis, regum atque principum partis Europæ, a Liudprando Ticinensis eclesiæ diacone ἐν τῇ ἐχμα-

### VARIÆ LECTIONES.

[1] *vox retributionis supra antapodoseos legitur, sed eam additis* id est *ei postponendam duxi; ita in entibus quoque feci.*

λοσία αυτοῦ en ti echmalosia autù, id est in peregrinatione ejus [2], ad Recemundum, Hispaniæ provinciæ Liberritanæ ecclesiæ episcopum, editus.

1. [3] Prohœmium.
2. De castello Fraxineto [4] et situ ejus.
3. Qualiter Saraceni Fraxinetum prius adepti sint.
4. Qualiter invidia Provincialium et ipsis invitantibus Saraceni Provinciam devastaverint.
5. Quis imperator tum Grecis præerat, qui Bulgariis, Bagoariis, Francis, Saxonibus, Suevis, Italicis, reges præerant, vel quis Rome papa habebatur.
6. Cur Leo imperator sit Porphyrogenitus dictus.
7. De domo Porphyra, quis eam edificaverit.
8. De genealogia Basilii, et qualiter imperator Michahel in palatio eum receperit
9. De infirmitate Michahelis [5] imperatoris, et qualiter a Basilio sit interfectus, et ipse imperator effectus.
10. De eo quod Basilius in somnis oominum nostrum Jesum Christum se interpellantem pro morte Michahelis vidit, et de elimosina quam isdem Basilius fecit.
11. Qualiter Leo imperator a suis sit noctu captus, et non agnitus custodie [6] traditus atque flagellatus, et qualiter custos carceris eum dimiserit, et quod ipse imperator se non flagellantes [7], flagellaverit, et flagellantes honoraverit.
12. De optimo ludo quem isdem Leo imperator fecit, de dormientibus et nummis aureis.
13. Cur Arnulfus rex clusas fregerit, et Hungarios [8] exire permiserit.
14. De Widone et Berengario, qui juramento amicitiam firmaverunt quam non observaverunt, et quod hujusmodi amicitia servari non possit.
15. De Berengario in Italia post mortem Karoli rege constituto.
16. Qualiter Wido culpa dapiferi sui a Francis sit repudiatus.
17. De reditu Widonis in Italia.
18. De pugna inter Widonem atque Berengarium.
19. De alia iterum inter eos pugna et Berengarii fuga.
20. De filio Arnulfi Zentebaldo, quem in Italiam pro Berengarii [9] auxilio misit.

21. Qualiter in duello Langobardus Bagoarium occiderit.
22. De Arnulfo rege, qui, invitante Berengario, in Italiam venit.
23. Quod isdem Arnulfus Pergamum ceperit, et comitem Ambrosium suspenderit.
24. De Mediolanensibus et Papiensibus, qui ad Arnulfum venerunt.
25. De fuga Widonis ob Arnulfum.
26. Exhortatoria locutio Arnulfi ad pugnam.
27. Qualiter Roma Leoniana sit capta.
28. Quod Arnulfus propter Formosum papam multos Romanorum decollare præcepit.
29. Cur esset inimicitia inter Formosum et Romanos.
30. De Sergio papa, qui Formosum de sepulcro jussit extrahere mortuumque deponere.
31. De corpore Formosi a Sergio in flumen projecto, atque a piscatoribus invento, et ab imaginibus sanctorum salutato.
32. Qualiter Arnulfus castrum vocabulo Firmum obsederit, et a Widonis uxore mortiferum potum acceperit.
33. De malicia quam Arnulfi homines fecerant.
34. De reditù Arnulfi et prosecutione Widonis.
35. Quod Italici de Arnulfo non curabant, et de Anscario marchione qui in Eporegia latitavit.
36. De turpi morte Arnulfi regis.
37. De morte Widonis regis, et electione Lamberti ejus filii, qui est rex constitutus.
38. De expulsione Lamberti et revocatione Berengarii.
39. De Maginfredo comite, qui decollatus est a Lamberto ob rebellionem.
40. [10] De Adelberto marchione atque Ildeprando comite, qui contra Lambertum venerant ut pugnarent.
41. De eo quod Lambertus rex noctu super Adelbertum atque Ildeprandum irruit [11], illorum milites occidit, eosque vivos cepit
42. Qualiter Lambertus in Marinco [12] ab Hugone Maginfredi filio sit ob vindictam patris occisus.
43. Quod Berengarius post Lamberti mortem bene regnum obtinuit.
44. Laus Lamberti [13] regis.

## INCIPIT LIBER PRIMUS.

1. Reverendo tociusque sanctitatis pleno, domno Recemundo [14], Liberritanæ eclesiæ episcopo, Liudprandus [15], Ticinensis eclesiæ, suis non meritis, levites, salutem. Biennio ingenii parvitate petitionem tuam, pater karissime, distuli; qua totius Europæ imperatorum regumque facta, sicut is, qui non auditu dubius sed visione certus, ponere compellebas. Hæ siquidem res animum, ne id inciperem, deter-

### VARIÆ LECTIONES.

cujus 1. [3] *argumentum deest* 3. [4] fraxaneto *corr.* fraxineto *constanter* 1. [5] mihahelis 1. [6] custidie 1. [7] *vox bis scripta in* 1. [8] hungarius *corr.* hungarios 1. [9] berengari 1. [10] *numerus omissus, et in quatuor sequentibus littera* X. *omissa* 1. [11] iruit 1. [12] marico 1. [13] lamberti *constanter scribit* 5 a. [14] regemundo 5. 5 a. [15] liuprandus 5. *Hinc et lectione* oppido *cap. tertio, codicem* 3. *ex codice* 1. *nondum omni parte correctofluxisse, indicari videtur.*

ruere meum, copia cujus sum pœnitus expers dicendi, detrectatorum invidia, qui supercilio tumentes, lectionis desides, ac secundum eruditi viri sententiam Boetii (50) philosophyæ vestis particulam habentes totamque se habere putantes, hæc mihi sunt insultantes dicturi : *Tanta decessores nostri scriptitarunt, quod multo amplius lectores quam lectiones deficient.* Illudque comicum garrient :

Nich. dicetur, quod non fuerit dictum prius.

Quorum latratibus hoc respondeo, quia phylosophy ydropicorum more, qui quo amplius bibunt eo ardentius sitiunt, quo sepius legunt eo avidius nova queque perquirunt. Quod si perplexa faceti Tullii lectione fatigantur, talibus saltem neniis animentur. Nam, ni fallor, sicut obtutus, nisi alicujus interpositione substantiæ, solis radiis reverberatus obtunditur, ne pure ut est videatur, ita plane mens achademicorum, peripatheticorum, stoicorumque doctrinarum jugi meditatione infirmatur, si non aut utili comœdiarum risu aut heroum delectabili historia refocilatur. Quod si priscorum ritu execrabilis paganorum, non solum inquam non proficuus, verum auditu ipso non parum nocuus, tomis memorandus inscribitur, quid istorum imperatorum bella, Jullii, Pompeii, Hannibalis, fratrisque ejus Asdrubalis, ac Scipionis Africani [16], insignum imperatorum, laudibus coequanda silebitur? cum præsertim in his sit domini nostri Jesu Christi, dum sancte vixerint, bonitas recitanda, tum si quid deliquerint, salubris ab eodem correctio memoranda? Nec moveat quempiam, si enervorum facta regum principumve effeminatorum huic libellulo inseruero. Una est enim justa Dei omnipotentis, Patris scilicet, Filii et Spiritus sancti, virtus, quæ hos juste suis pro sceleribus comprimit, illos dignis pro meritis extollit. Hæc inquam est vera domini nostri Jesu Christi sanctis promissio : *Observa et audi vocem meam, et inimicus ero inimicis tuis, et affligentes te affligam, et præcedet te angelus meus* (Exod. XXIII). Per Salemonem quoque sapientia, quæ Christus est, clamat : *Pugnabit pro eo orbis terrarum contra insensatos* (Sap. V). Quod cottidie fieri [17], etiam qui stertit, animadvertit. Ut autem evidens ex innumeris subdatur exemplum, me tacente loquetur [18] opidum vocabulo Fraxinetum (51), quod in Italicorum Provintialium que confinio stare manifestum est.

2. Cujus ut cunctis liquido pateat situs, quemadmodum temet latere minime reor, immo melius scire, sicut ab ipsis qui vestri sunt tributarii regis, Abderahamem scilicet, potestis conjicere, mari uno ex latere cingitur, cæteris densissima spinarum silva munitur. Quam si ingressus quispiam fuerit, ita sentium curvitate tenetur [18], acutissima rectitudine perforatur, ut neque progressionis neque reditus, nisi magno cum labore, habeat facultatem.

3. (*An.* 891). Sed oculto, et quoniam secus esse non potest justo Dei juditio, 20 tantum Saraceni lintre parvula ex Hispania egressi, nolentes istuc vento delati sunt. Qui pirate noctu egressi, villamque clam ingressi, christicolas, pro dolor! jugulant, locumque sibi proprium vendicant, montemque Maurum villulæ coherentem contra vicinas gentes refugium parant; spineam silvam hoc pacto majorem et spissiorem sua pro tuitione facientes, ut si quis ex ea vel ramum incideret, mucronis percussione hominem exiret : sicque factum est, ut omnis præter unius angustissimæ viæ aditus demeretur. Loci igitur asperitate confisi, vicinas gentes clam circumquaque perlustrant. Accersitum quam plures in Hispaniam nuntios dirigunt, locum laudant, vicinasque gentes nichili se habere promittunt. Centum denique tantummodo secum mox [20] Saracenos reducunt, qui veram rei hujus caperent assertionem.

4. Interea Provincialium, quæ illis gens erat vicinior, invidia cœpit inter sese dissidere, alius alium jugulare, substantiam rapere, et quicquid mali excogitari poterat facere. Sed quia pars partem, ut invidia et dolor postularant, satis sibi facere non poterant, hos quos prædiximus Saracenos, non minus callidos quam perfidos, in auxilium rogat ; cumque his una proximum conterit. Nec juvat solummodo proximum [21] trucidare, verum terram fructiferam in solitudinem reddere. Sed videamus quid justa (52) secundum quendam profuerit invidia, quam ita describens ait :

Justius invidia nichil est, que protinus ipsum
Auctorem rodit excruciatque animum.

Quæ dum decipere conatur, decipitur ; dum extinguere molitur, extinguitur. Quid igitur ? Saraceni cum suis hoc viribus minime possent, alteram alterius auxilio partis debellantes, suasque copias ex Hispania semper augentes, quos primo defendere videbantur modis omnibus insecuntur. Seviunt itaque, exterminant, nil reliqui faciunt. Trepidare jam vicinæ cæteræ gentes, quoniam secundum prophetam horum unus persequebatur mille, et duo fugarunt decem milia (Deut. XXXII). Et quare ? Quia Deus suus vendidit eos et Dominus conclusit illos.

5. (*An.* 886-912.) Hac itaque tempestate Leo Porphyrogenitus, Basilii imperatoris filius, Constantini

VARIÆ LECTIONES

[16] *deest loco vacuo* 3. [17] *deest* 5. 5 a. [18] *loquitur* 3. [19] t. et a. 5. 5 a 5'a'. [20] opido *corr.* mox 1. oppido *vodd.* 3. [21] proximum — feliciter regnat (*capite* 5) *manu secunda Liudprandi.* 1. *ita capita editionum anteriorum indicavi.*

NOTÆ.

(50) De consol. phil., lib. I.
(51) *Frainet*, haud procul a *Frejus*.

(52) Il est juxta.

hujus pater qui nunc usque superest et feliciter regnat (53) Constantinopolitane civitatis regebat imperium. Simeon fortis bellator Bulgariis præerat, christianus, sed vicinis Grecis valde inimicus (An. 883-927). Ungariorum gens, cujus omnes pœne nationes experte sunt sevitiam, quæ miserante Deo sanctissimi [22] atque invictissimi regis OTTONIS potentia, ut latius dicturi sumus, mutire [23] non audet exterrita, nobis omnibus tunc temporis habebatur [24] ignota. Quibusdam namque difficillimis separata a nobis erat interpositionibus, quas clusas [25] nominat vulgus, ut neque ad meridianam neque ad occidentalem plagam exeundi habuerit facultatem. (An. 887-Dec. 900 Aug.) Per idem tempus Arnulfus rex potentissimus, defuncto Karolo prænomine Calvo (54), Bagoariis, Suevis, Francis Teutonicis [26], Lotharingis, audacibusque principabatur [27] Saxonibus. Cui Centebaldus, Maravanorum dux, viriliter repugnabat (An. 892-893). Berengarius et Wido imperatores ob regnum Italicum conflictabantur (An. 888-894). Formosus Portuensis civitatis episcopus, Romane sedis summus et universalis papa habebatur (An. 891 Sept. 19, 896. Apr.). Sed nunc, quid sub unoquoque horum gestum sit, prout brevius possumus explicemus.

6. (An. 886-912.) Leo igitur, Grecorum piissimus imperator, cujus supra fecimus mentionem, Constantini scilicet hujus Porphyrogeniti pater, undique pace habita sancte et juste Grecorum regebat imperium. Porphyrogenitum autem non in purpura, sed in domo que Porphyra dicitur, natum apello. Et quoniam res processit in medium, quid de hujus Porphyrogeniti genesi audivimus, proferamus.

7. Constantinus imperator augustus, ex cujus nomine Constantinopolis est sortita vocabulum civitas, τὸν οἶκον τοῦτον, ton icon touton, id est domum istam, edificare jussit, cui Porphyra nomen inposuit; voluitque successuram nobilitatis suæ sobolem istic in lucem prodire, quatinus, qui suo ex stemate nascerentur, luculenta hac apellatione Porphyrogeniti dicerentur. Unde et hunc Constantinum, Leonis imperatoris filium, ex ejus sanguine nonnulli dicunt originem ducere. Veritas autem rei hujus ita se habet.

8. Basilius imperator augustus, avus hujus, Macedonia humili fuerat prosapia oriundus, descenditque Constantinopolim τῆς πτωχείας, tis ptochias, quod est paupertatis, jugo, ut cuidam serviret igumeno, id est abbati. Igitur imperator Michahel qui tunc temporis erat, cum orationis gratia ad monasterium istud, in quo hic ministrabat, descenderet, vidit hunc forma præter ceteros egregia, accitumque τὸν ἡγούμενον, ton igumenon, id est abbatem, rogavit, ut se donaret hoc puero; quem suscipiens in palatio, cubicularii donavit officio. Tante denique post paululum potestatis est factus, ut alter ab omnibus imperator sit apellatus

9. Verum quia omnipotens Deus servos suos justa visitat vult quacumque censura, hunc imperatorem Michahelem sanæ mentis ad tempus non esse permiserat, ut quo hunc gravius premeret in infimis, eo misericordius remuneraret in summis. Nam, ut fertur, hujus tempore passionis familiares etiam capitis jusserat damnare sententia. Quos tamen ad sese rediens hoc pacto requirebat, ut nisi quos jugulare jusserat redderentur, pari ipsi qui hoc effecerant sententia damnarentur. Hoc igitur terrore quos damnare jusserat, servabantur. Sed cum hoc sepius et iterum Basilio faceret, hujusmodi a sibi obsequentibus, pro nefas, accepit consilium : « Ne forte insana regis jussio aliquando ex industria a te non diligentibus, immo odio habentibus, impleatur, eum tu potius occidito, atque imperialia sceptra suscipito. » Quod sine dilatione, cum terrore compulsus, tum et regnandi cupiditate deceptus, complevit. Hoc itaque interfecto, factus est imperator Basilius.

10. (An. 886-912). Denique parvo transacto tempore, huic dominus noster Jesus Christus per visionem apparuit, domini hujus imperatoris, cujus hic necis auctor extiterat, dexteram tenens, eumque ita conveniens : ἵνα τί ἔσφαξες τὸν δεσπότην[28] σοῦ βασιλέα ? « ina ti esfases ton despotin su basilea, » quod est : « ut quid interfecisti dominum tuum imperatorem ? » Expergefactus itaque, tanti se reum novit esse reatus; moxque ad sese rediens, quid super hoc faceret cogitabat. Confortatus itaque hac Domini nostri per prophetam salubri et vere acceptabili promissione, quia « in quacumque die peccator ingemuerit, salvus erit (Ezech. xxxiii, 12), » cum lacrimis et gemitibus se peccatorem, se reum, se sanguinis innocentis effusorem esse confitebatur. Bono autem consilio accepto, amicos sibi de mamona iniquitatis effecerat, ut quos hic temporalibus subsidiis consolaretur, eorum precibus ab æterno gehenne incendio liberaretur. Fabricavit autem præcioso et mirabili opere justa palatium, orientem versus, æcclesiam quam Nean, hoc est novam, vocant, in honore[29] summi et celestis militie principis, archangeli Michahelis, qui Grece architstratigos apellatur.

11. Nunc autem non pigeat libellulo huic res duas,

VARIÆ LECTIONES.

[22] sanctisimi 1. [23] mutrice 1. mittere 3. muttire 5. muttire corr. mutire 5a. [24] hababatur corr. habebatur 1. [25] clusuras 1; sed infra cap. 13. clusas. [26] f. t. voces cohærentes in 1. nec distinguendæ. [27] principatur 1. [28] ἵνα τι εσφαξες τον ὄες desunt 5 5a εσφαξες deest 3 5a, etc. [29] hononore 1.

NOTÆ.

(53) Obiit an. 959. (54) Crasso.

quas ejusdem Basilii filius, memoratus Leo imperator augustus, memoria risuque dignas egit, inserere. Constantinopolitana urbs, quæ prius Bizantium, nova nunc dicitur Roma, inter ferocissimas gentes est constituta. Habet quippe ab aquilone Hungarios, Pizenacos, Chazaros, Rusios quos alio nos nomine Nordmannos apellamus, atque Bulgarios nimium sibi vicinos; ab oriente Bagdas; inter orientem et meridiem Egipti Babiloniæque [30] incolas; a meridie vero Africam habet et nominatam illam nimium vicinam sibique contrariam insulam Crete. Cætere vero quæ sunt sub eodem climate nationes, Armeni scilicet, Perses, Chaldei, Avasgi, huic deserviunt. Incolæ denique civitatis hujus, sicut memoratas gentes divitiis ita etiam sapientia superexellunt. Moris quippe eorum est, ne a vicinis gentibus obprimantur; singulis quibusque noctibus per totius civitatis bivium, trivium, quadruviumque armatos milites causa custodiendæ civitatis, qui eam invigilent, ponere. Fitque, ut si post crepusculum quemquam deambulantem aliquo custodes offenderint, captus protinus verberibusque cesus, custodia pervigili, compedibus in carcere strictus, usque in crastinum ad publicum producendus servetur. Hoc denique pacto non solum ab hostibus, verum etiam a latronibus inlesa civitas custoditur. Leo itaque imperator augustus vigilum fidem constantiamque probare volens, solus post crepusculum e palatio descendens, ad primam pervenit custodiam. Quem ut vigiles fugientem et quasi metu se declinantem viderunt, comprehensum, quis esset quove pergeret, interrogarunt. Qui, e multis unum se esse et lupanar petere, dixit. Cui mox: « Cesum te acriter, inquiunt, compedibusque strictum usque in crastinum reservabimus. » Quibus respondit: « Μὴ, ἀδελφοῖ, μή, mi, adelfi, mi, quod interpretatur: nequaquam, fratres, nequaquam; accipite quod porto, permittite ire quo volo. » Qui duodecim acceptis aureis, eum protinus dimiserunt. Inde vero transiens, ad secundam venit custodiam. Quo quemadmodum et in prima captus, datisque 20 aureis est dimissus. Ad tertiam deinde dum venisset, est captus: verum non ut primo ac secundo datis aureis est dimissus; sed ablatis omnibus, compedibusque graviter strictus, pugnis flagrisque diu verberatus, custodia usque in crastinum producendus servatur. His itaque discedentibus, custodem imperator ad sese carceris vocans: « Φίλε μου, file mu, quod est amice mi, inquit, Leonem imperatorem nostin? — Qui, infit, noscere possim, quem vidisse me non meminerim? Ad publicum sane, raro quamquam, dum procedit, a longe, quia propter nequeo, cum intueor, mirabile quiddam et non hominem videre videor. Dare autem te operam, quo hinc in-

lesus exeas, quam id percontari, tibi commodius est. Non æque vos, σὲ εἰς [31] τὴν φυλάκην καὶ αὐτὸν εἰς τὸ χρυσοτρίκλινον, se is tin filakin ke auton is to chrisotriclinon, te in carcere, et illum in aureum triclinium, fortuna fovet. Parva sunt hæc, graviora addantur vincula, ne sit spatium de imperatore meditandi. » Cui: « Desine, inquit, desine; ipse enim sum Leo imperator augustus, qui de palatii dignitate non bono omine prodii. » Carceris autem custos, sperans non vera esse quæ dixerat: « Egon', inquit, hominem inpurum, bona sua cum meretricibus abligurrientem, imperatorem credam? Quoniam temet tu neglexisti pro te ego dispitiam mathesin. Mars trigonus, Saturnus Venerem respicit, Juppiter quadratus, Mercurius tibi iratus, Sol rotundus, Luna in saltu est, mala Fortuna te premit. » Imperator vero: « Ut, inquit, vera probes esse quæ dico, dum matutinale dederint signum, ante enim non ausi sumus, mecum ad palatium potiori quam ego descenderim omine venito. Si me ut imperatorem non istic recipi videris, occidito. Non minoris quippe criminis erit, me imperatorem dixisse si non sum, quam aliquem occidisse. Si vero te ob id mali quicquam pati formidas, hæc fatiat mihi Deus et hæc addat, si non potius præmium quam pro hac re sumes supplitium. » Igitur credulus carceris custos effectus, dato, ut imperator dixerat, matutinali signo, eum ad palatium usque comitatur. Cumque eodem venisset, mirabiliter sicut a se noscentibus susceptus, comitem suum exanimatum admiratione nimia reddidit. Sane dum dignitates omnes huic occurrere [32], laudes reddere, adorare, soccos detrahere, alia atque alia pro se quemquam facere contemplaretur, emori ei tunc atque vivere satius esset. Cui imperator: « Contemplare, inquit, nunc mathesin et si vere quo huc adveneris omine dixeris, veram te augurandi scientiam habere probabis. Prius tamen quæso, quid morbi sit, proferas, quod te tam pallidum reddidit. » Cui: Parcarum [33], infit, obtima Cloto jam nere desinit; Lachesis vero in torquendo laborare amplius non cupit, sevissima autem harum Atropos articulos jam in condilum (55) solam [34] imperii tui sententiam expectat, ut fila contrahens rumpat. Palliditatis autem vultus mei causa est, animam a capite descendisse, secumque in inferiorem corporis partem sanguinem perduxisse. » Subridens igitur imperator: « Recipe, inquit, animam, recipe, et cum hac bisbinas aureorum libras adsume; nulli vero de me, nisi aufugisse, respondeas. » His ita gestis, imperator vigiles, qui se captum dimiserant, quique cæsum custodiæ mancipiarant, venire præcepit. Quibus et ait: « Vigilantibus vobis custodiamque civitati præbentibus, numquid fures ali-

---

VARIÆ LECTIONES.

[30] babilioniæque 1 55. [31] εἰ 1. [32] occurre 1 [33] parcar earum 1 *in duabus lineis*. [34] articulis jam inconditum solam 5 5a.

NOTÆ.

(55) Id est articulos forficis jam in manu curvata (κόνδυλος) tenens.

quando adulterosque offenditis? » Qui eum prætio accepto dimiserant, nil se vidisse responderant [34]*; qui vero cæsum illum custodiæ manciparant, ita responderant [35]: « Præcepit δεσποτία σοῦ ἡ ἁγία, despotia sui agia, id est dominatio tua sancta, ut si vigiles post crepusculum quemquam aliquo deambulantem offenderent, captum protinus verberibusque cæsum custodiæ traderent. Tuis itaque, dominator sanctissime [36], jussionibus nos parentes, hac, quæ præsentem præcessit diem, nocte quemdam lupanaria percurrentem cepimus, flagellavimus, carcerique impositum imperio tuo sancto producendum servavimus. » Quibus imperator: « Cito, inquit, ut in medium producatur, potestas imperii mei etiam atque etiam imperat. » Nec mora, vinctus ut ducatur, percurrunt. Quem dum aufugisse audirent, semivivi ad palatium sunt reversi. Quod cum nuntiassent imperatori, mox imperator se exutum nimisque iis cesum ostendens : « Δεῦτε, deúte, id est venite, inquit, μὴ δειλιασέται, mi diliasete, nolite formidare; ipse ego sum quem flagellastis, quemque e carcere nunc aufugisse confiditis. Scio enim et vere credo, quod non imperatorem sed imperatoris inimicum tundere cogitastis. Hos qui me non ut imperatorem, sed ut latronem viteque meæ insidiatorem dimisere, mortetenus verberatos urbe expelli, bonisque omnibus privari, mea non solum cupit, verum etiam jubet auctoritas. Vos autem meis non solum, sed horum etiam perversorum divitiis dono. » Quod quam prudenter egerit, paternitas tua in hoc animadvertere poterit, quoniam cæteri extunc civitatem diligentissime custodire, hunc etiam absentem quasi præsentem sperare. Sicque factum est ut et imperator amplius de palatio noctu non descenderet, et sui omnia fideliter custodirent.

12. Alium quem ipse egit ludum, silentio tegi absurdum esse dijudico. Constantinopolitanum palatium ob imperatoris salutem multorum præsidiis militum custoditur. Custodientibus vero victus censusque cottidianus non parvus inpenditur [37]. Contigit itaque, 12 post corporis refectionem in ipso diei fervore una in domo quiescere. Mos denique imperatoris erat, cunctis quiescentibus totum perreptare palatium. Qui cum eodem, die quadam quo 12 memorati lœthœo (56) sese dederant, pervenisset, ligno modico, ut non incallidus, ostii pessulo projecto ingrediendi sibi aditum præbuit. Undecim vero dormientibus, ut ars artem falleret duodecimus pervigil sterere ceu dormiens cœperat, contractisque in faciem brachiis, totum quod imperator faceret diligentissime considerabat. Ingressus igitur imperator, dum obdormire cunctos perspice-

ret, aureorum numismatorum libram pectori uniuscujusque apposuit [38]; moxque clam regressus, ostium, ut prius fuerat, clausit. Eo autem hoc egit, quatinus exitati (57) et de lucro gratularentur, ac qualiter hoc accideret non mediocriter mirarentur. Denique discedente imperatore, qui vigil solus extiterat surrexit, dormientiumque nummos aureos sibi adsumpsit atque reposuit; postea vero quieti sese dedit. Imperator igitur pro hoc ludo sollicitus, post nonam horam 12 hos quos nominavimus ad se venire præcepit, eosque ita convenit : « Si forte vestrum quempiam somnii visio deterruit aut hilarem reddidit, ut in medium proferat mea jubet auctoritas; nec minus etiam si quid novitatis expergefactus quisquam vidit, ut detegat, imperat. » Hi itaque, quemadmodum nihil viderant, nil se vidisse responderant [39]. Magis autem super hoc admirati,

Conticuere ... intentique ora tenebant (58).

Sperans igitur imperator, hos non rei inscitia sed calliditate aliqua reticere, suscensus [40] est ut qui magis, cepitque nonnulla terribilia reticentibus comminari. Quod qui omnium conscius erat, ut audivit hujusmodi humillima et supplici voce imperatorem convenit : « Φιλάνθρωπε βασιλεῦ, filanthrope vasileu, id est humanissime imperator, hi quid viderint, nescio; ego tamen delectabile, atque utinam quod persæpe mihi contingeret, somnium vidi. Undecim his conservis meis hodie vere sed [41] non oportune dormientibus, visus sum, quasi non dormiens, vigilare. Ecce autem magnitudo imperii tui quasi occulte ostium reserans, clanculumque ingressa, libram auri adposuit supra pectus omnium nostrum. Cumque imperium tuum quasi repedare, sotiosque hac in visione cernerem dormitare, continuo ceu lætus exurgens, undecim dormientium aureorum numismatorum libras tuli, meoque in marsupio, in quo una erat, apposui, quatinus ob transgressionem decalogi, ne solum essent 11, verum ad memoriam apostolorum mea una adhibita essent et ipse 12. Visio hæc, imperator auguste, bonum sit, usque modo me non deterruit, sed hilarem reddidit. O utinam interpretatio alia imperio tuo non placeat. Nam et me μάντην καὶ ὀνιρόπολον mantin ke oniropolon, id est divinum et somnii venditorem, esse liquido patet. » His auditis, magno est imperator cachinno inflatus; verum prudentiam hujus atque sollicitudinem plus admiratus, protinus infit. « Antehac σε οὔτε μάντην οὔτε ὀνιρόπολον, se [42] ute mantin ute oniropolon, id est te neque divinum neque somnii venditorem esse, audivi. Hanc vero rem nunc ita aperte dixti, ut nihil circuitionis usus esses. Sed

VARIÆ LECTIONES.

[34] * ita 1. [35] ita 1. [36] sanctisime 1. [37] C. v. v. c. c. n. p. i. desunt 5 5a 5a* adsunt in edit. Hervag. [38] adposuit corr. apposuit 1. [39] ita 1. [40] succensus corr. suscensus 1. [41] set corr. sed 1. [42] deest 1.

NOTÆ.

(56) Id est somno.
(57) Id est excitati.

(58) Virg. Æn. II, 1.

quia vigilandi facultatem sive auspicandi scientiam habere non posses, nisi divino tibi esset munere datum, seu verum sit, ut speramus, immo credimus, seu falsum, καθώς ὁ Λουκιανος, cathos o lukianos, id est sicut Lucianus de quodam dicit, quod dormiens multa reppererit, atque a gallo exitatus nihil invenerit, tu tamen quicquid videris, quicquid senseris, quicquid etiam inveneris, tuum sit. » His auditis, quanta cæteri sint confusione repleti, quantoque hic sit gaudio plenus, eorum quisque in se personas suscipiens, animadvertere poterit.

13. Arnulfus interea (an. 892), earum quæ sub arcturo sunt gentium rex fortissimus, cum Centebaldum Maravanorum ducem, quem supra memoravimus, sibi viriliter repugnantem debellare nequiret, depulsis his, pro dolor! munitissimis interpositionibus, quas vulgo clusas nominari prædiximus, Hungariorum [43] gentem, cupidam, audacem, omnipotentis Dei ignaram, scelerum omnium non insciam, cædis et rapinarum solummodo avidam, in auxilium convocat; si tamen auxilium dici potest, quod paulo post, eo moriente, cum genti suæ, tum cæteris in meridie occasuque degentibus nationibus, grave periculum, immo exitium fuit. Quid igitur? Centebaldus vincitur, subjugatur, fit tributarius; sed non solus. O cecam regnandi Arnulfi regis cupiditatem! o infelicem amarumque diem! Unius homuntii dejectio fit totius Europæ contricio. Quot mulieribus viduitatem, patribus orbitatem, virginibus corruptionem, sacerdotibus populisque Dei captivitatem, ecclesiis desolationem, terris inhabitantibus solitudinem [44], ceca ambitio paras! Legistin', obsecro, ipsius Veritatis verba dicentis. *Quid prodest homini, si totum mundum lucretur, animæ vero suæ detrimentum [45] patiatur; aut quam dabit homo cummutationem pro anima sua?* (*Matth.* XVI.) Quod si te veri judicis non terruit severitas, ipsa saltem furorem tuum humanitatis temperaret communitas. Eras enim inter homines homo, si dignitate sublimis, non tamen natura dissimilis. Flebilis hec miserabilisque conditio, cum illa bestiarum serpentium seu alitum genera quæ intollerabilis feritas ac lœtale virus ab hominibus separata esse facit, ut sunt basilisci, reguli [46], vel rinocerotes, seu gripes, quæ etiam aspectu ipso cunctis perniciosa esse videntur, inter sese tamen pro origine ipsius affectionisque consortio pacata et innoxia perseverant; homo autem, ad imaginem similitudinemque Dei formatus, legis Dei conscius, rationis capax, non solum proximum non amare juvat, sed et odisse plurimum valeat. Videamus igitur, quid Johannes, non quilibet, sed virgo ille egregius, secreti celestis conscius, cui Christus in cruce matrem Virginem virgini commendavit,

super talibus dixerat: *Qui odit fratrem suum, homicida est; et scitis quia omnis homicida non habet vitam æternam in se manentem* [47] (*I Joan.* III). Sed redeamus ad rem. Devicto namque Centebaldo Maravanorum duce [48], Arnulfus, pace habita, regno potitur. Hungarii interim observato exitu, contemplatique regionem, cordibus malum, quod post in propatulo aparuit [49], machinabantur (*an.* 893).

14. Dum hæc aguntur, rex Gallie Karolus, qui cognominatus est Calvus (59), præsentem moriendo *an.* 888, *Jan.* XIII) mutavit vitam. Cui dum viveret, nobiles duo ex Italia præpotentes [50] principes serviebant, quorum Wido alter, alter dictus est Berengarius. Hi sane tanto sunt amicitiarum fœdere glutinati [51], ut hoc sibi jurejurando promitterent, quod si regi Karolo superstites forent, alterius alter ordinationi coniveret [52], scilicet ut Wido quam Romanam dicunt Franciam, Berengarius optineret Italiam. Sed cum nonnulla sint incerta et instabilia amicitiarum genera, quæ diversis modis humanum genus dilectionis societate conectunt, ut quosdam præcedens commendatio postmodum amicitiæ facit inire commertia, alios negociationis seu militiæ vel artis ac studii similitudo, quæ etiam, sicut ex diversis, vel lucri, vel libidinis, vel necessitudinum variarum [53] sotietatibus adquiruntur, ita intercedente qualibet divortii occasione solvuntur: hoc tamen est, hoc inquam amicitiæ genus, quod multis experimentis est sæpissime comprobatum, nullo modo eos qui amicitiarum fœdus, conjurationis inire principio, indiruptam quivisse servare concordiam. Sane quidem callidissimus ille humano generi inimicus, ut homines prævaricatores sui faciat sacramenti, celerius sagatiusque ad inrumpendam amicitiam laborat. Quod si a minus recte sapientibus de vero amicitiarum genere percontamur, respondebimus, concordiam veramque amicitiam, [54] nisi inter emendatos mores ejusdemque virtutis et propositi [55] viros stare non posse.

15. Contigit itaque, utrumque, Widonem scilicet atque Berengarium, Karoli regis funeri deesse. Cujus tamen interitum Wido ut audivit, Romam profectus, absque Francorum consilio totius Franciæ unctionem suscepit imperii (*an.* 887 *ex.*, 888 *in.*) Franci itaque Oddonem, quoniam Wido aberat, regem constituunt. Berengarius vero Widonis consilio, quemadmodum ei jurejurando promiserat, Italici regni suscepit imperium. Wido autem Franciam petit (*an.* 888, *Jan.* XIII).

16. Cumque Burgundionum regna transiens, Franciam quam Romanam dicunt ingredi vellet, Francorum nuntii ei occurrunt, se redire nuntiantes, eo quod longa expectatione fatigati, dum sine rege diu

---

VARIÆ LECTIONES.

[43] hunegariorum 1. [44] solitududinem 1. [45] detrimendum 1. [46] *hac voce incipit* 2. [47] nentem 1. [48] dulce *corr.* duce 1. [49] *i. e.* apparuit. [50] præpositentes *corr.* præpotentes 1, [51] conglutinati 5. 5a. [52] *i. e.* connueret 1. [53] uarium 1. [54] amicititiam 1. [55] proposito 1.

NOTÆ.

(59) Crassus

-esse non possent, Oddonem cunctis potentibus elegerunt. Fertur autem hac occasione Francos Widonem regem sibi non adsumpsisse. Nam dum ad Metensem venturus esset urbem, quæ potentissima in regno Lotharii claret, præmisit dapiferum suum, qui alimenta illi more regio præpararet. Metensis vero episcopus (60) dum cibaria ei multa secundum Francorum consuetudinem ministraret, hujusmodi a dapifero responsa suscepit : « Si equum saltem mihi dederis, faciam ut tercia obsonii [56] hujus parte sit rex Wido contentus. » Quod episcopus audiens : « Non decet, inquit, talem super nos regnare regem, qui decem dragmis vile sibi obsonium præparat. » Sicque factum est ut Widonem desererent, Oddonem autem eligerent.

17. Francorum igitur non parum Wido perturbatus legationibus, nonnullis cœpit cogitationibus æstuari, tam ex Italico regno Berengario jurejurando promisso, quam ex Francorum præsertim, quod pœnitus se non posse sciverat adipisci. Inter utramque autem hanc æstuationem, quoniam Francorum rex esse nequibat, frangere quod Berengario fecerat jusjurandum deliberat; collectoque prout potuit exercitu—traxerat sane et a Francis quandam affinitatis lineam,—Italiamque concite ingressus, Cammerinos atque Spoletinos fiducialiter ut propinquos adit, Berengarii etiam partibus faventes, ut infidos pecuniarum gratia adquirit; itaque Berengario bellum parat.

18. Copiis denique utraque ex parte collectis, juxta fluvium Triviam, qui quinque Placentia miliariis extat, civile præparant bellum. In quo cum partibus ex utrisque caderent multi, Berengarius fugam petiit, triumphum Wido obtinuit.

19. Nec mora, diebus interpositis paucis, multitudine Berengarius collecta, in Brixiæ latissimos campos Widoni bellum preparat. Ubi cum maxima strages fieret, fuga sese Berengarius liberavit.

20. Jam vero Berengarius, cum Widoni resistere copiarum paucitate nequiret, potentissimum, quem prædiximus, Arnulfum [57] regem in auxilium rogat, promittens se suosque ejus potentiæ servituros, si virtutis suæ amminiculo Widonem superaret regnumque sibi Italicum vendicaret. Hujus plane tantæ promissionis gratia accitus rex Arnulfus, filium suum Centebaldum, quem ex concubina genuerat, valido cum exercitu hujus in auxilium dirigit, veneruntque pariter omni sub celeritate Papiam. Wido vero ita fluviolum qui Papiam uno ex latere alluit, Vernavola [58] nomine, tam sudibus quam exercitu munierat quatinus altera alteram, ipso medio discurrente, pars partem oppugnare nequiret.

21. Unus et vigesimus dies jam transierat, cum, sicut diximus, altera pars alteram nocere non posset; et Bagoariorum unus cottidie agminibus exprobrans Italorum, inbelles eos atque equitandi inscios clamitabat. Ad augmentum etiam dedecoris eos inter prosiliit, hastamque uni de manu excussit, sicque letus in suorum castra repedavit. Hubaldus igitur Bonefatii pater, qui post tempore nostro Camerinorum et Spoletinorum extitit marchio, tantum gentis suæ cupiens dedecus vindicare, clipeo accepto, prædicto mox obviam Bagoario tendit. Is autem triumphi præteriti non solum non immemor, sed eo factus audatior ceu e victoria jam securus, hunc contra properat lætus. Cepitque vertibilem equum modo impetu vehementi dimittere, strictis modo habenis retrahere. Memoratus vero Hubaldus recta se cepit adire. Cumque in eo esset, ut mutuis sese vulneribus figerent, more solito Bagoarius equo versili varios perplexosque per anfractus cepit discurrere, quatinus iis argumentis Hubaldum posset decipere. Verum cum hac arte terga verteret, ut mox rediens Hubaldum ex adverso percuteret, equus cui Hubaldus insederat vehementer calcaribus tunditur, et per scapulas, antequam reverti Bagoarius posset, lancea ad cor usque perforatur. Hubaldus igitur freno Bagoaricum percipiens equum, ipsum in medio fluvioli alveo exutum hominem dereliquit; sicque suorum injuriæ ultor, de triumpho ad suos redit hilarior. Hoc sane factum non mediocrem Bagoariis terrorem, Italicis audatiam contulit. Inito quippe [59] Bagoarii consilio, nonnullisque Centebaldus a Widone argenti acceptis ponderibus, in propria remeavit.

22. Igitur Berengarius dum ubi prospera sibi adversari prospiceret, cum Centebaldo pariter Arnulfi regis adit potentiam, orans ac pollicens, ut si ipsum adjuvaret, se totamque Italiam, ut ante promiserat, dicioni suæ supponeret. Tantæ siquidem ut prædiximus promissionis gratia excitus, copiis collectis non minimis, Italiam adit (*An.* 894). Cui Berengarius, ut promissionis suæ fidem daret, credulitatis arrabone clipeum portat.

23. Susceptus itaque a Veronensibus, ad urbem proficiscitur Pergamum. Ubi dum firmissima loci munitione confisi, immo decepti, homines ei occurrere nollent, castrametatus [60] eodem, belli fortitudine urbem cepit, jugulat, trucidat (*Jan.*). Civitatis etiam comitem, Ambrosius nomine, cum ense, balteo, armillis, ceterisque pretiosissimis indumentis, suspendi ante porte januam fecit. Quod (61) factum cæteris omnibus urbibus cunctisque principibus terrorem parvum non attulit; quicumque hoc audierat, utraque auris ejus tinniebat.

24. Mediolanenses (62) igitur atque Ticinenses hac fama perterriti, ejus non passi sunt præstolari ad-

---

VARIÆ LECTIONES.

[56] obsonat 1. 2. [57] arnulfulfum 1. *duabus lineis.* [58] uernavolum 5 a. 5 aº. [59] quipe 1. [60] castrametatis 1

NOTÆ

(60) Tunc Ruodbertus  (62) Cf. eosdem.
(61) Cf. Ann. Fuldenses, an. 894.

ventum, verum præmissa legatione, jussioni suæ se obtemperaturos promittunt. (*An.* 894.) Ottonem itaque, Saxonum potentissimum ducem, — hujus[61] gloriosissimi atque invictissimi regis Ottonis, qui nunc superest et feliciter regnat, avus[62], — Mediolanium defensionis gratia dirigit; recta ipse Ticinum tendit.

25. Wido denique hujus impetum ferre[63] non valens, Camerinum Spoletumque versus fugere[64] cepit. Quem sine dilatione acriter rex insequitur, urbes et castella omnia sibi resistentia vi debellans. Nullum siquidem fuerat castrum natura etiam ipsa munitum, quod virtuti hujus saltem resistere moliretur. Quid autem mirum, cum ipsa civitatum omnium regina, magna scilicet Roma, hujus impetum ferre nequiverit? (*An.* 896.) Enimvero dum a Romanis ingrediendi urbem huic fidutia negaretur, convocatos ad sese milites ita convenit (*April.*):

*Versus.*

26. Magnanimi proceres et clari Marte secundo,
Arma quibus studium fulvo radiare metallo,
Romulidæ sueti vacuis quod condere scriptis;
Sumite nunc animos, vobis furor arma ministret!
Non Pompeius adest, non Julius ille beatus,
Qui nostros domuit proavos mucrone feroces;
Indolis hujus enim summos[65] deduxit ad Argos (63),
Protulit in lucem quem (64) sancta Britanica mater.
His torta studium pingues captare siluros
Cannabe[66], non clipeos manibus gestare micantes!

27. His eroes dictis animos accensi, vitam laudis aviditate contempnunt. Clipeis denique cratibusque catervatim operti, muros adire contendunt; plurima etiam bellorum paraverant instrumenta, cum inter agendum, populo considerante, contingit lepusculum clamore ejus exterritum urbem versus fugere. Quem dum exercitus, ut adsolet, vehementi impetu sequeretur, Romani putantes se impugnari, de muro sese projiciunt. Quod populus cernens, sagmatibus sellisque quibus equis insederant juxta murum projectis, per eorum acervum murum ascendunt. Pars vero populi quedam, accepta mox trabe quinquaginta pedum procera longitudine, portam quatiunt, et Romam quam Leonianam dicunt, in qua beati Petri apostolorum princ'pis prætiosum corpus quiescit, vi capiunt. Ceteri vero qui trans Tiberim erant, hoc timore compulsi, hujus dominatui colla submittunt.

28. Hoc (65) in tempore Formosus papa religiosissimus a Romanis vehementer aflictabatur, cujus et hortatu Romam rex Arnulfus advenerat. In cujus ingressu, ulciscendo papæ injuriam, multos Romanorum principes obviam sibi properantes decollare præcepit.

29. Causa autem simultatis inter Formosum papam et Romanos hæc fuit: Formosi decessore defuncto, Sergius quidam Romanæ ecclesiæ diaconus erat, quem Romanorum pars quædam papam sibi elegerat. Quædam vero pars non infima nominatum Formosum, Portuensis civitatis episcopum, pro vera religione divinarumque doctrinarum scientia papam sibi fieri anhelabat. Nam dum in eo esset, ut Sergius apostolorum vicarius ordinari debuisset, ea, quæ Formosi favebat partibus, pars Sergium non mediocri cum tumultu et injuria ab altari expulit, et Formosum papam constituit.

30. Descenditque Sergius in Tusciam, quatinus Adelberti, potentissimi marchionis, auxilio juvaretur; quod et factum est. Nam Formoso defuncto, atque Arnulfo in propria extincto, is qui post Formosi necem constitutus est expellitur, Sergiusque papa per Adelbertum constituitur. Quo constituto, ut impius doctrinarumque sanctarum ignarus, Formosum e sepulcro extrahere atque in sedem Romani pontificatus sacerdotalibus vestimentis indutum collocare præcepit. Cui et ait: « Cum Portuensis esses episcopus, cur ambitionis spiritu Romanam universalem usurpasti sedem? » His expletis, sacratis mox exutum vestimentis digitisque tribus abscisis, in Tiberim jactare præcepit, cunctosque quos ipse ordinaverat, gradu proprio depositos, iterum ordinavit. Quod quam male egerit, pater sanctissime, in hoc animadvertere poteris, quoniam et hi, qui a Juda, domini nostri Jesu Christi proditore, ante proditionem salutem seu benedictionem apostolicam perceperunt, ea post proditionem propriique corporis suspensionem minime sunt privati, nisi quos improba forte defædarunt flagitia. Benedictio siquidem quæ ministris Christi impenditur, non per eum qui videtur, sed qui non videtur, sacerdotem infunditur. Neque enim qui rigat est aliquid, neque qui plantat, sed, qui incrementum dat, Deus (*I Cor.* III, 7).

31. Quantæ autem esset auctoritatis, quantæque religionis papa Formosus fuerit, hinc colligere possumus, quoniam dum a piscatoribus postmodum esset inventus atque ad beati Petri apostolorum principis ecclesiam deportatus, sanctorum quedam imagines hunc in loculo positum venerabiliter salutarunt. Hoc namque a religiosissimis Romanæ urbis viris persepe audivi. Sed, his omissis, ad narrandi ordinem redeamus.

32. Rex Arnulfus desiderii sui compos effectus, persequi Widonem (36) non desiit, profectusque[67] Camerinum, castrum vocabulo et natura Firmum (67), in quo Widonis uxor erat, obsedit (*Maio*).

## VARIÆ LECTIONES.

[61] hujus 1.   [62] *ita* 1. 2.   [63] *fere* 1.   [64] *fuge* 1.   [65] sumos 1.   [66] *hic versus deest* 2.   [67] profectusque 1.

## NOTÆ

(63) In Græciam, Constantinopolim.
(64) Constantinus Magnus imperator, sanctæ Helenæ Britannicæ filius.
(65) Quæ sequuntur, a collectore historiæ pontificum Romanorum sub falso Liudprandi nomine vulgatæ in Formoso exscripta sunt.
(66) Wido ante Romam captam defunctus erat.
(67). Hodie *Fermo*.

Wido autem in incertis latuit locis. Igitur præfatum castrum, nomine et natura Firmum, vallo circumdatur, omnia bellorum instrumenta, quibus capi possit, parantur [68]. Cumque Widonis uxor magnis undique angustiis premeretur, et evadendi spes illi omnimodis negaretur, causas mortis regiæ vipperina cepit calliditate exquirere. Accitum namque ad se quendam Arnulfi regis familiarissimum, magnis cum muneribus rogat, ut se adjuvet. Qui cum se non aliter posse testaretur, nisi civitatem domini sui traderet dicioni, illa etiam atque etiam auri pondera non solum pollicens, verum etiam in præsentiarum tribuens, orat, ut poculo quodam ab ea sibi collato dominum suum regem potaret; quod non mortis periculum daret, sed mentis feritatem mulceret. Quæ etiam, suis ut fidem dictis præberet, ante sui ipsius præsentiam hoc unum suorum potat servorum; qui unius horæ spatio conspectui hujus adstans, sanus abscessit. Verum veridicam Maronis [68], inquam, illius sententiam in medium proferamus :

Auri sacra fames, quid non mortalia pectora cogis ?

Sumptum namque lœtale poculum festinus regi propinat. Quo accepto tanta hunc confestim somni virtus invasit, quatinus tocius exercitus strepitus eum triduo evigilare nequiret. Fertur autem, quoniam dum familiares hunc modo strepitu, modo tactu inquietarent, apertis oculis nil sentire, nil loqui posse perfecte. Positus tamen in mentis exessu (69), mugitum reddere, non verba edere, videbatur. Hujus quippe rei accio repedare omnes compulit, non pugnare.

53. Creuo autem, Arnulfum regem justa severi judicis hujusmodi pestem incurrisse censura. Secundæ enim res dum imperium hujus ubiubi magni facerent, virtuti suæ cuncta tribuit, non debitum omnipotenti Deo honorem reddidit. Sacerdotes Dei vincti trahebantur, sacræ virgines vi obprimebantur, conjugatæ violabantur. Neque enim ecclesiæ confugientibus poterant esse asylum. In his namque simbolam faciebant, gestus turpis, cantus ludicres, dibachationes. Sed et mulieres eodem publice, pro nefas, prostituebantur.

54. Denique redeuntem regem magna cum valetudine Arnulfum palatim rex Wido persequitur. Cumque Arnulfus Bardonis montem conscenderet, hoc suorum consilio definivit, quatinus Berengarium lumine privaret, sicque securus Italiam obtineret. Cognatorum vero Berengarii unus, qui non parva Arnulfo regi familiaritatis gratia inhærebat, hujusmodi consilium ut agnovit, absque mora Berengario patefecit. Qui mox ut sensit, lucerna quam ante Arnulfi regis præsentiam tenuerat alii tradita, fugiit, atque Veronam percitus venit.

55. Omnes extunc Italienses Arnulfum floccipendere, nichili habere. Unde cum Ticinum veniret, non modica horta est in civitate sedicio; tantaque istic exercitus strages facta est, ut criptæ civitatis, quas alio nomine cloacas dicunt, horum cadaveribus replerentur. Quod Arnulfus cernens, quoniam per Veronam non potuit, per Hannibalis viam, quam Bardum (70) dicunt, et montem Iovis repedare disponit. Cumque Eporegiam pervenisset, Anscarius marchio istic aderat, cujus et hortatu civitas rebellabat. Verum hoc Arnulfus jurejurando promiserat, nunquam se a loco eodem discessurum, quoad præsentiæ suæ præsentarent Anscarium. Is autem, ut erat homo valde formidolosus, ei omnino similis quo de Maro ait (71) :

Largus opum, lingua melior, sed frigida bello
Dextera,

de castello exiit, et juxta murum civitatis in cavernis petrarum latuit. Hoc autem eo fecit, quatinus licite possent regi Arnulfo satisfacere, Anscarium in urbe non esse. Itaque jusjurandum rex istud accepit, atque iter quod cœperat abiit.

56. (An. 899, Dec. 8.) Profectusque in propria, turpissima valetudine expiravit. Minutis quippe vermibus quos pedunculos aiunt vehementer afflictus, spiritum reddidit. Fertur autem, quod præfati vermes adeo scaturrirent, ut nullis medicorum curis minui possent. Utrum vero pro tam immenso scelere, Hungariorum scilicet emissione, secundum prophetam duplici sit contricione attritus, an ex presenti supplicio consequeretur veniam in futuro (Jer. XVII, 13), soli illius scientiæ dimittamus, quo de Apostolus dicit : « Nolite ante tempus judicare, donec veniat Dominus, qui et inluminabit abscondita tenebrarum et manifestabit consilia cordium; et tunc laus erit unicuique a Deo (I Cor. IV, 5). »

57. (An. 896.) Justus igitur Deus uxori Widonis, quæ huic paraverat mortem, parat viduitatis dolorem. Sicut enim præfati sumus, dum redeuntem Arnulfum Wido rex e vestigio sequeretur, justa fluvium defunctus est Tarum. Cujus obitum Berengarius ut audivit, festinus Papiam venit, regnumque potenter accepit. Fideles vero fautoresque Widonis, veriti ne ab eis inlatam Berengarius ulcisceretur injuriam, et quia semper Italienses geminis uti dominis volunt, quatinus alterum alterius terrore cohercceant, Widonis regis defuncti filium, nomine Lambertum, elegantem juvenem, adhuc ephœbum nimisque bellicosum, regem constituunt. Cepit denique hunc adire populus, Berengarium deserere. Cumque

VARIÆ LECTIONES.

[68] paratur 1.

NOTÆ

(68) Æn. III, 56, 57.
(69) Id est excessu.
(70) Ubi hodie castellum Bard viæ imminere, Eporegia Augustam tendens aspicis. Sed Liudprandum ea quæ Annales Fuldenses de primo Arnulfi reditu ex Italia narrant, alteri perperam tribuere, patet.
(71) Æn. XI, 638.

Berengarius Lamberto, magno cum exercitu Papiam tendenti, copiarum paucitate obviare nequiret, Veronam petiit, isticque securus deguit. Non post multum vero temporis Lambertus rex cum esset vir severus, principibus gravis est visus. Unde et legatos Veronam dirigunt, regem Berengarium ad se venire, Lambertum vero expellere petunt.

38. Magimfredus praeterea, praedives Mediolanensis urbis comes, quinquennio huic rebellis extiterat; qui non solum urbem in qua rebellis erat, Mediolanium scilicet, defenderat, verum etiam vicina circumquaque loca Lamberto servientia nimis depopulabat. Quod factum rex non passus est abire inultum [69], psalmographum [70] illud persepe ruminans : « Cum accepero tempus, ego justitias judicabo (*Psal.* LXXIV, 5). » Nam post paululum capitis hunc jusserat damnare sententia. Quae res terrorem cunctis Italiensibus non minimum adtulit.

39. (*An.* 898.) Denique hoc eodem tempore Adelbertus, illustris Tuscorum marchio, atque Ildeprandus, praepotens comes, huic nisi sunt rebellare. Tantae quippe Adelbertus erat potentiae, ut inter omnes Italiae principes solus ipse cognomento diceretur Dives. Huic erat uxor nomine Berta, Hugonis, nostro post tempore regis, mater; cujus instinctu tam nefaria cepit ipse facinora. Nam collecto exercitu, cum Ildeprando comite constanter Papiam tendere festinat.

40. Lambertus interea rex, harum rerum inscius, in Marinco, 40 ferme milibus Papia distans, venationibus occupatur. Cumque praefati marchio et comes cum immenso sed invalido Tuscorum exercitu Bardonis montem transirent, Lamberto regi medio in nemore venanti, ut sese res habuerat, nuntiatur. Is vero, sicut erat animi constans viribusque potens, suos non passus est milites prestolari; sed collectis quos secum habuerat, centum ferme militibus, cursu prepeti eis obviare festinat

41. Jamjam Placentiam venerat, cum hi [71] justa fluvium Sesterionem ad burgum (72), in quo sanctissimi [72] et praetiosi martyris Domini corpus positum veneratur, castra metasse nuntiantur. Ignorantes itaque quid superventura nox pareret, temetolenti post nonnulla inutilia tragodimata, id est cantiones, somno sese dedere, stertere; nauseam alii sumptus intemperantia facere. Rex igitur, cum animi ferox tum ingenio callens, in ipso eos noctis conticinio opprimit, dormientes ferit, oscitantes jugulat. Ventum denique ad ipsos est, qui hujus ductores exercitus erant. Cumque iis non ex multitudine alius, sed rex ipse praeclari hujus facinoris nuntius esset, non dico pugnandi, verum fugiendi terror ipse abstulit facultatem. Verum Ildeprandus, fuga lapsus, Adelbertum intra animalium praesepe latitantem dereliquit. Qui dum repertus esset atque ante regis praesentiam ductus, eum ilico ita convenit : « Sibillino spiritu uxorem tuam Bertam prophetasse credimus, quae te scientia sua regem aut asinum facturam promisit. Verum, quia regem noluit, aut, ut magis credendum est, non potuit, asinum, ne mentiretur, effecit, dum te cum Arcadiae pecuaribus ad praesepe declinare coegit! » Preterea hoc cum isto nonnulli capiuntur, vinciuntur, Papiam ducuntur, custodiae mancipantur.

42. His ita gestis, rex iterum Lambertus praefato in loco Marinco venationibus occupatur (*Oct. Nov.*) quoad omnium principum decreto, quid super captis agendum esset, deliberaretur. Sed o utinam venatio haec feras, non caperet reges! Aiunt sane, hunc, dum, sicut moris est, apros efreni [73] sectaretur equo, cecidisse collumque fregisse. Verum [74] assertioni huic fidem prebere non absurdum esse non dico. Est enim alia mortis hujus, quae mihi verisimilior videtur, atque omnibus a populis narratur, assertio. Magimfredus Mediolanensis urbis comes, cujus paulo superius fecimus mentionem, dum pro scelere in rem publicam atque in regem commisso capitis juditio damnaretur, unicum possessionis suae vicarium, Hugonem filium, dereliquit. Quem dum Lambertus rex cum forma egregia tum nonnullos superare videret audatia, animi sui non parvum pro patris morte dolorem collatis nisus est beneficiis mulcere quamplurimis. Unde et eum praeter ceteros familiaritatis privilegio dederat. Factum est autem, dum Lambertus rex nominato in loco Marinco venaretur [75], — est enim eodem mirae magnitudinis et amoenitatis lucus adeo venationibus aptus — huc illucque cunctis, ut moris est, discurrentibus, hoc cum uno scilicet Hugone ipsum solummodo in nemore remansisse. Cumque rex aprum in transitu praestolaretur, diuque multum remorante longa expectatione lassaretur, paululum

VARIÆ LECTIONES.

[69] multum 1. [70] spalmographum 1. [71] h 1. [72] sanctissimi 1. [73] *i. e.* effreni. [74] 5. 5a. 5b. etc. *sequentia usque* collum fregit, *ita efferunt :* Verum quia secundum beati Job sententiam terminus ejus praeteriri non potuit, illum Dominicum sermonem quo dicitur *et inimici hominis domestici ejus* (*Mich.* VII, 6) adimplevit. Nam dum quendam Magimfridum, illius Magimfridi praepotentis, ut diximus, Mediolanensis urbis comitis, quem paulo superius regia jussione pro rebellione hominem exsisse assueruimus, filium, paternis beneficiis donatum, nimia familiaritate, cum pro fidelitatis firmitate tum paternae necis oblivione, rex sibi a secretis [ad secretum 5] fecisset, eumque venationis causa, si venatio dici potest qua rex, non aper, capitur, secum ad praefatum locum ire jussisset, accidit, ut ceteris venatoribus aprum in medio nemore persequentibus, indago [undago 5] ferini anfractus, regis ejusdemque Magimfridi custodia per divortia tutari debuisset. Qua vero custodia dum nimia rex expectatione fatigatus, commissa Magimfridi obtutibus vigilia, sese quieti dedisset, Magimfridus non paternae necis sed caeterarum quae rex ei intulerat inmemor bonitatum, ne effusione sanguinis agnosceretur occisio regis, ligno quam mox non modico accepto, dormientis heroi cervicem nefario ictu confregit. [75] ueneraretur 1.

NOTÆ.

(72) *Borgo San-Donnino;* fluvius hodie *Stirone.*

sese quieti dedit, vigiliæ custodiam huic infido, quasi fido, commitens. Igitur absentibus cunctis, Hugonis mens custodis, immo proditoris atque carnificis, collatorum beneficiorum immemor plurium, patris mortem animo cepit revolvere. Non consideravit genitorem suum justam incurrisse necem; jusjurandum, regi quod fecerat, violare non metuit; vicarium se Judæ, domini nostri Jesu Christi proditoris, appellari non erubuit; et quod est gravius, sempiternum suplicium subiturum sese non timuit; verum conamine toto virium, ligno non modico dormienti collum fregit. Gladio [76] quippe ferire timuit, ne peccati hujus auctorem res eum manifesta probaret. Eo namque mens perversa ita egit, ut non gladii cicatrix, sed ligni manifesta collisio, hunc repperientibus fidem darent equo cecidisse, collique fractione hominem exivisse. Latuitque per annos res quam plurimos. Sed dum processu temporis Berengarius rex, nullo sibi resistente, regnum viriliter obtineret, ipse reatus proprii, sicut fuerat auctor, extitit proditor, implevitque [77] illud quod rex et propheta canit : « Quoniam laudatur peccator in desideriis animæ suæ, et iniqua gerens benedicitur (*Psal.* x, 5). » Sed et aliud fecisse minime potuit propter hæc ipsius Veritatis verba dicentis : « Nichil opertum, quod non revelatur, et occultum, quod non in publicum veniat (*Matth.* x, 26). »

43. His ita gestis, rex Berengarius ampliori pristina dignitate regia honoratur; Adelbertus marchio et ceteri ad propria destinantur.

44. Juvat autem, pater karissime, tanti hujus obitum regis et deflendo scribere et scribendo deflere. Inerat namque illi honesta morum probitas, sancta et formidolosa severitas, et quem juventus ornabat in corpore splendida, mentis canities decoraverat sancta. Plane plus ipse rei publicæ, quam res publica decoris ei contulerat. Quod si non cita mors hunc raperet, is esset qui post Romanorum potentiam totum sibi orbem viriliter subjugaret.

EXPLICIT LIBER PRIMUS.

## INCIPIUNT CAPITULA LIBRI SECUNDI.

1. De eo quod post mortem Arnulfi Hlodoicus filius ejus rex constituitur.
2. Hungarii audita nece Arnulfi Bagoariam petunt.
3. Hulodoicus bellum Hungariis parat juxta Lemannum.
4. Hungarii positis insidiis Hulodoici milites vincunt.
5. Fugiens Hulodoicus : Hungarii Francorum Saxonum et Suevorum terram deprædantur.
6. De rebellione Adelberti comitis, et qualiter decipiente Hattone archiepiscopo sit decollatus.
7. Exploratores regressi quod consilium dederint.
8. Quare Hungarii territi ab Italiæ ingressu sint reversi.
9. Qualiter Hungarii reparato exercitu venerint et Italici eis occurrerint.
10. Cur rex Berengarius ad bellum non ierit, vel cur Hungari Italos fugerint.
11. Fugientes pagani christianis pacem petunt, quam non adquirunt.
12. De proludio pugnæ, in quo vincerunt Hungarii postquam fugerunt.
13. De eo quod propter defatigatos [78] equos super fluvium Brentam pagani christianos præstolarentur, eisque pacem quærerent [79], quam non dederunt.
14. Quod consilium Hungarii ob desperationem invenerint, et quid dixerint.
15. Quomodo Hungarii positis insidiis super christianos irruunt [80] et vincunt.
16. Quod victoriam non pro eorum fortitudine, sed pro christianorum peccato habuerint.
17. Quod eo tempore Hulodoicus rex Francorum moritur, et Chunradus pro eo ordinatur
18. Qui sub eo principes erant, inter quos et Heinricus Saxonum dux erat.
19. De eo quod Heinricus et cæteri principes Chunrado rebellaverint regi, et ab eo victi fuerint, et quia Arnaldus in Hungariam fugerit [81].
20. Chuonradus rex moriens principes omnes de pace, et ut Heinricum regem constituant, exhortatur, cui et regalia ornamenta transmittit.
21. Chuonrado rege mortuo, Arnaldus ab Hungaria redit atque Heinrico regi bellum parat.
22. Heinricus Arnaldi animum prudentissima locutione mitigat.
23. Arnaldus suorum exhortatione militum Heinrici fit miles regis.
24. Audita Hungarii morte Chuonradi, Saxoniam ingrediuntur.
25. Rex Heinricus, quamquam infirmus, eis occurrit.
26. Qualiter ad pugnam suos exhortatus sit milites.
27. De bono voto Heinrici regis.
28. De nuntio qui Hungarios in Meresburg esse nuntiabat.

VARIÆ LECTIONES.

[76] Gladio — in publicum veniat *desunt in codicibus* 3.  [77] *impletque* 1.  [78] *defetigatos* 1.  [79] *quererent* 1.  [80] *irruunt* 1.  [81] *fugerint* 1.

29. Hungarii, sciscitatis captivis de bello, exploratores mittunt.
30. De pugna cum Hungariis commissa.
31. De bono consilio Heinrici regis et victoria ejus, et ubi sit ipsa depicta victoria.
32. De Hulodoico quodam, quem Italici super se regnare invitant.
33. Quod Adelbertus marchio hoc effecerit, qui gener regis Berengarii erat.
34. De eodem Adelberto, qui primo fuit bonus et postmodum factus est malus.
35. Quod Hulodoicus regis Berengarii terrore juraverit et reversus sit.
36. Quod Adelbertus, Tusciæ provinciæ potens marchio, instinctu Bertæ uxoris suæ Berengarium deserit, et propter Hulodoicum, ut veniat, mittit.
37. Hulodoicus ab Italiensibus suscipitur, et Veronam Berengarius fugiit, a qua et expulsus a Hulodoico est.
38. Hulodoicus Luccam proficiscitur et decenter ab Adelberto suscipitur.
39. Hulodoicus ob Adelberti potentiam invidia tangitur, ob quam ab ejus fidélitate Adelbertus separatur.
40. Descriptio Veronensis civitatis et fluminis Athesis et pontis super eum.
41. Quod Hulodoicus Verone degens, a Berengario corruptis civitatis custodibus capitur et lumine privatur.
42. De Hungariis qui eo tempore Italiam laniabant.
43. De Saracenis de Fraxeneto, qui partem Italiæ vastabant et usque Aquas pervenerant.
44. De Africanis Saracenis, qui Appuliam, Calabriam, Beneventum occupaverant et Garelianum montem pro munitione habebant.
45. Qua occasione Saraceni ab Africa [82] exierint.
46. Quod Domini hoc factum sit voluntate ob nostram correctionem.
47. Quia Johanes Ravennas eo tempore papa habebatur.
48. Qualiter per Theodoram meretricem papa sit constitutus [83].
49. De quodam Africano, qui ad papam venit, eique, quomodo cum Africanis pugnare posset, consilium dedit.
50. Quod idem Africanus insidiis positis ceteros occiderit.
51. De consilio Landulfi, Beneventanorum principis.
52. De eo quod papa Constantinopolim directis nuntiis adjutorium ab imperatore acceperit, et cum Pœnis pugnaverit.

53. Quod Greci mox ut veniunt, castrum juxta montem constituunt.
54. Quod omnes Pœni sint interfecti et capti, et quia visi sunt in bello Petrus et Paulus apostoli gloriosi.
55. Adelbertus Tuscie [84] provinciæ marchio moritur, cujus filius Wido pro eo ponitur; mater vero ejus a Berengario capitur.
56. Quod [85] suspicati sunt homines Bertam Adelberto filios peperisse.
57. De eo quod multi principes simul cum Lamperto Mediolanense archiepiscopo Berengario rebellarent, et cur hoc facerent.
58. De comite palatii capto, atque Lamperto non oportune commendato.
59. Quod eundem Berengarius requisierit, et cur eum habere non possit.
60. De Rodulfo rege Burgundionum, qui filiam ducis Bruchardi [86] acceperat uxorem, et ab Italicis invitatur, ut ad eos veniat et rex eorum fiat.
61. Qualiter Hungarii, Berengarii regis amici, Odelricum occiderent, Adelbertum vero regis generum et Gislebertum comitem vivos caperent.
62. Qua callididate Adelbertus marchio Hungarios deluserit, et vili prætio ab eis redemptus aufugerit.
63. De Gisleberto capto, flagellato et ante regem ducto, atque ab eo misericorditer dimisso et honorato.
64. De eodem qui ad Rodulfum regem abiit et eum adduxit.
65. De pugna civili inter Berengarium et Rodulfum exhorta.
66. Quod Rodulfus victoriam per Bonefatium cognatum suum obtinuit.
67. Rodulfus consensu Italiensium in Burgundiam redit.
68. De Veronensibus qui Berengarium consiliati sunt occidere.
69. Prudens regis Berengarii allocucio [87] ad Flambertum.
70. De sciffo aureo a rege Flamberto tradito.
71. Quod Flamberti consilio Berengarius rex sit interfectus.
72. De regis sanguine usque in præsens tempus in lapide permanente.
73. De Milone milite qui regem Berengarium vindicavit, et post triduum ejus interfectores suspendit.

## INCIPIT LIBER SECUNDUS.

1. (An. 900. Jan. 21.) Postquam vitalis calor Arnulfi regis membra deserens, reddidit corpus exa-

VARIÆ LECTIONES.

[82] affrica 1. [83] constitus 1. [84] tusscie 1. [85] i. e. Quot. [86] i. e. Burchardi. [87] allucio 1.

nimo, suus ipsius filius Hulodoicus rex cunctis a populis ordinatur. Tanti denique casus viri vicinos Hungarios, sicut nec in toto orbe degentes, latere non potuit. Siquidem læti dies ejus iis fuit omni festivitate jucundior, gazis omnibus præstantior. Quid igitur.

2. Primo namque mortis hujus gnatique sui ordinationis anno, permagno collecto exercitu, Maravanorum gentem, quam virtutis eorum amminiculo rex Arnulfus subdiderat, sibi vendicant; Bagoariorum etiam fines occupant; castra diruunt, eclesias igne consumunt, populos jugulant, et ut magis magisque timeantur, interfectorum sese sanguine potant.

3. (*An.* 910.) Hulodoicus itaque rex, gentis sue depopulationem hujusque intellegens crudelitatem, suorum omnium animos hac formidine inflammat, ut si quemquam bello eodem, quod cum iis acturus esset, deesse contingeret laqueo procul dubio vitam finiret. Innumerabilis denique illa gentis [88] pessime multitudo copiis hujus maximis obviam properare festinat. Nec videas sitientem animam ardentius haustum laticis gelidæ, quam prælii diem gentem hanc crudelem appetere; neque enim hanc aliud quam dimicasse juvat. Ut autem ex libro, qui de origine hujus inscribitur (75) didici, horum matres mox pueris editis ferro acutissimo [89] faciem secant, scilicet ut, antequam lactis nutrimenta percipiant, vulnerum tolerantiam subire cogantur. Dant huic assertioni fidem vulnera quæ pro deficientium dolore propinquum [90] vivorum corporibus infliguntur. Sanguinemque [91] prout ἄθεοι καὶ ἀσεβοῖς ἄντι τῶν δακρύων athei ke asevis anti ton dacrion, id est sine Deo et impii pro lacrimis, fundunt. Jamjam rex Hulodoicus collecta multitudine Augustam venerat, quæ est in Suevorum, Bagoariorum, seu orientalium Francorum confinio civitas, cum insperata, magis autem non optata, gentis hujus nuntiatur vicinitas. Sequenti igitur die secus Lemanni (74) fluminis campos, Martio operi capacitate sui aptos, utræque acies convenere.

4. Prius itaque ac
  Titoni croceum linqueret Aurora cubile (75),

Hungariorum gens, necis sitiens, belli avida, hos, videlicet christianos, adhuc opprimit oscitantes; nonnullos namque spicula prius quam clamores evigilarunt, alios vero cubilibus confossos neque strepitus neque vulnera exitarunt [92]; citius enim ab iis spiritus recessit, atque somnus. Gravis itaque hinc indeque oritur pugna, versique terga ceu in fugam Turci, directis acriter boclis, id est sagittis, plurimos sternunt.

*Versus.*

Nubibus omnipotens Heloim cum condere phœbi
Lumina chrisocomi venerandus ceperit atris,
Vertice cumque polus summo clangore remugit,
Fulgura crebra volant throno demissa Tonantis
Ignea: mox trepidant, qui nigrum in candida verta r',
Conscia tum metuunt scelerum sulcare suorum
Pectora, vulno [93] pariter ruitura superno : —
Haud secus e vacuis volitant concussa pharetris
Spicula, scinduntur validæ [94] quis terga loricæ.
Concutit ipsa ruens segetes cum grando superba,
Fit sonitus, clangorque simul per tecta sonorus,
Sic galeæ strictis reboant tunc ensibus ictæ,
Corpora sicque cadunt mutuis confossa sagittis.

Jam septimam descendens Phœbus occupaverat horam, et serenus adhuc Hulodoici partibus Mars favebat, cum Turci, sicut non incallidi, positis ex adverso insidiis, fugam simulant. Quos dum regis populus, doli ignarus, impetu validissimo sequeretur, omni prodeunt ex parte insidiæ, et quasivicti ipsi victores interimunt. Rex ipse e victore se victum esse miratur; fitque illi non opinatus gravior casus. Videres equidem saltus, agros, passim cadaveribus stratos, rivos et flumina sanguine permixta rubere; tunc hinnitus equûm, clangorque tubarum, fugientes etiam atque etiam terrere, persequentes magis magisque hortari.

5. Hungarii præterea compotes [95] sui effecti, christianorum hac tam inmensa [96] nece propriæ non satisfecere nequiciæ; sed rabiem ut perfidiæ satiarent, Bagoariorum, Suevorum, Francorum, Saxonum omnia deflagrando regna percurrunt. Nec quisquam erat, qui horum præsentiam, nisi labore non parvo naturave munitissimis præstolaretur in locis, factusque est per nonnullos populus hic tributarius annos.

6. [97] Hujus tempore Adelbertus quidam, non quilibet sed magnus ille heros, simultatem non modicam in castello [98] vocabulo Bavemberg contra rem publicam exercebat (*an.* 906). Sepe etenim rex Hulodoicus congregatis omnibus super eum irruerat. Cui nominatus heros non juxta castellum, ut a plerisque assolet, sed procul a munitione præparat bellum. Regis etenim milites priusquam re ipsa hujus audatiam mirarentur, regem præeuntes pugnæ proludio hunc extra castrum illicere atque interficere cogitabant. Adelbertus itaque proludii hujus-

ARIÆ LECTIONES.

[88] *hic quaternio excidit in 2. usque cap. 34. in.* [89] *accutissimo 1.* [90] *propiquum 1.* [91] *Sanguine neque 1. duabus lineis, priori vocabulo ultra spatium producto, ita ut scriba totam vocem in prima linea scribere aggressus, spatio deficiente ultimas syllabas lineæ sequenti intulerit.* [92] *alios — exitarunt in codice prius omissa in fine paginæ post remugit scripta sunt, remissionis tamen signo adiecto, quo neglecto in 5. 5a. 5a* ibi perperam habentur.* [93] *uulno 1 pro vulnereo.— vulnero 3e* lacuna 5. 5a*. judicio 5a*.- et Hervag.* [94] *quis terga 5. q. 1. desunt spatio vacuo 5. 5a. scolades galeæque 5a* quis tergo Hervag.* [95] *c. voti sui 5. 5 a. 5 a*.* [96] *inmsa 1.* [97] *caput hoc totum excidit codicibus 5.* [98] *calstello 1.*

NOTÆ.

(73) Jordanis c. 24.
(74) id est Lici.
(75) Virg. Georg. 1, 447.

modi non solum gnarus, verum etiam debriatus, obviam his tam longe a castro processerat, ut non hunc milites eousque ex adversariis esse cognoscerent, quoad eorum cervicibus istius mucro cædis inpaciens desæviret. Igitur cum septennio ferme Adelbertus heros rebellionem hujusmodi exerceret, sciens Hulodoicus istius audaciæ fortitudinem haudquaquam se nisi tergiversatione quadam posse devincere, Hattonem Magontinæ sedis archiepiscopum, quid sibi super hac re faciendum esset, consuluit. Qui, ut erat versutie pollens : « Desine, ait; ego te securum iis sollicitudinibus reddam. Ego, ut tete adveniat, providebo; tu, ne redeat, curato. » Hatto itaque animi confidentia, qua nonnullas res ex infortunio secundas effecerat, animatus, Bavemberg quasi Adelbertum adiit compassurus. Cui et ait : « Si et non aliam vitam præter instantem putares, tamen injuste faceres, quod domino tuo rebellis existeres, præsertim cum et quod agis, facias gratis; eo enim quo ferocitate animi vinceris (76), quantum ab omnibus, præcipue a rege diligaris, non intellegis. Consulenti itaque mihi fidem admitte; jusjurandum accipe, quo sine animi vacillatione de castello exire valeas et redire. Si sacerdotii mei promissionibus minime credis, juramento saltem ne diffidas, quoniam ut te salvum et incolumem de castello hoc eduxero, ita et reducere procurabo. » Adelbertus igitur hujusmodi melle dulcioribus elogiis delibutus, immo deceptus, jusjurandum ab Hattone accepit, eumque, ut secum pranderet, protinus invitavit. Hatto vero tergaversationis, quam exercere post paululum ceperat, non inmemor, eodem se haudquaquam pransurum omnimodis interdixit. Nec mora, Hatto de castello egreditur. Cujus dexteram Adelbertus tenens, mox eum prosequitur. Quem cum extra castellum Hatto conspiceret : « Pœnitet, infit, me, heros egregie, quod secundum tuum consultum, præsertim cum perlongum iter immineat, corpus edulio aliquo non refecerim. » Ignorans denique Adelbertus, quantum incommodi quantumve infortunii hæc sententia habeat : « Revertamur, ait, domine mi, et ne jejunii [99] maceratione corpus tabescat, cibo saltem paululum recreato. » Conivens itaque ejus peticionibus Hatto, per quam eum eduxit [100], repedavit et reducens dextera tenens. Haud mora, cibus sumitur, atque ab eis die eadem usque ad regem properatur. Clamor in castris oritur, fit tumultus non modicus, quoniam quidem Adelbertus regem advenisse (77) nuntiatur. Rex præterea hujus ob adventum non parum exhilaratus, proceres ad se venire atque in juditio residere præcepit. Quibus et ait : « Jam fere septennio Adelbertus quantas strages dederit, quas nobis turbas egerit, quot rapinarum et incendiorum infortunia nobis intulerit, ne ipsa potius quam fama deferente percepimus. Unde et sententiam vestram, pro hoc tam præclaro facinore quid recompensationis inpræsentiarum accipiat, expectamus. » Qui omnium decreto, secundum priscorum instituta regum, majestatis reus adjudicatus, capite truncatur. Verum dum vinctus traheretur ad mortem, Hattonem intuitus : « Perjurii, infit, reus eris, si memet necem incurrere [101] sinis. » Cui Hatto [102] : « Sanum te, inquit, e castro educturum, ita et reducturum promisi; quod me tunc complesse intellexi, cum te e castello eductum, salvum et incolumem [103] quam mox in castellum reduxi. » Tum se istuc advenisse dolens et Hattonis [104] dolum tarde intellexisse suspirans, tam invitus spiculatorem sequitur, quam libenter viveret, si liceret.

7. Paucis igitur interpositis annis, cum nullus esset, qui in orientali australive plaga Hungariis resisteret — nam Bulgariorum gentem atque Grecorum tributariam fecerant — ne quid inexpertum his esset, quæ sub meridiano atque occidentali degerent climate visere satagunt nationes. Inmenso itaque innumerabilique collecto exercitu, miseram petunt Italiam. Cumque juxta fluvium Brentam defixis tentoriolis, immo centonibus, triduo exploratoribus directis, terræ situm gentisque multitudinem seu raritatem conciderarent (78), repedantibus nuntiis hujusmodi responsa suscipiunt : « Planities hec nonnullis plena colonobus, uno, ut cernitis, ex latere montibus asperrimis atque fertilibus, altero mari cingitur Adriatico; opida vero cum nonnulla, cum munitissima. Et gentis quamquam ignoretur inbecillitas aut fortitudo, inmensa tamen conspicitur multitudo. Neque enim tam copiis paucis aggredi hanc hortamur. Verum cum nonnulle sint res quæ nos pugnare compellant, triumphus scilicet assuetus, animi fortitudo, pugnandi scientia, opes præsertim quarum desiderio fatigamur, quæ hic tot insunt, quot toto in orbe nec vidimus nec videre speravimus; nobis tamen consultis — neque enim longum arduumve remeandi iter est, quod decem potest et eo minus diebus perfici — revertemur, venturo quatinus vere omnibus gentis nostræ collectis fortissimis redeamus, sitque his cum in fortitudine tum noster in multitudine terror. »

8. Nec mora, his auditis, ad propria revertuntur, totamque hiemis asperitatem in fabricandis armis, in acuendis spiculis, in docendis juvenibus belli noticiam, ducunt.

9. Sol necdum Piscis [105] signum deserens, Arietis occupabat, cum inmenso atque innumerabili collecto exercitu Italiam petunt (an. 899), Aquilegiam, Ve-

VARIÆ LECTIONES.

[99] junii 1. [100] e. viam 5. 5 a. 5 a*. [101] incurre 1. [102] hato 1. [103] i. [non dico citissime] 9. *tres voces erasae* 1. [104] hatonis 1. [105] piscis 1-55.

NOTÆ.

(76) Id est propter ferocitatem animi, qua te vinci sinis, non intelligis, quantum. etc.
(77) Id est ad regem venisse.
(78) i. e. considerarent.

onam, munitissimas pertranseunt civitates, et Ticinum, quæ nunc alio excellentiori Papia notatur vocabulo, nullis resistentibus veniunt. Rex igitur Berengarius tam præclarum novumque facinus — antehac enim neque nomen gentis hujus audierat — satis mirari non potuit. Italorum igitur, Tuscorum, Volscorum, Camerinorum, Spoletinorum, quosdam libris, alios nuntiis directis, omnes tamen in unum venire præcepit, factusque est exercitus triplo Hungariorum validior.

10. Cumque sibi rex Berengarius tot adesse copias cerneret, superbiæ spiritu inflatus magisque triumphum de hostibus multitudini suæ quam Deo tribuens, solus ipse cum paucis quodam in opidulo degens, voluptati operam dabat. Quid igitur ? Tantam mox ut Hungarii contemplati sunt multitudinem, animo consternati, quid facerent deliberare non poterant. Prœliari pœnitus formidabant, fugere omnino nequibant. Verum inter utramque hanc æstuationem fugere magis quam prœliari juvat; persequentibusque christianis, Adduam fluvium natando, ita ut nimia festinatione plurimi necti submergerentur, pertranseunt.

11. Hungarii denique, consilio non malo accepto, internuntiis christianos rogant, quatinus, præda omni cum lucro reddita, ipsi incolumes remeare possent. Quam peticionem christiani funditus abdicantes, his, pro dolor ! insultabant, potiusque vincula quis Hungarii vincirentur, quam arma quibus necarentur, exquirunt. Cumque pagani christianorum animos hoc pacto mulcere nequirent, vetus rati melius consilium, cepta sese liberare satagunt fuga, sicque fugiendo in Veronenses latissimos campos perveniunt.

12. Christianorum primi horum jam novissimos insecuntur; fitque eodem pugnæ proludium, in quo victoriam habuere pagani. Validiore vero propinquante exercitu, fugæ non immemores, ceptum iter percurrunt.

13. Veneruntque christicolæ cum idololatribus pariter juxta fluvium [106] Brentam; equi enim nimium defatigati [107] fugiendi copiam negabant [108] Hungariis. Simul igitur utræque acies convenere, memorati tantummodo fluvii alveo separatæ. Hungarii denique nimio terrore coacti, omnem suppellectilem, captivos, arma omnia, equos, singulis tantum quibuscum remeare possent retentis, dare promittunt; hoc præterea in honore suæ petitionis adjungunt, ut si vita tantum comite datis omnibus, illos remeare permitterent, se numquam amplius Italiam ingressuros, filiis suis obsidibus datis, promitterent. Verum heu ! christiani superbiæ tumore decepti, minis paganos, ceu jam victos, insecuntur, eisque continuo hujusmodi apologiam ἀπολογίαν, id est responsionem, remittunt : « Si contraditum nobis, præsertim a contraditis jamque canibus mortuis, munus reciperemus, fœdusque aliquod iremus. »

Insanos capite non sanus juraret Orestes !

14. Hac igitur Ungarii legatione desperati, collectis in unum fortissimis, tali sese mutuo sermone solantur : « Si hac, quæ inpræsentiarum cernitur, luce perdita, nichil est quod deterius proveniri possit hominibus, et quia locus præci nullus, fugiendi spes omnis ablata, colla summittere mori est, quid verendum nobis est, tela inter ipsa ruere, morte mortem inferre ? Numquid non fortunæ; et non imbecillitati casus deputandus est noster ? Viriliter enim pugnando occumbere, non est mori, sed vivere. Hanc famam tantam, hanc κληρονομείαν, clironomian, id est hereditatem, ut a patribus nostris accepimus, nostris etiam relinquamus heredibus. Nobis debemus, nobis saltem credere expertis, qui copiarum paucitate nonnunquam plurimos stravimus. Invalidæ plebis sane congregatio plurima ad cedem est tantum exposita. Sed et Mars fugentem (79) sæpissime perhimit, dimicantem fortiter protegit. Hi enim qui nobis supplicantibus non miserentur, ignorant, neque mente percipiunt, quia vincere quidem bonum est, supervincere nimis invidiosum. »

15. Hac itaque ex horatione utcumque animos recreati, tres in partes insidias ponunt, recta ipsi fluvium transeundo hostes in medios ruunt. Christianorum enim plurimi longa propter internuntios exspectatione fatigati, per castra, ut cibo recrearentur, descenderant; quos tanta Hungarii celeritate confoderant, ut in gula cibum transfigerent aliis, quibusdam equis fugam negarent ablatis, eoque illos levius perhimebat, quo sine equis eos esse conspexerant. Ad augmentum denique perditionis christianorum non parva inter eos erat discordia. Nonnulli plane Hungariis non solum pugnam non inferebant, sed ut proximi caderent anhelabant; atque ad hoc perversi ipsi perverse fecerant, quatinus dum proximi caderent, soli ipsi quasi liberius regnarent. Qui dum proximorum necessitatibus subvenire neglegunt eorumque necem diligunt, ipsi propriam incurrunt. Fugiunt itaque christiani, seviuntque pagani, et qui prius supplicare muneribus nequibant, supplicantibus postmodum parcere [109] nesciebant. Interfectis denique fugatisque christianis, omnia Hungarii regni loca sæviendo percurrunt. Neque erat qui eorum præsentiam nisi munitissimis forte præstolaretur in locis. Illorum sane adeo prævaluerat virtus, quatinus eorum pars quedam Bagoariam, Sueviam, Franciam, Saxoniam, quedam vero depopularetur Italiam.

16. Neque enim hoc eorum meruerat virtus, sed

VARIÆ LECTIONES.

[106] fluium 1. *saepius.*  [107] defetigati 1. *saepius.*  [108] necabant 1.  [109] pascere 1.

NOTÆ.

(79) Id est fugientem.

verus Domini sermo, terra cœloque durabilior, mutari non poterat, quemadmodum per Hyeremiam prophetam omnibus nationibus in persona domus Israel comminatur dicens : « Ecce ego adducam super vos gentem de longinquo, gentem robustam, gentem antiquam, gentem cujus ignorabis linguam, nec intelleges quid loquatur. Pharetra ejus quasi sepulcrum patens, universi fortes, et comedet segetes tuas, et panem tuum devorabit; filios tuos et filias tuas comedet, gregem tuum; et armenta tua comedet, vineam tuam et ficum tuam ; et conteret urbes munitas tuas, in quibus tu habes fiduciam, gladio. Veruntamen in diebus illis, ait dominus Deus, non fatiam vos in consummatione (*Jer.* v, 15-17). »

17. Hac igitur eadem tempestate Hulodoicus rex moritur (*an.* 911, *Nov.* 8). Chunradus Francorum ex genere oriundus, vir strenuus bellorumque exercitio [110] doctus, rex cunctis a populis ordinatur.

18. Sub quo potentissimi principes Arnaldus in Bagoaria, Bruchardus in Suevia, Everardus comes potentissimus in Francia, Giselbertus dux in Lotharingia, erant. Quos inter Heinricus, Saxonum et Turingiorum præpotens dux, clarebat.

19. Secundo itaque regni hujus susceptionis anno (913) memorati principes huic, præsertim Heinricus, rebelles extiterant. Quos Chuonradus rex tam sapientiæ vigore quam fortitudinis robore superavit suamque ad fidelitatem perduxit. Arnaldus autem ejus nimio terrore coactus, cum uxore et filiis ad Hungarios fugit (*an.* 917), deguitque eodem, quoad vitalis aura Chuonradi regis rexerat artus.

20. Septimo denique regni sui anno vocationis suæ ad Deum tempus agnovit (*an.* 918, *Dec.* 23). Cumque (80) memoratos principes se adire fecisset, Heinrico solummodo non præsente, ita convenit : « Ex corruptione ad incorruptionem, ex mortalitate ad immortalitatem vocationis meæ tempus, ut cernitis, præsto est; proin pacem vos concordiamque sectari etiam atque etiam rogo. Me hominem excunte, nulla vos regnandi cupiditas, nulla præsidendi ambitio inflammet. Heinricum, Saxonum et Turingiorum ducem prudentissimum, regem eligite, dominum constituite. Is enim est et scientia pollens, et justæ severitatis censure habundans. » His ita prolatis, propriam coronam non auro, quo pœne cujuscumque ordinis principis pollent, verum gemmis præciosissimis, non solum inquam ornatam, sed gravatam, sceptrum etiam cunctaque regalia indumenta, in medium venire præcepit, ac prout valuit hujusmodi verba effudit : « Heredem regiæque dignitatis vicarium regalibus his ornamentis Heinricum constituo; cui ut obediatis, non solum consulo, sed exoro. » Quam jussionem interitus, et interitum mox est obœdientia prosecuta. Ipso namque mortem obcunte, memorati principes coronam cunctaque regalia indumenta Heinrico duci contulerunt; atque ut rex Chuonradus dixerat, cuncta per ordinem enarrarunt. Qui regiæ dignitatis culmen et prius humiliter declinavit, ac paulo post non ambitiose suscepit. Verum nisi pallida mors, quæ pauperum tabernas regumque turres æquo pulsat pede (81), Chuonradum regem tam citissime raperet, is esset, cujus nomen multis mundi nationibus imperaret.

21. Hoc eodem tempore Arnaldus cum uxore et filiis Hungaria rediens, honorifice a Bogoariis atque ab orientalibus suscipitur Francis. Neque enim solum suscipitur, sed ut rex fiat, ab iis vehementer hortatur. Rex Heinricus cum obtemperare suis omnes jussionibus, Arnaldum solummodo resistere cerneret, pervalido collecto exercitu, Bagoariam tendit. Quod Arnaldus ut audivit, ejus non passus est in Bagoaria præstolari adventum ; verum collectis, quibus valuit, copiis, huic obviam [111] properat (*an.* 921). Cuperat sane et ipse rex fieri. Cumque in eo esset, ut bellum pariter inire deberent, sicut vir sapiens et Dei timens rex Heinricus cogitans ex utraque parte irrecuperabile posse damnum accidere Arnaldo [112], quatinus cum solo solus loquatur, denuntiat. Putans igitur Arnaldus, quo singulari se acciret certamine, ad condictum locum solus hora statuta pervenit.

22. Quem sibi obviam properantem rex Heinricus tali est sermone adgressus :

Insana Domini jussis quid mente resistis ?
Quod populus regem me cupit esse, scias,
Imperio Christi, quo constat machina mundi ;
Tartarus hunc metuit, hunc Flegeton timuit ;
Conterit hic nitidos reges dudumque tremendos
Sublimesque volens ; erigit hic miseros,
Quo meritas Domini laudes per secula solvant.
Tune, superbe, reus, perfide, dure, ferox,
Invidiæ stimulis sevaque cupidine tactus,
Corpora christicolum perdere valde sitis ?
Si regem populus cuperet præponere temet,
Protinus is essem, qui magis hoc [113] cuperet.

Hoc igitur quadrifario dicendi genere, copioso scilicet, brevi, sicco et florido, rex Heinricus, ut erat animi prudens, Arnaldi animum mulcens, ad suos rediit.

23. Arnaldus vero, cum suis hæc omnia retulisset, hujusmodi ab eis audivit ἀπόκρισιν, apocrisin, id est responsionem : « Sapientis illius, immo sapientiæ veræ sententiam, quæ ait : *Per me reges regnant, principes imperant, et prudentes justitiam decernunt* (*Prov.* VIII, 15), illamque Apostoli dicentis [114] *quod omnis ordinatio a Deo est, et qui potestati resistit, Dei ordina-*

---

VARIÆ LECTIONES.

[110] exersitio 1.  [111] oviam 1.  [112] arnaldaldo 1.  [113] oc 1.  [114] dicentes 1.

NOTÆ.

(80) Cf. Reginonis cont. an. 919, ubi nonnulla valde similia, nec tamen eadem, exempli gratia, *sceptrum ei et coronam cæteraque regiæ dignitatis ornamenta transmisit.*

(81) Honorat. Od. I, 4, 13.

tioni resistit (Rom. xiii), quis ambigit? Neque enim in hujus electione totius populi posset esse animus unus, si a Trinitate summa, quæ Deus unus est, ante mundi constitutionem non esset electus. Si bonus fuerit, diligendus erit, Deusque in eo laudandus; si vero malus, equanimiter tolerandus. Subditorum namque plerumque exigunt merito, quatinus nonnumquam a prælatis graventur, non regantur. Æquum autem justumque nobis videtur, ut a cæteris non dissentiens, hunc regem eligeres, ipse vero te, ut tam fortunatum et prædivitem virum hoc pacto beares, animique tui furorem mulceret, ut quod decessores non habuere tui, tibi concedatur, scilicet quatinus totius Bagoariæ pontifices tunc subjaceant dicioni, tueque sit potestati, uno defuncto, alterum ordinare. » Conivens igitur Arnaldus suorum hoc optimo boneque consilio, Heinrici regis miles efficitur, et ab eo, ut jam dictum est, concessis totius Bagoariæ pontificibus honoratur.

24. Per idem tempus dum Chuonradi regis interitum atque Heinrici in regnum successionem audirent Hungarii (an. 919), tali sese sunt mutuo sermone adgressi [115]: « Rex forte novus novis uti legibus cupit. Copiis igitur collectis non minimis, ascendamus; scrutemurque, debita utrum rex Heinricus velit tributa persolvere. Quod si non, ut credimus, regibus dissentit a ceteris, regnum ejus cede atque inmensis depopuletur [116] incendiis. Non Bagoariorum, sed Saxonum, ubi rex ipse est, primo fines occupemus; ut, si forte, quod non speramus, congregare exercitum velit, neque de Lotharingia, neque de Francia, neque de Suevia, neque de Bagoaria, ei mature occurrere [117] possit. Sed et Saxonum ac Turingiorum [118] terra facile depopulatur, quæ nec montibus adjuta nec firmissimis oppidis est munita. »

25. Rex Heinricus gravissima valetudine detinetur (an. 933), et Hungariorum ei adventus proxime nuntiatur. Vix finetenus nuntiantis [119] verba audierat, cum directis per Saxoniam nuntiis, post quatriduum quotquot poterat capitali sententia se adire commendat. Validissimo igitur per quatriduum congregato exercitu, — est enim Saxonum mos [120] laudandus atque immitandus, quatinus annum post unum atque duodecimum nemini militum bello deesse contingat — etsi corporis invalidus viribus, mentis tamen vigore animatus, prout valuit æquum conscendit, atque collectis in unum copiis, hujusmodi eas verbis ad pugnandi rabiem exitavit (82):

26. Inclita Saxonum  Ceu leo frendens
Bella per innumera  Gens erat olim.
Restitit hæc Karolo  Ense cruento,

Qui sibimet totum
Fugiit hic victus
Quod sibi nos rediens
Id Domini pietas
Participes voluit
Nunc mala Turcorum
Gens, inimica Deo,
Eclesiæ populum
Pro dolor, heroes,
Subdere nostra volunt
Sumite nunc animos
Membra secare præcor
Sit furor heus ardens,
Hec Stigias [123] referant
Et calidos numerent

Straverat orbem [121];
Victor ubique
Subdidit [122] omnes,
Gessit, ob hoc quod
Esse salutis.
Nescia Christi
Gaudet in omnem
Ducere ferrum.
Heus mage, quod nunc
Colla tributo!
More virili!
Vique ferire!
Sancta cupido;
Munera ad undas,
Igne trientes!

27. Talibus itaque rex exhortationibus ad pugnam suorum accendi animos videns, indicto cunctis silentio, hæc iterum divini munere flaminis tactus adjecit: « Priscorum facta regum, sanctorum scripta Patrum nobis, quid agere debeamus, insinuant. Non enim est Deo difficile paucis plures sternere, si tamen horum qui id agere cupiunt, fides meretur; fides, inquam, non professionis tantum, sed operis, non solummodo oris, set etiam cordis. Voveamus itaque, ac secundum Psalmistam vota reddamus; ego, inquam, ego prius, qui dignitate videor et ordine primus. Simoniaca heresis Deo invisa, et a beatissimo apostolorum principe Petro damnata, quæ a decessoribus nostris hactenus est temere custodita, modis omnibus a nostro sit regno expulsa. Conectet invicem unitatis caritas, si quos diaboli divisit calliditas. »

28. Rex nonnulla his similia dicere cuperat, cum volipes nuntius Hungarios in Meresburg, quod est in Saxonum, Turingiorum [124], et Sclavorum confinio castrum, esse nuntiabat. Adjecerat etiam, eos non modicam parvulorum ac mulierum habere prædam, virorum vero inmensam fecisse stragem; condixerant enim a decimo et deinceps anno neminem se superstitem relicturos, quatinus per hoc terrorem non parvum Saxonibus adhiberent. Rex igitur, ut erat animi constans, talibus non terretur; verum magis magisque, ut pro patria pugnare ac laudabiliter debeant occumbere, exhortatur.

29. Vinctos interea Hungarii, si inpugnari debeant, sciscitantur. Cumque ab his non aliter posse fieri testaretur, exploratoribus dilectis [125], si hoc verum esse posset, exquirunt. Profecti denique exploratores, Heinricum regem inmenso cum exercitu juxta præfatum oppidum Meresburg contemplantur. Denique vix ad suos poterant reppedare, adventu

VARIÆ LECTIONES.

[115] adgressci 1. [116] depopopuletur 1. [117] occurere 1. [118] turingionum 1. [119] nuntiatis 1. [120] mox 1. [121] sequentia usque civitas est difficili capite 40. desunt, lacune nulla indicata 5. [122] Subdidit 1. [123] stigia stigias 5. 5 a 5 a. [124] turingionum 1. [125] ita 1. i. e. aut c. jectis aut directis.

NOTÆ.

(82) i. e. excitavit.

exercitus nuntiare; neque enim his fuerat alius, verum rex ipse, belli nuntius.

30. Haud mora, bellum incipitur, atque ex christianorum parte sancta ac mirabilis vox κύριε ἐλεισον, kyrie eleison, ex eorum vero turpis et diabolica hui, hui, frequenter auditur.

31. Dederat rex Heinricus suis ante belli inchoationem hujusmodi sapiens ac salubre consilium: « Cum ad Martis ludium [126] ceperitis properare, nemo sotium velotiori, quamquam habeat, temptet equo præire. Verum clipeis altrinsecus operti, primos super scuta sagittarum ictus recipite; deinde cursu rappido impetuque [127] vehementissimo super eos irruite, quatinus non prius vobis secundo sagittarum possint ictus emittere, quoad vestrorum sibi armorum sentiant vulnera pervenisse. » Saxones igitur admonitionis hujus saluberrimæ non inmemores, ordinata æqualiter acie currunt, nec est qui velociori tardiorem transeat equo; verum clipeis, ut rex dixerat, altrinsecus cooperti, sagittarum super clipeos recipiunt ictus innocuos ; deinde, ut vir prudentissimus dixerat, super hos cursu præpeti veniunt, adeo ut eorum prius vita cum gemitu fugeret, quam secundo jaculorum fulmina mitterentur. Fitque divini muneris pietate, ut potius hos fugere quam præliari juvet. Velox tunc sonipes piger queritur (83); falerarum præterea decor armorumque honor non Hungariis tutelæ, sed honeri erant. Abjectis quippe arcubus, dimissis spiculis, faleribus etiam, quo expeditius equi currerent, projectis, fugæ solummodo operam dabant. Verum omnipotens Deus, qui pugnandi eis audatiam tulerat, fugiendi etiam copiam omnino negabat. Cæsis igitur fugatisque Hungariis, inmensa captivorum turba dissolvitur, atque in lætitiæ cantum vox gemitus permutatur. Hunc vero triumphum tam laude quam memoria dignum, ad Mersburg rex in superiori cenaculo domus per ζωγραφεῖαν, zographian, id est picturam, notare præcepit, adeo ut rem veram potius quam verisimilem videas.

32. Dum hæc aguntur, Italienses pœne omnes Hulodoicum quendam, Burgundionum sanguine genitum, nuntiis directis invitant, ut eos adveniat [128], regnumque Berengario auferat sibique obtineat.

33. Hujus vero tam turpis sceleris auctor Adelbertus Eporegiæ civitatis marchio erat, cui et idem Berengarius filiam suam, nomine Gislam, conjugio copularat [129]; ex qua et filium genuerat, cui avi sui vocabulum dederat. Iste est, inquam, iste Berenga-

A rius ille, cujus inmensitate tyrannidis tota nunc luget Italia, cujusque lenocinio a quibuscumque gentibus perhimitur, non juvatur. Sed ut ad rem redeamus, satis nunc dixisse sufficiat.

34. Preterea idem Adelbertus, quod bonis omnibus cavendum est, nequissimi moris [130] fuit. Nam dum fervente sanguine juvenilem duceret vitam, miræ humanitatis miræque [131] sanctitatis fuit, adeo sane ut si ei a venatione redeunti pauper occurreret [132], aliudque ei deesset quod illi præstare nequiret, cornu protinus, quod ejus collo fibulis aureis dependebat, sine dilatione concederet, rursumque ab eodem, quanti estimabatur, adquireret. Tam diræ autem postmodum factus est famæ, ut hujusmodi vera de eo tam a majoribus quam a pueris cantio diceretur. Et quia sonorius est, Grece illud dicamus: Ἀδελβέρτος [133] κόμις κουρτής, μακροσπάθης, γουνδόπιστις, « Adelbertos comis curtis, macrospathis, gundopistis ; » quo significatur et dicitur, longo eum [134] uti ense et minima fide.

35. Hujus denique aliorumque nonnullorum Italiensium hortatu præfatus Hulodoicus in Italiam venit. Cui mox Berengarius, ut cognovit, obviam tendit. Cumque Hulodoicus Berengario sibi obviam venienti magnas adesse copias, sibi vero cerneret parvas, jurejurando ei hoc terrore compulsus promisit, ut si se tunc dimitteret, aliquibus promissionibus accitus amplius in Italiam non veniret. Fecerat namque sibi Berengarius plurimis conlatis muneribus Adelbertum, Tuscorum præpotentissimum marchionem, sibi valde fidelem, atque ideo Hulodoicus tam facile est expulsus.

36. Modica vero temporis transcursa intercapedine, rex Berengarius nominato Adelberto gravis est visus. Cui rei Berta conjux sua, regis Hugonis qui nostro post tempore in Italia regnavit mater, non modice fomitem ministrabat. Unde factum est ut, consulto eodem Adelberto marchione, ceteri Italienses principes propter eumdem Hulodoicum, ut adveniret, transmitterent. Qui cupiditate regnandi, jurisjurandi oblitus, concitus in Italiam venit.

37. Videns itaque Berengarius, quod Hulodoicus tam ab Italiensium quam a Tuscorum susscipereter principibus, Veronam profectus est. Hulodoicus vero eum cum Italiensibus persequi non desistens, Verona [135] illum etiam expulit, totumque sibi regnum viriliter subjugavit.

38. His ita gestis, bonum Huloddoico est visum, ut sicut circumcirca videret [136] Italiam, videret et Tusciam. Exiens denique Papia, proficiscitur [137] Lucam,

### VARIÆ LECTIONES.

[126] proludium 5. 5 a. 5 a*. [127] impetuque 1. [128] adueniad corr. adueniat 1. [129] conjungio cupularat. 1. [130] .... similiris fuit 2. ne quis simili oris fuit 5. nequissimi hvoris fuit 5a. in loco raso ; nequaquam sui similis fuit 5 a*. [131] mireque 1. [132] occureret 1. [133] Αδεβρτος 1. [134] eo 1. [135] veronam corr. verona 1. [136] viderat ? [137] proficitur 1.

### NOTÆ.

(83) Id est vocatur; qui veloci equo utebatur, de eo quasi pigro conqueritur ; auctor queritur passive usurpat.

ubi decenter miroque apparatu ab Adelberto suscipitur.

39. Cumque Hulodoicus in domo Adelberti tot militum elegantes adesse copias cerneret, tantam etiam dignitatem totque inpensas [138] prospiceret, invidiæ zelo tactus suis clangulum (84) infit: « Hic rex potius quam marchio poterat appellari; nullo quippe [139] mihi inferior, nisi nomine solummodo est. » Que res Adelbertum latere non potuit. Quod Berta, ut erat mulier non incallida, audiens, non solum virum suum ab ejus fidelitate ammovit, verum etiam cæteros Italiæ principes ei infideles effecit. Unde factum est, ut dum Tuscia rediens Veronam pergeret (*an.* 905), degeretque eodem nichil hesitans nichilque mali suspicans, Berengarius dato prælio custodes civitatis corruperit, collectisque viris fortissimis, in ipso noctis conticinio civitatem ingressus fuerit (*Jul.*).

40. Fluvius Athesis, sicut Tiberis Romam, mediam civitatem Veronam percurrit. Super quem ingens marmoreus miri operis miræque magnitudinis pons est fabricatus. A leva autem parte fluminis, quæ est aquilonem versus posita, civitas est difficili arduoque colle munita, adeo ut si ea pars civitatis, quam memoratus fluvius dexteram alluit, ab hostibus capiatur, ea tamen viriliter possit defendi. In hujus vero collis summitate præciosi operis est æclesia fabricata, in honore beatissimi Petri apostolorum principis consecrata, ubi et propter æclesiæ amœnitatem locique munitionem Hulodoicus manebat.

41. Berengarius denique, ut præfati sumus, noctu civitatem ingressus, clam Hulodoico suis cum militibus pontem pertransiens, in ipso aurore crepusculo hunc usque advenit. Qui clamore strepituque militum exitatus, sciscitatusque quid esset, in æclesiam fugit, nullusque eum, præter Berengarii militem unum, ubi esset, agnovit. Qui misericordia motus, noluit hunc prodere, sed celare. Timens vero isdem, ne ab aliis repertus proderetur vitaque multaretur, Berengarium adit (*an.* 905), eumque ita convenit: « Quoniam quidem tanti te Deus habuit, ut tuum proprias in manus traderet hostem, debes et tu ejus monita, immo præcepta, magnificare. Inquit enim: *Estote misericordes, sicut et Pater vester misericors est. Nolite judicare, et non judicabimini; nolite condempnare, et non condempnabimini* (*Luc.* vi, 36). » Intellexit itaque Berengarius, ut vir non incallidus, hunc, quo ipse lateret, scium esse, eumque sophystica hac responsione decepit: « Putasne me, insulse, quem Dominus tradidit homini, immo regem, velle occidere? Numquid et David sanctus regem Sahulem a Deo sibi in manus datum non occidere potuit, sed [140] noluit? » His sermonibus miles inclinatus, locum ostendit, ad quem confugerat Hulodoicus. Qui captus et ante Berengarii præsentiam ductus, hujusmodi eum Berengarius sermonibus increpavit: « Quousque (85) tandem abutere, Hulodoice, patientia nostra? Num infitiari potes, te illo tempore meis præsidiis, mea diligentia circumclusum? commovere etiam te contra me non potuisse? meque misericordia inclinatum, quæ nulla tibi debebatur, te dimisisse? Sensistine, inquam, te perjurii instilis (86) esse vinctum? Confirmasti sane mihi, te ipsum numquam Italiam ingressurum. Vitam tibi sicut ei, qui tete mihi prodidit, promiseram, concedo; oculos vero tibi auferre non solum jubeo, sed compello [141]. » His expletis, Hulodoicus lumine privatur, et Berengarius regno potitur.

42. Hungariorum interea rabies, quia per Saxones, Francos, Suevos, Bagoarios nequibant, totam per Italiam nullis resistentibus dilatatur. Verum quia Berengarius firmiter suos milites fideles habere non poterat, amicos sibi Hungarios non mediocriter fecerat.

43. Sed et Saraceni, qui, sicut dixi, Fraxenetum inhabitabant, post labefactionem Provincialium quasdam summas Italiæ partes sibi vicinas non mediocriter laniabant; adeo ut, depopulatis plurimis urbibus, Aquas (87) venirent, quæ est civitas 40 ferme miliariis Papia distans [142]. Quæ etiam propter thermas miro in tetragonum modo ad lavandum ibi constitutas vocabulum hujusce sortita est. Tantus enim timor invaserat universos, ut nullus esset qui horum præsentiam nisi forte tutissimis præstolaretur in locis.

44. Eodem tempore Saraceni ab Africa ratibus exeuntes, Calabriam, Appuliam, Beneventum, Romanorum etiam pœne omnes civitates ita occupaverunt, ut unamquamque civitatem mediam Romani obtinerent, mediam Africani. In monte quippe Gareliano munitionem constituerant, in quo uxores, parvulos captivos, omnemque suppellectilem satis tuto servabant. Nemo etiam ab occasu, sive ab arcturo, orationis gratia ad beatissimorum apostolorum limina Romam transire poterat, qui ab his aut non caperetur, aut non modico dato præcio dimitteretur. Quamvis enim misera Italia multis Hungariorum et ex Fraxeneto [143] Saracenorum cladibus premeretur, nullis tamen furiis aut pestibus sicut ab Africanis agitabatur.

45. Fertur autem hac occasione ab Africa exivisse, atque Italiam advenasse. Leone atque Alexandro imperatoribus augustis hominem exeuntibus, Romanos, ut latius dicturi sumus, cum Constantino, qui nunc usque superest, Leonis imperatoris

VARIÆ LECTIONES.

[138] inpenses 1. [139] quipe 1. [140] set corr. sed. 1. sæpius. [141] is. c. desunt 2. in paginæ fine. [142] discans 1. [143] fraxeto 1.

NOTÆ.

(84) Id est clanculum.
(85) Cf. Cic. in Catil. I, 1.
(86) Id est fasciis, vinculis.
(87) *Acqui*, ad Bormidam fluvium sita.

filio, Constantinopolitanum regebat imperium. Et monarchiam obtinebat. Quæ duas habuit natas sicut fieri adsolet, primo, quo Romanos suscepit imperium, anno, nonnullæ ei gentes, præsertim ἀνατολικαί, anatolike, hoc est orientales, nisæ sunt rebellare. Factum est autem, dum imperator exercitum ad expugnandas eas transmitteret, Appuliam et Calabriam, binas regiones quæ ei tunc temporis serviebant, huic [144] rebellasse. Cumque imperator, maximis orientem versus copiis directis, exercitus huc multitudinem destinare non posset, rogavit primo, ut ad sui fidelitatem pristinam sponte redirent. Qui cum recusarent, atque hoc se facturos minime dicerent, ad Africanum mox imperator suscensus dirigit regem, eum prætio rogans ut se adjuvet, virtutisque ejus auxilio Appuliam sibi atque Calabriam subdat. Hac legatione rex Africanus accitus, innumerabiles ratibus copias in Calabriam Appuliamque direxit, binasque has regiones imperatoris dominatui potentissime subdidit. Sed dum processu temporis has regiones dimitterent, Romam versus aciem giraverunt, montemque Garelianum maxima pro tuitione sibi vendicaverunt, multasque munitissimas civitates debellantes vi ceperunt.

46. Dominus vero noster Jesus Christus, coæternus et consubstantialis Patri sanctoque Spiritui, cujus misericordia plena est terra, qui neminem hominum vult perire, sed omnes salvos fieri et ad agnitionem veritatis venire, ne pereat, quod solus Deus ante mundi constitutionem prævidit, atque post omnem creaturam, quasi dominum ceteris utentem ac dominantem, creavit hominem, quemque in finem temporis per sanguinis sui effusionem [145] verus homo verusque Deus, non duo sed unus, redemit, ad amorem sui propriæque patrie dilectionem quosdam beneficiis invitat, terroribus alios compellit, non quo sibi, qui nec augmentum bonitate nostra, ut propheta testatur dicens: *quoniam bonorum meorum non eges* (*Psal.* xv, 2), nec detrimentum malitia sumere [146] possit, sed ut nobis prosit. Placuit itaque ei, quia beneficiis noluimus, hujusmodi nos ad tempus castigare terroribus. Sed ne Saraceni diutius insultarent et dicerent: *Ubi est Deus eorum?* convertit Deus corda christicolum, adeo ut amplior iis pugnandi quam fugiendi prius esset cupido.

47. Quo tempore venerandæ Romanæ sedis summum Joannes Ravennas pontificatum tenebat. Hic autem tam nefario scelere contra jus fasque pontificii culmen ita obtinuit.

48. Theodora scortum inpudens, hujus Alberici qui nuper hominem exiit avia, quod dictu etiam fedissimum est, Romane civitatis non inviriliter Marotiam atque Theodoram, sibi non solum coequales verum etiam veneris exercitio [147] promptiores. Harum Marotia ex papa Sergio, cujus supra fecimus mentionem, Joannem, qui post Joannis Ravennatis obitum Romanæ æcclesie obtinuit dignitatem, nefario genuit adulterio; ex Alberico autem marchione Albericum, qui nostro post tempore ejusdem Romane urbis principatum sibi usurpavit. Per idem tempus Ravennate sedis, secundus qui post Romanum archiercan archipræsulatus habebatur, Petrus pontificatum regebat. Qui dum subjectionis offitio debitæ jam nominatum Joannem papam, qui suæ minister ecclesiæ tunc temporis habebatur, Romam sepius et iterum domno dirigeret apostolico, Theodora, ut testatus sum [148], meretrix satis impudentissima, veneris calore succensa, in hujus spetiei decorem vehementer exarsit [149], seque hunc scortari solum non voluit, verum post etiam atque etiam compulit. Hec dum inpudenter aguntur, Bononiensis æcclesiæ episcopus moritur, et Johannes iste loco ejus eligitur. Paulo post (88) ante hujus diem consecrationis nominatus Ravennas archipræsul mortem obiit, locumque ejus Johannes hic, Theodore instinctu, priori Bononiense deserta æclesia, ambitionis spiritu inflatus, contra sanctorum instituta patrum sibi usurpavit. Romam quippe adveniens, mox Ravennatæ eclesiæ ordinatur episcopus. Modica vero temporis intercapedine, Deo vocante, et qui eum injuste ordinaverat papa defunctus est, Theodoræ autem glycerii (89) mens perversa, ne amasii sui ducentorum miliariorum interpositione, quibus Ravenna sequestratur Roma, rarissimo concubitu potiretur, Ravenate hunc archipræsulatum coegit deserere, Romanumque, pro nefas, summum pontificium usurpare. Hoc igitur sanctorum apostolorum taliter vicario constituto, Pœni, ut præfatus sum, Beneventum Romanasque urbes misere [150] laniabant (*an.* 914, *Apr.*).

49. Accidit [151] interea, Pœnorum quendam juvenem injuriis lacessitum Pœnos deserere huncque Joannem papam advenire, seque divino tactum spiramine papam ita convenisse: « Sacerdos magne, si saperes, populum terramque tibi subjectam Pœnos tam graviter laniare non sineres. Elige igitur juvenes nimia quasi mobilitate volipedes, qui me imperatorem, præceptorem, dominum equanimiter audiant. Horum neminem aliquid præter singulas parmas singulosque pilos ensesque singulos, ac simplices vestes cum exiguitate obsonii habere permitto. »

50. Sexaginta denique hujusmodi inventis sibique

VARIÆ LECTIONES.

[144] *sequentia usque* interfectorum strages *cap. 66 desunt in codicibus* 5. [145] effusione 1. [146] sumere 1. [147] exorcitio 1. [148] testatur sua 5 a. testatur uita 5 a'. [149] exarsciti 1. [150] miserere 1. [151] Acidit 1.

NOTÆ.

(88) Joannes archiepiscopus in chartis Ravennatibus an. 905 Jul. 15, et 911 Sept. 4, occurrit apud Fantuzzium t. I.

(89) Id est dulcis amoris, a γλυκύς et ἔρως.

traditis, Pœnos contra properat, latuitque secus angustas, qua Pœnorum iter erat, vias. Cumque circumcirca sepius et iterum Pœni depopulantes redirent, clangore cum maximo ex improvisu atque insperato hi ex insidiis prosilientes [152], eos leviter trucidabant. Clamor ex ore, ictusque simul a manu processerant. Neque enim Pœni, qui quidve esset, prius scire poterant, quam istorum spicula horum corporibus inhererent. Hac denique fama hocque exercitio nonnulli Romanorum acciti [i. e. provocati], plurimis Pœnos in locis prostraverant; callidoque hoc Africani consilio adtriti, civitates pœnitus rupto fœdere deserebant, solumque Garelianum montem sibi pro munitione delegerant.

51. Joanne itaque, ut præfati sumus, papa constituto, Landolfus quidam, vir strenuus bellorumque exercitio doctus, Beneventanorum et Capuanorum omnium princeps clarebat. Pœnis igitur statum rei publicæ non mediocriter labefactantibus, Landolfum hunc principem egregium, quid super re hujusscemodi, quam Africani agunt, Johannes consulit papa. Quod princeps ut audivit, papam per internuntios ita convenit : « Res hæc, spiritalis pater, magnis est investiganda consiliis. Mittito denique ad Argorum imperatorem, cujus et ipsi eam quæ cis mare est terram, sicut et nostram, depopulare non cessant. Camerinos etiam atque Spoletinos nostrum ad auxilium invitato; iniamus Deo protectore cum his acriter bellum. Si vincimus, non multitudini sed Deo victoria imputetur; si vero vicerint Pœni, peccatis nostris et non inherciæ deputetur. »

52. His auditis papa nuntios confestim Constantinopolim dirigit, suppliciter imperatoris amminicula sibi dari deposcens. Imperator vero, ut vir sanctissimus [153] Deique timens, copias absque mora classibus advectas direxit. Cumque per Garelianum flumen conscenderent, adfuit et papa Joannes (an. 916), cum Landolfo pariter Beneventanorum principe potentissimo, Camerinis etiam atque Spoletinis. Horrida satis denique inter eos pugna exoritur. Verum dum christianorum partem Pœni prævalere conspicerent, in Gareliani montis summitatem confugiunt, angustasque tantum vias defendere moliuntur.

53. Ex parte vero illa, qua difficilior [154] erat ascensus Pœnisque ad fugiendum aptior, Greci castrum die ipsa constituunt; in quo residentes, Pœnos, ne fugerent, observabant, cottidieque oppugnantes non mediocriter trucidabant.

54. Grecis igitur Latinisque cottidie conflictantibus, Deo miserante, Pœnorum nec unus quidem superfuit, qui non aut gladio trucidaretur, aut vivus continuo caperetur. Visi sunt autem a religiosis fidelibus in eodem bello sanctissimi [155] Petrus et Paulus apostoli, quorum christianos credimus precibus meruisse, quatinus Pœni fugerent, et ipsi victoriam obtinerent.

55. Hoc in tempore Adelbertus Tuscorum potens marchio moritur, filiusque ejus Wido a Berengario rege marchio patris loco constituitur. Berta autem uxor ejus cum Widone filio post mariti obitum non minoris facta est quam vir suus potentiæ. Quæ cum calliditate [156], muneribus, tum hymenei exercitio dulcis, nonnullos sibi fideles effecerat. Unde contigit, ut dum paulo post a Berengario simul cum filio caperetur et Mantue custodie teneretur, suos tamen civitates et castella omnia regi Berengario minime reddidisse, sed firmiter tenuisse, eamque postmodum de custodia simul cum filio liberasse.

56. Hæc, ut rumor est, tres ex viro suo genuerat, Widonem quem prædiximus, atque Lambertum, qui nunc usque lumine privatus superest, Ermengardam etiam gnatam suam sibi afroditi dulcedine coequalem, quam Adelberto Eporegiæ civitatis marchioni, Gisla Berengarii regis filia, Berengarii scilicet regis hujus matre, mortua, hymenei consortio copularat. Quæ ei filium genuerat nomine Anscarium, qui quantæ virtutis quantæque audatiæ fuerit, liber subsequens declarabit.

57. His temporibus isdem Adelbertus, gener regius, Eporegiæ, civitatis marchio, atque Odelricus palatii comes, qui ex Suevorum sanguine duxerat originem, necnon et Gislebertus prædives comes et strenuus, Lampertus etiam Mediolanensis archiepiscopus, nonnullique alii principes Italiæ, Berengario rebelles extiterant. Causa autem rebellionis horum hæc fuit. Dum Lampertus defuncto decessore suo Mediolanensis archiepiscopus ordinari debuisset, non parvam ab eo rex Berengarius contra sanctorum instituta patrum pecuniam exigebat, jussitque scribi in tabulis post datam sibi pecuniam, quantum cubicularii, quantum hostiarii, quantum pavonarii, ipsi etiam altilium custodes, accipere deberent. Lampertus igitur archipræsulatus amore vehementer animatus, quæcumque rex poposcerat, quanto cum dolore tribueret, ex hoc intelligere poteris, quod subsequens lectio declarabit.

58. Odelricum palatii comitem, quem prædiximus, vinctum Berengarius tunc tenebat. Cumque Lampertum archipræsulem constitueret, Odelricum ei, donec quid de eo deliberaret ageret, commendavit. Is autem pecuniæ multæ, quam pro episcopatu erogarat, non inmemor, hoc cum capto cepit de ejus infidelitate discutere.

59. Paucis denique interpositis solibus, rex Berengarius, nuntiis directis, Odelricum ad se venire præcepit. Quos hyronica hac responsione convenisse non dubium est : « Sacerdotis officio penitus carere debeo, si jugulandum quempiam in manus alicujus tradidero. » Intellexerant itaque nuntii hunc pu-

---

VARIÆ LECTIONES.

[152] prosilientis 1. [153] sanctisimus 1. [154] dificilior 1. [155] sanctisimi 1. [156] callidate 1.

plice rebellasse, quem a rege sibi traditum absque ejus licentia noverant dimisisse [187]. Qui regressi protinus ad regem, Terentianum illud (90) pro responsione dederunt : *Huic commendes, si quid recte curatum velis*

60. Quo tempore Rodulfus rex superbissimus Burgundionibus imperabat. Cui in augmentum potentiae hoc accessit, ut potentissimi Suevorum ducis Bruchardi filiam, nomine Bertam, sibi conjugio copularet. Igitur Italienses, nuntiis directis, hunc venire, Berengarium vero expellere petunt.

61. Inter agendum autem contigit (an. 921) Hungarios Veronam his ignorantibus advenisse; quorum duo reges Dursac et Bugat amicissimi Berengario fuerant. Adelbertus denique marchio atque Odelricus comes palatii, Gislebertus etiam comes, pluresque alii, dum in montanis Brixianae civitatis quae 50 miliariis Verona distat [158], conventicula ob Berengarii dejectionem haberent, rogavit Berengarius. Hungarios, ut si se amarent, super inimicos suos irruerent. Hi vero, ut erant necis avidi, bellandi cupidi, a Berengario mox praeduce accepto, per ignotas vias a tergo hos usque adveniunt; tantaque illos tunc celeritate confodiunt, ut nec induendi quidem sumendive arma spatium habere quirent. Captis igitur cesisque multis, Odelricus palatii comes, qui se non [159] viriliter defenderat, occiditur, Adelbertus autem marchio et Gislebertus vivi capiuntur.

62. Verum Adelbertus, ut erat vir non bellicosus sed sagacitatis [160] nimieque calliditatis, dum inruere Hungarios undique cerneret, essetque illi fugiendi spes omnis ablata, balteum armillasque aureas omnemque praeciosum abparatum projecit, vilibusque se militis sui induit vestimentis, ne ab Hungariis qui esset dinosceretur. Captus itaque sciscitatusque, quis esset, militis cujusdam militem se esse respondit. Rogavitque se ad vicinum castellum, vocabulo Calcinaria, duci, in quo parentes, qui eum redimerent, se habere asserebat. Ductus igitur, quia non agnitus, vilissimo praetio comparatur. Emit autem illum suus ipsius miles, nomine Leo.

63. Gislebertus denique, quia agnitus, flagellatus, vinctus, seminudus, ante regis Berengarii praesentiam ducitur. Enimvero dum ante eum sine femoralibus, curta indutus endromade, ductus, regis ad pedes pronus concite caderet, in genitalium ostensione membrorum risu omnes emoririer. Rex autem, pietatis ut erat amator, misericordia quae ei nulla debebatur inclinatus, ei non, ut populus optavit, malum pro malo reddidit; verum confestim lotum obtimisque vestibus indutum, eum abire promisit. Cui et ait : « Jusjurandum a te nullum exigo, fidei tuae te ipsum committo, si male contra me egeris, rationem redditurum Deo. »

64. Hunc denique ad propria redeuntem, regis gener Adelbertus ceterique qui cum eo simul rebelles extiterant, accepti immemorem beneficii, ob Rodulfum, ut adveniat, dirigunt. Profectus denique eodem Gislebertus, ante 30 dies eum Italiam advenire coegit. Qui susceptus [161] ab omnibus, nil Berengario ex omni regno praeter Veronam dimisit; tenuitque totum per triennium viriliter regnum (an. 922 Jan. — 926 Jul.).

65. Cum 12 sibimet horis homo placeat, displiceat, hoc modo diligat [162], illud mox aspernetur [163], qui fieri potest, ut omnibus semper aequanimiter placeat? Igitur infra triennium istud rex Rodulfus quibusdam bonus, aliis gravis est visus. Unde factum est, ut totius regni media pars populi Rodulfum, media Berengarium vellet. Parant itaque civile non modicum bellum ; et quoniam Wido, Placentinae civitatis episcopus, Berengarii partibus favebat, 12 longe Placentia miliariis juxta Florentiolam bellum constituunt [164].

Tum quam satis horrida pugna
Oritur civilis et atra,
Heu, quattuor ante Kalendas
Quater [165] Sextilis ; at ipse
Radios emergere Phoebus,
Bucina Mars cum strepit alta.
Gnato Pater ipse perhennem
Fert interitum, genitusque
Perhimit patrem, dolor he [166] quis?
Laetum parat ecce nepoti
Abavus, sternendus ab ipso ;
Furiis pulsatus ab atris.
Fratrem fodit eminus alter.
Berengarius ruit ipse
Medios rex per citus hostes,
Properans [167] ceu fulgur ab alto,
Cancri grave sidus aristas
Deicit cum falce [168] novellas.
Aliter non ferus et atrox
Miserum rex ipse Rodulfus
* Deicit mucrone popellum.

66. Dederat rex Rodulfus Waldradam sororem suam, tam forma quam sapientia quae nunc usque superest honesta matrona, conjugem Bonefatio comiti potentissimo, qui nostro post tempore (91) Camerinorum et Spoletinorum extitit marchio. Hic, collecta multitudine, cum Gariardo pariter comite Rodulfo in auxilium venerat, atque, ut erat vir tam callidus quam audax, maluit potius cum suis in insidiis positus rei exitum expectare, quam primum belli impetum sustinere. Jamjam Rodulfi poene

VARIAE LECTIONES.

[187] dimisse 1. [158] dictat. [159] v. n. 5. 5. a. [160] sagatitatis 1. [161] supsceptus 1. [162] i. m. a. q. f. p. ut. o. s. æ. p. *desunt* 2. [163] aspernereter 1. [164] parant 5 a. [165] quatuor 5. 5 a. [166] heu quantus 5. 5 a. [167] Properas *corr.* Properaus 1. Properas 2. 5. Properat 5 a. [168] falfalce 1.

NOTÆ.

(90) Adelphi III, III, 19.

(91) Anno 946 ex Chronico Farfensi.

omnes milites fugerant, et Berengarii, dato victoriæ signo, colligere spolia satagebant, cum Bonefacius atque Gariardus, subito ex insidiis properantes, hos tanto levius quanto inopinatius sautiabant. Pepercerat Gariardus nonnullis, hasta eos et non ferro percutiens; Bonefatius vero, nulli parcens, inmensam fecerat stragem. Signum itaque victoriæ Bonefacius concrepat, conveniuntque qui ex Rodulfi parte aufugerant, persequentesque Berengaricos, fugam illos inire cogebant. Berengarius vero ad non incognitum Veronæ perrexit asilum. Tanta quippe tunc interfectorum strages facta est, ut militum usque hodie permagna raritas habeatur.

67. His ita peractis, regnum sibi rex Rodulfus potentissime subjugavit, Papiamque concite veniens, congregatisque omnibus : « Quoniam, inquit, superni muneris largitate mihi contigit devictis hostibus regni solium adipisci, nunc cordi est vestræ me regnum Italicum fidei commendare, Burgundiamque patriam veterem visere. » Cui mox Italienses : « Si bonum tibi, inquiunt, videtur, præsto sumus. »

68. Igitur post Rodulfi regis abscessum, malo Veroneses accepto consilio, vitæ insidiari Berengarii moliuntur; quod Berengarium non latuit. Tam sevi autem auctor ac repertor facinoris Flambertus quidam erat, quem sibi, quoniam ex sacrosancto fonte filium ejus susceperat, compatrem rex effecerat. Pridie vero quam pateretur, eundem ad se Flambertum venire præcepit. Cui et ait :

69. « Si mihi tecum hactenus non et multæ et justæ causæ [169] amoris essent, quoquo modo, quæ de te dicuntur, credi [170] possent. Insidiari te vitæ meæ aiunt; sed non ego credulus illis. Meminisse autem te volo, quantecumque tibi accessiones et fortunæ et dignitatis fuerint, eas te non potuisse nisi meis beneficiis consequi. Unde et hoc animo in nos esse debes, ut dignitas mea in amore atque in fidelitate tua conquiescat. Neque vero cuiquam salutem ac fortunas suas tantæ curæ fuisse unquam puto, quanti mihi fuit honos tuus. In quo mea omnia studia, omnem operam, curam, industriam, cogitationem hujus civitatis omnem fixi. Unum hoc sic habeto : si a te mihi servatam fidem intellexero, non mihi tam mea salus cara, quam pietas erit in referenda gratia jucunda. »

70. His expletis, aureum non parvi ponderis poculum rex ei porrexit, atque subjunxit : « Amoris salutisque mei causa quod continetur, bibito [171]; quod continet, habeto. » Vere quippe et absque ambiguitate post potum introivit in illum Sathanas; quemadmodum et de Juda proditore Domini nostri Jesu Christi scriptum est : *Quia post bucellam tunc introivit in illum Sathanas (Joan. XIII, 27).*

71. Beneficii quippe præteriti et præsentis immemor, insomnem illam regis in necem populos instigando pertulit noctem. Rex nocte illa, quemadmodum et solitus erat, juxta æclesiam, non in domo quæ defendi posset, sed in tuguriolo quodam manebat amœnissimo. Sed et custodes nocte eadem non posuerat, nichil suspicans etiam mali.

    Se primum quatiens strepit
    Gallus, cum vigiles facit
    Mortales, solito sonat
    Et pulsata Deo cánit
    Jam tunc ænea machina,
    Invitatque docens bene
    Lœtheum (92) grave spernere,
    Laudes huic modo reddere,
    Qui vitam tribuit, dedit
    Et nobis superam bene
    Sanctam querere patriam;
    Hic * rex eclesiam petit,
    Ac laudes Domino canit.
    Flambertus properans volat,
    Quocum multa simul manus,
    Ut regem perhimat bonum.
    Rex horum vigil inscius,
    Audit dum strepitum, nichil
    Formidans, properat citus,
    Hoc quid visere sit; videt
    Armatas militum manus.
    Flambertum vocat eminus.
    *Quid turbe est, ait, en bone*
    *Vir? quid nunc populus cupit*
    *Armatus referens manus?*
    Respondit : *Vereare nil.*
    *Te non ut perhimat ruit,*
    *Sed pugnare libens cupit*
    *Hac cum parte, tuum petit*
    *Mox qui tollere spiritum.*
    Deceptus properat fide
    Rex hac, in medios simul
    Tum [172] [i. e. tunc] captus male ducitur;
    A tergo hunc ferit impius
    Romphea; cadit heu pius,
    Felicemque suum Deo
    Commendat pie spiritum!

72. Denique quam innocentem sanguinem fuderint quantumque perversi perverse egerint, nobis reticentibus, lapis ante cujusdam æclesiæ januam positus, sanguinem ejus transeuntibus cunctis ostendens insinuat. Nullo quippe delibutus aspersusque liquore discedit.

73. Nutrierat sibi rex Berengarius familiariter lauteque juvenem, immo heroem quendam, Milo nomine, memoria satis ac laude dignum. Cujus si rex

VARIÆ LECTIONES.

[169] case 1. [170] que de te credi 1. [171] libito 1. *pro* libato (?) *vel* bibito. [172] Tunc 5 a

NOTÆ.

(92) Id est somnum.

fretus consiliis esset, fortunas sibi omnes non tantum adversari sentiret, nisi quia forte hoc divinæ prævidentiæ consilium fuit ut aliter fieri non posset. Is sane nocte eadem, qua rex deceptus est Berengarius, adhibitis sibi copiis, nocturnas ei vigiliarum custodias voluit exhibere. Rex vero promissionibus Flamberti deceptus, Milonem se non solum custodire non sivit, verum etiam atque etiam vehementer prohibuit. Milo autem, sicut vir fidelis et rectus, ac bene- ficii sibi a rege conlati non immemor, quem defendere, quia defuit, non potuit, brevi [i. e. cito] acriter vindicare curavit. Tercia quippe post regis necem die, Flambertum sibique tam in nefario scelere coniventes, vi captos, suspendio vitam finire præcepit. Fuerunt sane in hoc viro nonnullæ perfectæque virtutes, que Deo propitio suis in locis, vita comite, silentio non tegentur.

EXPLICIT LIBER SECUNDUS ANTAPODOSEOS.

## INCIPIUNT CAPITULA LIBRI TERTII.

1. De titulo hujus operis, cur dicatur Antapodosis.
2. Quod defuncto Berengario et Rodulfo ab Italia discedente, Hungarii Italiam laniabant.
3. Metrica descriptio de Papiensi lamentabili exustione.
4. Quod Dei gladius non funditus Papiam destruxerit [173], sed misericordia ejus mirabiliter ab Hungariis liberarit.
5. Quod beati Siri, ejusdem civitatis patroni, sit meritis liberata.
6. Quod isdem beatus Sirus Papiam veniens, prophetie spiritu ejus affluentiam et Aquilegiæ casum denuntiarit.
7. Cur Ermengarda [174] post Adelberti viri sui necem tam potens extiterit.
8. Regi Rodulfo a Burgundia regresso, Ermengarda ei post paululum rebellis extitit et cum Italiensibus Papiam tenuerit.
9. Rodulfus rex cum exercitu Papiam [175] tendit.
10. Quod Ermengarda calliditate sua hoc faceret, ut Rodulfus noctu suos desereret atque ad se transfuga fieret.
11. Quod mane facto re cognita Rodulfi milites Mediolanium fugerint.
12. Italienses ob Hugonem mittunt.
13. Rodulfus igitur in Burgundiam vadit, et Bruchardum [176] socerum suum ad auxilium suum adducit.
14. Qua occasione Bruchardus Mediolanium sit profectus, et cur ibi honorifice susceptus de ejus sit morte tractatum.
15. Bruchardus Mediolanio rediens Novariam venit, ubi et ab Italiensibus cum suis omnibus occiditur.
16. Post Bruchardi necem Rodulfus in Burgundiam fugit, atque Hugo per Tyrrhenum mare in Italiam venit.
17. Italiensium nonnulli ad Pisam ei occurrunt, ubi et Johannis papæ nuntii veniunt, quorum hortatu Papiam pergens rex efficitur.
18. De Widone regis Hugonis fratre, qui Tusciam tunc tenebat, qui Marozotiam scortum Romanam uxorem habebat.
19. De plurimis Hugonis regis virtutibus, quas luxuria foedabat.
20. Quod idem rex Hugo duos filios tunc habuerit.
21. De eo quod rex Hugo Heinricum regem sibi amicum facit.
22. Quem nuntium rex Constantinopolim direxit Romano imperatori.
23. De duobus canibus imperatori directis qui eum laniare voluerunt.
24. Quam ob rem regis Hugonis nuntius ab imperatore sit mirifice susceptus.
25. De leone ferocissimo quem Romanos interfecit.
26. Qualiter Romanos primo delongaris et postmodum pater vasileos sit constitutus.
27. Focas domesticus cum Simeone Bulgariorum rege pugnans sponte fugit, cum Romanon patrem vasilleos factum audit.
28. Qualiter Focas Constantinopolim veniens a Romano capitur, et lumine privatur.
29. De Simeone Bulgariorum rege, qui prius monachus et postmodum reus (93) est factus.
30. De Romano qui filiam suam Helenam Constantino imperatori conjugem dedit.
31. Cur imperatores porphirogeniti dicantur.
32. Qualiter Basilius, interfecto domino suo Michahele imperatore, imperator sit factus.
33. De eo quod Dominus noster Jesus Christus per visionem [177] de morte Michahelis Basilium terruerit.
34. De poenitentia Basilii et æclesia miro opere ob reatum facta.
35. Qualiter Romanos principes sit allocutus et ex patre vasileos imperator sit factus.
36. Quod Romanos ex humili sit natus prosapia.
37. Romanos filium suum Christophorum imperatorem facit, et injuste Constantino domino suo eum præponit.
38. Qualiter inter imperatorem Romanon et Simeonem pax sit constituta.

VARIÆ LECTIONES.

[173] destuxerit 1. [174] ermenga 1. 2. [175] papaam 1. [176] burchardum 2. [177] visione 1.

NOTÆ.

(93) Scilicet apostasiæ reus, ad sæculum reversus.

39. De Walperto et Gezone Papiensibus, qui seditionem contra regem Hugonem fecerunt.
40. Quod humili sint a rege legatione decepti.
41. Post modicum Walpertus capite truncatur, Gezo umine privatur.
42. De Ildoino episcopo et Raterio monacho, quorum Ildoinus per Hugonem regem Mediolanii archiepiscopus, Raterius Verone episcopus constituitur.
43. Qualiter Johannes papa sit captus, custodie traditus, ibique defunctus, et quis post eum fuerit ordinatus, et quod Wido moritur et Lambertus marchio constituitur.
44. De munitione in ingressu Romane urbis posita, in qua rex Hugo susscipitur, a qua et turpiter non multo post per Albericum ejicitur.
45. Quod divina hoc dispositione sit factum.
46. Qualiter et cur rex Hugo [178] Lambertum fratrem suum cœperit, et consilio Bosonis fratris sui eum excecaverit, cui et marcam dedit.
47. Rex Hugo jusjurandum a Rodulfo rege accipit, atque Heinricum regem sibi amicum muneribus facit.
48. Arnaldus dux Bagoariorum Milonis comitis et Raterii episcopi hortatu in Italiam properat; cui rex Hugo festinus obviat.
49. De Bagoariis ab Hugonis regis militibus interfectis.
50. Cur Milo Arnaldum deseruerit ac regem Hugonem adierit.
51. Arnaldus, expugnata munitione quæ Veronæ erat, in Bagoariam redit.
52. De Verona regi Hugoni reddita, et de Raterio episcopo capto, et libro suo facete satis composito.

EXPLICIUNT CAPITULA.

## INCIPIT LIBER TERTIUS. BIBLOS C.

1. Operis hujus titulum, pater sanctissime, satis te mirari non ambigo. Ais forte : Cum virorum illustrium actus exhibeat, cur Αντατόδοσης, antapodosis, ei inseritur titulus? Ad quod respondeo [179] : Intentio hujus operis ad hoc respicit, ut Berengarii hujus, qui nunc in Italia non regnat sed tyranizat, atque uxoris ejus Willæ, quæ ob inmensitatem tyrannidis secunda Jezabel, et ob rapinarum insacietatem Lamia proprio apellatur vocabulo, actus designet, ostendat, et clamitet. Tanta enim mendatiorum jacula, tanta rapinarum dispendia, tanta impietatis molimina in me et domum meam, cognationem et familiam, gratis exercuere, quanta nec lingua proferre nec calamus prævalet scribere. Sit igitur eis præsens pagina antapodosis, hoc est retributio, dum pro calamitatibus meis τῶν ἀσεβεῖων, asevian, Id est impietatem eorum, præsentibus futurisque mortalibus denudavero. Nec minus etiam sanctissimis et fortunatis viris pro collatis in me beneficiis antapodosis erit. Ex memoratis sane aut memorandis nullus invenitur aut rarus, hoc uno, Berengario [180] scilicet impio, exepto, quorum non beneficiis genitores aut genitus vehementer gratularemur. Denique quod ἐν τῇ ἐχμαλοσίᾳ, en ti echmalosia, hoc est in captivitate seu peregrinatione, libellulus hic conscriptus dicatur, præsens indicat exulatus. Cœptus quippe in Frankenenvurd, qui est 20 miliariis locus Magontia distans, in Paxu insula (94), nongentis et eo amplius Constantinopolim miliariis distans, usque hodie exaratur. Sed redeamus ad rem.

2. Rege Berengario defuncto (an. 924, Mart. 12) atque absente Rodulfo, Hungariorum rabies Salardo præduce totam per Italiam dilatatur, adeo ut muros Papiensis civitatis vallo circumdarent, ac defixis per girum tentoriis, exeundi aditum civibus prohiberent. Qui cum his viribus non resistere possent, peccatis promerentibus, nec munere mulcent.

*Versus.*

3. Clarus ab infuso discedens sidere Phœbus [181]
Zodiaci primum solito conscendere sidus
Incipit, et gelidas dissolvere colle pruinas,
Æolus atque suos binos bis mittere flatus,
Ungrorum [182] furibunda manus cum gaudet in urbem
Flatibus Æoliis adjuta infundere flammas.
Spiritibus validis parvus diffunditur ignis ;
Nec juvat Hungarios solis hos urere flammis,
Undique conveniunt, mortemque inferre minantur,
Confodiunt telis, calidus quos terruit ignis.
Uritur infelix olim formonsa Papia !
Vulcanusque suos attollens flatibus artus,
Ecclesias patriamque simul conscendit in omnem.
Extinguntur matres, pueri, innuptæque puellæ
  [ypermetrus versus.
Sancta catervatim moritur catecumina ples (95)
  [tunc,
Presul in urbe sua hac moritur sanctusque sacerdos,
Nomine qui proprio bonus est dictusque Johannes.
Quod fuerat longo thecis in tempore clausum,
En jacet, hoc aliena manus ne tangeret aurum,
Atque per inmensas dissolvitur igne cloacas.
Uritur infelix olim formonsa Papia !
Cerneret [sc. qui adesset] argenti rivos, paterasque
  [micantes,
Corpora majorum passim conbusta virorum

VARIÆ LECTIONES.

[178] hogo 1. [179] respendeo 1. [180] berenga 1. [181] poebus 1. [182] *hic versus et sequens desunt* 3.

NOTÆ.

(94) A meridie Corcyræ, in littore Epiri. (95) Id est plebs.

Jaspidis hic præcium viridis rutilique topazii
Spernitur, et saphyrus [183] pulcherque berillus;
Institor heu faciem nullus tunc flectit ad aurum.
Uritur infelix olim formonsa Papia!
Lucidus inmensas eripit nec fonte carinas
Ticinus, sentina simul diffunditur igne.
Usta est infelix olim formonsa Papia

anno Dominicæ incarnationis 92, IV. Idus Mart., indictione 12, sexta feria, hora tertia. Quorum memoriam piæ recordationis affectu, qui eodem combusti sunt, vos et quicumque legeritis, faciatis, vehementer exoro.

4. Verum piissimi omnipotentisque Domini, cui propheta misericordiam et juditium concinit, cujusque misericordia plena est terra, usque ad consummationem gladius non desevit. Nam etsi peccatis promerentibus est exusta, non tamen inimicorum manibus tradita. Impleturque quod rex et propheta cantat: « Numquid in æternum projiciet Deus? aut non apponet, ut complacicior sit adhuc? aut in finem misericordiam suam abscidet, a generatione in generationem? Aut obliviscetur misereri Deus? aut continebit in ira sua misericordias suas? » (Psal. LXXVI, 8.) Itemque ei alius propheta dicit: « Cum iratus fueris, misericordiæ recordaberis (Habac. XIII, 2). » Reliquiæ igitur quæ supererant [184], Hungariis non inviriliter resistebant; adeo ut letabundi canerent cum Propheta: « Hæc est inmutatio dexteræ Exelsi (Psal. LXXVI, 11) (96). »

5. Accessit ad hoc magnumque juvamen præbuit sanctissimi [185] patris nostri doctorisque egregii beati Siri, cujus in præfata urbe requiescunt exuviæ [186] intercessio gloriosa. Ac ne ejus vaticinium falleretur, prædicta urbs Papia, ut caderet, est inpulsa, verum misericorditer a Domino liberata. Missus equidem prædicationis gratia a beato Hermagora, evangeliste Marci discipulo, Papiam beatissimus pater, hujusmodi eam prophéciæ spiritu præsagio honoravit:

6. « Delectare gaudiis, urbs Papia, quia veniet tibi ab externis montibus exultatio. Non vocaberis minima, sed copiosa in finitimis civitatibus. » Et ut hoc ejus vaticinium firmius crederetur, Aquilegiæ non ignotæ civitatis casum hac eadem hora sermone hujusmodi nuntiavit: « Ve tibi, Aquilegia, quia cum impiorum incesseris manus, destrueris, nec ultra reædificata consurges. » Quod ita esse completum, visibus patens ratio manifestat. Aquilegia namque, prædives atque inmensa olim civitas, ab impiissimo Hunorum rege Attila capitur ac funditus dissipatur, nec ulterius [187], ut in præsentiarum cernitur, elevatur; Papia vero, ut vir sanctissimus dixerat, copiosa et apellatur et cernitur; non solum quippe

A præcellit vicinas, et longe positas opibus civitates. Quid alias memorem, cum insignis ipsa totoque orbe notissima Roma huic inferior esset, si præciosa beatissimorum apostolorum corpora non haberet? Patet igitur, quod hanc intercessio beatissimi patroni nostri Siri eripuit, qui eam tam veridico ac præcioso præsagio honoravit. Exusta denique Papia, factaque totam per Italiam non modica præda, Hungarii ad propria revertuntur.

7. Hoc eodem tempore defuncto Adelberto, Eporegiæ civitatis marchione, uxor ejus Hermengarda, Adelberti præpotentis Tuscie marchionis et Bertæ filia, totius Italiæ principatum obtinebat. Causa autem potentiæ hujus hæc erat, quoniam, quod dictu etiam fœdissimum est, carnale cum omnibus, non solum principibus, verum etiam ignobilibus, commercium exercebat.

8. Per id [188] tempus rex Rodulfus Burgundia rediens in Italiam venit, defunctoque Berengario, regnum potenter obtinuit. Post aliquot autem dies Italienses omnes cœperunt inter sese dissidere. Zelo quippe non modico propter Hermengardæ pulcritudinem juxta carnis hujus putredinem trahebantur, eo quod ea stuprum aliis præbebat, aliis denegabat. Unde factum est, ut prædives Mediolanensis archiepiscopus nonnullique alii regis Rodulfi partibus faverent; cum Hermengarda vero tot simul rebelles aderant, quod ipsam etiam regni caput Papiam regi non inviriliter prohiberent.

9. Factum est autem, ut rex Rodulfus, collectis copiis, Papiam tenderet. Castrametatus vero miliario ab urbe, eo in loco quo Ticinus simul magnusque ille Padus conveniunt, — in cujus Maro sic laudibus canit (97),

Fluviorum rex Heridanus;
Itemque (98).
Corniger Hesperidum fluvius regnator aquarum.

10. Hermengarda, ut non incallida, Rodulfo regi hujusmodi noctu per memorati alveum fluvii mandata transmittit: « Si te perdere vellem, jam longo ex tempore extinctus esses. Tui quippe omnes te deserere meque ardenter adire, si meum modo adsit velle, contendunt. In his enim es locis, in quibus captus vinctusque esses, si eorum jamdudum consiliis paruissem. » Talibus rex legationibus non solum credulus, verum etiam territus, nuntiis remissis, se acturum quicquid ea consuleret, remandavit. Nec mora, sequenti nocte rex Rodulfus clam custodibus, dimissis omnibus, dimisso tentorio, lecto etiam bene composito, lintrem ingressus suos deseruit, atque ad Hermengardam quantocius properavit.

11. Igitur mane facto, magno cum silentio regis milites tentorium circuibant. Venientibus vero prin-

---

VARIÆ LECTIONES.

[183] carus *inserit* 3. *lacuna in* 5 a. ortyx 5 a*. onyx *Hervag.* [184] supererant 1. [185] sanctisimi 1. [186] excubiæ 1. 2. [187] ulte terius 1. *duabus lineis.* [188] idem *corr.* id 1.

NOTÆ.

(96) Id est excelsi.
(97) Virg. Georg. I, 482.

(98) Virg. Æn. VIII, 77.

cipibus, non parva inter eos admiratio erat, cur insolito rex hora hujusmodi dormitaret. Cumque strepitu, ut spadones quondam Holofernem, evigilare niterentur, nullum, quemadmodum ipse [sc. Olofernes], omnino dabat responsum. Introeuntibus autem tentorium nichilque repperientibus, raptum hunc alii, interfectum alii clamitabant. Nemo tamen, quod transfuga fieret, ullo modo animadvertere poterat. Verum hac dum admiratione fluctuarent, nuntius venit qui diceret Rodulfum regem super eos cum adversariis eorum velle irruere. Qui mox animo consternati, tam celeri cœperunt fuga discedere, ut non hos currere, sed, si videres, diceres transvolare.

12. Cumque Mediolanium, tutum scilicet ad locum, pervenissent, consensu Lampertus archiepiscopus omnium Hugoni, potentissimo et sapientissimo Provincialium comiti, mandat ut in Italiam veniat regnumque Rodulfo auferat sibique potenter obtineat. Erat enim longo ex tempore multis argumentis et ipse periclitans [*i. e.* temptans], si forte regnum posset obtinere Italicum. Hic enim et Berengarii jam nominati regis tempore cum multis in Italiam venerat; sed quia regnandi tempus ei nondum advenerat, a Berengario territus est atque fugatus.

13. Rodulfus denique cum infidelitate suorum prænominatos adversarios superare non posset, in Burgundiam profectus (*an.* 926), Bruchardo Suevorum duci, cujus sibi filiam conjugio copularat, denuntiat, ut sui in auxilium veniat. Qui collectis copiis, cum Rodulfo confestim in Italiam est profectus. Cumque Eporegiam pervenissent, Rodulfum Bruchardus ita convenit :

14. « Ipse ego ut legationis obtentu Mediolanium proficiscar, non absurdum videtur. Hac enim occasione urbem explorare, atque eorum potero cognoscere voluntatem. » Profectus denique, cum jam Mediolanium pervenisset, priusquam urbem ingrederetur, ad beati ac præciosi martyris Laurentii ecclesiam orationis gratia declinavit; sed, ut aiunt, non tantum peticionis gratia, quantum alterius rei gratia. Dicunt enim quia prope civitatem est ecclesia, miro atque præcioso opere fabricata, eum ibidem munitionem constituere velle, qua non solum Mediolanenses sed et plures Italiæ principes cohercere decrevisset. Inde vero exiens, cum juxta murum civitatis equitaret, lingua propria, hoc est Teutonica, suos ita convenit : « Si Italienses omnes uno uti tantummodo calcari, informesque non fecero caballicare equas, non sum Bruchardus; fortitudinem siquidem muri hujus seu altitudinem, qua se muniri confidunt, nichili pendo; jactu quippe lanceæ meæ adversarios de muro mortuos præcipitabo. » Hæc autem eo dicebat, quoniam neminem adversariorum suæ ibi linguæ gnarum esse putabat. Verum suo omine non bono quidam istic aderat, quamquam pannosus despectus, ejus tamen loquelæ scius, qui horum omnium Lamperto archipræsuli celer factus est nuntius. Qui ut erat ingenio callens, Bruchardum non despexit, sed malo animo eum suscipiens, mirabiliter honoravit; sed et inter cetera hoc quasi ei privilegio amoris concessit, cervum quatinus suo in brolio venaretur [489], quod nulli umquam nisi karissimis magnisque cessit amicis. Lampertus interea Papienses omnes nonnullosque Italiæ principes ad Bruchardi necem invitat, eumque tamdiu retinuit, donec omnes qui occidere illum deberent congregatos esse posse speraret.

15. Factum est igitur ut, Bruchardo Mediolanio discedente, Novariam die perveniret eadem. Cumque isthic, nocte transacta, diluculo surgeret Eporegiam tendens (*April.* 29), Italicæ super eum irruentes subito apparuere phalanges. Quas contra ut vir bellicosus properat, verum mox fugam inceptat. Et quoniam secundum beati Job sententiam, terminus ejus constitutus preteriri non poterat (*Job* XIV, 5), et quia fallax equus ad salutem (*Psal.* XXXII, 17,) in fossam, quæ muros circuit civitatis, equus decidens eum projecit. Quo et ab irruentibus Ausoniis lanceis confossus, vitam morte commutavit. Sui denique hoc videntes, quoniam alio non poterant, intra ecclesiam sanctissimi confessoris Christi Gaudentii fugiunt. Ausonii itaque, ut ex Bruchardi minis non mediocriter inflamati atque indignati, ecclesiæ fores frangunt, omnesque in ea repertos sub ipso etiam altari confodiunt.

16. Quod Rodulfus ut audivit, Italiam dereliquit, et Burgundiam percitus petiit. Hec itaque dum aguntur, Hugo, Arelatensium seu Provincialium comes, navim conscenderat, et per Tyrenum mare in Italiam festinabat. Deus itaque, qui hunc in Italia regnare cupiebat, prosperis eum flatibus brevi Alpheam, hoc est Pisam, quæ est Tussciæ provinciæ caput, duxerat; de qua sic Maro (99) *Alpheæ ab origine Pisæ.*

17. Cumque eodem pervenisset, adfuit Romani papæ, Johannis scilicet Ravennatis nuntius [190]. Adfuerunt etiam pœne omnium Italiensium nuntii, qui hunc, ut super ipsos regnaret, modis omnibus invitabant. Is autem, ut erat longo hoc ex tempore cupiens, Papiam percitus venit, cunctisque coniventibus regnum suscepit (*Jul.* 9). Post paululum Mantuam abiit, ubi et Johannes papa ei occurrens, fœdus cum eo percussit.

18. Quo tempore Berta matre regis ipsius Hugonis mortua, Wido, filius ejus, quem ex Adelberto nuerat sicut prædiximus, Tussciæ marcam ten [191], qui Maroziam scortum Romanam sibi uxorem acceperat.

19. Fuit autem rex Hugo non minoris scientiæ quam audatiæ, nec infirmioris fortitudinis quam

VARIÆ LECTIONES.

[489] ueneraretur 1. [190] nuntios 1. [191] tenebant 1.

NOTÆ.

(99) Æn. x, 179

calliditatis; Dei etiam cultor sanctæque religionis amatorum amator; in pauperum necessitatibus curiosus; erga æcclesias valde sollicitus; religiosos phylosophosque viros non solum amabat, verum etiam fortiter honorabat. Qui etsi tot virtutibus clarebat, mulierum tamen illecebris eas fedabat.

20. Hic ex Francorum genere Teutonicorum uxorem acceperat nomine Aldam, quæ filium ei genuerat nomine Lotharium. Habuerat sane tunc temporis ex quadam muliere nobilissima, vocabulo Wandelmoda, filium nomine Hubertum, qui nunc usque superest et Tusciæ provinciæ princeps potens habetur. Cujus acta Deo propitio, suis in locis exponentur.

21. Hugone igitur rege constituto, sicut vir prudentissimus, ubiubi terrarum cœpit nuntios suos dirigere, multorumque regum seu principum amicitiam quærere, Heinrici præsertim famosissimi regis, qui, ut supra memoravimus, Bagoariis, Suevis, Lotharingiis, Francis atque Saxonibus imperabat. Hic etiam Sclavorum gentem innumeram subjugavit sibique tributariam fecit; primus etiam hic Danos subjugavit sibique servire coegit, ac per hoc nomen suum multis nationis [192] celebre fecit.

22. Rex igitur Hugo cum reges sibimet ac principes amicos circumcirca adquireret, studuit et Achiviis nomen suum longe a nobis positis notum facere. Imperabat vero his tunc temporis memoria satis et laude dignus Romanos imperator, liberalis, humanus, prudens ac pius; cui cum propter morum probitatem, tum propter linguæ urbanitatem genitorem meum dirigit nuntium.

23. Qui cum eodem pervenisset, inter cætera, quæ imperatori Romano rex Hugo munera miserat [193], hujusmodi duos canes adduxit, quales in eadem non sunt aliquando patria visi. Qui dum ante imperatorem adducti fuissent, nisi multorum brachiis tenerentur, eum protinus morsibus laniarent. Puto enim, quia dum hunc Grecorum more teristro (100) opertum habituque insolito viderunt indutum, non hominem sed monstrum aliquod putaverunt.

24. Denique magno cum honore ab eodem susceptus [194] est imperatore. Nec tam pro rei novitate aut munerum magnitudine, quantum quoniam dum præfatus genitor Tessalonicam venisset, Sclavorum quidam, qui rebelles Romano imperatori extiterant terramque ejus depopulabant, super eum irruerunt. Verum Dei actum est pietate, ut duo eorum principes vivi, nonnullis mortuis, caperentur. Quos dum præsentaret imperatori, inmensa est affectus læticia, magnoque ab eo genitor munere datus, ad Hugonem regem, qui se istuc transmiserat [195], rediit lætus. Post reditum vero ejus, paucis interpositis solibus, langore correptus, monasterium petiit sanctæ-

que conversationis habitum sumpsit; in quo post dies 15 mortuus, me parvulo derelicto, migravit ad Dominum. Nunc autem quoniam imperatoris 'Ρωμανοῦ, id est Romani, mentio facta est, quis fuerit qualiterve ad imperii culmen pervenerit, hic non absurdum mihi videtur inserere [196].

25. Imperante Leone, Constantini hujus genitore, 'Ρωμάνος imperator iste, quamquam πτωχός, ptochos, id est pauper, ab omnibus tamen χρήσιμος, chrisimos, id est utilis, habebatur. Erat autem ex medioeribus ipsis qui navali pugna stipendia ab imperatore acceperant. Qui cum sepius et iterum εἰς τὴν μάχην, is tin machin, id est in pugna, nonnulla χρησιμότατα, chrisimotata, id est utilia, faceret, a sibi præposito adeo ἐτιμήθη [197], ὅπως πρωτοκάραβος, etimithi opos protocaravos, id est honoratus est, ut primus navium fieri mereretur. Quadam autem nocte, dum exploratum Saracenos abiret, essetque eodem in loco palus atque arundinetum non modicum, contigit leonem ferocissimum ex arundineto prosilire, cervorumque multitudinem in paludem dimergere, unumque eorum capere, sicque [198] ventris rabiem mitigare. Ρωμάνος δὲ τὸν αὐτῶν ψόφον ἄκουων ἐδειλίασεν σφόδρα, Romanos de ton auton psofon acuon ediliasen sfodra, id est Romanos [199] autem eorum sonitum audiens, timuit valde. Putavit enim Saracenorum multitudinem esse, qui se conspectum fraude aliqua vellent perhimere. Ὄρθρου δὲ βαθέως, orthru de vatheos, id est mane autem primo exurgens, cum diligentissime cuncta consideraret, conspectis vestigiis, εὐθέως, eutheos, id est statim quid hoc esset, agnovit. Leone itaque in arundineto commorante, 'Ρωμάνος, Romanus Grecum ignem, qui nullo præter aceti liquore extinguitur, undique per arundinetum jactare præcepit. Erat autem in arundineto acervus in arundinibus plenus, in quem leo confugiens, illo est ab igne salvatus. Ventus quippe contraria ex parte flans, ignem, ne ad acervum usque perveniret, ammovit. Romanos præterea post ignis extinctionem uno tantum cum assecula, ensem solum dextra, sinistra autem pallium gestans, locum omnem peragrans lustrat, si forte os ex eo vel signum aliquod repperiret. Jam vero cum in eo esset, ut nichil inveniens repedaret, qui hoc menstri esset, quod acervus ille sit ab igne salvatus, studuit visere. Cumque duo propter [i. e. juxta] assisterent, secumque rebus ex nonnullis confabularent, leo eos tantum audivit, quoniam quidem ob caligantes oculos παρὰ τῷ καπνῷ, para to capno, quod est ob fumum, videre non potuit. Volens igitur leo animi sui furorem, quem ab igne conceperat in hos evomere, saltu rapidissimo, qua illorum voces audierat, eos inter prosiliit. Romanos vero, non ut suus assecula pavitans, sed ea potius mente con-

VARIÆ LECTIONES.

[192] i. e. nationibus. [193] munera 1. [194] suspeptus 1. [195] transmiserat 1. [196] sequentia usque cap. 44. scilicet quaternio unus, perierunt 5. [197] ετημώθη 1. [198] sique 1. [199] ita scripsi, in codice Nomen proprium legitur.

NOTÆ.

(100) Velamentum, pallium mulierum.

sistens, ut etsi fractus caderet orbis, inpavidum ruinæ ferirent (101), pallium, quod manu gestabat, leonis inter brachia misit. Quod dum pro homine leo disscerperet, Romanos totis hunc a tergo viribus inter clunium-juncturas [200] ense percussit. Qui dissotiatis divisisque crucibus [201] quia stare non potuit, pœnitus cecidit. Leone igine interfecto, Romanos seminecem assecutam suum solo stratum eminus vidit, quem et vocare voce præcipua cepit. Sed cum nullum daret omnino responsum, isdem Romanos propter eum adstitit, pedeque pulsans: ἔγειρε, ειπεν, ἄθλιε καὶ ταλεπορε, μὴ φοβοῦ, *égire* ipen *athlie ke talepore mi* [202] *fobu*, id est *Surge*, dixit, *miser et* [203] *miser, noli timere!* Qui consurgens, præ admiratione, dum leonis immanitatem conspiceret, non habuit ultra spiritum. Ἐξεπλίσσοντο δὲ πάντες πέρι τοῦ Ρωμανοῦ ταῦτα ἀκούσαντες, exeplissónto de pantes peri tu Romanu tauta acusantes, id est stupebant autem omnes de Romano hæc audientes. Unde factum est, ut tam pro cæteris quamque pro præclaro præsenti hoc facinore non multo post a Leone imperatore tanto donaretur honore, ὅπως πάντα τὰ πλοῖα, opospanta plia, id est, ut omnes naves in manibus essent suis, ejusque jussionibus obœdirent.

26. Leo denique, Grecorum piisimus imperator, cujus supra fecimus mentionem, corporis humani debitum solvens viamque carnis universæ ingrediens (*an.* 912), regni sui heredem Alexandrum, fratrem germanum, ubicumque suum Constantinum, qui nunc superest et feliciter regnat, parvulum, et ut Greci aiunt ἄλαλον, alalon, id est non loquentem, dereliquid. Quibus ad tuendum palatium tutandamque rem privatam, ut istic moris est, eunuchum officio parakinumenon (102) dedit, Focan vero δομέστικον μέγαν, domesticum majorem, hoc est terrestris ducem exercitus, fecit. Romanon autem, non claro natalium hortu sed cordis magnanimitate, δελονγαρην [204] τῆς πλοῶς, delongarin tis ploos, hoc est navalis exercitus principem, ordinavit. Alexander post modicum defunctus, soli Constantino parvulo imperium dereliquit (*an.* 913). Denique tempore quo magnus imperator Leo migravit ad Christum, præfatus Focas domesticus, terrestris dux exercitus, contra Simeonem Bulgariorum regem copias duxerat, eique Constantinopolim venire cupienti non inviriliter repugnarat [205]. Romanos vero, ut non incallidus, audito imperatorum, Leonis scilicet atque Alexandri, interitu, haud longe ab urbe collecto classium exercitu fuit, atque in insulam parvam juxta Constantinopolim, ita ut e palatio [206] videri pœne posset, ratibus collectis advenit (*an.* 919). Ad palatium autem minime transfretavit, laudes juxta consuetudinem Porphyrogenito minime decantavit. Quæ res eunucho parakinumeno cunctisque Constantinupoleos principibus stuporem timoremve parvum non adtulit. Internuntiis itaque, quid hoc monstri sit, quod regem non adierit [207] laudesque debitas non persolverit, siscitatur [208]. Hisque a Romano respondetur, quod propriæ vitæ timens palatium declinarit; et adjecit, quod si parakinumenos cæteris cum principibus se non adiret, vitamque illi et honorem jurejurando promitteret, mox se ad Cretensium Saracenorum regem conferret, regnumque Argivorum sui auxilii fortitudine debellaret. Quod quam callide dixerit, exitus declarabit. Igitur quod prefati sumus, principes terrore compulsi, ignorantes quod lateret anguis in herba, omnes hunc fiducialiter adeunt, quod mandaverat gratanter cupientes implere. Quos omnes, non malo consilio accepto, projectos in sentinam ligat; sicque securus ad urbem magno cum comitatu festinat, iis, quos suspectos habuerat, palatium purgat, suæ parti parcentes [209] (103) ibi collocat: rectorem, magistros, patricios, logothetim, eparchon, kitonitas, cubicularios, protospatharios, spatharios, spatharocandidatos, parathalassitin suos facit; cæteros, ut diximus, abdicat. Qui etiam ut cœptum opus firmius pataret, cum Porphyrogeniti matre Zοη, Zoi [210] nomine, veneria est dulcedine junctus [211]. Tota mox civitas coronatur, et Romanos pater vasilleos ab omnibus apellatur.

27. Pugnanti præterea cum Bulgariis Foca domestico, qui et ipse pater vasilleos ardenter fieri cupiebat, ipso in bello de hostibus jam triumphum tenenti, quid a Romano actum sit nuntiatur. Qui mox animo consternatus nimioque dolore compulsus, victoriæ signum quo hostes insequebatur projecit, terga vertit, fugam suos inire fecit. Reparant itaque Bulgarii Simeonis hortatu animos, et quos prius adverso Marte fugerant, prospero postmodum insecuntur, tantaque tunc Achivorum strages efficitur, ut longo post tempore campus plenus ossibus videretur.

28. [212] Omni denique cum festinatione jam nominatus Focas domesticus Constantinopolim redit; palatium ingredi cupit, vi et non arte pater vasilleos fieri satagit. Sed quia *vis consilii expers mole ruit sua*, et ut Flaccus dicit (104),

Dii temperatam provehunt in majus,

a Romano domesticus iste capitur, atque utroque lumine privatur. Bulgariis non minima vis augetur,

## VARIÆ LECTIONES.

[200] *i. e.* juncturas *legendum esse videtur.* [201] *ita* 1. 2. *sed* cruribus. [202] mi fobu *desunt* 1. [203] deest 1. [204] *ita scribo in codice latina præcedunt.* [205] repugnabat *corr.* repugnarat *c.* [206] pulatio 1. [207] audierit 1. [208] *i. e.* sciscitatur. [209] parcentes 1. o *manu secunda.* [210] *ita scribo;* Zoi. zoe 1; *littera i in loco raso manu secunda.* [211] *sequentia usque ad* IV. 6. *cui hoc nomine desunt, nulla lacuna indicata* 3. [212] caput *hoc et sequens usque ad* silogismos *manu Liudprandi scriptum est in loco vacuo relicto.*

## NOTÆ.

(101) Horat. Od. III, 3, 7.
(102) Παρακοιμώμενος præfectus sacri cubiculi.
(103) Idest, qui parti suæ pareban
(104) Od. III, 4, 65.

hisque Grecos depopulandi vicissitudo dupla reperitur.

29. Hunc etenim Simeonem emiargon, id est semigrecum, esse aiebant, eo quod a puericia Bizantii Demostenis rhetoricam Aristotelisque silogismos didicerit. Post hæc autem, relictis artium studiis, ut aiunt conversationis sanctæ habitum sumpsit. Verum paulo post regnandi cupiditate deceptus, ex placida monasterii quiete in seculi procellam transivit, elegitque potius apostatam Julianum, quam beatissimum Petrum cœlestis regni sequi clavigerum. Qui duos filios habuit, unum nomine Bajanum, alterum, qui nunc usque superest potenterque Bulgariis principatur, nomine Petrum (105). Bajanum autem adeo fœre [213] magicam didicisse, ut ex homine subito fieri lupum quamvecumque cerneres feram.

30. Romanos præterea eodem, quo pater vasilleos constitutus [214] est anno, filiam suam Helenam imperatori parvulo, domino suo, Constantino Porphyrogenito conjugem dedit. Porphyrogenitum autem non in purpura, sed in domo quæ Porphyra, ut superius scripsimus, natum apello. Et quoniam res processit in medium, quid de hujus Porphyrogeniti genesi audivimus proferre iterum [215] non pigeat, quemadmodum et in priori libro eisdem verbis tytulo 6, 7, 8, 9, 10, scriptum repperies.

31. Constantinus imperator augustus, ex cujus nomine Constantinopolis est sortita vocabulum civitas, τὸν οἶκον τοῦτον, ton icon tuton, domum istam, edificare jussit, cui Porphyra nomen imposuit; voluitque successuram nobilitatis suæ subolem isthic in lucem prodire, quatinus qui suo ex stemate nascerentur, luculenta hac apellatione Porphyrogeniti dicerentur. Unde et hunc Constantinum, Leonis imperatoris filium, ex ejus sanguine nonnulli dicunt originem ducere. Τῆς γενέσεως δὲ αὐτοῦ ἡ ἀλήθεια αὐτή ἔστην, tis geneseos de autu alitia auti estin, id est generationis autem huius veritas hec est.

32. Basilius imperator augustus, avus hujus, Macedonia humili fuerat prosapia oriundus, descenditque Constantinopolim paupertatis jugo, ut cuidam serviret igumeno, id est abbati. Igitur imperator qui tunc temporis erat, Michahel nomine, cum orationis gratia ad monasterium illud, in quo hic ministrabat, descenderet, vidit hunc præter forma ceteros egregia, accitumque ton igumenon, rogavit, ut se donaret hoc puero; quem suscipiens in palatio, cubicularii [216] donavit offitio. Tantæ denique post paululum potestatis est factus, ut alter ab omnibus imperator sit apellatus. Verum quia omnipotens Deus servos suos justa visitat vult quacumque censura [217], hunc imperatorem sanæ mentis [218] ad tempus non esse permiserat, ut quo hunc gravius premeret in infimis, eo misericordius remuneraret in summis. Nam, ut fertur [219], hujus tempore passionis familiares etiam [220] capitis jusserat subire sententiam. Quos tamen ad sese rediens hoc pacto requirebat, ut nisi quos jugulare jusserat redderentur, pari ipsi qui hoc effecerant sententia damnarentur. Hoc igitur terrore quos damnare jusserat, servabantur. Sed cum hoc sepius et iterum Basilio faceret, hujusmodi a sibi obsequentibus, pro nefas, accepit consilium: « Ne forte insana [221] regis jussio aliquando ex industria a te non diligentibus, immo hodio habentibus, impleatur, eum tu potius occidito, atque imperialia sceptra suscipito [222]. » Quod sine dilatione, cum terrore compulsus, tum regnandi cupiditate deceptus, complevit. Hoc itaque interfecto, factus est imperator Basilius.

33. Denique parvo transacto tempore, huic Dominus noster Jesus Christus per visionem apparuit, domini hujus imperatoris dexteram, cujus hic necis auctor extiterat [223], tenens, eumque ita conveniens: « Basili, ut quid interfecisti dominum tuum hunc Michaelem imperatorem? » Expergefactus itaque, tanti se reum novit esse reatus, moxque ad sese rediens, quod super hoc faceret, cogitabat.

34. Confortatus itaque hac Domini per prophetam salubri et vere acceptabili promissione, quoniam *in quacumque die peccator ingemuerit, salvus erit* (*Ezech.* xxxiii, 12), cum lacrimis et gemitibus se peccatorem, se sanguinis innocentis effusorem esse, confitebatur. Bono autem consilio accepto, amicos sibi de mamona iniquitatis effecerat, ut quos hic temporalibus subsidiis consolaretur, eorum præcibus ab æterno gehennæ incendio liberaretur. Fabricavit autem præcioso et mirabili opere juxta palatium orientem versus ecclesiam in honorem summi et celestis militiæ principis [224] et archangeli Michahelis, qui Grece archistratigos, hoc est miliciæ princeps, apellatur. Ecclesiam autem ipsam nean, hoc est novam, alii vocant, alii vero ennean, quod nostra lingua novennalem sonat, apellant, eo quod ibidem æcclesiasticarum horarum machina novem pulsata ictibus sonet.

35. Secundo itaque quo Romanos pater vasilleos constitutus est anno convocatos ad sese principes ita convenit: « Romane dignitatis archontes, *id est* principes, quoniam vobis consultis non solum, inquam, pater vasilleos sum constitutus, verum etiam sanctissimi imperatoris fidelitati glaucopis Helenæ, *id est* virides oculos habentis, conjunctione sotiatus, hoc aliquo imperialis ornatus inditio monstrari dignum reor in corpore, quod celebratur a populis ex dignitatis nomine. » Judicatum denique a populo communique decretum est consilio, ut quia

VARIÆ LECTIONES.

[213] *i. e. fere.* [214] constitus 1. [215] *vox iterum et reliqua post pigeat secunda manu adiecta sunt* 1. [216] cubillarii 1. [217] cessura 1. [218] mentes 1. [219] *ita supra* 1. c. 9. Nam infertur 1. [220] etia 1. [221] insania 1. [222] *in hac voce desinit codex bibl. Cæsareæ Vindobon. Hist. prof. N. 178.* [223] extirat 1. [224] prinpis 1.

NOTÆ.

(105) Annis 927-969.

tantæ dignitatis erat, et leucolenon, id est, alba brachia, Helenan filiam suam imperiali dignitati copularat, rubricatarum pellium caligis, ut isthic imperatorum moris est, uteretur. Sed nec hoc quidem satis ei visum fuit. Equidem post unius anni sinaxin, cum amplioris jam potentie esset, talibus adgreditur eosdem sermonibus principes : « Quoniam communi vestro juditio est definitum imperialibus me uti caligis, περιφανέστατοι ἥρωαις, perifanestati, *id est* nobilissimi heroes, vestræ auctoritatis benivolentia quæ contulistis, videntur mihimet ἀγλαα ἀπινα, aglaa apina, *id est* præciosa dona, diligentius vero consideranti visum est mihi histrionum mimorumve more incedere, qui ut ad risum facile turbas illiciant, variis sese depingunt coloribus. Risum denique aliis non solum, sed mihi etiam ipsi moveo, dum pedibus imperatorem, capite communem imitari videar plebem [225]. Nam quæ comœdia? mimus quis melior? Igitur aut coronam præbete, aut caligas imperiales, quis ridiculus [226] populo videor, auferte. » Hoc plane dicto, magis autem qua cunctis præerat potestatis auctoritate, omnium judicio coronam recepit (*an.* 920) et caligarum decorem minime perdidit. Hujus miretur prudentiam nemo, sed laudes referat Deo cordis ex intimo, qui erigit elisos, solvit compeditos (*Psal.* cxlv), cujus in manu calix vini meri plenus mixto [227] inclinans ex hoc in hoc (*Psal.* lxxiv, 9).

56. Is autem humili fuerat prosapia, ex Armenorum scilicet gente, oriundus; neque solum mente conceperat futurum se regis in aula esse, nedum imperialia sceptra tenere. Sed quid prophetes Anna dicit? « Dominus pauperem facit, ditat, humiliat, et sublimat, suscitans a terra inopem, et de stercore erigens pauperem, ut sedeat cum principibus et solium gloriæ teneat. Domini enim sunt cardines terræ (*1 Reg.* ii, 7). Ei itaque immortali, invisibili, Deo soli honor et gloria per cuncta seculorum secula, amen.

57. Denique Romano imperatore constituto, Christoforon, quem ante imperii dignitatem habuerat, imperatorem constituit ; post imperii vero sui ordinationem uxor ejus ei filium peperit nomine Stefanum. Rursum concepto fœtu, alium ei peperit vocabulo Constantinum [228]. Quos omnes imperatores constituens, contra jus fasque se et Christoforon primogenitum domino [229] suo imperatori Constantino Porphyrogenito præposuit; adeo plane, ut procedentes is tin prolempsin, hoc est ad publicum, ad sanctam Sophyam scilicet, vel ad Vlachernas, seu ad sanctos Apostolos, Romanos cum Christophoro primogenito præcederent, Constantinus Porphyrogenitus et duo cæteri sequerentur. Quod quam indigne justus judex pertulerit, ulcio subsequens declaravit. Nam post modicum Christophoros defunctus est. Constantinus itaque Porphyrogenitus cum orationi tum leccionibus vacans, totum se Domino commendabat, opere manuum victum quæritans. Sane τὴν ζογραφίαν, zografian, id est picturam, perpulchre exercebat.

38. Eodem tempore Simeon Bulgarius agros [230] cœpit vehementer affligi. Quem Romanos, filii sui Christofori filia filio illius Petro, qui nunc superest, uxore data, ab incepto furore conpescuit, sibique fœdere placito sociavit. Unde et puella mutato nomine est Irini, id est pax, vocata, eo quod per eam inter Bulgarios et Grecos pax sit firmissima constituta [231].

39. His temporibus Walpertus et Gezo, præonomine Heverardus, Papie præpotentes judices erant. Causa autem potentiæ Walperti hæc erat, quoniam Cumis, ditissimo in loco, filium suum Petrum episcopum fecerat, Rozam vero, gnatam suam, Gilleberto [232] comiti palatii conjugio sotiaverat. Ea tamen tempestate uterque defunctus erat. Ticinensis itaque, quod est Papiensis, populus omnis ad hunc convenerat, causasque omnes et controversias ante eum deliberabat. Participatione denique potentiæ hujus memoratus Gezo, prænomine Heverardus, quoniam quadam affinitate ei jungebatur, præpotens habebatur. Qui nobilitatem suam pravis moribus deturpabat. Fuit enim ambitiosus nimis, cupidus, invidus, seditiosus, juris corruptor, præceptorum Dei immemor ; quod Deus non passus est abire inultum; et ne diutius protraham sermonem, Catilinæ omnino similis, qui sicut consulem et rei publicæ defensorem Marcum Tullium Ciceronem conabatur occidere, ita et hic regem Hugonem morti molitus est tradere. Quadam enim die, dum nichil mali suspicans rex Hugo Papie cum paucis degeret, hic seditione facta voluit super eum irruere ; sed Walperto, qui non tam ferocis animi erat, remorante, tardatus est.

40. Nec minus etiam eos rex Hugo suis rhetoricis et melle dulcioribus elogiis ab incepto furore conpescuit. Dum enim seditionem super se exhortam atque in domo Walperti congregatam [233] esse cognosceret, hujusmodi omnes per internuntios sermone convenit : « Quid est, quod tantopere, viri fortes, tamque insperate contra dominum, immo regem, vestrum commoti estis? Si quippiam quod displiceat actum est, consolidetur. Neque enim sera emendatio reprehendi solet, præsertim si nulla neglegentia prætermissa est. » His auditis, furorem cuncti animi mitigarunt. Solus Gezo, in qua prius fuerat protervia manens, operam dabat quo omnes super regem ir-

---

VARIÆ LECTIONES.

[225] blehem 1. ¶ [226] riculū 1. [227] mitti corr. mixto 1. [228] uocabulo con *ultimæ codicis Claustroneoburgensis voces, folio sequenti exciso.* [229] *in hac voce desinit codex Vindobon. Hist. prof. N.* 338. [230] sic 1. *fortasse Argos legendum.* [231] costituta 1. [232] ita 1. *fortasse Gisleberto legendum.* [233] eo-gretam 1.

ruerent eumque morte turpissima cruciarent. Verum, disponente Deo, affectus ejus pravus effectum habere non potuit. Reversi igitur ad regem nuntii, prout viderant et audierant, enarrarunt.

41. Igitur rex Hugo hæc omnia quasi pro nichilo mente subdola ducens, Papia egressus, longe alio properare festinat, missisque circumcirca libris [234], milites suos ad se venire præcepit. Quos inter Samson præpotens comes advenerat, qui jam dicto Gezoni inimicissimus erat. Is denique regem ut vidit, eum ita convenit : « Sollicitum te equidem de urbanis rebus contra te tumultuose et moleste his diebus actis intueor; verum si me audis mihique obtemperas, suis ipsi laqueis capientur. Alter enim, qui melius consilium dare possit quam ego, non facile inveniri potest; tibi vero ipsi certe nemo melius dabit. Unum tamen peto, ut dum capti mea opera fuerint, Gezo cum omni sua ypostasi meis tradatur in manibus. » Quem dum dari sibi a rege audivit, adjecit : « Leo, Ticinensis episcopus civitatis, Walperto et Gezoni non habetur amicus; ii sane quocunque possunt et omnimodis adversantur. Scitis denique, moris esse, regi ab aliis locis Papiam tendenti cives forciores extra urbem occurrere. Mandate itaque clam episcopo, ut dum tempore statuto Papiam veneritis, et ipsi nobis extra urbem obviam venerint, portas civitatis omnes serrare faciat, clavesque sibi retineat, quo dum capere eos ceperimus, nec in urbem confugere, nec ab urbe possint auxilium expectare. » Quod et factum est. Nam dum statuto tempore rex Papiam tenderet, et memorati obviam ei exirent, episcopus libenter, ut ei imperatum fuerat, fecit. Rex itaque omnes capere, ut Samson consilium dederat, jussit. Confestim igitur Gezo Samson traditus, utroque lumine privatur, et lingua, quæ in regem blasphemiam dixerat, ei absciditur. O factum bene, si sicut cœcus, ita et mutus cunctis extitisset temporibus! Sed o scelus, quoniam lingua abscisa loquelam non perdidit, secundum Grecorum fabulas, oculorum privatione vitam sibi protelavit, quæ multis ad perniciem usque in præsentem diem esse non desiit. Fabulæ vero ludum, cur ceci plurimum vivant, secundum Grecorum ineptiam hic inseramus, quæ talis est : Ζεὺς καὶ Ἥρα ἤρισαν περὶ ἀφροδισιῶν, τῆς πλείονα ἔχει ἡδομὰς ἐν τῇ συνουσίᾳ· καὶ τότε Τειρεσίαν Ἔβρου υἱὸν ἐζήτησαν. Οὗτος γὰρ ἐν ταῖς ὀμφοτέραις φύσεσι μεταμορφώθη, ἐπιδὴ δράκοντα ἐπάτησεν. Οὗτος οὖν κατὰ τῆς Ἥρας ἀπεφύνατο, καὶ Ἥρα ὀργισθεῖσα ἐπήρωσεν αὐτόν, Ζεὺς δὲ ἐχαρίσατο αὐτῷ πολλοῖς ζῆσαι ἔτεσι, καὶ ὅσα ἔλεγεν μάντικα λέγειν, Zeus ke Ira irisan peri afrodision, tis pliona echi idomas en ty synnusia; ke tote Tiresian Euru yon ezitisan, utos gar en tes amfoteres fysesi metamorfoti epidi draconta epatisen. utos un cata tis Iras apefkynato, ke Ira orgi-

sthisa epirosen auton, Zeus de echarisato auto polis zise etesi, ke osa elegen mantica legin. Hæc est interpretatio: Juppiter et Juno contenderunt de amoribus, quis plures haberet libidines in coitu. Et tunc Tiresiam Euri filium quæsiverunt. Iste enim in utrisque naturis transmutatus est, quia draconem calcavit. Hic ergo contra Junonem pronuntiavit. Et Juno, irata excecavit eum. Juppiter autem donavit ei multis vivere annis, et quanta diceret, divinando dicere. Sed redeamus ad rem. Gezo, ut prædiximus, membris defœdato, substantia illius diripitur. Ceteri complures custodie mancipantur. Walpertus in crastinum capite truncatur, thesaurus ejus infinitus diripitur. Cristina uxor illius capitur, et ut thesauros occultos tradat, diversis crucibus laniatur. Crevit extunc non solum Papiæ, sed et in omnes Italiæ fines regis timor; neque hunc ut reges ceteros floccipendere, verum modis omnibus honorare.

42. Eodem tempore Ildoinus, Laudociensis (106) ecclesiæ episcopus, propria sede expulsus (an. 928), ad Hugonem regem, cui affinitatis linea jungebatur, in Italiam venit. Qui honorifice ab eo susceptus [235], Veronensem ei episcopatum ad stipendii concessit usum. Factum est autem, ut post paululum Lampertus archiepiscopus moreretur, et hic loco ejus Mediolanii episcopus ordinaretur. Venerat autem cum præfato Ilduino monachus quidam, Raterius nomine, qui ob religionem septemque liberalium artium peritiam Verone episcopus constituitur, ubi et Milo, quem supra memoravimus, comes habebatur an. 932).

43. Wido interea, Tusciæ provinciæ marchio, cum Marocia uxore sua de Johannis papæ dejectione cepit vehementer tractare, atque hoc propter invidiam, quam Petro fratri papæ habebant, quoniam quidem illum papa sicut fratrem proprium honorabat. Contigit itaque Petro Rome degente, Widonem multos habuisse clam milites congregatos. Cumque die quadam papa cum fratre paucisque aliis in Lateranensi palatio esset, Widonis et Marociæ super eos milites irruentes, Petrum fratris ipsius ante oculos interfecerunt; eundem vero papam comprehendentes, custodie mancipatunt, in qua non multo post est defuntus [236]. Aiunt enim quod cervical super os ejus inponerent, sicque eum pessime suffocarent. Quo mortuo (107) [an. 928], ipsius Marotiæ filium Johannem nomine, quem ex Sergio papa meretrix ipsa genuerat, papam (108) constituunt. Wido vero non multo post moritur, fraterque ejus Lampertus ipsi vicarius ordinatur.

44. Marozia scortum impudens satis, nuntios suos post Widonis mariti sui mortem Hugoni regi dirigit (an. 932), eumque invitat ut se adeat Romamque nobilissimam civitatem sibi adsumat. Hoc autem non

VARIÆ LECTIONES.

[234] ita 1, ut et lib. II, 9.    [235] i. e. susceptus.    [236] i. e. defunctus.

NOTÆ.

(106) Leodiensis.
(107) Mortuis etiam, qui ei successerant, Leone VI et Stephano VII.

(108) Joannem XI, qui mense Martio anni 931 summum pontificatum adeptus est.

aliter posse fieri testabatur, nisi eam rex Hugo sibi maritam faceret.

*Versus.*

Quid Veneris facibus compulsa Marozia sævis?
Conjugis ecce tui spectas tu suavia fratris,
Nubere germanis satagens Herodia duobus,
Immemor en videris præcepti ceca Johannis,
Qui fratri vetuit fratris violare maritam.
Hæc tibi Moseos non præstant carmina vatis,
Qui fratri subolem fratris de nomine jussit
Edere, si primus nequeat sibi gignere natum.
Nostra, tuo peperisse viro te, secula norunt.
Respondes, scio, tu : *Nichil hoc Venus ebria curat.*
Advenit optatus ceu bos tibi ductus ad aram
Rex Hugo, Romanam potius commotus [237] ob urbem.
Quid juvat, obscelerata, virum sic perdere sanctum?
Crimine dum tanto satagis regina videri,
Amittis magnam Domino tu judice Romam.

Quod recte esse actum, non solum sensata, verum etiam insensata, animadvertunt [238]. In ingressu Romanæ urbis quædam est miri operis mireque fortitudinis constituta munitio; ante cujus januam pons est præciosissimus super Tiberim fabricatus, qui pervius ingredientibus Romam atque egredientibus est; nec est alia, nisi per eum, transcundi via. Hoc tamen, nisi consensu munitionem custodientium, fieri non potest. Munitio vero ipsa, ut cætera desinam, tantæ altitudinis est, ut ecclesia quæ in ejus vertice videtur, in honore summi et celestis miliciæ principis archangeli Michahelis fabricata, dicatur « sancti Angeli ecclesia usque ad cœlos. » Rex denique, ob munitionis confidentiam relicto longe exercitu, cum paucis Romam advenit. Quo decenter a Romanis susceptus, in prædictam munitionem ad Maroziæ meretricis [239] thalamum declinavit. Cujus incesto dum potitus esset concubitu, Romanos quasi jam securus despicere cœpit. Habuerat sane Morazia filium nomine Albericum, quem ex Alberico marchione ipsa genuerat. Qui dum matris hortatu Hugoni regi, vitrico scilicet, aquam funderet, ut manus ablueret, ab [240] eo pro correctione in faciem cesus est, eo quod non moderate et pudenter [241] aquam effunderet. Is vero, ut inlatam sibi posset ulcisci injuriam, congregatis in unum Romanis, hujusmodi eos sermone convenit : « Romanæ urbis dignitas ad tantam est stultitiam ducta, ut meretricum etiam imperio pareat? Quid enim fedius, quidve turpius, quam ut unius mulieris incestu Romana civitas pereat? Romanorum aliquando servi, Burgundiones scilicet, Romanis imperent? Si meam, privigni scilicet sui, faciem cecidit, cum præsertim novus habeatur hospes, quid vobis jam inveteratum facere creditis? An Burgundionum voracitatem et superbiam ignoratis? Ipsam saltem nominis etimologiam [242] dispicite : Burgundiones ideo dictos, quoniam dum Romani, orbe devicto, ex gente hac captivos ducerent multos, constituerunt eis ut extra urbem domos sibi sustollerent; a quibus et paulo post a Romanis ob superbiam sunt expulsi; et quoniam ipsi domorum congregationem, quæ muro non clauditur, burgum (109) vocant, Burgundiones (110) a Romanis, quod est a burgo expulsi, apellati sunt. Ceterum secundum naturale nomen Galli Allobrogi nuncupantur. Ego tamen secundum [243] mihi traditam fronesin, id est sapientiam, Burgundiones eos quasi gurguliones apello, vel quod ob superbiam toto gutture loquantur, vel, quod verius est, edacitati [244], quæ per gulam exercetur, nimis indulgeant. » Nec mora, his auditis, Hugonem regem cuncti deserunt, atque eundem Albericum sibi dominum eligunt; et ne spacium quidem militus introducendi suos rex Hugo haberet, munitionem confestim obpugnare inceptant.

45 [245]. Liquet divinæ dispensationis hoc consilium esse, ut quod rex Hugo tam turpiter cæperat scelere, eum omnimodis optinere non posse. Tanto quippe est terrore coactus, ut per restim se ipsum ea ex parte qua civitatis muro munitio inhærebat deponens, eam desereret, atque ad suos confugeret. Expulsus igitur rex Hugo cum præfata Marozia, Romanæ urbis Albericus monarchiam tenuit, fratre suo Johanne summi atque universalis præsulatus sedi præsidente.

46 [246]. Aiunt quidam, Bertam, Hugonis regis matrem, Adelberto marchioni viro suo nullum filium peperisse, sed ab aliis mulieribus clam acceptos, simulato partu, Widonem et Lambertum sibi supposuisse, quatinus post mortem Adelberti, Bertæ filii non deessent, quorum adjutorio omnem mariti sui potenciam possideret. Hoc autem mendatium mihi ideo videtur esse inventum, quatinus incestum suum hac occasione rex Hugo tegeret, infamiæ ὕβριν, id est turpitudinem, evaderet. Ea tamen quæ nunc narranda est, cur hoc dictum sit, veri similior mihi videtur assertio. Lambertus, qui post Widonis fratris sui mortem Tusciæ marcam tenebat, vir erat bellicosus et ad quodlibet facinus audax. Quem ob regnum Italicum rex Hugo suspectum nimis habebat. Timebat enim ne Italienses se desererent, et Lambertum regem constituerent. Boso denique, ex eodem patre regis Hugonis frater, insidiarum laqueos huic paraverat, eo quod ipse marchio Tusciæ fieri vehementer anhelabat. Consilio igitur hujus [247] rex Hugo Lamberto cominando denuntiat, ne se fratrem suum amplius dicere audeat. Is vero,

**VARIÆ LECTIONES.**

[237] commutus 1. [238] *hic aliud caput incipere codex* 1. *significare videtur.* [239] miretricis 1. [240] *hic prosequitur* 5. [241] *ita.* 1. [242] etimoligiam 1. [243] s. m. t. desunt 5 a. 5 a. [244] edaciti 1. [245] XLVI. 1. — [246] XLVII. 1. [247] hius. 1.

**NOTÆ.**

(109) Italice *borgo*.  (110) Id est sine (*ohne* Germanice) burgo.

ut erat animi ferocis atque indisciplinati, non moderate, ut debuit, sed effrenate ita respondit: *Ne inficiari rex possit me fratrem suum esse, nos uno ex corpore eundemque per aditum in lucem prodiisse, duello cupio* [248] *cunctis cernentibus comprobare.* Quod rex ut audivit, juvenem quendam, Teudinum nomine, elegit, qui cum eo hanc ob rem singularem pugnam commisit. Deus autem, qui justus est, et rectum est judicium ejus (*Psal.* cxviii, 137), in quo non est iniquitas, ut amphibologiam dirumperet ac veritatem cunctis ostenderet, fecit ut Teudinus citissime caderet, et Lampertus victoriam obtineret. Quamobrem rex Hugo non mediocriter est confusus. Concilio autem accepto, eundem Lambertum tenuit et custodiæ tradidit. Timuerat enim, ne, si se dimitteret, regnum illi auferret. Hoc igitur capto, Bosoni fratri suo Tusciæ marcam contradidit; et non multo post Lambertum lumine privavit.

47. His temporibus Italienses in Burgundiam ob Rodulfum, ut adveniat, mittunt. Quod Hugo rex ut agnovit, nuntiis ad eundem directis, omnem terram quam in Gallia ante regni susceptionem [249] tenuit, Rodulfo dedit, atque ab eo jusjurandum, ne aliquando in Italiam veniret, accepit. Nec minus etiam Heinricum, quem supra memoravimus, regem fortissimum, multis collatis muneribus amicum sibi effecerat; cujus ex hoc apud Italos nomen maxime tunc clarebat, quod Danos, nulli ante subjectos, solus ipse debellaret ac tributarios faceret (*an.* 934). Est enim gens indomita, sub septemtrione in oceano degens, cujus sevitia multarum sæpe gentium nobilitas luxit. Hi aliquando classibus per Rheni sevitia fluminis alveum conscendentes, ferro et igni cuncta misere laniarunt; ipsas insuper nobilissimas civitates, Agrippinam quæ nunc Colonia vocatur, atque Treverim longe a Rheno positam, nonnullasque alias in regno Lotharii debellantes vi cæperunt, cunctisque ablatis, ea quæ secum deferre non poterant, combusserunt. Thermas etiam Grani palatii, atque palatia combusserunt (111). Verum, his omissis, ad narrandi seriem redeamus.

48. Arnaldus Bagoariorum et Carentanorum dux, cujus superius fecimus mentionem, cum non multum ab Italia longe distaret, collectis copiis, quatinus Hugoni regnum auferret, advenit (*an.* 935). Qui Tridentinam ea ex parte primam Italiæ marcam pertransiens, Veronam usque pervenit. In qua a Milone comite atque Raterio episcopo libenter, ut qui eum invitarant, suscipitur. Quod rex Hugo ut audivit, collecto exercitu ei obviam tendit.

49. Cumque eodem pervenisset, et caballicatas (112), ut vulgo aiunt, circumcirca dirigeret, Bagoariorum quædam pars non minima de castro vocabulo Gauseningo egrediens, cum Italiensibus pugnare cepit. A quibus graviter confossa, vix ea, vel qui hoc cæteris nuntiaret, evasit. Qua ex re Arnaldus dux non parva est confusione repletus.

50 [250]. Unde factum [251] est, ut consilio accepto, Milonem comitem vellet capere atque Italia derelicta secum illum in Bagoariam ducere, quatinus reparato exercitu, cum eo iterum posset redire; quod Milonem non latuit.

51. Qui diversis cogitationibus estuans, quid ageret pœnitus ignorabat. Hugonem regem, plane ut meruerat, adire timebat; cum Arnaldo vero in Bagoariam duci, non solum mortem sed infernum putabat. Hac itaque in ambiguitate, quoniam regem Hugonem cito misericordia noverat inclinari, Arnaldum fugere, et ad eum deliberat tendere. Arnaldus vero, prout citius potuit, in Bagoariam est regressus. Munitionem autem, quæ in eadem civitate erat, prius oppugnans, fratrem Milonis militesque suos, qui eam defendere conabantur secum in Bagoariam duxit.

52 [252]. Quo discedente [253], Hugoni regi mox civitas redditur, et Raterius ejusdem civitatis episcopus ab eo captus, Papiæ exilio religatur. In quo faceta satis urbanitate de calamitate sui erumna librum componere cepit. Quem si quis legerit, nonnullas ibi hac sub occasione res expolitas inveniet, quæ legentium intellectibus non minus placere poterunt quam prodesse.

EXPLICIT LIBER ANTAPODOSEOS III.

## INCIPIUNT CAPITULA LIBRI QUARTI.

1. De eo quod nunc usque scripserit audita, scripturus amodo [254] visa.
2. Rex Hugo filium suum Lotharium regem constituit, et Romam cum exercitu pergit.
3. Rex Hugo filiam suam Alberico conjugem dat, ut ipsum per eam decipiat.
4. Saraceni de Fraxeneto Aquas veniunt, ubi et commissa pugna omnes pereunt.
5. In Januensi civitate fons sanguinis fluxit, quo anno ab Africanis capta est Saracenis.
6. Qua ratione Manasses Arelatensis episcopus propriam æclesiam deseruisse se dicat et aliam adsumpsisse, et quod invectiva responsione recte

VARIÆ LECTIONES.

[248] copio 1. [249] suseptionem. 1. [250] *hic indicem secutus caput* 50. *incipio.* [251] factutu 1. [252] *Codex* 1. *jam in voce* Munitionem *caput hoc incipit.* [253] discente 1. [254] amodo 1. *manus tamen secunda lineam duabus lineolis transversis ita delevit, ut in codice* 2. ciamodo *scribi potuerit.*

NOTÆ.

(111) Cf. Ann. Vedastinos, quorum sententia *palatia quoque regum et villas .. igne cremaverunt* plurali *palatia* loco *palatium* ansam fortasse dedit.

(112) Equitum turmas.

se non egisse scripturarum testimoniis comprobetur.

7. Quam uxorem Berengarius acceperit, et de Anscario fratre ejus.
8. De Tedbaldo marchione, qui contra Grecos pugnavit, et captos castravit.
9. Quanto ludibrio quædam mulier suum maritum, ne castraretur, liberavit.
10. Rex Hugo fratrem suum Bosonem, qui consilio uxoris sue ei perfidus extiterat, cepit et custodie tradidit.
11. Qualiter Hugo rex Willam, Bosonis uxorem, ab Italia ejecit, et de balteo, turpi in loco invento.
12. De morte Rodulfi regis, cujus uxorem rex Hugo ducit, suamque filiam suo filio tradit.
13. De Hugone rege, qui uxorem suam ob concubinas hodio habuit.
14. De morte Heinrici regis et ubi sit humatus et de filiis ejus.
15. De prudentia Heinrici regis, qui filium suum Ottonem regem constituit.
16. De filia fratris regis Anglorum, quam rex Otto ante regni susceptionem duxit.
17. De Heinrico, qui perversorum hominum consilio fratri rebellis fit.
18. Metrice invectiva oratio ad Heinricum, et contra diabolum, cujus opera cum fratre pugnare desiderat.
19. De Heverardo, qui Heinricum adhuc regi suo fratri fidelem in castello quodam degentem initio rebellionis suæ cepit et in Franciam duxit.
20. Qua ratione Heverardus Gislebertum a regis fidelitate sejunxerit.
21. Gislebertus et Heverardus Heinricum de custodia dimittunt.
22. Qua calliditate Heverardus Heinricum atque Gislebertum in adquirendo regno decipere voluit.
23. De admirabili victoria quam rex Otto orando optinuit, et de Heinrico in brachio [254]* vulnerato.
24. Qualiter rex Heinricus sanctam lanceam adquisiverit.
25. Argumentum ex scripturis sanctis, quod hujusmodi victoria sive bellum non fortuitu sed Deo disponente provenerit.
26. De eo quod regem castrum Brisicau [255] obsidentem, consilio Friderici archiepiscopi multi deserunt.
27. De admirabili constantia et responsione regis Ottonis.
28. Quemadmodum, Deo pro rege pugnante, Gislebertus atque Heverardus ab Hutone et Chuonrado ad Andernacha sint occisi.
29. De nuntio qui horum mortem regi nuntiat dum ecclesiam peteret.
30. Rex Otto de istorum morte Bertaldo Bagoariorum duci, et quod ei sororem sive sororis suæ filiam conjugem dare velit, denuntiat.
31. De Friderico archiepiscopo qui jam dudum regem deseruit et ad Metensem [256] urbem ut congregaret exercitum [257] ivit, ubi de morte eorum audivit.
32. De eodem archiepiscopo capto et custodiæ tradito.
33. De Heinrico qui a sorore prohibetur, ne in munitiones contra regem ingrediatur.
34. De eodem qui regis postmodum ad misericordiam venit.

EXPLICIUNT CAPITULA.

## INCIPIT LIBER QUARTUS FELICITER.

1. Hactenus quæ digesta sunt, sacerdos sanctissime, sicut a gravissimis, qui ea creverant [*i. e.* viderant], viris audivi, exposui; cæterum quæ narranda sunt, ita ut qui interfuerim, explicabo. Ea siquidem tempestate tantus eram, quod regis Hugonis gratiam michi vocis dulcedine adquirebam. Is enim euphoniam adeo [*i. e.* valde] diligebat, in qua me coequalium puerorum nemo vincere poterat.

2. Igitur rex Hugo dum prosperari sibi cuncta prospiceret, filium suum Lotharium, quem ex Alda uxore sua genuerat, cunctis conivientibus, post se regem constituit (*an.* 931, *Mai.* 15). Quo constituto, qualiter Romam, ex qua turpiter ejectus fuerat, posset adquirere, cogitabat. Collecta itaque multitudine, proficiscitur Romam. Cujus quamquam loca et provincias circumcirca misere devastaret, eamque ipsam cottidiano impetu impugnaret, ingrediendi tamen eam effectum non potuit obtinere.

3. Sperans denique, calliditate sua Albericum posse decipere, ei denuntiat, ut filiam suam Aldam, Lotharii regis nati sui germanam, sibi conjugio tollat, sicque pace habita, ut suus ipsius filius securus permaneat. Albericus igitur, ut vir infatuus, filiam ejus sibi conjugio junxit, Romam autem, quam nimis ardebat, non tradidit, seque ei minime credidit. Vere tamen Albericum rex Hugo inescaret et caperet, τούτῳ τῷ ἀγκίστρῳ, toto to agkistro, id est isto hamo, nisi suorum hoc faceret fallatia militum, qui eum aliquando pacem cum ipso habere non cuperant. Si quem enim rex suorum vellet corripere, ad

VARIÆ LECTIONES.

[254]* brahio 1. [255] briuicau 2. [256] littera vocis prima vix distinguitur. [257] exercitu linea deleta 1.

Albericum' mox studuit fugere, a quo regis ob metum gratanter susceptus Romæ deguerat honoratus.

4. Dum hæc aguntur, Saraceni Fraxenetum inhabitantes, collecta multitudine, Aquas*, 50 miliariis Papia distans, usque pervenerant. Horum πρώϑωλος, provolos, id est prædux, Sagittus Saracenus pessimus impiusque extiterat. Deo tamen propitio, pugna commissa, ταλέπορος, taleporos, id est miser, ipse cum omnibus suis interiit.

5. Per idem tempus in Januensi urbe, quæ est in Alpibus Cotzie, octingentis stadiis Papia distans, supra Africanum mare constituta, fons sanguinis largissime fluxit, subsecuturam cunctis patenter ruinam insinuans. Eodem quippe anno Pœni cum multitudine classium illo perveniunt, civibusque ignorantibus, civitatem ingrediuntur, cunctos, pueris exceptis [258] et mulieribus, trucidantes; cunctosque civitatis et eclesiarum Dei thesauros navibus imponentes, in Africam sunt reversi.

6. Hoc in tempore Mannasses, Arelatensis civitatis episcopus, agnita regis Hugonis potentia, a cujus ipse affinitatis [259] lineam sanguine traxerat, deserta sibi commissa æclesia, ambitionis spiritu, multas violaturus [260] immo laceraturus æclesias, Italiam petiit. Hugo autem rex regnum securius obtinere sperans, si affinitate sibi conjunctis regni officia largiretur, contra jus fasque Veronensem, Tridentinam atque Mantuanam commendavit, seu, quod verius est, in escam dedit, æclesiam. Ac nec his quidem contentus, Tridentinam adeptus est marcam; quo, impellente diabolo, dum miles esse inciperet, episcopus esse desineret. Libet autem, pater agie, id est sancte, aliquantulum immorarier, suamque ipsius sententiam cur hoc ageret, Deo largiente [261], propria jugulare. « Beatus, inquit, Petrus, Antiocena instituta æclesia, ad Romanam urbem, quæ potentiæ magnitudine cunctis tunc nationibus imperabat, postmodum transvolavit. Ubi cum Deo disponente sanctam totoque orbe [262] venerandam fundaret æclesiam, discipulo suo beato evangelistæ Marco pristinam, Antiocenam scilicet, commendavit; ita tamen, ut Aquilegensem et ipse primo institueret, atque Alexandrinam concite peteret. Quod ita actum esse, neminem qui eorum actus legerit, non nescire cognoscimus. » Sed ut, nobis respondentibus, o Manasses, vera te super his non sentire cognoscas, nominis tui etimologian parentes tuos videntes fuisse intelleges. Manases quippe obliviosus, seu oblivio Domini, interpretatur. Quid enim verius aut apertius parentes [263] [i. e. prophetas] tui hoc nomine vaticinare potuerunt? Ita, inquam, es oblitus tui, ut nec hominem quidem te esse reminiscare. Diabolus quippe scripturas novit, et tamen, ut perversus, perverse eas interpretatur, et cum his utitur, ad pernitiem, non ad salutem. Scisne, hunc, cum temptationum jaculis dominum et redemptorem nostrum Jesum Christum ausu nefario sautiare conaretur, his propheticis male usum verbis? *Quoniam angelis suis mandavit de te, et in manibus tollent te, ne umquam offendas ad lapidem pedem tuum* (Luc. IV). Hoc sane ita esse scriptum ac de eo dictum, nullus fidelium ambigit. Sed quam fraudulenter vera hæc Leviathan ille proferret, ipsius, qui non solum mortalium sed et angelorum sensus exuperat, responsione animadvertere poteris: *Non temptabis, inquit, dominum Deum tuum*. Vides igitur et tu, veris quidem sed fraudulentibus assertionibus uteris; quemadmodum et apostata Julianus respondisse dicitur christianis, quos aviditate rapinæ censu proprio defraudavit: *Nolite, infit magister vester, possidere* [264] *aurum neque argentum*. Et illud: Εὐκοπώτερον γάρ ἐστιν κάμηλον διὰ τρυμαλιᾶς ῥαφίδος εἰσελϑεῖν ἢ πλούσιον εἰς τὴν βασιλείαν τοῦ Θεοῦ, *eucopoteron gar estin camilon dia trimalias rafidos iselthin i plusion is tin basilian tu theu*, quod est: *Facilius est camelum per foramen acus transiri, quam divitem intrare in regnum cœlorum* (Marc. X, 25). Et item: *Qui non renuntiat omnibus quæ possidet* [265], *non potest meus esse discipulus* (Luc. XIV, 33). Cedo* igitur, quid perversius ille, quidve fœdius te dixisse credendus [266] est? Quod enim Petrus ad justitiam, tu transfers ad culpam. Credo [267] equidem, te actus apostolorum non intellexisse, aut, quod credibilius est, minime legisse. Ibi plane sic scriptum repperies quoniam fideles vendebant prædia sua, et ponebant præcium ante pedes apostolorum, quibus erant omnia communia (Act. II, 35), nec quisquam aliquid suum esse dicebat; dividebatur autem singulis, prout cuique opus erat (Act. IV, 45). Si igitur, quod in humano censu præciosius tibique anima tua carius, Petrus aurum, quasi quiddam pestiferum, tangere noluit, qua ratione cum, Antiocena deserta, ad Romanam asseris æclesiam transvolasse? Si latras, illum, quod omnino falsum est, quæsivisse censum, ego animarum lucrum et comprobo gloriosum martyrium. Predictum quippe sibi [268] a magistro, immo creatore et redemptore suo fuerat, quoniam: *Cum esses junior, cingebas te, et ambulabas ubi volebas; cum autem senueris, extendes manus tuas, et alius te cinget, et ducet quo* [269] *tu non vis. Hoc autem dixit, significans qua morte clarificaturus esset Deum* (Joan. XXI, 18). Denique et alio in loco post resurrectionem Petro se, quo iret, interroganti, respondisse Dominus legitur: *Romam iterum crucifigi*. Venit igitur Petrus, non ambitione inflatus sed martirio animatus, non querens aurum sed animarum lucrum. O felicem, immo beatum, si talem te tua conscientia testaretur! Nec inficiari inquam potes, Veronensem te

---

VARIÆ LECTIONES.

[258] exeptis 1. [259] afinitatis 1. [260] ui violaturus *duabus lineis* 1. [261] largente 1. [262] orbē 1. [263] *hic codex* 3. *prosequitur*. [264] possidete 1. [265] posidet 1. [266] credendu 1. [267] C. equidem την πραξην των ενοστων *non dixisse* 3. [268] P. sibi q. sibi a 1. [269] q = quod 1.

episcopium minime vendidisse, quod Petro, non cuilibet sed apostolo illo [270], numquam didicimus contigisse. Qua ex re non solum spiritali verum etiam corporali honore, census animatione (113) te privatum esse cognovimus. Hæc autem interim ad propositum redeundo dicta sufficiant, quoad largiente Deo suis in locis, qualiter Mediolanensem usurpaveris cathedram, veniamus.

7. Eo [271] tempore Berengarius iste, cujus tyrannide tota nunc [272] luget Italia, Eporegiæ civitatis marchio habebatur. Cui rex Hugo neptim suam, nomine Willam, quam ex Willa uxore sua Boso Tusciæ provinciæ marchio, regis frater, genuerat, conjugem dedit. Anscarius vero, Berengarii frater, quem ex Adelberto Hermengarda regis Hugonis genuerat soror, virium audatia potentiaque clarebat.

8. Tedbaldus [273] etiam heros quidam, proxima Hugoni regi affinitate conjunctus, Cammerinorum et Spoletinorum marchio erat. Hic in auxilium Beneventani principis contra Grecos, qui eum graviter obpresserant, abiit. Quibus cum bellum inferret, victoria est potitus. Contigit denique multos Grecorum, jamjam non arva sed castra obtinentium, hunc cæpisse. Quibus dum virilia amputaret, talia stratigo qui eis præerat nuntiavit : « Quoniam quidem vestro sancto imperatori spadonibus nil prætiosius esse cognovi, hos studui pauculos sibi verecunde transmittere ; plures quantocius, Deo propitio, transmissurus. »

9. Ludibrium autem, immo sapientiam, quam quædam tunc mulier gessit, hic inseramus. Dum enim die quadam Greci cum ipsius terre hominibus extra castrum quoddam ad pugnam adversus Tedbaldum memoratum exirent, nonnulli ab eodem sunt capti. Quos dum enuchizaret eosque in castellum dirigeret, mulier quædam, mariti amore succensa, ejus pro membris non parum sollicita [274], passis crinibus de castello exiit furibunda. Quæ cum cruentis unguibus ora discerperet, atque ante Tedbaldi tentorium clamosis vocibus fleret : « Quid causæ est, inquit, mulier, quod tam sonoris vocibus quereris ? » Quæ — quia stultitiam simulare loco prudentia summa est, — ita respondit : « Novum hoc inauditumque facinus est, heroes, ut bellum non repugnantibus mulieribus inferatis. Nostrarum nulla ex Amazonarum sanguine prosapiam ducit ; Minervæ quippe solum operibus deditæ, armorum pœnitus sumus ignaræ. » Cui cum Tedbaldus diceret : « Quis umquam sani capitis heros, præter Amazonarum temporibus, bellum mulieribus intulit? » ea respondit : « Quod, cedo, crudelius mulieribus bellum inferre, quidve incommodius his potestis [275] auferre, quam ut earum viris certetis orchidia [testiculos] amputare? in quibus nostri refocilatio corporis, et, quod omnium potissimum est, nasciturae spes extat prolis? Dum enim eos eunuchizatis, non quod illorum, sed quod nostrum est, tollitis. Num inquam armentorum seu ovium copia, quam mihi dies ante hos abstulistis, vestra me castra adire coegit? Animalium quippe quæ mihi fecistis dispendia laudo ; jacturam hanc tantam, tam crudelem, tamque inrecuperabilem, modis omnibus, horreo, fugio, nolo. Sancti Dei, omnes talem a me avertite pestem ! » His auditis, nimio sunt omnes cachinno commoti, tantusque in eam populi favor excrevit [276], ut non solum virum suum integrum, sed et cuncta quæ sibi ablata fuerant animalia, recipere mereretur. Quæ cum his receptis abiret, directo Tedbaldus post eam puero, interrogavit quid viro suo auferret, si ad pugnam amplius contra se de castelo exiret? « Oculi, inquit, sunt illi, nares, manus, et pedes. Si hoc egerit, sibi quæ sua sunt auferat ; quæ mea, suæ scilicet ancillulæ, derelinquat. » Verum quia favorem populi prima sibi locutione per risum et mariti donum adesse intellexit, hanc postmodum per directum nuntium remandavit.

10. Per idem tempus regis Hugonis frater Boso, Willa uxore sua cupidissima [277] stimulante, adversus regem nova quædam et perversa molitus est agere. Quod Hugonem non latuit. Qua ex re captus, custodiæ est continuo traditus. Causa denique dejectionis ejus hæc fuit. Dum Lamberto, quem supra memoravimus, lumine privato, isdem Boso marcam Tusciæ obtineret, conjux sua Willa phylargiriæ cepit amore flagrare ; adeo ut totius Tusciæ provinciæ nulla nobilium matronarum quantivis se præcii ornamentis excoleret. Hæc cum prolem non haberet virilem, quattuor habuit natas, Bertam, Willam, Richildam et Gislam. Harum Willa, Berengarii hujus, qui nunc superest, vere marita, hoc effecit, ne genitrix sua omnium esset mulierum nequissima. Ut autem non per longas ambages ejus acta ponamus, uno turpissimo descripto, quæ et quanta in cæteris fuerit, animadvertere poteris.

11. Vir ipsius Boso mire longitudinis et latitudinis aureum habuerat balteum, qui multarum et prætiosarum splendebat [278] nitore gemmarum. Hunc, cum Boso caperetur, super omnes gazas ejus diligenter rex jussit inquiri ; sumptisque divitiis, uxorem ejus, quasi profanam et sceleris totius auctricem, turpiter de regno Italico præcepit expelli, atque in Burgundiam, de qua oriunda fuerat, duci. Verum cum diligenter omnia perscrutati balteum non reppererint, cætera nuntii reportantes, sunt ad Hugonem reversi. Tum rex : « Revertentes, inquit, falerarum ejus omnem apparatum, pulvinar etiam,

VARIÆ LECTIONES.

[270] i. e. illi. [271] Eo tempore ουτος ο Γεργγεριος ουτου τυραγνηδσω α]η η ιταλαω νω eporegie 5. [272] nun 1. [273] Thiedbaldus 5. [274] sollita 1. [275] potestetis 1. [276] *sequentia usque ad* in saxoniam *cap. 14. desunt nulla lacuna indicata* 3. [277] cupudissima 1. [278] spendebat 1.

NOTÆ.

est quia in censum animatus, census avidior, erat.

quod equitando premit, evertite [279]. Et si nec ibi quidem balteum poteritis [280] repperire, vestimentis omnibus eam exuite, ne alicubi super se possit latere; novi enim quantum callida, quantumque sit cupida. » Igitur illis redeuntibus regisque jussioni parentibus, cum requisitis omnibus nil invenissent, vestimentis eam omnibus nudaverunt. Hoc denique tam turpe facinus atque inauditum cum avertentibus oculis proborum nemo conspiceret, servorum quidam directo obtutu, purpuream secus natium speroiden vidit dependere corrigiam, quam impudenter arripiens fœditerque trahens, e secretiori corporis parte eam secutus balteus est egressus. Servus itaque isdem non solum inverecundus [281], sed eo ipso turpi facinore hilarior redditus: « Ha! ha! he! ait, quam peritus obstetricandi miles. Ruffus puer est natus heræ; quæso ut sit superstes [282]. O me fortunatum, immo omnibus feliciorem, si tales saltem duos uxor mea mihi pareret natos, hos quippe Constantinopolim dirigerem nuntios, quoniam quidem, ut institoribus [282] narrantibus agnovi, hujusmodi libenter imperator nuntios suscipit. » Talibus præterea Willa confusa sermonibus, lacrimis effusis latentem sub corde aperit cunctis dolorem. Servus autem, ut eorum suum est, ejus dejectione non solum non inclinatus, verum etiam animatus, hec ad exaggerandum doloris vulnus adjecit:

*Versus.*

« Willa, quid insanis? aurum quod condere cæcis
Incipis in membris? pro non audita cupido!
Allecto furiis gemmas in corpore condis [284].
Matribus insolitum tales producere partus,
Hinc tibi nulla decem tulerant fastidia menses.
Alma parens, tales nobis haud desine fœtus
Edere, qui nati superent te ætate parentem! »
Talia cunctanti collum percusserat unus
Impiger, ac verbis ipsum culparat amaris.

His ita peractis, balteus regi adducitur, eaque in Burgundiam destinatur. Utrum tamen, quæ abscondit, aut qui eo inquirere jussit, fœdius egerit, michi quidem videtur amphibolum. Liquet tamen, quod uterque nimia sit auri gemmarumque cupidine animatus.

12. Burgundionum præterea rex Rodulfus mortem obiit (*an. 937 Sept.*); cujus viduam nomine Bertam rex Hugo, Alda, Lotharii regis filii sui matre, defuncta, maritali sibi conjugio sotiarat. Sed et filio suo, regi Lothario, Rodulfi et ipsius Bertæ natam nomine Adelegidam, cum forma honestissimam tum morum probitate gratiosam, conjugem tulit (*Dec.*).

Quod Grecis omnibus non videtur idoneum, scilicet ut, si pater matrem, cum sint duo unum, uxorem accipiat, filius filiam non sine reatu valeat sibi conjugio copulare.

13. Hugo [285] denique multarum concubinarum deceptus inlecebris, præfatam conjugem suam Bertam maritali non solum non cœpit amore diligere, verum modis omnibus execrare; quod quam Deus juste punierit, suis in locis ponere non pigebit. Verum cum nonnullæ essent concubinæ, tres supra cæteras [286] turpissimo amore ardebat: Pezolam, vilissimorum servorum sanguine [287] cretam, ex qua et natum genuit nomine Boso, quem [288] in Placentina post Widonis obitum (114) episcopum ordinavit eclesia; Rozam deinde, Walperti superius memorati filiam decollati, quæ ei miræ pulcritudinis peperit natam; tertiam Stephaniam, genere Romanam, quæ et filium peperit nomine Tedbaldum, quem postmodum in Mediolanensi eclesia archidiaconem ea ratione constituit, ut, defuncto archiepiscopo, ejus ipse vicarius poneretur. Quid autem fuerit, quod effectum Deus hæc habere non siverit, vita comite, scribendus ordo nudabit. Sed et populus has ob turpis impudicitiæ facinus dearum nominibus, Pezolam videlicet Venerem, Rozam Junonem, ob simultatem et perpetuum odium, quoniam quidem ea secundum carnis putredinem hac spetiosior videbatur, Stephaniam vero Semelen apellabat. Et quoniam non rex solus his abutebatur, earum nati ex incertis patribus originem ducunt.

14. Eo in tempore rex Heinricus, in castello quod est in Turingiorum et Saxonum confinio et dicitur Himenleve (115), gravissima valetudine correptus, migravit ad Dominum (*an. 936, Jul. 2*). Cujus corpus in [289] Saxoniam deportatum, in nobilissimarum ac religiosarum monasterio puellarum, quod in ipsius regis prædio vocabulo Quitelingburg (116) situm liquet, intra eclesiam cum inmensa est veneratione repositum. Ubi et venerabilis ejus conjux regnique consors ex eadem gente, nomine Machtild, ultra omnes quas viderim et audierim matronas, pro delictorum expiatione cælebre exequiarum offitium vivamque Deo hostiam offerre non desinit [290] (117). Hæc ante regni susceptionem viro suo filium peperit, quem vocavit OTTONEM, istum, inquam, cujus mundi partes aquilonaris et occidua potentia reguntur, sapientia pacificantur, religione lætantur, justique judicii severitate terrentur. Post regiam autem dignitatem duos peperit, unum quem patris nomine vocavit Heinricum, facetia satis ornatum, consiliis providum, vultus nitore gratiosum, oculorum vigi-

**VARIÆ LECTIONES.**

[279] euertitite 1. [280] poteris 1. [281] inverecundis 1. [282] cf. Terent. [283] institutoribus 1. [284] cordis 1. 2. [285] Hgo 1. [286] cetæras 1. [287] sueuorum 5 a. [288] quam 1. [289] *hac voce prosequitur* 5. [290] desinet corr. desinit 1. desinat 2. desinit 5 a. 5 a * desivit *Hervag.*

**NOTÆ.**

(114) Anno 945, d. Mart. 11, in vivis erat Wido; anno sequente, d. 14. Febr., Bosonem episcopum 55 offendimus. Campi. Hist. di Piacenza I, 488; I, 263.

(115) *Memleben.*
(116) *Quedlinburg.*
(117) Obiit d. 14. Mart. an. 968.

lantia placidum; cujus recenti pro funere (118) non mediocres adhuc lacrimas fundimus. Tercium deinde Bruno nomine (119), quem pater sanctus, quoniam Nordmanni Trajectensem destruxerant omnino eclesiam, ob ejusdem recuperationem eidem voluit militare. Verum ut istorum actus suis in locis latius explicemus, ad propositum redeamus.

15. Quantæ fuerit prudentiæ quantæque rex Heinricus scientie, hinc probari potest, quod potissimum ac religiosissimum natorum suorum regem constituit. Imminebat enim, rex prudentissime, obitu tuo totius populi casus, si tantus regiæ dignitati non subiret vicarius. Qua ex re in amborum laude hos pangimus versus:

Ipse qui condam superare gentes
. Impias bello solitus cruento,
Novimus nunc, rex, dederis popello
Morte tu quantas propria ruinas.
Turba certatim viduata karo
Rege, jam cesset lacrimare, quando
Alter exurgit venerandus orbi,
Filius, patri similis clueuti
Otto rex, gentes dicione magna
Qui premet, pacemque feret beatam.
Quicquid Heinrici periit recessu,
Prestitit claro populis hic ortu,
Blandus et mitis patiensque sanctis,
Pestifer durus [291] rabidusque sævis.
Bella nonnullis tibi sunt gerenda;
Ex quibus nomen referens in astra,
Cuncta calcabis pedibus per orbem,
Quæ premit tardus radians Bootes,
Et quibus nomen dedit Hesper almus:
Lucifer rursus vocitatus idem,
Surgit [292] Eoo [scil. cum] properans corusco [293].

16. Duxerat idem rex Otto ante regni susceptionem ex Anglorum gente nobilissima regis Hadelstani fratris filiam (120) sibi uxorem, nomine Otgith; ex qua et filium genuit, nomine LIUTOLFUM. Cujus ob recentem jacturam (121) quociens memoriam agimus, lacrimis sinum replemus. O si numquam natus, aut non tam mature defunctus esset!

17. (An. 939.) Quo in tempore regis ejusdem frater Heinricus quorundam perversorum instinctu eidem est nimium adversatus. Is enim, qui post creationis suæ mox clarissimam dignitatem Creatori suo se similem facere voluit, per auditores suos talibus Heinricum contra fratris, immo regis et domini [294], sermonibus instigavit: « Rectumne patrem egisse rere, regia tibi in dignitate genito, non in eadem genitum proponendo? Plane non discretionis hoc censura ponderavit, verum passionis magnitudine aberravit. Ergo age, neque enim tibi deerunt copiæ; fratrem deice, regnum accipe; sitque tibi regnandi facultas, cui accidit, Deo largiente, et in eadem dignitate nativitas. »

*Versus.*

18. Regnandi tibi quid juvenum tam dira cupido
Optime Saxigenum? Prohibet Deus,
Haud pater Heinricus; dedit is quia sceptra; monebat
Astripotens bonus ipse Deus pius,
Quo sine nec regnum capitur, nec tempora sistunt.
Quicquid in orbe Deus geritur jubet,
Per quem jura duces cernunt regesque triumphant.
Fraternas acies nunc nunc male
Conflictare cupis, fallax, crudelis, inique?
† Impie Leviathan Behemoth, paras
Antiquum renovare tua jam fraude duellum.
Crimine pro cuncto pœnas lues,
Hoc reprobum numerus culpans quod peccat in ævo
Improbe supplicium referes simul;
Et quæcumque malis debentur flammea cunctis
Vincula, parta tibi misero; neque
Ignivomas herebi juste dimersus [ad undas [295]]
Perpetuo tecum arsuros trahes
Christicolas; quia si qua sacro baptismate loti
Debita post traxere, Dei manet
Gratia, quæ lapsos erexit sanguine gratis.

19. Tanti hujus ac perniciosi facinoris illex Heverardus extitit comes. Hujus enim primæ rebellionis tempore (anno 938) Heinricus fratri suo regi et domino, prout debuerat, amminicula dederat, nisuque omni adversarios fatigabat. Verum quia incuria non solum temporalibus rebus, sed æternis etiam deditis, atque in ipsa internæ contemplationis visione constitutis, lapsum nonnunquam parat, et ut Vegetius Renatus in libro rei militaris ait (122), quod *necessario amplior securitas gravius solet habere discrimen*, Heinricum quodam in opido manentem incautiusque se tuentem, prædictus Heverardus collecta multitudine obsedit, ac priusquam frater ei rex amminiculari posset, expugnavit, secumque illum et gazam non parvam in propria transportavit. Rex igitur tantum fratris, immo suum, cupiens dedecus vindicare, præfatum Heverardum sibique coniventes toto cepit conamine persequi.

20. Heverardus sane Gislebertum Lotharingorum ducem a regis fidelitate sejunxerat, cujus adjutorio regi non modice resistebat. Quamquam [296] enim isdem Gislebertus regis sororem haberet uxorem, maluit tamen, suscipiendi regni spe animatus, regi resistere, quam eum, ut debuerat, contra suos emulos adjuvare. Sed cum se nec sic resistere regi posse conspicerent, non incallido [297] secundum ho-

VARIÆ LECTIONES.

[291] duris 5 a. [292] Surgit scilicet cum eoo 2. Surgit sed cum eoo 5 a. voce s. (scilicet) *male intellecta*. [293] *ultimæ syllabæ hujus vocis superscriptum* sa. 1. 2. [294] *scil.* fidelitatem. [295] *Ita supplendum cum* 5 a; ad umbras 3. [296] *Hinc lin.* 6. *folii* 64. *usque in finem paginæ primæ fol.* 65. *Liudprandus ipse scripsit.* [297] incalide 1.

NOTÆ.

(118) An. 955, Nov. 1.
(119) Obiit die 11 Oct. 965.
(120) Adelstani sororem.
(121) Die 6 Sept. anni 957.
(122) Lib. III, c. 22.

minem, sed fatuo secundum Deum, accepto consilio, hujusmodi Heinricum verbis conveniunt.

21. « Si consiliis nostris te parere nobis juramento promittis, non solum, quia captus es, dimittimus; sed quod majus est, si tamen rex velis fieri, nostrum te dominum constituimus. » Haec autem non eo dicebant, ut facerent, sed ut eius auxilio regem facilius debellarent.

22. Habuerat plane rex nonnullas fortissimas copias, Herimannum scilicet Suevorum ducem, fratremque ejus Hutonem, atque Chuonradum cognomine Sapientem. Qui quamquam Heverardo affinitatis linea jungerentur, maluerunt tamen juste, si [298] necessitas incubuisset, justo cum rege occumbere, quam injuste cum consanguineo triumphare. Heinricus igitur praemissa jam promissione deceptus, propriis mox collectis copiis, totis viribus ipsos adjuvare regemque coeperat impugnare (*an.* 939). Verum quia scriptum est: *Mentita est iniquitas sibi* (*Psal.* xxvi, 15), libet paululum immorari, et quemadmodum tunc mentita sit sibi iniquitas, explicare. Haeverardus haud secus Gislebertum a regis fide sejungere valuit, donec regem eum se facturum promisit. Gislebertus autem Heinricum hac arte decipere voluit, ut dum suo adjutorio regem devinceret, ipsum deponeret, sibique regni solium obtineret. Verum Haeverardus longe aliter disposuerat. Voluit enim, si regem posset devincere, utrosque regno privare sibique usurpare, quemadmodum ex verbis ipsius, quae paulo antequam moreretur uxori suae dixit, conicere possumus. Quam dum foveret in sinu: *Jucundare*, inquit, *in gremio comitis; brevi laetatura in amplexibus regis.* Quod non ita accidisse et iniquitatem sibi mentitam esse tempestas indicat praesens.

23. Igitur, ut praefati sumus, hujusmodi promissione animatus immo deceptus, collecto exercitu, cum Gisleberto pariter atque Heverardo regi preparant bellum. Quos contra rex properat laetus, non eorum multitudine territus, sed de Dei pietate confisus. Sed ut scias quam facile est Deo in paucis plures vincere, et quod quisquam in abundantia virtutis suae non salvabitur (*Psal.* xxxiii, 17), audi antiquum a Domino renovatum miraculum. Regis milites supra Rhenum ad locum vocabulo Bierzuni (123) pervenerant, Rhenique alveum transire jam ceperant, ingnorantes, quod Heinricus cum praefatis comitibus tanta eis vicinitate esset jam proximus. Perpauci denique e navibus egressi, vix equos ascendere seseque armis indui potorant, cum prenominatorum legiones non nuntiantur properantes, sed intuitu ipso cernuntur presentes. Tali igitur sese sunt mutuo sermone adgressi: Fluminis hujus, ut cernitis, magnitudo socios nostros nobis succurrere, nosque A etiam, quamvis velimus, illo redire non sinit; nec clam nobis est, quam ridiculum nostris presertim sit nacionibus fortes viros se ostibus [299] tradere et non resistendo mortem fugere, vitamque sempiternis obpropriis comparare. Quamquam enim evadendi quae nonnumquam hostibus obest, oblata desperatio et supplicandi sempiternum obproprium pugnandi nobis fiduciam prestent: ea tamen est, qua nos presertim, veritatis scilicet ac justitiae, causa pugnare compellit. Si enim terrestris domus nostra resistendo injustitiae dissolvatur, aeternam non manu factam recipiemus in coelis. » His itaque dictis accensi, hostes inter cursu praepeti transeunt. Rex denique tantam suorum constantiam non sine divino instinctu [300] esse considerans, quoniam, fluvio [301] B intercedente, corporali praesentia subvenire suis non poterat, recordatus populi Domini, qui repugnantes sibi Amalechitas orationibus Moysi servi Dei devicerat, protinus de equo descendit, seseque cum omni populo lacrimas furdens ante victoriferos clavos manibus domini et salvatoris nostri Jesu Christi adfixos suaeque lanceae impositos in orationem dedit; quantumque justi viri, secundum beati [302] sententiam Jacobi, tunc valeret oratio (*Jac.* v, 16), res manifesta probavit. Eo namque orante, cum ex suis nullus occumberet, hostes sunt omnes in fugam conversi; nonnullique eorum, cur fugerent, poenitus ignorabant, quoniam quidem pre paucitate sese insequentes hostes videre non poterant. Cesis igitur plurimis, Heinricus vehementer in brachio est C percussus, et quamquam loricae triplicis fortitudo ad carnem usque ensis aciem non admitteret, pondere tamen percussionis acerbae brachium est adeo in livorem conversum, ut nullis medicorum curis ita mederi posset, ne recurrente anno permagnum dolorem sentiret. Unde et multo post hujus facinoris occasione ipsum fassi sunt hominem [303] exivisse. Sed quia lanceae ipsius sanctae memoriam fecimus, hic, qualiter ad eum pervenerit, inseramus.

24. Burgundionum rex Rodulfus, qui nonnullis annis Italicis imperavit, lanceam illam a Samson comite dono accepit. Erat enim exepta [304] caeterarum specie lancearum, novo quodam modo novaque elaborata [305] figura, habens juxta lumbum medium utrobique fenestras. Hae pro pollicibus perpulcrae D duae acies usque ad declivum medium lanceae extenduntur. Hanc igitur Constantini Magni, sanctae filii Helenae, vivificae crucis inventricis, fuisse adfirmant, quae media in spina, quam lumbum superius nominavi, ex clavis, manibus pedibusque domini et redemptoris nostri Jesu Christi adfixis, cruces habet. Heinricus itaque rex, ut erat Dei timens totiusque religionis amator, audito Rodulfum tam inestimabile donum habere caeleste, nuntiis directis

VARIAE LECTIONES.

[298] s. n. i. i. c. r. o. q. i. *desunt* 2. 3.    [299] *i. e.* hostibus.    [300] intstinctu 1.    [301] fluio 1.    [302] *hic vox uiri erasa* 1.    [303] homie 1.    [304] *i. e.* excepta.    [305] elaborata 1.

NOTAE.

(123) *Birthen.* Cf. Reginonis contin. an. 939.

temptavit, si præmiis aliquibus id posset adquirere sibique adversus visibiles atque invisibiles hostes arma invictissima triumphumque perpetuum præparare. Quod cum rex Rodulfus modis omnibus se numquam hoc acturum ediceret, rex Heinricus, quia mollire hunc muneribus non potuit, minis terrere magnopere curavit. Omne quippe regnum ejus cede atque incendiis se depopulaturum esse promisit. Quia vero quod petebatur munus erat, quo cælestibus terra Deus conjunxerat [306], lapis scilicet angularis faciens utraque unum, Rodulfi regis cor emollivit, justoque regi justa juste petenti [307] cominus tradidit. Neque enim pace præsente simultati locus erat. Nam et eo, qui his crucifixus est, a Pilato ad Herodem properante, facti sunt amici in illa die, qui prius inimici erant ad invicem. Quanto autem amore rex Heinricus præfatum inestimabile donum acceperit, cum in nonnullis rebus, tum in hoc præsertim claruit, quod non solum eo dantem se auri argenteæ muneribus, verum etiam Suevorum provinciæ parte non minima honoravit. Deus autem, qui quo quisque quid animo peragat, intuetur, non muneris quantitatis sed bonæ voluntatis inspector ac retributor, quanta ob prælibatam rem mercede æterno in sæculo pium donaverit regem, indiciis quibusdam hoc etiam in tempore prodidit, dum contra se insurgentes hoc victorifero præeunte signo semper hostes terruit atque fugavit. Hac igitur occasione, immo Dei voluntate, sanctam rex Heinricus rompheam adeptus est; quam filio suo, de quo [308] inpræsentiarum nobis sermo est decedens cum regno simul hereditario dereliquit Qui quanta donum inestimabile veneratione coluerit, victoria non solum indicat præsens, verum divinorum, ut promturi sumus, admiranda largitio munerum. His itaque perterritis atque fugatis, rex rediit, non tantum de divina miseratione magnificus.

25. Libet autem paululum immorari, et quod non fortuitu sed Deo disponente hæc ita acciderint, enarrare. Quod luce nobis clarius constabit [309], si domini et salvatoris nostri Jesu Christi apparitionem, quæ post resurrectionem mulieribus ac discipulis facta est, in medium proferamus. Fidem Petri, dilectionem Joannis supra pectus magistri in cena recumbentis, Thomas firmiter noverat, eos ad sepulcrum cucurrisse, nichilque præter linteamina invenisse audierat, angelorum etiam visiones, qui eum vivere assererent, mulieribus apparuisse cognoverat. Sed esto; forte enim mulierum infirmitatem considerans, mulieribus non credebat. Cedo, inquam, sancte Thoma, si duobus discipulis ad castellum Emmaus properantibus, quibus non solum apparuit, sed et scripturas quæ de se erant aperuit [310], immo etiam secundum consuetum morem panem benedixit, fregit, ac dedit, non credis; omnibus tamen condiscipulis, quibus januis clausis apparuit, quid fidem non adhibere contendis? Meministine, inquam, eundem Dominum et præceptorem tuum, cui te commoriturum promittebas, ante passionem hæc omnia prædixisse? Ait namque : « Ecce ascendimus Jherosolimam, et consummabuntur omnia quæ scripta sunt per prophetas de filio hominis. Tradetur enim gentibus, et illudetur, et flagellabitur, et conspuetur, et postquam flagellaverint, occident eum, et die tercia resurget (*Luc.* XVIII, 31). » Cur itaque eum resurrexisse dubitas, cum gentibus traditum, flagellatum, consputum, crucifixum, sicut prædixerat, videas? Haud ab re est, quod Deum tuum manibus propriis tractare contendis. Ipse namque rex noster, qui ante sæcula operatus est salutem in medio terræ (*Psal.* LXXIII, 12), qui novit omnia antequam fiant, multos præviderat hoc errore perituros, ut est misericors et clemens : « Infer, ait, digitum huc, et mitte manum tuam in latus meum, et noli esse incredulus, sed fidelis (*Joan.* XX, 27). » Ἐξαῦδα δέ, Θωμᾶ ἅγιε, exauda de Thoma agie, quod est : confitere autem Thoma sancte, et tua dubietate omne nostrum exclude amphibolum. *Dominus*, inquit, *meus et Deus meus*. O ambiguum omni laude dignissimum! O dubium cunctis sæculis prædicandum! Si tu non dubitares, non ego tam firmiter crederem. Si mulierum credentium, si condiscipulorum fidem hereticis, qui non vero corpore dominum nostrum Jesum Christum resurrexisse latrabant, diceremus, multa nobis argumenta diabolica calliditate opponerent. Sed cum dubitantem Thomam corpus tractasse, vulnerum cicatrices tetigisse, ac mox dubitacione remota Deum et Dominum exclamasse audiunt, qui prius erant multisoni, mox ut pisces videntur insoni; cognoscentes quia et vera caro est, quæ tractari potuit, et Deus, qui clausis januis intravit. Et quod Thomas dubitavit, non fors sed divina dispensacio fuit. Sic itaque, sic, rex piissime, insperata ob militum paucitatem victoria divinæ consilium providentiæ fuit, volens mortalibus indicare quam carus Deo esset qui orando tam inmensum cum paucissimis triumphum optinere promeruit. Forte enim, immo certe, et tu prius ignorabas, quam carus Deo existeres; quod post te cognoscere fecit, cum tanta victoria honoravit. Sancti etenim viri quid virtutis habeant, et quanti in conspectu divini examinis consistant, nisi probaverint, ignorant; quod ad Abraham filium immolare cupientis [311] ex verbis angeli dicentis colligere possumus; ait enim : « Ne extendas manum tuam super puerum, neque facias illi quicquam; nunc cognovi quod timeas Domi-

---

VARIÆ LECTIONES.

[306] conjunjunxerat 1. [307] petententi 1. [308] suo unde (5. 5 a.) 5a* *Vita S. Gerardi Broniensis c.* 18. [309] con constabit 1. *duabus lineis.* [310] *i. e.* aperuit. [311] *lege* cupientem; *constructio scilicet hæc est :* Quod colligere possumus ex verbis angeli dicentis ad Abraham cupientem filium immolare.

num (*Gen.* XXII, 12), » id est te ipsum et posteros cognoscere feci. Noverat enim Dominus et ante quam filium immolare vellet, quanta Abraham patriarcha sanctus eum caritate diligeret; sed is qui diligebat, quam perfecte diligeret, non novit, donec per dilecti filii immolationem apertissime claruit. Possumus et hanc ex beati Petri promissione sententiam approbare. « Domine, inquit, tecum paratus sum et in carcerem et in mortem ire. » Cui Dominus : « Dico tibi, ait, Petre, non cantabit in hac nocte gallus, donec ter abneges nosse me (*Luc.* XXII, 33). » O sancte Petre, melius quam tu te novit qui fecit te. Tu profiteris, quemadmodum putas, veram fidem; sed qui priusquam fiant omnia novit, ter se negaturum te esse prædixit. Hujus quippe sententiæ non inmemor, cum te postmodum, an se diligeres [312], interrogaret, magis ipsi credens quam tibi, amorem tuum hac temperata responsione declarasti, dicens : « Domine, tu omnia nosti, tu scis quia amo te (*Joan.* XXI, 15). Conscientia quidem mea plus diligo te quam me, nisi quia te diligendo diligo me. Utrum autem, ut existimo, ita sese veritas habeat, ipse quam ego melius nosti, qui me ut essem fecisti, ei ut te diligerem amore justissimo inflammasti. » Bone itaque rex, non ob tuam hoc sed ob infirmorum actum est fidem, qui victoriam non nisi in multitudine putant consistere et humanas res non nisi fortuitu provenire. Scimus enim, quia et si cum 12 milibus [313] legionibus transires ac victoriam optineres, non eam tibi, sed Domino, imputares. Et hæc ratio est, quod te in paucis orando voluit vincere, ut et in se sperantes ad amorem sui magis accenderet, et, te quantum diligeret, nescientibus indicaret. Sed his omissis, ad narrandi seriem redeamus [314].

26. Est in Alsaciæ partibus castellum, Brisicau (124) patrio vocabulo nuncupatum, quod et Rhenus immodum insulæ cingens, et naturalis ipsa loci asperitas munit. In hoc itaque suorum Heverardus posuerat multitudinem militum, quorum terrore non solum magnam sibi partem præfatæ provinciæ vendicabat, verum etiam circumcirca regis fideles misere laniabat. Rex denique bonus, non quæ sua sed quæ suorum erant considerans, collecto exercitu, in Alsatiam, ut præfatum castrum obsideat, proficiscitur. Cumque eodem pervenisset, Frederici, qui cum eo tunc simul aderat, Mogontinæ sedis archiepiscopi, exhortatione episcoporum quamplurimi, defixis noctu per girum amissis tentoriis, cœperunt regem deserere clamque ad civitates proprias fugere, Frederico cum eodem subdole permanente. Quod regis milites considerantes, hujusmodi regem sunt sermone adgressi : « Consule, rex saluti tuæ, loca hæc deserens et Saxoniam petens. Nec clam te est, quod Heinricus frater tuus bellum tibi inferre conetur; qui si tam parvas tecum esse copias senserit, ita irruet repentinus, ut nec fugiendi quidem sit locus. Melius est igitur reparato exercitu iterum redire, quam aut mori misere, aut turpiter fugere. » Quibus rex inperterritus, ut quondam suis Judas cognomento Machabæus : « Nolite, ait, nolite talia loqui; et si adpropinquavit tempus nostrum, moriamur in virtute, et non inferamus crimen gloriæ nostræ (*I Machab.* IX, 10). Melius est enim pro vera justitia mortem subire, quam eam fugiendo turpiter vivere. Denique si illos Dei ordinationi resistentes, auxilium a multitudine sola et non a Deo sperantes, injuste præliari, mori et ad irremissibiles herebi pœnas descendere juvat, nichilominus nos immo acrius pugnare delectet, qui et præliari pro justicia securi, et præliando, si sors carnis universæ acciderit, securius possumus mori. Nam pro justicia pugnaturos, ob copiarum paucitatem ante pugnæ experimentum terga dare, Deo diffidere est. » His dictis non solum eos a fugæ proposito revocavit, verum etiam; ut vehementer pugnarent, protinus animavit.

27. Unum autem, unum, pater egregie, velim diligenter adtendas; quod cum audieris, plus eum animi passiones quam hostes vicisse miraberis. Hujusmodi vincere adversarios, permittente Deo, nonnumquam et peccatores possunt; inconcussam autem animi tenere virtutem, prospæris scilicet non elevari et adversis non frangi, perfectorum solummodo est. Audi igitur in tanta hac fluctuante procella, quo fidei supra petram, quæ Christus est, sit ardore fundatus. Comes quidam tunc prædives secum erat, cujus multitudo militum regis aciem condecorabat. Hic itaque videns, quam plurimos ex regis acie desertores ac transfugas fieri, non interiorem sed exteriorem considerans hominem, tacitus hæc secum volvere cepit : « Quicquid regem in hac turbatione constitutum petiero, sine dubio impetrabo, præsertim cum et acre bellum nobis immineat, ac ne se deseram timeat. » Nuntiis itaque directis, regi supplicat, ut abbatiam quandam Laresheim dictam [315], prædiis ditissimam, ei concedat; cujus possessionibus quod sibi deerat ac militibus suis ministrare prævaleat. Rex autem, columbina non solum sed, ut erat, vipperina calliditate suffarcinatus, non hoc quod portenderet [316] animadvertere minime potuit; unde et hujusmodi nuntiis apologeticum dedit : « Illi, quid super hac re sentiam, verbis ipse potius explicabo quam nuntiis. » Quod qui hoc direxerat audiens, inmensa est

VARIÆ LECTIONES.

[312] diligires 1. [313] XII milibus 1. 2. 3. 5. XII 5 a". duodecim 5 a". [314] ad alia festinemus 5. 5 a. 5 a". [315] l. d. *desunt* 5. lauresheim 2. lauresheim vel loresheim 5. [316] pordenderet 1.

NOTÆ.

(124) *Breisach.*

animi affectus leticia, sperans, se quod poposcerat impetrasse. Unde et moræ [317] inpaciens, regem adit, eumque sentenciam super hac re promere postulavit. Cui rex, populo circumstante : « Obœdire, inquit, magis oportet Deo quam hominibus. Quis enim sanum sapiens ignorat, te hæc non petitionis humilitate sed comminationis auctoritate dixisse? Scriptum est : *Nolite sanctum dare canibus* (*Matth.* vii, 6). Quod quamvis a doctoribus spiritaliter intelligendum esse prædicetur, ego tamen satis me dare sanctum canibus censeo, si monasteriorum prædia, quæ a religiosis viris Deo sunt militantibus tradita, tulero, sæculoque militantibus dedero. Tibi vero tam procaciter injusta petenti, sub testimonio totius populi, nec hoc nec aliud te umquam a me accepturum esse testificor. Si cordi tibi est ceteris cum infidelibus avolare, quanto citius, tanto melius. » His auditis, quia facies mentis est speculum cordis [318], verecundiam vultus rubore nudavit, concitusque regis ad pedes corruens, se peccasse, se graviter deliquisse, confessus est. Perpende itaque, qua constantia [319] athelta Dei non solum visibiles, verum etiam invisibiles conterat hostes; antiquus etenim hostis non eum se nocuisse putavit, dum tot fortissimos principes contra illum surgere persuasit, fratrem etiam, qui ei regnum auferret, instigavit, quoniam exteriora hæc esse damna cognovit; unde et præfatum comitem ad expetendam sanctorum hereditatem incitavit, quatinus eo rex velocius offensam Dei incurreret, quo servorum Dei stipendia suis injuste militibus traderet. Verum quia nequivit, nunc, quantum rex sanctus, ob temptationis hujus constantiam Deo pro se pugnante, creverit, in medium proferamus.

28. David sanctus ex persona Domini dicit : « Si populus meus audisset me, Israel si in viis meis ambulasset, pro nichilo forsitan inimicos [320] eorum humiliassem, et super tribulantes eos misissem manum meam (*Psal.* lxxx, 14). » Quod in hoc rege Dominum audiente in viis ejus ambulante esse completum, quam prompturus sum, ratio declarabit. Heverardus atque Gislebertus, audito regem in Alsatia esse, quoniam neminem, qui eis resisteret, verebantur, permagno collecto exercitu, Rheni alveum ad Andernacha pertranseunt, regisque fideles circumquaque demoliri procedunt. Huto sane, Herimanni Suevorum ducis frater, necnon et Chuonradus cognomento Sapiens, quos superius regi diximus esse fideles, ipsis in partibus erant. Sed quia eorum copiæ istorum copiis multo inferiores extiterant, his occurrere [321] trepidabant. Verum jubente Deo, non locutionis sed inspirationis modo, hos multis cum spoliis redeuntes pone secuntur. Cumque paululum processissent, quidam eis flens et ejulans obviavit sacerdos. Qui rogatus ab eis unde iret, cur fleret ? « Ab istis, inquit, prædonibus ego venio, qui paupertatis meæ erumnam uno quod solum possederam jumento ablato dilatarunt. » Quod cum præfati [322] Huto ac Chuonradus audirent, si Gislebertum atque Heverardum viderit, examussim sunt sciscitati. Quo respondente : « Quoniam cum præda cunctis pœne trans Rhenum missis, ipsi soli cum eorum electis militibus, quod nec bene vertat! capiunt cibum; » tanta cæleritate super eos irruunt, ut, si videres, non eos currere [323] sed diceres transvolare [324]. Quid plura ? Heverardus gladiis occiditur, Gislebertus Rheni undis submergitur, quas quoniam præ multitudine sorbere [325] non potuit, anima recedente defecit. Cæterorum vero nemo aufugiit, qui non aut vivus ligaretur, aut gladio truncaretur. Vides igitur, quemadmodum super regem tribulantes Dominus manum miserit, quem in viis suis ambulasse cognovit.

29. Dum hæc aguntur, rex in Alsatia horum inscius, mori potius quam adversarios fugere est paratus. Accidit itaque, ut, quemadmodum ei moris erat, mane primo, quoniam æclesia longe aberat, super equum conscenderet [326], eoque se munitum orationibus iret, dum directis procul obtutibus, obviare sibi nimia celeritate hominem vidit, quem ilico nuntium esse intellexit [327]. Et quia is qui venerat prospera nuntiabat, mox ut regem vidit, subsecuturam letitiam quodam proludio hilaritatis ostendit. Hoc igitur inditio, quia secunda eum qui aderant nuntiare intellegunt, arrectis auribus ut eum audiant currunt. Quibus moderata hujus processio, capillorum ac vestium compositio, honesta salutatio, annus erat. Vidit rex populum anhelare, et quod dicendi moram [328] nuntius faceret, graviter ferre. « Age, ait, ad quod missus es fare, præposterato ordine rem prius injice [329], circumstantium metus adime, eorumque animos gaudio exple; dehinc per longa exorsa et rhetorum prohœmia salutationibus nos demulce. Non qualiter, sed quid dicas, præsens tempus expectat. Malumus enim rusticana simplicitate lætari, quam Tulliana facetia periclitari. » His auditis, Heverardum atque Gislebertum hominem exutos esse, primo impetu nuntiavit, volentemque qualiter hoc acciderit, prosequi, rex manu compescuit, ac mox de equo descendit, seseque, cum lacrimis Deo gratias agens, in orationem dedit. Qua expleta, surrexit, atque itinere quo cœperat Deo se commendaturum ad eclesiam tendit.

30. Hoc in tempore Bertaldus Bagoariorum dux, Arnulfi ducis frater, vir strenuus, regis partibus toto favebat conamine. Volens itaque rex, ut quemadmodum tribulationis præteritæ ita et læticie præsen-

---

**VARIÆ LECTIONES.**

[317] more 1. [318] *post mentis et post cordis puncta habentur* 1. [319] costantia 1. [320] inimicus 1. [321] occurre 1. [322] præfato 1. [323] curre 1. [324] tranuolare 1. [325] exorbere præ multitudine (5. 5 a) 5 a*. *Vita S. Gerardi Broniensis* c. 19. [326] coscenderet 1. [327] intelexit 1. Et quia i. q. v. p. n. m. ut r. v. *desunt* 5. 5 a, 5 a*. [328] momoram 1. [329] injuce 1.

tis fieret particeps, sequenti die, quanta erga cum Dominus beneficia egerit, nunciis directis apperuit. Cui etiam in augmentum lætitiæ, quoniam conjugali [330], minime tenebatur vinculo, demandavit ac juramento promittere fecit, ut si sororem suam, scilicet Gisleberti uxorem, habere posset, eam illi conjugio copularet; quod si minus procederet, ipsius Gisleberti ex eadem sorore genitam, quam pœnes se habuerat, fere jam nubilem, maritali ei conjugio traderet. Quo audito, Bertaldus immenso est gaudio affectus; elegitque potius nondum nubilem filiam expectare, quam matrem, quæ jam nupserat, tollere.

31. Fridericus denique Magonciacensis eclesiæ archiæpiscopus, cujus consilio episcoporum nonnulli regem dimiserant, ut quam occulte gestabat jam infidelitas cunctis pateret, decem ferme ante prænominatorum diebus interitum regem deseruit, ac Magonciam concitus venit; in qua nichil moratus, Metensem urbem adit. Disposuerat enim regis frater Heinricus, redeuntibus Heverardo atque Gisleberto, cum eodem Friderico isthic exercitum congregare, sicque regi in Alsatia degenti bellum maximum præparare. Cumque illo pervenisset nominatus archiepiscopus, insperate et non oportune nuntii ei occurrunt, qui jam prælibatos principes morte intercedente non vivere dicunt. Quo audito, animo consternatus, quid faceret penitus ignorabat.

32. Rex interea, Alsatiam deserens, Franciam occupabat [331]. Cujus ob metum Magonciæ cives redeuntem archiepiscopum intra urbis mœnia non suscipiunt. Unde factum est, ut non multo post a regis fidelibus captus, et ante sui præsentiam adductus, custodiæ sit in Saxonia traditus. In qua aliquandiu commoratus, miseratione regis dignitati est pristinæ restitutus.

33. Heinricus denique regis, fratris scilicet sui, terrore exanimatus, in castellum vocabulo Capræmons, ingeniis non solum hominum, verum natura ipsa munitum, ingredi voluit. Quod soror ejus, vidua videlicet Gisleberti, prænoscens, non solum ne id facere posset prohibuit, verum hujusmodi cum sermonibus convenit : « Pro! non tete miseriarum mearum tedet, quas conjuge interempto perpetior, nisi etiam meis te in municionibus occludendo regis iram super regionem hanc velut aquam effundas? Non feram, non patiar, non sinam; non tanta vecordia michi innata inerit, ut ex meis incommodis tua compares commoda. »

34. His Heinricus auditis, cum aliud quod faceret ignoraret, adsumptis secum, quorum præsidio juvaretur, quibusdam episcopis, die quadam nudis pedibus regis ad pedes ipso ignorante pervenit, supplexque misericordiam imploravit. Cui rex : « Indignum, inquit, facinus tuum misericordiam non meretur. Verum quia video te humiliatum coram me, non inducam malum super te. » Jussit eum itaque rex ad palatium suum, quod in Francia in loco qui Ingelenheim dicitur constitutum est, proficisci, sollertique illum vigilantia custodiri, quoad iræ remota paululum egritudine, quid super eo faceret, sapientum consilio definiret.

EXPLICIT LIBER QUARTUS DEO GRATIAS.

## INCIPIUNT CAPITULA LIBRI QUINTI.

1. Qualiter Herimannus Suevorum dux Liutulfo filio regis filiam suam nomine Itam conjugem daret.
2. De eclipsi solis et apparitione cometæ.
3. De eo quod rex Hugo Romam quotannis oppresserat.
4. De Berengario et Anscario fratribus, quorum Anscarium in Camerino et Spoleto marchionem constituerat.
5. De Serlione quem rex Hugo contra Anscarium mittit, et de verbis Anscarii [332].
6. De bono consilio Wikberti boni militis, et malo Arcodi mali militis [333].
7. De prima pugna inter Sarlionem et Anscarium, in qua Wikbertus occisus est fugiitque Arcodus.
8. De alia pugna, in qua Anscarius Hattonem comitem hasta occidit, ac postmodum de equo cadens ab hostibus est ipse occisus, Sarliusque marca potitur.
9. De Hugone rege, qui Constantinopolim nuntios dirigit propter naves et Grecum ignem.
10. De rege Hugone, qui Berengarium excecare [334] voluit, sed propter Lotharium non potuit, qui hoc Berengario nuntiavit; et de fuga ejusdem Berengarii uxorisque ejus.
11. Inprecatio contra montes qui Berengarium et Willam transire permiserunt.
12. Qualiter Herimannus dux Berengarium suscepit et ante regis præsentiam duxit.
13. De eo quod rex Hugo nuntios suos regi Ottoni dirigit, pollicens pecuniam si Berengarium non recipiat, quod omnino impetrare non valuit.
14. De eo quod imperator Grecorum Romanos Hugonem rogat, ut suam filiam conjugem suo det nepoti filio Constantini.
15. De pugna navali quam Romanos cum Ingero rege Russorum fecit, quem mirabiliter vicit.
16. De eo quod rex Hugo ad Fraxinetum pergens, Grecos cum navibus eo dirigit.
17. De eo quod rex Hugo Fraxinetum destruere potuit sed noluit.

### VARIÆ LECTIONES.

[330] cojugali 1. [331] occubabat 1. [332] hucusque index codicis 5. cujus tamen textus nonnisi capite 18 finitur. [333] hucusque prima manu, reliqua indicis capita manu secunda 1. [334] i. e. excecare.

18. De Amedeo Berengarii milite, qui exploratum in Italiam venit.
19. De eo quod rex Hugo pactum Hungariis dedit eosque in Hispaniam misit.
20. De eo quod rex Hugo filiam suam, quam ex concubina habuerat, Constantinopolim mittit.
21. De fortitudine et pulchritudine Constantinopolitani palatii, et qualiter Stephanus atque Constantinus suum patrem de palatio ejecerint et monachum fecerint.
22. De eo quod idem voluerunt Constantinum Porphyrogenitum deicere; a quo sunt et ipsi capti atque in monasterium missi; et per quem eorum consilium sit palam factum.
23. De yronica patris susceptione et locutione, quando filii ad monasterium venerunt.
24. Oratio imperatoris Romanū, quam pro filiis egit, Deo gratias agens.
25. De eo quod Constantinus et Stephanus custodia observantur.
26. De adventu desiderati Berengarii in Italiam, et quod Mannasses ejus partibus favet.
27. Qui principes prius Hugonem desererent, et cur.
28. De eo quod rex Hugo filium suum Lotharium Mediolanium mittit, ad misericordiam omnium Italorum.
29. De Joseph episcopo per Berengarium Brixia expulso, et Antonio eodem constituto.
30. Cur Berengarius Placentinum et Papiensem dimitteret episcopos, et cur Liudprandum clericum parentes sui Berengario commendaverint.
31. De Hugone rege qui cum omni pecunia in Provinciam ivit, et de Raimundo qui suus miles factus est.
32. De uxore Berengarii quæ passa est crimen incesti, et qualiter inde sit liberata.
33. De pecunia quam Berengarius causa Hungariorum pauperibus et ecclesiis Dei tulit.

EXPLICIUNT CAPITULA.

## INCIPIT LIBER QUINTUS.

1. (*An.* 939.) Factum est, ut post mortem Heverardi atque Gisleberti, necnon et Heinrici fratris regis inclusionem, concurrentibus undique ad regem congratulationis causa proceribus, veniret et vir ditissimus, Suevorum dux Herimannus; qui post congratulationis satietatem talibus regem est adgressus sermonibus : « Non clam domino meo est, cum prædiorum latitudine, tum pecuniarum inmensitate prædivitem me absque liberis esse; nec est præter unam parvulam gnatam, qui mearum rerum me decedente heres existat. Placeat itaque domino meo regi filium suum parvulum LIUTOLFUM mihi adoptare in filium, quatinus unicæ filiæ meæ maritali commertio sotiatus, me migrante mearum fiat rerum hereditate magnificus. » Hoc itaque quia placuit regi consilium, quod poposcerat sine dilatione complevit.

2. Hoc in tempore (*Jul.* 19), ut ipsi bene nostis, sol magnam et cunctis terribilem passus est eclipsin, sexta feria, hora diei tertia; qua etiam die Abderahamem [335], rex vester, a Radamiro christianissimo rege Gallitiæ in bello est superatus.(125). Sed et in Italia octo continuis noctibus miræ magnitudinis cometa apparuit, nimiæ proceritatis igneos ex sese radios fundens, subsecuturam non multo post famem portendens, quæ magnitudine sui misere vastabat Italiam.

3. Ea siquidem tempestate, Hugone rege turpiter expulso, Albericus, ut præfati sumus, Romanæ civitatis monarchiam obtinebat. Quem rex Hugo quot- annis graviter opprimebat, gladio et igne quæ poterat universa consummans [336], adeo ut civitates præter Romam, in qua ipse consederat, omnes auferret. Sed et ipsam sine dubio cum depopulando tum cives muneribus corrumpendo conquireret, nisi occulta justi Dei illi sententia [337] prohiberet.

4. Per id [338] tempus Berengarius [339] atque Anscarius in Italia fratres clarebant, uno quidem patre, Adelberto scilicet, Eporegiæ civitatis marchione, sed non una matre progeniti. Berengarium scilicet, uti præfati sumus, Gisla, Berengarii regis filia, Anscarium autem Hermengarda, Adelberti Tusciæ provinciæ marchionis, quam ex Berta, regis Hugonis habuerat filia, peperit. Quorum Berengarius consiliis providus, ingenio callidus; Anscarius vero ad quodlibet facinus promptus. Quem et rex Hugo nimis suspectum habuerat, ne se occideret [340] ac regnum sibimet obtineret. Consilio itaque accepto, quia Tedbaldus [341] marchio hominem exierat, Spoletinorum eum ac Camerinorum constituit marchionem, quatinus eo securius viveret, quo longius hunc ab sese sequestratum esse cognosceret. Quo dum profectus esset, uti animi inpaciens erat, quicquid ex rege mali cogitando mens ei suggesserat, rerum signis continuo declarabat. Quod Hugonem minime latuit.

5. (*An.* 940.) Igitur quod remedium huic egritudini dare posset excogitans, Sarlionem ad se, Burgundionum [342] ex gente progenitum, advocat. Cui et ait : « Camerinorum ac Spoletinorum hominum non est

VARIÆ LECTIONES.

[335] abdaram B. 5 a. [336] *i. e.* consumens. [337] sentia 1. [338] idem *corr.* id 1. [339] bererengarius. [340] occidere 1. [341] tebaldus 1. [342] burdionum 1.

NOTÆ.

(125) Cf. Ann. Sangall. majores an. 939.

mihi fides incognita. Est enim calamo similis, cui si innisus fuerit homo, perforabit manum ejus. Vade itaque, atque a me suscepta pecunia, mentes eorum corrumpe, ab Anscarii dilectione eos amove, tibique conjunge. Te nemo est qui possit [343] facere, cum melius, tum commodius. Habes enim illius Tedbaldi, mei nepotis defuncti optimi marchionis, uxorem, cujus auxiliis fretus cunctus ad te veniet populus. » Profectus denique, haud secus atque rex predixerat Camerinorum ac Spoletinorum populus egit. Congregata itaque multitudine, ad eam in qua Anscarius erat civitatem properare festinat [344]. Quod cum audisset Anscarius, antesignanum [345] suum nomine Wikbertum talibus adorsus est verbis:

*Versus.*

« Sarlius inbellis, multorum fisus in armis,
Pugnaturus adit; cui fortes pectore et armis
Occursare decet bellumque inferre cruentum.
Lecta manus juvenum, bellisque exercita multis,
Est huc [346] tendentem quae me comitata patronum,
Protinus adveniet, fulvo decorata metallo. »

6. His auditis, Wikbertus, ut erat vir non audatia solum verum etiam scientia fretus : « Mane, ait, ac copias prout potis est congregato [347]. Pergrave est enim, exercitui cum tam paucis numeroso occurrere. Sed et si quibuscum res agitur animadvertis, heroes sunt, haud segnius atque nos bello assuefacti. » Jam Anscarius Wikberto recta sibi consulenti conivere decreverat, directisque usquequaque nuntiis, congregare exercitum cuperat, cum Arcodus quidam, Burgundionum sanguine ortus, Wikbertum ista consulentem dictis increparet amaris : « Chremeti, inquit, similis es, qui ob Thrasonis metum Thaidi de occludendis aedibus consilium, quoad advocatos sibi a foro duceret, dedit; quem cum Thais prohiberet (126) : *Quod cum salute tua*, ait, *cavere possis, stultum admittere est. Malo ego nos prospicere, quam ulcisci* [348] *accepta injuria!* Optime, Wikbertus, inquam, Thrasonis fecisti memoriam militis, qui rabido prius ore deseviens, cum ad rem veram ventum esset, Syriscum in dextro cornu, Symalionem in sinistro constituens (127), ipse sibi locum post principia (128) elegit. Burgundiones enim garrulos [349] esse, voraces ac inbelles, nullus qui eos noverit ambigit. Sed et quam perfortiter saepe feceris, quas fugiendo declinasti, cicatrices indicant corporis. »

7. Hujusmodi itaque Anscarius atque Wikbertus exitati dictis, ubi Sarlium esse cum multis audiunt, quam mox cum paucis properare contendunt. Sex [350] Sarlius acies habuerat, quarum tres contra Anscarii unam, in qua et ipse erat, direxerat. Ipse vero fluvio interjecto rei spectans eventum, cum tribus remanserat. Verebatur enim, quod nec tanta cum quiret multitudo defendere, si suos in eum Anscarius posset obtutus inducere. Haud mora, bellum incipitur, in quo Arcodus, quia fugerat, non videtur, Wikbertus vero morte tenus vulneratur, quoniam quidem mori satius quam fugere duxit. His itaque omnibus ab Anscario debellatis, duas ei iterum Sarlius acies mittit, una solummodo secum retenta. Cumque Anscarius, quis suorum in campo occumberet, vellet inquirere, non suo tantum quam aliorum sanguine cruentatus Wikbertus ei occurrit. Cui et ait : « Duae contra nos acies [351] perpulcre armis instructae adveniunt, quas te potius declinare quam expectare etiam atque etiam rogo. Arcodus, ut ipse bene nosti pugnae hujus incentor, qualiter aufugerit, vides. Ego vero positus in extremis, non cogito jam de pugna, sed misericordem Deum rogo pro anima, ne mihi imputet [352], quae ob dilectionem tui hodie commerui crimina, hominum neci dando corpora multa. » His expletis, expiravit.

8. Collectis itaque Anscarius quos potuit, duabus phalangis occurrens, eas inter furibundus insiliit stragemque innumeram dedit. Comes quidam, Hatto nomine, duabus illis praeerat aciebus, qui hac Anscario occurrit fidutia, quoniam, confracta jam lancea, solam in manu ejus viderat hastam. Quem dum intuitus esset Anscarius : « Tune es, infit, qui contemplo crucis et sanctorum juramento, perjurus in nomine Dei tui me tuum dominum deseruisti, et ad vulpem Sarlium transfuga ac desertor abisti?

Esse aliquos manes et subterranea regna (129),
In quibus perjuri puniantur, Cocitum [353] etiam et
Stygio ranas in gurgite nigras (130),

qui usque modo somniasti, re ipsa quam mox experire! » Haec dicens, hastam, quam sine ferro gestabat, per os illius valide jaciens, sanguine cerebroque respersam per occipitium eduxit; enseque abstracto, quoniam multi super se irruerant, dimicare naviter coepit. Cumque, nullis sibi amminiculantibus, omnium poene hostium solus impetum sustineret, huc illucque discurrens, sonipes quo insederat [354] adeo in scrobem cecidit, ut collo supposito pedibusque sursum erectis, eo usque super Anscarium jaceret, donec ab irruentibus hostibus directis missilibus occideretur. Quo mortuo, Sarlius marca secure potitur, et rex Hugo gaudio inmenso afficitur.

VARIAE LECTIONES.

[343] posscit 1. [344] festinet 1. [345] antesignatum 1. 2. [346] hunc *corr.* huc 1. [347] congregata. [348] ulcissi 1. [349] garulos 1. [350] Sed 1. 2. 5 a. set 5. Sex 3. [351] actes 1. *paulo ante occurit.* [352] utputet 1. [353] Coitum *corr. eadem manu* Conitum 1. Conitum 2. [354] insedederat 1.

NOTAE.

(126) Terent. Eun. IV, VI, v. 24.
(127) Ter. l. l VII, v. 5.
(128) Ter. l. l. v. 11.

(129) Juvenal. Sat. 11, 149.
(130) Juvenal. l. l. 150.

9. Dum hæc aguntur, montana quibus ab occidua [255] seu septemtrionali Italia cingitur parte, a Saracenis Fraxenetum inabitantibus crudelissime depopulantur [256] (*an.* 941). Quamobrem Hugo rex consilio accepto, nuntios Constantinopolim dirigit, rogans imperatorem Romanōn, ut naves sibi Greco cum igne transmittat, quas chelandia patrio sermone Greci cognominant. Hoc autem eo fecit, ut dum terrestri itinere ipse ad destruendum tenderet Fraxinetum [257], eam partem qua mari munitur Greci navigio obsiderent, eorumque naves exurerent, ac ne ab Hispania victus eis aut copiarum subsidia provenirent, diligentissime providerent.

10. Interea Berengarius, memorati frater Anscarii atque Æporegiæ civitatis marchio, occulte quædam in regem cœpit moliri. Quod dum regi compertum esset, simulata benivolencia dissimulataque ira, dum ad sese veniret, luce eum privare disposuit. Filius denique ejus, nomine Lotharius rex, et ipse parvus ac necessariarum sibi rerum adhuc ignarus, quoniam consiliis his interfuit, celare quemadmodum puer haud potuit, verum destinato ad Berengarium nuntio, quod sibi pater suus facere vellet, apperuit. Hoc denique Berengarius ut audivit, Italiam quam mox deseruit, ac per montem Jovis in Sueviam ad Herimannum ducem properavit; uxorem vero suam Willam per aliam viam ad eandem provinciam venire præcepit. Quæ tempore [358] digressionis suæ per montem Avium (131), feta partuique vicina, qualiter montes tam asperos atque invios transire pedibus poterit [359], satis nequeo mirari; nisi quia fortunas omnes adversas mihi fuisse certo scio. Sed ah! quam sibi decipulam Lotharius præparaverit, futuri ignarus videre non potuit. Dum enim Berengario consuluit, qui regnum et vitam auferret sibimet præparavit. Imprecor itaque non Lothario, qui puericiæ levitate peccavit, idque postmodum amare pœnituit, verum montibus illis crudelibus, contra insuetum omnibus morem facilj eis iter prebentibus. Itaque libet in eorum mihi nunc contumeliam exclamare :

11. Improbe [360] mons Avium, tali
Conservas quia nam pestem,
Invius esse soles etiam,
Tempore quo Cererem messor
Tempore quo radiis Phœbi
Pessime nunc es inaudito
Pervius? atque utinam possent
Protinus in baratrum avulsus [361]
Ecce Berengarium servat,
Mons transire Jovis, mirum haud
Et servare malos, vocitant
Sanguine qui gaudent hominum,
Quid loquar? ecce Deum cupio
Conscissusque chaos cunctis
Neque tu nomine dignus,
Nunc quam perdere possis
Cum sol igneus ardet,
Curva falce reposcit [362],
Cancri [363] sidus adurit.
Rigidæ [364] tempore brume
Mea nunc vota valere,
Aliis montibus isses.
Sinit et tramite recto
Suetos perdere sanctos,
Heu quos nomine Mauros,
Juvat et vivere rapto.
Tete fulmine aduri,
Fias tempore cuncto.

12. Igitur Herimannus, Suevorum dux, venientem ad se Berengarium benigne suscepit, eumque magno cum honore ante piissimi regis Ottonis præsentiam duxit. Quem quanta rex devotione susceperit, quantisque muneribus donaverit, quantumque honoraverit, stilus meus se scribere [365] posse diffidit. Verum quantum poterit designatis, cujus sanctitatis quantæque humanitatis rex fuerit, quantæ etiam improbitatis Berengarius extiterit, facile prudens lector animadvertere poterit.

13. Rex Hugo, audita Berengarii fuga, nuntios suos regi Ottoni dirigit (*an.* 942), secundum voluntatis suæ deliberationem auri argentique copiam se ei daturum, si Berengarium non susciperet eique amminicula non conferret, promittens. Quibus rex apologeticum [366] hujusmodi dedit : « Berengarius non ob domini vestri dejeccionem, verum, si potis est, ob reconciliationem, nostram adiit pietatem. Qua in re si amminiculari illi pœnes dominum vestrum potero, gazas a se mihi promissas non solum non suscipio, verum meam illi libentissime tribuo ; Berengario vero, seu cuilibet nostræ pietatis clementiam imploranti, mandasse subsidium non præbere, summæ dementiæ est. Perpende itaque, quanta cum rex pius caritate dilexerit, qui promissam non solum non accipere, sed propriam pro illo pecuniam voluit dare.

14. Dum hæc aguntur [367], Constantinopolitanus imperator cum regis Hugonis nuntiis suos pariter dirigit, mandans, naves et omnia que desideraret se ei daturum, si nepoti suo parvulo sibi omonimo, Constantini filio, filiam suam conjugem daret. Constantinum autem Leonis imperatoris [368], non ipsius

VARIÆ LECTIONES

[255] hoccidua *corr.* occidua 1. [256] depopulantur *corr.* depopulatur 1. *vox sensu passivo usurpata*. [257] fraxenetum *corr.* fraxinetum 1. - [358] temre 1. [359] *i. e.* potuerit. [360] *Codex* 13. *hæc in margine habet* : Metrum dactilicum alemannicum constans trimetro ypercataletico qui spondeo constat et dactilo et spondeo, set in loco pro primo spondeo est ubi anapestum traditum invenimus ut est omne hominum genus in terris. [361] repossit 1. [362] craneri 1. [363] Regidæ 1. [364] vulsus 5. 5a. 5a *. [365] scriberere 1. [366] απολογετρον 5. [367] *a.* Ρομανος 5. [368] L. i. ουιν (υιον) του αυτου Ρομανου filium dico 3.

NOTÆ.

(131) Hodie *Vogelberg*, ultra 10000 pedes altus, prope Adulam atque fontes Rheni.

Romanum, filium dico. Tres enim hi cum Romano simul imperitabant, ejusdem videlicet duo filii, Stephanus atque Constantinus, necnon et hic de quo in praesentiarum sermo est, Constantinus Leonis imperatoris filius. Rex itaque Hugo, hac audita legatione, directis iterum nuntiis, Romano denuntiat, se legitimo ex conjugio filiam non habere; sed si ex concubinarum filiabus vellet, egregiam ei forma posse prestare. Et quoniam Greci in Geneseos nobilitate, non quae mater sed quis fuerit pater, inquirunt, imperator Romanos naves continuo Greco cum igne praeparavit, munera maxima misit, atque ut illam nepoti suo conjungeret mandavit. Verum quoniam meus vitricus, vir gravitate ornatus, plenus sapientia, regis Hugonis fuerat nuntius, pigrum michi non hic sit inserere [369], quid eum de imperatoris sapientia et humanitate, et qualiter Rusios vicerit, audivi sepius dicere.

15. Gens quaedam est sub aquilonis parte constituta, quam a qualitate corporis Greci vocant Ρούσιος, Rusios, nos vero a positione loci nominamus Nordmannos. Lingua quippe Teutonum nord aquilo, man autem dicitur homo [370]; unde et Nordmannos aquilonares homines dicere possumus. Hujus denique gentis rex vocabulo Inger erat; qui collectis mille et eo amplius navibus Constantinopolim venit. Quod Romanos [371] imperator ut audivit, quoniam navalem suum exercitum directum contra Saracenos et ad insularum custodiam habuit, estuari cogitationibus coepit. Cumque cogitationibus non paucis insomnes noctes duceret, et Inger cunta mari vicina diriperet, nuntiatum est Romano, 15 semifracta se habere chelandia [372], quae populus ob vetustatem sola reliquerat. Quod ut audivit, τοὺς καλυφάτας, tus calafatas, hoc est navium compositores, ad se venire praecepit, quibus et ait : « Properantes sine dilatione, ea quae remanserant, chelandia [373] praeparate. Sed et argumentum, quo ignis projicitur, non in prora solum, verum etiam in puppi, insuper in utrisque lateribus ponite. » Compositis itaque secundum jussionem suam chelandiis, sapientissimos in eis viros collocat, atque ut regi Ingero occurrant denuntiat. Profecti denique, cum in pelago eos positos rex Inger aspiceret, ut vivos illos caperet, exercitui suo praecepit et non occideret. Denique miserator et misericors Dominus, qui se colentes, se adorantes, se deprecantes, non solum protegere sed et victoria voluit honorare, ventis tunc placidum reddidit mare. Secus enim ob ignis emissionem Grecis esset incommodum. Igitur in Rusorum medio positi, ignem circumcirca projiciunt. Quod dum Rusi conspiciunt, e navibus confestim sese in mare projiciunt, eliguntque potius undis submergi quam igne cremari. Alii tunc loricis et galeis onerati, numquam visuri, ima pelagi petunt; nonnulli vero natantes, inter ipsos maris fluctus uruntur, nullusque die illa evasit, qui fuga sese ad terram non liberavit. Rusorum etenim naves, ob parvitatem sui, ubi aquae minimum transeunt, quod Grecorum chelandia [374] ob profonditatem sui facere nequeunt. Inger [375] ingenti cum confusione [376] postmodum ad propria est reversus. Greci vero victoria potiti, vivos secum multos ducentes, Constantinopolim regressi sunt laeti. Quos omnes Romanos, in praesentia regis Hugonis nuntii, vitrici scilicet mei, decollare praecepit.

16. Rex itaque Hugo congregato exercitu, classibus per Tirrenum mare ad Fraxinetum directis, terrestri ipse eo itinere pergit. Quo dum Greci pervenirent, igne projecto Sarracenorum naves mox omnes exurunt. Sed et rex Fraxinetum ingressus, Sarracenos omnes in montem Maurum fugere compulit; in quo eos circumsedendo capere posset, si res hec, quam prompturus sum, non impediret.

17. Rex Hugo Berengarium, ne collectis et ex Francia et ex Suevia copiis super se irrueret regnumque sibi auferret, maxime timuit. Unde non bono accepto concilio, Grecos ad propria mox remisit; ipseque cum Saracenis hac ratione foedus iniit, ut in montibus qui Sueviam atque Italiam dividunt starent; ut si forte Berengarius exercitum ducere vellet, transire eum omnimodis prohiberent. Eo vero constituti, quam multos christianorum ad beatorum apostolorum Petri et Pauli limina transeuntium sanguinem fuderint, ille solus scit numerum, qui eorum nomina scripta tenet in libro viventium. Quam inique tibi rex Hugo regnum defendere conaris! Herodes, ne terreno regno privaretur, innocentes multos occidit; tu, ut obtineas, nocentes et morte dignos dimittis, atque utinam ea ratione nocentes illi tunc viverent, ne nocentes [377] postmodum interimerent. Puto, sed quod verius est, credo, te non legisse, immo nec audivisse, qualiter iram Domini incurreret rex Israel Achab, dum regem Sirie, virum morte dignum, foederatum dimitteret Benadab. Unus enim de filiis prophetarum dixit ad Achab: *Haec dicit Dominus: Quia dimisisti virum dignum morte de manu tua, erit anima tua pro anima ejus, et populus tuus pro populo ejus* (I Reg. xx, 42). Quod et factum est. Verum quantum tibi haec in re obfueris, stilus noster suis in locis oportunius enarrabit.

18. Tempore quo Berengarius ab Italia fugiit (an. 945), quendam secum Amedeus nomine militem duxit, adprime nobilem, et ut postmodum claruit, non Ulixe calliditate ac temeritate inferiorem. Fortissimus rex Otto cum, nonnullis inpeditus rebus, tum quotannis ab Hugone rege muneribus immensis delinitus, Berengario copias praestare non posset, ipse quem praefatus sum Amedeus Berengarium ita convenit : « Nec clam te est, domine mi, quam invisum rex Hugo imperio se duro Italicis cunctis effecerit;

---

VARIAE LECTIONES.

[369] i. quod eum περι του βασιλεος Ρομανου σοφιας και φυμανθροπιας (φιλανθροπιας) et qualiter 3. [370] ita et 5. 5 a. [371] Ρομανος 3. [372 373 374] χελανδια 5. [374] vox deleta esse videtur 1. [376] confusiose 4. [377] i. e. nocituri; edd. innocentes.

presertim cum et concubinarum filiis ac Burgundionibus sit dignitates largitus, nec ullus inveniatur Italicus, qui aut expulsus aut non dignitatibus omnibus sit privatus. Et quod in regem non aliquid moliuntur, hæc causa est, quoniam quidem, quem sibi constituant principem, non habent. Si itaque nostrum aliquis mutato habitu, ne agnosceretur, eo tenderet eorumque voluntatem inquireret, consilium nobis procul dubio bonum exculperet. » Cui [378] Berengarius: « Te, inquit, cum commodius, tum nemo potest facere melius. » Igitur Amedeus mutato habitu, cum pauperibus, qui orationis gratia Romam pergunt, Romam quasi profecturus, Italiam petit, principes convenit, et quid unusquisque cordi haberet inquisivit; neque enim eodem omnibus se habitu ostendebat, nunc niger alii [379], subrubeus alii, maculosus alii videbatur. Verum *fama, malum quo non velotius ullum mobilitate viget* (152), cum in Italia esse, auribus regis innotuit. Quem dum diligenter juberet inquirere, ipse prolixam et pulcherrimam barbam pice adeo defedavit, capillos subaureos nigredine immutavit, faciem deturpavit, debilem finxit, adeo ut inter pauperes, regis in præsentia comedentes, se regi nudum ostenderet [380], et vestem ab eo qua indueretur acciperet, et quicquid rex de Berengario et se ipso loqueretur audiret. Hoc denique modo cunctis diligentissime perscrutatis, non eodem quo venerat modo cum oratoribus est regressus. Preceperat enim rex clusarum custodibus, ne quempiam transire permitterent, nisi prius, quis esset, diligenti investigatione perquirerent. Quod Amedeus audiens, per invia quedam et aspera nulli custodita loca pertransiit, atque ad Berengarium cum ea quam audire voluit legatione pervenit.

19. Hoc in tempore rex Hugo datis decem nummorum modiis pacem cum Hungariis fecit, quos ab Italia acceptis obsidibus expulit, atque in Hispaniam dato eis præduce [381] direxit. Quod vero ad Hispaniam et ad civitatem ipsam in qua rex vester moratur, Cordobam, non venerunt, hæc causa fuit, quoniam triduo per inaquosam et siti [382] vastam regionem transierunt; putantes itaque equos seseque siti perituros, præduce sibi ab Hugone concesso morte tenus verberato, celeriori quam abirent impetu revertuntur.

20. Hac etiam eadem tempestate (*an.* 944) idem rex Hugo Bertam filiam suam, quam ex meretrice Pezola ipse genuerat, per Sigefredum, venerabilem Parmensis æclesiæ antistitem, Constantinopolim direxit, Romanô parvulo Constantini Porphyrogeniti filio copulandam conjugio. Tenebatque summum imperii Romanos major, ejusque filii duo Constantinus et Stephanus, quibus post Romanôn præstabat Constantinus, Leonis imperatoris filius [383], cujus parvulus ex [384] Helena, Romani majoris [385] imperatoris filia, natus jam nominatam Bertam, quam mutato nomine Greci dixerant Eudokian, uxorem duxerat. Iis itaque quattuor imperantibus, Stephanus atque Constantinus fratres, ignorante Constantino Leonis imperatoris filio, adversus Romanôn patrem suum quædam σφάλματα, sfalmata, id est dolos, machinabantur. Tedebat enim eos, patris severitate imposita quæcumque vellent facere non licere. Unde et malo mox accepto consilio, quatinus patrem dejicerent, pertractabant.

21. Constantinopolitanum palatium non pulcritudine solum, verum etiam fortitudine omnibus, quas umquam perspexerim, munitionibus præstat, quod etiam jugi militum stipatione non minima observatur. Moris itaque est, hoc post matutinum crepusculum omnibus mox patere, post tertiam diei horam emissis omnibus dato signo, quod est mis, usque in horam nonam cunctis aditum prohibere. In hoc igitur Romanos is to chrysotriclinon, id est aureum triclinium, quæ præstantior pars est, potentissime degens, cæteras palatii partes genero Constantino filiisque suis Stephano et Constantino distribuerat. Hi duo denique, ut prædiximus, non ferentes patris justam severitatem, in eorum cubiculis multis copiis congregatis, diem constituerunt, quando patrem dejicere solique ipsi possent regnare. Cumque dies adveniret optata, cunctis de palatio juxta morem egressis, Stephanus et Constantinus facta congressione super patrem irruunt, eumque de palatio civibus ignorantibus deponunt, et ad vincinam insulam, in qua cœnobitarum multitudo phylosophabatur, tonso ei, ut moris est, capite, phylosophandum transmittunt. Fit quam mox multirumiger in Constantinupoleos sonitus: Romanôn ejectum quidam, Constantinum ejus socerum interfectum alii clamitabant. Nec mora, totius populi ad palatium fit concursus. Romanos quasi imperator abusivus non requiritur; verum Constantinus an supersit, ab omnibus percontatur. Cumque inquisitionis sedicio non modica fieret pro Constantino, rogantibus Stephano et Constantino, ex ea parte, qua Zucanistrii magnitudo portenditur, Constantinus crines solutus per cancellos caput exposuit, suaque ostensione populi mox tumultum sedavit, ac in propria quemque repedare coegit. Quod factum gravem duobus fratribus ingessit dolorem. « Quid profuit, inquiunt, quod, abdicato patre, alium, qui non pater est, dominum sustinemus? Tolerabilius enim decentiusque paternam, quam exteram, pateremur dominationem. Quid illud, aiunt, quod in hujus auxilium non solum propriæ, sed et exteræ venere nationes? Sigefredus quippe episcopus, regis Hugonis nuntius, adsumptis secum suæ linguæ natio-

VARIÆ LECTIONES.

[378] Cu. 1. [379] aliis subniueus aliis m. aliis v. 5. 5 a. [380] se regi seminudum ostenderet *ultima verba codicis* 5. [381] perducere *corr.* præducere 1. *fortasse legendum* præduce ire direxit. [382] siti .— siti *desum* 5. 5 a. [383] [384] [385] syllabæ fil, ex, ma, *in margine abscisæ.*

NOTÆ.

(152) Virg. Æn. IV, 174, 175.

nibus Amelfetanis ³⁸⁵*, Romanis, Caietanis, nobis ad interitum, huic præsidio fuit. »

22. His dictis, armatorum manibus cubiculos, sicut et pro patre, complent (*an*. 945). Quibus Diavolinos præfuit, qui horum omnium incentor et post paululum proditor extitit. Constantinum namque libris incumbentem ita convenit : « Quæ tibi incommoda a Stephano et Constantino fratribus, immo inimicis, tuis præparentur, isthæc, quæ in te vetus permanet, religio ignorat. Si enim infortunia tibi parta cognosceres, quatenus posses vivere, cogitares. Uxoris tuæ Stephanus et Constantinus fratres, armatorum manibus congregatis atque in cubiculis jam conclusis, te non ut p trem de palatio expellere, verum hic cogitant interficere. Occasio autem tui hic interitus erit : Cenatum te post triduum ³⁸⁶ Constantinus et Stefanus invitabunt. Cumque tuæ sessionis medium excellentiæ tue, quatenus moris est, obtinere temptabis, percusso mox scuto, inclusi de cubiculo exilient, tuamque fuso sanguine vitam finient. Fidem autem si relatis exposcis, iis impræsentiarum argumentis adfirmo, quoniam conclusorum tibi personas rimis ostendo; dein quod saluti solempnius est tuæ, hostiorum tibi claves trado. » Iis auditis Constantinus : « Age, infit, ut conjuratorum prodidisti perfidiam, quatenus hanc devincam, exprome sententiam. Non enim tam mihi mea salus cara, quam pietas erit in referenda gratia jucunda. » Cui Diavolinus : « Non, inquit, clam te est, Macedones cum tibi devotos, tum bello duros existere; mittito itaque, ac cubicula ³⁸⁵* propria, Stefano et Constantino ignorantibus, eis suffarcinato. Cumque designata dies convivii advenerit, atque ob sessionis fastum simultas inrepserit, dato signo ut præfatus sum, percusso scilicet scuto, cum illorum manus armatorum præsidio eis esse non poterit, tui mox ex inproviso proxiliant ³⁸⁷, eosque tanto commodius quanto insperatius capiant, atque ad vicinum monasterium, ad quod patrem suum, socerum scilicet tuum, direxerant, tonsis, ut moris est, crinibus, phylosophandum transmittant. Divinæ siquidem rectitudo justitie tuum negotium secundabit, cujus recompensatione, ne in patrem peccarent, illos non terruit, et te, ne offenderes, custodivit. » Quod justo Dei juditio ita accidisse, non solum Europa, sed et Asia nunc cantat et Africa. Designato etenim die, dum simulata pace Constantinum hunc Stefanus et Constantinus fratres ad convivium invitarent, et ob sessionis fastum tumultus insurgeret, percusso ut dictum est scuto, Macedones insperato proruunt, duosque fratres Stefanum et Constantinum quam mox conpræhensos, tonsos capite, ad vicinam insulam ³⁸⁶, phylosophandum ad quam patrem direxerant, mittunt.

23. Quorum pater Romanos adventum ut audivit, graciarum acciones Deo exibuit, eisque extra fores monasterii obvians læta fatie : « Festivum tempus, inquit, quod humilitatem nostram imperium vestrum visitare coegit. Caritas puto, que de me palacio expulit, filiacionem vestram non ibi diu esse permisit. O factum bene, quod me quam dudum præmisistis. Confratres enim et commilitones mei, supernæ tantum phylosophyæ incunbentes, qualiter imperatores susciperent, ignorarent, si non me jam dudum imperialibus institutis attritum haberent. Parta ³⁸⁹ jam frigidior Coticis ³⁹⁰ aqua decocta pruinis (133); dulces adsunt fabæ, lachana [*id est* herbæ] porrique recentes. Non hic marinæ delitiæ morbos, sed crebra potius jejunia creant. Turbam vero hanc tantam, tam sumptuosam, modicitas nostra non recipit; vestrum solummodo imperium suscipit, quod, ne paternam desereret senectutem, advenit. » Romanos hæc et hujuscemodi perstringente, Stephanus et Constantinus filii pudibundo contuentes lumine terram, quam invite monasterium peterent, non est percontari necesse sed credere. Expansis itaque post hæc manibus ad altaris ³⁹¹ Romanos crepidinem fusus, hujusmodi cum lacrimis Deo præces effudit :

*Versus.*

24. Christe Deus, cum quo Pater est et Spiritus
[unum,
Jure Patris verbum, per quod Pater omnia mundo,
Innotuit secreta poli seu mistica pandens,
Respice fiementum propria bonitate creatum.
Ne patiare, precor, demonis me fraude ³⁹² perire,
Sanguine quem sacro voluisti reddere vitæ !
Da, Deus, ut mundi tumidos calcare conatus
Jam valeam, sistatque procul corruptor iniquus,
Cui labor est animas semper fedare beatas !
Imperii libuit cum sceptra tuli ; nunc haud placet,
[esto !
Gratia dignatus tibi sit quod pellere ³⁹³ iniquos,
Imperii teneant solium ne injuste paternum.

25. His ita gestis, Stefanus atque Constantinus custodia jugi observantur, patre quæ ei acciderant equanimiter perferente. Aiunt enim hunc, et sub attestatione confirmant, dum a fratribus lentis ob purgationem culparetur, respondisse, quod luculentius regnaret, qui servorum Dei humilitatibus deserviret, quam qui potentibus mundi peccatoribus imperaret.

26. Desideratus interea Berengarius ex Suevorum partibus, paucis secum comitantibus, a Suevia per Venustam vallem (134) Italiam petit, applicuitque castra secus munitionem vocabulo Formicaria (135), quæ a Mannasse, ut jam prædiximus, Arelatensis sedis archiepiscopo, tuncque Tridentinæ, Veronensis atque Mantuanæ invasore, Adelardi sui clerici

VARIÆ LECTIONES.

³⁸⁵* *i. e.* Amalfitanis 1. ³⁸⁶ postriduum 1. ³⁸⁶* cubilia 5 a. ³⁸⁷ *i. e.* prosiliant. ³⁸⁸ insatum *corr.* insalam 1. ³⁸⁹ parata 5 a. ³⁹⁰ occisis 5 a. occiduis 5 a* ³⁹¹ alteris 1. ³⁹² frade 1. ³⁹³ *ita corrigo; scilicet :* gratia tibi sit quod dignatus [es] pellere iniquos; *codex* 1. *legit* pollere.

NOTÆ.

(133) Juvenal. Sat. v, 50.
(134) Vinstgau.

(135) Formigara Mun.

erat vigiliæ commendata. Cumque Berengarius huc [400] inventus est, qui quod haberet, esset satis, nullius machinamenti apparatu nulliusque belli non modo non copiosi divites, sed etiam inopes ac impetu hanc se capere posse conspiceret, Mannasse pauperes existimandi sunt. Soli enim sunt divites, ambitionem et kenodoxiam, id est vanam et fructuosas ac sempiternas possident res, qui suis gloriam, cognoscens, Adelardum ad se venire rebus contenti, satis esse putant, quod est. Non esse rogavit; cui et ait : « Si munitionem hanc potestati cupidum, vera pecunia est; non esse emacem, vectigal meæ tradideris, dominumque tuum Mannasseri est. Fateamur itaque, uter est ditior, cui deest, ad adjutorium meum protraxeris [394], se Mediolanii an cui superat? qui eget, an qui habundat? cui possessio archiepiscopatus, te vero Cumani episcopatus quo est major, eo plus requirit ad se tuendam, dignitate post acceptam regni potestatem donabo. Et an qui se suis viribus sustinet? Contentum ut promittenti mihi fidem admittas, quod verbis etenim suis rebus, maxime sunt certissimæque divitiæ spondeo, juramentis adfirmo. » Hæc dum Mannasse [395] Verum de hoc satis nunc dictum esse sufficiat. ab Adalardo narrantur, munitionem solum Ad Berengarium stili intentio redeat, cujus in adventum Berengario dare non jussit, verum etiam Italos omnes aureum omnes sæculum promittebant, ejus in auxilium invitavit. et felicia, quæ talem extulerant, tempora clamitabant.

27. Fama igitur, *malum quo non velocius ullum mobilitate viget* (156), Berengarii adventum quam mox omnibus nuntiavit. Cœperuntque mox nonnulli, Hugone deserto, Berengario adhærere. Horum Milo, præpotens Veronensium comes, extitit primus, qui dum Hugoni suspectus, appositis clam custodibus servaretur, simulatus se non intelligere custodiri, ferme cenam usque ad noctis pertraxit medium; cumque omnes tam somno quam lieo (157) adgravati, corpora quieti traderent [396], solo se qui ejus portaverat clippeum comitante, Veronam percitus venit, directisque nuntiis Berengarium excivit; quem et in Verona, quo Hugoni firmius resisteret, suscepit. Sane nulla hunc infidelitas ab Hugone divisit, verum illata sibi ab eodem nonnulla incommoda, quæ jam diu sustinere non potuit. Prosequitur hunc Wido, Mutinensis [397] æclesiæ præsul, non injuria lacessitus, sed maxima illa abbatia Nonantula, quam et tunc adquisivit, animatus. Qui Hugonem solum non deseruit, verum etiam multorum multitudinem tulit. Quod Hugo ut audivit, congregatis copiis ad ejus castrum Vinoleam [398] (158) venit, idque viriliter sed inutiliter oppugnavit; quod quam mendatii alienum sit, sententia subsequens declarabit. Nam dum eodem degeret, Berengarius ab Arderico archiepiscopo accitus, Veronam deseruit, ac Mediolanium concitus venit. Quo audito, rex Hugo Papiam tristis advenit. Cœperunt interea omnes Italiæ primates omine non bono Hugonem deserere et egenti Berengario adhærere. Egentem autem, non nichil possidentem (159), sed cui numquam quicquam satis est, aio. Quoniam improbi et avari, qui incertas atque in casu positas possessiones habent, et plus semper appetunt, nec eorum quisquam [399] ad-

28. Eo itaque Mediolanii degente ac Italicas dignitates sibi adhærentibus dispensante, rex Hugo Lotharium, filium suum, non ad Berengarii solum verum ad totius populi præsentiam dirigit, petens, quia se eis non morigerum abdicant, filium saltem Dei pro amore, qui nil in eos deliquerat [401], suscipiant, ac voluntatibus eorum morigerum reddant. Lothario denique Mediolanium petente, rex Hugo Papia omni cum pecunia egressus, Italiam deserere atque in Burgundiam [402] ire cogitavit. Sed res eum ista retinuit, quoniam dum misericordia inclinati, Lotharium in eclesia beatorum confessoris et martirum [403] Ambrosii, Gervasii et Protasii, ante crucem prostratum erigerent, regemque sibi constituerent, quam mox post Hugonem dirigunt nuntium, quem se iterum super eos regnaturum promittunt. Hoc plane consilium, immo deceptionem, non omnes, sed Berengarius, ut erat calliditate suffarcinatus, adinvenit, non quo hos regnare disponeret, sed, ut post claruit, ne Hugo discederet, atque inmensa quam habebat pecunia Burgundionum aut aliarum gentium super se populos invitaret.

29. Hoc in tempore Joseph quidam, moribus senex, diebus juvenis, Brixianæ civitatis clarebat episcopus. Quem Berengarius, ut erat Dei timens [404] (*cod.,* yronicos), ob morum probitatem episcopio privavit, ejus loco Antonium, qui nunc usque superest, nullo concilio habito, nulla episcoporum deliberatione, constituit. Sed et Cumis tunc non Adelardum, ut juraverat, verum ob Mediolanensis archiepiscopi amorem Waldonem quendam episcopum ordinavit. Quod quam bene fecerit, subditorum depopulatio, vitium incisio, arborum decorticacio,

---

VARIÆ LECTIONES.

[394] m. inflectere potueris illum in cathedram promoveo Mediolanii archiepiscopatus 5 a. [395] mannase 1. [396] traderereut 1. [397] mutinlensi 1. [398] neolam, *manu* 2 vineolam 1. [399] qsq; 1. [400] a. sibi sufficiens i. 5a. [401] deliquerat 1. [402] bregundiam 1. [403] mar. [404] deitimens *et in margine* ·. yronicos 1. *quod* 2 *ita legit:* dei tyronicos mens, 5 a. *autem* dei tironicosus mens. — tyrannus vehemens 5 a *.

NOTÆ.

(156) Virg. Æn. IV, 174, 175.
(157) Lyæo, Baccho.
(158) Vignola, prope Panarum, Muratorii patria.
(159) Quæ sequuntur usque *sunt certissimæque divitiæ*, ad verbum fere ex Cicerone Par. VI, 3, exscripta sunt.

multorum oculorum excussio, simultatis sepissima repetitio, cum signis, tum gemitibus narrat. Hade lardum autem Regensi præfecit æclesiæ.

50. Bosonem vero, Hugonis regis spurium, Placentinæ sedis, et Liutefredum Papiensis æclesiæ episcopos expellere cogitavit; verum intercedente prætio, ob Dei se amorem eos dimisisse simulavit. Quam immensum tunc Italis gaudium! Alterum David venisse latrabant. Sed et magno Karolo ceca hunc mente præferebant. Quamquam enim iterato Hugonem atque Lotharium [405] reges Italici susciperent, Berengarium tamen nomine solum marchionem, potestate vero regem, illos vocabulo reges, actu autem neque pro comitibus habebant. Quid plura? Tanta hac Berengarii fama, humanitate, liberalitate, parentes mei acciti, ei me ad serviendum tradunt. Cui et inmensis oblatis [406] muneribus, secretorum ejus conscium ac epistolarum constituunt signatorem. Cui cum fideliter longo tempore deservirem, hac, quam prosecuturus [407] sum suis in locis, pro dolor! mercede donavit. Verum hæc retributio pœne me ad desperationem usque pertraheret, si in re consimili consotios plurimos non excuderet. De isto enim pulchre dictum accipimus: *Pennæ structionis similes sunt pennis accipitris et herodii. Cum tempus advenerit, in altum alas erigit, deridet æquitem et ascensorem ejus* (Job xxxix, 13). Hic enim, superstitibus Hugone et Lothario, magnus voraxque strutio, non bonus sed bono similis est visus. Eis autem decedentibus, et ad regni fastigia omnibus promoventibus, quantum alas erexerit, quantumque nos omnes irriserit, non tam verbis quam suspiriis ac gemitibus narro. Sed his omissis, ad narrandi seriem redeamus.

51. Rex Hugo cum divinam animadversionem declinare ac Berengario præesse non posset, relicto Lothario et, simulata pace, Berengarii fidei tradito, in Provinciam omni cum pecunia properavit Quo audito Raimundus Aquetaniorum princeps eum adiit, cui [408] et pro minis mille se in militem dedit, fidemque sibi servaturum juramento adfirmavit. Sed et congregatis copiis Italiam ingressurum ac Berengarium debelaturum [409] esse promisit; quod quanto nos omnes cachynno affecerit, gentis ejusdem vilitas palam facit, quæ etsi præsidio esse posset, ad effectum tamen haudquaquam perduceret, quoniam quidem, vocante Domino, brevi rex Hugo viam est carnis universæ ingressus [410] (an. 947, April.), Bertæ nepti suæ, Bosonis Arelatensis comitis viduæ, pecunia derelicta. Quam etiam brevi spatio intercedente, memoratus Raimundus, inpurissimæ [411] gentis princeps inpurior, sibi maritam effecerat; cujus non solum concubitu verum etiam osculo indignum, ele-

A gantes formarum inspectores etiam atque etiam confirmant.

52. Hujus hoc in tempore soror, Berengarii scilicet uxor Willa, passa est crimen incesti. Quod ita accidisse, non solum aulici vel cubicularii, verum aucupes et cupedenarii clamant. Habuit ea presbiterulum capellanum, nomine Dominicum, statura brevem, colore fuligineum, rusticum, setigerum, indocilem, agrestem, barbarum, durum, villosum, cauditum, petulcum, insanum, rebellem, iniquum; cujus magisterio duas Willa commendaverat natas, Gislam scilicet atque Gilbergam, ut eas litterarum scientia epotaret. Occasione itaque puellarum, quas presbyter Dominicus, hirsutus, inlotus, facere docebat, mater ei propitiaverat [412], tribuens delicatum cibum vestesque præciosas. Mirari omnes, cur cunctis invisa, ingrata, tenax, huic existeret larga. Sententia tamen Veritatis, quæ ait: *Nichil opertum quod non reveletur, et ocultum quod non in publicum veniat* (Matth. x, 26), diu mirari homines passa non est. Nam cum nocte quadam, Berengario absente, ad cubile dominicum more solito hirsutus isdem vellet accedere, canis isthic aderat, qui latratu horribili circumjacentes exitavit [413], huncque morsu vehementi laniavit. Consurgentes denique qui in domo erant, cum eum compræhenderent, et, quo iret, interrogarent apologeticum istud anticipando domina dedit: *Ad mulieres nostras ibat perditus!* Sperans itaque presbiterulus sibi lenius fore, si teneret sentenciam dominæ: *Ita est, inquam.* Cepit itaque domina vitæ ejus insidiari, præmiumque promittere, si esset, qui ei vitam auferret. Sed cum timerent Deum omnes, et mors ejus differretur, pervenit ad Berengarium sermo. Willa vero cepit aruspices maleficosque inquirere, quo eorum carminibus juvaretur. Utrum autem horum carminibus an Berengarii sit adjuta mollicie, adeo mens ejus est inclinata, ut

Sponte maritali porrigeret ora capistro (140).

Presbiterulus itaque, quia dominæ asseculas adhinnivit, virilibus amputatis dimittitur; domina vero a Berengario magis diligitur. Dixerunt autem, qui eum eunuchizaverunt, quod merito illum domina amaret, quem priapeia portare arma constaret.

53. Per id tempus Taxis, Hungariorum rex, magno cum exercitu in Italiam venit. Cui Berengarius non ex propria pecunia, sed ex ecclesiarum ac pauperum collectione 10 modios nummorum dedit. Fecit autem hoc, non ut populi curam haberet, sed ut hac occasione magnam pecuniam congregaret. Quod et fecit. In omni enim utrius sexus homo, tamque ablactatus

## VARIÆ LECTIONES.

[405] lothariu 1.   [406] oblati 1.   [407] prosecurus 1.   [408] deest 5, 5 a.   [409] debelaturum 1.   [410] ingresus 1.
[411] inpudissimæ *corr.* inpurissimæ 1.   [412] t. d. c. v. p. M. o. c. c. in *desunt* 5. 5 a.   [413] isthic — exitavit *desunt* 5. 5 a.

NOTÆ.

(140) Juvenal. Sat. vi, 43.

quam lactens, pro se nummum dedit; quibus æs A vero partem, et quicquid ex ecclesiis tulit, sibi commiscens, ex paucis 10 modios fecit; cæteram* retinuit.

**EXPLICIT LIBER QUINTUS. DEO GRATIAS.**

## INCIPIUNT CAPITULA LIBRI SEXTI.

1*. ⁴¹⁴ Prohoemium.
2. De eo quod imperator Constantinus nuntium Berengario dirigit.
3. Qua calliditate Berengarius nuntium Constantinopolim direxit cui nihil dedit.
4. Quo tempore isdem nuntius Papia exierit, ac quo Constantinopolim venerit.
5. De admirabili domo quæ dicitur Magnaura, et susceptione nuntii.
6. De donis quæ nuntius Berengarii imperatori fecit de suis rebus, ex parte Berengarii, qui nihil misit.
7. De eo quod imperator nuntium Berengarii ad mensam invitat.
8. De admirabili domo Decanea et tribus magnis vasis aureis.
9. De admirabili ludo ad mensam facto ⁴¹⁵.
10. ⁴¹⁶

1. Temporis instantis qualitas tragœdum me potius quam historiagrophum quærere, nisi pararet Dominus in conspectu meo mensam adversus eos qui tribulant me. Explicare enim non possum, quot peregre (141) profectus incommoditatibus quatiar, juvatque hominem exteriorem potius lugere quam scribere. Interior vero apostolicis confirmatus institutis, in hujusmodi tribulationibus gloriatur, sciens quod tribulatio patientiam operatur, patientia autem probationem, probatio vero spem ; spes autem non confundit, quia caritas Dei diffusa est in cordibus nostris per Spiritum sanctum, qui datus est nobis ( Rom. v, 5). Parceat itaque interiori exteriori, suaque infurtunia non solum non abhorreat, verum in his potius conquiescat; dumque scribendi operam dans, fortunæ rota elevari hos, illos deprimi dicerit, præsentem incommoditatem minus sentiet, ejusque mutabilitati congaudens, deteriora, quod fieri nequit ni mors aut membrorum debilitatio intercedat, jam non metuat, sed fortunata semper expectet. Instantia enim si mutaverit, salutem quæ deest adferet, infortunatum quod adest expellet. Scribat itaque, et superioribus vera hæc quæ secuntur adjungat.

2. Rege Hugone Provintiæ in partibus defuncto (An. 848, 849?), Berengarii nomen cælebre apud nonnullas, præsertim apud Grecas extitit nationes. Is enim Italicis omnibus principabatur virtute, rex vero Lotharius solo nomine. Constantinus itaque, qui, dejectis Romano filiisque suis, Constantinopoleos regebat imperium, audito, Berengarium potentia præstare Lothario, per Andream quendam qui ab officio comis ⁴¹⁷ curtis (142) dicebatur, literas Berengario dirigit, in quibus continebatur, vehementer se Berengarii nuntium velle videre; cujus in reditu cognosceret, quanta cum caritate diligeret. Scripsit etiam et commendaticias eidem pro Lothario litteras, ut fidelis ei esset administrator, cui Deo largiente extiterat gubernator. Constantinus namque sollicitudinem non parvam Lotharii pro salute habebat, religiose ob amorem nurus suæ cogitans, quæ Lotharii soror extiterat.

3. Berengarius itaque, calliditate qua erat suffarcinatus, cogitans quem potissimum mitteret, cui nil inpensæ ob itineris longinquitatem præberet, vitricum, cujus tunc sub cura degebam, veniens: « Quanti mihi, inquit, esset, privignum tuum Grecas literas non ignorare? » Cui cum diceret: « Uti divitiarum mearum ea gratia partem mediam distributam haberem ! Non necesse, ait, habes, neque centesimam impertiri. Constantinopolitanus imperator litteris orat, ut meum ad se nuntium dirigam. Quod cum ob animi constantiam nemo melius, tum ob dicendi copiam nemo commodius facere potest. Quid dicam, quam facile doctrinas ebibet Grecas, qui tam puerilibus in annis epotavit Latinas? » Hac spe quam mox vitricus animatus, inpensas omnes distribuit, meque magnis cum muneribus Constantinopolim direxit.

4. Die quippe Kalendarum Augustarum Papia exiens, per Heridani alveum triduo Venetiam veni ; ubi et Salemonem Grecorum nuntium, kitonitan, eunuchum, repperi, ab Hispania et Saxonia reversum Constantinopolim versus tendere cupientem, secumque ducentem domini nostri, tunc regis nunc imperatoris, magnis cum muneribus nuntium, Liutefredum scilicet, Magontinum institorem ditissimum. Octavo denique Kalendas Septembres Venetia (143) exeuntes, 15 Kalendas Octoubres ⁴¹⁸ Constantino-

**VARIÆ LECTIONES.**

⁴¹⁴ numerus deest 1. ⁴¹⁵ Finiunt capitula. Incipit liber sextus 5 a. ⁴¹⁶ deest numerus et argumentum, quæ auctor scribendo finem imponens omisit; jam fere duæ paginæ vacuæ 1. ⁴¹⁷ una pars glossa 1. significans fortasse vocem comis proxime sequenti conjungendam esse, dum in codice duabus lineis habentur. Comis una pars curtis 2. ⁴¹⁸ octobris c.

**NOTÆ.**

(141) i. e. extra patriam meam Langobardiam, Romam fortasse.
(142) Κόμης τῆς κόρτης, præfectus prætorio.

(143) Henschenius Acta SS. Febr. T. I, præf. p. XIX, loco vocis Venitia falso legit die Veneris.

polim venimus; ubi quam inaudito miroque simus modo recepti, scribere non pigebit.

5. Est Constantinopolim domus palatio contigua, miræ magnitudinis seu pulchritudinis, quæ a Grecis per v loco digammæ positam Magnaura, quasi magna aura dicitur. Hanc itaque Constantinus, cum ob Hispanorum nuntios, qui tunc eo noviter venerant, tum ob me et Liutefredum hoc modo præparari jussit. Ærea sed deaurata quædam arbor ante imperatoris sedile stabat, cujus ramos itidem æreæ diversi generis deaurataeque aves replebant, quæ secundum species suas diversarum avium voces emittebant. Imperatoris vero solium hujusmodi erat arte compositum, ut in momento humile, exelsius modo, quam mox videretur sublime; quod [scil. sedile] inmensæ magnitudinis, incertum utrum ærei an lignei, verum auro tecti leones quasi custodiebant, qui cauda terram percutientes, aperto ore, linguisque mobilibus rugitum emittebant [419]. In hac igitur duorum eunuchorum humeris incumbens, ante imperatoris præsentiam sum deductus. Cumque in adventu meo rugitum leones emitterent, aves secundum species suas perstreperent, nullo sum terrore, nulla admiratione commotus, quoniam quidem ex his omnibus eos qui bene noverant fueram percontatus. Tercio itaque pronus imperatorem adorans, caput sustuli, et quem prius moderata mensura a terra elevatum sedere vidi, mox aliis indutum vestibus pœnes domus laquear sedere prospexi; quod qualiter fieret, cogitare non potui, nisi forte eo sit subvectus argalio, (144) quo torcularium arbores subvehuntur. Per se autem tunc nihil locutus, quoniam, et si vellet, intercapedo maxima indecorum faceret, de vita Berengarii et sospitate per logothetam est percontatus. Cui cum consequenter respondissem, interprete sum innuente egressus, et in datum mihi hospitium mox receptus.

6. Sed nec hoc pigeat memorare, quid tunc pro Berengario egerim, scilicet ut agnoscatur, quanta hunc caritate dilexerim, et cujusmodi ab eo recompensationem pro bene gestis acceperim. Hispanorum nuntii et nominatus Liutefredus, domini nostri tunc regis Ottonis nuntius, magna ex eorum dominis parte, munera imperatori Constantino detulerant. Ego vero Berengarii ex parte nihil præter epistolam, et hanc mendatio plenam, detuleram. Estuabat itaque non parum hac pro verecundia animus, et quid super hac re faceret, cogitabat attentius. Estuanti autem et mihi nimium fluctuanti mens suggessit, quatinus dona, quæ imperatori mea ex parte detuleram, Berengarii ex parte conferrem, parvumque munus prout possem verbis ornarem. Optuli autem loricas optimas 9, scuta optima cum bullis deauratis 7, coppas argenteas deauratas 2, enses, lanceas, A verua, mancipia 4 carzimasia, imperatori nominatis omnibus præciosiora. Carzimasium autem Greci vocant amputatis virilibus et virga puerum eunuchum; quod Verdunenses (145) mercatores ob immensum lucrum facere, et in Hispaniam ducere solent.

7. His ita gestis, imperator me post triduum ad palatium vocare præcepit, proprioque mecum ore locutus, ad convivium invitavit, magnoque post convivium me meosque asseculas munere donavit. Verum quia narrandi se occasio intulit, qualis ejus sit mensa, festis præcipue diebus, qualesque ad mensam ludi celebrentur, bonum non opinor silere sed scribere.

8. Est domus juxta Yppodromum, aquilonem versus, miræ altitudinis seu pulchritudinis, quæ Decanneacubita vocatur, quod nomen non ab re sed ex apparentibus causis sortita est; deca enim grece, latine 10, ennea 9, cubita autem a cubando inclinata vel curvata possumus dicere. Hoc autem ideo, quoniam quidem 10 et 9 mensæ in ea quæ secundum carnem est domini nostri Jesu Christi nativitate opponuntur. In quibus imperator pariter et conviva non sedendo, ut cæteris diebus, sed recumbendo epulantur; quibus in diebus non argenteis, sed aureis tantum vasis ministratur. Post cibum autem aureis vasis tribus sunt poma delata; quæ ob immensum pondus non hominum manibus, sed purpura tectis vehiculis sunt allata. Apponuntur autem duo hoc in mensam modo. Per foramina laquearis tres sunt funes pellibus deauratis tecti cum anulis depositi aureis, qui ansis quæ in scutulis prominent positi, adjuvantibus inferius quattuor aut eo amplius hominibus, per vertibile quod supra laqueum est ergalium in mensam subvehuntur; eodemque modo depununtur [420]. Ludos denique, quos ibi perspexerim, quia nimis longum est scribere, prætermito; unum solummodo ob admirationem hic inserere non pigebit.

9. Venit quidam, 24 et eo amplius pedum longitudinis lignum sine manuum amminiculis in fronte gerens, quod cubito a summitate inferius, bicubitum transversim [421] habuerat. Adducti sunt autem duo pueri nudi sed campestrati, hoc est succintoria habentes, qui per lignum ascendentes eodemque ludentes, versisque deorsum capitibus per id descendentes, [422] ita servaverunt immobile, ac si radicitus terræ esset adfixum. Denique post unius descensum, alter qui remanserat eodemque solus luserat, ampliori me admiratione attonitum reddidit. Quoquo modo enim, quoad uterque luserat, videbatur possibile, quoniam quidem quamquam mirabili, verum pondere non dispari [423] lignum per quod ascenderant gubernabant. Unus vero qui in ligni summitate

VARIÆ LECTIONES.

[419] qui c. t. p. a. o. l. m. r. e. *desunt* 2. 5. 5 a. 5. [420] *i. e.* deponuntur. [421] tranuersim 1. [422] e. l. v. d. c. p. i. d. *desunt* 5. 5 a. 5 a°. [423] v. p. q. q. m. v. p. n. d. *desunt* 5. 5 a. 5 a°.

NOTÆ.

(144) Τὸ ἐργαλεῖον instrumentum.

(145) Virdunenses.

remansit, quia ita se æqualiter ponderavit, ut et luserit ac sanus descenderit, ita me stupidum reddidit, ut ipsum etiam imperatorem mea admiratio non lateret. Unde et accersito interprete, quid mihi mirabilius videretur, est sciscitatus : puer, qui se adeo moderate rexerat, ut immobile lignum esset, an is, qui id in fronte tam argumentose tenuerat, ut puerorum nec pondus neque ludus vel modicum flecteret. Cumque me ignorare, quid mihi thaumastoteron, id est mirabilius, videretur, edicerem, magno inflatus cachinno, se similiter neque scire, respondit.

10. Sed neque hoc silentio prætereundum esse arbitror, quid novi miriquc aliud eodem perspexerim. In ea quæ ante vaiophoron, quod nos palmarum ramos dicimus, ebdomada, tam militibus quamque et in diversis constitutis officiis numismatorum aureorum erogationem, prout cujusque meretur officium, imperator facit. Cui erogationi quia me interesse voluit, venire præcepit. Fuit autem hujusmodi. Erat apposita 10 cubitorum longitudinis ac quattuor latitudinis mensa, quæ numismata loculis colligata, prout cuique debebatur, numeris extrinsecus in loculis scriptis, retinebat. Ingrediebantur denique ante imperatorem, non confuse, sed ordinatim, secundum vocantis vocem, qui scripta virorum secundum officii dignitatem nomina recitabat. Quorum prius vocatus est rector domus, cui non in manibus, sed in humeris posita sunt numismata cum scaramangis (146) quattuor. Post quem o domesticos tis ascalonas, et o delongaris tis ploos, sunt vocati; quorum alter militibus, na-

vigantibus præest alter. Ili itaque pari numero, quia dignitas par erat, numismata et scaramangas suscipientes, præ multitudine non jam in humeris portaverunt, sed adjuvantibus aliis post se cum labore traxerunt. Post hos admissi sunt magistri numero 24, quibus erogatæ sunt numismatorum aureorum libræ, unicuique secundum eundem numerum 24 cum scaramangis duabus. Patriciorum deinde ordo hos pone est secutus, et duodecim numismatorum libris cum scaramangia una donatus. Qui sicut nec patriciorum, ita nec librarum, nisi quod unicuique dabatur, numerum scio. Turba post hæc inmensa vocatur, protospathariorum, spatharocandidatorum [424] kitonitarum, manglavitarum, protocaravorum, quorum 7 alius, 6, 5, 4, 3, 2, 1, secundum dignitatis modum acceperat alius. Neque enim hoc te una patratum [425] esse die existimare velim. Ceptum quippe quinta feria ab hora diei [426] prima usque in horam quartam [427], sexta et septima feria est ab imperatore finitum. His namque qui minus quam libram accipiunt, non jam imperator [428], sed parakinumenos in ea quæ ante pascha est tota ebdomada tribuit. Adstante itaque me, et cum admiratione rem considerante, per logothetam, quid super hac re mihi placeret, sciscitatus [429] est imperator. Cui inquam : « Placeret [430] sane, si [431] prodesset; sicut et estuanti diviti Lazari visa requies prodesset, si proveniret [432]; cui quia non accidit, qui quæso placere potuit? » Subridens itaque imperator, paululum pudore commotus, ut ad se irem, capite innuit, palliumque magnum cum aureorum libra, quam libenter dedit, libentius accepi.

### VARIÆ LECTIONES.

[424] candidatorum *reliqua capitis desunt* 5. 3 a. 5 a *. *hinc folium excisum in codice* 5 a. *Editio princeps addit* : et id genus clientum. [425] paratum 2. [426] die 1. 2. [427] quartam et sexta et s. f. ab 2. [428] *duæ voces membrana abscissa exciderunt in* 2. [429] suscitatus 2. [430] Placere 2. [431] *vox excidit in* 2. [432] *vox obscurior in* 2.

### NOTÆ.

(146) penula, pallii militaris genus.

# LIUTPRANDI
## CREMONENSIS EPISCOPI
## LIBER
# DE REBUS GESTIS OTTONIS MAGNI IMPERATORIS (433).

(An. 960.) 1. Regnantibus [434], imo sævientibus, in Italia, et ut verius fateamur tyrannidem exercentibus, Berengario atque Adalberto Johannes summus pontifex et universalis papa, cujus tunc æcclesia supradictorum Berengarii atque Adalberti sevitiam erat experta, nuntios sanctæ Romanæ æcclesiæ [435], Johannem videlicet cardinalem diaconem, et Azonem scriniarium, serenissimo atque piissimo tunc regi, nunc augusto cesari, Ottoni destinavit, suppliciter litteris et rerum signis orans, quatinus Dei pro amore sanctorumque apostolorumque Petri et Pauli, quos delictorum suorum cupierat esse remis-

### VARIÆ LECTIONES.

[433] *inscriptio* INCIPIT LIBER SEPTIMUS DE REBUS OTTONIS *extat nonnisi in* 5. *et* 5 a. *Divisionem capitum quæ in codicibus desideratur, institui.* [434] *codex* 2. *in voce* Waldpertus *sanctæ orditur.* [435] c. *in fine deletum* 1.

soros, se sibique commissam sanctam Romanam eclesiam ex eorum faucibus liberaret, ac saluti et libertati pristinæ restitueret. Hæc dum Romani nuntii conqueruntur, vir venerabilis Waldpertus, sanctæ Mediolanensis eclesiæ archiepiscopus, semivivus ex prædictorum rabie Berengarii atque Adelberti liberatus, superius memorati Ottonis, tunc regis nunc cesaris augusti, potentiam adiit, indicans, se non posse ferre et pati Berengarii atque Adelberti, necnon et Willæ sævitiam, quæ Mannassen Arelatensem episcopum contra jus fasque Mediolanensi sedi præfecerat. Aiebat sane, hanc eclesiæ suæ esse calamitatem, quæ, quod se suosque capere oporteret, interciperet. Sed Waldo Cumanus episcopus hunc pone est secutus, non disparem a Berengario, Adalperto et Willa, quam Waldpertus, contumeliam clamitans se esse perpessum. Venerant et nonnulli alterius ordinis ex Italia viri, quos inter illustris marchio Otbertus cum apostolicis cucurrerat nuntiis, a sanctissimo Ottone, tunc rege nunc augusto cæsare, consilium, auxilium expetens.

(An. 961.) 2. Horum itaque rex piissimus lacrimosis quæstibus inclinatus, non quæ sua sed quæ Jesu Christi sunt cogitans, filium suum sibi æquivocum contra morem puerilibus in annis regem constituens, eum in Saxonia dereliquit; ipse collectis copiis Italiam percitus venit. Qui tanto Berengarium atque Adalpertum celerius regno expulit, quanto constat, quod commilitones Petrum et Paulum sanctissimos apostolos habuit. Bonus itaque rex dispersa congregans et fracta consolidans, quod cuique proprium fuit restituit dein Romam similia facturus adivit.

(An. 962.) 3. Ubi miro ornatu novoque apparatu susceptus, ab eodem summo pontifice et universali papa Johanne unctionem suscepit imperii; solum propria non restituit, verum etiam ingentibus gemmarum, auri argentique muneribus honoravit (Febr. 2). Jusjurandum vero ab eodem papa Johanne supra preciosissimum corpus sancti Petri, atque omnibus civitatis proceribus, se numquam Berengario atque Adelberto auxiliaturum, accepit. Post hæc Papiam [436] (147) quantotius repedavit.

(An. 963.) 4. Interea præfatus papa Johannes, juramenti et promissionis oblitus quam sancto fecerat imperatori, ob Adelbertum, ut se adeat, mittit, juramento ei adfirmans, se illum contra sanctissimi imperatoris potentiam adjuturum. Adeo enim eundem Adelbertum, eclesiarum Dei ejusdemque papæ Johannis persecutorem, imperator sanctus terruerat, ut omnem Italiam deserens, Fraxinetum adiret, seque Sarracenorum fidei commendaret. Imperator denique justus, cur Adelbertum Johannes papa, quem prius odio vehementi insequebatur, nunc diligeret, satis mirari non potuit. Accersitis quam ob rem quibusdam familiaribus (148), si hoc verum esset, Romam dirigit percontatum. Cumque eodem nuntii pervenissent, hujusmodi non a quibuslibet, sed ab omnibus, aut paucis, Romanis [437] civibus responsa suscipiunt : « Non dispar videtur ratio, cur Johannes papa sanctissimum imperatorem, suum scilicet ex Adalberti manibus liberatorem, et diabolus oderit Creatorem. Imperator, quemadmodum re ipsa experti sumus, ea quæ Dei sunt sapit, operatur, diligit : ecclesiastica et sæcularia negotia armis tutatur, moribus ornat, legibus emundat, Johannes papa his omnibus adversatur. Non clam populo est, quod fatemur. Testis est Rainerii sui ipsius militis vidua, quam cæco captus igne, multis præfatam urbibus, sacrosanctis beati Petri donavit aureis crucibus atque calicibus. Testis est Stephana, ejus amita, quæ in effusione quod ex eo conceperat recens hominem exivit. Quid si cuncta taceant, Lateranense palatium, sanctorum quondam hospitium, nunc prostibulum meretricum, non silebit, amitam conjugem, Stephaniæ alterius concubinæ sororem. Testis omnium gentium præter Romanarum absentia mulierum, quæ sanctorum apostolorum limina orandi gratia timent visere, cum nonnullas ante dies paucos hunc audierint conjugatas, viduas, virgines, vi oppressisse. Testes sunt sanctorum apostolorum eclesiæ, quæ non stillatim pluviam, sed totum tectum intrinsecus, supra ipsa etiam sacrosancta altaria imbrem admittunt. Quanto nos terrore tigna afficiunt, cum divinam [438] opem eodem deposcimus? mors in tectis regnat, quæ nos orare multa volentes impedit, atque domum Domini mox linquere cogit. Testes sunt non solum juncearum curatura, sed et cotidianarum mulieres (149) formarum. Cui idem est, « Et silicem pedibus quæ conterunt atrum (150), » et quæ magnorum subvehuntur adjutorio jumentorum. Atque hoc rei est quod tanta ei cum imperatore sancto discordia est, « lupis et agnis quanta sortito optigit (151). » Illi hæc ut inpunite liceat, Adelpertum sibi patrem, tutorem, defensorem parat. »

5. Hæc dum a redeuntibus nuntiis imperator audiret : « Puer, inquid, est, facile bonorum inmutabitur exemplo virorum. Sperabo eum objurgatione honesta, suasione liberali, facile ex illis sese emersurum malis; dicemusque cum propheta : *Hæc est inmutatio dextræ Excelsi* ( *Psal.* LXXVI, 11 ). » Et adjecit : « Quod prius rerum ordo deposcit, Berengarium in Feretrato monte resistentem propulse-

---

VARIÆ LECTIONES.

[436] papiam vel patriam 2. patriam 5 a. [437] *i. e.* non a quibuslibet aut paucis sed ab omnibus R. c. [438] divina 1.

NOTÆ.

(147) Anno 962, April 2, 9, 20, diplomata ibi condidit.
(148) Liudprando?
(149) Id est, non solum ancillæ sed et meretrices publicæ.
(150) Juvenal. Sat. VI, 350.
(151) Horat. 55 Epod. 4, 1.

mus; dein paterna abdicatione [439] domnum papam conveniamus; si non voluntate, verecundia saltem in virum perfectum sese commutabit. Sicque forsitan devictus, bene consuescere pudebit [440] desuescere. »

6. His expletis, Papiae navim conscendit, ac per Heridani [441] alveum Ravennam usque pervenit; indeque progrediens montem Feretratum, qui sancti Leonis dicitur, in quo Berengarius et Willa erant, obsedit (*Mai., Jun., Jul.*). Quo et praefatus papa Leonem, venerabilem sanctae Romanae Ecclesiae tunc protoscriniarium, nunc (152) in eadem sede beati Petri apostolorum vicarium, necnon et Demetrium, optimatium Romanorum illustriorem, sancto imperatori nuntios dirigit, mandans haud mirum esse, si hactenus juventutis igne victus, puerile quid gesserit; jam tempus instabat, cum alieno cuperet vivere more. Mandavit etiam dolose quaedam: Leonem episcopum et Johannem diaconem cardinalem, suos infideles suscepisset, et quia [442] sanctus imperator promissionis suae fidem violaret, dum eos qui eo loci manebant, non ipsi sed sibi juramento astringeret. Quibus imperator: « Pro correctione, inquit, ac morum inmutatione, quam promittit, gratias ago; ex promissionis vero commutatione, cujus me arguit, fecisse, si verum sit, ipsi perpendite. Omnem terram sancti Petri, quae nostrae potestati proveniret, promisimus reddere; atque id rei est, quod ex hac munitione Berengarium cum omni familia pellere laboramus. Quo enim pacto terram hanc ei reddere possumus, si non prius eam ex violentorum manibus ereptam, potestati nostrae subdamus? Leonem episcopum et Johannem cardinalem diaconem, suos infideles, quos nos suscepisse accusat, his temporibus nec vidimus, nec suscepimus: Constantinopolim domno papa eos ob injuriam nostram proficiscentes dirigente, Capue sunt, ut audivimus, capti. Quibuscum etiam Saleccum, natione Bulgarium, educatione Ungarium, domni papae familiarissimum, et Zacheum virum reprobatum, divinarum atque humanarum inscium litterarum, a domno papa episcopum (153) noviter consecratum, et Ungariis ad praedicandum, ut super nos irruant, destinatum, eodem captos esse audivimus. Haec domnum papam nullis narrantibus fecisse crederemus, nisi litterae fidem admitterent, quae plumbo signatae sui nominis caracteres monstrant. »

7. His expletis, Landohardum a Saxonia Mimendensem et Liudprandum ab Italia Cremonensem, episcopos, cum praefatis nuntiis Romam dirigit; domno papae se inculpabilem esse satisfacturos. Quorum etiam militibus hoc imperator justus imposuit, ut si secus domnus papa non crederet, duello verum esse approbarent. Praefati igitur Landohardus et Liudprandus episcopi Romam ante domni papae praesentiam venientes, tanto sunt in honore suscepti, ut non eos lateret, quanto sanctum imperatorem tedio fastidiret. Ordinatim tamen, prout eis injunctum fuerat, enarrantes, non juramento, non duello satisfactionem papa recipere voluit, sed in eadem qua fuerat mentis duritia mansit. Subdole tamen post dies octo Johannem episcopum Narniensem, et Benedictum cardinalem diaconem, cum istis domno imperatori destinavit, putans se hunc suis deludere posse versutiis; cui nimis est verba dare difficile. Ante quorum reditum Adelbertus, invitante papa, a Fraxineto rediens, Centumcellas advenit; dein Romam profectus, non, ut debuit, repudiatus sed honorifice a papa est susceptus.

8. Haec dum aguntur, Phoebi radiis grave Cancri sidus inestuans imperatorem Romanis arcibus propellebat (*Jul.*). Sed cum virginale sidus gratam rediens temperiem ferret, collectis copiis, clam Romanis invitantibus, Romam advenit (*Sept.*). Quid enim clam dixerim, cum major Romanorum pars optimatium sancti Pauli castellum invaserit, sanctumque imperatorem obsidibus etiam datis invitavit? Quid multis morer? juxta urbem castrametatus imperator, Roma papa simul atque Adalpertus aufugiunt. Cives vero imperatorem sanctum cum suis omnibus in urbem suscipiunt, fidelitatem repromittunt; hoc addentes et firmiter jurantes numquam se papam electuros [443] aut ordinaturos praeter consensum et electionem domni imperatoris Ottonis cesaris augusti, filiique ipsius regis Ottonis.

9. Post triduum, rogantibus tam Romanis episcopis quam plebe, magnus in sancti Petri ecclesia fit conventus, sederuntque cum imperatore archiepiscopi, ab Italia pro Ingelfredo Aquilegensi patriarcha, quem in eadem urbe languor repente, ut fit, ortus arripuerat, Rodulfus [444] diaconus, Waldpertus Mediolanensis, Petrus Ravennas; a Saxonia, Adeltac archiepiscopus et Landohardus episcopus Mimendensis; a Francia, Otkerius episcopus Spirensis, Hupertus Parmensis; ab Italia, Liudprandus Cremonensis, Hermenaldus Regensis; a Tuscia, Cuonradus [445] Luccensis, Everarius Aritiensis, Pisanus [446] Seniensis, Florentius Pestruensis (154), Petrus Camerinensis, Spoletinus; a Romanis, Gregorius Albanensis, Sico Hostiensis, Benedictus Portuensis, Lucidus Gavensis, Theophilactus Praenestinus, Wido Silvae candidae, Leo Veletrinensis, Sico Bledensis, Stephanus Cerensis, Johannes Nepesinus, Johannes Tiburtinus, Johannes Forocludensis (155), Romanus Feretinensis, Johannes Normensis, Johannes Berulensis, Marinus Sutrinus, Johannes Narniensis, Johannes

VARIAE LECTIONES.

[439] applicatione? [440] pudebis 1. [441] heridari 1. [442] quia *et linea sequenti* quod 1. [443] electuro 1. [444] ita 1. [445] Cuoradus 1. [446] *codex hic non distinguit.*

NOTAE.

(152) Sedit anno 963, Dec. — 965 Mart.
(153) Gezani prope Velitras.
(154) *i. e.* Florentinus Pistoiensis.
(155) Forum Claudii prope Calinum olim situm.

Sabinionsis, Johannes Callasensis, Falarensis (156), Alatrinensis, Ortanus, Johannes Anagniensis, Trebensis, Sabbatinus Tarracinensis, Stephanus cardinalis archipresbiter tituli Balbinæ, Dominicus tituli Anastasiæ, Petrus tituli Damasi, Theophilactus tituli Chrisogoni, Johannes tituli Equitii, Johannes tituli Susannæ, Petrus tituli Pamachii, Adrianus tituli Callixti, Johannes tituli Ceciliæ, Adrianus tituli Lucinæ, Benedictus tituli Sixti, tituli sanctorum quatuor Coronatorum, Stephanus tituli Sabinæ, Benedictus cardinalis archidiaconus, Johannes diaconus, Bonofilius diaconus cardinalis, primicerius, Georgius secundicerius, Stephanus aminiculator, Andreas arcarius, Sergius primicerius defensorum, Johannes sacellarius [447], Stephanus, Theophilactus, Adrianus, Stephanus, Benedictus, Azo, Adrianus Romanus, Leo, Benedictus, Leo, item Leo, et Leo, scriniarii, Leo primicerius scolæ cantorum, Benedictus subdiaconus et oblationarius; Azo, Benedictus, Demetrius, Johannes, Amicus, Sergius, Benedictus, Urso, Johannes, Benedictus subdiaconus, subpulmentarius, et Stephanus archiacolitus cum omnibus acolitis et regionariis; ex primatibus Romanæ civitatis, Stephanus filius Johannis superista, Demetrius Meliosi, Crescentius Caballi marmorei, Johannes cognomento Mizina, Stephanus de Imiza, Theodorus de Rufina, Johannes de Primicerio, Leo de Cazunuli, Ribkardus, Petrus de Canaparia, Benedictus cum Bulgamino filio suo; ex plebe Petrus, qui et imperiola [448] est dictus, adstitit cum omni Romanorum militia.

10. His itaque residentibus silentiumque summum tenentibus, ita sanctus est imperator exorsus : « Quam decorum esset tam claro sanctoque domnum papam Johannem interesse concilio. Verum cur tantum declinaverit cœtum, vos, o sancti patres, consulimus, quibus communis cum eo vita [449] ac commune negotium extitit. » Tunc Romani pontifices et cardinales presbiteri ac diaconi, cum universa plebe dixerunt : « Miramur sanctissimam prudentiam vestram nos hoc velle percontari, quod non Hibericos, nec Babilonicos, nec Indicos incolas latet. Non hic jam vel de ipsis est qui veniunt in vestimentis ovium, intrinsecus autem sunt lupi rapaces; ita aperte sævit, ita palam diabolica pertractat negotia, ut nihil circuitionis utatur. » Imperator respondit : « Justum nobis videtur, ut accusationes nominatim exprimantur [450]; dein quid agendum nobis sit, communi consilio pertractetur. » Tunc consurgens Petrus cardinalis [451] presbiter, se vidisse illum missam celebrasse et non communicasse testatus est. Johannes episcopus Narniensis, et Johannes cardinalis diaconus, se vidisse illum diaconem ordinasse in equorum stabulo, non certis temporibus, sunt professi.

Benedictus cardinalis diaconus cum ceteris condiaconibus et presbiteris dixerunt se scire quod ordinationes episcoporum præcio faceret, et quod annorum decem episcopum in Tudertina civitate ordinaret. De sacrilegio dixerunt non esse necesse percontari, quia plus videndo quam audiendo scire potuissemus. De adulterio dixerunt, quod oculis non viderent, sed certissime scirent viduam Rainerii et Stephanam patris concubinam et Annam viduam cum nepte sua abusum esse, et sanctum palatium lupanar et prostibulum fecisse. Venationem dixerunt publice exercuisse; Benedictum spiritalem suum patrem lumine privasse, et mox mortuum esse; Johannem cardinalem subdiaconem virilibus amputatis occidisse; incendia fecisse, ense accinctum, galea et lorica [452] indutum esse testati sunt. Diaboli in amorem vinum bibisse, omnes tam clerici quam laici acclamarunt. In ludo aleæ, Jovis, Veneris ceterarumque demonum adjutorium poposcisse dixerunt. Matutinas et canonicas horas non enim celebrasse, nec signo crucis se monisse [453] professi sunt.

11. His auditis imperator, quia Romani ejus loquelam propriam, hoc est Saxonicam, intelligere nequibant, Liudprando Cremonensi episcopo præcepit, ut Latino sermone hæc Romanis omnibus quæ secuntur exprimeret. Surgens itaque sic cepit : « Persepe contigit, et nobis experti credimus, ut in dignitatibus constituti invidorum infamia maculentur; displicet bonus malis, quemadmodum et malus bonis. Atque hoc rei est, quod hanc in papam accusationem, quam modo Benedictus cardinalis diaconus legit et vobiscum fecit, amphibolam retinemus, incerti, utrum zelo justitiæ an impietatis livore prorumperet. Unde mihi indigno secundum concessæ dignitatis auctoritatem omnes obtestor per Deum, quem fallere, etsi vult, nemo potest, sanctamque ejus genitricem intemeratam virginem Mariam, perque præciosissimum apostolorum principis corpus, in cujus hæc recitantur eclesia, ut nulla in domnum papam jaculentur convitia, quæ non sint ab ipso patrata atque a viris probatissimis visa. » Tunc episcopi, presbiteri, diaconi, reliquusque clerus, et cunctus Romanorum populus quasi vir unus dixerunt : Si non et quæ per Benedictum diaconem lecta sunt, hisque turpiora et ampliora Johannes papa indigna commisit facinora, non nos a delictorum vinculis absolvat apostolorum princeps beatissimus Petrus, qui verbo cœlum indignis claudit, justis aperit; sed simus anathematis vinculo innodati, atque in die novissima in sinistra parte positi, cum eis qui dixerunt domino Deo : *Recede a nobis, scientiam viarum tuarum nolumus* (Job xxi, 14). Quod si fidem nobis non admittitis, exercitui domni impera-

---

VARIÆ LECTIONES.

[447] secellarius 1. [448] imperiola 1. [449] eo corr. io 1. vita *haud totum legitur*, a *stilo tantum indicato* at *in 2 legitur* eo vita [450] exprimitur 1. [451] cardinales 1. [452] i. e. lorica. [453] i. e. munisse.

NOTÆ.

(156) Oppidorum 55 Gallese et Falerii.

toris saltem debetis credere, cui ante quinque dies ense accinctus, clipeo, galea, et lorica indutus occurrit; solus Tiberis, qui interfluxit, ne sic ornatus ab exercitu caperetur, impedivit. » Mox sanctus imperator dixit : « Tot sunt hujus rei testes, quot sunt nostro in exercitu bellatores. » Sancta sinodus [454] dixit : « Si placet sancto imperatori, mittantur litteræ domno papæ, ut adveniat, seque ex his omnibus purget. » Tunc eidem sunt hujusmodi litteræ destinatæ :

12. « Summo pontifici et universali papæ domno Johanni, Otto divinæ respectu clementiæ imperator augustus, cum archiepiscopis, episcopis, Liguriæ, Tusciæ, Saxoniæ, Franciæ, in Domino. Romam ob servitium Dei venientes, dum filios vestros, Romanos scilicet episcopos, cardinales presbiteros et diaconos, insuper et universam plebem de vestri absentia percontaremur, et quid causæ esset quod nos æclesiæ vestræ vestrique defensores videre noluissetis, talia de vobis tamque obscena protulerunt, ut si de histrionibus dicerentur, verecundiam nobis ingererent. Quæ ne magnitudinem vestram omnia lateant, quædam nobis [455] sub brevitate describimus; quoniam et si cuncta nominatim exprimere cupimus, dies nobis non sufficit unus. Noveritis itaque, non a paucis, sed ab omnibus tam nostri quam et alterius ordinis, vos homicidii, perjurii, sacrilegii, et ex propria cognatione atque ex duabus sororibus incesti crimine esse accusatos. Dicunt et aliud auditu ipso horridum, diaboli vos in amore vinum bibisse; in ludo aleæ Jovis, Veneris, ceterorumque demonum auxilium poposcisse. Oramus itaque paternitatem vestram obnixe, ne Romam venire atque ex his omnibus vos purgare dissimuletis. Si forte vim temerariæ multitudinis formidatis, juramento vobis adfirmamus [456], nihil fieri præter sanctorum canonum sanctionem. Data VIII Idus Novembris. »

13. Hanc epistolam cum legisset, hujusmodi apologeticum scripsit : « Johannes episcopus, servus servorum Dei, omnibus episcopis. Nos audivimus dicere quia vos vultis alium papam facere; si hoc facitis, excommunico vos da (157) [Deum omnipotentem, ut non habeatis licentiam nullum [457] ordinare, et missam celebrare. »

15. Cum hæc epistola in sancta synodo legeretur, advenerunt, qui prius defuerant religiosi, a Lotharingia Heinricus Treverensis archiepiscopus, ab Emilia et Liguria Wido Mutinensis, Gezo Tertonensis, Sigulfus Placentinus; quorum consilio domno papæ ita rescribunt (Nov. 22) : « Summo pontifici et universali papæ domno Johanni, Otto divinæ respectu clementiæ imperator augustus, sed et sancta synodus Romæ Dei ob servitium congregata,

in Domino salutem. Preterita synodo, quæ celebrata est 8 Idus Novembris, litteras vobis direximus, in quibus accusatorum vestrorum verba atque accusationis causæ detinebantur. Rogavimus etiam eisdem literis magnitudinem vestram, quemadmodum justum est, Romam [458] venire seque ex his quæ obiciuntur purgare. Recepimus autem litteras a vobis, non quales temporis qualitas, sed inconsultorum hominum vanitas expoposcit. Non veniendi ad synodum racionabilis esse excusatio debuit. Sed et præsentes magnitudinis vestræ debuerunt nuntii interesse, qui aut egritudinis aut certæ difficultatis causa satisfacerent sanctam vos synodum declinasse. Est et aliud vestris in litteris scriptum, quod non episcopum sed puerilem ineptiam scribere deceret. Excommunicastis etenim omnes, ut haberent licentiam canendi missas, ordinandi ecclesiasticas dispositiones, si alium Romanæ sedi constitueremus episcopum. Ita enim scriptum erat : *Non habeatis licentiam nullum ordinare.* Nunc usque putavimus, immo vere credidimus, duo negativa [459] unum facere dedicativum, nisi vestra auctoritas priscorum sententias infirmaret auctorum. Nos vero intentioni vestræ, non verbis, respondeamus. Si ad synodum venire et objecta purgare non differtis, auctoritati vestræ procul dubio obedimus. Sed si, quod absit, venire et objecta vobis capitalia crimina purgare dissimulatis, cum præsertim vos nihil venire impediat, non maris navigatio, non corporis egritudo, itineris longitudo, tunc excommunicationem vestram parvipendemus, eamque potius in vos retorquebimus, quoniam quidem juste facere possumus. Judas, Domini nostri Jesu Christi proditor, immo venditor, cum ceteris prius ligandi atque solvendi potestatem a magistro in hæc verba acceperat : *Amen dico vobis, quæcumque alligaveritis super terram, ligata* [460] *erunt et in celis, et quæcumque solveritis super terram, erunt soluta et in cœlis* (Matth. XVIII, 18). Quamdiu enim bonus inter condiscipulos fuit, ligare atque solvere valuit; postquam vero cupiditatis causa [461] homicida factus, vitam omnium occidere voluit, quem postea ligatum solvere aut solutum ligare potuit, nisi se ipsum, quem infelicissimo laqueo strangulavit? Data 10 Kalendas Decembris et missa per Adrianum cardinalem presbiterum, et Benedictum cardinalem diaconem. »

14. Qui cum Tiberim pervenissent, eum non invenerunt; pharetratus enim in campestria jam abierat; nec quisquam erat qui his ubi ipse esset indicare posset. Cumque eum invenire non possent, cum eisdem litteris ad sanctam synodum, quæ tunc tertio est habita, sunt reversi. Mox imperator ait . « Expectavimus adventum ejus, ut, præsente eo, quid

VARIÆ LECTIONES.

[454] sidonus 1. [455] ita 1. [456] adfirmus 1. [457] ullum 1. *sed nullum legendum esse ex sequentibus patet* [458] R. v. s. e. h. q. o. p. R. .a. l. desunt 5a. 5a*. [459] gatiua 1. [460] l. e. et i. c. et q. s. s. t. e. s. et i. c , desunt 5a. 5a*. [461] deest 5 a.veneno 5a*.

NOTÆ.

(157) Italismus, loco *de*.

nobis egerit, quereremur; verum quoniam non eum adfuturum certo scimus, quam perfide nobiscum egerit, ut diligenter agnoscatis, etiam atque etiam flagitamus. Notum itaque vobis facimus archiepiscopis, episcopis [462], presbiteris, diaconibus, reliquoque clero, necnon et comitibus, judicibus, omnique plebi, quod idem Johannes papa oppressus a Berengario atque Adelberto, rebellibus nostris, misit nobis in Saxoniam nuntios, rogans ut ob amorem Dei in Italiam veniremus, et eclesiam sancti Petri ac se ipsum ex eorum faucibus liberaremus. Nos vero adjuvante Deo quantum fecerimus, non est necesse dicere, ut inpræsentiarum videtis. Ereptus vero mea opera ex eorum manibus, et honori debito restitutus, oblitus juramenti, et fidelitatis quam mihi supra corpus sancti Petri promisit, eumdem Adelpertum Romam venire fecit, et contra me defendit, seditiones fecit, et videntibus nostris militibus dux belli factus, lorica et galea est indutus; quod super hoc sancta synodus decernat, edicat. » Ad hæc Romani pontifices reliquusque clerus et cunctus populus responderunt : « Inauditum vulnus inaudito est cauterio exurendum. Si corruptis moribus soli sibi, et non cunctis obesset, quoquo modo [463] tolerandus esset. Quot prius casti hujus facti sunt imitatione incesti? Quot probi hujus exemplo conversationis sunt reprobi? Petimus itaque magnitudinem imperii vestri, monstrum [464] illud nulla virtute redemptum a vitiis, a sancta Romana eclesia pelli, aliumque loco ejus constitui, qui nobis exemplo bonæ conversationis præesse valeat et prodesse; sibi recte vivat, ac bene vivendi nobis exemplum præbeat. » Tunc imperator : « Placet, inquit, quod dicitis, nihilque gratius nobis, quam ut talis, qui huic sanctæ et universali sedi præponatur, inveniri possit. »

16. His dictis, omnes una voce dixerunt : « Leonem, venerabilem sanctæ Romanæ eclesiæ protoscriniarium, virum approbatum et ad summum sacerdotii gradum dignum, nobis in pastorem eligimus, ut summus et universalis papa sanctæ Romanæ eclesiæ, reprobato ob improbos mores Johanne apostata! » Cumque hoc tertio omnes dixissent, annuente imperatore, nominatum Leonem ad Lateranense palatium secundum consuetudinem cum laudibus ducunt, et certo tempore in eclesia sancti Petri ad summum sacerdotium sancta consecratione attollunt, et fideles ei adfuturos jurejurando promittunt (*Dec.* 6).

17. (*An.* 964.) His ita gestis, sperans sanctissimus imperator, cum paucis Romæ se degere posse, ne consumeretur Romanus populus ob multitudinem exercitus, multis, ut redirent, licentiam dedit. Cumque hoc Johannes, qui dictus est papa, cognosceret, non ignorans quam facile Romanorum mentes pecunia posset corrumpere, clam Romam mittit nuntios, beati Petri omniumque eclesiarum pecuniam repromittens, si super pium imperatorem et domnum Leonem papam irruerent [465], eosque impiissime trucidarent. Quid multis morer? Romani quam mox exercitus paucitate confisi immo decepti, et pecuniæ promissione animati, bucina concrepante super imperatorem, ut eum occidant, festinare contendunt. Quibus imperator supra pontem Tyberis, quem Romani plaustris impeditum habebant, occurrit. Cujus fortes milites, assuefacti bello, pectora et armis intrepidi, eos inter prosiliunt, et quasi accipitres avium multitudinem, nullo resistente, perterrent. Non latibula, non corbes, non concava ligna, non criptæ sordium receptacula, fugientibus tutelæ esse possunt. Occiduntur itaque, et ut fortibus assolet contingere viris, passim a tergo vulnerantur. Quis tunc Romanorum cladis hujus superstes fieret si, non imperator sanctus misericordia, quæ eis nulla debebatur, inclinatus, suos adhuc interficere sciscientes [466] retraheret, revocaret?

18. Itaque devictis omnibus, atque his qui supererant obsidibus acceptis, venerabilis papa Leo pedibus imperatoris provolutus, orat, ut Romanis obsides reddat, seque eorum fidei commendet. Rogatu denique venerabilis papæ Leonis imperator sanctus Romanis obsides reddit, non incertus quod prosecuturus sum inceptures. Igitur Romanorum fidei eundem papam, quemadmodum lupis agnum, commisit. Dein Roma exiens, Cammerinum Spoletumque versus, ubi Adelbertum esse audierat, properavit.

19. Interea mulieres quibuscum Johannes, qui dictus est papa, voluptatis suæ ludibrium exercebat, ut non ignobiles et plures, concitaverunt Romanos ut Leonem, summum et universalem papam a Deo et ipsis electum, perderent, et Johannem in urbem susciperent. Quod cum fecissent, miserante Deo, ex eorum manibus est venerabilis papa Leo liberatus, paucisque secum comitantibus, ad piissimi Ottonis imperatoris misericordiam est profectus.

20. Imperator denique sanctus, tantum dedecus egre ferens, cum ex domni papæ Leonis ejectione, tum ex Johanne cardinali diacono, et Azone scriniario, quorum alterum manu dextera, alterum lingua, duobus digitis naribusque abscisis, Johannes abdicatus defædaverat, reparato exercitu, Roma [467] redire disposuit. Prius tamen quam sancti essent imperatoris copiæ congregatæ, volens cunctis sæculis innotescere Dominus, quam juste esset Johannes papa a suis episcopis et omni plebe repudiatus, quamque postmodum injuste receptus, quadam nocte extra Romam, dum se cum viri cujusdam uxore oblectaret, in timporibus adeo a diabolo est percussus (*Mai.* 14), ut infra dierum octo spacium eodem sit vulnere mortuus. Sed eucharistiæ viaticum, ipsius instinctu qui eum percusserat [468], non percepit;

VARIÆ LECTIONES.

[462] vox deest 1. 2. rel. [463] mod 1. [464] montrum 1. [465] irruerent 1. [466] i. e. sciscitantes? sicientes 5a*. [467] i. e. romam. [468] percussera 1.

quemadmodum a suis cognatis et familiaribus, qui præsentes erant, persepe sub attestatione audivimus.

21. Quo mortuo, Romani omnes, juramenti quod sancto promiserant imperatori immemores, Benedictum cardinalem diaconem papam constituunt, insuper et juramento, nunquam se eum dimissuros, sed contra eum imperatoris potentiam defensuros, promittunt. Quo audito, imperator urbem vallavit, neminem, qui non membris truncaretur, exire permisit; machinis et fame usque adeo afflixit, donec Romanis nolentibus urbem reciperet, Leonem virum venerabilem debitæ sedi restitueret (Jun. 23), ac Benedictum summæ sedis invasorem ejus præsentiæ præsentaret.

22. Residentibus itaque domno Leone summo et universali papa in eclesia Lateranensi, necnon et imperatore sanctissimo Ottone, episcopis insuper Romanis, Italicis, a Lotharingia et Saxonia archiepiscopis, episcopis, presbiteris, diaconibus, omnique Romanorum plebe, quorum nomina [469] inferius adscribentur, advenit Benedictus, apostolicæ sedis invasor, eorum qui se elegerant manibus adductus, pontificalibus vestibus indutus. Quem Benedictus cardinalis archidiaconus tali sermone adgressus : « Qua tibi auctoritate, quave lege, o invasor, hæc pontificalia indumenta usurpasti, superstite hoc præsenti domno nostro venerabili papa Leone, quem tu nobiscum, accusato et reprobato Johanne, ad apostolicatus culmen elegisti? Num inficiari potes, præsenti domno imperatori juramento promisisse numquam te cum ceteris Romanis papam electurum aut ordinaturam absque illius filiique ejus regis Ottonis consensu? » Benedictus respondit : « Si quid peccavi, miseremini mei. » Tunc imperator effusis lacrimis, quam misericors esset ostendens; rogavit synodum, ne Benedito præjudicium fieret. Si vellet et posset, ad interrogata responderet causamque suam defenderet; quod si non posset aut nollet, ac se culpabilem redderet, tamen pro timore Dei misericordiam aliquam inveniret. Quo audito, ad domni Leonis papæ pedes ipsiusque imperatoris isdum Benedictus concite procidens, se pecasse [470], se sanctæ Romanæ sedis invasorem esse, acclamavit. Post hæc pallium sibi abstulit, quod simul cum pontificali ferula, quam manu gestabat, domno papæ Leoni reddidit. Quam ferulam isdem papa fregit, et fractam populo ostendit. Deinde Benedictum in terra sedere præcepit. Cui casulam, quam planetam dicunt, cum stola pariter abstulit. Post autem omnibus episcopis dixit : « Benedictum, sanctæ Romanæ et apostolicæ sedis invasorem, omni pontificatus et prespiteratus honore privamus; ob elemosinam vero domni imperatoris Ottonis, cujus sumus opera in sedem debitam restituti, diaconatus eum ordinem habere permittimus, et non jam Romæ, sed in exilium ad quod destina [471].

VARIÆ LECTIONES.

[469] nra 1. [470] i. e. peccasse. [471] ita codex 1. finit media in pagia et initio lineæ. Codd. 2. et 4. eodem modo. set in exilium destinamus 5. Set in exilio destinamus 5 a. set in exilium destinamus editi et Albericus. Sententia poscere videtur : destinatus est abeat.

---

# LIUTPRANDI

## CREMONENSIS EPISCOPI

# RELATIO DE LEGATIONE CONSTANTINOPOLITANA.

Ottones Romanorum invictissimos imperatores augustos, gloriosissimamque Adelheidem imperatricem augustam, Liudprandus [472] sanctæ Cremonensis ecclesiæ episcopus, semper valere, prosperari, triumphare, anhelat, desiderat, optat.

1. Quid causæ fuerit, quod prius litteras [473] sive nuntium meum non susceperitis, ratio subsequens declarabit. Pridie Nonas Junii Constantinopolim venimus, et ad contumeliam vestram turpiter suscepti, graviter turpiterque sumus tractati; palatio quidem satis magno et aperto, quod nec frigus arceret, sicut nec calorem repelleret, inclusi sumus; armati milites appositi sunt custodes, qui meis omnibus exitum [474], cæteris prohiberent ingressum. Domus ipsa solis nobis inclusis pervia, a palatio adeo sequestrata, ut eo nobis non equitantibus, sed ambulantibus, anhelitus truncaretur. Accessit ad calamitatem nostram, quod Græcorum vinum ob picis, tædæ, gypsi commixtionem nobis impotabile fuit. Domus ipsa erat inaquosa, nec sitim saltem aqua extinguere quivimus, quam data pecunia emeremus. Huic magno væ, væ aliud appositum est, homo scili...orum [475] custos, qui cotidianos

VARIÆ LECTIONES.

[472] ita ubique correxi; luitprandus Canisius edidit. [473] literas C; qui etiam millia, littus, opportunus, imo, tentare, solennis, quotidianus, quatenus, eleemosyna, Joannes, nuncius contra Liudprandi scribendi rationem exprimi fecit, quod correximus. [474] exitium C. [475] Sciliorum al. Siciliorum C. fortasse legendum : homo scilicet nostrorum (domorum?) custos.

sumptus præberet, cui similem si requiras, non terra sed infernus forsan dabit; is enim quicquid calamitatis, quicquid rapinæ, quicquid dispendii, quicquid luctus, quicquid miseriæ excògitare potuit, quasi torrens inundans in nos effudit. Nec in centum viginti diebus una saltem præteriit, quæ non gemitus nobis præbèret et luctus.

2. Pridie Nonas Junii, ut superius scripsimus, Constantinopolim ante portam Caream [476] venimus, et usque ad undecimam horam cum equis, non modica pluvia, expectavimus. Undecima vero hora non ratus Nicephorus nos dignos esse tam ornatos vestra misericordia equitare, venire jussit, et usque in præfatam domum marmoream, invisam, inaquosam, patulam, sumus deducti; octavo autem Idus [477] sabbatho primo dierum pentecostes, ante fratris ejus Leonis coropalati [478] et logothetæ præsentiam sum deductus, ubi de imperiali vestro nomine magna sumus contentione fatigati. Ipse enim vos non imperatorem, id est βασιλία, sua lingua, sed ob indignationem ῥῆγα, id est regem, nostra vocabat. Cui cum dicerem, quod significatur idem esse, quamvis quod significat diversum, me, ait, non pacis sed contentionis causa venisse; sicque iratus surgens, vestras litteras, vere indignans, non per se sed per interpretem suscepit, homo ipse ad personam satis procerus, falso humilis, cui si innisus homo fuerit, manum ejus perforabit.

3. Septimo autem Idus [479] (*Jun.* 7), ipso videlicet sancto die pentecostes, in domo, quæ dicitur Στεφάνκ, id est Coronaria, ante Nicephorum sum deductus, hominem satis monstruosum, pygmæum, capite pinguem, atque oculorum parvitate talpinum, barba curta, lata, spissa et semicana fœdatum, cervice digitali turpatum, prolixitate et densitate comarum satis hyopam [hirtum] (158), colore Æthiopem, cui per mediam nolis occurrere noctem, ventre extensum, natibus siccum, coxis ad mensuram ipsam brevem longissimum, cruribus parvum, calcaneis pedibusque æqualem, villino [byssino] sed nimis veternoso vel diuturnitate ipsa fœtido et pallido ornamento indutum, Sicioniis calceamentis calceatum, lingua procacem, ingenio [ingeniis] vulpem, perjurio seu mendacio Ulyxem. Semper mihi, domini mei imperatores [480] augusti, formosi, quanto hinc formosiores visi estis? Semper ornati, quanto hinc ornatiores? Semper potentes, quanto hinc potentiores? Semper mites, quanto hinc mitiores? Semper virtutibus pleni, quanto hinc pleniores? Sedebant ad sinistram, non in eadem linea, sed longe deorsum duo parvuli imperatores (159), ejus quondam domini nunc subjecti, cujus narrationis initium hoc fuit:

4. « Debueramus, immo volueramus, te benigne magnificeque suscipere; sed domini tui impietas non permittit, qui tam inimica invasione Romam sibi vindicavit, Berengario (160) et Adelberto contra jus fasque vitam abstulit, Romanorum alios gladio, alios suspendio interemit, oculis alios privavit, exilio alios relegavit (161), et imperii nostri insuper civitates homicidio aut incendio sibi subdere [481] temptavit; et quia affectus ejus pravus effectum habere non potuit, nunc te malitiæ hujus suggestorem atque impulsorem, simulata pace, quasi ἄσκοπον [482], id est exploratorem, ad nos direxit. »

5. *Cui inquam ego*: « Romanam civitatem dominus meus non vi aut tyrannice invasit, sed a tyranni, immo tyrannorum jugo liberavit. Nonne effeminati dominabantur ejus? et quod gravius sive turpius, nonne meretrices? Dormiebat, ut puto, tunc potestas tua, immo decessorum tuorum, qui nomine solo, non autem re ipsa, imperatores Romanorum vocantur. Si potentes, si imperatores Romanorum erant, cur Romam in meretricum potestate sinebant? Nonne sanctissimorum paparum alii sunt relegati, alii a te aflicti, ut neque cotidianos sumptus nec elemosinam habere quirent? Nonne Adelbertus contumeliosas litteras Romano et Constantino, decessoribus tuis, imperatoribus misit? Nonne sanctissimorum apostolorum ecclesias rapinis expoliavit? Quis ex vobis imperatoribus, zelo Dei ductus, tam indignum facinus vindicare et sanctam ecclesiam in statum proprium reformare curavit? Neglexistis vos, non neglexit dominus meus, qui a finibus terræ surgens Romamque veniens, impios abstulit, et sanctorum apostolorum vicariis potestatem et honorem omnem contradidit. Postmodum vero insurgentes contra se et domnum [483] apostolicum, quasi jurisjurandi violatores, sacrilegos, dominorum suorum apostolicorum tortores, raptores, secundum decreta imperatorum Romanorum, Justiniani, Valentiniani, Theodosii et cæterorum, cecidit, jugulavit, suspendit, et exilio relegavit; quæ si non faceret, impius, injustus, crudelis, tyrannus esset. Palam est, quod Berengarius et Adelbertus sui milites effecti, regnum Italicum sceptro aureo ex ejus manu susceperant (162), et præsentibus servis tuis, qui nunc usque supersunt et hac in civitate degunt, jurejurando fidem promiserunt. Et quia, suggerente diabolo, hanc perfide violarunt, juste illos, quasi desertores sibique rebelles,

---

VARIÆ LECTIONES.

[476] *fort.* Auream C. [477] *id est* C. [478] *coroplati* C. *semper.*—*Curopalata.* Coripp. *lib.* 2. *factus mox cura palati. Et lib.* 1. *Vocitatus cura palati* CANIS. [479] id est C. [480] imperatoris C. [481] subducere BROWER *Ann. Trev.* p. 471, *ex codice.* [482] *fort.* κατάσκοπον C. [483] dominum C.

NOTÆ.

(158) Suis (ὖς) faciem (ὄψ) præferentem.
(159) Basilius et Constantinus Romani imperatoris filii. CAN.
(160) Obiit anno 966.
(161) Anno 967 ineunte. Contin. Regin.
(162) Anno 952 Augustæ.

regno privavit; quod ita subditis tibi et postmodum rebellibus faceres.»

6. « Sed non, *ait*, Adelberti hoc profitetur miles. Cui inquam: Si secus dixerit, meorum aliquis militum, si jubes, cras, ita rem esse, duello declarabit. Esto, *inquit*, fecerit hæc, ut ais, juste. Nunc cur imperii nostri terminos bello incendioque aggressus sit, expedi. Amici eramus, societatemque indissolubilem, nuptiis interpositis, facere cogitabamus.»

7. « Terram, inquam, quam imperii tui esse narras, gens incola et lingua Italici regni esse declarat. Tenueruntque illam potestative Langobardi; quam et Lodovicus, Langobardorum seu Francorum imperator, de manu Saracenorum, multitudine prostrata, liberavit. Sed et Landulphus, Beneventanorum et Capuanorum princeps, septennio potestative eam sibi subjugavit. Nec a servitutis ejus seu successorum suorum jugo usque ad præsens exiret, si non, immensa data pecunia, Romanos ⁴⁸⁴ imperator nostri regis Hugonis amicitiam emeret. Et hæc causa fuit, quod nepoti suo et æquivoco, regis nostri, ejusdem Hugonis, spuriam conjugio copulavit (163). Et, ut considero, domino meo non gratiam, sed impotentiam ascribis, quod post Italiæ seu Romæ acquisitionem tot annis eam tibi dimiserit. Societatem vero amicitiæ, quam te parentela voluisse facere dicis, fraudem nos dolumque tenemus; pausanas [inducias] exigis, quas nec te exigere neque nos concedere ratio ipsa compellit. Verum ut fallacia exsculpatur, veritas non reticeatur: misit me dominus meus ad te, ut si filiam Romani imperatoris et Theophanæ imperatricis, domino meo filio suo, Ottoni imperatori augusto, in conjugium tradere volueris, juramento mihi affirmes, et ego, pro gratiarum recompensatione hæc et hæc dominum meum tibi facturum et observaturum, jurejurando affirmabo. Sed et optimam amicitiæ arabonam ⁴⁸⁵ fraternitati tuæ nunc dominus meus contulit, cum Appuliam omnem potestati subditam, meo interventu, cujus hoc suggestione malum factum esse dicis ⁴⁸⁶. Cujus rei tot sunt testes quot sunt totius Appuliæ habitatores.»

8. (*An. 968, Jun. 7.*) « Secunda, inquit Nicephorus, hora jam transiit; προέλευσις, id est processio, nobis est celebranda. Quod nunc instat agamus. Contra hæc, cum oportunum fuerit, respondebimus.»

9. Non pigeat me, προέλευσιν ipsam describere (164), et dominos meos, audire. Negotiatorum multitudo copiosa ignobiliumque personarum, ea sollempnitate, collecta, ad susceptionem et laudem Nicephori, a palatio usque ad sanctam Sophiam, quasi pro muris, viæ margines tenuit, clypeolis tenuibus satis et spiculis vilibus dedecorata. Accessit et ad dedecoris hujus augmentum, quod vulgi ipsius potior pars, ad laudem ipsius, nudis processerat pedibus. Credo sic eos putasse sanctam ipsam potius exornare προέλευσιν. Sed et optimates sui, qui cum ipso per plebeiam et discalceatam multitudinem ipsam transierant, magnis et nimia vetustate rimatis tunicis erant induti. Satis decentius cotidiana veste induti procederent. Nullus est cujus atavus hanc novam haberet. Nemo ibi auro, nemo gemmis ornatus erat, nisi ipse solus Nicephorus, quem imperialia ornamenta, ad majorum personas sumpta et composita, fœdiorem reddiderant. Per salutem vestram, quæ mihi mea carior extat, una vestrorum pretiosa vestis procerum, centum horum et eo amplius pretiosior est! Ductus ego ad προέλευσιν ipsam, in eminentiori loco juxta psaltas, id est cantores, sum constitutus.

10. Cumque quasi reptans monstrum illud procederet, clamabant adulatores psaltæ: *Ecce venit stella matutina, surgit Eous, reverberat obtutu solis radios, pallida Saracenorum mors, Nicephorus* μέδων, id est *princeps!* Unde et cantabatur: μέδοντι, id est *principi, Nicephoro,* πολλὰ ἔτη, id est *plures anni sint* (165)! *Gentes, hunc adorate, hunc colite, huic tanto colla subdite!* Quanto tunc verius canerent: Carbo exstincte veni, μέλλε, anus incessu, Sylvanus vultu, rustice, lustrivage, capripes, cornute, bimembris, setiger, indocilis, agrestis, barbare, dure, villose, rebellis, Cappadox! Igitur falsidicis illis inflatus næniis, sanctam Sophiam ingreditur, dominis suis imperatoribus se a longe sequentibus et in pacis osculo ad terram usque adorantibus. Armiger hujus sagitta calamo immissa aeram ⁴⁸⁷ (166) in ecclesia ponit, quæ prosequitur, quo nimirum tempore imperare cœperit, et sic aeram, qui id non viderunt, intelligunt.

11. Hac eadem die convivam me sibi esse jussit. Non ratus autem me dignum esse cuipiam suorum præponi procerum, quintus decimus ab eo absque gausape sedi; meorum nemo comitum, non dico solum mensæ non assedit, sed neque domum, in qua conviva eram, vidit. Qua in cœna temporis satis, et obscena, ebriorum more, oleo delibuta, alioque quodam deterrimo piscium liquore aspersa, multa super potentia vestra, multa super regnis et militibus, me rogavit. Cui cum consequenter et vere responderem,

**VARIÆ LECTIONES.**

⁴⁸⁴ al. optimum arrabonem Bar.   ⁴⁸⁵ *scil.* dimiserit? reliquerit?   ⁴⁸⁶ romanus C.   ⁴⁸⁷ al aram C.

**NOTÆ.**

(163) Vide Antapod. v, c. 14.
(164) Cf. Constantini Porphyrogeniti librum De ceremoniis aulæ Byzantinæ, l. 1, c. 9.
(165) Codinus Curopal. lib. De offic. aulæ Constantinop. ἅμα οὔντῳ τὸν βασιλέα φανῆναι, οἱ ψάλται αὐτίκα ψάλλουσι τὸ πολυχρόνιον, simul atque apparet imperator, cantores statim canunt, *ad multos annos,* quod Curopalata vocat πολυχρονίζειν, et ipsam actionem seu cantionem multos annos precandi, πολυχρόνισμα. C.
(166) Id est annum imperii.

« Mentiris! ait, domini tui milites equitandi ignari, pedestris pugnæ sunt inscii, scutorum magnitudo, loricarum gravitudo, ensium longitudo, galearumque pondus neutra parte eos pugnare sinit, ac subridens: Impedit, inquit, eos et gastrimargia, hoc est ventris ingluvies; quorum Deus venter est; quorum audacia, crapula; fortitudo, ebrietas; jejunium, dissolutio; pavor, sobrietas. Nec est in mari domino tuo classium numerus. Navigantium fortitudo mihi soli inest, qui cum classibus aggrediar, bello maritimas ejus civitates demoliar, et quæ fluminibus sunt vicina redigam in favillam. Quis, cedo, mihi etiam in terra copiarum paucitate resistere poterit? Filius non abfuit [488], uxor non defuit; Saxones, Suevi, Bagoarii [489], Italici omnes cum eo adfuerunt, et cum civitatulam unam sibi resistentem capere nescirent, immo nequirent, quomodo mihi resistent venienti, quem tot copiæ prosequentur,

*Gargara* (167) *quot segetes, quot habet Methymna racemos, Quot cælum stellas, quot mare in flatibus undas!* »

12. Cui cum respondere et apologeticum, dignum inflatione hac, evomere [490] vellem, non permisit; sed adjecit quasi ad contumeliam: « Vos non Romani, sed Longobardi estis! » Cui adhuc dicere volenti, et manu, ut tacerem, innuenti, commotus inquam: « Romulum fratricidam, ex quo et Romani dicti sunt, porniogenitum, hoc est ex adulterio natum, chronographia innotuit; asylumque sibi fecisse, in quo alieni aeris debitores, fugitivos servos, homicidas, ac pro reatibus suis morte dignos suscepit, multitudinemque quandam talium sibi ascivit, quos Romanos appellavit; ex qua nobilitate propagati sunt ipsi, quos vos kosmocratores, id est imperatores, appellatis; quos nos, Langobardi [491], scilicet, Saxones, Franci, Lotharingi, Bagoarii [492] Suevi, Burgundiones, tanto dedignamur, ut inimicos nostros commoti nil aliud contumeliarum, nisi: Romane! dicamus, hoc solo, id est Romanorum nomine, quicquid ignobilitatis, quicquid timiditatis, quicquid avaritiæ, quicquid luxuriæ, quicquid mendacii, immo quicquid vitiorum est, comprehendentes. Imbelles vero nos et equitandi inscios quia dicis, si Christianorum peccata promerentur, ut in hac austeritate perdures, quales vos estis quamve pugnaces nos simus, bella proxima demonstrabunt. »

13. Talibus Nicephorus exacerbatus dictis, manu silentium indixit, mensamque sine latitudine longam auferri, meque in invisam domum, seu, ut verius fatear, carcerem, reverti præcepit. Ubi post biduum, cum indignatione tum æstu et siti, magno sum languore affectus. Sed et asseclarum meorum nemo exstitit, qui non eodem ebriatus poculo, diem sibi ultimum imminere formidaret. Cur, quæso, non ægrotarent, quibus erat potus pro optimo vino salsugo, pro culcitra non fœnum, non stramen, non saltem terra, sed durum marmor, pro cervicali lapis? quibus patula domus non calorem, non imbrem, non frigus arcebat. Ipsa, si vellet, salus his circumfusa, ut vulgo loquimur, eos salvare non posset. Proprio ergo atque meorum debilitatus angore, convocato ad me custode, immo persecutore, meo, non precibus solum, sed pretio obtinui, ut epistolam meam hunc modum continentem Nicephori fratri deferret:

14. « Leoni coropalati et logothetæ τοῦ δρόμου (168) Liudprandus episcopus. Si imperator serenissimus petitionem, ob quam veni, perficere cogitat, non fatigant me, quas hic sustineo, passiones; litteris solummodo meis et nuntio ut instruatur dominus meus, me hic moram ab re non facere. Quod si secus res sese habet, navis est [493] hic Veneticorum oneraria, quæ [494] proficisci festinat; hanc me ægrotum ingredi sinat, ut si dissolutionis meæ tempus advenerit, cadaver meum genitale saltem solum suscipiat. »

15. Quas cum legisset, se post quatriduum me jussit adire. Sederunt cum eo ad disceptationem vestram, secundum eorum traditionem, sapientissimi viri, Attico pollentes eloquio, Basilius parakinumenos [495], proto a secretis, protovestiarius, et duo magistri, quorum hoc fuit narrationis initium: « Quid causæ sit, quare te huc fatigasti, frater, edissere. » Quibus cum parentelæ gratia, quæ esset occasio infinitæ pacis, edicerem, inquiunt: « Inaudita res est, ut porphyrogeniti porphyrogenita, hoc est in purpura nati filia in purpura nata, gentibus misceatur. Verum quia tam excellentem rem petitis, si datis quod decet, accipietis quod libet; Ravennam scilicet et Romam cum his omnibus continuatis, quæ ab his sunt usque ad nos. Si vero amicitiam absque parentela desideratis, Romam liberam esse dominus tuus permittat; principes autem, Capuanum scilicet et Beneventanum, sancti nostri imperii olim servos, nunc rebelles, servituti pristinæ tradat. »

16. Quibus: « Dominum meum, inquam, potentiores habere Sclavos Petro Bulgarorum rege, qui Christophori imperatoris filiam in conjugium duxit, etiam ipsi non ignoratis! — Sed Christophorus, aiunt, non porphyrogenitus fuit. »

17. « Romam vero, inquam, quam vos liberam esse velle perstrepitis, cui servit? cui tributa persolvit? Nonne prius meretricibus serviebat? et vobis dormientibus, immo non valentibus, dominus meus imperator augustus a tam turpi servitute liberavit? Constantinus imperator augustus, qui hanc ex suo nomine condidit civitatem, sanctæ apostolicæ Ro-

VARIÆ LECTIONES.

[488] adfuit C. [489] boarii C. [490] emovere C. [491] longobardi C. [492] baoarii C. [493] et C. [494] onerariaque C. [495] paracknoumenos C.

NOTÆ.

(167) Ovid. De arte amandi I, 56
(168) Logotheta δρόμου Joannes Zimisca luit, Nicephori successor, de quo Zonaras: τῆς στρα- τιωτικῆς ἀρχῆς παύσας αὐτὸν (Nicephorus) εἰς πολιτικὴν μετατίθησι λογοθέτην τοῦ δρόμου. C.

manæ ecclesiæ, ut erat kosmocrator, multa donaria contulit, non in Italia solum, sed in omnibus pene occidentalibus regnis, necnon de orientalibus atque meridianis, Græcia scilicet, Judæa, Perside, Mesopotamia, Babylonia, Ægypto, Libya, ut ipsius testantur privilegia, quæ penes nos sunt. Sane quicquid in Italia, sed et [496] in Saxonia, Bagoaria [497], omnibus domini mei regnis est, quod ad apostolorum beatorum ecclesiam respicit, sanctissimorum apostolorum vicario contulit. Et si est, ut dominus meus ex his omnibus civitates, villas, milites aut familiam obtineat, Deum negavi. Cur imperator vero non itidem facit, ut ea, quæ suis insunt regnis, apostolorum ecclesiæ reddat, et per laborem atque munificentiam domini mei ditem et liberam, ditiorem ipse ac liberiorem reddat? »

18. « Sed hoc, ait Basilius parakinumenos [498], faciet, cum ad nutum suum Roma et Romana Ecclesia ordinabitur. » Tum: « Homo, inquam, quidam, multam ab alio passus injuriam, his Deum aggressus est verbis: *Domine, vindica me de adversario meo!* Cui Dominus: *Faciam*, inquit, *in die cum reddam unicuique secundum opera sua!* At ille: *Quam tarde!* infit. »

19. Tunc omnes præter fratrem cachinno commoti, disceptationem dimiserunt, meque in invisam domum reduci præceperunt, magnaque custodiri cautela usque in sanctorum apostolorum religiosis cunctis celebrem diem. Qua celebritate me satis ægrotum, necnon et Bulgarorum nuntios, qui pridie venerant, ad sanctos apostolos sibi obviare præcepit (*Jun.* 29). Cumque post næniarum garrulitatem et missarum celebrationem ad mensam invitaremur, in citeriori mensæ margine, quæ erat sine latitudine longa, Bulgarorum nuntium, Ungarico more tonsum, ænea catena cinctum, et ut mens mihi suggerit, catechumenum, mihi præponit; ad vestram plane, domini mei augusti, contumeliam. In vobis contemptus, in vobis spretus, in vobis abjectus. Sed gratias ago domino Jesu Christo, cui vos servitis omni spiritu vestro, quod habitus sum pro nomine vestro dignus contumelias pati. Verum, domini mei, meam non considerans sed vestram injuriam, mensam reliqui. Cumque indignans abire vellem, Leo coropalates, imperatoris frater, et proto a secretis Simeon, pone me sequuntur, hæc latrantes: « Cum Christophori filiam Petrus, Bulgarorum vasileus, conjugem duceret, symphona, id est consonantia scripta, juramento firmata sunt, ut omnium gentium apostolis, id est nuntiis, penes nos Bulgarorum apostoli præponantur, honorentur, diligantur. Bulgarorum ille apostolus, quamquam, ut dicis et verum est, tonsus, illotus, et catena ænea cinctus sit, patricius tamen est, cui episcopum præponere, Francorum præsertim, nefas decernimus, judicamus. Et quoniam te id indigne ferre cognoscimus, non te nunc, ut putas, ad hospitium redire sinimus, sed in diversorio quodam cum imperatoris servis cibum gustare compellimus. »

20. Quibus ob incomparabilem cordis dolorem nil respondi, sed quæ jusserant feci; indignum [499] judicans mensam, qua non dico mihi, id est Liudprando episcopo, sed Bulgarorum nuntius vestro præponitur nuntio. Sed lenivit dolorem meum imperator sanctus munere magno, mittens mihi ex delicatissimis cibis suis hædum pinguem, ex quo ipse comederat, allio, cepe, porris laute suffarcinatum, garo delibutum, quem vestræ tunc mensæ inesse optavi, ut qui delicias sancti imperatoris faustas esse non creditis, saltem his perspectis crederetis.

21. Transactis ergo octo diebus, cum Bulgari jam abessent, putans me mensam magnificare suam, in eodem loco me satis ægrotum secum convivare coegit. Adfuit cum pluribus episcopis et patriarcha (169), quibus præsentibus, plures mihi quæstiones de scripturis sacris proposuit, quas cum Spiritu sancto afflante eleganter exposui, novissime autem, ut de vobis ludum haberet, quas synodos haberemus rogavit. Cui cum Nicenam, Chalcedonensem, Ephesinam, Antiochenam, Carthaginensem, Ancyranam, Constantinopolitanam edicerem: « Ha! ha! he! ait, Saxonicam dicere es oblitus, quam si rogas cur nostri codices non habent, rudem esse, et ad nos necdum venire posse, respondeo. »

22. Cui inquam: « In quo membro regnat infirmitas, illud est cauterio exurendum. Hæreses omnes a vobis emanarunt, penes vos viguerunt; a nobis, id est occidentalibus, hic sunt jugulatæ, hic sunt occisæ. Romanam sive Papiensem synodum, quamquam essent sæpe, his non connumeramus. Romanus enim clericus, postmodum universalis papa, Gregorius, qui a vobis appellatus est Dialogus, Eutychium Constantinopolitanum patriarcham hæreticum ab ejusmodi hæresi liberavit. Aiebat idem Eutychius, nec solum aiebat, sed etiam docebat, clamabat, scriptitabat, nos in resurrectione non veram, quam hic habemus, sed fantasticam quandam carnem assumpturos; cujus erroris liber a Gregorio orthodoxe est combustus. Sed Evodius Papiensis episcopus, propter aliam quandam hæresin huc, id est Constantinopolim, a Romano est patriarcha directus, quam compressam in catholicam atque orthodoxam reformavit. Saxonum genus, ex quo sanctum lavacrum et Dei accepit notitiam, nulla est hæresi maculatum, ut ibi synodus fieret, qua errorem, cum nullus esset, corrigeret. Rudem quia dicis Saxonibus esse fidem, id ipsum et ego affirmo; semper enim apud eos Christi fides rudis est, et non vetus, ubi fidem opera

## VARIÆ LECTIONES.

[496] *vocem adjeci.* [497] baoaria *C.* [498] parakimomenos *C.* [499] indignam *legendum videtur C.*

## NOTÆ.

(169) Patriarcha hic fuit Polyeuctus. *C.*

sequuntur. Hic fides non rudis sed vetus est, ubi fidem opera non comitantur, sed quasi præ vetustate, ut vestis contempta, contemnitur. Sed hanc synodum factam esse in Saxonia certo scio, in qua tractatum est et firmatum, decentius ensibus pugnare quam calamis, et prius mortem obire quam hostibus terga dare. Quod vel tuus exercitus experitur! In corde meo dixi : et quam sint pugnaces, re ipsa experiatur! »

23. Verum hac eadem die, post meridiem, adeo impotentem et transfiguratum me revertenti ad palatium sibi præcepit occurrere, ut obviantes mihi quæ prius, in stuporem mentis mulieres versæ : *Mana, mana* [500], clamabant, miseriam meam pugnis pectora tunsæ : Dicebatur : ταπεινὲ καὶ ταλαίπωρε ! Cui [501], Nicephoro scilicet venienti, et vobis absentibus, quid tunc manibus in cœlum erectis optaverim, proveniat utinam! Sed mihi velim credatis, ad risum me non parum illexit. Impatienti enim atque effreni insidens equo, satis parvus satis magno, puppam ipsum mens sibi depinxit mea, quam Schlavi vestri equino colligantes pullo, matrem præcedentem sequi effrenate dimittunt.

24. His expletis, ad concives et cohabitatores meos, quinque leones, in prænominatam invisam domum sum deductus, ubi post hebdomadarum spatium trium, nullius nisi meorum sum colloquio visitatus. Qua ex re, Nicephorum nunquam me velle dimittere, mens sibi depinxit mea, ac tristitia immodica languorem languori adeo superimposuit, ut vita excederem, nisi mihi hanc Dei genitrix a creatore et filio suo precibus obtineret ; quemadmodum, non fantastica sed vera, est mihi visione monstratum.

25. His ergo tribus hebdomadibus habuit Nicephorus extra Constantinopolim metastasin, id est stationem, in loco qui dicitur Εἰς πήγας, id est Ad fontes, eodemque me venire præcepit. Et cum tam languidus essem, ut non solum statio, sed ipsa etiam sessio gravis mihi moræ videretur, discooperto capite, quod malæ valetudini meæ nimis contrarium erat, ante se me stare coegit ; cui et ait : « Domini tui regis Ottonis nuntii, qui præterito te præcesserant anno, juramento mihi promiserunt, et jurisjurandi litteræ inpræsentiarum sunt, nunquam illum in aliquo nostrum scandalizare imperium. Vis majus scandalum, quam quod se imperatorem vocat, imperii nostri themata sibi usurpat ? Utraque non sunt ferenda ; et si utraque importabilia, istud est non ferendum, immo nec audiendum, quod se imperatorem nominat. Sed si confirmas eadem quæ ipsi fecerunt, fortunatum te atque locupletem imperii nostri majestas cito dimittet. » Id autem eo non dixit, ut vos, si mea hoc stultitia faceret, conservatos sperarem, sed voluit habere præ manibus [quod in laudem suam et contumeliam nostram ostenderet futuris temporibus.

26. Cui inquam : « Nuper sanctissimus dominus meus, ut est sapientissimus et spiritu Dei plenus, hæc prænoscens quæ asseris, ne terminos, quos constituit mihi, transcenderem, ἐντόλινα, id est præceptum, conscripsit, quod et sigillo signavit suo, ne secus facerem. » Scis, domine mi auguste, qua id fiducia dixerim. « Ἐντόλινα istud in medium proferatur, et quicquid jusserit, juramento a me tibi firmetur. Sed præteriti nuntii præter jussionem domini mei promiserunt, juraverunt, conscripserunt. Ita est, ut Plato ait : Causa penes optantem. Deus extra culpam. »

27. His expletis, ventum est ad nobilissimos principes Capuanum et Beneventanum, quos ipse servos nominat, et ob quos intestinus ipsum agitat dolor. « Servos, inquit, meos dominus tuus in tutelam recipit suam ; quos si non dimiserit et in pristinam servitutem redegerit, nostra amicitia carebit. Ipsi in imperium nostrum ut recipiantur, flagitant ; sed recusat eos nostrum imperium, ut cognoscant et experiantur quam periculosum sit servos a dominis declinasse, servitutem effugere. Et est decentius domino tuo, ut mihi eos tradat amicus, quam mihi dimittat invitus. Experientur plane, vita comite, quid sit herum fallere, quid sit servitutem deserere ; et, ut puto, sentiunt nunc quod dico, operantibus hoc nostris, qui sunt ultra mare, militibus. »

28. Quibus respondere me non permisit ; sed abire cupientem, ad mensam suam redire præcepit. Cui pater (170) assedit homo, ut mihi videbatur, natus centum quinquaginta annis. Cui itidem, ut filio, Græci in laudibus, immo, in ventis suis, Deus annos ut multiplicet, conclamant. Qua in re, quam sint Græci stulti, quamve hujus gloriæ amatores, quamve adulatores, quam cupidi, hinc colligere possumus : optant soli non sola, sed silicernio (171), quod naturam ipsam non pati certo sciunt ; gaudet et silicernium ea sibi optari, quæ nec Deum facere, nec sibi [502] prodesse sed obesse, etiam si faceret, novit. Quod quæso Nicephorum gaudere pacis [503]...... illum et phosforum clamabant. Impotentem virilem, stultum sapientem, brevem magnum, nigrum album, pecca torem sanctum dicere, mihi credite, non laus sed contumelia est. Et qui aliena magis gaudet sibi acclamari quam propria, avibus omnino est similis, quarum intuitum nox illuminat, dies cæcat.

29. Sed redeamus ad rem. Hac in cœna [504], quod prius non fecerat, oce elata [505] beati Johannis Chry-

---

VARIÆ LECTIONES.

[500] id est, mater, mater Bar. [501] Cui? N. s. v. et v. absentibus. Quid quid C. [504] cæna C. [505] al. voscelatus, ex quo corrigo voce elata. CAN. [502] tibi C. [503] Hic deest aliqui voce Latina in textu habet.

NOTÆ.

(170) Fuit is Bardas, quem Nicephorus imperium adeptus Cæsarem salutavit. Can.

(171) Seni decre ito.

sostomi homiliam in apostolorum actibus legere jussit. Post cujus lectionis terminum, cum ad vos redeundi licentiam quærerem, capite se ita facturum innuens, recipi me ad concives et cohabitatores meos leones persecutori meo indixit. Quod cum fieret, non sum ab eo visus usque in tertio decimo Calendas Augusti (*Jul.* 20), sed diligenter custoditus, ne cujuspiam fruerer sermone, qui suos mihi actus indicaret. Interea Grimizonem, Adelberti nuntium, se adire jussit, quem cum navali suo exercitu redire præcipit. Fuerunt chelandia 24, Rusiorum [806] naves 2, Gallicæ 2; si plus miserit, quas non viderim, nescio. Vestrorum, Domini mei imperatores augusti, militum fortitudo non eget, ut adversariorum impotentia animetur; quod in his sæpe expertum est gentibus, quarum etiam ultimi et cæterorum comparatione impotentes, Græcam fortitudinem straverunt, tributariam fecerunt. Sicut enim vos non terrerem, si fortissimos illos et Alexandro Macedoni similes prædicarem, sic et vos non [807] instigo, cum impotentiam eorum, quæ vera est, narro. Mihi credatis velim, et credetis scio, omnem ipsum exercitum quadringentis vestris [808], si fossa murive non impediant, posse occidere, cui exercitui, ut puto ad contumeliam vestram, hominem quandam — sed quandam eo dixi, quia mas esse desiit, mulier fieri nequit — præposuit. Adelbertus octo milia loricatorum se habere Nicephoro mandavit, quibuscum, Argivo adminiculante exercitu, vos fugare aut sternere dicit, rogavitque æmulum vestrum, ut pecunia illi mitteretur, qua illos avidius ad pugnam instigaret.

30. Sed nunc, domini mei,

Accipite (172) insidias Danaum, et crimine ab uno
Discite omnes.

Nicephorus mancipio illi, cui collectitium atque conductitium commendavit exercitum, pecuniam satis magnam hac ratione dedit, ut si Adelbertus cum septem milibus loricatorum et eo amplius, sicut mandavit, se adierit, tunc donativum eis illud distribuat, Cona frater suus cum ipso et Argolico exercitu vos impugnet, Adelbertus vero Bareis diligenter custodiatur, donec potitus victoria frater redeat. Quod si veniens tot hominum milia non duxerit, ut capiatur, vinciatur, vobisque eo venientibus tradatur, insuper et pecunia quæ ei debebatur vestras in manus conferatur, edixit. O bellatorem! o fidelem! Prodere cupit, cui [809] defensorem parat; defensorem parat, quem perdere cupit; in neutro fides, in utroque infidelitas; fecit, quo non eguit, eguit, quod non fecerat. Sed esto; facerit, ut Græcos decuit ! Nos ad propositum redeamus.

31. Quartodecimo Calendas Augusti (*Jul.* 19) collectitium ipsum navalem exercitum, me ab invisa domo spectante, dimisit. Decimo tertio autem (*Jul.* 20), quo die leves Græci raptionem Heliæ prophetæ ad cælos ludis scenicis celebrant, me se adire præcepit, cui et ait : « Imperium nostrum copias in Assyrios ducere cogitat, non super christicolas, quemadmodum dominus tuus. Præterito quippe anno id ipsum facere volui, sed audito quod dominus tuus imperii nostri terram invadere vellet, dimissis Assyriis, illum versus habenas retorsimus; obviavitque nobis in Macedonia Dominicus Venedicus, nuntius suus, qui multo labore et sudore nos, ut reverteremur, delusit, jurejurando nobis affirmans, nunquam dominum tuum esse id cogitaturum, nedum facturum. Revertere ergo — quod cum audissem tacitus Deo gratias! dixi — et hæc atque hæc tuo domino nunciato ; si me compotem facerit, ipse redito. »

52. Cui : « Jubeat, inquam, sanctissimum imperium [810] tuum, me in Italiam cito advolare, certa ratione, quod dominus meus, quæ vult imperium tuum, compleat, et lætus ergo ad te redeam. » Quod qua mente dixerim, nec ipsum, proh dolor! latuit. Nam subridens, simul capite innuit, meque terra [811] tenus se adorantem atque abeuntem extra, foris manere, atque ad cœnam, allio et cepa bene olentem, oleo et garo sordidam, venire præcepit; magnisque die illa effeci precibus, ut munus meum, quod sæpe aspernatus erat, dignaretur accipere.

33. Residentibus itaque nobis ad mensam sine latitudine longam, pallingi [812] latitudine tectam, longitudine seminudam, ex Francis, quo nomine tam Latinos quam Teutones comprehendit, ludum habuit; rogavitque me, ut, quo in loco episcopatus mei civitas esset, quove nomine fruerétur, edicerem. Cui : « Cremona, inquam, Eridano fluviorum Italiæ regi satis vicina. Et quia imperium tuum chelandia eo mittere properat, prosit mihi te vidisse, prosit agnovisse! Da pacem loco, ut per te saltem possit subsistere, qui tibi non potest resistere! » Sed vafer ille hæc εἰρωνικῶς me dixisse cognovit, submissoque vultu se ita facturum promisit, juravitque mihi per sancti sui virtutem imperii nil me mali passurum, sed prospere suis cum chelandiis usque in Anchonitanum portum cito perventurum; et mihi id tunso digitis pectore juravit.

34. Verum quam impie pejeraverit, animadvertite. Hæc acta, hæc dicta sunt decimo tertio Kalendas Augusti, secunda feria (173), quo ex die usque in nonum stipendiorum nihil ab eo recepi, cum tanta esset Constantinopoli fames, ut viginti quinque asseclas meos et quatuor custodes Græcos tribus aureis una cœna nequirem reficere. Quarta feria ipsius

### VARIÆ LECTIONES

[806] *ita correxi.* Russorum *C.*    [807] *deest C.*    [808] *scilicet* vos.    [809] *al.* qui *C.*    [810] Imperatorem *C.*    [811] contra *C.*    [812] *al.* pallii, *al.* palmi *C.*

### NOTÆ.

(172) Virg. Æn. II, 65
(173) Vere hoc anno dies XIII Kal. Aug. in secundam feriam incidit.

hebdomadæ (*Jul.* 22) Nicephorus Constantinopolim egreditur, in Assyrios profecturus.

35. Quinta feria (*Jul.* 23) frater suus me accersivit, quem ita convenit : « Sancto imperatore præmisso, domi hodie dispositionis ejusdem causa substiti ; nunc si te sanctum imperatorem visendi desiderium obtinet, et si quidquam, quod necdum prodideris, habes, edissere. » Cui inquam : « Nec sanctum imperatorem videndi, nec rei novæ narrandæ habeo causam ; unum hoc peto, secundum sancti imperii promissionem ut chelandiis in Anchonitanum portum usque deducat. » Quo audito — ut sunt Græci per caput alterius semper jurare parati — per imperatorium caput, per vitam propriam, per liberos, quos Deus ita, ut verum dixit, conservet, se id completurum, jurare cœpit. Cui cum : « Quando? » dicerem, « Mox discedente, inquit, imperatore ; Delongaris enim, sub cujus manu navium est omnis potestas, recedente sancto imperatore, curam tui aget. » Hac spe ludificatus, lætus ab eo recessi.

36. Post sequentem vero diem, sabbatho scilicet (*Jul.* 25), in Umbriam, qui est locus decem et octo miliaribus Constantinopoli distans, Nicephorus me accersiri jubet ; cui et ait : « Putabam te quidem virum magnum et honestum ea gratia huc venisse, ut, completa omnimodo voluntate mea, perpetuam inter me et dominum tuum constitueres amicitiam. Et quoniam ob cordis tui duritiem id facere nolis, unum saltem quod facere justa ratione possis, efficito ; scilicet dominum tuum principibus Capuano et Beneventano, servis meis, quos oppugnare dispono, nullum consilium collaturum. Sua qui non largitur, nostra saltem dimittat. Nota [513] res est, quod eorum patres et avi nostro imperio tributa dederunt ; at id istos brevi tempore facturos, imperii nostri exercitus laborabit. »

Cui inquam : « Principes isti apprime nobiles et domini mei sunt milites ; qui si senserit exercitum tuum super eos irruere, eis copias mittet, quibuscum tuos conterere, et duo illa themata, quæ ultra mare habes, tibi prævalebunt auferre. » Tunc bufonis in modum tumefactus et commotus : « Discede, inquit. Per me, per qui me talem genuere parentes (174), faciam ut aliud dominus tuus, quam desertores servos defendere, cogitet. »

37. Cumque abirem, jussit interpreti me sibi convivam fieri ; accitisque eorundem principum fratre et Bysantio Barisiano, magnas in vos gentemque Latinam et Teutonicam contumelias evomere jussit. Verum cum a sordida cœna [514] ipse discederem, nuntiis interpositis clam mihi mandaverunt et juraverunt, se quæ latraveran non sponte, sed imperatore volente et comminante, dixisse. Sed et idem Nicephorus in eadem cœna me interrogavit, si vos perivolia, id est briolia (175) vel si in perivoliis onagros vel cætera amimalia haberetis? Cui cum, vos brolia et in broliis animalia, onagris exceptis, habere, affirmarem : « Ducam te, inquit, in nostrum perivolium, cujus magnitudinem et onagros, id est sylvestres asinos, te vidisse miraberis. » Ductus itaque in perivolium satis magnum, montuosum, fructuosum, minime amœnum [515], cum pileatus equitarem, meque coropalates a longe prospiceret, filio celeriter directo mihi mandavit fas non esse quempiam, ubi imperator esset, pileatum, sed teristratum incedere. Cui : « Mulieres, inquam, nostræ tiaratæ et teristratæ, viri equitant pileati. Nec decet vos compellere patrium me hic mutare morem, cum vestros, nos adeuntes, patrium morem tenere sinamus ; manicati enim, fasciati, fibulati [516], criniti, talari tunica induti, penes nos equitant, incedunt, mensæ assident, et, quod nostris omnibus nimis turpe videtur, ipsi soli capite operto imperatores nostros deosculantur. — Quod non amplius fieri Deus permittat ! tacitus dixi. — Revertere ergo ! » inquit.

38. Quod cum facerem, occurrunt mihi commisti capreis, quos ipsi dicunt onagri. Sed, quæso, quales onagri? Quales sunt Cremonæ domestici. Color idem, forma eadem, auriti itidem, vocales similiter cum rudere incipiunt, magnitudo non dispar, velocitas una, dulces lupis æque. Quos cum viderem, coequitanti Græco inquam : « Hujusmodi nunquam in Saxonia vidi. Si, inquit, dominus tuus sancto imperatori morigeratus fuerit, multos illi hujusmodi dabit, eritque illi non parva gloria, cum ipse possidebit, quod nemo dominorum decessorum suorum vidit. » Sed mihi credite, domini mei augusti, confrater et coepiscopus meus dominus Antonius (176) potest non inferiores dare, ut commercia testantur, quæ fiunt Cremonæ ; atque ipsi non onagri sed domestici, non vacui sed onerati, procedunt. Sed cum ea superius scripta verba idem Nicephoro nuntiasset, transmissis mihi duabus capreis, ut abirem, licentiam dedit. In crastinum autem Syriam versus profectus.

39. Sed cur exercitum nunc [517] in Assyrios duxerit, quæso advertite. Habent Græci et Saraceni libros, quos ὁράσεις, sive visiones, Danielis vocant, ego autem Sibyllanos ; in quibus scriptum reperitur quot annis imperator quisque vivat ; quæ sint futura, eo imperitante, tempora ; pax, an simultas ; secundæ Saracenorum res, an adversæ. Legitur ita-

---

VARIÆ LECTIONES.

[513] Noua *C.*   [514] cœua *sæpius C.*   [515] amænum *C.*   [516] *al.* vipolati *C.*   [517] non *C.*

NOTÆ.

(174) Virg. n. I, 606.
(175) Περιβόλαια, luci ferarum muris aut sepibus cincti.
(176) Episcopus Brixiensis.

que hujus Nicephori temporibus Assyrios Græcis et Otto [519] sit catulus, qui simul exterminent [520] non posse resistere, huncque septennio tantum vivere; post cujus obitum imperatorem isto deteriorem — sed timeo quod inveniri non possit — et magis imbellem debere surgere; cujus temporibus prævalere debent adeo Assyrii, ut in Chalcedoniam usque, quæ distat Constantinopoli haud longe, potestative cuncta debeant obtinere. Considerant enim utrique tempora; una eademque re Græci animati insequuntur, Saraceni desperati non resistunt; tempus expectantes, cum et ipsi insequantur, Græci interim non resistant [518].

40. Sed Hippolytus quidam Siciliensis episcopus eadem scripsit et de imperio vestro et gente nostra — nostram nunc dico omnem, quæ sub vestro imperio est, gentem — ; atque utinam verum sit quod de præsentibus scripsit iste temporibus. Cætera, ut scripsit, sunt usque huc completa, quemadmodum per ipsos, qui horum librorum scientiam habent, audivi. Et ex multis ejus dictis unum id proferamus in medium. Ait enim nunc completum iri scripturam, quæ dicit λέων καὶ σκύμνος ὁμοδιώξουσιν ὄναγρον. Græce ita. Latinum autem sic: *Leo et catulus simul exterminabunt onagrum.* Cujus interpretatio secundum Græcos : Leo, id est Romanorum sive Græcorum imperator, et catulus, Francorum scilicet rex, simul his præsentibus temporibus exterminabunt onagrum, id est Saracenorum regem Africanum. Quæ interpretatio eo mihi vera non videtur, quoniam leo et catulus, quamvis disparis magnitudinis, unius tamen sunt naturæ et speciei seu moris; atque ut mihi mea scientia suggerit, si leo Græcorum imperator, inconveniens est, ut catulus sit Francorum rex. Quamvis enim utrique homines sint, sicut leo et catulus uterque animalia, distant tamen moribus tantum, non dico solum quantum species speciebus, sed quantum sensibilia insensibilibus. Catulus a leone nil nisi tempore distat, forma eadem, rabies una, rugitus idem. Græcorum rex crinitus, tunicatus, manicatus, teristratus, mendax, dolosus, immisericors, vulpinus, superbus, falso humilis, parcus, cupidus, allio cepe et porris vescens, balnea bibens; Francorum rex contra pulchre tonsus, a muliebri vestitu veste diversus, pileatus, verax, nil doli habens, satis ubi competit misericors, severus ubi oportet, semper vere humilis, nunquam parcus, non allio, cepis, porris vescens, ut possit animalibus eo parcere, quatinus non manducatis, sed venundatis pecuniam congreget. Audistis differentiam; nolite hanc interpretationem suscipere; aut enim futura est, aut hæc vera non est. Impossibile est enim, ut Nicephorus, sicut ipsi mentiuntur, sit leo,

Ante (177) enim pererratis amborum finibus, exul,
Aut Ararim Parthus bibet, aut Germania Tygrim,

quam Nicephorus et Otto amicitia coeant et fœdera jungant.

41. Audistis Græcorum, audite nunc Liudprandi Cremonensis episcopi interpretationem. Dico autem, et non solum dico sed affirmo, si scriptura hæc præsentibus est implenda temporibus, leo et catulus, pater et filius, Otto et Otto, in nullo dispares, tempore distantes tantum, simul hoc præsenti tempore exterminabunt onagrum, id est sylvestrem asinum Nicephorum; qui non incongrue sylvestri asino comparatur, ob vanam et inanem gloriam, incestumque dominæ et commatris suæ conjugium (178). Si onager iste nunc a leone et catulo nostro, Ottone et Ottone, patre scilicet et filio, augustis Romanorum imperatoribus, exterminatus non fuerit, nec quod Hippolytus scripsit verum erit; Græcorum enim illa superior abicienda interpretatio est. Sed, o Jesu bone, Deus æterne, verbum Patris, qui nobis indignis loqueris, non voce sed inspiratione, nullam aliam interpretationem quam meam in hac sententia velis. Jube ut leo et catulus isti hunc exterminent et humilient onagrum corpore, quatinus in se reversus, dominisque suis Basilio et Constantino imperatoribus subditus, in die Domini spiritus sit salvus.

42. Sed astronomi hoc idem de vobis et Nicephoro pronuntiant. Res, inquam, mira. Cum quodam sum locutus astronomo, qui vestram, domini mei augusti, æquivocique vestri augusti, formam, mores, ut sunt, vere dixit, cunctaque mea præterita, quasi præsentia dixit. Nec præteriit quisquam amicorum vel inimicorum, de quibus mens mihi suggessit ut interrogarem, cujus habitum, formam et mores non diceret. Quicquid calamitatis mihi hoc in itinere accidit, futurum esse prædixit. Sit mendacium omne [521] quod dixit; unum, quæso, solummodo sit verum, quod vos esse facturos Nicephoro prædixit. Fiat utinam, utinam fiat, et tum nil me mali passum esse intelligam!

43. Scribit etiam præfatus Hippolytus, Græcos non debere Saracenos, sed Francos conterere; qua lectione Saraceni animati, ante triennium cum Manuele patricio, Nicephori nepote, juxta Scyllam et Charybdini in mari Siculo, bellum parant; cujus immensas copias cum prostravissent, ipsum comprehenderunt, capiteque truncum [522] suspenderunt; cujus socium et commilitonem cum caperent, qui neutrius erat generis (179), occidere sunt dedignati, sed vinctum ac longa custodia maceratum tanti ven-

VARIÆ LECTIONES.

[518] a. iterum non resistunt. *C. qui in margine dedit.* [519] otho C sæpe. [520] exterminet *C.* [521] omen *C.* [522] f. truncatum BAR.

NOTÆ.

(177) Virgil. Ecl. I, 62, 63.
(178) Theophanoni namque Romanus affinitate a baptismo junctus, eam denique in thalamum rapuit, invito quoque patriarcha. Compatriatus ergo : et tunc impedimentum matrimonii. CAN.
(179) Id est eunuchus. Fuit is Nicetas eunuchus τοῦ στόλου δρουγγάριος. CAN.

diderunt, quanti nec ullum hujusmodi mortales sani capitis emerent. Nec infirmiori animo, eadem confirmati lectione, haud multo post magistro Exacontae occurrunt ; quem dum in fugam verterent, ejus copias omnibus modis contriverunt.

44. Est et aliud, quod nunc Nicephorum compulit copias in Assyrios ducere. Argorum enim omnem regionem instans tempus, Deo jubente, eo usque fames attrivit, ut neque tritici duo Papienses sextarii aureo comparerentur, hocque ubi ubertas quasi regnat. Hanc pestem, muribus cooperantibus, ita dilatavit, ut messionis tempore quicquid ubique terrarum annonae erat, minimo dato pretio, possessoribus ejulantibus, congregarit. Quod cum juxta Mesopotamiam faceret, ubi frugum copia muribus absentibus creverat, arenae maris multitudini annonae multitudinem coaequavit. Igitur cum vili hoc commercio turpiter fames ubiubi desaeviret, octoginta milia mortalium, obtentu militiae, secum congregavit ; quibus per continuum mensem, quod uno emerat aureo, duobus vendidit. Hae sunt, domine mi, res, quae Nicephorum copias in Assyrios nunc ducere compulerunt. Sed quales, quaeso, copias? vere, inquam, non homines, sed hominibus similes ; quibus lingua tantum procax, sed « frigida bello dextera (180). » Non inspicit in his Nicephorus qualitatem, sed solam quantitatem ; quod quam periculosum illi sit, tum sero poenitebit eum, cum imbelles plurimi, multitudine animati, a nostris perpaucis bella scientibus, immo sitientibus, conterentur.

45. Cum obsideretis Bareas, trecenti tantummodo Ungari juxta Thessalonicam quingentos Grecos comprehenderunt et in Ungariam duxerunt. Quae res, quia prospere successit, compulit ducentos Ungariorum haud longe Constantinopoli in Macedonia similiter facere ; ex quibus, cum incaute per angustam redirent viam, quadraginta sunt capti ; quos nunc Nicephorus de custodia eductos, pretiosissimisque vestibus ornatos, patronos sibi et defensores paravit, secum in Assyrios ducens. Verum qualis sit ejus exercitus, hinc potestis conicere, quoniam qui caeteris praestant, Venetici sunt et Amalphitani [823].

46. Nunc his omissis, quid mihi acciderit animadvertite. Sexto Kalendas Augusti (*Jul.* 27) extra Constantinopolim in Umbria a Nicephoro licentiam accepi ad vos redeundi. Cumque Constantinopolim venirem, Christophorus patricius eunuchus, qui Nicephori vicem eodem gerit, mihi mandavit non posse me tunc recedere, quia Saraceni tunc occupaverunt mare et Ungarii terram ; expectandum mihi esse donec ipsi discederent. Sed utrumque, proh dolor! fuit mendacium. Tunc appositi sunt custodes, qui mihi et meis a domo mea exitum prohiberent. Latinae linguae pauperes, qui me elemosinarum gratia adierunt, comprehendentes ceciderunt, custodiae tradiderunt ; Graecolonon meum, id est Graecae linguae gnarum, non permittebant egredi, saltem ut sumptus emeret, sed cocum solum Graecae linguae ignarum ; qui non signorum signis, sed digitorum seu capitis nutibus, cum venditore emptor loquebatur, tantique nummis emebat quatuor, quanti Graecolonus obsonium uno. Et cum amicorum quidam aromata, panes, vinum, poma mitteret, solo cuncta fundentes, nuntios colaphis satis oneratos dimiserunt. Et nisi divina pietas parasset in conspectu meo mensam adversus eos qui tribulant me (181), una mihi parata mors foret accepta. Sed qui permisit temptari, dedit tunc misericorditer pati. Hujuscemodi me periculo secundo Nonarum Junii usque ad sextum Nonas Octobris Constantinopoli, diebus scilicet centum viginti, maceravit.

47. Verum ut augerentur calamitates meae, in Assumptione sanctae Dei genitricis et virginis Mariae (*Aug.* 15), meo omine non bono venerunt domni [824] apostolici et universalis papae Johannis nuntii cum litteris, quibus rogabant Nicephorum imperatorem Graecorum, ut parentelam firmamque amicitiam faceret cum dilectio spiritualique filio suo Ottone Romanorum imperatore augusto. Quae vox, quae inscriptio, secundum Graecos peccatrix et temeraria, quomodo latorem non occideret, cur, priusquam laederetur, non oppresserit, qui in aliis rebus saepe videor spermologus et multisonus, in hac, ut piscis, videor insonus. Objurgabant Graeci mare, imprecabantur aequori, plus justo mirantes, cur peccatum illud portare potuerit, cur fretum dehiscens navim non absorbuerit. « Imperatorem, inquiunt, universalem Romanorum, augustum, magnum, solum Nicephorum scripsisse Graecorum, hominem quendam barbarum, pauperem (182) Romanorum, non piguit! O coelum! o terra! o mare! Sed quid, inquiunt, faciemus hominibus istis sceleratis, criminosis? Pauperes sunt, et si eos occidimus, manus nostras sanguine vili polluimus ; pannosi sunt, servi sunt, rustici sunt ; si eos flagellamus, non ipsos, sed nos dedecoramus, qui nec Romana scutica deaurata, nec hujusmodi sunt crucibus digni. O utinam alter episcopus, alter marchio esset! culeis enim suti, post acerbos virgarum ictus, post barbae seu capillorum distractionem, in mare demergerentur. Sed serventur, inquiunt, et quousque sanctissimus imperator Romanorum Nicephorus haec resciscat mala, gravi custodia macerentur. »

48. Dum haec resciscerem, felices eos ; quoniam pauperes, me infelicem, quia divitem, judicavi. Cum domi essem, mea me voluntas pauperem excu-

---

VARIAE LECTIONES.

[823] amalphitiani *C.*    [824] domini *C.*

NOTAE.

(180) Virg. Aen. xi, 338.
(181) Cf. Antapodosis vi, 1.

(182) Id est Ottonem.

sabat; Constantinopoli vero positus, Croesi[525] me habere divitias timor ipse dicebat. Semper mihi pauperies gravis, tunc visa est levis, tunc accepta, tunc amplectenda; amplectenda utique, quæ suos perimi, subjectos sibi flagellari non patitur. Et quia hæc paupertas Constantinopoli solum suos ita defendit, eodem sit solummodo diligenda.

49. Igitur apostolicis nuntiis in carcerem traditis, publicana illa epistola Nicephoro in Mesopotamiam mittitur, unde usque ad 2[526] Idus Septembris non est reversus, qui afferret apologeticum nuntium. Qua die cum rediret, et me lateret, post biduum [527], decimo octavo scilicet Calendas Octobris, precibus muneribusque effeci, ut vivificum atque salutiferum adorarem lignum; ubi tanto in tumultu populi, clam custodibus, quidam me adierunt, qui mentem meam lugubrem furtivis sermonibus hilarem reddiderunt.

50. Decimo quinto autem Calendas Octobris, mortis vitæque medius, ad palatium suum convocatus. Cumque ad Christophori patricii eunuchi præsentiam venirem, benigne me suscipiens, mihi cum tribus aliis assurrexit. Quorum hujusmodi fuit narrationis initium : « Ostendunt pallor in ore sedens, macies in corpore toto, crinitum caput, prolixa contra morem barba, immensum cordi tuo inesse dolorem, eo quod redeundi ad dominum tuum terminus est dilatatus. Verum ne sancto imperatori, neve nobis successneas, oramus. Reddimus autem tarditatis tuæ causam. Papa Romanus — si tamen papa est vocandus, qui Alberici[528] filio apostatæ, adultero, sacrilego (183), communicavit, comministravit — litteras nostro sanctissimo imperatori, se dignas, illoque indignas, misit, Græcorum illum, et non Romanorum imperatorem vocans; quod tui domini consilio actum esse, non est ἀμφίσβητον. »

51. « Quod, inquam mecum, verbum audio? perii; haud dubium est, quin in prætorium recta proficiscar via! »

« Sed papa, audi, aiunt, omnium hominum stolidior, scimus, dicere, dicere vis, nosque id profitemur. At ego : Non id aio. — Audi ergo; sed papa fatuus, insulsus, ignorat Constantinum sanctum imperialia sceptra huc transvexisse, senatum omnem cunctamque Romanam militiam, Romæ vero vilia mancipia, piscatores scilicet, cupediarios, aucupes, nothos, plebeios, servos, tantummodo dimisisse. Nunquam ille hoc nisi tui suggestione scriberet regis; quod quam periculosum ambobus fuerit, nisi resipueris, proxima tempora declarabunt! »

« Sed papa, inquam, simplicitate clarus, ad laudem hoc imperatoris, non ad contumeliam scribere putavit. Constantinum Romanum imperatorem cum Romana militia huc venisse, ac civitatem istam suo ex nomine condidisse, certo scimus; sed quia linguam, mores vestesque mutastis, putavit sanctissimus papa, ita vobis displicere Romanorum nomen, sicut et vestem. Quod in futuris, vita comite, ostendetur epistolis; quarum superscriptio hæc erit : Johannes papa Romanus Nicephoro, Constantino, Basilio, magnis Romanorum imperatoribus atque augustis! » Quod quia nam dixerim, quæso advertite.

52. Nicephorus perjurio atque adulterio regni apicem est adeptus. Et quoniam Christianorum omnium salus ad Romani papæ pertinet sollicitudinem, mittat Nicephoro dominus papa epistolam sepulchris omnino similem, quæ foris sunt dealbata, intus plena sunt ossibus mortuorum; improperet illi intrinsecus, qualiter perjurio et adulterio acceperit super dominos suos monarchiam; invitet eum ad synodum, et si non venerit, anathemate feriat. Si superscriptio hujusmodi non fuerit, nec ad ipsum usque feretur.

53. Nunc ad propositum redeamus. Superscriptam ex superscriptione promissionem a me memorati principes cum audiissent, nil inesse doli putantes : « Grates tibi persolvimus ; aiunt, o episcope ; decet enim sapientiam tuam tantis mediatricem intercedere rebus. Solus es ex Francis, quem nunc diligamus ; sed cum depravata, te hortante, correxerint, et ipsi diligentur ; tuque iterum ad nos cum veneris, non indonatus abibis! »

« Corona aurea sceptroque, cum huc ultra rediero, me Nicephorus donabit [529]! » tacitus dixi.

« Sed dic, inquiunt, vult dominus tuus sanctissimus cum imperatore firmare amicitiam foedere nuptiarum? »

« Cum huc venirem, voluit, inquam, sed quia me diu hic morante litteras non recepit, σφάλμα, id est vitium, a vobis, meque captum putat et vinctum, æstuatque animus ejus totus, ut leænæ, catulis raptis, donec vindictam justa faciat acerbitate, et nuptias abhorreat, atque iram in vos evomat. »

« Si ceperit, inquiunt, non dicimus Italiam — sed nec ipsa capiet eum, in qua ortus est, pauper et gunnata, id est pellicea, Saxonia, — pecunia qua pollemus omnes nationes super ipsum invitabimus, et quasi keramicum [κεραμοῦ], id est vas fictile, quod confractum reformari nequit, confringemus. Et quoniam te in decorem suum quædam pallia emisse putamus, ut in medium proferantur, edicimus ; quæ sunt vobis digna, plumbea notentur bulla vobisque sinantur; quæ vero κωλυόμενα, id est nationibus omnibus, præ nobis Romanis, prohibita, pretio reddito auferantur. »

54. Quod cum fieret, quinque mihi pretiosissimas purpuras abstulerunt, indignos vos omnesque Italos

VARIÆ LECTIONES.

[525] Croesi C. [526] *ita correxi*; quintum C. *sed codicem* II. *non vero* V. *legisse, vox* biduum *infra probat.,* [527] bidivum C. [528] albericii C. [529] donabis C.

NOTÆ.

(183) Joanni XII papæ.

Saxones, Francos, Bagoarios [530], Suevos, immo cunctas nationes, hujusmodi veste ornatos incedere judicantes. Quod quam indecorum quamque contumeliosum sit, molles, effœminatos, manicatos, tiaratos, teristratos, mendaces, neutros (184), desides, purpuratos incedere; heroas vero, viros scilicet fortes, scientes bellum, fidei charitatisque plenos, Deo subditos, virtutibus plenos, non! Quid est, si non hæc contumelia est? « Sed ubi est, inquam, imperatorius sermo? ubi imperialis [531] promissio? Cum enim illi valedicerem, rogavi, ut in ecclesiæ honorem quantivis pretii me permitteret pallia emere. Qui ait : *Qualia vis et quanta, ποιότητα καὶ ποσότητα*, id est qualitatem et quantitatem, ponens, differentiam plane non posuit, ut diceret : his et illis exceptis. Testis est Leo coropalates, frater ejus; testis est et interpres Euodisius, Johannes, Romanus ; testis sum ipse, qui quod imperator diceret, etiamsi interpres abesset, intellexi. »

« Sed κωλυόμενα, id est prohibita, sunt hæc, » inquiunt. « Et cum quæ asseris imperator diceret, de talibus saltem, ut somniares, non potuit cogitare; ut enim divitiis, sapientia, ita et cæteris nationibus præstare veste debemus, ut quibus est singularis in virtutibus gratia, sit singularis et in pulchritudine vestis. »

55. « Haudquaquam singularis, inquam, hæc vestis fieri potest, cum penes nos obolariæ mulieres et mandrogerontes (185) his utantur. »

« Unde, inquiunt, vobis? »

« A Veneticis et Amelfitanis institoribus, inquam, qui nostris ex victualibus, hæc ferendo nobis, vitam nutriunt suam. »

« Sed non amplius hoc facient, aiunt. Scrutabuntur plane, et si quid hujusmodi inventum fuerit, verberibus cæsus, crine tonsus, pœnas dabit. »

Temporibus, inquam, beatæ memoriæ Constantini imperatoris huc veneram, non episcopus, sed diaconus, nec ab imperatore aut rege, sed a Berengario marchione missus, et multo plura ac pretiosiora pallia emi, quæ neque scrutata, nec a Græcis visa, nec plumbo sunt signata. Nunc, Deo miserante, episcopus, et a magnificis imperatoribus Ottone et Ottone, patre et filio, missus, tanto inhonestor, ut Veneticorum more pallia mea notentur, et quæ quantivis pretii videntur, auferantur, cum in ecclesiæ mihi commissæ usus ferantur. Non tædet vos contumeliarum mearum, immo dominorum meorum, in quibus contemnor? quod sum custodiæ traditus, quod fame sitique cruciatus, quod non ad ipsos rediream, hucusque retentus, nisi etiam, ad cumulum dedecoris eorum, propriis exspolier rebus? Auferte saltem quæ sunt empta; dimittite quæ sunt dono ab amicis donata. »

« Constantinus, inquiunt imperator, homo lenis, in palatio manens perpetuo, hujusmodi rebus amicas sibi nationes effecerat; Nicephorus vero basileus homo ταχύχειρ, id est militiæ deditus, palatium ceu pestem abhorret; et vocatur a nobis prope simultatis amator atque argumentosus, qui non pretio sibi gentes amicas, sed terrore et gladio sibi subditas facit. Atque, ut cognoscas quanti dominos tuos reges habeamus, quæ data sunt coloris hujusmodi, et quæ empta, via eadem ad nos revertentur. »

56. His dictis atque completis, χρυσοβούλιου, id est epistolam auro scriptam et signatam, mihi dederunt, vobis deferendam, sed non vobis dignam, ut mens credit mea. Tulerunt autem et alias litteras argento signatas, atque dixerunt : « Papam vestrum imperiales recipere litteras, indignum esse dijudicamus; mittit autem illi coropalates, imperatoris frater, non per suos pauperes nuntios, sed per te epistolam, se satis dignam, ut nisi resipuerit, funditus se periisse cognoverit. »

57. Hanc cum accepissem, vale mihi dicentes, dimiserunt, oscula præbentes satis jucunda, satis amabilia. Sed dum recederem, legationem mihi non me, sed illis satis dirigunt dignam ; scilicet quod mihi soli meisque equos darent, sarcinis nullum; sicque nimis, ut res poscebat, turbatus, διασώστη, id est ductori meo, quinquaginta aureorum res pretio dedi. Et cum non haberem quod pro malefactis Nicephoro tunc redderem, hos in pariete invisæ domus meæ et in mensa lignea versiculos scripsi :

Versus [532].

Argolicum non tuta fides ; procul esto, Latine,
Credere, nec mentem verbis adhibere memento !
Vincere dum possit, quam sancte pejerat Argos !
Marmore quæ vario magnis patet alta fenestris
Hæc inaquosa domus, concluso pervia soli,
Frigora suscipiens, æstum nec sæva repellens ;
Præsul ab Ausonia Liudprandus in urbe Cremona,
Constantinopolim pacis profectus amore,
Quattuor æstivis concludor mensibus istic.
Induperator enim Bareas conscenderat Otto,
Cæde simul flammisque sibi loca subdere temptans,
Sed precibus remeat Romanas victor ad urbes
Inde meis. Nurum promisit Græcia mendax,
Quæ nec nata foret, nec me venisse doleret,
Nec rabiem, Nicephore, tuam perpendere quirem,
Privignam prohibes qui nato jungere herili.
Imminet ecce dies, Furiis compulsus acerbis
Ni Deus avertat, toto Mars sæviet orbe,
Crimine paxque tuo cunctis optanda silebit!

58. His conscriptis versibus, sexto Nonas Octobris (Oct. 2) hora decima, ex illa quondam opulentissima, et florentissima nunc famelica, perjura, mendace, dolosa, rapace, cupida, avara, cenodoxa civitate cum diasoste meo lintre egressus, diebus quadraginta et novem, asinando, ambulando, equitando, jejunando,

VARIÆ LECTIONES.

[530] Al. Baoarios C. [531] al. imperia C. [532] vocem supplevi.

NOTÆ.

(184) Id est ennuchos C.  (185) Monachi vetuli.

sitiendo, suspirando, flendo, gemendo Naupactum veni (*Nov.* 20), quæ est Nicopoleos civitas, in qua diasostes meus me deserens, duabus parvis impositum navibus, duobus me mandatoribus, qui Hydruntem me per mare conducerent, commendavit. Verum cum entolina, id est præceptum, jus captionis a Græcorum principibus non haberent, ubiubi spernebantur; nec jam nos ab ipsis, sed ipsi a nobis alebantur. Quam sæpe illud Terentianum mecum stomachabar : (186) *Tutore opus est, quos defensores paras*.

59. Igitur nonis Kalendis Decembris (*Nov.* 23) Naupactum egressus, biduo ad Offidarim [533] fluvium usque perveni, ut [534] meis comitibus non in naviculis, quæ eos capere non poterant, residentibus, sed secus litus pergentibus. Positi itaque in Offidaro flumine, Patras alio maris in litore, decem et octo miliaribus distare prospeximus. Quem apostolicæ passionis locum, quia Constantinopolim ascendendo visitavimus, adoravimus, nunc eum visitare et adorare — confiteor peccatum meum ! — distulimus. Fecit hoc, domini mei augusti, revertendi ad vos et videndi ineffabile desiderium; et ni hoc solum esset, perpetuo, ut puto, perierim.

60. Pugnavit contra me insensatum Auster, mare flatibus ab imis turbans sedibus (*an.* 968, *Nov.* 30). Cumque hoc continuis diebus ac noctibus faceret, pridie Kalendas Decembris, ipso scilicet passionis die (187), intellexi meo mihi hoc accidisse delicto. Sola vexatio intellectum dedit auditui. Fames quippe nos vehementer oppresserat. Terræ incolæ, ut nostra nobis auferrent, interficere nos cogitabant; mare, ne effugeremus, fluctibus æstuabat. Tum conversus ad ecclesiam, quam videbam, flens et ejulans inquam : « Sancte Andrea apostole, compiscatoris, confratris et coapostoli tui Simonis Petri sum servus. Passionis tuæ locum non abhorrui, nec superbia declinavi; urit me domum redeundi augustalis jussio [535], augustalis amor. Si te ad indignationem commovit peccatum meum, eliciat ad misericordiam meorum meritum augustorum. Non habes, fratri quod conferas; confer diligentibus fratrem augustis, inhærendo ei qui omnia novit. Nosti tu, quanto labore et sudore, quantisque vigiliis et impensis Romanam fratris tui Petri apostoli ecclesiam, ex impiorum manibus ereptam, ditaverint, honoraverint, exaltaverint, et in statum proprium reformaverint. Si mea me præcipitant opera, ipsorum saltem liberent merita; quosque vult prædictus fide et sanguine frater tuus, apostolorum princeps apostolus Petrus, in aliis rebus gaudere et prosperari, in hac, id est in me, quem ipsi direxerant, minime contristari ! »

61. Non est, domini mei augusti imperatores, verum dico, non est adulatio hæc, nec consuo nunc pulvillos sub cubito manus; res, inquam, vera est. (Dec.) Post biduum vestris meritis tanta est fretum tranquillitate sedatum, ut, cum [536] nautæ nobis aufugerent, ipsi Leucaten usque navigaremus, miliaribus scilicet centum et quadraginta, nihil discriminis aut tristitiæ patientes, nisi parum in faucibus fluminis Achelòi ; ubi discurrentes velociter fluctus ejus maris unda reverberat.

62. Quid ergo, præpotentes augusti, retribuetis Domino pro omnibus quæ retribuit in me vobis ? Dicam quid. Hoc Deus vult, hoc petit; et quamvis sine vobis hoc facere possit, vult tamen hujus rei esse hypurgos, id est ministros; ipse enim quod ei offeratur dat, custodit quod exigat, ut possit coronare quod præstat. Advertite igitur, quæso. Nicephorus cum omnibus ecclesiis homo sit impius, livore, quo in vos abundat, Constantinopolitano patriarchæ præcepit, ut Hydrontinam ecclesiam in archiepiscopatus honorem dilatet, nec permittat in omni Apulia seu Calabria latine amplius, sed græce divina mysteria celebrare. Mercatores dicit fuisse præteritos papas et Spiritum sanctum vendidisse, quo vivificantur et reguntur omnia, qui replet orbem terrarum, qui scientiam habet vocis, qui est cum Deo patre et filio ejus Jesu Christo coæternus et consubstantialis, sine initio, sine fine, permanens verus, qui pretio non æstimatur, sed a mundis corde tanti emitur, quanti habetur. Scripsit itaque Polyeuctos Constantinopolitanus patriarcha privilegium Hydrontino episcopo, quatinus sua auctoritate habeat licentiam episcopos consecrandi in Acirentila, Turcico, Gravina, Maceria, Tricario (188), qui ad consecrationem domini apostolici pertinere videntur. Sed quid hoc memorem, cum ipsa Constantinopolitana ecclesia nostræ sanctæ catholicæ atque apostolicæ ecclesiæ Romanæ merito sit subjecta ? Scimus, immo videmus, Constantinopolitanum episcopum pallio non uti, nisi sancti patris nostri permissu. Verum cum impiissimus Albericus, quem non stillatim cupiditas, sed velut torrens, impleverat, Romanam civitatem sibi usurparet, dominumque apostolicum quasi servum proprium in conclavi teneret, Romanus imperator filium suum Theophylactum eunuchum patriarcham constituit; cumque eum Alberici cupiditas non lateret, missis ei muneribus satis magnis, effecit, ut ex papæ nomine Theophylacto patriarchæ litteræ mitterentur, quarum [537] auctoritate cum ipse, tum successores ejus, absque paparum permissu palliis uterentur. Ex quo turpi commercio vituperandus mos inolevit, ut non solum patriarchiæ, sed etiam episcopi totius Græciæ, palliis utantur. Quod quam absurdum sit, censore opus

### VARIÆ LECTIONES.

[533] *al.* Ophidarin *C.*  [534] *i. e.* siquidem. [535] *ita corrigendum videbatur.* visio *C.* [536] tum *C.* [537] qua *C.*

### NOTÆ.

(186) Eun. iv, 6, 32.
(187) Die S. Andreæ.

(188) *Acerenza, Tursi, Gravina, Matera, Tricarico.*

non est. Est ergo meum consilium, sanctam fieri synodum, et ad eandem vocari Polyeuctum. Quod si venire, et σφάλματα sua, id est vitia, superius scripta canonice emendare noluerit, quod sanctissimi canones decreverint, fiat. Vos interim, præpotentes augusti, ut cœpistis, laborate; efficite, ut si nolit nobis [538] Nicephorus, quem canonice arguere disponimus, obœdire, audiat vos, quorum copiis non audet cadaverosus occurrere. Hoc, inquam, est, quod nos apostoli (189), domini et commilitones nostri, facere volunt. Non est a Græcis Romanus vilis tenendus locus, quia recessit inde imperator Constantinus; verum eo magis colendus, venerandus, adorandus, quia venerunt illuc apostoli doctores sancti, Petrus et Paulus. Ac de his satis me scripsisse sufficiat, donec Deo largiente sanctissimorumque apostolorum orationibus, ex Græcorum ereptus manibus, vos adeam. Et tunc non tædeat dicere, quod hic non piguit scribere. Nunc ad propositum redeamus.

63. Octavo Idus Decembris (*Dec.* 6) Leucatem venimus, ubi ab episcopo ipsius loci eunucho, sicut et ubique ab aliis, inhumanissime suscepti et tractati sumus. In omni Græcia, veritatem dico, non mentior, non reperi hospitales episcopos. Divites sunt, pauperes sunt; divites aureis quibus plena luditur arca; pauperes ministris seu utensilibus. Soli mensulæ assident nudæ, paximacium (190) sibi apponentes, balneaque (191) tunc vitro permodico non bibentes, sed sorbillantes. Ipsi vendunt, ipsi emunt; ostia ipsi claudunt, ipsi aperiunt; ipsi dapiferi, ipsi agasones, ipsi capones — sed, ha! caupones volui scribere, verum res ipsa, quæ vera est, veritatem etiam nolentem compulit scribere — dicimus enim, quia capones sunt, id est, eunuchi, quod canonicum non est; sunt et caupones, id est tabernarii, quod contra canones est; quorum

> Incipit (192) et claudit coenam lactuca tenacem,
> Claudere quæ cœnas lactuca solebat avorum!

Felices eos, si paupertatem Christi hæc imitaretur, pauperes (193) judicarem! Facit hoc asper nummus (194) et auri sacra fames (195). Verum parcat illis Deus! Hoc eo illos puto facere, quoniam eorum ecclesiæ sunt tributariæ. Leucatensis mihi juravit episcopus, quotannis ecclesiam suam debere Nicephoro aureos centum persolvere, similiter et cæteras plus minusve, secundum vires suas. Quod quam iniquum sit, sanctissimi patris nostri Joseph acta demonstrant, quia cum Ægyptum totam famis tempore tributariam Pharaonis faceret, sacerdotum terram a tributo liberam esse permisit.

64. Igitur decimo nono Kalendas Januarii (*Dec.* 14) [539] Leucaten exeuntes, ipsique, quoniam, ut superius scripsimus, nautæ effugerant, navigantes, decimoquinto (*Dec.* 18) ad Coriphus (196) pervenimus, ubi ante navis egressionem occurrit nobis strategos quidam, Michael nomine, Chersionitis, a loco scilicet Chersona; homo ipse canus capite, facie hilaris, sermone bonus, risu semper jucundus, sed, ut post patuis, mente diabolus; quod et Deus apertis mihi monstravit indiciis, si mea tunc mens hoc potuisset conicere. Mox enim ut pacem, quam corde non ferebat, mihi osculo dedit, tota Coriphus, magna scilicet insula, tremuit; nec solum semel, sed ter eadem die pertremuit. Post quatriduum autem, undecimo scilicet Calendas Januarii (*Dec.* 22) [540], dum in mensa positus panem comederem, qui ampliabat super me calcaneum suum, verecundatus sol facinus tam indignum, lucis suæ radios abscondit, et eclipsin passus, Michaelem illum terruit, sed non immutavit.

65. Dicam ergo, quid illi causa amicitiæ fecerim, quidnam ab eo pro recompensatione perceperim. Dum Constantinopolim ascenderem, illud vestrum pretiosissimum scutum, miro opere deauratum et fabricatum, quod mihi domini mei augusti dedistis cæteris cum muneribus, ut amicis meis Græcis darem, filio ipsius contuli. Nunc Constantinopolim rediens, patrem pallio donavi pretiosissimo; pro quibus omnibus gratias distribuit ejusmodi: Scripsit Nicephorus, ut quacunque hora se adirem, absque mora chelandio impositum Leoni kitoniæ dirigeret; quod ipse non fecit; verum diebus viginti me retentum, non suis sed propriis me stipendiis aluit, donec a præfato Leone kitonita nuncius venit, qui illum, cur me moraretur, objurgavit (*An.* 969, *Jan.* 7). Verum cum objurgationes meas, lamenta et suspiria mea ferre non posset, recessit, meque homini tam iniquo et pessimo commendavit, ut sumptus saltem me emere non permitteret, donec a me cortinam, libræ argenti pretio dignam, acciperet, et cum post viginti dies inde discederem, nuntius ipse, cui cortinam dederam, nauclero jussit, ut post acroteria, id est promontorium, quoddam, me positum fame perire permitteret. Hoc autem eo fecit, quoniam, ne purpuras haberem absconditas, mea pallia regiravit; ex quibus dum unum vellet accipere, non accepit O. Michaeles, Michaeles, ubi vos tot simul tales-

---

VARIÆ LECTIONES.

[538] *ita correxi;* vobis C. — [539] *ita correxi; nam supra narravit, se 8. Idus Decembris Leucatem venisse;* Decembris C. — [540] *ita correxi Canisii lectionem:* Postq. triduum autem decimoquinto scilicet Calendas Decembris. *quæ et sensu caret, quum triduo post 15. Kal. non iterum 15. Kal. esse possit, et naturæ adversetur; nam eclipsis die 22. Dec. fuit, ut Curopalates, Ann. Cavenses supra p.* 188 *et tabulæ astronomicæ produnt. Qui codicem exscripsit XI. legit XV.*

NOTÆ.

(189) Petrus et Paulus.
(190) Id est panem nauticum BAR.
(191) An vinum aqua plurima permistum?
(192) Martial, ep. XIII, 14.

(193) Pauperes eos judicarem felices, si, etc.
(194) Cf. Pers. Sat. III, 69.
(195) Virg. Æn. III, 57.
(196) Corfou insula.

que reperi! Custos meus ille Constantinopolitanus Michaeli suo rivali me commendavit, malus pessimo, pessimus iniquo. Michael vocatus est et diasostes meus, homo quidem simplex, cujus sancta simplicitas tantum mihi pene nocuit, quantum et istorum perversitas. Sed'ab his parvulis Michaelibus impegi in te Michaelem magnum, semiheremitam, semimonachum. Dico, et verum dico : non proderit tibi balneum, quo te assidue potas in amore beati Joannis Præcursoris. Qui enim ficte Deum quærunt, nunquam invenire merentur......

*Hic nonnulla excidisse patet*

---

# APPENDIX AD LIUTPRANDUM.

## DE SEQUENTIBUS LIBRIS

### FALSO LIUTPRANDO CONFICTIS

## D. ANTONII HISPALENSIS DISQUISITIO.

(Bibliotheca Hispana vetus, tom. I.)

---

### CAPUT PRIMUM.

*Liutprandum Ticinensis Ecclesiæ diaconum et Cremonensem episcopum, hominem Italum, magna impensa Toletani Higueræ factum Ecclesiæ Toletanæ subdiaconum fuisse nostrarumque rerum scriptorem. Quædam vitæ ejus ostenduntur comparatione eorum, quæ Chronicon et Adversaria falso ei conficta continent. De quibus late in sequentibus capitulis.*

1. Liutprandus diaconus Ticinensis Ecclesiæ, et qui postea fuit Cremonensis in Italia episcopus, unus ex illis est quorum auctoritatis et nominis velamento usus Protheus multiformis Toletanus fictitiam historiam nostræ gentis sinceræ ac veræ locum occupaturam, conficere se posse in animum induxit. Sed cum, ex divino proloquio, ante oculos pennatorum frustra rete jaciatur, quantumvis bonæ fidei nonnullis et patriæ amantibus, lenocinioque rerum allectis, dolosum aucupium, non sine quadam Hispanæ gravitatis jactura quondam imposuerit : accenso jam hoc tempore defæcati judicii. lumine, proposito ac spe sua cadere cœpit; monitique tensarum insidiarum prudentiores, avertunt se alio ; hosque Sirenarum, ut sic dicam, cantus, veritatis malo ligati, surda aure prætereunt.

2. Fuit quidem Liutprandus non incelebris hoc sæculo historiarum scriptor ; sed qui ex ipsis ejusdem libris necessario comprobetur alius ab eo fuisse, quem Chronici cujusdam, sive Chronicorum Dextri et Maximi continuationis auctorem, Toletanum subdiaconum, Toletique vita functum nobis venditant. Atque, ut hinc aggrediamur veritatis vindicias, germanum Liutprandum a supposititio distinguentes : age, videamus quid de seipso scriptor Chronici, quid tum de eo Julianus narraverint.

3. Apud Liutprandum legitur ad annum 937 Bonito III Toletano præsuli Joannem Servumdei successisse, et ad annum 944, velut ea continuans quæ ante septennium facta præmiserat : « Quem ego, ait, subdiaconus Toleti cognovi ac virum sanctum et Spiritu Dei ferventem expertus sum Toleti. » Julianus item in Chronico num. 503, sub anno 946 de Joanne Servodei et ipse loquens : « Electus erat autem, ait, Bonitus III ante hunc (Joannem) sed non inierat pontificalem dignitatem. Sub hoc (Joanne) fuit subdiaconus Eutrandus, vel Liutprandus, archidiaconus Ticinensis, historiarum scriptor haud ignobilis, et pariter poeta excellens. » Cui Juliani testimonio in Chronico ejus edito id ipsum conferre, quomodo Hieronymus Higuera in procemio ad Liutprandi Chronicon id protulit, operæ magnum pretium erit. Ita scilicet : « Anno 946 Bonitus Toletanus episcopus annis duobus. Sub hoc floruit Eutrandus sive Liutprandus, Ticinensis diaconus, Toletanus subdiaconus, et Tractemundus presbyter post episcopus Illiberitanus, ab eodem Bonito missus. » Viden' ut prævaricetur testis aliusque in editione, alius in ore sit Higueræ? Sed transeamus ad alia.

4. Liutprandus item ait *Adversario* 48 se anno 960 per Tarraconem urbem transivisse, carmineque lusisse in laudem S. Theclæ virg. et mart., cujus pars corporis in ea servatur ; quo in carmine ita de se ait :

Ecce Liutprandus jam non novus incola terræ
Hispanæ, externam carmine lætus adit.

Julianus item post peregrinationem Toletum rediisse archidiaconum Liutprandum, atque ibi mortuum ait (num. 115) : « Eodem anno (973) venit Toletum Eutrandus subdiaconus, qui alias ibi fuerat, nobilis historicus ; nec multo post moritur. In ecclesia S. Justæ honorifice a Felice (episcopo) sepelitur. » Distinctius autem de Liutprando Tractemundoque actum fuit nobiscum in duabus epistolis quæ præponuntur supposititio Chronico, non minus supposititiæ ipsæ, ut loco suo videbimus, cum de Chronico censorie agemus. Prior est dicti Tractemundi episcopi Illiberitani ad Liutprandum. *Regimundi* alias legitur. Posterior autem responsoria Liutprandi ad Tractemundum ex Fuldensi Germaniæ monasterio. Consolatur Liutprandum Tractemundus in ærumna Germanicæ ejus peregrinationis, et ad patienter eam ferendam cohortatur. Berengarii enim Italiæ regis sævitiam fugiens, ab Italia eo venerat. Indo ait degere se in oppido Granatensi, Illiberitanæ civitati proximo, inter fideles Muzarabes, eos confortantem doctrinæque pabulo reficientem.

5. Accepisse item adjungit librum ejus, id est, *rerum gestarum in Europa* historiam ; et præterea *Antapodosin* (quasi distinctæ essent opera) « carmine prosaque contextam, ut fecit olim, ait, sapiens Boetius in libro *De Consolatione philosophica* ; quem

librum Boetii Severini (memini) diligenter nos duo percurrimus Toleti, cum ego presbyter essem, tuque subdiaconus illius sanctæ Ecclesiæ Toletanæ : quæ semper vere fuit filia primogenita Ecclesiæ sanctæ Romanensis, et cum patriarchalibus post Romanensem merito comparanda; cujus pastor totius est Hispaniæ primas et patriarcha. » Importuna et putida adulatio impostorem prodit.

6. Obsecratur tandem Liutprandum, ut mittat inde ad se quosdam libros, scilicet, « Vitam S. Jacobi Hispani in Piceno sancte mortui 1 Novembris, » ab omnibus Martyrologiis illaudati. « Metasthenis item Persæ librum *De Monarchis* » (jam diu est quod viri docti observaverunt *Megasthenem*, non *Methastenem* hunc scriptorem appellatum, abortivumque Joannis Annii, sive alterius ovum hunc esse, qui cum Beroso et aliis fuit editus) « ubi in Persarum (supple *ordine*, aut *regibus*; deest enim) ponit Darium, Cyrum, Cambysem, Artaxerxem, post alterum Darium Longimanum. Et, sicubi in Germaniæ bibliothecis delitent, Dextri, Marcique Maximi scripta membranis Chronica (cur non et charta?) quæ nunquam in Hispaniis reperire potuit. » Petit hæc ad se ab eo descripta quamprimum mitti, ac, ut de suo adderet « ab anno 612, ubi finivit Maximus » (unde nam id noverat qui Maximi opus non viderat?) « usque ad sua tempora, hoc est ad annum 960. » Usque ad *nostra tempora*, sive ad *hunc annum*, verus auctor dixisset, de re præsenti loquens; fictitium vero ac recentem ostendit inepta hæc anni mentio. Hæc summa Tractemundi epistolæ. Sed quæ Liutprandi sequitur, non hujus tantum, sed suam quoque fidem evertit, ut suo tempore constabit.

7. Quod ad rem præsentem attinet, dolet Liutprandus quod a Mauris dure haberetur Granata Tractemundus. « Neque enim ita duriter (addens) sed paulo melius agebamus quum Toleti quondam convivimus. Leniebat enim feroces barbarorum animos hinc præsulum Toletanorum singularis auctoritas, illinc vero mirabilis bonitas et patientia, » etc. Et infra : « Porro Chronicon quod petis, in hujus bibliothecæ reperi vetusta membrana descriptum, adjecique, ut jussum est a te, annorum seriem ad hæc usque tempora, id est ad annum 960. Et gratulor mihi quod cum Toleti, ubi sub sanctissimo præsule Toletano Bonito subdiaconus fui, in Italiam proficiscerer, aliquot historiæ libros mecum asportavi : in quibus ordine erat series collecta multorum Hispaniæ episcoporum, quos et in hac bibliotheca reperi jussu, ut credo, S. Caroli Magni imperatoris ex Hispania allatos : quos, ut aiunt, sibi obtulerat sanctissimus Elipandus episcopus Toletanus, postquam illum erroris sui de adoptione Christi serio et vere pœnituit. »

8. Hæc de habitatione Toletana Liutprandi, subdiaconatuque in hac Ecclesia sub Bonito III et ejus successore Joanne Servodei, archiepiscopis, gesto. Quorum utique testimoniorum fidem secutus Franciscus Bivarius Cisterciensis, in ea quam ad Laurentium Ramirezium dedit, *Censura Liutprandi Operum*, editionis Plantinianæ præambula, objectis sibi fere omnibus iis quæ pro veris Italicis ejusdem Liutprandi genere et natalibus, transactaque fere semper in patria vita, mox producimus. Hispanum tamen esse cum contendit genere, hoc est Hispani hominis filium, qui captivitatis pertæsus in Italiam concesserit; allectum tamen patriæ desiderio Liutprandum Toletum venisse, quo loco Tractemundum familiarem habuerit. Censet quoque pro Hispano ejus genere eo motus, quod Abderraghmanem Saracenorum in Hispania, hoc est Cordubæ regem alicubi vocet *regem nostrum* nempe suum ac Tractemundi. Verba ejus audi *Rerum in Europa suo tempore gestarum* lib. v, cap. 1 : « Hoc tempore, ait, ut ipse pater bene nosti, sol magnam et cunctis terribilem passus est eclipsim, sexta feria, hora diei ter-

tia. Qua etiam die Abdaram (*pro* Abderraghmam) rex noster, a Radamiro rege Christianissimo Galliciæ in bello superatus est. »

9. Hoc vere aliquid est quod e noto ejus historiarum opere deducitur. Cætera vana, et sine cæmento aliquo arenæ inædificata. Attamen et istud facillimum ruit nisu, si levi utamur correctione, *Rex vester* pro *rex noster* legentes, quomodo scriptum fuisse ostenditur similibus ex initio historiæ his verbis (lib. 1, c. 1) : « Sicut ab ipsis qui vestri sunt tributarii regis Abderraghmanis, potestis conjicere. » Ineptum enim, imo impium, fuisset a Liutprando regem suum regem Saracenum dici, ex eo solum quod Toletanorum, apud quos olim is fuerat, rex ille esset. Quin imo dominum suum vocat Ottonem alibi Liutprandus (lib. vi, c. 2).

10. Neque peregrinationis Hispanæ quidquam nedum generis, admittere videtur series rerum quas de se ipse narrat, non illiberalis earum dispensator. Anno 924 incendium contigit urbis Ticinensis, in qua natum credimus, quod is deplorat lib. III, cap. 1 et 2. Anno 924 Hugo, Provinciæ sive Arelatensium comes, regnum Italiæ suscepit : qui aliquo ex sequentibus non diu tamen ab ingressu suo in Italiam, inter alios principes, quos conciliare sibi studiose procuravit, Romanum Lecapenum Græcorum imperatorem legatione adiit. Legatus his pater fuit Liutprandi, quem quidem nomine suo haud appellavit filius de re loquens. Subjungit tamen lib. III, cap. 5 : « Post reditum vero ejus, paucis interpositis solibus, languore correptus monasterium petiit, sanctæque conversationis habitum sumpsit, in quo post dies quindecim mortuus, me parvulo derelicto, migravit ad Dominum. » Post conjugis mortem Liutprandi mater secundo viro nupsit quem Hugonis ejusdem nomine post aliquot annos nuntium ad eumdem Lecapenum ivisse his verbis refert: « Quoniam meus vitricus, vir gravitate ornatus, plenus sapientiæ, regis Hugonis fuerat nuntius : pigrum non sit mihi inserere, quod cum de imperatoris sapientia et humanitate, et qualiter Russos vicerit, audivi sæpius dicere. » Contigisse hoc anno 941 ex Joanne Curopalate Baronius notat ( *hoc anno*, num. 3).

11. Anno 945 Hugo regno Italiæ cessit, Lothario filio suo pro se relicto, nominetenus, revera in Berengarii manus regno tradito. Hugonis hujus in magna gratia Liutprandus vixit ob canendi peritiam, qua pueros alios sibi æquales superabat; atque in ejus curia et comitatu semper versatus fuit. Quod ipse satis innuit, dum initio lib. IV : « Hactenus quæ dicta sunt, inquit, sacerdos sanctissime, sicut a gravissimis, qui ea creverant, viris audivi, exposui. Cæterum quæ narranda sunt ut qui interfuerim, explicabo. Ea siquidem tempestate tantus eram, quæ regis Hugonis gratiam vocis mihi dulcedine acquirebam. Is enim euphoniam magnopere diligebat, in quo me coæqualium puerorum nemo vincere poterat. » Quæ quidem consuetudo in aula, unde sibi præsentem rerum notitiam, quæ narraturus se deinde ait quærere potuit ab anno 932 aut sequenti, regni Hugonis sexto septimove initium procul dubio cepit. Horum enim priore anno (ut ex Sigeberto constat [*hoc anno in Chronico*], Arnoldus Bajoariæ dux a Ratherio Veronensi episcopo invitatus Italiæ, regem Hugonem aggressus fuit, qui non solum Arnoldum fugavit, sed et Ratherium cepit. Quod cum Liutprandus bellum fini consignasset libri tertii, exinde quæ narraverit, ut qui interfuisset iis, explicaturum se ait.

12. Hoc jacto fundamento, nimirum interfuisse Liutprandum his omnibus quæ deinde narrat, ab hoc scilicet: anno usque ad 946, quo legationem Constantinopolitanam Berengarii nomine ad Constantinum imperatorem ipse invit, cujus narratione germanus historiæ ejus textus absolvitur, cap. scilicet 5

1. vi, notantibus viris eruditissimis (197), recte colligimus, non alibi quam in curia Hugonis, aut saltem Ticini vel in Italia ad minus, toto hoc tempore eum fuisse. Nec minus patenter idem Liutprandus innuit cap. 1, lib. vi, se domi sub vitrici cura usque ad Constantinopolitanam istam expeditionem continuisse. Unde et consequens fit minime verum esse, quod sub Servodei Toletano episcopo, qui ab anno 957, usque ad 947 (auctore, si credimus, ipso Liutprando [*dict. anno.* 937]) episcopatum tenuit, subdiaconum in Toletana Ecclesia egerit; aut (quod Liutprandus ipse supposititius diserte ait) anno 944 sese Toleti laudatum episcopum cognovisse.

15. Sed germani Liutprandi res gestas prosequendo ab initio ipso Berengarii, quod anno contigit hujus sæculi 45 servitio hujus Liutprandum parentes ejus mancipavere: cujus secretorum conscium, epistolarumque signatorem egit, donec post longi temporis servitium ingratissime ab eo, ut plures alii, atque inhumaniter fuit tractatus, ut libri v. cap. 14 ipse refert. Quo etiam confirmatur præsentia Liutprandi per annos subsequentes annum 946 in Italia et curia Berengarii. Sed anno 941 (*Baronius, hoc anno,* n. 1) venit in Italiam Otto Magnus imperator adversus dictum Berengarium; sequentique (*Baronius,* num. 2) denuo ei tradidit Italiæ regnum sub fidelitate ejus administrandum: quod is tenuit plures adhuc annos, donec tyrannidis ejus impatientes Itali Ottonem iterum vocavere anno 961. Qui quidem facillimo negotio Berengarium regno spoliavit (*Baronius, dicto anno,* n. 1); annoque sequenti Romæ a Joanne XII papa solemni ritu coronatus fuit imperator.

14. Sed paulo post, desciscente ab imperatoris partibus Joanne, venit Otto iterum Romam Joannemque ibi comparere nolentem, coacto episcoporum totius Italiæ concilio Romana sede per sententiam pepulit. In quo quidem concilio, quod celebratum fuit anno 963 (*Baron. eodem anno*), inter alios Liutprandus factus jam episcopus Cremonensis subscriptus legitur. Acta servavit scriptor quidem anonymus, qui Liutprandi ejusdem historiæ narrationis suæ telam subtexuit; aperteque, uti supra monuimus, alium se ab eo prodit: quæ quidem acta ex eo Baronius ad Annales suos transtulit (198). Qui quidem Liutprandus, cum a Berengario ipse domusque ejus et familia et cognatio, sæve atque impie vexata essent, quod refert ipse in prologo libri iii, in Germaniam ad Ottonem se recepit, et apud eum in magna gratia fuit. Imo factus postea Cremonæ episcopus, ivit legatus ejusdem Ottonis ad Nicephorum Phocam Græcorum imperatorem, anno scilicet 968. Quam ipse legationem peculiari libello descripsit, ab Henrico Canisio in Antiquis suis Lectionibus, posteaque cum cæteris ejus operibus Antuerpiæ edito.

15. Nihil autem plus extra conjecturæ aleam positum haberi debet, quam unum atque eumdem esse Liutprandum Ticinensem diaconum cum Liutprando Cremonensi episcopo (199). Idem enim *Historiæ* quam diaconus, et *Legationis* quam episcopus exaravit, stylus: idem amor Græca verba quædam Latinis importune, ut Græculus appareret prosæ item orationi carmina, non ex lege historiæ inscrendi. Præterea *Legationis* auctorem se ipse prodit, dum ad Nicephorum hæc se verba direxisse ait: « Temporibus, inquam, beatæ memoriæ Constantini imperatoris huc veneram, non episcopus sed diaconus; nec ab imperatore aut rege sed a Berengario marchione missus » (ita per contemptum Italiæ tyrannum vocat) « et multo plura, et pretiosiora pallia emi, » etc.

16. Hæc cum ita sint, Liutprandum scilicet Cremonensibus episcopum datum ante annum 963 fuisse, qui fieri potest ut Pseudo-Julianum non sihilo accipiamus, qui scribere sustinuit anno eodem 963 venisse Toletum Liutprandum, sive Eutrandum subdiaconum, *qui alias ibi fuerat*, nobilem historicum, et paulo post ibidem mortuum et sepultum fuisse? Absque hoc etiam, quis credat Italum hominem nulla coactum vi aut cupiditate allectum, relicta patria urbem Saracenorum habitatum venisse; nec semel quidem, sed iterum post tot annos rediisse, amore, ut credas, ductum subeundi jugum quod necessitate cives compulsi vix tolerare poterant?

17. Ipsa quoque *Eutrandi* nomenclatura dissonat, quam unus Trithemius, fideque Trithemii novator Toletanus, tribuit ei qui vere Germanico aut Longobardico nomine *Liutprandus*, sive *Luitprandus* alicubi etiam *Litobrandus*, audit (200) in omnibus mss. atque editis codicibus, tam ejus operum, quam Sigeberti *De scriptoribus ecclesiasticis* libelli: excepto uno ms. monasterii Viridis-Vallis, quem Suffridus Petrus in editione Coloniensi ejusdem Sigeberti, et aliorum similis argumenti scriptorum laudat (*in notula ad Sigeberti c.* 127); cum Eutrandi nomen Græcum quoddam, Liutprandi, vero seu Luitprandi Longobardicum sonet. Quibus affatim comprobatum ivimus utriusque Liutprandi, germani et nothi, res minime inter se convenire.

18. Hujus verus fetus est *Historia rerum ab imperatoribus et regibus Europæ gestarum*, cujus pars est *Antidosis*, nisi hoc nomen integro adaptemus operi, de quo infra; atque item *Legatio ad Nicephorum Constantinopolitanum imperatorem pro Ottonibus Augustis et Adelhaida*, eorum uxore et matre, ab eo suscepta. Et, si Deo placet, liber *De Romanorum pontificum Vitis*. Quod plures non credunt. Huic tamen homini Italo, ex eo tantum quod historiam suam inscripserit Illiberitano in Hispania episcopo, imputatum sponte credimus ab his quibus propositum fuit sub antiquorum hominum persona hodierno in theatro fabulam veteris pseudo-historiæ pronuntiare, quod in Hispaniam venerit, Toletique in ea cum laudato Illiberitano episcopo familiariter vixerit; et, quod majoris operæ est, de rebus Hispanis monumenta quædam, eaque insignia, et coram quibus vilia sint aurum gemmæque, conscripserit. *Chronicon*, inquam, quod continuatio esse dicitur alterius Chronici Maximi Cæsaraugustani episcopi, et *Adversaria*.

19. Utrumque quom Matriti primus edidit D. Thomas Tamaius de Vargas regius historiographus, adjunctis, ad Chronicon saltem, eruditis notis. Deinde D. Laurentii Ramirezii a Prato cura et industria Liutprandus totus quantus est ex veteri et novo coagmentatus, ex officina Plantiniana fuit emissus, et per Europam communicatus. Esse tamen Chronicon et Adversaria recentioris manus opera, et ab eodem qui Pseudo-Dextrum cum Pseudo-Maximo gemellos, uno eodemque abortu edidit, inventa: jamdiu est hominibus, tam nostris quam exteris, qui semel ad animum reduxere fraudem, persuasissimum. Id tamen rationibus evincere, cum aliunde, tum ex ipsa horum operum tela deductis, argumentum erit sequentis et subjectorum illi capitum: dum interim et veluti per transennam id innuamus amicitiam Liutprandi ac Tractemundi (qui vere Recemundus est, Gothico nomine) tunc fuisse contractam, cum hic ab Abderraghmane Cordubæ rege ad Ottonem fuit missus legatus, uti ex Germano scri-

---

(197) Baronio ad ann. 963, n. 3; Bellarmino De script. eccl.; Vossio De H. L. lib. ii, cap. 40.

(198) Liutp. Cremon. memoriam lege dicto anno num. 12.

(199) Ita docent Vossius De H. L, lib. ii, cap. 40;

Miræus in Auctario de Script. Eccles. cap. 290; Baronius ad ann. 973, n. 3; Bellarminus De Script. ad ann. 946.

(200) Vossius De H. L., lib. ii, cap. 40; Tamaius in notis ad Liutprandum, pag. 1

ptore Joanne S. Arnulphi abbate erudite ostendit altero *Dissertationum ecclesiasticarum* volumine D. Gaspar Ibañez de Segovia marchio Mondexarensis et Acropolitanus, convellendis et stirpandis fabulis veluti natus.

## CAPUT II.

*Præliminares duæ epistolæ ad Chronicon Pseudo-Liutprandi dupliciter oppugnantur: tum e contentis in eis erroribus, affectationibus, et parum verosimilibus. Primi generis sunt in priore Tractemundi ad Liutprandum. Tractemundi nomen Eliberitani episcopi, ad quem directum legitur, pro Reginundo. Antapodosis titulus libri cujusdam Liutprandi pro Antidosi; atque hujus ab historia distinctio falsa: cujus occasione locus difficilis Liutprandi historiæ hujus explanatur. In Adriani I papæ tempore lapsus. S. Jacobi Ficeni supposita mentio Affectationes notantur plures, novitatis indices. Inter absurda esse, ab extero et longe posito homine continuationem historiæ rerum Hispanarum expetere. Prioris hujus epistolæ non meminit Higuera in Historia Toletana, posterioris Liutprandi ad Tractemundum meminit. Confertur edita hæc epistola cum ea quam in eadem historia Toletana, et in ms. quodam nostro ineditam legimus: ex qua varietate fraudem colligimus. Similibus ac prior vitiis hæc posterior Liutprandi responsoria scatet. Falsum commissum Servidei Toletani curæ et Heronii Bracarensis, episcoporum, extra suum tempus maxime. Absurdis aliis et affectationibus premitur epistola.*

20. In Chronicon quod vocat nunc inquirimus, atque inprimis epistolas ei præmissas. Harum altera est, ut nuper diximus, Tractemundi episcopi Illiberitani ad Eutrandum sive Liutprandum, altera hujus ad Tractemundum, ejusdem utraque styli recentis. Has duplici quassabimus ac evertemus impressione. Priorem nobis suppeditabunt eæ ipsæ res quas continent; posteriorem vero investigatio, excussio et collatio eorum inter se locorum unde non ita pridem istæ merces infaustis avibus erupere. Et quidem res ipsæ clamant, non illi tempori quod jactant, auctorive quem præseferunt, congrua et convenientia dici; sed aut commissi erroris, aut affectatæ quorumdam articulorum quos falsos veræ historiæ impingere animus fuit, mentionis, aut inverisimilitudinis et absurditatis optimo jure postulanda.

21. Erroris inquam (de priore nunc Tractemundi ad Liutprandum loquimur) primo. Regimundus enim, non utique Tractemundus, Illiberitanus ille episcopus appellatus legitur, apud Sigebertum (*De script. eccles.* c. 127), Trithemium (*De Script. eccles.*), reliquos, qui hujus nuncupationis meminere. *Raimundum*, quod idem nomen est, edidit Reuberus in *German carum rerum* suis auctoribus, quos inter Liutprandi hæc historia: unde hoc nomen servavit in editione sua Ramirezius. Quod et habeo in ms. meo fragmentorum Dextri, Maximi, atque hujus Liutprandi ex bibliotheca Estepani marchionis: quo purum, aut sane puriori proximum, ad nos pervenisse id quod ex his superfuit chronicis, existimari posse non semel alias diximus.

22. Tratemundum, sive Tractemundum unus ha-

(201) In Catalogo Illiberitanorum præsulum codicis Æmilianensis, fol. 360, pag. 2, *Tretemundus* dicitur, ordineque a sancto Cæcilio, *quadragesimus primus est*. In serie autem chronologica iconum Granatensium præsulum æneis tabulis incisa, quam ad manum habemus, item *Tretemundus*; sed ordine a Cæcilio

bere dicitur quidam catalogus præsulum Illiberitanorum, in quorum locum Granatenses successere, apud quos manet. In quem cum incurrisset Toletanus harum novitatum inventor, magnum antiquitatis vindicem existimandum inde se credidit, si corruptum, ut verosimile est, episcopi nomen suorum assereret auctorum fide; et vulgate omnium aliorum Tractemundi, uno contentus teste, damnaret. Unde enim huic catalogo tantum fidei, cui veterum quidquid monumentorum est, decedere debeat? Neque enim ullus nobis jactatur codex venerandæ antiquitatis catalogi hujus custos et conservator. Et si fabulis credimus, quæ tamen oracula sunt Apollinea, his quos oppugnamus, cum quadragesimus a S. Cæcilio primo episcopo in eo collocetur catalogo Tractemundus, qui sit, ut in altero Hauberti Hispalensis quinquaginta tres non minus ab eodem S. Cæcilio ad Samuelem secundum, hoc est usque ad annum 910 et aliquot annos ante Tractemundi pontificatum, recenseantur; et in novissimo Joannis Tamaii Martyrologi nostri (tom. IV, die 17 Aug., pag. 494), Tractemundus septuagesimus primus a Cæcilio martyre numeretur? I nunc, catalogis crede, quorum ignoratur auctor tempusque. Certe nos magno exemplo peccabimus, qui Haubertum Tamaiumque Granatensi catalogo fidem denegandi duces sequimur (201).

23. Secundo, cum *Antidosis* nomine Liutprandus, aut historiam integram *Rerum in Europa gestarum*, aut illius partem appellatam voluerit: epistolæ hujus maximus ac duplicatus error est, non solum *Antapodosim* pro *Antidosi* enuntiare; sed et opus istud ab historia distinguere. De nomine ab auctore proposito credamus ei, non alii, oportet. In prologo enim tertii historiæ libri: « Operis hujus titulum, ait, Pater sanctifice, satis te mirari non ambigo; ais enim: Cum virorum illustrium actus exhibeantur, cur *Antidosis* ei inseritur titulus? Ad quod respondeo. Intentio hujus operis ad hoc respicit, ut Berengarii hujus, qui nunc in Italia non regnat, sed tyrannizat, atque uxoris ejus... actus designet, ostendat, et clamitet. » At ne in Græco verbo contractum suspicari aliquando errorem possemus: « Sit igitur, inde ait, eis præsens pagina *Antidosis*, hoc est *retributio*: dum pro calamitatibus meis τὴν ἀσέβειαν eorum, id est impietatem, præsentibus futurisque mortalibus denudavero. Nec minus etiam sanctissimis et fortunatis viris pro collatis in me beneficiis antidosis erit. » In errore cubant Sigeberti editiones, quem et contraxit Joannes Trithemius, *Antapodosin* subrogantes, nihili verbum ad auctoris propositum: quod et fatetur Thomas Tamaius (*notis ad hanc epistolam*, pag. 15), convincitque ipsa apud Sigebertum verbi explanatio; excusationem licet utatur Franciscus Bivarius, contendens utrumque *Antidosis* et *Antipodosis* vocabulum in idem recidere; nam *Antipodosis* rhetorum est figura, quæ fit cum media primis et ultimis respondent, et *correspondentiam* sonat. Atqui nunc non quærimus, quid appellare potuerit opus, sed quid appellaverit.

24. Præterea distinxisse ab historia hanc *Antidosin* epistolæ auctorem ex his verbis constat: « Gratanter accepi brum tuum, id est *Rerum gestarum in Europa* historiam, et præterea Antapodosin tuam

*quadragesimus quartus*, annoque Christi 704 episcopatum iniisse dicitur. Bermudezius Pedraza Hist. Gran. part. II, c. 25, quinquagesimo eum loco a Cæcilio numerat, et Granatensi sedi ante Hispaniæ cladem præfuisse affirmat. Sistimus horum catalogorum seriem:

| ÆMILIANENSIS CODICIS | ICONUM GRANAT. PRÆSULUM | BERMUDEZII PEDRAZÆ |
|---|---|---|
| 39. Johannis | Joannes abest | 48. Joannes A. C. 684. |
| 40. Ceteri | 42. Centurio A. C. 693. | 49. Centerius circ. A. C. 690. |
| 41. Tretemundi | 43. Eleutherio A. C. 708. | 50. Tructemundus circa A. C. 714. |
| 42. Dadilanis | 44. Tretemundo A. C. 714. | |
| 43. Adicani | 45. Dadilano A. C. 744. | |

carmine prosaque contextam, » etc. Distincta autem non esse opera Sigebertus diserte ait, historiam scilicet eum scripsisse *De gestis regum et imperatorum sui temporis*, *quam attitulavit Antapodosim*, *id est retributionem*. Similiter Trithemius. Constatque ex laudato libri III prologo; quem tamen, nisi fallor, inepte affixere hinc libro transcriptores, cum quinto debuissent. Ratio palam est. Nihil enim de Berengarii rebus continet vel tertius vel quartus historiæ liber, quibus retributum Berengario pro malefactis sive retaliatum ab auctore dici valeat. Quinti aliqua et sexti ea quæ supersunt capita usque ad quintum, omnino Berengarium sonant. Quare acephalam, ut ex principio satis perspicuum est, historiam remansisse quoque, aut saltem ad nos pervenisse mutilam, fine videlicet multatam, certo certius est : quemadmodum et continuisse eam, quæ in fine desideratur, partem, scelera omnia Berengarii usque ad ejus postremam ab Italia ejectionem et Ottonis coronationem.

25. Sed quod in prologo ad *Antidosin* dicitur de loco exaratæ a se hujus historiæ, certe mihi crux est, nec video hic sistere ullam Liutprandi rerum descriptorem. « Denique quod in captivitate seu peregrinatione libellus hic conscriptus dicatur, præsens indicat exsulatus ; cœptus quippe in Franconoxord (*Francfort*, hodie Franconiæ civitate) qui est viginti milliariis locus a Moguntia distans, in Paxu insula nongentis, et eo amplius a Constantinopoli milliariis, usque hodie, inquit, exaratur. » Insula hæc *Paxu*, sive insulæ *Paxæ*, juxta Corcyram insulam in Ionio mari sunt, *Paxu* major, *Antipaxu*, minor, dictæ : quo appellere navim potuit qui Constantinopolim navarchus Liutprandum vectabat.

26. Sed qualinam ex duabus legationibus eo directis hocce conveni et quo scriptioni vacabat tempus : hoc opus, hic labor. Neutri enim convenit. Priori namque intentus Liutprandus in gratia vigebat Berengarii, cujus nempe nomine Constantinum adierat : tantum abest ut sub hoc tempus dehonestare queat (quod in prologo facit *Antidosis*) honorem hujus muneris exsilii nomine, aut dominum adhuc beneficum tyranni compellatione. Posteriorem ad Nicephorum Phocam, creatus jam Cremonensis præsul, obivit Ottonis nomine, post pulsum regno ac fortasse in orbitate mortuum, Berengarium anno 968, cujus dignitatis nec vola apparet vestigiumve in hoc prologo. Et huic tempori adhuc minus convenit lamentatio ejusdem prologi adversus Berengarium, tanquam præsentem, atque etiamnum rerum potientem tyrannum. Quare si prologum hunc, signataque in eo, cum cœptæ, tum continuatæ historiæ loca non improbamus, necesse est mediam, inter duas prius memoratas, saltem usque ad Græciæ occidentalis pagas ac mare Ionium Liutprandi peregrinationem, quo tempore Berengarium fugiebat, hoc est circa annum sæculi quinquagesimum quartum, admittere ; eo enim anno exstinctus fuit Albericus marchio Romæ tyrannus, cujus recentis obitus libri III, cap. 13, auctor meminit.

27. Tertio, legi se facere, Tractemundus ait, inter afflictos Muzarabes Granatenses S. pontificis Adriani epistolam, quam de hoc argumento ad Egilonem Illiberitanum episcopum olim dederat. Quandonam ? Anno 748 respondebit hic ipse Liutprandus. Nam id contigisse hoc anno disertis in Chronico verbis monet (*anno* 748 n. 224). Tu vero huic nugatori nuntium remittes, quandocunque animo adverteris Adrianum papam, hujus nominis primum, non ante annum 772 creatum pontificem fuisse. Quem anachronismum hic taxamus, licet non sit epistolæ, quia epistolæ auctor unus idemque cum Chronici auctore, etsi duo videantur, eadem vehuntur navi.

28. Quarto erroribus attribuo, quod S. Jacobi Hispani confessoris in Piceno prima die Novembris sancte mortui vitam a Liutprando exscriptam ad se mitti Tractemundus exoptet. Hujus enim sancti Jacobi confessoris nulla vel in antiquis vel in recentibus sanctorum catalogis mentio.

29. Affectatio autem inculcandi absque idonea ratione ulla res, epistolæ novitatem, atque impotens desiderium auctoris ejus clamant asserendi ac stabiliendi momenta historiæ quædam, quæ vulgo credi summe voluit. Hujusmodi sunt distinctio facta inter municipium Eliberitanum atque oppidum Granatam, Cæcilii primi ejus episcopi mentio, primatialis et patriarchalis Toletani episcopi dignitatis importuna intimatio, lecti a se una cum Liutprando Boetii *Consolationis* libri, dum alter presbyter, subdiaconus alter Toleti agerent.

30. Et nonne talis nota illa est, pro asserendo vulgari Liutprandi nomine inscripto Chronico inepte adjuncta, qua petit ab eo Tractemundus ut Dextri et M. Maximi Chronica exscripta ad se quamprimum e Germania transmittat, quæ nunquam in Hispania reperire poterat ? « Et de tuo, inquit, addas ab anno 612, ubi finivit Maximus, usque ad tua tempora, hoc est ad annum 960. » Potuitne designari expressius, addo et cum pudibori affectatione, pseudo-chronicon ad hunc usque annum a ficulneo artifice continuatum ? Certe verus Tractemundus, usque ad nostra, vel tua tempora, dixisset tantum, uti supra notavimus.

31. Quid autem absurdi non continet a Liutprando extero homine, tam longeque ab Hispania dissito, Hispanum atque Hispaniæ incolam Tractemundum desiderare ac petere, ut Chronicon Hispaniæ plus quam trecentorum annorum, hoc est Maximi continuationem, tam citoque conficeret ;. cum præsertim ille civium Toletanorum veterum amicorum ope etiam Granatæ positas thesaurum illum ditissimum bibliothecæ templi S. Justæ, quem adeo frequenter laudare solet jactareque Julianus, excutere posset ; sibique et aliis, præ quovis peregrino, quem penu istud Toletano-ficulnum instruere haud poterat, morem gerere ac satisfacere ?

32. Nec sine censura transigi debet quod Tractemundus inscribat epistolam Liutprando diacono Ticinensi et subdiacono Toletano, quasi aliquid apponeret diaconatus ordini subdiaconatus ordo, novæ neque tacendæ dignitatis. Subscriptio item illa : *Ecclesiæ Illiberitanæ peccator episcopus* inepta, nec in usu fuisse videtur ; cum vulgaris plurium illa esset, potius personæ respectu non dignitatis. *Tractemundus peccator*, *Illiberitanæ Ecclesiæ episcopus*, aut *indignus episcopus*, quomodo frequenter in conciliis legitur.

33. Adjungo his, Hieronymum Romanum de la Higuera hujusce tam operosæ ac multiplicis fabricæ, ut contendimus, architectum, nullam hujus prioris epistolæ mentionem fecisse in *Toletanæ urbis et regni Historia* adhuc inedita ; cum posterioris Liutprandi ad Tractemundum responsoriæ non solum meminerit, sed eam quoque vulgari sermone translatam libri . . . capiti inseruerit. Neque item codicem meum Estepanum illam habere, qui hanc habet, ea forma, quam statim ostendemus.

34. Jam enim, ad responsionem Liutprandi venientibus ea manifestioribus adhuc signis falsam, sive, quod temperantissime dicimus, majori ex parte auctam et adulteratam sese prodit. Si quid enim ex ea germanum, et Germanum, hoc est e Germania missum, superest, id totum e Latino vulgare fecit Hieronymus Romanus jam laudatus, partemque historiæ suæ Toletanæ esse voluit. Quibus Hispanis ejus translationis verbis omnino respondet epistolæ codicis mei Estepani textus : fortissimum ut hinc argumentum nascatur, hunc primum esse conceptum sive Liutprandi ipsius, sive quod magis est, ejus qui Liutprandum fingens sub larva ista potissimum exhibere se ausus fuit. Quod cum repræsentari omnium oculis magnum rei præjudicium contineat : age, hic triplici columnari ordine Hispanam primo loco Higueræ translationem ; secundo Latinum simplex

APPENDIX AD LIUTPRANDUM.

Estepani codicis : tertio demum adulteratum et auctum Liutprandi vulgarium editionum textum dabimus. Quoque magis etiam non accurate collatui is, statim diversitas et in ea patescat dolus : quidquid

**55. Ex Historia Toletana lib. xv, cap. 11, translatio Hispana epistolæ.**

*Al santo Padre y señor Agismundo* (ita nomen legitur) *obispo de Iliberia, toda salud.*

*Gusto recibí (benditissimo padre, y señor digno de ser muy reverenciado) que haya venido à sus manos nuestra Antipodosis, en la qual unas veces uso de verso, otras de presa. Y no menos me fue agradable lo que al presente me mandays, que en la libreria del monasterio de Fulda, à donde desterrado me detengo, busque el Chronicon de Dextro, que continuo Maximo arzobispo de Zaragoza à ruego del obispo Agebado, y si me pareciese, lo continuase hasta nuestros tiempos. Porque me decis que teneis gran falta de algunos libros, y que viviendo entre Sarracenos barbaros e inhumanos a duras penas alcanzais lo necesario para el sustento de la vida. Dolime de vuestra suerte, que paseis la vida con tanta aspereza; mas puesto en tantas angustias y apreturas, una cosa sola os consuela, que como buen pastor, estais para consolar y socorrer vuestras ovejas, y que cada dia traheis el alma en los dientes por su causa. El Chronicon, que me pedis, hallè en esta libreria de Fulda escrito en un libro de pergamino antiguo; y añadile, como mandais, las cosas que sucedieron en nuestros tiempos, esto es hasta el año de 960. Y huelgome, que quando partì de Toledo para Italia, à donde fui subdiacono en tiempo del santo arzobispo de Toledo Bonito, truxe conmigo algunos libros de historia, en los quales estava por su orden la succesion de muchos obispos de España, los quales tambien hallé en esta libreria, que segun creo fueron trahidos de España aqui por mandado del santo empe-*

*Codicis Estepani Dextri, Maximi, et Liutprandi Chronicorum epistola Latina.*

Eutrandi Ticinensis diaconi, et subdiaconi Toletani, sancto patri Regimundo episcopo Eliberitano Eutrandus inutilis servus S. . . .

Gratum mihi fuit (beatissime Pater ac domine) quod *Antapodosis* nostra, in qua nunc carmine nunc prosa ludimus, tandem ad manus tuas pervenerit. Nec minus jucundum est quod modo jubes ut in Fuldensis monasterii bibliotheca, ubi nunc exsul commoror, quærerem tibi Chronicon Dextri, quod Maximus Cæsaraugustanus episcopus rogatu Argebati episcopi (deest continuavit) et si vacaret, ad nostra tempora producerem. Nam dicis laborare vos maxima quorumdam librorum penuria; inter barbaros enim et inhumanos Saracenos non suppetit copia rerum ad vitam necessariarum, nedum ut habeatis bonorum librorum copiam. Dolui quidem vicem tuam, quod ita duriter vitam exigas. Sed solatur in tantis angustiis constitutum, quod sicut bonus pastor ovibus tuis es solatio, et auxilio, qui quotidie mortem subis omnium causa. Chronicon quod petis, in hac bibliotheca reperi in vetusta membrana descriptum; adjecique, ut jussus sum, annorum seriem ad hæc usque tempora, hoc est usque ad æram CMLX. Et gratulor mihi, quod cum Toleto, ubi sub sanctissimo præsule Toletano Bonito subdiaconus fui, in Italiam proficiscerer, aliquos historiæ libros mecum asportavi, in quibus ordine erat series collecta multorum Hispaniæ episcoporum, quos in hac bibliotheca, jussu, uti credo, S. Caroli Magni imperatoris ex Hispania allatos, quos, ut aiunt, illi obtulerat sanctissimus Elipandus archiepiscopus Toletanus postquam illum erroris

A vulgaris textus tertio loco ponendi a duobus aliis non abscedit, eodem charactere; quod vero abscedit, diverso alio edi curavimus.

*Vulgaris Liutprandi Chronici Latina epistola.*

Admodum reverendo, et totius sanctitatis pleno Tractemundo episcopo Iliberitano in Hispania Liutprandus, non meis meritis Ecclesiæ Ticinensis levita, salutem, et omnimodam observationem.

B Gratum mihi fuit (beatissime *papa*, ac domine multum observande) quod Antapodo is nostra, in qua nunc carmine, nunc prosa *ludo*, tandem ad manus tuas pervenerit. Nec minus *meo sedet animo*, quod meam rerum gestarum in Europa historiam perlegeris, quæ mihi quodammodo placere incipiunt, cum tibi viro recto doctoque quodammodo probari video. Sequererque tuam in hac parte sententiam, nisi scirem amorem interdum cæcutire; quamquam te tam ca co judicio liberum faciunt integritas vitæ tuæ et amor veri, qui semper tuis intimis hæsit sensibus ab adolescentia. Postremo non minus jucundum *mihi fuit* quod modo jubes, ut in Fuldensis monasterii bibliotheca, ubi nunc exsul *bibliothecarius* immoror, quæram tibi Chronicon Dextri, quod *Marcus Maximus monachus Benedictinus, postea* episcopus Cæsaraugustanus prosecutus. Et rursum obnixe petis, ut ad nostra tempora *seriem annorum* perducam. Nam dicis ma-
C xima vos laborare quorumdam librorum penuria ; etenim inter barbaros et inhumanos Saracenos copia non suppetit rerum ad vitam *transigendam* necessariarum, nedum, ut habeatis bonorum librorum *supellectilem*. Dolui quidem vicem tuam (reverendissime Pater) quod adeo dure vitam exigas *in hac urbe Bæticæ non infima*. Nec enim ita duriter, sed paulo melius agebamus, quum Toleti quondam conviximus. Leniebat enim feroces barbarorum animos, hinc præsulum Toletanorum singularis auctoritas, illinc vero mirabilis bonitas et patientia : auctoritas, (ut bene nosti) partim amplitudinis antiquæ adhuc remanente nitore, partim quod ea niteretur favore regum Ovetensium catholicorum, qui litteris crebris commendabant Toleti rem, auctoritatem, bonamque tractationem, tum fidelium omnium, tum maxime Toletanorum antistitium. Eratque hoc (ut bene nosti) velut quoddam frenum, ne, quod liberet, illis omnino licere putarent. Quod non accidit episcopis in Bætica constitutis, quibus omnibus potentissimus imperator præsidet. Sed soletur te (Pater optime) in tantis angustiis constitutum, quod tu, ut bonus pastor, ovibus tuis et solatio et auxilio es, qui quotidie libenter mortem subis
D illorum causa. Fac, obsecro, ut libros eos conciliorum et epistolarum decretalium, et nomina sanctorum martyrum Hispanorum ad sanctissimum pontificem re et nomine vere Servandei transmittas. Porro Chronicon, quod petis, in hujus bibliothecæ reperi vetusta membrana descriptum, adjecique, ut jussum est abs te, annorum seriem ad hæc usque tempora, id est ad annum 960. Et gratulor mihi, quod cum Toleto, ubi sub sanctissimo præsule Toletano Bonito subdiaconus fui, in Italiam proficiscerer, aliquot historiæ libros mecum asportavi, in quibus ordine erat series collecta multorum Hispaniæ episcoporum, quos et in hac bibliotheca reperi, jussu, ut credo, Caroli Magni imperatoris ex Hispania allatos, quos, ut aiunt, sibi obtulerat sanctissimus Elipandus episcopus Toletanus, postquam illum erroris sui de adoptione Christi serio *et vere* pœnituit : ad quem manifestandum concilium episcoporum suffraganeorum et abbatum collegit, et coram omnibus, abjurato publice errore, fidem S. R. E. confessus est, ut in me-

rador Carlo Magno, que le ofrecio el santo arzobispo de Toledo Elipando despues de haber hecho de veras y con efecto penitencia del error que tu vo cerca de la adoption de Jesu Christo hecho hombre. Encomendad a Dios à este vuestro siervo desterrado.

*Finis epistolæ.*

sui de adoptione Christi serio pœnituit. Feci quod jussisti, beatissime Pater. An vero conatus responderit, tu videbis qui jussisti. Vale, et servum hunc exsulem exsul Deo commenda.

Finis epistolæ.

lius nosti. Igitur feci quod jussisti (beatissime Pater) an voto conatus responderit, tu videbis qui jussisti, et servum hunc exsulem *in oratione* Deo commenda. Vale.

Incipiam tamen ab anno 606, æra DCXLIV. et ordinem in scribendo sequar, quem secutus est Maximus. Hinc per æras Hispanorum more, illinc per annos Christi : nihil de consulibus, aut de egiris Maurorum; perducamque hoc Chronico nostrum usque ad annum 960.

Finis epistolæ.

36. Hucusque triplex epistolæ Liutprandianæ textus, Higueræ Hispanus ex Latino, Latinusque, tum codicis nostri Estepani, tum vulgatus editionum. Vides jam, lector veri amans, Hispanam translationem non vulgatis, sed Estepanis Latinis adhærere semper, paucissimis exceptis. Unde necesse est ita primitus a recenti conceptu seu inventione epistolæ quam Higuera servabat, eam fuisse formatam; immane autem distare ab his Latinum duabus editionibus repetitum ejusdem epistolæ contextum : quo liquet manifeste secundarum hunc esse auctoris sui curarum, sive reformatæ compositionis fœtum a p ima sui editione vere alterum. Non conjecturas hic opus est, sed oculorum examine his, qui *Toletanam* hanc historiam ms. in Toletano Jesuitarum collegio servatam adire velint ; aut qui consulere exempla ejus, quorum aliquot Matriti in excellentissimi comitis Villumbrosani non ita dudum demortui, magni Castellæ senatus præsidis, bibliotheca est ; aliudque apud comitem de Mora olim fuit.

37. Egregieque id confirmamus ex eo quod Didacus Murillo Franciscanus, *Historiæ Deiparæ Virginis de Pilari* auctor, qui ante publicatum Liutprandi Chronicon, paulo post sparsam apud nos inventionis famam, communicataque a Hieronymo Romano inventore quibusdam ejus familiaribus amicis, et inter hos laudato Murillo, ex eo nonnulla, historiam prædictam in publicum edidit ; non hanc laxiorem et longiorem, quæ postmodum edita fuit, epistolam, sed breviorem illam, et pressiorem, quam ex codice Estepano nostro produximus, de Liutprando agens, et hoc ejus opere, apologetico suo prologo intexuit. Quam inde Rodericus Carus in notas ad Dextri Chronicon (*in prologo*), et Franciscus Bivarius in commentarium suum ad idem Chronicon transtulere : id quod revera fuit sequentes, non decepti ; neque mutilam, quasi integram (quod Thomas Tamajus ait [*pag.* 25] ) repræsentantes.

38. Manifestata jam epistolæ hujus a se ipsa diversitatis, indeque resultantis falsi suspicionis aut verius comprobationis exceptione, verbis ejus censoriam admovere virgam non gravabimur. Plane iisdem ea urgetur vitiis falso, affectate et absurde dictorum, quibus altera. In primis falsa sunt, *Antipodosis* nomen, diversitasque ab *Historia*, ut jam diximus. Falsum quod precetur Tractemundum, ut, quod ait, « libros hos conciliorum et epistolarum decretalium, et nomina sanctorum martyrum Hispanorum ad sanctissimum pontificem, ne nomineque vere Servumdei transmittat. » Nam si Servusdei (ex testimonio ipsius Liutprandi supra posito [scilicet anno 947]) anno 947 in vivis esse desiit, Liutprandus autem hæc scribebat in Germaniæ exsilio, post historiam conscriptam, legationemque Constantinopolitanam priorem, contractamque Berengarii adversus se indignationem : quæ omnia, ut e superiori vitæ ac rerum ejus narratione constare cuivis poterit, annus ut minimum nongentesimus quinquagesimus quartus præcessit. Si duo hæc, inquam, uti verissima admittimus, alterutrum affirmare nos oportet : supposititiam et falsam esse epistolam, aut Servodei tandiu post mortem consignari hos quos memoravit libros Liutprandum voluisse. Neque enim eo idonee recurret aliquis, ut ignoraverit Liutprandus Servidei mortem post tam longum tempus ; siquidem ipse in Chronico, cujus anteambula est epistola, Servidei obitum anno prædicto, et Visitani loco ejus subrogationem referat. Meridiana luce clariora hæc sunt.

39. Falsum quoque et contradictorium est quod ait in fine : « Post hæc misi hæc Heronio (*sive Heromio* [202] ) episcopo Bracarensi. » Additionem ad Chronicon Maximi usque ad annum 960 intelligo. Quidnam enim aliud? Confirmat quidem id dictum idem Liutprandus in Adversario 32 : « Ego Chronicon meum, inquit, quod miseram Tractemundo, etiam transmisi partem illius Heronio Bracarensi seni pontifici sanctissimo, et scripsi illi sequentem epistolam. » Sed et ipse (quod cæcitatem et incogitantiam clamat impostoris) tenore ipso epistolæ ad Heronium directæ, quam subjungit, sese falsum et immemorem planissime ostendit. Epistolam To'eti datam æra CMLXXXI finis ejus docet. Hic est annus hujus sæculi quadragesimus tertius, quo in vivis erat Joannes Servusdei episcopus Toletanus, cujus nomine salvere jubet Heronium. Hic tamen annus tot annis præcessit exsilium Liutprandi Germanicum, et inventionem in Fuldensi bibliotheca Chronicorum Dextri et Maximi, continuatæque ab hinc, ubi finivit Maximus, ab eo historiæ ; ut nonnisi a vecordi et insano homine annus iste subscribi potuerit epistolæ, cum qua tum prædictam continuationem ad Heronium mittit, tum quoque remissæ jam ejusdem ad Tractemundum meminit. Miserum, qui nec verum dicere, nec fallere novit !

40. Absurda et incredibilia sunt, Liutprandum in responsione ipsa epistolæ Tractemundi misisse ad eum trecentorum annorum non breve jejunumque aut unius gentis, sed prolixum, et exterarum quoque rerum successibus locuples Chronicon : quod non sine jugi studio ac diligentia confici valuit multorum mensium. Absurdum, quod *Oveti* reges adhuc appellatos finxerit : qui vel *Galliciæ*, vel *Legionis* fere ante sæculum appellabantur, ut constat ex Joannis papæ epistola ad Alphonsum Magnum apud Sampirum, et ex his quæ Ambrosius Morales non semel cum aliis notavit (*lib.* xv, *c.* 37 *et* 42). Absurdum ac temere dictum est, idcirco vexari a Mauris Granatenses Christianos, quia potentissimus imperator, cum hæc Liutprandus scriberet, episcopis omnibus in Bætica constitutis præsideret : quasi Abderraghman Almanzor, de quo intelligit, sub ditione sua non haberet omnes Hispaniæ urbes quæ Mauris in Bætica et eo, quod nunc est Castellæ regnum, parebant. Absurdum est, quod mittere se ait ad Tractemundum cum aliis « nomina sanctorum martyrum Hispanorum : » quasi hoc aliud alicujusve pretii futurum esset, misso Dextri Chronico, quod merus albus est Hispanorum martyrum. Nec injuriosus audiam, absurdis jam prædictis aliud subjungens, quod scilicet in continuatione sua seculorum se ait annos Christi, et æras Hispanorum, « nihil de consulibus, » aut hegiris Maurorum adjecto : quasi consulari ratio et computum eo adhuc tempore, quo ipse sumit in

---

(202) Ita editum fuit Antuerpiæ, cum in Matritensi editione hæc clausula desit.

manus Maximi telam, hoc est anno Domini 606 adhuc in usu esset.

41. Affectationes intolerandæ sunt, et impotentiam genii auctoris produnt, sub persona ipsa manifestare se quodammodo gestientis. Evincunt id cuncta quæ veteri telæ, ut vidimus, assuuntur : quod scilicet, ubi Maximus Cæsaraugustanus episcopus Chronici auctor olim laudabatur, adjecta fuere *Marci* prænomen et *monachi Benedictini* conditio, juxta perpetuum infixumque Toletano ludionio propositum de Marco Benedictino cum Cæsaraugustano antistite Maximo, uti jam loco suo notavimus, coagulando. Item importuna Toletanorum præsulum pristinæ auctoritatis et nitoris mentio, quæ Maurorum etiam dominantium ferocitatem quodammodo leniebat. Nec minus, quod fingat ad Tractemundum una cum cæteris transmissum conciliorum et epistolarum decretalium volumen : ad id respiciens, quod sub Isidori Mercatoris collectione pro antiquo et germano diu venditatum fuit; cuique jam hodie ab aliquo eruditorum, quasi legitimo antiquitatis monumento vix applauditur. Denique putidissime inculcatur Elipandi pœnitentia et concilium ab eo Toleti coactum : quod non ignorare Tractemundum infulsa illa sæpiusque tota epistola repetita parenthesi (*ut tu melius nosti*) Liutprandus ipse agnoscit. Sed jam ad ipsum Chronicon impressionem transferamus.

## CAPUT III.

*Chronicon ipsum, ut in fragmento manuscripto quodam nostro exstat, viginti trium annorum tantum, cum edito et vulgari confertur : unde additiones et interpolationes deinde factæ falsi convincuntur sublata et mutata notantur. Historiæ Toletanæ auctor Higuera usus fuit, cum hanc scriberet, fragmento nostro non Chronico integro vulgato.*

42. Animadvertendum est ante omnia, in codice meo Estepano, qui judicio nostro vera aut vero proxima Dextri, sive alterius, Maximique Chronica repræsentat (qui ille ipse est quo Hieronymus Higuera, cum *historiæ Toletanæ* incumbebat formandæ, unico fruebatur et utebatur, toties ut inculcamus), legi fragmentum satis breve continuationis ejus ad Maximi Chronicon, quæ Liutprando tribuitur.

Nempe incipit ab anno 606 hoc modo :

| ÆRA CÆSARIS. | ANNUS CHRISTI. |
|---|---|
| DCXLIV. | DCVI. |

« Toleti nascitur præclaris parentibus Ildephonsus, qui postea fuit Toletanus episcopus. »

« Toleti synodus cogitur. »

DCXLV. — DCVII.

« Mahometus virus erroris sui infusurus in Hispanias venit. Cordubæ, Hispali, Toleti incipit seminare. Ab Aurasio pellitur Toleto.

« Victericus catholicos persequitur , » etc., usque ad annum 629 et quam subjicimus clausulam.

DCLXVII. — DCXXIX.

« Svinthila regno pulsus moritur, sublatoque Helladio , rege jam Sisenando , succedit Justus archidiaconus , et Joanni Cæsaraugustano Braulio. »

43. Quibus verbis fragmentum Maximo appensum, vigenti trium annorum tantum, absolvitur. Idque maxima ex parte a prioribus his vulgatæ editionis annis diversum; quippe in quo vel singula capita, pluribus demptis, additis, mutatis interpolata, vel ex integro intermista alia, leguntur. Quod facile is deprehendet, qui in calce hujus partis bibliothecæ appendices veterum aliquot monumentorum, et in his hocce cum Dextri et Maximi Chronicis Estepani exempli consulere velit.

44. Exhibebimus autem hic, lectoris compendio, unum aut alterum exemplum, interpolatorum scilicet primum esto caput ipsum fragmenti.

*In Estepano est.*

« Toleti nascitur præclaris parentibus Ildephonsus, qui postea fuit Toletanus episcopus. »

*In vulgatis vero.*

« Toleti nascitur S. Ildephonsus clarissimis parentibus Stephano et Lucia die 18 Decembris , in domo quæ nunc est Toleti, Muzarabum nobilium. Ille vero postea fuit Toleti episcopus. »

Quæ quis non videt eo consilio addita fuisse ad simpliciorem narrationem, ut fides epigrammatis de Stephano et Lucia parentibus S. Ildephonso a Juliano tributi (203) ; utque fama (204) de Mendozarum comitum *de Orgaz* ab Ildephonsina stirpe descendentium origine testimonio isto Liutprandi confirmarentur?

*In Estepano.*
Æra DCLII, anno 614.

« Mortuo Aurasio invitus sufficitur in sede Toletana Helladius. »

*In vulgaribus.*
Æra DCLI, anno 613.

« Mortuo Aurasio, sanctissimo doctissimoque pontifici succedit in sede Toleti S. Helladius, vir eximius, et pius, monachus Benedictus. Ætate jam ingravescente ad superos evocatur. »

Viden' ut monachatum Helladii et quorumcunque aliorum summorum hominum Benedictinum vindicandi cupiditas, toto Chronico, et consecraneorum Liutprandi Chronicis perpetua et emicans, vestigia sui manifesta huic loco impresserit?

*In Estepano.*
Æra DCLX, anno 622.

« Maximus ex monacho Cæsaraugustanus episcopus habetur clarus. »

*In vulgaribus.*
Æra DCLX, anno 622.

« Marcus Maximus monachus prius Benedictinus, et post episcopus Cæsaraugustanus , celebris post mortem habetur. »

Prius ignorabatur Maximum prænomen *Marci* habuisse, monachumque ordinis Benedictini fuisse, atque isto anno adhuc vivere; quippe qui anno 624, mortuus sit, ut infra ad hunc annum refertur. Quibus omnibus posteriores curæ (utinam sapientiores!) renuntiavere.

45. *In Estepano.*
Æra DCLXII, anno 624.

« Reversus Hispali Ildephonsus. Eum Helladius diaconum facere volebat. Ille vero cedens sæculo vitam agit in cœnobio Agaliensi, quod in suburbio Toleti est, ut nosti, septemtrionem versus, non procul a flumine Tago, et a Prætoriensi templo S. Leocadiæ circiter 300 passus distat, quod ego dum fui Toleti frequenter invisi. »

*In vulgaribus.*
Eadem æra et anno.

« Reversus Hispali cum esset Ildephonsus Toletum, eum archidiaconum suum Helladius facere volebat. Ille vero secedens sedulo vitam agit in monasterio Agaliensi, quod in suburbio Toleti est septemtrionem versus, non procul a Tago flumine, et a Prætoriensi templo S. Leocadiæ extra muros in planitie; quod ego, dum Toleti fui, frequenter invasi. Est etiam alterum, Agaliensis hujus quasi colonia, ad pagum Benalgoviam a Mauris dictum, tribus milliaribus a Toleto distans. Sed in priori, quod non procul eremitorio S. Susannæ prope Tagum fuit, S. Ildephonsus vitam egit. Quod, ut dixi, invisi, cum fui subdiaconus Toleti sub Bonito, primo hujus nominis Toletano archiepiscopo, prius abbate Agaliensi. »

(203) In Collect. carminum ad calcem Operum.

(204). Tamaius in notis ad hunc locum.

46. Insignem factam accessionem vides, lector, restrictiori de Ildephonso et monasterio ejus narrationi. Legebatur scilicet prius, *diaconum facere volebat*, hoc est sacris ordinibus eum initiare. Placuit postea, *archidiaconum facere volebat*, hoc est ea dignitate in Toletana eum Ecclesia ornare. Legebatur prius, *cedens sæculo*, quasi diceret, religioso statui tunc primum se mancipasse Ildephonsum postquam Toletum rediit. Placuit postea hæc verba sic mutare *secedens sedulo*, fortasse ut intelligeremus, a puero in urbe Hispali, dum apud S. Isidorum detineretur, jam olim monachum esse professum. Quam item ea quæ deinde sequuntur de Agaliensi monasterio, et ejus colonia quodam altero, utrobique Tractemundo ingesta qui conscius rei erat, putida sunt et inepta! Nimirum inculcata, ut recens harum nugarum artifex sententiam suam de antiquo loco hujus monasterii sub mangonio Liutprandini nominis venditaret.

47. Plura quoque veteris scripturæ jussa sunt loco cedere, nusquamque apparere : exempli gratia :

« *Ex æra* DCXLV, *anno* 607. »
« Victericus catholicos persequitur. »
*Æra* DCXLVII, *anno* 609.
« Synodus Lucensis in Hispania. Illi præfuit Aurasius. »
*Æra* DCLXII, *anno* 624.
« Tonantius Palentinus episcopus moritur. »
*Æra* DCLXIV, *anno* 626.
« Kalendis Januarii Fulgentius Astigitanus moritur. »
*Æra* DCLXVII, *anno* 629.
« Svinthila regno pulsus moritur, sublatoque Helladio, rege jam Sisenando, succedit Justus archidiaconus, et Joanni Cæsaraugustano Braulio. » Et alia his similia præteriri indigna.

48. Quædam et in alium fere sensum, quam olim fuerant, reformata observabis.

| *Æra* DCLII, *anno* 614. | *In vulgatis.* |
|---|---|
| « Sanctus vir Vincentius episcopus Carthaginensis Romæ moritur. » | « Vincentius Carthaginis Spartariæ episcopus moritur. » |
| *Æra* DCLVI, *anno* 618. | *In vulgatis editionibus.* |
| « Civitas Assota episcopis destituitur. » Et postea æra DCLXI : « Sedes Assotæ Bigastrum transfertur. » | « Assota civitas in contestanis, et in confinio Batestaniæ, quæ quondam sedes episcopalis fuit, destruitur. » Et mox : « Sedes Assotana Bigastrum, quæ Murcia est (in Tamaii editione, quæ Mentua) transfertur. » Sed de his satis. |

49. Alio etiam ariete non minus robusto et valido quassatur Chronicon, atque eo quidem ejusdem Liutprandi vi et humeris librato. Illum intelligo Liutprandum, qui primum e Germania in Hieronymi Romani pervenit manus, quoque usus hic fuit in exornandis *Toletanæ suæ historiæ* rebus. Plane hujus historiæ cap. 4 libri II hæc verba leguntur de Maximi Chronico, et Liutprandi continuatione, quæ e vernaculis Latina damus : « Et his finem imposuit Chronico suo Maximus Cæsaraugustanus. Utemur autem nos, quousque pertinget, continuatione, quam Eutrandus fecit Toletanus subdiaconus, ac Ticinensis almæ Ecclesiæ diaconus multa vir doctrina et litteris; quamvis hæc valde sit, ab eo quod is reliquit, deficiens ac diminuta. » Non potuit magis aperte designari fragmentum nostri codicis, nec reprobari vulgatum Chronicon, omnibus idem numeris, si approbasset fidem suam, absolutum. Et jam sæpius monuimus, cum hæc Higuera scriberet, supellectilem omnem Chronicorum et Adversariorum quatuor auctorum Dextri, Maximi, Liutprandi, et Juliani, e Germania et forsan aliunde ad se transmissorum, in sinu et ulnis fovere, atque eorum, per totam hanc historiam testimonia producere. Colligemus et ea loca ejusdem historiæ, quibus vel silentur ea quæ in vulgatis sunt, minime vero in codice nostro; vel quæ ex Liutprando referuntur, non secundum vulgarium editionum, sed secundum nostri codicis tenorem.

50. Lib. II cap. 2 mentionem facit habiti Toleti concilii tempore Witterici Gothorum regis, « cujus, ait, Eutrandus, sive Liutprandus, meminit, absque eo quod ultra quidquam adjungat. » Verba ejus accipe quæ repræsentant codex meus : *Toleti synodus cogitur*, ad æram nempe DCXLIV, sive annum 606. Hujus autem rei non ullum vestigium in vulgaribus.

51. Paulo post in eodem capite 2 de Gundemari electione in regem Gothorum ac Witterici successorem agens : « Electionem, ait, diximus, quia S. Isidorus et Liutprandus ita simpliciter de hujus successione loquuntur, ut nec notare præmisissent, si is per vim aut tyrannidem intrasset. Habeo quoque pro certa re coronatum eum in Toletano templo ab Aurasio pontifice, uti decessores ejus duo fecerant. » Ecce Liutprandi verba ad æram DCXLVIII : « Mortuo Toleti Witterico subrogatur Gundemarus. » Simplicius nihil enuntiari potuit. At quod Higuera, duntaxat ex more antecessorum regum, circa coronationem colligit, id ipsum jam in vulgato expressum legitur Liutprando : « Mortuo Wicterico succedit Gundemarus. Ab Aurasio Toletano, ut olim imperatores Græci a patriarchis Constantinopolitanis, inungitur in æde SS. Petri et Pauli Toleti. »

52. Nec ultra dictam æram DCLXVII, sive annum 629, ab auctore hujus historiæ ulla fit Liutprandi mentio, cujus nempe fragmentum apud eumdem existens ad hunc annum usque pertingebat. Nusquam autem historia meminit earum rerum ad Toletanam urbem pertinentium, quæ in vulgatis nunc præsentia, in nostri tamen codicis fragmento desiderantur. Nempe æra DCXLIV, S. Adelphii Toletani et Metensis archiepiscopi mentio. Æra DCXLIX Adeodatæ monialis Benedictinæ Toletanæ ad quam S. Gregorius scripsit. Æra DCLX templi S. Thyrso martyri a S. Leandro Hispalensi Toletana in urbe dicati. Huc usque e laudata historia, et ex eo quod fuit apud historicum Liutprandi fragmento desumpta, a nobis contra vulgare hujus Chronicon, ut logici loquuntur, ad hominem argumenta.

## CAPUT IV.

*Topicis quibusdam locis genius et propositum Pseudo-Liutprandini ostenditur Chronici. Primum æquivoco nominum vel virorum aut locorum abusus, exteros homines conciliaque Hispaniæ attribuit. Exempla in SS. Magno, et Columbano, et Gallo, in S. Fara Galliarum moniali. In concilio Augustano. Quandoque etiam sine occasione æquivoci. Exempla in Verano et Ostano episcopis, Adeodataque, ex epistolis S. Gregorii papæ nota virgine.*

53. Dabimus nunc veluti quoddam specimen totius Chronici, atque ejus inventoris consilium tanquam in speculo repræsentabimus, capita colligentes, sive topicos quosdam locos credulis imponendis lectoribus : quos maxime auctor persuadere voluit, sartosque tectosque ab omni recentiorum oppugnatione, judicio suo, veluti quodam trabali clavo affixo, relinquere.

54. Audisti sæpius cum circa Dextrum et Maximum nostra hæc lucubratio versaretur, de præcipuo consilio Hieronymi Romani de la Higuera. Consilium, inquam, magnificandi Toletanam omnem rem, in primisque ecclesiasticam : primatialem perpetuam et patriarchalem amplissimæ, suisque contentæ opibus Ecclesiæ, dignitatem, collatis undique argumentorum copiis vindicandi atque asserendi : Hispaniam quoque honoribus et viris illustribus, quomodocunque quæsitis, atque aliunde extortis, ditandi atque illustrandi ; Benedictinumque omni laude majorem ordinem, sive jure sive injuria, mirisque

modis extollendi. Nec enim commodius et aptius poterat ei, quam procurabat Toletanis rebus a se confictis haberi fidem, consulere, quam prodigalitate ista spargendi atque ejiciendi per omnium provinciarum, urbium, locorum, sodalitatem, ut ita dixerim, sinum, vetera ista et pretiosa virorum eminentissimorum, rerumque olim pie aut magnifice gestarum gaza. Huic scilicet consilio intentus multipliciter sibi munire hanc viam contendit. Locos jam ostendimus, ad quos inventiones et cogitata ejus omnia facile reducuntur.

55. I. Virorum sanctitate illustrium, qui alio natales referunt, in Hispania constituit, sicuti et res gestas, æquivoco nominum aut locorum abusus. Quod ipsum facit in exteris conciliis Hispaniæ tribuendis.

II. Etiam absque æquivocis, locorum aut nominum prætextu, virorum sanctitate illustrium in fastis ecclesiasticis celebratorum patriam, aut mortem Hispaniæ adjudicat.

III. Rebus apud nos in historia controversis ambiguisque solvendis ac determinandis judicem sese invocatus et importunus ingerit, affectationem ubique novitatemque manifestans.

IV. Iis autem quæ non satis expressa sunt in veteribus monumentis lucem declarationemque gestit inferre : quo locis personisque a se nominatis honorem et splendorem, sibique fidem ab obnoxiis conciliet.

V. Eventibus, quorum in veteribus inscriptionibus apud nos exstantibus obscurior aliqua memoria superest, clariorem pseudo-historiæ facem immittere conatur.

VI. Carmina a se composita pro sustinendis suis fictionibus, nomine antiquorum inscripta signataque commendat, quo tutius fallat.

56. Uniuscujusque horum locorum seu capitum exempla quædam, non omnia, sed conspicua magis, subjicere est animus. Ludit, inquam, in æquivoco nominum, vel virorum, vel locorum, ut aliarum gentium homines sanctitate celebres in martyrologiis laudatos, ad nostram gentem referat.

57. Primum exemplum S. Magnus esto, S. Galli discipulus. Locus huic datus fuit in fastis Ecclesiæ die Septembris 6, Bedæ scilicet in antiquis, Maurolyci, Galesini, Ferrariique in recentioribus. Galesinus adjunxit : « Ad Fauces S. Magni confessoris, » etc. *Fauces* hodie *Fuessen*, oppidum est Sueviæ, non obscurum, aiente Philippo Ferrario (in notis ad hunc diem in Martyrologio suo) geographiæ totius peritissimo « ad Lycum fluvium ad montium angustias constructuri, inter Campidoniam, a qua quinque millibus passuum Germanicorum distat, et Laude cum opp. Tirolensis comitatus occurrens, ubi cœnobium Faucense celebre Constantiensis diœcesis. » Unde hic in elogio suo ita : « Apud Fauces in Suevia S. Magni primi Faucensis abbatis. » Et Joannes Trithemius (*De vir. illustr. ord. Bened.* lib. III, cap. 107) : « Abbas, ut fertur, in Faucibus, » etc. Sed quid adhuc his duorum sæculorum egemus testibus, cum vita exstet S. Magni a Theodoro scripta ejus sodali, et ab Hermenrico Elewangensi monacho emendata et distincta (205) : in qua diserte narrat historicus cap. 7, lib. II, B. Magnum ab episcopo Augustanæ urbis Wichperto rogatum, quo in loco morari vellet, « Domino auxiliante, respondit, directus sum ad locum qui vocatur Fauces, ubi prope sunt fontes Alpium Juliarum, » etc.

58. Ibi construxisse monasterium, eique præfuisse constat ex his quæ sequuntur. Nam et cap. 12 ejusdem II libri ita incipit : « Beato itaque Magno morante in cœnobio, quod sibi paraverat ad Fauces, per viginti quinque annos magnas virtutes ibi operatus est. » Nec inde discessit toto vitæ tempore, ut

A ex cap. 13 aperte constat. Hanc Vitam a se scriptam una cum Magni cadavere Theodorus discipulus sepulcro indidit. Cui quidem appendicem adjunxit Hermenricus Elewangensis monachus, Lantonis episcopi Augustani jussu, qui B. Magni corpus multis venerandum signis suo tempore cum libro vitæ inventum, sublimiorem ad locum transtulit. Hæc veritas est ab æquali scriptore posteris tradita. Confirmat Ekkhardus San-Gallensis monachus in libro *De casibus monasterii S. Galli*, his verbis : « In quam (ecclesiam) S. Magni brachium Adalberone episcopo dante, et prosequente, de Faucibus sumptum, » etc. Ad quem locum Melchioris Haiminsfeldii notam consule. Quam quidem veritatem impetere frustra conatus fuit Liutprandus, ista concipiens (*æra* DCLXX, anno 621) : « Ad Fauces Hispaniæ in Lusitania, vulgo Garganta-la-olla, Magnus, cognomento Joannes, abbas floret. »

B 59. Nec eo contentus auctor, Lantonem etiam Augustanæ in Suevia urbis nobilissimæ decimum sextum episcopum in Cæsaraugustæ seu Emeritæ-Augustæ episcopum transformare voluit, Juliani auctoris Liutprando gemelli his verbis usus (*in Chronic.* num. 447) : « Bento [*potius* Lanto] episcopus Cæsaraugustanus, vel Augustanus, auctoritate Adriani papæ » (nulla hujus rei in vita mentio, nec illius temporis hæc fuit solemnitas) « refert in numerum sanctorum S. Magnum in oppido Lusitaniæ ad Fauces. » Et tamen corruptum hodie legi hoc testimonium ex Illigueræ nota ad Liutprandi superius liquet. Eo enim laudato, Lantonem hunc Emeritæ-Augustæ fuisse episcopum tempore captivitatis monet. Hæc tamen suspiciunt qui exornandis hisce nugis se addixerunt, viri alias doctissimi, Thomas Tamaius ac Laurentius Ramirezius, nec hiscere contra audent. Joannes quoque Tamaius, qui curiose omnia collegit, nihilque doli suspicatus, quidquid scriptum reperit Sibyllæ folium credit, et in meris fabulis

C cum vero conciliandis ingeniosulum se ostendere satagit : dum ait, utriusque oppidi, et Suevici et Hispanici, *ad Fauces* dicti, fines Magnum lustrasse, acta ejus in hunc sensum compingens.

60. Æque tamen falsum est id quod de SS. Columbani et Galli, quos magistros secutus fuit S. Magnus, in Hispaniis adventu, appulsuque ad Brigantinum portum Gallæciæ, quæ tunc parebat Gunzoni, duci ; visitataque ab iis ecclesia in castro Arbone, Lucensique episcopatu a S. Gallo repudiato, quæ tunc *urbs Martia Constantiensis* a Constantio Augusto dicta est, uti etiam tunc montes Asturum *Alpes Rheticæ*, ex Juliani ludicris adversariis (*num.* 268-271) refert. Omnia hæc auctor ex actis S. Magni extorta fabulæ suæ deservire voluit. In cap. 4 libri I, fluvii oppidique quod *Brigantium* olim nuncupabant ; postea *laci Birgantini*, ci *Arbonæ* loc. mentio fit. « Perrexerunt ergo ad lacum Brigantium, auctor Vitæ ait, in cujus littore invenerunt locum

D antiquum destructum, qui vocatur Arbona, » etc. Et cap. 8 : « Non post multum vero temporis beatus Gallus divina pietate convalescens, postquam filium ducis Gunzonis a dæmonio liberavit, oblatumque sibi ab eodem principe Constantiensis Ecclesiæ pontificatum humiliter recusavit, » etc. Omnia hæc leguntur non minus diserte in Vita S. Galli abbatis auctore Walafrido Strabo.

61. Alphabetariis pueris nota dicimus, sed quæ inculcari oportet. Brigantinus, sive Acronius lacus, nunc *de Constanza,* et ipsa celebris urbs Constantia, sicut et Brigantium (hodie *Bregentz*) et Arona (nunc *Aron*) oppida ad ejus oram, ipsa illa sunt, quorum in S. Magni actis memoria exstat ; quin ad Brigantinum nostrum portum, *la Coruña* nunc seu *Betanzos*, et Aronæ fictitium Hispanicum locum recurrere opus sit, auresque dare fabulæ. Lucum-Augustam

---

(205) Rerum Alemannicarum tom I, pag. 190 et apud Benedictum Gononum in Appendice vitarum PP. Occidentis, pag. 456.

Gallæciæ urbem in Martiam Constantiensem, et Asturum montes in *Rheticas Alpes* (206) transformant. Quod nonnisi Julianææ geographiæ periti sciunt ac refellere supervacaneum.

62. *Fara*, alias *Burgundofara*, sanctimonialis Gallica, illustris est in memoriis hujus gentis omnibus. Sigebertus (*anno* 620 *in Chronico*) : « Virgo Christi Fara claret in Francia, cujus sanctitatem imitatus frater ejus Faro, ex comite clericus, et ex clerico factus Meldensium episcopus, claret. » Ideo Galliæ Meldensique territorio frequenter martyrologi Faram assignant, Usuardus (7 *Decembr.*), Vincentius Bellovacensis (lib. xxiii *Histor. spec.* cap. 15), Equilinus (lib. i *Catal.*, cap. 59), Trithemius (lib. iii *De vir. illustr. ord. Bened.* cap. 55), Andreas Saussaius (*In martyr. Gallic* 7 *Decembris*), et in primis Romanus die 7 Decembris : « In pago Meldensi S. Pharæ virginis. » Omnes viderunt acta ejus et S. Faronis germani fratris Meldensis episcopi ; atque hæc ultima apud Surium 28 Octobris. Itemque S. Eustachii Luxoviensis monasterii abbatis, a Jona Bobiensi monacho æquali scripta, ut mox dicemus.

63. Ex omnibus his monumentis liquidum redditur, Faram, alias Burgundofaram, uti se ipsa in testamento vocat, Agnerici Burgundionis ac Leodegundæ nobilissimorum patrum prolem, germanos habuisse, si S. Faronis acta sequimur, Faronem ipsum, Walbertum et Chalnoaldum ; si testamentum ipsius Faræ, quod e tabulario Fare-monasteriensis (vulgo *Faremonstier*, seu *Farmontier*) monasterii exceptum San-Marthani fratres publicavere (tomo IV *Galliæ Christ.*, lit. F, verbo *Fare-monasterium*), Faronem, Chagnulphum (eumdem cum Chalnoaldo) Burgundum (forte eumdem qui Walbertus) et Agnetrudem. Fara autem Deo sponso sibi electo, contra licet nitente Agnerico patre, in religioso habitu sese tradidit, Eustachio, sive Eustacio abbate Luxoviensi, S. Columbani discipulo, magnæ doctrinæ et sanctitatis viro consilium et auxilium præbente. Ipsaque sibi et sodalibus, quas magno numero undique collegit, monasterium Eboriacum ædificavit in Briegio pago (unde *Prige* cœnobium vocavit Beda lib. iii *Hist. Eccles. Anglorum*, cap. 8) quod hodie exstat, abbatia ordinis Benedictini in diœcesi Meldensi provinciæ *Briæ*. Omnia ex actis constant.

64. Monasterium vero ita describunt laudati San-Marthani fratres (*ubi proxime*), et Augustinus Lubinus (*in notis historicis ad Martyr. Romanum*, tabula 5 Galliæ, verbo : *In pago Meldensi*, pag. 74). Meldensis autem urbs, Meldi Plinio, Melda etiam ad Matronam, seu *la Marne* fluvium, *Meaulx*, sive *Meaux* hodie; a quo pagus (territorium significat) Meldensis, non ab Usuardo tantum, ne diversum iisse eum existimes, sed et in testamento jam laudatæ sanctæ virginis Faræ, *Meldicensis* audit *civitas*. Cujus quidem fratres ejus germani Walbertus, et post eum Faro, episcopi fuere, *urbs Melodorum* eadem dicitur a Jona in Vita S. Eustachii Luxoviensis. Jonas hic Segusianus patria, monachus fuit Robiensis monasterii a S. Columbano fundati, in quo vixit sub Attala Columbani successore et aliis abbatibus : de quo plura Bollandus, sive Antuerpienses Jesuitæ, sanctorum strenui vindices, in vita S. Attalæ 10 et

A S. Eustacii 29 Martii. Idem enim scripsit acta SS. Columbani, Eustacii, Attalæ, Bertulphi abbatum, et sanctæ nostræ Burgundofaræ, perperam Bedæ attributa, et in hujus Operum tomo III edita. Cuncta hæc suis diebus edidere memorati Patres. Vitam autem Burgundofaræ ex editionibus Bedæ ac Surii emendatiorem dedit Joannes Mabillonius inter *Acta Sanctorum ordinis Benedictini* (*sæculo* xi, pag. 438) : qui potius est liber *De virtutibus et rebus mirabilibus in Eboriacensi monasterio a Fara fundato tempore illius factis*. Id quod indicat ea adhuc in vivis agente scriptum a Jona fuisse. In Vita autem S. Eustacii refertur monasterium ab illo ædificatum Faræ in paterno ejus solo inter Mugram et Albam fluvios, de quibus Mabillonius in Notis. Meminit horum omnium fratrum Carolus Le Cointe in Annalibus ecclesiasticis Francorum (tomo III *ad ann.* 672, a num. 12).

65. Huic tamen æqualium scriptorum roboratæ monumentis, recentiorumque nulli non certæ historiæ Burgundofaræ, seu Faræ virginis in Gallia natæ,
B in Gallia sub Luxoviensi abbate Eustacio monasterii Eboriacensis non longe a Meldensium urbe fundatricis, et in Gallia tandem ad superos evocatæ, opponere ausus fuit nomina supposita Liutprandi et Juliani. Audisti, lector, hominis inventum. Liutprandus ait ad æram dclxxvii (anno 639) : « S. Fara virgo Benedictina fugiens patrem Tudem venit. Ab episcopo Tudensi Anastasio ædificatur monasterium. Moritur anno 650. » Et Julianus in Chronico (*num.* 326) : « In Gallæcia oppido Meladensi, vel Melducensi, sancta Fara virgo Benedictina monialis sub Heraclio imperatore. » Et alibi (207) : « Monasterium sanctæ Faræ prope Tudem ad Aquascalidas diruitur a Mauris anno 670. » Ubi Meldensum Galliæ urbem in Meladense, seu Melducense Gallæciæ oppidum, Eustacium Lexoviensem abbatem in Anastasium Tudensem episcopum, eo fine inter subscriptiones conciliorum Toletanorum hujus ævi quæsitum, veluti Circes virgula transformata legimus.

C 66. Cui statuminando multiplici errori cum idem Higuera, tum Joannes Tamaius, symbolam unusquisque suam contulere. Prior scilicet laudato Placentinæ Ecclesiæ pervetusto martyrologio, ex eoque his verbis : « Tudæ in pago Meladensi S. Faræ virginis. » Ad hunc codicem sese referuntur Sandovalius in *Historia Tudensi* (fol. 54), et Joannes Tamaius in Martyrologio (*tomo VI, die* 7 *Decemb.* pag. 566), et in Vita S. Epitacii (*cap.* 2, *n.* 24, *fol.* 137); atque item Thomas Tamaius in notis ad Liutprandum. Nullus autem vidit, sed a solo Higuera hoc laudatum Placentinum fuisse Martyrologium constare poterit ex notatis alibi ab eodem Sandovalio (*Hist. Tudensis* fol. 18), qui in fontibus ipsis Higueræ ipsius viventis ebibit hos latices. Mos autem fuit illi, dicta sua commendatis hujusmodi manuscriptis libris Hispanarum ecclesiarum confirmare. Sed utinam soli. Nam et Joannes Tamaius e libro suo Auli Hali poematum, qui omnes Martyrologii Hispani
D (quam nobis pudendi!) paginas implet; quique illi cuncta, quæcunque vult, subministrare consuevit, epigramma nobis protulit, quo Faram gente Gallæcam, Tude monacham, Anastasio Tudensi episcopo cœnobium eidem construente, atque ejus in eo glo-

---

(206) Apud auctores nostros *Alpes* communi nomine excelsi quicunque montes vocantur. Sampirus apud Sandovalium in ejus Historiæ columna penultima : « Normanni, inquit, totam Gallæciam deprædaverunt, usquequo pervenerunt ad Alpes montes Ezebrarii. » quem hodie tractum Hispani *El Zebréro* dicimus. Lucas Tudensis Hisp. ill. t. IV, pag. 90, « Cum ipse (rex Sanctius cognomento *Abarca*) esset in Pyrenæis montibus ultra Alpes Roscidæ Vallis (hodie *Ronces Valles*). » Et pag. 86 : « Ad Alpes montis Zebrarii. » Nec recentiores tantum, sed et Prudentius Peristeph. in hymn. S. Laurentii ; —

Nos Vasco Iberus dividit
Binis remotos Alpibus
Trans Coitianorum juga.
Trans et Pyrenas ninguidos.

*Alpes* de quibuscunque montibus ac de Pyrenæis dici notavere etiam Lipsius ad Trajani Panegyr. ; Scaliger, lib. ii, lect. Ausonian., cap. 16; Joseph Maria Suarezius, in Diat. de synonymia diversor. locorum et fluminum, pag. 44. Quid tamen id ad Rheticas?
(207) Adducitur a Thoma Tamaio in notis ad locum Liutprandi, pag. 56, non tamen apparet in edito Juliani Chronico.

riosam mortem, adstruere voluit ejusdem farinæ cum historicis nostris poeta. Adi, si tanti est, Sandovalii et Tamaii loca et nomina in Gallæcis quæsita, de quibus ne labasceret omnino dictorum fides, Liutprandianis et Julianæis conformia illa esse argutati sunt. Vere enim tædet nos hic ultra morari.

67. Nec dum finis Liutprando in ludendo et ludificando lectores uno spectro nominis. Æra CMLXXXI ita legimus : « Concilium habitum in Hispania in urbe Cæsaraugustana, dictum vulgo Augustanum, viginti quinque episcoporum. » Insanum hoc est prorsus, ne lum falso ac ridicule excogitatum, quode cum non auderet ultra loqui addictus partibus, sic Thomas Tamaius censuit : « De quo serie et vere veterem judiciorum formulam pronuntio, N. L. (non liquet). » Audiamus tamen Higueræ notam. Manu ducet ea nos quo tendimus : « Concilii Cæsaraugustani, ait, cujus hic meminit Liutprandus, meminit Onuphrius anno Domini 951, et sic gestum fuit sub Joanne Toletano pontifice. » Onuphrius sane ipsi his verbis non sponte illusit (in Chronico Ecclesiastico), Augustanum concilium, hoc est in Augusta Germaniæ urbe coactum intelligens, de quo sic Hermannus Contractus eodem anno 951 : « Synodus viginti quinque episcoporum apud Augustam Vindelicam coram Ottone rege colligitur. » Melius anno 952 uti est in Chronica, ut vocant, Austriali Matthæi Marescalci de Bappenheim canonici Augustani, quam edidit Freherus (inter alios German. rer. auctores, pag. 511) : « Synodus XXV episcoporum sub Ottone rege colligitur. » Exstatque eadem synodus in conciliorum editionibus (in ultima edit. Paris. votum. IX, col. 635) cum præfatione, in qua nomina eorum qui interfuerunt, Italiæ, Galliæ, Germaniæque pontificum sub ditione Ottonis degentium referuntur. Incauto tamen homini visum fuit licere sibi ex Augustana Cæsaraugustanam conficere, quasi unico Panvinii testimonio ita brevi fides ejus, et loci, quo celebrata fuit, constituta esset.

68. Ejusdem commatis est, quod S. Veranum episcopum Tarraconensem laudat in Carpetania tractuque Aurelianensi exsulem æra DCCLXXXII (anno 744). Cui consonat Julianus in Chronico (num. 581). Ad quæ adnotatores tractum Aurelianensem territorium oppidi Oreja in regno Toletano intelligunt; eque Tarracone, vexationes Maurorum evitaturum episcopum Veranum, in Toletum urbem, tanquam in asylum se contulisse aiunt; aliaque apud Joannem Tamaium videnda (tomo V Mar., die 19 Octob.), cum solemni Auli sui Itali carmine. Inde autem fabulæ locus, quod Octobris die 19 in Martyrologio Romano sic legatur : « In territorio Aurelianensi depositio S. Verani episcopi. » Quem inter plures hujus nominis indicare ausus non fuit Baronius (in notis ad hunc diem). Sed quid Aurelianensis tractus nomen cum Oreja oppido ? cum Aureliæ in Hispania nullus meminerit geographorum, neque in priscis monumentis ullum vestigium exstet ?

69. Similiter S. Ostanus episcopus fingitur Aucensis in Hispania, interfuisseque concilio Ovetensi, ac decessisse in tractu Bivariensi 30 Julii. Liutprandus æra CMXXXIII (anno 895). Quibus adjunxit glossographus ejus Julianus, Bivar (oppidum) intelligendum esse, Didaci Roderici cognomento Campiatoris patriam. Unde occasio, quæris? Quod scilicet hac die apud Usuardum, ex quo Romanus desumpsit, legatur memoria « In territorio Vivariensis Ostani presbyteri et confessoris. » De quo Galesinus et Molanus ad Usuardum, ubi ait ejus exstare acta. Equilinus certe non presbyterum, sed episcopum appellans in fine catalogi (lib. XI, cap. 130, num. 183), ubi catervatim de his agit, quibus de nil ultra quam nomen minime vero res gestas noverat : occasionem dedit fabricandi apud nos Aucensem episcopum, qui nunquam fuit, eum ipsum quem presbyteri tantum titulo notum, Usuardus octavi sæculi auctor posteris commendavit. Nec Ovetensi concilio, quod celebratum fuit sub Alphonso III rege, anno 901, interfuit Ostanus aliquis Aucensis episcopus; omnes enim eo venientes nominat Sampirus Astoricensis, atque inter alios Joannem Ocensem, qui dubio procul Aucensis est.

70. Eodem hæc ambitio præpostera de mortalibus exteris Hispaniæ formandi cives, impulit ad S. Gregorii epistolarum libros; cumque ibi habiles et paratas huic rei nuncupationes quasdam invenisset : more suo egit, tumque Adeodatam, nec non Dulcidium, ad quos litteras dedit sanctissimus pontifex, alio id est ad Italos pertinentes, genti nostræ inseruit. Adeod ita femina fuit Deo devota, cui inscriptæ sunt libri VII epistola quinquagesima quinta, et libri VIII sexagesima secunda, quemadmodum commendatoria ejus est ad Venantium Lunensem episcopum libri VII epistola vicesima octava. In hac ultima Venantium adhortatur Gregorius, ut apud matrem Fidentiam causam agat Adeodatæ, ut scilicet, quod innuitur, alimenta subsidia ei præstet, ut in habitu religioso se exhibere possit; sin minus sponte facere velit, Adeodatam in judicio tueatur, eamque in omnibus habeat commendatam.

71. Luna urbs in Tusciæ Liguriæque confinio ad Macram fluvium hodie excisa, in cujus locum Sarzana successit, quemadmodum Lunensis Vicem jam intravit Sarzanensis episcopus. Unus ex his venantius fuit, agnitus uti talis ab Ughello in Italia sua sacra (tom. I, col. 894) : ad quem Gregorius papa, tanquam ad proprium Fidentiæ, fortasseque et ejus filiæ Adeodatæ antistitem, officii excitatorias dedit prædictas litteras. Sed certum quoque est Adeodatam in Sicilia, in urbe scilicet Lilybetana (urbs episcopalis olim fuit Lilybæum ad promontorium ejusdem nominis, nunc Marsala) monasterium fundasse, atque in eo abbatissam egisse. Id enim constat ex duabus aliis epistolis 63 et 64 ejusdem Gregorii, quarum prior ad Decium episcopum Lilybetanum, et altera ad Hilarium notarium inscripta legitur. Accedit quod ad Adeodatam Gregorius ait (epist. 55, lib. VII) sæ commissæ causam Decii episcopi (cujusnam alius quam ejusdem Lilybetani?) Joanni episcopo et Leontio glorioso : qui nihi Joannes Syracusanus, aut alter Panormitanus est episcopus, et Leontius exconsul in Sicilia per hoc tempus jus dicens, ad quos frequentes sunt papæ sanctissimi datæ litteræ. Ab nunc, et aures Liutprandi nugis præbe : « Adeodata virgo sanctissima Toletana, inquit (ad ann. 614, sive æra DCLII) monialis Benedictina floret, ad quam hodie S. Gregorius scripsit. » Simile credimus, quod de Dulcidio ait paulo inferius (æra DCLII sive anno 614). « Dulcidius diaconus Cæsaraugustanus floret, quem S. Gregorius in epistolis mirum in modum commendat. » Nulla quidem ad Dulcidium Gregorii epistola; nec vacat utrumne aliqua de Dulcidio sit, quærere.

## CAPUT V.

*Liutprandus pro nostratibus venditat eos qui fama sanctitatis alibi claruere. Exemplum primum in S. Babyla martyre. Higueræ et Joannis Tamaii codices suspectissimi. Secundum in Raymundo Metellinensi pastore, qui Raymundus vere fuit ordinis Calatravensi institutor, Cisterciensis monachus. Tertium in Anacivardo Augiæ Divitis monacho. Quartum in Cornelio Proculo et Cornelio Basso, qui ex lapidibus inscriptis noti duntaxat sunt. Quintum in Genisio martyre, Arelatensi Genesio dicata, non alicui Hispano qui non fuit, videri omnia hujus nominis apud nos templa.*

72. Taxabimus aliis adhuc hominis cupiditatem, in ascribendis Hispanorum sanctorum albo iis qui vere nostrates non sunt. Solet enim eos, quibus Hispani veteres locum aliquem dicavere sacrum, Hispanos cives statim asserere, Babylas pontifex fuit Antiochenus et martyr die Januarii 24, Græcorum omnium patrum, nec semel Latinorum, monumentis celebratissimus; apud nonnullos tamen distinctus ab

altero *Babyla* ludimagistro: de quibus, ne actum agam, adiri Baronius et Bollandus hac die (24 *Jan.*) poterunt. Babylam certe pontificem S. Eulogius noster in his laudat (*Memorialis sanctorum* lib 1) qui sponte martyrio se obtulerunt, quemadmodum et SS. Sebastianus, Thyrsus, Adrianus, Eulalia, et alii. Hunc, nec alium exstitisse Babylam Baronius contendit.

73. Sed cum novisset prope *Odon* oppidum agri Matritensis eremitoriolum *de san Babilés* nuncupatum exstare, gratum se oppidi hujus incolis facturum existimans si anxietate illa res quaerentium gestas Babylae Antiocheni, et alterius fortasse ludimagistri, abusus, postremum hunc, nothum a Baronio martyrem reputatum, vindicaret; notisque loci ac temporis modique martyrii illigatum assereret: his verbis imposuit, quidquid intimabitur, facile credituris (*Chron. ad ann.* 715): « Per haec tempora S. Babylas episcopus Virinensis et Pampilonensis (utrobique enim praedicavit) animo videndi captivos et miseros Muzarabes Toletum venit et inde ad Odonem oppidum, et prope in-eremitoriolo (audisne?) pueros docet primas litteras; et venit cum duobus fratribus, qui fiunt eremitae, et postea omnes martyrium patiuntur. » Male editum fuit *Virinensis*, pro *Iruniensis*, quomo lo appellatum fuisse aliquando Pampilonensem episcopum, ab *Iruna* vernaculae linguae appellatione, quae *bona urbs* sonat, certa res est (208).- Julianus eamdem ludens fabulam (*Chron.* n. 413): « S. Babylas episcopus Pampilonensis capta Pampilone venit in Carpetaniam, et prope populum Odonem docet pueros; et cum illorum LXXX a Saracenis patitur martyrium 20 Octobris. »

74. Vellent ita factum, qui jarvatis his auctoribus non minus quam Pythagorae auditores ejus deferre amant, ac duplici argumento pro Babyla hoc Hispano utuntur. Primum est (209) sanctum Eulogium nostrum *Memorialis sanctorum* lib. 1 hunc inter eos laudasse, qui martyrio sponte se obtulerunt. Sed hoc plumbeum est telum ; nam et Sebastianus, Adrianus et Thyrsus exteri MM. una laudantur. Secundum est, cultum olim proprio ut vocant officio Babylam in Hispania, quod in Breviario Isidoriano legitur. At nos id quoque argumenti in contrarium torquemus; cum hymnus officii praedicti ad Antiochenum episcopum Babylam dirigatur, uti notavit Joannes adversus Thomam Tamaium (*ibidem, pag.* 275). Ait enim:

Formam exempli Babylas antistes, etc.

Et postea:

Hic vir virtute fidei munitus
Antiochenam rexerat arcem,
Sprevit profanum atriis a sanctis
Numerianum.

Unde proclive est credere, huic, quem peculiari memoria Ecclesiae nostrae fasti dignati sunt, eremitorium istud, quo de loculi sumus, fuisse olim dicatum; frustraque alium nos quaerere nostrum civem, quem antiquitas ignoravit; nec si fuisset Antiocheno, idest extero, postposuisset. Huic etiam sponte adjudicamus Ecclesiam *de san Babil*, juxta oppidum *Sanguesa* in regno Navarrae cujus meminit Garibaius lib. XXI *Hist. Hispan.*, cap. 6.

75. Contendit tamen ut solet Joannes Tamaius uno partium studio, tertiam Babylam apud nos fuisse, ab Antiocheno episcopo qui cum tribus, et ludimagistro ejusdem urbis qui cum octoginta quatuor pueris

(208) Oihenartus in Notitia Vasconiae lib. II, cap. 2, pag. 77; Garibay lib. XXIII Comp. Histor. Hisp., cap. 9.
(209) Utitur J. Tamaius Martyr. Hisp. tom. I, die Januarii, pag. 277.
(210) Beda, Usuardus, Ado, Martyrol. Roman. et alii a Baronio laudati die 8 Januarii, et a Bollando eadem. Saussay in Martyr. Gallic.; Vincentius Bellovacensis lib. X Spec. Histor., cap. 25, et 26.

mactatus fuit (quorum utriusque Menologium Graecorum quarta Septembris die meminit) diversum: eumdem tamen cum LXXX pueris martyrio impensum; profertque et hic manuscriptum suum codicem, atque ex eo hymnum, qui pro omnibus Liutprandi Julianique mendaciis fide jubet, versibus strihiligine sua verum auctorem suum prodentibus. Falsus quoque est Liutprandus in distinguendo, tanquam diversi fuerint loci, *Pampitonem* ab *Iruna*, si vera scribit Garibaius, Cantabricarum et Navarraearum originum callentissimus, lib. XXII cap. 16 et alibi. Nullam igitur, spero, fidem his nugis praestabunt qui semel animadverterint consilium hominis occasione sibi data sacrae alicujus aedis obscurae ambiguaeve nuncupationis, pro insinuandi fabulis suis pia impietate, ut sic dicam, turgentibus, abutendi.

76. Eodem ille confisus aequivoco nominis e duobus sanctis unum atque eumdem facere pro ludo habuit. Celebrantur nempe apud Bellovacensem Ecclesiam apostoli, ut vocant, sui atque primi episcopi S. Luciani, qui cum S. Dionysio in Galliam venerat, octava die Januarii martyrium (210). Nunc non quaerimus quisnam Dionysius annuntiaverit Gallis, aut quo tempore, Christianum Evangelium. Quidquid enim sit, acta Luciani martyris ab Odone I, ejusdem urbis Bellovacensis praesule, ut fama est, sub Carolo Calvo scripta, dubitare non sinunt de ejusdem, cum agone, tum agonis sociis, nempe Maximiano (alias *Messiano*) et Juliano, de quibus accurate Bollandus in notis diei VIII Januarii; qui et XV. Septembris, et XVI Octobris factam fuisse horum trium sociorum corporum quamdam translationem ex veteribus mss. martyrologiis observat.

77. Diversus omnino est ab hoc Luciano Bellovacensi Lucianus martyr Vicensis Cataloniae urbis, qui cum Marciano sodali triumphavit in Decii persecutione. Quorum similiter acta germana, ut videtur, sincerae que antiquitatis, ac solemnis tunc temporis formae in conscribendis hujusmodi religionis causis consignata notis, in Vicensis ejusdem Ecclesiae breviario, et in antiquissimo libro Sanctorali, veteri gentis lingua, qua utuntur et Galli Provinciales, conscripto; et alia valde antiqua relatione in archivo Ecclesiae jam dictae conservata ad manum habuit, quae in historia sua *Cataloniae Sanctorum* (*fol.* 99) repraesentaret vir aeque doctus ac pius Antonius Vincentius Dominicus ordinis Praedicatorum, ex eoque Hieronymus Puiades in Chronico suo ejusdem principatus lib. IV, cap. 55.

78. Et tamen haud veritus fuit, tanquam omnes umbra essemus, haec Pseudo-Liutprandus effutire verba (*ad aeram* CMXL, *ann.* 902): « Sancti, Luciani pontificis et martyris, comitis sancti Dionysii Areopagitae, ossa Bellovaco ad urbem Vicensem translata sunt. » Eodem scilicet fallendi genio, quo gemellus ejus Pseudo-Dexter animabatur, cum scriptum reliquit ad annum 308 : « Reliquiae sancti Luciani episcopi Vicum (211) transferuntur; » sexcentis tamen et amplius annis ante memoratam a Liutprando translationem. Hae sunt, quibus mendaces deprehenduntur, notae. Frequenter enim *mentiri solet iniquitas sibi*, de quo sacrae nos litterae admonent.

79. Neque contentus adnominationis hoc velamento abuti, absque ullo etiam nostrae gentis coelites ex alienarum gentium coelitibus facit, aut qui nusquam noti sunt, pro notis laudat. Paulum scilicet Jac-

(211) Nec *Vici*, aut *Urbis Vicensis*, nomen persequente Christianos Decio, nec nisi ad Ludovici Pii tempora cognitum usquam fuit: qui *Ausonam*, sive *Ausam* urbem a Mauris eversam utcunque restauravit; et quod impar esset ob civium paucitatem atque infrequentiam sustinendo *Urbis* nomini, *Vicum* Ausensem, sive *Ausonensem* appellavit, ut alibi a nobis dictum. Hodie indigenis *Vich d'Osona*, vulgo *Vique*.

cetanum episcopum. « Memoria, inquit (*ad æram* DCLI, *ann.* 613) S. Pauli episcopi Jaccetani, qui Romam dum visitat, cum aliis duobus sub Decio martyrium patitur sexto Idus Februarii. » Oculos nempe habuit ad hunc diem 8 Februarii in Martyrologio Romano, in quo Romæ SS. martyrum Pauli, Lucii, et Cyriaci memoriam ex codice monasterii S. Cyriaci restituit Baronius. Quem Paulum Galesinus episcopum fuisse addidit. In Florentini antiquo Martyrologio « Romæ » legitur : « Depositio S. Pauli episcopi. » Videsis ibi Florentinum, et in opere magno *De actis sanctorum* Bollandum. Qui omnes conqueruntur nusquam de loco episcopatus significari. Qua data porta ruit noster, et Jaccetanam urbem (*Jaca* nunc in Pyrænеis, et Aragoniæ regno) tanquam ex cortina pronuntiavit.

80. Cœlestinum, SS. Saturnini et Neapoli Romanorum martyrum socium, laudat Baronius, et Galesinus die 5 Maii. Alibi tacetur locus, nempe in Martyrologio Florentini, de quo plura hic in Notis. Hunc fingit Pseudo-Liutprandus (*ad æram* DCLX, *ann.* 622) in Hispania fuisse consularem, ejusque memoriam apud nos floruisse.

81. « Anacirardum, ait (*ad æram* DCCCLXXXVIII, *ann.* 850), eremitam ex Germania venisse in Lusitaniam, et in ripa fluminis Tagi prope civitatem Scalabim sancte vixisse, reversumque ad Italiam, non longe a lacu Tigurino vulneribus confectum, et martyrizatum 4 Februarii. » Fingit hic se hujus rei haud conscium Higuera, et Anacirardum eumdem facit cum Lietphardo, cujus Molanus die 4 Februarii meminit; aut certe alterius quam Higueræ illa nota est huic loco affixa. Nam Liutprandi gemellus Julianus (*in Chron.* num. 436), parum mutato nomine *Hancarardum* vocat, atque eadem de illo refert, adjiciens singularia hæc : « Manent aliqua vestigia adventus hujus sancti abbatis in Lusitaniam in oppidis ejusdem provinciæ Ataugia et Meinardo. » Cujus observationis interpretationem si quærimus, Joannes Tamaius succurrit, *Atouguia* oppidum prope Scalabim, sive *Santarem* civitatem Tago adjacere : in quo subordinatus fuit *Augiæ majoris*, sive *Reichenaugiæ*, quod Germanice *divitem insulam* sonat, insignis monasterii, hoc vestigium nominis, quod insinuaverat falsus ille chronologus, atque item ait prope idem oppidum esse vallem *de Bollardo* dictam, hoc vocabulum vix distare a *Meinardo* subjungens, quod verum et vulgare magis sancti eremitæ nomen fuit.

82. Sed relinquo libens non insanis lectoribus Tamaianam hanc conjectationem Alpinis/ frigidiorem nivibus dijudicandam. Plane hujus sancti Helvetici eremitæ ac martyris Meinradi, aut Meginradi, monachi prius in Augiæ-Divitis monasterio, deinde eremi Nigræ-Sylvæ viginti sex annorum incolæ, tandemque a duobus latronibus interfecti, supersunt acta anonymi auctoris, quem Bennonem, secundum hujus eremi incolam, non temere judicavit Bollandus. Hæc acta, cum Surius aliquantulum mutata, tum Christophorus Hartmannus in annalibus suis Einsidlensis S. Meinradi monasterii, quod in in eodem loco ejus martyrii postea fuit erectum ; tum demum Bollandus nuper laudatus in Actis sanctorum Januarii die 21, publicavere. In quibus disertis verbis habemus notatum, eremitam nostrum priorem a se petitum juxta Tigurinum, seu Turicinum lacum, eremi locum septem annis habitasse; indeque interius per quatuor milliarium spa-

(212) Antiquarienses quotquot hodie supersunt lapides vidi ac descripsi ante hoc triennium; Corneliorum autem *Proculi* aut *Bassi* cognomina nullibi reperi. In extimo veteris templi maximi, ejusque cœmeterii muro versus flumen exstat M. CORN. mentio:

tium secessisse in aliam eremi vallem, in qua usque ad mortem solitarius vixit. Verba hæc sunt (*cap.* 2 *Vitæ seu Actorum*) : « Ibi dum per septem annos superni regis militiam exegisset, multitudinem populi ad se venientis ferre non valens, mutavit locum; atque a prædicti laci littore quatuor millibus distantem reperit planitiem inter montes accessu valde difficilem. Ibi adjuvantibus viris religiosis, et maxime quadam abbatissa Heiluviga nomine, necessaria voti sui construxit habitacula, atque in eodem loco quod erat reliquum vitæ permansit. » Quam sit hoc verosimilius migratione Liutprandiana et Julianea Meinradi ad Lusitaniam, in qua tunc temporis Christiani Gallæciæ sive Oveti reges Alphonsus Castus, aut Ranimirus I, aut Ordonius I, qui æquales Meinrado vixere, cum Saracenis bellum gerebant, inter quos vix sperare potuit Christianus homo vitæ quietæ ac solitariæ copiam, prudentes judicent.

83. Eadem temeritate quovis famæ detrimento coercenda, e priscis Romani ritus ac temporis ethnicorum inscriptionibus excitat Christianos et apostolicos viros, et martyres Toletanos fabulator. Nonne enim talia sunt, Cornelium Proculum, et Cornelium Bassum a discipulis S. Jacobi conversos pontifices martyresque factos celebrari Antiquariæ in Bætica, quod in Liutprando legitur (*ad æram* DCCXXIV, *ann.* 686)? In quo habetis tuit respectus ad inscriptionem duplicem, quarum alteram M. Cornelius Proculus Liviæ Augustæ, alteram Cornelius Bassus Caio Cæsari pontifex uterque Cæsarum, quomodo se appellant, dedicavere, quasque vel nunc gemini præseferunt lapides Antiquariæ urbis [*Tamaius in notis hujus loci*] (212).

84. Et cuinam alii noti sunt SS. Maria, Joseph, Victor, et Theodorus, Castri Octaviani in Catalonia MM. quorum ad annum 785 sive æram DCCCXXIII, et Genesius Cordubæ passus sub Nerone, cujus ad annum 668, sive æram 706, Liutprandus mentionem habet? Certe hunc secundum enixe admodum, propter frequentem Genesii martyris nuncupationem in Hispanis quibusdam Ecclesiis, non jure abrogata sive Arelatensis sive Romani Genesiorum memoria, Hispanum asserere civem et martyrem Higuera contendit. Nam et ad partes venit non semel, Julianus (*in Chron.* num. 376, et Adv. 449, 389, 481) laudata æde sacra Toletana Genisii martyris, Cordubensis, a quo habemus Hispanum fuisse et militem legionarium in castello Nunetensi (*Nuez*, juxta Toletum, ad radicem montis *de Altamira* dicti); celebrarique ejus festum 20, sive, ut legendum est, die 25 Augusti; corpus autem ejus e Corduba Alarcurrim, indeque Toletum fuisse translatum.

85. Hæc omnia in *Adversariis* (149 *et* 481). Quibus aperte hunc distinguit a Genesio alio Anastasii socio die 11 Octobris in Rutenio Hispaniæ (Dexter *Mantuæ Carpetanorum* ait ad annum 553) martyre. Cujus in Adv. 326 meminit. Atque idcirco non debuit vir clarissimus D. Laurentius Ramirezius a Prato ad Franciscum Bivarium de Genesiis scribens, omnia hæc Juliani testimonia de eodem Genesio accipere, differentiamque diei martyrii corrigere velle : de quo Bivarius in responsione eum admonuit, variationem Juliani ad conditionem *Adversariorum* quæ tumultuariam observationum formam continent, rejiciens. Quidquid tamen is dicat de quatuor Genesiis, I. Arelatensi, II. Romano, III. Barcinone nato, Mantuæque Carpetanorum cæso,

GENIO
MVNICIPI. ANTIK
IVLIA. M. F. CORNELIA
MATERNA. MA :: ER
M. CORN.:::::::::::: IA
TESTAMEN:::::::::::::
IVSSIT

cujus acta profert, iv demum Cordubensi, de quo nunc agimus: certissimum haberi debet, non alteri quam i Arelatensi exceptori sive notario publicc oblatum ab Hispanis cultum in dedicatione ecclesiarum fuisse. Quod maxime de Toletanæ urbis ac territorii, quo Mantuo-Carpetana, seu Matritensis curia comprehenditur, sacris ædibus a Genesio martyre nuncupatis, fateri oportet. Ad Toletanorum enim res et usum præcipue spectare quidquid in Gothicos ecclesiastici ritus libros ab Isidoro Hispalensi Hispaniarum doctore vulgo appellatos, cum ab ipso, tum ab aliis Toletanis episcopis fuit conjectum; indeque desumendum antiquorum in solvendis sacris his officiis propositum, nemo inficiabitur.

86. Atqui non de alio quam de Genesio Arelatensi in Breviario et Missali Gothico ad vicesimum quintum Augusti diem fit mentio: ubi prostat officium proprium hujus martyris cum hymno, unde hæc ad rem nostram exscripsimus:

Genesius igitur ille juvenculus,
Civis eximius Arelatis oppidi,
Ætatis peragens floscula primulæ
Injuncto paret ordini.
Exceptor igitur dum nitesceret,
Ac jussa tabulis publica scriberet,
Afflatus subito munere cœlico,
Quo vota cumulat pia,
Extemplo officium ab uit impium,
Et ceris renuit imprimere manum,
Cœlestis cupiens effici accola
Vita, votisque, moribus, etc.

Et putasne ad alterum olim directum cultus solemnis officium, alteri autem Genesio dicata fuisse sacra templa, non Matriti tantum, Toletique, aut Cordubæ; sed et Hispali, et Salmanticæ, ac forsan alibi? Credant Bivarius, Ramirezius, Tamaius (qui carmen quoddam Cypriani sui Cordubensis hypoboliæi adducit), Argaiziusque superstitiose his falsis historiæ numinibus assurgentes; non cæteri, quibus intimatum jam sæpius fuit devitare hos scopulos, quibus jam fere universæ antiquitatum nostrarum auctoritas navem allisimus.

---

# PROLOGUS P. HIERONYMI DE LA HIGUERA

## IN

# CHRONICON LIUTPRANDI.

(Apud Reuberum, *Collect. vet. script.* Antwerp. 1649.)

Ex libro Gothico ex bibliotheca Fuldensi detracto, Wormatiamque allato, exemptum est Chronicon Eutrandi, vel Luitprandi, Toletani quondam subdiaconi, levitæ vero Ticinensis. De quo quid auctores dicant, primo dixerim. Meminit ejus Onuphrius Panvinius in principio Chronici ecclesiastici, et in ipso Chronico anno 959 his verbis: « Vitichindus monachus Corviensis, et Luitprandus Ticinensis, historici; » dominus Didacus Hurtado de Mendoça in Memoriali; P. Joannes Mariana; cardinalis Robertus Bellarminus; Cæsar Baronius in Annalibus ecclesiasticis; et Trithemius De scriptoribus ecclesiasticis: « Eutrandus, vel Luitprandus (215) Ecclesiæ Ticinensis diaconus, ex Papia civitate oriundus, Berengarii regis Italiæ quondam scriba et secretarius, vir in sæcularibus litteris satis eruditus, et divinarum Scripturarum non ignarus, ingenio acer et vehemens, Græco et Latino sermone peritus, et non minus carmine excellens quam prosa, fertur nonnulla præclara scripsisse opuscula, quibus nomen suum notificavit. A Berengario rege Italia pulsus, venit in Germaniam; apud Francofordiam positus, scripsit insigne opus, historiam sui temporis, et tyrannidem ipsius Berengarii continens. Quod, quasi pro vicissitudine injuriarum ab eo perceptarum, prænotavit Antapodosim, id est, Retaliationem, libro septimo. Regnantibus, imo sævientibus de aliis, vidi nihil. Scripsit præfatum volumen ad Regimundum Illiberitanæ Hispaniarum Ecclesiæ episcopum, in quo aliquando carmine utitur, aliquando Græco sermone, multa de Germanorum gestis interserens. Claruit sub Othone imperatore anno Domini 950.» Nota legendum pro *Regimundum*, Tractemundum. Erratum est et in Historia, *Raimundum*, pro *Tracte-*

(215) Jodocus Badius Ascensius in editione librorum Luitprandi de Reb. gestis per Europam *Liutprandum* nominat, et edidit; et in epistola prosphonetica

*mundum*. Meminit et ejus Julianus subdiaconus Toletanus in lib. De ordine archiepiscoporum, in hunc modum: « Anno 946 Bonitus Toletanus episcopus annis duobus sub hoc floruit Eutrandus sive Luitprandus, diaconus Ticinensis, Toletanus subdiaconus, et Tractemundus presbyter, post episcopus Illiberitanum, ab eodem Bonito missus; » vir doctus, cujus etiam testimonio graves auctores utuntur libenter; et in his Gabriel Vazquez, in libro De adoratione imaginum; quem cum tanta eruditione quam admiratione doctissimorum, et magna laude egregiæ Universitatis Lovaniensis, ante decem plus minus annos, in lucem dedit. Sed quid moramur in recensendis auctoribus? nullus ipso melius suis se coloribus exprimit. Sic ille in principio Historiæ in epistola: « Reverendo totiusque sanctitatis pleno domino Raimundo, Liberitanæ [ lege Tractemundo Illiberitanæ ] Ecclesiæ episcopo, Luitprandus Ticinensis Ecclesiæ, suis non meritis, levites, salutem. Biennio ingeni parvitate petitionem tuam, Pater charissime, distuli, qua totius Europæ me imperatorum regumque facta, sicut is, qui non audita dubius, sed visione certus, ponere compellebas. Hæc siquidem res animum deterruit meum, ne id inciperem, [*forte*, susciperem] copia (cujus sum penitus expers) dicendi, et detractorum invidia. Qui supercilio tumentes, lectionis desides, ac (secundum eruditi viri Boëtii sententiam) philosophiæ vestis particulam habentes, totamque se habere putantes, hæc mihi sunt insultantes dicturi: Tanta majores nostri scriptitarunt, ut multo amplius lectores quam lectiones deficiant; illudque comicum garrient: Nihil dicitur quod non fuerit dictum prius. Quorum latratibus hæc respondeo, quod philosophi, more

*Liutbrandum* ab aliis agnitum scribit. Nos vero, *Luitprandum* semper excudendum curavimus.

hydropicorum (qui quo amplius bibunt, eo ardentius sitiunt) quo sæpius legunt, eo avidius nova quæque perquirunt. Qui si perplexa facundi Tullii lectione fatigantur, apertis saltem næniis animentur. Nam, ni fallor, sicut oculorum obtutus, nisi alicujus interpositione substantiæ solis radiis reverberatus, obtunditur, ne pure, ut est, videatur: ita mens academicorum, peripateticorum stoicorumque doctrinarum jugi meditatione infirmatur, si non aut utili comœdiarum risu, aut heroum delectabili historia refocillatur. Quod si priscorum ritus exsecrabilis paganorum, non solum, inquam, non proficuus, verum auditu ipso non parum nocuus, Thronus [al. Tonus] memorandus inscribitur; quid istorum imperatorum facta, Julii, Pompeii, Annibalis, fratrisque ejus Asdrubalis, ac Scipionis Africani, insignium imperatorum laudibus coæquanda, silebuntur? cum præsertim insit iis Domini nostri Jesu Christi, dum sancte vixerint, bonitas recitanda; dum quid deliquerint, salubris ab eodem correctio memoranda. Nec moveat quempiam, si enervatorum facta regum, principumve effeminatorum, huic libello inseruero. Una est enim justa omnipotentis Dei, Patris scilicet, Filiique, et Spiritus sancti virtus; quæ hos juste suis pro sceleribus comprimit, illos meritis dignis extollit. Hæc, inquam, est vera Domini nostri Jesu Christi sanctis facta promissio: Observa, et audi vocem meam, et inimicus ero inimicis tuis; et affligentes te affligam, et præcedet te angelus meus (*Exod.*

xxiii 21-25). Per Salomonis quoque os Sapientia, quæ est Christus, clamat: Pugnabit pro eo orbis terrarum contra insensatos. (*Sap.* v, 21). Quod quotidie etiam qui stertit, animadvertit. » Postea idem auctor loquitur primo capite hujus operis, quasi non ignarus rerum Hispanicarum: « Quemadmodum, inquit, tuam, Pater, prudentiam minime latere reor, imo melius scire, sicut ab ipsis, qui vestri sunt tributarii regis Abderahamenis, potestis conjicere. » Narrat enim ibi, quod viginti Saraceni venerunt de Hispania in navicula, et invaserunt oppidulum quoddam forte, nomine «Fraxinetum», in confiniis Provinciæ et Italiæ; et venientibus ex Hispania centum Mauris, illorum auxilio ibi remanserunt. Et lib. v, cap. 3, idem asserit: « Hoc in tempore rex Hugo, datis decem nummorum modiis, pacem cum Hungaris fecit; quos ab Italia acceptis obsidibus expulit, atque in Hispaniam dato eis præduce direxit. Quod vero et ad Hispaniam et ad civitatem ipsam, in qua rex morabatur, Cordubam non venerint, hæc causa fuit: quoniam triduo per inaquosam et asperam viam ducti, cum timerent se siti perituros, præduce sibi ab Hugone concesso morte tenus vulnerato, celeriori cursu reversi sunt. » Cardinalis Cusanus in opere, quod De concordia catholica ad concilium Basileense scripsit, citat Luitprandum tanquam auctorem gravem, et maxime verum. Sed hæc instar proœmii sufficiant; jam ad rem ipsam.

# CHRONICON LIUTPRANDI

## TICINENSIS DIACONI, TOLETANI VERO SUBDIACONI,

AD

## TRACTEMUNDUM [AL., REGIMUNDUM]

### EPISCOPUM ILLIBERITANUM.

*Epistola Tractemundi [al., Regimundi] episcopi Illiberitani in Hispania ad Luitprandum diaconum Ticinensem et Toletanum subdiaconum.*

Sancto et amabili filio Luitprando, olim Ecclesiæ Toletanæ subdiacono, Ticinensis vero levitæ, Tractemundus, Ecclesiæ Illiberitanæ peccator episcopus, salutem in Domino nostro Jesu Christo.

Lectis tuis litteris, fili charissime, magna consolatione suffusus sum, sciens te recte valere, ac in Germaniæ longa peregrinatione, in patientiæ perutili exercitatione valde proficere. Etenim vita nostra militia est (214), a multis quidem retro temporibus

### P. DE LA HIGUERA ET D. LAURENTII NOTÆ.

Satis multis dictum est de Eutrando, vel Luitprando, subdiacono Toletano, diacono vero Ticinensi, qui fuit a secretis Berengarii imperatoris junioris; postea venit in Germaniam, et anno 970 scripsit *Chronicon,* quod scholiis illustrare conamur: anno vero 973 venit Toletum ex cœnobio Fuldensi; ac senectute et ægritudine confectus fatis concessit. Sepultus est (ut refert Julianus archipresbyter S. Justæ) in eadem basilica: vir egregio præditus ingenio, et ad poeticam bene natus. Quem ordinem secutus sum in illustrandis Dextro ac Marco Maximo, in hoc etiam illustrando sequar. P. H.

(214) *Etenim vita nostra militia est.* Apponit textum Job cap. vii, ŷ. 1, et addit explicationem illi loco explanandæ genuinam. Agnoscit namque vitæ pericula, et nisi jubente Domino, abitionem nobismetipsis dicere non licere. *Militiam,* πειρατήριον, interpretantur Septuaginta, *exercitationem,* seu probationem; scilicet militiæ pericula, quid aliud, quam probationes et exercitationes? Insuper animadvertendum, ut militiæ tempus non longum, et occasio debellandi brevis; ita vita: et sicut duobus vel tribus mensibus fit congressio, postea canitur receptui; sic ad tempus vivimus, ad temporis præfinitionem laboramus: tunc ab imperatore missio datur, et e præsidio disceditur. Appositissime Cicero De senectute: « Vetatque Pythagoras injussu imperatoris (*id est* Dei) de præsidio et statione vitæ decedere. » Adducam novum antiquum testimonium, quod, ne a blattis et tineis adesum pereat, edo et luci do, elucidabitque totam rem. Est D. Alphonsi de sancta Maria, archiepiscopi Burgensis, qui Joannis II Castellæ regis jussu, aliqua opera Senecæ, Hispano sermone donata evulgavit, et illustravit Notis: quæ omnia antiquissimis characteribus scripta habeo; et quorum meminit Ferdinandus del Pulgar in Viris illustribus titulo 22. Ait ergo ad

gravis et difficilis, et innumeris periculis incommodisque inexcogitabilibus exposita, donec ad littus optatissimæ patriæ pervenire Dominus nobis concedat. Quod autem desideras scire de me, sic habeto : nos versari in isto oppido Granatensi Illiberitanæ nostræ civitati proximo (215), inter fideles Muzarabes, qui cum improbis Saracenis (utcunque possumus) conflictantes, quotidie morimur; sed gratias Deo Patri, et Domino nostro Jesu Christo, ejus Filio, qui dat ferre posse, et inter tot adversa fidem catholicam viriliter confiteri. Quotidie crebro pro meis omnibus ovibus oro ; diebus Dominicis ad patientiam constantiamque eos exhortor; aliquando legi facio epistolam S. pontificis Adriani papæ, quam de hoc argumento ad Egilonem prædecessorem meum sanctæ memoriæ pontificem misit, quæ in Tabulario nostræ Ecclesiæ reverenter servatur, sicut aliorum Romanorum pontificum, et diptychon sacrum et episcoporum hujus Ecclesiæ; quæ Cæcilium habuit primum pastorem, S. Jacobi, cum venit in Hispaniam Jerosolymis, individuum comitem; jugisque memoria sanctorum martyrum, qui in persecutionibus Ecclesiæ pro fide catholica constanter passi sunt; nec desunt, quos Saraceni mactatos, et in occisione gladii necatos ad cœlos transmittunt in dies. Ora pro me, fili charissime. Gratanter accepi librum tuum, id est, *rerum gestarum in Europa Historiam*, et præterea *Antapodosin* tuam carmine prosaque contextam, ut fecit olim sapiens Boetius in libro De consolatione philosophica. Quem librum Boetii Severini (memini) diligenter nos duo percurrimus Toleti, cum ego presbyter essem, tuque subdiaconus illius sanctæ Ecclesiæ Toletanæ : quæ semper vera fuit filia primogenita Ecclesiæ sanctæ Romanensis, et cum patriarchalibus, post Romanensem, merito comparanda : cujus pastor, totius est Hispaniæ primas et patriarcha. Plane libri, quos misisti, crebram sapiunt lucernam, et tuum felix redolent ingenium. Heu! scito nos maxima rerum omnium necessariarum commoditate destitui ; nam

ægre sustentamus vitam in hac flebili duraque captivitate, nedum, ut liceat nobis aliunde magnam librorum importare supellectilem. Quapropter, fili charissime, obsecro te, et per nostram veterem amicitiam impense obtestor, ut vitam S. Jacobi Hispani, in Piceno sancte mortui primo Novembris, et Metasthenis Persæ librum De Monarchiis, ubi in Persarum ponit Darium, Cyrum, Cambysem et Artaxerxem, post alterum Darium Longimanum, et sicubi in Germaniæ bibliothecis delitent Dextri Marcique Maximi scripta in membranis chronica, quæ nusquam in Hispaniis reperire potui, exscripta ad me quamprimum mittas, et de tuo addas ab anno 612, ubi finivit Maximus, usque ad tua tempora, hoc est, ad annum 960. Multum fortassis te onero, sed tibi perfacile erit hoc officium, mihi certe jucundum, ne dicam amori in te meo pene debitum. Vale, fili charissime, et pro hoc sene prolixius Deum ora.

*Responsio Luitprandi* (216).

Admodum reverendo, et totius sanctitatis pleno TRACTEMUNDO [*al*., REGIMUNDO] episcopo Illiberitano in Hispania, LUITPRANDUS, non meis meritis Ecclesiæ Ticinensis levites, salutem, et omnimodam observationem.

Gratum mihi fuit, beatissime papa ac domine multum observande, quod *Antapodosis* nostra, in qua nunc carmine nunc prosa ludo, tandem ad manus tuas pervenerit; nec minus meo sedit animo (217), quod meam *rerum gestarum in Europa Historiam* perlegeris. Quæ mihi quodam modo placere incipiunt, cum tibi viro recto doctoque quodam modo probari video, sequererque tuam in ea parte sententiam, nisi scirem amorem interdum cæcutire; quanquam, quod de tam cæco judicio liberem, faciunt integritas vitæ tuæ et amor veri, qui semper tuis intimis sensibus ab adolescentia hæsit. Postremo non minus jucundum mihi fuit, quod modo jubes, ut in Fuldensis monasterii [bibliotheca (ubi nunc exsul bibliothecarius immoror) quæram tibi

P. HIGUERÆ ET DE LAURENTII NOTÆ.

cap. 15, fol. 55 : « Todas estas palabras parece que quiere concluir Seneca, que es licito al home fuir de la vida. lo qual no es ansi, antes es cosa muy reprobada, no solamente segun la verdad catholica, mas aun segun los gentiles, con Tulio en el Sueño de Scipion, dice que no debe salir el anima del cuerpo, si non por mandado de aquel que la puso, que es Dios. En otra guisa pareciera fuir del oficio e cargo que Dios le dio. Ca ansi como de la gueste non debe partir ninguno sin mandado del Principe, ansi desta vida, laqual, segun dice Job, es como una cabelleria sobre la tierra, non debe alguno partir, si non quando Dios lo llama. » Pluribus hoc prosequitur, quæ, brevitati ut consulam, omitto. Docet ergo retinendum animum in custodia corporis, nec injussu ejus, a quo nobis est datus, ex hac vita demigrandum. Ideo Hebræi mori vocabant יצא, et Græci ἀπολύεσθαι, id est, dimitti : ut invenitur Numeror. cap. xx in fine. Vulgare Græcorum loquendi genus sic expressit Themistius lib. De Anima: Ἀπολύεσθαι τὸν ἀποθνήσκοντα, καὶ τὴν τελευτὴν ἀπόλυσιν καλοῦσιν, id est, *eum qui moritur, aiunt dimitti ; et mortem, dimissionem vocant*. Plutarchus in Consolatione : Ἕως ἂν ὁ Θεὸς αὐτὸς ἀπολύσῃ ἡμᾶς

donec Deus ipse nos dimittat. Vide divum Augustinum, De Civitate Dei, lib. I, cap. 19 et seqq., cujus verba referuntur in cap. Si non licet, 23, quæstione 5. Ex nostris jurisconsultis multa cumulavit D. Balthasar Gomezius de Amescua, Toletanus, in peculiari Tractatu *De Potestate in seipsum* : Grotius *De Jure belli*, lib. II, cap. 19, n. 5 ex alienis. D. L.

(215) *Nos versari in isto oppido Granatensi Illiberitanæ nostræ civitati proximo*. Vide quæ notavi ad Chronicon. num. 202. D. L.

(216) *Responsio Luitprandi*. Meminit hujus epistolæ, et ejus, cui respondit Luitprandus, Julianus in Chronico, num. 505 : « Florebat per id tempus et Toleti presbyter Trasemundus (*lege* Tractemundus) post Illiberitanus episcopus, vir sanctus : ad quem Eutrandus scripsit, subdiaconus Toletanus, post Ticinensis diaconus, et ipse etiam scribit. » D. L.

(217) *Sedit animo*. Obvia significatione pro *placere*. Virgilius lib. II, Æneid. *Et sedet hoc animo* : non ignota jureconsultis. Testatur Ulpianus in l. *Si fidejussor*. π, qui satisdare cogantur ; *Si hoc, ait, judici sederit*. D. L.

Chronicon Dextri, quod Marcus Maximus monachus Benedictinus, postea episcopus Cæsaraugustanus, prosecutus est. Et insuper obnixe petis, ut ad nostra tempora seriem annorum perducam : nam dicis maxima vos laborare quorumdam librorum penuria. Etenim inter barbaros et inhumanos Saracenos copia non suppetit rerum ad vitam transigendam necessariarum, nedum ut habeatis locupletem librorum supellectilem. Dolui quidem vicem tuam, reverendissime Pater, quod adeo dure vitam exigas in hac urbe Bæticæ non infima : nec enim ita duriter, sed paulo mollius [*al.*, melius] agebamus, cum Toleti quondam conviximus. Leniebat enim feroces barbarorum animos, hinc præsulum Toletanorum singularis auctoritas, illinc vero mirabilis bonitas et patientia. Auctoritas, ut tu bene nosti, partim amplitudinis antiquæ adhuc remanente nitore, partim quod ea niteretur favore præsidioque regum Ovetensium catholicorum, qui litteris crebris commendabant regibus Toleti rem, auctoritatem, bonamque tractationem, cum fidelium omnium, tum maxime Toletanorum antistitum : eratque hoc, ut bene nosti, velut quoddam frenum, ne, quod liberet illis, omnino licere putarent. Quod non accidit episcopis in Bætica constitutis, quibus omnibus potentissimus imperator præsidet. Sed soleris te, Pater optime, in tantis angustiis constitutum, sicut bonus pastor ovibus tuis es so atio et auxilio, qui quotidie mortem libenter subis, illarum causa. Fac, obsecro, ut libros hos conciliorum, et epistolarum decretalium, et nomina sanctorum martyrum Hispanorum, ad sanctissimum pontifice.n, re nomineque vere *servum Dei*, transmittas. Porro chronicon, quod petis, in hujus bibliothecæ reperi vetusta membrana descriptum ; adjecique, ut jussum est abs te, annorum seriem ad hæc usque tempora, id est ad annum 966. Et gratulor mihi, quod, cum Toleto (ubi, sub sanctissimo præsule Toletano Bonito (218), subdiaconus fui) in Italiam proficiscerer, aliquot historiæ libros mecum asportavi, in quibus ordine erat series collecta multorum Hispaniæ episcoporum : quos et in hac bibliotheca reperi, jussu, credo, sancti Caroli Magni imperatoris ex Hispania allatos, quos, ut aiunt, illi obtulerat sanctissimus Elipandus archiepiscopus Toletanus, postquam illum erroris sui de adoptione Christi serio et vere pœnituit (219). Ad quod manifestandum. concilium episcoporum suffraganeorum et abbatum collegit; et coram omnibus abjurato publice errore, fidem sanctæ Romanæ Ecclesiæ confessus est, ut tu melius nosti. Igitur feci quod jussisti, beatissime Pater; an voto conatus responderit, tu videbis qui jussisti ; et servum hunc exsulem in oratione Deo commenda. Vale.

Incipiam tamen ab anno 606 æra 644, et ordinem

### P. HIGUERÆ ET DE LAURENTII NOTÆ.

(218) *Præsule Toletano Bonito*. Vide Julianum in Chronico, ubi agit de Bonito num. 440, anno 859 : « Qua re cognita, mense Aprili, cogitur iterum synodus, et sine ulla difficultate eligitur S. Bonitus, episcopus Toletanus, natione Gallus, Arvernensis civis : » et num. 441, 442, et 444. D. L.

(219) *Sanctissimus Elipandus archiepiscopus Toletanus, postquam illum erroris sui de adoptione Christi serio et vere pœnituit*. De abbate Genesio, quem Carolus Magnus misit in Hispanias legatum, ut ab hoc errore averteret Elipandum, et alios ejus sequaces ; vide Julianum in Adversariis, et quæ diximus ad num. 103, et num. 265, cujus verba sunt : « Nec multo post ivit (*Genesius*) in Hispanias, missus a Carolo Magno, ad Felicem Urgelitanum episcopum, et Elipandum Toletanum, in negotio adoptionis Christi : et ivit Romam ad Adrianum papam, attulit ejus epistolam ad Carolum et episcopos. Interfuit conciliis Francofordiensi et Italico. Retulit epistolam Caroli ad Elipandum, cum quo disputavit, et eus rationibus et precibus Elipandus resipuit, manente in sua perfidia episcopo Felice. »

Nuper luci dedit P. Jacobus Sirmondus epistolam Adriani papæ, et Caroli Magni, concilium Francofordiense, libellum episcoporum Italiæ concilii decreto missum (de quibus Julianus in Chronico num. 402) atque Synodicam concilii ab episcopis Galliæ et Germaniæ ad episcopos Hispaniæ, in tom. II Conciliorum Gallic., fol. 161, 167, 175, 186 et 195 ; et canonem primum concilii apponit, ubi damnatur hæresis Elipandi et Felicis ; ubi Felix Urgelitanæ sedis episcopus asseritur, et non Toletanæ, ut late dicemus alibi.

De Elipando autem, qui erravit in adoptione, quam tribuit Domino nostro Jesu Christo, idem Julianus in Chronico num. 402. Qui resipuit, monitionibus Adriani P. M. et Caroli Magni imperatoris, dicto num. 402; vide plura num. 404, 406, 409, 410, 411. Agit gratias Carolo num 414. Moritur sancte num. 415. Nunc testem ad id irrefragabilem, integræque frontis produco Jonam Aurelianensis Ecclesiæ episcopum, qui libros tres « De Cultu imaginum, » Carolo Calvo adversus hæresim Claudii præsulis Taurinensis, ante annos quidem 770 inscripsit; quamvis, ut ait eminentissimus cardinalis Baronius, tom. IX, anno Christi 825 ; ita Jonas confecit bestiam, ut ab Ecclesia catholica præmio dignus minime fuerit judicatus, et notat P. Hieronymus de la Higuera, num. 292. At in ipsius operis limine sic ait : « Ut igitur cæteros omittam, emersit ex eadem Hispania, tempore sanctæ memoriæ Caroli piissimi atque invictissimi Augusti, quidam Felix nomine, actu infelix, Urgelitanensis civitatis episcopus : qui, juncto suo sceleratissimo errori Eliphanto [*lege* Elipando] Toletanæ urbis episcopo, secundum humanitatem, non esse proprium Filium Dei, sed adoptivum, prædicare ausus est. » Suffragatur Julianus in dicto, num. 265, in Adversariis, et in Chronico num. 401, *Elipandus Felicis Urgelitani pontificis discipulus,* etc. De Elipandi pœnitentia Jonas nihil addit; de qua iterum Luitprandus in Chronico num. 259, cujus usque Julianus meminit, num. 402, 411 et 415. Aimoin. 4 Rer. Franc. 83. Rhegino in Chronico, Ado Viennensis lib. II, quos inter antiquos recenset et inter recentiores morales Hist. Hisp., lib. XIII, c. 26. Schotus jurisconsultus biblioth. Hisp. Joannes de Mariana, lib. VII Hist., cap. 8. Beatum et Heterium contra Elipandum scripsisse agnoscunt multi : quod quidem testatum reliquit Julianus in Chronico, num. 401 : « Scripsit contra eum [Elpidium] Heterius, adjuvante Beato ; et hic liber est in nostra bibliotheca. » Erudite de his, uti solet, Joannes Eusebius Nierembergius Societatis Jesu presbyter in epistola, quam mihi scripsit, et excudendam curavi inter notas ad epistolas præsulum, ne tanta defraudarem doctrina; cui bene consulere, munus et honos mihi est. Strictim pauca exaravit P. Hieronymus de la Higuera ad n. 260 nostri Luitprandi in Chronico. D. L.

in scribendo sequar, quem secutus est M. Maximus ; hinc per æras, Hispanorum more ; illinc vero per annos Christi (nihil de consulibus, aut de egiris A Maurorum) producamque hoc nostrum Chronicon usque ad annum 960. Post etiam misi hæc Heromo episcopo Bracharensi.

# CHRONICON LUITPRANDI.

**ÆRA DCXLIV.**      **ANN. CHRISTI DCVI.**

1. Toleti nascitur S. Ildefonsus præclarissimis parentibus, in domo Stephani et Luciæ, 18 die Decembr., in domo quæ nunc Toletanorum Muzarabum nobilium ; ille vero postea fuit Toletanus archiepiscopus.

2. Floret Metis S. Rufus, patruus sancti Adelphi, antea abbatis Agaliensis, et archiepiscopi Toletani, post, episcopi Metensis : qui patruo Rufo vir sanctus successit.

**DCXLV.**      **DCVII.**

3. Mahumetus virus erroris sui fundens per Hispanias, Cordubæ, Hispali, Toleti coepit seminare : ab Aurasio Toletano archiepiscopo Toleto pellitur : catholicique doctores verbo scriptoque nefarium errorem persequuntur.

### P. HIGUERÆ ET D. LAURENTII NOTÆ.

1. De fortunatissimo natali hujus sanctissimi pontificis ante hunc auctorem nemo ; post, Julianus adhuc specialiùs. P. H.

3. De Mahumeti adventu in Hispaniam, et ejus conatu spargendæ infectissimæ sectæ Hispali, Cordubæ et Toleti, testantur multi : M. Maximus anno 606 · « Mahumetus homo impius et flagitiosus, grassatur per Hispaniam. » Ubi doctissimus P. Franciscus Bivar, heu quondam meus ! plena et erudita manu. Utinam editorem et editionem mors immatura non præoccupasset ! quæ ferre invidiam non valens, valuit tamen eum de medio tollere, nobisque abripere. Lucas Tudensis in suo Chronico, lib. II, æra 653, sic ait : « Ipso tempore Mahumet, ab Hispania turpiter fugatus, in Africa nequitiam nefariæ legis stultis populis prædicavit ; » et lib. III, « Verumtamen, ut fertur, diabolus transfiguratus in angelum lucis, quædam ei prædicebat futura. Inde est, ut in exordio suæ subdolæ prædicationis adiret Hispaniam, et Cordubæ suæ perditionis sectam doceret. » Et, quod magis est, noster rex Alfonsus, cognomento Sapiens, in suo generali Chronico, vel in eo ipsius jussu compilatores, II parte, cap. 40 : « Vino [Mahomad] à España, è fuese para Cordoba, è predico el hi aquella su mala secta. » Alfonsus Spina auctor antiquus, et non parvi habendus, in Fortalitio fidei, lib. III, in quarta expulsione : « Hujus tempore [de Sisebuto loquitur] nefandus Mahometh ab Hispania fugatur in Africam ; » quod ex Archivis fratris Ægidii Zamorensis D. Francisci alumni, historiographi regis sancti Ferdinandi III, desumpsisse fatetur. Wernerus Rolevinck in Fasciculo temporum anno 31, Joannes Vasseus ad annum 605. « Hoc anno Mahomettien pseudoprophetam Cordubæ hæreseos suæ virus diffundere in Hispanos conatum produnt. » Ludovicus Mayerne Turquet in Historia generali Hispaniæ, lib. v, pag. 182, narrat anno 605 Mahumetum Hispaniam ad prædicandum suam doctrinam in civitate Cordubensi petiisse ; at cum ipse se capiendum fore, deprehensa sua nequitia, secrete cognovisset, arripuisse fugam. Et a divo Isidoro Hispalensi præsule fugatum scribunt ; idem Alfonsus rex ibidem, in hæc verba : « E quando este supo el buen Padre san Isidro, que llegava entonces de la corte Romana, embió sus homes à Cordoba, para que gelo prendiesen, è gelo llevasen. E el diabolo apareció à Mahomad, è dixole, que se partiese de aquel logar. E estonces salio de Cordoba, è fuyó, è pasó a li en mar, è predicó en Arabia. » Concinit Vasseus ubi supra : « Quæ res cum sancto Isodoro, qui id tem-

B poris Roma (quo ad concilium a summo pontifice vocatus fuerat) redibat, innotuisset, atque ad capiendum illum misisset ; ille, sive a dæmone, sive ab alio quopiam admonitus, fuga sibi consulens, in Africam redit. Ex Fortalitio et Breviario Eborensi. » Contestatur liber antiquus manuscriptus, in Tabulario ecclesiæ sancti Marci Legionensis magna cura et veneratione servatus, mihique ex indulgentia ad transcribendum concessus. Verba sunt in extrema secunda parte : « E iendo assi san Isidro su camino para la ciudad de Sevilla, fue le dicho, que un mal hombre, que se decia Mahomat , con boca de vivora, predicaba, i enseñaba muchos errores i herejias, nunca vistas, ni oidas, con que engañaba i enponçoñaba muchas almas. I assi como lo oio san Isidro , invió à prender à Mahomat ; i el demónio, que lo supo, transfigurado en angel de luz, dixole, como su fuera mensagero de Dios, que fuese luego à otras tierras, porque no le hiciese prender san Isidro, que era poderoso en aquella tierra. » Et C paulo post : « Llegado san Isidro cerca de Cordoba, en un lugar, que se decia santa Olalla, fue le dicho, que andava à la saçon, en aquella tierra , cerca de alli un espantable dragon ; el qual avia alli parecido, desde el tiempo que Mahomad avia venido à España, i hazia mucho daño en la tierra : i luego fue alla san Isidro, i alançó aquel dragon maravillosamente. » Iisdem fere verbis D. Rodericus archiepiscopus Toletanus, in sua Historia Hispano sermone scripta, quæ tertia parte auctior est Latina, cap. 102, quam ex antiquo autographo, apud monasterium divi Hieronymi Carthusiensis Hispali, religiosis donato, marchionis de Tarifa munificentia intercedente, desumendam curavi. Alfonsus Morgado in Historia Hispalensi, lib. I, cap. 1. « Viniendo [S. Isidro] para España, obró nuestro Señor grandes milagros por su intercesion. No le osó esperar Mahoma en Sevilla, ni en toda España, adonde se avia entremetido en su ausencia, por si pudiera obrar el falso profeta en D estas partes, la maldita seta i errores , que despues obró en Berveria, en que hasta oy perseveran sus sequaces. » Ambrosius Morales, lib. I Historiæ Hispan., cap. 21, inficias it ; aitque non indigere eum defensione, qui Mahumetum in Hispaniam venisse neget. Suffragatur Padilla cent. 7 ecclesiasticæ Historiæ, cap. 21. Pater Joannes Mariana, lib. VI De rebus Hispaniæ, cap. 5, anilem asserit esse fabellam ; idque temporis rectam supputationem demonstrare manifeste : quem contra chronologiæ partem defendit affatim et docte P. Didacus Bleda in historia

### DCXLVI.

4. Theodoricus, Mediomatricum rex, Hermembergam sponsam suam intactam Wicterico regi Wisigothorum patri remittit cum muneribus; quod pater ægre fert.

### DCXLVII.

5. Fl. Claudius, S. Masonæ, episcopi Emeritensis ex sorore filius [*leg.* nepos], et Claudii Emeritensis viri clarissimi, floret.

6. Ad Segontiam Celtiberorum urbem Wicterici regis duces cum Romanis congressi, eos omnino prælio fundunt.

### DCXLVIII.

7. Gregorii papæ Magni tempore Isidorus Romam petit; et honorifice susceptus a Romano pontifice, reversus domum in pretio est.

8. Mortuo Wicterico succedit Gundemarus; ab Aurasio Toletano (ut olim imperatores Græci a patriarchis Constantinopolitanis) inungitur in æde sanctorum Petri et Pauli Toleti.

### DCVIII.

### DCIX.

### DCX.

## P. HIGUERÆ ET D. LAURENTII NOTÆ.

Maurorum, in principio, ubi de Mahometo, cap. 15. Strictim, sed dilucide Antonius de Quintana Dueñas in libro De Sanctorum Hispalens. Vitis, in S. Isidoro, § 4, pag. 161. Quos transcribere merito recuso, cum lector adire possit, et cum veram esse narrationem affirment supra adducti, nec desint alii, mirabilem in suis gestis D. Isidori virtutem agnoscentes. Iterum lector rem examinet, ac censeat; atque loco τοῦ *ab Aurasio* reponat, τὸ *ab Isidoro*. Et licet Rudericus Caro ibidem [in loco illo M. Maximi] impossibile fuisse fateatur; antiquis scriptoribus contra ire non audet. Mediam tamen eligit viam, ita ut saltim credat illius pseudoprophetæ mystas aliquos venisse, quo Hispanos suis fallaciis et dolis in eam inducerent vesaniam. Quod Maximus et alii affirmant, ipse negat: et quod ipsemet autumat, nemo est, quem ego viderim, qui scribat. D. L.

4. Id Gregorius Turonensis affirmat in Historia Francorum, Morales in Historia Hispaniæ de rege Wisegothorum Wicterico. P. H.

5. De Flavio Claudio Paulus Emeritensis, S. Gregorius papa, P. H.

6. De hac victoria S. Isidorus, Morales, et alii auctores. P. H.

7. De adventu S. Isidori Romam tempore Gregorii, Lucas Tudensis, P. Ribadeneira in Vita S. Patris Isidori. Id.

8. Quod reges Gothorum coronarentur et ungerentur, id faciebant ad imitationem Constantinopolitanorum imperatorum; quorum omnes actiones tam in civilibus quam in ecclesiasticis imitabantur: ut enim illi vocabant Constantinopolim *urbem regiam*, sic reges Wisegothorum Toletum *regiam* etiam *civitatem*; illi cudebant monetam cum signo crucis, et Gothi; illi vehebantur eburneo curru, et reges Gothi; illi Constantinopoli, Gothi Toleti coronabantur inuncti; illi a Constantinopolitano patriarcha, ut totius imperii sui primate, sic Gothi a Toletano, tanquam patriarcha imperii Gothici. Nihil ago de legibus, pœnis, statutis: quæ omnia collecta sunt de legibus imperatorum Constantinopolitanorum, ut nihil etiam interim agam de palatiuis, officiisque domus et aulæ regiæ; quia hæc majoris otii et alterius loci sunt.

Quod autem inungerentur reges Gothi, constat primo ex Chronico S. Juliani, ubi sic: « Suscepit autem gloriosus dominus Wamba regni gubernacula, eodem die, quo ille, *scilicet Recesvinthus*, obiit in supradicto die xviii Kalend. Septembris, dilata unctionis solemnitate usque in diem xiii Kalend. Octobris, luna 22, æra qua supra 710. » Et agens de rege Ervigio: « Suscepit statim succedente die, 11 feria, gloriosus dominus Ervigius regni sceptra; quod fuit iii Idus Octobris, æra 718 dilata unctionis solemnitate usque in superveniente die Dominico. » Et de rege Egica: « Unctus autem dominus noster Egica in regno, in ecclesia sanctorum Petri et Pauli prætoriensi, sub die viii Kal. Decemb. die Dominico, æra 725. » Et de Witiza: « Unctus est autem Witiza in regno die qui fuit xviii Kalend. Decemb., æra 729; » et in concilio Toletano xii, can. 1. « Etenim sub qua parte vel ordine serenissimus Ervigius princeps regni conscenderit culmen, regnandique per sanctam unctionem susceperit potestatem. » Et infra: « Aliam quoque informationem jam dicti viri in nomine honorabilis et sanctissimi fratris nostri Toletanæ sedis episcopi; ubi eum separavit pariter, ut sub omni diligentiæ ordine, jam dictum dominum nostrum Ervigium in regno ungere deberet, et sub omni diligentia unctionis ipsius celebritas fieret. » Hinc colligitur et reges Gothos ungi solitos, et in urbe regia Toletana, et ab archiepiscopo Toletano, ut totius Hispaniæ primate. Unde non poterant se habere reges, nec habebant potestatem in regnum Gothicum, nisi per unctionem, ut docet sancta Synodus xii Toletana: unde perperam intelligunt nonnulli de rege Wamba, quod illi sit dictum, ut in terra Camporum ungeretur, quasi possit alibi quam Toleti ungi: ob id distulit coronationem, et unctionem, donec veniret Toletum. Addam hic verba P. Joannis Marianæ I tom., lib. vi, cap. 12, lingua vulgari: « Doblegose Wamba con estas amenazas, pero de tal manera acetò la eleccion, que no se quiso dexar ungir, como era de costumbre, antes de ir á Toledo. Pretendia reservar aquello para aquella ciudad; i con aquel espacio de tiempo entendia, que se mudarian las voluntades de los que le eligieron, ò se ganarian las de todos los demas, de gracia que no se siguiese algun alboroto por la diversidad de pareceres. Con esto partio para Toledo donde à veinte i nueve de Setiembre (Miercoles, dia de S. Miguel archangel) fue ungido i coronado en la iglesia de S. Pedro i S. Pablo, que esta cerca de la casa Real. Juro ante todas cosas por expresas palabras, de guardar las leyes del Reyno, i mirar por el bien comun. Quirico arçobispo de Toledo, sucesor de san Illifonso, hizo la ceremonia de la uncion. » Hæc Mariana. Quod autem coronarentur uncti imperatores Constantinopolitani a patriarcha urbis regiæ, docent pluribus Zonaras et Cedrenus; et manifeste colligitur ex epistola Joannis patriarchæ Constantinopolitani ad Hormisdam papam his verbis: « Quoniam talem verticem tali corona decoravit. » Hinc Baronius, et auctor Epitomes, colligunt fuisse in more, ut Orientis imperii electi imperatores ab episcopo Constantinopolitano coronarentur. De hoc alii multa. P. H. — De regum Gothorum unctione multi multa. Noster Julianus passim, plura P. Joannes Benedictus Guardiola in Nobilitate Hispaniæ cap. fin. Noster Garsias de Loaysa ad concilia Toletana in exhortatione ad principem, quam edidit ex C. Alueldensi, pag. 34, ex jureconsultis Camillus Borrellus, De Præstantia regis catholici, cap. 49, n. 83, p. 50. Luitprandus, n. 87. « Qui (Recesuinthus) ab Eugenio episcopo Toletano Toleti in æde sanctæ Mariæ, quæ, vulgo voce Arabica, Alficensis nominatur, vel Inferior, coronatur et inun-

9. Rex catholicus Gundemarus Toleti jubet concilium contrahi : contrahit autem Aurasius.

10. Dignitas patriarchalis Toletanæ sedis imminuta, pristinæ dignitati restituitur, ut ad ejus obedientiam rediret Carthaginensis provincia, in quam tota Carthaginensis et Toletana fuerat divisa.

**DCXLIX.** **DCXI.**

11. Adeodata virgo sanctissima, Toletana, monialis Benedictina, floret; ad quam olim S. Gregorius scripsit.

**DCL.** **DCXII.**

12. Gundemaro succedit in solio regni Gothici Sisebutus, vir doctus et pius, et in rebus gerendis satis expertus.

**DCLI.** **DCXIII.**

13. Bonifacio papæ succedit in sede Petri papa Deusdedit.

14. Memoria est S. Pauli episcopi Jaccetani, qui Romam dum visitat, cum aliis duobus sub Decio martyrium patitur sexto Idus Februarii.

15. Floret memoria Mediolani S. Anatalonis episcopi, discipuli S. Barnabæ.

16. Mortuo Aurasio, sanctissimo doctissimoque pontifici, succedit in sede Toletana S. Helladius, vir eximius; et prius monachus Benedictinus : ætate jam ingravescente, ad superos evocatur.

**DCLII.** **DCXIV.**

17. Dulcidius diaconus Cæsaraugustanus floret, quem S. Gregorius in epistolis mirum in modum commendat.

**DCLIII.** **DCXV.**

18. Vincentius, Carthaginis Spartariæ episcopus, moritur.

19. Toletani celebrem mentionem habent S. Vincentii episcopi et martyris, qui prædicat Meviæ.

20. Murila, episcopus Valentinus, attulit ex Gallia corpus S. Vincentii levitæ, martyris Aginnensis, Valentiam.

21. Mahumetus pseudopropheta Cordubæ prædicat.

**DCLIV.** **DCXVI.**

22. Marcus Maximus, Cæsaraugustanus episcopus, ex ordine sancti Benedicti, scriptor Chronicorum, eximius concionator, vir pius et doctus, qui vitam S. Benedicti scripsit carmine, et multa prosa et versu, sancte moritur.

23. Joannes exarchus populari tumultu perimitur.

24. Extruso per vim Isidoro episcopo Hispalensi, viro doctissimo sanctissimoque, Gordianus in sede

## P. HIGUERÆ ET D. LAURENTII NOTÆ.

gitur. » Nostræ Hispaniæ litterarium decus D. Gregor. Lopez Madera, eques ordinis S. Jacobi, regii senatus consiliarius, cap. 12, § 6, De monarchiæ Hisp. præstantia, novissime ex conciliis, chronicis, et multis-hinc inde petitis testimoniis. Scribit idem in Marte suo Gallico, sive de Justitia armorum et fœderum regis Galliæ, cap. 10 ; Alexander patritius Armacanus, vero tamen nomine doctor Corn. Jansenius episcopus Iprensis.

At, Græcos imperatores inungi solitos a patriarchis Constantinopolitanis referunt plures. Unus pro cunctis Codinus Curopalata, De Officiis Constantinop., cap. 27 ; De Coronatione imperatoris, num. 18, ex nupera versione. « Post hæc, ait, tollit novus imperator capitis tegumentum, qualecunque illud fuerit. E vestigio autem quotquot in templo reperiuntur, apertis capitibus astant. At patriarcha crucis in formam caput imperatoris divino unguento inungit, accinens elata voce illud : Sanctus. » Ubi Jacobus Gretserus, societatis Jesu presbyter, noster Luitprandus, lib. v Rerum a principibus per Europam gestarum : « Miro ornatu miroque apparatu susceptus ab eodem summo pontifice et unctionem suscepit imperii. » Quem allegat annotator ad Historiam Pauli Warnefridi diaconi Forojuliensis ad pag. 92, in pag. 276 et 277. Julius Cæsar Bulengerus, De Imperatore, lib. ii, cap. 3, p. 89. D. L.

9. De concilio regis Gundemari exstat in nonnullis codicibus manuscriptis, præcipue in sancti Æmiliani codice, qui nunc est apud regiam bibliothecam sancti Laurentii Scurialis. Quod Aurasius præfuerit concilio, præter ipsam temporum seriem, manifeste dicit illustriss. archiepiscopus Toletanus,

A D. Garsias Loaysa Giron in commentariis ad hoc concilium. P. H.

11. Nullam in alio, nisi in Gregorio papa et Luitprando, mentionem hujus sanctissimæ virginis invenio ; suspicor tamen vixisse in antiquissimo cœnobio sacrarum virginum Benedictinarum, quod nunc sacratum est S. Dominico Calciatensi : olim credo sacratum fuisse S. Benedicto, quia memoria traditione firmata est Toleti, eo confluere consuevisse S. Ildephonsi beatam matrem Luciam, et cum illis monialibus conversari Id.

12. De Sisebuto multa mentio est in Chronico S. Ildephonsi, Isidori, et in Historia Gothorum, in conciliis Toletanis, in Foro judicum, in Roderico Toletano, et Palentino, et Luca Tudensi Gregorio Vasæo, Morales, Mariana, et aliis. Id.

16. Post Aurasium ponit Ildephonsus in sede Toletana Helladium : de quo ipse Ildephonsus in lib. De Viris illustribus, et alii. Id.

B 17. De Dulcidio nullus scripsit, præter hunc auctorem et S. Gregorium papam : vir fuit talis, quem sanctus doctor commendat. Id.

18. De Vincentio episcopo Carthaginis Spartariæ solus hic auctor. Id.

19. De Vincentio Baronius die vicesima septima Octobris in littera B, ubi mentionem facit hymni, quem se invenisse ait in breviario Toletano. Vide doctissimum P. Franciscum de Bivar ad Dextrum anno Christi 552, n. 4, p. 582. D. L.

21. De adventu Mahumeti in civitatem Cordubensem, præter hunc auctorem, Ildephonsus in Chronico, et Lucas Tudensis. P. H.

24. Ex epistola Deusdedit Gordiano Hispalensi ;

Hispalensi per vim intruditur : S. Isidorus Malacæ exsulat, papa Deusdedit scribit epistolam ad Gordianum intrusum.

DCLV.  DCXVII.
25. Deusdedit hoc anno moritur : succedit Bonifacius.
DCLVI.  DCXVIII.
26. Opera Sisebuti regis Wisegothorum catholici, sedes Hispalensis S. Isidoro amico suo cum honore restituitur.

27. Assota civitas in Contestanis, et in confinio Bastetaniæ, quæ quondam sedes episcopalis fuit destruitur.

28. Illici sancta Corona virgo Benedictina floret.

## P. HIGUERÆ ET D. LAURENTII NOTÆ.

hoc manifeste patet ex libris epistolarum summorum pontificum Romæ impressis : nec mirum aliqua tacuisse scriptores, quæ in dies magis tempus retegit. Idque confirmatur ex epistola Gothica manuscripta, quam habent Patres Augustiniani Salmanticenses, Artubagi Gothi, Toletani monachi Augustiniani ad eumdem Isidorum. Id credo factum per vim factiosorum Arianorum, et restituitur anno sequenti opera et potentia regis Sisebuti : credo durasse in exsilio pauculos quosdam menses, post vero restitutum. P. H.

27. Assota civitas est in Batestanis, duabus leucis a Caravacca, ubi nunc *las Cuebas*, ubi ingentis civitatis vestigia cernuntur : unde Caravaccam lapis allatus inde est, cum nomine *Respubl. Assortanorum*, qui nunc est in ecclesia vetustissima loci pro frontispicio; de qua in nostra Geographia Hispaniæ. Ista dicitur a Ptolemæo *Asso*, pro *Assota*. Fuit olim civitas episcopalis; quæ his temporibus vastata fuit. P. H.—*Assota civitas in Contestanis*. Hujus civitatis meminit Fr. Joannes Ægidius de Zamora his verbis : « Urbs Lacedæmon prope Caravaccam vel Theodomirum a Græcis, Assota ab Africanis venientibus ab urbe Assota, quæ nunc prope Melillam destructa dicitur Assota, conditur. » Disertius noster Julianus in Adversariis, num. 70. « S. Indaletius per oram Carthaginis habetur celeberrimus, qui dicitur prædicasse Assotæ, et Lacedæmone, propinquis inter se urbibus, divisis fluvio Ripare intermedio, sitis in duobus montibus : Assota ad ortum, et Lacedæmon ad occasum, » ubi loco *Ripare*, legendum ex Ægidio, *Quipare*. Quod ut pateat, ejus verba transscribam : « Capipa fluvius, vulgo Quipar, prope Carabum, vel Theodomirum, qui a fragrantia rosarum florumque vere novo quasi divinum odoramen, a venientibus a civitate Capipa in Africa, in ripa Magradæ fluvii dicta. » Iterum de iisdem civitatibus ibidem archipresbyter, n. 83, 84, 85 et 475. Notandum obiter sanctos Crispulum et Restitutum passos non procul ab eis, in oppido Caravaccensi, ut testatur Julianus dict. n. 84. Et in Hispania coronam martyrii reportasse scribunt Beda et Martyrologium Romanum die 10 Junii. Multa erudite congerit Fr. Don Prudentius de Sandoval, episcopus Pampilonensis, in adnotationibus Tudensibus, pag. 17, et Licentiatus Joannes de Robles in libello De Cruce Caravaccæ, lib. I, cap. 2, fol. 5, qui hanc antiquam inscriptionem abhinc 85 annis Assotæ ruinas inventam dedit in lucem, situ obrutam diu, e ruderibus erutam :

L. ÆMILI. M. F. NEP. QVIRINA. RECTVS. DOMO
ROMA. QVI. ET. CARTH. ET. SILICITANVS. ET.
ASSOTANVS. ET LACEDÆMONIVS. ET. BATESTANVS.
ET. ARGIVS. SCRIBA. QVÆSTORIS. SCRIBA. ÆDILIS.
DONATVS. EQVO PVBLICO AB IMP. CÆSARE. TRA-
JANO. HADRIANO. AVG. ÆDILIS. COLONIÆ CARTHAGI.
PATRONVS. REIPVBLICÆ. ASSOTANORVM. FIERI. JVS-
SIT. EPVLO. ANNVO. ADJECTO.

Hanc urbem recenset Ptolemæus, decurtata tamen voce Asso : nisi cum Juliano in Adversariis num. 100 malueris « Assonem » et « Assotam » diversas civitates fuisse, conditas a civibus Assonis

A urbis apud Asiam Minorem, cujus meminit S. Lucas in Act., cap. XX, num. 13 et 14; et cap. XXVII, n. 13. Fuit enim sedes episcopalis, ex Luitprando, num. 27. « Quæ quondam sedes episcopalis fuit, et num. 58 « sedes Assotana, Bigastrum, quæ Murcia est, transfertur. » Exstat insignis lapis in hujusce rei irrefragabile testimonium, qui in agro Oriolensi repertus fuit, et continet veterem inscriptionem cujusdam episcopi catholici, litteris A et Ω, ornatum.

A. LEANDER SERVVS DEI EPISCOPVS. Ω.
S. ECCLESIÆ. ILLICITANÆ.
VEL. BELSENSIS. PROPE. FLUMEN. SECVRAM. EPISCOPVS.
ET. ASSOTANÆ.
OBIIT. IN. PACE. ERA. DCC.XXIII.

hoc est, anno Domini 685. Duodecim annis ante confirmat in concilio XI Toletano : et in XII, quatuor annis ante ejus mortem, VI loco. Duobus ante mortem annis interfuit et confirmavit in XIII Con-
B cilio Toletano, et in Toletano XIV post Julianum pontificem primatem Toletanum confirmat. In XV concilio Toletano confirmat Emila episcopus Elicitaniæ [*lego* « Illicitaniæ »] et Dotanæ, XXV loco, duarum sedium; sicut et Leander. Successit hic Leander Ubinabi Illicitano, qui confirmat, vel ejus vicarius Agricius pro eo, in X concilio Toletano, æra 694, hoc est, anno Domini nostri Jesu Christi 656. In Synodo Toletana, sub Gundemaro, æra 648, anno Christi 610, confirmat Sanabilis, sanctæ Ecclesiæ Elotanæ episcopus; et in VII Toletano concilio, æra 684, confirmat « Winibal, » his verbis : « Winibal [alii legunt *Vinibal*] Dei miseratione Ecclesiæ Illicitanæ, qui et Elothanæ episcopus, hac statuta definiens, subscripsi. » Utrobique emendandum autumat vir doctus *Assotanæ*, pro *Elotanæ*, et *Elothanæ*. Crediderim (fas sit conjectari) episcopum Eliocrotensem, vel *de Lorca*, migrasse in episcopum Assotanensem. Fit namque mentio in concilio Illiberitano, æra 362 ante
C mille trecentos annos coacto, Successi episcopi Eliocrotensis. Et in synodo Gundemari, post trecentos annos, incipit fieri mentio episcopatus Assotanensis, et nunquam amplius Elotanensis vel Eliocrotensis. Unde datur locus conjecturæ, tum primum cœpisse pontificium Assotanum, jam abolito prius Eliocrotensi, quamvis Julianus in Adversariis, num. 81, episcopos Bigastri, Assotæ et Eliocrotæ positos a S. Indaletio affirmat sic : « S. Indaletius prædicat Carthagine, Illicone, Assotæ, Lacedæmone, Eliocrotæ, ubi posuit episcopos. » De S. Indaletio, qui Eliocrotæ prædicavit, Fl. Lucius Dexter anno Christi 54, num. 1, ubi docte magnus ille et incomparabili doctrina vir, Hispaniæ decus et ornamentum, P. Franciscus de Bivar, refert Lucam Tudensem, ubi de rege Wamba, et Ambrosium de Morales, lib. X Hist. Hispan., cap. 52. De translatione sedis Assotanæ ad Bigastrum, vide quæ notant ad num. 58. D.L.

28. *Illici*. Hodie *Origuela*, ex Antonini Itinerario, Valentia Carthaginem. De qua Pomponius Mela, Plinius, Strabo, Ptolemæus, et alii, quæ sinui Illicitano nomen dedit olim, ut nunc, civitas episcopalis. Habet nunc episcopum D. Josephum Stephanum, virum morum sanctimonia, et multarum disciplinarum

DCLVII.
29. Mahumetus libros erroris sui in Arabia vulgat.

DCLVIII.
30. Mortuo Sisebuto rege Wisegothorum catholico, die octava Novembris, suffectus est illi Suintila.
31. Isidorus Hispalensis episcopus secundo concilio Hispali collecto præest, sub cujus disciplina multum Ildefonsus proficit.

DCLIX.
32. Bonifacium papam sequitur in sede Petri Honorius.
33. A l Fauces Hispaniæ in Lusitania, vulgo *Gargantalaolla*, Magnus cognomento, Joannes abbas floret.

DCLX.
34. Marcus Maximus, monachus prius Benedictinus, et post episcopus Cæsaraugustanus, celebris post mortem habetur.
35. Mire floruit S. Cœlestinus, vir in Hispania consularis, martyr sub Juliano, Romæ in carcere mense Maio mortuus cum aliis.
36. S. Leander, viso Constantinopoli templo S. Thyrsi, fecit aliud Toleti.

DCLXI.
37. Exacto Adalbaldo exarcho Ravennate, regnat in Italia Ariobaldus primus rex Longobardorum.
38. Sedes Assotana Bigastrum, quæ Murcia est, transfertur.

DCXIX.

DCXX.

DCXXI.

DCXXII.

DCXXIII.

## P. HIGUERÆ ET D. LAURENTII NOTÆ.

cognitione, non mediocriter præclarum. Ibi S. Corona, monialis Benedictina, sanctitate claret : de qua apud Molanum, Galesinum, et Martyrologium monachorum Benedictinorum celebris mentio; et inter sanctas virgines nuncupatur die 24 Aprilis. P. H.

30. Sisebuto successit Suintila : ex Chronicis divi Isidori, Ildefonsi, Juliani, et ex recentioribus, Garsia Loaysa, et aliis. ID.

31. Quod Isidorus præfuerit Hispalensi et Toletano sub Gundemaro, et iv concilio Toletano, docent historiæ, et ipsa conci'ia : et quod Ildefonsus fuerit ejus discipulus, vide in Vita utriusque apud Rodericum Toletanum, Garsiam Loaysam, V. sæum, Garibayum, Morales, Marianam, et alios auctores. ID.

55. *Ad fauces.* In Lusitania oppidum est hodie *Gargantalaolla* : quas *Fauces* Latini vocant, Hispani *Gargantas* : ubi veterum Faucium mentio fit, et insunt ruinæ inter *Gargantum* et *Quacum* oppidum. Hic prædicavit S. Magnus, discipulus S. Galli, de quo 6 Septembris sic Beda : « S. Magni confessoris discipuli S. Galli. » Maurolycus item : « Magni confessoris, » eodem die. Galesinus eodem die : « Ad Fauces, S. Magni confessoris, qui, S. Galli discipulus, divino prædicandi munere multorum animos ad pie agendum inflammavit, miraculorumque ac vitæ religiose actæ laude nobilis, in sanctos summi pontificis Romani auctoritate ab episcopo Augustano ascriptus est. » Etiam in eodem die Molanus in Adnotationibus sic : « De Magno Gaspar Bruschius De episcopatibus Germaniæ. Lantho, alias Dantho, et iterum aliis Lancho dictus, xvi episcopus Augustanæ urbis anno Domini 870 canonizatur cum consensu Romani pontificis sanctum Magnum; cujus Vitam etiam Emerito monacho Elefancensi eximie docto describendam, et posteritati commendandam, commisit. » Hic Lantho fuit episcopus Augustæ Emeritæ tempore captivitatis; de quo Julianus archidiacon. S. Justæ anno 870. Fuit hic monachus Benedictinus, vir doctus et eximie sanctus. P. H. — In Juliano M. S. archetypo P. Hieronymi Higueræ legitur, uti edidi, sic : « Bento episcopus Cæsar-Augustanus, vel August'nus, auctoritate Adriani papæ refert in numerum sanctorum S. Magnum in oppido Lusitaniæ ad Fauces. Scripsit autem hic vir Deli eleganti stylo contra Iconoclastas hæreticos. » Ubi ex ea Molani notatione superius adducta, legendum, *Lantho* pro *Bento*. D. L.

34. De Marco Maximo multi scribunt, ipse in suo Chronico, S. Isidorus in fine Virorum sanctitate et litteris illustrium, Trithemius : et in Concilio Toletano, quod celebratur sub rege Gundemaro, mentio fit multa : fuit ex ordine S. Benedicti, vir non minus sanctus quam doctus. P. H.— Adde : S. Braulio, Reginundus ad nostrum Luitprandum, et Luitprandus ad Regimundum, et in Chronico num. 22; Hellecas in Additionibus ad M. Maximum, Petrus Damianus sermone 8, in vigilia S. Benedicti; Julianus noster in Chronico, num. 5, et multis in locis. Quos, et alios auctores congerit doctissimus F. Bivarius ad M. Maximum, in Elogiis auctorum qui cum laude Maximi meminerunt. D. L.

38. De hac translatione etiam Maximus Cæsaraugustanus. Etiam *Murcia* vocata est *Acarta* ex ms. Gotthico monasterii Parracensis, sic ibi : « Acarta, Bigastrum. Hic jacet Restis episcopus Vergaræ; » ergo *Murcia* dicta est *Acarta*, et *Bigastrum* : et sic episcopi Bigastrenses appellati ad Carthaginensem Spartariam. Huc ergo translata est sedes Assotana : quo credo translatam fuisse Carthaginensem Hispaniæ, postquam excisa est tempore Leuvigildi, vel paulo prius. P. H.

Sedes Assotana Bigastrum, quæ Murcia est, transfertur. Dixi ad n. 27 de *Assotana* civitate, et sede episcopali; nunc de *Bigdstro*, et *Murcia*, quæ eadem est, uti in nostro apparet Luitprando hic, et in Adversariis num. 87, et in Juliano in Adversariis num. 450. Bigastrensis sedes nomen habet ab oppido Bigastro. Bigastrum dicitur ἀπὸ τῆς βίας, καὶ γαστρός, id est, *a vi et ventre*; quia opportuna vis colendo et curando ventri in ea sit civitate. Aliunde deducit Luitprandus in Adversariis d. num. 87, ubi *Bigastrum* scribit, *dictum quasi duplex castrum*. Utrumque non abs re, cum civitas sit amœna, et nobiles strenuosque viros, pace belloque insignes ferat. Hæc est civitas Murcia, a voce myrto nuncupata. Plinius, lib. xv Natural. H.st., cap. 29, agens de dea Murcia : « Quin et ara vetus fuit (*ejus sunt verba*) Veneris Myrteæ, quam nunc Murciam vacant. » De aris Murciis meminit in Veiente apud Tusculanum, lib. 11, cap. 96. Festus eamdem appellat Murciam, et sub Aventino sacellum habuisse tradit; venit tamen corrigendus ex Plinio : nunc legitur in Festo : « Murciæ deæ sacellum erat sub Aventino, qui antea Murcus vocabatur; » emenda, *quæ antea Myrtea vocabatur*. Vel intellige, retenta vulgari lectione, montem Aventinum prius Murcum dictum; quod non probo. At Murcia suum deduxit nomen, quia homines præ deliciis murcidos reddebat. Divus Augustinus, De Civitate Dei, lib. IV, cap. 16, « deam Murciam, quæ præter modum non moveret, ac faceret hominem, ut ait Pomponius, murcidum [vel murcum] id est, nimis desidiosum et indactuosum. » Tertullianus, lib. De Spectaculis, cap. 8, deam Murciam recenset, quam esse deam marmoris dicit, forte quia desidiosi, quibus præsidebat, veluti marmorei sunt; seu emendandum *marmoris*, in *amoris* : hoc enim nomen Veneri convenire videtur. Ita Pamelius, cujus vestigiis insistit Cerda, reprobatque Turnebum, qui, lib. XXII Advers., cap. 15, *marcoris* scribendum putat. Murcia, seu Myrtea, conciliabat apud veteres amorem; apud quos per myrtum, mutuum amorem viri et mulieris, significari in conjugio certum est. Quare Plinius, lib. XV, cap. 29, scribit Romanos et Sabinos verbena ac myrto conjuratos amice, dum Sabinas illi ad conjugium rapuissent : et ex tribus myrti generibus, *Sancta*, quæ ἁγία Græcis dicebatur, conjugiis dicata fuit. Hinc Catulli lectio firmanda in epithalamio Juliæ et Manlii; qui bene auspicatus ex nuptiis, ramusculos sanctæ myrti illis dat :

> Floridis velut enitens
> Myrtus hagia ramulis,
> Quos Hamadryades deæ
> Ludicrum sibi roscido
> Nutriunt humore.

Docte F. Fortunatus Scacchus, ordinis Eremitarum S. Augustini, in sacrorum Elæochrismis, Myrothecio primo, cap. 51, pag. 495 : « Murci, inquam, apud Romanos dicebantur, qui, ut vitarent bellum et pugnæ congressus, pollices sibi amputabant. » Et hunc invaluisse morem in Italia, auctor est Ammianus, lib. XV, extremo de Gallis loquens : «Ad militandum omnis ætas aptissima, et pari pectoris robore senex ad præcinctum ducitur, et adultus; gelu duratis artubus, et labore assiduo, multa contempturus et formidanda : nec eorum aliquando quispiam, ut in Italia, munus Martium pertimescens, pollicem sibi præcidit; quos jocularitur murcos appellant. » Exemplum apud Suetonium in Augusto, cap. 24. « Equitem Romanum, quod duobus filiis adolescentibus causa detrectandi sacramenti, pollices amputasset, ipsum bonaque subjecit hastæ : » ubi Lævinus Torrentius. Meminit etiam Quintilianus, lib. VIII Instit. Orator., cap. 5, cujusdam gladiatoris, cui, ut non luderet, pollicem amputavit soror, his verbis : « Ut in eum, quem sæpius ludo redemerat soror, agentem cum ea talionis, quod ei pollicem dormienti recidisset : Eras dignus ut haberes integram manum. Sic enim auditur, ut depugnares. » Legi jamdiu, pene puer, in Martiale ad Spectac. librum : « Sic enim ad digitum depugnares. » Paulo namque inferius scribit orator : « Contra eamdem sororem gladiatoris, cujus modo feci mentionem : At digito pugnavi, » reponendum : « Ad digitum pugnavi. » Quique (si excurrere licet) pollicem sibi præcidebant, rei erant læsæ reipublicæ. Fortunatian., lib. II Rhetoricorum de Achronio : « Decem milites belli tempore pollicem sibi amputarunt, rei sunt læsæ reipublicæ. » Noster Luitprandus in Hist. PP. in Innocentio, « Murcorum » vocem obliviioni minime tradidit. « De indigentia clericorum, » inquit, « querimoniam facientI, cum aliquos murcos [*lego* murcios] aliquos digamos, habere diceret; respondit, illum qui volens partem digiti sui absciderit, juxta canones non posse admitti ad clerum. » Quæ est epistola Innocentii quarta ad Felicem Nucerianum, assertque Franc. Lindenbrogius ad lib. XV Ammiani, pag. 45. Ad hanc pollicis abscissionem respexisse videtur Arius Menander J. C. in l. « Qui cum uno, 4 § : eum, qui filium, 12, π, » De Re militari; « eum, qui filium debilitavit, dilectu [*lege* delectu] per bellum indicto, ut inhabilis militiæ sit, præceptum divi Trajani deportavit : » ubi Dionysius Gothofredus littera O explicitis verbis explanat. Constantinus imperator, in lib. I, C. Theodos. De Filiis militarium, lib. VII, dum eos, qui se sponte, resectis digitis, bello inutiles fecissent, curiis civitatum addixit. Verba sunt : « Jubemus, si ad militiam inutiles resectis digitis judicentur, curialibus sine aliqua ambiguitate muneribus atque obsequiis aggregari. » Id vero alii principes vetuere in lib. IV in eodem Cod. Theodosiano, tit. De Tyronibus : «Eos, qui amputatione digitorum castra fugiunt, secundum divi Constantini decretum tua sinceritas non sinat manus deformatione defendi, siquidem possent in quacunque reipublicæ parte prodesse, qui se sponte truncaverunt. » Videndus Cujac., lib. XV, Observat. ultima, et addenda capita 21, 22, 23 Canon. Apost. Iidem « Murcii, » labente imperio, et lingua Latina, « Murcinarii » dicti sunt. Isidorus in Glossar. *Murcinarius, mutilus* : ab Italis *poltrones* nominati; quasi pollice trunci : et vocabulo Italo-Latino *pultrones*. S. Franciscus, tomo I Opusculorum, in opusculo De vera et perfecta Lætitia, p 94 : *Recedite hinc, pultrones*. Late Meursius Exercit. Critic., parte II, cap. 2, pag. 67. Savaro ad Sidonium Apolinarem, lib. I, epist. 2, pag. 12. *Murcii* ergo delicati, et eorum dea *Murcia*. Amœnitates enim et bene conveniunt : nam aeris temperies, aquarum ingens copia, ubertas, opes, divitiarum abundantia, horti, nemora, fontes, faciunt omnium urbium totius orbis indulgentissimam : suique habitatores, fortes etiam, et armorum exercitationi habiles, munitissimam reddunt.

*Bigastrum* successisse *Carthagini* insinuat Garsias de Loaysa ad concilia Toletana, ubi in explanatione aliquorum nominum antiquorum scribit : *Acarta Bigastrum*, id est, *a Carthagine Bigastrum* : collocaturque inter Illicem et Carthaginem; et sic est *Murcia*, vel *Bigastrum*, inter Carthaginem et Oriolam, quæ est Illicis. Videndus Loaysa ad concilium apud Lucum a Theodomiro principe habitum, pag. 151, verbo *illicis*. Bigastrum præterea partiebatur terminos cum Urci et Illice. Sic invenitur in divisione terminorum a rege Wamba. « Urci teneat a Gesta, usque Carthaginem, et a Pugilla usque Losolam, Illicem a Pugilla usque Losolam » Losola est hodie *la Losilla*, quæ dat nomen hospitio campestri euntibus Murcia Toletum; vulgo, *la venta de la Losilla*. Hinc patet, inter Carthaginem et Illicem concludi terminos episcopatus Bigastrensis. Juvat etiam, quod porta Illicitanæ civitatis, quæ Murciam ducit, nunc vocatur *Puerta de Magastre*, id est, qua itur Bigastrum. P. Joannes Mariana, maximus inter magnos antiquitatum indagatores, lib. VI Hist. Hispan., c. 15, « Bagastia. Hujus urbis nullum vestigium exstat : tantum versus Origuelam sita fuisse putatur, tum ex locorum ordine, tum ex portæ Migastri nomine [*Hispane scripsit*, de Magastro] quæ in ea urbe est indicio. » Erudite de eadem porta doct. Franciscus Martinez in libello Antiquitatis Origuelæ, cap. 5, pag. 154, B. Accedit item testimonium Rasis historici Saraceni, qui inter episcopatus subjectos Toletano enumerat Murciensem anno 900. Bigastrensis ergo sedes, Murciensis est : atque Murgensis civitas, et Bigastrum, eadem. Et, ut nulla reliqua sit deinceps legentibus dubitatio, audiamus Julianum in opusculo de Eremiteriis, n. 14 : «Eremiterium S. Mariæ de Arraxaca (*sic ibi legendum*) Murciæ, quæ tempore Gothorum dicta est Bigastrum, quo translatus est episcopatus Carthaginensis Spartariæ; et in dicto eremiterio baptizati sunt S. Leander, et Theodosia soror ejus, prior uxor regis Wisegothorum Leovigildi, mater sanctissimorum regum Hermenegildi martyris, et Riccaredi regis pientissimi religiosissimique : quos baptizavit Dominicus [*lege* Domitianus] primus hujus nominis episcopus Carthaginensis. Et fuit ecclesia Muzarabum post captivitatem Murciæ, tempore Maurorum. » Hic episcopus confirmavit sexto loco in II concilio Toletano, et fuit antecessor Liciniani; cujus nomen in catalogo episcoporum apponit rex divus Alfonsus Sapiens in sua Hist. generali, II parte, cap. 51.

CHRONICON.

DCLXII.                                                             DCXXIV.

39. Moritur in prælio Heraclius imperator Romanus.

40. Reversus Hispali Ildefonsus Toletum; eum archidiaconum suum Helladius facere volebat. Ille vero cedens sæculo, vitam agit in monasterio Agaliensi, quod in suburbio Toleti est (ut nosti) septentrionem ver-

## P. HIGUERÆ ET D. LAURENTII NOTÆ.

Antiquam autem esse civitatem Murciam, docet situs, fluminis commoditas: qui propter ingentes, quas affert incolis commoditates, vocatur Græcis Theodorum, hoc est, donum Dei: de quo Luitprandus in Adversariis, num. 296, et Leandrum Theodosiamque ibi natos. Quod indicat manifeste sæculo illo Gothorum, principem fuisse civitatem, nec casui tribuendum, quod Theodora bis in ea peperit, sed quod ibi domicilium haberet. Et quod caput est, M. Maximus auctor, qui ante mille annos scripsit, urbem vocat *Murciam*, anno Christi 534: « Murciæ, quæ Bigastrum Gothis dicta est. » Commentator Græcus, agens de rebus Pomponii, pro *Urci*, legit *Murci*, et *Murgis*, vel *Murcis*. Venit iterum, et ret mihi sæpe vocandum ad partes concilium apud Lucum, pag. 158, ut una fidelia duos parietes dealbare videar. « Urgi hæc teneat: de Egesta usque ad Carthaginem; de Gastri usque ad Mundam. » Ego sic legerem: « Urci hæc teneat: de Egelesta usque ad Carthaginem: de Bigastri usque ad Mundam. » Sic etiam legendum in Juliani Advers. num. 546. « Erat, oppidulum Egesta [*lego* Egelesta] non procul oppido Portilla; » et n. 484: « Et Egesta [*scribe* Egelesta] oppidum Cuevas, prope Portillam, ex ruinis Egelestæ factum; » iterum num. 364: *Portillæ*, vel *Portilliæ* oppidi invenitur nomen in quodam regis Sanctii diplomate, æra 1077, id est, anno Domini 1039, quod refert Ambrosius, Morales ad lib. » Memorialis sancti Eulogii, cap. 7, num. 8, pag. 59, et in ipsomet Juliano in Adversar., n. 484: « In divisione episcopatuum, inquit, regis Wambæ, in episcopatibus, Ælitano, Secura, nomen habet Montania; est Montania Ningida, et Egelasta. Oppidulum Cuebas, prope Portillam, ex ruinis Egelastæ factum. » Ex his corrigendus locus Juliani in Adversariis, num. 50, ubi si non eadem (in quam sententiam magis inclino) Urci, et Almeria prope inter se sitæ: « Urci, in Tarraconensi provincia, quæ nunc [Almeria] dicitur, in littore maris Mediterranei, non procul Carthagine, sedes episcopalis fuit; ubi S. Indaletius episcopus, discipulus sancti Jacobi, prædicavit. Partitur terminos cum episcopato Bastetano per [Egelestam] nunc *Velezblanco* dicitur, cum Bigastro, scilicet Murcia, et fluvio et oppido Munda. » Dixerat prius in Adversariis Luitprandus, num. 291: Agnoscit hoc ipsum idem Julianus in expugnatione Almeriæ, quam versibus descripsit; et digito ad fontem intenso, mihi demonstravit doctissimus P. Franciscus Bivar excusos a Don Fr. Prudentio de Sandoval in Hist. imperatoris Alfonsi VII. Requirebam prius ego in editione Juliani, monitus ab ipsomet in Adversariis, num. 482, et a P. Portocarrero sacietatis Jesu in aureo suo libello De decessu B. Mariæ virginis, fol. 91, uti in epistola prosphonetica dixi; et non solum jam excusos, uti dixi, vidi, sed habeo manuscriptos cum Historia imperatoris Alfonsi VII, concinnata a nostro Juliano; quam, si per temporis angustias licuerit, evulgabo. Agnoscit, inquam, Julianus, dum agens de Almeriæ oppugnatione, in qua, veluti inter stellas luna minores, emicuit virtus comitis Pontii, ait:

Escas ipse parat præ se (*f.* per se) sua vina propinat
Mititibus lassis, dum tollitur horrida cassis:
Mauris est pestis, fuit Urgi (*lege* Urci) postea testis.
Sumitur hoc castrum, sed et Urci, sternitur ipsum.

Hinc iterum noster archipresbyter in Adversariis, num. 365, illustrandus. « Et quia dictum est passum S. episcopum *de S Indaletio agit* Urci, ubi fuit episcopus, et repertum est corpus ejus Almeriæ, a quibusdam antiquis deceptis, vocata est Almeria Urci. » Non eamdem fatetur, *Urci* et *Almeriam*; sed non

A longe dissitas necesse est ut agnoscat. Primum ex dicto, num. 365; in Adversariis; apertius, num. 482. « Hic (hinc) destructa urbe (Urci *scilicet*) Christiani sedem mutarunt, et tulerunt secum ad Almeriam corpus S. pontificis et martyris in Urcitania urbe passi anno 3 Neronis. Colitur die decima quinta Maii. » Firmant secundum versus et notæ, quas luci dedit archiepiscopus Garsias de Loaysa in concilio apud Lucum, pag. 264. Ait enim, in monasterio Parasses, in quo antiquitus vita canonicorum regularium sancte floruit, et tunc observantia divi Hieronymi, dum noster rex catholicus Philippus II ibi moraretur, incidisse se in librum manuscriptum membranaceum, ubi legebatur: « Urci, quæ modo Almeria vocatur; inde versus:

Insistens operi, venit Indaletius Urci,
Quæ post mutata, fuit Almeria vocata. »

B D. Ferdinandus de Mendoza, vir apprime doctus, in suo concilio Illiberitano, lib. I, cap. 11, fol. 97, hanc secutus opinionem, scribit: 16 *Januarius Urci. Alias Virgi*, *vulgo* Almeria. De S. Indaletio, Urci et Almeria, plura congerit, et docte, abbas divus Joannes Briz in Historia S. Joannis de la Peña, lib. III, cap. 28, usque ad finem libri.

Denique, ut tam longo excursui finem jam imponam, sciendum est, dum Hispania venit in potestatem Saracenorum, habuisse hoc nomen Murciam, uti ex Rase refert Morales, lib. XII, cap. 22, plena manu Franciscus Cascales in Murciæ descriptione, cap. 1.

De *Bigastro* et *Murcia* iterum Julianus in Adversariis, n. 86, ubi de sanctis Rustico et Crispulo, de quibus Joannes de Robles in libello De Cruce Caravaccæ, lib. I, cap. 2, fol. 5, et D. Fr. Prudentius de Sandoval, episcopus Pampilonensis, in Antiquitate Tudensis Ecclesiæ et civitatis, fol. 17, col. 1 et 2. S. Crispulum autem fuisse amicum M. Val. Martialis C asserit Julianus in Adversariis, num. 4. Nec Chronologia resistit; Martialem namque sub Nerone etiam vixisse plures docent (sub quo passus Crispulus) inter eos Matthæus Raderus, Societ. Jesu presbyter, in comment. ad Martialem, tertiis curis, in ejus Vita, pag. 3.

Pro corollario idem Julianus in Adversariis, num. 365: « Finis hujus episcopatus Urcitani, Munda fluvius, ubi influit in Taderem, vel Securam, Carthaginem et Murciam, dictam olim Bigastrum, et castrum Dotanæ, nunc Totanæ; » et num. 66. D. L.

39. Non est hic, Heraclius imperator Augustus, de quo num. 44; is enim nec hoc anno, nec in prælio obiit, sed, ut animadvertit Luitprandus, anno 642, infra num. 72; ubi, non ex adversione, sed consulto dixit, Heraclium, qui crucem restituit, mortuum fuisse; quasi discriminans ab isto Heraclio, duce Romanorum; cujus, scriptores vitæ Mauritii imperatoris, meminere. Quos inter micat, uti luna D inter minores stellas, noster Petrus Mexia; nobilis Hispanus, in suis Cæsaribus, in Mauritii Vita. D. L.

40. De reditu sancti Ildefonsi Hispali in urbem Regiam Toletum crebra mentio est in Vita ipsius Ildefonsi, a Cixila et Juliano episcopo Toletano scripta. Ubinam fuerit monasterium Agaliense, documus latius in Historia ecclesiastica urbis Toleti, et ideo non est opus hic pluribus de hoc situ agere, maxime cum hic Luitprandus satis id graphice declaret; doceatque, sub Bonito pontifice Toletano se fuisse tunc in ea urbe, et cum abbate Agaliensi magnum usum habuisse. P. H.

APPENDIX AD LIUTPRANDUM.

sus, non procul a Tago flumine, et a Prætoriensi templo S. Leocadiæ extra muros in planitie; quod ego, dum Toleti fui, frequenter invisi. Et etiam alterum, Agalliensis hujus coloniam ad pagum Buralganiam [*leg.* Bonalfaviam] a Mauris dictum, plusquam tria milliaria a Toleto distans. Sed in priori (quod non procul ab eremiterio S. Susannæ prope Tagum fuit) S. Ildefonsus vitam egit; quod, ut dixi, sæpius invisi, cum fui subdiaconus Toleti sub Bonito I hujus nominis Toletano archiepiscopo, prius abbate Agaliensi.

41. Tonantius, episcopus Palentinus, vir sanctus, moritur.

DCLXIII.                                                             DCXXV.

42. S. Helladius, episcopus Toletanus, vitæ sanctimonia et eleemosynarum in pauperes misericordia clarus habetur.

DCLXIV.                                                              DCXXVL

43. Primogenius patriarcha Gradensis floret multum.

DCLXVII.                                                             DCXXIX.

44. Imperator Heraclius, repetita cruce, ex Perside in sanctam urbem Jerosolymitanam triumphans intrat.

DCLXIX.                                                              DCXXXI.

45. Protasius, episcopus Ambraciensis in Lusitania, prope Laconimurgum mirificis floret virtutibus.

DCLXX.                                                               DCXXXII.

46. Prima die Maii moritur sancte compositeque Toleti Arthuagus, monachus Augustinianus, Scislæ Toletanæ.

47. Hoc tempore floret Orosius, episcopus Elborensis, in Carpetania.

48. Justus, diaconus sæcularis S. Helladii episcopi Toletani, Hispaniarum primatis (ut cæteri fuerant.

P. HIGUERÆ ET D. LAURENTII NOTÆ.

41. De Tonantio S. Ildefonsus. Fuit vir egregie pius ac doctus; præfuit Ecclesiæ Palentinæ: mortuus est anno Domini 624. P. H.

42. Fama longe lateque diffundebatur per omnes Hispaniæ partes sanctitatis beatissimi pontificis Helladii, præcipue tamen eximiæ cujusdam largitatis in pauperes. Sic S. Ildefonsus in ejus Vita verbis quidem magnificis : « Miserationes, eleemosynarumque copias, inquit, tam large egenis intulisse probatur, ac si de illius stomacho putasses inopiam et artus descendere, et viscera confoveri. » P. H.

45. De Ambracia in Lusitania, quæ nunc *Placentia*, jam sæpe alias. De Protasio vero episcopo hoc non legi alias. P. H. — *Protasius episcopus Ambraciensis*. Ambracia oppidum, dictum κατ' ἐξοχήν municipium. Sic Julianus in tractatu De eremiteriis, num. 46 : « Quod oppidum Ambracia, per emphasin dictum est municipium, In concilio Illiberitano confirmat archipresbyter Eucharius a municipio. Qui hoc tempore, scilicet conditi templi, dicitur fuisse episcopus, vir apprime sanctus et doctus. » Agens de eodem Eucherio, qui inter presbyteros decimo tertio loco astitit in concilio Illiberitano. D - Ferdinandus de Mendoza *Municipium*. *Calagurria* esse autumat, lib. I, cap. 11, fol. 97; D. Gregorius Lopez Madera in monte sacro, cap. 23, fol. 92, pag. 2, *municipium Florentinum Illiberitanam* esse asserit. P. Franciscus de Bivar ad Dextrum, anno Christi 390. Comment. 1, n. 5, *municipium Albense* explicat, quod *Arjona* nuncupatur. Illuxit Julianus, et tenebras ab antiquitate offusas pellit. De Ambracia urbe idem doctissimus P. Franciscus de Bivar in Dextrum anno 268, num. 4, pag. 294, ubi hanc civitatem Græcos condidisse scribit ; et noster Julianus docet in dict. num. 16, his verbis : « A Constantini tempore, post datam Ecclesiæ pacem, sumptibus reginæ Helenæ sanctissimæ ædificatum ex templo Berecynthiæ (Matris deorum) eremiterium S. Mariæ Fontis dominarum apud Ambraciam urbem. » Ubi obiter animadvertendum, duo dixisse Julianum ; et *eremiterium* a Constantini imperatoris temporibus ædificatum, et post ibidem habitasse moniales ordinis S. Benedicti. D. L.

46. De Arthuago, monacho Augustiniano, agit multis Hieronymus Romanus in Historia, quam luculenter de uno scripsit. P. H.

*Arthuagus*. Julianus in Chronico, num. 325, anno Christi 659 : « Hoc tempore Januarii moritur Toleti Arthuagus, monachus Augustinianus, vir apprime fervens zelo Dei. » M. Maximus anno Christi 584. « Arthuagus Gothus, ex ordine S. Augustini monachus; Scislæ Toleti floret sanctitate. » Ambrosius de Moral., lib. XII, cap. 18 ; Rodericus Carus, musis charissimus, in Maximo, anno 584, pag. 202 ; B. Gabriel Pennotus in Hist. tripartita clericor. canonicorum, lib. I, cap. 56, num. 1 et 2, qui nostrum refert. P. M. Joannem Marquez, cap. 11, § 2, in lib. De Ordine S. Augustini ; nostrum itidem non amandet Luitprandum, et suum antagonistam aggrediatur. Chronologia discrepat inter auctores. D. L.

*Scislæ Toletanæ*. De Scisla, vel Sisla, seu Cisla, monasterio Toletano, inf. num. 293, Joannes Beuter, et Escolanus in Hist. Valentiæ ; Joseph Seguntin. in Hist. ordinis S. Hieronymi ; Alcocer et Pisa in Histor. Toletana; ex antiquis, Julianus in Tract. De eremiteriis, n. 9. « Monasterium S. Mariæ Cislæ, tempore Gothorum ab Augustinianis monachis possessum a rege Athanagildo, a quo sese dicunt descendere Pantoiæ, et ideo sunt Patroni hujus eremiterii. » Marcus Maximus anno Christi 562. « Monasterium Scislæ S. Augustini ab Athanagildo rege Wisegothorum Toleti ædificatur. » Late et erudite probat P. M. Joannes Marquez in lib. De Origine ordinis S. Augustini, cap. 11, § 2 et 3, cum quo pugnat Pennotus, lib. I De clericorum regularium hist., cap. 57, § 6, et Fl. L. Dextrum, M. Maximum, Luitprandum expungit ; quamvis in textu Bivariensi testimonium Fl. L. Dextri adductum a Marquez non inveniam. ID.

47. De Orosio, Elborensi episcopo in Carpetania, et de episcopatu Elborensi vel Talabricensi, alias multis egi ; nunc ejus episcopatus manet vestigium in archidiaconatu Talabricensi, qui docet olim ibi fuisse sedem episcopalem. Dicta est Talabrica, vel Elbora, antiquitus Aquensis civitas, a multitudine bonarum aquarum, quæ passim per vicos cernuntur. P. H.

*Hoc tempore floret Orosius, episcopus Elborensis, in Carpetania diaconus*. Julianus d. num. 325 : « Floret tunc Orosius episcopus Elboracensis, sanctus, ac doctrina laude præclarus. » D. L.

48. Duos ponit hic Justos in Ecclesia Toletana, sed utrumque episcopum ; alterum Toletanum, virum sanctum, doctum et valde religiosum ; alterum vero diaconum S. Helladii, non ejus successorem. Præter ea, quæ dicit hic Luitprandus, et n. 51 et

a S. Elpidio, Juliano, Saturnino, M. Marcello Eugenio) eidem sancto pontifici molestus ludibriis, dicteriis, et malo linguæ, infelicissimo genere mortis malam vitam finivit, episcopus Gallus.

49. Hoc anno die 18 mensis Februarii sanctissimus pontifex, Toletanus Helladius, grandævus, sancte decedit.

50. Fides Christi a discipulis S. Jacobi primo centenario prædicata, Canariæ crescit. Patitur S. Avitus in Canaria, et in insulis adhuc durat.

51. Eligitur præsul Toletanus S. Justus, monachus Benedictinus, ex monasterio Agaliensi, rector patrimonii; hic longe alius a sæculari. Qui vir sanctus, pius, innocens et optimis moribus instructus, præest tres annos suis monachis.

52. Sub hoc præside Justo, rege Wisegothorum Sisenando, coacta est iv synodus Toletana, 62 epi: coporum virorum excellentium gravitate, litteris et moribus; præfuit S. Isidorus.

## P. HIGUERÆ ET D. LAURENTII NOTÆ.

52, id ex ipso manifeste colligitur Ildefonso, cujus verba bene considerata, inter utrumque Justum ponunt discrimen. « Rursus cum Helladio episcopo sedis ejus Justus diaconus fastu superbiæ insultaret, post mortem equidem sui pontificis vixit episcopus, et ipse tabefactus; sed in reprobum versus sensum, ob intemperantiam morum, a ministris altaris sui dormiens strangulatus laqueo expiravit. » Revera si hic justus fuit archiepiscopus Toletanus, non solum diceret, *post mortem sui pontificis vixit episcopus*, sed adderet, *ejus successor*: quemadmodum agens de Justo Toletano, sit ait : « Item cum successori ejus Justo episcopo, » etc. Quia cum esset abbas, vel rector Agaliensis, vocatus est ad sedem Toletanam immediate post Helladium. Quomodo ergo potuit esse diaconus Toleti simul, et abbas Agaliensis? Hæc munera adeo negotiosa sunt, ut unum cum altero nullo modo ab eodem præstari possit. Sic cum S. Ildefonsus in Agaliensi monasterio tertius post illum S. Helladium rector est factus, « exstitit rector annis tribus. » Sed dices : Ex monacho factus est diaconus Toleti, et postea factus est abbas Agaliensis. Rem illis temporibus mihi narras inusitatam, ut videri potest in Eugenio monacho, qui vocatus ad Ecclesiam Toletanam cum Helladio, et ab eodem Helladio, nunquam ad monasterium reversus est; et ob id non fuit abbas Agaliensis : sicut etiam idem accidit M. Maximo, monacho Benedictino Cæsaraugustano, qui ex archidiacono Cæsaraugustanæ Ecclesiæ, ac S. Mariæ Pilaris, nunquam ad monasterium reversus est. Sed præstat S. doctoris Ildefonsi verba concepta subjicere, quæ sunt hæc : « Hunc, scilicet Eugenium, secum Helladius a monasterio tulit ad pontificatus tractus, qui rursus ab eo clericalibus institutus ordinibus, sedis ejus post eum tertius rector accessit. » Adde, quod Justus non fuit sacratus ab Helladio, nisi lector. Sic S. Ildefonsus. « Eugenius, discipulus Helladii, collector et consors Justi. » Ergo factus simul cum Eugenio lector. Quarto, quomodo sibi contrarius esset S. Ildefonsus, qui dixerat in proœmio de Justo illo sic : « Cum Helladio episcopo sedis ejus, Justus diaconus insultaret, post mortem quidem sui pontificis vixit episcopus : et ipse tabefactus; sed in reprobum versus sensum, ob intemperantiam morum, a ministris altaris sui dormiens laqueo strangulatus exspiravit? » Quasi denotaret in peccato mortali decessisse hunc Justum intemperantem, superbum, peculantem. Quomodo ergo, si hic ipse est qui fuit archiepiscopus Toletanus, dicit de illo in Vita S. Eugenii : « Et bonum meritum senis, qui duobus discipulis, sanctisque filiis, Ecclesiæ Dei hæreditatem meruit relinquere gubernandam? » Quomodo ergo, si intemperans moribus pessimusque mortem oppetiit, vocat eum sanctum filium Helladii? Sint ergo duo Justi, dissimiles statu, moribus, cursuque vivendi; alter laicus, alter monachus; alter intemperans, alter ab infantia sanctis moribus imbutus : uterque tamen episcopus post Helladium; alter Toletanus, ejusque successor in sede primate; qui fuit sæcularis, creditur a nonnullis, Accitanæ Ecclesiæ fuisse pontificem; confir-

matque in Ecclesia Toletana concilio Toletano vi, num. 44, ann. 638, septem annos post mortem sanctissimi pontificis Helladii. Interfuerunt Clarentius et Serpentinus. Potuit esse alterius Ecclesiæ; sed quod hic sit, nomen et temporis propinquitas multum faciunt. Sed revera, si talis fuisset Justus, non tacuisset S. Ildefonsus in ejus Vita, ubi sic : « Justus, post Helladium, discipulus ejus, illique successor, vir habitudine corporis ingeniique meritis decorus atque subtilis : ab infantia monachus; ab Helladio ad virtutem monasticæ institutionis affatim educatus pariter et instructus, in Agaliensi monasterio tertius post illum rector est factus : exstitit rector annis tribus : tempore Sisenandi obiit : qui rex post hunc die nono decimo defunctus abscessit. » Præterea, cum regerentur monasteria consilio ductuque pontificum Hispanorum, non est credibile, sanctissimum et innocentissimum virum Helladium assensum præbiturum, ut homo nequam, et superbus, ac insolens, et malis moribus præditus, sufficeretur regendo monasterio, ubi tantopere florebat disciplina monastica, et vigor sanctitatis, quem diutius servavit ordo Benedictinus. Neque enim id ratio, prudentia et amor erga suam religionem ullo modo paterentur. Ex quibus rationibus colligitur male lapsos esse scriptores, qui tam incuriose legentes S. Ildefonsum, ex duobus Justis unum injustæ consuerunt, et tam manifestam labem notamque S. Ecclesiæ Toletanæ, et ordini sanctissimo Benedictinorum asperserunt ; non certe dedita opera, sed per incuriam. Expediret itaque bonos auctores non dormitantes, sed vigiles et vehementer attentos percurrere, locaque cum locis conferre. In quem ego simul errorem incidissem, nisi Luitprandus, auctor diligens, et acri vir judicio, mihi nunc aurem vellicasset. Scripsit nonnulla ad Achilanem abbatem Agaliensem. P. H.

49. Mors S. Helladii fuit initio regni Sisenandi, hoc est, anno 631. Celebratur ejus festum in Martyrologio noviter Romæ edito, die 18 Februarii, de quo S. Ildefonsus, lib. De Viris illustr., et Rodericus, lib. ii, cap. 7. Sic venerabilem Helladium, Toletanæ sedis metropolitanum episcopum, sanctitatis præconio præfulgentem Ecclesia veneratur, cum summus pontifex Martyrologium auctoritate sua toti proponat Ecclesiæ, ut ii solum habeantur sancti, qui hic sunt scripti, et hoc est canonizare sanctos : nam quid est canonizare, nisi aliquem sanctum toti proponere Ecclesiæ Dei, habendum, colendum et nominandum sanctum? Hoc fit, quatenus in universa Ecclesia proponitur S. Helladius. Ergo jam est canonizatus, de quo non fiebat ullum in Hispania officium, ut nonnulli viri docti conquerentur. Moritur S. Helladius die octava decima Februarii, anno 632, primo anno Sisenandi, qui cœpit ab die 8 Septembris; defluxerant jam sex menses; præfuit annis tribus, mensibus sex, ab initio circiter Martii usque ad duos dies vel tres Septembris. Igitur fuit rector patrimonii annis tribus, ex Ildefonso; et sex mensibus pontifex Toletanus, ex Luitprando; cui multum debemus. P. H.

52. Hæc synodus affertur a divo Garsia Loaysa, ex libris Gothicis manuscriptis; ibi confirmat Justus

DCLXXII.  DCXXXIV.

53. Honorius papa obiit iii Idus Octobris; sedit in Petri sede annum unum, menses septem, dies vero octodecim.

DCLXXIII.  DCXXXV.

54. Alexandria et Ægyptus a Saracenis [al, a Saracenorum duce] dure captæ.

55. Justus, archiepiscopus Toletanus, monachus Benedictinus, vir magnæ religionis, sancte moritur tertia die Septembris.

56. Sisenandus, rex Wisegothorum catholicus, moritur Toleti 22 Septembris; sepelitur in æde S. Leocadiæ prætoriensi.

57. Cintila eligitur in locum Sisenandi, sub finem mensis Septembris; vir acer, et armorum exercitatione strenuus.

58. Eligitur Eugenius in locum Justi, Toletani archiepiscopi.

59. Eugenius die vicesima quinta Octobris consecrat, inungit et coronat regem Cintilam [al., Chintilanem, ex ms.] in præsentia multorum episcoporum et aulicorum, in æde S. Leocadiæ urbanæ.

DCLXXIV.  DCXXXVI.

60. Kalend. Decembr. habita, est v synodus Toletana in basilica S. Leocadiæ confessoris, anno primo serenissimi regis Wisegothorum Flavii Cintilanis.

P. HIGUERÆ ET D. LAURENTII NOTÆ.

episcopus Toletanus: habita est anno 633, Decembris die 9 S. Leocadiæ, et in ejus ecclesia, scilicet in basilica. Qui annus erat tertius regis Sisenandi; primus cœperat ab die 8 Septembris; secundus finitus erat anno 633, die 8 Septembris. Ab hoc die incœperat tertius regis Sisenandi, fluxerant illius anni tres, mensis et dies unus; et, ut celebrior esset festivitas S. Leocadiæ eo die in ejus S. martyris basilica (credo in parochiali) habita est 62 episcoporum synodus. P. H.

55. Justum defunctum anno Domini 635, die tertia Septembris, id est, annis et aliquot mensibus post felicem discessum S. Isidori, episcopi Hispalensis, credo sepultum in Agaliensi monasterio; nisi mavis, in æde prætoriensis S. Leocadiæ, ubi S. Helladius. Hic a Marieta et Prudentio Sandovalio ut sanctus habetur.

Nondum nota satis terris, notissime cœlo,
Heu! moreris gentis gloria, Juste, tuæ.
A puero es monachus Benedicti castra secutus,
Discipulus sancti charior Helladii.
Iria te genuit, Toletum nutrit in arctis
Ordinis obsequiis, et vocat ad cathedram.
Agaliensis eras prius in pietate palæstræ,
Altus ad egregias inde vocaris oves.
Doctus, amans æqui, castus, moderatus, honestus,
Sobrius, ingenio, religione vales.
Ut fueras solers abbas, sic providus ipse
Præsul, et officio sic in utroque decens.
Te vocat Alfonsus sanctum, sanctissimus idem;
Dignus es, et compar præsulis Helladii.
Tertia lux meritum Septembris te intulit astris:
Leucadiæ in templo busta parata tibi.
Diaconum qui te credunt vixisse beati
Helladii, falli arbitror hos nimium.
Hic lector fuit Helladii; sanctissimus abbas
Dum regit Helladius, Agaliensis erat.
Hinc Toletanam præsul conscendit ad urbem,
Moribus et sophia non minor Helladio.
Ora pro nobis, præsul justissime Juste,
Note Deo, doctis note, piisque viris. P. H.

56. De morte Sisenandi, novem diebus post mortem S. præsulis Justi, S. Ildefonsus scribit in Vita Justi. P. H.

57. De electione Cintilæ Isidorus in Historia Gothorum, Ildefonsus, Rodericus: de die nullus præter Luitprandum. P. H.

58. De Eugenio alias in concilio III Toletano, et divus Ildifonsus de Eugenio I in hunc modum: « Eugenius discipulus Helladii, collector et consors Justi, pontifex post Justum abscessit, ab infantia monachus, ab Helladio cum Justo pariter sacris in

monasterio institutionibus eruditus. Hunc secum Helladius a monasterio tulit, ad pontificatum tractus; qui rursus ab eo clericalibus institutus ordinibus, sedis ejus post eum tertius rector accessit, et bonum meritum senis, qui duobus discipulis sanctisque filiis Ecclesiæ Dei hæreditatem meruit relinquere gubernandam. Idem Eugenius moribus incessuque gravis; nam numeros, statum, incrementa, decrementaque, cursus, recursus lunarum tanta peritia novit, ut considerationes disputationes ejus auditorem in stuporem verterent, et in considerabilem doctrinam inducerent. Vixit in sacerdotio fere undecim annis, regnantibus Cintila, Tulgane et Cindasuindo regibus. » Hæc ille. Interfuit tribus Synodis Toletanis v, vi, vii. S. Ildefonsus vocat hunc sanctum, ut vocarat Justum, de duobus dicens discipulis, sanctisque filiis. Sedit in sede primate fere undecim annis; in cujus gratiam hoc juvat sepulcrale carmen addere·

Eugeni olympiaca præsul dignissime lauro,
Cujus et ingenio machina tota subest:
In dubio est, utrum major pietate vocandus
Sis, an doctrina; quando in utroque micas.
Sedulus es pastor, Pater optimus, omnibus idem,
Mercaris superas religione domos.
Morte triumphata scandis super æthera victor,
Et cingit frontem laurea sacra tuum.
Inter apostolicos splendescis apostolicus vir,
Non minor Eugenio, nec minor Helladio.
Pro nobis effunde preces, sanctissime præsul,
Et monache excellens, præsul et exmie.
Tu patriamque, tuamque regas mitissime gentem,
Quæ tibi sollicito supplicat ipsa prece.

Meminerunt etiam hujus Garibaius, Mariana, Marieta, Magister Prudentius a Sandoval, et alii recentiores. P. H.

59. Eugenius more gentilitio Gothorum consecrat, ungit et coronat Chintilanem die vicesima quinta Octobris, die Dominico, in æde S. Leocadiæ Prætoriensi, ubi ejus jacuit corpus. Toletanis hæc sacra basilica dicitur santa Leocadia de Afuera. P. H.

60. De synodo habita sub rege Cintila primus ejus feliciter primo (quæ in ordine quinta est) ubi inter fuit S. Eugenius, ut ait divus archiepiscopus Loaysa. Hæc synodus habetur in multis manuscriptis codicibus: de qua sic Rodericus, lib. ii, cap. 49, Histor. « Post mortem Sisenandi Quintilla Gothis præficitur æra 697, uno anno mensium numerato, regnans quatuor annis. Hic quintum concilium Toletanum (24 scilicet episcoporum) procurat sub Eugenio regiæ urbis primate: ubi non solum de rebus munda-

**61.** Floret Toleti archipresbyter Verecundus, cujus meminit S. Isidorus. Fuit postea idem episcopus Africanus.

**62.** Festum S. Jacobi, filii Zebedæi, hoc anno per Hispanias celebrius agitur, quam multis retro sæculis.

**63.** B. Bonifacius, episcopus Cauriensis, Toleti moritur. In æde S. Justæ a B. Eugenio honorifice sepelitur.

**DCLXXVI.**             **DCXXXVIII.**

**64.** Hoc anno sub eodem pontifice, secundo anno regis Cintilanis v Idus Januarii, in æde S. Leocadiæ prætoriensis, collegit rex conventum aulicorum suorum.

**65.** S. Isidorus, qui jam obierat die 4 Aprilis anno Domini 635 multis miraculis et gloria refulget.

## P. HIGUERÆ ET D. LAURENTII NOTÆ.

nis, verum etiam de divinis multa ignaris mentibus a lumine gratiæ sunt infusa. Quinta vero sanctorum congregatio episcoporum vicariis assistentibus, et cum senioribus palatii, qui digni interesse concilio habebantur, exstitit aggregata in ecclesia S. Leucadiæ virginis, ut liber Canonum gloriose declarat. Huic synodo Braulio Cæsaraugustanus episcopus præ cæteris illustris effulsit, atque piam doctrinam Christianis mentibus decenter infudit; cujus et opuscula nunc usque Ecclesia veneratur. Hujus eloquentiam Roma, urbium mater et domina, per epistolare colloquium est mirata. Et in hoc concilio subscripsit Selva Tarraconensis, et aliqui de suffraganeis suis, et vicariis absentium episcoporum. » Hæc Rodericus, qui videtur habuisse exemplaria longe diversa quam nunc habemus: nam tametsi v Concilium Toletanum, tam excusum quam manuscriptum, quod præ manibus est, habeat 24 episcopos, et inter illos sit etiam Braulio Cæsaraugustanus episcopus; nec Selva ibi confirmat, nec ullus vicarius aut palatinus. Nec censeo silentio prætereundum esse, non omnes conciliis interfuisse principes palatinos: sed, ut recte notat noster Rodericus, qui moribus et vitæ puritate ac gravitate consilii digni censebantur, ut qui inter tantos pontifices interessent: nam cum maximus esset numerus palatinorum, si omnes interfuissent, plane excederent numerum pontificum, qui ad concilia undique confluebant. An ab ipsis, an a rege, an a pontifice, hæc fieret electio, nullibi, quod sciam, legi. Verosimilius est, cum interessent conciliis, ubi de rebus etiam sæcularibus agebatur, vel a populis, vel a rege selectos fuisse; ubi vero digni discernuntur a minus dignis, electio est. P. H.

**61.** *Floret To'eti Verecundus archipresbyter.* Hic est, quem Eugenius II, recens electus misit ad Isidorum, ut ipse testatur in epistola ad Eugenium, quem morti proximus remisit ad prædictum Eugenium, his verbis: « Litteras vestræ sanctitatis per nuntium suscipiens Verecundum. » De quo postea major mentio in sequentibus facienda est. ID.

**62.** Minime celari velim, quæ in ipsa beatissimi apostoli nostri decollatione prodigia contigere; quod hactenus inter tineas et blattas, cum tanti patroni memoriæ detrimento, latuerint. Decerpsit ea ex Historia S. Jacobi, quæ, auctore Calixto II, Romano pontifice, exstat in M. S. codice bibliothecæ monasterii Sandovalis; ejusque mihi, cruce S. Jacobi Equestri recens donato, Bivarius meus gratanter copiam fecit, jurisque communis facit in commentariis suis ad M. Maximum in Chronico sub anno Christi 585, num. 2. Exordium Historiæ est: « Post ascensionem Dominicam; » ad calcem vero hæc habentur memoria dignissima: « Evaginavit gladium percussor, et elevavit in altum, et percussit bis in collo ejus, et abscidit caput ejus sanctissimum: et statim pretiosus sanguis manavit; et non cecidit caput ejus ad terram, sed beatus apostolus, virtute Dei plenus, accepit illud in brachiis suis, quæ ad cœlum elevaverat; et sic permansit genibus flexis, et caput tenens in ulnis, donec veniret nox, in qua discipuli

ejus corpus acciperent. Interea quidam, qui missi fuerant ab Herode, caput ejus abripere tentaverunt; sed non valuerunt: manus enim eorum super B. Jacobi pretiosissimum corpus rigebant; statimque percussor decollavit Josiam martyrem Christi B. Jacobi discipulum. Et mox factus est terræmotus ingens, et cœlum apertum est, et mare concussum est, et tonitruum factum est intolerabile, et tellus aperta iniquorum partem maximam deglutivit, et lux magna in regione illa effulsit, et angelica turba audita est a multis in aere, eorum ferens animas in cœlestibus sedibus, ubi sine fine lætantur. Transacto die, sequenti nocte venerunt discipuli ejus ad eum, et invenerunt illum, ut prædiximus, genibus flexis, et caput tenentem in ulnis, et posuerunt corpus ejus et caput in pera cervina, cum aromatibus pretiosis, et transtulerunt illud a Jerosolymis in Gallæciam, angelo Domini comitante per mare; et ibi sepelierunt illud, ubi veneratur usque in hodiernum diem. »

Hactenus Acta, quibus Julianus noster concinit in Chronico num. 24, unde ejus auctoritas magnopere stabilitur. Verba sunt: « Quod et ego B. Calixtum II audivi dicentem, cum in festo S. Jacobi die Romæ concionaretur 25 Julii, quod, cum caput apostoli amputatum est, non cecidit in terram, sed sanctissimus apostolus inter suas manus illud excepit, et diu retinuit; nec potuerunt carnifices illud inde tollere; nam conantibus manus aruerunt et brachia. Post decollatus est Josias, et mirifica lux apparuit, terræmotus et fulgura secuta sunt, et multos carnificum absorpsit. Quibus prodigiis mirifice delectati fideles, qui super corpus apostoli magnum planctum fecerunt, et illud honorificentissime curarunt. » Nec te itidem latere patior S. Jacobum « nostrum » vocari a Luitprando in Adversariis, num. 33, ubi apponit epistolam, quam scripsit Heronio episcopo Bracharensi sicque ait: « Cum invisi S. Jacobi Zebedæi filii, doctoris et apostoli nostri sacra ex voto limina, » etc., quo clarius apparet Hispanum fuisse, origine saltem, Ticinensem diaconum, ut conjecturis et rationibus approbe validissimis defendit doctissimus P. Franciscus Bivarius meus in censura operum circa finem. P. H.

**63.** Bonifacius, episcopus Cauriensis, interfu t concilio vi Toletano, loco undecimo; habita est synodus v Idus Januarii, post quod tempus mortuus est, et honorifice ab Eugenio II sepultus in æde S. Justæ, quæ tunc erat ecclesia Toleti. Dicitur ibi fuisse vir pius, ut erant illi sancti Patres. P. H.

**64.** De Eugenio, et sub eo concilio, Rodericus Toletanus, lib. II, cap. 19. « Sextum concilium, de observatione fidei catholicæ, et aliis ecclesiasticis disciplinis, fuit tempore ejusdem principis Cintilæ, celebratum sub Eugenio, urbis regiæ metropolitani primate, subscribentibus Selva Narbonensi, et Juliano Bracharensi, et Honorato Hispalensi, et Protasio Tarraconensi, et eorum suffraganeis et vicariis. » P. H.

**65.** De die obitus, et anno S. Isidori egimus super Maximum. ID.

APPENDIX AD LIUTPRANDUM.

**DCLXXVII.**

66. Honorio Romano pontifici succedit Severinus; Severino vero Joannes IV, qui hoc anno moritur, Idibus Octobris.

67. Vacat sedes annum unum, menses tredecim, dies septem.

68. S. Fara, virgo Benedictina, fugiens patrem, Tudem venit. Ab episcopo Tudensi Anastasio ædificatur monasterium. Moritur anno 650 [al., 657].

**DCLXXVIII.**

69. Hoc anno, vigesima sexta mensis Junii, moritur Cintila rex.

70. Succedit Flavius Tulga in regno Gothorum; regnat annos duos, menses quatuor; eligitur die S. Jacobi, patroni Hispaniarum; et eodem die ab Eugenio Toletano consecratur, inungitur, et coronatur in æde S. Mariæ Toleti.

71. Hoc anno Justus, Helladii diaconus, propter linguæ petulantiam, et morum incontinentiam, a suis clericis (factus episcopus nescio cujus civitatis) in lectulo laqueo suffocatur. Sunt qui suspicentur hunc episcopum fuisse Accitanæ civitatis, qui interfuit concilio Toletano. Sunt qui alium omnino ab hoc, et admodum diversum, putent. Omnes quidem consentiunt non fuisse hunc Toletanum pontificem.

**DCLXXX.**

72. Hoc anno Heraclius imperator, qui crucem Domini restituit ereptam a manibus Persarum, mense Maio moritur.

73. Theodorus, Theodori filius, Jerosolymites, Græcus natione, sedet in sede Petri post Joannem IV; sedet annos 6, menses 5.

74. Hoc anno 14 Octobris moritur rex Tulga; Cindasuinthus rex Gothorum eligitur, et in die SS. du-

**DCXXXIX.**

**DCXL.**

**DCXLII.**

P. HIGUERÆ ET D. LAURENTII NOTÆ.

69. De morte Cintillanis regis Isidorus, et Rodericus capite supra citato, nisi quod mortem ejus ponit æra 683, hoc est, anno Domini 645 revera fuit 778, hoc est, 640. Moritur die S. Joannis hoc anno, et etiam feria secunda. P. H.

70. Tulga eligitur in locum Cintillanis; consecratus fuit die S. Jacobi, patroni Hispaniarum, per Eugenium II, præsentibus episcopis et palatinis, in æde S. Mariæ Majoris; regnat annos duos, menses duos, de quo sic Rodericus eodem capite : « Mortuo Cintilla, Tulgas, bonæ indolis et radicis Gothorum, regnum suscepit æra 678, et regnavit duobus annis. Iste blandus et catholicus in omnibus est inventus. Regna sibi subdita pacifice dilatavit : in judicio rectus judex ; claruit largitate, magna fuit lenitate ; doluit gens Gothorum tam cito talem indolem amisisse, cunctis flentibus ; quia flos tantæ indolis in fructum non adolevit : Toleti propria morte decessit. » De Tulga sic Joannes Mariana, lib. VI, cap. 8 : « En lugar de Cintilla por voto de los grandes del reyno fue puesto Tulga, mozo en la edad, pero en las virtudes viejo : en particular se señalaba en la justicia, zelo de la religion, en la prudencia, en el gobierno, y destreza en las cosas de la guerra. Fue muy liberal para con los necessitados : virtud muy propia de los reyes, los quales deben considerar, que la abundancia que tienen, y sus riquezas, no deben servir para su particular provecho, y para sus deleites, sino para ayudar à los flacos, y para remedio de todo el pueblo. Iva destos principios en aumento, i parecia habia de subir a la cumbre de toda virtud y valor, quando la muerte le ataxo los pasos ; la qual de enfermedad sobrevino en la ciudad de Toledo, año de nuestra salvacion de DCXLI y tuvo el reyno solos dos años, y quatro meses. Sigeberto Gemblacense dice, que el Rey Tulga fue mozo liviano, y con su livertad y soltura dio ocasion a los suyos para que se levantasen contra el, y le echasen del Reyno. La razon pide hiziese mas caso en esta parte, de lo que san Ilefonso depone como testigo de vista, que de lo que escribió un estrangero, o por odio de nuestra nacion ; o, lo que es mas probable, por engaño, à causa de la distancia del lugar, y tiempo en que y quando escribió, con que facilmente se suelen trocar las cosas. » P. H.

Credibile est sepultum esse in basilica prætoriensi S. Leucadiæ : unde Rasis Saracenus historicus vocat S. Leucadiam regum, quod in ea consueverint reges Gothi sepeliri. In cujus regis gratiam etiam addidi carmen sepulcrale :

Heu! moreris, Tulga, primæ sub flore juventæ,
  Qui multos annos vivere dignus eras.
Indole præclara, ceu Titan surgis in orbem
  In medio cursu stamina Parca secat.
In te religio micuit, pietasque fidesque :
  Pauperibus largus, justitiæque tenax.
Annos qui numeret, juvenem te dixerit esse ;
  Virtutes numeras, dixerit esse senem.
Te pueri lacrymis deflent, juvenesque senesque,
  Urbs Toletana patrem te vocat esse suum.
Ad meliora tuo regno rex regna vocaris,
  Pax ubi continua est, et sine nube dies.
Sorte sepulcrali Tulga Leucadia virgo
  Associata tibi est, semper amica comes
Et comes in terris, comes et super æthera fida,
  Gaudet ubique tuo, rex generose, hono
Eriperis terris, princeps, ut sidera calces :
  Quam tibi virtutes expediere viam.

Obiit gloriosus rex Tulgas Toleti die 25 Octobris, æra 680. P. H.

71. Præter dicta testimonia, hoc magnum et violentum est, ut quis discernat duos fuisse Justos ; et quod ille, qui strangulatus est, non fuerit episcopus Toleti ; sed diaconus, postea episcopus. Obiit plus quam sex annos post Toletanum.

72. De inventione crucis, quam ex Persia retulit Heraclius imp. Jerosolymam, multa scriptores ecclesiasticæ Historiæ. P. H.

74 Die 16 Octobris succedit Tulgani regi Gotho rex Gothus Cindasuintus. De quo sic Julianus in Chronico « Cindasuindus regnavit solum ann. 6, menses 8, dies 20, item cum filio suo domino Reccesuindo rege annos 3, menses 7, dies 11, » hoc est, annis decem, mensibus quatuor. De quo sic Rodericus, lib. II, cap. 20 : « Post Tulgam Chindasuindus per tyrannidem regno Gothorum invaso, cœpit Iberiæ triumphaliter principari æra 685, et regnavit annis decem. » Generale chronicon Alfonsi æra 689, id est, anno Christi 651, sed ex concilio VII Toletano constat fuisse hujus regis annos 5 ann. 646, et sic necesse est quod die 16 Octobris anni 646, completus est annus quartus Chindasuindi, incœptus

centorum martyrum coronatur ab Eugenio in æde S. Petri prætoriensi, præsentibus episcopis et palatinis. In regno Gothorum regnat annos 6, menses 7 [al. 9] solus cum filiis aliquot.

75. Fridenandus [al., Eufridius diaconus, innixus favore regis Cindasuinthi, invadens honorem presbyte-rii, et quædam prædia S. Ecclesiæ Toletanæ attributa, fit illorum dominus : qui divinitus punitus est, ut Gerontius presbyter, male tractaverat Justum episcopum Toletanum, ut Justus non monachus, sed diaconus Toletanus sæcularis, indignis modis tractaverat S. Helladium.

DCLXXXI.  DCXLIII.

76. In sede Constantinopolitana ponitur Paulus hæreticus.

DCLXXXII.  DCXLIV.

77. Synodus Romana contra Paulum patriarcham Constantinopolitanum hæreticum contrahitur, et synodi tres Africanæ collectæ contra hæreticos Monothelitas.

DCLXXXIV.  DCXLVI.

78. Ineunte anno 5 regis Cindasuinthi, die 27 Martii, moritur S. Braulius, episcopus Cæsaraugustanus, vir eximiæ doctrinæ et sanctitatis, et de clarissima Gothorum stirpe. Et xv Kalend. Novemb. cogitur Toleti septima synodus; concurrunt episcopi et vicarii 39.

DCLXXXV.  DCXLVII.

79. Prima Julii moritur Toleti S. Eugenius II, vir sanctus; sepelitur in æde S. Leocadiæ martyris.

80. Moritur Verecundus, monachus Benedictinus, S. Eugenii diaconus.

### P. HIGUERÆ ET D. LAURENTII NOTÆ.

quintus annus est a die 17, et sic illius anni solum duo dies præterierant 15 Kalend. Novemb., hoc est, die decima octava Octobris, quæ fuit Feria quarta. Hunc regem sacravit, inunxit et coronavit Dominus Eugenius II in æde SS. Petri et Pauli prætoriensi cum magna pompa et apparatu, more Græcorum imperatorum Constantinopolitanorum. P. H.

75. De Eufridio et Gerontio, diaconis, lege divum Ildefonsum, archiepiscopum Toletanum, in prologo libri De Viris illustribus. ID.

78. De synodo vII Toletana sic Rodericus, cap. 20, lib. II, agens de Chindasuintho : « Ilic Toletana urbe synodale decretum 30 episcoporum cum omni clero et vicariis eorum episcoporum, quos languor vel inopia detinuerat, et palatino collegio, quod interesse consiliis merebatur, anno regni sui 5 indixit Chindabiliter celebrandum, discurrentibus tantum notariis, quos ad recitandum ordo requirit ; et hoc fuit septimum concilium Tо'etanum sub Eugenio metropolitano et primate urbis regiæ. » Duo hic adverte, pontifices posse non venire nonnunquam ad concilium, vel causa languoris, vel inopiæ, quod tot sumptibus, quos dignitas episcopalis postulat, præ reddituum annorum tenuitate pares esse non poterant; secundum, quod non omnes palatini, sed qui merebantur, solebant admitti. P. H.

79. Non multos annos, imo nec annum quidem, sed 9 mensibus a concilio moritur S. Eugenius II, prima die mensis Julii ; qui jacet in æde Prætoriensi S. Leucadiæ virginis et martyris. P. H.

80. Verecundus, episcopus Uticensis, qui fuit archipresbyter Toletanus, anno 647 moritur : de quo Felix in Additione ad Chronicon S. Ildefonsi Tole'ani pontificis, De viris illustribus. Hic fuit prius archipresbyter Toletanus, postea episcopus Uticensis ; poeta, ut illis temporibus ferebant, non malus; de quo Felix sic : « Verecundus, Africanus episcopus, studiis liberalium litterarum disertus, edidit carmine dactylico duos modicos brevesque libellos : quorum primum De Resurrectione et judicio edidit ; alterum vero De Pœnitentia, in quo ab incunabulis carmine propria delicta deplorat. » Alter penes me est cum scholiis Joannis Ruisii Azagræ, a secretis principum Bohemiæ, viri quidem doctissimi, scriptus ex codice Gothico vetusto in membra, a ms. sic incipit :

Quis mihi mœsta dabit lacrymosis imbribus ora ?

Hunc putat fuisse illum, cujus meminit in Chronico

Victor Uticensis. At fallitur, Utica in Italia est, non in Africa. Felix vocat episcopum Africanum. Plane est Uticensis ille, quem S. Eugenius misit cum litteris ad Isidorum, ut ex epistola constat Isidori ad Eugenium : dedicat hoc opus magistro suo Eugenio Toletano. Est et Verecundus S. episcopus Veronensis, cujus annua celebritas agitur 22 Octobris, cujus et Galesinus et Romanum Martyrologium meminerunt. More Gothico vocat eum *Vergundum* : Gothi enim vertebant *c* in *g*, ut locus, *lugar* ; Græcus, *Griego* ; sic Verecundus, per syncopen *Vergundus*.

De septima synodo Toletana meminit, lib. II, cap. 2, Rodericus, cui non interfuit S. Braulio, quia morbo fortasse detinebatur. Quod tunc viveret, constat, quia M. Maximus mortuus est anno 616, cui ex Ildefonso successit Joannes, qui 12 annis tenuit cathedram usque ad annum 628, incipit sub finem anni 616 usque ad annum 628 et forsan 629, quo tempore finivit etiam vitam Suintilla. S. Braulio incœpit jam rege Sisenando, anno scilicet 629 vel 630 usque ad aliquot annos Chindasuindi, fere usque ad annum 648 vel 649, nam circiter viginti annos tenuit cathedram, ut ex verbis S. Ildefonsi constat : « Habuit sacerdotium ferme viginti annos ; quibus expletis, clausit diem vitæ præsentis ; duravit in regimine temporibus Sisenandi, Chintillæ, Tulganis et Chindasuendi. » Ergo si habita est synodus vII anno 646, anno quinto regis Chindasuindi, duo sequuntur ex prædictis : vivere tunc S. Braulionem, et Taionem Cæsaraugustanum non fuisse tunc episcopum ; quia si esset, confirmaret in concilio ; revera non confirmat. Ad hæc, in vIII synodo Toletana inter 52 episcopos confirmat primo loco ; ex quo apparet vel eo anno, vel paulo ante, fuisse creatum episcopum Cæsaraugustanum. Quod si, cum petivit Romam, erat episcopus, jam concurrerant septem anni, et non esset tam infimo loco. Quare crediderim archidiaconum, vel diaconum, aut presbyterum tunc Romam petiisse ad inquirendum Moralia S. Gregorii ; postea reversus jam defuncto S. Braulione, scilicet anno forte 650 vel 651 factus est episcopus Cæsaraugustanus; et sic confirmat in concilio vIII Toletano inter postremos episcopos. Cum accessit Romam Taio, erat episcopus Romæ S. martyr Martinus Tudertinus, cujus historia et a Roderico Toletano narratur, et est in codice manuscripto litteris Gothicis in membrana pervetusta. Credoque regem Chindasuindum, petente conci-

81. Usus erat episcopis mitræ qua cum petalo [*leg.* petaso] usi sunt omnes Apostoli.

82. Verecundus episcopus Uticensis in Africa, vir magnus ingenio et piis editis libris, moritur.

DCLXXXVI                    DCXLVIII.

83. Martinus, Fabricii filius, Tudertinus, postmodum martyr, sedet annos sex, menses quatuor, dies septem. Succedit Theodoro.

DCLXXXVII.                  DCXLIX

84. S. Eugenius III litteris et sanctimonia Toleti floret; qui post rexit patriarchalem sedem Toletanam.

85. Synodus Hispalensis contra Monothelitas.

## P. HIGUERÆ ET D. LAURENTII NOTÆ.

Io viii Toletano, misisse litteras ad sanctum pontificem Martinum, ut pars Moralium, quæ post mortem Leandri fuerat absoluta a S. Gregorio, et allata in Hispaniam non inveniebatur, ipso dante redderetur. Hæ epistolæ omnino interciderunt: solum est responsio ad epistolam Marci Amandi, episcopi Castellonensis prope Galliam, hominis natione Galli; ad quam respondet S. Martinus, et mittit simul encyclicam epistolam concilii, post adventum Taii, et Moralium sancti Gregorii libros, quos S. Leander de Constantinopolitana civitate tulit; rogatque ut admoneat omnes metropolitanos, et regem Franciæ, utpote vicinus, et natione Gallus; quod et fecit. P. H.

81. *Usus erat episcopis mitræ, qua cum petalo*, etc Legendum, *qua cum petaso*. Est autem petasus galerus, quem Itali *capello* vocant, pilei latioris genus, quo adversus injurias solis viatores sese tuentur, qualis Mercurio a poetis affingitur. Plautus in Amphitr.

Ego habeo usque in petaso pinnulas.

Declarat Sueton. in Augusto, cap. 82: « Æstate apertis cubiculi foribus, ac sæpe in peristylio, saliente aqua, atque etiam ventilante aliquo, cubabat; solis vero ne hiberni quidem patiens, domi quoque non nisi petasatus in die spatiabatur. » Est nomen Græcum πέτασοι, a verbo πετάννυμι, quod est *extendo*: petasus enim extensus tegebat operiebatque caput, et faciem obumbrabat. Hesychius πέτασον ῥιπίδα ἐκ χοίνων vocat; galerum ex viminibus; qui forte umbella erat. Georgius Cedrenus in Histor. Compend. pag. 159, linea 59, ex editione Joannis Oporini : "Ἔστι δὲ καὶ ἕτερα κατασκευή σπυρίδος, ἀντὶ πίλου τῇ κεφαλῇ τιθεμένη· καλεῖται δὲ παρ' Ἰταλοῖς κάμελα, ἐξ οὗ καὶ καμελαύκια. Est aliud genus sportæ, quæ, pilei loco, capiti imponitur; Italis camela dicta, unde et camelaucia; sic vertit Xylander. *Petasus* ergo galerus est, et insigne episcoporum, seu pontificum, una cum mitra. Apud Romanos inter pontificis ornamenta apex, tutulus, galerus. De quibus Jacobus Gutherius, lib. 1 De veteri Jure pontificio, cap. 29, qui galerus σκουφία appellabatur; de quo Georgius Codinus curopalata. De Officiis et officialibus magnæ ecclesiæ et aulæ Constantinopolitanæ, cap. 15, num. 52, pag. 56, ad quem locum Jacobus Gretserus, lib. II Comment., cap. 6, n. 25, p. 212. Unde nos Hispani *scofia* dicimus, capitis nocturnum ac cubantium tegumentum. Alcuinus De divinis Officiis, *pi'eos* a Græcis dici scribit *cuphias*. Hugo vero de S. Victore, lib. 1 De Sacramentis, cap. 55, mitram, tiaram, infulam, pileum, pro eodem accipit. Papias itidem; *Cidaris, mitra, tiara, pileus sacerdotalis, cuphia*. Vide quæ notavit Meursius in Glossario Græco barbaro, verbo Σκουφία, et Cæsar Bulengerus De pontificum, episcoporum et sacerdotum Christi Cultu ac vestitu, lib. i, cap. 6, ad finem. D. L.

85. De synodo contra Monothelitas habita in Hispania mentionem facit Onufrius in Chronico, et Magnus archipresbyter S. Justæ, in suo Chronico, anno 652 et fere ultimo Chindasuinti 4 vero Reccesuindi, cum patre in Hispania regnantium. Quæ res,

quia satis est insignis, mihi paulo diligentius est repetenda; cujus etiam rei mentionem, tametsi obscuram, reperio in Roderici Toletani præsulis Historia, lib. II, cap. 22; «Clarente, inquit, Eugenio urbis regiæ metropolitano, Toleti instituit concilium celebrari 46 episcoporum cum infinito clero, et vicariis desistentium, atque officiariis, dignissimis palatinis, in basilica prætoriensi SS. Petri et Pauli apostolorum; et non solum de mundanis actibus, verum etiam sanctæ Trinitatis mysterium animos instituit ignorantes. » Non est de numero trium synodorum ipso rege Toleti celebratarum, non, inquam, octava est, nona, vel decima, sed alia seorsum : quia octava 52 episcopos, ut ipse refert paulo inferius, habuit; nona 56 episcopos, decima 20 episcopos et quinque vicarios. Ergo illa alia, quæ habuit episcopos 46, non est ulla istarum, sed alia differens. Adde, quod de rebus divinis hic agitur, confirmatione videlicet et acceptione concilii Lateranensis contra Monothelitas; quod habitum est Romæ anno 652 et eodem anno, sub dictis regibus habitum est concilium hoc 46 episcoporum Toleti sub finem regni Chindasuindi contra Monothelitas, ut docent Onuphrius in Chronico ecclesiastico, et Julianus Toletanus in suo. Quod ut melius intelligatur, oportet observare S. pontificem Martinum papam I litteris ad M. Amandum, episcopum Castellonensem (*Castellon de la Plana* vulgo) in regno Cataloniæ significare inventionem librorum a Taio petitorum, sed non exspectasse, ut scriberentur Moralia. Sic sanctus pontifex : « Reliquias vero sanctorum, de quibus præsentium lator nos admonuit, dari præcepimus. Nam codices jam examinati sunt a nostra bibliotheca; et unde dare ei nullatenus habuimus; transcribere autem non potuit, quoniam festinanter de hac civitate regredi properavit. » Postea scriptus est liber, et Romæ ad Hispaniam transmissus. Circa materiam hujus concilii sic scribit ad dictum episcopum S. Martinus : « Credimus autem ad vos pervenisse, quomodo in conturbatione veræ fidei Ecclesiæ conculcatione, ante hos plus minus 24 annos, a Sergio, falso episcopo Constantinopolitano, in auxilio habente imperatorem Heraclium, exsecranda et abominanda hæresis pullulavit, Apollinaristarum atque Manichæorum errorem renovantium : quem successor ejus Pyrrhus, idemque episcopus, qui ambitionis fastu Constantinopolitanam sedem arripuit, in deterius auxit. Pro qua re sæpe apostolica sedes persuasionibus, contestationibus atque increpationibus plurimis admonuit eos, quatenus ab hujusmodi errore recederent, et ad lumen pietatis, ex quo lapsi sunt, remearent. Et non solum hoc facere nullatenus voluerunt, sed et nunc successor ejus Paulus temerator fidei episcopus Constantinopolitanus, alium nequiorem excogitavit in præjudicium catholicæ fidei conatum, quasi quæ a decessoribus suis hæretice exposita fuerant destruens, et imperialem typum sacrilego ausu totius plenum perfidiæ, a clementissimo pontifice nostro fieri persuasit; in quo promulgatum est, ut omnes populi Christiani credere debuissent. Ideoque necesse habuimus, ne pro quadam negligentia et animarum detrimento, quæ nobis

86. S. Eugenio II Toletano pontifici mortuo Toleti, mense Martio, anno 649, succedit Eugenius III hujus nominis, in sede Toletana, vir sanctus et doctus.

DCXCI.   DCLIII.

87. Eodem anno, die 16 mensis Octobris, moritur Cindasuinthus, rex Wisegothorum. Succedit illi Recesuinthus filius, qui ab Eugenio episcopo Toletano, Toleti in æde S. Mariæ, quæ vulgo voce Arabica *Alficensis* nominatur, vel *Inferior*, coronatur et inungitur.

## HIGUERÆ ET D. LAURENTII NOTÆ.

commissæ sunt, culpæ reatu astringamur, cœtum generalem fratrum et episcoporum nostrorum in hac Romana civitate congregare. In quorum præsentia memoratorum hæreticorum scelerosa conscripta examinata atque denudata sunt, et apostolico mucrone Patrumque definitionibus uno ore unoque spiritu condemnavimus; ut cognoscentes universi errorem, qui in eis continetur, eorum pollutione nullatenus maculentur. Unde prævidimus volumina gestorum synodalium in præsenti vobis dirigere una cum encyclica nostra, ex quorum serie omnia subtiliter potestis addiscere, et tenebras illorum nobiscum, ut filii lucis, exstinguere. Idcirco studeat fraternitas tua omnibus ea innotescere, ut tam abominandam hæresim nobiscum exsecrentur, quamque suæ salutis sacramenta indiscere valeant, atque synodali conventione omnium fratrum et episcoporum nostrorum partium illarum effecta, secundum tenorem encyclicæ a nobis directæ, scripta una cum subscriptionibus vestris, nobismet destinanda concelebrent, confirmantes atque consentientes eis, quæ pro orthodoxa fide et destructione hæreticorum vesaniæ nuper exortæ statuta sunt. » Marcus Amandus, acceptis litteris a S. Martino papa, mittitur ad reges, qui jubeant Eugenio ut congreget synodum Toleti. Hæc est contra Monothelitas, ut videamus quanta sit Hispanorum regum observantia erga sanctam sedem Romanam, et episcoporum obedientia; qui, habita synodo Toleti, jubi recepta est honorifice synodus Lateranensis, et abjurantes ac detestantes hæresim Monothelitarum, mittunt Romam hanc synodum cum Taio et M. Amando episcopis. Et mirum est, quomodo hæc synodus intercideris, quanquam ejus vestigia in Onuphrio et Roderico, ac Juliano Toletano, clara expressaque reperimus. Merito ergo laudat Rodericus pietatem et sanctimoniam regis Chindasuindi, et regis Reccesuindi, qui tot concilia ediderint. Huic concilio non interfuit Eugenius secundus, sed tertius. P. H.

87. Hoc anno, mense Octobri, moritur Chindasuinthus Toleti: moritur vero prima die Octobris, die Martis, consepultusque in æde S. Leocadiæ prætoriensi. Consecratus est ab Eugenio III Reccesuinthus, de novo in æde S. Mariæ Alficensi (quem vocant) die vicesima mensis Octobris. Cogit concilium eodem anno, XVII Kalend. Januar., hoc est vicesima decima sexta die Decembris, octavo, S. Leocadiæ lunæ, habita die Dominico processione. Et quod recens erat mors patris regis Recesuinthi, nempe ante duos menses et dimidium, ipse docet in principio concilii, his verbis: « Etsi summus Auctor rerum me divæ memoriæ Domini et genitoris mei temporibus regni sede subvexit, atque ipsius gloriæ participem effecit; nunc tamen, cum ipse requiem æternam adeptus est mansionum, ea quæ in me totius regiminis transfusa jura reliquit, ex toto divina mihi potentia subjugavit. Nunc » quod dicit, est, hoc anno : nam ex Juliano obiit pater Kalend. Octobris æra 691, hoc est, anno 653, ut dixi. Ex hoc etiam concilio manifeste constat adhuc vivente patre partem habuisse regiminis totius regni cum eodem. P. H.

*Recesuinthus filius*, nominatur, *coronatur et inungitur*. De sacra regum unctione diximus ad n. 8; nunc adde l. XIII, tit. 4, part. I, præsertim ibi (*Por eso los ungen à los reyes en este tiempo con olco*

sagrado en el ombro de la espalda del brazo diestro), ubi Gregorius Lopez glos. 1, verbo *a los Reyes*, et vide infra num. 123.

*Alficensis*, vel *Inferior*. Antiquissima ecclesia S. Mariæ *de Alficen* sic dicta; quia ex Africa Sitifensi (de qua Isidorus lib. IV Origin., cap. 5, et passim in codice Theodos.) venientibus Arabibus assignata. Ita Julianus in Adversariis num. 516 : « Ex Africa Satifensi, nunc Fez, tempore Cindasuinthi venerunt Toletum Christiani nobiles Arabes, qui docuerunt linguam Arabicam Gothos, quod illis post fuit magno adjumento ad futuram captivitatem. Data est illis ecclesia S. Mariæ, quæ a Satifensibus vulgo dicta est Alficen, vocabulo patrio Arabico. » A quibus etiam oppidulum Getafe nominatum affirmat in Adversariis, num. 214 : « Cum hæc scriberem, reparatum est oppidum Getafe, quod est prope Mageritum; illudque a veteri oppido Africano Satafi (*lege Sitifi, ex D. Isidoro, ubi supra*) corrupte vocabulo Saraceni, qui ceperunt Hispanias, sic nominare voluerunt patria voce. » Hinc item dicta arx Alficen, non procul distans a civitate Granata, ubi eosdem Arabes coloniam duxisse facile credi potest. Sic Licent. Rades de Andrade in Chronico Ordinis de Calatrava, in Vita Magistri Don Rui Perez Ponce, anno 1292, pag. 47, col. 2 : « En este mismo año, inquit, el maestre con un famoso exercito de los cavalleros desta orden, i de los vasallos della (que eran muchos, i muy ricos) entro por tierra de Moros, por las partes del obispado de Jaen, hasta llegar al reyno de Granada. En esta entrada le succedio prosperamente al principio : porque tomo un fuerte castillo llamado Alficen, i lo hizo asolar, i halló en el muchas riquezas de oro, plata, vestidos, i otras cosas, que los Moros aldeanos avian recogido en el, para tener las mas seguras. »

Iterum de sanctæ Mariæ ecclesia, quæ dicitur *Alficen* Arabice, num. 222, 225, 376, in Chronico. Hanc ecclesiam Luitprandus *Inferiorem* vocat, et Julianus in Chronico num. 464, quia inter tria antiquissima templa Toletanorum tertium, id est, ultimum et inferius, enumerabatur. Illustrat ejusmodi explicationem Julianus in Chronico num. 74, his verbis : « Paulatus (*alias*, Privatus) episcopus Toletanus, ad annum 280 jacet cum antecessoribus suis ad ecclesiam S. Mariæ; vulgo dicitur nunc *de Alficen*, quæ tertia fuit Toletanorum ecclesia : secunda vero Prætoriensis S. Leucadiæ virginis et martyris : prima vero S. Mariæ adhuc viventi sacra post Cæsaraugustanam. » Hinc corrigendus locus ipsius auctoris in De Eremiteriis, num. 15. « Eremiterium Toleti, in suburbio S. Mariæ de Alficen, a temporibus antiquissimis 3 templa Toletanorum (*lege tertium templum Toletanorum*). Et tempore captivitatis hæc fuit ecclesia regis Adefonsi sexti, ubi fere semper sedebat archipresbyter S. ecclesiæ Toletanæ, sub patronatu Toletanorum Eiculneorum Portocarrerorum. » Et quia hæc sacrosanctæ ecclesiæ ab antiquis erectæ temporibus; imagines B. Mariæ, quæ in iis erant collocatæ, Antiquæ etiam vocabantur. Vallisoleti hodie dicitur *Nuestra Señora de la Antigua*. Et Abulæ : « ubi inter rudera vetustissima tale veteris monumenti ac sepulchri erutum fuit, non multis abhinc diebus, illustre monumentum : quod in ære incidi non abs re mihi visum. En accipe. »

Abriendo los Monges de Nuestra SEÑORA de la *Antigua* de la Ciudad de Abila el Año de mil i seiscientos, i treinta, los cimientos para una Capilla que hacian en su Iglesia al lado del Evangelio, en el sitio que Antiguamente dicen estaba otra dedicada a S. ANDRES, se hallaron algunos Sepulcros Antiquissimos: i en uno d'ellos un Cuerpo con una Lamina de plomo, de la forma, i con las letras que en esta vanesculpidas. Tienese por cierto ser Iglesia de tiempo de S. SEGUNDO, primer Obispo de Abila, Discipulo de Sant IAGO, hecho el computo de los Años, i que en la era de DCCXVI, que es el Año DCLXXVIII se llamaba S. MARIA de la *Antigua*, despues sedio a los Monges Benitos, que en el Año de MDCXXX, la poseen, tienen en ella un *Priorato* sugeto a N. SEÑORA de *Valbanera*, aviendo sido antes de la Perdida de Espana Abadia: i tenido en Abila otros quatro Monasterios de su Orden. En otros Sepulcros se hallan Espuelas i Evillas, i piecas de Armas como las talladas, de donde consta que eran Nobles los que se enterraban alli, como tambien se dice en la Lamina, Hallose una moneda que casi no se divisan sus lineas, i letras sacose loque se pudo conocer en ella.

Constatque S. *Mariam de Alficen* ex dict. num. 15 ecclesiam fuisse Alfonsi VI, et archiepiscopalem sedem post captam ab eo civitatem. Sic Pisa in Toleti Hist. lib. ii, cap. 21, pag. 15, col. 4, in hæc verba : « Era en esta sazon la silla Arçobispal, como de prestado, en la iglesia de S. Maria de Alficen, en la qual havia perseverado inviolablemente el culto divino, i Christiana religion por todo el tiempo de la captividad. » Quod asseverat ipsemet Adefonsus in regia donatione, qua munificentissime fuit prosecutus monachos S. Servandi et Germani, his verbis : « Et pro augmento conversationis monasticæ, suorumque famulorum et hospitum receptione, testor, ibi antiquam ecclesiam, quæ dicitur S. Maria de Alficen, quæ nunquam titulum Christianitatis perdidit, quamvis tempore paganorum, neque a Christianis incoli et venerari (licet sub jugo perfidæ gentis) omisit. » Elicies etiam clare ex Juliano, cujus testimoniis musivum reddimus opus in Chronico num. 554, anno Christi 1085. : « Atque sub hæc tempora gloriosissimus imperator Adefonsus, et semper magnificus triumphator, urbem regiam obsidebat. Ego vero pro archiepiscopo vicarius in sede vacanti excubabam, et audivi quod rex Adefonsus consulebat domnum apostolicum disponendo pro episcopo Toletano Sanctio, cognato suo, qui sciebat parum in litteris, et volebat ejus cathedralem, vel potius archiepiscopum, facere in Alficem : sed sancta Romana Ecclesia non illum admisit, nec voluit dominus apostolicus, quia nesciebat litteras, nisi ut signaret rex Adefonsus virum litteratum et sanctum. » Hujus loci meminit don. Fr. Prudentius de Sandoval in Vita regis Aldefonsi VI, fol. 68, col. 1. Epistola autem decretalis pontificis Gregorii VII, in qua rescripsit Aldefonso regi, exstat in tomo III Concilior. general. par. ii lib. ix Registri Gregorii Papæ VII, epist. 2., pag. 568, col. 1, et in tomo III epistolar. decretal. summorum pontificum Romæ excuso, anno 1591 en lib. ix Registri Gregorii Papæ VII, epist. 2., pag. 852. Habui beneficio doctissimi viri D. Vincentii Turtureti, qui operibus eruditis sane et reconditæ peritiorisque doctrinæ, et suam patriam, et nostram

## CHRONICON.

88. Fl. Rodoaldus, Rotarii filius, secundus Longobardorum rex, regnat annis quinque; missus est ad Hispanias.

89. Synodus Romæ collecta contra hæreticos Monothelitas.

90. Martinus papa martyrio coronatur pridie Idus Novembr

91. Hoc anno collecta est sub Eugenio III Toletano pontifice, synodus vııı Toletana, anno 5 Recesuinthi.

DCXCII.     DCLIV.

92. Fl. Heraclius, Constantino prognatus [*lege* progenitus, *seu* Pogonatus (*quod probo*), *et loco* Constantino *scribe* Constantinus], Kal. Martii a patre imperatore consors imperii nominatur.

DCXCIII.     DCLV.

93. Fortis. tricesimus nonus Mediolanensis archiepiscopus.

94. Hoc anno, qui est septimus Recesuinthi regis Wisegothorum, congregatur synodus ıx Toletana, sub Eugenio tertio hujus nominis

DCXCIV.     DCLVI.

95. Hoc anno, qui fuit octavus Recesuinthi, regis Wisegothorum, contrahitur Toleti synodus x.

### P. HIGUERÆ ET D. LAURENTII NOTÆ.

Hispaniam, dum in ea publico litterarum beneficio commoratur, fovet et illustrat. Cujus epistolæ verba, quippe quæ optime conducunt ad rem, ut videns, et agnoscant omnes, quantæ auctoritatis et veritatis sit Chronicon Juliani, apponere operæ pretium duxi; in quibus et Maximi pontificis prudentiam atque religiosam suspicies temperantiam; dum, ne tunc dedecori Sanctii cederet repulsa, quam imperatori renuntiabat, ejus pepercit nomini. Ait summus pontifex : « De illa autem persona, quæ in archiepiscopum fuerat eligenda, dicimus, licet satis prudens et liberalis videatur, tamen (quemadmodum nobis notum est, et litteræ tuæ non negant) disciplinæ fundamento, videlicet litteralis scientiæ, peritia indiget. Quæ virtus, quam sit non modo episcopis, verum etiam sacerdotibus necessaria, ipse satis intelligis; cum nullus sine ea, aut alios docere, aut sese possit defendere. Quapropter serenitatem tuam studere oportet, ut cum consilio præfati legati nostri Richardi, Massiliensis abbatis aliorumque religiosorum virorum, eligatur inde, si inveniri potest, sin autem, aliunde expetatur talis persona, cujus religio et doctrina Ecclesiæ vestræ et regno decorem conferat et salutem. Nec vero te pigeat aut pudeat, extraneum forte, vel humilis sanguinis virum (dummodo idoneus sit) ad Ecclesiæ tuæ regimen, quod proprie bonos exoptat, adscire, cum Romana respublica, ut paganorum tempore, sic et sub Christianitatis titulis, inde maxime, Deo favente, excrevit, quod non tam generis aut patriæ nobilitatem, quam animi et corporis virtutes perpendendas adjudicavit. » Adducit hanc epistolam illustriss. cardinalis Baronius tom. XI Annal. anno Christi 1080 quasi tunc scripserit summus pontifex; aitque emendandos esse eos qui Toletum captum ab Alfonso tradunt anno Christi 1085, cum sibi suadeat anno 1080 litteras a Gregorio VII scriptas : quamvis in epistola Gregorii nec diem nec annum inveniam, imo positam agnoscam in tomo III epistolar. decretalium post concilium coactum anno 1081. Vel, si quis hac difficultate motus, maluerit de alio archiepiscopo potius quam de Toletano locutum Gregorium, in eam sententiam pedibus it Baronius. Posteriori huic conjecturæ resistit Julianus; et priori omnes fere Hispani chronologi, et historici, inter quos Pisa lib. III, Histor. Toleti 17, pag. 151, col. 1, et dicitur infra num. 210. Satius puto intelligendum etiam in captivitate de hoc eligendo Sanctio archiepiscopo, Alfonsum consuluisse summum pontificem Gregorium : nam et erat Ecclesia Alficensis, tempore captivitatis, ubi sedebat archipresbyter S. Ecclesiæ Toletanæ, ut scribit Julianus in lib. De eremiteriis n. 15, et rem in futurum disponebat, ad hoc, ut Sanctius archiepiscopus confirmaretur. Quod indicare videntur verba illa Juliani in Chronico : « Adefonsus consu-

A lebat dominum apostolicum, dispenendo pro episcopo Toletano Sanctio, cognato suo. » Conveniunt etiam regia diplomata, quæ inveniuntur scripta anno 1083, in quibus rex se nominat Toleti; non quia, ut ait Pisa, tunc captum esset Toletum; sed, quia, Deo juvante et præeunte, in animo constanter habebat, et cogitabat non in antecessum Alfonsus. Deinde cum vacaret sedes, mortuo Petro Toletano archiepiscopo, et per obsidionem non possent episcopi convenire ad eligendum, consulebat sacram Romanam Ecclesiam. Sic noster Julianus in Chronico num. 552; verba sunt : « Anno 1081 episcopus S. Justæ, senio et ærumnis confectus, moritur Toleti sub finem anni, vacatque sedes, quia non potuerunt venire Toletum episcopi metropolitani, quorum intererat eligere, propter arctam obsidionem. » Quare anno 1085 dict. num. 554, de seipso testatur Julianus, quæ sequuntur : « Ego tunc etiam pro archiepiscopo vicarius in sede vacanti excuba-

B bam. » D. L.

89. Synodus contra Monothelitas Romæ habita est, et absoluta hoc anno in palatio Lateranensi anno 652, ann. 6 Martini papæ I, de qua multa Platina et alii scriptores rerum ecclesiasticarum. P. H.

90. S. Martinus papa moritur pridie Idus Novembris in exsilio Chersonensi; pro fide ærumnis confectus. Celebratur ab Ecclesia ut martyr, pro defensione duarum Christi voluntatum. P. H.

91. De synodo vııı hoc anno collecta Rodericus et alii codices ms. in membrana pervetusta littera Gothica, etiam codex Surii conciliorum, et codex Garsiæ Loaysæ. Eugenius, qui huic interfuit, est sanctus vir, inter sanctos relatus. P. H.

94. Cogitur synodus ıx Toletana anno 7 regis Recesuinthi, ubi, sicut in octava, multa de reformatione episcoporum et clericorum, sepelientium mulierum intemperanti fœdaque consuetudine, ut docet Martinus ex litteris Amandi. Sic ille : « Sug-

C gestum est namque nobis, eo quod presbyteri, seu diaconi, aliique sacerdotalis officii post suas ordinationes in lapsu coinquinantur; et propterea nimio mœrore fraternitatem tuam astringi, velleque pastorale officium, vel obsequium pro eorum inobedientia deponere. » Et occasione hujus epistolæ, ac rei necessitate exigente, cum jam absolvissent pertinentia ad confirmationem concilii Lateranensis, Patres in synodo Toletana vııı Toleti congregati, multa circa episcopos, sacerdotes diaconosque pollutos decernunt, non minus sancte, quam acriter et acerbe, ut canon 4, 5, 6, 7, ubi id severe distincteque prohibetur, ut videnti constabit. P. H.

95. In synodo Toletana x instituta est celebritas Incarnationis die 18 Decembris, anno 8 regis Recesuinthi, hoc est anno 658. Alii dicunt restitutam

96. Hoc anno, die 13 Novembr. moritur Toleti S. Eugenius III, et miraculis clarus tota Hispania celebris habetur; jacet in S. Leocadia extra urbem; alii volunt hunc sepultum in domo S. Leocadiæ.

97. S. Ildefonsus, monachus Agaliensis, vir nobilis et religiosus doctrinæque variæ fama celebris, abbas SS. Cosmæ et Damiani, monasterii diversi ab Agaliensi S. Juliani martyris, in demortui locum (Eugenii

### P. HIGUERÆ ET D. LAURENTII NOTÆ.

esse a S. Ildefonso; sed falluntur, quia non præfuit concilio Toletano x Ildefonsus, nec tunc erat Toletanus episcopus; sed revera (ut docet Julianus Toletanus archipresbyter) fuit primus qui id proposuit in hoc concilio, et ad ejus preces, et propter S. Virginis singularem devotionem, sancti Patres proposuerunt. Hoc certe verum est, primum archiepiscopum Toletanum, qui concilii hujus canonem executioni mandavit, fuisse S. Ildefonsum; qui sequenti anno proximo cathedram tenuit, ut egregie adnotat idem Julianus, ut in ejus Chronico videtur. P. H.

96. Hoc anno die 13 Novembris, qui fuit dies Lunæ, et a sæculo Luitprandi jam habebatur Eugenius ut sanctus, inter superos relatus. Testatur id eo longe antiquior Usuardus hoc die; item Gelasius; sed confundit cum martyre longe hoc recentiore. De quo sic Ildefonsus in lib. De Viris illustribus: « Eugenius alter post Eugenium pontifex subrogatur. Hic cum Ecclesiæ Regiæ clericus esset egregius, vita monachi delectatus est: qui sagaci fuga urbem Cæsaraugustam petens, illic martyrum sepulcris inhæsit; ibique studia sapientiæ et propositum monachi decenter incoluit. Unde principali violentia reductus, atque in pontificatum ascitus, vitam plus virtutum meritis quam viribus egit; fuit namque corpore tenuis, parvus robore, sed valde fervescens spiritus virtute; studiorum bonorum vim persequens, cantus passivis vocibus vitiatos melodiæ cognitione correxit, officiorum omissos ordines curamque discrevit. Scripsit de sancta Trinitate libellum, et eloquio nitidum, et rei veritate perspicuum. Qui Libyæ Orientisque partibus mitti quantocius poterat, nisi procellis resultantia freta incertum pavidis ter viatoribus distulissent. Scripsit et duos libellos, unum diversi carminis metro, alium diversi operis prosa, concretos: qui multorum ad industriam, ejus ex hoc tenaciter sanctam voluerunt commendare memoriam. Libellos (a) quoque Dracontii de creatione mundi conscriptos, quos antiquitas protulerat vitiatos, quæ incontinentia reperit, subtrahendo, immutando, vel meliorando, ita in pulchritudinis formam coegit, ut pulchriores de artificis corrigentis, quam de manu processisse videantur auctoris. Et quia de die septimo idem Dracontius, omnimodo reticendo, semiplenum opus visus est reliquisse; iste et sex dierum recapitulationem, singulis versibus renotavit; et de die septimo, quæ illi visa sunt eleganter dicta, subjunxit. Clarus habitus fuit temporibus Cindasuinthi et Recesuindi regum; fere duodecim annis tenens dignitatem simul et gloriam sacerdotii: sieque post lucis mundanalis occasum, in basilica S. Leocadiæ tenet habitationem sepulcri. » Hæc ille, qui et obitum ejus ornavit sepulcrali carmine:

Præsulis Eugenii jacet hic venerabile corpus,
Quem Leucadiæ templa sacrata tenent.
Hic monachus fit, mortalis dum perfugit umbras,
Et Toletana præsul in urbe senex.
Discipulus dat dilecto postrema magistro
Carmina, promeriti sat memor officii.
Ildefonsus enim monachus bene sancto.....
Et docto Eugenio pro pietate facit.

Sæpe meminit hujus Eugenii S. Julianus lib. III, cap. 17: « Nam (ut cæteros taceam) egregii præceptoris nostri Eugenii Toletanæ sedis breviter hæc verba retexam: Resurrectionem autem carnis verissime confitemur; non ut quidam declarant, ut in aerea, vel qualibet alia carne, resurgamus; sed in hac, qua sumus, qua etiam pro recte gestis coronam, aut pro male gestis unusquisque merebitur recipere pœnam. » Et eodem lib. cap. 24: « Erit, ut præceptor noster sacer Eugenius docet. tanta ac talis corporis pulchritudo, ut oblectet intuitum, et cor nullatenus inflectat ad vitium. » Et ibidem: « Juxta quod et clara præceptoris nostri sententia contestatur; hoc astruit, quod in illa futura gloria resurrectionis, ubi nulla corporibus sanctis deformitas, nulla quoque doloris aut laboris adversitas, non sit quoque tegminis necessarius usus, quibus erit omnia et in omnibus Christus. » Libri Dracontii, et multa epigrammata sunt, et epistolæ. Dubitat P. Mariana, an inter sanctos sit annumerandus; quia Ecclesiæ Toletanæ tabulæ eum non ut sanctum referunt: sed eum eum referant vetus et novum Romanum Martyrologium, nihil refert non adduci ab Ecclesia Toletana, quæ non potest sola sanctos facere, aut quos colit Ecclesia Romana ut sanctos non venerari; maxime, quia ex Brevi Gregorii XIII, omnes qui sunt in Martyrologio proponuntur ut sancti habendi toti Ecclesiæ, quia vult, ut in tota Ecclesia solum hoc recipiatur Martyrologium, et recitentur singulis annis tales sancti. Et iste modus quodammodo tacitus canonizandi. Liber de Trinitate hujus sancti doctoris omnino intercidit, nisi in aliqua basilica lateat, ut latuerant opera nonnulla S. Ildefonsi, quæ opera doctoris fratris Francisci Feuardentii ex familia Franciscanorum in lucem prodierunt. P. H.

97. De electione S. Ildefonsi anno 657 in sede Toletana, Cixilla et Julianus. Vacat sedes Toletana septendecim diebus; quibus transactis, in officio novemdiali demortui pontificis, et in regis consultatione, prima die Decembris, quæ fuit dies Dominica, sacra S. Chrysanto et Dariæ et Mauro martyribus, positus est in sede Toletana S. Ildefonsus, abbas Agaliensis, cum esset 55 annorum. Vir vere sanctus, pius, doctus, et zelo charitatis mirificæ fervens: consecratur ab episcopis suffraganeis maxima cum lætitia cleri populique Toletani. Fuit omni vitæ suæ decursu pontifex omnibus suis numeris absolutus, qualem et collapsa disciplinæ ecclesiasticæ et morum corruptio postulabat; magisque subditorum vitia vitæ sanctioris exemplo, quam severitate vel nimia reprehensione curabat: nulli unquam morosus, omnibus semper amabilis fuit. In.

S. Ildefonsus, abbas SS. Cosmæ et Damiani. Electus fuit anno 657 in abbatem divus Ildefonsus, si fides Luitprando adhibetur: unde in Juliani Chronico n. 330, sic legendum: « Hoc tempore regebat Ecclesiam Toletanam sancte pieque B. Ildefonsus, qui anno 656 (antea legebatur 636) electus est abbas SS. martyrum Cosmæ et Damiani in suburbio Toletano. »

Voto Recesuinthi, regis Wisegothorum, et cleri populique Toletani, mortuo sufficitur. Antiqua hæc eligendi episcopi forma. Secundum enim temporum varietatem, diversi modi in episcoporum electionibus a summo pontifice designati, ultra quos excedere non licebat: et, juxta varias itidem et occurrentes temporum circumstantias et casus, variis personis jus eligendi episcopi ab eodem pontifice concessum sive permissum. Primum enim totius cleri et populi auctoritate fiebant electiones, cap. *Nosce*, cap. *Cleri*, cap. *Vota*, 63 dist., et ex Luitprando hic,

---

(a) De Dracontio videndus Julianus in Adversariis, n. 498, et quæ ibi notavi; adde nunc Isidorum De viris illustr., cap. 57. D. L.

scilicet cognati sui) voto Recesumthi, regis Wisegothorum, et cleri populique Toletani, mortuo sufficitur.

DCXCVIII. DCLX.

98. S. Ildefonsus mores hominum aulicorum depravatos, et ipsum etiam regem, Christiana libertate reprehendit, et ob id ipsis et regi visus est acerbus.

99. Nonnullos Judæos ad fidem conversos baptizat.

100. Taio, episcopus Cæsaraugustanus, gloriosus habetur.

### P. HIGUERÆ ET D. LAURENTII NOTÆ.

atque ex Juliano in Chronico numer. 542, elicitur : « Post reversus in patriam creatur ( *Sigefridus abbas Fuldensis* ) a clero populoque Moguntinus episcopus. » Principibus sæcularibus aliquando concessum, ut electio a clericis facta valida non esset, nisi corum accederet consensus, cap. *Quia igitur*, 9, dist. 63, ibi : « Totius concilii unito consensu, et serenissimi principis voluntate declarat accersiri. » Apud Hispanos exstat insigne hujusce rei monumentum in cap. *Cum longe*, 25, dicta 63 dist., his verbis : « Unde placuit omnibus pontificibus Hispaniæ atque Galliciæ, ut, salvo privilegio uniuscujusque provinciæ, licitum maneat deinceps Toletano pontifici, quoscunque regalis potestas elegerit, et jam dicti Toletani episcopi judicium dignos esse probaverit, in quibuslibet provinciis, et præcedentium sedibus præficere præsules, » etc. Ab egregiis illis temporibus, quibus reges Hispaniæ eam a Maurorum faucibus vindicarunt (gloss. penult. in cap. *Adrianus*, dist. 63) competit eis jus patronatus in ecclesiis, exspectata summi pontificis confirmatione. Celebris textus in l. *Antigua*, 17, tit. 5, partit. 1 : « E esta mayoria è honrra an los reyes de Hespaña por tres razones : la primera, porque ganaron la tierra de los Moros, è ficieron las mezquitas Eglesias, y echaron de y el nome de Mahoma, è metieron y el nome de nuestro Señor Jesu Christo. » Ubi Georgius Lopez docte, quem refert, et plures alios, Gabriel Pereira in Manu Regia tom. II, cap. 22, num. 14. Succinit Rodericus archiepiscopus Toletanus lib. III Histor. Hispan., cap. 12, et in nova nostra Recopilatione suffragatur lex 14, tit. 3, lib. I : « Los quales [Reyes de Castilla y Leon] con deuocion feruiente, y Catholicos y animosos corazones, y con derramamiento de sangre suya, y de sus subditos y naturales, ganaron y lybraron esta tierra de los infieles Moros, enemigos de nuestra santa Fe catholica : y la pusieron so la obediencia de la santa Fe catholica : y la tierra, que por tantos tiempos fue ensuciada con seta Mahometica, fue por ellos recobrada y alimpiada; y las Yglesias, que por tanto tiempo havian sido casas de blasphemia, no solo fueron por ellos recobradas para loor de Dios, y ensalçamento de nuestra santa Fe, mas abondosamente dotadas. » Et paulo inferius : « Y de las Prelacias y dignidades mayores siempre los santos Padres proveyeron à suplicacion del Rey, que à la sazon reynava. » Exemplum præposui in iis, quæ notavi supra ex Juliano nostro in Chronico, num. 554, et in lege supra citata illud adverbium *siempre* miniatula cera noto, ut jus patronatus regum Hispaniæ abhinc multis annis deducere valeamus. De simili episcoporum electione quamdam inscriptionem inveni apud Blasium Ortizium in descriptione templi Toletani, cap. 56, quam, ne te hujus antiquitatis fraudarem lenocinio, transcribere non recusavi : « Aqui yace Don Martin Martinez de Calahorra, arcediano de Calatrava, y canonigo de Calahorra : è fue electo en concordia para ser obispo de la yglesia de Calahorra, y de la Calçada; e no lo quiso recibir por honrra de la yglesia de santa Maria de Toledo, e fino nueve dias andados del mes de Abril de 1368 anos. » Rem totam confirmat inauguratio Dominici episcopi Burgensis; de qua in vulgus jactatum fuit, tempore Don Petri regis Castellæ

scissis, Ferdinandi antecessoris obitu, in bifariam opinionem, sacerdotum suffragiis, totius controversiæ partium voluntate, Dominicum delectum arbitrum, seipsum, prætermissis rivalibus, episcopum nominasse. Fel eem temeritatem approbavit eorum qui aderant assensus : insigniaque pontificalia delata, et confirmatio Gregorii XI P. M. secuta. Ita recenset Ferdinandus Perez de Guzman in libello, cui epigraphe affixa, *Valerio de las historias*, lib. VIII, tit. 11, cap. 4. Atque iisdem insistit vestigiis P. Joannes de Mariana in Histor. generali Hispana lingua conscripta, lib. XVII, cap. 8. Simile exemplum et eventum eumdem in electione alterius Dominici episcopi Civitatensis, regnante Alfonso, cui cognomen *Sapiens*, scripsit Antonius Sanchez Cabanas in ejusdem civitatis historia, quam manuscriptam habeo, p. II, lib. III, cap. 6, ibique adducit duo regis Alfonsi diplomata : alterum anno 1264, alterum anno 1270, in quibus Dominicus Martinus episcopus hujus nominis II confirmat. De his vide quæ congerit doctor Augustinus Barbosa De officio episcopi, tit. 1, cap. 3, per totum. Novissime illustrissimus dominus Rodericus Acunha, archiepiscopus Bracharensis, cujus ingenitam nobilitatem, litterarum splendore illustrem et conspicuam venerantur et agnoscunt omnes, num. 1, 2, 3 et 4, in Commentariis ad decretum Gratiani ad cap. *Cum longe*, 25, dist. 63, ubi multos auctores recenset docte sane et laboriose. Addo pro mantissa episcopum Pampilonensem, D. Fr. Prudentium de Sandoval in Chronica Imp. Alfonsi VII, cap. 8, qui inserit quamdam epistolam Petri abbatis Cluniacensis ad Innocentium III, P. M., ubi de electione episcopi per clerum et populum agit; et I. C. Didacum Perez in L. II, tit. 6, lib. I, Ordinam. col. 251, in versiculo : *Item reges Hispaniæ*. D. L.

98. De moribus regis aliquid attingit Cixilia in Vita S. Ildefonsi : « Sed princeps quondam Recesuindus, qui eo tempore erat, gloria et ferocitate terrena deposita, qui eum, ob iniquitates suas increpatus, superbo oculo intuebatur, cultrum modicum, quem in theca tenebat, cum lacrymis offerebat; et collo submisso, supplices manus a throno suo extendens, ut eum illi deferrent, instanter deprecabatur : postulans ut non indignum judicaret sua cum lacrymis offerentem. » P. H.

100. *Taio, episcopus Cæsaraugustanus*, Concordat cum Luitprando Julianus, qui æra 698, anno 660, num. 334, ait : « Florebat memoria S. Taionis pontificis Cæsaraugustani, docti et pii, qui obiit in pace IV Kalen. Februarii, æra 698. » In concilio Toletano VIII quod celebratum fuit æra 691, id est, anno 693, invenio subscripsisse quinquagesimo loco, sic : *Taio Cæsaraugustanus episcopus*. Carmen tamen Valderedi in chronico Helecæ Cæsaraugustani episcopi, inter fragmenta ex M. Maximi carminibus edita, discrepat uno in anno, dum obiisse ex eo constat æra 697, anno 659. Versus transcribere, qui ad rem optime conducunt, non gravabor :

Valderedus ego, Taionis et ipse minister,
  Cæsarea indignus præsul in urbe simul,
Carmina dilecto funebria sacro Parenti,
  Pectus in hoc clare testificata meum.
Taio fuit, dum vita manet, virtutibus almus,
  Nobilis ingenio, sed gravis eloquo.
Hispani debemus ei Morale volumen

## APPENDIX AD LIUTPRANDUM.

### DCXCIX.
### DCLXI.

101. Hæreticos Narbona venientes, natione Gothos, Theudium et Helladium, per Hispanias tominæ [cor. teterrime] vagantes, et de virginitate beatæ virginis Mariæ temere sentientes, quod more cæterarum mulierum, dilatatis claustris virginalibus, pepererit Christum Dominum, verum Deum et hominem, filium suum, sermonibus quatuordecim Ildefonsus, et editis libris (diversis ab illo *Soliloquiorum* incipiente, *Domina mea*) viriliter confutat; et castigatos jussu regis Recesuindi catholici, severissimique [*al.* serenissimi] principis, tota Hispania cogit exsulare.

### P. HIGUERÆ ET D. LAURENTII NOTÆ.

Gregorii Magni; quidquid et ille dedit.
Hac causa petiit Romam; divinitus autem
Admonitus, miris repperit ejus opus.
Inde redit tamen melior, virtutibus idem,
Gregoriique super grande laborat opus.
Jamque gravis senio, factus repletus opimis:
Vivo larga manus, vitaque honesta fuit.
Mortuus antiqua tumulatur in æde Columnæ,
Et volat ad superos mens bona pontificis.

« Obiit sanctissimus pontifex in pace, famulus Dei Taio, Cæsaraugustæ, æra 697, IV Kal. Februarii. »
Celebris et gloriosus habetur apud Hispanos Taio : nam, ut graphice jam vides scriptum, Roma in Hispaniam apportavit Moralium libros S. Gregorii Magni pontificis; et ad id fuit missus, sacro concilio VII Toletano approbante. Refert Rodericus lib. II Histor., cap. 20 : « Et fuit in hoc concilio (*de* VII *agit*) magna turbatio, eo quod liber Moralium, quem B. Gregorius ad petitionem B. Leandri composuerat, deperditus negligentia, in Hispaniis non exstabat. Unde et idem princeps, sacro concilio approbante, Taionem Cæsaraugustanum episcopum, qui synodo octavæ subscripsit, religione et litteratura præstantem, et sollicitum Scripturarum, ad Romanum pontificem cum sua petitione, pro libris Moralium navigio destinavit. » De qua re, et de miraculosa librorum Moralium apparitione, consule quæ e codice ms. perantiquo evulgavit eminentiss. Garsias de Loaysa in Concilio Toletano VII, pag. 414. Sed multo copiosius enarrat idem archiepiscopus Rodericus, ad quem noster Luitprandus se refert inf. num. 565, ubi in fine chronici aliqua memoratu digna quasi congerit. Exstat Taionis insigne monimentum in carmine, quod Honorato præsuli Hispalensi cum lacrymis posuit, tale :

« Taio, Cæsaraugustanus archidiaconus, sanctissimo pontifici Honorato, germano suo Cæsaraugustano, archiepiscopo Hispalensi, carmen supaterale dicat :

Præsul Honoratus successerat hic Isidoro;
Hispalis illius ossa beata tenet.
Jamque novem lustris gaudens dum vita maneret,
Spiritus astra tenet, corpus in urna jacet.
Vita fuit melior lingua, sed lingua modesta.
Nunc ovat, hostiles nec timet ille minas.

« Obiit idem pontifex pridie Idus Novembris æra 678. In honore vixit annis quinque, mensibus sex. »
Hanc illustrat inscriptionem eruditissimus Rodericus Caro in additionibus ad Chronicon M. Maximi pag. 232, et D. Franciscus Fernandez Beltran, abbas Olivarensis, in suo ad id tractatu. Novissime divus Paulus de Espinosa de los Monteros in Historia Hispalensi, lib. II, cap. 25. Dixerat prius planius et plenius de Taione P. Didacus Murillo in Historia Cæsaraugustana, tractat. 1, cap. 29, pag. 242, et de Moralium libris ab ipso in Cæsaraugustam advectis, ibidem, c. 1, pag. 2, col. 1, et cap. 3, pag. 16, col. 2, qui asserit repositos esse in bibliotheca S. ecclesiæ D. Mariæ del Pilar, in quodam armario, cujus lemma tale est :

*In hoc sunt condita scrinio beati Gregorii Moralia a Taio, Cæsaraugustano episcopo; Romæ miraculose inventa.*

Horum meminit, aliaque memoria digna adducit rever. D. Coccinus decanus Rolæ Romanæ, in decisione causæ Cæsaraugustanæ cathedralitatis, pag 9, in principio. Forte et hic Taio aliqua scripta concin-

A navit, de quibus Julianus in Chronico, num. 414. D. L.
101. Hæreticos tres dicit fuisse Julianus in Vita S. Ildefonsi : communiter receptum est, istos tres hæreticos obloqui virgineo pudori S. Mariæ matris Dei, et ad devincendos eos edidisse librum, qui incipit : « Domina mea, atque dominatrix, » etc. Sed in illo libro, multum de hæreticis, plus tamen de laudibus B. Virginis. Sic Rodericus, lib. II, cap. 22 : « Hujus (*scilicet Ildefonsi*) tempore, cum Elvidius et Pelagius, a Galliis venientes, plerasque partes Hispaniæ infecissent, virginitatem B. Mariæ infamantes, B. Ildefonsus illis occurrens sacrarum Scripturarum testimoniis, et lingua melliflua, et gratia in labiis suis diffusa, eorum dogma confutavit, et ab Hispaniis confusos abegit. » Hujus historiam pravi dogmatis nec Julianus nec Cixilla recensent, ita ut hic narratur. Tantum Julianus agens de libris S. Ildefonsi, librum, quem *De Parturitione* B. Mariæ virginis S. Ildefonsus edidit, innuit scripsisse contra quosdam
B tunc dicentes B. Virginem mansisse quidem virginem, ut ante partum, sic et post partum; tamen maligne asserentes peperisse modo naturali, ut parere solent cæteræ mulieres, per dilationem puerperiorum; unde, inquit S. doctor, illos voluisse re, quamvis non verbis claris et explicitis, contrarium docere, non mansisse scilicet virginem, ut cæteræ non manent quæ consueta naturæ lege pariunt. Sanctus doctor admonens regem Recesuindum de periculo fidei, petiit ut in tantæ rei gravitate et periculo manifesto plebis, juberet contrahi concilium nationale Toleti, ut in illo convicti hæretici hæresim abjurarent, vel pertinaces in exsilium amandarentur. Habita synodo, manentes hæretici in sua perfidia, tota Hispania cum ignominia ac dedecore pulsi sunt, ut refert Julianus archipresbyter S. Justæ. et, ne periculosa serperet hæresis (ut solet cancer) librum composuit, quem dedicat monialibus sancti Benedicti Toletanis. Hic liber multos annos delituerat : repertus in Gallia per doctorem Fr. Franciscum Feuardentium Franciscanum, excussus est tom. IX bibliothecæ veterum Patrum, excusæ Parisiis, ubi sic dicitus liber De Parturitione B. virginis Mariæ :
« Quamvis omnium Ecclesiarum virginitas beatæ et gloriosæ Dei genitricis Mariæ sit decus, honor et
C forma virtutis, maxime tamen sanctimonialium et virginum, quarum castitas ejus specialiter illustratur virtutibus, informatur exemplis, corroboratur meritis; unde sacratissimum ejus puerperium animo et corde devotissime venerari ac retexere, divini muneris est gratia. Pro ea vero contra hæreticam pravitatem dimicare ac vincere opus est Spiritus sancti, ac virtus Altissimi, qui eam obumbravit, ut sine coitu viri et sine ulla corruptione, Deum et hominem pareret, virgoque semper permaneret. Pro qua jam olim B. Hieronymum contra Helvidium hæreticum, et contra ejus complices scripsisse legimus: quos ita debellavit ac devicit, ut deinceps usque ad præsens nihil redidivum erroris contra eam surrexerit. Sed quia quorumdam nunc fratrum rursus impudica quasi percontando laborat temeritas, decrevi ad vos, matronæ Christi, his scribere quæ ipsi curiosius contra ejus pudicitiam, quam religiosius conantur explicare. Explorando partum virginitatis ejus et uterum pudicitiæ, introducunt, acsi peritissimi philologi essent, callide satis, disputatione sua, colluvionem vitiorum, in qua concurrunt plurima

102. Hoc anno, die nona Decembris, apparet S. pontifici S. Leocadia virgo et martyr (cujus corpus ignorabatur ubi erat) in æde Prætoriensi. Inde cepit Ildefonsus esse regi catholico admirationi, et admirabili reverentia.

## P. HIGUERÆ ET D. LAURENTII NOTÆ.

*erroris discrimina.* Dicunt enim non aliter beatam virginem Mariam parere potuisse, neque aliter debuisse, quam communi lege naturæ, et sicut mos omnium feminarum, ut vera nativitas Christi dici possit. Alii autem inquiunt: Si non ita natus est, ut cæteri nascuntur infantes, vera nativitas non est: et ideo, ne phantasia putaretur, aut ne, sicut aqua per alveum transiisse, ita per uterum Virginis absque nascentis ordine natus credatur; pium est sentire, sic eum lege naturæ natum fuisse sicut cæteri nascuntur infantes, et eam sic peperisse sicut reliquæ pariunt mulieres. O cæca pietas, quæ tam impie sentit de Maria virgine, et cæca præsumptio, quæ tam impie loquitur de Christo! Non dico quod dicant virginitatem amisisse, quæ nesciens virum, virgo concepit; virgo peperit, et virgo permansit: sed quia id ipsum quod confitentur negant, dum eam dicunt communi lege naturæ puerperam filium edidisse. Quod si ita est, ut astruunt et affirmant (quod absit), jam Maria virgo non est; Christus sub maledicto natus est, iræ filius, de carne peccati: et ipsa quæ benedicta ab angelo prædicatur, in maledictione adhuc permanens, sub maledicto peperit. Alioquin quid est, quod legem naturæ requirunt in Maria, ubi totum quidquid in ea fuit possedit Spiritus sanctus? quoniam eam virtus Altissimi obumbravit. » Hinc facile colligitur non fuisse Gallorum istorum a Narbonensi provincia descendentium errorem, quod in verbis negarent S. Virginem non mansisse virginem, cum re ipsa negarent. Nam tametsi virgo conciperet, in dilatatione illa et modo legis naturæ mulieribus parturientibus consueto, si claustra virginalia aperirentur (ut aiebant) virgo non permaneret. Cum hoc percepisset S. Ildefonsus, regem admonuit oportere concilium totius nationis (ut dicit Julianus) Toleti contrahi: ubi disputatum contra hunc errorem. Et convicti quidem hæretici in concilio validissimis S. Ildefonsi rationibus, cum nollent resipiscere, damnati sunt ad exsilium, quod rex exsequi fecit. Et mirum alioqui mihi videbatur, in tanto gentis Hispanæ periculo non conflatum esse concilium, nec novem annis, quibus præfuit S. Hildefonsus, nullum concilium habitum Toleti, præsertim cum ejus antecessores multa habuerint. Post vero non contentus concilii determinatione, ut suæ pietati satisfaceret, ac persuasioni populorum contraret, scripsit librum De virginitate, quem citavi; quemque monialibus sui ordinis Toletanis nuncupandum duxit. Ut hinc intelligatur quanta fuerit pietas Hispanæ gentis in B. Virginem, cujus honorem et dignitatem virginalem, collecta synodo et libris editis, tutatus est S. Ildefonsus. Et ubinam necanda venit hæresis ista perniciosa in Gallia nata, quam in Hispania, quam præ cæteris mundi nationibus Virgo sanctissima prælegit? cui adhuc vivens faverat, et sua corporali præsentia manifestissime fortunarat? Hispania igitur hæresum gladius et locus occisionis omnium errorum; quo, divina providentia ita disponente, alibi hæreses exortæ, tandem gladio confodiendæ et jugulandæ detruduntur, idque peculiari Virginis privilegio. Nulla enim hactenus orta est hæresis in Hispania; alibi autem erumpentes ac natæ, ibi suffocatæ. Sic hæresis Ariana, Priscilliana et Vigilantiana. Quod si semper satis sedulo, nunc maxime sanctissimi inquisitionis officii diligentia, studio, pietate ac vigilantia; cui a Deo, intercedente B. Virgine et S. Jacobo, quidquid puræ fidei et religionis est (quod plane multum est, et plusquam in aliis orbis regionibus) exertis vocibus omnes delatum fatentur, et merito.

Sed revertamur ad nostrum Luitprandum, qui sane legerat libros S. Ildefonsi, et (ut res se habet), intellexerat errorem istorum e Gallia descendentium, cum dicit, quod « more cæterarum mulierum dilatatis ac laxatis claustris virginalibus peperisset Dominum nostrum Jesum Christum. » Etiam concilii meminit, dicens: « S. Ildefonsus concilio, sermonibus et editis libris confutavit, et a rege Recesuindo tota Hispania fecit exterminare. » Sed quod non sit liber iste, ille alius, quem Synonymorum, edidit, declarat idem, dicens: Composuerat ante hæc tempora librum Synonymorum, ubi tenere ac devote cum sancta Virgine loquitur per modum Soliloquii, qui sic incipit: *Domina mea, dominatrix mea*, etc. Sed dices: Quando habiti est synodus hæc? Dico habitam esse primo die Decembris, et dilatam ex Juliano usque ad finem mensis. P. H.

*Hæreticos Narbona venientes*, natione Gothos, Theudium et Helladium, per Hispanias tominæ vagantes. Legendum *temere*. De hisce hæreticis infra num. 3, Julianus in Chronico, num. 338, ubi refero P. Gabrielem Vazquez par. III, disp. 121, cap. 21, et virum singularis doctrinæ P. Alfonsum Vazquez in suo Ildefonso, lib. IV, cap. 5, fol. 275. P. Franciscum Portocarrero in libello aureo De descensu deiparæ virginis Mariæ, fol. 34, B. Ecce iterum Julianus in Chronico, num. 342 et 344. Et adde illustrem locum Pelagii Ovetensis episcopi a me adductum inf. num. 197, ubi de Helvidio et Joviniano; de quibus P. Theodorus Petreius in Catalogo hæreticorum, verbo *Helvidiani*, pag. 83, et verbo *Jovinianistæ*, pag. 203; episcopus Guido de Perpiniano in Summa de hæresibus, cap. 60 et 61, et in hæresi 47. D. L.

102. Et die nona Decembris, euntibus episcopis ad ecclesiam S. Leocadiæ cum processione, factum est miraculum apparitionis S. virginis. Præterquam quod dicit Julianus Toletanus, hoc idem docet Cixilla in Vita S. Ildefonsi his verbis: « Atque conspectui ejus virgo pulcherrima obsequens adventaret, clamantibus episcopis, principibus, presbyteris, » quia nulli alii poterant ibi esse episcopi, quam qui convenerunt ad concilium, et ob id dixit S. Leocadia: *Per vitam Ildefonsi vivit Domina mea*. Quia ipse multum laboraverat in synodo contrahenda; et convicerat hæreticos, in publica totius concilii luce oculisque, disputatione. Quod obsequium Virgini impensum simili favoris significatione voluit Filius placidissime compensare. Habitum est ergo concilium anno 661, et eo anno contigit mirabilis apparitio S. Leocadiæ virginis et martyris. Sex annis post primum miraculum accidit secundum de apparitione B. virginis, scilicet anno 667, nam eo anno fuit littera Dominicalis G, et fuit dies 19 Decembris, dies Sabbati. De amissione memoriæ corporis S. Leocadiæ, Cixilla in Vita S. Ildefonsi; de sede eburnea idem; et Breviarium vel Tabulæ S. Ecclesiæ Toletanæ, a sacra Rituum Congregatione collectæ, approbatæ a P. Ribadeneira in Vita sancti Ildefonsi. P. H.

102. *Hoc anno die 19 Decembris apparet*. De hac apparitione Julianus noster in Chronico. n. 345, Cixilla in Vita S. Ildefonsi, et alii plures. Quo autem nomine censeretur ecclesia ubi S. Leocadia B. Ildefonso apparuit, dubium multis. Et sciendum S. Leocadiæ virgini et martyri tres ecclesias fuisse sacratas; collegiatas duas, tertiam arochialem. Hæc in qua alta et educata virgo, quæ arci regiæ proxima, martyrem carcere detinuit; quæ Tago flumini imposita est in suburbio Toletano, sepultam custodivit. Blasius Ortizius, canonicus Toletanus, in summi templi Toletani descriptione depingit graphice, cap. 42, fol. 36: « Hujc divæ *Leocadiæ* martyri tres in hac urbe dedicatæ sunt ecclesiæ; quarum duæ collegiatæ; tertia vero parochialis, quæ,

APPENDIX AD LIUTPRANDUM.

sicut a majoribus accepi, fuit ædificata in ipsius domo propria. Ex collegiatis vero, una in carcere qui a parte meridionali regio capitolio est contiguus, ubi spiritum Altissimo reddidit; ibique in quadam spelunca, qua vincta servabatur, propriis digitis signaculum crucis saxo impressit : quod usque adhuc magna religione colitur. Altera extra muros hujus civitatis, ubi ejus corpus sepulturæ fuit traditum. » Paucis rem tamen totam comprehendit eminentiss. card. Cæsar Baronius in Martyrologio Romano die 19 Decembris : « Tres ibidem basilicæ in ejus memoriam erectæ permanent; quarum prima, ubi nata; altera, ubi passa; tertia vero, ubi sepulta fuit. » Plenius illustriss. archiepiscopus Garsias de Loaysa in notis ad concilium IV Toletanum, pag. 364. Refert idem in Historia Toletana Franciscus de Pisa, lib. II, c. 17, fol. 85, col. 2. Patibus fere tibiis concinit lectio VI in officio proprio hujus invictissimæ martyris. In iis ecclesiis varie varia cogebantur concilia : « Quibus (verba sunt VI lectionis) tantus honos est habitus, ut in eis potissimum multa concilia Toletana, eaque frequentissima, habita. » Patet manifeste ex concilio IV, quod fuit celebratum in basilica sanctæ Leocadiæ ; et ex V ibidem coacto ; utrobique conceptis verbis scriptum invenies. In IV, sic : « Hic quippe, dum in basilica beatissimæ et sanctæ confessoris Leocadiæ omnium nostrorum pariter jam cœtus adesset. » In V ita : « Apud urbem Toletanam diversis ex provinciis Hispaniæ, sacerdotes Domini in uno Pacis collegio, in basilica sanctæ confessoris Leocadiæ, qui consedimus. » Item ex VI, cujus en contextus : « Atque in prætorio Toletano, in ecclesia sanctæ Leocadiæ virginis, debitis sedibus collocatis. » Denique ex XVII, ibi : « Dum in ecclesia gloriosæ virginis et confessoris Christi sanctæ Leocadiæ, quæ est in suburbio Toletano, ubi sanctum ejus corpus requiescit. » Vides non in eadem, sed in ecclesia S. Leocadiæ cœtus adfuisse conciliorum. Ad amussim tamen rem examinare libet et expedit, servato numero conciliorum et ordine.

Basilica D. Leocadiæ, cujus mentio in concilio IV et V, ea dicebatur ecclesia ubi alta et educata fuit sanctissima virgo. Nomine et forma patet. Nomine, quia alia est prætoriensis; altera quæ in suburbio : unde basilica erat, quæ parochialis, in ipsa virginis domo, et in urbe Toleto erecta, quam rex Sisebutus ædificavit. S. Eulogius, quamvis non basilicæ voce, id periphrasi, et eleganti descriptione, aulæque nomine plane demonstrat, in Apologetico martyrum, fol. 80, B « Toleti quoque (hæc sunt ejus verba) beatæ Leocadiæ aula miro opere, jubente prædicto principe (Sisebuto) culmine alto extenditur. » Quid aliud basilica significat, quam miro opere, et culmine alto, quasi pendulo, structam regiam molem, et vere eam quæ ab Eulogio recensetur? Mutuemus, si placet, basilicæ explanationem rectam ab eminentissimo Cæsare Baronio die quinta Augusti ad illa verba : « Romæ in Esquiliis dedicatio S. Mariæ ad Nives. » Ait enim : « Vox ista quidem etsi a gentibus accepta videatur, non abhorret tamen a phrasi divinæ Scripturæ : nam atrium illud majus templi Salomonis basilica dicitur in III Paralipom., c. IV et VI, licet Græce αὐλήν legatur (attende basilicam, et aulam idem) quod alii vertunt atrium. Apud nos autem loquendi usus obtinuit, ut non quæcunque ecclesiæ appellentur basilicæ, sed illæ tantum, quarum augustior esset amplitudo. Unde autem id acciderit, ut hujusmodi ecclesiæ dicerentur basilicæ, Isidorus lib. V Originum hæc ait : Basilicæ prius vocabantur regum habitacula; unde et nomen habent. » Paucisque interjectis, filum iterum apprehendit : « Quod autem ad ipsarum (basilicarum) structuram spectat; erant plures simul in longum junctæ porticus, suffultæ columnis, æquis inter se distantibus spatiis, epistyliis desuper junctis, velut intextis invicem. » Eleganter describit basilicam Romano more et eloquio lib. II Metamorph Ovidius :

— Regia Solis erat sublimibus alta columnis,
Clara micante auro, flammasque imitante pyropo.

Conjunxit forte Sisebutus plures in unam domos, inter quas virginis sanctæ habitaculum comprehendit. Suffragatur archiepiscopus Toletanus Rodericus, lib. II Hist., cap. 17, ubi de Sisebuto : « Ecclesiam S. Leocadiæ Toleti miro opere fabricavit. » Non dixit prætoriensem, neque, in suburbio Toleti; sed Toleti, id est, in meditullio Toletano, ut excludas Ambrosii de Morales interpretationem in Apologetico S. Eulogii, qui autumat, templum Sisebuti illud ipsum esse, quod extra urbem hodie perdurat, non longe a flumine Tago. Rem extra dubitationem ponit et explanat Julianus noster in Adversariis, num. 287 et 288 : « Ecclesia parochialis (hæc sunt verba) quam S. Leocadiæ Sisebutus fecit, vocatur basilica. Fuit, ut ex traditione majorum accepimus, juxta domum ubi S. Leocadia virgo et martyr Toletana nata et educata est, ingens templum, seu basilica, Minervæ Carpetanæ dicata, ubi reges Gotthi aliquando habitaverunt. Hanc, cum domo sanctæ, fecit Sisebutus ecclesiam eidem divæ sacratam, in qua erant multæ porticus et spatiosa deambulacra, et vocata est S. Leocadiæ vulgo basilica. » Quæ dicebatur ecclesia prætoriensis? Anceps et dubia quæstio.

Hic opus, hic labor est....

Sed ut finem disceptationi imponamus, præmittere sane oportet, imperatoriam domum apud Romanos ideo dictam prætorium, quia quemcunque militum imperatorem, antiqui prætorem dixere; et eorum tentoria, prætoria appellabantur; hincque præfecti prætorio vocati, de quibus exstat insigne testimonium in l. ult. C, de officio rectoris provinciæ, ubi imp. Anastasius [non Leo, ut in vulgatis] præfecto prætorio rescripsit in hæc verba : « Nulli judicum, qui provincias regunt, in civitatibus, in quibus sacra palatia aut prætoria sunt, liceat, iis relictis, privatorum sibi domos ad habitandum, veluti prætoria, vindicare. » In his ergo ædibus prætores seu præsides habitare, aut jus dicere solebant. Congerit plura Dionysius Gothofredus ad dict. leg. ult. et Guido Pancirol. in Thesauro variar. lect., lib. II, cap. 191, pag. 283 et 284. Hinc apud D. Joann., cap. 18, num. 28, Judæos non fuisse ingressos constat : Καὶ αὐτοὶ οὐκ εἰσῆλθον εἰς τὸ πραιτώριον, ut non contaminarentur, sed ut manducarent Pascha. Πραιτώριον verbum Græco-barbarum est, ut invenies variis auctorum locis comprobatum in Glossario Joannis Meursii Græco-barbaro, verbo Πραιτώριον. Appositissime de prætorii significatione S. Eulogius in Memoriali sanctorum lib. I circa principium, pag. 17, B, ubi de constanti et valido martyrum ardore : « Et ita interriti, inquit, contra hostem publicum apertum veritatis erigentes vexillum, utpote ante fores prætorii, et in ipso accessu palatii, proferentes testimonium, incidere perditionis, confusionis et ignominiæ. » De hujusmodi prætorio intelligendus Tertullianus ad Scapulam, cap. 3 : « Claudius Herminianus in Cappadocia, cum indigne ferens uxorem suam ad hanc sectam transisse, Christianos crudeliter tractasset, solusque in prætorio suo vastatus peste, cum vivus vermibus ebullisset. » Et D. Hieronymus Diogenis dolium festive vocat prætorium lib. II contra Jovinianum. D. L.

Erat etiam prætorium pars villæ latius ædificata, et patrisfamilias habitationi relicta. Ulpianus l. C. in l. Plenum 12, π, De usu et habitatione. « Plenum autem usum debet habere, si et villæ et prætorii relictus est. » Neratius item in l. 2, π, de servitutibus rusticor. prædior. : « Rusticorum prædiorum servitutes sunt, licere altius tollere, et officere prætorio vicini. » Claudat agmen idem Ulpianus in l. Urbana

103. Composuerat S. pontifex ad privatam devotionem suam librum quemdam *Soliloquiorum* cum beata Virgine, quæ *Synonyma* dicuntur: post libros et sermones scripsit elegantiori sermone, contra hos hæreticos: constat ex litteris Genesii secundi hujus nominis Lugdunensis (qui dictus est etiam Abelardus [*al.* Adelardus] ) abbatis Corbeiæ prius, post episcopi Urcitani.

## P. HIGUERÆ ET D. LAURENTII NOTÆ.

*prædia*, 198, π, De verbor. significat. ubi Joannes Gæddeins num. 5, Dionysius Gothofredus littera M, et ad L. *Titio* 34, §3, π, de Legat. 2, ducatque agmen interpoetas Martialis noster, lib. x, Epig. 79,

Ad lapidem Torquatus habet prætoria quartum :
Ad quartum breve rus emit Otacilius.

Hinc præluceo facem verbis concilii vi Toletani, in ipso principio. Hæc sunt : « Atque in prætorio Toletano, in ecclesia sanctæ Leocadiæ virginis, debitis sedibus collocatis. » Unde patet concilium coactum fuisse in ecclesia prætorio juncta, quod domus erat augusta regum Gothorum; ideo legitur, *in prætorio Toletano*, id est *in arce regia*. Sic interpretatur Ambrosius de Morales, part. II Histor., lib. xII, cap. 25 : « Celebrose (*concilium* vi *Toletanum*) en la iglesia de santa Leocadia, i parece era la del Alcazar, porque se señala en particular, ser en el Pretorio de Toledo; i no ay que se pueda entender aqui por. Pretorio sino el Alcaçar ò casa Real : a quien los Godós, gente guerrera, se puede creer, llamaban assi, por el mismo nombre que los Romanos, aquien ellos imitaban, nombraban en la guerra la tienda del general: i en paz usaban en alguna manera deste nombre, como en la sagrada Historia evangelica, i en otras partes se ve : i parece que para diferenciar la de la otra iglesia desta santa, se le añadio este titulo. » In eamdem it sententiam doctissimus P. Joannes Mariana in Histor. Hispan. Latino sermone scripta, lib. vi. cap. 6, de Toletano concilio vi agens : « Ad D. Leocadiæ templum prætorio vicinum (nunc arci regiæ conjunctum est, veteris elegantiæ et amplitudinis vestigia retinens) ante diem 5 Idus Januarii, salutis anno 657, conventus habitus est. » Demonstrarunt, inquam, hoc clare illa verba concilii, *in prætorio Toletano* : quasi discrimen statuentia inter ecclesiam prætoriensem quæ arci contigna, et prætoriensem quæ in suburbio sita : de qua (et hæc est tertia ecclesia S. Leocadiæ) mentio in concilio Toletano xvii : « Dum in ecclesia (*en verba*) gloriosæ virginis et confessoris Christi S. Leocadiæ, quæ est in suburbio Toletano, ubi sanctum ejus corpus requiescit, plerique Hispaniarum et Galliarum pontifices conveniessemus. » De prætoriensi suburbana nostra Julianus in Chronico num. 545 : « Hoc anno (667) S. Leocadia virgo et martyr, nono die Decembris, in æde sua prætoriensi suburbana, Tago flumini contigua, apparet S. Ildefonso archiepiscopo Toletano. » Et Luitprandus hic, quamvis voce prætoriensis tantum insigniverit ecclesiam, in qua asserit apparuisse B. Virginem regi Sisebuto, satis, quasi digito ad fontem intenso, indicans suburbanam fuisse, ipsamet apparitione relata. Aperte infra idem Luitprandus num. 282 : « Machometo, Toleti rege, ædificatur mirus pons super Tagum ad columnam S. Leocadiæ prætoriensis. » Dixit prope Tagum S. Leocadiæ prætoriensis ecclesiam. Sic in concordiam adduco quos inter se dissidentes refert P. Joannes Mariana in dict. cap. 6, lib. vi Hist. Hispan. nostro evulgatæ idiomate : « Celebrose el concilio, que fue sexto entre los de Toledo, en santa Leocadia pretoriense, que algunas entienden fue la Iglesia de la Santa, que esta junto a el Alcaçar, llamado en Latin pretorio, i en su vejez muestra rastros de su antiguo primor i grandeza. Otros quieren, que la iglesia de santa Leocadia la pretoriense fuesse la que esta fuera de la ciudad, porque tambien las casas de campo se llaman pretorios. » Hæc sunt quæ addidit Mariana in ultima editione anni 1617 Hispano sermone concinnata. Hanc ecclesiam *regiam*

appellat Rasis; forte, quia aliquot regum Gothorum corpora servabat sepulta : « E en su tiempo (*de Theodosio*) ficieron en España la iglesia de Toledo, que llaman la de los Reyes, e que los Christianos llaman de santa Leocadia. » In alia vero Latina Historici translatione sic legitur : « Diocletiani tempore Christiani, qui Toleti in Hispania erant, Ecclesiam construere cœperunt, quæ postmodum Regum dicta fuit. Christiani sanctam appellant Leocadiam. » Ex Juliano nostro in Adversariis n. 289, constat apparitionem S. Leocadiæ in æde prætoriensi suburbana fuisse, ut ipsemet retulit in Chronico dicto num. 543, et *regiam* appellatam. Audi Julianum : « Et accepi simul a majoribus, in S. Leocadiæ sacello regio corpus sepultum fuisse in aulæ sacello majori ; et prope sepulcrum Virginis in pariete locatum thronum fuisse regis Recesuinthi, Gothorum more, purpura auroque contectum, et tam propinquus sedebat sepulcro, ut ipse per se rex dederit gladiolum S. Ildefonso, qui cum velo servatur in æde majori. » An in sacello regio ipsius ædis, discutit et disputat doctiss. V. D. Vincentius Turturetus in libro De sacello regio cap. 2, pag. 29. Julianus, ut omnem moveamus lapidem, apparitionem S. Leocadiæ, eodem anno quo apparuit sanctissima Virgo Maria D. Ildefonso, scribit ; Luitprandus sex annis ante, ut animadvertit hic doctiss. P. Hieronymus de la Higuera. D. L.

103. *Dictus est etiam Abelardus*. Alii legunt, *Adhelardus ;* melius *Adalardus*. Vide Surium tom. I, die secunda Januar. De isto S. Genesio, Corbeiæ abbate, Julianus in Adversariis num. 246, 253, 254, 255, 256 et 266. In Usuardo die secunda Januarii *Adalardum* reperies « Apud Corbeiam depositio S. Adalardi abbatis. » Cujus vitam Joannes Molanus scripsisse ait S. Ratbertum abbatem, S. Adalardi in Gallica Corbeia sextum successorem. Noster vero Julianus in Adversariis num. 253, apud Usuardum asserit inveniri festum Genesii Adelardi, die tamen 21 Maii, non 2 Januarii, ut Usuardus et Surius. Verba ejus sunt : « Translationis S. Genesii, cognomento Abelardi [*lege* Adelardi] Festi ex Corbeia in Hispaniam meminit Usuardus in Martyrologio die 21 Maii, et ejusdem sancti cum aliis, qui in eodem die celebrantur ; » de cujus translatione in Chronico n. 420 : « Inde (*ex monasterio Corbeiensi*) pòst centum annos, ad eremum in littore maris prope Carthaginem spartariam, ubi vivens degerat, translatus est ; ubi mira frequentia circumjacentium oppidorum. Muzarabum visitur ; » et num. 461 : « Per quosdam monachos Gallos allatum est corpus S. abbatis Abelardi [Adelardi] vel Genesii, ad littus Carthaginense, ex Corbeia antiqua ejus domo, sancti viri abbatia, » Sancto autem Genesio successisse Odonem in abbatia Corbeiensi testatur idem Julianus num. 255 in Adversariis, et concilio Suessionensi interfuisse. De Adelardo Romam misso a Carolo imp. ad Leonem papam, exstat testimonium in concilio Aquisgranensi anno Christi 809, quod inter concilia Gallicana novissime edidit doctissimus P. Jacobus Sirmondus, e Societate Jesu presbyter ; cujus morum suavitate, ingenita lenitate animi, omnigena doctrina, summa religione frui mihi licuit, dum a potentissimo et catholico nostro rege Philippo IV, missus ad Ludovicum XIII Galliarum regem Christianissimum, Parisiis fui commoratus. Edidit, inquam, in tomo II Conciliorum, fol. 256 ; verba sunt : « Cujus [quæstionis de processione Spiritus sancti] definiendæ causa Bernarius episcopus Wormatiensis, et Adalardus abbas monasterii Corbeiæ, Romam ad Leo-

DCCI.                                                                                             DCLXIII.

104. Reparatus, episcopus tricesimus sextus. Ravennas floret.

105. Theodorus, Tharsensis patria, archiepiscopus Cantuariensis, opinione raræ sapientiæ et prudentiæ floret.

DCCII.                                                                                            DCLXIV.

106. Synodus Britannica habetur de controversia Paschatis inter Anglos et Hibernos, sive Scotos.

DCCIII.                                                                                           DCLXV.

107. Flavius Gundebertus [al. Gondebertus], et Flavius Protharisus [al. Portharisus seu Bertarisus], Arebetti [al. Ariperth] regis filii, regnant in Italia annum unum·

DCCIV.                                                                                            DCLXVI.

108. Gundebertus [al. Gondebertus] occiditur, Protharisus [al. Bertarisus] fugatur.

109. Flavius Grimoaldus, filiis Ariperth victis, demum fit Longobardorum rex.

DCCV.                                                                                             DCLXVII.

110. Feria quinta in vigilia Exspectationis B. Mariæ virginis (quæ die sequenti celebrabatur) festum Incarnationis (et servatur lapis ab hoc tempore, in quo B. Virgo pedes posuit) celebratur in Hispania, hoc est xv Kalend. Januar. S. Ildefonsus, archiepiscopus Toletanus, vidit (post apparitionem S. Leucadiæ, post novem dies exclusive) B. Virginem multis angelorum et cœlicolarum agminibus comitatam in sede eburnea, unde solebat ipse concionari apud populum præsidentem [al. prædicentem, aut credentem] (quæ nunc sedes in magno pretio servatur in æde Sanctæ Justæ) in summo templo, eidem Virgini sacrato : quæ dulciter illum affata, cappa donat cœlitus elaborata.

DCCVI.                                                                                            DCLXVIII.

111. Elborenses in agro Carpetano Theudium et Helladium; importunos hæreticos, ad Hispaniam reversos, et Elboram repetentes, audacter insanientes ignominiose verberant et turpiter a suis sedibus amandant.

112. Cordubæ, Toleti, et in aliis Hispaniæ locis celeberrima memoria est S. Genesii martyris Hispani, Cordubæ passi in persecutione sævissima imperatoris Neronis.

### P. HIGUERÆ ET D. LAURENTII NOTÆ.

nem papam missi sunt. » Ex quo mortis annus in Juliano a me assignatus venit corrigendus. Legati enim munere fungitur dicto anno 809, et mortuus fuisse, in Juliano excuso videtur anno 800, ut patet ex margine dicto num. 420. Firmatur hæc conjectura, ne dicam evidens emendatio, præsertim cum in synodo Noviomensi, habita anno 814 congregatum agnovimus Adelardum cum aliis abbatibus, ut constat in tomo II Conciliorum Gallicanorum, fol. 527, et iterum in concilio Attiniacensi, anno 822, fol. 448 et 450. Suadetur item hæc emendatio ex eo, quia in margine Juliani ab anno 800 usque ad annum 828, non est apposituis intercalaris numerus annorum. Hinc facile credi potest omissum fuisse numerum annorum in d. num. 420, et verum, qui chronologiæ correspondet, scribi debere.

Hæc postquam delineavi, ad manum habui Chronicon Juliani propria P. Hieronymi de la Higuera manu exaratum; quo ea, quæ de S. Adelardo leguntur n. 420, assignantur in margine sub anno Christi 820 et quæ sequuntur in n. 421, recensentur contigisse anno 826. Unde et datur locus congruus legationi Adelardi, et subscriptionibus; quæ non excedunt annum 822, et quæ in n. 420, refert Julianus, ex annorum notatione contingere potuerunt usque ad annum 826. Nisi mavis, ut omnem moveam lapidem, Julianum in Historia anni, in quo nondum e vivis excesserat Adelardus, de ejus morte per anticipationem locutum. Multa in Chronico sic debent intelligi, ut ipsemet testatur de Actis apostolorum in Adversariis num. 485, et notat doctissimus P. Franciscus de Bivar ad Fl. Dextrum anno Christi 308, comment. 2 num. 2. D. L.

110. Et servatur lapis. Lapis marmoreus in maximo pretio et reverentia populorum servatur hodie in sacello Descensionis B. Mariæ virginis in templo Toletano. P. H.

Cappa donat cœlitus elaborata. De voce cap.æ, vide Julianum in Chronico, num. 343 et 347, et in De cremiteriis Hisp., num. 30, et Nicolaum Rigaltium,

A virum doctissimum, cum quo mihi litteraria amicitia Lutetiæ Parisiorum inita nuper fuit, in Glossario Græco-barbaro, verbo κάππα; Cerdam in Adversariis sacris (quem, uti præceptorem meum merito et lubens, atque suspiciens, nomino; licet meum aliquando in suis operibus supprimat nomen, verbo Cappa, Covarruviam in Thesauro linguæ Hispan. verbo Cappa; P. Franciscum Portocarrero in libello De Descensu virginis Mariæ; tum et alios, quos vidi, laudavi ad Julianum in Chronico d. num. 343, et nunc novissime addo V. C. D. Vincentium Turturetum in Sacello regio, sive De capellis, et capellanis regum, cap. 1, num. 2 et seqq. D. L.

111. De Elborensibus præterea Luitprandus, et Julianus Toletanus. P. II. — Elborensis in agro Carpetano. Lege quæ notavi supra ad num. 101. D. L.

112. D. Laurentius Bivario suo S.

Cordubæ, Toleti, et in aliis Hispaniæ locis celeberrima est memoria S. Genesii martyris Hispani. De S. Genesio milite, Hispano martyre, Cordubæ passo, B frequens mentio apud Julianum in Chronico, n. 376, his verbis : « Dirutæ sunt ædes sacræ S. Genesii, Hispani militis, Cordubæ passi. » In Adversariis num. 139 : « Toleti habetur in honore S. Genesius martyr Cordubensis, passus sub Nerone. » Idem agnoscere videtur ipsemet auctor num. 326, dum ait, in primis Ecclesiæ persecutionibus, id est Neronianis, S. Genesium passum cum sociis, die 11 Octobris. Martyrologium Romanum eumdem signat diem; sub quo tamen imp. martyrium reportarit, non explicuit. Verba sunt : « Item passio SS. Anastasii presbyteri, Placidi, Genesii, et sociorum, » ubi illustrissimus cardinalis Baronius veteres tantum manuscriptos refert. S. Genesii passim meminit S. Eulogius in lib. II Memor. sanctor., cap. 10, num 13, in Apologetico martyrum, num. 19, et in Vita S. Pelagii, p. 114. Quod etiam testatur Julianus in Adversariis, num. 239. « Frequens est, ait, S. Genesii, militis Hispani, et martyris, ad Cordubam, ut ferunt, passi, apud S. Eulogium martyrem memoria. « Ambrosius de Morales

in Apologetico Eulogii; num. 19, scribit S. Genesii monasterium apud vicum Tertios situm fuisse, auctoritate Alvari ductus in 'D. Eulogii Vita. Sed cum Genesium militem Hispanum, martyrem Cordubensem nondum Morales agnovisset, duos Genesios martyres, Romanum alterum, Arelatensem alterum; illum exceptorem, hunc mimum die 25 Augusti celebratos, et in Martyrologio descriptos accersit, et cum Hispano confundit. Hinc ecclesiæ in Hispania consecratæ Genesio, suo militi et martyri. Exstant hodie jam abhinc multis annis vel erectæ; vel refectæ. Secundas fert Julianus in dicto, num. 289 Adversar. :
« Cujus (*Genesii*) corpus a Christianis Cordubensibus allatum est ex Corduba Alarcurrim, et revelante Domino imperatori Aldefonso, qui Toletum lucratus est; cujus causa restituit Toleti S. Genesio veterem parochiam : celebratur die 20 mensis Augusti [*legendum die* 25] » Quæ verba(si liceat conjectari)in textum e margine, ab aliquo non hujus reconditæ antiquitatis gnaro scripta, irrepserunt; nam die 11 Octobris martyrium S. Genesii Hispani recolitur, uti diximus. At temporis injuria, quæ situ veritatem sæpe obruit, nominumque eorumdem confusio introduxit celebrari S. Genesium die 26 Augusti, ab iis, quibus Romanus et Arelatensis tantum cogniti : quorum in Martyrologio Romano festus dies. Hinc Madridienses arripuere ad diem sancto Genesio sacrandum die 25 Augusti. Non enim est credibile, nec verosimile videtur, Hispanos antiquitus S. Genesii Arelatensis vel Romani nomine insignisse ecclesias suas, dum martyrem patriæ decus et ornamentum haberent, qui in tutelarem referri jure, non injuria, possit. Viri docti sic sentiunt, ut cum judicio notat Hieronymus de Quintana in Historia Madridiensi, lib. 1, cap. 43, fol. 63, col. 3, aliosque in suam vocat sententiam. Hæcque ex eadem nominum appellatione æquivocatio non insolens apud scriptores. Vidimus Genesium Arelatensem confundi cum Genesio Romano a Mombricio, et Petro in Catalogo, teste Baronio in Martyrologio die 25 Augusti, littera Æ. Et, quod majus est, ad remque mirifice conducit, idem accidisse reperio in S. Columbæ festivitate, in qua lectiones Vitæ S. Columbæ Gallicæ legebantur, antequam Cordubensis memoria erumperet in lucem. Notavit doctissimus P. Martinus de Roa, Latinæ et Hispanæ musæ suavium, prosa versaque oratione in Flore sanctorum martyrum Cordubensium die 18 Septembr., pag. 149, cujus verba transcribere operæ pretium duxi : El leerse en los Maytines la Historia de la Santa de Francia, no tuuo otra causa, que no saberse la de estoira de Cordoua, i averse engañado con la semejança del mesmo nombre, por falta de los escritos de san Eulogio, que no parecieron, hasta el año de 1572 en los archivos de la Iglesia de Oviedo. » Et addit summum pontificem Clementem VIII ubi lectiones S. Columbæ Gallicæ legebantur, proprias Hispanæ assignasse Columbæ. Dixit hæc suavi eloquio doctrinaque singulari P. Franciscus de Soria, e S. Basilii Magni familia alumnus, in sermone S. Genesii, fol. 4, pag. 2.

Astipulatur huic conjecturæ Fl. L. Dexter, qui verum suum patronum restituit Pallentinæ ecclesiæ Hispanum martyrem Antoninum, sub gentilium furore passum, cum usque adhuc, ab illius civitatis restauratione, Gallum Antoninum martyrem (cujus tunc fama vulgatior erat) Pallentini solum agnoverint. Unde Gallicanæ coronæ stemmata, id est, tria illa aurea lilia usurparunt, et tanquam velum regium, in nostro jure, ad omnes ædes ecclesiæ suspenderunt, et affixerunt postibus, quibus insigni titulorum vice, eas sibi ecclesia vindicavit. Idem utriusque martyris Antonini nomen induxit cives; duxit eos manu apprehensa ad rectam Flavius. Eadem insistunt via D. Antonini Pallentini facta, quæ proferunt Vincentius Belluacensis in Speculo Histor., lib. XIII, cap. 35, apud quem *Carrionem*, non *Avarionem* flumen, legendum; juxta quod martyrium consecutus, et in ipsius undas immissus Antoninus. Profert etiam D. Antoninus part. I Histor., cap., 1 tit. 8, § 42: nec discedit Esquilinus, lib. III Catalog., cap. 24. Notavi in Itinerario Gallico meo, quando ad civitatem Pallentinam conveni, et novissime P. F. Bivar in suo supplici libello : dixeratque ante anno Christi 508, Comment. II, num. 11, et eadem premens vestigia Dom. Franciscus de Sandoval, abbas S. Salvatoris; et canonicus Pallentinus, in suo Apologetico pro S. Antonino Hispano, § 3, a pag. 11.

Flavius Lucius Dexter Genesium Hispanum proponit nobis anno 353, num. 5, et Mantuæ-Carpetanum, ut multi interpretantur, non Cordubensem; ibidemque passum, et sub Juliano imp. Verba sunt : « Mantuæ Carpetanorum est in pretio Anastasius presbyter, Placidus, Genesius, et socii; quia postea sub Juliano passi sunt pro Christi fide illustre simul ibidem martyrium. » Triplici nodo triplex succurrat cuneus : cum inficias eant Luitprandus et Julianus, Œdipum de hac sphinge consulo, et tanquam e tripode, ut aiunt, oraculum require a mysta illo infulato, P. Francisco de Bivar, peritioris litteraturæ intima adyta, doctrina, eruditione et linguarum cognitione feliciter reserante. O utinam responsum det! discedere ab eo nefas et religio. Futurum spero; novit enim vir bonus et litteratus conciliaturas. Locus medicus, ne dicam carnificas, desiderat manus. Addam pro mantissa, quam dicat sortem; ultraque sortem erit accessio, et excursui, in quo late divagatus, excusatio legitima; penates mei et lares e regione templi S. Genesii, qui ejus numen devote suspiciunt et venerantur.

*Bivarius D. Laurentio suo.*

« Quidquid gratiæ et dilectionis sibi impendere possunt absentes amici, puto et me debere tibi, et mihi deberi a te, non solum ob propositi consortium, sed etiam ex debito nostræ invicem societatis (BERNARDUS, *epist.* 75). » Non potuit hæc verius abbati Pultariensi suo Bernardus meus dicere, quam ego tibi, mi Laurenti doctissime. Sed nunc ex Academia (ut est in proverbio) te venire non dubito; tam docte, tam subtiliter, tam concinne scribis de Genesio. Quid tamen e tripode oraculum requiris, qui ex tripode loqueris? At cum amico, inquis, loquor. Sed amicus usque ad aras; nunc in ipsis aris amicum quæris. In aris quidquam negare, religio et nefas; ita tamen mea accipias, quæ de Genesio dicturus sum, quasi hederam post anthisteria offeram, id est, floralium tuorum adminiculo egentia.

Agnosco Genesios martyres quatuor (ut omissum faciam Genesium Adhelardum, cujus etiam Luitprandus meminit) Romanum archimimum, Arelatensem exceptorem, quorum cum laude nomina replicat Ecclesia quotannis ad diem 25 Augusti; Hispanos item duos, Cordubensem et Mantuanum : nam et posteriores hos non minus inter se, quam a cæteris differre, multa sunt quæ convincant. In primis, tertium Genesium concedendum nec mimum nec exceptorem; sed Anastasii presbyteri socium, Martyrologium ipsum Romanum clamat die 11 Octobris; quem Hispanum fuisse Dexter affirmat, et Genesium Hispanum martyrem Julianus etiam et Luitprandus asseverant. Cæterum, nec Dexter Cordubensis meminit, nec Luitprandus Mantuani. Jam duos prorsus fuisse, et tempus, et patria, et sepulcra utriusque luce clarius meridiana manifestant; namque Cordubensis Genesius sub Nerone passus est, auctore Luitprando, et Juliano astipulatore; cujus tu, mi domine, verba profers : Mantuanus vero, Anastasii et Placidi socius, sub Juliano Apostata, post 500 a nece Cordubensis annos : nam persecutio Neronis desæviit anno Christi 60! imo ab anno 57 in Hispaniis viguisse, testes sunt Ilipulitani, seu Granatenses martyres, eodem pro Christo occisi, id est 11 Neronis, qui habent tabulæ plumbeæ Dextro concinentes. Julianus autem imperium iniit anno Domini 361, bienniumque in eo exegit. Ergo 300 annorum intercapedo

113. Hoc eodem anno appositus est in sacrario S. ecclesiæ Toletanæ gladiolus, impensus a rege Recesuintho Gothorum B. Ildefonso, ad rescindendum velum S. Leucadiæ divinitus apparentis. Nunc est in sa-

## P. HIGUERÆ ET D. LAURENTII NOTÆ.

martyres hosce discriminare non valebit? Quod spectat ad patriæ diversitatem, Neronianus martyr Rutenii in Celtiberia egit legionarium militem, et Cordubæ cervicem dedit Christo : Julianæus Ulysippone civis vixit, Dextro etiam teste, ad annum Christi 508 (non quod eo anno natus jam esset, sed quod eo loci de Vincentio et sororibus Ulysipponensibus Genesii concivibus sermonem faceret, inde occasionem de Genesio et sociis agendi desumpsit) et Mantuæ occubuit. Hoc ex eodem Dextro accipio ad annum Christi 353 illud a Juliano in Adversariis num. 149. Rursus Genesius Cordubensis, seu Rutenensis, Cordubæ tumulum suscepit, indeque Alarcufrim translatus est. Mantuanus, seu Ulysipponensis, Mantuam custodire creditur præsentia sua; nusquam enim inde traductus scribitur. Accedit non contemnendum e sociis petitum discrimen, nam Cordubensis sine socio aliquo martyrio coronatus est; Mantuanus cum duobus, quos ex nomine sciamus, Anastasio et Placido, et cum aliis anonymis fere viginti.

En cum Dextro Luitprandum et Julianum conciliatos : solus Julianus a se tantisper dissentit, dum num. 149 Adversariorum, « S. Genesius, inquit, martyr Cordubensis, passus sub Nerone, celebratur die 20 mensis Augusti (*seu potius, ut corrigis,* 25); dicitur Hispanus fuisse, et miles legionarius in castello Rutenensi. » Et recte quidem; sed postea num. 326, utrumque videtur confundere, inquiens : « Rutenii in Hispania, in Celtiberia die 11 Octobris sanctorum martyrum Anastasii presbyteri, Genesii militis, et sociorum, qui in primis Ecclesiæ persecutionibus passi sunt. » Verum hæc in Adversariis scripsit, quæ tumultuarie ante codicis maturam confectionem perscribebantur, ne memoria rerum excideret, et ex his postea tabulæ justæ et æternæ fierent. « Quod si eamdem vim, diligentiam auctoritatemque habeant Adversaria, quam tabulæ (*hoc aliquando Cicero dixit pro Q. Roscio*) quid attinet Codicem instituere? » Anastasium et Genesium, quorum festivitas die 11 Octobris agitur, in primis Ecclesiæ persecutionibus occisos dicit; sed abs re, cum in ultima passi sint, nequidquam his et Rutenii castello communi, sed huic cum Cordubensi Standum proinde priori scripto num. 149, et posterius repudiandum. Standum eidem Juliano, standum et Luitprando, in Genesii Cordubensis cultum Toleti et Cordubæ erecta templa astruentibus, dummodo Madridiense Genesio suo sacratum dicamus; tametsi procedente tempore, et tanti martyris obliterata memoria Arelatensis venerationi cesserit.

Addam pro coronidem margaritum, quo lares tui tripudiantes occurrant Genesio suo, et templum pro foribus ornent. E schedis meis, quibus multum defero, proferam tibi nostrorum Acta martyrum Anastasii, Genesii, Placidi, et sociorum, quæ prædictis eximium præstent munimen, et Mantuanis meis gratissima pro desiderio sint. Utinam in patronorum suorum venerationem vehementius exardescant, et ob eorumdem memoriam templum Genesio sacrum frequentius visitent, ac deinceps die 11 Octobris festam celebrent diem suorum sanctorum propriam, et multis titulis venerandam. Sic vero habent :

*Martyrium SS. Anastasii, Placidi et Genesii, et sociorum.* — « Mortuo Constantino, et filiis ejus, Julianus tenuit imperii habenas; qui a fide Christi, quam in baptismo professus fuerat, apostata factus, curavit idololatriam iterum instaurare, et in toto Romano imperio restituere : qua occasione suscepta, multos Christianorum martyrio affecit; e quorum numero fuerunt Anastasius, Placidus, et Genesius, et socii eorum, in Hispanorum regione pro Christo occisi : quod quomodo acciderit, ad subsequentium

A devotionem, et sanctorum glorificationem, operæ pretium duximus enarrare.

« Nati sunt tres isti Christi athletæ Ulysippone, Lusitanorum urbe; sic tamen, ut solus Placidus Ulysipponenses habuerit parentes : nam Anastasius parentes habuit Mantuæ cives, quæ est Carpetanorum urbs ; Genesius vero, Barcinonis : omnes tamen inter se sanguine erant conjuncti. Sed cum detinerentur Ulysippone commercii causa, accidit ut Anastasio et Genesio aucti fuerint. Hi cum Placido, non dissimilis ætatis puero, educati sunt in omni lege sancta Dei ac scientiarum studiis, in quibus periti admodum evaserunt, et multo magis sanctis moribus et actionibus florere cœperunt, ita ut notissimæ fierent ipsorum virtus et doctrina.

« Procedenti tempore Anastasius ad presbyterorum ordinem assumptus, liberius prædicationi evangelicæ insistebat; in qua Genesius et Placidus erant illi fidelissimi coadjutores. Prædicabant vero contra

B Arianorum errorem, qui multos Christianorum a puritate fidei aberrare faciebat, et contra idolorum culturam, quam Julianus per ministros suos introducere satagebat. Cumque multo tempore Ulysippone essent demorati, multis charitatis operibus insistentes, placuit Anastasio Mantuam patriam suam repetere, ubi non modicas facultates a matris morte hæreditario jure susceperat; cumque Placidus et Genesius amici fidissimi comitati sunt. Degebant in una domo, et simul prædicationi et charitatis operibus insistentes incedebant, pauperibus eleemosynas et afflictis solamen exhibentes, et præcipue Christianos in carcere detentos visitabant et animabant.

« Cumque fama sanctorum ad aures gubernatoris urbis pervenisset (qui cultui idolorum erat addictissimus, et ea de causa viginti viros nostræ religionis professores et defensores vinculis tenebat astrictos) sanctos martyres ad se jubet adduci. Quorum fidem cum exploratam haberet, nunc pollicitationibus, nunc minis et pœnarum infligendarum acerbitate

C eos abnegare curavit. Sed cum irritum videret conatum suum, et sanctorum emollire corda non valeret, eos duris vinculis innodatos in tetrum carcerem conduci jussit, ubi per dies aliquot durissime afflictati sunt; sed ipsi in eo etiam constituti, a prædicatione non desistebant. Qua nonnullos illorum, qui in fide acerbitate tormentorum vacillabant, fortior et constanti animo esse fecerunt. Tandem die 11 mensis Octobris ad campum extra urbem deducti, pro Domino decollati, martyrii palmas adepti sunt. Quorum corpora consanguinei ipsorum colligentes, intra domum propriam Anastasii tumularunt. Et post dies octo ad eumdem supplicii locum viginti illi viri perducti, pariter pro confessione Christi decapitati in cœlum evolarunt; eorumque corpora nocturno tempore Christiani in eodem campi loco sepelierunt, præstante Domino nostro Jesu Christo, » etc.

Hactenus, quæ mihi rescripsit P. Franciscus de

D Bivar. Successit voto res; et vaticinio respondit eventus. Tesseram amici do, in Antiquitatis ecclesiasticæ tesseram et monimentum æternum, nomenque sub Bivarii tessera scribo. Schediasma, vel hypomnema, levi meo (sic liceat fari) brachio exaratum, apponere non recuso; quippe quod præivit (non tamen ut me præeunte recitaret sacerdos) ad S. Genesii Acta in lucem eruenda, et ad ejus illustrandam memoriam. D. L.

113. De gladio, qui cum velo servabatur, et adhuc servatur in S. ecclesiæ Toletanæ sacrario, doctor Blasius Ortizius, et alii. Hodie in pyxide argentea conclusa sunt jussu illustriss. card. Gasparis a Quiroga. P. H.

*Sed bonam partem hujus cathedræ translatam alio*

crario S. Justæ cathedralis tempore Maurorum, cum lapide marmoreo candidissimi coloris; ubi descendens de cœlo sanctissima virgo Maria pedes posuit, eratque suppe aneum archiepiscoporum Toletanorum, voluitque B. Virgo decorare, et auctoritatem addere cathedræ, quæ a B. Jacobo semper fuit primogenita filia Romanæ Ecclesiæ, et veritatis magistra; sed bonam partem hujus cathedræ translatam alio cognovi.

114. Julianus, qui postea fuit archiepiscopus Toletanus urbis regiæ, sapientiæ et sanctitatis opinione cum aliis ecclesiæ Toletanæ diaconis, Gudila et Felice, floret.

115. Vigesima tertia die Januarii mensis, S. Ildefonsus, sapientia, vitæ sanctitate, et miraculis clarissimus, ad cœlum emigravit. In æde S. Leucadiæ (quæ domus ejus fuit) ad pedes S. Eugenii prædecessoris sui sepelitur. Julianus ejus discipulus, et archidiaconus, hæc illi carmina sepulcralia condidit, et poni fecit :

Alf nsi jacet hoc corpus venerabile saxo,
Quo Toletana nihil terra tulit melius :
Luriæque, et Stephanus clara de gente Gothorum,
Sed virtute magis nobilitante micat.

Invenit juvenis portum, sæcloque relicto,
Cœnobii cellas Agaliensis amat.
Hincque Toletanam raptatur præsul ad urbem,
Cui fuit in votis sede latere sua.

116. S. Torquatus fuit inter socios archiepiscopi Accitanensis.

117. Recesuinthus, abbas Benedictinus Bracarensis, floret.

118. Eodem anno Quiricus, ex episcopo Barcinonensi, non multo post, Toletanam Ecclesiam regit; qui ex abbate Agaliensi factus est episcopus Barcinonensis.

P. HIGUERÆ ET D. LAURENTII NOTÆ.

*cognovi.* Facem prælucent Luitprando verba Ægidii Zamorensis, quæ locum, ubi cathedra asservatur, clarissime manifestant; hæc sunt : « Audivi, Christianos Toletanos in adventu Saracenorum tulisse in saltum distantem a Trogillo duodecim mille passus, et ibi abscondisse cathedram, et unum lignum crucis, et quamdam imaginem; et a priscis temporibus in aere luces apparere. » Hic tractus hodie ab incolis nominatur *Santa Cruz de la Sierra*, et, ut par est, a sancto hoc ligno deducitur appellatio. Suffragatur itidem crux fulgidissima noctu pendens ære vacuo, a multis visa, quæ ligni testimonium occulti perhibet, et nomen etiam oppido assignat, atque imponit. Antiqua fuit Romanorum colonia, post ab Arabibus diu occupata; et tandem a sancto rege dom. Fernando III capta jam Corduba, in ditionem redacta suam. Nunc vero nobilitata manet dominio et protectione dom. Joannis de Chaves et Mendoza, comitis de la Calzada, Philippo IV Magno Hispaniarum regi catholico nostro a consiliis in supremo et regiæ Cameræ senatu, nec non in consessu militarium ordinum præsidis meritissimi, qui nostram Hispaniam nobilitatis splendore et litterarum ornamento decorat. De hujus, inquam, oppidi antiquitate, et luminum apparitione, videsis admirabilem narratiunculam, licet veram, apud P. Franciscum Portocarrerum in libello aureo De Descensu B. virginis Mariæ ad ecclesiam Toletanam, cap. 24. D. L.

114. De Juliano ac Gudila sæpe facta mentio est in præcedentibus, anno 19 regis Recesuindi, et 8 pontificatus Ildefonsi. Moritur Toleti die 25 Januarii; sic ex tabulis Toletanis, Martyrologio Romano, et ex Juliano, qui sic habet : « Sequenti die, x Kalend. Februarii, domicilio carnis exuitur, atque in ecclesia B. Leucadiæ tumulatur, ad pedes sui conditus decessoris; cum quo creditur æternæ perfrui receptaculo claritatis. » Moritur die Martis, eo anno bissextili, littera Dominicali B, A; fecit illi carmen sepulcrale S. Julianus, ejus discipulus. Fuit præclarus et egregius Hispaniæ doctor vocatus *Chrysostomus, et facula divini Spiritus, anchora fidei, et malleus conterens audaciam hæreticorum exsultantium ortissime*. De operibus sancti doctoris sic Julianus · « Scripsit sane quamplurimos libros luculentiori sermone potissimos, quos idem in tot partibus censuit dividendos : id est, librum prosopopœiæ, imbecillitatis propriæ; librum De virginitate sanctæ Mariæ contra tres infideles; opusculum De proprietate personarum Patris, et Filii, et Spiritus sancti; opusculum Annotationum actionis divinæ; opusculum Annotationum in sacramentis; librum De gubernatione baptismi unum, et De progressu spiritualis deserti alium; quod totum primæ partis voluit volumini connectendum. Partis quoque secundæ liber Epistolarum est, in quo de diversis Scripturis ænigmaticis formulis agit : personas quoque in titulos induxit, in quo etiam a quibusdam lucalentiora scriptorum responsa promeruit. Partem vero tertiam missarum esse et hymnorum. Atque ulterioris denique partis liber est; quartus versibus prosaque contextus, in quo epitaphia multa et quædam scilicet epigrammata annotata sunt. Scripsit autem et alia multa, quæ variis rerum et molestiarum occupationibus impeditus, aliqua cœpta, aliqua semiplena reliquit. » Maxima tamen existit dubitatio, quomodo S. Julianus non meminerit libri De viris illustribus, nec Historiæ Gothorum; » quos esse S. Ildefonsi tuto scimus : nec similiter libri Synonymorum; quia De virginitate liber est ille, quem dixi. Primo constat, Synoymorum librum esse S. Ildefonsi, ex testimonio Liutprandi, et quia ego vidi codicem ms. ante 540 annos litteris Gothicis in membrana, qui servatur in cœnobio S. Trinitatis Toleti. Unde mihi argumento est non omnino perfectum absolutumque fuisse relictum a S. Ildefonso, ut etiam De viris illustribus : cui voluisset plures viros superaddere, si vixisset. Nec mihi placet solutio Gratialis, vel Grialis doctoris, quia est velut appendix librorum S. Isidori. De Chronico nulla mihi videtur esse dubitatio; nam Julianus Toletanus ejus meminit auctor plusquam quingentorum annorum; meminit et Lucas Tudensis, Morales, D. Garsias Loaysa, et præcipue D. Rodericus Toletanus, lib. II, cap. 22, his verbis : « Et cum B. Isidorus scripsit Gothorum originem usque ad annum quintum Suintillæ, S. Ildefonsus scripsit tempora Gothorum, Alanorum, Vandalorum et Suevorum, ab anno quinto Suintillæ usque ad octavum decimum Recesuindi annum fideliter prosecutus. » Hunc librum citat generalis Hispaniæ Historia, citat Cardinalis Baronius, et Morales : quæ quia non erat omnibus omnino numeris absoluta, non fuit fortassis in animo S. doctoris eum librum publicare, sed suppri ere. Hoc Chronicon penes me habeo, annotationibusque illustratum.

117. Recesuinthi abbatis, ordinis S. Benedicti, Bracharensis civis, fit mentio et apud Julianum; cum quo juvene habuit multum usum S. Ildefonsus, ad quem scripsit senior. Interfuit concilio XIV Toletano; ut vicarius Leubanii episcopi metropolitani confirmat septimo loco; fuit egregius poeta, et doctissimus theologus, ex Juliano.

118. De Quirico cive et episcopo Barchinonensi; qui fundavit in episcopatu Barchinonensi monaste

## DCCVII

**119.** Cæsarius, Arcobricensis [*al.* Arelatensis] episcopus, ex monacho monasterii Lirinensis, discipulus S. Paronii [*al.*Porcarii], multum floret.

## DCCVIII.

**120.** Petrus, episcopus Achiliensis, multum floret.

## DCCIX.

**121.** Vitalianus papa obiit : succedit illi Adeodatus.

## DCCX.

**122.** Hoc anno, Kalend. Septembris, moritur Toleti imperator Flavius Recesuinthus; sepelitur in æde S. Leocadiæ, ubi beata virgo et martyr dicitur arctata [*lege* mactata].

**123.** Eodem anno, sed feria III ejusdem mensis, fuit electus in regem Wisegothorum rex Flavius Wamba, palatinus, de nobilissimo genere Gothorum; et usque ad diem 19 ejusdem mensis dilata est unctio, ut præsentibus episcopis et palatinis fieret, die Dominico supradicto sacro Januario, et sociis ejus, in ecclesia præstantiori, sacrata B. virginis Mariæ assumptioni, ecclesia prima Toletana, sanctis Patribus constituta. Coronatur vero, sacratur et inungitur rex per Quiricum archiepiscopum Toletanum, aliis episcopis ministrantibus.

## DCCXI

**124.** Joannes, episcopus Constantinopolitanus, floret.

## DCCXII.

**125.** Aribaldus [*al.* Gaubaldus], Abimoaldi [Grimoaldi], filius, rex quintus decimus Longobardorum.

## DCCXIII.

**126.** Undecima synodus Toletana Toleti collecta a 17 episcopis, præside Quirico Toletano pontifice, VII Idus Novemb. anno 4 regis Wambæ, in basilica S. Mariæ.

**127.** Floret Gratindus, abbas SS. Cosmæ et Damiani.

## DCCXIV.

**128.** Rex Wamba, victo Paulo, ac profligatis omnibus hostibus suis, gloriosa fruitur quiete : Toletum,

## DCLXIX.

## DCLXX.

## DCLXXI.

## DCLXXII.

## DCLXXIII.

## DCLXXIV.

## DCLXXV.

## DCLXXVI.

### P. HIGUERÆ ET D. LAURENTII NOTÆ.

rium S. Eulaliæ, plura in ejus Vita. Confirmat in concilio x Toletano, loco decimo, nomine « Quirici episcopi Barchinonensis : » in concilio XI est episcopus Toletanus anno 675 et decimum habitum est 656. Fere annos 20 post decimum, habitum est concilium XI Toletanum. Moritur statim, postquam potio lethalis propinata est Wambani. Fuit hic Quiricus, monachus et abbas Agaliensis, ordinis S. Benedicti, vir egregius, et præclare peritus. Sic Julianus :

A Domino qui nomen habes pie, voce, Quirice,
Et monachus, præsul Barcinonensis, ave.
Agaliensis eras quondam sanctissimus abbas,
Barchino te multum præsule gaudet ovans.
Te Toletano pietas præfecit ovili;
Divisas sedes præsul amansque vides.
Nil uno melius fuit, aut te sanctius uno;
Et dementato rege dolens moreris.
Te socium lætis Leocadia suscipit ulnis,
Corpus homo, mentem læta sub alta locans.
Gaude sorte tua, præsul venerande Quirice;
Sic Dominus terris es, domnusque polo.

**119.** *Discipulus S. Paronii*. Lege « S. Boni, » qui fuit Lirinensis monasterii restaurator. P. H.

**122.** Primo die Septembris moritur Toleti rex Flavius Recesuinthus, ex Chronico Juliani; sepelitur in Leocadiæ carcere, ubi nunc est. P. H.

**123.** De electione regis Wambanis multa Julianus in libro suo, et etiam Morales, Mariana, Julianus Toletanus. De coronatione constat factam per Quiricum Toletanum in æde S. Mariæ Majoris cum magna celebritate. P. H.

*Dilata est unctio*. De unctione regum vide quæ notavi in num. 8 et 87. D. L.

*Die Dominico supradicto sacro Januario, et sociis ejus*. Forte quia dies 19 Septembris fuit illo anno dies Dominicus; vel loco *supradicto*, legendum *dicato*; et loco vocis *sacro*, legendum *sancto*. ID.

*Ecclesia prima Toletana*. Vide quæ dixi ad num. 87 in illis verbis : « Alficensis, vel inferior. » Ubi adduco Julianum in Chronico num. 74. ID.

**126.** De synodo XI Toletana, quæ fuit sub rege Wambane, est mentio in ipsis Toletanis Conciliis tam ms. quam impressis; namque collecta est 4 anno regis Wambanis æra 713, VII Idus Novembris, anno 675 cepit anno 672, die prima Septembris, annus impletus est die 1 Septemb. hujus anni 675; incœpit annus quartus a primo die mensis Septembris, ab anno 661 vel 662. Non fuerat collecta synodus Toleti per 13 annos, ut diuturnitatem hujus temporis notat idem concilium XI; de quo sic Rodericus lib. III, c. 11 : « Hic, scilicet Wamba, anno regni sui 4 in Toletana urbe, B. Mariæ semperque virginis auxilio, in secretario, post transactos octo et decem perturbationum et diversarum cladium annos, concilium salutis paravit; et istud fuit undecimum concilium Toletanum sub Quirico, urbis regiæ primate. Interfuerunt huic concilio 16 episcopi, et multi vicarii absentium episcoporum; cum quibus et tempora absque concilio prætereuntia deplorarunt. Sic sacra synodus : Eramus enim hic usque prolabentis sæculi colluvione instabiles, quia annosa series temporum, subtracta luce conciliorum, non tam vitia auxerat, quam malitiam omnium [*al.* matrem omnium [errorum ignorantiam] regnantium otiosis mentibus ingerebat, » etc. Et inferius : « Ut qui de causis ante post octodecim scilicet labentium annorum excursum, in unum meruimus aggregari conventum. » Non loquitur de conciliis alibi collectis, sed in urbe regia; nam et in Cæsaraugustana civitate ante annos 19 et in Emeritensi ante 9 concilia contracta fuisse liquido constat. Sedecim episcopi coacti sunt, præter Quiricum, et multi vicarii : in excusis ponuntur duo, « Arcavic. et Segoviensis, » et septem abbates. Ut inde colligatur aliter legisse dominum Rodericum pontifices, et vicarios hujus sacri concilii, quam modo nos in nostris legimus exemplaribus. P. H.

**128.** Anno 676 jam bellis consopitis, rex Wamba Gothorum ornavit Toletum ædificiis publicis, muris, mœnibus, et pontibus. De quibus sic Rodericus in

Histor., lib. III, cap. 11 : « Postquam igitur, inquit, rex cum triumpho nobili fuit sedi regiæ restitutus, sceptra regni meditans, eleganter civitatem Toletanam muro et exquisito opere renovavit : quam et opere sculptorio versificando prætitulans, hoc in portarum epigrammatibus stilo ferreo in nitido lucidoque marmore fecit scribi :

Erexit, fautore Deo, rex inclytus urbem
Wamba, suæ celebrem protendens gentis honorem.

In memoriis quoque martyrum, quas super eisdem portarum turribus titulavit, hoc similiter exaravit :

Vos domini sancti, quorum hic præsentia fulget,
Hanc urbem, et plebem solito servate favore.

Ubi vero positæ sunt hæ sanctorum martyrum inscriptiones, sic ait Chronicon generale sub rege Ildefonso X. « Otrosi fizo escrivir en estos otros sendos marmoles estos versos, e ponerlos en las torres de las puertas de la ciudad, en aquellas que eran mas de aquellos santos martyres, cuyas eran las vocaciones. » Quemadmodum ad portam Cambronum, S. Leucadiæ; ad meridiem, SS. Felicis et Petri; in turri e regione SS. Petri et Pauli prætoriensium, horum apostolorum; e regione S. Juliani, SS. Cosmæ et Damiani, S. Torquati, SS. Justæ et Rufinæ, S. Marci, S. Sebastiani, S. Lucæ, S. Eulaliæ, SS. Servandi et Germani. Qua de re sic doctor Joannes Mariana, lib. IV, cap. 14 : « Puso el Rey » scilicet Vamba « cuydado en hermosear su Reyno de todas maneras, i en particular ensanchò la ciudad Real de Toledo, i para su fortificacion levanto una nueva muralla con sus torres, almenas i pretiles, continuada por el arrabal de san Isidro, que llega de una puente à la otra. Està Toledo de quatro partes, por mas de las tres cerrado del rio Tajo, que acanala lo entre barrancas muy altas, corre por penas i estrechuras muy grandes. La quarta parte tiene la salida muy aspera i empinada, por donde la çerca un muro de fabrica Romana mas angosto que el que hizo el Rey Vamba, cuyos rastros se veen à la plaça de Zocodouer, i à la puerta del Hierro. Vamba con intento de meter dentro de la ciudad los arrabales, i para mayor fortaleza, anadió la otra muralla mas abajo. Traxeronse para la obra piedras de todas partes, à lo que se entiende de una fabrica Romana à manera de carro, que està alli cerca con figuras entalladas en ella de rosa, ò de rueda. El vulgo se persuade ser aquellas armas de Wamba. Las mismas piedras muestran lo contrario, ca estan sin orden, ni traza; sino como las trahian, assi las assentavan los officiales. » Hæc P. Mariana. Sunt illæ rosæ, vel tortulæ « mosapæ » ædificiorum ex ipso circo allatæ, quarum meminit non semel Vitruvius, ut mihi significavit Joannes Baptista Montenegro excellens Toletanus architectus. P. H.

S. *Thyrso, Toletano civi, martyrique foris passo.* De S. Thyrso plene et docte doctissimus P. Franciscus Biva in Dextrum, anno Christi 286, num. 2, post comment., fol. 303.

Dixit Luitprandus, *foris passo*, quia martyrii palmam reportavit Apolloniæ in Græcia; infra num. 233 : « Toleti conditum est templum S. Thyrsi, vernulæ Christi, civis Toletani, passi Apolloniæ in Græcia. » Appellavit eum *vernulam*, quasi *nativum*, vel *naturalem*; quo pacto *vernaculam linguam* dicimus, et *saporem vernaculum*. De S. Leucadia exstat illustris commemoratio, conceptis verbis, in antiquissimo hymno, et testimonium; de quibus infra in num. 75 concilii Toletani ad finem, inter Adversaria Luitprandi. Et de sancto Jacobo sic :

O vere digne sanctior apostole,
Caput refulgens inclytum Hispaniæ,
Tutor nobis, et patronus vernulus.

Hæc docet et probat apud Dextrum anno Christi 286, num. 2, doctissimus Bivarius meus. Convenit, et suffragatur Julianus in Chronico num. 73 : « In urbe Apollonia Græciæ, sub Decio fidei illustre testimonium dat; » et num. 597 : « A Cixilano conditum est S. Thyrsi templum Toleti, civis Toletani, in Apollonia Græciæ passi; » utrobique scintillas excussi quasdam. D. L.

*Pontis ferrati portam S. Damaso Melchiadique civibus Mantuæ-Carpetanorum.* De hisce Madridii duobus micantibus luminibus plures plura. De S. Damaso notavit erudite doctissimus P. Franciscus Bivar in Dextrum anno Christi 366, num. 3, et anno 388, num. 8, ex Baronio tom. IV. Annal. et aliis : novissime et plene Hieronymus de Quintana in suo Madridio lib. II, cap. 4, ubi satisfacit iis qui Lusitanum defendunt; inter quos addo Augustinum Barbosam in Remissionibus doctorum de dictionibus, dict. 131, num. 5, pag. 62, col. 2, et lib. De officio episcopi, part. III, alleg. 60, num. 11. Quamvis Quintana illa verba, quæ disputationibus dissidiisque ansam dedere, sive destinam et fulcrum, e Dextri codice non expungat; uti elidit noster P. Franciscus Bivar, et tanquam spuriis et nothis notam eis inurit, satius ducens conari respondere obviam euntibus. Utramque recenset opinionem P. Andreas Schotus, Societatis Jesu presbyter, exquisitæ industriæ et magni judicii vir, in sua Hispanica bibliotheca, tom. II, class. 1 Antiquorum, pag. 183. Novissime plena manu, longoque excursu asserit Lusitanum Antonius de Sousa et de Mazedo in suo libro, cui titulus, *Flores de España, Excelencias de Portugal*, cap. 9, pag. 93.

De Melchiade idem P. Bivar in Dextrum, faustoque illustrandi genere ad annum Christi 248 et 299, num. 5 et 308, Comment. 2, num. 15. Videndus Quintana in suo Madridio, lib. II, cap. 1, præsertim fol. 104, col. 4, qui Julianum nostrum refert in Chronico, num. 72 : « Melchiades, qui postea fuit papa, nascitur in Hispania, scilicet patribus Africis, apud urbem Mantuam Carpetanorum. » De utroque sidere disserit, et inter omnes micat illustrissime D. Gregor. Lopez Madera a Consiliis Magno nostro regi Philippo IV, qui est mihi sæpe vocandus, in lib. De excellent. monarchiæ Hispan., cap. 6, § 2; pag. 45, col. 2 et 5, ubi sedat et componit dissidia. D. L.

*Ac præcipue D. Michaeli, hujus urbis divo tutelari, a fundamentis ecclesiarum ejus, et angelo-tutelari civitatis.* S. Michaelem divum tutelarem, et angelum tutelarem agnoscit. De eremiterio S. Michaelis ante portam eidem consecratam vide Julianum De eremiteriis, num. 5, his verbis : « Eremiterium S. Michaelis a parte orientali Toleti (coævum eremiterio Hispal. ubi imago B. Mariæ.....) distans ab urbe regia 4 milliar. passuum, non procul a fluvio Tago, ab Athanagildo conditum; nunc possidetur jure patrocinii a Columbanis, genere nobili Muzarabum. » Mos erat antiquis eremiteria ante ingressum urbium angelis dicare, quo eas custodirent, defenderentque, ut muneris est angelorum qui civitates tuentur; iis, et imperiis, sui designati angeli. Inter omnes micat devotio erga D. Michaelem, quem præesse Christianæ Ecclesiæ tutamini notum, vel ex ipsius variis apparitionibus, quibus partim in occidentali, partim in Ecclesia orientali, per multa miracula conspicuus redditur, et ostenditur. Præfuerat antea Judæis; constat ex cap. x Danielis, num. 13, ubi quartus angelorum Michael, princeps populi Dei constituitur : quod Martinus Becanus, Societ. Jesu presbyter, ex illis elicit verbis : « Nemo est adjutor meus in omnibus his, nisi Michael princeps noster : » Scholasticæ Theologiæ tom. I, parte I, tract. 3 De angelis, cap. 6, fol. 588, gestaque ejus recenset desumpta ex dicto cap. 10 et cap. 12, et ex Epistola Canonica Judæ, et Apocalyps. cap. XII. Hinc tot basilicæ D. Michaeli erectæ. de quibus Christophorus Besoldus in discursu De angelis, seu geniis imperiorum, pag. 2 et 3.

Dixi angelos esse eorum protectioni constitutos. Succinit Clemens Alexand. lib. II Recognit. Scio tamen quid de Recognitionum libris senserit Bellarmin. De libero arbitrio lib. v, cap. 2 5, et tractatu De scriptoribus ecclesiasticis anno Domini 300, et alii judicaverint; sed de his in præsentia non est mihi curæ. Vide S. Dionys. Areopag. De cœlesti hierarchia, cap. 9. De eadem re apud ethnicos passim. Dionys. Halicarnasseus lib. VIII, Crinitus De honesta disciplina lib. IX, cap. 3. Servius ad 1 Georg; Gebhard. Elmenhorst. in Observation. ad Arnobium fol. 14; vetus etiam inscriptio :

IOVI. OPTIMO. MAXIMO. GENIO LOCI.

Alteram affert Guido Pancirol. in Thesauro variar. lect., lib. II, cap. 128.

Q. VOLVSIO. SATVRNINO. P. CORNELIO. CI. COS. AVGVSTALES. QVI. NERONI. CLAVDIO. CÆSARI. AVGVSTO. ET. AGRIPPINÆ. AVGVSTÆ. I. O. M. ET. GENIO. COLONIÆ. LVDOS. FECER. XIII. KAL. MART.

Cunctis nam populis, seu mœnibus inditur, inquit,
Aut fatum, aut genus nostrarum more animarum,
Quæ sub disparili subeunt nova corpora sorte.

Prudentius contra Symmachum, lib. II.

E sacris D. Hieronymus in Ezech. cap. XXVIII : « Traditæ sunt angelis ad regendum provinciæ, quasi judicibus ab imperatore. » Deus enim pulcherrimo ordine sparsit per hoc corpus universi φυλάττοντας μέρη τῆς γῆς, καὶ ἐθνων καὶ τόπων προϊσταμένους, *curantes terræ certas partes, præfectosque gentium et locis.* Quæ omnia intus et in cute sciens noster Luitprandus, adjunxit angelum esse tutelarem contra dæmonia meridiana, exprimens ad vivum locum psalmi XC num. 6, ubi loquitur sanctus rex de angelis, describitque eorum virtutes; et pollicetur virum fore tutum, qui iisdem munitus est, et liberum itidem vaticinatur *a negotio perambulante in tenebris, ab incursu et dæmonio meridiano;* id est, a periculis, quæ latent et palam, nocte scilicet et meridie, potissimum a dæmonibus, impendent; aliquando solo pavore spectrorum, aliquando a dæmone pestilente, et ab afflata lue. P. Joannes Mariana sic interpretatur : « A peste, quæ aperte grassatur, non ab occultis caus.s. » Genebrardus antea dixerat idem, his verbis : « Pestem, sive grassetur noctu, sive die, non formidabis. » Joannes Bochius strictim, uti solet, hanc sententiam Hebræorum esse asserit : « Etsi pestem, inquit, vel perniciem meridianam legant Hebræi, tamen per dæmonium meridianum intelligi terriculamentum quoddam, quod empusam vocant, sunt qui putant. » In Parodiis heroicis ad dictum psalmum XC, priori adhæret interpretationi :

Et vacuo curres animo, discrimina noctis
Nulla perhorresces, nec formidare diurnas
Fas erit, aut missas, nervo stridente, sagittas;
Nec metues cæca tectam caligine pestem :
Nec, quæ luce palam media grassatur.

Paribus fere tibiis cecinit alius :

Noctis per atræ cæca silentia,
Non expavesces cæca pericula :
Non luce grassantem timebis
Perniciem, nec aperta bella.

Lorinus Janssenius et alii plures, τὸ *a dæmonio meridiano* intelligunt *de peste.* Nec ab iis discedunt, qui, ut ait Bochius loco supra citato, dæmonium meridianum empusam explicant. Nam Scholiastes Aristophanis in Ranis, *empusam,* et *dæmonium meridianum,* confundit; *empusamque* spectrum esse dicunt, quod miseris et calamitosis solebat apparere. De cujus nominis vi consule Etymologicum, verbo Ἔμπουσα. Congerit plura Joannes Bourdelotius in Petronium pag. 114 ad illa verba satyrici, *noctu dieque non alio genere furiarum,* pag. 1 linea 1, et adagiographis in *empusa.* Julius Cæsar Bulengerii lib. II, adversus Magos, cap. 59 ; Gyraldus Syntag. 12 deor., pag. 549 ; Raderus ad Q. Curtium, lib. VI, cap. 7, pag. 348, qui plures allegat; et ex iis doctissimus D. Antonius Ponce Santa Cruz in Prælectionibus Vallisoletanis ad librum Hippocr. De Morbo sacro, textu 17, pag. 23, et 24 ; ille vere Hispanus Æsculapius, id est, salutis medicus et assertor, ex philosophiæ et medicæ artis adytis, utilissimis remediis in lucem erutis. Cumulat plura erudita manu Fortunius Licetus in Encyclopædia ad Aram lemniam Dosiadæ, poetæ vetustissimi et obscurissimi, ad illa verba ἐμπούσας κόρος, pag. 124.

Quæ significatio convenit etiam *pestilentiæ* venturæ: nam hæc et similia terriculamenta, priusquam grassetur, divagari docent multi. Observat noster Martinus Delrius (heu quondam amicus meus ! lumen divinarum atque humanarum litterarum splendidissimum) ex Procopio, lib. I, De bello Persico, in lib. II Disquisit. magic., quæst, 27, sect. 2, num. 8. Qui Procopius cum ingentem et admirandam illam luem, quæ Justiniani tempore orbem totum depopulata fuit, describit, tradit visos in humana specie dæmones versari, et obvios percutere virulento et ardenti afflatu, et ab Hebræis *meirirm* et *ressaphim* vocatos: et aliquibus vigilantibus claro die (nota *dæmonium meridianum*) et aliquibus in somniis noctu (nota *nocturnum*) id contigisse. Addo ego Dionem in Tito, qui scribit homines giganteæ magnitudinis per civitates incessisse, quando Vesuvius mons flammas evomuit. Testatur et Dionysius Halicarnasseus, lib. 8. « Romæ obversatas oculis novas spectrorum facies ; et hæc oculis atque auribus hominum sæpe oblata. » Quæ in sacra Scriptura dæmones appellari autumo : Isaiæ, cap. 34, num. 14 : *Et occurrent dæmonia onocentauris, et pilosus clamabit alter ad alterum.*

Hinc apud nos Hispanos tale terriculamentum « Estantigua » vocatur ; quia sub ea figura apparet diabolus, a sacris auctoribus et sanctis Patribus « hostis antiquus » appellatus. Ita S. Gregorius, lib. II, epist. 23, ad Justinum prætorem, relatus in cap. *Habet.* 2, q. 5 : « Habet hoc proprium antiqui hostis invidia, ut, quos improborum actuum perpetratione Deo sibi resistente dejicere non valet, opinionem eorum, falsa ad præsens cumulando, dilaceret. » Sic Jonas episcopus Aurelianensis in lib. I De cultu imaginum, in princip., « cum ipsi non apostoli Christi, sed præcones essent hostis antiqui. » Congerit plura Joannes Montholonius in Dictionario, verbo *Diabolus,* pag. 156 « De Estantigua » celebris mentio in Historia belli Granatensis, a D. Didaco de Mendoza scripta nostro vulgari idiomate, pag. 124, his verbis, ubi agit de bello inter Cæsarem et Sextum Pompeium, in Bætica apud Mundam : « Donde oy dia, como tengo dicho, se veen impresas señales de despojos de armas i caballos ; i veen los moradores encontrarse por el aire esquadrones, oyense voces como de personas, que acometen. Estantiguas llama el vulgo Español a semejantes aparencias, ò fantasmas, que el baho de la tierra, quando el sol sale, ò se pone, forma en el aire bajo como se veen en el alto las nubes formadas en varias figuras i semejanças. » Et ab ethnicis usurpatur alio, sed eodem fere modo, quod regius Vates edixerat. Ovidius IV, Fastorum ad Palem :

Tu, dea, pro nobis fontes fontanaque placa
Numina, tu sparsos per nemus omne deos.
Nec Dryadas, nec nos videamus labra Dianæ,
Nec Faunum, medio cum prenat arva die.

Ubi conjungit dici tempestatem, hoc est, *meridiem* ; et locum, per quem discurrebat Faunus, id est, *arva.* Poetæ multa e sacris deduxerunt, ut dixi in meo Pentecontarcho, cap. 26, docti Bibliorum lectione. Ovidius non inter ultimos hujusce rei gnarus, nec infimo constituendus loco iis qui metamorphoseon libros evolverint, quos plenos Historiæ sanctæ documentis retortis, et sua falsa doctrina contaminatis, facili invenient negotio. Legerat forte in Veteri Testamento *meridiem* et *desertum,* sæpe pro eisdem poni ; unde *dæmonium meridia-*

civitatem regiam, laxat, ac muris ambit; portam, quæ respicit septentrionem, S. Thyrso, Toletano civi, martyrique foris passo, dedicat; similiter et S. Leucadiæ virgini et martyri; et eam, quæ respicit orientem, B. Marcianæ civi, martyrique ac virgini sanctissimæ : supra portam pontis S. Juliano martyri Toletano; pontis serrati portam S. Damaso Melchiadique civibus Mantuæ carpetanorum, ac præcipue divo Michaeli, hujus urbis divo tutelari, a fundamentis ecclesiarum ejus, et angelo tutelari civitatis contra dæmones meridianos.

129. Per hæc tempora florebat in Austria [al., in Neustrina, vel, Austrasia, vel, in Aquitania] Pipinus I. cognomine Ubertinus, majordomus Austrasiæ, pater Caroli Martelli, dicti Maximi, patris Milonis, cognomento de Angleris, Bernardi et Pipini II regis, et patris Caroli Magni, et etiam aliorum.

130. Habetur concilium Toleti xii, die Novembris, anno 6 gloriosissimi regis Wambani Wisegothorum.

## P. HIGUERÆ ET D. LAURENTII NOTÆ.

*num et dæmonium deserti*, apud doctos idem : quem gaudere silvis, et deserta habitare docent Procopius et Cyrillus in Isaiam ; ideoque Faunum premere scripsit arva meridiano tempore, quasi furentem et debacchantem. Ex veterum gentilium opinione Pan (dæmonum meridianorum hic erat unus, ut refert Delrius) tunc maxime iracundus et formidabilis credebatur, ut testatum reliquit Theocritus Idilio i cum æstuabat dies : causamque reddit Psellus lib. De natura dæmonum, quia « hoc genus est solare, ideoque leonis est naturæ. » Deinde, « sicut in noctis tenebris » (verba sunt Origenis ad cap. 1 Jobi, ỹ. 49, si modo Origenes auctor illius est operis) « sic similiter in medio meridie plures dæmonum tentationes se demonstrant, quam cæteris temporibus. »

Ex his (ut, unde digressi sumus, revertamur) jam patet, per dæmonem meridianum luem ac pestem denotari, contra quam angelus tutelaris insurgit in suæ tuitionem civitatis. Adsit irrefragabilis testis, erecta Romæ basilica in Mole Adriani a Bonifacio Rom. pontifice D. Michaeli dicata, ea scilicet de causa, quia ibi apparuit recondens gladium - in vaginam, qui antea erat exertus; hocque in signum pestis cessantis. Astipulatur Gregorius Turonensis, qui lib. IV Hist. Francor. cap. 5, ad aliam pestem averruncatam, S. Gallo rogante, et ministrante ipso angelo Dei nuntio, quem refert eruditissimus doctissimusque vir, religione pollens, vario litterarum ornamento apprime tessellatus, P. Martinus de Roa in Flore sanctorum Cordubensium, in festo angeli custodis, pag. 10.

Dixit Luitprandus tutelari angelo portam sacratam contra *dæmones meridianos;* idque fuit semper in voto regi Wambæ, qui dicavit eas variis divorum numinibus ; et idem testatus, in ædificiis, quæ erigebat, hos inscribi curabat versus;

Vos Domini sancti, quorum hic præsentia fulget
Hanc urbem et plebem solito servate favore.

Refert doctor Franciscus de Pisa in Descriptione Toleti lib. I, cap. 9, et noster doctissimus P. Hieronymus de la Higuera in hujus memoriæ illustratione; prius Mariana lib. vi Hist., cap. 14, pag. 285 col. 2. Et Muzarabes adprecabantur sanctam Leocadiam, urbis Toletanæ advocatam, ut a contagio eos liberaret:

Tu nostra civis inclyta,
Tu es patrona verula;
Ab urbis hujus termino
Procul repelle tædium.

Huc alludunt stemmata imperialia Toleti, in quorum summitate apparet custodius et tutelaris angelus, gladium stringens ad suam civitatem tuendam. Et Madridii supra portam, quæ « de Guadalaxara » vocabatur antiquitus (cujus nominis usque adhuc exstat memoria) simili astabat forma angelus tutelaris, ut mihi retulit D. Gregorius Lopez Madera, eques ordinis S. Jacobi, Philippo IV Hispaniarum regi catholico a Consiliis, eminentes litteraturæ et rerum Hispanicarum antiquarius, I. C. que prudentissimus doctissimusque.

De dæmone meridiano et nocturno vide P. Martinum Delrium supra citato loco, ubi docet B. Basilium et Theodoretum tradidisse, Psalmistam eo in sensu de dæmone meridiano locutum. Sed peritiore locum eruo in lucem e recondita Paraphrasi Chaldaica, ad cap. iv Cantic., num. 6, verba sunt : « Tenebat manibus suis artem patrum suorum justorum, fugiebant nocentes spiritus tenebriones, et matutini ac meridiani dæmones de medio eorum; eo quod majestas gloriæ Domini residebat in domo sanctuarii, quæ ædificata est in monte Moriach, et omnes dæmones et spiritus nocentes fugiebant ab odore incensi aromatum. » D. L.

130. De divisione sedium a rege Wambane facta fit hic mentio a Luitprando, qui fuit auctor 640 annorum; et a Juliano 450 et in libro, qui titulus est *Iduatius*, auctor antiquior; et in generali regis Aldefonsi Historia 550 annorum. Ibi in codice Toletano ms. antiquissimo sic habetur in fine divisionum: « Acta sunt hæc Toleti in concilio generali, omnibus vo e dicentibus: Placet, placet; præsentibus ac subscribentibus invicto ac serenissimo rege Wambane, et Quirico archiepiscopo Toletano, Hispaniarum primate; cæterisque archiepiscopis, cum suis suffraganeis dœcesum prædictarum; in ecclesia S. Leocadiæ, æra DCCX per manum Petri. » Vixit autem plus hic rex Wamba annis quinque, et mortuus est. Credo legisse x, ut jam scripsi, cum hac nota significetur numerus xv. Sic anno 677 habita est hæc synodus, et anni emergentes usque ad principium anni 681 sunt anni quinque computati. Fallentur ergo qui putant hoc factum xi concilio Toletano. Nam, præterquam quod in illo concilio nulla fit mentio hujusmodi sedium divisionis, hæc facta est in concilio generali ac nationali totius Hispaniæ : undecimum vero sub Quirico præsule Toletano fuit solum provinciale. Servata tamen temporis ratione, interserendum est inter undecimum et duodecimum Toletanum; quæ tria, tribus annis continenter labentibus, collecta sunt. Et quod nulla habeatur hujusmodi synodi ratio memoriæque, ob id potest factum, quod nulli canones hic decreti sunt, pertinentes ad morum reformationem, sed sedium, quibus uti possent Hispaniæ pontifices ad reformationem subditorum. Et ideo partes illæ conciliorum, quæ ad sæcularia solum pertinent, omnino inde avulsæ sunt, vocantibus Patribus canones, qui vel ad fidem vel ad morum censuram juvare possent. Lectæ sunt coram rege veterum regum historiæ, et divisiones sedium antiquæ. Et, ut addit Julianus Toletanus, cuicunque Metropoli tres principes palatini attributi sunt, qui testes essent oculati in divisione singularum sedium, in numerandis ac assignandis juxta veterum regulam et assignationem terminis. In quo rex Wamba imitatus est Romanos; qui jubentes mensurari partes orbis, cuilibet viros graves et peritissimos designarunt, ut docet Atticus historicus Græcus; qui, juxta quorumdam sententiam, nactus est Augusti tempora. Harum divisionum meminerunt omnes auctores juniores, Garivaius, Vaseus, Mariana, Morales, et alii, ut Petrus Alcocer in Historia Toleti, doctor Beuter

Toleti, inquam, quo confluxerunt omnes episcopi Hispaniæ et Galliæ Narbonensis, præsidente Quirico metropolitano Toletano, ut totius Hispaniæ et Galliæ Narbonensis patriarcha; divisæque sunt omnes sedes Hispaniæ cum suis limitibus et terminis (ut eas olim diviserat Constantinus Magnus, cum Toleti concilium episcoporum totius Hispaniæ contraxit, auctoritate Silvestri, et eidem concilio dicitur præfuisse) sic sub Wambane rege dati sunt veteres singulis sedibus termini. Quos immanitas persecutionum ingruentium, tot bellorum rabies, et iniquitas temporum majori ex parte deleverat; ille sua diligentia et studio penitus restituit.

Anno 5 regis Wambanis coacta est Toleti hæc magna synodus, in qua divisæ sunt sedes per illum, præsentibus metropolitanis, et cæteris Hispaniæ episcopis, abbatibus et palatinis, et illis partiri rex injunxerat, ut visum esset, diœceses, præsentibus; pro Toletano et suffraganeis, Sullo, Athanegono et Reccaredo; pro Hispali et suffraganeis, Adilogo, Ela, Witiza; pro Bracarensi, Wimaro, Vitula, Hicadile; pro Emeritensi, Idigno, Theodulpho, Ostulpho; pro Narbonensi, Salamino, Egisibarino, et Theudegildo: Toletani hinc partiti cum Complutensi, illinc cum Elborensi. Facta est hæc divisionum formula, et expressa litteris per Petrum, S. Leucadiæ diaconum; et concilium habitum est præsente Quirico, urbis regiæ archiepiscopo, et primate totius Hispaniæ, tam citerioris quam ulterioris.

Judices designati sunt pro Toleto, Quiricus archiepiscopus; pro Hispali, Julianus; pro Bracarensi, Liuba; pro Emeritensi provincia Stephanus; pro Narbonensi Crescentius. Appellant omnes ad primatem Toletanum: et in causa Toletanorum ad Suasilium abbatem, ex omnium consensu. Prudentia Quirici multæ lites subortæ compressæ sunt. Durat concilium usque ad finem mensis.

131. Prætoriensem sedem SS. Petri et Pauli extra urbem prope viam ad Talabricam, vel Elboram, distantem fere mille quingentos passus, Wamba rex noviter episcopali cathedra, Toletano patriarchæ subjecta, decorat, reclamante Quirico Toletano, et capitulo Toletano et in oppido Aquensi (quod nunc Talavera) olim dicebatur Elbora, sede episcopali subjecta Emeritensi, in villula Aquis (nunc Cazalegas) sedem constituit [al., transtulit] episcopalem, consentiente Emeritensi metropolitano, in honorem S. Pemenii [al., S. Pigmenii : *de quo vide Baronium die* 24 *Martii, in Martyrol.*], martyris antiquissimi ibidem quiescentis; quod nunc diu permansit.

132. Beatissima sedes de Columna in urbe Cæsaraugustana, quæ constructa est jussu Virginis a B. Jacobo, cum in Hispania prædicavit anno 57 a nativitate Domini, et consecrata ejusdem immaculatæ conceptioni (quam omnes apostoli prædicaverunt ubique) hoc tempore celeberrimo multorum peregrinorum contubernio visitatur.

### P. HIGUERÆ ET D. LAURENTII NOTÆ.

in Valentina. Qua de re Julianus archipresbyter Toletanus pluribus agit. P. H.

Annorum vitæ regis Wambanis vera computatio coegit nostrum Hieronymum de la Higuera notam hanc X⁻. in ms. Codice a se inventum pro xv accipere : cum tamen quadraginta procul dubio significet, ut ex multorum mss. codicum Gothorum collatione luculenter deprompsit Pompeliensis episcopus D. F. Prudentius de Sandoval, in Animadversionibus ad Historiam sancti Jacobi, auctore Don Mauro de Castello Ferrer, cum de epitaphio Urracæ reginæ, regis Ranimiri uxoris, enucleando sese obtulit occasio, pag. 233. Satius ego duxerim, non aliter exaratam in illo ms. codice; sed a librario, sciolo quidem, corrupte translatam; sic nimirum x⁻. Nam quando x antecedit, et ligatur cum l. scilicet xˡ, significat quadraginta; si vero x antecedit v, uti suspicor in autographo fuisse, denotabit quindecim. Unde erit apposita et conjuncta, varia pertendit et demonstrat; ansamque præbet erroribus calculi; non bene, nec ad amussim examinata. Hoc idem sensit Ambrosius de Morales 5 parte Chronic. Hispan. in excursu, quem ad finem prologi apposuit, in quo de diplomatum observatione erudite agit : « Ay también, inquit, otra dificultad grande en los privilegios muy antiguos de letra Gótica, para leer en sus numeros. Esta es, que los diez años señalados por xx, tienen las mas vezes tales trabaçones entre si, que si no es con mucho uso de saber aquella letra, i aver visto mucho escrito en ella; i aun demas esto, si no es con tener gran vigilancia i cuidado en mirar los numeros, es cosa muy facil el erarse en un diez. » Hactenus ille. Nec me latet, apud Romanos, teste Petro Diacono in litterarum Notis, hanc in usu fuisse X⁻ ac decies significandum; quæ tamen sine virgula

decem notabat. Consonat Aldus Manutius in Commentario De veterum notarum explanatione. Sed hæc vel tabulariorum aut pariatorum filiis notissima.

131. De designationibus novorum episcopatuum tempore Vambanis fit mentio in concilio xii, primoque sub Ervigio habito Toleti : nam episcopi, ut regi placerent, contra decreta Patrum assensi sunt regi petenti, ut Toleti in sede prætoriensi SS. Petri et Pauli poneret episcopum : et in villula circa Elboram vel Talaberam, in monasterio S. Pimenii [lege *Pigmenii* ] : similiter et in aliis locis obscurioribus : quod ut regi tributum est levitati; episcopis quidem assentationi. D. L.

132. *Et consecrata ejusdem* (Virginis) *immaculatæ conceptioni, quam omnes apostoli prædicaverunt.* De immaculata conceptione jam integra sunt volumina. Videsis Julianum in Chronico num. 607. « Qui (D. *Bernardus*) erat B. Virgini devotissimus, qui faciebat celebrare festum ejusdem Dominæ cum magna devotione; et fecit celebrare devotius festum immaculatæ Conceptionis ejus; quod prædicavit in Hispania S. Jacobus; et incœpit ab apostolis, hoc, in concilio, decernentibus. » In Adversariis num. 395 : « Traditio (*ejus sunt verba*) fuit ab apostolis concilium congregatis, beatam virginem Mariam originali peccato incontactam esse. » Et quæ notavit Ægidius De præsentatione Lusitanus, in libro de immaculata Conceptione lib. iii, q. 3, artic. un. sect. 1, num. 3, fol. 160, col. 2. Exstat antiqua Glossa marginalis in cap. 1, verbo *Nativitas*, De consecr. dist. 3, quam examinare et ad rectam censuram trahere oportet; et ad id, a nemine, quod viderim, adducitur.

DCCXVIII.            DCLXXX.

133. Decima quarta die Octobris hoc anno datur pœnitentia regi Wambano (erat enim dies Dominica) prima hora noctis : Rex in se reversus tondetur, et accepto habitu monachi Benedictini, cum comite Alberto Pampliegam, ejus ordinis præcipuum cœnobium, lætus petivisse dicitur [*al.*, *sed non recte*, petivit et se dicat].

134. Sequenti die, feria secunda, 15 mensis Octobris, votis omnium palatinorum Ervigius (qui dato poculo dicitur regem dementasse) rex eligitur. Differetur coronatio et inunctio in sequentem Dominicam diem : quam (ut aliqui volunt) archipresbyter, vel archidiaconus Julianus (nam ægrotaverat Quiricus, archiepiscopus Toletanus) fecit. Quiricus, vel morte præventus, vel ægrotus, ut communiter dicitur, vel archiepiscopatu Toletano abiens [*al.*, abjecto], propter scelus et imposturam Ervigii, cum Wambane monasterium petit : ubi cum rege reliquum vitæ laudabiliter confecit.

135. Julianus hoc anno, vel præcedenti, sepelivit sanctissimum Gudilam, archidiaconum Toletanum,

P. HIGUERÆ ET D. LAURENTII NOTÆ.

133. De confessione et pœnitentia regis Wambani sic Alfonsus, vel potius Sebastianus Salmanticensis, in Chronico Ervigio : « Adversum regem excogitans herbam, cui nomen est *spartus*, illi in potum miscuit, et statim regi memoria est ablata; cumque episcopus civitatis , seu optimates palatii, qui regi fideles erant, quos penitus causa potionis latebat, vidissent regem absque memoria jacentem, causa pietatis commoti, ne rex inordinate migraret, statim ei confessionis et pœnitentiæ ordinem dederunt. Cumque rex a potione convaluisset, intelligens ordinem sibi impositum , monasterium petiit, ibique, quandiu vixit, in religione permansit ; regnat annos 8, mensem unum ; et in monasterio vixit annos septem, menses tres.» Julianus asserit in adolescentia fuisse episcopi Segoviensis diaconum, qui in vi Toletano pro suo pontifice confirmat. Post cognita ejus prudentia, fortitudine, et animi præstantia cum summa pietate conjuncta, inter palatinos fuisse primo loco habitum. Mortuo vero Reccesuintho, jam fere sexagenarius, nolens, volens, electus est. Fuit vir apprime sanctus, cui favit impense Deus : nunquam habuit uxorem; neque genuit filium. Post accepta pœnitentia, ut datus rebus ecclesiasticis, sponte sua monasterium petiit. Obiit die 20 Septembris, anno 88 cum ætate annorum 75, die Dominico, pridie festi S. Matthæi apostoli et evangelistæ : ad cujus tumulum S. Julianus hoc adjecit carmen :

Wamba prius, qui Petrus eras, missæque minister,
 Rex Gothicæ gentis relligione micas.
Sponte tua non affectas regale cacumen,
 Sed subis imperii grande coactus onus.
Spes tua, conatusque tuus, virtute potentis
 Fretus, inauditas res operatus ædes.
Nulla perinde tali res gratior usque quiete est :
 Cœnobium gaudens, post sacra sceptra, petis.
Septem ibi perpetuos monachus bene præteris annos,
 Inde oblata cœlos morte beatus adis.
Felix Wamba tua censeris sorte fuisse :
 Tam bene qui calcat sceptra, per astra volet.
Septem sceptra tuæ gentis moderatis in annos,
 Quæ sinis haud morbi mole, sed ipse libens.

*Et accepto habitu monachi Benedictini cum comite Alberto, Pampliegam*, etc. Privilegium, seu diploma D. Petri castellæ regis die 15 Octobris æra 1389 narrat Wambam sumpsisse habitum monachalem in monasterio S. Vincentii de Pampliega ; integrum apponit Franciscus de Pisa in Historia Toleti lib 1, c. 24. Idem refert, qui glossam scripsit perpetuam ad libros Joann. de Mena, primi inter maximos poetæ Hispani, in carmine 272, his verbis; « Fue despues este santo rey (*de Wamba loquitur*) monge en el monasterio de Pampliga, i estuvo en la religion siete años; è murio alla muy santamente. » Archiepiscopus Rodericus *Pannisplicam* vocat lib. III Histor. cap. 11. Vide quæ docte pleneque scripsit P. Antonius de Yepes in Historia Benedictina tom. II, cent. 3, anno Christi 681, fol. 333. Et adde Julianum nostrum in Chronico

A num. 362. Ubi autem sepultus tandem jaceat, varie apud auctores. Vide Morales lib. XII, -suæ Historiæ cap. 52 ; Marianam lib. VI, c. 14; Comitem D. Petrum in Nobiliario tit. 3 in quo scribit de Gothis regibus, et Yepes ubi supra pag. 335 col. 1, vers. *Lo segundo se muestra*, qui opiniones inter se contrarias et fundamenta adducit. D. L.

134. De electione Ervigii et coronatione, Julianus in Histor. et Julianus in brevi Chronico sic : « Suscepit autem statim succedenti die secunda feria gloriosus dominus Ervigius regni sceptra : quod fuit Idibus Octobris æra 718. Dilata unctionis solemnitas usque in superveniente die Dominico XIII Kalend. Octobr. æra quod supra 718. Idem quoque gloriosus Ervigius rex regnavit annos septem, dies 25.» Hæc ille. Sic intelligit regni principium a die coronationis. P. H.

*Cum Wamba monasterium petit*. Quid actum sit de Quirico, varia dicunt auctores. Alii, dolore illatæ regi Wambæ injuriæ mortuum esse, alii pontificatum cessisse ; hic addit, cum rege petiisse monasterium Pampligense. Nihil de hoc scriptores Rerum Hispanicarum, nec qui de Benedictinis scribunt. P. H. — P. Hieronymus de la Higuera hic ait non vidisse in Annalibus Benedictinis Quiricum fuisse monachum; asserit P. Antonius de Yepes in Hist. Benedictina tom. II, cent. 3, fol. 355, col. 4 ; vide eum. D. L.

135. De Gudila archidiacono Toletano fit mentio in concilio XI collecto anno 675. « Gudila, ecclesiæ S. Mariæ regiæ sedis archidiaconus, hæc gesta synodica cœnobii definita subscripsi. » Felix archiepiscopus Toletanus in Vita S. Juliani. « Denique dum ad puerilis formæ devenisset ætatem, sanctæ memoriæ collegæ sui Gudilanis levitæ ita sociali vinculo est innexus, et inviolabilis charitatis et individua unione est conjunctus, ut et ambos inviolabilis charitas unum esse ostenderet, et unitas in ambobus præfixa, non duas animas, sed unam iis inesse monstraret. Tantaque erat inter eos adeptæ unanimitatis communio, ut, secundum Actuum apostolorum historiam, in duobus corporibus unum tantum computaretur, et anima una. Sistebant quippe in consilio providi, in definitione uni, in laudabili operatione concordes. Quippe divino afflante Spiritu, theoriæ, id est contemplativæ quietis, delectationis perfrui bono, et monastica institutionis constringi repagulo; sed quia aliter in supremi numinis fuit judicio, eorum nihilominus frustrata devotio; cumque tamen minime peregissent desiderati itineris cursum, non tamen desierunt a piæ devotionis studio : et dum sibi mallent tantum prodesse profugi, cœperunt postmodum proximorum saluti gliscentibus votis niti. Etenim in subditis docendis operosæ virtutis, in profectu eorum desiderabiles, in servitute Dei ferventes; in desiderio decoris domus Domini strenui, in senioribus obedientia præsto, atque, si fieri posset, omnium emolumentum obtinuerant virtutum, quibus animis ferventi-

condiscipulum suum, in monasterio S. Petri et Felicis, Tago flumini incumbenti; cui fecit hoc sepulcrale carmen in sepulcro :

    Gloria Toleti jacet hac sub mole sepultus
      Gudila, pars animi dimidiumque mei.
    Qui senis a tenera mores ætate tenebat,
      Et juvenis fecit hic juvenile nihil.
    Spiritus in sacro residebat pectore Christi,
      Exprimit hunc totum, moribus, ore, manu.
    Pauperibus cibus est, viduis solamen, ut ægris
      Grata salus; miseris omnibus unus erat.
    Mercaris meritis multis, bone Gudila, cœlum :
      Nos desiderium lancinat usque tui.
    Mœrentesque vocamus eum, quem sustulit æther :
      Prosequimurque piis funera lacrymulis.

A  Non violas, tenerasque rosas, non lilia cana
      Spargimus ad tumulum, sed bona vota, tuum.
    Nos ergo e supera prospecta candidus arce;
      Teque amor, et moveat, Gudila, cura mei.
    Mœnibus a patriis morbos averte, famemque,
      Hostilesque minas, dogmata falsa, dolos.
    Toleti ne temne preces [al., Toletique preces audi], co-
      [mitisque rogatus,
    Qui tibi dat carmen sat Julianus amans :
    Ossaque Felicis tua sacra condit in æde,
      Cujus mens superis est sociata choris.

          A         ℞         Ω

Obiit in pace servus Dei, domnus Gudila, archidiaconus sanctæ Ecclesiæ Toletanæ vi Kalend. Septembr. æra 718 id est, anno Domini nostri Jesu Christi 680.

## P. HIGUERÆ ET D. LAURENTII NOTÆ.

bus studebant. Igitur divinorum judiciorum dispensatione sanctæ recordationis Gudila diaconus vi Kal. Septembris funestæ mortis eventu anno 8 Wambanis principis, sub digna confessione Dei, clausit supremum curriculum. Cujus corpusculum in monasterio sancti Felicis, quod est Cannensi in villa dedicatum, dilectissimii socii sacra exhibitione honorifice requiescit humatum. » In Martyrologio SS. Ecclesiæ Placentinæ ante 200 annos ms. sic habetur : « 27 Augusti Toleti S. Gudila archidiaconus, confessor et doctor, S. Juliani archiepiscopi Toletani comes. » Et mirum est, cur non relatus in Martyrologium Romanum, recens recognitum, potissimum testimonio sanctissimi viri Felicis archiepiscopi Toletani.

*Pars animi dimidiumque mei.* Imitantur antiquos. Ausonius :

    Vado, sed sine me, quia te sine : nec nisi tecum
      Totus ero, pars cum sim altera, Galla, tui.

*Non violas, tenerasque rosas,* etc. Tangit morem antiquum coronandi sepulcra rosis et floribus, de quo Lævinus Torrentius ad Sueton. in Augusto cap. 18 : « Ac floribus sparsis veneratus est. Consultusque, num Ptolomæum inspicere vellet, regem, ait, se vivos voluisse videre, non mortuos. » Joannes Kirchmannus De funeribus Romanorum lib. iv, cap. 5; Jac. Gutherus De jure manium lib. ii, cap. 10, pag. 220, 221; Petrus Morestellus in Pompa ferali lib. viii, cap. 14 et 15; Joannes Meursius ad Lycophronis Cassandr. pag. 208; Godescalcus Stewechius ad Apuleium in Asino aureo pag. 588, 589; novissime Antonius Santorellus in Postpraxi medica, seu De medicando defuncto, cap. 45. Idque sæpe ex testamento jussum. Varias inscriptiones petunt a Justo Lipsio, et Jano Grutero pag. 257, 5; 744 1; 804, 5 et alibi. Hunc vero morem abhorruerunt Christiani antiquissimi, teste Minucio Felice in Octavio, qui id inter crimina eis objectum a Cæcilio refert his verbis : « Sic reformidatis deos, quos negatis, non floribus caput nectitis, non corpus odoribus honestatis; reservatis unguenta funeribus, coronas etiam sepulcris denegatis. pallidi, trepidi, misericordia digni. » Ubi cumulat Geberhardus Elmenhorstius pag. 20, pungit strictim Joannes a Woveren pag. 130, et ex Clemente Alexand. lib. ii Pædagogi, cap. 8; Carolus Paschalius lib. iv, De coronis cap. 5. Postea autem amplexi sunt Christiani recentiores. Descendat bis ad testimonium D. Hieronymus, epist. 5, cap. 1, Heliodoro scripta : « Quotiescunque nitor in verba prorumpere, et super tumulum ejus flores spargere, toties lacrymis implentur oculi. » Et ad Pammachium super obitu Paulinæ uxoris, tom. I, epist. 26, cap. 2 : « Cæteri mariti super tumulos conjugum spargunt violas, rosas, lilia, purpureosque flores, et dolorem pectoris his officiis consolantur. » Prudentius Hymno 10 in exsequiis defunctorum :

B     Nos tecta fovebimus ossa
    Violis et fronde frequenti.

Ubi Joannes Weitzius adducit Desiderium Heraldum lib. i Adversarior., c. 6, Jacobum Pontanum Progymnasmatum volum. III, pag. 2, fol. 879 et seq., Franciscum Bencium Orat. 26, de Sepultura Romanorum : et ego addo Thomassium Porccachium De funerali pompa antiqua, sermone Italo conscripta, in tabula sepulcrali 3, fol. ii; Petrum Bacherium in Apologetico pro defunctis cap. 13, pag. 222; novissime Julium Lavorium de Prico et recenti funerandi more, tit. 2, cap. 1, a num 115. Agmen claudat miles ille strenuus litterarius noster D. Ludovicus de Gongora, qui variis stellarum notis, veteris splendoris plenis, scripta variegabat sua, antiquis comparandus merito :

    Sus vestidos conservan, aunque rotos.
    Algunos celestiales Cortesanos,
    Guarnecelos de flores, forastero.

C Illud denique non abs re visum observare Romanos serere solitos stirpes et flores in tumulis eorum qui de se benemeriti. Theophrastus lib. vi Histor. Plant. cap. 7 : « Item quod desiderium [πόθος] vocant; cujus genera duo sunt; unum cui flos hyacintho similis; alterum decolor, album, quo in sepulcris uti mos est, et diuturnius vero idipsum est. » Plinius item lib. xxi Nat. Histor. cap. 11 : « Sed maxime spectabilis pothos. Duo genera hujus : unum, cui flos hyacinthi est; alterum candidius, qui fere nascitur in tumulis, quoniam fortius durat. » Ex Theophrasto Athenæus lib. xv Dipnosophistarum ex ultima editione Isaaci Casauboni fol. 679. Jacobus Dalechampius in adnotationibus posterioribus, cum Isaaci Caupani Commentariis nuper editis, *pothum* esse *jasminum* (*jazmin* apud Hispanos) aliquos autumare ait. Allusit huc Persius satyra 1, versu 53 :

    Nunc non e tumulo fortunataque favilla
    Nascentur violæ ?...

D Ad quem locum Theodorus Marcilius.

A. ℞. Ω. Hæc signa seu notæ in sepulcris antiquitus apponebantur, ad denotanda ea catholicorum, non Arianorum, esse. Fuit namque insigne labari Constantini magni, ut passim est obvium. Christus namque Dominus noster, qui *principium* et *finis* est, hisce litteris prima et finali alphabeti Græci, suam ostendit divinitatem æqualem Patris cum divinitate. *Ego sum* (Apoc. I,) *alpha et omega, principium et finis.* Quam Ariani negabant. De hac interpretatione, et hocce Hispanorum more usitatissimo tempore Gothorum, testatur Ambros. de Morales lib xi Histor., cap. 41, pag. 48; Don Franciscus de Padilla in Historia Ecclesiast., cent. 4, cap. 49, fol. 249, pag. 2. Novissime late, et ad res Hispanas bene, animadvertit Gundisalvus Argote de Molina lib. i de Nobilit., cap. 47, pag. 59, et Quintana in suo Madridio lib. i, cap. 48, cui dederunt ansam ad hujusmodi antiquitatem in lucem cruendam celebres versus inscripti supra alteram portarum ecclesiæ S. Joannis Madridiensis, quos transcribere operæ pretium duxi:

Condita mille annis maneo, sacrata trecentis.
In labaro Ariada A negat, oque negat.
En grave Quintus onus Paulus tenet Urbis et Orbis,
Tertius hic et Iber sceptra Philippus habet.

Observavi in meo Itinerario, die qua Carrionem appuli, cum legatione regia fungens Lutetiam cogitabam Parisiorum, et ex iis, quæ ibidem scripsi, constabit, etiam in magnorum virorum sepulcris insculptas has notas: nam in sarcophago Comitum Carrionis in ipsomet stemmatum sculo inveni hoc sacrum incisum signum ☧. Atque id in regiis itidem diplomatibus observavi: et notat Argote ubi supra. Quod ut pateat, signum et confirmationis rotam incidi curavi. En accipe:

Et quo mirere magis, in collariis fugitivorum apud Laurentium Pignorium in libello de Servis pag. 21, ubi ait id Romæ vidisse se inter Antiquitates a Læl. Paschalino observatus:

TENE ME. QVIA FVGI. ET
REVOCA ME DOMINO MEO
BONIFACIO LINARIO.
A ☧ Ω X.

Cum enim deformare faciem servorum inter catholicos prohibitum, ne imago ad similitudinem pulchritudinis cœlestis figurata macularetur, ut rescripsit imp. in l. *Si quis*, c. *De pœnis*. et erudite observat Petrus Ostermannus in Commentario juridico ad l. *Stigmata*. C. *de Pabricensibus*, sect. 4, pag. 9, compendiaria quadam via se catholici præcavebant; et eumdem assequebantur finem, ac si stigmate eos deformarent, legique parebant: et ut fidei tesseram darent, collaria hisce variegabant notis.

Lucernæ etiam sacris usibus destinatæ hoc Christi Domini nostri signabantur charactere. Ut enim antiqui Romani lucernis accensis idolorum cultum manifestabant, quarum Plinius meminit lib. xxxiv, cap. 3, ita Christiani, suis in Oratoriis, iis etiam utebantur; idololatriæ ritus, ubi fidei non repugnabant, paulatim detorquentes et expiantes. Observavi jam diu in meo Pentecontarcho, cap. 26 et 49. Lucernæ iconem propono ex sacrorum Elæochrismal. Myrothecio Fortunati Scacchi lib. I, cap. 7, tom: I, unde plura et docta pete.

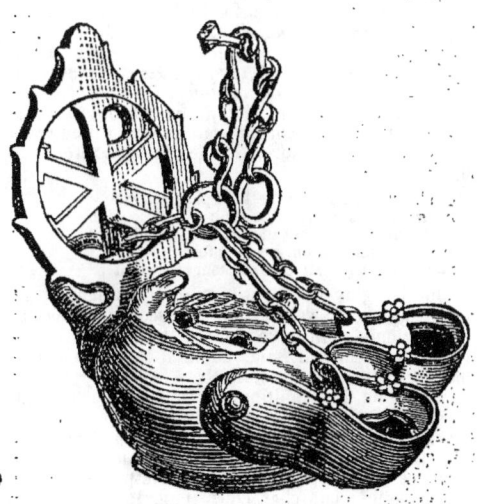

Hoc LABARI Signum, et Confirmationis ROTA conspiciuntur in quodam Privilegio (quod, ab eadem Rota, vulgo vocant *Rodado*) Sancti Regis Castellæ Ferdinandi III exarato Guadalaxaræ Die XX Septemb. Æra CIƆ CCLXIV (hoc est Anno CIƆ CCXXVI) ubi confirmat Donationem Domum et Vinearum, quas dedit Virgini Maximæ, cæterisque Virginibus Monasterii S. Dominici de *Madrid*, Domnus Ægidius Presbyter S. Ægidii de *Guadalaxara*; et ut, hæreditario jure, habeant perpetuo et possideant, cavit concessitque REX.

In annulis item, non scarabæos, aut signa bellica, sed piscis effigiem, in memoriam scilicet Christi, qui

DCCXIX. • DCLXXXI.

136. Hoc anno, viii Kalend. Januarii, in æde S. Mariæ Toletanæ Majoris sanctus vir Julianus, jam factus

## P. HIGUERÆ ET D. LAURENTII NOTÆ.

fuit Sybillarum ἰχθύς mysticus; vel piscatoris, in reverentiam Apostoli; vel columbæ, ad recordationem Spiritus sancti; vel navis, ad speciem Ecclesiæ, milites gestare soliti fuere. Sic monet Clemens Alexandrinus Pædagogi lib. III.: Αἱ δὲ σφραγῖδες ἡμῖν ἔστων, πελείας ἢ ἰχθύς, ἢ ναῦς οὐριοδρομοῦσα, ἢ λύρα μουσική, κἂν ἁλιεύων τις ᾖ, Ἀπόστολον μεμνήσεται, id est: *Hæc autem signa nobis erunt, columba, vel piscis, vel navis expedita, vel harmonica lyra, et si piscator aliquis sit, Apostoli memor erit.* Imagines in annulis portare, obsequii vel amoris causa, semper apud veteres nationes moris fuit. Obsequii exemplum apud Suetonium invenitur in Vita Tiberii cap. 38: « Paulatim genus calumniæ eo usque processit, ut hoc quoque capitalia essent, circa Augustini simulacrum servum cecidisse; nummo vel annulis effigiem impressam, latrinæ aut lupanari intulisse. » Et apud Val. Maximum lib. III, cap. 5. De Africani Filio loquentem: « Insuperque e manu ejus annulum, in quo caput Africani sculptum erat, detraxerunt. » Sic Lentulus avi imaginem habebat ut scribit Cicero Catilinaria 3: « Tum ostendi tabellas Lentulo; et quæsivi cognosceretne signum? annuit. Est vero, inquam, signum quidem notum, imago avi tui, clarissimi viri, qui amavit unice patriam et cives suos; quæ quidem te a tanto scelere, etiam muta, revocare debuit. » Amoris tesseram invenies in Ovidio lib. I, Tristium elegia 6:

Hæc tibi dissimilis, sentis tamen omnia dici,
In digito qui me fersque refersque tuo.
Effigiemque meam fulvo complexus in auro,
Chara relegati, quæ potes, ora vides.

Non ergo solum in annulis specimen deferebant obsequii; sed ipsum corpus illius inurebant notis. Agnovit D. Chrysostomus homil. 5 in Epist. II D. Pauli ad Corinthios, dum imperatoris imaginem et nomen, candenti ferro, in cute militum Romanorum inustum, quo fidei et fortitudinis admonerentur, Σφραγίδα στρατιωτῶν appellat. Καθάπερ γὰρ στρατιώταις σφραγίς, οὕτω καὶ τοῖς πιστοῖς πνεῦμα ἐπιτίθεται κἂν λειποτακτήσῃς, κατάδηλος γίνῃ πᾶσιν. *Quemadmodum enim nota quædam militibus, ita fidelibus quoque Spiritus imponitur. Quo fit, ut si ordinem deserueris, perspicuus omnibus fias.* Eadem utitur voce, eumdem deducens morem Prudentius Περὶ Στεφ. hymno 4:

Quid, cum sacrandus accipit sphragitidas?
Acus minutas inferunt fornacibus:
His membra pergunt urere; utque igniverint,
Quamcunque partem corporis fervens nota
Stigmarit, hanc sit consecratam prædicant.

Ubi Georgius Fabricius: « Σφραγίς est signum, aut nota impressa; vel memoriæ causa, ut fit annulo; vel religionis, ut fit ferro ignito. » De annulo: D. Hieronymus in cap. III Isaiæ ad illud: *Auferet Dominus et annulos;* sic scribit: « Annulos, quibus signamur ad Dei militiam. » De nomine imperatoris inusto clare D. Augustinus in epist. 50, ad Bonifacium, relatus in cap. *Quemadmodum* § 1, 23, q. 7: « Quare ergo me, inquit, non baptizas, ut me abluas a peccatis? Respondeo, Quia non facio injuriam characteri imperatoris, cum erorem corrigo desertoris. » Hoc signum, seu notam, characterem regium iterum appellat, epist. eadem: « Sic error corrigendus est ovis, ut non in ea corrumpatur signaculum Redemptoris. Neque enim si quisquam regio charactere a signato desertore signetur, et accipiat indulgentiam; atque ille redeat ad militiam, ille autem esse in militia, in qua nondum erat, incipiat; in aliquo eorum character ille rescinditur; an non potius in ambobus agnoscitur, et honore debito, quoniam regius est, approbatur? »

Concinit extenta voce D. Ambrosius in oratione De obitu Valentini imperatoris: « Charactere Domini inscribuntur et servuli, et nomine imperatoris signantur milites. » Hinc antiqui illi Patres primis Ecclesiæ temporibus ea in re suam pietatem manifestam fecerunt, dum in carne stigmate Christiano venerandum nomen Jesu aut crucis signum portabant. Observavit Procopius Gazæus in cap. XLIV Isaiæ, num. 5. *Iste dicet: Dei sum,* his verbis: Τὸ δὲ χειρὶ διὰ τὸ στίζειν ἴσως πολλοὺς ἐπὶ καρπῶν, ἢ βραχίονων, ἢ τοῦ σταυροῦ τὸ σημεῖον, ἢ τὴν Χριστοῦ προσηγορίαν. Id est: *Hoc autem manu quamplurimi solebant insculpere, vel in carpis, vel brachiis, seu crucis signum, seu Christi nomen.* Quo respexisse forte videbitur D. Paulus (aliis interpretationibus, et acceptis, et ad gustum admissis, quas erudite probat et recenset Claudius Dausquius in libro, cui titulus: *Sanctitudo D. Pauli. II,* cap. XIII,) ad Galatas, cap. ult. num. 17, cum inquit: *Stigmata Domini Jesu in corpore meo porto.* Quasi dicat: Non solum stigmata illa Jesu Christi, tanquam ejus servus, in corpore defero; sed ipsius etiam nomen inustum, ut ab omnibus agnoscar talis. Nomen enim regium alicui impositum rei, eam principi addictam clare demonstrabat. Sic imperatores Honorius et Theodosius in l. I, c. *Ut nemo privatus titulos,* etc. ibi: « Omnes igitur intelligant publico juri esse deputandum id, cui nomen Dominienum præscribitur. » Dixi non incuriosa in Tesseram legum, sive *Otio æstivo pomeridiano,* ad l. Super creandis, 9, c. *De jure fisci,* lib. X, pag. 11 et seqq. Postquam hæc scripsi, vidi huc allusisse Aloisium Novarianum lib. II Electorum sacror. cap. 14, n. 467, sic scribentem: « Nemo sibi stigmata inurat, nisi cœlestis imperatoris: nemo corpus suum obsignet, nisi Christi charteribus, ut dicere cum Paulo possit: Ego enim stigmata Domini Jesu in corpore meo porto: non Cæsaris, non alterius terreni imperatoris. » Ubi obliterare ait Magni Justi Lipsii suspicionem, quam fatetur ingenue lib. I de Militia Romana, dialogo 9, cum se nescire affirmet, quid stigmate militari scriberetur, quamvis aliquid testetur suspicari. Accursius noster, non sic rei antiquariæ ignarus, ut aliqui jactantur, et jactam eum irridentes: inter quos Glossa marginalis ad l. Stigmata. 5, c. de Fabricensibus, lib. II, hæc enim veneranda et vetustissima monimenta fuit assecutus. ibi namque sic ait: « Stigmata instrumenta erant, quibus felici nomine nostræ pietatis impresso, eorum brachia signabantur: sicut et tirones, ut hic subjicit. » Lucas de Penna ibidem ad finem commentariorum, his verbis: « In prima glossa ibi, *Signabantur,* adde: Et vocatur hoc stigma character imperatoris. » De servorum stigmatibus, plena, licet tunc teneræ ætatis, manu lusimus ad Martialem lib. II Epigr. 29, num. 5.

Unum hic non omittam, quod ad rem non læva conducit manu, litteram Δ fuisse revelatam sub triangulari figura, hoc pacto Δ: quando primum alphabetum mortalibus hominibus a tempore Adæ tradidit Deus: quod his testatur verbis Joannes Martinius Siliceus, archiepiscopus Toletanus, in libro *De divino nomine Jesu,* cap. 3, pag. 22, unde magno declarat mysterio locum supra adductum D. Joannis *Apocal.* cap. I: « In figuris poligoniis, inquit, hoc est, plurium angulorum, prima figura est littera A, id est triangulus æquilaterus; ultima, sed non poligonia, est littera O, quæ omnium figurarum

136. Consecratus est in ecclesia S. Mariæ S. Julianus VIII Kalend. Januarii, ipso die sanctissimo Natalis Domini anno 680, qui incidit eo anno in diem Lunæ, cum fuerit littera Dominicalis A. P. II.

## CHRONICON.

**DCCXXI.** — **DCLXXXIII.**

presbyter, præsentibus omnibus suæ novemdecim metropolis episcopis [*al.*, suis novemdecim metropolitanis], palatinis, et Flavio Ervigio rege, consecratur.

137. Anno 11 regis Ervigii, v Idus Januar., habita est in urbe regia Toleto, in basilica SS. apostolorum Petri et Pauli, synodus Toletana, præside metropolitano urbis regiæ Juliano, primate Hispaniarum, Julianoque sedis Hispalensis episcopo, Liuba Bracarensi, Stephano Emeritensi, Argebato Illiberitanæ civitatis episcopo, viris doctissimis sanctissimisque : admisit alios triginta episcopos, vicarios tres, abbates quatuor, palatinos quindecim.

138. Isidorus Setabianus, qui interfuit concilio XVI Toletano, composuit ordinem concilii, et collectionem Conciliorum, quæ dicitur *Isidori piscatoris* vel *Mercatoris*, in Chronico; quo cognomento vocatus est Isidorus super Isidori nomen.

139. Pridie Nonas Novembr., anno ejusdem regis IV, habita est synodus decima tertia Toletana sub eodem Juliano, a viginti octo episcopis, octo abbatibus, viginti sex palatinis, viginti septem Vicariis episcoporum absentium; et inter hos Gratianus [*al.*, Gratinus] presbyter, et vicarius Argebadoni Illiberitani.

**DCCXXII.** — **DCLXXXIV.**

140. Anno v regis Ervigii, in æde Prætoriensi suburbana sanctorum apostolorum Petri et Pauli, eodem præside, habita est decimaquarta synodus Toletana.

**DCCXXIII.** — **DCLXXXV.**

141. [*Deest* Leo I papa. D. L. . . . . scripsit ad episcopos Hispaniæ, ad Ervigium regem, et ad Toletanum pontificem comitemque Simplicium, de concilio sexto Constantinopolitano recipiendo.

**DCCXXIV.** — **DCLXXXVI.**

142. Benedictus papa, adhuc electus, scribit Petro Regionario [*deest* de recipienda eadem VI synodo generali].

143. Patres concilii decimi quarti Toletani scribunt Apologeticum a S. pontifice Juliano compositum; in eoque concilio approbant, quod senserat et scripserat sanctus pontifex Julianus.

144. Quando legati concilii decimi quarti Toletani ferentes Apologeticum, venerunt cum illo Romam, ubi erat papa Benedictus. Legatorum nomina hæc sunt : Benedictus presbyter, Innocentius diaconus, Constantinus subdiaconus [*in aliis*, Benedictus fuit postea episc. Pacis Aug.], post episcopus Pacis Augustæ, Vincentius [*al.*, Innocent] episcopus Dumiensis, Constantinus Egabriensis [*al.*, Constantius Egitanensis]. . .

145. [*Deest* Joannes V; *hic enim Benedicto successit.* D. L.] . . . Papa posuit canones concilii XIV Toletani in conspectu S. Petri.

146. S. Asodi vel Asodani, corpus, passi Gazæ, transfertur Romam, et Antiquariæ in Bætica durat memoria Cornelii Proculi, et Cornelii Bassi, pontificum cæsorum, a discipulis S. Jacobi ad finem conversorum.

**DCCXXV.** — **DCLXXXVII.**

147. Hoc anno rex Ervigius, positus Toleti in ultima ægritudine, posuit in regni solio gloriosissimum fi-

### P. HIGUERÆ ET D. LAURENTII NOTÆ.

rum est capacissima. Nemo Christianorum intra ambitum litteræ o recipietur, si non fecerit prius moram in littera Δ; quæ principium est et fundamentum Christianæ religionis : in quo principio una adest essentia et tres personæ. Qui ergo accedere cupit ad Deum infinitum et capacissimum per litteram O significatum, oportet prius credat ipsum esse unum et trinum : unum in essentia, et trinum in personis, quod per litteram Δ diximus designatum. » Hactenus archiepiscopus.

137. Concilium XII Toletanum anno II regis Ervigii collectum Toleti v Id. Januar. Rodericus collectum ait v Id. Maii. Sic ille lib. III, cap. 12 : « Hic (*scilicet Ervigius*) anno regni sui II procuravit fieri concilium XII Toletan. v Id. Maii, in quo fuerunt xxxv episcopi cum inæstimabili Clero, et Christianorum collegio laicorum : et hoc concilium fuit sub Juliano urbis regiæ primate; et subscripserunt Julianus Hispalensis, Liuba Bracarensis, Stephanus Emeritensis, et suffraganei, et vicarii absentium prælatorum. » Nihil hic de abbatibus, nihil de viris palatinis. Felix in Vita Juliani : « Julianus nactus est præfatæ urbis primatum. » Emphatice dictum est, *præfatæ urbis primatum*, quasi penes illam totius Hispaniæ resideret primatus. ID. — De *Liuba Bracarensi* vide illustris. D. Rodericum de Acuna in Catalogo archiepiscoporum Bracarensium, cap. 97, pag. 404. D. L.

139. De synodo XIII Toletana ex Roderico ubi supra : habita est anno 4 regis Ervigii. Fuit quadraginta et octo episcoporum. P. H.

140. Habita est anno 5 regis Ervigii, impleto 4, et ingressi in 5 per sex dies, hoc est, 20 Novemb. et, ut notat D. Rodericus XII Kalend. Decembr., die Dominico habita est : nec dies, nec quod dies esset Dominicus, est in ms.

143. *Patres concilii* XIII *Toletani*, etc. Vide num. 144 et 149, et Julianum in Chronico, num. 361. « S. Julianus, inquit, mittit Apologeticum cum expositionibus ad papam Sergium, et carmina ad imperatorem Heraclium Justinianum in laudem ipsius. Respondent illi eleganti epistola. » Sic legendum ex nostro Luitprando dicto num. 149, ibi : « Et ab utroque litteras accepit. »

147. De Ervigii cessione regni, et collocatione in regio throno Gothorum Egicanis filiæ suæ conjugis, ejusque generi, sic S. Julianus in parvulo Chronico : « In quo die in ultima ægritudine positus, elegit sibi successorem in regno gloriosum nostrum dominum Egicanem; et altera die, quæ fuit 17 Kalend. Decembris die, sexta feria, sic idem dominus Ervigius accepit pœnitentiam, et cunctos seniores absolvit, qualiter coram dicto principe glorioso domino Egicane ad sedem regni sui in Toleto accederent. » Hæc sanctus Julianus de unctione Egicanis regis : « Unctus est autem dominus noster Egica in regno in ecclesia SS. Petri et Pauli Prætoriensi, in die VIII Kal. Decembr., die Dominico, lunæ 15, æra 725. » Hæc ille. P. H.

lium, vel generum, Egicanem, die 17 Kalend. Decembr. feria v et altera die feria vi, id est xvi Kalend. Decembr. accepit pœnitentiam, et a juramento fidelitatis et obedientiæ sibi præstito absolvit omnes seniores; qualiter dicti seniores accederent ad accipiendum in dominum et regem dictum principem Egicanem, ut acciperent et jurarent; accipiente juramentum regium, vel pro rege, domino Juliano, Toletano primate. Unctus autem est sub eodem patriarcha in æde sanctorum Petri et Pauli intra urbem, vııı Kalend. Decembr. et coronatus est æra 725, in præsentia multorum præsulum, abbatum et palatinorum.

DCCXXVI.   DCLXXXVIII.

148. Anno primo ineunte regis Egicanis, v Id. Maii habita est Toleti decima quinta synodus in ecclesia prætoriensi, id est, suburbana, versus septentrionem, SS. Apostolorum Petri et Pauli, præsente eodem Toletano primate Juliano, Sunifredo Narbonensi, Floresindo Hispalensi, Faustino Bracarensi, Maximo Emeritensi, Joanne sedis Illiberitanæ, et aliis 55 episcopis, 11 abbatibus, vicariis episcoporum 5, et 17 viris palatinis.

### P. HIGUERÆ ET D. LAURENTII NOTÆ.

148. De decima quinta synodo Toletana habita sub rege Gothorum Egicano, sic Rodericus lib. ııı cap. 14, his verbis: « Hujus tempore (scilicet Egicanis) inguinalis plagæ necessitas invaluit in provincia Narbonensi occasione cujus ad Narbonensem cathedram episcopi pertinentes a Toletano concilio excusantur; ita tamen, quod ejusdem sacri concilii instituta in singulis cathedralibus ecclesiis nuntientur et admittantur: et si quis episcoporum hoc non fecerit, et anathemate feriatur, et quinta bonorum parte multetur. Anno regni ejus primo, quintum decimum concilium celebratur in Ecclesia prætoriensi SS. Apostolorum Petri et Pauli, omnibus Hispaniæ et Galliæ episcopis aggregatis, beatæ memoriæ Juliano clarescente sub sexagenario numero episcoporum, et multiplici Christianorum collegio in circuitu assistente. In quo pro diversis causis, et absolutione juramenti quod præfato principi Ervigio noxialiter fecerat, exposcit synodum, ut solveretur a juramento. Ejus tempore librum de tribus substantiis, quem dudum Romam miserat primas sanctissimus Julianus, et minus caute tractando Benedictus papa Romanus indixerat reprobandum, ob id quod voluntas genuit voluntatem, S. Julianus veridicis testimoniis in hoc concilio ad exactionem præfati principis, per oracula eorum quæ Romam transmiserat, verum esse firmavit, et Apologeticum fecit, et Romam misit per suos legatos presbyterum diaconum, et subdiaconum, viros eruditissimos, et in omnibus Dei servos, et in divinis Scripturis imbutos, cum versibus etiam acclamatoriis, secundum quod et olim transmiserat de laude Romani imperatoris. Quod Roma pie et digne recipiens, cunctis legendum indixit; atque imperator acclamando: Laus tua, Deus, in fines terræ, lectum sæpe notum fecit: qui et rescriptum domino Juliano per supra fatos legatos cum gratiarum actione, et cum honore remisit; et omnia quæcunque scripsit, justa et pia esse deprompsit. Et fuit hoc quintum decimum concilium Toletanum, celebratum anno primo regis Egicæ, v Id. Maii, sub Juliano, urbis regiæ primate; et subscripserunt Senfredus Narbonensis, Floresindus Hispalensis, Faustinus Bracharensis, Maximus Emeritensis, metropolitani, et Sisuldus, vicarius Cypriani Tarraconensis, et alii vicarii episcoporum, qui non venerant causa legitima impediti; et fuerant præter vicarios sexaginta unus. »

Sed videamus quid de hoc dicat etiam Julianus archipresbyter S. Justæ in ecclesia Toleti. Sic in Chronico anno 689 quod multam lucem afferet huic historiæ, et pietas ac obedientia Hispanorum declaratur. « Misit Leo papa II anno 635 episcopis Hispaniæ cum Petro regionario concilium sextum Constantinopolitanum, petens ut illud illi confirmarent. Et episcopi miserunt Apologeticum cum nuntiis, quos infra nominabimus, a S. Juliano factum, ubi dicebat: Voluntas genuit voluntatem; et constare Christum tribus naturis vel substantiis. Obierat jam papa Leo, et successit illi Benedictus; qui ante consecrationem suam sic scripsit Petro regionario: Benedictus presbyter, et in Dei nomine electus sanctæ sedis apostolicæ Petro notario regionario: juxta quod tuam strenuitate apostolicæ memoriæ, dominus Leo papa Hispaniam provinciam ire disposuit ad præexcellentissimum et Christianissimum regem, et sanctissimos archiepiscopos, et Ecclesiarum omnium præsules ibidem constitutos, simul et gloriosum comitem, pro innotescenda venerabilis sextæ synodi definitione, acclamatione quoque, quæ et prosphoneticum dicit reverendissimorum episcoporum, qui in eodem a Deo congregato concilio convenerunt; ad clementissimum principem, et edicto ejusdem piissimi principis ubique generaliter destinato, pro apostolicæ nostræ fidei firmitate cum summo pietatis studio commissum ministerium perage: subscriptiones quoque reverendissimorum episcoporum post eamdem synodum ac definitionem cum summa sedulitate atque vigilantia procura subjungi; ut eidem reverendissimi episcopi, omnisque per eos religiosa provincia, consortes nobiscum catholicæ atque apostolicæ traditionis et fidei comprobent; et apud Deum ad cujus gloriam laus et stabilitas fidei Christianæ redigatur, commendatio ejus atque susceptio ad salutem animarum proveniat. Officium perinde pietatis assumptum vigilantia atque diligentia condecorans, festina perficere; quia et tibimetipsi thesaurizas boni operis fructum, et suscipientibus provides cœlestis regni beatitudinem per rectæ atque apostolicæ fidei confessionem adipisci. » Alias misit ad Quiricum, jam tamen ad monasterium profectum. Porro papa Benedictus accepit litteras, et Apologeticum S. Juliani. Quippe novus papa Benedictus offensus est novitate vocum, scilicet, « quod voluntas genuit voluntatem, et quod Christus constaret ex tribus naturis, » vel essentiis: scripsit ad illum comiter, et verbo tenus jussit latori, ut illum admoneret de propositionibus. Videns sanctus doctor aliquos scandalizatos esse novitate harum vocum, ad ipsum papam misit libellum responsionum cum Petro regionario notario, et simul quædam carmina de imperii laude; quæ ego excerpsi ex operibus S. Juliani, quæ sunt hujusmodi:

Latius imperii majestas præterit orbem,
Si pietas adsit, pervolat astra super.
Cæsaris ensis enim debet defendere sedem
Immotam Petri, cui Deus ipse præest.
A quo suscepit vires titulique cacumen,
Nonne tibi, o Cæsar, ferre decebit opem?
Romani decus imperii juga regibus infert:
Illud agit populos, gentibus illud adest.
Justiniane, tuæ trangatur robore dextræ
Barbarus omnis iners, perfidus omnis homo.
Cæsare te, celebres portet nova Roma triumphos,
Nomen ei invideat nobile Roma vetus.
Cæsare te, referat virides Ecclesia lauros,
Portet ab hæretica conditione decus.
Et Monothelitæ subdant colla impia, papa,
Pastor sancte, tibi, clavigeroque Petro.
Vincat, et æterna sedes sacra pace fruatur,
Cæsare te, teneat, Justiniane, solum.
Vive diu, Cæsar; quæ dat Benedictus, adora
Jussa libens, teffis sic quoque Cæsar eris.

Rescripsit Juliano, et adhuc mordet; et jussit

DCCXXVII. DCLXXXIX.

149. Hoc anno misit dominus Julianus, Toletanus archiepiscopus, Hispaniarum primas, concilium, decreta et carmina ad papam Sergium, et imperatorem; et ab utroque litteras accepit.

150. Hoc anno habita est sancta et universalis synodus Nicæna 350 episcoporum contra hæreticos Iconomachos.

DCCXXVIII. DCXC.

151. Hoc anno, postridie Nonas Martii, obiit Toleti sanctus et sapientissimus pontifex Julianus, qui inter alia scripsit Chronicon regum Wisigothorum, ab æra 450 ad tempora regis Egicanis. Cætera addidere Felix et Guntericus archiepiscopi Toletani. Sepultus est sanctus pontifex Julianus in æde S. Leucadiæ; quæ domus illius fuit. Posuit ei Felix, episcopus Toletanus, hoc carmen sepulcrale :

Assequeris sanctum in cathedra, Juliane, Quiricum,
Optimus in vita, clarus in eloquio.
Vita decens, et larga manus, et cura fidelis,
Atque Dei zelus [al, cœtus], judiciique jubar,
Fecit ut Hispaniæ genti sat amabilis esses,
Ordinibus cunctis, plebibus atque viris.
Deseris ecce solum [al., heu! solium], sed te Deus intulit astris :

Et tua sat tanto vita beanda loco.
Inter apostolicos resides, Juliane, maniplos,
Robur apostolicum conficis, atque decus.
Felicis memorare tui, Pater alme, Levitæ,
Ut prece sit dignus servus honore tua.
En tua membra damus tumulo ; Leucadia civis
Corporis est custos ; hic sua cuna fuit.

A ☧ Ω

152. Obiit in pace sanctissimus pontifex Toleti Julianus pridie [al., postridie]. Non. Mart. Sedit in patriarchali solio annos 10, menses 11, dies 9; decessitque gloriosi regis Egicanis anno 5, æra 728. Felix Levita, qui succedit in eadem sede.

153. In eo tempore fuerunt in Hispania decem linguæ, ut sub Augusto et Tiberio : I, Vetus Hispana ; II,

P. HIGUERÆ ET D. LAURENTII NOTÆ.

Julianum, communicato consilio suo cum rege Egicane, cogi Toleti concilium episcoporum gentis Gothicæ, et suæ, nationale et universale, anno primo regis Egicanis : et illic lectis epistolis explicuit se, et fecit alium Apologeticum cum carmine in laudem sancti papæ Sergii, qui successerat post alios Benedicto anno 687 missis etiam tribus viris sapientissimis sanctissimisque ex clericis S. Ecclesiæ Toletanæ, ut res tanta postulabat, scilicet Felice archipresbytero, Ubisando archidiacono, Musairo primiclerio vel subdiacono, cum litteris et libro Apologetico, ac carmine. Lectis litteris ac libro, approbavit eum sanctus papa Sergius, et legendum omnibus dedit : et actis gratiis de labore et pietate, remisit cum reliquiis, et sua benedictione nuntios cum litteris responsalibus. Carmina hæc sunt deprompta ex ejusdem S. Juliani epigrammatis, quæ sunt in libro ms. S. Justæ :

Ad te mitto libens codicem, sanctissime Sergi,
Qui regis innumeras et moderaris oves.
Incļyta pervasit nos laudum fama tuarum,
Quod bonus et clemens sis, pietatis amans.
Pectore, voce refers vivendique ordine Christum,
Cujus et in terris fungeris officio.
Vive diu nobis, et mundo, candide Sergi;
Cui Julianus ovans oscula dat pedibus.
Accipe clementi, Sergi sanctissime, vultu
Scripta mea ; excubias corrige, papa, meas.
Perlege quodcunque est, quod epistola nostra docebit,
Atque animo exiles curre labente notas.
Est censura Dei tua, quidquid dixeris ipse,
Hoc Deus in cœlo duxerit esse ratum.
A Domino Christo summa est concessa potestas,
Claudere qui cœlos, et reserare, vales.
Ergo, Pater Sergi, parvo benedicito fratri,
Ut fluat in nostrum gratia larga caput.
Regis Egicani, populi memoraæ fidelis,
Pontificum benedic plebibus inde tuis.
Rore tuo venerati ager Hispanus abunde,
Catholicamque colet tempus in omne fidem.
Quam fera tempestas Phlegethontis turbine nulla
Auferet, ex linguis pectoribusque piis.
Hei mihi, quam timeo ne nos malus immicet error,
Demur et inlaudis gentibus opprobrio!
Africa plena viris bellacibus arma minatur,
Inque dies victrix gens Agarena furit.
Ne nisi iste metus sit verus, vindice Christo,
Ora pro populis, optime papa, tuis ;
Ut Deus avertat nostra a cervice securim,
Detque plus veniam, te lacrymante, reis.

Utriusque Apologetici meminit Felix, archiepiscopus Toletanus, in Vita sancti Juliani, his verbis :

A « Apologeticum fidei, quod Benedicto Romanæ urbis papæ directum est. Item aliud Apologeticum de tribus capitulis, de quibus frustra Romanæ urbis præsul visus est dubitasse. » Nec aliunde posse puto melius Historiam colligi rerum istarum, quam ex conciliis xiv et xv Toletanis : ubi omnia satis abunde declarantur. Nam in xiv, can. 4, sic : « Placuit proinde illo tunc tempore, apologeticæ defensionis nostræ responsis, satisfacientes Romano pontifici, et ipsa gesta firmare, nostræque fidei sensum purissima verborum enodatione depromere. Et quia illic de hac gemina voluntate et operatione Jesu Christi, Filii Dei, copiose et dilucide insigniunt, quæ vera sunt, quæ jam utique Romanis partibus per legatos Hispaniæ destinata sunt. » Et in concilio xv : « Post confessionem fidei, ad illa nos illico convertimus contuenda capitula, pro quibus muniendis ante hoc biennium, B. memoriæ Romanus papa, Benedictus, nos litterarum suarum significatione monuerat. Quæ tamen non in scriptis suis adnotare curavit ; sed B homini nostro verbo renotanda injunxit ; ad quod illi jam eodem anno sufficienter congrueque responsum est. Nos tamen nunc eamdem renotationem hominis nostri studiosius relegentes , invenimus , quod in libro illo responsionis fidei nostræ, quem per Petrum regionarium Romanæ Ecclesiæ miseramus, id primum capitulum jam dicto papæ incaute visum fuisset a nobis positum ; ubi nos secundum divinam essentiam diximus : Voluntas genuit voluntatem, sicut et sapientia sapientiam ; quod vir ille incuriosa lectionis transcursione præteriens, existimavit hæc ipsa nomina, » etc. Hæc ex ipso S. Juliano. Ex quibus colligitur, paulo ante biennium profectum esse Romam Petrum notarium regionarium, qui attulit Apologeticum S. Juliani : quod papa Sergius diligenter lectum approbavit ; et Magister Sententiarum citat ejus nonnullas partes.

Anno 690 pridie Nonas Martii, qui dies incidit in diem Dominicam, S. Julianus, archiepiscopus Toletanus, doctor egregius, mortuus est. Sepultus est in C basilica S. Leucadiæ, ut prædecessor.

149. Hoc anno misit dominus Julianus. Diximus supra ad num. 143. D. L.

151. Hoc codem anno scilicet 690 consecratus est in sede S. Mariæ Sisbertus (ut quidam volunt) abbas Benedictinus, in archiepiscopum Toletanum, loco S. Juliani pontificis Toletani, feria VI, octava incarnationis Domini nostri Jesu Christi. P. H.

153. In eo tempore fuerunt in Hispania decem lin-

Cantabrica; III, Græca; IV, Latina; V, Arabica; VI, Chaldæa; VII, Hebæa; VIII, Celtiberica; IX, Valentina; X, Cathalaunica. De quibus in III lib. Strabo, ubi docet plures fuisse litterarum formas et linguas in Hispaniis.

154. Hoc anno, Kal. April. in templo S. Mariæ, præsentibus suffraganeis episcopis, consecratus est episcopus Tolet. Sisebertus (ut quidam volunt) abbas, acutus ingenio, mediocri litteratura, sed regia cognatione, cum Wambane rege conjunctus, valde arrogans, et rerum novarum studiosus; licet fuerit in fide catholica stabilis, et acris ejus defensor; ideoque a dignitate postea amotus.

DCCXXIX.   DCXCI.

155. Kalend. Novembr. hoc anno regis Egicanis 4 habita est synodus in urbe Cæsaraugustana.

DCCXXX.   DCXCII.

156. Sisebertus veste, quam beatus Ildefonsus divinitus acceperat, contradicente clero Toletano, vult indui; et præcipitatus amentia, contra regem novis rebus studet.

### P. HIGUERÆ ET D. LAURENTII NOTÆ.

*quæ*, etc. Adducit Strabonis locum, ut confirmet ea quæ tradit, videlicet, variis linguis locutos esse in Hispania ejus habitatores : et idem tempore Augusti et Tiberii Cæsaris (sub quo floruit Strabo) contigisse, qui ex recensione Isaaci Casauboni talis est lib. III : « Hi (*Turdetani*) omnium Hispanorum doctissimi judicantur, utunturque grammatica, et antiquitatis monumenta habent conscripta ac poemata, et metris inclusas leges a sex millibus (ut aiunt) annorum. Utuntur et reliqui Hispani grammatica, non unius omnes generis : quippe ne eodem quidem sermone; » melius, qui vertunt *lingua*. Græce sic : Καὶ οἱ ἄλλοι δ' Ἴδηρες χρῶνται γραμματικῇ, οὐ μιᾷ ἰδίᾳ, οὐδὲ γὰρ γλώττῃ ἰδίᾳ. Hunc adducit scriptorem P. Joannes Mariana De rebus Hispan. lib. I, cap. 5, ad firmandam eamdem rem. Ideo dixerat doctissimus D. Alfonsus de Madrigal, Abulensis episcopus, in Paralipom. I, cap. 1, q. 5. « Quia Thubal unicum idioma habuit, unicam gentem nominavit, cum dicatur de omnibus istis Geneseos x, 5. Quod omnes in suis linguis fuerunt, id est, quilibet habuit unum idioma distinctum ab alio; et tamen in Hispania fuerunt multæ linguæ a principio, et sunt : ideo quod non solus Thubal terram istam habitaret, sed aliæ gentes cum eo venirent. » Duo hic elicio : principale idioma gentis Thubal, fuisse et commune nativumque Hispanis : secundo, secum alias gentes alterius idiomatis adduxisse, quæ diversis etiam disserebant linguis : unde in Hispania plura idiomata erant. Primum etiam confirmo ex ejusdem episcopi Abulensis auctoritate, quam magni facio, et merito. In secundæ partis cap. 25, ad Eusebii Chronicon Commentarii nostra lingua scripto sic ait : « Es de considerar, que, como los auctores ciertos dizen, España fue poblada de Thubal, hijo quinto de Japhet, el qual en el derramamiento de las gentes, quando las lenguas se repartieron, vino con mucha gente de su lengua, que es aora la nuestra, aunque mucho limada e alterada de aquella primera condicion. » M. Maximi testimonium anno Christi 514, quas turbas dedit! cujus verba : « Præter linguas, Latinam, Cimbricam, Gothicam, in Hispania erat lingua Cantabrica, et politior nativa Hispana, quæ copia verborum, elegantia et tumore, a Cantabrica differebat. » Doctis sane et laboriosis chartis docuit nos V. C. D. Gregorius Lopez Madera in secunda editione Hispan. monarchiæ cap. 15. Dixerat de his etiam doctissimus Bernardus Joseph de Aldrete in Origine linguæ Hispan. lib. II, cap. 15. iterumque magnum se cogitat exhibere athletam in eodem magno et admirando eruditionis spectaculo, non tamen in eamdem descendet arenam : et novissime omnia congeret et digerit, subtilique ingenio et magno judicio scribit in commentariis ad M. Maximum, ut nihil ultra desiderari aut inveniri possit. Addam aliud ex Juliani Chronico num. 376, quo non lac lacti similius : « Loquebantur Muzarabes linguam Hispanam consuetam, et Gothicam : præcipue Toletani, qui politiores erant cæteris, nitorem linguæ vernaculæ nativum inter Mauros observaverunt.

Hæc a Thubale principium habuit; in contractibus et sermone vulgari cum Saracenis lingua loquebantur Arabica, inter se sermone Gothico vel Hispano vetusto loquebantur [*al.*, utebantur]. » Dixit, Toletanos cæteris esse politiores : quod diu observatum, et usque ad hæc nostra tempora. Rex etiam Alfonsus, Sapiens nominatus, in curiis Toletis coactis jussit, si oriretur dubium circa alicujus vocabuli notionem antiqui Hispani, standum fore interpretationi, quam Toletani assignarent. Refert D. Franciscus de Pisa I, parte descriptionis Toleti lib. I, cap. 35, fol. 56, col. 3, prius Alcoçer in Hist. Toleti. Legem vero de hac re loquentem in septem partitis non me legisse memini, quamvis vulgo asserant inveniri. D. L.

155. De synodo Cæsaraugustana memoria est in D. Garsiæ Loaysæ conciliis Kal. Novembris die Dominica, æra 729, hoc est, anno Christi 691, anno 14, regis Egicanis. P. H.

156. Sisebertus voluit induere vestem, quam B. Virgo S. Ildefonso tradiderat. Quid induit cappam, dicit P. doctor Mariana cap. 18, lib. VI; Gariyay lib. VIII, cap. 44 ; sed Cixilla non hunc induisse vestem, sed insedisse cathedram eburneam, in qua virgo sanctissima præsederat. Subjiciam verba Cixillani episcopi Toletani, quæ sunt hæc : « Reperit in cathedra ipsam Dominam sedentem, ubi solitus erat ipse residere, et populum salutare : quam cathedram nullus episcopus adire tentavit postea, nisi dominus Sisbertus : qui statim ipsam perdens, exsilio ablegatus est. » Hinc cœpit in barathrum malorum incidere.

Die Veneris 11 Maii anno 6 regis Egicanis, anno Christi 693, privatus est sede rebusque Sisbertus, et in exsilium ad ergastulum sui ordinis pulsus. De quo sic in cap. 9 XVI concil. Toletani, in hunc modum : « Unde Sisbertus, Toletanæ sedis episcopus, talibus machinationibus denotatus repertus est : pro eo quod serenissimum dominum nostrum Egicanem regem non tantum regno privare, sed et morte cum Flogello, Theodemiro, Liubilane, Liubigithone quoque, Tecla et cæteris, interimere definivit, atque genti ejus, vel patriæ inferre conturbium et excidium cogitavit; qui etiam per decreti nostri definitionem, jam et loco et honore privatus existit. Ideo nostrum in commune per hujus canonicæ sanctionis decernit collegium, ut hoc ipsum unionis nostræ decretum, quod etiam his synodicis diffinitionibus innectendum decrevimus, omni subsistat valore subnixum, atque in perpetuum obtineat inconvulsabile robur. Ipse vero Sisbertus pro sui juramenti transgressione, facinorisque tanta machinatione, secundum antiquorum canonum institutionem, qua præcipitur, ut quisquis inventus fuerit talia fecisse, et vivente principe in alium attendendus pro futura regni spe, a conventu catholicorum excommunicationis sententia repellatur, honore simul et loco depulsus, omnibusque rebus exutus; quibusque in potestatem prædicti principis redactis, perpetui exsilii ergastulo maneat relegatus ; ita nempe, ut, secundum eorum-

CHRONICON.

DCCXXXI.                                                                                    DCXCIII.

157. Anno 6 gloriosi regis Egicanis, vi Nonas Maias habetur xvi synodus Toletana, 59 episcoporum, in basilica sanctorum apostolorum Petri et Pauli, feria vi die S. Athanasii pontificis et confessoris ; in qua (credimus auctoritate Romani pontificis ea de re consulti) deponitur Sisebertus præsul Toletanus, quod rebus novis studeret contra regem et prolem regiam, videlicet Flogellum, Theodomirum, Liubilanem [*al.*, Labilanem], Vugiosanam [*leg.* Liubigithonem], Theclam, cæterosque Egicanis regis filios, quos interimere conatus est, rebus suis omnibus exutus, anathemate percussus, et usque ad mortem communicatione sacræ Eucharistiæ et convictu catholicorum privatus, ad monasterium S. Petri Caradinensis, sine suffragio et loco, omnibus suis bonis confiscatis, in exsilium perpetuum detruditur.

158. Felix, Juliani discipulus, jam creatus Hispalensis episcopus, vir gravitatis et eximiæ prudentiæ laude clarus, voto regis et metropolitanorum, Toletanæ sedi præficitur, suffragio pariter totius concilii; qui Chronicon S. Juliani doctoris sui, Toletani archiepiscopi, nonnihil auxit.

DCCXXXII.                                                                                   DCXCIV.

159. Hoc anno, v Id. Novembr., anno 7 regis Egicanis, habita est sub Felice, Toletano præside, synodus Toletana xvii in æde S. Leucadiæ.

DCCXXXIV.                                                                                   DCXCVI.

160. Hoc anno, abdicato imperatori Justiniano succedit Leo.

DCCXXXVI.                                                                                   DCXCVIII.

161. Hoc anno, Flavius Witissa, cum potestate regis, vivit in Gallæcia, sic ordinante patre rege Egicane.

162. Floret Toleti Julianus Lucas, qui multa de utroque Beroso collegit, et concinnavit [*al.*, continuavit].

### P. HIGUERÆ ET D. LAURENTII NOTÆ.

dem antiquorum decreta, in fine vitæ suæ tantum communionem accipiat; excepto, si regia eum pietas ante absolvendum crediderit. Simili quoque et cæteri de religiosis, cujuslibet sint ordinis aut honoris, qui deinceps talia contra principem egisse vel definisse reperti exstiterint, censura multandi sunt. » Et cap. 12 : « Proinde, quia Sisbertus, Toletanæ sedis episcopus, eorum salubribus monitis nequaquam maluit ex humilitate dependere obsequelam, quo Ecclesiam Dei ordine debito regeret, humilitate instrueret, et exemplis salutaribus ad regna siderea provocaret ; sed bicipiti se percellens mucrone, superbiæ videlicet atque perjurii, gloriosum dominum nostrum Egicanem regem non solum voluit regno privare, sed et mortis impensione perimere; ideo non congruit nos prius concilium inchoare, nisi illo prius canonica ac legali censura multato, in loco ejus alius fuerit subrogatus Toletanæ sedis cathedram retenturus. Idcirco nobis omnibus in unum collectis, idem Sisbertus episcopus nostro cœtui præsentatus, atque infidelitatis suæ machinationem patuli oris est affatu professus. Unde nos per hujus nostri decreti formulam sæpe dictum Sisbertum, secundum dictum edictum priscum synodicæ sanctionis, ac decretum de talibus promulgatæ legis, ab episcopali ordine et honore dejicimus, a perceptione corporis et sanguinis Christi excommunicatum, in exsilio perpetuo manere censemus : in fine tantum communionem percepturum ; excepto, si eum principalis pietas cum sacerdotali conniventia delegerit absolvendum. » Io.

158. De electione Felicis, qui discipulus Juliani sanctissimi fuit in ecclesia Toletana archipresbyter, et inde ascendit ad ecclesiam Hispalensem, et subrogatus est Sisberto Toletano, ut Matthias apostolus proditori Judæ, sic eadem sancta synodus cap. 12 : « Igitur, quoniam favente Domino, concilium est quo citius inchoandum secundum præelectionem atque auctoritatem totius dicti nostri domini, per quam in præteritis jussit venerabilem fratrem nostrum Felicem, Hispalensis sedis episcopum, de prædicta sede Toletana jure debito curam ferre, nostro eum in postmodum reservans idem decreto formandum ; ob id nos cum consensu cleri ac populi, ad sæpe dictam sedem Toletanam pertinentis, prædictum venerabilem fratrem nostrum Felicem de Hispalensi sede, quam usque hactenus rexit, in Toletanam sedem canonice transducimus, et in eadem Hispalensi cathedra fratrem nostrum Faustinum, Bracharensis sedis episcopum; necnon Felicem, Portulacensis Ecclesiæ episcopum, antistitem in præfata Bracharensi sede similiter pontifices subrogamus. » Ex iis, et verbis edicti Egicanis, quæ subdit : « Alio tamen episcopo principali electione ibidem constituto; » colligitur, primo, reges Gothos habuisse jus nominandi episcopos in suo regno. Secundo, jure transire de urbe Hispalensi ad Toletanam, tanquam ad sedem primatem totius Hispaniæ. Tertio, non fuisse Bracharensem sedem primariam, quia inde non ascenderetur ad Hispalensem, sed potius descenderetur, ut revera factum est; ita ut ad Hispalensem demigraret episcopus Bracharensis. De Felice sic Rodericus lib. iii, cap. 15 : « Qui gravitatis et prudentiæ excellentia nimia pollebat. » Idem generalis Historia, et in Gundemaro Loaysa. Hic licet in sede junior, saltem Hispalensi ; tamen præest, ut manifestus totius Hispaniæ primas.

159. De synodo Toletana xvii, quæ habita est in æde S. Leucadiæ anno 697 sic Rodericus lib. iii, cap. 13 : « Anno 7, Flavii Egicæ regis, v Id. Novembr., fuit celebratum septimum decimum concilium Toletanum in ecclesia S. Leucadiæ, ubi sanctum ejus corpus requiescit, in suburbio Toletano, sub Felice urbis regiæ primate, qui gravitatis et prudentiæ excellentia nimia pollebat ; et subscripserunt Faustinus Hispalensis, Maximus Emeritensis, Vera Tarraconensis, Felix Bracharensis, metropolitani, præter absentes, qui pro se vicarios destinarunt. In quo concilio idem rex præsentialiter adfuit, et coram omnibus humi prostratus, se eorum orationibus commendavit; et tomum, quem in manu tenebat, primati et concilio offerens, super his, quæ continebantur, sibi satisfieri postulavit ; et hæc omnia in libro canonum plenissime declarantur. » Quo loco prætereundum non est doctissimum Rodericum, pontificem Toletanum, non solum sensisse, primatum Toletanum incœpisse a Bernardo, sed ab Eugenio martyre, atque adeo sub Gothorum regibus antistites Toletanos fuisse primates. P. H.

161. Constat regnum Gallæciæ ex historiis Gothorum, et aliis. P. H.

162. *Julianus Lucas, qui multa de utroque Beroso*

165. Floret Corduba, quam Persæ condiderunt, quasi mensium summitatem; et SalJubam, quasi Salemdubam, summitatem pacis.

## P. HIGUERÆ ET D. LAURENTII NOTÆ.

*collegit, et concinnavit.* De Juliano diximus in Adversariis num. 36. De Valerio Hispano, Berosi Fragmenta colligente, vide Flav. Dextrum anno 500 num. 13; De Beroso multi multa. Vide novissime F. Alfonsum Maldonado in Chronico universali tractatu 15 pag. 92. D. L.

163. *Floret Corduba.* Dissidium usque adhuc inter auctores: alii aiunt, alii negant, Cordubam a Persis conditam. Ambrosius de Morales in II tom. Histor., ubi de Corduba peculiari agit tract. fol. 113 et in tom. IV Hispaniæ illustratæ inficias, it, damnatque fundamenta tanquam futilia pro asserentibus. Stat in contrarium Stephanus de Garivay lib. v Comp. hist., pag. 129, num. 25, adducitque Plinium lib. III, cap. 1 naturalis Historiæ in suam sententiam, dum ille refert, Persas in universam H spaniam pervenisse, ex M. Varronis traditione. Nunc vero hoc enixius defenderet, si Luitprandum nostrum ei videre contigisset, qui tam fidenter narrat Cordubam a Persis conditam; cum etiam sit verisimile, ad similitudinem civitatum quæ in Persia erant, alias eorumdem nominum eosdem in Hispania condidisse; uti apud Indos in occidentalibus regionibus fecere primi illi novi orbis accolæ Hispani. In Persia, prope fluvium Tigrim quædam jacet provincia *Corduena* nominata; ex qua, levi intercedente mutatione, nostra potuit appellari *Corduba*. De *Corduena* Ammianus Marcellinus lib. xxv: « Quo temporis spatio, antequam hi mitterentur, si abusus princeps paulatim terris hostilibus excessisset, profecto venisset ad præsidia Corduenæ, uberis regionis, et nostræ, ex eo loco, in quo hæc agebantur, centesimo l pide disparatæ; » et alibi pluries. Nec absonum erit conjectari, ex *Corduena*, et *Duba*, regione et voce Persica, *Cordubæ* nomen compositum. *Duba* namque summitatem videtur significare; et tam in *Corduba* quam in *Salduba* (quæ hodie est *Zaragoza*) summitatem denotat. In *Corduba*, ut bono præeunte omine infinitum dierum numerum, seu summitatem, illo nomine futuram ominaretur, quisquis Cordubam nominaret. In *Salduba*, ut quasi pacis summitas agnosceretur. Quid aliud *sal*, quam *pacem* portendit? I Esdræ, cap. iv, vers. 14: *Nos memores salis;* late Bernardinus Gomez Comment. 4, de sale a num. 9; Joachimus Zechnerus auctor expurgandus in cent. 3 Adag. sacrorum, adag. 54, num. 5: Vox, inquam, Persis familiaris, vel non ignota. Sic Barreirus a salinis frequentibus in ea regione nomen fluxisse credit: montes enim salis fecundos non procul ab hac urbe distare notum est. Refert et sequitur Lud. Nonius in sua Hispania cap. 82 pag. 252. Iterum Bernardinus Gomez de Sale lib. I, § 38, pag. 39, B. Etymologiam *Cordubæ* aliunde deducunt Joannes Gerundensis episcopus, lib. I Paralipom. Gerardus Mercator in Atlante majori in Bæticæ descriptione, Georgius Merula in sua Cosmographia p. II, lib. II, cap. 24, pag. 366, a *Corde*, et *Bætica*, quasi *Cor Bæticæ* dicatur. Multa ex his indicavit mihi doctissimus P. Franciscus de Bivar; quod libens candide fateor.

Denique ex hoc inter auctores dissidio majus examinandum venit, in dignoscenda Avicennæ patria. *Cordubensem* in Hispania multi; *Corduensem* in Persia non pauci agnoscunt: quos ad calculum reducere, et referre, nec otii nec operæ pretium est. Præterea alios, qui Hispali tribuunt, et eorum suffragio ductum Pasch. Gallum in Bibliotheca Medica; Conradum Gesnerum Conradum Lycostheuem, et Josiam Simlerum Tigurinum; Gasparum etiam Bauhinum Basileensem. Quid dicam de nostro Roderico Gonzalez de Clavijo in Legationis suæ Itinerario ad magnum Tamerlanum? is enim ait, Avicennam in insula, quæ antiquis *Ebosus*, seu *Ebusus*, nunc *Ibiza* dicta, natum; ibique usque ad sua tempora turrim quamdam, nomine Avicennæ

insignitam, exstare. Ex Arabica vero historia, Hispanice per Marcum Obelum regium interpretem conversa, Persam fuisse indigenam constat: et quamvis acerrime soleam mea mihi vindicare; ita, quæ forte aliena sunt, minime mihi arrogare consuevi.

Eadem fere dubia conjectura veniunt examinanda, dealbandaque, quasi ex eadem fidelia, cujus parentis sint opera, vulgo Avicennæ tributa: nam in quodam antiquo manuscripto libro, qui asservatur in civitatis Legionensis ecclesia, divo Isidoro dicata (ejus exemplar apud me habeo), Isidori extolluntur esse et falso Avicennæ ascripta; eumque Theodisclі archiepiscopi Hispalensis ope, traducunt plagiarium, qui suo idiomate et nomine evulgavit, ubi adducitur in testimonii tesseram Lucas Tudensis diaconus in Chronico lib. III circa principium: « Successit, inquit, beatissimo doctori Isidoro Theodisclus, natione Græcus, varietate linguarum doctus, exterius locutione nitidus, interius autem, ut exitus demonstravit, sub ovina pelle lupus voracissimus: nam libros quosdam de Naturis rerum, et arte medicinæ, necnon et De arte notoria, quos Pater Isidorus facundo stilo composuerat, et necdum ad publicum venerant, in odium fidei corrupit, resecans vera, et inserens falsa, atque per quemdam Arabem, nomine Avicennam, de Latino in Arabicum transtulit. » Eminentissimus cardinalis Cæsar Baronius tomo VIII Annalium, anno Christi 636 num. 9, ipsissimum Tudensis locum refert, et ad calcem apponit: « Hæc Tudensis; quem exscriptum ex prototypo nobis concessit Franciscus Pegna mei amantissimus, Rotæ auditor. » Verba tamen manuscripti Hispani transcribere non recuso; antiquitatem redolent, et ad illustrandam rem mirifice conducunt. « I tambien lo diçe don Lucas de Tui, que hizo san Isidoro un muy ecelente libro de medicina, el qual quedo en su camara, quando deste siglo paso; i antes que el dicho libro viniese a poder de alguna persona que lo conociese, vino de las partes de Africa a suceder en la Silla arçobispal de Seuilla un obispo malo, inficionado de la heregia Arriana, que se deçia Theodisclo, i era Griego de su naturaleza, el qual tomo muchos libros, de los que san Isidoro avia dexado en su estudio; i entre ellos hallo aqel libro De medicina, i porque el tenia neçesidad de entender algunos nombres Arabigos, invio por un Moro letrado, que se los declarase, el qual era Médico, i se deçia Avicena. I en pago de su trabajo diole aquel libro, que san Isidoro avia hecho, paraque el Moro se le intitulase a si mismo, i como si el le vuiese compuesto; i assi se perdio la memoria de san Isidoro. Quanto al dicho libro, afirman muchos, que este es el libro mismo, que los medicos tienen aora por principal, que se nombra Avicena. Diçen, que como aquel libro fue entonces trasladado de Latin en vulgar, paraque el dicho Moro lo pudiese entender, el lo compuso en su lengua Arabiga, i despues fue tornado a trasladar en Latin, como aora esta. Diçen, que en aquellas trasladaciones, por no ser bien entendidos los vocablos, vuo muchos errores, los quales oy dia en el dicho libro se hallan. I muchas vezes se ha platicado en los dotores De medicina de corregir los dichos errores de Avicena, porque dizen, que son muy dañosos, especialmente en los medicos nuevos, i no esperimentados. Plegue a Dios, que haga presto, i bien; porque cesen los daños, que dellos se siguen a la salud corporal de infinitas personas. I muchos creen, que segun la abundancia de la çiencia i conocimiento, que san Isidoro alcanço en las cosas naturales todas, si aquel libro suyo De medicina no fuera corrompido, i se hallara el verdadero original, como el lo escribio, aquel solo bastara, para curar todas las enfermedades, quanto la humanidad permitia, i no vuiera

DCCXXXVIII.    DCC.

**164.** Decentius, episcopus Segobiensis, floret : sub quo excisa est a Mauris Segobia, et multi monachi Benedictini a Mauris occiduntur : in his passus S. Fructuosus.

**165.** Hoc anno sancte moritur Felix Toleti, qui scripsit Vitam S. Juliani, Toletani archiepiscopi, magistri sui, IV Nonas Junii; sepelitur, more majorum, in basilica S. Leucadiæ, ubi virgo nata fuisse dicitur et educata. Guntericus, ejus archidiaconus, posuit illi hoc carmen :

Te tenet, almæ Pater Felix, Leucadia virgo
  Corpore; sed volitans spiritus astra tenet.
Nil tulit Hispanus gravius te aut rectius orbis;
  Felix, pastor erat, dum tibi vita fuit.
Iria, Toletum, patrem prius Hispalis ipsa
  Vidit, et alloquio est sat recreata tuo.
Hæc postrema tibi dat Guntericus amanti
  Carmina, tristitiam testificata suam.
Si possem lacrymis mercari aurique metallo,
  Mercarer, Felix, ne morerere diu.

Eriperis patriæ, seniogue malisque gravatus :
  Grande operæ pretium plebibus unus eras.
Quas tamen e supera poteris statione levare,
  Alfonso meritis Helladioque minor.
Gothica res, nisi fallor ego, minutata ruinam,
  Ejus et immensa mole laborat opus :
Da vires, gentique tuæ patriæque faveto.
  Carmen Isidori triste, minasque tene *(al.*, micaxque
    A    ℞    Ω    [timet).

**166.** Obiit sanctæ memoriæ pontifex Felix, archiepiscopus Tolet., Hispaniarum primas et patriarcha, anno ultimo gloriosi regis Egicani, sub die 4 Nonas Julii, æra 738 currente : fuit eximius poeta, magnus concionator, acerrimus defensor fidei, cliensque B. virginis Mariæ.

**167.** Eligitur in sede Toletana Gundericus ex episcopo Seguntino, comes discipulusque cum Felice, cum fuit archidiaconus Toletanus et archipresbyter. Ipso die S. Joannis Baptistæ, 24 die mensis Junii, ponitur a suffraganeis et palatinis in sede Toletana.

## P. HIGUERÆ ET D. LAURENTII NOTÆ.

necesidad de otro libro De medicina. » Hactenus manuscriptus. Pater vero Joannes de Mariana e societ. Jesu in Historia Hispana Latino sermone scripta lib. VI, cap. 7 stat contra, anno 639 et rationem erait et situ chronologiæ, quam ait repugnare omnino, sic : « Isidoro defuncto, Theodisclus, natione Græcus, ex aliquanto intervallo successor in Ecclesia Hispalensi subrogatus est. Hunc nonnulli affirmant, Isidori libros, multis locis depravatos, Avicennæ Arabi tradidisse, ut in linguam Arabicam conversos, ipsiusmet nomine vulgaret. Quod de Avicenna falsum est: quippe Sorsani æqualis testimonio, in ipsius Avicennæ Vita, exploratum est, post trecentos amplius annos vixisse, neque venisse in Hispaniam, sed in Persarum regia vitam omnem propagasse. » Cui convenit Historia Arabica supra relata, in Avicennæ urbana et palatina describenda vita : discrepat tamen in annorum computatione (quæ opinionis Marianæ caput et unicum fundamentum est) : ea namque natum Avicennam profert circa annum 428 nisi (quod rectius puto) deducatur, Arabico more, a fuga scilicet Mahometis, et tunc potius Marianæ faveret, quam resisteret. Præivit Marianæ Ambrosius de Morales tomo II Historiæ Hispan. lib. XII in regis Chintillæ Vita, fol. 127, littera E; qui totidem fere verbis eadem de Avicennæ libris, quæ Mariana, refert. Hæc sunt : « Lo demas que se escribe de su vida en un libro impreso muchos años ha en Salamanca, no lo tengo por tan autentico, en muchas cosas que alli se escriben de su vida i muerte; aunque tiene mucha autoridad el otro libro de la traslacion i milagros deste Santo, que esta junto con aquel ; por averlo escrito el obispo Don Lucas de Tuy, i por ser muchas de las cosas que alli se cuentan, de suyo notorias, i en otros buenos autores testificadas. De las otras de la vida, porque se creen vulgarmente sin fundamento, sera menester mostrar, como no lo tienen. Alli se dice, que es de san Isidoro la grande Obra de medicina, que comunmente llaman de Avicena : porque Theodisclo, que fue arçobispo de Sevilla poco despues de san Isidoro, hombre mal Christiano i perverso, teniendo necesidad de servirse de un Moro, docto en su ley, i en otras cosas, llamado Avicena, para ciertas maldades suyas, en premio de lo que hizo por su mandado, le dio aquella Obra de san Isidoro ; para que trasladandola en su lengua Arabesca, la publicase por suya. Avicena lo hizo assi, i gano mucha fama i hazienda con el trabajo del Santo.

Añaden alli, que san Ilefonso descubrio esta falsedad, i otras muchas, con que este maluado Theodisclo quiso corromper tambien las otras Obras de su Maestro. De parte del Santo, ay hartas cosas que contradicen a esto, i tambien de parte de Theodisclo. Mas dexado todo esto, lo de Avicena no puede ser de ninguna manera verdad; i porque Sorsano, dicipulo i compañero perpetuo de Avicena en su vida, le escribio, i anda impresa con sus Obras. Alli se entiende como vivio mas de trecientos años despues destos tiempos de san Isidoro. Tambien Avicena sue criado i privado de los reyes de Persia, i con ellos anduvo siempre, como el mismo Sorsano que lo acompañaba, lo afirma, i assi nunca vino en España : i lo que el maluado arçobispo Theodisclo, presto se vera en su lugar. » Hucusque Morales. Igitur in re tam dubia, hinc inde decertantibus interpretibus et scribentibus, mihi datum est congerere, non asserere. Lectori fas sit, per meque licebit, contendere, et discernere. D. L.

**165.** De Felice hic multa. Obiit anno 700 quarta feria, die 2 Junii, die S. Marcellini. Scripsit Vitam Juliani, archiepiscopi Toletani, magistri sui. Jacet in æde S. Leucadiæ suburbanæ. Vere felix et fortunatus, quem Deus eripuit, ne tanto casui captivitatis Hispaniæ vivus posset superesse. Carmina, quæ sequuntur, crediderim, composita fuisse a Gunderico ejus successore, viro profecto docto et sancto. P. H.

**167.** Hoc eodem anno succedit Gunderious Felici ex Saguntino, qui confirmavit in concilio XVI Toletano, XIV loco. Crediderim hunc prius fuisse clericum Ecclesiæ Toletanæ : quem propter excellentiam morum, et doctrinæ magnitudinem, rex Egica præfecit Ecclesiæ Toletanæ. Fuit natione Gothus, ut ejus nomen præ se fert. De quo sic Rodericus lib. III, cap. 44 : « Per idem tempus Gunderions, Toletanæ sedis primas, sanctimoniæ dono illustris habetur, et in multis mirabilibus clarior celebratur. » Illustrissimus præsul Garsias de Loaysa sic agens de Eugenio I, et reliquis, Paterno, vel Patruino, Montano, Juliano I, Euphemio, Helladio, utraque Eugenio II, et III, Felice, Ildefonso, Juliano XXI, Gunderico. » Quorum, inquit, mores integri et sanctissimi, virtutesque excellentes et singulares eos segregarunt ab omni consuetudine mortali ; ita ut miracula in hominum conspectu vivi et mortui ederent. » Generalis Historia sic : « En aquella saxon era arçobispo de Toledo Genderico ; e era home casto, e de gran santidad

168. Gothi destruunt Lacobricam, prope Bursadam [*al.*, Bursandam, *et al.*, Ursandam P. H.], hoc est Molinam, ubi Sertorius vicit Metellum, Romanum ducem.

DCCXXXIX.                                                                                                           DCCI.

169. Hoc anno Egica, rex Gothorum, moritur Toleti, v Idus Novembr., et sepelitur in æde S. Leucadiæ Prætoriensi extra muros, prope Tagum, cum suis majoribus.

170. Succedit illi in regno Wisigothorum Flavius Witiza, filius ejus; consecratur, inungitur, coronatur (ut imperatores solebant Constantinopolitani, manu patriarchæ ejusdem urbis) die lunæ 17 Kalend. Septembr. a Gunderico, Toletano pontifice, et præsentibus episcopis metropolitanis et palatinis, in æde S. Mariæ. quæ de Alficen modo dicitur.

171. Gundericus, Toletanus archiepiscopus, cum suis suffraganeis sacrat ecclesiam S. Torquati, discipuli S. Jacobi, quem cum aliis undecim fecit in Hibernia ex comitibus discipulos, quasi apostolos. Hæc una fuit ex septem quæ Toleti remanserunt, ex pactis conventis cum Mauris, et modo manet.

DCCXLII.                                                                                                          DCCIV.

172. Gunderico, Toletano pontifice, et Hispaniarum ac Galliæ Gothicæ patriarcha præside, Faustino Hispalensi, cum aliis quatuor metropolitanis et multis episcopis ac palatinis, in basilica Prætoriensi urbana sanctorum Petri et Pauli, anno 4 regis Flavii Witicanis, vııı Kalend. Novenbr. concilium Toleti celebratur :

### P. HIGUERÆ ET D. LAURENTII NOTÆ.

« por quien fiçiera muchas virtudes e muchos milagros nuestro Señor Diosital servicio le avia el fecho. » Idem Garivayus lib. vııı, cap. 46 ; M. Alvarus Gomezius in Vita ejus sic ait : « Magnum detrimentum mors Felicis reipublicæ attulit ; nam protinus Vitiza, velut custode et rectore amisso, cœpit pessimæ suæ naturæ documenta et indicia dare. Gundericus tamen Felici succedens, vir morum etiam probitate clarus (ut quem ob ejus insignes virtutes, et miracula adjuncta, auctores sui temporis fuisse aiunt in numerum divorum relatum) petulantiæ hominis erumpentem coercuit : et quamvis adolescentiæ protervitate in licentiam omnem raperetur ; tamen ætatis junioris causa adhuc pudoris claustris non abruptis, Gunderico reverentiam deferebat, ejusque monitis et suasu aliquot exempla bona edebat. Nam eo tempore quidam prodierunt monasterium ab eo in Toletano suburbio constructum, duobus millibus passuum in occidentem ab urbe distans, qua videlicet Talabricam itur ; quibus ad aquam in cœnobium deferendam arcus opere fornicato erant impositi. Algondorinum voce nunc Arabica locus appellatur, ubi prædia et oliveta sunt, atque aliæ arbores cum vitibus consitæ. S. Petro monasterium dedicavit, atque in eo feminas conversari jussit, quæ, juxta Benedicti regulam, atris velis caput velarent. In quod, quoniam maturioris ætatis mulieres, quam rerum humanarum tædium jam ceperat, admittebantur, cœnobium matronarum, quas illa ætas dominas appellabat, cognomen tenuit. Cæterum mali genitoris prole in vitiosam naturam degenerante, aut rege ipso in omnia scelera postea effuso, eas incestante, aut in solitudinem licentiam suggerente, cum incontinenter vivere prohiberentur, Toletano pontifice curante, ad Aguilam portam postmodum sunt translatæ. Eam vero auctores illi fuisse dicunt, quæ nunc Gallianæ ac virgineæ conceptionis appellatur. Aguila vero Gothorum rex in Hispania regnavit anno Domini 542. Sub quo matronarum translatio in urbem facta sit anno, Gundericus an Sinderedus successor fuerit auctor, ab auctoribus non traditur. Ego parvo tempore quo Gundericus vixit, nondum illas sanctam disciplinam, quæ solet in initiis religionum fervere, projecisse tam cito crediderim : sed post Gunderici pontificatum, quando Vitiza religionis et pudoris oblitus, vitiis omnibus habenas laxavit. Aliquot ultra passus, qua Daciani horti nunc sunt, in hujus monasterii monumentis, memoriam et extremam planitiem quæ est urbi subjecta, ædiculam majores eidem divo ædificasse opinor, quæ nunc Petri Viridis cognomen tenet. Quod ad Tagum, ni fallor, inter hortos : sic enim (quæcunque anni tempestas sit) totus ille locus vernare videtur.

Annum, aut paulo amplius, Gundericus inter vivos egit : nam et ille quoque Deo dilectus, antequam mali imminentes ingruerent, ex iis regionibus ad cœlum evolavit anno Domini 704. Quis hic fuerit, quove loco natus, inopia antiquorum monumentorum nescitur. At Gothici sanguinis fuisse, nomen declarat. Gundericus Segontiæ episcopus, in xvı Toletano subscribit, cujus episcopatus ad Carthaginensem provinciam pertinet ; facile a provinciali Ecclesia ad provincialem potuit gradum facere. Hoc quidem compendio utentes alii Gutericum deinde vocarunt, alii Goter, inde Godel [*vulgo*, Gudiel] : Godelorum familiæ nomen dedit, quæ ex vetustis civitatis nostræ est, et in qua aliquot archiepiscopi fuere. Sed temporis longinquitate omnia consumentis ferme in paucissimis durat civibus. »

Noster Luitprandus ait inisse pontificatum die 24 Junii, die S. Joannis Baptistæ, qui fuit eo anno Feria v scilicet 700. Primo fuit discipulus, diaconus et archipresbyter cum Felice, ut puto (qui duo discipuli S. Juliani) et ideo nutritus in ecclesia sancta Toletana, ac per omnes gradus versatus usque ad episcopatum Ecclesiæ Saguntinæ. Inde vero propter merita translatus ad Toletanam. Ip.

169. De anno, quo mortuus est rex Egica, variant auctores : nam Godericus ait mortuum esse æra 740, hoc est, anno Christi 702, at D. Carsias Loaysa, et alii anno 704, quem sequitur Garivayus, P. Joannes Mariana, et alii scriptores. P. H.

170. Eodem anno init regni coronam solus Vitiza, quamvis cum patre regnaverit annos aliquot. Coronatur et inungitur (non in ecclesia S. Petri Prætoriensi) die lunæ 14 Novembr. in pervigilio festi S. Eugenii, archiepiscopi Toletani martyris ; facta vero est consecratio in æde S. Mariæ Minoris Toleti, ut credi par est, cum summa alacritate. Garivayus affirmat, tunc fuisse Witizam annorum 19. Constat hoc anno sacratam a Gunderico S. Torquati martyris ecclesiam, ex sigillo quodam ibi reperto, ut eo latius refero in « Historia Ecclesiastica civitatis Toleti. » Ip. — De coronatione et unctione diximus supra ad num. 8 et 87 ; De ecclesia S. Mariæ de Alficen ad num. 87. D. L.

172. De concilio Toleti coacto, quod fuit xvııı sic ait Rodericus lib. x, c. 14 : « Hic in ecclesia, inquit, S. Petri, quæ est extra Toletum, cum episcopis et magnatibus super ordinatione regni concilium celebravit, quod tamen in corpore canonum non habetur. » Corpus canonum reor vocari diptycham, vel tabulam conciliorum Toletanorum. Habitum est ex nostri Luitprandi testimonio vııı Kalend. Novembr., ubi de formatione morum, et fidei custodia, quæ morum corruptela sensim labascebat. Præfuit Fau-

ubi de fidei custodia et morum agitur reformatione, per illos sanctissimos pontifices, zelo, fide et mirabili sanctimoniæ luce in tota Hispania fulgentes.

173. Gundericus, Toletanus præsul, sapientia, prudentia, et (ut aliqui volunt) miraculorum gloria præclarus, valde resistit libidini et petulantiæ regis Witizæ scelestissimi.

DCCXLIV.                                                                                                           DCCVI.

174. Rex Witiza se effrenate præcipitans per omne genus flagitii, legem nequissimam tulit; ut more Saranorum cuilibet laico et clerico liceret, quotquot posset alere, uxores et concubinas impune domi suæ retinere.

DCCXLV.                                                                                                            DCCVII.

175. Gundericus primo blande depravatis legibus regis Witizanis resistit, mox palam publicis sermonibus et interminatione anathematis ferendi deterret.

DCCXLVI.                                                                                                           DCCVIII.

176. Hoc anno, iv Kalend. Januarii, sanctus pontifex Gundericus, ætate, malis ærumnaque confectus, sancte placideque quiescit in Domino. Sepelitur in domo natali S. Leucadiæ virginis et martyris; lugentibus eum tanquam patrem, et lumen amissum viduis, egenis et orphanis effertur. Posuit illi carmen sepulcrale Synderedus, ejus archidiaconus, poeta non invenustus; quod hoc est :

Gunderice Pater, viduis pes, lumen egenis :           Atque ibi fers zeli præmia digna tui.
  Orphanus hoc omnis præsule lætus agit.               Discipulus tibi dat carmen, pro more, magistro,
Nactus es, o genitor, scopulosæ tempora vitæ; -         Synderedus amans : quod cape, quæso, libens.
  Heu nocuit multum consuluisse bene !                Esto memor nostri, gentis ine nor esto Gothorum,
Omnibus ipse malis exemptus in æthere gaudes,           Rex Witiza diu regnet, et astra petat.
                                                          A            ☧            Ω

Obiit sanctissimus pontifex Gundericus in pace, ætate confectus, annos natus 85, iv Kal. Januar., æra 746.

DCCXLVII.                                                                                                          DCCLIX.

177. Succedit illi in sede regia sanctus vir Synderedus, patria Romanus; sed in ecclesia S. Mariæ Majoris Toletanæ per omnes gradus et ordines usque ad presbyterarum etiam evectus, ipsa die Circumcisionis Domini; in æde majori S. Mariæ, præsente ipso rege Witizane, metropolitanis, et episcopis, ac palatinis præsentibus sacratur, et cum gaudio recipitur.

178. Confirmavit hic pontifex, quod Gundericus vivus fecerat. Qui moniales S. Benedicti longe ab urbe degentes in solitudine prope viam, quæ ducit Elboram, vel Talaveram, ad urbem transtulit, in ædem SS. Petri et Pauli Prætoriensem.

179. Hac per Gundericum facta translatione, ei favet honorans Synderedus memoriam magistri et antecessoris sui.

180. Hoc anno jubet Witiza civitates muratas muris nudari, arma dejici, præter Toletum, Legionem, Asturicam; quod sibi persuaderet in omni casu sibi fore fideles.

181. Constantinus papa monet Witizam, ut legem abroget de ducendis uxoribus per sacerdotes; alioquin

## P. HIGUERÆ ET D. LAURENTII NOTÆ.

stinus, Hispalensis archiepiscopus, et alii convenerunt sapientissimi sanctissimique pontifices, qui labentes Hispaniæ res suis orationibus apud Deum fulciebant, et egregie tuebantur. P. H.

173. Sed qui majori animi contentione effrenatis adolescentis Witizæ conatibus obsistebat, unus fuit sanctus pontifex Gundericus, utpote qui cæteros ut sanctimonia, sic zeli magnitudine superabat : tum etiam, quia propius res videbat, ac corruptelæ regis intererat; non poterat non vehementer angi, et conflictari tot malorum certatim irruentium (ut quotidie pullulabant) præsenti calamitate. Ip.

174. De lege nefaria exsecranda, quam circa plures habendas uxores Witiza tulit, sic Rodericus Toletanus : « Et cum antea petulanter ageret in occulto, jam nunc luxus impudicitiam publicat in aperto ; et, laxatis habenis, nulli vitio se subtraxit, et utinam solus in suis sordibus periisset, nec nobilitatem Gothorum cleri et populi suis immunditiis infecisset ! Ad tantæ enim perditionis et dissolutionis pervenit cumulum, ut plures uxores et concubinas ad satietatem libidinis insimul detineret : et exemplo simili viros Illustres et potiores Gothorum ad similia facinora inducebat; quorum exemplo in minoribus populi peccata similia inundabant et cap. 15. Witiza; inquit, facinorosus timens, ne suis criminibus obviarent, et populum ab ejus obedientia revocarent, dedit licentiam, imo præceptum, omnibus clericis, ut uxores et concubinas, unam et plures haberent, juxta libitum voluptatis. » Hæc Rodericus Toletanus.

175. Inter hæc non tacebat sacratus pontifex Gundericus, quinimo, juxta regulas prudentiæ et charitatis, primo blandis cohortationibus et admonitionibus regem reducere conabatur; at ubi non successit, mox publice, et interminatione anathematis, et asperis urgebat reprehensionibus. P. H.

176. Hoc anno 708 die 20 Januarii mortuus est, imo ad beatam de mortali vita translatus est sanctus pontifex Gundericus. Sepultus est cum omnium pauperum et bonorum multis lacrymis, in basilica prætoriensi, hoc est, suburbana. L. Leucadiæ.

177. De Synderedo sic Rodericus lib. III, cap. 55 : « Gunderico successit Synderedus, episcopus urbis regiæ primas, sanctimoniæque studio clarus usque ad tempora Roderici ; et sub isto fuit perdita civitas Toletana ; » de quo multa Alvarus Gomezius. Hoc uno maculavit sanctimoniam suam et animi puritatem, quod hic, teste Roderico, « viros longævos et honorabiles, quos in Ecclesia Toletana repererat, post mortem S. Felicis et Gunderici decessorum suorum, zelo sanctitatis, licet non secundum scientiam, cœpit graviter infestare, et hoc ad instinctum Witizæ, qui propter sui nequitiam eorum justitiam timescebat. » Hactenus archiepiscopus Toletanus. P. H.

180. Hoc de urbibus sumptum est ex Luca Tudensi, de quo nihil Rodericus : quia postea ex optimis auctoribus colligitur, Saracenos diruisse muros in urbium expugnatione. Ip.

181. Erat tunc Constantinus pontifex, ejusque currebat annus secundus. Misit ad Vitizanem lega-

eum regno privatus : ille vero impatiens iræ, nihiloque melior factus, minatur sanctissimo papæ, se propediem Romam cum exercitibus aditurum, eamque captam exspoliaturum sanctis suis ornamentis, ut olim fecerant majores sui, vel dirutam desolaturum.

182. Concordius, Toletanus diaconus, composuit homiliam in laudem S. Turibii, ex monacho Benedictino pontificis Palentini; quæ sic incipit : *In nostrum.*

183. Synderedus, episcopus Toletanus, jubente rege Witizane, male tractat presbyteros sanctæ ecclesiæ Toletanæ, qui se flagitiosis regis conatibus viriliter opponebant [*al.*, quia se flagitiosis regis conatibus viriliter opponebat].

184. Witizæ consilio impulsuque Synderedus Toletanus patiturus ut Oppas [archiepiscop. Hispalensis] frater Witizanis (aliis est filius) moribus nihilo Witizane melior, invadat constupretque castissimam sanctissimamque, et immaculatam sedem Toletanam, quæ eo usque uno legitimo consociata sponso, sanctissime felicissimeque vixerat; nunc infeliciter, Oppane constupratore.

DCCXLIX.             DCCXI.

185. Rodericus Palatinus, de regio sanguine Gothorum, faventibus nonnullis gentis suæ et generis, invadit regimen contra Witizanem; ille vero vel morbo, vel cæde, Toleti decedit, anno 10 regni sui vicesima die mensis Decembr., exosus Deo hominibusque tyrannus; et sepelitur, sine lacrymis, in æde S. Leucadiæ Prætoriensi in urbe.

186. Synderedo Romam profecto, nolenteque ferre vim tyrannicamque oppressionem Oppanis intrusi, metuque Saracenorum irruentium, relicta sede Toletana, Romam petit.

187. Succedit in sede Toletana, Synderedo Romam (ut diximus) profecto, archiepiscopo Tolet. die 22 ejusdem mensis (quæ fuit Dominica) Suineredus, præsente Oppane, rege Roderico, et episcopis et palatinis.

188. Rex Rodericus, in principio regni sui, lege lata legem Witizanis de clericis uxorandis, et alendis simul [*al.*, secum] compluribus uxoribus, abrogavit, et Oppanem Ecclesia Toletana depulit; Cabam Florindam, filiam comitis Africæ limitanei Juliani, violat. Arabes Hispaniam adeunt.

### P. HIGUERÆ ET D. LAURENTII NOTÆ.

tum, ut legem impiam et sacrilegam, et contra omnem honestatis et pietatis rationem latam revocaret. Acerbe et impatienter tulit hanc legationem Witiza rex; et iniquo perferens animo se reprehendi, respondit se prope diem Romam iturum, et more regis Alarici prædecessoris sui Romam demoliturum. Quod in nullo alio (quod recorder) auctore reperire potui. Id.

184. De invasione Oppanis (sive filius, sive frater fuerit Witizanis) sic Rodericus Toletanus lib. iv, c. 16 : « Witiza autem sacrorum canonum inimicus, Oppæ fratri suo, archiepiscopo Hispalensi, contradidit Ecclesiam Toletanam, renuente pontifice Synderedo; ut, sicut ipse se carnali, ita frater spirituali adulterio fœdaret. » Hoc loco Oppam fratrem regis vocat. Id.

185. Tria hic quærenda. Primum de Roderico, an per tyrannidem et vim, an per electionem inierit regnum Gothorum? Secundum, ubi Witiza mortem obierit? Tertium, quoto nam anno cœperit? Sebastianus Salmanticensis ait per electionem; at Rodericus Toletanus, per tyrannidem. Sic ille : « Igitur Rodericus, filius Theudefredi, quem Witiza, ut et patrem, privare oculis missus fuit, favore Romani senatus, qui eum ob Recesuinthi gratiam diligebat, contra Witizam decrevit publice rebellare; qui viribus præeminens cepit eum, et quod patri suo fecerat, fecit; et regno expulsum, sibi regnum electione Gothorum et senatus auxilio vindicavit. » Duo hic ex quæsitis comprehendit : Rodericus ait obiisse Cordubæ, sic et Garivayus; at sic Rodericus : « Witiza itaque plenus abominationibus, vacuus regno, orbus oculis, propria morte Cordubæ, quo Theodefredum relegaverat, exsul et exrex vitam finivit æra 751. » Salmanticensis et Luitprandus Toleti, sepultumque aiunt ibidem; noster vero in æde Prætoriensi S. Leucadiæ, quia, ut docet bene Garivayus, hæc erat regia Gothorum sepultura. Fallitur Sampirus, quia ponit ejus mortem anno 709 insinuans intelligere, hoc anno rebellasse Rodericum; sed ait, post mortem Witizæ electum Rodericum die 29 mensis Novembris. Obiit Witiza scilicet Feria vi, die 22 Novembris : Rodericus consecratur et inungitur in æde S. Leucadiæ Prætoriensi, in urbe regia a Synderedo,

A legitimo pontifice Toletano, præsente Oppane intruso; a quo noluit Rodericus consecrari. Intererat magnus numerus pontificum et palatinorum in regia coronatione. P. H.

188. De hac lege sic ait Alvarus Gomezius in Vita Synderedi : « Ego tamen vetustum in ecclesia Toletana fori Gothici codicem vidi : in cujus lib. iii, tit. 9, lege 18 adversus sacerdotum impuritatem lex gravissima Roderici regis nomine habetur, ubi uxores gravissimis pœnis interdicuntur. » Recentiores codices pro Roderico Recesuinthum habent; sed id vitiose positum, series rerum gestarum ostendit; siquidem ante Witizanem ea labes Hispaniam non infecerat; legem tamen si quis requirit, reperietur apud me in codice ms. vetusto sub nomine Reccaredi regis : « Quia quanto munditiam carnis sacra auctoritas imperat, tanto hanc appetere omnes ministros ejus clamor informat. Ideo nos ponere finem illicitis ausibus rite compellimur, quoniam et ipsis divinis nutibus devotissime placere conamur. Igitur quemcunque presbyterum, vel diaconum, aut subdiaconum, devotæ viduæ pœnitenti, seu cuicunque virgini, vel mulierculæ, aut sæculari, matrimonio aut adulterio commistum esse evidentissime patuerit; mox ut episcopus aut judex repererit, talem commistionem disrumpere non tardet, redacto illo in sui pontificis potestatem, sub lamenta pœnitentiæ, juxta sacros canones eum deponet. Quoniam districtionis hujus severitatem si foror implere neglexerit, idem pontifex duas auri libras fisco persolvat et commissum malum vindicare non differat. Quod si corrigere hoc nequierit, aut ad concilium appellet, aut regis auditibus hoc nuntiet. Mulieres vero, quæ fuerint hujusmodi immunditiis implicitæ, centenis verberibus a judice verberentur, et commiscendi se illis aditus omnino negetur; servata ab episcopis et super hoc scelere in utroque sexu Patrum sententia, quæ canonum decretis agnoscitur ordinata. In ulciscendis tamen hujusmodi sceleribus non damus passim accusandi vel puniendi licentiam, nisi aut manifestis delictis patuerit scelus, aut legitime fuerit hoc ipsum malum accusatum atque convictum, quatenus nulla videamur intentione vel ordinatione Patrum transgredi præcepta

sanctorum, aut obviare sacris legibus antiquorum. Flavius Rodericus rex. » Hæc habet lex. P. H.

*Lege lata contra legem Witizanis*, etc. De hujus legis Witizæ latione multi multa, et fere omnes nostri historiographi. Stephanus de Garibay lib. VIII Comp. Hist. cap. 47; P. Joannes Mariana lib. VI Hist. Hispan. cap. 19, his verbis : « Magno numero concubinas uxorum justarum loco cultuque habuit : lege lata, ut id cunctis liceret tum promiscuo populo, et proceribus, tum viris sacratis. » Dixerat prius Rodericus, archiepiscopus Toletanus, lib. III De rebus Hispaniæ cap. 15 : « Et cum antea petulanter ageret (Witiza) in occulto, jam nunc luxus impudicitiam publicat [melius, ut in aliis, luxus impudicitiæ publicaret] in aperto, et, laxatis habenis, nulli vitio se subtraxit. Et utinam solus in suis sordibus periisset, ne nobilitatem Gothorum cleri et populi suis immunditiis infecisset ! Ad tantæ enim perditionis et dissolutionis pervenit cumulum, ut plures uxores et concubinas, ad satietatem libidinis, simul detineret : exemplo simili viros illustres et potiores Gothorum ad similia facinora inducebat. » Lucas Tudensis in Chronico mundi æra 755 agens de Witiza : « Et ne adversus eum insurgeret sancta Ecclesia, episcopis, presbyteris, diaconibus et cæteris Ecclesiæ Christi ministris carnales uxores lascivus rex habere præcepit. Et ne obedirent Romano pontifici, sub mortis interminatione prohibuit. » Iisdem pene verbis Alfonsus (a) de la Spina in Fortalitio Fidei (quod perperam cuidam Guilielmo tribuit Possevinus in Bibliotheca lib. IX, cap. 5; Thomas Bozius De signis Ecclesiæ tomo I, lib. V, sig. 16, cap. 11, exemplo 11, pag. 385; et De ruinis gentium adversus impios politicos lib. VII, cap. 4, pag. 638.) Quam legem uti causam Hispaniarum devastationis agnoscit Lucas Tudensis ubi supra : « Istud quidem causa pereundi Hispaniæ fuit sicut scriptum est : Abundavit iniquitas, et refrigescet charitas multorum. » Paribus fere tibiis Alfonsus de la Spina loco superius adducto : « Hæc quidem causa, inquit, pereundi Hispaniæ fuit : tota enim Gothorum nobilitas in conviviis, libidinibus et vitiis immersa, Altissimum ad iracundiam provocavit. » Exstat insigne testimonium in decreto, ex Bonifacii martyris epistola ad Echeldobaldum, Anglorum regem, relata in cap. Si gens Anglorum, dist. 56, cujus verba, quia rem comprehendunt totam, hic transcribere non gravabor : « Si gens Anglorum (sicut per istas provincias divulgatum est, et nobis in Francia et in Italia improperatur, et ab ipsis paganis improperium est) spretis (nota hæc) legalibus connubiis, adulterando et luxuriando, ad instar Sodomiticæ gentis, fœdam vitam duxerit; de tali commistione meretricum æstimandum est degeneres populos, et ignobiles, et furentes libidine fore procreandos, et ad extremum universam plebem ad deteriora et ignobiliora vergentem, et novissime, nec in bello sæculari fortem, nec in fide stabilem, et nec honorabilem [hominibus, nec Deo amabilem esse venturam ; sicut aliis gentibus Hispaniæ, et Provinciæ, et Burgundionum populis contigit : quæ sic a Deo recedentes fornicatæ sunt, donec Judex [alias Vindex] omnipotens talium criminum ultrices pœnas, per ignorantes legem Dei, id est, per Saracenos, venire et sævire permisit. » Iisdem verbis Ivo episcopus Carnotensis in decreto parte VIII, cap. 224, ubi illustrissimus et doctissimus D. Rodericus de Acuna, archiepiscopus Bracharensis, plura cumulat. Eadem refert, quamvis non eisdem verbis Joannes Filesacus lib. I Selectorum cap. 9, pag. 139 et 140. Prædixerat hæc D. Methodius, aliique viri sanctitate et litteris vere magni, ut testatur M. Didacus de Valera in Hist. parte IV, cap. 125, fol. 114, col. 5; Stephanus de Garibay, comp. Hisp. Hist., cap. 49, anno 714, pag. 376.

De S. Methodio Alfonsus de la Spina dicto lib. IV; Fortalitii Fidei cap. 8, incipit : *Primus passus*, fol. 344, col. 2, plena Hispaniarum doctor et mundi stupor Alfonsus Tostatus, Abulensis episcopus, omnium disciplinarum genere ornatissimus, ad cap. XVI Genesis, prope finem. Audisis ; nam appositissime loquitur, explicans illa verba : *Qui vocavit nomen ejus Ismael*, ait ergo : « Abraham imposuit istud nomen filio suo, quia audivit per revelationem ea quæ gesta fuerant inter Agar et angelum ; vel quia ipsa Agar revelavit supradicta Abrahæ, ut contigerunt. De isto Ismaele dicit Methodius martyr, qui chiliades sæculorum in quibusdam arcanis descripsit : De genere Ismael quatuor principes futuri erant, qui vocantur vineæ filii (forte pro vesania tanquam ebrios sic vocavit) Zeb, Zebee, Oreb, Salmana, qui egressi sunt de solitudine contra filios Israel; qui victi per Gedeonem retrusi sunt in solitudinem, de qua exierant. Dicit etiam quod futurum est, quod filii Ismael semel exeant, et obtineant orbem, per octo hebdomadas annorum, id est, per quinquaginta quatuor annos ; et vocabitur via eorum via angustiæ ; in sacris locis interficient sacerdotes, et ibidem cum mulieribus dormient ; et ad sepulcra sanctorum religabunt jumenta ; hoc autem erit pro nequitia Christianorum. De hoc ait Dominus per Ezechielem : Fili hominis, voca bestias agri, et exhortare illas, dicens : Congregamini, et venite, eo quod sacrificium magnum immolo vobis, manducate carnes fortium, et bibite sanguinem excelsorum. Hæc autem omnia ab isto viro sancto prænuntiata, ad litteram venerunt super nos in miserabili Hispania, quando tempore regis Roderici Arabes totam Hispaniam vastaverunt, multo tempore detinentes terram. Hæc enim perspicua sunt ex vulgatis chronicis Hispanorum. » Hactenus Abulensis, qui verba D. Methodii subinde inserit; Fr. Alfonsus de la Spina eadem et alia ex D. Methodio transcripsit; illa tamen notatu digna : « Græcia in captivitate erit, in occisione Africa erit : similiter Ægyptii orientales, et Asia sub gravi tributo in auro et argento erit : Hispania gladio peribit, et captivi ducentur habitatores ejus. » Quæ fere iisdem verbis inveniuntur in Bibliotheca veterum Patrum ex editione Michaëlis Sonnii, Parisiis. anno 1585 tomo II, col. 522, sub titulo, *D. Methodii, Patarensis episcopi et martyris, De rebus quæ ab initio mundi contigerunt, quæque deinceps contingere debent; revelationes per paraphrasin translatæ incerto auctore.*

Varii varie verba D. Methodii transtulere, quamvis in sensu appareant iidem. Opus Græce ab auctore scriptum; Latine tantum exstat vetustissimum ms. in bibliotheca sancti Victoris Parisiensi ; ex quo desumpsi exemplar, dum legationis regiæ fungebar officio. Aliis SS. Græcorum Operibus idem accidit. Accedit in testimonium B. Cyrilli Ὑπόμνημα in D. Joannem, de quo Heinsius in Aristarchio sacro, sive in Exercitationibus sacris ad Nonnum cap. 11. Salianus tamen in I Tomo Annal. anno mundi 1756 memorat Græco-Latinum excusum in Orthodoxographis a Grinæo Basileæ editis; sed (post Pererium) quædam ex hisce Revelationibus, non tam D. Methodii scripta, quam commenta Rabbinorum existimat. Tornielles, mediam viam tenens, adeo esse dubia et incerta putat, ut pariter, neque prorsus probari nec improbari posse affirmet. Cui assentitur Jacobus Bolduc lib. I De Ecclesia ante legem pag. 67; eminentiss. cardinalis Bellarminus De scriptoribus ecclesiasticis hunc libellum Revelationum supposititium censeri ait. Dubius et anceps historicis Græcis annumerat Gerardus Joannes Vos-

---

(a) Asserit, P. Joannes Mariana, lib. XXII De reb. Hisp. c. 13. Suffragatur Historia ms. Enrici III Hisp. regis cathol. ad finem, in ejus morte

sius lib. II, cap. 16, pag. 199. Unicum tantum, ut alia omittam, ex mea conjectura, adducam testimonium, ad vindicandas D. Methodii Revelationes, ipsius nomine circumlatas. Id est : in earum textu invenitur scriptum, ubi agit de Saracenis invadentibus Hispaniam et Galliam : « Et erunt, tanquam locustæ, in multitudine, quæ congregabuntur a vento ; et erit in eis pestilentia et fames; et exaltabitur cor exterminatorum, et in superbiam elabetur, et loquentur excelsa, usque ad tempus constitutum eis. » Prædixit Maurorum multitudinem locustarum figura : qui quidem magnam (a) Galliæ partem emensi, victricibus armis in Aquitaniam irrupere, et Garumna transmissa, Burdigalam, dirutis templis devastarunt, atque Engolismenses, Petragorios, Sanctones Pictonesque eadem belli flamma devorarunt, donec Carolus Martellus hostibus processit obviam prope Turones, Ligeri fluvio trajecto, ut pro munimento a tergo esset. Ubi, Barbarorum adventu, totis utrimque viribus dimicatum, et Christianorum virtute innumeri hostes fuere devicti, trecentis septuaginta quinque millibus ex eorum exercitu cæsis. Unde Nobiles Turonenses in stemmata locustas induxere sua, trophæa victoriæ a Mauris reportatæ indicantes. Gentis multitudo a locustis mutuata comparatione significatur, Judic. c. VI, n. 5, et c. VII, n. 12. Id satis notum ; in vastationem tamen : uti in ædificationem ab apibus, quarum examen ad deducendas colonias, condendasque civitates, bono, ut ferebatur, augurio sibi desumebant antiqui. Athenæ namque Atticæ, ex responsis Apollinis Delphici, tredecim colonias uno tempore in Asiam deduxerunt; Ione Xuthi et Creusæ filio imperatore. Sic Vitruvius scripsit lib. IV, c. 1, cui suffragatur Velleius Paterculus lib. I Hist. Duces autem classis exstitere Musæ, sub apum specie, teste Philostrato in Melete. Illarum vero coloniarum primaria fuit Ephesus, celeberrima Christianorum primitivo conventu, ut invenitur scriptum Act. apost. cap. XX. D. etiam Joannis evangelistæ mora et morte illustris, emporiumque totius Asiæ recognitum, et summo honore habitum; quod attingere in id proficiscenti proconsuli necessarium fuit, ut respondit Ulpian. J. C. in lib. IV, s. De officio proconsulis et legati. Hinc apis imagine Ephesii nummos suos signarunt, et Dianæ symbolis. Vide in symbolum et fidei tesseram, hoc venerandæ antiquitatis monimentum: Apum enim examen,

contra aruspicum vanitatem prosperum etiam aliquando fuisse, memorat Plinius lib. XI Natural. Hist., cap. 17. Erant denique coloniarum emissarum notæ. Sic Varro : « Cum examen exiturum est (quod fieri solet, cum adnatæ prospere sunt multæ, ut progeniem veteres emittere volunt in coloniam, ut olim crebro Sabini factitaverunt, propter multitudinem liberorum) hujus quod duo solent præire signa, scitur.» Ad rem mirifice Virgilius lib. IV Georg., ubi apum naturam inter multa describens, ait :

Prima favis ponunt fundamina, deinde tenaces
Suspendunt ceras ; aliæ spem gentis adultos
Educunt fetus ; aliæ purissima mella
Stipant, et liquido distendunt nectare cellas.

Quem Seneca refert et illustrat epist. 84 : « Apes, ut aiunt, debemus imitari, quæ vagantur, et flores ad mel faciendum idoneos carpunt ; deinde quidquid attulere disponunt, ac per favos digerunt. » Plura invenies apud Laurentium Pignorium in libro Symbolarum Epistolicarum, epist. 43, pag. 205.

De S. Isidoro, ut jam excursui longissimo finem imponam, et filum iterum apprehendam, Lucas Tudensis lib. III Chronici in principio. Ex eo eminentiss. cardinalis Baronius tom. VIII Annal., anno Christi 656, pag. 340, litt. D., et Constantinus abbas Cajetanus, in suo Hispatensi S. Isidoro, P. Joannes Mariana lib. VI Hist. Hisp. cap. 7, tom. 1 ; P. Jacobus Bleda in Chronico Maurorum Hist. lib. II, cap. 1. Ipsius verba prophetica mihi communicavit M. Agidius Gonzales d'Avila, regius historicus, litterarum bono publico natus, exarata vetustissimis characteribus in membrana pervetusta. Hæc sunt :

VÆ TIBI HISPANIA, BIS PERDITA,
TERTIO PERDENDA PROPTER MALAS NUPTIAS.

Transtulit in nostrum e Latino sermonem M. Didacus de Valera d. 4, p. Hist., c. 125, in epistola ad regem Hisp. D. Joannem II, cui titulus affixus, Da pacem, Domine, pag. 116, col. 5 : « Pues señor, vos solo, aquien por Dios es la cura destos Reynos encomendada, queréd dar paz en nuestros dias, e no querais, que en vuestros tiempos sea verificado aquel dicho de Isidoro, que decia : O mezquina España, dos vezes eres destruida, e tercera vez lo seras por casamientos ilicitos. » Quamvis insinuare videatur, tunc nondum adimpletam propheticam illam comminationem : de qua item P. Jacobus de Bleda in dict. Chron. Maur. Hisp. lib. II, cap. 1, ad principium. Quæ sane tempore Roderici regis Gothorum, Witizæ antecessori (b) similis (esto quod legem de maritandis clericis, ductis pluribus uxoribus, abrogaverit) omnino respondit ventui. Et fuit tertia Hispaniæ devastatio. Confirmant id manifeste quidem D. Isidori verba, dum ait, tunc jam bis destructam Hispaniam, et tertio devastatam iri. Suffragantur omnes ii qui asserunt D. Isidorum locutum de Witizæ scelestissimis nuptiis, legum auctoritate munitis ; inde saltem agnoscentes præcessisse, ante D. Isidori tempora, duplicem Hispaniæ ruinam. Docte, uti solet, illustrat omnia illustrissimus archiepiscopus Brachaiensis, D. Rodericus de Acuña in catalogo episcoporum Portucaliensium I part., cap. 11, fol. 119. Denique paria faciet bonus reliquator, si digitis et aure calluerit verum a falso discernere, et supputare optimo examine rationes, in quibus tres Hispaniæ devastationes et ruinas offendet. Non enim eas enumero quæ ante Christi fidem omnibus in regnis Hispaniæ susceptam contigere ; sed eas tantum quæ postquam in iis religio Christiana ubique viguit, D funditus everterunt. Ea namque vere floret respublica, ubi verus Deus colitur et timetur amaturque: atque illius certa est ruina, ubi a vero Dei et divini cultus tramite deviatur.

1. Hunc totis ulnis amplexata fuit Hispania Tertulliani tempore, imperante Septimo Severo, sub quo (c) vixit. Verba ejus sunt lib. adversus Judæos cap. 7 i (d): « In quem enim alium universæ gentes crediderunt, nisi in Christum, qui jam venit? cui enim aliæ gentes crediderunt? » Et paucis interjectis, enumeratisque multis nationibus, de Hispania sic effatur : « Hispaniarum omnes termini. »

---

(a) P. Joann. Maian. li. VI Hist. Hispan., c 3, tom. I, anno 733. Scipio Dupleix l, 10. Hist. Gal an. Christi 726, p. 262, ex Paulo Diac. et Roderico Ximenez archiep. Tolet. et passim in descriptionibus et itinerariis Galliæ : Paulus item Merula in Cosmographia, II p. l. III, p. 491.

(b) Stephan. de Garibay in Comp. Hist. l. VII, c. 48, ann. 750, p. 572. Bozius de Sign. Eccles, to. I, lib. V, sig. 16, cap. 11, exemplo 11, p. 585 et de Ruinis Gent. lib. VII, c. 4, p. 638.

(c) Tertul. ipse lib. I Apolog., c. 4 ; Eminent. Card. Bellar. De scriptorib. eccl. in tertio sæculo an. Chr. 203, p. 4 ; Greg. Eberhinus De orig. juris cap. 55, n. 7, p. 407; Joann. Bertrand. De jurisperitis l. I, p. 95.

(d) Ubi Pamelius, num. 41.

# CHRONICON.

**DCCL.**

189. Seniores ecclesiæ Toletanæ, mortuo Suinoredo, Julianum, cognomento Urbanum, Toletanæ sedi præficiunt, ætate confectum, discipulum S. Ildefonsi Toletani.

190. Coacta est Londini in Anglia synodus pro sacrarum imaginum defensione, ut synodus Constantinopolitana prima.

**DCCLI.**

191. Synodus Romana prima pro defensione sacrarum imaginum.

**DCCLII.**

**DCCXII.**

**DCCXIII.**

**DCCXIV.**

192. Die 11 Novembr., et Dominica, Rodericus, ultimus Gothorum rex, curru subvectus eburneo, tra-

### P. HIGUERÆ ET D. LAURENTII NOTÆ.

Diocletianus imp. (*a*) anno Christi 303 bellum, quod ante octo annos concitarat sævissimum, crudelioribus edictis exacerbavit; et, ut divus Augustinus (*b*) est auctor, temp'a Christianorum everti, libros sacros exuri, Christianos homines infames haberi, et publicis honoribus arceri imperatum : additum deinde, ut ecclesiarum præfecti interficerentur, Diocletiano VIII et Maximiano VII coss., incendiis, proscriptionibus, cædibus, e terris Christi cultum ita exterminare conatus est, ut nulla diuturnior aut immanior exstiterit persecutio. Et adhuc legi lapidem in Hispania testatur Thomas Bozius De signis Ecclesiæ, tom. II, lib. xvii, sig. 76, cap. 3, pag. 392, in quo incisum a Diocletiano : « Ex Hispaniis Christi nomen prorsus abolitum et deletum. » Quem blanditiis potius quam rei veritate positum, in ipsius adulationem duco: Christi namque nomen ab Hispaniæ terminis omnino amandatum non fuit, licet immanis fuerit persecutio. Hujus lapidis meminit eminentis. cardin. Cæsar Baronius tom. II Annal. anno Christi 304, pag. 787; et Cluniæ, quam Coruña del Conde vocamus, exstare affirmat : quem ad id adducit noster doctissimus Bernardus Joseph de Aldrete in variis Antiquitatibus Hispaniæ lib. II, cap. 22, pag. 310. Inscriptio talis est :

DIOCLETIAN. JOVIVS. ET. MAXIMIANVS. HERCVLIVS
CÆSS. AVGG.
AMPLIFICATO. PER. ORIENTEM. ET. OCCID. IMP. ROM.
ET. NOMINE. CHRISTIANOR. DELETO
QUI. REMP. EVER. TEBANT.

et alia talis :

DIOCLETIAN. CÆS. AVG. GALERIO. IN. ORIENTE
ADOPT.
SVPERSTITIONE. CHRIST. VBIQ. DELETA
ET. CVLTV. DEORVM. PROPAGATO.

Has inscriptiones Justus Lipsius proponit inter eas, quas evulgari curavit pag. 280, num. 3, 4, e Scholii Schedis aliorumque, et Adolphus Occo in veteribus Hispaniæ inscriptionibus pag. 24, num. 2 et 5; easque acceptas refert Ambrosio de Morales, qui primus edidit tom. I Chron. Hisp. lib. X, in Diocletiano et Maximiano, cap. 26.

Floret in Hispania Christi religio sub imp. Theodosio Magno, qui publica edixit lege, ut Damasi, Romani pontifici, et Petri Alexandrini episcopi, de Religione, quæ sectarum opinionibus distrahebatur, placita rata haberentur. Sic P. Joannes Mariana lib. IV Hist. Hisp. cap. 20, in principio, Tom. I; Thomas Bozius De ruin. gentium lib. VII, cap. 4, ex Sozomeno et Theodoreto.

Exsecrabili secta Priscillianistarum, magna rei Christianæ facta iterum jactura, et Hispania a Wisigothis destructa fuit. Cujus jacturæ meminit Salvianus lib. VI De gubernatione Dei, ex Rithershusii editione, pag. 224, et lib. VII, pag. 255, qui vixit anno 460, et cardinalis Bellarminus De scriptoribus ecclesiasticis pag. 122. Meminerunt et alii ; S. Isidorus, archiepiscopus Hispalensis, in tractatu De ortu et obitu, tom. II, pag. 165, col. 1 in editione Madridiensi ; Idacius in Chronico ab episcopo D. F. Prudentio de Sandoval editus, pag. 29, num. 16 ; Thomas Bozius De signis Ecclesiæ tom. I, lib. V, sign. 16, cap. 11, exemplo 9 et 10, et tom. II, lib. XXIV, signo 99, cap. 1.

Postea vero, cum veritas religionis Christianæ ab imp. Reccaredo (*c*) esset restituta, ab ea discessit Witiza rex et Rodericus; sub quo tertio fuit destructa Hispania, quam maximo Christianæ legis dedecore et detrimento Saraceni occuparunt : et D. Isidori propheticæ prædictiones adimpletæ fuerunt.

*Cabam Florindam filiam.*—De nomine filiæ comitis Juliani anceps et ambigua apud auctores quæstio. Multi eam vocant Florindam , inter quos Abulcacim Tarif, si Michaeli de Luna credimus in Historia regis Roderici lib. I, c. 8 ; Bleda in Chronico Maurorum Hispaniæ lib. II, cap. 4, fol. 127, col. 1; abbas Dom. Martinus Carillo in suis Annalibus, anno Christi 714. Alii vero Cabam appellant; Stephanus de Garibay lib. VIII Compend. Hist. cap. 48 ; P. Joannes de Mariana lib. I Hist. Hisp. cap. 21, tom. I, qui antiquæ Historiæ Roderici regis monimenta sequuntur. Luitprandus noster illam utroque insignivit nomine, quasi innuens, proprio Florindam vocatam fuisse, adjectitio Cabam ; quæ vox inhonestam apud Arabes feminam designat, deducta ab Hebræo verbo קבב maledicere, quasi maledicta mulier, quæ dissolutis moribus libidini dedita omnibus prostat. Hinc קבה dictum lupanar. Qua de re plura cumulat et digerit erudita sane manu Sebastianus de Covarruvias in linguæ Castellanæ Thesauro, verbo Cava. Annuuntque fere omnes qui de Hispaniæ excidio scripsere. Renuit unus aut alter, doctus tamen et eruditissimus vir, qui fuisse Cabam negat, in prima sua editione Mediolanensi Animadversionum ad Hist. P. Marianæ p. 98 ; quamvis id in Madridiensi novissima omiserit; forte, an consulto, nescio, lector videat et perpendat. D. L.

192. Quidam ponunt primum Arabum in Hispanias adventum anno 709 ; alii, 710, et crediderim alios de aliis æris quidem, et dissimilibus, loqui. Prima transmissio, secundum Rodericum lib. III cap. 18, facta est æra 750, cum Juliano comite et Taric transmissi super Algeziram centum equites, pedites etiam quadringenti, qui quatuor navibus transierunt. Fuit hoc anno 91 hegiræ Arabum, revera Christi 709 in mense, qui dicitur Ramadam. Hæc dicitur prima Saracenorum in Hispanias irruptio ; sed fallit mensis. Isti quingenti Mauri, centum, ut dictum est, equites, quadringenti vero pedites, primum Algeziram spoliarunt, inde littore Lusitaniæ et Bæticæ, per comitatum Nebulæ, et Marchionatum Gibraleonis, ac Algarvem dispersi ; multos vita, nonnullis rebus spoliantes, domum redeunt onusti captivis et pretiosissimis spoliis. Hæc omnia facta docet Rodericus sub primum Saracenorum ingressum, adhuc vivente Witiza ; statim narrat abiisse Toleto Romam Synderedum archiepiscopum Toletanum. Sed qui fieri potest, ut sub illo perdita sit civitas Toletana, cum ille fugerit ? Hæc vero civitas perdita fuit anno 709, ut postea primo ex historiis et privilegio regis Ade-

---

(*a*) P. Maiana I. IV Hist. Hisp., c. 12, tom. I.
(*b*) L. XVIII De Civit. Dei c. 52 ; l. VII De Baptismo cont. Donatistas c. 1 ; Arnob. l. IV, sub finem; Optatus l. v.
(*c*) P. Joan. Marian. l. VI Hist. Hisp. c. 14, anno 586.

hentibus sex candidissimis equis, serico auroque venustus [*al.* vestitus], a Saracenis prælio victus est post octo dies, post varios ancipitesque bellorum casus; et ex eo tempore paulatim venerunt Hispaniæ in manus Arabum victoriis insultantium et grassantium.

193. In Betonia, oppido Sarandulæ, ad montem quemdam, ubi a primis Christianæ religionis in cunabulis constructum erat templum S. Salvatoris celeberrimum, multi ex variis partibus confugiunt pontifices; qui plebes eo confugientes docebant, et sacramentorum eduliis nutriebant; et a Mauris obsessi, dum sacris operarentur, servata in puteo profundo sanctissima eucharistia, omnes necati sunt. Erant ex iis Cauriensis, Elborensis, Civitatensis, Salmanticensis, Visensis, Lamicensis, et non pauci sacerdotes et diaconi sanctissimi.

DCCLIII.                    DCCXV.

194. Hoc anno imp. Constantinopolitanus Anastasius coactus, imperio se abdicavit xiv Kal. Septembr.

195. Per hæc tempora S. Babylas, episcopus Virinensis et Pampilonensis (utrobique enim prædicavit) animo videndi captivos et miseros Muzarabes, Toletum venit; et inde ad Odonem oppidum; et prope in eremiteriolo pueros docet primas litteras; et venit cum duobus fratribus, qui fiunt eremitæ; et postea omnes martyrium patiuntur.

DCCLIV.                    DCCXVI.

196. Hoc anno succedit in sacrosancta Petri principis apostolorum sede Constantino papæ Gregorius hujus nominis secundus.

197. Eodem anno synodus Romana sub Gregorio papa secundo.

DCCLV.                    DCCXVII.

198. Hoc anno Julianus, cognomento Urbanus, cum principe Pelagio, aliisque ducibus palatinis, Toleto in Asturias asportant arcam sanctarum reliquiarum, et corpora SS. Juliani, et Compluto Asturii, cognomento Serrani, sanctissimorum olim episcoporum Toletanorum, metuentes ne capta [*al.* captivitate] civitate per Saracenos illas irreverenter et impie tractarent.

### P. HIGUERÆ ET D. LAURENTII NOTÆ.

fonsi VI constabit. Secundo, quod sub illum primum ingressum fugerit, docet Rodericus; narrato primo illo ingressu Saracenorum, subdit: « His diebus Synderedus, de quo diximus, urbis regiæ præsul et primas, adventum Arabum expavescens, et Witizæ insolentiis fugatus, Romanæ patriæ sese dedit, oves deserens, ut mercenarius, non ut pastor: ingressi sunt iterum, » etc. Tertio, ut constat ex cap. 19, lib. III Roderici. Quo die mensève victus fuerit Rodericus, auctores non omnino consentiunt. Rodericus die Dominica, v Idus mensis Xabel Arabum, hegira 93 (pro 96) anno 714. Garivay, 4 Septembris; sed revera fuit die Dominica, 11 Novembris, de S. Martini pontificis et confessoris, hegira Arabum 96 qui fuit anno 714. Cœpit hoc anno Xabel, 3 Novembr. fuit anno 714 Dominicalis littera G, et sic dies Dominica 11 Novembris. P. H.

195. *Per hæc tempora S. Babylas.* Idem refert Julianus in Chronico num. 413, quamvis discrepet in tempore. Exstat adhuc eremiteriolum, quod appellatur « de san Babyles, » tribus a Madridio leucis distans, et ab oppido Odone dimidio milliari, cui S. Babylas forte nomen dedit. Recolitur ejus memoria in Odone die 24 Januarii; et a quibusdam asseritur ibi servari et suspici corpus ejus. D. L.

198. Sunt qui putent Urbanum dictum esse Julianum, et Julianum cum Pelagio portasse Toleto reliquias arcæ sanctæ; noster auctor putat non fuisse Julianum, sed Urbanum, quia Julianus doctor sanctus, archiepiscopus Toletanus IV, fuit ante Synderedum. Id vere quidem; sed noster Luitprandus dicit Urbanum fuisse binominem; et ita non est idem, qui S. Julianus archiepiscopus Toletanus; sed longe alius, atque etiam diversus a Juliano Luca diacono Toletano, qui scripsit vitam regis S. Pelagii. De sancto Serrano plura super M. Maximum Cæsaraugustanum. P. H.

*Toleto in Asturias asportant arcam,* etc. De harum reliquiarum asportatione videsis Rodericum archiepiscopum Toletanum, libr. IV Histor. cap. 3; et Isidorum Pacensem anno 719; Sebastianum Salmanticensem episcopum in Historia edita a D. Don Fr. Prudentio de Sandoval, episcopo Pampilonensi, pag. 45, col. 1 et 2, et pag. 50, col. 2; nostrum

Julianum in Chronico num. 377, pag. 87, qui graphice describit omnia, et antea scripserat num. 369 et 371. Adducam celebre testimonium ex manuscripto antiquissimo codice membranaceo, Gothicis litteris exarato, quem mihi communicavit clarissimus doctissimusque vir D. Don Franciscus de Eraso, comes de Humanes, qui nobilitatem cum scientiarum cognitione morumque suavitate apprime conjunxit, potentissimo nostro Philippo IV Hispaniarum regi catholico, pacis bellique in supremo Indiarum senatu a Consiliis, et serenissimi Ferdinandi Infantis cardinalis cubicularius, equitiique primus præfectus. Verba M. S. sunt: « Tunc Pelagius Faflæ, qui erat ex gente Gothorum, accepta arca cum sanctorum pignoribus, quibus nunc Ovetum gloriatur; et cum Juliano Toletano archiepiscopo, et cum multis Christianis intraverunt Asturias, quæ erant vallatæ montibus, et inhabitabiles. » Dixerat Sebastianus loco supra citato iisdem fere verbis: « Cujus *larcæ* præsentia nunc gloriatur Sedes Ovetensis sublimitus. » Lege Baronium ad ann. 791 tom. VIII, pag. 414; prius D. Ludovicum episcopum Tuci, in Chronic. Hisp.; Ildefonsum de Carthagena Burgens. episcopum, in Anacephalæosi Hispan.; Vassæum in Chronicis ann. 791; Lucium Marin. Siculum lib. I Hist. Hisp. cap. De sacris ædibus; et lib. V cap. ubi sacras ecclesiæ S. Salvatoris Ovetensis recenset reliquias, quæ quidem ab hac depromptæ arca fuere; Ambros. de Morales lib. XIII Hist. Hisp., in Vita Ildefonsi et Casto, sic nuncupati, cap. 38; Aldefonsum Venero in temporum Chronicis fol. 44; Jacobum Bleda Dominicanum in libro Miraculorum crucis, miraculo 61, ubi de cruce ab angelis fabrefacta circa annum 826; Ildefonsi vero 55. Adde dilucide scribentem P. Franciscum Portocarrerum in lib. De B. virginis Mariæ descensu in ecclesiam Toletanam, cap. 29 et 50, ubi catalogum reliquiarum apponit, non tamen integrum: is inseritur testimonio, quod ex voto peregrinis Ovetum proficiscentibus ad eas invisendas datur. Verba sunt: « Universis et singulis Christi fidelibus, has præsentes litteras inspecturis, notum facimus, quod Deus sua mirabili potentia quamdam arcam de lignis imputribilibus a discipulis apostolorum factam, Dei imaginibus plenam, ab

DCCLVI.

199. Eodem etiam anno, mensis Julii die 4, quidam de genere sancti Ildefonsi, primi nobilesque palatini, qui putaverant aliquando posse Toletum defendi, ac ob id detinuerant ejus ad Asturias translationem; jam defensione diffisi, effodiunt corpus sanctissimi consanguinei, civis et patroni Toletani, et ad urbem Zamoram efferunt; ibique cum thesauro cœlesti remanent; et illis morientibus memoria corporis excidit.

## P. HIGUERÆ ET D. LAURENTII NOTÆ.

urbe Jerosolymitana, tempore quo devastata est a Cosdra rege Persarum, transtulit Africam, ab Africa in Carthaginem, a Carthagine Hispalim, ab Hispali Toletum, a Toleto in Asturis ad montem appellatum Sacrum, et inde ad istam sanctam ecclesiam sancti Salvatoris, quæ dicitur Ovetum. Quæ quidem arca ibi aperta fuit, in qua aperientes multas arcellas aureas, argenteas et eburneas invenerunt; quas summa cum reverentia aperientes, viderunt quædam scripta, singulis reliquiis ibi reconditis alligata. Quæ omnia manifestissime declarabant. Inveneruntque magnam partem de sindone Domini, qua involutus jacuit in monumento, ejusque pretiosum sudarium, suo cruore sanctissimo insignitum, quo speciosissima ejus facies cum sacratissimo capite cooperta atque involuta fuit: quodque ter in singulis annis, ea qua decet reverentia, ostenditur; videlicet in festo solemni sanctarum dictarum reliquiarum, quod incidit die decima tertia Martii, ac Feria vi, in Parasceve, necnon in festo Exaltationis sanctæ Crucis, die decima quarta Septembris. Plurimum de vera cruce Domini; octo spinas coronæ Domini; de pannis in quibus jacuit involutus in præsepio: de pane cœnæ Domini; de manna, quam pluit Dominus filiis Israel; magnum fragmentum cultri B. Bartholomæi, quo fuit excoriatus; pallium quod dedit Regina cœlorum Ildefonso, archiepiscopo Toletano, etc. Et post quam aliæ multæ referuntur reliquiæ, sequuntur hæc: «In quorum fidem et testimonium nos decanus et capitulum almæ ecclesiæ Ovetensis has præsentes litteras exinde fieri fecimus.» Hactenus quæ inveniuntur apud Portocarrerum; plenius apud Pelasium Ovetensem, cujus insertum agnoscit, eique vindicat episcopus D. Prudentius de Sandoval in Hist. Sebastiani Salmantic. episcopi pag. 50, col. 2, et 51, col. 2; en accipe: «His igitur præmissis, quæ arca sanctorum gloriosissima teneat pignora, scripto subtitulavimus, eam manifestantes populis fidelibus. Tenet enim crystallinam ampullam cum cruore Domini fuso, reliquiæ latere illius imaginis, quam quidam Christicola vere in urbem secum adduxit; quoniam quorumdam Judæorum perfidia, ad depressionem veritatis Christi, Christi ligneam effigiem ligneæ crucis perforavit in latere, de quo exivit sanguis et aqua, ad ipsorum Judæorum perfidiam convincendam, et sanctæ Ecclesiæ fidem roborandam; de ligno Domini; de sepulcro Domini; partem ex spinea corona; de sindone Domini; de tunica Domini; de pannis ubi jacuit in præsepio involutus; de pane, quo saturavit Dominus quinque millia hominum; de pane cœnæ Domini; de manna, quam pluit Dominus filiis Israel; de terra montis Oliveti, ubi Dominus ascensurus pedes tenuit; de terra, ubi Dominus pedes tenuit, quando Lazarum resuscitavit; et de sepulcro ipsius Lazari; et quod est dignum summa veneratione, in Ecclesia sancti Salvatoris habetur, una sex hydriarum, in quibus Dominus in nuptiis aquam vertit in vinum, ut Evangelica monstrat veritas, integra. De lacte Matris Domini; de vestimento ejus; ipsum pallium, quod dedit ipsa Regina cœli Ildefonso, Toletanæ sedis archiepiscopo, pro laudibus in honorem sanctæ ipsius virginitatis celebratis (ubi ipse sanctus episcopus gloriosus contulit adversus hæresiarchas Eluidium atque Jovinianum) [a] sic dicens illi, circumstantibus tam angelorum quam et sanctorum multiplicibus choris,

DCCXVIII.

inenarrabili luce circumscriptis: Accipe hoc munus, quod tibi de thesauro Filii mei attuli. Manus sancti Stephani; sandale dextrum sancti Petri apostoli; frons Joannis Baptistæ; de capillis Innocentium, et articulos digitorum; de ossibus trium puerorum, Ananiæ, Azariæ, Misaelis; ex capillis, quibus Maria pedes Domini tersit; de petra montis Sinai; de pallo Eliæ; pars piscis assi et favi mellis. Est ibi vero clavis parvula, in qua est ferrum de catenis beati Petri apostoli inclusum, et crux, in qua est lignum Domini, et capilli beati Joannis Baptistæ; quod B. Gregorius papa ad B. Leandrum, Hispalensis Ecclesiæ archiepiscopum, transmisit. Multa præterea sanctorum ossa prophetarum; multa etiam aliorum sanctorum confessorum atque sanctarum virginum diversa pignora, ibi in capsis aureis et argenteis tenentur recondita: quæ nos scribere omnia ipsa abnegat infinitas. Crux ibi monstratur opere angelico fabricata spectabili modo. Nunc revertamur ad superiorem historiam unde incepimus.» Denique, ut bono reipublicæ litterariæ consulam, antiquum hujus arcæ monumentum, quod inter Tabularia Ecclesiæ Ovetensis asservatur, et mihi communicavit doctissimus vir Ludovicus Tribaldus a Toleto, nostræque laus Hispaniæ, transcribere non gravabor; tale est: «Reynando Sisebuto en España, en tiempo de Heraclio, quando Cosdra destruyo a Jerusalem; Philippo Presbytero tomo una arca, que estava en la casa santa, i avia sido hecha por mano de los discipulos de los Apostoles, de madera de setin incorruptible; i recogio dentro della las mas principales Reliquias que en la casa santa estavan, i embarcose con ellas la buelta de Poniente, porque no viniesen a poder de infieles. Desembarco en Tunez, donde estuvo hasta la era 658, que fue el año del Nacimiento de DCXX. de alli llevo esta arca Fulgentio Obispo Ruspensé a Cartagena en España, i de alli a Sevilla, i de alli a Toledo; donde estuvo hasta la destruicion de España, en la era de DCCLXIII, que es año de DCCXXV. yendose entonces perdiendo España. El Principe Don Pelayo, i el Arçobispo Don Urban de Toledo, la lleuaron con la casulla de san Illefonso, i otros libros i Reliquias, a Asturias; i puesta en Monte sacro, estuvo hasta en tiempo de Don Alonso el Casto su tercero año, que fue era de 850, que es año de DCCXCII, traida que fue con veneracion por este Rey a la santa Iglesia de Oviedo. Despues de algun tiempo la quiso visitar el Obispo Poncio, i salio tanta claridad, que cegaron muchos de los que assistian alli. Despues en la era de 1513. que fue el año de 1075, el Rey Don Alonso el Sesto fue alla desde Zamora en romeria con gran devocion, convocando los Obispos de Astorga, Palencia i Oviedo. Despues de muchas processiones, i plegarias, i ayunos, i sacrificios, permitio Dios, que se abriese tan gran tesoro, i se manifestase a todos. Cuyo catalogo es largo i maravilloso.» Quæ in hac descriptione ad chronologiam spectant, examinat accurate, ansam ad id ei præbente Pelagii episcopi Ovetensis historia, P. Franciscus Portocarrerus dicto lib. De descensu B. virginis Mariæ cap. 28. Pro coronide adduco Marietam lib. XXII, De civitate Ovetensi, et arca. D. L.

199. Anno 718, paulo ante captivitatem regiæ civitatis Toleti, delatum est Toleto Zamoram a quibusdam cognatis S. Ildefonsi, ejus corpus, ibique remanserunt deferentes. Quatuor ergo annis post

---

(a) Contra quos scripsit librum sy0onymorum. Vide ad id quæ notavit Hieron. de la Higuera num. 101, et quæ ibid. ego strictim tetigi.

DCCLVII.           DCCXIX.

200. Vigesima quarta die mensis Maii, festo sancti Urbani papæ et martyris, Feria sexta occupant Arabes Toletanam urbem, sub ea pactione, ut septem ecclesiæ remanerent pro Christianis Muzarabibus, ibidem manentibus, cum gravi etiam tributo.

DCCLX.           DCCXXII.

201. Synderedus, olim archiepiscopus Toletanus, interfuit et confirmavit quoddam concilium Romanum sub Gregorio papa II, nec multo post Romæ grandævus moritur, dolore confectus malorum Hispaniæ; ac in basilica Petri sepelitur.

202. Florebat civitas Granata, quæ et Illiberis Florentina; cujus prima domina Natta dicta quia.....

DCCLXII.           DCCXXIV.

203. Beba Anglo-Saxo, monachus Benedictinus, floret.

204. Joannes Mansur, Damascenus, vir doctus et pius.

DCCLXIII.           DCCXXV.

205. Synodus Orientalium contrahitur in Tyro, pro defensione sacrarum imaginum, Joannis Damasceni opera.

DCCLXIV.           DCCXXVI.

Hoc anno habita est sancta œcumenica synodus Romana contra hæreticos Iconomachos.

DCCLXV.           DCCXXVII.

206. Flavius Eutychius patricius succedit in officio Paulo exarcho Ravennatum; fuit vir egregius et præstans. Toleti celebris est memoria sanctorum Justi et Abundii sub Numeriano in Bætica passorum, a tempore S. doctoris Isidori, qui illos eleganti hymno decoravit.

DCCLXVII.           DCCXXIX.

207. Synodus Constantinopolitana contra imagines.

DCCLXVIII.           DCCXXX.

208. Gregorius II obiit Romæ III Idus Februarii.

DCCLXIX.           DCCXXXI.

209. Gregorius III succedit in sede Petri Gregorio II.

DCCLXX.           DCCXXXII.

210. Synodus collecta Augustæ in Germania a S. Bonifacio.

DCCLXXII.           DCCXXXIV.

211. Theodorus episcopus XLIV Mediolanensis, et S. Bonifacius, primus Archiepiscopus Moguntinus, florent.

212. Urbicarius, primus archiepiscopus Viennensis, celebratur.

## P. HIGUERÆ ET D. LAURENTII NOTÆ.

mortem Roderici delatum est Toleto corpus sanctissimi doctoris et civis Toletani Ildefonsi. P. H.

200. Magna varietas inter auctores, quonam anno capta fuerit civitas Toletana. Rodericus putat paulo post ingressum et dominationem Saracenorum. Sed noster hic auctor, et Julianus, atque alii putant anno 719. Et supposito tanquam vero fundamento, hoc quod capta est et restituta Christianis die Dominica 25 Maii, die S. Urbani, ex ratione astronomica necessarium est, ut incidat in annum 1085, ut Annales Toletani testantur, docetque donatio quædam facta Cellænovæ IV Id. Augusti, æra 1123, id est, anno 1085, « tempore serenissimi princip·s Aldefonsi, in anno quando pressit Toletum a Saracenis. » Hoc tanquam firmo jacto fundamento, ex privilegio regis Adefonsi, quod vocatur « Dos S. Ecclesiæ Toletanæ, » æra 1124, XV Kalend. Januarii, anno, et fere septem mensibus a captione civitatis, ait sic ibi: « Quæ civitas abscondito Dei judicio 366 annis fuit a Mauris possessa. » Retrocede cum supputatione ab anno 1085, quo recepta fuit, ad annum 719, numerantur æqualiter anni 366, ita ut nec redundet, nec supersit, nec desit ullus annus. Eodem igitur die, quo capta fuit, recepta est, scilicet die 25 Maii, capta Feria VI, recepta vero die Dominica, festo sancti Urbani papæ et martyris P. H. De captivitate Toleti diximus ad num. 87. D. L.

201. Synderedus interfuit cuidam synodo Romanæ; posteaque moritur, et in æde S. Petri principis apostolorum sepelitur. De synodo plures in conciliis, Garibay, Morales et alii. P. H.

202. *Florebat civitas Granata, quæ et Illiberis Florentina*. Ex lapidibus legendum *Illiberris*, et dice-

batur *Florentina*. Sic invenitur sculptum in quodam lapide, qui Granatæ in magno habetur pretio dicato Furiæ Sabinæ, videlicet:

```
FVRIÆ SABINÆ TRANQVI
LINÆ
       AVG.
CONIVG. IMP. CÆS. M. AN
TONI. GORDIANI. PII. FEL.
AVG. ORDO. M. FLOR. ILLI-
BERRITANI. DEVOTVS. NV-
MINI
MAJESTATIQVE. SVMPTV
PVBLICO POSV̄
       D. D.
```

Et in alio etiam:

```
II. VI. CORNE
NICIPI FLORENTINI
ILLIBERRITANI. DEVOTVS
ORDO. NVMINI MAJESTATI
QVE. SVMPTV PVBLICO POSVIT
CORNELIÆ
F. SEVERINÆ
FLAMILÆ
AVG. MATRI
VAL. VEGETI
   CONSVLIS
   FLORENTINI
   ILLIBERRITANI
       D. D.
```

Hujus Valerii Senecam mentionem facere autumo, dum cum Hispanum oratorem agnoscit. Horumque lapidum meminit Licentiatus Franciscus Bermudez

DCCLXXVIII.

213. Gregorius III obiit IV Kalend. Decembris.
214. Leo imperator obiit Constantinopoli XIII Kalend. Julii.

DCCLXXIX.

215. Zacharias monachus, ex presbytero cardinali creatur papa Kalend. Decembr. consecratur III Nonas Decembr.

DCCXL.

DCCXLI.

216. Quarta die Octobris moritur Toleti sanctus vir Julianus, cognomento Urbanus, vir pius, doctus et excellentis spiritus; nec multo post S. Evantius archidiaconus.

### P. HIGUERÆ ET D. LAURENTII NOTÆ.

de Pedraza in libro, cui affixit titulum, *Antiguedad y excelencias de Granada*, lib. II, cap. 7, pag. 35 et 36, ubi docte explicat. Addo Julianum in Adversariis num. 175, « Illiberis, vel municipium Florentinum Illiberritanum, idem est; et Illiberitani, seu Florentini. Pro quo in quibusdam corruptis codicibus legitur, Liberini. Ex hoc municipio progressi sunt quidam ante Christi natalem, qui condiderunt in Italia civitatem Florentinam.» Dixerat in Chronico n. 22: « Basilius civis municipii Florentini, ibi (*lege* vel) Illiberritani, etc. et in Adversariis num. 174; Basilius (*id est*, Basileus) civis municipii Florentini Illiberritani.» Plena, erudita, cultaque manu cumulat, disponit, judicioque integerrimo decidit doctor Gregorius Lopez Madera a Consiliis Philippo Hispan. regi catholico, in sacro suo Monte-Granatensi cap. 25, ubi Dom. Didacum de Mendoza in historia belli Granatensis, et Hieronymum de Çurita in Annal. lib. XX, cap. 42, refert. Ad virum doctum illum, tanquam digito ad fontem intenso, te mitto; operæ pretium, si evolvas, erit; D. Ferdinandum de Mendoza, in concilio Illiberitano, lib. I, cap. 1, pag. 4, 5 et 6, qui hos et alios recenset lapides.

De *Natta* varii varia; multa idem D. Gr. Lopez Madera scribit eodem libro cap. 17, et Covarruvias in suo Thesauro linguæ Hispan. verbo *Granada*. Ea vero quæ desunt, in autographo haud possunt legi; conjecturam faciat lector, et suppleat.

216. De morte S. Urbani, quo die fuerit, nos docet noster Liutprandus, scilicet « die 4 Octobris, anno 741 non Toleto captum anno 22, sancte moritur, Feria VI. » Sed dubitari solet num sit annumerandus inter Toletanos antistites. Primo, quia in nullo catalogo veterum, scilicet in S. Æmiliano, nec in Toletano sacrario, a tempore regis Adefonsi VI scriptus invenitur. Secundo, quia Pelagius episcopus Ovetensis bis vocat illum veterem Melodium regiæ civitatis Toletanæ, ejus sunt hæc verba: « Per idem tempus Frodoarius Accitanæ sedis episcopus Urbanus, Toletanæ sedis urbis regiæ cathedralis veteranus Melodius. » Et paulo post: « Per idem tempus, ait, viri doctores, et sanctimoniæ studio satis pollentes Urbanus et Evantius, satis læti ad Dominum pergentes, requiescunt in pace. » Tertio, quia non potest admitti una eademque sedes duos pontifices viventes; vivebat autem Romæ Synderedus cum electus est Urbanus; non videtur ergo fuisse pontifex Toletanus. Nihilominus tamen D. Rodericus, archiepiscopus Toletanus, non semel vocat eum Toletanum archiepiscopum, et Historia generalis Hispaniæ; Lucas Tudensis, D. Garsias Loaysa archiepiscopus Toletanus; bis, semel in catalogo, iterum agens de primatu ecclesiæ Toletanæ, de quo postea: ante hos Luitprandus auctor fere 700 annorum, et Julianus archipresbyter, D. Garivayus, Morales, Mariana; ego in Historia Toletana, doctor Blasius Ortizius canonicus Toletanus, Alcozer lib. II, cap. 5, Er. Joannes Marieta, et alii. Argumentis vero sic satisfit. Ad primam respondetur, catalogos Toletanorum antistitum esse mire diminutos. Ad secundum, non tanti faciendam esse Pelagii auctoritatem, ut illam præferamus testimoniis tot auctorum, qui Pelagii scripta non semel versarunt: et hanc opinionem sequitur M. Alvarus Gomezius in Vita ipsius Urbani pontificis. Ad tertium, credendum est de sanctitate Synderedi, non fugisse, sed ivisse Romam impulsum injuriis, quas accipiebat ab Oppane, et, si animus illi fuit non revertendi Toletum, libere resignasse; ac ideo Toletanos sacerdotes, consulto rege Roderico, elegisse sanctum pontificem Urbanum. Non potest aliud sentiri nec dici, vel de prudentia sacerdotum Toletanorum, et Evantii archidiaconi, ut contra jus fasque viventi Synderedo sufficerent Urbanum; vel de sanctitate ac animi moderatione Urbani, ut contra justitiam electus suam admitteret electionem. Canonice igitur electus, non ambitione dominandi, sed voluntate Deo patriæque serviendi pontificatum adiit. De quo præter laudes Pelagii pontificis Ovetani cap. 18, lib. III : « Viri autem longævi (de quibus diximus) Urbanum virum sanctimoniæ in episcopum elegerunt. » Sic Garsias Loaysa fol. 278; concil. Toletan. « Urbanus, inquit, præsul, eo quod Synderedus abiisset, primatus honorem suscepit. Qui, ut erat vir sanctus, constanti et forti animo invictoque insignem illam sustinuit calamitatem, cui multum adjumenti ad pondus miseræ servitutis ferendum attulit Evantius archidiaconus Toletanus. Erant enim ambo præclara docti disciplina, et ea cognitione ecclesiastica informati, qua Toletanam Ecclesiam sanctissimus instruxerat Ildefonsus. Urbanus igitur in tanta rerum commutatione non destitit, quibus potuit, rebus providere; libros complures, sacras divorum reliquias atque corpora studiose ac accurate collecta, et in capsam summa cum veneratione inclusa, in montanos Astures diligenter portanda curavit. Hæc vero beata capsa in ecclesia Oveti postea cum multis aliis reliquiis sancte collectis magna cum pietate hodie colitur, et ibi illa asservatur; Cameræ sanctæ nomen est inditum. Miserandis Urbani temporibus, divinus cultus et sacramentorum usus cœpit Toleti magna ex parte immutari imminuique; illa namque amplitudo, summaque auctoritas præsulis Toletani ad sex tantum parochias, et exiguum fidelium numerum redacta, iniquis admodum finibus inclusa est. Nec satis fuit paucitate esse imminutos; verum, qui superfuerunt fideles, assidua Maurorum familiaritate et consuetudine usi, et sævissima persecutione deterriti, in religione Christianisque institutis turpiter fluctuare cœperunt; quos ut firmos in fide efficerent, et ad pericula subeunda excitarent, curam et studium maximum adhibuerunt Urbanus, Evantius aliique pii. » Alvarus Gomezius putat mortuum Oveti, nec ob mœrorem et animi dejectionem, ac ætatis ingravescentis justum impedimentum rediisse. Sed penes me plus habet ponderis, quod iste sciebat esse se pontificem Toletanum, nec excusabatur in tanta rerum perturbatione ac ovium periculo, illas in manibus luporum relinquere. Venit citra dubium Toletum, ibique anno 744 mortuus est; sepultus que (ut opinor) in æde S. Justæ, quæ tunc erat sedes et cathedra Toletanorum pontificum. Vir dignus immortalitate, qua fruitur; et qui referretur in catalogum sanctorum, ut etiam Gundericus ab illo tertius. Sed bene est, quod illi multique alii pontifices Toletani sanctissimi scripti sunt in æterno libro vitæ, quam assecutos pie credo. D. L.

## APPENDIX AD LIUTPRANDUM.

### DCCLXXXII.

217. In Carpetaniæ finibus multæ virgines moniales Benedictinæ, ne violarentur a Mauris, a Deo consecutæ sunt ut a terra absorberentur; quædamque campanula statis diei horis, qua vocante conveniebant ad preces, auditur.

218. Hoc loco nonnulli ponunt Suineredum, et annos 11 dicunt ab illo gubernatam sanctam Ecclesiam Toletanam, in miserrimo temporum et rerum afflictarum quidem successu.

219. In Carpetania, tractuque Aurelianensi S. Veranus exsulat, episcopus Tarraconensis. Colitur die 19 Octobris.

220. Pelagio divinitus in spelunca liberato, succedit filius Froila; Froilæ vero Aldefonsus catholicus gener.

### DCCLXXXIV.

221. Petrus, cognomento Pulcher, regit Ecclesiam Toletanam post Concordium, et prius alios annos quinque. Fuit hic scriptor nobilis, et acerrimus fidei defensor.

### DCCXLIV.

### DCCXLVI.

#### P. HIGUERÆ ET D. LAURENTII NOTÆ.

217. Idem refert Julianus in Adversariis n. 550 : « Frequenter in quibusdam Hispaniæ locis audiuntur subtus terram sonitus campanarum; ubi creduntur fuisse monasteria sacrarum virginum, quæ, ne venirent in manus salacium Maurorum, petierunt a terra sorberi, ut in jugis Carpetanis prope Margelizam in Carpetania in templo S. Quiteriæ, et alibi. » D. L.

218. Luitprandus Urbano sufficit *Suineredum*: hunc vocat catalogus Ecclesiæ Toletanæ *Sugifredum*, Loaysn *Sumeredum*, et Julianus archipresbyter; alii vocant *Sunideredum*. Ejus meminit Garivayus, Morales, Mariana, Loaysa in catalogo, quem texit super concilium Toletanum sub rege Flavio Gundemaro. Substituunt Urbano Cixilanum. Dat illi Luitprandus 11 annos, Julianus Toletanus 6; codex Loaysæ 20. Non dubito quin fuerit vir sanctissimus, ut illa tempora, vere calamitosa et infelicia, vehementer postulabant. Nec enim de providentia divina aliter sentiendum est, quin rebus afflictis, et propemodum desperatis, tales exhibeat pastores, qui vitæ exemplo præeant, et doctrinæ salutaris pabulo commissas oves passim reficiant. Gothicum fuisse pontificem hunc, nomen præ se fert; et fit mihi maxime verisimile, fuisse in ecclesia Toletana nutritum, mortuumque, in ecclesia Toletana S. Justæ sepultum. P. H.

219. Aurelia in Carpetania oppidum est, non procul ab Ocania: ibi dicit Luitprandus exsulasse S. Veranum, a Mauris, ut creditur, illuc missum; vel, quod magis credo, Tarracone, se illuc contulisse, ut se contulit Acci Frodoarius, episcopus Accitanus, Toletum. Fuit vir sanctus. In tabulis Aurelianensibus talis episcopus non exstat: dicitur fuisse Tarraconensis; agitur ejus dies festus die 19 Octobris, sic in Martyrologio Romano recentiori hoc die: « In territorio Aurelianensi S. Verani episcopi. » Putat Baronius hunc esse pontificem Cabilonensem, quia Gregorius Turonensis agit de illo lib. IX, cap. 4, his verbis: « Erat enim eo tempore ipse pontifex magnis virtutibus præditus, ita ut plerumque infirmis signum virtutis imponens, statim sanitatem, annuente Domino, restitueret. » Floruit anno 580. Sed hic alius est: nam sedes et tempus et locus id facile monstrant videnti. Fuit alius Veranus episcopus Lugdunensis, ad quem scribit S. Hilarius papa: et Petrus de Natalibus lib. X, cap. 50, ponit Veranum Gabalitanum episcopum, tempore imp. Valentis. Crediderim, hunc sanctissimum pontificem Veranum Toleti multos annos altum, et Urbani facultatibus sustentatum, donec in tractu Aureliæ, vel Aureliano, in Carpetania felices dies obiit: et, ut credi par est, Toletum est ejus sanctissimum corpus allatum. Nam ad hanc regiam urbem, licet a Mauris possessam, tanquam ad domicilium pietatis, et portum naufragorum tutissimum, episcopi e suis sedibus confugerunt, ut Odoarius, Clemens, Veranus, et alii. Quod non parum auget pietatis studium, a quo semper hæc regia civitas uti solet in calamitosos et miseros episcopos. In quo certe servatur canon 21 concilii Sardicensis; ubi præside Hosio Cordubensi præcipitur, ut episcopi a suis sedibus pulsi, in aliis civitatibus recipiantur benigne et humane, ut dicti tractati sunt. ID.

221. Mira varietas est inter auctores de Petro Pulchro; nam nulla Diptycha Toletanorum pontificum vetus illum habet. Vasæus testatur se legisse in Pelagio Ovetensi; at, qui penes me est, ejus non meminit. Vasæum sequuntur D. Garsias Loaysa, Magister Alvarus Gomezius, Luitprandus, Julianus archidiaconus S. Justæ; sed in modo ponendi ac loco discordant. Vasæus ponit post Cixilanem; in catalogo Wormatiensi ponitur post Concordium ante Cixilanem; in Luitprando anno 746 post Suineredum et Concordium; sic etiam Julianus: quos ego sequendos duxi. Sic de illo Garsias de Loaysa in Gundemaro: « Toletum vero, licet in Maurorum ditione esset, primatus jure et auctoritate utebatur: nam in defuncti Cixilæ locum Petrus, qui propter elegantem corporis formam Pulcher cognominatur, cooptatus est. Fuit litteris apprime eruditus, et in religionis observantiam et pietatem ita accensus, ut non modo in urbis suæ curam sollicite incumberet, omnibusque periculis diligenter provideret, verum etiam aliorum Hispaniæ præsulum necessitatibus consulendum arbitraretur. Nam cum ad eum pervenisset, Paschatis computum rite et canonice Hispali, non observari, ad episcopum et Hispalensem clerum super ea re scripsit quid tenendum esset. Quod vero attinet ad Paschatis computum, ex conciliorum decretis nemini licebat, præterquam primatibus episcopis, quid constans et firmum esset decernere. Sic stabilitum est in concilio Carthaginensi III, can. 1 et 12; Tolet. IV, can. 4; Brachar. II, can. 9; concil. I Arelat. c. 4. » Magister Alvarus Gomezius, ingenii et judicii laude præclarus, in Vita Petri docet adeo castimoniæ custodem et amicum fuisse, ut a Froilane rege contenderet, ut legem conderet, qua abrogaret turpissimas et incestas sacerdotum et clericorum nuptias, quæ superfuerant in Hispania ex concessione præcipitis Witizæ; post quinque annos sacerdotii, ætatis et mœroris damno confectus, in fata cessit. Nec enim sine gravissimo dolore poterat videre injurias, quas a Mauris Toletum ferebat; sepultusque est, ut ejus prædecessores, in æde S. Justæ. Suspicor librum misisse ad Heeram archiepiscopum Hispalensem, qui præerat Ecclesiæ illi per hoc tempus. Credo hunc Petrum positum in canone Gothico. Successit illi Concordius: cujus meminerunt tres diptychæ Toletanorum archiepiscoporum, Wormatiensi, Juliani, Luitprandi, Ortizii, Moralis, Garivayi, Toletani Petri, Zamalloæ, et D. Garsiæ Loaysæ. Hunc ponit Alvarus Gomezins sæculo Silonis, sed fallitur, quia præcedit Cixilanem et Elipandum, qui in Silonis incidit ætatem, et ad illum scripsit, ab eoque litteras accepit: et in catalogo D.

222. Hoc tempore scribit etiam Toleti, jam ætate ingravescente, diaconus Julianus Lucas, qui de rebus Hispaniæ libros edidit.

DCCLXXXVI.                                    DCCXLVIII.

223. Etiam florebat Toleti sanctissimus vir Odoarius [al. Frodoarius] episcopus Accitanus, et Joannes episcopus Hispalensis, qui sacras Scripturas de Latino transtulit in Arabicum, quæ jam in Hispania lingua vulgaris erat; in exiguo fuit usu lingua Latina.

224. S. papa Adrianus scribit ad Egilanem episcopum Illiberitanum, ex abbate monasterii Agaliensis Toletani.

225. S. Urbicius asportat corpora sanctorum martyrum Justi et Pastoris intra urbem Complutum, id est, *Guadalfaxaram*, ex Campo laudabili, ubi prius sepulta fuerant et reperta divina revelatione ab Asturio Serrano; translata primum in Galliam, deinde prope civitatem Hoscam.

226. Egilæ, abbatis Agaliensis, et episcopi post Illiberitani, Toleti celebris est memoria. Hic in urbe *Tadere*, seu *Secura*, natus.

### P. HIGUERÆ ET D. LAURENTII NOTÆ.

Loaysæ ponitur anno 760, Cixila 775, Elipandus 784. Nullo ergo modo potuit incidere in tempora Silonis; qui cum novem annis regnasset, in Cixilanis ætatem incidit, ut ex litteris jam dictis manifeste patet. Mortuus est Concordius anno 775 post quindecim annos pontificatus, et multos labores exantlatos pro tuendo grege suo, et defendenda Christi religione; quos ut abundasse magis ærumnis mihi certum est, sic divinitus maximis refectos visitationibus, et sanctitatis laude vehementer floruisse, mihi persuadeo. P. H.

222. Julianum Lucam, natione Thessalonicensem, hoc tempore Toleti floruisse, et res gestas illorum temporum posteritatis memoriæ mandasse, præter Florianum Occampum, testantur Garivayus et Luitprandus. Vide quæ dixi de Juliano Luca in Adversariis num. 36. Ip.

223. De Odoario episcopo Accitano, Pelagius Ovetensis, Rodericus, generalis Historia, et alii. De Joanne Hispalensi sic Rodericus lib. iv, c. 3; « Fuit apud Hispalum gloriosus et sanctissimus Joannes episcopus, qui ab Arabibus Caut Almatram vocabatur, et magna scientia in lingua Arabica claruit, et multis miraculorum operationibus gloriosus effulsit: qui etiam sacras Scripturas catholicis expositionibus declaravit, quas ad informationes posterorum Arabice compositas reliquit. » Alvarus Gomezius et alii putant archiepiscopum Toletanum. D. L.

226. Tader nomen est fluvii, dicti *Segura*, qui Murciam urbem prætergreditur, et in mare, non procul hinc, se exonerat. Urbs dicta *Securis*, prope quam nascitur Tader. P. H.

*Tadere*, seu *Secura*, natus. Idem refert Julianus in Chronico num. 388. « Egila Tadere civitate natus, quæ nunc Secura, abbas Agaliensis, sanctitate doctrinaque florebat Toleti. » Frequens mentio est de Tadere civitate sub nomine *Securæ*: nam in divisione sedium facta a rege Wamba, assignans ipse terminos episcopatus Mentesani, ait : « Mentesa; hæc teneat de Eciga usque Securam ; de Lila usque Puxilena. » Et ubi de Accitana sede : « Acci ; hæc teneat de Secura usque Montaneam ; de Arcatel usque Carachuel. » Optime, ut ei moris est, doctissimus religiosissimusque amicus noster P. Franciscus de Bivar, ad Fl. Dextrum anno 308, com. ii, num. 5, explicat, quod nomen *Securæ* non erat sub Wamba novum, ut patet ex Idacio anno 925. Intus oppidum, callis quidam est vulgo dictus *Phœnicis*, qui creditur factus a Phœnicibus : ii enim aliquando ibidem habitarunt ; est callis fornicibus et arcubus operis antiquissimi structus. Nec legentibus Historiam id dubium esse potest ; cum manifeste liqueat Romanos et Carthaginenses, vel ibidem resedisse, vel frequentasse, concursasseque. Festus Rufus Avienus, agens de fontibus Theodori fluminis, et ejus vicinia, sic scribit : « Ista Phœnices prius loca incolebant. » Tempore tamen Romanorum, quonam

A nomine *Secura* appellata fuerit, non affirmant auctores. Molezius in Observationibus ad Ptolemæum asserit esse *Seguisam*. Nec abludit situs, quem illi dat Ptolemæus, tribuens undecim gradus et semis longitudinis, triginta octo et semis latitudinis ; et quemadmodum octo leucæ sunt longitudinis a *Secura* ad fontes Bætis, sic a *Seguisa* ad eosdem fontes. Nec parum astipulatur, cum nomen *Segura* videatur corruptum a *Seguisa*. Idem est judicium Antonii Nebrissensis, quam optime de tota Hispania meriti. Alii dicunt habuisse nomen fluminis : neque enim insolens est urbes et flumina eodem nomine gaudere. Confirmat hoc Julianus in Chronico num. 178, qui ex ms. Higueræ sic venit corrigendus : « Securæ, quæ et Tader etiam dicitur a propinquitate fluminis, per ejus terminos interlabentis, nomine sancta Briana, virgo sanctissima. » De quo flumine, id est genus aliis, docte Bernardus Joseph de Aldrete in Origine Castellanæ linguæ, lib. i, c. 15, pag. 102. Dicta est quondam *Altamira*, ut specula, unde maximus in omnes partes est prospectus : e *Secura* namque multæ regiones æstimari poterant. Hinc corrupte dicta *Copea*, quasi *Scopeum*, et *Dianium* dictum *Meroscopeum*, quasi *diurna specula*. Tempore Saracenorum *Toman*, vel *Odonam*, nuncupata, id est *Securitas*; quod locus sit inaccessus et tutus. Si liceat autumare, non abs re erit conjectari, deam *Securitatem* ibidem Romanis in cultu fuisse ; quæ pingebatur sedens in quadam sella regia, manu ad malas admota, et altera virgam tenens. Exstat nummus æreus, quem apud me servo, cum hac inscriptione :

NERO CLAVDIVS CÆSAR AVG. GERMAN. PONT. MAX. TRIB. POTES.

in altera facie,

SECVRITAS AVGVSTI.

cum ejus deæ effigie.

Alterum numisma est M. Julii Philippi in facie,

IMP. M. AVRELII SECVRITAS PERPET.

in reverso,

SECVRITAS ORBIS.

Habet dea *Securitas* in altera manu cornu copiæ. In aliis nummis SECVRITATI PERPETVAE inscribitur. In nummo Antonini Pii, SECVRITAS dea lauro redimita visitur, cum hac inscriptione :

SECVRITAS PVBLICA.

Ideo in hoc oppido hæc dea colebatur, quia *Secura* dicebatur. Igitur aliquando *Taderem*, nonnunquam *Seguisam*, et *Altamiram* ; postremo dictam hanc civitatem *Securam*, non immerito affirmare possumus. De *Secura*, et ejus flumine, Rasis historicus Saracenus, quem beneficio doctissimi eruditissimique viri cunctis æquabilis (ut cum Tacito loquar) D. Bern. Joseph de Aldrete, Hispano sermone manuscriptum habeo : « E termino de Lerida con el de Tarragona ; è Lerida yace al Setentrion de Tarragona contra el

227. Sub Egila floruit Toleti Venantius monachus, qui fecit Homiliam S. Adelphi, Toletani pontificis; quæ falso ascribitur Petro episcopo Ravennati.

228. Passus est Ledesmæ, quæ Latine *Bletissa* dicitur, S. Nicolaus, puer undecim annorum, dictus, cum erat Saracenus, nomine patrio *Halli*, Alcamanis Saraceni reguli filius, Galafri regis Toleti frater; Gallianæ, conjugis Caroli Magni, patrui [*al.* patruus], et cum eo duo presbyteri Muzarabes Christiani, Nicolaus et Leonardus, pridie Kalend. Novembr.

DCCXC.　　　　　　　　　　　　　　　　　　　　　　　　　　DCCLII.

229. Cixilla, Petri Pulchri archidiaconus, fit Toleti pontifex. Præest annos 21 sub Juceph [*al.* Juphed] et Abderamam, regibus Toleti.

## P. HIGUERÆ ET D. LAURENTII NOTÆ.

sol levante de Cordova, è yace sobre el rio de Segre [*al* Segura*], è este rio sale de la Sierra Segura. E quando fundaron esta villa, toma este rio en el termino de Pilares, è este rio entra en el Ebro so un Castillo que a nombre Menaça o Viçueça. E este rio da oro fino, lo que non dan otros rios: è entra en este rio otro rio, que ha nombre Vocaira: è este, è los otros rios entran en el rio de las Olivas, que llaman Cleridas. » Non est prætereundum flumen *Taderem* transire per oppidum *Cieça*, quod puto esse *Viçueça*, et hoc illud *Menacem*: quod nonnulli etiam *Malachæ* tribuerunt: unde Festus Rufus Avienus libro De littoribus Hispaniæ sic declarat, ex editione Lugdunensi Jacobi Chouet, anno 1596.

Malachæque flumen, urbe cum cognomine,
Menace priori quæ vocata est sæculo.

Strabo lib. III id reprehendit his verbis, ex versione Guilielmi Xylandri, et recensione Isaaci Casauboni: « In hac ora prima urbs est Malaca, tanto a Calpe, quantum ab hac Gades, intervallo. Ea habet emporium, quo utuntur qui in opposito littore vivunt, multumque ibi conficitur salsamenti. Sunt qui hanc eamdem putant cum Mænaca, quam ultimam Phocæorum versus Occasum civitatem accepimus. Sed errant: nam Mænacæ longius a Calpe dissitæ atque eversæ rudera, Græcanicæ urbis vestigia retinent: Malaca magis ad Punicæ formam accedit. » Ex quibus, quasi per transennam, notandum *Mœnacem* et *Malacam*, non eamdem esse urbem, imo longe inter se dissidere. Hinc *Mœnaca* longe abest a Gadibus et Calpe: *Malaca* est ultima littoris maris nostri, occasum versus; et *Mœnaca* multum quidem est orientalior: *Malaca* urbs formæ Punicæ, *Mœnaca* vero Græcanicæ: atque ob id puto hanc esse, de qua locutus est Rasis historicus; a quo denique *Secura* vocatur *Tademir*, his verbis: « Parte el termino de Jaen con el de Todemir, *quasi dicat Tadermira*, yace Todemir al sol de levante de Cordova, è Todemir es muy apreçiado lugar, è de muy buenas arboledas, è toda su tierra riegan dos rios, assi como fazen en tierra de promission, que ha buena propiedad de tierra natu. al. E aqui ay veneros de que sale buena plata. E Tademir a junto assi todas las bondades del mar, è de la tierra. De Todemir a Cordova ay andadura de quatro dias de home de à cavallo. » Licentiat. Joannes de Robles in Historia apparitionis S. Crucis de *Carabaca*, cap. 1, pag. 3, pro Theodomira *Carabacam* accipit; et ab eo noster doctissimus vir, ingenuarum artium ingenuus professor Ludovicus Tribaldus Toletus in sua Epænesi Iberica pag. 31.

Christiferæ splendore crucis Thedomira coruscat.

Sed quod magis mirere, anno 1519 hoc oppidi nomen Todomir adhuc in usu erat; sic inveni scriptum in libello, cui titulus: « Question de Amor, » in ipso principio: « Un cavallero, que Vasquiran avia nombre, de naçion Española, natural de la ciudad de Todomir. » Olim fuit regni solium, ut ex privilegio imp. Adefonsi, comitis Raimondi filii, patet; quod concessit Petro Ecclesiæque Auriensi (ut in Tabulario hujus sedis servari audio) æra 1195, ubi confirmat inter alios rex *Securæ*, qui subditus

erat hujus imperatoris. Noster Luitprandus de *Tadere* in Adversariis, num. 291, ubi de *Munda* fluvio, et civitate, ubi dicimus; Julianus item in Adversariis num. 365 et 366. Stemmata *Securæ* securis et pinus erant. *Pinus* insigne fuit apud Romanos Cybeles matris deûm; quam tutelarem eos habuisse in civitate antiquissima *Secura*, possumus non immerito suspicari. *Securis* vero significat, in illa Romanorum vana disciplina, *Jovem, Libra deum;* quia *libris* lingua Lydorum *securis* est, ut testa ur Pierius lib. XLII Hieroglyphicorum, verbo *securis*. *Securis* vero significat securitatem in suppliciis inferendis. Inde est quod reges Lydorum, et consules ac magistratus præferebant lictores cum securibus. Demosthenes vocabat Phocionem securim, quia singula quæque secabat; et sic adeo pollent *Securenses* acie ingenii, ut omnia dissecent, rimentur et intelligant. D. L.

227. Egila fuit abbas Agaliensis miræ pietatis in Christianos afflictos. Hunc puto postea fuisse episcopum Illiberitanum, ad quem scribit dominus papa Adrianus, et ad Joannem ejus archipresbyterum. Versabantur multi tunc errores in Hispania, partim ignoratione bonarum litterarum, partim ingruentibus pristinis abusibus circa celebrationem Paschæ, jejunium diei Veneris et Sabbati, circa castitatem clericorum. De quibus et aliis sic Baronius tom. IX, anno Domini 1295, num. 12: « Scripsit ad alios, ut ad Egilam in Hispania episcopum, ipsumque hortatur de fide orthodoxa tuenda pro jejunio sextæ feriæ et Sabbati celebrando. Idem Adrianus ad Egilam, seu Joannem presbyterum, de conservatione castimoniæ in Hispaniæ partibus prædicanda epistolam scripsit; et de paschali festivitate, ut eo tempore celebretur, quando a Romana celebratur Ecclesia. Item eum monet de prædestinatione hominis, sive ad bonum sive ad malum, de coinquinatione eorum tam in escis quam in potu, de diversis erroribus, et eorum pseudosacerdotibus, qui vivente viro sortiuntur uxores; de libertate arbitrii, ac de multis aliis capitibus, in partibus illis contra fidem catholicam exortis. In fine eos hortatur ut omnes sint concordes, et canones servent, ut omnes non obedientes salubribus præceptis excommunicent. » Interim illud oportet observare istum Egilam abbatem impetrasse ab Adriano pontifice, ut ab Wilichario, Galliæ Senonensi archiepiscopo trigesimo octavo, consecraretur; postea jam consecratus misit Romam Serranum diaconum, et Victorianum clericum cum litteris, ac de multis quæstionibus consilium petiit; quod et pontifex lubens communicat, modo Romanæ sedi sese subjiciat, ac characteres pontificios amplectatur, seque opponat illis qui jejunia Feriæ sextæ et Sabbati rejiciebant, ut patet ex epistola ad eumdem Egilam episcopum. P. H.

228. S. Nicolai martyris Ledesmæ passi hoc anno pridie Kalend. Novembr. exstat Vita eleganter scripta a doctore Fr. Joanne Ægidio, monacho Franciscano; et in ejus sepulcro, et in libris bibliothecæ S. Francisci Zamorensis asservatur. Fuit insignis martyr; et ibi habetur in magna veneratione. ID.

De Joanne Ægidio, et ejus operibus, diximus in epistola prosphonetica ad Julianum. D. L.

229. De *Cixila* fit mentio in omnibus Diptychis

DCCXCIV.                                                     DCCLVI.

250. Hoc anno delatum est corpus S. Leucadiæ-virginis et martyris, Toletanæ civis et patronæ, Ovetum Toleto per Argericum abbatem Agaliensem, et Petrum abbatem S. Leucadiæ, et Andream Muzarabem Abenlupi Ficulnei filium, et alios viros Toletanos primores.

DCCCIX.                                                      DCCLXXXI.

251. Sub hoc tempus venit Toletum Carolus Magnus sub rege Galafrio, ejusque filiam Gallianam, Christianam factam a Cixillane pontifice Toletano, duxit uxorem; pro qua singulare certamen inivit cum Bradamantio, regulo Complutensi, vel Guadalfaxaræ, vastæ molis torvique vultus gigante; quem in prælio victum interfecit.

252. S. Urbicius, S. Bafardi [*leg*. Bassacii] abbatis Benedictini discipulus, in Valle-nocea [*lege* Valle-Nocita, *et vide Fr. Diegum in* Antiquit. Hoscæ *lib*. II, *c*. 53, *fol*. 275, *col*. 2. D. L.] floret : colitur Kalend. Novembr.

### P. HIGUERÆ ET D. LAURENTII NOTÆ.

episcoporum Toletanorum; qui scripsit vitam S. Ildefonsi, et epistolam ad Silonem, et responsionem ejus ab illo suscepit; quæ litteris exarata Longobardicis olim asservabatur in ecclesia Toletana. De quo sic illustriss. Loaysa in Gundemaro : « Idem, inquit, munus Cixila non minori diligentia præstitit. Is enim pietate et disciplina Spiritus sancti conspicuus. » Hæc ille. Fuit hic archidiaconus Petri Pulchri, ex ipso Luitprando. P. H.

250. Anno 756 delatum est corpus S. Leucadiæ Toleto Ovetum. Causa transferendi corpus hæc est, quod Abderrahman rex Cordubæ, seu Miramolinus Saracenorum, instinctu quodam dæmonum, cœpit per Hispanias magnificentissimas sanctorum basilicas diruere, corpora sanctorum martyrum cremare; et ne id exerceretur per summam impietatem in pretiosissimas S. Leucadiæ, Toletanæ civis, patronæ et martyris reliquias, Argericus abbas Agaliensis, et Petrus abbas S. Leucadiæ, et Andreas Muzarabs, Abenlupi Ficulnei filius, vir Toleti primarius, summa diligentia ac secreto deportarunt. Exstat Oveti ara capax sanctarum reliquiarum cum nomine sanctæ virginis, modo vacua, manifestum hospitii sacri monimentum. P. H.

251. De adventu Caroli Magni in Hispanias testes sunt Annales Hispanorum, præcipue Chronicon generale, Onuphrius, et alii, qui ex eodem Onuphrio in Cæsaribus, et Chronico generali, et ex Nicolao Clemente Trælæo. Sic ille in Carolo : « Caroli Magni multæ uxores; Galliana Toletani regis filia nati Carolus, Pipinus, Ludovicus, scilicet Pius, successor in imperio. » Hujus uxoris non meminit quia se secretis. Hoc bene viderat Trælæus; et nihilominus facit primam uxorem Gallianam, ejusque filium Ludovicum Pium. Quæ non exigua laus est gentis Toletanæ, ex qua prodierat femina, quæ partu fecunda dominos imperio Romano ministraret. Est Toleti semita quædam per compendium, quæ vocatur semita Gallianæ; et Toleti sunt horti regii dicti Gallianæ; et arx prope S. Fidem, olim fuit dicta arx Gallianæ; in Gallia palatium quoddam, quod ad hanc usque diem appellatur Gallianæ. Regis Galafri mentio est apud Rasim Maurum historicum, et apud historicos rerum Toletanorum, non obscura. P. H. — In Historia archiepiscopi Roderici manuscripta, et ab ipsomet in Hispanam linguam translata, de qua infra, hujus regis (seu viceregis) hæc exstat memoria. « È fue se para la ciudad de Toledo [el Conde Don Morante] que en este tiempo era alli Rey, por Abdarrahamen, Galafre. » D. L.

*Sub hoc tempus venit Toletum Carolus Magnus*, etc. De his erudite noster doctissimus P. Franciscus de Bivar (o et musarum et dulce decus meum!) in epistola ad me missa De auctore, et ejus scriptis, § 2, ubi de Chronico. Gallianam vocant historici Galafri filiam; inter quos D. Rodericus archiepiscopus Toletanus, non in Historia Latina, sed in Hispano sermone composita, quam habeo ms. ab ipsomet ar- chiepiscopo translatam, et ab incerto auctore additam locupletatamque. Locus hujus historiographi est in Vita D. Fruelæ, cap. 54, cujus epigraphe talis : « De las cosas que en el noveno año acontecieron, e como vino Carlos a Toledo. » Discrepat in anno a Luitprando; ait enim Carolum venisse Toletum anno 761. « Andados nueve años del Rey Don Fruela, que fue el año de la Encarnacion del Señor de DCCLXI. años, Carlos a el que llamaron Maynete, aviendo gran desavenimiento con su padre el Rey Pipino por las cosas que fazia, que no le parecian bien, tomo consigo a un Conde que avia nombre Don Morante, porque sabia ya el aquellas tierras de Moros, e era muy conocido, e fue se para la ciudad de Toledo. » Et paulo post cap. 55, refert Carolum duxisse uxorem Gallianam, quam in Galliam ad illum asportavit D. Morante. Verba sunt : « Fue se entonces Don Morante con Galiana por medio de esos montes, con miedo de que no recreciesen los Moros : e anduvo siete dias, que nunca entro en poblado, que toda la tierra era llena de Moros : e al cabo de pocos dias llegaron a Paris. E Carlos, quando lo supo que venian, sabiolos a recebir con gran caballeria, e lleno a Galiana a sus palacios; e ficola luego bautizar, e tornarla Christiana, e caso con ella ansi, como solo prometio : e Carlos recibio entonces la corona del Reyno, e le llamaronlo de alli adelante Carlos el Grande. » Discrepat item a Luitprando, dum asserit Gallianam baptizatam fuisse Parisiis, et Luitprandus Toleti. De Galliana supra num. 248, Galli historici suffragantur, novissime auctor Epitomes regum Galliæ, qui suo idiomate scripsit hujus imperatoris gesta; doctor Petrus de Salazar et de Mendoza, canonicus pœnitentiarius Toletanæ Ecclesiæ, vir eruditissimus, et in Historiæ Hispanicæ cognitione versatus, in Prologo ad lectorem in Chronico, quod scripsit de magno et illustrissimo illo cardinali de Mendoza, ubi ait et negat. Cujus verba ipsissima apponere operæ pretium duxi : « En su tiempo vino a Toledo el Emperador Carlo Magno, Rey de Francia, i dexo por su amigo muy estrecho al Rey Galafre. Lo demas que llevo a su hija Galiana, i caso con ella, i que la labro palacio en Burdeos : lo del Moro Bradamante, i las armas que hiso en el Valsamonial, entre Olias i Cabañas, ni lo digo, ni lo creo. » Quod ultimum iterum asseverat in eadem Historia lib. II, cap. 56, pag. 388, col. 1; Julianus noster idem recenset num. 595, quod Luitprandus hic : et virginem honestissimam pulcherrimamque fuisse Gallianam addit. D. L.

252. S. Urbicius tulit corpora sanctorum Justi et Pastoris, eadem propemodum occasione, qua Toletani S. Leucadiæ, et ad Gallias tulit; reversus vero, prope Oscam in valle Nocita vixit sub disciplina S. Lifardi abbatis Benedictini : moriturque vir sanctus, pridie Kal. Novembris, anno 774, et miraculis clarus, Oscæ colitur, et in sepulcro honorifice conditus est. De quo multa in libro Translationis sanctorum Justi et Pastoris martyrum, quem Ambro-

233. Toleti conditum est templum S. Thyrsi vernulæ Christi, civis Toletani, passi Apolloniæ in Græcia, prope Mezquitam majorem; consecratumque est a Domino Cixillane archiepiscopo Toletano, cum magno periculo.

234. Abdalla, primus rex Securæ, mirifice floret opibus et fama.

235. Petrus, abbas Agaliensis, Toleti in pretio habetur.

236. Celeberrimus habebatur in Hispania Cixilla, quod anno 776 contraxit concilium Toleti ex mandato litterisque Adriani papæ contra Egilanem episcopum Illiberitanum, nolentem die Sabbati a carnibus abstinere; concurrunt ad concilium ex omnibus Hispaniæ partibus.

DCCCXX.           DCCLXXXII.

237 et 238. Elipandus, archidiaconus Cixilanis pontificis Toletani, succedit in sede patriarchali Toletana pro domino Cixilane, magistro suo; ad annum 810 præest.

239. Mala persuasione Felicis Urgelitani pontificis, magistri sui, labitur in fœdum de Adoptione Christi errorem; sed epistolis Adriani papæ et Caroli Magni Pipini Francorum regis filii, ad mentem et verum sensum Ecclesiæ redit.

240. Florebat Toleti Joannes presbyter, doctus et sanctus; ad quem mittit litteras Adrianus Papa Romensis.

241. Hoc tempore Muzarabes Toletani graviter premuntur a Mauris, impositis novis vectigalibus.

## P. HIGUERÆ ET D. LAURENTII NOTÆ.

sius Morales, historicus regius, pie composuit. P. H.

233. De Toleti templo, S. Thyrso dicato, exstat epistola regis Silonis ad Cixilanem episcopum Toletanum, Gothicis litteris scripta, quæ nunc cum Apologia excusa est. Hoc ædificasse Cixilanem, testatur epistola, et hymnus ab eodem Cixilane compositus in laudem sancti martyris; ubi inter alia sic habet:

Hanc tibi, Domine, Cixila condidit.

De S. Thyrso diximus ad num. 128. D. L.

236. Concilium Toleti coactum per Cixilanem episcopum Toletanum, ex litteris Adriani papæ contra Egilam, vel Egilanem, episcopum Illiberitanum, præter testimonium hujus auctoris, colligitur ex epistola ejusdem pontificis Adriani ad omnes episcopos Hispaniæ. Nam cum amanter pontifex Adrianus hortaretur Egilam, ut non solum ipse servaret jejunium sextæ Feriæ et Sabbati, sed contradicentibus illud suaderet; respondit ipse parum civiliter et modeste, se ab Adriano dissentire. Id sanctus pontifex ægre ferens, ad episcopos Hispaniæ scripsit; coram quibus Egilam accusat, quod errores Vincentii magistri sui amplectatur, et extra catholicam disciplinam docere conetur; ac monet illos, ut ab erroribus ejus sibi caveant, ac illum in viam reducere studeant. Quod non alia commodiore ratione facere potuerunt, quam sistere eum coram nationali synodo, quæ collectore Cixilane, ut Hispaniarum primate, habita est Toleti; ubi credo hominem, depositis erroribus suis, in se rediisse. Cujus rei illud argumentum est satis efficax, quod a Diptycha pontificum Illiberitanorum non est expunctus Egila; alioqui procul dubio expungendus, si pertinax in proposito maneret. Quod Dei genitricis Mariæ precibus, et præsenti S. Jacobi, Cæciliique martyris, primi Illiberitanorum apostoli, patrocinio tribuendum censeo. In quo plane relucet mira pontificum Hispanorum erga S. Romanam sedem reverentia et observantia; qui in medio durissimæ captivitatis non dubitarunt (ut jussi fuerant) synodum multorum episcoporum Toleti colligere, et ibi causam Egilanis episcopi examinare. P. H.

Contra Egilanem episcopum Illiberitanum nolentem die Sabbati a carnibus abstinere. De abstinentia ab esu carnis in die Sabbati exstat Gregorii VII pontificis Maximi decretum in synodo celebrata Romæ; quod refertur a Gratiano, De consecrat. dist. 5, in cap. *Quia dies;* cujus sunt verba: « Quia dies Sabbati apud sanctos Patres nostros in abstinentia celebris est habitus, nos eorumdem auctoritatem sequentes, salubriter admonemus, ut quicun- que se Christianæ religionis participem esse desiderat, ab esu carnium, eadem die (nisi majori festivitate interveniente, vel infirmitate impediente) abstineat. » Quæ est admonitio, non præceptum. Jejunare autem Sabbato constituit Innocentius I pontifex; cujus meminit Gratianus in suis decretis, De consecrat. dist. 3, cap. 13 ex epist. 1, cap. 4. In Hispania vero, aut Innocentii tunc decretum non omnino receptum, sicut nec in orientalibus Ecclesiis; aut postea diuturnis ac molestissimis bellis adversus Arabes Mahumetanos, qui totam ferme provinciam occuparant, per 700 et eo amplius annos continuos gestis, in annonæ angustissimæ penuria per contrariam inductam consuetudinem abrogatum, ut ait hisce ipsissimis verbis F. Alfonsus Chiaccon in tractatu De Jejuniis, et varia eorum apud antiquos observantia. Invenio etiam aliquando abstinuisse Hispanos, ut noster refert Luitprandus; aliquando vero non; et varius inde subinde ortus mos. Videsis illustre testimonium tempore regis Alfonsi VIII, qui post partam illam victoriam, quæ vocatur *de las Navas de Tolosa,* abstinendum ab esu carnis die Sabbati, in gratiarum actionem devote vovit. Refert P. Joannes Mariana lumen litterarum, Hispaniæ decus, lib. x Historiarum cap. 24 : « Haud, inquit, multo majori fide nixum est, quod cujusdam historici testimonio a nonnullis invenio affirmatum; ex hoc tempore in Hispania religionem a carnibus abstinendi diebus Sabbati, ac intestinis tantum et extremis animalium partibus vescendi, susceptam esse; veteri more, quem Gothi ex Græcia transtulerunt, unde sacra primum acceperunt, hoc temperamento emollito. » Desumpsit ex Fernando Perez de Guzman in libello, cui titulus : *Valerio de las Historias,* lib. I, tit. 4, cap. 7, ubi nostro Hispano sermone sic ait : « Fue hecho voto de no comer carne el Sabbado en España. »

237. De Elipando pluribus Morales, Mariana, Gomezius et Loaysa, qui cum Baronio hominem hæreseos insimulat; cum nullo modo sic notandus veniat homo, qui nec malitiose nec pertinaciter adhæsit errori suo, sed ab Adriano pontifice maximo præmonitus se collegit et resipuit, ut bene docet Gabriel Vasquezius theologiæ professor in Complutensi Gymnasio, libro De adoptione Christi. Quod noster Luitprandus docet exertis verbis num. 239. P. H.

241. De persecutione, quam Muzarabes Toletani passi sunt a Saracenis, non opus est aliis majoribus argumentis, quam videre ferox et incivile Maurorum ingenium, pertinax eorum in Christianos odium, et miseram captivorum conditionem. Similia passos esse Christianos Cordubenses post sexaginta annos,

242. Hoc anno fui Lugduni, et ex convictu cum viris et tabulariis ejus Ecclesiæ, cognovi duos fuisse Genesios ; alterum seniorem, ante circiter 200 annos [*imo leg.* qui ante non multos annos], vel saltem 140 [*al.* 150], alterum [qui paulo prius] decesserat, dictum Abhelardum, consanguineum Caroli Magni, qui monachus Benedictinus maluit quietem, quam negotia.

243. Hic ipse interfuit concilio Francofordiensi : et non assensit errori Gallorum et Germanorum, asserentium sacras imagines, habendas, non colendas. Contra quem senserunt omnes doctores Hispaniæ.

244. Magia per dæmones Toleti docetur in spelunca, quam dicunt vulgo Herculem condidisse ; unde divulgari cœpit per Hispanias, et dicitur Scientia Toletana.

245. Catholico regi succedit Froila, Froilani Aurelius, Aurelio Silo, Siloni Alfonsus Castus, huic Mauregatus.

246. Silo rex mortuus est, sepultusque Praviæ in templo S. Joannis Baptistæ, quod ipse condiderat.

DCCCXXI.        DCCLXXXIII.

247. Siloni succedit solus in Ovetensi regno Alfonsus Castus, strenuus vir, et pudicitiæ studiosus.

248. Mauregatus, patruus Alfonsi regis, vir spurius, contra regem Alfonsum rebellavit periculose.

## P. HIGUERÆ ET D. LAURENTII NOTÆ.

docet pluribus S. Eulogius, excellens martyr, et electus Toletanus. P. H.

244. Magia dicta est *Scientia Toletana*, quod Toleti doceretur in spelunca, quam Herculis vocant, loco satis accommodato ad similes incantationes et dæmonum præstigias. Legatur Vita S. Ægidii Dominicani ; qui cum iret Lutetiam Parisiorum ad discendam medicinam, invitatus in via a dæmone, aliquot annos in hac spelunca exegisse, et, doctore eodem dæmone, magias ibi didicisse dicitur.

*Magia per dæmones Toleti docetur.* De magia Toletana Julianus in Adversariis num. 198 his verbis : « Magia a primis Phœnicum temporibus duravit Toleti in quodam antro Herculi consecrato, et durat adhuc, diciturque Scientia Toletana. » Idem in Chronico huc respexit num. 624. « Magiæ Toleti lubricæ factæ sunt. » Garivayus lib. v Compend. Histor. cap. 4, pag. 131, cujus verba apponere operæ pretium duxi : « Con el tiempo los pobladores de Toledo vinieron, como varones muy doctos, a enseñar a las gentes diversas ciencias, especialmente la astrologia : y no pararon hasta hazer lo mesmo en la magica, la qual siendo por ello llamada Arte Toledana, conserva hasta oy dia su nombre, llamandola assi en algunas partes. » De spelunca Herculis multa apud Hispaniæ historicos, D. Franciscus de Pisa in Historia Toleti lib. I, cap. 5, discriminat hanc speluncam ab illa fatidica regis Roderici ; sed nec verbum quidem addit de Necromantia, quæ ibi docebatur. P. Martinus Antonius Delrius (heu ! quondam meus) meminit hujus speluncæ in Proloquio ad libros de magia, sic : « Legimus post Saracenicam per Hispanias illuvionem, tantum invaluisse magicam, ut, cum litterarum bonarum omnium summa ibi esset inopia et ignoratio, solæ ferme dæmoniacæ artes palam Toleti, Hispali, Salmanticæ docerentur. » Et iterum lib. II, q. 27, sect. 2, pag. 132, col. 2, A : « An ergo ex hoc genere Jobi, ait, vexator Satan ? Opinor, et illi, qui Salmanticæ et Toleti in spelunca maleficas et curiosas artes adhuc avorum nostrorum memoria docebant. » De historia S. Ægidii, quam in suis notis ad hunc numerum refert P. Hieronymus de la Higuera, vide Abrahamum Bzovium in Annalibus ecclesiasticis anno 1230, num. 9, Maximilianum Sandaum Societatis Jesu in Grammatico profano, commentat. VI, § 25, pag. 225, et plena manu scribentem Rev. P. Ferdinandum del Castillo, ordinis Prædicatorum facem illustrem, in Historia generali S. Dominici, I part. lib. II, cap. 72, ubi recenset pacta dæmoniaca, quæ inibant et jurabant discipuli, antequam speluncam ingrederentur. Primo, ut omnino recederent a fide catholica, Dei-

que lege, seque submitterent potestati et voluntati diaboli, magiæ illius doctoris. Secundo, ut blasphemarent de fide et baptismo, abjurarentque. Tertio, ut dæmoni in recognitionem supremi dominii rubricarent, conscriberentque chartam proprio contrahentem sanguine corroboratam, in tantæ dementiæ detestabile firmamentum et homagium ; sanguine enim dæmones gaudent, et eum amare dicuntur. Quapropter quotiescunque fiebat necromantia, cruor aqua miscebatur, cujus colore alliciebantur facile. Exstat cap., *Nec mirum*, 26, quæst. 5, § *Necromantici*, unde P. Ferdinandus decerpsit. Refert Paulus Grilandus in tractatu De sortilegiis cap. 2 ; D. Emanuel de Valle de Moura De incantationibus, seu ensalmis, opuscul. 1, sect. 1, cap. 2, num. 14. Et ut rictus oscitationesque antri Toletani illustres, non oscitanter lege lepidulam narratiunculam comitis Lucanor, cap. 13, de quodam decano, nominato *Don Illan*, qui Toleti degebat : in qua invenies non rudera, nec rudia, sed speluncæ aliqua expressa delineamenta. De Salmanticensi vero non possum non addere versus antiquo nostro numero et idiomate concinnatos, in libello, cui titulus : *Triumphus Raimundinus*, ubi auctor Petrus Gonzalez de Trasmiera genealogicas illius civitatis Descriptiones stemmataque cecinit :

 Estudio Nigromanteso
 De la cueva Cypriana,
 Do es opinion Castellana
 De siete quedar un preso.

Quamvis irrideat hujus antri aliqua vestigia D. Franciscus Torreblanca Villalpando lib. II De magia divinatrice cap. 11, num. 4, his verbis : « Præter illud, quod de antro Hispaniæ, D. dicto Peña Clemensi, vulgus jocatur, in eo dæmones responsa dare consuevisse ; nam illud fuit olim S. Cebriani [Cypriani] ecclesiæ subterraneum in Salmanticensi urbe, in quo Clemens Potosi, ejus sacrista, postquam magicæ artis professores ab Hispania expellerentur, quod illic secreto doceret, locum fabulæ dedit, ut accepi a præceptore meo Gabriele Henriquez, primario juris Civilis Salmanticensi doctore, et nunc regio Consiliario. » Hactenus Torreblanca. Doctissimus tamen Delrius in dicto Proloquio ait cryptam illam se vidisse. « Et ego vidi gymnasii nefandi vestigium, quam virilis animi mulier Isabella regina, Ferdinandi catholici uxor, vix ante annos centum et triginta cæmentis saxisque jusserat obturari. » D. L.

246. De sepultura regis Silonis, in oppido Pravia, docet idem rex in epistola sua ad Cixilanem Toletanum archiepiscopum. P. H.

APPENDIX AD LIUTPRANDUM.

DCCCXXIII.                                    DCCLXXXV.

249. In Castro Octaviano prope Barcinonem sancta Maria, Joseph, Victor, et Theodorus, sancti Dei.

250. Hoc anno Elipandus Toletanus pontifex miserat legationem ad Carolum Magnum, et librum, in quo petit vehementer ab eo, cum legi faceret.

DCCCXXIV.                                    DCCLXXXVI.

251. Toletani gravissime ferunt jugum Maurorum.

252. Synodus universalis Nicææ septima habita, tercentum et quinquaginta episcoporum, contra hæreticos Iconomachos congregata; in qua interfuit Pantaleon episcopus Valentinus ex Hispania, et Theodorus presbyter Badæ prope Carthaginem Spartariam (nunc sic vocata est, vel prope), olim dicta Thyar. Interfuit etiam Nicephorus presbyter S. Mariæ de Columna ecclesiæ Cæsaraugustanæ, et Agapius S. Thyrsi monasterii Toletani abbas, pro domino Elipando pontifice Toletano, ejusque vicarius.

253. Hoc anno moritur degener rex Mauregatus; ex æquo cœlo seiusque [al. suisque] exosus, sepelitur vero Praviæ.

254. Et Abderahmam, Maurorum imperator, moritur Cordubæ post annos 29 imperii Saraceni.

255. Hoc tempore Zuleiman rex Toleti fit etiam rex Cordubæ; succeditque in imperio Mahumetano totius Hispaniæ patri suo Abderahmam, ipse natu maximus.

256. Moritur admodum senex post triginta annos Turpinus, qui scripsit graviter vitam Caroli Magni; posuitque eum Adrianus [al. Gregorius] papa pro sancto Rebobero exsule.

DCCCXXVIII.                                    DCCXC.

257. Socrates, Sozomenus, Philippus, scriptores ecclesiastici, et doctrina Joannis Cassiani monachi, florent.

DCCCXXXI.                                    DCCXCIII.

258. Adrianus papa synodum contrahit Romæ [al. Francfordiæ].

DCCCXXXII.                                    DCCXCV.

259. Elipandus archiepiscopus Toletanus, hoc anno Toleti synodum contrahit petitione sancti regis Caroli Magni, et hortatu Gumesindi archidiaconi Toletani, discipuli sui, et Lupi viri Muzarabis, Toletani primarii, die 13 mensis Aprilis, die Dominico, in die festo S. Hermenegildi regis et martyris, apud S. Justæ secretarium : ad quam convenerunt multi episcopi et abbates, et coram illis dixit Elipandus, se stare determinationi sanctæ Ecclesiæ Romanæ circa determinationem negotii de adoptione Christi (in quo deceptus fuit) idque cum lacrymis tam ejus quam aliorum.

260. Peracto concilio, egit gratias Elipandus Carolo Magno; scribitque sancto pontifici Adriano, qui vehementer gavisus illi gratulatur : mittitque Elipandus multos libros Gothice scriptos ad Carolum.

DCCCXXXIV.                                    DCCXCVI.

261. Defuncto papa Adriano, succedit illi Leo III papa. Hoc anno habetur in Germania synodus Aquisgrani.

P. HIGUERÆ ET D. LAURENTII NOTÆ.

251. Premebantur Toletani vectigalibus immodicis et malis tractationibus Saracenorum, ut de Christianis qui degebant Cordubæ, ex luculenta S. Eulogii constat narratione. P. H.

252. Cogitur septima synodus generalis Nicææ anno 788 trecentorum quinquaginta episcoporum, ex Onuphrio in Chronico ecclesiastico. Illuc missi sunt Nicephorus archipresbyter S. Mariæ de Columna Cæsaraugustanæ ecclesiæ, a S. Jacobo instructæ, et Agapius abbas S. Thyrsi Toletani, vicarius archiepiscopi Toletani Elipandi; ut videatur sedulitas pontificum Hispanorum, qui nunquam defuerunt rebus necessariis, sed juverunt rem Christianam, adeuntes per se, vel per suos, civitates quantumcumque remotas, ubi similia cogerentur in rebus maximis et necessariis concilia. ID.

Badæ. In Fl. Dextro anno 355, num. 2, *Bagæ* legitur: utrobique *Badæ* legerem; nam est, quæ hodie *Baza*. Vide nostrum R. P. Franciscum de Bivar. D. L.

*Nunc sic vocata.* In ms., *nunc vocata est, vel prope*; quia *Baga* forte appellabatur. ID.

Zuleiman rex Toleti fuit totius Hispaniæ miramolinus, ex Roderico in Arabum Historia, ex Garivayo et Rase, et aliis historiis rerum Saracenicarum. P. H.

259. De concilio, quod Elipandus contraxit To- leti, hortatu regis Caroli Magni, et impulsoribus Gumesindo Toletano archidiacono ac Lupo Muzarabe, meminit etiam Julianus hoc eodem anno. Habitum est ipso die S. Hermenegildi regis et martyris die 13 Aprilis, qui eo anno in Feriam II incidit. Et locus est hic illustris ad probandum, tunc, scilicet anno 795, celeberrimum illum diem fuisse Christianis Mazarabibus; adeo ut in illo, tanquam celeberrimo sacratissimoque die, principium daretur concilio. P. H.

260. De gratiarum actione pontificis Elipandi ad Carolum Magnum, est in Juliano frequens et magna quidem mentio. De actis Adriano gratiis nihil alibi, nisi quod crediderim, hac occasione jussisse pontificem Adrianum Elipando, ut ipse tanquam Hispaniarum primas indiceret per Hispanias litanias 23, 26, 28, die Junii pro salute regis Caroli Magni. Quod exponit Adrianus eidem Carolo, et petit ut, sicut fiebat in Hispania, sic eisdem diebus jubeat fieri in suis regnis; quod est signum quanti fieret in Hispania Carolus. ID. — Vide quæ notavi ad epistolam Tractemundi Luitprando missam, num. 6. D. L.

*Mittit Elipandus multos libros Gothice scriptos ad Carolum.* Idem asserit Julianus in Chronico num. 444 : « Et cum legatis mittit (*Elipandus*) supellectilem multorum librorum Gothicis litteris scripto-

## CHRONICON.

**DCCCXXXV** — **DCCXCVII**

262. Constantinus imperator coactus est ab Irene abdicare ; quæ regit imperium cum multa laude.

**DCCCXXXVII.** — **DCCXCIX.**

263. Corpus S. Jacobi, Zebedæi filii, quod ubinam tumulatum jaceret, multos annos penitus ignorabatur, a Theodomiro Iriensi pontifice divinitus patefit.

264. Venerunt auxilio regis Alfonsi, cognomento Casti, quidam duces, comes Cenomanensis, Anselmus comes palatinus, Rolandus frater Abhelardi, cognomine Genesii ; et postulaverunt corpus S. Leucadiæ virginis et Martyris, Toletanæque civis, Toleto delatum Ovetum ; et rex non potuit ullo modo negare. Delatum est ad urbem Suessonum, et post ducentos annos a quodam comite Montis Henao, in Hannonia, Suessonibus ad Cellense monasterium S. Gisleni, episcopi et confessoris.

**DCCCXXXVIII.** — **DCCC.**

265. Hic annus felix fortunatusque fuit orbi quidem Hispano, Carolo Magno regente Romæ imperium occidentis.

**DCCCXXXIX.** — **DCCCI.**

266. Collecta est in Germania synodus Saliburgensis.

**DCCCXLI.** — **DCCCIII.**

267. Moritur Constantinopoli sanctus patriarcha Tharasius, maximus fidei defensor, vii Kalend. Martii.

**DCCCXLIV.** — **DCCCVI.**

268. Nortingus episcopus hac tempestate floret.

**DCCCXLVIII.** — **DCCCX.**

269. Hoc anno Elipando archiepiscopo Toletano, viro prudenti, humili, ac in zelo fidei catholicæ ferventi, sancte mortuo sufficitur archidiaconus ejus Gumesindus. Ipse vero cum pauperum et viduarum lacrymis sepelitur in ecclesiæ S. Justæ secretario.

270. Gumesindus successor ac discipulus illi posuit ex more Gothico carmen sepulcrale.

271. Multi ex Hispania, præcipue Toleto, ex Muzarabibus, pressi jugo Saracenorum, quæsitis occasionibus, clanculum, ut possunt, ad Gallias confugiunt.

### P. HIGUERÆ ET D. LAURENTII NOTÆ.

rum ; in iis concilia Toletana, Chronica Dextri, Maximi fragmenta, Braulionis, Heleccæ, Taionis et aliorum ; et Luitprandi postea ego misi Fuldam. › Horum meminit librorum doctor Salazar de Mendoza in Vita S. Ildefonsi cap 18, § 7, pag. 163. D. L.

265. De revelatione facta Theodomiro pontifici Iriensi, qua reseratum est corpus S. Jacobi Majoris apostoli, multa historia Compostellana, et Morales, Garivayus ac Mariana. P. H.

265. Annus octingentesimus felix fuit ac fortunatus toti terrarum orbi pro coronæ acceptione sancti regis et imperatoris Caroli. P. H.

269. Anno Domini 810 moritur sanctus pontifex Elipandus, et sepelitur in æde S. Justæ Toletanæ ; succedit illi in sede Toletana Gumesindus ; ex catalogis S. Æmiliani, Toletano Gothico, et aliis ; quem etiam ponit Julianus archidiaconus Toletanus. P. H.

271. Multi ex Hispania et præcipue ex Toletanis Muzarabibus, ob oppressiones assiduas Maurorum, ad Gallias migrant. Hos Carolus primum amanter excepit, et Ludovicus postea terris donat ; de quo sequens Ludovici diploma, in quo mirifice refulget ejus pietas, charitas et amor in patriam Toletum. De qua re sic Baronius, tom. IX Annalium anno 815. « Eodem, inquit, tempore in Occidente, cum Hispaniæ durissimo Saracenorum premerentur jugo, complures populi, duræ servitutis impatientes, magis diligentes servire Christianis, quam Christi hostibus Mahometanis, inde migrarunt, suis bonis relictis, in Gallias. At imperator maxime Pius Ludovicus, tantum abest ut suscipere voluerit eos in servos, ut æqua conditione, qua Francos, illos omnino voluerit esse liberos, concedens eisdem quoque agros, quos colerent, unde viverent ; sed, quod majus est, ut tributorum exhibitione vellet esse immunes. » Exstant de hoc duæ epistolæ a Pithæo ex Archivis metropolitanæ Ecclesiæ Narbonensis, quæ olim paruit Gothis. Quo tempore crediderim inter familias, quæ Toleto migrarunt ad Gallias, vetustissimam etiam

A permigrasse Figuerarum, quorum sunt hodie nonnulli modo ab iis profecti, viri primarii nobilitate, ac rerum gestarum gloria satis laudabiles, dicti Joannes et Petrus Figuera ; qui non procul oppido sancti Floris domicilium habent.

Sed revertamur ad priorem epistolam, quæ sic habet : « Hoc est præceptum remissionis, seu concessionis, quod fecit Ludovicus imperator Hispanis, qui ad se confugerunt : In nomine Dei et Salvatoris nostri Jesu Christi, Ludovicus, divina ordinatione et providentia, imperator Augustus, omnibus fidelibus sanctæ Dei Ecclesiæ, et nostris præsentibus, et futuris, in partibus Aquitaniæ, Septimaniæ provinciæ, et Hispaniæ, consistentibus in locis scilicet illis, quæ diximus a Francis Saracenis fuisse sublata. Sicut nullius vestrum notitiam effugisse putamus, qualiter aliqui hominum propter iniquam oppressionem et crudelissimum jugum, quod eorum cervicibus inimicissima Christianitati gens Saracenorum imposuit, B relictis propriis habitationibus et facultatibus, quæ ad eos hæreditario jure pertinebant, de partibus Hispaniæ ad nos confugerunt, et in Septimania, et in ea portione Hispaniæ, quæ a nostris marchionibus in solitudinem redacta fuit, sese ad habitandum contulerunt, et a Saracenorum potestate se subtrahentes, nostro dominio libera ac prompta voluntate sese subdiderunt ; ita ad omnium hominum notitiam pervenire volumus, quod eosdem homines, sub nostra protectione et defensione receptos, in libertate conservare decrevimus, eo videlicet modo, sicut cæteri liberi homines, cum comite suo in exercitum pergant, et in marcha nostra, juxta rationabilem comitis nostri ordinationem atque admonitionem, explorationes et excubias ( quod usitato vocabulo Vastas dicunt) facere non negligant ; et missis nostris, qui filii nostri (quos rerum opportunitate in illas partes miserimus ) legatis, qui de partibus Hispaniæ ad nos transmissi fuerint, paratas faciant et ad subvectiones eorum veredas donent. Alius vero census ab eis, neque a comite, neque a junio-

272. Hoc anno comes Suessonensis ab Alfonso impetrat corpus S. Leucadiæ; defertque Oveto Suessonem.

## P. HIGUERÆ ET D. LAURENTII NOTÆ.

ribus et ministralibus ejus exigatur. Ipse vero pro majoribus causis (sicut sunt homicidia, raptus, incendia, deprædationes, membrorum amputationes, furta, latrocinia, alienarum rerum invasiones, et undecunque a vicino suo criminaliter aut civiliter fuerit accusatus, et ad placitum venire jussus) ad comitis sui mallum venire omnimodis non recuset. Cæterum vero minores causas, more sicut hactenus fecisse noscuntur, inter se mutuo diffinire non prohibeantur. Et si quisquam illorum in partem, quam ad habitandum sibi occupaverat, alios homines undecunque venientes attraxerit, et secum in portione sua, quam ad partiendum adduxerit, habitare fecerit, utatur illius servitio, absque ullius contradictione vel impedimento; et liceat illis distinguere ad faciendas justitias, quales illi inter se diffinire possint. Cætera vero judicia criminalia, actiones, ad examen comitis reserventur. Et si aliqui ex iis hominibus, qui ab eorum aliquo attractus est, et in sua portione collocatus, locum reliquerit; locus tamen, qui relictus est, a Domino illius, qui prius eos tenebat, non recedat. Quod si illi propter lenitatem et mansuetudinem comitis sui, eidem comiti honoris et obsequii causa quidpiam de rebus suis exhibuerint, non eis hoc pro tributo vel censu aliquo computet; aut comes ille, vel successores ejus, hoc nec in consuetudinem præsumant, nec eos sibi, vel hominibus suis, aut mansionaticos portare, aut veredas dare, aut nullum censum, vel tributum, aut obsequium, præter in quod superius comprehensum est, præstare cogat; sed liceat tam istis Hispanis, qui præsenti tempore in prædictis locis resident, quam iis qui adhuc ad nostram fidem de iniquorum potestate fugiendo confluxerint, et in desertis atque incultis locis per nostram vel comitis nostri licentiam confidentes ædificia fecerint, et agros incoluerint, juxta supradictum modum, sub nostra protectione atque defensione in libertate residere, et nobis ea, quæ superius diximus, tam cum comite suo, quam cum missis ejus, pro temporum opportunitate, alacriter atque fideliter exhibere. Noverint tamen iidem Hispani, sibi licentiam esse concessam; ut, si in vassativam comitibus nostris more solito commearent, et si beneficium aliquod quispiam eorum ab eo, cui se commendavit, fuerit consecutus; sciat se de illo tale obsequium seniori suo exhibere debere, quale nostrates homines de simili beneficio senioribus suis exhibere solent. Idcirco has nostræ auctoritatis litteras dare eis decrevimus, per quas decernimus atque jubemus, ut hæc nostræ liberalitatis atque mansuetudinis constitutio erga illos tenore perpetuo ab omnibus fidelibus sanctæ Dei Ecclesiæ et nostris inviolabiliter conservetur. Cujus constitutionis in unaquaque civitate, ubi prædicti Hispani inhabitare consuevisse noscuntur, tres descriptiones esse volumus; unam, quam episcopus ipsius civitatis habeat, et alteram quam comes, et tertiam ipsi Hispani qui in eodem loco conversantur. Exemplar vero harum in archivo nostri palatii censemus reponendum; ut ex illius instructione, si quando (ut fieri solet) aut ipsi se reclamaverint, aut comes, vel quilibet alter causam contra eos habuerit, definitio litis fieri possit. Hanc quoque constitutionem, ut per diuturna tempora a sanctæ Ecclesiæ fidelibus, et nostris, et verius credatur, et fidelius conservetur, manu propria subscripsimus, et annuli nostri impressione signare jussimus. ✠ Signum Domini imperatoris serenissimi Domini Ludovici. D. Uzadus diaconus ad vicem Helisachar recognovit. Datum Kal. Januar., anno (Christo propitio) Ludovici imperatoris piissimi Augusti III, indictione octava. Actum Aquisgrani in palatio regio, in Dei nomine. Amen. »

Sed illi qui præerant Christianis istis, inique et duriter illos tractabant; istique erant ex illis, qui venerant ex Hispania; hi porro conquesti sunt apud imperatorem. Ille vero sic rescripsit : « In nomine Domini. Amen. Notum sit omnibus fidelibus sanctæ Ecclesiæ, et nostris, tam præsentibus quam futuris, seu etiam successoribus nostris : Quia postquam Hispani, qui de potestate Saracenorum se subtraxerunt, et ad nostram seu genitoris nostri fidem se contulerunt, et præceptum auctoritatis nostræ, qualiter in regno nostro cum suis comitibus conversari, et nostrum servitium peragere deberent, scribere eis et dare jussimus; querimoniam aliqui ex Hispanis nostris auribus retulerunt, duo capita continentem. Quorum unum est, quod, quando iidem Hispani in nostrum regnum venerunt, et locum desertum, quem ad habitandum occupaverunt, per præceptum domini et genitoris, ac nostrum, sibi ac successoribus suis ad possidendum adepti sunt; ii qui inter eos majores et potentes erant, ad palatium venientes, ista præcepta regalia susceperunt : quibus susceptis, eos qui inter eos minores et infirmiores erant, et loca sua bene excoluisse videbantur, ex illorum præceptum et auctoritatem, aut penitus ab eisdem locis depellere, aut sibi ad serviendum subjicere conati sunt. Alterum est, quod simili modo de Hispania venientes, et ad comites, sive vassos [an vassallos] nostros, vel etiam ad vassos comitum commendaverunt, et ad habitandum atque colendum deserta loca acceperunt, quæ ubi ab eis exculta sunt, ex quibusvis occasionibus eos inde depellere, et ad opus proprium retinere, aut aliis dare ad præmium voluerunt. Quorum neutrum justum nobis aut rationabile videtur, etc. Prohibet ne id fiat amplius. Et de hac constitutione nostra septem præcepta conscribere jussimus; quorum unum in Narbona, alterum in Charcassona, tertium in Roscillona, quartum in Emporiis, quintum in Barchinona, sextum in Gerunda, septimum in Beterris haberi præcepimus; et exempla eorum in archivo nostri palatii, ut prædicti Hispani ab illis septem exemplaria et accipere et habere possint. Datum IV Idus Februar. anno (Christo propitio) imperii domini Ludovici piissimi imperatoris, piissimi Augusti . . . . indictione 9. Actum Aquisgrani in palatio regio, in Dei nomine feliciter. Amen. Arnaldus ad vicem Helisachar recognovit. » Postea Septimania data est Bernardo duci, vel comiti Barchinonensi, quem ab Hispania accersitum suo præfecerat cubiculo; sicque voluit per Hispanum hominem regi colonos ex Hispania illuc delatos. Hic Bernardus vocatus est dux Septimaniæ in Gallia Narbonensi. Nec tunc, sed postea, contigit, ut Alvarus et Isidorus fratres S. Eulogii doctoris Cordubensis, et electi episcopi Toletani, ex urbe Cordubensi initio exsularent. De qua re in epistola ejusdem ad Vilesindum episcopum Pampilonensem : « Olim, beatissime papa, cum dira sæculi fortuna, quæ fratres meos, Alvarum et Isidorum, a solo abducens, pene in ulteriores Togatæ Galliæ partes apud Ludovicum regem Bajoariæ exsulare fecit; cum me etiam propter eos diversas regiones, et ignota atque laboriosa itinera, subire compelleret, etc. » P. H.

272. Anno Domini 854 allatum est corpus S. Leucadiæ Oveto Suessiones per quemdam comitem Andegavensem, qui venit adjutum Ordonium Ranimiri filium contra Muzam regem Toleti : et cum ille devotissimus esset sanctæ virgini et martyri Leucadiæ, quæ servabatur Oveti, petit a rege sacrum corpus, et illud Andegavum attulit. Collocat demum anno 859, ut affert Baronius in Annal., tom IX, ann. D. 841, nu. 7. Sic Nithardus historicus, nepos S. Caroli Magni ex filia Berta, inquit : « Cumque Suessoniam peteret urbem Carolus, monachi de S. Medardo occurrerunt illi, deprecantes ut corpus S. Medardi,

DCCCLIV.  DCCCXVI.

273. Hoc anno cogitur in Germania synodus Triviacensis [*al.*, Aquisgranensis].

274. Hoc etiam anno contrahitur synodus ad villam Theodonis.

DCCCLV.  DCCCXVII.

275. Carthagine Spartaria habetur in pretio memoria sancti abbatis et episcopi Abhelardi, cognomento Genesii, ex genere Caroli Magni imperatoris, qui post ibi fuit.

276. In honore præcipuo habetur per Hispanias Epistola catholica S. Jacobi Zebedæi filii, quam scripsit duodecim tribubus per Hispaniam dispersis : quod ex apostoli Jacobi discipulis acceperunt posteri ; ab his S. Melantius, usque ad hæc tempora ; hinc Dexter, Maximus, Isidorus collegerunt. Et habetur in Missa sancti Jacobi a *Pater noster*, a discipulis sancti Jacobi incepta, a Melantio aucta [*al.*, ab ejus discipulis incepta, a Mantio, et ab aliis aucta] : ubi citantur testimonia hujus Epistolæ, tanquam Jacobi Zebedæi ; quæ Missa toti Hispaniæ et Galliæ Narbonensi communis fuit. Quæ videre non potuit Eusebius Cæsariensis, et ideo Jerosolymitano Jacobo, ut notiori, illam attribuit.

277. Hoc tempore Nicander poeta Hispanus Toleti floret.

### P. HIGUERÆ ET D. LAURENTII NOTÆ.

S. Sebastiani, Tiburtii, Petri et Marcellini, Marii, Marthæ, Audifaz, Abacum, Onesimi, Meresinæ, Leucadiæ et Remigii Rothomagorum archiepiscopi, in basilicam, ubi nunc requiescunt, et jam tunc maxima ex parte ædificata erat, transferret; quibus acquiescens inibi remansit ; et, ut postulaverant, beatorum corpora propriis humeris cum omni veneratione transtulit : insuper et villam, quæ Bernacha dicitur, rebus ejusdem ecclesiæ addidit : » Hæc ille. Ex hoc monasterio postmodum translatum est corpus hujus gloriosæ martyris ad Flandriam. Unde recte dicitur in vita ejus perantiqua, missa ad patres Toletanos, primum ex Hispania sacras ejus reliquias allatas esse ad Galliam ; et inde revera translata fuit sancta virgo ad monasterium S. Gisleni in monte Henao ; unde Toletum rediit 340 annis post hanc translationem factam Suessionem. Reperitur celebris alia facta per archiepiscopum Cameracensem corporis S. Leucadiæ cum suo velo ex uno loco ad locum honoratiorem ; nec ea fuit prima, quæ facta est ex monasterio Andegavensi in Gallia ad Belgicum monasterium S. Gisleni in monte Henao ; quia de prima nihil apud monachos hos reperitur. P. H.

275. S. Genesius de la Xara in territorio Carthaginis spartariæ celeberrimus habetur, cujus corpus ibi dicitur quiescere, at nihil certi habetur de ejus vita. Præterea traditur ejus dies festus incidere in festum Genesii Arelatensis, mense Augusto; quo nimirum die frequentissimus est concursus populorum ex agro Carthaginensi, eodem religionis causa confluentium. Dicitur hic fuisse consanguineus Caroli Magni, ex sorore nepos, frater Rolandi ducis Gallorum fortissimi ; ex Juliano Toletano et Luitprando. Fuit hic sanctus binomius : nam vocatus est etiam Adelardus, sic in Gallia ; in Hispania frequenter vocatur Genesius. Sic in veteri sermone Hispano : « No llorava san Gines, que era una santa persona, mas rogava a Dios del cielo, que quando le aplaze abona. » Et ibidem loquens cum B. Virgine : « Que otra vez que me librastes, de plata os hize corona : mas si aora nos librades, de oro os la fare toda. » Credo, cum ex Gallia profectus est ad insulam Eruson, vel Ebusam, et gravissima tempestate jactatus ; in ea insula monasteria condidit; fuit multorum monasteriorum Pater; et ejus corpus allatum est ad littus quoddam Carthaginis, ubi et vivens aliquot per annos cœlestem vitam duxerat ; at Corbeiæ mortuus est, ibique carmen sepulcrale sacer habet ejus tumulus : celebratur ejus dies anniversarius de 2 Januarii, de quo sic Galesinus in suo martyrologio : « Apud Corbeiam sancti Abhelardi abbatis; is regio genere natus, Caroli Magni consobrinus, rebus hujus sæculi spretis atque contemptis, vigesimo ætatis anno fit monachus : quo in vitæ genere hoc præter cætera habuit, ut quotidie bis saltem, mane ac vespere, sua alienaque peccata profusis uberrime lacrymis deploraret. Abbas autem creatus, ita omni virtute floruit, ut Antonii sanctissimi abbatis nomine aliqui eum appellarent. Meritorum igitur magnitudine cumulisque, ætate in religionis studio acta, animam Deo reddidit. » Hoc ipso die apud Molanum : « Apud Corbeiam, inquit, depositio sancti Adalardi abbatis. » In Scholiis : « Adelardi vitam scripsit S. Ratbertus abbas, sextus S. Adolardi in Gallia Corbeia successor, qui et Paschasius magis usitate dicitur. » Et sicut Ratbertus dictus est Paschasius, ita ut fuerit binomius; sic et S. Adelardus cognominatus est etiam Genesius. In illo tractu Carthaginensi plures Genesii nominantur. Tanta est devotio populorum ad illum sanctissimum abbatem. Hæc in gratiam Murciensium et Carthaginensium dicta sint : alibi in Historia Hispaniæ ecclesiastica paulo fusius. ID.

De S. Genesio de la Xara exstat libellus nostro idiomate scriptus a P. Melchiore de Huclamo Franciscano ; plene Franciscus Cascales in Hist. Murciæ, discurs. ultim., cap. 7, pag. 451, et seqq. Vide infra num. 291, et 307; Julianum in Adversariis num. 435, 436, 437, 438, 439 et 450. D. L.

276. Nicander poeta Hispanus anno 815. Toleti floret sub Gumensindo, qui S. Cyriaci episcopi Anconitani scripsit Martyrium versibus, ut refert Galesinus in Annotationibus IV. Non. Maii, fol. 102, pag. 2. Nihil de hoc vidi. Meminit hujus etiam Julianus hoc anno [In Chron. num. 421], et eum civem Toletanum facit. Quod ad Toletanorum gloriam accedit, quod tempore tam barbaro Toletum tales gemmas produxerit, et in media hieme similes rosas. P. H.

Hujus poetæ autumo esse versus, qui in Silii Italici opere ad limen ipsius apponuntur, in editione Gisleni Jansenii. Antuerpiæ anno 1101. Versus et eorum inscriptio sunt :

AMBROSII NICANDRI TOLETANI IN SINGULOS SILII
ITALICI LIBROS CATALEPSES.

*Catalepsis primi.*
Bellorum hic causæ, Pœnoque obsessa Saguntos
Est duce, legatos Latias quæ mittit in oras.

2.
Romanam prohibet navem contingere portus
Hannibal : huic clypeus datur, et ruit alta Saguntos.

3.
Gadeis Pœnus adit, sortes pe it æquore Bostar;
Dux Alpes superat, Taurinis qui sedet arvis.

4.
Ticini clades canitur, Trebiæque ruina :
Hic Appenninum transit cum milite Pœnus.

5.
Insidias Tyrius ductor struit, hinc Trasimenus
Romanam indoluit stragem, tremit Itala tellus.

6.
Romam quisque petit, prima audit Punica bella
Serranus, referente Maro, et movet agmina Pœnus.

7.
Obvius Hannibali Fabius ven t; isque cadentem
Collegam eripuit fato, cui reddit honores.

278. Artinodus [al. Erthinodus] monachus Gothus Augustinianus, in Scislæ Toletano monasterio hujus ordinis, ut martyr, in pretio habetur.
279. Stephano Quinto succedit in sede Petri Paschalis.
DCCCLVIII.                                                                                             DCCCXX.
280. Gratiosus episcopus XLIV, Ravennas multum floret.
DCCCLXIV.                                                                                              DCCCXXVI.
281. Dum sanctus Abhelardus, cognomento Genesius, erat in exsilio apud Carthaginem Spartariam, apud insulam Eron (nunc Grossam [al., Grillam] dictam) multis ultro citroque missis litteris se consolantur, ipse Gumesindusque Toletanus archiepiscopus, qui ex eodem erat genere et gente progenitus.
DCCCLXVI.                                                                                              DCCCXXVIII.
282. A Machometo Toleti rege ædificatur mirus pons super Tagum ad alveum [al. columnam] S. Leutiadiæ prætoriensis.
DCCCLXVIII.                                                                                            DCCCXXX.
283. Gumesindo archiepiscopo Toletano succedit in sede Wistremirus archipresbyter Toletanus, vir sanctus, pius, et in pauperes egregie propensus; sedet annos 28 sub gubernatore civitatis Toletanæ Ambrosio.
284. Erigitur [al., eligitur] Toleti academia philosophiæ, medicinæ et astrologiæ, eo concurrentibus Hispaniæ doctissimis.

## P. HIGÜERÆ ET D. LAURENTII NOTÆ.

8.
Conveniunt Varrone duce ad fera bella cohortes,
Italiæ et cladis signa infelicia surgunt.
9.
Collega invito Cannarium prælia Varro.
Stultus init, portenta vetant, fugitque cruentus.
10.
Cannis occumbit Paulus, quem Pœnus honorat:
Spes Italas Fabius renovat, Varrone recepto.
11.
Ad Tyrios socii desciscunt, pectine Teutras
Gesta virum canit, et Mago Carthagine certat.
12.
Parthenopen dux Pœnus adit Nolamque resedit
Ad Capuam, trepidæ tenditque ad mœnia Romæ.
13.
Pœnus ab urbe redit Capuam, tellure et Ibera
Scipiadæ occumbunt, natus descendit Avernum.
14.
Arte Syracosiam expugnat terraque marique
Urbem Marcellus, fœdat late omnia pestis.
15.
Scipio ad Hispanas juvenis tunc navigat oras,
Marcellusque cadit, cadit Asdrubal ense Neronis.
16.
Hispanos vicit dux Scipio, recta Syphacis
Hospes adit, patrio celebratque in funere ludos.
17.
Advehitur Romam Cybeles; hinc Scipio Pœnum
Dejicit Asdrubalem, prostratoque hoste triumphat.

278. *De Artinodo Julianus in Chronico num.* 422, *P. M. Joannes Marquez in lib. De ordine S. Augustini, cap.* 2, § 3. *De Scisla dixinus supra num.* 46. D. L.

283. Gumesindo defuncto, per electionem metropolitanorum episcoporum, eligitur Wistremirus civis Toletanus, ex genere Ficulneorum, et archipresbyter S. Justæ. Fuit hic vir sanctissimus, ex testimonio sancti martyris, et electi Toletani pontificis Eulogii, dicentis in epistola ad Willesindum episcopum Pampilonensem : « Post quintum diem Toletum reverti, ubi adhuc vigentem sanctissimum senem nostrum, faculam Spiritus sancti, et lucernam totius Hispaniæ Wistremirum comperi; cujus vitæ sanctitas totum orbem illustrans, hactenus honestate morum celsisque meritis catholicum gregem refovet : multis apud eum diebus degimus, ejusque angelico contubernio hæsimus. » Data est hæc epistola anno Domini 844 quo tempore regebat hanc Ecclesiam vir sanctitate vitæ, morum integritate, litteris et sapientia clarissimus, qui potest cum Ambrosio, Augustino jure comparari; quem vocat in primis « faculam Spiritus sancti, lucernam totius Hispaniæ; cujus tanta fuit sanctitas ut ejus splendor totum orbem perfunderet. » Vocatque populum Muzarabum Toletanorum *catholicum*. Felix pecus, quod tali pastore

A gubernatur. De quo pulchre Morales in hunc locum. « Ingentis gloriæ Toletanis Muzarabibus Christianis profecto fuit talem ac tantum virum hoc tempore episcopum habuisse. Sed Cordubensibus meis inde etiam præstantissimæ laudis decus derivatur, divum videlicet Eulogium eodem ipso tempore habuisse, qui multorum episcoporum suffragio, et Toletani populi sanctis studiis, dignus haberetur, qui Wistremiro (quali, bone Deus, antistiti!) succederet. Idque circumspecto judicio, et matura deliberatione factum prorsus est, cum ex hac apud se commoratione Toletana Muzarabum Ecclesia nobili experimento didicisset, quem virum dignis studiis et populi voluntate requireret. Debet autem sancta Ecclesia Toletana plurimum divo Eulogio, quod sanctissimi præsulis memoriam conservaverit, Alvaro itidem Cordubensi, qui ad hoc usque sæculum nostrum notitiam electi antistitis transmiserit, qui martyr esse tandem promeruerit. At vero cum hactenus dicit
B Eulogius, intelligere licet, eo ipso anno, quo scripta fuit hæc epistola, vixisse adhuc Wistremirum archiepiscopum. Alvarus vero vocat sanctum episcopum *divinæ memoriæ Wistremirum episcopum*. Scriptus est in tribus veteribus episcoporum Toletanorum Diptychis, in Luitprando, Juliano, in catalogo Garsiæ Loaysæ, Moralis, Ortizii; sed illum vocat corrupte *Henistremium* pro Wistremiro: meminit et Gomezius; ego in Historia Toleti; Petrus de Alcozer in Historia Toletana, Mariana, et plures alii. Vir fuit Wistremirus dignus, qui inter sanctissimos pontifices referretur in Martyrologio; sed reformatores ejus diem obitus sanctissimi viri autumo prorsus ignoravisse. De hoc alias; non minimam partem fuisse reor sanctissimi senis approbationem, ut populus Toletanus approbaret electionem, quam de sancto Eulogio fecerant episcopi metropolitani ad apicem Toletani pontificii. P. H.

284. De academia Toleti erecta, ubi floruerunt
C philosophia, astrologia et medicina, nihil mihi mirum; cum hæc regia civitas semper fuerit omnium altrix artium et alumna. Ip.

*Erigitur Toleti academia philosophiæ, medicinæ, astrologiæ*, etc. Antiquus in Hispania academiarum usus et graduum. Alvarus in Vita S. Eulogii : « Sed cum jam (*hæc sunt ejus verba*) annos juventutis attingeret, diaconi ministerio fungitur, atque ita in brevi, merito vectus ad superiorem gradum presbyterii sublimatur; moxque magistris ordine *hoc est, more examinis adhibito* et vitæ moribus, sociatur. » Noster Julianus in Chronico nu. 521, ubi de monasterio Agaliensi ait : « Sic finivit illa domus, illa, quæ fuerat sanctitatis et religionis officina, et per piusquam 450 annos tot archiepiscopos patriarchali sedi dedit, et tot sedibus contribuit episcopos, tot etiam doctores toti Hispaniæ et Galliæ quondam Narbonensi; ex quo, velut ex equo Trojano, tot viri sanctissimi doctissimique certatim prodierunt. » De hac re alibi in Juliano et Luitprando mentio num, 244, ubi vide quæ diximus ; et Paulum Jovium in lib. xxxiii, cujus sunt verba. « Postremo eam *Africam* invalescente Mahometis secta, Saraceni e Syria, Ægypto Arabiaque, inducti religionibus, tanta vi invaserunt, ut, pulsis Christianis, invectaque et late propagata superstitione, in Hispaniam usque victores transcenderint. Et cum Afri, Numidæ, Mauri, et denique omnes Pœnorum gentes nova sacra facile suscepissent, in Illiberi Bæticæ regia urbe, quam Granatam nostri vocant, posita est Maurorum sedes, et Cordubæ gymnasium cum celebri bibliotheca constitutum, ubi Arabicarum litterarum professores juventutem docendo, excipiendoque intermorientes apud Græcos optimarum scientiarum atque artium disciplinas, cum insigni gloria floruerunt. » Refert Theodorus Zuingerus in Theatro vitæ humanæ vol. 26, lib. unico f. 4953, col. 2. De Academiis et earum antiquitate, peculiarem commentarium edidit Jacobus Middendorpius doctum sane ac laboriosum; et de utilitate, necessitate et antiquitate scholarum scripsit Admonitionem panegyricam Joannes Althusius, auctor donec expurgetur prohibitus. Ab Ogygis enim temporibus in Hispania celebres et illustres academiæ fuere; præcipue in tractu Bætico et Turdetano, cujus habitatores litteratissimi habiti: ea regione Bætica, a fluvio ; ab incolis, Turdetania nominata. Sic Strabo lib. III, in ipso limine : « Hi omnium (*de Turdetanis loquitur, ex recensione Isaaci Casauboni*) Hispanorum doctissimi judicantur, utunturque grammatica, et antiquitatis monimenta habent conscripta, ac poemata, et metris inclusas leges a sex millibus, ut aiunt, annorum. Utuntur et reliqui Hispani grammatica, non unius omnes generis, quippe ne eodem quidem sermone. » Docuit in Turdetania grammaticam Asclepiades Myrleanus; teste eodem geographo in eodem etiam libro. Ex quo idem refert Alfonsus Garsias Matamorus in *Apologetica narratione de Academiis, litteratisque viris Hispaniæ*. Ejus verba sunt : « His temporibus nondum litteras in Græciam Palamedes invexerat, et multis cum poetis, tum philosophia, Bætica florebat, quæ post Phœnicum illud celebre litterarum emporium (quod primum in orbe conditum a Xenophonte prodiit) insigne academiam habuisse fertur ; in qua Asclepiadem Myrleanum litteras docuisse Strabo numerat. » Secundas fert Morales in sua Corduba II, tom. Historiæ pag. 107 : « Assi queda Cordoba estava en esta Region de los Turdulos, de los quales dice este mismo autor [Estrabon] eran tenidos comunmente en España por los mas sabios de toda ella. Teniam, dice el, letras i estudios dellas, i libros- de insigne antiguedad ; tenian uso de Poesia, i sus leyes escritas en verso de tiempo antigo, que decian era de seis mil años. » Meminit etiam Strabonis Jacobus de Valdes, in libro *De dignitate regum regnorumque Hispaniæ*, cap. v, num. 8, et Frater Joannes de la Puente lib. III. *De la conveniencia de las dos Monarquias*, cap. 21, § 2, quamvis Valdesium reprehendat, littera G. Nunc autem novissime de Cordubensi academia, et de aliis Hispaniarum inclytis P. Roa erudite, uti solet, in lib. *del Principado de Cordoba* cap. 6, p. 25, B. Hispanis autem amorem innatum esse ad perquirendos libros, ad artes addiscendas, dicit Oldradus de Ponte in Consilio 84, incipit : An expediat habere *multos libros*. Et lepidam narratiunculam scribit his verbis : « Et Hispani consueverunt circa hoc esse curiosi; unde narrat Joannes, quod Hispani, volentes habere copiam librorum, invitaverunt eum, et dederunt vinum rubeum, mistum cum albo, ut inebriatus commodaret eis libros : ac ipse notat codice

A de Dolo. l. *Dolum*. » Hactenus Oldradus. In eis etiam academiis antiquis, ut in recentioribus nostris, dignitatum gradu, seu nomine, magistri decorabantur. Diximus jam ex S. Eulogio, et ex nostro Juliano. Addam nunc, *grammaticos, philosophos, doctores* appellari solitos. Suetonius Tranquillus temporibus quibusdam super viginti grammaticis celebres scholas fuisse in urbe tradit. Sunt autem grammatici, ut inquit Cicero, interpretes poetarum, versanturque non solum circa sermonem, sed etiam circa historias et carmina evagantur. A Latinis litterati vocantur. Apud Græcos nimium sibi indulgebant in quæstionibus inutilibus discutiendis : Quem numerum remigum Ulysses habuisset ? priorne scripta fuisset Ilias, an Odyssea ? et id genus alia. Increpat eos Seneca De Brevitate vitæ : « Operose nihil agunt, inquit, qui in litterarum inutilium studiis detinentur, quæ jam apud Romanos quoque magna manus est. » Deridet Quintilianus lib. I, et A. Gellius lib. ult., hanc litteratorum anxiam nimis et futilem curam. Iterum Seneca, epist. 88 : « Ergo illa discamus, quæ Homerum fecere sapientem. Hoc quidem me quærere : Utrum major ætate fuerit Homerus, an Hesiodus, non magis ad rem pertinet, quam scire, an major Hecuba fuerit, quam Helena, et quare tam male tulerit ætatem. » Hujusmodi tricis eos experiebatur, imo detinebat implicitos, Tiberius, referente Suetonio ejus Vita cap. 70 : « Quæ mater Hecubæ ; quod Achilli nomen inter virgines fuisset ; quid Sirenes cantare sint solitæ. » At boni grammatici, et non grammatistæ, ab isto ineptiarum stulto labore cavent, quem cane pejus et angue vetant et fugiunt, de republica litteraria bene meriti, et bono publico consulentes. De his mentio apud l. C. in l. *Si duas*, § *Grammatici*, π, *De excusationibus tutorum*. Quibus dabatur immunitas munerum; negata iis qui primas tantum litteras docebant l. II, § ult., π, *De vacatione munerum*, l. *Ne gradatim*, § ult. π, *De muneribus et honoribus*. Docie ad id Cujacius in Recitationibus in pandectas in dict. l., *Si duas*, § *Grammatici*. Qui vero liberales profitebantur artes, et fideliter discebant et docebant, *Doctores* appellabantur. Id passim Suetonius in Julio cap. 42. « Julius Cæsar (*ejus sunt verba*) omnes medicinam Romæ professos, et liberalium artium doctores civitate donavit. » De Adriano Spartianus in ejus Vita « Doctores, qui professioni suæ inhabiles videbantur (senio aut morbo), ditatos honoratosque a professione dimisit. » Lampridius de Alexandro Severo : « Grammaticis salaria instituit, et auditoria decrevit ; et discipulos cum annonis pauperum filios, modo ingenuos, dari jussit. » Ubi vides *constituta salaria*. Descendat, sæpe vocatus, Suetonius in arenam, in Vespasiani Vita cap 18 : « Vespasianus primus e fisco Latinis Græcisque rhetoribus annua centena constituit. » Capitolinus in Antonio Pio : « Rhetoribus, inquit, et philosophis per omnes provincias, et honores et salaria constituit. » Eusebius in Chronico refert, Quintilianum primum publicam scholam Romæ, et salarium e fisco accepisse; quem cum Suetonio in concordiam conatur adducere magnus ille Lipsius in suo Lovanio lib. III, cap. 7, qui de hac re plena et erudita manu cumulat multa et disponit recte ; uti in De bibliothecis syntagmate cap. 11. Secundas fert in hac quæstione non secundus Samuel Petitus lib. IV Miscellaneorum cap. 4, de numero, hæresi et salario grammaticorum, rhetorum et philosophorum, undique petitis testimoniis, quæ huc transcribere non est opus ; imo opus infrunitum erit. In novo etiam orbe, *Scholæ, doctores et salaria*. Ex Gomara transcripsit Lipsius cap. 6. Lovanii, ubi de Mexicanis legisse ait, scholas in eorum templis fuisse, ei ad eas divites præsertim nobilesque filios suos missitare solitos ab anno ætatis quinto ; ibique a præceptoribus suis docebantur, coercebantur, neque egredi fas erat, et ad usum juventutis hujus terræ et agri dabantur, e quibus fru-

## APPENDIX AD LIUTPRANDUM.

**DCCCLXXIV.**

285. In territorio Zamorensi, oppido Albugensi, floret, opinione raræ sanctitatis, Sæculina virgo Benedictina.

**DCCCLXXVI.**

286. Alvarus et Isidorus, fratres S. Eulogii, qui post fuit electus archiepiscopus Toletanus, ad Boioariam exsulant.

**DCCCLXXVIII.**

287. Theodemirus monachus Benedictinus, episcopus, Calagurritanus, Claudio Taurinensi episcopo succedit.

**DCCCLXXXII.**

288. Hoc anno fit judex Muzarabum Gundericus Toleti, vir pius, justus et Deum valde timens.

**DCCCLXXXIV.**

289. Martinus Secundus, Romani papæ fama [*al.*, frater] in Gallæcia floret.

290. S. Alvarus, socius S. Eulogii, mirifice floret Cordubæ.

291. S. Fructuosi memoria celebris habetur apud Ligures.

292. Contra Claudium episcopum Taurinensem Iconomachum scribit S. Wistremirus archiepiscopus Toletanus.

**DCCCXXXVI.**

**DCCCXXXVIII.**

**DCCCXL.**

**DCCCXLIV.**

**DCCCXLVI.**

### P. HIGUERÆ ET D. LAURENTII NOTÆ.

tus et annonam colligebant. In Oriente Brachmanæ et Gymnosophistæ cœtus suos docendi discendique habuere: hodieque durat nomen ipsum Brachmanarum, et in Japone Bonziorum, qui magnos discentium cœtus, et in primariis oppidis habent. D. L.

285. Anno 836 in territorio Zamorensi, oppido Albugensi, vulgo Albugela (est Latine Albucella Antonino, et Albocella Ptolemæo in Vaccæis) floret S. Sæculina virgo, abbatissa, ut credo, ordinis Benedictini, cujus memoria est in Martyrolog. Hispan. et in breviario membranaceo S. Ecclesiæ Abulensis, die 23. Julii celebratur festum simplex de ea; sic ibi : « Sancta Sæculina ex urbe Albugensi, claris natalibus orta, nobili viro, cui matrimonio juncta fuerat, ut continentiam sectaretur, Deo precibus annuente, persuasit. Quo ex hac luce subtracto, monasticam vitam eligens, cœnobium ingressa, quod pater exstruxerat, cum pluribus feminis jejuniis et orationibus vacans, Deo humiliter deserviebat; ubi, post plurima signa, congregatis sororibus, datoque eis pacis osculo, migravit ad Christum. » Nusquam nec in Martyrologio, nec in alio, quam in hoc loco Luitprandi, et in Tabulis Ecclesiæ Abulensis de hac reperi. P. H.

287. Theodemirus monachus Benedictinus, et post episcopus Calagurritanus, vir apprime pius et doctus, scripsit contra Claudium Hispanum episcopum Taurinensem iconomachum librum elegantem pro imaginum defensione. Fuit hic Claudius vir fallax, qui ex capellano Ludovici factus est episcopus Taurinensis. Sæpe bellavit contra Mauros, ut patet ex rebus gestis Augustæ Taurinensis : contra quem scripsit (ut dictum est) Theodemirus, et Jonas episcopus Aurelianensis, et Spiritu Dei concitatus sanctus senex Wistremirus episcopus Toletanus, *facula Spiritus sancti*. De Claudio sic Walfridus Strabo, De rebus ecclesiasticis : « Claudius quidem Taurinensis episcopus, sed in veritatis itinere, nominis sui similitudine, nutabundus inter cæteras vanitatum suarum ineptias, cupiens hæresim de imaginibus renovare, antequam diversorum contra eum scribentium telis, suo judicio damnatus, interiit : et fortasse qui præsenti ac viventi fides habenda est. Fuit autem Claudius discipulus Felicis Urgelitani hæretici; similis omnino patri fuit filius. P. H.

(a) De Jona vide not. 6, in epist. Tractemundi. D. L.

290. De Alvaro Cordubensi, S. Eulogii contubernali, multa apud eum mentio est. Fuit illustrissimo genere natus, ut qui a sancto et modestissimo viro S. Eulogio *serenissimus* appellatur; quod nomen, nonnisi in reges, aut e regio sanguine procreatos, cadere videmus. Scripsit vitam S. Eulogii, et mortem, ac officium precum, et hymnum in ejus laudem Asclepiadeis versibus composuit, et librum, qui dicitur Scintilla, testimoniis sanctorum Patrum concinnatum; opus eo tempore valde necessarium, in quo erat tanta librorum omnium penuria. Indiculus luminosus non est ejus, ut mox videbimus. Non credo uxorem duxisse, sed egisse vitam cælibem. Post mortem S. Eulogii 12 annos plus minusve moritur sanctissime Cordubæ, quarto die Maii, lumen et splendor Muzarabum Cordubensium ; dignus sanctus vir (ut fertur) qui sanctorum catalogo ascriberetur. Fuit, prout illa tempora ferebant, vir plane doctus; in cujus laudem lubet hoc carmen annectere :

Alvare Muzarabum decus, et quem Corduba jactat
Emeritum, sacra cingere fronde caput.
Te pietas, te cana fides, studiumque sciendi,
Eulogio et sociat fœdus amicitiæ.
Hoc duxisse sat est; nam cætera sustulit ætas;
Quem canet admirans invida posteritas.

Quæ scripsit P. Higuera, Juliani testimonio confirmantur in Chronico n. 433, hoc eodem anno : « Alvarus (*hæc sunt verba*) ex regio semine Gothorum, amicus et collega studiorum S. Eulogii, litteris et sanctitatis opinione floret Cordubæ. » Cujus etiam meminit idem Julianus num. 450. Nunc habeo opera quæ exstant manuscripta in archivo sanctæ ecclesiæ Cordubensis, emissurus in lucem, si per tempus licuerit. D. L.

292. Scripserunt multi contra Claudium Iconomachum, ut Walfridus, Jonas Aurelianensis (*a*); sed claude, nec omnino secundum Ecclesiæ Romanæ, Ecclesiarum omnium magistræ et regulæ, dogma catholicum. Quæ duo circa sacras imagines docet; et nullo modo frangendas aut abjiciendas, sed debito cultu venerandas. Ii Patres, qui convenerunt ad concilium Francofordiense, reclamantibus S. Ecclesiæ Romanæ legatis, recipiendas et habendas censuerunt, ut velut alphabeta indoctis et imperitis nullo tamen modo venerandas. De quo sic Baronius IX tom., anno Domini 825 num. 74, pag. 761 : « Verum » (inquit, agens de Jona Aurelianensi, qui scripsit contra Claudium Iconoclastam), « verum, inquam, sic Jonas confecit bestiam, ut tamen ab Ecclesia catholica præmio dignus minime fuerit judi-

catus; qu'ppe qui etsi pugnavit adversus Iconoclastas, non tamen e castris Ecclesiæ orthodoxæ, a qua errore pristino ex parte dissensit; dum ita non confringendas esse prædicavit imagines, ut tamen eas non esse venerandas assereret; ex eorum classe unus ipse, qui ad ornatum duntaxat, et ad instruendum de rebus gestis fideles, non autem ad venerationem esse debere imagines in ecclesia sensit. Quem una cum aliis ejusdem sectæ gregalibus superius confutavimus. » Hæc Baronius. Scripsit ad Jonam Lupus Ferrariensis abbas, epist. 27 : « Excellentissimo præsuli Jonæ Lupus, æternam in Domino salutem. Librum vestrum (sicut rogasti) excurrimus, sed ut parcissime dicamus, immutare in eo nihil voluimus, ut operis vestri sitis ipsi correctores, cujus estis auctores; siquidem expendenda nobis fuit teneritudinis et tenuitatis nostræ ratio, et ætatis ac ordinis vestri habenda consideratio; nec facilitatem ac delectationem quamdam reprehendi, quam in quibusdam notare solemus, debuimus imitari. » Hæc ille. Addit Baronius : « Debuisset vir doctus et pius reprehendisse antistitem de errore contra Ecclesiam hic insinuato. »

Præter Theodomirum monachum, Dungalus non ignobilis ejusdem temporis scriptor, et Vistremirus, utpote scriptor contra Iconoclastas et errores imaginum, archiepiscopus Toletanus, vir doctissimus et sanctus, et ipse Lupus, scripserunt de crucis et imaginum adoratione. Constat hoc ex epistola ejusdem Lupi ad Eginhardum scriptorem rerum a Carolo gestarum. Est epistola 4 occasione reprehendendi Claudii Taurinatis episcopi negantis sacras imagines venerandas esse. Res hæc venit ad aures imperatoris Michaelis Græci, qui misit legatos suos ad Ludovicum imperatorem, qui in hoc errabat, dicens imagines tenendas omnino quidem, sed nullatenus adorandas esse. Qui etiam ad Eugenium papam misit suos oratores, ut peterent a papa, ut litterati Galli disputarent ea de re. Et sanctus pontifex arguit temeritatis Legatos, scilicet Freculphum episcopum, et Adegarium, quod rem tantis sæculis ab Ecclesia observatam, certam et constitutam, vellent ausu quodam temerario in quæstionem revocare. Tandem ipsis insistentibus licentiam petitam concessit. Facta est collectio prope Parisios anno Domini 825, non coacta synodus. Quæ in illa collectione decreta fuerunt, satis posterius erubescit. Prodiit in lucem actus Francofordiensis sine nomine auctoris, aut bibliothecæ unde petitus sit codex ille; quod tyrannice factum cardinali Baronio doctissimo pientissimoque fuisse plane videtur. Tunc est abjecta septima synodus generalis. Qua de re sic Baronius anno 794: « Vetustissimum omnium Chronicon hac ætate conscriptum, sub Ludovico imperatore, Caroli filio; synodus, inquit, etiam quæ ante paucos annos sub Irene et Constantino filio ejus congregata, et ab ipsis non solum septima, verum etiam generalis erat appellata; ut nec septima nec universalis haberetur diceretur ve, quasi supervacua omnino ab omnibus abdicata est. » Hæc eadem totidem verbis apud Aimonium descripta leguntur. Chronicon itidem eodem tempore scriptum, nuper a Pythæo editum, hoc eodem anno iisdem verbis : « Pseudosynodus Græcorum, pro adorandis imaginibus, habita ab episcopis, damnatur; in eodem videlicet Francofordiensi concilio. » Et Ado Viennensis, qui scripsit sub Carolo nepote hujus Caroli Magni, eadem verbis iisdem. Idem Regino, sed et alii complures longe nobiliores auctores. Verum de ipsis primis auctoribus, qui interfuerunt eidem Francofordiensi concilio, prius pervestigandum est, quomodo ex adversantium scriptis, capitulari scilicet libro illo, inducti sint, ut Nicænam synodum condemnarent. Mirum est quomodo sint obcæcati isti doctores, non inspectis veris actibus, et reclamantibus legatis Adriani, et contrariis eos fallentibus credere maluerint; nisi quod coacta sit synodus a Constantino et Irene, qui noluerunt recipere uxorem filii sui filiam Caroli Magni. Et Jonas Aurelianensis fuit in sententia hujus erroris, sic : « Illud quod imaginum adoratores ad suum errorem muniendum respondisti scripsisse, ita inquiens : Non putamus imagini, quam adoramus, aliquid inesse divinum, sed tantum pro honore, cujus effigies talis, eam veneratione adoramus; una autem reprehendimus ac detestamur, qui cum eorum scientiam non subterfugerint, imaginibus nihil esse divini, majori digni sunt invectione, eo quod delatum honorem divinitati impenderint infirmo et egeno simulacro. Quantumque hujus erroris sectatores ac defensores a vera exorbitent religione, non opus est per singula mea declarare narratione. Idipsum etiam nonnulli Orientalium, qui eodem sceleratissimo mancipantur errore; sed objurgantibus respondere solent; Tribuat Dominus sua gratuita pietate, ut tandem aliquando, et isti et illi ab eadem exuantur superstitione, et apostolicis disciplinis salubriter instructi, traditioni renoventur ecclesiasticæ. » Et inferius : « Illi, qui nimio et indiscreto amore ob honorem sanctorum imaginibus supplicant : nescio an temere idololatræ sint, aut vocandi videantur; sane potius ab hac superstitione adhibito rationis moderamine revocandi, quam idololatræ (cum utique sanctæ Trinitatis fidem veraciter credant et prædicent) nuncupandi. »

Ejusdem malæ opinionis videtur fuisse Walfridus Strabo, de rebus ecclesiasticis cap. 8 : « Nunc autem de imaginibus et picturis, quibus decus ecclesiarum augetur, dicenda sunt aliqua, quia et earum varietas nec quodam cultu immoderate colenda est, ut quibusdam stultis videtur. » Et inferius : « Si enim ideo quia novimus non adorandas nec colendas icones, conculcandæ sunt et delendæ picturæ. » Hæc ille. Ejusdem fuit classis Amalarius, Altigarius, seu. Elisagarus, Trevolphus, Adegarius. Inter hos numerandus est et Hincmarus archiepiscopus Remensis contra Joannem episcopum cap. 20 : « Septima autem apud Græcos vocata universalis Pseudosynodus de imaginibus (quas quidam confringendas, quidam adorandas dicebant; neutra vero pars in intellectu sano definiens sine auctoritate apostolicæ sedis) non longe ante nostra tempora Nicææ est a quam plurimis episcopis habita, et Romam missa, quam et papa Romensis ad Franciam direxit. Unde tempore Caroli Magni imperatoris, jussione apostolicæ sedis, generalis synodus in Francia (Francofordiæ scilicet), convocante præfato imperatore, celebrata; et secundum Scripturarum tramitem traditionemque majorum ipsa Græcorum pseudosynodus destructa et penitus abdicata; de cujus destructione non modicum volumen, quod in palatio adolescentulus legi, ab eodem imperatore, per quemdam episcopum missum. » Et inferius : « Auctoritate itaque hujus synodi (Francofordiensis videlicet) nonnihil repressa est imaginum veneratio. Sed tamen Adrianus, et alii pontifices in sua opinione perseverarunt; et mortuo Carolo, suarum pupparum cultum vehementius promoverunt; adeo ut Ludovicus Caroli filius, libro longe majori insectatus sit imaginum cultum, quam Carolus. » Hæc Hincmarus. Quo loco satis irreverenter et de cultu sacrarum imaginum, et de sententia irrefragabili Romanorum pontificum loquitur. Nec ignorare poterant illi Patres, regulam infallibilem veritatis esse sanctam sedem Romanam. At vero Anastasius bibliothecarius, in præfatione quam præmisit septimæ synodo : « Quæ super venerabilium imaginum adoratione præsens synodus docet (Nicæna scilicet), hæc et apostolica sedes vestra, sicut nonnulla conscripta fuerant, antiquitus tenuit, et universalis Ecclesia semper venerata est, et hactenus veneratur; quibusdam duntaxat Gallorum exceptis, quibus utique nondum est horum utilitas revelata. Aiunt namque,

APPENDIX AD LIUTPRANDUM.

**DCCCLXXXVI.**

293. S. Blasius, episcopus et martyr, qui in Hispania apud Centumfontes, oppidum Celtiberiæ, passus est tempore persecutionis Neronianæ, anno sexagesimo septimo; miraculis celebris [*al.*, *crebris*] micat.

**DCCCLXXXVIII.**

294. S. Anacirardus eremita ex Germania venit in Lusitaniam, et in ripa fluminis Tagi, prope civitatem Scalabim, sancte degit; et reversus ad Italiam, non procul a lacu Tigurino, vulneribus confectus, martyrizatur die 4 Februarii.

**DCCCXCV.**

295. Patitur Cordubæ Rodericus et Salomon, domo Lusitanus, prope urbem dictam in Bætica Tuccim vetus, aliquibus Tossina.

296. Hoc anno Wistremirus, Toletanus primas, jubet deponi Samuelem episcopum Illiberitanum, propter nefandam vitam: quod exsequitur David Hispalensis archiepiscopus; sufficit illi Gervasium.

297. Hoc anno sufficitur per Toletanum Wistremirum, defuncto episcopo Urcitano (Urci, nunc Portella) Genesius, alias Abhelardus episcopus, qui fuerat Lugdunensis in Gallia, vir sanctus, Milonis cognomento Bernardi filius, frater vero Rolandi, ducis Palatini.

298. Wistremirus vir sanctus (qui vocabatur a S. Eulogio Facula Spiritus sancti) Lupi Ficulni frater,

### P. HIGUERÆ ET D. LAURENTII NOTÆ.

quod non sit quodlibet opus manuum hominum adorandum, quasi non sit codex Evangeliorum, opus manuum hominum, quem quotidie osculantes adorant. Venerabilior canis, quem et non esse opus manuum hominum, procul dubio non negabunt; similiter et forma sanctæ crucis, quam se adorare omnes ubique Christiani fatentur. » Duo collige ex Anastasio; solos quosdam pontifices Gallos non admittere adorationem imaginum, non omnes; et, præter hos, nullos aliarum nationum episcopos. Unde perniciosa hæc hæresis, tametsi Gallia proxima sit Hispaniæ, ejus membra non pervasit, nec eam infecit. Imo cum scripsisset de non adorandis, sed frangendis imaginibus Claudius Hispanus, Taurinas episcopus, isque liber, utpote scriptoris Hispani, manibus tereretur Hispanorum; Vistremirus Toletanus pontifex, et Hispaniarum primas, zelo Dei fervens, ut *facula Spiritus sancti*, ne quibus ille liber noceret, aut sententia Patrum Gallorum illos decipere posset, scripsit luculentum librum (ut docet hic Luitprandus, et Julianus Toletanus archipresbyter) contra Iconoclastas et eos qui non reverenter adorant sacrosanctas sanctorum imagines. Quod credo factum, adhibitis ad concilium Toletanum metropolitanis episcopis, et viris doctrinæ splendore et vitæ sanctimonia præclaris. Quod quidem cedit in maximam laudem, tum gentis Hispanæ, tum maxime sanctæ sedis Toletanæ gloriam, quæ divino beneficio tales pastores et pontifices non minus doctos quam sanctos, zelo fidei catholicæ flagrantes, quam famæ celebritate conspicuos, semper ut mater Hispaniarum nacta sit. Utinam hoc opus, ut pium et egregium, nunc exstaret! Posset in illo, ceu in limpidissimo quodam speculo, sedulus lector intueri expressam imaginem morum ac doctrinæ, quibus sanctissimus vir et pontifex Wistremirus totam Hispaniam, ceu quibusdam clarissimis radiis illustravit; faxit Deus, ut, sicubi latet tantus thesaurus, in lucem prodeat jam tandem, ad ejus gloriam et multorum utilitatem, et ut omnes intelligant quanti semper Toletani pontifices fecerint sententiam sanctissimorum Romanorum pontificum; ut ne latum, quod aiunt, unguem et ab eorum sensibus et placitis unquam recesserint, quin eorum statutis facilem et benevolam aurem (ut par est) accommodarint.

293. S. Blasii martyris Hispani, sub Decio passi, celebris memoria est apud Hispanos. Toleti servatur ejus sacrum cranium in cœnobio sanctæ Trinitatis. Exstat Joannis et Manuelis ante trecentos circiter annos diploma donationis monasterio sancti Blasii centumfontani; ubi dicitur donationem illam fieri ob reverentiam S. Blasii martyris ibidem sepulti. P. H.

De sancto Blasio Julianus in Chronico num. 454: « S. Blasius apud oppidum, vocatum Centumfontes, in Celtiberia, in Neronis persecutione in Hispania martyr patitur. » Non abs re mihi visum, verba fratris Thomæ de Truxillo apponere, qui in tomo II, Thesauri concionatorum fol. 637, col. 2, sub titulo, *De beato Blasio Hispano*, sic ait: « In oppido de Cifuentes in extremitate regni Toletani, in quodam monasterio monialium B. Dominici, est insigne quoddam sepulcrum ex lapide alabastrite, ubi dicitur esse corpus beati Blasii Hispani. Aliqui vero dicunt esse eumdem Blasium, quem celebrat Ecclesia catholica die 3 februarii. Cæterum, quod ille sanctus diceretur Blasius, certum quidem est: ita enim ibi ab omnibus affirmatur; quod autem sit ille, de quo supra diximus, magna quidem est ea in re difficultas. Quamvis ostendant, prope flumen Tagum ruinas cujusdam civitatis, quam ipsi dicunt appellatam fuisse Sebasten. Ostendunt etiam speluncam quamdam, in qua vir sanctus habitaret, et ubi eum jusserit comprehendi præses Agricolaus, cum fuisset indicatus a canibus venantibus. Indicant etiam præterea, et assignant ibi nomen provinciæ Cappadociæ, et alia multa ostendunt, quæ videntur convenire illi alteri sancto Blasio episcopo. Sed tamen jam universa Ecclesia recepit illum Blasium, de quo superius dictum est, tanquam episcopum et martyrem, Sebastæ in Cappadocia illa Asiæ Minoris, non autem illa de Alcarria. Itaque quidam alius esse debet hic Blasius; qui tamen idem habet nomen, et fuit etiam sanctus. » Hactenus Frater Truxillo. Sic Morales, Marieta, Padilla. D. L.

294. De Anacirardo facit mentionem Molanus die 4 februarii; sed vocat *Lietphardum*. Lege Surium hoc die. P. H.

295. Vide P. Joan. de Rea Soc. Jesu in Vita Martt. Cordub. p. 41. B.

297. *Urci, nunc Portella.* Diximus ad num. 58, de oppidulo Portella, seu Portiella vel Portellia, (sic hic legendum *Portellia*, vel *Portella*, aut *Portiella*) ubi laudavi diploma Sanctii regis, cujus nunc verba, quæ ad rem conducunt, apponere non recuso: « Dono, inquam, vobis in valle de Ostella, prope villam quæ dicitur Portiella, monasterium, quod dicunt S. Joannis, cum suis terminis; et in Pampilonia parochiam de S. Cæcilia; et in valle de Garonio, monasterium quod dicitur Zeyazahassa. » D. L.

298. De felici obitu et die mortis sanctissimi Wistremiri, episcopi Toletani, potest nos facere certiores Luitprandus, qui vixit post hoc tempus fere centum annis; multa de eo supra. P. H.

domo Toletanus, ex ipsis ejus Muzarabibus natus, senio confectus moritur. Sepelitur in æde S. Justæ. Succedit illi Bonitus, qui posuit sepulcrale carmen :

A. *Obiit in pace S. vir Wistremirus 31 Decembris* Ω.

DCCCXCVI.  DCCCLVIII.

299. Eligitur in concilio episcoporum Toleti sanctus Eulogius.

DCCCXCVII.  DCCCLIX.

300. Bonitus, sanctæ Ecclesiæ Toletanæ archidiaconus, eligitur Toletanus pontifex. De hoc dicitur ivisse ad patriam suam Clarummontem Arverniæ, et ibi fuisse donatum veste cœlesti a beata virgine Maria : sed Toleti scriptis litteris ad Samsonem Cordubensem, ipse eum absolvit.

301. Leander, trigesimus sextus abbas Agaliensis, floret.

DCCCC.  DCCCLXII.

302. Julianus succedit in sede Toletana sancto viro Bonito. Fuit doctus, ut illa ferebant tempora, Synodum coegit.

DCCCCIII.  DCCCLXV.

303. Juliano succedit Petrus, vir pius. Coegit synodum.

DCCCCIV.  DCCCLXVI.

304 Succedit Petro alter Petrus in sede Toletana, vir bonus.

305. Floret memoria sancti Crescentis in Cæsarone, et Vienna, ubi fuit episcopus.

306. Floret in monte Serrato sanctus Joannes Guarinus eremita.

## P. HIGUERÆ ET D. LAURENTII NOTÆ.

299. De electione sancti Eulogii in episcopum Toletanum, loco sanctissimi pontificis Wistremiri, sic Alvarus in Vita sancti Eulogii : « Nec illud, inquit, omittendum in hoc opere reor, quod post divinæ memoriæ Wistremiri Toletanæ sedis episcopi [*aliquid deest*] in eamdem sedem ab omnibus comprovincialibus et confinitimis episcopis electus, et dignus est habitus, et pro relatu omnium comprobatus. » Jam depositus est post Wistremirum in sacrario vel secretario sanctæ Ecclesiæ Toletanæ; quin et D. Garsias Loaysa in Diptycha Toletanorum pontificum, ponit anno Domini 859 cum hoc elogio, *S. Eulogius electus, martyr.* P. H.

300. Bonitus archidiaconus S. Wistremiri, cujus est indiculus luminosus, ex Juliano, qui passim Alvari nomine circumfertur, electione pontificum comprovincialium succedit S. Eulogio. P. H. — De indiculo luminoso dicam infra num. 509. D. L.

*Sed Toleti scriptis litteris ad Samsonem Cordubensem, ipse* (Bonitus) *eum absolvit.* Samson vivebat Cordubæ tempore S. Eulogii, postea fuit abbas sancti Zoili; vir doctus et subtili ingenio, in philosophiæ et sacrarum litterarum studiis versatus, ut ait Ambrosius de Morales. Quem Samsonem in concilio Cordubensi Hostigesius Malacitanus episcopus, convicii notam ei inurens, hæreticum nominavit : unde ansam arripuit ad scribendum Apologeticum contra eum, tribus libris distinctum, cujus late ipse in præfatione operis meminit. Omnia comprehendit noster Julianus in Chronico, num. 440 : « Noluit (*Bonitus*) interesse concilio Cordubensi, in quo graviter erratum est contra Samsonem abbatem; ubi et ille Samson vir doctissimus et sanctissimus fuit. Fecit Apologeticum, quod servatur in sanctæ Justæ Toletanæ bibliotheca. » Forte dixit, *graviter erratum est*, ad Hostigesii convicium respiciens. Bonitus absolvit Samsonem, ut ait Luitprandus. Quo non contentus Julianus, successor Boniti, pro defensione Samsonis convocavit synodum. Noster archipresbyter id testatur in Chronico, num. 444, his verbis : « Ab illo (*Juliano*) cogitur synodus in defensione Samsonis cum concilio. »

De Samsone inventa luit quædam inscriptio cymbali ærei, non admodum longe ab oppido quod *Trasierra* vocant; typisque expressam debemus Ambrosio de Morales, de republica litteraria bene merito

A in ejus notis ad lib. 1 Memorialis D. Eulogii, num. 9, inscriptio hæc est :

OFFERT HOC MUNUS SAMSON ABBAS IN DOMUM SANCTI SEBASTIANI MARTYRIS CHRISTI. ERA DCCCC ET XIII.

Vide et epigramma a Cypriano archipresbytero Cordubensi compositum, cujus epigraphe : *Epitaphium, quod idem in sepulcro domini Samsonis edidit, metro heroico* :

Quis quantusve fuit Samson clarissimus abbas,
Cujus in urna manent hæc sacra membra sub aula;
Personat Hesperia, illius famine fota.
Flecte Deum precibus, lector, nunc flecte peroro,
Æthera uti culpis valeat conscendere tersis.
Discessit longe notus, plenusque dierum ;
Sextilis namque mensis die vicesima prima,
Sextilis namque mensis primo et vicesimo sole.
Æra 928.

B Qui Cyprianus fuit poeta, ut apparet ex Epitaphio et ex aliis versibus, quos congerit idem Ambrosius de Morales, ibidem num 6; suffragatur noster Julianus in Chronico, num 519 : « Posuit illi (*Blasio*) carmen Cyprianus, ejus discipulus. » Et in Adversariis, num. 284 : « Ea de re exstat hymnus qui sic incipit : *Lætare, Toletum*; quem composuit Cyprianus archidiaconus Cordubensis, ad petitionem Adulfi comitis, Anathagildi abbatis, et Valentiniani presbyteri, Toleto oriundorum. » De Apologetico Samsonis alibi Julianus : « Cum sanctus vir Cyprianus venit Corduba Toletum, attulit secum librum Apologeticum domini Samsonis, qui positus est in bibliotheca sanctæ Justæ, pro magno thesauro. » D. L.

302. Bonito, Toletano præsuli, succedit Julianus archidiaconus, qui prius fuit monachus Agaliensis. P. H.

303. Juliano succedit in sede Toletana Petrus, vir doctus; et hic habuit Toleti synodum de rebus ad religionem necessariis. ID.

C Vide Julianum in Chronico, num. 448, in hæc verba : « Juliano sancto, Toletano præsule defuncto, in [sede Toletana succedit Petrus, archidiaconus ejus. Qui Julianum ad S. Justam, Toletanam metropolim, eleganter, ut illa tempora ferebant, composuit, et apposuit ejus viri sanctorum memoriam et carmen. » Sic in ms. Patris Hier. de la Higuera. D. L.

## APPENDIX AD LIUTPRANDUM.

**DCCCCVII.**
507. Sub id tempus Dulcidius, presbyter Toletanus, ex Berta Osorii Gunderici sorore natus, orator regis legionis ad imperatorem Cordubæ.

508. Hoc anno fit translatio reliquiarum sanctæ Obduliæ Palma Toletum.

509. Toletum fertur *Indiculus luminosus*, quem sanctus Bonitus scripsit Cordubæ.

510. Obiit Cordubæ sanctus vir patricius Alvarus die 4 mensis Maii.

**DCCCCXX.**
511. Marinus Columbi filius ex Gallæcia, matre Hispana, et patre Fabricio, ex diacono cardinali consecratur papa *(vide infra num.* 520.*)*

**DCCCCXXI.**
512. Theophylactus archiepiscopus Bulgarorum floret.

513. Habebatur pro martyre in Hispania comes Milo [*al.*, Rolandus comes, cujus fuit pater Milo] de Angleris, cognomento Bernardus, levir Caroli Magni; qui Milo cum filio Abhelardo, cognomento Genesio, venit in Hispaniam, et recta adiit Alphonsum Castum, Legionis et Oveti regem catholicum, et detulit corpus S. Leucadiæ Suessiones [*al.*, Suessonibus], ut refert Nitardus, nepos Caroli.

514. Selva, Abbas Agaliensis, Toleti mirifice floret.

**DCCCCXXVIII.**
515. Joannes episcopus Toletanus novem menses sedit.

516. In oppido Prunis, vel Prusæ, in Carpetania, Raymundus Metallinensis pastor Lusitanus, mirus in pauperes, sanctus floret.

**DCCCCXXX.**
517. Joanni Toletano succedit in sede Bonitus secundus, vir egregiæ mentis, et satis providus in pauperes et suos.

**DCCCCXXXIII.**
518. S. Ostanus [*al.*, Ostianus], episcopus Aucensis in Hispania, interfuit concilio Ovetensi; moritur in tractu Bivariensi die 30 Julii. Relatus inter sanctos in catalogo numeratur.

**DCCCLXIX.**

**DCCCLXXXII.**

**DCCCLXXXIII.**

**DCCCXC**

**DCCCXCII.**

**DCCCXCV.**

### P. HIGUERÆ ET D. LAURENTII NOTÆ.

307. De Dulcidio presbytero Toletano est celebris A mentio in historiis Hispaniæ: qui cum exacte calleret linguam Hispanam et Arabicam, mitti solebat orator a regibus Oveti ad reges Cordubæ. Hunc credo alium fuisse ab eo qui post septuaginta et quinque annos fuit episcopus Salmanticensis. P. H.

509. Indiculus, quem Bonitus composuit Cordubæ, negotiorum causa ibidem commoratus, affertur Corduba Toletum post mortem Boniti. Id.
De auctore *Indiculi luminosi* varii varie. Fere omnes agnoscunt Alvarum esse. Sic episcopus Placentinus, quem refert Ambrosius de Morales in Vita S. Eulogii, in fine; quamvis non certo eum sequatur pede, dum primum Alvaro opus tribuit, paucis vero interjectis dubitet his verbis: « Unum illud est, quod ut Alvari opus illud esse non credam, omnino persuadet; quia nimirum divi Eulogii ibi mentio nulla fit. Nec arbitror Alvarum in tanta benevolentia continere se potuisse, quin ejus eadem scribentis meminisset. » Recantavit tamen meliori ductus, ut B ait, ratione, III part. Histor. general. lib. IV, cap. 3, fol. 95, eoque nititur fulcro; nimirum quia Alvarus in Vita S. Eulogii recenset se tale quid operis concinnasse. Julianus Wistremiro tribuit in Chronico, num. 438, secundasque fert P. Hieronymus de la Higuera in notis supra ad num. 300. Quamvis tantum eum referre, quæ invenisse fatetur apud Julianum, non vero suam de hac re protulisse sententiam, possimus dicere. Luitprandus denique hic, vel alium laudat auctorem, Bonitum scilicet, vel, si sensus patitur, scripsisse tantum, non composuisse *Indiculum* affirmat. Julianus etiam, dissimilis sibi, in epistola-prosphonetica Alberto Fuldensi scripta, vestigiis Luitprandi insistit his verbis: *Indiculum luminosum Boniti pontificis Toletani.* Quare alterutro in loco corrigendus. Inter opera tamen Alvari, quæ in sancta Ecclesia Cordubensi asservantur, *Indiculus* invenitur, et suo contextu patrem appellare videtur eumdem Alvarum: in quod pronius inclino. D. L.

311. De Marino Hispano plura docet Julianus Toletanus. (*Vide infra num.* 520.)
513. *Et recta adiit.* Legendum ex meliori exemplari, *Et recte juvit.* Confirmatur ex Juliani Adversariis, num. 450, ubi sic: « Recteque regem Alfonsum dictum Castum adjuvit. » D L.
Juliano Toletano præsuli defuncto succedit Joannes. Joanni Toletano succedit in primate sede S. Bonitus II. P. H.

316. *In oppido Prunis vel Prusæ*, quod quinque millibus passuum abest Oceania, fuit opilio sanctus, nomine Raymundus, adeo fide plenus et operibus charitatis inardescens, ut vivus mortuusque multis claruerit nobilitatusque sit miraculis. Hic dicitur fuisse Metellinensis in Lusitania, ubi ejus memoria est adhuc vivax; nam colli flumini Anæ incumbenti nomen est collis Raymundo; quia fortassis dum ad extremum hiemali tempore gregem illuc ageret, ibi pascere solebat. Mira est oppidanorum erga hunc sanctum virum devotio, quem supplicatione publica quotannis indigitare solent confluentes ex oppidis multi. Id.

*In oppido Prunis vel Prusæ.* Vide infra num. 551. Julianus in Chronico, num. 453: « In oppido Prunis Prusæ vel Clusæ, in Carpetania, nunc Cirvelos, Raymundus pastor patria Metellinensis, et Puteolis ibidem sanctus patronus, quia fuit episcopus Puteolanus in Hispania. Fuit autem Raymundus, ut dixi, Metellinensis, in quo tempore florebat in Cathalonia S. frater Joannes Guarinus Lusitanus; et opinione sanctitatis et illustrium signorum clarus habetur; cui erexerunt tunc cives Prunitani in loco Tago proximo crematorium. Celebratur ab antiquo tempore ejus dies tertio die Paschatis Domini. » Sic inveni post excusum Julianum in autographo P. Hieronymi de la Higuera. D. L.

318. *Bivarium.* Hodie *Bivar*, prope Burgos, patria celeberrima ducis, nunquam satis pro dignitate lau

519. Cordubenses Muzarabes aedificant intra urbem templum; dubium ne Genesio martyri, ibidem passo in persecutione imperatoris Neronis, an Abhelardo, cognomento Genesio, consanguineo Caroli Magni, episcopo abbatique glorioso.

DCCCCXXXIV.   DCCCXCVI.

520. Martinus [*alii legunt* Marinus, *ex Juliano. Vide quæ diximus ad n.* 511. D. L.] et Romanus, natione Gallæci, mittuntur a Joanne papa ad Alfonsum regem Legionis et Oveti

DCCCCXXXVIII.   DCCCC.

521 Prunis [*Vide supra n* 516 D. L.] in Carpetania moritur sanctus Raymundus Pastor, vir pius, simplex, mansuetus, largissimus in pauperes.

DCCCCXL.   DCGCCII.

322. Bonito de vivis sublato, sufficitur in sede Toletana patriarchali archidiaconus ejus servus Dei, non minus opere quam nomine; qui librum scripsit, *quod Filius Dei Christus videt in cœlo faciem Patris.* Sedet annos septem.

523. Sancti Luciani pontificis et martyris, comitis sancti Dionysii Areopagitæ, ossa Bellovaco ad urbem Vicensem translata sunt. Alii putant Leuciani reguli Carpetanorum corpus, passi cum Quiteria, cum corpore S. Marci [*al.* Martiani, *al.* Martiæ] allatum.

324. Opinio fuit, in Hispania prædicasse Jacobum sanctum Evangelium, a fratre Joanne nondum scriptum, ut docet Chrysostomus, et claræ divinitatis adyta orbi prædicasse.

525. Corpus sancti Levitæ Vincentii Agenensis [*al.,* Nonnagenensis] Valentia delatum per quosdam : nunc servatur in Algarvio.

DCCCCXLIII.   DCCCCV.

526. Duæ Remenses synodi de diversis rebus collectæ.

DCCCCXLVIII.   DCCCCX.

527. Orontius episcopus Toletanus annos 19 sub Abderragmano et Almansore Toletum gubernantibus

DCCCCLII.   DCCCCXIV.

528. Orontius congregat Toleti concilium episcoporum.

DCCCCLIV.   DCCCCXVI.

529. Rhegino abbas Pruniensis, Benedictinus historicus.

DCCCCLVI.   DCCCCXVIII.

530. Ægidius, Tusculanus episcopus, Joannis papæ legatus apostolicus, Polonos ad fidem Christianam convertit.

531. Obiit vir sanctus Rudesindus pridie Novembris ; sepelitur Dumii.

DCCCCLX.   DCCCCXXII.

532. Rodulphus Burgundio contra Berengarium imperatorem creatur imperator ; durat in imperio annos quatuor.

DCCCCLXII.   DCCCCXXIV.

533. Christiani Muzarabes miseris modis a Saracenis tractantur eo tempore; quorum odium jid declarat.

534. Floret S. Eugenia virgo et martyr; quæ in territorio Cordubensi urbe Utica (nunc *Marmolexos*) passa anno 923 patribus Cordubensibus Christianis, decollata est. Christiani Muzarabes, ob memoriam martyrii, posuerunt cenotaphium versibus acrostichis.

DCCCCLXVIII.   DCCCCXXX.

535. Thecla virgo Benedictina floret sanctitate, Conchæ camporum.

## P. HIGUERÆ ET D. LAURENTII NOTÆ.

dati, Roderici Didaci. Hinc tractus Bivariensis. Hic obiit die 30 Julii : « Ostanus episcopus et confessor in territorio Bivariensi eodem die obdormivit in Domino. » Fuit episcopus Aucensis : confirmat anno 890, in Privilegio, ubi ait : *Sub Dei gratia Ostanus episcopus confirmat.* P. H.

520. *Martinus* Alii legunt *Marinus,* ut notavi. Meminit Marini noster Julianus in Chronico (ut ait P. Higuera) num 458 : « Marinus et Romanus, natione Gallæci, in Hispaniam mittuntur ad Adefonsum Legionensem regem, a Joanne papa Romensi ; venientes Legionem, comiter excipiuntur a Rege. » Diaconum agnovit idem Julianus in Chronico num. 501 : « Marinus diaconus missus est a Joanne ad Ovetensem regem, » etc., et Luitprandus ex diacono creatum summum pontificem. D. L.

521. Anno 909, moritur in oppido Prunis sanctus vir Raymundus ; quem tametsi pauperem, meritis tamen ditissimum credo ; nec defuisse multos Ange-

A los, qui eum comitarentur, et miracula, quæ mortem ejus facerent gloriosiorem. P. H.

522. Bonito sufficitur in sede Toletana ejus archidiaconus *Servus Dei.* Fuit nobilis scriptor : scripsit enim librum, quem composuit, probans *quod Christus videret Patrem ;* contra nonnullos, qui male hoc negabant ; ut mirum sit quam locuples fuerit hæc sancta Ecclesia Toletana pontificum sanctissimorum doctissimorumque; ex qua, velut ex equo Trojano, certatim prodierint scriptores nobilissimi ; qui sicut vita, sic et libris editis mirum in modum sanctam Ecclesiam Dei illustraverint. P. H.

527. Servo Dei succedit in Ecclesiæ Toletanæ gubernatione præclarus vir Orontius, qualem illa tempora difficilia et valde calamitosa plane exigebant; qui pastoris altitudine et animi sanctitate præstaret ad subeunda maxima quæque pericula, quæ tunc maxime sese fidelibus offerebant. P. H.

528. Is sanctus pontifex, non oblitus muneris

APPENDIX AD LIUTPRANDUM.

DCCCCLXIX.      DCCCCXXXI.

336. Hoc anno corpus S. Cyriaci [*Forte legendum* Cyrici, *pueri, filii* S. *Julittæ* D. L.] reperium est a quodam bubulco : quod ab Hispanis ad Gallias prius allatum fuit.

DCCCCLXX.      DCCCCXXXII.

337. Basilius sedet in sede Toletana annos 25 vir probus.

338. Hoc anno rex Toleti Mezquitam maximam amplificat.

339. Basilius scribit ad Silvanactum et Florecindum presbyteros.

340. Marinus diaconus Hispanus, Gallia veniens, mittitur a Joanne papa ad præsulem Toletanum, qui libros Gothicos Missales, breviarios, sacramentales, oratorios, examinans, catholicos invenit.

DCCCCLXXIV.      DCCCCXXXVI.

341. Basilius Toletanum concilium contrahit; quo providetur, ne Christiani detrimentum acciperent convictu Saracenorum.

342. Basilio succedit Bonitus Tertius : sedet Toleti annos duos.

DCCCCLXXV.      DCCCCXXXVII.

343. Joannes, Servus Dei succedit in sede ; annos decem sedet.

### P. HIGUERÆ ET D. LAURENTII NOTÆ.

pontificii, in mediis Saracenorum discriminibus concilium colligit. P. H.

336. Corpus hujus Cyriaci credo esse sancti martyris Anconitani, qui die 4 Maii cum Anna matre Jerosolymis gravissima tormentorum genera pro Christo passus est. P. H.

*Corpus sancti Cyriaci* De S. Cyriaco Julianus in Chronico num. 468, ubi et in autographo doctissimi P. Hieronymi de la Higuera, quod post editionem Parisiensem feliciter nactus sum, sic legitur : « S. Cyriaci corpus translatum est ad Gallæcias ex Hispania; inventum est Hivernis ab Vebulco anno 930. » *Legendum forte, ad Gallias,* loco τοῦ *ad Gallæcias; et a bubulco,* ubi *ab Vebulco* legitur; si Julianum cum Luitprando componas. Vide quæ notavi in margine. D. L.

337. Basilius pontifex præclarus habetur; qui videns christianos mirifice depravari ex frequenti convictu colloquioque Saracenorum, ut huic tam inveterato malo faceret salutarem medicinam, concilium contrahit comprovincialium episcoporum. P. H.

340. *Marinus Diaconus,* etc. De visitatione facta a Marino exstat mentio apud Julianum in Chronico num. 504, cujus verba apponam, quia illustrant etiam Luitprandum numero sequenti : « Marinus (hæc sunt) diaconus missus est a Joanne ad Ovetensem regem : qui libros Gothicos eximios [*forte* examinans] catholicos invenit. » Visitanis [*leg.* Visitanus] et conjungendum cum voce sequenti, *clarus,* ut legatur sic : « Visitanus clarus habetur doctrina et vitæ sanctimonia, qui coegit concilium Toleti ad inveniendum remedium, ne Muzarabes, Toletani, imo totius Hispaniæ, Saracenis conjuncti, illorum ceremoniis communicarent. » D. L.

342. Succedit Basilio Bonitus III hujus nominis. Sub hoc fuit Toleti subdiaconus, noster Luitprandus; et postea diaconus Ticinensis. P. H.

343. Varie loquuntur auctores de temporibus Joannis Servi Dei : quia Garsias Loaysa putat obiisse anno 926, sed in codice S. Æmiliani sic habetur : *Joannes æra* 964. Legunt Morales et Loaysa *æra* 964; sed revera est 994 quia ex Garivaio lib. IX cap 4, x quadraginta valet XL; sic obiit anno Domini 926. idem sentit frater Bernardus Brito Bracharensis, vir egregie doctus et peritus, in quadam epistola quam ad me misit. Hoc loco prætereundum non est, existimasse Alvarum Gomezium, quem sequuntur Morales et Loaysa, hunc fuisse ultimum episcoporum Toletanorum, Ponam verba Loaysæ in Gundemaro, quæ sic habent : « Joannes vero Dei Servus, vita et miraculis clarus » (fallitur in sequentibus) « qui » (supparem facit Joannem Eulogio) « qui, inquit iisdem fere temporibus, quibus martyrium sustinuit Eulogius, primam Toleti sedem, consentientibus clero et populo, tenuit; in tanta rerum permutatione, et

A aperto discrimine, suas partes strenue atque viriliter egit. Nam et furori indomito, sanctissimisque moribus immanitati restitit, impotentemque tyrannidem constitutis vitæ præclaris oppugnavit. Quamobrem Joanne usura vitæ privato, designari successorem Mauri non sunt passi. Fuit ergo Joannes fere ultimus episcoporum, qui Toleto in Maurorum servitute præfuit : unde Pastore centum et quinquaginta caruit annos ; donec ab Alfonso sexto rege civitas oppugnata est. Christiani autem Muzarabi, quamvis carebant publico primoque pastore; in spiritualibus, velut episcopum, S. Justæ parochum constituebant; quem electum summa cum observantia suspiciebant ac venerabantur. Hæc ex scriniis Gomezii doctissimi hausit Garsias Loaysa ; quæ nituntur fundamento satis debili. Cum non invenissent ad manum episcopos Toletanos, putarunt omnino cessasse primum hoc Hispaniæ pontificium, nec causam cessationis aliam dari posse, quam Maurorum prohibitionem.

B Hæc ad speciem dicta, carent omni probabilitate et veritatis fortitudine. Nam si propterea cessarunt omnimode Toletani pontifices, quod essent Maurorum conatibus contrarii; peterem quibus in rebus ? Et si episcopi Toletani erant odiosi Saracenis, cur non essent episcopi et Cordubenses, et Hispalenses et aliarum sedium pontifices ? Sed videmus post mortem hujus Joannis Servi Dei fuisse Cordubæ, Hispali, et aliis in locis pontifices, quid ni essent in regia urbe Toleti ? In fine cujusdam libri M. S. in quo continetur novum vetusque Testamentum litteris scriptum Gothicis, et est in bibliotheca sanctæ Ecclesiæ Toletanæ, sic habetur : « In nomine Domini Salvatoris nostri Jesu Christi. Auctor hujus libri, in quo novum vetusque (omne) servatur Testamentum, Servandus divæ memoriæ fuit : cum enimvero natus eruditusque in beata Hispalensi sede, postea cathedram Batisgitanæ meruit tenere. A quo inclyto viro concessus est hic

C codex Joanni sodali intimoque suo. Qui etiam postquam in hanc eximiorem sedem Spalensis mutatus a patruo suo beatæ memoriæ Stephano, sapientissimo luculentissimoque Spalensis sedis episcopo Felici, item episcopo primæ Toletanæ sedis nutritus, ad sacerdotii ordinem dedicatus, et ad Carthaginem sedem missus est episcopus; et iterum unde translatus, Cordubæ, magnæ regiæque sedis præsul electus. Ex qua sede egregie incolumis corpore ac mente decrevit hunc codicem perfectum Domino Deo offerre in suprafata Hispalensi sede, penes memoriam sanctæ semperque virginis Mariæ, X, Kal. Januarii, æra 1026 cum tali conditione, ut nullus clericorum audeat hunc codicem aut mutare a suprafata sede. Et si quis, quod absit, fecerit, sit a Deo, et angelis suis, sanctisque omnibus condemnatus. »

Ex quo loco constat, anno 988, scilicet 38 annos post mortem Joannis Servi Dei fuisse pontifices Ste-

344. Sub hoc, et in hoc anno, multi martyres passi sunt in Hispania, et nonnulli degeneraverunt a fide. Qua de re exstat epistola elegantissima, zelo et fervore fidei plena, quam scripsit sanctus Joannes Servus Dei, Toletanus primas, ad omnes Hispaniæ Muzarabes; ut primas et patriarcha totius Hispaniæ, scripsit ad omnes Ecclesias Hispaniarum.

DCCCCLXXXII.                                                    DCCCCXLIV.

345 Quem ego subdiaconus Toleti cognovi, ac virum sanctum et spiritu Dei ferventem expertus sum Toleti. Epistola incipit : *Multorum relatu.* Scripsit et ad Marinum, antequam esset pontifex Toletanus ; responditque ei Marinus papa, missis etiam litteris amoris et benevolentiæ plenis.

346. Celebratur memoria in Hispania sancti Agathangeli, passi cum S. Clemente Ancyrano episcopo. Fuit Agathangelus patre Romano Illici natus in Hispania.

347. Bletisæ florebant corpora trium sanctorum Pastorum.

DCCCCLXXXV.                                                     DCCCCXLVII.

348. Obiit sanctus pontifex Toletanus, Joannes, cognomento *Servus Dei;* et sepultus est in ecclesia S. Lucæ evangelistæ.

349. Succedit ei in sede patriarchali Vissitanus, vir magni consilii, et raræ pietatis in omnes afflictos Muzarabes.

DCCCCLXXXVI.                                                    DCCCCXLVIII

350. Synodus Ingelhermensis in Germania 34 [*al.*, 31] episcoporum.

DCCCCLXXXVIII.                                                  DCCCCL.

351. Berengarius rex Italiæ junior hoc anno creatur.

DCCCCLXXXIX.                                                    DCCCCLI.

352. Nunilo et Alodia hoc anno patiuntur, me vivente, in castro Wergeti, id est, Castellon ; in castris vinariis in Batestania.

## P. HIGUERÆ ET D. LAURENTII NOTÆ.

phanum Hispalensem, Seryandum Bastigitanum, postea Joannem primo Carthaginensem, mox Cordubensem, et Felicem Toletanæ sedis episcopos exstitisse ; ut his addam, ante vicesimo quinto anno, quo Toletum expugnaretur ab Alfonso Toletanorum imperatore, fuisse Toletanæ sedis Paschalem, quem affert Dominus Loaysa in suis Conciliis, et est depictus inter Toletanos pontifices in libro, qui *De B. virgine Maria* scribitur, litteris Gothicis scriptus, qui fuit fr. magistri Joannis a Vega, celeberrimi quondam concionatoris, et modo servatur in cœnobio sanctissimæ Trinitatis Toletano ; ubi in fine sic : « Benedictus es, Domine, qui adjuvisti me et consolatus es me. Ego miser Salomonis archipresbyter, servus Dei indignus, et peccator, scripsi hoc libellum De virginitate S. Mariæ virginis et Dei genitricis Domini, et ad finem usque conscripsi, in civitate Toleto, in ecclesia sanctæ Mariæ virginis, sub metropolitanæ sedis domno Paschalis archiepiscopi 18 Kal. Octobr. in æra millesima centesima quinque, notatum sub die sexta Feria, hora tertia, in diem sancti Cypriani episcopi. » Fuit annus iste 1067 littera Dominicalis G, die 14 Septembris ergo celebratur festum S. Cypriani. Observanda est memoria S. Mariæ virginis de Alficen in urbe Toletana. Ex his apparet pontifices etiam fuisse Toleti post Joannem, et illos episcopos sanctæ Justæ fuisse Toletanos pontifices ; sic dictos, quia in illam Ecclesiam coirent tanquam ad summum Toletanorum Muzarabum templum ; et ubi pontifices Toletani sedem episcopalem et dominium habebant. P. H.

344. Magnam fuisse persecutionem Christianorum sub Joanne Servo Dei, multosque pertulisse martyrium, docet epistola ejus ad omnes Christianos Hispaniæ Muzarabes ; quæ nunc servatur in Archivo ecclesiæ S. Clementis Toleti, ordinis Benedictinarum, vel Cisterciensium Monialium. Hunc notum fuisse sibi pontificem fatetur in hoc Chronico Luitprandus anno 944 et miras ejus laudes texit. P. H.

348. De obitu sancti Joannis episcopi Toletani hic agit, dicens, obiisse Toleti anno Domini 860 jacereque apud S. Justam. P. H.

352. *Nunilo et Alodia hoc anno,* etc. Vel hoc anno Chronici nostri plus satis comprobatur auctoritas. Nam solus scriptor Nunilonis et Alodiæ synchronos potuit Scriptores omnes rerum Hispanicarum in

A tenebris Cimmeriis deviantes ad lucem semitamque veritatis reducere. In chronologia enim et chorographia actorum istarum virginum multos errores admissos, ex jam dicendis facile lector comperiet, a quibus inopinato præsenti Luitprandi sententia liberamur. Quod spectat ad chronologiam, mira est auctorum variatio. S. Eulogius lib. II Memor. sanctorum cap. 7, et ipse coævus illarum, auctor est, martyrii coronis redimitas anno Christi 851 seu æra 889 ejusque placitum sequuntur Marinæus Siculus lib. v De rebus Hispan. cap. 28 ; Tarapha lib. De regibus Hispaniæ in Garsia ; quibus subscribit Baronius tom. X eodem anno ; et multa Ecclesiarum Hispaniæ breviaria ita habent in nocturnis Lectionibus officii earumdem virginum ; idemque annus assignatur in multis manuscriptis codicibus, quos vocant sanctorales, præsertim in Toletano monasterii S. Bernardi venerandæ antiquitatis et molis ; ibi enim num. 70 in quinque magnis membranarum B foliis exstat ipsarum historia sub titulo : *Passio virginum Christi Nunilonis et Alodiæ in urbe Osca sub præside Zumael;* et incipit : « Sanctarum Dei virginum ; » et aliquanto inferius hæc habet ad verbum, « Factum est igitur in anno incarnationis Domini 851 » etc. Et subscribunt Joannes Maldonatus, et Zacharias Lippeloo tom. IV De Vitis sanct., die 22 Octobris.

Ab his tamen dissentit Ambrosius Morales, tum in Scholiis ad dictum cap. 7 S. Eulogii, tum tomo III Histor. Hispaniæ lib. XIII, cap. 44, contendens passas anno Christi 840. Eo vero nititur argumento, quod anno superiori 839 S. Eulogius monasterium Legerense revisit, uti ipse fatetur in epistola ad Willesindum Pampelonensem episcopum, et in Apologetico ad Alvarum ; tunc vero nihil prorsus de martyrio sanctarum audivit, auditurus plane, si contigisset, vir doctissimus, et laurearum sanctorum martyrum sui sæculi studiosissimus ; præsertim cum non longe a Legerensi cœnobio prædictæ virgines pro Christo cervices dedisse credantur. Hinc ergo exploC ratum habemus, minime passas ante ann. Christi 840. Quod vero ante 842 occisæ fuerint, deducit ex privilegio regis Navarræ Enneci Eximenii (*Iñigo Ximenez*) cognomento Aristæ, cujus autographum in ipso cœnobio exstat, exemplum autem apud Stephanum Garivayum in compendio regum Navarræ lib. XXII, cap. 1. Continet vero donationem villarum

Esanæ et Banasæ Deo Salvatori, et sanctis martyribus Nuniloni et Alodiæ, in eodem S. Salvatoris Legerensi cœnobio extunc quiescentibus; et in calce habetur : « Facta charta in æra 880 (est is annus Domini 842) xiv Kal. Jul. et posita super altari S. Salvatoris, et commendata Fortunio abbati, ejusque monachis, coram populo festivitatem exceptionis corporum sanctorum celebranti in eodem loco.» Quare si eodem die et anno sanctarum virginum corpora ad Legerense cœnobium translata sunt (nam populus Navarrorum exceptionem eorum celebrabat), fit procul dubio, ante ipsum annum Domini 842 martyrii palmam suscepisse; cum alias compertum sit, occisas men is Octobris die 21 vel 22, ut habent martyrologia et Breviaria universa. Siquidem si translatæ sunt mense Julio, haudquaquam occumbere potuerunt Octobri sequenti ejusdem anni; sed necessario ante præfatum annum 842. Neque vero falsitatis argui poterit hoc privilegium, cum ei suffragentur multa alia subsequentium regum, quæ producit idem Garivayus lib. 22, cap. 3, 6, 10, 14, 16. Primum Garsiæ, præfati Enneconis filii, datum æra 914 seu anno Christi 876. Secundum, Fortunii, Garsiæ filii, sub æra 939. Tertium, Sancii, Fortunii fratris, æra 957. Quartum, Garsiæ, Sancii ejusdem prolis, æra 982. Quintum, Sancii, Garsiæ filii, æra 1019. In quibus omnes isti reges oppida quædam et villas ditionis suæ donant præfato Legerensi monasterio ob reverentiam sanctarum Christi martyrum, quæ ibi tumulatæ jacere dicuntur. Consonatque antiqua monasterii charta, seu tabula, qua corpora regum inibi sepultorum recensentur. Nam dum agit de Enneco Arista, ejusque conjuge Oneca, «Tempore quorum, ait, fuerunt martyres translatæ ab Osca in monasterium Legerense.» De quo vivendus est Yepius cent. 4, anno Christi 840. Cum Moralio sentit Garivayus prædicto cap. 1, lib. xxii.

His tamen nihil obstantibus, multi alii contendunt, occisas anno Christi 950 quod nunc a Luitprando audimus. Cum eo vero sentiunt nonnulla ex vetustioribus breviaria Ecclesiarum Hispaniæ, præcipue Salmantinum, cujus copiam in monasterii Vallisparadisi bibliotheca nactus sum, et Joannes Vasæus in Chronico ad ipsum annum; qui refert in Hispalensi Breviario haberi, occubuisse anno sequenti, id est 951, et pro hac opinione quosdam refert auctores Garivayus suppresso nomine. Centum proinde, aut etiam amplius, annis dissident inter se ejusmodi placita.

Nec rariores tenebræ chorographiam virginum harum offuscant. Nam martyrologia omnia passas dicunt in urbe Osca (sive Hosca), ita Romanum, ita Adonis, ita Usuardi, Galesini, Maurolyci, et si quæ sunt alia; quibus suffragantur Esquilinus lib. ix, Cath. cap. 96: Marinæus Siculus et Tarapha supra citati, et M. S. codex S. Bernardi Toletani. Alii in urbe Bosca apud oppidum Barbetanum [al., Barbitunum]. Sic habet S. Eulogius a Moralio excusus et illustratus, sic Vasæus citato loco : et uterque contendit Boscam prope urbem Najeram exstitisse. Denique nunc Luitprandus (ut vides) asserit contigisse in castro Bergeti [al., Vergeti] in Castris Vinariis, in Bastetania. Inde multi, utraque oppida commiscentes, asserunt vitam fin sse «in territorio Barbitano juxta oppidum et antiquissimum castrum, quod dicitur Castro Bergeti, in villa O ca.» Quæ verba habent multa Breviaria, præcipue Palentinum et Hispalense, et Burgense a Maldonato illustratum : quem sequitur Zacharias Lippeloo, tom. IV, De vitis sanctorum die 22 Octobris. Quædam Legenda Hispali sub hoc nomine excusa anno Christi 1503 pro *Osca* vel *Bosca* habet *Abosca* ; et Morales *Oscam* renuens, et *Boscam* non inveniens, parva facta mutatione legit *Ocam*, olim *Aucam*, a qua saltus Aucensis nomen retinet, *los montes de Oca*. Sed dubius nihilominus, et nimium hærens, subdit : « Todo es conjeturar, porque mas no se puede hazer. Mas queda todavia la dificuldad, de que parece por la historia auer padeçido, y sido sepultadas en Oca, donde estaua el Presidente Zumail : i no se dezir cosa que satisfaga, porque yo no me satisfago a mi mismo con ninguna.» Id solum citra dubium asserit, occisas fuisse in *Castro veteri* prope Najeram, ex traditione oppidanorum, locum etiam martyrii et pristinæ sepulturæ inibi venerantium : nominaque ipsa Urbebetanum, et Castrum-Virgetum satis ex sese indicare, e Castro veteri, vulgo *Castro viejo*, esse deducta.

Verum enim vero tantam caliginem niirum in modum dissipat Luitprandus, dum asserit, « Me vivente hoc anno passæ sunt,» etc., scilicet 950. Si enim hoc testimonium cum altero D. Eulogii conferas, exploratissimum erit, duas bigas sororum, eisdem nominibus insignitarum, virginum pariter ac martyrum occisas esse pro Christo Domino in Hispania. Sed unde hoc? Nimirum ex eo, quod alter ab altero centum annorum interstitio sejunctus fuit; cum tamen uterque quasi oculatus testis fuerit passionis sanctarum : nam Eulogius occisas agnovit dum scribebat, anno Christi 851 ; Luitprandus autem, qui anno 950 in Hispaniis agebat, affirmat, se vivente, martyrio coronatas : fieri tamen nequit, ut eædem sint virgines, quæ ad annum Christi 950 triumpharunt, cum his quæ jam ante centum annos coronas acceperunt. Ergo utrique pro sua probitate fides adhibenda, et diversas prorsus sorores sub eisdem nominibus significari contendum est.

Idque multo magis oppidorum seu urbium nomina, quæ suo sanguine nobilitarunt, persuadent. Et priores quidem Oscæ in regno Aragonensi, recentiores in Castro Vergeti jugulum præbuere; et ita purissima lectio martyrologiorum habet, quæ dum de prioribus agunt, Oscæ passas dicunt. Usuardi verba, cui Ado consonat, sunt ad 22 Octobr. « In civitate Osca sanctarum virginum Nunilonis et Alodiæ, quæ pro confessione Christi diutina custodia maceratæ, ac capitali sententia punitæ, martyrium celebrarunt. » Romani vero Martyrologii hæc : « Oscæ in Hispania sanctarum virginum Nunilonis et Alodiæ sororum, quæ a Saracenis ob fidei confessionem capitali sententia punitæ, martyrium consummarunt. » Ita etiam priores codices actorum ipsarum habent; et, quod pluris habendum est, ita prorsus scripsit S. Eulogius ; quæ enim urbs in codicibus excusis *Bosca* vocatur in originali dicebatur *Osca*, ut ipse Morales, qui textum reformare credens, vitiavit, plane fatetur ; in Notis enim ad illud cap. 7, lib. ii Memorialis sanctorum, num. 4, hæc ait : « In veteri exemplari Osca, non Bosca fuit. Ego usitatum magis nomen reposui » (usitatum tamen in vitiatis Sanctoralibus), « nam Oscam remotam admodum in Aragonensibus urbem non credo fuisse traductas sanctas virgines.» Quare ubi in textu Eulogii legimus, « Didicimus in urbe Bosca apud oppidum Barbitanum, duas sorores virgines fuisse, » etc., particula illa, *apud oppidum Barbitanum*, a sciolo aliquo textui intermista fuit, multis post Eulogii cædem et posteriorum virginum annis; nimirum postquam semel decursu temporis confusio actorum sanctarum sororum invaluerat. Ejusque rei argumento sunt prædictorum martyrologiorum auctores, qui notitiam sanctarum Nunilonis et Alodiæ ab Eulogio desumpsere, et nemo illorum oppidi *Barbitani* meminit, sed solius Oscæ. Rursus ipse Eulogii contextus proclamat alienam esse : nam si in urbe Osca passæ sunt, quo pacto passæ etiam dicuntur *apud oppidum Barbitanum?* et quod est oppidum illud prope Oscam? Adhuc nomen ipsum perperam effertur, cum *Bergitanum* vocari deberet aut per *V. Vergitanum.* Verum hoc procul dubio oppidum est, in quo, aut prope quod, recentiores virgines martyrio sublatæ sunt. *Bergetanos* siquidem longius ab Oscensibus Aragoniæ, et a Naxarensibus separatos, ex Ptolemæo liquet, qui *Birgetum*, seu *Bigertum*, in Bastetanis populis assignat : ut modo Luitprandus, et Plinius lib. iii, cap. 4, inter eosdem locat *Castra vinaria* prope Oscam; quæ forte ab Antonino, itinere *Carthagine Castullonem* vocantur *Vineolæ*. Quo mireris Luitprandi certissimam Geographiam locorum et recentiorum virginum Acta spectantium, et longissime *Birgetum* abesse a *Castro Veteri* prope Najeram, fere totius Hispaniæ interjectu. His accedit, quod Zumael tyrannus, sub quo passæ leguntur, Juliano teste (in Adversariis num. 450) rex fuit Caravaccæ; quod sane oppidum prope Oscam Bæticæ situm est. Sed et Breviarium perantiquum Granatense, quo Osca olim usa fuit, identidem verbis conceptis asseverat; et traditione per manus majorum accepta, suas esse martyres asserit, et ut patronas hodieque impense Osca illas veneratur ac laudat, et multam earumdem interventu Dei circa se benevolentiam in dies experiri fatetur.

Pari correctione dignum est, quod Morales vetustiorum virginum martyrium contra S. Eulogii fidem contendit anno Christi 840 contigisse, non vero 851 quod scribit Eulogius. Ut enim a tanto scriptore, sui temporis res prodente, dissentiret, sola unius privilegii Legerensis cœnobii copia, in causa fuit, quo dicuntur æra 880 qui est annus Domini 842 illuc translatæ. Sed vero errore transcriptoris id factum, ut sæpissime alias, mihi dubium non esse, testimonium ipsius Eulogii facit, quod pluris multo quam mille transcriptiones aliorum facio; præsertim consentientibus sanctarum virginum vetustissimis Actis, quæ anno Domini 851 occisas affirmant. Privilegium vero illud Enneconis Eximenii cognomento *Aristæ* non potest subsequentium privilegiis fulciri, quæ multo recentiora sunt, quam præfatus earumdem necis annus, et solum confirmant SS. virginum in eo loco annis subsequentibus existentiam; quod nemo negat.

Atque hinc judicium ferendum est de instrumento illo perantiquo, quod producit Blancas in Comm. rerum Aragonensium, e tabulario monasterii S. Joannis Pinnatensis, sub titulo, *Canonica S. Petri de Taberna*, petitum. Quod quidem si qua auctoritate gaudet, magni proculdubio habendum est; utpote cujus auctor sub rege Roderico Hispaniarum cladem, sævissimamque vastationem propriis oculis in eo dicitur conspexisse. Detegi autem videtur impostura scriptoris, ex eo quod asserat, tunc temporis Bentium episcopum Cæsaraugustanum fugam arripuisse, cum multorum sanctorum reliquiis, ad Tabernense monasterium : et inter cæteras recenset, *caput sanctæ Nunilonis, et spatulam sanctæ Alodiæ* : quæ sub altari S. Stephani reposuit. Quod si id verum esset, cum Hispaniarum vastatio in annum Christi 714 inciderit, oporteret harum sacrarum virginum reliquias in veneratione fuisse 170 et eo amplius annis ante ipsarum martyrium, quod anno Christi 851 contigisse probavimus. Verum opinor, scripturam totam minime suppositam esse; nam succedente tempore harum sanctarum virginum reliquiæ in idem monasterium adduci potuerunt, et sub antiquiori S. Stephani altari cum cæteris reponi; nomina vero inseri in ipsamet scriptura; uti in textu S. Eulogii nonnihil postmodum additum fuisse monstravimus. Vel si scriptura illa parili ubique sit antiquitatis judicanda, tres bigas virginum et martyrum, sub eisdem Nunilonis et Alodia nominibus, diversis tamen temporibus coronatarum, concedendas esse non ambigo; et priores ante annum Christi 714 seu Hispaniæ vastationem; post has anno Christi 851 juxta Eulogii testimonium alias : postremas vero ad annum Christi 950 quod Luitprandus fere vidit, astruendas. Maxime Juliani auctoritate accedente, qui id conceptis verbis asserit in Adversariis num. 292, et seqq. et priores sub Diocletiano occisas Oscæ in Aragonia ego assererem; easdemque in Hispaniarum clade Bononiam delatas : secundas prope Naxeram, seu *Tritium*, quæ sint Legerensis cœnobii ornamentum; tertias Oscæ Bæticæ sibi vindicet. Inde Julianus : « Quasdam, ait, Osca Bæ-

ticæ, quasdam Tritium patronas habet, quasdam Osca Aragoniæ. »

Juvat etiam ad sanctarum diversitatem comprobandam tumulorum discrepantia; dum quædam Bononiæ, quædam autem in Legerensi monasterio tumulatæ dicuntur.

Nec obstat nominum, cognationis et martyrii similitudo. Sæpius quidem idem accidisse comperimus, et apud Dextrum multa exstant ejus rei exempla. Verbi gratia, Blandæ in Cathalonia duo sancti martyres, Bonosus et Maximianus, occubuere; et alii eisdem nominibus insigniti Urguvone in Bætica. Sub Felicis et Fortunati nominibus tres bigas martyrum scimus, scilicet occisos Valentiæ, Eburæ et Carthagine; sed et duas Eulalias similis fermæ ætatis et coronæ inter Hispanias agnovimus; et inter apostolos Simones duos, Jacobos duos, et Judas totidem. Ut omittam, Nunilonem et Alodiam recentiores ob antiquiorum venerandam memoriam nomina procul dubio sortitas fuisse : in quo nulla est contradictio. Atque hæc pro temporis angustiis de sanctis puellis in gratiam Luitprandi dixisse sufficiat.

E re litteraria mihi semper fuit visum, eritque a magnis viris judicium requirere, ne dicam efflagitare, et ingenuum per quos proficiam palam et bona fide profiteri. Cum enim imparem quis se judicet oneri sufferendo, recti animi est opem mutuam desiderare. Quæ de Nunilone et Alodia mihi scripsit doctissimus P. Franciscus de Bivar, rescribo; et de liberalibus studiis bene meritum me puto, dum hocce eruditionis thesauro frui lectorem facio. Addo symbolam, levidensam tamen, triplici ex loco Luitprandi, qui sibi est omnino similis in Adversariis num. 212, his verbis : « In castris vinariis, in Bastetania, sanctæ Nunilo et Alodia anno 951. » Juliani item nostri in Adversariis num. 540, qui convenit cum titulo codicis, seu Sanctoralis monasterii S. Bernardi in Toletana urbe adducti in hujus excursus principio, titulus talis est : « Passio virginum Christi Nunilonis et Alodiæ in urbe Osca, sub præside Zumail. *Juliani verba sunt :* Passæ sunt Nunilo et Alodia sub Zumaila rege Caravaccæ. » Veritas veritati respondet. Iterum Juliani in Adversariis num. 292, 293 et 294; ubi in numero 292 concordat cum iis qui passas esse affirmant anno 851 legendumque in num. 293. « Oppido Oscæ prope oppidum Bergetanum [seu Vergetanum], nunc autem Berbetanum, apud Antoninum Barbariana, passæ sunt sanctissimæ virgines Nunilo et Alodia sorores anno 950. » Cætera delenda sunt; quippe quæ perperam inseria ab amanuensibus. Nunc vocatur istud oppidum *Castro Vegeto*, a civitate Osca, *Huesca*, in Bastetania tribus tantum leucis distans. Et suo tempore oppidum *Bergetanum* attestatur Julianus appellari *Berbetanum*; utrumque, ut autumo, ex flumine prope eremitiolum fluente, quod *Barbata* nunc dicitur, ab eo distante duplici jactu lapidum.

Deduco aliud testimonium ex nostro indefessæ lectionis viro P. Hieronymo de la Higuera, asserente ejusdem nominis bigam fuisse sororum martyrum, quamvis trigam agnoscam ex P. Francisco Bivario. Reliquit inter manu propria exarata schediasmata, quæ apud me servo, ut proprio parentis nomine decorata, lucem (si per tempus licuerit) videant. Plena manu de Nunilone et Alodia scribit, congeritque plura, erudite sane, Franciscus Didacus de Aynsa et de Iriarte in Antiquitatibus Oscæ lib. II, cap. 24 et 25. Nec abs re itidem verba lectionum e Breviariis, præsertim ex manuscriptis, ut vocant, Sanctoralibus, referre, in quibus mentio de veste, qua induta martyrium obiit Alodia. Ea adducit Morales ad S. Eulogii lib. II, Memorial. sanctorum cap. 7, num. 6, fol. 58 : « O mira (*hæc sunt*) virtus Altissimi! Puella, quæ gladium non longe micantem cavere non poterat, in propriam cervicem descensurum non pertimuit; sed apprehensam sindonem crure alligavit, et capillis suis faciem suam extersit. » Sindon enim viris et feminis communis fuit vestis, quamvis diverso ea uterentur modo, linea et alba, aliquando Tyria et serica; Hebræis, inquam, feminis, et Arabibus. Apud multos invenies multa, pauca et recondita seligam et depromam, ut nomen et Hispaniæ aliqua antiquissima monimenta illustrem. Exstat de Hebræis insigne testimonium Isaiæ in cap. III, ubi loquens de mundo muliebri, ait: *Et mutatoria, et palliola, et linteamina, et acus, et specula,* סדינים *sedhinim, sindones et vittas.* S. Thomas in verbo *sindones,* scribit: « Subtilia velamina, quibus operiuntur humeri, sicut fit in Campania a mulieribus. » Proverb. ultimo : *Sindonem fecit et vendidit, et cingulum tradidit Chananæo.* Antea dixerat, *et primo ad operiendum humerorum ornamenta.* Episcopus Hieronymus Osorius in sua Paraphrasi sic interpretatur, *Lineas vestes atque velamina:* D. Hieronymus; *amictoria* vertit. Appositissime B. Isidorus lib. XIX Etymolog. cap. 25, De paliis feminarum : « Anaboladium, amictorium lineum feminarum, quo humeri operiuntur, quod Græci et Latini sindonem vocant. » Ἀναβόλαιον, seu Ἀναβολάδιον, antiquis erat, quo pectora et humeri protegebantur feminarum. De cujus vocis explanatione erudite doctissimus, nullique in bonarum litterarum cognitione secundus, V. C. meus Puteanus in epistolarum ferculis secundis, epist. II. Unde libet observare, notam merito inustam Neroni, qui turpiter se vestibus ornabat, feminarum scilicet more. Dio est auctor, qui ait *linteum* habuisse circum collum. In Græco, σινδόνα. Suetonius in ejus Vita cap. 51, *sudarium* nominat. In Sardanapali nefanda libidine describenda Xiphilinus eadem utitur voce. « Concutiebatque sindonium connexum annulis aureis, ut molli et effracta voce prætereuntes alliceret. » Guilielmo Blanco interprete. Seneca pallio involutum caput Mæcenatis increpat epist. 114: « Hunc esse, qui in tribunali, in rostris, in omni publico cœtu sic apparuerit, ut pallio velaretur caput, exclusis utrimque auribus. » Plutarchus item, superbiam Pompeiani liberti Demetrii taxans, habere vestem in capite usque ad aures, scribit. Molles namque ii non solum communi virorum et feminarum habitu, sed gestu et modo induendi muliebri gaudebant. Hinc Ulpianus in l. *Vestis* 25, § 2, de auro et argento legato, enumerat inter feminea vestimenta, *pallia*; et Scævola J. C. in l. *Titia.* 38, § 1, ejusdem tituli, additque: « Muliebria sunt, quæ matrisfamiliæ sunt comparata, quibus vir non facile uti potest, sine vituperatione, veluti stolæ, pallia. » Rem (ut iterum apprehendamus filum, et unde digressi sumus revertamur) explanat totam Rabbi Jonathas Benzahir, uti accepi ab eruditissimo viro P. Magistro Bernardo Brito Historiographo Lusitano : illius (ad cap. Isaiæ III) sunt verba : « Sindones mollissimæ et tenuissimæ sunt vestes, quibus nobilissimæ in Judæa feminæ et corpus et caput ipsum tegere decenter et venuste erant solitæ. » Forman describit graphice Levi Benzemerah in cap. 31 Proverb. : « Commune in Palæstina, Arabia et Ægypto indumentum erat; hoc tantum discrimine, quod a viris humero nodatum sinistro, ad talos usque demissum ferebatur; a feminis vero venusto redimitum ambitu, per brachia ad summitatem capitis aptabatur; et sic nuptis ornamentum, et peplum, virginibus vero ornamentum et velamen erat. » Et paucis interjectis de materia agens scribit: « Sindones ex lino præcipue texebantur in Galilæa, bombycinæ vero in Phœnicia, et in Sidonis urbe, ex qua et laudem et nomen sumpsere. » De hoc vestimenti genere intelligendus Tertullianus lib. De velandis virginibus cap. 17: « Judicabunt vos Arabiæ feminæ ethnicæ, quæ non caput tantum, sed faciem totam tegunt, ut, uno oculo liberato, contentæ sunt dimidia frui luce, quam totam faciem prostituere. » Hujus technæ, sed potius hamati lenocinii, meminit Tacitus, ubi de Sabina Poppæa lib. XIII, Annalium « Rarus (*ejus sunt verba*) in publicum

egressus, idque velata parte oris, ne satiaret aspectum, vel quia sic decebat. » Id, inquam, notum et solemne apud Judæos feminis velamen, ita ut inde noscerentur. Iterum Tertullianus, qui asserit lib. De corona militis cap. 4, vestis genus esse, non veli, ex Genesi cap. XXIV, num. 65, ubi de Rebecca, cui obviam ibat Isaac: *At illa tollens cito pallium suum, cooperuit se.* Xantes Pagninus *velamentum* vertit, constaque magnum fuisse; quippe quo caput, et totum amiciebatur corpus, qualis Latinis *palla* fuit. Hujusmodi jussa est expandere Ruth Booz, ut sex in eo hordei modios donatos acciperet cap. III, num. 5. In Græco περίζωμα legitur, id est *amictorium.* Vestes namque quædam sunt amictoriæ, et in Hispania præcipue, ubi passim eis utebantur; de quibus Accursius intellexit locutum J. C. Aristonem, relatum ab Ulpiano in l. Argumento, 27. π. de auro et argento legato, verbo *coactilia* : « Vestes, inquit, quæ cogunt, propter stricturam, ut in Hispania. » Lazarus Baifius De re vestiaria cap. 24, in aliam inclinat sententiam, et per *coactilia* significari indumenta, strictius compacta ex villis crassioribus ait ; rejecta Joannis Baptistæ Egnatii in Annotationibus ad Pertinacem in Ælio Spartiano, interpretatione : cujusmodi sunt Thoracomachi, qui loricas superinduuntur. Facem prælucet ad id Plinius lib. VIII, cap. 48, ubi scribit : « Lanæ, et per se coactam vestem faciunt. » Ἀφέλετρα item hujus generis sunt, munimenta scilicet equorum : horum meminit Nicetas Choniat, et Leo constitutione 6, § 8, de militaribus equis. *Feltra* dicebantur; uti apud nos *Fieltros.* Sic in antiquis Bajuvariorum legibus : « Si quis in exercitu aliquid furaverit, pastoriam, capistrum, frenum, feltrum, vel quæcunque inviolaverit, » etc., quas, addito aceto, ferro resistere, ait Plinius. Unde in veteri epigraphe artifex *feltrorum* nominatur *coactor.*

DIS MANIBUS
L. CORNELII
JANVARII
QUI VIX. ANN. XVII.
LANARII COACTOR

Et in Glossario Πιλωτόν, coactile : Πιλωτοποιός, *Coactilarius.* Videsis Jacobum Cuiacium in Observat. lib. V, cap. II, et Nicolaum R galtium in suo Glossario Græco-barbaro, verbo Ἀφέλετρα. Dicitur etiam qui *coactilia* operatur, aut vendit, *lanarius coactilarius.* Ita in lapide vetustissimo :

M. L. LARISCUS
LANARIUS. COACTILARIUS

Satis de amictoriis. Linea item vestimenta, pro *Sindone* posuit idem ipse S. Eulogius, ubi de S. Columba, lib. III Memorial. sanctorum cap. 10, fol. 69. « Nec mora, ut erat lineis indutum, » id est, sindone, « cadaver, sporta immissum alveo projici principes mandaverunt. » Primum illæ feminæ Arabes, quæ in Hispaniam mentito habitu, cum suis viris vel amasiis venere, *sindonem* virilem, seu illam communem viris et feminis, eo tamen modo quo viri gestare soliti apostarunt ; rex namque Miramolinus eas secum adducere prohibuit. Noster Julianus in Chronico num. 620, « eisdem vestibus utuntur Saraceni, quas ex Africa secum deduxerunt, quæ mentitis vestibus venerant huc cum viris. Nam Miramolinus feminas vetuerat, ne transirent ad Hispanias. Et amatores Saraceni adduxerunt nonnullas virgines in habitu virili, quali nunc utuntur feminæ Bæticæ, et olim utebantur etiam Christianæ degentes inter Mauros; vocant Mantos et Almalafas. » De feminis Toletanis, in Adversariis num. 416. « Afferunt f minæ cyclades, et crepidas et mitriolas in capitibus; gestant pallia diversis coloribus varilgata, quæ habent super mitriolis ; pendent usque ad talos, utuntur sericis thoracibus, capillos incrispant more Gothico, et calamistrant. »

De lineis et sericis sindonibus frater Alphonsus de Spina, in Fortalitio fidei lib. III, De bello Judæorum;

353. Concilium habitum in Hispania in urbe Cæsaraugustana, dictum vulgo Augustanum, viginti quinque episcoporum.

DCCCXCI.                    DCCCCLIII.

354. Adelagus [*lege* Adelgarius] Bremensis archiepiscopus, sedis apostolicæ legatus, virtute, doctrina et religione multum floret.

DCCCXCIII.                    DCCCCLV.

355. Bruno, Otthonis Magni imperatoris frater, archiepiscopus Coloniensis, vir in omnibus præclarus habetur.

## P. HIGUERÆ ET D. LAURENTII NOTÆ.

fol. 222. « Quando, inquit, venit annus ille, et dies A assignata; valde mane surrexerunt venientes ad Synagogas suas, ad adorandum Deum, induti sindonibus albis, lineis, seu sericis; prout est moris fieri in die expiationis, scilicet in die decima mensis septimi. » Similia sindonibus (ut excursum plane liberum agamus) theristra erant velamina, seu pallia, « quibus a capite per humeros dimissis velabantur. » Genes. cap. xxiv, num. 65, ubi de Rebecca in Vulgata legitur, *At illa tollens cito pallium suum, operuit se:* septuaginta vertunt, Ἡ δὲ λαβοῦσα τὸ θέριστρον περιεβάλετο. Illa autem sumens theristrum, operuit se. Retinet vocem theristrum, qua interpretes utuntur, vulgatus Genesis cap. xxxviii num. 14, agens de Thamar : *Quæ, depositis viduitatis vestibus, assumpsit theristrum; et mutato habitu, sedit in bivio itineris.* S. Cyprianus lib. III ad Quirinum N. 36, hunc locum ita reddit : « Thamar cooperuit se pallo et adornavit. » D. Hieronymus in Hebraicis traditionibus sic explicat : « Theristrum, pallium dicitur : genus etiam nunc Arabici vestimenti, quo mulieres provinciæ illius velantur. » Et in epistola ad Lætam De institutione filiæ, theristrum pro calyptra, seu capitis velamento, accepisse videtur. « Ne auferant, ait, theristrum pudicitiæ. » Plenius idem ipse ad cap. III Isaiæ : « Theristra, quæ nos palliola possumus appellare, quibus obvoluta est Rebecca, Genesis xxiv et hodie quoque Arabiæ et Mesopotamiæ operiuntur feminæ; quæ Hebraice dicuntur *redidim*, Græce θέριστρα, ab eo quod ἐν θέρει, hoc est, *in æstate et cuumate*, corpora protegant feminarum. In Hebræo eadem vox utrobique cap. xxiv, num. 65; et cap. xxxviii num. 14, reperitur; quam D. Hieronymus *pallium*, et ex eo sanctus Pagninus in suo thesauro, *theristrum* interpretatur. » Appositissime ad rem, D. Basilius in commentario ad Isaiam, cap. III, ex editione et versione ultima Parisiensi, anno 1618 : « Theristrum vestis est superior, quam sibi per æstatem circumponebant (feminæ) ne immoderato æstu gravarentur; quem admodum in Genesi didicimus, Rebeccam fuisse indutam theristro, cum pergeret in occursum Isaac. » Meminit theristri noster Luitprandus lib. III Rerum per Europam gestarum cap. 5 : « Puto enim, quod dum hunc Græcorum more cheristro (lege theristro) opertum habituque insolito viderunt indutum, non hominem, sed monstrum putaverunt. » Et in Legatione non semel. Recenset sua solita eruditione Jacobus Gretserus e societate Jesu, lib. I Rerum variarum posthum. cap. 7, pag. 76. Tenuissima et perlucida vestis erat, uti Sindon. Utramque forte comprehendit versus Græcus inter vetera Oracula editus, una cum Sibyllinis pag. 61, cura et labore Joannis Opsopæi :

Σινδόνας ἀμπέταβου, νεφέλην λύσόν τε δοχεῖα

*Sindonas laxato, nebulam solve, et acceptabulum.*
*Nebulam lineam*, et *ventum textilem* dixit Petronius Arbiter, sub persona P. mimographi :

*Æquum est induere nuptam ventum textilem;*
*Palam prostrare nudam in nebula linea.*

Tales vestes a muliebri excogitatæ luxu : « Ut in iis » (verba sunt Tertulliani *De cultu feminarum*) « non dico nullum corpori auxilium, sed nullum pudori sit; quibus sumptis, mulier parum liquido nudam se non esse jurabit. » Seneca suggillat lib. VII De beneficiis cap. 9 : « Matronæ nostræ ne adulteris quidem A plus sui in cubiculo quam in publico ostendunt. » Hujus loci meminit illustrissimus cardinalis Cajetanus ad 2-2. D. Thomæ, quæst. 169, art. 2, ad 1-5. *Ad objectionem autem de ornatu.* Insultat Philosophus in matronas, quæ vestibus tegebantur, ut meretrices : quæ licet iis tegerentur, fere nudæ incedebant. Hinc Horatius lib. I, serm. 2, satyrice consulit a matronis abstinendum, quippe quæ corporis vitia vestimento integunt, et adire meretrices; quæ quia nudæ sunt, facile conspiciuntur :

Desine matronas sectari er : unde laboris
Plus haurire mali est, quam ex re decerpere fructus.
Nec magis huic inter niveos viridesque lapillos,
Sit licet hoc, Chœrinle, tuum, tenerum est femur, aut
[ferus
Rectius, atque etiam melius præsepe togatæ.
Adde huc quod mercem sine lucis gestat; aperte,
Quod venale habet, ostendit.

Et paulo post :

B
Altera, nil obstat : Cois tibi, pene videre est,
Ut nudam ; ne crure malo, ne sit pede turpi :
Metiri possit oculo latus.

Non pectus, sed totum subtili isto velamine corpus conspiciendum præbebant : ex quo more quæstionem solvit Cajetanus. Facem prælucet et his Ezechiel cap. xvi, num. 7 : *Ubera tua intumuerunt, et pilus tuus germinavit, et eras nuda, et confusione plena.* Dixit *nuda*, id est, *induta vestibus diaphanis*, qualibus utebantur meretrices. Salse, uti solet, veluti laudant, perstringit Martialis lib. VIII, epig. 68.

Femineum lucet sic per bombycina corpus.

Contra hoc, quamvis tenue, acre tamen luxuriæ incitamentum, pudicam virgunculam instituit D. Hieronymus, epist. ad Lætam : Talia, ait, « vestimenta paret, quibus pellatur frigus, non quibus vestita corpora nudentur. » Τὰ διαφανῆ, λακωνικά, huju-ce generis vestes Septuaginta nominarunt Interpretes; Isaiæ cap. III, num. 21, id est, *perspicua*, seu pellu-
C cida *Laconica*; Suidas itidem, διαφανῆ χιτῶνια, id est, *pellucidas tunicas*, exponit, τὰ ἔχνη δ᾽ ὧν διαφαίνεται τὰ σώματα τῶν γυναικῶν : *tenues, per quas pellucent corpora feminarum*. Laconica dictæ, a Lacedæmoniis nomine privatim deducto : quod insignis esset meritoque detestanda Lacedæmoniorum, præter cæteras gentes lascivia et turpitudo in denudandis quacunque ratione feminarum corporibus. Kimchius in Lexico, *interulas*, sive *subuculas*, tenues ac subtiles, sic appellatas testatur, quoniam transparebat sub illis corpus, præ nimia earum tenuitate. Congerit plura Jacobus Gretserus, ubi supra. Joannes Filesacus in Uxore justa, cap. 4.

Hæc *Theristra* duplici erant in usu, vel induendi, vel sternendi in lectis causa. Julius Pollux lib. VII, cap. 13, ubi de peplo : « Pepli autem usus duplex est; ad induendum scilicet; et insternendum. » Utrumque clare de theristro Septuaginta Interpretum innuit lectio in dicto cap. III Isaiæ, num. 21 : Καὶ
D θέριστρα κατάκλιτα. Et *Theristra accubitoria.* Ubi S. Basilius : Ἀ δὲ νῦν διαβάλλει ὁ λόγος, θέριστρα λέγεται, τὰ ἐν τῶν κατακλίνεσθαι δι᾽ ὑπερβολὴν τρυφῆς ταῖς κλίναις ἐπιβαλλόμενα. Theristra autem, quæ nunc vitio vertit Scriptura, dicuntur ea, quæ insternebant lectis, ut molliuscule discumberent, propter exuberantiam deliciarum. De sindone Martialis lib. II, epig. 16

356. Agapeto pontifici succedit in sede S. Petri Joannes XII. DCCCCXCV.

357. Concilium coactum hoc anno in urbe Ravennate. DCCCCXCVI.

358. Concilium Ingelheimense episcoporum sedecim. DCCCCXCVIII.

DCCCCLVII.

DCCCCLVIII.

DCCCCLX

359. Smaragdus, Serlofridegodus [*lege* Ceolfridus] Angli, monachi Benedictini, viri moribus egregiis praestantes, theologi insignes.

360. Vitae quae adduntur Chronico *De viris illustribus* Ildefonsi, compositae sunt a Felice Toletano archiepiscopo, quae incipiunt : *Quamvis superius plurimi.* Scripsit duodecim vitas, Xisti pontificis Romani; Macrobii diaconi; Philastrii Brixiensis episcopi; Theodori Mopsuestensis episcopi; Tyrannii; Rufini; Verecundi [*al.* Vergundi] Uticensis in Africa episcopi, olim archipresbyteri Toletani; Victorini episcopi Legionensis; Idacii Lamicensis episcopi; Eusebii Dorolitani episcopi; Cerealis Castulonensis; Ferrandi Carthaginis Africae diaconi; Petri Ilerdensis episcopi, et Marcellini schismatici presbyteri.

361. Sanctus Julianus scripsit vitam sancti Ildefonsi; Felix praeterea scripsit vitam sancti Juliani Toletani episcopi, idemque adjecit Chronico, quod sic incipit : *In nomine Domini* : *Incipit Chronicon, quod sanctus Julianus composuit.* Illud : *Natus* [al., *nactus*] *est autem Witiza*, alii tribuunt Gunterico. Nihil de additione certe hactenus reperitur.

362. Velascus episcopus Aluendensis, [*al.*, Albigensis] scripsit vitam Salli abbatis Aluendensis [*al.*, Salvi ab. et episcopi Albigensis] ejus discipulus, ad cujus pedes jacet.

363. S. Godina, S. Gervasius, in Lusitania obiere hoc anno, prima die Octobris.

364. Scripsi ego vitam S. Petri, archiepiscopi Compostellani, cognomento Mansonii, Itali martyris [*lege* fil. Martini].

## P. HIGUERAE ET D. LAURENTII NOTAE.

Zoilus aegrotat, faciunt hanc stragula febrem;
Si fuerit sanus, coccina quid facient?
Quid torus a Nilo? quid sindone tinctus olenti?
Ostendit stultas quid nisi morbus opes?

Denique theristro, uti etiam sindone et palla, totum amiciebatur corpus. D. L.

359. Concilii Caesaraugustani, cujus et hic meminit Luitprandus, meminit Onuphrius anno Domini 951, et sic gestum fuit sub Joanne Toletano pontifice. P. H.

360. Vitas illas, quae circumferuntur sine nomine auctoris in calce Chronici S. Ildefonsi, fatetur additas esse a S. Felice Toletano pontifice, aitque, Verecundum episcopum Uticensem in Africa fuisse pontificem, Toletique archipresbyterum. P. H.

361. Docet S. Julianum episcopum Toletanum scripsisse vitam S. Ildefonsi, ejusdem civitatis episcopi meritissimi. Chronicon, quod nomine Vulsae circumfertur, etiam est Juliani, nisi quod illud de Witiza additum est a Gunterico : quanquam hoc ultimum, tanquam incertum, relinquit. Ib.

364. *Scripsi ego.* Hoc opus Luitprandi non inveni, quamvis diligenter conquisivi. Loco *archiepiscopi* legendum est *episcopi*; ea enim tempestate in qua sanctus Petrus floruit, Compostellana sedes in archiepiscopalem non fuit erecta, sed anno 1096 Dalmachio impetrante. Et in martyrologio Baronii die 10 Septembris : « Compostellae sancti Petri episcopi, qui multis virtutibus et miraculis claruit. » Antea mendose apud Usuardum, etiam Molani castigationibus expunctum. « Eodem die 10 *Septembris* sancti Petri archiepiscopi, qui multis virtutibus et miraculis claruit. » Clare noster Julianus in Chronico num. 510 : « Hymnus : *Salve Regina, mater misericordiae,* Graece ab apostolis compositus, translatus est de Graeco in Latinum a sanctissimo viro Petro episcopo Compostellano, » et num. 517 : « Floret memoria sancti Petri monachi Benedictini episcopi Compostellani, in divos relati. Colitur die 10 Septembris. » Auctorem eum fuisse hymni *Salve, Regina,* aliqui affirmant : Claudius de Rota cap. 137 his verbis : « Hermannus Contractus Teutonicus fecit antiphonam, *Alma Redemptoris mater;* et, *Simon Barjona;* Petrus vero de Compostella episcopus fecit *Salve, Regina.* » Idem testatur Antonius Demochares lib. IV De institutione Christianae religionis : Sed et Her-

A mannus Contractus Teutonicus inventor Astrolabii, composuit sequentias illas : *Rex omnipotens;* et, *Sanctus Spiritus;* et, *Ave, Maria,* et, *Alma Redemptoris;* et, *Simon Barjona;* Petrus vero Compostellanus episcopus fecit illam : *Salve, Regina, mater misericordiae, vita, dulcedo et spes nostra, salve.* Suffragatur Durandus in Rationali divin. offic. Noster tamen Julianus traductorem, non auctorem agnoscit, et apostolos hyamnum hunc sanctum fecisse. Quod non levi destina fulcies ex D. Bernardi (melius, si legas, ex Domini Bernardi archiepiscopi Toletani) verbis desumptis e primo quinque Sermonum super *Salve, Regina,* quos seorsim a caeteris operibus D. Bernardi edidit Gillotius in impressione Parisiensi in II tom. fol. 567, ubi non *divi Bernardi,* sed *Domini Bernardi* esse automat. « Dulce canticum (*haec sunt verba*) ac nobilissimum melos, quod in honorem sanctae Mariae quater in anno ordo noster devotissime concinit, ad devotionem nostram discutiendam, fratres, assumpsimus, quia speciali dulcedine multa refertum, masticatione continua repetimus. Nam a summis labiis canticum illud effusum venit. Habet enim fundamentum. Fundamentum ejus in montibus sanctis. Fundamentum ejus internae dulcedinis suavitas est. Et ubi haec nisi in montibus sanctis? hoc est, in mentibus [*lege* montibus*, ut supra; nam* mentibus *non congruit sensui*] nostris a sanctis compositam, a sanctis institutum, digne etiam frequentabitur a sanctis. » Hactenus D. Bernardus. Ex iis, et aliis constat compositum *a montibus sanctis;* qui nulli alii sunt quam duodecim sanctissimi apostoli. Ab his merito dicitur hoc divinum canticum, et a summis labiis diffusum venire. *Montes* dicebantur apostoli, ut fere omnes Patres interpretantur ad illud Psal. LXXXVI : *Fundamenta ejus in montibus sanctis;* ut Arnobius : « Secundum fundamentum apostolorum. » Explicite magis, nam reddit rationem, Haymo : « Montes sunt apostoli, quia super eos fides nostra est fundata. » Cassiodorus aliter : « Qui soliditate fidei et excellentia vitae montes sunt. » Ludolfus item : « Quia ibi primum posita est fides Ecclesiae; qui montes sunt propter fidei sublimitatem; sancti per vitae puritatem, quorum fide, doctrina et exemplo Ecclesia est fundata. » Fusius D. Augustinus ibidem, et ita sensisse ait D. Paulum ad Ephes. *cap.* II, v. 20) : « Super funda-

365. Pars librorum moralium, quæ adducta fuerat ab ipso Leandro, Constantinopoli ad Hispanias allata est. Pro reliquis libris missus est Taio [al., Tico; D. L. *Diximus supra, n.* 100, *de isto* Taione *Casaraug. episc.*]; et hæc (ut videtur Roderico) amissa est. Hæc solum pars erat Romæ; postea reliqui libri advecti sunt, quorum meminit S. Isidorus in Leandro.

366. Multas habent Diptychas Ecclesiæ Hispanorum, quæ sibi cognitæ sunt. Toletana a tempore captivi-

P. HIGUERÆ ET D. LAURENTII NOTÆ.

mentum apostolorum. » Idem testatur D. Ambrosius ad Psalm. cxviii sermone 22, et super D. Lucam cap. xvii, et in libro De Noe cap. 32. Iterum D. Augustinus ad sanctum Joannem tract. 1 et ad psalm. xxxv; Sanctus Hieronymus super psalmum xlv, et ad Isaiam cap. xiv, Sanctus Gregorius lib. xii Moral. cap. 11; doctissimi etiam viri *gigantes* appellabantur; quod passim in sacra Scriptura, ubi positum non pro hominibus ingenti mole corporea præditis, sed pro iis qui sanctitate, sapientia et gravitate admirabili antecellebant. Plura cumulat Jacobus Boulduc de Ecclesia ante legem cap. 8 et 9, et interpretatur illud Deuteronomii cap. ii, num. 10 et 12, et adducit Vulgatum, qui nomina *Nephilim, Zuzim, Rephaim,* vertit *Gigantes* hoc sensu. Novissime plura erudite cumulat Ludovicus Cresollius Societatis Jesu in suo Mystagago, sive De sacrorum hominum disciplina, lib. i, cap. 13, sect. 1 et sequentibus, ubi ecclesiasticos per *montes* in sacris Litteris adumbratos asserit, et ex variæ auctoritatum supellectile depromit verum.

Nec D. Bernardus (ut filum iterum apprehendam, et si conjectari licet) a sanctis compositum canticum diceret, nisi majorem ei auctoritatem tribueret, quam Hermanni Contracti. Deinde phrasis id etiam indicat; nam est Græca et Hebræa; genitivum enim in sua dialecto pro adjectivo apponebant. Dixi in meo Pentacontarcho cap. 9: *Viri sanguinis,* pro *viris sanguinolentis; Deus pacis et misericordiæ,* pro *Deo misericorde.* D. Paulus epistola ad Romanos cap. vii ỹ. 6 *legem mortis* dixit pro *mortifera.* Et Ecclesiast. cap. xliv, ỹ. 27, *viros misericordiæ* invenies pro *misericordibus.* Sic in divino cantico, *Regina misericordiæ* (ut legit sanctus Bernardus, sanctus Bonaventura, Martinus de Magistris, et in breviariis antiquis) pro *Regina misericorde.* Non abs re Canisius lib. v De beata Virgine cap. 13, ubi, postquam Hermannum Contractum fecisse affirmat canticum, et hoc dulcissimum melos, nutantem se ostendit, et quasi recantare videtur, dum, esto quod non condiderit, attamen evulgasse scribit, quasi recedens a prima sua sententia. Verba ejus sunt : « Quanquam ex aliis et vetustioribus Ecclesiæ scriptoribus liquido percipi potest, Mariam similibus, ac etiam præstantioribus, quam in hoc ipso cantico comprehensis, præconiis jam olim salutatam, ac publice decoratam esse; nihil ut novi affectat, quisquis demum hoc canticum primus intra sexcentos annos, aut condidit aut evulgavit. Nota illius disjunctivæ notam condidit aut evulgavit. »

Ubi legitur *Mansonii,* seu *Monsorii,* scribendum *Monsoncii;* ita in Historia Compostellana manu scripta : « In cujus (*Pelagii scilicet*) equidem honorem, Petrus de Monsoncio, videlicet abbas de Alealtaria, divina providente gratia, subrogatus. » Appellabatur enim *Petrus Martinez de Monsoncio,* Martinus namque erat ejus pater, et devovit se religioni in monasterio sanctæ Mariæ de Monsonço. Aliter Stephanus de Garibay in Compendio histor. lib. ix, cap. 36, fol. 473, qui eum nominat *Petrum de Monsorio;* P. Joannes Mariana lib. viii, Hist. Hisp. cap. 8, fol. 388, col. 2, *Pedro Mansorio.* Plena doctaque manu fere hæc omnia cumulat Magister Antonius de Yepes, ordinis Benedictini alumnus in sua Historia generali, Centuria sive tom. V anno a Christo nato 986, fol. 216, pag. 2, quem omnino vide et consule; quamvis pro sua adducat opinione (generali tamen et sub involucro verborum) Petrum Bergomensem lib xii Supplementi Chronicorum; qui Bergomensis contrariam amplectitur, anno Christi 1049, fol. 318; fatetur enim Hermannum Contractum auctorem cantici *Salve, Regina.*

Duo tamen animadvertenda merito duxi : primum, Petrum Monsoncium fuisse episcopum Compostellanum; non, ut recenset Fr. Alfonsus de Yepes, anno Christi 986, siquidem Pelagius, ejus antecessor, majorum consilio accepto, ejicitur a sede, et ipse eligitur regnante Beremundo II, qui ex communi omnium fere calculo haud excessit metas anni 983. Neque episcopi fungebatur dignitate anno 981, ut scribit P. Joannes Mariana lib. viii, Historiæ Hispan., cap. 8, fol. 388, col. 2; nam ut Stephanus de Garibay et Zamalloa loco supra citato refert, manuducente præeunteque historia Compostellana ms. dignitatem adeptus fuit anno 963 vel 964. Astipulatur noster Luitprandus, qui Petri Monsoncii vitam delineavit, et suam terminavit circa annum 973. Convincit docte amicus noster P. Franciscus de Bivar in Censura operum § 7 ; unde subrogari in locum Pelagii minime poterat anno 986, uti Fr. Alfonsus de Yepes autumat. Inficias mihi non it, imo secundas fert Ambrosius de Morales lib. xvii, Histor., cap. 20, qui anno 999, Pelagium filium comitis Roderici Velasquez, a sede dejectum, et Petrum Monsoncium successorem ejus jam antea fuisse commemorat, quamvis annum non assignet.

Secundum minutis cærulis venit notandum, auctorem in calce Chronici aliqua, quasi parerga, uti mos fuit illius ætatis scriptoribus, exarasse, non per annos chronographice digesta, et temporis ad amussim serie collimata, præcipue cum enarratio ad suorum operum dinumerationem, non ad historiam concinnandam spectet. Sic Julianus in fine Chronici omnia quæ scripserat recenset. Hinc quæ vel delicatissimus lector non abhorrebit, Chronicon Luitprandi terminari anno 960 et P. Monsoncium adhuc in vivis esse anno 963 cum tredecim intercalentur anni ab anno 960 usque ad mortem Luitprandi ; in quibus et vitam finiisse Monsoncium, et ejus miraculosa gesta scripsisse poterat Luitprandus.

Hanc eamdem Monsoncii electionem iterum apponit nobis Girardus auctor secundæ et tertiæ partis Historiæ Compostellanæ ms. quam in magno pretio habeo, his verbis : « Qui Beremundus, magnorum consilio accepto, prædictum Pelagium a sede projecit, et loco ipsius Petrum, cujusdam Martini filium, monasterii Monsoncii sapientem monachum, ante altaris archisterii abbatem venerabilem , a cunctis senioribus eligi decimum episcopum et consecrari præcepit. » Quæ viam strenue muniunt ad Luitprandi textum emendandum, a sciolis amanuensibus male luxatum. Ii enim cum invenissent scriptum *F. Marti.* ducentes *F* esse *1* litteram initialem, et pro *Martini* (quod nomen litteris *Marti* significabatur) legentes *martyris;* Itali *martyris* falso scripserunt. Hispanus ex Gallæciæ provincia oriundus fuit; et Compostellæ non martyr, sed confessor decubuit : ut vel ipsæ ecclesiasticæ tabellæ proclamant. D. L.

365. Quid actum sit de libris Moralium ; nam partem miserat S. Gregorius Leandro, pars omnino desiderabatur. P. H.

366. De Diptychis Hispaniarum ecclesiarum multa pulchre ponit hic Luitprandus. Duas in primis Diptychas ab anno 509; nam ponuntur quidam hic episcopi insignes sanctitate cum extra Hispaniam, tum intra Hispaniam. Extra Hispaniam, Hilarius episcopus Pictaviensis, Athanasius Alexandrinus, Martinus Turonensis, Ambrosius episcopus Mediola-

tatis habet illud principium, quod aliæ omnes ab anno 360, Pro spiritibus pausantium sanctorum episcoporum Hilarii, Athanasii, Martini, Ambrosii, Augustini, Fulgentii, Leandri, Isidori, David, Juliani, item Juliani, Petri, item Petri.

A Felice usque ad Julianum post Bonitum III ponuntur episcopi, qui maxime juverunt rem Hispanam, scilicet Hilarius Pictaviensis episcopus, Athanasius Alexandrinus, Martinus Turonensis, Ambrosius Mediolanensis, Augustinus Hipponensis, Fulgentius ex Carthagine Spartaria Astigitanus, Leander, Isidorus, David Julianus Hispalensis, Julianus Toletanus doctor, Petrus Ilerdensis, Petrus Pulcher; idque more Græcorum, qui in principio Diptycharum episcopalium, aliarum Ecclesiarum præmittebant aliquos insignes pontifices, cum quibus eorum Ecclesiæ Antistites aliquando communicaverunt. Id etiam fecere episcopi Æthiopes.

367. Solus Toletanus episcopus, ut primas Hispania, habuit olim jus pallii in Hispania.

## P. HIGUERÆ ET D. LAURENTII NOTÆ.

nensis, Augustinus episcopus Hipponensis in Africa; hi extra Hispaniam. Intra vero eam Leander, Isidorus, David, Julianus Hispalensis, Julianus Toletanus doctor, Petrus Ilerdensis, Petrus Pulcher Toletanus; idque more Græcorum, qui ponunt in principio Diptycharum suarum nonnullos catholicos pontifices, quibuscum more catholico communicare soliti. P. H.

Pro spiritibus pausantium. Prius de voce; post de more. Vox Latina est pausa, qua usi antiqui: Lucilius lib. I. Satyr.

Hæc ubi dicta dedit, pausam facit ore loquendi.

Plautus in Pœnulo, act. VI :

Quando id quod sat erat, satis habere noluit,
Ego pausam feci.

Lucretius lib. III :

Frigida quem semel est vitai pausa secuta

Deducta vox a Græco fonte parce detorta, παύω, quod quiescere significat, et in futuro παύσω. Unde verbum Latinum, pauso. Plautus de verbo iterum in Trinummo, act. IV: Pausa vicisti castigatorem tuum. In Glossis Græco-Latinis, Pausat, ἀναπαύεται, καὶ ἀναπαύει. Quamvis Obertus Gifanius ad Lucretium verbo Pausa, sumpsisse id Romanos a Græcis fateatur, sed hos παῦλα dixisse.

Igitur pro spiritibus pausantium, idem est ac pro spiritibus quiescentium, id est, mortuorum. Tempore Gothorum passim usurpata vox. Sanctus Eugenius in Epigrammate : Nunc pausa malorum, ait : Pro spiritibus pausantium, id est, requiem habentium, qui nunc cessarunt a laboribus. Amodo jam dicit spiritus (ait D. Joannes in Apocalypsi) ut requiescant a laboribus suis : opera enim illorum sequuntur illos. Mos autem orare pro vivis et defunctis : unde duæ Diptychæ, de quibus alibi. Adjiciam tamen Diptychon exstare in tabulis Isidorianis, quas vidit excusas ante centum et viginti annos cum Missa S. Jacobi P. Hieronymus de la Higuera; in quo eadem hæc reperiebantur verba : Pro spiritibus pausantium; et statim sequebatur oratio Presbyteri concepta : « Suscipe, Jesu bone, in hoc natali Jacobi apostoli tui offerentium vota, et refrigerium præsta spiritibus defunctorum, ut eo apud te intercedente, ei venia defunctis tuæ pietatis gratia impendatur. » Hoc monimentum, non a Saliari carmine mutuata est vetus Ecclesia (in quo eorum nomina, quos eximio honore volebant decorari Romani, canenda ponebant) ut antumavit, falso tamen, Casaubonus ad Athenæum lib. VI, cap. 14, sed a Veteri Testamento, ut asserit ex sancto Dionysio doctissimus Pater Heribertus Roswcydus in Onomastico, edito ad calcem Vitarum Patrum, verbo Diptychum, pag. 776, col. 2. Ethnici illi sacra nostra ex divinis libris usurparunt retorseruntque, ut pluries variis in locis diximus, et in Pentocontarcho, cap. 26. Addo nunc testimoniis ibi adductis Tertullianum in Apologetico adversus gentes, cap. 47 : « Quis poetarum, quis sophistarum, qui non omnino de prophetarum fonte potaverit? » Quod pluribus prosequitur verbis; et in fine capitis ait :

« Unde (oro vos) philosophis aut poetis tam consimilia? non nisi de nostris sacramentis. »

De Diptychis vide Wilhelmum Lindanum episcopum Gandavensem in Annotationibus ad liturgiam D. Petri apostoli; ubi asserit se vidisse Diptychas Ecclesiæ S. Georgii, quæ in littore maris Oceani, sive Bisschagiæ apud Portugalete sita est; et novissime editum Facundum episcopum Hermianensem provinciæ Africanæ pro defensione trium capitulorum concilii Chalcedonensis lib. IV, cap. 1, et P. Jacobum Sirmondum Societatis Jesu ad pag. 142. Prius excursum fecit, eruditum sane, P. Christophorus Browerus ejusdem Societatis Jesu, in Notis ad Venantium Honorium Clementianum Fortunatum lib. x, epist. 7, p. 229. Ex Jureconsultis vide Guidonem Pancirol. in Thesauro variarum lectionum lib. I, cap. 28, pag. 50. E.; require et quæ ad Julianum in variorum carminum collectione pag. 158, et schediasma, quod pro colophone edi curavi. D. L.

367. Olim dicitur, solum Hispaniæ primatem, Toletanum scilicet, habuisse jus pallii, ut in Africa Carthaginensem, et in Macedonia Thessalonicensem primates, qui eodem jure gavisi sunt. P. H.

Jus pallii in Hispania. Pallium, in quo pontificalis officii plenitudo (ut ait Innocentius III, in cap. Nisi, de auctoritate et usu pallii) est archiepiscopale insigne : ideo Luitprandus Toletanorum primatium peculiare, et jurisdictionis agnoscit indumentum. De quo multi multa : congerit suo more docte et plene Augustinus Barbosa in Collectaneis ad Decretales ad dictum titulum De auctoritate et usu pallii : dixerat prius in Pastorali, seu De officio et potestate episcopi, parte 1, tit. 3, cap. 1, num. 20, pag. 215; col. 1 et allegat. 50, de 5. Plura ex Antiquitate ecclesiastica eruit in lucem Nicolaus Alemannus in Dissertatione historica de Lateranensibus parietinis cap. 10, num. 72, 73, 79 et 81. Solebat summus pontifex post concilium celebratum, in quo de hac agebatur re, pallium dare. Julianus in chronico num. 612 : « Urbanus nimium honoravit D. Bernardum Toletanum archiepiscopum, quem in concilio Placentinorum aliquibus patriarchis comitibus consecravit, et in præsentia totius concilii ei pallium dedit. » Confirmat sanctus Bernardus in Vita S. Malachiæ sub Innocentio II pontifice maximo : ubi docet nos, sanctum virum Romam post annum 1130 ivisse; et cum accepisset Malachias officium legati apostolici, petiisse pallium, summumque pontificem respondisse. Verba ejus sunt : « Post hæc, inquit S. Bernardus, petit Malachias novæ metropolis constitutionem confirmari, et utriusque sedis pallia sibi dari. Et confirmationis quidem privilegium mox accepit. De palliis autem oportet, ait summus pontifex, solemnius agi. Convocatis episcopis, et clericis, et majoribus terræ, celebrabitis generale concilium; et sic conniventia, et communi voto universorum per honestas personas requiretis pallium, et dabitur vobis. Deinde tollens mitram de capite

368. Etiam in media captivitate semper servata est obedientia, et reverentia ab Hispanis pontificibus Toletano pontifici, ut patriarchæ, et totius Hispaniæ jam inde a principio Ecclesiæ Primati.

**P. HIGUERÆ ET D. LAURENTII NOTÆ.**

suo, imposuit capiti ejus, sed et stolam cum manipulo dedit illi, quibus uti inter offerendum solebat. » D. L.

368. Semper in media captivitate servata est obedientia et reverentia Toletanis pontificibus, ut Hispaniarum primatibus. P. H.

# LIUTPRANDI ADVERSARIA.

1. Duplex Legio : altera dicta *Septima, Gemina, Pia, Felix,* quæ Gothis flos civitatum est; et hæc fuit regia sedes, episcopalisque, nulli subjecta pontificum Hispanorum, præterquam Romano papæ. Altera, quam Urbicus fluvius lambit, et *Benaventum* dicta : hæc paruit episcopi Asturicensi (*modo paret Ovetensi*); hæc dicta *Legio Urbica.*

2. Legio Gemina, sedes episcopalis, paruit Bracarensi ad tempora sancti Lucii papæ, qui creditur exemisse Legionensem episcopum a Bracarensi, quia contra vicinum Basilidem Asturicensem episcopum lapsum, mirabiliter dictis, scriptis factisque laborarat.

3. Aquæ Quintianæ in Gallæciis Lucensibus (quarum meminit Ptolemæus recensens hos populos) sunt in monte Tebiceio fons quidam, qui fluit ac refluit, et fluctus habet instar Oceani, prope fluvium Loriam (vulgo *Lor*): quem cum vidisset Q. Metellus prætor, ante Christi natalem anno 140 miratus, ei proximoque oppido nomen imposuit, vocavitque *Aquas Quintianas.* Fluvius Loria visus prope labitur in Simliam [*al.,* Silum] flumen.

4. Æra DCCCLXVIII a nativitate Domini 830, vixit sanctissima virgo Lumbrosa ex oppido Cea, quæ frequentabat parœciam in diruto monasterio sanctorum martyrum Facundi et Primitivi cum Muzarabibus Christianis in magna vitæ sanctitate. Jacuit in illa parœcia, donec per Alfonsum regem reparato monasterio, illuc ea translata est. Obiit non multo prius reparatione. Frequentantur ejus reliquiæ maxima populi veneratione; colitur die 1 Novembris; jacet in tumulo super duas columnas.

5. Carthagine Spartaria sanctus Constantinus confessor, vir clarissimus, multorum virtutum gloria clarus, migrat confessor sub Valeriano 11 die Martii. Eodem die passio sanctorum martyrum Heraclii et Zozimi passorum pro Christi fide ibidem.

6. Dum transirem Pyrenæum in confinibus Hispaniæ, reperi quod S. Felix colitur in civitate Spalatensi, vel Ispalensi; qui missus ab Hispanis episcopis huc, prædicansque Evangelium, sub Diocletiano martyrium consummavit XII Kal. Junii. Sunt qui putant hanc eamdem civitatem esse Spartulacensem ; non recte ii : nam in oppido Anzanego [*al.,* Onzanego] sanctus episcopus et martyr colitur. Hic Felix creditur fuisse qui cum aliis tredecim episcopis confessoribus interfuit concilio nationali Illiberitano, et præfuit episcopus Aceitanus; missus vero ab Hispanis episcopis, propter ferventem ejus charitatem, prudentiam, scientiam et leporem, ad confirmandos in fide populos Hispanos, ivitque ad Celtiberos Vascones, et Pyrenæum accolentes.

7. S. Patricius, qui celebratur XVII Kalend. Aprilis, non fuit episcopus Arvernensis; sed creditur Malacitanus, qui interfuit concilio Illiberitano : postea, dum iret alio, venit Arverniam, et obiit.

8. Heracleæ in Hispania, quæ civitas *Calpe* dicitur, passionis recolitur triumphus S. Januarii Sarabriensis [*al.,* Salariensis, et Salernensis] episcopi cum sociis, 7 Januarii : cujus meminit Dexter, aitque passum sub Diocletiano. Fuit episcopus, qui interfuit Illiberitano.

9. Quam Latini Murciam, Gotthi vocaverunt Bigastrum, Mauri *Acatha,* anno 900, ut conjicitur. Venit illo episcopus Bergaræ Thyestes, et mortuus est, jacetque ibi [*al.,* estque martyrizatus ibi].

10. Melantius, vel Melanius, natus in majori Britannia, venit Romam, et a sancto Stephano missus Rothomagum, ibi aliquantulum temporis episcopale munus exercuit : post, nescio qua causa, venit Athenas, et cum Sixto pontifice venit Toletum, ubi successit in episcopali sede Palmatio, vel Paulato. Interfuit concilio Illiberitano, post anno 305 venit Rothomagum, et in 310 sanctissime mortuus est, ibique sepultus XI Kal. Novembr.

11. Villæ Cassinæ, quam Mauri vocaverunt *Villam, Castin,* in confinibus Carpetaniæ, S. Nicasius, primus episcopus Rothomagensis, cum sociis patitur XI Octobris sub Domitiano, dum ibi prædicat : misit Fescenninus, jussu [*al.;* misso Fescennino, jussu, etc.] Domitiani, qui eos in Hispania occideret.

12. Anno Domini 302 Constantio Chloro et Galerio Maximino Cæsaribus, coss. quartum, die 3 Aprilis,

---

5. *Aquæ Quintianæ*, etc. Vide Ortelium verbo *Aquæ Quintiæ*, cujus sunt verba : « Aquæ Quintiæ, sive Quintianæ, ὕδατα κουίντινα, Ptolemæo Seurorum in Hispania Tarraconensi oppidum. Aquecaldes, Molezio dicitur. »

die Veneris sanctæ, vel passionis Domini, per totum orbem indicitur persecutio, et anno 16 Melantii Toletani pontificis, iisdem consulibus, mense et die, diruta est Ecclesia Toletana B. Mariæ virginis Assumptionis, a sancto Elpidio erecta, et a B. M. Marcello spatiis ampliata ; solo æquata est a [*legi videtur* Teucris, *sed libenter legam* Duumviris], jussu Diocletiani sub ⊕... Daciano Hispaniæ præside, qui demolitioni præfuisse dicitur. Ex tunc creditur per orbem sacra synaxis fieri solita in speluncis, ut Romæ in cœmeteriis, Augustobrigæ (quæ dicitur a Mauris *Cobisa*, in fine Carpetaniæ) in antro, Toleti in spelunca, quæ vulgo dicitur Herculis, opere Romano, Libanæ in Celtiberia in speluncis, quas a cavitate *foratas* vocant, et sic in aliis antris.

13. Dici non potest, quanta dejectio Christianorum animis accesserit hac demolitione et librorum incensione. Toletanos libros loco tuto posuit sanctus vir Melantius, et animabat Christianos ad tolerantiam cruciatus. Duravit demolitio sexdecim annos, donec anno 518 lex data est a Constantino, qua jussit restitui bona, fundos, solaria sanctis ecclesiis. Tunc reparata est S. Mariæ de Columna matrix orbis ecclesia, cujus imaginem et columnam Christiani absconderant, juvante Valerio episcopo, et Vincentio archidiacono. Toleti restituta est ecclesia Assumptioni sanctæ Dei Genitricis dicata ; et denuo [*al.*, de novo] sanctæ Leucadiæ recens martyri, civi et patronæ, altera.

14. Non prætereundum est in iisdem adversariis meis, Camerinum, vel Marinum, vel Tamerinum, Toletanum pontificem, ad Sardiniam delatum cum aliis, adhuc durante persecutione Diocletiani 21 Augusti passum.

15. S. M. Pomponius Januarius episcopus Salariensis [*al.*, Sarabriensis, *vel* Salanensis] fuit vir consularis, interfuitque, ut dictum est, concilio Illiberitano ; prædicansque in Heraclea civitate freti Herculei, per dira tormenta cum sociis pro Christi fide triumphavit.

16. S. Vitalis, quem a fonte baptismatis sustulit sanctus Sebastianus, e Thermeda in Carpetanis Romanæ miles profectus, relictis filiolis, Justo et Pastore, Complutensibus, 3 [*Lege* 2, *ex Mart. Rom.* 2 *Julii*] mensis Julii anno 290, prope Paduam [ *al.* Capuam] passus est.

17. Nicomedæ passus est in persecutione Diocletiani sanctus Flavius Antiochenus, vir consularis, et episcopus Illiberitanus [*al.*, Illitercitanus], qui concilio interfuit Illiberitano habito anno 299, vel circiter : qui negotiorum gravium causa Nicomediam delatus, cum fratribus Augusto et Augustino 7 Maii martyrium passus est.

18. Anno 313 Constantino et Licinio Augustis, consulibus tertium, sub Melchiade papa coactum est Toletanum concilium universale totius Hispaniæ, præside Camerino, vel Tamerino, vel Marino Toletano : interfuit Leontius Bracarensis, Benedictusque Tarraconensis [*al.*, Tabelonensis], Sabinus Hispalensis, Marcus Emeritanus; et alii complures episcopi sancti; mittunt conciliarem epistolam ad Melchiadem, quibus ille respondit.

19. Turibius notarius S. Leonis, archidiaconus Tudensis, succedit Ceponio episcopo Tudensi ; moritur vero vi Kalend. Novembr. translatus anno [*al.*, æra] 528. Is autem fuerat antea Tudensis [*al.*, Iracensis], cum scripsit Idito.

20. Concilium primum Bracarense [*al.*, Emeritense] habitum est Bracaræ, nondum ea parte Gallæciæ quæ est a Compostella in potestate Suevorum, habitum anno 3 Richilanis, 2 Suevorum regis, Idibus Martii, æra 481. Pancratius ærumnis confectus moritur anno 444; successit illi in sede Bracarensi Balconius vir pius, et zelo Dei plenus.

21. Prædicationibus sancti pontificis Balconii et aliorum episcoporum, pullulantibus erroribus Prisciliani, Gallæciamque vastantibus, Reciarius fit ex gentili Christianus, et mirifice fovet Ecclesias, et catholicos, quibus publice prædicatur fides catholica ; et dat facultatem cogendi concilium ad Aquas Celenas veteres, uti dictum est.

22. Fluminis Tenedi aquæ, præsertim prope Guardiam oppidum, qua flumen labitur in Oceanum, quia lutulentæ sunt, et cœnosis impeditæ vadis, *Celenæ* dicuntur quasi nigricantes, et Hispanorum more oppido nomen dedere, ut alias *Sucro, Vaccœa, et Eminius*.

23. Varada municipium est antiquum Carpetaniæ, in via Toleto Complutum sic: Toleto Illescam xxiiii M. P., Titultiam M. P. M., Varadam viii M. P. M., Complutum xxx M. P. et viam Varada Segoviam f. c. [*id est* facere curavit] M. Fulvius Nobilior proconsul. Hic, scilicet Varadæ, recolitur memoria Nerei, Saturnini, et 365 martyrum, qui erant in æstivis in hoc municipio sub persecutione Diocletiani, passorum 16 die Octobris. Crediderim hos passos Cluniæ, et reliquias aliquas illinc huc allatas, et ibidem ali-

---

16. S. Vitalis, quem a fonte, etc. De S. Vitali, patre S. Natalis, et sanctorum Justi et Pastoris Complutensium martyrum, vide Martyrologium Romanum 2 die Julii; suffragatur ad id, omnibus indiciis inter se convenientibus, Flavius Dexter anno 290, num. 1, his verbis : « In Campania Italiæ S. Vitalis Hispanus, ex oppido Thermeda in Carpetania, pater sanctorum martyrum ad Complutum passorum, Justi et Pastoris, conversus ad fidem monitis sancti Sebastiani, cum aliis patitur, » ubi noster Bivarius, qui adducit Valderedi Cæsaraugustani episcopi epigramma, Pro sancto Vitali. Iterum planius et plenius Luitprandus inf. num. 154 et 155, et num. 154, S. Natalem agnoscit filium S. Vitalis martyris, uti etiam num. 155, nepotemque S. Natalis confessoris Romani. Unde venit corrigendus Juliani contextus anno 290 num. 125 : nam ibi facili litterarum ductus conversione, scioli exscriptoris vitio, Filius Natalis martyris legitur; cum sit legendum, Vitalis Martyris, cujus erat filius sanctus Natalis, et nepos S. Natalis confessoris.

quot annis in Hibernis [*al.*, Titulia *vel* Tulliani] vixisse concorditer.

24. Muris, oppido in Gallæcia, in populis Tamaricis, ubi ex mari exundantique flumine fiebat peninsula, de qua Plinius lib. iv, cap. 20, sanctus Theodorus monachus cultus est, vita miraculisque clarus, 2 Aprilis.

25. Ovetum (quæ prope Lucum Asturum, civitatem regiam, et quæ sub Suevis continet se Lucum Augusti; et in quo Luco Asturum, sub rege Theodomiro Suevorum, habitum est concilium nationale Suevorum) tempore Maurorum allata est arca Toleto cum reliquiis plurimis, et cappa, qua beata Virgo donavit sanctum Ildefonsum [*scriptum erat* Elephonsum] Toletanum antistitem, quæ fuit candidissimi coloris, et corpora sanctorum Asturii, cognomento Serrani, et Juliani, Toletanorum episcoporum.

26. In Gallæciæ civitate, Luco Augusti, memoria sanctorum martyrum Procli et Hilarionis sub Trajano passorum; quorum reliquiæ et Acta alio translata dicuntur.

27. Floret memoria sanctitatis, apud Lucum Augusti, sancti pontificis Odoriis [*al.*, Odornis], qui reparavit hanc civitatem et ecclesiam, et illi sedem restituit anno 744, annis 27 post vastationem hujus civitatis; moritur post sanctissime.

28. Achartæ vel Murciæ mansit episcopus, et templum ecclesiaque [*al.*, Arcisa] tempore Maurorum.

29. Ante Hispaniarum vastationem a Mauris, in ecclesiis cathedralibus eucharistia semper patens erat. Quam consuetudinem servarunt antiquæ Ecclesiæ, ut Toletana, Bracarensis, Lucensis, et aliæ, quæ non captæ a Mauris, sed vel desertæ vel admissæ.... In aliquibus Ecclesiis, ubi frequentissimi Saraceni degebant, et Ecclesiæ erant debiles, id aliquando fiebat, sed raro.

30. Via Antonini Emerita. Augusta Cæsaraugustam, sic : Castra Julia, vel Trogilium (posterius nomen retinent Mauri) M. P. M. xvii, Lacippeam xl M. P., nunc Madrigaletum [*al.*, Mudragæ]; Laucianam [*al.*, Leucipam] xxiiii M. P. M. Villare Pedrosi Mauris; Augustobrigam M. P. M. xxii Caleram; Toletum M. P. M lv [*al.*, lvii].

31. Itinerarium, quod Antonini Augusti nomine circumfertur, mire corruptum est, additis et subtractis mansionibus non paucis : primo cœptum sub C. Cæsare, productum sub Augusto, positis tantum nominibus locorum sine milliarium numero ; post addita sunt milliaria ab Antonino, et ob id illi tributus est labor, qui alioqui plurium fuit ; addita nomina ; ut Constantinopolis, Maximianopolis, Diocletianopolis, quod est signum, tunc ultimam manum operi fuisse superadditam.

32. Cum Lusitaniam pertransissem, publica Saracenorum fide, vidi non longe procul Æminio, in Campo Osensi, vetus et miraculosum stagnum, quod tot fecit miracula, et ecclesiam stantem, anno 942, conveni sanctum senem Heronium Bracarensem pontificem in Bracaræ [*al.*, Concheræ] ruinis, cum suis ovibus, officio sancti pastoris fungentem, et Æminii sanctum virum Gundisalvum, quem audivi post aliquot annos successisse Heronio.

33. Ego Chronicon meum, quod miseram Regimundo [*al.*, Tractemundo], etiam transmisi (partem illius) Heronio Bracarensi seni pontifici sanctissimo, et scripsi illi sequentem epistolam :

« Sanctissimo Patri, et eminentissimo papæ Heronio, meritissimo Bracarensi archiepiscopo, Luitprandus Toletanus subdiaconus debitam offert obedientiam, et salutem ac felicitatem æternam precatur.

« Efflagitasti a me servulo tuo frequenti pene convitio (sanctissime Pater, et eminentissime papa) quod pro tua in me præstantia justius imperare potuisses,

---

24 *Populis Tamaricis.* De Fontibus Tamaricis idem Plinius lib. xxx, cap. 2, et doctissimus Ludovicus Nonnius in sua Hispania, cap. 44, nostræque laus Hispaniæ.

32. *Cum Lusitaniam pertransissem, publica Saracenorum fide, vidi non longe procul Æminio, in campo Osensi, vetus et miraculosum stagnum.* Cum Luitprando oculato teste convenit M. Maximus in Chronico anno 550 : « Prope Osset, oppidum Lusitaniæ, in diœcesi Pacis Augustæ, fontes baptismatis in pervigilio Paschatis exsiccantur, » lego, *excitantur.* S. Gregorius Turonensis secundas fert lib. vi hist. Franc. cap. 43 : « Habito ergo tractatu, de multis virorum millibus trecentos viros elegit armatos, et intra castrum *Osset*, in cujus ecclesia fontes divinitus complentur, includit » [Hermenegildum]. Ex obsidione D. Hermenigildi clare convincitur, *Osset* oppidum, in quo aquæ illæ miraculosæ baptismales, Lusitaniæ fuisse, si verba M. Maximi anno 581 penitius attendamus ; hæc sunt : « Leuvigildus iterum Hermenegildum filium obsidet apud Osset oppidum Lusitaniæ, captumque Toletum ducit. » De hisce fontibus idem Turonensis lib. v hist., cap. 7 ; Baronius anno Christi 548, pag. 589. Morales lib. ii, histor. cap. 54. Illustrat rem totam vetus inscriptio, quam apud Emmanuelem de Faria et Sousa in epitome histor. Lusitan. part. ii, cap. 1, pag. 165, inveni, ubi *Æminii et Osset* mentio, quorum Luitprandus meminit.

IMPER. CÆS. D. AVG. INTER. DIV. REL. COHORT. PRÆSID. VACE. OSCEL. LANCO. CALEN. ÆM. LEG. X. FRETENS. EJVS. NVM. SPECTACVLA. ET LVD. GLADIAT. E. V. VRBES. LVSITA. L. A. EXP. ET. HECATOMB. D. D.

Unde non *Osset*, sed *Oscel* forte legendum in Maximo, Luitprando et Turonensi. Ex lapide vero, Æminiensem et Oscellensem cohortem spectacula et ludos gladiatorum August. imp. edidisse demonstratur. De Æminio fluvio Plinius Nat. hist. lib. iv, cap. 22. Et de hac re brevi in lucem emittet excursum, doctum sane et laboriosum, P. Franciscus Bivar in eruditissimis Comment. ad M. Maximum. Non tamen nego in Bætica *Osset* oppidum reperiri ; constat ex M. Maximo anno 506 et anno 556 et aquas has divas in eo erupisse, qui electissimum legit opusculum doctissimi religiosissimique viri D. Joseph de sancta Maria ordinis Carth. credat forsitan : tot tantasque sui judicii (summi quidem) adducit conjecturas et testimonia.

33. De Eminentissimi titulo vide notam 1 ad epistolas.

ac pro mea in te meritissima observantia ad nutum ego parere debuissem. cum invisi S. Jacobi Zebedæi filii, doctoris et apostoli nostri, sacra ex voto limina, ut pleraque Lusitaniæ Gallæciæque celebriora loca, et in primis sanctissimi doctoris, martyris et apostoli Petri, primi ejusdem apostoli discipuli, primique Hispanorum martyris, ædem sacram, ac admirabiles reliquias, a te tuisque ministris Bracaræ Augustæ tecto perhumaniter exceptus sum. Tunc cum sermonem facerem opusculorum meorum, et inter illa continuationis chronici mei ducti ad annum 960 ad Chronicon L. F. Dextri, et M. Maximi Benedictini monachi, sapientissimi poetæ, episcopi Cæsaraugustani plane sanctissimi; tunc injecta est tibi cupido videndi litteras meas; quia videras Dextrum et M. Maximum, et studiis sanctarum Scripturarum, et legendis nostrarum rerum historiis solabaris labores prolixæ et insuavis captivitatis inter Mauros. Promisi statim misorum partum meum, vel potius abortivum fetum, maluique qualemcunque tibi castigandum, quam nullum mittere, satius ducens parere comiter imperanti, quam reluctari comiter efflagitanti. An placiturum sit hoc meum obsequiolum, prorsus ignoro : si fuerit ingratum, tu videris, qui jussisti ; sin placeat, cæteros annos, quos addideram, tibi mittam. Vale, sanctissime papa, et sanctum tuum, licet pauperculum, senatum fidelium, et ministros in primis clerumque saluta, qui versantur inter lupos ut oves mansuetæ, ac barbarorum carnificinæ in singulis horis subjacent, ferentes continuas injurias maledictaque a Saracenis ; quorum gladius eorum impendet cervicibus. Sanctus senex Joannes servus Dei, Toletanus antistes, multum te salutari jubet ; ac injunxit mihi, ut de te scirem, an ejus epistola encyclica in tuas manus venerit. Iterum et tertio vale. Toleto , iv Idus Octobris , æra DCCCCLXXXI. »

54. *Fluvius Sucro dividebat Oretanos occidentaliores ab orientalioribus Bastetanis* [*al.*, orientales ab occidentalioribus] : et in Antonino populi Saltiga, et Putealia, sunt Bastetanorum in hac via populi.

55. Via sic ordinatur in codicibus castigatioribus. Saltiga xvi M. P.; Putealia xxxii M. P., prope Paracuellos; Vallem longam xl M. P.; *Branchales* modo dicitur oppidum, unde ejus principium sumitur : Urbiacam xxvi [ *al.*, Terbitium xxv ] M. P. (Mauri *Arbecam* vocant); Allaborcium xxv M. P. ( vulgo Carinenam [*al.*, Cartenam]) Argiriam vi M. P.; Carenas, vel Callete M. P. M. xx, Carinenam, sermone Maurorum *Longares* M. P. M. vii ; Cæsaraugustam M. P. M. xxvi, Zaragoziam vocant.

56. *Julianus Lucas, auctor Græcus*, Toletanus diaconus, refert Græcos, cum venerunt in Hispanias, in Bastetanis condidisse oppidum dictum Dicæarchia, vel Puteolos, aut Putealia, quod Mauri diruerunt ; postea venisse Campaniam [*al.*, Carpetaniam], et alterum condidisse hujus nominis.

*An ejus epistola encyclica in tuas manus venerit*. De encyclicis litteris communis locus, quarum frequens mentio apud ecclesiasticos auctores, vide eminentissimum cardinalem Cæsarem Baronium tom. II Annalium anno Christi 142, pag. 105, littera C, et novissime Franciscum Bernardinum Fervarium de antiquo ecclesiasticarum epistolarum genere lib. 1, cap. 2, et quæ scripsi in Tessera legum ad l. *Certa forma*. C, De jure fisci, lib. x, fol. 52 et 53. Hæ sic dictæ, quia mittebantur ad omnes Christi fideles, quasi in circulum : sive a synodo, vel a summo pontifice ; vel cum ab aliis alia occasione darentur. De hisce encyclicis noster Julianus in Chronico num. 146 et 173.

56. *Julianus Lucas, auctor Græcus*, etc. Hujus auctoris meminit Florianus de Ocampo in proœmio quinque librorum priorum suæ hist. pag. 5, et quia adamussim patriam et scripta ejus describit, non erit otio abuti, transcribere, nec itidem erit ea legere. Hæc sunt : « Despues del Juliano sobredicho prosiguio la relacion de los hechos Españoles mucho mejor que todos, otro Juliano diacono tambien Toledano, morador en aquella ciudad, puesto que Griego de nacion, segun el parece, declara en el principio de su Coronica : dentro de la qual primero que trate de los acontecimientos de sus tiempos, recapitula sumariamente muchas antiguedades Españolas, donde se muestra leido, i muy exercitado en letras i ciencia de su gente Griega. Despues de lo qual viene à contar la mayor parte de los trabajos i victorias del santo rei Don Pelayo : en cuya edad, el dize, que fue con la entrada de aquellos Alarabes e Moros Africanos, que diximos arriba. » A Floriano accepit Garibayus lib. ix hist. c. 3, qui refert his verbis : « En estos tiempos, que en España mas sonavan las armas, que florecian las letras, vuo en la ciudad de Toledo un doctissimo varon, de nacion Griego, llamado Juliano Diacono, segun Florian lo afirma, habitando en aquella ciudad : dize, aver escrito doctamente las antiguedades de España, siendo erudito en las lenguas Griega i Latina, i afirma aver proseguido su historia hasta contar las cosas acontecidas en su tiempo, con la mayor parte de los trabajos i victorias de este rey Don Pelayo ; i en particular tomo su historia desde los tiempos del rey Wamba. » Prius dixerat noster Julianus in Chronico num. 234. « Hinc auspicatur suam historiam Julianus Lucas Thessalonicensis, et in sancta Ecclesia Toletana celeberrimus archidiaconus ; qui vixit seculo sanctissimi regis et reparatoris Hispaniæ Pelagii. » Iterum num. 385 : « Julianus Lucas Thessalonicensis, Græcus natione, diaconus Toleti, in pretio habetur , nobilis scriptor : nam scripsit historiam Gotthorum, et præcipue regis S. Pelagii. » Unde non eum confundas cum Juliano nostro, ut aliquos fecisse testatur D. Paulus de Espinosa de los Monteros in prima parte Hispal. histor. lib. ii, cap. 1, fol. 30. Quamvis P. Mariana, quem allegat, lib. vii hist. Hispaniæ cap. 3, in fine, de Juliano Luca loquatur, non de Juliano archipresbytero S. Justæ. « Julianus quidam diaconus, ait Mariana, natione Græcus, in utriusque linguæ cognitione non impar, antiquitates Hispaniæ atque Pelagii res gestas per hæc tempora Toleti litteris illustrabat. Auctor est non nemo. » Non desunt, qui haud levioribus rationibus ducti autument hunc Julianum fuisse quem Isidorus Pacensis asserit successorem Sinderedi, et Pelagio regi ad latus hæsisse in reliquiarum arcæ asportatione. Vide nostrum Luitprandum in Chronico num. 222 atque num 162, et vide Ambrosium de Morales, qui irridet asserentes vindicantesque Julianum Lucam e Cimmeriis tenebris.

*Puteolos, aut Putealia*. De hoc oppido a Mauris diruto, temporeque regis Alfonsi VI reparato, et de altero in Italia condito, Julianus in adversariis num. 296 : « Iscadia civitas in Carpetania in via Toleto Complutum, distans Toleto xxxii M. pass.,

**57.** Sancta Potamiœna, civis Putealiensis in Bastetania, filia M. Aurelii Decimi, præfecti legionis Septimæ, Geminæ, Piæ, Felicis, et S. Quintiæ Marcellæ; soror Cæciliæ Quintiæ, quæ nupsit Druso Valerio Cæliano Valentiniano; et isti fuerunt parentes M. Aurelii Valentiniani præsidis provinciæ Hispaniæ Citerioris; constant hæc ex inscriptionibus.

**58.** *Paracuellos* dicitur, quasi παρὰ κόλεν. Cole a Mauris dicitur *Almodovar*.

**59.** Albacetem, oppidum Bastetanorum, condiderunt Cilices in Hispaniam venientes a regione Cetide. Vocant Mauri hunc locum *Albacete*, corrupte.

**40.** Arbucaræ in Celtiberia S. Papii martyris, qui variis tortus cruciatuum generibus, tandem datis cervicibus occubuit IV Kal. Julii anno 303, sub Diocletiano et Maximiano imperatoribus, præside Hispaniæ P. Daciano, ibique ejus memoria celebris est.

**41.** Ætate parentum meorum anno Domini 923, Martii 26, passa est martyrium virgo sanctissima Eugenia, filia Christianorum Muzarabum in municipio Uticensi, quod in Conventu Cordubensi vocant *Marmolejos*, jussu regis, et Miramolini Abderramenis, ferocissimi tyranni, fidei Christianæ causa; et post carceres et supplicia, datis cervicibus, martyr effecta est sub Blasio Toletano pontifice. Cordubensi N. honorifice sepulta est cum versibus acrostichis in marmore cælatis. Mirifice culta est, et erat in Oveto; Toleti et Gallæciæ colebatur.

**42.** Hujus sanctissimæ virginis et martyris Hispanæ reliquiæ delatæ sunt ad varias Hispaniarum partes; ubi conditæ sunt illi ecclesiæ.

**43.** In tabulario sanctæ Justæ reperi carmen hoc compositum a domino Blasio Toletano præsule, præstantissimo illius sæculi poeta:

Eugenia hoc posita est tumulo celeberrima Virgo,
  Sanguine quæ Christi est testificata fidem.
Purpura quam decorat candenti sacra [*al.*, infecta] colore,
  Laurea et exornat cui duplicata caput.
Multa tulit, sed plura refert ex hoste trophæa
  Victrices lauros æther et ipse canit:
Miratusque canet ventura in sæcula mundus,
  Dum steterit tellus pondere fulta suo.
Toletum tibi, diva potens, tibi Corduba felix
  Patria, mansurum porriget usque decus.
Totaque jam refert parentum [*al.*, Tricensis] Ecclesia laudes,
  Præcipue indigeti solvet Ibera suæ.
Morte paras vitam, penetras quoque funere cœlos,
  Vulneraque ad superos expediere viam.
Supplicibus te pande piam, portumque salutis:
  Diva doce miseros, diva tuere reos,
Quod patimur sat triste jugum, sit causa coronæ:
  Blasius hoc præsul carmine te celebrat.
Toleti memor esto tui, veterisque tuorum
  Majorum sobolis: jam tua regna lege.
Eugeniam sequeris Pelagi, fortissime martyr:
  Moribus assimiles estis, et igne pares.
Efferus Abderamen Almanzor credidit ambos
  Perdere; utrumque tamen morte sub astra para [*l.* rapit]
Vos eadem fortasse gravat custodia vinctos

ubi conductus profundissimus, a centum foraminibus quasi centum puteolis distinctus; et ibi Iscadia. Post Puteoli, centum (a Puteolanis Italiæ aiunt conditam) me vivo reparatur, quæ fuerat a Saracenis destructa. »

**37.** *S. Potamiœna, etc.* De S. Potamiœna virgine et martyre fit mentio in Martyrologio Romano

Compede, tum vinclis, tum pietate pares.
Quos ibi sermones serius de morte ferenda,
  Pro pietate semel, proque pudore simul?
Eugenia, o Pelagi, tibi sit nova causa coronæ;
  Illa necem patiens te docet esse virum.
Post cujus, testare fidem, vestigia constans:
  Illa tuo capiti serta nec una locat.
Gaudetis super astra duo de morte subacta,
  Nomine velletis plura tulisse Dei.
Vos rosa, vos decorant candentia lilia testes;
  Hinc rubor, hinc candor tempora vestra legit.
In terris patria haud similis; tamen una duobus
  Patria communis regia celsa Dei.
Gaudete, o pugiles, memoresque estote clientum,
  Quos dubia exercet pugna, gravatque metus.
Præsentes igitur populis pugnantibus este:
  Si nos aspicitis, vincimus et fruimur.
Si vincemus, erit palmæ pars maxima vestra:
  Gloria nostra simul, gloria vestra fiet.

**44.** Obiit sanctissima virgo et martyr Eugenia VII Kalend. Aprilis, feria quarta hebdomadæ dictæ *in Passione*: quam post duos annos assequitur sanctissimus juvenis Pelagius, ut creditur, natione Gallæcus, qui ducem et magistram habuit ad martyrium sanctissimam Eugeniam æra DCCCCLXI, anno duodecimo Abderramenis, hujus nominis *quarti* dicti, cognomento *Almanzoris*; egira vero CCCXII. Sævissimus fuit hic imperator, et multas in Christianos edidit strages, ac fidei Christianæ fuit hostis infensissimus. Sunt qui credant tunc occisam Toleti Mariam servam Dei.

**45.** Queritur sanctus pontifex Innocentius I, in epistola ad episcopos Hispaniæ Toleti congregatos ad concilium, quod ex jurisperitis et causidicis fierent episcopi, ut quidam Fl. Rufinus consul cum Flavio Eusebio [*al.*, Cuselio] anno 347 fit episcopus anno 360 in Hispania, et Gregorius ex præfecto prætorio Galliæ episcopus Illiberitanus: et, licet fuerint ambo viri sancti et vitæ laudabilissimæ, pontifex fieri prohibet.

**46.** Sunt qui dicant sanctam Theclam Iconii natam, primam Pauli discipulam, ejusque prædicatione conversam, natam patre Hispano Celtibero, matre vero Iconiensi gentili durissima.

**47.** Anno tertio Sisenandi, sub Audace Tarraconensi pontifice, arca per mare Mediterraneum, angelo duce, devecta est Tarraconem cum parte corporis sanctæ Theclæ virginis et martyris, discipulæ S. Pauli, cum inscriptione intus reperta, quæ significabat hoc: Anno 633 excepta est cum ingenti gaudio præsulis et civium; ac res scripta per epistolam ab Audace præsule regi Sisenando, miram Hispaniæ lætitiam attulit. Sub captivitate Maurorum anno 960, cum ego illac transivi, sedulo custodiebatur in captivitatis medio, permittentibus Saracenis, a catholicis Muzarabibus.

**48.** Et ad preces illorum qualecunque carmen lusi, quod et eis porrexi.

Diva potens superas inter numeranda cohortes,
  Prima ex femineo martyr opima choro,

28 Junii.

**48.** *Extrenam carmine lætus adit. Externam* vocat, quam prius ex Celtiberia oriundam dixerat; sed tamen tunc ex Asia in Hispanias advecta Hispano auctori extera videbatur. De patria origine Luitprandi consule censuram Bivarii ad finem, et quæ diximus in Chronici notis num. 62.

En patriam repetit tot jam volventibus annis,
Et Laletanum sospitat illa solum.
Transmittit pelagus supero præeunte ministro,
Paret et imperio ventus et unda suo.
Ex Celtibera genitor fuit urbe profectus;
Illeque quos deamat filia Thecla fovet.
Ecce Luitprandus jam non novus incola terræ
Hispanæ, externam carmine lætus adit.
Accipe, quæ supplex tibi, virgo, carmina sacrat:
Pectore, pro templo, te quoque, diva, tegit.
Felix adventus tuus est et lætus Iberis;
Est nihil ulterius Tarraco quod cupiat.
Te veniente salus venit, et sanctissima tecum
Imponit votis amplius illa modum.
In tempore Muzarabum erat Ecclesia Tarraconensis
S. Thecla vetus.

49. Sucro fluvius nascitur in Hispania in monte dicto *Megarutula;* quem Saraceni vocant corrupte *Mogarruta*, non procul a Turia, dicto etiam Ibero minore, a Mauris *Guadalimar* [al., *Guadalaviar*], quasi diceres *fluvium aquæ crudioris* [al, *candidæ*]: transit per urbem cognominem, dictam a Mauris *Concham*, a Malacha Celtiberorum urbe, dicta a Saracenis *Malca*, et a montibus qui Sagunto impendent: quam civitatem Carthaginenses demoliti, reædificantes *Carthaginem Edetanorum* vocaverunt, Itaque fluvius hic Sucro in pelagus Mediterraneum excursat [al., exun iat]; non procul est a dicta Carthagine, et fluvio Ibero minore.

50. Duplex est Segueda: altera caput Bellitanorum in Celtiberia, a Mauris dicta *Borgia*; altera in Arevacis, dicta *Baleranca* a Saracenis. Titios populos *Thaust* vocaverunt Saraceni, sicut Bisgorgitanos *Gobia* in ripa Iberi, ubi Cæsaraugusta. Ad Dertosam sunt plusquam triginta populi Romani.

51. Axeniam civitatem in Aristis [al., Anstis] populis, vocant Saraceni *Xixenam*.

52. Colendam civitatem, *Maluendam* Mauri vocaverunt, illius colonia immunis.

53. Belsa post *Oriola* est dicta.

54. Ocile, ubi mercatus fuit Hispanorum Arevacorum, decurtato vocabulo corruptoque, Mauri vocant *Ciria* (ab Ocili, *Cilia* prius) et adhuc corruptius, *Cinar*.

55. Confluentia finis Arovacorum est Villanova, in confluenti fluminum Arlanzæ et Arlanzonis, quæ ibi junguntur.

56. Civitates has in Arevacis sitas, et in Celtiberia, Pallantiam, *Berlangam* Mauri vocaverunt; Calagurrim, *Calervegam*; Sigedam, *Caias*; Lauronam, *Varzones*.

57. Ausa, vel Ausona, in populis Ausetanis est, tempore Maurorum dicta *Manresa*, sicut Egara, *Beseda*, vel *Bosque de Malatesta* [al., *Malatosca*. Vide n. 68].

58. In conciliis Toletanis alius fuit episcopus Castulonensis, et Castellanus; in Castellanis Castellum

66. Locus in originali corruptus.

A caput fuit: quam urbem Mauri vocant *Seselu*. In tertio Toletano concilio confirmat Froiselus episcopus Castellanus, alius ab episcopo Castulonensi, qui ibi confirmat.

59. S. Maginus, alias Maximus, passus est VIII. M. P. a Tarracone in monte Palfuriano, 25 Augusti sub Diocletiano, præside Hispaniarum Daciano, anno 302. Fuit civis Tarraconensis; egit vitam eremiticam.

60. Palfurius Sura, vir senatorius, amicusque Martialis, in senectute creditur sub Claudio fuisse Tarraconensis prætor, et prope Tarraconem oppidum a suo nomine condidisse Palfuriam, a Mauris post corrupta voce *Bufagraña*.

61. Corpus sancti Sigismundi regis Burgundiorum
B et martyris, ablatum ab urbe Seduno, ad tractum Barcinonensem creditur delatum, et in monte Tesbiade depositum: quem montem Mauri voce decurtata vocant *Monseve*.

62. S. Salvius episcopus Ambianensis, et martyr, creditur allatus prope Barcinonem, ut S. Valentinus episcopus et martyr (quem alii faciunt Interamnii Flavii in Hispania episcopum, alii autem Italum, Romæ passum sub Trajano imperatore) ad monasterium quoddam prope Rubricatam urbem: nunc *Manresam* dicunt. Alii putant hujus urbis Interamnii fuisse confessorem episcopum.

63. Reliquiæ S. Baudelii diaconi et martyris Nemausensis [al., Mamausensis], sub Juliano passi pro fide, delatæ sunt Rodam (civitatem maritimam
C prope Indigetes) et Toletum: quæ post delatæ sunt in arca sacra Ovetum.

64. Septimo Septembris passa est sancta virgo et martyr Regina apud urbem Alisiam, in confinibus Lusitaniæ et Carpetaniæ, sub Olybrio præfecto Hispaniarum, sub Diocletiano: cujus reliquiæ delatæ sunt sub Saracenis ad territorium Augustodunense. Mauri urbem Alisiam vocaverunt *Alixam*.

65. Mauri creduntur esse depopulati civitatem Egaram, olim sedem episcopalem, quæ tempore Gotthorum civitas fuit amplissima; cujus ruinæ in Laletaniæ fine visuntur prope civitatem Basim, et exortum fontesque fluminis Clodiani, sic a nobili Romano Clodio vocati. Habet terminos Bordel dictum *Burdus*, Palada, nunc *Paladera*, *Montesam*,
D montem magnum, *Tespiadem*, et *Povellam*, ut nunc nomen habet.

66. Bentas Sualdi pro Emilianæ Montesano facta est ante 1, Toletum.

67. Lugodini in Lusitania, quam urbem vocarunt Mauri *Vitigodinum*, S. Justus, ut creditur, episcopus Egarensis, qui concilio Egaræ congregato subscripsit, et Amicus episcopus.

68. Quam urbem vocaverunt Gotthi corrupte *Egaram*, vocaverunt Latini *Basedam* in Castellanis; cujus meminit Ptolemæus (vide n. 57).

69. Æra Cæs. 759 Joannes Egarensis, destructa

civitate sua, vix evasit ; senex et confectus senio, peregre profectus est alio.

70. Antiquissimus est episcopatus Basedensis : nam S. Fructuosus, episcopus Tarraconensis et martyr, prius creditur fuisse civis et episcopus Basedensis, et inde translatus Tarraconem, ubi martyrium obiit illustrissimum.

71. Froiselus, episcopus Castellanorum, interfuit tertio concilio Toletano : huc, ex Dertosana sede, jussu regis gloriosissimi Recaredi translatus.

72. Apud Castellum Milledunum in Castellanis, a Mauris dictum *Milloz* corrupte, S. Leonis episcopi et confessoris ( ut creditur Egarensis ) miraculis clari.

73. Sunt qui credant hunc episcopum fuisse, et a Venetis delatum Venetias, datumque Leoni Mitamanensium episcopo in Castellanis, ad mare Mediterraneum; et, submerso oppido maritimis fluctibus, delatum fuisse Milledunum, et sepultum in coenobio S. Servulis martyris ; ejus corpus vel reliquias illuc translatas fuisse , ad oppidum Milledunum , quod (ut diximus) Mauri more suo nunc vocart *Milloz*.

74. In Hispania, civitate Octogesa, quam Gothi corrupte et decurtate *Ictosam* dixere, celebrantur martyres Juvenalis, Bonosus et Maximianus, sub Trajano passi, et S. Vildefrius, ejusdem civitatis episcopus et confessor, miraculis clarus, ante tempora Constantini. Haec sedes in Hispania vetusta est; paret Tarraconensi, nec ab alio potest cogi episcopus ejus, nisi a papa. Interfuit concilio Gerundensi sub Joanne Tarraconensi Frontinianus Ictogensis.

75. In Asturibus, Hispaniae urbe Britonia, sanctorum martyrum Gorgonii, Firmi, Antonii, et Agapis virginis, natorum in Nicaea Bithyniae, casu ad Hispaniam delatorum, in persecutione crudelissimi Decii : qui decimo Martii per varios et terribiles cruciatus palmam martyrii tandem consecuti sunt.

76. Lucius, vel Lucas, episcopus Britoniensis in Hispania, petens Caesaream Cappadociae (nescitur causa), cum sociis passus est sub persecutione Neronis, coliturque memoria ejus, et Britoniae, ut in propria sede, et Caesareae Cappadociae.

77. In Austuribus prope Balobrigam in mari Oceano resident naves Nortmannorum, quae precibus S. Gundisalvi episcopi Mindoniensis, vel Balobrigensis, submersae sunt anno 846 ; ille vero moritur anno 850 ; colitur 1 die Novembris.

78. S. Martinus ex Orientis partibus in Gallaeciam veniens, convertit ad fidem catholicam Suevos ; factusque primo est episcopus Britoniensis, vel Mindoniensis, post ex Britoniensi Dumiensis, tandem ex Dumiensi archiepiscopus Bracarensis.

79. Duplex sedes Dumiensis ; altera in Asturiis , quae Britoniensis ; altera in Gallaeciis ; et haec fuit monasterium, quod sanctus Martinus instituit.

80. Duplex Castulo, alterum dictum Castulum A [al., Castellum *vel* Cetulii] : ambo sedes episcopales.

81. In divisione episcopatuum, sub rege Theodemiro, Suevorum Magnetum, episcopatus Portuensis, oppidum, quod Saraceni vocaverunt *Mauhnoca* [al., *Maulhóce*], factum est sedes; duravit parum.

82. Vectica sedes, Bracarensi subjecta, dicta est etiam Besea, vel Betaonia ; a Mauris vero *Barbola* , in Portuensi sede. Sunt qui dicant esse quoque dictam Betonicam , a Betonibus proximis conditam.

83. Sancta Thyphenes creditur passa Vecticae, judice Fl. Caesario , qui fuerat olim praefectus Romae , post sub Juliano judex Hispaniae; tandem anno 597 sub Honorio, jam confectus aevo consul B cum Attico.

84. Anno 15 Theudii regis Gotthorum , aera vero DLXXXIV, celebratum est a Patribus provinciae Tarraconensis concilium Vallense in oppido Valle, vallis Faventinae : nec legendum, nisi mendose, *Valentinum*, sed *Vallense*, vel, ut alii codices habent, Valletanum, vel Valetense. Ibi colitur sacer Amatus, presbyter et abbas Tamirensis, 12 Septembris. Fuit Amatus oriundus Valle, patre Theodoro Vallensi Hispano, qui duxit uxorem Gratiahopoli in Gallia : natus est anno 635 ; obiit anno 695 ; translatus postea ad Vallensem urbem, anno 712 ; tempore Saracenorum alio translatus.

85. Cum essem Fuldae bibliothecarius, incidi in codicem conciliorum Toletanorum, in membranis, C litteris Gothicis scriptum, quem sanctissimus Elipandus Toletanus archiepiscopus ad Carolum Magnum Augustum transmiserat ; ibique reperitur mutilum concilium Toletanum sub Juliano Toletano archiepiscopo , aera DLXXVIII , anno 9 gloriosissimi regis Theudii : quod videtur nationale concilium, sic :

86. *In nomine Domini nostri Jesu Christi incipit concilium Toletanum sub Juliano, Toletano metropolitano, sub die* XIV *Kal. Decembris aera* DLXXVIII, *anno* 9 *gloriosissimi regis Theudii.*

« Cum ex consensu domini nostri gloriosissimi regis Theudii , omnes Hispaniae metropolitani , aliique pontifices consedissemus Toleti, urbe regia, in Basilicae S. Mariae virginis secretario, quae vocatur Hierusalem, et de sanctissimorum Patrum D institutis , canonumque decretis , debita mentio haberetur ; placuit nobis , omnibus in unum collectis, tractare de morum reformatione ; ac si quae decreta sunt in anterioribus conciliis , et temporum abusu deleta, denuo restaurare ; et in primis fidem sancti concilii Nicaeni, litteris, mentibus et vocibus profiteri.

« Incipit fides, a sancto concilio Nicaeno edita. *Credimus in unum Deum , Patrem omnipotentem*, etc., usque ad *Vitom futuri saeculi. Amen.* »

Deerant in ipsa Synodo nonnulla folia, et ob id nonnulla capita , et primo , prima quatuor capita : sequitur vero caput quintum.

CAP. V. *De clericis fictis.* — « Clerici qui se fingunt habitu et nomine monachos esse. . . . . »

CAP. VI. *Si presbyter contumax excommunicandus est.* — « Si quis presbyter ab episcopo suo fuerit degradatus, aut officio pro certis criminibus suspensus, et ipse per contemptum et superbiam aliquid de ministeriis exercuerit. . . . . . »

CAP. VII. *De presbytero post ordinationes.* — « Cæterum presbyter si post ordinationes aliquid acquisiverit, illud observandum est, quod in canonibus de [*al.*, consecratis] consecutis nihil habentibus institutum est.»

CAP. VIII. *De viduis et puellis religiosis.* — « De viduis et puellis, quæ habitum religionis in domibus propriis, tam a parentibus quam per se mutaverint, si postea contra institutum. . . . . »

CAP. IX. *De querimonia plebium.* — « Relata est coram sancta synodo querimonia plebium, quod sunt quidam episcopi nolentes ad prædicandum, vel confirmandum suas per annum. . . . . »

CAP. X. *De cura episcoporum.* — « Sancimus omnibus episcopis curam laicorum instare; ut scilicet, quos fideles in fide Christi invenerunt, nimio affectu diligant.»

CAP. XI. *Ne plures baptismales sint simul ecclesiæ.* — « Plures baptismales ecclesiæ in una terminatione esse non possint.»

CAP. XII. *Quomodo sint abbates eligendi.* — « Congregatio debet sibi eligere abbatem post abbatis sui mortem.»

CAP. XIII. *Puniendi sunt raptores alienarum sponsarum.* — « Statutum est a sacro conventu, ut si quis sponsam alterius rapuerit, publica pœnitentia multetur.»

CAP. XIV. *De officio archidiaconi.* — « Officium archidiaconi est, quando voluerit evangelium legere, vel alium de diaconis præcipere.»

CAP. XV. *De officio archipresbyteri.* — « Ut archipresbyter sciat se subesse archidiacono, et ejus præceptis sicut sui episcopi obedire.»

CAP. XVI. *De officio sacristæ.* — « Ut sciat se sacrista subesse archidiacono, et ad ejus curam pertinere custodiam sacrorum vasorum vestimentorumque ecclesiasticorum.»

CAP. XVII. *De quadam femina superstitiosa.* — « De his etiam, super quibus interrogasti, hoc est, de illa femina, quæ menstruum suum sanguinem inmiscuit cibo vel potui, et dedit viro suo,» etc. Finis hujus canonis additus est ex concilio Toletano, tempore Maurorum.

CAP. XVIII. *De custode Ecclesiæ.* — « Custos sol icitus esse debet de communi ornamento Ecclesiæ et luminariis.»

CAP. XIX. *De rebus libertorum.* — « De rebus vero illorum, vel peculiari, qui a dominis propriis libertate donantur,» etc...

CAP. XX. *Quomodo facienda charta ingenuitatis.* — « Debent autem suprascriptæ ingenuitatis chartæ non solum nomen illius, qui has fieri rogat, sed etiam nomina sacerdotum...»

CAP. XXI. *De instructione laicorum.* — « Instruendi sunt præterea laici, quod nullatenus alio loco manumittere possint proprios servos, quos Dominicis castris aggregari decreverunt,» etc.

CAP. XXII. *De alia cautione.* — « Non solum autem, qui ad clericatus ordinem promovendi sunt in Ecclesia,» etc.

CAP. XXIII. *De præmio libertatem donantis.* — « Qui debitum sibi nexum, atque competenter relaxat servitium,» etc.

CAP. XXIV. *De servorum ordinatione.* — « De servorum ordinatione, qua passim ad gradus ecclesiasticos,» etc.

CAP. XXV. *De iis quæ parochiis offeruntur.* — « De iis quæ ad parochianas ecclesias offeruntur,» etc.

CAP. XXVI. *De fugitivis servis Ecclesiæ.* — « Fugitivos etiam servos ecclesiasticos, domos suas aut familias deserentes,» etc.

CAP. XXVII. *De eo qui incognitus adit monasterium.* — « Si quis incognitus ingredi monasterium voluerit,» etc.

CAP. XXVIII. *De comedente carnes in Quadragesima.* — « Quicunque in diebus Quadragesimæ esum carnis præsumpserit attentare,» etc.

CAP. XXIX. *De viris ordinatis.* — « De viris ordinatis, quorum occulta peccata sunt, vel manifesta,» etc.

CAP. XXX. *De frequenti peccatorum iteratione.* — « Ea quæ frequenti prævaricatione iterantur, frequenti etiam sententia condemnentur.»

CAP. XXXI. *De custode ecclesiæ.* — « Custos ecclesiæ circa ea quæ ecclesiæ competunt custodienda,» etc.

Desunt etiam duo canones.

CAP. XXXIV. *De ecclesiarum servis.* — « De ecclesiarum servis communi sententia est decretum,» etc.

Desunt adhuc duo [ *forte legendum* usque ad LXXXII ] de servorum ordinatione.

« De servorum ordinatione, qui passim ad gradus ecclesiasticos, etc. Nunc vero servatis iis [*al.*, sancitis], quæ inter nos ad disputationem institutionemque venerunt, gratias agimus omnipotenti Deo; deinde domino nostro gloriosissimo principi Theudio, divinam clementiam exorantes, ut felicissimos annos agat in regno; ut ea quæ ad cultum fidei pertinebunt, licentiam nobis præstet libere peragendi. Vosque, sanctissimi Patres, in annum sequentem XII Kal. Octobris, in hanc etiam regiam sedem conventuros esse denuntio, nisi mavultis ad civitatem convenire Valentinam, huic metropolitanæ sedi suffraganeam. Ite felices, sanctissimi Patres. »

Subscripsit Julianus Toleti metropolitanus, Eleutherius Bracarensis, Celsinus Tarraconensis, Emila Emeritensis cum 64 aliis episcopis omnium provinciarum, multis abbatibus, et viris Palatinis.

*Concilium Valentinum anno Domini* 541.

87. Coacta est sacra synodus æra DLXXIX, XII Kal. Octobris, anno feliciter decimo gloriosissimi D. N. regis Theudii, in domine D. N. Jesu Christi. Superest fragmentum canonum, 4, 5, 16, 50, 101. Ea Valentia Hispaniæ est.

Cum episcopi totius Hispaniæ convenissemus in sede civitatis splendidissimæ Valentiæ præstituto die XII Kalend. Octobris, anno feliciter decimo D. N. regis gloriosissimi Theudii, qui nobis amplam ad hoc clementissime dedit facultatem, ut regulam fidei catholicæ defendentes, de moribus etiam ageremus. [Præsedit idem Julianus Toletanus metropolitanus, et cæteri, qui superiori concilio tum interfuere, et illud confirmarunt.]

(Hic ponebatur, ut supra, regula fidei ex concilio Nicæno, deinde canones plusquam centum viginti.)

Consedentibus nobis in urbe Valentina Hispaniæ, placuit aliqua determinare ad fidei et morum stabilimentum.

CAP. IV. *De iis qui offerunt oblationes.* — « Clerici, vel etiam sæculares, qui oblationes parentum, aut testamentis relictas, retinere perstiterint, aut id quod ipsi donaverunt ecclesiis, vel monasteriis, crediderint auferendum; sicut synodus sancta constituit, velut necatores pauperum, quousque reddant, ecclesiis excludantur.»

CAP. V. *De oblationibus defunctorum.* — « Qui oblationes defunctorum aut negant ecclesiis, aut cum difficultate reddunt, tanquam egentium necatores excommunicentur.»

Cap. XVI. *Qui non prohibendi.* — « Ut episcopus nullum prohibeat ingredi ecclesiam, et audire verbum Dei, sive gentilem, sive hæreticum, sive Judæum, usque ad missam catechumenorum. »

Cap. L. *De irrita donatione episcoporum.*— « Irrita erit episcoporum donatio, vel venditio, vel communicatio, absque eorum collaudatione, et sub captione. »

Cap. CI. *De benedictione sponsorum.* — « Sponsus et sponsa benedicendi sunt a sacerdote; a parentibus, et paranymphis in ecclesia sacerdoti offerantur; et quando benedictionem acceperint, eadem nocte, pro benedictionis ipsius reverentia in virginitate permaneant. »

« Quibus peractis agimus gratias omnipotenti Deo, qui nos in hunc locum incolumes, et in vinculo charitatis concordes conjunxit ; deinde domino nostro filio gloriosissimo, regi nostro et domino Theudio, qui nobis amplam pro sua clementia concessit licentiam conveniendi in hoc loco, et res fidei ac morum libere determinandi. Ite in pace, sanctissimi pontifices, et in annum sequentem x. Kal Decembris Toleto scite conventuros. »

« Julianus sanctæ Ecclesiæ Toletanæ metropolitanus his constitutionibus, quæ sancta synodus universalis determinavit, subscripsi. »

« Benagius pro episcopo Bracarensi, ejus vicem gerens, subscripsi. »

« Leontinus, vicem gerens domini mei Danilæ Emeritensis, confirmo. »

Sic cæteri 64 episcopi.

88. Cum Gothi Suevique Hispaniam possiderent, destructa Carthagine nova, civitate nobilissima, quæ sedes episcopalis fuit, translata est sedes Murciam (De Bigastro et Murcia vide quæ notavi in Chronico ad n. 58), quam Gothi vocaverunt Bigastrum, quasi duplex Castrum, et episcopus Carthaginensis vocatus est Bigastrensis. Sub Mauris vocata est Murcia, et Oriola, et reparata tandem Carthagine, sedes eidem, et nomen restitutum est, dicta sedes Carthaginensis.

89. Florius fuit ultimus episcopus Carthaginis novæ : quia post excisam Carthaginem sedes illa Bigastrum, id est Murciam, translata est.

90. Romæ habetur celeberrima S. Victoriæ virginis et martyris, domo Romanæ, memoria: quæ fugiens ab sponso Eugenio in Hispaniam ad provinciam Marsorum, in Bastetanis passa est ibi civitate Turbula, quam corrupto vocabulo Tovarram Saraceni vocaverunt: ibi celebre condidit sacrarum virginum monasterium, et ibi passa est.

91. S. Anatolia, soror S. Victoriæ, secuta S. Victoriam ad Hispaniam; et post relictam Turbulæ martyrem 23 Decembris, rediens ad Italiam, anno sequenti 9 Julii cum Audace passa est in civitate Thora.

92. Olim Turbulæ soror utraque culta fuit ; sed exolevit memoria sanctarum virginum et martyrum, adventu Maurorum.

93. Titus Aurelius, et C. Lucius Eugenius, Hispani, cives Turbulani, vel Tribulani (utroque modo dicitur), in ea urbe, ejusque territorio, versus Hellanas, oppidum Græcorum, ubi nati, prædia habuerunt; profectique Romam, Victoriam hic, ille duxit Anatoliam.

94. Sunt qui putent, a Christianis Turbulanis corpus sanctæ virginis et martyris Victoriæ delatum ad Catalauniam; alii ibidem relictum, metu tamen Saracenorum absconditum.

95. Sunt qui putent, a rege Suintilane Gothorum ædificatam primo civitatem Victoriam in ruinis antiquæ Velicæ, sicque nominatam a rege Gotho in honorem sanctæ Victoriæ passæ Turbulæ ; cujus, ut aliorum sanctorum, fuit rex iste catholicus apprime devotus.

96. Sanctus secundus, primus episcopus Abulæ in Bastetanis, quæ nunc diruta a Mauris Villa Gurda dicitur, ubi sunt ingentes ruinæ : distatque plus minusve a Turbula, vel Tovarra, 26, M. P. Inde sanctus idem discurrens per Hispanias in Lusitania prædicat, urbe Abila, ubi passi sunt S. Vincentius et sorores ; ibique martyrium patitur, et ejus corpus mira Muzarabum custodia servatur in ruinis urbis.

97. Cum essem Carthagine Spartaria, legi inscriptionem in honorem S. Victoriæ, qua vocabant propter egregiam ejus sanctitatem Augustissimam, in hunc modum :

VICTORIÆ. AVGVSTISSIMÆ. C. VALERIVS. FELIX. EX. VOTO. DD. CVRANTE. MAXIMIANO. VRBIS. TVRBVLANÆ. PATRONO.

98. Relicto Hierosolymis alligato Paulo, ejus jussu sanctus Secundus episcopus Abulensis ad Hispanias rediens, utramque invisit Abulam.

99. Sancti septem pontifices prædicant primo per partes meridionales Hispaniæ, ut Acci, Bastæ et Malacæ, Illiberiæ, Urci, Vergiliæ, Abulæ, Illiturgi. Major horum pars in Bastetanis est, scilicet Urci, Acci, Illiberi, Vergiliæ, Illiturgi, Abulæ; in Bastulis vero Carteiæ prope Calpem urbem Bæticæ. Sic sacer hymnus a sancto pontifice Toletano :

Cultus per hos (inquit) Hesperiæ finibus
Indita illuxit fidei gratia præpotens.

Per fines Hesperiæ intelligit partes magis meridionales Hispaniæ. Postea prædicaverunt per partes septentrionales et orientales. Obiit autem Abulæ sanctus Secundus pontifex et martyr prima die Maii, anno 65 cum prædicasset Toleti, post mortem sancti Elpidii primi Toletanorum pontificis, et discurrisset per Carpetaniam totam.

100. Abila dicta est Lusitanorum civitas Abula vel Abyla Bastetanorum : et hic fuit episcopus Priscillianus, in cujus detestationem post adventum Gothorum desiit esse sedes, et ad alteram translata est, scilicet Obelam, vel Abelam in Vettonibus, in fine Carpetaniæ, post adventum Maurorum, et recuperationem Abilæ, ex deceptione nominis, facta est sedes episcopalis. Abula vero destructa est a Mauris, nec hactenus est ex ruinis iterum educta.

101. Non deest fundamentum cogitandi, sanctum Secundum episcopum (etsi in quibusdam codicibus non ponitur) passum cum aliis pridie Kal. Augusti, fuisse episcopum Abilensem, qui passus est ad oppidum Fumadam, Abilæ propinquum, anno 65.

102. In divisione sedium, Emeritæ subjectarum, cum dicitur, villa est terminus inter Corberiam, et Abilam, vel Obilam; villa hæc intelligitur Alcantara; quam Mauri sic vocaverunt a pontis celebritate, ut oppidum illud Gothi vocaverunt eodem modo villam.

103. Creditur, jussu regis Wambanis catholici, Quiricum Toletanum, in villula prope Aquas oppidum Carpetaniæ, a Mauris Talaveriam dictum, in honorem sancti Pimenii pontificis et martyris ejusdem terræ, cathedram erexisse Emeritensi subditam. Villula illa dicta fuit a Saracenis post vicus Cazalegas.

104. S. Pimenius colitur 1 Novembris; creditur passus sub Adriano, paulo post mortem S. M. Marcelli Eugenii, anno 16 Adriani, Christi 135, Hibero et Silano coss. an. 1 [al., 4.] S. Sixti, sub sancto Hermolao Toletano pontifice, et postmodum martyre; creditur gravissimos passus esse cruciatus in monasterio suo Cazalegas, Q. Matidio Gratiliano præside citerioris provinciæ.

105. S. memoria S. Januarii primo episcopi Fibulariensis, mox Beneventani martyris (*Vide* n. 226.)

106. Monasterium Agaliense, ad septentrionem suburbii Toletani positum, ab Athanagildo rege Gothorum conditum (præter Karadinense) omnium Hispaniarum monasteriorum, et Galliæ Narbonensis, dici potest Pater, litteris, religione, fama, bibliotheca, frequentia monachorum et virorum illustrium; ubi erat insignis academia litterarum, et totius regni nobilitas sapientia moribusque bonis imbuebatur. Hinc (velut ex equo Trojano) prodierunt abbates aliis monasteriis, et præclarissimi præsules multis ecclesiis Hispaniæ.

107. S. Ildefonsus, SS. Cosmæ et Damiani abbas, post præpositus monasterii Agaliensis, Toletanus factus episcopus, scripsit libros Synonymorum, et conciones contra hæreticos, quos concilium provinciale approbavit; sub quo nationale Toleti concilium cogitur.

108. S. Ildefonsus cum ad matutinas Incarnationis venit, tulit secum librum Synonymiæ, ubi cum B. Virgine colloquitur, et librum quatuordecim concionum, quos dicavit virginibus Deibiensibus, contra tres hæreticos.

109. S. Walderedus episcopus Cæsaraugustanus, æra DCCXXXIX, XVII. Kalend. Decembris interfuit Toleti consecrationi regis Witizanis, et coronationi. Obiit 20 Aprilis, 1 anno regis Roderici, æra DCCXLVIII, cum rexisset Ecclesiam suam 23, vel paulo plus, et 24 annos. Sepultus est in sanctissima sede B. Mariæ virginis de Columna a S. Jacobo ædificata.

110. Tunc habitum est concilium nationale ab Witizane, eo præsente; ubi totius Hispaniæ et Galliæ Narbonensis episcopi confluxerunt.

111. Æra DCLXXXVIII, Kalend. Maii habita est Toleti nationalis synodus contra Monothelitas, in qua mirabilem se ostendit sanctus Ildefonsus abbas sanctorum Cosmæ et Damiani; præsedit Orontius metropolitanus Emeritensis, Antonius Hispalensis, Eugenius regiæ urbis metropolitanus, et Potamius Bracarensis.

112. Fama castitatis et doctrinæ S. Ildefonsi pervenit ad aures sanctissimi pontificis Martini martyris, qui ad Ildefonsum scripsit; ille vero respondit.

113. Duobus et amplius M. P. Toleto septentrionem versus in colliculo fuit monasterium sanctorum Cosmæ et Damiani martyrum, filiatio Agaliensis: est ibi fons irriguus in honorem sancti Juliani Toletani pontificis, cui Agaliense sacrum fuit. Dictum putant pagum illum Arabice Benhalgavia.

114. Muza Arabs reliquit Mahomat Ben-Abuma, Toleti ducem; deditque partem terræ prope monasterium SS. Cosmæ et Damiani, quod post aliquot annos dirutum est.

115. Possessio, hæreditas et jugerum, protensa est usque ad vallem Menhalgaviæ [Benalabiæ, *vel* Benalgabiæ], quæ monasterium Agaliense habuit, prataque dedit coloniæ suæ, scilicet, monasterio SS. Cosmæ et Damiani; quod apud vulgares *Agaliense minus* etiam dici solebat.

116. Calocerus et Parthemius ad fidem prædicatione sua disponunt uxorem Decii Cæsaris.

117. Sunt qui putent (quod et ego credo) sanctam Leucadiam monialem fuisse ordinis Carmelitani, quem monachi Carmelitani ad fidem Christi conversi in Hispaniam intulerant; ex quibus fuit sanctus Elpidius primus Toletanus præsul a sancto Jacobo constitutus.

118. S. Elpidius, quem S. Jacobus præfecit Toletanis primum pontificem, Carmelita monachus fuit: et in prima Petri concione conversus ad fidem, cum sociis multis venit in Hispaniam et Toleti fundavit monasterium virginum et monachorum: ubi post fuit Agaliense, quod fuerat B. Virgini sacrum monialium harum matri.

119. In præpositura, vel prioratu monasterii Agaliensis, sancto Helladio successit Æmilianus, Æmiliano Euphrasius, Euphrasio Bacauda [al. Bacinda, Bacindæ], Bacaudæ vero Justus archiepiscopus Toletanus, tribus annis hoc officio functus. In abbatia successit Helladio Richila, qui erat abbas, cum prior ejus electus est Justus archiepiscopus Toletanus, vir acri judicio, eleganti corporis habitudine, et litterarum cognitione, maximæ religionis, alter a laico Justo.

120. Avila, vel Davila, vel Abula, abbas sancti Juliani, fuit episcopus Cauriensis, confirmatque in aliquibus conciliis Toletanis.

121. Anno 870 florebat in Catalaunia sanctus vir eremita Fr. Joannes Guarinus Hispanus, ex Valentia, qui prope montem Serratum in spelunca (in qua Barcinonenses Christiani imaginem B. virginis Mariæ in perditione Hispaniæ recondiderunt)

deceptus a dæmone, Mariam filiam comitis Gotifredi Villosi corruperat et interfecerat; et pœnitentia ductus, ivit ad summum pontificem Stephanum VI, anno pontificatus ejus 3. Dèdit illi ut more bestiarum septennium reptaret, donec infans illi diceret, *Surge, Joannes; Deus acceptavit pœnitentiam tuam.* Quod et accidit. Obiit anno 905 pridie Idus Junii, et sepultus est in spelunca, ubi fundatum est monasterium sacrarum virginum Benedictinarum, quas Maria filia comitis, ope B. Mariæ ad lucem revocata, rexit, et anno 909 obiit.

122. Imago B. Mariæ montis Serrati est ante tempora S. Severi Barcinonensis episcopi sub Gothis; in qua miram habebat devotionem admirabilis episcopus, et, ut dicitur, S. Eulalia Barcinonensis.

123. Celebres sunt plures imagines per Hispanias B. Mariæ consecratæ, ut Jescarensis, Iznatorafensis, et aliæ; sed post imaginem beatæ Mariæ de Columna in Cæsaraugustana civitate, est Mageritensis, quam socii sancti Petri Mageritum Antiochia attulere, cum sanctus apostolus venit in Hispaniam: sed dominus Garsias Mageritensis Muzarabs anno circiter 718 vel 720 ædificavit illi eremitoriolum, ubi filium ejus ad vitam revocavit domina.

124. Imago B. Mariæ lapidea, quæ servatur in arca petræ rubeæ, prope fluvium Anam, ante Gothos facta est: in loco tuto collocaverunt eam Muzarabes illius regionis.

125. Lacurris civitas a Carthaginensibus condita prope Carcesam, Mauris dictam *Cazorlam*, et a Mauris corrupto vocabulo vocatur *Lariola*; habet fortem quamdam arcem.

126. Castrum altum vocatum est a Christianis Muzarabibus *Pœnæ sancti Petri*, ut oppidum Saltiga [*al.*, Salega], ad Valazotum fluvium, urbem interfluentem, corrupto vocabulo *Tasola*.

127. Oppidum Hippo in Carpetania corrupte vocatum est *Yepes*, nec multo post vastationem Hispaniæ dirutum.

128. Theogenes, et socii Carpetani ex Hippone, vel *Yepes*, in Laodicea passi sunt; nec desunt qui dicant Hippone passos.

129. Sanctus Ildefonsus posuit in æde Toletana, S. Lucæ imaginem B. Mariæ.

130. S. Percellius passus Romæ, civis fuit Hipponis in Carpetania: de qua supra.

131. Nicolaus comes duxit uxorem Blitissam, sororem vel filiam Cindasuinthi regis; genuit ex ea

---

131. *Comitem Scantiarum Fonsam.* Comitis Scantiarum notissimum Augustæ domus officium. Is *poculis præfectus* erat; apud nos *Copero major.* Sic interpretatur Julianus noster in variorum carminum collectione pag. 145, agens de Evantio, Cindasuinthi regis Scantiarum comite, his verbis: « Evantii, fratris Luciæ et Evantiæ, ac Eugenii celebris mentio est in donatione Cindasuinthi monasterio Benedictinorum Complutensi in Asturiis, data æra DCLXXXIV, quæ erat anno 646, [sic legendum ex ipsiusmet privilegii autographo], *ubi confirmat Evantius comes Scantiarum*, id est, *a poculis*. Firmat, licet non certo pede, illustrissimus archiepiscopus Garsias de Loaysa, ad concilium VIII. Toletanum pag. 459, uti P. Pantinus De officiis Gothorum, his verbis: « Hunc (*comitem Scantiarum*) nonnulli poculis, alii universis epulis regis præfectum esse contendunt. » Imo domui præfectum, non infimæ notæ auctores agnitatant, ut refert doctor Salazar de Mendoça lib. III, De officiis et dignitatibus Hispan. cap. 5, pag. 95, col. 3. Apud Gallos vero pincerna, seu pocillator, *échanson* dicitur. Vox deducta varie a variis. Alii a *congio*, derivari asseverant, *i* littera in *k* facili mutatione conversa, et pro *congiare*, dicendum *canciare* affirmant. Hispani eadem voce, parce deforta, et retexta *escanciar* utimur; quando vinum ex uno poculo ampliori in aliud transfertur et large bibitur; aliàs *iarrear* vocamus. Neque id Græcis insolens; κεράω, *miscere* significat; quia pocula ex cornu, aut ad effigiem cornu facta: poculum vero κέρας dicitur. Athenæus sic lib. IV Dipnosophist., ubi κέρατα pocula appellat. Verbumque Latinum *misceo* a Græco κεράω est Plutarcho in Symposiacis, lib. VIII, quæst. 6. Καὶ τὸ κεράσαι Μισχῆραι κατὰ Ὅμηρον.

Ab insula Scantia trahunt alii, quæ est circa polum Arcticum; ubi propter frigidam brumam, et frequentes densasque nives, vino non sobrie utuntur ejus incolæ. Non pauci a vino uvarum Scantiarum, Plinii auctoritate allecti, lib. XIV, cap. 4, et lib. XV, cap. 14, quarum ibi meminit. Ad Arabiani transiliunt multi; a vasculo Arabum, *cancia* dicto, *escanciar* potare significasse. Ad Thusciam alii transiliunt, ubi *schenth*, vas Thuscum inveniunt. Cumulat omnia Sebastianus de Covarruvias in Thesauro linguæ Hispanæ verbo *Escanciar.* Gothicum scribit verbum esse P. Joannes de Mariana lib. V histor. Hispan., cap. 1, pag. 196, col. 2, visitatum etiam a Lusitanis, Duarte Nuñez in libello De origine linguæ Lusitan. Hebræis fontibus refert Claudius Duretus in etymologia linguarum, et Cæsar Oudin in Dictionario Gallico a שקה *schaka*, id est *propinare.* Utcunque tamen sit, *Comitis Scantiarum* mentio frequens apud auctores declinantis ævi. Julianus in Chronico num. 100 de Juliano comite Scantiarum refert magnificentissimum templum ædificasse Eboræ. In conciliis ii comites passim confirmant, inque diplomatibus regis. Vide Toletanum concilium VIII, in quo tertio in loco confirmat Adulfus comes Scantiarum et dux. Notat docte illustrissimus Garsias de Loaysa archiepiscopus Toletanus pag. 459, examinatque regium diploma Complutense, quod in lucem edidit exantlatæ curæ auctor P. Antonius de Tespes tom. II Histor. Benedict. anno Christi 646, fol. 174, col. 3, et in appendice diplomate 13, pag. 10. Meminit et officii et privilegii Ambrosius de Morales lib. XII, cap. 13, tom. II, pag. 143. B. Exaravi, levi tamen brachio, ad Julianum in variorum carminum collectione pag. 146 et 148, prope operis finem. Nec prætereundum, hac arrepta occasione, censeo, ut quoties ibi inveneris *Blæsillam*, sororem Cindasuinthi, reponendum cures *Blitissam*, idque ex Archetypo P. Hieronymi della Higuera, « Nicolaus duxit uxorem Blæsillam [*lege* Blitissam] filiam vel sororem Cindasuinthi. » Denique Andreas Burcus Suecus in sua Republica, de Suecorum regis dominiis et opibus pag. 67, ut Gothos, qui in Hispania firmarunt imperium, ab Scanzia venisse probet, in hujus rei testimonium firmissimum adducit, eos habuisse *comites Scantiarum*, quasi familiaritate cum illius provinciæ accolis inita, ex ea in domo Augusta comites habitasse, et Toletana concilia subscripsisse. Falso quidem, ut et fallitur Wolfgangus Lazius lib. X De migratione gentium pag. 572, ex quo id desumpsit. Quos refellit, docte sane, Licentiatus Antonius de Leon, in nostro senatu regio Indiarum a relationibus, in sua peninsula septentrionali brevi lucem bono publico litterarum visura.

Evantium comitem, et ducem Eugenium, qui post fuit archiepiscopus Toletanus; Luciam et Evantiam : hæc nupsit Ophiloni Palatino; illa Stephano, filiis regis Athanagildi, fratribus reginarum Brunechildis et Galasinthæ. Ophilo genuit Ophilonem, Cubiculariorum comitem et ducem, ex-quo Toletanorum domus; at Stephanus genuit Ildefonsum sanctissimum archiepiscopum Toletanum. Stephanus et Ophilo . . . [*videtur legendum* habuerunt] fratrem comitem Scantiarum Fonsam, socerum regis Reccaredi, patrem reginæ Badæ; qui tres confirmant tertio Toletano concilio. Filius Ophilonis Ophilo confirmat concilio Toletano viii secundo loco inter Palatinos;-confirmat et Nicolaus, ut comes Scantiarum.

152. Dum fui Fuldæ, in bibliotheca reperi vetustissimum codicem Antonini Pii, ubi in difficillimo itinere ab ostio fluminis Anæ Emeritam, reperi in margine Antoninum agere de flumine parvo Ana, qui influit in Bætim, non procul Beatia : et hunc ingressum vocat *ostium*, quia illic clauditur et absconditur, ut qui per ostium intrat in domum quo se abdit.

Sic habent duo codices ; Præsidio xxx M, P., ad Rubras xxvii, Onova xxviii, Illipa xliv, Italica xviii, monte Marielo [*al.*, Mariorum] M. P. xii, Curica xxxvi, Contributa xx, Bercetana [*al.*, Porcajana] xxiii, Emeritam xxiv.

153. Quidam faciunt D. Garsiam Ramiri Mageritensem Muzarabem, consanguineum D. Conteric[1] archiepiscopi Toletani, qui reparavit ecclesiam sancti Torquati martyris Toletani; alii vero Roderici regis Dapiferum persenem, virum pium, devotissimum B. Virginis Antiochensis.

154. Imago B. Mariæ de Præsidio, quæ est et fuit in ecclesia sanctæ Justæ (ubi vixerunt archiepiscopi Toletani) est a temporibus Gothorum.

155. Euphemius reparavit ecclesiam S. Justæ Toleti, quam condi jussit Santina uxor regis Theodorici Ostrogothorum.

156. Anatorgis civitas est, quam Saraceni vocaverunt *Veas*, quam rivulus præterfluit. Huc fugit Cn. Pompeius tumultum : quo se recipit vocant *Iznatoraf*, vel montem terreum.

157. Sanctus Latro (sicut legi in libris Gothicis bibliothecæ Fuldensis, in collectaneis S. Melantii, et in libro de passione sancti Serrani archiepiscopi Toletani, et in lib. S. Joannis Damasceni) dictus est *Dimas*, Ægyptius gentilis : qui dominæ nostræ cum Joseph ingredienti Ægyptum spoliaturus eos occurrit ; sed visa virginis modestia, et pueri mira pulchritudine, mutato animo, illis inserviens viam ostendit.

158. Visitanus, episcopus Toletanus, ex Vizcaya, frater domini Zuriæ, principis hujus gentis, vir magnanimus, et ad bona promptus.

159. In insula Scombrina, prope Carthaginem, tempore Athanagildi et sequentium regum Gothorum, fuit monasterium S. Martini ordinis sancti Benedicti, cujus abbas insigni sanctitate pollebat.

140. Evantius archidiaconus Toletanus fuit patruus S. Ildefonsi : qui, missa sæculari militia, vovit Deo militare prudenter.

141. S. Eugenius, patruus S. Ildefonsi, monachus, a meis temporibus pro sancto habitus, et vocatus, et ab omnibus Hispanis cultus.

142. S. Helladius episcopus Toletanus semper habitus et cultus est ut sanctus; sed Gothici pontifices, ut alii, non consueverunt celebrare confessores. Fuit hic sanctus pontifex natus Toleti patre Helladio Palatino, consanguineoque Liwæ [*al.* Luciæ] et Lewigildi, viro catholico, ut fuit filius.

143. S. Ildefonsus fecit Justo carmen sepulcrale : jacet ad D. Leucadiam.

144. Cindasuinthus rex Primatum Hispanorum (Toleto translatum Hispalim non multo prius, propter hæresim et Mahometismum Theodisci, anno 4 Theodori papæ approbantis) transfert. Auctor Ildefonsus in additionibus ad Chronicon generale sancti Isidori.

145. Tempore captivitatis, episcopus patriarcha Toletanus degebat in ecclesia sanctæ Mariæ de Alficen in S. Justa, exercebat officia pontificalia, et administrabat sacramenta, ac horæ recitabantur.

146. S. Partemius [*al.*, Pathenius] fuit causa ut converteretur ad fidem uxor Decii Cæsaris prædicationibus suis; patitur sub eodem gravissimos cruciatus, anno 260.

147. Municipium Burginatum, quod Mauri vocaverunt *Buxexar*, xx M. P. Osca [*al.*, Orca] Bæticæ oppido distans, a Germanis coloniæ Trajanæ civibus conditum antiquitus, Mauri diruerunt; ubi gentilium tempore fuit celebris nundinarum conventus; vbi fuerunt duo sancti (qui creduntur martyres) 21 Augusti, Vincentius et Julianus, cum sociis, in primis Ecclesiæ persecutionibus. Creditur dirutum a Saracenis, cum Burginatenses resisterent. Est optimi soli cœlique; terra ferax frugum, si non desint imbres. Hic finis est Oretaniæ, et incipit regio Bastetaniæ.

148. Liber fabularum, qui circumfertur nomine Æsopi Phrygii, dicitur sub ejus nomine a Socrate philosopho editus.

149. Anno 949 rex quidam Saracenus, nomine Mahomat Zaquetus, dominus Tritii [Tritium, *hodie* Najara], prope Lucronium, habuit filiam, quæ conversans cum Christianis, baptizata vocari voluit *Columba*, virgo miræ pulchritudinis et pietatis. Quod cum pater scivisset, ægre tulit, et omnibus quibus potuit modis, illam a religione Christiana transversam, ad Mahometanismum traducere conatus est : quod cum non posset, illi caput amputavit. Quod cum illa manibus sustulisset, ad oppidum usque S. Coloniæ deduxit, ubi mira pietate circumvicinorum oppidorum coli cœpit. Obiit 28 Maii.

150. Pater ejus erat Mahomat Zaquetus, dux regis Cordubæ, qui filiam Columbam (ut creditur a S. Victore Cerasensi presbytero edoctam occid

iussit, et Victorem presbyterum 16 die Augusti, anno Domini 950, cum ego eram Toleti.

151. Natalis episcopus Toletanus interfuit concilio Romano, in quo gratiæ sunt actæ propter Constantini baptismum, anno 324 interfuit et subscripsit concilio Nicæno : muneribus donatus a Constantino cum Hosio rediit Romam, inde Toletum, ubi statuta concilii generalis servari fecit.

152. Eidem Constantinus, ex auctoritate sancti Silvestri summi pontificis, injunxit, ut primati (cujus primatum in concilio Nicæno confirmatum est) ut comite Hosio Cordubensi juberet inquiri veteres Hispanorum episcopatuum terminos, et eos renovari. Quod factum est per totos septem annos, vel novem, delegatis singularum metropolium episcopis, qui per homines locorum peritos id sciri curarent.

153. Natalis Toletanus ab exsilio rediens, dum Mediolani commoratur, pulso in exsilium sanctissimo Dionysio, a catholicis Mediolanensis episcopus eligitur : qui licet se gesserit ut vicarius illius, rebus tam præclare gestis floruit, ut in numerum sanctorum relatus fuisse dicatur. Obiit mensis Maii anno 354, vir sanctus et doctus.

154. Sanctus episcopus Natalis Toletanus, post Mediolanensis, Vitalis Hispani filius fuit, nepos S. Natalis confessoris Romani; successit S. Melantio confessori : interfuit concilio Arelatensi 1, Romano sub Silvestro, et Nicæno ; post fidei causa missus in exsilium, reversus, Mediolani episcopus eligitur ; sanctus moritur.

155. Vitalis pater hujus in Hispania natus est. Qui, veniens in Italiam, genuit S. Natalem, post Thermedæ in Carpetania priore conjuge defuncta, duxit Hispanam : ex qua genuit sanctos fratres, Justum et pastorem; martyres Complutenses. Itaque erant fratres isti martyres, et Natalis Toletanus, ex patre.

156. S. Isidorus Hispalensis scripsit librum Prophetarum : quem ego vidi scriptum lingua Latina, Gothica, vulgari Hispana et Arabica.

157. Marinus, vel Camerinus, episcopus Tuccitanus, qui interfuit concilio Illiberitano, anno 300 tempore persecutionis, Melantii confessoris, et Natalis successoris coepiscopus fuit. Dicitur a quibusdam interfuisse conciliis, et ad hunc scripsisse sanctum pontificem Melchiadem ; sed Dexter hujus non meminit.

158. Sunt qui dicant Natalem etiam dici Marinum, vel Camerinum, sed perperam.

159. Patruinus, Paternus, vel Paternianus, succedit in sede Toletana. Post novem et viginti annos episcopatus secessit in Palæstinam; ibi fit monachus, et pater monachorum; mox episcopus fit; moritur major centenario.

160. Maurentius ejus vel frater, vel archidiaconus, secutus est.

161. Marinus, vel Camerinus, factus est episcopus Arelatensis.

162. Concilio Arelatensi primo præsident Hosius et duo presbyteri, missi a Silvestro. Habuit orationem Natalis Toletanus, et scripsit epistolam synodicam ; fuit a secretis concilii cum alio.

163. Toletanum primatum, adjuvante Hosio, in concilio Nicæno declaratum est.

164. Bis venit Cordubam Athanasius, habitis ibidem duobus conciliis, semel anno 350, iterum anno 356.

165. Prior Sardicensis, ex Theophane, confirmat concilium Sardicense, cui Toletanus interfuit Natalis, et Athanasium et Paulum absolvit.

166. A temporibus apostolorum maxima consuetudo, et quædam fraterna societas, inter Ecclesiam Toletanam et Mediolanensem.

167. Athenodorus episcopus Plateæ in Celtiberia, vel Thuriasonensis, comitatus est sanctum Vitalem, et post mortem rediit ad sedem suam, interfuitque concilio Sardicensi; vir pius et catholicus.

168. Severinus, cognomento Euphrada, sanctus et catholicus, atque adeo unus ex legatis concilii Sardicensis, substituitur Euphradæ, primo hujus nominis, Agrippinensi, hæretico deposito.

169. S. Gerontius, x Episcopus Trajectensis, dicitur privilegio peculiari vixisse fere cccc annos. Sic multi auctores.

170. S. Hosius episcopus Cordubensis sancte catholiceque Cordubæ moritur die 3 Maii, quo celebratur sanctæ crucis inventio (quam celebritatem ipse petierat a Silvestro Constantinoque celebrari) anno 360, cum esset annorum 110, præsentibus multis episcopis et viris religiosis, dato veneno, quod illi jussit propinari Constantius in odium fidei catholicæ; quia noluerat Arianorum sectam impiam sectari, ut multi testantur scriptores. Ipse testamento testatus est se mori in fide concilii Nicæni, et detestari dogma impium Arianorum, et qui eos sequerentur, nunquamque (licet vis illi sit illata per tormenta, ut communicaret Sirmii cum Valente et Ursacio) aliter sensisse aut prædicasse.

171. Post reditum ex urbe Sirmio, scripsit Hosius epistolam Constantio, quæ incipit : *Ego confessionis munus explevi*.

172. Petrus, cognomento Pulcher, et ob elegantiam oris et multo magis ob morum sanctitatem, dum peragrat loca sancta, archiepiscopus Toletanus, Damasci comprehensus a Saracenis, et horribilibus cruciatus suppliciis, et in crucem actus, nobile consummavit martyrium anno Domini 752.

173. Duo fuerunt archiepiscopi Toletani vocati Olympii : alter ex episcopo Thraciæ, vir sanctus, qui successit Natali, cujus meminit D. Augustinus ; alter qui interfuit Toletano concilio, ex episcopo Oxomensi; uterque tamen nobilis scriptor.

174. Petrus Pulcher scripsit ad Clementem primum episcopum Hispalensem, clerumque, ut primas, quod anno 747 celebraverant sanctum diem Paschæ 29 Martii, cum esset celebrandus 2 Aprilis. Rescripsit vero Clemens, et clerus, gratias agens.

175. Q. Serenus, Q. Sereni filius, ad quem scripsit S. Bachius Justinus philosophus et martyr epistolam longam anno 156 (scripserat anno 154 ad Anicetum papam) natione Hispanus, ex oppido Gallæciæ Samone, nunc vulgo *Samos;* unde dictus est *Samonicus.* Fuit, ut quibusdam placet, junioris Gordiani, qui vixit annos triginta et quinque præceptor; nec multo post a Caracalla jussus est in balneo occidi (creditur, ut pater, Christianus, cujus causa occisus credi potest); fuit medicus celeberrimus. Multa scripsit de medicina, in qua plurimum excelluit. Ex hujus genere fuit S. Serenus martyr, et S. Serena uxor Diocletiani Augusti, cujus neptis fuit S. Suzanna virgo et martyr, filia S. Gabini martyris.

176. Zenas, et Q. Serenus Samonenses, ex Gallæcia convenerunt Romæ Justinum; et licet conjugati, reversi in Hispaniam utebantur officio catechistarum, ut ex Justino philosopho constat.

177. Decessit Q. Serenus Samone in Gallæcia cum opinione sanctitatis anno 165, relicto filio adolescentulo, qui fuit egregius medicus, et virtutis ac religionis amantissimus. Dies senioris Q. Sereni dicitur fuisse xiv Kal. Martii, illo anno. Medici duo filii, Q. et M. Sereni passi sunt sub Severo Alexandriæ.

178. Item Zenas et Q. Serenus passi cum aliis in Africa sub Diocletiano.

179. Horum filii L. Serenus monachus familiaris Diocletiano, et Publ. Serenus martyr, in Africa hic, ille vero in Hispania, Sexti Firmi in Bætica passus est sub Diocletiano anno 290; horum erat cognata Serena uxor Diocletiani sancta.

180. Serena, uxor imperatoris Philippi, mater fuit Serenæ uxoris Diocletiani.

181. Obiit sancta regina Gelesiuntha, Chilperici regis uxor, filia vero regis Athanagildi, jussu mariti strangulata 14 die Maii, anno 566, cujus mortem (ut refert Fortunatus et S. Gregorius Turonensis) magnis Deus illustravit miraculis.

182. Anno 565, quando natus est Reccaredus Lewigildo, et factus monachus Benedictinus Leander, 22 Martii S. Severinus Hispali moritur.

183. Ad vallem, quam Mauri vocant *Menalhaviam* [*al.*, Benalgaviam], fuit monasterium SS. Cosmæ et Damiani, ubi fuit abbas sanctus Ildefonsus, adhuc diaconus; inde presbyter, translatus est ad Agaliense rector.

184. Valderedus Toletanus, monachus Benedictinus, abbas S. Leucadiæ prætoriensis Toletanæ, fit episcopus Cæsaraugustanus; vir sanctus et doctus.

185. In ordine S. Benedicti, idem est *Pater*, et *abbas*; et sub hoc immediatus, vel sub priore, *rector*, et *præpositus*. Sic Agaliensis fuit præpositus, vel rector patrimonii S. Ildefonsus, prius abbas sanctorum Cosmæ et Damiani.

186. S. Ildefonsus factus præpositus Agaliensis monasterii rem auxit, et collabentem disciplinam restituit, et vitam monachorum a Palatinis servavit.

187. S. Jacobus missam, quam coram cæteris apostolis constituerat, Petrus cæterique comprobaverant (et post litteris mandavit S. Clemens, et ob id dicitur vulgo *missa sancti Clementis*) Hispanis episcopis tradidit; et usi sunt illa prius in Hispania, quam aliis Occidentis partibus, postea illam in scriptis attulerunt etiam sancti septem discipuli S. Jacobi, S. Torquatus, et socii, et per Bæticam meridionalem [*deest* prædicantes promulgant, *vel quid simile*], ubi nullum reliquerat episcopum, ut testatur Julianus et Felix, Toletani pontifices, libris ea de re editis, in confirmationem missæ S. Isidori: quos ego legi, et aliquando evolvi, cum essem in Fuldensi bibliotheca, a Carolo Magno cœpta, multisque libris valde referta, bibliothecarius.

188. Gregorius, ad quem scripsit Eusebius Vercellensis, reprehendit Osium, quod consensisset concilio Ariminensi; non fuit Illiberitanus, sed episcopus Toletanus.

189. Duæ factiones fuerunt in Hispania: altera non recipientium cum Luciferianis non solum Arianos [*al.*, Saracenos], sed qui resipuerant, quam secutus est Gregorius Toletanus, et Vincentius ejus archidiaconus, post archipresbyter, et Aurelius diaconus; altera cum Gallis, Italis et Damaso, aversantium hæreticos, et recipientium pœnitentes, quales fuerant Hyginius Cordubensis, tactus hæresi Priscilliani, qui missus est in exsilium Treveros, et Liriosus episcopus Hispanus Dertosanus: miræ inter hos strages, pugnæ, cædes. Prævalebat tempore Theodosii factio recipientium pœnitentes: in hoc erravit Gregorius Toletanus, nec placuit Damaso, successoribusque ejus, horum immodicus rigor.

190. Ruffus [*al.*, Rufinus, *al.*, Stasius] Hispanus, episcopus Oretanus, synchronos S. Gregorio Bætico, ex judice simul electus: qui duo et alii jubentur deponi ab Innocentio I, et deponerentur, nisi jam fuissent mortui. Non loquitur de Gregorio Toletano sanctus Innocentius; quia jam ille decesserat, nec ignorabat papa defunctum esse Gregorium.

191. Qui melius sentiunt, affirmant venisse Gregorium Bæticum ad annum 424, jam ætate decrepitum et fatiscentem.

192. Elpidius Hispanus Toletanus, consanguineus Theodosii, quem jungere volebat Theodosius Olympiadi viduæ, feminæ sanctissimæ, et ad quem scripsit Symmachus consul, florebat opinione magnæ virtutis, et peritia rei militaris.

193. Sunt qui dicunt, ex Chersoneso Hispaniæ delatum corpus S. Elpidii, primi Toletani episcopi (dicti confessoris, more Gothorum; ille vero martyr fuit) in Marsiam Italiæ: inde vero Theodorico Metensium episcopo in eo tempore Metim delatum, cum aliis corporibus sanctis anno 969.

194. Magna pars eorum, qui dispersi in persecutione S. Stephani ad varias partes trajecerunt, et ad Hispaniam plurimi venerunt, erant ex monachis

montis Carmeli, prædicationibus Christi et apostolorum ad fidem conversi : in quibus Elpidius et socii, pontifices a S. Jacobo creati, et post martyres facti.

195. Gregorius, episcopus post Illiberitanus, natus Compluti in Hispania anno 342, per omnes ætates litteris et bonis moribus floruit, exercuit se in gubernatione; a Gratiano factus est P. P. [id est, præfectus prætorio] Galliarum.

196. Idem submotus a Maximo, postea rediens in Hispanias, factus est episcopus Illiberitanus; successit Augustali anno 389; scripsit librum ad Gallam Placidiam Augustam anno 420; moritur anno 424, cum esset fere octogenarius. Relatus est inter divos, de quo Innocentius primus queritur, quod homo judex, statim factus esset episcopus. Sunt qui dicant prius fuisse Malacitanum, et inde translatum.

197. Composuit primo inter alia librum De fide, etiam cum primo cœpisset inire pontificatum; at, petente Galla Placidia Augusta, anno 420, De Trinitate composuit alterum (quem credo sanctum Hieronymum non vidisse) cum jam nupserat Constantio Augusto, qui cœpit anno 419.

198. Osius, patria Cordubensis, natus Osio patre, ex propagine Græcorum; pater et filius vere catholici; nutritus in ea ecclesia doctrina episcopi Cordubensis N. viri sanctissimi, et per omnes gradus venit ad sacerdotium, et illi successit in episcopatu, natus anno 280 fere post persecutionem Decii. Vixit in pueritia satis honeste, ut præberet specimen futuri : fuit acri ingenio, doctrina sapientissimus, et in persecutione Diocletiani anni 295, sub Daciano præside, cum multis episcopis Hispaniæ constantissimus et fortissimus fuit Christi fidei confessor.

199. Sunt qui putent, testanturque auctores graves non pauci, sanctum senem Osium in odium fidei catholicæ a submissis a Constantio imperatore ministris occisum, et ita fuit martyr.

200. Memini me legisse in bibliotheca Fuldensi, in libro Trogi Pompeii, Augustum dedisse edictum de describendo orbe Tarracone; et idem edictum in libro illo dicebatur : *Datum Tarracone*; dilata tamen exsecutio propter negotiorum multitudinem diu.

201. Augustus Cæsar excogitavit anno 38 ante Christi natalem, dum esset Romæ, describere totum orbem, pacata Hispania tunc a bellis Pompeiorum. At post quatuordecim [al. decem] annos, cum esset in Hispania, scripsit edictum Tarracone, misitque viginti viros probatæ vitæ, qui inciperent ab Occidente, et censerent universos populos, et postea devenirent in Orientem. Publicatum est Hierosolymis illud edictum paulo prius quam Christus nasceretur; et isti viginti viri censuerunt Palæstinam et totum Orientem. Hæc descriptio facta est sub Cyrino; quia post altera descriptio facta est.

202. Irene virgo detulit ex Hispania Thessalonicam magnam multitudinem librorum sacrorum (fuit enim, ut creditur, Illiberitana) et abscondit anno 304 Thessalonicæ; passa est 5 Aprilis.

203. In quadam historia vetustissima de rebus Constantini reperi Constantium imperatorem, patrem Constantini (cui contigit Hispania regenda) filio jussisse ut Hispanis faveret et accerseret Hosium Cordubensem episcopum, virum sanctissimum prudentissimumque, et a suo latere nunquam discedere pateretur, et ejus consiliis acquiesceret : quod per suam vitam Constantinus servavit.

204. Vir doctissimus Flavianus, ad quem scripsit Symmachus, et cui inscripsit Festus Rufus Avienus librum de stellis, floret sub Theodosio : ad quem exspoliata atque vana figmenta, quis nostrum permittitur ignorare? cui Symmachus ille mirabili eloquio et scientia præditus, tamen paganus [*dixit Luitprandus*, gentilis panegyricum] præconio laudum in consistorio recitato [*dixit Luitprandus*, habitum in senatu] subtili arte, qua valuit, aram Victoriæ in senatu restitui, Christiano, ut noverat, principi intimavit : quem statim a suis aspectibus pulsum, in centesimo lapide, rhedæ non stratæ impositum ea die manere præcepit. » Hujus Panegyrici defensionem composuit, ut testatur epist. 51, lib. II : « Non puto, inquit, bonis temporibus eam causæ meæ conditionem futuram, quæ sub tyranno fuit : cujus litteris ad Marcellini suggestionem datis, homines meos scis esse mulctatos; quod in panegyrici defensione non tacui. »

3. Denique Avienum Flaviano librum De Stellis dedicasse, nec abs re, neque a palato Flaviani alienum. Is namque siderum observator prædicere credebatur futura. Testis adest Sozomenus lib. VII Historiæ ecclesiasticæ, cap. 22 : « Putabat enim (*Eugenius*) se id quod conabatur, absque impedimento consecuturum, inductus quorumdam verbis, qui se futura prædicturos pollicebantur ex victimarum immolatione, ex viscerum inspectione, ex observatione siderum. Harum rerum studiosi tunc erant, cum alii multi apud Romanos in dignitate constituti viri; tum etiam Flavianus tunc temporis Hyparchus, vir eximius et in rebus politicis prudens habitus; quique insuper ex omnis generis divinationis scientia exacte

204. Vir doctissimus *Flavianus*, etc. Paucis multa comprehendit Luitprandus : primo, virum doctum fuisse Flavianum, et ad eum scripsisse Symmachus, floruisseque sub Theodosio; secundo, quod huic miserit Symmachus gentilis gentilem panegyricum, in Theodosii laudem compositum, habitumque in senatu; tertio, quod eidem Flaviano Avienus libellum suum De Stellis inscripserit.

1. Rufinus in Historia ecclesiastica, lib. II, cap. 33, Flavianum, præfectum appellat, agnoscitque magnam illius in sapientia prærogativam, et in rebus politicis prudentiam. Convenit cum Rufino Sozomenus, eadem fere referens lib. VII Historiæ ecclesiasticæ, cap. 22. Præfectum vero fuisse prætorio indicat Symmachus lib. II, epist. 27 et 75, et præfectum prætorio Illyrici et Italiæ sub Gratiano, Valentiniano et Theodosio, inscriptio legis 6 De contrahenda emptione, et legis 26 De pœnis in C. Theodosiano. Cumulat in id plura Franciscus Juretus ad Symmachum in notis epistolæ B. Ambrosii Eugenio imperatori missæ, pag. 333; exstatque integer liber secundus Epistolarum Symmachi ad Flavianum, et in Auctario alia, uti frequentes ad Theodosium, sub quo Symmachum, Flavianum et Avienum coævos vixisse inde constat.

2. Theodosio Symmachus panegyricum intimavit, ut Prosperi Aquitani verbis utar, ubi aram exclamavit restituendam; et sic ait lib. De promissionibus Dei, parte III : « Theodosii vero religiosi principis imperio, per Jovium et Gaudentium comites omnia templa

misit Symmachus gentilis panegyricum, quem composuit in laudem Theodosii junioris, habitum in senatu.

205. Obiit Rufus Festus Avienus, vir catholicus et Hispanus, civis Eborensis, in Hispaniæ Carpetania, præscire futura credebatur. » Et librum De Stellis, quem refert Luitprandus, Avienum Flaviano inscripsisse, esse Phænomena Arati, ab eodem in Latinum sermonem traducta, affirmare me posse certe scio. Aristoteles aliique sæpe φαινόμενα stellas vocant. Innuit Cinna in suo splendidissimo epigrammate de hisce Arati lucubrationibus :

   Hæc tibi Arateis multum invigilata lucernis
     Carmina, quis ignes novimus æthereos.
   Lævis in aridulo malvæ conscripta libello,
     Persica convexit munera navicula.

Clare Cicero lib. 1 De Oratore, cap. 16 : « Constat inter doctos hominem ignarum astrologiæ ornatissimis atque optimis versibus Aratum de cœlo stellisque scripsisse. »

205. *Obiit Rufus Festus Avienus*, etc. Quis vero aut unde fuerit Avienus, tentatum a plurimis, dubium multis. Hispanus quibusdam visus est, ut refert Crinitus De poetis Latinis lib. v, cap. 80, et Gyraldus in eadem histor., dialogo 4. Ipse Avienus innuere videtur in libello De oris maritimis, dum *suum* appellat *mare*, quo Hispana ora alluitur, versu 85 :

   . . . Ut gurges hic nostri maris
   Longe explicetur, est Atlanticus sinus,
   Hic Gadir urbs est, dicta Tartessus prius :
   Hic sunt columnæ pertinaces Herculis.

Et v. 180 :

   . . . Si quis ad nostrum mare,
   Malacæque portum, semitam tetenderit.

Clarius id asseverat M. Maximus in Chronico ad annum Christi 460, quem sequuntur Vasæus in Chronico ad annum Christi 345, Morales lib. x, cap. 34, et ex aliorum sententia in scholiis ad D. Eulogii Vitam, num. 19. Damianus a Goes in sua Hispania ad Petrum Nonnium, Matamoros lib. de Academiis, Mariana, lib. iv Histor. Hispan., cap. 15, quos refert P. R. Franciscus Bivarius in Commentariis ad M. Maximum, doctis sane et laboriosis ; o utinam in lucem quam citius prodituris ! Floruit ætate Theodosii imperatoris, ut ex D. Hieronymo facile colligitur, qui super epistolam ad Titum, cap. 1, cum Arati verba a B. Paulo usurpata exponeret : « Hemistichium , » ait, « in Phænomenis Arati legitur, quem Cicero in Latinum sermonem transtulit, et Germanicus Cæsar, et nuper Avienus. » Unde id constare affirmat Gyraldus, et Joannes Vossius de Historicis Latinis, lib. ii, cap. 9. Atque id astrui potest ex Macrobio, qui vixit etiam Theodosii tempore : et in suorum Saturnalium lib. i, cap. 4 et seqq. Dialogi interlocutorem Avienum inducit : præterquam quod eidem imperatori ipsiusmet Fabularum libellus exstat dicatus. Quamvis Crinitus sibi argumenti non deesse crediderit, quibus Avienum ad Diocletiani imperium referendum existimet. Præ cæteris audiendus est M. Maximus, locum et tempus quibus floruerit, designans, dum inquit : « In regione Oppidana et in Oretania [*sic legit Carus*] Hispaniæ floruit olim sub Castino, episcopo Toletano, Rufus Magnus Festus Avienus, qui scribit de oris Hispanis et situ orbis, vario carminum genere. » Mendose *Castino* legitur : is enim usque ad annum Christi 450 cathedram non ascendit, ipso Maximo teste. Confirmat idem iis verbis, *olim floruisse*; ejus mentione facta anno Christi 460. Quo sane loquendi modo, non significatur tantum decem annorum spatium intercalare ab anno 450 usque ad annum 460. At *Majorino* reponendum ducerem, ni annus apud Juliani Chronicon reclamaret num. 216, ubi refert

A eodem et anno et die quo sanctus Augustinus ascendit ad cœlos in sua civitate. Sepultus est præsente Majoriano [Hesychio *forte reponendum ex Juliani Chronico*, n. 216], Toletano archiepiscopo, in æde S. Leucadiæ.

anno 436 *Majoranum* seu *Majorinum* in sede Toletana successisse Hesychio. Unde pro *Castino* substituendum reor *Audentio* aut *Gregorio*, Toletanis pontificibus, qui Theodosio Magno coævi fuerunt.

Sed jam non precariis documentis opus. Palam facit omnia noster Luitprandus hic, dum primo Hispanum agnoscit *Avienum*; secundo, patrium indicat solum ; proponit tertio, religionem ; assignat quarto, sepulturam ; et tandem quinto, sub quo obierit præsule cujus in nomine anceps et dubius versor ; nam pro *Majorino* autumo ex eodem Juliano num. 216, in Chronico exarandum *Hesychio*. Floruit Audentio, aut Gregorio, pontificibus Toletanis ; obiit vero Hesychio. Et cum D. Augustinum vitam duxisse suam constet anno Domini 420, de quo anno mentionem fecit idem Augustinus in epistola ad Hesychium ; insuperque appareat ex D. Prosperi Chronico, Honorio imperante obiisse anno salutis 433 satis comprobari videntur quæ de Avieni temporibus observavimus ; Theodosii nimirum ætate vixisse, qua etiam vixit D. Hieronymus, ut testatur de se in libro De ecclesiasticis scriptoribus ad finem. Et sibi similis Luitprandus, numero superiori hanc veritatem manifestam reddit, coævos enumerans Avienum et Flavianum. Vossius multus est in varia Avieni nominis ratione, dum *Avienum*, et *Avianum*, aut *Abidnum*, recenset appellatum, sicuti Morales in scholiis ad D. Eulogii Vitam num. 19. Utcunque sit, poeta fuit eruditus et elegans, ut Criniti verba usurpem, magna doctrina ac multiplici scientia præditus.

De scriptis diximus supra numero antecedenti. Addam alia. Servius in Virg. Æneid. lib. i, vers. 388 : « Avienus, dixit, totum Livium iambis expressit. » Arati Opus ex Græco in Latinum transtulit summa elegantia et proprietate; in qua nec ipso Cicerone inferior, ab eruditissimo Dionysio Petavio societ. Jesu in systemate de sphæra variis dissertationibus, et a Josepho Scaligero in notis ad Manilii astronomici libros conspicuus redditur. Librum de situ orbis terræ, imitatus Dionysium Græcum poetam, ut Crinitus docet, hexametro versu composuit ; non vero, ut Gyraldus (alienæ laudis aliquando parcissimus) Dionysii versus ex Græcis Latinos fecit. Iisdem insistit vestigiis nuperrimus ejus editor et traductor, nulla tamen cum ratione. Quod profecto utriusque opus inspicienti erit palam, ut fuit nostro Bernardo Aldrete, qui in eleganti suo eruditoque tractatu *De variis Hispaniæ antiquitatibus* lib. 1, cap. 23, cum Phœniciam delinearet, advocata prius Dionysii sententia, alteram Avieni subnectit, similemque ex imitatione profitetur. Et idem lib. 1, cap. 18, et alibi sæpissime ; ubi discrimen inter utrumque poetam et poema, minimus est labor agnoscere. Andreas Papius Gandensis in sua Dionysii editione, quamvis Avienum nunquam se vidisse fateatur, de hac lectorem admonet veritate, sic : « Nec ab Avieno quidem, etsi nunquam vidi, interpretationem mihi spondeo, sed paraphrasin potius : nam verisimile est eum terræ descriptionem eadem ratione e Dionysio expressisse, qua cœli ex Arato ; » et intentaret facile est judicare.

De *oris* quoque *maritimis* libellum alterum iambicis exaravit, intactum pensum Latinis ingeniis, teste Crinito, tantæque difficultatis, ut diu multumque sibi elaborandum fuerit in eo absolvendo.

Æsopicos præterea apologos elegiaco carmine composuit, et, ut alii, virgilianas etiam fabulas iambico complexus est. Aut alterum, aut utrumque

206. Quod sanctus senex Hosius in pace et Ecclesiæ communione discesserit, præter testimonium Athanasii superstitis, docent verba testamenti ejus quo docet in fide concilii Nicæni se mori velle; et omnes hortatur, ut in illa vivant, ac prorsus mori velint.

207. Moritur vero centenario quatuordecim annis major, jam decrepitus, et velut in sensu pueri, et imbecillitate virium defessus. Tantaque potuit esse vis doloris in ea ætate et acerbitas cruciatuum, ut illi non reliquerint liberam facultatem.

208. Reperi in codice fide digno S. Felicem, cognomento Modicam, Hispali parentibus nobilissimis ortam, et iis orbatam, Romam ab avunculo suo, Romanæ Ecclesiæ archidiacono, temporibus sancti Urbani, adductam. Quæ cum nollet illustrissimum sponsum accipere, causa fidei et virginitatis tuendæ, mira constantia jugulum præbuit anno 246, ætatis suæ 26, sub judice Diocletio, et Philippo imperatore: cujus exemplo multi in fide roborati martyrium subierunt.

209. Carterius, qui interfuit concilio Cæsaraugustano, patruelis S. Gregorii, veniens in Hispaniam, factus est episcopus Uxamensis; vir pius et doctus.

210. Gregorius reversus Nazianzum, scripsit Audentio Toletano pontifici, commendans ei patruelem suum venientem in Hispanias.

211. Prima hæresis, quæ venit damnanda in Hispaniam, fuit Priscillianistarum, quæ foris huc prorupit; damnata vero est in secretario S. Mariæ de Pilari Cæsaraugustæ, quod S. Jacobus ædificavit, et non alibi decuit damnari.

212. In Castris Vinariis, in Batestania, sanctæ Nunilo et Alodia, anno 951.

213. Chisax ex filiis Ursacii damnatur, ut exsulet in Carpetaniæ oppido Ebora, vel Aquis; ex rescripto Gratiani provocat ad Audentium primatem et metropolitanum, ut episcopatui suo restitueretur; coacto concilio Toleti, damnatur anno 382.

214. Sanctissimus vir Audentius, episcopus Toletanus, scripsit contra Bonosianos in defensionem illibatæ virginis Mariæ eleganter libros.

215. Habita est confessio [*al.*, Nicæna] Dictini et aliorum, anno 594, in concilio Toletano.

216. Sanctus vir Audentius Toletanus obiit 3 Decembris Toleti, major nonagenario, plenus dierum et sanctissimorum operum; sepultus est in æde suburbana S. Leucadiæ (ubi corpus ejus jacebat), condita jussu Helenæ, 3 die Decembris, cum magno mœrore egenorum, quia fuit illorum pater.

opus recenset Alvarus Cordubensis in Vita D. Eulogii, annuente Ambrosio de Morales num. 19, ubi Alvarus agit de Eulogii peregrinatione, his verbis: « Nec non Avieni fabulas metricas, et Hymnorum catholicorum fulgida carmina, cum multis minutissimarum causarum ex sanctis quæstionibus, multorum ingenio congregatis, non privatim sibi, sed communiter studiosissimis inquisitoribus reportavit. »

Alia etiam epigrammata scripsisse constat, quæ inveniuntur excusa in veter. poemat. lib. IV, quorum altero *Sirenum allegoriam* eleganter prosequitur; altero *Malogranata* describit, et sibi mitti petit a Flaviano; et ultimo *de Vita rustica* monet amicos. Quod carmen inter Martialis epigrammata lib. IV, num. 90, passim excuditur; sed tanquam spurium, tantoque poeta indignum in malas aves amandare jubet Scriverius; alii viri docti id negarunt. Utcun-

217. Anno 702, anno 2 regis Witizanis, precibus reginæ, quæ sanguine contingebat Sisebertum, ab exsilio ille revocatur: ab excommunicatione absolutus, cuidam episcopatui Hispaniarum præficitur. Evasit vere pœnitens, et anno 715 1 Junii moritur. Et dabatur ei Toletana sedes, sed humilitatis causa eam recusavit.

218. Cum essem Toleti subdiaconus, rem controverti vidi: an albam, an casulam B. Ildefonso attulerit B. Virgo, an ornamentum pontificale; quidam pauci postremum, multi albam esse dicebant. Ego credo totum attulisse pontificium ornamentum; sed, quia ipsa cum eum indueret, attrectavit manibus suis pallium, sacratius fuit.

219. Dixitque missam die Sabbati (ut solebat) audiente B. Virgine, et cœlesti choro, qui canticis suis eam administravit die Sabbati, anno 665. Ob id vocatur *Capellanus B. Virginis*; et ob id, divulgato per orbem miraculo, rex Recesuinthus, et Vitalianus pontifex, nomine suo et suorum successorum, voverunt se visuros die Nativitatis illius ecclesiam, quam propter adventum B. Virginis, idem S. Ildefonsus libr. De scriptoribus, in additione ad libr. Isidori, vocat *terribilem*.

220. Genesius, primus episcopus Arvernensis, Ildefonsum synchronos admonuit per epistolas de hæresi Joviniani per quosdam excitata Arvernis: qui dicebant B. Virginem in partu corruptam mansisse, et hos tendere in Carpetaniam: ut vigentem in B. Virginem fidem suis falsissimis rationibus labefactarent et omnino perderent.

221. Petrus, qui postea fuit episcopus Aquileiensis, mittitur a Vitaliano Toletum, ut sciret, verumne esset miraculum de data cœlesti veste D. Ildefonso: qui fit etiam socius ejusdem Ecclesiæ.

222. In Magnilucensi monasterio, quod iste Genesius condidit, jussit servari epistolam suæ responsivam, a B. Ildefonso missam, ubi fortiter impugnat illam hæresim Arvernorum.

223. In Dubiensi monasterio posuit S. Ildeque sit, omnes non ambigunt, nobili ingeniosoque viro Avieno ascribi.

Sunt qui putent hujus esse epitomen rerum Romanarum, quæ multorum manibus teritur, Valentiniano imperatori oblata. Fovet Volaterranus lib. XIX anthropologiæ littera R, eos taxans, qui in titulo *Sextum* pro *Festo* male scribunt. Non tamen eum deinesse auctorem ac Avienum arbitror: alia enim mens, alius animus, alius genius Avieno, et alteri Rufo: qui etiam, si Philandro fides adhibenda est, *descriptionem illam urbis Romæ*, usque adhuc Publii Victoris nomine circumlatam, delineasse fertur; suffragante itidem ad id Carolo Sigonio in judicio de historicis Latinis. Hæc fere omnia ex epistola Prosphonetica eruditissimi Don Petri Melian ad Festi Rufi Avieni opera, quæ in dies edere cogitat.

225. De *Dubiensi*, vel *Dibiensi* monasterio, et *Illiscensi* oppido, vide quæ notavi ad Julianum in Chro-

fonsus ad villam Illescam imaginem B. Mariæ A. stinæ, cum aliis sub præfecto Firmiliano passus est virginis, quam habebat in suo oratorio. Eborenses, vel Talabricenses, tempore Maurorum colebant istam imaginem.

**224.** Osius episcopus Cordubensis invitavit ad concilium episcopos Orientales Cordubam, ad causam S. Athanasii examinandam. Convenerunt omnes Hispani ad concilium nationale: adfuit ipse Athanasius, et porrexit synodo confessionem suam, ut sub Julio Romæ fecerat, quæ incipit: *Quicunque salvus esse vult.* Et ex ea addidisse Patres dicitur in eo concilio, symbolo Nicæno in articulo Spiritus sancti: *Qui a Patre Filioque procedit;* quod confirmavit sanctus Damasus post, et ita in primo Toletano post annos 46. Ab hoc concilio invenitur particula, quæ primum in Hispania addita est symbolo Nicæno, et post accepit Ecclesia Romana. Concilii hujus meminit Osius in epistola ad Constantium Augustum.

**225.** Calpurnius præses, sub quo passa est sancta Eulalia Emeritensis [*videlicet anno Christi* 270], creditur fuisse præfectus Romæ sub imperatore Claudio.

**226.** In faucibus saltus Fibulariensis est Fibularia, quam Mauri vocaverunt *Xergal*, sedes episcopalis. Sic in concilio Illiberitano xiv, loco confirmat Januarius episcopus Fibulariensis: sic in quibusdam codicibus.

**227.** Cornutus Tertullus, orator juvenis, accusavit S. Paulum Hierosolymis; postea senex, collega fuit Plinii Junioris in consulatu, cujus meminit lib. v Epistol.

**228.** Valde probabile est inspirasse Dominum S. Gregorio, ut oraret pro Trajano, ut salvaretur; quia edictum contra Christianos hortatu Plinii Secundi proconsulis in Bythinia mitigari jussit.

**229.** Sunt qui putent Amaonem, vel Ammonem, filium Rufi, discipulum ex 72, cui cum Cleopha Christus apparuit, dum irent duo in castellum Emmaus, venisse in Hispaniam, et ibi, prædicato Evangelio, profectum in Soliam Cypri civitatem; prædicatoque ibi largiter Evangelio, passum 9 Februarii.

**230.** Eubulus, cujus meminit Paulus ad Romanos cap. ult., creditur fuisse Galilæus ex Naim civitate, filius viduæ quem Dominus suscitavit, et secutus Christum, ejus discipulus fit: post Romam venit cum Petro, et fuit vir insignis, et a puero valde virtuti deditus; missus est a S. Paulo episcopus Pamphyliæ. Theodulus, qui prædicat Cæsareæ Palæ-

16 Februarii.

**231.** Credibile est sanctos septem discipulos Jacobi præmonitos ab eo, venisse ad Bæticam.

**232.** Sunt qui putent S. Rufum ex 72 discipulis Domini, qui fuit episcopus primo Thebanus, mox Dertosanus, a S. Paulo, cum venit in Hispaniam, ibi relictum episcopum; cujus meminit S. Paulus ad Romanos, et S. Polycarpus martyr: fuit passus cum aliis in Armenia die 19 Aprilis. Sed melius puto sentire eos qui 18 Decembris cum Zosimo passum hunc putant, qui fuit episcopus Thebanus et Dertosanus.

**233.** Passi sunt mille decem crucifixi milites prope Alexandriam ad Tigrim et Euleum amnem positum in monte, qui ramus est Candani, primo hic Caucasus, vel Candanus, vel Ararath dictus est, crucifixi circa dicta flumina felicia.

**234.** Alii dicunt crucifixos ad montem Ararath, qui Latine dicitur *Equinus*, pars montium Gordiænorum: in cujus cacumine, teste Josepho, arca Noe requievit, quem, ut partem Gordiænorum, fluvius Tigris irrigat, et mox in planitiem regionis Gordiænorum (quæ barbare etiam dicitur *Ararath*) non longe III M. P. præterit civitatem Characem, ab Alexandro dictam Alexandriam, et a dextra ejus multis ostiis in sinum Persicum spatiosissimus ingreditur.

**235.** Nulli temporum Romanorum est sepeliri vel uri in urbe corpora mortuorum; sed sepeliebantur extra. Sic Christiani sepelierunt sanctam Leucadiam in pomœrio vel suburbio, quod tunc muro veteri longius distabat, separatim corpora sanctorum et pontificum, seorsim Christianorum. Dicebatur locus ille sepultura sanctorum.

**236.** Macer [*al.*, Sacer] Hierotheus Hispanus Empuritanus, olim sub imperatore Tiberio Tarraconensis gubernator, et inde perrexisse anno 45 Cyprum; ubi Paulum audiens, conversus est ad fidem, et eum secutus.

**237.** Tertius Fabius Terentius, amanuensis Pauli, de 72 discipulis, prius Mediæ episcopus, post Iconii passus est die 21 Junii, anno 88.

**238.** Nervium oppidum prope Illiturgim Batestanorum, a Nerva conditum, a Saracenis *Noevron* [al., *Negron*] dicitur.

**239.** S. Xistus (qui postmodum fuit pontifex Maximus) habito Toleti concilio interfuit ut legatus papæ;

---

nico n. 330, ubi in illis verbis, *qui anno* 636 *electus est abbas*, lege ex Luitprando num. 97, *qui anno* 656 vel *qui anno* 657.

*In suo oratorio*. Oratoria etiam dicebantur ædiculæ sacræ domi, sed foris publicæ. In primitivæ Ecclesiæ temporibus templa sumptuosa minime ædificabantur. « Non erant » (ait eminentissimus cardinalis Baronius tom. 1, anno 211, fol. 298) « ingentes molium moles et vastæ, amplissimæque publicorum ædificiorum structuræ; sed ædiculæ, seu oratoria parva. » De hisce ædiculis noster Julianus in Chronico num. 477, pag. 88 : « Fuit, » inquit, « ibi ante

martyrium S. Leucadiæ ædicula sacra. » Plena eruditaque manu cumulat plura doctor Augustinus de Morlanes in allegatione pro ecclesia S. Mariæ Majoris Cæsaraugustanæ num. 45, 46 et seqq. Julius Cæsar Bulengerus lib. III De templis cap. 32. Addo ego authenticam *Si quis*, C. ad leg. Juliam, De adulteriis, his verbis : « Si tamen in sacro oratorio colloqui inveniantur, post tres, ut dictum est, denuntiationes, liceat marito utrasque personas defensori Ecclesiæ tradere, aut aliis clericis. ut ad eorum periculum divisim isti serventur. »

postea venit Oscam, unde tulit secum Laurentium, filium sanctorum Orentii et Patientiæ. Per Hispanias reversus Romam, fit Pontifex Maximus; et præscius martyrii S. Laurentii, jussit diaconibus ut Orentium parentem admonerent, ut faceret templum S. Laurentio sacrum; quod et fecit: et post cum conjuge, quæ præcessit eum in martyrio, 1 Maii sub Claudio patitur.

240. S. Fulgentius bis fuit episcopus Carthaginensis, inde translatus Astigim, et postremo Carthaginem, ubi paucos annos, duos videlicet, vixit in hoc episcopatu.

241. In codicibus correctioribus concilium Toletanum v habetur, æra DCLXXVI, anno primo Suinthilani.

242. Paula, de genere clarissimo Gothorum, mater fuit Theodoræ vel Theodosiæ Cervellæ, conjugis Severiani, parentum Leandri, Theodoræ, Florentinæ, Fulgentii et Isidori, qui hoc ordine nati sunt.

243. Severianus duxit uxorem Theodoram Cervellam quatuordecim annorum; nascitur anno sequenti Leander, scilicet 542 anno sequenti Theodora, vel Theodosia, uxor Leovigildi, mater Hermenegildi martyris et Recaredi. Æra DLXXXVIII nascitur Florentina in die S. Florentii martyris; obiit sancte anno 610 annorum sexaginta.

244. Theodoricus rex Ostrogothorum venit in Hispaniam, et pro suo nepote Amalarico illam plures annos rexit, duxitque uxorem Toleti Santinam, de gente nobilissima Gottherum, ex qua tulit Severianum, Carthaginis dominum.

245. Karadigna primum in Hispania Benedictinorum cœnobium (ubi Santina, uxor Theodorici regis jacet, et habet 200 monachos martyres) dicta fuit tempore Gothorum et Romanorum *Karadimas*.

246. S. Carolus Magnus, licet in juventute fuerit (ut illa fert ætas) debilis, jam factus vir, evasit sanctissimus: in Gallia et Germania, ac Flandria, ut sancti confessoris memoria colitur. Obiit Aquis Graniis [al., Germaniis] major septuagenario, 28 Januarii, anno 814.

247. Creditur esse S. Carolus Magnus post mortem cultus a Toletanis.

248. S. Torquatus, S. Jacobi discipulus, pertransiit flumen profundum, rupto ponte, et celebratur 15 Maii.

249. Creditur S. Montanum, cum esset archidiaconus Toletanus, in adventu et receptione Theodorici regis Ostrogothorum non parum valuisse, ut esset pacifice receptus ut tutor regis Amalarici nepotis ejus.

250. Cum Theodoricus rex Ostrogothorum venit in Hispaniam, amiserat Andefledam, filiam regis Clodovei, ex qua Amalasuintham habuit.

251. Hispani Cordubenses, Hispalenses, Illiberitani, Mentesani, Toletani, Complutenses, gravati servitute Maurorum; et transgressi montes Pyrenæos, clementissime excipiuntur ab imperatore Ludovico Pio.

252. Creditur Severianus missus in exsilium tem-

pore Agilanis, causa fidei, quia catholicus erat, cum filiis, Leandro, Theodosia et Florentina, et uxore Theodora Cervella. Fulgentius et Isidorus nati sunt Hispali.

253. Flavius Marcus Cervella, dux Gothicus, splendidissimo genere, duxit uxorem Paulam, feminam clarissimam: ex quibus nata est Flavia Theodora Cervella, uxor ducis Severiani, femina Christianissima. Obiit 6 Maii.

254. Restitit Severianus Aguilani, et obsessus in urbe Carthagine Spartaria (quam Gothi penitus exciderunt) causa fidei missus est Hispalim in exsilium anno 3 Aguilanis, cum conjuge et filiis, ubi mortuus est.

255. Leander scribit ad sororem Florentinam, monialem Benedictinam, librum de virginitate, vel de institutione virginum et contemptu mundi, cum esset illa 19 annorum, primo anno sui pontificatus.

256. Adhuc manserunt ædes Severiani Carthagine, et res ampla.

257. Leander impetravit revocationem ab exsilio matri suæ, fratribus et sororibus ab Athanagildo. Theodora mater in exsilio, laborum causa est magis firmata in fide et in virtutibus, quæ noluit redire Carthaginem.

258. S. Montanus scripsit ad Thuribium anno ultimo Theodorici, cum adhuc esset in Hispania, et Erga esset Toleti gubernator.

259. Pons Serratus fuit Toleti e regione S. Mariæ de Alficen, ad latus.

260. Sanctina virgo Toletana, post uxor Theodorici, nascitur Toleti anno 480.

261. Ex Sanctina, vel Sanctia, Theodorici uxore, duos filios sustulit; Theodoricum, qui juvenis mortuus est, et jacet cum matre regina Sanctia, apud S. Petrum Karadinensem, et Elverianum [al., Severianum], qui fuit uxoratus.

262. Moritur Sanctina VIII Id. Maii, quo die festum S. Michaelis, et concilii Toletani est.

263. S. M. Elpidius Julianus, S. Jacobi discipulus, primus episcopus, Toletanus fuit.

264. Mamas confessor ex tractu Tudensi creditur delatus Cyprum. Floruit hic sub tempore Gothorum anno 500 vel circiter; obiit mensis Augusti 26; est confessor. Tempore Maurorum, relictis reliquiis in Asturiis, et per Hispanias, ad Cyprum delatus est a Christianis.

265. Reperi in archivis S. E. Emeritensis codicem litteris Gotthicis exaratum, in quo dicebatur Complutum dictum a Mauris *Guadalfaxaram*, etiam dictum esse *Eplaceam*.

266. Reperi quoque in eodem codice concilium Toletanum universale in hunc modum:

« In nomine Domini, incipiunt gesta synodalia concilii generalis Toletani, acta in urbe regia, in æde sanctorum apostolorum Petri et Pauli prætoriensi, anno 3 regni gloriosissimi principis Wambani, sub die XVII Kalend. Decembr. æra DCCXIII, pro terminis restituendis Ecclesiarum et diœcesum Hispaniarum.

« Interfuit rex gloriosissimus concilio generali, et salutatis de more solito singulis episcopis, dixit :

« Sanctissimi Patres, video vos gravissime contendere pro terminis vestrarum diœcesum, et inde gravissimas inter vos lites et contentiones exoriri, et quod aliqui vestrum (sicut accepi) aliorum parochias invaderent, et alienos terminos quolibet prætextu latenter adoriri. Quare dignum esse duxi majestate culminis nostri, vos ad concordiam revocare. Placetne vobis, sanctissimi pontifices? Responderunt omnes : Placet, placet. Vivat multos annos serenissimus et gloriosissimus rex, ac dominus noster Flavius Wamba. Tunc ille jussit prius coram se chronicas et historias regum priorum accurate legi, ut facilius et æquius posset terminos parochiales [*al.* parochiarum] dividere, sicut antiquitas denotaret et exigeret juris censura, et propria jura Ecclesia quælibet possideret, sicut subjecta denotat nostra sententia.

« Concedimus inprimis et confirmamus, quod, sicut Gondericus, Gensericus, Hunericus, Guntamundus, Jsoris et Guniel reges Wandalorum civitatem Lucensem in Asturiis prope mare dotaverunt, teneat pacifice et quiete terminos, qui mox illi subscribentur :

« Totas Asturias per Pyrenæos montes et per flumen magnum Ovem et per totum littus maris Oceani usque Viscayam per summum Rostrum, et per summum Cabrium, per portas de sancta Agatha, per Pozalem, per Limbum de filios, una cum campo Edolio [*al.*, Erbolio] Gordon, usque ad illam arborem de Quadros, per rivulos de Humana, Lunam, Vanduliam usque ad Pyrenæos montes, Cojancam villam, Quexidam, per Conjaquelam, Montosam, usque ad flumen Urbetum in Gallæcia, Suernam, Vallem longam, Veram, Flumosam, totam Saniam, Panamum, usque ad flumen Mineum, totam Lemos, Urnyso, Verasmo, et Semmamorum, et Trojam, usque ad flumen Silunii, totam Lumiam cum ecclesiis de Petrayo, quæ ædificatæ sunt vel fuerunt inter Arnoyum flumen et Silum, a termino montis Buron, et per aquam Zore [*al.*, Zoze], usque in fundum Arnoyi, et per ipsum discessum, vel discursum, usque in flumen Mineum, Lueza usque Portelam de Veneti, et ecclesias de Sallaz inter Arnoyum et Silum et ecclesiis de Baroso, Castellam cum Saneam, Barnates, et Avion, Azman, Carabam, Amancam, sicut dictam Ecclesiam Lucensem dotaverunt reges Wandalorum. Et responderunt episcopi : Placet, placet nobis omnibus.

« Legio, quam condiderunt Romanæ legiones, quæ antiquitus Flos fuit vocata, et per Romanum papam (scilicet Sylvestrum) gaudet perpetua libertate, et ab aliis episcopalibus sedibus est exempta, et exstat sedes regia, atque alicui metropoli nunquam fuit subjecta vel subdita, teneat per suos terminos antiquos, sicut eam dotaverunt Hermericus, Rechila, Recciarius, Maldra Frumarius, Remismundus, Theodomundus, Suevorum reges, et Theodomirus. Et responderunt omnes pontifices unanimiter : Placet, placet nobis.

« Legio teneat per Pyrenæos montes, et per Pennam Rubeam una cum media Levaca, Cervera, Petras nigras, Annion usque ad flumen Carrionem per villam Sernam, et rivulum Siccum, usque ad villam Ardegam per Cervinos usque in castrum Pepi, per villam Manam, usque in arborem Quadros, super fines Serræ Gallæciæ, tria castella Turtures, Datineus, Castelletum et Naviam.

« Legio civitas sacerdotalis et regia, et Lucus, quam Wandali reædificaverunt in Asturiis, teneat per suos terminos antiquos, sicut eis divisit rex Theodomirus; hæ nulli subdantur archiepiscopo vel Primati. Responderunt omnes : Placet, placet nobis omnibus.

« Sedes etiam Portucaliæ permanet in sua divisione, sicut eis divisit rex Theodomirus, cum iis etiam quæ nos adjecimus.

« Brachara metropolis teneat Centum cellas Gentis, Millia, Layneto, Gilioles, Adonyste, Aportis, Aylo, Centen, Donis, Iambis, Cilisto, Letania, Ceresis, Petroneyo, Equisis, ad Saltum; item pagi, Panoleta, Bregantia, Astiatiga, Tarego, Aunego, Metrobio, Betise, Palam, Tusico, Celo et Senequiemo; sub uno sedes 30.

« Ad sedem Dumiensem familia regia [in divisione Theodomiri sic : *Ad Dumium familia servorum;* quam hic vocat *regiam*, intelligit de monachis, qui Deo serviunt; cui servire, regnare est.]

« Egitaniensis teneat totam Egitaniam, Menecapio et Foraneos.

« Portugalensis teneat in Castro novo Ecclesias, quæ in vicino sunt, scilicet Villa nova, Betaonia, Vesea, Menturio, Torebra, Bramoste, Pengoaste, Lumbo, Nestis, Neapali, Curmano, Magneto, Leporeto, Melga, Tangobira, Villagomedi Tanerater; item pagi, Lambieneio, Alcobreo, Valericia, Turlango, Ceris, et Mendiolis, et Palencia; sub una viginti quinque sedes.

« Lamecum teneat ipsum Lamegum, Luencia, Aranor, Crasubriana...... sub uno sex sedes.

« Conimbricensis sedes teneat ipsam Conimbriam, Eminio, Selio, Brine, Insula, Astrucione et Portogalliæ Castellum antiquum; sub uno duæ.

« Vesensis teneat ipsum Veseo, Rodomiro, Submontia, Suberbeno, Osanca, Obelione, Tutella, Goleia et Cabrabia, quæ apud Gotthos postea sedes fuit; sub uno septem dantur sedes.

« Uriensis teneat ipsam Uriam, Deisum, usque Cussancaro, et de Caldas de Rego usque in oram maris Oceani protendatur.

« Lucensis teneat ipsam civitatem cum adjacentibus suis, cum Cantoquia, Somos, Carabarcos, Montenegro, Parraga, Laira, Azumara, Sigros, Triavada, Pagento, Salvaterra, Monterroso, Doira vel Coyra, Deza, Colea; sub una sede 16.

« Auriensis teneat Vesugio, Ruvale, Teporos, Sedisos, Prucia, Cisavio, Verenganos, Sanabria et Calabazas majores; sub uno decem.

« Astoricensis teneat ipsam Astoricam, Legionem, Superurbico, Beriso, Petrasperanti, Autoribis, Caldelas, Morillos superiorem et inferiorem, Sonure, Trogelos et Pericos; sub uno undecim sedes.

« Britoniensis teneat Ecclesias, quæ in vicinio sunt, Torelo, Torebera inter Britones una cum monasterio Maximi usque in flumen Ove.

« Tudensis teneat ipsam Tudem cum Ecclesiis, quæ in vicino sunt, Torelo, Torobera, Ludo Patre, Agnove, Sagria, Erbilio, Orunia et Cartasse; sub una sede quindecim numerantur sedes.

« Toleto metropoli subjaceant sequentes omnino sedes. Oretum, hæc teneat de Galla usque Eugam, vel Cecilam, et de Petra usque Campaniam. Mentesa, hæc teneat de Euga, vel Cecila usque Securam, Dilla usque Polixena. Acci, hæc teneat de Secura usque Montaneam et de Architel usque Caraval. Basti, hæc teneat de Egesta usque Montaneam, et de Rauci usque Susitam. Urgi, hæc teneat de Egesta usque Carthaginem, et de Bigastri, usque Mundam. Bigastrum, hæc teneat de Pugilla usque Nisdomiam, de Serta usque in Lisbam. Illici, hæc teneat per terminos de Bigastri, Setuli et Denia. Setalis, hæc teneat de Custo usque Moletam, de Togola usque ad Nitriam. Denia, hæc teneat de Sosa usque in Turam de Silva, usque Gil. Valentia, hæc teneat de Silva usque Montaneam, de mari usque Alpout. Valena, hæc teneat de Alpout usque Tarrabilam, de Stazerola usque Nenar. Secobrica, hæc teneat de Alcout usque Obiam, de Mora usque Lustriania. Complutum, hæc teneat de Alcout usque ad Costem, de Gusia usque Costeam. Segontia, hæc teneat de Coste usque Fuscam, de Godol usque Pinam. Oxoma, hæc teneat de Fusca usque Arlanzon, quomodo currit in camino S. Petri, qui vadit ad S. Jacobum; — de Garise usque Ermitas termini ejus protendantur. Secobia, hæc teneat de Almet usque Mimbillum, et de Martel usque Vaso dicto. Palentia, hæc teneat de Mimbillum usque Caltam, de Lulbonar usque Tortosam.

« Terraconensi metropoli subjaceant hæ sedes :
« Barcinona, hæc teneat de Mina usque Pugellam, et de Usa usque Bordel. Egari, hæc teneat de Bordel usque Paladera, et de Montosa usque Portellam. Gerunda, hæc teneat de Pilida usque Juxtamare, et de Alosa usque Pinas. Eupiriæ, hæ teneant de Juxtamare usque Bergam, de Mentosa usque Silvam. Arisona, hæc teneat de Berga usque Auritam, et de Pursa usque Mentiam. Urgela, hæc teneat de Aurita usque Naionam, et de Murcla usque Valam. Lerita, hæc teneat de Naiona usque ad fontem Sallam, de Lora usque Matam. Ictosa, hæc teneat de Fonte Salla usque Porsellam, de Morale usque Tormelam. Tortosa, hæc teneat de Porsella usque Deniam, de Tormoga usque Catenam. Cæsaraugusta, hæc teneat de Moovia, vel Denia, usque Splanam, et de Olibia monte usque Gordoto sint termini sedes Cæsaraugustanæ. Osca, hæc teneat de Splana usque Cobello, et de Speslem usque Riberam. Pampilona, hæc teneat de Cobello usque Mustellam, et de Sparga usque Ostural. Califorra, hæc teneat de Nampia usque Spargam, de Mustela usque Localem. San-Tyrasona, hæc teneat de Sparga usque Plitenam, et de Alio monte usque Mille. Areca, hæc teneat de Planta usque Amasam, de Pede inferno usque Pedem Moram. Insulæ Baleares, Majoricam, Minoricam, Formenteram, Useticam.

« Spalensi metropolitanæ subjaceant hæ sedes :
« Italica, hæc teneat de Ulea usque Busam, de Asa usque Lancolam. Asidonia, hæc teneat de Busa usque ad Senam, de Lotesa usque Viam latam. Elipla, hæc teneat de Sena usque Datam, de Alisa usque Cortesam. Malica, hæc teneat de Data usque Malexcam, de Temia usque Sedes Campi. Eliberis, hæc teneat de Malica usque Sotelam, de Almica usque Sedes. Astiges, hæc teneat de Sotella usque Parietem, de Luca usque Raucam. Corduba, hæc teneat de Pariete usque Ubetam, de Gala usque Ranam. Egabio, hæc teneat de Ubeta usque Malamsayam, de Gasta usque Fuentam. Tucci, hæc teneat de Malasaya usque Balijar, de Guegara usque Celonus : credo Azlonam pro Castulone.

« Bracchare metropolitanæ subjaceant hæ sedes :.
« Dumio, hæc teneat de Duma usque Albram, de Reantear usque Aclasam. Pertucale, hæc teneat de Elbora usque Losolam, de Olmos usque Solam. Portucale, hæc teneat de Losola usque Bigoniam, de Monte albo usque Fetonsam. Auria, hæc teneat de Cusanca usque Sylvam, de Veregini usque Celebacismi. Iria, hæc teneat de Iso usque Cusacam, de Caldar de rege usque in Oram. Luco, hæc teneat de Laguna usque Bussam, de monte Soto usque Quintanam. Britonia, de Bassa usque Torrentes, de Oetoba usque Totellam, et usque Ovem. Astorica, hæc teneat per oram Vallis Corcer, et per fluvios, seu maria scilicet, et Orbigo, et Berrio, et Tavara, extendatur.

« Emeritæ metropoli subjaceant istæ sedes :
« Pare, hæc teneat de Baligur usque Crocam, de monte de Olla usque Miratal. Olisibona, hæc teneat de Darca usque Ambram, de Olla usque Maram. Elbora, hæc teneat de Sotobra usque Petram, de Rucella usque Turrem Egiditaniam, de Sabra usque Navam, de Sena usque Murielam. Exoniba, hæc teneat de Ambra usque Salam, de [al., ipsa] Rosa usque Turrem. Conimbria, hæc teneat de Nava usque Bergam, de Torrente usque Loram. Veseum, hæc teneat de Berga usque Sortam, de Boncla usque Ventosam. Biglimicum, hæc teneat de Sorta usque Petram, de Sara usque Ortosam. Cabrabria, hæc teneat de Sorta usque Albeniam, de Soto usque Faram. Salmantica, hæc teneat de Allenia usque Sotobram, de Rusa usque Siberum. Numantia, hæc teneat de Penagodisse usque ad Tormem super illos balneos de Valle de rege usque ad Dorium, et de Villa Valle usque ad Otero, de Fumus secus rivulum Siccum usque Borito, de Tavara vero usque ad Dorium. Abula, hæc teneat de Petra usque ad Viallam, de Uriosto usque Torrero. Cavria, hæc teneat de Villa usque Tagum, alias Dorium.

« Narbonæ metropolitanæ hæ sedes subjaceant :
« Isetenis, hæc teneat de Stalus usque Barunona, de Macu usque Rib. Fora. Agatha, hæc teneat de Nusa usque Riberam, de Galia usque Mirlam. Magalona, hæc teneat de Nusa usque Ribogar, et de Castello Millia usque Angoram. Nemauso, hæc teneat de Gusa usque Angoram, de Castello usque Samuram. Luteba, hæc teneat de Samba usque Rebubal, de Auges usque montem Rufum. Carcasona, hæc teneat de monte Rufo usque Angerum, de Angosta usque Monsam. Elna, hæc teneat de Strage usque Rofilonam, de Literosa usque Lanusam.

« Hæ sint sedes harum duarum Hispaniarum octoginta sub dominio Gothorum, tam archiepiscopales quam episcopales, per quas omnibus Hispanis ministratur verbum Dei, quæ a Romano pontifice et accipient, et accipiunt semper in his provinciis communionem catholicæ veritatis, ut secundum traditionem et doctrinam sanctorum Patrum animas nobis commissas possimus gubernare. Addit rex : Hæc igitur nostra institutio, quæ assensu omnium archiepiscoporum et episcoporum dictarum sedium auctore Deo facta est, firma permaneat in æternum; et mando, ut legatur. Et lecta est per Petrum archidiaconum Toletanum, coram domino Quirico Toletano archiepiscopo, primatiæ dignitate et fide catholica insistente, et cæteris archiepiscopis, qui mox subscripserunt, et episcopis. Dicant omnes : Placet, placet; vita, et æterna gloria catholico, pientissimo et gloriosissimo principi domino nostro Flavio Wambæ.

*Canon I.* — « Præterea placet nobis in unum collectis, ut omnes clerici deinceps vivant secundum regulam sanctissimi Patris nostri Isidori episcopi Hispalensis, prout continetur in ipsius libro De Honestate clericorum.

*Canon II.* — « Et quicunque archiepiscopus, episcopus, abbas claustralis, vel sæcularis, qui pro dignitate aut ordine aut aliquo ecclesiastico beneficio amplius regi minam dederit, sive alicui aliæ personæ, ille excommunicatione perpetui anathematis innodetur.

« Quibus peractis, omnes Deo rerum omnium et bonorum auctori primum gratias immortales persolvimus, deinde glorioso regi nostro longissimam vitam, et post hoc sæculum in cœlesti regno beatitudinem æternam deprecamur : qui tantæ pietatis studio contentiones nostras diremit, et nos æterno indissolubili fœdere copulavit.

« In sequentem annum concilium hic indicimus. »

*Subscriptio Patrum.*

« 1. Quiricus S. Ecclesiæ Toletanæ metropolitanus has divisiones et constitutos terminos per regem nostrum, approbat et confirmat. — 2. Fugitivus S. Ecclesiæ Spalensis metropolitanus has divisiones sedium, et constitutos terminos per regem nostrum, approbat et confirmat. — 3. Proficius, S. Emeritensis Ecclesiæ metropolitanus, approbat et confirmat. — 4. Leodagisius [al. Leodvisius], S. E. Braccharensis metropolitanus, confirmat et approbat. — 5. Sumifredus, S. E. Narbonensis metropolitanus, confirmat et approbat. — 6. Vera, S. E. Tarraconensis metropolitanus episcopus, confirmat et approbat. — 7. Athanasius, Setabitanæ Ecclesiæ episcopus, approbat et confirmat. — 8. Ego Genesius, in Christi nomine, Ecclesiæ Tudesensis episcopus, approbo et confirmo.

— 9. Ego Argimensus, in Christi nomine, Ecclesiæ Oretanæ episcopus, approbo et confirmo. — 10. Ego Fraoricus, Deo juvante, Portucalensis episcopus, approbo et confirmo. — 11. Ego Joannes, in Christi nomine, Ecclesiæ Bigastrensis episcopus, approbo et confirmo. — 12. Ego Selua, in Christi nomine, Igeditanæ Ecclesiæ episcopus, approbo et confirmo. — 13. Ego Godiscalus, in Christi nomine, Oxoniensis Ecclesiæ episcopus, approbo et confirmo. — 14. Ego Adeodatus, Pacensis Ecclesiæ episcopus, in Dei nomine, approbo et confirmo. — 15. Ego Bela, in Christi nomine, Britaniensis episcopus, approbo et confirmo. — 16. Ego Leander, in Christi nomine, Illicitanæ et Elotanæ Ecclesiæ episcopus, approbo et confirmo. — 17. Ego Aschalius, in Christi nomine, S. E. Abilensis episcopus, approbo et confirmo. — 18. Ego Felix, Dianiensis Ecclesiæ, in Christi nomine, episcopus, approbo et confirmo. — 19. Ego Isidorus, Asturicensis Ecclesiæ episcopus, in Christi nomine, approbo et confirmo. — 20. Ego Theodoricus, in Christi nomine, Ecclesiæ Olysiponensis episcopus, approbo et confirmo. — 21. Ego Alarius, in Christi nomine, Aurisinæ Ecclesiæ episcopus, approbo et confirmo. — 22. Ego Suntherius, in Christi nomine, Ecclesiæ Valentinæ episcopus, approbo et confirmo. — 23. Ego Theodisclus, in Christi nomine, S. E. Lamacensis episcopus, approbo et confirmo. — 24. Ego Balmatius, in Christi nomine, Ecclesiæ Ursitanæ episcopus, approbo et confirmo. — 25. Ego Riccila, in Christi nomine, Accitanæ Ecclesiæ episcopus, approbo et confirmo. — 26. Ego Justus, in Christi nomine, Ecclesiæ Salmanticensis episcopus, approbo et confirmo. — 27. Ego Restogenes, in Christi nomine, Ecclesiæ Lucensis episcopus, approbo et confirmo. — 28. Ego Rogatus, in Christi nomine, Ecclesiæ Beatiensis episcopus, approbo et confirmo. — 29. Ego Etherius, Deo juvante, Bastitanæ Ecclesiæ episcopus, approbo et confirmo. — 30. Ego Idulfus, cognomine Felix, in Christi nomine, Iriensis Ecclesiæ episcopus, approbo et confirmo. — 31. Ego Concordius, in Christi nomine, Ecclesiæ Palentinæ episcopus, approbo et confirmo. — 32. Ego Acisclus, S. E. Complutensis, Deo juvante, episcopus, approbo et confirmo. — 33. Ego Cartaber, in Christi nomine, Ecclesiæ Conimbricensis episcopus, approbo et confirmo. — 34. Ego Memorius, S. E. Segobricensis, in Christi nomine, episcopus, approbo et confirmo. — 35. Ego Donatus, in Christi nomine, Ecclesiæ Cauriensis episcopus, approbo et confirmo. — 36. Ego Egica, in Christi nomine, Ecclesiæ Seguntiensis episcopus, approbo et confirmo. — 37. Ego Exarnius, in Christi nomine, Oxonolensis Ecclesiæ episcopus, approbo et confirmo (*Locus corruptus in originali*). — 38. Petrus, in Dei nomine, Ecclesiæ Elborensis episcopus, approbo et confirmo. — 39. Gaudentius, in Christi nomine, Ecclesiæ Valeriensis episcopus, approbo et confirmo. — 40. Ego Albanus, in Christi nomine, Ecclesiæ Caliabricensis episcopus, approbo et confirmo. — 41. Sinduitus, in Christi nomine, Ecclesiæ Segobiensis episcopus, approbo et confirmo. — 42. Mumulus, in Christi nomine, Ecclesiæ Arcavicensis episcopus, approbo et confirmo [*al.*, Nunnulus]. — 43. Spera in Deo, in Christi nomine, Ecclesiæ Italicensis episcopus, approbo et confirmo. — 44. Ego Geta, in Christi nomine, Ecclesiæ Eleplensis episcopus, approbo et confirmo. — 45. Ego Argibudo, in Christi nomine, Ecclesiæ Eliberitanæ episcopus, approbo et confirmo. — 46. Ego Samuel, in Christi nomine, Ecclesiæ Malacitanæ episcopus, approbo et confirmo. — 47. Ego Theudericus, in Christi nomine, Assindonensis Ecclesiæ episcopus, approbo et confirmo. — 48. Ego Stercorius, in Christi nomine, Aucensis Ecclesiæ episcopus, approbo et confirmo. — 49. Ego Cresutarius, Biteriensis Ecclesiæ episcopus, in Christi nomine, approbo et confirmo. — 50. Ego Cæcilius, in Christi nomine, Dertosanæ Ecclesiæ episcopus, approbo et confirmo. — 51. Ego Vincentius, in Christi nomine, Magalensis Ecclesiæ episcopus, approbo et confirmo. — 52. Gratius ego, in Christi nomine, Egorbiensis Ecclesiæ episcopus, approbo et confirmo. — 53. Idalius, in Christi nomine, S. Ecclesiæ Barcinonensis episcopus, approbo et confirmo. — 54. Ego Ausemidus, in Christi nomine, Ecclesiæ Lotobensis episcopus, approbo et confirmo. — 55. Valderedus, in Christi nomine, Ecclesiæ Cæsaraugustanæ episcopus, approbo et confirmo. — 56. Ego Clarus, in Christi nomine, Elenensis Ecclesiæ episcopus, approbo et confirmo. — 57. Ego Joannes, in Christi nomine, Egarensis Ecclesiæ episcopus, approbo et confirmo. — 58. Ego Stephanus, in Christi nomine, episcopus Carcasonensis Ecclesiæ, approbo et confirmo. — 59. Ego Euphrasius, in Christi nomine, Ecclesiæ Calagurritanæ episcopus, approbo et confirmo. — 60. Primus ego, in Christi nomine, Ecclesiæ Agathensis episcopus, approbo et confirmo. — 61. Atilinus ego, in Christi nomine, Ecclesiæ Pamplonensis episcopus, approbo et confirmo. — 62. Gadisoldus ego, in Christi nomine, Ecclesiæ Oscensis episcopus, approbo et confirmo. — 63. Ego Postulanus, in Christi nomine, Ecclesiæ Uticensis Hispaniæ episcopus, approbo et confirmo. — 64. Riccilanus ego, in Christi nomine, epis opus Ecclesiæ Accitanæ, approbo et confirmo (*hic iterum n.* 25 *positus est*). — 65. Ego Leubericus, in Christi nomine, Ecclesiæ Urgelitanensis episcopus, approbo et confirmo. — 66. Ego Gondelinus Ecclesiæ Empuritanæ episcopus, in Christi nomine, approbo et confirmo. — 67. Ego Austerius, in Christi nomine, episcopus Ecclesiæ Tirasenensis, approbo et confirmo. — 68. Ego Samuel, in Christi nomine, Ecclesiæ Malacitanæ episcopus, approbo et confirmo (*hic quoque positus est num.* 46). — 69. Wisefredus ego, in Christi nomine, S. E. Ausonensis episcopus, approbo et confirmo. — 70. Ego Reynicus [*al.*, Regnicus], episcopus Ecclesiæ Aucensis, in Christi nomine, approbo et confirmo. — 71. Ego Verecinus, in Christi nomine, Veracensis Ecclesiæ episcopus, approbo et confirmo. — 72. Ego Basilius, in Christi nomine, S. Ecclesiæ Bastitanæ episcopus, approbo et confirmo. — 73. Sabricus ego, in Christi nomine, Gerundensis Ecclesiæ episcopus, approbo et confirmo. — 74. Florus, episcopus, in Christi nomine, Ecclesiæ Mentesanæ, approbo et confirmo. — 75. Nasibardus ego, in Christi nomine, Ecclesiæ Astagit..nensis episcopus, approbo et confirmo. »

« Quatuor vicarii 4 reliquorum episcoporum, 12 abbates, 20 palatini interfuerunt huic concilio generali totius Hispaniæ, et Galliæ Narbonensis, vicarii Lucensis, Epagiensis, Castulonensis, Cursicaniensis. Acta sunt hic Toleti in concilio generali, omnibus qui adfuerunt 75 episcopis, et 4 episcoporum vicariis, 12 abbatibus, 20 palatinis, omnibus una voce dicentibus : Placet, placet. Præsentibus ac subscribentibus, invicto ac serenissimo rege Wamba, et Quirico archiepiscopo Toletano, Hispaniarum primate, cæterisque 5 archiepiscopis, cum suis suffraganeis diœcesum prædictarum, partim in ecclesia prætoriensi SS. Petri et Pauli incepta synodo, absoluta vero in ecclesia S. Leucadiæ virginis et martyris, Toletanæ civis et vernulæ patronæ, in ejus prætoriensi templo, æra DCCXIII. Per manus vero scripta fuit synodus Petri archidiaconi de dicta S. Leucadia collegiata. »

267. Vixit autem prædictus rex Wamba annos 5 ad annum æræ DCCXVIII, et mortuus est, postquam degit aliquot annos sanctissime in monachatu ordinis sanctissimi Benedicti patris, ad quem sese rece-

perat. Inde omnia, vel multa translata sunt in Itatium codicem Ovetensem.

263. Magni facienda est hæc synodus, ad quam fuit maximus concursus archiepiscoporum, episcoporum, abbatum et palatinorum, præsente rege Wambane. Nec potuit non diu continuari, dum unaquæque Ecclesia ostendit fines sui pontificii, et causas querelarum audit ipse rex. Ob id in duabus ecclesiis et templis suburbanis acta est synodus : in altero incœpta ; in altero finita.

269. Concilio III Toletano interfuerunt 68 episcopi ; IV vero Toletano 69 cum vicariis, 7 episcopi plus, et 4 vicarii interfuerunt isti concilio, ubi sedes reparatæ sunt et restitutæ. Nec aliter fieri potuit, quin rex designaret aliquot judices singularum metropolum, qui res compositas ab ipsis ad ipsum deferrent ; atque ita posset sententia regis ex omnium consensu et palam proferri, et ab omnibus approbari, ut patet ex frequenti repetitione singulorum acclamantium, ac identidem cum lætitia dicentium : Placet, placet.

270. In hac divisione non ponuntur termini metropolitanarum Ecclesiarum, ea de causa, quia jurisdictio metropolitana non solum sese diffundebat in suam diœcesim, sed in omnes sibi subjectas ; ut calor cordis cunctis membris communis est.

271. In vetusto codice litteris Gotthicis scripto memini me legisse in Germania, in Vita, quam Cixila Toletanus archiepiscopus scripsit, B. Ildefonsi etiam Toletani pontificis : *Leucadia dixit* : Ildefonse, per te vivit domina mea : quæ lectio plus arridet, quam alia, quæ habet : *Dixit Ildefonsus* : Per vitam Ildefonsi vivit domina mea.

272. Aiunt aquilas regias a polo in polum volitasse, et ob id dicuntur apostoli *aquilæ*, quod totum orbem peragrarint, juxta illud Ecclesiast. : *Via aquilæ in cœlo*. Dicuntque Jovem duas aquilas misisse, alteram ab ortu, alteram ab occasu ; easque demum Delphos, urbem Græciæ, quæ dicitur *orbis ὀμφαλός*, hoc est, *umbilicus*, convenisse.

273. Illiturgi, civitas est in Batestanis, itinere quinque dierum distans a Carthagine Spartaria. Cujus Livius meminit, hancque Spicio demolitus est. Hic creditur prædicasse S. Euphrasium, episcopumque fuisse Illiturgitanum.

274. In scopulo alto arx est dicta Tavia, a Græcis *Ancyra*, profectis a quadam urbe sic dicta, cujus meminit ter Antoninus Pius in *Itinerario*.

275. S. Ildefonsus ordinatus est lector, ostiarius, exorcista, subdiaconus et levita, a S. Helladio in æde prætoriensi [*lege* Breviarium Bracarense] S. Leucadiæ, postquam inviserat Agaliense monasterium ; unde secum duxit S. Ildefonsum. A Justo in fine vitæ, scilicet anno 636 sicut in fine vitæ S. Helladii, levita, anno 633 [*Forte legendum* : A Justo in fine vitæ, scilicet anno 633 subdiaconus, sicut in fine vitæ S. Helladii, levita an. 636] consecratus est abbas Benedictinus a S. Eugenio.

276. Anno 3 Aurasii Toletani archiepiscopi, sci-

licet æra DCXLIV, natus est in æde paterna S. Ildefonsus, post Toletanus pontifex.

277. In pluribus codicibus Livianis 3 decad. lib. VIII, legitur *Iliturgis*, simplici *l*; et ita legendum est, ad differentiam alterius Bæticæ, quæ scribitur duplici. Apud Eulogium simplici scribitur.

278. Probabiliter sentiunt, qui putant Flaviobrigam esse civitatem, quam Mauri *Orduniam* vocaverunt, caput Amanium populorum, qui pars sunt Autrigonorum populorum.

279. Uxama, Segisamunclum, Virbesca, Antecuia, Deobriga, Vindelia, Salionca, Tritium (aliud a Tricio Metello) Vindelegra, parebant coloniæ Flaviobrigæ, quæ caput harum erat, et jurisdicundi causa eo petebant.

280. Pugnatum est a Romanis ad Belgidam, vel Velliam, vel Velligam, vel Vellicam, in Cantabris, ut refert L. Florus : hæc est modo *Spinosa* a Mauris dicta, ut *Araguellos*, vel *Racim*, vel *Arandillos*, non procul a fontibus Iberi. Est autem Segisamona populus Turmodigorum [*al.*, Curmodigorum] (vocant Saraceni *Osornum*) non procul a Segisamona eorumdem Turmodigorum [*al.*, Curmodigorum], quos vocat Florus *Curgonios*.

281. Ætate mea repertum est Cordubæ corpus S. Lauræ martyris, ante 90 et amplius annos a Saracenis occisæ. Hæc erat de nobilissimo genere Muzarabum Cordubensium, et cum S. Aurea Cuteclarensi abbatissa speciali necessitudinis vinculo conjuncta. A parentibus in matrimonium nobili viro data, duas suscepit filias ; cum quibus post 6 annos eo viduata, ad monasterium S. Auræ se recepit ; sed Aurea paulo post, anno videlicet 856 martyriali sanguine laureata, Laura in ejus locum assumpta 9 annos monasterium gubernavit : quo tempore miros virtutum omnium fecit progressus, orationi et corporis macerationi semper intenta. Tandem ad judicem Saracenorum, fama pervulgante, delata, cum in fidei confessione constantissime permaneret, verberibus crudeliter cæsa, in balneo ferventis picis immissa, tres horas in divinis laudibus, divino munere, complens, evolavit in cœlum, die 19 Octobr., anno Domini 864 : cujus quidem S. Eulogius non meminit, quia ipse anno 859 martyrio coronatus fuerat. Reliquiæ B. Lauræ per multas Hispaniarum ecclesias distribui cœperunt, et ipsa in magno pretio haberi.

282. Portus Juliobrigensium victoriæ sacratus, dictus est, quod ibi victi sunt Cantabri Juliobrigenses, volentes repellere classem Romanorum, tempore imperatoris Augusti. Alii verius putant, vocatum sic, quod Juliobrigenses victoriam reportaverunt ; quod victoria non dicitur de Juliobrigensibus, sed Juliobrigensium, quasi ipsi reportaverint.

283. Sarcimum vicus est apud Cantabros in Hispania prope fontes Iberi. Ibi jussu Caroli Martelli exsulat S. Eucherius episcopus Aurelianensis ; in Vita ejus corrupte legitur *Hesbania*. Fuit in Cantabria monasterium S. Trudonis Benedictini, sicut in Germania. In Hispania habebat Carolus Martellus mul-

tos amicos, ut apud Cantabros, et modo Sarcinum apud Cantabros, vel Sacernulum apud Astures, dicitur Barcena vel Salcedum, ignobilia quædam oppidula.

284. Sanctissimus vir Vera, Tarraconensis archiepiscopus, qui interfuit concilio Toletano XVI, vir pius, humilis et sanctus, obiit XX Octobr.; celebratur in tractu Aurelianensi apud Carpetanos.

285. Est auctor qui credat S. Exubium [*al.*, Exibium] discipulum S. Marci, post ejus mortem prædicasse Evangelium Caucasoliæ [*al.*, Centumcellis] in Lusitania, postque rediisse solum in Cyprum, ubi constitutus est archiepiscopus; *maximorum patrator miraculorum* dictus est propter ejus opera.

286. Mihi valde probabile est, et legi in historiis Elpidium ac reliquos episcopos, quos constituit [*al.*, traxerat] S. Jacobus in Hispania, ab ipso Jacobo baptizatos, fuisse de numero religiosorum Carmelitarum, qui in Hispania et per alias regiones monachatum introduxerant. Istos vocat lib. II, cap. 3, Eusebius *prophetici ordinis*.

287. Magna pars eorum qui ex Judæa trajecerant in Hispaniam, tempore Nabuchodonosoris, erant ex discipulis sanctorum Elisei, Eliæ et Enoch, et successores illorum.

288. Videre potui Vitam S. Syncletices virginis et abbatissæ Ægyptiæ (cujus dies festus est 5 Januar.). Hanc scripsit sanctus pontifex Athanasius, ut, quemadmodum monachi habent speculum in Antonio, sacræ virgines eam tanquam speculum intuerentur. Dicitur fuisse multarum virginum professionis propheticæ et Carmeliticæ parens.

289. C. Caninius [*al.*, Herminius] Rufus, prætor Gaditanus, profectus Romam anno 84, quarto anno Olympiadis 215, transiit in Hispaniam [*al.*, mansit in Hispania] ad ann. 86, et dum Gadibus contenderet venire Tarraconem, in via, oppido Villa ænea, alias Alona vel Delo, nunc corrupte a Mauris dicto *Villenia*, obiit ibique jacet sepultus.

290. X. M. P. Occasum versus ab oppido Turbula vel Tritubi [*al.*, Tibula *vel* Tribula], fuit oppidum Abula Batestanorum, nunc dirutum.

291. Urci fontes [*al.*, sedes] fuit episcopalis S. Indaletii; dicitur hæc Portella, et partiebatur hoc modo terminos cum sedibus : *Teneat de Egesta* [leg. *Egelesta*] et vide quæ notavi ad n. 58 in Chron. et ad n. 242] usque *Carthaginem*, et de Bigastro vel *Murcia* usque *Mundam*. Hæc civitas est ad fluvium Mundam apposita', VIII M. P. antequam confluat Munda fluvius in Taderem, quæ vel fluvio nomen dedit vel accepit ab eo.

292. Venerabilis memoria Plinii Junioris, qui pro Christianorum defensione scripsit ad Trajanum; quem redeuntem ex Asia conversum Cretæ ad fidem nonnulli credunt, et post in persecutione Antonini Pii, Novocomi cum aliis passum septimo Augusti; nec enim tam insigne defensionis opus justa mercede defraudandum fuit.

293. Trajani anno 15, Domini 114 (quo tempore Sarmaticus Arabicus vocatus est) reversus ex Asia Cretam Plinius; exstrui fecit celebre Jovi [*al.*, ibi] templum in honorem Trajani, quod [*al.*, templum] Titus diruit, et restauratum in nomine Jesu Christi. Plinius Secundus cum filio [*al.* desunt cum filio] Christo credidit, et baptizatus est a S. Tito, Cretensium episcopo, ut refert Zenas in ejus Vita. Itaque reversus Romam Christianus, sancte et pie vixit multos annos. Vocabatur C. Plinius a Trajano, et ab aliis Secundus; nec fuit hoc tempore alter Secundus vir consularis.

294. Pompeia Celerina, socrus Plinii Junioris, soror fuit S. Celerinæ, quæ excepit corpus S. Torpetis martyris ex Tuscia in Sinensem portum miraculose venientis.

295. Sunt qui putent Dionysium papam fuisse natione Africum, scriptorem libri *De situ orbis*, qui tulit passionem.

296. Theodorus, fluvius, hoc est *donum Dei*, Tader et Staberus dicitur, ob eximiam aquam quam habet ob communionem Mundæ, qui Mediterraneum intrat, ad urbem Longanticam.

297. S. Benedicta, quæ tempore Neronis Romæ victrix occubuit, patribus Cæsaraugustanis, ex Hispania, gentilibus tamen, nata fuit : quæ cum ad palmam quam diu multumque concupierat, pervenisset, ter quaterve flagris cæsa, nudo corpore per urbem advecta, sed Dei munere, minime nuda visa; 2 Julii, datis cervicibus, evolavit ad sponsum. Altera ex antiquioribus Christi virginibus Romæ pro fide occisis.

298. In codicibus Plinii correctis, pro *Alga minor*, quod reperitur in minus correctis, legitur *Alba minor*.

299. Suel inter Alateram et Siex [*al.*, Aodeteram *vel* Abdeeram, et Exi] vocatum est Sudal [*al.*, Siuel], et post a fortitudine nominari cœpit Castellum ferreum.

300. Antonini Pii Augusti Itinerarium, ejus jussu compositum, ut Theodosii codices leges.

301. Decem legati ex Hispaniis venerant Jerusalem, ex gentilibus quinque, ex Judæis quinque, ad apostolos.

---

290. *Abula Batestanorum*. De Batestanorum Abula vide Julianum in Adversariis, n. 513 : « Abulam, inquit, in Batestaneis ponit Ptolemæus, et Obilam in Vettonibus. »

301. *Decem legati*, etc. De hisce legatis Flavius Dexter in Chronico anno Christi 55, n. 1, ubi docte se gerit eruditiss. Bivarius. In numero tamen discrepat Julianus in Chronico, n. 9 : « Illi vero (*Toletani Judæi*) miscrunt Euphrasium et Indaletium rogantes Petrum et cæteros apostolos, ut statim Jacobum mitterent, qui venientes Hierosolymam, dederunt suas epistolas Petro. »

ANNO DOMINI DCCCLXXV

# FOLQUINUS
## SANBERTINIANUS MONACHUS.

### NOTITIA HISTORICA.

(Guérard, *Cartulaire de Saint-Bertin*.)

Le cartulaire de Saint-Bertin fut commencé, vers le milieu du $x^e$ siècle, par un religieux de cette abbaye nommé Folquin, qui prend le titre de moine et de lévite. Folquin était né en Lorraine, d'une des plus nobles familles du pays. Sa mère se nommait Thiédale, et son père Folquin. Celui-ci était fils d'Odwin, dont le père, nommé aussi Odwin, était frère de l'évêque de Térouanne, saint Folquin, et fils de Jérôme et d'Ermentrude. L'humble moine, qui nous fait connaître lui-même (1) cette généalogie, oublie de dire que son trisaïeul Jérôme était l'oncle de saint Adolard, abbé de Corbie, et le fils de Charles Martel (2).

L'an 948, le père et la mère de Folquin le conduisirent eux-mêmes à Saint-Omer, où ils le consacrèrent à Dieu, dans l'abbaye de Saint-Bertin, au commencement de novembre (3).

C'est à tort qu'un écrivain du $xvi^e$ siècle semble lui donner le titre d'abbé (4), et que des savants l'ont confondu avec un moine du même nom qui fut abbé de Lobbes en 965 (5). Folquin ne paraît pas avoir jamais quitté son abbaye, où il mourut vers l'an 975. (6) Il n'était encore que diacre, *levita*, lorsqu'il commença son cartulaire, et rien n'indique qu'il se soit jamais élevé plus haut dans les ordres, ni qu'il ait été promu à quelque dignité dans son monastère. La souscription *Folquinus levita et monachus subscripsit*, mise au bas d'une charte dont il donne le sommaire, prouve seulement qu'il fut employé à la rédaction des actes de l'abbaye. Peut être même eut-il la garde des archives de Saint-Bertin ; la rapidité avec laquelle il a composé le recueil qui porte son nom prouve au moins qu'il en possédait à l'avance tous les éléments. Folquin prit la plume par ordre de l'abbé Adalolphe, élu le 4 avril 961, et le dernier fait qu'il rapporte dans sa chronique est la démission volontaire de ce même abbé, arrivée au plus tard au commencement de l'année suivante. C'est donc en 961 que la première partie de notre cartulaire a été rédigée.

Elle commence par un pompeux éloge de saint Bertin. Folquin le compare au soleil qu'il nomme Titan. Les formules poétiques dont il orne son panégyrique prouvent qu'il n'était point étranger à la littérature profane. Il raconte ensuite, en peu de mots, l'arrivée de saint Bertin à Sithiu, et la construction dans ce lieu d'une église en pierre et en briques. Rien dans sa narration ne fait même allusion à une vieille légende qui embellit de circonstances miraculeuses la deuxième fondation de l'abbaye (7). Quoiqu'il ne soit pas entièrement exempt de la pieuse crédulité qui est un des caractères de son siècle, Folquin se montre généralement plus sensé que ses continuateurs : il est sobre de récits merveilleux ; il se moque de ceux qui attribuaient à la lune une influence directe sur les événements humains ; il semble enfin doué d'un jugement et d'une critique peu ordinaires pour le temps où il a vécu.

Folquin se proposait, en écrivant son ouvrage, de faire connaître par ordre chronologique les actes, *gesta*, des abbés de Saint-Bertin et les donations immobilières qui avaient successivement accru le domaine de l'abbaye. Quant aux chartes moins importantes, il en avait formé un recueil à part, dont les divisions correspondaient chacune à l'une des charges administratives du monastère, en sorte que chaque officier pouvait, au besoin, trouver dans un seul chapitre tous les actes qui concernaient son département.

En offrant son travail à l'abbé Adalolphe, Folquin proteste qu'il n'a rien écrit que ce qu'il a pu apprendre de témoins dignes de foi, ou recueillir dans les anciens diplômes échappés aux ravages des temps et du feu. Ces vieux documents sont généralement datés par les années du règne des rois et du pontificat des papes. Afin de rendre les recherches plus faciles, Folquin a joint à ces dates celle des années de l'Incarnation, en ayant soin toutefois de ne les jamais intercaler dans le texte des chartes pour qu'on ne pût l'accuser de l'avoir altéré. On doit lui savoir d'autant plus gré de cette précaution, que sa concordance étant souvent fautive, ainsi que l'a remarqué Mabillon, on n'aurait pas manqué, s'il l'avait joint aux actes mêmes, de rejeter comme suspects la plupart de ceux qu'il a rapportés.

Le recueil de Folquin est contenu dans un volume petit in-folio en parchemin, écrit, à ce qu'il nous semble, au commencement du $xii^e$ siècle, et qui appartient aujourd'hui à la bibliothèque de Boulogne (8).

(1) Edit. Guér. pag. 141.
(2) *Hist. littér.* tom. VI, p. 384. Mabill. *Sæc. Bened.* IV, part. 1, p. 625, n. 6.
(3) Edit. Guér. pag. 146.
(4) Edit. Guér. pag. 372.
(5) *Bibl. hist. de la Fr.* t. I, n. 12361.
(6) *Hist. littér.* t. VI, p. 384. Voy. Mabillon, *l. c.* et *Annal.* XLVI, 50.
(7) Voy. les trois *Vies* anonymes de saint Bertin publiées dans le recueil des Bollandistes, au cinquième jour de septembre.
(8) Une copie de ce manuscrit, exécutée avec beaucoup de soin par M. E. Miller, employé à la bibliothèque impériale, est conservée dans cette bibliothèque parmi les cartulaires, sous le n° 158.

Il est divisé en deux livres, précédés d'une liste des abbés de Saint-Bertin. Le premier livre se compose de soixante et un chapitres et le second de quatre-vingt-un ; à la suite sont transcrites ou analysées onze chartes constatant les donations ou acquisitions immeubles affectées à l'aumônerie du monastère, ce qui donne un total de quatre-vingt-douze chapitres pour le deuxième livre. On voit même par la table des chapitres écrite à la tête du manuscrit de Boulogne, que le deuxième livre de Folquin se composait primitivement, dans ce manuscrit, de quatre vingt-treize chapitres ; mais le dernier feuillet du volume ayant été arraché, il manque aujourd'hui le chapitre 93 tout entier et la fin du chapitre 92, lequel, ainsi qu'on s'en apercevra facilement, est incomplet dans notre édition (9).

(9) Voy. p. 168 de l'édit. Guérard. Ce chapitre 92 porte, dans la table des chapitres du manuscrit de Boulogne, le numéro 93, et le chapitre qui manque au manuscrit porte le numéro 94.

---

# FOLQUINI CHARTULARIUM.

(Apud D. Guérard, *Cartulaire de Saint-Bertin*.)

## INCIPIT LIBER PRIMUS.

In nomine sanctæ et individuæ Trinitatis. In hoc codice gesta abbatum Sithiensis cœnobii depromere cupientes, vel possessionum traditiones, quæ a fidelibus sub unius cujuscunque illorum tempore, sacro huic loco, cum cartarum inscriptione, sunt concessæ, describere volentes, a primo ipsius loci structore, domno Bertino, abbate ; operis hujus exordium sumamus Christo.

I. *Prologus Folquini levitæ et monachi.*

Quod omnipotens Deus sæpe suis fidelibus duo retributionis præmia dederit, unum in hujus vitæ peregrinatione, alterum in perpetua supernorum tranquillitate, satis sancta paginula, sapienter anserini vomeris cultro sulcata, perscrutantibus patefecit. Nam hic quamplurimos apud homines, quandiu vivunt, almifluis virtutum miraculis coruscando manifestat quos postea in æterna quietudine, pro sui laboris sudore, quiescere perpetualiter præstat. Unde quoque fit, ut, eorum memoria laudando, semper magnificet in terris, quorum perpetuitatis nomina in cœlestibus conscribuntur albis. Inter quos nobis præ cæteris unus, coram Deo præsentique sæculo, carior consistit patronus ; qui visui nostræ mentis, cum alta supernæ meditationis ascendit, gloriosus apparet veluti aureus Titan, cum novo mane, crocea relinquens cubilia septemplicia, præclari luminis, per totum proclivi sæculi rotabilem orbem, fugatis tenebris, sua emittit spicula ; quia in illius typo, per sancti pneumatis munera, ad amorem Dei electorum sæpe sufficienter accenduntur corda. Quapropter in primis Latinus sermo æthimologiam sui nominis licere sibi depromere diligenter petit, quem omnis plebs vulgari simplici vocabulo Bertinus consuete promit, quia ejus significationem, cum sit profunda, melius nuncupare non novit. B enim prima ipsius vocabuli ponitur littera, eo quod ab ipsa semper bonus extiterat infantia. E R similiter syllaba sequitur, quæ datur intelligi *hæreditarii* significatio tota ; mutataque *ti* in *na*, syllaba adhuc una, ab eo quod *natus*, ut ita conglomerati subinferatur ipse *bonus hæres* nobis *natus*, et a Domino Deo, suis feliciter exigentibus meritis, in sæcula datus, unde pro nostris facinoribus intercessor quotidie consistit præcipuus. Nunc igitur non est necesse, nec hoc etiam nostræ opis est, ut tanti patroni miracula, quæ per illum Dominus, ipso adhuc in corpore vivente, operare dignatus est quam plurima, hic nostræ soliditatis sermo in hujus brevitatis succinctione vel quid parum sua præsumat tangere audacia ; nam omnia quæ quandiu in hoc mundo felicem agebat vitam vel in sui transitu novitate fuerant facta, valde perita manus scriptoris in sua legentibus patenter edidit vita (10) ; vos interim ad multiplicia ejus desudamenta, quæ pro loci sui erectione laboratione sudavit assidua, optamus dicta reflectere, si ipse quoque dignetur adesse. Nam, cum, relicta, secundum Domini præceptum, patria Sithiu cum duobus adisset loca, tunc temporis, ob nimiam multorum paludum putredinem vel nemorum densitatem, per omnia invenit deserta, nec ad usus hominum, nisi quod et adhuc incolis non deest pro capescendis squamigerorum generibus, quod unquam utilia. Quo in loco sanctus vir tantum in Dei nomine sudavit, ut primitus nobile templum, lapidibus rubrisque lateribus intermixtum, in altum erigeret ; cujus ex vicino columnæ, quarum capitibus singulis imposita testudine, utramque parietem firmiter sustentant ; nec minus interius oratorii pavimenta multicoloris petrarum junctura, quæ pluribus in locis aurea infigunt lammina, decenter adornavit. Cujus templi

(10) S. Bertini Vita edita est a Mabill. *sæc. Bened.* II, part. I, pag. 108 et seqq. et a Bollandist. Sept. t. II, pag. 586, et sqq., 590 et seqq.

structuram qui forte velit, præ oculis inspicere poterit. Hunc tantummodo codicem de membranulis in unius libri cumulavimus corpus, ut, si forsan quis is·ius loci, possessionum investigandarum fuerat avidus, ad hunc recurrat : ibi numerum et nomina invenire poterit quantocius sub prætitulatione amorum Dominicæ nativitatis, vel tunc temporis cujuslibet regis, apte conjunctum (11), prout nostræ erat possibilitatis ; sed non omnia, quoniam multa ab antecessoribus nostris neglecta sunt, partim librorum incensione, partim demolita vetustate.

## II. De eo quod Adroaldus tradidit beato Bertino villam Sithiu.

In primordio igitur operis, auspice Christo, præponimus traditionem Adroaldi tunc temporis illustrissimi, qui, velut in gestis almi patris Bertini legitur (12), cum hæreditariam possessionis suæ non haberet, post decessum fragilitatis humanæ, tractare cœpit assidue qualiter Christo commendaret terrena, ut mercaretur superna. Igitur, adveniente domno Bertino in territorium Caruaninse, hortatu beati præsulis Audomari, tradidit Adroaldus supramemoratus almo Bertino villam sui juris, Sithiu nuncupatam, anno incarnationis Domini nostri Jesu Christi 640 (13) qui est annus xi regis Lodovei, filii Dagoberti, quatenus ibi cœnobium in honore principis apostolorum construeret, et ad ordinem vitæ monasticæ plurimos accenderet exemplo conversationis propriæ ; cujus traditionis exemplar hic etiam scire volentibus præ oculis inscribere curavimus.

## III. Exemplar traditionis Adroaldi (14).

« Dominis sanctis Patribus Bertino, Mammolino, Ebertranno. Ego in Dei nomine Adroaldus, sana mente, sanoque consilio integræ deliberationis, prout mundana peccata mea illecebris abstergere Dominus dignetur, dono vobis omnem rem portionis hæreditatis meæ in pago Taroanense, quod domno Patri Audomaro, apostolico viro, ad senodichium suum ædificandum dare voluimus; sed ipse salubre ac melius consilium nobis donavit, ut ipsam rem vobis delegarem, ut ibi monasterium in honorem sancti Petri principis apostolorum construere debeatis, ad conversandum monachis, ubi beati pauperes spiritu et domestici fidei adunari debeant, quorum voces quotidie ad aures Domini personare noscuntur, quorum petitiones Dominus audit et implet. Propterea vobis in Christo patribus dono, per hanc epistolam donationis, in pago Taroanense, villam proprietatis meæ nuncupante Sithiu, supra fluvium Agniona, cum omni merito suo, vel adjacentiis, seu aspicientiis ipsius villæ. Hæc sunt : villa Magnigeleca, Wiciaco, Tatinga villa, Ammeio, Masto, Fabricinio, Losantanas, et ad Fundenis seu Malros, Alciaco, Laudardiaca villa, Franciliaco, cum omni merito eorum; cum domibus, ædificiis, terris cultis et incultis; mansiones cum sylvis, pratis, pascuis, aquis aquarumve decursibus, seu farinariis, mancipiis, acculabus; greges cum pastoribus, mobilibus, immobilibus, vel quibuslibet benefi iis. Hæc omnia vobis ad integrum trado atque transfirmo ut habeatis, teneatis atque possideatis, et quibus volueritis ad possidendum relinquatis. Si quis vero, quod futurum esse non credo, si ego aut ullus de hæredibus meis, vel quislibet opposita persona contra hanc donationem venire conaverit, ullo unquam tempore, imprimitus iram Dei incurrat, et sancti Petri offensam; et insuper, fisco cogente, auri libras xv, argenti pundo xxx coactus exsolvat, et quod repetit non valeat evindicare. Et ut hæc donatio omnibus temporibus firmissima sit, manu nostra roboravimus, et qui signarent aut subscriberent ad præsens rogavimus. Facta donatio viii idus Septembris anno xi regni Domini nostri Clodovei regis (51).

« Actum Ascio, villa dominica, publice, coram strenuis personis, quorum nomina, cum subscriptionibus vel signaculis, subter tenentur inserta.

« Ego Adroaldus hanc donationem, a me factam subscripsi. In Christi nomine, peccator Audomarus, nomine absque opere episcopus, pro testimonio subscripsi. Ego Agolfus, acsi indignus, presbyter, subscripsi. Ego Ingobertus, acsi indignus, presbyter, subscripsi.

« † Signum Chuneberti grafionis. † Sign. Landeberti. Sign. Maurilionis. Sign. Baboni. Sign. (16) Sacebaronis. Sign. Adalbaldi. Leudolenus abbas subscripsit. [Sign. Waldegisili, in Christi nomine Ragnulfus, jubente domno Audomaro episcopo, et rogante Adroaldo illustri viro, hanc donationem scripsi.

« Testes hujus traditionis :

« Sign. Babbani. Sign. Seoguini. † Sign. Crodmari. † Sign. Ermemberti. † Sign. Maurini. † Sign. Adalcharii. † Sign. Rigoberti. † Sign. Chrodobaldi. † Sign. Vumegeri. † Danoaldus presbyter A. Sign. Ormari. † Sign. Ineufi. † Sign. Bertolandi. Sign. Tadobaldi. † Sign. Astronvaldi. † Sign. Gaiberti. † Sign. Bainus A. Sign. Madalgisi. † Sign. Burgasti. † Sign. Madalaulfi. † Sign. Aldeberti. Sign. Traswaldi. † Sign. Macrini. † Sign. Gislebertus A. Sign. Badoni. † Sign. Radbaldi sacerdotis. † Sign. Vualdmari. † Sign. Anchaldi sacerdotis in Christi nomine, ut supra A. Sign. Charrici. † Sign. Isberti sacerdotis. † Sign. Amalgarii.] »

(11) Qua in reluti a Mabillonio adnotatur, Folquinus a vero calculo passim aberravit.
(12) Ad Mabill. Sæc. Bened. III, part. I, pag. 109, et Bollandist. Sept. tom. II, pag. 587 A.
(13) Rectius an. 648 aut insequenti, quocum Chlodovei annus xi convenit.
(14) Edidit Miræus, Oper. diplom. tom. I, pag. 7.
(15) De cœnobii constructione aliisque rebus post Adroaldi donationem, a Bertino, Mummolino et Ebertranno gestis, vide Mabill. Annal. xiii, 49, tom. I, pag. 400 et seqq.
(16) Hic videtur expungendum Sign., ut possit legi: Sign. Baboni sacebaronis.

IV. *Exemplari commutationis Villamni beati Bertini et Mummoleni episcopi* (17).

Sub Francorum quoque principe (Chlotario) prædicti regis Illodovei filio, anno ipsius vi, Verbique incarnati 660 placuit, venerabili viro Mummoleno Noviomensi episcopo, domnoque Bertino abbati de Sitdiu monasterio inter se aliqua commutare locella : deditque venerabilis Mummolenus episcopus domno Bertino abbati villam nuncupatam Vallis, quam de parte dederat viro reverentissimo Ebertramno abbate de sancti Quintini cœnobio, pro alia villa cognomento Tunninio, seu et Inbrago et Inglindono, vel in Selerciaco. Hæc quinque locella domno concessit Bertino. Et e contrario vir venerandus Bertinus dedit Mummolino episcopo portionem suam de villa nuncupante Vausune, in pago Constantino, et locum aliud nomine Lauvardiaca villa ad integrum, quam commutationem regia auctoritate confirmare petierunt : quod et factum est. Exemplar autem regiæ confirmationis proponere placuit.

V. *Exemplar ejusdem*.

[(18) Chlotacharius rex Francorum vir inluster.] Dum et nos Dominus in solio parentum nostrorum fecit sedere, oportet nobis salubriter peragere, ut ea in Dei nomine debeamus propensare, ut id quæ ad profectum ecclesiarum vel res sanctorum salvandum pertinet, libenti animo debeamus præstare, qualiter hoc in Dei nomine inlibata debeat permanere, et apud æternum retributorem nobis ex hoc ad mercedem possit pertinere, et congregatio Deo canentes, pro nobis Domini misericordiam studeant deprecare. Igitur apostolicus vir Mummolenus Noviomensis urbis episcopus, necnon et venerabilis vir Bertinus abba de monasterio Sitdiu, qui ponitur in pago Tervuanense, a quorum amborum opere visi fuerunt ædificare, et est in honore sanctæ Mariæ genitricis Domini nostri Jesu Christi, necnon et sancti Petri et Pauli apostolorum, vel cæterorum domnorum sanctorum constructus, ad præsentiam nostram venientes, clementiæ regni nostri detulerunt notitia, ut aliqua locella eorum congrua et oportuna, tam in pago Constantino, quam in Noviomaginse, vel Cambraciuse, seu Vermandinse, ubicunque congruum locum advertirent, inter se commutare deberent. Ideo petierunt nobis unanimiter ante dictus domnus Mummolenus episcopus, seu venerandus vir Bertinus abba, ut eis licentiam tribuere deberemus, tam de parte domno Mummolino episcopo, vel civitate Noviomense ipsius pontificato, quam et de parte ipsius Bertino abbate, monasterii sui Sitdiu, quandoquidem eis complacuerunt, et locum invenirent, licentiam nostram habeant faciendum. Invenerunt inter se ambo locella aliqua his nominibus : Vallis, quem de parte venerabili viro Ebertramno abbate de basilica sancti Quintini pro alia villa cognominanti Tumninio, seu et Imbrago et Inglindono, vel in Selerciaco, in ista loca quinta denominata dedit Mummolinus episcopus jam dicto Bertino abbate. Similiter dedit Bertinus abba memorato domno Mummolino abbati vel episcopo portione sua de villa nuncupante Vausune, in pago Constantino ad integrum, quem de illustri vero Agulfo pro alia villa Tranciliaco in concambio accepit, et alio locello qui vocatur Laudardiaca villa, in pago..... ad integrum. Ista omnia denominata quod nos pro reverentia ipsius sancti loci, vel Bertino, seu monasterii sui Sithiu, ut hoc in eismetipsis Mummolino episcopo et Bertino abbate, sicut superius diximus, integra nostra auctoritas plenius confirmare deberet. Cujus petitioni ita præstitisse in omnibus confirmasse cognoscite. Præcipientes enim ut sicut constat de ipsas res superius, quidquid dictum est, in ipsa loca cum omnia et ex omnibus totum et ad integrum, id est cum terris, domibus, mancipiis, farinariis, vineis, vel quidquid inter se commutaverunt, cultis et incultis, et hoc ad præsente tempore possedere vel dominare videntur, ita et inantea per nostrum præceptum plenius inde confirmatum et supra scripti domnus Mummolinus episcopus et Bertinus abba de ipsas res superius nominatas, quidquid manu nostra fuit delegatum vel firmatum, sicut per eadem declaramus, hoc habeant, teneant, atque possideant, suisque successoribus cum Dei et nostra gratia derelinquant; vel quidquid exinde facere decreverint, liberam in omnibus habeant potestatem, et nulla inter ipsos lis et altercatio post temporibus ante parentorum nostrorum regibus maneat, nisi de parte domno Mummolino episcopo, quam et de successoribus suis Noviomaginse civitate nulla requisitio nec remallatio fiat ; et de parte Bertino abbate vel ipsius monasterii Sitdiu seu successoribus suis non fiat : et nec successoris nostri in curticellas suprascriptas, nec quislibet, ut dictum est, judiciaria potestas ibidem ingredere non præsumat : nisi pro nostra mercede absque introitu judicium memoratus abba vel successores sui ibidem consistentes ad parte ipsius monasterii valeant possidere, qualiter in illis delectetur ad ipsa sancta congregatione pro nobis Domini mi-

(17) Edidit Mabill. *De re diplom.* p. 625.
(18) In hoc Chlotharii præcepto deest apud Folquinum formula initialis, quam uncis inclusam supplevimus. Desunt etiam regis ac Balthechildis reginæ subscriptiones, tametsi uterque *signaculo manus suæ* id affirmavit, cum ad modum quo in subsequentibus Chlodovei tertii litteris etiam Chrodechildis subscribit cum filio suo Chlodoveo sub hac formula, *Signum gloriosi Chlodovei regis* : et, *Signum præcelsæ genitricis nostræ Chrodechildis reginæ* : quæ formula etiam servatur in diplomatibus Chlodovei junioris,

omnino consentanea formulæ Carolinæ. In contextum hujus diplomatis mendum irrepsisse videtur ad hæc verba, *domno Mummolino abbati vel episcopo* : nam alias simpliciter episcopus dicitur, nulla mentione facta abbatialis ejus dignitatis, quam ei nonnulli tribuunt ante pontificatum. Cæterum hoc præceptum laudat in suo Chlodoveus tertius, qui et Childerici avunculi ac Theoderici genitoris sui eam in rem diplomata laudat. Childerici litteras non habemus : Theoderici præceptum exhibet Folquinus, prout sequitur.

sericordiam jugiter deprecare. Et ut hæc præceptio firmior habeatur, et a vobis successoribusque vestris per tempora in omnibus conservetur : nos et præcelsa domna genitrix nostra Balthechildis regina signaculo manus nostræ noscimur adfirmasse.

Actum sub die Kal. Februarii, anno VI regni nostri Crisciaco palacio.

### VI. *De privilegio beati Audomari, quod concessit sancto Bertino de basilica sanctæ Mariæ.*

(662.) In eodem quoque anno, sub eodem principe Lothario, fecit beatus Audomarus, Tarvennensis Ecclesiæ episcopus, domno Bertino privilegium ecclesiæ suæ, quam in honorem sanctæ Dei genitricis Mariæ construxerat in Sithiu villa, ad corpora fratrum tumulando (19), ut ipsa basilica sub umbraculo patrocinii prædicti abbatis Bertini, seu successorum ejus, per succedentia tempora usque in finem regatur, ut ipsius privilegii testatur charta quam etiam hic inscribere curavimus uti tunc temporis factam accepimus.

### VII. *Exemplar ejusdem privilegii.*

(14 Apr. 662.) « Domnis sanctis ac venerabilibus in Christo mihi adhærentibus, tam abbatibus quam et presbyteris vel diaconibus, vel omni clero Tarvennensis Ecclesiæ seu viris illustribus, optimatis, sublimis personis vel reliquis quam pluribus, Audomarus, Christi gratia Tarnanensis Ecclesiæ episcopus. Licet nos antiquæ regulæ constituta salubri observatione custodire conveniat, tamen, divina largitate inspirante, utili provisione pertractante, constituimus ut, quod sacris deliberationibus non derogat, intrepida observatione conservetur. Quia placuit nobis, juxta fraternalem consensum et visceralis pietatis affectus, ita cor nostrum intrinsecus mollivit, ut basilica in insula Sithiu, ubi in antea monasterium in Dei nomine ædificatum esse videtur, ubi regulariter viventes aderant monachi sub libertate constituti, ibidem pariter cum ipsis monachis, pro eorum consolatione vel adjutorio, basilicam, communi opere, ad corpora eorum vel nostrum quiescenda, ædificavimus in honorem sanctæ Mariæ genitricis Domini nostri Jesu Christi; ut in suprascripta basilica, juxta ipsorum fratrum plenissimam charitatem, in ejus sacello corpusculum meum, post obitum meum; ibidem depositus vel conditus, deberet inter ipsorum corpuscula monachorum, qui, religioso habitu, ad omnipotentis Dei verbum, convenerunt de dissimilibus gentibus, de squalitate mundi, in unius gremio sanctæ Ecclesiæ, pro amore Christi consolidati sunt; ut ab jugo mundi colla mentes excutiant, omnia deserere, terrenæ curæ pondera deponere, atque ad cœleste desiderium latius animi sinum laxent, vitam remotam pro superna retributione petierunt, ut in ea sanctis precibus dediti, et vetustatem cordis a societate sæcularium strepitus disjungere, et in igne amoris Domini conflant, ut ad cœleste gaudium contemplandum se innovent. Proinde ego qua fiducia provocatus, intercessores meos apud clementissimum et omnipotentem Dominum, ut suis precibus præbere mihi dignentur amminiculum, humiliter deposco, et taliter ab ipsa congregatione supplico, ubi et ubi locus evenerit, in quo Dominus de hac luce me migrare jusserit, consocia charitate, juxta quod in auribus vestris patefecimus, quod voluntas nostra taliter decrevit, ut cum ipsis peregrinis, in ipsa basilica, quam pro eorum adjumento construximus, ibidem me requiescere, secundum ipsorum monachorum voluntatem, et Dei adjutorio, licentiam habere debeam; et ipsi fratres, de quibuslibet locis, in præfata insula corpus meum adducere et ibidem recondere debeant. Per quod decerno, et, juxta consensum fratrum clericorum Tarnanensis ecclesiæ, vel illustribus viris personis interdico, ut ipsa basilica sub umbraculo patrocinii abbatis Bertini, qui nunc temporis in ante dicto monasterio præesse videtur, seu a successoribus suis, sub eodem gubernatione regenda, cum divino cultu affectuque piissimo et dilectione qua decet, et cum omni integra soliditate insulæ Sithiu monasterio in sui juris obtineant vigore arbitrioque, vel rebus inibidem aspicientibus; ut neque ego neque ullus episcoporum successorum meorum, neque privilegio aut muneris causa, pro ejusdem adjutorio, servorum Dei vel ipsorum libertate integra reservanda, requirere non præsumat. Et, sicut antiquorum, vel in novo tempore, monasteria propria privilegia sunt consecuta, ita et hoc a successoribus custodiatur; ut quidquid in ipsa basilica vel ejus monasterio ibidem offertur, ipse abbas vel monachi ibidem servientes, absque ullius contrarietate vel repetitione episcoporum, liberi, cum Dei adjutorio, hoc possideant; et, juxta quod decretum est, quidquid prædicti basilici monachi sub libertate et angelica regulariter viventes, regio munere, seu a quibuslibet Christianis, in agris, mancipiis, auro argentoque sacrisque voluminibus, vel in quibuscunque speciebus, quæ ad ornamentum divini cultus, vel ad opus eorum monachorum pertinere noscuntur, vel in cæteris rebus collatis aut deinceps collaturis, in præsenti vita nostris temporibus seu successorum meorum, neque ego nullusque sibi pontifex, aut aliquis ex ordine clericorum ordinator Tarnanensis Ecclesiæ, suis usibus usurpare aut minuere, aut ad civitatem aliqua specie deferre non præsumat. Et quidquid ad ipsum altare in Dei nomine fuerit oblatum a quibuscunque, Deo inspirante, transmissum, nihil sibi exinde, pro reverentia sanctæ Mariæ, in cujus honore ipsa basilica vel reliquorum sanctorum constructa esse videtur, pontifex aut ejus archidiaconus, vel quilibet ordinator ecclesiæ Tarnanensis, audeat vindicare a præfato monasterio; neque in agris ipsius convivia, ego,

---

(19) De hac ecclesia, quæ postea in monasterium, ac demum in cathedralem Audomaropolis ecclesiam conversa est, vid. Mabill. *Annal.* XIII, 49, tom. I, pag. 401.

vel pontifices successores nostri, vel archidiaconus præparare voluntate fuerit rogatus, et, peracto divino mysterio, absque ullo incommodo, in sua studeat habere regressum; neque ulla alia potestate in ipso monasterio, ut dicimus, neque in rebus, seu mysterium aut ornamentum ipsius, neque in personis donandi aut commutandi pro reverentia sanctæ Mariæ vel Petri et Pauli apostolorum, vel pro eo, ut quieti sub regula sancta ipsi monachi vivere debeant, ad ipsum monasterium deservientes, ut de perfecta quiete ipsa congregatio valeat, duce Domino, illæso tramite, per tempora exsultare, et ad portum quietis æternæ feliciter pervenire; et, sicut plura monasteria sub libertate viventes, ut pro statu Ecclesiæ et salute regis vel stabilitate regni et tranquillitate patriæ, valeant in ipso loco vel ad eorum reliquias sanctorum plenius exorare, et, juxta decreta antiquorum patrum, Domino adjuvante, valeant perseverare; quatenus hanc epistolam, cum privilegio concesso atque indulto sub ea, ut diximus, libertate, sicut plurima monasteria, ut monachi ibidem consistentes debeant in perpetuum permanere firmissime, ut jam dicti monachi a sæpe dicto monasterio ejusque cellulas, quia nihil de catholica auctoritate convellitur, quidquid domesticis fidei, pro tranquillitate pacis vel reverentia sanctorum, tribuitur. Illud etiam placuit addere, ut, absque introitu pontificis, ipsi monachi sub religione vel regula, sicut superius diximus, vivere debeant, Christo protegente, qui adjuvet hanc epistolam conservantibus et qui desiruat infringere eam præsumentibus. Quam diffinitionem constitutionis nostræ, nostris et futuris temporibus, ut valitura sit, manus nostræ subscriptionis roboravimus, et fratribus nostris et illustribus viris, ut et ipsi perfirmare deberent, rogavi.

« Actum in basilica ipsa, sub die XVIII Maii, anno VI regni domni nostri Clothacarii regis (20).

« In Christi nomine, quamvis peccator, ego, Audomarus, nomine absque merito episcopus, hanc epistolam voluntarius dictavi et recensere audivi; et qui subterius scribere deberent, rogavi. Hæc ab ocellis feci, et alius manum meam tenens scripsit et subscripsit.

« In Christi nomine, Mummolenus, acsi peccator, episcopus, rogatus pro indiculo domni Audomari, subscripsi. In Christi nomine, Andebertus indignus subscripsi. In Christi nomine, Drancio, indignus episcopus, subscripsi. In Christi nomine Granvangerus, indignus episcopus, subscripsi. Bertefridus peccator hanc epistolam subscripsi. In Christi nomine, Audobertus episcopus, subscripsi. Amlacharius, in Christi nomine, peccator episcopus, subscripsi. Raginus acsi peccator, episcopus, subscripsi. In Christi nomine, ego Abel, acsi indignus, abbas, subscripsi. Ego Ramnibertus peccator hanc epistolam subscripsi. Ego Landebertus, acsi indignus, monachus, hoc privilegium, rogatus scripsi et subscripsi (21). »

Igitur decedente domno Audomaro episcopo, in villa Worantis dicta, distante a Sithiu cœnobio fere quatuor miliaribus, a domno Bertino, secundum ipsius beati viri in hoc privilegio rogatum, exinde deportatus, in suprascripta basilica, coram altare Dei Genitricis est humatus; ac deinceps ipsa basilica domno Bertino fuit subdita (22).

VII°. *De eo quod beatus Walbertus Villam Arkasi beato patri Bertino tradidit.*

Postquam beatus Bertinus casum miserabilem Walberti (23) viri eximiæ probitatis, et cruris fracturam prædixerat, et cellarium vino vacuum ejus fide sincera fragrantissimo mero repleverat; insuper ex mero multiplicato semel delibato isdem Walbertus comes plenam incolumitatem receperat, omni sublato dolore, ob remunerationem cœlestis beneficii, villam Arkas et multa alia predia beato compatri suo Bertino et fratrum usibus, anno Virginei partus sexcentesimo sexagesimo octavo, perpetuo delegavit.

Arkensis gratus tibi, quæso, sit comitatus.

VIII. *Privilegium Theoderici regis de hoc quod domnus Bertinus in Attinio fisco comparavit.*

Anno autem Dominicæ incarnationis 676, ind. IV, regnante glorioso Francorum rege Theoderico, qui erat frater præfati regis Clothacarii, anno X (24), fecit idem rex Theodericus præceptum securitatis domno Bertino, de eo quod comparavit in Attinio fisco, cujus hic est textus.

IX. *Exemplar* (25).

[Teudericus rex Francorum vir inluster.] Si aliquid ad loca sanctorum pro adjuvamen servorum Dei concedimus, hoc nobis ad laudem vel æternæ retributionis pertinere confidimus. Igitur cognoscat magnitudo seu utilitas vestra quod nos venerabili viro Bertino abbati de monasterio Sitdiu tale beneficium concessimus, ut quod infra mero Attiniacense de fisco nostro comparatum habebat, aut inantea ad regis Burgundionum majorem domus, et matrem Leodegundam. Magna hæreditatis suæ parte monasterio Sithiensi tradita, sæculum ejuravit, subque S. Bertino abbate monachus est effectus. De quo et Walberto sane altero, qui Luxoviensis abbas fuit conf. Mabill. Sæc Benedict. III; part. I, pag. 113, et part. II, pag. 453; Joan. Iper. *Chronic.* cap. 1, part. x; Bolland. Mai tom. I, pag. 274.

(24) Initium regni Theoderici, teste Mabill. sumitur ab ineunte mense Sept. an. 673; ex quo anno x ejusdem regni, eum an. Chr. 682 congruentem esse satis perspicuum est.

(25) Vulgatum a Mabill. *De re diplom.* pag. 625.

---

(20) A. Chr. 662. — « Actum anno Verbi incarnati sexcentesimo sexagesimo. » *Cod. Audom.*

(21) Hic habet cod. Aud.: *Ad hujusmodi signum finit liber veteris Folquini.*

(22) In cod. Aud.: prima, ut videtur, manu scriptum est hoc monitum: « Ex libro papireo ubi hæc littera habetur inserta, continetur tam ea quam immerito delevi, quam hoc: actum anno, etc.; item et in originali, quam ego hodie IX Decembris anno 1512 palpans legi, est mihi testis Deus. »

(23) Walbertus a Joanne Iperio nuncupatus Pontivensis, Tornacensis et Arkensis comes, habuit, eodem Joanne auctore, patrem Haugericum, Theoderici

ad comparandum invenire potuerit, præter illos mansos unde operas carrarias exeunt, hoc habeat concessum, et nullo redditu terræ, nec nullas functiones publicas eisdem ob hoc exigere, nec requirere non debeatis. Quapropter per hoc præceptum specialius decernimus ordinandum, quod in perpetuo volumus esse mansurum, ut neque vos, neque juniores seu successores vestri, nec quislibet de judiciaria potestate adcinctus, de ipsas terras quod infra mero Attiniacinse infra ipso fisco nostro memoratus abba comparatum habet, aut deinceps ipse vel successores sui, aut pars ipsius monasterii comparare potuerint, præter illos mansos unde carpentas exennt, nullos redditus terræ, nec nullas functiones eisdem non requiratis, nec exactetis, nisi quidquid exinde ipse abba vel pars monasterii sui Sitdiu aut successores sui, vel quod fiscus noster percipere potuerit, ex nostro munere largitatis hoc habeat concessum atque indultum. Et ut hæc præceptio firmior habeatur, et per tempora melius conservetur, manus nostræ subscriptionibus eam decrevimus roborare.

Signum gloriosi regis Theoderici.

Data sub die x Kal. Novembris, anno x regni nostri, Compendio palatio in Dei nomine feliciter (26).

### X. *De cella Hunulfi curte.*

Anno ab incarnatione Domini 677 indictione (27) vi, vir quidam inclitus, nomine Amalfridus, tradidit domno Bertino monasterium quod ipse construxerat in proprietate sua, nomine Hunulfi curte in pago Cameracense, super fluvio Scald; ubi et filia ipsius illustris viri Auriana nomine, abbatissa sanctimonialium rectrix esse videtur eo tenore ut hoc ipse, dum adviveret, per precariam haberet, et post suum obitum ac filiæ ejus Aurianæ, supradictus abbas Bertinus seu successores sui hoc habeant, teneant atque possideant; et quemcunque præpositum ibi præponere voluerint, licentiam habeant, sicut etiam exemplar illius traditionis apud nos hactenus conservatum, testatur hoc modo.

### XI. *Traditio Amalfridi de eadem cella* (28).

Ego in Dei nomine Amalfridus illuster vir, concessi atque delegavi ad monasterium Sitdiu, ubi venerabilis vir Bertinus abbas præesse videtur, una cum voluntate vel convenientia filiæ meæ Aurianæ, quæ ibidem rectrix esse videtur, hoc est monasterium nostrum, cujus vocabulum est Hunulfocurtis, in pago Kambriucense, super fluvio Scald, quem ego in proprietate nostra in honore sanctæ Mariæ, vel sancti Petri, seu sancti Martini, seu sanctæ Pollinæ construxi, ubi ipsa pretiosa gemma requiescit in corpore..... Et supplicamus ipsos fratres et rectores monasterii, ut ipsum monasterium de Missa, de curso, de luminaria, curam habere studeant, et de hospitibus et peregrinis charitatem, ut mercedem habere debeant, et nomen nostrum in libro vitæ recenseant. Actum Vermandis, quod fecit mensis Februarius dies viii in anno xii regni domni nostri Teuderici gloriosissimi regis (29).

Hac traditione jam peracta, atque illustrium virorum subscriptione firmata ut etiam per succedentia tempora inconvulsa servaretur, annis necdum duobus post prædictam traditionem peractam, qui erat annus Dominicæ incarnationis DCLXXVIIII, atque prædicti regis Theoderici annus xiv (30) pariter regale palatium in villa Crisciaco adientes, domnus scilicet Bertinus abbas, et Amalfridus illustris factor hujus traditionis, postulantes suprascriptam donationis cartam regiæ præceptionis auctoritate firmare. Quod rex tunc devote complexans, cum sigilli regalis subscriptione apud nos conservata, hactenus testatur ita dicendo:

### XII. *Confirmatio Theoderici regis de eadem cella.* (31)

Veniens venerabilis vir Bertinus abba de monasterio Sithiu, quod est constructum in pago Tarwaninse, in honorem sancti Petri, vel cæterorum sanctorum, per consensu et voluntate illustris viri Amalfridi, et matronæ ipsius Childebertanæ, seu et filia eorum Auriana abbatissa, Cariciaco villa in palatio nostro, in nostram venientes præsentiam, clementiæ regni nostri intulerunt, eo quod ipse Amalfridus et matrona sua Childebertana in honore sanctæ Mariæ genitricis Domini nostri Jesu Christi, vel sanctæ Pollinæ, in loco nuncupante Hunolfocurte, super fluvio Scald visi fuerunt ædificasse, etc. Dat. Kalend. April. anno xiv regni nostri Cariaciaco palatio.

### *De fundatione et dedicatione monasterii sanctæ Bertæ Blangiacensis.*

(685) Theoderici prætitulati regis, Clodovei et

(26) Theoderici solemnis subscribendi modus is erat, † *In Christi nomine Theudericus rex subscripsi*, ut ex relatis ejus formulis constat. Unde asserere licet, hic non bene redditam fuisse Theoderici ipsius subscriptionem a Folquino, qui in superiori, uti et in isto, Chlotharii diplomate formulam initialem; ad hæc etiam regis ac B. ltechildis reginæ atque cancellarii subscriptiones prætermisit.

(27) Indict. vi non cum an. Chr. 677, sed cum an. 678, convenit; neuter vero horum annorum cum xii Theoderici III, qui annus incidit in an. Chr. 685.

(28) Edidit Mabill. *De re diplom.* pag. 607.

(29) Amalfridi litteras ita claudit Folquinus, itemque Iperius in Chronico Bertinensi, qui Iperius prima instrumenti verba, quæ præfationis loco sunt, refert in hunc modum : *Quantum intellectus sensus humani*, etc. Illa vero recensuisse videtur Folquinus, quod nihil ad historicam diplomatis notitiam conferrent : at subscriptiones omittere non debuit, quæ sic habent : Amalfridus *hoc testamentum a me factum relegi et subs*. Ego Auriana abbatissa consentiens subs. Signum Adalfridi, Vulfoaldus, Nivario, Angabertus, Hildramnus, Erchamfridus, Signius, Vunraulfus Diaconus, Ulitmarus, Crasmarus, Dudonus, Bruno, Ermenfridus, Constantinus, Gislefridus, Centenasius, Gerfridus, Baldstrantus, Bladardus rogatus hoc testamentum scripsi et subscripsi.

(30) Annus xiv regni Theoderici III mense Aprili, cum a. Chr. 687 convenit.

(31) Hanc confirmationem edidit, sed mancam Mabillonius, *De re diplom.* pag. 607.

Batildis reginæ filii, fundatoris (32), sancti præsulis Vedasti Attrebatensis, anno duodecimo, in Blangiaco, beatissima Berta monasterium (33) ædificare cœpit in pago Taruanorum, in propria possessione, anno Dominicæ nativitatis octogesimo secundo (34) vel circiter, ut patet in scriptis prædicti monasterii. Compositis denique omnibus ad ornatum monasterii, piissima Berta convocavit in unum venerabiles episcopos ad præscriptum monasterium dedicandum, sanctum videlicet Ausbertum, Rotomagensem episcopum; sanctum Walaricum; sanctum Germanum de civitate Parisii; sanctum Silvinum, advenam de Tholosa venientem; sanctum Pharonem de Meldis, fratrem Walberti suppositi; venerabilem Ravengarium, in cujus diœcesi ante relatum situm est cœnobium, Taruanensem præsulem, plerosque alios præclaræ vitæ viros. Ibi omnes, velut columnæ firmissimæ intra sanctam Ecclesiam uno in tempore floruerunt, et ad memoratam Bertam, devotioni ejus favere gliscentes, convenerunt. Ravangerus autem, Morinorum episcopus in cujus parochia actum est, interrogavit si omnia adessent dedicationi necessaria. Responsum est illico a Berta cuncta adesse. Tunc ille : « Affer, inquit, ysopum, ut præparatur usui necessario. » Et illa, inquit : « Huc usque, pater nesciebamus si de illo aliqua necessitas huic adjungeretur operi.» Tunc, metu divino, angelus, in modum juvenis, detulit ysopum miraculose meritis astantium. Facta est hæc dedicatio quando fecit mensis februarius dies novem.

XIII. *De morte Theoderici et successione Clodovei filii ejus, et cæteris.*

Decedente interea glorioso Francorum rege suprascripto Theoderico, anno incarnationis Dominicæ 682, qui erat annus regni ipsius (35) filius ejus Clodoveus puer in regno Francorum gloriose sublevatur. Qui regia auctoritate privilegium quoddam domno Bertino fecit de monasterio suo Sithiu, in quo quidquid ab antecessoribus suis prædicto loco fuit concessum, ipse privilegio regiæ confirmationis affirmavit; interdicens scilicet, sine judiciaria potestate, locum illum per succedentia tempora manere, nec aliquis publicus exactor, sub aliquo districtionis freno, ingenuos ac servientes loco illi distringere præsumat. Quod etiam privilegium istic inscribere placuit. Actum est anno ab incarnatione Domini 672, qui erat annus I præfati regis, hoc modo.

XIV. *Privilegium Clodovei regis* (36).

Chlodoveus rex Francorum [vir inluster]. Si illa beneficia quæ parentes nostri ad loca sanctorum præstiterunt vel concesserunt, pro nostris oraculis confirmamus; et regiam consuetudinem exercemus, et nobis ad laudem vel stabilitatem regni nostri in Dei nomine pertinere confidimus. Igitur venerabilis vir Bertinus abba de monasterio Sithiu, quod est in pago Taruanense, in honore sanctæ Mariæ geni- tricis Domini nostri Jesu Christi, necnon et sancti Petri et Pauli apostolorum, vel cæterorum domnorum Sanctorum constructum, ad nostram accedens præsentiam, clementiæ regni nostri suggessit, eo quod avus noster Chlodovius quondam rex de omnes curticellas vel villas ipsius monasterii, quidquid præsenti tempore possidebant, aut adhuc inantea ex munere regum, vel collata populi, seu de comparato aut de qualibet adtracto in quibuslibet pagis atque territoriis inibi erat additum vel collatum, integra emunitate antecessore suo Mummolino quando vel ad prædicto monasterio concessit, ut nullus judex publicus ibidem ad audiendas causas, freta exigenda, fidejussores tollendos, nec mansiones aut paratas faciendo, nec homines ipsius monasterii, tam ingenuos, quam et servientes super terras suas commanentes distringendos, nec nullas redhibitiones requirendas, nec exactandas, nec udiciaria potestas ibidem ingredere quoquo tempore non deberet, nisi sub emunitatis nomen omni tempore cum omnis fretis concessis pars ipsius monasterii debeat possidere. Unde et præceptionem principum, seu confirmationem avunculorum nostrorum Chlotacharii, et Childerici, seu et genitoris nostri Theoderici quondam regis, qualiter hæc vel illa locella, quæ postea ipse Bertinus abba ad parte ipsius monasterii pro commutationis titulo vel strumenta accipere..... accipere confirmaverunt, nobis in præsente ostendit relegendas : et ipsis beneficiis concessis de tempore usque nunc asserit conservatas, sed pro firmitatis studium petiit memoratus abba celsitudini nostræ, ut hoc circa ipsum locum pro nostra auctoritate plenius confirmare deberemus. Cujus petitioni pro mercedis nostræ munere vel reverentia ipsius sancti loci ita præstitisse et in omnibus confirmasse cognoscite. Præcipientes enim ut quidquid constat supra scriptos avos nostros Chlodovius quondam rex de ipsa emunitate, sicut superius est comprehensum, præfato Mummolino, vel postea ipse avunculi nostri Chlotacharius seu Childericus, seu et genitor noster Theodericus quondam reges, juste et rationabiliter consenserunt, vel confirmaverunt, et de eo tempore usque nunc recto tramite fuit conservatum, ita et inantea per nostro præcepto plenius in Dei nomine confirmato, inspectas ipsas præceptiones suprascribtorum principum, sicut per easdem declaratur, circa ip-o abbati Bertino, vel successoribus suis, aut ipso monasterio Sithiu omni tempore ipsis beneficiis concessis in omnibus valeat esse conservatum : et nulla refragatio vel nullo impedimento a judicibus publicis exinde quoque tempore habere non pertimescant : unde et ipsa congregatio pro stabilitate regni nostri vel salute patriæ Domini misericordiam jugiter debeant exorare. Et ut hæc auctoritas firmior habeatur et in omnibus conservetur, nos et præcelsa

---

(32) Supple *monasterii*
(33) De Blangiaco monasterio vid. Gall. Christ. tom. X, col. 1188 et seqq.
(34) Corrig. 685.

(35) Obiit Theodericus III a. Chr. 691, cum ex suprædictis regni sui a. XVIII ageret.
(36) Vulg. a Mabill. *De re diplom.* p. 607.

genitrice nostra Chrotechildis regina manus nostræ signaculis subter eam decrevimus confirmare. Signum gloriosi Chlodovei regis. Signum præcelsæ genitricis nostræ Chrodechildis reginæ (37).

Actum sub die 1 Kal. Junias, anno 1 regni nostri.

### XV. *De morte Clodovei et successione Hildeberti; et privilegio ejusdem.*

(698.) Anno etiam Dominicæ incarnationis 684, cum decedente præfato rege Clodoveo, anno regni ejus (38) II, frater ejus Hildebertus Francorum gloriose sumpsisset imperium, anno III regni ejus, fecit idem rex domno Bertino privilegium regiæ auctoritatis, secundum suprascriptæ conscriptionis tenorem quam ab antecessore suo Clodoveo rege factam; supra jam conscripsimus. Quod privilegium hic ideo omittimus, ne conscripta iterare videamur. Nos interim ad subsequentia festinemus.

### XVI. *Quod multa alia; se vivente, acquisierit, et de cella Woromhold dicta, et sancto Winnoco* (39).

Hæc et alia quam plurima, se adhuc vivente, monasterio suo adauxit cum ingenti desudatione. Multa etiam præterea, partim præcedentum incuria, partim quoque diuturna vetustate demolita, nobis hactenus manent incognita. Certum est autem quod omni vitæ suæ tempore in præparatione loci sibi a Domino traditi sudasset; unde nec abstitit, donec priscis monasteriis regali auctoritate constructis, regalibus privilegiis et terrarum opulentia coæquaret. Quin etiam et alia monachorum cœnobia, se adhuc vivente, construxit, ex quibus unum est quod vocatur Woromhold, quod quidam vir dives, Heremarus nomine, eidem viro Dei contradidit. Sanctus vero Bertinus servorum Dei multiplicare volens habitacula, hoc ipsum cœnobium quatuor viris, ad se a Britanniæ partibus advenientibus, se construendum regendumque commisit, Quadonoco videlicet et Ingenoco, Madoco sanctoque Winnoco, ut inibi receptionem pauperum construendo, hospitum peregrinorumque curam gererent non modicam in necessariis administrando. Post decessum vero supradictorum trium virorum, Quadonoci videlicet et Ingenoci et Madoci, sanctus Bertinus, conventiculo fratrum inibi degentium, beatum concessit præesse Winnocum, quia de ejus vita et moribus non dubitabat, quem secum ab infantia sub Dominica monasterii schola nutriebat: cujus vitam et virtutes, qui diligenter investigare voluerit, a quodam eligentissime conscriptam, invenire apud nos poterit. Nos interim cœpta percurramus.

### XVII. *Quod, se vivente, beatus Bertinus Rigobertum abbatem ordinaverit* (40).

Beato igitur Bertino jam in senium vergente, regimen cœnobii sui Rigoberto venerabili viro commisit, ut relicto mundanæ implicationis negotio, liberius vacaret Deo. Hic sub tempore regiminis sui, domno Bertino ordinante et jubente, construxit monasterium in honore sancti Martini, qui nunc loci caput et totius abbatiæ principatus existit, anno VI regni Hildeberti, qui erat annus Dominicæ incarnationis 689 (41), sub pontifice Tarwanensis Ecclesiæ Ravangero. Hic etiam sub anno Dominicæ incarnationis 693, regnante glorioso rege Hildeberto anno x, emit a viro quodam, Eodberto nomine, villam quamdam vocabulo Rumliaco; solidis mille quingentis; cujus emptionis carta taliter est facta.

### XVIII. *Emptio Rigoberti abbatis de Nuntiaco* (42).

Domino sancto et in Christo venerabili viro Rigoberto, abbati de monasterio Sithiu, Eodebertus venditor. Constat me non imaginario jure, sed plenissima voluntate vobis vendidisse, et ita vendidi, tradidisse; et ita tradidi de presente, hoc est omnem rem portionis meæ, in loco nuncupante Rumliaco, in pago Taruanninse, quam de parte filii mei Chardeberti quondam, ex luctuosa hereditate mihi obvenit, id est, cum terris, domibus, edificiis, mancipiis, silvis, pratis, pascuis, aquis aquarumve decursibus, mobilibus et immobilibus, farinariis, greges cum pastoribus, rem inexquisitam, ad integrum, quantumcumque conjux mea ibidem tenuit moriensque dereliquit, vel ad filium nostrum superius nominatum de parte sua ad ipsum pervenit, hoc et integrato ordine ipse abbas vel pars monasterii sui, in jure et dominatione eorum, a die presenti faciant recipere vel dominare; unde accepimus a vobis in precio taxato, juxta quod nobis bene complacuit atque convenit, inter aurum et argentum, solidos mille quingentos tantum, ita ut ab hodierna die ipse abba, vel pars monasterii sui, habendi, tenendi, dandi, vendendi, commutandi, vel quicquid exinde facere voluerit liberam et firmissimam in omnibus habeant potestatem. Si quis vero, quod futurum esse non credimus, si nos ipsi, aut ullus de heredibus aut proheredibus nostris, vel quislibet opposita persona, qui contra hanc vendicionem quam ego plenissima voluntate fieri vel conscribi rogavi, venire aut effringere presumpserit, et a me vel a meis heredibus defensatum non fuerit, tunc inferamus nos vel heredes nostri tantum et alia tantum, quantum a vobis accepimus, vel quantum ipsa res eo tempore meliorata valuerit; duplam pecuniam statuta servante componat, et quod repetit evindicare non valeat, sed presens vendicio hæc omni tempore firma et inviolata permaneat, cum stipulatione subnixa.

Actum Sitdiu monasterio, quod fecit mensis Maius dies XVI, anno X regni domni nostri Childeberti gloriosi regis. Signum Eodberti, qui hanc vendicio-

---

(37) Hic omissus dati privilegii locus a Folquino.
(38) Regnare cœpit Clodoveus III a. 691 post mortem Theoderici III, patris sui; obiitque a. 695, mense Martio, i. e. regni sui a. IV vel ineunte V.
(39) Cf. Joann. Iper. *Chronic.* col. 473.

(40) Vide Joan. Iper. *Chronic.*, col. 474.
(41) Ann. VI regni Childeberti in annos Chr. 700 et 701 incidit.
(42) Vulgavit Bréq. *Diplom.*, p. 267.

nem fieri rogavit. Signum Fladeberti. Signum Madalchari. Signum Erleberti. Signum Childolfi. Signum Mauriane. Signum Sigeberti.

Erchembodus lector hanc vindicionem scribsit et subscribsit.

### XIX. *Quod Erlefrido post Rigobertum cœnobium suum commiserit.*

Crescente interea multitudine monachorum, beatus pater Bertinus, præfato Rigoberto requiem desudationis indulgens (43), venerabili viro Erlefrido (44), a se nutrito, cœnobii sui regimen commisit; ipse, arctioris vitæ vias incedens, semotus a mundana perturbatione, tota mente insisteret divinæ philosophiæ. Præfatus autem vir reverentissimus Erlefridus, inter cætera quæ gessit, emit a quodam viro, nomine Darnumdo, res portionis suæ, in loco nuncupante Saroaldsclusa, super fluvio Simma, in pago Vermandense, et in Appiliaco, super fluvio Ysara, in pago Noviomense, seu in Diva et Corbunaceo solidis mille quingentis, quæ vinditionis carta hic est inserta.

### XX. *Emptio Erlefridi abbatis de rebus infra scriptis* (45).

Domino et venerabili viro Erlifrido, abbati de monasterio Sitdiu, Darmundus venditor. Constat me non imaginario jure, sed plenissima voluntate tibi vendidisse, et ita vendidi: hoc est, duas partes de re portionis mee, in loco nuncupante Saroaldsclusa, super fluvio Sumna, in pago Vermandinse; similiter et in Appiliaco super fluvio Isara duas partes sitas in pago Noviomensi, seu in Diva et Corbunaco duas partes ad integrum, hoc est, tam in terris, domibus, ædificiis, mancipiis, vineis, campis, silvis, pratis, pascuis, aquis aquarumve decursibus, farinariis, peculiis, cultis et incultis, suprascribtas porciones a die presenti tibi trado atque transcribere rogo perpetualiter ad possidendum; unde accepi in precio quod inter nos bene complacuit, hoc est, inter aurum et argentum, solidos mille quingentos tantum, ita ut a die presenti, ipsas portiones habendi, tenendi, dandi, vendendi, commutandi, vel quicquid exinde volueris facere liberam et firmissimam, Chrisio propitio, in omnibus habeas potestatem. Si quis vero, quod futurum esse non credo, si ego ipse aut ullus de heredibus meis, vel quislibet opposita aut extranea persona, contra hanc vendicionem venerit, inferamus vobis tantum, et alia tantum, quantum a vobis accepimus, duplamque pecuniam, consocio fisco distringente, coactus exsolvat, et quod repetit evindicare non valeat; sed hec vendicio omni tempore firma permaneat, cum stipulatione subnixa.

Actum Sitdiu monasterio, vi Nonas Maii, anno xiv imperii domni nostri Hildeberti gloriosi regis. Ego Darmundus venditor, qui hanc vendicionem fieri rogavi. Ravangerus, ac si indignus episcopus, subscripsit. † Fulberti. † Madalharii. † Humberti vicarius. Chrodbertus hanc vendicionem scribsit et subscribsit.

### XXI. *De transitu domni Bertini.*

Sub hujus præfati Erlefridi regiminis tempore, beatus pater Bertinus plenus dierum et sanctitate, post diuturnum in Domini servitute famulatum, carnea relinquentes ergastula, migravit ad Christum, percepturus ab ipso æternæ remunerationis bravium, qui erat annus Dominicæ incarnationis 698, et præfati regis Hildeberti xv (46), indictione xi. Sepultusque est in basilica sancti Martini, ubi plurimæ a Domino virtutes per ejus merita sunt patratæ: quod textus ejus Vitæ patefecit elegantissime. Eo etiam tempore (47), venerabilis rex Hildebertus migravit ad Dominum, cum regnasset annis xvi. Regnavitque Dagobertus puer, filius ejus, pro eo, annis v (48); sub cujus tempore prædictus abbas Erlefridus basilicam sancti Martini supra sancti Patris Bertini tumulum ampliori opere reædificare cœpit.

### XXII. *De Erkenbodone abbate, successore Erlefridi.*

Post multiplicia igitur præfati Erlefridi abbatis desudamenta, quæ postquam magistri superstes exstiterat, desudavit mente promptissima, migrans ad Dominum, successorem sibi reliquit Erchembodum, sapientia et bonitate coæqualem. Qui tempore regis Hilperici successoris prædicti regis Dagoberti quoddam privilegium regia auctoritate ab ipso poposcit rege constructum, quod taliter est factum.

### XXIII. *Privilegium Chilperici regis tempore præfati abbatis* (49).

Chilpericus rex Francorum [vir inluster]. Si facta parentorum nostrorum, quod ad loca sanctorum præstiterunt vel concesserunt, per nostris oraculis confirmamus, regia consuetudine hoc exercemus, et nobis ad laudem vel stabilitatem regni nostri in Dei nomine pertinere confidimus. Igitur venerabilis vir Erchembodus abba de monasterio Sitdiu, qui est in pago Tervanense in honore sanctæ Mariæ genitricis Domini nostri Jesu Christi, necnon et sancti Petri et Pauli apostolorum, vel cæterorum domnorum sanctorum constructus, ad nostram accedens præsentiam, clementiæ regni nostri suggessit, quod avus noster Chlodoveus quondam rex de omnibus curtis vel villis ipsius monasterii, quicquid eodem tempore possidebant, aut adhuc inantea ex munere regum vel collata populi, seu de comparato, aut de qualibet adtracto in quibuslibet pagis atque territoriis inibi est additum vel collatum, integra emunitate antecessori suo domno Bertino, quondam ipsius monasterii abbate, vel ad prædictum monasterium concessisset, ut nullus judex publicus ibidem ad causas audiendas, aut freta exactanda, vel fidejussores tol-

---

(43) Cf. Joan. Iper. cap. 2, col. 477
(44) Cf. cap. 3, ibid.
(45) Edidit Bréq. *Diplom.*, pag. 580.
(46) Annus xv Childeberti regis convenit cum anno Christi 709. Cf. Mabill. sæc. Benedict. III, part. 1,

pag. 117; Annal. XIX, 45, tom. II. pag. 23; Marten. *Thesaur. Anecdot.*, tom. III, col. 475, in not.
(47) A. Chr. 711.
(48) Emend. iv.
(49) Edit. a Mabill. *De re diplom.* pag. 608.

lendos, nec mansiones aut paratas faciendas, nec homines ipsius monasterii, tam ingenuos, quam et servientes, qui super terras suas commanent, distringendos, nec ullas redibitiones requirendas nec exactandas judiciaria potestas ibidem ingredere quoquam tempore non deberet : nisi sub emunitatis nomen omni tempore cum omnes fretas concessas pars ipsius monasterii perenniter deberet possidere. Unde et præceptiones ipsius videlicet principis avi nostri Chlodovei, et confirmationes præcelsorum avunculorum nostrorum Chlodocharii et Theoderici, seu et genitoris nostri Childerici, etiam et consobrinorum nostrorum Chlodovei et Childeberti quondam regum se ex hoc præ manibus habere affirmat, et quod ipsa beneficia concessa ab eo tempore usque nunc videant esse conservata : sed pro integra firmitate petiit celsitudinem nostram memoratus abbas, ut hoc circa ipsum locum pro nostra auctoritate plenius confirmare deberemus. Cujus petitioni pro mercedis nostræ augmentum, vel reverentia ipsius loci ita præstitisse, et in omnibus confirmasse cognoscite. Præcipientes enim præcipimus, ut quicquid constat suprascribtum avum nostrum Chlodoveum quondam regem de ipsa emunitate, sicut superius est comprehensum, præfato Bertino, vel postea ipsi avunculi nostri Chlodocharius et Theodoricus, seu et genitor noster Childericus, etiam et consobrini nostri Chlodoveus et Childebertus quondam reges juste et rationabiliter quondam concesserunt et confirmaverunt, et de eo tempore usque nunc recto tramite fuit conservatum, ita et inantea per nostro præcepto plenius in Dei nomine confirmare deberemus. Inspectas ipsas præceptiones suprascriptorum principum, sicut per easdem declaratur, circa ipsum abbatem Erkembodum vel successores suos, et ad ipsum monasterium Sitdiu omni tempore ipsa beneficia concessa in omnibus valeant esse conservata, et nulla refragatione, nec nullum impedimentum a judicibus publicis exinde quoquam tempore habere non debeant : unde ipsa congregatio pro stabilitate regni nostri, vel salute patriæ Domini misericordiam jugiter debeant exorare. Et ut hæc auctoritas firmior habeatur, et in omnibus conservetur, manus nostræ subscribtionibus eam subter decrevimus roborare. Datum anno regni nostri III (50).

XXIV. *De pugna Caroli in Vinciaco.*

(717.) In præfati autem regis Chilperici tempore, Carolus dux, filius Pippini, ab Auster adveniens, commoto exercitu, contra jam dictum Chilpericum regem et Ragemfridum illius ducem, pugnam iniit. Sed prius cæso ejus exercitu, terga vertit. Postquam autem resumptis contra Chilpericum hostem movit die Dominico, in Quadragesima. Sed Carolus prius pacem fieri rogavit. Illis non dantibus, pugnam iniit

XII Kal. April., Deoque juvante victo Chilperico et Ragemfrido, victoriam accepit. In hoc autem tempore beatus Silvinus, Taruennensis episcopus, floruit virtutibus et sanctitate plenus; cujus nunc in Sithiu venerabiliter humatum pausat corpus. Peracta autem supra memorata pugna, iterum Chilpericus rex cum Ragemfrido Eudonem ducem in auxilium expetentes, contra Carolum ire disponunt. Quibus Carolus occurrens intrepidus, fugatis iterum hostibus, triumphum est adeptus. Carolus autem cum Eudone duce amicitias postea feriens, et cum Chilperico rege pacificatus, eum in regno restituit. Sed non diu in hac vita mansit, mortuus namque est, cum regnasset annis V et dimidio. Franci vero Theodericum, Dagoberti regis junioris supramemorati filium, super se regem statuunt. Qui præfato Erchembodoni abbati privilegium quoddam concessit, regia auctoritate confirmans ea quæ ab antecessoribus suis sancto huic loco est concessum ; quod hic etiam præ oculis taliter habetur insertum.

XXV. *Exemplar privilegii* (51).

(5 Mart. 721.) « Theodericus rex Francorum, viris illustribus gravionibus, seu et omnibus agentibus, vel junioribus eorum, tam præsentibus quam futuris, in cujuscunquelibet actionibus monasterii Sithiu tenere vel habere videtur. Si facta parentum nostrorum, quæ ad loca sanctorum præstiterunt vel concesserunt, per nostra oracula confirmamus, regia consuetudine exercemus ; pertinere confidamus. Igitur venerabilis vir Erchenbodus, abbas de monasterio Sithiu, qui est in pago Taruanensi, in honore sanctæ Mariæ, genitricis Domini nostri Jesu Christi, nec non et sancti Petri et Pauli apostolorum, vel cæterorum domnorum sanctorum, constructus, ad nostram accessit præsentiam, clementiæ regni nostri suggessit, eo quod proavus noster Clodoveus, quondam rex de omnibus curtis vel villis ipsius monasterii, quidquid eodem tempore possidebant, aut adhuc inantea ex munere regum, vel de collatis populis seu de comparato, aut de comparando, aut de quælibet attracto, in quibuslibet pagis atque territoriis, inibi est additum vel collatum, integra immunitate, antecessori suo Bertino quondam, vel ad prædictum monasterium Sithiu, concessisset, ut nullus judex publicus ibidem ad causas audiendas aut freta exactanda, vel fidejussores tollendos, nec mansiones aut paratas faciendas, nec homines ipsius monasterii, tam ingenuos quam et servientes, qui super terras suas commanent, distringendos, nec nullas reddibitiones requirendas nec exactandas; judiciaria potestas ibidem ingredere non præsumat, nisi sub emunitatis nomine, omni tempore, cum omnibus fretis concessis, pars ipsius monasterii perenniter debeat possidere. Unde et præceptione ipsius principis proavi nostri Clodovei, et confirmationibus præcessorum

(50) Hic Folquinus regis atque cancellarii subscriptionem prætermisit, itemque dati privilegii locum : eflicto insuper sigillo, quod ab authenticis primæ stirpis regum longe diversissimum, sæculi X ætatem atque genium sapit.

(51) Vulgat. a Miræo, *Oper. diplom* t. I, p. 128 ; a Mabill. *De re diplom.* p. 608, 609.

avunculorum nostrorum Clothacarii et Childerici, seu et avorum nostrorum Theoderici et Childeberti, atque consobrini nostri Chilperici quondam regis, ex hoc præ manibus se habere affirmat, et quod ipsa beneficia concessa ab eo tempore usque nunc videantur esse conservata; sed, pro integritatis firmitate, petiit celsitudini nostri memoratus Erchembodus abbas, ut hoc, circa ipsum locum, per nostram auctoritatem, plenius in Dei nomine confirmare deberemus. Cujus petitioni, pro mercedis nostræ augmentum et reverentia ipsius sancti loci, ita præstitisse et in omnibus confirmasse cognoscite. Præcipientes enim præcipimus, ut quidquid constat suprascriptum proavum Clodoveum quondam regem, de ipsa emunitate, sicut superius est comprehensum, concessione præfato Bertino, antecessori suo, vel postea ipsi avunculi, vel avus noster Clotharius, et Theodericus, Childebertus et Childericus (52), etiam et confirmationes consobrini nostri Chilperici, quondam regis, juste et rationabiliter concesserunt vel confirmaverunt, et, de eo tempore usque nunc, recto tramite sunt conservatæ, ita et in postmodum, per nostrum præceptum plenius in Dei nomine confirmamus: inspectas psas præceptiones suprascriptorum principum, sicut per easdem declaratur, circa ipsum Erchembodum abbatem, vel successores suos, aut circa ipsum locum Sithiu, omni tempore ipsa beneficia concessa in omnibus valeant esse conservata; et nullam refragationem nec ullum impedimentum a judicibus publicis exinde quoquam tempore habere non pertimescant. Unde et ipsa congregatio, pro stabilitate regni nostri vel salute patriæ, Domini misericordiam jugiter debeat exorare. Et ut hæc auctoritas firmior habeatur, et in omnibus conservetur, manus nostræ subscriptionibus eam subter decrevimus affirmare.

« Signum gloriosi regis Theoderici.

« Data quando facit Martius dies III, anno primo regni nostri, Suessionis civitate in Dei nomine feliciter. »

XXVI. *De alio privilegio ejusdem regis Theoderici.*

Eodem quoque anno in mense Novembrio, fecit idem rex Theodericus præfato abbati Erchembodo aliud de terris quas domnus Bertinus, se adhuc vivente, de præcedentium regum fisco, in quibuscunque locis, emerat, vel de omnibus rebus, continentem se in hæc verba.

XXVII. *Exemplar ejusdem privilegii* (55).

Theodericus rex Francorum [vir inluster]. Quem divina pietas sublimat ad regnum condecet facta servare parentum, præcipue quæ compendiis ecclesiarum aut locis sanctorum a regali clementia pro æterna retributione probatur esse indultum, oportet conservare in ævum. Igitur cognoscat magnitudo ac utilitas vestra, venerabilem virum Erkembodum abbatem de monasterio Sitdiu per missos suos clementiæ regni nostri talem intulit notitiam, quod tritavus noster Theodoricus quondam rex, per præceptionem suam sua manu subscribtam, antecessori suo Bertino quondam abbati, vel prædicto monasterio Sitdiu tale beneficium concessisset, ut quod infra fisco nostro, ubi et ubi, in quascumquelibet pagis vel territoriis comparatum habebat, aut inantea ad comparandum invenire poterit, vel quod boni homines Deum timentes pro animabus eorum ad suprascribtum monasterium dederunt, aut inantea dederint, hoc habuisset concessum, et quod de fisco nostro comparatum habebat, aut inantea comparasset, præter illam terram, unde opera carpentaria exeunt, hoc habuisset indultum, ut nulla judiciaria potestas, nullos redditus terræ, nec nullas functiones publicas eidem ob hoc exigere aut exactare vel requirere non deberet: unde et ipsam præceptionem jam dicti tritavi nostri se præ manibus habere ex hoc affirmavit, et nobis in præsentia ostendit ad legendum, et ipsa beneficia concessa de eo tempore usque nunc asseruit esse conservata; sed pro firmitatis studium petiit celsitudinem nostram, ut hoc circa ipsum locum sanctum pro nostris deberemus confirmare oraculis: quod nos propter nomen Domini et reverentia ipsius sancti loci gratanti animo ita præstitisse et in omnibus confirmasse cognoscite. Præcipientes enim ut quicquid constat suprascribtum tritavum nostrum Theodericum quondam regem, de ipso beneficio, sicut superius est comprehensum, præfato Bertino vel ad suprascribtum locum sanctum pro augmento mercedis suæ concessisse, et de eo tempore usque nunc recto tramite fuit conservatum, ita et inantea inspecta ipsa præceptione prædicti principis, sicut per eadem declaratur, ita et inantea per nostrum præceptum plenius in Dei nomine sit confirmatum, sub eo ordine circa ipsum Erkembodum abbatem, vel ad ipsum monasterium suum Sitdiu omni tempore ipsa beneficia sint concessa, et in omnibus valeant esse conservata, et nullam refragationem, nec nullum impedimentum a judicibus publicis exinde quoquam tempore habere non pertimescant: unde et ipsa congregatio pro stabilitate regni nostri vel pro salute patriæ Domini misericordiam jugiter exorare delectet. Et ut hæc auctoritas firmior habeatur, vel perenniter in omnibus conservetur, manus nostræ subscribtionibus eam subter decrevimus adfirmare.

Signum gloriosi domni Theoderici.

Datum quod facit Novemb. dies decem, anno primo regni nostri Confelentis castro.

Ego Conradus jussus recognovi et subscribsi.

XXVIII. *De episcopatu ejusdem abbatis.*

Anno quoque ejusdem regis Theoderici qui erat annus Dominicæ incarnationis 710, præfatus abbas Erchembertus.

---

(52) Ordo verborum, auctore Cointio, ex superioribus, sic restituendus est: Ipsi avunculi Clotarius et Childericus, vel avi nostri Theodericus et Childe

(55) Apud Mabill. *De re diplom.* p. 609.

bodus (54), Taruenněnsis Ecclesiæ susceperat pontificatum. Hic autem præfatus Erchembodus episcopus, cum episcopatu abbatiam tenens, anno III præfati regis Theoderici, emit a quodam viro, Rigoberto nomine, res proprietatis suæ in loco nuncupante Sethtiaco, super fluvium Agniona, cum adjacentia Kelmias et Strato; et infra Mempisco Leodredingas mansiones, seu Belrinio, super fluvio Quantia, sitas in pago Taruanense, cum adjacentia sua, quod est in pago Pontivo, in loco nuncupante Monte, super fluvio Alteia, solidis, inter aurum et argentum, mille quingentis, cujus venditionis carta sub horum apicum tenore est facta.

### XXIX. *Emptio ejusdem episcopi de rebus infra scriptis.*

Domino atque apostolico patri Erkenbodo episcopo atque emptori et ejus congregationi ibidem consistenti, ego Rigobertus vendidi et in præsenti tradidi, hoc est, omnes villas meas nuncupantes Sethiaco, super fluvium Agniona, cum adjacentiis suis Kelmias et Strato, et infra Mempisco Leodedringas mansiones, seu Bebrinio, super fluvio. Quantia sitas, in pago Taruanense, cum adjacentiis suis quæ sunt in pago Pontivo in loco nuncupante Mentek, super fluvio Æteya. Actum Sithiu monasterio, publice, IV Kal. Sept. III regni domini nostri Theoderici gloriosi regis. Ego Rigobertus hanc venditionem a me factam relegi et subscripsi. S. Dodoni. S. Leudegesili. S. Chimbaldi centenarii. S. Cherebaldi. S. Ellembertbi. S. Ingomari. Winidmarus diaconus hanc venditionem scripsi et subscripsi.

### XXX. *De morte Erchembodi, et de successione Waimari, et privilegio Hilderici.*

Decedente interea in extremis præfato rege Theoderico, Hildericus Francorum suscepit imperium anno ab incarnatione Domini 642 (55). Interea et præfatus Erchembodus, episcopus et abbas, decessit a sæculo (56), et in monasterio sancti Audomari, coram altare sanctæ Dei genitricis [quod dicitur ad Campanas], tumulatur a populo [ubi usque hodie ejus tomba cernitur lapidea], cui in episcopatu successit Adalgerus. Abbatiam vero regendam suscepit Waimarus, qui, tempore præfati regis Hilderici, privilegium quoddam consecutus est regiæ auctoritatis, secundum statuta præcedentium regum, quæ præfato concesserunt Sithiu monasterio; quod ab ipso rege firmatum constat in hoc modo, anno ejusdem regis imperii primo.

### XXXI. *Exemplar privilegii Childerici regis* (57).

Hildericus rex Francorum, viris inlustribus gravionibus, atque omnibus agentibus, vel junioribus eorum, tam præsentibus quam futuris, in quiscamque accionibus monasterium Sithiu habere videtur. Quem divina pietas sublimat ad regnum, condecet facta conservare parentum, præcipue quæ comdiis ecclesiarum aut locis sanctorum regali clementia præ æterna retributione probatur esse indultum, oportet conservare in ævum. Igitur cognoscat magnitudo seu et utilitas vestra, quod venerabilis vir Waimarus abbas de monasterio Sithiu, clementiæ regni nostri detulit in notitiam, quod parens noster Theodericus quondam rex per suam præceptionem sua manu firmatam antecessori suo Erkembodo abbati vel ad prædictum monasterium suum Sithiu tale beneficium concessisset, ut quod infra fiscum nostrum, ubi et ubi, in quibuscumquelibet pagis aut territoriis comparatum habebat, aut inantea ad comparandum invenire poterat, vel quod boni homines Deum timentes, pro animabus eorum ad suprascribtum monasterium dederunt, aut inantea dederint, hoc habuisset concessum : et quod de fisco nostro comparatum habebat, aut inantea comparasset, præter illam terram unde opera carraria exeunt, hoc habuisset concessum, et nulla judiciaria potestas, nullos redditus terræ, nec nullas functiones publicas eidem ob hoc exigere aut exactare, nec requirere non deberet. Unde et ipsam præceptionem ipsius jam dicti parentis nostri Theoderici quondam regis se præ manibus ex hoc habere adfirmat, et nobis in præsenti eam ostendit ad relegendum, et ipsa beneficia concessa de eo tempore usque nunc asserit esse conservata : sed pro firmitatis studium petiit celsitudinem nostram, ut hoc circa ipsum locum sanctum per nostris deberemus confirmare oraculis : quod nos propter nomen Domini et reverentia ipsius sancti loci ita præstitisse, et in omnibus confirmasse cognoscite. Præcipientes enim præcipimus; ut quicquid constat suprascribtum parentem nostrum Theodericum quondam regem de ipso beneficio, sicut superius est comprehensum, præfato Erkembodo abbati vel suprascribto loco sancto pro aucmento mercedis suæ concessit, et de eo tempore usque nunc recto tramite fuit conservatum : ita et inantea inspectis ipsis præceptionibus prædicti principis, sicut per easdem declaratur, ita et inantea per nostrum præceptum plenius in Dei nomine sit confirmatum, sub eo ordine. circa ipsum Waimarum abbatem, vel ad ipsum monasterium suum Sithiu, omni tempore ipsa beneficia concessa in omnibus valeant esse confirmata, et nullam refragationem, nec nullum impedimentum a judicibus publicis exinde quoquam tempore habere non pertimescant : unde et ipsa congregatio pro stabilitate regni nostri vel salute patriæ Domini misericordiam jugiter debeant exorare. Et ut hæc auctoritas firmior habeatur, vel per tempora in omnibus conservetur, manus nostræ subscriptionibus eam subter decrevimus adfirmare.

---

(54) Erchembodus seu Erchembodo abbas Sithiensis in locum Raveingeri, Taruennensis episcopi, suffectus est a. III præfati Theoderici IV, i. e. a. Chr. 723. Vid. Joan. Iper. *Chron.* cap. 4, part. II; *Gall. Christ.* tom. III, col. 487.

(55) Post mortem Theoderici vita functi a. 737, Francia sine rege fuit usque ad 742, quo rex creatus est Childericus III, Chilperici II filius.

(56) Quo anno decesserit Archembodus, utrum 734, an 737, 740 vel 742, incertum est.

(57) Edidit Mabillonius, *De re diplomat.* pag. 610.

Signum gloriosi regis Hilderici.

Datum quando fecit Aprilis dies XXIII, anno primo regni nostri, Crisciaco palatio in Dei nomine feliciter. Amen (58).

XXXII. *De Nanthario abbate, et morte Waimari; et de Rokashemo, quem quidam Felix dedit nobis.*

Post decessum autem præfati abbatis Waimari, Nantharius totius abbatiæ sublimatus est dignitati. Cui anno III præfati regis Hilderici, quidam presbyter, Felix nomine, tradidit, ad usum monasterii sui Sithiu, cellam sui juris propriam, vocabulo Hrokashamo sive Therealdo loco, ut testatur illius traditionis carta, quam hic ad confirmationem credulitatis describimus, sub tenore antiquæ illius dictationis.

XXXIII. *Traditio Felicis de Rokashamo* (59).

(25 Jul. 745.) « Sicut Dominus in Evangelio ait : *Qui dat parum, comparat sibi regnum, et qui tribuit parum pecuniæ, accipit sine fine mensuram*, igitur ego, in Dei nomine, Felix, presbyter, inspirante divina clementia, atque pro animæ meæ remedio, deputavi et concessi atque delegavi, per hanc paginam donationis, ad monasterium Sithiu, quod est in honore sancti Petri et sancti Pauli apostolorum, et sancti Martini vel sancti Bertini confessoris, ubi ipse domnus in corpore requiescit, vel ubi venerabilis vir Nanthuarius abbas præesse videtur, hoc est cellam meam in loco nuncupante Rochashem sive Therealdo loco (60) in pago Flandrinse, quam ego in honore sancti Michaelis Archangeli, vel sancti Joannis Baptistæ, vel sanctæ Mariæ, genitricis Domini nostri Jesu Christi, vel cæterorum sanctorum, opere construxi, quam ab extraneis personis, dato pretio, comparavi; ita, ut mihi complacuit, in tali ratione ut ad ipsum monasterium Sithiu, ad opus sancti Petri, jam dicta cella, cum omni integritate vel soliditate sua in se aspiciente vel pertinente, ibidem delegare deberemus. Quod ita et fecimus ad integrum, perpetualiter ad possidendum, ut ibidem aspecta vel subjecta omni tempore esse debeat; una cum terris, mansis, casis, ædificiis, mancipiis, acolabus, tam ingenuis quam et servientibus, campis, sylvis, pratis, pascuis, aquis aquarumve decursibus, farinariis, peculiis, præsidiis, mobilibus et immobilibus; omnia et ex omnibus, rem inexquisitam, quidquid dici vel nominari potest, hæc nobis vel ad opus monasterii Sithiu, a die præsenti, dono, trado atque transfundo perpetualiter ad possidendum. Et post meum obitum, ipse qui tunc abbatis fungetur moderamine, vel fratres de jam taxato monasterio Sithiu ibidem consistentes, complaceat, qualem præpositum ad ipsam cellam constituere voluerint, potestatem in omnibus habere mereantur. Et supplicamus ipsos fratres et rectores ipsius monasterii Sithiu, propter Deum et mercedem nostram lucrandam, ut ipsa cella, quam ibidem transfirmavimus, de missis, de curso, id est psalmis (61), et de luminariis curam habere studeant, et de hospitibus et peregrinis charitatem et mercedem exinde habere debeant. Tantum in ea ratione, quamdiu ego in hoc sæculo, Christo propitio, advivero, ipsam cellam usualiter, pro beneficio ipsius monasterii, mihi liceat possidere; in ea vero ratione, ut aliubi nec ipsam cellam quam ad ipsum monasterium delegavi; nec ipsas res, quæ ad ipsum locum pertinent, aliubi nec dare, nec vendere, nec commutare, nec alienare, nec naufragare potestatem habeam. Et supplicamus ut nomen meum in libro vitæ ipsi sacerdotes, qui in ipso monasterio degunt habere dignentur; et, post meum obitum, atque de hac luce discessum, suprascripta cella, cum omni re emeliorata atque supraposita, pars prædicti monasterii Sithiu, vel ejus rectores, a die præsenti absque ulla expectata audientia vel traditione, hoc in eorum jure et dominatione ad integrum recipiant ad possidendum, et faciant exinde quidquid utile est quod elegerint. Si quis vero, quod futurum esse non credo; si egomet ipse, aut ullus de hæredibus aut successoribus meis, seu quælibet extranea persona fuerit quæ contra hanc donationem venire tentaverit, aut eam infringere conata fuerit, iram Dei omnipotentis summæ majestatis incurrat et judicium et offensam; et cum ipsis sanctis apostolis Petro et Paulo, et sancto Martino, sanctoque Bertino, cui ipsam cellam delegavimus, ante tribunal Christi pro hoc deducat rationes; et de eorum ecclesiis excom-

---

(58) Notandum hoc in diplomate, *parentis* nomen, quod Childericus Merovingorum regum postremus Theodorico Calensi decessori suo ascribit : quem etiam *principem* absque paterni nominis indicio designat. Hinc quippe certum eruitur argumentum, Childericum Theodorico Calensi progenitum non fuisse, quemadmodum plerisque recentioribus visum est. Nam ex omnibus Merovingorum regum instrumentis superius editis constat hanc apud illos scribendi morem viguisse, ut patrem *genitoris*, consanguineos *parentum* vocabulo designarent. Itaque Chilpericum patrem habuit Childericus, qui sortis suæ non præscius, ei loco concedebat immunitatem, quam ipse paulo post subiturus erat.

Ejusdem Childerici regis anno III Felix quidam presbyter Nanthario abbati cellam tradidit, sui juris propriam, vocabulo Hrocasamo, sive Thevoaldo loco, in pago Flandrinse, *quam ego*, inquit, *in honore sancti Michaelis Archangeli, vel sancti Johannis Baptistæ, vel sanctæ Mariæ genitricis Domini nostri Jesu Christi*, *vel ceterorum sanctorum opere construxi* ..... *Et supplicamus, ut nomen meum in libro vitæ ipsi sacerdotes, qui in ipso monasterio degunt, habere dignentur. Actum Sithiu monasterio publice* VIII *Kal. Aug. anno* III *regni domni nostri Childerici gloriosissimi regis. Signum Chrodgarii illustris viri* ..... *Ego Vioradus diaconus rogatus scripsi.* Ex his litteris discimus, quo tempore Bertinus Sancti nomine donatus sit : quandoquidem in hac primum charta legitur de monasterio Sithiensi : *ad monasterium Sithiu, quod est in honore sancti Petri, et sancti Pauli apostolorum, et sancti Martini, vel sancti Bertini confessoris, ubi ipse domnus in corpore requiescit*, etc. Porro Sitdiu vocabulum, quod pro Sithiu passim his in actis legitur, etiam habent Annales Bertiniani.

(59) Edid. Warnkönig, in sua *Flandr. Hist.* t. I, instr. p. 9 et seqq. ex antiq. apographo.

(60) *Hrochashem sive Hervaldolugo*. WARNK.

(61) Voces, *id est psalmis*, scriptæ sunt super *de curso*, in modum glossæ.

municata et extranea efficiatur, ne ibi exinde compareat; et insuper inferat partibus ipsius monasterii, cogente fisco, tantum et alia tantum, quantum ipsa cella tunc temporis emeliorata valuerit, vel quantum ego in hoc sæculo moriens dereliquero, duplam pecuniam, quantum ipsa cella tunc temporis emeliorata valuerit, cum omnibus rebus ibidem aspicientibus, multa componat, et quod repetit evindicare non valeat. Sed hæc donatio, ut hæc merces mea, omni tempore firma permaneat cum stipulatione subnixa.

« Actum Sithiu monasterio, publice, VIII Kal. August. anno III regni domni nostri Hilderici gloriosi regis.

« Ego Felix hoc testamentum, a me factum, relegi et subscripsi.

« Signum Chrodgarii, illustris. S. Bimberti. S. Odberii. S. Godoberti. S. Gumwini. S. Waningi. S. Guntberti. S. Chramni. S. Erlarii (62). S. Clodbaldi. S. Clidebaldi (63). S. Guntharii, sacerdotis. S. Cherewini. S. Austroaldi centenarii. S. Theodberti (64).

« Ego Viodarus, diaconus, rogatus, scripsi et subscripsi. »

XXXIV. *De morte Hilderici, et unctione Pippini et cætera.*

Non multo post autem tempore, antedictus rex Hildericus vitæ ultimam claudens metam, Sithiu monasterio, in beati Bertini tumulatur ecclesia. Mortuo quoque præfato abbate Nautkario, Dadbertus in regimine successit in jam dicto monasterio. His temporibus Stephanus Romanus pontifex, per oppressionem sanctæ Ecclesiæ, a rege atrocissimo et blasphemo et nec dicendo Hatstulfo, ad domnum Pippinum venit in Francia, ubi ægrotavit usque ad mortem, et mansit aliquot tempus apud pagum Parisiacum, in venerabili monasterio sancti martyris Christi Dionisii. De quo jam medici desperarent, subito interventu ipsius beati martyris, per revelationem, curatus est, ut ipsius beati pontificis testatur epistola, quæ etiam apud nos beati Dyonisii passione tenetur inserta. In qua revelatione ab ipso Christi martyre admonitus est, ut principale illud altare in sanctorum apostolorum Petri et Pauli dedicaret honore, qui etiam ei cum præfato martyre, in jam dicta apparuerunt visione. Qui mox surgens sanus indicavit regi prædicto Pippino et suis optimatibus, et implevit omnia quæ fuerat jussus. Qui Christi roboratus virtute, inter celebrationem consecrationis præfati altaris et oblationem sacratissimi sacrificii, unxit in regem Francorum prædictum florentissimum regem Pippinum et duos filios ejus, Carolum et Carlomannum. Sed et uxorem ipsius incliti principis Pippini nomine Berthradam, inclitam cycladibus regiis, gratia septiformis Spiritus sancti, in Dei nomine, consignavit, anno Dominicæ incarnationis 754. Atque Francorum proceres apostolica benedictione sanctificans, auctoritate beati Petri, sibi a Domino Deo Jesu Christo tradita obligavit; et obtestatus est, ut nunquam de altera stirpe, per succedentium temporum curricula, ipsi vel quique ex eorum progenie orti regem super se præsumant aliquo modo constituere, nisi de eorum propagine, quos et divina Providentia, ad sanctissimam apostolicam sedem tuendam, eligere, et per eum videlicet vicarium sancti Petri, imo Domini nostri Jesu Christi, in potestatem regiam dignata est sublimare, et unctione sacratissima consecrare. Atque post hæc isdem pontifex Romam reversus, Pippinus cum filiis suis totius Franciæ monarchiam deinceps est adeptus.

XXXV. *De Dadberto abbate.*

Supramemoratus autem Dadbertus abbas, ut diximus, post Nantharium abbatia est sublimatus. De cujus tempore nil in hujus monasterii narratur gestis, neque ex acquisitione regalium privilegiorum, neque in factione aliarum cartarum, sed neque in aliqua hujus cœnobii utilitate. Nescio annon permiserit brevitas vitæ, an forte ab illo acquisita præcedentium nostrorum sint incuria neglecta.

XXXVI. *De successore Dadberti, Hardrado abbate [et de successore Pippini, Carolo, filio ejus, et privilegio quod concessit huic loco].*

Dadberto quoque jam dicto a sæculo migrante, Hardradus in abbatia successit, vir insignis in extollenda monasterii sui dignitate. Cujus labor et industria enitet in cartis, quæ hactenus sub ejus apud nos conservantur memoria. Nam cum, decedente præfato rege Pippino, Carolus filius ejus, illi Francorum gloriosissime successisset in regno, anno Dominicæ incarnationis DCCLXVIII, præfatus abbas jam dictum adiens regem Carolum, rogavit hæc ab illo regia auctoritate firmari, quæ antecessores sui regalibus privilegiis sacro huic loco visi fuerant condonasse. Quod isdem excellentissimus rex magna benignitate complectens, devote complevit, ut id ipsum regale firmamentum, cum sigilli ejus impressione, nobis hactenus ita patefecit.

XXXVII. *Exemplar ejusdem privilegii (65).*

Karolus gratia Dei rex Francorum, vir inluster. Si facta antecessorum nostrorum regum quod ad loca sanctorum præstiterunt vel concesserunt, per nostris oraculis confirmamus, regia consuetudine exercemus, et nobis ad laudem vel stabilitatem regni nostri in Dei nomine pertinere confidimus. Igitur venerabilis vir Hardradus abba de monasterio Sithiu, qui est in pago Tervaninse, in honore sanctæ Mariæ genitricis Domini nostri Jesu Christi; necnon et sancti Petri et Pauli apostolorum vel ceterorum domnorum sanctorum constructum, ad nostram accedens præsentiam clementiæ regni nostri suggessit, eo quod antecessores regni nostri reges de omnes curtes vel villas ipsius monasterii, quicquid eodem tempore possidebant, aut adhuc inantea ex munere regum

---

(62) S. Dramni. S. Erlulfi; WARNK.
(63) S. Childebaldi. S. Gumbarii Scawini. Id.
(64) Varnk. legit, Ferdberti; additque S. Gumarddi. S. Vordberti. S. Widegrini.
(65) Edidit Mabill. *De re diplom.* pag. 610.

vel collata populi, seu de comparato, aut de quolibet attracto in quibuslibet pagis atque territoriis inibi erat additum vel collatum, integra emunitate antecessoribus suis, vel ad monasterium Sithiu concessisset, ut nullus judex publicus ibidem ad causas audiendas, aut freta exactanda, vel fidejussores tollendos, vel mansiones aut paratas faciendas, nec homines ipsius monasterii tam ingenuos, quam et servientes, qui super terras suas commanent, distringendos, nec ullas redhibitiones requirendas, nec exactandas, judiciaria potestas ibidem ingredere non præsumat quoquam tempore : nisi quod sub emunitatis munere omni tempore cum omnes fretos vel bannos concessos pars ipsius monasterii perenniter debeat possidere. Unde præceptionem antecessorum nostrorum se ex hoc præ manibus habere affirmat, et quod ipsa beneficia concessa ab eo tempore usque nunc videantur esse conservata : sed pro integra firmitate petiit celsitudini nostræ supra memoratus abba, ut hoc circa ipsum locum pro nostra auctoritate plenius confirmare deberemus : cujus petitioni pro mercedis nostræ auctmentum, vel reverentia ipsius sancti loci ita præstitisse et in omnibus confirmasse cognoscite. Præcipientes enim ut quicquid constat de ipsa emunitate, sicut superius est comprehensum, antecessores nostri juste et rationabiliter concesserunt vel confirmaverunt, et de eo tempore usque nunc recto tramite fuit conservatum : ita et inantea per nostrum præceptum plenius in Dei nomine sit conservatum, inspectas ipsas præceptiones suprascriptorum principum, sicut per easdem declaratur, circa ipsum abbatem Hardradum, vel successores ad ipsum monasterium Sithiu omni tempore ipsa beneficia concessa in omnibus valeant esse conservata; et nullam refragationem, nec nullum impedimentum a judicibus publicis exinde quoquam tempore habere non pertimescant : unde ipsa congregatio pro stabilitate regni nostri vel salute patriæ Domini misericordiam jugiter debeant exorare. Et ut hæc auctoritas firmior habeatur, et in omnibus conservetur, manus nostræ subscribtionibus eam decrevimus roborare.

Signum Karoli gloriosissimi regis.

Data mense Julio, anno primo regni nostri. Actum Andiaco (66).

XXXVIII. *Emptio ejusdem abbatis de Rokashæmo.*

(770.) Anno autem ejusdem regis secundo, qui erat annus Dominicæ nativitatis DCCLXXIV, emit isdem abbas Hardradus, ad opus ecclesiæ quæ dicitur Therealdo luco, quam antecessori suo Nanthario abbati Felix quidam, presbyter, tradiderat, a quodam viro, nomine Sigerardo, res proprietatis suæ, in loco jam supramemorato Hrokashem, quidquid ibidem habere sua videbatur esse possessio, sicut venditionis carta testatur hoc modo.

(66) Andiacum, pagi Ecolismensis palatium. At vereor ut anno regni primo Carolus Magnus hoc in loco constiterit. In Audriaco palatio ad Alteiam non longe a Sithiensi monasterio resedisse crediderim. Nam

XXXIX. *Exemplar ejusdem emptionis.*

(770.) « Domino venerabili in Christo patri Hardrado, abbati de monasterio Sithiu, atque emptore. Ego Sigeradus, venditor, ad sacrosanctam basilicam sancti Michaelis, quæ est constructa in Heraldo luco, ubi Fugislus presbyter adesse videtur, per hanc epistolam venditionis constat me non imaginario jure, sed propria voluntate arbitrii, vobis vel ecclesiæ vestræ sancti Michaelis, vendidisse, et ita vendidi et de præsenti tradidi, hoc est, omnem rem portionis meæ in loco nuncupante Hrokashem, in pago Flandrinse, id est, tam terris quam et manso, cum omnia castitia superposita, pratis, campis, mancipiis, communiis, perviis, wadriscapis, peculiis, præsidiis, mobilibus et immobilibus; omnia et ex omnibus tam de alode parentum, quam et de comparato, seu de quolibet attracto, rem inexquisitam, ad integrum hoc vobis vel ecclesiæ vestræ sancti Michaelis vendo, trado atque transfirmo perpetualiter ad possidendum. Unde accepi a vobis de rebus ecclesiæ vestræ, pro jam dicta re, pretio taxato vel dato, in quo mihi bene complacuit, hoc est, inter aurum et argentum, solidos cc tantum; ita ut, ab hac die, ipsam rem superius nominatam vos vel successores vestri habeatis, teneatis atque possideatis, vel quidquid exinde facere volueritis, liberam in omnibus habeatis potestatem ad faciendum. Si quis vero, quod futurum esse non credo, si ego ipse aut ullus de hæredibus ac prohæredibus meis, vel quælibet ulla opposita persona, qui contra hanc venditionem venire voluerit, aut eam infringere conatus fuerit, inferamus vobis vel successoribus vestris, cogente fisco, tantum, et alia tantum quantum a vobis accepimus, vel quantum ipsa portio tunc temporis emeliorata valuerit, et insuper duplam pecuniam coactus exsolvat, et quod repetit vindicare non valeat; sed hæc venditio omni tempore firma permaneat cum stipulatione subnixa.

« Actum Therealdo luco.

« Datum in mense Januario, anno II regni domni nostri Caroli gloriosissimi regis.

« Signum Sigerardi qui hanc venditionem fieri rogavit.

« Signum Wioradi. Sign. Folchardi. Sign. Thedulfi. Sign. Odelradi. Sign. Engelradi.

« Ego Fulgislus presbyter scripsi et subscripsi. »

XL. *De emptione Hardradi abbatis de Loningahem.*

(776.) Emit quoque isdem abbas Hardradus, anno VIII præfati regis Caroli, a quodam viro Waldberto, solidis ducentis, omnem rem possessionis suæ in loco nuncupante in Loningaheimo, in pago Bononensi, quidquid sua inibi videbatur esse hereditaria possessio. Quod etiam ipsius charta testatur ita dicendo.

hoc ipso anno degebat apud Audriacam villam, ubi privilegium Corbeiensi abbati Hadoni seu Chadoni concessit.

## XLI. *Exemplar ejusdem emptionis.*

(Jul. 776.) « Domino venerabili viro in Christo Hardrado, abbati de monasterio Sithiu, atque emptori. Ego Waldberlus, venditor, per hanc epistolam venditionis constat me non imaginario jure, sed propriæ voluntatis arbitrio, vobis vel monasterio vestro Sithiu vendidisse, et ita vendidi et de præsenti tradidi, hoc est, omnem rem possessionis meæ, duas partes in loco nuncupante in Loningaheimo, in pago Bononiense, id est, tam terris, mansis, castitiis mancipium 1, nomine Blidinarus, cum omni etnika et peculiari suo; pratis, sylvis, pascuis, communiis; peryiis et vadriscapis; omnia et ex omnibus, rem inexquisitam, totum ad integrum, hoc vobis vel monasterio vestro Sithiu, a die præsenti, vendo, trado atque transfirmo perpetualiter ad possidendum. Unde accepi a vobis de rebus monasterii vestri, pro jam dicta re, pretio taxato vel dato, in quo mihi bene complacuit, hoc est, inter aurum et argentum, solidos cc tantum; ita ut, ab hac die, ipsam rem superius nominatam, vos, vel successores vestri, habeatis, teneatis, atque possideatis, vel quidquid exinde facere volueritis, liberam in omnibus habeatis potestatem ad faciendum. Si quis vero, quod futurum esse non credo, si egomet ipse aut ullus de hæredibus aut prohæredibus meis, vel quælibet ulla opposita persona; quæ contra hanc venditionem venire voluerit, aut eam infringere conaverit; et si a me vel ab hæredibus meis defensa non fuerit, tum inferamus vobis, cogente fisco, tantum et alia tantum quantum a vobis accepimus, vel quantum ipsa portio tunc temporis emeliorata valuerit; et insuper duplam pecuniam coactus exsolvat, et quod repetit evindicare non valeat; sed hæc venditio omni tempore firma permaneat cum stipulatione subnixa.

« Actum Sithiu monasterio publice.

« Datum in mense Julio, anno VIII regni domni nostri Caroli gloriosissimi regis.

« Signum Walberti, q·i hanc venditionem fieri rogavit.

« Signum Trudmari. Sign. Bugini. Sign. Randgeri. Sign. Udmari. Sign. Ermnulfi. Sign. Winidgeri.

« Ego Henricus diaconus scripsi et subscripsi. »

## XLII. *Quod et Fresingehem emerit.*

Emit et aliam terram solidis c·, nomine Fresingehem, a quadam muliere, nomine Sigeberta, secundum hanc cartam.

## XLIII. *Exemplar.*

(10 Jun. 788.) « Domno venerabili in Christo patri Hardrado, abbati de monasterio Sithiu, atque emptori. Ego Sigeberta, venditrix, per hanc epistolam venditionis constat me, non imaginario jure, sed propria voluntate arbitrii, vobis vel prædicto monasterio Sithiu vendidisse, et ita vendidi, tradidisse, et ita tradidi, hoc est, omnem rem portionis meæ in loco nuncupante Fresingahem, situm in pago Haruanense super fluvium Agniona, præter jornale

(67) A. 795, apud Joannem Iper. col. 498. conf. *Gall. Christ.* tom. II, col. 487.

A unum, quod exinde ad aliam rem reservavi ad integrum : id est tam terris, mansis, castitiis, ædificiis, campis, sylvis, pratis, pascuis, communiis, pervis et wadriscapis. Omnia et ex omnibus, rem inexquisitam totum ad integrum, hoc vobis vel prædicto monasterio a die præsenti vendo, trado atque transfirmo perpetualiter ad possidendum. Unde accepi a vobis de re monasterii vestri, pro jam dicta re, in pretio taxato vel dato, in quo mihi bene complacuit, hoc est, inter aurum et argentum solidos c tantum; ita ut ab hac die hoc habeatis, teneatis atque possideatis, vel quidquid exinde facere volueritis, habeatis potestatem ad faciendum. Si quis vero, quod futurum esse non credo; si ego ipsa aut ullus de hæredibus ac pro hæredibus meis, vel quælibet alia persona quæ contra hanc venditionem venire voluerit, aut eam infringere præsumpserit, inferamus vobis vel successoribus vestris, cogente fisco, tanta et alia tanta quantum a vobis accepimus, vel quantum ipsa portio tunc temporis emeliorata valuerit; et insuper duplam pecuniam coactus exsolvat, et quod repetit evindicare non valeat; sed hæc venditio firma permaneat cum stipulatione subnixa.

« Actum Sithiu monasterio publice.

« Data in mense Junio, die X, anno XX regni domni nostri Caroli gloriosi regis.

« Signum Sigebertanæ, quæ hanc venditionem fieri rogavit.

« Signum Hildeberti. Sign. Snelgeri. Sign. Hildulfi. Sig. Regenhari. Sign. Hildmari. Sign. Madallei. Sign. Baini. Sign. Guntherti. Ego Gerbaldus, diaconus, scripsi et subscripsi. »

## XLIV. *De Odlando abbate et privilegio Caroli regis.*

Hæc ad monasterium Sithiu prædicti Hardradi abbatis labore adducta, decedens a sæculo, Odlandum, bonitate et sapientia coæqualem, sibi in regimine monasterii reliquit successorem (67), anno Domini 798, cujus laudis memoria apud nos manebit in sæcula. Hic, inter reliqua quæ gessit, regem suprascriptum Carolum adiens, deprecatus est regiam sublimitatem, ut concederet abbatibus Sithiensis cœnobii ejusque hominibus, in totius abbatiæ sylvis venationem exercere. Quod excellentissimus rex concedens, regali etiam privilegio confirmavit; præcipiens ut nullus eis quoquam tempore ob hoc infensus esse præsumeret, sed ad usus ipsius monasterii Sithiu, ad codices contegendos, vel manicas et zonas faciendas, licentiam haberent in propriis sylvis venationem exercere. Quod privilegium regia auctoritate firmatum, id ipsum ita testatur, hactenus apud nos, cum sigillo regali, servatum.

## XLV. *Exemplar privilegii Caroli regis de venatione sylvarum* (68).

(Vide Patrologiæ tom. XCVII, inter Opera Caroli Magni.)

## XLVI. *Traditio Deodati de rebus infra nominandis.*

(800.) In anno autem Dominicæ nativitatis 794, qui

(68) Diploma illud fictitium esse contendunt Cointius, *Annal. Eccles. Franc.*, tom. V.

erat annus præfati regis Caroli xxxii, et regiminis jam dicti abbatis iii, quidam clericus, Deodatus nomine, res possessionis suæ, accepto pretio, eidem abbati, ad opus monasterii sui Sithiu, vendidit in locis his nominibus nuncupatis, in Sanctum, in Ascio, super fluvio Widolaci, et in Fresinnio, super fluvio Capriuno, et in Hildwaldcurt, et in Lonasto, super fluvio Abbunfontana, in pago Tarvanense. Hæc omnia ad usus fratrum vendidit, atque per venditionis cartam transfirmavit; quæ præfatus abbas Otlandus ad vestimentorum fratrum mox usus delegavit; in ea videlicet ratione, ut hæc ipse Deodatus, dum adviveret, per precariam haberet, ac post suum obitum emeliorata omnia ad jam dictum reverterentur monasterium.

### XLVII. *Exemplar hujus traditionis.*

(3 *Aug.* 800.) « Venerabili in Christo patri Odlando, abbati de monasterio Sithiu, vel omni congregationi fratrum vestrorum ibidem consistentium, ego Deodatus clericus, peccator, dum et omnibus non est incognitum, qualiter res possessionis meæ, in locis nuncupantibus in Sanctum, et in Ascio, super fluvio Widolaci, et in Fresinnio, super fluvio Capriuno, et Hildwaldcurt, et in Lonasto, super fluvio Abbunfuntana, in pago Tarvanense: id est, in prædictis locis, tam terris, mansis, castitiis, ædificiis et ecclesiam sancti Martini, quæ est constructa in honore ipsius prædicti domini et sancti Martini, in jam dicto loco, sanctis seu ecclesiis reliquis, seu quidquid ad jam dictum locum Sanctis aspectum vel subjectum esse videtur, vel reliquis prædictis locis; mancipia cum omni ethuike et peculiari eorum campis, sylvis, pratis, pascuis, perviis et wadriscapis, aquis aquarumve decursibus, farinariis, adjacentiis, appenditiis, cultis et incultis, omnia et ex omnibus quidquid dici vel nominari potest, quantumcunque in prædictis locis mea fuit possessio vel dominatio, tam de alode parentum meorum quam et de comparato seu de concambio, vel de quolibet attracto, ad me legibus noscitur pervenisse; fabricaturam ecclesiarum, auro argentoque, drappalia diversæ faciei vel speciei, libros diversos, vel quidquid in suprascriptis omnibus locis aspicere videtur; omnia et ex omnibus, rem inexquisitam, ad integrum, vobis per venditionis titulum, accepto pretio, ecclesiæ vestræ, a die præsenti transfirmo; in ea vero ratione, ut res cunctæ superius comprehensæ ad opus monachorum in prædicto monasterio Sithiu degentium vestimenta comparentur, id est, drappos ad kamisias ultro marinas, quæ vulgo *berniscrist* vocitantur, sicut in voluntate continetur vestra. Sed postea vos, una cum consensu fratrum vestrorum, juxta quod mea fuit petitio, ut suprascriptas res mihi usualiter, appresto beneficio vestro, parare promisistis, ad excolendum vel emeliorandum, et, sicut convenit nobis, annis singulis, ad festivitatem sancti Martini, censum, hoc est, solidos ii de argento, vobis vel successoribus vestris dare vel transsolvere debeamus; et alibi ipsam rem nec dare, nec vendere, nec commutare, nec naufragare pontificium non habeam, nec possessio mea nullam ex hoc calumniam generare non possit; nisi tantum, ut dictum est, quandiu advixero, pro vestro beneficio possideam, et post meum obitum atque de hac luce discessum, omnes suprascriptas res, absque ullius contrarietate, vos, vel successores vestri, a die præsenti ad integrum, recipere faciatis perpetualiter ad possidendum. Et hæc præcaria omni tempore firma permaneat cum stipulatione subnixa.

« Actum Sanclis publice,

« Datum in mense Augusto, die iii, anno xxxii regni nostri domni Caroli gloriosissimi regis.

« Signum Deodati, qui hanc præcariam fieri rogavit.

« Signum David, filii ejus consentientis.

« Signum Guntardi. Sign. Herradi. Sign. Wigmari. Sign. Eremberti. Sign. item Eremberti. Sign. Egelulfi. Sign. Rigfridi.

« Ego in Dei nomine, Gunthertus, indignus diaconus, scripsi et subscripsi. »

### XLVIII. *De labore ejusdem Odlandi abbatis circa villam Arecas.*

Hujus autem abbatis Odlandi labor et industria maxime enitet in villa quæ dicitur Arecas, quæ erat una de principalibus abbatiæ membris, quam et sibi sedem statuit, omnique nobilitate nobilitavit. Basilicamque inibi in honore sancti Martini construxit, cujus templi nunc solum fundamenta tantummodo se præbent oculis intuentium; constituitque, uti hi testantur quorum progenitores et avorum avi in suprascripta villa fuerant mansionarii, ut inibi hebdomadibus singulis, quinque ex sancti Bertini monasterio, totidemque ex sancti Audomari, ad serviendum Domino deputarentur monachi. Ibi etiam, quod mirabile nostris hactenus monstratur temporibus, molendinum fecit volvere aquis contra montem currentibus, constituitque ut nullus hominum molendinum extra locum jam dictum construere præsumeret. Quod ad utilitatem monasterii Sithiu ad tempus fuit conservatum. Hujus autem abbatis tale fertur fuisse ingenium, ut posset audire auribus quo aqua deflueret per inscios occultosque terræ meatus. Sunt et alia quamplurima ipsius laudum præconia, quæ in sæcularium versantur ora; quæ ideo hic omittimus, ne negligentibus videantur superflua. [Postquam Odlandus abbas annis ferme novem suæ vixisset administrationis, exuit fragilem carnis sarcinam, redditurus Creatori talentorum rationem. Cui in respectu cœnobiali successit Nantharius, hujus nominis secundus.]

### XLIX *De Nanthario juniore, et de unctione Caroli imperatoris, et emptione ejusdem abbatis de Flitrinio.*

Odlandi quoque in regimine successor exstitit Nantharius junior, anno Verbi incarnati 805 regisque præfati Caroli xxxix (69), prædictus quoque gloriosus rex Carolus, anno regni sui xxxiii. Romam adiens, a cuncto populo in imperatorem electus, die natalis Domini, in ecclesia beati Petri, a Leone papa est consecratus. Nantharius autem abbas, anno præfati regis Caroli xxxix, imperiique ejus v, emit a quodam viro, nomine Erlhario, res proprietatis suæ, in loco nuncupante Flitrinio, id est, mansum i, et, inter terram arabilem et pratum seu et sylvam, bunaria x; quæ etiam per præcariam ab ipso abbate sibi dari poposcit; quod ita et fecit.

L. *Emptio Nautharii, abbatis, de Flitrinio.*

(*Oct.* 806.) « Domno venerabili in Christo patri Nauthario, abbati de monasterio Sithiu, sive de cella quæ dicitur Hebrona, ubi Ebroinus præpositus esse videtur. Ego Heilharius, venditor, per hanc epistolam venditionis constat me, non imaginario jure, sed plenissima voluntate, vobis vel monasterio vestro vendidisse, et ita vendidi, tradidisse et de præsenti tradidi, hoc est, mansum i in loco nuncupante Fletrinio, in pago Isseretio, et, inter terram arabilem et pratum seu et sylvam habentem plus minus bunaria x. Per hanc epistolam donationis, sicut tradimus, diximus, dono, trado atque transfirmo perpetualiter ad possidendum; in ea ratione ut hoc habeatis, teneatis atque possideatis, vel quidquid exinde facere volueritis liberam atque firmissimam Christo propitio in omnibus habeatis potestatem ad faciendum. Unde benivolentia vestra habuit pietas apprestitum beneficium, tam mihi quam infantibus meis, his nominibus, Erkenrado, Baldrado, Errictrudæ, Waldedrudæ: qui pari suo longius supervixerit, usualiter nobis præstare promisistis, ad excolendum vel emeliorandum; et sicut convenit nobis, annis singulis censum, id est, modia x de sale, vobis vel successoribus vestris, pro ipso usu, dare vel adimplere debeamus; et aliubi ipsam rem vestram nec dare, nec vendere, nec commutare, nec alienare, nec pro nullo aliquo ingenio deponere pontificium non habeamus; nec possessio nostra nullum præjudicium, nec contra partem monasterii vestri ex hoc generare non debeamus : nisi tantum, ut dictum est, quandiu in hoc sæculo, propitio Christo, advixero, pro vestro beneficio possidere debeamus; et post nostrorum omnium obitum atque de hac luce discessum, ipsæ res superpositæ, absque ullius contrarietate vel interpellatione judicis, ad integrum recipere faciatis perpetualiter ad possidendum. Si quis vero, quod futurum esse non credo, si ego ipse aut ullus de hæredibus ac prohæredibus meis, vel quælibet ulla opposita vel extranea persona fuerit, quæ contra hanc venditionem venire aut eam infringere voluerit, discutiente fisco, auro uncias iii, argento libras v coactus exsolvat, et quod repetit evindicare non valeat; sed hæc donatio omni tempore firma permaneat cum stipulatione subnixa.

« Actum Beborna, in mense Octobrio, anno xxxix,

(69) Fort. corrig. 804, Caroli regis xxxv.

regnante domno nostro Carolo gloriosissimo rege, et anno vi imperii ipsius.

« Signum Erlharii, qui hanc venditionem fieri rogavit.

« Signum Erkenradi, filii sui consentientis.

« Signum Folquini. Signum item Erkenradi. Signum Gerardi. Signum Elpharii. Signum Herradi. Signum Hardmanni. Signum Rantvuini. Signum Guntfridi. Signum Helingeri. Signum Heodradi. Signum Engelgeri. Signum Sichaldi. Signum Grimardi. Signum Godoberti.

« Ego Guntbertus, scripsi et subscripsi. »

LI. *Traditio Lebdrudis de Gisna.*

Anno quoque insecuto (70), in mense Octobrio, quædam vidua, Lebdrudis nomine, tradidit præfato abbati, ad monasterium suum Sithiu, omnem rem suæ proprietatis in loco nuncupante Gisna sive Totingelun, in pago Bononensi; expetiitque, pro beneficio, a jam dicto abbate, rem monasterii sui in ipso pago, id est bunaria ii, in loco nuncupante Etloum, in hæc verba.

LII. *Exemplar.*

(*Oct.* 807.) « Domno magnifico in Christo patri Nanthario, abbati de monasterio Sithiu, quod est constructum in pago Tarwanense super fluvium Agniona, in honore beatorum apostolorum Petri et Pauli atque Andreæ seu sancti Martini et sancti Bertini, vel plurimorum sanctorum martyrum et confessorum, congregationi etiam ipsius sancti loci. Ego Lebtrudis vidua, cogitans ob amorem coelestem vel pro abluendis facinoribus meis, mihi complacuit ut aliqua munuscula meæ parvitatis Domino conferre deberem, quod ita et feci. Ergo dono omnem rem meæ proprietatis in loco nuncupante Gisna sive Totingetun, in pago Bononensi, super fluvium Vuasconinga Wala, hoc est, mansa cum casa vel castitiis, ædificiis, pratis, pascuis, terris, perviis et wadriscapis, vel quidquid ibidem aspectum vel subjectum esse videtur : et mea legitima fuit possessio vel dominatio, cum re inexquisita ad integrum.

« Hæc autem omnia superius comprehensa ad præfatum monasterium per hanc paginam traditionis dono, trado atque transfirmo perpetualiter ad possidendum. Pro qua vero donatione et vestra pietate, expetivi a vobis terram aliquam monasterii vestri, in loco nuncupante Ecloum, in ipso Bononensi, hoc sunt, bunaria ii; in ea vero ratione, ut ipsas terras ego et tres infantes mei, his nominibus, Hildeberta, Nidlebus et Erpsuvid, dum advivimus, pro vestro beneficio, ad usum fructuum possidere debeamus. Unde quoque, pro eodem usu, annis singulis, ad festivitatem beati Audomari, Kal. Novembr. pensas duas de formaticis transsolvere debeamus; et non habeam pontificium ipsas res alienare, nisi tantum pro beneficio vestro ad usum fructuum excolere debeamus; et post nostrum omnium obitum ambas prædictas res rectores monasterii vestri præsentali-

(70) Id est 807.

ter perpetua portione potiantur. Si quis vero, quod fieri minime credo; si egomet ipsa aut ullus de hæredibus meis, seu quælibet ulla opposita persona, quæ contra hanc donationem venire voluerit, aut infringere præsumpserit, iram Dei atque prædictorum sanctorum incurrat; et ab universali fide excommunicatus appareat; et insuper, distringente fisco, auri untias VI, argenti pondera multa componat; et quod repetit evindicare non valeat: sed præsens epistola omni tempore firma permaneat cum stipulatione subnixa.

« Actum Gisna villa publice, quando fecit mensis Octobr. dies XI, anno XL regni, et octavo imperii domni nostri Caroli piissimi imperatoris Augusti.

« Signum Lebdrudis, viduæ quæ hanc donationem fieri rogavit.

« Signum Madalgeri. Signum Odilonis. Signum Engelberti. Signum Bertlandi. Signum Vuendelgeri, centenurii.

« Ego Gunthertus, sacerdos, scripsi et subscripsi. »

LIII. *Traditio Folberti de Campanias.*

(811.) Vir etiam quidam, Folbertus nomine, anno præfati regis Caroli XLIII, imperii vero ejus X, tradidit eidem abbati Nauthario, pro anima genitricis suæ defunctæ, possessionem suam in Campanias in pago Tarvanensi, in hunc modum:

LIV. *Exemplar:*

(Apr. 811.) « Domno venerabili in Christo patri Nauthario, abbati de monasterio Sithiu, ubi duo agi, Audomarus scilicet et beatus Bertinus, pausant in corpore. Ego Folbertus, per hanc paginam traditionis constat me vobis vel ad præfatum monasterium vestrum Sithiu, pro remedio animæ genitricis meæ, Ebertanæ defunctæ, hoc est, aliquam partem hæreditatis meæ, id sunt; plus minus habentem bunaria V, et unum pratum cui vocabulum est Brattingadala et quidquid ad illum pratum pertinere visum est in loco nuncupante in Campanias, in pago Tarnuanense, cum pervio legitimo et wadriscapo : hæc omnia, juxta ut superius comprehensum est, vobis vel successoribus vestris dono, trado atque transfirmo perpetualiter ad possidendum. Propterea vestram flagitavi pietatem, ut ipsam rem licuisset mihi usitare vel emeliorare. Et postea vos, una cum consensu fratrum vestrorum, juxta quod mea fuit petitio, ipsam rem, quandiu advixero, procurare promisistis, ad excolendum vel emeliorandum, et sicut convenit nobis, annis singulis, ad festivitatem sancti Bertini, quæ est Nonas Septembr. censum, id est, denarios IV, pro ipso usu, vobis dare vel transsolvere debeam. Si quis vero, quod futurum esse non credo; si egomet ipse aut ullus de hæredibus meis, qui contra hanc donationem venire voluerit, vel eam infringere tentaverit, inferat vobis, una cum distringente fisco, auri uncias IV, argenti pondera V coactus exsolvat, et quod repetit evindicare non valeat; sed hæc traditio omni tempore firma permaneat cum stipulatione subnixa.

« Actum in Bagingatun, in mense Aprili, anno XLIV regnante Carolo glorioso rege, et anno X imperii ejus (71).

« Signum Folberti, qui hanc donationem fieri rogavit.

« Signum Folcharii. Signum Abboni. Signum Ingoberti. Signum Vuendelgarii; centenarii.

« Ego Gunthertus, sacerdos, scripsi et subscripsi. »

LV. *De traditione villæ Calmont.*

[ Carolus jam supra memoratus, desiderans per orbem famam augeri suam, ut liquido patet per multorum voluminum de eo mentionem agentium lectionem, inter cætera, huic cœnobio villam Calmont Deo sanctoque Bertino tradidit, cujus traditionis charta penes episcopum Noviomensem habetur. ]

LVI. *De morte Caroli, et successione Ludovici.*

Post insignia igitur sæpedicti regis Caroli gloriosorum actuum præconia, postque devictas multarum gentium nationes, quæ hactenus in viventium versantur ora permanebuntque in sæcula, primi parentis exsolvens pœnam; suam Creatori reddens animam, corpusque tam gloriosum, terra mox futurum, naturæ solvens debitum, terræ dimisit tegendum, anno Dominicæ incarnationis 814, regnique ipsius XLVIII, imperiique ejusdem XV (72), de quo in libro quodam, qui prætitulatur *Visiones Vuettini*, legisse me memini quod isdem Vuettinus, dum in extasi ab angelo duceretur; inter reliqua quæ sibi ostendebantur, vidit eumdem regem Carolum stantem toto corpore sanum atque pulcherrimum; solum animal quoddam oppositum vidit lacerare virilia stantis; dictumque est illi ab angelo, quod hæc ideo pateretur, quia nimis impatiens libidinis fuerat in sæculo; sed, pro aliorum ejus opera virtutum, cito ab hoc esset eripiendus periculo. Successit itaque illi in regno filius ejus Ludovicus, consimilis ei per omnia in gloriosis actibus, in cujus tempore exoritur quoddam lumen Ecclesiæ, Folguinus nomine, quod, ne sub modio celaretur absconsum, ab ipso rege super Ecclesiæ imponitur candelabrum, Tarvanensique civitati delegatur ad pontificatum, anno incarnationis Dominicæ 817, et præfati regis IV. De cujus vita et virtutibus multum quod loqueremur erat, optaremque ea quæ in hoc mundo gessit summotenus perstringere; sed fatuitatem meam ipse perpendens, horreo saltem tangere quod viri peritissimi possent etiam formidare : superant enim philosophicam mundanæ sapientiæ disputationem, etiamsi aliquis cavallino, secundum poeticas fictiones, ad plenum se jactet epotasse fontem. Hæc solummodo in ejus memoriam fatua garrulitate deprompsi; reliqua ipsius opera acutioris ingenii viro relinquo investiganda, ipse egomet, si juverit, etiam

---

(71) Annus XLIV regni Caroli Magni cum a. Chr. 812, ipsius vero imperii annus X, cum a. Chr. 811 conveniunt. Major ideo fides adhibenda videtur notis chronologicis c. LIII, qui sibi invicem concordantes a. 811 indicant.

(72) Corrig. *regnique* XLVI, *imperiique ejusdem* XIV.

deinceps pro posse meum, illa quæ recolo paratus ad enarranda.

### LVII. *De Fridegiso abbate.*

Nantharius interea abbas, junior [ anno sui regiminis octavo decimo ] migrans a sæculo, regularis vitæ primum destructorem sibi reliquit successorem, Fridegisum videlicet, nec ipso nomine dignum, abbatem. Nam cum hactenus sacra monachorum regula, miseratione Dei, in hoc cœnobio foret conservata, crescente rerum opulentia, monachis ordinationem monasterii sui, abstracta abbatia, regali beneficio in externas personas est beneficiata. Unde contigit, ut supradictus Fridegisus, genere Anglus, et abbas sancti Martini Turonis, anno Verbi incarnati 820, et præfati regis Ludovici VII, abbatiam Silhiensis cœnobii regia donatione susciperet gubernandam. Qui in initio tyrannidis suæ, cum cerneret abbatiam universam tot monachorum usibus delegatam, ut puta centum et triginta monachorum inter utraque monasteria sancti Bertini scilicet sanctique Audomari degentium, nihilque suarum voluptatum usibus sequestratum, avaritiæ jaculo secatus, monachorum impudenter tentat vitam destruere, ut res eorum usibus a fidelibus traditas suæ lasciviæ potuisset facilius mancipare. Quod diabolica suggestione mente concœptum, nefanda est ab illo perpetratione peractum. Nam in capitaneo apostolorum sui sancti Bertini loco, ubi LXXXIII monachi deserviebant Domino, LX pro humana potius laude quam pro Dei amore, retinuit; reliquos districtioris vitæ viros, quos suæ perversitati putavit non consentire, de monasterio expellens abire permisit. In sancti Audomari quoque monasterio, ubi regulariter viventes aderant XL monachi, XXX canonicos ibidem ad serviendum deputavit in monasterio Christi. Ac post hæc, totius abbatiæ circuiens villas, et quia duplex exstabat monachorum numerus, duplam eis portionem villarum est largitus. Canonicis autem, quia pauciores erant numero, simpla contra monachis est data portio. Ipse ea quæ sibi maxime placuerant, ad suæ perversitatis usum reservavit; et quia canonicus erat cum canonicis in sancti Audomari monasterio sæculariter vivebat. Quid plus hujus abbatis referam versutiam, cum veraci possem famine dicere hunc primum loci hujus casum extitisse? Hic etiam, secundum veridicam Veritatis vocem, cum alii laborassent, in labores eorum introiit; nec solum introiit, sed etiam quæ laboraverant temeraria præsumptione destruxit. Hic etiam fraternæ charitatis utriusque monasterii destructor extitit; dum et monachi sibi justum et ab antiquis Patribus traditum reverentiæ honorem vindicant, canonicorumque subjectionem sibi veraciter defendunt, et canonici ab ipso abbate canonico, fallaci assertione, principatum ad se monasteriorum pertinere dicunt. Pro his omnibus et reliquis tyrannidis suæ actibus, hactenus blasphematur ab omnibus, nec dubium quod blasphemabitur et a succedentibus.

### LVIII. *De privilegio Ludovici regis de venatione sylvarum monasterii Sithiu.*

(820.) Hic etiam prædictus abbas, anno primo regiminis sui, jam dictum regem Ludovicum adiens, petiit ab eo licentiam in sæpe dicti monasterii sui Sithiu sylvas venationem exercere, sub occasione librorum legendorum vel manicharum ad usus fratrum faciendarum, sed quod credibilius est, ad suæ vanitatis ludibrium exercendum. Quod rex sine mora concessit; regali auctoritate privilegium ob hoc fieri jussit, quod et ipse sigilli sui impressione signavit in hæc verba.

### LIX. *Exemplar ejusdem privilegii.*

( Vide inter Ludovici Pii privilegia, Patrologiæ tomo CIV.)

### LX. *Privilegium ejusdem regis de monasterio Sithiu, tempore Fridegisi abbatis.*

Prædictus autem abbas Fridegisus secundo rege jam dicto petiit, ut etiam sua auctoritate, per regale privilegium, monasterium suum Sithiu ab omni judiciaria potestate defensaret, et, sicut constat antecessores suos reges eidem loco concessisse, ita et ipse gloriosus rex sua auctoritate dignaretur confirmare. Quod rex, anno incarnationis Domini 830, hoc modo regia auctoritate firmavit.

### LXI. *Exemplar ejusdem privilegii* (75).

(Vide ubi supra.)

### LXII. *De Guntberto monacho.*

Sub hujus abbatis tempore, exoritur quidam tiruncolus mox futurus monachus hujus ecclesiæ; cujus laus et sapientia ita hactenus in omnium nostrorum versatur ore ac si præsentaliter in vivo teneretur corpore et merito; nam monasterii hujus libraria, quæ pene omnia vetustate erant demolita, quoniam peritus erat scriba, propria renovavit industria. Insuper et alia adauxit librorum volumina, ex quibus duo sunt antiphonarii, quos ipse propria manu conscripsit; et alterum sancto Audomaro, alterum vero sancto Winnoco concessit. Scripsit et tertium, quem lucidiori opere elucidavit; cujus initium et in carmine majorum solemnitatum, aureis litteris mirifice decoravit; quem, quia elegantiorem vidit, sancto Bertino contradidit. Descripsit et compotum, quem et nobis concessit habendum; insuper et alia, quæ si hic scribantur, videbuntur esse superflua. Hic autem, in primæva juventute, a patre Romam ductus, ibique sancto Petro oblatus et ab Eugenio papa est clericatus. Quem pater exinde domum reducens, in hoc monasterio Sithiu sancto Petro sanctoque Bertino monachum obtulit, locumque istum hæreditate sua nobiliter hæreditavit. Concessit namque ad jam dictum monasterium Sithiu, monasterium quoddam quod ipse in proprietate sua construxerat, nomine Steneland ad quod omnem ejus hæreditatem Salvatori Domino, in

---

(75) Edidit Mabillonius, omisit autem notas chronologicas nomenque loci ubi diploma datum est Vide *De re diplom.* pag. 612.

cujus nomine eumdem construxit monasterium, perpetua firmitate delegavit. Hæc sunt autem nomina villarum quas prædictus Goibertus, Guntberti præfati pater, pro eleemosyna sua ad basilicam Domini Salvatoris in Steneland contradidit : In Ricolvingeem, Hisdenne cum mancipiis ; in Okkaningahem ; in Hostede ; in Lampanesse ; in Simpaco ; in Bortheem ; in Reka ; in Strate ; in Hemmanwil ; in Kiltiaco ; in Hedenesberg ; in monasterio mansum hortumque ; in Ariaco similiter ; in Tarwana mansum ; in Quintvico similiter. Itemque ab aliis ad eamdem basilicam sunt concessæ : In Kessiaco et Squerda ; in Wesarinio ; in Vostringe ; in Tingriaco ; in Wilere ; Mestrugasele ; in Loclesse ; in Lonastingahem ; in Gruonomberg ; in Dagmaringahem. Hæc omnia præfatus Goibertus et filius ejus Guntbertus, partim ex eorum hæreditate, partim aliorum donatione, ex ipsius tamen Guntberti acquisitione, ad basilicam Domini Salvatoris in Stenedland, firmissima tradiderunt donatione, et ipsam basilicam atque portam"(74), monasterii Sithiu, ad eorum eleemosynam faciendam- in pauperibus et peregrinis, promptissima concesserunt voluntate. Quæ omnia in locis suis cum de eleemosyna loqui cœpimus, cum cartis suis, Deo favente, describimus.

*Explicit liber primus.*

(74) Ad portam Cod. Aud.

# LIBER SECUNDUS.

### I. *De Hugone abbate.*

Abbate autem Fridegiso migrante a sæculo [sui regiminis anno quarto decimo], Hugo venerabilis, filius Caroli regis magni et frater Ludovici Cæsaris, in abbatia successit, anno incarnationis Domini 834, et præfati regis Ludovici XXI. Qui, anno regiminis sui II, prædictum regem adiens, rogavit hæc ab illo regia auctoritate firmari, quæ antecessores sui Francorum reges regalibus privilegiis præfato Sithiu monasterio visi fuerant confirmasse. Quod rex excellentissimus tam prompte adimplevit, quantum et rogantem præ antecessoribus, utpote fratrem corde tenus fraternali charitate dilexit.

### II. *Privilegium Ludovici regis tempore Hugonis abbatis (75).*

(Vide inter privilegia Ludovici Pii, Patrologiæ tom. CIV.)

### III.

Eodem tempore prædictus Hugo abbas condolens infelicissimæ et miserrimæ divisioni et discissioni venerabilis Sithiensis cœnobii ab infando Fridegiso factæ, a domno Folquino tunc Morinorum venerabili antistite unitatem cœnobiorum pristino more reformari inspiravit. Quod et privilegio firmari fecit. Hujus autem privilegii hoc est exemplar.

### IV. *Exemplar (76).*

Ego Folquinus Dei gratia Morinorum episcopus, omnibus fidelibus tam futuris quam præsentibus. Quidquid ob amorem Dei exigentes rei veritatem memoriæ futurorum noscendum reliquerimus, valde id animabus nostris profuturum speramus, dum et vera innotescimus, et falsata damnamus. Melius est enim ipsam veritatem ad laudem Dei manifestare, quam pro lucro aut negotio terreno eam celare, ne scilicet homo peccator offensam Dei et sanctorum ejus in hoc videatur incurrere. Igitur ego Folquinus

75) Apud Mabillonium, *De re diplom.*, pag. 613.
(76) Privilegium illud vulgavit Mabill. Sæc. Bened.

episcopus, suggestione Hugonis abbatis Sithiensis cœnobii, quod est constructum in insula *Sithiu* in honore B. Petri principis apostolorum, ubi B. Bertinus corpore quiescit, perpendens injustitiam lacrymabilem quam Fridegisus prædecessor supra memorati abbatis eidem sancto loco intulerat, tota intentione excogitare cœpi, qualiter eumdem locum ad pristinum honorem valerem reducere. Omnibus certe notum est fidelibus quoniam sancti confessores Christi Audomarus atque Bertinus, dum adhuc in corpore essent, cœmeterium in villa *Sithiu* in superiori loco ad tumulanda sua et monachorum corpora communi opere fecerunt : in cujus medio basilicam in honore S. Mariæ construxerant, quam etiam B. Audomarus S. Bertino suisque successoribus donans per privilegium quoddam episcopale confirmaverat, et suum inter eos corpusculum sepeliri in eodem privilegio rogaverat. Quam prædictus abbas Fridegisus non solum S. Bertino tulit, sed etiam (quod dictu horribile est) monachos ejus Deo honeste ibidem servientes cum magno dedecore expulit, canonicosque ibi constituit, dum scilicet a temporibus sanctorum Audomari atque Bertini religio monachica ibidem famulans religiosissime floreret. Quorum lacrymosæ injustitiæ reclamationique incessabili compatiens et petitioni Hugonis venerabilis abbatis acquiescens, ædilitatem seu custodiam ipsius basilicæ S. Petro sanctoque Bertino reddendam, et monachum ad custodiam ibi ponendum censui et statui, ut et quatuor temporibus in anno missarum solemnia celebrarent stabilivi, hoc est in feria tertia dierum Rogationum, in festivitate quoque B. Joannis Baptistæ, et in depositione S. Audomari, in festivitate omnium sanctorum : et quidquid ad ipsum altare veniret, monachi sancti Bertini absque ulla contradictione juxta morem pristinum secundum de-

III, part. I, pag. 122.

cretum beati Audomari, quod in privilegio de traditione ipsius loci cœnobitis scripsit et interdixit, haberent, tenerent, et in perpetuo perenni jure possiderent. Nec episcopus aut archidiaconus ejus, seu aliquis clericorum, vel judex forensium rerum, aliquid sibi exinde vindicent. Denique jam quidam emerserant audacia temeritatis decepti, dicentes primatum locorum ad se pertinere debere. Quorum præsumptuosæ superbiæ resistens, per descriptionem capitularem coram quibusdam primatibus regalis palatii et hujus patriæ eos huic loco subegi, et conatum eorum annihilavi. Hoc etiam scriptum posteris relinquendum fore ratum duxi, ut per hoc quandoque resistatur inimicorum malæ voluntati, et hoc infringere volentium iniquo conatui. Quod quicunque futuris temporibus vel annihilare, vel infringere præsumpserit, quod absit, auctoritate Patris, et Filii, et Spiritus sancti anathema sit, nisi digna pœnitentia resipuerit. Actum est anno incarnationis Dominicæ octingentesimo trigesimo nono, indictione secunda; imperii autem Ludovici regis anno vigesimo sexto, præsulatus quoque nostri anno vicesimo tertio (77), in ecclesia sanctæ Mariæ, duodecimo Kalendas Julii, præsente universali synodo. Ego Folquinus ex consensu et præcepto domini Ludovici imperatoris hæc voluntarie firmavi, et cum episcopali interminatione suscripsi. Ego Maximus archidiaconus subscripsi. Ego Hugo abbas subscripsi. Signum Adalardi monachi. Signum Amalberti monachi. Signum Mori (78) monachi. Signum Henrici [al. Unrici] comitis. Signum Odgini advocati. Signum Everwini militis. Signum Berarii militis. Ego Gunthertus (79) levita et monachus jussu domni Folquini præsulis hanc chartam scripsi et subscripsi.

## V. Exemplar.

Quidquid (80), etc.

## VI. De morte Ludovici regis, et divisione regni inter filios ejus.

Gloriosus autem rex Ludovicus imperator Augustus, anno incarnationis Dominicæ 840, cum regnasset annis XXVII, decessit a sæculo. Ante cujus obitum mirabile quiddam et inauditum accidit in pago Taruennico. Nam ipso anno, post medium Januarium meridie, ignei umbones cum sonitu grandi ab æthere lapsi sunt, mirumque spectaculum omni populo detulerunt. Defuncto autem prædicto imperatore Ludovico, filius ejus Lotharius, qui ante obitum patris ad imperatorem unctus erat, de Italia veniens, monarchiam tenere gestiebat. Sed fratres

---

(77) Hinc colligas Folquinum sedi Morinensi impositum fuisse anno 817. Consentit Joannes Iperius, qui Folquini inaugurationem reponit Ludovici Augusti anno IV.

(78) Huc spectant Iperii verba cap. 12 : « Hugo abbas basilicæ S. Mariæ ædituum constituit monachum nomine Morum : qui Morus postea corpus S. Audomari furatus est et in privilegio B. Folquini inter testes ascribitur. »

(79) Guntbertum hunc laudat Iperius cap. 2 his verbis : « Sub abbate Fridogiso receptus est hic in

---

Ludovicus et Carolus divisionem regni affectantes, post unum annum, maximo prælio inter se conflixerunt in pago Autisiodorense, in loco qui vocatur Fontanetum. In quo loco Franci, cum omnibus nationibus sibi subjectis, mutua se cæde prosternentes, ad ultimum Ludovicus et Carolus, Lothario fugato, triumphum adepti sunt. Post cruentissimum vero prælium, pace inter eos facta, diviserunt inter se Francorum imperium. Et Lotharius quidem accepit regnum Romanorum et totam Italiam, et partem Franciæ orientalem totamque Proventiam. Ludovicus vero, præter Noricam, quam habebat, tenuit regna quæ pater suus illi dederat, id est Alamanniam, Turingiam, Austrasiam, Saxoniam et Avarorum, id est Hunnorum regnum. Carolus vero medietatem Franciæ ab Occidente, et totam Neustriam, Britanniam et maximam partem Burgundiæ, Gotiam, Wasconiam, Aquitaniam, submoto unde Pippino, filio Pippini, et in monasterio sancti Medardi attonso; ista autem periculosissima discordia sine requie quinquennii occupaverat tempus.

## VII. De translatione sancti Audomari de villa Ligesburch.

Sub hac tempestate invenimus ita annotatum in decennovænalibus annorum Dominicæ nativitatis, quod est DCCCXLIII, indictione VI, sancti Audomari corpus de villa Liegesburch refertur ad locum Sitium. Solemnitasque illius translationis in mense Junio devote a populo celebratur Taruennico; sed plerique ignorant è vulgaribus pro qua re statuta sit in primitus. Æquum autem arbitror esse et Ecclesiæ provenire, si causas illius solemnitatis in hoc codice, quamvis impolito, digeram sermone, maxime cum Tobiam angelus admoneat, dicens : Opera Domini narrare et confiteri honorificum est. Est enim in hoc facto, si referatur unde Domini laudetur magnificentia, et unde ipsius sancti amplificetur reverentia. Aggrediar ergo dicere, non quæ ipse præsumo fingere, sed quæ a senioribus mihi constat intimatum fore.

## VIII. Igitur Hugo abbas jam memoratus, excepta causa quam refero, vir per cuncta laudabilis, postquam locum hunc sua constitutione laudabiliter stabilivit, qua et canonicos sancti Audomari monachis sancti Bertini; etiam per descriptionem capitularem juste subjugavit, monachumque ab inferius monasterium ad sancti Audomari custodiam deputavit, diabolica sagitta jaculatus, cœpit excogitare qualiter sancti Audomari corpus, cujus ope et auxilio, una cum sodali suo Bertino, Taruennicus gubernatur

monachum puer nobilis Guntbertus, clara stirpe, patre Goiberto, matre vero Ebertruda progenitus. Qui Guntbertus in juventute sua a patre Romam ductus est, ibique S. Petro oblatus, et ab Eugenio papa clericatus ordinem suscepit : quem pater exinde demum rediens, hic in monasterio Sithiu S. Petro sanctoque Bertino obtulit monachum. »

(80) Hæc charta eisdem verbis ac superior constat, nominibus aliquot dieque ac formula finali duntaxat mutatis.

populus, Vermandis, ad sancti Quintini monasterium, quoniam hoc ipsum gubernabat, posset deferre quantocius. Metuens tamen animositatem plebis, congregata Vermandensium multitudine tentat vi abstrahere, si forsan impediretur a plebe. Accessit interim, et monacho quodam, Moro nomine, exstante custode, sacrum sancti præsulis ac patroni nostri corpus sumens, villam usque Liegesburch nomine cum sua deportavit multitudine. Dei autem providentia operante, triduo in præfata villa manserunt cum sacrato corpore. Acciderat interea, ut præclarus Taruennæ civitatis præsul Folquinus, episcopali more, parrochias episcopii sui circuiret, ut, sicubi contra sanctorum canonum statuta ageretur, curiosus pastor addisceret, et tali studio cellam usque Worumhold dictam, pia curiositate perveniret. Interea ubi inibi ad mensam ventum est, in qua lautissima, uti tanto pontifici, præparabantur obsequia, frater ipsius beati præsulis advolitat, nuntians grave et irrecuperabile patriæ, si perficeretur, excidium: sanctum scilicet Audomarum ex monasterio suo abstractum, et, ni cito succurrat, ad sanctum Quintinum Vermandis usque deferendum. Hæc audiens sanctus Domini sacerdos, nimium turbatus intrinsecus: « Vade, inquit, ad fratrem, et totius episcopii mei populum gira curiosius, et die tertio infra muros Taruennæ urbis præsto esto cum omnibus, et ego præsens ero cum his quos mecum, Christo auxiliante, detulero de istis partibus. Tum demum, si ipse juverit sanctus, ad excutiendum cum omnimodis sum paratus. » His autem secundum verbum beati pontificis rite peractis, adest die tertia in urbe Taruenna multitudo innumerabilis et pene ante invisa. Tunc sacerdos Domini, cum omni hac multitudine, insequitur prædictum abbatem cum suis, usque ad villam superius nominatam cum omni festinatione. At illi gestientes corpus sanctum sustollere fugamque inire, nulla hoc multitudine prorsus valebant a terra levare. Cumque id, addita adhuc majori multitudine, conarentur bis terque levare, nihilominus ita manet immotum, acsi quibusdam radicibus terratenus teneretur affixum. Tunc absque retardatione ullius commodi, accelerant fugam, relicto corpore sancti. Beatus autem Folquinus dans illis fugiendi locum, accipiens thesaurum illud omni auro pretiosissimum, repetito calle cum tota plebium multitudine, reportat ad proprium unde tultus fuerat locum. At ubi ventum est Taruenna, ad fluvium quod dicitur Leia, omnis populi supra memorata multitudo, absque aliqua cunctatione, pedibus transvadans fluminis aquam, exacto amne, nec unius stillæ humor in eorum apparuit tegmine. Progredientesque per aristifera agrorum sata, neque enim vitare ea poterant tam numerosa plebium agmina, cum veluti tribulis tonsæ terratenus curvarentur spicæ, transacta multitudine, ita densabant sulcos, ut patenter agnosceres protectoris adventum etiam congaudere campos. Utrorumque autem monasteriorum clerici stantes anxii eventum exspectabant rei; sed postquam datum est oculis, quamvis procul, cernere multitudinem populi adventantis, protractis campanarum funibus, vocem laudantium omnes dederunt in excelsis. Antedictus autem custos ecclesiæ, Morus, tunc ad mensam sederat epulaturus; et audito campanarum sonitu, interrogabat quæ esset causa pro qua populi tanta exsultarent lætitia. Dictumque est illi a narrantibus, quod sanctus Audomarus a Folquino pontifice esset reductus, et ob hoc lætitia tanta cunctus exsultaret populus. Quod audiens nimium turbatus, iram Dei reducentibus confestim est imprecatus. Nec dum ab ejus ore illicita exciderant verba, cum repente facietenus in terram ruit, totoque corpore rigidus, distentis membrorum nervis, semivivus emarcuit. Sic tantum stupidus ad sanctum Bertinum est deportatus, ibique quod verbotenus commisit, diutino languore pœnituit. Nam visu et auditu recuperato, sensu ita finetenus est privatus, ut nunquam posset animadvertere qua in parte sancti Audomari monasterium videretur positum esse. Corpus autem beati Audomari præsul Folquinus terra recondidit, ne a subsequentibus parili modo posset auferri. Post hæc abbas Hugo a Carolo rege [suo nepote] Aquitaniam missus, propter ejusdem regis fidelitatem, dolo Pippini interfectus est XVIII Kal. Junii, anno incarnationis Domini 844, [regiminis sui hujus loci anno decimo]. Erat autem isdem Pippinus quem supra in monasterio sancti Medardi attonsum memoravi, qui, exinde per fugam elapsus, Aquitaniam est reversus, ibique multis diebus fugitando latuit; et post hæc a Ramnulpho quodam per fidem est deceptus, comprehensus, regique Carolo est adductus, et Sylvanectum perpetuo est exsilio deputatus.

## IX. De Adalardo abbate.

Post Hugonem autem abbatem [duodecimum] supra memoratum, abbas efficitur Adalardus in hoc cœnobio Sithiu, sancto Petro et sancto Bertino a patre Hunroco oblatus; sed post canonicus [sub Fridogiso] est effectus. Suscepit autem abbatiam anno præfato XII Kal. Augusti. Hujus autem regiminis anno III, qui erat annus Verbi incarnati 816, sancti Bertini corpus a sancto Folquino episcopo, ut fertur, transfertur et reconditur XVII Kal. Augusti. In cujus anni tempore, [et curriculo] extitit hiems gravissima valde; atque post quinquennium exoritur fames intolerabilis nimium, quo tempore Guntbertus supra memoratus, in diaconati adhuc ordine positus, ad præpositurae honorem est evectus. Sub anno autem Dominicæ nativitatis 853, sancti Petri basilica asili est cooperta, annoque insequente sancti Bertini ecclesia plumbo est tecta. Guntbertus quoque eo anno, XI Kal. Januarii, ad presbyterium est consecratus.

## X. Præstaria Adalardi abbatis Odgrimo advocato

Anno quoque Domini 854, et regiminis jam dicti Caroli XIV, et episcopatus beati Folquini XXXIX, et regiminis jam dicti Adalardis abbatis xi (81), concessit isdem abbas per præstariam, cuidam homini Odwino terram quam habuerat isdem in beneficio in Cafitmere, id est bunaria xxx, cum portiuncula quam isdem Odwinus tradiderat ad monasterium Sithiu, in pago Bononensi, in loco nuncupante Mighem, bunaria III; in ea ratione, ut annis singulis, ad festivitatem sancti Bertini, Nonas Septembris, de cera valente solidos v persolvat, ut specialiter lumen ad altare, ante quod pater jam dicti abbatis Hunrocus tumulatus noscitur esse, nullo unquam desit tempore.

### XI. *Exemplar.*

(5 Sept. 853.) « Quicunque rectores ecclesiarum Dei juste et competenter devotioni fidelium annuerint, Dei se in hoc voluntati parere non dubitent. Idcirco dilecto in Domino filio Ecclesiæ nostræ, Odwino, ego in Dei nomine Adalardus, abbas monasterii Sithiu, cum consensu fratrum nostrorum, præstator. Multorum notitia patet, quia nuper portiunculam tuam in pago Bononensi, in loco nuncupante Mighem, scilicet bunaria III, ad pretium valens libras IV, nobis vel ad præscriptum monasterium delegasti, expetens ut te, cum uxore ac liberis una cum beneficio tuo in Cafitmere, id sunt bunaria xxx ac mancipia XII, his nominibus : Ostarbaldum, Gernhardum, Heribaldum, Radburg, Sigberta, Thiobert, Strilleburg, Wifhen, Lolithan, Liotburgam, Winetbertan, Adalbertan, ad custodiam sancti Petri et sancti Bertini, specialiterque ad altare, coram quo corpus genitoris nostri Hunroci requiescit, sub sensu luminario annuatim nostram ejusque eleemosynam reddendo, confirmaremus. Juxta itaque petitionem tuam, res utrasque concedimus, tam tibi quam uxori tuæ et filiis tuis, sub hoc sensu possidendas, ut in festivitate sancti Bertini, Nonis Septembris, de cera valente solidos v et dimidium persolvatis, tam pro rebus præscriptis quam pro capitibus vestris, id est, II diebus mundbordalibus, nullumque aliud servitium vobis imponatur. Quod si quislibet fece.it, vel a præfato sancto loco abstrahere tentaverit, iram Dei omnipotentis et sancti Petri sanctique Bertini incurrat. Si conamen impium non omiserit. Et hæc præstaria, manu nostra fratrumque roborata, firma permaneat cum stipulatione subnixa.

« Actum Sithiu monasterio, in basilica sancti Bertini, Nonis Septembr. in festivitate ipsius, anno xiv regnante domno Carolo, filio Ludovici imperatoris.

« Ego Adalardus, abbas, propria manu firmavi.

« Ego Guntbertus, peccator, præpositus, subscripsi.

« Signum Amalberti, decani. Signum Bavonis, monachi et presbyteri.

« Guntbertus scripsit et subscripsit. »

### XII. *De successore beato Folquino destinato.*

Quia igitur mentionem beati Folquini fecisse me memini, libet adhuc unum ejus opus hic intexere, quod recolo me agnovisse, Wicfrido pontifice narrante. Longa, inquit, senectute fessus, isdem beatus antistes Folquinus, utputa qui xL in episcopatu fere pergeret annum, cum jam non posset publice missarum solemnia celebrare, cognito hoc, rex, illo adhuc vivente, quod contra canones erat, successorem ei episcopum destinavit. Quod audiens sanctus præsul, semel, episcopali more, præparavit ad celebrationem missæ, et omne mysterium supplantante astante, implevit strenuissime. At ubi ventum est ad dandam, uti episcopi mos est, benedictionem, verso ordine, protulit illis maledictionem. At illi trepidi, cum, ascensis equitibus, ad propria cuperent reverti, in media via supplantator episcopi de equo lapsus elisa cervice, spiritum efflavit vitæ; omnesque qui cum illo venerant, infra annum variis cladibus expirarunt, et ita, cum sibi conjunctis, culpam luit improbitatis ob reatum.

### XIII. *De decessu ejusdem beati pontificis.*

Igitur adveniente vocationis suæ tempore, isdem beatus pontifex, quamvis longævo gravaretur senio, episcopii sui parrochias circuire decrevit. Bonam hanc virtutum suarum consummationem credens, ut Ecclesiæ filios, si alicubi a matris suæ gremio errassent deviando, secundum canonum statuta plectendo, ad eamdem reduceret, suis prædicationibus exhortando. Tali autem studio talique devotione, ad ecclesiam in Mempisco sitam, Hicclesbecke nuncupatam, pia accessit curiositate. Inibi autem non diu commorans, cum jam cogitaret reverti, viribus corporis cœpit repente destitui, ægritudineque corporali fatigari. Tunc convocatis discipulis, eos omnipotenti Domino commendans, animam cœlo reddidit sanctorum cœtibus consociandam. Transiit autem in suprascripta villa, anno incarnationis Dominicæ 855, indictione III, feria III, vesperascente qui erat annus præfati regis Caroli xv (82), et episcopatus ipsius beati præsulis xL (83), xviii Kal. Januarii. Rogaverat autem isdem pontifex, ut, sicubi exitus ejus accederet, corpus illius ad Sithiu monasterium, in basilica sancti Bertini, portaretur tumulandum. Defuncto autem illo, cum clerici ejus quærerent qualiter illum ad supradictum locum portare potuissent, in ipsa nocte, flante vento australi, omnis illa aquarum indimetibilis profunditas qua cingitur Sithiu insula, ita congelavit, ut, mane exsequias sancti corporis deferentibus, firmissimum aqua gressum per glaciem præberet cuntibus; quod,

---

(81) Charta ipsa, quæ inferius refertur, data est Nonis Septembris, anno xiv regnante domno Carolo, i. e. 5 Sept. 853. Huic unice instrumenti notæ cæteræ quas hic Folquinus conjecit male aptantur.

(82) Mense Decembri 855, jam currebat annus xvi Caroli Calvi.

(83) Emend. ut videtur, xxxix. Constat siquidem ex superioribus (1, 55, et II, 4) illum in sedem Morinensem sublimitum fuisse anno 817.

in hiemali tempore vix septem dierum algor valet efficere. Deportantes autem beati viri corpus ad Sithiu monasterium, ad latus sancti Bertini dextrum est tumulatum.

### XIV. *Aliud capitulum.*

Fertur autem eumdem virum Dei equum quemdam habuisse, qui, quoties iter aliquoties carpere vellet, ad obsequium viri Dei genua flecteret, ut scilicet absque ullo labore tergo illius equitaturus ascenderet. Hunc autem ferunt fratribus dandum ante ejus feretrum præisse, sed omnem deinceps hominem ferre recusasse, nec passus est post membra tanti pontificis voluptatibus deservire alicujus hominis. Qui non longo post tempore mortuus, cum canibus cibus esset appositus, a nullis illorum est attactus. Et merito cadaver ejus canes non poterant lacerare, super quem hymnidica cantica Christo decantata erant sæpissime. Quod videntes cives, eum humano more sepelierunt, quem nec bestiæ nec volucres tangere præsumpserunt.

### XV. *Breviato villarum monachorum victus.*

Sed, quia gesta beati Folquini enarrando parumper ab abbatum gestis digressi sumus, libet jam ad ea pernarranda calamum reflectere. Abbas igitur Adalardus villas ad fratrum usus pertinentes, vel quidquid exinde sub qualicunque servitio videbatur provenire, absque his quæ in aliis monasteriis erant distributæ vel quæ militibus et cavallariis erant beneficiatæ, tali jussit brevitate describere (84).

XVI. In Kelmis habent monachi ecclesiam I ac bunaria XII, et mancipia VI, luminaria IV. Unusquisque solvit de cera valente denarium I. Mansum indominicatum cum casa et aliis castitiis; de prato bunaria XXXIX, de terra arabili bunaria CLXXX, de sylva grossa bunaria XXX, de silva minuta bunaria XV. Mansa XV per bunaria XII, et ille dimidius per bunaria VI, cum servis X, qui faciunt in hebdomada III dies; et ancillæ VI faciunt ladmones VI. Aliæ ingenuæ facit unaquæque ladmonem dimidium. Unusquisque parat de brace modia X, de farina VI; pullos III, ova XX. Ad vineas unumquodque annum corros II. Lunarii XVI, præbendarii VII. Ded habet bunaria VI, arat bunaria II.

XVII. In Fresingahem Ererwinus habet bunaria V; arat jurnales III, et solvit denarios VI. In eadem villa Heleca habet bunarium dimidium, arat jurnalem I.

XVIII. In Lomisgahem Beregen habet bunaria IX, arat bunaria IV. In Elciaco Amalger habet bunaria XIV, mancipia III; arat bunaria IV, et solvit solidos II.

XIX. In Morningehem Guntbertus habet bunaria VIII, arat bunaria IV. Gerbald habet bunaria III, arat bunaria I. Stracfret habet bunaria VI, arat bunarium I et dimidium. Thegen major habet casam dominicam cum aliis castitiis; de prato bunaria V, de terra arabili bunaria XX, de silva minuta binaria V; mancipia XII. Berharius caballarius habet mansum de terra arabili bunaria XX, de prato bunaria V; de silva minuta bunaria VI. Mansa II per bunaria XII. Facit sicut superius. Mancipia VIII. Benemar habet casam cum aliis castitiis, de prato bunaria X, de terra arabili bunaria XXX, de pastura et sylva minuta bunaria XXIII. Mansa III per bunaria XII. Facit sicut superius. Mancipia XXIV. Ostoradus habet mansa cum castitia; de prato bunaria XII, de terra arabili bunaria XX, de sylva minuta bunaria VI. Mansa III per bunaria XII. Facit sicut superius. Mancipia XXIV. Bavo habet casam cum aliis castitiis; de prato bunaria XI, de terra arabili bunaria XXX, de sylva minuta bunaria IV. Casam I, per bunaria VIII. Facit sicut superius. Mancipia XVI. Wendelardus habet casam cum aliis castitiis; de prato bunaria XI, de terra arabili bunaria XXX. Sylva minuta binaria III. Mansus I, per bunaria XII. Facit sicut superius; mancipia XIV. Megenfridus habet casam cum aliis castitiis; de prato bunaria XI, de terra arabili bunaria XLV, de sylva minuta et pastura bunaria XVI. Mansus II per bunaria XII. Facit sicut superius. Mancipia IV. Balduinus habet casam cum aliis castitiis; de prato bunaria VI, de terra arabili bunaria XX, de sylva minuta et pastura bunaria XX. Mansus I per bunaria XII. Facit sicut superius. Mancipia IX.

XX. In Bermingahem habet mansa, cum scuria, de terra arabili bunaria XXIII, sylva minuta bunaria III. Et in Edenenas de terra bunaria X, mancipia X. Omnes, excepto Iremberto, arant ad ipsam villam bunaria IV, et colligunt II et ducunt ad monasterium, et cludunt virgas XV; et in monasterio item omnes virgas IV, et facit unusquisque in anno dies XXIV in æstate. Irembertus autem arat bunaria II et colligit I. Luminarii XI. Solvunt inter omnes solidos VII, denarios VIII. Homines qui faciunt in anno III dies sunt XX.

XXI. In Attona est ecclesia ad quam solvunt VII homines de lumine unusquisque de cera valente denarios II. Casam indominicatam cum aliis castitiis; de prato bunaria XI, de terra arabili bunaria CC, de silva minuta bunarium I, de pastura inculta bunaria L. Mansa XXIV et dimidium; omnes per bunaria XII, et ille dimidius per bunaria VI, cum servis XI, qui faciunt in hebdomada dies III. Ancillæ XII faciunt ladmones XII. Alii ingenui faciunt II dies in hebdomada, et de illis ingenuis feminis XIII veniunt ladmones VI et dimidius. Ad vineas carra VI. Facit unusquisque de brace modia X, de farina VI; pulli III, ova XX. Lunarii XV, præbendarii VI. Wilbertus habet bunaria XII; solvit solidos II, et prævidet sylvam. Sunt ibi homines qui faciunt II dies in hebdomada LXXIV. Iremharius major habet casam indominicatam cum aliis castitiis; de prato bunaria X, de terra arabili bunaria XXII, de pastura et sylva minuta bunaria XV. Mansa II per bunaria XII. Facit sicut superius. Mancipia XXIII. Hillefridus habet mansum; de prato bunaria VI et jornalem I, de

---

(84) Huc cod. Audom. addit: *Quod nunc linquimus, cum parvi commodi est.*

terra arabili bunaria xxxv, de sylva minuta bunaria vi. Mancipia viii. Bavo habet mansum cum casa et aliis castitiis; de prato bunaria v et dimidium, de terra arabili bunaria xlvi et dimidium, de sylva minuta bunaria viii. Mancipia xiv. Isti unaquaque hebdomada faciunt ii dies. Si non caballicant, sepiunt virgas v, et in monasterio inter omnes virgas iv. Lodberta habet in Selem, pertinentem ad Attona, præcariam i, unde solvit solidum i.

XXII. In Botniggahem Bertrada habet aliam unde debet arare.

XXIII. In Berningahem habet, inter sylvam et terram arabilem, bunaria plus xl.

XXIV. In Beingahem villa habet ecclesiam, indominicatum mansum cum castitiis; de prato bunaria xv, de terra arabili bunaria cxx, de sylva grossa bunaria xl ad saginandos porcos xx, de sylva minuta bunaria c. Mansum xviii et dimidium per bunaria xii, et ille dimidius per bunaria vi cum servis xi, qui faciunt iii dies in hebdomada; ancillæ ix; facit ladmones ix. Alii ingenui faciunt ii dies in hebdomada, et de ingenuis feminis x veniunt ladmones v. Ad vineas carra iv et dimidium. Unusquisque de brace parat modia x, de farina vi; pullos iii, ova xx. Lunarii xxi. Sunt ibi præbendarii vi, luminarii xc. Solvunt inter omnes libram i, solidos v. Brunger habet bunaria vi, arat bunarium dimidium i. Megel habet bunarium i, et dimidium, arat dimidium. Megenger habet bunaria ii, arat dimidium. Bavo habet bunaria iv, solvit denarios viii. Gundebertus habet bunaria iii, arat bunaria ii. Omes decanus habet bunaria iii, arat bunaria ii. Lanfredh habet de terra bunaria xxxi et dimidium, de sylva minuta bunaria iii; mancipia xiii; arat bunaria ii, solvit solidos ii. Engelger major habet bunaria de terra xliii et dimidium, de sylva minuta bunaria x; mancipia xx. Item alius Engelgerus habet casum cum castitiis; de terra arabili bunaria xlii, de sylva minuta bunaria x; mancipia vii. Isti arant bunaria iv, unusquisque et sepiunt virgas xv. Gundelbertus habet bunaria xl; inde solvit solidos vi, et unaquæque hebdomada ii dies, et habet mancipia iii. Molendinos iii; de uno veniunt modia c; de aliis, de unoquoque, modios lx; et ille unus dat pullos xx, ova cc; illi alii, unusquisque pullos xv, ova c. Badager habuit inde præcariam i, hoc est, mansum i; de terra bunaria xliv; mancipia ii. Isti arant bunaria iv, unusquisque et sepiunt virgas xv; et in æstate facit dies xvi, et colligunt bunarium i et dimidium, et ducunt ad monasterium; et ad monasterium sepiunt inter omnes virgas iii; dant pullos ii, ova x.

XXV. In Coiaco habet ecclesiam cum bunariis xviii; mancipia ii. De luminariis solidos iii. Casam indominicatam cum aliis castitiis; de prato bunaria xl, de terra arabili bunaria clx, de sylva minuta bunaria xxxv. Mansa xxi per bunaria x. Sunt in eis servi xv, qui faciunt in hebdomada dies iii. Ancillæ vii faciunt ladmones vii. Alii ingenui, qui faciunt in hebdomada ii dies; et illæ ingenuæ feminæ unaquæque facit ladmonem dimidium. Ad host carrum dimidium. Ad vineas carra iii. Facit unusquisque de brace modia x, de farina modia vi; pullos iii, ova x. Sunt ibi lunarii xxiv, luminarii xlii. Solvunt inter omnes solidos xii. Præbendarii sunt ibi vi. Habet ibi sedilium i; inde solvit solidum i. Walager habet bunaria ii, arat bunarium l. Molendinum i; solvit modia xxx. Camba i; solvit solidos iv. Megenhardus habet bunaria iii et dimidium, solvit solidum i dimidium. Homines qui faciunt ii dies in anno, sunt xxxvii. Ille major habet casam cum castitiis; de terra bunaria xxii; sylva minuta bunaria vii; mancipia iv.

XXVI. In Bumingahem habet mansum cum casti tiis; de terra bunaria xv, de sylva minuta bunaria x. Mansos ii et dimidium per bunaria xii, et ille dimidius per bunaria vi. Resident in eis servi iii, qui facit in hebdomada dies iii; ipsique perserviunt totos illos mansos. Ad vineas carrum dimidium. Faciunt de brace modia x; pullos ii, ova xx. Habet ibi lunares xiii, luminaria x. Solvunt inter omnes solidos ii, denarios ii. Homines qui faciunt ii dies in anno sunt iv. Sunt ibi bunaria xiv. Veniunt ad incensum de formaticis pensæ x. Item de bunariis vii veniunt de formaticis pensæ vii.

XXVII. In Pupurmisga villa habet ecclesiam, cum bunariis xviii; mansum i, indominicatum; de terra arabili bunaria clviii, de sylva grossa flaginana et minuta mixta bunaria cccc, ad saginandos porcos dc. Mansos xlvii et dimidium: ex his x constant bunariis xxiv, itemque x bunariis xx, itemque x bunariis xv; illi alii omnes per bunaria xiii, et ille dimidius bunaria viii. Resident in eis servi iv; faciunt in hebdomada iii dies. Ancillæ iv facit camsiles iv. Alii ingenui faciunt ii in hebdomada dies; et illæ ingenuæ feminæ, solvit unaquæque denarios iv. Lunarem nullum; luminarios clxxiv. Inde veniunt libræ ii, solidi xviii. Hæres carii cix. Veniunt solidi xiv, denarii vii. De terra censali, in cultis et infructuosis bunariis cxviii veniunt incensus de formaticis pensæ xxi; aucas xxv. Ad host carros ii; ad vineas carros ii. Illæ iv ancillæ parant de brace modia x. Unusquisque pullos ii, ova x. In tertio anno porcum i valente denarios iv. Ille major habet mancipia iv. De bunariis x veniunt de mel sextarii iii. Godobert caballarius habet casam indominicatam cum aliis castitiis; de terra bunaria lxxxvi, sylva minuta bunaria ii; mancipia vi. Mortbert caballarius habet casam indominicatam, cum aliis castitiis; terra bunaria xx, sylva minuta bunaria xii et dimidium; mancipia x. Mansa iv per bunaria xii. Resident in eis ingenui qui nihil aliud facit per totum annum, nisi ii dies in hebdomada. Dat unusquisque eorum pullum i, ova v. Isti arant, unusquisque bunarium i et colligunt i; et caballicat. De terra censali bunarium xii veniunt de mel sextarii ii. Porcarius unus habet bunaria III ad vestitum. Item de bunariis III solvunt flascones XII, scutellas C. Engeten habet bunaria IV, arat bunarium dimidium, et operatur unaquaque hebdomada I diem. Radeken habet bunaria III, arat bunarium dimidium, et facit in hebdomada II dies. Aldbert bunaria IV; facit similiter. Abbo bunaria V, arat dimidium.

XXVIII. In Pascandala habet de una ecclesia III partes, mansum III per bunaria XX. Solum incensum de assibus II.

XXIX. In Weserinio habet ecclesiam indominicatam, mansam cum castitiis; de prato bunaria XVI, de terra arabili bunaria CLIX, de sylva grossa bunaria XVIII ad saginandos porcos XX, de sylva minuta bunaria LI, de pastura communi sufficienter. Mansos XVIII: decem ex his constant per bunaria XII; item V constant bunariis X; tres bunariis VIII; cum servis XII, ancillis VIII. Facit in hebdomada dies III, et ladmones VIII. Alii ingenui, facit II d'es in hebdomada, et de ingenuis feminis X veniunt ladmones V. Ad host carrum dimidium; ad vineas carrum I dimidium. Unusquisque parat de brace modios X, de farina VI; et dant pullos II, ova XX. Præbendarii V, lunarii XXXVI, luminarii LX. Inter omnes solvunt libram I. Sunt ibi homines XXI, qui faciunt in anno II dies. Habet ibi sedilias X; veniunt in incensum de argento solidi VIII et dimidius. Tunel habet bunaria XIV, arat bunaria II et custodit sylvam. Molendinos III; unusquisque solvit modia majora XXX. In uno anno saginat porcos II; in alio I; et debet pullos XX, ova CC. Item molendinum I; solidos V. Winetmar major habet de prato bunaria III, de terra arabili bunaria XXXII, sylva minuta bunaria V. Mansos II. Facit sicut superiores. Lunarii XVII. Hlodoger caballarius habet mansum dominicum; de prato bunaria VII, de terra arabili bunaria XLIII, sylva minuta bunaria VIII. Lunarii XXI. Gerwinus caballarius habet casam dominicam cum castitiis, de terra bunaria XV; mancipia II.

XXX. In Aldomhem habet casam indominicatam cum aliis castitiis; de prato bunaria XV, de terra arabili bunaria XCVIII, sylva grossa bunaria L ad saginandos porcos XXX, sylva minuta bunaria LIII. Mansos XV per bunaria XII, cum servis VII. Facit in hebdomada dies III. Ancillæ II; facit ladmones II. Alii ingenui faciunt in hebdomada II dies; et de ingenuis feminis veniunt ladmones V. Ad host carrum dimidium; ad vineas carrum I dimidium. Parat unusquisque de brace modia X, de farina VI: et debet pullos IV, ova XX. Sunt ibi præbendarii VI; lunarii XVIII, luminarii XXIV. Inter omnes solvunt solidos VIII et dimidium. Molendinos II: ex uno veniunt modia majora XXX, et ex alio modia XX. Uno anno saginat porcos II, alio I; pullos XX, ova CC. Quod molendinum habet Otbertus; et habet bunaria XIV, et habet mancipia V, et custodit sylvam. Ille decanus habet bunaria IV et dimidium ad præbendam. Homines facientes in anno II dies sunt XVIII. Saluca major habet casam dominicam cum aliis castitiis; de terra arabili bunaria XXX, sylva minuta bunaria III; mancipia XII. Suithger caballarius habet casam dominicatam cum aliis castitiis; de prato bunaria VII, de terra arabili bunaria XLVI, de sylva minuta bunaria X. Mansi III per bunaria XII, cum servis II; et facit III dies in hebdomada. Ingenuæ III feminæ, facit unaquæque ladmonem dimidium; facit servitium sicut in ipsa villa. Et habet lunarios VII; et habet ecclesiam dimidiam cum bunariis VIII, et mancipia II; et luminarios XV. Solvunt inter omnes solidos IV et denarios VIII.

XXXI. In Scala habet casam indominicatam cum aliis castitiis; de prato bunaria VII, de terra arabili bunaria LXXXII, de pastura communi sufficienter. Mansa XVI, omnes per bunaria XII; cum servis V, qui facit II dies in hebdomada; ancillæ II qui facit ladmones II; aliæ ingenuæ unaquæque facit ladmonem dimidium. Parat unusquisque de brace modia X, de farina similiter; pullos III, ova X. Sunt ibi præbendarii VI, Adalandus habet bunaria XX, arat bunaria III. Ille major habet XXIV; mancipia I.

XXXII. In Gisna habet ecclesiam cum bunariis XII; mancipia III. Habet ibi casam indominicatam cum aliis castitiis; de prato bunaria LXXX; de terra arabili bunaria CXLVIII, de sylva grossa bunaria XXX, ad saginandos porcos XX; de sylvis minuta bunaria XL; de pastura communi convenienter; mansa XVI. Ex his constant VII bunariis VII; item III constant bunariis XI; item III bunariis IX. Resident in eis servi IX, qui faciunt in hebdomada III dies; ancillæ III, facit ladmones III: alii ingenui, facit II dies in hebdomada; aliæ ingenuæ, facit unaquæque ladmones dimidium. Ad host carrum dimidium: ad vineas carra II. Unusquisque de brace parat modia X; de farina modia VI; pullos III, ova XX. Lunarii XVIII, luminarii XCIII: inter omnes solvunt libram I et solidum I, denarios VIII. Homines, qui faciunt II dies in anno, - XL. De terra censali lunaria XII, solvunt solidos IX. Megentio habet bunaria XII; est barbicarius, et providet sylvam. Et sunt præbendarii IV. Ille decanus habet bunaria V ad præbendam. Harduinus, ferbicarius, habet bunaria VIII ad præbendam. Theodratus, caballarius, habet bunaria XI. Stitwinus habet bunaria XII; arat binaria II; dat carra ad Wadnam (85) et ad monasterium. De bunariis XI et mancipiis II veniunt de mel sextarii VI. Item de bunariis VI veniunt pisces quanti possunt. De terra censali in colonia, et de frecariis, veniunt de formaticis pensæ LX. Ille major habet mansum dominicum. De menda, uti conjicitur apud Ducangium, ubi *stagnum* valere crediderunt.

---

(85) Hæc vox nobis videtur nomen ad quemdam locum referendum, nec vero acceptione communi su-

terra arabili bunaria XLV; de sylva minuta jornalem I; mancipia V. Roolf habet casam dominicam, et est caballarius. Bun:ria XIII; mancipia II. Godobert caballarius habet casam dominicam. De terra bunaria XXI; mancipia IV; de sylva minuta bunaria IV. Adda habet bunaria XL; mancipia XV; facit ladmones I, arat bunaria II, et colligit.

XXXIII. In Terwana habet casam indominicatam cum aliis castitiis; de terra arabili bunaria LIII; de sylva grossa bunaria VI; ad porcos IV; de sylva minuta bunaria IV; mansum X per bunaria XII. Omnes tenent ingenui. Facit in hebdomada II dies; ad vineas carrum I. Unusquisque debet denarios IV, pullos II, ova XX; faciunt de brace modia X, de farina VI; ladmen nullum; ad host nihil. Ango habet bunaria II, arat jurnalem I. Megenlano habet jurnales III, arat bunarium dimidium. Hildeburg habet bunaria II. Litlot habet bunaria III, arat bunaria II. Sunt ibi lunares VIII, luminarii et herescarii CLV. Veniunt libra II, solidi XIV, denarii VIII. Habet ibi sedilios XXXIII; inde veniunt solidi XV et dimidium libræ II. Ille major habet bunaria VIII. Berenger habet bunarium I et dimidium, arat bunarium dimidium. Frumger habet bunarium I et dimidium, arat jurnalem I. Habet ibi molendinum I, solvit modia G, pullos XXX, ova CCC; saginat porcum I.

XXXIV. In Thorbodessem habet ecclesiam cum bunariis VIII et jurnalem I; mancipium I, indominicatum: de prato bunaria XV, de terra arabili bunaria CXLVII, sylva minuta bunaria IV, de pastura communi satis. Mansos XVIII: ex his unum constat bunariis XII, decemper bunaria X, item VII, per bunaria IX. Sunt in eis servi XII, qui faciunt in hebdomada dies III. Ancillæ IX facit ladmones IX. Alii ingenui facit in hebdomada II dies, et illæ ingenuæ feminæ VII; unaquæque facit ladmonem dimidiam. Ad host soli II IV; ad vineas carra III. Facit de brace modia X, de farina similiter; pullos II, ova X. Lunarii VI, luminarii XV: solvunt inter solidos II, denarios VIII. Molendinum I; inde venit in censum modia XII. De terra censali bunaria IX. Arat bunaria IV, et dat multonem I. Regenger habet bunarium I et jurnalem I, arat bunarium I. Alavius habet bunaria II, arat bunarium I. Hisegeger major habet bunaria XVIII, mancipia VIII; molendinum I; solvit modia XI. Homines qui faciunt II dies in anno sunt XXIX. Saxger habet bunaria XX, mancipia III; solvit solidos III. Amalwaldus habet bunaria VI, mancipia III, et caballicat. Alfunard ille Saxo habet bunaria IX.

XXXV. Intra monasterium, per diversas officinas, habet præbendarios XCV; et de hortis veniunt libræ XX, si eis præbendæ dantur, et vestimenta et utensilia. Habet in Videngonam mansum cum castitiis; de terra bunaria XX. Servit unaquaque die fratribus ad condimentum cibi in coquina. Item habet inter Mighem et Huolingaam bunaria XXX. Servit unaquaque die ad pithrinum et ad bracitorium in adducendis lignis. Item. habet in Boningoham mansa IV per bunaria XII. Nihil aliud faciunt per totum annum, nisi emendant tecta monasterii. De sylva grossa inter Vampingaham et Ililsferod, unde possunt saginari porci L. Item habet ad portam mansum unum per bunaria XIV. Servit unaquaque die ad portam. Molendinum unum ad opus eorum.

XXXVI. *Quod abbatia Adalardo abstracta Hugoni est data; et de incursione paganorum.*

Igitur post hæc, anno Dominicæ nativitatis 858 et præfati regis Caroli XX præfatus abbas Adalardus apud eumdem regem incusatus, anno regiminis sui XVI, abbatia ab eo est abstracta atque Hugoni juniori est data IX Kalendas Aprilis, qui erat canonicus et filius Conradi et avunculus Caroli supra memorati regis. De cujus actibus nil nobis est notum quoniam in præfato monasterio non præfuit nisi biennium. Anno namque regiminis ejus II, cum sæva paganorum lues, non tantum circajacentes terminos, verum etiam seposita regna grassando, ferro igneque consumeret, amica sibi fraude, pecunia avidi, rapina famelici, toto nisu alto mari velivolantes, spumantia certatim sulcabant freta, pertinacique cursu tandem applicuerant in finibus Menapum, in sinum qui vocatur Isere portus, ibique prosilientes, incendiis ac devastationibus nusquam indulgentes, ad famosissimum locum pausationis Christi confessorum Audomari atque Bertini subripendorum properant aviditate thesaurorum, sabbatioque hebdomadis Pentecostes, hora secunda, pervenerunt ad locum quo tendebant, sed provisione tutantis Dei, nullos ex fratribus ibi repererunt. Monitis enim Domini jubentis obtemperantes, quo dicit, *Si vos persecuti fuerint in unam civitatem, fugite in aliam*, subduxerant se ad tempus, reservantes se secundis et melioribus rebus, præter IV viris, qui devoverunt se, si Deo placuisset, potius inibi velle oppetere, quam loci sui desolatione supervivere. Nomina autem illorum hæc sunt : Vuoradus et Winetbaldus, sacerdotes; Gerwaldus et Regenhardus, diaconi. E quibus Vuoradus in ipso monasterio decrepitus, diris colaphorum tunsionibus ictus, nuditateque triduana et alga feræ lethotenus profligatus, extitit. Winetbaldus autem acris verberibus maceratus, atque per nares infusione distentus, semivivus est relictus. Gerwaldus autem, licet diversis multoque gravioribus vexatus esset ludibriorum suorum irrisionibus, servante cum tamen Domino, etsi non sanitate pristinæ, saltem concessus est vitæ. Quartus qui et junior, Regenardus nomine, variis contritionibus fractus, illis abscedentibus et secum ducere conantibus, viribus quibus poterat, reluctabat : eligens potius, in Christi nominis confessione, si id ab inimicis quoquomodo extorqueri quivisset, martyrio inibi animam Deo commendare et corpus paternis cymiteriis concinerari, nomenque fraternis dipticis inscribi, quam ludibrium suorum exsecrabilissimis spurcitiis pollui. Diris tamen ut erat nexibus strictus, protractus est ad nativitatis suæ villam, distante a monasterio Sithiu milliarii tertio, ad aquilonalem plagam, dictam.

Munninio. Stipatus itaque multitudine, cum ipso crepusculo se per illam pertransire animadverteret, subito se in terra jecit. Cumque adversis telis ab inimicis ducentibus tondendo cogeretur ut surgeret, et ille se protestaretur se nullo modo velle; sed magis inibi pro Christo oppetere, crebris lancearum functionibus perfossus, uno cum sanguinis effusione animam afflans Christo libavit.

XXXVII. *De restauratione monasterii, et de illæso casu cujusdam carpentarii.*

Post discriminis præfati liberationem, fratres ejusdem cœnobii convenientes, communiter tractaverunt ut tecta ecclesiarum cæterarumque officinarum pleniter resarcirent. Quod, sicut summa devotione est inchoatum, ita velocius quam putabatur, Deo adjuvante, pulcherrime est perfectum; ecclesiæque sancti Bertini celerrime extitit, miro opere plumbo cooperta, sed et turillæ ipsius miræ magnitudinis mirabilisque fabricæ, studuerunt ædificare. Cujus longitudo consistentis in terram æquabat altitudinem culminis ecclesiæ cui superponendum erat : nec mirum; tristega enim (hoc est tricameratio ipsius) tribus ordinibus facta erant, excepta summa claxendice. Itaque ecclesiæ suppositum cum triumphale sanctæ crucis desuper erigeretur signum, unus artificum, nomine Bertus, stans desuper, arripuit malleum, et quasi gratulabundus pro appropinquata pene consummatione tam miri operis, ictum veluti jactanter longius incaute jecit, sed, eheu! resiliente rota et quatiente, vacillans pedibusque lubricans, de tanta altitudine, præceps terra tenus venit. Sed, mirum dictu, mirabilius miratu, nullam læsionem passus, quin etiam risibile et plausibile responsum occurrentibus, et aquam sibi pro refocillatione offerentibus, sine doloris anxietate protulit, dicens se jugiter potius velle sitim vino restringere quam aqua, nec oblato tunc egere limphæ liquore. Artifices autem, hac de causa, nedum dicamus animati, verum et roborati, inchoatum opus expleverunt constantes et læti; nec exstitit dubium alis intercessionum beati patris Bertini, cui servivit, hunc fuisse deportatum.

XXXVIII. *De morte Adalardi abbatis.*

Igitur his expletis, anno Dominicæ nativitatis 864, abbatia jam dicto Hulgoni ablata, iterum Adalardo est reddita VIII Kal. Augusti, anno regni præfati regis Caroli XXI (86), sed non hanc, nisi triennio post hæc, rexit. Anno namque IV, apud sancti Amandi monasterium ægrotans, exivit hominem III Nonas Februarii, qui erat annus Dominicæ nativitati 864, sepultusque est in eodem monasterio in cripta, intrantibus in latere sinistro. Hic autem, inter reliqua donaria quæ huic sacro loco Sithiu concessit, dedit quamdam casulam colore purpureo,

(86) Fortasse rectius XXII.
(87) Post *insignitam* legitur in cod. Aud : « Quæ usque ad tempora domni Antonini de Bergis, hujus loci abbatis, conservata fuit, ut postea mentio clarius fieri poterit, volente Christo, sub quo hujus paginæ scriptor, Alardus peccator, habitum monachi

auro margaritisque mirifice insignitam (87). Hujus autem pater Hunroeus, quod supra memoria excidit, in monasterio Sithiu comam capitis deposuit, monachicumque habitum, jugo se Christi submittens, desumpsit; et quia comes erat ditissimus, hæreditatis suæ maximam partem præfato monasterio est largitus. Ex quibus una est villa, Hunela dicta, quam eo tenore contradidit, ut custos ecclesiæ ad quem eam tradidit, annis singulis, post ejus vitæ decessum, in ejus anniversarium annuale, exinde fratribus præpararet obsequium. Qui postea inibi defunctus, coram altare sancti Laurentii, in sinistra parte ingredientium, est humatus, Idibus Novembris; ipsoque die quo et festivitas translationis sancti Folquini et sancti Briccii depositio celebratur, satis lautissima, uti custodis posse est, refectio hactenus fratribus exhibetur. Eodem quoque tempore, Zoppo, vicarius, simili exemplo, in eodem monasterio attonsus, monachi habitum est adeptus.

XXXIX. *De Humfrido episcopo et abbate.*

Post mortem quoque jam dicti abbatis Adalardi, eodem anno (88), Humfridus, Taruanensis episcopus et Prumiensis monasterii monachus, totus cleri et populi optione, abbatiam regendam suscepit Idibus Martii, tantum propter amorem et timorem Dei. Erat isdem Humfridus, qui beato Folquino successerat in episcopatu, vir omni bonitate et sanctitate refertus. Rexit autem hanc tantummodo per biennium. Sub quo quidam Megenfridus, a patre Ruodwaldo oblatus, efficitur monachus; cum quo et portiunculam suæ proprietatis in pago Bononensi, in loco nuncupante Diorwaldingatun, id est bunaria XII, ut filius ejus supra memoratus debitum monasticum in victu vestituque inibi habere deberet.

XL. *Traditio Rodwaldi de Diorwaldingatum.*

(864 vel 865.) « In Christo domno et venerabili patri Humfrido, episcopo atque abbati monasterii sancti Petri, vocabulo Sithiu, sanctorumque confessorum Audomari atque Bertini. Ego, in Dei nomine, Roudwaldus, traditor, per hanc paginam traditionis, trado ad præfatum monasterium sancti Petri portiunculam proprietatis meæ in pago Bononensi, in loco nuncupante Diorwaldingatum, super fluviolum... (89) bunaria XII et mancipia IV, ea ratione ut filius meus Megenfridus, quandiu advixerit, in ipso cœnobio debitum monasticum in vestu vestituque pleniter obtineat. Est autem petitio mea, ut ipsam terram quandiu vixero, ad usum fructuarium censualem teneam, solvens Kal. Novembris monachis jam dicti monasterii argenti solidos II; ipsique post meum obitum, eamdem terram ad utilitatem propriam, sine ulla contrarietate, recipiant. Si quis vero, quod futurum esse non credo, si ego ipse et professionis sumpsit, illi serviens in capellanum pro anni præsentis, ab incarnatione Salvatoris millesimi quingentesimi noni, curriculo. »

(88) Anno 864.
(89) Vacuus est nominis locus.

(quod absit) aut ullus de hæredibus aut prohæredibus meis, seu quislibet extraneus, huic traditioni calumniam intulerit, distringente fisco, librarum xxx solutione multetur; nec sit quod repetit evindicet, sed hæc traditio omni tempore firma permaneat cum stipulatione subnixa.

« Actum Sithiu monasterio, in ecclesia beati Petri apostoli, anno xxvi, regnante domno Carolo rege.

« Signum Roudwaldi qui hanc traditionem fecit firmavitque.

« Signum Trudberti. Signum Hucberti, advocati. Signum Adalgisi. Signum Guntardi. Signum Hildmari. Signum Regemari. Signum Folradi. Signum Folmari. Signum Vuillebaldi.

« Ego Holdbertus, diaconus et monachus, scripsi et subscripsi. »

### XLI. *De Hilduino abbate.*

(866.) Itemque post hæc, anno incarnationis Dominicæ 866, Carolus rex Humfrido abbatiam cum decore auferens, Hilduino, canonico, nuper de Lotharii senioratu ad se converso, dedit, propter libras xxx auri, xiii Kal. Julii. Qui, ut credo, loco huic, jam pene deciduo, donatus a Domino, excepto domno Bertino, qui primus hujus loci structor exstitit, omnium prædecessorum suorum actus ita suorum compensatione annullavit, ut merito, absque aliqua oblivione, nomen ejus in sæculum apud nos habeatur in benedictione. Fallor nisi hoc etiam testantur cartæ quæ, sub ejus tempore factæ, et ejus labore acquisitæ, jam hic sunt inserendæ.

### XLII. *Traditio Heriberti de Campania et Quertliaco.*

Anno namque regiminis sui ii, iii Kalendas Septembris (90), quidam vir, Heribertus nomine, et conjux ejus Megesinda, cum filiis Ellemberto atque Egilberto, tradiderunt præfato domno Hilduino, ad opus monasterio sui Sithiu, res proprietatis suæ in loco nuncupante Campaniam, in pago Tarwanensi, et in alio loco nuncupante Quertliaco, vel Broma, sive Minthiaco; expetiitque per præcariam res monasterii præfati abbatis, in loco nuncupante Uphem, in pago Bononensi, vel Vuileræ in ipso pago, in eo tenore, ut ambas res traditas et præcatas, dum adviverint, tenerent sub censu infra scripto.

### XLIII. *Exemplar ejusdem.*

(28 *Nov.* 867.) « Venerabili in Domino Patri Hilduino, abbati monasterii sancti Petri, vocabulo Sithiu, ubi corpora Christi Domini confessorum Audomari atque Bertini requiescunt, nos, in Dei nomine, Heribertus et conjux mea Megesinda, necnon et filii nostri Ellembertus atque Egilbertus, pariter traditores et præcatores. Tradimus itaque ad præscriptum monasterium sancti Petri res proprietatis nostræ legitime possessas in pago Taruanensi, in loco nuncupante Campaniam : mansum cum casa et aliis castitiis et arboreta, et, inter ipsum mansum

(90) Legitur iv Kal. Decemb. in charta ipsa, quæ sequitur.

et aliam terram arabilem et pratum, bunaria xxxii et dimidium; et de sylva fagina bunaria vii et dimidium; itemque in alio loco nuncupante Quertliaco vel Broma sive Minthiaco bunaria xx in pago Bononensi, super fluvio Elna; et mancipia xix, his nominibus : Thiodo, Nathalec, Regenfeth, Waldburg, Edeborg, Guodlia, Sigeberth, Rudborg, Hirmelind, Irmengard, Hildegard, Engelgard, Liodgard, Tanewara, Vodolberta, Betto, Thiodfred, Ruotholf (91). Hæc omnia ad præscriptum monasterium legaliter tradimus atque transfirmamus perpetualiter ad possidendum. Et propterea expetimus a vobis res ecclesiæ vestræ in loco nuncupante Uphem, in pago Bononensi, super fluvium Helicbruma : mansum cum casa et aliis castitiis, interque ipsum mansum et terram arabilem et pratum, bunaria c et ii; et in alio loco nuncupante Wileria in ipso pago, juxta prædictum rivulum bunaria x et viii cum ipsorum locorum perviis legitimis et wadriscapis; et mancipia xxx et viii his nominibus : Asbertus, Hildewara, Grimbertus, Egelwara, Ostoibertus, Radlia, Geldwara, Liodrada, Ereprad, Stillewara, Harduinus, Hildborg, Immo, Thegenrad, Megelind, Alfrec, Folclind, Adalind, item Megelind, Regenlind, Metendrodh, Eumbertus, Hincmar, Rotsind, Megenguara, Thiodsind, Irmelind, Lodwinus, Ebgelhild, Irmenhild, Erkenbrog, Megensind, Markwara, Frunger, Idwinus, Folewara, Trasborg, Regenlind; nobis, tam mihi quam et conjugi meæ Megensindæ, vel prædictis filiis nostris, vel si nobis duobus simul convenientibus Deus adhuc liberos dederit, ambæ res præscriptæ, tam eas quas dedimus quam illas quas expetimus, nobis omnibus præscriptis, quandiu advixerimus, per præcariam concedatis ad usitandum ac meliorandum; ea ratione ut, annis singulis, ad festivitatem sancti Bertini, quæ est Nonis Septembris, solidos iii in censum persolvamus monachis in ipso monasterio Deo famulantibus, et, post obitum nostrum duorum, filii nostri solidos v, in eadem festivitate, persolvant, ipsasque in nullo naufragare præsumant res; sed, post nostrorum omnium discessum, ipsas res, tam quas tradimus quam eas quas accepimus, monachi præfati monasterii cum omni ennehoratione recipiant. Si quis vero, quod futurum non credo, si nosmet ipsi, aut quislibet extraneus, huic traditioni frangendo tentaverit, auri uncias xx, argenti pondera xxx præscriptis fratribus coactus exsolvat, nec repetita evindicet; sed hæc traditio firma permaneat cum stipulatione subnixa.

« Actum in monasterio sancti Petri, quod Sithiu vocatur, iv Kalendas Decembris, anno xxviii Caroli regis filii Ludovici.

« Signum Heriberti et Megesindanæ et Ellemberti et Egelberti, qui hanc traditionem cum præcaria fecerunt.

« Signum Vulframni. Signum Eigelramni. Signum Frideberti. Signum Rodfridi. Signum Hucberti,

(91) Mancipia xviii tantummodo nominantur.

advocati. Signum Ricuardi. Signum Foldberti. Signum Baronis, decani.

« Ego Grimbaldus, diaconus et monachus, scripsi et subscripsi. »

XLIV. *Traditio Liodrici de Mekerias et Heingasele.*

Eodem quoque di-, vir quidam, Liodricus nomine, tradidit præfato abbati Hilduino rem possessionis suæ, in loco nuncupante Mekerias, et in alio loco nuncupante Heingasele; expetiitque per præcariam easdem res, cum alia terra monasterii Sithiu vocabulo Vualdringahem, in hunc modum.

XLV. *Exemplar.*

(28 *Nov.* 867.) « Domno venerabili Hilduino, abbati de monasterio sancti Petri sanctorumque Christi confessorum Audomari atque Bertini, vocabulo Sithiu, ego in Dei nomine, Liodricus traditor, simul et præcator. Dono igitur donatumque in perpetuum esse volo legaliter, per festucam et andelaginem, rem proprietatis meæ in loco nuncupante Mekerias, in pago Terwanense, infra Mempiscum : mansum cum casa, et, inter ipsum mansum et terram arabilem, bunarium I et jornalem I ; et in alio loco nuncupante Heingasele, in pago suprascripto, de terra bunaria v, super fluvium Isera, una cum ipsorum locorum perviis legitimis et Wadriscapis. Et propterea expetivi vobis rem ecclesiæ vestræ, hoc est, in loco nuncupato Vualdringahem, in pago Tarwanensi, super fluvium Dilgia, mansum cum casa, et inter ipsum mansum et terram arabilem vel pratum bunaria XII et dimidium, una cum perviis legitimis et wadriscapis, tam mihi quam et conjugæ meæ Aldgudanæ, vel filiis nostris Liudrico, Grimberto, Rocbodoni, Odgudanæ, Hiltrudæ, Bertrudæ (92), quandiu advixerimus ad excolendum et usitandum vel emeliorandum tenere debeamus ; et ut, ad festivitatem sancti Bertini, quæ est Nonis Septembris, annis singulis, ego et conjux mea, pro vestro beneficio, denarios VI ad prædictum monasterium monachis inibi Deo famulantibus transsolvere debeamus; filii autem nostri, post nos solidum I solvere debeant, ipsasque res tam eas quas dedimus, quam illas quas expetimus, nec dare nec vendere nec in nullo naufragare potestatem habeamus; sed post nostrum omnium obitum, ambæ res cum omni amelioratione, a monachis perpetualiter possidendæ recipiantur. Hæc ergo traditio, cum præcaria, firma perpetualiter permaneat, stipulatione subnixa.

« Actum monasterii Sithiu, in ecclesia sancti Petri, III Kal. Decembris, anno XXVIII Caroli gloriosi regis.

« Signum Liodrici qui hanc traditionem fecit.

« Signum Suitgeri. Signum Ermari. Signum Liodberti.

« Megenharius, monachus et presbyter, scripsit, et subscripsit. »

XLVI. *De obitu Humfridi episcopi et multitudine locustarum.*

(870.) Anno autem gloriosi reg's Caroli XXX, qui

(92) Suppl. *ut.*

erat annus Dominicæ Incarnationis 869, gloriosus Taruennæ civitatis præsul Humfridus migravit ad Dominum, VIII Idus Martii et episcopatus ejus anno XV; cui in episcopalem cathedram successit Accardus, XVII Kal. Octobris, ordinatus. Anno quoque insecuto, siccitas magna in mense accidit Junio, et usque in medio Augusto, et post venit locustarum innumera multitudo, virides herbas annonasque consumentes. Normanni quoque, eodem anno, Andegavis perveniunt, multosque puniunt; sed a Francis obsessi, datis obsidibus, se quoque dedere.

XLVII. *Commutatio domni abbatis Hilduini et Rodfridi.*

(875.) Post hæc autem, anno præfati regis Caroli XXXV, placuit prædicto abbati Hilduino, et cuidam viro Hrodfrido, ut res eorum inter se commutarent ; quod et fecerunt, secundum hunc modum.

XLVIII. (16 *Mart.* 875.) « In nomine Domini nostri Jesu Christi. Placuit atque convenit inter venerabilem virum Hilduinum, abbatem monasterii Sithiu sancti Petri, ubi sanctorum Audomari atque Bertini corpora pausant, et omnem congregationem ipsius monasterii, et inter quemdam hominem nomine Hrotfridum, ut quasdam res sibi opportune commutarent ; feceruntque. Dedit itaque prædictus venerabilis abbas, ex parte monasterii sui, præfato Hrotfrido, in loco nuncupato Stratsele, super fluvio Wiopa, in pago Tarwanense, intra Mempiscum curtilem id est, cum castitiis ; et, inter ipsum curtilem et pratum ac terram arabilem, bunaria XL ; et de sylva bunaria X, una cum ipsorum locorum communiis, perviis legitimis et wadriscapis. Et, e contra, in compensationem istarum rerum, dedit prædictus vir Hrotfridus præfato venerabili abbati, ex proprietate sua, in loco nuncupante Crumbeke, in pago Tarwanense, intra Mempiscum, super fluvium Fleterna, curtiles II cum castitiis ; et intra ipsos curtiles et pratum ac terram arabilem bunaria XLVIII; et de sylva bunaria VII, et jornalem I et dimidium, una cum ipsorum locorum communiis, perviis legitimis et wadriscapis. Ut autem hæc commutatio firma permaneat, duas epistolas uno tenore conscriptas fieri decreverunt, ut quod sibi competenter legaliterque contulerunt firmiter teneant, postque præfati Hrotfridi et filiorum ejus decessum, ambæ res ad prædictum redeant monasterium. Illud etiam firmitati addentes, ut, si ipsi aut successores eorum, seu quislibet extraneus, huic commutationi et præcariæ contraire præsumpserit, qui pari suo litem intulerit, auri uncias X coactus exsolvat, et sua repetitio inanis existat. Hæc vero charta firma permaneat, stipulatione subnixa.

« Actum Sithiu monasterio publice, mense Martio, die XVI, anno XXXV Caroli regis.

« Signum Hrotfridi, qui hanc commutationem cum præcaria fecit firmavitque.

« Signum Theidstorni. Signum Berengarii. Signum

Enoch. Sigum Vulfradi. Signum Adolbaldi. Signum Albuini. Signum Vuilharii. Signum Odberti, advocati. Signum Godoberti.

‹ Ego Megenharius, presbyter et monachus, scripsi et subscripsi. ›

### XLIX. *De fame et pestilentia hominum.*

(874.) In ipso anno (874) facta est fames magna et mortalitas hominum per pestilentiam permaximam. Vinum autem extitit abundanter; annoque insecuto, ignis globus maximus, in aurora diei, de æthere est lapsus, itemque stella cometes apparuit vi Idus Junii.

### XLIX*. *Traditio Rodwaldi de Flitmum.*

Residente interea præfato venerabili abbate Hilduino in monasterio Sithiu, in ecclesia sancti Bertini, anno III, regnante glorioso rege Carolo anno XXVIII (95), vir quidam illustris, Rodwaldus nomine, frater Megenfridi, cujus superius sub Humfrido abbate mentionem feci, secum cœpit cogitare ut hæreditatem suam inter infantes suos divideret; quod et fecit. Inter alios autem, dedit ad sanctos Bertinum, pro filii sui loco Megenfridi, quem inibi ante monachum fecerat, in Flitmum, mansum I cum uno servo et uxore et filiis, coram multis testibus.

Grimbaldus, diaconus et monachus, scripsit et subscripsit.

### L. *De privilegio Caroli regis in securitate monasterii Sithiu, et de theloneo, tempore Hilduini abbatis.*

(874.) Anno quoque regni gloriosi regis Caroli XXXIV, qui erat annus nativitatis Domini 875, residente eodem rege in sancti Quintini monasterio, adiit jam dictus abbas Hilduinus jam dictum regem, postulans ut sicut antecessoribus suis ipse vel antecessores sui reges, per regalia privilegia, securitatem monasterii Sithiu condonasset, ita etiam suo in tempore renovaret. Cujus petitioni rex annuens, diligenter adimplevit; superaddens etiam quod aliis nimime concesserat, mercati scilicet theloneum, sicuti idipsum privilegium cum impressione annuli regalis, testatur in hunc modum.

### LI. (12. Feb. 874.)

‹ In nomine sanctæ et individuæ Trinitatis Carolus gratia Dei rex. Si preces fidelium nostrorum devote nobis famulantium ad optatum effectum, solitæ benignitatis liberalitate, pervenire concedimus, regium et avitum nostrorum procul dubio morem exercemus. Quapropter noverit omnium fidelium sanctæ Dei Ecclesiæ nostrorumque, tam præsentium quam et futurorum, industria, quia venerabilis abbas Hilduinus, fidelissimus noster, atque ministerialis noster librarius, abbas scilicet monasterii Sithiu, siti in pago Tarwanensi, constructi in honorem sancti Petri, apostolorum principis, in quo corpora sanctorum confessorum Audomari atque Bertini tumulata noscuntur, nostræ innotuit majestati, qualiter jamdudum tempore prædecessoris sui venerabilis Hugonis abbatis, avunculi nostri, eidem monasterio nostram fecissemus auctoritatem, per hanc illud, cum omnibus ad se pertinentibus, sub nostra constitueramus defensione et mundeburdo atque immunitatis tuitione, necnon omnes cellas et villas seu cæteras possessiones, quæ in quibuslibet pagis et territoriis infra ditionem regni nostri consistunt, ut nec nos neque prædecessores nostri divideret aut in alios usus converteret, utque familia ejusdem monasterii nullis hominibus foderum daret, regali auctoritate decreveramus; petens ut eamdem nostram auctoritatem suo quoque nomine renovari juberemus. Nos itaque, ob amorem divinum et reverentiam eorumdem sanctorum, auctoritatem nostram circa cumdem locum renovari censuimus, et ea quæ illic decreta fuerant præsenti etiam auctoritate roborare. Proinde, hos nostros regales apices fieri jussimus, per quos successores nostros admonemus, ut, sicut prædicto monasterio concessimus, ita illi ratum et stabile permanere permittant; ut nullam divisionem in monasterio aut aliis seu cæteris possessionibus faciant aut facere permittant, aut in alios usus retorqueant. Sed et hoc per hos regales apices sancimus atque decernimus, ut nullus judex publicus aut quislibet ex judiciaria potestate, in ecclesiis aut locis vel agris seu reliquis possessionibus præfati monasterii, quas moderno tempore juste et legaliter possidet, vel quæ deinceps in jus ac dominatione ipsius sancti loci voluerit pietas divina augere ad causas judiciario more audiendas, vel freda aut bannos exigendos, aut mansiones vel paratas faciendas, aut foderum exigendum, aut fidejussores tollendos, aut homines ipsius monasterii tam ingenuos quam et servos distringendos, nec ullas redhibitiones aut illicitas occasiones requirendas, ullo unquam tempore ingredi audeat, vel ea quæ supra memorata sunt penitus exactare præsumat; sed liceat memorato abbati suisque successoribus res prædicti monasterii, vel, sicut in præcepto quod avunculo nostro Hugoni concessimus, continetur, cum omnibus fredis aut bannis sibi concessis, sub immunitatis nostræ defensione, quieto ordine possidere. Mercatum quoque omni tempore, in die Veneris, prænominato sancto loco concessimus, ut quidquid ex ipso mercato sive districto atque banno acquiri potest, ad luminaria ipsorum sanctorum Audomari atque Bertini perveniat, et, semel in anno, custos ecclesiæ fratribus ipsius sancti loci refectione exinde tribuat; quatenus ipsos servos Dei, qui ibidem Deo famulantur, pro nobis ac regina et prole nostra, vel etiam pro stabilitate totius regni nostri a Deo nobis concessi atque conservandi, jugiter Domini misericordiam exorare delectet. Et ut hæc auctoritas nostris futurisque temporibus, Domino protegente, valeat inconvulsa manere, manu propria subter eam firmavimus, annulique nostri impressione assignari jussimus.

‹ Signum Caroli gloriosissimi regis.

---

(95) Parum convenit Hilduini abbatis annus IV, qui in a Chr. 869 vel 870 incidit, cum Caroli regis a. XXVIII, qui est Chr. 867 vel 868.

« Gammo, notarius, ad vicem Goizeni, recognovit et subscripsit.

« Data 11 Idus Februarii, indictione vi (94), anno xxxiv regni nostri, et in successione Lotharii regis anno iv.

« Actum Sancto-Quintino. »

LII. *De unctione Caroli imperatoris.*

(875.) Post hæc, Carolus, rex occidentalis Franciæ, anno Verbi incarnati 877, Romam venit cum donariis multis, ipsoque die natalis Domini in imperatorem electus, et a Joanne papa consecratus, Italiam regendam suscepit. Quo in Franciam reverso, Ludovicus, frater ejus, rex orientalis Franciæ, defunctus est. Tunc Carolus imperator, Aquisgrani palatium pergens, etiam Rhenum usque cum exercitu pervenit. Sed Ludovicus, nepos ejus, collectis orientalibus Francis et Saxonibus, patruo obviam venit, Rhenumque cum exercitu pervenit; transitoque illo, in villa Anderniaca pugnam iniit; et victores extitere orientales, occidentalibus fugatis. Hoc patratum est viii Idus Aprilis.

LIII. *Privilegium Caroli imperatoris de Turringahem.*

His ita peractis, rogati prædicti venerabilis abbatis Hilduini, concessit idem rex Carolus ad monasterium Sithiu, ad usus monachorum, in villa Turringahem, mansum indominicatum, cum appenditiis quæ in regali privilegio denominantur, quod præfatus imperator, ob eamdem causam, fieri jussit in hæc dicta se habentem.

LIV. *Exemplar.*

(27 *Jun.* 877.) « In nomine sanctæ et individuæ Trinitatis. Carolus, ejusdem Dei omnipotentis misericordia, imperator Augustus.

« Si locis divino cultui mancipatis emolumentum imperialis celsitudinis exhibemus, et ad præsentem vitam facilius transigendam, et ad futuram felicius obtinendam hoc nobis prodesse absque dubio confidimus. Noverit igitur omnium fidelium sanctæ Dei Ecclesiæ nostrorumque, tam præsentium quam et futurorum, industria, quoniam, per deprecationem Hilduini, venerabilis abbatis, concedimus sancto Bertino et fratribus ibidem Domino militantibus, ad suos usus, in pago Ternensi, in villa Turringahem, mansum indominicatum, et, inter sylvam et terram, bunaria liv, et mancipia xiii, et mansa servilia iv per bunaria viii; et in Monolvingahem bunaria xxx, ad jam dictum mansum pertinentia; et in Belrimo bunaria xv, et in Menteka bunaria viii, et in Vertuno bunaria xxx. Unde hoc nostræ altitudinis præceptum fieri et memoratis fratribus sancti Bertini dari jussimus; per quod præcipimus atque jubemus, ut, ab hodierna die et deinceps, prædictas res in suos usus assumant, et exinde agendi hujusmodi licentiam habeant et æternaliter disponendi, sicut et ex aliis rebus quas ad suo[s] .sus hactenus possederunt; qualiter pro nostra et conjugis atque prolis incolumitate, et totius imperii a Deo nobis commissi statu, eos liberius exorare delectet, atque ut, ob remedium jam dicti Hilduini abbatis, Dominum indesinenter deprecare studeant. Et ut hoc per omnia tempora inviolabiliter conservetur, manu propria subter firmavimus, et annulo nostro insigniri jussimus.

« Signum Caroli, gloriosissimi imperatoris Augusti.

« Audacherus, notarius, ad vicem Gauzlini, recognovit et subscripsit.

« Datum v Kal. Julii, indictione x, anno xxxviii regni domni Caroli imperatoris in Francia et imperii secundo.

« Actum Pontione palatio. »

LV. *De obitu Hilduini abbatis, et de exsequiis et sepultura ejus.*

Relatis igitur traditionibus quæ sub amantissimo abbate Hilduino sunt acquisitæ, incumbit jam tempus referre quem terminum habuerit præsentis vitæ. Antequam incipiam calamum ponere, horreo tremula vix manu attingere, quoniam post hunc, nemo clericorum similis successit in nulla bonitate; in ipso namque vitæ termino, ostendit quam dilectionem consecrasset prædicto loco. Denique anno incarnationis Dominicæ 877, qui erat annus præfati regis Caroli xxxvii (95), et imperii ejusdem ii, in Carisiaco regali palatio isdem gloriosus abbas Hilduinus decessit a sæculo, anno regiminis sui xii (96), vii Ilus. Junii. Corpus autem ejus, sicut et ipse vivens postulaverat, ad sanctum Bertinum est translatum. Veniens autem Atrebatis, in sancti Vedasti monasterio una pernoctavit nocte, atque unum pallium satis pretiosissimum pro illo inibi est datum. Tandem ad Sithiu perventum, satis luctuosis exsequiorum ejulatibus concelebratum, in ecclesia sancti Bertini, contra sancti Martini altare capitaneum, est tumulatum. Atque inter cætera donaria, huic sacro loco pallium quemdam concessit pretiosissimum, cappamque nivei coloris rubeis intersertam volucrum figuris, cortinamque de pallio pretio rarissimam. Gloriosus autem imperator Carolus, ipsius abbatis fidem obsequiumque rememorans, privilegium quoddam ipso sancto loco concessit; in quo ordinationem monasterii, sicut vivens expetierat, post ejus mortem regia auctoritate, disposuit in hunc modum.

LVI. *Privilegium Caroli imperatoris de dispositione hujus loci* (97).

(20 *Jun.* 877.) « In nomine sanctæ et individuæ Trinitatis Carolus, ejusdem Dei omnipotentis misericordia, imperator Augustus. (98) Priscis locis et in eis, pro totius Ecclesiæ sanctæ statu, Deo militantibus, debitam curam et defensionem impendimus, profuturum nobis ad præsentem vitam feliciter transigendam et futuram, Deo opitulante, om-

---

(94) Fort. legend. *indict.* vii, quæ convenit cum a. 874.

(95) Legend. xxviii, ut videtur.

(96) Forte legendum xi: Hilduinus siquidem regimen monasterii Sithiensis susceperat 19 Jun. 856.

Vid. supra c. 41.

(97) Edit. in *Gall. Christ. nov.* tom. III, instrum. col. 110, et *Script. Franc.* tom. VIII, pag. 664.

(98) Omiss. videtur Si.

nimodo non dubitamus. Noverint itaque omnes fideles sanctæ Dei Ecclesiæ et nostri, præsentes atque futuri, quia venerabilis vir Hilduinus, abbas cœnobii sancti Petri quod vocatur Sithiu, ubi confessorum Christi Audomari atque Bertini corpora beata quiete fruuntur, celsitudini nostræ frequentissime suggessit, eumdem sanctum locum, rerum suarum diminutione nimium periclitari; memorans Hugonem venerabilem abbatem, quondam ordinationem illius sancti loci competentem summa devotione disponere voluisse et cœpisse, sed, morte præventum, non perfecisse; se vero, prædecessoris benevolentiæ hæredem, humillima devotione ut perficeretur exorare. Nos itaque, jam dicti cari nostri Hilduini, nuperrime defuncti, supplicem devotionem et sinceram erga nos fidem obsequiumque multimodum recolentes, ipsiusque supplicationi in memoratis annuentes, decernimus auctoritate imperatoria, ut in monasterio sancti Petri, ubi beatus Bertinus requiescit, Deo famulantes, ad statum loci sancti istius, has res deinceps, sine ullius molestia vel diminutione, contineant, videlicet: ad mansum monasterii dominicalem, vaccaritias, cum sylvis adjacentibus, in Widingaham, Wolingaham, Vumpingaham cum Limchold, Hilseferod cum Lardbruca et Grevia, Hirnethold, Dakingahem, Gruononberg, cum cæteris adjacentiis et territoriis carpentariorum v inibi jacentibus; et villas has: Vuesariuium, Tarnenna, Coiacus, Hiskinium, Aldomhem, Gisna, Scala, Thorbodashem, Pupurningahem, et, in Marisco, Buonningahem; Recca, cum sedilibus, in furnis, et juxta Merkisa; et Loom ad Sentinas; in Calmontis quoque villa, exceptis his quæ beneficiata fuerant, mansorum medietatem et mancipiorum; vinearum autem duæ partes; mansum indominicatum cum bunariis x. Sunt quoque famulis monasterii cxn hæ villæ deputatæ: Kelnis, Atquinium, Beingahem, cum territorio, in Bummingahem, Sinningahem, Okkaningahem; et in vetus monasterium piscationem, sicut et anterius. His rebus adjicimus, ad victum fratrum, villam nomine Liegesborth, cum omni integritate sua, ut olim fuit; exceptis cavallariis tribus. Ad kamaram fratrum, in vestiario, adjicimus Krokashem cum Westkerca, et cum appenditiis; et in Gelwaldastorp, ecclesiam et vineas et mansa xii cum hominibus; item in Kasello, ultra Rhenum, mansa similiter xii; in Frekena; mansa x, cum matre ecclesia, et decimam illic ordinatam cum hominibus; in Daventre portu, mansa vii; ad portam autem, ante fores ecclesiæ, vaccaritiam cum hortulo; et, in Loconesse, mansa vii, cum suis appenditiis et mancipiis. Territorium quoque et vineas, quas prædictus abbas Hilduinus, ex proprietate sua, in pago Vermandense, in loco nuncupato Hebbencurt, eidem monasterio, pro remedio animæ suæ, contulit, ad luminaria ipsius ecclesiæ ubi humatus jacet, confirmamus. Decernimus etiam quæque a tempore præcelsi genitoris nostri, collatis devotorum ad eorum commemorationem celebrandam, eidem sancto loco, cartarum delegationibus, per easdem confirmatum est; secundum ipsorum delegationem et ecclesiasticam sanctionem, maneant stabilita et quæ in postmodum eodem tenore Domini Salvatoris addiderit clementia. Statuimus quoque ut in eodem monasterio numerus l monachorum, secundum constitutionem domni genitoris nostri, perpetuo tenore servetur; et præpositus cæterique ministeriales nequaquam fiant, nisi ex ipsis fratribus, per electionem eorum et consensu abbatis. Habeant igitur omnes res præscriptas, imperiali auctoritate roboratas, quatenus eosdem Dei famulos pro nobis ac conjuge vel prole statuque imperii nostri, Domini misericordiam uberius exorare delectet. Et ut hæc auctoritas per omnia tempora inviolabiliter conservetur, manu propria subter firmavimus, et annuli nostri impressione insigniri jussimus.

« Signum Caroli gloriosissimi imperatoris.

« Audather, notarius, ad vicem Gosleni recognovit.

« Data xii Kal. Julii, anno xxxvii (99), regnante domno Carolo, imperiique ejusdem ii.

« Actum in Compendio palatio imperiali, die xiv post mortem præfati abbatis. »

LVII. *De morte Caroli imperatoris.*

(877.) Post hæc, eodem anno, Carolus imperator Romam properare volens, post medium Julium de Francia iter arripuit, et in Italiam veniens, Papia obviam habuit Joannem papam. Venitque Carolomannus, nepos Caroli, cum multis millibus bellatorum de Bajoaria et reliquis Germanorum orientalibus, contradicens illi Italiæ regnum. Et cum non haberet copiam Carolus rex resistendi papæ, donariis sancti Petri commendatis, reversus est, infirmatusque, intra Alpes obiit iii Nonas Octobris. Cujus corpus milites xv diebus aromatibus conditum ferentes, cum fœtore, propter calorem, gravarentur, miserunt in tonnam vinariam alios xv dies. Tandem nimio fœtore gravati (nam ad sanctum Dyonisium eum transferre cupierant), denum victi, in monasterio Nantuato Burgundiæ, quod dicitur sanctum Marcellum, sepelierunt. Ludovicus filius ejus, rex constituitur in Compendio palatii.

LVIII. *De Folcone abbate.*

(878.) Successit interim Hilduino in abbatia Folco canonicus, v Idus Februarii, Dominica i, in quadragesima, rexitque hanc per quatriennium. Sub cujus tempore, ambitus castelli circa monasterium sancti Bertini est dimensus, et per ministeria distributus; sed pluribus rebus obstantibus, non est perfectus. Hujus anno primo, monasterium sancti Petri et sancti Bertini, jam vice altera à Nortmannis est incensum v Kalendas Augusti, et ecclipsis solis

---

(99) Hic initium regni Caroli Calvi sumendum est, ut videtur, ab anno 840.

quarta facta est Kalend. Novembris (100), iv feria, hora ix, et mortalitas hominum et pecorum magna. Ludovicus autem, filius Caroli imperatoris, anno regni sui secundo necdum expleto, obiit Compendio palatio, v Idus Aprilis, anno incarnationis Domini 879. Deinde filii ejus Ludovicus et Carlomannus regnum ejus inter se dispertiunt. Isdem autem rex Ludovicus in pago Viniaco cum Nortmannis bellum gerens, triumphum est adeptus, et non post multo obiit, iii Nonas Augusti, anno Domini 881. Regnavit annos ii, menses iii. Cui rex Suavorum, filius Ludovici regis Noricorum, qui erat filius Ludovici, filii Caroli magni, filii Pippini, monarchiam totius imperii Francorum et Romanorum assumit, anno Verbi incarnati 885. Anno autem primo præfati regis Carlomanni, Hincmarus, archipræsul Remensis Ecclesiæ, obiit; cui Folco, jam dictus abbas, in ordine successit. (Suo autem tempore, id est anno octuagesimo minus quinto (101), Balduinus, primus Flandrarum comes, solvit debitum mortis, postquam sub habitum monachi aliquandiu in cœnobio sancti Bertini vixisset. Ejus carnea molles in eodem cœnobio terræ mandatur; cor vero et intestina in Blandivio sancti Petri, in Ganda monasterio sunt.)

LIX. *De Rodulfo abbate.*

Itaque Folcone ad archiepiscopatum sublimato, Rodulfus abbatiam suscepit in eodem anno. Cui, anno primo Caroli regis Suavorum (102), quidam vir, Rodinus nomine, tradidit, ad usum monasterii sui Sithiu, res proprietatis suæ, per omnia in ipsius traditionis carta inserta, quæ sub hoc tenore est facta.

LX. *Traditio Rodini. Exemplar.*

(*8 Sept.* 883.) « Domino sancto et venerabili Rodulfo, abbati de monasterio sancti Petri sanctorumque confessorum Christi Audomari atque Bertini, ego, in Dei nomine, Rodinus traditor atque præcator. Trado itaque res proprietatis meæ ad præscriptum monasterium, in pago Pontivo, super fluvium Alteiæ, in villa quæ dicitur Remmia: ecclesiam unam et mansum indominicatum cum castiliis, et, inter ipsum mansum ac terram arabilem vel pratum sive sylvam, mansa xi; itemque in Cathrin, in eodem pago Ambianensi, in Sana Terra, in loco qui vocatur Rosierias, mansum cum castiliis, una cum ipsorum locorum communiis, perviis legitimis, wadriscapis; et mancipia xx, his nominibus: Anastasium cum uxore sua et infantibus illorum vi; Adalrada cum infantibus duobus: Gerlandum, Haldolfum, Folcombertum, Theodradum, Rodbertum, Restaldum, Civiredam, Rainildam, Anstrudam. Et hæc omnia, ut supra dictum est, ad monasterium jam dictum trado legaliter atque transfirmo perpetuo possidenda, ea ratione ut, tum ipsas res quas trado, quam et ipsas quas expeto, ecclesiæ vestræ in præcariam, pro beneficio vestro accipiam, ego videlicet et conjux mea Ava, filiique nostri et filiæ, hoc sunt: in pago Ambianensi, in Sana Terra, quæ dicitur Rusticavilla, et Roserias, mansum indominicatum et, inter ipsum mansum et terram arabilem vel pratum, mansa xii; in Contla, mansum i; in Hunduncurth, mansum indominicatum et mansa x; item in pago Kamaracensi, in Finis mansa iv; et mancipia hæc: Adoher, Folcardum et uxorem suam Odernam, cum infantibus suis; Gerbertum Abbonessum, Rudoricum Sigerum, Rikardum, Bakalerum, cum tribus reliquis. Pro ipso quoque usufructuario, annis singulis, Nonis Septembris, ego et conjux mea solidos persolvamus v; post nostrum vero obitum, filii nostri solidos vi persolvant. Sed post nostrum omnium obitum, ambæ res superius nominatæ, cum omni melioratione et superpositione, ad opus fratrum in eodem monasterio Domino famulantium, absque ullius contrarietate, recipiantur, quibus et census persolvit (103). Si quis etiam, quod futuris testamur, si nos ipsi aut illius (104) de hæredibus vel prohæredibus seu quælibet extranea persona, huic nostræ traditioni contraire aut infringere tentaverit, auri libras xii, argenti pondera xxx, coactus, exsolvat, et quod repetit non evindicet; sed hæc traditu, cum præcaria sua, firma permaneat, cum stipulatione subnixa.

« Actum in monasterio Sithiu, in ecclesia sancti Petri, anno i Caroli magni imperatoris, vi Idus Septembris.

« Signum Rodini, qui hanc traditionem, cum præcaria firmavit.

« Signum Albrici. Signum Vuadharii. Signum Anselmi. Signum Guntardi. Signum Odgrini, advocati. Signum Thiodradi, scavini. Signum Adalwini.

« Grimbaldus, sacerdos et monachus, scripsi et subscripsi. »

LXI. *Traditio Odgrini, cum præcaria de Hamma.*

(877.) Item anno iii prædicti regis Caroli, Odgrinus, advocatus jam dicti monasterii Sithiu, tradidit eidem loco hæreditatem suam, in loco nuncupato Hamma, super fluvio Marsbeccæ, in pago Mempisco. Unde et petiit eidem abbati per præcaria res monasterii sui, in villula quæ dicitur Sithiu; quod sine mora obtinuit, secundum hanc chartam.

LXII. *Exemplar.*

(*11 Apr.* 887.) « Dilecto in Christo filio Ecclesiæ Odgrino, Rodulfus, gratia Dei, abbas de monasterio Sancti Petri, vocabulo Sithiu, ubi corpora Christi confessorum Audomari atque Bertini requiescunt, omnis caterva monachorum ibidem conversantium. Plurimorum ore versatur multorumque in notitia habetur, qualiter tu, his diebus, legaliter tradidisti res proprietatis tuæ ad nostrum monasterium: hoc est, in loco nuncupante Hamma, super fluvio Marsbeke, in pago Mempisco, bunaria xxxiii, una cum perviis legitimis ac wadriscapis; et propterea ex-

---

(100) Corrig. *quarto Kal. Novembris,* i. e. 29 Octobr.
(101) I. e. 875. Obitus vero Balduini ad annum 879 videtur remittendus.
(102) A. scilicet 883.
(103) Forte legend. *persolvetur.*
(104) Corrig. *ullus.*

petisti a nobis res ecclesiæ nostræ : hoc sunt, bu- naria L, jacentia in villula quæ dicitur Sithiu, super fluvio Agniona, nos quoque, quod tua fuit petitio, ipsas res ambas, tam eas quas dedisti, tam eas quas a nobis expetisti, concedimus tibi et uxori tua Bertlianæ, seu filiis vestris, ad excolendum et emeliorandum : et, sicut convenit, nobis annis singulis, ad festivitatem sancti Bertini, Nonis Septembris, solidum I persolvere studeatis, et aliubi ipsas res nec dare nec vendere nec commutare nec alienare potestatem habeatis; sed, ut dictum est, quandiu vixeritis, pro nostro beneficio possideatis; ac post vestrum omnium obitum, ipsæ res præscriptæ, cum omni emelioratione, a nobis vel successoribus nostris ad integrum recipiantur in perpetuum possidendæ. Hæc ergo præstaria firma permaneat, cum stipulatione subnixa.

« Actum Sithiu monasterio publice, in basilica Sancti Petri apostoli III Idus Aprilis, anno III, regnante domno Carolo imperatore in Francia (105), nepote Caroli.

« Ego Rodulfus, abbas, propria manu firmavi. »

LXIII. *De morte Caroli regis et successione Odonis.*

(888.) Post hæc autem Carolus rex, imperii sui anno IV, decessit a sæculo; cui quidam Odo, non ex regia stirpe, successit in regno. Namque decedentibus imperatoribus, Carlomanni filius tantum in cunis remansit puer Carolus, de quo cum Franci desperassent, præfatum Odonem super se regem statuunt, anno Domini 888 (106). In cujus anno secundo, sancti Bertini monasterium a tempestate est dejectum XVI Kal. Februarii.

LXIV. *Præstaria Hucbaldi monachi de Hildincurt.*

Eodem anno, isdem abbas Rodulfus concessit, per præstariam, Huebaldo, monacho cœnobii sancti Amandi, villam monasterii sui Sithiu, in pago Vermandense, nuncupante Hildini. Curtem, cum villulis ad eamdem pertinentibus. Cujus præstariæ talis est charta.

LXV. *Exemplar* (107).

Notum esse volumus, qualiter dilectus confrater noster Hugbaldus, ex cœnobio almi pontificis Amandi confessoris ad erudiendum domnum abbatem Rodulfum, seniorem nostrum, concedente ac præcipiente Gauzlino ejusdem loci abbate, omnibusque sanctæ illius congregationis fratribus consentientibus, destinatus, petierit a præfato domno Rodulfo quasdam res propter temporalis solatia necessitatis, dum ejus adhæreret lateri, ab illo concessas sibi, nostris specialiter usibus delegari atque contradi : sic tamen, ut annis singulis ad festivitatem sancti Amandi, quæ est VII Kalendas Novembris, de ipsis rebus nobis refectionem præparet.

(105) Auctores *Novæ Gall. Christ.* chartam illam confectam fuisse putant biennio post chartam Rodini superius relatam, nempe anno 885, quia initium regni Caroli Crassi sumunt ab eo tempore quo in Lotharingia principatum obtinuerat. Recte quidem quod ad chartam Rodini attinet; hic vero, si verba ipsa instrumenti attendas, nil dubium quin

LXVI. *De eclipsi solis, et de adventu Nordmannorum.*

Anno post hæc tertio, ecclipsis solis facta est XVIII Kalendas Septembris, hora secunda, et siccitas magna in mense Maio, Junio et Julio, et stella cometes apparuit. Eodem anno, id est Dominicæ nativitatis 891, die Dominico, post nonam, pagani sunt, per merita sanctorum Audomari atque Bertini et Folquini, occisi CCCX in Widingahammo a Castellionis sanctorum prædictorum ; sequenti quoque Dominico, meridie, venit exercitus reliquus paganorum ampliori multitudine ad castellum sanctorum prædictorum ; et pugnaverunt a meridie usque ad vesperum, VI Nonas Maii, et nihil prævaluerunt. Sed aliqua pars illorum intravit ecclesiam sancti Bertini ; ibique cæci effecti sunt XII viri, et vexilla eorum in aliam figuram mutata sunt; quod libellus miraculorum sancti Bertini apertissime testatur.

LXVII. *Qualiter abbas Rodulfus apud Atrebatis ægrotans obierit.*

(892.) Deinde, anno post hæc altero, Rodulfus abbas apud Attrebatis, in diebus octavarum Domini, sanguinem minuans, II Nonas Januarii, circa mediam noctem, brachium ejus cœpit turgescens inflari ; paulatimque dolore ad præcordia properante, obiit die illuscescente, anno Domini 892. Non hæc autem dixi ut astruam lunaris globi numerum et cursum, secundum supervacuam mundialium sapientiam, a Christianis esse observandum, ac si, quod nefas est etiam dicere et horribile auditu, Christus in II, III et IV luna potestatem teneat, in I autem et V et VIII amittat; sed veraciter dico quod præsciens omnia Deus prædestinatum ejus terminum vitæ sub hac voluit occasione finire. Sepultus est autem isdem abbas in monasterio sancti Vedasti.

LXVIII. *Qualiter post hæc locus iste in laicali redactus est potestate; et de morte Folconis archiepiscopi.*

Post mortem autem Rodulfi abbatis, Balduinus (108) inclitus marchisus, Flandriæ, Boloniæ, Ternensis etiam comes, abbatiam tenere gestiens, regem Franciæ adiit, deprecaturus, si id quoquomodo posset torqueri, abbatiam Sithiensis cœnobii sibi concedi. Quod audientes jam dicti sancti loci monachi, Grimbaldum quemdam, ex ipsis monachum, (sub Hugone venerabili abbate duodecimo prædicto, vestitum, gratia et honore dignum), ad regem dirigunt, id omnimodis, si posset, consilium toto conamine evacuandum. Quo proficiente, obviam habuit eumdem comitem, quo tenderet requirentem. Cui, cum respondisset se regem expetere velle, indicavit ei se regia donatione abbatiam acquirere posse, si monachorum voluntas in hoc non videretur contraire; se quoque obnixe petere ne eum ex hoc

agatur de ejusdem Caroli regno in Francia, cujus tertius annus ad a. 887 revocandus est.

(106) Lege 887.

(107) Quasdam ejusdem instrumenti clausulas retulit Mabill. *Annal. Bened.*, tom. III, pag. 280.

(108) Balduinus II, cognomine Calvus.

vellet impedire. Talibus in verbis discessum est; Grimbaldusque, via qua cœperat, pervenit ad regem; reperitque ibi venerabilem Folconem, quondam Sithiensis cœnobii abbatem, tunc vero gloriosum Rhemorum archipræsulem. Cui cum ex monachorum verbis, intimasset omnes unanimiter ante locum velle deserere, quam sacer locus sub laicali redigeretur potestate, postulavit, in Dei omnipotentis nomine, ut expeteret regi ne hoc sub ejus regni permitteret fieri tempore, quod ab antecessoribus nunquam videbatur factum esse. Quod audiens archiepiscopus Folco, condolens petitioni ejus, memorque antiquæ dilectionis circa eumdem locum, una cum ipso Grimbaldo ad regem veniens, verba monachorum intimavit, et, ne laicus monachis superponeretur, omnimodis expoposcit. Rex autem annuens ejus petitioni, per fratrum electionem, eidem Folconi abbatiam demum commisit regendam [qui annis quatuor strenue rexit, reparans monasterium, sub Rodulfo abbate, tempestate consumptum. Ejus tempore, Cluniacum fundatur]. Hæc ei ergo causa seminaria fuit odii inter eumdem Folconem episcopum et abbatem, et inclitum Balduinum marchionem; et hæc inimicitia xiii annorum fere occupaverat tempus, donec præfatus comes Balduinus (scelus quod animo conceperat evomeret ut (quemdam militem suum, nomine Winemarum, ad regem Carolum puerum, qui tunc regnabat, pro hac eadem causa dirigeret, et ut episcopi animum placaret, et ad consentiendum id, si quo modo posset, inclinaret. Cumque episcopus in sua, ut cœperat, sententia perduraret, sicque dejeraret nullo modo consentiret ut laicus, contra sanctorum canonum statuta, jam dictæ dominaretur abbatiæ, isdem Winemarus, cum ira reversus, et quia hæc Compendio palatio acta erant, tetendit insidias episcopo Rhemis revertenti. Episcopus autem hujus rei ignarus cum illic cum paucis advenisset, prædictus (minister mah) Winemarus, super eum cum magna ferocitate irruens, non veritus justitiæ nec pertimescens iram Dei, quod auditu est etiam horribile, episcopum lancearum interfecit punctione, in una Dominicæ incarnationis 900, xv Kal. Julii, feria iii, hora vi. Ecce qualiter, pro Ecclesiæ Sithiensis tuitione, cultor vineæ Domini cadit, libans. Salvatori animam jungendam sanctorum choris in perenni gaudio. Cujus venerabile corpus assumentes, Remis, in ecclesiam almi Remigii præsulis, honorifice sepelierunt. Quod nefas inauditum illico diffamatum est per regiones cunctarum provinciarum, nec potuit lateri Romæ, cunctarum urbium dominæ. Unde et apostolicus ipsius sanctæ Romanæ Ecclesiæ prædictum Winemarum apostolica auctoritate vinxit anathemate, scribens ad episcopos cunctarum provinciarum, ut eodem modo damnarent tanti homicidii reum; quod

et ita constat factum. Isdem autem Winemarus, doli minister, in cordis sui duritia perseverans, se minime reum cœpit excusare; asserebat enim se hoc pro senioris sui fidelitate patrasse, idcirco finetenus in ipso permansit anathemate. Balduinus autem, post hæc, abbatiam obtinuit regia donatione.

LXIX. *De unctione Caroli regis et de ejusdem electione de Francia.*

(895.) Anno igitur nativitatis Domini 893, Carolus puer, Carlomanni regis filius (109), rex constituitur Rhemis civitate, in Purificatione sanctæ Mariæ, ix Nonas Februarii, consecratus a prædicto Folcone archipræsule, vivente adhuc Odone antedicto rege. In cujus anno ii, castellum sancti Audomari igne consumitur. Audiens Odo rex quod pars aliqua Francorum in regem unxissent Carolum, persequebatur illum cum matre Ermentruda in cunctis finibus Francorum. Tandem Franci, qui eum super se regem statuerant, veneno Odonis regis vitam exstinguere moliti sunt; quod et fecerunt. Quo defuncto, Carolus rex, absque ulla contrarietate, Francorum suscepit imperium. Qui confirmatus in regno, quemdam Haganum, cujus genus et nobilitas ignorabatur a Francis, super omnes diligendo extulit, et hunc familiarius cæteris sibi consiliarium ascivit. Quod videntes Franci, non leviter ignoti hominis amicitias tulerunt; regique ob hoc infensi, insidias ei, in Lugduno, regia civitate, tetenderunt. Cognito autem, rex Carolus, per fugam exinde elapsus, in regnum quondam Lotharii successit. Franci in sententia perseverantes, Rodbertum quemdam, fratrem Odonis regis supra memorati, super se regem statuunt; qui erat pater Hugonis, postea Francorum ducis, regnavitque annis fere duobus.

LXX. *Pugna Caroli contra Rodbertum.*

Post hæc Carolus rex, congregato exercitu de regno Lotharii et de reliquis orientalibus Francis, contra eumdem Rodbertum pugnaturus accedit, et, in die quodam Dominico illuscescente, transiit cum exercitu vadum fluminis Iseræ; occurritque ei prædictus Robbertus cum occidentalium Francorum multitudine, in pago Suessonico, in loco nuncupato (110).... factaque est inibi mutua Francorum cædes permaxima. Folbertus autem quidam, Caroli regis antesignanus, Rodbertum in prælio exquirebat attentius. Accidit autem ut occurreret illi detecta barba, quam prolixam lorica texerat super alligata; mox que sine mora, mutuis se confodientes spiculis, terra tenus utrique ceciderunt, unaque cum sanguine spiritum efflarunt vitæ. Audientes autem Occidentales regem eorum corruisse, in fuga versi sunt, victoriaque cessit Carolo cum Orientalibus. Post cruentissimum vero prælium, videns Carolus se adhuc inter adversariorum medio positum, hinc scilicet Hugonem, jam dicti Rodberti regis filium, illinc Heribertum, ejusdem generum (111); sequenti capitulo sermo habebitur. Rodbertus vero alium quoque generum habuit Radulfum qui in locum soceri defuncti successit.

---

(109) Carolus, cognomine Simplex, Carlomanni frater, non filius erat.

(110) Deest nomen loci in cod.

(111) Heribertus II, comes Viromandensis, de quo

cavensque ne irruerint super eum cum multitudine hostium, reversus est cum suis, unde venerat, in Lotharii regnum.

### LXXI. *De inclusione regis Caroli.*

His ita patratis, praedictus Heribertus, omni dolositate plenus, post regem Carolum nuntios misit verbis pacificis in dolo, dicens se omnimodis poenitere quod contra eum conatus fuisset agere ; unde, si reverteretur, promisit ei regnum Francorum per omnia subjugare. Quod audiens Carolus, laetus effectus usque sancti Quintini castrum, Vermandis est reversus. Cui occurrens isdem Heribertus, introduxit eum in eumdem castrum, praeparavitque ei convivium satis lautissimum. Facta autem nocte, cum omnes vino sepulti quiescerent, praecepit Heribertus suis ut, abeuntes, omnia eorum arma tollerent, ne, in facto quod facere cogitabat, haberent unde resistere possent. Orto igitur sole, accipiens regem, tradidit custodiae. Milites autem, cum, ad arma confugientes, non reperirent, ad propria dolentes repatriaverunt. Heribertus autem accipiens Carolum, duxit in castrum quod dicitur Parona Scottorum ; eratque ibi sub custodia clausus usque ad diem mortis ejus. Uxor vero ejus, regina, nomine Odgiva, genere transmarina, cum et ipsa multas insecutiones fuisset sub hoc tempore passa, filium suum, Ludovicum puerum, ad Anglos direxit tuendum ; nam et ipsum quaerebant interficiendum. Regem igitur super se Franci statuunt Rodulfum quemdam patre Ricardo, genere Alvernicum. Sub cujus tempore Stephanus, Tarvanensis Ecclesiae episcopus, decessit a saeculo ; cui in episcopatu successit Wicfridus, hujus nostri monasterii Sithiu praepositus, anno incarnationis Dominicae 925, xii Kalendas Julii, ab Artaldo archipraesule consecratus. His diebus Nordmanni, a Rotomago collecta multitudine navium, circumjacentia maris littora devastabant. Quod audiens Rodulfus rex, congregato Francorum exercitu, contra hos in pago Tarvariense pugnaturus accessit. Cognito hoc, Nordmanni captivos, quos de diversis locis sumpserant, jugularunt. Rodulfus autem rex, in monte qui dicitur Falcoberg insecutus eos, praelium commisit, fugatisque eis, victoriam est adeptus, licet cum suorum maximo dispendio.

### LXXII. *De adventu Ludovici regis.*

(929.) Anno post haec incarnationis Dominicae 929, Carolus rex in Parona castro, in custodia qua missus fuerat, obiit vi Kalendas Octobris, sepultusque est in monasterio sancti Fursei. Obiit etiam post haec Rodulfus rex (112). Quo defuncto, Franci transmare propter Ludovicum dirigunt, ut cum in paterno solio in regnum sublimarent Francorum ; ipsique Francorum proceres episcopique et comites, Bononiam usque civitatem, cum maximo honore regem suscepturi obviam pergunt ; inter quos erat Hugo, dux Francorum inclitus, Heribertusque, deceptor fraudulentissimus, et Adaloifus marchisus. Suscipientes regem Lugduni civitate, cum honore maximo deducunt, ibique eum in regem elevant et ungunt. Qui confirmatus in regno, Heribertum, patris sui traditorem et tortorem, se quoque parili modo decipere cupientem, Deo illi dignam pro factis compensationem reddente, tali punivit ultione. Notaverat isdem Heribertus diem quo rex Ludovicus venatum ire deberet ; percogitavitque ingenium ut, quando ipse cum rege venatorio insisteret lusui, fabulis suis illectum, procul a venatoribus sejungeret regem, moxque ligamine vinctum, crudelitatis suae exerceret actum. Hoc autem consilium, Deo miserante, non potuit latere, sed regi nuntiatum est ab uno horum qui huic consilio videbantur interesse. Cumque die statuto, ad venationem exissent, partem aliquam militum rex in occulto insidiarum posuit loco, dato illis cognitionis signo, quod audientes, advolarent continuo. Igitur, cum utrique sermocinantes incederent, rex scilicet insidiatorque suus, apprehendens eum rex, quasi amplexandi gratia, abstraxit vinculum setis contortum, sellae illius, suae alligationis causa, alligatum ; moxque, signo dato, insidiae surrexerunt de loco. Captumque Heribertum interrogat rex, quid sibi vellet vinculo quod sellae gerebat affixo ; moxque confessus est quae adversus eumdem machinatus erat corde perverso. Praecepit autem rex, et comprehenderunt eum, et in arbore vicina, sub ascilla ligatum, suspenderunt. Cumque adhuc palpitaret pendens in arbore, jussit rex quo pendebat (funem) incidere, et Dei hunc potestati committere, si hujus sub hoc casu vellet vitam servare. Deo autem illi justam retributionem pro factis reddente, cum dimissus fuisset ex arbore, crepuit medius : erat enim crassitudinis nimiae. Talique morte finem praesentis habuit vitae.

### LXXIII. *De morte Balduini abbatis.*

(918.) Balduinus (Calvus) autem, comes et abbas monasterii Sithiu, ambitum castelli circa monasterium sancti Bertini construxit, et per ministeria disposuit ; et post haec [ut brevius ejus facta perstringantur, plus abstulit Ecclesiae quam dedit ; et hactenus de damno a se perpetrato sentient monachi praesentes et futuri. Postquam autem annis decem et septem solo nomine praefuisset] aegrotans, obiit, anno Verbi incarnati 918, iv Idus Septembris. Cumque corpus ejus pars aliqua militum in Sithiu monasterio, juxta patrem suum [Balduinum Ferreum] vellent tumulare, uxor ejus, nomine Elftrudis, cupiens cum illo pariter in uno cimiterio concinerari, Gandavo, in monasterio Blandinio, fecit tumulari. Necdum enim licitum erat cuiquam feminarum sancti Bertini ingredi monasterium, nefasque puta-

---

(112) Obiit Rodulfus anno 936, mense Jan.

batur si vel ecclesiæ aliqua furtim subintrasset atrium (115).

Marcham vero ejus filii ejus inter se diviserunt, et Arnulfus, qui major natu erat, Flandriam; Adalolfus vero civitatem Bononiam et regionem Taruennicam, pariterque sancti Bertini suscepit abbatiam. Cujus amorem, quantum circa eumdem locum habuit, testantur qui adhuc supersunt, qui eum fine tenus cognoverunt.

### LXXIV. *De elevatione sancti Folquini episcopi.*

(928.) Anno post hæc 928, felicissimæ incarnationis Jesu Christi Domini nostri, tempore Caroli reclausi, indictione I, meus qui hoc ipsum scribo pater, Folquinus nomine, cum fratre suo, apparatu quo poterant, de regno Lotharii huc adveniunt, sancti Folquini corpus, quod eo usque tempore terra tegebatur, levare cupientes. Erant enim utrique ejusdem beati viri carnali consanguinitate proximi. Postulata etiam a prædicto comite et abbate Adalolpho licentia, ventum est ad sancti viri tumbam cum cereis et thimiamateriis et choro psallentium, elevaveruntque corpus idibus Novembris, feria V, die illucescente; præparaveruntque supradicti refectionem fratribus, prout poterant, vinum namque et omnia ad victum necessaria venientes secum detulerant. Quibus peractis, gaudentes ad propria sunt reversi; erant autem, isdem videlicet Folquinus et Regenwala, frater suus, filii Odwini, filii alterius Odwini, qui erat frater beati præsulis Folquini. Pater autem ejusdem sancti episcopi dictus est Hieronimus; genitrix vero Hermentrudis est vocata.

### LXXV. *De morte Adalolphi abbatis.*

(933) Igitur post hæc Adalolphus, comes et abbas (pius, posteaquam annis quindecim coenobio huic præfuisset), in hoc ipso monasterio Sithiu ægrotans, obiit anno nativitatis Domini 933, Idibus Novembris, sepultusque est in basilica sancti Bertini, in altare sinistro altaris sancti Bertini capitanei. Inter reliqua autem donaria, dedit ad eumdem locum calicem sui potus aureum et balteum ad calicem consecrationis Dominici sanguinis faciendum; armillas autem suas sancto Audomaro ad patenam concessit faciendam. Dederat quoque antea eidem sancto Audomaro pallium quoddam, auro margaritisque mirifice intextum; contra quod Arnulfus (inclitus marchisus et istius abbas conventus, frater Adalolphi jam mortui) alterum sancto Bertino concessit, consimili opere præcipuum. Post cujus luctuosum obitum, Arnulphus, frater ejus, abbatiam cum reliquo ejus comitatu recepit (et ita Ecclesia ista, pastore religioso viduata, a laicis maritatis, per modum hæreditatis est possessa).

(115) Post hæc cod. Audom. addit quæ sequuntur.

> Nam per legem celebrem,
> Monacis sexum muliebrem,
> Quanquam diu vixit,
> Præfixo limite, dicit:
> Femina fige sedem,
> Negat hic tibi terminis ædem

### LXXVI. *De ingressu feminarum in hoc monasterio.*

(938) Hujus autem abbatis et comitis Arnulfi nobilissima conjux Adata, cum sæpissime magnis infirmitatibus esset aggravata, desiderare coepit in hoc monasterio ei licentiam monachi darent intrare, ut coram altare sancti Bertini, pro salute deprecatura, liceret se prosternere. Hujus igitur rei causa, advocatis venerabilibus episcopis Wicfrido, Tarvanensis Ecclesiæ episcopo, et Folberto, Cameracensis, denudavit eis desiderium suum. Accepta etiam a monachis licentia, anno nativitatis Domini 938, annoque v (115*) Ludovici regis, feria secunda Paschæ, introduxerunt eam præfati episcopi in eodem monasterio, non sine tremore maximo, quoniam hoc illa prima facere præsumpserat, quod antea reginarum nulla concupiscere vel audebat. Intrando autem, plurima huic loco ornamenta contulit, et quandiu vixit, numquam donare cessavit.

In ipso quoque ejus ingressu, inclitus marchisus Arnulfus, per rogatum ejusdem suæ amantissimæ conjugis, tradidit eidem loco, ad usus fratrum, fiscum Merki cum omnibus adjacentiis, ecclesia, mancipiis, ædificiis, terris cultis et incultis, pratis, pascuis, piscationibus, animalibus quæsitis et inquirendis: ea ratione, ut, quandiu adviverent, ipse videlicet et uxor sua supramemorata Adata, filiusque eorum Balduinus, in sui juris dominio possiderent, et singulis annis centum solidos fratribus pro eodem fisco persolverent; post eorum vero de hac luce discessum, tota possessio ejusdem monasterii subjaceat ditioni. Quam traditionem cum præstaria describere rogavit, et ipse propria manu firmavit, et reliquos palatii sui proceres ut describerent præcepit. Hi sunt autem testes: Unicfridus, episcopus; Folbertus, episcopus; Damasus, episcopus; Hemfridus, presbyter; Engelandus, monachus; Vuinetmarus, decanus; Grimbaldus; Odarius, monachus; Everardus, advocatus; Vuinetmarus, laicus; Rodulfus; Hericus, laicus; Vuinetmarus, diaconus et monachus, subscripsit. Ante hoc autem tempus Adalolphus, tunc quidem puerulus, nunc autem ætate mediocri, ipso etiam sacerdotio honorandus, a patre Everhardo, summæ nobilitatis viro, et matre Ricsinda, in hoc monasterio sancto Petro sanctoque Bertino est oblatus. Rodulfus etiam, ipsius castelli prætor urbanus, filium suum, nomine Vualterum, cum morbo, medici quem variolam vocant, morti videretur esse proximus, ulnis propriis sustollens, coram sancti Bertini altare deportavit; monachumque effecturum, si ejus pia juvaretur intercessione, spopondit. Quem mox saluti restitutum, Deo omnipotenti famulum et sancto Bertino obtulit monachum perpetualiter permansurum.

> Sanctam, sanctorum
> Sic norma jubet monachorum.
> Hic locus nunc ritum
> Colit a Patre stabilitum.

(115*) Leg. *secundo* cum Mabill. *Ann.* tom III, pag. 441.

## LXXVII. De conversione monachorum in regulari proposito.

Antedictus autem abbas et comes Arnulfus, dolens religionem monasticam, quæ inibi in priori tempore a beato Bertino constructa vigebat, tunc temporis abolitam, cogitare cœpit qualiter pristinam religionem extrueret, et locum antiqua sanctitate nobilitaret.

Sed, voluntate altissimi Dei, qui sponsam suam Ecclesiam videlicet, quanquam interdum fluctuari, nunquam tamen periclitari permisit, eumdem marchionem continuis cruciatibus calculi, qui urinam inhibens, nuncupatur vulgo lapissus, voluit macerari. Ad quem, medendi gratia, multi cirurgicorum convolarunt sperantes se, ab eo qui affluebat divitiis, emolumentum non parvum accepturos. Sed illi suæ artis peritiam quærentes in eum extollere, et extollendo ostentare, sub cujus aspectu octodecim viros, simili morbo confectos, inciderunt, quos quidem omnes, uno dempto qui in brevi mortem obiit, curaverunt. Et quia is sibi medelam incitandi evitandam ostendit, de cætero tale quid suggerentibus ulterius audire nequivit. Demum divina gratia ad se conversus, contemptis hujus mundi medelis, mente ad eum cucurrit qui solo sermone universa restaurat, et venerandi Gerardi præsentiam per nuntium velocem quæritat. Adveniente siquidem viro Dei, intimavit lugubrum, ut pro corporis sanitatis recuperatione Omnipotentis clementiam imploraret.

Verum, fusa prece, et marquionis animo sancti viri consilio pulsato, quatenus de suorum bonorum affluentia egenis daret, volente Deo, obtemperat marchisus sancto; celebratisque missarum solemniis cum fletuum suspiriis, triduani jejunii abstinentia indicitur illi. Cumque comes iste sacramentorum devotus participasset mysteriis, repente mingendi appetitus marchionem sæpedictum impellit, et, congruo petente secessu, sine difficultate urentem emisit lapillum. Quo pristinæ sanitati mirabiliter restituto, quanta in ejus pectusculo abundabat exsultatio, quantave arcas virum Dei exercuerit condecens veneratio, non nostræ opis est comprehendere. Comes igitur, beneficii collati remunerator liberalissimus, virum Dei multis peroptans præmiari muneribus, omnibus spretis, comiti respondisse dicitur: « Si nostra, inquiens, dereliquimus, quomodo aliena accipiemus? » Sacramentis tamen terribilibus obstrictus comes, vix tandem compellit ut suarum facultatum decimas acceptaret; et hoc quoque prius humiliter declinavit quod paulo post non cupide suscepit, quas prudenti consideratione dispertivit: Item et quotquot abbatiarum comes memoratus habebat sua sub potestate, utile sibi visum est procurationem dicto Gerardo commendare.

(44.) Ob hac igitur causa (venerandum) Gerardum quemdam abbatem ad se advocavit (ut cœnobium illud sancti Bertini, regularitate viduatum, ad pristinum sanctæ regulæ honorem stabiliret, et ut perversam consuetudinem, ne scilicet de cætero sæculares viri abbatum officium usurparent, funditus evelleret), et cum ipsis monachis tractare cœpit, si forte ad consensum boni consilii eorum animum inclinare posset. Cumque illi in obduratione mentis permanentes, nec minis nec blanditionibus flecterentur, hos de monasterio præcepit abire, anno saluberrimæ nativitatis Jesu Christi Domini 964 XVII Kal. Maii; ipsique Gerardo abbati, qui pene solus et primus, in occiduis partibus, ultimus temporibus, regularis vitæ normam servabat, cum monachis e diversis locis collectis, eumdem monasterium tradidit regulariter gubernandum. Erat autem populi ad hoc ipsum spectaculum congregati non parvi muneris, eratque videre dolorem cunctis in monachorum exitu permaximum et lacrymas in oculis plurimorum, turbationemque ejusdem loci famulorum cum reliqua multitudine plebium, in monachos regulares et in ipsum comitem insurgere volentium. Comes autem, post eos dirigens, rogavit ut reverterentur; promittens omnia se eis daturum necessaria, tantum ut reverentes ad suum locum, profiterentur se ordinem servare monasticum. At illi in sententia perseverantes, cum magna sequentium populorum multitudine exeuntes, apud villam ejusdem monasterii, Loconessam nuncupatam, aliquantisper demorati sunt. Post aliquantulum autem, major pars eorum navim in oceano intrantes, in transmarina regione delati sunt. Quos rex Adalstenus (114) benigne suscipiens, monasterium quod dicitur ad Balneos eis statim concessit; ob id maxime, quia frater ejusdem incliti regis, Etwinus rex, in monasterio sancti Bertini fuerat tumulatus. Siquidem anno Verbi incarnati 932, isdem rex Edwinus, cum cogente aliqua regni sui perturbatione, hac in maris parte, ascensa navi, vellet devenire, perturbatione ventorum facta navique collisa, mediis fluctibus absorptus est. Cujus corpus cum ad littus esset devectum, Adalolphus comes, quoniam propinquus ei carnali consanguinitate erat, cum honore sumens, ad sancti Bertini monasterium detulit tumulandum. Post cujus mortem, frater ejus rex Adalstenus, plurima huic loco in ejus eleemosyna direxit exenia, et, ob id, ejusdem monasterii monachos amabiliter suscepit ad se venientes. Reliqui autem monachorum, quorum cor Deus visitationis suæ gratia illustraverat, regulam amplectentes monachicam ad proprium reversi sunt monasterium, Engelandus videlicet, loci hujus antea præpositus; Grimbaldus cum Drothwino, ipsa senectutis canitia venerandi; post hos Adalolphus et Galandus, Siguvimus, Suavimus, Vulfricus, Sigebaldus atque Adalgerus. Igitur, quia abbas Gerardus monasterium in Gandavo situm, nomine Blandinium, tenebat, nec utrosque, hoc videlicet et illud præsentialiter guber-

(114) Al. *Aldestanus*, Edwardi I filius, rex Angliæ.

nari poterat, Agiloni quodam, Sancti Apri monacho, Toletanæ civitatis, cum Womaro, Blandinii monasterii monacho, non cum abbatis nomine, regularis vitæ regimen, comite jubente, et Gerardo abbate consentiente, concessum est. Brevi autem post hæc tempore, Agilone mortuo, Gerardo abbate postulante, et comite Arnulfo annuente, Wido ipsius Gerardi nepos, abbas in hoc monasterio consecratur, anno nativitatis Dominicæ 947; sub cujus tempore Unago quidam puerulus, a patre Odone, civitatis Monsteriali, monachus hic oblatus efficitur. Post, isdem abbas Wido, quia nimis vanæ juventutis gaudia sectabatur, apud comitem incusatus, abbatia est fraudatus, et sancti Bayonis monasterio abbas est destinatus. Womarus autem regimen monasticum sub regulari regebat districtione. Quo tempore ego ipse hæc scribens Folquinus, a patre Folquino supra jam memorato, matre Thiedala, de regno Lothario dicto huc adductus, anno incarnationis felicissimæ Domini nostri Jesu Christi 948, die festivitatis elevationis sancti Bertini, quæ succedit omnium sanctorum festivitati, sancto Bertino oblatus, monachus, proh dolor! facietenus sum effectus.

### LXXVIII. De Hildebrando abbate.

Supra memoratus igitur gloriosus marchises Arnulfus, post Widonem antedictum abbatem, parvo post tempore, Hildebrando nepoti suo, eumdem monasterium contradidit ad regendum sub cujus tempore ita in hoc monasterio sanctitatis excrevit religio, ut forma et exemplum foret cunctis per circuitum constructis monasteriis. Gaudebant siquidem monachi sub tanto Patre constituti, quoniam eis et interiora mentium sua exhortatione administrabat pabula, et exteriora corporibus sufficienter præbebat necessaria, studebat autem, inter reliqua sanctæ regulæ præcepta, jussioni huic maxime obedire, qua abbati præcipitur ut studeat plus amari quam timeri, ut ne, dum nimis eraderet eruginem, frangeretur humanæ fragilitatis vas; discretionemque ita in cunctis suis actibus assumebat, ut in jussionibus suis esset et quod fortes cuperent, et quod infirmi non refugerent. Ordinatus est autem anno ab incarnatione Domini 950 a Vinefrido Tarvennensis Ecclesiæ episcopo, XVI Kalendas Aprilis. Huic autem comes Arnulfus, ipsius abbatis avunculus, ad usus fratrum sub eo viventium reddidit villam nuncupatam Arecas, quæ uti longe inferius dixisse me memini, unum erat ex principalibus abbatiæ membris, et abbatis obsequium erat deputata; in qua et abbatis antiquitus sessio ab inquirenti frequentabatur populo; quam et ipse comes, quia paterna successione abbatiam susceperat, suo usui mancipatam tenebat. Reddidit autem hanc usui fratribus XII Kalendas Julii, anno nativitatis Dominicæ 951. Post etiam sanctum Walaricum, eodem modo de castello et monasterio suo ei deportatum, ad hunc direxit monasterium, die post hæc VI, id est, IV Kalendas Septembris, parili modo præcepit deferri-conservandum, anno a nativitate Domini 952. Suscepit etiam prædictus abbas in monasterio quemdam canonicum Saxonici generis, nomine Odoldum, ad monasticum confugientem habitum; cui ad imbuendam puerorum scolam commisit. Erat enim litteratoria arte peritissimus. Et decaniæ curam commisit, quam usque hodie, Deo miserante, regit.

### LXXIX. De conversione monachorum in Atrebatis, et de Regenoldo abbate.

Cum igitur locus iste religione qua supradiximus vigeret sub præfato abbate, cogitatio incidit glorioso comiti Arnulfo, ut pari religione sancti Vedasti nobilitaret monasterium. Unde et accersito domno abbate Hildebrando, direxit ad eumdem monasterium (posteaquam congregationi monachorum Sithiensium quadriennis præfuisset), ut exemplo operum suorum et exhortatione ad observantiam eos accenderet monasticæ regulæ. Quo cum pervenisset, et id pro quo venerat implere omnimodis satageret, ad ultimum præfatus gloriosus comes obedire nolentes præcepit monasterio exire; monasterii autem curam cum his qui remanserant, eidem abbati præcepit gubernare. Quo id pro viribus ad tempus strenue adimplente, pro labore et exhortatione quæ illis utpote rudibus impendi erat necesse, negligebatur ab illo locus iste. Deprecatus est autem isdem abbas inclitum marchisum Arnulfum, ut monasterium hoc Sithiu alicui ex ipsis fratribus committeret gubernandum, ne, dum curis insisteret monasterii unius, negligeret alterius. Annuens autem comes, cum illius consilio, cuidam ipsius monasterii monacho, nomine Regenoldo, fratrum tantum voluntate obstante, in abbatis sublimavit honore. Ordinatus est autem anno ab incarnatione Domini 954, XII Kalendas Aprilis, ab Wicfrido, Tarvanensis Ecclesiæ præsule. Hildebrandus autem abbas, nobis flentibus, curam animarum eidem domno abbati Regenoldo committens, Atrebatis rediit. Regenoldus autem abbas satis pervigili cura sollicitus erat circa regimen animarum sibi commissarum; in brevi autem tempore amabilis extitit omnibus et devotus. Qui confirmatus in loco emit a quodam viro illustrissimo, Hugone vocabulo, adjuvante inclito marchione Arnulfo, ecclesiam quamdam in honore sancti Michaelis constructam, nuncupatam Vuachimvillare, sitam in pago Bononensi, libris V denariorum. Hic etiam tempore reginimis sui, consentiente, imo compellente glorioso comite Arnulfo, sancti Audomari reliquias cum honore maximo, et cum multimodo ac devotissimo monachorum ac canonicorum obsequio, ut terras, trans Rhenum sitas, huic sacro loco jam olim a fidelibus concessas acquireret, Neumago usque regio palatio deportavit, quo in loco tunc gloriosus Otto, rex orientalis Galliæ, advenerat. Cumque ventum esset ad Thiale portum, custos ecclesiæ blasphemando, et reliquias sanctas vituperando, nolebat ecclesiam aperire. Post paululum autem, quidam concite accucurrit, nuntians eumdem custodem a balneis reversum, subita infirmitate correptum, et, ni intercessione succurrant monachi, mox esse moriturum. Quod audientes fratres, cum raptim unus Eucharistiam, alter sacratas reliquias afferre conarentur, ecce alter adest nuntius, dicens eis ne sollicitarentur, quoniam isdem presbyter, sancto illi Audomaro dignam blasphemiæ pœnam reddente, terminum præsentis fecisset vitæ. Cognito autem hoc populi undique ad ecclesiam concurrerunt, et facult te qua poterant, reliquias sanctas honoraverunt. Partim autem prospere pro quibus venerant acquisitis, ecclesia in Frekenis regia donatione recepta, cum reliquiis sancti ad propria sunt reversi. Sub præfati abbatis I, gloriosissimus rex occidentalium Francorum Ludovicus decessit a sæculo, et Remis, in monasterio sancti Remigii, est tumulatus ix Idus Septembris. Cui in regno successit filius ejus adhuc puer Lotharius, iii Idus Novembris, in regem ab Artoldo archipræsule Remensis ecclesiæ consecratus.

(Sub quo Arnulfus comes, et Sithiensis Ecclesiæ, quantum ad temporale, administrator, privilegium immunitatis confirmationisque bonorum a semetipso datorum, et deinceps donandorum; item de justitia quam debeamus habere, in omnibus locis nostris impetravit, secundum hanc formam quæ hic verbotenus inseritur).

*Exemplar privilegii impetrati.*

(7 *Januar.* 962.) « In nomine sanctæ et individuæ Trinitatis. Lotharius, divina ordinante Providentia, rex Francorum. Cum locis divino cultui mancipatis ob divinæ servitutis amorem, opem congruam fecimus, imperialem profecto morem decenter implemus, et nobis ad remunerationis æternæ præmia capescenda profuturum firma credulitate confidimus. Idcirco notum esse volumus omnibus fidelibus, et nostris præsentibus scilicet et futuris, quia venerabilis Arnulfus, marchio abbasque ex monasterio cœnobii Sithiu, quod est situm in pago Tarvanensi, constructum in honore sanctæ Dei genitricis semperque virginis Mariæ, et apostolorum Petri et Pauli, in quo corpora beatorum confessorum Audomari atque Bertini requiescunt, ubi etiam præsenti tempore prænominatus abbas, auctore Deo, præesse videtur; nostræ innotuit majestati qualiter jamdudum tempore prædecessores parentes nostri, reges videlicet Francorum eidem monasterio regalibus privilegiis talem concedissent auctoritatem, ut illud cum omnibus ad se pertinentibus, sub perpetua eorum defensionis maneret securitate. Sed pro firmitatis inditio, postulaverunt ut non solum, prædecessorum nostrorum regum morem sequentes, nostræ hujusmodi auctoritatis præceptum erga ipsum monasterium, tuitionis gratia, fieri juberemus, sed etiam perficeremus ut omnes cellas et villas, seu cæteras possessiones prædicti monasterii quas in quibuslibet pagis et territoriis infra ditionem imperii nostri consistunt nullus prædecessorum nostrorum divideret, aut in alios usus converteret et ut familia ejusdem monasterii nullis quibuslibet hominibus foderum daret; et ut ea quæ a fidelibus recenti tempore concessa sunt, nostra quoque auctoritate firmaremus, humiliter petierunt. Quorum petitionibus libenter acquievimus : et ita in omnibus concedimus, atque per hoc præceptum confirmamus, fiscum videlicet Morke, cum omnibus appenditiis, quem is inclitus marchisus Arnulfus, noster fidelissimus, eidem loco sancto tradiderat, consentiente, imo rogante Athala ejusdem conjuge nobilissima, tempore quo ipsa feminarum prima tentavit ingredi sancta ipsius monasterii limina; villam etiam Arcas dictam, quam isdem quoque victui fratrum adauxit, in qua et alodem Everardi illustris, ejusdem loci advocati, quem post suum obitum ipsis tradidit fratribus suscipiendum; monasterium quoque sancti Michaelis, Wachimvillare dictum, cum appenditiis suis ; Petresse quoque ecclesiam, præfati marchisi traditione donatam : hæc omnia eidem loco sancto confirmamus regali auctoritate. Proinde hos nostros regales apices fieri jussimus, per quos successores nostros admonemus ut sicut prædicto monasterio concessimus, ita illibatum et stabile permanere permittant; ut nullam divisionem in monasteriis aut cellis vel villis seu cæteris possessionibus faciant aut facere permittant, aut in alios usus retorqueant. Sed et hoc sancimus atque decernimus, ut nullus judex publicus, aut quislibet ex judiciaria potestate, in ecclesias aut cæteras possessiones memorati monasterii, quas nunc possidet, vel quæ deinceps voluerit divina potestas augeri, ad causas judiciario more audiendas, vel freda aut bannos exigendos, aut mansiones vel paratas faciendas, aut foderum exigendum ; aut fidejussores tollendos, aut homines ipsius monasterii distringuendos, nec ullas redibitiones aut illicitas occasiones requirendas, ullo unquam tempore ingredi audeat vel ea quæ memorata sunt penitus exactare præsumat; sed liceat memorato abbati Arnulfo, suisque successoribus, res prædicti monasterii, cum omnibus fredis et bannis sive concessis sub nostra defensione quieto ordine possidere ; quatenus ipsos servos Dei, pro nobis ac pro stabilitate totius regni nostri a Deo nobis concessi, jugiter Dei misericordiam exorare delectet. Et ut hæc auctoritas nostris futurisque temporibus, Deo protegente, valeat inconvulsa permanere, manu propria eam firmavimus, et annuli nostri impressione assignari jussimus.

« Actum vii Idus Januarii, regnante domno Lothario, anno viii, indictione vi.

« Actum Leuduni feliciter. »

Sic signatum inferius :

« Signum Lotharii gloriosissimi Francorum regis.

« Otto cancellarius recognovit. »

Anno post hoc quinto signum crucis, nescio qua causa exigente, subito in vestimentis insignitum videbatur humanis. Erat autem color acsi ex aliquo pinguedinis liquore vestis, in qua apparebat per loca, in crucis modum videretur infecta; sed non erat nosce ex qua acciderat causa. Unde timentis regionis hujus populi, ne aliquod flagellum super eos immineret irritati Domini, ad orationis studium frequentius accurrunt, templaque requietionis summorum patronorum Audomari atque Bertini exeniis quibus poterant invisebant. Vuicfridus etiam, Tarvanensis civitatis episcopus, totius episcopii sui populum sub hac tempestate obnixius Dominum supplicaturum, ad Sithiu jussit adventare monasterium. Igitur xi Kalendas Februarii, statuto jejunio, replentur plateæ innumerabili populo; adest autem et episcopus ipse, et elevantes sanctissimi patris Audomari corpus ad inferius monasterium cum flentium populorum deportant multitudine. Facta autem inibi oratione, relevantes ejusdem sancti corpus sanctissimique Bertini, piissimi suorum in necessitatibus protectoris, una cum sanctis Richario et Walarico ad superius deferunt monasterium, calle repetito. Cumque venissent in interstitio quodam duorum monasteriorum, episcopo sermonem faciente ad populum, Rodulfus, quem supra memoravi, terram quamdam hæreditatis suæ nuncupatam (115) . . . . . . . . conjuge et filiis consentientibus, sancto Bertino tradidit possidendam. Uxor vero ejus binas aureas lunulas promptissima eidem sancto concessit voluntate; post hoc, sanctorum corpora ad sancti Audomari monasterium sunt delata; atque, in introitu ecclesiæ, ad hominis staturam trabibus superelevata, sub ea populorum in ecclesia subintrabant agmina. Igitur, quia jam nox incumbebat, abbas Regenoldus, prospiciens jam non esse reditus, illic cum sanctorum corporibus nocte illa est pernoctatus. In crastino obsequente, utroque monasteriorum conventu ad propria requietionis loca sunt referta. Post hæc Rikelinus quidam tunc puerulus hic monachus est oblatus; cum quo pater ipsius, nomine Vualdo, ecclesiam quamdam hæreditatis suæ, in villa Granai dicta sacro huic loco tradidit, quam et per præcariam, in sua et filii alterius vitam emeliorandam recepit.

**LXXX.** *Quod locus hic a Domino cœpit flagellari.*

His temporibus, nescio utrum peccatis exigentibus, an secundum quod legitur scriptum : « Quem diligit Dominus corripit; flagellat autem omnem filium quem recipit; » locus hic lacrymabiliter elefantiæ a Deo lepra cœpit flagellari. Quo morbo, quod lacrymosum est, domnus etiam abbas Regenoldus percussus, loci hujus regimen, prout poterat, anno fere integro post hæc regebat, secrete in cella conversans, a fratrum conventu semotus. Tandem comite Arnulfo, morbi hujus causa, locum hunc visitatione soluta, vitante, compulsus est monasterio exire, et in loco supra jam a me memorato, Vuachimvillare dictum, secedere. Ante autem regimen animarum sibi commissarum, ipso comite jubente, fratribusque in unum, ob hoc ipsum, collectis, cum eorum voluntate Adalolpho, superius jam nominato, et ejusdem monasterii monacho, commisit die solemni sacratissimæ Cœnæ anno 941, nativitatis Dominicæ, quæ contigerat tunc ii Iduum aprilis dies vii idus earumdem ventura paschali solemnitate. Ante hæc quod supra memoria excidit, Wicfridus, Tarvennæ civitatis præsul, a sæculo decessit, anno Domini 959, xiv Kalendas Novembris. David Corbeiæ monachus, in episcopatu successit. Adalolphus autem satis sollicitus erat de commissa sibi congregatione, non tamen abbatis consecratus ordinatione; ingeniose siquidem comite factitante, quod post claruit in subsequenti opere, ut nepoti suo Hildebrando supradicto locum hunc facilius iterato posset condonare. Quo in tempore comes isdem eumdem domnum Adalolphum cum exeniis ad regem trans mare direxit Anglorum. Quo jam trans mare delato, Odoldus supra memoratus, noster decanus, de partibus citra Rhenum positis, ubi vindemiare fuerat missus, cum vina vii vasorum est reversus. Advenerat autem hoc in tempore comes et abbas Arnulfus in hoc ipso Sithiu monasterio, et filius ejus Balduinus, juventutis flore honestissimus, cum conjuge nuperrime desponsata, nomine Mathilda, Saxonici generis æquali nobilitate conspicua. Quæ in primo ejus in hoc monasterio ingressa, cortinam quamdam invisæ magnitudinis, præcipuique operis, huic loco concessit, variorum colorum adornatam tabulis [qua usque utitur ecclesia ista pro velo quadragesimali]. Mittens autem comes Arnulfus, præcepit vinum supra memoratum suscipi et suis usibus reservari. Dedit vero in recompensatione fratribus ejusdem monasterii ecclesiam quamdam Tetresse dictam, ne raptoris incurrisse videretur notam; quam tradidit ii Kalendas Decembris, die festivitatis sancti Andreæ. Isti sunt testes : Balduinus, filius ejus, consentiens, Odoldus decanus, Hemfridus præpositus, Engelandus, Drothwinus, Grimbaldus monachi, Arnulfus, nepos ipsius comitis; Rodulfus, prætor urbanus; Evehardus, advocatus; Egelbodo fidei creditores. Folquinus, levita et monachus, subscripsit. Post hoc autem, adveniente nativitatis Christi die, præfatus comes Balduinus, morbo, quem medici variolam vocant, cœpit ægrotare, tristemque nobis festum sua reddidit incommoditate. Die autem kalendarum Januariarum, quo celebrantur octavæ nativitatis Dominicæ, quod lacrymosum est etiam dicere, cursum præsentis finivit vitæ. Erat autem videre cuncto populo utriusque sexus et diversæ ætatis dolorem intolerabilem et pene antea invisum. Sepultus est autem in hoc ipso monasterio, in medio beati patris Bertini requietionis templo, anno nativitatis Christi 961, indictione iv, regnante Lothario rege anno viii. Revertente autem domno Adalolpho de partibus quibus missus fuerat, iterum inquisitio et electio de abbate futuro cœpit ventilari. Mittens autem comes

---

(115) Deest nomen loci.

Arnulfus, direxit post Hildebrandum, supra memoratum abbatem et nepotem suum, et ei iterato hunc commendavit locum, quem et hactenus, miseratione Dei, regit, qui est annus supramemoratus Dominicæ nativitatis 961.

Quod facile erat fieri quoniam a monachis cœnobii hujus, ob vitæ prolestatem, non modice amabatur. Et ita patet quod Adalolphus, jam dicti cœnobii monachus, cessit voluntati comitis sæpe dicti, cum vix anno unico administrasset. Et postmodum, Hildebrandi abbatis nostri reassumpti regiminis anno III. ejus avunculus Arnulphus, quondam comes Flandrarum et abbas, ut supra ostensum est, complevit officium vitæ sepultus in Blandinio.

LXXXI. Explevi jam, auxiliante Domino, quæ jusseras, domne et beatissime, necnon et amantissime pater, Adalolphe, comprehendens in uno codice traditiones fidelium cum chartis earum, necnon et gesta abbatum ab ipso primo loci hujus structore domno Bertino abbate, usque ad ultimum, qui nunc præest nostræ ætatis tempore. Frater autem in ipsa veritate, teste me, nihil hic aliud scripsisse quod in exemplariis antiquorum potui reperire, aut strenuis viris narrantibus agnoscere. Si qui autem me invidiose voluerint dilaniare, obsecro paternitatis suæ refrenentur favore. Reliquas vero chartas per diversorum ministeriorum officio deputatas curavi separatim inscribere, ut quod unicuique ministerio distributum erat, faciliori inquisitione posset inquirens indagare. Subscripsi etiam per ordinem fratrum nostrorum nomina, quos ego juvenculus et pene ultimus, recordor in hoc monasterio regulari vixisse vita.

Domnus abbas Hildebrandus, Odoldus decanus; Ingelandus, Vuinetmarus, Grimbaldus, domnus abbas Regenoldus, Grunwaldus, Benedictus, Rikelmus, Drotwinus, Hemfridus, Adalolphus, Rodvinus, Signinus, Galandus, Liodricus, Odarius. Erembaldus, Suavinus, Adalgisus, Vuluricus, Sigebaldus, Engelandus, Sigelmus, Aldgerus, Vuago, Folquinus, Idelbaldus, Adalsigæ, Adalardus, Matfridus, Amarlandus, Heremarus, Grimbaldus, Heimericus, Everardus, Liuzo, Everoldus, Legenfridus, Tiozo, Vulfandus, Reingerus, Nidgrimus, Humfridus, Folcarus, Regenerus.

LXXXII. *Dehinc sequuntur chartæ testantes villas eleemosynæ.*

Hic etiam villulas ad eleemosynæ ministerium a fidelibus contraditas, non meo parcens labori, sed monasterii prospiciens utilitati, cum chartis suis, scribere aggrediar; memini namque me hoc ipsum promisisse, cum Guntberti mentionem sub Fridogiso fecissem abbate. Igitur quæ scribenda sunt pene omnia ipsius Guntberti et patris sui Goiberti sunt largitione tradita; construxerat autem isdem Goibertus in proprietate sua, sicut longe superius dixi, cellulam quamdam in honore Domini Salvatoris in loco nuncupante Stenetland; ad quam maximam hæreditatis suæ partem delegaverat, et hanc eamdem cellam ad sanctum Bertinum pro parte filii sui Guntberti quem in eodem monasterio monachum fecerat, sub perpetua firmitate condonavit. Prima autem chartarum de villis, quas ad eamdem cellam tradidit nobiscum, habetur de Curmontium, quæ in ordine scriptionis prima erit subsequentium.

LXXXIII. *Traditio Goiberti de Curmontium, tempore Fridogisi abbatis.*

(*Aug.* 831.) « Domno venerabili in Christo patri Fridogiso, abbati de monasterio Sithiu, ubi duo agii, Audomarus videlicet una cum beato Bertino, Christi Domini confessores, in corpore repausant. Ego, in Dei nomine, Goibertus, una cum filio meo Guntberto, pariter traditores, per hanc epistolam traditionis donamus vobis spontanea voluntate quidquid habere vel dominare visi sumus in loco qui dicitur Curmontium, in pago Bononensi, super fluvium Edivinia : id est, mansum et casam capitalem superpositam, cum alia castitia, vel ædificia ibidem pertinentia, majora vel minora; una cum terris arabilibus, pratis, pascuis, concidis, communiis, perviis legitimis, et wadriscapis; omnia in omnibus, rem inexquisitam, totum ad integrum; et insuper mancipia x, his nominibus : Ellefridum, Odbertum, Gerwaldum, Vuerembaldum cum infantibus suis II, Hildewif cum infantibus suis II. Hæc omnia superius denominata ad sepulcrum sancti Bertini legaliter coram testibus tradimus, ea scilicet conditione quatenus post nos in eodem loco Domino famulantes hoc, ad specialem consolationem supra suum debitum habeant. Quod si quisquam de rectoribus prædicti monasterii hoc ab eis auferre, propter malivolentiam, vel inde debitum eorum supplere voluerit, tunc omnimodis, absque ulla contradictione, ad nostros legitimos hæredes revertere debeat; et ut ego Guntbertus, propter hoc donum, quandiu, Domino annuente, vixero, inter ipsos monachos plenissimum debitum habeam. Quod si contigerit, ut sæpe evenit, ut, propter invidiam vel avaritiam præpositorum, de jam dicto monasterio egressus fuero, tunc, absque ulla contradictione, iterum hæreditatem meam recipiam. Et ista hæreditatula parva volumus ut ad ecclesiam Domini Salvatoris in Steneland deserviat. Si quis vero, quod futurum esse non credimus, quod ullus de hæredibus vel prohæredibus nostris, si ista cautio firma perduraverit, vel quælibet opposita aut extranea persona, contra hanc traditionem nostram devotissimam venire præsumpserit, vel infringere tentaverit, iram ipsius Domini Salvatoris Dei omnipotentis incurrat, et sanctorum ejus; et insuper distringente fisco, auri uncias x, argento pondera xx, coactus, exsolvat, et quod repetit evindicare non valeat; sed præsens traditio omni tempore firmissima permaneat, cum stipulatione subnixa.

« Actum Sithiu monasterio, in mense Augusti

anno XVIII imperii Ludovici, piissimi Augusti.

« Ego Goibertus hanc traditionem a me factam recognosco.

« Signum Guntberti, filii sui, qui hanc traditionem pariter fecit firmavitque.

« Signum Gabrielis, signum Riquionis, signum Egedbodonis.

« Ego Vuinehertus, sacerdos et monachus, scripsi et subscripsi. »

LXXXIV. Dederunt et Steneland basilicam in honore Domini Salvatoris, et unde ipsa basilica dotata esse videtur, et aliam partem hæreditatis, mansis, castitiis, mobilibus, immobilibus, ad integrum; præter mancipia, quæ ingenua dimittere cupiunt in eleemosyna patris Thiodberti et matris Bertrudæ et filii Guntberti, ut inde annuale celebrent in eleemosyna fratribus et pauperibus. Et ista basilica de curso (116) cum clericis ac luminaria custodita sit, sicut coram Domino Salvatore, in die judicii, ratio sit ante tribunal Christi. Et illud parum in ipso Steneland et Ricolvengahem, quidquid ego et Hlotildis ac Heremarus delegaverunt usque ad bunaria LX, totum ad integrum pertinens et serviens ad basilicam Domini Salvatoris.

LXXXV. Anno nativitatis 826. hunc brevem fecit Goibertus, quando matrem suam Bertrudam duxit Romam et Gundbertum filium suum, et ibi eum sancto Petro obtulit; et papa Eugenius eum ibi clericavit et confirmavit.

(826) « Omnem substantiam nostram misimus in manus bonorum hominum, tam in terris quam in mancipiis, peculiis, præsidiis, mobilibus, et immobilibus, omnia et ex omnibus, totum ad integrum : in eo tenore, ut, si mihi contigerit finis meus in itinere quo pergere dispono in partibus Romæ, orationis causa, et ita fecissent, sicut ego illis disposui, in eleemosyna mea et patris mei et matris et filii mei. In primis illam hæreditatem in Embriaco, ad sanctum Audomarum. Et illam in Curmontis et in Humbaldingahem : illum puero, pro hæreditate, Guntberto et mancipia XX, si revertitur in patriam; si non venerit, tunc illud in Curmontis ad sanctum Bertinum, ad opus fratrum, in mea eleemosyna, unde consolationem habeant extra debitum suum, et nullus abbas potestatem habeat illis abstrahere; ut offerant pro me et filio et patre meo vel matre, et missas vel psalmos celebrent. Et Everwinus et Lothwinus illas res provideant quidquid laborare possunt ad opus fratrum; post finem illorum, ille cui decanus jusserit. Et vaccas X, berbicas L, porcos XV, boves IV. Et illud in Humbaldingahem datur Jedonæ propinquo meo. Si ille puer revertitur, habeat tunc illud in Hethenesberg, illam hæreditatem quam ibidem comparavit, per totum habeat Jejodo; sin autem, tunc vendantur in meis propinquis et detur pretium presbyteris ut missas canant pro nobis et servis Dei et ancillis, ut offerant pro nobis. Et in Tathingahem illum (sic) mariscum, et in Ganape, nepoti meo Heremaro; et in Muldelhem ad sanctum Audomarum, pro loco illius pueri, et mancipia VI; et illum alodem in Aganesberga, et in Selis illum pratum, et in Vostringe illum bunarium per omnia vendantur, et detur pretium in eleemosyna nostra. Reliqua omnia tradantur ad sanctum Bertinum in nostra eleemosyna. »

LXXXVI. *Charta Goiberti de dote basilicæ Domini Salvatoris in Steneland.*

(8 *Nov.* 828.) « Si aliquid de rebus nostris locis sanctorum vel in substantia pauperum conferimus, hoc nobis procul dubio in æterna beatitudine retribuere confidimus. Idcirco enim, in Dei nomine, Goibertus, dono ad basilicam quæ est constructa in loco nuncupante Sanctum Salvatoris, sive Steneland, in honore Domini Dei nostri et Salvatoris Jesu Christi, nec non et sanctæ Dei genitricis Mariæ et sancti Petri apostoli, necnon et aliorum multorum sanctorum, donatumque in perpetuum esse volo, in loco nuncupante super Ennena, Araca, mansum I, et bunaria II; et inter Henrikingahem et Lonastingahem bunaria XIII, et jornalia III et dimidium; et in alio loco, cujus vocabulum est Hiddigareta, et Marisca, bunaria XIV. Sunt simul bunaria XXX, cum perviis et wadriscapis, et mancipiis VI, his nominibus : Erkembaldum, Morellum, Evonem, Ostorbertum, Foleboldum, Winebardum, cum peculiari eorum. Hæc omnia, sicut superius dictum est, in præsenti ad ipsum locum sanctum jam ante dictum, ut custodes ejusdem ecclesiæ hoc habeant, teneant atque possideant, vel quidquid exinde facere voluerint libere in omnibus, Christo eidem regente, Ecclesiæ perfruantur arbitrio. Si quis vero, quod minime esse credo, si ego ipse, aut aliquis de hæredibus aut prohæredibus meis, qui contra hanc epistolam traditionis aliquam calumniam generare præsumpserit, in primis iram Dei omnipotentis incurrat, et insuper inferat, distringente fisco, auri libras C, argenti pondera CCC, coactus, exsolvat; et quod repetit nihil revindicare valeat, sed hæc traditio firma permaneat, cum stipulatione subnixa.

« Actum in eadem basilica ante altare.

« Data VI Idus Novembris, anno XV domni Ludovici imperatoris.

« Signum Goiberti, qui hanc traditionem fieri rogavit.

« Signum Guntberti, filii ejus consentientis. Signum Heremari, nepotis ejus, consentientis. Signum Vurascolfi. Signum Witolfi.

« Ratlandus, presbyter, scripsit et subscripsit. »

LXXXVII. *De morte Guiberti.*

(838). Anno Domini 838, incarnationis Domini, XVI Kalendas Maii, IV ferias, hebdomada II Paschæ, quando in monasterio sancti Audomari in monte Goibertus infirmatus fuit, suadente filio suo Guntberto, dimisit XV mancipia ingenua ad basilicam

---

(116) Supra verbum *curso*, scriptum est, *id est psalmis.*

Domini Salvatoris in Steneland, sub sensu luminario, ad denarios IV. Anno eodem post hæc, in mense Novembrio, cum infirmatus sensisset appropinquare diem obitus sui, descripsit ipse propria manu, in tabulis ceratis quæ exterius celatæ erant barbulis crassi piscis, et subtus deauratæ erant, qualiter suas res manu tertii sui disponerent, IV Nonas Novembris, II feria, isto modo : « In Humbaldingahem et Embreka, et Hettesnamont, ad opus Guntberti filii mei. In Ostringa bunarium I ipsi Guntberto. In Ganape, Trudlindæ. In Winingahem, Bertrudæ; excepto manso quem ad ecclesiam in Steneland tradidi. In Middelhem, ad sanctum Audomarum. In Anineshem, Folbaldo, et illud pratum quod habui in Selem. In Fraxerias, in Frandris, totam hæreditatem nepoti meo. Ad Sanctum Salvatorem, petrariam illam quam habui juxta Scammis; mancipia quoque XV ad eamdem ecclesiam dimittere volo ad denarios IV. » Jussit quoque recitari coram se et amicis suis ipsum brevem, II nonas Novembris. Pridie ante obitum suum, dimisit quoque IV mancipia ad Steneland ingenua. Sequenti quoque die, priusquam obiret, claves basilicæ ipsius omniumque aliarum officinarum in manus filii sui Guntberti tradidit et commendavit, dicens : « His omnibus, fili, te superstitem confirmo, quatenus et Dei hanc domum meamque ac antecessorum meorum etiam et tuam eleemosynam, dum advixeris, congrua cura custodias. » Quibus dictis, requievit in Domino anima et corpore, ac obiit Nonis Novembris, IV feria vesperascente. Postera die portantes corpus Guiberti ad monasterium Sithiu sepelierunt in basilica sancti Bertini, coram altare Domini Salvatoris et crucifixi.

LXXXVIII. *Privilegium Adalardi abbatis de cella Domini Salvatoris in Steneland.*

(27 Mart. 857.) « Quæcunque rectores Ecclesiarum Deum timentibus et amantibus ad vota annuerint, in his procul dubio Dei se voluntatem implere non dubitant. Idcirco ego, in Dei nomine, Adalardus, abbas monasterii sancti Petri, vocabulo Sithiu, ubi sancti Domini Audomarus Bertinusque requiescunt, notum esse volo sanctæ Ecclesiæ Deicolis præsentibus atque futuris, quia fidelis Dei ipsiusque sancti loci, et noster, Guntbertus, parvitatem nostram petiit, ut traditionem patris sui Goiberti ac suam de cella Domini Salvatoris in Steneland, sive Sancti Salvatoris, nostro etiam testamento confirmaremus. Cujus voluntati et petitioni libentissime annuentes, ob suam patrisque sui præscripti circa prædictum sanctum cœnobium devotionem et plurimam utilitatem, statuimus vice Dei et sanctorum ejus, ut sicut testamentum jam dictæ traditionis resonat, absque ullius contrarietate res ipsæ ad ipsorum prædecessorumque suorum eleemosynam peragendam perpetualiter maneant; ipseque Guntbertus, quandiu, Christo annuente, vixerit, ipsarum procurationem et potestatem ad opus monasterii Sithiu [habeat; qui, si citius vitam finierit, quem ipse probaverit vel elegerit in provisione suscipiat. Utque secundum chartas traditionem sic inconvulsæ maneant, eas nominatim exprimimus, scilicet : in ipso Steneland, in Ricolvingahem, in Hisdonne cum mancipiis, in Henrikingahem sive Milhem, et alio Henrikingahem, cum Trudbaldo et luminariis in ejus ministerio; in Ebresingahem, in Winingahem, in Curmontium, in Siningahem, et in Istem; in Hokingahem, in Hostede, in Lampanesse, in Simpiaco, in Burthem, in Reka, in Strate; in Hemmawic, terra Frawivi; in Kilciaco cum Odlando fabro, in Etesnasberg; in monasterio mansum hortumque; in Ariaco similiter; in Tarwana mansum; in Quentwico similiter, quolibet ingenio attractæ, vel nostro adminiculo augmentatæ, et quæque in postmodum Dei clementia addiderit. Item in Kessiaco, Sperdia, Vuesarmio, Vostringe, Tingiaco, Vuilere, Mellingasele, Loclesse, Loninstagahem, præcariam Landberti, Adalgeri, Hildberti; in Gruonoberg sylvam cum terra; in Dagmaringahem, tam ipso Guntberto vivente, quam post obitum ejus, inconvulsæ maneant; sicut hodie illic pertinere noscuntur. Moneo etiam et contestor, per ipsum Dominum Salvatorem, omnes rectores hujus cœnobii præsentes futurosque nec hoc nostræ auctoritatis testamentum malignitate qualibet infringere quantumlibet moliantur. At si quisquam fecerit, impreco contra eum Deum omnipotentem omnesque sanctos ejus ultores, una cum animabus Deo devotis, qui has illi res contulerunt. Ut autem hujus testamenti firmitas perfecte roboretur, manu propria subscripsimus, et reverentissimum episcopum nostrum Humfridum subscriptione sua roborare rogavimus.

« Actum Aria monasterio, VI Kalendas Aprilis, anno incarnationis Domini 856, et bissextili ascensu I, indictione V, ac embolismo, sabbato ante medium quadragesimæ, anno XVII, regnante domno Carolo, cum fratre Ludovico ac nepote Lothario.

« Ego Adalardus, abbas, propria manu firmavi.

« Ego Humeridus, episcopus, hoc testamentum propria manu firmavi.

« Ego ipse, in Dei nomine, Guntbertus, peccator, jubente domno abbate Adalardo et annuente precibus meis, una cum venerabili episcopo Humfrido, subscripsi. »

LXXXIX. *Privilegium Caroli regis ae cella Domini Salvatoris in Steneland.*

(25 Julii 866.) « In nomine sanctæ et individuæ Trinitatis. Carolus, gratia Dei, rex. Debitores nos regia excellentia novimus, ut servorum Dei devotis constitutionibus et firmitatem et defensionem adhibeamus; idque nobis vitam et futuram beatitudinem profuturum non dubitamus. Noverint igitur omnes fideles sanctæ Dei Ecclesiæ et nostri præsentes atque futuri, quia venerabilis vir Humfridus, episcopus et abbas, nostram petiit sublimitatem de cellulis quibusdam in diœcesi sua, scilicet in loco nuncupato Sancti Salvatoris, sive Steneland, quam in honore Domini Dei Salvatoris Jesu Christi venerabilis matrona Bertruda, una cum filio Goiberto, in

dote sua statuit, Romam pergens, ibidemque vitam finiens, et nepoti Guntberto, filio Goiberti, qui adhuc superest, conservandam, et ad Dei servitium augmentandam deputari voluerunt. Sed et in alio loco, in insula super Agnionam, juxta monasterium Sancti Bertini, quam memoratus Gundbertus per ordinationem et adjutorium præscripti venerabilis episcopi, perque aliorum sui propinquorum et amicorum solatium, ad ipsius Domini Salvatoris famulatum optare contendit, adhuc pene omnibus necessariis expertem, ut ipsa loca sancta, cum rebus parvulis appendentibus, regio statuto et defensione roboraremus. Proinde, vice Dei, decernimus firmamusque, et per futura tempora etiam divina conjuratione constringimus, ut hæc loca sancta ad honorem Domini Salvatoris nostri Jesu Christi una gubernatione inseparabiliter hæreant, et in eis Deo Salvatori famulantes optata quiete fruantur, nihil contrarietatis vel a prælatis Ecclesiæ, vel a sæculari potentia sustinentes; resque a præfatis Bertruda, Goiberto, Guntberto, Deo Salvatori dicatæ, vel undecunque augmentatæ, et, Dei gratia, augmentandæ, nil omnino præsentibus futurisque temporibus cuiquam personæ vel dignitati exsolvant, ulla occasione, quamvis valde necessaria judicetur, nisi victum vestitumque ibidem Deo servientium, et luminaria ceræ oleique relictis sanctis, et necessariis restaurationis, ac, pro facultate, cura pauperum hospitumque, et, omni studio præfatorum, annuam commemorationem in eleemosyna servis Dei et pauperibus; et cum omni integritate et appenditiis suorum locorum, tam in terris quam in mancipiis, rebusque inexquisitis, sicut nunc possidentur, sine aliqua substractione vel diminutione, memoratus Dei fidelis et noster orator Guntbertus clericusque sancti Petri apostoli ab Eugenio papa tonsus, omni tempore vitæ suæ his sanctis locis custos, cum summa quiete, sine cujuslibet malevolentiæ perturbatione maneant; et, post eum, quem in famulatu Domini Salvatoris a se enutritum probaverit dignum et optimum; et deinceps, omni tempore perpetualiter sancto conventu hoc conservetur. Successoresque nostros rogamus, per ipsum Dominum Salvatorem contestamur, ut hoc præceptum nostrum nulla machinatione in aliquo convelli patiantur, sed potius ipsi firmissime roborent. Ut autem hæc præcellentiæ nostræ confirmatio perpetuum in Dei nomine obtineat vigorem, annulo nostro subter eam jussimus sigillari.

« Data VIII kalendas Augusti, anno XXVII Caroli regis.

« Andater, notarius, ad vicem Gauzlini, recognovit et subscripsit. »

XC. *Brevis de substantia et censu et dispensa Domini Salvatoris, quando Hilduinus abbas injuste Kalendis Septembris, a manibus Guntberti omnia abstulit, anno Domini 868.*

*De ministerio ecclesiastico Domini Salvatoris.* Sunt

(117) Nomen rei non apparet.

ibi capsæ IV, auro argentoque paratæ; cruces III; calix I, cum patena argentea; turibulum æneum I. Pendunt ibi calices III; armillæ IV in funibus, cloccarum auro argentoque paratæ.

*De vestitu.* Pallei IV, palla linea I, corporalia II, cinctoria III, alba I, casulæ II, stola I, succinctorium auro paratum I, dalmatica diaconalis I.

*De libris.* Missale I, lectionarium I, antiphonarium I, Omeliaria III, Regum I, Baptisterium I, Omeliæ Gregorii, Epistolæ Pauli, Genesis, Prophetarum.

Ad basilicam Domini Salvatoris, in porta, sunt de tera arabili bunaria LXV, de prato bunaria XX; de sylva saginacia, faginina, bunaria XX; de minuta bunarria XV. Sunt servientes inter viros et feminas XIX, qui inter omnes non habent nisi mansos VII per bumaria XII. Sunt mancipia XIV: vaccarius habet bunaria IV; berbicarius bunaria III.

In Curmontium, inter terram cultam et incultam, bunaria L; mancipia VIII. Ad luminaria et fabricationem, et tecturam et emendationem ecclesiæ, et incensum, inter Steneland et Winningahem, sunt bunaria inter terram et sylvam XX. In Triaco et terra Trudbaldi; in Henrikingahem et Reka; in marisco, quod ipse Goibertus ad altare tradidit, bunaria XXVI. In Kilciaco, quod datum est in eleemosyna Edebergæ, pro quo in annuali ejus XII pauperes pascuntur. Item in Sethliaco et Campanias bunaria XVIII, quod datum est in eleemosyna Trudlindæ pro qua in annuali ejus C pauperes pascuntur. In Quintuico mansum I. Item luminaria pro Goiberto et Guntberto, et Trudlinda et Riquione, de quibus inter censum et luminare debet venire libra I, solidi V, ad eleemosynam faciendam et clericorum necessitatem. In Hammavine marisco, mansum I quem dedit Adalardus abbas, unde venit solidi X. In Simpiaco, bunaria XII, quæ tradidit Zoppo pro libris V argenti, unde deberent venit solidi III; Sedneversingahem, quod dedit Liodricus, bunarios XVIII, inde debent pensæ III. Item sylva in Cruonoberg, cum terra in Dagmaringahem, quam concessit Adalardus abbas, unde veniunt solidi II. De luminaribus, de ministerio Trudbaldi, unde veniunt solidi VIII. De horto in insula solidi XV. Summa, libræ II. De præcariis veniunt solidi II, denarii VI; de sale modiola X. Item quæ annuatim ex his rebus expendebantur ad luminaria, cera, oleum, pinguedo, et universæ necessitates in sanctuario Dei. Clerici VIII pascebantur, vestiebantur nonis novembris, in annuale Goiberti, fratribus de farina nitida modia V; de farina ad dispensam famulis et pauperibus modia II; de cervisia modia III. De firmaticis pensam I. Ad pisces solidi V. De pinguedine sextarii. De melle sextarius magnus I. De (117) uncia I. De cimino uncia I. Inter cinnamomum et gallingar et cariofile uncia I. De vino modia VII aut VIII. Ad Montem modium I. De cera libræ III. VI idus Novembris, in dedicatione ecclesiæ, ad opus fratrum et hospitum, de farina nitida modii V; de cervisia modii xv; inter hospites, et pauperes, de formaticis pensum II dimidium, frinsingas IV; ad pauperes CCCLXV, de farina grossa quantum necesse est; ad pisces solidi v, de vino modii VII, pullos xv. VI Kalendas Januarii fratribus de vino modius I; idibus Januarii similiter, xv Kalendas Martii similiter, et pauperes C; de farina grossa modii II; de cervisia modius I cum compasse. Nonis Martii modius I pauperibus, ut supra. In octavis Paschæ vel in Pascha annotina modium I pauperibus, ut supra. IV nonas Maii modius I pauperibus, ut supra. VI idus Maii modius I pauperibus, ut supra. Idibus Julii modius I pauperibus, ut supra. VIII Idus Augusti modius I pauperibus, ut supra. Idibus Septembris modius. I pauperibus, ut supra. IV Nonas Octobris calices II pauperibus, ut supra. Initio musti modius I. Odlandus faber habet in Kessiaco quantum Adalardus concessit de terra mala, bunarii L, mancipium nullum; Bernardus, advocatus, habet in Vostringe terram quam tradidit Goibertus bunaria L, mancipium nullum.

*De vaccariis.* Ratwinus habet, inter juniores et seniores, vaccas VII; cum vitulis lactantes II; vacuas III; juvencas triennales III. Debet pensas. Sunt inter totum capita xx. Berbicas (118) Vodel habet oviculas lactantes L; vacuas XXIII; multones XIII; agnellos L. Sunt inter totum capita CXXXVI. In Curmontium Huobbes habet multones XIII; annales VIII; oviculas lactantes XXXVI; vacuas XIV, agnelli XXXVI. Sunt inter totum capita CVI : debet pensas XXX. In Steneland sunt porci, inter majores et minores XXX; sunt boves II ad occidendum, pulli XII, anates III. Sunt ibi de spelta supra sementiam bennæ XV; de baliarcho carradæ XXX, de avena carradæ XV, de hordeo carradæ II, de feno carradæ XXXV. Sunt inter boves et vaccas, et berbicas et porcos capita CCC. Post hæc, ego Guntbertus, in mense Junio, anno sequenti, tabulas II marmoris purpurei valentes libras IV, dalmaticam subdiaconalem, armillam ad cloccam habentem argenti solidos V, quaterniones diversos Veteris Testamenti obtuli Domino Salvatori. Dedi item denarios VIII in Bononia ad materiamen altaris.

XCI. (27 *Jul.* 868). « Anno Domini 868 et anno regni Caroli regis XXVIII (119), VI Kalendas Augusti Guntberto Romam ire disponente, in Vuæbrante villa episcopali, in solario, in manus donni Humfridi episcopi, Unigmari comitis, Meionis, Odberti, dederunt Berhardus et Erkembaldus tertiimanus, vice Asbaldi patris sui, in Humbaldingahem et in Embrica, in pago Tarvennensi, quidquid ibidem Goibertus habuit et ut filio suo Guntberto condonarent, præcepit manutertiis; et Heremarus, post illos, Folkramno et Asbaldo reddidit, ut, si Guntbertus reverteretur, sicuti jussisset, facerent; si autem non reverteretur, sicut per missum suum mandaret manutertii facerent in sua et patris eleemosyna, sicut coram Deo rationem reddituri.

« Actum est anno episcopatus Humfridi episcopi XIII, ipso etiam pariter Romam ire disponente.

« Signum Fardulfi, advocati. Signum Grimbaldi, senioris. Signum Bertlandi. Signum Brunsteni.

« In Dei nomine ego Guntbertus, peccator, presbyter, iturus Romam, ad Dominum meum sanctum Petrum, cui ab infantia traditus fui, ibidemque clericatus, rogans et contestans per Dominum ut hæc perficiantur ita, propria manu scripsi, infirmus capite valde et oculis, et subscripsi.

XCII. *De terra Humbertusin, in pago Belvacensi, sancto Bertino data.*

« Notum sit omnibus fidelibus, quod temporibus Hugonis regis, patris Rodberti regis, et temporibus Abbatis Unalteri cœnobii sancti Bertini habuit sanctus Bertinus quamdam terram in pago Belvacensi, dictam Humbertusin, super fluviolum Tera, super quam præpositus erat quidam monachus Milo, nomine quidem, sancti Bertini, archidiaconus Ecclesiæ Tarvanensis, qui, sæculari pompæ nimis inserviens, et propter hoc eidem Dei fidelitatem negligens, accepta pecunia, Rainardo de Baledin ipsam terram dedit, ea scilicet conditione, ut omni anno, pro censu CC solidos Belvacensis monetæ persolveret, quoad viveret. Hoc autem debitum quoad vixit, per quemdam Joannem, ejusdem terræ nostræ inhabitatorem, IX Septembris, in festivitate sancti Bertini, transmisit. »

*Cætera desunt in codice.*

(118) Fort. leg. aut *de berbicariis* aut *berbicarius*.

(119) Rectius, ut videtur, XXIX.

ANNO DOMINI DCCCCLXVII.

# GUNZO GRAMMATICUS

DIACONUS NOVARIENSIS.

## NOTITIA HISTORICA IN GUNZONEM

*(Histoire littéraire de la France, tom. VI, pag. 386.)*

### I.

Gunzon était un nom assez commun en France et les pays voisins au x<sup>e</sup> siècle. On a déjà vu paraître un Gunzon, diacre de l'église de Novarre, dont il y a une lettre à Atton, évêque de Verceil. Orderic Vital (l. III, p. 498) nous fait connaître un autre Gunzon, prêtre en Lorraine, sur qui s'opéra un miracle éclatant par l'intercession de saint Josse, après la découverte de son corps, en 977. On trouve aussi un troisième Gunzon (Mab. An. l. L, n. 3), abbé de Sainte-Colombe à Sens, sous le règne de Hugues Capet. Enfin un écrit du même siècle, sur des matières grammaticales (Mart. amp. Coll. I, p. 294, 295), nous présente un quatrième Gunzon, qui en est l'auteur, et à qui pour cette raison nous avons cru pouvoir donner le titre de Grammairien.

Voilà, ce semble, et au premier coup d'œil, quatre Gunzon différents l'un de l'autre. Mais, si l'on y regarde de plus près et que l'on approfondisse leur histoire, il en résultera peut-être que ces quatre personnages, distingués en apparence par leurs caractères extérieurs, se réduiront réellement à deux. Il est hors de contestation que la diversité d'état et la variété de résidence ne sont pas seules des raisons suffisantes pour diviser ou multiplier les personnes en qui elles se rencontrent. C'est ce dont on a la preuve sans réplique en la personne de saint Jérôme et celle de Didier, prêtre d'Aquitaine.

Sur ce principe, il peut aisément se faire que Gunzon, diacre de l'église de Novarre, soit le même que Gunzon, prêtre en Lorraine, et que ce prêtre soit auteur de l'écrit dont on a parlé, et par conséquent le même que Gunzon le Grammairien. Il ne s'agit plus que de preuves pour montrer que ces divers caractères peuvent se trouver réunis dans la même personne.

D'abord on ne peut pas douter de celle qui se prend de la convenance des temps. C'était vers le milieu de ce siècle que Gunzon exerçait le diaconat dans l'église de Novarre. Ce fut quelques années après que l'écrit en question fut composé; et le prêtre Gunzon vivait encore en 977, sans doute dans un âge avancé.

Autant les différentes époques qu'on vient d'indiquer conviennent à une même personne, autant lui convient aussi la variété de résidence. Gunzon le Grammairien nous apprend lui-même que le roi Otton I<sup>er</sup> l'appela d'Italie dans ses Etats, dont la Lorraine faisait alors partie. Ce qu'il dit de l'utilité de cette transmigration, et les livres qu'il porta avec lui, nous donnent la connaître le véritable sujet de son changement de résidence. Il n'y a qu'à rappeler ici la soigneuse attention qu'avait Brunon, frère d'Otton, d'attirer à sa cour, des pays éloignés comme des autres, tous les savants dont il entendait parler.

On ne peut raisonnablement douter que Gunzon n'ait été de ce nombre. De ce fait ainsi établi en résulte un autre, c'est-à-dire que ce Gunzon appelé d'Italie à la cour d'Otton est vraisemblablement le même que le diacre de Novarre, qui passait dès lors pour avoir tant d'érudition, que le savant Atton, évêque de Verceil, avait recours à ses lumières.

Cette vraisemblance reçoit une nouvelle force de ce que dit notre grammairien touchant ce qu'on mit en usage pour le tirer d'Italie. Le roi Otton, dit-il, fit souvent solliciter les princes régnants afin que je vinsse dans ses Etats. Mais comme je n'étais pas tellement sous leur domination ni d'ailleurs d'une condition si basse qu'on pût m'y contraindre, il prit le parti de m'en prier; et je lui promis de venir. De sorte, ajoute-t-il, que je sortis avec lui d'Italie, et que je suis effectivement venu. Toutes ces circonstances conviennent parfaitement à un ecclésiastique, et supposent même que Gunzon n'était que régnicole à l'égard de l'Italie. Ceci est à remarquer pour notre dessein, comme on va le voir par la suite.

L'histoire ne nous instruit pas de tous les événements de la vie de Gunzon depuis qu'il eut passé à la cour d'Otton. Mais la vraisemblance doit suppléer à ce défaut. Il y a tout lieu de croire que Brunon, ayant tiré de ce savant diacre les secours littéraires qu'il s'était proposés, l'éleva au sacerdoce et lui donna quelque bénéfice en Lorraine, dont il était duc, quoique en même temps archevêque de Cologne. L'entreprise que fit ce prince de policer et civiliser les Lorrains demandait qu'il plaçât parmi eux des personnes capables de l'aider dans l'exécution de son dessein. Gunzon, qui avait du savoir et une bibliothèque riche pour le temps, était fort propre à y réussir. Suivant ce plan, qui est tout naturel et tracé sur ce qui se passa alors, il ne doit point paraître extraordinaire que la même personne qui était revêtue du diaconat en Italie soit élevée au sacerdoce en Lorraine. Pareille chose arrive communément, ou, pour mieux dire, se fait tous les jours.

Après avoir prouvé que Gunzon le Grammairien est le même que le diacre et le prêtre de même nom et du même temps, il n'est pas possible de montrer la même chose à l'égard de Gunzon ou Guncion, abbé de Sainte-Colombe à Sens. Le savant M. l'abbé le Beuf (t. II, p. 25, 116), à qui l'opinion contraire a paru probable, n'a pas fait attention à deux raisons presque invincibles, qui suffisent seules pour la renverser, ou plutôt qui ne permettent pas qu'on l'établisse. Il est constant, d'une part, que Gunzon le Grammairien ne fut jamais moine tel qu'était l'abbé de Sainte-Colombe. C'est ce qui est visible non-seulement par ce qu'on vient de rapporter des événements de sa vie, mais encore par divers endroits d son propre ouvrage, dans lesquels, voulant montrer le mépris qu'il faisait du moine de Saint-Gal, contre lequel il écrit, il le désigne par cette dénomination humiliante : *ce froqué, cucullatus*, qui équivaut à cet autre : *ce moine bourru*. Ce n'est pas là assurément le langage d'un écrivain qui aurait été moine lui-même. D'ailleurs les temps ne conviennent point. La dispute de notre grammairien arriva, et son écrit, en conséquence, fut fait avant 960; au lieu que l'abbé de Sainte-Colombe, n'ayant commencé à se faire connaître que sous le règne de Hugues Capet, vers 988, vivait encore sous celui de Henri Ier, son petit-fils, au moins vers 1027, lorsqu'il y avait déjà longtemps que Gunzon le Grammairien n'était plus au monde. On n'en peut douter, puisqu'au temps de sa dispute il approchait déjà de la vieillesse.

Il y a quelques preuves que ce grammairien était Français de nation et né en France. On a vu plus haut qu'il se représente lui-même comme régnicole à l'égard de l'Italie. Il y avait pu passer soit à la suite du roi Hugues ou de celle de Lothaire son fils, soit avec quelqu'un de ces autres Français qui y furent alors établis évêques. Il était d'ailleurs fort ordinaire alors de voir des Français se fixer au delà des Alpes, surtout en Lombardie. Ce trait de l'histoire de Gunzon, joint à ce qu'il dit de la nature de sa langue maternelle, qui avait une grande affinité avec la latine, *quæ latinitati vicina est*, fait voir que c'était la française. Il n'y avait alors en effet aucune langue à laquelle ce caractère convînt mieux qu'à celle-ci. L'on sait même qu'elle a été autrefois nommée romaine à raison en partie de ce qu'elle était venue de celle que les Gaulois, qui suivaient le droit romain, parlaient dans nos provinces; et cette langue de nos anciens Gaulois n'était autre que la latine. C'est sous cette dernière dénomination qu'Ademar de Chabanais (LAB. *Bib. nov.* t. II, p. 166) représente la langue française, lorsqu'il dit que les Normands convertis à la foi quittèrent la langue de leur pays et s'accoutumèrent à parler celle de Neustrie, où ils se fixèrent en ce siècle. Il n'y a aucune apparence que la langue italienne de ce temps-là fût différente de la latine; et il n'y a jamais eu de grande affinité entre celle-ci et la tudesque ou allemande. De sorte que l'expression de Gunzon ne peut s'entendre que de la langue française.

Gunzon, il est vrai, semble dire dans la suite de son écrit qu'il était plutôt Italien que Français. C'est à l'endroit où, comparant la témérité de son adversaire à celle de Darès, qui osa attaquer Entelle de Sicile, il ajoute qu'un moine impudent a aussi osé attaquer Gunzon l'Italien. Mais il est à croire qu'il ne portait cette qualification qu'en raison du long séjour qu'il avait fait en Italie. On a mille exemples de pareille chose, surtout dans les siècles du moyen et bas âge. Ademar (LAB., *ib.*, p. 205), qu'on vient de citer, nous en fournit un connu d'ailleurs, en qualifiant saint Brunon, instituteur de l'ordre des Chartreux, qui était de Cologne, *Brunon le Rémois*, à cause de la longue résidence qu'il avait faite à Reims.

Gunzon, quittant l'Italie, en sortit à la suite du roi Otton. Mais il ne continua pas la même route : il prit la sienne par l'abbaye de Saint-Gal. Dans un entretien qu'il y eut avec Ekkehard, écolâtre de la maison, en présence des étudiants, il lui échappa une faute contre la grammaire. En tous les temps et dans tous les pays il se trouve des esprits pédantesques. Ekkehard releva cette faute d'une manière si impolie, pour ne pas dire si grossière, que Gunzon en fut vivement piqué et conçut dès lors le dessein de s'en venger. Il différa de le faire, et ne l'exécuta que dans l'ouvrage dont nous allons rendre compte. On joignit même à son égard l'insulte à l'impolitesse. Non-seulement on lui dit qu'une telle faute aurait mérité la punition d'un écolier, quoique celui qui l'avait commise fût déjà avancé en âge; on voulut encore lui faire entendre qu'un homme capable d'en faire de semblables n'était rien moins que propre au dessein qu'on avait sur lui, et qu'ainsi on lui conseillait de s'en retourner d'où il était venu.

L'avis était trop humiliant et trop déplacé pour que Gunzon le suivît. Il continua sa route, et se rendit dans les Etats d'Otton. Il y porta avec lui environ cent volumes, entre lesquels il y avait des écrits de Platon, d'Aristote, de Cicéron et Martianus Capella, sur les arts libéraux. Ceci se passa en 957 ou environ, au retour de la seconde expédition d'Otton en Italie contre le roi Bérenger et Adalbert son fils. Ce que dit Gunzon de la déposition d'un abbé de Saint-Gal et de la mort violente de celui qui fut mis en sa place, de quoi il parle comme d'événements dont la mémoire était encore récente, en fait juger de la sorte. Il est clair qu'il fait allusion au sort de l'abbé Cralon, déposé en 953, et à celui d'Annon, son frère et son successeur, mis à mort l'an 954. Il est certain d'ailleurs que ce fut avant qu'Otton parvînt à l'empire, et par conséquent avant la fin de l'année 960.

On ignore en quel endroit de France ou d'Italie Gunzon avait étudié; mais on voit par ce qui nous reste de ses écrits qu'il y avait fait d'aussi bonnes études qu'on pouvait faire en son temps, et qu'il avait surtout une grande connaissance des belles-lettres. Il continua sans doute de les cultiver en son particulier, et peut-être même publiquement en les enseignant aux autres jusqu'à sa mort, dont l'année nous est inconnue, quoiqu'on sache qu'il vécut au moins jusqu'en 977, que s'opéra sur lui le miracle dont on a parlé.

II.

Dans la supposition, déjà établie et prouvée, que notre grammairien est le même que Gunzon, diacre de Novarre, il faut compter au nombre des productions de sa plume la lettre qu'il écrivit en cette qualité à Atton, évêque de Verceil. On nous l'a conservée avec quelques-unes de ce prélat. Atton, qui avait une attention particulière à faire observer les canons dans tous les points, ayant consulté Gunzon sur l'affinité spirituelle par rapport au mariage, nommément entre le filleul et la fille du parrain, Gunzon se borne presque à lui transcrire le rescrit du pape Zacharie à Théodore, évêque de Pavie, sur le même sujet. C'est ce qui, avec un petit exorde et quelques lignes de sa façon à la fin du rescrit, forme sa réponse à Atton.

L'ouvrage principal de Gunzon dont nous ayons connaissance est une fort longue lettre aux moines de Richenou, laquelle, par sa prolixité et la variété des matières qui y sont discutées, mériterait mieux le nom de traité ou d'opuscule. Elle fut écrite à l'occasion et en conséquence de la faute contre la grammaire où était tombé l'auteur lors de son passage par Saint-Gal, et de la censure grossière qu'en fit Ekkehard. Elle suivit de près ce triste événement; et il paraît que Gunzon y mit la main dès qu'il fut arrivé dans les Etats d'Otton. On en a ainsi la véritable date, qui est entre l'année 954 et 960, avant que ce prince, qui est toujours qualifié roi, fût reconnu pour empereur.

Gunzon y est tout occupé à se venger de la censure peu mesurée qu'on avait faite de sa faute, et de l'insulte injurieuse qu'il avait reçue à cette occasion. Pour prendre une juste idée de son écrit, il faut le regarder tout à la fois et comme une satire des plus vives et des plus piquantes, et comme un riche morceau d'érudition, eu égard au siècle qui l'a produit. C'est, à proprement parler, un tissu d'injures, mais d'injures, quoique souvent grossières, toujours accompagnées de quelque trait d'érudition. En général il y a de l'esprit, mais il n'y a point de cet esprit fin, délicat, enjoué qui donne tout le prix à ces sortes de pièces. La passion y est trop marquée, et presque tout y est dit avec autant d'arrogance et de présomption que de mépris et de grossiéreté. Il y a même du puéril. Telle est la comparaison maligne qu'il établit entre Ekkehard, son censeur, et Achan, dont il est parlé dans Josué, comparaison sur laquelle il insiste néanmoins avec une certaine complaisance. Gunzo, sachant ce qu'il savait, pouvait se venger avec plus d'avantage en se vengeant avec plus de noblesse.

La faute de Gunzon consistait à avoir employé un accusatif où il fallait un ablatif. En conséquence, il entreprend de faire voir que, pour avoir fait cette faute dans le discours familier, il n'était pas moins bien instruit et de la grammaire et des belles-lettres. Après avoir prouvé, par un grand étalage de littérature tirée des anciens orateurs, poëtes et historiens, que les meilleurs auteurs de la latinité ont quelquefois employé un cas pour un autre tant en prose qu'en vers, il montre qu'on doit avoir moins d'égard à la lettre qu'au sens dans le discours. Il passe ensuite à discourir sur presque toutes les sciences alors en usage, principalement sur les arts libéraux. Quoiqu'il l'exécute avec une ostentation trop marquée, toujours accompagnée d'injures et d'un mépris souverain pour son censeur, il faut avouer qu'il le fait en homme qui possède bien sa matière pour le temps. Il y parle non-seulement en grammairien, mais encore en physicien et en astronome. Au sujet de l'astronomie, il blâme avec raison Ekkehard de ce qu'il improuvait qu'on en fît un objet d'étude. En traitant cette matière, il propose une question fort pertinente, savoir si, lorsque Josué arrêta le cours du soleil, les autres astres et les planètes, s'arrêtèrent aussi. Il n'oublie pas la musique, dont il fait un fort bel éloge en peu de mots. Une marque sensible qu'il avait quelque goût et du discernement, c'est le peu de cas qu'il faisait de la poésie de son siècle. Il doutait tout de bon qu'il se trouvât alors quelqu'un capable de faire une pièce de vers qui méritât à juste titre le nom de poëme.

Enfin, après avoir dit bien des injures, il en vient au précepte de prier pour ses ennemis. C'est ce qu'il fait lui-même par une prière à Dieu en trente-deux vers hexamètres, qui montrent qu'il s'était appliqué à la versification avec plus de fruit que presque tous les poëtes de son temps. C'est par là qu'il finit son écrit, qui serait véritablement estimable s'il était dégagé des injures, des traits de mépris et des airs de vanité, de présomption et d'une fade suffisance dont il est bouffi. Du reste, l'érudition y est semée à pleine main. On y compte les citations de plus de vingt auteurs : Homère, Platon, Aristote, Térence, Cicéron, Salluste, Stace, Horace, Virgile, Cinna, Ovide, Perse, Juvénal, Lucain, Servius, Porphyre, Priscien, Donat, Boëce, Fabius Planciades, Fulgentius. Entre les Pères de l'Eglise on ne trouve de cités que saint Jérôme et saint Grégoire le Grand.

Cet ouvrage était demeuré enseveli dans l'obscurité jusqu'à l'année 1724. Alors dom Martène et dom Durand le donnèrent au public sur un manuscrit de l'abbaye de Saint-Amand, peut-être l'unique qui s'en trouve aujourd'hui.

---

# GUNZONIS EPISTOLA AD ATTONEM

#### VERCELLENSEM EPISCOPUM.

(*Vide inter Attonis epistolas, supra, tomo* CXXXIV, *col.* 111.)

---

# EJUSDEM GUNZONIS EPISTOLA

### AD AUGIENSES FRATRES.

*Invehit in monachum S. Galli, qui quod grammaticaliter in casu quodam errasset, ipsum contemptui habuerat, ostenditque se et in grammatica et in aliis liberalibus studiis eruditum.*

(Marten. *Ampl. Collect.* tom. I, col. 295.)

---

Sacræ congregationi in Augia constitutæ, Gunzo puræ devotionis obsequium.

Humanæ perversitatis injuriam cuilibet illatam non populari judicio committendam puto, verum illorum quorum interest : quatenus non modo ponderatio quæratur culpæ, sed etiam comparatio regulæ. Non enim una eademque res bona, licet æque omnibus conceditur. Siquidem nuptiæ, laicis concessæ, sacris ordinibus denegantur. In vitiis quoque naturæ quædam aliquibus conceduntur, aliquibus minime. Nam gestantibus gladios permittitur ut hostes reipublicæ sine culpa prosternant. Non enim, ut ait Apostolus, sine causa gladios portant; ab hoc tamen permissu clericatus ordo longe videtur distare. Quapropter quædam licent laico quæ non licent clerico, præsertim monacho, cujus regula quanto est strictior, tanto est transgressio damnabilior. Hinc de sacris ordinibus legitur, quanto gradus altior, tanto casus gravior, cui sententiæ distichon quoque concinit Juvenalis :

Omne animi vitium tanto conspectius in se
Crimen habet, quanto major qui peccat habetur.

Verum ne mora præfatiunculæ intelligentia vestra suspendatur, secundum artis præcepta benevolos, attentos docilesque vos expeto in querela injuriæ a quodam cucullato in S. Galli cœnobio mihi illatæ. Cucullatum dico, quia absolute hominem vulpeculæ fraudibus corruptum non rite fateri possum, de qualibus Persius :

Astutam vapido servas sub pectore vulpem.

Monachum quis dixerit, in quo nihil dignum hoc nomine reperitur? Non enim cuculla justificat.

quem fraternum odium maculat. O diram sortem! qua humana natura, relicta rationabilitatis dignitate, ad ferinam se conformat vitam, sicut scriptum est: *Homo cum in honore esset, non intellexit; comparatus est jumentis insipientibus, et similis factus est illis.* Inde est quod in Evangelio Herodem Dominus vulpem appellat, *Ite,* inquiens, *dicite vulpi illi.* Et Psalmista : *Partes,* inquit, *vulpium erunt.* Canes, porcos, ut: *Nolite sanctum dare canibus, neque mittatis margaritas vestras ante porcos.* Tauros, vitulos, ut : *Circumdederunt me vituli multi, tauri pingues obsederunt me.* Nequam homines in divinis voluminibus appellatos invenimus eatenus, ut non solum nominibus animalium, verum etiam rebus insensibilibus comparentur. Scriptum quippe est : *Ecce gentes quasi stilla situlæ, et quasi momentum stateræ reputatæ sunt.* Item : *Omnes gentes quasi non sint, sic sunt coram eo, et quasi momentum et inane reputatæ sunt ei.* Ex quo liquido colligitur eos inter gentes computari; qui sine operibus Christiano nomine se insigniri gloriantur. Ergo ultroneitate arbitrii sibi concessa abutentes aut irrationabilibus animalibus comparantur, aut in nihilum rediguntur, quorum exitus unus est. Ne putetis me doctrinaliter velle loqui, excitare tamen mentes vestras volo, quo et cucullati lasciviam et me non qualem putavit cognoscatis. Narrationis itaque ordo ab hoc loco creditur ordinandus.

Quod fateor vestras forsan pervenit ad aures.

Venerabilis rex Otto sæpe apud Italiæ principes quibusdam moliminibus egit, quatenus ad hæc regna evocarer. Sed enim quia non alicui ita subjiciebar, neque tam humilis fortunæ habebar, ut cogi possem, versis ad me precum indiciis, promissionem ceu pignus veniendi accepit. Eoque factum est ut eo ab Italia redeunte, una venerim, negotio, ut vera fatear, ultra proprias vires suscepto. Quo non charitate impellimur? Quo non fraterna delectatione provocamur? Cordium scrutator Deus scit non eo me venisse ut alicui nocerem, verum quo multis prodessem. Neque processi veluti Britannus spiculis hirsutus reprehensionis, sed munere charitatis. Sciunt me revera fari, qui munia litterarum non mihi penitus abesse didicerunt. Munia litterarum dico, non insidiari fraude, sed ex dilectione velle prodesse. Per abrupta igitur montium ac præcipitia vallium, perventum est tandem ad S. Galli monasterium. Porro adeo fatigatus eram, ut carerem pene officio manuum montano frigore perustarum, quatenus neque imponi, neque deponi equo possem, nisi alienis manibus deportarer. Advenienti tamen mihi spes erat securæ quietis in loco monachicæ habitationis. Videbam frequentes capitum inclinationes, per inter scapularia compositos jacere cucullos, incessus lenes, raros sermones, nihil mali suspicabar, nisi quia Juvenalis sententia laten-

ter mordebar, qua falsos philosophos culpat his verbis :

Rarus sermo illis, sed magna libido tacendi.

Quis hoc de monacho dictum crederet? Unde gentili homini cognitio cucullatæ perversitatis? Ignorans vitam lætabar, atque exspectabam si forte inter raros susurros philosophici studii scintilla micaret. Nihil inde, sed fraudis molimina parabantur. Aderat siquidem pusio, interque principes morabatur, quem frequenter aspiciebat magister qualis qualis in hircos oculis reflexis, atque inter aspectus ringebat, quod delicias suas potentibus adhærere cerneret, ut reor interesse non putans quidquam castitatem turturis et obscenitatem perdicis. Hic cum egrederetur et ingrederetur, committebat discipulo quas parabat fraudes.

Nox erat, et somnus curas marcore premebat,
Jusque sibi in saturo poscebat ventre Liæus.

Cum fortuna fuit in sermonibus frivolis unius casus mutatione offenderim, ponendo videlicet accusativum pro ablativo. Tunc denique palam factum est, quod per totum diem magister improbabilis eruditionis docuerit discipulum in laudibus obsecutionis. Adfuit tamen quem supra pusionem dixi, culpans tam grave facinus mutationis unius casus, asserens me senem scholaribus dignum flagellis, et hoc lascivulis versibus, quasi in hoc sapiens mihi cucullatio videretur. Verumtamen quis ignorat versus lascivientis monachi? Otio vacans, os aperit, et poema emittit, ignorans œconomiam carminis, purpureum pannum qui bene splendeat unum et alterum inserere, mores ætates personare, observare dignitates in poesi nescit. Porrigit tantum labra et ejactat poema ; quod Persius non mentem intrare dicit, sed lumbum :

. . . . . . . . . cum carmina lumbum
Intrant, et tremulo scalpuntur ubi intima versu.

Item ex persona qui molli pronuntiatione gaudent, inquit,

Quidnam igitur? tenerum et laxa cervice legendum,
Torva Mimalloneis implerunt cornua bombis,
Et raptum vitulo caput ablatura superbo
Bassaris.

Horatius de Lucilio inquit :

Nam fuit hoc vitiosus in hora sæpe ducentos,
Ut magnum, versus dictabat stans pede in uno.

Fateor me juvenem hoc vitio tactum. Pudet, non tamen ceu quidam monachus ovina sine moribus pelle tegebar. Ne putetis me hæc proloqui ut poematis studium in contemptum ducere velim. Ecclesiasticos etiam viros poemate usos invenio; sed miror si nostro tempore queat veri poematis scriptor inveniri. Si quidem Cinna (1) librum suum Smyrnam x annis elimavit, Horatius in nonum annum carmina sine publica ostentione producenda præcepit. Hinc Juvenalis de scriptore poematis ait :

Magnæ mentis opus, nec de lodice paranda.

---

(1) Cinna fuit poeta doctissimus, Virgilio æqualis, qui ipsius meminit ecloga 9.
Nam neque adhuc varie videor, neque dicere Cinna
Digna, sed argutos interstrepere anser olores.

Persius quoque.

> Non ego laudari metuam, si forte quid aptius exit,
> Quando hæc rara avis est. . . . .

Statius quoque librum suum alloquens inquit :

> O mihi bis senos Thebaei vigilata per annos
> Vive precor, nec tu divinam Æneida tenta.

Eamdem tamen Æneidem, quam Statius appellat, in extremo vitæ positus poeta inemendatam Vulcano committere voluit. Non parum videbatur illis, ut reor, operam dare carminibus. Nunc vero quis ructat et optima poemata jactat, quæ tamen scurra vicatim producat, secundum Persium :

> Nec pluteum cædit, nec demorsos sapit ungues.
> Vult medio terram finique reponere merdam,
> Quam lasciva sibi modicum victura fatiscat.

Perpendite, quæso, tandem quid prudens vir ille de quo sermo est in reprehensione unius casus profecerit, aut quid magni de se ostenderit. Porro silemsis per casuum mutationes non solum apud versidicos, verum apud sine metris scribentes frequenter invenitur. Virgilius accusativum pro genitivo aut ablativo miranter posuit.

> Sed Latagum saxo atque ingenti fragmine montis
> Occupat os faciemque adversam. . . .

Pro eo quod est occupat Latagum ore aut Latagi os. Quæ figura apud Latinos rarissime, apud Homerum frequens invenitur, ut est illud *Ecrousen Achille ton poda*, id est percussit Achillem pedem. Dicenda igitur quædam de mutatione casuum, ne ignoscere sibi stultus monachus videatur. Apud Terentium genitivus pro nominativo, ut *hoc villi edormiscam* pro hoc villum. Apud Virgilium, ut *Quodcunque hoc regni* pro regnum. Dativus pro genitivo, ut *immitis Achilli* pro Achillis. Ablativus pro accusativo, ut *it clamor cœlo* pro in cœlum. Dativus pro ablativo apud Juvenalem :

> Penelope melius levius torquetis Arachnæ.

Persius vocativum pro nominativo posuit.

> Censorem tuum vel quid trabeate salutas.

pro trabeatus. Rursus ut nominativus pro vocativo inveniatur, superfluum puto inquisitum, cum divina volumina plena exemplis inveniantur. Virgilius tamen inquit :

> Corniger Hesperidum fluvius regnator aquarum

pro fluvio. Si quis autem hoc pleniter scire desiderat, libros Prisciani de constructione legat. Animadvertite, quæso, insaniam miseri homuncionis, qui in tam vili re integrum pene expenderit diem. Num saltem unam quæstiunculam quam proponeret habuit? Audiat iterum accusativum pro dativo in Psalmis : *Quasi proximum et quasi fratrem nostrum sic complacebam,* pro proximo et fratri. Vult fortasse complangebam. Esto. In prosa apud Sallustium ablativum pro genitivo. *Dubitavit acie pars* pro aciei. Item dativum pro genitivo, *ad bellum Persi Macedonicum* pro Persis. In Evangelio quoque accusativum pro nominativo secundum artigraphos invenimus. *Jesum quem quæris, non est hic,* pro Jesus. Et : *Sermorem quem audistis, non est meus,* pro sermo. Et in Psalmis *Lapidem quem reprobaverunt ædificantes* pro lapis. Hæc et mille talia scriptores artium vitio dantur, ut Donatus : *Urbem quam statuo vestra est.* Sed quis tam excerebratus, ut putet verba sacri eloquii stringi regulis Donati aut Prisciani? Legitur in divina historia : *Moysi huic, qui nos eduxit de terra Ægypti, nescimus quid acciderit ei.* Quis modo sic loquitur? Nescimus quid acciderit Moysi huic ei? Et in Psalmis : *Misit Moysen servum suum, Aaaron quem elegit ipsum.* Licet quidam ex superfluo sibi velint, Virgilius hanc constructionem posuit ubi ait :

> Olli subridens hominum sator atque deorum
> Oscula libavit natæ.

Sed quia Servio aspera visa est, olli adverbium temporis esse voluit, id est tunc. Nullus, inquit, dicit, oscula libavit illi natæ. Pronomen enim non cum pronomine, sed loco nominis debet poni. Cum igitur ita sese divinarum series habeat Scripturarum, quis tam perditus est, ut tales elocutiones aut reprehendere audeat ut mutare? Falso putavit S. Galli monachus me remotum a scientia grammaticæ artis, licet aliquando retarder usu nostræ vulgaris linguæ, quæ latinitati vicina est. Excedimus quoque aliquando aut negligentia aut humana imperfectione, de qua Priscianus : *Nihil,* inquit, *in humanis inventionibus ex omni parte perfectum inveniri credo.* Negligentia peccamus, sicut, de Homero Horatius ait :

> . . . Quandoque bonus dormitat Homerus,

id est negligenter scribit. Qua Virgilium etiam notare possumus, ubi ait : *Stratus humi bos.* Pessimus versus est habens in fine monosyllabum nomen, nisi forte sit minorum animalium, ut in Horatio :

> Parturiunt montes, nascetur ridiculus mus.

Præterea Servius majores nostros vitia dicit non in dictu esse voluisse, sed in significatione, ut est illud in Sallustio : *Quam quisque pessime fecit, tam maxime tutus est.* Legitur in arte, quod *tam, magis, maxime, minus, minime,* positivo tantum junguntur. Ergo sensui et significationi hæc Sallustii sententia convenit, et non dicto. Cui rei Aristoteles in libro Peri Ermenias congruit his verbis : *Sunt ergo ea quæ sunt in voce earum quæ sunt in anima passionum notæ. Omnis nota alicujus rei nota est. Prius ergo res est quam nota. Res ergo prius ponderanda est quam nota.* Solent præterea diversæ res una eademque nota signari, ut puta leo Christum significat et diabolum. Quis demens dixerit eo loci ubi legitur : *Vicit leo de tribu Juda,* diabolum monstrari? aut Christum ubi legitur : *Libera me de ore leonis?* Patet profecto quia non verba tantum examinanda sunt quantum significatio. Quod in Moyse quoque comprobatur, qui omni sapientia Ægyptiorum imbutus, quos liberalium repertores artium fuisse constat, Domino se ad Pharaonem mittendi dixisse legitur : *Obsecro, Domine, non sum eloquens ab heri et nudius tertius, et ex quo cœpisti loqui ad servum tuum impeditioris et tardioris linguæ sum.* Fatebatur utique se in sermone tardum, quem in philosophia nullus rite valet dicere imperitum, teste protomartyre Stephano, qui in Actibus apostolorum de eo ita loquitur : *Erat Moyses eruditus omni sapientia Ægyptiorum*. Quapropter si de verborum significationumque vi plura audire cupitis, etiam ea quæ sequuntur æquo animo considerare debetis. Boetius vir eruditissimus in libro Peri Ermenias secundæ editionis audite quid dicat : *Adminiculari quis debet obscuris sensibus, patientia atque consensu, quod ad sententiam dicentis spectat, et si sermonum ratio se ita non habeat*. Sufficiunt hæc ad confutandam stultitiam fratris ; an plura requiritis ? Ni fallor, vera quoque me dicere probant verba ex corruptis composita, vel in compendium ducta, in quibus brevi prolatu multa monstrantur, ut in nomine *Verna*, quod aiunt ex tribus corruptis compositum, quæ sunt bonus, hæreditarius, natus. Ex prima itaque parte nihil habetur nisi *littera* alterius loco posita, *v* videlicet pro *b*; ideoque quidam propriam litteram servantes *Bernam* dicunt. Eodem etiam modo unum verbum quamvis incompositum plura in se retinet, quale est illud Lucani :

Omnia majorum vertamus busta, licebit.

Dicunt in hoc verbo tres debere intelligi partes orationis, conjunctionem, nomen, et substantivum verbum, ut sit *licebit*, si licentia erit, quatenus *si* affirmativa sit conjunctio, non dubitativa. Præterea si in dicto tantum et non in significatione oratio constat, nihil in figmento fabularum nisi nudum accipitur mendacium ; superflua putabuntur omnia quæ ex his ad veritatis intelligentiam a prudentibus traduntur. Mythologiarum liber ille (2) Fulgentii nihili habebitur. Divinarum Scripturarum mystici intellectus eum supervacui contemnentur. Quid ergo erit inter Judæum et Christianum sublata allegoria ? Subauditiones insuper tam in divina quam in humana scriptura superfluæ habebuntur. Delirus videbitur Terentius, dicendo :

Egone illam ? Quæ illum ? Quæ me non ?

Imperfectus etiam poeta, ubi ait :

Jam cœlum terramque meo sine numine venti
Miscere, et tantas audetis tollere moles ?
Quos ego !

In Evangelio etiam mutila videbitur sententia, ubi legitur : *Quia si cognovisses et tu*. Patenter igitur monstratur prudentiam non tantum in verbis quantum in significatione constare, teste Apostolo, qui de se loquitur : *Etsi imperitus sermone, sed non imperitus scientia*. Notissimus quoque orator eloquentiam sine sapientia obesse fatetur. Sapientiam sine eloquentia prodesse, nunquam nocere. Possem multa ex divinis humanisque libris exempla subjicere, sed nolo epistolæ tenorem exemplorum copiis onerare. Verumtamen quia uniuscujusque rei exitus propriam habet causam, nihil enim, ut in libro Job legitur, in terra sine causa fit, volo animadvertatis quam putem in S. Galli monacho causam iniquæ reprehensionis. Æstimo illum ingressum aliquando hortum viri prudentis, in quo degustavit refanum canino stercori innatum, quæ est causa putidi ructaminis, id est malivolæ reprehensionis. Adhibete quapropter viridariis vestris claustra, seras, custodes, ne olera vestra bene olentia turpi ructamine vitientur. *Corrumpunt*, ut inquit Apostolus, *mores bonos colloquia mala*. Non tamen mirum videri debet si non metuit quis minoribus obligari, qui majoribus vitiis obnoxius habetur. Nonne hic de quo loquimur unus est ex illis qui proprium nuper abbatem pepulerunt (3), subrogatumque pro eo in exitium merserunt ? Hoc ideo dicitur quia nisi is qui successit hortatibus perversorum minime cessisset, adhuc fortasse viveret. Notum est quod cum bonis operibus vita aliquando protenditur, et cum malis breviatur, sicut per quemdam sapientem dicitur : *Noli esse justus multum, ne moriaris in tempore non tuo*. In Job quoque de iniquo viro legitur : *Antequam dies ejus impleantur peribit*. Et Psalmista : *Viri*, inquit, *sanguinum et dolosi non dimidiabunt dies suos*. In divina etiam lege frequenter invenitur : Si quis hoc vel illud fecerit, moriatur. Ergo non faciendo, vivat. Quapropter mortiferum consilium dantem, ex studio et accipientem uno modo obligatos tenet. Haud igitur miremini si fratrem verberat qui patrem necat. Lætor quia nihil tale de vobis audio. *Ab impiis*, ut scriptum est, *egreditur impietas*; siquidem jugiter armata est Pallas, id est sapientia, ubique munita. Si tamen diligenter advertitis, hospes noster necessitate peccavit. Quid hospitibus ferre posset in secessibus cuculli sui per totum diem quæsivit, in quibus nihil aliud quam fraudes quas absconderat invenit. *Malus homo de malo thesauro profert mala*. Quod ergo habuit erogavit ; ne miremini me cucullum dicere, cucullam namque religionis dico, cucullum turpitudinis. Hinc Juvenalis de scorto :

Illa jubet juvenem sumpto properare cucullo.

Dignum nempe æstimo ex qualitate personæ cæterorum accidentium qualitates æstimari. Scriptum quippe est : *Omnia munda mundis*. Si hoc recipitur,

---

(2) Hic Fulgentius non fuit insignis ille Ruspensis episcopus, fidei catholicæ adversus Arianos acerrimus defensor, sed Fabius Planciades Fulgentius, qui præter Mythologiarum librum conscripsit ad Calcidium librum de *Prisco sermone*, editum a Junio et Mercero, et *Moralem Expositionem Virgilianæ continentiæ* a Commelino vulgatam.

(3) Hic haud obscure designat Cralonis abbatis depositionem a Lindulfo Ottonis Magni filio, anno 953 factam, ob severiorem ejus disciplinam, quam fratres detestabantur. Huic subrogatus est Anno ipsius frater, *infulis certe dignissimus*, inquit Mabillonius, *si legitime creatus fuisset* : quem brevi post in exitium merserunt, hoc est, ut interpretor, morti tradiderunt. Sane eum immature obiisse anno sequenti tradit Mabillonius, qui occisum fuisse ignoravit.

restat e contrario ut omnia immunda sint immundis. Ideoque in divina lege cautum erat ut quaecunque immunda tetigissent, immunda forent. Verumtamen quia ab ecclesiastico, ut videbatur, viro injuriam tuleram, graviter ferebam, *quoniam si inimicus maledixisset mihi, sustinuissem utique; et si is qui oderat me super me magna locutus fuisset, abscondissem me forsitan ab eo.* Indignabar quapropter vindictam quaerens motu humanae fragilitatis; verumtamen sciebam illum de quo sermo est in suo conclavi cornutum, ut locus mihi nullus defensionis haberetur; novitius siquidem eram, neque vera dicenti mihi fides adhiberetur, etiamsi contendere vellem; retardabar quoque praecepto Sapientis quo dicitur: *Ne respondeas stulto juxta stultitiam suam, ne efficiaris ei similis.* Sed quia tempus est loquendi et tempus tacendi, respondeo nunc, monente eodem Sapiente: *Responde stulto juxta stultitiam suam, ne sibi sapiens esse videatur.* Haec mecum sollicita intentione perquirens scrutabar accidentia personae, quae fraudi convenirent; deprehendi tandem in ejus vultu colorem vilis metalli, quo solent pretiosa vitiari. Persius:

Ne qua sub aerato mendosum tinniat auro.

Calamistratos capillos, nitidum ultra quam oporteret cucullum, pedes calceamentorum adhaerentes pedibus (4), ne follere possint: quibus indiciis B. Hieronymus sponsum monstrari docet, inquiens: *Sunt quidam mei ordinis clerici quibus cura est de vestibus si bene oleant, si ungulae in digitis radient, si capilli nitida compositione complaceant, si per laxa pelle non folleat. Hos tales cum videris, magis sponsos aestima quam clericos.* Hinc ipse generalem sententiam proferens, inquit. *Nec affectatae sordes, nec exquisitae munditiae conveniunt Christiano.* His igitur perspectis, curiose rimari coepi utrum proprii quoque nominis nota - factis consentiret. Quidni? (5) Achar namque vocabatur, quasi ex praesagio furis nomen acceperit. Notum quippe est quod in excidie Jerichontinae urbis Achar furto auream sustulerit regulam, certique ponderis siclos cum coccineo pallio. Igitur quia conveniunt nomina, perscrutari liquet quomodo duorum congruunt facta. Primus Achar, qui *anathema* interpretatur, regulam auream sublegit, secundus iste Achar regulam bene vivendi contempsit, regula namque ad hoc adhibetur ut rectitudo servetur. Quisquis etenim regulam bene vivendi spernit, auream furto normam subtrahit. In sacra namque Scriptura aurum plerumque ad splendorem sapientiae refertur. Hinc B. Gregorius: *Aurum*, inquit, *Deo offerimus, si in conspectu illius luce sapientiae resplendemus.* Quod furari convincitur quisquis acceptum a Deo ingenium vertit in usum pravae operationis. Ducentos quoque siclos idem Achar furatus dicitur, per quos gemina virtus

(4) Videtur legendum *pellibus*, idque satis innuit locus subsequens ex Hieronymo, *si pes laxa pelle folleat.*

(5) Hic haud obscure designat Ekkheardum se-

charitatis non immerito figuratur. Centenarius namque perfectus est numerus, non tantum quia decade solidatur, quantum quia divinis voluminibus sacratus invenitur, sicut in Evangelio ubi legitur: *Aliud cecidit in terram bonam, et ortum fecit fructum centuplum.* Siclus namque ponderis species est, et omnia charitate ponderantur, sicut scriptum est: *In his duobus mandatis tota lex pendet et prophetae.* Qui sicli bene argenti fuisse dicuntur: argentum quippe in divinis voluminibus ad eloquii claritatem refertur, teste Psalmista qui ait: *Eloquia Domini, eloquia casta, argentum igne examinatum.* Verumtamen quia a reprobis charitas et animo et verbis contemnitur, merito Achar et verbis ut in argento, et mente ut in auro furtum fecisse narratur; in auro, sicut scriptum est: *Qui odit fratrem suum, homicida est*; in argento, ut est illud: *Qui dixerit fratri suo Fatue, reus erit gehennae ignis.* Praeterea quia sunt quidam qui non solum se fratribus impertiri nolunt, sed exteriora quoque denegant, idcirco Achar cum aurea regula, atque ducentis siclis argenti, coccineum quoque pallium abstulisse memoratur. Coccus etenim ignei coloris est, et charitas ardere perhibetur, sicut in Evangelio legitur: *Nonne cor nostrum ardens erat in nobis, cum loqueretur in via, et aperiret nobis Scripturas?* Quid igitur decernitis? Nonne videtis quia in omnibus in quibus circumcisus Achar peccavit, cucullatus Achar culpabilis invenitur? Auream regulam sublegit, quando adversus fratrem malevolentiam mente concepit; ducentos argenti siclos abstulit, in eo quod malevolentiam mente conceptam verborum indiciis patefecit: coccineum quoque pallium furtim rapuit, quando jura hospitalitatis in usum vertit pravae redargutionis. Si palingenesiam vel metempsycosim Pythagorae stulte quis accipere vel et, animam circumcisi Achar corpori istius nullatenus inesse dubitaret. Curtavit ille furto rempublicam, rempublicam multo magis iste curtare voluit, quando accepto itinere, me removere tentavit. Sciet forsitan et ipse quantum damnum reipublicae inferre voluit, cum postquam veni, quid utile egerim cognoverit. Amalec in via mihi occurrit, coeptumque iter intercludere voluit, cujus memoriam de terris se Dominus ablaturum comminando promisit. Amalec quippe *lambens populus* interpretatur, cui merito comparantur qui litterarum superficiem lingunt, et ad gustus dulcedinem non perveniunt: quos hypocritis comparandos nullus fidelis dubitat, qui dum ficte Deum quaerunt, invenire non merentur, quos mundanae litteraturae scriptores servili conditioni deputant, ut est illud Juvenalis:

Nos colaphum incutimus lambenti crustula servo

Mirandum tamen est cur miserrimus inviderit bonum aliis, quod profuturum sibi noluit. Proh do-

niorem, qui in S. Galli scholis magisterium aliquando tenuit, postea decanus effectus, oblatam etiam abbatis dignitatem recusavit, non dignus certe tam mordaci et indecora reprehensione.

lor! diabolum imitatus est, qui bonum quod perdidit homini invidit. Humana facie tales belluina mente monstrantur, de quibus in Evangelio Dominus loquitur : *In vestimentis ovium veniunt, intrinsecus autem sunt lupi rapaces.* Utinam vellet is de quo loquor mecum in conspectu vestro conversari, quorum prudentiam ab antiquo spectatam audio! Nota sunt mihi Achar furta, nota ficti monachi fraudulentia ; quam mala incude spicula ejus producantur non ignoro, quam invalida manu jaculentur expertus sum. Noverit Horatium pro me minantem. In malos asperrimus parata tollo cornua qualis Sicambe spretus infido gener, aut acer hostis Bupalo. An si quis atro dente me petiverit, inultus ut flebo puer? Dares Siculum attentavit Entellum lascivus monachus Gunzonem Italicum.

Noverit incauto Entellus conanime lipsus,
Qua vi perculerit prostratum pene Dareta.

Causam querelæ audivistis, quid etiam contra studium litteratoriæ professionis hostis nescio aut hospes egerit oportet audiatis. Adveniens deferebam pene centum librorum volumina, arma scilicet pacis, quæ vertit invidus hostis in studium furoris; inter quæ erat Martiani in VII liberalibus disciplinis succincta veritas ; quam contemnendam putant qui fabulæ solummodo delectationibus oblectantur, qui non integre capitur, si veritatis qualitas ignoratur. Deportabatur quoque Platonis in Timæo vix intellecta profunditas, Aristoteles in libro Peri Ermenias, aut nostris vix temporibus tentata aut non perspecta obscuritas, Ciceronis Aristotelisque non contemnenda Topicorum dignitas. In quibus aliisque cum me interrogandum putarem, nequaquam vilium rerum motu, sed desuper immissi impetus gravitate sollicitabar. Quis putaret se reprehendendum in unius casus mutatione, cui Deus plura concesserit? Non putabant Achar furem vivere, neque transitum animarum secundum Pythagoram in diversa corpora fieri; quæ si reciperem, animam hominis corpori ipsius monachi inviderem. Sordibus quis fœdatus porcum uniit, fraudibus gaudens, merito anima vulpeculæ vivificatur. Ne putetis me odio loqui. Absit ut odio habeam quod humana effigies viventem hominem monstrat. Nam licet accidentem homini nequitiam odio habeam, diligo tamen substantiam, quamvis ipsa quoque malitia contra votum se possidentis mihi profuerit. Nam et multorum fraudes patefecit, teste Marone, qui ait :

Accipe nunc Danaum insidias et crimine ab uno
Disce omnes.

Atque multorum ignorantiam nudavit, apertissimo autem indicio se apud indoctos nutritum monstravit, qui pronuntiatione unius casus animi conceptiones deprehensas putavit. Sæpe audivimus vilia quæque ornatis dici verbis, econtra digna prolatu vili sermone notari, veluti si nomen diaboli aureis litteris quis scribat, Dei autem atramento. Præterea quid de his hominibus dicendum est qui sine litteris vivunt? Nonne quidam acumine ingenii quibusdam litteratis præferuntur. Ulixes vigore ingenii omnibus qui Iliam oppugnavere prælatus est, adeo ut armis Achillis solus inventus sit dignus. Legimus quoque prudentiam Adæ, qua omnibus creaturis nomina imposuerit, non tamen quod grammaticam sciverit, nisi forte S. Galli monachus ita velit primum hominem creatum ut omnium scientiam noverit artium, quam peccando amiserit. Quod si ita est, omnes homines scientiam naturaliter omnium habemus artium; corruptum est enim in primo homine arbitrium legimus, non scientiam artium interclusam : viderit qui potest; nos tamen in re dubia ne controversemur, vilium rerum quapropter controversiam pertinaci cucullato relinquamus, quem putabam velle stipulari a me fundamenta totius orationis : 1. Quomodo ita se habeant, ut neque vocales, neque semivocales, neque mutæ certis spatiis limitentur, sed confundi sic videantur, ut cuilibet stulto casu positæ potius quam ratione habeantur. 2. Cur digamma post Latinas acceptum litteras non post *v*, veluti *x*, sed post *c* collocetur. 3. Liberales disciplinæ secundum propriam vim an pro captu sese percipientium pernoscantur. Nam dubitant quidam utrum uti sunt præceptæ sint. 4. Donatus an Priscianus orationis partes ordinaverit. 5. Quis horum diffinitiones eisdem partibus et accidentibus eis dignius attribuerit : magnum siquidem laborem expenderunt antiqui in ordinandis et determinandis rebus.

*De grammatica.* Putat fortasse tumidus monachus grammaticam ceu vile quiddam cucullo suo contineri ; non tamen ita est, semel tergum ejus aspexit, et festinans ut faciem ei cerneret, impactione pedis cecidit, et vix ad sessionis ejus partes pervenit, ex quo et superbit. Hæc femina aliter grammaticis, aliter Aristoteli cedit. Huic suadet per obliquos casus non posse nomina dici, illis etiam in obliquis posse nuncupari. Hæc figuratas elocutiones aliquando sic commemorat, ut cui gener subjici debeant ostendat. Multa præterea servat, in quibus stultorum temeritas errat. Habeant tamen hanc quibus contigit saltem in somnis vidisse Minervam, dummodo de ea quæ subsequitur nihil præsumant. Nam reluctatur et fugit, quibusdam etiam tergi visum negat. Quibus tamen se videndam præbet, non una eademque facie apparet. Alio etenim huic, alio illi vultu monstratur.

*De dialectica.* Quod ostenditur ex eo quod Aristoteli genus, speciem, differentiam, proprium et accidens, subsistere denegavit, quæ Platoni subsistentia persuasit. Aristoteli an Platoni magis credendum putatis? Magna est utriusque auctoritas, quatenus vix audeat quis alterum alteri dignitate præferre. Hæc ita aliquando ambiguitate obfuscatur, ut quæ res, cui generi subponi debeat difficile possit inveniri. Verbi gratia, si quis ita proponat : Cum omnia, quæcunque sunt, aut substantia aut accidens habeantur, quid de differentia dicendum est quæ neque substantia, neque accidens dici potest? Substantia dici nequit, quia non prædicatur in eo quod quid sit. Accidens idcirco vocari non potest, quia substantiam informat. Quod enim substantiam constituit in substantia prædicatur. Est autem hæc tam subtilis prudentiæ, ut x et viiii modorum conclusionibus omnem pene logicen philosophiam concludi existimet. Quæ Aristoteli adeo obsecuta creditur, ut ei nutrix credatur. Scit sophistica stultos cavillatione decipere, monstrat tamen qualiter ipsa cavillatio possit evitari. Falsa veris quando vult sic farcinat, ut uno eodemque tempore, eodemque loco rite convenire videantur. Esse etiam et non esse arcana quadam ratione simul concurrere fingit. Propositionum suarum quadraturam eo modo dispositam autumat, quatenus obliquorum laterum recursus aliquando sine coactione redeat, aliquando coactione operiat. Huic non satis est ut dicatur malum esse quod est, sed quia bonum non est. Verba secundum se nomina esse putat. Nam et qui dicit auditum constituit, et qui audit quiescit, ipsaque non nisi in instanti tempore judicat dici posse. Ubique se vertit ad singulos, ac veluti ludens venena mordacitatis, quæ venena monstrata cuti vitam non intercludunt. Quam bonus Deus, qui invidum cucullatum talibus privavit, quibus in fraudes possit valentior inveniri! Bene est. Caret enim maledicto, de quo per quemdam sapientem dicitur: *Qui sophistice loquitur, Deo odibilis est*, etc. Grator itaque huic, quod hac macula caret, licet non sponte. Vellet forsitan miserior esse quam sit, sed bonitate Dei temperatur, neque intelligit. Sedens in conclavi monasterii cornutum se putat secundum proverbium Aristotelis quo ait:

Limax in suo conclavi cornupeta sibi videtur,
Seque putat cursu timidis contendere damis.

Unciolam tota cum vix expendere, quo cœna valeat sese impertire sodalis. Ne imputetis vitio quod sæpe idem repeto. Siquidem utor Juvenalis exemplo, quod de Crispino ait:

Ecce iterum Crispinus et est mihi sæpe vocandus
Ad partes.

Et Cicero in Verrinis sæpe Verrem repetit. Verumtamen quia in liberalibus disciplinis multa inquisitu digna reperiuntur, paucis ex grammatica et dialectica prælibatis, rhetoricæ potentiam breviter in medium deducere tentabo.

Eloquiis hæc se promittit solvere mentes
Quas velit, ut lætis convertere tristia possit
Tristibus, et doctæ medicari famine linguæ.

*De rhetorica*. Hujus materia tribus generibus divisa causam constitutionis informat. In hac multa inquisitu digna reperiuntur, aut quia nunc in usu non est, aut quia apud auctores diverso modo variabilis invenitur. Nam fuere quidam qui unum tantum genus hujus artis esse vellent; quidam, ut dixi, tria. Constitutiones vero plures tres esse voluerunt, cum partibus qualitatis. Pauci autem quatuor esse dixerunt. Totius artis summam multi quinquepertitam esse voluerunt. Verumtamen Cicero in duobus libris tantum de inventione tractat. Causarum partes alii quatuor affirmant, Cicero vero duas addit, confirmationem videlicet et reprehensionem. In probabili quoque narratione, in qua ab aliis vii introducuntur, in quibus rei veritas solet inveniri, Cicero numerum variat, in quibus omnibus quanta necessitas inquisitionis habeatur palam ostenditur. Hæc femina prudenti transgressione a genere in genera, a constitutione in constitutionem transitum facit. Nam Virgilio cum de Turno loqueretur, a qualitate in finem transmeabilem motum permisit. Hæc in principio alterius vultus, alterius in medio, in extremo alterius se monstrare contendit. In progressu autem et in fine mutabilitates suas astutius prodit. Quæ loquens nunquam sine strepitu graditur, nisi forte aliquando tacens loqui videatur. Alumnam hanc Ciceronis nullus dubitaverit. Nam præsidio illius vallatus, conjuratores in rempublicam deprehendit. An aliud subvenit ei nisi hæc, quando Catilinam de senatu ejecit gravitate sermonum et sententiarum, quibus Roma patrem patriæ Ciceronem libera dixit? Hæc uno ductu diversos pingit colores, reditque ad proprium cubile quinquepertitis semitis, quatenus flexus viarum suarum brevi reductione colligat, circaque epilogum præsumptionem requirat. Excipit hanc quam sapientissimi regis sororem ferunt subtilitate vultus et sapientiæ dignitate. Dicunt Hebræi Salomonem minutis formatum corporis lineamentis. Quod ex verbis quoque filii ejus colligitur, quibus ait: *Minimus digitus meus grossior est dorso patris mei*. Ex quo potest aliud colligi, in eo videlicet quod in tenui corpore Salomonis larga sapientia fuit, datur intelligi, quod in pingui vix queat subtilitas sapientiæ inveniri. Hinc Persius:

Nugaris cum tibi calve
Pinguis aqualiculus propenso sexquipede exstet.

Statius quoque virtutum corporis enumerans de Tideo inquit:

Major in exiguo regnavit corpore virtus.

Hæc quasi per digressionem, ad proposita recurram. Hanc ideo viraginem corpore tenuem memoravi, quia abstracta a rebus corporeis in natura sui nulla corporalitate crassatur. Vindicat sibi quapropter collegium divinitatis, non tamen ut accidens haberi in Deo velit, sed substantiam. Unum namque in Trinitate personarum Patris, et Filii, et Spiritus sancti substantia est. Ergo Trinitas in unitate, et unitas in Trinitate substantia est. In creaturis quoque, secundum philosophos potest numerus quoquo modo substantia videri, nisi forte neget quis numerum esse. Aiunt prudentes Unum et Est idem esse, ut tandiu sit aliquid quandiu unum est; et cum desierit unum esse, jam non sit. Est substantiam monstrat, atque idcirco a sapientibus substantivum vocatur. Ergo et Unum quod idem habet, quod est, substantiæ non irrationabiliter deputari potest, quamvis numerus omnis generi quantitatis assignetur. Hæc de qua loquor ita se in minoribus conformat, quatenus in majoribus mas velit haberi, ut jure quis eam Cenea aut Tyresiam credat, id est utriusque sexus capacem. Præterea componit aliquando mirabile præstigium, quando sine judicio verborum aliquibus animi secreta pandit. Ex quo etiam stultus arguitur, qui in brevi sermone prudentiam sanæ mentis se deprehendere posse arbitratur.

Ecce iterum Crispinus et est mihi sæpe vocandus
Ad partes.

Hæc virago cuncta intra se eatenus contineri putat, ut recedens nihil post se relinquat. Quapropter cum tantæ dignitatis sit, gravatur præsumptione quorumdam, quod de se plus quam oportet præsumant. Nam difficile est infinitum finito limitari. Quod qui conatur haud injuria insanus creditur. Siquidem multa huic insunt, quibus variabilis potentia difficulter deprehenditur. Aliquando propriæ magnitudinis figuram sic supergreditur, ut giganteæ quantitati similis æstimetur. Aliquando ita infra se decidit, ut pigmeæ virgini non immerito assimilari possit. Tanto moderamine quandoque licet sese cohæreret, quo nihil majus, nihil minus in ea possit inveniri. Porro si quando pertusa ad compita venit, dominam se haberi poposcit, ruris magistram, moderatricem siderum atque dispensatricem sonorum, suo putat parcere magisterio. Nam si Platonis Timæo creditur, mirabili hac compositione mundi anima conformatur, de qua Virgilius:

Principio cœlum ac terras camposque liquentes,
Lucentemque globum lunæ, Titaniaque astra
Spiritus intus alit, totosque infusa per artus
Mens agitat molem, et magno se corpore miscet.

In hac quoque ut aliis multa egent inquisitione quæ stulti quasi inutilia et non necessaria contemnunt. Debuit tamen saltem ordo inquiri, cur a Boetio in primo loco quadruvii liberalium disciplinarum hæc posita sit, a Martiano autem secundo. Ideo forsitan nullus requirit quia aut casu hoc factum putat, aut Martianum in artibus nihil boni contulisse existimat. Meo tamen judicio utriusque divisionis æstimatio aut insano aut illiterato debetur. Sequitur hanc, quam præmisi, agrestis femina adeo masculæ et infatigabilis virtutis, ut cœlo non ignota putetur, quæ in medio mundanarum rerum eo modo sibi statuit domicilium, ut media extremaque possideat, cui merito carnem illud Virgilii conveniat.

Ingrediturque solo et caput inter nubila condit.

Quo te metiatur solum et certis lineis disperliatur polum, quæ sine corpulentia corpus sibi assumit, longitudinem sine latitudine sibi inesse struit, quod neque in araneæ filo reperitur. Junctis longitudini et latitudini arcana quadam potentia altitudinem subtrahit; quod corporalibus incongruum videtur: sed sibi theoremata hæc digne deberi fatetur; linearum compositiones ita compaginat, ut aliquando rectis sibi angulis conveniant, aliquando obtusis, mistis aliquando, sicque fit ut non æqua sibi semper mansura consociepntur, sed dispari quantitate. Quondam etiam stantibus suppendiculares copulantur, et hoc non simpliciter. Possunt tamen inveniri quæ nulla societate aliis copulari queant, non immerito alogas dicunt, quæ in qualitate, quantitate, sectione positioneque consistunt. Hæc planetarum circulos, zonarum gyros, zodiaci atque lactei connexionem circuli, propriis lineis complectitur, et quæcunque linearum ductis absolvuntur, suo juri attribuit. Patenter itaque monstratur quia sine hujus lineamentis nulla corporalis dimensio possit ostendi, quandoquidem qualiter corpus limitetur, incorporaliter ingenii sui potentia patefacere conetur. Non injuria quis hanc apostolorum dixerit: *In omnem terram exivit sonus eorum.* Procedit dehinc quæ Astrea vocatur, tanti acuminis femina, ut nunquam interpolatione noctis fuscetur, nunquam caliginem sentiat, nunquam nubium contractu furvescat; quæ cum sanctas animas ad cœlum evehit corporibus solutas, monet uti despiciant quam densis tenebris tegerentur, donec corporibus inhæserunt. Eliæ non immerito quis contubernalem dixerit, cui currum ex innocuo perspicuoque ætheris elemento paravit. Ligneo siquidem curru sublatus dicitur; porro est ignis exurens, est solummodo splendens. Hæc quanto elatior terris est, tanto mortalibus minus cognita, quæ in solo domicilium possidens, quasdam planetarum miro coactu impellit, nunc eas præ se agens, modo retrogradari compellens, modo stationi connectens ipsumque domicilii sui circulum a luna secundum Platoni suasit, tertium Mercurii, Veneris quartum; Ciceroni vero et aliis longe aliter ordinis distantiam persuadendam putavit, ut secundus a luna Mercurii, tertius Veneris, quartus Solis, quintus Martii, sextus Jovis, septimus Saturni circus haberetur; quid igitur? Reprehendimus Platonem? Minime. Ciceronem ergo et alios? Absit. Hæc tanta rapiditate cœlestem sphæram movet, quo et planetarum cursus cum ea rotet, et mirabili quadam ratione naturæ eorum occursus celeritatem ejus retardet. Mensem lunaris accensionis aliter constare, aliter peragrationis zodiaci fatetur, eo modo quo XII menses lunaris accensionis XIII sint zodiacteæ peragrationis. Per hanc invenitur quomodo a Capricorno in Cancrum ascendendo pauciores dies explicet sol quam a Cancro in Capricornum descendendo. Oritur quoque magna inter philosophos de cœlestibus corporibus quæstio, utrum animata sint an inanimata; et Plato quidem non solum animata, sed et rationabilia et immortalia putat. Aristoteles inanimata et immortalia. Ex quo secundum opinionem Platonis contrarium quiddam conficitur diffinitioni Porphyrii, qui differentias substantiales et divisivas affirmat generum, et constitutivas specierum. Sed irrationalis et immortalis differentiæ secundum Platonem nullam speciem conformant. Licet Aristotelis opinio a Porphyrii diffinitione non dissentiat, Salomon tamen Platoni videtur favisse, ubi ait: *Oritur sol et occidit, ad locum suum revertitur; gyrat per meridiem et flectitur ao Aquilonem. Lustrans universa per circuitum vadit spiritus, et in circulus suos revertitur.* Quæ sententia ita solvi potest; quod ideo sol spiritus dicatur, quia calore ejus omnia nascentia vivificantur et crescunt. Inde est quod quidam gentilium naturam hoc modo diffiniendam putarent : Natura est ignis artifex, quadam via vadens in res sensibiles procreandas; sed quia hoc non adeo probabile est, sententia Apostoli, cum in uno modo ecclesiastici doctores conveniunt, consideranda est, qua dicitur : *Scimus quia omnis creatura ingemiscit et parturit usque adhuc.* Et paulo post : *Quia et ipsa creatura liberabitur a servitute corruptionis in libertatem gloriæ filiorum Dei.* Nonne rectius in talibus deceret monachum occupari quæ ad eruditionem pertinent Christianæ religionis, quam inservire fraudibus ? Vile putat in liberalibus studiis immorari, planetarum absidas, positionem, discursus per zodiacum, circulorum inter se replicationem inquisitum ire nihili pendit. Saltem ea quæ in divinis libris ex ipsis artibus inveniuntur considerare deberet, ut est illud in divina historia, quando Josue soli et lunæ stationem indixit, utrum reliquæ quinque planetæ et intima mundi orbita stationi servierint, an proprios cursus servaverint. Quod si ita est, diaphoniam passa est cœlestis illa harmoniæ suavitas, mutilatis duobus nervis, eo præsertim quo primum tetrachordum terminantur, et secundum auspicium sumit. Si autem ultima sphæra simul cum planetis subsistit, superæ dulcedo musicæ conticuit. Forsitan inde est quod in Job legitur : *Concentum cœli quiescere quis facit ?* In qua quæstione tot emergunt, ut Lerneus anguis Herculeis iterum viribus compensari videatur.

*De musica.* Verumtamen quia musicæ mentionem intuli, de inquisitu ejus pauca narrabo, quæ tanta dignitate viget, ut Deo assistere jure credatur. Cujus rei exempla ita se frequenter offerunt, ut modo dictu supervacua putentur. Hæc cum tanta majestate polleat, ut divino conspectui famuletur, in cœlestibus corporibus ita sibi monarchiam vindicat, quod in his jugiter concentum struat, et Pythagorici dignitatem silentii non amittat, eoque fit ut personet et taciturnitatis modum servet; sicque in circulorum varietatibus sese moderatur, quatenus contra legem humanæ modulationis, juxta quorumdam opinionem laxioribus gyris acutos, brevibus graviores impertiatur sonos. Nascitur quoque perplexa quæstio in eo quod quinque planetæ aliquando solari radio impelluntur, quandoque stationi deputantur. Statio motu caret, sonus autem sine motu esse non potest : stantibus ergo aliquibus planetis, non integratur jugis harmoniæ concentus. Quapropter inquirendum est, quantum humanæ scientiæ conceditur quomodo cœlestes planetarum motus et impositam sibi legem continue servent sonoritatis, et injunctam sibi quandoque necessitatem nequaquam prætereant stationes, inter quæ de mundi etiam sphæra inquiritur utrum sonitu impellatur an silentio agitetur. Dicunt omnes quod in motu est locum mutare, omne autem corporale mutatione loci sonum efficere; cœlestis autem orbita locum non mutat, quatenus in sese rotatur, nullum ergo sua volubilitate sonum reddit, et tamen ingenti strepitu dicitur agitari, sicut paulo ante exemplo Job cœli concentum præmisi. Sed potest forsitan illud de planetis tantummodo accipi. De his tamen viderit quicunque ille est, quantum sibi divina gratia ministraverit, dummodo in terrestris cognitione sonoritatis aliquantulum mihi liceat immorari; in hac namque multa reperiuntur quæ frequenti indagine digna judicantur. In hac generaliter ipsius requirendæ sunt partes, quas Virgilius vii esse monstrat, inquiens :

Obloquitur numerus septem discrimina vocum ;

in cujus brevitate carminis totius harmoniæ gravitas continetur. Quæritur etiam in hac quid infinitate terminet vocum, quis motus sit audiendi, quot symphoniæ et quæ prima dici queat; qualiter Plato consonantiam dici putet, quæ voces stantes quæve sint mobiles, utrum insuper partientibus numeris consonantiæ possint reperiri; namque illud prætereundum videtur, utrum acumen et gravitas ex quibus voces consistunt in qualitate melius constare aut quantitate dicantur; continuæ autem disgregatæ voces harmoniæ melius conveniant, utrum omne judicium sonorum auribus dandum sit an rationi, ratio metrorum quantum in musica valeat, hemitonii diversitas qualiter constet, quomodo ex supradictis quindecim troporum varietas conformetur. Hæc strictim commemoravi, non quo artium prima ponerem, sed ut stultitiam indocti monachi reprehenderem, cui cum scientia artium abesset liberalium, maluit fraude grammaticellus videri, quam scientiam artium saltem extrinsecus adipisci. Est enim ars intrinsecus, est et extrinsecus. Infelix, quia intrinsecus fortasse artes acquirere non potuit, quare non saltem extrinsecus acquisivit ? Esto, sapientem se putavit, num tandem quid alii sentirent inquirere debuit ? In rebus enim diversorum hominum diversa est opinio. Inde est illud Terentii : *Quot homines, tot sententiæ.* De quo et Persius inquit :

Mille hominum species et rerum discolor usus.

Putat se fortasse omnia scire, quod summæ dementiæ nullus ignorat. Nescit in hoc quid Cicero dicat ? *Unum vix pauci possunt, utrumque nemo.* Et Maro :

. . . Non omnia possumus omnes.

Contemnit testimonia gentilium scriptorum, saltem Apostoli sententiam ad memoriam reducat, qua dicitur : Alius judicat sic, alius sic; alius diem inter diem, alius omnem diem. Item : *Unusquisque in suo sensu abundat.* Nonne igitur debuit diligenter inquisivisse an saltem parva intelligentia Scripturarum mihi inesset ? Nimia jactantia elatus est, ut inter suos sapiens videri posset, veluti Cinero poeticus inter suos ultra hominem videri voluit. Rana in limo non dubitat se magnitudini vaccæ comparari, eoque modo monachus uno casu vult doctus haberi;

sed dum sapiens videri voluit, stultum se monstravit, juxta illud Horatii :

Dum vitant stulti vitia, in contraria currunt.

Est fortasse is de quo loquor tantum grammaticus, sed notum est non posse quemlibet unius liberalis artis scientiam integre percipere, nisi studuerit omnibus aliquam opellam dare. Cyclicæ namque dicuntur, atque ita in se recurrunt, ut modo trium sonorum connexæ reperiantur; non enim Achar ille sub lege positus, cujus anima secundum Ovidii dogma Achar iste vivificatur, ad radicem montis stetit, aut vocem loquentis Domini audivit; in eremo natus sub murmure crevit, servatque adhuc anima ejus ferinum morem, quo in eremo ille a Moyse decidit, et Josue non bene cohæsit. Ille in activa vita persistere noluit, et ad contemplativam nequaquam pervenit; in itinere ergo defecit ac tepidus substitit. Jam illum fortasse humani generis æmulus suo cauterio inussit. Utinam aut calidus aut frigidus esset, nam melius fuerat ei, secundum Apostolum, viam veritatis non agnoscere, quam post agnitionem retrorsum converti! Hortarer vos ad exhibendam huic opem medicinæ, sed vereor inveteratus sit morbus :

Elleborum frustra cum jam cutis ægra tumebit,
Poscentes videas, venienti occurrere morbo.
PERSIUS.

Hæc vobis communicanda putavi, quibus et vanitatem stulti monachi, et me non per omnia qualem putavit cognoscatis. Nam sunt quidam stulti qui ad mensuram sui alios metiri volunt, veluti miserrimus iste qui comparatione sui cum a pusionibus laudaretur, nihil alios æstimavit. Ergo in ipsa sui æstimatione deficiat, atque prudentium judicio tabescat, nisi palam monstraverit qualem se in conclavi monasterii monstrare voluit. Nobis tamen, quibus præcipitur ut pro inimicis oremus, procurandum est quatenus divinis mandatis obsequamur. Dignum quapropter putavi epilogum hujus epistolæ precibus terminari.

Conditor omnipotens rerum, qui cuncta gubernas,
Quique soluta ligas, et sparsa reducis in æquum.
Nec sinis in solido positum dissolvier unquam.
Cui nihil quod pereat, nihil est quod fine fatiscat
Cuncta tibi vivunt, famulari cuncta laborant.
Nil sub te moritur, vitæ cum limina servas.
Quidquid adesse decet, nihil est quod constat ab-
[esse.
Da, Pater omnipotens, veniam, da, posco, re-
[gressum.
Qui cecidere suo demersi crimine, cede
Consurgant tenero sub nomine fonte renati.
Non illos extrema dies transmittat averno.
Portitor ille Charon limosa haud evehat unda.
Sors procul abscedat, Minois cesset et urna
Quos tribuit Christus medicabile pignus in unda.
Sentiat Ixion solitæ vertiginis ictum.
Saxa rotent alii, jecur hic increscat opimum
Vulturis in rabiem, solvantur viscera siti
Vicina Eridani, cui non conceditur unda.
Ille cibos vacuis exspectet hiatibus amplos
Quem furtale malum prohibet contingere mensas.
Cætera pœnarum vulgus gentile coarctent,
More rapit pecudum quod per diversa libido,
Dummodo qui sese Christi sub jure fatentur,
Effugiant laqueos inimicaque tela draconis,
Protecti clypeo et non deficiente lorica.
Inter quos si forte meam quis rodere vitam
Expetit, invidiæ maculis noxaque remota,
Evolet alta petens liber, tricasque refutet,
Seque Deo extremo socians examine lætus
Dextra petat, quo præclara jam laude beatus,
Gaudia percipiat lucrati pecunia nummi.
Euge feratque simul Domini sine fine beatum.

---

ANNO DOMINI DCCCCLXXIX.

# RICHARDUS

ABBAS FLORIACENSIS.

## NOTITIA HISTORICA IN RICHARDUM.

*(Gall. Christ.* tom. VII, pag. 1546.)

Richardus, prius Patriciacensis cellæ præpositus, ut censet Mabillonius, Vulfardum facetum episcopum mox excepit. Percipiacum mansum a Guntrude matrona anno 964 in gratiam Letaldi obtinuit. Huic Lotharius rex tria dedit præcepta, quorum duo priora anno regni XIII, indictione X; postremum anno XXI, Christi 974, forte post alterum Floriaci incendium : « Bis enim voracibus flammis, inquit Aimoinus, absumitur cœnobium, secundo anno 974 flagrat incendio. At procurante venerabili Dei cultore Richardo in pristinum statum intra trium spatium annorum revocatur. » Eodem Lotharii regis anno XXI, VI Idus Septemb., indictione III, ab ineunte mense ducta, Adelelmus miles nobilissimus sancto

Benedicto dedit insignem crucem argenteam, velut nostri Salvatoris qualiter pro nostris reatibus in ea impietate Judæorum appensus fuit insculptam. « Quin etiam ad illuminationem ejusdemque vivificæ venerandæque crucis do, inquit, quoddam juris mei prædium in pago Senonico situm, vocabulo Villaris dictum, cum ecclesia honori beatæ Mariæ dicata, etc., pro remedio animæ meæ et senioris mei inclyti Francorum ducis Hugonis, quin et progenitore meo Roberto et genitrice mea nomine Berta, et pro Burchardo seu et aliis parentibus meis. Actum Parisiis in nobilium conventu publico. » Subscribunt cum Adelelmo Hugo dux Francorum, Odo comes, Adela comittissa, Milocomes filius ejus, et alii. Non parvi est momenti hæc charta ad dignoscendas principes ejus ævi familias. Interfuit Richardus funeri abbatis Miciocensis Annonis anno 972 ex Letaldo. Willelmus Sanctionis filius, Burdigalensium comes ac totius Vasconicæ dux cùm fratre suo Gumbaldo episcopo Vasatensi anno 978, audita fama religiosæ vitæ Floriacensium, monasterium Squiis seu de Regula situm ad Garumnam eis regendum restituit. Herbertum Soliacensem toparcham, qui monasterii prædia invaserat, divinæ vindictæ nequicquam admonuit Richardus. Hanc ille mox expertus, Floriaci sepelitur. Hæc aliaque de Richardo scribit Aimoinus, cui Tortarius in historia translationis sancti Mauri martyris Floriacum succinit, Richardum magnum, decus abbatum et lampadem clarissimam Patrum appellans. Excessit e vita an. 979, xiv Kalendas Martii.

# CONSUETUDINES ET JURA ECCLESIÆ DE REGULA

## AUCTORE RICHARDO ABBATE.

(Apud Labb. *Bibliotheca nova mss.*, tom. II, pag. 744.)

Statutum est quod nullus præpositorum vel priorum intra villam vel extra audeat dare domos, terras, vineas vel possessiones aliquas sine censu. Si vero hoc aliquis facere præsumpserit, non est tenendum, quia hoc sub anathemate dantis et accipientis fuit inhibitum.

Statutum est etiam quod si quis possessiones quas tenet in feudo de Ecclesia, vendere voluerit cum assensu prioris vel præpositi, faciat : et prior ipse, si voluerit emat : alioquin cui voluerit, vendat, salvo jure Ecclesiæ, scilicet de unoquoque solido nummum unum.

Statutum est iterum quod de unaquaque domo intra villam et extra habeat Ecclesia duos homines vel feminas cum sarculis unoquoque anno ad segetes purgandas : et dabitur unicuique in Quadragesima una libra servientalis, et alio tempore in mane una torta de furno et vinum, et in nocte una libra : et in festivitate apostolorum Petri et Pauli unum fasciculum herbæ de unaquaque domo priori deferre tenentur et ad vincula S. Petri unum panem talem qui sufficiat homini in mensa : et de unaquaque domo unum hominem ad vindemias colligendas.

Statutum est etiam quod omnes homines qui morantur in villa vel in dominio prioris intus et foris justitiam debent priori et clavigero.

Statutum est quod quicunque segetes ad molendina detulerint, vel vinum ad vendendum in conductu prioris sint, ut nullus burgensium audeat eos inquietare, ex quo de domibus exientes usque ad propria redeant : quod si hoc facere præsumpserit, gadium solvent : similiter et in manu prioris sicut eodem pacto molendina.

Statutum est similiter quod omnes burgenses si vinum emerint et postea vendiderint, obolum domino de unaquaque saumata dabunt. Præterea prior habet bannum salis imo mense in villa, et nullus burgensium audebit vendere et emere nisi cum assensu prioris : qui vero hæc infregerit, cum damno LXVI solidorum emendabit.

Statutum est quod omnes sutores unoquoque anno in festo S. Martini reddant optimos solutares, similiter omnes pelliparii debent priori bonam pelliciam unoquoque anno in ramis Palmarum, et in festivitate apostolorum Petri et Pauli, et in vincula B. Petri : nec miles nec Burgensis vel aliquis hominum erit liber in his tribus diebus quin persolvant de his quæ vendiderint vel emerint tributa priori et monachis.

Omni tempore statutum est forum in villa Regulæ, in die Sabbati dominus de Girunda tenet in hoc foro, in feodum de priore justitiam mercati. Nec debet alia die Sabbati aliquid ultra rivos emere. Quod si factum fuerit, ad dominum Girundæ pertinet justitia; et ipse die Sabbati manu levabit ille dominus Girundæ usque ad octo dies. Quod si tunc non solverit, justitia pertinet ad priorem vel clavigerum. Item prior vel claviger poterunt manulevare. Præfatus vero dominus Girundæ securum conductum dabit venientibus ad forum, in eundo vel redeundo. Carnifices etiam sunt securi ab ea hora qua porcum, vaccam, vel cætera ad officium suum pertinentia acceperint, ita quod non pignorentur, sine consilio prioris vel clavigeri.

Eamdem securitatem habent hi qui veniunt ad molendina : qui autem hoc vel illud infregerint sex solidos solvent. Noster vero molendinarius de unoquoque molendino unam coucam unoquoque die, si voluerit accipiet ad molendum. Nullus molendinarius quærat bladum per villam : si factum fuerit, sex sol. solvet. Unoquoque die Veneris solvent molendinarii clavigero quartam frumenti quod lucrati fuerint sub sacramento. Statutum est quod claviger accipiat de unoquoque porco obolum et de porco ultra 20 den. lumbos habebit claviger ; de vacca habebit duos denarios : de bacone tantumdem ; et non alibi vendentur carnes nisi in consuetis locis, vel pisces. Diebus etiam Dominicis 3 feria et 5 manu levabit carnes claviger, tiliam porci vel apri pro 4 den.; fructum vaccæ pro tribus denariis ; quarterium arietis pro uno. Quicunque vendiderit carnes, eamdem servabit consuetudinem.

Item si extraneus portaverit sturionem, denarium habebit claviger ; et si ibidem fractus fuerit sturio, nerbilium et budellum habebit claviger, nec minus habebit denarium.

Item si duo vel tres socii fuerint in porco vel vacca, vel ariete de unoquoque manulevabit, prout dictum est superius, etiamsi unus vendiderit pro omnibus. Similiter si extraneus saumonem portaverit, obolum dabit. Si extraneus portaverit duodenam lampredarum denarium dabit ; si sex, obolum. Si duodecim colagos portaverit per aquam, unum dabit ; si sex, obolum ; si cum asino portaverit, tres denarios ; si cum equo vel equa, mulo vel mula 4 den. dabit ; si cum collo duodena colagorum vel lampredarum, denarium dabit. De sturione et salmone primo captis in Beta, medietatem piscatores dabunt : et tunc accipient illi duo piscatores duos panes servientales et duas mensuras vini : et deinceps de omnibus piscibus ibidem captis decimam sub sacramento.

Si balæna feratur per mare frustum habebit claviger ; si per terras feratur vel alii quilibet pisces, fiat sicut superius scriptum est de colagis vel lampredis.

Item de his quæ venduntur in foro ; de porco qui venditur ultra 20 denarios accipiet claviger unum denarium ; et si minus, obolum : de capra similiter ; de vacca similiter ; de bove denarium. De ove sicut de porco ; de asino sicut de bove ; de equo et mulo quatuor denarios ; de cifis et saleriis, de carra bestiæ quatuor cifos et totidem salerios ; de collo onusto duos. Die Sabbati nemo vendat intra vel extra aliquid, quin reddat claviger consuetos redditus.

Statutum est etiam quod si quis porcum extra villam emerit et infra octo dies vendiderit, denarium dabit : de nomeriis et cultris et fosseriis, sarculis, falcibus, toseriis, vasoriis et cæteris ferramentis quæ venduntur in foro, semel in anno ab unoquoque venditore unum accipit claviger. De retumbis et cifis vitreis, de cæpis et allis unoquoque Sabbato et Dominica, exceptis illis de Papeyran unam cordam et de scaloriis unam garbam. Habitantes in terra de Papeyran liberi sunt in omnibus quæ nascuntur in eadem terra : si extra terram illam aliquid acquisierint, non sunt liberi.

Item accipit claviger de vendentibus sal die Sabbati in foro de unoquoque unam palmatam, et in Dominica similiter. Et ut breviter concludam : quocunque modo vel quacunque die extranei aliquid portaverint, vel cum aliqua re transitum fecerint, jus suum recipiet claviger : sic sal, equi, porci, oves, boves, bladum et cætera : et in foro manulevabit claviger quidquid voluerit per octo dies.

Item habebit claviger de his omnibus qui vendunt saginum omni quintodecimo die Sabbati unam obolatam. In festo beati Petri accipit claviger unam corrigiam de unoquoque mercenario.

Item Passapont recepit nomine nostro de ligassa lini unum paladuir in foro, et plenam manum lanæ, juxta quod ibi fuerit ; de mercenariis quintodecimo die obolum : de his qui deferunt vasa vitrea, unam lampadem ; de fasciculo cifornm, unum. Pro his tenetur Passapont et ejus successores in dormitorio facere luminare, et in camera prioris, dum ipse præsens fuerit. De nattis unam habebit claviger semel in anno ; et sic de cæteris quæ venduntur.

Statutum est quod ille quem prior in jus vocaverit, statim coram eo cum fidejussoribus se præsentet, nisi jam manum ad comedendum lavaverit, vel ad lavandum caput jam se paraverit. Si vero post vesperas eum vocaverit in crastinum coram eo cum fidejussoribus appareat. Ille vero qui die assignata usque ad horam sextam coram priore non comparuerit, tanquam convictus judicabitur. Quod si præsens prior non fuerit, clavigero se præsentet.

Item de unaquaque saumata lignorum dabitur domui nostræ unum lignum per omnes portas de his qui sunt extranei.

Statutum est etiam quod prior tempore vindemiarum per omnes portas villæ diriget nuntios suos ad quorum conspectum decimæ vini et quarta fideliter reddantur, prout in scriptis eorum continebitur. Et debent deferre illi quorum sunt vineæ ad torcular prioris sine ipsius adjutorio. Item de omnibus obliariis qui fabbas excolunt, dabitur conventui coquus vel alter serviens onustus de fabbis. Tempore vero suo de agresta per vineas arripient servientes coquinæ : similiter de oleribus a Natali usque ad Quadragesimam, et in Quadragesima de porris similiter.

Statutum est præterea quod omnes bailivi ad hoc sunt constituti, ut census bailiarum nobis absque difficultate reddi faciant : videlicet frumenti, avenæ et denariorum. Quod si in festo B. Martini ad præfatos census subditos suos non compulerint, bailivi debent pignorare ; sed ad priorem pertinet justitia.

Præterea statutum est quod claviger per totam villam accipiat asinos ad deferendum bladum suum.

Item cum comes procurationem suam accipiet claviger per totam villam manulevabit porcos et capiet gallinas per domos.

Sciendum præterea quod per omnes bailias nostras accipimus ab unoquoque villano unam gallinam, duos fasces paleæ, et unum panem et traceam boum in vigilia Natalis Domini.

Item omnes bailivi nostri et foris debent procurationem priori semel in anno præter homines de Pins.

Item omnes villani de bailliis nostris debent procurationem priori semel in anno.

Boneta de Bordes et successores sui debent priori procurationem apud Burdegalam cum his omnibus quos secum habebit; et equos similiter procurabit, et hoc semel in anno.

Milites de Bordes solvunt procurationem plenam priori et sociis suis, et omnibus quos secum adducet; et supervenientes similiter procurabunt : et debent commodare priori unum equum, cum sturiones ad sanctum Benedictum miserit. Quod si in via equus decesserit, prior equi pretium eis restituet.

De jure prioris est et Ecclesiæ de Regula, ut lites, discordias, causas et judicia per judices quos voluerit, et undecunque voluerit intus vel extra terminet : si qui vero adventitius vel naturalis sine hærede legitimo decesserit, res ejus, si solutus fuerit ad oriorem pertinent; si conjugatus, medietas.

Homines de Lavizon Willelmus Textor, Petrus Ogau, Willermus Garsias et Vitalis Juliani debent portare priorem per mare cum sociis suis ubicumque voluerit, et reducere similiter, et debent deferre similiter bladium per mare quacunque parte domus nostra habuerit, et nocte qua redierint, habebunt de cellario portatores isti panem et vinum.

Præpositus de Lobanaeg debet procurare priorem et socios suos semel in anno : et omnes illi qui sunt de præpositura illa : aliam tantum debent procurationem priori et sociis suis semel in anno, præpositus sanctæ Aurelianæ cum participibus suis, debent procurationem priori semel in anno, et in mutatione cujusque prioris 14 solidos Burdegalenses nomine sportulæ, et Aiquilinus de Fonte sex denarios sportulæ.

Amaneus de Lobengs et sui debent facere hominium priori pro mota sua et pro feodo Regulæ et pro justitia fori et pro his quæ tenet ab eo intra et extra : et præterea pro his omnibus faciunt solemnem in die Paschæ toti conventui de Regula.

Item Arnaldus Bernardi de Taurignac facit hominium priori pro devalata pedagii Mariæ de Gerunda et præterea pro communitate casali cum participibus suis annuatim in vincula B. Petri 5 solidos Burdegalenses.

Item Helias de Barela debet solvere conventui de Regula annuatim 24 panes et 12 lampredas et unam saumatam vini in ramis Palmarum.

Item dominus de Culed Maviron debet facere hominium priori pro feodo quem tenet in villa de Regula. Dominus de Landerro et sanctæ Basilicæ debet facere hominium priori pro his quæ tenet in foro Regulæ, et in Salargiis, et pro feodis domorum quæ sunt in eadem villa et pro his omnibus quæ tenet a rivo qui dicitur Merdonus usque ad Regulam.

Item Donatus Garsiæ vel Berned et ejus successores debent assistere priori in judiciis pro feodo quem tenet infra Regulam.

Item homines de Taurignac et homines de sancto Michaele, et de Guarzac, si forte prior propriam guerram habuerit, debent venire in ejus auxilium pro feodis quæ tenent intra villam.

Item si prior proprium bellum habuerit pro exhæredatione terræ, medietatem expensarum facient burgenses, aliam medietatem prior. Pro tali bello tenentur se præsentare dominus Gerundæ et dominus de Taurignac et dominus del Berned.

Item si aliquis miles feodetarius prioris contra priorem, quod absit, in aliquo deliquerit, per nuntium suum ipsum in jus vocabit, et in manu prioris de querelis, quod justum fuerit, exsequetur. Quod si in ejus manum jure parere noluerit, feodum prior occupabit.

Statutum est præterea quod si Judæus transitum fecerit per villam, 4 denarios solvat clavigero. De equo Hispaniæ, 4 denarios; de traca (forte ut postea carga) coriorum boum, ovium vel caprarum, 4 denarios. De uno corio unum denarium : de carga stagni vel metalli, 4 denarios. Quicunque vendiderit equum in foro quatuor denarios : extraneus ubique. Constitutum est præterea et jurejurando firmatum quod neque prior, neque claviger aliquem vel aliquam supercurrat, dum ille vel illa fidejussorem priori gratum dare poterit.

Item nemo cultellum, ensem, lanceam, spiculum, securim, besogium, neque gladium in contentione trahat : quod si traxerit et non percusserit et traxisse convictus fuerit, sex solidos priori sine intermissione dabit. Si vero percusserit et sanguinem effuderit, 66 solidos similiter dabit priori, et damnum percusso ex integro restituet. Aut si hoc totum facere non poterit, uno membro curtabitur. Si percussus mortuus fuerit, ille qui percussit exhæredabitur, et hæreditas tota et possessio pertinebit ad priorem.

Item nemo extra villam vel infra aliquem capere præsumat sine assensu domini prioris vel Clavigeri, sed si casu contigerit, quod ante præsentiam prioris vel clavigeri cum capto se præsentet, si tamen tempus fuerit opportunum. Quod si id facere neglexerit, 6 solidos dabit priori. Item si contigerit quod aliquis aliquem ante præsentiam Domini percusserit, absque dubio damnum restituet et priori satisfaciet.

Item de mensuris cujuscunque modi sint, ut de conchis, de virgis, de cubitis, de canis quibus panni venduntur, et de libris et de rasoriis quibus sal et segetes raduntur, firmiter fuit constitutum omnia esse æqualia et justa. Quod si penes aliquem aliquod istorum falsum inventum fuerit, 6 solidos priori solvet. Quod si aliquis reclamaverit et probaverit se in hujusmodi mensuris fuisse deceptum, deceptor damnum restituet et priori sex solidos solvet.

Similiter de hortis in villa constitutis et circumjacentibus, et de vineis statutum est et jurejurando firmatum quod nemo audeat in hortum vel vineam alterius intrare, nec aliquid rapere, neque olera, neque portum, neque fructus si fuerint sibi.

Similiter de vineis neque agrestam, neque racemos, neque paxellos, neque aliquid earum. Quod si aliquis fecerit et de facto comprobatus fuerit, damnum restituet, et priori sex solidos solvet, et si dare non possit, auriculam perdet.

Item statutum est ne aliquis sine assensu prioris in expeditione eat, nec prece, nec pretio aliquorum ductus castellum ingrediatur ad defendendum, vel foras ad expugnandum. Quod si fecerit et vulnus intulerit, 66 solidos priori dabit, et percusso damnum restituet. Si occiderit hominem, omnia confiscantur priori. Si quis autem superbiæ facibus accensus negligenter de villa exierit profugus ea occasione, quod dicit burgenses vel ipsum priorem sibi injurias irrogare, et nolit juxta statuta villæ judicio injurias persequi, post primam et secundam admonitionem prioris per se vel per suos factam, ille talis omnibus diebus vitæ suæ ex tunc exsul et profugus non reversurus abeat, et omnis ejus hæreditas priori incurratur.

Demum statutum est quod quicunque intus vel extra aliquem vel aliquam interfecerit, sine misericordia incurratur Domino.

De minimis autem querelis, ut est de percussione sive sanguinis effusione facta et de illatis contumeliis, de capillis ruptis et de aliis hujusmodi, ut consuetum est et statutum teneatur.

Item si quis virginem corruperit vi : si mulier fuerit vilior eo, dabit ei maritum consilio amicorum suorum, vel accipiet eam in uxorem. Quod si mulier fuerit nobilior, ad arbitrium prioris et amicorum mulieris, mulieri satisfaciet et 66 solidos priori solvet.

Item si aliquis quamlibet aliam stupratus fuerit, 6 solidos dabit priori et mulieri satisfaciet. Si quis conjugatam rapuerit et cum ea fugerit, ut de homicidio stabilimentum villæ servetur.

ANNO DOMINI DCCCCLXXIX.

# ADALBERTUS

## METENSIS SCHOLASTICUS.

## NOTITIA HISTORICA IN ADALBERTUM.

(Fabric. *Biblioth. med. et inf. lat.*)

Adalbertus, levita, sive monachus et sacerdos, scripsit *Flores ex Moralibus B. Gregorii papæ in Job*, eosque dedicavit Herimanno presbytero. Prologum ad Herimannum edidit Edmundus Martene tom. I Anecdot., quem testatur depromptum ex codice annorum circiter 600.

## INCIPIT PROLOGUS ADALBERTI LEVITÆ

### AD HERIMANNUM PRESBYTERUM

*In quo promittit subnectendum ei opusculum excerptum « quasi lilia candentia a Moralibus quæ B. Gregorius Spiritu sancto afflatus luculentissimo sermone disseruit (1). »*

(Apud Marten., *Anecdot.* tom. I, pag. 84.)

Dilectissimo in Christo ac venerabili Patri HARIMANO presbytero ADALBERTUS humillimus levitarum sempiternam in Domino felicitatem.

(1) Exstat hoc opusculum in ms. codice monasterii sancti Illidii Claromontani, cujus character

Mecum sæpius retracto, reverende Pater, creberrima circa me benignitatis charitatisque vestræ impensa beneficia, nec non etiam suavia atque satis

annos circiter 600 repræsentat. Idem se reperisse in ms. Præmonstratensi testatur Mabillonius tomo I

admodum mihi delectabilia exhortationum vestrae A rum colloquia. Inter caetera tamen paternitatis vestrae solamina, illa non minus haeserunt animo quae de beatissimi Gregorii papae libris frequenter mirantes sive congaudentes pariterque timentes vicaria relatione contulimus. Inter eosdem nempe libros Moralia in beato Job edita, dulcedine dictorum allecti, subinde revolventes, quaedam tuo jussu teque praesente prima ex parte tibi excerpsi : unde tuo tam provocatus studio, quam etiam fultus consilio, quod prius sub arcano pectoris mei latebat, tali sum ordine conatus perficere, videlicet ut triginta quinque libros memorabilis papae Gregorii diligentia qua possem transcurrerem, et quaeque in eisdem libris de quibuslibet rebus magis necessaria reperissem, codice sub uno aggregata colligerem, B atque singulas sententias capitulis praenotarem. Quod quidem non ut debui, sed prout potui opere perpetravi. Non temerario si quidem, ut mihi videtur, ausu id tentavi peragere, sed revera eo magis studio, ut tam ego quam et mei, si forte sunt similes, quos non multum vacat legere, aut etiam si vacat, desidia non sinit multa legendo percurrere, aut si studium adsit, forsitan copia, ut plerisque in locis assolet, deest librorum; hoc nostrum, si tamen libuerit excerptionis opusculum compendio percurrere queant, et fastidium prolixitatis pati omni modo nesciant. Sed etiam hoc scire legentes volo, quia praeter capitula vel in quibusdam locis congruentiam inchoationis in exordio sententiarum, nihil ex proprio inserui, excepto duntaxat quod ea C quae male scriptorum vitio depravata reperi, prout potui emendare sategi [*al.* satagui]. Interim hoc opusculum ob respirandi gratiam lectoris, in qua-

tuor decrevi distinguere libris; et quia ibidem humani generis vita multimoda varietate distinguitur, ejus libuit vocabulum appellare Speculum. Minores denique sententias, quarum ubertate in sensu et sonoritate seu in verbis usquequaque delectatus sum, quae aut duas aut tres, aut paulo amplius protenduntur in lineas, nec tamen adeo prolixae sunt, ut capitulis indigeant, seorsum in alio codice collegi. Harum tantum capita (discernendi causa) rubro placuit inchoari colore. Ecce per prata cucurri amoenissima, ac florum diversitate vernantia, omnique jucunditate plenissima; quibus tanta sum aviditate illectus, cum sint cuncta fragrantia, cuncta redolentia, ut penitus omnia concupiverim. Sed quia universa concupita exili praeditus industria mecum ferre non valui, sedit animo ut flores quos pulchriores inspexi habere colores, et perplurima praevidi habere medicamina, decerpere studerem, quatenus peritum quemque ac divinae voluntatis aemulum tam decorositas florum illiceat, quam et remedium salutare ad amorem suum pellat sive accendat, Si quis autem veneno invidiae in praecordiis serpente fuerit maculatus, ac dente malevolo maluerit derogare ac deridere quam congratulari sive emendare hoc nostrum qualecunque opusculum, cavendum est ei ne simul cum antiquo hoste, illa, quod absit, sententia vulneretur. *Invidia diaboli mors introivit in orbem terrarum.* Imitantur autem illum qui sunt ex parte ejus. En offerro inter magna et pretiosa divitum munera hoc parvitatis meae munusculum, et hoc supplex exoro, ut si nequeo gratiam obtinere cum potentibus, merear saltem partem habere cum muliere illa paupercula, quae quondam prompto animo in gazophylacio duo legitur intulisse minuta.

---

Analectorum pag. 317. Idem et nos reperimus in mss. S. Petri Selincurtensis ordinis Praemonstratensis, in dioecesi Ambianensi, in Caroli-Locensi ordinis Cisterciensis et in Grandimontensi prope Lemovicas. Sed in Grandimontensi ad calcem haec leguntur : *Ego Adalbertus licet indignus monachus atque sacerdos, qui ex Moralibus beati Gregorii papae in Job editis studui colligere flores, humiliter ac submisse omnibus legentibus per ineffabilem Trinitatem precor et supplico, hortor et suadeo, atque totis ex praecordiis enixius expostulo, ut pro mole meorum peccaminum omnipotenti Deo qui cuncta creavit ex nihilo, qui omnia quaecunque voluit fecit in coelo et in terra, qui est judex vivorum et mortuorum, preces ex imis visceribus fundant, ut et nostra errata propitius indulgeat, et suam gloriosissimam visionem in coelesti regno cum omnibus sanctis pro sua gratuita et immensa clementia aeternaliter frui concedat. Amen.*

In alio codice Grandimontensi habentur alia ex operibus S. Gregorii excerpta in libros XVI distributa, quibus praemittitur index capitulorum cum hoc titulo. *Haec capitula sunt in libro Distinctionum et non sunt in Gregoriano Garnerii.*

# INDEX IN RATHERIUM.

*Numeri Arabici (crassioribus ciffris in textu expressi) designant opera, Romani vero prolegomena operibus præmissa.*

## A

Abbas quis, et ejus qualitates, 165, 166. Quinam falsi abbates, 166. Abbates debent obedire regulæ, et peccant si contra constitutum regulæ quidlibet disponant, aut præcipiant, 183.

Abbatia Maguzani Veronensis diœcesis dispositioni episcopi subjecta, 399. Ejus cœnobium incensum ab Hungaris, 399. Abbas ipsius incorrigibilis a Ratherio expulsus, 400. Clerici ibidem substituti, et qua lege, 400.

Abortus procuratio reprobatur, 54.

Abstinentia, nisi sit triformis, est ad perfectionem inutilis, 580. Quando est triformis, *ibid.* Lege abstinentiæ non prohibentur necessaria, sed superflua, noxia et inhonesta, 580. V. *Jejunium, Quadragesima.*

Acedia. V. *Negligentia, Tepidi.*

Acolythorum classes duæ in cathedrali Veronensi, quorum alii dicti *de secretario*, alii *cantores*, 471, not.

*Actionarii* dicti qui res alienas agunt, 123.

Adelaides imperatrix Ottonis I uxor, ad quam Ratherii epistola, 568.

Adolescentia quam proclivis ad lapsus, 63. Monita pro adolescentibus, 62 *et seqq.*, 67.

Adulatio in criminibus quam perniciosa, 591.

Adulatores, genus pessimum, quam noxii principibus atque potentibus, 592. Mali adulatorum effectus, 591.

Adulterii mala, 55. Adulterium dictum etiam omne illegale conjugium, 575 not. Adulterium commissum a conjugato, etiamsi nullius thorum violet, cum in semetipso Dei violat templum, 51.

Adventus tempore festivitatibus exceptis abstinendum a carnibus et uxore, 420.

*Adverbialia* dictæ rationes quibus conclusio probata fuerat, 213.

Advocatus Ecclesiæ rex, 137.

Agapitus II, cui primum inscripta creditur Ratherii epistola quæ ad Joannem Pontificem data legitur, 535.

*Agonisticum* opusculum, 10, 11, 493.

Aldegundis (S.), cui S. Ursmarus commendavit neptem in monasterio Melbodiensi, 201.

Alexandri papæ decretum, 251, 338, 550, 556.

*Allevaticius* dictus filius expositus, qui collectus fuerit et allevatus, 61.

Alnense monasterium in institutione addictum abbatiæ Laubiensi, subinde vero ad Leodiensis episcopatus jus pertinuit, et cur, LXXXIX. Huic monasterio præfectus Ratherius, *ibid.*

Altare sit coopertum linteis mundis, nec super ipsum ponantur nisi capsæ et reliquiæ, aut quatuor Evangelia, et buxida cum corpore Domini, 414. Nulla femina ad altare accedat, *ibid.* Christus sacerdos altare simul exstat et hostia, 606.

Ambrosii (S.) laudatus, 62, 70, 587. Duo sermones S. Ambrosio tributi, alter posterioris multo auctoris, et quadam voce interpolatus; alter, qui duas voces habet posterius insertas, 421 not.

Ambrosius Ottonis I cancellarius, ad quem Ratherii epistola, 561. Subscripsit privilegio ejusdem imperatoris dato pro ipso Ratherio et ecclesiæ Veronensi, 462. Ad eum directum fuit opusculum *Discordiæ*, 493 not. Eidem traditum quoque videtur exemplar alterius libri inscripti *Qualitatis conjectura, ibid.* Nonnulla de eodem Ambrosio notata, 561 not.

Amicitia vera stare non potest sine concordia voluntatum, 485. Amicitiæ lex est ne ab amico petamus, nisi honesta, 56.

Amor Dei sine intermissione petendus, 356. In Dei amore nulla nobis imponitur mensura; in nostro vero seu proximi ea ponitur conditio, ut sic diligamus proximos ut nosmetipsos, id est ut præter alia quales nos existere debuissemus, tales et illos desideremus existere, 635. V. *Charitas.*

*Anapæstum* dictum, cum argumentum in alium retorquetur, 596 not.

Anastasii (S.) Fides seu Symbolum. V. *Fides.* Calumnia in Athanasium detecta, 98.

*Antevicinia* lucis, id est lucis initia, 190.

Antheri papæ decretum allegatum, 231, 348.

Anthropomorphitarum hæresis apud quosdam Vicentinos renata, et qua occasione, 393. In nonnullos Veronenses etiam irrepsit, 594. A Ratherio refellitur, *ibid.*

Antiocheni canones laudati, 329, 339.

Apostolorum canones allegati, 349, 439. Dubium inspersum num sint apocryphi, 349, 439, 491.

Aqua omni Dominica ante missam benedicenda, 416: Exorcismi et benedictiones salis et aquæ memoriter tenendæ, 419.

Aquileiensis marchia, XCIV.

*Aquisgrani palatium*, 218.

Arator citatus, 50.

*Arena* dictum amphitheatrum Veronæ, 393. Erat locus munitus ad custodiam urbis, *ibid.*

Arnoldus Bajoariæ et Carinthiæ dux contra Hugonem a Veronensibus accitus et receptus, XLI. Victo mox ejus exercitu, redit in Germaniam, XLII.

Arnostus magnæ dignitatis Veronæ, 384 not.

*Arsenoquita* dictus, qui cum masculo concumbit, 487.

Artifices quomodo laborare debent, 14. Orationem cum manuum operibus jungant, *ibid.*

Augustinus (S.) laudatus, 16, 17, 21, 25, 28, 38, 39, 43, 48, 62, 63, 79, 109, 127, 157, 169, 170, 178, 181, 183, 184, 186, 191, 226, 252, 253, 347, 388, 399, 439, 477, 491, 501, 535, 548, 587.

Avaro tam deest quod habet, quam quod non habet, 43. Contra divites avaros, 43. Eorum angustiæ. V. *Divites.*

## B

*Baculares* dicti apparitores, 129, 576 not.

Bajoariæ ducatus Carinthiam complectebatur, CI. Quando hi ducatus distincti, CII. Rursum uniti, CII. Iterum sejuncti, CIII. Veronensis marchia non semper Bajoariæ duci subjecta, CII.

Bajoarii in episcopali domo hospites, dum ad imperatorem pergunt, aut ab eo redeunt, 564 not. Quantum damni eidem domo intulerint, *ibid.*

Baldricus episcopus Ultrajectinus adfuit electioni Ratherii ad episcopatum Leodicensem, 218 not. Avunculus alterius Baldrici episcopi Leodicensis, 219. Dictus Baldricus major, 224.

Baldricus Leodicensis sedis invasor, 224. Filius fratris Baldrici Ultrajectini, 219. Vi publica comitum Regineri et Ruodvolti in ea sede locatus, 219. Tempus statuitur, LXXXII, num. 59.

Balnei usus ante communionem præsertim diebus solemnioribus, 525 not.

Balsemades locus diœcesis Veronensis, ubi Otto I signavit privilegium concessum Ratherio et ecclesiæ Veronensi, 462 not.

Baptisma *generale* quod diceretur, 421 not. Ejus legitimum tempus in vigilia Paschæ et Pentecostes, 410, 421 not. Præter hos dies non licebat baptizare nisi propter periculum mortis, 410, 416. Baptisma infantum non negligendum, 415. Pueri morientes sine baptismo infernum adeunt, 122. Transmissi morti æternæ, 163, 164. Baptismatis sacramento omnia peccata delentur, etiamsi nulla præcesserit pœnitentia, 296.

Baptisterii seu fontis sacri benedictio paschali tempore, 122. Sacrum chrisma si desit, non fit ejusmodi benedictio, 122. Fons baptisterii sit lapideus, 416.

*Barba* pro avunculo, 209.

*Barbirasium* pro tonsione barbæ, 155, 567.

*Bausiare* pro decipere, 394 not.

*Bausiator* pro deceptore fraudulento, 359 not., 563.

Bavaria. V. *Bajoariæ.*

Benedicti (S.) regula, 29, 285. *Scripturæ* nomine allegata, 226 not.

Beneficium militare ab episcopo gratis collatum clericis ex sua paupertatula, 443. Explicatur, CXVI, 443 not. Re

ditus Ecclesiæ dati militibus in beneficium, 305 not.
Beneficium sua institutione ecclesiasticum quando militaris beneficii naturam induebat, vel e contra, 493 not.
Berengarius episcopus Virdunensis interfuit promotioni Ratherii ad sedem Leodicensem, 218 not.
Berengarius marchio Eporediæ Ratherio comprehendit, 540. Manasse favente Italiam obtinuit, LVII. Rege Lothario Ugonis filio in ea summam potestatem exercebat, LVIII. Post Lotharii mortem ipse et filius ejus Adalbertus regio honore donati, LXIX. Quandiu duravit horum regnum, LXX. Iidem qui ab Ottone I regno Italico fuerant privati, certis conditionibus restituti, XCIII, num., 68. Hac occasione mutatio in regnum Italicum inducta explicatur, *ibid.*
*Bibere* pro potu substantive acceptum, 147.
o Bigami nequeunt fieri clerici, 509.
Boetius laudatus, 28, 31, 225, 226, 227.
*Breviculum* pro indiculo rerum quarumlibet, 585.
*Bromius*, 129, 145.
Bruno (S.) Ottonis I frater, ad quem Ratherius misit libros Præloquiorum, 529. Cujus servitium is expetivit, 550. Sapientes in suo palatio alunt, et inter hos Ratherium, LXXV. Dux Lotharingiæ quando creatus, LXXVI. Ejus interventu Ratherius promotus ad sedem Leodicensem, 218. Idque non humanis rationibus, sed ob publicum Ecclesiæ bonum, LXXVI. Idem S. Bruno creatus archiepiscopus Coloniensis, eodemque die consecratus, quo Ratherius ad sedem Leodicensem promotus fuit, 228 not., LXXV. Fuit Ratherii ordinator, *ibid.* Cur cessit violentiæ eorum qui subinde Ratherium ab ea sede excluserunt, LXXXI, LXXXIII.
Bucco comes Veronæ, 581 not., 564. Ipsius tuitioni Juditha dux inclyta commendavit Ratherium, 592 not. Prius infensus episcopo, postea eidem favit, 594, 560 not.
*Buxida* pro pyxide cum corpore Domini ad viaticum pro infirmis, 414 not.

*Cacabatus*, id est niger ut cacabus, 291, not.
*Cælibatus* laudes, 59. Cælibes quantum Dei gratia egeant, *ib.* Humilitas cum cælibatu jungenda, *ib.* Cælibatus diaconorum, 164. Presbyter aut diaconus uxorem legitimam habere non potest, 427. Clericis omnibus cælibatus præscriptus, et in omnibus incontinentia reprehensa, ac nuptiæ interdictæ omnibus. V. *Clericorum incontinentia.*
Calcaria *sperones* rustice dicta, 415.
*Calceradigum* species retributionis vel stipendii, 475, not.
Calixti papæ decretum citatum, 231.
*Camera stipularis* ritus Saxonici pilei genus ex stipulis seu paleis, 516.
*Canicula*, ludi species, 145.
Canones apostolorum. V. *Apostolorum.* Canonum contemptus quam late pateret, 545, not. Unde ortus, *ibid.*, 366, 569. Præsertim in Italia, 567. Canonibus sanctis qui non obtemperat, Christo rebellat, 442.
Canonum et decretorum codices conservati in archivis ecclesiarum, 448.
Canonica lex observanda ecclesiasticumque judicium faciendum juxta legem canonicam, 441. Quid si negligatur jus nobis a Deo per sanctos Patres indictum, 164.
Canonici a canonibus ne deviant, 164. Dicti alicubi Ordinarii, V. *Ordinarii.* Aliquando dicti *Cardinales*. V. *Cardinales.* Quidam affectabant vocari Canonici, 480.
Cantare missam quandoque acceptum pro recitare, 415, not.
Canticum pro cantu, 419. Nocturnum et diurnum canticum a clericis discendum, 419.
Capitula clericorum quænam vocarentur in visitationibus parochiarum ruralium, LXV.
*Cardinales*, dicti canonici, 445, not., 447.
Carinthiæ ducatus. V. *Bajoariæ.*
Cassiodorus allegatus, 153.
Cathedralis appellata nomine *ecclesiæ matris*, 421, not.
Catullus numquam antea lectus a Ratherio, 659.
*Cauma* pro ustione, 310, not.
*Causa* pro rebus, seu fundis, ac reddilibus ecclesiarum, 492.
Causidicus qualis esse debet, 24.
Centigamus, 547.
Ceroferarius ex minoribus ordinibus qualis, 164.
Chalcedonensis canon laudatus, 340.
Charitas, sine qua nec in fide, nec in spe confidendum, 642. Bona opera perpetuo præmio et remuneratione donanda non sunt, nisi illa quæ ex charitate procedunt, *ibid.* Charitatem habenti cæteræ adduntur virtutes; non habenti, cæteræ computantur pro nihilo, 469. V. *Amor.* Char.tatis prærogativa et necessitas, 171. Charitate exstinguuntur quælibet peccata, 272.

Chrismatis confectio et chrismandi potestas ad episcoporum pertinens, 559, 445. Si desit chrisma ab episcopo consecratum, non benedicitur fons baptismalis, 122. Chrisma sub sera sit custoditum, 418.
Christiani qui damnantur, quanto gravius punientur, 590. Christianus non est, licet dicatur talis, qui Christo contrarius est, 442. Quinam Christiani a Christo dicti sint vocati, quinam electi, 625.
Christus Dei Filius non adoptione, sed natura, 630. Christus Deus hominem indutus per unitatem personæ in duabus naturis, 511. Ex duabus, et in duabus naturis non duo, sed unus est Dominus Jesus Christus, verus ut Pater et Spiritus per omnia Deus, cumque illis non tres, sed unus vivens in sæcula Deus, 630. Filius solus de Patre sine matre æternaliter, de matre sine patre natus temporaliter, 102. Quando voluit, sua Patrisque voluntate ita exivit a Patre, et venit in mundum, ut neque Patrem, neque ipsum reliquerit æternitas, *ib.* Per corpus, quod tota simul Trinitas in utero matris virginis ex substantia ejusdem matris semper virginis operata est, visibilis hominibus factus, *ibid.* Cum Verbum caro factum est, non Deus in hominem est conversus, sed manente incommutabilis deitatis substantia, ita Verbum sibi hominem univit, ut sicut ex corpore et anima rationali unus est homo, ita ex homine et Deo unus sit Jesus Christus, non compositus, sed ineffabiliter perexsistens natus, *ibid.*
Christus cur immolatus, 411. Cum Christus dicitur passus, mortuus et sepultus, tertiaque die resurrexisse et ascendisse cœlos, neque Christo divisio, neque passibilitas ascribitur; sed sicut homo, qui utique caro et anima est, interfectus dicitur ab aliquo, cum utique anima rationalis mortem non recipiat; ita Deus in homine, quem assumpsit, ea omnia impassibiliter pertulit, 103. Christus quinta feria post vesperam est traditus, sexta crucifixus, septima quievit in sepulcro, octava resurrexit, et inter duorum dierum partem, sive integritatem noctium triduo facto a corde, id est interioribus terræ, ad apostolos rediit, 410. De ejus ascensione in cœlum, 624.
*Chronographia*, opus Ratherii deperditum, XIV, num. 20. In quo contemporanium sibi descripsit vitam, 576, 447.
Cicero laudatus, 30, 36, 112.
Cineratus, 290 not.
*Circus*, dictus etiam *arena* pro amphitheatro, 595.
Clemens papa allegatus, 124, 569.
Clerici aliud præter Deum non ambiant, 164. Clericorum ordines, *ibid.* Gradus clericorum varii, 471. Tres clericorum classes distinguuntur, quorum alii dicti *cardinales*, alii *titularii*, alii de *plebibus*, seu clerici ecclesiarum ruralium, 447 not. Subdiaconi et acolythi alii dicti *de secretario*, alii *cantores*, 471 not. Qui clericatu initiatur sæculo renuntiat, et se consecrat Deo, 471. Debet vivere lege canonica et episcopo subjici, *ibid.* Clericus ideo vocatur, quia est de sorte Domini, id est ad partem pertinet Dei, 425. Clericis quæ interdicta, 416 et *seqq.* Usuras percipere, conductores agere, *ibid.* Induere vestes sæculares, 417. Velita etiam venatio aucupium, aleæ ludus, etc., 549, 511, 415. Vetitum quoque agere negotia et causas sæculares, 549. Gestare arma, *ibid.*, 550, 551. Adire convivia nuptialia, 418 not.
Clerici solo barbirasio et verticis nudo cum aliquantula vestium dissimilitudine, et ex iis quæ ab iisdem aguntur in ecclesiasticis officiis, a ritu discrepant laico, 567. Cur a laicis contempti, *ibid.* Tam rari erant boni clerici, ut, indignis omnibus repulsis, vix possent inveniri qui illis sufficerentur, 455. Nonnulli pejores multo quam populares seu laici, 456. Quosnam episcopos desiderarent corrupti ejus temporis clerici, quos aversarentur, 506. Clericorum incontinentia reprehensa, 547, 427. Quam late pateret, CXXII, num. 96, 97, 444, 450. Adeo publice grassabatur et ex consuetudine inoleverat, ut mulieres in Nicæno prohibitas habere non solum crederetur licere, sed fieri oportere, credereturque a quibusdam neminem hoc facere devitantem posse carere scelere pessimo, 486. Quidam etiam inibant nuptias, quæ reprehenduntur, 424 et *seqq*. Et initæ a quibusdam publice, seu nuptu publico, 659. Clericus qui uxorem duxerat post sacram ordinationem, 550. Lex nulla altaris ministris indulget conjugia, 455. Clericorum duorum nuptiæ a patribus item clerici procuratæ reprehensæ ex illegalitate duplici, 425, 424, not. Ab altero publice initæ, ab altero occulte, 426. Rejicitur excusatio parentum ideo procuratarum has nuptias, quia in comparatione mali melius fore censebant, si filii uni conjungerentur, quam si vagarentur per plures, 425. Ne filiæ a parentibus nuptui tradantur clericis, sed laicis, 428. De conjugiis eorum qui nati erant ex clericis, 427. Clericorum duorum concertatio, quorum alter lorica, alter amica utebatur, 459. Clerici Veronenses choro addicti nolebant cantare Symbolum S. Athanasii, 565, not., 447. Pluries Ratherio episcopo juraverunt fidelitatem, 495. A

eodem non promovebantur, nisi aut in civitate, aut in aliquo monasterio, aut apud aliquem sapientem litteris erudirentur, et idonei essent ecclesiasticæ dignitati, 419.

*Cleronomi* appellati, qui laudibus Deo canendis erant addicti, 365 not.

*Climax Syrmatis*, opuscu'um Ratherii, 205.

*Clinicus* pro homine membris contracto et paralytico, 431.

Cœna (in) Domini lotio pedum pauperum facta, 606. Pœnitentium publicorum reconciliatio. V. *Pœnitentes*. De communione in die Cœnæ Domini. V. *Eucharistia*.

Coloniensis synodus episcoporum in translatione Ratherii ad sedem Leodicensem, 218 not. In ea expensum num hæc translatio contraria esset sacris canonibus, *ib*. not. *Judicium Præsulum* dicta sententia pro Ratherio edita, 207.

Columbani (B) liber, ex quo similitudo quædam excerpta, 489.

Comitatum adire sine licentia episcopi clericis vetitum, 507 not.

Comites Veronenses. V. *Bucco, Milo, Nanno*.

Comniaclæ castrum, Italice *Commachio*, 95.

*Commendati* quinam appellati, 52 not., 54 not., 55.

Communio corporis et sanguinis Domini quater aut ter in anno percipienda. V. *Eucharistia*. Communio sanctorum, ob quam inter cætera illis qui non possunt jejunare propter infirmitatem, proficit jejunium quod generalis facit Ecclesia, 421.

*Communitas* regularis prætextu penuriæ violata, et proprietatis vitium eo nomine inductum, 266 not.

*Componere* pro luere aut expiare delictum pretio aut transactione, 55 not.

*Compositio* pro solutione mulctæ aut redemptione pœnæ, 587 not.

*Computus* ecclesiasticus minor quid complectebatur, 419. Discendus a clericis, si possibile est, *ibid*.

*Concentor*, usitatius *compilator* dictus, qui ex aliorum textibus opus compingit, 188.

Concilium generale Romæ cogendum ex episcopis, qui cum Ottone I ad apostolicam sedem erant migraturi, sperabat Ratherius, 459, 440. Eo is volebat proficisci ob solutionem cujusdam quæstionis, *ibid*. Coactum fuit anno 967, not. 410. Conciliorum omissio, 150.

Confessionis necessitas, Salutem non consequeris, nisi te peccasse confitearis, 455. Peccatores mortui resurgunt per confessionem, pœnitentiam et Dei misericordiam, 603. Post peccatum velocissima sit confessio et pœnitentia, 258. Quid prodest confessio, nisi sequatur illorum, quæ confiteris, relictio? 255. Non revertendum ad crimina, 628. Confessionis formula, 251. Conditiones confessionis, 628. Confessio peccatorum, 603. Etiam in articulo mortis, 75. Confessio in Quadragesima et in periculo mortis, 255. Ad confessionem plebs invitanda feria quarta ante Quadragesimam, 417.

*Congium*, mensura vini minor modio, 342.

Conjugium bonum, 51. Quodnam sit inculpabile, *ibid*. Quodnam veniale, 52. De ducentibus uxorem propter dotem, 54. Quatenus conjuges sint duo in carne una, 55, 56. Conjugalis concubitus ob intentionem generandi inculpabilis, 52. Quando honestus, quando venialis vel mortalis, 55. Ob solam voluptatem non caret culpa, sed propter nuptias est venialis. Ut conjugati certis temporibus ab uxoribus abstineant, admonendi, 427. Quibus diebus, 420. Cum ipsarum consensu, 55. Consensu parili, 625. Conjugium est indissolubile, 51, 55, 56. Vivente viro mulieri nubere alteri non admittitur, 544.

Conradus dux, qui contra Ottonem regem agebat, 219. Alias dictus etiam Conon frater Warnerii, 251. Dux Lotharingiæ ab Ottone institutus, dein ob rebellionem depositus, LXXVI. Quando reconciliatus cum eodem, pro quo etiam dimicans obiit, LXXIV.

Conradus, qui Hornæ ordines exercuit ecclesiasticos, 521.

Consiliarii quinam esse debent, 55. Qui eligendi, 56. Qui vitandi, *ibid*. Nihil magis officit iis qui præsunt quam fraus et perfidia consiliariorum, 597.

Constantinopolitani concilii canon laudatus, 529.

Constantinus, apostolicæ sedis invasor, condemnatus, 551, 451.

Consuetudo prædecessorum contraria canonibus reprobata, 545, 447, 481, 487, 488. Lex potius quam consuetudo tenenda, 575. Peccata ex consuetudine quasi usualiter adeo usurpantur, ut neque trahantur in culpam, 450. Etsi corruptela disciplinæ canonicæ eo deveniat, ut deponendos legaliter nemo deponat, damnandos nemo condemnet, nullus tamen reus damnationem poterit evadere, 450, 451.]

Contractus (res, commutationis, libellarii, et precariæ,

quibus bona ab ecclesiis perperam fuerunt distracta, 590. not. Recisi ab Ottone imperatore, 466. Et ab aliis imperatoribus, *ibid*., not. Contractus libellarii annos novem et viginti non excedant, et cur, 514, not.

*Conversi* dicti pœnitentes, 504.

Conversio a Deo, et unde obduratio, 455. Conversio non est difficilis aut tarda apud Deum, cui ipsa justitiæ placet inchoatio, 76. Conversio non differenda, 178. Recentiora citius quam vetustiora vulnera usus docet curari, 642. Peccatores, dum sani sunt, converti velocissime festinent, ne si dum possunt, non volunt, dum voluerint, non possint, 578, 579. Senes ad conversionem excitantur, 72, *et seqq*. De conversione in articulo mortis, 75. Quocunque tempore quis convertatur, et a diabolo transeat ad Christum, paschalem veraciter agit solemnitatem, 615. Impedimenta conversionis diversa a diabolo injecta, 261. Non sufficit malum deserere, sed et bonum faciendum ab eo, qui convertitur, 603. Cessans a peccato ex. gr. fornicationis ob infirmitatem vel sevium, non desinit esse fornicator, si quousque potest non desinit fornicari, et fornicationem relictam jejuniis, eleemosynis, et lacrymosis gemitibus non studet mundare, 455. De relabentibus post conversionem, 431.

Cor quid significet, 152. Recitare *ex corde* pro memoriter, 419 not.

Correctio præsertim a prælatis et superioribus neglecta quantum sit crimen. Vide *Negligentia*.

Credere Deo, et credere in Deum quid differant. V. *Fides*.

*Credulitas* pro fide, 469.

*Creperum* pro *dubio*, 196, c. 269.

Crux super oblata in missæ sacrificio quomodo facienda 415.

*Cumba* pro cymba, 554.

*Cuphia* parvi galeri species, 510 not.

*Curatura* ab Italis dicta vectigal e mercatis publicis exactum, 26 not.

*Cursus* pro horis canonicis dictus, 414.

Cyprianus (S.) laudatus, 58.

## D

Dæmones per suam naturam possunt facere mira multa, si a Deo permittantur, 20. Cur Deus permittat, *ibid*. Dæmonum præstigia aliquos decipientia, 20. Dæmon animas invadit statim, ubi eas Deus justo judicio deserit, 579. Adversus dæmonem fortiter pugnandum, *ibid*.

Decalogi præcepta, 169, 170 *et seqq*.

Decimæ ecclesiarum et plebium aliis assignatæ, 605 not. Datæ quandoque diaconis et quandoque ex causa ablatæ, *ibid*.

*Decimari*, 342.

*Depretio* pro vilius æstimare, deprimere, 44.

Desperatio abigenda, 159, 262, 555, 451, 578, 590, 622. Etiam in articulo mortis, 75. Remedium contra desperationem oratio, 262. Dolor de peccatis, 555. De se desperandum, non vero de misericordia Dei, 264, 432. Cur Ratherius probaturus non esse desperandum de quolibet, quandiu vivit, sæpe usus sit illo textu : *Nescit homo, utrum amore, an odio dignus sit*, etc, 451 *et seqq*., 455.

Deus melius mirando et credendo, quam cogitando, ratiocinando vel loquendo profertur, 81. De Deo nihil proprium dici ab hominibus potest, 595. Dei ineffabilis potestas, et natura, quam finire omnium qui fuerunt, sunt, aut erunt, non valuerunt, valent, valebunt loquendo sermones, 595. Explicari potest non quid sit Deus, sed quid non sit, 597. Deus immutabilis, in se mutabilia continet, 146. Dei potestas, 82. Deo idem est posse quod velle, 96. Deus nihil non potest nisi quod posse non vult, 159. Omnis creatura sive visibilis, sive invisibilis, sive corporea, sive incorporea nihil omnino esset, si non esset Deus omnia utique animans, 594. Quidquid movetur, per ipsum movetur, adeo ut homicidæ ipsi, fures, adulteri ipsum a Deo habeant, quo pessime abutuntur, motum, cum a se ipsis malæ motionis habeant vitium, 595.

Deus omnia novit, antequam fiant, 175. Dei præscientia, 591. In ejus præscientia, seu tutius scientia jam est, quod absque dubio futurum est, 256. Deus incircumscriptus, ubique totus, nusquam minor, nusquam major, 595. Dei præsentia cogitanda, 642. Dei perfectiones in icatæ, et quædam recensitæ, 498. Refellitur eorum error, qui Deo corpus tribuebant, 595 Deus quædam partialiter, licet nolit, 119. Quatenus omnia sint a Deo, 154. Peccata non sunt a Deo, 135. Adeo Deo displicent mala, ut nulla placeant et mixta malis bona, 568. Non putemus Deo placere ea bona, quæ malorum sequentium vicissitudine fuerint compensata, *ibid*. Deus novit multa bona facere etiam per iniquos, cum converti ad adjutorium, quod paratum est ad necendum, 514. Ad quoslibet usus voluerit etiam ea quæ non diligit, sibi servire compellit, 155. Quo sensu intelligenda quædam loca, quibus Deus dicitur *Indurare cor, tradere in reprobum sensum,* etc., *ibid.* Deus animas justo judicio deserit, si ipsæ eum prius deseruerint, 579. Quamvis innumeras se deserentes minime deserit, hoc magis ex misericordia, quam ex justitia, *ibid.* Deus cur dicatur *zelotes,* 57.

Diaconi quales esse debeant, et cælibatus ab iisdem custodiendus, 164.

Dies Cœnæ Domini quomodo colebatur, 585.

Dies Dominica cur ita appelletur, 410. Si dies Dominica est Domini dies, utique non est dies nostra, et uti dies Dominici cum reverentia est honoranda, 411. Omnis dies Dominica est paschalis, quia resurrectione Domini decorata, 412. Alios dies Dominus fecit imperio suo, Dominicum fecit sanguine suo, et dedicavit pretio suo, *ibid.* Reprehenditur qui nuptias perfecit nocte Dominica, 426.

Diebus festis abstinendum ab opere servili et a peccatis, 411. Quomodo observandi, 411. Diebus iisdem olim vetita opera servilia a vespera in vesperam, 417 not. Ratherius cum excommunicatione interdixit, ut Dominica die ab opere servili cessaretur; idque cum obtinere non potuisset, portas civitatis obserari contra venientia plaustra præcepit, 564. Porcarii et alii pastores vel Dominica die ad missam veniant, 418.

*Dihorno,* 506 not.

Disciplinæ canones varii, cum non omnia omnibus locis atque temporibus congruant, 441. Consuetudines ecclesiarum diversæ, 81.

Discipuli quomodo se gerere debent, 58. Discipulorum ingeniorumque diversitas, *ibid.*

Divites terrenorum bonorum vicissitudines considerent, 40. Ne otiositati studeant, 41. Divitum sollicitudines et cruciatus, 42, 46. Duo divitum species, malorum et bonorum, 43. Qui sint boni, *ibid.*, 46. Qui mali, 43. Tria divitum malorum genera, 46. Ratherius malebat sufficiens esse quam dives, 585. Divites, quorum humilitas multorum pauperum mansuetudinem vincit, 48.

Divitiarum recta dispensatio quæ, 41. V. *Eleemosyna.*

Dolose et simulate agere quam detestandum, 78.

Domini quomodo se gerant erga servos, 56. Qua discretione uti debent, *ibid.* Quomodo illos corrigant, *ibid.*

Dos trium vineæ camporum, 423.

Druogo episcopus Osnabrugensis adfuit electioni Ratherii ad episcopatum Leodicensem, 218 not.

Duces Forojulienses sub Longobardis jus suum extra Forum Julium non extendebant, xcv.

*Duces nostri* quinam a Ratherio appellati, 555 not., 554.

## E

Ecclesia catholica est una, 81. In ea misti sunt mali cum bonis, et salvandi cum damnandis, 565. Licet multi mali sint in Ecclesia, non tamen illud tempus præteriit, quod ipse Dominus ite eidem loquens imposuit : *Ecce ego vobiscum sum usque ad consummationem sæculi,* 431. Ecclesiæ advocati sunt reges, 157.

Ecclesiæ redditus ad jus pertinent sacerdotum, seu episcoporum, 105, 505, 504. Quomodo intelligenda illa : *Quidquid Ecclesiæ confertur, sanctum est sanctorum Domini, ibid.* Ecclesiæ redditus in quatuor partes dividendi ex sacris canonibus, 145, 419, 504. Per abusum dati in beneficium militibus, seu nobilibus viris, 505 not. Eorumdem reddituum æqua distributio episcoporum dispositioni a canonibus commissa, 539, 491, cxxvii, num. 101. Id episcoporum munus late probatur, 342 *et seqq.* Quando et quatenus hoc officium exsequi non dedecerat episcopos, 344. Præcipua norma distributionis ex charitate sumenda, 341. Minus æqua distributio a Ratherio notata in redditibus Veronensis ecclesiæ, 492. Quippe qui fere cedebant solis presbyteris atque diaconibus, 342. At juxta aliarum ecclesiarum consuetudinem divisi singulis prout cuique opus erat, *ibid.* Minus æqua distributio quot mala pepererit, cxxvii. Æquior distributio facienda per modios et sextaria, non per vineas et campos, 470, cli, num. 122. Ex divisione per campos ortæ præbendæ, quæ certis presbyteris et diaconibus competunt, cxxvi.

Ecclesiæ collata in Dei cultum quam utilia sint conferentibus, 470. Ecclesiæ res auferre sacrilegium est, 92. Bona Ecclesiæ non alienanda, nec commutanda, 417. A nonnullis per potestatem occupata, 585, 590, 598. Quibus contractibus perperam distracta. V. *Contractus.* Quidquid acquisivit presbyter seu clericus ex bonis Ecclesiæ, cedit eidem Ecclesiæ, 207, 416. Quæ antea habuit clericus, pro libitu disponere potest, 266. Lege canonica vetitum de Ecclesiæ bonis dare aliquid consanguineis, 388.

Ecclesia Veronæ nuncupata *S. Maria Consolatrix,* 471, 511. Alibi autem sine Mariæ nomine dicta *Ista S. Consolatrix,* 475. Ecclesiæ Veronenses passim aut incendio paganorum, aut incuria pseudo-episcoporum aut penitus dirutæ, aut magna ex parte destructæ, 504. Ecclesiarum archivi continebant canones et decreta, 369. Ecclesiarum consuetudines diversæ, 81.

Ecclesiastica potestas, 81, 82.

Egesippus allegatus, 158.

Eleemosyna eroganda, 41, 42. Non facienda ex alieno, 14, 126, 587. Nec ex eo quod ab aliquo datum fuit in alium usum, etiam pium, 501 *et seqq.* Eleemosyna a divitibus facienda dum vivunt, 41. Quatenus etiam pauperes eleemosynam facere queant, 48, 588, 610. Eleemosyna quibus facienda, 126. Præcipue sanctis et pauperibus spiritu, 502. His potius tribuenda, qui dum acceperint erubescunt, 548. Divitibus et nobilibus in egestatem devolutis potissimum danda, 151, 548. Qualiter facienda, 129. Qui plus indiget, plus accipiat, 587. Tribuamus potius bono quam malo, si possint discerni; si non, sequamur dicentem : *Ne eligas cui miserearis, ibid.* Quid de valentibus opere manuum sibi victum acquirere, 505. Vitanda inanis gloria, 587. Nam eleemosyna facta ob inanem gloriam, vitiosa est, 130. Eleemosynæ pro peccatis erogatæ meritum, 150 Non tamen sufficit ad mundanda graviora peccata, 128. Eleemosynæ species, si proximum recto consilio, sive arguendo, sive obsecrando, sive increpando a viam Domini digamus, 587.

Episcopi a Deo instituti ut Reges, at multo præstantiores quam reges, et cur, 104. Væ episcopis qui a Deo missi non sunt, 105. Episcopi quam sint reverendi, 80, 82. Etiamsi negligentes, 86. Aut mali, 87. Cur etiam mali sunt venerandi, 262, 265. Non injuriandi, 82, 84. Mos osculandi pedes episcoporum, 579. Dii et angeli appellati, 80. Quanta eorum spiritualis potestas, 81. Quanta dignitas, 84, 110. Spiritus sanctus etiam peccatori sæpe adest episcopo, 87. Sal dicti episcopi, et cur, 88. Quid erga reges episcopi debeant, 105. Regum erga episcopos officia, *ibid.* Episcopi quatenus judicandi, 106, 113.

Episcopus Græce, superintendens dicitur latine, 564. Episcopus qualis esse debeat, 139 *et seqq.* Episcopi onus et pondus, 141. Officia, 109. De negligentibus officium pascendi, 145. Ne gregem dimittant in tempestate et necessitate communi, 110, 151. Obloculiones ab episcopo ferendæ, 158. Episcopi zelus, illi maxima est contradictio, 151. Non metuendum ab episcopo in tribulationibus, *ibid.*, 152. Tres episcoporum species, in tempestatibus fugientium, cadentium, et obtinentium victoriam, 151. Episcopus debet et activam et contemplativam vitam gerere, 639. Episcoporum quorumdam vitia, 145 *et seqq.* 566 Episcoporum mala vita quantum officio eorum præjudicet, 564. Ex eorum culpa ortus contemptus canonum. 566. Ex corruptione latius grassante nemo fere inventus idoneus qui eligeretur, *ibid.* Episcopus ludens ad tabulas illusus, 155. Episcopus ex monachis assumptus habitum monasticum retineat, 156. Eo induebatur Ratherius adhuc episcopus, 221. Quomodo episcopus e monachis assumptus vivere debet, 156. Episcopus e sua sede pulsus, si recuperare sedem nequit, alium episcopatum vacantem posse consequi canonice conceditur, 208. Translationes ejusmodi quatenus probatæ, lxxi, 212, 218 not., 231, 548. Antiqua translationum exempla, 511. Episcop is qua ratione electus, 207, 218. Concessione regis, 207 Consensu clericorum, qui legibus requirebatur, 548. Populi assensu conjuncto, 548. Professio facta ab ordinato, quod semper obediet canonicis præceptis, 208. Ritus instituendi episcopum traditione baculi pastoralis ante altare, 209 not. Concio eodem die habita, 210. Electio ab archiepiscopo et coepiscopis subscripta, 210 not. Acclamationes et sonus campanarum, etc., *ibid.* Documenta ordinum collatorum, consecrationum aliorumque actorum, in quibus est chrismatis usus, ab episcopo subscripta fuisse videntur, 445 not. Episcopi per abusum electi non virtutum merito, sed titulo nobilitatis terrenæ, 159. Vel suffragio et officiis sæcularibus, *ibid.* Nobis scholis tradi videbantur magis ambitu episcopandi quam cupiditate Domino serviendi, 562. Ex his quidam sine examine promoti ad sacerdotium, 550, 562. De illis qui sine congruis dotibus episcopi facti sunt, 142.

Erimbertus verborum contortor, legum distortor, 587. 426 not.

Erminus (S.), 202.

Eucharistia, in qua est caro Redemptoris, 87. Dicta sacramentum corporis et sanguinis Domini, 252. De præsentia corporis Christi in Eucharistia, 257 not., 258 not., 360. Transsubstantiatio vini in verum sanguinem, et panis in carnem Christi explicata, 525. Corpus et sanguis Christi conficitur in missa, 602. Divini Agni corpus et sanguis communicaturis propinatur, 607, 609, 610. Eucharistia quomodo sumenda, 257, 258. Ante ejus perceptionem mundandum cordis hospitium, custodiendum post perceptionem, 259. Excludenda omnis malevola intentio, 561. Discrimen inter sumentes digne vel indigne, 561. De communicantibus indigne, 413. Illum indigne Eucharistiam percipere sancti doctores definiunt, qui eo tempore præsumpserit communicare, quod deberet pœnitentiam agere, 553. Indigne communicanti quod debuerat fore salvatio, est factum damnatio, 560. Id fit non sua natura, sed vitio accipientis, 561.

Eucharistiæ administrandæ formula, 612 not., 616. Eucharistia servata in buxida seu pyxide pro infirmis, 414. Nullus eam tradat laico vel feminæ deferendam infirmo, 415. Quater in anno percipienda, in Natali Domini, in Cœna Domini, in Pascha et Pentecoste, 417. Alias ter tantum in anno percipienda dicebatur, omisso die Cœnæ Domini, ibid., not. Die Cœnæ servato jejunio usque ad nonam, ut dicebas cæteris, corporis et sanguinis Christi percipiebatur sacramentum, 583. De quæstione, num præstet Eucharistiam frequentius, an raro sumere, 527 not. Osculum sacerdoti communionem præbenti datum, 600.

Eugenii papæ decretum laudatur, 341, 304.
Eulogiæ diebus festis post missam distribuendæ, 417. Quid eulogiarum nomine intelligatur, ibid. not.
Evaristi papæ decretum, 545
Everacli Leodicensis ad Ratherium epistola, 569. Hunc laudat invitatque ad redeundum in patriam, 570.
Excommunicatio ab episcopo in archiepiscopum lata cujus generis fuerit, 255 not. Quorum excommunicatio soleret contemni, 565. Non communicandum cum excommunicatis, 417. Cum excommunicatis communicans est excommunicatus, 439.
Exempla malorum ad defensionem vel excusationem non prosunt, 89.
Exorcistæ, 164.

## F

Factitii dicti, qui noviter facti sunt divites, 61.
Factura pro veneficio, 170.
Fano pro manipulo vel mappula in celebrazione missæ adhibita, 414 not.
Fello pro perfido, 292, 586.
Feminæ quomodo se gerant, 51. Sanctæ feminæ martyres, ibid. Nulla femina ad altare accedat, nec calicem tangat, 414.
Fidei professio facta a Ratherio, 101.
Fidei mysteria non valent comprehendi, sunt autem credenda, non discutienda, 524. Credamus quæ de Deo nondum intelligimus, ut credendo videre et intelligere valeamus, 65. Fides et credulitas Deo promissæ acceptæ, 409. Quid differat inter credere Deo, et credere in Deum, 600, 626, 631 not. Fides tres, seu tria symbola fidei, scilicet Symbolum apostolorum, illud quod in missa canitur, et S. Athanasii memoriter tenenda, 409, 410, 419. Fides, quam dicimus S. Athanasii, 103. Aliter vocata descriptio beati Athanasii, 447.
Filiorum officia, 60. Quam fœdum sit filium divitem sinere patrem mendicare, 61. Filios natos exponere quam sit culpabile, 53.
Fillones qui appellati, 575 not.
Folbertus episcopus Cameracensis adfuit electioni Ratherii ad episcopatum Leodicensem, 218 not.
Follis diabolus Latiali rusticitate appellatus, et cur, 515 not.
Forojuliensis marchia. V. Marchia.
Forojuliensium ducum jurisdictio sub Francis quæ fuerit, xcv.
Fortitudo quid sit, 79.
Franciloquus sermo, 45.
Fulcuini locus de Ratherio expensus, cv. Alius locus, in quo nihil corrigendum, LXXIX. Explicatur, LXXX, LXXXII et seqq.

## G

Galerus Hungaricus, 147.
Gangrensis canon laudatus, 340.
Gardæ castrum munitissimum in diœcesi Veronensi, 595 not. Ottonis imperatoris præcepto episcopi et clerici ad ejus obsidionem excitati, quatenus se excusarint, 348. Quando id contigerit, CXIV.
Gastaldus qui soleret vulgo appellari, 36 not.
Gauseningi castrum in diœcesi Veronensi, XLII.
Gelasii I papæ decretum laudatum, 340.
Giselpertus missus Nannonis comitis, 562 not.
Græcæ linguæ studium sæculo quoque decimo excultum, XXXI.
Gratia Dei quantum possit, 159, 262, 513, 642. Domini gratia peccatricem intus traxit per misericordiam, 65.
Gratia Dei præveniens, 453. Anticipans Dei gratia, 621.

Cooperans Dei gratia, 623. Cooperatur gratia operantibus, 625. Gratuita Dei gratia, quæ id quod miserando, inspirat miserando ut perficiatur, adjuvat, 171. S. Metro adjuvante gratia conversus, 315. Gratiæ divinæ necessitas, 59, 161, 178. Possibilitas boni a Deo, 59, 107. Non diffidamus de possibilitate, si non deficimus voluntate, 628. Initium et perfectio bonorum operum a Deo, 167. Proficere in bono Deus præstat, 62. Bonum nemo sibi superbe tribuat, 578. Salus ex gratia, 72, 136. A Deo petendum velle, posse et perficere quæ illi placent et nobis expediunt, 456. Gratia Dei sum, si quid sum, 526. Animas justo Deus judicio deserit, si cum prius deseruerint ipsæ, 579. Quanquam et innumeras se deserentes ipse minime deseruerit, sed hoc ex misericordia, ibid.

Gratiarum actio Deo referenda, 578.
Gregorius (S.) Magnus laudatus, 28, 36, 38, 59, 59, 62, 74, 108, 127, 162, 169, 183, 184, 185, 252, 284, 287, 289, 293, 353, 358, 363, 370, 389, 397, 427, 453, 458, 455, 456, 482, 490, 491, 501, 544, 548, 585, 595, 598, 656, 657, 640. Litaniæ majores institui, 623 not. Factum S. Gregorii de Maximo episcopo, 261.
Guillelmus archiepiscopus Moguntinus Vide Willelmus.
Gulæ crimina diversa, 266. Triplex gulæ vitium diebus jejunii, 584 not.
Gutta cadiva quæ, 51 not.
Gutteria, morbus gutturis, 201.
Gyrovagus, 558.

## H

Hæresium, vestis ex panno optimo, 147.
Hæreticorum hoc proprium est, ut confutari oppido, vinci vero non facile valeant, 596.
Hauritorium, instrumentum hauriendi, 45.
Henricus I, Bajoariorum dux, primus Veronensis marchio, c.
Henricus II, Henrici I filius, post patris mortem ab Ottone I eadem marchia Veronensi donatus, CI. Hunc et Juditham ejus matrem Ratherius ducum nostrorum nomine appellat, ibid.
Henricus minor, Bertoldi seu Bertolfi olim Bajoariæ ducis filius, Carinthiæ dux, et Veronensis marchio, CII, CIII.
Herigerus abbas Lobiensis creditur auctor operis a Celtotio editi, in quo agitur de corpore et sanguine Domini, XVIII.
Herodias quasi regina, imo Deo a quibusdam proposita, 20. Explicatur, ibid. not.
Hieronymus (S.) laudatus, 28, 45, 59, 126, 166, 169, 260, 270, 543, 562, 595, 548, 556, 584, 587, 613.
Hilduinus Leodicensis clericus, consecratur ejusdem ecclesiæ episcopus, XXXIV. Hac promotione in quæstionem vocata, causa cecidit, ibid. In Italiam profectus ad Hugonem regem, Notgero episcopo Veronensi mortuo ab eodem rege datur successori jure stipendiario, 538 not. Transfertur ad sedem Mediolanensem, ibid. Privilegium seu confirmatio apostolicæ sedis cum pallio archiepiscopali ad eum a Ratherio, allatum, ibid. Annus translationis Hilduini ad sedem Mediolanensem, XXXVIII, n. 16. Ratherio quem cum duxerat, videtur fuisse infensus post Hugonis victoriam contra Arnoldum, XLVI, XLVII.
Hilduinus, Transrhenensis episcopus adfuit electioni Ratherii ad episcopatum Leodicensem, 218 not.
Historia Tripartita allegatur, 99.
Homines natura æquales, et unde inæqualitas, 28, 29.
Honestus episcopus Ravennas. V. Petri Ravennatis.
Num unus, an duo Honesti episcopi sæculo decimo Ravennatensi Ecclesiæ præfuerint, CXI et seqq.
Horæ canonicæ recensitæ et debita hora cantandæ, 401, 414. Nocturnalis officii lectio, 479.
Horatius Flaccus satyrographis omnibus præferendus, 225. Allegatur, 242, 295. Metrographiæ diligentissimus, 311, 354.
Horna, comitatus in diœcesi Leodicensi, 522 not.
Horno, id est hoc anno, 166.
Hubertus episcopus et comes Parmensis, ad quem Ratherius direxit librum De contemptu canonum, 337 not. Scriptum in modum epistolæ, 490. Visus est dignus qui præficeretur universæ ecclesiæ, 533. Ratherium consuluit quomodo oraret, 572. Egit ut is Miloni episcopatum Veronensem cederet, 597.
Hugo rex Italiæ Hilduino dat episcopatum Veronensem jure stipendiario, 538. Hoc ad sedem Mediolanensem translato, quatenus Ratherium in eodem episcopatu subrogavit, 538, 539. Rebello Veronensium contra Hugonem, XLI. Veronam ab Arnoldo occupatam recuperat, XLII. Tempus hujus victoriæ, XLIV. Ratherium captivum retrusit in turrem Papiensi, XLII, 559. Rebellione excitata in Italia agente Berengario, Hugo mittit filium Mediolanum, et qua conditione res composita fuit, LVII, LVIII. Dimisit Italiam, et quo anno, LIX. In Provincia, quo se receperat, obiit, LX. Chronicæ notæ de eo, ac de ipsius filio, quæ difficultatem

facessunt, conciliatæ, vel emendatæ, LX, LXI, LXII.

Hugonis episcopi Remensis causa anno 962 in synodo Papiensi decisa, CXI.

- Humilitas, mater virtutum, 62. Quam placeat Deo, 61. Absque humilitate virtutes non sunt virtutes, sed vitia, 62.

Hymnus qui canebatur, et canitur in festo Omnium Sanctorum, a quodam notatus vindicatur, 116.

## I

Imperialis potestas dicta de rege nondum imperatore, 513 not.

- Infernus, in quo indefectiva cruciatio, 40. Æterna perditio, 72. Supplicia æterna, 265. Perennia, 261. Æterna damnatio, 622, 633. Perpetua conflagratio, 604. Inenarrabilia tormenta, 284. Damnatus quisque in æternum peribit, 441. Nihil in inferno quod non si maximum damnum, 570. Qui damnantur, pro singulis peccatis æternaliter sunt puniendi, 434. Repugnat Deo pro posse ille, qui vellet tormenta ab eo non fuisse creata, ut sibi liceret impune peccare, 294. Confutatur error quorumdam qui negabant Christianos damnatum iri in ignem æternum in inferno, 589 et seqq. Christiani peccantes majora supplicia merentur, 590.

Infidelium opera. V. Pagani.

Inimicis est dimittendum, 173.

Innocentii I decreta laudata, 330, 349.

Intentio discernenda qua quis aliquid agit, 78.

Isidorus (S.) allegatus, 26, 43, 48, 57.

Italia multis sanctorum corporibus ditata, 503. Delatoribus malignis abundat, 397.

Italiæ Cispadanæ partitio inter Walfredum et Mangifredum in partes duas sub Arnulfo Germaniæ rege, XCV.

Jejunandum a vitiis abstinendo, 580. Male jejunant, qui quod subtrahunt ventri, non tribuunt pauperibus, sed aut ventri, aut mammonæ reservant, 584. Reprehensi qui abstinentiæ diebus a peccatis non abstinent, ibid. Nulla solemnitate amplius delectatur Deus quam illo jejunio, quo a cibis abstinetur et a vitiis, 422 not.

- Jejunium Quatuor Temporum, Rogationum, et Litaniæ, 416 not. Jejunium usque ad nonam protrahendum, 420, 583, 584. Hoc primum testimonium mitigatæ disciplinæ in jejunio Quadragesimali, quod antea producendum erat usque ad vesperas, 420 not. Respondetur duobus testimoniis, quæ anteriora creduntur, et jejunium, memorant usque ad nonam producendum, ibid. V. Quadragesima. Jejunii solvendi horæ diversæ pro diversitate dierum, quibus est jejunandum, 428 not. Jejunium sine culpa ante horam non solvitur, 501. Jejunii diebus triplex gulæ vitium notatur, 583 not. Abstinentia a carne, vino et potionibus jejunii tempore, 584 not. Cum jejunio jungenda oratio et eleemosyna, 585. In eos qui gulæ servientes se excusabant dicentes, melius esse abstinere a vitiis quam a cibis, 585. Solemne jejunium vocatum Quadragesimale et quam violatum, 501.

Joannes XI papa gloriosæ indolis vocatus, 558 not. Ejus litteræ, quibus cum tota Romana Ecclesia petebat, ut Ratherius Veronensibus daretur episcopus, ibid., 559.

Joannes XII, cui inscripta est Ratherii epistola quinta, primum ut creditur, exarata sub Agapito II, 533, num. 8.

Joannes XIII ab Ottone I institutus pontifex, et cur, 440 not.

Joannes Chrysostomus (S.) os aureum appellatus laudatur, 43, 48, 182, 523.

Juda, in quem introivit Satanas post buccellam per operationem malignam, qui ante buccellam in eo fuerat per voluntatem pessimam, 621.

Judæi Veronæ sæculo decimo, 386. Eos Ratherius perstringit, qui Judæis favebant, ibid. Et illos qui cum Judæis malebant negotiari quam cum Christianis, ibid. Judæorum errores contra Christum et B. Virginem, ibid. Et circa S. Petrum, ibid. In eos qui magis Judæis patrocinia præstabant quam clericis Christianis, 387.

Judex dicitur quasi jus dicens, 25. Judices quomodo se gerere debent, 24. Judicum necessitas, ibid. Quid ad ipsis cavendum, ibid. Cupiditas non discernit justa, imo obcæcat judicum corda, 25. Judices non accipiant personam cujusquam, ibid. Judicent juxta leges et jura, ibid. Nihil pro justo judicio accipiant, 26. Quanta cautione causæ investigandæ, 597.

Judicatum dicta charta fundationis seu dotationis clericorum quorumdam Veronensium facta a Ratherio, 463, num. 1. Suscripta ab patriarcha Aquileiensi et episcopis comprovincialibus, 567. Idem et in aliis similibus quartis quandoque usitatum, 463, num. 2. Ejusdem Judicati tempus, ibid., num. 3. Dubitationes aliquot contra ipsius germanitatem inspersæ disjiciuntur, 466, num. 5. Discordia inter Ratherium et ejus clericos ex judicato potissimum erupit, 490 not.

Judicia de accusatis quomodo instituenda, 106. Absque periculo isti indiscussi non debent relinqui, 545. Judicia ecclesiastica quæ, 106, 113. Omissio eorumdem quam mala, 150. De judiciis sæcularibus, ibid. Sicut sæculariter judicatur lege mundana, ita judicatur ecclesiastice sanctione canonica, 441.

Judicium extremum, ac in eo quatuor ordines futuri, 114, 589. De judicio universali, 241. In eo verecundia damnandorum quanta, 454. In hoc mundo agenda est a nobis dies judicii de peccatis, ne judicemur a Deo in extremo judicio, 436.

Juditha dux inclyta a Ratherio memorata quænam fuerit, 382 not. Commendavit Ratherium comiti Veronæ, 392. Ejus ope ille ereptus fuit e custodia, 443.

Julii papæ sententia laudata 549.

Justitia quid sit, 79.

## K

Kalendæ nomen non tantum pro primo, sed pro quovis die mensis acceptum, 410 not.

## L

Laborantes, alii servi, alii liberi, 92, 105

Lauzonis factum cum Ratherio, 584.

Laodicensis canon laudatus, 549.

Latroni in cruce divina gratia illustrato mox obtinuit confessio perspicue Dei Filium cernere, fides præmium, pœna veniam, lamenta gaudia sempiterna, dum confessor in cruce possessor exstitit paradisi post crucem, 299.

Laurentii (S.) passio laudata, 544.

Lectionis nomine vocata Patrum testimonia textui inserta, 192 not.

Lector clericus qualis esse debet, 164.

Legationis nomen orationi tributum. V. Oratio

Leo I papa laudatus, 28, 38, 137, 349

Leonis IV decretum allegatum, 541.

Leodicensi Ecclesia vacante post mortem Stephani, magna de successione contentio inter Hilduinum et Richarium, huicque ea sedes adjudicata, XXXIV. Post Faraberti ejusdem Ecclesiæ episcopi mortem promotus Ratherius, et post ferme biennium expulsus. V. Ratherius. Baldricus per vim publicam subinde institutus. V. Baldricus Leodicensis.

Lex prioris sæculi, seu naturalis, jubet ea impendere alii, quæ sibi quis vellet ab alio præstari, 348. Lex tota implenda, 169. Lex potius quam consuetudo tenenda, 575. Cum Deo semper ambulat, qui a lege et præceptis ipsius nunquam deviando discordat, 458. Lex ecclesiastica cur vilipendatur, mundana timeatur, 567. V. Canones.

Lia vitæ activæ, Rachel contemplativæ figuram gessit. 638 not.

Libertas arbitrii, 161, 593.

Libido causat duritiem mentis, 60.

Litaniæ dictæ rogationes. V. Rogationes. S. Mamerto institutæ, 623 not.

Litteræ commendatitiæ, quas formatas vocant, ab ordinandis requisitæ, si ad aliena parochia sint, 418.

Lobiense monasterium ad Leodicensis episcopi jus aliquandiu pertinuit, ita ut qui esset Leodicensis episcopus, simul esset abbas Lobiensis XXXIV. Plura cœnobia eidem monasterio subjecta, LXXXIX. Uni ex his Ratherius præfuit, ibid.

Locotheta quis appellatus, 24 not.

Longobardi laici lege Italica viventes, 271.

Lotharius Hugonis regis filius ad rebellionem sedandam Mediolanum missus a patre, quatenus rex creatus, LVII.

Lomlare pro femoralibus, seu braccis longioribus, 147.

Lunis dies pro feria secunda, 51.

## M

Magistri quomodo se gerere debent, 57, 38. Optent magis amari quam timeri, 58. Modus docendi, 58. Magistrorum varietas, 59.

Magonziani abbatia. V. Abbatia.

Ma or a Francis quis appellatus, 26.

Ma amprum, 15 not.

Mamertus (S.) archiepiscopus Viennensis litanias minores instituit, 623 not.

Manasses archiepiscopus Arelatensis, qui et Mediolanensem Ecclesiam obtinuit, instituit ut Berengarius Ratherium comprehenderet, 540. Tendens insidias Ratherio consecravit quemdam suæ diœcesis in titulo Veronensis Ecclesiæ, 541. Quinque episcopis præfuit, 542 not. Marchio Tridentinus dictus, XCIV. Berengario contra Hugonem Italiæ regem favit, LVII. Ratherius jussu Lotharii Manassi locum cedere compulsus est, 542, LXVII. Hic Manasses Veronensem sedem Miloni comitis nepoti vendidit, 543 not. Quo anno, LXXII.

Mansus, certa quædam camporum quantitas, 542.

Manus manibus jungendo, contrahebatur a clientibus et mercenariis obligatio, 34.

Marchia unde dicta, xciv.

Marchia et comitatus, voces promiscue aliquando usurpatæ, xcvii. Marchia Aquileiensis, xciv. Marchia Forojuliensis distinguenda a Veronensi, xciv et seqq. Marchia Tarvisina non confundenda cum Veronensi, quando vocari cœpit, et cur, civ. Marchia Tridentina, xciv. Quando appellari cœpit, xcviii. Marchia Veronensis prima mentio, et quando instituta, xciv. Sententia, qua vetustior creditur ejus institutio, et solum initio sub Francis appellata fuisse marchia Forojuliensis, quæ postea dicta fuit Veronensis. *ibid.* Hæc sententia refellitur, xcv et seqq. Veronensis marchiæ extensio, *ibid.*

Marchiones omnibus civitatum marchiæ comitibus speciali jure præerant, xciv. Nulli certæ sedi affixi, xciv. Marchiones Veronenses, qui simul erant duces sive Bajoariæ, sive Carinthiæ, recensiti, c et seqq.

Maria (S.) electa Dei mater propter humilitatem, virgo ante partum, in partu et post partum, 311, 644. Castitatem ultra omnes dilexit, 311. Subiit doloris, non mortis martyrium, 517. Contra Judæos negantes ejus virginitatem, 586. S. Mariæ Virginis laudes, 61, 311. Intercessio ejus quam utilis et efficax, 311, 644.

Maria Magdalena, soror Marthæ, num eadem esset ac illa peccatrix, 65 not. De hujus conversione, *ibid.* Explicatio Evangelii de Maria et Martha, 66, 637 et seqq.

Marsi incantatores serpentum in Italia, 15 not.

Martiani Capellæ opus in scholis receptum, 409 not.

Martianistæ dicti, qui Martiani Capellæ erant studiosi, 507, 509.

Martinus (S.), 158.

Martinus episcopus Ferrariensis ob illicitas puerorum ordinationes atque simoniacas correctus, 557.

Martyres ex pueruiis, 62.

Martyrologium clerici habeant, 419.

*Massarii* dicti qui prædia colebant, 458.

*Massaritiæ* appellata prædia villicis assignata, 475 not., 487 not.

*Massulior* dictus, qui plures campos possidet, 144.

*Mastruga* pro cappa, 147.

Mathematicorum species in Africa qui, 15.

Matrimonii sacramentum est vinculum insolubile. V. *Conjugium.*

Matrum officia, 60.

Maximus (S.) citatus, 14.

Maximus Cynicus damnatus, 529, 431.

*Mediastino* pro *in medio*, 576.

Medicorum officia, 14. Discrimen inter medicamenta et veneficia, 15. Medici ne utantur superstitiosis remediis, 21.

Mediolanenses Ratherio ante ejus episcopatum proposuerunt quæstiones ex prolanis auctoribus solvendas, 527.

Melbodium monasterium a Laubaco distans duodecim fere millibus, 199.

Mendacium vitandum, 592. Præsertim a præsulibus ecclesiasticis, *ibid.* In plurimis hodierni sæculi hominibus magis mendacium abundat, quam veritas, 604. Mendaces æquantur diabolo, *ibid.*

Mercedem mercenariis non solvere, vel differre quam grave crimen sit, 28.

Mercenariorum officia, 34.

Meritum bonorum operum cooperante gratia, 625.

Metronis (S.) pœnitentia inaudita, 307, 309, 312. Acta de eo non scripta, 309. Sed e traditione accepta referuntur, 307 et seqq. Dictus promiscue confessor et martyr, 504, 508 not. Titulus martyris vindicatus, 516. Ejus corpus furto subreptum, ac de hoc Ratherii opusculum, 501 et seqq., cxii. Num et quando ejusmodi furtum contigerit, 299. Corpus sepultum in ecclesia S. Vitalis sita in suburbio Veronæ, 504. Miracula ad ejus tumbam patrata, 305, 506.

Michael (S.) feria secunda Deo missam celebrare a nonnullis per errorem dicebatur, qui et refelluntur, 596, 601.

Michaelis (S.) ecclesia Veronæ ad portam, et ad eam concursus feria secunda, 601 not. Non reprehenduntur qui ibant ad ejusmodi ecclesiam feria secunda, sed qui putabant melius esse ad illam petere feria secunda, quam in alio die, *ibid.*, 602.

Miles pro nobili viro proprio patrimonio vivens, et cur 50 not., 31. *Milites regni* appellati nobiles, 92, 105. Distincti a plebeis, 114.

Milites dicti vassalli Ecclesiæ et episcoporum, 575. Hi ut mitterentur, imperator præceperat, 437. Militum officia, et a quibus cavere debent, 13.

Militare beneficium. V. *Beneficium.*

Militaris ordo, 570.

Milo Francus genere sub Berengario I clarus, et Veronæ summa potestate præditus, xli. Idem Veronæ comes Arnoldum Bajoariæ ducem contra regem Hugonem recepit, *ibid.* Recuperata Verona ab Hugone quid egerit, xlii. Berengario II contra eumdem Hugonem favit, lvii. Ratherius ejus opera restitutus suæ sedi Veronensi, ut Manasses expelleretur, lviii. Mox patrocinatur clericis contra Ratherium, lxiii. Quot mala eidem intulerit, 540. Idem dictus marchio, eique data videtur a Berengario II marchia Tridentina, xcviii.

Milo, comitis Milonis nepotulus, 542. Veronensis episcopus natus postquam Ratherius consecratus fuit ejusdem ecclesiæ antistes, 552 not. Cur dictus Vicentinus, 551 not. Quæ in Ratherium egerit, 552. Quando episcopatum supra Ratherium se sperabat evicturum, et cur, 585 not. Episcopatum Manasses eidem vendiderat. V. *Manasses.* Quo anno, lxxii. Ordinatus cum licentia sedis apostolicæ, et cur, *ibid.*

Minister reipublicæ quomodo se gerat, et quid caveat, 26.

*Ministerialis* quis diceretur, 459 not.

Miracula et signa quæ de sanctis leguntur, non fecerunt ipsi, sed Deus per ipsos, 627.

*Mirmicoleo,* 45 not.

Misericordia quanto largiter prorogatur in præsenti, tam severe ingratis judicium intentatur in futuro, 76.

Missa S. Michaelis. V. *Michael* (S.).

Missæ sacrificium celebratum pro peccatis fidelium tam vivorum quam mortuorum, 299. In missa corpus et Sanguis Christi conficitur, 602. Quo sensu auctor scripserit oblationem in missa consecrari specialissime oratione Dominica *Pater noster,* 562 not. Missa ab aliis quotidie, ab iis raro celebrata, 522, 523. Qui quotidie missam celebrant, quotidie pascha faciunt, id est carnem Agni comedunt, et sanguinem bibunt, 412. Preces ante missam, 299. Vestes sacerdotales ad missam recensitæ, 414. Sint nitidæ, nec aliis in usibus adhibendæ, *ibid.* Non dandæ pignori, 416. Qui libri ad missam canendam usitati, 414 not. Osculum inter missarum solemnia usitatum, 148. Nullus missam cantet septima feria majoris hebdomadæ ante horam decimam, 421. Nullus in aliena parochia missam cantet sine parochiani licentia, 416. Nullus missam cantet nisi jejunus, nec cantet qui non communicat, 414. Nec cantet extra ecclesiam, nec in domibus, aut locis non consecratis, 415. Nec quisquam solus cantet, *ibid.* Missam *cantare* pro privatim dicere, 415 not. Cruces super oblata quomodo faciendæ, *ibid.* Omni die Dominica ante missam qua benedicenda, 416. Eulogiæ post missam diebus festis distribuendæ, 417. Curandum ut missa saltem Dominico die a pastoribus audiatur, 418.

*Missale plenarium* quid contineret, 414 not.

*Moderna* doctorum exempla dicta testimonia Patrum, 188. *Moderni* appellati sancti Patres, et *prisciloqui,* seu antiqui sacrarum litterarum scriptores, 333 not.

Modium non tam aridorum quam liquidorum erat mensura pro varietate locorum diversa, 401 not.

Monachus quis sit, 165. Qualis esse debeat, quid vitare, quid sequi, 164. Vota a monachis facta reddenda, 259, Proprietas præsertim vitanda, 165. Monachus nec voluntatem in propria habet potestate, 267. Quoad paupertatem nihil proprii debet habere, 267. Quam grave sit crimen, si aliquid sibi reservet, *ibid.* Pavenda duorum hac in re delinquentium exempla, 266. Qui monasterium deseruit, debet omnino redire, 271, 272, 273. Quid agendum si reditus sit impossibilis? 273.

Monachus ad episcopatum promotus quomodo se gerere debeat, 156 et seqq. Constans in voto monasterium non deserit, 221. Quantum timeat, si deseruit episcopandi gratia, 255, 260. Maxime si episcopatum ambivit, 262.

Monasterium. Parvulorum in monasterio offerendorum ritus, et professionis formula, xxix, c, 254. Hæc oblatio a parentibus vel aliis parentum loco facta, confirmabatur postea a filiis, cum ad ætatem congruam pervenissent, 254 not., xxix.

Monetarius et moneta Veronæ, 414 not.

Mors bonorum non est mors, sed natalis; malorum autem est mors immortalis, calamitas sine fine, 71.

*Multiannus,* 351, 362.

*Multimubus,* 351, 444.

*Mundeburdium* quid sit, 15. Concessum Ratherio privilegio Ottonis I, 459.

Musicam sæpe rogatus exponebat Ratherius, 659.

## N

Nanno Veronæ comes *princeps* appellatus, 558 not. Ad eum Ratherii epistola, *ibid.* Episcopum vexavit, ejusque hostibus patrocinatus est, 559. Ferebatur corruptus pecunia, et quid contra ipsum egerit, 614 not. Giselpertus ejus missus, 562. Nannonis placitum contra Ratherium,

564. Egit tanquam missus de parte imperatoris et imperatricis, 566.

Natale Domini, et abstinentia a carnibus quatuor septimanis ante ipsum Natale præscripta, 420. Continentia ab uxoribus præscripta tum in Adventu, tum viginti diebus post Natale, *ibid.*

Negligentia cavenda, 261. Prælatorum negligentia in subditis corrigendis reprehensa, 265, 268, 269, 270. Correctio non omittenda ob timiditatem alumve humanum respectum, 269. Si quod crimen præsertim publicum irreprehensum relinquatur, jure factum omnino videbitur : nullus enim non dubitat exemplum inde capere, quod compererit neminem vituperasse, 426. Prælati rei sunt non tam suorum criminum, quam eorum, quæ in subditis negligunt impedire, 267, 268, 269, 270

Negotiatio quam periculosa animæ, 22.

Negotiatores quomodo se gerere debent, 22. Dicti *cupedinarii, ibid.* not.

Neocæsarienses canones laudati, 349, 350, 450, 629.

Neronis dictum : *Modo nec amicum habeo nec inimicum,* 226.

Nicæni canones laudati, 347, 350, 459, 450, 486.

Nicolai I papæ fragmentum ex epistola Constantinopolitanæ sedi directa, quod in vulgatis desiderabatur, 350.

Nobiles quomodo se gerere debent, 28. Dicti milites regni, 92. Distincti a plebeiis, 114. Multi nobiles ignobilia, multi ignobiles nobilia sæpe fecerunt, 277. Multi gradus nobilium districti, 30 not.

Nobilitas vera in quo collocanda, 32. In nobilitate gloriatio quam mala, 29. Nobilitas magis ex proprio actu quam ex alieno pendet, 377. Nobilitas seu ingenuitas ob antiquitatem generis, 221.

Notgerus, alias Notherius, sanctæ recordationis episcopus Veronensis, cui Hilduinus successit, 538. Ejus mors quo anno acciderit, xxxv, num. 12.

Nuptiæ duorum reprehensæ ob duplicem illegalitatem, quia inchoatæ, in diebus Quadragesimæ, et quia perfectæ in nocte Dominica, 426. Nullus uxorem accipiat nisi publice celebratis nuptiis, 418. Alterius sponsam nullus ducat, *ibid.* Nuptialia bona, 34. V. *Conjugium.*

## O

Obedientia, ob quam nunquam malum faciendum est, nonnunquam vero bonum intermittendum, 501.

Oderaldus monachus, qui reprehenditur ob emptam prælationem libris octoginta, 281.

*Olympionices* dictus, qui in certamine olympionico vincebat, 194.

Omnipotentiam inter et potentiam ea discretio est quod ista quædam, illa omnia potest, 315. Nihil valet potentia contradicente omnipotentia, *ibid.*

Opera misericordiæ, 172.

*Opus* pro utilitate acceptum, 275 not.

Oratio pro vivis invicem utilis, 299. Oratio vocata *legatio precum* ad Deum, 261, 275, 274. Oratio pro quibus facienda, et qualis esse debet, 585, 586. Orandum indesinenter, 578. Et perseveranter, donec exaudiamur, 591. Orandum cum fiducia in Deum, 262. Nunquam sine gemitu orandum, 388. Evagationes mentis in oratione quam sint noxiæ, 386. Nisi clamanteni ad adjuves pauperem, non te exaudiet Deus orantem, 580. Contra desperationem orationis remedium, 262. Oratio pro mortuis, 240. Oratio pro conversione obtinenda, 622. Pro die Dominica in Albis, 618. Oratio in quibusdam psalteriis inventa quam utilis, si quotidie dicatur, et cooperando impetretur, ut exaudiri mereamur, 436. Domi quilibet adorare potest Deum in spiritu et veritate, 457.

*Ordinarii* dicti canonici cathedralis Veronensis, 509, 565. Sicut et alibi vocabantur, 445 not.

Ordinati ab invasore suspendendum, 527. Mitigatur hæc sententia, 528. Quidam ab eo ordinati presbyteri ad episcopatum, promoti, *ibid.* De diacono ad episcopatum promoto per saltum, *ibid.* Quatenus ab auctoribus defensæ ejusmodi ordinationes, *ibid.* not.

Ordines ecclesiasticos exercere quo peculiari sensu acceptum, 521 not. Requisita pro ordinibus suscipiendis, 418. Ordinationes procurantes sine debitis conditionibus, ut habeant unde vivant, reprehenduntur, 470. Ordinationes puerorum illicitæ, et pro pretio factæ perstringuntur, 377.

Ordo baptizandi ad succurrendum infirmis, 419. Ordo reconciliandi juxta modum sibi canonice reservatum, *ibid.* Canones hac de re recitati, 229 *et seqq.* Ordo ungendi infirmos, 419. Ordo et preces in exsequiis defunctorum, *ibid.*

Ordo militaris, 570.

*Orma* pro anathema, 522.

Ostiarius qualis esse debet, 164. Ostiarii episcopo astabant, ut ejus mandatis præsto essent, unde et *a latere missi* dicuntur, 562 not.

Otiositas cavenda etiam a divitibus, 41. Homini laborandum, *ibid.* Otiositas in via spirituali quam fugienda, 26.

Otto I imperator Italiam bis triumphaturus intravit, 299, num. 3, 531. Prior ingressus cum filio Liutulfo quo anno contigit, LXIX. Conatus est restituere. Ratherium in sedem Veronensem, 217, 542. Cur impeditus, 542. Ejus elogium, 396, 440. Privilegium ab eo concessum Ratherio et Ecclesiæ Veronensi, 457 *et seqq.* Verona discessurus dedit Ratherio pecuniam, qua perficeret basilicam S. Zenonis, 300. Secundus ejus ingressus in Italiam assignandus an. 961, cv. Quo Ratherius restitutus fuit, cvi *et seqq.* Ejus edictum pro Ratherio explicatur, cxii.

## P

Pagani ob aliquid boni remunerandi in præsenti, cruciandi in sempiternum, 71.

*Palæstrita imperator,* 10, 187.

Papiensis synodus anni 962, et tres causæ in ea decisæ cvii, num. 85 *et seqq.*

Paradisi gloria, in qua animæ sanctæ, 102. Idem esse ibi cum Deo gaudere quod regnare, contra errorem cujusdam propugnatur, 116.

Parasceve moraliter explicatur, 412.

Parvuli martyres, 62. Monita pro parvulis, *ibid.*

Pascha, id est transitus Domini de morte ad vitam, 411. Pascha Christus est, quia immolatus, *ibid,* 412.

Paschale festum quomodo et quo gaudio celebrandum, 608. In eo sumendum corpus et sanguis Christi Agni, 607, 609, 610, 612.

Paschasii Ratberti opus *De corpore et sanguine Domini* laudatum, 286. Ratherio perperam tributum, xvii, num. 25.

Patricius, ad quem Ratherius epistolam dedit. 521, 522.

Patris officia, 60.

Pauperes quatenus eleemosynam facere possint, 48. Contra pauperes desides, 49. Opere victum acquirant, 47. Si non possint operari, quid agant, 49. Pauperum quorumdam superbia divitum elationem excedit, 48.

Paupertas regularis. V. *Proprietas, Monachus.*

Peccata publica episcopo reservata, 421. Peccatum originale, 62. Originale et actuale, 160. Peccata quotidiana et leviora, 127. Quomodo purganda, *ibid.* Peccata criminalia et leviora distinguenda, 590. Distinctio peccati venialis et mortalis in concubitu conjugali, qui ob solam intentionem generandi est inculpabilis, 52, 53. Peccati gravitas ob præsentiam Dei læsam, 353, 642.

Peccatori in inferno nihil prosunt, quæcunque fecit bona, 368. Recidentibus in peccata, nec unquam permanenter conversis melius fuisset, si de primo Dei contemptu justam percepissent sententiam, quam tandiu exspectatos tam innumeros contraxisse reatus pro singulis æternaliter puniendos, 434. Quam grave est crimen, quod etiam criminoso moriente non potest finem accipere, 427. Qui cecidit, non differat surgere, 178. Recentiora citius quam vetustiora vulnera usus docet curari, 642.

*Pedalum* baculus pontificalis, 114.

Periculum. Quod periculosum est uni, non debet passim a multis ambiri, 25.

Perjurii malum quantum sit, 26.

Persecutiones quomodo ferendæ, 85.

Perseverantia quam necessaria. 185, 605.

Persius allegatus, 59.

Petri episcopi Ravennatis causa decisa in synodo Papiensi contra Honestum, cviii, num. 84.

Photius damnatus, 350, 431.

*Pigmentum* pro potione ex diversis speciebus confecta, 15. Frequens ejus usus apud Italos, 367.

*Pitaciolum* pro schedu'a, seu libello breviori, in quo aliquid scribebatur, 559 not.

Plato in Timæo laudatus, 185.

Plautus, 639.

Plebanis presbyteris vetitum erat clericum facere, seu inter clericos quemquam ascribere, aut clericali habitu induere sine episcopi licentia, 421. De peccatis occultis pœnitentiam dare poterant; at de publicis deferre debebant ad episcopum, *ibid.* V. *Pœnitentia.*

*Plebs cum curie* quid significet, 565, not.

Plinius Secundus allegatur, 242.

Pœnitentes scopis aut virgis percussi, 555 not. Habitu pœnitentes distincti a cæteris, 602 not. Nihil illis prodest habitus mutatio, nisi adsit cordis conversio, *ibid.* Imo provocat iram Dei, cum non solum in peccatis remaneant, sed etiam licto corde conversionem habitu mentiantur, *ibid.* Quod habitu demonstratur, in corde potius exhibendum, 603. De pœnitentibus, 172. Quibuscunque criminosis est locus pœnitentiæ, 452. Qui illicita perpetravit, etiam a licitis sese caute restringat, 174. Non prodest pœnitentia illis, qui peccatum, quod plangunt, non deserunt, 570. Minus digne pœnitentes, ad reconciliationem non adducantur, 416. Post pœnitentiam, scilicet publicam, nec clericus quis esse lege canonica sinitur, 452.

Pœnitentia injungenda sicut in Pœnitentiali, 417. Plebani pœnitentiam injungebant juxta qualitatem delicti feria quarta ante Quadragesimam, *ibid*. Qua solius episcopi erat publicos pœnitentes reconciliare, quod fiebat feria quinta in Cœna Domini, 42 not. Plebani poterant pœnitentiam dare de peccatis occultis, at de publicis deferendum erat ad episcopum, 421. Exemplum cujusdam Scoti genæ, qui episcopatum invaserat, et qua pœnitentia purgatus, et episcopatui quomodo restitutus, 453. Pœnitentiæ publicæ redemptio per eleemosynas induc a, 416 not.

Pœnitentiale presbyteri habeant, 419.

Pollutio dormientium aut vigilantium, 60

*Portus* castellum in diœcesi Veronensi, cujus ripaticum concessum est episcopatui, 438.

* Præcepta Dominica alia generaliter omnibus, alia specialiter aliquibus congruentia, 12.

Præda quam displiceat Deo, 15.

Prædicatio aliquibus utilis non omittenda, tametsi in aliquibus suscitet iracundiam, 489.

*Præfationum* nomine appellati integri libri, 188, 192.

Prælati regulares debent obedire regulæ, 284. Prælatorum negligentia in corrigendis subditis. V. *Negligentia*.

Præpotentes reprehensi, 45.

Præsentia Dei quam aggravet peccata, 335, 336.

Presbyteri alba veste erant semper induti, quam non debebant adhibere in celebrando missæ sacrificio, 414 not. Sine stola non incedant in itinere, 417. Presbyter juxta ecclesiam habeat cellam, nec in ea feminæ habitent, 414. Ecclesiæ suæ debet quæ post diem ordinationis acquisivit, 267, 416.

*Presbyteri capellani* distincti a canonicis, 471 not.

*Privati* vox sumpta pro familiari, seu intimo, 94.

Privilegium ab Ottone I concessum Ratherio et Veronensi Ecclesiæ, 457 *et seqq*.

*Procurator*, qui aliorum negotia gerit, 26.

Proprietas a regularibus quam cavenda, 165. Quam inanis excusatio ob penuriam communitatis, 266. Hoc prætextu regularis disciplina corrupta, *ibid*. et not. Contra eos regulares, qui sibi aliquid colligunt vel reservant, 267.

*Prosper* (S.) laudatus, 59, 60.

*Provinciales* annonam tribuentes militibus, 68.

Prudentia quid sit, 79. Sine simplicitate calliditas est, 481.

Psalteria correcta laudantur, 410.

Psylli incantatores serpentium in Africa, 15 not.

Pudicitia corporis quæ, 58.

Purgatorii pœnæ post obitum non sunt statutæ criminalibus, sed levioribus peccatis, quæ per ligna, tenuum et stipulam designantur, 590. Oratio pro animabus defunctis, ut ad cœlum perveniant, 210.

*Puta* pro meritrice, 292 not.

Pythagoræ littera Y bicipitem vivendi callem designans, 65 not.

## Q

Quadragesimæ tempore quotidie jejunandum, exceptis Dominicis, 420. Quadraginta jejunii dies cur instituti, 581, 611. Reprehenduntur qui uno die nihil gustantes, alio die crapulæ indulgentes, viginti tantum diebus jejunabant, *ibid*. et 58. Reprehenditur eorum abusus, qui jejunium protrahebant usque ad noctem, ut nocte quasi cum licentia ventrem valerent ingurgitare, 584. Jejuni quadragesimalis protrahendi usque ad nonam posteriori disciplina inductum, cujus primum testimonium est Ratherius, 420 not., 484. Cum antea protrahendum esset usque ad vesperas, idque servaretur apud multos etiam aliquanto post sæculum undecimum, 420 not. Nonnisi semel manducandum ab eo qui jejunat, 585. Quinam excepti a lege jejunii, 420, 421. Vide *Jejunium*. Reprehensæ nuptiæ initæ in Quadragesima, 425, 426. Licet a quodam occulte initæ fuissent, 426 not. Continentia ab uxore tempore Quadragesimæ, 608, 650.

## R

Ratbertus auctor operis *De corpore et sanguine Domini*. V. *Paschasii*.

Ratherii patria Leodium, xxvi, c. 206. Ejus nobilitas, quam antiquitas commendabat, xxvii. Consanguineus fuit primorum gentis Burgundiæ, 99. Annus natalitius conjicitur, xxvii, num. 5. Puerulus in monasterio Lobiensi Deo oblatus cum pane et vino, 234. Professio ejus et formula professionis, *ibid*. Multum profecit in studiis, 199. Sed plura per se magis quam a magistris didicit, 220. Græca lingua videtur instructus, xxxi. Quantus fuerit in lectione librorum, 573, 579. Ejus peritia in auctoribus etiam profanis, cxi. Ex quibus quæstiones dirimendæ ipsi fuerunt propositæ a Mediolanensibus, et dein a Rotberto archiepiscopo Trevirensi, 527. Quam felici memoria præditus, iv.

Ratherius monachus Lobiensis Hilduino episcopo in Italiam proficiscenti, et dein promoto ad Veronensem Ecclesiam inseparabiliter adhæsit, xxxiv. Eidem subinde traducto ad sedem Mediolanensem, in Veronensi cathedra sufficitur, xxxvii, num. 15. Annus et mensis initi episcopatus Veronensis statuuntur, xxxix, num. 17. Hugo rex Italiæ, qui ipsum promoverat, in eumdem infensus et iratus, 539. Cur, 122 not. Quæsivit occasionem ejus expellendi, 539. In rebellione Veronensium contra Hugonem Ratherius captus, et in carcerem Papiensem ductus, *ibid*., xlii. Num aliqua hujus culpa rebellio contigerit, xlvii. Quot mala in Papiensi carcere episcopus passus sit, xlviii *et seqq*. Pro justitia persecutionem tulit, 50. In eo carcere expers librorum scripsit sex *Præloquiorum* libros, li. Postea Comum relegatur, lii. Ibidem emendat clariusque describit S. Ursmari Vitam, *ibid*. A Gallis episcopis invitatur ad synodum, *ibid*. Solutus Comensi exsilio perrexit in Gallias, liv. In Provincia Roestangnum instituit litteris, et librum composuit *De arte grammaticæ*, lv, lvi. Ibidem episcopatus ei oblatus, *ibid*. Inde Laubias migravit a Richario episcopo Leodicensi et abbate Lobiensi receptus, *ibid*. Hugonem conventus Laubiis discessit, et in itinere a Berengario comprehenditur, 540, lviii. Restituitur in sedem Veronensem, *ibid*. Post restitutionem quot vexationes pertulit a clericis, et cur, 540, lxiii. Manasli locum cedere coactus jussu Lotharii, 542. Vagatur in Germania, lxviii. Cum Ottone et filio ejus Liutulfo anno 951 in Italiam venit suam sedem recuperaturus, lxxi. Invento in ea sede Milone episcopo, comitis Milonis nepote, rediit in Germaniam, lxxii. Confugiendum credidit ad sedem apostolicam, et quæ in hanc rem scripserit, lxxiii.

Ratherius in Germania a Brunone Ottonis fratre inter domesticos receptus, lxxv. Fit episcopus Leodicensis, *ibid*. Brunone curante, qui in hoc non humanis rationibus, sed bono Ecclesiæ ductus fuit, lxxvi. Quomodo hæc electio Ratherii facta, lxxvii. Dies electionis notatus, 218 not. 3. Duplex electio distinguenda, *ibid*. Dein ab ea sede pulsus, lxxix, num. 57. Cur, lxxx, num. 58. Duo opuscula hac occasione scripta, unum Leodici antequam inde habiret, lxxxiv, num. 60. Alterum Moguntiæ, quo se se recepit a Gullielmo archiepiscopo humanissime acceptus, lxxxv, num. 61. Alia quædam opuscula ea de re scripta, quæ desiderantur, indicata, lxxxvi.

Ratherius post expulsionem e sede Leodicensi præfectus fuit cuidam abbatiæ ad Laubiense monasterium pertinenti, lxxxvii, num. 63. Ubi scripsit *Excerptum ex dialogo confessionali*, xc, num. 65. Anno 961 cum Ottone I rediit in Italiam, cv, num. 80, et restituitur suæ sedi, *ibid*. Hanc restitutionem confirmavit sedes apostolica, et synodus Papiensis, 442, cvii, num. 82. Ad ecclesiam suam redux dubitavit num ordinati ab invasore valide essent ordinati, et hac de re ejus decretum, 527. Mitigatio ejusdem decreti, *ibid*. Congruentiorem redditum distributionem inter clericos cathedralis inducere studet, cxxiii, num. 100. Canonibus collectis probat ejusmodi distributionem ad episcopum pertinere, cxxiii, num. 101.

Ratherius, Milone invasore agente, capitur, 552. Eripitur subventu imperatoris et Luidulfæ ducis, 443. Rebellionem et insidias quomodo declinarit, cxxix *et seqq*. Judicium de rebellibus institutum, in quo tamen actum de solo perjurio, 598. Quodnam fuerit istud perjurium, cxxx, num. 105. Concilium cedendi episcopatum Miloni Ratherio datum, cxxxii. Cui non acquievit, et ad Milonem duas epistolas dedit, 551 *et seqq* Scribit *Qualitatis conjecturam*, 573. In qua continentur cavillatorum censuræ, quæ in ejus commendationem redeunt, cxxxvii. Cur synodos agere distulit, 443. Synodum tandem habet, et quo methodo, 445, cxxxix, num. 111. *Synodicum* edit, insigne decimi sæculi documentum, 409 *et seqq*., clx, num. 112. Romam profecturus *Itinerarium* scripsit, 457. Sperabat ibidem convocandum concilium, in quo de sua causa cum clericis judicium ferretur, et corruptelis apponeretur remedium, cxliv, num. 116. Interest concilio Ravennati anni 967, num. 118. Mox congregat aliam synodum diœcesanam, ut ejusdem concilii decreta promulgaret, 561. Gesta hujus synodi, cxlvi, num. 118. Cur quædam ex redditibus propriis collata decem clericis, ab eisdem abstulerit, et quem in usum converterit, cl, num. 121. *Judica um* edit, ut clericis pauperioribus provideat, 469. Subscriptum a patriarcha Aquileiensi et episcopis comprovincialibus, 567. Obtinet imperiale diploma, 457. Non quiescente rebellione evulgat libellum *De cleric's sibi rebellibus*, 479, CLV, num. 125. Hi contra episcopum apud imperatorem agunt, misso ad ipsum nuntio, 482. Sermones habet de pace, 494. Scribit libellum cui titulus Discordia, 485. Ubi quatuor discordiæ causas recitat, ibid. Hostes ejus adeunt pontificem, a quo contra episcopum litteras referunt prohibentes ne se intromittat in bona clericorum, 507. *Apologeticum* scribit contra eos qui pecuniam ab imperatore datam in restaurationem ecclesiæ sancti Zenonis, conferri volebant in pauperes, 500, CLVIX, num. 129. Inquisitio contra Ratherium facta a duabus personis pretio corruptis, 615, CLXI, num. 131. *Testamentum* scribit, 512. Nanno, Veronæ comes, placitum habet contra Ratherium, 565, 566, CLXIV, num. 133. De hoc placito queritur duabus epistolis, una ad ipsum Nannonem, 557. Altera ad Ambrosium cancellarium, 561. Scribit ad imperatricem Adelaidem, 568. Dimissurus episcopatum mittit ad Fulculnum abbatem Laubiensem libellum inscriptum, *Conflictus duorum*, qui desideratur, CLXVI, num. 158. Scribit etiam ad Everaclum episcopum Leodicensem, a quo eximie laudatur, et excitatur ad reditum in patriam, 569. Ab eodem Everaclo, et Fulculno abbate receptus, aliquot abbatis præficitur, CLXVII. A simoniaca emptione abbatiæ sancti Amandi purgatur, CLXIX et seqq. Abbatiæ Laubiensi præficitur, CLXVI, num. 142. De ipsius morte, LXXXIII, num. 143.

Ratherius quo animo tulerit infortunia, 99, 100. Humilis ejus confessio, 175, 190. Suos mores et se ipsum vituperabat, 575. Non solum alios, sed etiam se reprehendebat, 576. Extenuabat suam famam et gloriam, 227. Non curabat si quis de se male loqueretur, 581. Quantum exaggerarit quædam sibi impacta crimina, 252 not., 281 not. Quid sentiendum de delictis in *Confessionis* libello recencitis, 245, num. 3 et 4. Conviciantem aliquot nummis donavit, 581. Patientia ejus laudata, 570. Liberalis propria largiebatur, aliorum condolens miseriis, omnibus omnia factus, ut omnes lucrifaceret, 570. Quia pauperrimus, nolebat ministrum vel capellanum habere, 575. Malebat sufficiens esse quam dives, 585. Volebat ita mori mendicus, ut ex eleemosynis sepeliretur, ibid. Frugem mensam parabat, et ad eam pauperes adhibebat, 577. Mediocri supellectili utebatur, 376. Sæpe abstinebat a carnibus, 577. Et fere a vino; dictus propterea Abstemius, 584. Dormiebat frequentius humi, 577. Quanta cura ipsi esset in struendis et restruendis ecclesiis, 376, 378, 590. Quantum timuerit ob desertum monasterium episcopatus causa, 255 not. Se censebat, velut servum fugitivum, cui reversio ad Dominum necessaria, ibid., 260. Impedimenta objecta ne reverteretur, 260, 261, 580 not., XCI, num. 66. Provinciæ, in quibus e Verona pulsus divagatus est, 250 not., 578 not. Ratherius Veronæ destitutus amicorum præsidio utpote advena, 592. Quot exsilia pertulerit, 442 not. In quodam dubio, Augustini exemplo, vult adire concilium Romæ convocandum, 439, 456. Ratherius dictus *prædicator*, 581. Orabat tanto fervore, ut ejularet, 588. Etiam renitens erat facetus, 278, 379.

Ravennas synodus anni 967, cui adfuit etiam Ratherius, habita medio Aprili, 561. Decretum in ea latum de mulierositate a clericis dimittenda, 491, 559, CXLVI, num. 118. Ravennates episcopi Petrus et Honestus. V. *Petri, Ravennatis, Honestus*.

Recidiva quam perniciosa, 603.
*Redimiculum*, ornamentum capitis mulierum, 143.
Reginæ quas mulieres imitentur, 138.
Reginæ Hainoensis comes præpotens, 219 not.
Regula S. Benedicti *Scripturæ* nomine laudata, 226 not.
*Regulus* pro basilisco dictus, 186.
Regum officia, 77 et seqq. Virtutes, ibid., 80, 126, 137. Reges dispensatores sunt eorum quæ Deus illis contulit, 126. Eleemosynas præ aliis faciant, ibid., Servare debent suas leges, 137. Populum debent portare, non premere, 126. Quomodo gerere se debent erga ecclesias et res ecclesiasticas, 137. Disciplinam ecclesiasticam muniant, ibid. Cur potestas illis concessa relate ad ecclesiam, ibid. Cor r gum in manu Dei tribus modis, 152. Quos ministros eligant, 138. Quid cavere debent, ibid. Rex benedicitur, qui se bene regere novit, 156.

Remensis synodi anni 992 locus explicatus, CXVIII, num. 83 et seqq.
Reservata episcopo peccata publica, 420 not.
Resurrectio vera electorum et reproborum quatenus diversa, 105.
Richarius abbas Prumiensis a Joanne XI consecratus episcopus Leodicensis, XXXIV. Quo anno obiit, LVI.
Rodbertus archiepiscopus Trevirensis præsulum nobilissimus, 527 not. Quæstiones Ratherio proposuit solvendas, et quid iste rescripserit, ibid. Ejus subsidium expetivit Ratherius, 529. Et ad eum misit libros *Præloquiorum*,

529. Concionem Rodbertus habuit e pulpito in electione Ratherii ad sedem Leodicensem, 210 not. In ea laudavit Ratherium, 218, 229. Ordinavit S. Brunonem archiepiscopum Coloniensem, 208 not. Idem postea Ratherium e Leodicensi sede excludendum curavit, 218. Mortuum rumor falsus prætulerat, 222, 239.
Rodoaldi patriarchæ Aquileiensis in causa Ratherii sententia, 663. Suppositia probatur, 658 et seqq. Subscripsit cum episcopis comprovincialibus *Judicato* ejusdem Ratherii, 567.
*Rogatarii* testamentorum exsecutores, 585.
Rogationum diebus jejunium etiam in nostris partibus sæculo decimo inductum, 416 not., 625 not. Rogationes *litaniæ* nomine appellatæ, 625 not. Quomodo observandæ, ibid
Romana sedes universalis, principalis, capitalis, quia ipsis capitibus Ecclesiæ insignis, nutrix, mater, judex, et magistra omnium, 106. Doctrina cæteris præcellit ecclesiis 440. Ejusdem elogium, ibid. In ea examinatio canonum, approbatio recipiendorum, reprobatio spernendorum, ibid. Nusquam ratum quod illic irritum, nusquam irritum quod illic ratum fuerit visum, ibid. Ratherius provocat ad Romanam sedem apostolicam contra invasorem, paratus acquiescere sententiæ quæcunque fuerit, 545.
Romanum concilium a Joanne XIII celebratum præsente Ottone I anno 967, CXLV, num. 117.
Romanus primæ sedis summus pontifex et patriarcha, 557. Archipræsulum archiepiscopus, universalis papa nominandus, ibid. Petri sedem ideo obtinet, ut portas inferni prævalere adversus Ecclesiam non sinat, in quantum reniti cum Dei adjutorio valeat, ibid. Summus pontifex a nemine debet reprehendi, 543.
Ruodvoltus comes præpotens, Baldrici episcopi Leodicensis avunculus, 219 not. Pro Ottone rege agebat contra Conradum ducem, LXXXIII.

S

Sabbatum *vacatio* dicitur seu *requies*, ut quiescamus ab operibus malis, et vacemus divinis obsequiis, 412.
Sacerdos unde dictus, 91.
Sacerdotii jura ab ipso Deo per Spiritum sanctum collata, 95. A Deo solo sacerdotium collatum, et præstantius regno, 92. Sacerdotium Ecclesiæ est regale, 97.
Sacramenta cujus opus sint, 256, 554.
Sacrificium umbraticum legis veteris a vero novi Testamenti sacrificio distinguitur, 87
Sæculi schema, 9. Ejus sollicitudines speculum mentis obtenebrant, 10.
*Sagmio* qui sarcinarium equum agit, 30 not.
Sallustius laudatus, 577, 507.
Sanctorum merita adjuva it, 627. Faciendum quod fecerunt, ibid. Eorum invocatio in auxilium et defensionem, 91, 311, 312, 456. Eorum intercessio, 292. Sanctorum et justorum animæ in cœlo cum Christo, 598. Confutatur error dicentis, sanctos in cœlo gaudere, sed non regnare, 116.
Sanctorum multa corpora in urbibus Italiæ, 305. Quædam subrepta et alio asportata, ibid.
*Sanctuaria* dictæ res oblatæ Domino, 15.
Sardicenses canones laudati, 348, 349, 417
*Scamma* appellatur arenæ spatium luctaturis designatum, 177.
Scandalum Pharisaicum non curandum, 490. Non omittenda prædicatio aliquibus utilis, si alios irritet, 489
*Scardus*, parcus, parce largiens, 584.
Scholæ, in quibus clerici Veronenses instruebantur, tres ; una in civitate, forte apud cathedralem, alia in monasteriis, alia apud aliquem virum sapientem, 419.
Scoldascio, vel Sculsdacio, vel Sculdais quinam appellatus, 30 not.
Scriptura sacra ex traditione interpretanda, 189.
Sebastiani (S.) acta passionis laudata, 16.
*Segalum* pro siligine, 401 not.
Seneca laudatus, 54, 55, 43, 174.
Senes non pudeat discere quæ ignorant et scire deberent, 69. Non desperent, si mali sunt, sed pœnitentiæ insistant, 72. Monita ad eosdem, 68, 75. Senex silicernius quis, 72 not.
Senio ludi species, 143.
*Senior* pro Domino dictus, 26 not., 28 not., 34. Pro principe, 144, 152. Pro rege, 525 not.
Sepultura, pro qua nihil exigendum, 415.
Servi quid agere, quid cavere debent, 57.
Sigebertus duo opera Ratherio tribuit, quæ sunt Ratramni, XVI, num. 24. Unum Ratherii opus in duo distinxit, XX, num. 29. Loca ejusdem notata, LXXVI LXXXII.
*Signa* pro sonitu campanarum, 210 not., 259.
*Silicernius* dictus qui est valde senex, 72 not.

Simoniacum quis quid perpetrans, damnationem Simonis non poterit evadere, 431. Simoniæ exempla in eis qui pretio sibi procurarunt gradus prælationis, 266, not., 281. Hi quo studio et quot laboribus comparati, et cur, 283, 284. Nullus pro baptizandis infantibus, vel infirmis reconciliandis, vel mortuis sepeliendis aliquid exigat, 215. Simoniacæ ordinationes notatæ, 557. Simoniacus dictus hæreticus, 563.
Siricii papæ decretum laudatum, 349.
Sixti (S.) papæ martyris passio, 544.
Sobbo archiepiscopus Viennensis in Gallia, ad quem Ratherius misit sex libros *Præloquiorum*, 526. Adnotatio quædam in epistolæ formam ad eumdem quinto libro *Præloquiorum* inserta, 150 not.
*Sperones* rustice dicti pro calcaribus. V. *Calcaria*.
Spes sit in Deo, de se autem ipso desperandum, 264.
Spiritus sanctus a Patre et Filio procedit, 82, 102. Consubstantialis amborum charitas nunquam eis defuit, idemque ab isto ad illum, ab illo ab istum illocaliter, immobiliter, æternaliter, ac per hoc et ineffabiliter procedit, *ibid.* Ad inspirandos electorum animos a Patre et Filio missus, a se ipso venit temporaliter, *ibid.*
Status allegatus, 111.
Stephanus IV papa laudatus nomine Stephani III et cur, 351 not. Fragmentum ex concilio ejusdem Stephani quod in vulgatis deest, *ibid.*
Stolæ dignitatis sacerdotalis indicium, etiam in itinere ferenda a presbyteris, 417.
*Strudo-Came ontis*, 205.
Studio sacrorum, non autem profanorum librorum ab episcopo vacandum, 527, 528. Quatenus profana studia convertenda in usum sacrum, 505, 528.
Subdiaconus qualis esse debet, 164. Subdiaconorum duæ classes in cathedrali Veronensi, alii dicti *de secretario*, alii *cantores*, 471 not.
*Summates* dicti nobiliores homines, 50 not.
Superbia, ex qua justi cadunt, 59, 60.
Superior rationem reddet de delictis subditorum, quæ non impedivit, vel corrigere neglexit. V. *Negligentia*.
*Suricum* segetis species, 401.
Suspensionis decretum ad certum tempus, 527. Alio decreto revocatum, seu mitigatum, et cur, *ibid.*
Symbolum et oratio Dominica a parochianis insinuanda, 416. Insinuenda quoque a patrinis filiis suis, 418.
Symbolum id est collatio apostolorum, sicut in psalteriis correctis invenitur, 410. Alicubi enim habebat quædam additamenta Ratherio non probata, *ibid.* not. Symbolum, seu fides, quæ dicitur S. Athanasii. V. *Fides*. Ejus fragmentum allegatum, 450, 589. Veronensis Clerici cathedralis Veronensis illud nolebant cantare, ut aliarum ecclesiarum clerici canebant, 447.
*Synodalis sermo*, seu *Admonitio* brevem canonum summam complectens cui tribuatur et tribuenda, 405, num. 3 et 4. Quid ex ea Ratherius inseruit suæ *Synodicæ*, 414 not.
*Synodica* Ratherii, 409 *et seqq*. Cur eam edidit, 446.
Synodus diœcesana bis in anno habenda, 443. Cur eam Ratherius distulit, *ibid.* Solet in his synodis emendari, si quid contra canones actum, *ibid.*
Synodus a Ratherio habita anno 966, tempore Quadragesimæ, 443 not. Quid in ea actum, 445. Ritus quo ejusmodi synodi habebantur notabilis, *ibid.* not. Alia synodus ab eo habita post concilium Ravennas, 561. Synodus episcoporum Aquileiensis provinciæ Veronæ habita an. 967, CLIII. Synodus Papiensis, quæ Ratherium post secundam expulsionem suæ sedi restituit, 508 not. De hujus synodi actis, CVIII, num. 83 *et seqq*. Synodus præsulum provinciæ Coloniensis in Ratherii electione ad sedem Leodicensem, et ejus judicium, LXXVIII, 218. Synodus Ravennæ medio Aprili anni 967 celebrata, CXLVI, num. 118, 561. Ejus decretum contra clericorum mulierositatem, 562 not.
Synodus Romana anni 967, CXLV.
*Synodum agere* quando dicebatur episcopus in visitatione plebium rusticanarum, LIV.
*Syrma* 205.

T

*Taphus*, sepulcrum, 72 not.
*Tasphorus*, dorsum, 44.
Telesphorus papa allegatus, 232.
*Telonearius*, 26.
Teloneum duarum portarum civitatis Veronæ episcopatui concessum, 457.
Temperentia quid sit, 79.
Tempestatum immissores et error hac de re perstrictus, 21 not., 626 not.
Tentationes, in quibus quid agendum, 178.

Tepidi reprehensi, 168. Tepiditatis signa et effectus, 261.
Terentius citatus, 77, 229, 566.
Testes quid cavere debent, 26.
Theodosius clementissimæ recordationis imperator, 129.
Timor servilis qui, 57. Qui castus, *ibid.* Utriusque discrimen, 310, 336. Timor gehennæ utilis, 60, 274. A Deo est, 274. Deus potius timendus quam infernus, *ibid.* Quinam timor facit beatum, 333. Quinam conscientiam torquet, *ibid.*, 334. Quicunque peccavit, debet timere, 643. Quantum timendum a recidivis, sed non absolute desperandum, 431, 432. Omnia quæ timentur, rationabiliter declinantur, 643.
*Titulatii* dicti clerici ecclesiarum civitatis, et suburbiorum Veronensium, 447 not. *Titulariis* alicui ecclesiæ ascriptis vetitum erat eam deserere, et ad aliam ecclesiam quæstus gratia migrare, 416.
Traditio Patrum, et quantum ei Ratherius tribuerit, 189. Ex traditione sacra Scriptura explicanda, *ibid.* Ex ea Ratherius libros sex *Præloquiorum* congessit, 191.
Translationes episcoporum vetitæ in Sardicensi, 348. Quando a canonibus concessæ. V. *Episcopus e sua sede pulsus*.
Tribulationes quomodo ferendæ, præsertim a peccatore, 161, 453. Jungenda cum tribulationibus opera pœnitentiæ, *ibid.* Liberantur a peccatis qui in tribulatione mutantur, 162. Temporalia flagella eos solos liberant ab æternis, quos immutant, 433.
Tridentina marchia. V. *Marchia*.
Trigami et quadrigami presbyteri notati, 509.
Trinitas Deus Pater, et Filius, et Spiritus sanctus, unitas cujus in deitate, Trinitas in personis consistit, 598. Æqualis, coessentialis, vel consubstantialis æternaliter Trinitatis unitas, unitatis Trinitas, hoc est, Pater, Filius et Spiritus sanctus creatrix, et gubernatrix universorum, ita ut una eademque maneat substantia deitatis personarum proprietate distincta, 112. Pater est, qui creavit omnia, Filius, per quem creata sunt omnia, Spiritus sanctus, quo creata sunt omnia, *ibid.* Pater Filii auctoritas, Filius Patris sapientia, Spiritus sanctus Patris et Filii pronuntians communitatem, *ibid.* Pater a seipso, non ab alio; Filius a Patre solo est: Spiritus a Patre et Filio, *ibid.*
Tristitia quandoque melior quam lætitia, 182.

U

Ugo rex Italiæ. V. *Hugo*.
Urbani papæ decretum laudatum, 341.
Ursmari (S.) abbatis Laubiensis vita, 195 *et seqq*.
Uxorum erga viros officia, 57. Quales in se esse debent, 58.

V

Varro laudatus, 30.
Vasa sacra a presbyteris abluantur, 414. Et aqua, qua fuerunt abluta, in locum præparatum in secretario, vel juxta altare infundenda, 415. Vasa sacra et vestes sacerdotales ne dentur pignori, 416.
Venetia provincia, ubi pallia pretiosa conficiebantur, 558 not.
Venetici denarii, 383.
Verona quondam Platonica illa Athenes præ multitudine sapientum æstimata, 506. Veronæ frequens fuisse videtur monumenta versibus expressa muris inserere, 509 not.
Veronæ præsidium, seu castrum munitum in monte dictum *Palatium*, 592 not., 593. *Curtis altæ* ædificium publicum et valde munitum Veronæ, 593. *Circus*, qui *Arena* dicebatur, *ibid.*
Veronensis cathedralis clerici alii majores, seu canonici dicti *ordinarii*, vel *cardinales*. Vide *cardinales ordinarii*. Alii inferiores erant, et dicebantur presbyteri capellani, alii subdiaconi de secretario, alii subdiaconi cantores, alii acolythi de secretario, alii acolythi cantores, alii ostiarii, 47 not.
Veronensi ecclesiæ privilegium ab Ottone I concessum sub Ratherio, 457. Loca trans lacum Benacum Veronensi Ecclesiæ subjecta, 383 not. Abbatia Maguzani ad dispositionem Veronensis episcopi pertinens. V. *Abbatia*. Veronenses synodi diœcesanæ duæ sub Ratherio. V. *Synodus*.
Veronensis marchia. V. *Marchia*.
Vestes pontificales, 114.
*Vicinitas* pro eadem civitate, 205.
*Vicinium* eodem sensu, 319 not.
*Vicinus* pro incola alicujus civitatis, 565.
Vidua quomodo se gerere debet, 61.
Vir unde dicatur, 50. Quinam se virum præstet, *ibid.*
Virgilius allegatus, 509.
Virgines quomodo se gerant, et quid agant, 61.

Visitationes parochiarum rura,ium, in quibus quo sensu synodus agi et capitula clericorum haberi dicebantur, LXIV, LXV.

Vitæ duæ, activa et contemplativa, in Martha et Maria explicatæ, 657 *et seqq.*

Vitalis (S.) ecclesia in suburbio Veronæ, ubi corpus S. Metronis, 504 not. Ejus redditus olim dati in beneficium militibus, 505 not. Nec presbyter ibi erat, qui sacrum corpus custodiret, *ibid.*

Vitia capitalia, 170. Vitia virtutes se esse sæpe mentiuntur, 78. Vitia non pallianda, 79.

*Vivere meum* pro *meus victus*, 591.

## W

Walfredus comes Veronensis anno 880, xcvi. Distinguendus a Valfredo marchione Foroiuliensi. *ibid*

Warnerius, Cononis seu Conradi ducis frater, 25.

Wido archiepiscopus Lugdunensis, ad quem Ratherius epistolam dedit, misitque libros *Præloquioium*, 525. Adnotatio Ratherii ad eumdem in formam epistolæ, 150 not.

Wiffa quid sit, 114.

Willelmus archiepiscopus Moguntinus, Ottonis I filius, Ratherium pulsum e sede Leodicensi munificenter excepit, 219.

## Z

Zeno (S.) episcopus Veronensis laudatus, 158, 360, 362, 502. Specialis noster, seu Veronensium, doctor atque provisor, 413. Noster patronus, 506. Pecunia collata ab Ottone I ab ejus basilicam perficiendam, *ibid.*

# INDEX

## IN OPERA GENUINA LIUTPRANDI.

*Revocatur Lector ad columnas editionis nostræ.*

### A

Adelbertus comes Baverburgensis in Ludovicum regem rebellat, et eum septennio vexat, 814. Ab Hattone episcopo Moguntino verbis circumventus, et ad Ludovicum ductus, capite plectitur, 815.

Adelbertus marchio Eporegiensis, cognomento Dives, in Lanthbertum copias movet, 807. Sed ab eo capitur et illuditur, 808. In socerum est infidus, 825 Fuit in juventute bonus, postea a bonitate degenerat, *ibid.* Capitur ab Hungaris in monte Brixiensi, sed astu est elapsus, 851. Othone imp. in Italiam veniente, ex Italia se subducit, et Saracenis se commendat, 897. Reversus, cum papa Joanne fugit, 898, 899.

Adelhardus clericus Berengarii regis promissis Manassen episcopum Veronensem ad illius partes trahit, 889. Sed Berengarius ei fidem non servavit, 891.

Afri qua occasione Italiam invaserint tempore Romani imperatoris Constantinopolitani, 826.

Albericus filius Maroziæ meretricis ab Hugone rege vitrico verberatus, Romanos instigat ad eum pellendum, 855. Ducit Aldam Hugonis filiam, Romam tamen ei non tradidit, 858. Obsidetur Romæ ab Hugone, 878.

Amedeus, Berengarii marchionis miles, vir callidus erat, 884. Pauperis schemate in Italiam e Germania penetrat, ac sæpe faciei habitum immutat, 885. Rediit per loca incognita ad Berengarium, postquam Italorum animos sollicitasset, *ibid.*

Amicitia conjuratorum infirma est, *ibid.*

Amicorum duo sunt genera, 800.

Anscarii marchionis metus, 800.

Ausgarius Adelberti et Ermengardæ regis Hugonis sororis filius, vir audax et potens, 861. Fit marchio Spoletinorum, 878. Fuit regi Hugoni suspectus, *ibid.* Ejus strenuitas et mors, *ibid.*

Aquileia ab Hunnis destructa, non amplius resurrexit, 859.

Archodus male consulit Anscario, vim Sardi repellere volenti, 879. Fugit e prælio, 880.

Arnoldus dux Bajoariæ in Hungariam fugit, 819. Redit cum suis ex Hungaria, 820. Ad imperium aspirat, sed ab Henrico imperatore delinitus, ei se subdit, 821. In Italiam venit, Hugoni regi regnum ablaturus; sed cæditur ab eo, et fugatur, 856.

Arnulfus rex Hungaros in Zuventebaldum perniciose advocat, 799. Ejus temeritas, *ibid. et seqq.* Mittit suppetias Berengario Italiæ regi, et qua conditione, contra Widonem, 801. Ejus metrica concio ad suos, 802. Romam cum suis capit, *ibid.* Formosum Papam tuetur, *ibid.* Ab uxore Widonis regis obsessa Firmi, potione soporifera potatur, 805. Ejus insolentiæ, *ibid.* Berengarium excæcare conatur, quo regno Italiæ potiretur, *ibid.* Contemnitur a suis, *ibid.* Ejus dirus exitus, 806.

Avari vere sunt pauperes, 890.

### B

Baianus Simeonis Bulgarorum regis filius arte magica homines in lupos vertebat, 847.

Basilius Macedo quo pacto ad imperium Constantinopolitanum pervenerit; ejus genus, 795. Necat Michaelem imperatorem, 794. Christus Dominus illi apparens hanc ei necem exprobrat, *ibid.* Agit pœnitentiam, *ibid.* Ædificat ædem S. Michaeli, *ibid.*

Bavari cujusdam equitis insolentia in hoste Italo provocando, 801.

Bavariæ duci datur jus episcopos in ditione sua denominandi, 822.

Benedictus antipapa pontificalibus se vestibus coram concilio Romano exuit, 908. Ejus pœnitentia, *ibid.* Exsilio mulctatur, 909.

Berengarius fit rex Italiæ, 800. A Widone bello petitur, *ibid.* Bis in fugam compellitur, 801. Arnulfi regis opem implorat, *ibid.* Adversantes urbes paulatim occupat, 801. Eum Arnulfus rex excæcare dum cupit, Veronam fugit, 805. Regnat mortuo Widone, 806. Sed hujus filium Lauthbertum timens, Veronam concedit, 807. Rursum regnat, 810. Cur contra Hungaros Italiam ingressos non ierit, 816. Insidum experitur generum Adelbertum marchionem Eporegiensem, 825. Verona cogitur excedere, *ibid.* Eodem mox, corruptis auro custodibus, redit, *ibid.* Pacifice Italiæ regno potitur, 826. Adversus eum varii principes rebellant, 850. Vincitur a Rodulfo Burgundione, 855. Vitæ periculum a Flamberto patitur, *ibid.* Dat ei aureum poculum in signum amicitiæ, *ibid.* Ab eo nihilominus jugulatur, *ibid.*

Berengarius marchio Eporegiensis Suevia Italiam petit, et Adelhardi clerici opera Manassem episcopum Veronensem in suas partes trahit, 888. Et multos alios, 889. Regno restituitur, *ibid.* Ejus calliditas in Hugonis filio admittendo. 890. Episcopos deponit et assumit pro libito, *ibid. et seqq.* Ejus ingratitudo in suos promotores, et morum in regno mutatio, 891. Tributum immensum exigit ab ecclesiis et pauperibus, 892. Mittit Luitprandum impensis vitrici Constantinopolim, 894. Ejus insolentia in episcopos, 897, 898.

Bertha, uxor Adelberti marchionis Tuscorum, nefaria fuit mulier, 807, 825, 824, 850. Ejus proles, *ibid.* An eæ veræ sint, 854.

Bertha Hugonis regis filia ex meretrice, nubit Romani imperatoris Constantinopolitani nepoti ex Helena ejus filia, vocataque est a Græcis Eudoxia, 886.

Bertha, vidua Bosonis Arelatensis comitis, et neptis Hugonis regis, fit hæres omnis ejus pecuniæ, 892.

Bonifacius marchio Camerinus Berengarianos cædit et profligat, 855.

Boso, frater regis Hugonis, insidiatur Lamberto marchioni Tusciæ, 854. Ab Hugone marchio Tusciæ constituitur, *ibid.* Habet filiam William, quam jungit Hugo Berengario marchioni Eporegiensi, 861. Instinctu uxoris Willæ, adversus fratrem Hugonem regem nova molitur capitur, 862.

Bulgari Græcos inertia Phocæ ducis profligant, 846.

Burchardus Sueviæ dux in Italiam cum genero suo Rodulfo venit, 841. Mediolanum per speciem legationis ingressus, civium animos alieniores ob quædam a se temere prolata expertus, in via necatur, 842.

Burgundiones unde dicti sint, 853

## C

Canes magni, Constantinopolim a rege Hugone missi, imperatorem propemodum dilacerarunt, quia villis is erat indutus, 843.

Carolus Calvus Galliæ rex moritur, 801.

Carsamatium dicitur Græcis eunuchus exsectus, 895.

Chelandria vocantur a Græcis naves, 881.

Conjuratos (inter) raro est amicitia firma, 800.

Conradus Ludovici filius, fit imperator post mortem patris: rebelles principes domat, 819. Moriturus principes ad se vocans, suadet ut Henricum ducem Saxoniæ imperatorem creent, ibid.

Constantinopolis nomina, situs, vicini, 795.

Constantinus Magnus imperator ædificari jussit Constantinopoli domum dictam Porphyram, et quorsum, 795

Constantinus, Leonis imperatoris filius, erat gener Romani; et hoc a filiis propriis deturbato, imperator renuntiatur, et ab Hugone rege juvatur, 887. Scribit pro Lothario ad Berengarium, 894.

Constantini Porphyrogeniti religio et exercitatio, 850.

Contentus suis, vere dives est, 889

Cur cæci ut plurimum vitales sint, 852

## D

Dani ab Henrico imperatore subacti et redditi tributarii; eorum sævitia per Germaniam, 854.

Decaennea cubita domus erat Constantinopoli, et unde sic dicta, 895.

Deus suorum peccata cladibus castigat, 827.

Diabolicus prodit dominos suos Stephanum et Constantinum Romani filios, Constantinoque Leonis filio adhæret, 887. E! dat bonum consilium, ibid. Qui dicendi sint divites; 889.

Dominici capellani Willæ uxoris Berengarii regis forma difformis, 892. Ejus contubernium cum illa prodit canis, ibid. Castratur, ibid.

## E

Eclipsis solis facta ante Radamiri regis Gallæciæ de Abdaramene rege Maurorum victoriam, 877.

Ermengarda, Adelbeti Eporegiensis marchionis secunda uxor, filia Adelherti marchionis Tusciæ, 850 Gignit Anscarium, ibid. 878. Ejus potentia et lascivia, 840. Territat astu Rodulfum Burgundionem,

Everbardus Henrici imperatoris filium Henricum capit, et in Franciam abducit, 866. Gilibertum Lotharingiæ ducem adversus Ottonem imperatorem instigat, et ab eo deficere cogit, ibid. Ejus callidum consilium, 867. Alsatiam vastat, 871. Occiditur, 873.

Excubiæ Constantinopolitanorum, 795. Earum fidem explorat Leo imperator, 796. Bonos præmio, segnes pœnis afficit, 797.

## F

Flambertus vitæ regis Berengarii struit insidias, 853. Et de facto eum cædit, 854. Suspensus vitam finit, ibid.

Formosus papa a Romanis civibus affligitur: quæ fuerit causa simultatis mutuæ, 805. Injurias patitur a Sergio antipapa jam defunctus, ibid.

Fraxineti oppidi situs describitur, 791. Saracenis capitur, ibid. Id hi relinquentes Aquas venerunt, sed omnes periere, 819.

Fridericus archiepiscopus Moguntinus adversarius Ottonis imperatoris audita clade conjuratorum trepidat, 875. Capitur, et in Saxoniam abductus, tandem Ottonis clementia dignitati est pristinæ restitutus, 876.

## G

Gezonis judicis Papiensis vitia, 850. Conjurat adversus Hugonem regem, 851. Sed consilio Samsonis comitis, in manus regis venit, et lingua et oculis orbatur, ibid.

Gilebertus comes adversus Berengarium rebellat, 830. Captus ab Hungaris eidem sistitur, 831. Sed ab eo dimissus fidem frangit, ibid.

Gilla filiæ Berengarii, fuit mater Berengarii marchionis Eporegiensis, 878.

Græci posteriores imbelles et bello inepti fuerunt, 927.

Eorum superbia nolentium agnoscere imperatores Occidentales, 928. Non inquirebant de nobilitate matris, sed patris, in matrimoniis, 882. Vocabant se Romanos, reliquos vero Romanos Latinos, 915. Suis principibus stolide adulabantur, 920. Quid Græcis sit Περιδόλαιον, 924.

Græcus ignis quis sit, et cujus naturæ, 844.

Guido. Vide Wido.

## H

Hæreses pleræque a Græcis sunt procusæ, 918.

Hatto archiepiscopus Moguntinus Adelbertum comitem Baverburgensem verbis illaqueatum ad Ludovicum regem perducit; a quo capitis damnatur, 814.

Hatto comes in prælio ab Anscario occiditur hasta lignea, 880.

Helena, seu Irene, filia Romani imp. Constantinopolitani nubit, Constantino Porphyrogenito, 847.

Henricus dux Saxoniæ fit imperator suasu Conradi imp. defuncti, 820. Adversus Hungaros advenientes copias colligit, 821. Suos ad bellum adhortatur, Deumque sibi reddit propitium, 822. Confligit cum iis, eosque profligat, sapienter suos præmonens, 823. Sclavos et Danos sibi subegit, 842. Moritur in Saxonia, ubi sepultus, 861. Ejus prudentia, ibid. Lanceam Dominicam sibi comparat, 869.

Henricus imperatoris Henrici filius adversus fratrem Ottonem rebellat, 864. Luitprandus noster in eum invehitur, ibid. capitur ab Everhardo, sed dimittitur, ut contra fratrem copias movens Everhardum imperatorem constitueret, 867. In prælio succumbens et percussus, e livore contusionis anno sequenti moritur, 868. Fratri se supplicem sistens, custodiæ includitur, 875.

Hermannus Suevus filiæ suæ quærit nuptias Liuthulfi filii imperatoris Ottonis, 877. Berengarium marchionem Eporegiensem ad se profugum Ottoni commendat, 852.

Hilduinus episcopatu Laudociensi pulsus, ad Hugonem regem affinem suum veniens, fit episcopus Veronensis, et dein Mediolanensis, 852.

Hippolytus episcopus Siculus. Quæ de futuris temporibus prædixit, cujus habenda sint auctoritatis, 925, 926.

Hubaldi marchionis Camerinorum virtus contra Bavarum militem insolentem, 801.

Hugo Mediolanensis comes, filios Maginfredi, a Lantberto beneficiis affectus, ipsum tamen de medio tollit dormientem, 807.

Hugo comes Provinciæ inhiat regno Italiæ, 841, 842. Coluit amicitiam cum vicinis principibus, ibid. Etiam cum imperatore Constantinopolitano, ad quem misit Luitprandi patrem, 843. Ei parantur insidiæ, 851. Romam petit; sed ejus illuc proficiscentis vecordia, 853. In privignum suum acerbior, ab eo Roma pellitur, ibid. Ejus incestus, 852, 854. Non vult a Lamberto dici frater, ibid. Eum lumine jubet orbari, ibid. Cedit Rodulfo Burgundioni omnem terram quam in Gallia ante regnabat, habuerat, 853. Lotharium filium in regnum assumit, 878. Romam ingredi conatur, sed frustra, ibid. Filiam suam Aldam Alberico promittit, eum decipere volens, ibid. Ducit Rodulfi Burgundionis defuncti viduam Bertam, sed eam mox exosam habuit, 865. Varias habuit concubinas, sed tres maxime dilexit, ex eisque habuit proles, ibid. Albericum Romæ obsidet, 878. Sarlionem mittit Camerinum ad animos civium ab Anscario avertendos, ibid. Nuntios Constantinopolim mittit pro navibus et igne Græco contra Saracenos, 881. Tendit insidias Berengario marchioni Eporegiensi, sed hic fugit, ibid. Legatos mittit ad Ottonem, ut Berengarium profugum non suscipiat, 882. Ejus filiam postulat imperatori Constantinopolitano nepoti suo conjugem, ibid. Saracenos Græcorum ope Fraxineto pellit; sed mox cum iis init fœdus ob Berengarium marchionem, quem timebat, 884. Culpat eum hoc nomine Luitprandus, ibid. Hungaros in Hispaniam ablegat, ibid. Ejus filia ex concubina nubit Romano juniori Græco imper. Ab Italis desertur, 888, 889. Supplicat demisse Mediolanensibus, 890. In Provinciam abiit, relicto filio Lothario in Italia, 891. Ejus obitus, ibid.

Hungaros Zwentebaldus vincitur ab Arnulfo rege, 800. Hungarorum immanitas in Maravanos et Bajoarios, 813. Sunt bellaces et intrepidi, ibid. Sternunt copias Ludovici regis, 814. Sueviam et Franciam vastant, 815. Italiam petere statuunt, sed per exploratores de regione certiores facti ad propria revertuntur, 816. Sed sequenti anno It. liam repetunt, ibi1. Fugientes ab Italis pacem petunt, sed frustra, 817. Ergo in desperationem versi Italos profligant, 819. Saxoniam invadere statuunt, 821. Mereseburgi sæviunt, 822. Veronam occupant, 851. Per reliquam Italiam grassantur, 826. Ab Hugone rege in Hispaniam ablegantur, sed Corduham non perveniunt, 885. Veniunt in Italiam sub rege Taxi, 892.

# INDEX IN OPERA GENUINA LIUTPRANDI.

## I

Imperator Constantinopolitanus erogat ante diem Palmarum munera in clientes et magistratus suos, 896.

Inger rex Normannorum Constantinopolim vexat, 883.

Invidus seipsum enecat, 792.

Itali ob peccata ab Hungaris improviso sternuntur, 818. Cur duos habere reges velint, 806.

## J

Joannes papa XI truditur in carcerem per Widonem Turciæ marchionem, instinctu Maroziæ uxoris; ubi creditur suffocatus, 852.

Joannes XII Ottonem imperatorem rogat ut Romanam ecclesiam liberet a tyrannide Berengarii regis, et Adelberti, 897. Sed ab Ottone desciscens, Adelbertum fovet, ibid. Ejus sacrilegia et fornicationes, 898. Ejus ad imperatorem fraudulenta mandata, ibid. Ejus obstinatio, 899. Quæ ei objicerentur crimina a Romanis, 903, 904. Citatur ut ad se purgandum accedat, 904. Respondet ad objecta, 905. Excommunicat eos qui de novo eligendo pontifice acturi sunt, 906. Deponitur a concilio, 907. Conatur Romanos in cædem imperatoris et Leonis papæ electi pecunia concitare, 908. Romam receptus auxilio meretricum, sævit in Leoni obedientes, ibid. A diabolo necatur, 909.

Joannes alius Maroziæ ex Sergio antipapa filius, fit papa, 852.

Joannes presbyter Ravennas per nefas Romanam sedem occupat, 828.

Juliani Apostatæ cavillus in Christianos, 859.

## L

Lambertus sit marchio Tusciæ mortuo Widone fratre, 854. Provocat regem Hugonem ad duellum, probaturus se ejus fratrem esse; ab Hugone excæcatur, ibid.

Lancea Dominica ad Ottonem imperatorem quomodo devenerit, 865. Ejus descriptio, ibid. Pater ipsius Henricus eam a Rodulfo rege Burgundiæ obtinet, 864.

Landulfus Beneventanus princeps dat Joanni pontifici bonum consilium, 830.

Lanthbertus Widonis filius, Italiæ rex fit, 807. Sed erat suis exosus; sumit supplicium de Maginfredo comite, ibid. Adelberti copias cædit et fugat, 808. Ejus mors varie narratur, ibid. Mortis ejus deploratio, 809, 810.

Lanthbertus Mediolanensis archiepiscopus callide Burchardum intra urbem admittit, et benigne habet, 842.

Leo Porphyrogenitus imperator Constantinopolitanus pacifice imperium rexit, 792. Explorat suorum excubitorum fidem, 793. Item sui corporis custodum vigiliam sagaciter explorat, unius vigilis diligentiam remuneratur, 797. Successorem habuit filium Constantinum parvulum, cui varios curatores dedit, 815, 846.

Leo protoscrinarius Romanæ Ecclesiæ eligitur in pontificem, amoto Joanne, 907. Consilio meretricum ejicitur et Joannes denuo recipitur, 908.

Leo et catulus simul exterminabunt onagrum; vetus scriptura ; an sit intelligenda de rege Francorum et imperatore Romano, an Constantinopolitano, 925.

Liber III Historiæ Luitprandi cur dicatur Antipodosis, 837. Quos libros Visionum Danielis vocent Græci, 897.

Ligati in fronte portandi mira ratio apud Græcos, 897.

Liutprandus scribit librum tertium Historiæ suæ in exsilio, 857. Ubi eum cœperit et finierit, ibid. Ejus pater missus ab Hugone rege cum muneribus Constantinopolim ad imperatorem, 844, 883. Scribit libro quarto ea quæ vidit; fuit Hugoni regi charus, 857. Fit Berengarii regis secretarius, 891. Impensis vitrici sui mittitur a Berengario Constantinopolim legatus, 894 Ejus iter enarratur, ibid. Sistitur imperatori Nicephoro Phocæ Constantinopolitano, 895. Quæ dona ei dederit, sed suis impensis, et si nomine Berengarii ipsum mittentis, 896. Scribit Historiam hujus suæ legationis, nec non omne iter suum, 909. Qua ibi domo sit exceptus, ibid. Quem curatorem habuerit, ibid. Habitus pro exploratore quid responderit, 910. Ottonis imperatoris gesta et nomen propugnat, ibid. et seqq., 920, 922. Quam indecenter convivio sit exceptus, 925. Occidentales tuetur contra Græcos, ibid. et seqq., 928, 929. Quam indignis modis cum comitibus sit ab his habitus, 927, 928, 930. Cupit dimitti, responso acerbo regis ob quam missus erat, 916. Ipsius cum Græcis iniqua petentibus dissertatio, ibid. Reducitur in domum suam, et arcte custoditur, 917. A Patriarcha diversa rogatus, commode respondet, 918. Per tres hebdomadas a Græcorum nullo visitatur, 919. Ægrotat, ibid. Cupit dimitti in Italiam, 923. Patrium morem inter Græcos retinet, 924. Falso mendacio Constantinopoli recedere prohibetur, 927. Vetatur vestes emere, 929. Dimittitur Constantinopoli ; sed in discessu scribit versus quosdam in pariete domus, in qua detentus fuerat, in contemptum Græcorum, 932. Tempestatem patitur, 933. Michaeles omnes expertus est adversarios et iniquos, 936.

Lotharius filius Hugonis regis in regnum Italiæ assumitur, 837. Ducit Adelheidam filiam Rodulfi regis Burgundiæ, 864. Patris concilia prodit Berengario, 881. Est rex nominetenus, 891, 894.

Ludovicus filius Arnulfi imperator salutatur, 815. Hungaris occurrere cum copiis properat, ibid. Sed ab iis vincitur ac deletur, ibid. Moritur, 819.

Ludovicus Burgundio, ab Italis invitatus, Italiam invadit, 823. Sed mox recedit, pollicitus non amplius eo se rediturum, ibid. Sed fidem frangens iterum invadit eamdem, 824. In Tusciam veniens Adelberti invidet potentiæ, ibid. Veronæ latens proditur, et oculis privatur, 829.

## M

Maginfredus Mediolanensis comes a Lanthberto rege desciscens, dat pœnas, 807. Ejus filius Hugo de nece patris sumit vindictam, 818.

Magnaura domus imperatoris Constantinopolitani describitur, 895.

Manasses quid denotet, 859.

Manasses Arelatensem episcopatum deserens, in Italiam ad Hugonem regem properat, ampliorem ab eo accepturus, 858. Tuetur se prave exemplo S. Petri apostoli, 859. Hugone deserto, Berengario adhæret, 889.

Marozia meretrix ex Sergio antipapa genuit Joannem, qui postea papa factus est, 828 Widone marito mortuo Hugonem regem Italiæ ad capiendam Romam invitat; suas cum eo nuptias pasciscens, 852. Habuit filium Albericum ex Alberico marchione, 853.

Mathildis uxor imperatoris Henrici pro ejus anima celebres celebravit exsequias, 864.

Mauri Calabriam et Apuliam invadunt. Cur ex Africa in Italiam venerint, 826. Garelianum montem occupant, ibid. Cæsi variis temporibus, hunc solum retinent, reliquis urbibus desertis, 828. Genuam diripiunt, et cives trucidant, ibid. Vide Arabes, Saraceni, 859.

Mediolanenses adversus Berengarium regem rebellant, 830.

Michael imperator mente captus familiares capite damnat, 793. Interficitur a Basilio Macedone, 794.

Michaeles varios adversarios Constantinopoli expertus est Liutprandus, 936.

Milo miles strenuus Berengarii regis necem ulciscitur, percussores suspendio vitam finire cogens, 855. Deserto Hugone rege Berengario marchioni Eporegiensi adhæret, 892.

Milo comes Arnoldum ducem Bajoariæ in Italiam vocat; sed ab eo recedens, Hugoni regi adhæsit, 856.

Moles S. Angeli aut Adriani est munitio urbis Romæ, 853.

Mors feralis Arnulfi regis, 806.

Mulier quædam festivo joco impedivit ne conjux castraretur, 861, et seqq.

Munera erogat imperator Constantinopolitanus ante diem Palmarum in magistratus et clientes suos, 897.

## N

Nicephorus Phocas quomodo Luitprandum ad se missum exceperit, 909. et seqq. Ejus forma, schema et mores, 910, 914, 920, 923. Ejus insolens jactantia sui, et Occidentalium depressio, 915, 921, 923. Ejus acta cum Liutprando legato, et varia responsa, 921. Cur in Assyrios exercitum duxerit, 924, 926.

Nortmanni sunt Russi, 795, 883. Eorum clades ab igne Græco in mari, ibid.

## O

Onagri Constantinopolitani quales sint, 924.

Otto fit imperator mortuo patre Henrico, 864. Ejus uxor fuit filia regis Angliæ, 865. Fratrem Henricum experitur adversarium, ibid. Ejus de illo et complicibus victoria, 868. Lanceam Domini in pretio habet, 869. Ejus victoria de rebellibus fuit divinitus data, 869. Ejus generosum responsum ad milites suos fugam suadentes, 872. Noluit sæcularibus concedere abbatiæ proventus, 873. Adversarios suos Everhardum et Gilibertum per duces suos opprimit, 874. De eorum morte nuntio accepto templum petit, Deo gratias acturus, 875 Bertholdo Bajoariæ duci sororis aut filiæ ejus nuptias offert, ibid. Fratrem Henricum supplicem surgere jubet, et arcte custodiri, 875. Filium suum Liuthulfum jungit filiæ ducis Suevorum, 876. Berengarium marchionem Eporegiensem benigne susceptum, auro oblato reddere renuit, 882. Italiam petens, Berengarium et Adalbertum tyrannos expellit, 898, 899. A Joanne papa imperii suscipit unctionem, ibid. Ejus ad Romanorum de Joanne papa querimonias responsio, 899. Montem Feretratum obsidet atque in eo Berengarium et William, ibid.

Acceptis a papa nuntiis de promissione menorum non credit, 900. Romam redit, *ibid* Adversus papam Joannem moderate procedit, 901, 902. Eum nomine concilii Romani citat, ut se de objectis purget, 905, 906. De ejus queruntur perfidia, 907. Romanos rebelles cædit, 908. Roma regressus, iterum eodem redit, et Romanos fame pressos cogit Leonem electum recipere, 909. Hunc et ejus gesta defendit Liutprandus apud Nicephorum Procam imperatorem Constantinopolitanum, 915. Petit Romani imperatoris filiam filio suo Ottoni in conjugem, 915.

Otto junior fit rex Romanorum, 898.

P

Palatii Constantinopolitani excellentia, 885.

Papia urbs conflagrat, 858. Et quando, 959. Obsessa ab Hungaris, non est deleta, idque meritis B. Syri, ejus patroni, *ibid*. Hujus de illa vaticinium adimpletum, *ibid*.

Parcæ vitæ humanæ fata dispensant, 796.

Pater Liutprandi missus ab Hugone rege Constantinopolim legatus ad imperatorem; sed inde reversus, monasterium est ingressus, in quo paulo post decessit, 845.

Phocas domesticus, audito quod Romanus esset ad imperium evectus, victoriam, Bulgaris sponte cessit, cum multa suorum strage fugiens, ideo a Romano capitur, et oculis privatur, 846.

Pictura victoriæ Henrici Saxonis imperatoris de Hungaris visitur Merespurgi, 822.

Poma immensa a Liutprando visa Constantinopoli, 885.

Porphyra, domus dicta Constantinopoli, in qua qui nascebantur, dicebantur Porphyrogenitii, 795, 846.

Profectio Liutprandi Constantinopolim, 894.

R

Raimundus princeps Aquitaniæ promittit se Hugonem regem ex Italia prolugum, regno restiturum; sed frustra. 891. Ducit ejus neptem Bertham, *ibid*.

Ratherius ob scientiam fit episcopus Veronensis, 852. Capitur et Papiam ablegatur ab Hugone rege, 856.

Ravennas sedes prima post Romanam in Italia, 827.

Rodulfus rex Burgundiæ accersitur ad regnum Italiæ, 851, 852. Regnat ibidem, 855. E Burgundia, quo abierat, redit in Italiam, 840. Papiam obsidet, sed ab Ermengarda, Adelberti marchionis uxore, callide deceptus, in urbem ad eam clam penetrat: itaque solvitur obsid o, 841. Iterum in Burgundiam reversus, cum Buchardo Suevorum duce socero suo red t in Italiam, *ibid*. Audita soceri nece iterum Burgundiam repetit, 842.

Roma capitur ab Arnulfo rege, 805.

Romanorum pavor ab Arnulfo obsessorum, 805. Eorum de Joanne papa querimoniæ, 899, 905, 904. Auro Joannis papæ corrupti, in imperatorem Ottonem conspirant, 90. Sed ab eo cæduntur et fugantur, *ibid*. Et rursus, 908.

Romanus imperator Constantinopolitanus Alrorum opem implorat contra Calabros et Apulos rebellantes, 826. Ob varia gesta ad imperium pervenit, 844. Leonem euse perimit, *ibid*. Ejus calidæ minæ, 846. Fit imperator, *ib d*. Filiam suam jungit Constantino Porphyrogetino, 847. Cur ædem sacram quam construxit, vocarit, Novam aut Nonennalem, *ibid. et seqq*. Habet orationem ad principes Constantinopolitanos, 818. E us humilis prosapia, *ibid*. Filium suum Christophorum prætulit Constantino imperatoris filio; sed Christophorus non multo post demoritur, 851. A filiis suis Stephano et Constantino solio deturbatur, et in monasterium retruditur, 856. Filiis eodem retrusis insultat, et Deo agit gratias quod impietatis darent pœnas, 888. Pium ejus dictum, 889.

Romana Ecclesia Constantinopolitanæ est caput, 954.

Russi sunt iidem cum Normannis, 885

S

Sagittus Saracenus aux cum suis profligatur, 859.

Samson comes salutare dat consilium Hugoni regi, 851.

Sancti Deo quantæ sint curæ, ostendit eventus. 871.

Sanguis Berengarii regis cæsi ostenditur in lapide quo-

nam ante templi januam, 854. Sanguinis e fonte fluentis prodigium futuram prænuntiavit cladem, 859.

Saraceni Fraxinetum oppidum intercipiunt, 792. Montem Maurum communiunt, *ibid*. Socios ex Hispania advocant, *ibid*. Varia Italiæ oppida vexant, 826. Franixeto per loca vicina grassantur, 881. Eorum naves ab igne Græco exuruntur, 884. Pacem cum iis init Hugo rex, et qua intentione, *ibid*.

Sarlius mittitur a rege Hugone Camerinum et Spoletum, ad animos civium ab Anscario alienandos, 878. Sex acies in bellum contra Anscarium ducit, 879. Hoc in prælio interfecto, fit marchio Camerinorum, *ibid*.

Seditio Ticinensis et cædes tempore regis Arnulfi, 806.

Sergius diaconus fit antipapa contra Formosum verum pontificem, 805. Hoc defuncto, vi fit papa, 804. Hujus in illum defunctum immanitas, *ibid*.

Simeon ex monacho fit rex Bulgarorum. Duos genuit filios, 846. Unus filius ducit neptem Romani imperatoris Constantinopolitani, 847.

Solium imperatoris Constantinopolitani mirabile, 895.

Stephanus et Constantinus, Romani imperatoris Constantinopolitani filii, nova adversus patrem molientes, eum imperio dejiciunt, 885. Sed Constantinum sororum ejicere conati, ab hoc capiuntur, 886. Et in monasterium apud patrem truduntur, 887.

Synodus Romæ cogitur coram imperatore Ottone; et qui episcopi ei interfuerint, 905. Quid in ea actum sit contra Joannem pontificem, 904.

Syri (S.) reliquiæ requiescunt Papiæ, 858. Ejus de Papia vaticinium; item de Aquileiæ casu, *ibid*

T

Theobaldus marchio Camerinorum Græcos juxta Beneventum profligat, captos castrat, 861. Ejus mors, 878.'

Theodoræ meretricis impotens dominatio Romæ, 827. Fecit ut Joannes Bononiensis episcopus fieret Ravennas, 828.

V

Veronæ descriptio, eam pertransit Athesis fluvius, 825.

W

Waldonis episcopi Capuani iniquitas, 890.

Walperius judex Papiensis mire erat potens, et unde, 850. Ab Hugone rege capite plecti jubetur, 852.

Walpertus episcopus Mediolanensis convenit Ottonem imperatorem, 899.

Wibertus bene consulit Anscario bello petito a rege, Hugone, 880. Vulneratur in prælio contra Sarlionem, 881. Moritur, *ibid*.

Wido episcopus Mutinensis, Hugone rege deserto, Berengarii partes fovet, 891.

Wido marchio Tusciæ ducit Maroziam scortum Romanum, 842. Hi per milites Joannem papam custodiæ tradunt, 852. Moritur Wido, *ibid*.

Wido rex, alio nomine dictus Hugo, et Berengarius Inter se fœdus ineunt, et quale, 800. Romæ in regem Franciæ ungitur; sed Franci eum rejiciunt, 800. Quare, *ibid*. Contra fœdus Berengario bellum infert, *ibid*. Eum in fugam agit, 801. Sed mox ab hoc, copiis Arnulfi regis suffulto, fugatur, 801. Uxoris ipsius, Firmi ab Arnulfo obsessæ, astus, 805. Moritur ipse Wido ad Tarum fluvium, 806.

Willa uxor, et alia filia, Bosonis marchionis Tusciæ, 851. Prior maritum instigat ad res novas, 865. Ejus cupiditas: marito ab Hugone rege capto, ejus pretiosum balteum abscondit, *ibid*. Expellitur in Burgundiam, 864.

Willa, neptis regis Hugonis, nubit Berengario marchioni Eporegiensi, 861, 865. Prægnans nihilominus per montes avios in Germaniam pervenit. 881. Arguitur incesti, 892. Ejus calliditas detecta, *ibid*

Z

Zwendebaldus ab Arnulfo rege per Hungaros ditione exuitur, 799.

# ORDO RERUM
## QUÆ IN HOC TOMO CONTINENTUR.

**RATHERIUS VERONENSIS EPISCOPUS.**

PROLEGOMENA.
Epistola dedicatoria. 9
Præfatio in editionem operum Ratherii. 11
§ I. — De celebritate auctoris ac de operum ejus utilitate atque præstantia. 11
§ II. — De Ratherii operibus antea vulgatis et de editionibus quibus inveniuntur sparsim inserta. De ineditis quæ hac in editione accedent. De operibus quæ adhuc desiderantur, nec non de aliis Ratherio attributis. 14
§ III. — Quid in hac collectione et editione præstitum sit. 25

VITA RATHERII. 27
§ I. — Patria et nobilitas. Annus natalis ejusdem conjicitur. 28
§ II. — Monasticam vitam profitetur. De studiis ejusdem. Scribit epistolam ad Patricum. Opinio quorumdam de oblata Ratherio ante episcopatum abbatia S. Amandi expungitur. 30
§ III. — Ratherius Hilduini Leodicensis episcopi partes secutus, eidem e Leodicensi sede pulso, et subinde Veronæ episcopo adhæsit. Respondet quæstionibus quas quidam Mediolanenses proposuerant Hilduino ad Mediolanensem sedem electo Romam proficiscitur; ideoque reversus ipsi in Veronensi cathedra succedit. Annus statuntur electionis Hilduini et consecrationis Ratherii. 34
§ IV. — Initia episcopatus Ratherii quam calamitosa. Adhærens Miloni comiti Arnoldum Bojoariæ ducem Veronæ recepit contra Ugonem regem. Ab Ugonis militibus captus, in Papiensem carcerem detruditur. 39
§ V — Quanta in Papiensi carcere perpessus sit. Scribit ad Ursonem Veronensis Ecclesiæ clericum. Episcopo abducto plures infantes Veronæ sine baptismate mortui. In carceris otio scribit sex libros Prælequiorum. 45
§ VI. — Post Papiensem carcerem Comum. Emendat et clariori stylo describit vitam S. Ursmari, quam ibidem invenit. Comensi-exsilio solutus in Gallias proficiscitur. Scribit ad Rotbertum archiepiscopum Trevirensem. In provincia Roestangnum litteris instituit et librum scribit de arte grammaticali. Episcopatum inibi recusat, et Lobias in suum monasterium revertitur. 48
§ VII. — Ratherius redit in Italiam Ugonem regem conventurus. Capitur a Berengario. A Milone comite in episcopatum Veronensem revocatur. Ugo rex deseruit Italiam anno 947, non vero anno 946; diem autem supremum obiit in provincia non anno 947 sed 948. 51
§ VIII. — Quot ærumnas Ratherius post restitutionem in suam sedem pertulerit a clericis, Milone comite ipsis patrocinante, Synodum agere, capitulo clericorum interesse, et ordines ecclesiasticos agere quid significet. Manasses archiepiscopus Arelatensis quemdam suæ diœcesis episcopum ordinat in titulum Veronensis Ecclesiæ. Post biennium Ratherius e Veronensi sede iterum pulsus, ut Manassi locum cederet. 55
§ IX. — In Germaniam Ratherius proficiscitur. Scribit ad Brunonem Ottonis I fratrem de initio regni ejusdem Ottonis in Italia. Aliquot documentorum notationes chronicæ emendatæ. Ratherius cum Ottone et filio ejus Liutulfo, anno 951. in Italiam redit recuperandi episcopatus spe concepta. Milonis comitis nepotem episcopum constitutum reperit, cui Manasses episcopatum vendiderat. Appellat ad summum pontificem et ad episcoporum synodum. Hac de re tres epistolas scribit. 59
§ X. — Ratherius in Germaniam reversus a Brunone Ottonis regis fratre inter domesti os recipitur. Brunonis opera fit episcopus Leodicensis. Solemnes hujus promotionis ritus. Ejicitur subinde etiam a sede Leodicensi. Hac de causa duo opuscula scribit. Aliqui episcopatus ejusdem reditus ipsi ad victum assignati quinam fuerint. 64
§ XI. — Post expulsionem e sede Leodicensi Ratherius cuidam monasterio præficitur. Quodnam fuerit hoc monasterium. Confessionis librum scribit. Quatenus in eo vivens cum monachis, ad monasticum propositum non redierit, et cur. Epistolam sub Agapito II. Scriptam et suppressam inscribit Joanni XII. 75
§ XII. — Otto rex Berengario Italicum regnum dimittens, Veronensem marchiam sibi retinuit. De huc marchia ejusque ducibus, nec non de Forojuliensi fusius agitur et multa hactenus involuta explicantur, in quibus sunt aliquot testimonia Ratherii, quæ ducum et ducissæ mentionem faciunt. De marchia Tarvisina quædam adduntur. 79
§ XIII. — Ratherius cum Ottone I redit in Italiam an: o 961. Difficilis Fulcuini locus expenditur. Eodem Ottone agente, ille in Veronensem sedem restituitur. Accedit summi pontificis et concilii Papiensis decretum. Acta in synodo Papiensi ejusque tempus. Petrus episcopus Ravennas e sede dejectus, in eadem synodo, æque ac Ratherius latens decretum obtinet. Edictum Ottonis pro Ra.herio. Furtum corporis sancti Metronis et Ratherii; opusculum de eadem re rescriptum anno 962. Imperator episcopum urget ad milites dirigendos pro obsidione Gardæ. 88
§ XIV. — Duo decreta Ratherii anni 963 de clericis a Milone invasore ordinatis. De eadem re libellum cleri sui nomine scribit ad Ecclesiam Romanam. Sermones anni ejusdem, et opusculum de proprio lapsu. Tempore Quadragesimæ anni 964 hæresim Anthropomorphitarum in hisce partibus renatam confutat prolixiori sermone, quo etiam perstringit quorumdam errorem circa sanctum Michaelem. Apologia ejusdem sermonis, qua nonnulla loca, male intellecta explicantur. 97
§ XV. — Liber Ratherii : De contemptu canonum. Quæ causæ fuerint scribendi. Vitia et abusus qui in clero grassabantur. De illegitimis clericorum conjugiis. De minus æqua redditum ecclesiasticorum distributione, et malis exinde profectis. Nisus Ratherii ut æquiorem distributionem induceret et potestatem episcoporum canonibus assertam vindicaret. Quantum obstiterint clerici, et cur. 102
§ XVI. — Ineunte anno 965. Ratherius Milone invasore agente capitur. Restitus paulo post interventu ducis Judithæ. Judicium et compositio contra rebelles. Quanto in periculo adhuc versaretur, et qua sollicitudine sibi caverit. Impulsus ut episcopatum Miloni concederet, renuit. Duæ ad Milonem epistolæ sub natalitia festa scriptæ. Reproducit cum additamento conclusionem deliberativam. Locus perobscurus de sikero explicatur. 107
§ XVII. — Ratherii acta anni 966 scribit *Qualiter is conjecturam*. In abbatia Maguzani, submoto abbate male morato, instituit clericos. In Quadragesima synodum celebrat et *synodicam* edit. Opusculum ejusdem de *Nuptu illicito*. Romanum iter meditatur, et cur. *Itinerarium* evulgat. 115
§ XVIII. — Acta anni 967. De conciliis Romano et Ravennatæ. Decretum contra mulierositatem clericorum. Ratherius et Ravennate concilio Veronam regressus diœcesanam synodum convocat. Acta hujus synodi. pauperioribus clericis prospicit *judicato*, cui subscribunt patriarcha Aquileiensis et comprovinciales episcopi in Synodo coacti imperatoris privilegium Rotherio concessum. Tumultus clericorum Veronensium, et opusculum Ratherii de *clericis rebellibus*. Ejusdem epistola ad Martinum episcopum Ferrariensem. 120
§ XIX. — Acta anni 968 Ratherius Quadragesimæ tempore sermones habet de pace. Scribit libellum, cui titulus : *Discordia*. Canonici Romam mittunt nuntium qui rescriptum pro ipsis retulit. Episcopus *Apologeticum* edit. Inquisitio contra eumdem. Alii sermones Ratherii ejus *testamentum*. Nanno, ut imperatori. Missus, placitum habet contra eumdem qui tribus epistolis de hoc placito queritur. Everaclus episcopus Leodicensis ipsum invitat. Is tandem episcopatum dimittit et in Belgicum revertitur. 129
§ XX. — Ab Everacto Leodicensi episcopo, et Fulcuino

www.ingramcontent.com/pod-product-compliance
Lightning Source LLC
Chambersburg PA
CBHW060217230426
43664CB00011B/1462